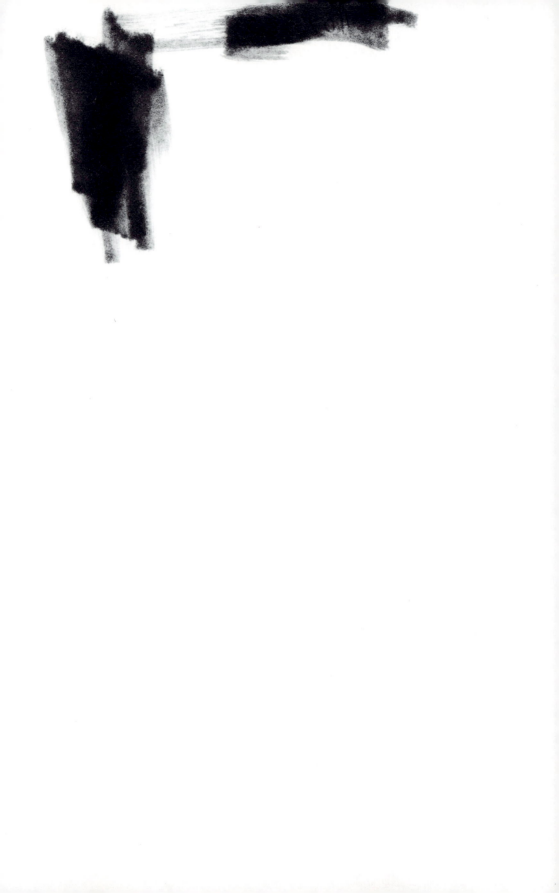

ELIAS' MODERN DICTIONARIES

Reviewed by S. Spiro Bey, in :

The Egyptian Mail of 30-3-1922.   Arabic-English (1st edition)

. . " If Mr. Elias is justly proud of his English—Arabic Dictionary, he has greater reason to be proud of the present · part which speaks volumes for his consuming industry and great patience. To write an Arabic—English dictionary is a huge undertaking, particularly when we remember that many words have fallen out of use, many others are now given meanings which the Arabs of ancient days never thought of, and many new words have been, so to speak, coined and are now part and parcel of the language. It is, therefore, not a matter of putting a classical dictionary before one to translate into English; such a work would be easy enough had it not been for the above facts which the compiler had to take into consideration.

Moreover, it is not enough merely to give the English equivalents to the Arabic words; there are many words which, in combination with others, have totally different meanings, without giving all of which the dictionary would be incomplete and have no advantage over others.

. . . " Mr. Elias has done all this, and he has not lost sight of the fact that many, if not most, of those who use such dictionaries, whether English or Arabic speaking, have not studied the classical language to the point of easily consulting the ordinary classical dictionaries in which all the words are arranged under their root-verbs. In the present work Mr. Elias, without departing from this time-honoured system, has given all words under their initial letters, and referred the reader to the roots under which he can find them — a facility not given by any dictionary of the classical language, without appreciably adding to the size of the book.

" .... he spared himself no trouble to make his work suitable to the requirements of the present day. His work is therefore, a dictionary of the classical Arabic as it is now written, put into English by one who has made lexicography almost a speciality, and who proved himself in the past a sure guide to all students of the English language.

" The book is well printed, . . . and is remarkably free from typographical errors, which is a very rare thing in such a complicated work of this magnitude."

The Egyptian Gazette of 10-1-1922.   English-Arabic (2nd edition)

Mr. Elias Antoon Elias has rendered more services to the students of the English language than anyone else I know. He has been for years working to facilitate to them the acquisition of this language by several kinds of books, the most important of which are his Modern English-Arabic dictionaries.

Finding no great dictionary of the sort in their hands, one which is both comprehensive, and easy to carry, and at the same time very reliable—he produced his 1st edition of his Modern Dictionary about ten years ago, which was reviewed in these columns soon after its publication. As the edition is exhausted, the author has just brought out a second, which is even more comprehensive, and, of course, as reliable as the first. To justify the publication of his work Mr. Elias tells us in the introduction : "There are several English Arabic vocabularies which, at first sight, one finds to be all that the students of English require, but on closer examination one finds to be compiled for Englishmen wishing to study Arabic. Moreover, many of these dictionaries are either too antiquated to be of much use in these modern days, particularly as they give many obsolete classical words for which the student requires an Arabic dictionary to ascertain the sense, or give modern Egyptian Arabic mixed with modern Syrian Arabic. For these reasons, and as a service to the Arabic-speaking races, I have put together this work which I can confidently present to those engaged in rendering English into Arabic."

While thoroughly endorsing the author in his statements, I can say, after very long years of constant reference to Arabic-English and English-Arabic dictionaries that Mr. Elias's work fills a want very much felt by all students of English or Arabic. Mr. Elias has not, I am glad to say, disdained to use a modern or a colloquial Arabic word where he finds it rendering the sense of the English word more fully; such words are preceded by a special mark to distinguish them from the classical words generally used throughout the book. To help the student still more, Mr. Elias has given the prepositions which are used with many of the verbs, and which considerably alter their meanings, with their equivalent Arabic, and a mass of technical terms, thus rendering the book useful not only to students, but to all engaged in the translation of English into Arabic.

This edition is fully illustrated, which will help the student to grasp the real meaning, particularly of technical words. Mr. Elias has thus produced a work of which he should be very proud, and I have no doubt considering his profound knowledge of both languages, that this edition will meet with greater success than its predecessors.

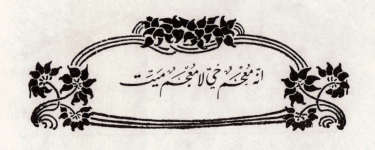

إنّه مُعْجَمٌ حَيّ لا مُعْجَمٌ مَيّت

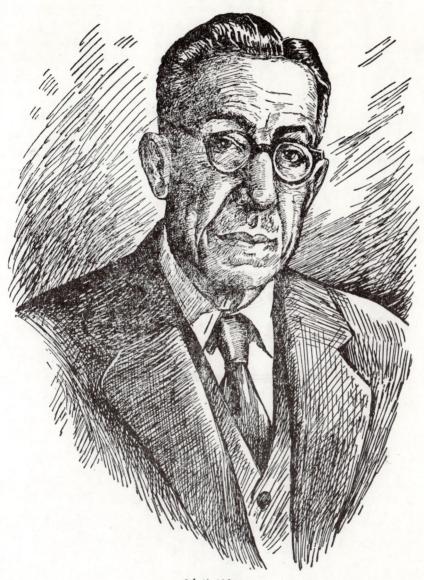

الياس انطون الياس

ELIAS

MODERN
DICTIONARY

A R A B I C
E N G L I S H

قاموس الياس
العصرى

عربى / إنجليزى

Elias Modern Publishing House
Publishing and Main Office:
1 Keniset El Rum El Kathulik St.,
Zaher - Cairo - Egypt.
Tel: 5903756 - Fax: 5880091.
P.O. Box: 954 - Cairo.
Printhouse: 73 -75 Amman St.,
Ain Shams East - Cairo.
Tel: 2981735 - 2985715
Fax: 2980736.

الناشر: شركة دار الياس العصرية للطباعة والنشر
الإدارة والنشر:
١ شارع كنيسة الروم الكاثوليك
الظاهر – القاهرة – مصر
ت: ٥٩٠٣٧٥٦ – فاكس: ٥٨٨٠٠٩١
ص.ب.: ٩٥٤ القاهرة – مصر
المطابع: ٧٣ – ٧٥ شارع عمان
عين شمس الشرقية
ت: ٢٩٨١٧٣٥ – ٢٩٨٥٧١٥
فاكس: ٢٩٨٠٧٣٦

رقم الإيداع: ٩٤/٩٥٢٨   الترقيم الدولي: ٨ – ٦٩ – ٥٠٢٨ – ٩٧٧
I.S.B.N.: 977 - 5028 - 69 - 8

كلمة وذكرى

توفى أبي المرحوم الياس أنطون الياس صاحب هذا المعجم فى السابع من ابريل عام ١٩٥٢ بعد أن خلّف لنا ثروة لغوية عظيمة أودعها معاجمه الكثيرة التى وقف عليها حياته، وترك لنا نفائس من جذاذات كان دأبه أن يودعها ما ندّ وشرد من الكلمات التى كان يعتقد أنها جديرة بالتقييد ويرتبها وَفق الحروف الابجدية ليزوّد بها معاجمه كلما أعاد طبعها.

وقد عدنا إلى هذه الجذاذات فوجدنا فيها كنزاً من هذه الكلمات التى قبسنا الكثير منها وأضفنا اليها ما يقتضيه المقام كما يرى القارىء ذلك فى مواضعه من هذه الطبعة.

ولم يكن لأبي ولا لنا من بعده هم أو اهتمام أكبر قيمة، واشغل للوقت والجهد، من تقصى الكلمة والمعنى فى العربية والانجليزية.

وقد وقف جل حياته، منذ شرع يقرأ الانجليزيّة وهو فى مستهل نشأته، لتأليف الكتب التى تيسر لأبناء العرب تعلم اللغة الانجليزية كما تيسر للمتكلمين بالانجليزية تعلم اللغة العربية. ولم يكن مكتبه، ولم تكن حجرة نومه، ولم تكن جيوبه، سوى مخازن لهذه الجذاذات التى يجمع فيها ما يجدّ له من كلمات ومعان. وكان يقضى أحياناً، فى تقصى المعاني لكلمة واحدة، نهاراً كاملاً يبحث فيه عن أصلح الكلمات لاداء معناها فى اللغة العربية، أو العكس. بل كان يسهر الليالى فى قراءة هذه الجذاذات وتنقيحها كأنما يطالع قصة شائقة يسرّى بها عن نفسه ويدفع الأرق. وطالما راسل اللغويين من أبناء الغرب، والمستشرقين من الاوربيين، لاستجلاء معنى غامض لاحدى الكلمات. ولم نر فى تخليد ذكراه أكرم من أن نترسم خُطاه.

وقد راجعنا ما أضفناه فى هذه الطبعة الجديدة بمنتهى العناية والدقة اللتين تعلمناهما من الوالد طيب الله ثراه.

ادوار الياس الياس

مقدمة

تمهيد

اللغةُ في الإصطلاح أصوات يُعبِّر بها كلُّ قومٍ عن أغراضهم ؛ أوْ هِيَ كائن حيٌّ مُتَّصِل بكلِّ صُوَر الحياة ، يُسايرُها في نموِّ ما ينمو ، وتطوُّر ما يتطوَّر ، وانقراض ما ينقرض ، فهي لذلك لَيْسَت ثابتة على حال واحِدَة بَلْ هِيَ خاضِعَة لناموس التغيُّر والتحوُّل ، شأنها في ذلك شأن كلِّ كائن حيّ .

ففي كلِّ جِسْم حيّ قُوَّتا دُثور وتَجدُّد أوْ هَدْم وبناء [metabolism أيض] تنحلُّ منه بواسِطتِهما دقائق وتَنْدثِر وتخلِفُها دقائق جديدة تقوم مقامها . فإذا لم تزد الدقائق الجديْدَة على المنْدثِرة بَقِيَ الجِسْم على حالِه ، وإن زادت كَبُرَ الجِسْمُ ونَما ، وإن نَقصت تقلَّصَ وضَمُرَ وماتَ . فالدثور والتَجدُّد لازِمان لِكلِّ جِسْم حيّ ، مُتلازِمان فيه ، لا يَبْطُلان إلّا إذا ماتَ الجِسْم . وهكذا يَخلُق الانسانُ من جُرْثُومة ، وينمو ويَكْبُرُ ويَشِبُّ ويَشيب ، وتتغيَّر صُورته من طَوْرٍ لطَوْرٍ تبعاً لحالاتِ عُمْرِه وصِحَّته ، ولكن شخصيَّته لا تتغيَّر مُنْذ وِلادته الى مَماتِه .

اللغة جسم حي

ويتمشَّى هذا الناموس على لُغتِنا العربيَّة تَمَشِّيه على غيرها من اللغاتِ ؛ فقد كانَت عِندَ نشأتِها مؤلَّفة من أُصول قليلةٍ وألفاظ فِطْرية ، ثم تهيَّأت لها أسباب النموّ والإرتقاء بنموّ وارتقاء الأُمم العربية ، فأخذت تكبُرُ وتتَّسِع دائرتها بالطرُقِ الطبيعيَّة التي ساعدَت على نموّ وارتقاء هذه الأمم نَفسِها ، فاندَمجَت فيها ألفاظٌ شَتَّى من لُغاتِ الشعوب التي اختلطَت بالعربِ أوْ اختلطَ العَرَبُ بِها ، حتى أصبح من المتَعَذِّرِ التمييز بَيْنها وبين الالفاظ العربية الأَصِيْلة ، الى ان صارت كَلِماتُها تُعدُّ بالملايين . . . (على ما قالهُ الأصْفَهاني) . ولا يَسْتَغرب القارِئ ذلك إذا عَلِمَ إنَّ العَرَبَ ، وسَجِيَّتهم الكَرَم ، لم يبخلوا على بعض المعاني بعَديدِ الالفاظ ، خصُوصاً لِتعَدُّدِ قبائلهم ، فكانَ للسيفِ ، مَثَلاً ، الف اسم ، وللاسدِ خمسماية ، وللداهِيَـةِ اربعمائة ، وللثعبانِ مايتان ، وهكذا . ثم شاخَت من اللغةِ كلِماتٌ كثيرة وبَطُلَ استعمالها ، وحلَّت مَحلَّها كلِماتٌ دَخيلة من لُغاتِ الأُمَمِ المتصلة بالعربِ والعريقة فى المدنيةِ والحضَارةِ ، كالمِصْريَّة والفارِسية واليونانية والآرامية والعبْرية والحبَشِية وغيرها ، وذلكَ عِندما كانت الأُمم العربية القَديمة فى أَوْجِ مجدها وأزهى عصورها ، ثم تدفَّق عليها مؤخراً من لُغاتِ اوروبا واميركا وآسيا سَيْلٌ عَرَمْرَمٌ من الكلماتِ العِلمِيةِ ، والفاظ الحضَارة الحديثة المستعملة في جميع مَرافق الحياةِ الحاضِرةِ ، وأسماء المخترعات والمستحدثات التي قلَبت كلَّ ما ألِفهُ الناسُ من الأنظمةِ والنظرياتِ رأساً على عَقِب . وهذهِ الكلمات الجديدة هي الاكثر استعمالاً فى لُغتِنا العصْريَّة « الحيَّة » ، كما يَتَّضِح لِمَن يُلقِي نظرَة على مُفردات هذا المعْجَم . أما القول بأنَّ اللغة أُنزِلَتْ فَجأة أو أُلهِمت بَغتَة ؛ وكذا القول بُوجوب بقَائِها كما تسلَّمناها من عرَبِ البادِيةِ ؛ أو الاعتقاد بأن ليسَ فى الإمكانِ أبْدع مِمّا كان ، فهذهِ آراء عتيقة قد وَضَحَ بُطْلانها ، وفي التشبُّث بها القضاء المبْرَم على تلك اللغة العزيزة ، إذ تمسِي غير كافية لحاجاتِ النهضَة العربية الحديثة فتقف جامِدة وتَضمُر ثم تموت كما يموت كلُّ جِسْم تَزيد فيهِ قوَّة الدثور على قوَّة التجدُّد .

ضرورة التساهل فى قبول الكلمات الجديدة

هذا ما يجب أن يُجاهر بهِ كلُّ غَيُور على اللغةِ العربية يريدُ لها الحياة والبقاء . لأنَّ الأُمَم العربية في أشَدِّ حاجة الآن إلى نشرِ العلوم العصريَّة بينَ ظَهْراني أبنائها ، ولَنْ يَتَيسَّر تعليم تلكَ العلوم ما لَمْ يَكنْ ذلك بلُغةِ المتعلِّمين التي نشأوا على التفاهُم بها ، ولَنْ تَصْلُح اللغة العربية لإداءِ هذهِ الوظيفة الحيَويَّة ما لَمْ نَطْرح من مَعاجِمها الموْضُوعَة للأستعمالِ اليوميِّ الكثير من الالفاظِ التي تَبَذَّتها عَوامِل البقاء فماتَت أو أُميتَت لعدَم صَلاحيتها للحياةِ حتى نَفْسَح مكاناً للكلماتِ الحديثةِ التي يُحتاج اليها فى تَلْقين تلك العلوم ، ولا يكون ذلك إلاّ بالتساهُل فى قبول الأسْماء الجديدة والألفاظ المستعملة يوميّاً فى الصُّحُفِ والمجلّاتِ والكُتُبِ العِلْمِيَّة الحديثة لأنَّ فيها ثَرْوة لغَويَّة حيَّة يجب أن نُرَحِّب بها ونُدوِّن منها ما يتَّفِق والذوْق العرَبي ، حتى نجعل اللغة تَسير مَع الحياة وتتطوَّر بتطوُّرها ، لِتتمكَّن من اللحاقِ بموكبِ الانسانية في عَصْرِ الكَهْرُبا والرادْيُو والذرَّة . وخيرٌ لنا أن نَجْري على سُنَنِ العَصْر ونُشايعه ، ولَوْ على خَطأٍ ، من أن نَرْتَدّ إلى الماضِي ونأخذ بلُغتِهِ وأساليبه ولو كانَ على حَقّ (١) . فالتاجِر الذي يَجْلب لنا الثوبَ أو الأداة أو الآلة أو أيّ سِلْعَة هو الذي يجلب لنا اسْمها معها ، والمكتَشِف والمخترع والعالِم هو الأحَقّ بتَسْمِيَةِ مايقدِّمه لنا مِن اكتشافاتهِ واختراعاتهِ وعُلومهِ . وبَديهيٌّ ان قَبُول المسمّى واستعماله يُوجِب عَدَم إنكار أو اسْتِنكار اسْمه . وقد كانَ ذلك شَأن الأمم العربية لما كانت مَطالب مَعيشتها مُنْحصِرة فى شُؤون مُعيَّنة وأطْوار خاصَّة كالحروبِ ومُسْتلزماتها وأدواتها ، والفيافي وحيَواناتها ونباتاتها ، أو فيما يقرب من

---

(١) اوكما يقول علماء الانكليز :— Mere grammatical propriety must bow before living language.

ذلك أو يطوف حوله . فعندما لزمهم ما يزيد على ذلك من شأنٍ علميٍّ أو دينيٍّ أو شرعيٍّ أو زراعيٍّ ولم يجدوا له في لغتهم إسماً مطابقاً له « لم يأنفوا من أن يتناولوا اسمه الأعجميّ ويلبسوه عباءةً وعقالاً فيصبح عربياً ويأنسوا اليه » (عن جمال الدين الافغاني)

اللغة واسطة لا غاية

فإذا كانَ هـذا شأن أجدادنا فلماذا نحاول نحنُ المحال بإحياءِ الميت من كلمات طمسها الزمانُ ، فباتت في حكم المجهول ، ولا نعنى بالممكن تهذيبه من الكلماتِ الحيةِ الدارجة على لسانِ الأحياء من أبناءِ اللغة العربية ، خصوصاً إذا كانَ لهذهِ الكلمات قوةٌ تعبيرية لا توجد الآن في الألفاظِ العتيقة . ثم ان في اللهجاتِ الكلامية للبلادِ العربيةِ المختلفة ، كثير من الألفاظِ المشتركة التي تعبّر أصدق تعبير عن حاجاتنا في العصرِ الحاضر ولكننا درجنا على التنكّر لها ، وعلى تسميتها « عامية » أو « سوقيَّة » أو « دخيلة » أو « مُبتذلة » مع انها قد وصلت الينا منذ مئات السنين من عرَبٍ يحبون لغتهم كما نحبها . ولستُ أرى مُبرّراً لهذا التنكُّر إلا إذا كانَ الغرض جعْل اللغة وقفاً على طائفةٍ خاصَّة ، وأن تكون لها من أجلِ ذلك أسرار تغيب عن الكافَّة « كي لا تضيع في أفواهِ صبيان المكاتب » كما أرادَ الصاحبُ بن عباد .

ولما كانَ التعاون الثقافيّ الذي ننشده الآن بعد تأليف الجامعة العربية ، لا يمكن أن يتمّ إلّا بوحدةِ اللغة بينَ أبناء الشعوب العربيَّة ، فهذهِ الوحـدة حاصِلة فعلاً مع بعض تحريف طفيف يوجد مثله في كلِّ اللغات الواسعة الانتشار [1] ، أما وحدة المصطلحات العلمية والفنّية فهي التي سعيتُ الى تحقيقها بجمع ما استغنناه منها في هذا المعجم الصغير ، ليكون لكلّ مفهوم علمي أو فنّي مُصطلح واحد مقبول في كلِّ قُطرٍ عربي اللسان .

وأمامنا اللغة الانكليزية ، فقد كان عدد مُفرداتها لا يبلغ العشرين ألف مُنذ عهد غير بعيد فبلغ الآن ما يقرب من رُبع مليُون ، جُلُّه من لغاتٍ غير لغة الانكليز والاميركان ، وذلك بفضل ترحيب عُلمائهم بما تسرَّب اليها من ألفاظٍ غريبة ، حتى من لُغات زُنوج أميركا ، لانهم يرونَ ان « اللغةَ وسيلَة لا غايَة » وان « الالفاظَ آلات والمعاني غايات » .

***

عربيّة هذا القاموس

قدْ كانَ غرضي عندما شرعتُ في وضعِ هذا المعجم أن أخصّص لكلِّ كلمة فيه علامة تُعرف بها عراقتها في اللغة ، وبعدَ جُهْد جهيد ، واصطِدامي بما في معاجِمنا العربية من القُصورِ والتناقُض والإبهام ، والخلْط الذي لا يتفق في شيءٍ مع ما يتطلَّبه هذا العمل العصْريّ من دِقّةِ التعريف والتحديد ، اكتفيتُ باعتبارِ كُل الألفاظ الوارِدَة في المؤلفاتِ العصرِيةِ القيّمة ، والكلمات الشائع استعمالها بينَ طبقات المثقّفين وكِبار الكُتّاب ، عربيةً صحيحة ، أمّا الكلمات « المعرَّبة » حديثاً ، أو « الدارِجة » في مِصرَ أو في سُوْرية [2] أو في العراق ، فقد ميَّزتُها بعلاماتٍ وحروف ، سيأتي بيانها في الصفحتين التاليتين

وقبل أن أنتهي من الكلام على عربيّة القاموسِ أرجو أن أُلفِت النظرَ الى الفائدةِ المزدوجة التى أتوخاها من إدماجِ الكلمات والمعاني الدخيلة والدارِجة والمعرَّبة ضِمْن موادّه ، لأنها إن كانت « أصليّة » ذكرتُ أمامها ما يُرادِفها من العربي الصحيح مع المقابِل الانكليزي [3] ، وإن كانت الكلمة الدارِجة « تفسيريَّة » فاني لا أذكرُها إلّا لِعلمي انها أدقّ في التعبير وأقرب الى الفهْم من الكلِمةِ الفُصحى المفسَّرة [4] . وهذا قليل من كثير يمنعُني عن الإسهابِ في شرحِهِ اعتقادي ان المقدَّمات المطوَّلة قلَّما تُقرأ .

***

القواميس العربية الانجليزية السابقة لهذا ليست موضوعة للطالب الشرقي بل وضعت للمستشرقين

إنّ السببَ الحقيقي الذي دفعني الى الاقدامِ على تأليفِ هـذا المعْجَم هو الحاجة التي طالما شعرْتُ بها مع طلاب اللغة الانكليزية من أبناءِ العربية ، الى معرفةِ المقابِل الانكليزي للألفاظِ العربية « الحيَّة » ، وعدم اهتمام أحد بوضع مُعجم عربي انكليزي « عصْرِي » يفي بتلك الحاجة ، مع كثرة الموجود من المعاجِم التى وُضِعت لطلابِ اللغة الفُصحى من المستشرِقين [5] وغيرهم . فهذِهِ المعاجِم العتيقة تشْرح المادَّة العربية شرْحاً لا يهمّ إلا طالِب اللغة العربية القديمة ، ولا فائدة منه لطالبِ اللغة الانكليزية ؛ كجمْعِ الكلِمة العربية وجمْع جمْعها ، وصِيَغ الأفعال المتنوِّعة ، والمؤنّث والمذكَّر ، هذا فضلاً

---

(١) مثلاً : كلمة « متَى » أو ، أيّ : متَى ، فانها « إيمْتَى » في مِصر و « ميْتَى » في سُوريا . وكلمة « أين » فانها « فيْن » أيْ : في أيْنَ ، في مِصْرَ و « وَيْن » في سُوريا . وكلمة « هُنَا » فانها « هِنَا » في مِصْرَ و « هُون أو هُونِ » في سُوريا . وهكذا كلمة « ماء » و « ميَّه » في مِصْرَ و « ميّ » في سُوريا ، الخ . وفي أزهى عصور العربية وقعَ مثل هذا بين قبائل قيس وتميم وهذيل وبنو أسَد وغيرهم من صَميم العرب الفُصحاء .

(٢) اطلقنا كلمة « سُوريا » على سُورية ، وفلِسطين ، ولُبْنان ، وشرق الاردُن والمملكة العربية السعودية .

(٣) △ أدبخانة (ص ٢٥) و ○ آذار (ص ٢٥) و ○ ارسطقراطِي (ص ٢٧) و ○ أمنيبوس (ص ٤٠)

(٤) ✿ أُريان (ص ٢٧) و ✿ بجّن (ص ٥٠) و ✿ بهق (ص ٧٩) و ✿ حسُو (ص ١٥٠) و ✿ وأرَ (ص ٧٧٤)

(٥) في المقدمة الانكليزية لهذا المعجم (ص ١٣) جُملتان مُقتبستان من خِطابين وصلاني من مُستشرِقَيْن عظيمين يشكوان فيهما مُرّ الشكوى من عدمِ وجود معاجِم عربية انكليزية « للغةِ العربية الحيّة المستعملة في الجرائد والمجلات والمؤلفات العصرية » .

هذا قاموس لم ينسج على منواله

عن حَشْوِها بكلماتٍ مُماتة مَهجُورَة ، قد أكَلَ عليها الدهرُ وشَرِبَ ، وقد يُسَبب وجُودها تَشْتيت ذُهْن الباحِث وإعاقته عن تحصيلِ ماهو لازِم له ، مع خُلُوّها من الألفاظِ والمعاني الحيَّة التي نستعملها في كُلّ شُؤونِ حياتنا العصْرية اليَوْمِية .

* * *

واليومُ أُقدِّمُ الى أبناءِ البلاد العربية اللسان قامُوساً عربياً إنكليزياً عصْريّاً لَم يُنْسَج على مِنْوالِهِ . ويَسُرُّني ، بَلْ يُشرِّفُني ، أن أُلفِت النظرَ الى ما يمتاز بهِ على سِواهُ من المعاجم العربيةِ .

ترتيب المعاجم العربية

يَعْلَمُ كُلُّ مَن لَهُ إلمام بأسْرارِ العربيةِ ان الأسلوبَ المُصْطَلَح عليهِ في تَرتيب مَعاجِمِها لا يُناسِب حَتّى وَلا الكَثيرين ممن نالوا قِسطاً وافِراً من الاحاطَةِ بقواعِدِ الصَّرْفِ وأحْكامه لِيتَمكَّن من رَدِّ الكَلمة الى أصلها المجَرَّد ، تَوَصُّلاً الى الاهتداء الى مَكانِها من القاموسِ . على ان الاشتقاقَ وما يَلْحق أبنيةَ الكَلِمِ من عوارضِ الادغامِ والإعْلالِ ، وغير ذلك ، لمن أشَدّ الامور تَعْقيداً فى اللغةِ العربيةِ .

التوفيق بين ترتيب المعاجم العربية والاسلوب المتبع فى المعاجم الافرنجية

فالميزة الاولى لهذا القاموس تَقُوم بأُسْلوبهِ البسيط الذي ابتكرتُه لأجْلِ التوْفيق بين الترتيب الاخير المصْطَلَح عليهِ في المعاجِمِ العربية كَلِسانِ العَرَبِ ، وتَاج العَروس ، والقَامُوس المُحيط ، ومُحِيْط المُحِيْط ، والترتيب الهجائي البَسيط المتَّبَع فى أغلَبِ المعاجِمِ الافرنكية . فإذا شِئت البَحْث عن كَلمةٍ فى هذا القاموسَ فما عَليكَ إلّا أن تَطلبها في أوّلِ حَرْف فالثاني فالثالِث من حروفها كما هي ، بصَرْفِ النظَر حتى عن الحروف المقلوبة عن غَيرها مع اعْتِبار اللفْظ الثنائي المشَدَّد الآخِر مؤلفاً من ثلاثةِ أحرف ، كما في « حَضّ » فتكون « ح ض ض » وتجدها بعد « حضر » ، و « شَلّ » تكون « ش ل ل » بعد « شلق » ، و « مدّ » تكون « م د د » بعد « مدح » و « مرّ » تكون « م ر ر » بعد « مرد » ، « و « مَنّ » تكون « م ن ن » بعد « منع » ؛ ولم يَشِذّ عن هذا الترتيب إلّا الأصْبَهاني . فإذا كانَ هذا مَكَان الكَلِمَة المطابِق لِتَرْتيبِ المعاجِم العَرَبية وَجدْتَ تَرْجَمتها أمامَها ، وإلا فإنك تَجِد الدليلَ على مَكانِها مَحْصُوراً بَين هِلالَيْن ، هكذا (فى . . .) [1].

اللفظ الثنائى المشدد الآخر

أما الالفاظ البَسيطة التي يمكِن لأيّ كانَ أن يَعرف كَيْف يرجع بها الى صِيغةِ فِعلها الماضي المألوف ، كَكَلِمَةِ : « حِسَاب ، خَراب ، دِفاع ، كِتاب ، مناعَة ، الخ » فانكَ تَطلبها رأساً تحت فِعلها الماضِي وهو « حَسِبَ ، خَرِبَ ، دَفَعَ ، كَتَبَ ، مَنَعَ » . وبهذا العَمَل المُبتكَر أرَى اني قد حَلَلْتُ عُقْدَةً كانت العَقَبة الكأْداء في سبيلِ الانتفاع بالمعاجِمِ العربية على الإطْلاق .

تحديد معنى الكلمات العربية بمرادف عربى

والميزَةُ الثانية تَقوم بِتَحْديدِ مَعنى الكَلمة العربية أو تَفْسيرها بكلمةٍ عَرَبية مُرادِفَة لها تَمهيداً لذكرِ الترجمة الانكليزية [2] ، إذ بغيرِ ذلك لا يَتَسَنّى للطالبِ أن يَتَحقَّق صِحَّة المقابل الانكليزي للمَعْنَى الخَاصّ الذي يَطلبهُ .

فائدة ادماج الدارج والمعرب

والميزَةُ الثالثة هي تَحديد الالفاظ المِصْرية الدارِجَة ، وَوَضْع الأساسِ لِتَعْميم استعمالها في كُلّ البلادِ العربية اللسان ، إن قُبِلَت واسْتُسِيغَت ، أو استِبْدالها بما قَد يكون أصْوب مِنها من اللغة الفُصْحَى .

(—)

ورَغْبَةً مِنّي في أن يكون هذا الكِتاب على صِغَرِ حَجْمِهِ غَزير المادة وافِرها ، قد اسْتَعْمَلْتُ في تَرتيب كَلِماته هذا الخط المُعْتَرَض (—) ليقومِ مقامِ الكَلمة التي فَوقه ويُغْني عن تَكْرار كتابتها لذِكْرِ مُخْتَلَف مَعانيها . فإذا طلبتَ كَلمة «أبَرَ» مَثَلاً ، فإنكَ تَجدها مَكتوبةً في رأسِ المادة (ص ١٧) وبَعْدها بحرفٍ صَغير كلمة « لَدَغَ » التحْدِيدِيَّة . وتحتَ « أَبَرَ » خطاً مُعْتَرِضاً بَعده كَلمة « افْترى على » ، ثُمّ خَطاً ثانياً بعده « اغْتابَ » . وكذلك كلمة « اتَى » و بعدها بحرفٍ صَغير «جَاءَ» التحديدية ، وتحت « اتَى » خطاً مُعْتَرِضاً مَتْبوعاً بلفظةِ « بهِ » ، فَتَقرأ ذَلك « اتَى بهِ » ثم بعدها « اتَى الامرَ » و « اتَى الجرْمَ » و « اتَى المرْأةَ » و « أتَى عَلى الأمْرْ » وهكذا .

« ٢ »
« ٣ »

أما الرقْم ٢ الذي يُوْجَد فَوق بَعض الكَلمات العربيـة الاصْلِيَّة (غيرالتحديدية) فانه يَدلّ على ان الكَلمة المرْقُومَة بهِ مكررة لثاني مَرة لمعنى ثانٍ جَديد غير مَعْنى آخر سَبَق ذِكْرُه ، وكَذلك الرقْم ٣ يدلّ على ان الكَلمة المرقُومة بهِ مُكَررة

---

(١) راجع : — آبَ ص ١٧ (في اوب ، ص ٤٣ — ٤٤) و أبُ ص ١٧ (في أبو ، ص ١٨) و اتَّهَمَ ص ١٩ (في وهم ، ص ٨١٨) و إتَّآدَ ، ص ١٩ (في وأد ، ص ٧٧٤) ، و سياسة (في سَوس) و قارورة (في قرر) و ماء (في مَوأ) و ماه (في موه) و مَعاذ (في عوذ) و معاوية (في عوى) و مَسْعيد (في عود) و موعد و ميعاد (في وعد) و موسس (في ومس) و ميجار (في وجر) و ميحار (في يحر) و ميقعة (في وقع) و ميمون (فى يمن) و نابَ (في نوب) و نابُ (في نيب) و ناصية (في نصو) و هامَّة (في همم) و هامَة (في هوم) و هَبْ (في وهب) و هَبَّ (في هبب) و هنا او هناك (في هنو) ، وذلك على سبيل البيان

(٢) انظر كلمة « أثر ، أخذ ، ثبت ، جمع ، حكم ، روح ، ضرب ، علم ، فتح ، قطع ، كتب ، لعب ، نزل ، نظر ، نور ، هدى ، وجد ، وسع ، وصل ، وضع ، وفق ، وقع ، ولد ، يسر ، يمن » الخ

لثالث مرة لمعنى ثالث غير معنيين آخرين سبق ذكرها . انظر كلمة « مؤلف » الواردة فى صفحة ٣٦ العمود الاول السطر ٢٧ فانها تكررت هكذا (مؤلف ٢) فى السطر الثاني لمعنى ثان هو (مكتوب)، تمهيداً لذكر المقابل الانكليزي (Compiled; written) وكلمة «△ جَزمَة ٢» فى صفحة ١١٤ ، العمود الثاني ، السطر السابع ، فانها مكررة لثاني مرة لذكر المقابل الانكليزي لمناها المصري الدارج وهو « حذاء » . وكلمة « مجلس » صفحة ١١٩ العمود الأول والسطر ١٠ للمعنى الاول وفى سطر ١٣ للمعنى الثاني ، وفى سطر ١٦ تكررت لثالث مرة هكذا « مجلس ٣ » لمعنى ثالث هو « موضع الجلوس » (Seat) .

(✻) نجمة بارزة الى اليمين

والنجمة البارزة قليلاً الى يمين العمود تدل على مكان ابتداء المادة ، وعلى انها عربية صحيحة مع كل ما يليها من الصيَغ ، ما لم تسبق الكلمة علامة المعرَّب ، هذه الدائرة (٥) ، أو علامة المصري الدارج ، هذا المثلث الصغير (△) .

(٥) أو دائرة

(△) أو مثلث

أما إذا بدئت المادة بعلامة المعرب ، كما فى كلمة « ٥ تلسكوب » أو « ٥ تلغراف » أو « ٥ مغنط » مثلا ، فهذا دليل على ان كل كلماتها (مشتقاتها) من طائفة المعرب ولو لم تكن مشتقاتها مسبوقة بالدائرة . وكذلك إذا بدئت المادة بعلامة المصري الدارج فتكون كل مفرداتها من طائفة « الدارج » كما فى كلمة △ أسطى (ص ٣٠) .

وحتى يكون هذا المعجم وسيطاً فى تقريب سبل التفاهم بين أبناء الشعوب العربيّة اللســان فاني أدمجت فى هذه الطبعة عدداً وافراً من الألفاظ « السورية الدارجة » مميزاً اياها بحرف ﺱ صغير فوقها ، كما ترى فى كلمة « بلبُول ﺱ » (صفحة ٧٣) وخوخ : دراقن ﺱ (صفحة ٢٠٣) ودُرج : جارور ﺱ (صفحة ٢١١) وزغبر ﺱ ومزعبراتي (صفحة ٢٧٥). أما الألفاظ « العراقية الدارجة » فقد ميزتها بحرف ﻉ مثلما فى كلمة « مرصاع ﻉ » (فى رصع ، صفحة ٢٥٢ ورواية شادن ﻉ (فى ربي ، صفحة ٢٧١) وسكعكع ﻉ (صفحة ٣٠٦) .

(ﺱ) سورية دارجة

(ع) عراقية دارجة

﴿ ﴾

وفى بعض مواضع ابدأ المادة بلفظة ثلاثية الأحرف محصورة بين هلالين فى وسط كل منهما نجمة ، مثل ﴿ اتن ﴾ و﴿ اتو ﴾ و﴿ اوح ﴾ و﴿ اوس ﴾ فهذه الألفاظ لا معنى لها ، كما لا يخفى ، وقد وضعتها لمجرد المحافظة على الترتيب الهجائي ليس إلا ؛ واتحاد النجمة بهلاليّ حصرها مغزاه ان المادّة عربية صحيحة .

* * *

الجليزية القاموس

أما انكليزية القاموس فقد توخيت فى اختيار كلماتها وعباراتها ما تحققت انه الأقرب الى مدلول الالفاظ والعبارات العربية ، وما لا يستعمل سواه ابن اللغة الانكليزية لو كان فى الظرف المستعملة فيه تلك الكلمة أو العبارة فى اللغة العربية . ولكي أكون على أتم ثقة من هذا الأمر ، واجتناباً لما يمكن أن يفوتني ، أو يُحتمل الوقوع فيه من الخطأ إستعنتُ بكثيرين من الانكليز الذين عهدت فيهم سعة الاطلاع ، أذكر منهم من تحملوا أكبر قسط من مشقة هذا العمل ، مسجلاً لهم فضلهم على هذا القاموس وهم حضرات : الأستاذ فرد أشكرُفت المدرس فى المدارس العليا سابقاً ، والمستر ف . فارنس أحد مديري البنك الأهلي المصري سابقاً ، والمستشرق الكبير المغفور له دُكتور وليم فيرمان ، أحد أعضاء الارسالية الاميركية سابقاً .

وقد تكَرَّم حَضرةُ اللغويّ الكبير فقيد الادب واللغة الأب أنِستاس مَاري الكَرْمِلي ، عُضو مجمع فُؤاد الأول للغة العربيـة ، والمجمع العلمي الدمشقي ، بمراجعة الطبعة الرابعة السابقة لهذه الطبعة الخامسة وكتابة كلمة عنها فى « مُقتَطَف » شهر اكتوبر ١٩٤٤ ، أتشرف باثبات خلاصتها (فى صفحة ٨٦٨—٨٦٩) .

صور القاموس

واتماماً للفائدة قد أضفت الى هذه الطبعة نحو خمسة آلاف كلمة وجملة جديدة ، وعدداً وافراً من الرسوم التى تمثل للعين ما تعجز عن تأديته الشروح الطويلة ؛ وبذلت كثيراً من العناية المرهقة فى تنقيحه وتجديده لجعله عند حُسن ظَنّ طُلّابه من الشرقيين أو المستشرقين الذين غمروني بثنائهم المحفّز .

ولما كان كل إنسان عرضة للقصور والسهو والنسيان ، فاني أسأل أهل النظر أن لا يضنوا عليَّ بالتنبيه الى ما يرونه من النقص أو الخطأ لأتداركه فى الطبعة التالية ان شاء الله .

وختاماً ، أرجو أن أكون قد قمت فى تأليف هذا المعجم ببعض الواجب نحو طُلاب اللغة الانكليزية من أبناء الأقطار العربية اللسان ، وأن أكون قد ساهمت ، ولو بنصيب متواضع ، فى وضع أساس صالح لتقوية أواصر الصداقة وحسن التفاهم بين الشعوب الناطقة بالعربية وأبناء اللغة الانكليزية . وأسأل الله الكريم أن يجعله مفيداً لهم جميعاً ، انه وليّ التوفيق ؟

الياس انطون الياس

PREFACE

Since the fifth edition of the Modern Arabic–English dictionary was printed, the hand that compiled it has become still. After forty-five years of laborious and self-sacrificing work at his dictionaries, Mr. Elias A. Elias died on the seventh of April, 1952.

It was his lifelong wish and hope that his dictionaries, this work that has taken up such a large part of his life, would continue, and always be kept up to date. Since his death this responsibility has fallen on me, a responsibility for which I will do my utmost to prove worthy.

My father never considered any of his editions as final; no sooner had he published one edition than he would start collecting material for the next. Lexicography was his passion; even to the day of his death, he kept up his practice of systematically accumulating a treasure of newly coined words and new meanings, which he found by careful research and reading.

Edward E. Elias

of words not found in any other dictionary, and the compiler would welcome any suggested additions.

❀ ❀

Before concluding, the compiler gratefully acknowledges indebtedness to his friends **Mr. Fred Ashcroft**, of the Egyptian Ministry of Education, **Mr. F. J. Furniss**, sub-manager of the National Bank of Egypt, the late **Rev. W. Fairman**, the well-known orientalist, of the American Mission in Egypt, and several others, for the valuable help they have rendered him in revising the manuscripts of the first and second editions, reading the proof-sheets, making suggestions, or discussing suspicious renderings which he hopes may have saved him from more than one pitfall.

❀ ❀

The Fifth Edition.

Since the issue of the second and fourth editions of this book in 1928 and 1947 the compiler thought that the work should go through a complete revision. It has in consequence been rewritten and extended in accordance with new conceptions and present-day requirements. Thousands of new living words and phrases, as well as hundreds of illustrations have been added, which he trusts will make this dictionary up-to-date.

The Fourth edition owes a special debt to the late Rev. ANESTASE MARIE, the Carmalite friar of Baghdâd (Iraq), who was a well-known arabist, and member of the FOUAD I Royal Academy of the Arabic language, (now Academy of the Arabic Language) for looking over the manuscript and making considerable remarks and valuable suggestions.

The compiler has done his best to make this edition free from mistakes or omissions, yet he is aware that it is not; and he entertains no doubt that the few who are able to detect them, will give him fair quarter when they take into consideration the difficulty of the undertaking. In a work like this freedom from all error is beyond hope; and the compiler will be very grateful to readers who will draw his attention to any shortcomings which the book may still contain.

About the translation of some words, there will always be points of difference, especially where the words of one language often fail to represent the thought of another, because of the difference in the mentalities of the two peoples speaking these two languages.

Moreover, he trusts that this Arabic-English Dictionary, the only one of its kind, will help to strengthen the ties of friendship between the Arabic-speaking countries, as well as between the English-and-Arabic speaking nations, and meet a long felt need.

Elias A. Elias

quickly and with as little trouble as if he were using an English or French dictionary.

In order to reconcile the conventional arrangement of the Arabic lexicons with the simple methods required by present-day students, the compiler has inserted, in small type, most of the derivatives according to their alphabetical order, followed by the roots under which they are to be found enclosed in plain brackets. The following are to be read from right to left : —

﴿ آبَ (في أوب) ﴿ ابٌ (في ابو) ﴿ اباحَ (في بوح) ﴿ اباد (في بيد) ﴿ ابدى (في بدو)

﴿ إِبْن (في بنو) ﴿ اتَّأد (في وأد) ﴿ اتْنـاء (في ثنى) ﴿ اسم (في سمو) ﴿ آلـة (في اول)

﴿ اتجاه (في وجه) ﴿ تقوى (في وق) ﴿ تَوَّدَة (في وأد) ﴿ ساعة (في سوع) ﴿ ضِـمة (في وضم)

﴿ غابة (في غيب) ﴿ كلتـا (في كل) ﴿ مـالٌ (في موه) ﴿ مأساة (في أسو) ﴿ مسافة (في سوف)

﴿ معنى (في عنى) ﴿ موسى (في ومس) ﴿ ميعاد (في وعد) ﴿ نابَ (في نوب) ﴿ نـابٌ (في نيب)

﴿ هامَّة (في همم) ﴿ هامَة (في هوم) ﴿ هَبٌّ (في هوم) ﴿ هَـبٌّ (في وهب) ﴿ هَـبَّ (في هبب) ﴿ هنـا (في هنو)

The words taken as roots in this dictionary are printed projecting a little more to the right than their derivatives. When these roots are of Classical category, they are preceded by an Asterisk (﴿). Roots preceded by a small Circle (o) are of the Arabicised category, and those preceded by a small Triangle (△) are either Egyptian Colloquial or new words. The two last categories are still being rejected by Arab purists in spite of the fact that they are living words in everyday use among Arabic-speaking people, including those purists themselves. When a root word is preceded by a Triangle, all its derivatives are of the Colloquial category. The same is applicable to roots preceded by the Circle, which means that the root word, as well as all its derivatives, are of the Arabicised category. The Classical equivalents of most of the words of the two lást categories are given in smaller type, preceded by a Colon (:). Root words inserted in decorative brackets ﴿ ﴾ are meaningless, and are printed simply to keep the Alphabetical order of the book.

﴿
o
△

﴿ ﴾

Arabic words marked with a small (س) are Syrian[1]; those marked with ع are Iraqian. The Arabic figures ٢, and ٣, marking some derivatives indicate that the derivative thus marked is being repeated for a second or third meaning according to the indication of the figure.

The letters
س or ع and
the figures
٢ or ٣

⁎ ⁎

It is needless to say that no trouble has been spared to make this dictionary suitable for present-day requirements. Obsolete words, and those rarely used, are omitted, whereas living words and their different shades of meaning are amply dealt with.

Naturally in a book of this size no claim can be made to comprehensiveness. On the other hand, however, it contains a large number

---

(1) Used in Syria, Lebanon, Palestine, Saudi Arabia, and Hashmite Kingdom of Jordan.

PREFACE

Since the publication of the English-Arabic part of his (Elias') Modern Dictionary, in 1913, the compiler has continually been receiving letters from students of both languages asking him for an **Arabic-English Dictionary**. The following are passages from two of these letters received from two great Orientalists : —

(1) " *We need badly a dictionary containing in brief form only such words and meanings as are known to and needed by the writers and readers of modern newspapers and ordinary literature, and omitting all the old rubbish of the centuries.*"

(2) " *Later you can perhaps do us a greater service in giving us an Arabic-English dictionary containing only such words as are certainly familiar to the average educated reader of modern Arabic. We have tons of large dictionaries of Arabic; and the small ones seem to contain rare words and to omit ordinary ones. You know that there is no dictionary that will help us to read a newspaper.*"

This Dictionary has, therefore, been prepared to meet two urgent needs; that of the English-speaking student of the living Arabic, for whom the more exhaustive and costly works are unsuited, as well as that of the Arabic-speaking student of the English language for whom no Arabic English dictionary has, as yet, been made.

❊
❊ ❊

The plan adopted for this work is somewhat different from that followed by all other lexicographers. Every one who is acquainted with the Arabic language knows the undeniable fact that very few of those
The arrangement of this dictionary who study the grammar can retain in memory the intricate rules of the Arabic syntax; and that Arabic-speaking students, even of the most educated class, are often at a loss to find a word in the Arabic dictionaries where the derivatives are given *only* under the root verb, which in many cases, has become a meaningless word. This difficulty is increased a hundredfold for the English-speaking student, to whom, in his first steps in the Arabic language, the dictionary is practically a sealed book, and it is only after a long course of study that he is able to find a word with any degree of speed [1].

It has been one of the chief aims of the compiler to remedy this defect, to avoid this waste of time and labour, and to make the use of the Arabic dictionary as simple as it has hitherto been complex. He claims that the student will be able to look up any word in this dictionary as

---

(1) This has been remedied by the publication of "Al Miftâh al-Assri." by E. A. Elias.

فهرس

ملحق الصور والرسوم

الواردة في هذا المعجم (انظر صفحة ٨٢٥)

INDEX

to the Supplement (pp. 825—865) containing the Illustrations appearing in the text of this dictionary, arranged in a way to make their names in Arabic and English very easily accessible.

The Arabic number, or numbers, under the illustration indicate the page, or pages, in which it appears with the Arabic name translated into English: —

منذ أيام وقع في يدي كتيب يقصد به مؤلفه الى محاولة جديدة في سبيل التفاهم العالمي بواسطة الرسوم، بعد أن فشلت محاولات كثيرة في هذا السبيل منها اختراع لغة الاسپرانتو. فقد وضع المؤلف مجاميعاً من الصور المتوائمة مرتبة على نظام خاص يجعل من السهل الوصول الى صورة الشيء المطلوب ذكره، والاشارة اليها عوضاً عن النطق باسمها بلغة المخاطب التي يجهلها المتكلم.

فنبهني ذلك الى امكان الانتفاع بما ورد في صلب هذا المعجم من الصور والرسوم البيانية التي يربو عددها على أضعاف ما في ذلك الكتيب. فطبعتها على حدة في آخره، بعد تبويبها، على قدر الامكان، في مجاميع متآلفة ثم ترتيبها بكيفية يمكن الاسترشاد بها الى كلمات قد تغيب عن الذاكرة أو يتعذر الاهتداء الى معرفتها؛ أو على الفاظ قد يختلف تعيين أو تحديد مدلولها باختلاف الديار العربية اللسان كما لا يخفى.

وقد وضعت تحت كل صورة أو بجانبها رقماً صغيراً أو أكثر، هو رقم الصفحة أو الصفحات التي تقع فيها الصورة ومعها اسمها العربي ومقابله الانكليزي. وتحت القليل جداً من الصور وضعت الاسم مكان الرقم، وذلك لأن تلك الصور لم تدرج في المعجم العربي الانكليزي، بل أدرجت في الطبعة السادسة من صنوه الانكليزي العربي. والذي حملني على تفضيل وضع الارقام على وضع الاسماء تحت الصور هو الرغبة في الاقتصاد في المكان، وفي إغراء الطالب بالاجتهاد والتنقيب كي يحصل على أقصى فائدة بما يعثر عليه من المعلومات اللغوية أو العلمية في أثناء البحث عن الكلمة التي يطلبها: —

﴿ ايضاح الاختصارات والرموز الواردة فى هذا المعجم ﴾

(—) هذا الخط المعترض (—) يقوم مقام الكلمة التى فوقه ويُغنى عن تكرار كتابتها عند ذكر مختلف معانيها . راجع صفحة ٨ سطر ٢٥ من المقدمة .

(١) على بعض الالفاظ العربية وضعت هذا الرقم (١) لكي ألفت نظر الطالب الى أن هذه اللفظة سيتكرر ذكرها فى ذات المادة لمعنى آخر كما فى صفحة ٧٨ على الكلمة الأولى من الحقل اليمينى « بنت (١) » والثانية من الحقل اليسارى . وكذلك « بنيان(١) » فى السطر التاسع من الحقل اليمينى (صفحة ٧٨) وبنيان ٢ فى السطر السادس عشر .

(٢) وهذا الرقم (٢) وضعته ليدل على ان الكلمة المرقومة به مكررة لثاني مرة لمعنى ثانٍ غير معنى آخر سبق ذكره .

(٣) وهذا الرقم (٣) يدل على أن الكلمة المرقومة به مكررة لثالث مرة لمعنى ثالث غير معنيين آخرين سبق ذكرهما . انظر كلمة «مُؤَلَّف» الواردة فى صفحة ٣٦ العمود الاول السطر ٢٧ فانها تكررت فى السطر الثانى هكذا «مُؤَلَّف ٢» : «مَكْتُوب» تمهيداً لذكر المقابل الانجليزى (Compiled; Written) . وكلمة « △ جَزْمَة ٢ » الواردة فى صفحة ١١٤ بالعمود الثانى السطر السابع فانها مكررة لثانى مرة لذكر المقابل الانجليزى لمعناها المصرى الدارج وهو «حِذَاء» . وكلمة «مَجْلِس» صفحة ١١٩ العمود الاول والسطر ١٠ للمعنى الاول ، وفى سطر ١٣ للمعنى الثانى ، وفى سطر ١٦ تكررت لثالث مرة هكذا «مَجْلِس ٣» لمعنى ثالث هو «مَوْضِع الجلوس» (Seat) .

✡ والنجمة (✡) البارزة قليلاً إلى يمين العمود تدل على مكان ابتداء المادة ، وعلى انها عربية صحيحة مع كل ما يليها من الصيغ والمشتقات ، ما لم تسبق الكلمة علامة « المعرَّب »

○ هذه الدائرة (○) ، او علامة « المصرى الدارج » هذا المثلث (△) . أما إذا بُدئت المادة بعلامة المعرّب ، كما فى كلمة « ○ تلسكوب » او « ○ تلغراف » او « ○ مغنط » مثلا ، فهذا دليل على ان كل مشتقاتها من طائفة المعرّب ، ولو لم تكن

△ هذه المشتقات مسبوقة بالدائرة . وكذلك إذا بُدئت المادة بعلامة « المصرى الدارج » فتكون كل مشتقاتها من طائفة الدارج ، كما فى كلمة « △ أُسْطَى » فى صفحة ٣٠ .

(س) أما هذا الحرف العالى الصغير (س) فانه اول حرف من حروف كلمة « سورى » ، وضعته فوق الكلمات « السورية الدارجة » . لتمييزها (راجع صفحة ٩ ، السطر ١٢ ، والحاشية رقم ٢ فى اسفل صفحة ٧ من المقدمة) .

(ع) وهذا الحرف العالى الصغير (ع) فانه اول حرف من حروف كلمة «عراقى» وضعته على الكلمات «العراقية الدارجة» لتمييزها ، كما فى كلمة «مِرْصاع ع» (فى مادة رصع ، صفحة ٢٥٢) و « راية شادن ع » (فى مادة ربى ، صفحة ٢٧١) و « سَكَعْكَع ع » (فى صفحة ٣٠٦ السطر الثالث عشر من الحقل اليسارى) .

(ا)

Particle of interrogation (?). ٭أ : همزةُ الاستفهام . هل ؟
Did you read my letter ? أقرأتَ خطابي
Have you not seen my brother? أما رأيتَ أخي
Whether. أ : همزة التسوية . سواء . . . أم
He does not mind whether I go or whether I stay. هو لا يبالي أذهبتُ أم بقيتُ
Alef; First letter of the Arabic Alphabet. ٭ا : ألف
He does not know A from B. لا يعرف الالف من الباء
I am Alpha and Omega. أنا الألف والياء
August. ○آب : اغسطس ، الشهر الميلادي الثامن
٭آبَ (في اوب) ٭ ابّ (في ابو) ٭ أبّ ٭ أبابة (في ابب)
٭أباحَ (في بوح) ٭ اباد (في بيد) ٭ أُباشة (في وبش)
To long, yearn (for). (ابب) أبَّ اليه : اشتاق
Grass; herbage. أبٌّ : عشب
Homesickness; nostalgia. أبابة : الحنين الى الوطن
٭ابتاعَ (في بيع) ٭ ابتدر (في بدر) ٭ ابتدع (في بدع)
٭ابتدهَ (في بده) ٭ ابتزّ (في بزز) ٭ ابتسرَ (في بسر)
٭ابتغى (في بغى) ٭ ابتكر (في بكر) ٭ ابتلّ (في بلل)
٭ابتلى (في بلى) ٭ ابتهجَ (في بهج) ٭ ابتهلَ (في بهل)
Alphabetic; alphabetical. ٭أبجديّ
The Alphabet. الحروف الأبجديّة
٭ابجر (في بجر) ٭ ابحرَ (في بحر) ٭ ابخر (في بخر)
To abide in a place. ٭أبدَ بالمكان : أقام
To be, *or* become, wild. — الحيوانُ : توحّش
To perpetuate; eternalize; eternize; make eternal, *or* perpetual. أبّدَ : خلّدَ
Eternity; perpetuity. أبَدٌ : دوام
For ever. إلى الابد : دائماً
For ever and ever; eternally. الى أبد الآبدين
Wild; untamed. آبِدٌ : برّي ، متوحّش
Monster. آبِدة : هولة . وحش أو شيء مخيف

Never; not. أبداً : قطعاً . أصلاً
Always; ever. — : دائماً
Everlasting; perpetual. أبديّ : دائم
Eternal. — : ازليّ
Eternity; eternal duration. أبديّة : أزليّة
Perpetuity; endlessness. — : دوام
Perpetual; endless. مؤبّد : دائم
For life; lifelong. — : مدى الحياة
٭ ابدعَ (في بدع) ٭ ابدى (في بدو)
To sting. ٭أبر : لدغ
To slander; defame. — : افترى على
To backbite. — : اغتاب

←Needle. إبرة الخياطة
Knitting needle. — الحياكة
Tip; point; pointed end. — : طرف مدبّب

←Stamen. — النبات : سداة
Adam's needle; ←yucca; bear grass. — آدم

Geranium. — الراعي : △خبيزى افرنكية
Fox geranium. — الراهب : نبات
Hemlock geranium. — العجوز : نبات
Sting. — الحشرة : حمة . زبانى

←Compass. — الملاحين : حُق
Magnetic needle. — مغنطيسية

Dipping ←needle. — انحراف مغنطيسي
Embroidery. شغل الـــ : تطريز
Needler. أبّار : صانع الابر او بائعها
Needle-case; needle-box. مِئبر . مئبار △أبّارة
Packing-needle; sack-needle. — △مِيبر
Pistil. مُتأبّر : مدقّة النبات (انظر دقق)
○أبراميس : △رِشلبة

←Bream.
To post. ٭أبرد (في برد)

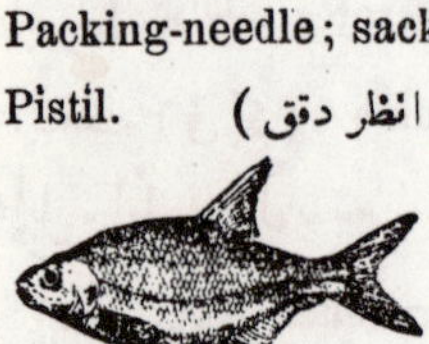

*أَبْرَش * أَبْرَشِيَّة (في برش) * أَبرص (في برص)
*ابرق (في برق) ٥ ابرميس(انظر ابراميس) .Bream

٥إبْرِيز : ذَهَبٌ خالِص Pure gold.
٥إبْرِيسَم : حَرِير Silk.
*إبْرِيق (في برق) Pitcher; ewer; water-jug. ←
٥إبْرِيل : نِيسَان . الشهر الميلادي الرابع April.
أوّل — : يَوْمُ الكذب April-fools' day.
٥أبْـزَن : حوض التشطيف(انظر حوض) Wash-basin.

*أبْـزَى (في بزي) Pigeon-breasted.
*إبْـزِيْم Clasp; buckle. ←

٥إبْسِن : شاعِر نرويجيّ Ibsen (Henrik)
△إبْسِيط : حِتار العَجَلةِ الخارجي Rim of wheel.
*أَبَش . أَبَّش : جمع To gather; collect.
أُباشَة : خليط من الناسِ (راجعْ وبش) Mob; rabble.

*أُبْض . مَأْبِض Ham; hock; inner side of knee.
إباضة : قَبْـقاب الفَرْمَلة Brake-shoe; skid. ←
مأبِضِيّ (في التشريح) Popliteal; poplitic.
*إبْط : △ باط . باطِن الكتف Armpit; axil (botany).
إبْطِيّ : مختصّ بالابطِ Axillary; in axil.
تأبّط الشيءَ : وضعه تحتَ إبطِهِ To take, *or* carry, under the arm.
— كتاباً To tuck a book under one's arm.

*أبطأ (في بطأ) * أبْعادِيَّة (في بعد)
*أبَقَ : هَرَب To run away; flee; desert.
آبِق : هارِب A runaway; a fugitive; deserter.
أبَق : نَبات الكِتّان Flax ←

٥أبُقْراط : ابو الطِبّ Hippocrates. ←
*أبْـكَم (في بكم) Mute; dumb.
*إبِل . إبْل : جِمال . بعير Camels.
إبالة : سِياسَة Diplomacy; policy; prudence.
إبّالَة : △ بالة . رِزْمة Bale; large bundle.
ضِغْثٌ على — : بَلِيَّةٌ على بَلِيَّة Worse and worse.
أبِيل : رَئِيس دَيْر رُهبان Abbot.
أبِيلة : رَئِيسة دَير رَاهِبات Abbess.
*ابل (في بلل) * أبْلق (في بلق)
٥أبْلَكاش : خشب مُصَفَّح Plywood.
*أبله (في بله) * أبلى (في بلى) To wear out.
*إبْلِيس : شَيْطان Devil; satan.
*إبْن * إبنة (في بني) Son, *or* daughter.
*أبَّن الميتَ To eulogize, *or* praise, a departed (dead) person.

أُبْنَة : عُقْدة في خَشَب Knot. ←
إبّان : وَقْت . آوان Season; time.
تأبِينُ الميتِ Eulogy; eulogium; praising the dead; funeral oration.
مأبُون Catamite; sodomite.
*أبَنُوس . آبِنُوس . آبِنوز : خشب أسْوَد Ebony.
*أبَهَ لَهُ . فَطِنَ To notice; take notice of.
لا يُؤْبَهُ لهُ Inconsiderable; unimportant.
أُبَّهَة . أُبْهَة : عَظَمة Pomp; grandeur; ostentation.
— : فَخامة Magnificence; splendour.
*إبهام (في بهم) * آبَج (في بهج) * آبهر (في بهر)
*ابهم (في بهم) To be ambiguous.
*أبُو . أب : والِد Father; male parent; pater.
— كذا : ذو او صاحِب كذا Having. . . .
△— بَيْض : نَبات Millet grass.
△— بيض : عنكبوت House spider.

△— جُعران : جُعَل Scarab. ←
△— جَلَمْبُو △ حَنْجَل (الجمع حناجل) Crab. ←

△— خَنْجَر : نَبات Indian cress; garden nasturtium.

△— دقيق : فَرَاشَة Butterfly. ←
△— رُكْبَة : نَبات Kohl-rabi; Hungarian turnip.
— صَاحِبِي : والِدهُ The father of my friend; my friend's father.

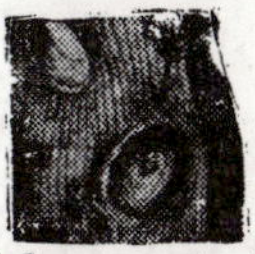

△— قصاده : ذُعَرة — Wagtail.

△— قتب : مُقتَّبُ الكاهِل — Humpbacked; hunchback.

△— قِردان : عَنز — Ibis.

△— كبير : حلتيت — Asafœtida.

△— كِرش : أكرش — Big-bellied.

△— معاوية (في عوى)

△— نظّارة : ذو النظّارة — Spectacled.

△— النوم : خشخاش — Poppy.

△— الهول — Sphinx.

△— يقظان : ديك — Cock; chanticleer.

أبوان : والدان — Parents.

أبوّة : صفة الوالد — Fatherhood; paternity.

أبويّ : والديّ — Fatherly; paternal.

— : من جهة الاب — Consanguineous.

ألآب : الأقنوم الأوّل — The Heavenly Father.

أبا الولدَ : ربّاه كولده — To father a child.

٥أبولون : احد أرباب الإغريق والرومان — Apollo.

٥أبونيه : مشترك — Season ticket holder.

٭أبى : رفض — Refuse; decline.

— : عافَ — To loathe; detest; feel disgust at.

آبٍ : غير راضٍ — Reluctant; unwilling.

إباء . إباءة : رفض — Refusal; rejection.

— . — : عوف — Repugnance; dislike.

أبيّ : مترفّع . أنوف — Disdainful; haughty; supercilious.

٥أبيس : العجل المقدّس لدى الفراعنة — Apis; Hapi.

٭أبيض (في بيض) — White

٥أبيقور — Epicurus.

٭إتّاد (في وأد) ٭ آتان (في اتن)

٭اتاوة (في اتو) — Tax; royalty.

٭إتْب : △فوطة المدرسة — Pinafore; apron.

٭إتّجه (في وجه) ٭ اتّحاد ٭ اتّحد (في وحد) ٭ اتّحف (في تحف)

٭اتخم (في تخم) — To cause indigestion.

٥أترج . أترنج : ترنج — Citron; Adam's apple.

٭اتّساع ٭ اتّسع (في وسع) ٭ اتّسق (في وسق)

٭اتّصل (في وصل) ٭ اتّضح (في وضح) ٭ اتّضع (في وضع)

٭اتّفق (في وفق) ٭ اتّقد (في وقد) ٭ اتّقن (في تقن)

٭اتّقى (في وقى) ٭ اتّكأ (في وكأ) ٭ اتّكل (في وكل)

△أتل : أثل △عبل — Tamarisk; tamarisk salt tree.

٭أتم بالمكان : اقام — To dwell at a place.

مأتم : اجتماع في حزن — Funeral meeting; funeral ceremony.

٥أتمبيل : سيّارة — Motor-car.

(اتن) أتان : حمارة — She-ass.

أتّون : تنّور — Furnace; oven.

— : قمين (راجع قمن) — Kiln.

٭اتّهم (في وهم) — To charge with.

(اتو) إتاوة : ضريبة (راجع ضرب) — Tax; royalty.

٭أتى : جاء — To come; arrive.

— به : أحضره — To bring; fetch.

— الأمرَ : فعله — To do; perform.

— الجرمَ : ارتكبه — To commit a crime.

— المرأة : غشيها — To lie with a woman.

— على الأمر : أتمّه — To finish: complete.

— على الشيء : أنهاه — To use up; exhaust; do away with.

آتاه الشيءَ وبه : أعطاه إيّاه — To give; grant; offer.

آتى : وافق — To favour; be favourable.

تأتّى (عنه ومنه) — To result in; end with.

آتٍ : جاء — Coming; arriving.

— : مُقبل — Ensuing; following.

الشهر الآتي — Next month.

الجملة الآتية — The following sentence.

مؤاتٍ : موافق — Favourable; propitious.

After.	في — (او اِثْر) : بَعْد
Immediately after.	على — •
To lose the scent.	أَضاعَ الاَثَرَ
To put off the scent.	تَيَّهَ عَن الأَثَر
Traces; marks.	آثار : علامات
Monuments; relics.	— : بقايا أَثَرِيَّة
Museum.	دَار الـ : مُتْحَف . مَتْحَفَة
Vandalism.	تَخْريب الـ القَديمة
Archæology; archeology.	علم الـ القديمة
Monumental.	أَثَرِيّ : مُخْتَص بالآثار
Archæologist; archeologist.	— : عالِم بالآثار
Vestigial; rudimentary.	— : باقٍ كأَثَرٍ لِشَيءٍ بائد
Vestigial remains.	بَقايا —
Vestigial organ.	عُضْو — •
Egotism; self-exaltation.	أَثَرَة . إِسْتِئْثار : صَلَف
Selfishness; egoism.	— • : حُبّ الذات
To become rich.	أَثْرَى (في ثروة)
Ether.	أَثير
Ethereal.	أَثيرِيّ
Preference.	إيثار : تَفْضيل
Feeling; sensibility.	تَأَثُّر : شُعور
Emotion; feeling.	— : إِنْفِعال نَفْسانِي
Sensitive; easily affected.	سَريع الـ
Nervous.	سَريع الـ والإِضْطِراب : عَصَبِيّ
Sensitiveness.	سُرْعَة الـ •
Nervousness.	سُرْعَة الـ والإِضْطِراب
Sensibility; susceptibility.	قابِلِيَّة الـ •
Effect; impression.	تَأْثير : أَثَر . وَقْع
Influence; power; control.	— : نُفوذ
Effectual; efficacious.	ذو — : وَمُؤَثِّر . ناجِع
Effective; powerful.	ذو — : فَعّال
Ineffective.	عَديم الـ
Effective; efficient.	مُؤَثِّر : فَعّال
Efficacious; effectual.	— : ناجِع
Impressive.	— : في العَقْل أو النَفْس
Pathetic; affecting; touching.	— : في المَواطِف
A memorable deed; an accomplishment.	مَأْثَرَة : عَمَل حَميد
Feat; exploit.	— : عَمَل عَظيم

	أَثّ (في اث) * أَناب (في ثوب) * آثار (في نور)
To arrange; do; put or set, in proper order.	أَثّ الفِراشَ : مَهَّدَه
To furnish a house.	— البَيْتَ : فَرَشَه
To grow luxuriantly.	أَثّ النَباتُ والشَعْرُ : نَمَى
Furniture; house furniture.	أَثاث
Abundant; luxuriant.	أَثيث : غَزيرٌ
Fat; plump.	— : سَمين
Runner.	— : عِرْق مَدّاد
Furnished.	مُؤَثَّث : مَفْروش
To quote; cite.	أَثَرَ الحَديثَ : نَقَله
To affect; make an impression; act; produce an effect.	أَثَّرَ
To impress on, or upon, another.	— عَلَيه
To take effect.	— الكَلام او الدَواء
To affect; move the feelings.	— في النَفْس
Proof against anything.	لا يُؤَثِّر فيه شَيْء •
To prefer to; choose before.	آثَرَ على
To respect; honour.	— الرَجُلَ : أَكْرَمَه
To feel; perceive.	تَأَثَّرَ : شَعَر
To be affected by.	— من كَذا
To take to heart; feel injured.	— من كَلام او فِعْل : تَكَدَّر
To be moved, or impressed.	— تَعَواطِفه
To follow another's tracks.	— : اقتَفى أَثَرَه
To pursue; chase; track.	— : تَعَقَّبه
To appropriate; take to one's self.	اسْتَأْثَر بِكَذا
Called by God; died.	— اللهُ بِه : مات
Trace; mark.	أَثَر : عَلامة باقِية
Vestige; remains.	— : بَقِيَّة أَثَرِيَّة
Effect; impression.	— : تَأْثير
Track; trace.	— : جُرَّة
Touch; trace.	— : مَسْحَة أَو عَلامة او لَوْنة
Monument.	— : بِناء أَثَرِيّ
Antiquity; ancient monument.	— : قَديم
Bad impression.	— سَيِّئ •

مأثور Transmitted by tradition.
قَوْل —. Saying; aphorism; maxim.
مُتأثِّر Affected.
غير —. Unaffected.
*أُثْفِيَّة النارِ Andiron; firedog.
*أَثَّلَ : اقتصدَ To economise.
أَثَلَ : تأصَّلَ To be firmly rooted.
أَثْل : △ عَبَل . شجر Tamarisk.
*أَثِمَ : أَذْنَبَ To sin; err; commit a crime.
إِثْم : ذَنْب Sin; crime.
— : شَرّ Evil; wickedness; vice.
— فظيع Atrocity; an atrocious act.
أَثِيم : مُذْنِب Sinner; transgressor; culpable.
— : شِرّير Criminal; evildoer; sinner.
مَأْثَم . مأثمة : إِثْم Sin; crime.
*أُثْمُد . إِثْمِد : ○ أَنْتِيمون Antimony.
*أثناء * اثنان * اثنى (في ثني) * أثير (في أثر)
*أجّ (في اجج) * اجاب (في جوب) * اجاج (في اجج)
*أجاز * إجازة (في جوز) * اجاص (في اجص)
*إجتاح (في جوح) *اجتاز (في جوز) *اجْتَرّ (في جرر)
*اجتلب (في جلب) *اجتمع (في جمع) *اجتنب (في جنب)
*اجتهد (في جهد) To endeavour; do *one's* best.
*أَجَّجَ النارَ To inflame; kindle; cause to flame.
أَجَّت . تأجَّجت النارُ To flame; blaze; glow.
أُجاج : يُلْهِب الفم Poignant; pungent.
ماء —: مدّان . شديد الملوحة Brine; salt water; salt, bitter water.
△أجاج : سمك مُملَّح Native salted fish.
أَجَّاج : مُتلهِّب Warm; ardent; fervent.
أَجُوج . مُتأجِّج : وهّاج Incandescent.
أَجِيج Flaming; blazing; glowing; incandescence.
*أجدى (في جدو) To avail.

*أَجَرَ : كافأ Recompense; reward.
أَجَّرَ : أكرى To hire; let (for hire)
— : اكترى (عموماً) To hire; rent.
— : اكترى (بيتاً أو أرضاً) To rent; let.
— . استأجرَ : استكرى To hire; take on hire.
— . — أرضاً أو بيتاً To rent; hold by paying rent.
— . — سفينةً To charter a ship.
△— من باطنِه أو بطنه To sublet.
أَجْر : ثواب Recompense; reward.
— . أُجرة[1] : جُعْل Wages; pay.
آجُرّ : طوب . قرميد Bricks; tiles.
آجِر : مستخدِم Employer.
إجراء * أجرى (في جرى)
أُجْرة[2] : كِراء Hire.
— التعليم أو التربية Tuition fees.
— المدرسة أو الطبيب أو المحامي Fee; fees.
— السفر أو الركوبة Fare; price of passage.
— السفر بقطار سكة الحديد Railway fare.
— العربة Cab fare.
— النقل Transport; porterage; carriage.
— النقل بعربة كارّة Cartage.
— نقل (شحن) البضائع : ○ نَوْلُون Freight.
— العقار . إيجار[1] Rent.
إيجار[2] . إجارة (لمدة طويلة تزيد على سنة) Lease.
للإيجار : معروض للإيجار (كالمنزل مثلاً) To let.
أَجِير : خادم Servant; employee.
— : عامل Labourer.
— . مأجور : مُستخدم Employee.
مأجور[2] . مُستأجَر : مكري Hired; taken on hire.
— . مؤجَر : مُشترى بالمال Mercenary; done for money.
مؤجَّر[2] . مُستأجَر Hired; rented; let.
— لهُ . مُستأجِر . مؤاجِر Lessee; tenant.

مؤَجِّر . مُؤَجَّر : صاحب المِلْك المُؤَجِّر . Lessor.

آجُرُوميّة اﻼ اُجُرُوميّة : علم قَواعد اللغة. Grammar.

اﻼ أَجْزاجِيّ : صَيْدَلِيّ Chemist; pharmacist; druggist.

— في صيدلِيّة مجَّانِيّة Dispenser.

أجزاخانَة : صَيْدَلِية Pharmacy; drug-store.

(اجص) إِجّاص : بَرقوق ◄ Plum.

— : كُمَّثْرَى ◄ Pear.

أجِلَ : تَأَخَّرَ To tarry; delay.

أَجَّلَ : آخَّرَ To defer; delay.

— : أَرْجَأ To postpone; adjourn; put off.

أَجَلَّ (في جلل) To honour; venerate.

أَجَلْ : نَعَم Yes; yea.

لأَجْل For.

— كَذَا Because of; on account of; for.

— خاطِر كَذَا For the sake of.

— ان In order to.

أَجَلٌ : وَقْت الاسْتِحْقاق Maturity.

— : مُدَّة Period; term.

— : وَقْت الموت End of life; end of one's days; death.

انقَضَى — هُ : ماتَ One's hour has come.

لأَجَلٍ : لوَقْت For a time.

— : مُوَقّت Temporary.

— : ضد نَقْداً (في التجارة) On credit.

آجلاً أم عاجلاً Sooner or later.

تأجيل : تَأْخِير Deferment; delaying

— : إِرجاء Postponement; adjournment.

أَجَمَة Thicket; jungle.

أَجْنَبِيّ (في جنب) Foreigner or foreign.

اﻼ أَجَنَة : مِنْقَر ◄Cold chisel.

◄أَجْهَدَ (في جهد) ◄أَجْهَرَ (في جهر) ◄أَجْهَزَ (في جهز)
◄اجِض (في جض) ◄آحَ (في اوح) ◄احَّ (في احح)
◄احاطَ (في حَوط) ◄احَقَ(في حيق) ◄احالَ(في حول)

◄أَحْبَطَ (في حبط)◄احبولة (في حبل)◄احتاجَ (في حوج)
◄إحْتارَ (في حير)◄إحتاطَ(في حوط)◄إحتالَ (في حيل)
◄إحتبَلَ (في حبل)◄احتجَّ (في حجج)◄احتدَّ (في حدد)
◄إحتدَمَ (في حدم)◄إحتَرَسَ (في حرس)◄احترقَ (في حرق)
◄إحتَرَمَ(في حرم)◄إحتَسَبَ (في حسب)◄احتفل (في حفل)
◄احتَوَى (في حوى)◄احتَقَرَ (في حقر)◄إحتَكَّ(في حكك)
◄إحتَكَرَ(في حكر)◄احتَلَّ (في حلل)◄احجَمَ(في حجم)
◄أُحْجِيَة (في حجى) Riddle; enigma.

(احح) أَحّ : اﻼ كَتّ . سَعَل To cough.

أَحَّدَ (راجع وحد) To unify; make into one.

إتَّحَدَ القومُ : اتفقوا To agree; join hands.

— الشيئان: صارا واحداً To unite; become one.

— الشيء بالشيء To join; be united with.

أَحَدٌ : واحِد (راجع وحد) One.

— : فَرْد Unit.

— ما : شَخْص ما Somebody; some one.

— : يَوْم الأَحَد Sunday.

اﻼ — الشَّعَف : ◄ او الشَّمانِين Palm-Sunday.

اﻼ — المَرافِع Shrove-Sunday.

اﻼ — العَنْصَرة Whitsunday.

اﻼ — الـ الجَدِيد : اول أحد بعد الفِصْح Low-Sunday.

لا — : ولا واحِد None; no one; nobody.

أَحَدِيّ : مختص بيوم الأَحَد Dominical.

إحْدَى عَشَرَة (١١) Eleven.

حادِي عَشَر Eleventh.

أَحَدِيّة : فَرْدِيّة Unity; oneness.

آحاد : التَّنْشِئَة الأَعداد الاولى Digits.

— : غير العَشَرات والمئات الخ Units.

خانة الـ — Unit's column or place.

◄أَحْدَب(في حدب)◄احدَق (في حدق)◄أَحرَجَ (في حرج)
◄أَحرَزَ (في حرز)◄أَحرى (في حرى)◄أَحسَنَ(في حسن)
◄أَحصَّ (في حصص)◄أَحصى(في حصى)◄أُحْفور(في حفر)
◄أَحكَمَ (في حكم)◄أَحَلَّ (في حلل)◄أَحلَسَ(في حلس)
◄احليل (في حلل)◄امر (في حمر)◄احق (في حق)
◄احول (في حول)◄احيا(في حيى)◄اخ◄اخاء(في اخو)

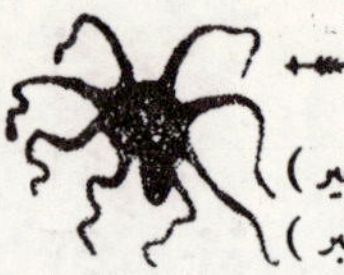

أُخْبُوط : دَوْل — Octopus.

* أُخْت (في أخو) * إختارَ (في خير)
* إختالَ (في خيل) * اختبرَ (في خبر)
* إخترعَ (في خرع) * اختزلَ (في خزل) * إختشي (في خشي)
* إختصّ (في خصص) * اختصرَ (في خصر) * اختطّ (في خطط) * اختفى (في خفى) * اختلّ (في خلل)
* إختلجَ (في خلج) * إختلسَ (في خلس) * اختلفَ (في خلف)
* أخدود (في خدد) — Ridge; furrow.

أَخَذَ : تناولَ — To take; receive.
— : نالَ — To get; obtain.
— إِخْذَهُ — To take after; imitate.
— إسماً : اشتهرَ — To make a good name.
— في : شرعَ — To begin; start.
— به : أمسكه — To get, or take, hold of; grasp.
— يفعل كذا . — To begin to do " a thing."
— وأعطى — To reciprocate; give and take.
— وأعطى مع — To deal with.
— حِذْرَهُ : تنبّهَ — To take heed *or* care; be on one's guard.
— على غِرّة — To surprise; take unawares.
— عِلماً بـ — To take note of.
— رأيه — To consult; ask *one's* advice.
— على نفسه أو عاتقه — To take upon oneself.
— نَفَسَه : تنفّسَ — To respire; breathe.
△ — نفسه : إستراحَ — To take breath *or* rest.
△ — على عادة : إعتادها — To take up a habit.
△ — عليه : اعتاده — To be familiar with.
△ — عليه وجهاً : اسْتَنْجَدَ عليه — To make free, *or* take liberties, with.
△ — على خاطره : امتعضَ — To take offence.
△ — دماً : فَصَدَ — To let blood.
△ — مرضاً : اقتبسه — To catch a disease.
ـه العجب من — To wonder at.
ـه . أخذه بذنبه أو عليه : عاقبه — To punish (for).
— . — بذنبه أو عليه : لامه — To blame, censure, *or* reproach, for.
لا تؤاخذني — Excuse me!
اتخذ الشيء — To adopt; take up.
اتخذ له محلاً مختاراً — To appoint one's domicile.

أَخْذ : تناوُل . قبول — Taking; receiving.
— وَرَدّ — Discussion; dispute; argument.
— وَعَطاء — Dealings; intercourse; give-and-take.
أَخّاذ : يَسْحر — Taking; alluring; attractive.
مَأْخَذ : مَوْضِع الأخذ — Source; spring.
— : مَعْنى — Meaning; sense.
— : طريقة — Way; manner.
مأخوذ : أُخِذَ — Taken.
— : مَبْهوت . مُنْدَهِش — Taken aback.
— به : معمول به — In use; in force.
* أَخَّرَ : عاقَ — To delay; detain; retard.
— : مَنَعَ — To hinder; impede; stop.
— : أَجَّلَ — To put off; defer; postpone.
— الساعة : ضِدّ قَدَّمَ — To lose; put back.
تأخّرَ : أبطأ — To delay; linger; tarry.
— : ضِدّ تقدّمَ — To remain, *or* stay, behind.
— : توانى — To loiter; lag.
— : تعوّقَ — To be late.
آخِر : نهاية — End; limit.
— : أسفل (او ذيل الصفحة مثلاً) — Foot; bottom.
— : حدّ — Limit; end.
— : ختام — End, —ing; conclusion.
— : طرف — Extremity.
— : الأخير — Last; the last.
— : غاية — Extreme; last; utmost.
— الخطّ او الطريق — Terminus.
— الصفّ : ذيله — Foot of a class.
له — : محدود — Limited.
الى ـه — And so forth; etc. (et cætera).
الآخِرة : ما بعد الموت — The other, *or* future, life.
آخَر : خلاف هذا — Another; other.
الـ : الثاني — The latter; the other.
أخير . الأخير : آخر الكل — The last.
أخيراً — At last; at (*or* in) the end.
— : مؤخراً . من عهد قريب — Lately.

تأخُّر : تَمَوُّق	Delay.
— : فَوَاتُ الوَقْتِ	Lateness.
— . تَأخِير : بُطء	Delay; slowness; tardiness.
تَأخِير ٢ : تَأجِيل	Putting off; postponement.
مُؤَخَّر : خَلْف	Back; hinder part; posterior.
— السفينةِ : كَوْثَل ٨ فِرْش	Stern (of ship).
مُؤَخَّراً : من عَهدٍ قَريب	Lately.
مُؤَخَّرَة الجَيشِ : الساقَةُ	Rear; rear-guard.
مُتَأخِّر : ضِدّ مُبَدِّر (وبمعنى متأخراً)	Late.
— : باقٍ	In arrears; remaining; unpaid.
— : ضِد مُتَقَدِّم	Behindhand; backward.
في الآراءِ : رَجْعِيّ	Old-fashioned.
متأخِّرات : (بقايا الحِساب)	Arrears.

*أخرس(في خرس)*اخضر(في خضر)*أخطأ(في خطأ)
*أخطبوط ٥:اخبوط.دَوْل(انظر اخبوط) Octopus.
*أخطَر(في خطر)*أخفق(في خفق)*أخلى(في خلو)
*اخص(في خص)*٨اخنف(في خنف)*اخّى(في خنى)

*أخو.أخٌ.أخّ	Brother, or friend.
— نِقَة	Trusty; constant; loyal.
أخٌ٢.أخّ٢: من جمعك وإياه صُلْب او بَطن	Brother.
— شقيق	Full brother; brother-german.
من احدِ الوالدين	Half brother.
— من الأم	Uterine brother to.
— من الأب	Consanguineous brother.
— في الرضاعةِ: رَبِيّ	Foster-brother.
— الزوج او الزوجةِ: صِهر	Brother-in-law.
قَتْلُ الـ	Fratricide.
أخت	Sister.
— شَقيقة	Sister of the whole blood.
— في الرَّضاعَةِ	Foster sister.
— الزوج او الزوجِ	Sister-in-law.
قَتْلُ الـ	Sororicide.
أخُوَّة.إخَاء.إخَاوَة	Fraternity; brotherhood.
إخْوَة.إخوان	Brothers; brethren.

أخَوِيّ	Fraternal; brotherly.
أخَوِيَّة	Brotherhood; fraternity.
آخى.تأخَّى: ٨خَاوَى	To fraternise with; be as a brother to.
تأخَّى٢.تَوَخَّى: قَصَد	To look for; seek.
أخُور: ٥إسْطَبْل	Stable.
٥أخِيلُوس.أُخْلُس: بطل الياذة هوميروس	Achilles.
*أخِيَّة: مِسمار بحَلْقَةٍ	Ring-bolt.

*أدَّ(في ادد)*آدارَ*إدَارَة(في دور)
*آدالَ(في دول)*آدانَ*إدانَة(في دين)
*آداة(في ادوات) Material.

*أدُبَ:ظَرُفَ	To be polite; well bred; well educated.
أدَبَ:أوْلَمَ	To entertain; give an entertainment.
أدَّبَ:هَذَّبَ	To educate.
— :قَوَّمَ او اصلَحَ	To discipline.
— :عَاقَبَ	To punish; chastise.
تأدَّبَ:تَهَذَّبَ	To be educated.
— :كانَ مؤدَّباً	To be polite, well bred.
أدَبٌ.تأدُّب:ظَرْف	Politeness; decorum; refinement.
— :تَهَذُّب	Education.
— :حِشْمة	Decency; modesty.
— :السُلُوك او المماشَرة	Etiquette; conventional rules of behaviour.
— المائدة (مثلاً)	Table etiquette.
علم الـ	Polite literature; belles-lettres.
علم الـ (في اللغة العَرَبيَّة)	Philology.
قليل الـ	Ill-bred; impolite; rude.
بأدب.بتأدُّب.تأدُّباً	Politely.
أدَبِيّ:يَتَعَلَّق بالآداب او الاخلاق	Moral.
— :مختصّ بعلوم الاداب	Literary.
— :أخْلاقِي	Moral; ethical.
الفَلَّسَفَة الادبية	Ethics; the science of morals.
آدِبٌ:مُضِيف	Host; entertainer.

Hostess; entertainer. — آدِبَة : مُضيفة

Literary man; man of letters; erudite. — أَدِيب : عالِم . كاتِب

Polite; refined; mannerly. — — : مُؤدَّب

Education. — تأدِيب : تهذيب

Punishment. — — : قصاص

Disciplinary court. — مَجلِس — .

Disciplinary; correctional. — تأديبيّ : تقويمي

Educational. — — : تهذيبيّ

Punitive. — — : قصاصيّ

Punitive expedition. — حَمْلة —

Banquet; entertainment. — مَأدُبة

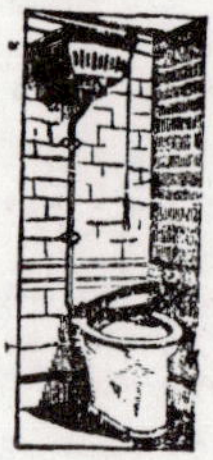

Polite; refined; well-bred. — مُؤدَّب

Disciplinarian. — مُؤدِّب

Water-closet; ←W.C. — △أدَبْخانة : مُستراح

٭ادبر (في دبر) ٭ إدَّخر (في ذخر)

To distress; afflict. — (ادد) أدَّ : دَهَى

Calamity; disaster. — إدّ . إدَّة : داهِيَة

Scrotal hernia. — ٭أُدْرة : فَتْق صَفَنيّ

٭ادرك (في درك) ٭إدريس (في درس) ٭إدَّعى (في دعو)

To adduce. — ٭ادلى (في دلو)

To season; give relish to. — ٭أدَم : خَلَطَ بالادام

Seasoning; condiment. — أُدْم . إدام : ما يؤدَم به الطعام

Grease; fat. — △إدام ٢ : دُهن

Skin; integument; derm. — أدَم . أدَمَة : جِلْد

Adam. — آدَم : أبو البَشَر

Human being; Adamite. — إبن — : بَشَر

Adam's-needle; yucca. — إبرة — . (انظر آبر)

Preadamic. — من قَبْل — : قِبطَحْلي

Human, *or* humane. — آدَمِيّ : بشري

Humanity. — آدميَّة : بشرية

Leather; tanned leather. — أَدِيم : جِلْد مَدْبوغ

Hide; pell. — — : جِلْد خَام

Crust, (*or* surface,) of earth. — — الارض

٭ادمن (في دمن) ٭ ادمى (في دمى) ٭ ادنى (في دنو)

Materials. — ٭أدوات : مَواد . لوازِم △مُهِمّات

Household materials. — — مَنزلية

Kitchen utensils. — — المطبخ

Tableware. — — المائدة

Building materials. — — البناءِ

Stationery; writing materials. — — مَكتبيَّة

Tool; instrument; implement. — أَداة : آلة

Article. — — : شَيْء (وفي النحو)

Definite article. — — تَعْريف

Indefinite article. — — تَنكير

Prefix. — — سَبْق او تَصدير : سابِقة

To pay; discharge; settle. — ٭أدَّى : وفى (دَيْناً)

To lead to; bring to. — — الى : أوصَل

To result in; conduce to. — — الى : أفضى الى

To salute; greet. — — السَّلامَ

To give evidence; testify. — — الشهادةَ

To act; do; carry out. — — عَمَلَه

To perform a duty. — — الواجِبَ

To function; fulfil a function. — — وظيفته

To take an oath. — — اليمينَ

Payment; discharge settlement. — تأدِية : وَفاء

Leading, bringing, *or* conducting, to. — مؤَدٍّ الى

Header. — △ آديَّة : قالِب طُوب يُوضَع بعرضِه في اتجاهِ الحائط

Then. — ٭إذْ

Therefore; consequently. — — ذاكَ

If. — — ما : لَوْ

If. — ٭إذا : لَوْ

When; at the time. — — ما : لَمَّا

Unless. — الاَّ — : ما لَم

Therefore; then; in that case. — إذاً . إذَن

March. — ٭آذار : مارس . الشهر الميلادي الثالث

٭اذاع (في ذيع) ٭أذعن (في ذعن) ٭أذلّ (في ذلل)

*أذِنَ لهُ : سَمَحَ — To allow; permit; give permission *or* leave to.
— لهُ : رَخَّصَ — To license; authorise.
— اليه : إستمعَ — To listen to; give ear to.
آذَنَ : أعْلَمَ — To announce; declare.
— أذَّنَ بالصلاة — To call to prayer; proclaim the time of prayer.
△ أذَّنَ في مالطه — To preach to the winds.
إستأذَنَ — To ask for, *or* beg, leave; take permission.
إذْن : إجازة — Leave; permission.
— : رُخْصة △ تصريح — License; authorisation.
— بريد — Postal order; post-office (money) order.
عن —ك — With your permission! by your leave!
أُذُن : △ وِدْن (راجع ودن) — Ear.
— : عُرْوَة . مسكة — Handle.
— خارجيّة — External ear; auricle.
— داخلية : محارة الاذن — Internal ear; labyrinth of the ear.
— الظُفْر — Quick of the finger-nail.
— : △ وِدْناني — Easily impressed.
△ — القِسّيس : لوف الحيّة — Snake plant; common dragon.

بنت الـ — : لوزة الحلق — Tonsil.
آذان الفار — Field forget-me-not.
» الجبلي — ← Forget-me-not.
— الدبّ — ← Primrose.

أذان : الدعاء للصلاة — The call to prayer; chant of the mueddin
أُذُنِيّ : مختصّ بالاذن — Aural; pertaining to the ear.

أُذَيْن القلب (في التشريح) — Auricle of the heart.
أُذَيْنَة . أذَنة (في النبات) — ← Stipule.

آذِن : مُلَوِّحة ○ سيمافور — Signal; ← semaphore.
إذَن : إذاً — Therefore; in that case.
إستئذان : طلب الاذن — Leave-taking.
مِئْذنه . مأذنة : △ مادنة — Minaret.

مُؤَذِّن . أَذِين — *Muezzin*; announcer of the hours of prayer.
*اذنبَ (في ذنب) — To be guilty.
*أذِيَ . تأذّى : أُصيبَ بأذى — To suffer an injury.
آذى : أضرّ — To injure; harm; wrong.
لا يُؤذي — Harmless; innocent; inoffensive.
تأذّى : إستاء — To resent; take ill; consider as an injury.
— : تضرّر — To suffer an injury.
أذًى . أذِيّة : ضرر — Injury; harm; evil.
— . — : إساءة — Offence; grievance.
لم يُصبه — — Uninjured; unharmed.
تأذٍّ : إستياء — Resentment; displeasure.
مُؤْذٍ : ضارّ — Injurious; harmful; pernicious.
— : مُسيء — Offensive; displeasing.
— : يضرّ بالمصلحة — Detrimental; prejudicial.
غير — — Harmless; innocent; inoffensive.
*أراحَ (في روح) *أرادَ (في رود)
○أرارُوط : نَشاء حشيشة السهام — Arrowroot.
*أراعَ (في روع) *أراقَ (في روق)
△أراويّة △أراولة : نبات مزهر — Chrysanthemum.
*أرِبَ : صار ماهراً — To be, *or* become, skilful.
أرَّبَ العُقْدة — To tighten a knot.
أَرَب : حاجة — Need; want.
— : غاية — Desire; wish; end.
— : مهارة — Skill; adroitness; cleverness.
إرْباً إرْباً — In pieces.

أُرْبة : عقدة — ← Knot *or* tie.

— : ○فيونكة — ← Bow; tie.
أُرْبِيَّة : △خَشْ الورك (راجع ربو) — Groin.
أريب : ماهر او عاقل — Skilful; clever.
— : ثاقب الفكر — Ingenious.
مأرَب : غاية — Desire; end; wish; object.

العمود الأيمن

*أربع *أربتاء (في ربت) *أربى (في ربو)

*أُرِيان: ۵جَمْبَري . قُرَيْدِس ↢ Shrimp.

*أُرِيبة (في ربو) * ارتاب (في ريب)

*ارتاح (في روح) * ارتجل (في رجل)

*ارتدى (في ردى) *ارتكب (في ركب)

Artesian. أرْتوازيّ

Artesian well. بِئْر ارتوازِيّة

Inheritance. إرْث (في ورث)

Orthodox. ۵أرْثوذُكْسِي: مُسْتَقيم الرأي

*أرِج: فاح شَذاهُ   To be fragrant.

Fragrance; scent. أريج: شَذا

*أرجأ *إرجاء (في رجأ) *أرْجاء، جمع رَجا (في رجو)

Purple   أرْجُوان. أرْجُوانِي: لَون أحمر قاتِم

Swing. ارجوحة (في رجح)

*أرَّخَ الخطاب وغيره   To date a letter, etc.

—: كَتَبَ تاريخًا (حكاية الوقائِع بأوقاتِها)   To write a history.

To antedate. —بتاريخ مُتَقَدِّم: قَدَّم التاريخ

To postdate. —بتاريخ متأخِّر: اخَّر التاريخ

Date. تاريخ: تَعْريف الوقْت

History; story. —: حكاية

History; chronicles; annals. —: حكاية الحوادِث وأزْمنتِها

Time; period; era; epoch. —: زَمَن

Biography. —شَخْص: سِيرة او تَرْجَمَة حياتِه

Undated; dateless. بلا—: غُفْل من التاريخ

History. —علم ال

Natural history. علم ال الطبيعي

Dater; dating stamp. خَتْم ال—

Historical. تاريخيّ: مُخْتَص بالتاريخ

Dating; affixing a date. تأريخ. مُؤارَخَة

Dated. مُؤَرَّخ: عليهِ تاريخُه

Historian. مُؤَرِّخ: مُدَوِّن الحوادِث التاريخِيه

Archipelago. ۵أرْخَبيـل: مَجموع جَزائر

To relax. *أرْخَى (في رخو)

*إرْدَب: مِكيال مِصْري للحُبوب (۱۹۸۰ وا هكتولِترًا) Ardeb (unit of capacity.)

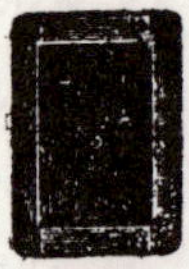

Slate. ۵أرْدُواز

↢ Slate tablet; writing slate. لَوْح —

Slate pencil. قَلَم —

To kill. *أرْدى (في ردى)

↢ Cedar of Lebanon. أرْز لُبْنان

Rice. *أرُز. رُز: حَب يُطبخ

۵أرِسْطَقْراطِي: عُلوِي Aristocratic.

Aristocracy. أرسطقراطِية: عُلوِية

۵أرِسْطو. أرِسْطُوطالِس: الفَيْلسوف الإغْريقي (مُعَلِّم العُلَماء) Aristotle.

*أرَّش بينَهم: اغرى بعضهم ببعض To sow dissension, or stir up trouble, among.

To direct; guide. *أرشَد (في رشد)

Archimandrite; abbot. ۵أرْشِيمَنْدْريت

Archduke. ۵أرْشيدوق

Archduchess. أرْشيدوقة

Land; ground; earth. *أرْض: خِلاف البَحْر

Earth. —: خِلاف السماء

Land; soil. —زراعية: طِين

Ground; floor. —: ما يَطأه القَدَم

↢ Tread. النَعْل: ما اصاب الارضَ منها

The Earth. ال—: الكُرَة الأرضية. الدُنيا

Palestine. ال—المقدّسة: فِلسطين

Serf. ابن ال—: قِن

Underground; subterranean. تحت ال—

Talc. كوكَب ال—: طَلْق

Termite; white ant. أرَضَة: النّمْلة البيضاء العَمْياء

Earthly; terrestrial. أرْضِي: مختصّ بالكُرَةالأرْضِية. دُنيوي

Predial. —: عِقاريّ

Artichoke. —شَوكيّ: خُرْشُوف

Ground-floor. —دَوْر او طابِق

Floor; ground. ۵ارْضِيّة: مابِطأه القَدَم

△ — أُجرة التخزين. Demurrage; storage dues.
△ — الصورة : خَلْفِيَّة Background.

○ أُرْطَنْسِيَة : زَهْرة اليابان ; Hortensia; hydrangea.
△ أُرطَـة △ أُورطة : جُزء من الجَيْش Battalion.
* أَرْعَن (في رعن) * ارعوى (في رعو)
○ أُرْغُن : سُلْطانُ المعازِفِ (آلة طَرَب كالبيان). Organ.

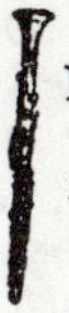

* أُرْغول : مِزْمار . Flute; clarionet; oboe.
○ أَرْغُـون : إسم غاز Argon.
* ارْغى (في رغو) * إرفضَّ (في رفض)
* أَرِقَ : ذَهَبَ نَوْمُهُ To pass a sleepless night.

أَرَقٌ : إمْتِناعُ النَوْم Sleeplessness; insomnia.
أَرَقان : يَرَقان Jaundice.
أَرَقَة : يَرَقة . دُودَة في طورها بين النقف والتفريش. ← Larva, (*pl.* larvae.)

(أرك) أَرِيكَة : مُتَّكَأ Raised couch; sofa.
— : عَرْش Throne.
* أُرَّم : أَضْراس Molar teeth.
حَرَّقَ الـــ To gnash, *or* grind, one's teeth.
أُرْمَة △ أَرْمَة : △ يافِطَة Sign-board; placard.

— : شِعار الملك او الإمارة; Coat-of-arms; armorial ensigns.
أُرُومَة : أَصْلُ الشَجَرَة Stump of a tree.
— : مَحْتِد Origin.
* أَرْمَل (في رمل) * أَرْمَى (في رمن)
△ أرناؤوطِي △ ارناؤودِي. Albanian.
* أَرْنَب (في رنب) . Hare; rabbit.
△ أُرْنِيك △ أورنيك : △ استمارة. Form; blank form.
— : مِثال . مَسْطَرَة Model; pattern.
* أَرْهَقَ (في رهق) To oppress.
○ أُرُوبا : بلاد الإفْرَنْك (الإفْرَنْج) Europe.
أُرُوبِّيّ : إفْرَنْكي European.

○ أُرُوبْلان ← Aeroplane; airplane; air-machine.
○ آرِيّ : نِسبة الى الجِنس الآرِيّ Aryan.
* أَرِيج (في ارج) * أَرْيَحِيّ * أَرْيَحِيَّة (في روح)
* أَرِيكَة (في ارك) Sofa.
○ أَرْيُوسِيّ : نِسبة الى مَذْهَب أريوس الإسكندري. Arian.
* أَزّ (في ازز) * إزاء (في ازي) * أزاحَ (في زيح)
* ازال (في زول) To remove.
* أَزَبَ الماءُ : جرى To flow; run.
إِزْب : قَصِير وسَمِين Dumpy.
مِيزاب . مِئْزاب : △ مِزْراب Gutter.
* أَزْبَد (في زبد) * ازداد (في زيد) * ازدحم (في زحم)
* ازدرى (في زرى) To despise.
* أَزَرَ : غَطَّى To cover; veil; wrap.
آزَرَ : عاوَنَ To support; aid; uphold; back.
إِئْتَزَرَ . تأَزَّرَ To wrap, *or* cover, one's self with a long veil.
أَزْر : قُوَّة Strength; might.
— : ظَهْر Back.
شَدَّ ـــه : عَضَدَه To back; support; help.
إِزْر . إِزار Cover; wrapper; veil.
إزار [2] الحائط : △ وَزْرَة Skirting.
مِئْزَر : △ فُوطة الخِدمة او الشُغْل Apron.
— . إزار Veil; wrapper.
مُؤَازَرَة Support; aid; assistance; succour.
* ازرق (في زرق) Blue.
(أزز) أَزَّ الطبخُ على النارِ To simmer.
— الشرابُ الفوّار To fizz.
— النفَسُ في الصَدْرِ To wheeze; whiz.
ـــتِ الريحُ والقَذِيفة To whistle.
أَزِيزُ النفَسِ او القذائف Wheezing; whizzing.
— الريح (والقذيفة) Whistling of the wind &c.
— الطائرات Drone, *or* buzzing of planes &c.
— : صَوْتُ الغَلَيان Simmering.
— : صَوْتُ الفَوَران Fizzing.

٭أَزِفَ الوقتُ : دَنا — To draw near; approach.

٭أَزِقَ المكانُ : ضاقَ — To narrow; be, *or* become, narrow.

مَأْزِق : مَضِيق — Narrow pass; impasse.

— حَرِج — Fix; predicament; pretty pass; critical situation.

٭أَزَلٌ . أَزَلِيَّة : أَبَدِيَّة — Eternity.

أَزَلِيّ : أَبَدِيّ — Eternal.

٭أَزْمَة : شِدَّة — Crisis; turning-point.

○ — ○أَزْمَا: رَبْو (مَرض صَدْرِيّ) — Asthma.

△ — : قازمة. حَدَأَة. Pickaxe.

٭إِزْمِيل (راجع زمل) ←Chisel.

— الجواهِرِيّ Chasing-graver.

○أَزوت : ○نترُوجين. Azote; nitrogen.

أزوتات . أزوتاة: ○نِترات Nitrate.

أَزوتيك — Nitric; azotic.

﴿أزي﴾ إِزاء — Opposite to; in front of.

٭أُسّ (في اسس) ٭ آس (في اوس) ٭آسا (في اسو)

٭آساء (في سوأ) ٭اساغ (في سوغ)

○إِسْبانِخ : △سَبانِخ — Spinach; spinage.

○إِسْباني . اسبانيوليّ — Spanish.

شَخص —— . — Spaniard.

إِسْبانيا — Spain.

○إِسْبِتالِيَة : مُسْتَشْفَى — Hospital.

○أَسْبِسْتُوس : △سارِي مَشْتَرَة. حَجَرُ الفَتِيل — Asbestos.

○أَسْبَليطَة ←Epaulet.

٭أُسبوع (في سبع) Week.

△اسْبيداج : سِبيداج . بَياض الرصاص — White-lead.

٭إِسْت (في سته) — Anus.

△إِسْتِمارَة△اِسْتِمارة — Form; blank form.

٭إِسْتاء (في سَواء) ٭إِسْتأثَرَ (في أثر)

٭أُسْتاذ : مُعَلِّم — Professor; teacher.

دَفْتَر الـــ : سِجِلّ الحِساب التجارِي — Ledger.

٭إِستأصلَ (في اصل) ٭ إِستأمَنَ (في امن) ٭ إِستأنف (في انف) ٭ إِستأهلَ (في اهل) ٭ اسْتباحَ (في بوح)

٭إِسْتَبَدَّ (في بدد) — To be arbitrary.

○إِسْتَبْرَق : △مُخَيَّش (حَرير وذَهَب) — Gold brocade.

٭إِستَتَبَّ (في تبب) ٭اسْتَثْمَرَ (في ثمر) ٭استثنى (في ثنى)

٭إِسْتَجارَ (في جور) ٭اسْتَجْوَبَ (في جوب) ٭إِسْتَحالَ (في حول)

٭اِسْتَحَقَّ (في حقق) ٭إِسْتَحَمّ (في حمم) ٭إِسْتَحْيا (في حيي)

٭إِسْتَخْبَرَ (في خبر) ٭اسْتَخَفَّ (في خفف) ٭إِستَدْرَكَ (في درك)

٭اِسْتَدْعى (في دعو) ٭اِسْتَراح (في روح) △اِسْتِرباحَة (في ربح)

٭إِسْتِسْقاء (في سقى) ٭إِستشارَ (في شور) ٭استشاطَ (في شيط)

٭إِسْتَصْوَبَ (في صوب) ٭ إِسْتَطاعَ (في طوع)

٭اِسْتَعاذَ (في عوذ) ٭اسْتَعارَ (في عور) ٭إِسْتَعاضَ (في عوض)

٭إِستعان (في عون) ٭استعبد (في عبد) ٭استعجل (في عجل)

٭اِسْتَعَدَّ (في عدد) ٭ استعفى (في عفو) ٭ استعلم (في علم)

٭إِسْتَعملَ (في عمل) ٭ اسْتَغَلَّ (في غلل) ٭ استغنى (في غنى)

٭اِسْتَفادَ (في فيد) ٭اِسْتَفتحَ (في فتح) ٭اِسْتَفْتَى (في فتو)

٭إِستفرغ (في فرغ) ٭إِستفزّ (في فزز) ٭إِسْتَقالَ (في قيل)

٭إِسْتقامَ (في قوم) ٭ استَقْصى (في قصو) ٭ اسْتَقَلَّ (في قلل)

٭اِسْتَكانَ (في كون) ٭ استلّ (في سلل) ٭ استلقى (في لقى)

٭اِسْتلم (في سلم) △ اسْتَماحَ (في ميح) △اِستمارة (في أمر)

٭ اسْتمالَ (في ميل) ٭ استمرّ (في مرر) ٭ اِسْتَمْنَى (في مني)

٭ اسْتناخَ (في نوخ) ٭ استنبطَ (في نبط) ٭ استنجدَ (في نجد)

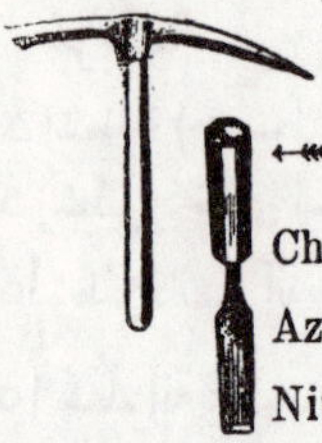

○إِسْتِنْجَة الترام : ذِراع ←Trolley-pole.

٭استنشقَ (في نشق) ٭استنطقَ (في نطق) ٭استنكرَ (في نكر) ٭استنكف (في نكف)

٭اِستهانَ (في هون) ٭إِسْتَهتَرَ (في هتر) ٭ استهجن (في هجن)

٭ اسْتَهَلَّ (في هلل) ٭ استودعَ (في ودع) ٭ استَوْرَدَ (في ورد)

٭ استوطنَ (في وطن) ٭ استوفى (في وفى) ٭ استولى (في ولى)

△ إِسْتِيداع (في ودع) — Reserve.

○أَسْتِيق : △ لَسْتِيك — India-rubber; caoutchouc.

△أَسْتِيكَة : مَسّاحَة ←Eraser; rubber.

٭إِستيقظ (في يقظ) — To awake; get up.

△ أُسْتيك : سِلْسِلَة حلية — Chain.

٭أَسَدٌ : △سَبْع ←Lion.

— هِنْدي : بَبْر ←Tiger.

داءُ الـــ : جُذام — Leprosy; *leontiasis.*

أَسَدِيّ — Leonine; of *or* like a lion.

⁕أسدٌ (في سدد) ⁕اسدى (في سدى)

⁕أَسَرَ: شَدَّ بالسَيْرِ (أي بالاسار) — To strap; fasten or bind with a strap.

— الرجلَ: سَباه — To capture; take as captive or prisoner.

— الحواسَّ: سَبَى العَقْلَ — To captivate; engage the affections.

إسْتأسَرَ — To surrender.

أَسْر: سَبي — Captivity.

بِأَسْرِهِ — All without exception; the whole of it; entirely.

آسِر: سَابٍ — Captor.

— : يسْبي العَقْل — Captivating.

أُسْر: اِحْتِباس البول — Retention of urine

أُسْرَة: عائلة — Family.

— الرجلِ: أَهْلُه — Relations; relatives; kin.

إسَار: سَيْر. قِدٌّ — Strap.

أَسِيْر: سَبِيٌّ — Prisoner of war; captive.

⁕إسْرائيل: اسم رجل — Israel.

بَنُو —: اليهود — Israelites; Jews.

إسْرائيليٌّ: يهوديٌّ — Israelite; Jew.

○أُسْرُب — Black lead; plumbago.

⁕أَسْرَعَ (في سرع) ⁕أَسْرَفَ (في سرف) ⁕أُسْروع (في سرع)

⁕أَسَّسَ البِناءَ — To found; lay the foundation of.

— : أَنْشَأَ — To establish; set up.

— شَرِكَةً — To promote a company.

تَأَسَّسَ: أُنْشِئَ — To be founded; established.

أُسٌّ: دَليل القُوَّةِ (في الرياضة) — Index; exponent; power.

أَسَاس: قاعدة البناء — **Foundation; groundwork.**

— : أَصْل اي شيءٍ — Foundation; base; basis.

— : عِلَّة — Cause; origin; source.

لا أَسَاسَ له — Unfounded; groundless; baseless.

أَسَاسِيٌّ: قاعِدِيٌّ — Fundamental; basic.

— : جَوْهَرِيٌّ — Elemental; essential.

— : رَئيسِيٌّ — Principal; chief; main.

حَجَر — . — Foundation stone.

قانون — . — Statute.

تَأْسِيْس — Foundation; institution.

أَسْهُم أو حِصَص — . — Founders' shares.

مُؤَسَّس: مُنْشَأ — Founded; established.

مُؤَسِّس: منشِئ — Founder; originator.

— الشركات او المشروعات — Promoter.

مُؤَسَّسَة — Establishment; foundation.

△اِسْطَامَة (في سطم) — Stile.

○اِسْطَبْل: مَأْوَى الخيل (أو مجموعة خَيْل سِباق لمالِكٍ واحِد) — Stable.

○أَسْطُرْلاب: آلة فلكيَّة قديمة — Astrolabe.

○أُسْطُوانة: عَمود — Column; pillar.

— : جِسْم مُسْتَدير مُسْتَطيل — Cylinder.

— الفُنُغراف: قُرْص — Record; phonograph disk.

أُسْطوانيٌّ — Cylindrical.

أساطِين: أَعْمِدَة — Pillars.

— العِلْم — Supporters of knowledge.

⁕أُسْطورة (في سطر) — Legend.

⁕أُسْطول بَحْرِيٌّ او جَوِّيٌّ — Fleet.

△أُسْطَى: مُعَلِّم — Master; master workman.

— : طَبَّاخ. عَشّي س — Cook; chef.

— وابور: سائق القِطار — Engine driver.

— دريسة — Ganger; gangsman.

⁕أَسِفَ. تَأَسَّفَ على — To regret; be sorry for.

أَسَف. تَأَسُّف — Grief; sorrow; regret.

وا آسَفاه. يا أَسَفاه — Alas! What a pity!

آسِف أَسِيف: حَزين — Sorry; sad.

— . مُتَأَسِّف: نادِم — Repentant; regretful.

يُؤْسَفُ له — Regrettable; to be regretted.

غير مأسوف عليه — Unmourned; unregretted.

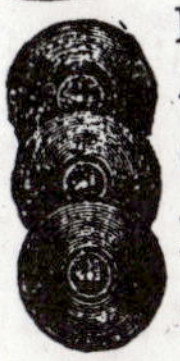

٭أَسْفَل (في سفل) — Base; bottom; foot.

○أَسْفَلْت — Asphalt, —um.

○إِسْفَنْج : ∆سِفِنج — ←Sponge.

إِسْفَنْجِيّ — Spongy.

○إِسْفِنْدان : قَيْقَب . شَجَر — Maple; maple-tree.

○إِسْفِيداج : ∆سِبِيداج — White-lead; ceruse; flake-white (pigment).

٭إِسفين (في سفن) ٭أُسْقُف (في سقف)

○أُسْقُمْرِي (في سقمري) — Mackerel.

٭إِسْقَنْقُور : عظاية كبيرة — Skink.

○إِسْكَارَة ج : مِشْواة : ∆شِكارة — Gridiron; ←grill.

٭إِسكاف (في سكف) — Cobbler.

○إِسْكُتْلاندا . إِسكُتْلَنْدَة — Scotland.

إِسْكُتْلَنْدِي — Scotch.

○إِسْكَرْبُوط : مرض — Scurvy.

٭أُسْكُفَّة (راجع سكف) : عتبة — Threshold.

○إِسْكِلَة : ميناء — Harbour; sea-port town.

∆إِسْكَمْلَة . إِسْكَمْلِي : كُرسي صَغير — ←Stool.

○إِسْكَنْدَر الأَكْبَر — Alexander the Great.

إِسْكَنْدَرِيَّة : مِيْناء مِصْرِي شَهِير — Alexandria.

إِسْكَنْدَرُونَة : مِيْناء سُورِي — Iskanderun; Alexandretta.

○إِسْكُولابِي — Esculapian; therapeutic.

○إِسْكِيم ج : ثَوْب الرُّهْبانِ — Frock (of monk).

شَلَحَ او خَلَعَ الـ — To unfrock.

○إِسْكِيمو — Eskimo; esquimau.

٭أَسَّلَ : دَبَّبَ — To point; tip; sharpen.

أَسَل : سَمَار (نبات) — Rush.

أَسَلَة : شَوْكَة — Thorn; spike.

مُؤَسَّل : مُحَدَّدُ الطَّرَفِ — Tipped; pointed.

— : دَقِيقُ الطَّرَفِ (النباتِ) — Cuspidated.

٭أَسْلَعَ (في سلع) ٭أُسْلوب (في سلب) ٭اسلى (في سلو)

٭إِسْم (في سمو) — Name.

○إِسْمانْجُونِي : سَمَنْجُونِي — Azure; sky-blue; cerulean.

٭أَسْمَر (في سمر) — Brown.

○إِسْمَنْت : ○سِمِنْتو — Cement.

٭أَسَنَ . تَأَسَّنَ الماء — To stagnate; become bad in taste and odour.

ماء آسِن : رَاكِد — Stagnant water.

∆ماء أَسُونِي : هُجَاهِج . خَجْخَج — Brackish water.

٭أَسْهَبَ (في سهب) — To enlarge on; dilate upon.

(اسو) أُسْوَة . إِسْوَة : قُدْوَة — Example; model.

— بِنَفْسِي : مِثْل نفسي — The same as myself.

أَسَا . أَسَّى : عَزَّى — To comfort; console.

— . — : عالَجَ اوعاوَنَ — To dress; remedy.

آسَى : عاوَنَ — To help; relieve; assist.

تَأَسَّى : تَعَزَّى — To be consoled.

تَأْسِيَة . مُؤَاسَاة : تَعزِيَة — Consolation.

مَأْسَاة : رواية محزنة — Tragedy.

مُؤْسٍ : محزِن . فاجع — Tragic; sad

٭أَسْوَد (في سود) ٭أَسْوِرَة (في سور)

٭أَسِيَ على : حَزِنَ — To grieve, *or* mourn, for.

أَسًى : حُزْن — Grief; sorrow; mourning.

٭أَسَّى ٭آسَى (في اسو) — To comfort.

٭آسِيَا : قارَّة آسيا — Asia.

— الصُّغْرى — Asia Minor.

آسْيَوِيّ — Asiatic.

٭أشار (في شور) ٭أشاع (في شيع) ٭إشتاق (في شوق)
٭إشترّ (في شرر) ٭إشترك (في شرك) ٭إشترى (في شري)
٭إشتقّ (في شقق) ٭اشتكى (في شكو) ٭اشتهر (في شهر)
٭اشتهى (في شهو) ٭أشَدّ (في شدد) ٭أشَرَ (في شور)
٭إشراب (في شرب) ∆أشرجي (في شور) ٭أشرف (في شرف)
٭أشرق (في شرق) ٭أشعث (في شعث) ٭أشقر (في شقر)

∆أَشْكِين : رَمْحٌ هَيِّن — Amble.

٭أَشَلّ (في شلل) ٭أشلاء (في شلو) ٭إشمأز (في شمز)

٭أُشْنان . إشْنان : حُرُض (نبات) Glasswort; kali; saltwort.
— : قِلْي Potash.
٭أُشْنَة : △كِشَّة العَجُوز . نبات طُفَيلي Lichen; moss.
٭أشُور : إسْم مملكةٍ بائدة Assyria.
أشُوريّ Assyrian.
△أشْوَل (في شول) ٭آصاب (في صوب) ٭آصاخ (في صوخ)
٭أصبح (في صبح) ٭اصّبع (في صبع)
٭أصْحاح : فَصْل من كِتاب . سُورَة Chapter.
٭أضْحى (في صحو) ٭أصْدَى (في صدى) ٭آصَرّ (في صرر)
٭آصِرَة (والجمع أواصِر) Bond; tie; obligation.

أواصِر الصداقة Bonds of friendship.
مَأْصِر . مَأْصِرَة : مكان تَحْصِيل المكوس Toll-gate.

(أصص) أَصِيص : △شالِيَة الزرع ←Flower-pot.
— : △قَصْرِيّة . قَصّادة . △قُعَّادة (في سوريا) Chamber-pot.
٭اصطاد (في صيد) ٭اصطاف (في صيف) ٭اصْطَبل (في اسطبل)
٭اصطفى (في صفو) ٭اصطكّ (في صكك) ٭اصطلح (في صلح)
٭اصْطلى (في صلى) ٭أصْغى (في صغى) ٭اصْفَرّ (في صفر)
٭أصُلَ : رَسَخ أصله To be firmly rooted.
— : كان شريف الاصل To be of noble origin.
أصَّلَ : بيّن الاصل To indicate the origin of.
تأصَّل : رَسَخ To take root; be firmly rooted.
اِسْتَأْصَلَ : اقتلع To uproot; tear up by the roots.
— : أبادَ To eradicate; exterminate.
— شأفته To extirpate; root out; raze.
— العُشْبَ الضارّ (او اي شيء ضارّ) To weed.
أصْل : جِذْر Root.
— : مَنْشأ Origin; source.
— : نَسَب Lineage; stock; stemma (*pl.* stemmata).
— : عِلّة . سَبَب Cause; reason; source.
— : أساس Foundation.
ابن — : أصيل Of noble origin.
أَصْلِيّ : أوّلي . بدائي Original; primary; chief; first.
— : قَديم . قَبل غيره Primitive.
— : أساسيّ Fundamental; elemental.
— : حَقيقي True; genuine; authentic; real.
عَدَد — (في الحساب) Prime, *or* cardinal, number.
كلمة أصلية Radical, *or* root, word.
السُّكّان الأصليّون Aborigines (*sing.* aboriginal)
أصْلاً : في الأصْل Originally; primarily.
— : قطعاً . بتاتاً Never; by no means.

أَصَلَة : حَنَش ←Boa.
أصالة الرأي Good judgment.
بالـ عن نفسي For my part; for myself.
أُصُول : قواعد Rules; regulations.
— الكِتاب : نُسْخَته الاصلية Manuscript.
بحسب الـ Regularly; in conformity to rules.
أُصُولي Regular; according to rule *or* law.
أَصِيل : ابن اصل Of noble, *or* true, origin.
— : حقيقي Genuine; true; real.
— : ضد دَخيل Indigenous; native.
— : عَشِيَّة Evening; close of day.
حيوان — او مُؤَصَّل Pedigree animal; thoroughbred.
حِصان — Thoroughbred horse.
تأصِيلَة : سِلسِلة النسب Pedigree; genealogy.
مُتأصِّل : راسِخ Deep-seated; deep-rooted.
— : مُزْمِن (مَرَض) Chronic; lingering.
٭أصَمّ (في صمم) ٭اصيص (في أصص) ٭اضاء (في ضوء)
٭اضاع (في ضيع) ٭اضاف (في ضيف) ٭إضبارة (في ضبر)
٭اضرب (في ضرب) ٭اضرم (في ضرم) ٭اضطجع (في ضجع)
٭اضطر (في ضرر) ٭اضطرب (في ضرب) ٭اضطرم (في ضرم)
٭اضطهد (في ضهد) ٭اضمحلّ (في ضمحل) ٭اضمر (في ضمر)
٭اضنى (في ضنى) ٭اطاح (في طوح) ٭اطاع (في طوع)
٭اطاق (في طوق) ٭اطال (في طول) ٭اطبق (في طبق)

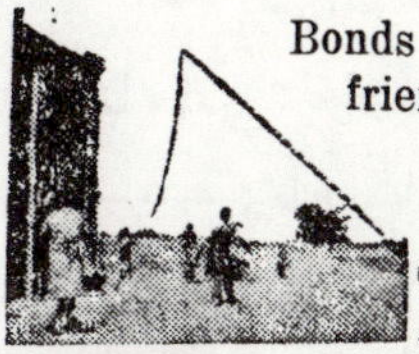

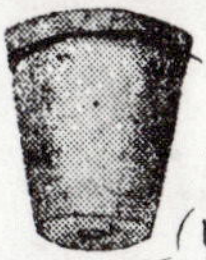

*أَطَرَ : عطَفَ To bend, or curve.

إطار : ٥ بيرْواز ⟵ Frame.

— النظـارة (العوينات) Rim.

— العجلة : حِتار ٥ إِبسْيط Rim.

— العجَلة الخارجيّ : ٥ طَبّان ⟵ Tyre.

— البرميل : طَوْق Hoop; ring.

* اِطّرَدَ (في طرد) * اَطْرَشَ (في طرش)

٥ اُطْرُغُلّة : يمامة Turtledove.

* أُطروحة (في طرح) Thesis.

* أطرى * اطرية (في طرو) * أطعَمَ (في طعم)

٥ أطلانطيقي ٥ أطْلَنْطِي : أطْلَسِي Atlantic.

* اطلس (في طلس) * اطلع (في طلع) * اطمأن (في طمن)

٥ أطْمَة : ذرّة مادّيّة Atom.

* أطنَبَ (في طنب) Exaggerate.

* أطوم : ناقة البحْر ⟵ Dugong.

* اُظْفُور (في ظفر) * أعارَ (في عور) * أعاض (في عوض)

* أعاقَ (في عوق) * أعالَ (في عول) * أعانَ (في عون)

* اِعتادَ (في عود) * اِعتبَرَ (في عبر) * اِعْتَدّ (في عدد)

* اِعتدى (في عدو) * اِعْتَذَرَ (في عذر) * اِعْترَضَ (في عرض)

* اِعْترَفَ (في عرف) * اعتزّ (في عزز) * اِعتزَلَ (في عزل)

* اِعْتَصَبَ (في عصب) * اِعتَصَمَ (في عصم) * اِعتَقَدَ (في عقد)

* اِعْتقَل (في عقل) * اِعْتَمَدَ (في عمد) * اِعْتنق (في عنق)

* اِعْتَنَى (في عني) * اَعَدّ (في عدد) * اَعْدَى (في عدو)

* اَعْرَبَ (في عرب) * اَعْرَجَ (في عرج) * أعْرَضَ (في عرض)

* أعْزَبَ (في عزب) * إعْصَار (في عصر) * اَعْطَى (في عطو)

* اَعْفَى (في عفو) * اَعْلام (في علم) * اِعْلان (في علن)

* اُعْلومة (في علم) * اَعلى (في علو) * اَعْمَى (في عمى)

* اَعُوذُ باللهِ (في عوذ) * اَعْوَر (في عور) * اَعْوَلَ (في عول)

* اَعْيا (في عيي) * آغاثَ (في غوث) * اغار (في غور) * آغاظَ

* اِغْتاظَ (في غيظ) * اِغْتالَ (في غول) * اِغْتبطَ (في غبط

* اِغْتَصَبَ (في غصب) * اِغْتفَرَ (في غفر) * اغتنَمَ (في غنم)

* اغدَقَ (في غدق) * اغرمَ (في غرم) * اَغْرَى (في غري)

* إغْرِيقيّ : يُونانيّ قديم Grecian; Greek.

٥ اُغُسْطُس : آبُ . الشّهر الميلاديّ الثامِن August.

٥ أغُسْطُوس : اَوّل قياصِرة الرومان وفي عهده وُلِدَ السيد المسيح Augustus Cæsar.

* اَغْضَى (في غضي) * اَغَنّ (في غنن)

* أغنى (في غني) * اُفّ (في آفف)

* أفادَ (في فيد) * افّاق (في افق)

* أفاقَ (في فوق) To awake.

* آفاق (راجع افق) Horizon.

* أفاوِيَة : (راجع فوه) Spices.

* إفتأت (في فأت) * إفترّ (في فرر) * إفترى (في فري)

* افْتَقَدَ (في فقد) * أفحاء (في فحو) * أفحَمَ (في فحم)

* إفْرَنْج : اوروبيون Europeans.

بلاد الـ — : أوروبا Europe.

إفرنجيّ : أوروبي European.

٥ أفْرُودِيْت : رَبّة العِشق والجمال الإغرِيقية Aphrodite.

* افريز (في فرز) Cornice.

* إفْرِيقِة . افْرِيقا : اسْمُ قارّة Africa.

إفريقي . أفريقي African.

٥ إفْسَنْتين : شِيْح رُومي Wormwood.

— : خلاصته الشيح Absinth; absinthe.

* أفضى (في فضو) افعَمَ (في فعم) * أفموان * افمى (في فمو)

* أفَفٌ : ضَجَر Grumbling; murmuring.

أُفُّ الأُذُنِ : إفرازُها Earwax; cerumen.

أُفٍّ : كلمة تَضَجُّر Oh! tush!

— لكَ Fie on you!

تأفّفَ : تَذَمّر To grumble; murmur.

* أفَقَ : جالَ To tramp; rove; wander about.

أُفُق . أُفْق (الجمع آفاق) Horizon.

اُفُقيّ : ضِد رأسي Horizontal.

أفّاق : جوّاب Tramp; wanderer; vagabond.

مِيْفاق : مِنْظارُ الغَوّاصات والخَنادِق Periscope.

مِئفاقيّ Periscopic.

* أفكَ : كَذَبَ To lie; tell a lie.

إفْك : كِذْب A lie; falsehood; intentional violation of truth.

أفّاك : كذّاب — Liar.

☆ أفَلَ النجمُ أو القمرُ : ضد بزغ — To set; sink; recede; submerge.

آفل : ضد بازغ — Setting; sinking.

أفول : ضد بزوغ — Setting; declination.

○ أفلاطون : فيلسوف إغريقي (عظيم تلميذ سقراط) — Plato.

أفلاطونيّ — Platonic.

حُبّ — : حب عُذري — Platonic love.

○ أفندي : سيِّد — Mister; Mr.

☆ آفة (في اوف) — Blight; bane.

○ أفود : صُدْرة عظيم أحبار اليهود — Ephod.

△ أفوكاتو : مُحامٍ — Lawyer; solicitor; attorney.

○ أفيون : صمغ الخشخاش — Opium.

صِبْغة الـ — Laudanum; tincture of opium.

○ أقاقيا . أقاصيا : شجر السَّنْط — Acacia.

☆ أقالَ (في قيل) ☆ أقامَ (في قوم) ☆ اقتاتَ (في قوت)

☆ اِقتبَسَ (في قبس) ☆ اِقتحَمَ (في قحم) ☆ اِقتدى (في قدو)

☆ اقترحَ (في قرح) ☆ اقترعَ (في قرع) ☆ اقترف (في قرف)

☆ اِقترَنَ (في قرن) ☆ اقتصَدَ (في قصد) ☆ اقتضَبَ (في قضب)

☆ اِقتضى (في قضي) ☆ اِقتنَى (في قنو) ☆ اِقتنى (في قنو)

☆ أُقْحُوان : قُحْوان — Daisy; ox-eye, *or* feverfew.

☆ أقرّ (في قرر) — To confess.

○ أقراباذين . اقرباذين — Pharmacology; pharmacy.

علم الـ : عِلم تركيب الأدوية — Pharmaceutics.

اقرباذيني : مختصّ بتركيب الأدوية — Pharmaceutic, —al.

☆ اقرضَ (في قرض) ☆ اقرعُ (في قرع) ☆ أقسمَ (في قسم)

☆ أقصى (في قصو) ☆ أقفر (في قفر) ☆ اقلع (في قلع)

○ إقليم (راجع قلم) — Climate *or* region.

○ أقَنْثا . اقَنْثُوس : شوك اليهود . شوك الجمَل — ←Acanthus.

○ أقْنُوم : شخص لاهوتي (راجع قنم) — Person.

☆ أقنى (في قنو) — Aquiline; curving.

○ أُقّة : △ وقة (¼ رطل سوريّ او ٢¾ رطل مصري) — Oke.

☆ أكْترث (في كرث) ☆ اكتظ (في كظظ) ☆ اكْتمَع (في كتع)

☆ اِكتنف (في كنف) — To encircle; overwhelm.

○ أكتوبر : تشرين الأول . الشهر الميلادي العاشر — October.

☆ أكّدَ : أوثق وشدّد (راجع وكد) — To confirm; strengthen.

— : قرّر وأثبت — To assert; affirm; aver.

تأكّدَ . توكّدَ : توثّق — To ascertain; make oneself sure of.

— . — : تقرّر وتحقق — To be confirmed.

— من الامر — To be certain of.

أكيد : مُحقَّق — Certain; sure.

تأكيد : توكيد . تحقيق وتوثيق — Confirmation.

☆ اكرمَ (في كرم) ☆ أكْرَهَ (في كره)

△ أُكْرة الباب : جِسْدانة — ←Knob; handle.

○ أكزيما : بثور جلديّة — Eczema.

— رَخْوة او دامعة — Weeping eczema.

○ إكسبرس . إكسبريس : عاجلة . قطار سريع — Express train.

○ أكْسَدَ : صدّأ — To rust; make rusty.

— : حوّل الى اكسيد — To oxidize; oxidate.

تأكْسَدَ : تصدّأ — To rust; become rusty.

— : بَلُدَ من البطالة — To rust; become dull "by inaction."

أكْسدة . تأكْسُد : تصدئة — Rusting; oxidation.

أُكسيد : صدأ — Oxide; rust.

— الحديد — Iron oxide.

— الرصاص — Lead oxide.

— الزنك (الخارصيني) — Zinc oxide.

○ إكْسَرخُس : نائب الامبراطور او رئيس الأساقفة — Exarch.

○ أكْسَنتريك : لا مركزي — ←Eccentric.

○ أُكسيجين : مُصْدِئ — Oxygen.

☆ إكْسير : حجر الفلاسفة — Elixir; philosopher's stone.

— الحياة — Elixir of life.

☆ اكفس (في كفس) ☆ اكفهر (في كفهر)

☆ أكَلَ : تناول الطعام — To eat; take food.

— : أفنى . اباد — To eat up; consume; exhaust.

— : △ نخر — To eat away; gnaw; corrode.

— الجلدُ : △ وعى . تهيّج ودعى للحكاك — To itch.

— عليه الدهر وشرب — To be time-worn.

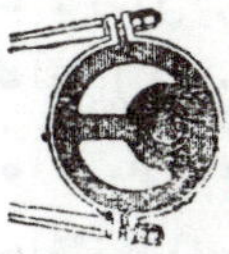

— عيشاً ومِلْحاً مع — To eat *another's* salt.

△— حَقَّه: هَضَمَه — To deny *another's* due; invade *his* rights.

△— مُخَّه: لعِبَ بعقله — To coax; cajole.

△— مُخَّه: أقْنَعَه — To get round; persuade.

△ يأكل روحه (حسداً وغيظاً) — To eat *one's* heart out (with jealousy, anger, etc.)

أَكَّلَ. آكَلَ: △وَكَّلَ. أطْعَمَ — To feed.

آكَلَ ٢: أكل مع — To eat, *or* mess, with.

تأكَّلَ: نَخِرَ. أكله الصَّدَأ — To be corroded.

— تعفَّنَ: بَلِيَ وتفتَّت — To rot; decay.

— بالإحتكاك — To be eaten away by friction.

أكْل: طعام — Food; nourishment.

— : تناوُل الطعام — Eating; taking food.

— ونَوْم (كقولك عن الاقامة في الفنادق) — Bed and board.

△— بَحْر — Sea erosion.

غرفة الـ— — Dining-room.

غُرْفة الـ— (في المدارس والأدْيِرة) — Refectory.

وَقْتُ الـ— — Mealtime.

أَكْلَة: وَجْبة — Meal; repast; mess.

— شِبْع — A square meal.

△— قَرَدَحْي او صَيامِي — A sorry meal.

آكِل: الذي يأكل — Eating, *or* eater.

— الحشرات — Insectivorous; insect-eater.

— اللحوم — Carnivorous; flesh eating.

— لحوم البشر — Cannibal; man eater; hominivorous.

— النباتات — Herbivorous; eating plants.

— الأطعمة النباتية — Vegetarian.

آكِلَة: حَكَّة — Corroding; rodent

أكّال. أكُول. أكِيل — Hearty eater; gourmand; glutton.

— : قارِض — Corroding.

تأكُّل: نَخْر — Corrosion *or* erosion.

— الجسور — Scouring of embankments.

مأْكَل: طعام — Food; grub; eats.

مأكول: يُؤكل — Eatable; edible.

— : طعام — Food; eatables; victuals.

مأكولات ومشروبات — Eatables and drinkables.

مُؤاكِل: شريك المائدة — Messmate.

○إكليرُس: خُدَّام الدِّين — Priesthood; the priestly order.

الـ— : رِجال الدِّين — The clergy.

○إكليركي: كَهَنوتي — Clerical; priestly.

— : كنائسي — Ecclesiastic, —al.

○إكلينيك: عيادة طِبِّيَّة — Surgery; consulting room; clinic.

☆أَكَمَة: تَلّ — Hill; hillock; mount.

○أَكُونِيت: بِيش. نبات سامّ — Aconite; wolf's-bane; monk's-hood.

☆أكيد (في اكد و في وكد) ☆ آل (في اول)

☆أل...: أداة التعريف — The.

☆ألا تريد — Don't you wish, *or* want?

ألَّا: هَلّا. حرف تحضيض او عَرض — Will you not?

ألّا — Lest; for fear that.

☆إلّا: عدا — Except, —ing; save.

— إذا: ما لم — Unless; if not.

و— . ماذا و— . إلّا — Or else.

☆آلاء (في اول) ☆ الآن (في اون) ☆ إلاه (في اله)

△الاووظ: △قلاوُظ (انظر قلاوظ). لَوْلَب — Screw.

△ألاي: فِرْقة كبيرة من العسكر — Regiment.

☆أَلَبَ. تألَّبَ: تجمَّع — To collect; gather.

ألْبِيّ: مجتمع — Collective.

ألُوب: نشيط — Strenuous; active.

☆البارح ☆البارحة (في برح) — Yesterday.

○ألبوم: مُجلَّد لحفظ الصُّوَر وغيرها — Album.

☆التأم (في لأم) ☆ التمس (في لمس) ☆ التهم (في لهم)

☆التي (في لتي) ☆ الثغ و△ ألدغ (في لثغ) ☆ الذي (في لذي)

△ألشين: قالچين. لفافة الساقِ — Puttee; puttie; leggings.

☆أَلِفَ الشيءَ: إعتاده — To become familiar with; be accustomed to.

— : صارَ اليفاً — To grow, *or* become, tame.

آلَفَ : عاشَرَ وآنسَ — To associate with.

أَلَّفَ : صيَّرَ اليفاً — To tame; domesticate.

— : وَحَّدَ — To unite; join; incorporate.

— بينهم : وفَّقَ — To harmonise; accord; make harmonious.

— الكِتابَ : صَنَّفَه — To write; compose; compile.

إِئتلَفَ به : اتحدَ — To associate with.

— بهِ : إعتاده — To be familiar with.

تَأَلَّفَ من كذا — To consist of; be composed, *or* made, up, of.

أَلْف : عَشر مِئات — A thousand.

أَلِف : الحَرْفُ الأوَّل — A; Alpha; *Aleph.*

لا يعرِف الالِف من الباءِ — Not to know A from B.

أنا الأَلِف والياءُ — I am Alpha and Omega.

إِلف . أَلِيفْ ١ — Associate; companion.

أُلْفَة : إِيْناس — Familiarity; freedom from constraint.

— : صَداقة — Friendship; intimacy.

— : إِتِّحاد — Union; harmony; agreement.

△أَلفَة : وَكيل المُعلِّم — Monitor; under-teacher.

△أَلفِيَّة : زجاجةُ خمر كبيرة — Magnum.

أَلِيف ٢ : ضِدّ وحشيّ أو آبِد — Tame; domestic.

— : وَليف △فَرْدَة — Mate; one of a pair.

— : أنيس — Sociable; affable.

إِئتِلاف : وِئام — Unison; harmony; accord.

١— : إِتِّحاد — Association; unity; coalition.

حُكومة إئتلافيّة — Coalition government.

تأليف الحيوانِ — Taming; domesticating.

— الكُتُب — Compiling; writing.

— . مُؤلَّف : كتاب — Compilation; a book.

مُؤلَّف ٢ : مَكتوب — Compiled; written.

— من كذا : مُرَكَّب منه — Composed of.

مؤلِّف : كاتِب — Compiler; writer; author.

مَألوف : عاديّ — Common; usual.

— : دارِج — Popular; familiar.

— : مَطروق . عمَليّ — Practical; workable.

غير — . — Uncommon; unusual.

*ألفى : وَجَدَ (في لفو) — To find.

*أَلَقَ . تألَّقَ — To glitter; gleam; beam; radiate; shine.

أَلْق . تألُّق — Glitter; shine; radiance.

مُتألِّق — Glittering; beaming; shining; radiant.

*الْقى (في لقي) — To throw; cast.

○الكترون : كُهَيْرِب — Electron.

*الكحول (في كحل) *الله (في اله) *ألمّ (في لمم)

*أَلِمَ . تألَّمَ : توجَّعَ — To feel, *or* suffer, pain.

أَلَّمَ . آلَمَ : أَوْجَعَ — To hurt; pain; ache.

أَلَمٌ : وَجَعٌ — Pain; suffering; ache.

— الرأسِ — Headache.

— الأسنان — Tooth ache.

— نفسانيّ — Affliction.

— . تألُّم : توجُّع — Suffering pain.

أسبوع الآلام — Passion-week.

زَهْرة الآلامِ — ←Passion flower.

أَلِيم . مُؤلِم : مُوجِع — Painful.

— . — : مُحزِن — Distressing.

*أَلْماس : ماس — Diamond.

△— وَرْدَة — Rose-cut diamond.

△— بِرلَنتي — Brilliant diamond.

○ألمانيا : بلاد في وسَط أوروبا — Germany.

ألمانيّ — German.

*أَلَّهَ : رفعَ الى منزلةِ الآلهة — To deify; make a god of.

تألَّه : صارَ إلآهاً — To become a deity *or* a divinity.

— : اعتقدَ بالله — To believe in God.

To extol one's self. —: تَشَبَّهَ بالآلهة

God. اللّٰه : رَبُّ الكون

God; deity; godhead. إلٰه . إله : مَعْبود

←Neptune. — البَحْر

←Faun. — الحُقول والرُّعاة

Mars.↓ — الحَرْب : مارس

Cupid; Eros. — الحُبّ

Bacchus. — الخَمْر

Mercury; Hermes. — الفصاحة والتجارة : هِرمِز (انظر هرمز)

There is no god but God. لا إلٰه إلا الله

Goddess; divinity. إلاهة : مَعْبودة

Minerva. — الحِكْمة : مَنَرْفا (انظر منرفا)

Hebe. — الشباب والربيع : ساقِيَة الالهة

Pomona. — الأثمار والزهور

Muse; goddess of poetry. — الشِعْر

←Venus. — الجمال والعشق

Divine; godlike. إلاهيّ : مختصّ بالله

Theological. — : دِينيّ

Theology; metaphysics. عِلم الإلهيات : اللاهوت

Bravo!; well done; excellent! لله درّك

For God's sake! بالله عليك

O God!; Good God! اللهمّ : يا الله

Deification; apotheosis. تأليه : الرفع لمنزلة الآلهة

Divinity. أُلوهة . أُلوهيّة

☆ آلة (في آول) ☆ الم (في لمم) ☆ ألْمَى (في لمو)

To fall short. (الو) ألا في الامر : قصّر

He did his utmost; did all he could. لم يألُ جُهْداً

To; into. ☆ إلى : حرف جر بمعنى لـ ، أو عند

Until; till. — أن

Until; when? — متى ؟

To translate from Arabic *into* English يترجم من العربية الى الانكليزية

To *you*. اليكَ : لكَ

Take this. — هذا : خُذْه

Get away from me; away with you! — عنّي : اِبْتَعِدْ

Organic. ☆ آليّ (في اول)

Tail of sheep. ☆ ألْيَة : △ لِيّة . ذَيل الغنم

Rump; buttock. — : عَجيزة

Or. ☆ أمْ : أو

☆ أمَّ ☆ أُمّ ☆ إمّا (في أمم) ☆ إمارة (في امر) ☆ أماطَ (في ميط)

☆ أماعَ (في ميع) ☆ أمالَ (في ميل) ☆ أمام (في امم)

☆ أمان ☆ أمانة (في امن) ☆ أماهَ (في موه)

Emperor. ○ امبراطور : عاهل

Empress. امبراطورة

Imperial. امبراطوريّ

Empire. امبراطورية

←Ampoule. ○ أمْبُولة : (راجع نبل)

☆ اِمتاز (في ميز) ☆ امتثل (في مثل) ☆ امتحن (في محن)

☆ اِمتشق (في مشق) ☆ اِمتصّ (في مصص) ☆ اِمتطى (في مطو)

☆ اِمتعض (في معض) ☆ امتقع (في مقع) ☆ امتهن (في مهن)

Limit; (utmost) extent; scope. ☆ أمَد : غاية

To order; command; bid. ☆ أمر

To make *one* a prince. أمَّرَ : جعله أميراً

To invest with authority. — : أعطاه سُلطة

To consult with. آمَرَ : شاوَرَ

To consult with one another. إئتمروا . تآمروا : تشاوروا

To conspire *against*. تآمروا ٢ عليه

To be imperious. تأمَّرَ : تحكَّم

Order; command. أمْر . أمْرة (جمعها أوامر) : فرض

Warrant; authority. — : تفويض

Influence; power. — : سُلطة

Imperative mood. — : صِيغة الامر في النحو

Decree; edict. — عالٍ

To the order of. لأمر فلان : لهُ

At your orders, *or* disposal. تحت امرك او امركم

Bill to order. كمبيالة تحت الأمر

أَمْر ٢ (جمعها امور) : مسئلة — Matter; affair.
— : شأن — Business; concern.
— ما : شيءٌ ما — Something; certain thing.
— بديهي — Matter of course.
— محقق او واقعي — Matter of fact.
— معروف — Common knowledge.
— معلوم . — ما — Certain affair.
قُضِيَ الامر — It is all over; the die is cast.
قُضِيَ أمرهُ — It is all over with *him*.
آمِر : صاحب الامر — Commander; orderer.
— . أمْرِيّ : فى صيغة الامر — Imperative.
أمَرَة : صُوَّة . مَعْلَم — Milestone.
أمَّار : محرّض — Inciting; urging; prompting.
أمارَة : علامة — Sign; indication; token.
— : كلمة السرّ — Password.
إمارة : صفة الامير أو مركزه — Princedom.
— : ولاية — Principality.
△— : تحكم — Overruling; lording.
أمِير : سليل الملوك — Prince.
— : رئيس — Chief; commander.
— البحر ○ اميرال — Admiral.
— السلاح : △سلحدار — Arm-bearer.
— المؤمنين — Commander of the Faithful.
△أميرألاي: عميد (رتبة عسكرية) — Brigadier general
أمِيرَة — Princess.
— النحل : أمّ — Queen-bee.
الـ الحمْراء : اسم فَراشة — Red admiral.
أميريّ : △مِيْرِي . حُكومي — State; government.
إستِئمارة △اسْتِمارَة : △أُرْنيك — (Blank) form.
— △— : إذْن — Requisition; certificate.
تأمُور : غِلاف القَلْب — Pericardium.
تأموري — Pericardial; pericardiac.

إئْتِمار . مُؤامَرَة — Conference; deliberation.
مُؤامَرة ٢ : تَواطؤ — Conspiracy; plot.
مَأمُور : الذي أُمِر — Ordered; commanded.
△— : مُوَظَّف حكوميّ — Official; officer.
△— : مَنْدوب — Delegate; representative.
△— ذو سُلطة قَضائية — A justice of the peace.
△— البوستة (البَريد) — Postmaster.
△— البوليس — Superintendent of police.
△— المركز (في مصر) — *Mamour* of a district.
△— التصفية (في التجارة) — Official receiver.
مَأمُورِيَّة : مُهِمَّة — Mission; commission; errand.
مُؤتَمَر : اجْتماع المشاورة — Conference.
— : اجتماع لغَرضٍ عامّ او سياسيّ — Convention.
— سياسي او ديني — Congress.
— السلام او الصُلح — The Peace Conference.
☆إمرأة ☆امرؤ (في مرأ) ☆امرد (في مرد)
☆أمْسِ : البارِحَة (راجع مسو) — Yesterday.
— الاول — The day before yesterday.
الـ : الماضي — The past; former time.
☆إمَّع . إمَّعَة : مُسايِر — Trimmer; turncoat; opportunist.
— . — : مُتَمَذْهِبيّ — Time server; time-serving man.
☆إمْعاء (في معو) — Intestines.
○أمْفِتْياترو : مُدَرَّج — Amphitheatre.
☆أمَلَ : رَجا — To hope; trust.
تأمَّلَه : نَظَرَ فيه — To look attentively at.
تأمَّل الأمْرَ — To consider; contemplate.
أمَلٌ : رَجاء — Hope; confidence; trust.
— : مَطْمَح — Prospect; expectation.
— كاذِب — Idle, *or* wild, fancy.
قَطَعَ الامَلَ منه — To despair *of*.
آمِل . مُؤمِّل : راجٍ — Hopeful; full of hope.
تأمُّل : تَرَوٍّ — Meditation; contemplation; reflection; consideration.
مأمَل . مأمُول : ما تأمله — Hope; what is hoped for.

*أملى *إملاء (في ملو) — To dictate.

*أمَّمَ الشيءَ: جعله مِلْكاً للأُمّة — To nationalize; convert into national property.

أمَّ: قصد — To repair, or go, to; betake *one's* self to.

— : سار امام — To lead; be the leader of.

ـت المرأة: صارت أُمّاً — To become a mother.

أُمّ: والدة — Mother.

— : قالِب السَّبْك — Matrix.

— : مصدر. أصل — Origin; source.

△ — الحِبْر — ←Cuttle fish; squid.

△ — الحَلول — River mussel; vulsella lingulata.

— أُوَيق — Hoot-owl; screech owl.

— الملِك — Queen mother.

— النجوم: المجرّة — The Milky Way.

— القِرَى: النار — Fire.

— القُرى: مكّة المكرمة — Mecca.

— اربع وأربعين: حَريش — ←Centipede.

رأى بأمّ عينه — To see with *one's* own eyes.

أمّة: شعب — Nation; people.

— : جيل — Generation; race.

الـ — : الجمهور — The public; the people.

الأمم المتحدة — The United Nations.

عصبة أو جمعيّة الأمم — The League of Nations.

أمَة (في امو) — Bondmaid; bondwoman.

أمّيّ. أُمّهيّ: مختصّ بالأُمّ — Motherly; maternal.

— : غير متعلم — Illiterate; unlearned.

— : جاهل — Ignorant; uneducated.

أمّيّة. أُمومة: صِفة الأمّ — Motherhood; maternity.

— : جهل — Ignorance.

— : جهل القراءة والكتابة — Illiteracy.

أمام: قُدّام — Before; in front of.

— : تجاه — Opposite to; in front of.

— : في حضرة — Before; in the presence of.

— عينيه — Before *him*; under *his* nose.

الى الـ. — Forward; onward; ahead.

إمام: قائد. مقدَّم — Leader; chief; chieftain.

إمامة: رئاسة — Leadership; chiefdom.

أُمَمِيّ: متبادل بين الامم — International.

— : خارجيّ. غير يهودي أو مسيحي — Gentile.

— : وثني — Pagan; heathen.

أمّا: لكن — But; only.

إمّا هذا أو ذاك — Either "this or that."

*أَمُنَ: كان أميناً — To be faithful, *or* loyal.

أمِنَ: اطمأنّ — To be safe; consider *oneself* safe.

أمَّنَ: طمأن — To assure; reassure; give confidence to.

— على الحياة او ضد الحريق — To insure life (*or* against fire), etc.

ـه على حياته — To secure, *or* make safe, another's life.

— على كلامه — To say Amen to.

— : إئتمن. استأمن على — To entrust to; trust with; commit to *another's* charge *or* care.

إئتمن ٢. استأمن ٢: وثق به — To trust *another*; have faith in *him*.

آمن به: اعتقد — To believe in; have faith in.

— به: وثق — To have confidence in.

أمْن. أمان: ضد خطر — Security; safety.

— . — : سلام — Peace.

— عامّ — Public security.

في الـ : مصون — Secure; safe.

حافظ على الـ. — To keep the peace.

أُمَنَة: أخو ثِقة. موثوق به — Trustable; trustworthy.

أُمَنَة: يثق بكل واحد — Overconfiding.

آمِن: يأمن الناس — Trustful; trusting.

— : مطمئن — Secure; safe.

— : غير خائف — Peaceful; at ease.

أمانة: ولاء — Faithfulness; loyalty; fidelity; fealty.

— : ضد خيانة — Honesty; integrity.

— : وديعة — Trust; charge.

Bondmaid; female slave. ﴿ امو ﴾ أَمَة : جارِيَة

✿ أميرٌ ○ أميرال ○ أمِيْرالاي (في امر)

America. ○ أميرِكا : العالَمُ الجَديد

The United States of America; U.S.A. ولايات — المتّحدة

American. أميركيّ

To be Americanized. تأمْرَكَ

✿ أميرى (في امر) ✿ آن (في اون) ✿ آنّ (في انن)

That. ✿ أَنْ : حَرف تَوكيد ومَصْدر

I knew that my son is here. علمت — ابني هنا

Since; because. بما — . لأنّ

Whereas. على — . حيث — .

If. إنْ : إذا . لو

Unless; except when. — لَمْ : ما لَمْ

But; only. إنّما : لكن

I; me; myself. ✿ أنا : ضَمير المتكلّم

I am here. — هُنا

My wife and I. — وزَوجتي

Egoist; selfish person. أنانيّ : مُحِب لِذاتِه

Egotist. — : من يَقول أنا

Egoism; selfishness. أنانِيَّة : حُبّ الذات

Egotism; self-exaltation. — . آنانَة : أثَرة

✿ اناء (في اني) ✿ أناخَ (في نوخ) ✿ انار (في نور)

✿ أُناس (في نوس) ✿ آنام (في انم)

←Pine-apple; ananas. ○ أناناس : فاكهة

Tolerance; sufferance. ✿ اناة (في اني)

To reprimand; reproach; reprehend. ✿ أَنَّبَ : لامَ وعَنَّفَ

To feel remorse; be struck with remorse. —هُ ضَميرُه

Reprimand; reproach. تأْنيب : تعنيف

Remorse; compunction. — الضمير (وَخْز)

✿ أنبأ (في نبأ) ✿ أُنبار (في نبر)

Corporal. △ أُنباشي : رئيس عشرة

Lance corporal. — وَكيل

Trustiness. — : ائتِمان

Faith; confidence. — : ثِقة

Consignment (goods.) بِضاعة الـ

Left luggage office. مخزن الأمانات (فى المحطات)

Wish; desire. أُمْنِيَّة : بُغْيَة (في مني)

Faithful; loyal. أَمين : وفيّ

Honest. — : ضد خائن

Trustworthy; trusty. — : مُؤْتَمَن . ثقة

Safe; secure. — : مَأمون . غير خَطِر

Harmless; inoffensive. — : غير مُؤذٍ

Guardian; (*one*) in charge. — على : حارِس

Cashier. — الصُّنْدوق : △ صَرّاف

Treasurer. — المال

Store-keeper. — المَخْزَن : خازن △ مَخْزَنجي

Librarian. — المَكْتَبَة العمومية

Dishonest; unfaithful. غير — : خائن

Amen!; may it be so! آمِين : فَلْيَكُنْ كَذلك

Faith; belief; conviction. إيمان : مُطْلَق التصديق . عَقيدة

Trust; confidence. إئتِمان . إسْتِئْمان : وثوق

Credit. — : نَسيئة . مداينة

Assurance; reassurance. تأْمين : تَطْمين

Deposit. — : رَهْن

Security; guarantee. — : ضَمانة

Insurance; assurance. — : إسْتِشْهاد ○ سِيكُورْتاه

Life insurance *or* assurance. — على الحياة

Fire insurance. — ضِد الحريق

Insurance policy. صَكّ الـ

Place of safety. مَأمَن : مكان الأمن

Safe; secure. مَأمون : غير خَطِر

Trusty; trustable; trustworthy. — . مُؤتَمَن : يُوثَق بِهِ

Unsafe; insecure. غير مأمون : خَطِر

Faithful; believer. مُؤْمِن : مُعْتَقِد . خِلاف الكافِر

○ أُمْنيبُوس : حافِلَة . لَمَّامَة

←Omnibus; bus.

✿ اِمْهال ✿ أمْهَلَ (في مهل)

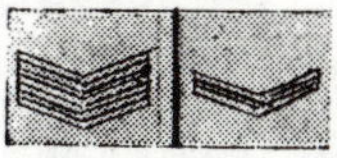

٭أُنبوب (في نبب) ٭أُنبوبة (في نبب)

٥أَنْبولة (في نبل) — Ampoule.

٥إِنْبيق التقطير — ←Retort; alembic.

٭أَنْتَ. أَنْتِ : ضمير المخاطَب والمخاطَبة — You; thee; thou.

٭إِنْتَحَبَ (في نحب) ٭انتحرَ (في نحر) ٭انتحلَ (في نحل)

٭إِنتخبَ (في نخب) ٭انتفعَ (في نفع) ٭إِنْتقمَ (في نقم)

٭إِنتمى (في نمي) ٭إِنْتَهَرَ (في نهر) ٭انْتهزَ (في نهز)

٥أَنْتِيكه : أَثَر قديم — Antiquity.

أَنْتِيكْخانة : دارُ العاديَّات او الآثار. متحَف — Museum.

٥أَنْتِيمُون : اثمِد — Antimony.

٭أَنُثَ : خنثَ — To be, or become, effeminate.

أَنَّثَ : جعله مؤنّثاً — To put into the feminine gender.

— : خنَّثَ — To effeminate; make womanish.

أُنْثَى كل حيوان : ضِد ذَكَر — Female.

— الانسان : امرأة — Woman.

أُنْثَويّ : نسائي — Womanly.

مُؤَنَّث : ضِد مذكر — Feminine.

أُنُوثة — Femininity; womanliness.

٥إِنْجاص س : كُمَّثْرَى — ←Pear.

— : إِجّاص ع . بَرْقُوق — ←Plum.

٭ انجذان (في نجذ) — Asafœtida plant.

٥أَنْجَر : مِرساة السفينة — ←Anchor.

△أَنْجاريَّة : قَطْرُ المَراكِب — Towage.

٥أَنْجِيل. عُملة انكليزية ذهبية قديمة — Angel.

٭إِنجيل : بِشارة — Gospel.

— : كِتابُ العَهْدِ الجديد — The New Testament.

إِنجيلي : مختص بالانجيل — Evangelic, —al.

— ٥: بروتستانتي — Evangelical; protestant.

الانجيلي : البشير . كاتبُ احد الاناجيل — The Evangelist.

٭انحرفَ (في حرف) ٭انْحطّ (في حطط) ٭انْدفعَ (في دفع)

٭اندلعَ (في دلع) ٭اندملَ (في دمل) ٭ أَنْذَرَ (في نذر)

٭أَنُسَ : كانَ أنيساً — To be sociable or affable.

— بهِ واليه — To like; be pleased with.

آنَسَ : سَلَّى او نادَمَ — To entertain; amuse.

— : عَلِمَ — To know; perceive; see.

إِستأنسَ : صارَ أَنيساً — To become sociable.

— الحيوان : صَارَ اليفاً — To become tame.

— بهِ واليهِ : أَلِفَهُ — To be familiar with.

— لهُ : أَصغَى — To listen to; lend ear to.

أُنْس — Sociability; good-fellowship.

أُنْسِيّ : ضدّ وَحْشِيّ (في التشريح) — Internal; mesial.

إِنْس : غَير الجِنّ — Mankind; the human race.

إِنسان : رَجُل — Man; person.

— : بَشَر — Human being.

— جاوه — Pithecanthropus erectus.

— العين : بُؤْبُؤها — Pupil of eye.

— الغاب : سِعْلاة — Orang-outang.

— الغاب : غُول — Gorilla or chimpanzee.

إِنْسانيّ : بَشَري — Human.

— : يحبّ خير البشر — Humanitarian; philanthropist.

إِنسانيَّة : بَشَرِية — Humanity.

آنِسة : فتاة — Damsel; young lady; miss.

أَنِيس : لطيف — Sociable; affable; genial.

— : اليف — Tame; domestic.

الــ : قيق . زرْياب . ابو زُرَيق — ←Jay.

إِيناس . مُؤَانَسَة — Geniality; sociability.

٭أَنْسَلّ (في سلل) ٭انْسِيابي (في سيب) ٭انشأَ (في نشأ)

٭أُنْشوطة (في نشط) ٭أَنْصف (في نصف) ٭انطلق (في طلق)

٭انعمَ (في نعم) — To confer upon.

٭أَنِفَ منه : استنكف — To disdain; turn up one's nose at.

إِستأنفَ : بدأَ من جديد — To renew; recommence.

— الدَّعوى — To appeal a case; evoke.

أَنْف : مَنْخِر — Nose.
— الجَبَل : الجزء الداخل منه في البَحْر — Promontory; headland.
— دَرَجَة السُّلَّم — Stair tread.
رَغْم ـــه : طَوْعاً أو كُرهاً — In spite of *his* teeth.
سَالَ ـــه — To snivel; run at the nose.
كَسَرَ ـــه — To humiliate; put down *one's* pride.
أَنْفِيّ : مختصّ بالأَنف (او منه) — Nasal.
— الشَّكْل — Nasiform.
أَنَفَة : شَمَم — Pride; self-esteem.
آنِفاً : قَبْلاً — Previously.
مَذْكور — : سبق ذِكره — Forementioned.
△ إِنْفِيّ — Squeamish; fastidious; fussy.
أَنُوف : أَبِيّ — Disdainful; contemptuous.
إِستِئْناف : بدء من جديد — Renewal; recommencement.
— الدَّعْوى — Appeal; evocation.
— فرعي — Cross appeal.
عَرِيضَة الـــ — Notice of appeal.
قُضاة الـــ — Appellate judges.
مَحْكَمَة الـــ — Court of appeal.
اسْتِئنافي : مختصّ بالإستئناف — Appellate.
مُسْتَأْنِف الدَّعْوى — Appellant.
المُسْتَأنَف عليه أو ضِدّه — Appellee.
○ أَنْفِتْياتْرو : مُدَرَّج (انظر درج) — Amphitheatre.
* انفحة (في نفح) — Rennet.
○ إنفلونزا : النزلة الوافدة — Influenza; flue.
* أَنِقَ : كانَ حَسَنَ التَّرْتِيب — To be neat, *or* tidy.
— : كان حَسَناً — To be elegant, *or* handsome.
آنَقَ : اعجب (في نوق) — To please.
تأَنَّقَ في عمله — To do (a thing) accurately, *or* with great care.
— في لبسه او أكله — To be fastidious, dainty, *or* meticulous
أَنَاقَة : حُسْن — Elegance; charm; beauty.
أَنُوق : رَخَمَة (طائر) — Pharaoh's chicken.

بَيْض الـــ — Roc's egg; mare's nest.
أَنِيق : حَسَن — Elegant; nice; dainty; fastidious.
— : مُتْقَن الترتيب — Tidy; neat; trim.
تأَنُّق : تَدْقِيق زائد — Fastidiousness; nicety.
مُتأَنِّق : مُدَقِّق — Meticulous; finically accurate.
* انقذ (في نقذ) * انقضّ (في قضض) * انقضى (في قضى)
○ إِنْكِشارِيّ — Janissary; janizary.
○ انكلترة . انكلترا : بلادُ الانكليز — England.
○ انكليزي : نسبةً الى بلاد الانكليز — English.
— : اللغة الانكليزية — English; the English language.
— : شَخْص إنكليزي — An Englishman.
○ أَنْكَلِيس : ثُعْبان الماء — Eel.
(انم) أَنَام . الأَنَام : الخَلْق — The creatures; created beings.
* أُنْمُوذَج : نَمُوذَج . مِثال — Model; type; example.
— : نموذج △ عَيِّنَة — Sample; specimen; pattern.
○ أنيمومِتْر : مِقْياس سُرْعة الرياح واتجاهها — Anemometer.
(أنن) أَنَّ : △ عَنَّ . تأَوَّه — To moan; groan.
△ — : عَنَا — To consent; yield.
أَنِين . أَنَّة : تَأَوُّه — Groan, —ing; moan, —ing.
○ أَنَناس (انظر أناناس) — Pine-apple; ananas.
○ أنوبيس : دليل ارواح الموتى عند قدماء المصريين — Anubis.
* أَنَى : دنا — To approach; draw near.
إستأنَى . تأَنَّى : تمهَّل — To take *one's* time; do slowly.
△ — استَنَّى : انتظر — To wait.
تأَنَّى ٢ عليه : امْهَلَه — To be patient with.
إِناء : وِعاء — Vessel; utensil.
— : قابلة . ظَرْف . وِعاء — Receptacle.
أَناة : صَبْر — Endurance; patience; tolerance; sufferance.
طَوِيل الـــ — Tolerant; long-suffering.

تأنٍّ : تمهّل — Slowness; deliberateness.

متأنٍّ : متمهّل — Slow; deliberate; careful.

☆أنّى : أين — Where.

— : متى — When.

— : كيف — How.

○أنيسون : يانسون — Anise seed; aniseed.

△ أنبطة : طبنة . خبزة يابسة — Ship-biscuit; hard-tack.

☆ آهِ . آهاً — Ah!

☆أهانَ (في هون) — To insult; abuse.

☆أهَبَ : أعدَّ — To prepare; make ready.

تأهّبَ لكذا — To get ready, or be prepared, for.

أُهْبة : استعداد — Readiness; preparedness.

على — السفرِ — Prepared for the journey.

أخذَ —: استعدَّ — To get ready; be prepared.

إهاب : جلد خام — Skin; hide.

تأهُّب : استعداد — Preparation; readiness.

مُتأهّب : مُستعدّ — Prepared; ready.

☆أهْبل (في هبل) ☆إهتمّ (في همم) ☆أهْدى (في هدى)

☆اهْرام (في هرم) ☆أهْرقَ (في هرق)

☆أهَلَ : تزوّج — To marry; get married.

أهِلَ المكانُ : كان عامراً — To be populated.

أهّلَ للأمرِ : جعلهُ صالحاً له — To make, or render fit; qualify.

△ — . آهَلَ : زوّج — To marry to; give in marriage.

— . — . △ تأهّلَ بهِ : رحّب به — To welcome.

تأهّلَ للأمرِ — To be fit, suitable, or qualified, for.

— : تزوّج — To marry; get married.

استأهلَ : استوجب — To deserve; merit; be worthy of.

أهْل : عائلة . أسْرة — Family.

— : أقرباء — Relations; kin; relatives.

— الرجُلِ : زوجتهُ △جماعته — Wife.

— الإنسانِ : أنسباؤه — One's relations or family.

— الدارِ — Household; inmates of a house.

— لكذا : يستوجبهُ — Worthy of; deserving.

— لكذا : يليق بهِ — Fit, suitable, or adequate for.

△ — خبرة : خبير — Expert; authority.

أهلاً وسهلاً ! — Welcome!

— بأهلٍ : بلا كلفة — Unceremoniously; as one of the family.

أهليّ : عائلي . بيتي — Domestic.

— : بلديّ — Native.

— : وطنيّ — National.

قرض — — Domestic loan.

حرب أهليّة — Civil war.

أهليّة : صلاحيّة — Fitness; aptitude.

— : صفة مؤهّلة — Qualification.

ذو — . مؤهّل لكذا — Fit, suitable, or qualified for.

مؤهّلات (جمع مؤهّلة) — Qualifications.

آهِل . مأهول : عامِر — Inhabited; populated.

مُستأهِل : مُستوجب — Worthy of; deserving; meriting.

☆إهليلج (في هلج) ☆أهمل (في همل) ☆أهْوج (في هوج)

☆أهْيَف (في هيف) — Slim; slender.

☆أو : أمْ — Or.

— : ما لمْ — Unless.

☆أوان (في اون) — Time; season.

☆أوب . إياب : رجوع — Return.

من كل أوْب — From all directions or quarters.

آبَ : عادَ — To return; come back.

مآب : مرجع — Place to return to; resort.

☆أوباش (في وبش) — The rabble; riff-raff.

○أوبرا : دارُ التمثيل — Opera-house.

— : مأساة غنائية — Opera; drama set to music.

○اوتوموبيل : اتُمبيل . سيَّارة
← Motorcar; an automobile.

*أَوْج : ضِدّ حَضِيض — Apogee; highest point; culmination; **acme**

— : قِمَّة — Zenith; summit.

بلغ الـ — To culminate; reach the top.

*أَوجَزَ (في وجز) — To shorten.

﴿ اوح ﴾ آح : بَيَاضُ البَيْض — Albumen; white "of the egg."

*أَوحَى (في وحي) — To inspire with, *or* reveal to.

*أَوْد . أَوْدَة : حِمْل — Burden; **load.**

آدَهُ الحِملُ : أَثقَلَه — To weigh down; depress; oppress.

△أُودَة : غُرْفَة — Room; chamber.

مَؤُود : أثقله الحِمل — Burdened; oppressed.

أُوديما : تَربُّل . ارتشاح — Oedema.

﴿ اور ﴾ أُوار : حَرَارَة — Heat; ardour.

— : عَطَش — Thirst.

○أُورَانْجُوتَان : إنسانُ الغابِ — ← Orang-outang.

○أُورَانُوس : اسْم سَيَّار — Uranus.

○أُورْطَة : وحدة من الف جُنْدي تقريباً — Battalion.

○أُورْطَة . الشريان الأُورْطِي : الأَبْهَر — Aorta.

○أُورْنِيك : أَرْنيك — Form; blank form.

— : مثال يُحتذَى — Model; pattern.

○أُورُوبَّة . أُوروبا : بِلادُ الإِفرنْج — Europe.

أُورُوبي : إِفْرَنْجِيّ — European.

*أَوِزَّة : وَزَّة — ← Goose.

اوز : جَمْعُ اوَزَّة — Geese.

فَرْخُ الـ — Gosling.

أَوزّ العِراق : تَمّ . أَوزّ غِرْيَاق — ← Swan.

△أَوَّز : لَزّ — To poke fun at; ridicule.

○أُوزُون : عُنْصُر هَوَائِيّ — Ozone.

△أُوزِيّ : △قُوزي . حَوْليّ . صَغيرُ الغَنَم أو لَحْمُه — Lamb.

○أُوزِيرِس : الاَلِهَة فرعونية — ← Osiris.

﴿ اوس ﴾ آس : رِيحان شَامِيّ — Myrtle.

△— : واحِد (في النَّرْد) وورَق اللعب) — Ace.

حَبُّ الـ : حِنْبِلاس — Myrtle-berries.

△أُوسْطَى : أُسْطَى . مُعَلِّم — Master workman.

— : سائِق العَرَبَةِ والوابُور وغيرها — Driver.

﴿ اوف ﴾ آفَة : ضَرْبَة . جائِحة — Pest; plague.

— : عاهَة . مَرَض — Disease; ailment.

— : كل ما يُؤذِي او يفسِد — Bane; nuisance.

— زِرَاعِيَّة — Blight.

مَؤُوف : مَضْرُوب بآفة — Diseased; blighted.

*أَوَّق . آقَ : أَتاه بالشؤم — To bring bad luck to.

△— عليه : آقتَه ٢ : انذره بالبين — To croak; forebode evil.

أُمّ أُوَيق : أُمّ قُوَيق — Screech, hoot, *or* barn owl.

○أُوقِيانُس . أُوقيانُوس : البَحْر المحيط — Ocean.

الـ الاطْلَنْطِي : بحر الظلمات — Atlantic Ocean.

الـ الپاسيفيكي : المحيط الهادِىء — Pacific Ocean.

الـ الهِنْدي : بحر الهِند — Indian Ocean.

الـ المتجمِّد الشماليّ — Arctic Ocean.

الـ المتجمِّد الجنوبي — Antarctic Ocean.

اوقيانوسيّ — Oceanic; pelagic.

○أُوقِيَّة : وَقِيَّة : ١٢ درهم او ٢٨ جرام تقريباً — Ounce.

○أُوكسِيجِين : مُصْدِىء — Oxygen.

*أَوَّل : فَسَّر — To interpret; explain.

آلَ الى : عادَ — To revert to.

— الى : تحوَّل وصار — To be reduced to.

— الى : أَنتَج — To result in.

— به الى : أَوْصَل — To lead, *or* conduce, to.

— على نفسِهِ — To take upon oneself.

آل : أَهْل — Relatives; family; kindred.

— : سَراب — Mirage.

— خِبْرَة : خَبِير — Expert; authority.

آليّ : عُضْوِيّ — Organic.

— : ٥ ميكانيكيّ — Mechanic, —al.

آلة : أداة — Tool; implement; utensil.

— : عُدّة — Instrument.

— : ٥ مَكِينة . دُولاب — Machine.

— : عُضْو — Organ.

— مُحَرِّكة — Engine.

— الخِياطة ← Sewing-machine.

— حربيّة — Instrument of war.

— رافِعة للمِياه — Pumping-engine.

— التَّصْوِير ← Camera.

— صَمَّاء — Cat's-paw; dupe; tool.

— جَهَنَّمِيّة — Infernal machine.

— مُوسِيقِيّة — Musical instrument.

الـــ الكاتِبة — Typewriter.

△ آلاتيّ : مُوسِيقِيّ — Musician.

أوَّل : ضِدّ آخَر — First.

— : بِدايَة — Beginning; commencement.

— : أهَمّ — Principal; chief.

— : مُستَقبَل — Prime.

— درجة: ممتاز — First-rate; first-class; tiptop.

— البارِحة — The day before yesterday.

الـــ : الأسْبَق — Foremost; most advanced.

أوّلاً . في الأوّل — First, —ly; in the first place.

— : أصْلاً — Primarily; originally.

أَوْلَى (في ولي) — More deserving.

أوَّليّ : رئيسيّ — First; chief; primary.

— : أساسِيّ — Fundamental; elemental.

— : أصليّ . بَدائيّ . كائن قبل غيره — Primitive; original.

— : تَحْضِيريّ — Preliminary; preparatory.

— : ابْتِدائيّ — Primary; elementary.

عَدَد — . — Prime number.

أوَّليّة : مَبْدأ مُقرَّر — Axiom; self-evident truth.

— : قَضِيّة مُسَلَّم بها — Truism; undisputed truth.

— : أسْبَقِيّة — Precedence; priority.

△ — : أوْلَوِيّة: الحق الاسبق — **First refusal; prior right.**

إيالة : مقاطعة — Province.

أيْلُولَة المِيراث — Devolution of estate.

تأوِيل : تفسير — Interpretation; explanation.

مآل : نتيجة — Result; issue; outcome; consequence.

☆ أُولاء . أُولئك : هؤلاء — These; those.

٥ أولمبيّ ٥ أُولُنْبِيّ — Olympian; olympic.

الألعاب الأولمبيّة (الحديثة) — Olympic games.

☆ أُولُو : ذَوُو . أصحاب — Possessors of; owners of.

— الشُّهْرة او الفضل — Men of reputation *or* credit.

☆ أولى (في ولي) ☆ أومأ (في وما)

△ أُومْباشي : △ أُمْباشي . رئيس عشرة — Corporal.

وكيل — — Lance corporal.

٥ أومُنيبوس : لَمّامة (انظر امنيبوس) — Omnibus; bus.

☆ أَوْن : رِفْق ودعة — Gentleness; mildness.

— : وَقْت . مَوْسِم — Season; time.

أوان . آن : حِين . زَمَن — Time; hour.

آنَ : حانَ — To come; draw near.

آن الأوانُ — It is high time; the time has come.

في أوانِهِ : في وَقْتِه — In its time; seasonable.

في ـــه: في الوقت المناسب — In good time; timely.

في غير ـــه او وقته — Unseasonable; untimely.

في غير ـــه : فات وقته — Out of time *or* season.

الآن : الوقتُ الحاضر — Now; at present.

من — فصاعداً — From now on; henceforth.

الى او لغاية — . للآن — Hitherto; till now.

△ أونْطجيّ: نصّاب — Sharper; confidence man; diddler; trickster.

☆ (اوه) آه . تأوّه — To groan; moan; murmur.

تأوُّه : تَوَجُّع — Groan, —ing; moan, —ing.

To retire to, *or* take shelter in, a house.	٭آوى البيتَ واليه
To shelter; give shelter.	ــ : سترَ
To put up; lodge; quarter; entertain.	ــ . أُوّى : أشكنَ او آضافَ
Jackal.	ابن آوى (الجمع بنات آوى)
Lodging; quartering.	إيواء : إسكان
Sheltering; harbouring.	ــ : سترْ
(Entrance-) hall; lobby; large public room.	إيوان : قاعة كبيرة
Palace; mansion.	ــ : سَراي
In-doors; within doors.	في الأوى : في البيتِ او المأوى
Sign; mark; token.	آية : علامة
Miracle.	ــ : مُعْجزة
Marvel; wonder.	ــ : شيَ عجيب
Verse; text.	ــ : من كتاب مقدَّس
Dwelling, —place; abode.	مأوى : مَسكن
Shelter; retreat; refuge.	ــ : ملجأ
Wood-carving.	△ أوينـمة : الحفر على الخشب
Wood-carver.	أوينـجيّ : الحفّار على الخشب
That is to say; namely; (i.e)	٭أي : يعني
Any.	٭أيّ
Anything; whatever.	ــ : شيَ
Whoever; whosoever.	ــ : كان
Any one; anybody.	ــ : واحد . أيّا كان
Anyhow; in any case.	على ــ : على كل حال
At any rate; at all events.	على ــ : مهما كان
Yea; yes.	إي : نعم
Beware of; be careful of.	إياك من كذا
Take care not to do...	ــ : ان تفعل هذا
May.	٭أيّار : مايو . الشهر الميلادي الخامس
Province.	٭إيالة (في اول)
Ibis.	٭إبِيس : معنز △ أبو قردان (انظر ابو قردان)
Ether.	٭أثير : أثير (راجع أثر)
Ethereal.	٭أثيري : أثيري (راجع أثر)

	٭إيجاز (في وجز) ٭إيحاء (في وحي)
To support; maintain.	٭أيّدَ : عزّزَ
To confirm; establish.	ــ : أثبتَ
To help; support.	ــ : ساعَدَ
To be confirmed, supported, etc.	تأيّدَ
Support; maintenance.	تأييد : تعضيد
Confirmation; establishment.	ــ : إثبات
In confirmation, *or* support, of.	تأييداً لكذا
Hydrogen.	٭إيدروجين : هيدروجين
Income; revenue.	٭إيراد (في ورد)
Iran; Persia.	٭إيران : بلاد فارس
Iranian; Persian.	إيرانيّ
Earl.	٭إيرل : لقب شرف إنكليزيّ
Isis.	٭أيزيس : الآلهة الخصب عند الفراعنة
To despair of; give up all hope for.	٭أيِسَ منه : يئس
To take chances; risk; hazard.	△ أيسَ عليه او عنه
Despair; hopelessness.	إياس : يأس . قُنوط
To prosper; become rich.	٭أيسرَ (في يسر)
Also; in addition.	٭أيضاً : كذلك
Again; another time.	ــ : ثانياً . مرّة ثانية
Too; as well; likewise.	ــ : بالمثل
Else; besides.	ــ : غير ذلك
Explanation.	٭إيضاح (في وضح)
Italy.	٭إيطاليا : بلاد الطليان
Italian.	إيطاليّ
	٭إيعاز (في وعز) ٭إيفاء (في وفى) ٭إيفاد (في وفد)
	٭أيقظَ (في يقظ) ٭أيقنَ (في يقن)
Icon.	٭إيقونة : نصبة . صورة مقدَّسة
Thicket; jungle.	٭أيك : دَغَل
Bush; a dense, tangled, tree.	أيكة
Deer; stag.	٭إيل . أيّل
Fallow-deer; dama.	ــ . △ أدم

الـ المُسْتأنِس: ○ رَنّة. Reindeer.

○ أَيْلول: شهر سبتمبر. الشهر الميلادى التاسع — September.

ايلولة (في اول) Devolution (of estate).

☆ أَيِّم: أَرْمَل (رَجُل) Widower.

— : أَرْمَلة Widow.

أَيْمة. أُيوم: تَرَمُّل Widowhood.

آمَ الرجُلُ من زوجته To be a widower; be bereaved of *one's* wife.

ـــت المرأة من زوجها To be widowed; be bereaved of *one's* husband.

☆ أَيْمُ الله (في يمن): بالله By God!

☆ إيماء (في ومأ) ☆ ايمان (في امن) ☆ ايمَن (في يمن)

☆ أَيْنَ: حَيْث Where.

الى — . Where to? whither; to where.

من — . Where from? whence; from where.

أَيْنَما: حيثما Wherever.

آنَ: حانَ (في اون) To draw near; come.

— الأوانُ (راجع اون) The time has come; it is high time.

☆ آية ☆ ايواء ☆ ايوان (في اوى)

(ب)

☆ بِـ: حرف جرّ By; with; in; of; on; upon; through; for.

بالجملة By wholesale.

قامَ بوعدِهِ To abide by *one's* promise.

فعله بنفسه He did it by himself.

نبيعُ اللحْم بالرطل We sell meat by the pound.

إملأ الصُنْدوق بالقشّ Fill the box with straw.

إشتريتهُ بمالي I bought it with my money.

باعتِدال In moderatiion.

بكثرة In plenty.

مَدْهون باللون الأبيض Painted in white.

يُسافر في الدرجة الاولى بتذكرة الدرجة الثالثة He travels 1st class on a 3rd class ticket.

مرّ بباريس He passed through Paris.

بالاهمال. بِسَبَبِ الإهمال Through negligence.

بالضَرورة Of necessity.

ماتَ بالسُلّ (مثلاً) To die of consumption.

العَيْنُ بالعين Eye *for* eye.

☆ باء (في بوأ) ☆ بائنة (في بين) ☆ باب (في بوب)

☆ بأبأ الولدُ: قال «بابا» To say "pa pa."

بابا: أب Papa; father; [daddy].

— : الحَبْرُ الأعْظم Pope; the bishop of Rome.

△ قائم الـ : مبدأ درابزين السُلَّم ←Newel.

باباوِيّ: بابوي Papal.

باباويّة Papacy.

بُؤْبُؤ العَيْن Pupil of the eye.

△ بابُوج: خُفّ. مَزّ Overshoes; heelless slipper.

○ بابور: (انظر وابور في وبر) Engine; machine.

— البَحْر: باخرة Steamer.

— سِكّة الحَديد: قِطارة Locomotive; ← engine.

☆ بابُونج Camomile; chamomile.

مَغْلي الـ — . Camomile tea.

☆ باتَ (في بيت) To pass the night.

○ باتِيسْتَه: نَسيج قُطني رَفيع Batiste.

○ باتَنْتا: بَراءة صِحّيّة Bill of health.

○ باثالوجيا. باثولوجيا: عِلْم العِلاج Pathology.

☆ باحَ (في بوح) ☆ باخَ (في بوخ)

☆ باخِرة (في بخر) Steamer.

○ باخُوس: الاهُ الخَمْر ←Bacchus.

☆ بادَ (في بيد) ☆ بادٍ (في بدو)

☆ بادر (في بدر) ☆ بادى ☆ بادية (في بدو)

○ باذِنْجان: △ بِتِنْجان Egg-plant.

— : ثمرة الـ — . ← Aubergine; egg-plant.

☆ بَأَرَ: حفر بئراً To dig a well.

بِئْرُ الماء Well; pit.

— السُلَّم Staircase; well of the staircase; well-shaft; – hole.

بُؤْرَة : مَرْكَز التَجَمُّع — Focus; central point; seat.
— : حُفْرَة — Pit.
— فَساد — Pandemonium; cesspool of evil.
بُؤْرِيّ : مُخْتَصّ بِبُؤْرَة — Focal.
○ بارٌ : حانَة. خَمَّارَة — Bar; tavern; public house.
✲ بارَ (في بور) ✲ بارّ (في برر) ✲ بارِجَة (في برج)
✲ بارَكَ (في برك) — To bless.
○ بارْنامَج : بَيان (راجع برنامج) — Programme.
— : قائمة . فِهْرِس — Catalogue.
△ بارَة : رُبْع عُشْر القِرش المِصْري — Para.
✲ بارود (في برد) — Gunpowder.

○ بارُومِتْر : ميزان ضغط الهَواء ←Barometer.
✲ بارى (في برى) ✲ بارِئ (في برأ)
○ بارِيسِيّ : نِسبةً الى باريس — Parisian.

✲ بَأْز . باز . بازِيّ — ←Falcon; hawk.
○ بازار : سُوق — Bazaar.
— : سُوق خَيْرِيَّة — Charity bazaar.
✲ باسَ (في بوس) — To kiss.
✲ بَأْس : قُوَّة — Power; might; strength.
— : شَجاعة — Prowess; valour; intrepidity.
ذو — : قَوِيّ — Strong; mighty.
ذو — : شُجاع — Valorous; valiant; brave.
لا — في ذلك — There is no objection to it.
لا — عَلَيك — No harm will befall you.
بَئِسَ : كان بائِساً — To be wretched *or* miserable.
بِئْس : ضِدّ نِعْمَ — How bad!
بنات بِئْس : الدواهي — Calamities; misfortunes.
بَؤُسَ : كانَ شُجاعاً — To be brave *or* intrepid.
بُؤْس . بَأْساء : شَقاء — Wretchedness; misery.
بائِس : تَعِس — Wretched; miserable; unfortunate.
○ باسابورت ○ باسْبُور : فَسْح . جَوازُ السفرِ — Passport.

✲ باسور (في بسر) — Piles; hemorrhoids.
○ باسِيفِيكِي : هادِئ — Pacific
△ باش : رَئيس . أوَّل — Chief.

— : احدى صُوَر وَرَق اللعب — ←King.
باشكاتِب : كاتِب أوَّل — Chief clerk.
باشمهندس : مهندس أوَّل — Chief engineer.
△ باشا : لقَب عثماني رفيع — Pasha.
باشَوِيَّة — Pashaship.
△ باشْبُزُق — *Bashi-bazouk*; irregular Turkish trooper.

△ باشْتَخْتَة : مَكْتَبَة — Desk.
— : سَبّورَة — ←Black-board.
△ باشْجاوِيش — Sergeant-major.
✲ باشَر (في بشر) — To superintend; control.

✲ باشِق : طوط . صَقْر صَيْد صَغير — Sparrow-hawk.
△ باشكير : بَشْكير . قَطيلة — ←Towel.
○ باشِلُّوس : أُنبوبِيّات — ←Bacilli (*sing*. Bacillus).
✲ باشُورة (في بشر) ✲ باضت (في بيض)

△ باطِس الحِذاء : طِراق — Insole.
✲ باطية (في بطي) ✲ باعَ (في بيع) ✲ باعَ (في بوع) ✲ باعوث (في بعث)
△ باغَة : ○ خَلْيُود — Celluloid.
✲ باقَة (في بوق) — Nosegay; bouquet.
○ باكُم : فَرْمَلة الباكُم : شاكِم فَراغِي — Vacuum; vacuum-brake.
— التنظيف او الكَنْس — Vacuum-cleaner.

✲ بالَ ✲ بالٌ (في بول) ✲ بالغ (في بلغ)
✲ بالَة . إبّالَة (في بول) — Bale.
○ بالُّو : مَرْقَص — Ball; dance.
✲ بالُوعَة (في بلع) — Sink.

○ بالُّون : مُنْطاد — ←Balloon; aerostat.
✲ بالَى (في بلى) — To mind; take notice of.
○ بامْيا . بامْيَة — Okra; gumbo; lady's-finger.

○ بانُ : الاهُ الرُّعاة — ←Pan.

مِصْفارُ — . — Pan's pipes; Pandean pipes.

* بانَ (في بين) * بانٌ

* بانة (في بون)

○ بانيو : حوض الاستحمام (انظر △ بتيه) — Bath; tub.

* بَأَهَ للأمرِ : فطنَ — To notice; take notice of.

* باهُ (في بوه) * باهٍ (في بهي) * باهر (في بهر)

* باهظ (في بهظ) * بايخ (في بوخ) * باين (في بين)

* ببرٌ : اسد هندي . نمر مخطط — ←Tiger.

○ ببسين : عصير معدي هاضم — Pepsin; —e.

* ببغاء . ببغاء . ببغان — Parrot; popinjay.

— صغير : △ دُرّة — Parrakeet; parakeet.

* بتَّ : قطعَ — To cut off.

— : قرّر وفصلَ — To decide; settle.

بتٌّ : تقرير — Decision; settlement.

بتّي . باتّ : فاصل — Decisive; positive; categorical; final.

بتّة . البتّة : قطعاً — Not a bit of it.

— . — : أبداً — Never; not; not at all.

بتاتاً : نهائياً — Peremptorily; finally.

* بتَرَ : قطع وفصل — To sever; cut apart.

— عضواً : قطعه — To amputate; cut off.

بترٌ : قطع . فصل — Amputation; cutting off.

بتّار : قاطع — Cutting; sharp; trenchant.

أبتر . مبتور : بلا ذيل — Tailless.

— : مقتضب — Curtailed.

ريشي — . — ←Abruptly pinnate.

جملة او عبارة مبتورة — Mutilated passage.

○ بترول : زيت الاستصباح — Petroleum; kerosene.

* بتع : حيل . قوّة — Might; power.

بتع : نبيذ العسل — Mead; hydromel.

○ بتفورة : حمّالة قارب النجاة — ←Davit.

* بتَّلَ . بتَلَ : قطعَ وأبعدَ — To cut off; sever.

— تبتّلَ : ترك الزواج — To live in celibacy.

○ بتلة : ورقة الزهرة — Petal.

بتول : عذراء — Virgin; a maiden.

بتولي : بِكر — Virginal; maiden.

— : عُذري — Virgin; chaste; pure.

بتولا : اسم شجرة — Birch; birch-tree; betula.

بتوليّة — Virginity; maidenhood.

△ بتنجان : باذنجان (انظر باذنجان) — Egg-plant.

○ بتّوم : قير . زفت معدني — Bitumen.

△ بتّيّة : حوض الإستحمام — Bath.

— : اناء للاغتسال — Tub.

* بثَّ : أرسلَ — To send forth.

— : نشرَ — To give out; diffuse.

— : نشرَ . أذاعَ — To spread out; publish.

— : مبدأ أو تعاليماً — To propagate; spread.

بثٌّ — Spreading; diffusion; propagation.

* بثَرَ . بثِرَ . بثُرَ . تبثّر — To pustulate; form into pustules *or* pimples.

بثرة : دمّل صغير — Pustule; pimple.

بثِر . بثير . مُبثّر — Pustulous; pimply.

* بثقَ : شقَّ وخرجَ — To break through.

إنبثقَ : انفجر وخرج — To burst forth; issue forth.

— منه : صدرَ — To emanate, *or* proceed, from.

— الفجرُ — To dawn; break forth.

إنبثاق : صدور — Emanation; issuing.

— الروح القدس — Procession of the Holy Ghost.

— الفجر — Dawning; dawn breaking.

منبثق : صادر — Emanating; proceeding.

* بجحَ به : فرحَ — To be delighted with.

△ بجّحَ : قلّ حياؤه — To be shameless, insolent *or* impudent.

To boast; vaunt; flaunt; brag. تَبَجَّحَ : افتخرَ وباهَى

To abide; dwell. ☆بَجَدَ : أقامَ

Origin; source. بَجْدَة : أَصْل

He is thoroughly acquainted with it. هُوَ ابْنُ بَجْدَتِها

Garnet. بَجَادِي : حَجَر كالياقوت

To have a big belly. ☆بَجِرَ : عَظُمَ بطنُه

To disembowel; eviscerate. △ بَجَرَ : بَقَرَ

Navel. بُجْرَة : سُرَّة

His vices and faults; his sorrows and griefs. عُجَرُه وبُجَرُه

Big-bellied; paunchy. أَبْجَر : كبير البَطْن

To cause to flow or gush forth. ☆بَجَسَ . بَجَّسَ الماءَ : فَجَّرَه

To spurt; squirt; gush out; burst forth. اِنْبَجَسَ . تَبَجَّسَ

←Pelican. ☆بَجَع : طائر كبير

To dignify; exalt; honour. ☆بَجَّلَ : عَظَّمَ

To venerate; reverence; revere. — : كَرَّمَ

Venerable; honourable. مُبَجَّل

To be dumbfounded. ☆بَجَمَ : سَكَتَ من فَزَع

Stupid, or listless △ بَجَم : بَليد أو غَبِيّ

To rivet. ☆بَجَنَ المِسْمارَ : △ بَرْشَمَه

To be, or become, hoarse. ☆بَحَّ (في بحح)

To be at ease. ☆بَحْبَحَ . تَبَحْبَحَ : كانَ مرتاحاً

To be in easy circumstances. — . — : رَغُدَ عيشُه

Easy; unconstrained; free-hearted. △ بَحْبُوح : كَريمُ الطَّبْع

Gay; lively; jolly; jovial △ — : بَحْبُور

Middle; centre. بُحْبُوحَة : وَسَط

Ease; comfort. — : رَغَد . سَعَة

Easy; comfortable; unconstrained. مُبَحْبَح : مُرِيح

Loose; not tight; wide; roomy. — : ضِدّ ضَيِّق

Pure, —ly; mere; unmixed. ☆بَحْت : خالِص

Thick-set. ☆بُحْتُر . بُحْتُرِيّ : قَصير مُجْتَمِع الخَلْق

To scatter; disperse. △ بَحْتَرَ : بَحْثَرَ

To investigate; search; look, or inquire, into. ☆بَحَثَ في المَوْضُوع

To study; examine. — الأمْرَ : دَرَسَه

To look, or search, for. — عن الشيء

To discuss a question with. باحَثَه . تَباحَثَ معه في الأمرِ

To reason, or argue, with. — . — معه: حاوره

Research; careful search. بَحْث : تَفْتِيش

Examination; investigation. — : فَحْص

Researcher; investigator. بَحَّاث . بَحَّاثَة . باحِث

Peninsula. △ بُحَيْثَة جزيرة : شِبْه جَزيرة

Theme; a subject set for speculation or discussion. مَبْحَث : مَوْضُوع

Research work. — : مَوْضُوع يُدْرَس

Discussion; argument; debate. مُباحَثَة

To scatter; disperse. ☆بَحْثَرَ : بَعْثَرَ

To squander; waste. — : بَدَّدَ

To make hoarse or husky. ☆بَحَّحَ . أَبَحَّ

To be, or become, hoarse or husky. بَحَّ الصوتُ : خَشُنَ

To quack. — البطُّ : بَطْبَطَ

Dysphonia. بُحاح : اختِناق الصوْت (اسم مرض)

Hoarseness; raucity. بُحَّة الصوْت

Hoarse; harsh; husky. أَبَحّ △ مَبْحُوح

To be astounded, appalled, or dismayed. ☆بَحِرَ : بُهِتَ

To sail; make a (sea) voyage. أَبْحَرَ : سافَرَ بحراً

To sail; set sail; weigh anchor. — ت السفينةُ

To study deeply, or profoundly. تَبَحَّرَ في الدَّرْسِ أو العِلْم

Sea. بَحْر : خِلاف البَرّ

Ocean. — : أُوقيانوس

The Mediterranean Sea. — الروم: البَحْر الأبْيَض

English	Arabic

Profoundness; profundity. — تَبَحُّر في العِلْم او الدَّرْسِ : تَمَسُّق

Erudite; profound; profoundly learned. — مُتَبَحِّر ، دِرِّيٌّ

Versed in. — في كذا

بَحْلَقَ (في حملق) ﷽ بُحَيث (في بحث) ﷽ بَخّ (في بخخ)

Fortune; luck. — ﷽ بُخْت : حَظّ

To tell one's fortune. — فَتَحَ الـ

Fortune telling; divination. — فَتْحُ الـ

Cartomancy. — فَتْحُ الـ بِوَرَقِ اللعب

Fortune-book. — كِتَابُ فَتْحِ الـ

Fortune-teller. — فاتِحُ الـ : عَرّاف . بَصّار

Unfortunate; unlucky. — قَليل الـ

Fortunate; lucky. — بَخيت ، مَبْخُوت ، مَبْخُوت

A pig in a poke; for good or bad; pot luck. — ﷽ بُخْتَك رِزْقَك

To swing; prance; have a graceful gait. — ﷽ بَخْتَرَ . تَبَخْتَرَ : تَخَطَّرَ

To strut; swagger. — عُجْباً وزَهْواً

To snore. — (بخّ) بَخّ : غَطّ ﷽ شَخَّرَ

To spout; squirt. — الماءَ ﷽ بَقَّةُ

To drizzle. — بَخَّتِ الماءَ : أمْطَرَت رذاذاً

Squirt; syringe. — ﷽ بُخَّيْخَة : مِضَخَّة صغيرة

Sprayer. — ﷽ رَشّاشة

Garden syringe. — ﷽ الحدائق

Scent spray. — ﷽ المَطُور وخلافها

Well done! bravo! — بَخ بَخ : مَرْحَى

To have bad breath. — ﷽ بَخِرَ الفَمُ

To steam; rise in vapour; evaporate. — بَخَرَ الماءُ والقِدْرُ

To vaporize; evaporate. — بَخَّرَ : حَوّل الى بخار

To fumigate. — طَهَّرَ بالتبخير

To incense; perfume with incense. — عَطَّرَ بالبَخُور

To evaporate. — تَبَخَّرَ : تَحَوّل الى بخار

Right column:

The Atlantic sea. — الظُلُمات (الأطْلَسِي)

Seat of saddle. — السَّرْج

Metre; rhythm. — نَظْم (في العَرُوض)

Long metre. — الطويل

Short metre. — القَصير

In the course of. — فى كذا : في اثناءِ

Shrimp. — بُرْغُوث الـ : ﷽ جَمْبَري (انظر برغث)

Mermaid. — بنْت الـ : حُوريّة الماء ﷽

Sea-urchin; sea-egg. — توتِيا الـ

Sea-weed. — حَشيش او جُول الـ

Alga (pl. algae); kelp. — حَشيشة الـ : أُشْنة

Sea-horse; hippocampus. — حِصان او فَرَس الـ

Sea-sickness. — دُوار الـ : دَوْخة الـ : بُحار

Navigation. — سَلْكُ الـ : مِلاَحَة

Coast; seashore. — شاطِئ الـ

Strand. — شاطِئ الـ الرَمْلِيّ

Beach. — شاطِئ الـ المُنْبَسِط

Seal; sea-calf. — عِجْلُ الـ

Offing. — عُرْض الـ : طَمْطَام

Shark. — كَلْبُ الـ : قِرْش

Sea-breeze. — نَسِيم الـ

Sea-air. — هَوَاء الـ

Marine; pelagic. — بَحْرِيّ : مختص بالبحر أو منه

Naval; maritime. — مختص بسَلْك البحر

Nautical; naval. — مختص بالسفُن والملاحة

North; northern. — : شمالي

Sailor; seaman; mariner. — بَحّار : مَلاّح

The crew of a ship. — بَحّارة السفينة

Sea-sickness. — بُحار : دُوار البحر . هُدام

Navy. — بَحْرِيّة

Delirium. — بُحْران : هَذَيان المرض

Coma. — : غَيبوبة اشْتِداد المرض

Pool; pond. — بُحَيرة : بِرْكة ماء

Lake. — بُحَيرة

Halitosis; offensive, *or* bad smelling, breath. بَخَر: رائحةُ الفمِ الكريهة

Ozæna; ozena — الأنف

Vapour; steam. بُخار: دُخان السوائل الساخنة

Steam-pipe. ماسورة البخارِ

Vaporometer. مِيزانُ البخار

←Steam-gauge. ميزانُ ضَغْط البُخار

Vapoury. بُخارِي: كالبخارِ او به بخار

Vaporous. —: مُشَبَّع بالبخار

Vapour-bath; Turkish-bath. حَمَّام —

Steam-plough. مِحْراث —

Steam-engine. وابُور —: آلة بُخارية

سَفينة بُخارِيَّة . باخِرة Steamship; steamer.

Steam-power. القُوَّة البُخارِيَّة

Incense. بَخُور

←Cyclamen. — مَرْيَم

Steamer; steamboat; steamship. باخِرَة

Having offensive breath; foul breathed. أبخر

Evaporation. تَبَخُّر . تَبْخِير

Exhalation. —: فوحان . تَضَوُّع

Fumigation. suffumigation. تَبْخِير[2]: تطهير بالبُخارِ

Incensing. — بالبخُور

Censer; thurible. مِبْخَرَة: مِجْمَرَة البخُور

Fumigator. —: جهازُ التطهيرِ بالبخار

To belittle; disparage; undervalue; depreciate. ✿ بَخَس: نقّص القيمة

To wrong. —ه حقَّه: ظلمه

Low; cheap. بَخْس: واطِىء

To sell a thing at an underrate. باعَ بالـ —

Dirt cheap; ridiculously cheap. بأبخس الاثمان

To tip; give a present to. △ بَخْشَش: أعطى حُلْوانا

Tip; gift; gratuity. بَخْشِيش: هِبَة . راشِن

Head gardener. △ بَخْشَوَنجي: مُديرُ الحديقة

Glaucoma. ✿ بَخَق: الماءُ الأزرق في العين

To be miserly *or* avaricious. ✿ بَخُلَ: كانَ بخيلاً

Parsimony; stinginess. بُخْل: تقتير

Avarice; greed. —: حُبُّ حشد المال

Miser; miserly; stingy. بَخيل: شَحِيح

Avaricious; greedy. —: مُولَع بحشدِ المال

Wimple; cheekband. ✿ بُخْنُق: △ بُشْنيقة

Bacchus. ○ بَخُّوس: إلاهُ الخمْرِ عِندَ الرومان (انظر باخوس)

✿ بُدّ (في بدد) ✿ بَدَا (في بدو)

To begin; commence; open. ✿ بدأ . ابْتدأ: افتتح

To start; enter on *or* upon. — . —: شرَع في

To open (*or* broach) a conversation. — . — الحديثَ

To begin, *or* start, work. — . — العمَلَ

To set in. — . — الفصْلُ (مثلاً): حلّ

To give precedence, *or* preference, to. بدّأ على: قدّم . فضّل

To be the beginner. بَادَأَ: كانَ البادِىء

To assail; be the aggressor. —ه بالشرّ

To accost. —ه بالكلام

Beginning; commencement. بَدْء . بَداءة . ابْتِداء: أوّل

Starting-point. — . نقطةُ البدءِ

Exordium. حُسْنُ الإبتداء[2] (في البديع)

From. ابتداءً من

Beginner. بادِىء: مُبْتَدِىء

Aggressor; assailant. الـ بالشرّ: مُعْتَدٍ

Primitive; original. بَدائي: أصْلي

Primary; elementary. إبتدائي: أوّلي

Preliminary; preparatory. —: تحضيريّ

Primary certificate. شهادة ابتدائية

Court of first instance. محكمة ابتدائية

Primary (*or* public) school. مدرسة ابتدائية

Starting point; beginning. مَبْدأ: مكان البدْءِ

Principle. —: أصْل . قاعِدة

Principled; honest. صاحِب —

شَخْص لا مَبْدَأ له — A person of no principle.
سَامِي المبادِيء — High-principled.
مبادىء العلم — Rudiments of learning.
مَبْدَئِي : أساسِيّ — Principal; main; chief.
مَبْدَئِيّاً — In principle; principally.
مُبْتَدَأ : أوّل — Beginning; commencement.
— الجملة — Subject of a sentence.
مُبْتَدِيء: بادِيء — Beginner.
مُبادَأة — Beginning; starting.
— بالشرّ : اعْتِداء — Aggression; assault.
*بَدَّدَ : شَتَّتَ — To fritter away; disperse; scatter.
— : بَعْزَقَ — To squander; dissipate; waste.
تَبَدَّدَ — To be dispersed *or* scattered.
اِسْتَبَدَّ : كانَ مُسْتَبِداً — To be arbitrary.
— به: تَحَكَّمَ — To overrule; tyrannise over.
— بفِكْرِه — To be opinionated *or* obstinate.
بُدّ : مَناص — Escape; way out.
— . بُداد : نَصِيْب — Share.
لا —ّ . من كلّ بُدّ : حَتْماً — Without fail.
لا —ّ . من غير بُدّ : ضَرُوْرة — By all means.
لا —ّ منه : ضَرُوْرِيّ — Necessary; essential; indispensable.
لا —ّ منه: مُحَتَّم — Inevitable; unavoidable.
لا —ّ من حُضُورك — You must come.
△ بِدِّي : بودِّي . أُرِيْدُ ان — I want; I wish to.
اِسْتِبْداد : جَوْر — Despotism; arbitrariness; tyranny.
— بالرأي — Obstinacy; stubbornness.
استبداديّ — Arbitrary; despotic; tyrannical.
مُسْتَبِدّ — Despot; tyrant.
— برأيه — Obstinate; stubborn; opinionated.
مُبَدِّد : مُشَتِّت — Disperser; scatterer.
— : مُسْرِف — Squanderer; spendthrift.
*بَدَرَ : عاجَلَ — To surprise; come upon suddenly.

بَدَّرَ . بَادَرَ : ضِدّ تأخّرَ — To be early; come early.
بَادَرَ الى : أَسْرَعَ — To hasten to *or* towards.
— . ابْتَدَرَ الى : اسْتَبَقَ — To be beforehand with; to forestall.
بَدْر: قَمَر كامِل — Full moon.
△ بَدْرِي : مُبَدِّر . باكراً — Early.
بَدْرَة — Sum of ten thousand *dirhams or* the money-bag containing it.
△ بَدّارة : فَرْخة صَغِيرة — Young chicken.
بَدَارِ : اسْرِعْ — Hasten! make haste!
بَادِرَة (الجمع بوادِر) : بديهة — Intuitive knowledge *or* idea.
— : مايَبْدُر من حِدّة الانسان فى الغَضَب — A lapse (in a fit of anger.)
بَيْدَرُ الحِنطة — Threshing floor.
△ بَدْرُوم △ بَدْرُون : الطابِق السُّفْلِي من الدارِ — Basement.
*بَدَعَ . ابتدعَ : اخْتَرَعَ — To contrive; devise, invent.
— . — : اتى بجديد — To innovate; bring in as new; introduce as a novelty.
— . أَبْدَعَ : أنشأ — To fashion; make.
أَبْدَعَ : اتى عَمَلاً بَدِيعاً — To do an excellent thing.
بَدْع . إبْتِداع : اخْتِراع — Invention; creation; contrivance.
بِدْعَة : شيء جديد — Novelty; innovation.
— : مَذْهَب جديد — New doctrine.
— دِينِيَّة — Heresy; heterodoxy.
بَدِيع : عَجِيْب — Wonderful; marvellous; admirable.
— . مُبْدِع : مُوْجِد — Maker; creator.
عِلْم الـ — — Rhetoric.
*بَدَلَ . بَدَّلَ . أبْدَلَ : غَيَّرَ — To change; alter.
— . — : ناوَبَ — To alternate; spell.
— . — رِيشَه او صُوفَه : △ قَلَّش — To moult.
— . — أسْنانَه — To shed the teeth.
بادَلَ : قايَضَ — To exchange, *or* make an exchange, with; barter.

تبدّل — To be changed *or* altered.
تبدّلا وتبادلا : تناوبا العمل — To relay; replace by substitutes.
تبادلوا ² — To exchange; interchange; reciprocate.
— الآراء — To exchange opinions *or* views; compare notes.
— العروض (اي السّلع والمتاع) — To barter.
استبدل — To exchange; change one thing for another.
— : استعاض — To replace; substitute.
بدل . إبدال . تبديل — Change; changing; alteration.
— . — . استبدال : تغيير — Exchanging.
— . — . — : استعاضة — Substitution; replacement.
استبدال ² العقوبة أو المعاش أو الإداء. — Commutation.
بدل . بديل — Substitute.
— : △ غيار — Relief, *or* relay.
△ — سفريّة — Travelling allowance.
△ — سكن — House, *or* lodging, allowance.
إسم الـ ـ. (في النحو) — Noun in apposition.
بدلاً من — Instead of; in place of.
— منه : عوضاً عنه — In *his* stead, *or* place.

△ بدلة ثياب : بِذْلة (راجع بذل) — Suit of clothes.
— القدّاس — ←Chasuble.
△ بدليّة — Exemption fee; smart-money.
بدّال : صرّاف النقود — Money changer.
— : △ بقّال . سمّان س — Grocer.

○ بدّال : بدوس — ←Pedal.
△ بدّالة الرّي : بربخ — Culvert.
تبادل . مبادلة : مقايضة — Exchanging.
— . — : أخذ وعطاء . معاوضة — Reciprocity.
— . — السّلع او البضائع — Bartering.
— الخواطر — Telepathy.
— المعاملة او الإتّصال — Intercommunication.
متبادل : مشترك — Reciprocal; mutual.
— : شائع — Common.

*بدُن : كان بدِيناً — To be corpulent.

بدَن : جسد — Body.
— : جذع — ←Trunk.
— : جذع (في فن النحت) — ←Torso.
— العمود — Shaft of a column.
بدَنيّ — Physical; pertaining to the body.
عقوبة بدنيّة (جسدية) — Corporal punishment.
بدَنة : عشيرة — Clan; tribe.
بدانة : امتلاء الجسم باللحم — Corpulence; fleshiness; stoutness.
بدين : ممتلئ الجسم — Corpulent; obese; stout.
*بدَهَ : فاجأ — To surprise; come upon suddenly *or* unexpectedly.
إبتده : ارتجل — To improvise; do on the spur of the moment.
بداهة . بديهة — Intuition; immediate insight.
بداهةً : بالبداهة — Intuitionally; intuitively.
بدهيّ : لا يحتاج الى طول التفكير — Intuitive.
— . بديهيّ : غني عن البيان — Self-evident.
أمر — . — — Matter of course.
بديهية — Axiom; self-evident truth.
*بدو : خلاف الحضر — Nomadism; nomad life.
— : أهل البادية — Bedwins; nomads.
بدويّ : ساكن البادية — Bedwin; nomad.
بدا : ظهر — To appear; come to light.
— : لاح — To loom, *or* seem.
— للفكر — To occur to the mind.
بادى : أظهر — To show; declare; reveal.
— بالعداوة — To declare enmity.
أبدى : أظهر — To show; reveal; exhibit; present; set forth.
— له صفحته — To send *another* to Coventry; refuse to associate with *him*.
تبدّى : ظهر — To appear; be in sight *or* view.
— : سكن البادية — To live in the desert.

تبادوا : تجاهروا	To show open enmity, etc., one with another.
بادٍ : ظاهر	Obvious; apparent.
بداوة	Roaming gipsy life; nomadism.
بادية : صحراء	Desert; wilderness; wild.
*بديهة (في بده) *بدّ (في بذذ)	
*بذأ : ذمّ	To revile; abuse.
بذيء : قبيح (كلام)	Obscene; foul; ribald.
— اللسان	Foul-mouthed.
بذاءة : قباحة	Foulness; obscenity.
— اللسان	Foul-mouthedness; ribaldry.
*بذخ : ارتفع او تكبّر	To be high, lofty, *or* haughty.
بذخ : عيشة المليّين	Luxury living; sumptuous mode of living; [high-life]
باذخ : مرتفع	High; lofty; elevated.
(بذذ) بذّ : غلب	To beat; conquer.
— : فاق	To surpass; exceed.
بذّ . باذّ : رثّ الهيئة	Sloven, —ly; shabby.
— . — : قذر	Squalid; foul; unclean.
بذاذة : قذارة	Squalor; filthiness.
*بذر الحبّ (في الأرض)	To sow (seeds); plant with seed.
— : بثّ . نشر	To disseminate.
بذّر : بدّد	To squander; waste.
△ — : ظهرت بذوره	To seed; produce seed.
بذر : زرع البذر	Sowing.
— : △تقاوي (راجع بزر)	Seed, —s.
اوانُ الـ—	Seedtime.
بذرة الثمرة أو القطن أو غيرهما	Pip; seed.
تبذير : تبديد	Squandering; wasting.
— : إسراف	Prodigality; extravagance.
مبذّر : مبدّد	Squanderer; waster; lavish.
— : مسرف	Spendthrift; lavish; prodigal.
*بذل : انفق	To spend; expend.
— نفسه	To give (sacrifice) *oneself*.
— وسعه	To do *one's* best *or* utmost.
— ابتذل : امتهن	To abuse; ill-treat.
بذل : إنفاق أو إعطاء	Spending; expending.
— الذات	Self-sacrifice.
بذلة ثياب : △ بدلة	Suit of clothes.
— السهرة	Evening dress.
— العمل أو الشغل : △عفريتة	Overall.
— رسميّة	Uniform; formal dress.
بالـ الرسمية	In full dress.
مبتذل : مستهن	Abused; ill-used; hackneyed.
— : قديم	Trite; stale; commonplace.
*برأ : خلق	To create; make.
برئ المريض	To recover; regain health.
— الجرح	To heal; grow sound.
— من كذا : خلص	To be cleared from.
— من كذا : كان بريئاً منه	To be innocent of.
برّأه من التهمة	To acquit, *or* declare innocent, of a charge.
— من الخطيئة	To absolve from sin.
— . أبرأ من كذا : حلّ	To acquit; discharge.
أبرأ المريض والجريح : شفاه	To cure; heal.
تبرّأ من : أنكر	To disown; deny; repudiate.
— من : نفض يديه	To wash *one's* hands of.
— من التهمة	To be acquitted of a charge.
برء . برؤ : شفاء	Recovery; cure; restoration to health.
برء : خلق	Creation.
براءة : تخلص	Acquittal; discharge.
— : طهارة الذيل	Innocence.
— : إجازة	Licence.
— رتبة الشرف أو الوسام : △ يورلدي	Brevet.

بَرِيءٌ من كذا — Free, *or*, exempt, from.
— من التُّهْمَة — Innocent; guiltless.
— من المرضِ او الجُرْحِ — Recovered; healed.
بَرِيَّة : خَلِيقَة — Creation; universe.
بَارِئ : خَالِق — Creator; maker.
إبْراء . تَبْرِئَة : حَلّ — Acquittal; discharge.
○ براتيكا : براءَةُ فَكّ الحَجْر الصِحّي — Pratique.
○ بْرافو : مَرْحَى . بَخٍ — Bravo ! ; well done !
* بَرّانيّ (في برر) — Outer; external.
* بَرْبَخ : إرْدَبَّة △ سَحَّارَة — Culvert.

○ بَرْبَخِيّ : حِرْبَايَة — Chameleon.
* بَرْبَرَ : اكثرَ الكلام والجلبة — To be clamorous.
— : تَمْتَمَ — To mutter; gibber; gabble.
○ بِرْبِير الطيور : زَغْلول — Chick, —en.
بَرْبَرِيّ : هَمَجِيّ — Barbarian; uncivilised; barbarous; savage.
— : واحِدُ البَرْبَر — Berber.
— : نُوبيّ (من سُكّانِ بِلاد نُوبة مِصر) — Berberene.
بَرْبَرِيَّة : هَمَجِيَّة — Barbarism; barbarity.
△ بَرْبَش : طرف بعينه — To blink.
△ بَرْبَط في الماءِ : بَرْكَل — To paddle; dabble.
△ بَرْبَكَة : تَصَنُّع الحُزْن — Affected display of grief.
△ بَرْبُوني : سُلْطان ابرٰهيم . ابوذقن (سمك) — Red mullet.
△ بَرْبَى : هَيْكَل قديم — Ruined ancient temple.
— : تِيْهٌ . متاهة . مَحَارة — Labyrinth ; maze.
بَرْباويّ : مُحَيِّر . متيه — Labyrinthine; mazy.
○ بَرْبِيس : سمك بِنّي (انظر بنن) — Barbel.
○ بُرْتُغال . بِلادُ البُرْتُغال — Portugal.
بُرْتُغالي — Portuguese.
* بُرْتُقال او △ بُرْتُقان — Oranges.
— أبو سُرَّة — Navel oranges.
— بدمه — Blood oranges.
— يافاوي — Jaffa oranges.
شراب الــ — Orangeade.

○ بُرُتُكُول : بروتوكول . مَضْبَطة سِياسِيَّة — Protocol.

* بُرْثُنُ الطائرِ — Talon; claw.

* بُرْج : حِصْن . قَصْر — Tower; castle; fortress.
— في أعلى البِناء — Pinnacle; spire; turret.
— الحَمام : يَمْرَاد — Dovecot; pigeon-house.
— النَّغَم — Gamut; scale.
— الأسَدِ (في الفلكِ) — Leo; (lion)
— الثَّوْر — Taurus; (bull)
— الجَدْي — Capricornus; (goat)
— الجَوْزاء — Gemini; (twins)
— الحَمَل — Aries; (ram)
— الحُوت — Pisces; (fishes)
— الدَّلْو — Aquarius; (water-bearer)
— السَّرَطان — Cancer; (crab)
— السُّنْبُلة — Virgo; (virgin)
— العَقْرَب — Scorpio; (scorpion)
— القَوْس والرامي — Sagittarius; (archer)
— الميزان — Libra; (balance)
— (في علم الفلكِ) : مجموع نجوم — Constellation.
بُروجُ الأفلاكِ — Signs of the zodiac.

○ زُدْياك مِنطَقَةُ البُروجِ — Zodiac.
△ بُروجي : بَوّاق — Bugler.
بارِجٌ : مَلّاح حاذِق — Captain of a ship.
بارِجَة : سَفينة حَرْبيَّة — Battleship; warship.
تَبَرَّجَت المرأةُ : تَزَيَّنَت — To bedeck, *or* adorn, herself.
— الأنثى : أظهرت جمالها — To display her charms.
△ بِرْجاس — Tournament.; joust.

△ بَرْجَل : بِرْكار . بيكار . دَوّارة — Compasses.

— دائِرة — Callipers; calipers.
بَرْجَل : أزعَج وشَوَّش — To disconcert; baffle.
△ بَرْجَم : دَمْدَم — To growl; grumble.

Knuckle; finger-joint. ‏ بُرْجُمَة : عُقْدَة الأُصْبُع

To leave; quit. ‏ بَرِحَ . بَارَحَ : زَايَلَ

Still; even yet. ‏ ما — : ما زَالَ

To tire out; fatigue; harass. ‏ بَرَّحَ : أَتْعَبَ

To excruciate; rack. ‏ — بِهِ الأَمْرُ : آذاهُ

Empty land, or space. ‏ بَرَاح : أَرْض فَضَاء

Roominess; wideness. ‏ — : سَعَة

Wide; roomy; spacious; large; ample. ‏ بَارِح : وَاسِع

Yesterday. ‏ الـ . البارِحَة

The day before yesterday. ‏ أَوَّلُ البارِحَة

Torment or anguish of longing, &c. ‏ تَبَارِيح الشَّوْق

Intense; severe; violent. ‏ مُبَرِّح : شَدِيد

Excruciating, or acute, pain. ‏ — أَلَم

Mandrake; mandragora. ‏ يَبْرُوح : تُفَّاح المَجَانِين

To be, or become, cold. ‏ بَرَدَ . بَرُدَ : صَارَ بارِداً

To feel cold. ‏ — : شَعَرَ بالبَرْد

To catch, or take, cold. ‏ — : أُصِيبَ بالزُّكام

To file. ‏ — بالمِبْرَد

To cool down; tepefy; become lukewarm or tepid. ‏ — : فَتَرَ

To be discouraged, disheartened. ‏ — ت هِمَّتَه

To cool; make cold; refrigerate. ‏ بَرَّدَ الشيء : صَيَّرَه بارِداً

To freeze; refrigerate. ‏ — المَأْكُولات وغيرها

To soothe, calm, or soften, pain. ‏ — الأَلَم

To dishearten; discourage. ‏ — الهِمَّة

To post, or mail, (a letter, &c.) ‏ أَبْرَدَ : أَرسَلَ خطاباً بالبَرِيد

To hail; rain hail. ‏ — ت السَّماء

To cool oneself. ‏ تَبَرَّدَ : بَرَّدَ نَفْسَه

Cold; coldness. ‏ بَرْد : ضِدّ حَرّ

Hail. ‏ بَرَد : حَبُّ الغَمَام

Hailstone. ‏ بَرَدَة : حَبَّة بَرَد

Papyrus; biblus; paper-reed; bulrush; Egyptian sedge. ‏ بَرْدِي

Chill; ague. ‏ بَرَدَاء ‏ بَرَدِيَّة : بَرْدُ الحُمَّى

Fitter. ‏ بَرَّاد : الذى يُرَكِّب الآلات الحديدية

Tea pot. ‏ — شَاي : إبريق شَاي

Refrigerator; refrigerating cabinet. ‏ بَرَّادَة : خِزَانَة التبريد

Water cooler. ‏ بَرَّادِيَّة : إناء لتَبْرِيد الماء

Filings; shavings. ‏ بُرَادَة : سُقَاطَة المِبْرَد

Eye-salve; eye powder. ‏ بُرُود : كُحْل

(Gun-) powder. ‏ — بارُود المَفْرَقَعَات

Powder-mill. ‏ مَصْنَع الـ

Coldness; frigidity. ‏ بُرُودَة : ضِدّ حَرَارَة

Frozen meat. ‏ لُحُوم مَحْفُوظَة بالبرودة

Gun; rifle. ‏ بُرُودَة . بارُودَة : بُنْدُقِيَّة

Messenger; courier. ‏ بَرِيد : رَسُول

Postman; mailman. ‏ — : ساعي البَرِيد

Post; mail. ‏ — : بُوشْتَة

Air mail. ‏ — جَوِّي

Surface mail. ‏ — عادِي

Postage; mailing charges. ‏ أُجْرَة الـ

Stamp; postage stamp. ‏ طابِع الـ

Post-office box. ‏ صُنْدُوق الـ

Post-mark. ‏ خَتْم الـ : سِمَة

Post-paid... ‏ خالِص أُجْرَة الـ

Callers' letter; Poste-restante. ‏ يُقَطَع بشُبَّاك السـ

Post office. ‏ مَكْتَب الـ

Philately. ‏ هواية جَمْع طوابع البَرِيد

Postal. ‏ بَرِيدِي : مختَصّ بالبريد

Cold; cool; frigid. ‏ بارِد : ضِدّ حَارّ

Dullard; stupid; sluggish. ‏ — : بليد

Blunt; dull. ‏ — : كَلِيل . ثَالِم

Cool; calm; composed. ‏ — الطَّبْع

Mild tobacco. ‏ دُخَان (تَبْغ) بارد

Unearned booty; easy come. ‏ غَنِيمَة بارِدَة

Leopard. ‏ أَبْرَد : نِمْر أَرْقَط

Cooling. ‏ تَبْرِيد : ضِدّ تَسْخِين

Refrigeration. ‏ — المَأْكُولات : تَصْمِيدها

Softening; soothing. ‏ — الأَلَم

Radiator خزّان الـ في السيّارة

←File. مِبْرَدُ الحدّادِ

Rasp; wood rasp. — النجّار

Blunt file. — أقطش

Bellied file. — ظهر الحيّة

Smooth file. — قطيفة

Angular file. — مثلّث

Arch file. — نصف دائرة

Cooling; frigorific. مُبَرِّد

Refreshing. — : منعش

To polish; burnish. △ بَرْدَخ : صقل

Saddle; pack-saddle. △ بَرْدَعة : برذعة . إكاف

Marjoram. △ بَرْدَقوش : مرزنجوش . نبات عطري

Egyptian sedge; papyrus. * بَرْدي (في برد)

←(Pack-)saddle. * بَرْذَعة : △ بَرْدَعة

Saddler; saddle-maker. بَرَاذِعيّ

Draft-horse; pack-horse. * بِرْذَون : حِصان جَرّ أو حَمْل

To justify; vindicate; exculpate; sanctify. * بَرَّرَ : زكّى

Absolve; exonerate. — : عذر وحلّ

Justifiable. يُبَرَّر : يمكن تبريره

Unjustifiable; unwarrantable. لا — .

To be dutiful; to yield obedience to; obey. بَرَّ : أطاع

To keep *one's* word. — في قوله

Wheat. بُرّ : قمح . حنطة

Righteousness; godliness. بِرّ : صلاح

Charity; benevolence. — : إحسان

Land; ground; *terra firma*. بَرّ : ضدّ بحر

Architrave. △ — الباب (في النجارة)

Righteous; pious; just. — . بارّ : صالح

Sinless; guiltless. — . — : زكيّ

Dutiful; obedient. — . — : مقيم بواجباته

Overland; by land. بَرًّا : على البرّ

By land and by sea. — وبحرًا

Out; outside. برّا : خارجًا

Abroad. △ بلاد — : خارج البلاد

Outer; external. بَرّانيّ : ضدّ جوّانيّ

Outsider. — : غريب . مجهول

Counterfeit "money". △ — : زيف

Wild; not cultivated *or* domesticated. بَرّيّ : ضد أهلي من الحيوان وبستاني من النبات

Terrestrial; land. — : ضد بحري

Wild; wilderness; desert. بَرِّيَّة : قفر

Benevolent, *or* charitable, foundation, *or* society. مَبَرَّة

To emerge; come *or* issue, forth; come into view. * بَرَزَ : ظهر

To project; jut out; be prominent — : نتأ

To excel; surpass. بَرَزَ . بَرَّزَ على غيره

To fight (a duel) with; to combat. بارَزَ

To produce; bring out; present; show. أبرز : أظهر . جاء به

To issue; publish. — الكتاب : نشره

To evacuate, *or* relieve, the bowels; ease nature. تبرّز : تغوّط

Human excrement; motion. بِراز الإنسان : غائط

Ordure. — الحيوان : روث

Duel; combat. — . مُبارَزة

Projection; protrusion; prominence. بُرُوز : نتوء

To frame. △ بَرْوَزَ : أحاط بإطار

Frame. △ بِرْواز : إطار (انظر أطر)

Projecting; protruding; salient. بارز : ناتئ

In relief; jutting out. — : نافر

Embossed. نقش — (مثل كتب العميان)

Production; presentation. إبراز : تقديم

Duellist; combatant; fighter. مُبارِز

Isthmus. * بَرْزَخ : أرض بين بحرين

Pleurisy. * بِرْسام : ذات الجنب

←Clover; trefoil. * بِرْسِيم : نفل

Lucerne; alfalfa. — حجازيّ : فصفصة

*بُرْش : ممسحة الارجُل — Mat; door-mat.
بَرْش : داتورة — Stramonium; datura.
أَبْرَش : ابْـقـع . ارقط — Spotted; speckled.
أَبْـرَشِيَّة — Parish; diocese.
△ بِيرِشْت : نِمْبِرِشت — Soft-boiled (eggs).
*بَرْشَمَ فيه : أَحَدَّ النظَـرَ — To stare, or glare, at.
— : ختمَ . احكمَ إقفاله — To seal up.
— المسمار : بَـجَّنَـهُ — To clinch, or rivet, a nail.

△ بُرشام . بُرشانُ الأكل او اللصق — Wafer.
△ — الادوية — Cachet.
△ — : مسمار البرشمة — Rivet; clinch nail.
آلة البرشمة — Riveting machine.
△ بُـرشامجي : بَـجَّـان — Riveter; rivetter.

○ بَـرَشوت : مظلة واقية . مِهبطة — Parachute.
بَـرَشوتيّ : جُـندي المظلّـة — Parachutist.
*بَرِصَ : اصابه البرص — To be affected with leprosy.
بَرَصٌ : مرض خبيث — Leprosy.

بَرَص △ بُـرْص △ ابو بريص — Wall lizard; gecko.
أَبرص : مصاب بالبرص — Leper; leprous.
△ — : احْـسَب . أبيض الشعر والبشرة — Albino.
مستشفى البرص — Lazar-house.
△ بُرصُـل القماش : حاشيته — Selvage; selvedge.
*برَضَ النبات : فرَّخ — To sprout; germinate.
بارِض : أول ما يطلع من النبات — Plumule; the primary bud of an embryo or germinating seed plant.
△ بَـرْطَـعَ : سَـرْطَـعَ — To gallop; run away.
*بَرْطَلَ : رشا — To bribe; buy over; corrupt.

○ بُـرْطُـل : تاجُ الأسقف — Mitre.
بَرْطَلَة : ارشاء أو ارتشاء — Bribery; corruption.

— . برطيل : رَشوَة — Bribe.
بُرطُلَة : شمسيّة — Parasol; sunshade.
مُبَـرطَـل — Bribee; bribed.
مُـبَـرْطِـل — Briber.
*بَرْطَمَ : انتفخ غضباً — To be furious, or rageful.
△ — : دمدمَ — Mutter; grumble.
△ بَـرَطْمَان : △ مرطبان . وعاء (انظر مرطبان) — Jar.
△ بَـرطوم السقف — Boarding joist.
*بَرَعَ : كان بارعاً — To be skilled, or proficient.
تبرَّعَ : تطوَّعَ — To volunteer; offer voluntarily.
— : اعطى مع غيره — To contribute.
بارِع : ماهـر — Skilled; skilful; proficient.
بارعة الجمال — Very beautiful; charming.
براعة : مهارة — Skill; proficiency.
تبرُّع : تقديم جزء من اعانة — Contribution; subscription.
— : هبة — Donation; free gift; bounty.
مُتَبَرِّع — Contributor; donor; free giver; subscriber.

*برْعَمَ النباتُ — To bud; burgeon; put forth, or spring forth, young shoot or shoots.
بُرْعُم . بُرْعُوم — Bud; burgeon; bourgeon; sprout.
*بَرْغَثَ المكانُ — To be infested with fleas.
بُرغوث : حشرة معروفة — Flea.

— البحر : △ جَـمْبَري — Shrimp.
حشيشة البراغيث — Flea wort.
*بَرْغَش : بعوض صَغير — Gnats; midges; *culex*.
△ بُـرْغـل : حنطة الطابخ — Bruised wheat.
○ بَرْغموت : ليمون بَـرنَـطي — Bergamot orange.
زيت الـــ . — Oil of bergamot.

* برغوث (في برغث) — Flea.
△ بُـرْغي : لولب — Screw.
مِسمار — . — Screw-nail.
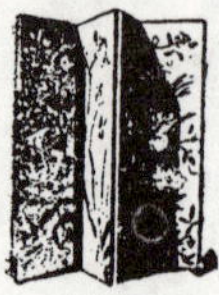
○ بَـرَقان : دَرِيئة △ دروَة — Screen.
*برَقَ (راجع ومَـضَ) — To glisten; glitter; twinkle.
— : لمَعَ — To shine; flash.

Left column

*بَرْقُوق : خَوْخ ← Plum; damson plum.

— بَرّي : زَعْرُور Bullace; wild plum.

بَيْض : ٥ رِنْجِلُوت Greengage.

بَقْلَة الـ . Self-heal; *prunella vulgaris*.

*بَرَكَ : اسْتَنَاخَ △ نَـخَّ To kneel down.

بَرَّكَ الماء فى الأرض To settle in pools.

— . أَبْرَكَ الجَمَلَ To make "a camel" kneel down.

بَارَكَ له وفيه وعليه To bless; invoke a blessing upon.

△ — له : هَنَّأَهُ To congratulate.

تَبَرَّكَ . تَبَارَكَ بهِ To obtain the blessing of.

— بهِ : طلبَ بَرَكَتَه To seek the blessing of.

بِرْكَة : مَكَان تَجَمُّع الماء Pool; pond.

بَرَكَة : نِعْمَة Blessing.

حَبَّة الـ . Corn cockle; (bastard) nigella.

△ بَرْوَكَة : مجلبة البَرَكة Mascot; lucky-penny.

مُبَارَك : سَعِيْد Blessed; happy.

مَيْمُون Fortunate; auspicious.

*بَرْكَار،بِيكَار : △ بَرْجَل (انظر بَرْجَل) Compasses.

*بُرْكَان : جَبَلُ النَار . أَطْمَة ←Volcano.

— ثَائِر Active volcano.

— خَامِد : حَلَاءَة Extinct volcano.

— سَاكِن Dormant volcano.

فُوَّهَة الـ . Crater.

مَقْذُوفَات الـ : حُمَم Lava.

بُرْكَانِيّ Volcanic.

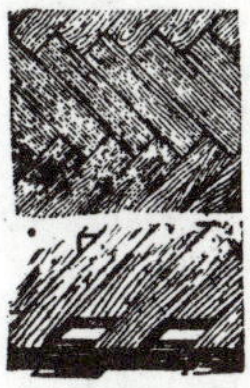

بَرَهْكِيَّه : أَرْضِيَّة خَشَبِيَّة ←Parquet.

٥ بَرْلَمَان : دَار النيابة (انظر مجلس فى جلس) Parliament.

بَرْلَمَانِيّ Parliamentary.

*بَرَمَ . أَبْرَمَ الحَبَلَ : فَتَلَهُ To twist; wind.

— الأمْرَ : أَحْكَمَهُ To confirm; ratify.

— : ضِدّ نَقَضَ To sanction; settle; conclude.

△ — : لَفَّ من مَكَان لآخَر To turn round and round; beat about the bush.

Right column

ـت وأَبْرَقَتِ السَّمَاء To lighten.

أَبْرَقَ٢ : أَصَابَهُ البَرْقُ To be struck by lightning.

— : ٥ أَرْسَلَ تِلِغْرَافاً (راجِع تلغراف) To telegraph; cable; wire.

ـت أَسِرَّتُهُ His face brightened up.

بَرَق : وَمِيضُ السَّحَاب Lightning.

— : ٥ تلغراف Telegraph.

الوَرَكْشَة : △ تِرَمْتِر Spangles.

بَرْقِيَّة : ٥ رِسَالة تلغرافِيَّة Telegram; wire; cable; cablegram.

بُرَاق : فَرَس مُجَنَّح Pegasus; hippogriff.

بُرَاق : أَلَم أَعْصَاب Neuralgia.

بَرَّاق : لامِع Shining; glistening; glittering.

عُيُوْن بَرَّاقَة Glistening, *or* bright, eyes.

بَارِقَة : سَحَابة ذَات بَرْق Thundercloud.

— أَمَل A glimpse of hope.

أَبْرَق : △ خَرَسانة Concrete.

إِبْرِيق ←Pitcher; jug; ewer.

— الشَّاي Tea-pot.

— القَهْوَة Coffee-pot.

— الشَّرَاب ←Flagon.

— الخَلّ والزَيْت ←Cruet.

— الغَسِيْل Jug; ewer.

— وَطِشْت ←Jug and basin.

مُبْرِقَة : آلَة التِلغراف Telegraph.

*بَرْقَشَ : لَوَّن To variegate; mark with different colours.

بِرْقِش . أَبُو بَرَاقِش : شُرْشُور أَحْمَر Bishop-bird.

مُبَرْقَش : كَثِيْر الأَلوان Multicolour, —ed.

*بَرْقَعَ الوَجْهَ To veil the face.

بُرْقُع : نِقَاب ←Veil.

— السَّتَارَة ←Pelmet.

— الجَنِين Caul (of new-born infant).

بَرِمَ . تَبَرَّمَ : سَئِمَ وتضجَّرَ — To be annoyed, bored.
بَرْمٌ . إِبْرَام ١ : فَتْل — Twisting; winding.
— . — : إِحْكَام — Confirmation.
— . — : ضِدّ نَقْض — Conclusion; ratification.
بَرْمَة : لَيَّة — A twist.
△ — : دَوْرَة — A turning; winding.

بُرْمَة (الجمع بِرام) △ : حلّة فخّار — Casserole; earthenware cooking-pot.
△ مِسْمار — : مسمار بُرْغي (انظر بُرغي) — Screw-nail.

بَرِيم : △ قيطان — Lace; string.
△ بَرِّيمة . بِيرَم : خرّامة — Gimlet.

△ — (لفتح الزجاجات) : فتّاحة . بزّال — Cork-screw.
إِبْرَام ٢ : إِحْكَام — Confirmation.
— المعاهدة او الإتفاق : ضِدّ نَقْض — Ratification.
مَحْكَمة النقض والـ . — Court of cassation; supreme tribunal.
تَبَرُّم : مَلَل — Fidgetiness; restlessness.
مُبْرَم : مُحْكَم — Affirmed; assured.
قضاء — . — Inevitable destiny.
مَبْرُوم : مَفْتُول — Twisted.

△ بَرْمَق الدرابزين — Baluster; rail.
— العجلة : شعاع الدُولاب — Spoke.
* بَرْمَكِي : واحد البرامكة — Barmecide.

* بِرْمِيل — Barrel; coop.
— صغير — Keg.
— كبير — Butt; tun.
— حديد (مثل براميل الزيت) — Drum.
— لغير السوائل — Cask.
ضلع الـ : دَفّ — Stave.
طَوْق الـ — Hoop; ring.

نِصْف الـ : △ بَسْتِلّة — Tub.
صانِع البراميل . بَرامِيلي — Cooper.

○ بَرْنامج : بيان — Programme; prospectus.
— : فهرس أو بيان — Catalogue; schedule.
— الدراسة او التعليم — Curriculum.
○ بِرُنْجُك : △ كُريشة — Crape.
○ بُرُنز : مزيج نحاسي — Bronze.

○ بُرْنُس : ثوب رأسه مُلتصِق به — Hooded cloak; burnous; burnoose.
△ — الحمّام — Bath gown.
○ بِرِنْس : أمير — Prince.
بِرِنْسِيسة — Princess.

○ بُرْنَيطة : قُبَّعة — Hat.
— شمس : ازصوصة — Helmet.
— الرسميات — Top hat.

— اللمبة : كمّة المصباح — Lamp-shade.

— الشبّاك أوالباب : حِلْية فرنتون — Pediment.
* بَرْنِيَّة : وعاء خزفيّ — Earthenware pot.

○ بَرْهَما : الأقنوم الاول في الثالوث الهندوسي — Brahma.
بَرْهَمي . بَرْهَمِيّ — Brahman.
بَرْهَمِيّة — Brahmanism.
* بُرْهَة : حِين — Space of time; while; period.
— : وقت قصير — Instant; moment.
بُرْهِيّ : سريع — Instantaneous; momentary.
* بَرْهَن — To prove; demonstrate; establish by proof.
بُرْهان — Proof; evidence.
مُبَرْهَن عليه — Proven; proved; demonstrated.
△ برواز (في بروز) — Frame.
○ بروتستانتي ○ بروتستنتيّ — Protestant.
○ بُروتِستو : إقامة الحجّة . احتجاج — Protest.
سَحْب عليه — . — To protest a bill *or* note.
مَصاريف عمل الـ . — Notorial charges.
○ بُروتوبلازم : المادّة الحيّة في الخليّة — Protoplasm.
○ بُروتوكول : مَضْبطة سياسية . عُرْف سياسي — Protocol.

△ بُرُوجي (راجع بوّاق) — Bugler; trumpeter.
△ بَرْوَز : كَفّف . أطّر — To frame.
بِرْواز : إطار (راجع إطار في اطر) — Frame.

Prolific female. بَزْرَاء: كثيرة الأولاد
Seed, *or* grain, merchant. بَـزَّار △ بِزْوَراتي
Sale-work; slipshod work. **Catchpenny.** △ بَـزَّاري: مُرَمَّق
Condiments. أبزار. أبازير: حُبوبُ تطييب الطعام
Seedy; run to seed. مُبَـزِّر
Mongrel. △ بَـزْ رَميط: (حيوان) مُجَنَّس او مُوَلَّد
To embezzle; steal. (بزز) بَزَّ. ابْتَزَّ: سَلَبَ
Drapery; cotton and linen clothes. بَزٌّ: ثياب القُطن والكتّان
Udder. بِزٌّ أُنثى الحيوان: ضَرْعها

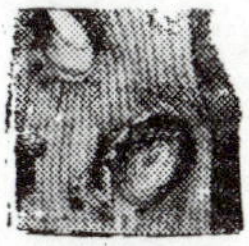

Breast; chest. — المرأة: ثَدْيها
←Knot; knag. △ — الخشب: أُبْنَة
Ankle-bone; astragalus. △ — الرِجْل: كَعْب
Attire; dress; outfit; clothes. بِزَّة: ثياب

Appearance. —: هيئة
Draper; cloth merchant. بَزَّاز: تاجر الأقمشة

بَزَّازة الأطفال: رَضّاعة ←Child's bib; feeder.
Embezzlement; peculation. إبتزاز: سَلْب
Knotty; knaggy. △ مُبَـزَّز: مُؤَبَّن. مُعقَّد
To rise; dawn, *or* break forth. ✲ بَزَغَ: طلع
To emerge; emanate. —: انبثق
Rising; dawning. بُزُوغ: ضد أُفول
Emanation; emergence. —: انبثاق
Sunrise. — الشمس: طُلوعها
To spit. ✲ بَزَقَ: بَصَقَ
Spit; spittle. بُزَاق: بُصاق

←Snail; slug. بَزَّاقة: قوقعة

Spittoon; cuspidor. —: مِبْصَقة
←Cobra. —: الصِل المِصري. ناشر
To puncture; make a hole. ✲ بَزَلَ: ثَقَبَ
To uncork a bottle. — الزجاجة: قلع سِدادتها

Prostate. ○ بْرُوسْتاتا: غُدَّة تحت القناة البولية
Prostatectomy استئصال البروستاتة
Prostatitis التهاب البروستاتة
○ بْرُوش: دَبُّوس صَدْر

←Brooch.
Proof-sheet. ○ بْرُوفه: مُسَوَّدة الطبع

Bromide. ○ بْرُومِيد ○ برومور
←Prow. ○ بُرُوَّة: مُرَنَّحة. مقدم السفينة
Soap remnant. △ بَرْوَة الصابونة
Bridle bit. — اللجام
Float, (plasterer's). — مُبَيِّض الحيطان
To mend; sharpen. ✲ بَرَى القلمَ وغيره
To emaciate. — الشخصَ والحيوان: هَزَلَه
To chafe; fret. — بالحكّ
To compete, *or* vie, with. بَارَى: سابَقَ
To compete with one another. تَبارَوا
To challenge; defy. إنبرى له: اعترض

Dust; earth. بَرًى: تُراب
←Penknife. بَرّاءة. مِبْراة: △ مِطْوَى
Pencil-sharpener. — ○ △ بَرّاية
Tournament; contest; match. مُباراة: مُغالبة
✲ بَرِّي ✲ بَرِّيَّة (في برر) ✲ بَرِيَّة (في برأ)
Peritoneum. ○ بريتون: غلاف الإمعاء الخاطي
Post; mail. ✲ بَريد (في برد)
Hydrant. ○ بَرِيزة مياه: مأخذ مياه من الأنابيب العمومية
(Electric) socket. — كهرباء
British; Britannic. ○ بريطاني: نسبة الى بريطانيا
Briton. —: ابن بريطانيا
Britain; Great Britain. بريطانيا: بلاد الإنكليز
✲ بَريم ✲ بَرِيمة (في برم) ✲ بَزّ (في بزز)
Snout; nozzle. △ بَزْبُوز: صُنْبور. بُلْبُلة
To sow. ✲ بَزَرَ الحَبَّ: زَرَعَه
Seed, —s. بِزْر: △ تقاوي (راجع بذر)
Flea-wort. — قطونا: حشيشة البراغيث
Linseed. — الكتان
Seed; grain. بِزْرَة: حَبَّة
Germ. —: جُرْثُومة
Pip; seed. — الثمرة
Seedless; pipless. بلا —

Left column

To set forth; present; exhibit. — : اِبْدَى

To explain; elucidate. — الأَمْرَ: شَرَحَهُ

To stretch out, *or* extend, *one's* arm. — ذِرَاعَهُ: مَدَّها

To open *one's* hand. — يَدَهُ: فَتَحَها

To please; delight. — الرَّجُلَ: سَرَّهُ

To flatten. • بَسَطَ ١ الحديد وغيره: طَرَقَهُ

To simplify. بَسَّطَ ٢ الأَمْرَ: جَعَلَهُ بَسِيطاً وسَهْلاً

To be simple, *or* plain. بَسُطَ: كانَ بَسِيطاً

To expand; dilate. اِنْبَسَطَ: تَمَدَّدَ

To be delighted, *or* pleased. — : سُرَّ

Delight; pleasure. بَسْط: سُرُور

Merry-making; jollification. — : مَرَح

Dilating; expanding. — : مَدّ

Spreading; stretching. — : نَشْر

Numerator. — الكَسْر: صُورَتُهُ

Reed pen. △ قلم : —

Landing of staircase. △ بَسْطَة السُّلَّم: قُرْص الدَّرَج

Pastry. ○— : فَطائر صَغيرة

Carpet; rug. بِسَاط: سِجَّادَة. طِنْفِسة (انظر سجاده فى سجد)

Pall. △ — الرَّحْمَة

On the carpet; under discussion. على البَحْث —

Simplicity; plainness. بَسَاطة: سَذَاجَة

Simple; plain. بَسِيط: سَاذَج او سَهْل

Simple; artless; innocent. — : سَليم النِّيَّة

Open-handed; lavish. — الكَفّ

Light acquaintance. معرفة (صُحْبَة) بَسِيطة

The Earth. بَسِيطَة. البَسِيطَة: الأَرْضُ

Rim. △ إِبْسِيط: حِتَارُ العَجَلَة (الدُّولاب)

Delight; pleasure. اِنْبِسَاط: سُرُور

Expansion; dilation; dilatation. — : تَمَدُّد

Diastole. — القَلْب والشَّرايين: تَمَدُّدهما

Expansibility. قَابِلِيَّة الـ أو التَمَدُّد

Pleased; glad; happy; in good spirits. مَبْسُوط: مَسْرور

Expanded; dilated — : مُمْتَد أو مَنْشُور

Tipsy; elevated; glorious. △ — : سَكْران قَليلاً

Well-off; well-to-do. △ — : فى سَعَة

Jerked beef; biltong; meat cured with garlic. △ بَسْطَرْمَة: وَشِيقَة

Right column

To tap; puncture. — البِرْمِيلَ والمريض بالاِسْتِسْقاء

Tapping. بَزَل: اِسْتِخْراج السائل من البَطْن

Tapping-cock; faucet. بِزَال: حَنَفِيَّة بِرْميل

Cork-screw. القَنَاني بِزَال: قَتَّاحَة قَرَايز △

Trocar; trochar. مِبْزَل: آلة البَزْل الطِّبِّي

Bismuth. ○ بِزْمُوت: اسم مَعْدن

Foster-brother. * بَزِي: أَخ فى الرَّضاعة

Pigeon-breasted. أَبْزَى (وهي بَزْواء): أَقْعَس

Hawk; falcon. بَازِي. بَاز: صَقْر الصَّيْد

Cribbage; *besique*. ○ بِزِيك: لعبة وَرَق

* بَسّ * بَسَّة (فى بسس)

Gudgeon. △ بِيسارِيَه: سَمَك صَغير

Passport. ○ بَسْبُور: فَسْح. جواز السَّفَر

Garden; orchard. * بُسْتَان: حَدِيقة

Gardener. بُسْتَانِيّ: جَنَائِنِي

Tub. بَسْتِلَة: نِصْف بِرْميل (راجع برميل)

Pasteur (Louis). ○ بَسْتور: مكتشف التعقيم ودواء الكَلَب

Spade. △ بَسْتُونِي (فى وَرَق اللعب)

Drops; lozenges. ○ بَسْتِيلِيَة: أَقْراص شُكَرِيَّة

To mention prematurely *or* before the proper time. بَسَرَ. اِبْتَسَرَ الخَبَرَ: ذَكَرَهُ قبل وقته

To frown; scowl. — : قَطَّبَ وَجْهَه

Unripe dates. بُسْر: البَلَح قبل ان يَنْضَج

Piles; hemorrhoids. بَاسُور (جَمْعُه بَوَاسير)

Premature. مُبْتَسَر: قَبْل أَوانه

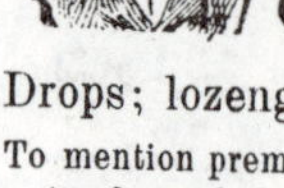

Pussy; cat; she-cat. (بسس) بَسّ * بَسَّة ←

Enough! △ بَسّ: حَسْب. كَفَى

Only. △ — : فَقَط

To stretch out; extend; expand. * بَسَطَ: وَسَّعَ △ فَرَدَ

To spread, lay, *or* set, a table. — المائدة

To spread out. — : نَشَرَ

بَشَّرَ : بلَّغَ البُشْرى — To announce good news *or* tidings.
— بِكَلامِ الله — To preach; evangelise.
باشَرَ الأمرَ — To manage; conduct.
— الصِناعَةَ أو العَمَلَ : تعاطاه — To practise.
— الإمرأة — To know; have sexual intercourse with.
إستَبْشَرَ — To optimise; draw a good omen; take the most hopeful view of.
بِشْر : سُرُور — Cheerfulness; joy.
بَشَر : إنسان — Man; human being.
أبُو الـــ : آدَم — Adam; progenitor of human race.
بَشَرَة : ادَمَة . ظاهر الجلدِ — Epidermis; cuticle.
بُشْرَى : بِشارَة — Good news *or* tidings.
بَشَرِيّ : إنساني . آدَميّ — Human.
— : مُختَصّ ببشرة الجِلْد — Epidermic; cutaneous.
بَشَرِيَّة — Mankind; human race.
بِشارَة : خَبَر سارّ — Good news *or* tidings.
— : ○ إنجيل — Gospel.
— خَيْر : فأل حَسَن — A good omen.
عِيدُ الـــ . — Annunciation-day; ladyday.
△ بَشُورَة : سدادة حَشْوَة العيار الناريّ — Wad.
بَشِير : نَذِير — Forerunner; precursor.
— : مُبَشِّر بالخَير — Announcer of good news.
— الوَجْهِ : جَمِيلُه — Good-looking; comely.
تَبْشِير : إبْلاغ الخَبَر السارّ — Announcement, *or* proclamation, of good news.
— بكلام الله — Preaching; evangelising.
تَباشِير : أوائل — First-fruit, —s.
مُبَشِّر : كارِز — Preacher; evangelist.

— : بَشِير — Announcer of good news.
مِبْشَرَة : مِحَكَّة — ←Grater.
مَبْشُور (كالجبن مثلاً) — Grated.
△ مُباشِر : قاصِد — Direct; immediate.
△ رَئيس — . — Immediate chief.
مُسْتَبْشِر : مُتَفائل — Optimist.

* بَسَقَ : طالَ وارتفعَ — To be high, lofty, *or* elevated.
باسِق : مُرْتَفِع . عالٍ — High; lofty; elevated.
— الأخلاقِ — Noble; high-souled.

○ بِسْكليت : دَرَّاجَة — Bicycle.
○ بَسْكُوت ○ بَسْكُوِيت . بَسْكوتي — Biscuit.
* بَسُلَ : كانَ باسِلاً — To be brave, *or* intrepid.
تَبَسَّلَ : عَبَسَ — To scowl; frown; look gloomy.
إستَبْسَلَ : اسْتَقتَلَ — To brave death *or* danger.
بَسالَة : جَراءة — Intrepidity; bravery; courage; valiance; temerity.
باسِل : جَرِيء — Intrepid; brave; temerous; doughty.

○ بِسِلَّة : بَقْلَة تُطْبَخ — ←Peas.
— خَضْراء — Green pea.
— مَفْرُوطَة — Pigeon pea.
— ناشِفَة — Split pea.
— الحدائق . الــ المزهرة او زَهْرها — Sweet-pea.
* بَسَمَ . ابْتَسَمَ . تَبَسَّمَ : ضد عَبَسَ — To smile (at).
باسِم . مُبْتَسِم — Smiling.
إبْتِسام . تَبَسُّم — Smile; smiling.
تَكَلَّفَ الــ : أَهْلَسَ — To simper; smirk.
مَبْسَم : فَم — Mouth.
△ — السيجارة : △ فُمّ — Cigarette-holder.
* بَسْمَلَ — To say "In the name of God."
* بَشّ * بَشاشَة (في بشش) — Smile.
△ بَشْبَشَ : مَشَّ . نَقَعَ في الماء — To steep; macerate.
— (كالخُبْز في المرق) — To sop; soak.

△ بَشْتَخْتَه : لَوْحُ الطَباشِير . سَبُّورَة — ←Black-board.
* بَشَرَ (كالجُبْن وجَوْز الهِنْد وغيرهما) — To grate down.
— العودَ والتمرَ : قَشَرَهُ — To strip; peel; skin.
بَشِرَ بِهِ وله : سُرَّ بِهِ — To rejoice at.

△ مُباشَرَةً : رأساً — Directly; immediately.

△ بَشْرَف مُوسِيقي: استهلال — Orchestral prelude or overture.

△ بَشنَرُوش : نُحام — ←Flamingo.

(بشش) بَشَّ : ابتسم — To smile; put on a smile; look cheerful.

— لهُ — To smile *to*; meet courteously; be favourable to.

بَشاشة — Smile; cheerfulness; gaiety.

بَشُوش — Smiling; wearing a smile; cheerful.

☆ بَشِعَ : صار بَشِعاً — To be ugly, *or* unsightly.

اِسْتَبْشَعَ : استقبح — To find, *or* consider, ugly *or* unsightly.

بَشِع . بَشِيع — Ugly; unsightly.

بَشاعَة — Ugliness; unsightliness.

(بشق) باشَق — ←Sparrow-hawk.

△ بَشْكُور : مِسْعَر — Poker.

— الفُرْن — Oven hook; slice.

△ بَشْكِير : قَطيلة — ←Towel.

— الحَمّام — Bath towel.

○ بَشِلُّوس : حيوان مكرسكوبي — Bacillus ←(*pl.* bacilli).

☆ بَشِمَ من الطعام — To be satiated, *or* surfeited.

— من الأمر — To loathe; be fed up with.

أبْشَمَ : تَخَّمَ — To satiate; surfeit; cloy.

بَشَم : تُخمة وسآمة — Satiation; surfeit.

○ بَشْنُوقة ○ بُشْنيقة (انظر يخنق) — Wimple.

△ بَشْنِين : عرائس النيل — Lotus; nenuphar; ← water-lily.

☆ بَصّ ☆ بَصّاص (في بصص)

☆ بَصْبَصَ الكلبُ بذَنَبِهِ : حرّكه — To wag, *or* shake, the tail.

— الرجُلُ : تملّق — To coax; cajole.

△ — بعينه : هَجَّل — To ogle; make eyes at; cast amorous glances, or sheep's eyes, at.

☆ بَصُرَ . أبصَرَ : رأى — To see.

— . — : عَلِم — To discern; notice.

تبصَّرَ في الأمر — Contemplate; consider.

بَصَر : حاسّة النظر — Sight; eyesight.

— : عِلْم — Discernment; perception.

طويل الـ — Long (*or* far) sighted, *or* presbyopic.

شخص طويل البصر — Long-sighted person; presbyope.

قصير الـ — Short-sighted; myopic.

شخص قصير البصر — Short-sighted person; myope.

مدى الـ — Eyeshot; seeing-distance.

كلمح الـ — In the twinkling of an eye; in a flash.

بَصَرِيّ : مختص بالبصر — Optic; ocular.

علم البصريّات — Optics.

بَصِير : فَطِن — Discerning; discriminate.

بَصِيرة : فِطنة — Discernment; insight; perception; mind's eye.

باصِرة : عين — Eye.

تبصُّر : تروٍّ — Consideration; deliberation.

مُباصَرة : رؤية القاصي : ○ تَلْفَزَة — Television.

مِبْصار : ○ تِلْفاز — Televisor.

☆ بَصْبَصَ الكلبُ : حرّك ذنبه — To wag the tail.

— : فتح عينيه — To open *one's* eyes.

بَصَّ : برق — To glitter; sparkle.

△ — : نظر — To look.

△ بَصّة : نَظْرة — A look.

△ — نار : بَصْوَة — Brand; fire brand.

بَصِيص : بريق — Glitter; —ing.

— من الأمل — A glimpse of hope.

△ بَصّاص : مُخْبِر — Detective.

بَصّاصة : عين — Eye.

— كهربية : عين سحرية . هَصْهاصَة — Magic eye; photo-electric cell.

☆ بَصَقَ : تَفَلَ — To spit.

بُصاق : تُفال — Spit; spittle; saliva.

مِبْصَقة — Spittoon; cuspidor.

✲ بَصَل : نَبات مَعْروف — Onions.
— الفار : عُنْصُل — Squill; sea onion.
— طلياني او أحمر — Tripoli onion.
— أَخْضَر — Spring onion.
△ وقع زَرْعُ بَصَل (على رأسه) — To come a cropper.
بَصَلَة : واحِدَة البَصَل — An onion; a bulb.
لا يُساوي — . — Not worth a fig.
بَصَليّ : ذو بَصَلات أو كالبَصَل — Bulbous.
✲ بَصَمَ : وَسَمَ — To stamp; imprint; print.
— بالخَتْم : خَتَمَ — To stamp; seal.
المَبْصُوم بِخَتْمي — Bearing the impression of my seal.
بَصْمَة : وَسْم — Stamp; impression; print.
— الأُصْبُع — Finger-print.
✲ بَصْوَة : جَمْرَة — Brand; fire-brand.
✲ بَصِيص (في بصص) — Glitter *or* glimpse.
✲ بَضَّ أوتارَ العُود — To tune.
بَضّ : ناعِم الجِلْد — Having a delicate skin.
✲ بَضَعَ : شَرَّحَ — To dissect; cut up (a body, etc.) for examination.
— : قَطَعَ — To amputate; cut off.
— الجَرّاحُ المَريضَ — To operate; perform a surgical operation.
△ بَضَّعَ . تَبَضَّعَ : تَسَوَّقَ — To shop; make purchases.
بَضْع : قَطْع — Amputation.
بِضْع . بِضْعَة — A small number; a few.
بِضاعَة : مالُ التِجارَة — Goods; merchandise.

— : سِلَع — Wares; commodities.
— الأمانة — Goods on consignment.
تَبَضُّع . △ تَبْضيع : تَسَوُّق — Shopping.
مِبْضَعُ الجَرّاح : مِشْرَط — Dissecting knife; scalpel.
مَبْضُوع : أُجْرِيَتْ لَهُ جِراحَة — Operated on.
✲ بَطّ (في بطط) — To rip open.

(بطأ) بَطُؤَ . أَبْطَأَ : تأخَّرَ — To delay; linger; be tardy.
تَباطَأَ : تَوانَى — . — — To be slow.
بُطْء : تأخُّر — Delay; lingering.
— : تَوانٍ — Slowness; tardiness.
بِبُطء : في مَهْل — Slowly.
بَطِيء : مُتَوانٍ — Slow; slack; tardy.
— الحَرَكَة — Slothful; sluggish.
✲ بَطارِخ (في بطرخ) — Roe; fish-roe.

○ بَطّارِيَّة كَهرَبيَّة (او حربية) — Battery.

— كَلْوانيَّة — Galvanic battery.

— جَيْب — Electric torch, pocket lamp.
○ بَطاطا ○ بَطاطِس — Potatoes.
— حُلْوَة — Sweet potato; batata; yam.
✲ بِطاقَة (في بطق) ✲ بِطانَة ✲ بِطانِيَّة (في بطن)
✲ بَطْبَطَ البَطُّ : بَحَّ . صاتَ — To quack.
✲ بَطَحَ : ألقى على الأرضِ — To prostrate; lay flat.
— ـه على وَجْهِهِ — To throw face downwards.
△ — الرأسَ : جَرَحَه — To wound the head.
بَطْح : ضِدّ كَبّ — Supination.
بَطْحاء . بَطِيحَة — Large bed of a torrent; savanna; steppe.
إنْبِطاح . تَبَطُّح — Prostration.
مُنْبَطِح : مُتَسَطِّح — Prostrate; lying with face to ground.
— : مُسْتَلْقٍ على ظَهْرِه — Supine.
(بطخ) بِطِّيخ أَحْمَر : جَبَس — Water-melon.

— أَصْفَر : △ شَمّام — Melon; musk melon.
△ بِطِّيخَة العَجَلَة : قُبّ — Hub; projecting nave.
✲ بَطِرَ النِعْمَةَ وبِها — To be discontented, *or* dissatisfied, with.
بَيْطَرَ الحِصانَ : نَعَلَهُ — To shoe a horse.

To be abolished. ٭ بَطَلَ : صار مُلْغًى
To be void *or* null. — عَمَلُهُ : سقط
To be obsolete, *or* out of use. — اسْتِعْمالُه
To be out of work. — △ بَطَّلَ : كانَ بلا عَمَل
To be, *or* become, a hero. بَطُلَ : كانَ أو صارَ بَطَلاً
To do away with; abolish; suppress. بَطَّلَ ٢ . أبْطَلَ : ألغى
To invalidate. — . — : نَقَضَ . فَسَخَ
Brave; valiant; intrepid. بَطَلٌ : شُجاع
Hero; champion. — : فارِس
Ace. — : لاعِب رياضي مُمْتاز
Heroine; champion. بَطَلَة : فارِسَة
Falsehood; lie. بُطْل . بُطْلان : كَذِب
Nullity; nothingness. — . — : لَغْو
Uselessness; futility. — . — : عَدَم فائِدَة
Untruth; falsehood. باطِل : ضِدّ حَقّ
False; vain; unreal. — : كاذِب
Vain; worthless; nugatory. — : عَدِيم القِيمَة
Useless; unavailing; futile. — : عَبَث
Ineffective; of no effect. — : عَدِيم التأثير
A false accusation. تُهْمَة باطِلَة
In vain; without success. باطِلاً : عَبَثاً
Out of work; unemployed. بَطَّال : لا عَمَلَ لَدَيْه
Bad; worthless. △ — : رَدِيء
Heroism; bravery. بَطالَة . بُطُولَة : شَجاعَة
Vacation; holidays. بِطالَة : عُطْلَة : △ مُسامَحَة
Unemployment. — : ضِدّ شُغْل
Abolition; suppression; cancellation. إبْطال : إلغاء

○ بَطْلِيمُوس : عالِم فَلَكي إسْكَنْدَرِيّ ←Ptolemy (Claudius)
Ptolemaic. بَطْلِيمُوسِيّ
Terebinth; turpentine-tree. ٭ بُطْم : شَجَر التَرَبَنْتِينا

To spoil with good treatment. أبْطَرَ : جَعَلَهُ يَبْطَر
Discontentment; dissatisfaction. بَطَر : الاسْتِخْفاف بالنِّعْمَة
Farriery. بَيْطَرَة : تَنْعِيل الدَّوابّ بطَبَقٍ من حَدِيد
Veterinary medicine. — ، الطِبّ البَيْطَرِيّ
Veterinary. بَيْطَرِيّ : مُخْتَصّ بمعالجة الدَّوابّ
Veterinary surgeon; horse doctor. بَيْطار : طَبِيب بَيْطَرِيّ
Farrier; shoeing-smith. — . مُبَيْطِر : △ مُطَبِّق الدَّوابّ
Battery. ○ بَطَّرِيَّة (راجع بَطّارِيَة)

Roe; fish-roe. ٭ بَطْرَخ . بَطارِخ السَّمَك
Caviar. — . — : ○ خَبْيارِيّ
Dried fish-roe. — . — ناشِف
○ بَطْرَشِيل ○ بَطْرَشِين : هَراع ←Stole.
Patriarch. ○ بَطْرَق . بَطْرِيق : بَطْرَك

←Penguin. بِطْرِيق : فَنْجَل
Patriarch. ○ بَطْرَك . بَطْرِيَرْك
Patriarchate. بَطْرَكِيَّة . بَطْرِيَرْكِيَّة
To assault; attack with violence. ٭ بَطَشَ بِهِ
Prowess; bravery; daring. بَطْش : جَراءَة
Violence; force. — : شِدَّة
To flatten. △ بَطَّطَ : بَسَطَ
To lance; rip open. ٭ بَطَّ : شَقَّ
To disembowel; eviscerate; draw. — البَطْنَ : أخْرَجَ الأمْعاء
To draw a fowl. — الدَّجاجَة : أخْرَجَ امْعاءَها

Ducks. بَطّ : طائِر مَعْرُوف
Drake. ذَكَر البَطّ
A duck. بَطَّة
Calf of the leg. △ — الرِّجْل : رَبْلَة الساق

←Label. (بطق) بِطاقَة : رُقْعَة العُنْوان
Card. — الإسْم : ○ كارت
Ration card. — التَّمْوِين
Visiting card. — الزِّيارَة
Identity card. — الشَّخْصِيَّة او الهُوِيَّة

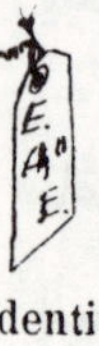

To be hidden, *or* concealed. ٭بَطُنَ : خَفِيَ
To have a big belly. بَطِنَ : عَظُمَ بَطنُهُ
To line (a garment, etc.) بطَّنَ الثوبَ وغيرهُ
To render (a wall). — الحائط (قبل تبْييضه)
To hide; conceal. أبطَنَ : أخفَى
To fathom; get to the bottom of. إستبطَنَ : عرَفَ باطِنه
Abdomen; stomach; belly. بَطن : مَأنَة

Inside; bowel; interior. — : جَوْف
Sole of the foot. — الرِّجْل : أَخْمَص القَدَم
Bowels of the earth. — الأرض
Bowl of spoon. — الملعقة (وأمثالها)
A birth. △ — : وِلْدَة
A litter; a fall. △ — : وَلْدَة (للحيوانات خاصَّةً)
She had three babies at one birth. وَلَدت ثلاثة في بطن واحدة
Belly-god; glutton ابن بطْنه : نَهِمان
Upside-down; invertedly. بَطْناً لِظَهْر
Abdominal; ventral. بَطْنِي : مختصّ بالبَطْن
Ventriloquism. التكلُّم الـ : مَقْمَقَة
Gluttony; epicurism. بِطْنَة : شَرَه
Soffit. △ بَطنيَّة العقد والعتب وغيرهما
Belly-band. بِطَان : حِزام بطْن الدابة
Lining. بِطانة الثَّوب : خِلاف ظِهارته
Retinue; suite; court. — الأمير : حاشيَتُه
Foil. — الماس وكلّ حجر كريم برّاق شفّاف : ٥ فُويَة
Blanket; rug. △ بَطَّانيَّة : حِرام . دِثار
Big-bellied; paunchy. بَطِين . مِبطَان : كبير البَطْن
Glutton; gourmand. — : شَرِه
Ventricle. بُطَيْن : تجويف (كبُطَيْن القَلْب)
Inside; interior. باطِن : بَطْن . داخل
Hidden; secret. — : خَفِيّ
At bottom; in reality. في — الأمر : بالحقيقة
To sublet. △ أجَّرَ مِن باطِنِه

Ins and outs. بواطن وظواهر الأمر
Inwardly; secretly. باطناً : قلبيّاً
Internal; inner. باطِني : داخِليّ . جوّاني
Hidden; secret; esoteric. — : خَفِيّ
Internal diseases. أمْراض باطِنيّة

Internally. باطِنيّاً : داخِليّاً
Tankard; beaker. (بطى) باطِيَة : قدح كبير
Water-melon. ٭ بطّيخ (في بطخ)
To spurt; gush out. △ بَظَّ : انبجَس
Clitoris. ٭ بَظْر الأنثى
To babble; prate; prattle. ٭ بَعْبَعَ : ثَرْثَر

Babbling; prattling. بَعْبَعَة : تتابُع الكلام في عجلة
Bogy; bogey; mumbo jumbo; bugbear; bugaboo. △ بُعْبُع : تخويفة
To send; forward; despatch. ٭ بَعَثَ : أرْسَلَ
To delegate; commission. — : أوْفَدَ
To emit; send, *or* throw, out. — : أخرَجَ . قذفَ
To awaken; stir up; revive. — : أيقظ
To resurrect; bring back to life. — من الموت
To prompt; move to action. — على : دفَعَ
To start one thinking. — على التفكير (مثلاً)
To be raised from the dead; resurge. انبعث من الموت
To emanate *from*. — من : خرَجَ . انبثق
Resurrection; resurgence. بَعْث : قيامة الأموات
Sending; forwarding. — : إرْسال
Mission. — . بعثة : إرْساليّة . قوم مرسلون لغرض ما
Expedition. — — حربية او اكتشافية
Sender. بَاعِث : مُرْسِل
Motive; reason; inducement. — : سبب دافع
Easter Monday. باعُوث : اثنين الباعوث س
Emanation. إنبِعاث : انْبِثاق

Sent; forwarded; despatctched. — مَبْعُوث: مُرْسَل

Envoy. — —: رَسُول

Delegate; deputy. — —: نائب مُفَوَّض

Lower house of parliament. — مَجْلِس المَبْعُوثِين

To scatter; strew; fling about. — ✿ بَعْثَرَ

Scattered; strewn. — مُبَعْثَر

To rip open. — ✿ بَعَجَ البَطْنَ: شَقَّهُ

To dent; make a depression in. — —: جعل فيه نُقْرَة

A dent. — بَعْجَة: نُقْرَة

To be far away; be distant. — ✿ بَعُدَ: ضِدّ قَرُبَ

To place at a distance. — بَعَّدَ. أَبْعَدَ: أَقْصَى

To separate; isolate. — أَبْعَدَ ٢: عَزَلَ

To send away; dismiss. — —: طَرَدَ

To banish; expatriate; exile. — —: نَفَى

To banish; expel. — —: أَقْصَى

To remove; eliminate; take away. — —: أَزَالَ

To exclude; set aside. — ∙ اسْتَبْعَدَ: اسْتَثْنَى

To leave out; eliminate. — اسْتَبْعَدَ ٢: حَذَفَ

To regard as improbable. — — الأَمْرَ

To consider far away — — الشيءَ: ظَنَّهُ بَعِيداً

To avoid; keep at a distance from. — إِبْتَعَدَ. تَبَاعَدَ عن: تَجَنَّبَ

To quit; leave. — ∙ — عن: فارَقَ

Remoteness; farness. — بُعْد: ضِدّ قُرْب

Distance; space. — —: مَسَافَة

At a distance. — عن —: من بَعِيد

From a far distance. — على —: بَعِيداً

Equidistant. — مُتَسَاوِي الأَبْعَاد

After. — بَعْدُ: ضد قَبْلُ

Next. — —: ثُمَّ

Still; yet. — —: لِلآن

Later (on). — — الآن: في ما — ∙

Afterwards. — — ذلكَ: بَعْدَئِذٍ

After that. — بَعْدَ ما. من بَعْدِ ان

Far; distant. — بَعِيد: ضِد قَرِيب

Remote. — —: قاصٍ

Farther; more distant. — أَبْعَدُ: اكثر بُعْداً

Furthest; farthest; most remote. — الـ —: الاقصى

Isolation; separation. — إِبْعَاد: عَزْل

Removal. — —: نَقْل

Elimination. — ∙ اسْتِبْعَاد: حَذْف

Farm. — △ أَبْعَادِيَّة: ضَيْعَة. مَزْرَعَة. حانُوت س

To drop dung. — ✿ بَعَرَ الحيوانُ: أخرجَ بَعْرَهُ

(Globular) dung; droppings. — بَعْرُ الحيوان

←Camel. — بَعِير: جَمَل

To squander; waste; dissipate. — ✿ بَعْزَقَ: بَدَّدَ

Squanderer; spendthrift. — مُبَعْزِق △ بِعْزَاق

Part; portion *of*. — ✿ بَعْضُ الشيء: جُزْءٌ منه

Some *of*. — — الشيء: قليل منه

Each other. — بَعْضُنا (أو بعضكم أو بعضهم) بَعْضاً

Gnats; mosquitoes. — بَعُوض: نامُوس

Bed bug. — — ع: بَقّ (واحدته بَقَّة)

A gnat; a mosquito. — بَعُوضَة: نامُوسَة

Anopheles mosquito. — — الملاريا

Town-hall; club (house); meeting-place. — ✿ بَعْكُوكَة الناس: مجتمعهم

Husband; lord. — ✿ بَعْل: زَوْج

Baal. — —: اسم مَعْبود الفينيقيين

Unwatered; xerophilous. — بَعْلِي: جَزَوِي. ضد مَسْقَوِي

Beelzebub. — ○ بَعْلَزَبُول: الاهُ الشرّ

✿ بَعُوض (في بعض) ✿ بعير (في بعر)

Lye; leached ashes. — △ بَغَادَة: ماء القلي او الرماد

To surprise; attack at unawares; come, *or* fall, upon suddenly. — ✿ بَغَتَ. بَاغَتَ: فاجَأَ

انبغت : فُوجِئ — To be taken aback.

بغتة . مباغتة : مُفاجأة — Surprise.

بَغْتةً : فجأةً — Suddenly; all of a sudden.

— : على غِرَّة — At unawares; by surprise.

بَغْتِيّ . باغت : فُجائي — Sudden; unexpected.

* بغداد : عاصمة مملكة العراق — Baghdad.

△ بُغْدَدْلي (بناء) — Lath and plaster work.

△ بَغْدَدَة : خَفَر — Coyness.

△ تَبَغْدَدَ — To be coy, or self-conscious.

* بَغَشَت السماء : أمطرت قليلاً — To drizzle.

بَغْشَة : رذاذ — Drizzle; light rain.

* بَغُضَ : صار مُبْغَضاً — To be, or become, hated.

أبْغَضَ : كَرِهَ — To hate; detest; abhor.

بُغْض . بِغْضَة . بَغْضاء — Hatred; animosity; detestation.

مُبْغِض . بَغِيض : كريه — Hateful; detestable.

— . مَبْغُوض : مكروه — Hated; detested.

* بَغْل : دابّة بين الحصان والحمار ← Mule.

بَغّال : صاحِب او سائق بغال — Muleteer.

△ بَغْلة القنطرة ← Bridge pier.

* بغى : زنى — To commit adultery.

— عليه : ظلمه — To wrong; injure.

— . ابْتَغى : رَغِبَ في — To wish for; desire.

يَنْبَغِي : يلزم — Ought; should.

— عليه أن — He ought to; he should.

بَغْي : ظُلْم — Injustice; iniquity; wrong.

— . بِغاء : زِنىً — Adultery; prostitution.

بَغِيّ : زانية — Prostitute; adulteress; strumpet.

بُغاء ٢ . ابْتِغاء : رَغْب — Wishing; desiring.

بُغْيَة : مَرام — Wish; desire; desideratum.

باغٍ : ظالِم — Unjust; inequitable.

— : عاتٍ — Tyrant; oppressor.

مُبْتَغىً : مَرْغوب فيه — Desired; wished for; sought after.

△ بَفْت . بَفْتا . بَفْتة : نَسِيج من القُطْن — Calico.

بَفْته سمراء — Unbleached calico.

○ بِفْتيك — Steak; beefsteak.

— پانيه — Crumb-steak.

* بقّ (في بقق) * بَقّال (في بقل)

△ بَقالا : △ بقلـه (راجع بقلة) — Stock-fish.

* بَقْبَقَ الماء — To bubble; gurgle.

— : ثَرْثَر — To babble; prate; prattle.

بَقْباق : ثَرْثار — Babbler; prattler; chatterbox.

△ بَقْبُوقة : مَكْبِيَة — Pustule; blister.

△ بُقْجة : صُرَّة — Bundle.

— صابون — Cake or tablet of soap; soap-ball.

— في نجارة الأبواب — (Top or bottom) panel.

* بَقْدُونس : بَقْلة مَعْروفة — Parsley.

* بَقَرَ : شقّ وفتح — To rip open; cut through.

بَقَر : جِنْس البقر — Oxen; bovine cattle.

— الوَحْش — Wild cow; wild-ox.

أبو — . ← Buff-backed egret.

ثَوْرُ الـ — . Bull; ox, (*pl.* oxen).

بَقَرَة : انثى الثَّوْر . Cow.

— الماءِ او البَحْر : زالِحة — Sea-cow.

البَقَرة الوَحْشيّة : مَهاة — Oryx; the antelope of Arabia.

بَقَرِيّ — Bovine.

لَبَن — . Cow milk.

لَحْم — . Beef.

Cowherder; cowboy. بَقَّار : راعِي البقَر او صَاحِبها

Box-tree; —wood. ○ بَقْس : شَجَر وخَشَبُه صلْب

Box-wood. — : خَشَبُ الـ

Rusks; zweibacks. △ بُقْسُماط △ بَقْسَماط

To tip; give a present. △ بَقْشَشَ : أعْطَى حُلْواناً

Present; gratuity; *backsheesh.* بَقْشِيش : هِبَة

Tip; gratuity; douceur. — : حُلْوان

To spot; mark in spots. * بَقَّعَ الثوبَ : ترك فيهِ بُقَعاً

To stain; blot. — الثوبَ : لَوَّثه بلطْخة

To be stained, or spotted. تَبَقَّع : أصابتهُ بُقَع

Stain; spot. بُقْعة : لطْخة

Spot; place; locality. — : مكان . نُقْطَة

Spotted; speckled. أَبْقَع اللون : أبْرَش

To be infested with, or full of, bugs. * بَقَّ البيتُ : كثُر بَقُّه

To spout, squirt. بَقَّ الماء من فيهِ : △ بَخَّه

Mouth. △ بُقّ : فَم

Toothful; thimbleful. △ — : جرْعة صَغيرة

A toothful of wine. △ — من النبيذ

Bug; bed-bug. بَقّ (واحدته بَقَّة) : حَشَرة

Bed-bug; cimex. — الفراش : فَسْفَس . أكلان

Mealy bug. — دَقيقيّ . — النبات

Elm. شَجَرة الـ — : دَرْدار

Chatterbox; talkative. △ بَقَّاق : بَقْباق . ثَرثار

To sprout; germinate. * بَقَلَ النبتُ . نَبَتَ

Vegetables; herbs. بَقْل (الجمع بُقول) : خُضَر

Pulse; legumes. بُقُول ٢ : قطاني . حُبوب الطبْخ

Vegetable; herb. بَقْلة : نَبْتَة

Egyptian, or black, bean. — بارِدَة : لِبْلاب

Purslane. — حَمْقاء : رِجْلة

Endive. — مُبارَكة : هِنْدِباء

Greengrocer. بَقَّال : خَضَّار . خُضَرِيّ

Grocer. △ — : بَدَّال . بائع مأكولات ومَشْروبات

Leaf-bud. بَاقِل : زِرُّ وَرَقة النبات

Beans; broad-beans. باقِلَى . باقِلاء : فُول

Ling; *molva vulgaris.* △ بَقَلَة : سَمك يُشبِه القَدّ

Stock-fish. — مُقَدَّدة : △ بَكَلا

Pastry; pie. △ بَقْلاوة : عَجين مَرْقوق

Air-cell; bell; bubble. △ بَقْلُولة : فَقّاعة

Brazilwood; sapanwood. * بَقَّم : نوع من الخشَب

Campeachy wood; log-wood. — أسْوَد

Pottle; a small basket. △ بُقُوطي : قَوْطَة . سَلَّة

To remain; last. * بَقِيَ : دَامَ

To remain; stay. — : مَكَثَ

To remain; be left over. — . تَبَقَّى : فَضَلَ

To retain; keep. أَبْقَى : حَجَزَ

To spare; save. — على حياته (مثلاً)

To preserve; keep; reserve. — . اسْتَبْقَى : حَفِظَ

Continuance; duration. بَقاء : دَوام

Staying; remaining. — : مُكُوث

Immortality; eternity. — : خُلود

Survival of the fittest. — الأنْسَب

Remainder; rest. بَقِيَّة : جُزْء باقٍ

Vestige; rudiment. — أثَريّة (لعضوٍ)

Remains; leavings. بَقايا : فضلات

Balance; remainder. باقٍ : رَصيد (في الحِساب)

Remaining; continuing. — : مُسْتَمِرّ

Remaining; left over. — : فاضِل . متْروك

Lasting; permanent. — : دائِم

Everlasting; eternal. — الى الأبدِ : أبَدِيّ

Ungathered; uncut. — على أرْضِه : غير محْصُود

Survivor. — حيّ : لم يَمُت مع غيره

The Everlasting. الحيّ الـ — : الله

Conservation; preservation. إبْقاء . اِسْتِبْقاء : حِفْظ

مُتَبَقٍّ : باقٍ — Remaining; left over.

مُسْتَبْقًى . مُبْقًى عليه — Preserved; spared.

△ بِك (لقب عثماني مصري) — Bey.

☆ بكارة (في بكر) — Virginity.

○ بَكَاسِين
○ بَكَاشِين } شُنْقُب ←Snipe.

○ بكالوريا (في بكالوريا) — Baccalaureate.

△ بكباشي : مقدم — Lieutenant-colonel.

☆ بَكَّتَ : لامَ — To reprove; rebuke; admonish.

تَبْكِيت : لَوْم — Reproof; rebuke; reprimand.

— الضمير — Remorse; compunction.

○ بَكْتِيرْيَا : راجبيّات — Bacteria, (*sing.* Bacterium).

☆ بَكَرَ . بَكَّرَ : قامَ مُبَكِّراً — To rise, *or* get up, early.

— . — : بَدَّرَ — To be, *or* come, early.

ابْتَكَرَ : اسْتَنْبَطَ — To contrive; invent.

— الشيء : أخذ باكورته — To take the first fruit of.

بَكْر : جَمَل صغير — Young camel.

بِكْر : أوّل مولود الإنسان — First-born.

— : أوّل نتاج المواشي — Firstling.

— : عَذْراء — Virgin; maiden; unmarried.

— : جديد — Virgin; first; new.

بَكَرَة البئر وأمثالها ←Pulley-block.

△ داسة البَكَرَة ←Pulley-sheave.

بَكَرَة الخيط — Reel; spool; ←cotton reel.

— جنزير الساعة ←Fusee.

على بَكْرَة أبيهم — All without exception.

بُكْرَة . باكِراً : غداً (راجع غدوة) — To-morrow.

— . — . مُبَكِّراً : غُدْوَة — Early in the morning.

— على بُكْرَةٍ : غداً صباحاً — To-morrow morning.

△ — في المِشْمِش — To-morrow come never; when the pigs begin to fly; in the Greek-calends.

بِكْرِيّ (أو بِكْرِيَّة) : أوّل الأولاد — First-born.

بِكْرِيَّة الولادة : تَلِدُ أوّل مرّة — Primiparous.

بَكارَة : عُذْرَة — Virginity; maidenhood.

غشاء الـ — Hymen; maidenhead.

بُكُورِيَّة : حقّ البِكر أو صِفَته — Birthright; primogeniture.

باكُورة الشيء : أوّله — First-fruit, —s.

بَكِير . مُبَكِّر : قبل أوانه — Early; premature.

△ بَكْرَج : غَلّاية الماء ←Kettle.

○ باكستان — Pakistan.

○ بَكَّلَ ○ بَكَّلَ : شدّ بالإبزيم — To buckle.

بُكْلَة : ○ إبزيم ←Buckle; clasp.

△ بَكَلا : سمك البقلة (من نوع القد) ←Cod; codfish; ling.

— مُقَدَّد — Stockfish; split and dried cod *or* ling.

○ بَكَالُورِيَة : بكالوريا — Baccalaureat.

بكالوريوس : حائز البكالورية — Graduate.

— علوم — Bachelor of Science (B.S.)

— فنون — Bachelor of Arts (B.A.)

☆ بَكِمَ : خَرِسَ — To be, *or* become, dumb.

بَكُمَ : سَكَتَ تَعَمُّداً — To keep silence; hold one's peace *or* tongue.

أَبْكَمَ : أخرس — To silence; put to silence; strike dumb; dumbfound.

بَكَم : خَرَس — Dumbness; muteness.

أَبْكَم : أَخْرَس — Dumb; mute.

☆ بَكَى — To weep; cry; shed tears.

— الميت : ناح عليه — To weep over; mourn, for.

— بحرقة — To weep bitterly.

بَكَّى . أَبْكَى : جعله يبكي — To make *one* weep.

اسْتَبْكَى : هيّج للبكاء — To move to tears; cause to weep.

بُكاء . بُكًى : نُواح — Weeping; crying; lamentation.

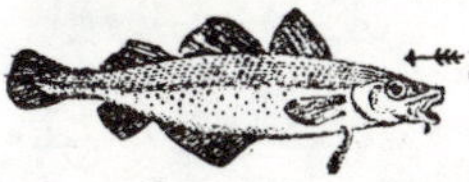

باكٍ : في حالة البُكاء — Weeping; crying.
— : نائح — Weeper; mourner.
مُبكٍ . مُبكٍّ — Mournful; lamentable.
مَبكِيّ (او عليه) — Mourned; lamented.
* بَلْ : لكن — But; however; nevertheless.
* بَلّ (في بلل) * بَلا (في بلو)
* بِلا : بدون . من دون — Without.
* بَلاء (في بلي) — Calamity.
○ بلاتين : مَعْدِن ابيض أثمن وأثقل من الذهب — Platinum.
* بَلادة (في بلد) — Stupidity.
△ بَلاش : بلا شيء — For nothing; gratuitous; free; free of charge.
* بَلاص (في بلص) * بَلّان (في بلل) * بَلاهة (في بله)
* بَلْبَلَ : أقلقَ — To confound; throw into perplexity.
— : أفسدَ . شوَّشَ — To confuse; disturb.
تَبَلْبَلَ : قَلِقَ — To be perturbed, disturbed, anxious *or* ill at ease.
— : تشوَّشَ — To be confused *or* confounded.

بُلْبُل — Bulbul; Persian nightingale; Persian warbler.
— الشَّمير : طائر — Ortolan.

— س : دوّامة △ نَحلة — Top.
بُلْبُلة : صُنْبور △ بَزْبوز — Nozzle; snout.
بَلْبَلَة . بِلْبال : قَلَق — Anxiety; perplexity; solicitude.
— : اختلاط — Confusion; disorder.
مُبَلْبَل : قَلِق — Perturbed; ill at ease; anxious, solicitous.
— : مُشوَّش — Confused; disturbed.

△ بَلْبوعة : حَبّة — Pill.
* بَلَجَ . انبلجَ . تبلَّجَ الصُّبْحُ — To dawn; emerge; peep out
بَلِجَ الحقُّ : ظهرَ — To appear; come to light.
○ بَلْجِيكا . بَلْجِيكا — Belgium.
بَلْجِيكيّ — Belgian.

* بَلَح (واحدته بَلَحة) : تمر النخل — Dates.
— البحر : حيوان صَدَفيّ — Mussel; mytelus.
* بَلُدَ . بَلِدَ : كانَ بليداً — To be stupid *or* dull.
بَلَّدَه ٢ : عوَّدَه مُناخ البلد — To acclimatize; acclimate; inure to climate.
تَبَلَّدَ : صارَ بليداً — To become stupid or dull.
تَبالَدَ : أظهرَ البلادة — To feign stupidity.
بَلَد : كلّ مكان من الأرض — Country.
— . بَلْدة : مدينة — Town; city.
بَلَدِيّ : مختصّ بالبلد . وطنيّ — Native.
— فلانٍ : وَطَنيّه — Compatriot; fellow countryman.
مجلس — . — Municipal council; town council.
بَلَدِيَّة : بَلْدة لها مجلس بلديّ — Municipality.
بَلادة — Dullness; stupidity.
بَليد — Dull; stupid; senseless; doltish.
تَبْليد : تعويد المناخ — Acclimation; acclimatization.
(بلر) بَلْوَرَ : جعله كالبلّور — To crystallise; form into crystals.
تَبَلْوَرَ . تبلوَر — To crystallize; become crystallised.
بَلُّور . بِلَّوْر — Crystal.
بَلُّوريّ . مُتبلِّر او كالبلّور — Crystalline.
(بلز) إبْلِيز : طينُ الـ — Silt; alluvium; alluvial deposits.
(بلس) إبْلِيس : شَيْطان — Devil; fiend.
— اللعين — The Evil One.
إبليسيّ — Devilish; diabolic(al); fiendish.
* بَلَسَم — Balm; balsam.
— مَكّة — Balm of Gilead (or of Mecca).
بَلْسَمِيّ : كالبلسم او منه — Balsamic.
* بَلَسان . بَيْلَسان (نبات) — Elder tree; balm tree.
○ بَلْشَفَهُ : صَيَّره اشتراكيّاً متطرّفاً — To bolshevize.

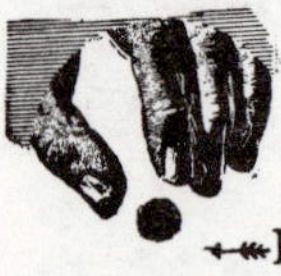

بُلْشفي : رُوسي جديد — Bolshevik; bolshevist.

بُلْشفيّة : مذهب رُوسيا الجديدة — Bolshevism.

شارة البلاشفة ←Bolshevik badge.

△ بَلَشُون : (راجع بيوضي في بيض)

←Heron.

بَلَص ٭ : أخذ عَنْوَةً — To extort; exact; get by force.

— بالتهديد بالفضيحة. To blackmail.

بَلْص : اغتصاب الأموال — Extortion; exaction.

△ بَلاّص : وعاء لنقل الماء — Earthenware jar←Amphora.

بَلَّطَ ٭ : فرش بالبلاط — To flag; pave with flagstones.

— : أعيا — To cave in; give way; collapse.

△ — وَجْهَهُ — To be brazen(-faced).

△ بَلْطَة : فأس. ←Axe; battle-axe.

△ بَلْطجي : جُنْديّ يحمل البَلْطة — Sapper; pioneer.

△ — : حامي الملاهي الخليعة — Bully; ruffian; chucker out.

بَلاط : حجر التبليط — Flagstone.

— الملك : قصره — Royal palace.

— الملك : مجلسه — Royal court.

— قاشاني (قيشاني) — Glazed tiles.

— أسمنت — Cement tiles.

بلاطة : تربيعة بلاط — Tile; slab; flag.

— الضريح : شاهدة — Tombstone; gravestone.

بَلُّوط : إسم شجرٍ او خشبه — Oak.

— أميركي (خشب) — Fumed oak.

ثمرة او نواة البلوط ←Acorn.

شاه بلّوط : ٥ كَسْتَنا — Chestnut.

تبليط : رَصْف — Paving, *or* flagging.

— : فرش الأرض بالبلاط — Paving with flagstones.

مُبَلِّط الأرض — Paver.

مُبلَّط : مرصوف — Paved.

٥ بَلْطو : مِعطف — Coat; overcoat; ←top-coat.

٭ بُلْطي : مُشْط — Bulti; *tilapia nilotica.*

٭ بَلِع . ابْتَلَع : ازدرد — To swallow.

— الإهانة : صبر عليها — To swallow, *or* pocket, an insult.

— ريقه : استراح — To take, *or* gather, breath.

بَلَّع . أَبْلَع : جعله يبلع — To make *another* swallow.

△ — الطعام بالماء : أساغه — To wash down food.

— ه ريقه : أمهله — To give a respite.

بَلْع . ابتلاع : ازدراد — Swallowing.

بَلاّعة . بالوعة : مصرف الماء القذر — Sink.

— . — : مستودع الماء القذر — Cesspool; sewer.

ثقب الـ ... ـبيب (كلمة مجمعية) — Sinkhole.

٭ بُلْعُم . بُلْعُوم : مزرد — Pharynx, (*pl.* Pharynges.)

بُلْعوميّ : مختص بالبلعوم — Pharyngeal.

بَلْعَمة (جمعها بلاعم) : خلية الدم البيضاء — Phagocyte.

٭ بَلَغ : أدرك . وصل الى — To attain; reach; arrive at; get to.

— الولد : أدرك — To attain puberty.

— سنّ الرُّشْد — To come, *or* be, of age.

— الثمر وغيره : نضج — To mature; develop fully; ripen.

— المقدار كذا — To amount to.

— ه كذا : علم به — To come to *one's* knowledge.

بَلَّغ . أبلغ الخبر : أوصله — To communicate; impart; announce.

— . — : أخبر — To inform; tell.

— . — عنه : خبّر — To report.

— . — عنه : وشى به — To denounce; inform against.

بالغ : غالى — To exaggerate; draw the long-bow.

تبلّغ بالشيء : اكتفى — To be satisfied with.

بُلْغة : كفاف — Sufficiency; supply equal to wants; modicum.

بلاغ : خبر — Information; report.

— : إعلان — Proclamation; announcement.

— : رسالة — Message; communication.

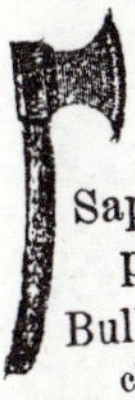

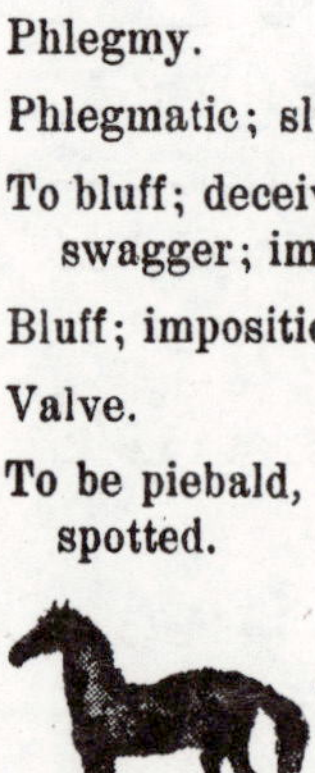

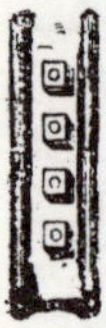

Notification; intimation. — : إنذار

Ultimatum. — أخير أو نهائي

Eloquence. بَلاغَة : فصاحة

Rhetoric, *or* elocution. عِلم الـ

Major; adult; of (full) age. بالِغ : ضِدّ قاصِر

Adult; adolescent. — : مُراهِق

Mature; ripe. — : تامّ النموّ

Maturity. بُلوغ : تمامُ النموّ

Attainment; arrival at. — : إدْراك الغَرَض

Majority; full age. — : إدراكُ سِنّ الرُّشْد

Adolescence; puberty. — : مُراهَقة

Eloquent. بَلِيْغ : فَصِيح

A gaping, *or* deep, wound. جُرْح — .

Eloquent, *or* rhetorical, speech. خِطاب — .

Amount; sum. مَبلَغ : قَدْر . كَمِّيَّة

Limit; bound. — : حَدّ الشيء ونهايته

Informant. مُبلِّغ : مُخبِر

Informer; denouncer. — : واشٍ △ فتّان

Exaggerator. مُبالِغ : مُغالٍ

Exaggeration. مُبالَغة : مُغالاة

Phlegm; expectoration. ✱ بَلْغَم : نُخاعة الصدر

Phlegmy. بَلْغَمِي

Phlegmatic; sluggish; cold. — المزاج

To bluff; deceive by swagger; impose upon. ○ بَلَف : أَوْهَمَ وخَدَعَ

Bluff; imposition. بَلْف : إيهام . خِداع

Valve. — : صِمام (انظر صمم)

To be piebald, *or* spotted. ✱ بَلِقَ : كانَ أبلقَ اللون

أَبْلَق : في لونه بياض وسَواد

←Piebald.

Chat. الطائر الـ : طائر مُغرِّد

Desolate, *or* barren, land. بَلْقَع : أرض قفر

Company. △ بُلُك (راجع بلوك)

←Balcony. ○ بَلْكُون : شُرْفة

To wet; moisten. ✱ بَلَّ . بَلّ بالسائل

To recover health; recuperate. أَبَلَّ من مَرَض

To be, *or* become wet, *or* moistened. إبتَلَّ . تَبَلَّلَ بالماء

Recovery; recuperation. بَلّ من مَرَض : شِفاء

Wetness; saturation. بَلَل . تَبَلُّل

Cool and moist breeze. بَلِيل (هواء) : نديّ بارد

Frumenty. △ بَلِيلَة : قمح مقشور مسلوق بلبن وسُكّر

Wet; moistened; saturated. مُبلَّل . مُبتَلّ . مَبلول

Wet through; drenched. — . — جِدًّا

Bath attendant. △ بَلّان : خادِم الحَمَّام

Bathwoman. △ بَلّانة : خادِمة الحَمَّام

Visiting lady's maid. △ — : ماشِطة

←Fish-plate; fish-joint; rail-coupling. △ بَلَنْجة الشريط الحَدِيدِيّ

△ بَلَنْك : تَصْلِيبة مِقَصّ

←Shear-legs.

To be an idiot. ✱ بَلِهَ : كان أَبلَه

Idiocy; imbecility. بَلَه . بَلاهة : ضَعْف العقل

Let alone; not to mention. بَلْه : دَعْ واتْرُك

Idiotic; silly; foolish. أَبْلَه : ضَعِيف العقل

Bilharzia. ○ بِلْهَرْسِيَة : بَقْيري

Crystal. ✱ بلور (في بلر)

Jelly. △ بَلُوزة . فالوذج . هُلام

Hectograph. مطبعة —

Blouse. ○ بُلُوزة . △ بُلْكة . صِدار

Oak. ✱ بَلُّوط (انظر بلط)

Company. △ بُلُوك △ بُلُك : فَوْج . جماعة

Quartermaster. — امين : درجة عسكرية

Balloon; aerostat. ○ بَلُّون : مُنْطاد

Calamity. ✱ بَلْوى (في بلي)

To wear out; become ragged *or* worn out. ✱ بَلِيَ الثَّوْبُ : صار رَثًّا

To decay; rot. — الشيء : تَنَخَّرَ او فَسَدَ

To deteriorate. — الشيء : تَفَسَّخ

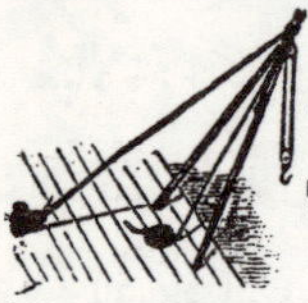

بُلِيَ . ابتُلِيَ بَلِيَّة — To be afflicted *or* tried.

ابتَلَى . بَلا : جرَّب — To afflict; try; put to the test.

أبلَى — To wear out; consume.

بالَى به : اكترث — To mind; take notice of; pay attention to.

△ تبلَّى على : اتَّهم باطلا — To frame a person; concoct a charge against *him*.

بلاء : مِحْنة — Tribulation; affliction.

— : مرض البَرَص او الجُذام — Leprosy.

بَلْوَى . بَلِيَّة : مُصِيبة — Calamity; misfortune.

بالٍ : رَثّ — Ragged; worn out.

— : فاسد . مُتعفِّن — Deteriorated.

— : ناخر . مسوَّس — Decayed; rotten.

بَلَى : نَعَم — Yes; aye; certainly.

تَبْلِيَة : اتّهام باطل — A frame-up.

مُبالٍ : مُكْتَرِث — Mindful; attentive.

مُبالاة : اكتراث — Mindfulness; attention.

○ بِلْيَتْشُو : بُهْلُول — ←Clown; buffoon; fool; merry-andrew.

* بليد (في بلد) — Dull.

○ بِلْيَرْدُو — ←Billiards.

مائدة الـ . — Billiard table.

عَصَا الـ : △ ستيكة — ←Cue.

* بَلِيعال : من أسماء إبليس — Belial.

△ بَلِيلَة (راجع بلل) — Frumenty.

○ بَلّين ○ بلّينة : عَظْم الحوت — Whalebone.

○ بَلُّورا : غشاء الرئة — Pleura.

التهاب الـ : ذات الجَنْب . بِرْسام — Pleurisy.

○ بَلْيُون : الف مليون في اميركا؛ ومليون مليون في الكلترا — Billion.

△ بمباشي : △ بكباشي — Lieutenant colonel.

△ بُمْباغ : رَبْطة الرقبة — ←Necktie; cravat.

— : حلية معمارية — ←Festoon.

○ بُمْبَة : قنبلة — Bomb; shell.

△ بَمْبَة △ بَمْبِي : أحمر فاتح — Light rose colour; pink.

* بَنُّ (في بني) * بُنّ * بنان (في بنن) * بنت (في بني)

○ بِنْتو : ٢٠ فرنك ذهب — Napoleon; louis d'or.

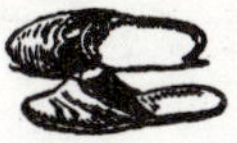

○ بَنْتُوفْلي : خُفّ — ←Slippers.

* بَنَجَ : رجع الى أصله — To revert to type (genus).

بَنَّجَ : نوَّم بالبنج — To chloroform; put under chloroform.

— : خدَّر (افقد الحسّ) — To anæsthetize.

بَنْج : نبات مُخدِّر وسام — Henbane; hyoscine; hyoscyamine.

△ — ○ : كلوروفرم . مَشْموم منوِّم — Chloroform.

بِنْج : بُنْك . أصل — Origin; stock.

تبنيج موضعي — Local anæsthetic.

○ بِنْج بُنْج : تِنِس المائدة (تعريب مصري) — Ping-pong.

بَنْجة السَبُع : △ فرخ جمر — Anthrax; carbuncle.

△ بَنْجَر : شَمَنْدَر — Beet-root.

○ بَنْد : عَلَم كبير . لِواء — Banner; flag.

— : مادّة (من قانون او مشارطة) — Article; term.

○ بَنْدَنتيف : مِجْوَل — ←Pendant.

○ بَنْدَر : مدينة تجاريّة — Emporium; commercial centre.

— : مدينة مركزيّة — Central town.

* بُنْدُق : جِلَّوز . شجر او ثمره — Hazel; hazel-nuts.

△ خَشَب — . — Swedish, *or* venetian, timber.

خازن الـ : طائر — Nut-hatch.

بُنْدُقة : واحدة البُندق — Nut; hazel-nut.

— : رصاصة — Bullet; ball.

بُنْدُقي : نقد قديم او عيار ذهب — Sequin; ducat.

ذَهَب — : (عيار ٢٤ قيراط) — 24 carat gold.

بُنْدُقيّة : بارودة

Gun; musket.

— رَشّ : جِفْتَة — Shot-gun; fowling-piece.

— رصاص (شِشخان) — Rifle.

— هواء — Air-gun; pop-gun.

— سريعة الطلقات — A repeating rifle *or* gun.

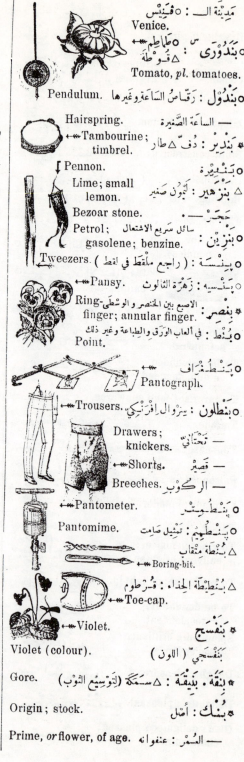

مَدِينَة الـ : ○ فِنِيس — Venice.

○ بَنَدُورَى : ○ طَمَاطِم س △ قُوطَة — Tomato, *pl.* tomatoes.

○ بَنْدُول : رَقَّاصُ السَّاعةِ وغيرها — Pendulum.

— السَّاعةِ الصَّغيرة — Hairspring.

✱ بَنْدِير : دُفّ △ طار — Tambourine; timbrel.

○ بَنْدِيرَة — Pennon.

△ بَنْزَهِير : لَيْمُون صَغِير — Lime; small lemon.

حَجَر — . — Bezoar stone.

○ بَنْزِين : سائل سَرِيع الاشتعال — Petrol; gasolene; benzine.

○ بِنْسَة : (راجع ملقط في لقط) — Tweezers.

○ بَنْسِيه : زَهْرَة الثالوث — Pansy.

✱ بِنْصِر : الاصبع بين الخنصر و الوسْطى — Ring-finger; annular finger.

○ بُنْط : في ألعاب الوَرَق والطِباعة وغير ذلك — Point.

○ بَنْطَغْرَاف — Pantograph.

○ بَنْطَلُون : سِرْوال افْرَنْكي — Trousers.

— تحتاني — Drawers; knickers.

— قَصِير — Shorts.

— الرُّكُوب — Breeches.

○ بَنْطُومِتْر — Pantometer.

○ بَنْطُمِيم : تمثيل صامت — Pantomime.

△ بُنْطَة مِثْقاب — Boring-bit.

△ بُنْطِيطَة الحِذاء : قُرْطُوم — Toe-cap.

✱ بَنَفْسَج — Violet.

بَنَفْسَجيّ (اللون) — Violet (colour).

✱ بَنِيقَة . بَنِيقَة : △ سَمَكَة (لتوسيع الثوب) — Gore.

✱ بُنْك : أَصْل — Origin; stock.

— العُمْر : عنفوانه — Prime, *or* flower, of age.

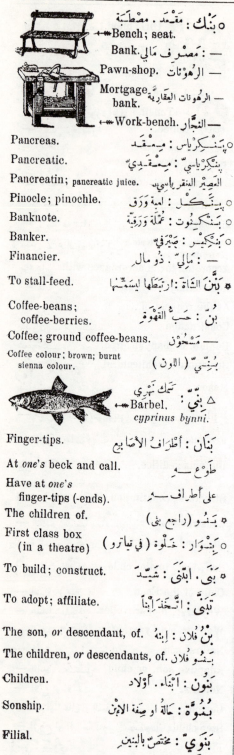

○ بَنْك : مَقْعَد . مِصْطَبة — Bench; seat.

— : مَصْرِف مالي — Bank.

— الرُّهُونات — Pawn-shop.

— الرُّهُونات العَقارِيَّة — Mortgage bank.

— النَّجَّار — Work-bench.

○ بَنْكِرْيَاس : مِمْعَد — Pancreas.

بَنْكِرْياسيّ : مِمْعَدي — Pancreatic.

العَصِير البنكرياسي — Pancreatin; pancreatic juice.

○ بِنَكْل : لعبة وَرَق — Pinocle; pinochle.

○ بَنْكنُوت : عُمْلَة وَرَقِيَّة — Banknote.

○ بَنْكِير : صَيْرَفي — Banker.

— : ماليّ . ذو مال — Financier.

✱ بَنَّن الشاةَ : ارتبطها ليسمّنها — To stall-feed.

بُنّ : حَبُّ القَهْوَة — Coffee-beans; coffee-berries.

— مَسْحُوق — Coffee; ground coffee-beans.

بُنِّيّ (اللون) — Coffee colour; brown; burnt sienna colour.

△ بِنِّيّ : سَمَك نَهْري — Barbel. *cyprinus bynni.*

بَنان : أطرافُ الأصابع — Finger-tips.

طَوْعُ ـــه — At *one's* beck and call.

على أطراف ـــه — Have at *one's* finger-tips (-ends).

✱ بَنُو (راجع بنى) — The children of.

○ بِنْوار : خَلْوَة (في تياترو) — First class box (in a theatre)

✱ بَنَى . ابْتَنَى : شَيَّد — To build; construct.

تَبَنَّى : اتَّخذ ابناً — To adopt; affiliate.

بِنْ فلان : إبنه — The son, *or* descendant, of.

بَنُو فلان — The children, *or* descendants, of.

بَنُون : أبْناء . أوْلاد — Children.

بُنُوَّة : حالَة او صِفة الابْن — Sonship.

بَنَوِيّ : مختصّ بالبنين — Filial.

بِنْت ١ : إبنة. صبيَّة. Girl; maid.
— : △ عروسة. دُمْيَة. ←Doll.
— في ورق اللعب : Queen.
— الشَّفَة : كلمة A word.

△ — الوِدْن : لَوْزَةُ الحَلْق ←Tonsil.
— اليَمَن : قَهْوَة Coffee.
بَنَاتُ الدهر Calamities; misfortunes.
— الهوى Prostitutes; strumpets; whores.
بِنَاء. بُنْيَان ١ : تَشْيِيد Building; construction.
— . بِنَايَة : عِمَارَة Building; edifice.
— : صِنَاعة البناء Masonry.
— : نَوْع البناء. تَرْكِيب Structure; architectonic; architecture.
بِنَاءً على According to; in accordance with.
— عليه Accordingly.
— على طلب... At the request of...
بُنْيَان ٢ : تَرْكِيب Construction.
شَجَرَةُ الـــ. Banian, or banyan, tree.
بِنَائي : تَرْكِيبيّ Structural; architectural.
بَنَّاء : مَن صِناعته البناء Mason.
— . بَانٍ : الذي بَنَى او يَبْنِي Builder.
— حُرّ : ماسُونيّ Freemason.
بِنَايَة : مَبْنًى. عِمَارَة Building; edifice.
بِنْيَة الجِسْم : تَرْكِيبُه Structure; constitution.
— الكَلِمَة : صِيغَتها ومادَّتها Construction.
صَحِيح الـــ. Of sound constitution.
إبْن : الوَلَد الذَّكَر Son; boy; (male) child.
— الشَّرْق (مَثَلاً) Child of the East.
— السَّبِيل : المُسَافِر Wayfarer; foot traveller.
— السَّبِيل : مُتَشَرِّد Waif; tramp; vagrant.
— غَيْر شَرْعِي : ابن حرام Natural son.
— بالتَّبَنِّي. مُتَبَنًّى Adoptive son, or child.
— الأخ او الأخت Nephew.
— العَمّ او الخال او العَمَّة او الخالة Cousin.
— الزَّوْج او الزَّوْجَة : رَبِيب Step-child; step-son.
إبْنِيّ : بَنَوِيّ Filial.

أَبْنَاء : بَنُون. أَوْلاد Children.
إبْنَة : بِنْت ٢ Daughter; girl.
— الأخ او الأخت Niece.
— العَمّ او الخال او العَمَّة او الخالة Cousin.
— الزَّوْج او الزَّوْجَة : رَبِيبَة Step-daughter.
تَبَنٍّ : إتِّخاذُ الولد كابْنٍ Adoption; affiliation.
مَبْنِيّ : مُشَيَّد Built; constructed; erected.
— : لا يَنْصَرِف (في النحو) Indeclinable.
مَبْنًى (الجمع مَبَانٍ) : بِنَايَة. عِمَارَة Building.
حُرُوف المباني ٢ : حُرُوفُ الهِجَاء The alphabet.
○ بِنِي : عُمْلَة انكليزية (٤ مليمات) Penny, (*pl.* pence or pennies).

○ بَنْيُو : حَوْضُ الإسْتِحْمَام Bath; bathing-tub.

* بهاء (في بهي) * بهار (في بهر) * بهاق (في بهق)

* بَهَتَ. بُهِتَ : دَهِشَ To be amazed or astonished.
— . — : سَكَتَ مُتَحَيِّرًا To be astounded or dumbfounded.
بَهَتَ : بَغَتَ To surprise; take unawares.
△ — اللون : ذَهَبَ. نَقَصَ To fade.
بَهَّتَ. بَاهَتَ : أَدْهَشَ To amaze; astonish.
بُهْت. بُهْتَان : كَذِب Falsehood; a lie.
— . — : افتراء Calumny; slander.
△ باهِت : ناقص (لون) Faded.
* بَهَجَ. أَبْهَجَ : فَرَّحَ To gladden; cheer; enliven; brighten.
بَهِجَ. ابْتَهَجَ بِهِ To rejoice at; delight in.
بَهُجَ : حَسُنَ To be delightful, or resplendent.
بَهْجَة : رَوْنَق Splendour; brilliance; resplendence.
— . ابْتِهَاج : سُرُور Delight; pleasure.
بَهِج. بَهِيج. مُبْهِج Delightful; pleasant.
مُبْتَهِج Glad; delighted; pleased; charmed.

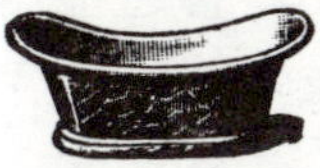

Unemployed; having no regular work. باهِل : لا عَمَلَ لَه

Supplication; prayer. إبتِهال

Supplicant; praying. مُبْتَهِل

Barefacedly. △ عَلَى البَهْلي : بلا حياء

△ بَهْلَوان : اللاعب على الحَبْل Rope-dancer; acrobat; equilibrist.

Balancing pole. عَصا الـ .

Acrobatic. بَهْلَوانيّ

Acrobatics. حَرَكات بَهْلَوانيَّة هَوائيّة

*بُهْلُول : △ بِلْياتْشُو Clown; buffoon; fool; merry-andrew.

The young of the cow, sheep, or goat. *بَهْم . بِهام : أولاد البقر والمعز والضأن

To speak ambiguously, or obscurely. أَبْهَمَ الكَلامَ

To be ambiguous to. — . إسْتَبْهَمَ عليهِ الكَلامُ

Jet-black; pitch-dark. بَهِيم : أَسْوَد حالِك

Blind wall. حائط — : مُصْمَت (لا فتحة فيه)

Beast; animal; brute. بَهِيمَة : حَيَوان

Bestial; brutal. بَهِيمِيّ : حَيَوانيّ

Bestiality; brutality. بَهِيمِيَّة : حَيَوانيَّة

Beasts; animals. بَهائِم : جَمْع بهيمة

Live-stock; cattle. △ — المَزْرَعة: مَواشٍ . سائمة

Ambiguity; obscurity. إبْهام : التِباس او غُموض

Thumb. — اليَد

(Great) toe. — الرِّجْل

Ambiguous; vague; uncertain; hazy. مُبْهَم : مُلْتَبِس

Obscure; dim. — : غامِض

Abstract number. عَدَد — (في الحِساب)

To be beautiful or radiant. *بَهُوَ . بَهِيَ . بَهَا : كانَ بَهِيًّا

Saloon; vestibule; hall. بَهْو : رَدْهة بَيْت (دار)

*بَهَرَ النَّظَرَ To dazzle; daze.

To be dazzled, or dazed. بُهِرَ بَصَرُهُ

To pant; be out of breath. — . انْبَهَرَ تَنَفُّسُهُ

To widen a wound. △ بَهْوَرَ الجرحَ : جَهَّاهُ

Breathlessness. بُهْر : انْقِطاع النَّفَس مِن الإعْياء

Ginned cotton. بُهار : قُطْن مَحْلوج

Spice; condiment. بَهار : تَابِل . افاوِية

Dazzling; brilliant. باهِر : يَبْهَرُ النَّظَر

Brilliant success. نَجاح — .

Aorta. أَبْهَر : ○ الشِّرْيان الأَوْرَطي

Panting; out of breath. مَبْهُور : لاهِث

To prank; adorn showily. *بَهْرَجَ : زَوَّق

To bedeck, or adorn, herself. تَبَهْرَجَت المَرْأة : تَزَيَّنَت

Vain; showy. بَهْرَج : باطِل أو زائف

Counterfeit, or false, money. — : دِرْهَم زائف

Tinsel; gold or silver thread. — . بَهْرَجان : △ تَلِّي للخيوط

Loud "colour." — . مُبَهْرَج : « لَوْن » زاهٍ

Gaudy; showy; cheaply splendid. مُبَهْرَج ٢ : مُزَوَّق

To overburden; oppress; rack. *بَهَظَ . أَبْهَظَ : أَثْقَلَ على

Heavy; oppressive; extortionate. باهِظ : ثَقيل الاحْتِمال

Excessive; exorbitant. — : زائد عَن الحَدّ

Extortionate price. ثَمَن — .

Vitiligo. *بَهَق △ بُهاق : مَرَض جِلْدي (غَيْر البَرَص)

Lichen. — الصَّخْر : نَبات كالطحلب يَعْلو الصَّخْرَ

To curse. *بَهَلَ : لَعَنَ

To curse one another. تَبَهَّلُوا . تَباهَلُوا : تَلاعَنوا

To supplicate; pray; implore. إبْتَهَلَ

بَاهَى : فَاخَرَ — To pride oneself on.

بَهِيّ بَاهٍ : زَاهٍ (لون) — Gay; bright; florid.

— : جَمِيل — Beautiful; pretty; splendid.

— : مُشْرِق — Brilliant; radiant; shining.

بَاهٍ : فَاخِر — Magnificent; splendid.

بَهَاء : حُسْن — Beauty; elegance; splendour.

— : إِشْرَاق — Brilliancy; radiance.

تَبَاهٍ . مُبَاهَاة — Boasting; self-exaltation.

بَهْم (في بهم) — Beast.

بَوَّأ . أَبَاءَ الرَجُلَ مَنْزِلًا — To lodge; furnish with a dwelling; put up.

— المكانَ : حَلَّ فيهِ — To settle in a place.

بَاءَ : رَجَعَ — To return; come back.

— بهِ — To bring back.

تَبَوَّأَ العَرْشَ — To succeed to the throne.

بِيئَة : مَقَام — Situation; position.

— : مُحِيط — Environment; surroundings.

— . مَبَاءَة : مَنْزِل — Home; residence; abode.

تَبَوُّؤُ العَرْشِ : إِعْتِلَاؤُه — Accession; succession to a throne.

بُوَاء : حَيَّة عَظِيمَة غَيْر سَامَّة — Boa.

بَوَّاب . بوابة (في بوب)

بَوَاسِير (في بسر) — Hemorrhoids.

بُوَاكِي : سَوَابِيط — Arcade; archway.

بَاكِيَة : عَقْد . قَنْطَرَة — Arch.

بَوَّبَ الكِتَابَ : قَسَّمَهُ فُصُولًا — To divide into chapters.

— الأَشْيَاءَ : رَتَّبَها — To sort; classify.

بَاب : مَدْخَل — Door.

— من كِتَاب : فَصْل — Chapter.

— أَرْضِي أو سَقْفِيّ — Trap door.

— . بَابَة : رُتْبَة — Category; class.

— لَقَّاف (انظر لفف) — Revolving door.

— دَوَّار — Turnstile.

— جَهَنَّم — Hell-gate.

— العَالِي (سَابِقًا) — The Sublime Porte.

— كَذَا — Out of.

من — أَوْلَى — The rather; by so much the more.

بَابِيّ (في علم التشريح) — Portal (vein).

بَوَّاب : حَارِسُ البابِ — Door-keeper; porter; gate-keeper.

— المَعِدَة : فَتْحَتُها البَوَّابِيَّة — Pylorus.

بَوَّابَة : رِتَاج — Gate; large door.

— القَنْطَرَة — Sluice gate.

مُبَوَّب — Classified.

بُؤْبُؤُ العَيْن (في بأبأ) — Pupil (of eye).

بُوتَاسَّا : قِلْي — Potash.

— كَاوِيَة — Caustic potash.

بُوتَاسِيوم : قِلَاء — Potassium.

بُوتَقَة : بُوطَة — Crucible.

بُوجِيه . بُوجِي الاتُمْبِيل وغيرهِ : وَارِيَة — Sparking plug.

بَوْح . إِبَاحَة — Disclosing; revealing.

إِبَاحَة : إِجَازَة — Permitting; allowing.

— السِّرّ — Revealing; disclosing (a secret).

— : تَبْرِير — Exculpation; freeing from blame.

ظُرُوف الـ — Exculpatory circumstances.

إِبَاحِيّ : اشْتِرَاكِيّ مُتَطَرِّف — Nihilist; Bolshevik.

إِبَاحِيَّة : اشْتِرَاكِيَّة مُتَطَرِّفَة — Bolshevism; Nihilism.

بَاحَ السِرُّ — To become known; be revealed.

— اليهِ بالسِرِّ — To reveal, divulge, disclose, or unbosom (a secret).

أَبَاحَ الشيءَ : عَدَّهُ مِلْكًا لِلجَمِيع — To consider "anything" public property.

— : أَجَازَ — To allow; permit.

— : حَلَّلَ — To justify; warrant; authorize.

إِسْتَبَاحَ العمَلَ : عدّه مُباحًا — To deem, or consider, lawful.
—— دَمَهُ — To proscribe, or outlaw, a person.
—— مالَهُ : ○ صادَرَهُ — To confiscate; forfeit.
بَاحَةٌ : سَاحَة — Open space or place; yard.
إِسْتِبَاحَةُ الدَمِ او الأَموال — Proscription.
مُبَاحٌ : جائز — Allowable; permissible.
—— : مُحَلَّل — Lawful; licit; legitimate.
—— : عُمومي — Public; open; free.
﴿ بوخ ﴾ بَاخَ : سَكَنَ وفَتَرَ — To subside; abate.
—— الطعمُ : مُسِخَ — To pall; become vapid or insipid.
△ بايخ : لا طعم له — Vapid; insipid; flat.
○ بودره : غُمنة . مَسْحُوق الزينة — Toilet powder.
—— العفريت — Stinging hairs of nettle.
عُلبة الـ. — Powder box.

فُوَيْشة الـ. — Powder puff.
○ بُوْدَقَة : ○ بُوتَقَة . بُوطَة — Crucible.
○ بُوذا : مُؤسّس الديانة البوذية الهندية — Buddha (Gautama).
بُوذِيٌّ : تابع دين بُوذا — Buddhist.
بُوذِيَّة : دِينُ بوذا العظيم (في الهند) — Buddhism.
* بُور : أرض متروكة بلا زرع لإراحتها — Fallow land.
△ أرض —— : قاحِلة — Barren land.
بَوَّرَ الأرضَ — To fallow; till land without sowing it for a season.
—— : عَطَّلَ — To spoil; make useless.
بَارَ : تلف — To be ruined or spoiled.
—— العمَلُ : لم ينجح — To be unsuccessful.
—ت الأرضُ — To be left uncultivated.
—ت السُّوقُ — To stagnate; become dull.
—ت السِلعة — To lie on hand; be unsaleable.
بَوَار : خراب — Perdition; destruction.
دارُ الـ— : جَهَنَّم — Hell.
* بُؤْرَة (في بأر) : مَرْكَز التجمّع — Seat; focus.

○ بُورْصَة : مَصْفِق — Exchange; *bourse*.
—— الأوراق المالية — Stock-exchange.
—— البضاعة — Goods market.
* بُورَق . بُورَق : نوع من النطرون — Borax.
—— أرمني — Soda.

* بُورِيّ : سمك — Mullet; grey mullet.

△ —— الصائغ : ما يُنفخ به على النار — Blowpipe.
△ —— : نفير — Bugle.

○ بُورِيه — Chest of drawers.
△ بُوَّزَ : تجهّم — To pout; look sullen; make a lip; shoot out *one's* lip.
بُوز الابريق وأمثاله — Nozzle; spout
—— الحذاء او الجورب — Toe of a shoe.
—— الحيوان : فمه وأنفه معًا . خطم — Muzzle; snout.
—— الإنسان : فمه — Mouth.
—— : △ دَنْدُرْمَه . حليب مُثلّج — Ice-cream.
△ بُوزَه : جعة مصرية — Egyptian beer; zythum.

بَاز . بَازِي : صقر — Hawk; falcon.
* بَوْس : تقبيل — Kissing.
بَاسَ : قَبَّلَ . لثم — To kiss.
بَوْسَة : قُبْلَة — A kiss.

* بُؤْس (في بأس) — Misery; wretchedness.
○ بُوسْتُو : مِشَدّ الخصر — Stays; corsets.
○ بُوسْتَة ○ بُوسْطَة : بريد (راجع برد) — Post; mail.
* بَوَّشَ القومُ : ضَجّوا — To be boisterous.
△ —— الشيءَ : نقعه ليلين — To macerate; soften by soaking.
بَوْش وأَوْبَاش : رَعاع — The mob; rabble.
△ بُوش القماش : ما يكون عليه قبل غسله — Bleaching powder.
* بُوص : نسيج من حرير أو كتان — Silk, or linen, textile.
△ —— : قصب — Reed; ditch reed.

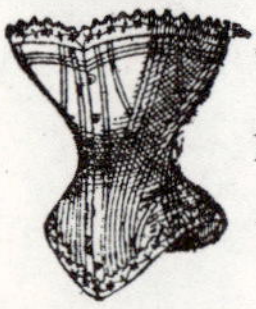

Sparkler; indoor firework. بَوْصاء : △ القمر والنجوم (عُود يُشعل فيخرج منه شرر ملوّن)

Inch. ○ بُوصَة : ١/٣٢ من القدم الانكليزي (٢٫٥٤ سنتي)

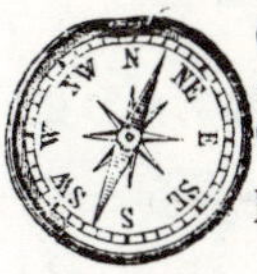

Compass. ○ بُوصُلَة : إبْرَة المَلّاحين

Crucible. ✲ بُوطَة : △ بُوتَقَة

Metatarsal bone. ✲ بُوع : عَظمٌ يلي إبهام القدم او الكف

Length of two outstretched arms. بَاعٌ : قدرُ مدّ اليدَيْن

Powerful; able; capable. طَوِيلُ الـ : مُقتدِر

Weak; incompetent. قَصِيرُ الـ : عاجِز

With tooth and nail; by hook or by crook; by hammer-and-tongs. بالباع والذراع

Lye; bleached ashes. △ بُوغَادَه : ماء الرماد

Strait. ○ بُوغَاز : مَضِيق مائي بين بحرين

Port; sea-port. △ — : مِيناء

Spore. ✲ بَوْغ . بَوْغَة : هَبْوَة

Sporic. بَوْغِيٌّ

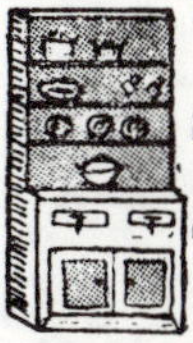

Buffet; refreshment room. ○ بُوفِيه : مَقصَف

Sideboard; dresser. — : خِزانة أدوات المائدة

To blow the trumpet. ✲ بَوَّق : نفخ في البُوق

←Trumpet; bugle. بُوق : نَفِير

←Whelk. — : حلزون بحري كبير

←Horn. — الفُنُغْراف او السيّارة

Trumpeter. بَوّاق : △ بُرُوجِيّ

Bunch; tuft. بَاقَة : حُزْمَة

←Nosegay; bouquet; posy. — زهور

Calamity; disaster. بَائِقَة : داهِيَة

Poker, (card game). ○ بُوكَر : لُعبة ورق معروفة

To urinate; pass water. ✲ بَوَّل . بَال : شَخَّ

To stale; make water. — . — الحيوانُ

←Whale. بَالٌ : قَيْطَس △ حُوت

Mind; memory; recollection. — : عَقْل

At ease; peaceful. مُرتاح او هادئ الـ .

Ill at ease; anxious; uneasy. مُنشغِل الـ .

Uneasiness; anxiety. إنشغال الـ .

To pay, *or* give, attention to. أعطى باله الى

To forget; escape one's memory. غاب عن باله

To occur to *one's* mind. خطر بباله

Why? ما بال : لماذا ؟

What is the matter with you? ما بالك ؟

It is serious. ذو بال . « الحالة » ذات بال

Phial; vial. بَالَة : قارورة الطيب

Bale (of goods.) ○ — . إبّالَة : حُزمة بضائع

Urine; water. بَوْل : ماء المثانة

Stale; urine. — البهائم

Urethra. مَجْرَى الـ : القناة البوليّة

Diabetes. بُوَال . مرض الـ السكّري

Uric. بَوْليّ : من البول ○ بوليك

Urinary. — : مختصّ بالبول او مثله

Urination; making water. تَبْوِيل

Mindful; attentive. مُبَال : مكترث (راجع بلي)

Attention; care; mindfulness; heed. مُبالاة : اكتراث

Indifference. عدم — : عدم اكتراث

Chamber-pot. مِبْوَلَة : وعاء التبويل △ قصريّة

Latrine; water-closet; W.C. — : مكان التبويل

Diuretic. مُبَوِّلَة : مُدِرّ للبول

Steel. ○ بُولَاد : فولاذ △ صُلب

Policy. ○ بُولِصَة (راجع بوليسة)

Polka. ○ بُولكَا : اسم رقصة

Polo. ○ بُولو : لُعبة التحاحُف بالكرة . لُعبة كرة الخيل

Left column

To do, *or* arrange, by night. ‫*بَيَّتَ : فَعَلَ أو دَبَّرَ لَيْلاً‬

To lodge; put up for the night; furnish sleeping accommodation for. ‫△ — : أَبَاتَ‬

To pass the night. ‫△ — . بَاتَ : أَقَامَ الليْلَ‬

To be kept down; be a doubler. ‫△ — في الصَّفِّ (في المدرسة)‬

To sheathe. ‫△ — السَّيْفَ وأمثاله في قِرَابِه‬

To become; come to be. ‫بَاتَ : صَارَ . أَصْبَحَ‬

House; dwelling. ‫بَيْت : مَسْكِن . دَار‬

Home; residence. ‫— : مَنْزِل . مَوْطِن‬

Family; house. ‫— : أُسْرَة‬

Compartment; division. ‫— : جُزْء من مَكَان‬

Case; sheath; scabbard. ‫— : قِرَاب‬

A building. ‫— : مَدَر (مَبْنِيّ) : مَبْنَى‬

A tent. ‫— شَعْر : خَيْمَة‬

Verse; stanza. ‫— شِعْر‬

Necessary house; privy. ‫— الخَلَاء او الرَّاحَة‬

Kennel. ‫— الكِلَاب‬

Commercial house. ‫— تِجَارِيّ‬

Jerusalem. ‫— المُقَدَّس : أُورْشَلِيم . القُدْس‬

Domestic; private. ‫بَيْتِيّ : عَائِلِيّ . أَهْلِيّ‬

Domestic; domesticated; pet. ‫— : دَاجِن‬

Home-made. ‫— : مَصْنُوع في البَيْت (ضد سوق)‬

Stale; old. ‫△ بَايِت : قَدِيم (ضد صالح)‬

Doubler. ‫△ — في الصَّفِّ : مُعِيد‬

Lodging; night's lodging. ‫مَبِيت : مَكَان البَات‬

Beethoven. ‫0 بِتْهُوفِن : مُوسِيقِيّ شَهِير‬

But; yet; however. ‫* بَيْدَ أَن : غير ان‬

To perish; be exterminated; be annihilated. ‫بَادَ : هَلَكَ‬

To destroy; exterminate; annihilate. ‫أَبَادَ : أَفْنَى‬

To eradicate; extirpate. ‫— : اسْتَأْصَلَ‬

Wilderness; wold; down. ‫بَيْدَاء : فَلَاة‬

Right column

Police (police-force). ‫0 بُولِيس : ضَبْط . شُرْطَة‬

Supernumerary police. ‫— إِضَافِي‬

The police. ‫— : شُرْطَة . رِجَال الضَّبْط‬

Policeman; "police" constable. ‫— : شُرْطِيّ‬

Police-station; police-office. ‫— : ضَبْطِيَّة‬

Secret police; detective. ‫— سِرِّي : مُخْبِر‬

Detective story. ‫رِوَايَة بُولِيسِيَّة‬

Policy. ‫0 بُولِيصَة . بُوْلِيصَة 0 بُولَصَة : صَكّ‬

Insurance policy. ‫— السِّيكُورْتَاه (التَّأْمِين)‬

Bill of lading; B/L. ‫— الشَّحْن بالبَحْر‬

Railway policy. ‫— الشَّحْن بِسِكَّة الحَدِيد‬

Owl. ‫* بُوم . بُومَة : طَائِر الظَّلَام‬

Screech owl. ‫الـ الصَّيَّاح : أُمّ قُوَيْق‬

Pomade; pomatum; cream. ‫0 بُومَادَة : دِهَان للشَّعْر والبَشْرَة‬

Bowsprit. ‫0 بُومْبِيرِيس : △ بَسْتُون المَرْكَب (سَفِينة)‬

Distance; remoteness. ‫* بَوْن : مَسَافَة . بُعْد‬

Difference; contrast. ‫— : فَرْق‬

A great difference; far cry. ‫— شَاسِع‬

Ben tree; *moringa aptera*. ‫بَان : شَجَر اليَسَار‬

Semen. ‫(بوه) بَاه : نُطْفَة الذَّكَر‬

Aphrodisiac. ‫مُقَوٍّ للبَاه : نَاعُوظ‬

Paint. ‫△ بُوْيَة : صِبَاغ‬

Shoeblack; shoeshine. ‫بُوْيَتْجِي : مَسَّاح الأَحْذِية‬

Environment. ‫* بِيئَة (في بوأ)‬

Infantry. ‫△ بِيَادَة : «عَسَاكِر» المُشَاة‬

Foot-soldier. ‫بِيَادِي : «جُنْدِي» رَاجِل . مَاشٍ‬

Orchard. ‫* بَيَّارَة (بلغة فلسطين) : بُسْتَان‬

Declaration. ‫* بَيَان (في بين)‬

Piano; pianoforte. ‫0 بِيَان . 0 بِيَانُو : مِعْزَاب‬

Pianist. ‫العَازِف على الـ‬

Extinct; no longer living. بَائِد : مُنْقَرِض

Extermination; annihilation; destruction; demolition. إِبَادَة : إِفْنَاء

Eradication; extirpation. — : إِسْتِئْصَال

Destructive; destroying; annihilating; ruinous. مُبِيد : مُهْلِك

Pedagogy. ○ بِيدَاجُوجْيَا : فَنّ التَّعْلِيم

Threshing-floor. ✱ بَيْدَرُ الغِلَال : جُرْن

Pawn; man; chess piece. ✱ بَيْدَقُ الشِّطْرَنْج

A well. △ بِير ✱ بِئْر (في بأر)

Beer; ale. ○ بِيرا ○ بِيرَة : جِعَة

Beer house; -shop. — : حَانَة شُرْب الجِعَة ومَصْنَعُها

Brewery. مَصْنَع الـ.

Standard; banner; a staff with a flag. ○ بَيْرَق : عَلَم

Standard-bearer. بَيْرَقْدَار : حامل العلم

Byzantine. ○ بِيزَنْطِي . بوزنطي

←Aconite; wolfsbane; monkshood. ○ بِيش : خَانِق الذِّئْب

To whiten; make white. ✱ بَيَّضَ الشَّيْءَ : جَعَلَهُ أَبْيَض

To whitewash. — الحَائِطَ والبَيْتَ

To bleach; full; blanch. — القُمَاشَ : قَصَرَه

To tin; tinplate. — الآنِيَةَ النُّحَاسِيَّة بالقَصْدِير

To make a clean copy of. — المَكْتُوبَ

To shed a lustre, or reflect honor (honour), on a person. — الوَجْهَ

To lay eggs. بَاضَتِ الدَّجَاجَةُ

To whiten; become white. ابْيَضَّ الشَّعْرُ وغيره : صار أبيض

To blanch; grow white; lose colour. — الوَجْهُ والنَّبَاتُ واللَّوْنُ

Eggs. بَيْض أُنْثَى الطُّيُور وغيرها (الواحدة بَيْضَة)

Soft-boiled eggs. △ — بِرِشْت : (نيمرشت)

Hard-boiled eggs. △ — جَامِد (مَسْلُوق)

Fried eggs. △ — مَقْلُوّ (مَقْلِي بالسَّمْن او الزَّيْت)

Scrambled eggs. △ — مَقْلِي مختلط البَيَاض بالصَّفَار

Mare's nest; roc's egg. — الأَنُوق : أَمْر مُحَال

Tarantula; wolf spider. △ أَبُو — : رُتَيْلَاء

←Egg-glass. سَاعَة الـ.

Egg-cup. ظَرْف أَكْل الـ.

←Egg-whisk. △ مُخَفِّقَة الـ : مِخْوَض

An egg. بَيْضَة : وَاحِدَة البَيْض

Testicle; stone. — : خُصْيَة

←Helmet. — : خُوذَة

Mare's nest. — الدِّيكِ . بَيْض الأَنُوق

Nest-egg. — القِنّ : △ دَرْنُوبَة

Darning-egg; darning-ball. — رَفْو الجوارب

Ovate; oviform. بَيْضِيّ الحَجْم

Oval; elliptic, —al. — الشَّكْل

←Ellipse; an oval. شَكْل — .

Ovum; egg-cell. بُيَيْضَة . بُوَيْضَة

Oviparous. بَيُوض . بَائِض : تَتَنَاسَل بالبَيْض

←White egret. بُيُوضِيّ : طائر ثمين الريش

White. أَبْيَض : ضِدّ أَسْوَد

Fair complexioned. — البَشَرَة

Fair *or* dark. — او أَسْمَر

Snow-white; pearly white. — نَاصِع (كالثلج)

Blank; free from writing. — : غَيْر مَكْتُوب

Sudden death. مَوْت — : فُجَائِيّ

Generosity; benevolence. يَد بَيْضَاء

Fair-complexioned. △ أَبْيَضَانِي : أبيض البشرة

Whiteness. بَيَاض : ضِدّ سَوَاد

Albumen; white of egg. — البَيْض

White of the eye. — العَيْن

Daylight. — اليَوْم : النَّهَار

All day long. — اليوم : طُوله

Whitewash. — الحائط : ما تبيّضه به

Whiting. — : اسم سَمَك

Blank. △ على — : أبيض . غير مكتوب

To cross the hand of a fortune-teller. △ حَطّ البَيَاض لِفَاتِح البَخْت

Into the bargain; to boot over and above. △ على الـــ : علاوة ـــــ

Church. بِيعة (النصارى) : كَنِيسَة

Synagogue. — (اليهود) : كَنِيْس

Seller. بَيّاع . بائِع : ضِد شارٍ

Merchant; tradesman. — . — : تاجِر

Salesman. — . — (أحَد الباعة في مخزن تِجاري)

Pedlar; hawker. — . — مُتَجَوِّل

Buying; purchasing. اِبْتِياع : شِراء

Venal; mercenary. يُبَاعُ ويُشْتَرى: يُنالُ بالمال

Title-deed. مُبايعة : عَقْد التمليك

Sold. مَبِيع . مُبَاع : بِيْعَ

Sale; selling. — : بَيْع

Buyer; purchaser. مُبْتاع : مُشْتَرٍ

Bey. △ بَيْك . بِك : لقَبُ شَرَف عُثْماني مِصْرِي

(A pair of) compasses. ○ بِيكَار : △ بِرْجَال

←Bevel. — الزوايا

Bicarbonate. ○ بِيكَرْبُونات: ثاني كَرْبُونات

←Bulb; lamp. △ بِيكة النور الكهربي

Elder tree. ✡ بَيْلَسَان : بَلَسان

Ball. ○ بِيلْيَة : كُرَة صغيرة

Marble. — يَلْعَب بِها الصِّبْيان

Lunatic asylum; mental hospital. ○ بِيمارِسْتان : مُسْتَشْفَى المجانين

To show; demonstrate; display; manifest. ✡ بَيَّنَ : أظهَر

To explain; elucidate; throw light upon. — . أَبَانَ : أَوْضَح

To appear; become visible. بَانَ : ظَهَر

To come out; come to light. — : اتَّضَح

To part from; abandon; quit. — عنهُ : فارَقَه

To forsake; desert. بَايَنَ : هَجَر

To differ from; be unlike. — : خالَف

To be contrary, *or* opposed, to; be inconsistent with. — : ناقَض

△ بَياضِيَّة وقِنان : حِلْيَة مِعمارية
←Egg and dart.

Whitening. تَبْيِيض : ضِد تسويد

Whitewashing. — الجُدْران

Making a clean copy. — المكتوب

Tinning. — النُّحاس

Fair, *or* clean, copy. △ تَبْيِيضَة . مُبَيَّضَة : ضِد مُسَوَّدة

Whitewasher. مُبَيِّض الحيطان

Tinman; tinner. — النُّحاس

Bleacher; fuller. — الأقمشة: قَصَّار

Ovary. مَبِيضُ الأنثى (او النبات)

✡ بيطار ✡ بيطر ✡ بيطرة (في بطر)

✡ بَيَّعَ : جعلهُ يبيع — To make one sell.

بَاعَ : ضد اشترى (وبمعنى خانَ عَهْدَه)
To sell.

To dispose of. — : صَرَّف . نَفَّق

To undersell. — بثمن أقلّ من غيره

To oversell. — بثمن أزْيَد من غيره

To retail. — بالقطّاعي

To hawk. — بالمناداة

To sell by auction. — بالمزاد

To buy and sell; trade. — واشترى

To prostitute. — ت عِرْضَها : أَوْمَسَت المرأةُ

To acknowledge as a sovereign; swear fealty to a sovereign; set up as king. بَايَعَ

To offer, *or* expose, for sale. أَبَاعَ : عرَضَ للبيع

To be sold; be disposed of. بِيْعَ . انْبَاعَ : نَفَق

To buy; purchase. اِبْتاعَ : اشترى

To buy up. — صَفْقَة واحِدَة

Selling; sale. بَيْع : ضد شِراء

Forced sale. — جَبْرِيّ

Sale; public sale. — عَلَني

Hawking. — بالمناداة

Selling transaction. بَيْعَة : عَمَلِيَّة بيع

A bargain; a favourable transaction. — (او شَرْوَة) رابحة

To ascertain; get to know. تبيَّنَ الأمرَ

To be clear or evident. — الأمرُ : اتّضحَ

Apparent; visible; ostensible. بائِن . بَيِّن : ظاهِر

Clear; evident; obvious. — . — : واضِح

Dot; marriage portion. بائِنة : △ دوطا

Dowry; dower. — : مَهْر . صِداق

Between "two things". بَيْنَ « الشيئين »

Among, —st; amidst. — الأشياء أو الجماعة

Through. — . من بين (كقولك مرَّ من بينهم)

With *him*; in *his* possession. — يديهِ : معه

Before *him*; in *his* presence. — يديهِ : أمامه

So-so; tolerable; middling. بَيْنَ بَيْنَ

While; whilst. بَيْنَما . بَيْنا : أثناء

Separation; disunion. بَيْنٌ : فُرقة

Enmity; hostility; dissension; discord. ذاتُ الـ : عداوة

Showing; manifestation; displaying. بَيان . تبيان : إظهار

Explanation; definition. — . — : إيضاح

Description; definition. — : شرح

Declaration; statement. — : تصريح

Statement; account; report. — : تقرير

Program;—me; prospectus. — : لائحة

Proclamation. — رسمي : بلاغ

Elocution. عِلْمُ الـ

Eloquence. حُسْنُ الـ : فصاحة

Apposition. عَطْفُ الـ (في النحو)

Self-evident; self-explanatory. غَنِيّ عن الـ

Data (*sing* datum). بيانات : معلومات

Explanatory; demonstrative. بياني : إيضاحيّ

Marked; noticeable. بَيِّن : ظاهِر . واضِح

Evidence. بَيِّنة : بُرهان (او شاهِد)

Circumstantial evidence. — ظرفيّة

Well acquainted with. على — مِن أمرِهِ

←Wren. بانة : سُكْسُكة

Difference; distinction. تَبايُن : اختِلاف

Contradiction; inconsistence — : تَناقُض

Differential. تبايُنيّ : خِلافيّ

Evident; manifest; clear. مُبِيْن : ظاهِر

Different; incongruous; inconsistent. مُتَبايِن : مُختَلِف

Napoleon; 20 francs. △ بِينْتُو (٢٠ فرنك ذَهَب)

Brevet. △ بيورُلْدِي : بَراءة الوِسام أو رُتبة الشَرَف

Pyuria △ بيوريه : بول قيحي . بول صديدي

(ت)

☆ تَابَ (في توب) ☆ تَابِل (في تبل)

☆ تابُوت : صُنْدُوق Chest; box; coffer.

— الجُثثِ المحنَّطة ←Sarcophagus; mummy-case.

— العهد Ark of the Covenant.

— الموتى Coffin.

△ — رَفْع المِياه : △ طُنْبُور ←Archimedean screw.

☆ تأتّى (في أتى) ☆ تاجَ (في توج)

☆ تأجّج (في أجج) ☆ تاجر (في تجر) ☆ تاخَمَ (في تخم)

To resent. ☆ تأذّى (في أذي)

Once. ☆ تارةً : مرَّةً

Sometimes; at times. — : أحياناً

Now and then. — وتارة

☆ تاريخ (في أرخ) △ تاريع (في ترع) ☆ تأسية (في اسو)

☆ تأفف (في أفف) ☆ تافِه (في تفه) ☆ تاقَ (في توق)

☆ تأكّد (في اكد ووكد) ☆ تالِ (في تلو) ☆ تألّق (في الق)

To bear twins. (تأم) أَتْأَمَت : ولدت توأمين

Twin. تَوْأم أو توأمة : واحِد التوأمين

Twins. توأمان : مولودان معاً

The Twins; Gemini; Castor and Pollux. الـ : الجوزاء

☆ تآمرَ ☆ تامور (في امر) ☆ تأنّى (في أني) ☆ تاهَ (في تيه)

☆ تأوّه (في أوه) ☆ تبّ (في تبب) ☆ تباهى (في بهي)

(تبب) تَبَّ : هلَكَ To perish; be destroyed.

تَبًّا له Evil be to him! May he perish!

استَتَبَّ الأمْرُ To be stable, settled, established, *or* fixed.

استِتْباب Establishment; settlement.

☆ تِبْر : تراب كلِّ مَعْدِن Ore.

— الذهَب Gold-ore.

☆ تبرأ (في برأ) ☆ تَبَرَّجت (في برج) ☆ تَبَرَّع (في برع)

☆ تبَرم (في برم) To fidget.

☆ تَبِعَ . اتَّبَعَ : لَحِقَ To follow; go after.

— . — : لاحَقَ To pursue; follow up.

— . — : انْقادَ الى To follow; comply with.

— : أتى بعد To succeed; come after.

تابَعَ : وافَقَ To conform to; comply with.

— : تَتَبَّعَ To follow up; pursue; chase.

تتابع : توالى To follow in succession; happen consecutively.

تَبْع . اتباع . تَتَبُّع : لَحاق Following; pursuing.

تِباعاً : بالتتابُع In succession; successively.

تابِع : لاحِق Following; succeeding; next.

— : مَرْؤُوس Subordinate.

— : تِلْميذ Adherent; follower; disciple.

— : خادِم Attendant; servant.

— لِكذا Subject to; under.

توابع : حَشَم (او أقْمار تَتْبَع سيَّار) Satellites.

تابِعَة . تبِعة : نَتِيجة Consequence; effect; result.

— . — : مَسْئوليَّة Responsibility; liability.

— : الاهَةُ الشِّعْر (تُوحِيه الى الشُّعَراء) Muse.

تَتَبُّع . مُتابعة : مُلاحَقة Pursuance; chasing.

تَتابُع : تَوالٍ Succession.

بالـ — : على التوالي Successively; in succession.

يُتْبَع : للكلام بَقِيَّة To be continued.

مُتَتابِع Successive; consecutive.

☆ تِبْغ . تَبْغ . تبغ : دُخان Tobacco.

☆ تبَّلَ . تَوْبَلَ الطعامَ To spice; season (food) with spice.

△ — المَقْلِيَّ بالدقيق أو الفُتاتة To cover with flour *or* bread crumbs.

تابِل Spice; condiment.

مُتَبَّل Spiced; seasoned; flavoured.

☆ تِبْن : عُصافة القمح والشعير تَعْتَلِفُه الدوابّ Chopped straw.

تِبْنِيّ : بِلَوْنِ التِّبْن Straw-coloured.

تَبَّان : بيّاعُ التِّبْن △ عَلّاف Straw seller.

دَرْبُ التَّبّانة : المَجَرَّة The galaxy; Milky Way.

تُبَّان : سَراويل قَصِيرة ←Shorts.

☆ تَبَنَّى (في بنو) ☆ تبوَّأ (في بوأ)

△ تَبَوَّع : تهَوَّع To retch; try to vomit.

○ تَبْيُوكا : دَقِيق مُعَقَّد Tapioca.

— خَشِنَة Pearl-tapioca.

△ تَتاوَب : تثاءَبَ (في ثأب) To yawn.

☆ تَتَر . تتار : قَوْم مُقامُهم بين الصين وبحر الخَزَر Tartars.

تَتَرِيّ : واحِدُ التَّتَر A Tartar.

☆ تَتْرَى (أصلها وَتْرَى) One after another.

△ تِتِك : ضابِطُ او غَمّازُ الزِّناد

←Trigger.

○ تُتُن : تَبْغُ المَضْغ Tobacco (for chewing).

○ تِتَنُوس : كُزاز (مَرَض) Tetanus; lockjaw.

☆ تثاءب (في ثأب) ☆ تثنية (في ثني) ☆ تجاه (في وجه)

☆ تَجَرَ . تاجَرَ . اتَّجَرَ : تَعاطَى التِّجارة To trade; carry on commerce.

— . — . — في كذا To trade, *or* deal, in.

تِجارة . مَتْجَر Commerce; trade.

— . — : بِضاعة Merchandise; goods; wares.

— مُحَرَّمة او مُشِينة Illicit, *or* corrupt, traffic.

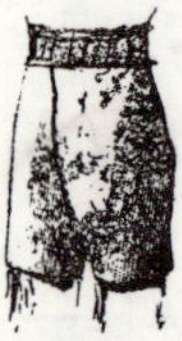

تِجَارِيٌّ . مَتْجَرِيٌّ : مختَصّ بالتِجارة Commercial; mercantile.

— : مختَصّ بالتُجار ومُعاملاتهم Mercantile.

بَيْت — . مَتْجَر ٢ Commercial house.

شارِع — . Commercial street.

القانون الـ — . Commercial, *or* mercantile, law; law-merchant.

العُرْفُ الـ — . Custom of the trade.

تَاجِر Merchant; trader; tradesman; commercial man.

— : بائع الخمر Wine merchant; publican.

— الجملة Wholesaler; wholesale merchant.

— المفرّق او القطاعي (الكسرا والاختاء) Retailer.

بِضَاعَة تاجِرَة : رابِحة . ضِدّ كاسِدَة Saleable goods.

✿ تجشأ (في جشأ) ✿ تجلّى (في جلو) ✿ تجوّلَ (في جول)

✿ **تَحْتَ** الشيء : ضِدّ فوقه Under; underneath.

— كذا : أقلّ منهُ Below; beneath; under.

— : أسفل (او الى اسفل) Down.

— : في (او الى) الطابق السفلي Downstairs.

— الأرْض Underground; subterranean.

— سَطح البَحْر Underwater, submarine.

— الجِلْد Subcutaneous; under the skin.

— الذَقَن Submental; under the chin.

— الوسَط Submedial; lying under the middle.

△ من — لتَحْت : خِفْيَة Underhand; by secret means; fraudulently.

تَحْتَانِيّ : ضِدّ فوقاني Lower; placed below.

ملابس تحتانيّة Underclothing; under-muslins; undies.

✿ تحدّى (في حدي) ✿ تحرّى (في حري) ✿ تحرّش (في حرش)

✿ **تُحْفَة** : هَدِيّة Rarity; presentable article.

— آدبيّة او معنويّة A gem.

— : شيء فاخِر ثمين Curio; curiosity; rarity.

أَتْحَفَهُ الشيءَ وبهِ To present with.

مُتْحَف . مَتْحَفَة : دارُ الآثار Museum.

✿ تحكّمَ (في حكم) ✿ تحوّطَ (في حوط)

✿ تحوّى (في حوى) ✿ تحيّنَ (في حين)

✿ تحيّة (في حي) Salutation.

✿ **تَخْت** الرقاد : سَرير Bedstead.

— : مِصْطَبَة . مَقْعَد Seat; bench.

— الثياب : خِزانة الملابس ⟵ Wardrobe.

— المَلِك : عَرْشُهُ Throne.

— المَمْلَكَة : عاصِمَتُها Capital; metropolis.

— مُوسِيقِيّ (طرَب) Orchestra; musicale band.

تَخْتَرَوان : رِجازَة ⟵ Sedan-chair; palanquin; palankeen.

تَخْتَة الكِتابَة : مَكْتَبة ⟵ Desk.

△ بَشْتَخْتَة : لَوْح الطباشير ⟵ Blackboard.

(تخخ) **تَخّ** العجينُ : △ حَمَّضَ To become sour.

△ — △ تَخْتَخَ : تعفّنَ بالبَلَل To rot; decay.

✿ تخطّى (في خطو) ✿ تخلّل (في خلل) ✿ تخلّى (في خلو)

✿ **تَخَمَ** : حَدّ To confine; limit; border.

تَخِمَ . اتَّخَمَ : ثقل عليهِ الأكل To feel heavy with food.

— . — : أُصِيبَ بتخمةٍ To suffer from indigestion.

أَتْخَمَ △ تَخَّمَ (راجع وخم) To surfeit; cause indigestion.

تَاخَمَ To border upon.

تُخْم (الجمع تُخوم) : حَدّ Border; confines; boundary; limit.

تُخْمَة : سُوءُ الهَضْم Indigestion.

مُتَاخِم Bordering upon *or* with.

مُتْخُوم Afflicted with indigestion.

✿ تخيّل (في خيل) ✿ تداوَلَ (في دول) ✿ تدرّجَ (في درج)

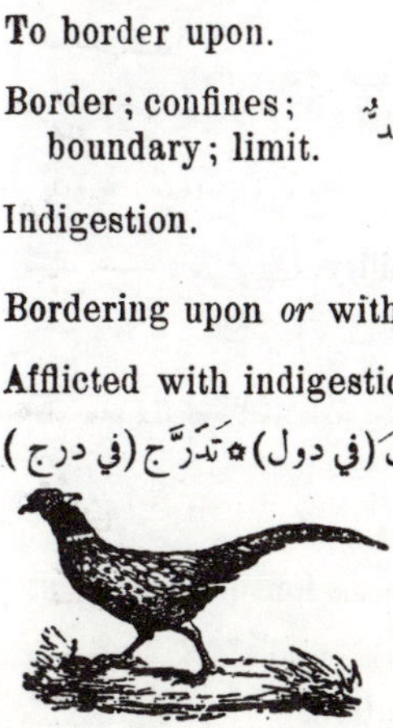

○ **تَدْرُج** : طائر ⟵ Pheasant.

△ **تَدَشَّى** س : تَجَشَّأَ To burp; belch; eructate.

* تدلّى (في دلو) — To hang down.
* تَدْمُر : اسمُ بَلْدَة سُوْرِية أَثَرِيَّة — Palmyra.
* تدين (في دين) * تذكرة (في ذكر) * تذلل (في ذلل)
* تذمّر (في ذمر) * تُراب (في ترب) * تُراث (في ورث)
* تراخ (في رخو) * ترافع (في رفع) * تراكم (في ركم)

o تِرام o تْرامْواي — ← Tramway.
مَرْكَبَة — : جَمّاز — Tram-car.
* تراوح (في روح) * تراءى (في رأى)
* تَرِبَ المكانُ : كَثُرَ ترابه — To be dusty.
تَرَّبَ . أَتْرَبَ : غَبَّرَ — To dust; cover with dust.
تَارَبَهُ : كان تِرْبَهُ — To be *one's* match *or* equal.
تَتَرَّبَ : تَغَبَّر — To be covered with dust.
تُرَاب . تُرْب : غُبَار — Dust; earth.
تُرْبَة : أَرْض — Soil; ground.
— : مَقْبَرَة — Cemetery; burial ground.
تُرَبِيّ : حارِس المقبرة — Cemetery keeper.
تِرْب : نِدّ — Match; equal.
— : زَميل — Comrade; colleague.
— : مُعاصِر — Contemporary.
تَرِب . مُتْرِب : عليه التراب او كالتراب — Dusty.
تُرَابي : من التراب — Earthy.
— : نَاعِم . ذَرُورِيّ — Powdery; pulverous.
مَتْرَبَة : بُؤس مُدْقِع — Destitution; indigence
△ تَرْبَسَ البابَ : ضَبَّبَهُ — To bolt *or* bar, a door.
تِرْبَاس : مِتْرَاس

← (Door-) bolt.
* تربّص (في ربص) * تربّع * تربيعة (في ربع)
o تَرْبَنَ الجُمْجُمَة — To trepan, *or* trephine, the skull.
تَرْبَنَة : عَمَلِيَّة فتح الجمجمة — Trepanation.
تِرْبَان : مِنْشار الجُمْجُمَة — Trepan.

o تَرَبَنْتِينَا : رَاتينج البطم — Turbentine.
o تَرَبيزَة . تَرَابيزَه : خِوَان — ← Table.
△ تِرْتِر : بَرْق . خَضَض — Spangles.
زَرْكَش بالتِرْتِر — To bespangle.
* ترجّل (في رجل) * ترجَم (في رجم) * ترجّى (في رجو)
* تَرِحَ . تَتَرَّحَ : حَزِنَ — To be afflicted *or* grieved.
تَرَّحَ . أَتْرَحَ : أَحْزَنَ — To grieve; afflict.
تَرَح : حُزْن وَهَمّ — Grief; affliction.
△ تَرْزِيّ : طَرْزِيّ . خَيَّاط — Tailor.
* تَرَّسَ : دَرَّعَ — To shield; armour.

تُرْس : دِرْع — Shield; armour.
تَرْس : o طَرْبُوط . مِبْرَد — ← Turbot; barncock.
△ تِرْس : سِنّ دُولاب (عَجَلَة) — Cog.

△ عَجَلَة بتُرُوس — ← Cogwheel.
△ تَرْسَانَة : مُسْتَودع اومصنع أسلحة — Arsenal.
△ — : مُسْتَودَع أو مَصْنَع السُّفُن — Dockyard.

△ تِرْسَة : سُلَحفاة البحر — ← (Green) turtle.
o تَرَسِينَة : شُرْفة o بَلْكُون — Balcony; terrace.
o — : مادّة ترابية مُلوّنة — Sienna; — earth.
o — مُسْتَوِيَة (لونها بُنّي) — Burnt sienna.
o — نَيِّئَة (لونها طَحِينِيّ) — Raw sienna.
تَارِس : مُدَرَّع — Armoured.
تَرَّاس : صَانِع التُرُوس — Armourer; shield-maker.
مِتْرَس . مِتْرَاس : حِصْن — Rampart; barricade.
— . — : تِرْبَاس (انظر △ ترباس في تربس) — Bolt.
* تَرِعَ : امْتَلَأَ — To be, *or* become, full.
أَتْرَعَ : مَلَأَ — To fill "to the brim."

ترعة : قناة . نهر مصنوع — Canal; channel.
— خصوصية (في الري) — Private canal.
— مشتركة » — Common canal.
△ — إيراد » — Inlet channel.
△ — تصريف » — Outlet channel.
△ تاريع : مساحة الأراضي — Cadastre; land survey.

* ترغلة : يمامة ←Turtledove.
* ترف . تترّف : تنعّم — To live in luxury.
ترف . ترفة : رغد العيش — Luxury; ease; comfort.
مترف : متنعّم — Luxurious; given to luxury.
* ترقوة : عظم أعلى الصدر — Collar-bone.
بلغت روحه التراقي : شارف الموت — To be at the point of death.
* ترك : تخلّى او تنازل عن — To abandon; give up; relinquish.
— : سيّب — To leave; quit.
— : أقلع عن — To leave off; give up.
— : أغفل — To leave out; omit; drop.
— إرثاً : خلّف — To bequeath; leave behind (by will).
— الطعام او المائدة — To get up from a meal.
—ه : سمح له — To allow; let; permit.
—ه وشأنه — To let alone; leave alone.
تارك : هادن — To suspend hostilities.
ترك : ضد أخذ — Leaving; abandonment.
— : إغفال — Omission; leaving out.
تركة المتوفّى : تركات — Legacy; bequest.
تركي — Turkish.
— (او تركية) : عثماني (او عثمانية) — A Turk.
المسألة دخلت عليه بالـ . — It was Greek to him.
تركيا : بلاد الترك — Turkey.

تريكة : امرأة لم تتزوّج — Spinster; old maid.
متروك : اسم المفعول — Left out; abandoned.
متاركة : هدنة — Truce; armistice.
○ ترّكوتة : فخّار محروق — Terra-cotta.
○ ترمبيطة : نفير . بوق — Trumpet.
* ترمس : حبّ مرّ الطعم — Lupine.
○ ترمس : كظيمة (انظر كظم) — Thermos.
* ترمّل (في رمل) — To become a widower.
○ ترموبيل : عمود الحرارة — Thermopile.
○ ترموديناميكا : علم القوة الحرارية — Thermodynamics.
○ ترموستات : منظّم الحرارة — Thermostat.

○ ترموسكوب : مكشاف الحرارة — Thermoscope.
○ ترموغراف : مرسمة الحرارة — Thermograph.
○ ترمومتر : مقياس الحرارة — Thermometer.
— فارنهيت — Fahrenheit thermometer.
— مئوي (افرنسي) — Centigrade thermometer.
○ ترنج ○ أترج . △ تفّاح ماهي — Citron; adam's apple.
* ترنّح (في رنح) * ترنّم (في رنم)
* تره : وقع في الأباطيل — To trifle; busy oneself about trifles.
ترهة (الجمع ترّهات) : أمر باطل — A trifle.
* ترهّل (في رهل) * تروبص (في ربص)
○ تروتوار : △ رصيف الشارع — Pavement; footpath; footway
○ ترولي : △ عربة مكسّحة — Trolley.
* تروّى (في روى) * ترى (في رأى)
○ ترياق : دواء يدفع السموم — Antidote; counter-poison; theriaca.
* تريض (في روض) * تريّقة (في روق)

△ ترجة النجّار ←Work-bench.
* تسرّب (في سرب) * تسرّع (في سرع)

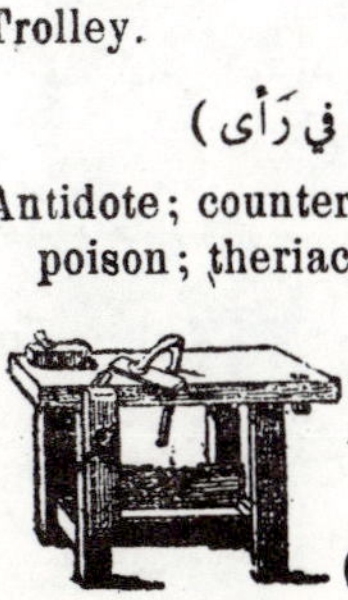

★ تُسْع : جُزْء من تِسْعة (١/٩) — Ninth (part.)

تِسْعَة : ثلاث ثلاثات (٩) — Nine.

— عشر (١٩) — Nineteen.

— أضعاف — Ninefold.

تِسْعون (٩٠) — Ninety.

الـ . — Ninetieth.

تاسِع — Ninth.

تاسِعاً — Ninthly.

★ تَسَلَّق (في سلق) ★ تَسَلَّى (في سلو) ★ تَسَوَّق (في سوق)

★ تسوَّل (في سأل) ★ تشاءم (في شأم) ★ تشبَّث (في شبث)

○ تِشْرِين الأوَّل : اكتوبر. الشهر الميلادي العاشر. — October.

— الثاني : نوفمبر. الشهر الميلادي الحادي عشر. — November.

○ تشيكوسلوفاكيا — Czecho-Slovakia.

★ تصبى (في صبو) ★ تضاءل (في ضأل) ★ تضمَّن (في ضمن)

★ تضوَّر (في ضور) ★ تظلَّم (في ظلم) ★ تعادل (عدل)

★ تعاطى (في عطى) ★ تعافى (في عفو) ★ تعاقب (في عقب)

★ تَعالَ ★ تعالى (في علو) ★ تعاون (في عون)

★ تَعِبَ : ضِدّ استراح — To be, *or* become, tired.

— : كَدَّ — To toil; labour.

— منه : مَلَّه — To tire of; be tired of.

لا يتعب : لا يَكِلّ — Untiring.

أتْعَبَ : أكَلَّ — To tire; fatigue; weary.

— : ثَقَّل على — To trouble; inconvenience.

تَعَب : كلال — Fatigue; tiredness; weariness.

— : ثِقْلة — Trouble; inconvenience.

— : كَدّ — Toil; labour.

أتعاب المحامي والطبيب — Fees; honorarium.

تَعِب . تعبان . مُتْعَب — Tired; weary; fatigued.

مُتْعِب : مضايق — Inconvenient; troublesome.

— : ضد مُريح — Tiresome; fatiguing.

— : شاقّ — Tedious; wearisome.

— : جَهيد — Strenuous.

مَتْعوب عليه — Far-fetched.

★ تَعْتَعَ : قَلْقَل . تَلْتَلَ — To move; shake; stir.

— في الكلام : △ تَهْتَهَ — To falter; stammer.

تَتَعْتَعَ : تقلقل . تزحزح — To budge; stir.

★ تمداد ★ تمدد (في عدد) ★ تعدَّى (في عدو)

★ تَعِسَ : كان تعيساً — To be, *or* become, wretched *or* miserable.

تَعَسَ . أتْعَسَ — To cause, *or* lead to, misery *or* wretchedness.

تَعْس . تَعاسَة : شَقاء — Wretchedness; misery.

تَعِس . تَعِيس : شَقِي — Wretched; miserable.

— . — : بائس — Unfortunate; unlucky.

★ تعشّى (في عشو) ★ تعصَّب (في عصب) ★ تعطَّف (في عطف)

★ تعويذة (في عوذ) ★ تغاضى (في غضى) ★ تغدَّى (في غدو)

★ تَفّ (في تفف) ★ تُفّاح (في تفح) ★ تفاوت (في فوت)

○ تَفْتا : حرير رفيع مموَّج الصقلة — Taffeta.

△ تِفْتَه : صِباغ ○ انيلين — Aniline.

(تفح) تُفّاح — Apples.

شَراب الـ . — Cider.

تُفّاحة (او شجرة الـ) — An apple (Apple-tree).

— آدم : عُقْدة الحُنْجُور — Adam's apple.

تُفَيْفِحَة : طائر — Linnet.

— حمراء : طائر — Redfinch.

★ تَفَّفَ : قال تُفّاً لك — To say "Fie on you!"

— الأظافر — To manicure; clean and trim the finger-nails.

△ تَفَّ : تَفَلَ (راجع تفل) . بَزَق — To spit.

★ تفقَّد (في فقد) — To look after.

★ تَفَلَ : بَزَق — To spit.

تَفْل . تُفال : بُصاق — Spittle.

△ تِفْل : ثُفْل — Lees; sediment; dregs.

مِتْفَلة : مِبْصَقة — Spittoon; cuspidor.

To be insignificant, worthless, *or* paltry. ✿ تَفِهَ : كان زَهيدًا

To be insipid, tasteless, vapid, *or* flat. — الطعامُ والشَّراب

Insipid; tasteless; flat; vapid. تَفِه . تافِه : بلا طَعْم

Slight; trivial; trifling. — . — : بَسِيط

Paltry; insignificant; nugatory. — . — : زَهيد . لا يُعتَدّ بهِ

Trite; stale; common. — . — : رَكيك

Insignificance; paltriness; worthlessness. تَفَه . تُفُوه : خِسَّة

Insipidity; tastelessness. تَفاهَة : مَساخة

Caracal; African lynx. تُفَّه : عَناقُ الأرض

✿ تَفوّق (في فوق) ✿ تَفَوّه (في فوه) ∆ تُقّالة (في ثقل)

Seeds. ∆ تَقاوِي : بَذْر

✿ تَقَصَّى (في قصو) ∆ تقل (في ثقل) ✿ تَقمَّص (في قمص)

To perfect; make perfect; bring to perfection. ✿∆ تَقَنَ . أَتقَنَ

To master; learn to perfection. — . — العِلْمَ الفلاني

Perfection; precision; exactitude. إتقان . تَقانة

Perfectly; to perfection. بإتقان : بإحْكام

Perfect; exact. مُتْقَن

✿ تَقوى (في وقى) ✿ تَقويم (في قوم) ✿ تَقِيّ (في وقي)

✿ تَقَيَّل (في قيل) ✿ تَكّ (في تكك) ✿ تُكَأة (في وكأ)

To trample upon; tread under foot. ✿ تَكْتَكَ : داسَ

To tick; click. ـــتِ الساعةُ وغيرها : دَقَّت

To simmer; sizzle. ∆ ـــ الطَّبْخ : كَتَّ

A tick; click. تَكْتَكَة : دَقّة خفيفة

Simmering. ∆ ـــ الطَّبْخ : كَتِيت

To insert a running band through a hem. ✿ تَكَّكَ : ∆ دَكَّك

To trample upon; tread under foot. تَكَّ : داسَ على

To intoxicate; inebriate. ـــتهُ الخمرة : أسكرته

Teak. ○ تِيك . تَيْك : خَشَب وشَجَر الساج

Running band. تِكَّة : ∆ دِكَّة

Bodkin. مِتَك : ∆ دَكّاكَة

←Entablature. ∆ تَكِنَة (في المِعمار)

✿ تَكِيَّة (في وكأ) ✿ تَلّ (في تلل) ✿ تَلا (في تلو) ✿ تَلاشى (في لشو) ✿ تَلافى (في لفو)

✿ تَلأْلأَ (في لألأ) ✿ تَلبَّد (في لبد) ✿ تَلَجَ (في ولج)

Inherited; long-possessed. ✿ تُلْد . تَلِيد . تالِد (راجع ولد)

To enjoy; take pleasure in. ✿ تَلَذَّذ (في لذذ)

○ تِلِسْكُوب : مِنْظار مُقرِّب . مِقراب ←Telescope.

Teinoscope; prism telescope. — مَنْشُوري

○ تِلِغْراف ○ تِلِغْراف : بَرْق . موصل برقي Telegraph.

Telegram; wire; cable. — : رِسالة بَرْقيّة

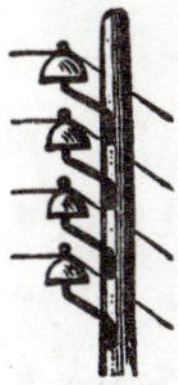

Heliograph. — شَمْسي

Wireless (telegraph.) — لاسِلْكي

←Telegraph pole. عَمود الـ...

← غَمّاز الـ... Telegraph key.

To telegraph; wire; cable. تَلْغَفَ : أبرقَ . راسلَ تلغرافيًا

Telegraphic. تَلْغَفي . تِلِغْرافي : بَرْقيّ

Telegraphist. تِلْغافي : عامل التلغراف

To be, *or* become, spoiled, damaged, *or* deteriorated. ✿ تَلِفَ : تعطَّب

To damage; spoil; injure. أَتلَفَ : أضرَّ

To corrupt; spoil; deteriorate. — : أفسدَ

Damage; harm; injury. تَلَف : ضَرَر

Deterioration; corruption. — : فَساد

Average; partial loss. — جُزئي (في أشياء مؤمّن عليها)

Damaging; spoiling; corrupting. إتلاف : إفساد

Spoilt; damaged; deteriorated. تالِف . مُتلَف . مَتلوف

Spoiler; destructive; ruinous. مُتلِف : مُفسِد

Harmful; injurious; pernicious. — : مُؤذٍ

Television. ○ تَلْفَزة : مُباصَرة . الرؤية عن بُعْد

Televisor. تِلْفاز : مِبْصار . جهاز التَلْفَزة

○ تلفون ○ تَـلَـفُـون : (نَـدِيّ) Telephone.

تَلْفَـنَ : خاطَبَ بالتلفونِ To telephone; ring, *or* phone, up.

مخابرة تلفونية Telephonic communication.

✿ تِلْقاء (في لقي) Against; before.

✿ تِلْكَ : اسم إشارَة That.

✿ تَلَكَّأَ : △ تَلَكَّعَ (في لكأ) To hang about; loiter.

(تلل) تَلّ : أَكَـمَـة Hill; mound; elevation.

تُلَيْل : تل صَغير Monticle; hillock.

○ تَـل النامُوسِيّـات Mosquito netting.

○ — حَرِير : شِـف Tulle, *or* gauze.

✿ تِلْم : شَقّ المِحْراث (Plough) furrow.

△ تِـلِـم : ثالم (في ثلم) Blunt.

△ — : سَـلِيط Impudent; saucy; brassy; brazen-faced; [cheeky].

△ تَـلامة : سَلاطَة Forwardness; brassiness; impudence; [cheek].

✿ تَلْمَذَهُ : اتخذه تِلميذاً To have for a pupil or apprentice.

تَتَلْمَذَ : صارَ تلميذاً To become a pupil or an apprentice.

— على المعلّم To sit under a teacher.

تَلْمَذَة : دِراسَة Schooling; period of study.

— : تمرين على عَمَل Apprenticeship.

— : تَرشيح . تجربة Probation.

تِلْمِيذ : طالِبُ عِلْم Student; scholar; pupil.

— : في التمْرِين Apprentice.

— : مُرَشَّح . في التجربةِ Probationer.

— : حَوارِيّ (احد تلاميذ المسيح) Disciple.

— في مَدْرَسةٍ عالية Undergraduate.

— في مَدْرَسةٍ حربية Cadet; military student.

— خارِجِيّ Day pupil *or* scholar; external student.

— داخِلِيّ Boarder; internal student.

✿ تَلْمُود اليَهُود : كِتاب دِينِيّ لهم Talmud.

✿ تَلِهَ : تَحيَّـر To be at one's wit's end; be utterly perplexed.

تالِه . مُتَلَّه : حائِر At one's wit's end.

— العقل : ذاهِـل Absent minded; distracted.

✿ تُلُوّ : تَـبَـع Following; succeeding.

تِلْو : ما يَتْبع الشيء A thing following another thing; subsequent.

تَلا : تَبِعَ To follow; succeed; come after.

— : تَبِعَ . نَشأ عن To ensue; result.

— : سَرَدَ To recite; say.

— الكِتابَ : قرأه To read; peruse.

تالٍ : تابِـع Following; next; succeeding; ensuing; subsequent.

بالتالي : بالنتيجةِ Consequently; subsequently.

تِلاوَة : سَـرْد Recitation; recital.

— : تَصَفُّح . قِراءَة Reading; perusal.

△ تَـلِّـي : بَـهْـرَج Tinsel; gold *or* silver thread.

✿ تَليد (في تلد) Long possessed.

△ تَـلّـيس : غِـرارَة . كِيس Sack.

✿ تَمّ (في تمم) To be completed.

✿ تَمْتَمَ : دَمْدَمَ To mumble; mutter.

✿ تمثال ✿ تمثيل (في مثل) ✿ تمدّد (في مدد)

✿ تَمْر : بَـلَـح يابِس Dried dates.

— حِنّا (راجع حنأ) Henna blossoms.

— هِـنْـدِيّ Tamarind.

△ تَـمْـرة القَضِيب : حَشَـفَـة Glans.

أبو تمرة . تُـمَـيِّـر Sunbird.

✿ تِمراد (في مرد) ✿ تَمَرْجح (في رجح)

△ تَـمَـرْجِي : مُمَرِّض Male-nurse; sick-nurse.

✿ تَمَرّد (في مرد) ✿ تَمَرَّغ (في مَرغ) ✿ تمرّن (في مرن)

✿ تِمْساح

Crocodile.

— أميركا Alligator; caïman.

△ — الباب (في نجارة العمارات) Middle panel.

✿ تَمَسْخَر (في سخر) ✿ تمطّع (في مطع) ✿ تمعّن (في معن)

△ تَـمْـغَـة : دَمْغَـة (راجع دمغ) . سِـمَـة Stamp; mark.

△ تَـمَـلِّـي : دائِم Permanent; lasting.

— : دائماً Always.

٭ تَمَّ . أَتَمَّ : أَنْجَزَ — To complete; accomplish; fulfil; carry out.
— . — : أَنْهَى — To achieve; finish.
تَمَّ : نَجَزَ — To be finished or completed.

تِمٌّ : وَزٌّ عِرْبَاق — Swan.
تَمَام : كَمَال — Completeness; perfection.
— . تَامّ : كَامِل — Complete; perfect; entire.
بَدْر — . — Full moon.
△ ظِل الـ . — Cotangent.
△ نَوْبَة — : نِدَاء حَرْبِي — (Military) tattoo.
تَمَاماً : كُلِّيَّةً — Completely; entirely.
— . بالتمام : بالضَبْط — Perfectly; to perfection.
— : بأكْمَلِهِ — In full.
تَمِيمَة : طِلَسْم — Talisman; amulet; charm.
— لِجَالِبِ الحَظّ (او لدَفْعِ الحَسَد) — Mascot.
تَامّ : كَامِل — Complete; full; plenary.
— . مُتَمَّم : مُنْجَز — Completed; accomplished.
إتْمَام : إنْجَاز — Completion; accomplishing; fulfilment; execution.
— . تَتْمِيم : نَهْو — Finishing; completing.
تَتِمَّة . تَمَامَة : تَكْمِلَة — Complement.
مُتَمِّم : تَكْمِيلي — Complementary; supplemental.
يَمِين مُتَمِّمَة — Suppletory oath.
٭ تمنّع (في منع) ٭ تمنى (في منى) ٭ تمهّل (في مهل)
٥ تَمُّوز : ٥ يُولِيُو . الشَّهر الميلادي السابع — July.
٭ تُمَير (في تمر) ٭ تميمة (في تمم) ٭ تنامى (في نمي)
٭ تناوب (في نوب) ٭ تناول (في نول) ٭ تنبأ (في نبأ)
٥ تُنْبَاك ٥ تُنْبَك : تبغ عجمي — Persian tobacco.
△ تَنْبَل : كَسْلان — Idle; indolent; lazy.
٭ تنحّى (في نحو) ٭ تنخّع (في نخع) ٭ تنخّم (في نخم)

△ تَنْدَة : مظلَّة — Awning; tent.
٭ تنزّه (في نزه) — To promenade.
٥ تِنِس ٥ تَنِيس — Tennis; lawn tennis.

— المائدة — Ping-pong.
مِضْرَب — : طَبْطَابَة — Racket.

مَلْعَب تنس او صَالة — . — Tennis-court.
٭ تنسّم (في نسم)
٭ تنصّل (في نصل)
٥ تَنَك أو ٥ تِنْكَار : مزيج معدني — Pewter, or tin.

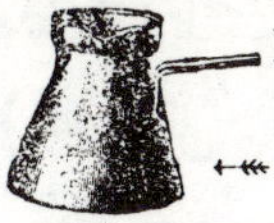

تَنَكَة : غَلاَّيَة — Kettle; pot.
△ — قَهْوَة — Coffee-pot.
تِنْكَارِي س : △ سَمْكَرِي س — Tinker; tinsmith.
٭ تنكّر (في نكر) ٭ تنهّد (في نهد)

٭ تَنُّوب : شَجَر كالصَنَوْبَر — Fir.
— الجَمِيل — Spruce.
٭ تَنُّور : آتُون — Furnace or oven.
٭ تَنَوَّرَ (في نور) — To be enlightened.

△ تَنُّورَة : نُقْبَة تحتانيّة — Petticoat.
— فوقانيّة (اي بَرَّانية) — Skirt

٭ تُنَوِّط : الطائر الحائك — Weaver bird.
٭ تِنِّين : حيّة الأساطير الهائلة — Dragon.

— بَرِّي : حَيَّة الصَّخر — Python.
— خَيالي — Wyvern.

— النَّامُوس : صَقْر النَّامُوس — Dragon-fly.
٭ تهامل (في همل) ٭ تِهَامة (في تهم) ٭ تهاون (في هون)
△ تَهْتَهَة : تَأْتَأَ . هَتْهَتَ — To stutter; stammer.
٭ تهجّى (في هجو) ٭ تهكّم (في هكم)
٭ تَهِمَ : أَنْتَنَ — To stink; have a bad smell.
△ تَهَمَ . اتَّهَمَ (في وهم) — To charge with.
تِهَامَة : بلاد جنوبي الحِجاز — Tihâmat.
— : مَكَّة المُكرَّمة — Mecca; Macca.
٭ تُهْمَة (في وهم) ٭ تهوّر (هور) ٭ تهيّب (في هيب)
٭ تَوّ ٭ تَوّاً (في توو) ٭ تواتر (في وتر) ٭ توارى (في ورى)

☆ توازى (في وزي) ☆ تواضع (في وضع) ☆ تواطأ (في وطأ)

☆ توالى (في ولى) ☆ توأم (في تأم) ☆ توانى (في ونى)

☆ تَوَّبَ : جعله يتوب — To make *one* repent.

تَابَ عن مَعْصِيَة — To reform; turn from sin; turn over a new leaf.

— عن عَمَلٍ : نوى تَرْكه — To renounce; swear off.

— : نَدِمَ على — To repent; be penitent.

تَوْبَة : نَدَامَة — Repentance; penitence.

تَائِب : نادِم — Repentant; penitent; contrite.

٥ تُوبُوغْرَافيا : وَصْف الأماكن — Topography.

☆ تُوت ابيض : فِرصاد — Mulberry.

— احمر او شاميّ — Black mulberry; sycamine.

— العُلّيق — Raspberry.

— شَوكيّ او وَحشيّ — Blackberry; common bramble.

— إفرنجيّ : △ فراوله ⟵ Strawberry.

٥ تُوت : الاه الكتابة والفلسفة عند قدماء المصريين ⟵ Thoth.

٥ تُوتيا : خارصين ٥ زِنك — Tutty; zinc, *or* oxide of zinc.

— حَمراء : سُلْفات الرَّصاص — Sulphate of lead.

— زرقاء: سُلفاة النُحاس — Blue-stone; sulphate of copper.

— البَحْر : ٥ ريتسا — Sea-egg; sea-urchin.

حَجَر الـ : كربونات الزنك الخام — Calamine.

٥ تُوتُوني : مَنْسُوب الى الجنس التوتوني — Teutonic.

☆ تَوَّجَ : ألبسَ التاج — To crown.

— : أجْلَسَ على العرش — To enthrone.

تَتَوَّجَ : أُلبِسَ التاج — To be crowned.

تَاجٌ : إكليل ⟵ Crown; diadem.

— السن — Cusp of tooth.

— العَمُود ⟵ Capital of a column.

— الأذن : صِوان أو مَحارة الاذن — Helix; external ear.

— الأُسْقُف : بُرْطُل ⟵ Mitre.

— العرب : عِمامة — Turban.

مُسْتَعْمَرة الـ — Crown-colony.

التاج المِصْري الثنائي : ٥ سخِنت ⟵ Pschent.

تاجيّ الشكل — Mitral; conical.

تُوَيْج الزهرة ⟵ Corolla.

تَتْوِيج : إلباسُ التاج — Crowning; coronation.

مُتَوَّج — Crowned.

☆ تَوَّحَ : تهيئة — Preparation.

تَاحَ : تهيأ (راجع تيح) — To be possible.

☆ توحش (في وحش) ☆ تودد (في ودد) ☆ تُؤَدة (في وأد)

☆ تَوْرَاة : العَهْد القديم من كتاب الله — The Old Testament.

— : أسفارِ مُوسَى الخمسة — Pentateuch.

الـ والإنجيل — The Bible; The Old and New Testaments.

٥ تُورْپيد : ٥ طُرْپيد . مَقْذُوف ناسِف — Torpedo.

☆ توسَّلَ (في وسل) ☆ توسَّم (في وسم) ☆ توعَّد (في وعد)

☆ توعَّك (في وعك) ☆ توغَّل (في وغل) ☆ توفَّق (في وفق)

△ تُوفَكْجي : صانع الأسلحة. سِلاحيّ — Armourer.

☆ تُوفّي (في وفى) — To die; expire.

☆ تَوْق . تَوَقان : شَوق — Longing; craving; ardent desire.

تَاقَ الى : اشتهى — To desire; long *or* thirst for; yearn *or* hanker after.

تَائِق : مُشْتَاق — Desirous; longing; eager.

☆ توقَّد (في وقد) ☆ توكّأ (في وكأ)

☆ توكَّل (في وكل) ☆ تولَّد (في ولد)

٥ تُولِسْتُوي : مُصلح اجتماعي عظيم — Tolstoy (Count Leo).

☆ تُولَة △ تَوْلَة : ذُهُول (السِّحْر) — Bewitchment.

مُتَوَّل : زاهِل — Bewitched; confused in mind.

△ تُوم (في ثوم) — Garlic.

△ تُومرجي : مُمَرِّض — Sick-nurse.

٥ تُونَة : تُنّ . سَمَك كبير او حَمُّو — Tunny.

☆ توه (في تيه) ☆ توهم (في وهم)

Linden-tree (flower); *tilia*. ○ تِيلْيا ○ تِيـلْيو : زَيْزَفون

To enslave; enthral. ⁕ تَيَّمَ . تَامَ : اسْتَعْبَدَ

Enslaved; enthralled. تَيِّم . مُتَيَّم : مُسْتَعْبَد

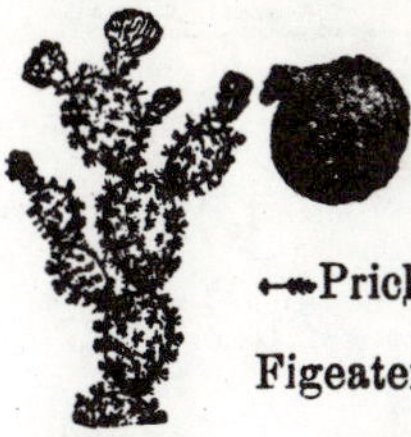

○ تِيم : جَماعةاللاعِبين بالكُرة Team.

⁕ تِين : فاكِهة مَعْرُوفة ←Fig.

— شَوْكي : صُبَّير ←Prickly-pear.

Figeater. خُنْفُساء التِّين

Figpecker; *beccafico*. عُصْفُور التِّين : ○ بِكَفِيج

Fig-tree. تِينَـة : شَجَرة التين

A fig. — : واحِدَة التّين

To mislead; lead astray; misguide. ⁕ تَيَّهَ . تَوَّهَ . أَتاهَ : أَضَلَّ

To confound; confuse. — . — : حَيَّرَ

To distract; divert. — . — الفِكْرَ : أَلْهاهُ

To wander; go astray; lose *one's* way. تاهَ : ضَلَّ

To perish; be destroyed *or* lost. — : هَلَكَ

To flaunt; exult; swagger. — عُجْبًا

To meander in thought. — الفِكْرُ : شَتَّ

To mislay; lose; miss. — مِنْه كَذا : أَضاعَه

Wandering; straying; errantry. تِيه . تَيَهان : ضَلال

Arrogance; superciliousness; pride. تِيه : كِبْر

Wilderness; wild. — : قَفْر يُضَلُّ فيه

Maze; labyrinth. — . مَتاهَة : △ بَربَى

Wandering; errant. تائِه . تَيْهان : ضالّ

Stray; lost. — : ضائِع . مَفْقود

Exultant; elated; flaunting. — عُجْبًا

Distracted; absent-minded. — الفِكْر

Vagus; the wandering nerve. العَصَبُ الـ —

Teutonic. ○ تِيُوتُونِيّ : نِسبة الى التيوتون

○ تِيُودُولِيت : مِزْواة ←Theodolite.

﴿ توو ﴾ تُوّ : ساعَة Hour.

Directly; straight. تَوًّا : قاصِدًا لا يعرِّجه شيء

Immediately; straightway. — : حالًا

Theatre. ○ تِياتْرو : مَمْثَل . مَلْعَب . دارُ التمثيل

Stage (of theatre). مَرْسَح او مَسْرَح الـ —

Gallery (of theatre.) أَعْلَى التياترو

Theatrical. تِياتْرِي : مُختَصّ بالملاهي والملاعب

Current. ⁕ تَيَّار (في تير)

Busy-body; busy-monger; curious. ⁕ تِيحان . تَيِّحان . مِتْيَح : من يدخل في ما لا يعنيه

To be doomed, destined *or* ordained. تاحَ : قُدِّر

To permit; give a chance *or* an opportunity. أَتاحَ لهُ : هَيَّأَ

To destine; ordain. — له : قَدَّرَ

Predestined; decreed. مُتاح . مِتْياح : مُقَدَّر

Available. — : مُمْكِن نَيْلُه

Current; stream; tide. ﴿ تير ﴾ تَيَّار : مَجْرَى

Torrent. — شَديد : عُباب

Draught; current of air. — هَواء

Up-stream; against the current. ضِدّ الـ —

Down-stream; with the current. مَع الـ —

To drift with the stream. سارَ مع الـ —

He-goat. ⁕ تَيْس : ذَكَرُ المَعز

Antelope; ibex. — جَبَلِيّ : وَعْل (بين المعز والظباء)

Typhoid fever. ○ تِيفُود ○ تِيفوئيد

Typhus (fever.) ○ تِيفُوس : الحُمَّى المحرقة

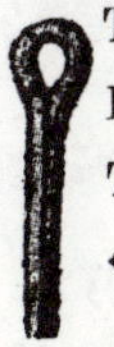

This; that. ⁕ تِيكَ : هذه . تلك

Linen. △ تِيل : نَسيج الكَتّان

Ticking; tick. — الفَرْش

←Cotter-pin; split pin. △ تِيلَة : مِشْبَكَة

Whip; rope's end; cat-o'-nine-tails. — : سَوْط الجَلْد

Staple; fibre. — القطن : △ عِرْقه

Short staple cotton. قطن قصير الـ —

(ث)

ثَئِبَ. تَثَاءَبَ △ تَثَاوَبَ : To yawn.

ثَأْب. ثُؤْباء. تَثَاوُب ►Yawning.

ثَأَرَ. أَثَّأَرَ : اِنْتَقَمَ To revenge; take vengeance; avenge oneself on or upon.

— : قَابَلَ بِالمِثْل To retaliate.

ثَأْر. إِثَار : اِنْتِقَام Revenge; vengeance; retaliation; reprisal.

ثَائِر : آخِذُ الثَّأْر Avenger; taking revenge.

— : هَائِج (في ثور) Agitated.

ثَأْرِيّ : اِنْتِقَامِيّ Vindictive; revengeful.

(ثَأْلَل) ثُؤْلُول △ ثُؤْلُوَلَة : نتوء جِلْدي صُلْب Wart.

ثَابَ (في ثوب) ❊ ثَارَ (في ثبر) ❊ ثَارَ (في ثور)

ثَالْيُوم : عُنْصُر اللهب الأَخْضَر Thallium.

ثَانٍ ❊ ثَانَوِيّ ❊ ثَانِياً ❊ ثَانِيَة (في ثني)

ثَبُتَ : كَانَ شُجَاعاً To be brave or courageous.

ثَبَتَ : كَانَ ثَابِتاً To be firm, fixed or stable.

— : اِسْتَقَرَّ To stand firm.

— : تَحَقَّقَ To be proved or established.

— على : قَاوَمَ To resist; take a firm stand against.

— على كَذَا : حَافَظَ To abide by; maintain.

— على كَلامِهِ اوعَهْدِه To adhere to; stand by.

—ت عليه الجَرِيمَة To be found guilty.

ثَبَّتَ : مَكَّنَ To fix; confirm; make firm.

— : وَطَّدَ To stabilize.

— العَامِلَ في مَرْكَزِه To appoint permanently.

أَثْبَتَ : أَيَّدَ To confirm; corroborate.

— : حَقَّقَ To ascertain; make certain.

— بالبُرْهَان To prove; establish.

— الذَّنْبَ على To convict; prove guilty.

— الذَّاتِيَّة او الشَّخْصِيَّة To identify.

تَثَبَّتَ من كَذَا : تَحَقَّقَه To make sure of.

— في كَذَا To be confirmed in.

ثَبَت : حُجَّة وبُرْهَان Proof; convincing cogency of evidence.

ثَبَات : اِسْتِقْرَار Firmness; steadiness; stability; fixity.

— : مُثَابَرَة Perseverance.

— : مُقَاوَمَة Resistance.

— : بَقَاء. اِسْتِقْرَار Permanence.

ثُبُوت : تَحَقُّق Ascertaining.

ثَابِت : ضِدّ مُتَحَرِّك او مَنْقُول Immovable; stationary.

— : رَاسِخ Fixed; stable; steady.

— : دَائِم Permanent.

— : مُقَرَّر Confirmed; established.

— : لا يَتَغَيَّر. وَفِيّ Firm; fast; constant.

— الجَأْش Undismayed; fearless.

— العَزْم Resolute; determined.

— القَدَم Firm-footed.

لون —— Fast colour.

إِثْبَات : تَقْرِير Confirmation; establishment.

— : تَأْكِيد Confirmation; attestation.

— : ضِدّ نَفْي Affirmation.

— : دَلِيل. بُرْهَان Evidence; proof.

— : الذَّاتِيَّة او الهَوِيَّة Identification.

شَاهِدٌ —— Witness for the prosecution.

اثبَاتِيّ : ضِدّ نَفْيِي Affirmative; confirmatory.

ثَبَّت : تَحَقُّق Verification; making sure.

تَثْبِيت : تَوْطِيد Confirmation; stabilization.

— : تَمْكِين Fixing.

مُثَبَّت : مُمَكَّن Well fixed or established.

مَثْبُوت. مُثَبَّت : مُقَرَّر Confirmed; established.

ثَبَّجَ الخَطَّ : عَمَّاه To scrawl; scribble; write carelessly.

— الكَلامَ : لم يُبَيِّنْه To drivel; talk nonsense.

ثَبَج : كِتَابَة غير واضِحَة Scribble; careless writing.

— : أُم قُوَيْق (ادوم) ►Screech owl.

ثَبَرَ : طَرَدَ To expel; drive out.

— : اهْلَكَ To destroy.

ثَابَرَ على : وَاظَبَ To persevere, or persist, in.

ثُبُور : هَلاك Destruction; grief.

Persevering; assiduous; persistent. مثابِر

Perseverance; assiduousness; persistence. مثابَرة

To hinder; impede; set back. ٭ثبط. ثبَّط عن كذا

To dishearten; discourage; demoralise. ـــ ـــ العزم

Discouraging; a set back. مُثبِّط العزم

Lapful. ٭ثُبنة: ملء حِجر

Lap. ثُبان: حِجر

Reticule; vanity bag *or* case. مِثبَنة: كيس زينة المرأة

To thicken; be, *or* become, thick. ٭ثخُن: غلُظ

Thickness; density. ثِخَن. ثخانة. ثخونة

To go to extremes. أثخن في كذا: بالغ

To weaken; enfeeble. أثخنته الجراح: أوهنته

Thick; dense. ثخين: غليظ

Breast. ٭ثدْي. ثدَى: نَهد

Udder; dug; bag. ـــ الحيوان: ضَرع

Mammary. ثَديي: مختص بالثدي

Mammal. ـــ: من ذوات الثدي

Mammalia. الثدييات: الحيوانات اللبونة

To blame; reproach. ٭ثرب. ثرَّب عليه: لامَ

Omentum. ثَرب: غلاف الأمعاء المخاطي

Blame; reproach; censure. تثريب: لوم

To prattle; prate. ٭ثرثر: اكثر الكلام

Prattle; tittle-tattle; chattering; idle talk. ثرثرة

Prattler; chatterer; chatterbox. ثرثار

To sop bread. ٭ثرد الخبز: فتّه في المرق

Sop; bread soaked in soup, etc. ثريد: فتيت △ فتّه

Thermometer. ○ثِرمومِتر (انظر ترمومتر)

Wealth; fortune; riches; affluence. ٭ثروة. ثراء: غِنى

Wealthy; rich. ثَريّ. مُثرٍ: غنيّ

To become wealthy or rich. ثَري. أثرى الرجل

←Lustre; chandelier. ثُريّا: △نجفة

Pleiads; pleiades. الـــ (في الفلك)

Rich soil; humus; mould. ثرى: تراب نديّ

Abundance; plenty; riches. ـــ: خير. رخاء

To cause to flow. ٭ثعب الماء: اجراه

Serpent; snake. ثعبان: حيّة

Eel; conger. ـــ الماء: △حنشان

S *or* U trap. مَثعَب: محبس روائح المجارير ○سيفون

←Fox. ٭ثعلب: حيوان معروف

Alopecia. داء الـــ: الصلع

She-fox; vixen. ثعلبة: أنثى الثعلب

To make a gap in. ٭ثغر: فتح ثغرة

Mouth. ثَغر: فم

Front teeth. ـــ: مقدّم الأسنان

Harbour; port; haven. ـــ: ميناء

Opening; breach; gap. ثُغرة: فتحة

To bleat. ٭ثغى الخروف والشاة: صوّت

Bleating. ثُغاء: صوت الغنم

Crupper. ٭ثفر السرج: △طفر △عزقل

Dregs; sediment. ٭ثُفل: راسب. عكر

To hole; make *or* bore a hole in; perforate; bore through. ٭ثقب: خرق

To penetrate; pierce into. ـــ: اخترق

To be pierced, bored or perforated. تثقّب. انثقب

Boring; piercing; perforating. ثَقب: خرق (مصدر)

Hole; perforation; puncture. ثَقب. ثُقبة: خرق نافذ

ثِقاب : تَبْشَخة △ كِبْرِيتة ← A match; lucifer.

ثاقِب : نافِذ Piercing; penetrating.

— الفِكْر Shrewd; acute of mind.

مِثْقَب : △ مِثْقاب Wimble; drill; brace; perforator.

* ثَقُفَ : كان حاذقاً To be sagacious.

ثَقَّفَ : هذَّب To culture; educate.

— : قَوَّم To straighten.

— عَقْلَه To cultivate one's mind.

ثاقَفَ : لاعَبَ بالسيف To fence *with.*

ثَقافة . تَثْقيف : تَهْذيب Culture; education.

ثَقافيّ : تَهْذيبيّ Cultural.

مُثَقَّف : مُهَذَّب Cultured; educated; refined.

مُثَقِّف : مُهذِّب Educating; instructive; enlightening.

مُثاقَفة ← Fencing.

* ثَقُلَ : ضِدّ خَفَّ To be, *or* become, heavy

ثَقُلَ المريضُ : اشتدَّ مرضُه To be seriously ill.

— سَمْعُه To be hard of hearing.

ثَقَّلَ : صَيَّره ثقيلاً To make heavy.

— على : أَتْعَبَ To trouble; inconvenience.

— على : حَمَّلَ To burden; overburden.

— وتثاقَلَ على : ضايَقَ To annoy; bother.

تَثاقَلَ ٢ : صار ثقيلاً To become heavy.

— : تباطأ To be heavy *or* sluggish.

ثِقْل : وَزْن Weight; heaviness; ponderosity.

— : حِمْل Burden; load.

الـ النَوْعيّ Density; specific gravity.

مِيزان الـ النوعيّ ← Densimeter.

أثقال الارض : ما في جوفها Buried treasure.

ثَقْلة . ثَقالة : تَعَب Trouble; inconvenience.

— . — : △ تُقّالة Weight.

ثَقِيل : ضِدّ خَفيف Heavy; weighty; ponderous.

— : مُضايِق Troublesome; inconvenient.

— الحَمْل Burdensome.

— الدَّم Antipathetic; repugnant; a bore.

— السَّمْع Hard (*or* thick) of hearing.

— الظِلّ One who casts a gloom upon others.

— الفَهْم Dull; slow of understanding.

— الهَضْم Heavy; indigestible.

بِثِقَل Heavily.

مُثَقَّل : مُحَمَّل Burdened; overburdened; freighted; weighed down.

مِثْقال : عِيار او وَزْن ← Weight.

— ذَرَّة A whit; jot; iota.

* ثِقَة (في وثق) Confidence.

* ثَكِلَ ابنَه To be bereaved, *or* bereft, of one's child.

أَثْكَلَ الأمَّ ولدها To bereave a mother of her child.

ثَكْلى . ثاكِل Bereaved, *or* bereft, of a child.

* ثُكْنَة الجنود : △ قُشْلاق . قشلة س Barracks.

* ثَلّ (في ثلل) * ثلاث * ثلاثة (في ثلث)

* ثَلَبَ : سَبَّ To slander; defame; traduce

— : عابَ To dishonour; disgrace.

ثَلْب : سَبّ Defamation; slandering.

ثالِب . ثَلّاب Defamatory; calumnious; slanderous.

مَثْلَبة : عَيْب Disgrace; reproach.

* ثَلَثَ العَدَدَ : أخذ ثُلْثَه To take the third part of.

ثَلَّثَ : جعله ثلاثة أضعاف To treble; triple.

— المساحة : قسَّمها الى مثلّثات To triangulate.

ثُلْث : جُزء من ثلاثة أجزاء (⅓) Third "part."

ثَلاث . ثَلاثة (٣) Three.

—و— اضعاف Threefold; triple; treble.

— عَشَرة . ثلاثة عَشَر (١٣) Thirteen.

من ثلاث نُسَخ In triplicate; in three copies.

ثَلاثاً . ثَلاث مَرّات Thrice; three times.

ثُلاثاء : يوم الـ Tuesday.

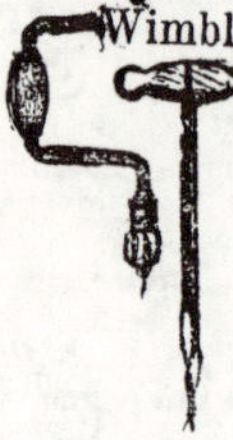

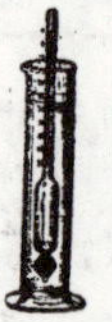

ثَلَاثُونَ (٣٠) Thirty.

ثُلَاثِيّ: مُؤَلَّف من ثلاثة Treble; threefold; triple; trio.

— الأَبعاد Three dimensional

— الحُدُود (في الرياضة) Trinomial.

— الحُرُوف: مؤلف من ثلاثة أَحْرُف Triliteral.

— الخُطُوط Trilinear.

— الزَوايا ←Triangular; triangled.

— السطوح او الأضلاع Trilateral.

— السُّطوح المتساوِيَة Trihedral.

— الأَرْجُل: △ سِيْبَة ←Tripod.

— الفُصُوص (في النبات) Three-lobed; ←trilobate, —d.

— الأَلْوَان Tricoloured.

— النُّوَيْرِيات اي البتلات (في النبات) Tripetalous.

— الورقات (في النباتِ) Trifoliate, —d; three-leaved.

— الأَلْسُن او اللغات Trilingual.

— المِحْوَر Triaxial.

— المقاطِع Trisyllable.

ثالِث: واقع بعد الثاني Third.

ثالِثاً Thirdly; in the third place.

ثالُوث (في اللاهوتِ) Trinity.

— الجَمال The Three Graces.

— طِيبَة (الفرعونية) Theban Trinity.

— : اتّحاد ثلاثة Triad; triplet.

زَهْرَة الـــ. Pansy; ←heart's ease.

تَثْلِيث: جَعْلُه ذا ثلاثة أركان أو أضعاف Tripling; trebling.

— : الاعتِقاد بثلاثةٍ في واحِد Trinitarianism.

المِساحة التَثْلِيثِيَّة Triangulation; trigonometrical survey.

مُثَلَّث: مُؤَلَّف من ثلاثة Threefold; triple.

— (في الهندسة) Triangle.

— متساوِي الساقَيْن Isosceles.

— مُختلِف الأضلاع Scalene.

— الرسّام وغيره ←Set-square.

حِساب المثلّثات Trigonometry.

الزهرة المثلّثة: شعار فرنسي قديم ←Fleur-de-lis.

مَثْلُوث: ذو ثلاثة Triple; threefold.

حَبْل — : من ثلاث قُوًى Three ply.

✱ ثَلَجَ: بَرَّدَ او جَمَّدَ بالثلج To freeze; ice; cool; congeal.

ثَلَجَت وأَثْلَجَت [1] السماءُ It snowed.

— . ثَلِجَت النفسُ به To be pleased with; find pleasure in.

أَثْلَج [2] صَدْرَه To please; gratify; give pleasure to.

ثَلْج رَخْو: خَشَف Snow

— جامِد: جَمَد (خُصُوصًا الصِناعِي) Ice.

نُدْفَة — : خَشِيفَة Snow flake.

ثَلْجِيّ: كالثلج او مِنْه Icy; glacial; snowy.

العصر الثَلْجِي او الجَلِيدِيّ Glacial epoch or period; ice age.

ثَلِجٌ. مُثَلَّج. مَثْلُوج Iced; frozen; congealed.

ثَلَّاج: بائع الثلج Ice-man; ice-seller.

ثَلَّاجَة: صُنْدوق الثلج Ice-box.

مَثْلَجَة: خِزانة التبريد Refrigerator.

✱ ثَلَلَ. ثِلَّة: خَراب Destruction; ruin.

ثُلَّة: جَماعة △ شَلَّة Company; group.

— أَصْحاب Group; clique.

ثَلَّ: هَدَمَ To subvert; undermine.

— عَرْشَهم To overthrow; subvert.

✱ ثَلَمَ الصِّيتَ او السُّمْعَة To defame; slander; calumniate.

— . ثَلَّمَ: شَقَّ To make a breach, or an opening, in a wall, etc.

— . — : △ تَلَّمَ. صَيَّرَهُ كَلِيلاً To blunt.

ثَلِمَ. تَثَلَّمَ To be, or become, blunt.

ثَلْم. ثُلْمَة: خَلَل Breach; flaw; crevice; cleft; rift; gap.

ثالِم: كَليل △ تالِم Blunt.

مُنْثَلِمُ الصِّيت او السُّمْعَة In bad repute or odour.

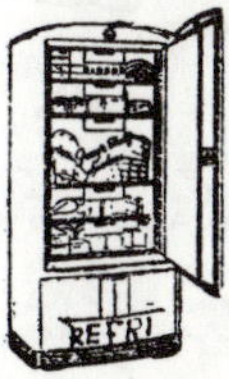

* ثمّ (في ثمم) * ثمانون * ثمانية (في ثمن)

To bear, yield *or* produce, fruit. * ثَمَرَ. أثْمَرَ

To invest in; lay out money on. ثَمَّرَ. اسْتَثْمَرَ المالَ (في كذا)

To fructify; make fruitful. استثمر ٢ الشيءَ: اسْتَغَلَّه

Fruit. ثَمَرٌ: حمل النبات او غيره

Product; produce; yield. — : مَحْصُول. نِتاج

Advantage; benefit. — . ثَمَرَة: فائدة

Profit; gain. — . — : ربح

Effect; result; fruit. — . — : نتيجة

Affection; love. ثَمَرَة القَلْبِ: المودَّة

Fruitless. بلا ثَمَرة: عَقِيم

Fruitage. إثْمار: انتاج الثمر

Fructification; investment. اسْتِثْمار: اسْتِغلال

Fruitful; productive. مُثْمِر: مُنْتِج

Profitable; lucrative. — : مُرْبِح

To become drunk, *or* intoxicated. * ثَمِلَ: سَكِرَ

To intoxicate; inebriate. أَثْمَلَ: أَسْكَرَ

Intoxication; inebriety; inebriation; drunkenness. ثَمَل: سُكْر

Intoxicated; inebriate; drunk. ثَمِل: سَكْران

Settlings; sediment; dregs. ثُمالَة: راسِب

Scum; foam; froth. — : رَغْوَة

To the dregs. الى الـ —

There; yonder. (ثمم) ثَمَّ. ثَمَّةَ: هُنالك

Thence; for that reason. من — : لذلك

Then; thereupon. ثُمَّ: حينئذٍ

Then; afterwards; next. — : بعدئذٍ

To value; estimate. * ثَمَّنَ الشيءَ: قدَّرَ ثمنه

To price; set a price on. — الشيءَ: حدَّد له ثمناً

Priceless; invaluable. لا يُثَمَّن: ثمين جداً

Valueless; worthless. لا يُثَمَّن: عديم القيمة

Eighth "part". ($\frac{1}{8}$) ثُمْن: جزء من ثمانية أجزاء

Price; cost. ثَمَن: سِعْر. عِوَض المبيع

Cost price; prime cost. — أصليّ (بلا ربح)

Par; nominal value. — أساسيّ

Above par; at a premium. أزْيَد من الـ الأساسيّ

Below par; at a discount. أقلّ من الـ الأساسيّ

Eight. ثَمانٍ. ثَمانِيَة (٨)

Eighteen. ثماني عشرة. ثمانية عشر (١٨)

Eighty; fourscore. ثمانون (٨٠)

Valuable; precious; costly. ثَمِين. مُثْمِن

Eighth. ثامِن: واقع بعد السابع

Estimation; evaluation. تَثْمِين: تقويم

Estimator; valuer. مُثَمِّن: مُقَوِّم

Valued; estimated. مُثَمَّن: مُقَوَّم

Octagon, —al. — الأركان (في الهندسة)

Octangular. — الزوايا

←Octahedron. — السطوح

Man's breast. * ثَنْدُوَة الرجل (كثدي المرأة)

* ثُنَّة الدابّة: الشعرات الخلفيّة فوق الحافر ←Fetlock.

To bend; twist; incline. * ثَنَى: طوى او عطف

To turn from; dissuade. — . أثنى ١ عن كذا: صرف

To double; multiply by two. ثَنَّى العَدَدَ: ضَعَّفَهُ

To repeat. — العمل: اعاده

To pleat; plait. — الثوب: كَشْكَشَه

To crease; wrinkle. — الثوب: جعَّده

To second; support. — على استدعاء

To praise; eulogise. — . أثنى ٢ على: مدح

To thank. — . — على: شكر

To dissuade; turn from. أثنى عن ٣: صرف

To be bent *or* inclined. انْثَنَى: انعطف

To be dissuaded. — عن: انصرف

To make an exception; except; exclude. اسْتَثْنَى: أخرج من حكم عام

To exempt. — فلاناً: أعفاه من حكم غيره

Bending; inclining. ثَني : عَطْف
Dissuasion. — عن عَزْم : صَرْف
Fold; plait. ثِني . ثَنْية : طَيّة
Crease; wrinkle. — . — : جَعْدة
Incisor; front tooth. ثَنِيّة (جمعها ثنايا) : سِنّ قاطِعة
Praise; eulogy. ثَناء : مَدْح
Thankfulness; thanks. — : شُكْر
Laudatory; eulogic, —al. ثَنائيّ : مَديحيّ
By twos; two and two. ثُناء : مَثْنَى
Double; twofold; dual. ثُنائي : مُزْدَوج
Biangular. — الزوايا
Biconjugate. — الازْدِواج
Binocular. — العُيون
Bivalent. — المُكافِئ
Bifoliate. — الوَرَقات
Ditheism. العقيدة الثنائية: عقيدة الالهين (الخير والشرّ)
Dual-control. المراقبة الثنائية
Second; next. ثانٍ . ثانية (للمؤنث) : واقع بعد الأوّل
Another. — : آخَر
The other. الـ : الآخَر
Twelfth. ثاني عشر : بعد الحادي عشر
Secondly; in the second place. ثانياً . ثانيةً
Again; once more. — . — : أيضاً
A second. ثانية ٢ : جزء من الدقيقة
Dualism. ثَنَوِيّة : الإعتقاد بإثْنينية الآلهة
Secondary; minor. ثانَوِيّ
Secondary school. مَدْرَسة ثانويّة
While; during; in the course of. أثناء . في أثناء
Meanwhile; meantime. في — ذلك
Twelve. إثْنا عَشَر . إثْنَتا عَشْرة (١٢)
Dodecagon. — عَشَريّ الأضلاع
Dodecahedron. — عَشَريّ السُطوح
Duodenum. الـ عَشَريّ (أوّل الإمعاء)

Two. إثْنان . إثْنتان (٢)
A pair; couple. — : زَوْجان △ زَوْج △ جُوْز
Duet. — ثنائي (في الغناء)
Monday. يوم الاثنين
Exception; exclusion. إسْتِثْناء : إخْراج من حُكْمٍ عامّ
Exemption. — : إعفاء من حُكْم الغير
Exceptional. إسْتِثْنائيّ
Exceptional case. حالة اسْتِثْنائية
As an exception; exceptionally. إستثنائياً : بوجه الإستثناء
Pliability. إنْثِناء : انْطِواء
Pleating; folding; twisting. تَثْنية : تَطْوِية
Deuteronomy. — الإشْتراع (من التوراة)
Double; twofold. مُثَنّى : مُزْدَوج
Dual. — : مُؤَلَّف من اثنين (في النحْو وغيره)
By twos; two and two. مَثْنى : ثُناء : اثنان اثنان
Folded; pleated; doubled. مَثْنيّ : مَطْويّ
Excepted; excluded; exempted. مُسْتَثْنَى
To reward; recompense. ✿ ثَوَّبَ . أثابَ : جازَى
To return; come back. ثابَ : رَجَعَ . عادَ
To recover one's senses. — اليه رُشْدُه
To get well; recover. — المريض : شُفِيَ △ طاب
Dress; garment; garb. ثَوْب : رِداء
Guise. — : مَظْهَر خارجيّ
Under the guise of truth. في — الحقيقة
Clothes; clothing. ثِياب : مَلابس
Reward; recompense. ثَواب . مَثُوبة : جزاء
Meeting place; resort; *rendezvous*. مَثاب . مَثابة : مُجْتَمَع
Equal to; like. بمثابة كذا : يُعادله
Bull; ox; bullock. ✿ ثَوْر : ذَكَر البَقَر
Cow. ثَوْرة : بَقَرة
Revolution; rising; revolt. — : هِياج

ثَوَرَان : هَيَجان — Disturbance; outbreak; agitation; outburst.

— البُرْكَان وأمثاله — Eruption.

ثَوْرِيّ. ثَائِر ١ △ ثَـوْرَوِيّ : مُثِيرُ الفِتَن — Revolutionist; firebrand.

— : مختصّ بالثورات او مُسَبِّبُها — Revolutionary.

أَثَارَ : هَيَّجَ — To agitate; rouse; excite; stir up; blow up.

ثَارَ : هَاجَ — To rise; break up; become agitated, stirred *or* excited.

— الجُنْدُ : تَمَرَّدَ — To rebel; mutiny.

— الشَّعْبُ : قامَ (على against.) — To revolt; rise

— الغُبَارُ : قامَ — To rise; be stirred up.

— ثائِرُه — To flare up; fly into a passion.

ثَائِر ٢ : غَضَب — Anger; passion.

— : هائِج — Agitated; excited; furious.

— : واحِد الثوّار — Rebel; revolutionist; insurgent; mutineer.

ثَائِرَة : ضَجَّة وشَغَب — Tumult.

إِثَارَة : تَهْيِيج — Stirring up; rousing; excitement; agitation.

مُثِير : مُهَيِّج — Exciting; agitating.

— : مُحَرِّك — Stirrer; mover.

— الفِتَنِ السِّيَاسِيَّة — Revolutionist.

— القَلاقِل والإضطِرابات — Agitator; firebrand.

* ثُؤْلُول △ ثُؤلُولة : نُتُوء جِلدِي صُلْب — Wart.

* ثَوْل : جَماعة النَّحْل — A swarm (of bees, etc.)

تَثَوَّلَ النَّحْلُ او النَّاسُ — To swarm; throng together.

* ثُوم : △ تُوم — Garlic.

* ثَوَى. أَثْوَى المكانَ وفيه وبه — To dwell, *or* abide, in a place.

— : ماتَ — To die; expire; depart.

أَثْوَى ٢ صاحبه : أَضافَه — To lodge; put up.

ثُوِيَ : دُفِنَ — To be buried.

ثُوَّة : ما يُنْصَب على الطريق ليهتدى به ←Sign-post.

مَثْوَى : مَنْزِل — Abode; dwelling-place.

— : نُزُل ○ بَنْسِيُون — Boarding-house; hostel.

* ثَيِّب : نَقِيضُ البِكْرِ من النِّساءِ — Matron; not virgin.

— : أَرْمَلة او مُطَلَّقة — Widow *or* divorcee.

* ثَيْتَل — ←Bubal; bubale; *bubalis*; North African antelope.

* ثَيْن : مُسْتَخْرِجُ الدُّرّ من البَحْر — Pearl-diver; pearl-fisher.

(ج)

* جَأْجَأَ : كَفَّ وامتنع — To refrain; cease from.

جُؤْجُؤ السفينة : صَدْرُها — Bow, *or* beak, of a ship.

— السفينة : مقدَّمها — ←Prow.

* جَأَرَ الثورُ : صاحَ — To bellow; low.

— : زأر △ جَعَّر — To roar.

جَأْر. جُؤَار — Bellow, –ing; lowing; roaring.

* جَأَشَ (راجع جيش) : اضْطَرَبَ — To be agitated *or* moved.

جَأْش : اضْطِراب — Emotion; agitation of mind.

رابِطُ الـ — Collected; cool; undismayed.

* جاء (في جيأ) * جائحة (في جوح) * جائزة (في جوز)
* جاب (في جوب وجيب) * جادّ (في جود) * جار (في جور)
* جارٍ. جارى * جارية (في جرى) * جاز * جائزة (في جوز)
* جازف (في جزف) * جازى (في جزى) * جاسَ (في جوس)
* جاشَ (في جيش) * جاع (في جوع) * جالَ (في جول)

○ جالون : مِكْيال انكليزي يسع ١٠ أرطال — Gallon.

* جالية (في جلو) * جامّ (في جوم) * جامع (في جمع)
* جامل (في جمل) * جاموس (في جمس)
* جانّ (في جنن) * جانٍ (في جنى)

○ جانْدارك : بطلة فرنسا — Joan of Arc.

* جاهٌ (في جوه) * جاهَر (في جهر)
* جاوب (في جوب) * جاور (في جور)

○ جاوَرْس : ○ كاورس . نبات وحَبُّه — Great millet of Africa.

* جاوَه : جزيرة فى ارخبيل الملايا — Java.

* جاوِيّ (في جوى) — Benzoin.

△جَاوِيْش : قائد عَشَرة Sergeant

* جَائِزَة (في جوز) * جَيَّار (في جير)

﴿ جيب ﴾ جَبَّ : قَطَعَ   To excise ; cut off or out.

جُبّ : بِئْر عَمِيقة   Pit ; (deep) well.

— : سِجْن تَحتَ الأَرض   Dungeon ; den.

جُبَّة : رِدَاء مَعْرُوف   Oriental outer open robe.

△جَبَغَان △ جَبَخَانَة : ذَخِيرَة   Ammunition.

△جَبَدَ * جَبَذَ : جَذَبَ   To pull ; draw.

* جَبَرَ المَكْسُور : أَصْلَحَهُ   To repair ; mend.

△ — . جَبَرَ العَظْمَ : أَصْلَحَهُ   To set broken bones.

— الخَاطِرَ : أَرْضَى   To conciliate ; propitiate.

— القَلْبَ : عَزَّى   To console ; comfort.

— الفَقِيرَ : سَاعَدَهُ   To relieve ; help ; redress.

— على . أَجْبَرَ : أَلزَمَ   To compel ; coerce ; oblige ; force.

△جَابَرَ : لاطَفَ   To oblige ; do a favour to.

تَجَبَّرَ : تَكَبَّرَ   To be haughty, arrogant or overbearing.

— : طَغَى . عَتَا   To tyrannize.

جَبْر . إِجْبَار : قَهْر   Compulsion ; coercion.

— . جِبَارَة . تَجْبِير العِظَام   Bonesetting.

— : عِلْم الجَبْر (في الرياضة)   Algebra.

— : قَضَاء الله وحُكْمه   Predestination.

الـ والمُقَابَلَة   Restoration and compensation.

جَبْرًا . بِالجَبْر : قَهْرًا   By force ; coercively.

جَبْرِي : مُختَصّ بعلم الجَبْر   Algebraic, —al.

— : إِلزَامِيّ   Compulsory ; obligatory.

بَيْع — أو اجباري   Forced sale.

جَبَرُوت : قُدْرَة   Might ; potency ; power.

جَبَرِيَة : الإِعتِقَاد بالجَبْر الالهي   Determinism.

جَبْرَئِيل . جِبْرائيل : اِسم مَلاك أو رجل   Gabriel.

جَبَّار : مُتَمَرِّد . عَاتٍ   Tyrant ; oppressor.

— : هائل القُوَّة أو الجِسْم أو الحَجْم   Giant.

مجهود —   Gigantic effort.

جَبِيرَة العِظَام Splint   To put into splints.

وَضَعَ في —   To put into splints.

إِجْبَار : جَبْر . إِلزَام   Compulsion ; coercion.

اجباري : جَبري   Obligatory ; compulsory.

مُجبَر . مَجبُور : مُلزَم   Obliged ; compelled ; forced ; coerced.

مُجَبِّر . جَابِر العِظَام   Bonesetter.

* جَبَّسَ الحائطَ : طلاهُ بالجبس   To plaster (a wall).

— العضوَ المريضَ   To set in plaster ; put in a cast.

جِبْس : تُراب كالجِصّ (راجع مصيص)   Plaster of Paris.

مَعدِن الـ   Gypsum ; plaster-stone.

جَبَس : بِطِّيخ أَحمر   Watermelon.

جَبَّاسَة   Gypsum quarry, or mill.

* جَبَلَ : صَوَّرَ . صَاغَ   To mould ; form ; fashion.

— : عَجَنَ   To knead.

جَبْل : عَجْن وصَوْغ   Moulding into various shapes.

قابلية الـ   Plasticity.

يُجبَل   Plastic ; mouldable.

جَبَل : طُور   Mountain ; mount ; big, or high hill.

— : سِيْنا (مَثَلاً)   Mount Sinai.

— : نَار . بُرْكَان   Volcano.

— : جَلِيد . كَسِيفة جَمَد   Iceberg.

أَنْف الـ : شِنَاخ   Promontory.

جَبَلِي : مُختَصّ بالجِبَال أو مِنها   Montanic.

— : كثير الجِبَال   Mountainous.

— : يَنْبُت في الجِبَال   Montane (plants).

— . جَبَلَاوِيّ : من سُكّان الجِبَال   Mountaineer ; highlander.

△جَبَلَايَة : مَغَارة في جَبَل مَصْنُوع   Grotto.

جِبِلَّة . جِبِلَّة : خِلقة — Constitution; temper; temperament; nature.

☆جَبُنَ : ضَعُفَ قلبُه — To be cowardly or a coward; show the white feather.

— : خارَ عزمُه — To lose heart.

جَبَّنَ : نَسَبَ الى الجُبْن — To accuse of cowardice.

— الحليبَ : صَيَّرهُ جُبْناً — To curdle; turn (milk).

△— . تَجَبَّنَ الحليب — To curdle; turn into curd; coagulate.

جُبْن ١ . جُبْنَة — Cheese.

— . — بيضاء او حالوم — Cottage cheese.

دُودَة الــ — Maggot; cheese-hopper.

ماء الــ : △ شيرش — Whey.

جُبْن ٢ . جَبانة : ضد شجاعة — Cowardice.

جَبان . جَبِين : ضِدّ شُجاع — Coward; cowardly; fainthearted.

جَبِين ٢ : جَبهة — Forehead; brow.

جَبِينِيّ : مُختصّ بالجبين — Frontal.

جَبَّان : صانِع او بائع الجبن — Cheese-monger.

— جَبّانة : مَقْبَرة — Cemetery; graveyard.

☆ جُبَّة (في جبب) : رِداء مَعْرُوف — Oriental robe.

☆جَبَهَ △ جابَهَ : استقبَلَ . واجَهَ — To confront; face.

جَبْهَة : جَبِين — Forehead; brow.

☆جَبَى الضرائبَ او الأمْوال — To collect, or gather, "taxes or rents."

جِبَاية الأمْوال : تحصِيلها — Collecting; gathering.

جابٍ : مُحصِّل الضرائب — Collector; gatherer; tax-collector.

☆ جَبِين (في جبن) ☆ جَثّ (في جثث) ☆ جثا (في جثو)

(جثث) جَثَّ . اجْتَثَّ : اقتلعَ — To uproot; pull out.

جُثَّة : جِسْم — Body.

— الميْت (خصوصاً الانسان) — Corpse; body.

— الميت (خصوصاً الحيوان) — Carcass; carcase.

☆جِثْلِيق . جاثِليق : متقدِّم الأساقفة — Prelate; primate.

☆جَثَمَ : تلبَّدَ بالارضِ — To crouch; cower.

— انطرحَ بصَدْرِه على الارض — To fall prone.

جُثام . جاثوم : كابوس — Nightmare; incubus.

جُثْمان : جِسْم — Body.

— الميْت : رُفاته — Corpse; remains; ashes.

مَجْثِم الطائر : محطّه — Roost; perch.

☆جُثُوّ : رُكوع — Kneeling; crouching down.

جُثْوَة : كَوْمة تُراب فوق قَبْر — Tumulus.

جَثا : رَكَعَ — To kneel.

جاثٍ : راكِع — Kneeling.

مَجْثَى : وسادة او كُرسي الركوع — Hassock.

☆جَحَدَ : أنكَرَ — To deny; disown; reject; renounce; disclaim.

— : كذَّبَ ودَحَض — To recant; repudiate.

— : كَفَرَ — To disbelieve.

— حَقَّه : أنكَرَه — To refuse, or deny, *another's* right.

جَحْد . جُحُود : إنكار — Denial; rejection; refusal; disownment.

— . — : كُفْر — Disbelief; faithlessness.

— . — المعْرُوف — Ingratitude.

جاحِد : ناكِر — Denier; disowner.

— : كافِر — Disbeliever; faithless.

— المعْرُوف — Ungrateful; thankless.

☆جَحَرَ الحيوانُ : دَخَلَ جُحْره — To burrow; hide in its hole.

جُحْر الحيوان : وِجار — Hole; burrow; lair.

☆جَحْش : ولدُ الحِمار — Young ass.

△— او حِمار خَشَب — Trestle.

جَحْشَة : أنثى الجحش — Young she ass.

☆جَحَظَت عَيْنه — To swell; bulge out.

جُحُوظ العين — Exophthalmic goiter; prominence of the eyeballs; Base-dow's disease.

جاحِظ العينَيْن — Pop-eyed; with bulging eyes.

☆ جَحَفَ : △ قَحَفَ . جَرَفَ — To scrape; abrade.

— معهُ : مالَ معه — To side with; take another's part.

أَجْحَفَ بهِ : جارَ عليهِ — To wrong; injure.

تَجاحفوا بالكُرة — To play hockey, or polo.

جُحْفَة : لُعْبَة الهُكي — Hockey.

إِجْحاف : جَوْر — Injustice; unfairness.

— : مَيْل . تحزُّب — Prejudice; bias.

مُجْحِف : جائِر — Prejudicial; biassed; unjust; unfair.

☆ جَحْفَل : جَيْش عَظِيم — Legion; host; great army.

رَجُل — : عَظِيمُ القَدر — A great man.

☆ جَحَمَ النارَ : أَوقدها — To kindle, light, or poke, fire.

جَحَّمَ : أَحدَّ النظرَ الى — To glare at, or upon; look fixedly or fiercely at.

جَحِيم : نار جَهَنَّم — Hell fire; hell.

جَحِيمِي : جَهَنَّمِي — Hellish; infernal.

△ جَخَّ : جَخَفَ — To talk big; to vaunt; boast.

جَخَّاخ : جَخَّاف — Vaunter; boaster; braggart.

☆ جَدّ ☆ جِدًّا (في جدد) ☆ جدار ☆ جدارة (في جدر)

☆ جِدال (في جدل) — Argument.

☆ جَدُبَ . أَجْدَبَ المكانُ — To be, or become, barren.

أَجْدَبَ ۲ القومُ : أَصابهم الفقر — To be impoverished.

جَدْب : مَحْل — Barrenness; sterility.

— : قَحْط — Dearth; scarcity.

— . جَدِيب . مُجْدِب — Barren; unfertile; sterile.

☆ جَدَث : تُرْبَة . قَبْر — Tomb; grave.

☆ جُدْجُد : صَرّار الليل — Cricket. (insect).

☆ جَدَّدَ . أَجَدَّ : جعله جديداً — To renew: renovate.

— : أعادَ من جَديد — To renew; make, or begin, again.

— الشَّبابَ — To rejuvenate.

— القَلْبَ : هَدَى — To regenerate; reform.

— القُوَى — To recuperate; regain strength.

جَدَّ : كانَ عَظِيماً — To be great or important.

— : كانَ جَديداً — To be new *or* recent.

— : حَصَلَ حَدِيثاً — To have happened lately.

— : اِجْتَهَدَ — To strive; endeavour; exert oneself; act vigorously or diligently.

— في الامرِ : اهتمَّ — To take (a matter) seriously or in earnest.

تَجَدَّدَ — To be renewed *or* renovated.

جَدّ : حَظّ — Good fortune; good luck.

— : سَلَف — Forefather; ancestor.

— : أَبو الاب أو الأُمّ — Grandfather.

جَدَّة : أُمّ الاب أو الامّ — Grandmother.

جِدّ : اجْتِهاد — Diligence; energy.

— : ضِدّ هَزْل — Earnestness; seriousness.

من — . جِدّي : ضِدّ هَزْلي — Earnestly; in earnest; seriously.

جِدّي ۲ : ضِد هَزْلي — Earnest; serious.

— هَزْلي : بَيْنَ الجِدّ والهَزْل — Serio-comical.

جِدًّا : للغاية — Very; exceedingly; in the extreme.

جِدَّة : حَداثَة — Recency; newness.

جَدِيد : ضِدّ قَدِيم — New.

— : حَدِيث — Recent; new.

— : مُسْتَحدث — Novel; unusual; new.

△ — : عُمْلَة قديمة تُساوي ١/٣ بارة — Asper.

△ — لَنْج : قَشِيب — Brand-new.

من — . — Over again; anew.

الجَدِيدان : الليلُ والنهارُ — Night and Day.

جادّ : ضِدّ هازِل — Serious; earnest; in earnest.

جادَّة الطريق — Camber, crown, *or* centre (center) of a road.

تَجَدُّد . تَجْدِيد — Renewal; renovation.

— . — الشَّباب — Rejuvenescence.

— . — القَلب — Regeneration; reform.

— . — القُوَى — Restoration of strength.

Lucky; fortunate. مَجْدُود : ذُو حَظّ

To have, *or* be infected with, smallpox. *جُدِرَ . جُدِّرَ △جَدَّرَ

To strike, *or* take, root. △ جَدَّرَ ٢ : جَذَّرَ

To be worthy of. جَدُرَ بكَذا : كَانَ أَهلاً له

Wall. جَدْر . جِدَار : حَائِط

Jerusalem artichoke. — . جِدْر : △ تَرْتوف (نَبات رَمْلي)

Root. △ جِدْر ٢ : (راجع جذْر)

Goiter; goitre. جَدَرَة : تورُّم الرَّقَبَة . تَضخُّم الغدة الدرَقية

Foundation; groundwork. △ جَدَار : أَسَاس

Parietal; mural. جِدَارِيّ (في التشْريح)

Smallpox. جُدَرِي : مَرَض نناطِيّ آدَمِيّ

Cow-pox. — البقَري

Chicken-pox; varicella; water-pox. جُدَيْرِيّ : جَدَري الماء او الدَّجاج

Competence; efficiency. جَدَارَة : أَهْلِيَّة

Zedoary; setwall. جَدْوار : زَدْوار (نبات)

Worthy of; deserving. جَدِيرٌ بكَذا

Worth mentioning. — بالذِكْر

More proper or becoming. أَجْدَر : أَحرى

مِجْدَار : فَزّاعَة △ أبو رِباح ←Scarecrow.

مَجْدُور : مُصَاب بالجدري
Infected with smallpox

— △ مجدَّر : محفَّر ببثور الجدَري
Pocked; pocky; pockmarked; pock-pitted.

To dock; cut off; amputate. *جَدَعَ : قَطَعَ

To maim; mutilate. — عُضواً من جسم لتشويهه

Young man. △ جَدَع : جَذَع . شَابّ

Fellow; chap. △ — : شَخْص

Clever; skilful; able. △ — : مَاهِر

Courageous; brave. △ — : شُجَاع

Maimed. أَجْدَع . مَجْدُوع : مقطوع الانف أو اليد أو الاصابع الخ

To flutter. *جَدَفَ الطائرُ : حرّك جناحيه ولم يطِر

To blaspheme; swear. جَدَّفَ (على الله)

— : جَذَفَ . سَيَّر بالمجداف To row.

تَجْدِيف : تَجْذِيف ← Rowing.

— على الله . Blasphemy.

مَرْكَب — . ← Rowing boat.

Blasphemous. تجديفي : كُفْرِي

مِجْدَاف : مِجذاف Oar.

بَيْتُ الـ — : △ شكرْمو ← Rowlock; oarlock.

To twist; twine. *جَدَلَ الحَبْلَ

To plait; braid. — جَدَلَ الشعرَ والخُوص وغيرهما

To argue; debate. جَادَلَ : حاجَّ

To wrangle; dispute. — : خاصَم

Argument; discussion; debate. جَدَلٌ . جِدَال : أَخْذ وَرَدّ

Dispute; contest; controversy. — . — : خِصَام

Contestable; disputable. يَقبَل الـ — .

Incontestable.; indisputable لا يَقْبل الـ — .

To suppose *or* presume, for argument's sake. فرَضَ جدَلاً

Argumentative; controversial. جَدَلِيّ

Brook; runlet; streamlet. جَدْوَل : نَهْر صَغير

List; schedule; roll. — : بَيان . قائمة

Column. — : عمود △ خانة

Table. — حِسابيّ

Multiplication table. — الضَّرْب

Conversion table. — تَحْويل (النقود والموازين)

— القضايا اي الدَّعاوي (المعْروضة على المحْكمة) Cause list.

△ قلم — . ← Drawing, *or* ruling, pen.

Tress; braid; ← plait. جَدِيلَة : ضَفِيرَة

جَدَّال . مِجْدَال : شَديد الجِدال Disputatious; argumentative.

Curbstone; kerbstone. △ مِجْدال ٢ : حجر كِبير

مَجْدُول : مَحْبُوك — Twisted; plaited; braided.

مُجادَلَة : جِدَال — Argument; discussion; debate; controversy.

☆جَدْوار (في جدر) — Zedoary; setwall.

○جَدْوَن الدَّرَّاجَة : مُوَجِّه — Handlebar.

☆جَدْوَى : فائدة — Advantage; use; benefit; avail.

— : عَطِيَّة — Grant; gift; present.

بلا — : بلا فائدة — Useless; unavailing; futile.

جَدَا عليه : أعْطاه عَطِيَّة — To grant; bestow on *or* upon.

—. اجْتَدَى . اسْتَجْدَى : اسْتَعْطَى — To beg.

أَجْدَى : أفادَ — To avail; be of use; answer the purpose.

— : أكْثَر فائدةً — More useful.

لا يُجدي — Useless; unavailing; of no avail.

هذا لا يُجديك — This is of no avail to you.

☆جَدْي : وَلَد المَعز — Kid; young goat.

مَدار الـ — Tropic of Capricorn.

☆ جَدِيد (في جدد) ☆ جَدِير (في جدر)

☆ جَذّ ☆ جذاذة (في جذذ) ☆ جُذام (في جذم)

☆جَذَبَ . اجْتَذَبَ : ضدّ دَفَعَ — To attract; pull; draw.

— . — : اسْتَمال — To win; allure.

— و — القَلْب — To captivate; attract; engage the affections.

جَذْب . اجْتِذاب — Attracting; pulling; drawing.

— . جاذِبِيَّة . القوَّة الجاذِبَة — Attraction.

جاذِبِيَّة ٢ : انجذاب او تَجاذُب المادَّة — Gravitation.

— الثِّقَل : الجاذِبِيَّة الأرضيَّة — Gravity.

— شَعْرِيَّة (راجع شعرية) — Capillary attraction.

— الالتِصاق — Cohesion.

— مَغْنَطِيسِيَّة — Magnetism.

— جِنْسِيَّة : مَيْل جِنْسِيّ — Sex-appeal.

جاذِب . جَذّاب : يَجذِب — Attractive; magnetic.

— . — : خَلاب — Engaging; winning; taking.

شَخصية جذّابة — Magnetic personality.

مَجْذُوب . مُنْجَذِب — Attracted; pulled; drawn.

△ — : مَجْنُون — Lunatic; maniac; insane; fool.

△ مُسْتَشْفَى المَجاذِيب (المجانين) — Lunatic asylum.

شَبِيه الشيءِ مُنْجَذِب اليه. — Like likes (attracts) like.

☆(جذذ) جَذَّ : قَطَع — To cut; clip.

جُذاذَة : ○فِيشَة — Index-card; label; chip.

جُذاذات — Clippings; cuttings; strips.

☆جَذَّرَ . جَذَرَ : اقْتَلَع — To uproot; root out.

— العَدَد — To extract the root of.

— : مَدَّ جِذْراً — To take, *or* strike, root.

جِذْر : أصْل (أو جذر العدد) — Root.

— أَصَمّ — A surd.

— تَرْبِيعِي — Square-root.

عَلامة الـ — (√) — Radical sign.

كَمِّيَّة جَذْرِيَّة — Radical quantity.

تَجْذِير : اسْتِخْراج الجُذور — Evolution.

☆جَذَعَ : △ جَدَع . شابّ — A young man.

جِذْع الشَّجَرة والحيوان والانسان — Trunk; stock; stem.

— التَّماثيل الآدَمِيَّة — Torso.

جِذْعِيّ : مختصّ بالجذع — Truncal.

☆جَذَفَ : (انظر جدف) — To row.

مِجْذاف : مِجْداف — Oar; paddle.

☆جَذِلَ : فَرِح — To exult; rejoice exceedingly.

أَجْذَلَ : فَرَّحَ — To exhilarate; enliven; gladden; cheer.

جَذَل : فَرَح — Hilarity; exultation; ecstasy; cheerfulness.

جَذِل : فَرْحان — Hilarious; in high spirits; exultant; cheerful; gay.

جِذْل الشَّجَرة: الظاهِر منها في الارض بعد قطعها — Stump.

☆جَذَمَ : قَطَع — To mutilate; cut off; maim.

جُذِمَ : أصابَه داء الجُذام — To be afflicted with leprosy.

جِذْمَة الشَّجَرة وامثالها : جذمور — Stump.

جُذَام : داءُ الأَسَد — Leprosy.

جُذَامَة النَّبَات : المَتروكُ مِنهُ عِند الحِصاد — Stubble.

أَجْذَمُ : مَقطوع اليَد او الاصَابع الخ — Mutilated; maimed.

— مَجْذُوم : مصَاب بالجذام — Leper; leprous.

٭ جُذْمُورُ الشَّجَرَة وغَيرها : الباقي بعد قطمها — Stump.

٭ جُذْوَة : جَمْرة — Firebrand; brand.

٭ جَرَّ (في جرر) — To drag; pull; draw.

٭ جَرَّأ : شَجَّعَ — To embolden; encourage.

جَرُؤَ . اجتَرَأَ : جَسَر — To dare; venture.

جُرْأَة . جَرَاءَة : جَسَارَة — Boldness; pluck; daring; intrepidity.

— . — : وقاحَة — Forwardness; audacity.

جَرِيء : جَسُور — Bold; daring; intrepid; audacious; plucky.

— قَلْب — Stout heart.

٭ جِراب (فيجرب) ٭ جَراد (فيجرد) ٭ جَرّار (فيجرر)

○جرام : وحدَة الوَزن المَتري — Gram; gramme.

○جرامُوفُون : الحَاكي — Gramophone

○جرانيت : حَجَر أعبل محبَّب — Granite.

٭ جراية (في جرى) — Rations.

٭جَرِبَ : أُصِيب بالجَرَب — To be mangy; infected with mange.

— : ذَهَبَ او تغيَّر لَونُه — To fade; lose colour.

جَرَّبَ : اختَبَر — To try; test; put to the test or proof.

— : أغرَى — To tempt; entice.

— أمرًا : حَاوله — To attempt; endeavour.

— نَفسَه في كذا — To try one's hand at.

جَرَبٌ : مَرَض جِلدي — Itch; scabies.

— : العَلاقين — Sycosis; barber's itch.

— الحيَوانات (الخَيل والكِلاب خاصَّة) — Mange.

— الغَنَم (خاصَّة) — Scab.

جَرِبٌ . جَرْبان . أجْرَبُ — Itchy; mangy; scabby.

△جَرْبان : ذاهِب اللَون — Faded; dingy; dirty-looking; dead, or dull, colour.

جِرَاب : غِلاف — Case; covering.

— السَّيْف : غِمْد . قِراب — Sheath; scabbard.

— : وعاء من جِلد — Wallet; bag.

— الفَرْد — Holster.

— : صَفَن . كِيس الخُصْيَة — Scrotum.

— : خُرْج — Knapsack.

جُرَيْب : وعاء صغير — Follicle.

جَوْرَب قَصِير : △شُرَّاب — Sock; halfstocking.

— طَويل : كَلَسَات — Stocking; hose.

تَجْرِبَة . تَجْرِيب : اختِبار — Trial; test; probation examination.

— . — : مِحْنَة — Tribulation; ordeal; trial.

— . — : إغْوَاء — Temptation.

— : عَمَلِيَّة اختِبارِيَّة — Experiment.

— : خِبْرَة — Experience; practice.

— : سَعْي — Attempt; endeavour.

في (تحت) الـ — — On probation.

مُجَرَّب : مُختَبَر — Tried; tested; proven.

— مُجَرَّب : خَبِير — Experienced; practised.

مُجَرِّب : فاحِص — Tester; examiner.

— : مُغْرٍ — Tempter.

△جَرِ بُنْدِيَّة : جِراب الجُندي — Rucksack.

△جَرْبُوع : يَرْبُوع — Jerboa.

٭جُرْثُومَة : بزرة — Germ; seed; spore.

— : أَصْل — Root; origin; first principle.

○جَرَّجَ الاتميل : وَضَعَهُ في الجَاراش — To garage a car.

جَراج . جَاراش : بَيْت الاتُمبِيلات — Garage.

٭جَرْجَرَ : رَدَّ دَصوْتَه (راجِع غَرغَرَ) — To rumble; roll.

— : الرَّعْد — To peal; resound.

— الماء في حَلقِه : غَرغَرَ — To gargle.

△ — : ذَلَّه (مثلاً) : جَرَّ — To trail; drag.

△ — نَفسَه او رِجلَيه — To shuffle one's feet; walk with a shuffle.

جَرْجَار . جَرْجِيْر Rocket.

— . — أَرْضِي American, *or* winter, cress.

— . — بَرِّي Wild, *or* bastard, rocket.

— . — الماءِ Watercress; water rocket.

*جَرَحَ : كَلَمَ To wound; cut.

— الاحْسَاسات To hurt the feelings.

— بلِسانِهِ : عابَ To insult; abuse.

— الشهادَةَ او الوصيَّةَ To invalidate testimony.

اجْتَرَحَ الإِثْمَ To commit an offence *or* a crime.

جُرْح : كَلْم Wound; cut.

جَرَّاح : طَبِيْب جَرَّاح Surgeon.

جِراحَة : صناعة الجرَّاح او عمله Surgery.

— : عَمَلِيَّة جِراحِيَّة Surgical operation.

جِراحِيّ : مختصّ بالجِراحَةِ Surgical.

غُرفة العَمَليَّات الجِراحِيَّة Operating theatre.

جَرِيْح . مَجْرُوح Wounded.

جارِح . يَجْرَح : قاطِع Wounding; cutting.

— : مُؤْلِم Cutting; biting; stinging.

— : (حيوان) مُفْتَرِس Ravenous: rapacious.

انتقاد — . Biting remark; sarcasm.

جارِحة : عُضْو . طرف Limb.

*جرَدَ . جَرَّدَ : نَزَعَ القِشْرَ To strip; pare; peel.

— . — من كذا : اخذَهُ منه To dispossess, divest, strip *or* deprive, of.

— . — من كِساء To denude; lay bare.

△ — البضائع او الموجودات To take stock; make an inventory of.

جرَّدَ السيْفَ : سَلَّهُ To draw the sword.

— الجيوشَ To raise, *or* levy, troops.

— من الرتَب To degrade.

— « العَسْكَرِيَّة To reduce to the ranks.

— من السلاح : نَزَعَهُ To disarm.

— من المعدات الحربيَّة To dismantle.

— من الملك To expropriate; dispossess.

تجرَّدَ من كذا To be devoid, divested, deprived, *or* stripped, of.

جَرْد . جَرِد : لا نَبْتَ فيه Plantless; destitute of vegetation.

△ — (الاشياءِ أو البضائعَ) Stock-taking.

△ قائمة الجرد Inventory.

جَرَاد (الواحِدة جَرادَة) ←Locusts.

— البَحْر : سَرَطان الماءِ ←Lobster; homarus.

جَرِيدَة : صَحِيفة Paper; newspaper.

— يَوْمِيَّة Journal; daily paper.

— : بَيان List; schedule.

— : سِجِلّ الاراضي لترتيبِ الضَريبة عليها Cadastre.

بائِع الجَرائد ←Newsboy; newsman.

جَرِيدة النخل Palm-leaf stalk

△ لَعِبُ الجريد : بِرْجاس Joust; tournament; tilt.

أجرَد . أجْرُوْد س : بلا شَعْر Hairless.

أرض جَرْداء : لا نَبْتَ فيها Plantless, *or* uncultivated, land.

تَجْرِيْد : نَزع الجِلْد وغيره Stripping; divesting.

△ — او تَتْوِيج العَقْد (خارجه) ←Extrados.

— : تَعْطِيل Dismantlement.

— من الكِساء Denudation.

— من الرُتَب Degradation.

— من السلاح والمعدّات الحربيّة Disarmament.

تَجْرِيْدَة : حَمْلَة حَرْبِيَّة Military expedition.

مِجْرَد الأسْنان △ فُوْرْشَة ←Toothbrush.

مُجَرَّد : ضِدّ مزيد (في الصَّرف) Abstract.

— من كذا Devoid, deprived, *or* destitute, of.

— : ضِدّ مُرَكَّب Simple; uncompound.

— : صِرْف Mere; pure; absolute.

— : مُعَطَّل (من الالات أو الاثاثات) Dismantled.

— : عُرْيان Naked; bare.

بالعين المجرَّدة With the naked eye.

بِمُجَرَّد ما No sooner than.

مَجْرُوْد س : جَرُوف (الطرجرف) Shovel.

△ جَرْدَل : سَطْل . دَلْو ←Bucket.

*جُرَذ (واحِد الجِرْذان) : فأرٌ كبير ←Rat.

*جَرَّ : △جَرْجَرَ To trail; drag.

جَرَّ : سَحَبَ To pull; draw along.

— المَرْكَبَ : △قَطَرَه To tow; tug; track.

— على : جَلَبَ To bring upon; lead to.

— : سَبَّبَ To occasion; cause.

△ — رِجْلَه : أغْراه To draw on; tempt.

△ — شَكْلاً مع To pick a quarrel with.

أَجَرَّ . اجْتَرَّ : △ إشْتَرَّ To ruminate; chew the cud.

إنْجَرَّ : انْسَحَبَ To be pulled, drawn *or* dragged, along.

— مع التَّيار (مَثَلاً) To drift; be floated along.

جَرّ : سَحْب Pulling; dragging; drawing.

— : △قَطْر Traction; towing; hauling.

△ — شَكْل To pick a quarrel with.

— مَغْنَم Exploitation.

حَرْفُ — (في النحو) Preposition.

جَرَّة : إناء فَخَّارِيّ ←Jar; earthen vessel.

— قَلَم A stroke of pen.

△جُرَّة : أَثَرُ المرور Track; trace; trail.

جِرَّة : ما يلوكه الحيوان المجترّ Cud.

وهَلُمَّ جَرّاً And so forth; and so on; *et cetera*; etc.

جَرَّار : جَيْش جَرّار A great army; legion.

جَرَّارَة : عقرب صَفْراء Yellow scorpion.

△ — العربة Trace.

△ — المراكب Tug-boat; towing-vessel.

△ — المركب : △لِبان (حَبْل يُجَرّ به) Towline.

△ — : آلة جَرّ Tractor; traction-engine.

جارّ : ساحِب Pulling; hauling; drawing.

— (في النحو) Conjunctive.

جارُور : دُرْج ←Drawer.

جَرِيرة : إثْم Sin; offence.

△ إنْجِرارِيَّة : قَطْرُ المراكِب أو أُجْرة ذلك Towage

مَجَرَّة (في الفلك) Galaxy; the Milky-Way.

مُجْتَرّ : △ مُشْتَرّ Ruminant animal.

مَجْرُور : مَسْحُوب Pulled; hauled; drawn.

— (في النحو) Objective.

△ — المنزل (الجمع مجارِير) : مَصْرف Sewer; drain

△ مَنْزِل او مَدْخَل الـ : △ بَكَبُورْت Manhole.

△ مَجارير ٢ : نِظامُ الصَّرْف Drainage; sewerage.

*جَرَسَ : أَسْمَع صَوْتاً To ring; sound; make a noise.

جَرَّسَ بِهِ : هَتَكه To scandalize; disgrace.

— الدَّهْرُ فلاناً To try; experience.

جِرْس : صَوْت Sound; ring, —ing.

جَرَس : آلة تُقرَع للتنبيه ←Bell.

— صَغير : جُلْجُل Rattle; ←sleigh-bell.

— الخَطَر او التحذير Alarm-bell.

— المَوْتِ Toll; knell; death-bell.

— كَهْرَبِيّ ←Electric bell.

— يَد ←Hand bell

حَبْل الـ Bell-rope, (-cord).

دقّ الـ To ring a bell.

دقَّة — . The call of bell.

دقّة — الخطر Tocsin; alarm-bell, (-signal)

ذات الأجْراس : قِرْطال (حَيَّة) Rattle-snake.

جَرَسِيّ : بشكل الجَرَس Campanulate; ←bell-shaped.

△جُرْسة : هَتِيكة Scandal.

جُرَيْسة : اسم زَهْرة Harebell.

*جَرَشَ : جَشّ △دَشّ To crush; bruise.

△جَرِش : أَجَشّ Harsh, *or* hollow, sound.

جَرِيش . مَجْرُوش : △مَدْشُوش Crushed; bruised.

— : △ دَشِيشة Grit; crushed wheat.

جارُوشة : رَحًى Quern; stone hand-mill.

✱جَرَضَ . أَجْرَضَ : خَنَقَ — To choke; stifle.

جَرِضَ : اخْتَنَقَ — To be choked *or* stifled.

✱جَرِعَ . اجْتَرَعَ : شَرِبَ — To gulp; quaff; drink in large draughts.

تَجَرَّعَ : ابتَلَعَ — To swallow; drink off *or* up.

جُرْعَة : شَرْبَة — Gulp; swallow; drink.

— دَوائِيَّة — Draught; dose of medicine.

✱جَرَفَ . اجْتَرَفَ — To sweep away; scrape.

— . — الماءُ الشَّيءَ — To wash away.

جُرْف : عرض الجبل — Cliff; precipice; steep.

— النَّهر والحفرة وغيرهما — Bank; edge.

△ جَرَّافة الفلاّح : مِسْلَفَة — Harrow.

جَرُوف . مِجْرَفة : مَجْرُود س — Shovel.

— . — سكر أو طحين — Scoop; ladle.

✱جَرَمَ . أَجْرَمَ . اجْتَرَمَ — To commit a crime.

جَرَّمه . تَجَرَّمَ عليه — To accuse *or* incriminate.

جُرْم . جَرِيمَة : ذَنْب — Offence; crime.

لا — : حَقًّا — Certainly; of course.

جَرْم : زَوْرَق . ماعُون — Lighter; boat.

△ — : حَجْم — Size; volume; bulk.

جِرْم : جِسْم — Body.

— فَلَكِي او سَماوِيّ — Celestial body.

△ جِرم . جَرِيم : كبير الحجم — Bulky; huge; of great size.

جَرِيمَة : جِنَايَة — Crime; offence.

— كُبْرَى — Capital offence *or* crime.

أَثْبَتَ الـ على — To convict; prove guilty.

مُجْرِم : جَانٍ — Criminal; guilty; culprit.

○جُرْمُوق ○ گالوش

Gaiters, spats, *or* galoshes.

✱جَرَّنَ الحَصِيدَ : كَوَّمَه — To heap; lay (harvested crop) in a heap.

جُرْن : حَوْض — Basin.

— الماءِ المقدَّس (في كَنيسة كاثوليكية) — Stoup.

— المَعْمُودِيَّة — Baptismal font.

— : هَاوُن — ←Mortar.

— . جَرِين : بَيْدَر — Threshing-floor.

○جُرْنال : جَرِيدَة — Newspaper; journal.

✱جُرَّة (في جرر) — Track; trace; trail.

✱جَرْوُ الكَلْب او السبع — Pup; puppy; whelp.

— الثعلب او الذئب او ما شَاكَلَهُما — Cub.

✱ جَرَى : رَكَضَ — To run.

— : سَالَ — To flow; run.

— : حَدَثَ — To happen; occur; take place.

جَرَّى . أَجْرَى — To make, *or* cause to, run *or* flow.

— رِيقَه — To make *one's* mouth water.

أَجْرَى ٢ عليه الرزق — To appoint, *or* settle, an allowance.

— الامر : نَفَّذَه — To perform; carry out.

— عليه قِصَاصاً — To inflict a punishment.

جَارَى : سَابَقَ — To keep pace with; race.

— : سَايَرَ — To get on, *or* keep up, with.

— في الأمرِ — To agree with.

جَرْي . جَرَيَان — Running *or* flowing.

جَرَّاء : رَكَّاض — Runner.

— الرَّمْل : قُنْبُر الماء △ جُمَّيح — ←Turnstone.

من جَرَاكَ او جَرائِكَ : بِسَبَبِك — Because of *you*.

△ جِرايَة العساكر : تعيين . راتب — Rations.

عَيْش — : غير الخُبْز الخاص — Coarse bread.

عيش — الجُنُود — Regulation bread.

جارٍ : راكِض — Running.

— : دارِج — Current; circulating.

الشَّهر الجارِي — Current, *or* present, month.

السَّنَة الجارِيَة — Current, *or* present, year.

جَارِيَة ٢ : أَمَة — Bondmaid; slave girl.

— : صَبِيَّة أو خادِمَة — Maid; girl.

△ — : إمْرَأَة زِنْجِيَّة — Negress; blackwoman.

إجْرَاء : إنفاذ — Execution; performance.
— قانوني : تصرُّف — Procedure; proceeding.
إجْراءات : تصرُّفات — Proceedings; measures.
— قانونيّة او قضائية — Legal proceedings.
— شديدة او عَنيفة — Drastic measures.
إجْرائي : متعلّق بالتصرُّفات — Procedural.
مَجْرُور (في جرر) : مَصْرف — Drain; sewer.
مَجْرًى — Course.
— البَوْل : إحْليل — Urethra.
— الحياةِ : سَيْرُها — Trend of life.
— الماءِ — Watercourse; channel.
— الهواء — Draught; current of air.
— الأحْوال — Drift; tendency of events.
△ماجَرَيات (ماجرى) — Events; happenings; occurrences.
* جَرِيء (في جرأ) * جَريد * جريدة (في جرد)
* جريرة (في جرر) * جَريمة (في جرم) * جَزّ (في جزز)
* جَزأَ . اجتزأ بكذا : قنع — To be content, *or* satisfied, with.
جَزَّأَ : قسَّم — To divide; part.
يتجزّأ : يُقسَم — Divisible; partible.
لا — — Indivisible.
جُزْء : قِسْم — Part; division.
— : قطعة — Part; portion; piece.
— من عددٍ صحيح : كَسْر — Fraction.
— : فَصْل — Section; division.
— لا ينفصل (أو لا يتجزأ) — Part and parcel.
جُزئي : ضِدّ كُلّي — Partial; divisional.
— : طفيف — Trivial; trifling; petty.
جُزئيًّا : ضِدّ كُلّيًّا — Partly; in part.
جُزئيّات : تفاصيل جُزئيّة — Particulars; details.
جزاء (في جزي) — Reward *or* punishment.
أجزائي △أجزاجي : صَيْدَلي . صيدلاني — Chemist; druggist; pharmacist.
أجزائيّة △أجزاخانة : صَيْدلِيّة — Pharmacy; drugstore.
تجزئة : تقسيم — Partition; division.
قابليّة الـ — Divisibility; partibility.
خاصيّة عدم الـ — Indivisibility.

○ جِزْدان : كِيس نقود (انظر جزلان) — Purse.
* جَزَرَ : ذَبَحَ — To slaughter; kill; butcher.
— البَحْرُ : ضِدّ مَدّ — To ebb; flow back.
جَزْر : ذَبْح — Slaughtering; butchering.
— البَحْر : ضِدّ مَدّه — Ebb-tide; reflux.
— البَحْر ومَدّه — Tide; ebb and flow.
— كامِل — Neap tide.
جَزَر : نبات جِذْره يُؤكل — ←Carrots.
— افرنجي او رُومي — Parsnip.
△جَزْرة △مَحْبس جَزرة : حَنَفيّة بِرميل — ←Plug-cock; tapping cock.
جَزّار : ذَبّاح أو لحّام (بائع لحم) — Butcher.
جِزارة : صِناعة الجَزّار — Butchery; butcher's trade.
جَزِيرة : أرض يكتنفها الماء — Island; isle.
شِبْه — — Peninsula.
الجزيرة : ما بين النهرين (الفرات ودجلة) — Mesopotamia.
الجزائر (في شمال افريقية) — Algiers; Algeria.
جزائري : نِسْبةً الى بلادِ الجزائر — Algerine; Algerian.
— : من أهْل الجُزُر — Islander.
جُزَيْرة : جزيرة صغيرة — Islet; a little isle.
مَجْزِر : مَذْبَح — Slaughter-house.
مَجزرة : مَذْبَحة — Carnage; butchery.
(جزز) جَزّ الصوف او غيره — To shear; cut; clip.
جِزّة الغنم : صُوفُها المجزوز — Fleece *or* clip.
جَزّاز : قصّاص الصُّوف — Shearer.
جُزازة : قطعة مجزوزة — Clipping; piece cut *or* clipped off.
مِجَزّ : مقصّ الجَزّاز — Shears.
مَجْزُوز : مقصوص — Shorn; cut; clipped.
* جَزِعَ : ضِدّ صَبَرَ — To be impatient *or* restless.
— : حَزِنَ — To be grieved.
— : قَنِطَ — To despond: sink under loss of hope.
— على : قَلِقَ — To be anxious *about*.

جَزَعٌ : ضِدّ صَبْر — Impatience; restlessness; despondency.

— : خَوْف . قَلَق — Anxiety; uneasiness.

جَزِعٌ . جازِع . جَزُوع : ضِدّ صَبور — Impatient; restless; uneasy.

— . — : قَلِق — Anxious; solicitous.

جَزْع : نوع من العقيق — Onyx.

مُجَزَّع : مُعَرَّق — Veined; marbled.

ورق — . — Marble-paper.

*جَزَفَ . جازَفَ : تَصَرَّفَ بلا تبصُّر — To act randomly; take *one's* chance; run the risk.

— . — : خاطَرَ — To risk; venture; dare.

جُزاف — Random; promiscuous; indiscriminate; haphazard.

جُزافاً — At hazard; at random; randomly; aimlessly; blindly.

تكلَّم — . — To talk randomly *or* at random.

مُجازِف — Reckless; rash; venturous; temerarious; foolhardy.

مُجازَفة — Recklessness; rashness; temerity.

*جَزُلَ : وَفُرَ — To be abundant *or* plentiful.

— المَنطِقُ — To be eloquent *or* clear.

أَجْزَلَ لهُ العطاء — To give liberally *or* largely.

جَزْل . جَزِيل : وافِر — Abundant; plentiful.

— . — : فَصِيح — Eloquent; clear.

جَزِيلُ ٢ الاحترام — Highly respected.

خَيْرٌ جَزِيل — A great good; *magnum bonum.*

شُكْرٌ جَزِيل — Profuse thanks.

جِزْلَة : قطعة . شَرْحة — Slice; piece.

جَزالَة : وَفْرة — Abundance; plentifulness.

— المنطق — Eloquence.

جَوْزَلُ الحَمام : △ زغلول — Young pigeon.

△ جُزْلان : كِيس النقود — Purse.

*جَزَمَ : قَطَعَ — To cut off.

— الامر — To decide; determine; settle.

— على الامر : عَزَم — To resolve; decide upon.

— عليه الامر : أوجبَه — To make incumbent upon.

جَزْم : بَتّ — Decision; determination.

علامة الـ . جَزْمة : سُكُون (في النحو) — Sign of quiescence.

△ جَزْمة ٢ : حِذاء (طويل) — Boot; a pair of boots.

△ — برباط — Lace-boots.

△ — بأزرار — Button-boots

△ — صَفْراء — Brown, *or* tan, boots.

△ — لمّاعة — Patent leather boots.

△ — مَكْشوفة (قصيرة) — Shoe; a pair of shoes.

△ رباط الـ : شِراك . زِمام — (Boot) lace.

△ جزماتي : إسْكاف — Shoemaker; bootmaker.

△ — : مُرَقِّع الأحذية — Cobbler.

جازِم : باتّ — Decisive; positive; peremptory; final.

مَجْزوم فيه — Decided upon; settled.

○ جَزُون : حشيش الحدائق العمومية . سمّه . نُسيل — Lawn-grass.

○ جِزْوِيتي : يَسُوعي — Jesuit.

*جَزَى الشيءُ : كَفَى — To suffice; satisfy; give satisfaction.

— . جازَى : كافأ — To reward; recompense; compensate; repay.

— . — : عاقَب — To punish.

— وأَجْزَى عن : أغنى — To substitute; replace; do instead of.

جَزاء . مُجازاة : مكافأة — Reward; recompense; retribution.

— : قِصاص — Punishment; penalty.

— نَقْدِيّ : غَرامة — Fine.

جِزائيّ : قِصاصِيّ . عُقوبِيّ — Penal.

جِزْيَة : أتاوة . فريضة يؤديها التابع للمتبوع — Tribute

— : خَراج الارض — Tax; land-tax.

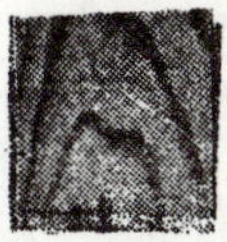

* جَزيرة (في جزر) * جَزيل (في جزل) ○ جسّ (في جسس)

Bold; courageous; plucky; daring; audacious. جَسُور : جَرِيء
Forward; impudent; cheeky. — : وَقِح
To feel; touch. (جسس) جَسَّ . اجْتَسَّ : مَسَّ
To sound; probe. — : سَبَرَ
To feel *one's* pulse. — نَبضه (حقيقياً ومجازياً)
To reconnoitre; survey; explore. — . تَجَسَّسَ : اسْتَكْشَفَ
To spy out. — و — الأحْوال أو المكان
To pry; spy; snoop on, (*coll.*) — . تَجَسَّسَ ٢ على
Spy. جاسُوس : مُسْتَطْلِع الأحْوال
Espionage; spyism; spy-craft. جاسُوسِيَّة
Spying. تَجَسُّس
Probe; sound. مِجَسّ : مِسْبَر
To be big, large, *or* great. ٭ جَسُمَ : عَظُمَ
To enlarge; magnify; intensify. جَسَّمَ : عَظَّمَ
To exaggerate. — : بالَغ
To take, *or* assume, a form. تَجَسَّمَ
To intensify; become great. — الخطرُ
Body. جِسْم : بَدَن، او كُلّ ماله طول وعرض وعمق
Substance; matter. — : مادّة
Mass; lump of matter. — : كُتْلة
Form. — : شَكْل
Body; corpse. جُسْمان : جُثْمان : جِسْم
Bodily; corporal. جِسْمِي . جُسْماني : بَدَني
Corporeal; material. — . — : مادّي
Great; big; large; vast. جَسِيم : عظيم
Bulky; huge. — : ضَخْم . كبير الجِسْم
Corpulent; stout. — : بَدين . سَمين
Magnitude; greatness; largeness. جَسامة : عِظَم
Bigness; bulkiness. — : ضَخامة
To belch; eructate; burp. ٭ جَشَأَ . تَجَشَّأَ : تَدَشَّى س △ تكرَّع
Belching; eructation. جُشْأة . جُشاء

To be, *or* become, rigid *or* stiff. ٭ جَسَأَ . جَسَا : تَصَلَّبَ
To be, *or* become, rugged, rough *or* coarse. — : غَلُظَ وخَشُنَ
Rugged; rough; coarse. جاسِيء : خَشِن
Rigid; stiff; inflexible. — : صُلْب . قاسٍ
Body; *corpus*. ٭ جَسَد : جِسْم
The flesh; the body. الـ : خِلاف الرُّوح
Corpus Christi. عِيْد الـ . (عيد مسيحي)
Bodily; corporal. جَسَدِي . جُسْداني : بَدَني
Carnal; corporeal. — . — : خِلاف رُوحي
To become incarnate. تَجَسَّدَ : صار ذا جَسَد
Incarnation. تَجَسُّد (في اللاهوت)

Stereoscope. مِجْساد : مِشْباح
Stereograph. رَسْم مِجْساديّ
Incarnate. مُتَجَسِّد : ذو جَسَد
To embolden; encourage. ٭ جَسَّرَ : شَجَّعَ
To embank; build a bridge over. △ — . جَسَرَ : أقام جِسْراً
To cross; span. جَسَرَ ٢ . اجْتَسَرَ : عَبَرَ
To dare; venture. — على . تَجاسَرَ

Bridge. جِسْر : △ كُبْري
←Drawbridge. — مُتَحَرِّك
Pontoon (bridge.) — عائم (مؤلَّف من مَراكِب)

←Suspension-bridge. — مُعَلَّق

Bank: embankment. — النهر أو سِكّة الحديد
←Putlog. △ — البِنَاء
Girder. — البِناء △ كَمَرة . عَتَب

←Asses' bridge. — الحِمار
Courage; nerve; pluck; daring; intrepidity. جَسارة : جَراءة
Boldness; audacity. — : جُرْأة . وَقاحة

To crush; bruise. (جشش) جَشَّ : ∆ دَشّ

Hoarseness; huskiness جُشَّةُ الصوتِ : بُحَّة

Crushed; bruised. جَشِيْش . مَجْشُوش : ∆ مَدْشُوش

Grits; coarse meal; groats. — : طَحِين خشن

Deep; hollow; sepulchral. أَجَشّ : غليظ (صَوت)

Hoarse; harsh; husky. — : أَبَحّ (صَوت)

Greed, —iness; covetousness; cupidity; avidity. * جَشَع : طَمَع

Greedy; covetous. جَشِع : طَمّاع

To undergo; suffer. * جَشِمَ . تَجَشَّمَ

←Pipit. * جُشْنَة : عُزَيْرا (طائر)

To plaster. * جَصَّصَ : طلى بالجصّ

Gypsum; plaster of Paris. جَصّ : ٥ جِبْس

Plaster kiln. جَصّاصَة : مصنع (قين) الجصّ

Commission, *or* reward. * جعالة (في جعل)

Quiver. * جَعْبَة : كِنانة

To say *one's* say. أَفْرَغَ — كلامه

To bully; bluster. * جَعْجَعَ : أَجلَب

To gobble. — الجمَلُ او الديكُ الرومي (الحَبشي)

Rumbling; confused sound *or* noise. جَعْجَعَة : صَوت الرحى

Bluster, —ing; fuss. — : جَلَبة

Much ado about nothing. — بلا طِحْن

Boisterous; noisy. جَعْجاع : كَثير الضَوْضاء

To wrinkle; crease. * جَعَّدَ الجِلْدَ والثَّوبَ وغيرهما

To curl; frizzle. — الشَّعرَ

To curl; become curly; frizzle; go into curls. جَعُدَ . تَجَعَّدَ الشَّعرُ

To wrinkle; crease; become creased. — . — الجِلْدُ والثوبُ

Curl; ringlet of hair; frizzle. جَعْدَةُ شَعْر

Wrinkle; crease. — في جِلد أو ثَوب

Curly; frizzled. جَعْدِيّ . أَجْعَد

Ruffian; bully. ∆ جُعَيْدِي : وَبَش

Furrowed brow. جَبِين مُجَعَّد

To dung; void excrement. * جَعَرَ السبعُ : تَغَوَّطَ

To howl; bluster; cry aloud; roar. ∆ جَعَرَ : جَأَر

King's ←cushion; lady's chair. * جِعِرَّى : ∆ كُرْسِي السُّلْطان

Scarab. ابو جُعْران : جُعَل (انظر جعل)

Milk thistle; hare's lettuce. ∆ جِعْضِيد : يَعْضِيد ∆ جَلْوين

Rivulet; brook. * جَعْفَر : نَهر صَغير

To make; create; form. * جَعَلَ : صَنَعَ

To render; make. — : صَيَّرَ

To put; place. — : وَضَعَ

To think; consider; believe. — : ظَنَّ

To begin; commence. — يفعل كذا : شَرَعَ

To appoint; fix. — له كذا : عَيَّنَه

Pay; wages; fees. جُعْل . جِعالَة : أُجْرَة

Reward; prize. — . — : جائِزة

Commission. — . — : عُمُولَة

←Scarab. جُعَل (والجمع جِعْلان) : أَبُو جِعْران

Beer; ale. * جِعَة : ٥ بيرا . خَمرُ الشَّعير

Geography. جُغْرافيا . جُغْرافية : تَخطيط البُلْدان

Physical geography; geophysics. — طَبيعيّة

Geographical. جُغْرافيّ

* جَفّ (في جفف) * جَفا * جَفاء (في جفو)

←Tweezers. ∆ جِفْت : ∆ شِفْت . مِلْقَط

Forceps. — : كَلّاب

Fret. ∆ جِلْيَة — (في المعمار)

Filigree. ∆ جِفْتِشِي : صِناعة تَخريم الفِضّة والذهب

Cipher. ٥ جِفْر ٥ جَفْرَة : كِتابة سِرِّيّة

To decipher. قرأ كتابة الـ : حَلَّها

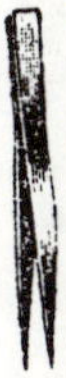

✲ جَفَّفَ : يَبَّسَ — To dry; make dry; desiccate.
— : ازال العنصر المائي من — To dehydrate.
— المساقي او مجاري المياه — To drain canals, etc.
جَفَّ : يبس — To dry; grow, or become, dry.
— الماء والبئر — To be dried up; drained.
جَفاف — Dryness; desiccation.
جَفافيّ : يعيش في الجفاف △ بَعليّ — Xerophilous; drought-loving.
جافّ : يابِس — Dry.
تجفيف — Drying; desiccation; dehydration; draining, etc.
مُجَفَّف — Dried; desiccated; dehydrated.
✲ جَفَلَ . أَجْفَلَ : نفر وشرد — To start; be startled.
— . — الحصان — To shy; start suddenly aside.
جَفَّلَ . أَجْفَلَ [2] : نفَّر وهرَّب — To startle, or frighten, away.
جَفْل . جُفُول — Shying or startling.
△ جِفْلِك : △ دائرة الأملاك — Manor.
✲ جَفْن : غطاء العين — Eyelid; lid.
جَفْنيّ : مختصّ بالأجفان — Palpebral.
✲ جَفْو . جَفْوة . جَفاء : إعراض — Estrangement; alienation.
جَفاء [2] . جَفاءَة : غلاظة — Harshness; roughness.
جَفا . جافَى . تجافَى : ضِدّ واصَلَ — To neglect; shun; avoid; turn from.
— : خَشُنَ — To be harsh, rude or stiff.
جَفّاه : جعله يَجْفو — To alienate; estrange.
جافٍ : خَشِن — Harsh; rough; rude.
الأُمّ الجافية (في التشريح) — *Dura mater.*
✲ جَفِيَّة : △ فَرْمِيلة . مانعة الإصطدام — Fender.
✲ جل (في جلل) ✲ جلا ✲ جلاء (في جلو) ✲ جَلاّبيّة (في جلب)
✲ جَلاّد (في جلد) ✲ جلال (في جلل)
✲ جَلَبَ : أحْضَرَ — To bring; fetch; produce.
— : جاء بكذا — To introduce; bring in.
— عليهِ : سَبَّبَ — To cause; bring about.
— الجُرحُ : رَبَى جُلبَةً — To heal over; cicatrise; scab.
— النظرَ : جذبه — To draw, or attract, the attention.
— . أَجْلَبَ لأهلِهِ : تكسَّبَ — To earn; gain.
— . — القَوْمُ : ضَجّوا — To be noisy; boisterous; make a tumult.
— . — الدمُ : يَبِسَ . تخثَّرَ — To coagulate; clot.
— . اجْتَلَبَ . اسْتَجْلَبَ : اسْتَوْرَدَ — To import.
— . — . — : حَصَلَ على — To obtain; procure; gain.
جَلْب : إحْضار — Bringing; acquisition; production.
— : تَسْبيب — Occasioning; causing.
— . اجْتِلاب : اكْتِساب — Earning; procuring.
— . اسْتِجْلاب : اسْتيراد — Importation.
جَلَب . جَليب . مَجْلوب — Imported; introduced; brought.
— . جَلَبَة : ضَوضاء — Tumult; din; uproar; noise; racket.
جُلْبَة : قِشْرة الجرح عند البرء — Scab; cicatrix.
△ جلبة : △ وَرْدَة . عزقة س — Washer.
△ — : وصلة بين ماسورتين — Sleeve.
△ — : جُبّة النَّصل (ما بين الحديدة والمقبض) — Bolster.
جَلَبا : نبات طبي مُسهِل — Jalap.
جُلُبّان : نبات وحَبّه — Bitter, or rambling, vetch.
جُلاب . جُلاّب : شَراب حُلو — Julep.
جَلاّب : تاجر — Importer; trader.
— العبيد : نَخّاس — Slave-trader.
△ جَلاّبيّة : جِلْباب — Gown; flowing outer garment.
جالِب : مُحْضِر — Bringer; importer.
مَجْلَبة : مُسَبِّب — Incentive; motive; cause.
✲ جِلباب : ثَوْب واسع — Gown; flowing outer garment.

To rattle; tintinnabulate. ⚬ جَلْجَلَ : خَشْخَشَ

To resound. — الصَّوْتُ : دَوى

Rattle; jinglet; sleigh-bell. جُلْجُل . جُلْجُلَة : جَرَس صَغير

Sty. — : شَحّاذ العَيْن

Peal; resonance. جَلْجَلَة ٢ : تَرَدُّد الصوت

Sesame, or coriander seed. جُلْجُلان : سِمْسِم أو كُزبرة

Shrill. مُجَلْجَل : حادّ النغمة

Resonant. — : مُطْرِب . فيه رَوْكاء

To become bald. ⚬ جَلِحَ : زَلِحَ . سَقَط شَعْرُه

Bald; baldpate; hairless. أَجْلَح : △ أَزْلَح

To whet; hone; sharpen. ⚬ جَلَخ . جَلَّخَ المُوسَى على الحَجَر

To strop. — . — المُوسَى على الجِلد : △ قَيَّش

Hone; whet-stone. جَلْخ : مِسَنّ الزَيْت

Slag; clinkers. △ — الفُرْن او الكور

To be hardy, patient, or enduring. ⚬ جَلُدَ : كانَ جَلْداً

To flog; whip; lash. جَلَدَ بالسَّوْط

To freeze; be frozen or iced. جَلِدَ . أَجْلَدَ : تَجَمَّدَ بالبُرودة

To freeze. جَلَّدَ . أَجْلَدَ ٢ : جَمَّدَ بالبرودة

To bind a book. — الكِتاب

To fight; contend, or wrestle with. جالَدَ : صارَعَ

To endure; tolerate; bear patiently. تَجَلَّدَ : صَبرَ على الشِدّة

Endurance; toleration; sufferance; patience. تَجَلُّد : إحتمال وصبر

Firmament; the sky. الجَلَد : القُبَّة الزَرْقاء

Skin. جِلْد : غِشاء جِسم كل حيوان أو نبات

Cuticle; epidermis; skin. — الانسان

Hide. — الحيوانات (خصوصاً الكبيرة) قبلما يُدبغ

Leather; tanned skins or hides. — مدبوغ

White leather. — أبيض

Cowhide. — البَقَر

Buff (leather). — جامُوس

Buckskin; chamois; wash-leather — غَزال

Morocco leather. — سِخْتِيان

Shagreen or roan; grained leather. ⚬ — شَجْران

Patent leather. — لَمّاع (او قزاز)

Slough. — الحيّة المُنْسلخ طبيعيًا : مِسْلاخ

A piece of leather. جِلْدة : قطعة جِلْد

Scalp. — رأس الانسان : فروة الرأس شَواة

Your kinsman (compatriot). ابن جِلدتك

Flogging; whipping. جَلْد : الضربُ بالسياط

Self-pollution; masturbation; self-abuse; onanism. — عُمَيْرة

Patient; enduring; long-suffering. △ جَلُود : ذو جَلَد

Whipping-post. عروسة الـ : آلة يُشدّ عليها المجلود

Scourge; whip; lash. جَلْدَة : مَجْلَدة . سَوْط

Lash; a stroke of whip. — : ضَرْبة سَوْط

Leather, or hide, merchant; skinner. جَلّاد : تاجر جُلُود

Executioner; hangman. — : مُنَفِّذ حُكْم الإعدام

Ice. جَلِيد : ماء متجمّد بالبرودة (راجع ثلج)

Iceberg; icefloe. جَبَل — : طافية جليدية

Sledge; sleigh. مَرْكَبة الـ : مَزْلَجة

Icy; glacial. جَليديّ : مُختصّ بالجليد او مثله

Ice age; glacial epoch. العَصْر الـ

Freezing; icing. تَجْليد الماء او السوائل

Bookbinding. — الكُتُب

Wainscot; casing. — الحيطان : تَكْسِية خَشَبيّة

Frozen; frosted; iced. مُجَلَّد : مُجَمَّد بالبرودة

Bound. — : مَحْبُوك (كتاب)

Volume; book. — : كِتاب او جُزء منه

Bookbinder. مُجَلِّد الكُتُب

Lash; flog. مِجْلَدة : سَوْط

Gladiator. مُجالِد : مُصارِع

Fight; conflict; struggle; contest; duel. مُجالَدة : مُصارَعة

جَلَزَ : عَصَبَ وضَمَّ *To lash; bind fast with a cord or thong.

جِلاز . جِلازة : السيرُ المَشْدودُ في طرف السوط Whip-lash.

جِلَّوْز : بُنْدُق Nut; hazel-nut.

جِلَّوْزة : شَجَرة البُندق Hazel-tree; hazel.

خازِنُ الجِلَّوْز : اسم طائر Nuthatch; sittidæ.

جَلَسَ : قَعَدَ *To sit down.

جالَسَ : قعَدَ مع To sit with.

أَجْلَسَ : أَقعدَ To seat.

— على العَرْش To enthrone.

جَلْسَة . جُلوس . مَجْلِس (١) Sitting.

△ — الشُّبَّاك : عتَبَتُه السُّفْلى Window sill or apron.

— : رَسْمِيَّة أو قَضائِيَّة Session; audience.

— : مَجْلِس٢ . اجْتِماع Meeting; assembly.

جُلوسِي : قُعُودي Sedentary.

جَلِيس : رَفيق Companion; associate.

مَجْلِس٣ : مَوْضِع الجلوس Seat.

— : مَحْكَمة Tribunal; court.

— الإدارة Board of Directors.

— الوُزَراء Council of Ministers; Cabinet.

— الأعيان (في انكلترا) House of Lords.

— العموم » » House of Commons.

— الشّيوخ (في اميركا وفرنسة ومصر) Senate.

— النوّاب ٥ بَرْلَمان Parliament.

— النوّاب الاميركي Congress.

— بَلَدِي Town-council.

— تأديب Disciplinary Council.

— إقليمي Regional council.

— عَسْكَري Court-martial.

△ — مِلِّي Congregational council.

△ — حَسْبي Probate court.

△ — القُرْعة Recruiting Commission.

△ — المُديرِيَّة Provincial Council.

△ — : المَرَّة من خُروج (استِطْلاق) البَطْن Stool.

جلَط الجِلْد : سَحَجَ To graze; gall; excoriate; abrade.

— الرأسَ : حَلَقَ To shave.

جَلَط : سَحْج Graze; abrasion; excoriation.

جُلْطَة دَمَوِيَّة : تَخَثُّر جُزْءة من الدم في وريد Thrombosis.

مَجْلوط : مَسْحوج Raw; grazed; galled; excoriated.

جَلِعَ . أَجْلَعَ : كان قليل التربيه △ تَدَلَّعَ To be ill-bred, churlish, pampered, or pert.

جالِع : △ مُدَلَّع . قليل الحَياء Pampered; spoilt; pert; petted.

جافٍ : فَظّ Rude; rough; uncivil; boorish; unmannerly.

جَلَف : جَحْفَة Golf.

جَلَّفَط السَّفينةَ : △ قَلْفَطها To caulk; calk.

جَلْفَطة . جِلْفاط Caulking.

جَلَّلَ : غَطَّى To cover; spread over.

— . أَجَلَّ : عَظَّم To dignify; esteem.

— . — : كَرَّمَ . بَجَّلَ To revere; venerate; regard with reverence; feel reverence for.

— . — عن كذا : نَزَّهَ To deem above, or higher.

جَلَّ قَدْرُه To be great and dignified.

— الشَّيءَ : أَخَذَ مُعظمه To take the most of.

— . وتَجالَّ عَن كذا To be far above.

جُلّ : وَرْد Rose.

— او جُلَّة الشَّيءِ : مُعظمه Most of.

جَلال : سَناء Glory; splendour.

— . جَلالة : عَظَمَة Majesty; sublimity.

صاحِبُ الجَلالة His Majesty; H.M.

△ أَخَذَتْه الجَلالة : تَطوَّرَ روحياً To be in a trance.

جَلَل . جَلَّى : عظيم . هامّ Great; momentous; weighty; important.

جِلَّة٢ . جِلَّةُ الحيوان Dung; casings; droppings.

△ — الجَمَل : شِقْشِقة Camel's faucal bag.

جَلِيل : عظيم Great; important; momentous.

— : مُحْتَرَم Venerable; honourable.

— : سَنِيّ Glorious; splendid; magnificent.

صاحِبُ المَقام الـ Right Honourable.

تَجِلَّة : إكرام — Respect; honour; esteem.

مَجَلَّة : صحيفة دَوْرِيَّة — Magazine; review.

☆جَلَمَ : جزَّ الصوف — To shear; cut (wool).

جَلَمٌ : مقصّ الجزَّاز — Shears.

☆جَلْمَدُ . جُلْمود : صَخْر — Rock.

○جُلَّنار : زَهْرُ الرُّمَّان — Pomegranate blossom.

☆ جِلَّة (في جلل) — Casings.

☆ جَلْو : صَقْل — Polishing; burnishing.

جَلا : صَقَلَ — To polish; burnish; rub up.

— عنهُ كذا : دَفَعَ — To banish; expel; drive away.

— . جَلَّى الأَمْرَ : أَوْضَحَه — To elucidate; clear up; make clear.

— . أَجلى (١) عن: رَحَلَ — To depart; quit; clear out; evacuate.

— . انجلى. (١) تجلّى : اتَّضح — To clear up; become clear or plain.

أَجلى ٢ : أَبْعَدَ . طرَدَ — To expel; drive away.

انجلى ٢ عن كذا : انتهى بكذا — To end, or result, in.

— : انصقل — To be polished, or burnished.

تجلّى ٢ : ظهرَ وانكشف — To be revealed, disclosed, or cleared up.

استجلى : استكشف — To seek, search, or inquire, for.

جَلاء : وُضُوح — Clearness; clarity; plainness.

— : رحيل — Departure; leaving; evacuation.

جَلِيّ : واضح — Clear; obvious; plain; manifest; evident; lucid.

جليًّا : بوضوح — Clearly; plainly; distinctly.

جالِيَة : جماعة الغُرباء المستوطنين — Colony.

تجلٍّ : ظُهور — Revealment; revelation.

تجلّي السيِّد المسيح — Transfiguration of Christ.

عِيدُ الـ — The Transfiguration.

○جلوكوز : ○ غلوكوز . سُكَّرُ الفواكِه — Glucose.

△جلوين :△ جَعْضِيد △ تِلْفاف — Milk thistle; hare's lettuce; gum succory.

☆جَلَى : صَقَلَ (راجع جلو) — To polish; burnish.

جَلْي : جَلْو . صَقْل — Polishing; burnishing.

جَلي : مِنْوَرُ السَّقْفِ △ قمَرِيَّة — Skylight.

☆ جَليد (في جلد) ☆ جَليل (في جلل) ☆ جَمٌّ (في جمم)
☆ جَماح (في جمح) ☆ جَمال (في جمل)

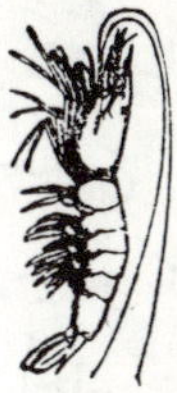

☆جُمانٌ : لُؤلُؤ (راجع جمن) — Pearls.

△جَمْبَرِي: برغوث البحر . اربيان ← Prawn; shrimps.

○جَمْبُون : فَخِذ الخنزير مُملَّح ومجفف — Ham.

☆جَمْجَمَ . تَجَمْجَمَ الكلام — To speak incoherently.

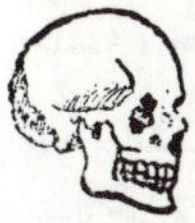

جُمْجُمَة : قِحْف — Skull; cranium.

علم الـ — Craniology.

جُمْجُمِي : قِحْفِيّ — Cranial.

☆جَمَحَ الحِصانُ : تغلَّبَ على راكبه وركض — To bolt.

— الرجُلُ : ركِبَ هواهُ — To follow one's whim or fancy.

ـت المرأة زوجَها : هجَرَته — To forsake, or desert, a husband.

جِماح : هوى △ كَيْف — Whim; caprice; fancy.

كبحَ ـهُ — To check; restrain; curb.

جُمَّاح : مُنهزمون مذعورون — Panic stricken (soldiers).

— : ○ شَطْلوك ← Shuttlecock.

جامِح . جَمُوح — Runaway; restive; refractory; unruly; ungovernable.

☆ جَمَدَ : يَبِسَ — To stiffen; harden.

— : خَثَرَ — To coagulate; curdle; congeal.

— بالبرودة — To congeal; freeze; frost.

جَمُدَ : يَبُسَ — To harden; stiffen.

ـت يدُهُ : بخِلَ — To be hard-fisted; close-fisted.

— . تجمَّدَ : تيَبَّسَ بالبرودة — To freeze; be frozen.

— . — الدمُ : تخثَّرَ . قرت — To coagulate.

— . — المزيج السائلُ : عقد — To set.

جَمْدٌ : جليد . ثَلْج (راجع جلد وثلج) — Ice.

— رَخْو : ثَلْج السَّماء . خشف — Snow.

Mineral; inorganic substance. — جَماد : غير الحَيَوان والنبات من المخلوقات
Inanimate. — — : لا حياة له
Hard; solid. — جامِد : ضِدّ لَيِّن أو سائل
Stiff; rigid. — — : صلب . جاسٍ
Inflexible. — — : لا يَنْصَرِف (في النحو)
Inorganic; inanimate. — — : عَديم الحَرَكة أو الحَياة
Inaction; inanimation. — جُمُود : عدم حَرَكة
Inertia. — — : قُصُور ذاتي . مِرّة
Solidity; hardness. — — . جُمُودَة
Frozenness; frigidity. — تَجَمُّد بالبُرُودة
Coagulation. — — : تخثّر . قَسْرَت
Frozen; iced; frigid; frosted. — مُتَجَمِّد بالبُرُودة
Coagulated. — — : خاثِر أو مُخَثَّر . قارِت
The Arctic Circle. — المنطقة المتجمدة الشمالية
The Antarctic Circle. — المنطقة المتجمدة الجنوبية
Embers. — ✲جَمْر : نار مُتَّقِدة
Brand; firebrand; embers; live coal. — جَمْرَة : بَصْوَة نار
Anthrax; malignant boil. — — خبيثة . فَرخ جمر
On tenter-hooks; on the rack. — على أَحَرِّ من الجَمْرِ
Spadix (or edible spike) of palm tree. — جُمَّار النَّخْل : يَقَق
Toasted; dried at the fire. — مُجَمَّر : △مُقَمَّر

Brazier. — مِجْمَرة النارِ : مَوْقِد
Censer; thurible. — — البَخُور : مِبْخَرة
Custom-house. — ○جُمْرُك : دارُ المُكوس
Customs; custom-duties. — رسوم جُمْرُكيَّة

(جمز) جُمَّيْز : شجر وثمرة
Sycamore.
(جمس) جاموس ← Buffalo.

أبو جاموس : طائر
← Buff-backed egret.
Cornelian stone. — ✲جَمَسْت ✲جَمَشْت

To tickle; titillate. — ✲جَمَّش : دَغْدَغ . زَغْزَغ
To depilate; strip of hair. — جَمَّش الرأسَ : ازالَ شَعْرَه
Depilatory. — جَمِيش : مُزِيل الشَّعْر△نُورة
Tickling; titillation. — تَجْمِيش : دَغْدَغة
To gather; collect; bring together. — ✲جَمَعَ : لَمَّ . ضَمَّ
To reap; mow; gather. — — : حَصَدَ
To join; unite. — — : وَصَلَ . وَحَّدَ
To generalize. — — : عَمَّمَ
To add up; cast. — — الأرْقام
To compose; compile. — — كِتاباً : صَنَّفَه
To assemble; call a meeting. — — جَمْعِيَّة
To compose; set up; put in type. — — الحُروف (في الطِباعَةِ)
To bring together. — — بينهم
To pluralize. — — الاسْمَ : جعله في صِيغَةِ الجمع
To amass; accumulate. — — . جَمَّعَ : حَشَدَ
To congregate; collect into a mass or assemblage. — — . — الناسَ والاشياء
To have sexual intercourse with; sleep with; copulate. — جامَعَ المرأة
To resolve; decide upon. — أَجْمَعَ على الامرِ : عَزَمَ
To agree upon. — —وا على : اتفقوا
To be gathered or collected. — اجْتَمَعَ . تَجَمَّعَ : انضمَّ
To be accumulated. — — . — : احتشد
To meet; come upon or across. — — بِه : قابَلَه
To assemble. — — القوم
To assemble; meet. — —ت الجمعيَّة
To congregate; come together. — —وا : تجمَّعوا
Gathering; collecting. — جَمْع : لَمّ . ضَمّ
Addition; summing; totalling. — — الأرقام (في الحسابِ)
Money-making. — — المال
Reunion. — — الشَّمْل
Plural "number". — — . صِيغَة الـ (في النحو)
Collectiveness. — — . (في البديع)
Whole, or perfect, plural. — — سالم أو صحيح (في النحو)
Broken plural. — — التكْسير

Plural of multitude.	— الكَثْرَة
Plural of paucity.	— القِلَّة
Gathering; assembly.	•ـ جَمْعِية : قَوْم مجتمعون
Society; association.	جَمِيَّة ٢ : اتحادُ جَماعة
Welfare, or benevolent, society.	— خَيْرِية
General assembly.	— عُمومِيَّة
Week.	جُمْعَة : أُسْبوع
Friday.	— يوم الـ
Gene.	— : الجُرْثُوم المورّث (اصطلاح علمي جَديد)
Passion-week.	— الآلام (عِند النصارى)
Good-Friday.	الـ الحزينة (عند النصارى)
Copulation; sexual intercourse; coition.	جِمَاع : وَطء
Company; party; set.	جَماعة : زُمْرَة
One's own set.	— الرَجُل : أَشْياعه
One's wife.	△ـ الرَجُل : زَوْجَتُه
Collective.	جَماعِيّ : مُشترَك
Accumulator.	جَماعَة الكَهرَبا
All; all of; every; the whole of.	جَميع : كُل (راجع كل في كال)
Everything.	— الأشياء : كُل شيء
Everywhere.	— الاماكِن : كل مكان
Everybody.	— الناس : كل انسان
Wholly; totally; entirely.	•ـ أجْمَع : بأَجمعِه
All; the whole of.	جَميعاً : الكُلّ
Mosque.	جامِع : مَسْجِد
Collector; gatherer.	— : الذي يَجْمَع
Accumulator; amasser.	— : حاشِد
Comprehensive.	— : شَامِل
Composer; compiler.	— الكِتاب
Typesetter.	— حُروف الطِباعة : △ جَمْتيع
League; alliance.	جامِعة : رابِطَة
University.	— : مدرسة عالية
The League of Nations.	— او عُصْبَة الأُمَم
Ecclesiastes.	سِفر الـ. (من التوراة)
Wholly; totally; entirely.	أجْمَع : جَميع

General consent; unanimity.	إجْمَاع : اتفاق الآراء
Unanimously.	بالـ : باتحاد الآراء
Unanimous.	اجماعي : بإجماع الآراء
Meeting; gathering; assembly; congregation.	اجتِمَاع : جَمعيَّة
Interview; meeting.	— : مُقَابَلَة
Meeting, or crossing, of two roads.	— الطُرُق : نقطة تقاطُعها
Confluence; junction of two rivers.	— الأنْهُر
Sociology; social science.	علِم الـ
Social.	إجْتِماعي : مختص بالهيئة الاجتماعيَّة
The social affairs.	الشئون الاجتماعية
The social equality.	المساواة الاجتماعية
The existing order of society.	النظام الاجتماعي
The human society.	الهيئة الاجتماعية
Assembly; convention.	مَجْمَع : جمعية . اجتماع
Academy; scientific, or literary, institute.	— علمي
Synagogue.	— اليَهود
Academic.	مَجْمَعي
Accumulator.	مُجَمِّع : جامِع . حاشِد
Total; sum.	مَجْمُوع : جُملة (في الحِساب)
Gathered; collected.	— : ما جُمِع
Reaped; mown; gathered.	— : مَضْموم . مَحْصُود
A collection.	مَجْموعة (من أي شيء)
Assembly; gathering; society; meeting.	مُجتَمَع : اجتماع
Meeting place; rendezvous.	— : مكان الاجْتِماع
Allowance; pay; salary.	٥ جَمْكِيَّة : راتب
To be beautiful, good-looking elegant or graceful.	∗ جَمُلَ : كانَ جَميلاً
To beautify; adorn; embellish; titivate.	جَمَّلَ : زَيَّنَ
To total; add together.	جَمَلَ . أجْمَلَ : جَمَعَ
To generalise; include under a general term; mention collectively.	— . •ـ : ذكَر إجْمالاً
To mention generally.	— •ـ القَوْل
To be courteous to.	جَامَلَ : صَنَع جَميلاً مَع

جَمَلٌ : بعير — Camel.

— رُكوب (بسِنام واحِد) — Dromedary.

— الماء : بَجَع — Pelican.

— : △ جَمَلون (انظر جملون) — Gable.

جُمْلَة : عِبارة — Sentence; clause; phrase.

— إسْمِيَّة — Noun clause.

— خَبَرِيَّة — Proposition.

— مُعْتَرِضة — Parenthesis.

— : مَجْمُوع — Total; sum.

— : كَمِّيَّة — Amount; quantity.

— : عِدَّة — Several; many.

جُمْلَةً : الكُلّ — Altogether; wholly.

— بالجملة — In bulk; in large quantities.

بالجملة ٢ (في التجارة) — Wholesale; in gross.

— : مرَّة واحِدة — En masse; in a body.

تاجِرُ الجملة — Wholesaler.

جَمال : حُسْن — Beauty; prettiness; elegance; grace.

الاهة او ربَّة الــ . (انظر اله) — Venus.

جَمَّال : قائد الجمل — Camel driver; cameleer.

جَمِيل : حَسَن — Beautiful; pretty; good-looking; handsome.

— : فَضْل — Favour; service; good turn.

مَعْرِفة الــ . — Gratitude; thankfulness.

نُكْران الــ . — Ingratitude; thanklessness.

ناكِرُ الــ . — Ungrateful; thankless.

إجْمال : جَمْع — Summing up; totalling.

إجْمالاً . بِوجه الاجمال ٢ — On the whole; in general; generally speaking.

إجْمالي : عُمومي — General

مُجْمَل : خلاصة — Summary; abstract; compendium.

مُجامَلَة : محاسَنة — Courtesy; civility.

على سَبيل الــ . — Out of courtesy.

٥جَمَلَّكة : محلول اللَّك — Lacquer; lacker.

— : صَمْغ اللك — Lac; shellac; gum lac.

△ جَمَلُون : جَمَل . سِنام — Gable.

اسْتِرباحة الــ . — Purlin.

سَقف — . — Span-roof.

عاتِق الــ . — Joggle post.

لَوْح شُرْفَة الــ . — Ridge of roof.

شُبَّاك — . — Dormer window.

☆ جَمَّمَ المِكْيالَ : مَلأَهُ — To fill a measure to the brim.

— . تَجَمَّمَ النبتُ : كثر — To grow luxuriantly.

جَمَّ الاناءَ : مَلأَه لحافَته — To fill to the brim.

جُمَّة : شَعْر مُسْتَعار — Wig.

اسْتَجَمَّ الماء — To be abundant.

— عافيته — To recuperate

—ت الارض — To be covered with vegetation.

جَمٌّ : الكثير من كل شيء — Plenty; many.

— غَفِير — A very great number: a host; a legion; countless number.

— النشاط : كثيرهُ — Lively; full of energy.

أَجَمّ : لا قَرْن له — Pollard; hornless animal.

ثور — . — Poll-beast, poll-ox; hornless ox.

إسْتِجْمام العافية — Recuperation.

(جمن) جُمان : لُؤلؤ — Pearls.

— : قتير △ مِسْمار بِطاسة — Stud.

☆ جَمْهَرَ : جَمَع — To gather; collect.

— . تجَمْهَر القوم — To throng; assemble *or* gather in multitudes.

جُمْهُور : حَشْد — Multitude; crowd.

الــ : أفرادُ الشَّعْب — The public *or* people.

جُمْهُوري — Republican.

حُكومة جُمْهورية : حُكومة الشَّعب — Republic.

☆ جَميز (في جمز) ☆ جَميش (في جمش) ☆ جميل (في جمل)
☆ جن (في جنن) ☆ جناح (في جنح) ☆ جنان (في جنن)
☆ جناية (في جنى) ☆ جنائي ☆ جنايني (في جنن)

* جَنَبَ جَنَّبَ : وضَع على حِدَة — To set apart *or* aside; put away.
اجتنَبَ . تجنَّبَ . تجانَبَ — To avoid; keep clear of.
جَنْب . جانِب — Side.
— أو جناح من بناية أى قسم منها — Wing.
— او — المركب الأيمن — Starboard.
— او — المركب الأيسر — Port; larboard.
جَنْباً لجَنْب — Side by side; abreast.
بجنب . بجانب : بالقرب مِن — Beside; by; close to.
ذات الجَنْب : برسَام . داء الصناديد — Pleurisy.
على جَنب : على حِدَة — Aside; apart.
جانِب ٢ عظيم : مِقدار عظيم — A great deal.
رَقيق الجانب — Amiable; gentle; mild.
متعدِّد الجوانب (جِسْم هَنْدَسي) — Polyhedron.
« (شكل هندسي) — Polyhedral.
جَنْبي . جانبيّ : من جَنب — Lateral; sidewise.
قَريب جَنب — Collateral relation.
جُناب : ذاتُ الجَنْب — Pleurisy.
جَناب : لقَب تبجيلي — Title of respect.
جَنابكم — Your honour (*or* honor).
△ جَنّابيَّة : خندق مجانب للطريق — Side channel.
جنوب : ضِد الشمال △ قِبليّ — South.
— شَرقي — South-east.
— غربي — South-west.
جَنُوباً : نحو أو الى جِهة الجنوب — Southward
جَنُوبي : ضِدّ شمالي △ قِبْلي — Southern.
أجْنَبيّ : غريب — Foreigner; alien; stranger; outsider.
اجتناب . تجنُّب . مُجانبة — Avoidance.
يُجتَنَب : يمكن اجتنابه — Avoidable.
مُجانِب : مُحاذٍ — Collateral with; parallel to.
مُجنِّبة الجَيْش : احد جناحيه (الايمن او الايسر) — Flank.
مُجنِّبتا الجَيْش — The two flanks of an army.

△ جُنْباز : رِياضة بدنية — Gymnastics; athletic exercises.
* جنَح الطائرَ — To wing; wound in the wing.

— أجْنَح اليهِ : مال — To incline, *or* lean, towards.
ـــت . ـــت السفينةُ : لصقت بالارض — To be stranded.
جَنَّح الشيء : جعل له جناحاً — To wing; furnish with wings.
— الرجلَ : نسبَ اليه إثماً — To incriminate.
جُنْح . جَناح : ناحية — Side; flank.

جَناح ٢ الطائر △ جِنْح — Wing
— . جِنْح ٢ : حِماية . كنف — Protection.
— الجيش وغيره — Flank; wing.
جِنْح ٣ : جانب — Side; part.
— من الليل — Part of the night.
تحت — الظلام — In the dark.

△ مفصّلة بجناح — Garnet hinge.
جُناح : إثم — Offence; guilt; sin.
جُنْحة : جرام بين الجناية والمخالفة — Misdemeanor.
جانِح : جَنب — Side; flank.
— . جانحة (جمعها جوانح) : ضلع — Rib, *or* floating rib.
مُجنَّح : ذو أجنحة — Winged.
القُرْص الـ — The Winged Disc.

* جنَّد العساكرَ — To recruit; levy troops.
تجنَّد الرجلُ — To enlist; be enlisted; enroll, *or* enrol, oneself.
جُنْد : عَسكر — Troops; soldiers.
جُنْديّ : واحِد الجنود — Soldier; military-man.
تجنيد : جمعُ الجنود — Raising of troops; recruiting; enlistment.
— إجباري — Conscription.
— اختياري — Enlistment; recruitment.
— العُمّال او الصُنّاع — Regimentation of industrial workers.
* جُنْدُب . جُنْدَب : △ ابو النَّطيط — Grasshopper.

△ جَنْدَر الثوبَ أو القماش — To mangle; calender.
جَنْدَرة . جِنْدارة — A mangle; calender.

△ جَنْدُفْلِي : مَحار — Oysters.

* جَنْدَلَ : صَرَعَ — To fell; bring to the ground.

جنادِل النيل : شلالاته — Cataracts of the Nile.

* جَنَّزَ الميْتَ : صَلّى عليه — To conduct a funeral; say the burial service.

جِنّاز : صَلاة او حَفْلة الدَّفْن — Funeral rites *or* ceremony; obsequies.

— على رُوحِ المَوْتى — Requiem; mass for repose of souls of the dead.

△ جَنازَة : حَفْلة الدفن — Funeral procession.

جَنازة ٢ : ما يُحْمَل عليه الميت الى القبر — Bier, *or* hearse.

△ جَنْزَبيل : زَنْجَبيل — Ginger.

شرابُ الـ . — Ginger-beer; ginger-ale.

كَعْكُ الـ . — Ginger-bread.

△ جَنْزَرَ النحاس : زَنْجَر . أصدأ — To become covered with verdigris.

جِنْزار △ جِنْزارة : زِنْجار النحاس — Verdigris.

جِنْزير : زِنْجير . سِلْسِلَة — Chain.

طارَةُ الـ △ تُرْسُ الـ . — Sprocket-wheel.

* جَنَّسَ : أدخل في الجنسية — To naturalise.

— (في الحساب) : حَوَّلَ — To reduce.

جانَسَ : ماثَلَ — To be of the same kind *or* nature.

△ — : جالَسَ وآنَسَ — To entertain; keep *another* company.

جِنْس : نَوْع — Kind; nature; sort.

— : فَصيلة — Race; genus.

— : صِفة التذكير أو التانيث . شِقّ — Sex.

— (في النحو) — Gender.

جِنْسِيَّة : قَوْمِيَّة — Nationality.

اسم الجنس (في النحو) — Generic noun.

الجِنس البَشَرِيّ — Mankind; human race; humanity.

الجِنس اللطيف — The fair, *or* gentle, sex.

جِنْسِي : نوعي — Racial; generic.

جِناس : تشابه في اللفظ دون المعنى — Pun; play upon words.

تَجانُس . مُجانَسة : مماثلة — Similarity; likeness.

— : الاتحاد في الجِنس — Homogeneity; homogeneousness.

مُجانِس : مماثِل — Similar; like.

مُجَنَّس : مُخْتَلِط الجِنْس — Mongrel; of a mixed breed.

مُتَجانِس : من ذات النوع — Homogeneous; homogeneal; of the same kind.

△ جَنَّشَ عود الحديد : عَقَفَه — To hook an iron bar.

○ جُنْفاص ○ جِنْفِيص : خَيْش — Canvas; sacking.

* جَنَّنَ . أجَنَّ : صَيَّرهُ مجنوناً — To madden; drive mad; render insane: craze.

— . — : أثار السخط — To enrage; madden.

جَنَّ . أجَنَّ ٢ : سَتَر — To shelter; shield; screen.

— الليلُ : أظلَم — To be, *or* become, dark.

جُنَّ . تَجَنَّنَ : ذهَبَ عقله — To go, *or* become mad; go wild; be out of *one's* senses.

اسْتَجَنَّ : استتر — To be sheltered *or* screened.

△ — الرجلَ : عَدَّه مجنوناً — To make a fool of.

جِنّ . جانّ (الواحد جِنِّيّ) (٩) — Demon; gnome; jinnee, (*pl.* jinn.)

جُنان . جُنانَة : تُرْس — Shield.

جَنان : قَلب — Heart; soul.

ثابت الـ . — Firm; undismayed.

جَنائني . جَنايني : بُسْتاني — Gardener.

جُنَّة : سِتر — Shelter; screen.

— . مِجَنّ : درع . تُرس — Shield.

جَنَّة : فِرْدوس — Paradise; heaven.

— : حديقة — Garden.

— الخُلْد — Land of the Leal.

— عَدْن — Eden; Paradise.

عُصْفور الـ : خُطّاف — Swallow.

جِنَّة . جُنُون (١) : فَسادُ العقل — Madness; mania; dementia; insanity.

به — : △ عليه عِفْريت — Démoniac; possessed.

جُنُون ٢ : حماقة — Folly; foolishness.

— : هِياج — Rage; fury; frenzy.

— في أمر واحِد — Monomania.

— السرقة — Kleptomania.

— المراهَقة : فصام او خَلَل عقلي — Schizophrenia.

— مُطْبِق — Midsummer madness.

Frenzied efforts. جُهُود جُنونيَّة

Demoniacal; jinni. جِنّي ٢ : مَنْسُوب الى الجِنّ

Embryo; fœtus. جَنِين : الولَد ما دَام في الرَّحْم

Garden. جَنينة : حَدِيْقة

Demon; sprite; jinneeyah. جِنِّيّة : سِعْلاة

Shield. مِجَنّ : دِرْع

Mad; crazy; insane. مَجْنُون : ذاهِبُ العَقْل

Fool; foolish. — : أَحْمَق

Madman; a maniac. شَخْص — .

To reap; gather. ✲جَنَى : حَصَد

To commit, *or* perpetrate, a crime. — جِناية : اقْترفها

To incriminate. تَجَنَّى على : اتَّهم

Committal "of a crime;" perpetration. جِنَايَة : اقْتِراف

Crime; felony. — : ما فَوْق الجُنْحة من الجَرائم

Capital crime, *or* offence. — كُبْرَى

Criminal. جِنائي : مختصّ بالجنايات

The criminal code *or* law. القانون الـ — .

Criminal; perpetrator; culprit; malefactor. جَانٍ : مُقْتَرِف

Guilty; culpable. — : مُذنِب . أَثيم

Reaper; gatherer. — : حاصِد

Resource. مَجْنًى : مَوْرِد

Victim; sufferer; injured one. مَجْنِيّ عليهِ

✲جِنّي ✲ جنين ✲ جُنَيْنَة (في جنن)

Guinea. ○جنيه انكليزي = ٢١ شِلناً انجليزياً

Sovereign. — انجليزي (ذهب)

Pound; L. — انكليزي (ورق)

Egyptian pound *or* sovereign. — مِصْري = ١٠٠ قرش

Critic; one skilled in judging merits of literary or artistic works. ✲جِهْبِذ (جمعه جهابذة) : ناقِد عارِف

To exert; strain; overstrain. ✲جهد . أَجْهَدَ

To strive; endeavour; exert oneself. — . اجْتَهَد : جَدَّ

To struggle; contend; strive. — . جاهَدَ : ناضَلَ

To do *one's* best. اجْتَهَدَ ٢ : بذل وسْعه

To fight; contend in war. جاهَدَ ٢ : حارَبَ

Exertion; strain. جَهْد : مَشَقَّة

Endeavour. — : جِدّ

Ability; power; strength. جُهْد . مَجْهُود : طاقَة

As far as in him lies; his utmost. — طاقته

Strenuous effort. — جَهِيْد او جاهِد

Utmost strength. أَقْصَى الـ — .

Militancy; fighting. جِهَاد : قِتَال

Holy, *or* religious, war. — في سَبيل الدِّين

Strife; contention; struggle. — . مُجاهَدَة : نِضال

Military. جِهَادِيّ : حَرْبي . عَسْكري

Military service. △جهادِيَّة : الخِدمة العَسْكرِية

Exertion; straining. إِجْهَاد

Diligence; assiduity. اِجْتِهَاد

Warrior; *fighter*; soldier. مُجاهِد : مُحارِب

Diligent; assiduous; industrious; painstaking. مُجْتَهِد : كَدُوْد

To publish; proclaim; make public. ✲جَهَرَ الامرَ وبهِ : أَعلنه

To raise the voice. — صَوْتَه وبهِ : رَفَعَه

To be loud. جَهُرَ الصَّوْتُ : ارتَفَع

To avow; declare openly. جاهَرَ . تَجاهَرَ بكذا

Mien; air; look; aspect. جَهْر : هَيْئة

Publicity; openness. جَهْر . جَهْرَة . جِهَار

In public; publicly; openly. جَهْراً . جَهْرَة . جِهاراً : عَلانية

Public; open; overt. جَهْرِيّ : عَلَنِيّ

Loud; sonorous. جَهْوَرِيّ : عالٍ (صوت)

جَوْهَر : مادّة — Element; essence; substance.
الـ الفَرْد : ○اطمة — Atom, *or* monad.
في الأصل والجَوْهَر — In root and essence.
جَوْهَرة : حجَر كريم — Jewel; gem.
جَوهريّ : ضد عرَضي — Substantial; elemental; material.
— : ضروري — Essential; material.
— △جواهرجي — Jeweller.
جَواهِر △مُجَوْهَرات — Jewellery.
أجْهَر : لا يَرى في الشمس — Day-blind.
△— : قريب الشوف — Myopic; nearsighted.
△وَرْد أجهوريّ — Bengal, *or* damask, rose.
تَجَوْهُر (في الكيميا والطبيعة) — Efflorescence.

مِجْهَر. مِجْهار : عالي الصوت — Loud voiced.
مِجْهار ٢ : مُكَبِّر الصوت — Loud speaker; megaphone.

— كهربي : مِكْرُفون — Microphone.
مُجْهَر : جَهير — Sonorous.

مُجْهِر : ○ مِكْرِسْكُوب — Microscope.
مُجْهَريّ : مكرسكوبي — Microscopic, —al.
التشريح الـ . — Minute, *or* microscopic, anatomy; histology.
☆جهز . أجْهَزَ على الجريح — To finish off; dispatch; give the finishing stroke.
جَهَّزَ : أعَدَّ — To prepare; make ready; fix.
— العروسَ والمسافرَ وغيرهما — To outfit; equip; fit out.
تَجَهَّزَ : استعدَّ . تهيَّأ — To be prepared; get ready.
جِهاز المسافر — Outfit; equipment; equipage.
— العروس — Trousseau (*pl.* -x); bride's outfit.
— : عُدَّة — Apparatus.
— : نِظام . تركيب — System.
— صِحّي (مثلاً) — Sanitary installation.
— الهضم — Digestive system.

جاهِز . مُجَهَّز : مُعَدّ — Prepared; ready; made ready.
— (كالملابس الجاهزة) — Ready-made (clothes).
ملابس جاهزة رخيصة — Slops; cheap ready-made clothing.
تجهيز : إعْداد — Preparation.
تجهيزي : إعْدادي — Preparatory.
مَدْرَسة تجهيزية او إعْداديّة — Preparatory school.
(جهش) أجْهَشَ بالبكاء . تهيَّأ له — To be on the point of weeping.
☆جَهِضَ. جَهِيض. مُجْهَض : مولود قبل وقته — Abortive; born untimely.
جَهْض. إجْهاض : إسقاط الحمل — Abortion; miscarriage.
أجْهَضَت المرأةُ : أسْقطت — To miscarry.
— الدابَّةُ : طَرَحَت — To warp; cast.
مُجْهِض : يُسَبِّب الإجهاض — Abortifacient.
☆جَهِلَ : ضد عَلِمَ — To be ignorant of.
تجاهَلَ الأمرَ — To ignore; disregard.
— : ادَّعى الجَهْل — To affect ignorance.
اسْتَجْهَلَ : عَدَّهُ جاهِلاً — To consider (*another*) to be ignorant.
جَهْل . جَهالة : ضِدّ عِلْم — Ignorance.
— . — : حَماقة — Stupidity; dullness.
جَهُول . جاهِل : أحمق — Ignoramus; dunce; dullard; blockhead.
جاهل ٢ : ضِد عالِم أو دارٍ أو مُتَعَلِّم — Ignorant.
— : ضِدّ مُتَعَلِّم — Illiterate; uneducated.
جاهِلِيَّة العرب — Pre-Islamic state of paganism.
— : حالة الجَهل — State of ignorance.
مَجْهَل (الجمع مجاهل) — Unknown region; unexplored country.
مَجْهُول : ضِدّ مَعْلوم — Unknown.
صِيْغة الـ (في النحو) — Passive voice.
فعل مَبْنيّ للـ . — Passive verb.
☆جَهَمَ . تَجَهَّمَ : عَبَسَ — To frown; scowl; look angry; lower; look gloomy and threatening.

جَهَامَة . جُهُومَة : عبوسة — Sullenness; scowl; gloominess.

جَهْم . مُتَجَهِّم : عابس — Frowning; lowering; grim; gloomy; scowling.

☆ جَهَنَّم : جحيم — Hell; Hades; Tartarus.

جَهَنَّمِي : جحيمي — Infernal; hellish.

△ جَهَنَّمِيَّة: نبات متسلّق أحمر الزهر — Bougainvillæa.

آلة جهنّمية (مثلاً) — Infernal machine.

☆ جِهة (في وجه) ☆ جَهوري (في جهر)

☆ جَهَّى الجرحَ — To widen a wound.

أَجْهَى : لا سقف له △ سَماوِيّ — Roofless.

☆ جَوّ (في جوو) ☆ جواب (في جوب) ☆ جواد (في جود)

☆ جوار (في جور) ☆ جوازٌ (في جوز)

○ جَوَافَة : فاكهة وشجرها — ←Guava.

△ جوال ☆ جُوَالق : غِرارة — Sack; bag.

△ جُوانتي : كَفّ . قفّاز — Gloves.

— جلد — Kid gloves.

— صُوف — Woollen gloves.

☆ جَوْب : رَوْد — Exploration; penetration.

جَوْبَة : حُفرة — Pit; hole.

جَوَاب : رَدّ — Answer; reply.

△ — : خِطاب — Letter; message.

— مُسْكِت أو سَديد — Retort; repartee.

جَوَّاب : كثير الجولان — Explorer; traveller; tourist.

جَابَ . اجْتَابَ البلادَ — To explore; traverse.

— . — : خرقَ — To penetrate; pierce

— الثَّوبَ : قطعَهُ — To cut.

△ — : جاءَ بِ . أَحْضَر — To bring; fetch.

جَاوَبَ . أَجَابَ : رَدَّ الجواب — To answer; reply; respond.

اسْتَجَابَ : لَبَّى — To hear *or* grant a prayer *or* request; respond.

اسْتَجْوَبَ الشاهِدَ أو المتَّهم — To interrogate, examine *or* question.

— الشاهِد في مواجهة الخصم — To cross-examine.

— الوزير او الحكومة (في البرلمان) — To interpellate.

انْجَابَ الثَّوْبُ : انشقّ — To split; be rent, *or* torn apart.

— الغيمُ والهمّ : زالَ — To pass away; disappear.

إجابة : جواب . ردّ — Answer; reply.

— . اسْتِجابة : تلبية — Answering; hearing; granting; respondency.

إجابةً عن أو الى — In reply, *or* response, to.

— لطلبكم — In compliance with (In answer to) your request.

إسْتِجْوَاب الشُّهود — Interrogation; questioning.

— (في المجالس النيابيّة) — Interpellation.

مِجْوَب : خرّامة — ←Perforator; punch.

مُجِيب : مُلَبٍّ — Respondent.

○ جُوبِيتَر : ○ يُوبِيتَر . يَهُوباتَر — ←Jupiter. كبير آلهة الرومان (او النجم المشترى)

○ جُوت : الياف القِنَّب الهندي — Jute.

☆ جَوْح . جِياحة : إبادة واستئصال — Annihilation.

جَاحَ . اجْتَاحَ : استأصل وأهلك — To annihilate; eradicate; destroy.

جَائِحة : كارثة — Calamity; disaster.

— : آفة . ضَرْبَة — Pest; plague.

☆ جُوخ : نسيج معروف — Cloth; broadcloth.

△ مسح له — : مالأ — To curry favour with.

☆ جَوَّدَ : حَسَّنَ — To improve; make better.

— القارئ — To intone; modulate (in reciting).

جَادَ : تَحَسَّنَ — To improve; grow better.

— عليه : تكرَّمَ — To give liberally, *or* freely, to.

— بِنَفْسِهِ — To sacrifice, *or* give up, oneself.

— بالنفس الاخير — To breathe *one's* last.

—ت العينُ : نزل ماؤها — To shed tears.

—ت السماءُ : أمطرت — To pour with rain; rain heavily.

أَجَادَ : اتى بالجيِّد — To do well.

جُود : كَرَم — Generosity; munificence.

جَوْد : مطر غزير — Heavy rain.

جُودة : طِيبة — Goodness; excellence.
— : صَلاحِية — Efficiency.

جَوَاد : حِصَانٌ كَريم — Steed; charger; saddle-horse; race-horse; courser.
—. جَوَاد. جَيِّد : سَخِيّ — Generous; bountiful; munificent.
جَيِّد ٢ : طَيِّب — Good; excellent.
— : في حالة جيدة — Well; in good condition.
جَيِّداً : حَسَناً — Well; in a proper manner; rightly; satisfactorily.
تَجْوِيد : تَحْسين — Improvement; betterment; amelioration.
— في القِراءة — Intonation; chanting.
*جَوْر : ظُلْم. اسْتِبْداد — Tyranny; despotism; oppression.
— : حَيْف — Injustice; iniquity; wrong.
△وَرْد جُورِيّ — Damask, or Bengal, rose.
جارَ عن : حادَ — To deviate, or turn aside, from.
— على : ظَلَمَ — To wrong; injure; treat with injustice.
— على : اضطَهَدَ — To oppress; persecute; ill-treat.
— على حقٍّ : اعتدى — To encroach upon; trespass.
جاوَرَ : كانَ جاراً له — To be another's neighbour; be *or* live next door to him.
— : تاخَمَ — To border upon; be adjacent to.
— رَبَّه — To go to *one's* last home.
أجارَ : أغاثَ وأنقذ — To protect; defend.
اسْتَجارَ بهِ : استغاثَ — To seek protection with.
— منه : استغاثَ عليه — To seek protection against *or* from.
جارٌ : الاقْرب الى مَسْكِنك — Neighbour.
جِوار. جِيرَة — Neighbourhood; vicinity.
— : غَوْث — Protection; succour; safeguard.
سياسة حُسْن الـ. — Good neighbour policy.
جائِر : ظالِم — Unjust; unfair; iniquitous.
— : اسْتِبْدادي — Arbitrary; despotic; tyrannical.
— : باغٍ. مُعتدٍ — Despot; tyrant; oppressor.

△جابِير : قالِبُ صُنْعِ الأَحْذِية — Boot-last.
مُجاوِر : تِلْميذ في مدرسة جامِعة — Under-graduate.
— : في جوار — Neighbouring; next door to.
— لكذا : ملاصِق له — Near, *or* adjacent, to.
مُجاوَرة : قُرْب — Nearness; proximity.
مُجِير : مُغيث — Protector; defender.

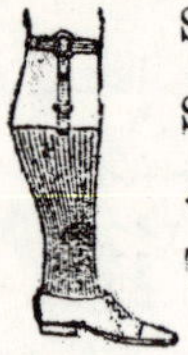

*جَوْرَب طَويل — Stocking.
— قَصير — Sock; half-stocking.
△حَمّالة الـ. — ←Sock suspenders.
*جَوَّزَ. أجازَ(١) : سَمَحَ — To allow; permit; let.
—. — : أباحَ — To authorise; warrant.
△— : زَوَّجَ — To marry; give in marriage.
اجازَ ٢ عنه — To withhold from; spare.
جازَ : كانَ غير ممنوع — To be allowable, *or* permissible.
—. اجتازَ(١) : قَطَعَ — To pass through; traverse; cross.
—. — الامتحان — To pass an examination.
اجتازَ ٢ الشِدَّة — To get past a difficulty.
جاوَزَ. تَجاوَزَ : تَخَطَّى — To go beyond; exceed; surpass; trespass.
—. — عن : صَفَحَ — To pass over *or* by.
—. — عن : تَرَكَ — To forego; forgo.
—. — السِتّين من عُمرِهِ (مثلا) — He passed, *or* turned, sixty.

جَوْز : شَجَر أو خَشَبه أو ثَمَرُه — Walnut.
— اميركيّ — Black walnut.
— البَلُّوط وأمثاله — ←Acorn mast.
— هِنْدي — Coco-nut; cocoa-nut.
— الطيب — Nutmeg.

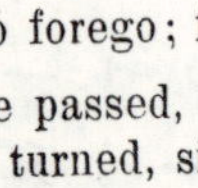

— مُقَيِّئ — *Nux vomica.*
— القَزّ : فَيْلَجة — ←Cocoon.
— الشيء : وسطه ومعظمه — The main part of.

△— احذية مثلاً : زَوْجان (راجع زوج) — ←A pair of (shoes, etc.)
△— او فَرْد — Odd and even.
أَجْواز الفضاء — The canopy of the skies; the void of heaven.

Excessive; extravagant. — الحدّ
Young pigeon. ☆ جَوْزَل (في جزل)
Exploration. ☆ جَوْس . اجْتِياس : اسْتِقْصاء
To explore; investigate. جاسَ . اجتاسَ
Castle. ☆ جَوْسَق : قَصْر
To starve; famish. ☆ جَوَّعَ . أَجاعَ
To hunger; be hungry; crave food. جاعَ
Hunger. جُوْع : ضِد شَبْع
Starvation. — قاتِل : سَغَب
Bulimia; bulimy. — كاذِب : سُعار
Famine; dearth. — . مَجاعَة : قَحْط
Hungry. جَوْعان . جائِع : ضِدّ شَبعان
To be hollow. ☆ جَوِفَ . تَجَوَّفَ : كانَ أَجوَفَ
To hollow; excavate. جَوَّفَ الشيءَ
Inside; heart. جَوْف : داخِل الشيء . بَطنه
Belly; abdomen. — : بَطْن . مأنة
Bowels of the earth. — الأرض
Subterranean *or* underground water مياه جوفية
Hollow; concave. أَجْوَف . مُجَوَّف
Hollowing. تَجْوِيف : جَعْل الشيء مجوَّفاً
Hole; hollow, cavity. — : وَقْب . حُفْرة
Thorax; thoracic cavity. الـ الصدْرِيّ
Band; troop; company. ☆ جَوْق . جَوْقَة : جَماعَة
Roaming; perambulation. ☆ جَوْل . جَوَلان : تَطْواف
Tour; a travelling round. جَوْلَة : سَفْرة
A round. — : شَوْط
To go about; roam; rove; perambulate. جالَ : طافَ
To circulate; move round. — : دارَ . سَرى
To ramble; wander about; rove. جَوَّلَ △ تَجَوَّلَ

Hookah; water tobacco-pipe. △ جَوْزَة التدخين
Adam's apple. △ — الرقَبة : حَرْقَدة
Nut-brown. جَوْزيّ : بِلَوْنِ الجَوْز
The Twins; the Gemini. الجَوْزاء : التوأمان
Permissibility. جَوَاز : سَماح
Lawfulness; legality. — شَرْعي
Pass; passport. — السَّفَر
Permission; leave. — . إجازة[1] : إذْن
Licence; permit. — . — : تَصْريح
Leave of absence; furlough. إجازة[2] غِياب
Sick-leave. — مَرَضيَّة

School certificate; diploma. — عِلمية
On leave. غائب بالـ.
Gas. ○ جاز : ○ غاز . بخار الفَحْم
Petroleum; kerosene. △ — : نِفْط
Paraffin lamp. △ لَمْبَة —
Permissible; allowable. جائِز : مَسْموح به
Passing; transient. — : عابر . قاطع
Possible; likely; probable. — : مُحْتَمَل
Prize; reward. جائِزة : مُكافأة
Passing over; transit. اجْتِياز : عُبور . مُرور
Exceeding; going beyond. تَجاوُز . مُجاوَزَة : تَخطٍّ
Relinquishment; renouncement. — عن : تَرْك
Trespassing. — الحُدود : تَعَدّ
Passage; way by which one passes. مَجاز : مَمَرّ
Figure of speech; trope; metaphor. — بَياني
Figurative expression. — : تعبير مَجازيّ
Figurative verbs. — عَقْلي
Synecdoche. — مُرْسَل
Figurative clauses. — مُرَكَّب
Figuratively; metaphorically. على سَبيل الـ.
Figurative; metaphoric. مَجازيّ : ضِدّ حَقيقي
Foregoing; relinquishing. مُتَجاوِز عن كذا

جَوَّال . مُجَوِّل : كثير التنقل — Rover; wanderer.

—. △مُتَجَوِّل (١) : مُتَنَقِّل — Wandering about.

—. — . —: (كالتاجر أو الواعظ) — Itinerant.

△بَيَّاع متجوّل ٢ — Pedlar; itinerant dealer.

جوّالة:٥موتوسيكل — Motor bicycle; ←motor-cycle.

تجوال : جَوَلان . تَنَقُّل — Roaming; roving; rambling; perambulation.

حَظْر التجْوال ليلاً — Curfew.

مَجَال : مدى — Scope; field; extent; room; range.

— حَيَوِيّ — Living space; lebensraum.

— الحَرَكة او العمل — Play; room; field.

مِجْوَل القِلادة — ←Pendant.

(جوم) جَام : كأس — Cup; glass.

صَبَّ — نقمته او غضبه على — To wreak vengeance upon; pour out the vials of *one's* wrath upon.

٥ جُون : خَليج متّسِع المَدْخل — Bay; inlet.

٥ جُونِلّة تَحْتانيّة : نُقبة — Petticoat.

— فوقانيّة : نِطاق — Skirt.

(جوه) جاه: مَكانة. مقام — Dignity; honour; magnanimity.

عَريض الـــ: وَجيه — A magnate; a man of rank *or* wealth.

✿ جوهر ✿ جوهرة ✿ جوهريّ (في جهر)

(جوو) جَوّ : لَوْح . ما حول الارض من الهواء — Atmosphere.

— : جَلَد — Sky; heavens.

— : القُبَّة الزَّرْقاء — Firmament.

△— : مُناخ — Climate.

جوّاً △جُوّاً : ضِدّ خارِجاً او بَرّاً — Inside.

جَوّي : هَوائي — Atmospheric; airy; ethereal.

— : سَمائي — Skyey.

— : مختص بالظواهر الجويّة — Meteoric.

حَجَر — — Meteorolite; meteoric stone.

ظاهِرة جويّة — Meteor.

عِلم الظواهِر الجويّة او الجَوِّيات — Meteorology.

محطة الأرصاد الجوّيّة — Meteorological station.

جَوّانيّ : ضِدّ بَرّاني — Internal; inner.

أَجْوائي : عالِم بالأحداث الجوّيّة — Meteorologist.

✿ جَوِيَ : اكتوى بالحبّ أو الحزن — To be afflicted with love *or* grief.

جَوًى : شِدّة الوَجْد من حُبّ أو حُزْن — Passion.

جاوِيّ : صَمْغ البخور — Benzoin; gum benjamin

(جيأ) جيئة . مَجيء : حُضور — A coming; arrival.

— وذُهوباً — To and fro.

جاء : أتى — To come; arrive.

— الأمرَ : فَعَلَه — To do; make.

— الجرمَ : ارتكبه — To commit; perpetrate.

—هُ الشيءُ : وصلَ اليه — To receive.

— طِبْقَ مرامِه. — To come in patly *or* suitably.

△— عليه : ناسَبَه — To fit.

— وأجاء بِهِ : أحضَرَه — To bring; fetch; produce.

جاءٍ . جائي : آتٍ — Coming; arriving.

مَجيء ٢ : حُضور . وصُول — Coming; arrival.

— : قُدوم — Advent.

✿ جَيْب : قَلْب — Heart.

— (في الهندسة وحساب المثلثات) — Sine.

— الثوب او ما يُشْبِهه — Pocket.

△وضَعَ في الجَيْب — To pocket.

جَيْبي . للجيب — Pocket; for the pocket.

جَيْبيَّة . كِتاب صلوات للجيب — Pocket prayer book.

جابَ : شَقَّ — To cut an opening.

— البلادَ : قطعها — To explore; traverse.

✿ جِيد : عُنُق — Neck.

✿ جَيِّد ✿ جيّداً (في جود) — Good,

✿ جِير : جِسّ ٥ كِلس — Lime

— مُطْفأ — Slaked lime.

— حَيّ جَيّار (١) : نُورة — Unslaked lime.

ماء الـــ. — Limewater.

جَيّار ٢ : صانع الجير — Lime-burner.

جَيَّارَة : قَين الجِير — Limekiln.

جِيْرِي : كِلْسي — Limy; calcareous; chalky.

* جيرة * جوار (فى جور) — Neighbourhood.

o جَيْرُوسْكُوْپ : دَوَّام ← Gyroscope.

جَيْرُوسْكُوپِي : دَوَّامِي — Gyroscopic.

* جَيَّشَ : جَمَعَ جَيْشاً — To mobilise; levy troops; raise an army.

جَاشَ : اضْطَرَبَ — To swell; heave; rise and fall; be agitated.

— : غلى وفارَ — To boil up *or* over.

— ت نَفْسُهُ — To nauseate; feel sick.

جَيْش — Army; troops.

— الخَلاص — Salvation Army.

جَيَشَان — Ebullition; boiling; agitation.

— : زخور . ارْتِفاع — Upheaval.

— النفس — Nausea; sickness.

جائِش : مضْطَرِب — Ebullient; boiling up *or* over; agitated.

— النَّفْس — Sick; nauseated.

* جِيفَة : جُثَّة مُنْتِنَة — Carrion; carcass.

الغُرابُ الجِيَفِي ← Carrion crow.

جَافَ . جَيَّفَ . تَجَيَّفَ : تعفَّنَ — To putrefy; become putrid.

* جِيْل : صِنْف من الناس — Race; tribe; kind.

— : أهل الزمان الواحِد — Generation; family.

— : عصر — Generation; epoch; era.

o جِيلاتي : لَبَن مَثْلوج . بُوْز س — Ice-cream.

o جِيلاتين : هُلام △ بَلُوظَة — Jelly; gelatine.

o جِيُولُوجِيا : عِلمُ الهَـلَك (طبقات الارض) — Geology.

جِيُولُوجِي : هَلَكِي — Geologic, —al.

(ح)

* حائط (في حوط) * حابي (في حبو) * حاجّ (في حجج)
* حاجة (في حوج) * حاخام (في حخم) * حادّ (في حيد)
* حادّ (في حدد) * حادث (في حدث) △ حادق (في حدق)
* حادي عشر (في احد) * حاذق (في حذق) * حاذى (في حذو)
* حارّ (في حير) * حارّ (في حرر) * حارة (في حور)
* حازَ (في حوز) * حاشَ (في حوش) * حاشا (في حشي)
* حاشِية (في حشي) * حاص (في حوص وفي حيص)
* حاصّ (في حصص) * حاضت (في حيض) * حافَ (في حوف)
* حافّ (في حفف) * حافٍ (في حفي) * حافِر (في حفر)
* حافَة (في حوف) * حافّة (في حفف) * حاق (في حيق)
* حاكَ (في حوك) * حاكى (في حكي) * حالَ * حالا * حالما و
* حالة (في حول) * حامَ (في حوم) * حامٍ (في حمي)
* حامِز (في حمز) * حامى (في حمى) * حانَ * حانة (في حين)
* حانوت (في حنت) * حاوَرَ (في حور) * حاول (في حول)
* حَبّ (في حبب) * حبا (في حبو) * حبارى (في حبر)

* حَبَّبَ الى : جعَلَهُ مَحْبُوباً — To render lovable.

— : صار كالحَبّ — To become granulated.

— . أَحَبَّ الزَرْعُ : صار ذا حَبّ — To seed; produce, *or* form, seeds; run to seed.

أَحَبَّ ٢ . حَبَّ : هَوِيَ — To love; be fond of, attached to, *or* in love with.

— . — : اسْتَحْسَنَ — To like; be pleased with.

أَحَبُّ اليَّ من كذا — More desirable, *or* preferable, to me than.

تَحَبَّبَ اليهِ : تَوَدَّدَ — To show love to; try to get into favour with; curry favour with.

— اليها : تَوَدَّدَ — To court; pay attention to.

— اليها : غازَلَها . راوَدها — To make love to.

تَحابُّوا : أَحَبَّ بعْضُهم بَعْضاً — To love one another.

اسْتَحَبَّ : اسْتَحْسَنَ — To like; find agreeable; be pleased with.

— كذا على كذا : فَضَّلَه — To prefer, *or* choose, to.

حُبّ : مَحَبَّة . هَوًى — Love; affection; attachment.

— أو — الذات — Selfishness; egoism.

— أو — الوَطَن — Patriotism.

— المال او الانتقام الخ . — Lust for money, vengeance, etc.

مَرِيضُ الـ — . — Love-sick.

واقِع في — كذا أو فلانة — In love with.

حُبِّيّ : غَرَامِيّ — Loving; expressing love.

— : وِدِّيّ — Friendly; amicable.

حُبِّيّاً : وِدِّيّاً — Amicably; in a friendly manner.

حَبٌّ : بِزْر — Seeds; grains; berries.

— الآس — Myrtle-berries.

— الصبا : دُهْنِيَّة (مَرض جِلدي) — Acne.

△— العزيز : زَلَم — Earth almond; rushnut.

— الغمام : بَرَد — Hail (*Sing.* hail-stone).

— الهال : △حَبَّهان — Cardamom seed.

حِبٌّ . حَبِيْب : مَحْبُوب . عشيق — Lover; sweetheart.

— . — : عَزِيز — Darling; favourite.

حَبَّة : بِذْرَة — Seed; grain; berry.

— : كُرة (دوائية) صغيرة — ←Pill.

— : بَثْرَة — Pimple; pustule; boil.

— : ذَرَّة — A grain; hard particle.

— قَمح او رُزّ — A grain of wheat, rice, etc.

— البَرَكة : الـ السوداء — Nigella seed; corn cockle; black cumin.

— حلوة : أنيسون △يانسون — Aniseed.

— العين : إنسانها — Pupil of the eye.

— القلب — Heart's core; core of the heart.

△— : قليل — A little.

حُبُوب : غِلال — Cereals; grain.

حِبِّيب : محبوب — Lover; sweetheart.

△ابو— : فَرَس الشيطان — Secretary ←bird.

حُبَيْبَة : حبّة صغيرة — Granule; little grain.

حُبَيْبِيّ — Granular.

الرَمَد الـ — Trachoma; granular ophthalmia.

مُحِبٌّ : عاشِق — Lover.

— لِكذا : مُغرَم به — Fond of; in love with.

— لذاته : أنانيّ (راجع انا) — Selfish; egoist.

— لوطنه — Patriot.

مَحَبَّة : حُبٌّ . هوًى — Love; affection; attachment.

الله — . — God is love!

مَحْبُوب : حبيب . عشيق — Lover; sweetheart.

— : مَعْشُوق — Beloved.

— : يُحَبّ — Lovable; amiable.

— : يُسْتَحَبّ — Desirable; agreeable.

غير — : لا يُسْتَحَبّ — Undesirable; disagreeable.

مُتَحَابُّون : على وداد — On good terms.

*حَبْحَبَ الماءُ : جرى قليلاً — To flow scantly.

حُبَاحِب : قُطْرُب . دُوَيْبَّة مُنيرة — Firefly; glow-worm.

*حَبَّذَ العَمَلَ : استصوبه — To approve, *or* think well, of.

— الرَجُلَ — To applaud; cheer.

حَبَّذا : نِعْمَ . حسناً — Bravo! well done!

*حَبَرَ . أَحْبَرَ : سرّ وأبهج — To gladden; make happy; cheer.

— . حَبَّرَ : زَيَّنَ — To adorn; embellish.

حَبِرَ حُبُوراً : سُرّ — To be cheerful *or* glad; be in high spirits.

حَبْر : رئيس كَهَنة — Pontiff; Pope.

حِبْر : مِداد — Ink; writing, *or* printing, fluid.

— سِرّيّ — Sympathetic, *or* invisible, ink.

— الشين — China ink; India ink.

△— عَلام او تَمْرِيك — Marking-ink.

قلم — : مدّاد — Fountain pen.

حَبَرَة : مِلاءة سوداء — Black veil.

حَبْرِيّ △حَبْرَوِيّ — Pontifical.

حَبْرِيَّة △حَبْرَوِيَّة — ←Cope.

حِبَار : أثر — Trace; mark.

— الضرب (بالسياط) — Wale; stripe.

حَبَّار △أم الحِبر — ←Cuttle-fish; squid.

حُبَارَى : اسم طائر — ←Bustard.

حُبُور : سُرُور — Joy; gladness; pleasure.

مِحْبَرَة : دَوَاة — Inkstand; inkbottle; inkpot.

يَحْبُور : △ بَحْبُوح — Gay; lively; jolly; cheerful; winsome.

* حَبَسَ : سَجَن — To imprison; confine; shut up; intern.

— عنه : مَنَعَ — To withhold; hold back.

— . احْتَبَسَ : عاق — To obstruct; block up.

حَبْس : سَجْن — Imprisonment; confinement; detention.

— : سِجْن — Prison; jail; lockup.

— احْتِياطي — Custody; detention for preservation *or* security.

△ حَبْسَة : فِدية . فكاك — Ransom.

حِبْس : حاجِز الماء — Dam; weir.

— : مِلاءة السرير — Sheet; bed-sheet.

احْتِباس : تَوَقُّف — Obstruction.

— البَوْل — Retention of urine.

△ مِحْبَس الماء (في الانابيب) — Stop cock.

△ — جَزَرَة — Tapping cock; plugcock.

مَحْبُوس . حَبِيس : سَجين — Imprisoned; prisoner.

* حَبَش : بلاد الحبشة — Abyssinia; Ethiopia.

دجاج الـــ — Turkey (cock *or* hen).

حَبَشِيّ — Abyssinian.

△ حَبَّشَ العبوّة : وضع فيها القشّ وغيره — To wad.

△ — : نمّق . زوّق — To embellish; trim.

△ تَحْبِيشة : حَشْو — Wad; wadding.

△ — : زَرْكش — Trimmings.

* حَبِطَ : أخفق — To fail; miscarry; be unsuccessful.

أَحْبَطَ : خَيَّبَ — To defeat; frustrate; foil; baffle.

حَبَطُ السياط : أثرُ ضربها — Stripe; wale.

حُبُوط : خَيْبة . إخفاق — Failure; miscarriage.

* حَبَقَ : ضَرَطَ — To break wind.

حَبَق : △ فُلَيَّة — Pennyroyal; wild mint.

— البَقَر : البابُونج — Camomile.

* حَبَكَ الثوب . احْتَبَكَهُ : أجادَ نسجهُ — To weave well; entwine.

— الحبلَ أو الشَّعْرَ : جَدَلَهُ — To twist; twine.

— الكِتابَ : جَلَّدَهُ — To bind a book.

— الجوارِبَ وأمثالها — To knit (stockings, etc.)

— . حَبَّكَ : شَدَّ وأحكمَ — To tighten; fasten tightly; draw tight.

حَبْكة الرواية — The plot of a novel.

مَحْبُوك : مُحكم الحياكة — Tightly drawn *or* woven.

* حَبَلَ : شَدَّ بحبلٍ — To rope; secure, bind, *or* tie, with rope.

— . احْتَبَلَ : صادَ بأحبولة — To noose; catch in a noose; insnare.

حَبِلَ من الشيء : امتلأ — To be full of.

— تِ المرأة : حَمَلَت — To conceive; be with child; become pregnant.

— تْ الدابَّة — To become pregnant.

حَبَّلَ . أحْبَلَ : لَقَّحَ — To fecundate; impregnate

حَبْل : كُل ما يُرْبَط بهِ — Rope; line; cord; string.

— الغسيل — Clothes-line.

— غليظ : قَلْس — Cable; hawser.

— : عِرْق — Vein.

— الوَرِيد — Jugular vein.

— المَساكين : △ لِبْلاب — Ivy; *hedera.*

الـــ السُّرِّي — Navel string; umbilical cord.

الـــ الشَّوْكيّ — Spinal cord; marrow.

الـــ المَنوِي — Spermatic cord.

ألقَى الـــ على الغارِبِ — To give rein to.

لُعْبة شَدّ الـــ — Tug-of-war.

لُعْبة نَطّ الـــ — (Rope) skipping.

حَبَّال : صانِعُ الحِبال — Rope-maker; roper.

Conception; pregnancy; gestation.	حَبَل : حَمْل
Phantom, *or* false, pregnancy.	— كاذِب
Immaculate conception.	— بلا دَنَس
Full; pregnant; fraught.	حَبْلان : مُمْتَلِئ
Expectant; with child; pregnant.	حُبْلى . حَبْلانة : حامِل
The setter of a snare.	حابِل : صاحِب الحِبالة
Warp.	— النَّسيج : سَدى
To become confused.	اختلطَ الحابِل بالنابِل
Noose; snare; toils; net.	أُحبُولة . حِبالة : شَرَك
Dropsy.	✿ حَبَن : استِسقاء زِقّي (مرض)
Cardamom.	△ حَبَّهان : حَبّ الهال
Crawling; creeping.	✿ حَبْو : زَحْف على اليدين والبطن
Gift; present.	حَبْوَة . حِباء : عَطِيَّة
To crawl; creep.	حَبا : زَحَفَ على يَدَيْهِ وبَطنه
To go on all fours.	— على يديه وركبتيه
To present with.	ـــهُ بكذا : أهداهُ
To take part with; take one's side *or* part.	حابى : مالأ
To have respect of persons.	— الوُجوه
Partial; unfair; one-sided.	مُحابٍ : مُمالِئ
Partiality; favouritism.	مُحاباة : مُمالأة
	✿ حُبُور (في حبر) ✿ حِتار (في حتر)
(Tree) canker.	✿ حَتَت : مرض يُصيب الأشجار
To rub, *or* scrape, off.	حَتَّ : حَكَّ وأزالَ
To erode; eat into; corrode.	— : أكَلَ
Erosion.	تَحاتّ : تأكُّل الجسور بفعل المياه
Bit; scrap; small piece.	△ حِتَّة : حُتْرة
Till; until.	حَتّى : الى ان
To; as far as.	— : لِغاية
Even (Even you.	— : أيضاً (كقولك حتى أنت
That; in order that; so that.	— : كَي . لِكَي
To be of pure origin *or* lineage.	✿ حَتِدَ : كان خالص الاصل
Origin; lineage.	مَحْتِد : أصل
High-blooded; well-born; of noble lineage *or* origin.	كَريم الـــ
Bit; scrap; small piece.	✿ حُتْرة : قطعة صَغيرة
Rim, frame, *or* border.	حِتار : إطار
Death.	✿ حَتْف : مَوت
To die; meet one's fate.	لَقِيَ ـــهُ
To die a natural death.	ماتَ — أنفه
To enjoin; impose as a duty *or* necessity.	✿ حَتَمَ △ حَتَّمَ على : أوْجَبَ
To decide; determine.	— بالأمرِ : جزمَ
To be incumbent on, *or* upon.	تَحَتَّمَ : وَجَبَ
Decision; final decision.	حَتْم : جزم
Imposing; enjoining.	— △ تحتيم
Decidedly; positively; without fail.	حَتْماً : من كلّ بُدّ
Decisive; positive.	حَتْمِيّ : باتّ
Inevitable; unavoidable.	مُحَتَّم . مَحْتوم : لا بُدّ منه
Destined; fated; doomed.	— . — : مقضيّ بهِ
Incumbent on, *or* upon.	— عليه
	△ حِتَّه ✿ حتى (في حتت) ✿ حَثّ (في حثث) ✿ حُثالة (في حثل)
To urge; drive; push; exhort; prompt.	(حثث) حَثَّ . استحثَّ : حَضَّ
To incite; provoke.	— . — : استفزّ
To spur; prick; goad.	— . — مَطِيَّته
Urging; impelling; incitement; instigation.	حَثّ . استحثاث
Incited; pushed; instigated.	مَحْثوث . مُستَحَثّ : مَدْفوع
Dregs; sediment.	(حثل) حُثالة : ثُفْل
	✿ حجّ ✿ حجاج (في حجج)
To screen; veil; cloak; shelter; hide.	✿ حَجَبَ : سَتَرَ
To stand between.	— : حالَ بين
To cut off; disinherit.	— من الإرثِ

Argument; dispute. حِجاج . مُحاجَّة : جِدال

Pilgrim; *hadji*. حاجّ : زائر الأماكن المقدَّسة

Protest, —ation. اِحْتِجاج : إقامة الحجَّة

Protestation; remonstrance. — : اعتِراض

Shifting; shuffling. △ تَحَجُّج : تعلُّل —

Middle, *or* centre, of road. مَحَجَّة الطريق

The right way. — الصَّواب

←Centre of a target; bull's-eye. — : علامة النِّيشان

Protester; remonstrant. مُحْتَجّ : مُقيم الحجَّة أو معتَرِض

To prevent; forbid; prohibit. ٭ حَجَر : منَع

To interdict; place under an interdict; declare *noncompos mentis*. — عليه

To petrify: turn into stone; make hard like stone. حَجَّر الشيء

To petrify; be petrified. تحجَّر . اسْتَحْجَر : صار كالحجَر

To fossilise. — بين طبقات الأرض كالحيوان والنبات

Stone. حَجَر

Flag-stone. — البَلاط

Lunar caustic; nitrate of silver. — جَهنَّم

Meteorolite; falling stone. — جَوِّي : رَجْم

Pumice-stone. — الخفَّان او الرَّخفة

Blood-stone. — الدَّم

Corner-stone. — الزاوية

Bath brick. — السكاكين (لتنظيفها)

Pawn; man. △ — شِطْرنج : بيدق

Millstone. — الطاحون

Piece; man; draught. △ — طاولة : قُشاط

Stumbling-block. — عَثْرة : عِثار

Philosopher's stone. — الفلاسفة

Precious stone. — كريم

Limestone. — كِلْسي (اي جِيْري)

Lodestone; loadstone. — مغنطيس

Rubble-stone. — الهدْم : △ دَبْش

Lithography. طِباعة الـ —

Hard-cash; specie; coin (of the realm). نُقود — .

To disappear; vanish; pass from view. احْتَجَب : اختفى

To cease from publication. — ت الجَريدة أو المجلَّة

To be covered, *or* veiled. تحجَّب : تستَّر

Veil; cover; curtain. حِجاب : سِتْر

Screen; partition. — : حِظار . حاجِز

Amulet; phylactery; charm. — : حِرْز

Diaphragm. — آلة التصوير

Diaphragm. — حاجِز (في التشريح)

The veil of the temple. — الهيكل

Drop; gutta, (*pl.* gutae) △ — : حِلْية مِعمارية

Sheltering; veiling. حاجِب : ساتِر

Usher. — (جمع حجَّاب) : خادِم يستقبِل القادِمين

Porter; door-keeper; janitor. — : بوَّاب

Court janitor, *or* officer. — المحكمة

Eyebrow; brow. — (جمع حواجب) العَيْن

Bushy *or* shaggy eyebrows. حواجِب كثيفة

Screened; veiled. مُحجَّب . مَحْجُوب : مَسْتُور

Bearing a charmed life. △ — : △ بسبعة أرواح

To subscribe to another's pilgrimage. ٭ حَجَّج : أرسَلَه ليَحجّ

To visit the holy land *or* a sacred place; go on a pilgrimage. حَجّ : زار الاماكن المقدسة

To convince; overcome and persuade by argument. — : غلَب بالحجَّة

To argue, dispute *or* reason, with. حاجّ : جادَل

To protest, *or* remonstrate, against. احتجّ على الامر

To offer as a plea *or* excuse. — بكذا

Pilgrimage. حَجّ . حِجَّة : زيارة الأماكن المقدسة

A year. حِجَّة [2] : سَنَة

Proof; demonstration. حُجَّة : بُرهان

Plea; pretext; excuse. — : عُذْر

Title-deed. — : وثيقة الملكيَّة

Under pretence of; on the plea of. بحجَّة كذا

Brow; eye-brow; the ridge over the eye. حَجاجُ العَيْن

حَجْر : مَنْع . حِرْم — Interdiction.
— صحّي — Quarantine.
حِجْر : مُحَرَّم — Forbidden; interdicted; taboo.
— : فرس . أنثى الخَيْل — Mare.
— : حضْن (ما بين الركبتين واعلى الفخذين) — Knees.
△— : ثِبَان (وبمعنى كنف) — Lap.
△مل— : ثُبْنَة — Lapful.
حُجْرَة : مُخْدَع . غُرفة — Room; chamber.
حَجَرِيّ : كالحجَر أو منه — Stony; made of, *or* resembling, stone.
حَجَّار : نحّات الحجَر — Stone-cutter.
— : بائع او مورّد الحجَر — Stone-purveyor.
حَاجِر : منزل للحجّاج — Pilgrim's resting-place.
— العين : مَحْجِر — Orbit of the eye.
تَحَجُّر : تحوّل أو تحويل الى حجَر — Petrifaction.
مَحْجَر : مكان معدّ للحجْر الصحي — Quarantine.
مَحْجِر العين : حاجِر — Orbit of the eye.
△— : مقلع الحجارة — Quarry.
مُتَحَجِّر . مُسْتَحْجِر — Petrified.
حيوان او نبات متحجِّر : أُحْفُور — Fossil.
✿حَجَز : منع . عاقَ — To stay; stop; hinder; detain; retain; delay.
— : ردَع . ضَبَط — To restrain; check.
— الطريقَ وغيره : سَدَّهُ — To block up; obstruct.
— بين الشيئين : فصَلَ — To separate; divide.
— عليهِ المال — To seize; make a seizure upon; attach; apprehend "by legal authority."
— على راتبهِ (مثلاً) — To distress; distrain; levy a distress upon.
— الشيءَ أو المكانَ : حَفِظَهُ — To reserve; retain.
— عَنْهُ الشيءَ — To withhold; keep from.
حَجْز : مَنْع — Prevention; staying.
— : حبْس — Retention; detention.
— الأموال — Seizure; distraint; distress; execution.
— على المزروعات — Execution on growing crops.

حَاجِز : △مُوَقِّعُ الحجْز — Seizor; distrainer.
— : عائق — Hindrance; obstacle; impediment; obstruction.
— : حِظار △دِرْوَة — Screen.
— : فاصِل — Barrier; partition.
مَحْجوز عليه — Seized; distrained.
— : محْفُوظ — Reserved; retained.
— : مُعاق — Detained; obstructed; kept back.
✿حَجَل : رَدَى . مشى على رِجْل واحِدة — To hop.
— الحصانُ وغيره : △حَنْجَل — To prance; gambol.
حَجَل . حَجَلَة — Partridge.
حِجْل : خَلْخَال القَدَم — Anklet.
رَبَّاتُ الحِجَال : النِساء — Woman-kind; fair-sex.
تحْجيل : بَياض في قوائم الفرس — White-foot.
مُحَجَّل القَوائم — White-footed.
✿حَجَم : أخرجَ دماً بالمحجم — To cup; bleed.
أَحْجَمَ عن كذا : كَفَّ — To desist; forbear; abstain; refrain.
— : ضِدّ أقدم — To retire; draw back; retreat
حَجْم : جِرْم — Size; bulk; magnitude.
كبير الـ— : ضَخْم — Bulky; of great size.
حِجامة : سَحْبُ الدَّم بالكاس — Cupping.
إحْجام : ضِد إقدام — Retirement; retreat; withdrawal.
— : امتناع . كفّ — Desisting; forbearing.
مِحْجَم . مِحْجَمة : كأس الحجامة — Cupping-glass; artificial leech.
✿حَجَن : عَقَفَ — To bend; curve.
أَحْجَن : مَعْقُوف — Hooked; curved; bent.
مِحْجَن : عَصاً معقوفة الرأس — Hook; hooked stick.
(حجو) حَجَا به خيراً — To think well of.

حَاجَى : تكَلَّم بالأحاجِي — To riddle; speak obscurely.

حِجًا : عَقْل — Reason; understanding; intellect; mind.

— : فِطْنَة — Sagacity; wit.

أُحْجِيَّة : لُغْز — Riddle; puzzle; conundrum.

ﻫحخام . حَاخَامُ اليهود — Jewish Doctor; rabbi; rabbin.

✿حدّ ✿حدا(في حدو) ✿حداد(في حدد)

✿حِدَأَة ∆ حِدَّايَة ←Kite.

حَدَأَة : فأس برأسين — Pickaxe.

✿حَدِبَ : كانَ أحدب الظَّهْر — To be hunchbacked or humpbacked.

— : كان محدَّباً — To be convex.

حَدَّبَ : حَنَى — To crook; bend; curve.

— : ضِدّ قَعَّرَ — To make convex.

احْدَوْدَبَ . تَحَدَّبَ : انحنى — To be crooked or bent.

حَدَبٌ . أَحْدَب (١) — Humpback; hunchback.

— . مُحْدَوْب الظهر — Crookbacked.

— . مُحَدَّب : ضِدّ مقعَّر — Convex.

حَدَبَة الظَهر (او سَنام الجَمَل) — Hump.

أَحْدَب : اسم نوع من السيوف — ←Scimitar; scimetar.

تَحَدُّب : ضد تقعُّر — Convexity.

✿حَدَثَ : جَرَى . حَصَلَ — To happen; take place; occur.

حَدُثَ : كان حديثاً — To be new, recent or novel.

حَدَّثَ : روى — To narrate; tell.

—ه قلبه — To have a presentiment, a misgiving or a hunch; his heart misgave him that . . .

حَادَثَ : كَلَّمَ — To talk, or speak, to; hold a conversation with.

أَحْدَثَ . استَحْدَثَ : ابتدع — To invent; originate; create.

— : سَبَّبَ — To cause; occasion.

تَحَدَّثَ بِهِ وعنهُ — To talk about; speak of.

تَحَادَثَ القومُ — To talk together; converse.

حَدَث : أمر جَديد . بِدْعة — Novelty; innovation.

— : شابّ — A youth; juvenile.

حِدْثان وأحداث الدَّهْر — Misfortunes of life.

حَدَاثَة : جِدَّة — Newness; recency; novelty

— السنّ — Youthfulness; juvenility.

حُدُوث : وقوع . حصُول — Happening; occurrence; taking place.

حَدِيث : جديد — New; recent; novel.

— : كلام — Chat; familiar talk; discourse.

— : مُحادَثة — Conversation.

— : إشاعة . خَبَر — Talk; rumour.

— : حِكاية — Narrative; story.

— السنّ — Young; juvenile.

— القَوْم : احدوثتهم — Town-talk

— خُرافَة — Stuff and nonsense.

— أو مُحْدَث نِعْمَة — Upstart; parvenu; snob.

الـ السائر — Small-talk; light conversation.

حديثاً : من عَهْد قريب — Newly; recently.

حَادِث : جديد — New; recent; novel.

—ـ حادِثَة : واقِعة — Event; incident.

— . — : كارِثَة — Accident; mishap.

كثير الحَوادِث او الوقائع — Eventful.

إِحْدَاثي (في الهندسة) — Ordinate.

أُحْدُوثَة : ما يُتَحَدَّث به — Topic of conversation.

—: ∆ حَدُّوتَه — Story; nursery (or folk) tale.

مُحَدِّث : حاكٍ — Narrator.

مُحْدَث : حديث نِعْمة — New rich; upstart.

مُحَادَثَة : حديث . مُكالَمَة — Conversation.

مُسْتَحْدَث : جديد — Novel; new.

To overstep the bounds of good taste.	تَخَطَّى حُدودَ اللِّياقة
Anger; wrath; ire; fury.	حِدَّة : غَضَب
Keenness; sharpness.	— : مَضاء
Vehemence; violence; impetuosity; fury.	— : شِدَّة . سَوْرَة
Petulance; irascibility.	— الطَّبْع : نَزَق
Angrily; sharply.	بِحِدَّة
Mourning.	حِدَاد : حُزْن
Deep mourning.	— كامِل
Mourning clothes; sables.	ثَوْب الـ : سِلاب
Weeds.	ثَوْب — الزَّوْجَة
←Mourning-band.	شَارَة او شَرِيط الـ —
Ironsmith; blacksmith.	حَدَّاد : مُعالِج الحديد
Ironsmith's business.	حِدَادَة : مُعالَجة الحديد
Sharp; keen; acute.	حَدِيد : حادّ . ماضٍ
Iron.	— : المَعْدِن المعروف
Cast-iron.	△ — صَبُّ أم ظَهْر
Scrap-iron.	△ — قُرَاضَة او △ خُرْدَة
Pig-iron.	△ — مَسْبُوك
Ironworks.	مصانِعُ الـ
Ironware; hardware.	حَدَائِد : أدَوات حَدِيدية
Ironmonger.	تاجِرُ الـ او المَصْنُوعات الحَدِيدية
A piece of iron.	حَدِيدَة : قطعة حَديد
Colter; coulter; plough-iron.	— المِحْرَاث
Hard-up; short of money. at the end of one's resources.	△على الـ : مُعْسِر
Sharp; keen.	حَادّ : حَدِيد . ماضٍ (حقيقياً ومجازياً)
Sharp-sighted; lynx-eyed.	— او البَصَر
Sharp-witted.	— او الذَّهْن او الفُؤَاد
Hot-tempered; irascible.	— او الطَّبْع
In mourning for.	— على : حَزْنان
←Acute angle.	زَاوِيَة حَادّة
Edge-tool; edged-tool.	آلة حَادّة
Definition; limitation.	تَحْدِيد : تَعْرِيف
Restriction; limitation.	— : تَقْيِيد . حَصْر
Demarcation.	— : إقامَة الحُدُود

To glare; look with piercing eyes.	٭حَدَّجَ بِبَصَرِه : حَدَّق
←Stork.	أبو حُدَيْج : لَقْلَق
To limit; fix.	٭حَدَّدَ : عَيَّن
To define; determine.	— : عَرَّف
To specify; stipulate.	— : خَصَّص
To fix prices.	— التاجِرُ الأثْمَان
To determine prices.	— تِ الحُكُومَةُ الأسْعار
To restrict; limit.	— . حَدَّ : قَيَّدَ . حَصَر
To limit; set bounds to; demarcate.	— . المَكانَ : أقامَ لهُ حَدًّا
To sharpen; edge.	— . أحَدَّ السِّكّين
To mourn, or wear mourning, on; go into mourning for...	حَدَّ٢ وأحَدَّ٢ عليه : لبِسَ الحِدَاد
To stare at; gaze sharply, or steadfastly, at.	أحَدَّ٢ اليه النظر
To fire up; fly into a passion.	احْتَدَّ
To talk angrily to.	— عليه في الكَلام
Limit; end; bounds; termination.	حَدّ : مُنْتَهَى . آخِر
Boundary; precinct; border.	— : تُخْم
Frontier; boundary.	— المَمْلَكَة او البِلاد
Edge.	— السِّكّين او السَّيْف
Edge; border; verge.	— الشَّيِّ : حَرْفُه
Definition.	— : تَعْرِيف
Term.	— (في الرياضة وغيرها)
To a certain extent.	الى — مَعْلوم
Unbounded; illimitable; unlimted; boundless.	لا — لهُ : غَيْر مُتَناهٍ
Beyond measure; immeasurable; immensurable.	لا — لهُ : يَفُوقُ الحَصْر
All the same.	على — سَوى
Minimum.	الـ الأَدْنى
Maximum.	الـ الأقْصى
As far as; up to.	لحَدِّ كذا : لغاية كذا
Till now; until now.	لحَدِّ الآن
Two-edged.	ذو حَدَّيْن
Restrictive ordinance of God.	حُدُودُ الله

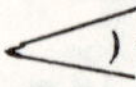

English	Arabic
Pupil of the eye.	حَدَقَةُ العَين
Garden.	حَدِيقَة : جُنَيْنَة
Tart; sour; sharp.	△حادِق الطَّعْم : حاذِق
Salty; saltish.	△ — : مالِح قَليلاً
Surrounding; encompassing.	مُحْدِق : مُكْتَنِف
Impending, or imminent, danger.	— خَطَر
To wrong; injure; deal unjustly with.	٭حَدَلَ عليهِ : ظَلَمَه
To roll; level with a roller.	△ — السطحَ : مَهَّدَه بالمِحْدَلَة
To wabble.	△حَدَلت العَجَلة : حَرَجَت
Roller; stone roller.	△مِحْدَلَة : مِدْحاة
Steam roller.	△ — بُخاريَّة △وابور زَلَط
To fly into a passion; flare up.	(حدم) اِحْتَدَمَ غَيْظاً
To glow; flame; flare.	ـت النارُ
Glowing; flaming.	مُحْتَدِم : مُتَّقِد
Fuming; raging; furious.	— غَيْظاً

٭حِدَة (في وحد) ٭ حِدَة (في حدد)
△حِدَّوتَه . أُحْدُوثَة (في حدث)

English	Arabic
Shoe; horse-shoe.	△حِدْوَة : نَعْل الفَرَس
To urge forward by singing.	حَدَا الاِبِلَ
To drive; push forward.	ـ : ساقَ ودَفَعَ
To prompt; move; push.	— على كذا : دفَعَ وبَعَثَ
To remain at, or keep to, a place.	٭حَدِيَ بالمكان : لَزِمَه
To compete, or vie, with.	تحَدَّى : بارَى
To challenge; defy.	— الرجُلَ : ناهَضَهُ
To intend to do.	— الأمرَ : تعمَّدَ فِعْلَه

٭ حَدِيث (في حدث) ٭ حُدَيج (في حدج) ٭ حَديد (في حدد)
٭ حَديقة (في حدق) ٭ حَذا . حِذاء (في حذو)

English	Arabic
To take heed; be cautious or careful; be on one's guard.	٭حَذِرَ . حاذَرَ . تحَذَّرَ . اِحْتَذَرَ
To warn; caution; put on one's guard.	حَذَّرَ : نَبَّهَ وحَزَّز

English	Arabic
Sharpened; edged.	مُحَدَّد : مُرْهَف . مَسْنُون
Limited; bounded.	مَحْدُوْد : لَهُ حَدّ
Fixed; established; determined	— : مُعَيَّن
Limited; restricted.	— : مُقَيَّد . مَحْصُور
Finite.	— : مُتَنَاهٍ
Infinite; boundless.	غَيْر — : لا حَصْر له
Unlimited; indeterminate.	غَيْر — : لا حَدَّ له
Indeterminate period.	مُدَّة غَيْر مَحْدُوْدَة
Angry; irritated; enraged; incensed.	مُحْتَدّ : غاضِب
Origin; lineage.	مَحْتِد (في حتد)
To bring down.	٭حَدَرَ : أنْزَلَ
To slope; form with a slope.	— . حَدَّرَ : جعله مُنْحَدِراً
To descend; go, roll or glide, down.	— . تحَدَّرَ . اِنْحَدَرَ : نَزَل
To slope; slant; be inclined.	تحَدَّرَ٢ . اِنْحَدَرَ٢ : كان مُنْحَدِراً
Slope; declivity.	حُدُوْر . مُنْحَدَر : موضِع الاِنْحِدار
Slope; slant.	— . تحَدُّر . اِنْحِدار : مَيْل
Slopewise; obliquely.	بانْحِدار . بتحَدُّر : بمَيْل
Steep; precipitous.	واقِف الاِنْحِدار
Plump; chubby.	حادِر : سَمين
Lion.	حَيْدَر : أسَد
Declivity; runway.	أُحْدُوْر : مَكان مُنْحَدِر △دُحَيْرَة
Sloping; slanting.	مُنْحَدِر . مُتَحَدِّر
To guess; conjecture; surmise.	٭حَدَسَ : ظَنَّ وخَمَّنَ
Guess; conjecture; surmise; supposition.	حَدْس : ظَن وتَخْمِين
To throw.	△حَدَفَ الشيءَ : حَذَفَ بهِ . ألْقى . رَمى
Flywheel.	حَدَّافة الآلَة الميكانيكية
To surround; encircle; encompass.	٭حَدَقَ . أحْدَقَ بهِ
To threaten; be impending.	و — بالخَطَر
To stare, or look fixedly, at.	— وحَدَّقَ اليه
To season food (with salt).	△حَدَّقَ٢ الطَّعامَ

Beware of; take care of. حَذَارِ من كذا : احْذرهُ

Caution; care; heed; watchfulness. حَذَرٌ . حِذر

Cautious; careful. حَذِرٌ . حاذِر

Cautioning; warning. تَحْذِير : تنبيه

What is to be guarded against; danger; peril. مَحْذُور : ما يحتذر منه

To take away from. ٭حَذَفَ من : طرحَ

To drop; throw; cast. — : طرَحَ . رمى . القى

To deduct; subtract. — : أسقط . طرح

To delete. — كلمةً : شطبَ او ضرَبَ عليها

To throw away; hurl. — بالشيء : القى به

To pelt with; throw, *or* fling, a thing at. ـهُ بكذا : رماهُ بهِ

Taking away *or* throwing. حَذْف

Deletion from, *or* addition to. الـ او الإضافة

Teal. حَذَفٌ : طائرٌ كالبطّ صغير

Side. ٭حِذْفار . حُذْفور : جانب

Altogether; entirely. بحذافيرهِ : بأسْرِهِ

To be skilful, clever, *or* well versed, in. ٭حذِقَ . حَذَقَ : كانَ ماهِراً

To become tart *or* sour. حَذَقَ اللبنُ وغيرهُ : اشتدَّت حموضته

Skill; cleverness; acumen; dexterity. حِذق . حَذاقة : مهارة

Skilful; skilled; smart; clever; dexterous. حاذِق : ماهِر

Tart; sour; sharp. — : شديد الحموضة

To pedantise; make a show of learning. ٭حَذْلَقَ . تحذلَقَ : اظهرَ الحذق في العِلْم

Pedantry. حَذْلَقة . تحذلُق : ادّعاء العلم

Pedant. مُتحَذْلِق : مُدَّعي العِلْم

Opposite to; parallel with. ٭حَذْو . حِذاء : ازاء

To imitate; follow; take after. حَذَا حذوه . احْتذى بهِ : اقتدى

To be opposite to, *or* parallel with. حاذى محاذاةً : كان بإزائهِ

To put on shoes. احْتَذَى ٢ الحذاءَ : لبسهُ

To be opposite to each other; run in parallel lines. تحاذيا

Boots. حِذاء ٢ طويل : △جزمة

Shoes. — قصير

Top-boots. — المطَر او الخوْض

Opposite to. حِذاءَ : إزاء

Shoemaker; bootmaker. حَذَّاء : △جِزماتي . كُندرجي (س)

Opposite to. مُحاذٍ له : بحذائهِ

٭حرّ (في حرر) ٭حَراج (في حرج) ٭حرارة (في حرر)
٭حرام ٭حرامي (في حرم) ٭حرّان (في حرر)

To be irate; irascible. ٭حَرِبَ : اشتدَّ غيْظُه

To fight, contend, *or* militate, with; wage war against. حارَبَ العدو

To make war; be engaged in war; combat. تحارَبَ القوم

War; warfare; battle; action; hostilities. حَرْب : قتال

Civil war. — أهليَّة أو داخليَّة

To declare war against. أعلنَ الـ على

In a state of war. في حالة — .

Military; martial. حَرْبِيّ : عسكري (راجع عسكر)

Military school. مدرسة حربيَّة

Tactics. الحركاتُ الحربيَّة أو علمها

Tactic, —al. مُختصّ بالحركات الحربيَّة

Chameleon. حِرْباء . حِرباءة : دويبّة تتلوّن

Chameleon-like. (يتلوّن) كالحرباء

Spear-head. حَرْبة : رأسُ الرُمْح

Bayonet. — البُنْدُقيَّة : △سِنجة △سُونكي

Lance. — : رُمْح

Irreligion; impiety. — : فسادُ الدين

Spearman. حَرّاب : حامِل الحَرْبة من الجنود

مِحْرَابُ المَعْبد : قُدْس — Chancel; sanctuary.

— المَسْجد : قِبْلة — Niche; prayer niche

— الكَنيسة : مَذْبح — Altar.

مُحَارِب : مُقاتِل — Warrior; combatant; belligerent.

مُتَحارِبون : مُشْتبِكُون في حَرْب — Belligerents.

✱حَرَثَ الأَرْضَ : شَقَّها بالمِحْرَاثِ — To plough.

— الأَرْض : فلَحها — To till; cultivate.

حَرْث . حِرَاثَة الأَرْض — Ploughing; tilling.

— : أَرْض تُفْلَح ، أي زِرَاعِيَّة — Arable land.

حَرَّاث . حَارِث — Ploughman.

أَبُو الحَارِث : أَسَد . حَيْدَر (انظر حدر) — Lion.

مِحْرَاث : آلة الحَرْث — Plough.

— بُخَارِيّ — Steam plough.

△ — جَايِر — Trench-plough.

△ بَسْخَة الـــ . — Share-beam.

سِكَّة الـــ : حَدِيدَتُهُ — Coulter; colter, plough-iron.

سِلَاح الـــ : لُؤْمَة — Share; plough-share.

قَبْضَة الـــ : مِقْوَم △ بَلَنْجَة — Plough-tail.

قَوْس الـــ . — Plough-tree.

✱حَرِجَ : ضَاقَ — To be tight *or* straitened.

— : أَذْنَبَ . أَثِمَ — To commit a crime.

— صَدْرُهُ — To be annoyed *or* oppressed.

— عليهِ الشيء : حَرُمَ — To be interdicted, *or* forbidden, from doing.

حَرَّجَ : ضَيَّقَ — To straiten; tighten; restrict.

— في الأمر : أَصَرَّ عليه — To insist upon.

— وأَحْرَجَ عليهِ الأمر : حَرَّمه — To forbid; prohibit: interdict; command not to do.

أَحْرَجَ ٢ : اضْطَرّ — To compel; drive; force.

— مَرْكَزه — To put in a critical situation; drive into a corner; put in a fix; jeopardize.

حَرِج : ضَيِّق — Close; tight; narrow.

مَرْكَز حَرِج — Critical situation; a fix.

حَرَج : تَحْرِيم — Interdiction prohibition.

— : ضِيق — Closeness; narrowness.

— المَرْكَز او الحالة — Criticalness.

— : نَقَّالَة المَرْضَى ←── Stretcher; ambulance.

— . حَرَجَة : △ حِرْش — Wood; woodland.

— . حِرْج : إِثْم — Crime; sin.

لا — : لا اعْتِرَاض — There is no objection to it.

لا — عليكَ : لا جُنَاح — Nobody would blame you.

حَدِّث ولا — . — You can say what you like.

△ حَرَاج : △ مَزاد . دلالة — Auction; public sale.

✱حَرْجَلَ : مَضى يُمْنَةً ويُسْرَةً — To sway; waggle.

— الدُّولَابُ (العَجَلَة) : △ حَدَلَ △ دَرْفَ — To wabble.

✱حَرْجَمَ الابلَ : جَمَعها — To assemble; bring together.

△ — : سَعَى طالباً فَرِيسَة — To prowl; raven to and fro.

✱حَرِدَ : غَضِبَ — To be petulant *or* cross.

حَارِد . حَرْدان — Petulant; cross; ill-humored.

✱حِرْذَوْن : دُوَيْبَّة كالضَّبّ ←── Lizard.

✱حَرَّرَ : صَيَّرَهُ حُرًّا — To liberate; free; set free.

— العَبْدَ — To manumit a slave; emancipate.

— العَقْلَ — To liberalise; enlighten.

— الكِتاب : أَصْلَحه وحَسَّنَه — To revise.

△ — الكِتَابَ : كَتَبَهُ — To write; pen.

— الكِتَابَ والصَّحِيفَة : هَذَّبها وأَعدَّها للطبع — To edit.

— الوَزْنَ : ضَبَطه — To adjust.

— : △ كَرَّسَ . وَقَفَ لِخِدْمَةِ الله — To consecrate.

حَرَّ : ضِدّ بَرَدَ — To be hot *or* warm.

تَحَرَّرَ : صارَ حُرًّا — To be, *or* become, free or liberated.

حُرّ : طَلِيق . غَيْر مُقَيَّد — Free; at liberty.

— : ضِدّ عَبْد — Freeman.

— : مُسْتَقِلّ — Free; independent.

— : غَيْر مُرْتَبِط بِوَعْد — Free; disengaged.

Liberator; emancipator. مُحَرِّر : مُطلِق الحرِّيَّة
Writer. △— : كاتِب
Editor. — الجريدة
Exasperated; enraged. مُحَرْوَر : مُغتاظ
To take care of; guard; keep. ✱حَرَزَ : حَفظ
To be unattainable *or* inaccessible. حَرُزَ المكانُ والشيء : كانَ حريزاً
To achieve; acquire; attain; obtain; win. أَحْرَزَ : حازَ
To attain fame. — شُهْرَة
To achieve success. — نَجاحاً
To come off with flying colours; score a public success; win credit. — قَصَبَ السَّبق
To guard against; be careful, *or* cautious, of. إِحْتَرَزَ . تَحَرَّزَ منه . تَوقَّاه
Fortress; a fortified place. حِرْز : حِصْن
Amulet; talisman. — : عُوذَة . حِجاب
Exhibit of the case. — القضيَّة (الجنائية)
Invincible fortress. — حريز : حِصْن حَصِين
Unattainable; inaccessible. حَرِيز : مَنيع
Acquirement; attainment. إِحْراز : نَيْل
To watch; guard. ✱حَرَسَ الشيء : قامَ بحِراسَتِه
To keep; preserve; guard; protect. — : وَقَى
To be on one's guard against; be cautious of. إِحْتَرَسَ . تَحَرَّسَ من
Beware of! take care of! احتَرِسْ من كذا : حذارِ (فعل أمر)
Guard; escort. حَرَس . حُرَّاس : حامية
Bodyguard. — شَخصي
Royal bodyguard. — المَلِك
Custody; guardianship; keeping; care; protection. حِراسة : حِماية . رِعاية
Watch. — : عَمَل الحارِس
Sequestration. — قضائية
Guard; watchman. حارِس : خَفير
Sentry; sentinel. — : △دَيْدَبان . ناطُور
Keeper; protector; preserver. — : واقٍ
Guardian; tutelary; protector. — : حافِظ
Sequestrator. — قضائي
Custodian of enemy property. — أملاك الأعداء (وقت الحرب)

Genuine; real. — : حقيقي . أَصْلي
Pure. — : خالِص . نقيّ
Liberal. — : مِن حِزْب الأَحْرار
Free-thinker. — العقيدة
Candid; liberal; frank. — الفِكر
Live steam. بُخار — : غير ضائع او عادِم
Freedom; liberty. حُرِّيَّة : ضِدّ تقييد
Independence. — : اسْتِقلال
Option; freedom of choice. — الإِخْتِيار
Liberality; candour; openness. — الفِكر
Make yourself at home; take your liberty. خُذْ حُرِّيَّتك

Statue of Liberty. تِمثال الحرِّيَّة (في مِيناء نيويورك)
Heat; warmth. حَرّ . حَرارة : ضِد بَرْد وبُرودة

Ardour; eagerness; enthusiasm; zeal. حَرارة [2] : غَيْرة
Vehemence; passion. — : حَمِيَّة
Rash; eruption on the skin. △— طَفح جِلْدي
Temperature. الـ الجوِّيَّة او البدنيَّة
Thermometer. مِقياس الـ : مِحَرّ
Thermal. حَراري
Calorie; calory. وحْدة حَرارية او وحدة الحَرارة
Very thirsty; parched. حَرَّان : شَديدُ العَطَش
Hot; feeling hot. △— : ضِدّ بَرْدان
Hot wind. حَرُور : هَواءٌ حارّ △شَوْب
Silk. حرير : النَّسِيج المعروف (أو من حرير)
Silky. حَرِيرِي : كالحرير
Silken; silk; of silk. — : من الحَرير
Warm; hot. حارّ : ضِدّ بارِد
Ardent; passionate. — : غيور
Hot; pungent. — : حِرِّيف △حَرَّاق . يَلْذَع
Torrid zone. مِنطقة حارَّة (في الجغرافيا)
Geyser. فوَّارة ماء حارّ : شَبَّابة . قَرَقُوس
Thermal spring. يَنْبُوع حارّ : حَمَّة
Freeing; liberating. تحرير : إطلاق الحرِّيَّة
Manumission; emancipation. — الأرِقَّاء
Editing. — الصُّحُف (الجرائد) والكُتُب

الملاك الــــ . Guardian angel.
الالاهة الــــة Tutelary goddess.
إحتراس : تحفّظ Precaution; care.
باحتراس : بحذر Carefully; cautiously; with precaution.
محترس : حذور Careful; cautious.
*حرش : حكّ △ هرش To scratch.
حرّش : حرّك على شرّ To provoke; instigate (to evil); set on; incite.
— بينهم : أغرى بعضهم بعض To sow discord between; set one against another.
تحرّش به To meddle, or tamper, with.
— به للخصام To pick a quarrel with.
△ حُرش : حرج . حرجة Wood; thicket; forest.
△ حرِش . أحرش : خشن Rough; scabrous.
حُرشة △ حراشة : خشونة Roughness; scabrousness.

حريش : أم أربع وأربعين Centipede; centiped.

— : كركدن Rhinoceros.
تحرّش : تعرّض Meddling.
تحريش : تحريض على شرّ Provocation; instigation; incitement; agitation.
△ — : تخشين Roughing.
△ — المعدة (بالمأكولات الخشنة) Roughage.
*حرشف السمك : قشره Scales of fish.
*حرِص على الشيء To covet eagerly.
حِرص : شره وبخل Covetousness; cupidity; greed; avarice.
حريص : بخيل . شره Covetous; greedy; avaricious.
*حرّض : حثّ To provoke; incite; instigate.
— على شرّ To instigate (to evil); set on.
تحريض : حثّ Provoking; provocation; incitement; instigation.
تحريضي Provocative; instigatory.
محرَّض : مدفوع بالتحريض Provoked; instigated.
محرِّض (على شرّ) Instigator.

*حرَّف . حرّف : أمال To slant; incline.
— الكلام To misconstruct; misconstrue; twist; pervert.
— المعنى To misinterpret.
انحرف . تحرّف : مال To slant; slope.
— عن : حاد To incline, deviate, or turn, from.
— الى اليمين أو اليسار To turn to right *or* left.
احترف كذا To adopt, *or* choose, a profession or trade.
حرف : حافة كل شيء (راجع حفف) Edge; border.
— الجبل او كل شيء مرتفع Brink; verge.
— كل آلة قاطعة : حدّ Edge.
— : أحد حروف الهجاء Letter.
— : أداة (في النحو) Particle.
— جرّ Preposition.
— حلقيّ Guttural letter.
— صفير Sibilant letter.
— ساقط Dead letter.
— ساكن أو صامت Consonant.
— صوتي أو متحرّك Vowel.
— شمسي Sun letter.
— قمريّ Moon letter.
— عطف Conjunction.
— علّة Vowel.
— نداء Interjection.
— مطبعيّ Type; printing-type; letter.
حرفيّ (راجع ترجم في رجم) Literal.
حرفياً : بالحرف الواحد Literally; to the letter.
حُرف : رشاد برّيّ Water-cress; buck's horn; swine's cress.
حِرفة : مهنة Profession; vocation; career.
— يدوية Trade.
— شريفة Profession; learned profession.
حرافة المذاق Pungency; acridity.
حرّيف : لذّاع Pungent; hot; acrid.
إنحراف : ميل Declination; obliquity.
— : حيدان Turning; deviation.
— المزاج Indisposition.

— : شُذُوذ — Digression.

اِحْتِرَاف حِرْفَة — Adoption of a profession.

تَحْرِيف الكلام (أي معناه) — Misconstruction; misinterpretation.

— الكلمة (في الأجرومية) — Metathesis.

مُحْتَرِف : ضِدّ هاوٍ — Professional.

مُنْحَرِف : مائل — Oblique; slanting; leaning.

— المزاج — Indisposed; unwell.

*حَرَقَ . أَحْرَقَ بالنارِ — To burn; consume, *or* injure, by fire.

—.— بسائل حارّ : سَمَطَ — To scald.

—.— بالحرارة : شَيَّطَ — To scorch; parch.

△ — اللسانَ : لذعَ — To sting; smart; bite.

— وحَرَّقَ أسنانَه — To gnash one's teeth; grind the teeth.

اِحْتَرَقَ . تَحَرَّقَ : دَبَّت فيه النارُ — To burn; take fire; be on fire.

—.— : حرقته النارُ — To be burned *or* burnt.

تَحرَّقَ : التهبت شهوته — To lust; have inordinate desire.

حَرْق : مكان الإحتراق في الجسم وغيره — Burn.

حُرْقَة : حَرارة — Vehemence; ardour.

بَكَى بـ — — To weep bitterly.

حَرْق . حَرِيق . (1) إحْرَاق — Burning; consuming by, *or* setting on, fire.

—.— عَمْدِيّ — Incendiarism.

جريمة الـ — العَمْدِي — Arson.

حَرْق أجساد الموتى : تَرْمِيد — Cremation.

حَرِيق (2) . حَرِيقَة — Fire; conflagration.

حُرَاق . حُرَاقَة . حَرُوق : صوفان — Tinder; touchwood.

△ حُرَّاق : حارّ . لذّاع — Hot; pungent; sharp.

△ حُرَّاقة : مُنَفِّطَة — Blister-plaster.

حَرَّاقة : سفينة حربيّة — Torpedo boat.

حارِق متعمِّد — Incendiary.

إحْتِرَاق : اشْتِعال — Burning; combustion.

— داخلي — Internal combustion.

سريع أو قابل الـ — Combustible; inflammable.

تحاريق النيل — Dry season of the Nile.

— : جَفاف — Drought; drouth.

مُحْرِق : يحرق — Burning; scorching.

مُحْرَق أجساد الموتى : مَرْمَد — Crematorium; crematory.

مُحْرَقَة : صَعِيدة — Burnt sacrifice; holocaust.

*حَرْقَدَة الرقبة : تُفَّاحة آدم — Adam's-apple.

*حَرْقَفَة — Hip bone; innominate bone.

*حَرَّكَ : جعله يتحرّك — To move; set in motion.

— : قَلْقَلَ أو زحزح أو هزّ — To stir; shake.

— الطبخ مثلاً : △ قَلَّبَه — To stir.

— على كذا — To impel; stir "to action".

— على الأمر : بعثه — To actuate; incite.

— : أثار . هيَّج — To excite; provoke; stir up.

— العواطف — To affect; move the feelings.

— الشهيّة — To appetize; whet the appetite.

— الحرفَ أو الكلمة — To vocalise; insert the vowel points.

حَرُكَ . تَحَرَّكَ : ضِدّ سكن — To move; be in motion.

تحرَّك (2) : تقلقل — To move; stir; be moved.

حَرَكَة . حَرَاك : ضِدّ سُكُون — Movement; motion.

— : شَكْلَة — Vowel point; accent.

ثقيل الـ — Dull; slow of motion; heavy.

خفيف الـ — Nimble; light; active.

علم الـ المجرّدة — Kinematics.

العلاج بالـ — Movement-cure; kinesitherapy.

حَرِكٌ : يحبّ الحركة — Restless; brisk; agile.

حارِك الحصان : أعلى كاهله — Withers.

تَحْرِيك . تحرُّك — Moving; stirring.

مُحَرِّك : يسبّب الحركة — Moving; stirring.

— : سبب الحركة — Mover; stirrer.

— : باعث — Motive; impulse; incentive.

— : محرِّض — Instigator.

Forbiddingness. حُرْمَة : حالة التحريم

Inviolability; sacredness. — : قداسة

Wife. — الرجل : زَوْجته

Woman. △— : إمرأة

Taboo; prohibited. حَرَام : محرَّم . ممنوع

Illicit; illegal; unlawful. — : ضدّ حلال

Natural, *or* illegitimate, son. ابن — : نَغْل

Neutral zone. شقة — (بين بلادين)

Illegally; illicitly. بال— : بكيفية محرَّمة

To live in sin. عاش بال— . (بالخطيئة)

Blanket; rug. △حِرام . حَرِيم (1) : △بطانية

Malefactor; evil doer. حَرَامِيّ : فاعِل الحرام

Thief; robber. △— : لصّ

Deprivation; privation. حِرْمَان : مَنْع

Forbidden; prohibited. حَرِيم (2) : حُرُم

Harem; household women. — : نِساءُ الدار

Harem; the portion of a house allotted to females. بَيْتُ ال—

Respect; esteem. احْتِرَام : اعتبار

Forbiddance; prohibition. تَحْرِيم : مَنْع

Forbidden; prohibited; taboo. مُحَرَّم : ممنوع

المحرَّمات : درجات القرابة المحرَّم التزاوج بينها
Forbidden degrees (of consanguinity).

Handkerchief. △مَحْرَمَة : مِنديل

Deprived of. مَحْرُوم من كذا

Respectable. مُحْتَرَم : مُوَقَّر

The reverend. ال— : المُوَقَّر (لرجال الدين)

The honourable. ال— : المكرَّم (للأشراف)

Wild rue. ✻ حَرْمَل : نبات وحبه كالسمسم

←— Cape. △حَرْمَلة : غطاء للأكتاف

Exciting. — : مُهيِّج

Promoter of trouble; firebrand; agitator. — الفِتَن أو القلاقل

Appetizer. — الشَّهِيَّة

Motor. — ميكانيكي

Electric motor. — كهربيّ

Poker. مِحْرَاك النار : مِسْعَر

Moving. مُتَحَرِّك : ضِدّ ساكِن

Movable; mobile — : يُنقَل (من مكانه)

Vowel. — : ضد الساكن من الحروف

To provoke; excite. ✻ حَرْكَث △حَرْكَش

To meddle with. تحرْكَث به : تحرّش

To pick a quarrel with. — به للخِصام

By a hairbreadth; to a hair's breadth. △حُرْكرُك . على الحُرْكُرك

To deprive, *or* dispossess, of. ✻ حَرَم فلاناً الشيء

To disinherit; cut off. — الابنَ الوِراثة

To excommunicate. — : منع من شركة الجماعة

To lay under an interdict. — الكاهِنَ (راجع شلح)

To be forbidden. *or* interdicted. حَرُمَ عليه الامرُ : امتنع

To forbid; interdict; prohibit; command not to do. حَرَّم الشيء : جعله حراماً

To taboo. — عليه كذا : أمرهُ بالابتعاد عنه

To refrain from *doing*. △— : △تابَ عن

To respect; honour; esteem. إحْتَرَم : رَعَى حُرْمَته

To consider unlawful. إستَحْرَم : عدّه حراماً

Taboo; prohibited. حَرَم : محرَّم . ممنوع

Inviolable; sacred — : لا يُنتَهك . مُقدَّس

Shrine. — : مَزار

Sanctuary; sacred area. — المَعْبَد او الهيكل

Excommunication. △حِرْم كنائسي : قَطْع

Anathema. △— كنائسي : لَعْنَة . إبْسال

Interdict. △— بابَوِيّ

To jib; balk; move restively. ✲حَرَنَ الحِصَانُ

Stubborn; stiff; inflexible. حَرُونٌ : عَنِيد

Refractory; restive. حِصَان — : شَمُوس

Heartburn. ✲حَرُوَة : حُرْقَة في الحَلْق أو الصَّدْر

Stench; evil smell. — : رائحة كريهة

It is proper, fit *or* suitable, for him. ✲حَرِيٌّ بِهِ : جدير

It is more proper for him to...; he had better... أَحْرَى بِهِ أن

Rather; the rather; with stronger reason; the more so; *a fortiori*. بالأَحْرَى

To seek; pursue. تَحَرَّى الأَمْرَ أو حقيقتهُ : تقصَّاه

To inquire into; investigate. — الأمرَ : فحصهُ

Inquiry; investigation. تَحَرٍّ : تقصٍّ

✲حَرِير (في حرر) ✲حَرِيز (في حرز) ✲حَرِّيف (في حرف)

✲حَرِيم (في حرم) ✲حُرِّيَّة (في حرر) ✲حَزّ (في حزز)

To form a party. ✲حَزَّبَ : جمع حِزباً

To take sides with; join another's party. حَازَبَهُ : صار من حِزبه

To side with. — △ تَحَزَّبَ لهُ : نصره

To form a party. تَحَزَّبَ ٢القومُ : صاروا حِزباً

Party. حِزْب : جماعة

Partiality; bias. تَحَزُّب : مُشايعة

Partial; biased; prejudiced. مُتَحَزِّب : مشايع

Crone; hag. حَيْزَبُون : عجوز شمطاء

To guess; conjecture. ✲حَزَرَ : قدَّرَ وخمَّن

Guessing; a guess; conjecture. حَزْر . مَحْزَرَة : تخمين

Riddle; puzzle; quiz △ حَزُّورَة : أُحْجِيَة

June. ○حَزِيرَان : يُونيو . الشهر الميلادي السادس

Notch; incise; cut into; make an incision. ✲حَزَّ . حَزَّزَ . احْتَزَّ : فَرَضَ

To cut off; sever — . — رقبته : قطعها

Notch; ← incision; nick. حَزّ . مَحَزّ : فَرْض

Nick; precise moment of time. — : وقت

To strike home; hit the nail on the head. أصابَ الحزّ ٣

Juncture; critical point of time. حَزَّة

Nick of time. — : وقتُ الحاجة

Heartburn. — : حرْقة في فم المعدة

Dandruff; dandriffs. حَزَاز : قِشْرَة الرأس

Ringworm. — : قُوْبا

Lichen; moss — الصَّخْرِ : حَشِيْشَة البَحْر . أُشْنَة

Heartburning; secret enmity. حَزَازَة في القلبِ (من غيظ)

To strain. ✲حَزَقَ : ضَغَطَ

Hiccough. △ حَزُّوقَة : فُوَاق . △زُغُطَّة

To tie, *or* do, up; make a bundle of. ✲حَزَمَ : صَرَّ . رَزَمَ

To pack; bind. — : رَبَطَ

To pack up. — أمتعته (لأجل الرحيل)

To girdle; gird. — . حَزَّمَ : مَنْطَقَ

To be firm and resolute. حَزُمَ : كان حازماً

To gird oneself; fasten a belt round one's waist. تَحَزَّمَ . احْتَزَمَ : لبسَ الحِزام

Packing. حَزْم : رَزْم

Firmness; resolution. — : عَزْم

Prudence; discretion. — : حَصافة

Package; parcel. حُزْمَة : رِزْمَة

Bundle. — : رَبْطَة . صُرَّة

Sheaf. — حطب أو عيدان قمح وامثالها

Belt; waistband; girdle. حِزام : زُنَّار

Saddle-girth. — السَّرْجِ : وَلَم

← — القَتَق : حفاظ

Surgical truss; rupture truss.

Life-belt; safety-belt. — النجاة من الغرقِ

← Belt clasp. مشبك — .

Prudent; discreet; cautious and wise. حازِم : حَصِيف الرأي

Bows of ship. حَيْزُوم السفينة

Mediastinum. — الصَّدْر : غشاء حاجز بين الرئتين

*حَزَنَ . حَزَّنَ . أَحْزَنَ — To sadden; grieve.
حَزِنَ لَهُ وعليهِ : ضد فرح — To feel sorry for; grieve, *or* sorrow, for.
— عليهِ : حَدَّ — To mourn for.
حُزْن . حَزَن : ضد فرح — Sadness; sorrow; grief.
— : حِداد (راجع حدد) — Mourning.
حَزْن : أرض غليظة — Rugged and hard ground.
حَزِين . حَزْنان . مَحْزُون — Sad; grieved.
— . — : حادّ — In mourning.
△ حَزايني . مُحْزِن (1) (كالنغم وغيره) — Sad; melancholic; mournful.
△ — : حِدادِي — Dark; dark-coloured.
△ قماش حزايني — Mourning-stuff.
مُحْزِن : مُكَدِّر (2) — Sorrowful; distressful; sad; grievous; mournful.
— : مُثير الشُّجُون — Pathetic; touching.
— : فاجِع — Tragic, —al; sorrowful.
رواية مُحْزِنة : مأساة — Tragedy.
مُحْزِن مُضْحِك — Tragi-comic, —al.
○ حزيران (في حزر) * حسّ (في حسس)
* حسا * حساء (في حسو) * حسام (في حسم)
* حَسِبَ : ظَنَّ — To think; opine; suppose.
حَسُبَ : كان ذا اصل شريف — To be noble, *or* of high birth.
حَسَبَ : عَدَّ . اعتبرَ — To consider; reckon; regard; esteem.
— : أَحْصَى — To count; reckon; calculate.
— عليه — To debit, *or* charge, with.
— لهُ — To credit with.
— حساب كذا — To count for; allow for; take into account.
— النجم (ليرى حظَّه من الحياة) — To cast a horoscope.
حاسَبَهُ : تحاسَبَ معه — To make up an account with.
△ حاسَبَ : احترسَ . حذرَ — To be careful; take care; pay attention.
احتَسَبَ : حسب حساب . اعتدّ — To take into account *or* consideration.
— به : اكتفى — To be satisfied with.
— ولداً : فقده — To be bereaved of a son.
تحَسَّبَ : تعرَّفَ — To seek to know.

حَسْب . حُسْبان : عدّ . احصاء — Reckoning; counting; calculation.
— . — : عدّ . ظنّ — Thinking; believing.
— . — : اعتبار — Consideration; regarding.
حَسْبُ : كَفَى — Enough; sufficient.
فَحَسْبُ : فقط — Only; merely.
وحَسبِي كذا (مثلاً) : يكفيني — I will content myself with.
حسب : مفاخِر الآباء — Ancestral claims.
— : قَدْر — Amount; quantity.
بحَسَب . على — . حسَبما : بموجب . بمقتضى — According to; conformably with.
بحسب شريعتنا — Under our law.
(هذا) بحسب (ذاك) : بمقداره — ...equal to...
حِسْبة : عمليّة حسابيّة او مقدار ماليّ — A sum.
حِساب : تقدير — Reckoning; computation; estimation.
— : عَدّ — Calculation; counting; reckoning.
— : محاسبة — Accounting; counting.
— : ما بين المتعاملين من الحِساب — Account; (a/c.)
— التفاضُل — Differential calculus.
— التمام والتكامُل — Integral calculus.
— الجُمَّل — Calculation by letters.
— المثلثات — Trigonometry.
— جارٍ — Current account.
— مَفْتوح — Open account.
على الـ : بالدَّيْن — On credit; on account.
على — فلان — At the expense of.
عمل الـ . — To make up an account.
قدَّم الـ . — To render an account.
دفع او سدد الـ . — To settle an account.
سَوَّى الـ . — To square, *or* adjust, an account.
عِلْم الـ . — Arithmetic.
يوم الـ . — Judgment-day; doomsday.
حَسِيب : شريف الاصل — Noble; nobleman; highly ancestried.
حاسِب : عادّ — Counter; calculator; computer.
△ — مُحاسِب (1) — Accountant; book-keeper.
آلة حاسِبة — Calculating machine.
محاسِب (2) قانوني : مراجع حِسابات — Auditor; chartered accountant.
مُحاسَبة : عمل الحساب — Accounting.
رئيس ديوان الـ (في مصر) — State Auditor-General.
△ مَحْسُوبيّة : مراعاة الخواطر — Favouritism.

أَحْسَبُ : ابيض الشعر والبشرة △ابرص — Albino.

★حَسَدَ : اشتهى ما لغيرهِ — To covet; desire eagerly; long to possess (what is another's).

△ — : اصابَ بالعين — To hit with evil-eye.

حَسَدٌ : اشتهاء ما للغير — Covetousness.

حَسُودٌ : يشتهي ما لِغيرِه — Covetous: eagerly desirous (of another's property etc.)

★حَسَرَ : كَشَفَ — To unveil, uncover; lay bare.

— بصرُه : ضَعُفَ وكَلَّ — To be, or become, weak-sighted.

— الشيءُ : انكشف — To be uncovered.

حَسَّرَ : جعله يتحسّر — To grieve; afflict; distress.

— الطيرُ : بدّل ريشَه — To moult.

حَسِرَ . تحسّر على — To deplore; sigh for; grieve over.

حَسْرَة : لَهَف — Grief; sorrow; regret.

حَسِير . حَسِر : تَعِب — Fatigued; weary.

— . حاسِر البصر — Weak-eyed; weak-sighted.

حاسِر ٢ الرأس : عاري الرأس — Bareheaded.

واحسرتاه — Alas! What a pity!.

★حَسِسَ . وحَسَّ (١) له : رقّ — To sympathise with.

△حَسَّسَ : تلمّس — To grope; feel about.

حَسَّ ٢ . أحَسَّ : شعَر (حقيقياً ومجازياً) — To feel.

— الحِصَانَ : △طمّرهُ — To curry; rub down.

تحسّس الخبرَ — To seek for information.

حِسٌّ : صَوْت (عموماً) — Sound; noise (imperceptible).

— الإنسان أو الحيوان : صَوْت — Voice.

— . حِسّ . إحساس : شُعور — Feeling; sense; sensation.

حاسّة . إحساس ٢ : قابلية التأثر — Sensibility; susceptibility.

— : إحدى الحواسّ الخمس — Sense.

عديم او فاقد الاحساس — Senseless; insensitive.

حِسّي : مختص بالحسّ — Sensuous; sensory.

حَسَّاس : ذو شعور — Sensitive; sensible; susceptible; easily affected.

حَسَّاسة : مَشْعَر — Sense-organ.

— : عُضو الحسّ في الحشرات والاسماك والنبات — Tentacle; feeler.

نُقْطَة — — Soft (sensitive) spot.

مِحَسَّة الخيل — Curry-comb.

مَحْسوس . مُحَس — Felt; palpable; tangible.

غير — — Unfelt; intangible.

★حَسَك (الواحدة حسكة) : شوك — ←Thorn; spine.

— السَمَك — Fish-bones.

— السنبل — Awn; beard of corn.

— النسّاج : شوكة الطرابيشيّة — Teasel bur.

حَسَكي : شائك — Thorny; spiny.

★حَسَمَ : قطَع — To sever; cut apart.

— : بَتَّ — To settle; decide; determine.

— : طرَحَ △خصَم — To discount; deduct.

حَسْم : بَتّ — Settlement; decision.

— : △خصْم . اسقاط — Discounting.

حُسام : سَيف — ←Sword.

حاسِم : باتّ — Decisive; positive; conclusive; peremptory.

★حَسُنَ : كان حَسَناً — To be handsome, pleasant, or good.

حَسَّنَ : صيّره أحسن مما كان — To improve; ameliorate; make better.

— صيّرهُ حسناً — To beautify; adorn.

— الكاسِدَ أو القبيح — To gild the pill.

حاسَنَ : عامل بالحُسْنى — To treat kindly.

أحْسَنَ : فعَل الحسَن — To do well.

— اليه : أعطاهُ الحسَنة — To give charity to.

— اليه وبه : عمل معه حسناً — To treat indulgently; do good to.

تحسَّنَ — To improve; grow, or get, better.

استحسَنَ — To appreciate; approve of; like; admire.

حُسْن : جَمال — Beauty; prettiness; grace; loveliness.

— الابتداء (في البديع) — Exordium.

— الانتهاء (في البديع) — Peroration.

— التعبير (في البيان) — Euphemism.

— القصْد أو النيّة — Good faith; *bona fides*.

بِحُسْن قصْدٍ او نيّة — In good faith.

حَسَن : جَميل — Beautiful; handsome; pretty.

— : جيّد — Good; agreeable; pleasant.

حَسَناً : جيّداً — Well!

حَسْناء : إمْرأة جميلة — A beauty; a belle.

مَحاسِن : صِفات حسَنة — Good points; excellent (traits) features.

حَسَنَة . إحْسان : صَدَقة — Alms; charity; dole.

— : عَمَل حَسَن — Good action.

— : صِفة حسَنة — Good attribute.

△ — : وَحْمة — Birth-mark; mole; nævus.

الحُسْنَى : العاقبة الحَسَنة — Good cosequences.

بالـ— — In a friendly manner; amicably.

الأسْماء الـ— — The attributes of God.

حَسُّون ←Goldfinch.

أحْسَن : أفضَل . أكثر حُسْناً — Better.

إحْسان : فِعلُ الخَير — Benevolence; charity; almsgiving.

إسْتِحْسان — Appreciation; approval.

تَحَسُّن — Improvement.

تَحْسِين : اصلاح — Amelioration; betterment; improving.

مُحْسِن : خيِّر — Benevolent; charitable.

مُحَسِّن : مزيِّن — Beautifier.

— : مُصْلِح — Improver.

مَحاسِنُ الشيء — Fine parts; good features.

مُسْتَحْسَن — Agreeable; acceptable; suitable; desirable.

☼حَسْو . حَساء : △ صُبّة △ شُوْربة — Soup.

حَسْوة : مَصّة — A sip.

حَسا . تَحَسَّى . احْتَسَى : مَصّ — To sip.

☼حَسُّون (في حسن) ☼حشّ (في حشش) ☼حشا (في حشو)

☼حَشَدَ الجيْشَ أو الجُنْد — To mobilise; call into active service.

— : جَمَعَ — To gather; collect.

—· حشّدَ : جمعَ وكدّس — To amass; accumulate.

احْتَشَدَ . تحشّدَ : تجمّعَ — To assemble; be assembled.

حَشْد : جَمْع — Gathering; collecting.

— الجنودِ : ضِدّ تسريحها — Mobilisation.

— من الناسِ — Gathering; crowd; assembly.

☼حَشَرَ : جَمَّعَ — To crowd; press together; cram.

— : دَسّ — To insert; foist, *or* force, in.

— أنفه في كذا — To poke *one's* nose into.

حَشْر : زَحْم — Crowding; cramming.

— : دَسّ — Insertion; foisting.

يَوْمُ الـ— — Doomsday.

حَشَرة — Insect; bug.

△ حِشَرِيّ : فضُوليّ — Meddler; meddlesome; officious; curious; inquisitive.

☼حَشْرَجَ عِندَ الموت — To rattle.

حَشْرجة الموت — Death-rattle.

☼حَشَّشَ : تَعاطى الحشيش — To smoke, *or* eat, hasheesh (bhang)

حَشّ العُشْب — To mow; cut down.

حَشّ : قَطْعُ العُشْب او البرسيم (مثلاً) — Mowing.

أحَشَّتْ اليد : يَبِسَت — To be atrophied.

حَشِيش : عُشْب ضارّ — Weed.

— : عُشْب — Grass; herb.

— : عشب يابِس — Hay; dry grass.

— حُشّ : مَوْلود مَيتاً — Stillborn.

—· حَشِيْشَة التخدير — *Hashecsh*; bhang; intoxicating drug made from hemp; marihuana.

حَشِيشة ٢ : عُشْبة — Herb.

Lichen; Iceland-moss. — البحْر: ○ليكِن

Hop; common hop. — الدينار: نبات

Hyssop. — الزُوفي

Scammony plant. — المحمُودة

←Valerian. — القِطّة (راجع هرر)

Cat-mint; *nepeta cataria.* — الهِرّ

Hasheesh smoker *or* eater, (Addicted). — حَشّاش

Last breath; last spark of life. — حُشاش. حُشاشة

Sap green. — △حِشَيشِيّ: أخْضرفاتح

←Scythe. — مِحَشّ: مِنْجل كبير

△مَحْشَشة: مكان تدخين الحشِيش

Hasheesh den; tea-pad.

Glans penis. — ☆حَشَفَة القَضِيب

To be careless of *one's* dress. — تَحَشَّفَ في لباسهِ

Sloven; shabby. — مُتَحَشِّف: لا يعتنى بهندامه

Slattern; slut; untidy. — متحشّفة

To put to shame. — ☆حَشَمَ. حَشَّمَ. أحْشَمَ: أخْجَلَ

To be bashful, modest, *or* shy. — تَحَشَّمَ. احْتَشَمَ: اسْتَحْيا

Attendants; satellites. — حَشَم: حاشِيَة

Modesty; bashfulness. — حِشْمَة. احْتِشام: حَياء

Decency; decorum. — — . — : تأدُّب

Modest; decorous; coy; shy; bashful. — حَشِيم. مُحْتَشِم: حَيِيّ

Stuffing; filling. — ☆حَشو △حشْوَة: ما يُحْشَى بهِ (عموماً)

Forcemeat. — — . — من لحم مفروم

Filling; stopping. — — . — السِّنّ او الضرس

Interpolation. — — . تَحْشِيَة الكلام

Insertion. — — . — : دَسّ

Expletive. — — : كلمة او عِبارة مدْسُوسة وزائدة

To stuff; fill. — حَشا: مَلأ بحشوٍ (عموماً)

To insert; foist in *or* into. — — : دَسّ

To load. — — السلاحَ الناريّ: △عَمَّرهُ

To stuff; force. — — الدجاجة او غيرها لطَبْخها

To fill, *or* stop, a tooth. — — السن: مَلأها

Entrails; bowels; viscera. — حَشًا. أحْشاء

Mattress. — حَشِيَّة من القطن او الصوف

Paillasse. — — من قشّ

Stuffed. — مَحْشُوّ △محشيّ

Loaded. — — : △معمَّر (كالسلاح الناري)

To border; furnish with a hem. — ☆حَشَّى الشيءَ والثوبَ: جعل له حاشية

To margin; enter on the margin; write marginal notes. — — الكِتاب

To interpolate; foist in. — — في النصّ الأصْليّ

To interline. — — بين الأسْطُر

To except; exclude. — حاشَى. تحاشَى: اسْتَثْنَى

To avoid; keep far, *or* at a distance, from. — تَحَشَّى من او تحاشى ٢ عن كذا

Entrails; bowels; viscera. — حَشًى. أحْشاء

But; except; excepting; with the exception of. — حاشا: سِوَى

Far be it from you to do it. — — لك أن تفعله

God forbid! — — لله: لا سَمَحَ الله

Edge; border. — حاشِيَة: حَرْف

Marginal note. — — : تعليق على الهامِش

Satellites; attendants; retinue. — — : حَشَم

Edging; hem. — — الثَّوب: هُدْب

Selvage; selvedge. — — القُماش: △بُرْصُل

Hemstitched border. — — المِنْديل وامثاله

Margin. — — الكِتاب او الصفْحة: هامِش

Postscript. — — في خِطاب

☆حَشيش (في حشش) ☆حَصّ (في حصص)

Rosemary. — ☆حَصالُبان: إكْليل الجبَل (نبات)

☆حِصان (في حصن) ☆حَصّالة (في حصل) ☆حصاة (في حصو)

To macadamise. — ☆حَصَبَ. حَصَّبَ الارضَ

To be measled; infected with measles. — حُصِبَ △حَصَّب ٢: اصيب بمرض الحصبة

Metal; broken (hard) stones. — حَصَب. حَصْباء: △زَلَط

حَصْبَة : مَرَض معروف — Measles.
—المانيّة . حُصَيْبَة — German measles; rubella.
*حَصْحَصَ الحقُّ : ظَهَرَ — To transpire; appear; come to light.
*حَصَدَ الزرْعَ وغيره : قطعه — To mow, *or* cut, down.
— : جَنَى — To reap; harvest; gather in.
حَصْد . حِصَاد[1] : جَنْي — Reaping; harvesting.
— الزرع وغيره: قطعه — Mowing; cutting down.
حِصاد[2] : أوانُ الحَصْدِ — Harvest season.
حَصِيد . حَصِيْدَة : الزرع المحصود — Harvest.
حاصِد : جانٍ — Reaper.
— . حَصَّاد : الذي يحصد الزرع — Harvester.
حَصَّادَة . مِحْصَدَة : آلة الحَصْد — Reaper; reaping machine.

مُحْصَد . مَحْصُود — Reaped; gathered in.
مِحْصَد : مِنْجَل — ←Sickle.
*حَصَرَ : أحاط به — To surround; encompass; enclose; circumscribe.
— : حجز . حبس — To retain; keep.
— : حدَّدَ — To limit; restrict.
— : ضَيَّقَ على — To confine; enclose; shut in.
— كلمة أو عبارة — To enclose by brackets; insert in parentheses.
— . حاصَرَ السكّان — To besiege; lay siege to; blockade.
حُصْر : إمْساكُ البطْن — Constipation.
حَصْر : إحْداق بالشيء — Surrounding; encompassing.
— : مُحاصَرة — Besieging; blockading
— : تقْييد — Restriction; limitation.
— : حَبْس . سجن — Retention.
— (أو إحْتِباس) البَوْل — Retention of urine.
بالـ : بالتدقيق — Strictly speaking.
عَلامَةَ الـ : هِلالان ( ) — Parentheses.
» الـ هذه : عضادتان [ ] — Brackets.
يفوقُ الـ — Above, *or* beyond, measure.

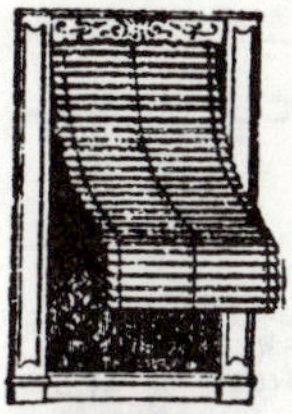

حَصِير : سِجْن — Prison.
— . حَصِيرة — (Straw) mat.
حَصِيْرة[2] الشُبّاك — Jalousie.
— خشبيّة — Flexible cover of wooden strips.

مَكْتَب بـ — ←Roll-top desk.
حِصَار — Siege; blockade.
رَفَعَ الـ — To lift, *or* raise, a siege.
مَحْصُور . مُحاصَر — Besieged; blockaded.
— : مُقيَّد — Restricted; limited.
— : ضَيِّق — Narrow; close.
*حِصْرِمُ العنب △ حُصْرُم — Green sour grapes.
*حَصَصَ الحقُّ : حَصْحَص — To transpire; come to light.
حَصَّهُ كذا : كانت حِصّته منه كذا — To be *one's* share (in a thing).
حاصَّ : قاسَمَ — To share, *or* partake, with.
أَحَصَّ : قسَّم حِصَصاً — To apportion; divide into shares.
— : عيَّنَ حِصّته — To allocate; assign *one's* share.
حِصَّة : نصيب — Share; portion; part.
— ماليّة : وَزِيعَة . سَهْم — Dividend.
— دراسيّة — Period.
— نسبيّة — Quota; proportional share.
مُحاصَّة : تقسيم الحصص (الأنصبة) — Apportionment.
— : مُقاسَمة — Participation; partaking.
شَرِكَة — . — Joint venture *or* adventure.
*حَصُفَ : كانَ جيد الرأي — To have a sound judgment; be prudent.
حَصِف . حَصِيف : مُحْكَم العقل — Prudent; of sound judgment; sagacious; shrewd.
حَصَف : △ حَمْوُ النيل — Prickly-heat.
حَصَافَة : جُودة الرأي — Sound judgment; prudence; discretion.

Arabic	English
✡ حَصَلَ : جرى . حَدَثَ	To happen; take place; occur.
— له كذا	To happen to; befall.
— على . حصَّلَ (١) : أدْرَكَ	To reach; get at.
— على . — : نالَ	To get; obtain; acquire.
— على او — الدَّيْنَ : استردَّه	To recover.
— على او — المالَ : جَمَعَه	To collect.
حَصَّلَ ٢ الكلامَ : استنتجه	To infer; deduce.
— الكلام : ردَّه الى مفادِه	To recapitulate.
— : أدْرَكَ . لحق	To catch up with.
والذي يحصُل يحْصُل	Come what may.
△ حُصَالة النقود : كَنْزِيَّة	Money (saving) box.
حُصُول : حُدُوث	Happening; taking place; occurrence.
حَصِيلة : مجموع	Collection.
— المال : دَخْل △ إيْراد	Receipts; proceeds.
حاصِل : نَتيجة	Result; issue; consequence.
— الجمع (في الرياضة)	Total; sum.
— الضَّرْب	Product.
— : شُونَة	Granary *or* storehouse.
△ — : سِجْن	Lockup; prison.
— . مَحْصُول : غَلَّة	Product; produce; yield.
— و — الكلام	Purport; import; gist.
مَحْصولات : مُنْتَجات	Products.
✡ حُوصَل ✡ حَوْصلة ✡ حُوَيْصلة (في حوصل)	
تَحْصِيل : نَيْل	Acquisition; acquiring.
— : جَمْع	Collection.
— حاصِل	Repeating the obvious.
△ تَحْصِيلْجي . مُحَصِّل	Collector
✡ حَصُنَ المكانُ : كان حَصيناً	To be strong *or* well fortified.
حَصُنَتِ المرأة : كانت عفيفة	To be chaste.
حَصَّنَ . أَحْصَنَ : مَنَّعَ	To fortify.
— ضِدّ المرض أو العِقاب الخ	To immunise.
تَحَصَّنَ : تقوّى وتمنّع	To be fortified.
حِصْن : معقل	Fort; fortress; stronghold.
حَصَان . حاصِن : إمرأة عفيفة	A chaste woman.
حِصَان : ذَكَرُ الخيل	Horse.
— الجرّ : كَدِيش س	Draft-horse; hack.
— الحمل : برذون	Pack-horse.
— الركوب : جواد	Saddle-horse; steed.
— السباق	Racehorse; courser.
— العربة	Carriage-horse.
— أصِيل	Blood-horse; pedigree horse.
قوّة (كذا) حِصَان	. . . . horse power.
حَصَانة : مَناعة	State of being well fortified.
— ضد المرض او العقاب الخ	Immunity.
حَصِين : قويّ . مَنيع	Strong; inaccessible; invincible; inviolable.
— ضِد المرض او العقاب	Immune.
أبو الحُصَيْن : ثَعْلَب	Fox; reynard; renard.
تَحْصِين : تقوية	Fortifying; fortification.
خطّ الـ — أو الدِفاع	Line of defence.
مُحَصَّن	Fortified *or* immunised.
إمْرأة مُحْصَنَة : في عِصمة رجل	Married woman; covert; *femme couverte*.
✡ حِصَّة (في حصص)	Share; portion.
✡ حَصَى : رمى بالحصاة	To pelt with a stone.
أَحْصَى : عَدَّ	To count; calculate.
— : عَدَّدَ	To enumerate; number.
لا يُحْصَى : لا يُعَدّ	Countless; innumerable.
حَصاة △ حَصْوَة	Stone; gravel; pebble.
— بَوْلِيّة	Stone; urinary calculus.
— صَفْراوِيّة	Gall-stone.
إحْصاء : عَدّ	Counting; calculating; reckoning; enumeration.
— النفوس : تَعْداد	Census.
— إحْصائيّة	Statistics.
إحصائي : تَعْدادي	Statistic, —al.
✡ حَصِير (في حصر) ✡ حَصِيف (في حصف)	
✡ حَضّ (في حضض) ✡ حَضَارة (في حضر)	

To come; arrive.	*حَضَرَ : جاء
To be present.	— : ضِدّ غابَ
To attend; be present at.	— المَجْلِسَ مثلاً
To appear at, *or* before, a court.	— أمام المَحْكمة
To be at the point of death.	—هُ المَوْتُ
To live in a civilised country.	— . تَحَضَّرَ (١) . اِحْتَضَرَ : أقام بالحَضَر
To prepare; make ready.	حَضَّرَ : أعَدَّ
To civilise; modernize.	— : مَدَّنَ
To bring; fetch; get.	— . أَحْضَرَ : جاء بهِ
To compete, *or* vie, with.	حاضَرَ : غالَبَ
To (deliver a) lecture.	— : ألقى مُحاضَرة
To be at the point of death.	أُحْتُضِرَ : حضَرهُ المَوتُ
To send for; demand *another's* presence.	إسْتَحْضَرَ : استدعى
To bring; fetch; get.	△ — : أحْضَر
To get ready; be prepared.	△ — : استعدّ
To become civilised.	تَحَضَّرَ ٢ : تمدَّنَ
To be prepared; be ready.	— : تهيَّأ
Civilization; refinement; urbanity.	حَضَر . حَضَارة : ضِد البداوة
Urbane; civilised; refined.	حَضَري : مَدَني
Presence.	حَضْرة . حُضُور : وجود
In the presence of.	في — . بِحُضُور : أمام
Your honour.	حَضْرتكم (لقب تعظيم)
Coming; arrival.	حُضُور ٢ : قُدُوم
Attendance (of a meeting).	— الإجتماع (مثلاً)
Presence of mind.	— الذِهْن
Present.	حاضِر : ضِد غائب
Ready; prepared.	— : متأهِّب (او مُعَدّ)
Ready-made.	— : △ جاهِز . مَصْنُوع من قَبل
Present.	— : حاليّ . راهِن . غير الماضي والمستقبل
Ready-witted.	— الفِكر او الذهن
Yes; Ay; Aye.	△ — : اجَل . نَعَم
At present.	في الوقت الـ —
Capital; metropolis.	حاضِرة : عاصِمة

Bringing; fetching.	إسْتِحْضار . إحْضار
Spiritualism	— الأرْواح (ومناجاتها)
Preparing; preparation.	تَحْضِير
Preparatory.	تَحْضِيري : إعدادي
Summoning officer; process-server; bailiff.	مُحْضِر المَحْكمة
Procès verbal; report.	△ مَحْضَر : تقرير كتابي عن واقعة
Minutes.	△ — وقائع الجلسة
Presence.	مَحْضِر : حَضْرة . وجود
Possessed: demoniac	مَحْضُور . مُحْتَضَر : شخص بهِ شَيْطان
Haunted.	— . — : مكان مسكون بالجن
Speaker; lecturer.	مُحاضِر : مُلقي المحاضَرة
Lecture; discourse.	مُحاضَرة
Dying; expiring.	مُحْتَضِر : على وَشْك الموت
To exhort; urge; incite	*حَضَّضَ . حَضَّ على كذا : حَثَّ
Exhortation; urging; incitement.	حَضّ : حَثّ
Lowland.	حَضِيض : أرض أوطأ من غيرها
Perigee.	— : ضِدّ اوج
To reach the lowest point.	بلغ الـ —
To embrace; hug.	*حَضَنَ . احْتَضَنَ : ضَمَّ الى صدرهِ
To nurse; bring up.	— . — : رَبَّى
To sit on eggs; incubate.	— الطير بَيْضَهُ
Embracing; hugging; clasping	حَضْن
A sitting (clutch) of eggs.	حَضْنة : ما تحضنه الدجاجة ليفقس
Bosom; embrace.	حِضْن : ما بين العضدين
Double-armful.	— : قَدْر ما يحمل في الحِضْن
With open arms.	بالـ — : بالترحاب
Nursing; bringing up.	حِضانة : تربية
Incubation.	— البيض والجراثيم وغيرها
Custody; guardianship.	— البنين (في الشريعة)
The parent has custody of child.	للوالد حق حضانة الطفل
The child is in the custody of parent.	الطفل في — الوالد
Nurse; nursemaid; nursery governess.	حاضِنة : مُرَبِّية أطفال

٭حضيض ٭ (في حضض) ٭ حَط (في حطط)

٭حَطَبَ . احتَطَبَ : جمعَ الحطَبَ — To gather, *or* cut, fire-wood.

حَطَبٌ : خَشَب الحَريق — Fire-wood.

حَطّاب : الذي يجمع الحطب — Wood-cutter.

٭حَطَّطَ الحِملَ — To unload; discharge; free from, *or* take off, a load.

حَطَّ . احتَطَّ : وَضَعَ — To put; place; set down.

— الطائرُ — To light; alight; perch.

— الرِّحالَ — To encamp; halt.

— من قدرهِ او شرَفه — To degrade; dishonour

— من قيمته — To depreciate; undervalue.

— . انحَطَّ[1] : نَزَلَ — To fall down; descend.

— . — السعرُ — To decrease; come down.

—تْ الطائرة : نَزَلت على الارض — To land.

انحطّت ٢ صِحّته — To be run down; to be in a low state of health.

△ تحطّطَ عليه — To be down upon; be severe with; be dead set against.

حَطٌّ : وَضْع — Putting; placing.

حِطَّة : إهانة — Indignity; insult

— في المَقام — Degradation; dishonour.

حَطيطة : خَصم (اصطلاح مالي) — Discount.

أحَطّ : أوطأ . أقلّ درجةً — Inferior to; below.

إنحِطاط : تأخُّر — Decline; decadence.

— : نُزُول — Fall; descent.

— : كونه أحطّ من غيره — Inferiority.

مَحَطّ : مكان النزول — Halt; halting-place.

— الأنظار — Polestar; centre of attraction

— النغَم — Finale

— . مَحطّة : موْقف — Station.

مَحطّة ٢ اختياريّة — Halt; stopping-place.

— سِكّة الحديد — Railway station

— طيَران — Airport.

مُنحَطّ : واطِئ — Low.

— : سافِل — Low; mean; base.

— عن كذا — Inferior to; lower than.

٭حَطَمَ . حطَّمَ : كسَّرَ — To smash: break in pieces; dash to pieces.

تحطَّمَ . انحَطَمَ : تكسَّرَ — To break up; go to pieces.

—تِ السفينة — To be wrecked.

حُطام . حِطْمة : ما تكسَّرَ — Broken pieces; fragments.

— الدُّنيا — Vanities of the world.

— السفينة — Wreckage; shipwreck.

٭حَطيطة (في حطط) ٭ حَظّ (في حظظ) ٭ حِظار (في حظر)

٭حَظَرَ عليه الشيءَ : منعه — To interdict; ban; prohibit: forbid.

— التعامل : أوقفه — To lay under embargo; be under, *or* lay on, an embargo; place an embargo on.

— المواشي : حبسها في حَظيرة — To pen: shut up.

حَظْر : مَنْع — Interdiction; prohibition.

— دُخول السفن الأجنبية الى مَوانئ البلاد او الخروج منها — Embargo.

حِظار : حاجِز △ دَرْوَة — Screen.

—، حَظيرة : سُور — Fence; railing; wall.

حَظيرة ٢ : حَوْش — Inclosure; yard.

— البهائم : زَريبة — Fold; coop: pen.

— الغنم — Sheep-fold; sheep-cote.

— القُدس : الجنّة — Paradise.

مَحظور : ممنوع — Interdicted; prohibited.

الضرورات تبيح المحظورات — Necessity knows no law.

خالٍ من الموانع والمحظورات — Unencumbered.

(حظظ) حَظَّ . أحَظَّ : كان ذا حظٍّ — To be lucky *or* fortunate.

حَظّ : سَعْد . بَخْت — Luck; fortune.

— : بَخْت . جَدّ — Good fortune; good luck.

— : يُسْر — Prosperity; affluence.

— غير مُنتظر — A windfall.

△ — : سُرور — Delight; pleasure.

الآهة الـ : بَخيتة — Fortuna.

لحُسْنِ الـ — Luckily; fortunately.

لِسوءِ الـ — Unluckily; unfortunately.

سَيّئ الـ — Unlucky; unfortunate.

حَظيظ . مَحظوظ : مَبْخوت — Lucky; fortunate

△ مَحظوظ ٢ : مَسرور — Delighted; happy.

To attain; reach; arrive at; win; gain. ✩ حَظِيَ بالشيء: نالهُ
To be privileged to attend. — بالحضور او بالمثول (مثلاً)
Favour; good-will. حُظْوة: منزلة وحظّ
Credit; high estimation. —: مَكانة
To find favour with. نال — عِندَهُ
Concubine; mistress; favourite. حَظِيَّة △ مَحْظِيَّة: سُرِّيَّة
✩ حظيرة (في حظر) ✩ حَظيظ (في حظظ) ✩ حَفّ (في حفف)
To be quick *or* prompt. ✩ حَفَدَ: أَسْرَعَ
Grandson; grandchild. حَفِيد: وَلَدُ الوَلَدِ
Granddaughter. حفيدة: بِنْت الابن او الإبنة
To dig; delve. ✩ حَفَرَ . احْتَفَرَ في الارضِ
To engrave; inscribe. — الكتابةَ وامثالها: نَقَشَ
To etch. — على المعدن (بماءِ النارِ او الاحماض)
To sink a well. — بِئراً
To drill; pierce; bore. — ثَقْباً (في مادة صلبة)
To plot; machinate. — حُفْرةً: دَبَّرَ مَكِيدةً
Digging. حَفْر: △ فَحْت
Engraving; inscription. —: نَقْش
Drilling; boring; piercing. — الثقوب
Earthwork. △ — وَرَدْم
Decay (of teeth) — . حَفَرُ الأسنانِ
Pit; hole; cavity حُفْرة: نُقْرة
Digger. حَفَّار: الذي يحفر الأرض
Grave-digger. — القبور
Engraver. (على المعادن او الأحجار) —: نَقَّاش
Mole cricket. (حَشَرَة) △ —: مالوش . حَرّاثة
Thing excavated, *or* dug out. حَفِير . أُحْفُور
Fossil. (حيواني او نباتي) أُحْفُور [٢]
←Hoof. حافِرُ الدَّابَّةِ
On the spot. عِندَ الحافِرةِ
Ungulate; hoof-shaped. حافِرِيّ الشكل

To thrust; pierce. ✩ حَفَزَ: طَعَنَ
To buckle to; gather oneself together; get ready to act. تَحَفَّزَ . احْتَفَزَ للعملِ
To keep; preserve. ✩ حَفِظَ: صَانَ
To keep; guard; protect. —: وَقَى
To memorise; learn by heart; commit to memory. —: اسْتَظْهَرَ
To remember; keep in mind. — في البالِ
To preserve; conserve. — المأكولات وغيرها
To tin (food.). — المأكولات وغيرها في عِلَبٍ
To file a case. — الدعوى
To observe; keep; comply with. — . حافَظَ على: راعَى
To take care of. — . — على: اعتنَى بهِ
To keep; guard; preserve. — . إِحْتَفَظَ بهِ: صانَ
To keep for oneself. احتفظ [٢] الشيءَ وبهِ لنفسِهِ
To offend; vex; displease. أَحْفَظَ: أَغْضَبَ
To take precaution; guard against; be on *one's* guard. تحفَّظ: احترزَ . احتاطَ
To take care of. — بالشيءِ: عُنِيَ بهِ
Keeping; preservation; maintenance; conservation. حِفْظ: وِقاية
Protection; guard. —: حِماية
Memorising; committing to memory. —: اسْتِظْهار
Custody; guarding. —: حِراسة
Observance; keeping. —: مُراعاة
Truss. (انظر حزام) حِفاظ: △ حفاض . حِزام الفَتْقِ
Sanitary diaper; hygienic towel. — الحَيْضِ
Grudge; rancour. حَفِيظة: حِقْد
Protector; keeper. حافظ: واقٍ
Memory. حافِظة: ذاكِرة
Docket. △ —: بيان وَجيز بالمُسْتندات المقدّمة
Precaution; caution; reserve. تَحَفُّظ: احْتِياط
Reticence. — في القَوْلِ
Reservedly; with care. بِتَحَفُّظٍ
With all reserve. بكلِّ تحفُّظٍ

Unreservedly; without reserve. بلا تحفُّظ

Precautional; provisional. تحفُّظيّ : احتياطيّ

Keeper; observer. محَافِظ : مُراعٍ

Punctual; exact. — على المواعيدِ

Conservative. — على التقاليدِ القديمة

Governor. △— المدينة : حاكِمُها

Keeping; preservation. مُحافظَة : حِفْظ

Governorate. △— : دِيوان المحافظ ودائرة اختصاصه

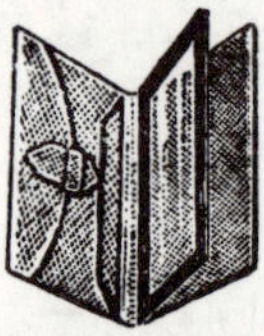

Receptacle; capsule. محفَظَة : غِلَاف

Wallet. — الجيبِ

Portfolio *or* satchel. — أوْراق

Committed to memory; memorised. مُحفُوظ في الذاكِرةِ

Preserved; kept. — : مَصُون

Archives. محفُوظات : مسْتَندات محفُوظَة

Reserve; unattached list. مُستحفَظ الجيش

To surround; beset; encompass. ✱حَفَف . حَفَّ . احْتَفَّ بهِ وحَوْلَه

To chafe; fret by rubbing. حَفَّ ٢ : قشَرَ بالفركِ

To crop; clip. — : قصّ طرفَ الشيء

To depilate. — الجلدَ : أزالَ الشعْرَ عنه

To skive, *or* pare, leather. — الجلد وامثاله: رققه بالكَشْط

To rustle. — الشجرُ والثوب : اسمع حَفِيفَهُ

Rustle; rustling. حَفِيف : صَوْت احتِكاك ورق الشجر وغيره

Bread alone; raw bread. حافّ . خُبْز —

Edge; border; margin. حافة (في حوف)

Attended with difficulties. مَحفُوف بالمصَاعِبِ

Stretcher; litter. مِحفَّة : حرش △ نقّالة

To gather; assemble. ✱حَفَلَ القومُ : احتشدوا

To mind; attend, *or* give attention, to. — بهِ . — ـه : اهتمّ

To congregate; assemble; meet. احْتفَلَ القومُ : اجتمعوا

To celebrate a feast. — بعيدٍ

To mind; give attention to. — بالامر : اهتمّ

To welcome; receive kindly. △— بالرجل : احتفى

Gathering; crowd. حَفْل : جَمْع

One and all. بحفلهم وحفلتهم : جميعاً

Meeting; assembly. حفلة : اجتماع

Funeral; burial ceremony. — الدَّفْن

Tea-party. — الشاي

Wedding feast; marriage ceremony. — العُرْس

Ceremony; festival — . احْتِفَال

Procession. احْتفال ٢ : مَوْكب △ زفَّة

Full; abundant. حَافِل : ملآن

Meeting; assembly. مَحْفِل . مُحْتَفَل : اجتماع

Masonic lodge — ماسُونيّ

Double handful. ✱حُفنة : مِلء الكفّين

To welcome; receive kindly; entertain hospitably. ✱حَفِيَ . احتفى بهِ

To walk barefooted. — : مَشى حافياً

To have sore, *or* galled, feet. — : رقّت قدمه من كثرة المشْي

To write *one's* fingers to the bones. — قلمه

Welcome; kindly reception. حَفاوة . احتفاء : ترحيب

Barefoot,—ed; unshod. حافٍ : عاري القدمين

✱حَفيد (في حفد) ✱ حَفيف (في حفف)

Just. ✱حَقّ ✱ حقّاني (في حقق)

Space of eighty years. ✱حُقْب : ثمانون سنة

Century; age; long period. — : دهر

Prehistoric ages. أحقاب خالية

Waist-belt; waist-band; girdle. حَقَب . حِقاب : حِزام

Epoch; period; duration. حِقْبة : مُدّة

حَقِيبَة : △ شَنطَة — "Travelling" bag; trunk.

— يد — ←Hand-bag.

☼ حَقَدَ . تَحَقَّدَ على — To bear spite, or harbour vindictive feelings, against.

أَحْقَدَ : أَوْغَرَ الصَّدْرَ — To envenom; embitter.

حِقْد . حَقِيدَة — Spite; ill-will: rancour.

حَاقِد . حَقُود — Spiteful; malevolent; rancorous.

☼ حَقَرَ . احْتَقَرَ . اسْتَحْقَرَ — To despise; scorn; look down upon.

حَقَّرَ : أذلَّ — To humble; lower; bring down to the ground; degrade.

— : ذَمَّ — To disparage; depreciate.

حَقَارَة — Meanness; contempt; lowliness.

حَقِير : زَهِيد — Mean; miserable; paltry; insignificant.

— : لا يُعْتَدُّ بِهِ — Inconsiderable.

— : وَضِيع — Mean; humble; lowly.

— : دَنِيء . سَافِل — Mean; abject; vile.

احْتِقَار — Contempt; scorn; disdain.

تَحْقِير — Abasement: humiliation; mortification.

مُحْتَقَر : مُزْدَرَى — Scorned; despised.

— : يَسْتَحِق الازدراء — Contemptible; despicable.

☼ حَقَّقَ : أَثْبَتَ — To verify; establish the truth of; confirm.

— الأَمْرَ والدَّعْوَى — To investigate; inquire, or search, into.

— الذاتيَّة — To identify.

— الأَمَلَ — To realise; make real.

— القَوْلَ بالفِعْل — To put words into action.

حَقَّ الخَبَرَ والأمرَ : وقفَ على حقيقته — To ascertain; obtain certain knowledge of.

— الأمرُ : ثَبَتَ — To be certain *or* indubitable.

— الأمرَ : كانَ على يقين منه — To be certain of.

— عليه : وجبَ — To be incumbent on.

تَحَقَّقَ الخَبَرُ : ثَبَتَ — To come true; be ascertained.

— الأمرَ والخبرَ تيقَّنه — To ascertain: make sure of.

اسْتَحَقَّ : استوجبَ — To deserve; merit.

— له كذا — To be due, *or* owing, to.

— الدَّيْنُ : حانَ أَجَلُهُ — To fall due.

△ —ت الكَمْبِيَالَة — To mature; become due.

يستحِقّ الدَّفع — Payable; due.

— الذِّكْر — Worth mentioning.

— الاهتمام — Worth while.

حُقّ . حُقَّة : وِعَاء — Pot; small jar.

— : نُقْرَة (في التشريح) — Socket; cavity.

— حرقفي — Acetabulum.

— الإِبْرَة او الملاّحين — Compass.

حَقّ : صَواب — Right; correct.

— : صَحِيح . ضِدّ كاذِب — True; real; authentic.

— : امتياز — Right; claim.

— عَيْنِيّ — Real property.

الـ عليك — You are wrong.

الـ معك — You are right.

الـ مع القوَّة — Might is right.

والـ يُقَال ! — Truth to tell!

— . حَقِيقَة : صِدْق — Truth; reality.

حقيقة [2] : صحَّة — Reality; authenticity.

— : ضدّ مجاز — Real meaning; proper sense.

— الأمرِ او الشيء — The real state of.

حَقِيقَةً : فعلاً — Indeed; in fact; as a matter of fact: in reality.

— . حَقّاً : صِدْقاً — Really; truly; in truth.

— . — : يقيناً — Certainly; without doubt.

حَقّاً [2] . بالحَقّ — Verily; truly; indeed.

△ حَقَّاني : عادِل — Just; upright.

حَقِيق : جدير — Fit; competent; worthy.

الأَحَقّ : الأكثر استحقاقاً — The most meritorious.

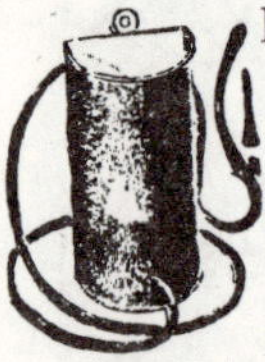

Real; true; genuine; authentic. حَقِيقِيٌّ : صَحِيحٌ . ضِدُّ باطِل

Actual. — : واقِع

Realistic. — : يعتقد بالواقِع المحسوس

Matter of fact. أمر — : امر واقِع

Merit; worthiness. اِسْتِحقاق : أَهْلِيَّة

Due; worth; merit. — : ما يستحقهُ الانسان

Falling due of a payment. — دفع الدَّيْن

Undeservedly. بلا او بدون — .

Date of maturity. تاريخ الـ .

Deservedly; meritoriously. عن — .

Maturity; a becoming due. وَقْت الـ .

Ascertainment; verification. تَحقُّق . تَحقِيق : تأكُّد

Realisation. تَحقِيق ٢ : إِدْراك

Investigation; examination; enquiry. — : فَحص

Inquest; judicial inquiry. — قضائي

Identification. — الذاتيَّة

Sure; certain; positive. مُحَقَّق : مُؤكَّد

Positive peril. هلاك — .

Investigator; examiner. مُحقِّق : فاحِص

Examining Judge. — : قاضي التحقيق

Fit; competent. مَحقُوق : خليق جدير

Wrong; at fault. △ — : عليه الحقّ

Sure; certain; confident. مُتَحقِّق : على يقين

Deserving; meriting; worthy of. مُسْتَحِقٌّ : مُسْتَأهِل

Beneficiary. — : مُنْتَفِع (بِحَقٍّ)

Due: owing. — الدفع اي الوفاء

Field. ✱ حَقل : غَيط

Column. — من صحيفة : عَمُود

←Faun. الاهُ الحُقول (عِند الرمان)

To deal in futures. حاقَلَ : اشترى الزرع في حقله

To retain; keep. ✱ حَقَنَ : حَبَسَ

To inject; syringe. — بالحُقنة

To spare one's blood or life. — دَمَهُ : أبقى عليهِ

To be injected. إحتَقَنَ : حُقِنَ

To be congested. — الدمُ وغيرهُ : تجمَّع

Injecting; injection. حَقْن السائل بالحُقنة

Injection. حُقْنَة : سائل الحَقْن

Syringe; injection syringe. △ — . مِحقَنَة : آلة الحَقن

Hypodermic injection. — جِلْديَّة

Intramascular injection. — عضليَّة

Intravenous injection. — وريديَّة

Enema; douche. — شرجيَّة (للمُستقيم)

Congestion. إحتِقان : تجمُّع وازْدِحام

Congested. مُحتَقِن : متجمِّع ومُزدَحِم

Groin, or loins. ✱ حَقو : أسفل الخصر

✱ حقيبة (في حقب) ✱ حقيقة (في حقق) ✱ حكٌّ (في حكك)

To monopolise or withhold a commodity. ✱ حَكَرَ . احتكرَ الشيء

To buy up. — . — السلعةَ : اشترى كل الموجود منها

To forestall the market. — . — السوقَ

Monopolised. حُكْر . حَكَر : مُحتكَر

Monopoly. — . حُكرة . احتِكار

Ground-rent; (ground) quitrent. △ حِكْر : أُجرة أرض البناء

Superficiary. △ — : مُقام على أرض الغير

Ground landlord. صاحِبُ الأرض المحكرة

Superficiary; leaseholder. △ مالك بالـ .

Chalk. ✱ △ حَكَك : طباشير

To rub; chafe. حَكَّ : فَرَكَ

To rub, or scrape, off. — : كَشَطَ . قشر

To assay; test. — المعدن وغيره لفحصه

To scratch. — جلدهُ : △ هرش

To affect; act upon the feelings. — واحتكَّ القول في صدره

احتكّ ٢ بالحائط مثلاً . . . To rub *oneself* against.

— بالقوم — To be in contact, *or* in touch, with.

أحكّ . استحكّ الجلدُ : اكل ∆ رعى — To itch.

تحكّكَ بهِ : تحرَّش للشر — To pick a quarrel with.

حُكّ : حُقّ الابْرة (انظر حق) — Compass.

حكّ : فَرْك — Rubbing; chafing.

— : ∆ هَرْش — Scratching.

— : احْتِكاك — Friction *or* rubbing.

حِكَّة : مَرَض كالجرب — Itch; prurigo.

حَكَّاكُ الاحجار الكريمة — Lapidary.

إحتِكاك : حكّ : فرك — Friction *or* rubbing.

مِحكّ : حَجَر فحص المعادن — Touchstone; assaying stone.

— : امتِحان . فَحْص — Test; trial.

∆ محكّة الخيل : محسّة — Currycomb.

* حَكَمَ البلادَ والناسَ : تولّى أمرهم — To govern; rule.

— : ساسَ . قادَ — To control; dominate.

— : أمرَ — To order; command.

— : ضَبَطَ — To restrain; check; curb.

— : قرَّرَ — To decide; give decision; judge.

— : قضى وفصل — To judge; pass sentence.

— بينهما — To judge between.

— على — To sentence; pass sentence on; pronounce judgment againts.

— عليهِ بالاعدام مثلا — To sentence to death.

— بادانته — To convict; pronounce guilty.

— لهُ (لمصْلحتهِ) — To give sentence in favour of; decide for.

— ببراءته — To acquit; declare innocent.

حُكِمَ عليهِ — He was condemned.

— عليه بكذا — He was sentenced to.

— عليه بالتعويض — He was cast in damages.

حكَّمَ في الامر : اقامهُ حَكَماً — To choose *another* as arbitrator; submit to *his* arbitration

— : أقامَ حاكماً — To appoint as ruler.

حاكَمَ : قاضى — To prosecute.

— امام مجلس عسكري — To court-martial; try by court martial.

أحْكَمَ : قوّى — To strengthen; confirm.

— العملَ : أتقنهُ — To perfect; make perfect *or* to perfection.

تحكَّمَ . احتكم (١) في الامر : تصرف وفق مشيئته — To have *one's* own way

— . — فيهم : استبدَّ — To domineer; rule arbitrarily; lord over.

— في السوق — To dominate and control the market.

∆ احتكمَ ٢ على كذا : امتلك — To possess; own.

حُكْمُ البلادِ : إدارتها — Rule; government.

— : مُدَّة الحُكْم او المُلْك ونوعه — Reign.

— الإرْهاب (مثلاً) — Reign of terror.

— : سَيْطرة — Authority; influence.

— : قرار — Decision; indictment.

— : قَضاء — Judgment; decree.

— ثُنائي او مُشْتَرك (بين دولتين او أكثر) — Condominium.

— جِنائي — Sentence.

— الحَكَم او لجنة المحكّمين — Arbitrament; award.

— المحلّف او لجنة المحلّفين — Verdict; finding.

— عُرْفيّ اي عسكري — Martial law.

— بالإفلاس — Adjudication.

— حُضوري (وجاهي) — Judgment in presence of the adverse parties.

— غيابي — Judgment by default.

— يشمل التنفيذ — Final process.

— موقوف التنفيذ — Conditional sentence.

الـ بالاعدام — Capital punishment.

بـ وظيفته او مركزه مثلاً — By virtue of . . .

بـ العادة او الظروف — By force of habit, circumstances, etc.

حَكَم : فيْصل — Arbitrator; arbiter; referee; umpire.

∆ حِكِمْدار : حاكم مدينة — Governor.

∆ — البوليس — Commandant of police.

△ حِكِمْدارِيَّة : دِيْوان الحِكِمْدار — Commandant's office; governorate.

حَكَمَةُ اللجام : شَكِيمَة — Curb; curb-bit.

— الآلة : مَنظِّم — Governor, (centrifugal.)

حِكْمَة : عَقل — Wisdom.

— : فلسفة — Philosophy.

— : جُودة الرأي — Judiciousness; sagacity.

— : قَول حكيم — Maxim; proverb; adage.

△ — : طِبّ — Medicine.

بـ— : بعقل — Wisely; judiciously.

حُكُومَة : إدارة — Government; rule; domination.

— : دَوْلَة — State; government, (plural).

— جُمهوريّة — Republic.

— دستوريّة — Constitutional government.

— العُمّال — Ergatocracy; government by workers.

— الفَرْد — Monocracy; autocracy.

— ملكيّة — Monarchy.

— نِيابيّة — Representative government.

حُكوميّ : إداري — Governmental.

— : أميريّ — Government, —al; state.

حَكِيم : عاقل — Wise; judicious.

— : فَيْلَسوف — Philosopher; sage.

△ — : طَبيب — Doctor; physician.

أسلوب الـ— (في البديع) — Evasion.

رَأي — . — Sage council; good advice.

حاكِم : والٍ — Ruler; governor.

— : قاضٍ — Judge.

— بأمْرِه (مُطلَق السُلْطة) — Dictator.

صِمام — : △ بابُ النَّفَس — Stop-valve.

إحْكام : إتقان — Precision; exactness.

بـ— : بضَبط — Precisely; exactly.

إستِحْكام : حِصْن — Fortification; stronghold.

تَحَكُّم : اسْتِبْداد — Arbitrariness; despotism.

تحكُّميّ : استبداديّ — Arbitrary; despotic.

تَحْكيم المحكّمين — Arbitration.

مُحَكَّم : حَكَم — Arbitrator; arbiter; referee; umpire.

مُحْكَم : مضبوط . مُتْقَن — Exact; precise.

— : صائب — Pointed; apposite.

— الصُّنْع — Well made; elaborate.

مَحْكَمَة : دارُ القضاء — Court; tribunal; bar.

— ابتدائيّة — Court of First Instance.

— جُزْئيّة — Summary Court.

— المواد الجزئيّة — Court of Summary Justice.

— الجِنايات — Criminal Court.

— الجنايات العُليا — Court of Assizes.

— الجُنَح — Court of Misdemeanor.

— وطَنية — Native tribunal *or* court.

— مُخْتلطة — Mixed tribunal *or* court.

— مدنيّة — Civil court.

— عسكريّة — Court-martial.

— التفاليس — Court of Bankruptcy.

— الاستئناف — Court of Appeal.

— استئنافيّة — Appellate court.

— (مخالفات) المرور — Traffic court.

— النقض والإبرام — Court of Cassation; highest court of appeal.

أعضاء الـ— — Members of the bar (*or* court).

مُحاكَمَة : نظرُ الدَّعْوَى — Trial; hearing of a case.

*حَكَى الخبرَ : نقلَه — To tell; relate.

— عليه : نَمَّ — To inform against.

△ — : تكلّم — To speak; talk.

— . حاكَى : شابَهَ — To resemble; be similar to; be like.

— . — : قلَّد — To imitate; copy.

حِكايَة الأخبار : نَقْلها — Narrating; relating.

— : قِصّة — Story; tale; narrative.

حالِك : ناقِل الخَبَر — Narrator; teller.

—— : ٥ فُنُغْراف — Phonograph; gramophone.

مُحاكاة : مشابهة — Similitude.

٭حل ٭حلال (في حلل) ٭ حلاوة (في حلو)

٭حَلَبَ . اسْتَحْلَبَ . احْتَلَبَ البقرة — To milk.

اسْتَحلَبَ ٢ الشيءَ : استدرّه — To press out juice.

—— اللوزَ والزيتَ وغيرهما — To emulsify.

تَحَلَّبَ : رَشَحَ — To percolate; filter; ooze.

—— اللعاب في فمي — My mouth watered.

حَلْب : اسْتِدرارُ اللبن — Milking.

حَلَب : بلد في سُوريا — Aleppo.

حَبّة ——. — Aleppo boil *or* button.

حُلْبة : نَبات وحَبّه — Fenugreek.

حَلْبَة : المرّة من الحلب — Milking.

—— : مجال الخيل للسباق . مِضمار — Race-course.

—— السباق : مَيْدان الرِهان (على الخيل) — The turf.

حَلّاب : الذي يحلب — Milker; one who milks.

حَلّابة : حالبة اللبن — Milkmaid; dairymaid.

△ —— . حَلوب . حَلُوبَة — Milker; milch (cow).

حِلابة : صناعة الألبان ومُستخرَجاتها . لبانة — Dairy.

حَليب . حَلَب : لَبَن — Milk.

بائع الــ — Milkman.

حِلِبْلاب : لِبْلاب — Ivy; *hedera*.

حالِب : قناة البول بين الكلوة والمثانة — Ureter.

مَحْلَب : نبات وحبّه — Mahaleb.

—— : مَلْبَنة . دار صناعة الالبان — Dairy.

مُستحْلَب — Emulsion; milk.

—— اللوز ، الخ — Milk of almonds.

٭حِلْتِيت : △ابو كبير — Asafœtida; devil's dung.

٭حَلَجَ القُطْنَ — To gin cotton.

حَلْج . حِلاجة . حَلِيج القطن — Ginning.

حَلّاجُ القُطْن — Ginner.

مَحْلَجُ القُطْن : دارُ الحِلاجة — Ginning mill; gin-house.

مِحْلَج . مِحْلَجة : آلة الحَلج — Cotton-gin.

٭حَلْحَلَ : زَحْزَحَ — To remove; displace.

٭حَلَزُون : قَوْقَعة . بَزّاقة — Snail.

حَلَزُونة : لَوْلَب — Spire.

حَلَزُوني : لَوْلَبي — Spiral; voluted.

سُلَّم —— . — Lantern-staircase.

حُلَيْزِين — Spirillum.

٭حَلَسَ بالمكانِ : اقامَ — To keep to, stick to, *or* abide in, a place.

حِلْس : ما يُوضَع تحت السَرْج — Saddle-cloth; housing.

△ حِلّاس : فَضْلة . مِفْضَلة — Deshabille; undress.

أَحْلَس : لونه بين سواد وحمرة — Bay; chestnut coloured.

△ —— : أَصْلَع — Hairless; bald.

٭حَلَفَ بكذا : اقسم (راجع قسم) — To swear by.

—— كَذِبًا — To perjure; swear falsely.

حَلَّفَ . اسْتَحْلَفَ : جعله يحلف — To adjure; exact an oath from.

—— —— : ناشَدَ — To conjure; implore.

حالَفَ : عاهَدَ وناصَرَ — To ally; join in a league.

حَلْف △ حِلْفان : يمين — Swearing; taking an oath.

—— كاذب — Perjury; false swearing.

حِلْف . حَليف . مُحالِف — Ally; confederate.

—— : اتّحاد — Alliance; confederation.

حَلْفاء . حَلْفة — Esparto grass; alfa; *halfa*.

△ حَلُّوف : هِلّوف . خِنزير بَرّي — Wild-boar.

—— : خنزير مستأنس — Pig; swine.

—— : ذكر الخنزير — Boar.

—— مَخصي — Hog.

مُحلِّف : أحد أعضاء لجنة التحليف Juror; juryman.

هيئة المحلّفين . لجنة التحليف Jury.

هيئة المحلفين الاتهاميّة Grand jury.

هيئة المحلفين القاضية Common, or petty, jury.

اعضاء لجنة التحليف Members of the jury.

مُحالَفة . تحالُف : معاهدة Alliance; league; confederation.

*حلَق الشَّعْرَ : ازالهُ بالموسى To shave.

حلّق الطائرُ To hover round about; soar.

— الشيء : جعله كالحلقة To coil.

△ — عليهِ : حوّق To encircle; beset.

حَلْق الشعرِ Shaving.

— : بُلعوم . مَزْرَد Throat; pharynx.

△ — الشبّاك (في النجارة) Window frame.

سَقْف الـ— : حَنَك Palate; roof of the mouth.

حَلْقي : مختصّ بسقف الحلق Palatal; guttural.

— : بُلعومي Pharyngal; pharyngeal.

حرف —. Guttural letter.

△حَلَق (الجمع حِلْقان) : قُرْط Ear-ring.

حَلْقة (جمعها حَلَق وحَلَقات) A ring.

— : دائرة ←Ring; circle.

— من الناسِ : جماعة Circle.

— من سلسلة : △زَرَدة Link; ring of a chain.

— ساعة الجيب ←Watch-bow.

— شُرْب Carouse; drinking-bout.

— القُطْن : سُوقه Cotton market.

الـ— : آلة فلكيّة قديمة Armil.

ذات الحلق : آلة فلكيّة Armillary sphere.

الـ— المفقودة The missing link.

حَلَقي : مُسْتَدير Annular; ring-shaped.

حلّاق : △مزيِّن Hairdresser; ←barber.

△ — صِحّي Barber-surgeon.

حِلاقة : عمل الحلّاق Shaving.

فُرْشة — . ←Shaving-brush.

حَلِيق : محلوق اللحية Shaved; clean shaven.

حالِق : مُنيف . مُرْتفع Lofty; high.

مِحْلَقة : △مكنة حِلاقة ←Safety-razor.

مُحَلِّق : مُرتفع في طيرانه Soaring high.

مُحَلِّقة : قلعة طائرة Flying-fortress.

مِحْلاق النبات : عَنَم . سِلْك يتعشّق به ←Tendril; cirrus.

*حُلْقوم : حَلْق Throat; pharynx.

راحة الـ— : △مَلْبَن Turkish-delight.

*حَلِكَ واحْلَوْلَكَ الليلُ To be pitch dark.

حَلَك . حُلْكة Intense darkness *or* blackness.

حَلِك . حالِكُ السَّواد Jet-black; pitch-black.

— . — الظلام Pitch-dark; pitchy.

*حلَّل الأمرَ : أجازه To justify; warrant; sanction.

— الكلام والشيء : ردّه الى عناصرِه To analyse.

— البَوْل : فسّره To analyse urine, etc.

— من ذنب To absolve; clear; exonerate.

— اليمين : كفّرها To expiate an oath.

— الذرّة : فكك أجزاءها To disintegrate the atom; break *it* up.

— او صرّف الورَم To discuss, resolve *or* disperse a tumour.

حَلّ العُقْدة To unbind; untie; unfasten.

— العقد : سَلّكه To undo; unravel.

— : ترك . سَيّب To set free; let go.

— : نزل To descend; come down.

— : ضِدّ ألّف وركّب To decompose.

— : أطلق . ارخى To relax; loosen.

— : أذاب To dissolve; melt.

— المسئلة او اللغز الخ To solve.

— الرمز او الجِفْر To decipher.

— المكتوب بالجِفر (المصطلح) To decode.

— الشركة او المجلس To dissolve; break up.

— بالمكانِ : نزل او أقام To settle down at.

— بهِ الأمر : اصابه To befall; happen to.

— الدَّيْنُ : حانَ وقتُ وفائهِ — To fall due.
— الشيءُ : كانَ حَلالاً — To be lawful.
— الشيءُ محلّه — To be in the right place.
— محلّ كذا — To replace; supersede; supplant; take the place of.
— اللونُ : ذهَبَ — To fade; lose colour.
— الشِتاء او الصيف — To set in.
— من كذا : أطلَق — To release, let loose, *or* discharge, from.
— من ذَنْبٍ — To absolve from; acquit of.
أحَلَّ : أنْزَلَ — To place; locate; set.
احْتَلَّ المكانَ : نَزَلَ فيهِ وشغَلهُ — To occupy.
انحلَّ : تفكَّكَ — To be undone *or* unfastened.
— : انفضَّ — To be dissolved *or* broken up.
— . تحلَّلَ : تفككت أجزاؤه — To be decomposed.
— . — : ذابَ — To dissolve; melt.
تحلَّلَ ٢ من يمينه — To be absolved from an oath.
— به السَّفَر — To be travel-worn.
اسْتَحلَّ : عدَّهُ حَلالاً — To deem lawful.
حَلّ : فكّ — Undoing; unbinding; loosening; untying.
— : تدبير — Solution compromise
— موفّق — A masterly compromise.
— : إطلاق — Releasing; freeing.
— : إبْراء — Discharging.
— الخطأيْن (في الحساب) — Position.
— من خطيئة : غُفران — Absolution.
— الشركة — Dissolution of a partnership.
حِلّ △ حِلّة دِينيّة — Dispensation.
حِلّة ٢ : مَحَلّة — Camp; hamlet.
حُلَّة : ثَوْب — Garment; dress; vestment.
△ حَلّة : قِدْرُ الطَّبْخ — Cooking pot; casserole.

حَلال : ضِدّ حَرام — Lawful; legal; legitimate; licit.
ابن — : ابن شرعي — Legitimate son.
△ ابن — : طيّب الأخلاق — A good fellow.
حُلُول : نُزُول — Descent.
— شخص محلّ آخر (كدائن) — Subrogation.
حَليل : زوج — Husband; spouse.
حَليلة : زَوْجة — Wife; mate.
إحْليل : مجرى البول في القضيب — Urethra.
إحْتِلال : إشغال — Occupation.
إنْحِلال . تَحَلُّل : تفكُّك — Dissolution; decomposition.
— . — النُّور — Dispersion of light.
— : ضَعْف — Debility; weakness.
— الظَّهْر : عُنّة — Impotence; impotency.
تَحِلَّة △ مُسْتَحِلّ : ما تنحل به عُقدة اليمين — Dispensation.
تَحْليل : حَلّ — Dissolving; decomposition; solution.
— الورم — Dispersion; discussing.
— الكلام او الشيء — Analysis.
— طيفي — Spectrum analysis.
— كهربي — Electrosis
مَحَلّ : مكان . موضع — Place; locality.
مَحَلّي : موضعي — Local.
في محلّه : بدلاً منه — In *one's* place *or* stead.
في — : مناسِب — Fitting; proper; in place.
في غير — — Out of place; improper.
مَحَلّة : مكان الحلول (او معسكر) — Camp.
مُحَلِّل : مُفكِّك . مُذيب — Dissolvent.
— الأوْرام — Resolvent; discutient.
— : مُبَرِّر — Dispensatory.
مَحْلول : سائب — Unbound; free; loose.
— : مفكوك — Undone; unravelled.
— : مُذاب — Dissolved; melted; molten.
— : الشيء المُذاب — Solution.
— الظَّهْر : عِنّين — Impotent; weak; spado.

To dream of. ✿ حَلَمَ بكذا : رآهُ في النَّوْم

To attain puberty — . احْتَلَمَ : ادرَكَ

To have a venereal [wet] dream. احْتَلَمَ ٢ . تحلَّمَ : تنوَّم

To be clement. حَلُمَ : كانَ حليما

Dream. حُلْم : منام

Puberty. — : إدراك « سِنّ الرجال والنساء »

Dreamland; dreamworld. عالَم الاحْلام

Somnial. حُلْميّ : مختصّ بالأحْلام

Clemency; forbearance; long-suffering. حِلْم : صَبْر وأناة

Nipple; teat; pap; mammilla; mamilla. حَلَمَة الثَّدْي وغيره

Dug. — الضرع

Lobe of the ear; lobule. — الأذُن : شحْمتها

Tick; parasite. — : قُرادة

Papilla. — صغيرة . حُلَيْمة

Nipple-shaped; mamillary. حَلَميّ : كالحلمة

Mamillate, —d. — : له حلمة

Parasitic. — : طُفَيْليّ

Parasite. حيوان او نبات — .

Papilloma. ورَم — .

Cream cheese; cottage cheese. △ حَلُوم . حالُوم (جبنة)

Clement; patient; long-suffering. حَلِيم : طويل الاناة

Pubescent; adult. مُحْتَلِم : بالغ

To be sweet. ✿ حَلُوَ . حَلا . حَلِيَ : كانَ حُلْواً

To be delicious. — . — . — : لَذَّ

To take *one's* fancy. — . — . — في عينه

To sweeten. حَلَّى : صيَّرَ حُلْواً (راجع حلي)

To beautify; adorn. — : صيَّرَ جميلاً

To find sweet *or* delicious. استَحْلى : وجَدَهُ حُلْواً

To take a fancy to. استحلاهُ في نظره

Sweet. حُلْو : ضِدّ مُرّ او مالح او حامِض

Beautiful; sweet. — : جميل

Sweet; delicious. — : لذيذ

Fresh water. ماء — او عَذْب

Sweetmeat. حُلْواء . حَلْوَى △ حلاوة

Sweetness. حلاوة ٢ : كَوْن الشيء حُلْواً

Sweetmeats; confectionery. △ — . حَلاوَى (جمع حَلْوى) △ حلويّات

Ransom. △ — : فِدْيَة . فِكاك

It sells like hot cakes. يُباعُ كالحلاوَى

Sweetbread; pancreas. △ حلاوات : الغدة الحلوة

Tuckshop; confectioner. حَـلاوِي (والجمع حلاويون)

Gift; tip; douceur; present. حُـلْـوان

Confectioner; tuckshop. حلْوانيّ . حَلْوَانيّ : صانع الحلاوى وبائعها

△ حَلّوف (في حلف) △ حَلُوم (في حلم)

To ornament; decorate; bedeck. ✿ حَلَّى : زَيَّنَ (راجع حلو)

Jewels; jewellery. حَلْي . حُلِيّ : مَصُوغ △ مصاغ

Ornament; decoration. حِلْيَة : شيء للزينة

✿ حليب (في حلب) ✿ حليف (في حلف) ✿ حليل (في حلل)

✿ حليم (في حلم) ✿ حَمّ (في حمم) ✿ حَمٌّ (في حمو)

To dredge ✿ حَمَأَ البِئْرَ والترْعَة وغيرهما : △ طَهَّرها

To fly into a passion; be enraged with. حَمِئَ عليه : غضب

Mud, mire, mould, *or* slime. حَمْأَة : طِين

✿ حما (في حمو) ✿ حِمار (في حمر) ✿ حَمام (في حمم)

Mother-in-law. ✿ حَماة (في حمو)

To whinny; neigh. ✿ حَمْحَمَ الحِصانُ : صَهَلَ

Whinny; neigh; neighing. حَمْحَمَة

To praise; commend. ✿ حَمِدَ : اثنى على

To thank. — : شَكَرَ

Praise; commendation. حَمْد : ثناء

Thanks; thanksgiving. — : شُكْر

Praise be to God; thank God. الحمدُ لله

حَمِيْد . مَحْمُود : يستحِقّ الحمد	Praiseworthy; commendable.
— . — السُّمْعَة	Reputable; famous.
— : سليم العاقبة (مرض)	Benign; mild.
حامد . حَمُود : شاكِر	Thankful.
٭حَمَّرَ : صبغ بلون أحمر	To make, or dye, red; to redden.
△ — اللحمَ وغيره : قلاه	To fry; roast.
إحْمَرَّ : صار احمر	To redden; become red.
— : خَجِلَ	To redden; grow red; blush.
حُمَر : نوع من القارِ الاسْوَد	Asphalt.
△ حُمران . حُمْرَاي	←Pochard

حُمْرَة △ حَمَار . إحْمِرار	Redness.
△ — حُمْرَة : مرض	Erysipelas; St Anthony's fire.
△ — : دِمام للوجه او الشفتين	Rouge.
△ — : مَسْحُوق الطوب الأحمر	Brick dust.
حِمَار	←Donkey; ass.

— الزَّرَد : فَـنَّان (انظر فنن)	Zebra.
— الوَحْش : عَيْر (انظر عير)	Wild-ass; onager.
حِمارة : أتان	She-ass.
حمَّار : صاحب او سائق الحمار	Donkey boy; donkey man.
حمارَّة القيْظ او الحرّ	Intensity of heat.
أَحْمَر (المؤنث حمراء)	Red; ruddy
— كالدّم (للعيون)	Bloodshot.
— قانٍ	Blood-red.
— وَرْدي	Rosy; rose-coloured.
— قرنفلي : △ بَمْبِيّ	Pink.
△ مُحَمَّر : مَقْلُوّ بالسمن او بالزيت	Fried.
△ حمرَقَ في اللعب او الاتفاق وغيره	To cry off; withdraw from a bargain; cavil.
٭حَمَزَ اللسانَ : لَذَعَهُ	To bite, or burn, the tongue.
حَامِز : يلذع اللسان	Pungent; biting; hot.
٭حَمَّسَ : هَيَّجَ	To excite; stir up; call into action.
— الحَبَّ : حَمَّصَه	To roast (beans.)
حَمِسَ . تَحَمَّسَ : غار	To be enthusiastic *or* zealous.
— . — : تهيَّجَ	To be excited *or* irritated.
حَمِسٌ . أَحْمَس : غيور	Enthusiastic; zealous; strenuous.
— : نَشِيط	Animated; spirited; lively.
حَمَاس . حَمَاسَة : غيرة	Enthusiasm; zeal; ardour.
حَماسِيّ . مُحَمِّس : يُهيِّج الحواس	Emotional; sensational.
مُتَحَمِّس : هائج الحواسّ	Excited; irritated.
٭حَمَشَ : اغضبَ	To provoke; vex; irritate.
△ — الطَّبخَ وغيره : شَوَّط	To scorch; parch.
٭حَمَّصَ : شوى	To roast; bake.
— الخبز وغيره	To toast.
حِمَّص . حِمِّص △ حُمُّص	Chick-peas; Egyptian peas.
حُمُّصَة (في الطبّ)	Fontanel, —le.
مُحَمَّص : مَشْوِيّ	Roast, —ed; baked.
مِحْمَصَة البُنّ	Coffee roaster.
٭حَمُضَ : كانَ او صار حامضاً	To sour; be *or* become, sour.
حَمَّضَ . أَحْمَضَ : صَيَّره حامِضاً	To acidulate; make sour.
— فِيلْم الصورة الشمْسِيَّة	To develop a film
△ — اللبنُ وغيره	To turn; curdle.
△ حِمْض . حامِض	Acid.
حامِض ٢ : ماضِر	Sour; acid.
— س : ليْمُون	Lime; lemon.
— . مُحَمَّض	Turned; sour; acidulated.
حُمُوضَة	Sourness; acidity.
حُمَّاض . حُمَيْض : نبات	Sorrel; wood-sorrel.
حُمَيْض : حامِض قليلاً . مُزّ	Acidulous.

٭حَمِقَ : فسدَ رأيه — To be foolish *or* silly.
△—△انحمق : حَمِيَ — To fly into a passion.
حَمَّقَ : نسبَ الى الحمق — To stultify; consider foolish *or* stupid.
— الرأي : سفَّهَه — To regard as foolish.
حُمْق . حَمَاقَة — Foolishness; stupidity; silliness.
حُمَاق : جُدَري الدَّجاج او الماء — Chicken-pox; water-pox.
△حَمْقَان △ مَحْمُوق : غاضِب — Angry; enraged.
أَحْمَق : أَخْرَق — Stupid; silly; foolish; fool.
△—△ حِمْقِي : سريع الغضب — Touchy; peevish; irritable; irascible.
البَقْلة الحمقاء : رِجْلة — Purslain.

٭حَمَلَ الشيء : شَالَ بِهِ . رَفَعَه — To carry; bear.
— : سَنَدَ — To support.
— على الامر : دَفَعَه — To induce; prompt.
— « : أَغْرَاه بِهِ — To instigate; incite.
— عليهم : هجَم — To charge; raid; assault; bear down upon.
— على عاتقِهِ — To take upon *one's* shoulder.
— الشَّجرُ : اثمر — To bear fruit.
—ت الأنثى : حَبِلَت — To conceive; become pregnant.
حَمَّلَ : △وَسَّقَ — To charge; load.
— : ثقَّل على — To burden; freight.
— فوق الطاقة — To overload; overburden.
احْتَمَلَ . تَحَمَّلَ : أَطَاقَ — To bear; endure; tolerate; put up with.
—. — : عانَى — To support; suffer; sustain.
—. — △استحمل — To last; keep; wear.
تَحَمَّلَ٢ : صَبرَ على — To withstand; resist.
تَحَامَلَ على : جَارَ — To persecute; illtreat; weigh down upon.
يُحتَمَل : مُحْتَمَل — Bearable; tolerable; supportable.
— : غير يَقين — Probable; likely.
لا يُحْتَمَل : لا يُطاق — Unbearable; insupportable.

حَمْل : رَفْع — Carrying; bearing.
— : حَبَل — Gestation; pregnancy; conception.
حَمَل : خَرُوف صَغير — Lamb; yeanling.
حِمْل : ما يُحْمَل — Load; cargo; burden.
— ثقيل : ثِقْلَة — Burden; weight.
حَمْلَة : كَرَّة — Raid; charge; onset.
— حَرْبِيَّة : تَجْرِيدَة — Military expedition.
— حَرْبِيَّة او كلاميَّة — Campaign.

△حَمْلِي : سَقَّاء . بائع ماء متجوّل — Water hawker *or* carrier.
حَمَّال : △شَيَّال — Porter; carrier.

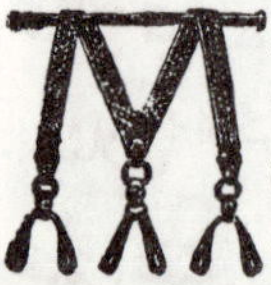

حِمَالَة△حَمَّالة : شِمَار — Braces; suspenders.
△— الوعاء — Stand; support.

△— القنطرة — Pier of a bridge.
حَمُولُ البحْرِ — Seaweed; wrack.
حُمُولَة : وَسْق — A load; cargo.
حَمِيل : ولد في بطنِ اُمِّه — Fœtus; fetus.
حامِل : رافِع — Bearer; carrier.
— الشيء : صاحِبُه — Holder; possessor.
— : حُبْلى — Pregnant; with child; in a certain condition.
— زَهْرِيّ (في النبات) — Receptacle.
احْتِمَال : أَرْجَحِيَّة — Probability; likelihood; potentiality.
—. تَحَمُّل : إِطَاقَة — Bearing; supporting; toleration; endurance.
—. — : مَتانَة — Durability.
△تحميلة المَهْبِل : صُوفَة . فَرْزَجَة — Pessary.
△— المستقيم : △لبوس — Suppository.

مَحْمِل : مِحَفَّة — Palanquin; litter.

حَمَّام : إِسْتِحْمَام . اِغْتِسال — Bath, —ing.

— : مَكان الإِسْتِحْمام — Bathroom; bath-house.

— : حَوْض الإِسْتِحْمام ← Bath.

— بَحْر — Sea bath.

— بُخار — Vapour bath; Turkish bath.

— جافّ (شمس) — Sun bath.

— سِباحَة — Swimming bath

— نِصْفي ← Hip-bath.

حِمام . حِمة : مَوْت — Death.

حُمَة : شَوْكة (في حمى) — Sting.

حَمَّة : عَيْن ماء حارّ — Thermal spring.

— : شَبَّابة . فَوارة ماءٍ حارّ — Geyser.

حِمَّة : مَنِيَّة — Death.

حُمَّة : سَواد — Blackness.

— . حُمَّى : ∆سُخُونَة — Fever; temperature.

حُمَّى ٢ الدِّق — Hectic fever.

— راجِعَة — Relapsing fever.

— الرِّبْع — Quartan fever.

— عَفِنَة — Septic fever.

— الغِبّ — Tertian fever.

— مُتَرَدِّدَة (متفترة) — Remittent fever.

— مُتَقَطِّعَة — Intermittent fever.

— قِرْمِزِيَّة — Scarlet-fever; scarlatina.

— قُلاعِيَّة (للحيوانات) — Foot and mouth disease.

— مُرْدِم (مطبقة او مستديمة) — Continued fever.

— مَعَوِيَّة — Enteric, *or* typhoid, fever.

— الملاريا — Malarial fever.

— النِّفاس — Puerperal fever.

— الوِرْد — Quotidian fever.

ضِدّ الحُمَّى — Febrifuge; antifebrile.

حُمِّيّ : مختصّ بالحُمَّى — Febrile; feverish.

حَمِيم : قَرِيب — Intimate; close; staunch.

أَحَمّ : أَسْوَد — Black.

اِسْتِحْمام — Bathing; taking a bath.

مِحَمّ : ∆قِزان — Boiler; ← cauldron.

مَحْمُوم — Fevered; feverish; affected with fever.

∆الـ الشريف — The Holy Carpet.

حفلة الـ الشَّرِيف — The procession of the Holy Carpet.

مُحَمَّل : مُثَقَّل — Burdened; laden; freighted.

— : مَوْسُوق — Laden; loaded.

مَحْمُول : مَرْفُوع — Borne; carried.

— المَرْكَب : حَمُولته — Capacity; tonnage; load.

— (في المَنْطِق) — Predicate.

— عليهِ (في المَنْطِق) — Subject.

— . مُحْتَمَل : مُطاق — Bearable; endurable; tolerable; supportable.

مُحْتَمَل ٢ : مُرَجَّح — Probable; likely.

أمرٌ — — A probability.

من الـ : على الأَرْجَح — Probably; likely.

*حَمْلَقَ فيه : ∆بَحْلَق — To stare, *or* glare, at

حِمْلاقُ العَيْن : باطِن جَفْنها — Conjunctiva; inner edge of the eyelids.

*حَمَّمَ : غَسَّلَ ∆حَمَّى — To bathe; wash.

— . حَمّ . أَحَمّ : أَحْمَى — To heat; make hot.

حَمّ ٢ الشَّيء : اِسْوَدّ — To be, *or* become, black.

حُمَّ الرَّجُلُ : أَصابَته الحُمَّى — To become fevered; have, *or* be in a, fever.

— الأَمْرُ : قُضِيَ — To be doomed *or* decreed

إِسْتَحَمّ . تَحَمَّمَ : اِغْتَسَلَ — To bathe; take a bath.

حُمَم : فَحْم — Coal, cinder, *or* embers.

— : مَقْذُوفات البُرْكان — Lava.

حَمام (والواحِدة حَمامَة) — Pigeon; dove.

— بَرّيّ او جَبَلِيّ — Wild-pigeon; rock-pigeon; rock-dove.

— الزاجِل او الرَّسائِليّ ← Carrier, *or* homing, pigeon; homer.

— مُتَوَّج — Queen pigeon.

— مُطَوَّق — Ringdove; wood-pigeon.

— هَزَّاز — Pouter.

رِجْل الـ : شجرة الدم — Dyer's bugloss.

ساقُ الـ : (نبات طِبِّي) — Columba.

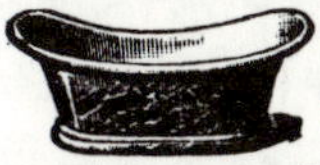

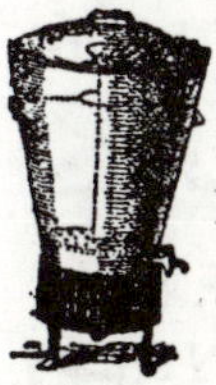

*حَمْو . حَمٌ . حَمَا : أبو الزوْج او الزوجة — Father-in-law.
— . حُمُوّ : شِدَّة الحرّ — Heat; intense heat.
△ — النِّيل : حَصَف — Prickly-heat.
حَمَاة : امّ الزوْج أو الزوْجة — Mother-in-law.
*حُمّى (في حمم) — Fever; heat.
*حَمَى : وَقَى — To protect; defend.
— : سَتَرَ — To shelter; shield.
— المريضَ (مما يضرّه من الطعام) — To put on diet.
حَمِيَ : صار حارًّا — To be, or become, hot.
— غَضَبُهُ — To boil with rage.
حَمَّى . أحْمَى : سَخَّنَ — To heat.
— : هَيَّجَ — To inflame; kindle; excite.
△ — : حَمَّمَ . غَسَلَ — To bathe; wash.
حامَى عن : دافَعَ — To defend; protect.
— عن : عَضَّدَ — To support; stand up for.
احْتَمَى منه : اتَّقاه — To take shelter, or seek protection, from.
— . تَحَمَّى المريضُ (في طعامه) — To diet; eat what is prescribed.
تَحامَى الشيءَ والامرَ : اِجْتَنَبَهُ — To avoid; shun.
حُمَةُ النَّحْلة وغيرها : إبرتها او شَوْكَتها — Sting.
حِمًى : وِقاية — Protection; defence; guard.
حُمَيًّا : سَوْرَة — Heat; excitement.
— . حَمِيَّة : حِدَّة — Vehemence; violence; impetuosity.
— . — : هِياج — Rage; fury; passion.
حَمِيَّة : حَماس — Zeal; fervour; ardour.
— : أنَفَة — Disdain; scorn.
حِمْيَة . طعام الحِمْيَة : تدبير غذائي — Diet.
حِمايَة : وِقايَة — Protection; defence; guard.
— دوليَّة — Protectorate.

حَامٍ : حارِس — Protector; tutelary guardian.
— : سُخْن — Hot; warm.
— : حارّ . لاذِع — Hot; pungent; biting.
— : قويّ (كقولك تبغ حامٍ) — Strong.
حامي الطبع : مُتَحَمِّس — Hot; ardent; fiery.
— الوطيس (كقولك معركة حامية) — Hot; violent.
حامِيَة : واقِيَة — Protectress; guardian.
— : حَرَسُ الحِصْن وغيره — Garrison.
مُحامٍ : مُدافِع — Defending; protecting.
— شَرْعي — Lawyer; solicitor; attorney.
— (امام المحاكم الانكليزيّة) — Barrister; counsel.
مُحامي الدفاع — Defence counsel.
مُحاماة : دِفاع — Defence.
— : شريعة — Law; legal science *or* profession.
*حَنَّ (في حنن) — To yearn for.
*حَنَّأَ △ حَنَى : خَضَبَ بالحِنَّاء — To dye with *henna*.
حِنَّاء : نبات يتّخذ ورقُه للخِضاب — Henna; lawsonia; Egyptian privet.

أبو الــ : طائر صغير — Robin-redbreast.
تَمْرُ حِنَّاء . زَهْر الــ — Henna blossoms.
تمر — افرنكية : خزامى . بَلِيخَة — Mignonette.
△ حَنْبَطَ : جَبَسَأ . صَلُبَ — To be stiff *or* rigid.
مُحَنْبَط : جاسٍ — Stiff; rigid; formal.
*حَنْبَلِيّ : مُدَقِّق في امور الدين وغيره — Punctilious; puritan; precisian; scrupulous.
(حنت) حانُوت : دُكّان — Shop.
— : دُكّان الخَمّار — Wine-shop.
حانُوتي : صاحِبُ دُكّان — Shop-keeper.
△ — : سَبّاء . متعهّد لوازم الدفْن — Undertaker.
△ — : مُغَسِّل الأموات — Washer of dead bodies.
*حَنِثَ في يمينه — To perjure; be false to one's oath.
حِنْث — Perjury; oath-breaking.
*حَنْجَرَة . حُنْجُور — Larynx.

△ حَنْجَلَ الحِصانُ : حَجَلَ — To prance; gambol.
— (الجمع حناجل) : سَلْطَعُون — Crab.

٭حَنْدَقُوق بُسْتَانِيٌّ : نَبَات عِطْرِيٌّ Scented trefoil.
— بَرِّيٌّ Wild trefoil.
حَنْدَقُوقِي Sweet trefoil; blue melilot.
△حَنَّسَ : كَايَدَ To tantalise; tease.

٭حَنَش : أَفْعَى Viper; snake; adder.
أَبُو — : أَبُو حَنَّا Ibis.
٭حَنَّطَ الجُثَّةَ : حَفِظَها من التعفُّن Te embalm.
— (على طريقة قدماء المصريين) To mummify.
— الحيوانات او الطُيور وغيرها To stuff.
حِنْطَة : قَمْح Wheat; corn.
حِنْطِيُّ اللَّوْن Tan-coloured.
تَحْنِيط Embalming; mummification.
— الحيوانات والطيور : تَصْبِير Taxidermy.
مُحَنِّط الحيوانات والطيور Taxidermist.

حَنْطُور : عربة لراكبين وسائق Victoria.
٭حَنْظَل : نَبَات مُرٌّ Bitter cucumber *or* apple; colocynth.
٭حَنَفَ : مَالَ To lean; incline; bend.
حَنِيف : مُسْتَقِيم الرأي True; orthodox.

حَنَفِيَّة : صُنْبُور Tap; cock.
— حَرِيق Fire-plug; F.P.
أَحْنَف : مُعَوَّج الأَرْجُل Club-footed.
٭حَنِقَ منهُ وعليهِ To be enraged with *or* against.
— من الأمرِ : غَضِبَ To resent; be indignant at.
أَحْنَقَ : أَغْضَبَ . أَغَاظَ To enrage; provoke; exasperate.
حَنَق : غَيْظ وغَضَب Anger; passion; wrath; ire; rage.
حَنِق . حانِق : مُغْتَاظ Angry; wrathful; resentful; enraged; exasperated.
٭حَنَّكَ . حَنَكَ . أَحْنَكَهُ الدهرُ To experience; render experienced; make wise.

حَنَك : أَعْلَى باطِنِ الفَم Palate.

△— : فَم Mouth.
حُنْك . حُنْكَة : خِبْرَة Experience.
حِنَاك : قَمَاطَة القَصَّاص Pillory.
مُحَنَّك : مُخْتَبِر Experienced; veteran.

٥حَنْكَلِيس : جِرِّيٌّ . ثُعْبَان الماءِ Eel.
٭حَنَّنَ الشجرُ : أَزْهَرَ To flower; blossom.
△— القَلْبَ To excite pity; touch, *or* soften, the heart.
حَنَّ الى : اشتاقَ To yearn, *or* long, for; feel the want of; hanker after.
— . تَحَنَّنَ على To compassionate; sympathise with; commiserate *or* feel compassion for; have pity upon.
حِنّ ابو الحِنَّاء (انظر حنا) Robin-redbreast.
حَنَان . حَنَّة △حِنِّيَّة Pity; compassion; sympathy.
حَنُون . حَنَّان : شَفِيق Pitiful; compassionate; soft- *or* tender-hearted; kind.
— : شَجِيّ Pathetic; plaintive; touching.
الأم الحَنُون (في التشريح) Pia-mater.
حَنِين : شَوْق . صَبْو Yearning; longing.
— الى الوطنِ Homesickness; nostalgia.
٭حُنُوّ : عَطْف Compassion; fellow-feeling; commiseration; pity.
حَنَا (حَنْواً) . حَنَى (حَنْياً) : عطفَ ولوَى To bend; incline.
حَنَى ٢ رأسَهُ خَجَلاً To bend *one's* head with shame.
— . أَحْنَى عليهِ : عطفَ ومالَ To feel for; have compassion for *or* pity upon.
انْحَنَى : مالَ To bend; lean; incline; stoop.
— احْتِراماً To bow.
— خُضُوعاً To stoop; bow in submission.
حَنْي . حَنْو : عَطْف Bending; inclining.
حِنْيَة . حَنْيَة : قَوْس Bend; curve; crook.

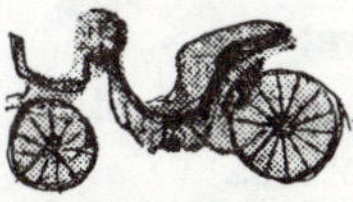

Public-house; wine shop; bar; tavern. حَانَة : خَمَّارَة

Bending; curving; curvature. إنْحِناء : تَقَوُّس

Bent; inclined; curved. مُنْحَنٍ : متقوِّس

Bending; inclining. — : مائل

Eve. ٭حَوَّاء : اسم ام البشر

←Whale. ٭حُوت : بَال . سَمك كَبير

Salmon. — سُلَيْمان

Need; want; necessity. ٭حَوْج . حَاجَة . احْتِياج ١ : لُزُوم

Destitution; indigence. — . — . — : فَقْر

Requisite; something required or necessary. حَاجَة ٢ : ما يُحْتاج اليه

Necessity; need. — . احْتِياج ٢ : اقْتِضاء

Object; desire; wish. — : غَرَض

Thing; object. — : شَيْء

To accomplish one's wish. قَضَى حاجَتَه

To ease nature. قَضَى الحاجَة : تغوَّطَ

Necessaries; requisites. حاجيات : لوازم

To want; need; stand, or be, in need of. أَحْوَجَ واحْتاجَ الى : عَازَ

To necessitate; compel; make necessary. — الى : أَعْوَزَ . أَلْزَمَ

To impoverish; reduce to poverty. —هُ : جَعَله مُحْتاجاً

Needy; indigent; necessitous. مُحْتاج : مَعُوز . فَقِير

In need of. — الى كذا : يَعُوزُه كذا

Turning. ٭حود ٭حودة (في حيد)

Driving "fast." ٭حَوْذ : سَوْق . سِياقَة

Driver; cabman. حُوذِيّ : سائقُ العَرَبَة

To drive fast. حَاذَ . أَحْوَذَ : ساقَ سَرِيعاً

To possess; seize. اسْتَحْوَذَ على : اسْتَوْلَى

To overcome; overpower. — على : تغلَّبَ

To modify; alter. ٭حَوَّرَ : عدَّلَ

To roll out (dough). — القُرْصَ : أَدارَهُ بالمِحْوَر

To whiten; bleach. — حَارَ القماشَ : بَيَّضَه

To be perplexed; embarrassed; be at a loss. حَارَ ٢ تحيَّرَ (راجع حير)

To debate; argue, or hold an argument, with. حَاوَرَ : جادَلَ

To dodge; lead one a dance; play hide-and-seek with. △ — : حَاوَطَ ولاعَبَ

Hide-and-seek, or bo-peep. △حاوريني ياكِيكَه : جَنَبابى

To answer; reply. أَحَارَ جَواباً

Basil. حَوَر△حُوْر : جِلْد الغَنَم المَدْبُوغ

Poplar "tree" — △ — . حَوْر : شَجَر

Nymph; houri. حُورِيَّة : امْرأة خَيالِيَّة جَمِيلَة

Locust nymph; hopper; immature locust. — الجَرادِ : دَبَاة

←Mermaid; sea-woman. — الماء

Answer; reply; response. حِوَار : رَدّ

Dialogue. — : مُحادثة . أخذ وردّ

Argument; debate. — : مُحاوَرَة

Chalk. حُوَّارَى : طَباشِير . حَسَكَ

Apostle; disciple. حَوَارِيّ : ناصِر . رَسُولُ المسيح

Apostles; Disciples. الحواريُّون : رُسُلُ المسيح

Quarter "of a town." حَارَة : قِسْم من بَلْدَة . حيّ

Lane; narrow street. — : زُقَاق

House. — س : مَسْكَن . بَيْت

Steam admitting port. △ — البُخار : مَمَرّ النفس المحرِّك

←Rolling-pin. مِحْوَرُ الخَبَّاز : △شَوْبَك

Pivot. — : قُطْب

Axis, (pl. axes). — : مَدار

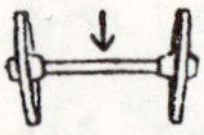

Centre. — : مَرْكَز . وَسَط

←Axle; axle-tree. — العَجَلَة : △دُنْجُل

Monopodial, (monopodium). صادق الـ

Sympodial, (sympodium). كاذب الـ

Shell-fish; ←Ostracea. مَحَار : أَصْدَاف

Oyster-shell. — . مَحَارَة : صَدَفَة

مَحارة` البَنّاء: مالج — Trowel.

مُحاوَرة: مُجادَلة — Debate; controversy; argument.

—: محادثة — Conversation.

*حَوْزٌ. حِيازَة`: اسْتيلاء — Possessing; holding.

—..: نَيْل — Obtainment; procuration.

(في الشَّريعَة) — Tenancy.

△ هَوِيْس الأَقْنِية والأَنْهُر — Canal lock.

—. حَوْزَة. حِيازَة` — Possession.

في حَوْزَة` يدِهِ — In one's possession.

حَاوُوز: حِبْس. خَزّان مِياه — Reservoir.

حَيِّز: المَكان الذي يَشْغِلُهُ الجِسْم — Displacement.

في الـ — الإِمْكان — Possible; within the bounds of possibility.

حازَ. احْتازَ: اسْتَوْلى على — To possess; take possession of.

—: نَالَ — To obtain; get; procure.

—: وَسِعَ — To hold; contain; receive.

انْحازَ عنهُ: ابْتَعَد — To draw aside from.

تَحَيَّزَ إليه وله: مالَ — To lean, or incline, towards; side with.

—. —. اليه: انْضَمَّ — To join; unite with.

تَحَوَّزَ كالأفْعى: تَحَوّى — To coil; twist.

حائِز: مُسْتَوْلٍ — Possessor; owner; holder.

حِيازَة: امْتِلاك — Possession.

اسْتِرْداد الـ. (في الفِقْه) — Reintegration.

تَحَيُّز: تَعَصُّب — Party spirit; partiality; prepossession.

مُتَحَيِّز: △مُغْرِض — Partial; biased.

*حَوَّشَ: جَمَّع — To collect; amass.

△ —: ادَّخَرَ — To save; put by.

حاشَ الفَريسَة: أحاطَ بها — To intercept; beset.

△ —: مَنَعَ — To prevent; check; hold back; stand in the way of.

حَوْش: حَظيرَة — Enclosure; fold.

—: الدَّار — Courtyard.

△حَوْش: أوْباش — Rabble; mob.

حُوَاشَة: قَرابَة الحَوَاشي — Collateral kinship.

حُوْشِيّ: غَريب — Odd; strange (word).

△تَحْويش: ادِّخار — Saving.

*حَوْص. حِياصَة`: خِياطَة مُتَباعِدة — Basting or tacking.

حاصَ: △سَرَّجَ. خاطَ خِياطَة مُتَباعِدة — To baste or tack.

—: حامَ (راجِع حيص) — To flutter around.

حاوَصَ: نَظَرَ بِمُؤَخَّر عَيْنِه — To leer.

حِياصَة`: حِزام الدابَّة — Breeching.

*حَوْصَلُ: بَجَع — Pelican.

—. حَوْصَلَة الطائر — Crop; craw.

حَوْصَلَة`: مَثانة — Bladder; vesica.

حُوَيْصَلَة (في التشريح) — Vesicle.

صَفْراوِيّة — Gall bladder.

*حَوَّضَ الأَرضَ: قَسَّمَها أحْواضاً — To divide into basins or beds.

حَوْض: مَكان اجْتِماع الماء عُموماً — Basin.

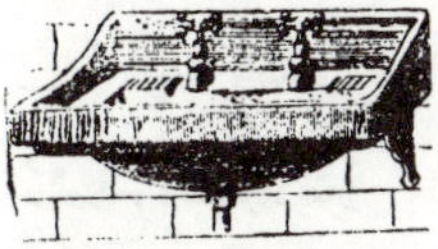

—: صِهْريج — Tank; cistern; reservoir.

التَّشْطيف (الإغْتِسال) — Wash-basin.

— لِشُرْب الدَّوابّ — Watering trough.

الشَّفَن — Dock.

△ — لِحَمْل طِين البِناء: نَقير — Hod.

— زَرْع (في حَديقة) — Bed; flower bed.

— (في التشريح) — Pelvis.

حَوْضِيّ (في التشريح) — Pelvic.

*حَوَّطَ: سَوَّرَ — To wall in; immure.

حاطَ. تَحَوَّط الشَّيْءَ: حَفِظَهُ وتَعَهَّدَهُ — To attend to; look after.

—. أحاطَ بِه: أحْدَقَ — To encircle; encompass; surround.

أحاطَ` بِعِلْماً — To be "thoroughly" acquainted with.

— بالمَوْضُوع — To tackle a subject.

To squint. ٭حَوَلَ : كانَ بيْنه حَوَل

To remove; حَوَّلَ : نَقَلَ من مَوضِع إلى آخر
displace; transfer; shift.

To turn; direct. — : وَجَّهَ وأدَارَ

To convert; alter; change. — : غيَّر

To transmute; — : غيَّر من حال الى حال
transform.

To divert; turn aside from. — عَن : صَرَفَ

To switch off; shunt. — خَطَّ السَّيْرِ

To endorse a cheque. — الصَّكَّ : ظَهَّرَه

To remit money. — نُقُوداً : أرْسَلَها

To intervene; حَالَ بيْنهَما : حَجَزَ
come between.

To elapse; pass. — : مَضَى . مَرَّ

To change; be changed. — : تَحَوَّلَ . تَغَيَّرَ

To try; attempt. حاوَلَ أمْراً : عالَجَهُ . جَرَّبه

To elude; evade; dodge. — : رَاوَغَ

To refer to. أحالَ على

To turn over to. — الأمْرَ او المسْألَةَ على

To transfer a debt to. — الدَّيْنَ على

To pension off; place — على المَعَاش
on pension.

To change; be changed تَحوَّل : تَغَيَّر
or altered

To use policy. إحْتالَ . تَحَايَلَ : أتَى بالحِيلَةِ

To deceive; beguile; — عَليْهِ : خَدَعَه
hocus-pocus; practise, or impose, on.

To change; be altered. إسْتَحالَ : تَغَيَّر

To be impossible. — الأمْرُ : صَارَ مُحَالاً

State; condition; حَالٌ . حَالةَ : كَيْنةَ . صِفةَ وكَيْفية
case; situation.

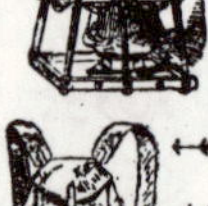

Baby- — : دَرَّاجة الأطْفَال
walker.

Rucksack. — : قِمَطَر المُسَافِر

At any rate; anyhow; in على كلّ حال
any case; by all means.

In case of; in the event of. في حَالة كَذا

In the event of disagreement. ‡ في حَالةِ عَدم الإتِّفَاق

To take precautions; إحْتاطَ للأمْرِ : أخَذَ الحِيطَة
provide for or against.

To take care of; — على الشَّيءِ : حَافَظَ
look after.

To surround; encircle. — بِهِ : حَاقَ

To dodge; lead حاوَطَهُ △حَاوَرَه . دَاوَرَه
one a dance.

Wall. حَائِط (الجمع حِيطَان) : جدَار

Party wall. — مُشْتَرَك (بين جارَيْن)

Wall-lamp. — مِصباح

Walls have ears. للجِيطَان آذان

Shifty; crafty; subtle; cunning. △حَوِيط : دَهِى

Caution; provident إحْتياط . حِيطَة . تَحَوُّط : تَحَفُّظ
care; circumspection.

Precaution; timely care. — . — : حَذَر

Out of precaution. على سَبِيل الـ

Precautional; prudential. احتِياطِيّ

Execution by way of security. — حَجْزٌ

Reserve fund. — مال

Walled in; enclosed. مُحَوَّط : مُسَوَّر

Circumference. مُحِيطِ الدَّائرة : حَدُّها

Environment; surroundings. — : بِيئَة

Periphery. — الجِسْم : سَطْحُهُ

The Ocean. الـ . البَحْر الـ : △اوْقيانوس

He drinks like a fish. △ يشْرَبُ الـ

Peripheral. مُحِيطِي

Cautious; circumspect; مُتَحَوِّط : حَذِر
prudent; wary.

To put on ٭حَوَّفَ . حَافَ : جعله على الحَافة
the edge.

Edge; border; rim. حَافَّةَ : حَرْف

Brim. — الوعَاء

Rim. — الشَّيءِ المُسْتَدِير : جِتَار . كِنَاف

Brink; verge. — : حَرْف . شَفَا

To beset; hem in. ٭حَوَّقَ عَليْهِ : أحاطَ بهِ

To be round, orbicular. حاقَ بِهِ : حَوَّقَ فيهِ (في حيق)

Knitting; ٭حَوَّكَ . حِيَاكَة الجَوَارِب وغيرها
weaving.

Knitting-needle. إبْرَة الجِيَاكَة

To knit; weave. حَاكَ △حَدَّثَكَ : نَسَجَ

Knitter; weaver. حَائِك : نَسَّاج

Weaver-bird. الطَّائر الـ : تُنَوَّط

والحالة هذه — Under the circumstances; such being the case.
بحالته الراهنة — Such as it is.
△دفتر الاحوال (في مركز البوليس) — Charge sheet.
قانونُ الأحْوال الشَّخصيَّة — Personal statute.
حالاً : في الحال — Now; at present.
— : توًّا — At once; presently; immediately.
— : سَرِيعاً — Soon; quickly.
حالَمَا : عِنْدما — As soon as.
حالِيّ : حاضِر . راهِن — Present; existing.
الشَّهْرُ الحاليّ أو السَّنَةُ الحاليَّة — Current; present.
△حالاتيّ : إمَّعَة . مَعْمَعِيّ — Time-server.
△— : مُتقلِّب — Inconstant; fickle.
حَوَلُ العيْن — Squint; squinting.
حَوْلٌ : قُدْرَة — Might; power; ability.
— : سَنَة — Year; twelvemonths.
حَوْلَ . من حَوْل — About; around.
— : نَحْو — About; near to; nearly.
لا حَوْلَ ولا قُوَّة الا بالله — There is neither might nor power but in God.
حَوْليّ : ابن سَنَة — Yearling; a year old.
— : حَمَل △قُوزِي — Lamb; yeanling.

حِوَال . حائِل : مانِع — Obstacle; hindrance.
— : حِظار △دِرْوَة — Screen.
حَوَالَة . تَحْوِيل : أمْر (١) — Order.
— مالِيّ : صَكّ — Cheque or draft.
— مالِيَّة (بالبريد) — Money-order.
حَوَالَيّ : حَوْلَ . نَحْو — About; near to; nearly.
حُؤُول . تَحَوُّل : تغيُّر — Transmutation; transformation; change.
— : فَساد — Degeneration; deterioration.
حَيْل : قُوَّة — Power; might; strength.
△ — الدمَّل : دَبْل — Bubo; inflamed lymphatic gland.

حِيلَة : تَدْبِير — Expedient; artifice; device.
— : خُدْعَة — Trick; stratagem; wile; shift.
— : تَحَايُل — Policy; cunning.
— : رُوَيْغَة — Ruse; subterfuge; shift.
— حربيَّة — Stratagem; ruse-de-guerre.
— قانونيَّة : إفتاء — Casuistry.
ما باليد —. — It cannot be helped.
ما بيدي —. — I cannot help it.
عديم الـ —. — Helpless; impolitic; artless.
حَيْلُولَة : تَفريق الزَّوْجين — Judicial separation.
حِيَليّ : مُحْتال — Cunning; wily; crafty; sly; shifty; trickster.
حِيَلِيَّات . عِلم الحِيَل (الميكانيكا) — Mechanics.
حِيَال : إزاءَ . أمام — Before; in front of.
— : تِلْقاء — In view of; having regard to.
حُيُول انثى البهائم — Heat; sexual excitement (in animals).
إحْتِيَال . تَحَايُل : اسْتِعمال الحِيلَة — Cunning; scheming; wiliness.
— . — : خداع — Trickery; deceit; wile.
احْتِياليّ . تحايُليّ : خِداعِي — Fraudulent.
أحْوَلُ العَيْن — Cross-eyed; squint-eyed.
إسْتِحالَة : تغيُّر — Change; alteration; transformation.
— : عدم إمْكان — Impossibility.
— : عدم إحْتِمال — Improbability.
— القُرْبان او المادَّة (عند الكاثوليك والارثوذكس) — Transubstantiation.
— القُرْبان (عند بعض الإنجيليين) — Consubstantiation.
تَحَوُّل : تغيُّر — Change; alteration.
تَحْوِيل (٢) : نَقْل — Transfer; transmission.
— : سفتجة — Bill of exchange.
— : صَكّ ٥ شِيْك — Cheque or draft.
— النقود : إرْسالها — Remittance.
— الصُّكوك : تظهيرها — Endorsement.
— : إبدال . تغيير الحالَة — Conversion.
جَدْوَل — النقود والاوزان الخ — Conversion table.
قابل الـ —. (كالصُّكوك) — Negotiable.
△تحويلة سِكَّة الحديد — Siding.
△— (في الرَّيّ) — Diversion.

مُحَال(١) : غَيرُ مُمكِن — Impossible.

— : لَا يُدرَك — Unattainable ; beyond reach.

طَلَبُ الـ — — Wild-goose-chase ; foolish pursuit.

مِحَالَة : مِدَحَاة — Roller ; garden roller.

لا — مِنه : لا بُدَّ — Necessary ; unavoidable.

لا — مِنه : لارَبَ فيه — Undoubted ; certain.

مُحَاوَلَة : مُرَاوَغَة — Evasion ; elusion.

— : مُعَالَجَة . تَجرُبَة — Attempt ; trial.

مُحتَال : حِيَلِيّ — Cunning ; crafty ; wily.

— : خَدَّاع — Trickster ; rogue ; a cheat.

— : نَصَّاب — Sharper ; swindler ; impostor.

مُحَوِّل(١) . مُجيِّل الصَكّ : مُظَهِّر — Endorser.

△ — . — : سَاحِبُ الحَوَالَة المَالِيَّة — Drawer.

مُحَوِّلَة : مِفتاحُ تَحويل خطّ السير — Switch.

مِحوَلكَجِيّ : مُحَوِّل ٢ — Pointsman ; switchman.

مُحَوَّل علَيه . مُحَال ٢ عليه : مَسحوب عليه — Drawee.

— له . مُحَال ٣ : المُظهَّر لاشِيه — Endorsee.

مُستَحِيل : غَيرُ مُمكِن — Impossible.

— : بَاطِل — Absurd ; ridiculous.

حَوم . حَومَان — Hovering.

حَامَ على الشيء وحَولَه — To hover about ; hang about.

— الطائرُ : حَلَّق في الجَوّ — To hover.

حَومَة الوَغى : مَوضِع القِتَال — Field of battle.

— القِتَال وغَيره : شِدَّته — The brunt of an attack.

— اي شيء او أمر : مُعظَمه — Brunt ; main part.

حَوَّامَة (انظر هليوكوبتر) — Helicopter

حَوَى الشَّيءَ : جَمَعَه — To gather ; collect.

احتَوَى الشيء : اشتمل عليه — To contain ; hold ; enclose.

— . — : على — To include ; comprise.

— . — الشيءَ وعليه : أَحرَزَه — To possess.

تَحَوَّى : تَقَبَّض واشتَدَّار — To coil ; twist.

حَويَةٌ حِبَال : لَفَّة — Coil.

— الرَّأس △حَوايَة — Wase.

حَاوٍ . مُحتَوٍ : شَامِل — Containing ; including.

— . حَاوي الحَيَّات — Snake-charmer.

△ — افرَنكي : مُشَعوِذ — Juggler ; conjurer ; prestidigitator.

جِرابُ العَاوي — Conjurer's bag.

مُحتَوَيات : مُشتَمَلات — Contents ; inclosures.

٭حَوصَلَة (في حوصل) ٭حَيّ ٭ حَيّا ٭ حَيَاء(في حيي)

٭حِياصَة (في حوص) ٭حِيَاكة (في حوك)٭حَيَاة(في حيي)

حَيثُ : اين — Where

بحَيثُ — So that.

△ — جَزيرة : شِبه جَزيرة — Peninsula.

بحَيثُ ان — So that : in such a manner that.

من حَيثُ : بما ان — Since ; whereas.

من حَيثُ : من اين — Wherefrom.

△حيث كَان : كَيفَما كَان — Anyhow : in any way whatever.

حَيثُمَا : أَينَا — Wherever.

— اتَّفَقَ — At random ; haphazard.

حَيثِيَّة : اعتِبَار — Regard ; respect ; prestige.

— : مَنزلة اجتِماعِيَّة — Standing ; relation.

من هذه الـ — . — In this respect.

حَيثِيَّات الحُكم — Preamble (recital) of judgment.

٭حَيَّدَ الشيءَ : جَعَلَه على حِيدَةٍ — To keep aside.

حَادَ عن كَذا : مَالَ — To turn aside. depart or deviate, from.

حَايَدَ : جَانَبَ — To keep away from ; avoid ; shun.

حَيد . حَيدَان . مَحيد — Turning aside ; deviation.

حَيد ٢ : اجتِناب — Avoidance.

لا — عنه — Unavoidable.

على حِيدة : على جَنب — Aside ; apart.

Neutrality. حِيَاد . مُحَايَدَة

No man's land. شِقّة — (بَيْن بلَدَيْن)

Neutral. على الـ . مُحَايِد

To turn. △حَوَّد : مالَ . انعطف

Turning; a turn. △حَوْدَة : عطفة

To perplex; bewilder; confuse; embarrass. ✿حَيَّرَ : اوقعَ في الحَيْرة

To nonplus; puzzle. — : رَبَكَ

To pose; puzzle with questions. — بالأسئلة

To be at a loss; be perplexed, embarrassed, etc. حارَ . احْتَارَ . تحَيَّرَ

Perplexity; confusion; embarrassment. حَيْرَة . تَحَيُّر : ارْتِبَاك

Uncertainty. — : شكّ او عدم وثوق

Perplexed; embarrassed; at a loss; bewildered. في — . مُتَحَيِّر

Perplexing; embarrassing; puzzling. مُحَيِّر : مُرْبِك

Displacement. ✿حَيِّز (راجع حوز)

To drive; conduct; lead. حَازَ : سَاقَ

تَحَيَّزَ او تَحَوَّزَ (في حوز)

✿حَيْزَبُون (في حزب) ✿ حَيْزُوم (في حزم)

Evasion; avoidance; escape; flight. ✿حَيْص . حَيْصَة : هُرُوب

Stranded; stuck fast; at bay. في حيص بيص

To come to a deadlock *or* a pretty pass; get into difficulties. وقع في حَيْصَ بَيْصَ

To flee; run away. حاصَ . انْحَاصَ : هربَ (راجع حوص)

Alternative; escape; avoidance; evasion. مَحِيص : مَهْرب

Periods; menses; courses; flowers. ✿حَيْض : طَمْث

Menstruation. — : نُزول دم الحَيْض

To menstruate; discharge menses. حَاضَت . تحَيَّضَت الأنثى

Menstruant; unwell. حائض . حائضة

Menstrual. حَيْضِيّ

Wall. ✿حيط ✿ حيطة (في حوط)

Injustice; wrong; iniquity; raw deal. ✿حَيْف : جَوْر وظُلْم

To wrong; treat with injustice; be unjust towards. حافَ عليه : جارَ وظَلَمَ

Consequence; result; effect. ✿حَيْق : عاقبة

To season food. △حَيَّقَ الطعامَ : أَمْلَحَه وتبّلَه

To affect; act upon. حَاقَ و △حَوَّقَ فيهِ : أثّر

To encompass; hem in; beset. — . أحاقَ به : أحاطَ

To be beset with woe. — بهم العذابُ

✿حَيْك (في حوك) ✿ حيل ✿ حيلة (في حول)

To time; appoint a time for. ✿حَيَّنَ الأمرَ : جعلَ له حِيْناً

To come; draw near. حانَ الوقتُ : قَرُبَ

To be high time. — الوقتُ : حَلَّ

The occasion arose. —ت الفُرصة

To wait for a favourable opportunity. تَحَيَّنَ واسْتَحْيَنَ الفُرْصَة

Opportunism. تَحَيُّن الفُرَص

Time; period; epoch. حِيْن : وَقْت . زَمَن

Opportunity; occasion. — : فُرْصَة

For a time; temporarily. الى — : لمدّةٍ قصيرة

Timely; in good, *or* due, time. في حِيْنِه

Now and then; ever and anon. حِيْناً بعد حِين

Occasionally; from time to time. أحياناً . من حِين لحين

Sometimes. — . بعض الأحيان

When. حِيْنَما : لَمَّا

While; during the time that. — : بينما

Then; at that time. حِيْنَئِذٍ : إذْ ذاك

Bar; wine-shop; public-house; tavern. حانُ . حانَة

Warm; well-off. △مِتْحَيِّن : مُتَيَسِّر

✿حيّة ✿ حيوان ✿ حيوي (في حي) ✿ حيول (في حول)

To live; exist. ✿حَيِيَ : عاشَ . ضِدّ مات

To be ashamed of. — منه : اسْتَحَى

حَيَّا : سَلَّمَ على — To salute; greet; hail.
— الخَمْسِينَ من عمره (مثلاً) : دنا منها — To be nearing, or rising, fifty.
أَحْيَا : أعطى الحياةَ — To animate; vitalise; give life to.
— : أنْعَشَ — To revive; enliven.
— اللَّيْلَ : سهره — To burn the midnight oil; pass the night awake.
— حَفْلَةً — To give a party.
— الذِّكْرَ — To commemorate.
اسْتَحْيَا . استحى : خجل — To blush; be ashamed or bashful.
— • — : احْتَشَمَ — To be modest or coy.
حَيٌّ : على قيدِ الحياة — Alive.
— : عائش — Living; live; quick.
— : ذو حياة . ضِدّ جامِد — Animate; active.
— الضَّمِير — Conscientious.
— باقٍ — Everliving; eternal; immortal.
— : خُطٌّ . قِسْم من بَلْدَةٍ — Quarter.
— العالَم △ — العَلَم (نبات) — House-leek; sempervivum.
إيمانٌ — • — Living faith.
الأَحْياءُ والأَمْواتُ — The quick and the dead.
حَيَّ على الصلاةِ : هَلُمَّ — Come to prayer!
حَيَّاكَ اللهُ — Hail!
حياء : خَجَل — Bashfulness; timidity; shyness; coyness.
— : خَفَر — Pudency; modesty.
حياة (الجمع حيوات) : ضِد مَوْت — Life; existence.
— : ضِدّ جُمود — Animation; vitality.
عِلم الـ — او الأحياء — Biology.
عِلم الحياةِ الإجتماعية — Social biology.
عِلم الأحياءِ المائية — Marine biology.
احيائي : يختصّ بعلم الاحياء — Biological.

حيَّة : أَفْعَى — Snake; serpent; viper.
— البَحْرِ — Water-spout.
— الصَّخْرِ : أَصَلَة — Python.
حَيَوان : كُلّ ما فيه حياة — Animal.
— : بَهِيم — Beast; animal.
عِلْمُ الـ — : ٥ زُوْلُوجيا — Zoology.
حَدِيقةُ الحيواناتِ : حَيْر — Zoological garden; zoo.
حَيَوانيّ : مختصّ بالحيوان — Animal.
— : متعلّق بعلمِ الحيوان — Zoological.
حَيَوانيَّة — Animality or bestiality.
حُيَيْوِين : حيوان صَغير جداً — Animalcule.
حَيَوِيّ : لازِم للحياة — Vital; essential to life.
حَيَوِيَّة . القوّة الحيويّة — Vitality.
الأعضاء الحَيَوِيَّة — Vitals; vital organs.
حَيِيّ : خَجُول — Bashful; self-conscious; shy; coy; timid.
حُيَيّ : ٥ مِكْرُوب — Microbe.
تَحِيَّة : سَلام — Greeting; salutation.
تَحِيَّات — Regards; compliments.

مُحَيَّا : وَجْه — Countenance; face; look; visage.
مُسْتَحٍ : خَجْلان — Ashamed.
المُسْتَحِيَة : نَبات — Mimosa; sensitive plant.

خ

٭خابَ (في خيب) ٭ خابَرَ ٭ خابُور (في خبر) ٭خابِيَة (في خبأ) ٭ خاتَر (في ختر) ٭ خاتَم (في ختم) ٭خاتون (في ختن) ٭خادِن (في خدن) ٭خار (في خور) ٭خارطة (في خرط) ٭ خازُوق (في خزق) ٭خاصّ (في خصص) ٭ خاصَر ٭ خاصِرة (في خصر) ٭خاصَم (في خصم) ٭ خاصيّة (في خصص) ٭خاضَ (في خوض) ٭ خاطَ (في خيط) ٭خاطَبَ (في خطب) ٭خاطَرَ (في خطر) ٭خافَ (في خوف) ٭خافِت (في خفت) ٭ خافقيّ (في خفق)

٥خاقان : ملك — King; emperor; sovereign.

٭خالٌ ، بمعنى أخو الأم (في خول) ٭ خالٌ ، بمعنى شامَة و ٭خالَ ، بمعنى ظَنَّ (في خيل) ٭ خالٍ (في خلو) ٭ خالَفَ (في خلف) ٭ خامٌ (في خيم) ٭ خامّ (في خمم) ٭خامَر (في خمر) ٭خانَ ٭خانَة (في خون) ٭ خاوٍ (في خوى) ٭خاوَى (في اخو) ٭ خَبّ (في خبب) ٭ خِباء (في خبو)

To hide; conceal.	خَبَأَ . خَبَّأَ
To hide; be concealed; conceal oneself.	اِخْتَبَأَ . تَخَبَّأَ
A hidden thing.	خَبْء . خَبِيئَة : ما خُبِّىء
Vat; dolium; large vessel.	خابِية : وِعاء كبير
Hiding; concealment.	اِخْتِباء أو تَخْبِئَة
Hiding-place.	مَخْبَأ : موضع الاختباء أو التخبئة
Shelter.	— : مكان الوقاية والاختباء
Hidden; concealed.	مُخَبَّأ . مَخْبُوء
Hiding; concealed.	مُخْتَبِىء
Amble.	خَبَب . خَبِيب الحِصان
To amble.	خَبَّ . اِخْتَبَّ الحِصان
To sink down in.	— في الرمل أو الطين
To be bad, noxious or offensive.	خَبُثَ : كان كريهاً أو رديئاً
To be wicked, or mischievous.	— : كان شريراً
To stink; smell bad.	ـتْ ريحُه : أنْتَنَ
Wickedness; mischievousness.	خُبْث . خَباثَة : شَر
Badness.	— . — : رَداءة
Malice; malevolence.	— . — : تَعَمُّد الأذى
Refuse; scum.	خَبَث : ما لا خير فيه
Dross.	— المادِن المُذابة وغيرها
Bad; wicked.	خَبِيث : شِرّير
Mischievous; malicious; malignant; malevolent.	— : رَديء
Injurious; harmful; noxious.	— : مُؤذٍ
Malignant.	— (كقولك مَرَض أو خَراج خَبيث)
Offensive.	— : كَرِيه
Stinking; bad smelling.	— الرائحة : نَتِين
To inform; tell.	خَبَرَ . أخْبَرَ : أعلَم . أنبأ
To announce.	— : بلَّغ الخَبَر
To experience; know by use.	خَبَرَ الأمرَ : علِمَه عن تَجْربة
To have a full knowledge of.	— . خبَّر . تَخَبَّرَ الأمرَ

To correspond with; write to.	خابَرَ : راسَلَ . كاتَبَ
To communicate, or negotiate, with.	— : تَخابَرَ مع : تَفاوَض
To experience; know by trial	اخْتَبَرَ الأمرَ : عَرَفَه بالاختبار
To try; test.	— الرجلَ والشيءَ : جَرَّبَه
To examine.	— الشيءَ : فَحَصه
To ask; inquire; question.	اسْتَخْبَرَ . تَخَبَّرَ : سأَل
To ask about or for.	— عن كذا
To ask after "another's health".	— عن صِحَّة فلان (مثلاً)
Information; intelligence.	خَبَر : نَبأ
News.	— : حادِث . نَبأ جَديد
Fresh news.	— جَديد
Bad news; job's news.	— شُؤْم أو سُوء
Falsehood; misreport; a lie.	— كاذب
Predicate " of a sentence."	— الجملة : غير مُبتَدأها
Report; rumour; hearsay.	△ خَبَرِيَّة : إشاعة
News.	أخْبار : أنْباء
News-agency.	وكالة الـ (تبيع الأخبار للجرائد)
Experience.	خُبْر . خِبْرة . اخْتِبار : دُرْبة
Knowledge; acquaintance.	— . — : دِرايَة
Trial; probation.	اخْتِبار ٢ : تَجْرِبة
Examination; test.	— : فَحْص
Inexperience.	عَدَم او قِلَّة اخْتِبار
Expert.	خَبِير : أهْل خِبْرة ٢
Experienced.	— . مُخْتَبِر : مُجَرِّب
Acquainted with.	— بالأمر : عالِم به
Peg; plug.	△ خابُور : وَتَد
Wedge.	△ — : إسْفِين
Pin; spile.	△ — : شَك
Cotter-pin.	△ — : تَوْصيل او سُرَّة : مَشْط
Teller; informant.	مُخْبِر . مُخَبِّر : مُبَلِّغ الخَبَر
Reporter.	— : نأقِل الأخْبار (مُخبري الجرائد)
Detective.	△ ٥ — : بوليس سِرّي

مُخابَرة : مُراسَلة — Correspondence.

— : تخابُر — Communication.

— : مُفاوَضَة — Negotiation.

قلمُ المخابَرات الحربيَّة — Intelligence Department or Office.

مُختَبِر : خبير — Experienced.

مُختَبَر علمي : مَعْمَل — Laboratory.

* خبَزَ . إختبَزَ العجينَ — To bake.

خَبْز : تحويل العجين الى خُبْز — Baking.

خُبْز : عَيْش — Bread.

— التقدمة او الوجوه — Showbread.

— الغراب : كَمْأة — Toad stool.

خُبْزة : رغيفُ خُبْز — Loaf of bread.

خَبْزة : كمِّيَّة المخبوز — Baking; batch.

خبَّاز : صانعُ الخبز . فرّان — Baker.

خِبازة : عمَل الخبّاز او محلّه — Bakery.

خُبَّازة . خُبَّازى . خُبَيْزة : نبات — Mallow.

— . — . — إفرنكية : إبرة الراعي — Geranium.

مَخبَز . مَخبَزة : فُرْن — Bakery.

* خَبَصَ الشيءَ بالشيءِ : خلَطه — To mix; mingle; muddle; make a mess of.

△ — بينهم : أفسدَ — To sow dissension.

△ — عليه : تخرّصَ — To calumniate.

△ — عليه : وشى به — To inform against.

خبّص : خلّطَ — To jumble; mix confusedly.

خَبِيص . خَبِيصة : خليط — Medley; mess; mingled and confused mass.

— . — : عَصِيدَة — Pudding.

△ خبَّاص : واشٍ — Tale-bearer; informer.

△ — : داعِر — Fast; dissolute; dissipated.

* خَبَط : ضرَبَ — To hit; strike; knock.

— البابَ : طرقَه — To knock; rap.

إختَبَط . تخبَّط : تصرَّفَ على غير هُدى — To grope about awkwardly; fumble.

خَبْط : ضَرْب — Hitting; striking; knocking.

— عَشْواء — At random; hap-hazard; slap-dash.

يَخبِط خَبْطَ عَشْواء — To beat about the bush; hit at random.

خَبْطة : ضَرْبة — Blow; stroke; hit; knock.

— : طَرْقَة . دقَّة — Knock; rap.

— بخَبْطة : واحدة بواحدة — Tit for tat.

* خبَلَ . خبَّلَ : حيَّر — To confound; confuse; fluster; embarrass.

— . — : جنَّن — To drive, or render, mad; turn the brain

— . — : عرقَلَ . عقَّد — To entangle.

خَبِلَ : اختلّ عقلُه — To be, or become, crazy or insane; run mad.

خَبْل . خبَل : ارتباك — Confusion; perplexity; embarrassment.

— . — : جُنون — Madness; insanity; frenzy.

مُخبَّل : مُرْتَبِك — Confounded; embarrassed.

— . (كالخيط أو الشَّعْر) — Tangled.

(خبو) خَبَتِ النارُ : خَمِدَت — To die out; be extinguished.

خِباء : خَيْمة (انظر خيم) — Tent.

— القمحة او الشَّعيرة : قِشرتها — Husk.

○ خَبْيَاري : بَطارخ — Caviare; caviar; sturgeon roe.

* خبيث (في خبث) * خُبَّيزة (في خبز)

* خَتَرَه : غدَرَ به — To betray; deceive.

خَتْر : غَدْر — Betrayal; deception; treachery.

ختّار . خاتِر — Traitor; treacherous; deceiver.

(ختع) خُتَيْعة : وقاء الاصبع — Finger-stall.

* خَتَلَ : خدَعَ — To double-cross; deceive; cheat.

خَتْل . مُخاتَلة — Perfidy; treachery; double-dealing.

مُخاتِل — Deceitful; double-dealer.

✿خَتَمَ الشيءَ وعليه — To stamp; seal; imprint.

— بالشمع أو الرصاص — To seal; fasten with a seal.

— الاناءَ : سَدَّهُ — To seal up; stop; close.

— العمَلَ : أتمَّهُ — To terminate; complete.

△ — الجرحُ : اندمَلَ — To heal; grow sound.

اخْتَتَمَ : ضدّ افتتحَ — To conclude; end; finish.

خَتْم : وَضْعُ الختْم — Stamping; sealing.

— : بَصْمَةُ الختْم — Stamp; mark, or impression, of a seal.

— البريد — Postmark.

— تاريخ (انظر ارخ) — Dater; date-stamp.

—. خاتِم : ما يُخْتَم به — Seal; stamp.

خاتِم ٢ : حَلْيُ الاصْبَع — Ring; finger ring.

— الزواج — Wedding-ring.

— سُليمان (نبات) — Solomon's seal.

خِتام . خاتِمَة : نهاية . آخِر — End; conclusion; termination.

—. — الكتاب : ضد فاتحة — Epilogue.

—. — الخِطاب (أي الخطبة) — Peroration.

—. — مُوسيقيّة — Finale.

— : △شمع أحمر — Sealing wax.

في الخِتام : أخيراً — Finally; in conclusion.

خِتامي : نهائي . أخير — Final; terminal; closing.

△خَتّامة : حبّارة الختْم — Stamp-pad.

مختُوم : عليه علامة الختْم — Stamped.

— : مُقفَل بالختم او بغيره — Sealed.

المختوم بختمي — Bearing the impression of my seal.

✿خَتَنَ : △طاهَرَ — To circumcise.

خَتْن : خِتان . خِتانة — Circumcision.

خَتَن : زَوْجُ الابنة — Son-in-law.

خَتِين . مَخْتُون : مقطوع القُلفة — Circumcized.

خاتُون : سيِّدة — Lady.

✿خَثَرَ . تخَثَّرَ الدمُ وغيره : قَرِتَ — To clot; thicken; coagulate

—. — السائلُ : عقد — To inspissate.

—. — اللبنُ : راب — To curdle.

خَثَّرَ . أَخْثَرَ : عَقَّدَ — To coagulate; thicken; curdle.

— اللبنَ : روّبه — To curdle.

خُثارة الشيء : حُثالة — Sediment; dregs.

خاثِر . مُخَثَّر : مُجمَّد — Thickened; coagulated; clotted; inspissated.

—. — : مُروَّب — Curdled; curdy.

خاثِرة : جُلْطة دم — Clot of blood.

✿خَجِلَ منه : استحى — To be ashamed of.

— : احمرَّ خَجَلاً — To blush; grow red.

خَجَّلَ . أخْجَلَ : جعله يخجل — To make ashamed; put to the blush.

—. — : خزى — To put to shame.

خَجَل : حياء — Bashfulness; timidity; shyness; coyness.

— : خِزْي — Shame; disgrace.

خَجِل . خَجْلان . مَخْجُول — Ashamed.

خَجُول : حَيِيّ — Bashful; shy; coy.

— : هَيَّاب — Timid; retiring; timorous.

مُخْجِل : مُخْزٍ — Shameful; disgraceful; shocking.

الأعضاء المُخْجِلة — Private parts; shame.

✿خَدَّ الأرضَ : △خطّطها بالمِحْراث وغيره — To furrow; ridge.

—. تخَدَّدَ الجِلدُ وغيره : تكرَّش — To wrinkle.

خَدّ : وَجْنة — Cheek.

—. خُدَّة . أُخْدُود — Furrow; groove; rut.

مِخَدَّة : وسادة — Cushion; pillow.

— السرير (للنوم) — Pillow.

كِيس او بيت المخدة — Pillow-case; pillow-slip.

✿خَدِرَ : △خدَل — To be, or become, benumbed.

خَدَّرَ العضوَ : افقده الحسّ — To anæsthetize; give a local anæsthetic.

—. أخدَرَ : افقد الوعي — To narcotise.

—. — . خَدَّرَ البنت : الزمها الخِدْر — To seclude; keep in seclusion.

خِدْر — Boudoir; a lady's private room; place of seclusion (for women).

Numbness; torpor. خَدَرٌ. خُدْرَة :△خَدَل

Anæsthesia; insensibility. — : فقدان الحسّ

Formication. — : نَمَل △تَنْميل

Benumbed. خَدِرٌ. مُخْدَّر : △خَدْلان

Asleep. — . — : نائم (كالرِجْل النائمة)

Anæsthetising. تَخْدِير: إعدامُ الحسّ

Narcotising. — : تنويم. إعْدام الوَعْي

Anæsthetic. مُخَدِّر : يُعْدِم الحسّ

Narcotic; intoxicant. — : مغيِّب عن الصواب

Tipsy; top-heavy; fuddled; intoxicated. △مُخَدَّر : سَكْران قليلاً

Secluded lady; kept in seclusion. مُخَدَّرَة : مَصُونَة

To scratch. ✿خَدَشَ . خَدَّشَ : خَمَشَ

To tear; lacerate. — . — : مزّق

To cast a slur upon; detract, or derogate, from; disgrace. — السُمْعَة

A scratch. خَدْش : خَمْش

To deceive; mislead; cheat; impose on. ✿ خَدَعَ . خادَعَ : غشّ

To delude; play upon; trick. — : لَعِبَ على

To be deceived, deluded *or* misled. انخدع

Trick; stratagem; fetch; ruse; shift. خُدْعَة : حِيلة

Deceit; delusion; imposture. خَدِيعَة . خِداع : غِش

Duplicity; doubledealing. — . — : نِفاق

Deception; illusion. خِداع ٢ الحواسّ

Optical illusion. — البصر

Deceiver; impostor. خَدَّاع . مُخادِع

Deceptive; delusive; elusive. — . خِداعِيّ

Mirage, *or* will-o'-the wisp. خَيْدَع : سَراب

Closet; room; chamber. مَخْدَع : حُجْرة

Deceived; deluded; taken in. مَخْدُوع

To be benumbed. △خَدِلَ (راجع خدر)

To serve; work for. ✿خَدَمَه : عَمِلَ له

To wait upon; attend to. — : قام على خِدْمتهِ

To cultivate; till. — الأرض

To employ (as a servant); give work to; take into *one's* service. △خَدَّمَ . اسْتَخْدَمَ: اتخذه خادماً

To flush; level up. △— الخَشَبَ : سوّاه

To employ; use. اسْتَخْدَمَ ٢ : استعمَل

To be taken into service. △— : ألحِق بخدمة

Attendants; servants. خَدَمٌ . خُدَّام : جملة الخدم

Service; employment; work. خِدْمَة : شُغْل . عَمَل

Service; assistance; use. — : مساعدة

Attendance. — : القيام على خدمة

Cultivation; tillage. — الأرض : فِلاحتها

At your service. في خِدْمتكم : تحت امركم

Servant; attendant; domestic. خَدَّام . خادِم (للذكر والانثى)

Manservant. — . — : صانِع س

Maid; maidservant; skivvy. خَدَّامَة . خادِمَة : صانِعَة

Employee. خادِم△مُسْتَخْدَم : مُوَظَّف . عامِل

Servantship. خادِمِيَّة : حالة الخادِم

Using; employing; employment. إسْتِخْدَام : استِعْمال

Pronouns. — (في علم البديع)

Employment; service. △— : خِدْمَة

Flushed; leveled up. △مُخَدَّم : مُسَوًّى (في النِجارة)

Employment agent. △مُخَدِّم :وسيط بين الخادِم والمخدوم

Employer; master. مَخْدُوم : آجِر

Mastership. مَخْدُومِيَّة : حالة المَخْدوم

Confidant; intimate friend. ✿خِدْن . خَدِين : صَدِيق

To befriend; make friends with. خادَنَ : صادق

Khedive; vice-roy. △خِدِيو . خديوي : والٍ

Khedivial. خديويّ ٢ : منسوب الى الوالي

*خُذْرُوف : △نعّارة . خرّارة (س) — Humming-top.

— : دوّامة △ نحلة (أنظر دوم) — Top.

خُذْرُوفيّ الشكل — Turbinate, —d.

*خذَلَ . خاذَلَ : تخلّى عن — To disappoint; forsake; abandon.

— : غلَبَ — To defeat.

إنخذَلَ . خُذِلَ — To fail; be disappointed, defeated *or* forsaken.

مَخْذُول . مُخْذَل — Abandoned; forsaken.

*خرّ (في خرر) — To murmur.

*خَراء . خُرْء : غائط — Excrement; ordure; feces.

خَرِئَ : تغوّط — To ease, *or* relieve, nature; evacuate the bowels.

*خَرَبَ . خرّبَ : ضِد عمّرَ — To ruin; destroy; lay in ruins; wreck.

خَرِبَ : ضِدّ عَمر — To be ruined; run, *or* go, to ruin; be in a state of ruin.

— . تخرّبَ : تهدّم — To be ruined, destroyed *or* demolished.

خُرْب . خُرْبَة : نقرة رأس الورك — Acetabulum.

— الابرة : ثقبها — Needle hole; eye.

خَرِب . مُخَرَّب : متهدّم — Ruined; ramshackle; ruinous; tumbledown.

—△خربان : يحتاج الى إصلاح — Out of order.

خَرْب . خَراب : ضِدّ تعمير — Ruination; destruction; demolition.

خراب ٢ : ضد عمار — Ruin; destruction.

△خربة الظهر : صَلا — The small of the back.

خِرْبَة . خَرِبَة △ خَرابَة : موضع الخراب — Ruins.

خرّوب : خرنوب . اسْم شجر — Carob; carob-tree; locust.

— : ثمرُ الخروب — Carob; locust-beans; Saint John's bread.

خرّوبة : ١/٢٤ من القمحة — Karob.

خارِب . مُخْرِب : ضد معمّر — Ruiner; destroyer.

تخريب : ضِد تعمير — Ruination; destruction; devastation; demolition.

— إحتجاجي او عدوانيّ — Sabotage.

— الآثار القديمة : وَنْدَلَة — Vandalism.

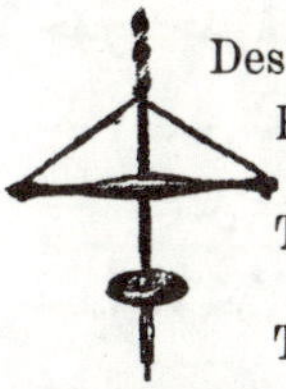

مُخْرِب ٢ . مُخَرِّب : مُتْلِف — Destructive.

△خُرْبُز : مثقب قوسي — Pump-drill; bow-drill.

*خَرْبَشَ : أفسَدَ — To spoil; corrupt.

— : كتَبَ بلا اعتناء — To scribble.

△— : خَرْمَش . خدَش — To scratch.

*خَرْبَقَ : أفسدَ — To spoil; corrupt.

خَرْبَق أسْوَد : نبات طِبيّ — Hellebore.

*خَرَتَ : ثقَبَ — To make a hole in; pierce.

خَرْت : ثقْب — A hole; a socket.

△خَرْتيت : كركدّن — Rhinoceros.

*خَرَجَ : ضد دَخَلَ — To go, *or* come, out.

— : طلَعَ — To emerge; rise out of.

— : برَزَ . نتأَ — To protrude; stick out.

— به : أخْرَجَهُ — To bring, *or* take, out.

— عليه : انبرى له — To go for; go at; attack.

— على الحاكِم أو الحكومة — To revolt, *or* rebel, against.

— عنهم : خالفهم — To dissent, *or* secede, from.

△— الزهور والخمر : اسْتقطرها — To distil, —late.

خرّجَ . أخرَجَ (١) : ضِدّ ادخل — To take, send *or* turn, out.

— . — : طرَدَ — To drive out; expel.

— . — : حذَفَ — To eliminate; remove.

— . — : اسْتَثنى — To exclude; except.

— . — : درّبَ وعلّمَ — To train; educate.

أخرجَ ٢ : قذفَ . بعَثَ — To send out; emit.

— : خرَجَ به — To take, *or* bring, out.

— لِسانَه — To put out *one's* tongue.

— رِيحاً — To break wind.

تخرّجَ : تعلّمَ — To be well educated.

— في المدرسة الفلانيّة — To be graduated from.

إستخرَجَ : سَحَبَ — To extract; draw, *or* get, out.

— المسئلة : حلّها — To solve; explain.

تخارجَ عن حقّ : تنازلَ — To waive; relinquish.

خُرْج	Saddle-bag; carpet-bag; wallet.
خَرْج : ضِد دَخْل . نَفَقة	Expenditure; outlay.
△— لملابس النساء : كَشْكَش	Trimmings.
△— : هُدّاب	Fringe.

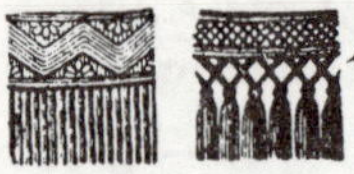

— الجُنْدِيّ : △جِرايته	Rations.
△— كذا : يَسْتَحِقّه	Deserving; meriting.
— . خَرَاج : مالٌ . ضَرِيبة	Tax; tribute.
خَرَاج ٢ : مالُ الأرضِ	Land-tax.
— رأسِيّ	Poll-tax; capitation.
خَرْجة : بُرُوز	Projection; protrusion.
— في بناءٍ : جَرْصون ع	Cantalever; projection.
△— : حَفْلة الدَّفْن	Funeral procession.
خُرَاج : دُمَّل △طُلوع	Tumour; abscess.
خُرُوج : ضِدّ دُخول	Going, *or* coming, out; egress, —ion.
سِفْرُ الـ (الثاني من التوراة)	Exodus.
خارِج : ضِد داخِل	Going, *or* coming, out.
— : الجهة الخارجِيّة	Outside; exterior.
— القِسْمة (في الحِساب)	Quotient.
في الـ (اي خارج البِلاد)	Abroad.
خارِجاً : في الخارج △بَرّا	Out; outside.
خارِجِيّ : ضِدّ داخليّ	External; exterior; outer.
— : غَريب . أجْنَبِيّ	Outsider; stranger.
— : هرطوقي	Heretic; schismatic; dissenter; separatist.
وزارة الخارجيّة	Ministry of Foreign Affairs; Foreign Office (Eng.)
تخارُج : تنازُل عن حَقّ	A waiver.
مَخْرَج : ضِدّ مدْخل	Exit; egress; way out.
— : منْفذ	Outlet; issue.
— : مَخْلَص . مَهْرَب	A way out.
— الكَسْر △مقامه	Denominator.
— هِجائي : مَقْطَع	Syllable.
مُخْرِج سِينَمائي	Cinema producer.
*خَرْخَرَ النائمُ : غطَّ . شخَرَ	To snore.
*خَرِدَت البنتُ : كانت بِكْراً	To be virgin.
خَرِيدَة . خَرِيد : عَذْراء	Damsel; girl; virgin.
— : لُؤلُؤَة لم تُثْقَب	Unbored pearl.
△خُرْدَة : △حديد قُراضة	Scrap iron.
△خُرْدَوات : ما صَغُر من السِلَع	Haberdashery; small wares.
△— : السِلَع اللازِمة للنساء	Fancy goods.
△خُرْدَجِيّ : بائع السِلَع الصغيرة	Haberdasher.
○خُرْدُق س : △رَشّ الصيد	Shot; small shot.
*خَرْدَل	Mustard.
— بَلَدِي : △كَبَر (نبات حِرّيف)	Indian mustard.
حُقّ الـ	Mustard pot.
لَزْقة — : صِنَاب	Mustard plaster.
(خرر) خَرَّ الماءُ	To purl; murmur; make a murmuring sound; gurgle.
— : سَقَطَ	To drop; fall down.
— النائمُ : غَطَّ . شَخَرَ	To snore
— ساجداً	To prostrate *one's* self.
△— : سالَ	To trickle; dribble; leak.
خَرِيرُ الماءِ	Murmur; purling; gurgling.
*خَرَزَ : ثَقَبَ	To bore; pierce.
خَرَزٌ . ما يُنْظَم (يُلْضَم) في خَيْط	Beads.

خَرَزة البِئْر : حاجز	← Well-curb.
— الظَّهْر : فقرة	Vertebra.

مِخْرَز . مِخْرَاز : مِثْقَب	← Awl.
*خَرِسَ : بَكِمَ . صَمَتَ	To become dumb *or* mute.
— : سَكَتَ	To keep silent; hold *one's* tongue.
— : انعقد لِسانه عن الكلام	To become tongue-tied.
أَخْرَسَ : أسْكَتَ	To silence; quiet.
— : أبْكَمَ	To dumbfound, —er; strike dumb.
خَرَسٌ : صَمْت	Dumbness; muteness.
‡ خَرَسان . خَرَسانة	Concrete.

Left column

مِخْرَطَة: آلةَ الخَرْط الخَشَبِ أو المعدن
Lathe; turning-lathe.

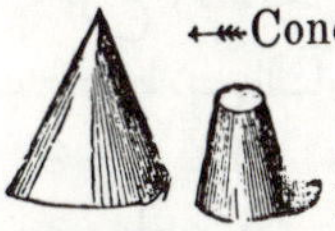

Cone.   مَخْرُوط (في الهَنْدَسَة)

— مَقْطُوع الرأس (في الهَنْدَسَة)
Frustum; truncate cone.

Conic, —al.   مَخْروطِيّ الشَّكْل

Cartridge.   خَرْطُوش (الواحِدَة خَرْطُوشة) ○

Waste-book.   △ — : مسودة (دَفْتَر تجاري)

Cartouche.   △ — : كتابة هيْروغليفية

Trunk; proboscis.   خُرْطُوم الفِيْل وغيره ٭

Hose.   △ — : أنْبُوب مَرِن

To be nerveless, shaky,
rickety, or weak-kneed.   خَرِعَ: اشْتَرْخَى ٭

To droop; grow
weak or faint.   خَرِعَ . إنْخَرَعَ : ضَعُفَ

To invent; devise; contrive   إخْتَرَعَ: اسْتَنْبَطَ

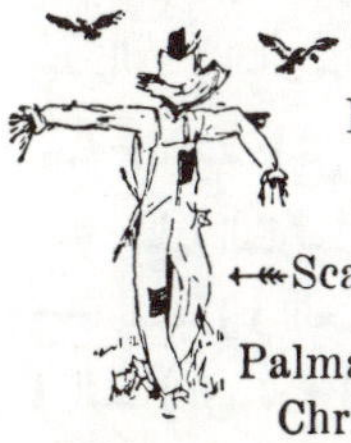

خَرِيعٌ . خَرِيعٌ : △خَسيِّس
Rickety;
shaky; insecure.

Scarecrow.   خَرّاعَة : فَزّاعَة ←

Palma
Christi.   خِرْوَع : نَبَاتُ الخَرْوَع
Castor-oil.   زَيْتُ الـ

Invention; discovery;
device; contrivance.   إخْتِراع : اسْتِنْباط

Inventor; contriver.   مُخْتَرِع : مُسْتَنْبِط

To become
dotard.   خَرِفَ △خَرَّفَ الشَّيْخُ : أهْتَرَ ٭

To rave;
be delirious.   — المَريض : △خَطْرَفَ . هَذَى

Dotage; second
childhood; imbecility.   خَرَفٌ : هُتْر

Dotard; imbecile; one
in second childhood.   خَرِفٌ △خَرْفَان

Superstition.   خُرَافَة : اعْتِقاد سَخِيف باطِل

Legend; fable.   — : أُسْطُورَة . خُزَعْبَلَة

Superstitious.   خُرَافِيّ : مَنْسُوب الى مُعْتَقَد باطِل

Fabulous; legendary.   — : أَساطيري . خُزَعْبَلِي

Right column

Reinforced concrete;
ferro-concrete.   خَرَسانَة مُسَلَّحَة

Dumb; silent;
soundless.   أخْرَسُ : لاصَوْتَ له

Mute; dumb.   — : أبْكَم

خُرْشَنَة : خَطّافُ البَحْر
Tern.

Artichoke; crown
artichoke.   خُرْشُوف ٭

To lie;
tell a lie.   خَرَصَ: كَذَبَ ٭

To conjecture.   — : خَمَّنَ

To calumniate;
accuse falsely.   تخَرَّصَ عليه : افترى

Liar or
calumniator.   خَرّاص : كَذّاب او مفْتَرٍ

Zinc.   خارصين : تُوتِيا

To turn; shape;
form in a lathe.   خَرَطَ الخَشَبَ والمعدنَ بالمِخْرَطَة ٭

To chop fine;
mince; cut into small pieces.   △ — خَرَّطَ : قَرَّطَ . قَطَّعَ

To boast; brag.   △ — : فاخَرَ كذباً

To brew; concoct
(tea, etc)   △ — المَغْلِيّ : اسْتَخْلَصَه بالغَلْي

To weep bitterly.   إسْتَخْرَطَ في البُكاء

To join; unite, or
associate, with.   إنْخَرَطَ في سِلْك كذا

To embark rashly in.   — في الامر: اندَفَعَ

Turning;
turnery.   خَرْط . خِرَاطَة : عَمَلُ الخَرّاط

Turner.   خَرّاط الخَشَبِ أو المعْدِن

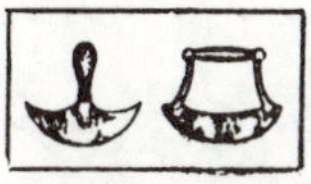

Boaster;
braggart.   △ — : جَفْجاف

Chopping
knife.   △خَرّاطَة : قَرّاطَة

Map; chart.   خَرِيطَة . خَارِطَة : مُصَوَّر جُغْرَافيّ

— : قِمَطْرُ المُسَافِر والجُنْدِي
Haversack. ←

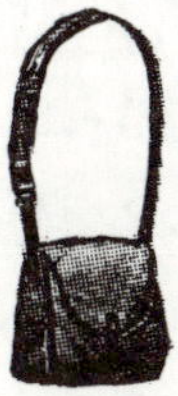

Bag.   — : كِيس . جِراب

Earthworms.   خَراطِين: دِيدان حُمْر

Wormlike;
lumbrical.   خَراطِينيّ: دُودِيّ

خَرُوف : حَمَل — Lamb; young sheep.

— : ذَكَرُ الغنم الكبير — Ram; male sheep.

— البَحْر : أُم زُبَيْدَة — Manatee.

خَرِيف : بين الصيف والشتاء — Autumn; fall.

خَريفي : مختص بفصل الخريف — Autumnal.

✲خَرْفَش الشيء : خَلَّطه — To shuffle; confuse.

△خَرْفُوشَة (في ورق اللعب) — Useless card; a discard.

✲خَرُقَ : حَمُقَ — To be foolish *or* stupid.

خَرَق . خَرَّقَ الثوبَ : مزّقه — To tear; rend.

— : فتحَ نافذةً — To make an opening.

△ — : خرمَ . ثقَبَ — To pierce; make a hole in.

— العادةَ : تجاوزها — To exceed; go beyond.

— . اختَرَقَ الشيءَ — To penetrate; pass, *or* pierce, through.

خُرْق : حماقة — Stupidity; awkwardness.

خَرْق : ثَقْب — Hole; opening.

وَسَّعَ الـ. — To ream a hole.

خِرْقَة : خَلَقَة — Rag; tatter; piece of cloth.

خِرَق : قِطَعُ الاقمشة البالية — Raggery.

جامِعُ الـ أو بائعها — Ragman.

خارِق : نافذ . ثاقب — Piercing; penetrating.

— الطَّبيعة — Supernatural; miraculous.

— العادة — Extraordinary; preternatural.

أَخْرَق : أحمق — Stupid; awkward.

إخْتِراق : نُفوذ — Penetration.

خاصيَّة الإختراق اي النفوذ : تداخُل — Penetrability.

✲خَرَمَ . خَرَّمَ : ثَقَبَ — To pierce; perforate; bore; make a hole in.

△خَرَّمَ ٢ : اختزنَ الطريقَ — To take a short-cut.

△ — حِسابُهُ : أخطأ — To miscalculate.

إخْتَرَمَ : أهلك — To destroy; extirpate.

خَرْم . تخْرِيم : ثَقْب — Piercing; perforation; boring.

خُرْم : ثَقْب — Hole.

— الابْرَة — Eye, *or* hole, of a needle.

خَرْمان : أبُو منْقار — Garfish.

△خَرمَنْجي : مُوَلِّف التَّبْغ — Tobacco blender.

△خَرَمَة نعل الحذاء — Channel of a shoe.

خَرَّامة : مِثْقب — Perforator *or* drill.

△تخريمة : طريق مُستعجلة — Short-cut.

مُخَرَّم : مُثقَّب — In holes; perforated.

✲خِرْنِق : أرنب صغير — Leveret; young hare.

✲خَرْنُوب : خَرُّوب (راجع خرب) — Carob; locust-beans.

✲خرّوب (في خرب) ✲ خَروع (في خرع)

✲ خَروف (في خرف) ✲ خَريدة (في خرد)

✲ خَريطة (في خرط) ✲ خَريف (في خرف)

✲ خَزّ (في خزز) — Tissue of silk and wool.

✲خَزَرَ : نظرَ بمؤخَّرِ عينه — To leer; look askance.

بَحْرُ الخزر : بحر قزوين — The Caspian Sea.

خَيْزُران : قَصَب هندي — Bamboo, rattan, or cane.

خيزرانة : عصاً من الخيزران — Cane; rattan.

(خزز) خَزَّ . إخْتَزَّ : △غزَّ . شكَّ — To prick.

خَزّ : نَسِيج من صُوف وحَرير — Tissue of silk and wool.

✲خُزَعْبِل . خُزَعْبِلَة . خَزَعْبَل — Fable; legend; fairy tale.

خزَعْبَلي — Fabulous; fictitious.

✲خَزَف : فخّار صِيني — Porcelain; china.

— : △فرفوري — Egg-shell porcelain.

خَزَفي : من الخزف — Porcelain; porcellaneous.

آنية خزفيَّة — China-ware; porcelain-ware.

خَزَّاف : △تُمَرْسي : بائع الاواني الخزفية — China-shop keeper.

— . خَزَفيّ ٢ : صانِع الأواني الخزفية — Potter.

To pierce into; transfix. ✽خَزَقَ الشيَ. في الشيء
To tear; rend. △ — △خزّقَ: مزَّق
To impale; put to death by spitting on a stake. خَوْزَقَ: قتل على الخازوق
To drive into a corner; [put in a fix.] △ — : ورّطَ
Rent; tear. △خزْق: مَزْق
Point of arrow, pile, staff, etc. خازِقٌ: سِنانُ الرُمْحِ وأمثاله
Impaling stake. خازوق: آلة اعدام قديمة
Pile; piling. — : عَمود محدد الرأس
Torn; rent. △مُخزَّق: مُمَزَّق
To cut off; curtail. ✽خزَلَ: قطعَ
To abridge; shorten. إختزَلَ الكلام: اخْتَصَره
To reduce a fraction. — الكَسْرَ: حطّهُ
To be opinionated. — برأيه: انفرَدَ
Abridgment; shortening. إختِزال: إختِصار
Shorthand; stenography. — . كِتابةُ الإختِزال
Stenographer; short-hand clerk. كاتِب — .
Stenographic. اختِزالي (في الكتابة)
To put a ring in, *or* on, the nose. ✽خزَمَ الأنْفَ
To pass a seton through the skin. — المريضَ
To thread; string. — : نَظمَ △لضَم
Nose-ring; nose-ornament. خِزامُ الأنْف

Seton. — : خلال (في الطب القديم)
Hyacinth. خُزام: سنبل بَرّيّ
Mignonette; reseda. — : بَليْخة
← Lavender. خُزامى: ○ لوَنْدَه
Garden mignonette. — : تمْرحِنّا افرنكية
To hoard; store; stock. ✽خزَنَ. خزّنَ. اختزنَ: ادّخرَ
To store; deposit in a warehouse. — . — : وَضعَ في مخزَن
To take a short-cut. — . اختزنَ ٢ الطريقَ: اختصرَه
To keep a secret. — السرَّ: كتَمَهُ
To shunt a train. خزّنَ ٢ القِطار الحديدي

Storing; warehousing. خَزْن. تَخزين: حِفْظ في مَخْزَن
Hoarding. — . — : اخفاء وادّخار

Storage. أُجرة الـ — أو التخزين
Cupboard. خَزْنَة. خِزانَة
Wardrobe. — . — الثياب
Book-case. — . — الكُتُب

← Safe; coffer. — . — حديد
Treasure. خَزينة: كَنْز
Treasury. — : بيْت المال
Reservoir; dam. خزّان المياه: حِبْس
Water-tank. — : صِهْريج. حَوْض
Treasurer. خازِن △خزنْدار: امين بيت المال
Nuthatch. — البُندُق: اسم طائر
Store-keeper. △مَخْزَنْجي: امين المخزن
Store; store-house; depot. مَخْزَن: مَوْضع الخَزْن
Shop; warehouse. — : مستَوْدَع بضائع. دكّان
Storage; cost of warehousing. △مخزنجيّة: أُجرة الخزن
Short-cut. مخازِنُ الطَّريق: طريق قصيرة △تخريمة
To be disgraced. ✽خَزِيَ: ذلّ وهانَ
To be abashed; confused. — : استَحْيا
To abash; confuse; confound. خَزّى. أخْزَى: اخجَلَ
To disgrace; put to shame. — . — : فضَحَ
Shame; disgrace; dishonour. خِزْي: عار
Bashfulness; confusion. — : خجل
Abashed; confused. خَزْيان. مَخْزيّ
The evil, *or* wicked, one. المخزي: الشَّيْطان
Shameful; disgraceful. مُخْزٍ: مُخْجِل
To decrease; *etc.* ✽خسّ (في خسس)
Fie!; for shame! ✽خسْئاً لك △إخس عليك
Indisposition. △خَسْتكة: توعّك المزاج
Indisposed; not well. مُخَسْتك: مَوْعوك

★خَسِرَ : ضَلَّ — To lose *one's* way; go astray.

— : ضِدّ رَبِحَ (وبمعنى فَقَدَ وأضاعَ) — To lose.

— : تَلِفَ — To deteriorate; get spoilt.

— : هَلَكَ — To perish; fall off.

— حقاً أو مالاً : أَضاعَهُ — To forfeit.

خَسَّرَ . أَخْسَرَ : جعله يخسر — To cause a loss to.

— : أَتْلَفَ — To spoil; damage; destroy.

إِسْتَخْسَرَ فيه الشيءَ — To begrudge; envy the possession of.

خُسْر . خَسَارة . خُسْرَان : ضِدّ رِبْح — Loss.

— . — . — : تَلَفٌ أو ضَرَر — Damage; loss.

— . — . — : هَلَاك — Perdition; loss.

△ خُسْرَوان . سَرْج خُسْرَوان

Side-saddle.

خَاسِر △ خَسْرَان : ضِدّ رابح — Loser.

مُخْسِرٌ : يعبث بالمَصْلَحة — Disadvantageous; detrimental.

★خَسَّسَ . خَسَّ : نَقَصَ — To diminish; reduce; decrease.

خَسَّ ² : نَقَصَ — To decrease: grow *or* become less.

— : رَذُلَ — To be mean *or* vile.

خَسٌّ : بَقْلة مَعْرُوفة — Lettuce.

خِسَّة . خَسَاسة : دَنَاءة — Meanness; vileness.

خَسِيس : سَافِل . دَنِيء — Mean; vile; base.

★خَسَفَ . انْخَسَفَ : غارَ . هبطَ — To collapse; give way; sink down.

— . — القَمَرُ — To be eclipsed.

— الأرضَ — To cause the earth to sink.

خَسْف : ذُلّ — Humiliation.

خُسُوف القَمَر : احْتِجَابُه — Lunar eclipse.

— الكواكب — Occultation of the stars.

★خشّ (في خشش) — To enter.

★خَشُبَ △ تَخَشَّبَ . اخْشَوْشَبَ — To lignify; become wood.

△ — : حَوَّلَ الى خَشَب — To lignify; convert into wood.

تَخَشَّبَ ² : تَيَبَّسَ — To stiffen; become rigid.

خَشَب : ما تَشُقُّه من الشجرِ (عموماً) — Wood.

— ابيض — Deal; deal-wood.

— البناءِ (او الخام) — Timber; timber-wood.

— (في علم النبات) — Lignum.

خَشَبِيّ . من الخشبِ — Wooden.

— . كالخشبِ — Woody; ligneous.

خَشَبِيَّة : ◦زِلُفُون

Xylophone.

خَشَبَة : قطعة خَشَبٍ — Piece of wood *or* timber.

— نَقْل المَوْتَى : نَعْش — Bier.

خَشَبِين : المادَّة الخَشَبِيَّة في النبات — Lignine.

خَشَّاب : بائع الخشب — Wood, *or* timber, merchant.

خَشِيب : غير مَصْقول — Rough; unpolished.

تَخَشُّب : تَيَبُّس — Stiffening; rigidity.

— رُمِّي (الموتى) : نُزُوز — Rigor mortis.

△ تَخْشِيبة : نَجِيرة . مَظَلَّة خَشَبِيَّة — Wooden shed.

— : سِجْن مُوَقَّت — Lock-up; temporary prison.

مُتَخَشِّب : متيبِّس . جَاسِئ — Stiff; rigid; hard.

△ خُشْت : عصاً مدبَّبة الرأسِ . مِخْزَق — Sword-stick.

△ خُشْتَاشَة : وَصِيفَة — Lady's maid.

★خَشْخَشَ : صَلَّ . حَفْحَفَ — To clink; tinkle.

— : قَعْقَعَ . جَلْجَلَ — To rattle; clatter.

— الثَّوْبُ الجديدُ : حَفَّ — To rustle.

خَشْخَشَة : △ شَخْشَخَة — Clink; chink.

— : حَفِيف — Rustle.

خَشْخَاش : △ أَبُو النَّوْم — Poppy.

خَشْخَاشَة : لَحْد — Vault; charnel-vault.

خَشْخِيشَة : △ شُخْشيخة . لُعْبَة — Bauble; rattle.

△ خَشْخَنَ الماسَ وغيره — To facet; cut a facet upon, or cover with facets.

— السِّلاحَ الناريَّ — To rifle a gun-barrel; (make spiral grooves in it.)

— العَمُودَ (في المِعْمار) — To flute; form grooves on.

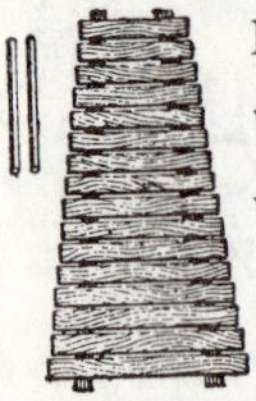

خُشْخَان : △تقْوِير (في المِعمار) Channel; flute.

— السلاح الناريّ Rifling.

— الأحجار الكريمة Faceting.

مُخَشْخَن Faceted, fluted, *or* rifled.

(خشش) خشّ : دخَل To enter; go, *or* come, in.

خِشاش : هوامّ الأرض Vermins.

✿خشَعَ : خضَع To submit; yield; be submissive.

— ببصرِه : غضّه To cast down one's eyes.

تخشّعَ : أظهرَ الخشوع To show reverence *or* solemnity.

— : أظهر الخضوع To show submission; humble oneself.

خُشُوع : احترام Solemnity; reverence.

— : خضوع Submissiveness.

✿خشِفَ الماء : جمد To congeal; freeze.

خشَفَ : دلّ على الطريق To lead the way.

خَشْف . خَشِيف : ثلج خشن . جمد رخو Snow.

خُشْف : ولد الظبي ← Fawn.

خُشّاف ع : خُطّاف جبلي (انظر خطاف) Swift.

— الليل ع : خُفّاش (انظر وطواط) Bat.

خَشُوف : مُتحرّش △حِشَريّ Meddler.

△خشكريشة : غثيثة القرحة Slough.

✿خشَمَ : أسكرَ To intoxicate; inebriate.

خيشوم △خشم : أنف Nose.

— السمك △خشوش ← Gills.

✿خشُن : ضدّ نعم To be coarse.

— : ضدّ مَلُس To be rough.

خشّنَ : صيّره خشناً To roughen; make rough *or* coarse.

إخشوشنَ . تخشّنَ To lead a rough life.

خَشِن : ضدّ ناعم او دقيق Coarse; not fine.

— : ضد مَلِس Rough; not smooth; uneaven.

— : جافّ Harsh; rough.

— الأخلاق Rude; rough; coarse.

خُشُونة . خشانة Roughness; coarseness.

✿خشِيَ : خاف To fear; apprehend; dread.

— عليه To fear for.

△اختشى : خجل To feel ashamed; blush.

خشيّ △مُختشٍ Diffident; bashful; shy.

△خشو △اختشاء Diffidence; shyness.

خَشْيَة : خشي : خوف Apprehension; fear.

خشية أن : لئلا Lest; for fear that.

خاشٍ . خشيان : خائف Afraid; fearful; timid.

✿خصّ ✿ خصاص (في خصص) ✿ خِصام (في خصم)

✿خصِبَ . أخصبَ : كان خصباً To be fertile.

△خصّبَ . أخصبَ ٢ : صيّره خصباً To fertilise.

خِصْب : كثرة الإنتاج Fertility; fruitfulness.

— : رخاء . كثرة الخير Abundance; plenty.

قرن الــ Cornucopia; horn of ← plenty.

خصِب . خصيب . مُخصب Fertile; prolific; fruitful; fat.

الهلال الخصيب (العراق وسورية ولبنان وغيرها) The Fertile Crescent.

✿خَصْر : وسط Waist.

— العقد (في المعمار) Springer.

خاصرة : جنب Side; flank.

خاصرَ المرأة في الرقص To pass the arm round *another's* waist.

إختصرَ : أوجزَ To shorten; abbreviate; abridge; epitomise.

إختصار : إيجاز Abbreviation: shortening; epitomising.

بالاختصار : قصارى الكلام In short; to sum up; in a word.

— : بلا تطويل Briefly.

مِخصَرة : عصا قصيرة كعصا السّاحر — Wand.

مُخصَّرة : دقيقة الخصر — Wasp-waisted.

مُختَصَر : مُوْجَز — Abridged; abbreviated; epitomised; shortened.

— : وجيز — Short; brief.

— : خلاصة — An epitome; a summary.

— : مُفِيد — Concise; laconic; succinct.

٭ خَصَّص : ضِدّ عمَّم — To specify; particularize.

— : عيّن لغرضٍ خاصّ — To specialise.

— : أفرَدَ — To designate; set apart.

خَصَّ . اختَصَّ فلاناً بكذا — To distinguish; mark; single out.

— . — به : تعلَّق — To belong, *or* appertain, to.

— . — به : كان من اختصاصِه — To concern; regard.

ـه كذا : حصّة — To be one's share *or* part.

تَخَصَّصَ . اختص ٢ بكذا : انفرد — To be special, *or* particular, for.

— بفرعٍ من العِلم (مثلاً) — To specialise in.

خُصّ : △عُشّة — Hut; booth; shack; shanty.

خَصَاص : شقّ — Interstice; crevice.

خُصُوص : صدد — Respect; regard.

من — (وبخصوص) كذا — About; concerning; respecting; with respect to; in respect of; regarding; as regards; in regard to.

من هذا الخصوص — In that regard or respect.

خُصُوصاً . على الخصوص — Especially; particularly.

خُصُوصِيّ . خاصّ : ضِدّ عمومي — Special; particular.

— . — : شخصيّ — Private; personal.

خاصّ ٢ : نوعيّ — Specific; characteristic.

△عيش — : ضدّ جراية — Fine white bread.

خاصّة : صِفة خصوصيّة — Property; attribute.

— : صِفة مميّزة — Peculiarity; characteristic.

خواصّ : خلاصة — Essence; concentrated extract.

خصائص (فوائد) طبّيّة — Medicinal virtues.

خاصّةً . خصوصاً : بنوعٍ أخصّ — Specially; particularly; in particular.

الخاصّة : ضدّ العامّة من الناس — The upper class; aristocrats.

اختِصاص : دائرة النفوذ والسُلطة — Jurisdiction.

— المحكمة او القاضي — Judicature.

عدم — المحكمة — Incompetence.

الدَّفْع بعدم الـ. — Plea, *or* defense, in abatement.

اختِصاصيّ . إخْصائيّ — Specialist.

تخصيص : ضدّ تعميم — Specification; designation.

— : تعيين لغرضٍ مخصوص — Specialising.

مَخْصُوص : خُصُوصيّ — Special; particular.

△ — : عمْداً — On purpose; purposely.

قِطار — . — Special train.

مُتخصِّص في كذا — Specialised in.

٭ خُصْلة : حُزْمة صغيرة — Tuft; knot.

— : لُمّة . عُنقود — Cluster; bunch.

— شَعْر — Lock, tuft or ringlet of hair.

خَصلة : خَلّة — Habit; practice.

٭ خَصَمَ : تغلّب على — To overcome; defeat.

△ — : أسقط . طرح — To deduct; subtract.

△ — من الثمن : حطّ — To discount; allow a discount.

△ — كمبيالة (سفتجة) — To discount a bill.

خاصَمَ . اختَصَمَ . تخاصَمَ — To dispute; fall out; quarrel.

خَصْم . خَصِيم . مُخاصِم : غريم — Adversary; antagonist; opponent.

— . — : احد الفريقين المتقاضيين — Litigant.

— . — : مُزاحِم . غريم — Rival; competitor.

△ — : إسقاط . حطّ — Deduction; reduction.

△ — من الثمن : سماح — Discount; rebate.

△ — الكمبيالات : قطع — Discounting.

خِصام . خُصُومة : نِزاع — Dispute; quarrel; controversy.

— . — : مُشاحنة — Contention; altercation.

— . — : مُقاضاة — Litigation.

☆خَضَّضَ : زَرْكَش بالتِرْتِر وغيره — To bespangle.

△خَضَّ : خَضْخَضَ . رَجَّ — To jolt.

△— : أفْزَعَ — To scare; shock; frighten.

△— اللبنَ : مَخَضَهُ — To churn milk.

△— الزجاجةَ : رَجَّ ما فيها — To shake a bottle.

△خَضٌّ : خَضْخَضَة — Jolting; violent shaking.

△لَبَنُ الخَضّ : مَخِيض — Butter-milk.

△خَضَّة : فَزْعَة — Shock; fright.

خَضَّاضَة : مِلْحُ النُّشادِر وخَلٌّ عِطْرِيّ — Smelling salts.

☆خَضَعَ : اذْعَنَ وانقادَ — To submit; surrender; yield; give way.

خَضَّعَ . أَخْضَعَ — To subjugate; vanquish; subdue.

خُضُوع : إِذْعان — Submission; yielding; obedience.

نُقْطَة الـ — : نِهاية حَدّ المُرُونَة — Yield point.

خاضِع . خَضُوع : مُذْعِن — Submissive; yielding; obedient.

— لِكذا : تحت حُكْم كذا — Subject to; under.

— للقانون — Law-abiding.

إِخْضاع — Subjugation; vanquishing.

☆خَضَّلَ . أَخْضَلَ : بَلَّلَ — To moisten; wet slightly; bedew.

☆خِضَمّ : بَحْر عظيم — Great sea.

☆خَطّ (في خطط) ☆ خطا (في خطو)

☆خَطَّأَ : غَلَّطَ — To find fault with; condemn.

خَطِئَ . أَخْطَأَ(١) : ضِدّ أصاب — To mistake; err; be at fault.

— . — : غَلِطَ — To make, *or* commit, a mistake.

— . — : أَذْنَبَ — To sin; commit a sin.

أَخْطأَ(٢) بين الشيئين — To mistake, *or* take, one thing for another.

— التقدير أو الحِساب — To miscalculate.

— الغَرَضَ — To miss; fail to hit.

— الفَهْمَ — To misunderstand; misapprehend.

— في الاستنتاج — To misinfer.

— في النقل (أي الترجمة) — To misinterpret; mistranslate.

— في التهجئة — To misspell.

— في اللفظ — To mispronounce.

— في التسمية — To misname; miscall.

☆خَصَى : △طَوَّشَ — To castrate; geld; emasculate.

— الحيوانَ — To spay; castrate; alter.

خِصاء : △تَطْوِيش — Castration; emasculation.

خَصِيّ : △طَواشي △أغا — Eunuch; spado; aga.

— . مَخْصِيّ (للحيوان عموماً) — Castrated; gelded.

خُصْيَة الذَّكَر : بَيْضَة — Testicle; stone.

التهاب الخصية — Orchitis.

☆خَضّ (في خضض) ☆ خضار (في خضر)

☆خَضَبَ . خَضَّبَ : صَبَغَ — To dye; imbue; tinge deeply.

خِضاب : ما يُخضَبُ به — Dye; colour; paint.

☆خَضْخَضَ : هَزَّ وحَرَّكَ — To jolt; shake with sudden jerks.

خَضْخَضَة : هَزّ . اهْتِزاز — Jolting; violent shaking.

☆خَضَدَ : كَسَرَ — To break.

☆خَضِرَ . إِخْضَرَّ — To be, *or* become, green *or* verdant.

خَضَّرَهُ : صَيَّرَه اخْضَرَ اللون — To make green.

△— الأرضَ : زَرَعَها — To sow; plant.

خَضِر . أَخْضَرُ اللَّوْن — Green; verdant.

خُضْرَة △خُضار : لَوْنُ الأخضر — Greenness; verdure.

خَضار(٢) △خُضار (خَضْراوات) — Vegetables; greens.

— الطَّبْخ (كالبقدونس والشَّبَت) — Pot-herbs.

خَضَّار △خُضَرِيّ : بَيَّاع الخُضار — Greengrocer.

خُضارِيّ : بَطّ بَرِّيّ — Wild-duck.

خُضَيْرِيّ . أَخْضَر : اسمُ طائر — ← Greenfinch.

بَطّ — . — ← Mallard.

أَخْضَر(٢) : بلونِ الزَّرْع (وبمعنى غير ناضج) — Green.

— زَيْتِيّ — Oil green.

— حَشِيشِيّ — Sap green.

مَخْضَرَة : مَكان خَضِر — Meadow; sod.

Mistake; error; fault. خطأ . خطاء : غلط
Wrong; incorrect. — . — : غير صحيح
Mispronunciation. — لفظي
Misprint; printer's error. — مطبعي
By mistake; wrongly. خطأً . بالخطاء
Position. حلّ الخطأين (علم الحساب)
Sin; crime; wrong. خطيئة . خطيّة : إثم
Venial sin. — عرضيّة
Mortal, *or* deadly, sin. — مميتة
Sinner; offender; transgressor. خاطئ : مذنب
Mistaken; wrong; at fault. — . مخطئ : غالط
To lecture; give a lecture; deliver a speech. *خطب : ألقى خطبة
To engage; betroth. — الفتاة : عقد خطبته عليها
To propose to; woo; ask *her* hand. — الفتاة : طلب الاقتران بها
To make friends with *him*; seek *his* favour. — ودّه
To address; speak to; talk with. خاطب . تخاطب مع
To write to. — : كتب اليه
To speak to one another. تخاطبا : تحادثا
To write to one another. — : تكاتبا
Calamity; misfortune; mishap. خَطْب : أمر مكروه
What is your trouble? ما خطبك ؟
Speech; address; discourse. خُطبة . خِطابة : كلام الخطيب
Sermon. — — دينيّة : موعظة
Lecture. — — علميّة
Rhetoric; oratory. فنّ الخطابة
Oratorical; oratorial. خِطابيّ
Engagement; betrothal. خِطبة △ خطوبة
Letter; message; epistle; favour. خِطاب : رسالة
Letter of credit. — اعتماد
Letter of recommendation. — توصية
The speech from the throne. — العرش
Final decision. فصل الخطاب

Speaker; lecturer. خطيب : مُلقي الخطبة
Orator; public speaker. — مُحترِف
Suitor; wooer. △ — . خاطِب : طالب الزواج
Betrothed; *fiancé*. △ — . — : المرتبط للتزوّج
Betrothed; *fiancée*. خطيبة △ خطيبة . مخطوبة
Matchmaker. خاطِب او خاطبة : وسيط الزواج
Second person. مخاطَب : (في النحو) الشخص الثاني
Spoken to. — : الموجّه اليه الكلام
To swing; oscillate. *خطر : تذبذب . ترجّح
To brandish; flourish. — بسيفه (مثلاً) : هزّه ولوّح به معجباً
To swing the body; prance; strut. △ تمخطر : تبختر
To occur to; strike; flash on the mind. — الأمر له : سنح
To recollect. — الأمر على وفي وبـ باله
Unthought of. لم يخطر بالبال
To be grave, serious, important *or* weighty. خطُر : كان خطيراً
To bet; wager. خاطر : راهن
To risk; run a risk; stake. △ — : جازف
To endanger; imperil. — بكذا : عرّضه للخطر
To advise; notify. أخطر : أعلم ونبّه
To make a bet on. تخاطروا على كذا : تراهنوا
Stake; bet; wager. خَطَر : ما يُراهن عليه
Danger; peril. — : إشراف على تهلكة
Risk; hazard. △ — : مجازفة
Imminent, *or* impending, danger. — محدق
A menace to health. — على الصحّة
To endanger; jeopardize. اوقع في —
Dangerous; risky; perilous; unsafe; insecure. خطِر : مُخطِر

Swinging; oscillation; vibration. خطران △ تخطّر : تذبذب
←Pendulum. خطّار الساعة : ○ بندول
Seriousness; weight; importance. خطورة : أهمّية

خَطِير : هامّ — Serious; grave; momentous; of importance; weighty.
خاطِر : فِكْر — Notion; idea; conception.
△ — : هَوَى . مَيْل — Pleasure; wish; desire.
△ — : كُرْمَة . كُرْمان — Sake; regard.
سَرِيع الــ. — Quick-witted.
لأجْل خاطِري — For my sake.
راعَى خاطِرَهُ — To favour; treat indulgently.
△ كَسَرَ خاطِرَه : أغَمَّه — To disoblige; deject.
تَبادُل الخَواطِر — Telepathy.
تَوارُد الخَواطِر — Accidental plagiarism.
عن طِيبِ خاطِر — Willingly; of *one's* own accord; with a good grace.
△ أخَذَ على خاطِرِهُ : تَكَدَّرَ — To take offence.
△ أخَذَ بخاطِرِه : عَزّاهُ — To console; comfort.
خاطِرِكُم : في حِفْظِ الله — Good-bye!
إخْطار : إنذار — Advice; notification; intimation.
مُخْطِر : خَطِر — Dangerous; perilous; risky; hazardous.
مُخاطِر : مُراهِن — Better; bettor.
△ — : مُجازِف — Venturesome; venturous.
△ خَطْرَفَ المريضُ : هَذَى — To rave; be delirious.
خَطْرَفَة : هَذَيان — Raving; delirium.
٭ خَطَّطَ : سَطَّرَ — To rule; draw lines.
— الأرْضَ : مَسَحَها . قاسَها — To survey land.
— الارضَ بالمحراثِ : خَدَّها — To ridge; furrow.
— القماشَ وغيره : △ قَلَّمَه — To stripe; streak.
— الحَواجِبَ : زَجَّجَها — To pencil the eyebrows.
خَطَّ : كَتَبَ — To write; pen.
— على : رَسَمَ عليه خطاً — To draw a line upon.
— تحت الجملة خطاً (لإظهارِ اهميتها) — To underline.
—. اخْتَطَّ خُطَّةً : رَسَمَها — To plan; lay plans for; project.
—. — الشارِبُ : طَلَعَ — To grow; develop.
خَطّ : سَطْر — Line.
— (بلونٍ مُختلِف) : سَيْح △ قَلَم — Stripe; streak.
— : كِتابة — Writing; handwriting.
—. عِلْم الخطّ — Caligraphy; calligraphy.

— : أُخدود . تَلَم — Ridge; furrow.
— (في الزراعة) — Drill.
— الاستواء (في الجغرافيا) — Equator.
— الطُول (» ») — Longitude.
— العَرْض (» ») — Latitude.
— الاعْتِدال (في الفَلَك) — Equinoctial.
— التنظيم (في الحربيّة والهندسة) — Alignment.
— العَوْم — Plimsoll mark; load-line.
— سِكّة الحَديد — Railway line.
— مُسْتَقِيم — Straight line.
في — مُسْتَقِيم : △ دُغْري — In a straight line; as the crow flies.
على — مُسْتَقِيم — Out and out.
ضِدُّهُ على — مُسْتَقِيم — Directly opposite to.
راية الخُطوط والنُجوم — The Stars and Stripes

خُطّ : حَيّ . قِسْم من بلدة — Quarter.
خَطَّة : شَرْطَة . فاصِلَة . وعلامتها هذه [–] — Dash.
خُطَّة : طَرِيقة — Course; plan; line of action.
خَطّاط : كاتِب — Calligraphist; penman.
مَخطوطة (ج مخطوطات) — Manuscript
تَخْطِيط الاراضي : مِساحَتُها — Land-surveying.
— البُلدان : جُغرافيا — Geography.
مُخَطَّط : مُزَيَّح △ مُقَلَّم — Striped.
— : في تَعرِيج — Streaked.
٭ خَطِفَ . إخْتَطَفَ — To snatch, take, *or* carry, away.
—. — : اسْتَلَبَ عَنْوَةً — To abduct.
—. — البصرَ : بَهَرَ — To dazzle the eyes.
—. — ولداً أو إنساناً — To kidnap; abduct.
—. — امرأةً : هَرَبَ بها — To run away with a woman.
خَطْف . اخْتِطاف — Snatching; abduction; kidnapping.

خَطّاف : كُلّاب — Hook.

— : خُطّاف : △ عُصْفُور الجَنّة — Swallow.
— جَبَليّ : عُوّار — Swift.
— البَحْر : خَرْشَنة (انظر خرشنة) — Tern.

★خَطِلَ. أَخْطَلَ في كَلامه:خَلَطَ	To talk nonsense.
—.—. تَخَطَّلَ:تَبَخْتَرَ	To prance; strut.
خَطَلٌ:△كَلام فارغ	Nonsense; idle talk; absurdity.
★خَطَمَ:كَمَّمَ	To muzzle.
— بالكلام:أَسْكَتَ	To silence; muzzle.
خَطْم.مَخْطِم:مقدم الفَم والأنّف	Muzzle; snout.
خِطْمِيّ.خِطْمِيَّة:نبات	Marsh-mallow.
خِطَام:عِنان	Halter; nose-band.
★خطّة (في خطط)	Plan; way; course.
★خَطْوَة:نَقْلَةُ الرِّجْل	Step; footstep; pace.
—:قياس طولي (٧٥ سنتيمتراً)	Pace.
خُطْوَة:فَسْحَة مّابَين القَدَمَيْن	Pace; stride.
خَطَا.اخْتَطَى:نَقَلَ رجله	To step; walk.
— نحو الأَمام:تقدّم	To step forward.
— خَطَوات قصيرة(مَثَلاً)	To take short steps.
تَخَطَّى:جَاوَزَ	To overstep; step beyond; exceed; transcend.
خَطِيَّة:خطيئة	Sin; crime; wrong; transgression.
خَفّ(في خفف)٥ خَفاء(في خفي)٥ خفّاش(في خفش)	
★خَفَتَ الصَّوْتُ:سَكَنَ	To be, or become, still or silent.
خَافِت:ضَعيف(صَوْت)	Faint; inaudible.
★خَفَرَ.خَمَرَ:حَرَسَ	To guard; watch.
خَفِرَ.تَخَفَّرَ:اسْتَحَى	To be shy or bashful.
خَفَر:حَيَاء	Bashfulness; prudery; modesty.
خَفِر:حَيّ	Bashful; coy; shy.
خِفَارَة:حِرَاسَة	Guard; watch.
خَفِير:حَارِس.نَاطُورْس	Guard; watchman.
٥خَفْرَع:ملك مصري من العائلة الرابعة وباني ثاني أهرام الجيزة	Chephren; Khaoufrâ.

★خَفَسَ:هَدَمَ	To subvert; overthrow; overturn; ruin.
—:هَزَأَ به	To mock at; ridicule.
△—:خَسَفَ	To cause to collapse.
★خَفَشٌ:عَمى نَهاري	Day-blindness; nyctalopia.
خُفّاش:وَطْواط	Bat.
أَخْفَش:لا يَرَى في النَّهار	Day-blind; bat-blind.
★خَفَضَ:ضِدّ رَفَعَ	To lower; bring down.
—.خَفَّضَ:نَقَّصَ	To abate; reduce; decrease; lessen.
خفَض عَيْشُهُ:سَهُلَ	To live in ease.
إنْخَفَضَ.تَخَفَّضَ	To be lowered, reduced or decreased.
خَفْض.تَخْفِيض:ضِدّ رَفْع	Lowering.
—:العَيْش:سُهُولَته	Ease; comfort.
في — من العَيْش	Well off; well-to-do.
مُنْخَفِض:ضِدّ مُرْتَفِع.واطِئ	Low; depressed.
—:مَخْفُوض:ضِدّ مَرْفُوع	Lowered.
أثمان مُخَفَّضَة	Reduced prices.
★خَفَّفَ:ضِدّ ثَقَّلَ	To lighten; reduce the weight of; reduce in weight.
—:سَكَّنَ	To ease; alleviate; soften.
—:عَدَّلَ	To moderate; temper.
—:لَطَّفَ	To lighten; mitigate.
— عن:أَرَاحَ	To relieve; release.
— العقوبة:ابدلها بأخفّ منها	To commute a penalty.
— كَثافة المزيج:أمْرَقَه	To dilute; thin.
△— الزرع:خَلَّلَه	To thin plants.
خَفّ:ضِدّ ثَقُلَ	To be, or become, light.
— الى:أَسْرَعَ	To hasten to.
إسْتَخَفّ بالامر:استهان	To slight; make light of; set little by; disdain.
— الشيء:ضِدّ استثقله	To find light.
—ه الفَرَحُ:أطْرَبَه	To be transported by joy.

خُفّ : حذاء قصير — Half-boots; slippers.

— الجمل والنعامة (انظر حافِر) — Padded foot; pad.

— الجمل : اسم شجرة مُزْهِرة — Camel's-foot.

رجع بخُفَّي حُنَين — To fail; be disappointed.

خِفّة : ضدّ ثِقل — Lightness; levity.

— طَيش — Levity; frivolity; fickleness.

— الحركة — Agility; nimbleness.

— الروح — Vivacity; liveliness; gayety.

— الطرب — Transportation.

— العقل — Thoughtlessness.

— اليد — Sleight-of-hand.

ألعاب — اليد — Jugglery; legerdemain.

خفيف : ضدّ ثقيل — Light; not heavy.

— : قليل الكثافة — Thin; rare.

— الحركة — Agile; brisk; nimble.

— الرِّجل — Light-footed; nimble-footed.

— الروح — Vivacious; lively; gay.

— العقل — Light-headed; thoughtless.

— اليد (في العمل) — Nimble-fingered; dexterous.

— اليد (في السَّرِقة) — Light-fingered.

دخّان — (مثلًا) — Mild tobacco.

شاي — (مثلًا) — Weak tea.

تخفيف : ضدّ تثقيل — Lightening.

— : تلطيف — Extenuation; alleviation.

— الضرائب — Reduction of taxes.

— العقوبة — Commutation of punishment.

— المزيج والعجين والزرع الخ — Thinning.

إستخفاف : استهانة — Disdain; contempt.

مُخفِّف : ضدّ مُثقِّل — Lightening; alleviating.

ظرف — الجريمة — Extenuating, *or* mitigatory, circumstance.

مُستخِفّ : مُستهين — Disdainful; scornful.

✿ خفقَ القلبُ — To beat; throb; palpitate.

— البرقُ — To flash.

△ — البيضَ وغيرَه : دافه — To beat; whip.

— : رفرف — To flicker; waver.

— . أخفقَ الطائرُ والعلَمُ — To flutter; wave.

— . — برأسه : تنوّدَ △ فقّس — To nod.

— . — النجمُ : غاب — To set.

أخفق ٢ : حبط — To fail; miscarry; be unsuccessful.

△ خفّق الحائطَ : طلاه بالخافقي — To stucco; plaster.

خفق وخفقان القلب — Beating; throbbing; palpitation.

△ خفّاق : △ هجّاص — A humbug.

خافِق : ضارب — Beating; throbbing; pulsating; palpitating.

الخافقان — The East and the West.

الخوافق — The cardinal points; the four quarters of the heavens.

الخافقات : الأعلام — Flags; banners.

△ خافقي : طلاء الحيطان — Stucco.

إخفاق : حُبوط — Failure; miscarriage.

△ مِخفقة البيض : مِخوض — ←Whisk.

(خفن) خُفّان : رَخفة — Pumice, —stone.

✿ خَفِيَ . اختفى : ضدّ ظهر — To disappear.

— . — : اختبأ — To hide; lie concealed.

— . — : كان مختبئًا — To be hidden *or* concealed.

خفى . أخفى . خفّى — To hide; conceal.

أخفى ٢ مجرمًا : تستّر عليه — To harbour, *or* shelter, an offender.

— المسروقات — To receive stolen goods.

تخفّى : تستّر — To conceal, *or* hide, oneself.

— : تنكّر — To disguise oneself; be disguised.

خفيّ . خافٍ : غير ظاهر — Hidden; concealed; unseen; latent.

— . — : غامض — Obscure; mysterious.

— . — : غير منظور — Occult; invisible.

— : سرّي . خُلسي — Furtive; secret; stealthy.

خافية : سِرّ — Secret; mystery.

الخوافي : مادون قوادم الجناح — Secondaries; coverts.

In secret; secretly; privately; in private. خُفْيَةً . في الخَفَاءِ
Furtively; stealthily. — : خُلْسَةً
To become clear. بَرِحَ الخَفاءُ : وضحَ الأمرُ
Concealment; hiding. إخفَاء : ضِدّ إظْهار
Disappearance. إختِفَاء : ضِدّ ظُهُور
Disguise. تَخَفٍّ . إستخفَاء : تَنَكُّر
Hid, — den; concealed. مَخْفٍ . مُختَفٍ : ضِدّ ظاهِر
Disguised; incognito. مُتَخَفٍّ : متنَكِّر
☆خَفير (في خفر) ☆خَفيف (في خفف) ☆خَلّ (في خلل)
☆خَلا ☆ خَلاء (في خلو) ☆ خُلاسي (في خلس)
☆خِلافة (في خلف) ☆ خِلال (في خلل)
To pounce; clutch; seize with the claws. ☆خَلَبَ : مَسَكَ بمِخْلَبٍ
To fascinate; captivate; charm. — العَقْلَ
To beguile; cheat; deceive. — . خالَبَ . اختَلَبَ : خدعَ
Lady-killer; beau; Don Juan. خِلْبُ نِساء
Illusory; deceptive; delusive; fallacious. خُلَّب : خدّاع
Taking; captivating; alluring; winning; lurid. خَلّاب . خالِب

Paw; claw. مِخْلَبُ الحيوان : ظُفْر

Talon; claw. — الطائر : بُرْثُن
Jaws of death. مَخالب الموت
To preoccupy. ☆خَلَجَ . خالَجَ . اختَلَجَ الفِكرَ
To entertain a doubt. خالجه ٢ شكٌ
To quiver; tremble; quake. اختلج ٢ : انتفض
To worry; harass; trouble. — الامرُ في الصدر
To twitch. —ت العينُ : رفّت
To shake; convulse. تخلّج : اضطرَب وتحرّكَ
Misgiving. خِلاج . خالِج . خالِجة : هاجِس
Misgivings; searchings of heart. خوالج : هواجس
Gulf; bay. خَلِيج : شَرْم من البحر

To loosen by shaking. ☆خَلْخَلَ : حرّكَ وقلْقلَ
Anklet; ankle ring خَلْخال . خَلْخَل : سِوارُ القدم
Ankle. △— الرِجْل : مُخَدَّم. المفْصل بين القدَم والساق
To remain, or last, for ever. ☆خَلَدَ : دامَ
To abide in, or remain at, a place. — . خَلَدَ . أخْلَدَ الى وبالمكانِ
To eternalise; perpetuate. خلّدَ ٢ . أخلدَ ٢ : أدامَ
To immortalise. — الذِكْر
To perpetuate the memory of. — ذِكْرَهُ
To reach a very old age. △— : عاشَ عُمْراً طويلاً
To incline, or lean, towards. أخْلَدَ ٣ الى
Mole-rat. خُلْد (جمعه مَناجِذ) : اسم حيوان

Mole. — اوروبي
Eternity; perpetuity. — . خُلود : دَوام
Immortality. — . — : عدَم الموْت
Land o' the Leal. جَنّةُ الخُلْد
Soul; mind; heart. خَلَدٌ : البالُ والقَلْبُ
Eternal; everlasting. — . خالِد : دائم
Immortal; deathless. خالِد ٢ : باقٍ . لا يَموت
The mountains. الخوالِد : الجِبالُ
The Canary Islands. الجزائر الخالدات
To steal; embezzle. ☆خَلَسَ . اختَلَسَ : سَلَبَ
To pilfer; filch. — . — شيئاً زهيداً
Opportunity; occasion. خُلْسَة : فرْصَة
By stealth; stealthily; surreptitiously. خُلْسَةً : خفْيَةً
Furtively; secretly. — : سِرّاً
Surreptitious; furtive. خُلسِيّ
Embezzlement; defalcation. إختِلاس
Malversation of public fund. — مال الحكومة
Mulatto. خِلاسِيّ : ابن أبوين اسْود وأبيض
Embezzler; defalcator. مُختَلِس : سالِب

*خَلَصَ : صَفَا To be clear, pure, or unmixed.
△ — : انتهى To be finished; be no more.
— . تخلَّصَ : نجا To escape; be saved or rescued.
— . — منه : انْمَتَقَ To get rid of.
خَلَّصَ : انقذَ ونجَّى To deliver; rescue; save.
— : حرَّرَ To clear; liberate; free.
— : صفَّى ونقَّى To clear; purify; refine.
△ — : أنهى To finish.
— حقًّا : جازَى To retaliate; repay.
— حقَّه بيدهِ To take the law into one's own hand.
△ — على البضائع : إستخلَصها To clear goods.
استخلَصَ ٢ : استنتج To educe; extract.
— : اختارَ To choose; select.
— الشيء : اخذ خلاصته To extract; draw out.
— الرجلَ : عدَّهُ مخلصاً To regard as sincere.
خالَصَ : صافى To act with reciprocal sincerity.
△ — △ تخالَصَ مع : تحاسبا To liquidate an account with.
خَلَاص : إنقاذ Rescuing; saving.
— : نجاة Rescue; deliverance.
— : افتِداء Salvation; redemption.
△ — الجنين : عذَب Placenta; after-birth.
△ — : انتهى الأمر It is all over; finished.
خُلَاصَة : زبدة Substance; essence; quintessence (of news, etc.)
— : مُلخَّص Extract; summary; abstract.
خلوص : صفاء Clearness; purity.
— : صراحة Sincerity; frankness.
— : فرجة بين جسمين مترابطين Clearance
خالِص : صافٍ . نقيّ Clear; pure; unmixed.
— : حرّ Free; at liberty.
— الأجرة Prepaid.
— أجرة البريد Postpaid.
— الطويّة Frank; sincere; open-hearted

إخلَاص : صراحة Frankness; sincerity.
بإخلَاص Frankly; sincerely; candidly.
مَخلَص Escape; way out.
مُخلِص : صادِق Sincere; honest; staunch; candid.
مُخلِّص : مُنجٍ Rescuer; deliverer; saviour; redeemer.
△ مخالصة : صكّ التخالص Acquittance.
مُستخلِصُ البضائع من الجمرك Clearing agent.
*خلَطَ . خلَّطَ : مزجَ To mix; commingle; mingle together.
— . — في الكلامِ To confuse; speak confusedly.
— . — ورق اللعب وغيره To shuffle.
خلَطَ ٢ المريضُ : أكل ما يضرّهُ To eat unsuitable food.
خالَطَ : عاشرَ To mix, or associate, with.
خُولِطَ في او إختلَطَ عقلهُ To run mad; be, or become, disordered in mind.
اختلَطَ ٢ : امتزَجَ To mingle; be mixed.
خَلْط : مزج Mixing; mingling; commingling.
خِلط . خليط : مزيج Mixture; combination.
— مِلط △ خلطه بلطه Pell-mell; promiscuously.
خليط ٢ (من أشياء متنافرة) A medley; miscellany.
أخلاطُ الجسدِ The humours of the body; cardinal humours.
— الناسِ The mob; the rabble.
إختِلاط : امتِزاج Mixing; mingling; commingling.
— : تشويش Confusion; disorder.
— العقل Insanity; mental confusion.
— . مُخالطَة : مُعاشرة Association; intercourse.
مُختلِط . مخلوط : ممزوج Mixed; mingled; commingled.
— . مُخلَّط : مُشوَّش Confused.

*خَلَعَ الرِداءَ والحِذاءَ : نَزَعَه — To take, slip, *or* put, off; doff.
— ثِيابَه : تعرّى — To undress; strip.
△— سِنًّا : اقْتَلَعَهُ — To extract; pull out.
— : عزَلَ — To depose; remove.
— عن العَرْش — To dethrone.
— المِفْصَل : مَلَخَ — To dislocate; put out of joint.
— عليه ثَوْباً — To bestow a robe upon.
— العِذارَ — To throw off restraint.
— القَلْبَ — To dismay; shock; terrify.
— ابنَهُ : تبرّأ منه — To disown; repudiate.
△—٠ خَلَّعَ : فَكَّكَ — To pull, *or* take, to pieces.
خَلُعَ : انقادَ لهواه — To lead a dissolute life.
تَخَلَّعَ : تفكّكَ — To be disjointed *or* dislocated.
— في الشرابِ — To drink heavily.
خَلْعُ الثيابِ : نَزْع — Taking off (clothes); undressing.
— : عَزْل — Deposition.
— المِفْصَل : مَلْخ — Dislocation.
خِلْعَة — Robe of honour.
خَلاعَة — Wantonness; profligacy; dissipation; dissoluteness.
خَليع : مُتهتِّك — Loose; profligate; rake; dissolute; libertine.
٠ مَخْلُوع : معزُول — Deposed.
مخلوع ٢ . مُخلّع — Dislocated; disjointed; out of joint
*خَلَفَ : أتى بعد — To succeed; follow; come after.
— : بقي او عاشَ بعد — To survive.
— : حلّ محلّ — To substitute; replace; take the place of.
— لهُ وعليهِ : عوَّضَ — To recompense.
— عن أصحابه : تأخّر — To remain behind.
خلّفَ الشيء : تركه وراءَهُ — To leave behind.
— : ترك إرثاً — To bequeath; leave.
— : ولد . انسَلَ — To bring forth young; teem.
△— ولداً : ولدهُ — To beget; bring forth.

خالَفَ : ضِدّ وافقَ — To contradict; disagree with.
— : بايَنَ — To be contrary, *or* opposed to; be inconsistent, *or* incongruous, with.
— : نقَضَ — To break; infringe.
— : عصَى — To disobey; violate.
— : تعدّى على — To transgress; trespass.
— ٠ إختلَفَ عن — To differ, *or* be different, from.
اختلَفَ ٢ الى المكانِ : تردّدَ — To frequent; resort to.
اختلفا ٢ . تخالفا : ضِدّ توافقا واتّفقا — To disagree.
أخلَفَ وعْدَه وبه — To break *one's* promise; go back on *one's* word.
— الظنّ — To disappoint.
— عليه : عوّضَ — To compensate; make amends for.
تخلّفَ : بقي متأخّراً — To remain behind.
— : عاشَ بعد موت غيره — To survive.
خَلَفٌ : ضِدّ سلَف — Successor.
— : ذُرّيّة — Descendants; offspring.
— : بدَل — Substitute.
خَلْف : ظَهْر — Back; hinder part; rear.
— : ضِدّ أمام . وراء — Behind; after.
الى —. — Backwards.
خَلْفيّ : ضد أمامي — Back; hind; hinder.
مِصباح او نُور — (في مركبة) — Tail-light.
خَلْفيّة الصورة : أرضيّتها — Background (of picture).
خِلْف : حلَمة الضرع — Nipple; mammilla.
خِلْفَة : رقعة — Patch.
△— النبات (كالقصب والبرسيم) — Second growth.
خِلاف . إختِلاف : فرْق — Difference; dissimilarity.
— ٠ — : ضِدّ وِفاق — Disagreement.
— ٠ — : تبايُن — Contradiction; incongruity.
بخلاف : عدا — Besides; apart from.
بخلاف ذلك . خِلافاً لذلك — Contrary to that.
عليه خِلاف — Disputed; contested.
وخِلافُهُ : وغير ذلك — And so on; and the like; *et cetera.*
خِلافة : عُقُوب . الإتيان بعد — Succession.
— : إمامة — Leadership; *Caliphate.*

Successor. خَلِيْف . خَلِيفَة : من يخلف غيره
Left over. مُخَلَّف : باقٍ . متروك
Contrary to; inconsistent, or incongruous with. مُخَالِف : مناقِض
Disobedient. — : عاصٍ
Different; unlike. — . مُخْتَلِف : مغاير
Diverse; of different kinds. مختلِف ٢ : مُتنوِّع
Different from. — عن
Disagreement. مُخَالَفَة : ضِدّ موافقة
Contradiction. — : مناقضة
Disobedience. — : عِصْيان
Transgression. — : تعدٍّ
Contravention. — : جُرْم أخفّ من « الجُنْحَة »
Camel saddle. مَخْلوفة : رَحْل البعير
To create; make; originate. *خَلَقَ : بَرَأ
To invent; devise; contrive. — . إِخْتَلَقَ : اسْتَنْبَطَ
To fabricate; invent a lie. اختلق ٢ كذباً
To be, *or* become, worn out. خَلُقَ الثَّوْبُ : بَلِيَ
To be fit for. — بكذا : كان جديراً به
To wear out. أَخْلَقَ الثوبَ : أبلاه
To affect, *or* adopt, the manners of another. تَخَلَّقَ بغيرِ خُلقِهِ
To lose *one's* temper. △— : غَضِبَ
Temper; disposition; nature. خُلُق : سَجِيّة وطَبْع
Passion; anger; temper. △— : غَضَب
To lose *one's* temper △طلع ـــه
In bad temper. △طالع ـــه
He worked off *his* spleen on her. △طلّع ـــه فيها
Ill-natured; ill-tempered. سيّئ الخلق
Morals; manners. أخلاق : آداب
Ethics. الفلسفة الاخلاقية
Petulant; peevish; testy; hot-tempered. △خُلُقيّ : شَكِس
Nature; constitution. خَلْق . خِلْقَة : فِطرة

Creation; making. — . — : إيجاد . بَرْء
Creatures; people. — : ناس
Countenance. خِلْقة ٢ : هَيْئة
Natural; constitutional. خِلْقيّ : طبيعي
Innate; inborn; congenital. — : فِطْرِيّ
Constitutional defect. عَيْب — .
Congenital disease. مَرَض — .
Worn out; ragged. خَلَق : بالٍ
Tatter; rag. خَلَقَة : خِرْقة بالية
Fripper. خُلقانيّ : بائع الملابس القديمة
Competent; fit; suitable. خَلِيق : جدير
Suited to; worthy of. — به
Creature; creation; universe. خَلِيقَة : ما خلقه الله
Nature. — : طَبِيعة
Antemundane. قبل الـ : قبل خَلْق العالَم
Creatures; created beings. خلائق . مخلوقات
Creator; maker. خالِق : بارِئ
Fictitious; false; not genuine. مُخْتَلَق : غير حقيقيّ
Inventor; contriver. مُخْتَلِق : مُخْتَرِع
Boiler. ○خِلقين : مِرْجَل
To acetify; turn acid. *خَلَّلَ : صار خَلّاً أو كالخَلّ
To pickle. — : كبَس بالخَلّ أو الملح . مقّر
To acidify; make acid. — العصيرَ : صيّره خَلّاً
To pick the teeth. — الاسنانَ
To thin plants. △خلّ الزرعَ : خفّفه
To make friends with. خالّ : صادق
To take (a woman) as mistress *or* concubine. خالَلَ امرأةً
To fall short of; be remiss. أخلّ بالامرِ : قصّر فيه
To disturb (break) peace. — بالأمن
To break a promise. — بالعهد وغيره
To permeate; pass through. تخلّل : نفذ
To intervene. — : وقع بين شيئين أو زمنين

To be unsound; defective. إِخْتَلَّ : وَهَنَ

To be disordered; be out of order. — النِظامُ : فَسَدَ

To be deranged, *or* disordered, in mind. — عَقْلُهُ

Vinegar. خَلٌّ : ما حَمُضَ من العَصِيرِ

Thinning. Δ — (في الزِراعَةِ) : تَخْفيف

Cruet-stand. إناء الـ والزَيْت : مِقْرَحَة

Acetate. ٥ خَلاَّة . خَلاَّت : مِلْح الحامِض الخَلِّيّ

Acetate of lead. — الرَصاص

Intimate friend. خِلٌّ : صَدِيق

Spit; pin; skewer. خِلاَل : سَفُّود Δ سِيخ

Seton. — : خِزَام (في الطِبّ القَدِيم)

Toothpick. — خِلالَة الأَسْنان

Interval; time between. — : مُدَّة مُتَوَسِّطَة

Meanwhile; meantime. في — ذلك

Defect; flaw; fault. خَلَلٌ : عَيْب

Gap; cleft; interstice. — : فُرْجَة

Disorder; confusion. — : تَشْوِيش

Mental disorder; insanity. — عَقْلِيّ

Intimacy; friendship. خُلَّة : صَدَاقَة

Attribute; characteristic; property; quality. خَلَّة (والجمعُ خِلال) : خاصِيَّة

Habit; practice. — : خَصْلَة

Toothpick plant; bishopweed. Δ خِلَّة : بَشَام

Toothpick seed; *ammi Visnaga*. بِذْر الـ

River mussel. أُمّ الخُلُول : حيوان بحري صدفيّ

Intimate, *or* bosom, friend. خَلِيل : صَدِيق

Mistress; sweetheart; concubine. خَلِيلَة

Breach of the peace. إِخْلال بالأَمْن

Breach of promise. — بالعَهْد

Defective; faulty; unsound; out of order. مُخْتَلّ : به خَلَل

Disordered; confused. — : مُشَوَّش

Deranged; insane; crack-brained; cracked; crazy. — العَقْل Δ مَخْلُول

Pickled. مُخَلَّل : مَكْبوس بالخَلّ أو المِلْح

Pickles. — : Δ طُرْشِي

Heather; ling. ٭خَلَنْج . خَلَنْجِيَّة : نَبات

Galangal; galingale. خَلَنْجان . خَوْلَنْجان : نَبات عِطْرِيّ

Emptiness; vacuity. ٭خُلُوّ : فَراغ (راجع خوي وفرغ)

Purchase (assignment) of lease; good-will. Δ — رِجْل

Devoid of; destitute of; free from. خُلُوًّا من : مُجَرَّد من

To be, *or* become, empty, or vacant. خَلاَ : فَرَغَ (راجع خوى)

To be free from; be devoid of. — عَن ومن كذا : تَجَرَّدَ

To disappoint; forsake. Δ — بِهِ : خَذَلَهُ

To leave in the lurch. Δ — بِهِ : هَجَرَهُ في ضِيقَتِهِ

To elapse; pass away. — الشَهْرُ : مَضَى

To be alone with. — . إِخْتَلَى به واليه ومعه

To leave. خَلَّى : تَرَكَ

To let off; release; let go. — سَبِيلَهُ

To vacate; evict. أَخْلَى المَكانَ

To empty. — المَكانَ والاناءَ : فَرَّغَهُ

To make, *or* give, room. — مَكاناً : وَسَّعَ

To let off; release; let go. — سَبِيلَه : خَلاَّهُ

To discharge; dismiss. Δ — طَرَفَهُ : عَزَلَهُ

To abandon; give up; relinquish; forgo. تَخَلَّى عَن : تَرَكَ

To desert; forsake. — عن : هَجَرَ

Excepting; save; with the exception of. خَلاَ . ماخَلاَ : سِوَى

Empty space. خَلاَءٌ : فَضاء

Country; open country. — : رِيف

Out of doors; in open air. في الـ : تحت السَماء

Water-closet; a privy. بَيْتُ الـ : مِرْحاض

Recess; secluded retreat. خَلْوَة : مَكانُ الاختِلاء

Bathing-box; bathing cabin. — الحَمَّام

Cell; hermitage. — المُتَعَبِّد

Box. — المَلْهَى (التِياتْرو) : Δ لُوج

— إختلاء : إنفراد — Privacy; seclusion.
على — : على انفراد — Privately; when alone.
خَلَوِيّ : رِيْفِي — Rural; rustic; country.
بَيْت خَلَوِيّ — Country house.
خالٍ : فارغ (راجع خوى) — Empty; vacant.
— : غير مشغول — Unoccupied.
— : حُرّ . غير مرتبط — Free; disengaged.
— من (عيبٍ أو دَيْنٍ الخ) — Free from.
— من كذا : مجرَّد منه — Devoid of; destitute of.
— من السكّان — Untenanted; unoccupied.
— من العمل — Unemployed; out of work.
— من الغرض — Disinterested.
— من العراقيل — Unembarrassed.
— من الموانع والمحظورات — Unencumbered.
مركز خالٍ — Vacancy; unoccupied situation.
عصور او أحقاب خالية — Prehistoric ages.
خَلِيّ : خالٍ — Empty; vacant; unoccupied.
— وخالي البال — Carefree; free from anxiety.
— البال (من الحبّ) — Fancy-free.
خَلِيَّةُ النَّحْل : قفير — Hive; beehive; apiary.
— : إحدى خلايا الجسم — Cell.
إخلاء : إخراج — Ejection; ejecting.
حُكْمٌ بالـ . (اخراج الساكن) — Ejectment.

(خلي) مِخْلاة الدابّة ← Nosebag; feed bag.
☆ خلّى (في خلو) ☆ خليج (في خلج)

△ خَلِيْدِش : زُرْزُور — Starling.
☆ خليل (في خلل) ☆ خليّة (في خلو)
☆ خَمْخَمَ : خنخن — To naza-lize.
△ — : خَمّ — To grow, *or* smell, musty.
☆ خِمار ☆ خمّارة (في خمر) ☆ خمّ (في خمم)
☆ خَمَدَ : سَكَنَ . هَدَأ — To abate; subside.
— ت النارُ : سكن لهبها — To die out; go out.
أخمد : أسكت — To still; quiet; silence.
— : أطفأ — To extinguish; put out.
— : قمع — To quell; suppress; restrain.

— أنفاسه — To strangle; throttle; kill.
— الصوت — To deaden a sound.
— الهمّة — To discourage; dispirit; damp.
خُمُود : سُكوت — Stillness; quietness; silence.
— : هُجُوع — Quiescence; lull.
خامِد : ساكِت — Still; quiet; silent.
☆ خَمَرَ . خَمَّرَ : سَتَرَ . حَجَبَ — To veil; cover.
— . — : جعله يختمر — To ferment; cause fermentation in.
— . — العجين — To leaven; raise dough.
— الجِعَة — To brew ale or beer.
△ خَمَّرَ المعدن — To anneal.
خامَرَ : أراب — To misgive; fill with doubt.
— ه شكّ — To suspect; entertain a doubt.
أخْمَرَ △ خَمَّرَ له : حقد — To harbour vindictive feelings against.
إختمر . تخمّر العجينُ وغيره — To ferment; rise.
— . — : لبس الخمار — To veil one's face.
تخامروا : تواطأوا — To conspire; collude; act collusively.
خَمْر . خَمْرة — Wine; liquor; strong drink.
لون خَمْرِي — Reddish brown; russet.
خُمار : صُداع الخمر — Hangover; after-effect of wine.
خِمار : قِناع — Veil.
خَمّار △ خمورجي — Publican; wine-shop keeper; wine merchant.
خَمّارة : محلّ بيع الخمر — Wine shop; bar; public-house.
خِمّير : سِكّير — Drunkard; tippler; sot.
خَمِير : ضد فطير — Leavened bread.
خَمِيرة — Leaven; yeast; ferment.
— السكّر او الكحول — Barm.
— العجين (الخبز) — Baker's yeast.
△ — : رأس مال — Stock; fund; nest-egg.
△ — البيرا — Brewer's yeast.
△ — العطّار : سورنجان — Meadow saffron.
مرض الخميرة (في النبات) — Smut.
وجهه يقطع الخميرة من البيت — His face sours milk.

Fermentation. إخْتِمار . تَخَمُّر . تَخْمِير

Leavening; raising. تَخْمِيرُ العَجِين

Brewing. — الخُمور

Fermented. مُخْتَمِر . مُخَمَّر

Raised; leavened. — △خامِر (للعَجِين)

To take the fifth part of. ✱خَمَسَ : أَخَذَ الخُمْس

To make pentagonal. خَمَّسَ الشَّيْءَ : جَعَلَه ذا خَمْسَة أركان

To quintuple. — العددَ : ضَرَبَه في خَمْسَة

Fifth "part." خُمْسُ (⅕)

Five. خَمْسَة (٥)

Five-fold. — أَضْعاف

Fifteen. — عَشَر (١٥)

Fifty. خَمْسُون (٥٠)

Pentecost. أَحَدُ الخَمسين

Khamsîn days. أيامُ الخَمسين

Hot southerly periodical wind. ريحُ الـ

Fivefold; quintuple. خُماسِيّ : مُؤلَّف من خَمسة

Pentadactyl. — الأَصابِع

Pentangular. — الزَّوايا

Pentagon. — الزَّوايا والأَضْلاع

Pentahedron. — السُّطوح

Pentapetalous. — البَتَلات (وَرَق الزَّهْرَة)

Pentaphyllous. — الوَرَقات

Thursday. خَمِيس : يَوْم الخَميس

Holy Thursday. — الصعود (عِيد مَسِيحِي)

Maundy Thursday. — العَهْد (عِيد مَسِيحِي)

Fifth. خامِس : بَعْدَ الرابِع

Fifteenth. — عَشَر : بعد الرابع عشر

Pentameter. مُخَمَّس : ذو خَمسة أركان (في العروض)

←Pentagon. — الأَضْلاع والزَّوايا

←Pentagram. النجمة المُخَمَّسَة

To scratch. ✱خَمَشَ : خَدَشَ

Scratch. خَمْش . خُماشَة : خَدْش

To be *or* become empty. ✱خَمِصَ البَطْنُ : فَرَغ

Empty-bellied; hungry. خَمِيصُ الحَشَى : جائِع

Hollow of the sole of the foot. أَخْمَصُ القَدَم

To limp; hobble; walk with a limp. ✱خَمَعَ : عَرَج

To be obscure; unknown to fame. ✱خَمَلَ ذِكْرُه

Nap. خَمْل . خَمْلَة : زِئْبَر △وَبَر

Villi (*sing.* Villus.) — (في النباتِ والتشريح)

Obscurity; humility. خُمول الذِّكْر

Indolence; sluggishness. △— : فتور وكَسَل

Obscure; unknown to fame; humble. خامِل الذِّكْر

Unsalable stock. △خَمّالي : بِضاعة مُزْجاة

Velvet. مُخْمَل : قَطِيفَة

To sweep. (خم) خَمَّ : كَنَسَ

To grow, *or* smell, musty. △— خَمْخَم

Hencoop; coop. خُمُّ الدَّجاج : △خُن

Lie-a-bed. △— نَوْم : نَؤوم

Mustiness; mouldiness. خَمَّة : رائحة الرُّطُوبَة والتَعَفُّن

Musty; mouldy; ill-smelling. خامّ . مُخِمّ

←Broom; besom. مِخَمَّة : مِكْنَسَة

To guess; conjecture; surmise. ✱خَمَّنَ

A guess; conjecture. تَخْمِين

✱خَمِيلة (في خمل) ✱ خَنّ (في خنن) ✱ خَنا (في خنى)

Collar. ✱خِناق (في خنق)

To be effeminate. ✱خَنِثَ . تَخَنَّثَ : أَنُثَ

Effeminate. خَنِث . مُخَنَّث : أَنِيث

Hermaphrodite. خُنْثَى : ذَكَر وأُنثى في واحِد

←Dagger; poniard. ✱خَنْجَر : مُدْيَة

To poniard; stab with a poniard. طَعَنَ بِـ

Nasturtium; water-cress; Indian cress. أَبو — : حُرْف (نَبات)

To speak through the nose; nasalise. خَنْخَنَ : تَكَلَّم من أنفه

To snort; snuffle. — ٥خَنْفَرَ

To trench; dig a ditch خَنْدَقَ الخَنْدَق : حَفَرَه

Trench; ditch. خَنْدَق : حُفْرَة مُسْتَطيلة

Pig; swine; hog. خِنْزير : حَيوان معروف

Boar. — : ذكَرُ الخِنْزير

Wild-boar. — بَرّي : هِلَّوْف (انظر هلف)

— الأَرْض : أبو أظلاف

Aard-vark.

— البَحْر : سَمك يُونس

Porpoise.

Pork. لَحْم الخِنْزير

Bacon. لَحْم الخِنْزير المُقدد

Sow. خِنْزيرَة : انْثى الخَنازير

Sinking frame. — البِئر

Scrofula; king's-evil. خُنَازيري : داء الخَنَازير

Stone axe. خَنْزَرَة : ٥كَاسُور

Fern. خِنْشَار : سَرْخَس

Sucking pig. (خنص) خِنَّوْص : ولدُ الخِنزير

Little finger; auricular finger; digitule. خِنْصَر : الاصبع الصُّغْرى

To cringe; fawn; stoop; yield. خَنَعَ : خَضَعَ وذَلَّ

Servility; cringing; servile obedience. خُنُوع : خضُوع وذلَّة

To nasalise; speak through the nose. خَنَّفَ : خَنْخَنَ . خَنَّ

Nasality; nasal twang. خَنَّفَ : خُنَّة

Snuffler. أَخْنَفُ : أَخَنّ

To snort; force air audibly through the nose. خَنْفَرَ : نَخَرَ

To snuffle; breathe hardly through the nose. — : خَنْخَنَ

Beetle; black beetle. خُنْفُس : الواحدة خُنْفُساء وخُنْفُسَة

Fig-eater. خُنْفُساء التِين

To strangle; choke; throttle. خَنَقَ : شَدَّ على حلقِهِ حتى يَموت

To suffocate; stifle; smother. — : حَبَس التنفُّس

To half-mast a flag; hang a flag at half-mast. — الرايةَ : نكَسَها

To be choked with tears. خَنَقَتُه العَبرات

To quarrel or dispute with. ٥خَانَقَ ٥تخَانَق مَع : تَشَاجَر

To be suffocated, stifled, strangled, or strangulated. إخْتَنَقَ . إنْخَنَق

To be asphyxiated. — بهَوَاءٍ فاسِد : أسِنَ

Suffocation. or asphyxiation. خَنْق : حَبْسُ التَنَفُّس

Diphtheria. خُنَاق ٥خَانوق : ٥دِفْتِريا

Pip. — او الطيور (وَبَاء يصيب الدجاج)

Cord for strangling. خِنَاق : ما يُخْنَق بِه

Collar. — : طَوقُ الثوب

To tread on the neck of. ضَيَّقَ الـ على

Oppression; tyranny. تَضْييق الـ

Row; quarrel; fight. ٥خِنَاقَة : عِرَاك

Wrist. ٥خُنقَة اليد : رُسْغ

Strangler; suffocator. خانِق : الذي يخنق

Aconite; wolfsbane. — الذِّئب : بِيش

Dogbane; dog's bane. — الكَلْب : نبات

Suffocation; smothering. إخْتِنَاق

Asphyxia. — دَمَوِي : أَسَن

Strangulation. — (في الطب) : إنْعِقاد وانْسِداد

Suffocated; stifled; strangled; smothered. مُخْتَنِق . مُحْنَوق

Strangulated hernia. فَتْق مُخْتَنِق

To nasalise; speak through the nose. (خنن) خَنَّ : ٥خَنَّفَ

Hencoop; coop. ٥خُنُّ الدجاج : قُنّ

Groin; iliac region. — الورك : أُرْبِية

خُنَّة . خَنِين : △ خَنـف — "Nasal" twang; nasal tone; nasality.

أَخَنّ : △ أَخْنَف — Snuffler; speaking through the nose.

✻خَنِيَ . خَنا . أَخْنَى : أَفحش في الكلام — To use foul *or* obscene language.

أَخْنَى ٢ عليه الدَّهْرُ — To go hard with.

خَنًى : كلام قبيح — Ribaldry; foul *or* obscene language.

✻خواء (في خوى) — Inanition.

✻خَواجا . خَواجَه : سَيِّد — Mister; Mr.,

✻خوان (في خون) — Table.

✻خُوجَة : مُعَلِّم — Schoolmaster; teacher.

— السَّفِينة : أَمِين حِساباتها — Purser.

✻خَوْخ : دُرّاقِن س — Peach.

— س : △ بَرْقوق — Plum.

— دمشْقي : بَرْقوق — Damson; damson plum.

△ خَوَّخَ الخشبُ والتمرُ — To rot; canker; be infected with dry-rot.

— النباتُ والتمرُ : شاخَ — To run to seed.

خَوْخَة السَّقف : △ مِنْوَر — Skylight.

— : باب صغير في باب كبير . خادِعَة — Wicket.

— القَنطرة : فتحة . عَيْن — Sluice.

✻خُوذَة : غِطاء رأس المحارِب — ⟵ Helmet.

✻خَوْر : خَليج صغير — Inlet; bight; creek.

خارَ البقرُ : صاحَ — To moo; low; bellow.

— عَزْمُه : فَشِلَ — To lose heart; quail.

— ت قُواه : ضَعُفَ — To languish; faint.

خُوار : صِياحُ البَقَرِ — Mooing; lowing; bellowing.

خَوار العَزْم — Faint-heartedness; spiritlessness.

— القُوى — Exhaustion; faintness.

خَوّار : خائِر العزم — Faint-hearted; spiritless.

○خُورُس : جَوْقة المرتّلين — Choir; chorus.

○خُورِيّ : كاهِن — Clergyman; parson; curate.

✻خوزق (في خزق) — To impale.

△ خَوَّشَ الثقبَ : جَهَى — To ream; widen the opening of (a hole).

△ خَوْشَق : وَرَق أَسْمَر اللون — Brown-paper.

✻خَوَّصَ : لَبَّسَ بقشرة معدنيَّة — To plate.

خاوَصَ بعينه : أَغمضها قليلاً وحدَّقَ — To peer; peep.

خُوص : وَرَق النَّخْل — Palm leaves; ⟵ fronds.

△ خُوصَة : حِلْيَة مِعْمارية — Fillet.

أَخْوَصُ : ضَيِّق العينين — Mole-eyed.

✻خَوَّضَ . خاضَ الماءَ — To wade through; ford.

خاضَ ٢ المنايا : اقتحمها — To rush into danger; plunge into difficulties.

— في الحديث او الموضوع — To dive, *or* plunge, into a subject, etc.

مَخاضَة النَّهر — Ford of a river.

مِخْوَض : △ مِخفقة البَيْض (انظر خفق) — Egg-whisk.

✻خَوَّفَ . أَخافَ — To excite fear; frighten; alarm; intimidate.

خافَ . تَخَوَّفَ الرجلَ والأمرَ ومنه — To fear; be afraid of; apprehend.

— . — على — To fear for; be anxious about.

خَوْف : ضِدّ أَمْن — Fear; apprehension; fright; alarm.

خَوفاً من كذا — For fear of.

خَوّاف . خَوِيف : ضد شُجاع — Fearful; timid.

خائِف : ضِدّ آمِن (من) — Afraid (of)

— على — Afraid for; anxious about.

يخاف الله : تَقِيّ — God-fearing.

إخافَة . تَخْوِيف : إرهاب — Frightening; alarming; intimidation.

مَخُوف : يُخشَى أو يُخاف منه — Feared.

مُخِيف : مُرِيع — Fearful; alarming; dreadful; frightful; inspiring fear.

○خُوفُو : ملك مصري من العائلة الرابعة (باني الهرم الاكبر) — Cheops; Khoufou.

To entitle; vest; give fixed right of possession.	خَوَّلَ حَقًّا ⋆
Uncle; maternal uncle.	خَالٌ : أخو الأمّ
Mole.	— : شَامَة (في خيل)
Aunt; maternal aunt.	خَالَة : أُخْت الامّ
Great-aunt.	— الأب او الأمّ
Property in slaves and cattle.	خَوَل : عبيد ومواشي
Steward.	خَوَلِيّ : قَهْرَمان، او ناظِر المُزْرَعَة
To charge with, or accuse of, dishonesty.	خَوَّنَ : نسَبَ اليهِ الخِيانة ⋆
To mistrust; doubt another's honesty.	— إسْتَخْوَنَ : شك في أمانتِه △
To be dishonest; unfaithful.	خَانَ : كان خائنًا
To betray; give up; sell.	— الرَجُلَ : غَدَرَ به
To break a promise.	— العَهْدَ : نَقَضَهُ
To forsake; desert; abandon.	— عَهدَهُ : هجَرَه
Inn; hotel; caravansary.	خَانٌ : فُنْدُق
Column.	خَانَة : عَمُود . حَقْل △
Square.	— : مُرَبَّع △
Point.	— (في لعبة النرد والداما) : بيت
Stop-gap; temporary expedient.	مَلْوٌ — . △
Table; eating table.	خِوَان : مائدة
Dish-top table.	— : مُسْتَدِير
Extension table.	— : مَدَّاد
Dishonesty; unfaithfulness.	خِيانَة : ضِدّ أمانة
Perfidy; treachery; betrayal.	— : غَدْر
Treason.	— : ائْتِمار
High treason.	— عُظمى : خِيانَة الدولة
Breach of trust; abuse of confidence.	— الأمَانَة
Breach of faith or promise.	— العُهُود
Dishonest; unfaithful.	خَائِن : ضِدّ أمين
Treacherous; perfidious; traitor.	— . خَوُّون . خَوَّان : غَدَّار
Fraternity; brotherhood.	خُوَّة (في أخو) ⋆
To be empty.	خَوِيَ . خَوَى : خَلَا ⋆

To be hungry.	— . — الرجلُ : خَلَا جَوْفُه
Hunger; inanition.	خَوًى . خَوَاء . جُوع
Emptiness; vacuity.	— . — : فَرَاغ
Empty; void; vacuous; vacant.	خاوٍ : خالٍ . فارغ
To disappoint.	خيَّبَ : رَدَّهُ خائبًا ⋆
To disappoint; defeat of expectation.	— الأَمَلَ
To repulse; refuse; reject.	— طلبَه : رفَضَه
To defeat; frustrate; foil.	— مَسْعاهُ : أخْطَأَه
To fail; miscarry; be unsuccessful.	خَابَ : فَشَلَ
To miss "one's aim"; fail.	— : ضدّ أصَابَ
To be disappointed.	— أَمَلَه
Failure; miscarriage; defeat; frustration.	خَيْبَة : فَشَل
Disappointment.	— الامَل
To offer for another's choice; give him the option.	خيَّرَ . خَايَرَ : جعله يَخْتار ⋆
To prefer to; give preference to; esteem above.	— على : فَضَّل
To choose; select; make choice of.	خَار . إحْتَار . تَخَيَّرَ : انتخَب
To prefer; choose.	— . — : فَضَّل
Make your choice.	اخْتَرْ لِنَفسِكَ ما يَحْلو
Good.	خَير : ضِدّ شَرّ (أو بمعنى فائِدة ونَفْع)
Advantage; interest; welfare.	— : فائِدَة
Wealth; riches; affluence.	— : مَال
Better than.	— من . أخْيَرَ : أفْضَل
A great good; magnum bonum.	— جَزيل
Benevolence; charity.	فِعْلُ الـ .
For better, for worse.	على الـ والشَرّ
Thank you!	كَثَّرَ اللهُ خَيرَك : شُكْرًا لك △
Well.	خَيْرًا : حَسَنًا
Munificent; liberal; generous; beneficent.	خَيِّر : مُحْسِن
Benevolent; charitable; philanthropic.	خَيْرِيّ : لاجْلِ الخَير أو نَفْعِ الغَير
Choice; best part; pick; select.	خِيْرَة . خِيَار : أفضل الشيء

Cucumber. خِيَار ٢ : نبات وثمره كالقِثاء

Gherkin. △— قَشَّة (صَغير مضرّس يُخَلَّل)

Purging cassia; Indian laburnum; pudding pipe tree. — شَنْبَر : خرّوب هِندي

Choice; selection. خيار . إختِيار : انتِخاب

Option; choice. — : حُرِيَّة الإختيار

Refusal. — : حقّ الاختيار أو△ الأوْلويَّة

A venerable man; elderly. △رَجُل إختِيار

Voluntarily; spontaneously. إختِياراً : طَوْعاً

Willingly; heartily. — : عن طِيب خاطِر

Voluntary; spontaneous. إختياريّ : طَوْعي

Optional; facultative. — : اِرادِيّ

Chosen; selected. مُختار : مُنتخَب

Chief of a village. — س : △شَيْخ بَلَد

Having a will of one's own; having liberty of acceptance or refusal. مُخَيَّر : غير مُسَيَّر

Bamboo; cane; rattan. ✲خَيْزُران (في خزر)

Canvas; sacking; sack cloth. ✲خَيْش : نَسِيج خَشِن من الكِتّان

To brocade with gold or silver threads. △خَيَّشَ : طَرَّزَ بالقَصَب

Tent. خَيْشَة : خَيْمة

Sack; canvas, *or* cloth, bag. — : غِرارَة

Gold brocade. △مُخَيَّش : اسْتَبْرق

Nostrils. ✲خَيْشُوم (في خشم)

To sew. ✲خَيَطَ . خاطَ الثَّوْبَ وغيره

To stitch up. — . — الشقّ او الجرْحَ : رَتَقَه

Thread; cotton. خَيْط : △فَتْلَة

Line. — : سلك . حَبْل رَفيع

Plumb ←line. — البَنّاء : مِيزان اعتدال الحائط

Twine; string. — القِنَّب : △دُوْبارَة

Fibre; filament. — . خُيَيْط : لِيفَة

First gleam of dawn. الـ — الابيض

The darkest hour before dawn. الـ — الأسْوَد

←Cotton reel. بَكَرَة — : وَشِيعَة

←Needle. خِياط . مِخْيَط : اِبْرَة

Tailor. خَيَّاط . خائط : △تَرزي

Dress-maker; seamstress. خَيَّاطَة . خائِطَة

Sewing; tailoring خِيَاطَةُ الملابِس

مكنة — : مِخْيَطَة ←

Sewing-machine.

Sewn. مَخِيط . مَخْيُوط △مُخَيَّط

To retire; withdraw. ✲خَيَّفَ عن : نَكَص

Uterine brothers. بَنُو (اخوة) اخياف : من أم واحدة

To gallop on horse back. ✲خَيَّلَ : رَمَحَ بالحصانِ

To daze; dazzle. △خَيَّلَ : حَيَّرَ النظر

To bewilder; confuse. △ — : حَيَّر . خبلَ

To fancy; imagine; picture to *one's* self. خُيِّلَ اليهِ انهُ كذا

To think; believe; opine. خالَ : ظَنَّ

To imagine; fancy. تَخَيَّلَ : تَصَوَّرَ

To think well of. — فيه الخير

To strut; swagger. إختالَ . تخايَلَ : تبختَرَ عُجباً

Beauty spot; mole. خالٌ : شامة الخدّ . طابع الحسْن

Maternal uncle. — : اخو الام (في خول)

Horses. خَيْل : جماعة الافراس

Equine. خَيْليّ : مختص بالخيل

Conceit; vanity; self-importance. خُيَلاء : عُجْب

خَيْلان : ابنة البحر او الماء ←

Mermaid.

Horseman; cavalier; equestrian. خَيَّال : فارس

Cavalry. خَيَّالة : فرسان

Shadow; ghost; spectre; fantom; spirit. خَيال : طَيف

Imagination. — : ضد حقيقة

Shadow; shade. — : ظِلّ

Fancy; imagination. — : وَهْم . ظَنّ

Phantasmagoria; fantastic show. — الظِلّ

←Silhouette. — : ٥ سِلْهُوطَه

Imaginary. خَيَاليّ : تَصَوُّري

Ideal; unreal. — : ضد حقيقي

أُخيل : غُرابٌ زيتوني — Roller.

تَخَيُّل : تَصَوُّر — Imagination; fancy.

تَخَيُّلي : تَصَوُّري . وهمي — Imaginative; fanciful.

مُخيِّل : مُحيِّر . مُشْكِل — Perplexing; bewildering; confusing.

مُخَيِّلة . خَيَالِيَّة : قُوَّة التخيُّل — Imagination.

مُختال : مُعجَب بذاته — Conceited; vain; overbearing.

✿خَيَّمَ . تَخَيَّمَ : نصبَ خَيْمَة — To encamp; pitch tents, or a tent.

— عليه (الظلامُ والجهلُ الخ) — To becloud; overshadow.

خِيم : سَجِيَّة — Disposition; proneness; aptness; inclination.

△أخذَ خِيمَهُ : تعرَّفَه — To feel *another's* pulse; sound him.

خَيْمَة : بَيْتٌ من الخَيْش وغيره — Tent; pavilion.

— الإجتماع (في التوراة) — Tabernacle.

— المخيخ (في التشريح) — Tentorium.

— : △تَنْدة ← Awning; tent.

خَيَّام . خِيَمي : صانع الخِيام — Tent-maker.

عُمَرُ الـ : فيلسوف فارسيّ شهير ← Omar Khayyâm.

خام : △بَفْتَة — Calico.

— : △غشيم . ساذج — Green; inexperienced; artless.

— : غير مَصْقُول — Rough; uncut; unpolished.

— : غير مَشْغول . فطير — Raw; unwrought; crude.

خامات : مَوادّ أوّليّة — Raw material.

مُخَيَّم : مَضْرب خِيام — Camp; encampment.

(د)

✿دَأَبَ في كذا — To persevere, *or* persist, in.

— في الشرّ — To be addicted to.

دَأْب . دَأَب . دُؤُوب — Perseverance; assiduity; persistence; addiction.

— : عادة مستحكمة — Habit

✿داءٌ (في دوأ) ✿ دائرة (في دور) ✿ دابر (في دبر)

✿دابَّة (في دبب) — Beast.

○داتورة : △تَتُورة — Thorn apple; *datura stramonium.*

✿داجن (في دجن) ✿داحِس (في دحس) ✿داخ (في دوخ)

△دادَه ، حاضِنة (في حضن) ✿دار ✿دارٌ (في دور) ✿ دارٍ

✿دارَى (في دري) ✿داس (في دوس) ✿ داعٍ (في دعو)

✿داعَب (في دعب) ✿داعِر (في دعر) ✿داعى (في دعو)

✿داغ (في دوغ) ✿داف (في دوف) ✿دالية (في دلو) ✿ دام

○داما (في دوم) ✿دان △دانة (في دين)

○دانتي : شاعر الطليان الأشهر ← Dante.

✿داهية (في دهى) ✿ داوَم (في دوم)

✿داوى ✿ داوية (دوى)

○دايْل : مِزْوَل التلفون ← Dial.

○دايْم : عُشْر الريال الاميركيّ — Dime.

△داية : قابلة (في قبل) — Midwife.

✿دَبَّ : زَحَف — To creep; crawl.

— : حَبَا — To go on all fours.

— في الشيء : سَرَى — To creep into; spread through.

— الشقاقُ بينهم — To fall out; dispute.

— فيه الفساد — To rot; fall into decay; deteriorate.

دَبَّت عقاربُهُ — His slanders crept through.

△دَبَّبَ : أسَّلَ — To make a tip; sharpen the point.

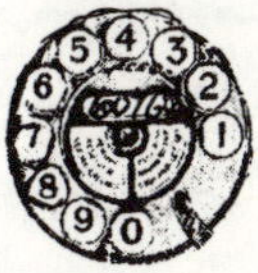

دُبّ : حيوان معروف ← Bear; bruin

الـ الأصغر (في الفلك) — Little Bear; *Ursa-Minor.*

الـ الأكبر (في الفلك) — Great Bear; *Ursa-Major.*

دُبِّي : مختصّ بالأدباب — Ursine.

دَبَّابة : قَفْع . آلة حرب قديمة — Testudo.

— : آلة حرب حديثة — Tank: automobile fort.

— : حيوان زاحف — Reptile; crawling animal.

Creeping; reptant; crawling. دَابّ : زاحِف

Beast; animal. دَابّة : ماشية

Live-stock. دَوَابّ : مواشٍ

Animalcule; insect. دُوَيبّة : حَشَرة

To embellish; decorate. ✻دَبَجَ . دَبَّجَ : زَيَّن

Pure silk cloth. دِيباج : نَسِيج سداه ولحمته حرير

Prelude; introduction; preface; foreword. دِيْباجَة : مقدّمة

Face; visage. — : وَجْه

Ornate; highly finished; richly decorated. مُدَبَّج : مُزَيَّن

To patter; go pit-a-pat; resound in treading. ✻دَبْدَبَ الحافِر

To stamp the floor. △— بِرِجْلِهِ

To make a tip; sharpen the point. △— : أَسَّلَ . دبَّبَ

Pit-a-pat; sound, or act, of footsteps; patter; tread. دَبْدَبَة : وَقْعُ الأَقدام

A tip; sharp point. △دَبْدوبَة : طَرَف

← Leap-frog. ✻دُبّاخ : لُعْبَة النطّة

To design; arrange; prepare. ✻دَبَّرَ : رَتَّبَ

To preconcert. — : أَعَدَّ . هَيَّأَ

To provide; procure. — : أَوْجَدَ وقَدَّمَ

To manage. — : ساسَ

To economise. — : إقتصد

To trump up a charge. — تُهْمَةً : لَفَّقها

To plan; lay plans for. — خُطَّةً

To plot; machinate; intrigue. — مَكِيْدَة

To elapse; pass away. دَبَرَ . أَدْبَرَ : وَلَّى

To turn the back; flee; retreat; retrace *one's* steps. أَدْبَرَ . وَلَّى الادبار

To consider; deliberate on. تَدَبَّرَ . الأمرَ

To economise. — في مالِهِ

Posterior; backside; rump. دُبْر : مَقْعَدة

End; latter part. — : مُؤَخَّر

After-thought. رأي دَبَرِيّ

Wasp; hornet. دَبْرَة . دَبُّور : زُنْبُور . نُعَرَة

West wind; zephyr; balmy breeze. دَبُور : رِيح غَربيَّة

Pip; star. △دَبُّورَة : نجمة تَمييز الرُتَب العَسْكَرية

Stone hammer. △— : مِطْاس الحَجّار

Extremity; extreme part. دَابِر : آخِر كل شيء

Root. — : أَصْل

Past; elapsed. — : ماضٍ

To eradicate; exterminate. قَطَعَ دابِرَهُ

Hind claw; back toe. دابِرَةُ المِخلَب : صِيْصَة

Twine; string. △دُوبارَة : خَيْط القِنَّب

Disposal; arrangement. تَدْبِير : ترتيب

Disposal; management. — : سِيَاسَة . إدَارَة

Procuration; providing. — : إيجاد وتقديم

Economy; frugality; thrift. — : إقتصاد

Domestic economy. — المنزل

Machination; plotting. — مَكايد

Man proposes and God disposes. المرء في تفكير والله في تدبير

Arranged; put up. مُدَبَّر : مُرَتَّب

Preconcerted. — : مُهَيَّأ . مُعَدّ

Arranger; disposer. مُدَبِّر : مُرَتِّب

Frugal; thrifty. — : مُقتصِد

Intriguer; machinator; plotter. — مَكايِد

Prelate. — الكَنيسَة

Treacle; molasses. ✻دِبْس : عَسَل العنب والتمر

(Ordinary) pin. △دَبُّوس : مِقْمَعَة

←Safety-pin. △— انكليزي

Drawing-pin. △— رَسْم

Tie-pin. △— رَبْطة رَقَبة

← Hairpin. △— شَعْر : فُورْشِيْنَه

Truncheon; club. — ع : هِراوة

Druggist. — س : عَطّار

← △— او مشبك صدر

Breast-pin; brooch.

← Clothes-pin. △— الغَسِيل : مِشْبَك

Drumstick. △دَبُّوسَة : ورك الدجاجة المطبوخة

Pin-cushion. △مَدْبَسَة : △ مخدّة الدَبابيس

٭دَبَشٌ : سَقَطُ المتاع — Rubbish; trash.
—△دَبْش : سَقَطُ الحِجارة — Rubble stone.
٭دَبغَ الجِلْدَ — To tan; convert skins and hides into leather.
△— : صَبَغَ — To stain; engrain; dye deep.
دَبَّاغُ الجُلودِ — Tanner.
دِباغَة الجُلود — Tanning.
مَدْبَغَة الجُلود — Tannery.
٭دَبَقَ الطيْرَ : صادَه بالدبْقِ — To birdlime; catch (birds) with birdlime.
دَبِقَ بهِ : لصق — To stick, or adhere, to.
دَبَّقَ : تلزَّجَ — To be viscous, limy *or* sticky.
تَدَبَّقَ بالعرقِ — To be clammy.
دِبْق : △تَخّيط لصيدِ العصافير — Birdlime; lime.
دَبِقٌ : لَزِج — Sticky; viscous; limy, *or* clammy.
٭دَبَلَ : سَمَّدَ — To manure; fertilise.
دَبْل : دُمَّل باطِنيّ — Bubo.
طاعُون دَبْلي : طاعون بشَريّ — Bubonic plague.
دُبْلَة : كُتْلَة — A lump.
△دِبْلَة : فتخَة . خاتِم بلا فص كأنه حَلْقَة — Ring.

△— ساعَة الجيْب — ←Watch bow.
دُبال : سِماد — Fertiliser; manure.
٭ دبور (في دبر) △دبوس (في دبس)
٭دَبًى : خُوريات الجَراد (الواحدة دَباة) — Locust nymph; immature locust.
٭دَثَرَ . إنْدَثَرَ : امَّحى — To be wiped out; effaced; obliterated; become extinct.
دَثَّرَ : مَحى — To wipe out; obliterate.
— : غطَّى — To cover with a blanket.
دِثار : غِطاء — Blanket; cover.
دُثور . إنْدِثار : إمّحاء — Obliteration; extinction.
الدثور والتجدُّد (في عِلم الحياةِ) — Metabolism.

٭دَجَّجَ بالسِلاحِ — To arm fully *or* to the teeth.

دُجّ : سُمَّن مُغرِّد — Thrush; throstle; song-thrush; mavis.
دُجَّة : ظلمة شديدة — Obscurity; intense darkness.
دُجاج : طيُور داجِنة — Poultry; barn-yard fowls.
— فِرْعَون او الوادي او السُودان : غِرْغِر (انظر غرغر) — Guinea fowl.
— الهِنْد او الحَبَش — Turkey (cock or hen.)

دَجاجة : △فَرْخَة — ←Hen.
— : واحدة الدجاج — Fowl.
دَجاجِي : مختصّ بالدَجاج — Gallinaceous.
— : بائع الطيور الداجِنة △فَرارْجي — Poulterer.
مُدَجَّج بالسِلاحِ — Armed to the teeth; fully armed; bristling with arms.
— : قُنفُذ — Porcupine.
٭دَجِرَ : حارَ — To be at a loss.
دَيْجُور : ظَلام — Tenebrosity; gloom; obscurity.
٭دَجَلَ : كَذَبَ — To lie; misrepresent.
دَجَّلَ : طَلي . مَوَّهَ — To coat; paint.
— : طلى بماءِ الذهَبِ — To gild; gold plate.
— الأرْضَ : سَمَّدَها — To manure; fertilise.
△— عليهِ : خَدَعَه — To impose upon; humbug.
△— : ادعى السِّحْر أو النبُوغ — To quack.
دَجَّال : كَذَّاب — Impostor; swindler; humbug.
— : مُدَّعٍ — Quack; charlatan.
— : عَرَّاف — Soothsayer; diviner.
طَبِيب — — Quack-doctor; mountebank.
المسِيحُ الـ — — Anti-christ; pretended Christ.
دَجَال : ماءُ الذهَبِ — Liquid gold, *or* gold-leaf.
— : سَرْجين — Manure.
دُجالة : قَطران — Tar; coal-tar.
دِجْلة : نَهر في العِراق — The river Tigris.

٭دَجَنَ : أَلِفَ واستأنَسَ — To be tame *or* domesticated.
— . أَدْجَنَ الليلُ : اسْوَدَّ — To darken; grow dark.
دَاجَنَ : داهَنَ وخاتَلَ — To cajole; coax; wheedle.
دُجْنَة : ظُلمة — Obscurity; darkness.
دَاجِن : بَيْتِيّ . أَلِيف — Domesticated; tame.
حيوانات دَاجِنَة — Domestic animals.
طيور داجِنَة — Barnyard fowls.
أَدْجَن : مُظْلِم — Obscure; dark; tenebrous.
٭دُجَى . دُجْيَة : ظَلام — Darkness; obscurity.
دَجِيّ . دَاجٍ : مُظْلِم — Obscure; dark.
دَيَاجِي : ظلمات — Obscurities; shadows; dimnesses.
دَجَا : أَظْلَمَ — To darken; grow dark.
دَاجَى : دارَى وساتَرَ العَدَاوَةَ — To dissemble; play the hypocrite.
— : لاطَفَ وسَايَرَ — To humour; coax.
مُدَاجَاة — Sycophancy; servility; servile flattery.
٭دَحْدَحٌ : قَصِيرٌ وسَمِين — Dumpy; pudgy; squat.
△تَدَحْدَحَ : دلَفَ — To toddle.
△دَحْدُورَه : أُحْدُورة (في حدر) — Runway; declivity.
٭دَحَرَ : هزمَ — To rout; put to rout; defeat.
مَدْحُور : مَغْلوب — Defeated; vanquished.
٭دَحْرَجَ الشيءَ أو تَدَحْرَجَ الشيءُ — To roll.
△دُحْرَيج : عُدَيْسَة — Tare; common vetch.
٭دَحِسَ الاصبعُ: اصابه الداحُوس — To have a whitlow.
دَاحِس . داحُوس △ دُحَاس — Whitlow; agnail; hagnail; felon.
△دَحَشَ : حَشَرَ — To foist in; insert.
٭دَحَضَ . دَحَّضَ . أَدْحَضَ الحجَّةَ — To refute; confute.
دَحْض : تفنيد وإبطال — Refutation; disproof; confutation.
لا يُدْحَض : لا يُنْقَض — Irrefutable.

٭دُخَس : ○ دَرْفِيل ○ دُلْفِين — Dolphin.
٭دَخَلَ : ضِدّ خَرَجَ — To enter; go, come or get, in.
— : حَلَّ . ابتدأ — To set in; begin.
— في : اخترق — To penetrate; pierce.
— عليه — To come, *or* enter, upon.
— ضِمْن كذا — To come, *or* fall, under; be included in.
— بلا استئذان — To intrude; obtrude.
— الجمعيَّة — To join; become a member of.
— على زوجته — To consummate marriage.
دَخَلَهُ الشكُّ — To suspect; doubt.
دُخِلَ في عقلِهِ — To lose *one's* reason; run mad.
دَخَّلَ . أَدْخَلَ : ضد أخرَجَ — To bring, *or* let, in; cause to enter.
— . — : دَسَّ — To insert; drive in.
— . — : سَمَحَ بالدخولِ — To admit; let in.
— : صَحِبَ وقادَ الى الداخِلِ — To lead in *or* into.
دَاخَلَهُ . تَدَاخَلَهُ الشكُّ — To harbour, *or* entertain, doubts.
تَدَاخَلَ ٢ : دخلَ بعضُه في بعضٍ — To be interlaced; interweaved.
— بينهم . تَدَخَّلَ : تَوَسَّطَ — To interfere; intermeddle.
دَخْل : رِيبَة . شَكّ — Doubt; misgiving.
— . دَخَل : فسادُ العقلِ — Insanity; dementia.

— : حَصِيلَة المالِ △ ايراد — Revenue.
دُخَّلَة : هازِجَة — Warbler; chiff chaff.
دُخُول : ضِدّ خُرُوج — Entering; ingress; going, coming *or* getting, in.
— : اختراق . نُفُوذ — Penetration.
△دُخُولِيَّة : مَكْس — City dues; octroi; toll.
دَخِيل : غَرِيب — Alien; stranger; foreigner.
— : ضِد أَصِيل — Exotic; foreign.
داء — : مَرَض باطِنِيّ — Internal disease.
—كَ : من فَضْلِك — If you please.

دَخِيلَةُ المرء: باطِنه ونيّته — Design; mind; intention.
— الأمر: سِرُّه — Secret.
دَخائِلُ الأُمُور: بَواطِنها — Ins and outs.
داخِل: ضِدّ خارج — Going, *or* coming, in.
— الشيء: ضِدّ خارِجه — Inside; interior.
من الداخِل — From within.
داخِلاً: نحو الداخِل — Inwards.
داخِلِيّ: ضِدّ خارِجي — Inside; internal; intestine.
—: خُصُوصِي — Private; intimate.
قَرْض —. — Domestic, *or* home, loan.
داخلية البلادِ — Interior; inland.
مدْرَسَة —. — Boarding school.
مُشاغَبات —. — Intestine broils.
وزارة الـ. — Ministry (Department) of the Interior; Home department.
داخِليًّا: في الداخِل — Internally.
تَداخُل. تدخُّل △مُداخَلة — Interference.
خاصيّة الـ. (في الطبيعة) — Penetrability.
خاصيّة عدم الـ. — Impenetrability.
متداخِل في ما لا يعْنيه — Officious; meddlesome.
مَدْخَل: ضِدّ مخْرج — Entrance; door; way in.
△مَدْخُول: دَخْل. رَيْع — Income; revenue.
٭دَخْمَسَ: خَدَعَ — To be cunning or deceitful.
دَخْمَسَة: خِداع — Cunning; deceit; craft.
٭دَخِنَ. دَخَنَ: علِق به الدخان أو رائحته — To become smoky.
ـت وـت وأَدْخَنَت النارُ — To smoke; emit smoke.
دَخَّنَ ٢: صيَّرَ الدخانَ يعلوه — To fumigate; smoke; apply smoke to.
— التَبْغَ — To smoke tobacco (in pipes, cigarettes, etc.)
دُخْن: نبات وحَبُّه يُطْحَن — Millet.

دَخَن. دُخَان. دُخَّان — Smoke.
—. —: بُخار — Fume.
دُخان ٢: تَبْغ. طُبَاق — Tobacco.
دَاخِنَة. مَدْخَنَة — Chimney.
△ مدْخَنة ٢ القاطِرة أو الباخِرة — Funnel.

دُخْنَة: لَوْن الدخّان — Smoke colour.
△دَخاخْنِي: بائع التَبْغ وتَوابعه — Tobacconist.
دَاخِن. مُدْخِن — Smoky.
تَدْخِين — Smoking.
مُدَخِّنُ التَّبْغ — Smoker.
٭دَدَن: لَهْوٌ ولعب — Frolic; play.
دَيْدَن: دَأْب — Habit; habitude; confirmed practice.
٭درَّ (في درر) — To flow abundantly.
٭دَرَأَ: دَفَعَ. صَدَّ — To parry; ward off.

دَرِيئَة: هَدَف — Target.
— : △دِرْوَة. حِظَار — Screen.

٭دَرَابْزُون. دَرَابْزِين — Balustrade.
— . — السُّلَّم — Handrail.
— السلَّم والشُرفة — Banisters.
٭ درَّاج ٭ دَرَّاجة (في درج) ٭ دِرَاية (في دري)
٭دَرَّبَ في الامرِ وعليه — To train; practise; drill.
دَرِبَ بهِ: تَدَرَّبَ عليه — To be trained, *or* practised, in.
دَرْب: طَرِيق في الجبلِ — Mountain path.
—: طَرِيق — Track; path; road.
△—: رَدْب. طريق لا ينفذ — Lane; alley.
دُرْبَة: تَمَرُّن وخِبْرة — Practice; experience.
تَدْرِيب: تَمْرِين — Training; drilling.
مُدَرَّب. مُتَدَرِّب: مُتَمَرِّن — Trained; drilled; practised.
مُدَرِّب — Trainer.
٭دِرْبَاس: كَلْب عَقُور — Mastiff; watch dog.
△ — : △ترباس. مِتْرَس (انظر تربس) — Bolt.
△دَرْبَكَة: ضَوْضاء — Clattering; rumbling.
دَرَبُكَّة: دَرَبَلَة — Earthen kettle-drum.
٭دَرَجَ: مَشَى — To proceed; walk.
— القَوْمُ: ماتوا وانقرضوا — To perish; be, or become, extinct; pass away.
— الأمْرُ: انتشر — To circulate; be current.
— الزيُّ — To be in (the) fashion.

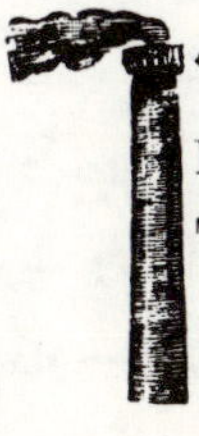

— . دَرَّجَ : طوى	To roll, *or* fold, up.
دَرَّجَ ٢ الى كذا	To graduate; move gradually.
△ — : قسّم الى درجات	To graduate; mark with degrees.
— الشيء : أداله	To circulate; give currency to.
أَدْرَجَ الشيء في الشيء : أدخله ضِمْن	To include.
دَرِجَ . تَدَرَّجَ	To graduate; proceed, *or* advance, gradually.
إِنْدَرَجَ في كذا : دَخَلَ	To be included in.
إِستَدْرَجَ الى	To bring to (gradually.)
— : رقّى بالتدريج	To promote by degrees.
— الى الاقرار بالحقيقة	To wheedle out the truth from.

دَرْج : طومار	Scroll; roll.
في — الكتاب	In the folds of the book.
دَرَج	Staircase; flight of steps; stairs.
ذهب أدراج الرياح	Ended in smoke; blown to the winds; gone with the wind.
رجع أدراجه	To retract; retrace *one's* steps.

دُرْج : جارور س	← Drawer.
دَرَجَة : سُلَّمة (راجع سلم)	Stair; step.
— (في القياس والجغرافيا والفلك الخ)	Degree.
— : رُتبة . منزلة	Grade; rank; degree.
— : طور . دور	Stage; degree of progress.
— : علامة . رقم ○ نمرة	Mark.
— السَّيْر أو التقدم	Rate; ratio.
— : مكان . صَفّ	Class.
— أُولى	First class.
أوّل — .	First rate; tip-top.

دُرَّاج : △أبو ضَبّة	← Francolin.
دَرَّاجة الأطفال	Gocart; baby walker.

△ — : △عجلة	Bicycle; wheel; push bike.

دارِج : متداول	Current; circulating; in general use.
— : مألوف	Common; popular; familiar.
— : على الزي المألوف	In the fashion; fashionable; in the prevailing mode.
— : عادِيّ	Ordinary; common.
طفل — .	A toddler.

○تَدْرُج : تَذْرُو	← Pheasant.
تَدَرُّج . تَدْرِيج	Graduation; gradual advance.
تدريجاً . بالتدريج	Gradually; by degrees.

مُدَرَّج : انفيتاتْر	← Amphitheater.

مدرج موسيقي	Staff; stave.
مدرج الطائرات	Runway.
*دَرِدَ : ذهبت اشنانه	To become toothless.
أَدْرَد : △أهتم	Toothless.
دُرْدِيّ : عَكَر	Dregs; sediment; lees.
*دَرْدَبِيس : عجوز	Crone; beldame; hag; witch.
*دُرْدُر △دَرادِير : مغارز الأسنان	Gums.
دَرْدار : شجر	Elm, *or* ash, tree.
دُرْدُور : دُوّامة △شيشمية	Vortex; whirlpool; eddy.
△دَرْدَشة : هَذَر	Balderdash; idle talk.
— : ثرثرة	Chattering; palaver.
(درر) دَرَّ الحليبُ والعرقُ والبولُ	To flow abundantly.
إستدرّ : اسال	To promote the discharge, secretion, or flow of.
دُرّ (واحدته دُرَّة) : جوهرة	Jewel; gem.
دُرَّة ٢ : لؤلؤة	Pearl.

△ — : بَبغان صغير	← Parrakeet.
— يتيمة	A rare (matchless) pearl.
كوكب دُرّيّ	Lustrous, or brilliant, star.
دِرَّة : ضَرْع	Udder.
لله دَرُّه	Bravo! Well done!

Hay-fever. حُمَّى الـ.

Ganger; gangsman. △أُسْطى دَرِيسَة

Plate-layer. △عامِل دريسَة (في سكة الحديد)

Enoch. إِدْرِيس : أَخْنُوخ . إِسم عَلَم

Teacher; pedagogue. مُدَرِّس : مُعَلِّم

School. مَدْرَسَة : مَكَان التعليم

University. — جامِعَة

College. — عالية أو كُلِّيَّة

School-days. أيامُ الـ.

School-mate; school-fellow. رَفِيق الـ.

Head-master; principal. ناظِر (رئيس) الـ.

Scholastic; pertaining to a scholar *or* to schools. مَدْرَسِيّ

School-book; class-book. كِتَاب — . مِدْرَس

←Dresser. ○دِرْسَوَار : صَيْـهُـور

To armour; mail; clothe in mail; cover with iron. ✿دَرَّعَ : ألبسَ الدرعَ

Armour: coat of mail; cuirass. دِرْع : قميص من زَرَدِ الحديد

Armoured; ironclad. دارِع . مُدَرَّع : عليهِ دِرع

Armoured cruiser. دارِعَة . مُدَرَّعَة

Armoured car. سَيَّارة مُدَرَّعة

Flank; side; wing. ✿دَرْف : جانِب

Leaf of a door *or* window-shutter. △دَرْفَة البابِ او الشُّباك : دَفَّـة

Dolphin. ○دَرْفِـيل : دُخَـس (انظر دخس)

Skid. △ — : اسْطُوانة لدَحْرَجَةِ المتقَّلات عليها

Leathern shield; cuirass. ✿دَرَقَة : تُـرْس من جِلد

Thyroid. دَرَقِيّ الشكل

Thyroid gland *or* body. الغُدَّة الدَرَقِيَّة

Thyroid cartilage. الغُضْروف الدَرَقِيّ (في الحَنْجرة)

Peach. دُرَّاق . دُرَّاقِن : △خَوْخ

Carafe; decanter. دَوْرَق : إناء يُشْرَب منه

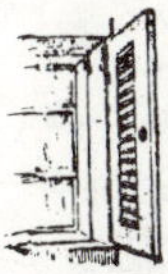

Diuretic; promoting the discharge of urine. مُدِرّ للبَوْل

Lactiferous; producing milk. — للحَلِيب

Emmenagogue; promoting the menstrual discharge. — للطَمْث

Diaphoretic; causing sweat. — للعَرَق

Flowing copiously. مِدْرَار : غَزِيرُ السيلان

Abundant tears. دَمْع —.

Heavy rain; downpour. مَطَر —.

To finedraw; stitch, *or* sew, closely. ✿دَرَزَ : خاطَ خِيَاطَةً مُتَلَزِّزَة

To suture; join by stitching together (a wound.) — الجَرَّاحُ الجُرْحَ

Pipe-seam. دَرْز : ارتِفاع عِند طَرَفَيّ شيء مَخيط

Stitch. دَرْزَة : غُـرْزَة

Druze. دُرْزِيّ : واحِد دُرُوز لُبْنَان وسُورِيا

Suturation. تَدْرِيزُ الجُرُوح : خِياطَتها

Suture. تَدارِيزُ العِظام (خصوصاً قحف الرأس)

To expunge; obliterate; efface; wipe out. ✿دَرَسَ : مَحَى

To thrash; thresh. — الحِنْطَةَ

To study. — العِلْمَ أو الكِتَابَ أو المَوْضُوعَ

To study with; read under. — العِلْم على

To teach; school; instruct; tutor. دَرَّسَ . أَدْرَسَ : عَلَّمَ

To be obliterated, effaced, *or* wiped out. إِنْدَرَسَ : إِمَّحَى

Obliteration. دَرْس . دُرُوس : مَحْـو

Lesson. — (الجمع دروس) : ما يَتعلَّـمه . أُمْثُولة

Study. — . دِرَاسَة : مُطالعة أو فَحص

Thrashing; threshing. — . دِرَاسُ الحِنْطة

Threshing machine. آلة دِرَاس

←Common bunting. دُرْسَة : △صَعْـوَة

Threshing-machine. دَرَّاسَة : نَوْرَج

←Bull-dog. دِرْوَاس : كَلْب كَبِير الرأس

Hay; clover cut down and dried for fodder. دَرِيس : بِرسِيم مُجفف

To fall incessantly. ✿دَرَّكَ المطرُ : تتابع قطرهُ

To follow up; pursue; chase. دَارَكَ : تبع . لاحق

To ripen; mature; become ripe. أَدْرَكَ الثمرُ : نضج

To reach; arrive at; attain. — : بلغَ

To know; be conscious of. — : عَلِمَ

To perceive; realise; understand. — : فهِمَ

To overtake; catch, *or* come up, with. — : لَحِقَ

To realise; obtain. — : نالَ

To attain to puberty. — الولدُ : ناهزَ البلوغ

To come of age. — الشابُّ : بلغَ سِنَّ الرشْد

To catch the train. — القطارَ

To catch the meaning. — المعنى

Unattainable; beyond reach. لا يُدْرَكُ : بعيد المنال

To restrict; attach limitations. اِستَدْرَكَ عليه

To make good; put right; correct. — تَدَارَكَ الامرَ : أصلحه

To make up for (what has escaped.) تدارَكَ ٢ ما فاته

To overtake, *or* follow, one another. — : تلاحَقَ

To subjoin by way of emendation. — الخطأ بالصوابِ

Overtaking. دَرَكٌ : لحاق

Bottom. — : قعرُ الشيء

Round; beat. — الخفيرِ أو البوليس : منطقة عمله

دارِك المُخل : مُرتكز العتلة Fulcrum.

Attainment; reaching. إدْراكٌ : بُلوغ

Obtaining; gaining. — : نَيل

Reason; intelligence. — : عقل

Understanding; realisation. — : فَهْم

Maturity; ripeness. — : نَضج

Puberty; maturity. — : سِنّ الـ أو البلوغ

Majority; mature, *or* full, age. — : بلوغ الرشْد

Restriction. إسْتِدْراك (في اللغة)

Conception — ذهني (فلسفة)

Correction; amendment. — : اصْلاح ما فات

Restrictive particle. حَرْفُ — (في اللغة)

Rational; endowed with reason. مُدْرِك : مميِّز . عاقِل

Major; of "full legal" age. — : بالِغ سِنّ الرشْد

To become toothless. ✿دَرِمَ : ذهبت أسنانه

To manicure. دَرَّمَ اظافيره

Manicure. تدريم الأظافير

To be filthy; dirty. ✿دَرِنَ . أدْرَنَ : اتّسخ

To become tuberculous. △دَرَّنَ △تدرَّنَ : تَحجَّر

Filth; dirt. دَرَن : وَسَخ

Tubercle. △— (واحدته) دَرَنَة : عقدة . عُجْرة

Tubercular; tuberculous. △دَرَني △تدرُّني

Tuberculosis. △تدرُّن : سُلّ (راجع سلل)

Tubercled. △مُتَدرِّن : مُتعجِّر

Pearl; gem. Parakeet. ✿دُرَّة (في درر)

Drachm; dirham. ✿دِرهَم : نقد قديم

Dram. — : ١/١٢ من الاوقيَّة (٣,١٢ جرام)

Money; cash. دراهم : نقود

✿درواس (في درس) △دروة (في درأ)

✿دَرْوِن : صاحب نظرية النشوء والارتقاء ← Darwin (Charles).

Dervish; oriental religious ascetic. ✿دَرْوِيش : متعبِّد وزاهد

Sloven; sloppy; shabby. △— : متحشِّف

To learn; be aware of; know of; be acquainted with. ✿دَرَى بالامرِ

To inform of; acquaint with. △دَرَّى . أدْرَى بكذا

To winnow grain; fan. △— : ذَرَّى بالمِذراة

To humour; cajole; pacify by flattery. دَارَى : لاطف

To screen; shelter, cover. △— : سَتَرَ

دِرَايَة : عِلْم — Knowledge; acquaintance: cognisance; notice.

دَارٍ بالأمرِ — Aware, *or* cognisant, of: acquainted with.

مُدِرّ (في درر) — Diuretic. Diaphoretic.

مِدْرَاة . مِدْرَى : مُشْط — Comb.

△مِدْرَة : مِذْرَى (في ذرى) — ←Pitchfork.

△— المراكبي : مُرْدِيّ — Sounding pole.

٥دُزِينَة : △دَسْته . إثنا عشر — Dozen.

٭دس (في دسس) — To foist in.

٥دِسْپِپْسِيا : تُخَمَة — Dyspepsia; dyspepsy; indigestion.

٭دَسْتُ الوزارة — Cabinet; Council of Ministers.

△— : مِرْجَل — Boiler; **Cupola.**

△— : مِرْجَل كبير — Cauldron; caldron.

٥دَسْتَان : وَتَرُ العود وأمثاله — String.

△دَسْتَة : اثنا عشر — Dozen.

— ورق اللعب : △شَدّة — Pack of cards.

٭دُسْتُور : قانون او نِظام أساسي — Statute; regulations.

— : قانون دستوري — Constitutional law.

— : نِظام الحُكْم — Constitution.

△— : إِذْن — Permission; leave.

△دُسْتورك : عن اذنك — With your permission.

△حَجَر دسْتُور (مَنحوت) — Ashlar; ashlar stone.

دُسْتوري : نِظامي — Constitutional.

٭دَسَرَ : دفع وَسَيّر — To propel; drive forward.

دَاسِر : △رَفّاس — Screw-propeller; ←air screw.

دِسَار △دُسْرَة : △كَوِيلة — ← Dowel.

△— من حديد او بُرنز لربط حِجارة — Fibula; clamp.

٭دَسَّ . دَسّ : أدْخَل وأخْفَى — To foist, insert *or* slip, into.

دَسّ[2] عليه : كَادَ لهُ — To intrigue, *or* plot, against.

— الدسائس — To intrigue; plot; scheme.

— او حَشَر أنفه في الأمر — To poke *one's* nose into.

إِنْدَسّ في كذا — To be inserted, *or* foisted, int

— بينهم — To slip between.

دَسّاس : مُدَبِّر المكايد — Intriguer; plotter.

— . دسّاسة : حيّة رمليّة قصيرة — Sand-snake.

العِرْقُ — . — Like father like son.

دَسِيسَة : مَكِيدة — Intrigue; plot.

٭دَسْكَرَة : قرية صغيرة — Hamlet; small village.

٭دَسِمَ . أدْسَم : كثير الدسم — Rich: fat; greasy.

دَسَم . دُسُومَة — Richness: greasiness.

دَيْسَم : شدخ (نبات) — Wild amaranth; blite.

٭دَشَّ القمحَ والفُول — To crush; bruise.

دَشِيش : طعام من البُرّ المجشوش — Porridge of crushed wheat.

٥دُشّ : مَنْضَح . مِشَنّ — Shower- ←bath; douche.

△دَشْت : نُفَايَة — Scrap; lumber; rubbish.

— حُروف الطِباعة : نفايتها — Pie.

ورق — . — Scrap paper.

٥دَشَّنَ : كَرَّسَ وخَصَّص — To consecrate: dedicate.

— المكانَ : افتتحه رسميًّا — To inaugurate.

تَدْشِين — Inauguration; consecration.

٭دعّ (في ودع) ٭ دعا ٭ دعاء (في دعو)

٭دعارة (في دعر) ٭ دِعامة (في دعم)

٭دَعَبَ . دَاعَبَ : لاعب ومازح — To banter, jest *or* joke, with.

دَاعَبَ[2] المرأة — To court; flirt with; play at courtship with a woman

دَعِب . دَعَّاب . دَاعِب : مُحِبّ للهو — Sportive; frolicsome; playful.

دُعَابَة . مُدَاعَبَة — Jesting; banter: joke.

٭دِعْبِل : بيضُ الضفدع — Frog-spawn.

△مُدَعْبَل : مُنْحَرِف الصِحّة — Indisposed; out of sorts; seedy.

٭دَعِرَ : كان فاسقاً — To debauch; be debauched.

دَعَر . دَعَارَة — License; debauchery; immorality; dissoluteness.

بَيْتُ الدعارة — Bawdy-house; brothel: house of ill-fame.

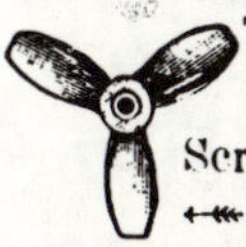

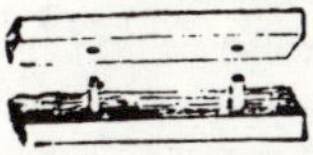

دَعِرٌ . دَاعِرٌ : فاسِق — Licentious; vicious; dissolute; rake; debauchee; libertine.

* دَعَسَ : △دَهَسَ . داسَ — To tread upon; trample under foot.

* دُعْسُوقَة : ابو العيد — ←Ladybird; lady-bug.

* دَعَكَ : مسحَ وفركَ ونظف — To scour; rub; scrub.

— : دلكَ ومسَّدَ — To rub.

△— : دهَكَ ، هرسَ — To mash.

* دَعْكَسَة : رقْصة الحلقة — Round dance.

* دَعَمَ : سَنَدَ — To support; prop up; stay.

— : عزَّزَ . قوَّى — To consolidate; strengthen.

إدَّعَمَ على : اسْتَنَدَ — To be supported upon.

دِعامَة : سَنَد — Support; prop; stay.

— : الخشب المنصوب للتعريش وغيره — Shore; prop.

— القوم : سَيِّدهم — Chief; pillar; supporter.

* دَعَة (في ودع) — Mildness; gentleness.

* دَعْوَة . دَعْوَى : قَضِيَّة — Case; action; suit; lawsuit.

— : △عَزُومَة — Invitation.

نَشْرُ الدعْوة — Propaganda.

دَعْوَى ² : ادّعاء . زَعم . حُجَّة — Allegation.

دُعاء : نِداء — Call.

— : طَلَب — Prayer; request; demand.

— . دَعْوَة ² : طِلْبَة — Invocation; prayer.

— . — بالشرّ — Imprecation; curse.

دَعَا : نادَى — To call to.

— : أسْمى . سَمَّى — To call; name.

— الى : سَبَّبَ — To cause; bring about.

— الى وليمة (مثلاً) — To invite; ask.

— عليه : طلبَ له الشرّ — To curse; invoke evil upon.

— له : طلبَ له الخيرَ — To bless; invoke a blessing upon.

— هُ : طلبَ منه — To call upon; appeal to; invite; request.

داعَى : قاضَى — To sue; prosecute; take action against.

— : حاجَجَ — To argue with.

إدَّعَى الامرَ — To pretend; assume; lay claim to.

— بكذا : تظاهرَ به — To simulate; pretend; feign; make-believe; affect.

— عليه بكذا : اتَّهمه — To accuse of; charge with.

— عليه كذباً — To frame (a person); concoct charge against.

اسْتَدْعَى : ارسلَ في طلبه — To send for.

— : اسْتلزم — To require; call for; demand.

— الإعجاب — To call forth the admiration of.

— الى المحكمة — To summon.

تَداعَى : آلَ الى السقوط — To threaten to fall.

دَعِيّ : مُدَّعٍ — Pretender; would-be.

دَاعٍ . دَاعِيَة — Motive; impulse.

إدِّعاء : زَعْم — Pretence; pretension.

— : حُجَّة — Allegation.

— : إظهار △تظاهُر — Simulation; assumption.

— : شكوى . تهمة — Accusation; charge; count.

— العِلْم — Pedantry.

— المرض (تخلّصاً من واجب) — Malingering.

دِعاية . دِعاوة : نَشْرُ الدعوى — Propaganda.

مُدَّعٍ : دَعِيّ . زاعِم — Pretender; would-be.

— : رافعُ الدعوى — Plaintiff; prosecutor.

— : مطالِب — Claimant; claimer.

— بالحقّ المدني — Civil claimant.

مُدَّعَى عليه (مَدنياً) — Defendant.

— عليه (في قضيّة طلاق) — Respondent.

— عليه (جنائياً) : مُتَّهَم — Accused.

المدَّعي العمومي — Public prosecutor.

مُدَّعِي العِلْم — Pedant; wiseacre.

* دَغْدَغَ : زَغْزَغَ — To tickle; titillate.

△— : فَدَغَ . كَسَّرَ — To crush; smash.

△— اللقمة : صَفْضَفَ — To crunch; munch.

* دَغَرَ . دَغْرَى : هُجوم — Attack; assault.

△دُغْري : مُسْتقيم — Direct; straight.

△— : قاصِداً . رأساً — Directly; straight.

* دَغَشٌ . دَغِيشَة — Dusk; twilight.

To be replete; full. ٭دَغِصَ : امتلأَ
Kneepan; kneecap. دَاغِصَة : △صَابُونَة الرُّكْبَة
Corruption. ٭دَغَلٌ : فَسَاد
Bush; jungle; thicket. — : شَجَر كَثير مُلْتَفّ
Corrupt; decayed. دَغِلٌ . دَاغِل : فاسِد
Bushy. — . مُدْغِل : كثير الشجر
To incorporate; embody. ٭دَغَمَ . أَدْغَمَ . ادَّغَمَ الشيءَ في الشيء
To incorporate one letter into another — . — . — الحَرْفَ
To unite; amalgamate. — : ضَمّ . وَحَّدَ
Incorporation; insertion. إِدْغَام : إِدْمَاج
Side. Timbrel; tambour. ٭دَفّ (في دفف)
To warm. ٭دَفَّأَ . أَدْفَأَ
To be, or feel, warm. دَفِئَ . دَفُؤَ
To warm oneself. إِدَّفَأَ . تَدَفَّأَ . اسْتَدْفَأَ
Warmth; heat. دِفْء . دَفَاءَة
Warm. دَفِيء . دَفْآن △دَافي . مستدفئ

Stove; heating-stove. دِفَاء △دَفَّايَة . مِدْفَأَة
Fire-place. مِدْفَأ : مُصْطَلَى (انظر صلى)
Book; writing-book; copy-book; note-book. ٭دَفْتَر : كُرَّاسَة
Register. — كبير لقيد الحسابات : سِجِلّ
Waste-book. — المسوَّدة
Day-book; journal. — اليوميَّة
Ledger. — الاستاذ
Cash-book. — الصُّنْدوق
Letter-book. — الخطابات (أي صُوَرها)
To deposit one's books. سلَّم أو قدَّم دفاتره (الى المحكمة)
Archives. △دفترخانة : دارُ الوَثائِق
Diphtheria. ٥دفتيريا : خانُوق . خُناق
To skim; glide along. ٭دَفْدَفَ : مرَّ على وجه الارض او الماء
To tend; cherish; nurse. △ — عليه : رعاهُ

To push back. ٭دَفَرَ : دفع △زقَّ
To stink; smell bad. دَفِرَ : خَبُثَت رائحتهُ
Stinking; fetid. دَفِرٌ : △زفِر . خَبيث الرائحة
Stink; fetidness. دَفَر : رائحة خبيثة △زفر

Trowel. △دِفْرَة : مالَج
Juniper tree. ٭دِفْرَان : عَرْعَر (اسم شجر)
To bury; hide. △دَفَسَ : دفنَ وأخفَى
To repel; push, or drive, back; parry; ward, or keep, off. ٭دَفَعَ : ردَّ وابعدَ
To push. — : △زقَّ . صدَّ
To drive, urge, impel, to — الى كذا : حمَلَ على
To induce; cause. — الى : بعثَهُ على
To force; compel; oblige. — الى : اضْطَرَّ
To rebut; refute. — القَوْلَ : ابطلَه بالحُجَّة
To pay to. — المالَ اليهِ وله : أدَّى
To defend; ward off; repel. — عنه الاذى : حماه منه
To resist; oppose; withstand. — . دافَعَ : قاوَمَ
To defend; uphold. دافع عنهُ : حامى
To plead for. — عن : ترافَعَ
To embark rashly in. إِنْدَفع في الامرِ
To push one another. تَدَافَعَ القَوْمُ
Repellence; driving back. دَفْع : صَدّ . رَدّ
Repulsion; expulsion. — : ضِدّ جَذْب
Payment. — : إداء
Rebuttal; replication. — المدَّعِي (في القضاء)
Rejoinder; plea. — المدَّعَى عليه
Demurrer to evidence. — فَرْعِي
Plea, or defence, in abatement. — بعدم الاختصاص
Dilatory plea. — تسويفي (لأجل المماطلة)
Push. دَفْعة : صَدَّة △زقَّة
Instalment; payment. — . دُفْعَة : قِسْط
Once. — . دُفعة : دُفقة . مرَّة
All at once. — واحِدَة : دفقة واحدة
Twice. دُفْعَتان : دُفْقَتان . مرَّتان

دِفاع : ضد هجوم — Defence.
— (في القضاء) : مُرافعة — Pleading.
— . مُدافعة : مُحاماة — Defence; vindication.
خَطُّ الدِفاع — Line of defence.
مُحامي الدِفاع — Defending (defence) counsel.
دِفاعي : ضِد هجومي — Defensive.
دَافِع : صَادّ . رَادّ — Repelling; driving back; resisting; opposing.
— : باعِث — Motive; impulse; impetus.
— : ضِدّ جاذِب — Repulsive; expelling.
— المالِ : مُؤدٍّ — Payer.
— الضرائب — Tax-payer.
قُوَّة دافِعَة — Propulsive force.
القوّة المركزيّة الدافِعَة — Centrifugal force.
إنْدِفاع : تَطَوُّح — Rashness; precipitance.

مِدْفَع : آلة الحرب المعروفة — Gun; cannon.
△ — : وسادة مُستطيلة — Bolster.
مِدْفَعيّة : △ طوبجيّة — Artillery; ordnance.
مَدْفوع : مؤدًّى (كالمال) — Paid.
— اليه — Payee.
— على أمرٍ أو عمَلٍ — Pushed; driven.
مُدَافِع : ضِدّ مُهاجِم — Defendant; defender.
٭ دَفَّفَ الرجُلُ : أسْرع — To hasten.

دُفّ : بَنْدِير △ طارّ — Tambour; tambourine; timbrel.
دَفّ . دَفَّة : جنب — Side.
— و — البرْميل : ضِلْع — Staves of a barrel.

دَفَّة ٢ المركب : سُكّان — Rudder.
— الكِتاب — Cover of a book.
— الباب أو الشُبّاك : △ دَرْفَة — Leaf of a door or window-shutter.
ادارَ الـ . — To steer.

مُدير الـ : △ دُومانيّ — Steersman.
ذِرَاع او يَد الـ . — Tiller.
△ من الدفّة للشابورة — From stem to stern; one and all.

٭ دَفَق : صَبَّ . سَكَبَ — To eject; expel; pour forth or out.
— . تَدَفَّقَ . انْدَفَقَ — To gush; flow out copiously; spout.
دَفْق . انْدِفاق . تَدَفُّق — Pouring; effusion. influx.

صُنْدوق الـ . — Flush tank.
دُفْقَة : دُفْعة (راجع دفع) — Once.
مُتَدفِّق : مُنْهَمِر — Gushing; outpouring; torrential.

٭ دِفْل . دِفْلَى : نَبات — Oleander.
٭ دَفَنَ : قَبَرَ . طَمَرَ — To bury; inter; inhume.
— : خَبَّأ . أخْفَى — To hide; conceal.
دَفْن : طَمْر — Burial; inhumation; interment.
— : إخفاء — Hiding; concealment.
دَفِين : مَدْفُون — Buried; hidden; concealed.
— : خَفِيّ — Latent; hidden.
دَفِينة : كَنز مَدْفون — Treasure-trove; buried treasure.
△ — السّفْل (في النجارة) — Base block.
مَدْفَن : جَبَّانة — Burial ground; cemetery.
— العُظَماء — Pantheon.
مَدْفُون — Buried.
△ دُمَّل — او دَفِين — Blind boil.
٭ دفّة (في دفف) ٭ دق ٭ دقاق (في دقق)
△ دَقْشوم : كسارة الطُوب والحجر — Brickbats; rubble.
٭ دَقِعَ . أدْقَع — To cleave to the dust; grovel; cringe.
مُدْقِع : مُذِلّ — Abject; mean; groveling.
فَقْر — . — Abject poverty; penury; destitution.
٭ دَقَّقَ . أدَقَّ : دَقَّ ناعِماً — To powder; pulverise.
— النظرَ في الامرِ — To scrutinise; examine carefully or closely.
— في عمله — To be strict or accurate.
— . داقّ : تتبّع الشيء الزهيد — To be scrupulous, strict, nice or over particular.
دَقّ : ضدّ غلُظ — To be thin or fine.
— : كان صَغيراً — To be small or minute.
— : سَحَقَ — To pound; powder.

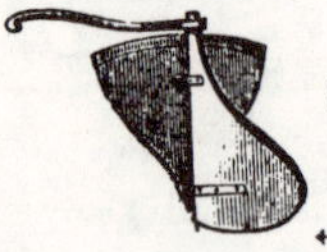

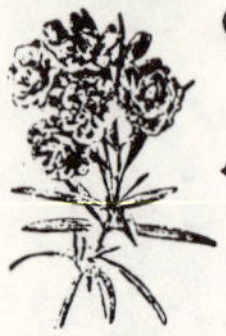

— الباب : طرقه — To knock, *or* rap, at a door.
— الجرس : قرعَهُ — To ring a bell.
— جرس الجنازة — To toll a knell *or* a bell.
— العنقَ — To break the neck.
— المسمارَ — To hammer, *or* drive, a nail.
△ — على آلة موسيقية — To play on a musical instrument.
△ — النباتُ : مدّ جذراً — To strike; take root.
△ — : طعَّم بمصل الجدري — To vaccinate.
△ — على جلده : وشَمَ — To tattoo the skin.
إِسْتَدَقّ : كان دقيقاً — To be thin or fine.
دَقّ : سحْق . سحنٌ — Pounding; powdering.
— : طرْق — Knocking; rapping.
— : قرْع — Ringing.
△ — : وَشْم — Tattoo.
△ — : تطعيم بمصل الجدري — Vaccination.
دَقّة : خبطة . قرعَة — A knock; rap.
△ بدقّة — : واحدة بواحدة — Tit for tat.
△ — قديمة — Old-fashioned; fogy; fogey.
△ من الـ القديمة — Of the old school.
دِقّ . دَقيق — Thin; fine.
— الشَّجَر — Undergrowth.
حُمّى الـ . (راجع حمّى في حمم) — Hectic fever.
دِقَّة : ضد غِلظ — Thinness; fineness.
— : صِغَر — Minuteness; smallness.
— . تدْقيق : إحكام — Accuracy; exactness; precision; strictness.
بدقّة . بتدقيق — Minutely; closely; precisely.
دُقّة . دُقاق : مسحوق . تراب — Powder.
دُقاق ٢ : دقيق الترمس — Flour of lupine.

دَقّاق : الذي يدق البزور وغيرها — Pounder.
دَقّاقة الباب — Knocker; clapper.
ساعة دَقّاقة — Striking clock.
دَقِيْق : رَقيْق . ضِد سَميك — Thin.
— : ضدّ غَليظ أو خَشِن — Fine.
— : صَغيرْ جداً — Fine; minute; tiny; small.

— : طحين الحِنْطة وامثالها — Flour; meal.
— : حَرِج — Critical.
— : مُحكَم — Accurate; exact.
— . مُدَقِّق في عمله — Strict; exact; precisian.
— . — : صَعْبُ الارضاء — Dainty; fastidious.
— . — : △ حَنْبلي — Scrupulous; meticulous; finically accurate.

△ أبو دُقيق : فَراشة. — Butterfly.
المعى الدقيق : عِفَج — The small intestine.
دقيقة : ذرَّة — Particle; molecule; atom.
— (من الوقت) : ١/٦٠ من الساعة — Minute.
دُقيقي : كالطَحين — Mealy.

مِدَقّ . مِدقَّة خَشَبيَّة : △ دُقْماق — Mallet.
△ — : طَريق القَدَم — Track; path; footpath.
مِدَقَّة ٢ : يَدُ الجرْن او الهاون — Pestle.
— الحِنْطة — Flail.

— : متأبَّر . عضْو التأنيث في النبات. — Pistil.
رأسُ الـ : مِيْسم — Stigma.
مَدْقُوق : مَسْحُون — Pounded; powdered.

✲ دَقَل : صارِي — Mainmast.
△ دُقْماق : مدقّة خشبيّة — Mallet; beetle.
✲ دكّ (في دكك) ✲ دكان (في دكك وفي دكن)
○ دِكْتاتُور : حاكِم بأَمْرِه . طاغية — Dictator.
○ دكْتُور : حائز على دَرَجة عِلمية عالية — Doctor; Dr.
— في الحقُوق — Doctor of Laws; L.L.D.
— في الطِبّ — Doctor of Medicine; M.D.
— في اللاهُوت — Doctor of Divinity; D.D.

△ دَكَرَ : ذكر الحيوان — Male.
— : نَجْران. مدار. عَقِب — Pintle.
— ونتَايه : ذكر وأنثى (انظر ذكر) — Tenon and mortise.
✲ دَكّ : خَلَطَ — To mix; mingle.
△ — : اسْتَكَّ التِكَّة — To insert a running band; draw a tape through a hem.

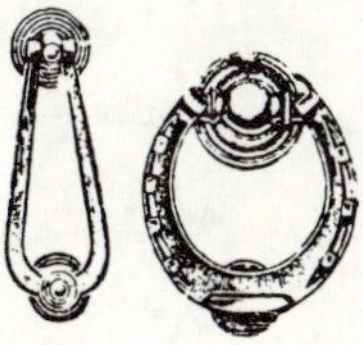

دَكَّ : هدَمَ وخرَّبَ — To demolish; subvert; ruin.
— : كَبَسَ — To ram; press down.
— الأرْضَ بالمِندالةِ — To ram: beat down.
— الأرضَ : مهَّدَها — To beat flat; level.
— الطَريقَ بالحصَى — To macadamise a road.
— البندقية والمدفعَ — To ram a gun.
دَكٌّ : هَدْم — Demolition; subversion.
— الأرْض — Ramming; beating down.
دَكَّةُ الطريق والأساس — Ballast.
△ دِكَّةُ السراويل وغيرها : تِكَّة — Running band
△ — • دُكَّان: مقعد مُستطيل — ← Bench.

دُكَّان ٢ : حانوت — Shop.
△ دَكَّاكة : مِتَكّ — Bodkin.
مِدَكّ البندقية والمدْفَع — Ramrod.
— الأرْض : مِنْدالة — ← Rammer.

△ دِكُلْتيه : واسع الطوْق (ثوب) — Low-necked; *décolleté*.
٭ دَكَنَ . دَكَّنَ : نضَّدَ ورتَّبَ △ ستَّفَ — To stow; steeve.
دَكِنَ . أدْكَنَ : لونه مائل الى الأسود — Blackish; dark-brown; livid.
دُكَّان: حانوت (في دكك) — Shop.
٥ دِكِنز: روائي انكليزي شهير ← — Dickens (Charles).

٭ دلّ ٭ دلال ٭ دلالة (في دلل)
٭ دلاية (في دلو) — Pendant.
٭ دُلْب : صِنار — Oriental plane-tree.
دُولاب : آلة — Machine.
— : △ عَجَلة — ← Wheel.

△ — : خِزانة — Cupboard.
△ — كُتُب — Book-case.
△ — هُدوم : خِزانة مَلابِس — Wardrobe. ←

٥ دِلْتا مِصْرَ أو النيل — Delta.
٭ دلَجَ الماءَ : △ نطَلَ — To bail water; lade; dip and throw.

مِدْلَجة : دَلْو — Pail; bucket.
— اللبَن : △ قِسْط — ← Milk can.
٭ دَلْدَلَ الشيءَ : دَلّاهُ — To dangle; hang loosely.
— رأسَه: حرَّكها في المشي — To walk with a drooping head.
تَدَلْدَلَ : تدلَّى — To droop; hang down; dangle.

دُلْدُل. دُلْدُول: قنفذ كبير — ← Porcupine.
دُلْدُولة : شيء مُعلَّق — Pendant.
مُدَلْدَل . مُتَدَلٍّ : معلَّق — Hanging down.
٭ دلَّسَ : غشَّ — To defraud; cheat; swindle; diddle.
دالَسَ : خادَعَ — To impose upon; use artifice; deceive.
تدْليس : غِشّ — Fraud; deceit; imposture.
بالـ . تدْليسيّ : غِشّي — Fraudulent.
٭ دلَعَ لِسانه : أخرجَهُ — To loll; hang out the tongue.
إندلَعَ اللسانُ : خرَجَ — To loll; hang out from the mouth.
— لسانُ اللهب وغيره — To dart out.
△ دلَّعَ : دلَّلَ — To pamper; coddle.
△ — : لاعَبَ ولاطَفَ — To fondle; caress.
△ يُدْلِع النفس — Nauseous; luscious.
△ مُدلَّع : مدلَّل — Fondled; pampered.
△ — : فاسِد التربية . جالِع — Spoilt; ill-bred.
٥ دِلْغان : غرين . غِرْيَن — Loam.
٭ دَلَفَ : مشَى بخطواتٍ قصيرة — To toddle.
— : سالَ △ شرَّ — To leak; drip; trickle.
٥ دُلْفين : دُخَس (انظر دخس) — Dolphin.
٭ دَلَقَ السيفَ من غِمْدِه — To unsheathe a sword.
△ — : دهَقَ . أراقَ — To spill; pour; shed.

دَلَقٌ : سَنْسار — Beech-marten.
٭ دَلَكَ : دَعَكَ — To rub; scour; scrub.

— . دَلَكَ : مَسَّدَ ومَرَخَ — To embrocate; moisten and rub.

دَلَّكَ ٢ : مرس △ كَيَّسَ — To massage; treat by massage.

دَلُوك : ما يُتَدَلَّكُ بِهِ — Embrocation; ointment; unguent.

تَدْلِيك صِحِّي : △ تكْبِيس — Massage.

✿ دَلَّلَ : رَفَّهَ △ دلَّعَ — To pamper; coddle; fondle.

△ — على الشيء : باعه بالدلالة — To sell by, *or* put up to, auction.

دَلَّ على : أظهَرَ — To show; point to; indicate.

— : أرْشَدَ — To direct; show; guide.

— : قادَ — To lead.

— . تَدَلَّلَ : تَغَنَّجَ — To be coquettish.

أَدَلَّ عليه : اجْتَرَأَ — To make free with.

إسْتَدَلَّ : طلبَ الارْشاد — To seek guidance.

— : استنتج — To infer.

△ — عليه : أُرْشِدَ — To be informed of.

دَلال : غُنْج — Coquetry; feigned coyness.

دَلّال : وَسِيط △ سِمْسار — Broker.

— : الذي يَبيع بالمزادِ — Auctioneer; public crier.

دَلالَة : إرْشاد — Guidance; direction.

دِلالَة : عُمولة — Brokerage; commission.

— : عملُ الدَّلّال او حِرْفته — Brokery.

— : △ مزاد . حَراج — Auction.

— . دَلِيل : △ علامة . إشارة — Indication; sign; token.

دَلِيل ٢ : مُرْشِد — Guide; conductor.

— السفن والطيارات — Pilot.

— : بُرْهان — Proof; evidence.

— : شاهِد — Evidence.

— : علامة — Indication; sign; token.

— : فِهْرِس — Index.

— : كِتاب يُسْتَرْشَدُ به — Guide-book; itinerary.

— بَلَدٍ : كتاب فيه أسماء السُّكّان وعناوينهم — Directory.

— ظَرْفِي — Circumstantial evidence.

أَقامَ الـ — — To demonstrate; prove.

أَدِلَّة : اثباتات — Evidences.

دالّ : مُرْشِد — Directing; guiding.

— على : مُشِير الى — Pointing to; indicative of.

دالَّة : جُرْأة — Liberty; familiarity.

اسْتِدْلال : اسْتِنْتاج — Inference; deduction.

مُدَلَّل : △ مدلَّع — Pampered; coddled; spoilt

✿ دَلْهَم : أَسْوَد — Intensely dark; obscure.

اِدْلَهَمَّ الليلُ — To be very black; pitch dark.

مُدْلَهِمّ : أسْوَد — Very black.

✿ دَلْو : △ جَرْدَل — Bucket; ←pail.

△ دَلّايَة : عِلاق — Pendicle.

△ — القِلادة : مِجْوَل — ←Pendant

٥ داليا : نبات مزهِر — Dahlia.

دالِيَة : شَجَرة الكَرْم — Vine; grape-vine.

— : △ ساقِيَة . ناعُورة — ← Water-wheel; noria.

✿ دَلَّى . أَدْلَى : عَلَّقَ وأرْسَلَ — To suspend; sling; hang down; let down.

أَدْلَى ٢ فيه : قالَ عنه قبيحاً — To slander; asperse.

— بِحُجَّتِه — To adduce a plea.

— بشهادته — To give evidence; testify.

تَدَلَّى : تَعَلَّقَ واسْتَرْسَلَ — To hang down; be suspended.

مُدَلًّى . مُتَدَلٍّ — Hanging; pendent; pendant; pensile; pendulous.

✿ دَليل (في دلل) ✿ دَمٌ (في دَمِي) ✿ دمٌّ (في دمم)

✿ دِماغ (في دمغ) ✿ دِمام (في دمم) △ دمّان (في دمن)

✿ دَمُثَ : لَيَّنَ — To soften; make tender; mollify.

دَمُثَتْ أخْلاقُه — To be mild, gentle, *or* good-natured.

دَمِثُ الخُلُقِ — Gentle; good-natured; mild.

دَماثة الأخلاق — Gentleness; mildness.

٭ دَمَجَ . إِنْدَمَجَ في كذا — To be combined, *or* incorporated, into.

أَدْمَجَ الحَبْلَ : أَجادَ فَتْلَه — To twist compactly; whip a rope.

— الشيءَ في الشيء — To incorporate, *or* combine, into.

إِنْدِمَاج : انضمام واتّحاد — Incorporation.

مُدْمَج — Compact.

مُنْدَمِج — Incorporated.

△ دَمَجانَة : وِعاءٌ زجاجيٌّ كبير — Demijohn; carboy.

٭ دَمْدَمَ : تَمتَمَ بغضَب — To mutter; grumble; growl.

٭ دَمَّرَ : خَرَّبَ — To devastate; ruin; demolish.

دَمار : خَراب — Devastation; ruin; destruction.

حَلَّ بهِ الـــ . — To go to rack and ruin.

△ دَمِيرَة : زمَنُ فيضان النيل — The flood-season.

△ دُمَيْرِي : نوع من الشمَّام — Musk-melon.

تَدْمُر : مدينة أثرية في سوريا — Palmyra.

مُدَمِّرَة : سفينة حربية — Destroyer.

٭ دَمَسَ . دَمَّسَ : غطَّى ودفن — To bury.

— . — الطبخ — To braise (cooking).

— . — النار — To stifle, *or* smother, fire.

دِمْس : تُرابُ الفُرْن . مَلَّة — Cinder; ember; braise; hot ashes.

دَامِس : شديد الظلام — Pitch-dark.

ظلام — . — Intense darkness.

△ دِمْسِيس △ دَمْسِيسَة (نبات) — Sea ambrosia.

△ فُول مُدَمَّس — Stewed broad-beans.

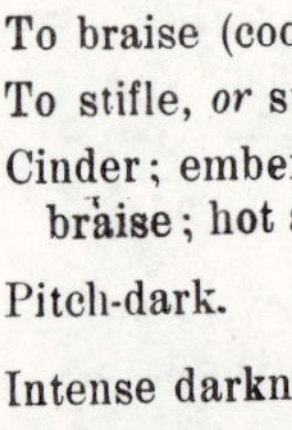

دِيماس : مكان مظلم تحت الارض — Dungeon.

دَيامِيس الأموات — Catacombs.

○ دِمَسْتِين : اشهر خطباء الاغريق — Demosthenes.

٭ دِمَشْق : مدينة الشّام — Damascus.

٭ دَمَع : ماءُ العين — Tears.

دَمَعَتِ العينْ — To shed tears; tear; water.

دَمْعَة : عَبْرَة — Tear; tear-drop.

دموعُ الرِياء — Crocodile tears.

△ دِمْعَة : مَرَقُ اللحم المحمَّر — Gravy.

دَمِعٌ . دَمّاع . دَمُوع : سَريعُ البُكاء أو كثير الدَّمع — Tearful; teary; lachrymose.

مَدْمَع : شأن . مجرى الدَّمع — Tear-duct.

— : الغدَّة الدَّمْعِيَّة — Lachrymal gland.

٭ دَمَغَ الحُجَّةَ : أَبْطلها — To refute; disprove.

△ — : وَسَمَ — To stamp; mark; brand.

△ — الذهبَ أو الفضَّة — To hall-mark.

△ دَمْغَة : وَسْم — Stamp; mark; brand.

△ — الذهب أو الفضة — Hall-mark.

△ ورق — . — Stamped paper; revenue stamp.

دِماغ : مُخ أو عقل — Brain; head.

أمُّ الـــ : أغشية سحائية — Meninges.

حُجَّة دامِغَة : لا تُنْقَض — Irrefutable argument.

٭ دَمَق : ثلجٌ مع ريح — Hailstorm.

٭ دِمَقْس : نسيج حريري اوكتاني مشجَّر — Damask.

٭ دَمَكَ : فَتَل — To twist compactly.

مِدْماك : عَرَقَة — Course (of stones *or* bricks in a wall).

مُدَمْمَك △ مَدْمُوك : مُلَزَّز — Compact.

٭ دَمَلَ : سَمَّدَ — To manure with dung.

دَمِلَ . إِنْدَمَلَ الجرحُ — To heal; grow sound.

دُمَّل : خُراج — Boil; tumour; abscess.

— صغير : بَثْرَة — Pimple; pustule.

٭ دُمْلُج : سوار الذراع أو القدم — Armlet *or* bangle.

٭ دَمَّمَ . دَمَّ : طَلَى — To paint.

دَمٌّ . دِمام : طِلاء — Paint; pigment.

دَمٌ (في دمي) — Blood.

دِمامُ [2] الوجه : △ حُمْرَة — Rouge.

دَمِيم : قبيح الصورة — Ugly; unsightly.

— : قِزْم — Pigmy; dwarf.

٭ دَمَنَ : سَمَّدَ — To manure; fertilise.

أَدْمَنَ على — To be addicted, *or* given up, to.

Manure; dung; fertiliser. دِمْن . دِمَان : سَماد

Dung-beetle; dor. خضراء الـــ : خنفساء الزبل

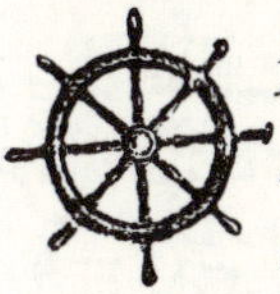

△دُمان △دومان : مِقبض الدفّة
←Helm.

Addiction. إدْمان : ملازمة

Addicted, *or* given up, to. مُدْمِنُ كذا

Bibulous; addicted drunkard. — خمر

Confirmed, *or* inveterate, smoker. — تدخين

To bleed. ✿دَمِيَ الجرحُ : خرجَ منه الدمُ

To cause to bleed. دَمّى . أدمى : أسالَ الدمَ

Blood. دَمٌ : سائل حيوي معروف

Dragon's blood. — الغزال والاخوين والتنين : عندم

Consanguine; related by blood. من — واحد

Consanguinity; kinship. اتصالُ — : قرابة

Bloodstone; heliotrope. حَجَرُ الـــ

Blood is thicker than water. الدم لا يصير ماء

Avenger of blood. وليّ الـــ

Bleeding. دَمٍ . دَامٍ : يسيلُ منهُ الدم

Bloody; sanguinary. دَمَوِيّ . دَمِيّ : مختصّ بالدم

Sanguine temperament. — المزاج

Bloody; murderous. — : قتّال

Sanguinary fight. معركة دمويّة

Painting. دُمْيَة : صورة ملوّنة

←Doll. — : △عروسة

Image; idol; effigy. — : صَنَم

Dummy. — : صُورة . شخص وهمي

✿دميري (في دمر) ✿ دنّ (في دنن) ✿ دنا (في دنو)

To be mean, low *or* vile. ✿دَنَأ . دَنُؤَ : كانَ دنيئاً (راجع دنو)

Meanness; lowliness; vileness. دَنَاءة : خِسّة . دَناوة

Inferiority. — النوع أو الصنف أو المرتبة

Mean; lowly; base; vile; abject. دَنِيء : خسيس . سافل

Of inferior quality. — النوع او الصنف

Inferior to; lower than. أدنأ من كذا

Lace; needle-point lace. ٥دَنتِلّا : مُخرّم

←Dante (Alighieri). ٥دَنتي : شاعر الطليان الأشهر

٥دَنج ٥دِنجه (حُمّى) : △ابو الرُكب
Breakbone fever; dengue.

عيد الدِنح ع : عيد الغطاس (عند النصارى)
Epiphany.

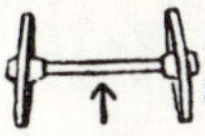

←Axle; axle-tree. △دُنجُل العجلةِ : جُزع

Ice-cream. △دُندُرمه : بُوزْ

To clink; tinkle; jingle. △دَندَش : خشخش

To hum; drone. ✿دَندَنَ : زَنَّ أو طَنَّ

To purr. — القِطّ : قرقرَ

— المغنّي : غنّى بصوت منخفض
To croon; hum.

△دِندي : ديك حبش أو رومي
←Turkey: Turkey-cock.

To strike, coin *or* mint, money. ✿دَنَّرَ النقودَ : ضربها

Dinar. دِينَار : نقد رومي وعربي قديم من الذهب

Hop. حشيشة الـــ

Money. دَنانِير (جمع دينار) : دراهم

←Diamond. △دِيناري (في ورق اللعب)

To pollute; defile; soil. ✿دَنَّسَ : نجّسَ

To dishonour; disgrace. — العِرْضَ

To profane; desecrate. — شيئاً مقدّساً

To be polluted; defiled *or* soiled. دَنِسَ . تدنّسَ : اتّسخ

Impurity; uncleanliness. دَنَسٌ : قذارة

Immaculate; pure. بلا — : طاهر

Foul; impure; unclean; defiled. دَنِس

Pollution; defilement; soiling. تدنيس

Dishonouring; disgracing. — العِرض

Profanation; desecration. — الأشياء المقدّسة

Sacrilege. جريمة — الأشياء المقدسة

☆ دَنَفَ . أَدْنَفَ المريضُ — To be seriously ill.

☆ دَنَقَ الوجهُ : ضَعُفَ من هَمّ او مَرَض — To look haggard *or* pallied.

— : كَانَ شَحِيحاً — To be stingy *or*, niggardly parsimonious.

دَنِقَ من بَرْدٍ : هلكَ — To winterkill; die from exposure to the cold of winter.

دانِق : سُدْس دِرْهَم — Dânik.

○ دِنمو : مُوَلِّد كهربي — ← Dynamo.

☆ دَنَّنَ . دَنَّ : طَنَّ — To buzz; hum.

دَنٌّ . دَنِين : طَنين — Buzz; humming.

— : وعاء كالبرميل كبير — Tun; cask.

☆ دُنُوّ . دَنَاوَة : قُرْب — Closeness; nearness; proximity.

دَنَا . أَدْنَى . إِدَّنَى لهُ ومنهُ واليه — To approach; come, draw, go, *or* be, near to.

دَنِيَ : صَارَ دَنِيًّا — To be mean, vile, lowly *or* base.

دَنَّى . دَانَى . أَدْنَى : قَرَّبَ — To approach; bring near *or* close.

△ — نفسَهُ — To bemean, *or* lower, *oneself*.

تَدَنَّى . تَدَانَى : دَنَا قليلاً فقليلاً — To approach gradually.

لا يُدَانَى — Inapproachable; unequalled.

△ دَنَاوَة . دَنَايَة : دَنَاءَة — Meanness; lowliness; baseness.

دَنِيّ . دَنِيء : سافِل — Mean; lowly; vile; base; abject.

— . دَانٍ : قريب — Near; close; proximate.

دُنْيَا : عالَم — World; universe.

— : ضِدّ قصوى — Minimum.

الـــ : الأرض . الكرة الأرضية — The Earth.

أُمّ الـــ : مِصْر القاهِرة — The Metropolis; Cairo.

أقامَ الـــ وأقعدها — To raise Cain, *or* the devil; make the fur fly.

△ دخلَ الـــ : تزوَّج — To go to the world.

رَجُلُ الـــ — A man of the world.

△ صُنْدوق الـــ — Peep-show; cosmorama.

دُنْيَوِيّ . دُنْيَاوِيّ : عالمي — Worldly; earthly; mundane.

— . — : زَمَنِيّ — Temporal; secular.

دَانٍ : قريب — Near by; close to; close at hand.

أَدْنَى : ضدّ أقصى — Nearer.

— من : أحطّ — Lower than; inferior to.

الحدّ الادنى : ضدّ الاقصى — The minimum.

△ أدناهُ : في ما يلي — Hereunder; hereinafter.

△ دُنَيْبَا : دُنَيْبَة — Barnyard grass; small millet.

☆ دهاء (في دهي) — Finesse; cunning.

△ دَهَبَ الملابسَ : أبلاها — To wear out.

☆ دَهْر : زمان طويل — Age; epoch; era.

— الانسان : مُدَّة حياته — Age; lifetime.

الى — الداهِرين — For ever and ever.

بَنَات الـــ : الشدائد — Adversities; misfortunes

تصاريف الـــ : تقلباته — Vicissitudes of time.

دُهْرِيّ : طاعِن في السنّ — Advanced, *or* stricken, in years.

دُهْرِيّ المَذْهَب : طَبِيعِيّ — Atheist; sceptic; freethinker.

— : زَمَنِيّ — Temporal; secular.

△ دَهَسَ : داسَ . دَعَسَ — To trample under foot; tread upon.

△ — (القطارُ أو العربة) فُلاناً — To run over.

☆ دُهِشَ من — To be amazed; astonished; to marvel, *or* wonder, at.

دَهَّشَ . أَدْهَشَ — To amaze; astonish.

دَهْشَة — Amazement; astonishment; overwhelming wonder.

مُدْهِش — Amazing; astonishing; striking; surprising; marvellous.

مَدْهُوش △ مُنْدَهِش — Amazed; astonished; overwhelmed.

☆ دَهَقَ : △ دَلَقَ . صَبَّ — To spill; pour.

— . أَدْهَقَ : ملأ للحافة — To fill to the brim.

دَهَق : آلة تعذيب — ← Stocks.

☆ دَهَكَ : △ دَعَكَ — To mash; reduce to a pulpy state by beating *or* pressure.

☆ دِهْلِيز : مَمْشَى مُسْتَطِيل — Corridor.

ابن الـــ (الدهاليز) : لَقِيط — Foundling.

☆ دَهِمَ : فاجأ — To take unawares; come, *or* fall upon, suddenly.

دُهْمَة : سَواد — Blackness; pitchiness.

دَهْمَاء : السُّوقة — The mob.

أَدْهَم : أَسْوَد حالِك — Black; jet-black; pitch-black.

✽دَهَن : طَلَى بِلَوْنٍ — To paint.

— . دَهَّنَ : طلي بدهن أو غيره — To smear; anoint.

دَاهَنَ : مَلَّقَ — To flatter; coax; wheedle; cajole; fawn upon.

دُهْنُ الشيء : زَيْتُهُ — Oil; grease.

— اللحم : شَحْمُهُ — Fat; suet.

دُهْنِيّ : به دُهن أو كالدهن — Fatty.

— : زَيْتِيّ — Greasy; oily.

— : شَحْمِيّ — Sebaceous; fatty.

غُدَّة دُهْنِيَّة — Sebaceous gland.

دِهَان : ما يُدْهَن به — Ointment; anointing grease *or* oil.

— : طِلاء مُلَوَّن — Paint.

— : مَرُوخ — Unction; unguent.

دَهَّان : △نَقَّاش — Painter; wall-painter.

مُدْهِن : به مادّة زَيْتِيَّة — Greasy; oily.

— : سَمِين (كاللحمِ) — Fat.

مُدَاهِن : مُتَمَلِّق — Servile flatterer; adulator; sycophant.

مُدَاهَنَة : تَمْلِيق — Adulation; servile flattery; sycophancy; fawning.

✽دَهْوَرَ : أَوْقَعَ — To throw headlong; tumble, *or* hurl, down.

تَدَهْوَرَ : وقع في مَهْوَاةٍ — To slump; tumble, *or* be hurled, down.

✽دَهَى . دَهَّى : أَصابَ بداهِيَةٍ — To trouble; infest with trouble.

دَهِيَ : تَصَرَّفَ بدَهَاء — To act cunningly *or* subtly.

دَهَاء : جَوْدَة الرأي — Sagacity; shrewdness; astuteness.

— : إحْتِيال — Finesse; subtlety; cunning.

ذُو — . دَاهٍ . دَاهِيَة : واسع الحيلة — A man of resources; sagacious.

ذو دَهَاء . — . — : مَكَّار — Subtle; crafty; cunning.

دَاهِيَة [2] : مُصِيبَة — Misfortune; calamity.

(دوا) دَاء : عِلَّة — Disease; malady; illness.

✽ دَوَاء (في دوي) ✽ دوار (في دور) ✽ دَوَاة (في دوى)

△دَوَّبَ : ذَوَّبَ ، أذاب — To dissolve; melt.

— الثوبَ وأمثاله : أَبْلَى بالإستعمال — To wear out.

يا دُوبْ : بالكادّ . تقريباً — Almost; hardly.

دَابَ : ذابَ — To melt.

فَصّ مِلْح ودَاب : ذهَبَ واختفى — To melt away.

△دُوبَارَة : خَيْط المِصِّيص — String; twine.

○ دُوبِيا : الحساب التجاري المزدوج — Double-entry.

○ دُوتَا : بائنة — Dot; marriage portion; dowry.

✽دَوْحَة : شجرة عظيمة — Large and lofty tree.

✽دَوَّخَ . داخَ البلادَ — To vanquish; subdue; conquer.

— الرجلَ : أخضعه — To subdue; humble.

— الرأسَ : أداره — To turn *one's* head; make giddy.

داخَ [2] : خضع — To submit; succumb; yield; give in.

△ — : مادَ . دارت رأسه — To feel giddy *or* dizzy.

△ — : أُغْمِيَ عليه — To faint; swoon.

△ — : اصابه دُوار البحر — To be seasick.

△دَوْخَة : دُوار الرأس — Vertigo; giddiness; dizziness.

△ — البحر : دُوَار — Sea-sickness.

△ — الهواء : هُدام — Air-sickness.

△دائخ : مائد — Giddy; dizzy.

△ — : معتريه الدُّوار — Seasick, *or* airsick.

✽دَوَّدَ : صارَ فيه الدُّود — To verminate; become wormy *or* maggoty.

دُودَة : واحِدَة الدودِ . حَشَرَة — Worm; larva; maggot.

— الجُبْن — Skipper; cheese-maggot.

— الحَرِير او القزّ — Silkworm.

— الشريط . الدُّودة الوَحِيدَة — Tapeworm.

— العَلَق : عَلَقَة — ←Leech.

— القِرْمِز — Cochineal insect.

— القُطْن — Cotton-worm.

— اللوز (لوز القُطْن) — Boll-worm.

دُودِيّ : كالدُّود — Vermiform; wormy; worm-like.

Vermiform appendix.	الزائدة الدوديّة
Appendicitis.	التهاب الزائدة الدوديّة
Worms; larvæ.	دِيدَان . دُوْد : جَمْع دُودة
Vermin.	— : هَوَامّ . حَشَرات
Vermifuge; anthelmintic.	دواء طارد للـ...
Vermicide; worm-killer.	قَاتِل لـ...
Wormy; abounding with worms; verminous.	مَدُوْد . مُدَوَّد : بهِ دُوْد
Worm-eaten.	— : نَخَرَه الدودُ
Manger; trough.	△مِدْوَد : مِذْوَد
To round; make round.	دَوَّرَ : جعل مَدَوَّراً أو مُسْتَديراً ☆
To turn; cause to revolve or rotate.	— . أدَارَ : جَعَلَه يَدُور
To turn; reverse.	— . : قَلَبَ . عَكَسَ
To pass round.	— . : الشيءَ على القَوْمِ : دارَ بهِ عليم
To change the direction of.	— . : اتِّجاهَ أو مَرْكَزَ الشيءِ
To turn the head; make giddy.	— . : الرَّأْسَ
To turn away from	— . : عن : ابعَد
To run; operate; conduct.	— . : العملَ أو حركتَه
To wind up a watch.	— . : الساعةَ : ملأها
To work; run.	— . : الآلةَ : جعلها تشتغل
To look for; search for.	△ — على الشيءِ : فَتَّشَ عنهُ
To persuade; bring one round.	△ — عَقْلَه : أقنعه
To turn; whirl round; revolve.	دَارَ : تَحَرَّكَ على مِحْوَرِه
To turn; take a different direction.	— : تَحَوَّلَ
To itinerate.	— : تَجَوَّلَ . تَنَقَّلَ
To circulate; go round.	— : سَرَى
To recur; be repeated.	— : تَكَرَّرَ
To turn upon.	— عليه : انْقَلَبَ
To turn; become giddy; be in the swim; be dizzy.	— الرَّأْسُ
To temporise; comply with the time or occasion.	— مع الزَّمَن : سايَرَ الظروفَ

To pass round.	— بالشيءِ على القَوْمِ : قدَّمه اليهم
To hawk things round the cafés.	— على القَهَاوي لِيَبِيع
To pay attention to.	△ — بالـ... الى ومن : التفت
To work; go.	△ — الوَابُوْرُ والآلةَ : إشْتَغَل
To take a turn with.	دَاوَرَ : دارَ مع
To come round a person; circumvent by flattery or deception.	— على : حايَلَه
To round; become round.	إسْتَدَارَ . تَدَوَّرَ : صَارَ مَدَوَّراً
To be round or circular.	— . — : كان مُسْتَديراً
House.	دَارُ
Museum.	— الآثارِ : مَتْحَف
The eternal abode; heaven.	— البَقَاءِ
Opera-house; theatre.	— التَّمْثيل
The abode of peace. (Bagdâd)	— السَّلَام
Cinnamon, or canella.	— صِيْني : قِرْفَة
Mint.	— الضَّرْب : دارُ المسكوكات △ضَرْبخانَة
Academy.	— عُلَماء : ١٥ أكاديميَه . مَحْفَل
The perishable abode.	— الفَنَاء
Tribunal; court.	— القَضَاء : مَحْكَمَة
Public library.	— الكُتُب
Halo; lunar halo.	دَارَةُ القَمَر : هالَتُه
Solar halo; corona.	— الشَّمْس : طُفَاوَة
Turning; going round.	دَائِر : مُتَحَرِّك في دائرةٍ
Circular; round.	— : مُسْتَديرٌ
Circulating.	— : سَائِر أو متداوَل
Recurring; repeating; circulating.	— : متكرِّر
Working; going; running.	— (كالآلة)
Revolving; rotating.	— على مِحْوَرِه أو مَرْكَزِه
Valance.	△ — : سَريرٌ أو دِيوان
Circle.	دائرة هَنْدَسِيَّه
Ring; circle.	— : حَلْقَة
Sphere; circuit; compass.	— : مِنْطَقة
Zone; belt; girdle.	— : مِنْطَقة (في الجغرافيا والفَلَك وغيرهما)
Cyclopedia; encyclopedia.	— مَعَارِف
Circular; round.	دائريّ : مُسْتَدير
Quarter round.	رُبْع — (مَثَلاً)

دَوْر : مَرَّة — Turn; bout.

— : فُرْصَة — Occasion; opportunity.

— : وَقْت — Period.

— (في الزراعة والريّ) : نَوْبَة — Rotation; turn.

— : نَوْبَةُ مرضٍ — Fit; paroxysm.

— : طَوْر . دَرَجَة — Stage; point.

— موسيقيّ — Piece; performance.

— تَشْخيصي (حَقيقيًّا ومَجازيًّا) — Rôle; part.

— من مَنْزِل : طابِقٌ — Story; floor.

△ — مَسْروق — Mezzanine (floor); entresol.

△ — شَراب — A round of drinks.

بالدور : مناوبةً — By turns.

دَوْرَة : △ لَفَّة — Turn; revolution.

— : جَوْلَة (في صِراع او سِباق) — Round.

△ — : حِيْلَة — Round about way.

△ — المياه : مَطْهَرَة — Lavatory.

دُوْرِيّ : عُصْفُور — ←Sparrow.

دَوْرِيّ : يقع في أوقاتٍ مُعَيَّنة — Periodical.

△ دَوريَّة : عَسَسٌ — Patrol.

ريح — أو موسميَّة — Monsoon.

نشرة او مطبوعة — . — Periodical.

دُوَارُ الرأسِ — Giddiness; dizziness; vertigo; swimming of the head.

— البَحْر : بُحار — Seasickness.

— الهواء (الطيران) : هُدام — Airsickness.

دَوَّار : كثير الدوران — Revolving; rotary; rotatory.

△ — : حوشُ المزرعة — Farmyard; grange.

— او عَبّاد الشَّمس (انظر شمس) — Sunflower.

— : مُتَنَقِّل — Itinerant.

بائع — . — Itinerant seller; pitchman; pedlar; hawker.

دَوَّارَة الماءِ : △ دوَّامَة — Whirlpool; vortex.

— الريحِ : دَليل اتجاهه — Weather-cock; ←vane.

دَيْرُ الرُهْبان او الراهِبات — Convent; abbey.

— رُهْبان — Monastery.

— راهِبات — Nunnery.

رئيس — : أَبِيْل — Abbot.

رئيسة — : أَبِيْلة — Abbess.

دَيَّار . دِيْرانيّ : ساكِن دَيْر . راهِب — Monk.

دَيْرِيّ : مختصّ بالأديرة ومَعيشتها — Monastic.

حياة او عِيشَة الأَدْيِرَة (هادِئة) — Claustral life.

إدارة . تَدْوِير (بكلّ معانيهما) — Turning.

— . — الآلات — Working; driving.

— العَمَل — Administration; management.

رئيس — . — Administrator.

مجلس الـ . — Board of Directors *or* Administrators.

مركز الـ . — Headquarters.

اداريّ — Administrative; departmental.

إسْتِدارة — Roundness; circularity; rotundity.

مَدار : مِحْوَر . قُطْب — Axis; pivot.

— . مُسْتَدار : فَلَك — Orbit.

— (في علم الفلك والجغرافيا) — Tropic.

— الجَدْيِ — Tropic of Capricorn.

— السَرَطان — Tropic of Cancer.

— الحديث او البحث — Topic; subject.

على — السنة — All year round.

مُداوِر : يدورُ مع الظروف — Time-server.

مِدْوَر : مِرْوَد مِحْوَري — ←Swivel.

مُدِيرُ عَمَلٍ — Director; manager; administrator.

— مُدِيريَّة — *Mudîr*; governor of province.

△ مُدِيريَّة : إقليم يحكمه مُدير — Egyptian province.

مُسْتَدار : فَلَك — Orbit.

مُسْتَدِير . مُدَوَّر — Round; circular.

المُسْتَدِيرَة (في الموسيقى) — Semibreve.

△ دَوْرَق : إناء للشراب — Carafe; ←decanter.

✽ دَوْزَنَ آلة الطرب الوَتَرية — To tune.

دُوْزان △ دَوْزَنة : بَضّ — Tuning.

✿ دَوْس : وَطْءٌ — Tread, —ing; step.

دَوّاس : نُحام (طائر) — Flamingo.

— : اسدٌ — Lion.

دَوّاسة الآلة : مِدْوَس — Treadle; pedal.

دَاسَ الطريقَ والارضَ — To tread, *or* tramp, on.

— الشيءَ : احتقره واذلّه — To trample; tread under foot.

— الشيءَ : سحقه بالدوْس — To tread down.

— القطارُ والعربة فلاناً : دعَس — To run over.

دِيسَة : غابة متلبِّدة — Jungle *or* thicket.

مُداس . مَدُوس : مَوْطوء بالقدم — Trodden.

مَداس : حِذاء — Boot; shoe; foot-gear.

مِدْوَس . مِدْواس الالة (التي تُدار بالرِجْل) — Treadle; pedal.

○ دوسِنْطاريا : زُحار — Dysentery.

○ دُوسْيِيه : ملَفّ اوراق . إضبارة — File.

△ دَوْشة : ضوضاء — Noise; din; uproar.

△ دَوَغ : وَسَم — To brand.

داغ : سِمَة — Brand.

✿ دَوْف : △خَفْق — Beating; whipping.

دَافَ البيضَ وغيره — To beat; whip.

(دوق) دَاقَ الطعامَ : ذاقَه — To taste.

○ دُوق : أمير — Duke.

○ دُوقة : أميرة — Duchess.

○ دوقي — Ducal.

○ دوقية — Duchy.

✿ دَوْقَل المركب الشراعي — Yard.

○ دُوكار — Dog-cart.

✿ دَوْكة : اضطراب وضَوْضاء — Tumult; hubbub; clamour.

✿ دَوْلة : دورة الزمان وانقلابه — Vicissitude; change of time or fortune.

— : حكومة — Government; state.

— : العائلة الحاكِمة — Dynasty.

— : مملكة — Power; kingdom; empire.

— الحريم أي النساء — Gynaecocracy.

الدُوَل العُظمى — The Great Powers.

دُوَليّ : مُتبادل بين الدول — International.

دَوْليّ : مختصّ بالدولة — National; home.

دوالي : اِنتفاخ العُروق — Varix; *pl.* Varices; varicose veins.

دَوَالَيْكَ — Alternately; by turns.

وهكذا — : الى آخره — And so forth.

دَالَ : تغيَّرَ . دار — To change; turn.

— : رَاجَ — To circulate; be current.

—ت عليه الدوْلة — The turn of fortune is against him.

—ت له الدوْلة — The turn of fortune is in his favour.

دَاوَلَ . أدَالَ : جَعَلَه متداولاً — To put in circulation; give currency to; utter.

تَداوَلوا الشيءَ — To use; make frequent use of.

— : تشاوروا — To consult; deliberate together; take counsel.

— : تبادلوا الآراء — To speculate on; deliberate.

— : تفاوضوا — To negotiate.

تداولتهُ الالسُن — To circulate; pass from mouth to mouth.

— الايْدي — To pass from hand to hand.

تَداوُل : رَواج — Circulation.

تَدْوِيل : تَرْويج — Putting in circulation.

مُداوَلة : مفاوَضة أو مخابرة — Negotiation.

— : تَبادُل الآراء — Deliberation; speculation.

مُتَداوَل : دارِج — Current; circulating; in common use.

— : مألوف — Common; popular; ordinary.

— : متعاقِب — Alternate.

✿ دولاب (في دلب) — Wheel; etc.

✿ دَوَّمَ الطائر : حلّقَ في الهواء — To soar; hover.

دَامَ . دوَّمَ ٢ : دار على نفْسه — To whirl; spin; revolve; rotate; gyrate.

— . داوَمَ : استمرَّ . ظلَّ — To continue; last.

دَاوَمَ ٣ على — To persevere, *or* persist, in; be constant; pursue steadily.

أدَامَ : جعله دائماً — To perpetuate.

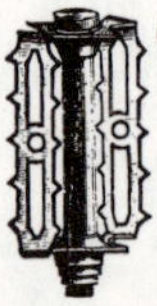

To continue; last. إستدام : استمرَّ وامتدّ
Doum (-palm.) دَوْم : شجر كالنخل وثمره
Continuance; duration; uninterrupted succession. — دَوام : استمرار
Permanence; duration. — — : بقاء
Constancy; durability — — : ثبات
Perpetuity; endless time. — — : ابدية
Always; ever; continually. دَوماً . على الدوام
Top; spinning top. دُوَّامة : △ نحلة . بُلبُل
Whirlpool; vortex; circular eddy of water. △ — الماء : دُرْدُور
Continual; continuous; unceasing; lasting. دائم . مُسْتَدِيم
Perennial. — — : ماكِث (في الريّ والزراعة)
Perpetual; everlasting. — : لا نهاية له
Permanent; standing. — : ضدّ وقتي
Evergreen. — الإخضرار : أيْئد
Always. دائماً . دَوَاماً : على الدوام
Permanence; duration. دَوام . إستدامة : بقاء
As long as; while. ما دام : طالما
Draughts; checkers. دَاما : اسم لعبة
Draught-board; checker-board. لوحة الـ
Man; checker. حجر الـ
To crown (in draughts). △ طلّع —
Wine. مُدام . مُدامة : خمر
Continuation. مُداومة : استمرار
Helm; steering-wheel. △ دُومانُ المركب
Helmsman; steersman. دُومانجي : موجّه . مدير الدفّة
Bilge. △ دُومس المركب
The State Domains. ٥ دُومين : أملاك الحكومة

Dominoes ٥ دُومينو : اسم لعبة
Domino. حجر الـ
To record; register. ☼ دَوَّنَ : كتب وسجّل
To write, note, or set down. — : قيّد
To (record in) chronicle. — التاريخ
To stipulate a condition. — شرطاً
Mean; low; base. دُون : حقير . سافِل
Inferior to; lower than; below; beneath; under. دُونَ : أحطّ من
In front of; before. — : أمام
Without. — . من — ان : من غير ان
Take! Here you are! —ك : خُذ
To come between; intervene. حالَ — : اعترض
Collection of poems; anthology; poetical works: *divan*. دِيوانُ شِعر
Court of justice. — : محكمة
Office; administration. — : مركز الادارة
Sofa; *divan*. — : أريكة
The Inquisition. — التفتيش
Compartment. △ — في قِطار حديدي
The King's Cabinet. الـ العالي الملكي
To echo; resound; ring out. ☼ دَوَّى . دَوَى : أصدى
To treat a disease, a wound, or a patient. داوَى المرض أو المريض
Medicine; drug. دَواء : ما يُستعمل لمقاومة المرض
Remedy; cure. — : عِلاج
Medicinal. دوائي
Inkstand; inkholder; ink-bottle; ink-pot. دَوَاة △ دَوايَة
Inkhorn. — بقلمتها (النوع القديم)
Echo; reverberation. دَويُّ الصوت : صَداه
Templars; the Poor Knights of the Temple. داويّة : فرسان القدس
Treatment. مُداواة : معالجة
Diana. ٥ ديانا : الاهة الصيد والعفة والزواج
△ ديب (في ذأب) ☼ ديباج ☼ ديباجة (في دبج)

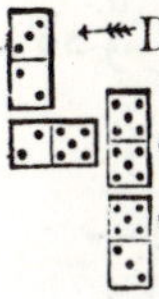

(ديث) دَيُّوث : قوَّاد — Pimp; pander; procurer; fancy man.

الـ : دُخلَة . طائِر (انظر دخل) — Warbler.

٭ دَيْدُبَان . دَيْدَب : حارِس — Sentry; sentinel.

— المراكِب : دَليل — Pilot.

٭ دَيْدَن (في ددن) ٭ دَيْر (في دور)

٭ ديسم (في دسم) ٭ ديسة (في دوس)

ο دِيسمبر . دِيسَنْبر : كانُون الاول . الشهرُ الميلادي الثاني عشر — December.

ο دِيسِجْرام : عُشْر الجرام — Decigramme.

ο دِيسِيمتْر : عُشْر المتر — Decimetre.

٭ دِيْك : ذَكَر الدجاج خصُوصاً والطيور عموماً — Cock.

— : ابو يَقْظان — Rooster; chanticleer; cock.

— رُومي : ذَكَرُ الدنْدِي — Turkey-cock.

ο دِيكريتو : أمرٌ عالٍ — Decree: edict.

ο دِيمقْراطِيّ : شَعبي — Democratic.

دِيمُقراطيَّة — Democracy.

ο دِيمُوسْتِين : اشهر خطباء الاغريق — Demosthenes.

ο دِيمُوطِيقي : شَعبي — Demotic; popular.

الكتابة الديموطيقيَّة : الخط الشَعبي المصري القَديم — Demotic, *or* epistolographic, character.

٭ دَيْن : قرْض مُؤَجَّل — Debt; liability; debit.

— : حَقّ . عهْد . ذِمَّة — Obligation.

— ممْتاز — Privileged debt.

— هالِك أو مَيت : ضِمار — Bad debt.

بالـ : على الحِساب — On credit; on account.

قَضى دَيْنَه : مات — To pay the debt of nature.

دِين : مُعْتَقَد — Religion; faith; belief.

— : تَقْوى . وَرَع — Piety; godliness.

يومُ الـ او الدَينونَة — Doomsday; Judgment-day.

دِينِيّ : مختصّ بالدِين — Religious; devotional.

دَيْنونة ٢ : الحساب الاخير — Doom; final judgment.

دَيِّن : متمسّك بدينه — Religious; pious; godly.

دَانَ . أدَانَ : اقرض — To give on credit.

— : حكَمَ على — To condemn; convict.

— : اطاعَ . ذلّ — To submit.

— تَدَيَّنَ بكذا — To adopt a religion or follow it.

— إسْتَدَانَ : استقرضَ — To borrow; contract a debt.

استدانَ ٢ : اشترى بالدَّيْن — To buy, *or* take, on credit.

إدانَة — Conviction.

دائِن — Creditor.

تَدَيُّن — Religiousness; godliness.

شِدَّة التديُّن أو الظهور (التظاهر) بذلك — Religiosity.

مُدان : مُذْنِب — Culpable; faulty; blamable.

مَدِين . مَدْيُون — Debtor.

— بفضْلٍ أو حَقٍّ أو مالٍ — Indebted.

انا — أو — لك — I owe you; I. O. U.

مَدينة (في مدن) — City; town.

مَدْيُونيَّة — Indebtedness.

مُتَدَيِّن — Religious; pious; godly.

٭ دينار ٭ ديناري (في دنر)

ο دِينَاميت : مادّة ناسفة — Dynamite.

ο دِينَامو : مُولِّد كهربي — Dynamo.

٭ دِيَة (في ودي) ٭ ديوان (في دون)

٭ دَيُّوث (في ديث) — Fancy man.

ο ديوجين ο ديُوجِينِس الكَلْبي : فَيلسوف إغريقي شهير — Diogenes.

﴿ ذ ﴾

✿ ذا : اسم بمعنى صاحِب (راجع ذو) — Possessor of.
✿ ذَا : هذا (جمعه أولاء) — This. (*pl.* These).
ذاكَ : ذلك (جمعه أولئك) — That. (*pl.* Those).
إذ — : حينئذٍ — Then.
ماذا ؟ — What?
— وإلا — Or else.
لماذا — Why?
✿ ذأَبَ : خوَّفَ — To frighten.

ذِئْبٌ — ←Wolf.
ذِئْبة : أنثى الذِئب — She-wolf.

ذِئب البحر : فرْخ — Bass.
ذُؤابة : قُصَّة شعر — Lock, *or* tuft, of hair.
✿ ذابَ (في ذوب) ✿ ذات (في ذو) ✿ ذادَ (في ذود)
✿ ذاع (في ذيع) ✿ ذاقَ (في ذوق) ✿ ذاك (في ذا)
✿ ذَبَّ عن : دافَعَ — To defend.

ذُبابة . واحدة الذُّباب والذِّبَّان — Fly.
— الخيل : نُعرة — Horsefly *or* gadfly; tabanus.
— المواشي : نَبْر — Botfly; breeze fly.
ذُباب هِندي : ذرّاح — Spanish fly; blister-beetle.
△ ذُبَّانة البندقيَّة : مُوجِّه . نشانكاه — Sight.
مِذَبَّة الذبَّان : △مِنَشَّة — Fly-whisk.
✿ ذَبَحَ : جزَرَ — To slaughter; kill; butcher.
— : قتَل — To slay; murder; kill.
— : قدَّمَ ذَبيحة — To sacrifice; immolate.
ذُبْحَة : مرض يصيب الحلق — Croup; angina.
— صَدْرِيَّة — Angina pectoris.
ذبَّاح : جزار — Slaughterer; butcher.
ذَبيح . ذَبيحَة : الحيوان المذبوح — Slaughtered animal.
ذَبيحة ٢ : ضَحيَّة — Sacrifice; offering.
مَذْبَح : مَجزر — Slaughter-house; abattoir.
— الهيكل : مِحْراب — Altar.

مَذْبَحة : مجْزَرة — Massacre; slaughter; butchery.
مَذْبُوح — Slaughtered; killed; slain.
✿ ذَبْذَبَ . تَذَبْذَبَ : خطَر — To oscillate; vibrate; swing.
تذَبْذَبَ ٢ : ترَدَّدَ — To vacillate; waver.
ذَبْذَبة . تذَبْذُب : خطَران — Oscillation; swinging.
— . — : تردُّد — Vacillation; wavering.
مُذَبْذَب : مُتردِّد — Wavering; unsteady.
مُتَذَبْذِب : مُتخطِّر — Oscillating; swinging.
✿ ذَبُلَ : ذَوَى — To wither; fade.
ذَبْل : قِشرة السلحْفاة — Carapace; tortoise shell.
— صِناعيّ : باغَة △خلْيُود — Celluloid.
ذُبالة المِصباح : فتيلة — Wick.
ذابِل : ذاوٍ — Withering; fading.
عَيْن ذابِلة : فاتِرة الجفون — Languid eye.
✿ ذَحْل : إثْآر . انْتِقام — Retaliation; reprisal.
✿ ذخَرَ . ادَّخَرَ : خبَّأَ لوقت الحاجة — To save; put by; store up; set by.
— . — : خزَنَ وخبَّأَ — To hoard; treasure up.
ذَخيرة . ذُخْر : ما ذُخِر — Treasure; store.
— : رأسُ مال — Fund; capital.
— الحرْب : △جبخانة — Ammunitions.
— مُقدَّسة — A holy relic.
الـ المقدَّسة : قربان مُدَّخر — Host.
إذِّخار . إدِّخار — Saving.
✿ ذرَّ (في ذرر) ✿ ذِراع (في ذرع)
✿ ذَرَبُ البطن : إسْهال — Diarrhea; looseness of the bowels.
ذَرِبٌ : حادٌّ — Sharp.
رجُل — : بذيءُ اللسان — Foul mouthed.
✿ ذُرَّاح (والجمع ذراريح) : ذُباب هِندي — (Dried) Spanish flies.
﴿ ذرر ﴾ ذرَّ : رشَّ . نثر — To sprinkle.
— الرَّمادَ في الأعيُن — To throw dust in the eyes; deceive.

ذَرٌّ : رَشٌّ . نَثْـر — Sprinkling.
— : صِغارُ النَمْلِ (واحدته ذَرَّة) — Small ants.
ذَرَّة ٢ : أصغر جزء من المادة — Atom; particle; whit; jot.
— : هَبـاءَة — Mote; speck; corpuscle.
— : جُزَيْء — Molecule.
— كَهرَبيَّة : دالِـف . طليق — Ion.
مُحطِّـمة الــ . — Cyclotron.
مِثْقال — . — A whit; of the weight of the smallest ant; equal in weight to a mote.
مِقْدار — . — An iota.
ذَرِّيّ — Atomic
النظرِيَّة الذَرِّية — Atomic theory.
قُنْبلة ذَرِّية — Atom bomb.
ذَرُور : مَسْحوق . تُـراب — Powder.
ذَرُورِيّ : ناعِم — Powdery; pulverous.
ذُرِّيَّة : نَسْـل — Children; offspring; progeny; descendants.
✿ ذَرِعَ اليهِ وعِنْدَهُ : تشفَّـعَ — To intercede; mediate.
تَذَرَّعَ بذَرِيْعة — To use as a medium, means *or* instrument.
ضاقَ ذَرْعاً بالامرِ — To be beyond one's power.

ذِراع : سَاعِد — ←Arm.
— : ساق او ذِراع او جَناح — Limb.
— : مِقْياس طُوليّ — Cubit.
— : هِنْدازة — Ell.
— : عَظم الزَنْد السُفْلي (الوحشيّ) — Ulna.

ذَرِيع : سَرِيع — Quick; rapid.
— : شَفيع — Mediator; intercessor.
قَـتْـل — . — Wholesale slaughter.
ذَرِيعَة : وَسِيلَة — Means; medium.
✿ ذَرَفَ الدَّمْعُ من العَيْنِ — To flow; issue (tears.)
ذرفت العينُ دَمْعَهـا — To shed tears; to water.
✿ ذَرَقَ . أَذْرَقَ الطائرُ — To mute.
ذَرْقُ الطيُور : سَلْحُـها — Excrement of birds.
✿ ذرة (في ذري) ✿ ذرّة ✿ ذرور (في ذرر)

✿ ذَرَّى . ذَرا الحِنْطةَ — To winnow.
— . — الرِيحُ التُرابَ — To scatter; disperse.
— فلاناً : مَدحه — To praise; commend; eulogize.
أَذْرَى : القى — To throw down.
—ت العينُ الدَمْعَ — To shed tears.

تَذَرَّى الجبلَ — To ascend; climb up.
— بهِ : استتَرَ — To take shelter.
إستَذْرَى بهِ : التجأَ — To seek the protection of.
ذُرَة شامِيَّة أو صفراء — Maize; golden, *or* Indian corn.

— رفيعة — Guinea corn.
— عُوَيجه او صَيْفيَّة — Indian millet; dura.
ذُرْوَة : قِـمَّـة — Summit; top; peak; acme; pinnacle.

— : أَوْج — Apex; zenith.
ذَرًى : حِمًى — Protection
مِذْرًى . مِذْراة △مِذْرة — ←Pitchfork; winnowing fork.
✿ ذَرِيعة (في ذرع) ✿ ذُرِّيَّة (في ذرر)
✿ ذَعَرَ . أَذْعَرَ : أَفزَعَ — To terrify; startle; frighten; shock.
ذُعِرَ . انذعرَ — To be scared, startled, shocked *or* terrified.
ذُعْر . ذُعَر : فَـزَع — Panic; fright; trepidation.

ذُعَرَة : △أبو فصادة. ← فَـتّـاح . سَكَـنْـكَع . زِيطَـه . أم صُفيدة — Wagtail.
(ذعف) مَوتٌ ذُعَاف — Sudden death.
✿ ذَعِنَ . أذْعَنَ لَهُ — To obey; comply with; submit to; yield to.
إذْعَان : إنقياد — Compliance; obedience; submission; pliability.
مُذْعِن : مُنْقاد — Obedient; submissive; compliant; tractable.
مِذْعَان : سَهْلُ الانقِياد — Pliable; yielding; docile; compliant.

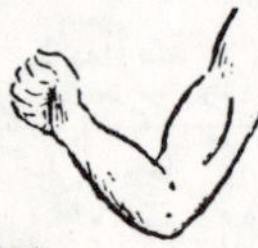

Stench; rancidity; pungent odour. ☆ ذَفَرٌ : رائحة كريهة

Chin. ☆ ذَقَنٌ . ذِقْن: مُجْتَمَع اللحيين من أسفلهما

Beard. △ذَقْن : لحية

Goatee *or* imperial. △— التيس : عُثْنون △ سَكسوكة

Old man's beard. △— الباشا : زَهْر شجر البَخ

To play with *another's* beard. △ضحك على ـه

Intelligence. ☆ ذكاء (في ذكي)

To mention. ☆ ذَكَرَ الخَبَرَ : قاله

To cite; quote. — الحديثَ : سَرَدَه

To allude, *or* refer, to. — الشيءَ : نَوَّه بِهِ

To name; designate. — الشيءَ : سَمّاه

To remember; keep in mind; think of. — .تذَكَّرَ . استذكَرَ : حَفِظَ

To recollect; recall to mind. — . — . —:فطن الى△ افتكر

To confer with. ذاكَرَ : فاوضَ . حادثَ

To study. — دَرْسَه : طالعه ودرسَه

To remind. ذَكَّرَ . أذْكَرَ : △فَكَّرَ

Male. ذَكَرُ الحيوانِ : ضِدّ أُنثى

The male member; penis. — : قضيب

Tenon and mortise. — وأُنثى : △نَقر ولسان

Male and female; he-she. —وأُنثى : △ذكَر ونتايه

Amazon; masculine woman. إمْرَأة ذَكِرة : متشبِّهة بالذكور

Renown; fame. ذِكْر . ذِكْرة : صيت

Remembrance; reminiscence; recollection. — . ذِكْرَى . تذَكُّر

Mention; citation. — : إيراد

Commemoration. إحياء الـــ.

Forecited; forementioned. سالِفُ الـــ.

To speak of. يُذْكَرُ : يستحِقّ الذِكْر

Mentionable; can be mentioned. — : يمكِن ذِكْره

Memory; mind. ذاكِرة : حافِظة . بال

Reminder. تذكار . تذكِرة

Souvenir; keepsake. — : ما تحفظه للذِكْرَى

In remembrance of. تذكاراً لِكذا

Ticket. تَذْكِرَة[٢] : ورقة السَّفَر او الدخول الخ

Post-card. — بَرِيْد

Single ticket. — سَفَر (ذِهاب فقط)

Return ticket. — ذِهاب وإياب

Passport; pass. — مُرور : فَسْح ○ بَسْبُور

Prescription. — طِبِّية : وَصْفة طبيب

Ticket clerk; booking clerk. تذكَرْجي : عامِلُ صَرْف التذاكر

Ticket office; booking-office. مكان صَرف التذاكر

Reminding. تَذْكِير : △تفكير

Fecundation; impregnation. — : التلقيح بماء الذكر

Masculine. مُذَكَّر : ضِدّ مؤنث

Reminiscent; recalling to mind. مُذَكِّر : مُفكِّر

Memorandum (*pl.*—s, *or* memoranda); reminder. مُذَكِّرة : △مُفكِّرة

Note-book. — △ : مُفكِّرة (دفتر)

Lawyer's brief. —المحامي (في القضيّة المعروضه)

Mentioned; cited. مَذْكُور : ذُكِر

Fore-mentioned; foresaid. — سابقاً

Study. مُذاكَرة : دَرْسٌ وحِفْظ

Conference; deliberation. — : مُفاوَضة

To immolate; offer in sacrifice. ☆ ذَكَّى . ذَكَى : قدَّمَ ذبيحة

To cause to blaze. — . أذْكَى : ألْهَبَ

To blaze; glow. ذَكَتِ[٢] . استَذْكَت النارُ

Intelligence; acumen; sagacity; wit. ذَكاء : سُرعةُ الفَهْم

Intelligent; sharp-witted; acute; sagacious. ذَكِيّ : سَريع الفَهم

Fragrant; sweet-smelling. — الرائحة

Tasty; savoury; palatable. — الطعم

To be lowly. ☆ ذلّ (في ذلل)

To sharpen a knife. ☆ ذَلَقَ السِّكِّينَ : حَدَّدَه

Voluble; loquacious. ذَلِقُ اللسان . ذَليق

Volubility; loquacity; fluency. ذَلاقَةُ اللسان : فصاحة

Tip of the tongue. ذَوْلَقُ اللسان : طرفه

Lingual letter. حَرْفٌ ذَوْلَقِيّ : مَخْرَجه طرَف اللسان

✲ذلِكَ : ذاكَ (راجعْ ذا) — That.
بَعْدَ — . — Afterwards.
غيرَ — : أيْضاً — Else.
مع — . — Still; for all that; nevertheless.
✲ذَلَّل : تغلّبَ على — To surmount; overcome.
— : راضَ وطوّعَ — To break.
أذَلَّ . اسْتَذَلَّ : اخضعَ — To subdue; conquer.
— . —: حقّرَ — To humble; abase; humiliate.
ذَلَّ : ضدّ عزَّ — To be low; despised.
تذلّلَ : تمسكنَ — To humble, *or* debase, oneself; fawn; cringe.
ذُلّ : ضد عِزّ — Humiliation; abasement; obsequiousness.
ذَليل : حقير — Humble; obsequious; cringing; fawner.
— : مُنكسر الخاطر — Contrite; broken-hearted.
✲ذَمَّ (في ذمم) — To dispraise; blame.
✲ذَمَرَ الأسدُ : زأرَ — To roar.
تذمّرَ : تضجّرَ — To murmur; grumble.
ذِمار : شرَف — Honour; reputation.
✲ذمّمَ : بالغ في ذمّهِ — To dispraise too much.
ذمّ : ضدّ مدحَ — Ta blame; censure; dispraise.
— : انتقد — To criticise; find fault with.
ذَمّ : ضد مَدْح — Blame; censure; dispraise.
— : انتقاد — Criticism; animadversion.
ذِمّة : ضمان — Security; guarantee.
— : أمان — Protection; safe-keeping.
— : دَيْن (الجمع ذمامات) — Obligation; debt.
— : ضمير (الجمع ذمم) — Conscience.
اتحاد الـ . (في التجارة) — Confusion of goods.
اهل الـ : — Aliens (in a Moslem country).
عديم الـ . — Conscienceless.
قليل او خربُ الـ . — Unscrupulous.
△في ذمّتهِ : عليه . مدينٌ — He owes.
△في ذمّتي : △بشرفي — Upon my word.

△ذِمّتلي : ذو ذمّة — Conscientious.
ذِمّي : من اهل الذمّة — Enjoying Moslem protection.
ذَميم . مَذْموم : ضدّ ممدوح — Blamed; censured; dispraised.
— . — : يستحق الذمّ — Blameworthy.
✲ذَنْب : إثْم — Crime; guilt; offence.
— : خطيئة — Sin; evil.
ذَنَب : ذَيْل (راجع ذيل) — Tail.
— الثعلب : نبات — (Meadow) foxtail grass.
— الفار : « — Annual beard grass.
— القِطّ : « — Goldylocks *or* bulrush.
أذناب الناس . اتباع — Sateliles
ذَنَبيّ : ذيلي — Caudal.
ذُنَيْب (في النبات) — Petiole; leafstalk.
ذُنَيْبة : △دنيْبة — Barnyard grass; small millet.
ذَنَّبَ : جعل له ذنَباً — To tail; furnish with a tail.
△ — : عاقَب — To punish.
أذْنَبَ : ارتكَبَ ذنْباً — To commit a crime *or* an offence; be guilty.
— : أخطأَ — To sin; commit sin; do wrong.
إسْتَذْنَبَ : عدّهُ مُذْنِباً — To convict; prove, *or* find, guilty.

مُذْنِب : أثيم — Guilty; criminal.
—:ضد بَرِيء — Delinquent; culpable.
— : خاطِيء — Sinner; sinful.
مُذَنَّب : له ذَيْل — Tailed; caudate.
— : نجمة بذَيْل — ←Comet.
رأس الـ : نَواة (في الفلك) — ←Nucleus.
✲ذَهَبَ : ضِدّ أتى — To go away; depart.
— بهِ : أخذهُ ومضى — To take away.
— الى كذا : رأى فيه كذا — To be of opinion that; think that.
— ادراجَ الرياح — To go to the winds.
ذَهَّبَ :مَوّهَ بالذهبِ — To gild; overlay with gold; cover with a golden colour.

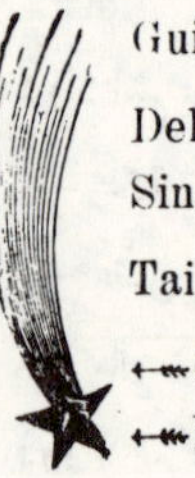

أَذْهَبَ : جَعَلَهُ يذهب — To send away; let go.
تَمَذْهَبَ بالمذهَبِ الفلاني — To embrace, *or* follow, a religion.
ذَهَبٌ : المعدن الثمين المعروف — Gold.
— أبيَض : ٥ بلاتين — Platinum.
ماء الـــ. — Gold-size; liquid gold.
ذَهَبيّ : كالذهب أو منه — Golden.
△ ذَهَبيَّة : مركب سكن — Nile house-boat; *Dahabieh*.
ذَهاب : مضيّ — Going; departure.
مَذْهَب : مُعْتَقَد — Creed; belief; faith.
— : عقيدة . تعليم — Doctrine.
مُذَهَّب : مُمَوَّه بالذهب — Gilt; coated with gold.
✿ ذَهَلَ عن الامر — To froget; omit; overlook.
ذَهِلَ . انذَهَلَ — To be distracted; confused; diverted from.
أَذْهَلَ — To distract the mind *or* attention; make *one* forget.
ذُهُول — Distraction; confusion of mind.
ذَاهِل . مُنْذَهِل — Distracted; confused.
✿ ذِهْن : عقل — Mind; brain; intellect.
ذِهْنيّ — Mental; intellectual.
حِساب — : هوائي — Mental arithmetic.
✿ ذو : اسم بمعنى صاحب — Possessor, *or* owner, of.
— صِحَّة — Healthy.
— عقلٍ : عاقل — Intelligent.
— مالٍ : غني — Wealthy.
ذَوُو (جمع كلمة «ذو») — Possessors of.
— الرجُل : اقاربه — His people, (parents, or, other relations.)
ذَاتَ : مؤنث ذو — Possessor, *or* owner, of.
ذات : نفس . عين — Self; same.
— الجنب : برسام — Pleurisy.
— الرئة : التهاب الرئة — Pneumonia.
— الشيء — The same thing; identical.

— مَرَّة : مَرَّةً ما — Once.
— يوم : يوماً ما — A certain day; one day.
ذاتكَ . بذاتكَ : بعينك — Yourself.
في ذاتهِ . في حدّ ذاته — In itself.
احترام الذات — Self-respect.
الاعتماد على الـــ. — Self-reliance.
الإعجابُ بالـــ. — Self-admiration; conceit.
الاغترار بالـــ. — Self-conceit; vanity.
الثقة بالـــ. — Self-confidence.
انكار الـــ. — Self-denial.
حُبّ او محبَّة الـــ. — Self-love; selfishness.
مَدْح الـــ : انانيَّة — Egotism.
مُحِبّ ذاته — Self-loving; selfish.
مناقِض ذاته — Self-contradictory.
صَريح او واضِح بذاتهِ — Self-evident.
ذاتيّ : شَخْصيّ — Personal.
— . من تلقاء الذات : انبعاثي — Spontaneous.
ذاتيَّة : شخصيَّة — Personality.
— الشيء : حقيقته — Identity; sameness.
ذاتيًّا : من ذاته — Spontaneously.
— : شخصيًّا — Personally.
ذَوَات البلَد : الاعيان — Notables; grandees.
— الاربع : سائمة . بهائم — Quadrupeds.
△ اولاد الـــ : — The gilded youth.
✿ ذُؤابة (في ذأب) — Lock of hair.
✿ ذَوَّبَ . أذابَ : حلَّ — To dissolve; melt.
ذابَ : انحَلَّ — To dissolve; run; be dissolved *or* melted.
— أسىً أو همًّا — To pine, *or* waste, away.
ذائِب : مُنحلّ — Dissolved; melted; molten.
تَذْوِيب . إذابة — Dissolving; melting.
مُذِيب : مُحَلِّل — Dissolvent; solvent.
— ومُذاب — Solvent and solute.
✿ ذَوْد : دِفاع — Defence; protection.
ذادَ عنهُ : دافَعَ — To defend; protect.
مِذْوَد : معتلفُ الدواب — Manger; trough.

*ذَوْق . ذائِقة : حاسَّة الذَّوْق — Taste.
—. ذَوَاق : هَوًى . مَيْل — Taste; inclination; liking.
— : حصافة — Tact; adroitness.
— : لباقة — Good taste.
△— : مؤدَّب — Courteous; polite; civil.
قِلَّةُ ذَوْق — Discourtesy; incivility.
قليل الـ . — Discourteous; incivil.
ذاقَ الطعامَ وغَيرَهُ — To taste; relish.
— : خَبَرَ . جرَّبَ — To experience; try; taste.
أَذاقَ : جَعَلهُ يَذُوق — To make *another* taste; give to taste.
تَذَوَّقَ : ذاقَ تَدْرِيجاً — To relish; taste gradually.
مَذَاق : طَعْم — Taste; savour; flavour; relish.
△مُذْوِق : حَسَن الذَّوْق — Tasteful.

*ذَوِيَ . ذَوَى : ذَبُلَ — To wither; fade.
ذَاوٍ : ذابِلٌ — Withered; faded.

*ذِي : مُؤَنَّث ذُو و ذَا — Possessor, *or* owner, of.

(ذيع) ذاعَ الخَبَرُ : انْتَشَرَ — To circulate; spread; be spread about.
— السِّرُّ : فشا — To be revealed; divulged.
أَذاعَ : نَشَرَ — To promulgate; spread; diffuse; circulate; publish.
— مَبْدَأً : نَشَرَه ودَعا اليه — To propagate.
— السِّرَّ — To reveal; divulge; disclose.
— باللاسِلْكِي — To broadcast.
ذائِع : مُنْتَشِر — Outspreading; widespread; circulating.
— الصِّيْت — Famous; noted; renowned.
إذاعَةُ الأخبار (باللاسِلْكِي) — Broadcasting.
محطَّة — لاسِلْكِيَّة — Broadcasting station.
مُذِيع : ناشِر — Promulgator; spreader; circulator.
مِذْياع : لا يكتم سِرّاً — Indiscreet; communicative; babbler.

— : نَدِيّ — ← Megaphone.

— كَهْرَبِي : مِجْهار — Microphone. ↓

— : ○ رَاديو (انظر راديو) — Radio, *or* wireless, set.

*ذَيَّلَ الكِتابَ — To add an appendix to.
— الخِطابَ — To add a postscript to.

ذَيْل : ذَنَب (راجع ذنب) — Tail.
— : طَرَف — Extremity; end.
— الثَّوْبِ : رِفْل — Train; skirt.
— الحِصان (نبات) — Mare's-tail; bottle-brush.
— الصَّحِيفة من الكِتاب — Foot, *or* end, of a page.
— الفارِ (نبات) — Mouse-tail.
— . تَذْيِيل : مُلْحَق — Appendix; supplement.
حامِلُ الذيل (أي الرِفْل) — Train-bearer.
طاهِرُ الذَّيْل — Immaculate; undefiled.
△قَصِيرُ ذَيْل (تُقال عِند امتناع الأمر) — Sour grapes.
△في ذَيْلِهِ : على اثره — On the neck of; immediately after.
ذَيْلِيّ : ذَنَبِي — Caudal.
ذائل . مُذَيَّل : لهُ ذَيْل — Tailed; caudate.

(ر)

*رَأَبَ الصَّدْعَ — To repair; mend; put right

*رَأْرَأَةُ العَيْن — Nystagmus; twitching of the eyeballs.

*رِئة (في رأى) *رَائِحة (في روح) *رَائِع (روع)
*راب (في روب وريب) *رابٌّ (في ربب) *رابية (في ربي)
*راتينج (في رتج) *رَاث (في روث) *رَاج (في روج)
*رَاجٍ (في رجو) *رَاح *رَاحة (في روح) *رَادَ (في رود)

○ رَادِيكَالي : حُرٌّ مُتَطَرِّف — Radical.

○ رَادْيو : لاسِلكي — Radio, *or* wireless, set.
— : مِذْياع راديُونيّ — Radio receiving set.
إذاعة رادْيُونِيَّة — Radio broadcast.
○ رادْيوغراف : صُورة بالأشِعة النافذة — Radiograph.
○ رادْيُوفُون : تلفون لاسِلكي — Radiophone.

٥رَادْيُوم : شعّاع — Radium.
المعالجة بالـ — Radiotherapy.
*رَأَسَ . ترأَّسَ . إرْتأسَ القومَ — To head; lead.
— . — العملَ — To superintend; manage.
— . — الجمعية أو الإحتفال — To preside over.
رَأَّسَ : ∆رَيَّسَ . جَعَلَه رئيساً — To make, or appoint, as a leader or chief.
رَؤُسَ : كانَ رئيساً — To be a chief.
∆رَوَّسَ القلمَ : حدَّدَ طرفه — To make a tip to; sharpen the point of.
∆ — المقالةَ أو الكِتابَ — To furnish with a heading or title.
رَأْس : ما فوق الرقبة — Head.
— : قِمَّة — Top; summit; acme; vertex.
— : عَقْل — Mind; intellect; head.
— : أوَّل — Beginning; commencement.
— (في الجغرافيا) — Cape; headland.
— الرجاء الصالح — Cape of Good Hope.
— الزاوية — Vertex of the angle.
— الشيء — The chief, or principal part, of.
— الجسر : حصنه — Bridge-head.
— السَّنَة — New-year's-day.
— الشهر القمري — New-moon.
— سُكَّر — Sugar-loaf.
— بِرْسِيم — First crop of clover.
— مَالٍ ∆رِسْمال — Capital; fund.
— ماليّ — Capitalist.
— ماليَّة — Capitalism.

∆ — البابِ (العُليا والوسطى والسُفلى) — Rail.
— عُليا — Top rail.
— وسْطى — Lock rail.
— سُفْلى — Bottom rail.
— العمود — Capital of a pillar; head, or top part, of a column.
— القومِ : زعيمهم — Chief; leader.
— برأسٍ : متعادِلان — Neck and neck.
— برأس : على السواء — Equally.
على — عدد كذا من الرجال — At the head of...
جلدة الـ — : شَوَاة . شَوَى — Scalp.
عِشرون رأساً من كذا — Twenty heads of.

رأساً : مُباشرة — Directly; at first hand.
— على عقب — Upside-down; topsy-turvy.
رَأْسِيّ : عموديّ — Vertical; perpendicular.
رَئِيس : رَيِّس — Head; chief; leader; governor; boss.
— : مقدَّم — Foreman; boss; superintendent.
— : ضدّ مرؤوس — Superior; chief; master.
— ادارة أو مَكْتَب — Chief; boss; manager.
— جَلْسَة أو لجنة — Chairman; president.
— دَيْر وأمثاله — Superior.
— محكمة أو جمهوريَّة — President.
— مَدْرَسَة — Headmaster; principal.
— مَعْهَد عِلمي أو دِيني — Dean.
— الوزراء — Premier; prime-minister.
— الأساقفة — Archbishop.
— الشمامسة — Archdeacon.
— الشياطين — Arch-fiend; satan.
— الملائكة — Archangel.
— عِصابة : زعيمها — Ringleader.
— نَفْسِه — One's own boss or master.
رئيسة : مُدِيرة — Directress; matron; presidentess.
رئيسيّ : أوّليّ — Chief; principal; leading.
الحيوانات الرئيسية . الرئيسيّات — Primates.
الاعضاء الرئيسية أي الحيويَّة — Vitals.
رِئَاسَة : رِيَاسَة — Presidency; leadership; chiefdom; headship; mastership.
∆تُرَوِيسة الكِتاب أو المقالة — Heading; title.
∆ — الجزماتي : طرف الخيط المقوّى بالشعر والشمع — Shoemakers' end.
مَرْؤُوس : ضد رئيس — Subordinate; subject.
*راشِن (في رشن) *راضٍ (في رضى) *راضَ (في روض)
*راعَ (في روع) *راعى (في رعي) *راغَ (في روغ)
*رَأَفَ . رَؤُفَ . ترأَّفَ بهِ — To be merciful towards; show mercy upon.
رَأْفَة — Mercy; compassion; pity.
رَؤُوف — Merciful; compassionate.
*رافق (في رفق) *راقَ (في روق) *راقٍ (في رقي)
*راقب (في رقب) *رالَ (في رول) *رامَ (في روم)
*راهِب (في رهب) *راهن (في رهن) *راود (في رود)
*راود (في رود)

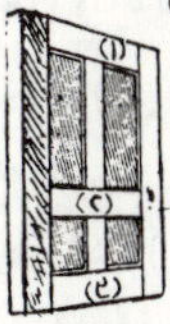

✲راوَنْد . رِوَنْد — Rhubarb.
✲رأى : أبصرَ — To see; behold.
— : أدرَكَ — To perceive; observe; see.
— : حسب — To regard; consider.
راءى . تراءى : تظاهر — To dissemble; feign; simulate.
أرى : جعلهُ يرى — To show.
إرتأى الأمرَ : نظر فيه — To contemplate; meditate on; consider.
— رأياً — To propose; suggest.
تراءى له : ظهرَ — To appear, *or* seem to
يُرى : منظور — Visible; obvious.
يا تُرى . هل تُرى — I wonder!
رأي : فِكر — Opinion; view; idea.
— : إقتراح — Proposition; suggestion.
— : نصيحة . مشوْرة — Advice; counsel.
الـ العامّ — The public opinion.
صُلْبُ الـ — Self-opinionated; obstinate.
برأيين . ذو رأيين — Double-minded; wavering.
من رأيه أن — He is of opinion that.
راءٍ : ناظِرٌ — Seer; observer; looker.
رُؤيا : ما تراهُ في المنامِ — Dream; vision.
— إلاهيّة — Divine revelation.
سِفْر الـ . (من الانجيلِ) — Apocalypse; Book of Revelation.
رُؤية : نظر العيْن أو القلب — Vision; sight; view.
— : إمكانيّة المشاهدة — Visibility; visibleness.
— القاصي : مباصرة ○ تلفزة — Television.
رِئاء . رِياء : تَصنّع — Hypocrisy; dissimulation.
— . — : نفاق — Hollowness; insincerity.
— . — دِيني — Sanctimoniousness; formalism.
رئة . رِية : مِنفاخ الصّدر — Lung.
ذات الـ : اسم مرض — Pneumonia.
رِئوي : مختصّ بالرئة — Pulmonary.
طاعون — — Pneumonic plague.

مُراء : مُنافِق — Hypocrite; dissembler; double-faced.
مُراءاة . رِياء — Hypocrisy.
مِرآة (الجمع مرايا) △مِرآية — Mirror; ←looking-glass; glass.
— معدنيّة: منظار (في الجراحة) — Speculum.
مَرأى : منظر — Sight; view.
مَرْئيّ : منظور — Seen; visible.
△رايْ: سمك — ←Pilchard.
✲راية (في ربي) — Flag; banner.
✲ربأ على : أشرفَ — To overlook; dominate; command a view of.
ربأت بنفسي عن عمل كذا — I held myself above the doing of such a thing.
— بك عن كذا — I held thee above such a thing.
✲ربَّبَ . ربَّ . تربّب الولدَ . ربّاهُ — To foster; bring up; rear up; nurture.
ربّ : سيّد — Lord; master; boss.
— العائلةِ أو البيْت — The head, *or* master, of the family.
— عائلة — Family man.
ربّة : سيّدة — Mistress.
△رِبّة : طفح جِلدي — Red gum; strophulus.
△ — البرسيم وغيره: رَبْل — Eddish; aftermath.
△ — القصب — Ratoon; rattoon.
رُبّ : عصير الثمار المخثّر بالطبخ — Rob; rhob.
— سُوس — Licorice; liquorice rob.
— الورق : عجينته — Pulp.
— : مُربّي (راجع ربو) — Jam.
رُبَّ . رُبما : لعلّ — Perhaps; maybe.
— . — : من الممكن — Possibly; probably.
رَباب . رَبابة : آلة طرب وتريّة — Rebec; rebab.
رِبابة . رُبوبة . رُبوبيّة — Lordship; mastership.
رُبّان السّفينة الكبيرة — Captain of ship.
— مركب صغير — Skipper.
رابّ : زوج الأمّ — Step-father.

رَابَّة : زَوْجَة الاَب — Step-mother.
رَبِيب : اِبنُ الزَّوْج أو الزَّوْجَة — Step-son.
— : زَوْج المرْأة لها ولد — Foster-father.
رَبِيبَة : بِنْت الزَّوْج او الزوجة — Step-daughter.
— : زَوْجة الرجُل له ولد — Foster-mother.
٭ رَبَا ٭ رِباً (في ربو) ٭ رَباب (في ربب)
٭ رِبالة (في ربل) ٭ رُبّان (في ربب)
٭ رَبَتَ الصبيَّ : △ طَبْطَب له — To pat; stroke.
٭ رَبِحَ : ضِدّ خَسِرَ — To gain; win; make profit.
رَبَّحَ . أَرْبَحَ : جعله يربح — To make *another* gain *or* win.
△ — : أعْطاهُ رِبْحاً — To allow a profit to.
رِبْح : ضِدّ خسارة — Profit; gain.
— : فائدة — Benefit; advantage.
— المال : فائدته (القانونية) — Interest (on money).
— بسيط — Simple interest.
— مُرَكَّب — Compound interest.
رَابِح . مُرْبِح : مُكْسِب — Profitable; remunerative; lucrative; gainful.
— . — : مُفيد . ضد مُخسِّر — Advantageous.

رُبّاح : قِرْدُوح . مَيْمون — Baboon; drill.
△ إسْتِرْباحَة : تَصْلِيبة × — St. Andrew's cross.
٭ رَبَدَ بالمكانِ : لَبَدَ — To stick to a place.
أَرْبَدُ اللونِ : اغبر — Dingy; dust-coloured.
٭ رَبَصَ . تَرَبَّصَ : كَمِنَ وانتظر — To lurk; lie in wait for.
رَوْبَصَة . تَرَوْبُص : يَقْظَة النوْم — Somnambulism.
٭ رَبَضَ : بَرَكَ — To kneel down.
رَبَضٌ . مَرْبِض : مَأْوى الغَنَم — Fold; pen; sheep-fold.
— المدينة : ماحولها من مساكن — Outskirts; environments.
٭ رَبَطَ : ضِدّ حَلّ — To bind; tie; fasten.
— : وَصَلَ — To connect; unite; join.
— الجُرْحَ : عَصَبَه — To bandage.
— اللسانَ : أخْرَسَه — To dumbfound, —er.
رابَطَ الجيْشُ — To be stationed.
إرْتَبَطَ : رُبِطَ — To be bound *or* tied.
رَبْط : ضِدّ حَلّ — Binding; tying.

رِبَاط : ما يُرْبَط به — Tie; bond; band.
— : عِصابة — Bandage.
— : قَيْد — Bond; ligament.
— الاوعية الدمويّة — Ligature.
— الحذاء : شِراك — Shoe-lace; boot-lace.

— الجوارب (للرجال) — Suspenders for socks.

— الرقبة — Tie; necktie; cravat; scarf.
رَبْطَة : حُزْمَة — Bundle; parcel; package; packet.
— الساق (لجوارب النساء) — Garter.
وسام — الساق — The Order of the Garter.
رَابِط . يَرْبُط — Binding; tying.
— : مُوصِل — Connecting; joining.
— الجأش — Cool; collected; undismayed.
رَابِطَة . إرْتباط : صِلَة — Connection; tie.
ارتباط[2] : تعهُّد — Engagement.
— : اتِّصال — Correlation.
— : عِلاقة . صِلة — Bearing; relation.
بالارتباطِ : معاً — Conjointly; jointly.
مَرْبِطُ الدوابّ — Stall; stable.
مَرْبُوط . مُرْتَبِط — Bound; tied.
مُرْتبط[2] بوعدٍ أو عهد — Engaged.
٭ رَبَعَ △ رَبَّعَ . إرتَبَعَ الحِصانُ : أكل الربيع — To be fed on spring plants.
△ — الحِصانُ : جَرى عدواً — To gallop.
رَبَّعَ[2] العددَ : ضَرَبهُ في مثله — To square a number.
— العددَ : جعله أربعة أضعاف — To quadruplicate.
تَرَبَّعَ . إسْتَرْبَعَ في جُلوسه — To sit cross-legged; tuck one's legs under him.

رُبْع (¼) — Quarter; fourth part; fourth.
— الدائرة (٩٠ درجة) — Quadrant.
— جالون — A quart.

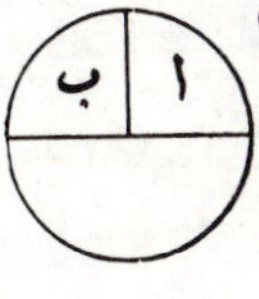

رَبع : دَار بها عِدّة مساكِن — Tenement-house; mansion.

—△ رِبـع . رَبَعٌ . رَبْعَةُ القامة — Of medium stature.

آلة الـ : مِزْولة الابعاد — Gunner's quadrant.

رَبيع . فصْلُ الربيع — Spring; spring tide.

زَهْرة الـ : آذانُ الدُّبّ — Primrose.

رَبيعي : مختصّ بالربيع — Vernal.

رُباعيّ (في الجبْر والهندسة) — Quadratic; quadric.

— الاحْرُف (مقْطع أو كلمة) — Quadriliteral.

— الاضلاع أو الجوانب — Quadrilateral.

— الارْجُل أو الاقدام — Quadruped; four-footed.

رابع : واقع بعد الثالث — Fourth.

— عشر : بعد الثالث عشر — Fourteenth.

رابعاً — Fourthly; in the fourth place.

أربع . أربعة (٤) — Four.

— عشرة : أربعة عشر (١٤) — Fourteen.

أربعة أضعاف — Fourfold; quadruple.

أم — واربعين : حَرِيش — Centipede; centiped.

ذوات الأربع — Quadrupeds.

△ يوم — . الأربعاء — Wednesday.

أربعون (٤٠) — Forty.

الـ : واقع بعد ٣٩ — Fortieth.

تربيع : ضَرْبُ العدد في ٤ — Quadruplication.

— الدائرة — Squaring of the circle.

تربيعة . مُربَّع : △ خانة — Square; pane.

△ — : بلاطة اسمنت — Tile.

مَرْبَع الصَّيْد — Hunting ground.

مُربَّع ٢ (شكلاً أو عدداً) — Square.

— : أربعة أضْعاف — Quadruple; fourfold.

— (لسدّ الفراغ في الطباعة) — Quadrat.

— قائم الزاوية — Quadrangle.

شِبْه — . — Trapezoid.

مَرْبوع القامة — Square-built.

يربوع : جرْبوع — Jerboa.

*رِبق . رِبقة : حبلٌ فيه عروة — Lasso; noose.

*ربك : عرْقل — To complicate; entangle.

— : حيّر — To confuse; confound; disconcert.

رَبِكَ . ارْتبك — To be entangled *or* confused.

رَبْكٌ . إرتباك — Embarrassment; confusion; entanglement

رَبِكٌ . مُرْتبِك ١ — Confused; confounded; embarrassed; ill at ease.

مُرْبِك — Cumbersome; unwieldy.

مُرْتَبَك ٢ : معقّد — Entangled; complicated.

*رَبِلٌ : مُمتلئ لحماً — Plump; fleshy; portly.

رِبْلٌ : △ رِبّه — Eddish; aftermath.

رَبْلة الساق : △ سِمّانة الرِجْل — Calf of the leg.

رَبالة : امتلاء الجسم — Plumpness; fleshiness.

رِبيل : مُمتلئ الجسم — Portly; plump; fat and rounded.

* رُبّما * رُبَّة (في ربب)

*رَبْو : مرَض صَدْريّ — Asthma.

رُبْوة . رابية : أكَمة — Monticle; hillock; mound.

رِبْوة ١ : عشر كرّات . مليون — Million.

رِبْوة ٢ : عشرة آلاف — Myriad.

رِبا . رِباء : فائدةُ المال (المحرّمة) — Usury.

رِبَوي : مختصّ بالربا — Usurious.

رَبا : زاد ونما — To grow; increase; augment.

— الولدُ : نشأ — To grow; develop.

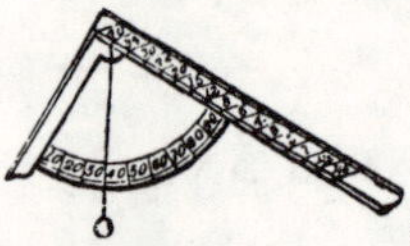

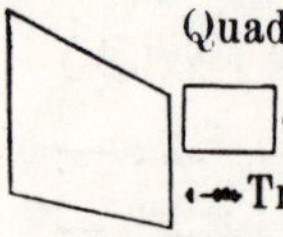

رَبَّى الولدَ : غذّاه ورعاه — To bring, or rear, up; nurse; foster.
— : هَذَّب — To educate; instruct.
— الماشيةَ — To breed, or raise, cattle.
— الثمرَ بالسُّكَّرِ : عقده — To conserve fruit by boiling it with sugar to a pulp.
△ — ذَقْنه : اطْلقها — To grow a beard.
△ — شاربه — To cultivate a moustache.
رَابَى : أعْطى ماله بالربا — To practise usury.
أَرْبَى : جعله يزيد — To augment; increase; multiply.
— عليه : زادَ — To exceed; go beyond; surpass.
تَرَبَّى : نَشَأَ — To be brought up.
— : تَهَذَّبَ — To be educated.
أُرْبِيَّة : △خُنُّ الورك — Groin.
أُرْبِيّ : مختص بأصْل الفخذ — Inguinal.
تَرْبِيَة الاولاد — Nursing; upbringing; bringing up; rearing.
— : تهذيب — Education.
— الحيوانات وغيرها — Breeding; raising.
— النعام — Ostrich farming.
قليل التربية — Ill-bred; impertinent; uncivil.
تَرْبَوِيّ : مختصّ بالتربية — Educational.
مُرَبٍّ : مُهَذِّب — Educator; tutor.
مربية : قَهْرَمانة — Governess; tutoress.
— أطفال : دادَه — Nursemaid.
مُرَبًّى . مُتَرَبٍّ — Bred; brought up.
— . — : مُهَذَّب — Well-bred; well-educated.
— : كل ثمر مطبوخ بالسُّكَّر — Jam.
△ — البرتقال وأمثاله — Marmalade.
مُرَابٍ : △فايظجي — Usurer; loan sharker.
*رَبِيب (في ربب) *رَبِيع (في ربع) *رَبِيل (في ربل)
*رَتَّبَ : نَظَّمَ — To arrange; adjust; set in proper order.
— : وضَّبَ — To tidy up.
— : دَبَّرَ . أعَدَّ — To prepare; make ready.
تَرَتَّبَ : صار مُرَتَّباً — To be arranged or adjusted.
— على كذا — To result from; be consequent upon.

رُتْبَة . مَرْتَبَة : صَفّ — Class; order; category.
— . — : دَرَجَة — Degree; grade; class.
— . — : مَنْزِلة — Degree; station; standing.
— : شَرَف — Grade; rank.
رَاتِب △مُرَتَّب : △مَاهِيَّة — Salary; pay; wages.
— : دائِم ثابِت — Permanent; fixed.
— . رَتِيب : على نسق واحد — Routine; monotonous; regular course.
عَيْش رَتيب — Monotonous life.
حركة رَتِيبة — Routine movement.
تَرْتِيب : تَنْظِيم — Arrangement; adjustment.
— : نِظَام — Order; regularity.
— : تَدْبير . إعْداد — Preparation.
بِتَرْتِيب : بانتظام — Regularly; in good order.
مُرَتَّب [1] : مُنْتَظِم — Arranged; regular; in proper order.
— : مُعَدّ — Prepared; made ready.

△مَرْتَبَة [2] : حَشِيَّة — Mattress.
*رَتَجَ : أغلقَ — To shut; close.
رَتِجَ . أُرْتِجَ عليه الكلام — To be tongue-tied or confounded.
— . — عليه الامر — To be at a loss.

رِتَاج : باب عظيم — Gate.
رَاتِينَج : صَمْغ الصنوبر — Resin; gum resin.
△رِتْسا : تُوتْيا البحر — Sea urchin.
*رَتَعَ : عاشَ في خِصْب — To live in comfort and luxury.
—ت الماشية : رعَت — To graze; pasture.
مَرْتَع : مَرْعى خَصِيب — Hotbed; rich pasture-land.
— الرذيلة او الشرّ الخ — Hotbed of vice, etc.
*رَتَقَ الثوبَ : أصْلحَه — To patch; mend.
— : ضِدّ فَتَقَ — To sew, or stitch, up.
*رَتَكَ : جرى خَبَباً — To trot.
مَرْتَك : أكْسيد الرصاص المتبلور — Litharge.

✲رَتَّلَ الكلامَ : أحسن تأليفه — To sing psalms, anthems, etc.

— : ترنّم — To chant; sing.

رَتَلٌ : صَفٌّ △طابور — Queue; file.

رُتَيْلاء : عنكبوت مؤذٍ — Tarantula.

تَرْتيل : ترنّم — Chanting; singing.

— المزامير — Psalmody.

تَرْتيلة : ترنيمة — Hymn; song.

مُرَتِّل : مُرَنِّم — Chanter; singer.

— القدّاس — Singer; chorister.

✲رَتَمَ بكلمةٍ : فاهَ — To utter a word.

رَتَم : نبات — Spanish broom; rush broom

رَتْمة . رَتيمة — Bit of cotton round the finger.

○ رَتينة مِصْباح الغاز (النفَس)

Incandescent mantle.

✲رثّ الثوبُ — To be ragged *or* worn out.

رَثّ . رَثيث — Ragged; shabby; threadbare; worn out.

— . — الهيئة — Shabby; ragged.

رَثاثة — Shabbiness; raggedness.

✲رثى . رثا الميتَ — To bewail; lament.

— له : حزن عليه — To lament; deplore; mourn for.

— له : رقّ له ورحمه — To pity; have compassion for.

رثاه بمرثاة — To elegize; lament in an elegy.

يُرْثى له — Deplorable; pitiable.

رَثْي . رِثاء : ندْب — Lamenting; bewailing.

رَثْية : التهاب المفاصل — Arthritis; gout.

مَرْثاة . مرثية — Elegy; dirge; monody.

مَراثي أرميا (جزء من التوراة) — Lamentations.

✲رجّ (في رجج) ✲ رجا ✲ رجاء (في رجو)

(رجأ) ✲ أَرْجأ الأمرَ : أخّره — To adjourn; put off; defer; postpone.

— تنفيذ العقوبة — To remit a penalty.

إرْجاء : تأخير — Adjournment; deferment.

(رجج) رَجَّ : هزّ وخضخض — To shake; agitate.

رُجّ . إرْتجّ — To shake; tremble; be shaken *or* agitated.

— . — الصوتُ — To quaver.

رَجّ : هزّ (راجع هزز) — Shaking; agitating.

رَجّاج : مترجرج — Tremulous; quivering.

— : رَجْرَج . نوع من الحور — Aspen tree; tremulous poplar.

إرْتجاج : اهتزاز — Shaking; agitation.

— المخّ — Concussion of the brain.

مُرْتجّ — Shaken; agitated.

صوت — . — Tremulous voice.

✲رَجَحَ . ترجَّحَ (1) الميزانُ والرأيُ والقوةُ الخ : غلبَ — To preponderate; outweigh.

— الشيءَ بيده : وزنه — To weigh in the hand.

—ت كفّة الميزان لنا — The balance sways on our part.

رَجَّحَ . أَرْجَحَ : جعله راجحًا — To turn down the scale; weigh down.

— الرأي والظن — To give preponderance to.

— على : فضّل — To prefer to; choose before.

إرتجح . ترجّح ٢ △ تمرجح — To swing; sway; move to and fro.

△مرجح : هزّ الأرجوحة — To rock; move backward and forward.

رُجْحان . أَرْجَحيّة — Preponderance; outweighing.

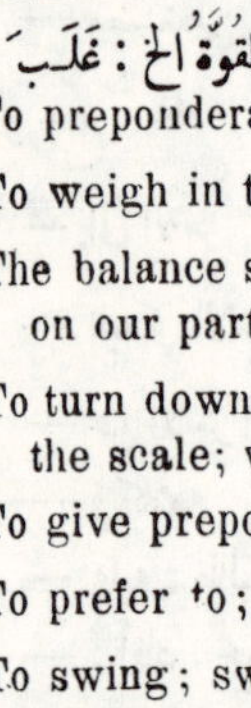

— . — : أفضلية — Preference.

رُجاحة . مرجوحة △مرجيحة

أُرْجوحة (١) : مطوحة — Swing.

راجح : غالب — Preponderant; outweighing.

— : محتمل — Probable; likely.

— . أرجح : مفضّل — Preferable.

أُرْجوحة ٢ : زحلوفة — See-saw.

Cradle; rocking bed. — الطفل

To quiver; vibrate with tremulous motion. *رَجْرَجَ . تَرَجْرَجَ : اهتز واضطرب

Tremulous; quivering. رَجْراج . مُتَرَجْرِج

Filth; impurity. *رُجْز : دَنَس

Iambus. رَجَز : بحر من أبحر الشعر

Iambic poem. أُرْجُوزَة : قصيدة من بحر الرجز

To commit a shameful act. *رَجُسَ : اتى عملاً قبيحاً

Squalor; filth; impurity. رَجَس . رِجْس : قَذَر

Atrocity; enormity. رِجْس ٢ : عمل قبيح

Squalid; filthy; foul. رَجِس : دَنِس

Bathometer. مِرجاس : مِسْبار الأعماق

Hydrobarometer. — مِضْغَطي

To return; go, come, or turn, back. *رَجَعَ : عادَ

To resume; recommence. — الى الأمر

To have recourse to; resort to. — اليه في الامر

To desist from; leave off. — عن الأمر

To go back on *one's* word. — في كلامه

To claim from. — عليه : طالبه

To leave a good effect. — : أفادَ . نجع

To return; send, *or* give, back. رَجَّعَ . أَرْجَعَ : رَدَّ

To revise; examine. راجَعَ : فحص

To check; verify. — الحسابات : تحقق صحتها

To audit accounts, books, etc. — الحسابات والدفاتر التجارية

To consult; ask advice of; seek the opinion of; refer to. — في الامر : طلب رأيه

To repeat; reiterate. — : كَرَّرَ

To repel; oppose; check. △ — : رَدَعَ

To retreat; withdraw; back away; retrocede. تَراجَعَ : ارتدّ

To retrograde. — : ضد تقدّم

To recover; retrieve; get back. إِسْتَرْجَعَ : اسْتَرَدَّ

To withdraw; take back. — : سَحَبَ

To reclaim. — الشيء : طلب ردّه

To recall; revoke; repeal. — الأمرَ : ألغاه

To regain; recover; retrieve. — ما ضاعَ

To recuperate; regain health. — عافيته

Return. رَجْع . رُجُوع : عَوْد

In the twinkling of an eye. كرَجْع البصر : كارتداد الطرف

Receipt; voucher. رُجْعَة : وَصْل . مُسْتَنَد

Atavism. رَجْعَة : العود الى الأصل الخَلْقي

Obscurant; retrograde; reactionary. رَجْعِيّ : متمسّك بالقديم

Retrogressive. — : للوراء

Retroactive; retrospective. — : يسري على الماضي

Retroactive law. قانون — .

Retroactivity of laws. رَجْعِيَّة القوانين

Breeze; cinders; coke-dust. △ رُجُوع فحم

Withdrawal; taking back; repeal; revocation. إِسْتِرْجاع : سَحْب . اسْتِرْداد

Recovery; restoration; regaining. — : إِسْتِعادة

Retreat; withdrawal; recession. تَراجُع : ارْتِداد

Place to return to. مَرْجِع : مكانُ الرجوع

Authority. — : مُسْتَنَد

Reference book. — : كِتاب يُسْرجَع اليه

Resort. — : مَلْجأ

The last resort. الـ — الأخير

Examiner; inspector. مُراجِع : فاحِص

Auditor. — الحسابات

Repetition. مُراجَعَة : إعادة . تكرار

Revision. — : اعادة النظر

Audit. — الحسابات

Retrograde; backward. مُتَراجِع : متقهقر

To agitate; shake, *or* stir violently. *رَجَفَ : هزّه حرّكه شديداً

To tremble; quake; quiver; shudder. — . إِرْتَجَفَ : ارتعد

To shiver. — . — : ارتعش

أَرْجَفَ : نشرَ أَخْباراً مُزْعِجَة	To spread disconcerting *or* disturbing, news.
رَجْفَة : رَعْدَة . هَزَّة	A quiver; quake; thrill; shudder.
— : رَعْشَة	A shiver; trepidation.
— تَشَنُّجِيَّة	Couvulsion.
أَراجِيف : أَخْبار مهيِّجة	Disturbing news; evil tales causing disturbance.
٭ رَجِلَ : سارَ على رِجْلَيه	To foot; go on foot; walk.
تَرَجَّلَ : نَزَلَ عن رَكُوبَته	To dismount.
—تِ المرأةُ : صارت كالرجل	To assume the manners of men; to ape the man.
إِرْتَجَلَ الكلامَ	To extemporize; speak off-hand *or* extempore.
— العملَ والكلامَ	To improvise; do, produce *or* devise, off-hand; do on the spur of the moment.
رَجُل : إِنْسان	A man (*pl.* men.)
— الرِجالِ	A man of men.
رَجْل . راجِل : ضدّ راكِب	Pedestrian; on foot.
شَعْر — ٢ : بَيْنَ الجعودة والاسترسال	Wavy hair.
جُنْدِي راجِل : ماشٍ	Foot soldier.

رِجْل : قَدَم	Foot.
— : ساق او قائمة	Leg.
— من النحل أو الجرادِ	Swarm of bees, etc.
— من السمك	A shoal of fish.
مِنْفاخ —	Foot pump.
يُقَدِّمُ رِجْلاً ويؤخِّرُ الأُخْرى	To hesitate to take a step.
رِجْلَة : نَبات معروف	Purslane.
رُجُولَة . رُجُولِيَّة : كمالُ الرَجُل	Manhood
— . — : شجاعة . صِفة الرجُل الكامِل	Manliness.
إِرْتِجال	Improvisation; extemporization; speaking, *or* doing, on the spur of the moment.
إِرْتِجالاً	Extemporaneously; without study.
إِرْتِجالي . مُرْتَجَل	Extempore; off-hand.
مِرْجَل الآلة البُخارِيَّة : خلقين	Boiler; cauldron.
مُرْتَجَل	Improvised; extempore; impromptu; without preparation.
٭ رَجَمَ : رمى بالحِجارة	To stone; pelt with stones.
— . رَجَّمَ : تكلَّم بالظنّ	To guess; divine; surmise.
تَرْجَمَ : فسَّر بلسانٍ آخر	To translate; render.
— : فسَّر . شرح	To interpret; explain.
رَجْم : رَمْي بالحِجارة	Stoning.
— بالغَيْب	Divination; guess-work.
— (والجمع رُجُوم) : ما يُرجَم به . قذيفة	Projectile; missile.
— (والجمع رُجُم) : حجر جوّي	Meteorite; meteoric stone; aerolite; meteorolite.
رُجْمَة : حجارة تنصب على قبر	Cairn; grave-stone.
رَجِيم : لَعِين	Accursed.
تَرْجَمَة : نقل من لغة الى اخرى	Translation.
— : تفسير	Interpretation.
— انسانٍ : تاريخ حياته	Biography.
— حرفية	Metaphrase; crib; literal, *or* word for word, translation.
— تفسيرية	Paraphrase; free translation.
تُرْجُمان . مُتَرْجِم	Interpreter; dragoman; translator.
(رجو) رَجا : ضدّ يَئِسَ	To hope; trust; entertain hope.
— . تَرَجَّى . إِرْتَجَى الشيءَ	To expect; look forward to.
∆ — ∆ — : توسَّل	To request; beg; entreat; beseech; solicit.
أَرْجَى : أَرْجَأَ . أَخَّرَ	To adjourn; put off.
رَجاً . رَجاء (الجمع أرجاء) : ناحية	Side; direction; quarter.
رَجاء ٢ . رَجاة . مَرْجاة : أمل	Hope; expectation.
∆ — ∆ تَرَجٍّ : توسُّل	Request; entreaty; solicitation; supplication.
قَطَعَ الـ —	To despair (of); give up hope.
راجٍ : آمِل	Hopeful; full of hope; expectant.
مَرْجُوّ : يُرْجَى منه	Hopeful; promising.

٭رجولة (في رجل) ٭رجيم (في رجم) ٭رحاية (في رحى)

*رَحُبَ المكانُ : كان متَّسِعاً — To be spacious, wide *or* roomy.

رَحَّبَ . تَرَحَّبَ بهِ — To welcome; bid welcome to; greet.

رَحْب . رَحِيب : واسع — Spacious; wide; roomy.

—و— الباع : سَخِي — Open-handed; generous.

—و— الصَدْر : كَرِيم — Liberal; broad-minded; open-hearted.

رَحَبٌ . رُحْب . رَحَابَة — Roominess; ample room.

رَحْبَة : سَاحَة — Square; an open space.

تَرحاب : حُسن الملاقاة — Welcome; greeting.

بترحاب — Gladly; with open arms.

مَرْحَباً بك — Welcome!; well met!; hail!

*رَحَضَ : غَسَلَ △ شَطَفَ — To rinse; wash.

مِرْحَاض : مُسْتَراح — Latrine; lavatory; water-closet.

(رحق) رَحِيق . رُحَاق — Nectar; delicious drink.

رَحِيقِيّ . رُحَاقِيّ — Nectareous; delicious.

*رَحَلَ . إرْتَحَلَ : انتقلَ وذهبَ — To depart; go away; quit; leave.

— . — عن الوطن : هَاجَر — To emigrate.

تَرَحَّلَ : تَنَقَّلَ — To peregrinate.

رَحَّلَ : صَيَّرَهُ يرحل — To cause to depart; send away.

△ — : نَقَلَ — To transport; transfer.

△ — : سَفَّرَ — To forward; despatch.

△ — الاقلام الحِسَابِيَّة — To post an account.

رَحْل : سَرْج البعير — Camel saddle.

— : △ عَفْش . أمتعة المسافِر — Luggage.

رِحْلَة : سَفْرَة — Journey; travel; trip.

— قصيرة للنزهة — Excursion.

رَحَّال . رَحَّالَة : كثير التنقُّل — Migratory; nomad; wandering.

— . —: سائح . كثير الترحال — Explorer; traveller.

رَاحِل : ذاهِب — Departing.

— : نازح . مُهاجِر — Emigrant.

رَحِيل . إرْتِحَال : ذِهاب — Departure; going.

— . — : مُهاجَرة — Emigration.

△ تَرْحِيل : نَقْل — Transfer, —ence; transport.

△ — الحِسَابات — Posting of accounts.

مَرْحَلَة : ما يقطعهُ المسافِر في يومه — A day's journey.

— : مَسَافة — Stage (of a journey.)

احسن منه بمراحِل — By far better than him.

*رَحِمَ — To compassionate; have mercy upon, *or* compassion for; to pity.

رَحِمَ وتَرَحَّمَ على — To ask God to have mercy upon.

إسْتَرْحَمَ — To ask for mercy.

لا يَرْحَم : عديم الرحمة — Unmerciful; merciless; pitiless; ruthless.

رَحِمٌ . رَحْم : △ بَيْتُ الولد — Womb; uterus; matrix.

قَرَابَة — : من الأمّ — Distaff side; uterine relation.

رَحْمَة . مَرْحَمَة — Mercy; clemency; pity.

—و— الله — Grace; God's mercy.

تحت — كذا — At the mercy of.

بِساطُ الــ : يُبْسَط على النَّعْش او يُحمَل في الجنائز — Pall.

عدم — . — Ruthlessness.

عديم الــ. — Ruthless; merciless; inexorable.

عَرشُ الــ. — Throne of Grace.

رَحُوم . رَحِيم — Merciful; compassionate.

الرحمٰن او الرَّحْمان الرحيم — The All-merciful.

مَرْحُوم : مُتَوفَّى — Deceased; defunct.

الــ فلان — The late *so and so.*

*رَحَى △ رَحَايَة : جارُوشَة — Quern; stone handmill.

حَجَرُ الــ. — Millstone.

* رخّ (في رخخ) * رَخاء (في رخو) * رخام (في رخم)

(رخخ) رَخَّ الشرابَ : مزَجَهُ بالماء — To dilute.

△ — ت السماء : رَشَّت — To shower; rain in showers.

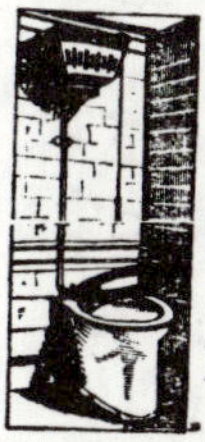

Shower of rain. ∆رخة مطر : نخة

Roc; rukh. رخ : طائر خرافي كبير

Griffon; griffin. — مصري : بجمة

Castle; rook. — (في لعبة الشطرنج)

Comfortable; easy. رخاخ : هنيء

To slacken. ∆رخرخ : رخى . ارخى (راجع رخو)

Slack. مرخرخ : ضد مشدود او متوتر

To be, *or* become, cheap. *رخص : ضد غلا

To be supple, tender *or* soft. — : لان وطري

To cheapen; make cheap; reduce the price of. رخص . أرخص : جعله رخيصاً

To authorise; permit. — له بكذا : أجاز

To license; grant license to. ∆ — له : ∆ أعطاه رخصة

To find, *or* consider, cheap. إسترخص الشيء

To ask for permission. — : طلب الرخصة

Tender; soft. رخص . رخيص : لين

Supple; limp. — : ∆ سخي . لدن ناعم

Cheap; low-priced. رخيص ٢ : ضد غال

Permission; leave. رخصة : إذن

Permit; license. — : ∆ تصريح . براءة

To be soft *or* mellow. *رخم الصوت

To incubate; sit on eggs. رخمت الدجاجة على البيض

To soften, *or* melodise, the voice. رخم الصوت

To elide; cut off. — (في النحو)

To cover (floor) with marble. ∆ — الارض : فرشها بالرخام

Egyptian vulture; Pharaoh's chicken. رخم . رخمة

Incubation. رخم . إرخام البيض

Marble. رخام : حجر معروف

Melodious; soft; mellow; euphonic. رخيم . رخم

Euphony; euphonising. ترخيم الصوت

Elision. — (في النحو)

To slacken; relax; become slack. *رخو . رخي : ∆ ترخرخ

To be easy, opulent, luxuriant, *or* comfortable. — . رخا العيش

To let down; lower. رخى . أرخى : سدل

To give rein to. — . — للحصان : أطلق العنان

To loosen; slacken. ∆ — . — : حل ∆ رخرخ

To let go. ∆ — . — : أطلق . فك

To slacken; be remiss. تراخى : توانى

Prices sagged under increased sales. —ت الاثمان لكثرة البيع

To be lax, soft, *or* flaccid. إرتخى . استرخى : صار رخواً

To relax; droop; languish. — . — : كل

Abundance; plenty; opulence. رخاء : يسر

Limp; soft; lax; flabby; flaccid. رخو : لين

Whip-lash. — السوط

Looseness; laxity; slackness. إرتخاء . إسترخاء

Relaxation. — . — : سجو

Rickets; rachitis. — العظام : مرض الكساح

Slack; slothful. متراخ : متوان

Lax; slack. — : ∆ مرخي . ساج . ضد متوتر

*رخيم (في رخم) *رد (في ردد) * رداء (في ردي)

To support; prop up. * ردأ : دعم

To be bad. ردؤ (رداءة) : كان رديئاً

To worsen; make worse. أردأ : صيره رديئاً

Bad. رديء : ضد جيد

Wicked; evil; bad. — : شرير

Malicious; malignant. — : خبيث

Ill-bred. — التربية

Ill-natured; ill-tempered. — الطبع

Worse, *or* worst, than. أردأ من

Badness. رداءة : ضد جودة

Evil; wickedness. — : شر

*رَدْب : طريق رَدْب «اي سَدّ» — Blind alley.

*رَدَحٌ : مُدَّة طويلة — Long duration.

رَدْح : وَجَع خفيف — Malaise; bodily discomfort.

△— : إمعان في السَبّ — Vituperation.

△رَدَحَ له : لَحاهُ — To vituperate, *or* taunt, a person

*رَدَّدَ : كَرَّرَ — To repeat

رَدَّ : أَرْجَعَ . أَعادَ — To return; bring, send, *or* give back.

— : دَفَعَ — To repel; drive back; repulse.

— على : أجابَ — To reply; answer.

— الدَّيْنَ — To reimburse; pay back.

— الشيء الى مَكانهِ — To replace.

— الشيء الى صاحِبِهِ : أَرجعَه — To give back.

— الزيارة — To return a call.

— النور او الحرارة : عكس — To reflect.

— الصوتَ : جعله يرتدّ — To re-echo.

— عن عَزْم : اثنى — To dissuade.

— التُهمة: دفَعها — To rebut; oppose by proof.

— على القول : فنّدَ . نقَضَ — To refute.

— : قاوَمَ . صَدَّ — To resist; oppose; check.

— : دَرأ — To parry; ward, *or* keep, off.

— البابَ : اطبقَهُ — To close; shut.

— الى مَرْكَزِهِ — To reinstate.

— اعتبار المحكوم جنائياً — To rehabilitate.

— الى الغريق حياتَه — To resuscitate a drowned person.

ما يَرُدُّ هذا عليك شيئاً : لا ينْفَعك — It will not avail you.

لا يُرَدُّ : لا يُنْقَض — Irrefutable.

تَرَدَّدَ في الجواب : توقّف قليلاً — To hesitate; be reluctant.

— في الامر : ارتابَ فيهِ فلم يَتثبّت — To waver.

— في الكلام : تلجلج — To stammer; falter.

— الى المكان — To frequent; visit often.

إرْتَدَّ : رجعَ . تقهقرَ — To retire; fall back; retreat; withdraw.

— عن : تَرَكَ — To leave; quit; depart from.

— عن : هَجَرَ — To adandon; desist from.

— راجعاً الى — To fall back on.

إسْتَرَدَّ : اسْتَرْجَعَ — To recover; regain; get back.

— خسارة : استعاضها — To recover; retrieve.

— ـهُ الشيء : سأله أن يردّه — To reclaim; demand the return of.

رَدٌّ : إِرْجاع — Returning.

— : إجابة . جَواب — Reply; answer.

— : إنعكاس — Reflection; reflexion.

— : دفْع . صَدّ — Repulsion.

— : تفْنيد . دَحْض — Refutation; rebuttal.

— الاعتبار أو الشَرَف — Rehabilitation.

— الحقّ — Restitution; giving back.

— الحِيازَة — Reintegration; re-entry.

— الفِعْل او تأثيره : ارتِكاس — Re-action.

— فِعْل الآلة — Back-lash.

ردّاً على — In reply, answer, *or* response, to.

طلب رَدّ القاضي — Recusation.

△رَدَّة : نُخالة — Bran.

△— ناعِمَة — Pollard; fine bran (mixed with meal.)

رِدَّة : صَدَى الصوْت — Echo.

— : الارْتِداد الى الأصل الخَلقي — Atavism; reversion.

إرْتِداد : تَراجُع — Withdrawal; retirement; retreat; falling back.

— : رجُوع — Retrogression; going backward

— عن الدين او العقيْدة : مُرُوق — Apostasy.

إسْتِرْداد : اسْتِرجاع — Recovery; restoration

— : سَحْب — Withdrawal.

— (في الحقوق) — Revendication.

— : طَلَبُ الرَدّ — Reclamation.

تَرَدُّد : توقّف لِرِيْبَة — Hesitation; indecision; wavering.

— : إمتناع — Reluctance.

تَرْداد : تكرار — Frequent repetition.

— : تكرار الزيارة — Frequenting.

مُرَدِّد : مكرِّر — Repeater.

مُرَدِّدُون : مُساعدو المغنّي — Secondary singers.

مَرْدُود : مَنْقوض . ينْقَض — Refutable.

مُرْتَدّ : مُتَقَهْقِر — Withdrawing; retiring; retreating.

— عن الدين — Apostate; renegade.

Reluctant. مُتَرَدِّد . مُرَدِّد ٢ : حائرٌ بائر

Irresolute; undecided. — الفِكْر

To ram. *رَدَسَ الارضَ : دَكَّها بالمِرْدَس

Rammer. مِرْدَس : △مِنْدالـة (انظر ندل)

مِرْداس: △ وابُور الزَلـط

←Steam roller.

To hold back; restrain; curb; check. *رَدَعَ: صَدَّ

To be repelled, *or* restrained, from. إِرْتَدَعَ عن : كَفَّ وارْتَدَّ

Restraint; curb; control. رَادِع

Slime. *رَدْغَة . رَدَاغ : وَحْل شديد اللزوجة

To follow; succeed; come next *or* behind. *رَدِفَ : تَبِعَ

To ride behind. — : رَكِبَ وراءه

To ride behind another. رَادَفَ : رَكِبَ وراءهُ

To be synonymous. تَرادَفَت الكلمات : تشابهت في المعنى

To come in succession. ترادفوا ٢ : تتابعوا

To be in single, *or* Indian, file. — : ساروا خلف بعض

Posterior; hinder. رِدْف : خَلْف . وراء

Haunch *or* rump. — : عَجُز

—. رَدِيف (١) : راكِب خلف راكِب

Tandem.

—. رِدَافُ الدابّةِ :

كَفَل

←Croup: rump of an animal.

←Bustle. أَرْداف مُسْتعارة : عجازة

Night and day. الرِدْفان : الليل والنهار

Reserves; *redif*. رَدِيف ٢ (في الجيش)

Reservist. جُنديّ — : يُطلب عِند الحاجة

Synonymy. تَرادُف الكلام : تشابُه المعنى

Synonymous. مُترادِف : متشابه المعنى

Synonym. مترادِفة : كلمة تُشابه غيرها في المعنى

To fill up (a pit) with earth. *رَدَمَ الحُفرَةَ

To be continuous. —ت . أَرْدَمَتِ الحُمَّى

Filling up with earth. رَدْم : ضِدّ حَفْر

Debris; rubbish. — : أَنقاض الهدم

To spin (cotton *or* wool). *رَدَنَ : غَزَلَ على المِرْدَن

To grumble at. △ — على : بَرطَمَ ودمدم

Sleeve. رُدْن : كُمّ

The river Jordan. نَهر الأُرْدُنّ

Trans-Jordan. شَرق الأُرْدُن

Spindle. مِرْدَن : مِغْزَل

←Spindle and distaff. — وعِرناس

Bran. △رَدَّة (في ردد) : نُخالة

Hall; lobby. *رَدْهَة الدار : اوسع محلّ فيها

To perish. *رَدَى . رَدِيَ : سَقَطَ أو هَلَكَ

To fell; bring to the ground; knock down. رَدَّى . أَرْدَى : صَرَعَ

To kill; murder; slay. — . — : قَتَلَ

To wear; put on; don; be clothed in. تَرَدَّى . إِرْتَدَى : لَبِسَ

To tumble; topple. — في كذا : سَقَطَ

Mantle; cloak. رِدَاء : عَباءة

Garb; dress; garment. — : ثَوب

Bad. * رَدِيّ (في ردأ)

←Radiator. *رَدْيَتُور

Reserves. * رَديف (في ردف)

To drizzle. *رَذَّت . أَرَذَّت السماء

Drizzle. رَذَاذ : مطر خفيف

To be mean, vile *or* base. *رَذُلَ : كانَ رَذِيلاً

To discard; cast off. رَذَلَ . أَرْذَلَ : رَفَضَ

To despise; contemn; scorn; disdain. —. إِسْتَرْذَلَ : احْتَقَر

To scold; chide; rebuke. △ — △رَذَّل: أَهانَ

Vile; mean; depraved; despicable. رَذْل . رَذِيل : سافِل

Rejection; casting off. — : رَفْض

Meanness; vileness. رَذَالَة : سَفالة

Vice; evil; depravity. رَذِيلَة : ضِدّ فضيلة

Rice. ٭رزّ (في رزز)

Misfortune; calamity. ٭رُزْء . رَزِيئَة . رَزِيَّة : مصيبة

To keep to a place. ٭رَزَبَ المكانَ : لزمه

Iron rod. مِرْزَبَّة : عصىً من حديد

Spout; gargoyle. مِرْزَاب : مِيْزاب

Spare. △ رُزْبيت : إِحتياطي

To succumb; collapse; sink under. ٭رَزَحَ تحت حمله

To burnish; glaze; polish. ٭رَزَّزَ : صقَلَ

To fix; plant; drive into. رَزَّ : غرَزَ

Rice. رُزٌّ . أَرُزّ : حَبّ يُطبخ معروف

Rice-milk. — بلبن

Pilau; pilaff. △ — مُفلفل

Rice-bird; Java sparrow. عُصْفُورُ الـ —

Screw eye; ringed screw. △ رَزَّة : مسمار بحلقة . لَزّ

Staple. مِسْمار — △ . جَبْرِت

To support; provide with the means of living. ٭رَزَقَ : اوصَلَ الرِزقَ الى

To be provided for. رُزِقَ : نالَ الرزقَ

To be blessed with children. — بالبنين

To obtain *one's* livelihood. إِرْتَزَقَ

To seek *one's* livelihood. إِسْتَرْزَقَ : طلبَ الرزقَ

Means of living; livelihood. رِزْق : كل ما تنتفع به

Fortune. — : حظّ أو خير

Property; real estate. —(في سورية) : مِلْك

Salary; pay; wages. — س : △ماهيّة

Patrimony. — موروث

A pig in a poke. △ بَخْتَك رِزْقَك

The all-giver; God. الرزّاقُ : الله

Fortunate; successful; lucky; prosperous. مَرْزُوق : حَسَن الحظ

Mercenaries. مُسْتَرْزِقَة : جنود مأجورون

To pack up; embale. ٭رَزَمَ : حَزَمَ

Packet; parcel; bundle. رِزْمَة : حُزمة

Bale. — كبيرة : △ بالة . إِبَّالة

Ream. △ — ورق (نحو ٥٠٠ فرخ اي طلحيّة س)

To be sedate, staid, grave, *or* serious. ٭رَزُنَ . تَرَزَّنَ : كان رزيناً

To weigh; balance in the hands in order to guess the weight of. رَزَنَ الشيءَ : قدَّر وزنه

To settle, *or* reside, in a place. — بالمكان : اقامَ

A serious woman. رَزَان : إِمرأة رَزينة

Sedateness; seriousness; gravity. رَزَانَة : رصانة

Sedate; staid; unruffled; calm; serious. رَزِين : رَصِين

Weighty; ponderous. — : ثقيل

Iron-wood. أَرْزَن : خَشَب صُلْب

Pension office, *or* calendar. △ رُزْنَامَة

٭ رَزَّة (في رزز) ٭ رَزِيئة (في رزأ) ٭رَسَا (في رسو)

To settle down; sink by its own weight. ٭رَسَبَ : سَقَطَ الى الأسفل

To fail; be unsuccessful. — في الامتحان : اخفقَ

To precipitate; cause to settle down, or fall to the bottom. رَسَّبَ

Settlings; sediment; dregs. رَاسِب . رُسُوب : ثُفْل

Precipitate. — (في الكيمْيا)

Precipitation; sedimentation. تَرْسِيب

To replenish. △ رَسْتَقَ : كمَّلَ الناقصَ

Well-off; flush. مُرَسْتَق : مُيَسَّر

Theatre; playhouse ﴿رسح﴾ مَرْسَح : مَسْرح . دارُ التمثيل

Stage. — : مكان او مِنَصَّة التمثيل

To be firmly fixed, settled, or established. ٭رَسَخَ : ثبت

To be firmly rooted. — : تأصَّلَ

To settle confirm; strengthen; fix; establish. أَرْسَخَ △ رَسَّخَ

To implant; inculcate on, upon — في الذهن

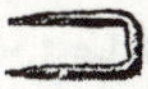

رُسُوخ : ثَبات — Fixedness; firmness; stability.

رَاسِخ : ثابِت — Stable; firmly established; fixed; grounded.

— : مُتأصِّل — Firmly rooted *or* fixed.

— فى كذا : مُتمكِّن — Well grounded in.

*رُسْغ اليَدِ — Wrist.

— الرِجْل — Ankle.

سَاعة — او يَد — Wrist-watch.

*رَسَف : مشى مُقيداً — To walk in shackles.

*رَسِلَ . إسْتَرسل الشَّعَر وأمثاله — To flow; be flowing; hang loose and waving.

رَاسَلَ . تراسل مع : كاتَبَ — To correspond, *or* communicate, with.

أرْسَل الشيء وبه : بعث — To send; forward.

— نقوداً — To remit money.

— في طَلَبِه — To send for.

تَرَسَّل : تمهَّل وترفَّق — To act leniently, *or* leisurely.

إسْتَرسل ٢ في الكلام — To speak fluently or without constraint.

رَسْل : سَهْل — Fluent; easy; light; gentle.

— . مُسْتَرسِل : سَبْط (شعْر) — Flowing; lank.

رِسالة : خِطاب — Message; epistle; letter.

— غراميَّة — Love-letter; *billet-doux.*

— : كُرَّاسة . كُتَيِّب — Pamphlet.

— : مقالة . نُبْذَة — Treatise; tract.

— : مهمَّة — Mission.

— الدكتورا (لنَيْل درجة الدكتورا العلميَّة) — Thesis.

Δ إرْساليَّة : شيء مُرْسَل — Consignment.

— . — : بَعْثة — Mission; delegation.

رَسُول Δ مِرْسال — Messenger; courier.

— سِرِّي او خاص — Emissary.

— : إفراز الغُدَد الصُّم — Hormone.

— : نَذِير — Precursor; forerunner.

— : حَوارِي — Apostle.

— : مُرْسَل : مَبْعُوث — Envoy; ambassador.

رَسُولِيّ — Apostolic.

مُرْسَل ٢ (للتبشير بالدين) — Missionary.

— إليه : المُستَلِم — Receiver; consignee.

مُرسِل Δ راسِل : الذي يرسِل — Sender; consignor.

مُراسِل : مكاتِب — Correspondent.

مُراسَلة : مكاتَبة — Correspondence.

Δ — : خادِم جُنْدِيّ — Orderly; batman.

*رَسَم : صَوَّرَ — To sketch; draw; portray.

— بالالوان : نَقَش — To paint.

— الشيء : صنَع صُورَته — To make a picture of.

— : وَصَف — To depict; describe; illustrate.

— له كذا : أمَرَه به — To prescribe; lay down as a rule *or* direction; appoint.

— : كَرَّسَ — To ordain to a sacred office.

رَسْم : تصوير او صُورة — Drawing; illustration.

— : صُورة — Sketch; picture.

— : وَصْف — Description.

— : أثَر — Trace; mark; impression.

— : شعِيرة . طَقْس — Ceremony.

— : عادة رسميَّة — Form; formality.

— مُجْمَل : Δ كُرُوكي — Rough draft; sketch.

— نظَرِيّ — Free-hand drawing.

— بالالوان — Painting.

Δ — : ضَرِيبة — Dues; tax

قَلَم — ٢ — ←Mathematical pen; drawing pen.

ورق — او ترسُّم (شفّاف) — Tracing paper.

ورق — (سَمِيك خَشِن) — Drawing paper.

رَسْمِيّ : ذو صِفة رَسْميَّة او حكومية — Official.

— : اصُولي . قانُونيّ — Formal; regular.

— : مختصّ بالرسميّات — Ceremonial.

Δ — : مُتكلِّف — Formal; stiff; starched.

ثَوْب — — Full dress.

شِبْه — — Semi-official.

غير — — Unofficial.

إجراء — (اي دِيْواني سَخِيف) — Red-tape.

رَسْمِيَّات سَخِيفة — Red-tapism; stupid officialism.

Ceremonious; punctilious. متمسّك بالرسميات
Court-dress; full-dress. ملابس رسميّة
Officially; formally. رَسميًّا : اصُوليًّا
Draughtsman; draftsman. رَسَّام : واضِع الرسُوم الهندسيّة
Illustrator; designer; painter. — : مصوِّر
Studio. مَرْسم : محترف الرسّام
Film studio. — السينما : ستوديو o
Illustrated; drawn; sketched. مَرْسُوم : مُصوَّر
Planned; laid out. — : مُدبَّر
Ordained. — : مُعيَّن
Prescribed; ordained. — : مَأمُورٌ به
Decree; edict. — بقانون : امرٌ عالٍ
Funeral rites. مَراسِيمُ الجنازة (مثلا)

Capital fund. △ رِسْمال : رأسُ مالٍ
↞Halter. ✲ رَسَنُ الدابة : قِياد
Mooring; anchoring; landing. ✲ رَسْو . رُسُوّ المركب
To anchor; cast anchor, come to anchor. رَسَا المركبُ
To land. — المركبُ او راكِبُه (او الطائرة) على البرّ
To be firm, stable or steady. — : ثبُتَ
To be adjuged. △ — المزادُ او العطاء
To anchor; place at anchor. أرْسَى السفينة
To lay (foundation stone.) — حجرَ الأساس
At anchor; anchored. رَاسٍ : واقِف في المرسى

Firm; fixed; stable. — : ثابت
Mountain. — (الجمع رَواسٍ) : جَبَل
↞Anchor. مِرْساة المركب
Anchorage; landing place. مَرْسَى السفُن : مرفأ
✲ رسُول (في رسل) ✲ رشّ (في رشش) ✲ رشا (في رشو)
To percolate; exude; filter; ooze. ✲ رَشَحَ . إرْتَشَحَ الماء : تحلّبَ
To leak. — . — الاناء : وكَفَ . نضَحَ
To perspire; sweat. — . — الجسدُ : عرِق
To qualify; fit; prepare. رَشَّحَ : اهّلَ لأمرٍ ما
To nominate. — الرجلَ لمنصبٍ : ذكَرَ اسمهُ

To filter. △ — الماء : قطّره
To take, or catch, cold. △ — : زُكِمَ
To be nominated for. ترَشَّحَ لمنصِبٍ
To be qualified, or fitted, for. — لأمرٍ : تأهّل له
Leakage. رَشْح △ تَرْشِيح : وَكْف . نَضْح
Filtration; percolation. — △ — : تحلّب
Perspiration; sweat. — : عَرَق
Catarrh; cold in the head. △ — : زُكام

Nomination. تَرْشِيح [٢] لمنصبٍ
Candidate; nominee. مُرَشَّح لمنصب
Candidate for parliament. — لمجلس النوّاب (مثلا)
↞Filter. △ مُرشِّح الماء . راشِح : راووق
To come to one's senses; sober down. ✲ رَشَدَ : أفاق
To follow the right way. — : اهتدى
To come of age; reach, or attain, one's majority. △ — : بلغ رشدهُ او سِنّ الرُّشْد
To instruct; teach. أرْشَدَ : علّم
To guide; direct. — . رَشّدَ : دلّ وهَدى
To advise; counsel. — : أشارَ على
To consult; seek the opinion of; seek advice from. اسْتَرشَدَ : طلبَ الارشاد
Reason; senses; mind. رُشْد : عقل .صواب
Consciousness. — . رَشَدٌ . رَشَاد : يقظة
To attain majority. بلغَ رشده
To lose one's reason or senses. فقد رشده
Majority; full age. سِنُّ الرُّشد : بلوغ
Averrhoës. ابن رُشْد : فيلسوف العربِ
Legitimate child. ابنُ رَشْدَة : ابنٌ شرعي
Garden cress; tongue-grass. رَشَاد [٢] : نبات
Water-cress; buck's horn. — بَرّي : حُرْف
Conscious; sober. راشِد . رَشِيْد : يقِظ .صاحٍ
Rational; intelligent. — . — : عاقِل
Following the right way. — . — : مُهْتَدٍ
Major; of full age. △ — : بالِغ . ضِدّ قاصِر

أَرْشَدِيَّة : بلوغ الرشد — Majority.
إرْشاد : دَلالَة — Guidance; direction.
— : تعليم — Instruction.
— : مشورة — Advice; counsel.
مُرْشِد : دليل — Guide; leader.
— : معلّم — Instructor; preceptor.
(رشش) رَشَّ الماء وغيره — To sprinkle.
— الأرضَ بالماء — To water streets *or* roads.
— الحائط بالجير (جصّ) — To whitewash a wall
— الشجرَ بالماء وغيره (انظر بخخ) — To spray trees
— دقيقاً اوسكَّراً على: ندّغ — To dredge flour, sugar, etc., over.
ـــت . أرشّت السماء — To shower; drizzle.
رَشّ : الاسم من رشّ — Sprinkling; watering; whitewashing, etc.
△ — الصَّيد : خردق س. رصاص صغير — Shot.
عَرَبة الرشّ (لرشّ الطرُق) — Water-cart.
رَشَّة مطر — Shower of rain.
△ — : خُردقه س. حبَّة رصاص — Pellet; ball of shot.
رشَّاشة : اداة مثقّبة لرشّ الماء. منضحة

← Rose.

— الحدائق : مِرَشَّة — Watering-can; — pot.

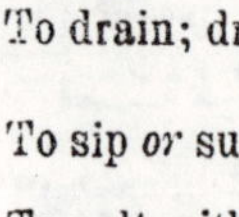

— (الرصاص) : بندقيّة آليّة — Machine-gun.
— الروائح العطرية : △ بُخَيْخة — Scent-spray.

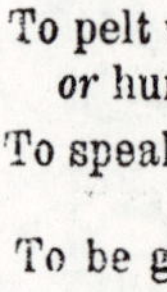

— السكّر والدقيق وغيرهما: ندّاغة — Dredger.
*رشف الاناء: شربَ ما فيه — To drain; drink up.
— ٠ إرتشفَ الشرابَ: مصَّه — To sip *or* suck.
*رشق : بحجر — To pelt with stone; throw, *or* hurl, a stone at.
— بلسانه — To speak ill of; slander; inveigh.
رَشُق : كان حسن القدّ — To be graceful.
— : كان سريعاً خفيفاً — To be nimble; swift.
رَشاقة القوام — Grace; ease of form (*or* movement); slimness.
— : سرعة وخفّة — Nimbleness; agility; celerity.

رَشِيقُ القوام — Graceful; elegant; *svelte.*
— الحركة : نَشْناش . خفيف — Nimble; swift.
*رَشَمَ : ختمَ — To seal; stamp.
△ — الصليبَ : صلَّبَ — To make the sign of the cross; cross oneself.
△ رَشْمة الحصان والحمار — Ornamented halter.
(رشن) راشِن △ بَقْشِيش — Gratuity; tip; gift; present.

رَوْشَن : كوّة السقف — Skylight
— : مِشكاة — ←Niche.
*رَشْو . إرْشاء : بَرطلة — Bribery; corruption
رَشْوة : برطيل — Bribe.
راشٍ : مقدِّم الرشوة — Briber.
رَشا : بَرطَلَ — To bribe; corrupt.
إرتشى : قبلَ الرشوة — To receive, *or* accept, a bribe.
مُرتَشٍ : قابل الرشوة — Bribee.
* رصّ * رَصاص (في رصص) * رصانة (في رصن)
*رَصَدَ : رَقَبَ — To observe; watch.
— ٠ تَرَصَّدَ له : تربَّصَ — To lie in wait for.
△ رَصَّدَ الحسابَ : وزنه وقفله — To balance an account.
أرْصَدَ له شيئاً : أعدَّه — To provide; prepare.
رَصْدٌ : مُراقَبة — Watch; close observation.
رَصَدٌ : ما يُرْصَد به الكنز — Dead man's hand; hand of glory.
— ٠ مِرْصاد : كمين — Ambuscade; ambush.
△ رَصِيدُ الحسابِ : باقيه — Balance.

△ — البضائع : الموجود منها — Stock on hand.
تَرصيد الدفاتر — Balancing books.
مَرْصَد . مِرْصاد ٢ فلكي : مَرقب — Observatory.
مِرْصَدة : مِرقب — ←Spy-glass.
مِلْك مُرْصَد — Inalienable property.

٭رَصَّصَ الشيء : غطاهُ بالرَصاصِ To overlay with lead.

— . رَصَّ : كَبَسَ ودكَّ To impact; press firmly, *or* closely, together.

— . — : دَكَّ To ram; pack hard.

رَصَّ ٢ : نَضَّ △ سَتَّفَ To stow; stack.

△ — : رَتَّبَ To arrange; set in order.

رَصاص : مَعْدِن ثقيل Lead.

— أسود : أُسْرُب Blacklead; plumbago.

قلم — . ←Pencil; lead-pencil.

ميزان أو خيط الـ . Plumb-line; ←plummet.

رَصاصَة البُنْدُقيَّة Bullet; ball.

رَصاصِيّ : من الرَصاص أو ثقيل كالرَصاص Leaden.

— اللون Lead-coloured; grey.

— : يحتوي رصاص او يُشبهه Plumbic.

التسمُّم الـ . Plumbism.

رَصِيص . مَرْصُوص : مَكْبوس Compact; compressed.

أُرْصُوصَة : قَلَنْسُوة كالبطِّيخة

Topee; sun-helmet.

٭رَصَّعَ : نَظَّمَ To mount; arrange, *or* set, in fitting order.

— بالجواهِر To set with jewels.

رَصِيعَة : حلية وسطانيَّة Medallion.

مِرْصاع : △ نَحْلَة . بُلْبُل . دوّامه Top

مُرَصَّع بكذا Mounted, *or* set, with.

— (الجمع مراصيع) : ○مِداليون ←Locket.

٭رَصَفَ الطريق To pave; macadamise.

رَصِفَت أسنانه : انتظمت To be well set.

رَصْفُ الطرُق Paving; macadamising.

رَصْفٌ . رَصِيف : الطريق المرصُوفة Pavement

△ — الشارِع : مَمْشى . افريز Pavement; side-walk.

△ — المحطَّة وغيرها Platform; landing.

— △ — الميناء Quay; landing pier; wharf.

△ — الأمواج : مَرْطَم Breakwater; mole.

△ رَسْم أو عوايد الرصيف Wharfage; quayage.

رَصِيف ٢ : مُحْكَم Sound; solid; firm.

— : زَمِيل Colleague; fellow-member.

رَصافَة : إحْكام Solidity; firmness; soundness.

٭رَصُنَ : كانَ ثابتاً رزيناً To be staid; sedate.

رَصانة Sedateness; composure; equanimity.

رَصِين : ثابت حازِمٌ Sedate; composed; staid; calm.

٭ رصيف (في رصف) ٭ رصين (في رصن)

٭ رَضّ (في رضض) ٭ رضاء (في رضي)

٭رُضاب : لُعاب . رِيق Saliva.

٭رَضَخَ : كَسَرَ To crush; bruise.

— : أذعَنَ To yield; give in; submit.

— : لانَ To relent.

— لهُ من مالِهِ : أعطاهُ قليلًا من كثير To dole out; deal out scantily.

رَضْخ . رَضِيخَة : العطاء القليل Dole; scanty allowance.

رُضُوخ : اذعان Yielding; submission; surrender.

مِرْضَخ : △ كَسَّارة (الجوز واللوز) ←Nutcracker(s).

٭رَضْرَضَ : جَرَّشَ To crush; bruise.

رَضْراض : △ زَلَط Pebbles; metal

﴿رضض﴾ رَضَّ : رَضْرَضَ . جَرَّشَ To bruise; crush; pound.

△ — العُضوَ : كَدَمَ To contuse; bruise.

رَضِيض . مَرْضُوض Bruised.

قَصَبَة مَرْضُوضة A broken reed.

٭رَضِعَ : امتصَّ الثدي To suck; draw the breast.

أرْضَعَ △ رَضَّعَ To suckle; give suck to; nurse at the breast.

رَضْع . رَضاع . رَضاعَة Lactation; period of suckling.

رضاعَة ٢ : امتصاص الثدي Sucking

إرْضاع △ تَرْضِيع Suckling; lactation.

△ رَضّاعَة : زجاجة الارضاع الصناعي Feeding-bottle; feeder; child's bib.

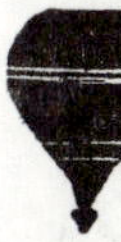

رَضِيع : ما زالَ يرضع — Suckling; sucking; at the breast.
— : طِفْل — Nursling; infant; baby.
— : بِـزِيّ . أَخ بالرِضَاعةِ — Foster-brother.
مُرْضِع : الامّ ولها ولد تُرْضِعُهُ — Nurse.
— . مُرْضِعَة: المرأة تُرضِع بأجْر — Wet-nurse.
— . — : أمٌ في الرِضَاعَة — Foster-mother.
*رَضْفَةُ الرُّكْبة — Kneepan; kneecap; patella.
*رَضِيَ. إِرْتَضَى الشيء وبه وفيه : قبِلَهُ — To accept; consent *or* agree to.
— . — الشيء : قنع بهِ — To be satisfied, *or* content, with.
— عنه وعليه: ضدّ سَخط — To be pleased with.
— عنه وعليه : استحسنه — To approve of.
— الله عنه — May God be gracious to him!
رَاضَى . تَرَضَّى . إسترْضَى — To propitiate; conciliate.
أَرْضَى — To satisfy; gratify; content; please.
رِضًى . رِضْوان . مَرْضَاة : قَبول — Acceptance; assent; consent.
— . — . — : سُرور — Pleasure; good-will.
— . — : قَناعَة — Satisfaction; content.
رَاضٍ : قابِل وقانِع — Satisfied; content; pleased.
— : مُرِيد — Willing; agreeable.
عِيْشَة راضِيَة — Agreeable, *or* pleasant, life.
تَرْضِيَة : تعويض — Reparation; compensation.
تَراضٍ : تبادُل المراضاة — Mutual consent *or* agreement.
مُرْضٍ : مُقْنِع — Satisfactory; giving content.
— : سَارّ — Agreeable; pleasant.
*رَطِبَ : نَدِيَ . ابْتَلّ — To dampen; be damp *or* moist.
رَطَّبَ . أَرْطَبَ : ندّى . بلَّل — To moisten; wet slightly.
— : شَبَّع بالرطوبة — To humidify.
— البلَح : صار رُطَباً — To mellow; become ripe and soft.
△ — : سَكَّنَ — To soothe; soften; pacify; cool down.
△ — : أَنْعَش — To refresh.
رَطْب . رَطِيب : نَدْيان — Damp; humid; dank; moist.
— . — : بَلِيل . بارِد — Cool; fresh.
— . — : ضِد يابس — Tender; soft; mellow.
رُطَب : بَلَح ناضِج — Mature dates.
رُطُوبَة : ضِدّ جَفاف — Humidity; dampness; moisture.
مُرَطِّب : مُنْعِش — Refreshing.
— الالتِهاب — Emollient.
مُرَطِّبات : مَشْروبات منعشة — Soft drinks.
*رَطْل مصري — Pound, (453 gms.) (lb.); *rottle.*
*رَطَمَ المركبَ — To strand; run aground; run ashore.
إرْتطَمَ : وَحِل — To stick in the mud; stick fast; come to a stand.
— المركبُ — To run aground; be stranded.
مَرْطَم: △ رَصِيف الأمواج — Breakwater; mole.
*رَطَنَ : تكلم بلغة غريبة — To jargonize; speak in a foreign tongue.
رِطَانَة : لُغَة غريبة — Jargon; foreign tongue.
رُطَيْنَى : كلام غيرمَفْهوم — Jargon; gibberish.

٥رَعْ : إلاهُ الشَّمْسِ الفِرْعوني — Ra.
*رعاع (في رعع) *رعاف (في رعف) *رعاية (في رعي)
*رَعَبَ . رَعَّبَ . أَرْعَبَ — To frighten; terrify; alarm.
إِرْتَعَبَ : فَزِع — To be frightened.
رُعْب : فَزَع — Fright; alarm; dismay.
الق الـ في القلب — To alarm; dismay; appall.
مُرْعِب: مخيف — Frightful; terrible; dreadful; alarming.
*رَعَدَ السحابُ — To thunder.
— له : تَهدَّده — To thunder at; threaten.
أَرْعَدَ — To make *one* tremble.
إِرْتَعَدَ — To tremble; quake; quiver; shiver.
— خوفاً أو غضباً الخ — To shake from fear, etc.
— ت فرائصه — To shiver in *one's* shoes; tremble all over.

رَعْد : صَوْتُ السحاب (حقيقة ومجازاً) Thunder.

رَعْدَة Tremor; a shaking.

رِعْدِيد : جبان Cowardly; faint-hearted.

رَعَّاد: سمك Torpedo; cramp-fish; ←electric ray.

*رَعْرَعَ . رَعْرَاع: تام وناضر Flourishing.

تَرَعْرَعَ : نشأ وشبَّ To develop; flourish; thrive; grow up.

رَعْرَاع أيُّوب : نبات Common flea-bane; *inula arabica*.

*رَعَشَ . إرْتَعَشَ : ارتجف **To tremble; shiver quiver; shake.**

— . — برداً أو خوفاً **To shake; quiver.**

أرْعَشَ △ رَعَّشَ : جعله يرتجف To make *one* tremble *or* shiver.

رَعْش . رَعَش . إرْتِعاش : ارتجاف Shivering; shaking.

ارتعاش شيخوخي Senile tremor.

رَعشة الجماع Orgasm.

— الحمَّى Chill; ague.

*رَعَصَ . أرْعَصَ : حرَّك To wag; shake; move.

تَرَعَّصَ . إرْتَعَصَ : تلوَّى وانتفض To squirm; wriggle; writhe.

(رعع) رَعاع : سَفَلة الناس Rabble; riff-raff; rag-tag; the vulgar *or* mob; the lower classes.

*رَعَفَ انفُه To bleed at the nose.

رُعاف : △ فَصْدُ الأنْفِ Nosebleed; epistaxis.

راعِف : طرف ارنبة الانف Tip of the nose.

راعُوفَة : △ خرزة البئر Well-curb; ←puteal.

مرعُوف : △ مفصود أنفه Bleeding at the nose.

*رُعلة زهور Wreath; garland.

رَعِيل من الخيول Drove, *or* herd, of horses.

(رعم) رُعام : مرض يُصيب الخيل Glanders.

رُعام : مخاط Mucus.

*رَعُنَ : كان أرعن To be thoughtless.

رَعَنَتْه الشمسُ : △ضَرَبَتْه To be sun-stricken.

رَعْن : △ضربة شمس Sunstroke.

رُعُونة : طَيْش ونَزَق Levity; frivolity; thoughtlessness.

أرْعَن : طائش نزِق Rash; thoughtless.

(رعو) رَعَا . ارْعَوَى عن جهل To repent; turn over a new leaf.

إرْعَوَى ٢ : كفَّ ورجع عن القبيح To refrain; abstain

رَعْوَى : الرجوع عن الجهل Repentance; change from past evil.

*رعونة (في رعن) Thoughtlessness.

*رَعَى . ارْتَعَى : كلأ To pasture; graze; feed.

— : ساس ودبَّر شأنه To tend; take care of.

△ — الجِلدُ والرأسُ : أكل . اسْتحكَّ To itch.

— . راعَى : راقَبَ To watch; give heed to; keep in view.

— . — الامرَ : حافظ عليه To observe; keep; comply with.

— . — الامرَ : عمل حِسابه To consider; take into account *or* consideration.

راعَى ٢ الرجُلَ : التفتَ اليه To have regard for; esteem.

— الخواطِرَ To have respect of persons.

راعَيْتُه وأرعَيْتُه سَمْعِي To listen to; give ear to.

إسْتَرعَى الالتفات To call *one's* attention.

رِعاية . مُراعاة ١ : التفات Regard; attention; heed.

— . — : حِفْظ Care; charge.

— : تعضيد Patronage; auspices.

تحت (في) رعاية . . . Under the auspices, *or* patronage, of...

راعَوِيّ △ رَعَوِيّ Pastoral; bucolic.

رَعَوِيَّة : تبعيَّة . جِنْسيَّة Nationality.

رَعِيَّة : قطيع عليه راعٍ Herd; flock.

— : القومُ عليهم حاكم Subjects.

— الحكومة المحلية : تابع لها Local subject.

— الحكومة الانكليزية (مثلاً) British subject.

رَاعٍ : الذي يرعى الغنم (أو الشَّعْب) Shepherd.

— الغَنَم : غنّام Shepherd; a herder of sheep.

راعِي القطعان Herdsman.

— المعز Goatherd; a herder of goats.

— المواشي Drover.

— الكنيسة Pastor; parish priest.

إِبْرة الـ — : نبات Geranium; crane's-bill.

شُرّابة الـ — : نبات Holly; ←ilex *aquifolium*.

مَرْعًى : مَرْتَع Pasture; pasturage.

مَرْعِيّ : مُلْتَفَت اليه أو مَعْمُول به Observed; regarded.

عادة مَرْعِيَّة Established usage.

مُرَاعٍ : مُلْتَفِت Attentive; heedful; regardful

مُرَاعِي المواعيد : محافِظ عليها Punctual.

مُراعاة ٢ الخَوَاطِر Favouritism.

— النظير (في البديع) Correlatives.

— الواجبات Observance of duties.

مُراعاةً لكذا Out of regard for.

٭ رَغّاء (في رغو) Chatterbox; prattler.

٭ رَغِبَ فيه To wish, *or* desire, for.

— عنه To shun; avoid; turn away from.

— به عن غيره : فَضَّلَه To prefer to.

— اليه : ابتهل To implore.

رَغَّبَ . أَرْغَبَ : جَعَلَه يَرغَب To cause, create, excite, *or* provoke desire.

— . — : شَهَّى . أغرى To allure; tempt; invite; attract.

رَغْبَة : شوق Desire; wish; eagerness.

رَغِيبَة : الشيء المرغوب فيه Desire; an object of longing; desideratum.

رَغائب : (جمع رغيبة) أمانيّ Desiderata.

رَاغِب Desirous; full of desire.

مُرَغِّب : يحمل على الرغبة Tempting; attracting; alluring; inviting.

مَرْغُوب فيه : مطلوب Desired; wished for; sought after.

— فيه : رائج . مَطلوب In great demand.

٭ رَغَثَ الولدُ أُمَّه : رَضَعَ To suck; draw the breast.

رَغُوث : رضيع Suckling.

٭ رَغَدَ العَيْشُ : كان رَغداً To be easy or comfortable

رَغْد . رَغِيد Easy; comfortable; affluent.

رَغَدٌ . رَغَادَة العيش Ease; comfort.

٭ رَغْرَغَ : انْغَمَس في الخَيْر To be deeply immersed in luxury.

△ — : غرغر (انظر جرجر) To gargle.

٭ رَغَّفَ العَجِينَ : قَرَّصَه To make dough into rolls or loaves

رَغِيف خُبْز Loaf of bread.

٭ رَغَمَ . أَرْغَمَ To coerce; compel; force; oblige.

رَغْم . إرْغَام Coercion; compulsion.

على الرَّغْم من . رَغماً عن Despite; in spite of.

رغماً ٢ عن أنفه In spite of *one's* teeth.

رُغَام . مُخَاط Mucus; slime.

رَغَام : تراب Earth; mould; humus.

رُغَامَى : قَصَبة الرِئة Trachea.

﴿ رغو ﴾ رَغَا . رَغَّى . أَرْغَى : أَزْبَدَ To foam; spume.

رغّى ٢ . أَرْغَى ٢ : ضَجَّ وتَهدد To foam; fume.

△ — △ — الصابونُ To lather; form a lather.

أرغى وأَزْبَدَ غضباً To fume with rage.

△ رَغّى : هَذْرَمَ To chatter; prattle.

رَغْوَة . رُغَاوَة : زَبَد Foam; froth; spume.

— . — الطبخ : △ رِيْمَة Scum; skimmings.

— المعادِن المذابة Dross.

— الصابون Lather.

△ رَغّاء : ثَرْثار Prattler; chatterer; chatterbox.

△ رَغْي . كلام مُرْغِيّ : هَذْرَمة Prattle; empty talk.

مِرْغاة : مِطْفَحَة △ مَقْصُوصة الطبّاخ ←Skimmer.

٭ رغيف (في رغف) ٭ رف (في رفف)

To finedraw; sew up a rent. *رَفَأَ الخَرْقَ : رتقهُ فلم يظهر

To darn; mend a hole. — الجوارِبَ وأمثالها

To bring to land. — السفينة : أدْناها من الشطّ

To wish a married couple harmonious union crowned with the begetting of sons. رَفَّأَ، هنّأ بالزواج قائلاً « بالرفاءِ والبنين »

Concord; harmony. رِفَاءٌ : اتفاق ووفاق

Finedrawer; darner. رَفَّاءٌ : △رفّى

Darning last. بيضة رَفْيِ الجوارِب

Haven; port; harbour. مَرْفَأ : مرْسى المراكِب

To crush; pound. *رفَتَ : دقّ وكسر

To discharge; dismiss △— : رفَع . عزَل

Discharge; dismissal. △رَفْت : رفْع . عزْل

Certificate of discharge. △رَفْتِيَّة : △شهادة خلوّ الطرف

Clearance certificate. △— الجمْرك

(Mortal) remains; corpse; ashes. رُفَات : جثّة الميت

To support; uphold; prop. *رفَدَ . أرْفَدَ : دعَم

Support; prop. رِفْد . رافِدة : دِعامة

Bandage. رِفادة : عصابة الجرح

To flutter; flap the wings; flicker. *رفْرَفَ الطائرُ: حرّك جناحيه

To bandage the eyes; blindfold. △— العينَ : عصّبها

Patch; eye bandage. رفرف العين

△— العجلة : غِطاؤها ← Splash-board; mud-guard.

← Eaves. △— البناء : طنف

To hit on the chest. *رفَسَ : ضرب في الصدر

To kick. △— : لبَط . دفع بالرجْل

A kick. △رَفْسة : لبْطة . دفْعة بالرجْل

Recoil; kick. — السلاح الناريّ

△رفّاس : ← زورق بخاريّ Steam-launch.

Tug-boat. △— قطر المراكِب

Propeller. △— : داسِر (انظر دسر)

Shovel; ←spade. *رفش : △كريك . مِجْرَف

Peel. — الخبّاز

To refuse; reject. *رفَض : ضدّ قبِل

To dishonour a bill. — حوالة ماليّة

To dismiss a case. — الدعْوى القضائية

To be dispersed; scattered. إرفضّ الناسُ : ذهبوا

To pass away. — : زالَ

To break up; be dissolved *or* dismissed. — المجْلِسُ : انصرف

To be bigoted; fanatical. △ترفّض : تعصّب

Rejection; refusal; nonacceptance. رَفْض : ضِد قبول

Bigoted; fanatic. △رفْضِيّ : متعصّب

Renegade; apostate; dissenter; recusant. △— . رافِضيّ : مرتدّ (عن الدين وغيره)

Bigotry; fanaticism; intolerance. ترفُّض : تعصُّب

Rejected; refused. رَفِيض . مرْفوض : ضِدّ مَقبول

To raise; lift up; elevate. *رفَعَ : ضدّ وضع

To raise; put up; erect. — : أقام . شيّد

To raise; remove; take away. — : أزال

To raise, *or* increase, a price. — السِعْر

To hoist, *or* run up, a flag. — العَلَمَ : نشرهُ

To submit to; bring before. — الى : عرَضَ على

To relieve; release. — عنه : خفّف

To prosecute; sue; bring an action (file a case) against. — الدعْوى على

To uncover. — الغِطاء : كشف

To celebrate the carnival. △رفَع الرِفاع

To hold *or* keep aloof from; look down upon. ترفّع عن كذا : تعالى

To be supercilious with. — عنهم : تكبّر

To appeal to the law; go to law; join issue. ترافع الخصمان الى الحاكم

To plead. △— (المحامي امام المحكمة) : دافع

To rise; go up; ascend. إرتفع : طلع . صعد

To rise; increase. — : زاد

To pass away; disappear. — : زال

رَفْع : ضِدّ وَضْع — Raising; lifting.

— المال (اي الضَّرائب) — Remission of taxes.

— : ترقية (في الرياضة) — Involution.

حالة الـ (في النحو) — Nominative case.

علامة الـ (في الموسيقى) — Sharp.

رِفْعَة المقام — High rank; dignity.

△ رِفاع . مرفع : عِيدُ الصيام عِند النصارى — Carnival.

رَفِيع . مُرْتَفِع : عالٍ — High; elevated; lofty.

— القدْر — Eminent; prominent.

△ — : ضدّ غليظ — Thin; fine.

الـ والوَضِيع — The gentle and the simple; great and lowly.

رافِعَة : مُخْل . عَتَلة — Lever.

آلة — — Crane.

إرْتِفاع : صُعُود — Rise; rising.

— : ازْدِياد — Increase; rise.

— : عُلُوّ — Height; elevation.

تَرَفُّع : اسْتِكْبار — Haughtiness; disdain; aloofness.

بتَرَفُّع — Haughtily; with a high hand.

△ مَرْفَع △ رِفاع : عيد الصَّوْم الكبير — Carnival.

△ أحد المَرافِع — Shrove-Sunday.

△ ثلاثاء المَرافِع — Shrove-Tuesday.

△ مَرفَعين : ضَبع — Hyena.

مَرْفُوع . رَفِيع — Raised; lifted up; elevated.

— (في النحو) — In the nominative case.

الدعوى المرفوعة على ... — The case filed against

△ مُرافَعَة المحامي : دِفاع — Pleading.

جَلْسَة — — A hearing.

△ قانون المرافعات — Code of procedure.

مُرْتَفِع : عالٍ — High; elevated.

— : في صُعُود — Rising; going up.

— : سامٍ — Eminent.

مُتَرَفِّع ٢ : مُسْتَكبر — Haughty; disdainful; supercilious.

﴿ رفف ﴾ رَفَّ القلبُ — To palpitate; twitter; throb.

— الجنينُ في البَطْن — To quicken.

—ت العينُ : اختلجت — To twitch.

أَرَفَّ الطائرُ والرايةُ — To flutter.

رَفٌّ : اخْتِلاج — Palpitation; twittering; quickening; twitching.

— . رَفِيف : اهْتِزاز (في الطب) — Fremitus.

— △ صُفَّة — Shelf; ledge.

✿ رَفَقَ . أَرْفَقَ : نفعَ وأفادَ — To serve; avail.

△ أرفق ٢ بكذا : ألحق — To attach to; append.

رَفَقَ به وعليه وله . تَرَفَّقَ به — To treat one with kindness.

رافَقَ : صاحَبَ وعاشَر — To associate with; keep company.

— : سار مع — To accompany

إرْتَفَقَ به : اسْتَفادَ — To profit by; gain advantage, *or* receive profit, from.

رِفْق : لِين — Kindness; leniency; clemency.

رُفْقَة : صُحْبَة — Company; society.

رَفِيق : ذو رِفْق — Kind; lenient; clement.

— : مصاحِب — Companion; associate; mate.

— : زميل — Comrade.

— : شريك — Associate; partner.

— : عشيق — Lover; sweetheart.

— المدرسة — School-fellow; class-mate.

رَفيقَة : عَشيقة — Mistress; sweetheart.

إرْتِفاق : انتفاع — Use; utility; serviceability.

— (في التشريح) — Symphysis.

حقُّ الـ (في القانون) — Right of common.

مِرْفَق . مَرْفِق △ كُوع — Elbow.

مَرافِقُ الدار — Offices; appurtenances.

— عامّة — Public utilities.

مُرْفَق بهذا : ملحق به — Attached (herewith); enclosed.

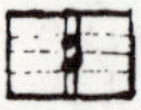

مِرْفَقَة المَكْتَب ←Blotting pad.

مُرْتَفَق : مُتَّكأ Support; stay.

△ — : بَيْتُ الراحةِ Water-closet; latrine.

مُرْتَفِق : لهُ حق الارتفاق على مِلك غيره Commoner; the possessor of an easement.

* رَفَل : جرَّ ذيله وتبختر To trail; move with slow sweeping motion.

تَرَفَّل : تبختر كِبراً To strut; swagger.

رِفْلُ الثوب : ذَيْله Train; trail; skirt.

* رَفَه . تَرَفَّه : لانَ عَيْشُهُ وطاب To live in ease and luxury.

رَفُهَ العيش : لانَ وطابَ To be easy or comfortable.

رَفَّه : عوّدَ على الرفاهة To pamper; accustom to luxury.

— عن نَفْسِهِ To enjoy, or amuse, oneself.

— عن أصحابه To entertain; amuse.

رَفاه . رَفاهَة . رَفاهِيَة Luxury; comforts of life.

تَرْفِيه عن النفسِ Amusement; enjoyment; entertainment.

(رفو) رفا : رَفَأ (راجع رفأ) To finedraw.

* رقّ (في رقق) To be thin.

* رَقَأ الدمُ والدمْعُ : انقطعَ To stop; cease to flow.

أرْقأ الدمَ والدمْعَ : حَقَنَه To arrest the flow of blood or tears.

رَقُوءٌ : يحقن الدم Hæmostatic; styptic.

مِرْقأة : ضاغِطة الشرايين Tourniquet.

* رقا (في رقي) * رقاق (في رقق)

* رَقَبَ النجْمَ وغيره To watch; observe.

— : حاذَرَ To watch; be on one's guard.

— . راقَبَ : حرَس To guard; watch over; take care of.

— . — الله : خافَهُ To fear God.

— . — العملَ : ناظرَه To control; supervise; superintend.

— . تَرَقَّبَ : انتظر To expect; wait, or look, for; look forward to; anticipate.

— . — : تَرَبَّصَ To lie in wait for.

رَقَبَة : عُنُق (راجع عنق) Neck.

غَليظ الـ — : عَنيد Stiff-necked; obstinate.

△ رُباطُ الـ — : أُرْبَة Tie; necktie.

لحم الرقبة (الضأن) Scrag.

رِقابة . مُراقَبَة Control; supervision.

— . — المطبوعات Censorship of the press.

الـ — او الـ — القضائية Judicial Surveillance.

رُقُوب . تَرَقُّب : انتظار Anticipation; expectation.

△ رَقُوبَة : بيضة القِنّ Nest-egg.

رَقِيب . مُراقِب : حارِس Guardian; keeper.

— . — : راصِد Observer; watcher.

مُراقِب ٢ : مُشْرِف Controller; supervisor.

— التعليم Controller of education.

— تعليم البنات Controller of feminine education.

— المطبوعات وغيرها Censor.

مَرْقَب . مَرْقَبَة : مكان مُرْتَفِع للرقيب Watch-tower.

— : مرصد . مكان الرصد Observatory.

مِرْقَب فلكي : ○ تلسكوب ← Telescope.

مُتَرَقَّب : مُنتظَر Looked forward to.

* رَقَدَ : نامَ (أو مات) To sleep.

— : دخل سريره لينام To go to bed.

— : اضطجع To lie down; recline.

— الحرُّ او الريحُ To abate; subside; remit.

— لمرَضٍ اصابه To be laid up.

ـت السوقُ : كَسدت To stagnate; be, or become dull or inactive.

ـت الدجاجة على بَيْضها To brood; sit on, or cover, eggs.

رَقَّدَ . أرْقَدَ : جعله ينام To put to sleep.

— . — : جعله يَرقد To lay; cause to recline or lie down.

— الدجاجة على البيضِ To set; place a brooding fowl on eggs.

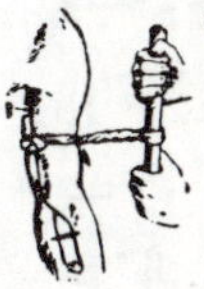

To layer; propagate (plants) by layers; bend down (a shoot) to form layers. — النبات (في الزراعة)

Sleep. رُقاد . رُقود : نَوم

Reclining; recumbence. — . — : اضطجاع

Bedtime. وقت الـ

Asleep; sleeping. راقِد : نائم

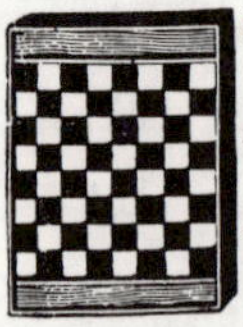

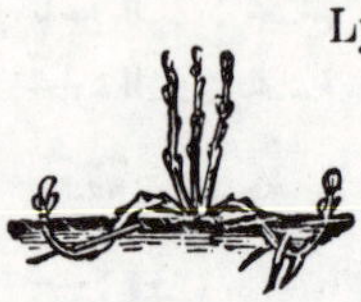

Lying down; recumbent. — : مضطجع

Layering; propagation of plants by layers. تَرْقِيدُ النبات

Brooding; hatching. — البيض

Layer; a shoot laid for propagation. △ تَرْقِيدَة : عُكَيْنس (في النبات)

Bed; couch. مَرْقَد : مَضْجِع

Soporific; narcotic. مُرَقِّد : دَواء منوِّم

To dilute wine. ✿ رَقْرَقَ الخمرَ : مزجها بماء

To brim over with tears; be bathed in tears. تَرَقْرَقَتِ العَيْن بالدموع

To glitter; glisten. — : تلألأ

To glimmer; gleam. — النَجْم والسرابُ

Shallow; shoal. رَقارِق : غير عميق

To variegate; speckle; dapple. ✿ رَقَشَ . رَقَّشَ : نقَشَ

To embellish; decorate. — . — : زَيَّنَ

Spotted; speckled; variegated. أَرْقَش : ارقط . مُنقَّط

To dance. ✿ رَقَصَ

To dance, or leap, for joy. — فرحاً أو طرباً

To make one dance. رَقَّصَ . أَرْقَصَ

To dance with. راقَصَ : رَقَصَ مع

To oscillate; swing. تَرَقَّصَ : تَذَبْذَبَ . خطر

Dance; dancing. رَقْص

Chorea; St. Vitus's dance. — سَنْجِيّ (سَانجيّ)

King-fisher. ابو الـ : قِرِلّى

Choreography. عِلم الـ

Dancing master. مُعَلِّم الـ

Ballroom. قاعة الـ

A dance. رَقْصَة

Hula-hula. — البَحْشَلة

Dancer. رَقَّاص : الذي يَرقص

Pendulum. — الساعةِ الكَبيرة

Balance-wheel. — الساعةِ الصغيرة

Verge; spindle of watch-balance. عَمود رقاص الساعة الصغيرة

Dancing-girl; dancer. رَقّاصة

Ball; an entertainment of dancing. مَرْقَص : △ بالّو

Dancing-hall. — : مَكان الرقص

To spot; speckle. ✿ رَقَّط : رَقَّش

Spotted; speckled. أَرْقَط : مُنقَّط

Leopard; panther. — : نَمِر

To patch. ✿ رَقَعَ . رَقَّعَ الثَّوبَ

To slap; strike; hit. △ — : ضَرَبَ

To bang, *or* slam, a door. △ — الباب : صَفَقه

To re-sow. رَقَّعَ ٢ الزرْعَ

To be saucy *or* impertinent. رَقُعَ الرجُل

Impertinent; saucy; officious. رَقيع : قليل الحَياء

Silly; foolish. — : أحمق

A patch. رُقْعَة : ما يُرقَع به

Draught-board; checker-board. — الداما

Label. — العنوان : بطاقة

Cursive hand. خَطّ —

Impertinence; sauciness. رَقاعة : قِلّة حَياء

Patching. تَرْقيع الثياب وامثالها

Resowing. — الزرْع

Skin grafting — الجلد

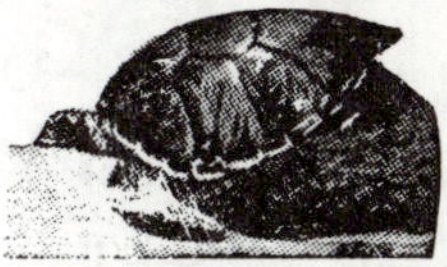

Plastic surgery. جِراحة تَرْقيعيّة

Patched. مُرَقَّع

Stencil. مُرَقِّعة : صَفيحَة العَلام

To thin; make thin. ٭رَقَّقَ . أَرَقَّ : جعله رُقيقاً

To attenuate; rarefy. — . — قِوام الشيء

To use simple and elegant language. — و — اللفظ

To flatten; roll out. — . △رَقَّ العجينَ وامثاله

To lead; separate lines (of printed matter) with lead. △— (في الطِباعة)

To be, or become, thin. رَقَّ [٢] : ضِدّ غَلُظ وثَخُن

To pity; compassionate; have compassion for. — له : رَحِمَه

To sympathise with. — وتَرَقَّقَ له : عطف عليه

To enthral(l); enslave. إسْتَرَقَّ العبدَ : ملكه

رَقّ ٌ : سُلحفاة البَحْر

Turtle.

رِق . إسْتِرقاق : عُبُودية

Slavery; bondage.

Parchment; vellum. — : جلد يُكتب عليه

Tambourine; timbrel. △ — : دُفّ △طار

Film. — التصوير الشَّمْسي

Slave; bondman. — : عَبْد

Emancipation. إلغاء الـ : تحرير العبيد

Thinness. رِقَّة : ضِدّ غلظ أو كثافة او ثخانة

Slimness; slenderness. — الجِسْم : نُحول

Mildness; meekness. — الجانِب : دعة

Gentleness. — الطبْع : دماثة الخُلق

Sensitiveness. — الشعور أو الإحساس

Tender-heartedness. — القلْب : حُنُوّ

Thin (unleavened) bread. رُقاق : خُبز رقيق

Puff-paste; flaky pastry. — : عَجين مَرْقوق

Slave; bondman. رَقيق : رِقّ . عَبْد

White slave. — أبيض

Thin; fine. — : ضِد ثَخين او كَثيف

Mild; meek. — الجانب

Slim; slender; thin. — الجسم

Indigent; needy. — الحال : قليل المال

Sensitive. — الشعور

Gentle; civil. — الطبع

Tender-hearted; soft hearted. — القلب

Slave-trader. تاجر الـ : نخّاس

Slave-trade. تجارة الـ : نخاسة

Lamina; thin plate. رَقيقة : صفيحة

Pellicle; thin flake *or* film. — : قشرة

Lead; metal strip to widen space. △ — (في طباعة الاحرف)

Rolling-pin. مِرْقاق العجين : △شوبك

Pastry. △مَرْقُوق : △بقلاوة

To write. ٭رَقَمَ : كتب

To punctuate; point. — رَقَّمَ الكتاب

To brand. — . — الحِصانَ : كَواهُ ووسَمَه

To number. — . — : △نمَّر

Number; (numerical) figure. رَقْم : عدد

Numeral — : أحد الأرقام الهِندية (٠٩٨٧٦٥٤٣٢١)

Letter; message. رَقيم : كِتاب

Numbering machine. مِرقم : آلة رقم الاعداد

٭ رقّة (في رقق) ٭ رقوبة (في رقب)

To ascend; climb, *or* mount, up. ٭رَقِيَ . إرْتَقَى : صَعِد

To rise in rank; advance; be promoted. — . — . تَرَقَّى : تقدَّم

To enchant; charm. رَقَى : استعمل الرُّقْيَة

To exorcize. — : طارد الأرواح الشريرة بالرقية

To advance; raise; elevate. رَقَّى : قدَّم ورفع

To promote; improve. — : حَسَّنَ وأصلح

To elevate; raise in mind and feelings. — : هذَّب

Promotion; advancement; elevation. رُقِيّ

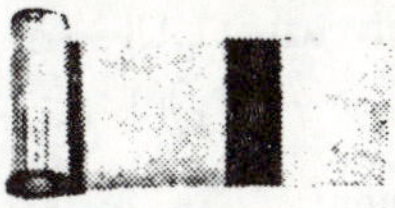

رُقْيَة Spell; charm; incantation.

رَاقٍ . رَقَّاء : الذي يرقي Charmer; sorcerer.

— : عالٍ . سامٍ Elevated; sublime; dignified.

— . مُرْتَقٍ : مُهَذَّب Educated; refined; **advanced; cultured.**

إِرْتِقَاء : صعود Rising; ascent.

— . تَرَقٍّ : تقدُّم Promotion; advancement.

تَرْقِيَة Promotion.

— الكميّة (في الرياضة) Involution.

تحتُ الـــ. On promotion.

مِرْقَاة : مِعْرَج . سُلم نقّال بركيزة ← Step ladder.

— : دَرَجَة Step, *or* degree.

٭رقيع (في رقع) ٭ رقيق (في رقق)

٭رك ٭ركاكة (في ركك) Weakness.

٭رَكِبَ : امتطى . علا To ride; mount; get upon.

— الفرس To mount; get on horseback.

— السفينة To embark; go on board.

— السفينة والقطار To board a ship *or* a train.

— الترام والعربة والقطار To ride in a tram, etc.

— القطارَ To take a train.

— الأهوال To ride out dangers, etc.

— البحر : سافر فيه To sail; navigate.

— الهواء : طارَ To fly; aviate.

— هواهُ : انقاد لهُ To follow *one's* fancy.

— وارتكبَ الذنب : اقترفهُ To perpetrate; commit a crime.

— و — الفحشاء To commit adultery.

رَكَّبَ . أَرْكَبَ To mount; make one ride.

— : ضد فكك To construct; put together.

— الأشياء : جمعها To assemble; put together.

— الشيء : وضع بعضه على بعض To construct.

— الفصّ في الخاتم (مثلاً) To set; mount; fix.

— الكلام والدواء To compose.

— وتراً للعود To string; put on a string.

تَرَكَّبَ من كذا To consist, *or* be composed, of.

رَكْب . رُكْبَان : قافلة Convoy; caravan.

رَكَبٌ : العانة Pubes; pubic region.

رُكْبَة : ما بين الفخذ والساق ← Knee.

ابو — : كُرُنب لفتيّ Turnip-cabbage; kohl-rabi.

△ابو الرُّكب : حُمَّى الدنج Breakbone fever.

رِكَابُ السَّرج ← Stirrup.

— الأمير Equipage; escort.

العَظْمُ الركابي Stirrup bone.

رَكّابُ الخَيْل : فَنْجَرِي Rider; jockey.

رُكُوب : امتطاء Riding; mounting.

— البحر Navigation.

— الهواء : طيران Aviation; flying.

رَكُوبة : مَطِيّة A mount.

رَاكِب : ضد ماشٍ Riding.

— : ضد راجل Equestrian; mounted.

— : مسافر . واحد الرُّكّاب Passenger.

تَرْكِيب : بناء Construction; structure; architectonic.

تَرْكِيبة : اجزاء الـمكنة في جملتها Mechanism.

إِرْتِكَاب Committing; perpetration.

تَرَاكُب Superposition.

مَرْكَب : سَفِينة Boat; ship.

— شراعيّ Sail-boat.

— بخاريّ Steam-boat; steam-ship.

مَرْكَبة : عَرَبة Carriage; cab; vehicle.

— ترام (انظر ترام) Tram-car.

— الجليد Sledge; sleigh. ←

مُرَكَّب : ضدّ بسيط Compound; composite.

— من كذا Composed, *or* made up, of.

— عليه كذا Set, *or* inlaid, with.

— النقص : شعور بالحِطّة Inferiority complex.

Crass (gross) ignorance. جهل — .
Compound interest. ربح — .
Composite number. عدد — (صحيح وكسر)
Complex fraction. كسر — (في الرياضة)
Ridden. مَركوب : ممتطى

Shoes or boots. △ — : حذاء
Whale-headed stork; shoe-bill. أبو — : طائر
Perpetrator. مُرتكِب : مقترِف
To stagnate. ٭رَكَدَ : سكن او وقفت حركته
Stagnation; standstill. رُكود : سكون الحركة
Stagnant; dull; not brisk. راكِد : ساكن الحركة
Stagnant water. ماء — .
To transfix in the ground. ٭رَكَزَ . رَكَّزَ : غرز في الارض
To pause; make a pause. — . إرتكز : وقف قليلاً
To lean, recline, *or* be supported, upon. — . — على : استند
To settle down. △ — . — : استقرّ
To contain gold *or* silver ores. رَكَزَ ٢ المعدن
To fix; plant. △ — △أركز : ثبّت
To concentrate. △ — : حصر في نقطة واحدة
Pause; temporary stop. رَكزة : وقفة قصيرة
Gold, *or* silver, ore; buried treasure. رِكاز
Support; prop; stanchion. رَكيزة . مُرتكز
Post; pole. △ — : قائمة
Concentration. △تركيز : ترسيب او توحيد المركز
Concentricity. تراكُز : اتحاد المركز
Centre; center; middle point. مَركز : محور . وسط الدائرة
Centre of gravity. — الثقل (في الطبيعة)
Centre of attraction. — الجذب (في الطبيعة)
Position; situation. — : مكان أو حالة
Standing. — : منزلة ، مقام
Situation; post. — : منصب

District (of a province). △ — : قسم من مديرية
Police station. △ — البوليس : ضبطية
Central office; head office. — الادارة
Central. مركزيّ : متوسّط
Eccentric. لا — .

Eccentric circle. دائرة لا مركزية
Centripetal force. القوّة المركزية الجاذبة
Centrifugal force. « « الطاردة (الدافعة)
Centrosome. كُريّة مركزية (في الخلية)
Concentrated. مُرَكَّز
Concentric, —al. مُتراكز : مُتّحد المركز
To run. ٭رَكَضَ : عدا
To urge, *or* spur, on. — الفرسَ برجله : استحثّه
To race with. راكضَ : بارى في الركض
To be agitated. إرتكضَ : تحرّك واضطرب
To quicken; move in the womb. — الجنينُ في البطن
Running. رَكْض : عَدْو
Runner. رَكّاض . رَكوض : جرّاء
Quickening. إرتكاض الجنين (في البطن)
To bow down; stoop. ٭رَكَعَ : انحنى احتراماً
To kneel down. △ — : جثا
Kneeling. △رُكوع : جُثُوّ
To be weak, poor, *or* meagre. ﴿ركك﴾ رَكَّ : كان ركيكاً
To hold one responsible for. — ه في عنقه : ألزمه ايّاه
Folk-medicine. طِبُّ الرُكّة (راجع طب)
Weak; poor; unsound; rickety; insecure. رُكاك . رَكيك
Weakness; poorness; unsoundness. رَكاكة
To kick. ٭رَكَلَ : لبط △رفس
To accumulate; pile or heap up; amass. ٭رَكَمَ : جمّع وكوّم
To be accumulated; amassed. تراكم . إرتكم

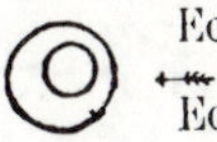

رَكَمَ . رُكام : كَوْمة — Pile; heap.

مِرْكَم كهربي : جَماعة — Accumulator.

*رَكَنَ وأَرْكَنَ اليه — To trust; have confidence, in.

— . — اليه : عوّل أو اعتمد على — To rely on; depend on *or* upon.

أَرْكَنَ ٢ الى الفِرارِ — To run away; take to *one's* heels.

— و △ارتكن على : مالَ واستند — To recline, *or* rest, against

— و△ — على : لجأ الى — To fall back on *or* upon.

يُرْكَنُ اليه — Reliable; dependable.

رُكْن : زاوية . ظِئْر — Corner; nook.

— : سَنَد . عِمادٌ — Support; prop.

— : جُزءٌ أصلي — Element; first principle.

رُكون . إرْكان : وثوق — Reliance.

△ أركان حَرب (في الحربيّة) — Staff officer.

△ رئيس أركان حرب — Adjutant General.

مِرْكَن : طشت الغسيل — Washing pan; wash-tub.

* رَكيك (في ركك) * رمّ (في رمم) * رماد (في رمد)

* رمّان (في رمن) — Pomegranates.

*رَمَثٌ : △ رُومس . طَوْف — Raft; float.

* رمَحَ : طعَنَ بالرُمْح — To spear; pierce with a lance.

△ — : عدا . ركَضَ — To run; gallop.

رُمْح : عود طويل في رأسهِ حَرْبَة — Spear.

— : مِزْراق — Lance, *or* javelin.

رمّاح : حامِلُ الرُمْح — Spearman; lancer.

* رَمِدَ . أُرْمِدَ الرجُلُ — To have sore, *or* bleared, eyes.

— ت العينُ — To be sore; bleared.

رمَّدَ الشيءَ : وضعه في الرمادِ — To bury in ashes *or* cinders.

— النارَ : غطّاها بالرماد — To smother fire.

— الجثّة : أحرقها — To incinerate; cremate.

رَمَدُ العينْ — Ophthalmia; inflammation, *or* soreness, of the eyes.

— حُبَيْبي — Trachoma; granular conjunctivitis.

رَمَدِيّ : طبيبُ العيون — Oculist; ophthalmist.

رَمِدٌ . رَمْدان . أرمد — Ophthalmic; having ophthalmia.

رَماد : تراب النارِ — Ash; cinders.

— الجثّة المحروقة — Ashes.

ماء الـ — : △بوغاده — Lye; alkaline solution.

رَمادي : بلون الرَماد — Ashy; ash-coloured; grey.

تَرميد الموتى — Cremation; incineration; urn-burial.

*رمَزَ الى : أشار وأوْمأ — To indicate; point to; make a sign to.

— : كَنَى — To symbolise.

رمْز : اشارة . دليل — Indication; sign; token.

— : كِناية — Symbol; figure; type.

رَمْزِيّ — Symbolic, —al.

رامُوز : نموذَج — Specimen; sample.

*رَمَسَ : دَفَنَ — To entomb; bury.

إرْتَمَسَ في الماء — To be immersed in water.

رَمْس . رامُوس : قبر — Tomb; grave; pit.

△رُومِس : طَوْف — Raft; float.

*رَمَشَ : تناول بأطراف الاصابع — To take with the tips of the fingers.

△ — بعينه : طرَفَ — To blink.

رَمَشٌ : التهاب الجفْن — Soreness of the eyelids; conjunctivitis.

△رَمْش : هُدْب العين — Eyelash.

*رَمِصَت العينُ : △ عمّصت — To discharge matter.

رَمَصٌ : △عُماص — Matter; (eye) discharge.

*رَمْضاء : شدّة الحرّ — Intense heat (of fire).

*رمَقَ : لحَظَ بالعينِ — To see; glance at.

— : لاحظ — To eye; observe; look on.

— . رمَقَ اليه : أطالَ النَظر — To gaze, *or* look fixedly, at,

رمّقَ ٢ العملَ : لم يتقنه △طَصْلَق — To patch up.

رَمَق : بَقِيَّة الحياة — Spark *or* particle of life.
الـــ الاخير — The last breath; last gasp.
على آخر ـــ — On *one's* last legs; in the last extremity; *in extremis*.
على آخر ـــ (من الحياة) — At the point of death.
سَدَّ ـــه — To keep soul and body together.
تَرْمِيق : Δ طَصْلَقَة — Patchwork; sale work; slipshod, *or* careless, work.
٭رَمَّلَ : رَشَّ عليه رَمْلاً — To sprinkle with sand.
أَرْمَلَ . تَرَمَّلَ الرَّجُل — To become a widower.
ـــت و ـــت المرأة — To become a widow.
رَمْل — Sand.
ـــ (مَسْحوق عَظم أُمِّ الحِبر لتجفيف الحِبر) — Pounce.
زَمَّار الـــ : طيطوى — Sandpiper.

عِلْم او ضَربُ الـــ — Geomancy.
رَمْلِيّ . مُرْمِل — Sandy; sabulous; arenaceous.
أَرْمَل : أَيِّم — Widower.
ـــ . أَرْمَلَة : أَيِّم — Widow.
أَرْمَلَة الملك — Queen-dowager.
تَرَمُّل الزوجة : ايومة — Widowhood.
مِرْمَلَة : وِعاء رمل الكتابة (سابقاً) — Sand box; pounce box.
٭رَمَمَ . رَمَّ : أَصْلَحَ — To repair; overhaul.
لا يُرَمّ — Out of repair; unrepairable.
رَمَّ ٢ . أَرَمَّ العَظمُ : بَلِيَ — To decay; be decayed.
رَمّ . تَرْمِيم . مَرَمَّة — Repair; reparation; overhauling.
رُمَّة : قطعة بالية من العِظام — Decayed bone.
Δ ـــ : جِيفَة (الإنسان او الحيوان) — Carrion.
Δ ـــ : جيفة (الحيوان) — Carcass; carcase.
بِرُمَّتِهِ : بِجُمْلَتِهِ — Entirely; wholly; completely; altogether.
رَمِيم . رِمَام : بالٍ — Decayed; cankered

٭رمن٭ رُمَّان (واحدته رمَّانة) — Pomegranate.
زَهْر الـــ : جُلَّنار — Pomegranate blossom.
رُمَّانَة ٢ : شجرة الرمان — Pomegranate tree.

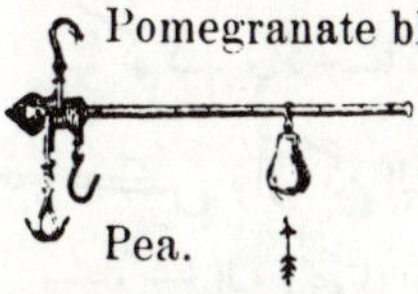

ـــ مِيزان القَبَّان — Pea.
Δ ـــ : عُجْرَة — Pommel; knob.
أَرْمَنِيّ — Armenian.
ارمينية : بلاد الارمن — Armenia.
٭رِمَّة (في رمم) — Carrion.
٭رَمَى : طَرَحَ — To throw; fling; hurl.
ـــ : القى — To throw down.
ـــ : نَبَذَ — To throw off; reject.
ـــ بقذيفة — To hit with a missile; shoot.
ـــ بكلامه الى كذا — To drive at.
ـــ بينهم : القى الشقاق — To sow dissension among.
ـــ عنه : نَفَضَ — To shake off.
رماهُ بكذا : اتهمه به — To accuse of.
ـــ بكذا : عابه به — To throw, *or* cast, in *one's* teeth; lay at *one's* door
إِرْتَمَى : مُطَاوِع رمى — To be thrown; hurled.
ـــ على الارض — To fall to the ground.
ـــ على قدميّ فلان — To prostrate oneself before; fall at the feet of.
رَمْيَة — Throw; fling.
ـــ من غير رَام — A lucky, wild *or* chance shot.
ـــ حَجَرٍ من هُنا — A stone's throw from here.
رَام : سَديد الرِماية — Marksman; a good shot.
ـــ : مُلْقٍ — Thrower.
الرامي (في الفلك) — Sagittarius.
مَرْمًى : مدى الرَّمي — Range; reach.
ـــ النظر — Eyeshot; range, *or* reach, of the eye.
ـــ المدفع — Gunshot; effective range, *or* reach, of a gun.
ـــ : قَصْد . غَرَض — Drift; aim; design.

٭ رميم (في رمم) ٭ رنَّ (في رنن)

(رنب) أرنب بيتي : خِرنِق — Rabbit.
— بريّ : خُزَز — Hare.
— هندي او روميّ : قُبَيع — Guinea pig.
— صغير : خِرنِق — Leveret.
آذان الـ— : نبات — Cyclamen.
أرنبة : أنثى الأرنب — Doe-rabbit; doe-hare.
— الأنف — Tip of the nose.
○رنجة : ○ رِنكة — Herring.
*رنّح : أمالَ — To incline; bend.
ترنّح : تمايل — To stagger; reel; totter.
— السكرانُ — To reel to and fro.
مُرنّحة السفينةِ : مقدمها — Prow.
مترنّح : متمايل — Staggering; tottering; reeling.
— : نشوان — Tipsy; intoxicated; in liquor; half drunk.
△رنّخ بالمكان : رنّق . أقام طويلاً — To stick to a place.
*رنّق النظر اليه : أطالهُ — To look intently at; stare at
— بالمكان : △رنّخ — To stick to, *or* remain at, a place.
رونق — Splendour; brilliancy.
○رنكة : سمك (انظر رنجة) — Herring.
*رنّم . ترنّم : غنّى — To chant; intone.
ترنيمة : أغنية . ترتيلة — Song; hymn.
(رنّ) رنَّ : طنَّ — To ring; resound.
— : دوى — To resound; echo; reverberate.
— الوترُ او القوسُ : هزمَ — Twang.
رنّة . رنين : طنين — Ringing; resonance; echo; reverberation.
○— : الايّل المستأنس — Reindeer.
رنّان : طنّان . داوٍ — Resounding; resonant.

(رنو) رنا اليه — To turn the eyes to; bend *ones'* looks upon.
* رها (في رهو) * رهان (في رهن)
*رهِبَ : خافَ — To apprehend; dread: fear.
رهّبَ . أرهبَ — To intimidate; frighten; terrorise.
ترهّبَ الرجلَ : توعّده — To threaten; menace.
— الرجلُ △ ترهبنَ — To take the vows.
—ت المرأة : صارت راهبة — To take the veil.
رهبة . رُهبى : خوف — Dread; awe; fear.
رهيب : مُخيف — **Dreadful; awful; redoubtable; terrible.**
رهبنة . رهبانية . ترهّب : نُسك — Monachism.
عيشة الـ— — Claustral life.
رُهابة : طرف القصّ — Metasternum.
راهب : ناسك . ناذر العفّة — Monk; friar.
راهبة : ناذرة العفّة — Nun.
إرهاب — Intimidation; frightening; threatening; terrorism.
إرهابي : تهديدي — **Terroristic; threatening; minatory.**
*رهَجٌ . رهج : غبار — Dust in the air.
— : فتنة وشغب — Riot; tumult.
أرهج : أثار الغبار — To raise a dust.
— بينهم : هيّج بعضهم على بعض — To sow dissension among.
(رهش) ارتهاش — أرجل الخيل — Interference.
راهش : عرق في باطن الذراع — Brachial artery.
*رهط : اكل اكلاً شديداً △ لهط — To devour; eat, *or* swallow greedily.
رهط . رهَط : جماعة — A group; flock: bevy.
△— . — : وزرة الحقوين — Loin cloth.
△— . — : نطاق البكارة — Maiden, *or* virgin, zone.
*رهف . أرهف : رقّق — **To attenuate; make thin.**
— و — السيفَ والذهنَ — To sharpen.

To prick up the ears; listen intently *or* sharply. ارهفَ ٢ أذنيه

To be thin; flimsy. رَهُفَ : رقَّ

Thin. رَهِفٌ . رَهِيف : رقيق

Slim; slender; thin. رهيف ٢ : نحيل

Sharpened. — ٠ مُرهَف : مُحدَّد

To oppress; lie heavy upon; treat unjustly. ٭رَهِقَ . أرهَقَ : ظلَمَ

To approach puberty. رَاهقَ الغلامُ : قاربَ الحُلُم

Adolescent; hobbledehoy. مُراهِق : بالغ حدّ الرجال

Adolescence; hobbledehoyism. مُراهقة : بلوغ سنّ الرجال

To be flabby *or* flaccid. ٭رَهِلَ . ترهّلَ : استرخى

Flabby; flaccid. رَهِلٌ . مُترهِّل : رَخو

Drizzle; fine rain. ٭رِهمَة : مطر خفيف

Ointment; liniment; unguent. مَرهم : دهان

To pawn; deposit as security. ٭رهنَ . أرهنَ المنقولاتِ : أودعها كرهن

To mortgage. — عقاراً (ملكاً ثابتاً)

To pledge; give in pledge. أرهنَ ٢ الشيءَ : جعله رهناً

To bet; make a bet; wager; lay a wager. راهنَ على كذا : خاطرَ

To hold in pledge. إرتهنَ الشيءَ : اخذه رهناً

To depend on; be subject to. — بالأمرِ : تقيّدَ

Security; pledge. رَهن . رَهِينة : ما يُوضع تأميناً للدين

Hostage. — ٠ — : شخص محبوس كرهن

Mortgage. — عقاريّ اورسميّ : ∆ رَهنيّة

Lien. — حيازة

Pawning. — المنقولات

At *his* beck (and call.) — إشارته

Pending his trial. — محاكمته

Bet(ting); wager(ing). رِهان : مخاطرة

Race-horses. خيلُ الـــ

Neck to (*or* and) neck; exactly equal. كفرسَي الـــ

Accountable *or* responsible, for. رَهين بأعماله : مأخوذ بها

In pawn; mortgaged. — ٠ مرهُون . مُرتَهَن

Fixed; permanent. رَاهِن : ثابت . دائم

Present; actual. — : حاضر . واقع

Mortgager; mortgagor. — : مودِع الرَّهن

Existing condition; *status quo.* الحالة الراهنة

Such as it is; the state in which. بحالته الراهنة

Pawnshop; pawnbroker's place of business; *mont de piété.* مَرهَن : ∆ بنك الرهنيّات

Mortgagee; one who lends the money. مُرتهِن : آخذ الرهن

Pawnbroker; [uncle]. — ٠ مُسترهِن المنقولات

Log-book. ٭رَهنامج : سجلّ السفينة

← Crane. ٭رَهو : كُركيّ . طائر

Ambler; ambling pony. ٭رَهوان

To amble; rack. رها الحصانُ ∆ ترهوَن

To curdle milk. ٭روّبَ . أرابَ اللبنَ : خثّره

To curdle; turn into curd. رابَ اللبنُ

To doubt; suspect. — الرَّجُلُ (في ريب)

Robe; gown. ○ رُوب : رِداء رسميّ

Curdled milk. رَوب : لبن رائب أو حامض

(Cheese) rennet. ∆ رَوبة اللبن

Curdled. رَائب . مروَّب : مخثّر

Robot; mechanical slave. ○ رُوبُوط : إنسان (عبد) آليّ

Rupee. ○ رُوبِيّة ع : نقد هنديّ

Dung; droppings. ٭رَوث الحيوان

To dung; void excrement. راثَ الحيوانُ

To circulate; spread abroad. ٭روّجَ الأمرَ والخبرَ

To utter; put into circulation. — العُملةَ

To push the sale of. — السِلعةَ : جعلها تروج

To further; promote. — الشيءَ وبه : عجّله

Left column

Smell; odour.	رَائِحَة . رِيحَة (ذكية او خبيثة)
Scent; perfume.	— . ذَكِيَّة
Stench; stink.	— . خَبيثَة
Sweet-smelling; fragrant.	ذَكِيُّ الـ
Stinking; bad smelling.	خَبيثُ الـ
Ill-smelling.	رَديُّ الـ
Inodorous; odourless.	عديمُ الـ
Soul; spirit; vital force; breath of life.	رُوح : نَفْس
Essence; spirit.	△ — : خلاصَة
Ghost; spirit.	— : كائن غَير مَنظور
Evil spirit.	— شِرّير
Web.	△ — كَثَمَرة الحديد : ما بين شَفتيها
Possessed; demented.	به — : محضور
The Holy Ghost (or Spirit.)	الـ القُدُس
Light-spirited; cheerful; lively.	خفيف الـ
Long-suffering; patient.	طويل الـ
Double-barrelled gun.	△بندقيّة بروحين
A seven-shooter.	△فَرد بسبعةِ أرواح
Spiritualism; spiritism.	استحضار او مُخاطبة الأرواح
Spiritual	رُوحِيّ . رُوحانيّ : غَير مادّي
Holy; divine.	— : دِيْنيّ
Spirits; alcoholic drinks.	مَشْروبات روحية
Wind.	رِيح : هَواء مُتَحَرِّك
Smell; odour; scent.	— : رائِحة
Wind; flatulence.	— البطن
Whitlow or felon.	— الشوكَة : داحِس الاصْبع
To break wind.	أخْرَجَ ريحاً
Leeward.	تحت الـ : سُفالتها
Windward.	فوق الـ : عُلاوتها
Windmill.	طاحون الـ
Carminative.	طارِد الـ (دَواء)
Vane; weathercock.	دوّارة الـ : دَليل اتجاه الريح
Scare-crow.	△ابو رِيَاح : نطّار . خَراعَة
Windy.	رَيِّح : شَديد الريح
Aromatic plant.	رَيْحَان : كل نبات طيّب الرائحة
Basil; sweet-basil.	— : صَعتر هِندي

Right column

English	Arabic
To circulate; be current.	رَاجَ الامرُ والعُمْلة : دالَ
To be rife or prevalent.	— الخبرُ او الإشاعة
To sell well; be in demand.	— ت السلعةُ
To be brisk or active.	— ت السوقُ
Saleable; in good demand; has a brisk sale; selling well.	رَائِج : مَطلوب
Current; in circulation.	— : مُتداوَل
Currency; circulation.	رَوَاج : تَداوُل
Good demad; saleableness.	— : كَثرة الطلب
Circulation; furtherance.	تَرويج : تَدويل
Canvasser.	مُرَوِّج : وَسيط بين التاجر والزبون
Promoter.	— : مثير . مُحَرِّك
To relieve; give rest.	*رَوَّحَ . أَراحَ △ رَيَّحَ
To recreate; revive.	— القلبَ : أنعشَه
To amuse oneself.	— عن نفسِه
To fan oneself.	△ — . تَرَوَّحَ بالمِروحةِ
To go home.	△ — : ذهب الى بيته
To settle; subside.	△ريَّحَ٢ البناءُ
To alternate; reciprocate.	رَاوَحَ ين
To stink; smell bad.	أَرْوَحَ . تَرَوَّحَ٢ الماءُ : انْتَنَ
To go away; depart.	رَاحَ : ذَهَبَ . مَضَى
To hasten to do good.	— للمعروفِ
To be satisfied, or pleased, with.	إرْتاحَ للأمْرِ واليهِ
To rest; take, or find, rest.	△ — . اسْتَراحَ
Wine.	رَاحَ : خَمْر
Rest; ease, leisure.	رَاحَة . رَوَاح
Palm of the hand.	— اليد : باطِنُها
Turkish-delight.	— الحَلْقوم : △مَلْبن
Water-closet; place of convenience.	△بيْتُ الـ : مُسْتَراح
Easily.	بالـ : بِسُهْولة
At one's leisure.	بالـ : على هَوْن
Free flow; flush irrigation.	الرَّيَّ بالـ

To wish ; desire ; be willing. أَرَادَ : شَاءَ

To choose ; will. — : اخْتَارَ

To mean ; intend. — : قَصَدَ

Willing or unwilling. — أوْلَمْ يَرِدْ

Slowly ; gently. رُوَيْداً : مَهْلاً . على مَهَل

Scout. رَائِد : كَشَّاف

Major صاغ . رتبة عسكرية — : ۵

Spy. — : جَاسُوس

Leader ; guide. — : دَلِيل

Explorer. — : الذي يَجُوب أو يَطُوف البلاد

Pioneer ; explorer. — : مكْتَشِف المَجَاهِل

Will ; pleasure ; choice ; volition. إِرَادَة : مَشِيئة . اخْتِيار

Wish ; desire. — : رَغْبة . مَرَام

At will بحسب الـ : كما يريد

God willing. بإرادة الله : بمشيئة الله

Voluntary. إِرَادِيّ : اختياريّ

Purpose ; intention ; desire ; wish. مُرَاد : قَصْد . نِيَّة

Pencil for applying salve or kohl to the eyes ; rod. مِرْوَدُ العين

Pivot ; pin. — : مِحْوَر ۵ بِنْز

Swivel. — مِحْوَرِيّ

To estimate. ۰رَوَّزَ : قَدَّرَ

Master builder ; architect. رَازّ : رئيس البَنَّائين

Architecture. رِيازة : هندسة المِعْمار

Pension office. ۵ رُوزْنامَة : إِدَارَة المَعَاشات

Almanac. — : تقويم السنة

۵ رَوَّسَ وَتَرْوِيسة (في رأس)

(Rousseau, J.J.) ۰رُوسُّو : كاتب فرنسي شهير

Russia. ۰رُوسِيا : بلاد المُسْكُوب

Russian. رُوسِيّ

۰رَوَّضَ المُهْرَ . راضَ : ذَلَّله وعلَّمه السَّيْر

To break in ; train.

To tame. — . — : الحَيَوان البَرِّيّ : طَبَّعه

To beguile ; coax ; cajole. رَاوَضَ : خاتَل

Right column:

Myrtle. — : شامِيّ : آس

Main canal ; feeder. ۵رَيَّاح : جَدْوَل مِياه

Relief ; giving rest. إِرَاحة ۵تَرْيِيح : ضِدّ إِتْعاب

Satisfaction ; pleasure. إِرْتِياح : رِضى

Magnanimous ; munificent ; noble-minded. أَرْيَحِيّ : واسِع الخُلُق

Magnanimity ; munificence ; generosity. أَرْيَحِيَّة : حب الأفعال الجيدة وبذل العطايا

Fanning ; ventilation. تَرْوِيح : تَهوية

Recreation ; amusement. — القلب أو النفْس

Settlement ; subsidence. ۵تَرْيِيح البِناء

Rest-house. ۵إِسْتِرَاحة : منزِل المُسَافِرين

Waiting room. ۵ — : غُرْفة انتظار

Comfortable ; commodious. مُرِيح : ضِدّ مُتْعِب

Flatulent ; ventose. مُرِيح : يَنفُخ البَطن

At ease ; comfortable. مُرْتَاح . مُسْتَرِيح : ضِدّ تَعْبان

Peaceful ; tranquil. — . — : البال

Fan. مِرْوَحَة : مِهْواة

Propeller. — : الطائرة والباخرة : دَايِر

Electric fan. — : كَهْرَبِيّة

Punka. — الجَيش (المُدلّاة من السقف)

Ceiling fan. — السقْف (الكَهْرَبِيَّة)

Ventilator. — : مِنْفَس . كُوّة التهوية

Lantern stairs. ۵سُلَّم — : سُلَّم مَأْذَني

Wavering ; undetermined ; irresolute. مُرَوَّحَن : مُتَرَدِّد

Possessed ; demoniac. ۵مَرْيُوح : بهِ روح شِرير

Water-closet ; rear ; privy. مُسْتَرَاح : كَنِيف

Exploration. ۰رَوْد : جَوْب

To explore. رَادَ البلاد : طافها للاستكشاف

To seek ; search for. — الشيءَ : طلبه

To try to deceive ; beguile. رَاوَدَ : خادَعَ

To seduce a woman. — المرأة

تَرَاوَضُوا : تماحكوا في الشراءِ او البيع — To chaffer; bargain; haggle.

تَرَيَّض : تنزّه — To promenade.

رائِض . مُرَوِّضُ الخيل — Horse-breaker; horse-tamer.

رَوْضَة : ارض مخضرة — Meadow.

— : حديقة — Garden.

رِيَاضَة : تَمْرِين — Exercise; physical training.

— روحيّة — Retreat (for prayer and meditation.)

— . الرياضيّات : العلوم الرياضيّة — Mathematics.

— : العاب رياضيّة . لعب — Sport.

رِيَاضِي : مختص بالعلوم الرياضيّة — Mathematical.

— : عالمٌ في الرياضيّات — Mathematician.

— : يحبّ الألعاب الرياضية — Sportsman.

الألعاب الرياضيّة : △ جنباز — Gymnastics.

٭رَوَّعَ . رَاعَ . أَرَاعَ . أَفْزَعَ — To awe; inspire with awe; frighten.

— . — . — : هزّ المشاعر — To thrill; excite.

— . — . — : أعجب — To delight; please.

رَاعَ . ارْتَاعَ منهُ — To stand in awe of.

رَوْع . رَوْعَة — Awfulness; dreadfulness.

سكّن روعه — To reassure; pacify.

خطر بروعه — To occur to.

القى في روعه — To inspire; suggest to the mind.

رَوْعَة ٢ : هزّة عاطفيّة — Thrill; excitement.

رَوْع : جمال — Magnificence; splendour.

رائِع : مُعْجِب — Admirable; sublime; awe-inspiring.

رائعة النهار — Broad day.

في — النهار — In broad daylight.

مُرِيع — Frightful; dreadful; awesome; terrible.

مُرَوَّع . مُرْتَاع — Awe-struck; alarmed.

٭رَوَغَان . مراوغة : تملّص — Evasion; elusion.

— . — (في الكلام) — Equivocation; fencing.

رَوَاغ . رُوَيغَة — A dodge; an artifice; a cunning trick.

رَوَّاغ . مُرَاوِغ — Cunning; sly; dodger.

رَاغَ : حادَ مكراً وخديعة — To dodge; swerve; start aside; shift about.

رَاوَغَ : خادَعَ — To dodge; practice mean shifts; play fast and loose.

— (في الكلام) — To equivocate; tergiversate.

مُرَاوِغ — Equivocator.

٭رَوَّقَ : صَفَّى — To clear; clarify; make clear *or* pure.

— : △ رشّح — To filter.

— البضاعة : صفّاها بالبيع — To make a clearance sale.

رَاقَ : صفا — To clear; become clear.

—ه الأمرُ : أعجبهُ وسرّه — To please; delight; give pleasure.

—ه الأمرُ : صادف هوًى في نفسه — To appeal to.

أَرَاقَ : سَكَبَ — To pour out *or* forth; shed; spill.

تَرَوَّقَ : اكل أكلة الصباح — To (take) breakfast.

△ رَاق : طبقة — Layer; stratum.

رِوق . رِوَاق : سقف في مقدم البيت — Portico; porch.

رِوَاقِيّ : زينوني — Stoic.

رِوَاقِيَّة : نِسْبَة الى مذهب زينون الإغريقي — Stoicism.

رَائِق : صافٍ — Clear.

رَاوُوق . مُرَوِّق : مُصَفٍّ — Clarifier.

— : △ مرشّح (انظر رشح) — Filter; strainer.

تَرْوِيقَة : فطور . اكلة الصباح — Breakfast.

△ ترويقة : تهكّم — Sarcasm.

٭رَوْكَاء : جلجلة الصوت — Resonance.

فيه — : مُجلجل . داوٍ — Resonant.

△ رُوك : عمومي . مشاع — In common; not shared.

٭رَوَّلَ . رال (راجع ريل) — To dribble; slaver.

رُوَال : لُعاب — Saliva; slaver.

○ رُول : جدول قيد القضايا — Cause list; roll.

٭رَوْم . مَرَام : بُغْيَة — Wish; desire.

— : قصد — Purpose; intention.

رُوم . أَرْوَام Romans *or* Greeks.
ه — : مشْروب مُسْكِر Rum.
بحر الـ . The Mediterranean Sea.

رُوميّ . رُوماني Roman.
— : يوناني Greek.
دجاج — او حَبَشي Turkey-cock *or* hen.
رامَ : ابتغى To wish; have a desire.
ه رُومَاتِزْم : رثية . داء المفاصل Rheumatism.
روماتِزْمي Rheumatic, —al.
△ رُومِس : رَمَث . طوْف Raft; float.
٭ رِوند . راوند Rhubarb.
٭رونق (في رنق) ٭ رؤوف (في رأف)
٭رَوَى : قصَّ . حكى To narrate; relate; tell.
— عنهُ : نقَـلَ وذكر To quote; cite.
— . أرْوَى : سقى To water; irrigate.
△ — . — : كسر العطش To quench, *or* allay, the thirst.
رَوِيَ . ارْتَوَى الحقـل To be watered *or* irrigated.
— . — الانسانُ والحيوان To quench *one's* thirst.
تَرَوَّى : تفكـَّر To deliberate; reflect; meditate; consider.
رُوَاء : حُسْن المنظر Comeliness; sightlines; beauty.
رَوَاء : ماءٌ عَذْب Fresh (potable) water.
رِوَايَة : خَبرٌ او إشاعة Report; rumour; hearsay.
— : قصـَّة او حكاية Story; narrative; history.
— : بيان Statement; narration; account.
— بوليسية Detective story.
— خياليـَّة Novel; romance; fiction.
— تمثيلية (Stage) play; drama.
— هزليـَّة : مَهْـزَلـَة Comedy.
— محزنة : مأساة Tragedy.
رَوِيـَّة : تفكـُّر Deliberation; meditation; consideration; reflection.

رَاوٍ . رَاوِيَة : حاكٍ Narrator; relater.
راية (في ريي) Flag; banner.
رَيّ . إرْوَاء : سقي Watering; irrigation.
— بالراحة Flush irrigation; free flow.
— بالآلات Lift irrigation.
رَيَّان . مُرْتوٍ : ضِدّ عَطْشان Not thirsty; watered.
— : غض Lush; succulent; luxuriant.
رِئَة : رئة Lung.
تَرَوٍّ . رَوِيَّة : تفكـُّر Deliberation; meditation.
بتروٍّ : بتفكـُّر Deliberately; thoughtfully.
٭رؤيا (في رأى) ٭ رويداً (في رود) ٭رياء (في رأى)
٭ريازة (في روز) ٭رياسة (في رأس) ٭رياضة (في روض)
٭ريال و △ريالة (في ريل) ٭ ريان (في روي)
٭رَيْب . رِيبَة . إرْتِياب Doubt; suspicion; misgiving.
بلا — . Undoubtedly; doubtless.
لا — فيه There is no doubt about it.
رَابَ . أرابَ To misgive; fill with doubt; cause, *or* raise, a doubt.
إرْتَابَ في : شكَّ To doubt; suspect; question.
تَرَيَّبَ . استَرَابَ To entertain doubts.
مُرْتَاب : شاكّ Doubtful; suspicious.
— في عقيدة : مُلحِد Sceptic.
مُرِيب Suspect; suspicious; arousing, *or* open to, suspicion.
٭رَيْثما : وقتما . طالما While; during the time that; as long as.
رَاثَ . تَرَيَّثَ : تمهَّل To take *one's* time.
٭ ريح ٭ ريحان (في روح) ٭ ريـِّس (في رأس)
٭رَيَّشَ . رَاشَ الطائرُ : نبتَ رِيشُهُ To fledge.
— . — السهمَ : لزَّقَ عليه الريش To feather.
راشَ ٢ . تريَّشَ : جمعَ مالاً To feather *one's* nest; get rich.

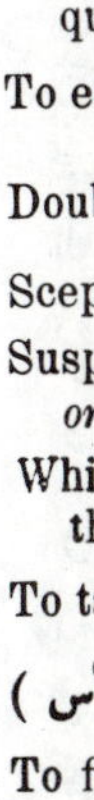

رِيش : كِساء الطائر Feathers; plumage.
— . رِيَاش : مَفْروشات Furniture; household-goods.
رِيشَة : واحِدَة الريش A feather; quill.

△— الكتابة: قلم (من الريش او غيره) — Pen; quill-pen.
△— المصوّر — Painter's brush.

△— الكتابة: طرف القلم المعدني — Nib; steel pen.
△— الجرّاح: مِشْرط (انظر شرط) — Lancet.
△— العزف: زخمة . مِضْراب — Plectrum.
△— الحرّاث: مِقوَم — Plough-tail.
△— الرقّاص او طاحونة الهواء: عنفة — Blade; vane.

وزن الـ — Feather weight.
ريشيّ: النسبة الى الريش — Feathery.
—: بكسم الريشة — Pinnate, —ed.
△رايش: حافة معدنية خشنة — Burr.
✱ريَّعَ المالَ: ثمّره وأنماه — To invest, or lay out, money.
راعَ . ارتاعَ (راجع روع) — To be alarmed.
—: زادَ ونما — To grow; increase; flourish.
رَيْع: غلّة . محصول — Produce; product.
—: حصيلة — Revenue; income.
—. ريعان: أوّل وافضل — Prime; best portion.
△تاريع: سِجِلّ الأراضي الزراعية — Cadastre.
△—: مساحة الأراضي — Land survey.
أرض مريعة: مُخْصِبة — Productive, or fertile land.
✱رِيف: أرض فيها زرع — Cultivated land.
△—: خلاء — The country; fields.
— البحر — Sea-coast.
ريفي: خلويّ . فِلحي — Rural; rustic.
✱ريق: لُعاب — Saliva; spittle.
على الـ: لم يأكل — Fasting; without eating.
على الـ: قبل الأكل صباحاً — First thing in the morning; before breakfast.
أجرى الـ — To make the mouth water.
△بلعـه: استراح — To take, or gather, breath.
أراقَ: سكبَ (راجع روق) — To pour out; shed.
رائق: صافٍ (راجع روق) — Clear.

(ريل) رالَ △ ريَّلَ: سال لعابه — To slaver; slobber; drivel; drool.
رِيال △ رِيالة: رُوال — Slaver; saliva.
—: سِكّة تساوي نحو ٢٠٠ مليم — Dollar
— اميركاني: ○ دُلَر — American dollar.
— ابو مدفع — Spanish crown.
— مجيدي — Turkish crown.
— مسكوبي — Rouble; ruble.
مَرْيول الطفل △مريلة — Bib.
—: وزرة . إتب (لوقاية الثياب) — Apron.
✱رَيَّمَ . رامَ بالمكان — To abide, or remain, at a place.
△— على: توعَّدَ — To browbeat; bully.

رِيم . رِيم: غزال ابيض — Addax.
—: قبر — Grave; tomb.
—: جبل صغير — Monticle; knoll.
△رِيمة: طُفاوة القِدْر — Scum; dross.
✱رئة: رِئة (في رأى و روى) — Lung

(ريي) أرْيى الراية: رفعها — To hoist a flag.
رَاية: علم — Flag; banner.

راية شادن ع: طيّارة — Kite.

(ز)

✱زئبر: زِغبر او خمل — Nap; pile; down.
✱زأبق: طلى بالزئبق — To quicksilver; overlay with quicksilver.
زئبق: فرّار — Quicksilver; mercury.
— حلو: ○ كلومل — Calomel.
زئبقي: كالزئبق أو له خصائصه — Mercurial.
✱زأرَ: زمجرَ — To roar; bellow.
زئير: زمجرة — Roaring; bellowing.
(زأم) موت زُؤام: سريع — Instant, or sudden, death.

Violent, *or* horrible, death.	موت — : كَريه
Tare; darnel.	﴿ زأن ﴾ زُؤَان : زوَان
	٭زاج (في زوج) ٭زاح (في زوح) ٭زادَ (في زيد)
	٭زادَ (في زود) ٭زار (في زور) ٭زاغ (في زيغ)
	٭زاف (في زيف) ٭زال (في زول) ٭زام (في زوم)
	٭زان (في زين) ٭زأم (في زهو) ٭زاول (في زول)
	٭زاوِية (في زوى) ٭زايل (في زيل) ٭زبّال(في زبل)
Sting.	٭زبان ٭زباني (في زبن)
To dry grapes into raisins.	٭زبّب العِنبَ : جفّفه
Raisins; dried grapes.	زبِيب : ما جُفّف من العنب
Currants; sultanas.	— بناتي : كِشْمِش
Hairy; hirsute; shaggy.	أزبّ : كثير الشعر
To churn.	٭زبَد اللبنَ او القِشْدة : مَخَضَ
To cream; form cream.	زبّدَ اللبنُ : علاه الزُبْدُ
To foam; froth; throw up froth.	أزبَدَ : أخْرَجَ الزّبَدَ
To foam; be in a rage.	— : فارَ غضبُه
Butter.	زُبْدَة . زُبْد الحَليبِ
Cream; flower; choicest part of a thing.	— الشيء : أفضلهُ
Essence; substance.	— الشيء : خلاصتهُ
Gist; pith; main point; quintessence (of news, etc.)	— الموضوع : لُبابهُ
Foam; froth.	زبَد : رُغْوَة
Scum; dross; refuse.	— : خَبَث
Bowl.	زبِدِيَّة : سُلْطانية
Civet.	زُباد : نَوْع من الطيوب
Civet-cat.	قِطّ الـ—
Curdled milk.	△لَبَن زبادي : لَبَن حامِض
Book of Psalms.	٭زبِر . الزَبُور : مَزامير داوود
Zebra.	٭زِبْرا : حِمار الزَرَد (انظر زرد)
Decoration; ornament.	٭زِبْرج : حِلْيَة
Beryl; chrysolite, *or* peridot.	٭زِبَرْجَد : حجر كريم

To quack (ducks).	٭زبَط البَطّ : صَاحَ
Mud; mire; slime.	△زبَط : وَحْل
Bunch of dates.	△باطَة بَلَح : قِرْطاس. عِذْق
Whirlwind; hurricane; cyclone.	﴿زبع﴾ زوْبَعَة : هَيَجان الأرْياح وتصاعدها
Tempest.	— بَحَرِيَّة او بَرِّيَّة : عاصِفَة
To pluck out.	٭زبَق : نَتَفَ
To slip in.	△ — إنزبَق : دَخَل خُلْسَة
Quicksilver; mercury.	زئبق (في زأبق)
Dung; droppings.	٭زبْل . زبْلَة : سرْجين
Doves' dung; dung of pigeons.	— الحَمام
Scavenger garbage man; dustman.	△زبّال : كَنّاس
Sweepings.	△زِبَالَة : كُنَاسَة . قُمَامة
Dust-bin; garbage can.	△صُندوق الزِبالة
Dust-cart.	△عَرَبة الزبالة
Dust-pan.	مِجْرَفة الزبالة : مِقْحَفَة
Straw bag.	زنبِيل : قُفَّة
Dump; dunghill; muck-heap.	مَزْبَلَة
Sting.	﴿زبن﴾ زُبَانَى △زبَان : شوْكَة . حَمَة
Horns, claws, *or* pincers of a scorpion.	زُبَانِيا العَقْرب : قرْناها
Tormentors of the damned in hell.	زبانِيَة جَهَنَّم
Foolish; idiot; silly.	زبُون : غَبِيّ
Fierce battle.	حَرْب — : شَديدة
Client; customer.	△زبُون : عَميل
Clientele; custom.	△زبِانَة : جُمْلة العُمَلاء
Psalm.	٭زبُور (في زبر)
It has reached its climax.	﴿زبى﴾ بلغَ السَّيْلُ الزُبَى
Raisins.	٭زبِيب (في زبّ)
To pencil the eyebrows.	٭زجّج الحاجِبَ
To vitrify.	△ — : حَوّل الى زجاج
To hurl; throw.	زجّ : رَمَى

زُجُّ العصا : كَعْب مَعْدِني — Ferrule.
— الشريط : طرَفه المعدِنيّ — Tag.
زُجاج : △ قِزاز — Glass.

زُجاجة : قِنِّينة — ←Bottle.
— : كِسْرة زجاج — A piece of glass.
زُجاجي : كالزجاج أو منه — Glassy; vitreous.
— زَجّاج : △ قِمَراتيّ — Glazier.
اواني زجاجيّة — Glass-wares.
*زَجَرَ : منعَ ونهى — To check; restrain.
— : طَرَدَ — To drive, send *or* turn, away.
— : انتهر — To snub; rebuff; reprove.
إزْدجَرَ . إنْزَجَرَ — To be restrained, checked *or* rebuked.
زَجْر : مَنْع ونَهْي — Restraining; checking.
— : انتهار — Rebuke; reprimand.
زاجِر : مانِع . رادِع — Restraint; check.
— : ضَمير — Scruple; conscience.
*زَجَلَ : رَمى — To cast, *or* throw, away.
△ حِمْل زَجَل : رَجَز — Iambus; iambic poetry.

حَمام الزّاجِل — Carrier-pigeon; ←homing pigeon.
*زَجَّى . زجا أزجى : ساقَ — To drive, *or* urge, on.
أزجى ٢ التحيّة او الشكر — To present *one's* compliments *or* thanks.
*زَحَرَ : أخرجَ الصوت بأنين — To groan; moan.
زُحار . زَحير : أنين — Groan; moaning sound.
— . — : △ تعنّي (إسهال مؤلم) — Dysentery.
*زَحْزَحَ — To remove; dislodge.
تزحزحَ عن مكانه — To budge; move; be moved away.
*زَحَفَ : دَبَّ — To crawl; creep slowly along the ground.
— : حَبا — To go on all fours.
— الجيشُ : سارَ — To march on; proceed.

△ زَحَّفَ الارضَ : سلفها . ملَّقها — To level, *or* harrow, the ground.
زَحّافة : دبّابة (حيوان) — Reptile; crawling animal.
△ — الارض : ملاّقة — Leveller; harrow.
زاحِف . زحّاف : دابّ — Creeping; crawling.
*زَحَلَ . تزحّلَ عن مكانه: تباعد وتنحّى — To move; shift; slide.
زحَّلَ . أزحَلَ : نقَلَ وأبعَدَ — To remove.
زُحَل : إسم كوكب — Saturn.
*زَحْلَقَ : دَحْرَجَ — To roll; cause to roll.
— : جعله يزلق — To cause to slip *or* slide.
— الموضع : زلّقه — To render slippery.
تزحلق : تزلّجَ (انظر زلج) — To slide; glide.
— : زلِقَ وزلّ (راجع زلق) — To slip.

زَحْلقة . تزحلُق — Sliding; skating.
قبقاب الـ — Roller-skates.
مركوب الـ على الثلج — ↓Ski.
زَحلوقة : مَزلقة — Slide.
*زَحَمَ . زاحَمَ — To crowd; throng; press.
زاحَمَ ٢ : نافس . ناظرَ — To vie, *or* compete, with.
إزدحمَ بكذا — To be crowded with; to swarm with.
تزاحموا — To throng, crowd, or press together.
زَحْمة . زِحام . إزدِحام — Crowd.
مُزاحِم : مُنافِس . خَصْم — Rival; competitor; emulator.
مُزاحَمة : منافسة — Competition; rivalry; emulation.
مُزدَحِم : مُمتلِئ — Crowded.
*زَخَّ الجمرُ : برقَ شديداً — To glow; be incandescent.
زَخيخ : كوكبة . بريق — Incandescence; glow.
*زَخَرَ . تزخّرَ البحرُ : طَمى — To swell; rise.

زَاخِر : مَلآن وطافِح — Overflowing; full; replete.
*زَخْرَفَ : زَوَّقَ . زَيَّنَ — To decorate; adorn; embellish; ornament.
زُخْرُف : زِينَة — Ornament; decoration.
— باطِل — Vain show; vain display.
زَخارِفُ الدنيا — Vanities of the world.
زُخْرُفِيّ : زِينِيّ — Ornamental; decorative.
*زَخَمَ : دَفَعَ بشدَّة — To impel; propel; push forward; push with violence.
زَخِمَ اللحْمُ : △فَوَّحَ — To smell bad; be high; be slightly tainted.
زَخِمٌ . أَزْخَم (اللحم) — High; slightly tainted.
زَخْم : قوة الدفع — Momentum; impetus; impulse.
زَخْمَة : رائحة كريهة — Stench; bad smell.
△— الطَبْلَة : △مَلْوِينَة — Drumstick.
△— العُود وأمثاله : مِضْراب — Plectrum.
△— : سَوْط — Thong *or* lash.
*زرّ (في زرر) *زَرافة (في زرف) *زَراق (في زرق)
*زَرَبَ المواشِي — To shut up (cattle) in a pen.
زَرِبَ الماءُ : سَالَ — To flow; pour.
△زُرْبَة : سُرْبَة — Flock; great number.
زَرِيبَة — Pen; fold for cattle; stockade.
— الخنازير — Sty; pig-sty.
△زَارُوب : زُقَاق . دَرْب — Lane; alley.
مُزَرَّب : مَوْضُوع في زريبة — Pent up; penned.
مِزْرَاب : مِيزابُ السَّطْح — Gargoyle; spout.
△مُزَرْبِن : متجهِّم — Sulky; peevish; cross; in bad humour.
△— : حانِق — Disgruntled; vexed.

*زَرْبُول : حِذاء طويل الكعب — High-heeled boots.
*زَرَدَ : خَنَقَ — To choke; strangle.
زَرِدَ . إِزْدَرَدَ — To swallow; gulp; gobble.

زَرَد : دِرْع مَزْرُودة — Mail; chain mail.
حِمار الــ — ←Zebra.

زَرَدَة : حَلْقَة — Link; ring of chain.

△زَرَدِيَّة : △كَسَّابَة — ←Pliers.
مَزْرَد : الحَلْق والبَلْعوم — Throat; gullet.

*زَرَّرَ . زَرَّ القَمِيصَ — To button a shirt, etc.
زَرَّ عينه : ضَيَّقَها — To screw up (tighten) *one's* eye.
زِرّ : ما يَدْخُل في العُرْوَة — Button.

— كُمّ القَمِيص — Links; cuff-link.
— : جُمَان — ←Stud.
— الزَهْرَة : بُرْعُم — Bud; flower bud.
— وَرْد — Rosebud.

△— الطَرْبُوش وغيره : عَذَبَة . شُرَّابَة — ←Tassel.
△— العَيْن : نُتوءٌ مَرَضِي فيها — Staphyloma.

△— الجرس الكهربي — Push-button; bell-push.
△جَزْمَة (حِذاء) بأَزْرار — Button-boot.
*زَرْزَرَ العُصْفُور : صَوَّتَ — To chirp; twitter.
△— : كَدَّرَ وأَغْضَبَ — To vex; irritate.

زُرْزُر . زُرْزُور — Starling.
— الجراد — Pastor roseus.
*زَرَعَ : طَرَحَ البَذْرَ في الأرض — To sow; plant.
— الأرض — To cultivate, *or* till, land.
— النبات — To grow; raise; plant.
زَرْع : زِراعة النبات والأرض — Sowing; growing; planting; cultivation.
— : النبات المَزْرُوع — Plant.
قابِل للــ . يُزْرَع — Cultivable; arable.
△وقع — بِصَل : على قِمَّة رأسه — To come a cropper.
زِراعة : فِلاحة — Agriculture.
— البساتين — Horticulture.

Left column

To reproach; blame; censure; find fault with. ‏زَرَى ، تَزَرَّى : عابَ

To flout; detract, or derogate, from. ‏أزْرَى بِهِ : حَقَّرَهُ

To undervalue; slight. ‏— بالأمر : اسْتَخَفَّ

To despise; disdain; scorn; contemn. ‏إزْدَرَى ، اسْتَزْرَى بِهِ

To defy; outface; despise. ‏— بالخطر

Despicable; contemptible. ‏زَرِيّ : يَسْتَحِق الإزْدِراء

Trifling; trivial. ‏— : زَهيد

Contempt; scorn; disdain. ‏إزْدِراء

Despiser; contemptuous; disdainful. ‏مُزْدَرٍ

Derogatory; detracting. ‏مُزْرٍ

To impose on or upon; juggle; deceive by artifice. ‏زَعْبَرَ : شَعْوَذَ

Charlatan. ‏مُزَعْبَراتيّ : مُشَعْوِذ (انظر شعذ)

Whirlwind; cyclone. ‏زَعْبوبَة : زَوْبَعَة

To disturb; trouble. ‏أزْعَجَ

To be disturbed or troubled. ‏إنْزَعَجَ

Disturbance; trouble; inconvenience. ‏زَعَجٌ ، إنْزِعاج

Disturbing; troublesome; inconvenient. ‏مُزْعِج

Thin-haired. ‏زَعِرٌ ، أزْعَر : خَفيف الشَعْر

Tailless; having no tail. ‏أزْعَرُ : بلا ذَيْل

Rascal; scoundrel. ‏زُعْران : عائر

Peevish; illnatured; testy. ‏زُعْرُور : سَريع الغَضَب

Neapolitan medlar; azarole. ‏— : تُفّاح بَرّي

Bullace; wild damson. ‏— : برقوق بَرّي

Hawthorn. ‏— الاودية

To shake. ‏زَعْزَعَ : هَزَّ ، قَلْقَلَ

Hurricane. ‏زَعْزَعٌ ، زَعْزَعان : ريحٌ شَديدة

Spindle-shanks. ‏زَعْزوع : طَويل الارجل

Shaky; unsteady; precarious. ‏مُزَعْزَع ، مُتَزَعْزِع : مُتَقَلْقِل

To throttle; strangle. ‏زَعَطَ : خَنَقَ

Tom, Dick and Harry; rag-tag and bobtail. ‏زَعْط ومعْط ونَطّاط الحِيْط : كل مَن هَبّ ودَبّ

Right column

Crop; what is planted. ‏زَرِيعَة : الشيء المَزْروع

Agricultural. ‏زِراعيّ : مُختَصّ بالزِراعة

Agronomist. ‏خَبير

Agricultural, or arable, land. ‏أرض زِراعيّة

Farmer; cultivator; planter. ‏زَرّاع ، زارِع : مَن يَزْرع الارض

Grower; producer. ‏— : مُنْتِج الزَرْع

Plantation; farm. ‏مَزْرَعَة : مَوْضِع الزرع ، عِزْبَة

Cultivated; planted. ‏مَزْروع

Agriculturist; husbandman. ‏مُزارِع

Giraffe; camelopard. ‏﴿ زرف ﴾ زَرافَة

In flocks. ‏زَرافات : جَماعات

To mute. ‏زَرَق الطائر : رَمى بسَلْحِه

To become blue. ‏زَرَقَ ، إزْرَقّ : صار ازرق

Blue colour. ‏زَرَق ، زُرْقَة ، زَراق

Jay. ‏زُرَيْق ، ابو زُرَيْق : طائر

Genet. ‏زُرَيْقا

Wren. ‏زُرَيّقة : صَعْوة ، سكسكة (طائر صغير)

Skiff; canoe. ‏زَوْرَق

Steam-launch. ‏— بُخاري

Motor-boat. ‏— موطَريّ

Blue. ‏أزْرَق

Prussian blue. ‏— بروسي

Sky-blue. ‏— سَماوي : لَبَنيّ

The blue; the sky. ‏القُبّة الزَرْقاء : السَماء

Lance. ‏مِزْراق : رُمْح صَغير

Zircon; jacinth; jargon; hyacinth. ‏زَرْقون : حجر كريم برتقالي اللون

To decorate. ‏زَرْكَشَ : زَخْرَفَ

Tapestry; silk interwoven with tinsel. ‏زَرْكَش : نَسيج الحَرير وخيوط الفِضة

Arsenic. ‏زِرْنيخ : عَقّار سامّ

✲ زَعَفَ : قتل حالاً — To kill on the spot; dispatch.

△ زَعَّفَ البيتَ — To spring clean a house.

△ زَعَفَة : سَعَفَة — Palm-branch.

سُمٌّ زُعاف او مُزْعِف — Deadly poison.

△ تَزعيف البيوت : تنظيف شامل — Spring-cleaning.

✲ زَعْفَران : نبات اصفر الزهر — Saffron; crocus.

— المروج — Meadow saffron.

✲ زَعَقَ : صرخ — To shriek; scream; howl.

— : رفَع صوته — To shout; yell.

زَعْق . زَعِيق : صياح . صراخ — Shrieking; screaming.

ماءٌ زُعاق : مالح ومرٌّ لا يُشرب — Briny (very salt) water.

✲ زَعِلَ : ضَجِرَ واضطرب — To be annoyed, bored, *or* troubled.

△ — : تكدَّرَ — To be offended.

△ زَعَّلَ : كدَّرَ — To offend; tease; vex.

أزْعَلَ : أزعج وضايق — To annoy; disturb; bore; trouble.

زَعِلٌ . زَعْلان — Annoyed; bored; troubled.

△ — △ — من أو على — Offended; displeased, *or* angry *with*.

زَعَلٌ : ضجر — Annoyance; boredom; ennui.

△ — : كدرٌ او غضب — Displeasure *or* anger.

✲ زَعَمَ : ادَّعى — To pretend; hold out falsely.

زَعْم : ادعاء — Pretence; assumption.

— : فَرْض — Supposition; assumption.

زَعامة : رئاسة — Leadership; chiefdom.

زَعِيم : رئيس — Chief; leader; principal.

— ع : امير لواء — Brigadier.

— عصابة — Ring-leader.

✲ زِعْنِفَة (جمعها زعانف) : عوّام — Fin.

— الحوت أو عجل البحر — Flipper.

زعانف² القوم : الرعاع — The rabble; riff-raff.

✲ زَغَبٌ : صغار الريش أو الشعر — Down; nap; soft hair.

زَغِبٌ . أزْغَب : له زغَب — Downy; fluffy; nappy.

زُغَبَة : الفارة النوّامة — Dormouse.

✲ زِغْبِر △ زُغْبار : زغَب △ وبَر — Nap; down.

△ زَغَدَ : ضرب ضربة صامتة — To thump.

△ زَغَرَ اليه : شزَرَ اليه — To glare *or* leer at.

✲ زَغْزَغ : خبّأ وأخفى — To conceal.

— : زكزكَ . دَغْدَغ — To tickle; titillate.

△ زَغَط : ازْدَرَدَ — To swallow; gobble; bolt.

△ زُغُطَّة : فُواق — Hiccough.

✲ زَغَلَ . أزْغَلَ : صبَّ — To pour forth.

△ — : غشَّ . زيَّف — To adulterate (coin); debase, alloy (metal).

مَزْغَل : كوَّة لاطلاق الاسلحة منها — Loophole.

△ زَغْلَلَ النظرَ : خطف البصر — To dazzle.

✲ زُغْلول : طفل — Baby; infant.

△ — الحمام : جَوْزَل — Squab; dovelet.

△ زَغْوَرَة المصارين : أنيض — Borborygm.

✲ زفَّ ✲ زفاف (في زفف)

✲ زَفَّتَ : طلى بالزفت — To pitch; smear with pitch.

زِفت — Pitch.

✲ زَفَرَ : ضدّ شَهَقَ — To exhale; expire; breathe out.

△ زفَّرَ : وسَّخ بمادة دهنية — To grease; soil with grease.

△ زَفِرٌ : دَفِرُ الرائحة — Rank; rancid.

△ — : وسخ — Dirty; unclean.

△ شَبَّة زفرة — Crystallised alum.

△ اليوميَّة الزفرة : △ الخرطوش — Waste-book.

زَفْرَة : ضدّ شهقة — Deep sigh.

زَفِير : ضد شهيق — Expiration; exhalation.

○ زَفْس : زَوْس . رب الأرباب عند قدماء الاغريق — Zeus.

(زفف) زَفَّ الطائرُ: بسط جناحيه — To soar; spread the wings.
— العروسَ الى زوجها — To lead a bride to her groom.
— البُشرى — To announce good news.
زَفّة: موكب — Procession.
— العُرس — Wedding (nuptial) procession.
زِفافٌ: عُرس — Nuptial feast.
مِزَفّة: عربة العُرس او التشريفات — State, *or* gala, coach.
*زَفَن: رقص — To dance.
زَيزَفُون: اسم شجر — Linden; lime tree.
*زقّ *زقاق (في زقق)
*زَقزَق الطائرُ فرخَه: أطعمه بمنقاره — To feed with the beak; mouth feed.
— الطائرُ: صوى — To peep; pule; chirp.
— الطفلَ: رقّصه — To dandle; toss in the arms.
زَقزاق: طائر — Plover.
— بلدي (مِصري) — Spur-winged plover.
— شاميّ — Green plover.
*زَقَف الشيء: اختطفه بسرعةٍ — To snatch.
زَقفُونة: △سقاعوّص — Pick-a-back.
(زقق) زَقّ الطائرُ: رمى بسلحه — To mute.
— الطائر فرخه △زقّقه — To mouth feed.
△ —: دزّ. دزر. دفع — To push.
زِقّ الماء: قِربة — Water-skin.
زُقاق: طريق ضيّق — Lane; alley.
زُقّة. زُقَق: اسم طائر — Darter.
△زُقليّة: هِراوة الشرطي — Club; cudgel; truncheon.
*زَقَم. إزدقم: ابتلع — To gulp; swallow.
△زقّم. أزقم: بلّع — To cause to swallow.
△ — الكتابَ — To cut the corners off books.

△مكنة تزقيم الكتب وغيرها — Corner cutter.
زَقّوم: اسم نبات — Zachum oil tree; thorn tree; balanites; Egyptian balsam.
*زُقَيقيّة: طائر صغير — Linnet.
*زكاه *زكاة (في زكي)
*زكام (في زكم) — Cold.
*زَكَب: ملأ — To fill up.
△زكيبة: غرارة (انظر غرر) — Bag; sack.
*زَكَم: سبّب له الزكام — To cause to catch cold.
زُكِم: اصابه الزكام — To catch, *or* take, cold.
زُكام. زُكمة: △رشح — Cold in the head; catarrh.
*زكِن الامرَ: فهمه — To comprehend.
زكانة. زكانية: إصالة الرأي — Sound judgment.
*زكِي. زكا به: صلح له — To suit; be fit for.
زكا ٢. زكّى: نما وزاد — To flourish; thrive.
زكّى ٢: برّر — To exculpate; vindicate; justify; warrant.
— : طهّر — To sanctify; purify.
— الشهادة — To confirm; ratify; sanction.
— المالَ — To tithe; give a tithe of.
زكاة: طهارة — Sanctity; purity.
— : صدقة — Alms.
— المالِ: عُشور — Tithes.
زكيّ: بارّ — Sinless; guiltless; pure.
*زكية (في زكب) *زلّ *زلال (في زلل)
*زلابية: عجين مقلوّ — Pan-cake.
*زلج البابَ: أغلقه بالمزلاج — To bolt a door.
زلِج. تزلّج: زلق — To slide; glide; slip.
— . — على الثلج، او ما يشبهه — To skate.
زلِجٌ. زليج: زلق — Slippery; smooth.

زِلَاج : △سُقّاطة الباب — Latch.

مِزْلَج : قَبْقَاب الزلج ←— Roller skate.

مِزْلَاج الباب: △تِرْباس. ←— Door-bolt.

مَزْلَجَة : مكان الزَّلْج. Skating-rink.

☆زَلَحَ : ذاقَ — To taste.

△—ت رأسُه : جلِحت — To become bald.

△أَزْلَح : أجلَح — Bald-headed; baldpate.

☆زُلَّحَة : ألم عَصَبيّ ○ لَمْباغو — Lumbago.

☆زَلْزَلَ : هَزّ — To shake; cause to tremble.

زَلْزَلَة . زِلْزَالُ الارض — Earthquake.

مِقْياس الزلازل — Seismograph; seismometer.

△زَلِزْلِيّ : قِيشاني. قاشاني — Glazed tile.

☆زَلَطَ: مشى سريعاً — To walk quickly.

△—: سَرَطَ. بلع — To bolt; gobble; swallow.

△زلّط الارض : حَصَّبَها — To macadamise.

—س: عَرّى — To denude; strip; make bare.

تَزَلَّطَ س: تعرّى — To strip off *one's* clothes.

زَلَط : زِلَّة (الواحدة زِلّة) . حَصْباء — Pebbles.

△— لرصف الطرق — Metal.

△وابور الـ— : مرداس ←— Steam, *or* street, roller.

△زَلَطة : حَصَبَة — Pebble.

△زَلْعَة : دِنّ ←— Jar.

△زَلْعُوم س : حُلقوم — Gullet; throat.

☆زَلَفَ . تزلّف اليه — To fawn upon.

زَلَف . زُلْفَى. تَزَلُّف — Sycophancy; toadyism; servile flattery.

مُتَزَلِّف : مُتَطَفِّل — Sycophant; toady.

☆زَلِقَ : زَلّ — To slip.

زَلَّقَ : زلّج — To make slippery.

زَلِق : زَلِج — Slippery; smooth.

زَلْقَة : زَلَّة — A slip.

زَلَاقة △مَزْلَقَة — Slipperiness; smoothness.

اِنزلاق : تزلّج — Sliding, *or* skating.

مَزْلَق . مَزْلَقَة [2] : △زحلوقة — A slide; slippery ground.

مِزْلَقة : مِزْلَج . مَرْكَبة الجليد ←— Sledge; sleigh.

△مَزْلَقان في سكة الحديد : معبر — Crossing; railroad crossing.

☆زَلَل : خطأ — Lapse; fault; error.

زَلّ : زلق وسقط (حقيقيًّا ومعنويًّا) — To slip.

— : أخطأ — To err; commit a mistake.

أَزَلّ : جعله يزلّ — To cause to slip.

زَلّة : زَلْقة أو هَفْوة — Lapse; a slipping; *or* falling; slip (of tongue, or pen.)

زُلال . ماء زلال — Fresh pure water.

— البَيْض: بياضه — Albumen; white of the egg.

مَرَض البَوْل الزلالي — Bright's disease.

☆زِلْمة : هيئة وقدّ — Stature.

— : رَجُل — A man.

△زَلُّومة : مُلَثْلِمة ←— Trunk.

—س الإبريق : بُلْبُل — Nozzle.

☆زمّ ☆ زِمام (في زمم) ☆ زمان (في زمن)

☆زَمُتَ . تَزَمَّتَ : كان جليلاً وقوراً — To be grave or staid.

تَزَمّت : تشدد في الدين والسلوك — Puritanism

زَمِيت. زِمّيت △قنِط — Staid; sedate; prim; formal; starchy.

☆زُمَّج الماء : △نورس — Mew; sea-gull.

☆زَمْجَرَ : زَأَرَ — To roar; bellow.

☆زَمَرَ . زمّر — To pipe; play on a pipe.

زَمْر . زَمِير . تَزْمِير — Piping.

زُمْرَة : جماعة — Company; band; group.

زَمَّار . زَامِر — Piper.

— الرَمْل : طائر (انظر رمل) — Sandpiper.

زَمَّارة . مِزْمار — Pipe; flute; reed; fife.

— الرُعاة — Panpipes; pandean pipes.

△ — الزَوْر : حنجرة — Larynx.

مِزمار ٢ : ماصول . زَمْخَر — Clarionet.

— القِرْبة — Bagpipe.

لِسانُ الـ : لَهاة — Epiglottis.

زُمَّير . △زَقْزوق . سمك — Stickleback.

△زُمَّير : هرطمان — Oats; avena.

مَزْمُور : واحد مزامير داوُد — Psalm.

*زُمُرُّد : حجر كريم — Emerald.

*زَمْزَم : كثير — Abundant; copious.

زَمْزَمَة : ضجيج الرعد — Rumbling of thunder.

زَمْزَمِيَّة : اناء لحمل ماء الشرب — Water bottle; water flask.

— : آنية تحفظ درجة حرارة ما فيها — Thermos bottle *or* flask.

△زَمَطَ : أفلت وهرب — To escape; slip off *or* away.

*زَمَعَ .أَزمَعَ على : عزم — To determine upon; resolve.

مُزْمِع : عازم — Determined; resolved.

— : قريب الحدوث — About to happen; prospective.

*زِمِكّ . زِمِكّي : اصل ذيل الطائر — Uropygium; bird's rump.

*زَمَلَ △زامَلَ : رافق — To accompany.

زُمْلَة : رفقة — Companionship; association.

زَميل : رفيق — Companion; associate; mate.

— في صناعة أو منصب أو مهنة — Colleague.

— المدرسة — Schoolfellow; school-mate.

— الكاس — Pot-companion; boon-companion.

زِمالَة : رِفْقَة — Fellowship, *or* companionship.

إِزْمِيل : مِنْحَت — Chisel.

— المعادن : مِنْقاش — Burin.

(زمم) زَمَّ : رَبَطَ وشدَّ — To constringe *or* tighten.

زِمَام : مِقْوَد — Reins; ribbons.

— : رِباط — Tie; bond.

— النَّعْل وغيره — Lace; string.

△ — : حَدّ — Limit; boundary; border.

△ أرض خارِج الـ . — Borderland.

لا — له — Unreliable; untrustworthy.

*زَمِنَ : اصابته عاهة مُسْتَديمة — To be permanently disabled.

أَزْمَنَ : طالَ عليه الزمان — To remain a long time.

— المرضُ : تأصّل واستعصى — To be chronic.

زَمَن . زَمان : وَقْت — Time; period.

— . — : عَصْر — Age; epoch; era.

— الفِعل (في النحو) — Tense.

تصاريف الزمان — Vicissitudes of time.

زَمِنٌ : مُصاب بعاهة مُسْتَديمة — Permanently disabled.

زَمَنِيّ : دُنْيَوِيّ . عالَمِيّ — Temporal; secular; worldly; earthly.

الخيرات الزمنيّة — Temporal goods.

السُّلْطة الزمنية — Temporal power.

زَمانَة : مرض مُزْمِن — Chronic disease.

مُزْمِن ٢ : طال عليه الزمن — Long continued.

— : راسخ بطول الاستمرار — Inveterate.

— : متأصّل (مرض) — Chronic; deep-seated.

*زَمْهَرَ . إِزْمَهَرَّ : احمرّ — To be blood-shot.

زَمْهَرِير : برد شديد — Bitter, *or* severe, cold.

* زميل (في زمل) * زنّ (في زنن)

✡زَنَأَ بَولَـهُ : حَصَرَهُ — To retain, *or* hold, *one's* urine.

زَنَأَ عليه : ضَيَّـق — To restrict; keep within bounds; confine.

زَنْأَة البَوْل : حُصْـر — Retention of urine.

✡زَنْبَرَ عليهِ : تَكَبَّـر — To be supercilious with *or* towards.

زُنْبور : دَبُّـور — Wasp, *or* hornet.

✡زُنْبُرُك : △زَنْبَلك — Spring

✡زَنْبَق : نَبات وزَهْرُهُ — White lily.

△زُنْبِـة : خَرَّامَة — Punch.

✡زنبيل (في زبل) — Straw bag.

✡زِنْج : زُنوج والواحِد زِنْجيّ — Negro; blackman.

زِنْجي ٢ : مَنسوب إلى الزنوج — Negroid.

✡زَنْجَبِيل : △جَنْـزَبيل — Ginger.

كَعْـك الــ. — Ginger-bread.

✡زَنْجَرَ المَسْكُوكَات — To mill "coin."

زِنْجار النُحاس : صَداء . △جِنْزار — Verdigris.

زِنْجِير : سِلْسِلَـة .△جَنْـزِير — Chain.

حِسابُ الــ : △دُوبْـيا — Book-keeping by double entry.

✡زُنْجُفْر : كِبْرِيتور الزِئْبَق — Cinnabar; vermilion.

✡زَنِخ △زَنَّخ الجَوْزُ او الزَيْت — To become fusty *or* rancid.

زَنِخ : زَهِم . خَمّ — Rancid (oil); fusty (nut).

زَنَخ : زهُومَة — Fustiness; rancidity.

✡زَنْد : مَوْصِل الذِراع في الكَفّ — Wrist.

△ــ : سَاعِد — Forearm.

△ــ س : حُلَّـة كَهنُوتيـة — Maniple.

ــ . زِنَاد — Firelock; flintlock.

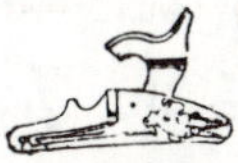

ــو البُنْدُقيَّة — Hammer; cock.

ــ خَشَب — A log of wood; chump.

عظم الــ السفْلي : ذِراع — Ulna.

△تَزْنيدة : قائم الباب الخشبي — Stile; jamb.

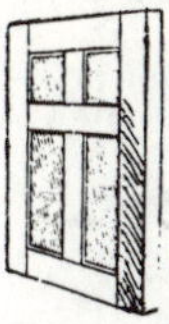

✡زَنْدَقَة : التظاهر بالايمان — Sanctimony; pretended holiness.

ــ : كُفْـر — Atheism.

زِنْدِيق : كافر — Unbeliever in revealed religion; atheist; *zendik.*

ــ : متظاهر بالتقوى — Sanctimonious.

تَزَنْدَق — To be an unbeliever in revealed religion; atheize.

✡زَنَّرَ بعينهِ : حدَّق — To glare; look with fierce eyes.

زُنَّار : حِزام زيني — Waistband; sash; girdle.

△زِنْـزَانَـة : غرفة السجن — Prison cell.

△زَنْـزَلَخْـت س : أَزْدَرَخْت — Bead tree; azedarach.

✡زَنِق . زَنَّق : قَـتَّـرَ — To be stingy *or* mean.

ــ . ــ : ضَيَّـق — To tighten; constrict.

زِنَاق : طَوْق — Collar.

○زِنْك : تُوتيا . خارصِين — Zinc.

✡زَنِم . أَزْنَم : مَشْقُوق الاذن — Having the ear slit.

زَنَمَة : أُذَينَـة . ورقة قاعِديَّة — Stipule.

زَنِيم . مُزَنَّم : لَئيم — Mean; ignoble.

ــ . ــ : دَخِيل — Outsider; stranger.

(زن) △زَنّ : طَن — To buzz; hum; make a humming noise.

△زَنّ : طَنِين — Buzzing; humming.

△زَنُّـوبيا : سِيجارة سَوداء كَبيرة — Cigar.

✡زَنى : فَسَق — To commit adultery; fornicate.

زِنًى . زِنَاء : فِسْق — Adultery; whoredom.

ــ . ــ : بَيْع العِرْض . بِغاء — Prostitution.

ــ (في القضاءِ) — Criminal conversation.

ابنُ ــ : نَغْـل — Bastard; natural son.

زَانٍ : فاسِق — Adulterer; seducer.

زَانِيَـة مُحْصَّنَة : فاسِقَة — Adulteress; unchaste.

ــ غير مُحصَّنَة : عاهِرَة — Prostitute; whore; harlot.

*زها * زُهاء (في زهو)

*زَهَدَ فيه وعنه : رَغِبَ عنه وتركه — To renounce; forsake; abandon.

— فيه : لم يُبالِ به — To be indifferent to.

— في الدنيا. تَزَهَّدَ — To become a hermit *or* religious devotee; forsake worldly pleasure.

زُهْد : نُسْك — Religious devotion; monasticism.

— : عدم اهْتِمام — Indifference; apathy.

زَهِيْد : طَفِيف — Paltry; small; little; slight; trifling; trivial.

— : لا يُعْتَدُّ بِهِ — Insignificant; immaterial.

زَاهِد : ناسِك — Hermit; ascetic.

— في الشيءِ — Indifferent to; apathetic.

*زَهَرَ . اِزْدَهَرَ : أَشْرَقَ — To beam; shine; radiate.

أَزْهَرَ △زَهَّرَ : نَوَّرَ — To flourish; blossom; flower; bloom.

زَهْرَة : نُوَّارَة — Flower; blossom; bloom.

— الثالُوث — Pansy; heart's-ease. ←

— الدُنْيا : بَهْجَتها — Splendour of the world.

— الربيع — Primrose.

— الرِيح — Anemone.

— العسل : عَلَندا — Honey-suckle.

△ — الغسِيل : كُرَة النِيل — Washing blue.

— اللؤلؤ — ← Daisy.

— الكِبْرِيت — Flowers of sulphur.

زَهْر . زَهَر : نَوْر النَباتِ — Flowers; blossoms.

— البُرتقال — Orange blossom.

— النَرْدِ — ← Die, (*pl.* Dice).

ماءُ الزَهْرِ — Orange-flower water.

الزُهَرَة : كَوكَب المَساء — Venus *or* Vesper; evening star.

— : كوكب الصُبْح — Venus *or* Lucifer; morning-star.

— : رَبَّة الحُسْن والحُبّ — ← Venus.

زُهْرِيّ : حُلاق ◦ سِفْلِس — Syphilis; pox.

زَهْرِيَّة : وِعاء الزُهور — Flower ← vase.

زَهْراوِيّ : يُحِبّ الضِحْك واللعب — Merry; cheerful; gay; jolly.

زاهِر : زاهٍ — Florid; gay; blooming; bright (in colour.)

— . مُزْهِر — In blossom; flowering.

أَزْهَر : نَيِّر — Shining; luminous; bright.

الأزْهَران : الشمسُ والقمر — The sun and the moon.

تَزْهِير : تَنْوِير — Flowering; florescence.

مِزْهَر : عُود (آلة طَرَب) — Lute *or* harp.

△مَزْهَرِيَّة : زَهْرِيَّة — Flower-vase.

*زَهَقَتْ نَفْسُهُ : خَرَجَت — To expire; die; yield *one's* breath.

△زَهِقَ منه : تضايق — To be tired, sick *or* wearied of; disgusted with.

— الشيءُ : اضْمَحَلَّ — To perish; be destroyed.

أَزْهَقَ : لاشَى — To destroy; put an end to.

— روحَهُ : قَتَلَه — To kill; dispatch; put to death.

زَاهِق . زَهُوق : مُضْمَحِلّ وهالِك — Perishing.

△زهقان : متضايِق — Tired; disgusted; bored.

△— منه — Sick of; fed up with.

يُزْهِقُ النَفْس — Against the collar; disgusting.

*زُهْم . زُهْمَة . زُهُومَة — Fetidness; offensive smell.

زَهِمٌ : △زَنِخ . سَنِخ — Fetid; having a strong offensive smell.

*زَهْو : تِيهٌ وكِبْر. — Ostentation; vain show; vainglory; vanity.

— : باطِل — Vanity; futility.

— : رَوْنَق — Splendour.

زَها : أَشْرَقَ وازْدَهَرَ. — To beam; shine; radiate.

— . أَزْهَى : نَما — To flourish; thrive luxuriantly.

— . — : تَكَبَّر — To give *oneself* airs; hold up *one's* head.

زُهاء : مِقْدار . نحو — About; more or less; nearly.

Florid; resplendent; bright; blooming. زاهٍ : بَهِيّ

Gay; showy; lively; bright; gaudy. لَوْن — . زَهِيّ : ضِدّ قاتم

*زهيد (في زهد) * زوان (في زأن) * زوبعة (في زبع)

To marry; give in marriage; wed. *زَوَّج فلاناً إمرأة وبامرأة

To wed; unite in matrimony. زَاوَجَ . أَزْوَجَ بينهما

To marry; take for wife. تَزَوَّجَ امرأةً

To intermarry. تزاوجوا : اختلطوا بالتزاوج

Husband; consort; spouse. زَوْج : قَرِين

Wife; consort; spouse. — . زَوْجة : قرينة

Mate; one of a pair. — : أليف △ وليف

A pair; couple; brace. △ — . زَوْجان : اثنان

A pair of shoes. △ — أحذية

Son-in-law. — الابنة

Brother-in-law. — الاخت

Uncle. — الخالة او العمة

Stepfather. — الأمّ : رابّ

Wife; consort. زَوْجة : قرينة

Stepmother. — الأب : رابّة

Daughter-in-law. — الإبن

Sister-in-law. — الأخ

Aunt. — الخال أو العمّ

Even number. زَوْجيّ . عدد زَوْجِيّ

Marriage; wedding; matrimony; wedlock. زَوَاج . زِيجة : قِران

Cohabitation; concubinage. — غير شرعيّ

Marriage within the degrees of consanguinity. — بين الأهل

Probationary marriage; handfasting. — إختياري او تجريبيّ

Civil marriage. — عُرْفي أو مدَني

Wedding ceremony; nuptials. حفلة الـ

Wedding-ring. خاتم الـ

Marriage lines. شهادة او كتاب الـ

Marriageable. صالح او صالحة للـ

Misogamy. كراهة الـ

Monogamy. وحدة الـ

Polygamy. تعدّد الزوجات او الازواج

Polyandry. تعدُّد الازواج : ضِمَاد

Polygyny. تعدُّد الزوجات : ضِرّ

Bigamy. جريمة التزوّج بأمرأتين (أو رجلين) في آن واحد

Green vitriol; copperas; sulphate of iron. زَاج : مِلح أخضر يُصبغ به

White vitriol. — ابيض : سُلفات الزنك

Blue vitriol. — ازرق سُلفات النحاس

Sulphuric acid; vitriol. زيت الـ

Matrimonial; conjugal; connubial. زِيجي : مختصّ بالزواج

Married. مُزَوَّج . مُتَزَوِّج : متأهِّل

Double; twofold. مُزْدَوِج : مؤلف من اثنين

Displacing. *زوح . إزاحة : نقل (راجع زيح)

To depart; quit; go away. زاح . انزاح : تباعد وذهب

To displace; remove. أزاح : نقل ونحّى

To supply, *or* provide, with. *زَوَّدَ بكذا : أعطاه له

To purvey; supply with provisions or food. — . أزاد : أعطاه الزاد . موّن

To increase; augment. △ — : زادَ (في زيد)

Provisions; supplies. زاد △ زوّادة : مؤنة

مِزْوَد : جراب طعام المسافر

Knapsack; traveller's provision sack.

To forge; counterfeit; falsify. *زَوَّرَ : زيّف

To fabricate; invent; coin. — : لفّق

To choke; be choked with food. △ زَوِر بالطعام : غصّ

To visit; pay a visit to; call on *or* upon. زارَ : عادَ

To exchange visits. تزاوروا : تبادلوا الزيارات

Upper part of the chest. زَوْر : أعلى وسط الصدر

Throat; forepart of the neck. △ — : مزرد . حلق

زُور : كاذِب — False; untrue; spurious.
— : مزيَّف — Counterfeit; forged; false.
— : كذب . بُهتان — Falsehood; untruth; a lie.
△ بالـ : غَصْباً . قَسْراً — By force; forcibly.
زَوْرة : المرَّة من زار — A visit; a call.
زائِر : الذي يزور — Visitor; caller.
— : ضَيْف — Guest.
زير (في زير) — Gallant; beau; ladies' man.
زِيارة : الاسم من « زارَ » — Visit; call.
تَزْوير : تزْييف او تَقْليد — Forgery.
— : تدليس — Fraud.
مزار : ما يُزار من الاماكن — Shrine *or* monument.
مُزَوَّر : زَيْف او مقلَّد — Forged; spurious; false; counterfeit.
*زورق (في زرق) — Small boat.
○زَوْس : زَفْس (انظر زفس) — Zeus.
﴿زوغ﴾ . زاغَ : مالَ (راجع زيغ) — To deviate; deflect; swerve.
△ — : هَرَبَ . تملَّصَ — To dodge.
△زوّاغ : مُرواغ — Dodger.
*زَوْفُ الطائرة — Taxying.
زافت الحمامة والطائرة : نشرت جناحيها و تحرّكت على الارض — To taxy.
*زُوفاء . زُوفَى : تـغام . نبات عطري — Hyssop.
*زَوَّقَ : زَخرف وزيَّن — To embellish; adorn; ornament; decorate.
زَواق : بَهْرج △ بَهْرَجان — Tinsel.

△زُوَيْقة : ورقة لعب مصوَّرة ← Court-card; face-card.
زاوُوق : زِئْبق — Quicksilver; mercury.
مُزَوَّق : مزخرف — Embellished; decorated; ornamented.
— : جميل الظاهر فقط — Meretricious; gaudy; tawdry.
*زَول : شَخْص — Person; man; fellow.
△ — : شبح — Phantom; spectre; ghost.

زالَ : تلاشى واضْمحلَّ — To vanish; evanesce; fade away; pass off.
— : ذهبَ وانقضى — To pass away; cease to be.
ـت الشمسُ : مالت للغروب — To decline; set (sun).
ما زالَ . ولم يزل (في زيل) — Still; yet; to this time.
زاوَلَ : حاولَ . عالجَ — To attempt; try.
— : مارسَ . تعاطى — To practise.
أزالَ : أبعَدَ — To remove; eliminate.
— الاثرَ : طمسَ . محا — To obliterate; efface.
△ — الضَرُورة : بالَ — To make water; pass urine.
زَوال : انقِضاء — Cessation; extinction.
— : تلاش — Vanishment; disappearance.
— الشمس — Sunset.
خطُّ الـ : خط نِصْف النهار — Meridian.
زائل : سَريع الزوال — Transient; ephemeral; speedily vanishing.
— : عابِر . لا يدوم — Passing; fleeting; transitory; evanescent.
إزالة : إبْعاد — Removal; elimination.

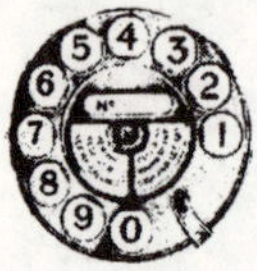

مِزْوَل : ○ دايل التلفون الاتُوماتيكي ← Dial.

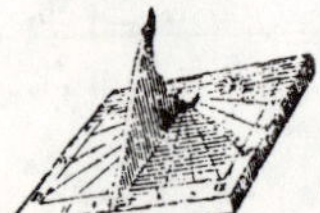

مِزْوَلة : ساعة شَمسيَّة — Sundial.
— : آلة الربع — Quadrant.

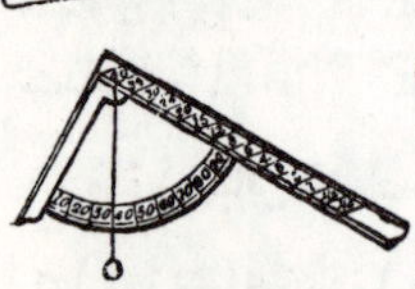

— المِدْفَعيَّة — Gunner's ← quadrant.
مزاوَلة : ممارسة — Practice.

○زُولا : روائي فرنسي شهير — Zola (Emile).
○زُولوجيا : عِلم الحيوان — Zoology.
زولوجي : مختصّ بعلم الحيوان — Zoological.
*زَوْم : نُسْغ . عصارة النبات — Sap; juice.
زامَ الكلبُ : هَرَّ . عَرَّ — To snarl; growl.

Darnel; tare. ﴿ زون ﴾ زُوان : زؤان

To be secluded; to hide; lie concealed. *زَوَى . تَزَوَّى . إنزَوَى : إختَبأَ

To knit *one's* brows. — ما بَيْنَ عَيْنَيهِ

To make a wry face; distort *one's* face. — وَجْهَه : عَجَّاه

Corner; nook. زَاوِيَة : رُكْن

Angle. — (في الهندسة)

Exterior angle. — خارِجَة

Interior angle. — داخِلة

← Bevel. — عوجاء : كوس

Square; set-square. — النجّار والنحّات وغيرهما

Right angle. — قائمة

Acute, or sharp, angle. — حادَّة

Obtuse angle. — منفرجة

Complementary angle. — مُتَتَامَّة

Supplementary angle. — متكاملة

Angle of reflexion. — الإنعكاس

← Dihedral angle. — زَوْجِيَّة

Angle of incidence. — الوُقوع

Private mosque. — : مكان صَغير للصلاة

Corner stone. حَجَرُ الـ .

Acute, *or* sharp, angled. حادُّ الـ .

Right angled. قائمُ الـ .

Obtuse angled. مُنْفَرِجُ الـ .

Equiangular. متَساوي الزوايا

Multangular. متعَدِّد الزوايا

← Theodolite. مِزْوَاة : مِقياسُ الأبْعاد

*زيّ (في زيي) * زيادة (في زيد) * زيارة (في زور)

Quicksilver; mercury. *زَيْبَق : زِئبَق (راجع زأبق)

To lubricate; oil; grease. *زَيَّتَ . زَاتَ الآلَةَ

Oil. زَيْت : عَصير الزيتون (وغيره)

Linseed-oil. — حارّ : زيت بزر الكِتّان

Castor-oil. — خِرْوَع

Olive-oil. — الزيتون . ∆ — طيِّب

Sesame oil. — السِمْسِم : سِيْرَج

Cod-liver oil. — السَّمكِ . — كبد الحوت

Petroleum; paraffin oil. — الصَّخْرِ او الاستصباح : نَفْط

Mineral oil. — مَعْدِني

Oilstone. مِسَنّ الـ .

Oily; oleaginous; oleic. زَيْتِيّ : كالزيت او منه

Oilbearing. — : يخرج زَيْتاً

Oil green. أخْضَر — : بلوْن الزيت

Oil-man; oil seller. زَيَّات : بائِع الزيُوت

Oil-can; ← oiler. مِزْيَتَة : وِعاء تَزْيِيت الآلات

Olive. *زَيْتُون : ثَمَر شَجَر معروف

Mount of Olives; Olivet. جَبَلُ الـ .

Olive branch. غُصْن الـ : رَمْزُ السَّلام

Olive-tree. زَيْتُونَة : شَجَرة الزيتون

Olive; like olive; olivary. زَيْتونيّ : كالزيتون

Olive-green; olivaceous. — : بلوْن الزيتون

Ephemeris; an astronomical almanac. *زِيْج : تَقْويم فَلَكِيّ

Level. — البَنَّاء : تُرٌّ . خَيط يُمَدّ لتَسْوِيَةِ المداميك

*زيجة * زيجيّ (في زوج)

To depart; go away. ﴿ زيح ﴾ زَاحَ : ذهب وتباعد (راجع زوح)

To remove; displace; take away. — . أزَاحَ : نَقَلَ ونَحَّى

To unmask; unveil. — . — اللثامَ عن

Strip; shred. ∆زِيْح : سَيْح . شُقَّة

Stripe; streak. ∆ — : خطّ عَرِيض

Religious procession. زِيَاح . زَيَّاح : زَفَّة دِينيَّة

To increase; grow; augment. ﴿ زيد ﴾ زَادَ . إزْدَادَ : ضد نقص

To increase; augment; raise. — . زَيَّدَ ∆زوَّدَ

To exceed. — عن كذا : جاوَزَ

To bid higher; make an offer (at an auction) زايَدَ : قدَّمَ ثمناً أزيد

To outbid. — فلاناً : قدَّمَ ثمناً أزْيَد مما عرض

To increase; rise; go up. تَزَيَّدَ السِعْرُ : غَلَا

To outbid one another. تَزَايَدُوا في البيع

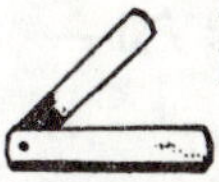

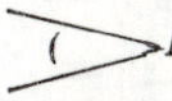

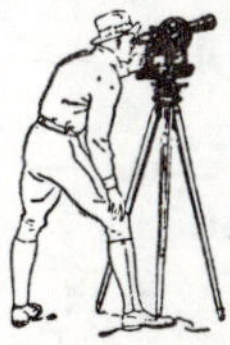

Increase; increment.	زِيَادَة : ضِدّ نَقْص
Addition; allowance; extra.	— : عَلاَوَة
Surplus; excess.	— : فَضْلَة
Besides; over and above.	— على ذلك
More than; over; above.	— عن أَزْيَد
Additional; in excess.	زَائِد : إِضَافِي
Excessive; immoderate.	زائد٢ : مُفْرِط
Superabundant; more than enough.	— : فائض
Superfluous; unnecessary; spare.	— : غير لازم
Spare.	— عن الحاجة
Supernumerary.	— عن العَدَد المُقَرَّر
Extremes meet.	الـ ـ أخو الناقص
Wart.	زائدة جِلْدِيَّة
Vermiform appendix.	— دُودِيَّة
Appendicitis.	التهاب الـ ـ الدودية
Auction; public sale.	△ مَزَاد : حَرَاج
To sell by auction; sell under the hammer; auction off.	△ باع بالـ
To put up to auction.	طَرَح بالـ
Increased; additional.	مَزِيد
Bidder; outbidder.	مُزَايِد (في البيع بالمزاد)
Bidding; outbidding.	مُزَايَدَة : ضِدّ مناقصة
Increasing; rising; augmenting.	مُتَزَايِد : ضِدّ متناقص
Large water-jar.	زِير الماء : دَنّ . حُبّ
Gallant; beau; ladies' man.	— : يحب مجالسة النِّساء
Barnacles.	زِيَار : △ لَوَّاشَة البيطار
Visit; call.	زِيارة (في زور)
Cicada; cicala; seventeen year locust.	زِيز الحَصَّاد (الجمع زيزان)
Linden; lime tree; tilia.	زِيزَفُون ٥ تِيليو
To be boisterous.	زَيَّط . زَاطَ : أجْلَبَ

Boisterous, or noisily cheerful.	زَيَّاط : كثير الصياح والصخب
Wagtail.	زِيطَة : ذُعَرَة △ أَبُو فَصَادَه
Hubbub.	△ — : ضَوْضاء
Deviation; deflection; divergence.	زَيْغ . زَيَغَان : انحراف
Diffraction.	— النور
To deviate; swerve; diverge; deflect.	زَاغَ : انحرف ومالَ
To deflect; bend.	— النُّور (راجع زوغ)
To stray; deviate; wander	— : ضَلَّ
To diffract.	— ازاغَ النورَ : أَمَالَه
Jackdaw; daw.	زَاغ : غُراب الزرع
Carrion crow.	— : جِيقِيّ
Deviating; swerving; divergent.	زَائِغ : مُنْحَرِف
To counterfeit; forge.	زَيَّفَ . زَافَ الدراهمَ
Counterfeit; spurious; false; forged.	زَيْف . زائِف : مَغْشُوش
Fictitious; artificial.	— . مُزَيَّف : غَيْر حقيقي
Counterfeit, or bad, money.	عُمْلَة زائفة
Counterfeiting; forging.	تَزْيِيف : غِشّ
Neckband; collar.	زِيقُ الثوب : ما أحاطَ منه بالعنق
Mason's level.	— البنّاء : تُرّ . زِيج
Stripe.	△ — : سَيْح . خَطّ عَرِيض
Strip; shred.	△ — : زِيج △ شُقّة
To creak; squeak; stridulate.	△ زَيَّق الباب وغيره : صرف
To wheeze; breathe with a hissing sound.	△ — صَدْرُه : أَزَّ
To disperse; scatter.	زَيَّل : فَرَّقَ
To leave; depart; quit.	زَايَلَ : فَارَقَ
To cease; end; discontinue.	زَالَ : بَرِحَ
Still; yet.	ما — . لم يَزَلْ
Xylophone.	٥ زَيْلَفُون : الخَشَبِيَّة

To deck; decorate; adorn; titivate. ❊زَيَّنَ . زَانَ : زَخْرَفَ
To beautify; embellish. — . — : صَيَّرَهُ جَمِيلاً
To grace; adorn. — . — : ضِدّ شَانَ
To illuminate. — بالأنوارِ او الالوان او الرسوم
To shave; get shaved. تَزَيَّنَ : حلق
To have one's hair cut. — : قَصَّ شَعْرَ رأسه
To be adorned; graced; decorated; embellished. — . إِزْدَانَ : تَحَلَّى
Beech wood. زَانٌ . خَشَبُ زَانٍ
Beautiful; graceful. زَيْن . زَيَّان : جَمِيل
Good. — : ضد شين
Ornament; decoration; embellishment. زِينَة . زَيَان : زُخْرُف
Illumination. — بالانوار او الالوان

Toilet; dressing. — : هِنْدَام
Youth and old age; *zinnia*. △— : اسْم زهرة
←Dressing table; toilet. خِوان الـ : تَسْرِيحة
Dressing room. غُرْفَة الـ
Ornamental; decorative. لأجْل الـ . زِينِيّ
Decorating; embellishment. تَزْيِين : زَخْرَفَة

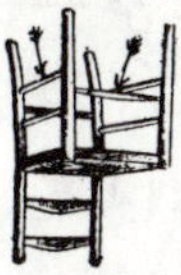

Adorned; decorated. مُزَيَّن . مُزْدَان : مُحَلَّى
←Barber; hair-dresser. مُزَيِّن : حَلَّاق

Fashion; style; prevailing mode. ﴿ زيي ﴾ زِيّ : طِراز ○ مُودَه
Wear; style of dress. — : لِبَاس
Shape; form; fashion. — : هَيئة
Stylish; fashionable; in the fashion. على الـ الجَدِيد
Like; as; the same as. △زَيّ : مِثْل
All the same; it makes no difference. — بعضُه : على حَدٍّ سوى
To dress; clothe; attire; apparel. زَيًّا : أَلْبَسَ
To don; wear; put on; dress (in.) تَزَيَّا : لَبِسَ

﴿ س ﴾

To soak; steep in a liquid. △سأْسَأَ : سَقْسَغ
To baste. — : نَضَّحَ (كالشواءِ بالدُهْن)

Rance; rung. △سِمَّاس . سِئَاسَة . سُؤَاسَة : خشبة بين عِضادتين
To ask; beg; request. ❊سَأَلَ : طَلَبَ
To ask after; inquire. — عن : استَخْبَرَ
To question; put a question to. — سُؤَالاً
To beg (alms); practise begging. △— تَسَوَّلَ : اسْتَعْطَى
To grant one's request. أَسْأَلَهُ سُؤْلَه : قضى حاجته
Ask. سَلْ : فِعْل أمْرٍ من « سَأَلَ »
Request; demand; prayer. سُؤَال : طَلَب
Question; inquiry; query. — : اسْتِفهام
Begging; mendicity. △— تَسَوُّل : اسْتِعْطاء
Inquisitive. سَأَّالٌ . سَؤُول : كثير السُؤَال
Asker; one who asks. سَائِل : طالِب
Liquid. — : ضِدّ جامِد (في سيل)
Beggar; mendicant. △— مُتَسَوِّل : مُسْتَعْطٍ
Request; demand. مَسْأَلَة : حاجة
Matter; subject; question. — : مَطْلَب
Matter; thing; case. — : أمْر
Problem; question proposed for solution. — يُطلَب حَلُّها
Moot-case; open question. — فيها نَظَر
Proposition; theorem. — عِلْمِيَّة
Love affair. — غَرامِيَّة
What is the matter? ما الـ ؟
Responsible; accountable; answerable. مَسْئُول
Accountable for his acts. — عن فِعْلِه
Responsible to — له
Responsibility; accountability; liability. مَسْئُولِيَّة : تَبِعَة
At owner's risk. على — صاحِبِهِ (مَثَلاً)

To be tired, *or* sick, of; be fed up, *or* disgusted, with. — *سَئِمَ كذا : ملّه

To tire; weary; bore; make weary. — أَسْأَمَ : جعله يَمِلّ

Weariness; boredom; ennui; tedium. — سَأَمٌ . سآمة : مَلَل

*ساءَ (في سوأ) *سَائِر (في سير) *سَائِل (سيل وسأل)
*سَائمة (في سوم) *سَابَ (في سيب) ○سَاتِيْنِيه (في ستن)
*سَاج (في سوج) *سَاح (في سيح) *سَاحِل (في سحل)
*سَاحَة (في سوح) *سَاخ (في سوخ) * سَادَ (في سود)
*سَادَة (في سود) *سَاذج (في سذج) * سَارَ (في سير)
*سَارٌّ (في سرر) *سَارِيَة (في سري) *سَاس (في سوس)
*سَاط (في سوط) *سَاطور *(في سطر) *سَاعَ (فى وسع)
*سَاعٍ (في سعى) *سَاعد (في سعد) *سَاعَة (في سوع)
*سَاغ (في سوغ) *سَافَ (سيف) *سَافٌ *سافَة (في سوف)
*سَاقَ (في سوق) *سَاق *ساقية (في سقي) *سَال (في سيل)
*سامَ (في سوم) * سَامّ (في سمم) * سَامٍ (في سمو)
*سَامح (في سمح) * سَاهٍ (في سهو) * ساور (في سور)
*ساوم (في سوم) *ساوَى (في سوي) *سَايس (في سوس)
△سايِط (في سوط) * سَبّ * سَبَّابَة (في سبب)
* سبات *سباتي (في سبت)

Spinage; spinach. — ○سَبَانِخ ○إِسْبَانَخ : خضار يُطْبَخ

To cause; occasion; bring about; give occasion to. — *سَبَّبَ الامرَ : أَحْدَثَه

To bring on. — —— : جَلَبَ على

To insult; swear at; call names; rail at. — سَبَّ : شَتَمَ

To defame; revile. — —— : قذفَ في حقِّه

To blaspheme; curse and swear. — —— الدِّينَ

To abuse, *or* rail at, one another. — سَابَّهُ وتَسَابُّوا : تشاتَموا

To be the cause of. — تَسَبَّبَ بالأمرِ : كانَ سَبَباً له

To trade; barter; deal in retail. — —— : تعاطى الأسباب . تاجَرَ

Abusing; insulting; cursing. — سَبٌّ : شَتْم

Defamation; aspersion; reviling. — —— : قَذْف

Blasphemy; swearing; cursing. — —— الدِّيْن

Cause; reason; ground. — سَبَبٌ : عِلّة

Origin; source; spring. — —— : أَصْل

Cause; reason. — —— : اِعْتِبار

Motive; cause. — —— : باعِث

Means; medium. — —— : وَسِيْلَة . واسِطَة

Efficient cause. — —— كافٍ

Formal cause. — —— مُهَيِّئٌ

Frivolous ground. — —— وَاهٍ

Because of; on account of. — بِسَبَبِ كذا

Preambles, *or* recitals, of a judgment. — أَسْبابُ الحُكْمِ

←Forefinger; index. — سَبَّابَة

Author; originator; occasioner. — مُسَبِّب

Cause; one who, *or* that which, causes. — مُتَسَبِّب في الأَمْر

Petty tradesman; retailer. — △—— : متعاطِي الأسباب

To rest; take rest; repose. — *سَبَتَ : اسْتَراحَ

To keep the Sabbath. — —— : حفظَ السَّبْت

To enter on the Sabbath. — أَسْبَتَ : دخلَ في السبْت

Saturday. — سَبْت . يومُ السبت

Sabbath. — —— : يوم الراحة (اليوم السابع)

Holy Saturday. — —— النُّورِ (عِيد مَسِيحِيّ)

Sabbath breaking. — نَقْض الــ

Sabbatarian. — سَبْتِيٌّ : من طائفة السبتيين

←Basket. — △سَبَتٌ : سَفَط . سَلّة

←Sidecar. — △—— الجوَّالة (موتوسكل)

Coma; lethargy. — سُبَات : غَيْبُوبة

Carotid. — سُبَاتِي : نِسْبَةً الى الشرْيان السباتيّ

Carotid artery. — الشريان السُّباتي

←Club. — △سِبَاتي (في ورق اللعب)

Lethargic; comatose; morbidly drowsy. — مُسْبِت : في حالة جُمود وغَيْبوبة

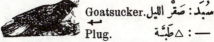

○سِبْتَمْبر : أيلول . الشهر الميلادي التاسع — September.

*سَبَحَ : عامَ (راجع عوم) — To swim.

سَبَّحَ : مجَّدَ — To praise; glorify.

سُبْحٌ . تَسْبِيح — Praise.

— الله — Praise be to God; Halleluiah!

سُبْحَة . مِسْبَحَة : خرزات منظومة في خيط — Beads.

— . — الصلاة — Rosary; chaplet.

سِبَاحَة . سَبْح : عَوْم — Swimming.

سَبَّاح : عوّام — Swimmer.

△سَبَّاحَة : حِلْيَة مِعْمارِيَة — Bead.

سابِح : عائم — Swimming.

سابِحة : طائرة شراعيّة ← Glider.

تَسْبِحَة . تَسْبِيحَة : ترنيمة — Hymn; anthem.

*سَبْحَلَة : حَمْدَلَة — Doxology.

*سَبَّخَ . سَبَخَ : نامَ نوماً عميقاً — To sleep heavily or deeply.

△ — الأرضَ : سَمَّدها — To manure; fertilise.

سَبِخٌ : مُسْتَنْقِع — Wet salty land.

سَبْخَة : أرض ذات نزّ ومِلْح — Moorland.

△سَبَخ △سِباخ : سَماد — Manure; fertiliser.

△ — △ — بَلَدِيّ — Farmyard manure.

△ — △ — كِيماويّ — Chemical manure.

△ — : أرض لم تعمَّر — Barren land.

تَسْبِيخ : نوم عميق — Heavy, or deep, sleep.

△ — الأرضِ : تَسْمِيد — Manuring; fertilising.

سُبَد : صقر الليل — Goatsucker.

— : △طَبَّة ← Plug.

سَبَرَ : جَسَّ — To probe; sound.

— غَوَّرَهُ — To fathom; try the depth of; get to the bottom of.

مَسْبَر : جَسّ — Probing; sounding.

سَبُّورَة : △باشتختـه ← Black-board.

مِسْبَر . مِسْبار : مِجَسّ — Probe; sound.

△سِبِرْتَك : جِلدة كعب الحِذاء التي تلي الارض — Top-lift.

○سِبِيرْتو : كُحُول (انظر سبيرتو) — Alcohol

*سَبِطَ الشعرُ : استرسلَ — To be lank (hair).

أَسْبَطَ : سَكَتَ خَوْفاً — To be dumbfounded.

سِبْط : حَفِيد — Grandson; grandchild.

— : عشيرة . قبيلة — Tribe (Jewish).

سَبْط : ضِدّ جَعْد — Lank; soft and straight (hair).

— اليَدَيْن : كريم — Open-handed; generous.

سُباطَة : مكان تُطْرَح فيه الاوساخ — Dump.

△ — البلح : عذْق — Bunch, or cluster, of dates.

ساباط . سَوابِيط : △بواكي — Arcade; archway.

*سَبَعَ : كانَ سابعهم — To be the seventh of.

— . سَبَّعَ : جعله سبعة أضعاف — To septuple; make sevenfold.

سَبُع : كل حيوان مُفْتَرِس — Beast of prey.

△ — : أَسَد (انظر أسد) — Lion.

— البحرْ — ← Sea lion.

— الجبل : بُهْمَة — Puma.

△ — الليل : كلب ← Dog.

— . سَبْعَة (٧) — Seven.

— عشرة . سبعة عشر (١٧) — Seventeen.

سُبْع : جزء من سبعة (١/٧) — Seventh part.

سبعة أضعاف — Sevenfold; septuple.

سَبْعُون (٧٠) — Seventy.

الـ — Seventieth.

سَبْعُونِيّ : ابن سبعين سنة — In his seventies; septuagenarian.
التَّرجَمة السبعينية للتوراةِ — The Septuagint.
سَابِع : ما بين السادِس والثامِن — Seventh.
الـ عشر — Seventeenth.
سُباعِيّ : من سبعة أضعاف — Sevenfold; septuple.
— الاحْرُف — Seven-lettered.
شَكل — او مُسَبَّع : لهُ سبعة أركان — Heptagon.
أُسْبُوع : سبعة أيام — Week.
— الآلام (عند النَّصارَى) — Passion Week.
أُسْبوعان : ١٤ يوماً — A fortnight.
أُسْبُوعي واُسْبوعيًّا — Weekly.
*سَبَغَ الشيءُ : تمَّ — To be complete *or* full.
أَسْبَغَ عليه : أتمَّ — To complete; make perfect *or* full.
*سَبَقَ الى : تقدَّم على — To precede; go before.
— : فاتَ — To leave behind; outstrip.
— على : غَلَبَ — To beat; surpass.
△ سَبَّقَ : فعَلَ الامرَ قبلَ غيره — To get ahead of; forestall; anticipate.
سابَقَ : غالبَ في السِّباق — To race with; contend with "in running".
— : بارَى. زاحَمَ — To compete, *or* vie, with.
— الريحَ — To outstrip the wind.
تَسابَقوا . اسْتَبَقوا — To race; contend in a race; run a race with.
سَبْق . أَسْبَقِيَّة : تقدُّم — Precedence; priority.
سَبَق . سُبْقَة : ما يتراهن عليه المتسابقون — Stake (in a race.)
△ — . سِباق : مُباراة — Race.
سِباق ٢ : مُسابقة . مزاحمة — Competition.
— المراكب — Regatta; boat races.
— الخيل — Horse-race.

حِصان السِباقِ — Race-horse.
حَلْبة او مَيْدان السِباق — Race-course.
مِقْوَس الـ — Starting post.
سَابِق : مُتقدِّم — Preceding; prior to; previous.
— : ضِدّ لاحِق . — Antecedent; precedent; past.

— : ماضٍ — Previous; former; foregoing.
— اوانه — Premature.
اعداد سابقة من جريدة او مجلة — Back numbers.
△ شهادة (كشف) السوابق — Certificate of police record.
سابقاً : قبلاً — Previously; formerly.
سابقة — Precedent; previous conviction.
لهُ — من نوعه — Precedented.
يُعتَبَر كـ — Precedential.
مَسْبُوق — Remaining behind; outstripped.
غير مَسْبُوق . ليس له سابقة — Unprecedented.
مُسَابِق : مزاحِم — Competitor.
مُسَابَقة : منافسة — Competition; contest.
*سَبَكَ . سَبَّكَ : اذابَ وصبَّ في قالِبٍ — To found; cast; mould.
سَبَّكَ ٢ الطَبْخ — To braise, *or* stew, cooking.
سَبْكُ المعادِن — Founding; metal casting.
سَبَّاكُ المعادِن — Founder.
△ — : △ سَمْكَري . رَصَّاص (مشتغل بتركيب الانابيب والادوات الصحية) — Plumber.
سَبِيكَة (من الفِضّة او الذهَب او غيرهما) — Ingot *or* bullion.
مَسْبَك : مكان السَبْكِ — Foundry.
— حُروف الطِباعة — Type-foundry.
*سَبَّلَ المالَ — To dedicate to charitable ends.
أَسْبَلَ السِتارَ — To draw, *or* close, a curtain.
— السِتْرَ على — To draw a veil over.
— الدمعَ — To shed tears.
— الزرعُ : سَنْبَلَ — To ear; put forth ears.
شعر أسْبَل : سَبْط — Straight, *or* lank, hair.
سَبَل : مَطَر — Rain.
— الذُرَة : △ شَواشِي — Styles of Indian corn.

سَبَلَة : سُنْبُلة (انظر سنبل) — Spike; an ear of corn.
— : مُقدَّم اللحية — Goatee; imperial.
△ سَبْلَة : سِماد الاصْطَبلات — Stable manure; stable-litter.

Sensitive plant; mimosa. △ السِتّ المُسْتَحِيَة
Sixfold. سِتَّة ٢ أضعاف
Sixty; three-score. سِتُّون (٦٠)
Sixtieth. الـ : الواقع بعد التاسع والخمسين
In his sixties; sexagenarian. سِتُّونيّ : ابن سِتّين سَنَة
Sixth. سَاتٌّ : سَادِس (راجع سدس)
To cover; hide. * سَتَرَ . سَتَّرَ : غطّى وخبّأ
To hide; conceal; disguise. — . — : أخْفَى
To veil; cover; screen. — . — : حَجَبَ
To shield; protect; shelter. — . — : حَمَى
To shelter; harbour. — . — تَسَتَّرَ على
To cover or hide oneself; be concealed. تَسَتَّرَ ٢ . إسْتَتَرَ : تحجّبَ وتخفّى
To harbour a criminal. — على مُجْرِم
Cover; —ing. سِتْر . سِتَار : غِطَاء

Veil; screen. — . — : حِجَاب
— . — : ما تستتر به للحماية
Shelter; protection.
سِتَار ٢ △ سِتَارَة : بُرْدَايَة
Curtain or hangings.
Window-curtain. — △ — الشُّبَّاك
Drop-curtain; screen. — المَسْرَح الخارجيّ : سَدِيل
Scene; stage scene. — المسرح الداخلي
Barrage. — من دُخان أو غيره (لحجْبِ ما خلفه)
What is behind the scenes. ما وراء الـ

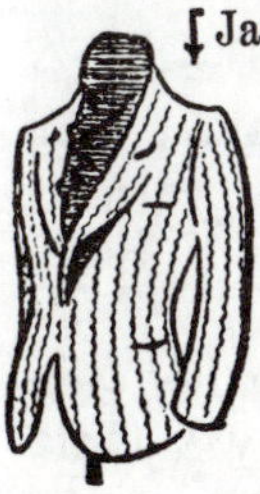

↓Jacket. سُتْرَة △ سِتْرَة . سُتْرِي
△ سُتْرِيٌّ : مهرّج
←Jester; fool.
Sheltering; hiding; harbouring. تَسَتُّر
مُسْتَتِر . مَسْتُور : خَفِيّ
Hidden; concealed; covered; screened.
Latent; secret. — . — : كامن . ضد ظاهر
Understood; implied; tacit. — : مُضْمَر

Way; course; road. سَبِيل : طَرِيق
Public drinking place or fountain. △ — : مَكان عمومي لشُرْب الماء
A waif; homeless child. ابن الـ : مُتَشَرِّد
Wayfarer; traveller. ابن الـ او عابر سَبيل
To make way; make room. أخْلَى الـ لغيره
To set free; release. أخْلَى سبيله : أطلق سراحه
To please God. في سَبِيل الله
Out of . . .; by way of. على — كذا

Alone; by oneself. في حال سبيله
○ سْپِنْسَر : فَيْلَسُوف إنكليزي ←
Spencer (Herbert).
Brake van. △ سِبِنْسَة القطار : عَوّاقة
Indifferent; apathetic, nonchalant; careless. * سَبَهْلَل : لا همّ له أمر
To be a jay walker. مشى سَبَهْلَلاً
They were scattered, or gone to the wind. (سبو) ذَهَبُوا أيدي سَبَا
Black-board. * سَبُّورة (في سبر)
To capture; take prisoner. * سَبَى . اسْتَبَى العَدُوَّ : أسَرَه
To captivate; enchant; fascinate; charm. — . — العَقْلَ
To exile. — . — الرَّجُلَ : نفاه . غرّبه
Captive; prisoner of war. سَبِيّ : أسير
Captivity (or exile. سَبْيٌ : أسْر (أو غُرْبَة
Captivating; captor. سابٍ . مُسْتَبٍ
White-lead; ceruse. * سِبِيدَاج . اسْبِيدَاج

Alcohol; spirit. ○ سبيرْتو : كحول
←Spirit lamp. △ وابور —

Way. * سبيل (في سبل)
Espagnolette; ○ سبيونة الشبّاك او باب الشرفة
←sash-door fastener.
Stall; reserved seat. ○ ستال : مقعد في ملهى
Six. (ستت) سِتّ . سِتَّة (٦)
Sixteen. — عشرة . ستة عشر (١٦)
Lady. — : سيّدة . خاتون
Belladonna; deadly nightshade. — الحُسن : نبات

To stow; steeve. ∆سَتَّفَ : رصَّ . دَكَّنَ

Stowing goods. تَسْتِيف البضائع : تَدكين

Stevedore. مستِّفاتي السفن التجاريَّة : دَكَّان

Crayfish. ٥سِتَكوزا . أستكوزا

Six. *ستة (في ستت)

Anus. *سِتّه : إست

Sateen. ∆سَتِينيه ∆ساتينيه : نسيج من القطن

Satin. — حرير

To bow " in worship; " prostrate oneself; fall down in adoration. *سَجَدَ : انحنى خضوعاً

To worship; adore. — لله : تعبَّد

To kneel down. ∆— : جثا

Bowing; prostration; falling down in adoration. سُجُود

Worship; adoration. — : عِبادة

Whit Monday. اثنين الـ او السَّجْدة

Carpet; rug. سَجَّادَة : طنْفسة

Prayer-rug. — الصلاة : مسْجِدة

←Carpet beater. ضرَّابة سجاجيد

Mosque *or* temple. مَسْجِد : مكان العبادة

To coo (pigeon.) *سَجَعَ . سَجَعَ الحَمامُ

To rhyme. — . — الكلامَ

Cooing. سَجْعُ الحَمامِ

Rhyming. — . تَسْجِيع الكلام

Rhymed prose. — : كلام مُقفّى

Curtain *or* hangings. *سِجْف . سِجاف : سِتار

←Sausage; hot-dogs. ∆سُجُق : سجأ . مقانق

To register; record. *سَجَّلَ : دوَّنَ . قيَّدَ

To legalise; register a deed. — العقدَ والحجَّة وغيرهما

To patent; secure by patent. — الاختراعَ

To register a letter. — خِطاباً بالبريدِ

To record *one's* thanks. — شُكْرَهُ

To compete with. ساجَلَ : بارى

Register; record. سِجِلّ : دَفتر التسْجِيل

Record of honour. — الشَّرَفِ

Archives. سِجِلَّات : ∆قيُودات

The issue "of the battle" is undecided; the victory is shared by turns among the belligerents. الحرب بينهم سجال : سِجَال

Registering; recording. تَسْجِيل : تدوين

Registration. — العقود أو الخطابات وغيرهما

Registry; — office. مكتب — العقود

Notary public; registrar. مُسجِّل العقود الرسميَّة

Recorder. — : مُدوِّن . مُقيِّد

Recorded; registered. مُسَجَّل : مدوَّن في السجلّ

Registered letter. خطاب — .

Competition. مُساجَلَة : مباراة

Debate; discussion. — كلاميَّة

To pour forth. *سَجَمَ . أسْجَمَ : سَكَبَ

To flow; run. — . إنْسَجَمَ : سَالَ

To be fluent. — . — الكلامُ

To be harmonious. — . — : تلاءَمَ وتوافقَ

Fluency. إنْسِجامُ الكلامِ

Harmony. — الاصواتِ والاشياء : توافقُها

Fluent *or* harmonious. مُنْسَجِم

To imprison; shut up. *سَجَنَ : حبس في سِجْن

Prison; jail; gaol; penitentiary. سِجْن : مكان الحبس

Imprisonment. سَجْن : حَبْس (راجع حبس)

Imprisonment for life; lifelong imprisonment. — مؤبَّد

Penal servitude; imprisonment with hard labour. — مع الأشغال الشاقَّة

Jailer; gaoler. سَجَّان : حارِس السجن

Imprisoned; prisoner. سَجِين . مَسْجُون

State prisoner. — سِياسيّ

* سَجِيَّة : طَبْع . خُلُق — Temper; disposition; character.

— : طبيعة — Natural disposition.

* سحّ (في سحح) * سحاب (في سحب) * سحايا (في سحي)

* سَحَبَ : جرَّ — To draw along; drag; pull.

△ — : استرجع . استردَّ — To withdraw; draw *or* take back; recall.

△ — : استقطر — To draw; extract.

△ — شيكاً (تحويلاً مالياً) — To draw a cheque.

△ — ورقة اليانصيب — To draw a lottery.

△ — : أغرى — To inveigle; entice.

△ — المعدنَ سلْكاً — To wiredraw; draw out into wire.

△ — نفسَهُ . انسَحَبَ — To withdraw; retire; retreat.

انسحَبَ : انجرَّ — To be drawn.

— : تقهقر . ارتدَّ — To retreat; fall back.

سَحْب : جرّ — Drawing; pulling; hauling.

— : استرداد — Withdrawing; withdrawal.

△ سَحْبَةً واحدةً : بلا انقطاع — At a stretch.

سَحاب : غَيْم — Clouds.

— حَبِيّ — Cirro-velum.

— رقيق كالنَّدى : رَهَج — Cirro-nebula.

— مرتفع : طخارير — Cirrus.

— الصيف : قلَع — Cumulus.

— نَمِر — Cirro-cumulus.

سَحابَة : غَيْمَة — A cloud.

— بيضاء رقيقة : يَعْلُولَة — Cotton-ball cloud.

— اليوم : طوله — All day long.

△ — . سُحابَة : غشاوة على العَين — Leukoma; film on the eye.

ساحِب : جارّ (او ساحِب التحويل المالي) — Drawer.

إنسِحاب : إرتداد — Withdrawal; retirement.

— : تَقَهْقُر — Retreat; —ment; retirement.

قابلُ الـ (كالمعدن يُسْحَبُ أسلاكاً) — Ductile.

قابليّة الـ — Ductility.

مَسْحَبُ هواء : تيّار — Draught; current of air.

مَسْحُوب : مجرور — Drawn.

— عليه : مطلوب منهُ دفع التحويل المالي — Drawee.

* سُحْت : مُقتنىً بالحرام — Ill-gotten.

* سَحَجَ . سَحَّجَ : قشر — To abrade; scrape, *or* rub, off.

— الجلدَ : جلطه — To graze; gall.

مِسْحاج : مِسْحل كبير △ فارة — Jointer; plane.

مَسْحُوج : مجلوط — Raw; galled; sore (from abrasion of the skin.)

(سحح) سَحَّ الماء : سال — To flow; pour; issue forth.

— : وكفَ △ شرَّ — To leak.

—ت عينه : بكى — To shed tears.

عَيْن سَحّاحَة — Tearful eye.

سَحِيُّ الدمع : بَكّاء — Tearful; lachrymose.

* سَحَرَ — To bewitch; affect by witchcraft.

— : سَلَبَ قلبه — To enchant; infatuate; charm; fascinate.

— الفِضَّةَ : طلاها بالذهب — To plate; coat with a layer of gold, etc.,

سِحْر — Magic; sorcery; witchery; witchcraft.

— : سلْبُ القلب — Enchantment; infatuation; bewitchment; fascination.

سِحْرِيّ : مختصّ بعمل السحر — Magic, —al.

العين السِّحْرِيَّة : هَمْهاصة — Magic eye; cathode valve.

سَحَر : فَجْر — Early morning; dawn; daybreak.

سَحّار . ساحِر — Sorcerer; magician; wizard; enchanter.

— افرنكي — Juggler *or* conjurer.

سَحّارة . ساحِرة — Sorceress; witch.

△ — : صُنْدوق — Box *or* coffer.

△ — : أرْدَبَّة (في الريّ) — Culvert *or* siphon.

سُحُور : طعام السَّحَر — Daybreak meal, (during a fast.)

* سَحَقَ : دقّ — To crush; pound.

— : سَحَنَ — To powder; pulverise.

— الثَّوبَ : أبلاهُ — To wear out a garment.

سَحُقَ : كان بعيداً — To be distant, *or* remote.

إنْسَحَقَ : اندقّ — To be crushed *or* pounded.

Crushing; pounding. سَحْق : دَقّ
Tatter; rag. —: ثَوْبٌ بالٍ
Remoteness. سُحْق : بُعْد
Lesbianism. سِحاق : لياطة الانثى للانثى
Remote; distant; far away. سَحيق : بعيد
Contrition; penitence. انسحاق القلب (ندماً)
Crushing. ساحِقٌ . يَسْحَقُ
Overwhelming majority. اكْثَرِيَّة ساحِقة
Crushed; pounded. مَسْحُوق . مُنْسَحِق : مُنْدَقّ
Powdered; pulverised. —: مَسْحُون
Powder. —: تُرابُ كُلِّ شَيْءٍ سُحِقَ
Contrite; broken-hearted (for sin); penitent. مُنْسَحِقُ القَلْبِ
To plane; make smooth by paring. ٭سَحَلَ بالمِسْحَل

Lizard. △سِحْلِيَّة : عِظايَة
Quoin. △— (من ادوات المطابع)
Coast; shore; sea-shore; sea-coast. ساحِلُ البَحْر : شاطِئ
Littoral. ساحِلِيّ . سَواحِلِيّ : مختصّ بساحل البَحْر

مِسْحَلُ النجّار : △فأرة ←Plane.
— الحدّاد : مِبْرَد ←File.
Salep; lizard-orchis. △سَحْلَب : خُصى الثعلب
To sneak; slink; go furtively. تَسَحْلَبَ : ذهب خلسة
Blackness. ٭سَحَم . سُحْمَة . سُحام : سَواد
To triturate; pound; pulverise. ٭سَحَنَ : دَقّ
Pounding; pulverising; trituration. سَحْن : دَقّ
Physiognomy; mien; look. سَحْنَة : سِيماء

Pestle; triturator. مِسْحَنَة : مِدَقّة
Pschent. ٥سِحِنْت : التاجُ المِصْريّ الثنائي

To shave. (سحو) سَحا . اسْتَحَى : حَلَقَ
To be ashamed. استحيا . استحى (في حيي)
Meninx (*pl.* meninges.) سِحايَة (والجمع) سَحايا : امّ الرأس

Meningeal. سِحائي: مختص بالغشاء السحائي
Meningitis. الالتهاب الـ— : سِرْسام
←Shovel. مِسْحاة : مِجْرَفة
٭ سخاء (في سخي) ٭سخافة (في سخف)
Morocco-leather. △سَخْتِيان : نوع من الجلد المدبوغ
Placenta. ٭ سُخْد
To exploit; force to do something for nothing. ٭سَخَرَ . سَخَّرَ : كَلَّفَهُ عَمَلاً بلا أجْر
To ridicule; mock; laugh, *or* scoff, at. سَخِرَ بِهِ ومنه : △تَمَسْخَرَ عليه
Laughing-stock; butt. سُخْرَة . سُخْرِيَة : أُضْحوكة
Unpaid work. — : عَمَل بلا أجْر
Conscript labour; corvée. — سُخْرِيّ : عَوْنَة
Sarcast; —ic person. ساخِر . مُتَهَكِّم
Ridiculous; ludicrous; droll. سُخْرِيّ . مَسْخَرَة : مضحك

Sarcastic. — : تَهَكُّمي
Sarcasm. mockery. سُخْرِيَة : هُزْء
Masquerade. △مَسْخَرَة ٢ المرافع
←Fancy dress. ثياب الـ— (للتهريج)
To faint; fall into a fainting-fit. △سَخْسَخَ : أُغْمِيَ عليه
To be angry, *or* displeased, with. ٭سَخِطَ على : غَضِبَ
To anger; offend; provoke to anger. أَسْخَطَ : كَدَّرَ
To enrage; irritate; vex; offend; exasperate. — : أغاظ
Indignation; anger; wrath; rage; resentment. سُخْط . سَخَطٌ : غَضَب
Displeasure; dissatisfaction. — : ضِدّ رِضى
Indignant; angry; exasperated; wrathful. ساخِط : غاضِب
Displeased with. — على : غَيْرُ راضٍ عن
Outrageous deed. مَسْخَطَة : ما يدعو الى السُّخْط

To be flimsy *or* weak. ‏سَخُفَ: كان سخيفاً‏

To be weak-minded. ‏— عقله‏

Weakness; ‏سُخْف. سَخافة: رَكَاكَة‏
feebleness; flimsiness.

Weak-mindedness; frivolity. ‏— . —: العَقْل‏

Absurdity; insipidity ‏— . —: عدم المَعْقُولِيَّة‏

Thinness; flimsiness. ‏— . —: رِقَّة‏

Weak; poor; thin. ‏سَخِيف: ضَعِيف‏

Flimsy; unsubstantial. ‏—: رَفِيق. رَكِيك‏

Absurd; paltry; insipid. ‏—: غير مَعْقُول‏

Weak-minded; frivolous. ‏— العقل‏

Lamb. ‏سَخْلَة: وَلَدُ الشاة‏

To besmut; blacken ‏سَخَّمَ: سَوَّدَ بالسُّخَام‏
with soot.

To bear ill-will, *or* ‏تَسَخَّمَ على: حَقَدَ‏
malice, against.

Blackness. ‏سَخَم. سُخْمَة: سَواد‏

Malice; malevolence; ‏— . سَخِيمة: حِقْد‏
ill-will; rancour.

Soot; crock; smut. ‏سُخَام: سَوادُ القِدْر. △هِباب‏

To be hot *or* warm. ‏سَخُنَ: كان حَارًّا‏

To have fever. ‏△ —: مرض بالحمَّى. حُمَّ‏

To heat; warm. ‏سَخَّنَ. أَسْخَنَ: حَمَّى‏

Hot; warm. ‏سُخْن. ساخِن: حَارّ. حامٍ‏

Feverish. ‏△ — △ —: مَحْمُوم‏

Geyser. ‏سَخَّان. مِسْخَن: جهاز تَسْخِين الماء‏

Heat; warmth. ‏سُخُونة. سَخَانة: حَرارة‏

Fever. ‏—: حُمَّى‏

To be generous. ‏سَخِيَ. سَخَا: كَانَ سَخِيًّا‏

To affect ‏تَساخَى. تَسَخَّى: تَكَلَّفَ السَّخاء‏
generosity.

Generosity; ‏سَخاء. سَخَاوة: جُودَة‏
liberality.

Suppleness. ‏△ سَخَاوة٢: رَخَاصة. لِيونة‏

Generous; liberal; lavish; ‏سَخِيّ: كَرِيم‏
open-handed.

Supple. ‏△ —: رَخْص‏

‏سَخِيف (في سخف) * سَخِيمة (في سخم)‏
‏سَدّ (في سدد) * سَداة (في سدي)‏

Rue; herb of grace. ‏△ سَذَبٌ: شَذاب‏

Lath; slat; strip ‏سِدَابة خَشَبٍ: شُقَّة‏
of wood.

Stopper. ‏—: سدادة‏

To direct to the ‏* سَدَّدَ: أَرْشَدَ الى الصواب‏
right thing.

To point at; take aim at. ‏— نحو: صَوَّبَ‏

To settle " an account ". ‏△ — حِساباً: وَفاهُ‏

To stop; close up. ‏سَدَّ: ضِدّ فَتَح‏

To obstruct; block up; bar. ‏—: عاقَ‏

To cork; stop up. ‏— بِسِدادةٍ‏

To fill up. ‏— فَرَاغاً: مَلاءَةً‏

To replace; take the place of. ‏— مَسَدَّهُ‏

To defray, *or* cover, ‏△ — النفَقَات: وفاها‏
expenses.

To hit, *or* be to, the ‏* أَسَدَّ: كان سَدِيداً‏
point; be apposite.

Closing; stopping; ‏سَدٌّ: ضِدّ فتح‏
obstructing.

Obstruction; hindrance. ‏—: حاجِز‏

Weir; dam across a river. ‏— في نَهْر: حِبْس‏

Blind alley. ‏طريق — : رَدْب. لا مَنْفَذ له‏

Tight. ‏مُحْكَم الـ—: مَسِيك‏

Adenoids; ‏سَدادُ الأنف: لَحْم فيه يعيق التنفُّسَ‏
obstruction in the nose.

Appositeness. ‏سَدَاد: إحْكَام‏

Appositely; patly; to the point. ‏بـ—: بإحْكَام‏

In settlement, ‏△ سَدَاداً لكَذا: وفاءً لكَذا‏
payment, or discharge, of.

Plug; stopper; ‏سِدَادة: ما يُسَدُّ به. سُبَد‏
obturator.

Plug. ‏— الحَوْض: △طَبَّة‏

Stopper; cork. ‏— الزِّجاجة‏

Apposite; appropriate; ‏سَدِيد: مُحْكَم‏
relevant; to the point.

A good shot; sharpshooter. ‏— الرِّمايَة‏

An apposite answer. ‏جَوَاب —‏

سُدَّة : باب — Gate *or* door.

— : منبر او عَرْش — Pulpit *or* throne.

— بابَوِيَّة او رَسُولية — See; apostolic see.

تَسْدِيد : تَصْويب — Pointing; aiming.

△— : إِيْفاء — Settlement; payment.

△تحت الـ او السداد : معلَّق — Outstanding; unsettled.

*سَدِرَ : تحيَّر — To be perplexed, dazed *or* confused.

— بَصَرُهُ : زَغْلَلَ — To be dazzled.

سِدْر . سِدْرة : شجرة النبق — Nabk tree; Christ's thorn.

— بَرّيّ : ضال — Lotus jujube; lotus tree.

سَدَرُ النظر : زغللة — Dazzlement; confusion.

*سَدَسَ القومَ (راجع ستت) — To be the sixth of.

سَدَّسَ العددَ — To sextuple; multiply by six.

— الشكلَ — To make hexagonal.

سُدْس ($\frac{1}{6}$) — Sixth part.

آلة الـ : جهاز تحقيق الموقع بالنسبة لخطوط الطول والعرض — Sextant.

سُداسِيّ الحروف — Six-lettered.

— او مُسَدَّس[1] الأَركان — Hexagon.

— . — السطوح — Hexahedron.

مُسَدَّس ٢ : △فَرْد بِساقية — Revolver.

△— البُوْيَة — Spray gun.

سادِس : بعد الخامس — Sixth.

— عشر : بعد الخامس عشر — Sixteenth.

سادساً — Sixthly.

*سَدَف . سُدْفة : نور الغسق والسَّحَر — Twilight; dusk.

*سَدَلَ . سَدَّلَ . أَسْدَلَ الشعرَ وغيرَهُ : أرخاه — To let "hair" hang down.

— . أَسْدَلَ ٢ الستارَ : اسبله — To let down, *or* lower, a curtain.

سُدْل : سِتْر — Curtain; hangings.

سِدْل : عِقد — Necklace.

*سَدِمَ : ندم وحزن — To repent; be repentant.

سَدِيم : ضَباب — Mist *or* haze.

— (في الفلك والجمع سُدُم) — Nebula (*pl.*, Nebulæ).

سَدِيمِيّ (في الفلك) — Nebular.

سادُوم وعامُورَه — Sodom and Gomorrah.

(سدن) سادِن : خادِم الكنيسة — Sexton; sacristan.

*سَدَّى . أَسْدَى اليه — To confer a benefit on.

— . — اليه النُصْح — To advise; give advice to.

سُدًى : باطلاً — In vain; ineffectually; to no end.

سَداة النَّسيج : خِلاف لحمته — Warp.

— : عُضْو التذكير في النبات — Stamen.

*سديد (في سدد) *سديم (في سدم)

*سَذاب : △سَدَب (نبات) — Rue; herb of grace.

*سَذاجة : بساطة — Simplicity; plainness; homeliness.

ساذَج : بَسيط . △سادَه — Plain; simple; homely.

— : سَليم النيَّة . بسيط — Simple-hearted; guileless; artless.

لون — : △لون سادة — Unicolour.

*سر *سرّاء (في سرر) *سراب (في سرب)

*سِرابِيس : مَعْبود بَطْلِمي — Serapis.

*سِراج (في سرج) *سِراح (في سرح)

*سُرادق (في سردق) *سراط (في سرط)

*سَراي (في سري) — Palace.

*سَرِبَ . تَسَرَّبَ : سالَ — To leak; run out.

— . — : خرج خلسةً — To sneak, slink, steal, *or* slip, away.

تسرَّبَ ٢ في الشيء — To steal, *or* creep, into.

— الخبر — To filter through; leak out.

— الماءُ في الارض — To soak into the earth.

سَرَّبَ : أَرْسَلَ قليلاً فقليلاً وخِفْيَةً — To send out stealthily.

سَرَب : نَفَق — Tunnel; subterranean passage.

سِرْب . سُرْبة : قَطيع — Swarm; flock; herd.

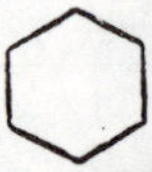

— — : عدد عظيم — Throng; host.
— طيور — Flight, or flock, of birds; bevy.
— طائرات — Flight.
قائد — . — Flight lieutenant.
سَراب : خَيْدَع — Mirage.
△— : أقذارُ المَراحِيض — Sewage.
△سَرَباتي : كاسِحُ المَراحِيض — Night soil man.
أُسْرُب : رَصاص أَسْود — Black lead; plumbago.
مَسْرَب : مَصْرِف . مجرى الماء — Drain; sewer.
*سَرْبَلَ : ألبس — To clothe; dress; attire; array; apparel; don.
تَسَرْبَلَ : لبس — To wear; put on.
سِرْبال : كُلّ ما يُلْبَس — Dress; garment; apparel.
*سَرَّجَ . سَرَجَ : ضَفَرَ — To plait; braid; entwine.
— : شَرَّجَ . خاط خياطة متباعدة — To tack; baste.

△— . أَسْرَجَ الحصانَ — To saddle a horse.
سَرْج : برذعة الخَيل — Saddle.
△— جَنّابي (انظر خسروان) — Side-saddle.
سَرّاج △سُرُوجي : صانِع السُّروج — Saddler; saddle maker.

سِراج : مِصْباح صغير — Night light.
— الليل : حُباحِب — Glow-worm; fire-fly.
△— : انبوبة النفخ على النار . تِبلام — Blow-pipe.
سِراجة △سُرُوجِيّة : صِناعة السروج — Saddlery.
△— : شِراجة . خِياطة متباعدة — Basting.
△مرض الــ : رُعام — Glanders.
سِيرَج : زَيت (دهن) السِمْسم — Sesame-oil.
△سِيرَجة : معصرة السيرج وغيره — Oil-mill(-works.)
مِسْرَجة : سِراج . مِصْباح — Lamp; night-lamp.
مَسْرَجة : ما يوضع عليه السراج — Lamp-stand.

*سَرَحَ : ذَهَبَ يرعى — To go out to pasture.
△— العَقْلُ : شَرَدَ — To meander; stray.
سَرِحَ الرجُل : خَرَجَ في أُمُوره — To go about one's business.
سَرَّحَ المواشي — To send forth to pasture.
— القَوْمَ : صَرَفهم — To dismiss; send away.
— الجَيْش : صَرَفه — To demobilise; disband.
— الامرَ : سَهَّلَه — To facilitate.
— زَوْجَته : طلَّقها — To divorce a wife.
— الشَعْر : مَشَّطَه — To comb, or dress, hair.
— عنه : فَرَّجَ — To banish care.
△سَرَحان الفِكْر : شُرُوده — Mind wandering; absent-mindedness.
سَرَاح : صَرْف أو إطلاق — Dismissal.
أَطْلَقَ ـــهُ : صَرَفَه — To release; set free.
مُطْلَق الــ — At large; not confined.
△سَرِّيح : بائِع متجوِّل — Pedlar; hawker; itinerant dealer; street vendor.
سارِحُ الفِكْر : شارِد العَقْل — Absent-minded; dreamy.

تَسْرِيحُ الجيوش — Demobilisation.
△تَسْرِيحة : تحذيف . ترتيب الشعر — Coiffure; hairdo.
△— : خِوان الزينة — Dressing table.
مَسْرَح : ٥ تياترو — Theatre; play-house.
خشبة الــ — Stage; platform of a theatre.
﴿سرخ﴾ △ساروخ : سهم ناريّ — Rocket; fire-work.
△صاروخ (انظر صرخ)

٥سَرْخَس : خِنْشار . نَبات — Fern.
*سَرَدَ . سَرِدَ : ثَقَبَ — To pierce; perforate.
— الحديث : ساقَه — To carry on a discourse.
— الشَّواهِدَ : ذكرها — To cite; adduce; quote.
— تفاصِيل المَوْضُوع — To detail; relate in particulars.
سَرْد : ذِكْر . إيراد — Citation; quotation.
— : مُتَتابِع بانتظام — In connected series.

△سِرْداب : سَرَبٌ . نَفَق Tunnel; subterranean passage.
— ارضي : دَيْماس . مُخبأ تحت الأرض Crypt.
△سِرْدار : قائد الجيش Commander-in-Chief; *Sirdar*.
*سَرْدَقَ المكانَ : نصب السرادق عليه To canopy; cover with, *or* as with, a canopy.

سُرادِق : خيمة ←Canopy; tent; pavilion.
— من الدخان او الغبار Canopy of smoke, dust, etc.

○سَرْدِين : صَحْناة ←Sardine.
*سَرَّ . سَرًّا . أسَرَّ To delight; please.
△— . سارَّ . أسَرَّ ٢ اليه السر To confide a secret to; whisper in another's ear.
أسَرَّ السرَّ ٢ : كتمه To keep a secret.
سُرَّ بكذا : فرح To delight in; take pleasure in; be pleased with.
تَسَرَّرَ . إستَسَرَّ : اتخذ سُرّية To keep a mistress.
سِرّ : ما يُكْتَم . خافية . دَخيلة A secret.
— : خفاء Secrecy; privacy.
— غامِض او خفيّ A mystery; profound secret.
— الصَّنْعة Trick of the trade.
— المِهْنَة Professional secret.
— الليل : كلمة السرّ Watchword; password.
— تجار : رئيس التجار Chief merchant; chief of the corporation of merchants.
△— : نَخْب (يُشرب لصحّة الأحباء) Toast.
△— عسكر : △مُشير Field Marshal.
الـ— المقدّس The sacrament.
أتعبَ سِرَّه To worry; harass; trouble.
شرب سِرّه To toast; drink health of.
△في سِرّكم : في صحتكم To your health!
كاتم او كاتب الـ— : △سكرتير Secretary.
يكتم الـ— : كتوم Discreet; prudent.
لا يكتم الـ— Indiscreet; communicative.
سِرًّا : ضدّ علانية Secretly; in secret.
— : في الخفاء Privately; in private.
— : باطناً . قلبيًّا Inwardly.

سِرّي : ضدّ علنيّ Secret; clandestine.
— : خفيّ . غامِض Mysterious; esoteric.
— : خصوصيّ Private; confidential.
بُولِيس — Detective; sleuth.
بَيْت — : بَيْت دَعارة سرّية A call house.
حِبْر — . Invisible, *or* sympathetic, ink.
مرض — : مرض تناسُلي Venereal disease.
مُحاكَمة سِرّية (مثلاً) Trial with closed doors.
مصاريف سرية (حكومية) Secret funds; Secret-service money.
سُرٌّ . الحبل السُرّيّ Navel-string; umbilical cord.
سُرَّة البطن Navel; umbilicus.

— الأرض : نبات Navelwort.
— البلد The navel, middle or center of a town.
— الطارة او العجلة : قُبّ Nave.
— : حلية وسطانيّة Center-piece.
△— : حُزْمَة Bundle.
بُرْتقال ابو — . Navel orange.
سُرّي : مختص بسُرّة البطن Umbilical.
سَرّاء : ضدّ ضرّاء Prosperity; good fortune; welfare.
في الـ— والضرّاء In prosperity and adversity; in weal and woe.
سُرَر : الحبل السُرّيّ Umbilical cord.
سِرَر . سِرار : خطوط الكفّ أو الجبهة Lines of the palm *or* forehead.
أسارير ٢ الوجه Lineaments of the face.
أبرقت أسرّته His face brightened up.
سُرور : مَسَرَّة . فَرَح Delight; pleasure; happiness; gladness.

سَرِير : مَضْجَع . تَخْت Bed; ←bedstead.
— الملك : عَرْش Throne.

— الهِر ←Cat's cradle.
سَرِيرة : نيّة Heart; mind.
طَيِّبُ الـ— : سليم النيّة Simple-hearted.
سُرِّيّة : حَظِيّة Mistress; concubine.

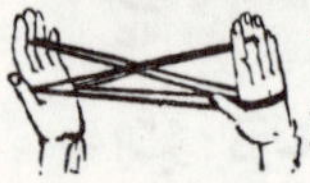

Delightful; pleasant; pleasing; joyful; glad. سارّ : مُفْرِح

Concubinage. تَسَرٍّ . إسْتِسْرار : اتخاذُ الحظايا

Delight; pleasure; happiness. مَسَرَّة : سُرُور

مَسَرَّة . أنبوبة التخاطب بين غرفتين ⟵ Speaking-tube.

— : ○ تِلِفُون (راجع تلفون) ⟵ Telephone.

Pleased; happy; delighted; glad. مَسْرُور : فَرْحان

Hypochondria. (سرسب) △ سِرْسَاب : سِرْسَام

Hypochondriac. مُسَرْسَب : مُسَرْسَم

Hypochondria. *سِرْسَام : خوف المرض

Meningitis. — : التهاب سِحائي

To bolt; gulp; swallow hastily. *سَرَطَ . اسْتَرَطَ الأكْلَ

Road; way; path. سِراط : سَبِيل

⟵ Crab. سَرَطان : حيوان بحري

Cancer. — : اسم مَرَض (والبُرْجُ الفَلَكِيّ الرابع)

Carcinoma. — : وَرَم سَرَطاني (خبيث)

Epithelioma; epithelial cancer. — ظِهاريّ

Adeno-carcinoma. — غُدَديّ

Cancerous. سَرَطانيّ : مَنْسُوب الى مَرَضِ السرطانِ

To be quick. *سَرُعَ : ضِدّ بَطُؤ

To hasten to. سارَعَ . تَسارَعَ . تَسَرَّعَ اليهِ

To hurry; hasten; make haste. أَسْرَعَ في العَمَلِ والمَشْيِ : ضِدّ أبطأ

To be hasty. △ تسرَّعَ ٢ في عمله : اندفع

⟵ Reins. سُرُعُ اللجام : زِمام

Make haste! سَرْعان . أسْرِع (فعل أمر)

How quick! — . ما أسْرَع

Haste; rapidity; speed. سُرْعَة

Velocity; rate of speed; pace. — السَّيْر : درجة سُرْعَته

Promptitude; dispatch. — الإنجاز

Fast; quickly; speedily; rapidly. بِسُرْعَة : بِعَجَلَة

Fast; quick; rapid; speedy; swift. سَرِيع : ضِد بطيء

Speedy; expeditious. — : مُعَجَّل

Sensitive; easily affected. — التأثُّر

Nimble-footed; swift of foot. — الجَرْي

Quick-witted. — الخاطِر

Fleeting; vanishing; transient. — الزَّوال

Fragile; frail; delicate. — العَطَب

Soon; in a short time; quickly. سَرِيعاً : حالاً

⟵ Caterpillar. أُسْرُوع . يُسْرُوع

Hurry; precipitance. تَسَرُّع : عَجَلَة

Rashness; hastiness. — : طَيْش

Hasty; rash. مُتَسَرِّع : عَجُول

⟵ Sorghum. ○ سَرْغو : △ نِجْرو

Larva (*pl.* Larvae). (سرف) سُرْفَة : يَرَقانة

Larval silk-worm. — دُودَة القزّ

To squander; waste; spend extravagantly. أَسْرَفَ المالَ

To exceed proper bounds; be extravagant in. — في كذا

Extravagance; prodigality; waste; lavish expenditure. إسْراف : تَبْذير

Extravagant; spendthrift; prodigal; lavish. مُسْرِف : مُبَذِّر

To steal; rob; pinch. *سَرَقَ : أخذ ما للغير خِفْيَةً

To rob; plunder. — : نَهَب

To kidnap a person. — شخصاً : خطفه

To pilfer; filch; crib. — شيئاً قليلاً : △ قَصْوَل

To cabbage. — (كالخيّاط من القماش)

To plagiarise; pirate. — مؤلَّفاً : انتحله لنفسه

To accuse of, *or* charge with, theft. سَرَّقه : نسبه الى السرقة

To look slyly, *or* stealthily, at. سارَقَه النظر

To hear by stealth; to eavesdrop. إسْتَرَقَ السَّمْعَ : استمع مستخفياً

Stealing; theft. سَرِقَة : أخذ ما للغير خِفية

Larceny. — : جريمة السرقة

Robbery; plundering. — بإكراه : نَهْب

Piracy. — البِحار : قَرْصَنَة

Plagiarism. — التأليف أو الكُتُب : انتِحال

Kidnapping. — الأشخاص (كالاولاد وغيرهم)

House-breaking. — المساكِن

Kleptomania. جُنونُ الـــ.

Thief; robber. سارِق . سرّاق : لِصّ

Plagiarist; literary pirate. — المؤلفات

←Rip saw. △سرّاق ٢ : △مِنشار تِمساح

Dung; manure; guano. ٭سِرْقين: زِبل

Circus. ٥سِيرك (جمعها أسراك): ملعب الخيل والحيوانات

Sarcoma. ٥سركومه : ورم لحمي خبيث

Bill, or order, on a paymaster. △سَرْكي : إذْنُ صَرْف

Delivery book. — تسليم : كِتابُ الوصولات

Rectum. ٭سُرْم : طرف المعى المستقيم

Eternal. ٭سَرْمَدِيّ : لا أوّل له ولا آخِر

←Cypress. ٭سَرْو : شجر الحياة

Juniper tree. — جبليّ : عَرْعَر

To be relieved of anxiety *or* care. سُرِّيَ وانْسَرَى عنه

Gentleman; magnanimous. سَرِيّ : صاحب الشرف والمروءة

To take a mistress *or* a concubine. تَسَرَّى : اتَّخذ سُرِّيّة

Pleasure. ٭سُرور (في سرر)

Seraphim. ٭سَرُوفيم . سَرُوفيون : رؤساء الملائكة

Seraph. سَرُوفيّ : واحِد السَّروفيم

Drawers; small-clothes. ٭سِرْوال . سِرويل : △لِباس

Trousers. — . — : △بَنْطَلون (خارجي)

←Baggy trousers. — فَضْفاض: △شِرْوال

Rationals; women's knickerbockers; bloomers. — المرأة

To circulate; go; run. ٭سَرَى : دار

To flow. — : جرى

To come into force. — الأمرُ : عُمِلَ به

To take effect. — مفعولُه : أثّر

To be applicable to. — عليه الامر

To have a retroactive effect. — على الماضي

To banish care. سرّى عنه : كَشَفَ عنه الهمّ

Secret; confidential. سِرّيّ (في سرر)

Gentleman. سَرِيّ (في سرو)

Detachment. سَرِيّة : قطعة من جَيش

Concubine. سُرِّيَّة (في سرر)

Palace. سَراي . سَرايا . سَرايَة : صرح

Mast. سارِية المركب (الجمع سواري) (راجع صاري)

Syriac. ٭سُرْيانيّ

٭سرور ٭ سروة (في سرر) ٭ سطا (في سطو)

Bench; platform for sitting on. (سطب) مِسْطَبَة : مِصطَبة

Oakum; tow. △أُسْطُبَّة : نُسالة الكَتّان

To level; make flat *or* smooth. ٭سَطَحَ . سَطَّحَ : سَوّى

To make one lie down. — . — : أضجع

To stretch; spread. — . — : بَسَط

To stretch; cause to lie at full length. — . — : مدّد

To be levelled. تَسَطَّحَ . انْسَطَحَ : انبسطَ

To lie down (on *one's* back.) — : استلقى على ظهره

Surface. سَطْح : أعلى الشيء . وَجْه

Plane. — مستَوٍ (في الهندسة)

Inclined plane. — مائل (في الهندسة)

House-top; terrace; flat roof of house. — البَيْتِ (ج. سُطُوح)

Roof-garden. حديقة الـــ.

External; exterior; outward. سَطْحِيّ : خارجيّ

Superficial; shallow. — : غيرُ عميق

Shallow acquaintance. معرفة سطحية

Superficially. سَطحيًّا

Trailing plant. سُطّاح : ما افترش وانبسط من النبات

Prostrate; lying flat on ground. سَطِيح . مُسَطَّح

Superficies; (surface) area. مُسَطَّح ٢ : مساحة سطحية

Levelness; evenness. تَسَطُّح : انبِساط

Prostration. — : تَمَدُّد

To write. ٭سَطَرَ . سَطَّرَ : كَتَبَ

To rule; line. — △— بالمِسْطرة

To dominate; govern; rule over; control. سَيْطَر . تَسَيْطَرَ على

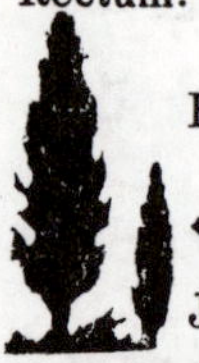

سَطْر : خطّ (او صَفّ) — Line.

سَاطُور : سِكّين كبير — ←Chopper; cleaver.

سَيْطَرَة : تَسَلُّط — Domination; rule; absolute authority.

— : سُلْطَة — Dominion; control.

أُسْطُورَة : حكاية — Fable; fiction; legend; myth.

أساطير الاقدمين . علم الاساطير — Mythology.

مُسَطَّر : عليه أسْطر — Ruled; lined (paper, etc.)

مِسْطَرَة : مِخْطَاط — Ruler.

— : نموذج △عَيِّنَة — Sample; pattern.

مِسْطَار . △مَسْطَرين — ←Trowel.

مُسَيْطِر : مراقِب ومُتَسَلِّط — Superintendent; supervisor.

— : حاكِم — Ruler; governor.

✲سَطَعَ النُّورُ : أضاء — To glare; shine; radiate.

— الغبارُ : انتشرَ — To rise and spread (dust).

—ت الرائحةُ : انتشرت — To be diffused.

— الأمْرُ : ظَهَرَ ووَضَحَ — To be manifest or evident.

سَطْع . سُطُوعُ النور — Effulgence; radiance; great brightness.

— . — الرائحة أو الغبار — Diffusion; spreading.

سَطَعٌ : صوت الرَّمْيَة — Thud; sound of a fall.

سَاطِع : مُضِيء بِشِدَّة — Glaring; glary; radiant; effulgent.

— : ظاهِر . واضِح — Glaring; clear; evident.

✲سَطَلَ : أسْكَرَ — To intoxicate; dope; stupefy.

إنسَطَلَ — To be intoxicated, doped *or* stupefied.

سَطْل : △جَرْدَل — ←Bucket; pail.

△سُطْل : ما يُسْكِر — Intoxicant; dope.

أُسْطُول : عِمارة بحريّة — ←Fleet.

مَسْطُول : سَكْران — Intoxicated; stupefied.

✲سَطَمَ : سَدَّ — To close up; stop; plug.

— النجّارُ الثقبَ : △خَدَّمه — To flush; level up.

سِطام : سِدادَة — Stopper; plug.

— : مِحْراكُ النَّار — Poker.

△إسْطامَةُ الباب : قائم — Post; stile.

△— القُفْل — Shutting stile.

قُفْل داخِل الـ — ←Mortise lock; flush lock.

✲سَطْو : هُجُوم — Assault; assailment.

— لاجل السَّرِقة — Burglary.

سَطْوة : نفوذ . سُلْطَة — Influence; authority.

سَطا على المكان · دخَلَه عَنْوة — To break into a place.

— عليه وبه — To assault; assail.

✲سَعْتَر : صَعْتَر — Thyme.

✲سَعِدَ : ضِدّ شَقِيَ — To be happy, fortunate *or* lucky.

سَاعَدَ : عاوَنَ — To help; aid; assist.

— : مدَّ يد المساعدة — To lend a hand to.

— على : أفضَى الى — To conduce; help; promote.

أسْعَدَ : جعله سَعِيداً — To make happy.

—ه الله — God rendered him happy, fortunate, *or* prosperous.

سَعْد : ضِدّ نَحْس — Luck; good fortune.

سَعَادَة : ضِدّ شَقاء — Happiness; felicity; welfare; well-being.

صَاحِب الـ — His Excellency.

سَعادتكم — Your Excellency.

سُعَادَى . سِعْد (نبات) — Sedge; galingale; cypress grass.

سَعِيد . △مُسْعَد . مَسْعُود — Happy; lucky; fortunate.

— : حَسَنُ الطَّالِع — Auspicious; fortunate.

سِعْدَان : قِرْد كبير (انظر قرد) — Ape.

سَعْدانة : حَمامة — Pigeon; dove.

— الثَّدْي : حَلَمَته — Teat; nipple.

— الباب : △أُكْرَة — Knob of a door.

سَاعِد : ما بَيْن المِرْفَق والكفّ — Forearm.

Radius. —: عظم الزند الانسيّ

Tributary. ساعِدَة: نهر يصب في آخر أكبر منه

Assistant; helper. مُساعِد: معاون

Assistance; help; aid. مُساعَدَة: معاوَنة

Support; maintenance. —: تعضيد

Unassisted; unaided. بلا مساعد أو مساعدَة

To lend a helping hand. مدَّ يد المساعدة

To kindle fire. ٭سَعَرَ. سَعَّرَ. أَسْعَرَ النارَ

To price; set price on; value. سَعَّرَ ٢ السلعةَ

To run mad; be affected with rabies. سُعِرَ. انْسَعَرَ الكلبُ

To go mad. —: جُنَّ

To bargain with. ساعَرَ: ساوَمَ

To blaze; burn brightly. تَسَعَّرَ. إسْتَعَرَ: اشْتَعَلَ

Price; rate. سِعْر: ثَمَن (راجع ثمن)

Par of exchange. — التعادُل (اصطلاح ماليّ)

Rate of discount. — الخَصْم (الكمبيالات)

Rate of exchange. — القَطْع: الكَمْبيو

Market price. — السوق

At; @; for. بسِعْرِ «كذا»: بالثمن الفلاني

At par. بسِعْرِ التعادُل (اصطلاح مالي)

An epidemic. ∆سِعْر ٢ دايِر: مَرَض وَافِد

Madness; frenzy. سُعْر: جنون

Rabies; hydrophobia. — كَلَبٌ

Canine appetite; bulimia. سُعَار: ضُور

Blazing *or* glowing of fire. سَعِيرُ النار: التهابها

Appraisal; estimation. تَسْعِير: تثمين

Poker. مِسْعَر. مِسْعَار: محراكُ النار

Mad; rabid. مَسْعُور: كَلِبٌ

To introduce medicine into nose by sniffing. ٭سَعَطَ. سَعَّطَ. أَسْعَطَ الدواءَ

To sniff (up); take snuff. إسْتَعَطَ السعوطَ وغيره

Snuff. سَعُوط: نَشوق

Snuff-box. مِسْعَط: عُلبة النشوق

To relieve; succour; aid. ٭سَعَفَ. أَسْعَفَ: أَنْجَدَ

To grant a request. —. — بحاجته: قضاها له

Palm leaves *or* branches; fronds. سَعَف ٥: جَرِيد النَّخْل

Palm-Sunday. ∆أحَد الـ— (عيد مسيحي)

Ulcer; wen. سَعَفَة: سَلْعَة

Relief; succour; help; aid. سَعْف. إسْعاف: نَجْدَة

To cough. ٭سَعَلَ: أَحَّ ∆كَحَّ

Cough, —ing. سُعْلَة. سُعَال: ∆كُحَّة

A hacking cough. — متقطعة

Whooping-cough. السُّعَال الديكي

Ogress; goblin. سِعْلاة. سِعْلَى: أنثى الغول

Marabou; adjutant bird. ٭سُعْن. ابُوسُعْن: طائر

٭سَعَة (في وسع) ٭ سعوط (في سعط)

To go about; walk; move. ٭سعَى: سَارَ أو مشَى

To attempt; endeavour; seek. — للامرِ

To proceed, *or* go, towards. — الى المكان

To calumniate a person. — بفلان: وشَى

Endeavour; attempt. سَعْي. مَسْعَى

Calumny; slander. سِعَايَة: وشَايَة

Calumniator; slanderer. ساعٍ: وَاشٍ. نَمَّام

Messenger. —: رَسُول

Postman; mailman. ساعي البريد

Happy; fortunate. ٭سعيد (في سعد)

To starve. ٭سَغِبَ: جاعَ

Starvation; hunger. سَغَبٌ. سَغَابة: جُوع

To soak; steep in a liquid. ٭سَغْسَغَ: ∆سأسأ

٭سفّ (في سفف) ٭سِفارة (في سفر) ٭سَفاهة (في سفه)

٥ سُفْتَجة : حوالة ماليّة — Bill of exchange.

* سَفَحَ الدمَ او الدمعَ : اراقه — To shed (blood, etc.)

سافَحَا . تَسافَحا : زَنيا — To fornicate; commit adultery.

سَفْحُ الجبلِ — Foot of a mountain.

سِفاح : زِنىً — Fornication; adultery; lewdness; debauchery.

سَفّاح : مُرِيق الدِماء — Shedder of blood.

* سَفَدَ . سافَدَ الذكرُ أُنثاه — To copulate with; tread; cover.

سَفَّدَ اللحمَ : شكَّه في السَّفُّود — To put meat on a spit.

سَفُّود : سِيخ — Spit; pin; skewer.

* سَفَرَ . سَفَّرَ : جعله يُسافر — To send on a journey.

— . — البضائعَ والبريدَ — To despatch; dispatch.

— . أَسْفَرَ : كشف عن وجهه — To uncover, *or* unveil, *one's* face.

— . — الصُبحُ والوجهُ : أضاءَ — To shine.

أَسْفَرَ ٢ عن كذا : انتج — To result in.

سافَرَ — To depart; leave; start on a journey.

— بَرًّا — To travel; make a journey.

— بَحْرًا — To sail; make a voyage.

— جَوًّا — To fly; travel by aircraft.

سَفَر : رَحِيل — Departure; journey.

— البَحْرِ — Voyage.

— البَرِّ — Journey; travel.

سِفْر : كِتاب — Book.

الأسفار المُنزلة — The Scriptures; Holy writ.

أسفار موسى الخمسة — The Pentateuch.

سَفْرَة : المرة من السَّفَر — Voyage; travel *or* journey.

سُفْرَة : طعام المسافر — Provisions.

← — : مائدة الأكل — Dining-table.

— الجنديّ : جِرايته — Iron ration.

△ سُفْرَجِي : نَدِيل (الجمع نُدُل) — ← Waiter; butler.

سِفارة : وَساطة — Mediation; intercession.

— : مركز السفير السياسيّ — Embassy.

سُفُور : كشفُ الوجه — Uncovering of the face.

سَفِير : رسول مُصلِح بين القوم — Mediator; intercessor.

— دُوَلي — Ambassador; diplomatic agent; minister.

— بابَويّ — Legate of the Pope.

— فوق العادة — Ambassador Extraordinary.

سافِر : كاشِفُ الوجه — Unveiled; uncovered.

مُسافِر — Traveller; passenger.

مَسافِرُ الوجه : ما يظهر منه — Uncovered parts of the face.

△ مُسَفِّر : مُرافِق الحيوانات او البضائع المسافِرة — Caretaker.

* سَفَرْجَل : شجرٌ وثمره — Quince. ←

* سَفْسَطة : مغالطة منطقية — Sophistry; sophism.

سَفْسَطِيّ . سُوفِسْطائي — Sophistic, —al.

* سَفَطَ السمكَ : قشر سَفَطَه — To scale a fish; remove the scales.

△ — الورمُ : هبطَ — To subside; diminish.

سَفَط : قِشرُ السمكِ — Scales of fish.

سَفَط : △ سَبَت . سَلّة — Basket.

* سَفَعَ الحرُّ وجهَه : لفحه . لوّحه — To tan the face.

سُفْعة : بُقعة سوداء — A black spot.

اسفع اللون . مَسْفُوع — Tawny; auburn.

(سفف) سَفَّ . إستفَّ الترابَ — To swallow a powder.

سَفَّ . اسَفَّ الخوصَ : جدله — To plait.

— . — الطائرُ : مرَّ على وجهِ الأرض — To skim; pass lightly and rapidly along a surface.

أَسَفَّ ٢ النظرَ اليه — To look intently at.

سَفُوف : ما تتعاطاه سفًّا . قميحة — Powder.

* سَفَقَ البابَ : ردَّه بصدمة — To slam a door.

٥ سُفُقْلِيس : روائي الإغريق الأكبر — Sophocles.

* سَفَكَ : اراقَ — To shed.

— : صَبَّ — To pour out.

سَفْك : اراقة — Shedding; effusion; pouring out.
— الدماء — Bloodshed; shedding of blood.
✱سَفِلَ : ضِدّ علا — To be low.
— : كان نذلاً — To be mean, base, *or* low.
تَسَفَّلَ : تدانَى — To bemean oneself; do mean things.
سُفْل : ضِدّ علوّ — Depth; deepness.
— سُفَالَة الشيء : أَسْفَلُه — Bottom; lower part; foot.
—△ سِفْل الحائط — Skirt; plinth.
سُفْليّ : ضِدّ علويّ — Lower; at the bottom.
سَفَالة : دَنَاءة — Meanness; baseness.
سَافِل : وَاطِئ — Low.
— : دَنِيء — Mean; low; base; despicable.
أَسْفَل: قاع. — Base; bottom; lowest part; foot.
— من : أَوْطأ . تحت — Lower than; below.
— السَّافِلين — The lowest of the low.
○ سِفْلِس : مرض الزُّهْرِيّ — Syphilis.
△ سَفْلَقَة : تطفُّل — Sponging.
تَسَفْلَقَ على : تطفّل — To sponge upon.
✱سَفَن : △ صَنفرة — Emery; polishing sand.

— : لِيَّا . وَرْنك — Ray; skate.
سِفْنَة : قِشْرة كقشرة الفُول والحمّص — Pod.
سَفِين . إسْفين : وشِيظ — Wedge.

سَفِينَة : مركب — Ship; boat.
— تجاريّة — Cargo boat; merchant ship *or* vessel.
— حربيّة — Battle-ship; man-of-war.
△— الدجاجة : صدرها — Chicken breast.
الـ (في الفَلَك) — (The Ship) Argo.

مُقدَّم الـ : مُرَنَّحَة ○ بَرُوَّة — Prow.
مُؤخّر الـ : كَوْثَل △ قِيش — Stern.
سَفّان : صانِع السُّفُن — Shipbuilder; shipwright.

سِفَانَة : صِناعة بِناء السُّفُن — Shipbuilding.

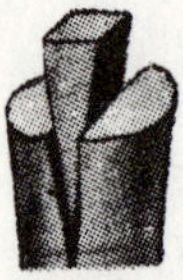

إسْفِين . سَفِين : وَشِيظ — Wedge.
الخطّ الاسْفينيّ او المِسْماري — Cuneiform writing.

✱سَفَنْج . اسْفَنْج — Sponge.
اسْفَنجيّ — Spongy; biblous.
✱سَفِهَ : كان سَفِيهاً — To be insolent.
سَفُهَ : كانَ جاهِلًا رديء الخُلق — To be stupid *or* foolish.
سَفَّهَ الرجُلَ او الرأيَ — To stultify.
— نفسه — To stultify oneself.
سَفَه . سَفَاهة : حَماقة — Foolishness; stupidity.
— . — : إسْراف وتَبذير — Prodigality; extravagance.
— : — : وقاحة — Insolence; impudence.
سَفِيه : أَحْمق — Foolish; stupid.
— : بَذِيء اللسان — Insolent; impudent.
— : مُسْرِف . مُبذِّر — Prodigal; extravagant.
✱سفود (في سفد) — Spit.
✱سفى . أَسْفَى الريحُ الترابَ — To raise and scatter dust.
سَافِيَاء △ سَافِي : تُراب ناعِم — Fine dust.
✱سفير (في سفر) ✱ سفين ✱ سفينة (في سفن)
✱سفيه (في سفه) △ سقالة (في صقل)

✱سَقَر : اسمُ لجهنّم — Hades; Tartarus.
✱سُقْرَاط الحكِيم : ابو الفَلْسَفة — Socrates.
△ سَقْسَقَ : سَغْسَغَ — To soak; steep in water.
✱سَقَطَ : وَقَعَ — To fall down; drop.
— : أَخطأ . زلّ — To fall; slip; err.
— في الإمتِحان — To fail; be unsuccessful.
— من عَيْني : لم أَعُد اعتَبِره — To fall in *one's* estimation.
سُقِطَ وأُسْقِطَ في يَدِهِ — To be at *one's* wits' end.

To drop; let fall; fell; bring to the ground. أَسْقَطَ: أوقعَ

To deduct; subtract. — من الحِسابِ: طَرَحَ

To forfeit a right. — (او اضاعَ) حقًّا

To nonsuit (a case.) — الدعوى: △أوقفَ السيرَ فيها

To procure, or cause, abortion; cause miscarriage. — إمرأةً حُبْلى △سَقَّطها

To miscarry. اسْقطت المرأةُ: أجهضت

To warp; slink; miscarry. — الدابّةُ: طرحَت

To pick up news. تَسقَّطَ الخبرَ: جمعَهُ

To fall in succession. تساقَطَ: تتابع سُقُوطه

Hail سَقْط. سَقيْط: بَرَدٌ

Unsound. سَقَطٌ: مُعطَّلٌ △شُرُكٌ

Offal. — : سَلَبٌ. أحْشاء وأكارِع الذبيحة

Trash; rubbish; dregs. — المتاعِ

A miscarriage. سِقْط: وَلَدٌ لغيرِ تمامِ مُدَّةِ الحمْلِ

An abortive. — : غيض. ناقِص الخلق

A fall. سَقْطَة: وَقْعَة

Slip; lapse; fall. — : زَلَّة

Ratchet; ←pawl; click. △— : سِنٌّ يضْبُط تُرْساً

Tripeman. سَقّاط: △كرشاتي

Latch. △سُقّاطَةُ البابِ: مِزْلاج

Latch-string. △حبْلُ الـ

Rag merchant; old clothes man. سَقَطِيٌّ: تاجِر الثياب القديمة

Fall, —ing. سُقُوط: وُقوْع

Downfall; ruin; fall. — : خَراب

Lapse; devolution of a right or privilege. — الحَقِّ

Nonsuit. — الدَّعْوى (لعدمِ السيْرِ في الإِجراءات)

Falling. ساقِط: واقِع

Degraded; base; low. — : سافِلٌ. دَنِيء

Dropping, or throwing, down. إِسْقاط: إِيقاع

Deduction; subtraction. — : حَذْف. طَرْح

Abortion; miscarriage. — الجنين

Staggers. △تَسْقِيط الخَيل: مَرَض يصيب ارْجلها

Place where a thing falls. مَسْقَط: محلّ السُّقوط

Projection. — هَنْدَسِيّ

Projection of the figure. — الشكْلِ الأصْلي

Birth place. — الرأس: مَكان المولِد

←Water fall. — مِياه

Side-elevation. — جانِبي

Elevation. — رَأْسي (في الهندسة)

Half plan looking down. نصف — رأسي منظور من أعلى

Half plan looking up. نصف — رأسي منظور من أسفل

Down with...! فَلْيَسْقُطْ فلان

To slap; smack. ✱سَقَعَ: ضَرَبَ بِباطِن الكَفّ

Locality. سُقْع: صُقْع. ناحِيَة

To roof; cover with a roof. ✱سَقَفَ. سَقَّفَ البَيْتَ

To clap the hands. △ — △ — بِيَدَيْهِ: صَفَّقَ

Ceiling. سَقْف: سَمْك. المقابل للارض

Roof. — خارجيّ: سَطح

Palate. — الحلق

←Ceiling lamp. مِصْباح الـ

Shed. سَقيفة △تَسْقِيفَة: مظلَّة

Bishop; prelate أُسْقُف: فوْق القِسّيس

←Crosier; episcopal staff. صَوْلجان الـ

Episcopal. أُسْقُفِيّ

Bishopric; diocese. أُسْقُفيَّة: مركز الاسقف

To subvert; overthrow; overturn; upset. ✱سَقْلَبَ: △شقلبَ

Slav. سَقْلَبيٌّ: واحِدُ الصَقالبة

Slavic; slavonic; slavonian. — الجنس او اللغة

*سَقِمَ : مرض — To be sick *or* ill.

△ — △ إِنْسَقَمَ : هزل — To become lean *or* emaciated.

سَقَّمَ . أَسْقَمَ : أعلّ — To sicken; make sick *or* ill.

— . — : ضايق — To sicken; disgust; bore.

— . — △ سَقَم : هَزَّلَ — To emaciate; make thin.

سُقْمٌ . سُقَمٌ . سَقَام : مَرَض — Illness; sickness.

△ — △ — : نُحُول الجِسْم — Leannes; emaciation.

سَقِيم : مريض . عليل — Ill; sick.

△ — : هَزِيل — Lean; emaciated.

— الغرام — Lovesick.

لُغَة سَقِيمة — Poor or weak language.

○ سُقُمْرِي ○ اسْقُمريّ — Mackerel.

○ سَقَنْقُور : تمساح برّي — Skink.

*سَقَى . أَسْقَى الرجلَ : أعطاه ليشرب — To give to drink; make *another* drink.

— الدابَّةَ والزرْعَ — To water (animals *or* plants.)

— الأرْضَ — To irrigate (land).

— الحَدّادُ المعْدِنَ — To temper (steel, etc.)

سَاقَى : شَرِبَ معهُ — To drink (wine) with.

إِسْتَقَى : طلب ما يشربهُ — To seek a drink.

— الخَبَر — To obtain news.

سِقَاء : قِرْبة — ↑Water-skin.

سَقَّاء . سَقَّا △ : ناقِلُ الماء — ←Water-carrier.

△ سَقَّا ٢ عوَّض : زَقَفُونَة — Pick-a-←back.

سَقْي : رَيّ . إِرْوَاء — Irrigation; watering.

— . إِسْتِسْقَاء : مَرَض — Dropsy; ascites; hydropsy.

— . — كلويّ — Hydronephrosis.

— : سائل الاسْتِسْقاء — Ascitic fluid.

اسْتِسْقائي : النسْبة الى مرض الاستسقاء — Dropsical.

سَاقٍ : مُقدِّم الشراب — Cup-bearer; butler.

سَاقِيَة : خادِمَة الحانة — Barmaid.

△ — : ناعُورَة س. دالية يديرها الماء — Water-wheel.

△ — : دالية تديرها الدواب ← — Persian wheel; *sakiah*.

— : نَهْر صغير — Streamlet.

△ — △ مِسْقَى : △ مروى — Irrigation canal.

مَسْقِيّ : مرويّ — Irrigated; watered.

— (للمعادن) — Tempered.

مِسْقَوِي △ مِسْقَاوِيّ : موْهِيّ . ضِدّ بَعْلِي — Irrigated.

*سَقِيم (في سقم) *سك (في سكك)

*سَكَبَ : صَبَّ — To pour (out); spill; shed.

— قَلْبَهُ — To open one's heart; unbosom oneself.

إِنْسَكَبَ : انصبّ — To effuse; be poured out; be spilled.

إِنْسِكاب : انْصِباب — Effusion; pouring out; shedding.

سَكِيبة خمراو زيت — Libation.

مُنْسَكِب : مُنْصَبّ — Poured out; effused; spilled; spilt.

*سَكَتَ : صَمَتَ — To keep silence; be silent.

سُكِتَ : أصابته السكْتة — To have a fit; be struck with apoplexy.

سَكَّتَ . أَسْكَتَ : جعله يَسْكُت — To silence; cause to be silent.

— . — : عقد لسانه — To dumbfound, —er.

سَكْتٌ . سَكَتَات . سُكُوت — Silence.

سَكْتَة : نُقْطَة — Apoplexy; apoplectic stroke; seizure.

△ بِسُكُوتٍ . على السكت — Silently.

سُكَاتَة : جواب مُسكِت — Silencing, *or* conclusive, answer.

سَكُوت . سِكِّيت : كثير السكات — Taciturn; habitually silent.

△ سُكَيت : بعوض صغير — Gnats; small midges.

سَاكِت : صامِت — Silent; mum; reticent; reserved in speech.

— : سَاكِن — Still; quiet.

مُسْكِت — Silencing.

Henbane; hen-bell; hyoscyamus niger. — سَكْران. سِيكْران: نبات

Insurance; assurance. — △سِكُرْتاه (في سوكر)

Secretary. — ٥سيكرتير: كاتب السِرّ

Secretaryship. — سِكرتارِية: وظيفة كاتب السِرّ

Secretariat; secretary's office. — ـ: ديوان السِكرتير

Platter; plate. — ٥سِكُرْجَة: صَحفة

Wren. — ❊سِكْسِكة: زِنْمِنَة

Goatee; imperial. — △سِكْسُوكة: عُثْنون. لِحْية صَغيرة

Saxon. — ٥سكسُوني الجِنس

Wander; ramble; rove. — ❊سَكَع. تَسَكَّع: مشى على غير هداية

To slap; smack; cuff. — △ـ: سَقَع. لَطَم بالكَفّ

To grope. — تَسَكَّع الظُلْمَة او في أَمْرِه

Wagtail. — ❊سَكْسَكَع: ذُعَرَة △أَبُو فَصادَة

Threshold. — (سكف) أُسْكُفَّة البابِ: عَتْبة الباب

Sill. — ـ الشُبّاك: △جَلْسَة الشُبّاك

Lintel. — ـ الباب او الشُبّاك. سَماكِف

Shoemaker. — سَكّاف. إسْكاف: △جُزَماتي

Cobbler. — ـ: صَرَماتي

Shoemaking. — سِكافة: حِرْفة السكّاف

To lock a door. — (سكك) سَكَّ البابَ: اغلقه

To be stone-deaf. — ـ الرجُل: صُمّ

To coin, or strike, money. — ـ النُقُود: ضَرَبَها

Coinage; minting. — سَكّ النُقُود: ضَرْبُها

Coin. — سِكّة: عُمْلة مَسْكُوكة

A die (pl. dies.) — ـ المَسْكُوكات

Road; way. — ـ: طَريق

Street; thoroughfare. — ـ: شارِع

Coulter; plough-iron. — ـ المِحْراث

Railway; railroad. — ـ الحَديد

Sliding door. — باب ذو ـ (مُنْزَلِق)

Stratosphere. — سُكّاك: طَبَقة الجَوّ العُلْيا

To be, or become, drunk or intoxicated. — ❊سَكِرَ: ضَاعَ صَوابُه

To lock a door. — سَكَّرَ. مَكَّرَ البابَ: سَدَّه

To intoxicate; inebriate. — △ـ أَسْكَرَ: جَعَلَه يَسْكَر

To sugar; sprinkle, or mix, with sugar. — △سَكَّرَ: حَلَّى بالسُّكَّرِ

To candy; change into sugar. — △ـ الشَرابَ: جَمَد سُكَّرُه

To candy; preserve with sugar. — △ـ الفاكِهَة: طَبَخَها بالسُّكَّر

Drunkenness; inebriety. — سُكْر: مصدر «سَكِرَ»

Sugar. — سُكَّر: مادّة التَّغْلِيَة المعروفة

Brown sugar. — ـ خام (غير مُكَرَّر)

Loaf (cone shape) sugar. — ـ رُؤوس (رؤوس)

Lump sugar (in cubes). — △ـ مَكَنَّة

Granulated sugar. — ـ سَنْتَرْفيش

Castor (powdered) sugar. — ـ ناعِم

Sugar-candy. — ـ نَبات

Maltose. — ـ الشَّعِير

Sucrose; cane-sugar. — ـ القَصَب والبَنْجَر

Glucose. — ـ العِنَب والنَّشاء والنَّحْل

Mannite. — ـ المَنّ

Sugar-cane. — قَصَب الـ

Sugar-tongs. — مَلْقَطة الـ

Saccharine; sugary. — سُكَّرِيّ: نِسْبَة الى السُّكَّر

Diabetes. — مَرَض البَوْل الـ

Intoxicant; intoxicating liquor; rum. — سُكْر. مُسْكِر: شَراب مُسْكِر

Drinking bout. — سَكْرَة: المرّة من «سَكِرَ»

Death pang; agony. — ـ المَوْتِ: نَزْع

Drunk; intoxicated; inebriated; in liquor. — سَكْران: تَميل

Dead drunk. — ـ طِينة

Tipsy; half drunk. — ـ قَليلًا: مُشَشَّى

Saccharin. — ٥سكَّرين: مادّة سُكَّرِية رَكِبِية

Sugar-basin. — △سُكَّرِية: وِعاء السُّكَّر

Drunkard; toper; sot; tippler; hard drinker. — سِكِّير

Teetotaller; teetotal. — مُمْتَنِع عن شُرْب المُسْكِرات

أَسَكّ : أَصَمّ — Stone-deaf.

عِلم المَسْكُوكات : عِلم النُمِّيَّات — Numismatics.

*سَكَنَ : انقطَعَ عن الحَرَكة — To be, *or* become, quiet or still.

— : هَدأ — To subside; abate; remit.

— الدارَ — To dwell, reside *or* live in.

— اليهِ : ارتاحَ — To trust; have confidence in.

— عنه الوجعُ — To cease; subside (pain).

— الألمُ — To be alleviated *or* soothed.

— الحَرْفُ — To be silent (letter.)

— الغَضَبُ — To be appeased.

سَكَّنَ : هَدَّأَ — To calm; make calm; quiet.

— الألَمَ — To soothe; soften; allay (pain).

— الجُوعَ والشَّهْوةَ والغضبَ — To appease.

— الحِدَّةَ والغضبَ والالمَ — To alleviate; soothe.

— الحَرْفَ — To make silent.

— الرَّوْعَ — To reassure; give confidence to.

— . أَسْكَنَ الدارَ — To lodge; put up; take, or put, into a house.

ساكَنَ : سَكَنَ مع — To live with; share a house with.

— : عاشَ مع (بلا زواج) — To cohabit.

تَمَسْكَنَ : ادَّعى الفقرَ — To affect poverty or humility.

△ — : تذَلَّلَ — To cringe; fawn.

سَكَنٌ . سُكْنَى — Dwelling; inhabiting; residing.

— : مَسْكَن — Residence; house; dwelling-place.

يُسْكَن : قابل السكن — Habitable.

سُكّان المَرْكَبِ : دَفَّة — Rudder.

— : جمع ساكِن — Dwellers; inhabitants.

— : أهل البلد — Population.

— المنزل أو العِمارة السكنية — Occupants.

كثير الـ — : عامِر — Populous.

سَكّان . سَكاكِينيّ : صانع السَكاكين — Cutler.

سُكُون : هُدُوء — Calm; quiescence; quietude; lull.

— : سُكُوت — Silence; stillness.

— : جَزْم الحَرْف — Sign of quiescence.

سِكِّين . سِكِّينة — Knife.

— الصَّيّادين — Bowie-knife.

سُكَيْنة — Calmness; tranquillity; quietude; stillness.

ساكِن : ضد مُتَحَرِّك . هادِئ — Quiet; motionless; still; quiescent.

— كذا : مُقيم فيه — Dwelling or living *in*; residing *at*.

— : قاطن — Dweller; resident; occupant; inhabitant.

حَرْف — . — Quiescent, *or* silent, letter.

مَسْكَن : بَيْت — House; residence; dwelling-place.

— شَرْعي او رَسْمي — Domicile; legal residence.

مُسَكِّن : مُرَطِّب . مُهَدِّئ — Calmative; sedative.

مَسْكُون : بهِ سُكّان — Inhabited; tenanted.

— : عامِر أو آهِل بالسكان — Populous.

— بالجِنّ (مَكان) — Haunted; infested by ghosts.

— بالجن (إِنسان) — Possessed; demented.

المَسْكُونة : العالَم — The world; universe.

مَسْكَنَة : فَقْر — Poverty; indigence.

— : ذُلّ وتَعاسة — Misery; wretchedness.

مِسْكِين : فَقِير — Poor; needy; indigent.

— : ذليل مقهور — Miserable; wretched; poor.

مُساكَنة : زِيجة غير شرعيَّة — Cohabitation.

○سَكَنْجَبِين : شراب من خلٍّ وعَسَل — Oxymel.

*سكة (في سكك) — Way.

○سَكُوتَر : درّاجة — ↓ Scooter.

*سِكِّين (في سكن) *سَلْ (في سأل)

*سَلّ (في سلل) — To draw.

*سَلأَ السَّمْنَ : صَفّاه — To clarify butter.

— الجِذْعَ : نَزَعَ شَوْكَه — To strip of thorns.

سِلاء : سَمْن . سَمْنَة — Cooking butter.

*سَلاطة (في سلط) *سُلافة (في سلف)

*سَلاقون *سلاقيّ (في سلق) *سلالة (في سلل)

*سَلَبَ . اِسْتَلَبَ — To rob; plunder; rifle; loot; spoil; ravish.

سَلِبَ : لَبِسَ السِّلاب — To wear mourning dress; be in mourning.

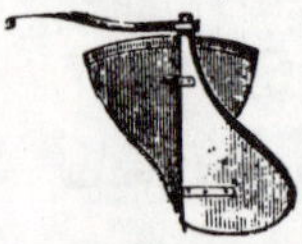

Spoil; booty; plunder; loot. سَلْب : ما يُسْلَب

Rifling; plundering. — : نَهْب

Negation. — : نَفْي . ضِدّ إيجاب

Minus sign. علامة السَّلْب او السالب هذه (—)

Negative. سَلْبِيّ . سالِب [1] : ضِدّ مُوجِب

Negatory; negative. — : نَفْيِي . إنْكارِيّ

Offal. سَلَبٌ : △ سَقَط الذبيحة

Hawser; cable. سَلَبَة : قِلْس . مَرَس

Sables; black *or* mourning clothes. سِلاب : ثِياب الحِداد

Robber; plunderer; spoiler. سَلّاب . سالِب [2] : مُغْتَصِب ما للغير

Method; way; course; manner; mode. أُسْلُوب : كَيْفِيّة

Fashion; style. — : نَمَط

Martingale. * سَلْبَنْد : إسار يصل اللجام بالحِزام

To extract; draw *or* pull out. * سَلَتَ : سَلَّ . سَحَبَ

To slip off *one's* clothes. △ — مَلابِسَه : شَلَحها بسُرْعة

To sneak *or* slink away; slip out. إنْسَلَتَ : انسحب خِلْسة

To give *another* the slip. — منه : هَرَبَ

To take a French leave. — الضَّيْف من مضيفه

Turnip *or* rape. * سَلْجَم : لِفْت

To mute; dung, (as birds.) * سَلَحَ الطائرُ : رمى بسَلْحه

To arm; furnish with arms *or* weapons. سَلَّحَ : جَهَّزَ بالسلاح

Excrement, *or* dung of birds; guano (of sea-fowl). سَلْح الطيور : نَجْوها

Weapon; arm. سِلاح : آلة قِتال

Armour; defensive arms. — الدِّفاع : دِرْع

Plough-share. — المِحْراث : حديدته

Blade. △ — المِطْوى او السكين : شَفْرَة . نَصْل

Corps. △ — من الجَيْش : قِسْم منه

In the ranks. △ تحت الـ — : في الخِدمة العَسْكرية

Lay down, *or* deliver up, one's arms; yield; surrender. سَلَّمَ سِلاحَه

Firearms. أسْلِحة نارِيّة

Armourer. سِلاحِيّ . مُسَلِّح : تاجِر الأسْلحة

Armour-bearer. △ سِلاحْدار : أمير السِلاح

Rearmament. تسلُّح او تجديد السلاح

Armed; weaponed. مُسَلَّح : مُجَهَّز بالسلاح

Ferro-concrete. خَرَسانة مُسَلَّحة

Tortoise. * سُلَحْفاة البَرّ : لَجَأة

Turtle. — البَحْر : رَقّ (انظر رقق)

To skin; flay; strip off the skin from. * سَلَخَ الذبيحة : نزع جِلدها

To gall; chafe; graze. — البَشَرة : سَحَجَ . جَلَطَ

To shed, *or* cast off, its slough. — الثُّعْبان . إنْسَلَخَ من قِشْره

To elapse; end; pass. — . انْسَلَخَ [2] الشَّهْرُ : مَضَى

Skinning; flaying. سَلْخ : نَزْع الجِلْد

Slough. — الحَيَّة : قِشْرها

Lamb; young of sheep. سَلْخة : صَغير الغَنَم

Strip. — : شُقّة . قِطْعة مستطيلة

Insipidity. سَلاخة : مَساخة

Insipid; vapid; tasteless. سَلِيخ : بلا طَعْم . مَسِيخ

Skinned; flayed. — . مَسْلُوخ . مُنْسَلِخ

Canella (bark.) سَلِيخة : قِرْفة

Slaughter-house; abattoir. سَلْخانة . مَسْلَخ : مَذْبَح

Chafing. تَسَلُّخ : سَحْج △ جَلْط

Slough. مِسْلاخ الحَيّة : قِشْرها

To be docile *or* tractable. * سَلِسَ : كان لَيِّناً مُنْقاداً

Incontinence of urine. سَلَسٌ : عَدَم اسْتِمْساك البَوْل

Docile; tractable; compliant. سَلِس : مِطْواع

Fluent, or smooth, language. كلام — .

Docility; tractability. سَلاسة : لُيُونة

Fluency; smoothness. — الكَلام

To proclaim *someone* Sultan. سَلْطَنَ : جعلهُ سُلطاناً

Sultan; sovereign; monarch; supreme ruler. سُلْطَان : حاكِم

Authority; power. — . سُلْطَة : قُوَّة

Command; authority. — — : حُكْم

Influence. — — : نُفُوذ

Red mullet. — ابراهيم : △ بَرْبُوني

Absurd; nonsensical; stuff and nonsense. ما أنزَلَ اللهُ بهِ من سلطان

Legislation. سُلْطة التشريع

Judicature. — القضاء (أي الحكم)

Ecclesiastical power. — روحيّة (أي دينيّة)

Temporal power. — زمنيّة (أي عالميّة)

Absolute power. — مُطْلَقة (أي تامّة)

Legislature. الـ— التشريعية

Military authorities. الـ— العسكريّة

Local authorities. الـ— المحلّيّة

Sceptre; mace عصا السُّلْطة : صَوْلجان

Sultanate; empire. سَلْطَنَة : مملكة

Salad. ٥ سَلَطَة : كامِخ

Sultana; *Sultaness*; queen; empress. سُلْطَانَة : زوجة السلطان

Sultanic; royal; imperial; sovereign. سُلْطَانِيّ : نسبةً الى السُّلطان

Sovereign; supreme. — : عظيم . فخم

Bowl. △ سُلْطانيّة : وعاء الطعام وغيره

Tureen. △ — الشوربة او الصُّبَّة

Lavatory bowl. △ — المِشْراح

Royal road; the king's highway. سِكّة —

Impudence; sauciness. سَلاطَة : وقاحة

Impudent; saucy. سَليط : وقح

Salad-oil; olive-oil. — : زيت الزيتون

Predominance; mastery; rule. تَسَلُّط : تغلُّب

Command; authority. — : حُكْم

Bit (of key.) مِسْلاط : سِنّ المفتاح

Nectar; water of life. ٭ سَلْسَبِيل : شراب أهل الجنّة

To interlink; connect (as by uniting links). ٭ سَلْسَلَ الشيءَ بالشيء

To chain; enchain. — : ربط بسلسلة

To trace a pedigree up to.... — النَّسَبَ الى

To pour down. — الماءَ : صبَّهُ في حُدور

To trickle; flow gently, or in a small stream. تَسَلْسَلَ الماءُ : جرى

To drip; fall in drops. — الماءُ : تَشَلْشَلَ

Cascade. سَلْسَلٌ : شلّال صغير

Fresh water. — : ماء عَذْب

Chain. سِلْسِلَة : زِنْجِير

Chain, *or* forked, lightning. — : برق مُتَسَلْسِل في السحاب

Series; train. — : سِياق . اشياء مُتتابِعة

Tissue; network; connected series. — : اشياء مُرْتبطة ببعضها

A tissue of lies. — اكاذيب (مثلاً)

Chain *or* range of mountains. — جبال

Surveyor's chain. — المسّاح (لقياس الأرض)

Pedigree; line of ancestors. — النسب

Backbone; vertebral column. — الظهر . الـ— الفقريّة

Sequence; succession. تَسَلْسُل : تتابُع

Consecutively; in succession. بالـ— : بالتتابُع

Chained. مُسَلْسَل : مربوط بِسِلْسِلة

Andromeda. المرأة المُسَلْسَلة (فلك)

Consecutive; serial. مُتَسَلْسِل : مُتتابِع

Consecutive, *or* serial, number. رقم — .

Serial story. رواية مُتَسَلْسِلة

To be sharp tongued. ٭ سَلِطَ : كان طويل اللسان حديده

To empower, *or* give the mastery over. سَلَّطَ على : أطلق لهُ السُّلْطة

To instigate against. △ — على : حرَّض

To overcome; overrule; prevail over; get the better of. تَسَلَّطَ على : تغلَّب

To control; govern; rule. — على : حَكَمَ

To influence; control; sway. — على العقل

مُتَسَلِّط — Predominant; ruling; prevailing; reigning.

(سلطح) إِسْلَنْطَحَ الوادي : كان واسعاً عريضاً — To be wide.

سُلاطِح △ مُسَلْطَح : ضِدّ غويط — Shallow; not deep.

○ سَلْطَعون ^س : سَرَطان بحري. △ حَنْجَل. كَبُوْرِيا — Crab.

✻ سَلِعَ . إِنْسَلَعَ القَدَمُ : تشقّقت — To chap; be chapped; fissured.

— . — الأرضُ — To crack; be cracked.

سَلْع : شَقّ — Crack; chap; fissure.

سِلْعَة : بضاعة — Commodity; an article of merchandise.

— كاسدة — A drug on the market; unsaleable article.

— : كيس شحميّ تحت الجلد — Cyst; wen.

✻ سَلَفَ . أَسْلَفَ الارضَ : سوّاها — To harrow, or level, land.

— : تقدّم وسبق — To precede.

— : مضى — To pass; be past.

سَلَّفَ . أَسْلَفَ ^٢ : أَقْرَضَ — To lend; advance.

تَسَلَّفَ . إِسْتَلَفَ : اقترض — To borrow.

— عَقَد سُلْفَة — To contract a loan.

سَلَف : من تقدّمك من آبائك — Ancestors; forefathers; progenitors.

— : ضِدّ الخَلَف — Predecessor.

— : قَرْض بلا فائدة — Loan without interest.

سِلْف : زَوْج أُخت الزوجة — Brother-in-law.

△ — : أخو الزوج — Brother-in-law.

سِلْفَة : زوجة أخي الزوج أو زوجة الاخ — Sister-in-law.

سُلْفَة : قَرْض بفائدة — Loan.

— مُسْتَدِيمة — Impress (account.)

— الحِذاء : △ فَرْش — Inner sole; sock.

سَلَفاً : مُقدَّماً — In advance; beforehand.

— (كقولك والشكرُ لكم سلفاً) — In anticipation.

سُلاف . سُلافَة : أَجْوَدُ الخمر — Best wine; nectar.

سالِف : مُتَقَدِّم — Preceding; antecedent; foregoing.

— : سابق . ماضٍ — Previous; former.

— الذِّكر — Aforementioned; aforesaid.

— العَروس : عَمار . رِيحان — Amaranth.

في — الزمان — In the olden days, or times.

سالِفاً : سابقاً — Formerly; previously.

مِسْلَفَة : أداة لتمهيد الارض بعد حرثها — Harrow.

○ سَلْفات ○ سُلفاة : ○ كبريتات — Sulphate.

— الحديد — Green vitriol; sulphate of iron.

— الرَّصاص — Sulphate of lead.

— الزِّنك — White vitriol; sulphate of zinc.

— الصُّودا — Glauber salts; sulphate of sodium.

— المانيزا — Bitter salt; magnesium sulphate.

— النُّحاس — Blue vitriol; sulphate of copper.

— النُّشادر — Sulphate of ammonia.

○ سُلْفِيد : ○ كِبْرِيتور — Sulphide.

✻ سَلَقَ اللحمَ وغيرَه : أغلاهُ وطبخه — To boil.

— : سَمَط . أَحْرَقَ بماءٍ حارّ — To scald.

— بالِّسان — To scold; smite, or lash, with tongue.

— بالسَّوْط — To lacerate the skin by lashing.

— الحرُّ النباتَ — To blast or blight plants.

تَسَلَّقَ الشَّجرةَ والحائط — To climb a tree, or a wall.

— السُّلَّمَ — To scale a ladder or a wall.

— النباتُ : عرّش — To climb up.

سَلْق : مصدر «سَلَقَ» — Boiling; scalding.

△ — . سِلْق : نبات يُطْبَخ — Leaf beet; Egyptian chard, beet.

سَلاقَة اللسان : بَذاءة — Scurrility; foul-mouthedness.

△ سَلاقون : △ تراب احمر — Red-lead.

سَلاقيّ . سَلُوقيّ : نوع من الكلاب — Greyhound; saluki.

سَلُوقِيَّة : مَقْعَد الرُّبّان — Bridge; wheel-house.

(Meat) soup; broth. سَلِيقَة . △مَسْلُوقَة
Boiled food. — : طعام مَسْلوق
Instinct; intuition. — : طبيعَة
Climbing. تَسَلُّق
Climbing rope. حَبْلُ الـ : جِبَار
Boiled. مَسْلُوق
Climbing مُتَسَلِّق
Creeper; climbing plant. نَبات — : معرّش
To follow, *or* go along, a road. ☆ سَلَكَ الطريقَ
To thread; pass through. — المكانَ والشيء
To behave; act. — : سارَ . تصرَّفَ
To act up to, *or* in accordance with. — بموجِبِ كذا
To succeed. △ — التدبيرُ : نَجَحَ
To thread. — . أَسْلَكَ : نظمَ △لَضَم
To unravel; disentangle. سَلَّكَ الخيطَ : حلَّ عُقَدَهُ
To disentangle. — الأمرَ المعقَّد
To pick teeth. — الأسنانَ : خلَّلها
Thread; string; line. سِلْك : خَيْط
Wire. — مَعْدِنيّ

Tendril; cirrus. — نباتيّ : أُظْفُور
Stapling tool. آلة الحَزم بالسلك
Wireless; radio. لاسِلْكيّ : بلا أسْلاك
Wireless signal. إشارة لاسِلْكيَّة
Radiotelegram. رسالة لاسِلكيّة
Radio, *or* wireless, communication. مخابَرة لاسِلكيّة

جهاز التقاط لاسِلكي Wireless receiving set.
Wireless operator. عامِل اللاسِلكي
Following. سَلْك : المصدر من « سلك »
Navigation. — البَحر : مِلاحة
Aëronautics; aerial navigation — الهواء : طيران
Toothpick. △سلَّاكة الأسنان : خِلالَة

Behaviour; conduct. سُلُوك : تصرُّف . سَيْر
Navigation. — البحرِ والهواء
Etiquette; conventional rules of behaviour. آدابُ او عِلْمُ الـ .
Manners; good conduct. حُسْنُ الـ .
Misbehaviour; misconduct. سُوءُ الـ .
Behaviourist. سُلوكيّ . مسْلكِي
Behaviourism. المذهب السُلوكي
Clear; unobstructed; unimpeded. سالِك : غيرمسْدُود اومُعرقَل
Passable; trodden. — : مَطْرُوق
Way; road; path. مَسْلَك : طَريق
To draw, *or* take out, gently. (سلل) سَلَّ . اسْتَلَّ : انتزعَ بِرِفْق
To draw, *or* unsheathe, a sword; whip a knife (from *one's* pocket.) استلّ ٢ سيفاً او سكيناً
To contract consumption. سُلَّ △انْسَلَّ : مرضَ بالسُلِّ
To sneak; slink furtively; slip away. إنسَلَّ ٢ . تسلَّلَ : انسحبَ خِفْيَةً
To slip, *or* creep into a place. — . — إلى المكانِ
Consumption. سِلّ : هُزَال (مرض)
Tuberculosis; (T.B.). — تَدَرُّنِيّ
Pulmonary consumption; phthisis. — رِئَويّ
Galloping consumption. — مُسْتَعْجِل

Basket. △سَلّ . سَلَّة : سَبَت . سَفَط
Waste-paper basket. سَلَّة ٢ المُهمَلات

Basket-ball. لعبة كرة الـ .
Basket maker. سَلَّال : صانِع السلال
Descendants; offspring; progeny. سُلالَة : نَسْل
Race; strain; stock. — : أصْل . جِنْس
Genealogy; lineage; pedigree. — : أصل النَّسَب
Family; race. — : عائلة
Dynasty. — ملكيَّة
Ethnology. علم السلالات البَشريَّة ومميزاتها
Genealogical. سُلاليّ : مختصّ بِسِلْسلة النسب

To receive; take over. — تَسَلَّم △استَلَم : تَناوَلَ

I am in receipt of, or I have received, your letter. — تَسَلَّمْتُ خِطابك (مثلاً)

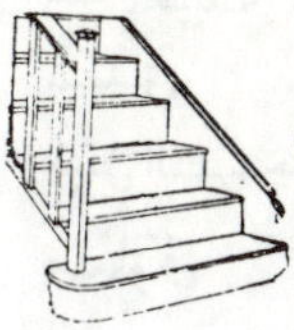

To yield; submit; give way. — استَسْلَم

To give way to one's passion. — لغضبه (مثلاً)

Step; stair. — سُلَّم . سُلَّمَة : دَرَجة

Staircase; stairs. — : سَلالِم البيت

Escalator. — مِيكانيكي او دائر

Ladder. — مُتَنَقِّل : مِعْراج

Footboard. — العَرَبة أو الترام وأمثالها

Backstairs. — الخدم (سرّى)

Instrument; tool; means. — : وَسِيلَة . آلة

Landing. — △صَدْفَة الـ : △بَسْطَة

He made a cat's-paw of... — اتخذَه سُلَّماً

Peace; tranquillity; quietude; peacefulness. — سِلْم . سَلام : سَكينة

Peace; peaceful state. — . — : ضِدّ حَرب

Security; safety. — . — : سَلامَة : أمن

Pacifistic. — سِلْمِيّ

Soundness; faultlessness. — سَلامة٢ : الخُلُوّ من العيوب

Sincerity; artlessness. — النية : إخلاص

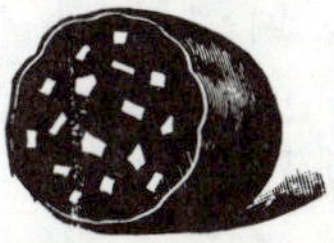

Salame; Italian sausage. — △ — : نَوع من المقانق

In good faith. — بِسَلامةِ نيَّة

Good-bye!; farewell! — (مَصْحوباً) بالسلامَة

Salutation; greeting; salute. — سَلام٢ : تَحِيَّة

Military salute. — عَسْكَري

National anthem. — △ — : نَشيد وَطَني

Paradise; Heaven. — دارُ الـ : الجنَّة

The City of Peace; Baghdâd. — دارُ او مَدينة الـ : بَغْداد

Daressalaam. — دارُ الـ : مِيناء في شَرق افريقا

The river Tigris. — نَهرُ الـ : دِجْلة

Peace be with you! — السلام عليكم !

Good gracious! Dear me! Oh dear! — △ يا سَلام ! (للتعجُب)

Right column:

Ethnological. — : مختص بالسِلالاتِ البشَرية

Descendant; son; scion. — سَليل : من نَسل

Consumptive. — : مَسْلُول : مُصَاب بالسِّلِّ

Drawn; unsheathed. — . مُنْسَلٌّ (كالسيف)

Packing-needle; sack-needle. — مِسَلَّة : إبرة كبيرة

Spire. — بناء: بُرْج مُشْتَدِقّ الطَرَف

Obelisk; needle. — فِرْعون . عَمُود الـ

To escape danger. — سَلِمَ من خَطَرٍ : نَجا

To be free from fault. — من عَيْب

To salute; greet. — سَلَّم على : حَيَّا

To deliver; hand over. — الى : ناوَلَ

To serve a writ. — إعلاناً قضائياً

To consign, or commit, to. — الأَمْرَ الى

To commit oneself to the will of God. — أمرَه الى الله

To accept; admit; agree to. — بالأمر : قَبِلَه

To grant; take for granted. — جَدَلاً

To yield; submit; surrender. — : انقادَ وأَذْعَنَ

To deposit one's books. — او قدّم دفاتِرَه

To surrender; capitulate. — الى العَدُوّ

To rescue; deliver; save. — من خَطَرٍ

To give up, or lay down, one's arms. — سَيْفَه او سِلاحَه

Hands up! — سَلِّمْ سِلاحَك !

Remember me to him. — (لي) عليه

To make one's peace, or be reconciled, with. — سعالَم : صالَحَ

To yield; surrender; submit. — أَسْلَمَ الى : انقادَ

To betray; sell. — : خَذَلَ . خانَ

To resign oneself to the will of God. — أمرَه الى الله

To breathe one's last; give up the ghost. — الروح

To embrace, or profess, Islâm (Mohammedan religion.) — : تدَيَّنَ بالاسْلام

Remember me to; give my respects, *or* kind regards, to. بَلِّغ (اِهْدِ) سَلامي الى

Phalanx. سُلامى . سُلامِيَّة : عَظْمَة الاصْبع

Phalanges. سُلاميّات الاَصابع

Reception room. △ سَلامْلك : قاعَة الضِيافَة

Sound; safe; unhurt. سَلِيم . سالِم : لَيْسَ بهِ أذَى

Perfect; whole. — . — : صَحِيح

Faultless. — . — : خالٍ من العيُوب

Healthy; sound in body. — و — البِنْيَة

Sane; sound in mind. — و — العَقْل

Free from... — و — من كذا : خالٍ منه

Sound; correct; valid. — : صائِب (رَأي)

Benign. — العاقِبة : حَمِيد (مرض)

Simple-hearted; simple-minded; artless. — النِيَّة او القَلْب

Good, *or* sound, taste. ذَوْق —

Perfect plural. جَمْع سالم ٢ أو صَحِيح

Safe and sound; hale and hearty. سالماً غانماً

Solomon. سُلَيْمان : اسم رَجُل

حُوت — ٥ سَلْمُون

Salmon.

Corrosive sublimate. سُلَيْماني : عَقّار سامّ

Submission; yielding; resignation. إسْلام : اِنْقِياد

Islâm, —ism; the Mohammedan religion. الإسْلام : الدينُ الاسلامي

Moslems. △ — . المسْلمون . أهْل الإسْلام

Receipt; "act of" receiving. △ إسْتِلام . تَسَلُّم : أخْذ

Resignation; surrender; yielding. إسْتِسْلام : اِنْقِياد

Acceptance; acquiescence; assent. تَسْلِيم : قبُول ورِضىً

Surrender; submission. — : إذعان

Admission. — : اعتراف (بأمر)

Delivery; handing over. — : مُناوَلة

Saluting; greeting. — : القاء التحِيَّة

Surrender. — الى العَدُوّ

Extradition. — المجْرمين السياسيين الى حُكوماتهم

Capitulations. شُرُوط الـ — (في الحَرْب)

Moslem; Mohammedan. مُسْلِم : مُحَمَّدي

Accepted; admitted; recognised. مُسلَّم بهِ : مقبول

Incontestable; indisputable; incontrovertible. — بهِ : لانزاع فيه

Peaceful; pacifist. مُسالِم : مُحِبّ السِلم

Lenient; easy; clement. — : منسامح

Receiver; recipient. مُسْتَلِم : آخِذ

Forgetfulness; oblivion. ٭ سُلُو . سُلْوان . سَلْوى : نسيان

Solace; consolation. — . — . — : عزاء

Amusement; distraction. سُلْوة . تَسْلِيَة : لهو

Pastime. — . — (لقتل الوقت)

In easy circumstances في — من العيش

سَلْوى ٢ : سُمَّن . طائر

Quail.

To forget; think no more of. سَلِيَ . سَلاَ الشيء وعنه

To amuse; entertain. سَلَّى . أسْلَى : ألهى

To comfort; console. — . — : عزّى

To amuse oneself. تَسَلَّى : تَلَهَّى

Amusing; entertaining. مُسَلٍّ : مُلهٍ

Amusement places. مَسْلاة (الجمع مسالي) : اماكن التسلية

Cooking butter. △ مَسْلي : سِلاء . سَمْن

٭ سلّى (في سلو) ٭ سليقة (في سلق)

Silica; silex. ٥ سِلِيكا : معدن

٭ سليل (في سلل) ٭ سليمان (في سلم)

Celluloid. ٥ سليولود : خَليود △ بَاغَة

٭ سمّ (في سمم) ٭ سَما ٭ سَماء (في سمو)

٭ سماط (في سمط) ٭ سماق (في سمق) ٭ سماك (في سمك)

Sympathetic. ٥ سِمْباتوِيّ : سِنْباتوِيّ . انجذابي

Sympathetic nerves. الاَعْصاب السمباتوِيَّة

Lozenge. △ سَمْبُوسَك (راجع سنبوسق)

Way; path. ✱سَمْت : طريق
Azimuth. — السُّموتِ (الفلك)
Zenith; vertex of the heaven. — الرأسِ (فلك)
Nadir. نظير الـ . — القَدَم . (فلك)
Rough; awkward; uncouth; clumsy; ungraceful. ✱سَمِج . سَمِيج : قَبِيح
Rudeness; roughness. سَمَاجَة : قُبْح
To be indulgent, tolerant, *or* generous. ✱سَمُحَ : كانَ سَمِيحًا
To grant; allow. سَمَحَ بكذا : جادَ
To give leave; permit. — بكذا : اذن
To endure; tolerate. — بالامرِ : أجازهُ
God forbid! لا — الله
To overlook; treat indulgently; be indulgent with. سَمَّحَ : △سَنّحَ . ساهَلَ
To forgive; pardon; excuse. سَامَحَ : صفحَ عن
To be gracious, merciful *or* indulgent. تَسَامَحَ : تساهلَ
Allowance — : ما يُسمح به من تفاوت
To beg pardon. △استَسْمَحَ : طلبَ الصفح
To apologise. △ — : اعتذَرَ
Tolerance; forbearance; liberality. سَمْح . سَمَاحَة : جُود
Magnanimous; tolerant. — . سَمِيح : من اهل السَّماحة
Mohammedan *or* Moslem law. الشريعة السَمْحة
Indulgence; mercy; forgiveness. سَمَاح : صَفْح
Permission. — : إجازة
Tolerance. سَماحة : سِعَة الصدْر
His Eminence. صاحِب الـ .
Magnanimous; tolerant. سَمِيح : من اهل الجود والسماحة
Tolerance; clemency; indulgence. تَسَامُح : تساهُل
Permissible; allowable. مَسْمُوح بهِ : جائز . مُباح
Forgiveness; pardon. مُسامَحَة : صَفْح
Vacations; holidays. △ — : عُطْلَة
Tissue. ✱سِمْحاق : نَسِيج غِشائي
Periosteum. — العِظام : غِشاء العَظْم

To manure. ✱سَمَّدَ الارضَ : △سَبَّخها (راجع سبخ)
Manure. سِمَاد : △سِبَاخ
White flour. سَمِيذ . سَمِيد : دقيق (طَحِين) ابيض
Semolina. △ — : جرِيش . قلب الحِنطة
To nail; fasten with nails. ✱سَمَّرَ : شدَّ بِمِسْمار
To drive a nail in. — المِسْمار : دقّه ليدخل
To become brown. سَمُرَ . اسْمَرَّ : صارَ أسْمَر
To spend the evening in pleasant chat. سَامَرَ . تَسَامَرُوا
Pleasant evening chat. سَمَر : الحديثُ في الليل
Brownness; brown colour. سُمْرَة اللون △سَمَار
Rush. سَمَار ٢ : نبات كالحلفاء
Mat sedge. — الحُصْر

Sable; marten. سَمُّور : حيوان له فَرْوٌ ثمين ←
Sable fur. فَرْوُ الـ
Jovial, *or* boon, companion. سَمِير . مُسَامِر
Brown; dark. أَسْمَر اللون : بين الابيض والاسود
Brunet. — البَشَرة والشَعْر
A brunette. إمْرأة سَمْراء
Nail. مِسْمَار : وَتَد . التسْمِير

French, *or* wire, nail. △ — إبْرَة
← Staple. △ — رَزَّة

Panel pin. △ — صِنّارة
← Stud; brass-headed nail. △ — بِطاسة : جُمَان

Tack; clog pin. △ — قَبَاقِيبي
← Screw-nail. △ — ملولب △ — بُرْمَة

Screw-bolt; ← bolt and nut. △ — بِصَمُولة
Rivet. △ — البَرْشَمة
Beestings. △ — اللبَن : لِبَأ . أوَّل اللبَن
Corn. △ — القَدَم : ثُؤلول
A bayonet bulb. بيسكة الكهرباء بمِسْمار
Cuneiform *or* Sumerian writing. خطّ مِسْمَاري : اسْفِيني

Rose-coloured starling; pastor roseus. ✱سَمَرْمَر : زرزور الجراد

To act as broker. ✱سَمْسَرَ : تَوَسَّطَ بين البائع والشاري

Brokerage. سَمْسَرَة : عَمَلُ السِّمْسار او أُجْرَتُه

Broker; agent; middleman. سِمْسَار : دَلاّل . وَسِيط

Stockbroker. — بُورصة (مُصْفَق الأوراق الماليَّة)

Sesame. ✱سِمْسِم : جُلْجُلان . حَبُّ زَيْتِ السيرج

△ مُسَمْسَم : مُنَمْنَم (راجع نمم)

To keep silent. ✱سَمَطَ : صَمَتَ

To scald. △ — : سَلَخَ (او نظَّفَ) بالماء الحارّ

Scald. سمط : حرق بسائل او بخار

Course (of food.) سِمَاط : دَوْرُ طعامٍ

Table; dining-table. — : مائدة الأكل

Table-cloth. — : ما يُبْسَط ليُوضَع عليه الطعام

To hear. ✱سَمِعَ : أدرك بالأذنِ

To hear of; be told of. — بكذا : بلغهُ خبرهُ

To hear; obey; listen to. — منهُ وله : أطاعه

To overhear. — عرَضاً (أي اتفاقاً)

Unheard of. لم يُسْمَع بهِ

To make one hear. سَمَّعَ . أَسْمَعَ : جعلهُ يسمع

To defame; slander. — بهِ . نَدَّدَ

To say; recite. △ — الدرسَ : تلاهُ

To listen, hearken, *or* give ear, to. إسْتَمَعَ . تَسَمَّعَ اليهِ : أصغى

To eavesdrop. — خلسةً △ تَسَمَّعَ ٢ : تصنَّتَ

Hearing; audition. سَمْع . سَمَاع

Hearing; ear; sense of hearing. — . مِسْمَع : حاسَّة السَّمع

Earwitness. شاهدُ سَمْعٍ : غير شاهِد العِيان

Hearsay evidence. شهادة سَمَاعٍ

To be hard of hearing. ثَقُلَ سَمْعهُ

I hear and obey. سَمْعاً وطاعةً

Acoustic; auditory. سَمْعِيّ : مختصّ بالسَّمع

Acoustics. علمُ السَّمْعيَّات

Fame; repute; renown. سُمْعَة : شُهْرة . صِيْت

Reputation; credit; good repute. — حَمِيدة

Evil fame *or* reputation; infamy. — رَدِيئة

Reputable; creditable. حَسَن أو حَميد الـ...

Disreputable; in bad repute. رَدِيء الـ...

Acceptance by usage (of language). سَمَاع : خِلاف القياس

Restricted to what has been received by hearing. مقْصُور على الـ...

Accepted by hearing. سَمَاعِيّ : مأخُوذ بالسَّماع

Traditional; unwritten. — : نَقْليّ

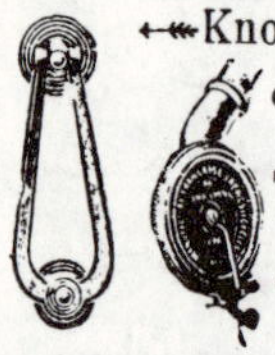

Knocker; △ سَمَّاعَة الباب

clapper; rapper.

Telephone receiver. — تليفون

Sound-box. — فُنُغْراف

Hearer; listener. سَامِع . سَمِيع . مُسْتَمِع

Audience; hearers. سَامِعُون . مُسْتَمِعون

Listening; hearing; audition. تَسَمُّع . إسْتِمَاع

Auscultation. فَحْصُ القلب او الرئتين بالتسمُّع

Earshot. مَسْمَع : مدى السَّمْع

In the hearing of. على — من

Stethoscope. مِسْمَع ٢ . مِسْمَاع الصَّدْر

Audible. مَسْمُوع : يُسْمَع

Inaudible. غير — : خافت

To tower; be lofty. ✱سَمَقَ : علا وطال

Towering; lofty. سَامِق : طويل مُرْتفع

Sumac; sumach. سُمَّاق : نبات عِطري ثمره حامِض

Porphyry. حَجَر سُمَّاقِي

To raise; elevate; lift up. ✱سَمَكَ : رَفَعَ

To be, *or* become, thick. سَمُكَ : كان سَميكاً

To thicken; make thick. سَمَّكَ : ضِدّ رَقَّقَ

To gangrene; mortify. — الجرْحُ

Hole; eye. سَمٌّ : ثـقـْب

Poison; venom; toxin. — : قشب

Ratsbane; rat poison. — الفأر : شَكّ

Virulent, *or* deadly, poison. — قتّال

Virus. — نَوْعي : فَيْروْس

←Swallow سَمَامَة : سنونوة

Hot wind; *simoom.* سَـمُـوم : رِيحٌ حارَّة

Poisonous; venomous. سَـامٌ △ مُسِم

←Gecko. — أَبْرَص : ابو بريص

Poisonousness; toxication. تَـسَـمُّـم

Uræmia; uremia. — بَوْلي

Toxæmia; blood-poisoning. — دَمَوي

Autotoxin. — ذاتي

Toxic symptoms. أعراض — .

Toxicosis. حالة — .

Pores. مَسَـامُّ الـجِلْد : ثقوْبُه

Porous. مَسامي (ذو مَسامّ)

Porousness; porosity مَسَامِيَّة

Poisoned. مَـسْـمُوم

To grow, *or* become, fat. ✱ سَمِنَ : كَثُرَ شَحْمُه

To put on weight. — : زادَ وَزْنه

To fatten; make fat *or* fleshy. سَـمَّـنَ : صَيَّـره سَميناً

To stall-feed a calf. — العِجْـلَ : علَـفه

Cooking butter. سَـمْـن : سِلاء △ مَسْلي

Fatness; plumpness. سِمَن . سِمْنَة : كَثْرة الشَّحم على البدَن

Corpulence; stoutness. — △ — : ربالة

Obesity; abnormal fatness. — مُفْرِط

Quail. سُمَن . سُمَانى △ سُمَّان

Butter-merchant. سَمَّان : بائع السَّمْن

Calf of the leg. △ سِمَّانة الرِجْل : رَبْلَـة الساق

Thickness. سُـمْك . سَـمَـاكَـة : ضِدّ رِقَّة

Ceiling. سَـمْـك : سَـقْـف

Fish. سَـمَـك : كلّ حيوان مائي

Sea-fish; salt-water fish. — بَحْري

River, *or* fresh-water, fish. — نَهْري

A pig in a poke. △ — في ماء : △ بَخْتك رِزْقـك

Pisciculture. تَـرْبِيَة الـ .

Fishing. صَيْد الـ .

Piscatory. مختص بصَيْدِ الـ .

←Scoop net. مِجْرَفة صَيْد الـ .

Piscine; of fish. سَمَكي : مختصّ بالأسماك

A fish. سَـمَـكة : واحِدَة السَّمك

Gore. △ — في ثَوْب : بَـنيْقَـة : قطْعة مثلَّثة لتوسيعه

Pillar; support; stay. سِمَاك : ما رُفِع به الشيء

Spica; Virginis. الـ الأعْزَل : السُّنْبُلَة

Arcturus. الـ الرامح : حارِسُ السماء

Fishmonger. سَـمَّاك : بائع سَمَك

Fisherman; fisher. — : صائد سَـمَـك

Thick. سَـمِيك : ضِدّ رقيق

Aquarium. مَسْمَـكَـة : حوْضُ تربية الأحياء المائية

Tinker; tinsmith; tinman. △ سَمْكَرِي : △ سَـمْـكَـري ٥ تَـنْكاري

Shave-hook; soldering iron. مِكْـوَاة الـ .

To gouge, scoop *or* put out, another's eye. ✱ سَمَل . اسْتَمَل عَيْنَه

To be worn out; become tattered. — . أَسْمَلَ الثَّوْب

Tatters; tattered garment. سَمَل (اَسْمَال) : ثوب خَلَق بال

To poison. ✱ سَمَّمَ . سَمَّ الرجُلَ او طعامَه

To mortify a wound. — الجرْح : أَنْـغَلَـه

To taint; contaminate; corrupt. — : لوَّث وأفْسَد

To be poisoned. تَسَمَّمَ الرَّجُل

Above; far above. أَسْمَى : أَرْفَع . فَوْق

Shem; Sam. سَام : اسم رَجُل (ابن نوح)

Semitic; Shemitic. سَامِيّ

Name. إِسْم : لفظ مَوْضوع لتَعْيين شَيْء

Name; reputation; fame. — : صِيْت . شُهْرة

Title; name. — الكِتاب وغَيره : عُنْوان

Appellation. — الشُهْرة : لَقَب

Family name; surname. — العائلة

Christian name. — شَخْصي . اسْم المَوْلِد

Assumed name; alias. — مُسْتَعار

Fictitious name. — كاذِب او مُصْطَنَع

Pseudonym; pen-name. — مُنْتَحَل (للتأليف)

Proper name. — عَلَم

Noun; substantive. — (في النحو)

Demonstrative pronoun. — الإشارَة

Noun in apposition. — البَدَل

Diminutive noun. — التَصْغير

Collective noun. — الجَمْع

Appellative, *or* generic, noun. — الجِنْس

Nickname. — تَهَكُّمي : نَبَز

Numerical noun. — العَدَد

Material noun. — العَيْن

Present participle. — الفاعِل (في النحو)

Past participle. — المَفْعول

Collective noun. — الكَثْرة

Abstract noun. — مَعْنًى

Proper noun. — مَعْرِفة

Substantive noun. — مَوْصُوف

Common noun. — نَكِرة

In the name of . . . باسم فُلان

Nominal; titular. إِسْمِيّ : بالإسْم فقط

Noun. — : مختصّ بالأسْماء (في النحو)

Noun *or* substantive, clause. جُمْلَة إِسْمِيَّة

Nomenclature. تَسْمِيَة عِلْمية

Denomination. — : لَقَب

Called; named. مُسَمًّى : مَدْعُوّ

Marten. *سَمُّور (في سمر)

← Smoking jacket. ○سْموكِن : سُتْرة التدخين

Fat. سَمِين : شَحِيم (او مُدْهِن كاللحْم)

Fat; corpulent; stout; fleshy. — : بَدِين

Fattened *or* stall-fed. مُسَمَّن

Cement. ○سِمِنْتُو : ○أَسْمَنْت . تُرابَة

Sky-blue; cerulean. *سَمَنْجُوني : بلَوْن السماء

Salamander. *سَمَنْدَر . سَمَنْدَل : عَرُوس الشتاء

←Newt; eft. — الماء

Mark. *سِمَة (في وسم)

Erect; upright *سَمْهَرِيّ : مُعْتَدِل القامة

Height; elevation; loftiness. *سُمُوّ : عُلُوّ

Highness; eminence. — : رِفْعَة . عَظَمَة

His Highness the Prince. — الأمير

To name; denominate; call; give a name to. سَمَّى . أَسْمَى . سَمَا

To title; give a title to. — . — الكِتاب

To pronounce the name of God. — الرَجُل : ذكر اسم الله

To rise high; tower up. سَمَا ٢ : عَلا وارتفع

To raise; elevate. — به . أَسْماه ٢ : رَفَعَه وأَعْلاه

To aspire to. سَمَتْ نَفْسُهُ الى

To vie in excellence with another. سَامَى : فاخَر

To be named *or* called. تَسَمَّى

Sublimation. تَسَامٍ

Fame: good reputation. سُمًا : صِيْت حَسَن

Heaven; sky. سَمَاء : ما يحيط بالارض من الفضاء

Firmament. — : جَلَد

Heaven; Paradise; Elysium. — : جَنَّة

Empyrean; the highest heaven. — السماوات

Fowl of the air. طُيُور السَّماء

Heavenly; celestial; supernal. سَمائِيّ . سَماوِيّ : عُلْوِيّ

Spiritual; divine. — . — : رُوحي

Sky-blue. — . — : بلَوْن السماء

Bust. سَماوَة : كَنَف

Of the same name; namesake; homonym. سَمِيُّ فُلان

High; elevated; lofty; sublime. — . سَامٍ : عَالٍ

— : بدلة السَّهرة ←Dinner suit.

*سَمّى (في سمو) * سَميد (في سمد)

*سَميك (في سمك) * سَمين (في سمن)

*سَنّ (في سنن) * سَناء (في سني)

*سِناج (في سنج) * سِنام (في سنم)

○سَنَامَكّي : نبات ورقه مسهل — Senna.

*سُنْباذَج : △ حَجَر الصنفرة او مَسْحوقه — Emery; emery-powder.

*سُنْبُك : طَرَف الحافر — Edge of the hoof.

△ — لِبَرْشَمَةِ المَسامير — Rivetting punch.

*سَنْبَلَ الزرعُ : أَسْبَل — To put forth ears.

سُنْبُل .الواحِدة سُنْبُلَة : سَبَلَة — Ear of corn; spike.

— بَرّي — Wild tulip.

— : خَزام . خُزامي — Hyacinth.

— : قرن الغزال ←Tulip.

— هندي . — الطيب — Nard; spikenard.

بُرج السنبلة (في الفلك) — Virgo.

سُنْبُلِيّ : في شكل السنبلة — Spiciform.

○سَنْبُوسَق △ سَنبوسَك : مُعَيَّن — Lozenge.

△ — : فطيرة نِصف مُسْتَديرة مَحْشُوَّة — Turnover.

*سُنْبُوق : زَوْرَق صغير — Skiff; small boat.

△سَنْبُوسَكَة : شِبه مثلّث محصور بين عَقْدَيْن متجاورَين — Spandrel.

○سَنْتِيغراد . سَنْتِكْراد : مِئَوِيّ — Centigrade.

○سَنْتِيمِتْر : جُزْءٌ من مِئَة من المِتر — Centimetre.

(سنج) سِنَاج : △ شُحْوار — Soot; lamp-black.

△سَنْجَة المِيزان : عيار — Weight.

△ — مِيزان القَبّان — Poise; the weight used in steelyards.

△ — : △ سُنْكي . حَرْبة البُنْدُقية ←Bayonet.

*سِنْجاب : حَيَوان ←Squirrel.

سِنْجابِيّ اللون — Ash-coloured.

△سَنْجَق : لِواء — Standard.

— : مُقاطَعة — "Turkish" province.

*سَنَحَ : عرَضَ . خطَر — To occur, come *or* be presented to the mind.

— ه عن رأيه : صَرَفه — To dissuade.

— ت الفُرْصة — The opportunity presented itself.

عِندما تَسْنَح الفُرصة — When opportunity occurs.

△ سَنَّحَ له : تسامح — To be indulgent with; overlook.

△ — عن الأمر : أغضى — To disregard; overlook.

△ — عنه : لم يَلْتَفِت الى كلامه — To turn a deaf ear to.

سانِحَة : فرصة — Opportunity; occasion.

*سَنِخَ : زَنِخ — Rancid (oil); fusty (nut.)

سَنَخ . سَناخة : زَناخة — Rancidity; fustiness.

سِنْخ : أَصْل — Root.

— السِّنّ : مَنْبِتُه — Socket of the tooth.

*سَنَدَ واسْتَنَدَ الى كذا : اتَّكأ عليه — To lean, *or* recline, upon.

— . — اليه : اعتمد عليه — To rely upon.

— . — الى : ارتكن عِند الحاجة — To fall back upon.

— للاربعين مثلاً : قاربها — To be near forty.

△ — . سَنَّد : دَعَم — To support; stay; prop.

△ — . سانَدَ : عَضَّد — To support; assist help; back.

أَسْنَدَ اليه الأمرَ او الكلام — To ascribe, *or* attribute, to.

— : أصْعَدَ — To help to ascend.

— ه الى كذا : جعله يَسْتَنِد اليه — To cause to lean upon.

سَنَد : دِعامة — Support; prop; stay.

△ — : صَكّ بدَيْن — Bill.

△ — بَسيط — I.O.U., (I owe you.)

△ — إسعاف او مجاملة — Accommodation bill.

△ — : سَهْم . حِصَّة — Bearer bond.

△ — △ مُسْتَنَد : رُجْعَة — Voucher.

△ — △ — : وَثيقة — Document; deed; title.

△ سَنَدات ماليّة — Stocks.

△ — حُكومة — Government bonds.

△ سَنِّيدة المُغَنّي : مُرَدِّدون — Secondary singers.

Ascription; attribution. إِسْنَاد : عَزْو
Predication. — (في علوم اللغة)
Predicate. مُسْنَد (في علوم اللغة)
Subject. — اليه
Support. مِسْنَد : ما يُستند اليه
Reclining upon. مُسْتَنِد الى : مُتَّكِئ
Relying upon. — الى : مُتَّكِل على
Title-deed; instrument. مُسْتَنَد ٢ الملكيَّة

Anvil. ٭سِنْدَان △ سِنْدَال
Flower-pot. ٭سِنْدَانَة ٤ : أُصِيص (انظر اصص)
(Cock-)loft; garret. △ سَنْدَرَة : غُرْفة صغيرة قُرْب السَّقْف
Sandarach. ٭ سَنْدَرُوس . سَنْدَلُوس
Sarcenet; sarsenet. ٭سُنْدُس : حَرِير رقيق

Sandwich. ٥سَنْدَوِيش : شَطِيرَة
Evergreen, or holm, oak. ٭سِنْدِيَان : بَلُّوط
Oaken. سِنْدِيَانِي: من خشب السنديان
Oaky. — : كالسنديان
Official receiver. ٥سِنْدِيك : مأمور التصفية

Cat. (سنر) سِنَّوْر : هِرّ . قِط
Sanskrit. ٥سَنْسْكرِيتِيَّة : اللغة الهِنْدية الفُصْحى

Arabic acacia. ٭سَنْط : أقاقيا . شجر شائك
Shittim wood. خَشَب الـ —
Wrist. سِنْط : رُسْغ
Wart. △سَنْطَة : ثُؤْلُولَة
Dulcimer; zither. ٭سِنْطِير . سَنْطُور : آلة طرب كالقانون

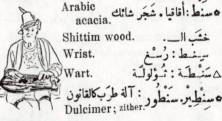

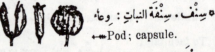

Pod; capsule. ٭سِنْف . سِنْفَة النبات : وِعاء
Emery. △سَنْفَرَة : سَنْفَن
Emery-paper. وَرَق — .

To lock a door. △سَنْكَر الباب : سَكَّره
Tinker; tinman. ٥سَنْكَرِيّ : △سَمْكَرِي
Cinchona; Peruvian *or* Jesuits' bark. ٥سَنْكُونَا : شَجَر الكِينَا
Bayonet. △سُنْكِي : △سِنْجَه (انظر سنج)
To have a large hump. ٭سَنِمَ : كان عظيم السنام
To top; mount; ascend. تَسَنَّمَ : علا
Hump. سَنَام الجمل : حَدَبَته

Ridge of roof. △ تَسْنِيمَة السَّقْف
Cinema; movies; moving pictures. ٥سِينَمَا : الصُّوَر المتحركة
Senna. ٭سَنَامَكِي . سَنَامَكَّة : نبات ورقه مُسْهِل
Anchovy. △سَنْمُورَة : سمك مَمْقُور (مملّح)
To sharpen; whet; grind. ٭سَنَّ . سَنَّ السِّكِّين
To prescribe a rule. سَنَّ ٢ سُنَّةً : وَضَعَها
To enact, *or* introduce, a law. — قانوناً : شَرَعَه
To teethe; cut *his* teeth. △سَنَّن الولدُ . أَسَنَّ : نبتت أسنانه
To thread a nail. △ — المِسْمَار
To age; grow old. أَسَنَّ ٢ : تَقَدَّم في السِّنّ
Sharpening; grinding. سَنّ : شَحْذ
Enactment, or prescription, of laws *or* rules. — الشَّرائع
Tooth (*pl.* Teeth). سِنّ : واحدُ الأسنان
Age. — : مِقْدار العُمْر
Tine; prong; tooth. — : شُعْبَة
Spike of harrow. — المِسْلَفَة
Point of antler. — القَرْن
Dandelion. — الأسد : اسم نبات
Fang; the venom-tooth. — الثُّعبان: نابه السَّامّة
Clove of garlic. — الثُّوم وأمثاله : فص
Cog; tooth; sprocket. — الدُّولاب : △تِرْس
Majority; full age. — الرُّشْد : البُلُوغ
Tusk. — الفيل أو الخنزير البرّي وأمثالها : ناب
Ivory. — الفِيل : عاج

— القلم أو المسمار او الابرة الخ Point; tip.
— اللبن : اول ما يظهر من الاسنان Milk-tooth.
— اللولب : حزّ Thread of screw.
— المحراث Plowshare; ploughshare.
— المنجل : قرقف . طويئر

Titmouse; tit.
— طاحن : ضرس Molar; grinding, or back, tooth.
— قاطع : ثنيّة Incisor.
△ — : جريش الطحين Middlings; second-flour; seconds; grit.
△ — الكلب: حلية معمارية. Dog tooth moulding.

△ — △ سنّة: حلية معمارية. Dentil.
△ — △ سنّة عدلة : خوصة (في المعمار) Fillet.
صغير الـ. Young.
كبير الـ. Old.
أكبر سنّاً من Older than.

ألم او وجع السن Toothache.
طبيب أسنان Dentist.
طقم أسنان. Set of teeth; denture.
فورشة اسنان : مسواك (انظر فرش) Toothbrush.
مختص بالاسنان Dental.
سنون : مسحوق الاسنان Tooth-powder; dentifrice.
سنان الرمح : نصله Spear-head.
سنّة : فرض Precept; commandment.
— : شريعة Law; rule.
— الطبيعة Law of Nature.
— (في الدين الاسلامي) *Sunna*; traditional teaching (supplementing the Korân.)
أهل السنّة *Sunnites*; orthodox Muslims.
سنة (في سنو) * سنة (في وسن)

سنّان السكاكين Grinder; knife-grinder.
تسنين : طلوع الاسنان Teething; dentition; the cutting or growing, of teeth.
مسنّ : مشحذ . دولاب سن السكاكين Grinder; grinding-machine.
— : حجر السن Grindstone; whetstone.

— الاشكاف Lapstone.
— الزيت Oilstone.
— الموسى (الجلد) : △ قايش Strop; razor strop.
مُسِنّ : متقدم في السن Aged; elderly; somewhat old.
مُسنّن : مشرشر Serrated; toothed; dentated; denticulate.
— : ذو أسنان Dentiferous.

— : مؤسّل Pointed.
شريط حديدي — . Rack-rail.
مسنون : مشحذ Sharpened.
* سنة (في سنو) * سنة (في وسن)
○ سنهدريم : مجلس اليهود الأعلى Sanhedrim.
(سنو) سنا البرقُ: أضاء. To flash; burst forth.
سنا . سنامكّة Senna.
سنة : عام . حول Year; twelvemonth.
— شمسيّة Solar year.
— قمريّة Lunar year.
— كبيس Leap-year; bissextile year.
— ماليّة Financial, or fiscal, year.
— ميلاديّة Year of Grace; year of our Lord, (A.D.)
— هجريّة Mohammedan year.
يومُ رأسِ الـ. New year's-day.
سِنة (في وسن) Sleep; slumber.
سنوي : عاميّ . حوليّ Yearly; annual.
سنويّاً : في السنة . عن السنة Per annum; in each successive year; by the year.
— : كل سنة Yearly; annually.
○ سنودس : مجمع رؤساء مذهب ديني Synod.
* سنّور (في سنر) Cat.
* سنونو . سنونوة : سمامة (انظر سمم) Swallow.
* سنّى . سنّى : يسّر . سهّل To facilitate; make easy.
تسنّى : تيسّر To be possible.

سَنَاء : رفعة — Sublimity; excellence.
— : بهاء — Splendour; brilliancy.
سَنِيّ : بَهيج . بهي — Splendid; brilliant.
— : رفيع — Sublime; majestic.
☆سها (في سهو) ☆سهاد (في سهد) ☆سهاف (في سهف)
(سهب) أسهبَ في الكلام عن — To expatiate on; enlarge on; dilate upon.
إسهاب — Expatiation; extended detail.
مُسهَب : مطوَّل — Lengthy; detailed; diffuse; prolix.
☆سَهِدَ . تسهَّدَ : أرق — To have no sleep.
سهَّدَ : أرَّق — To deprive of sleep; keep awake.
سُهْد . سُهاد : أرق — Insomnia; sleeplessness.
☆سهِرَ : لم ينم ليلاً — To pass the night awake.
— : بقي ساهراً — To stay up.
— : بقي متيقظاً — To watch; be awake.
— على : راقب — To watch over.
— الليالي (في الجد) — To burn the midnight oil.
△سهَّرَ . أسهرَ : جعله يسهر — To keep awake.
سَهَر : عدم النوم ليلاً — Wakefulness; vigil.
— : تيقُّظ — Watchfulness; vigilance.
سَهْرة — *Soirée*; an evening party *or* gathering.
لِباس الـ — Evening-dress.
△سَهَرْجي : كثير السهر — Night-lifer.
مِصباح سَهّاري — Night-lamp.
ساهِر . سَهران : صاحٍ — Awake; wakeful.
— : يَقِظ — Watchful; vigilant.
☆سهِفَ : عطش شديداً — To be parched, dry *or* very thirsty.
سُهاف : عطش شديد — Insatiable thirst.
☆سهُلَ الامرُ : ضدّ عسُرَ — To be easy *or* facile.
— الطريقُ : ضدّ وعُرَ — To be smooth *or* even.

سهَّلَ عليه : هوَّن — To facilitate; make easy.
— له الامرَ — To give facilities to.
— : مهَّد — To level; smooth.
— : سوّى العالي بالواطي — To plane down (a form, etc.)
ساهَلَه . تساهَلَ معه — To be easy, indulgent *or* lenient with.
تسهَّلَ الامرُ : صار سَهْلاً — To become easy *or* facilitated.
أسهَلَ البطنَ : ألانَها — To relax, loosen *or* move the bowels.
أُسهِلَ : انطلق بطنُهُ — To have a looseness of the bowels.
سَهْل : يسير . هيِّن — Easy; not difficult; facile.
— : بَسيط — Plain; easy; simple.
— : مُمَهَّد — Level; smooth; even.
— : ارض منبسطة — Plain; open field.
— الاستعمال — Handy; practicable.
— الهضم — Light; easily digested.
△سَهْلة (اداة مطبعية) — Planer.
عُملة سهلة (التداول) — Soft currency.
سَهُول : دواء مُسهل — Purgative; laxative; aperient.
سُهُولة : هَوْن — Ease; easiness; facility.
بِسهُولة : بلا عناء — Easily.
سُهَيْل : اِسْم نجم — Canopus.
إسهال البطن — Looseness of the bowels; diarrhea; diarrhœa.
تَساهُل : مُلايَنة — Leniency.
— : تسامُح — Toleration; indulgence.
مُسْهَل . مَسْهول البطن — Lax; loose in the bowels.
مُسهِل : مَشْو △شَرْبة — A purge.
— : يُطلِق البطن — Purgative; cathartic.
— خفيف : مُليِّن — Aperient; laxative.
مُتَساهِل : ملاين — Lenient.
— : مُتَسامح — Tolerant; indulgent.
☆سَهْم : نَبلة — Arrow; dart.
— يدوي : حَظوة — ←Dart.

— : نَصيب . حَظّ — Fate; portion; lot.
— : حِصَّة — Share; portion.
— الرامي : اسم كوكب — Sagittarius.
— ناريّ : △صاروخ — Rocket; fireworks; skyrocket.

نَفَذَ السَّهمُ : قُضِيَ الأمرُ — The die is cast.
أسْهُم ناريَّة — Fireworks.
— ماليَّة — Shares.
— عادِية (في نِظام الشركات) — Ordinary shares.
— او حِصَص التأسيس — Founders' shares.
— مالية مَضْمونة — Gilt-edged securities.
حَمَلة الاسْهُم — Shareholders.
حَشيْشَة السهام — Arrowroot plant.
سَهْمِيّ : كالسَّهم — Sagittal.
سَاهَمَ : قارَعَ — To cast, *or* draw, lots.
أسْهَمَ لهُ في كذا : جَعَلَ له سَهْماً فيه — To give a share in.
مُساهِم : حامِل السَّهْم الماليّ — Shareholder.
شَرِكة مساهمة او سَهاميَّة — Limited company.
*سَهْو : نِسْيان — Forgetfulness.
— : عدَم إنْتِباه — Inattention; inadvertence.
— : سَرَحان الفِكر — Absence of mind.
سَهْواً — Inattentively; inadvertently.
سَهَا عن : غَفَل — To forget; lose memory of.
سَاهٍ . سَهْوان : غير مُنْتَبِه — Inattentive; inadvertent.
سَهْيَان : شارِد الفِكر — Moony; dreamy.
*سُوْء : شَرّ — Evil; ill.
— : اذًى — Harm; injury; mischief.
— الادارة — Mismanagement; maladministration.
— الإستعمال — Misuse; misemployment.
— التصرُّف — Misbehaviour.
— التغذِية — Malnutrition.
— الحظّ — Unluckiness; bad luck.
— الخُلق — Ill-temper.
— السلوك — Misconduct; misbehaviour.

— الظنّ — Mistrust; suspicion.
— فَهْم — Misapprehension.
— تفاهم — Misunderstanding.
— نِيَّة — Evil intent; bad faith.
بِسُوءِ نِيَّة — In bad faith.
لِسُوءِ الحظّ — Unluckily; unfortunately.
تقدير السّوء : تَشاؤم — Pessimism.
مُقدِّر السوء : مُتَشائم — Pessimist.
سَوْءَة . مَساءَة : عمل قبيح — Shameful deed; opprobrium; odium.
— : عَوْرَة — Shame; private parts " of body."
سَوَّأَ عليه عمله — To censure; blame; condemn as wrong.
سواء (في سوي) — Sameness.
سَاءَ : قَبُحَ — To be bad, evil *or* wicked.
— طالِعُهُ — To be unlucky *or* unfortunate.
— الخبرُ فلاناً : أحْزَنهُ — To grieve; pain.
— الأمْرُ فلاناً : كدّره — To displease; offend.
— به ظَنّاً . أساءَ بهِ الظن — To mistrust; distrust; think ill of.
أساءَ ٢ الشيءَ : أفْسَدَهُ — To damage; spoil.
— اليه : ضِدّ أحسنَ — To injure; wrong; ill-treat; treat badly.
— اليه : كدّرَهُ — To offend; displease.
— استعمال الشيء — To misuse; abuse.
— التصرُّف — To misbehave; behave ill.
— الفَهْم — To misunderstand.
إسْتاءَ منه — To be offended, displeased, *or* out of conceit, with.
— من العمل او الامر: استنكره — To resent; take it ill; be indignant at.
سَيِّئ : رَدِيء — Bad; evil; ill.
— التربِيَة — Ill-bred.
— الحظّ — Unlucky; unfortunate.
— الخُلق — Ill-tempered; ill-natured.
— السُّمْعة — Infamous; of bad repute.
— الطالِع — Ill-starred; unlucky.
سَيِّئة . إساءَة : ذَنْب — Offence; sin; crime.
إساءة ٢ : تكدير — Offending; displeasing.

— الاستعمال : Abuse; malpractice; misapplication.

— المعاملة : Ill-treatment; maltreatment.

إستياء : كدر : Displeasure; resentment.

مُسِيءٌ : مكدِّر : Displeasing; offending.

— : مؤذٍ : Injurious; harmful; hurtful.

مُستاء : متكدِّر : Displeased; offended; vexed.

— : مشمئزّ : Disgusted; annoyed.

— من أمرٍ او فعل : Offended at a thing *or* an act.

— من شخص : Sore at; displeased with.

(سوج) ساجٌ : شجر او خشبه : Teak.

△ ساجات : صَنج : Castanets.

(سوح) ساحة : فِناء : Court; yard; courtyard.

— : رَحبة . مِيدان : Square; open space.

— القتال : Battle-field.

— الألعاب : ملعب : Play-ground.

— الالعاب الرياضيَّة أو المصارعات (قديماً) : Arena.

برَّأ ساحته : To acquit.

(سوخ) ساخ : غاصَ وغابَ : To sink; subside.

△ ساخت روحه : أُغمي عليه : To faint; swoon.

* سَوِدَ . اسودَّ : صار اسود : To blacken; become black.

سوَّدَ الشيء : صيَّره اسود : To blacken; make black.

— الرجُل : جعله سيِّداً : To make *one* master.

△ — المكتوب : كتب مسوَّدته : To draft a letter, etc.

سادَ قومه : صار سيدهم : To become the head, *or* chief, of.

— : تسلَّط على : To rule, *or* reign, over; command.

— : عمَّ : To predominate; prevail.

— السكونُ : Silence reigned.

— الاضطرابُ والفوضى : Confusion prevailed.

سادة : جمع سيِّد : Masters; lords; chiefs.

— : بسيط (ساذج) : Plain; homely.

△ قهوة — : بلا سُكَّر : Unsweetened (straight) coffee.

△ لون — : مُصمَت : Unicolorous; unicoloured; uniform colour.

سائد : متغلِّب : Prevalent; predominant; rife; ascendant.

— : متسلِّط : Reigning; ruling; commanding.

— : سيِّد . رئيس : Chief; head.

سَوداء . سُوَيداء : داء الماليخوليا : Melancholy; hypochondria; the blues.

— . — : خلط من أخلاط الجسد : Black bile.

الحبَّة السوداء : Black cumin.

سُوَيداء[2] القلب : حبَّته : The heart's core.

سَوداوي : مصاب بالماليخوليا : Melancholic.

— المزاج : Atrabilious.

سُودان : الجنس الأسود من البشر : Negroes; blacks.

بلاد الـ. : The Soudan; Sudan.

سُوداني : نسبة الى بلاد السودان : Sudanese.

فول — . : Peanuts; monkey nuts.

سُؤدَد : سِيادة : Sovereignty; dominion; supreme power.

سَواد : ضدّ بياض : Blackness.

— : اكثريَّة : Majority; the greater number.

— العين : حدقتها : Pupil, (apple) of the eye.

— المدينة : ما حولها من الريف والقرى : Environs; suburbs.

— الناس : عامَّتهم : Populace; the common people.

الـ الاعظم : The great majority.

سيِّد : رئيس : Chief; head.

— : مَولى : Master; lord.

— (والجمع سادة) : Gentleman; Mister; Mr.

△ قِشطه : برنيق . بهيموت : Hippopotamus.

سيِّدة (والجمع سيِّدات) : Lady; Mistress; Mrs.

السيِّدة : قِشَّة (حشرة) : Ladybird; ladybug.

سيِّدي . يا سيِّدي : Sir.

سيِّدتي . يا سيِّدتي : Madam.

سادتي وسيِّداتي : Ladies and gentlemen.

سِيَادَة : تَسَلُّط — Mastery; rule; dominion.

— : تَغَلُّب — Predominance; ascendancy.

— : لَقَب احْتِرام — His Lordship.

أَسْوَد : ضِدّ أَبيَض — Black.

— فاحِم (∆غطيس) — Jet-black.

مُسَوَّدة المكتوب : ضِدّ مبيَّضة — Rough copy; draft; rough sketch.

— الطَبْع : ○پروْڤة — Proof-sheet.

مَسْوُود : مُصاب بالسَّوداء — Melancholic.

سَوَّرَ الحَدِيقة وغيرها — To fence; enclose with railing; wall, or rail, in.

سَارَ . تَسَوَّرَ الحائِطَ : تَسَلَّقَهُ — To scale a wall.

— : ذَهَبَ (في سير) — To go.

سَاوَرَ : هاجَمَ — To beset; pounce or set upon.

ساوره الشرابُ والأفكار — To be beset by...

سُوْر : حائِط . جِدار — Wall.

— : سِياج — Fence; railing.

— : سِياج حديدي — Iron railings.

— من اسلاك شائكة — Barbed-wire fence.

— : حاجز تحصين (كأسوار المدن القديمة) — Rampart.

سُورَة : فَصْل من كِتاب — Chapter; section.

— من القُرآن — *Sura*; chapter of the korân.

سَوْرَة : حِدَّة — Violence; vehemence.

— البردِ : شدته — Severity; intensity (of cold.)

سُورِيَّا . سُورِيَة : بلاد الشام — Syria.

سُورِيّ : شاميّ — Syrian.

سِوَار . أَسْوار (الجمع أسورة وأساور) — Bracelet.

— الذراع — Armlet.

— القميص : كمّ — ←Cuff; wristband.

∆سَوَارِيّ : جُندي راكب — Trooper; cavalry, or mounted, soldier.

∆— : خَيَّالة — Cavalry; horse-soldiers.

مُسَوَّر : مُحاط بسُور — Fenced; walled, or railed, in.

*سُوْرنْجان : ∆لحلاح — Meadow saffron; colchicum; autumn crocus.

*سَوَّسَ . سَوِسَ . تَسَوَّسَ — To be moth, or worm, eaten.

— . — . — السِنّ او العَظْمُ — To decay; rot.

سَاسَ الدوابَّ : راضَها — To groom; tend.

— القومَ : دَبَّرَهم — To govern; rule.

— العَمَلَ : أدارَهُ — To manage; conduct.

∆سَايَسَ القومَ : لاطَفَهم — To humour.

سُوس (واحدته سُوسَة) : عُثّ — Moth.

— الحبوبِ اي الغِلال — Corn-weevil.

رُبّ — . — Licorice rob.

عِرق — . — Liquorice; licorice.

مَنْقُوع العِرْقسوس : شرابُهُ — Spanish juice.

سِيَاسَة : إدارة — Administration; management.

— : خطّة . تدبير — Policy.

— حُسْن الجوار — Good neighbour policy.

الـ — الدُّوَليَّة — Diplomacy.

سِيَاسِيّ : مختصّ بالأمور السياسيَّة — Political.

— : مختص بالسياسة الدَوليَّة — Diplomatic.

— : مشتغل بالأمور السياسيَّة — Diplomat; —ist.

— : حَكِيم — Politic; judicious; prudent.

— مُحَنَّك — Sagacious politician; statesman.

سَجِين — . — State prisoner.

الدوائر السياسيَّة — Political circles.

المسائل الـ — Politics.

عِلم الاقتصاد السياسي — Political economy.

سَائِس : مُدَبِّر — Manager; administrator.

— الدوابّ — Groom.

مُسَوَّس — Weevilled; infested by weevils.

سِنّ — . — Decayed tooth.

*سَوْسَن : نبات وزَهْرُه — ←Lily.

— الوادي — Lily of the valley.

— مُعَمَّم — Tulip.

*سَوْط : مِجْلَدة . ∆كرباج ← — Whip; lash.

Left column

Sago. ٥سَاغُو : نشاءٌ من جمّار النخْل الهندي

Good reason. مُسَوّغ : سَبَب مُجيز

To procrastinate; put off "till some future time." ٭سَوّفَ : مَطَلَ

Will; shall. سَوْفَ : حَرْفُ استقبال

You shall see. — ترى

Layer; course; stratum. سَافَ . سَافَة : طبقة

Procrastination. تَسْويف : مَطْل

Distance; space. مَسَافة : بُعْد . مَدى . بَوْن

Sophistic. ٥سُوفسطائي (انظر سفسط)

To have a stem. ٭سَوّقَ النبْتُ : صَارَ له سَاق

To drive. سَاقَ . إستَاقَ : سيّرَ . ضدّ قاد

To urge on; drive forward. — . : حَثّ

To lead to. — الى : أدّى

To carry on a conversation. — الحديثَ

To set forth news. — الخَبَرَ

To market; buy and sell. تَسَوّقَ : باع واشترى

To shop; buy. △ — : اشترى △ تبضّع

Leg. سَاقٌ : رِجل

Columbine. — الحَمام : نبات طبيّ

Trunk; stock. — الشَّجَرة : جذعها

Stem; stalk. — النبات والوَرَقة

Side; leg. — (في الهندسة)

Stilt. أبو — : طُوَّل

Garter. رَبْطة الـــ

Order of the Garter. وسام ربْطة الساق

Shin-bone; tibia. عظْم الـــ

Rear; stern. سَاقَة : مؤخّر

Rear-guard. — الجَيش : مؤخّرته

Market; market-place; mart. سُوقٌ : مَكان البَيْع والشِّراء

Fancy-fair; "charity" bazaar. خَيْريّة —

Fair; periodical market. دَوريّة —

Dull market. رَاقِدة (أي هادِئة) —

Right column

Flogging; whipping. — : الضَّرب بالسِّياطِ

Flagellum; (pl. flagella.) : زائدة كالذيل

سَاطَ : ضَرَب بالسَّوْطِ To whip; flog.

Watery; washy; sloppy. △سايِطٌ: كثير المائية

Flagelliform; flagellate. سَوْطيّ : كالسَّوْط

Flagellant. مُتَسَوِّط : يجلد نفسه تَعَبُّداً

Hour. { سوع } سَاعَة : سِتّون دقيقة

Timepiece. سَاعَة٢ : محدّدة الوَقْت

Watch. — جَيب

Repeater. جَيب دَقّاقة —

Clock. حائط —

Stop-watch. سِباق —

Wrist watch. يَد —

Grandfather's clock. الجوامع —

Sandglass; hourglass. رَمْليّة —

Egg-timer. يَبِض (لتوقيت سَلْقه) —

An evil hour. نَحْس —

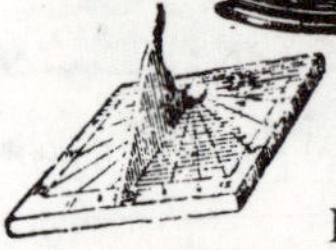

(Sun-)dial. شَمْسِيّة —

ابن سَاعته : سَريع الزَّوال Ephemeral.

Now; at present. الساعة : الآن

Watch-maker. سَاعَاتي : بائع الساعاتِ او مُصلحها

To hold; take. △سَاعَ الشيء (في وسع)

To allow; permit. ٭سَوّغ : جَوّز

To justify; vindicate. △ — : بَرّر

To be allowable or permissible. سَاغَ الامرُ

To be agreeably swallowed; go down pleasantly. — الشّرابُ

To wash down food. أسَاغَ : سَهّل البلْع بالماء

Allowable; permissible. سائِغ : جائز . مُباح

Palatable. — : لذيذ التعاطي

Smooth wine. خَمرة سائغة

Palatable morsel; titbit. لُقمة سائغة

Excipient; vehicle. سَواغ اقرباذيني

— مستطارة (اي نشيطة) Brisk market.

سِعْرُ الـ . Market-price.

△وقْع — : مُستعمَل Second-hand.

سُوقيّ : عاميّ Vulgar; common; plebeian.

خبز — . Store bread.

سُوقَة : رعيَّة Subjects.

— : عامّة الناس Populace; public; mob.

سوَّاق . سائق Driver.

سُوَيْق : دقيق الحنطة الناعم Fine flour.

△سُوَيْقَة : سُوق صغيرة Small market.

سِيَاق : تتابُع Course; regular series.

— الحديث : مجراه Course of a conversation.

— الجملة Context of a sentence.

△ — : وسيط . شفيع Mediator; interceder.

△تَسْوِيقَة : △شَرْوَة رخيصة A bargain; advantageous purchase.

*سوَّكَ . سَاكَ : دلكَ ونظَّف To rub; scour.

— الاسنانَ : نظَّفها To brush, *or* clean, the teeth.

△سُوكَة : حافة حادّة Burr; ridge on cut metal.

سِوَاك . مِسْوَاكُ الاسنان Toothbrush.

○سَوْكَرَ : أمَّنَ على (راجع امن) To insure.

— : ضمِن To secure; guarantee.

— خطاباً : سجَّله To register a letter.

سِيكُورْتَاه : تأمين Insurance; assurance.

— الحريق : تأمين ضدّ الحريق Fire-insurance.

— الحياة : تأمين على الحياة Life-insurance.

— ضدّ أخطار الحرب War risk insurance.

— ضدّ أخطار البحر Marine insurance.

مُسَوْكَر : مؤمَّن عليه Insured.

— : مضمون Guaranteed; secure; safe.

— : مسجل (كخطاب) Registered.

قُفل — . Safety lock.

*سوَّلَ له : أغوى وزيَّن To tempt; allure; entice.

○سولون : فيلسوف ومشترع وسياسي اغريقي Solon.

*سَوَّمَهُ . سامَهُ الامرَ : كلَّفه ايَّاه To impose *or* force upon.

△سوَّمَ الشيءَ : ثمَّنَه To value; estimate the worth of; evaluate.

سامَ ٢ البضائع : عرضها للبيع To offer for sale.

ـه خَسْفاً : أذلّه To humiliate.

ساوَمَ . تَساوَمَ بالبضائع To bargain; chaffer; haggle "about the price".

سائمة : مواشٍ Live stock.

△سِيْم . سِيماء . سِيمَة : علامة Sign; mark.

سِيماء ٢ . سيمة ٢ : هيئة Look; mien; air.

سيَّما . ولا سيَّما (في سوى) Chiefly; principally.

سيميا . سيمياء : غير الحقيقي من السحر Conjuring; legerdemain; natural magic.

— : ○سِينما ○سينماتغراف Cinematograph.

— : الصورُ المتحركة Moving pictures.

مُساوَمَة : △فِصال . مُشارطة Bargaining.

△سُونكي : △سِنْجَة (انظر سنج) Bayonet.

*سَوِيَ : استقام أمرُه To be straight.

— . ساوى كذا To be worth. . .; equal in value to. . .

سَوَّى الارضَ : جعلها مُسْتوِيَة To level; smooth; make even.

— البناء بالارض : هدمه To raze to the ground.

— وساوى ٢ هذا بذلك To reduce to the same level; equalise; make equal.

— . — : أصْلَح To make up; make good.

— . — : عدَّل To regulate; arrange.

— . — بينهما : وفَّق To reconcile.

— س : صَنَعَ . عمل . فعل To make; do.

△ — : أنضَج To ripen; mature.

△ — : طَبَخ To cook.

△ — الطبْخَ نِصْف سِوى To underdo; cook insufficiently.

△ — الطبخ كثيراً To overdo; cook too much.

△ ـه بالضرْب : ضرَبه ضرباً مبرحاً To beat into a mummy.

إستوى : اعتدلَ	To be, *or* become, straight.
— هذا بذلك: صارمثله	To equal; be equal to.
— على : جلسَ	To sit upon.
— على الدابّة	To be well mounted.
△ — الثمرُ وغيره : نضجَ	To ripen; mature; become ripe.
△ — الطبخُ: نضجَ	To be done; well cooked.
سَوَاء . سُوِي : عَدْل	Equity; fairness.
— . — : مِثْل	Equality; sameness.
— . — : مُستو . مهَّد	Even; smooth.
— السبيل : ما استقام منه	The straight path.
— كذا او كذا	Either this *or* that.
— عليَّ اهي جاءَت أَم هو	It is equal *to* me.
على السِواء : بالسَويَّة	Equally; alike; similarly.
سِوى ٢ : غير	Except; save; but.
على حدّ سَواء ٢ : بالمِثْل	Equally; without difference.
على حدّ سواء : سِيّان	It makes no difference; it is all the same.
سَوِيّ : مُمَهَّد	Even; level.
△سَوِيَّةً : معاً	Together.
سِيَّان : مِثْلان	The same; equals.
— عِنْدِي	It makes no difference to me; it is all the same to me.
هما — عِنْدِي : لا تفاوت بيْنهما	Alike; like one another; the same.
ولا سِيَّمَا : خُصُوصاً	Chiefly; principally; mainly.
إسْتِوَاء : اعتِدال	Straightness.
— : سُهُولة	Evenness; levelness.
— : تشابُه	Equality; sameness.
خطّ الــ . (في الجغرافيا)	The equator.
اسْتِوائيّ : مختصّ بخط الاستِواء	Equatorial.
— : مختصّ بالمنطقة الاستوائيّة	Tropical.
المدار الــ . (في الفلك)	The Tropics.
المِنطَقة الاستوائية	The tropical zone.

تَسْوِيَة : تمهيد	Levelling; smoothing.
— : تعديل وترتيب	Arrangement.
— : توفيق ونَهو	Settlement; adjustment.
— : حَلّ مُوَفِّق	Compromise.
△ تحتَ الــ .	Unsettled; outstanding; under settlement.
تَسَاوٍ : مُسَاواة . معادَلة	Equality; evenness.
— : مماثلة	Sameness; likeness.
بالتساوي : بالمِثْل	Equally; evenly.
مُسَاوٍ : مماثِل . مِثْل	Equal; similar.
— : معادِل	Equivalent.
مُسَاوَاة : تَسَاوٍ	Equality; evenness.
— تجاريَّة	Composition (with the creditors); *concordat*.
مُتَسَاوٍ : متماثِل او متعادِل	Equal; similar; even.
متساوي الأبعادِ	Equidistant.
— او متشابه الأجزاء : نَظِير	Isomeric.
— الأضلاع	Equilateral.
— الحرارة	Isothermal; isothermic.
— الزوايا	Equiangular.
مُثلَّث — الساقَين	Isosceles triangle.
مُسْتَوٍ : مُعْتَدِل	Straight.
— : مُمَهَّد	Level; even; smooth.
△ — : ناضِج	Ripe; mature.
△ — : مَطْبُوخ	Cooked; well done.
مُسْتَوًى	Level; plane.

☆سَيْء . ☆ سَيِّئة (في سوأ) ☆ سياسة (في سوس) ☆ سياق (في سوق) ☆ سِيَّان (في سوي)

☆سَيَّبَ △ساب : تَرَكَ	To leave; give up; relinquish.
— △ — : هجَرَ	To abandon; desert.
— △ — : تَرَكَ . أهمل	To neglect.
— △ — : أرْخَى	To loosen; relax.
— △ — : أطْلَقَ	To release; set free.
— △ — الشيء من يدهِ	To let go; cease holding.

To flow; run. سَابَ ٢ . انْسَابَ الماء : جَرى

To run; flee. — . — الرَّجُلُ : سار مسرعاً

To glide along. — . — الثُعبانُ : جَرى

Flowing; running; gliding. سَيْب : جريان او جَرْي

Nit. △ سِيبان : صِئبان . بَيْضُ القَمْل والبرغوث

Tripod. △ سِيبة: رَكيزة بثلاثِ قوائم

Cabinet frame. △ — اَحْرُف المطْبعة

Left; abandoned. سائِب : مَتْرُوك

Unconfined; at large; astray. — : فالت

Free; at liberty; unrestrained. — : حُرّ

Loose; free; unbound. — : مَحْلول

Floating rib. ضِلْع — .

Free wheel. دُولاب (عَجَلة) — .

Streamline. إنسِيابيّ : مَشِيق

Cytoplasm. ○ سِيتُپْلَزْمه : جِبِشْوَة

To hedge; surround with hedge. ✲ سَيَّجَ الكرمَ : أحاطه بسياج

Hedge; fence. سِيَاج : سُوْر (انظر سور)

Hedged; fenced مُسَيَّج : محاط بسياج

Cigar. ○ سِيجار زنوبيا: دُخْنة. لفافة تبغ كبيرة

Cigarette. سِيجارة : دُخَيْنَة. لِفافة صغيرة

To let water flow *or* run. ✲ سَيَّحَ . أساحَ الماءَ : أجْراه

To melt; dissolve; make liquid. △ — : أذابَ

To smelt; liquefy by heat. △ — : صَهر

To flow; run. سَاحَ الماء : جَرى

To travel; make a tour. — : تَجوّل في البِلادِ

To melt; dissolve; thaw; become liquid. △ — الثلجُ والمعدن : ذابَ

Great traveller. سَيَّاح : كَثير السياحة

Tour; journey; travel. سِيَاحَة : رِحْلة

Flowing; running. سَائِح : جارٍ

Melted; molten. △ — : ذائب

Tourist; traveller. — : سَيّاح △ سوّاح

Melting; liquefaction. △ تَسْيِيح : اذابة

Striped. (راجع خطط) مُسَيَّح : △ مُزيَّح. مُخطَّط

Molten. △ — : مُذاب بالحرارة

To sink. (سيخ) سَاخَ : غاصَ

Spit; skewer. △ سِيخ : سفّود الشيّ

Bar (of iron *or* steel). △ — حديد او صُلْب

✲ سيّد ✲ سيّدة (في سود)

To drive; put in motion. ✲ سَيَّرَ . أسارَ : جَعله يَسير

To send on; forward; despatch. — : أرسَلَ

To stripe. — : خطّط △ زيّح

To run one's work, etc. — عمله أو امُوره

To go; be in motion. سَارَ : تَحرّك

To go; work; be in action. — : اشْتَغَل

To go; be current. — : دَرَجَ

To go away; depart. — : ذَهَبَ

To go f rward; proceed. — : تقدَّمَ

To walk; move. — : مشى

To act; behave. — : سَلكَ . تَصرّفَ

To act up to; follow. — بمقتضى كذا

To conduct; lead. — بهِ : قادهُ

To carry away; go with. — به : أخذه وذهبَ

To march on. — الجيش على

To follow. — وراء : تبع

To keep pace with. سايَرَ : جارى

To adapt *oneself* to circumstances. — الظُرُوفَ

To humour. — : لاطفَ ودارى

To agree, *or* get on, with. — هُ : سَارَ على هَواهُ

Going; proceeding. سَيْر : المَصدر من « سارَ »

Walking. — : مَشْي

Thong; strap. — : قِدّة من جِلد مُستطيلة

Belt, —ing. — الآلات (لادارتها)

سيرج

حِزَام : — : Waist-band; belt.

سُلوك : سِيرَة . —△ : Conduct; behaviour.

سُمعة . ذِكْر : سِيرَة٢ : Reputation; fame.

قِصَّة : — : Story; narrative.

تاريخ : — : History.

تاريخ حياته : إنْسان او شَخْص — : Biography.

كثير السير : سَيّار : Moving continually.

كوكب يسير حول الشمس : سَيّارَة . — : Planet.

قافلة : سَيَّارَة٢ : Caravan; convoy.

أُتُمُبِيل : —٥ : Motorcar; automobile.

مُتَحَرِّك : سائِر : Going; proceeding; moving.

مُتَقَدِّم : — : Advancing; progressing.

على الأقْدام — : Walking.

متداوَل . جارٍ : — : Current; in common use.

جميع . كل : — : All; the whole of.

باقيه : الشيء — : The rest, or remainder, of.

مُخطط : مُسَيَّر : Striped.

غير مُخَيَّر : — : Automaton; having no free will.

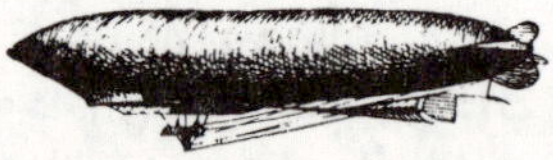

مُنطَاد —. — : Dirigible balloon; airship.

مَسَافَة : مَسِيرَة : Distance.

زَيْت (دُهن) السمسم : سِيرَج△ : Sesame oil; gingili-oil.

اسم شجر : سَيْسَبَان٭ : Sesban.

حِصان صَغير الجسم . مُسَلَّك : سِيْسِي△ : Pony; nag.

(في سطر) سيطر وتسيطر ٭

حُسام : سيف — : Sword; sabre.

مِغْوَل : المبارزة — : Foil.

مِقْضاب : الحصاد — : Scythe.

أعمل فيهم السيف : To put to the sword.

سبق السيف العَزل : To be too late.

سيل

سَيَّاف : Swordsman.

سيف . أَبُو سيف . البَحْر — : Swordfish.

سِيف٢ : ساحِل البَحْر : Sea-side.

ساف الرجل : To strike with a sword.

سَيفُون : مَمَص٥ : Siphon.

صُندوق سيفون : — : Flush box.

مَثْقَب : المجاري — : Trap.

زجاجة — : Siphon-bottle.

سِيكار٥ : دُخْنَة : Cigar.

سِيكارة : دُخَيْنَة : Cigarette.

سيكران (في سكر) ٥ سيكورتاه (في سوكر)

سَيَّل . أَسَال : أَجْرى٭ : To cause to flow, or run.

أذاب : — . — : To liquefy; fluidify.

الدَّمْع — . — : To cause the eyes to water.

اللُّعاب — . — : To cause the mouth to water.

سال : جَرى : To flow; run.

ذاب : — : To liquefy; become liquid.

رَشَح : — : To leak.

أُنفه — : To run at the nose.

سَيْل : ماء كثير : Flood; a great flow of water.

جارِف — : Torrent; rushing stream.

سَيَلان : جَرَيان : Flowing; running.

تَرشيح : — : Leakage or leaking.

مَرَض : — : Gonorrhea; gonorrhoea; clap.

سِيَلان : حجر كَريم : Garnet.

جزيرة — : Ceylon.

سِيَّالة : مَسِيل ُماء : Water-course; runlet.

سَيَّال : جارٍ : Flowing; running; current.

سالب : Negative fluid.

كَهْرَبي — : Electric fluid.

سَيَّالة : مَسِيل ُماء△ : Water-course; runlet.

جَيْب — △ : Pocket.

Right column

سُيُولَة : ضدّ جودة — Liquidity; fluidity.

سائل : ضدّ جامد — Liquid; fluid.

— : مائي — Hydraulic.

مِسْيَل : مقياس الثقل النوعى للسوائل — Areometer *or* densimeter.

مُسِيْل — Liquefying; liquefacient.

— الدموع — Lachrymatory.

غاز — الدموع — Tear-gas; lachrymatory gas.

سِيم (في سوم) ٥ سِيَّما (في سوي) ٥ سِيماء (في سوم)

سيمافور : مَلَوّح — Signal-post; semaphore.

— القيام الأمامي — Advance starting signal.

سِيمُون الساحر — Simon Magus.

سِيمُونِيّة : المتاجَرة بالدين — Simony.

سِينا . سِيناء : اسم جَبَل — Sinai; Mount Sinai.

ابن — : فَيلَسُوف أطباء العَرَب — Avicenna.

سِينماتُغراف : الصُّور المتَحَرِّكة — Cinematograph; moving pictures.

سَيْنُودِس : جمع رؤساء. مذهب دِيني — Synod.

سِينِيّ : يُشْبِه حَرف S الافْرَنكي — Sigmoid.

التعريج الـ — — Sigmoid flexure.

(ش)

شَأَفَة : أَصْل — Root.

اسْتأصَل شَأْفَته — To extirpate; root out; eradicate; exterminate.

شَأَم الرَّجُلَ : جرَّ عليه الشُّؤْم — To bring bad luck upon.

تَشاءَم . إسْتَشْأَم ضدّ تفاءل — To portend; augur; consider as a bad omen.

شَأْم . شام : سُورية — Syria.

شَأْمِيّ . شامِيّ : سوريّ — Syrian.

شَأْم.أَشْأَم : يأتي بالشُّؤْم — Inauspicious; ill-omened; ominous; sinister.

شُؤْم ٥ شُوم : ضدّ يُمْن — Bad luck.

Left column

شَأْمَة . علامة شؤم؟ — Evil omen; portent.

شامَة (في شيم) — Mole; beauty spot.

شِيمَة . شِثْمَة : الخَلق والطبيعة — Nature; disposition.

— : عادة — Wont; habit.

مَشْؤُوم ٥ مَشْوُوم . مَيْشُوم — Ill-omened; sinister; unlucky; inauspicious.

شَأْن : حاجة . أمر — Business; affair.

— : دَخْل — Business; concern.

— : حال — Condition; state.

— : علاقة . صلة — Connection; relation.

— : منزلة — Situation; standing.

— : أهمِّية — Importance; consequence.

— : القناة الدمعية — Tear-duct.

ذو — : هامّ — Important; of great importance.

على — ٥ عَلَشان . منشان . لاجل — For.

بشأن — About; concerning; regarding.

أنت وشأنك — Please yourself; as you like.

من شأنه ان يفعل كذا — It is his business to do so.

ليسَ من شَأنِك ان — It is not your business to.

ما شَأنك : ماذا تريد — What is your business?

غَضّ من شأنه — To detract (from); disparage.

شَأْو : غاية — Object; aim; goal.

بَعِيد الـ — — Far-aiming; far-aspiring.

جَرى شأواً (شَوطاً) — To run a heat.

شَأَى (في شيأ) ٥ شائبة (في شوب) ٥ شائق (في شوق)
شائك (في شوك) ٥ شائن (في شين) ٥ شابَ (في شيب)
وفي شوب) ٥ شابُّ (في شبب) ٥ شابَهَ (في شبه)
شابُورة (في شبر) ٥ شاجَر (في شجر) ٥ شاحِب (في شحب)
شاخَ (في شيخ) ٥ شاد (في شيد) ٥ شادِر (في شدر)
شادُرُوف (في شدف) ٥ شاذَّ (في شذذ) ٥ شاذّ (في شرر)
شارَ (في شور) ٥ شارَ (في شري) ٥ شارَك (في شرك)
شارَة (في شور) ٥ شاسِع (في شسع)

شاصِي الاتُنبيل : القاعِدة بما فيها الآلات — Chassis.

شاش (في شوش) ٥ شاط (في شيط)
شاطِر (في شطر) ٥ شاطِئ (في شطأ)
شاع (في شيع) ٥ شاف (في شوف)
شاقّ (في شقق) ٥ شاكُوش (في شكش)
شال وشالِيَة (في شول) ٥ شامَة (في شيم)

*شان (في شين) *شاهُ وشاةٌ (في شوه) *شاهق (في شهق)
*شاور (في شور) △شاويش (في شوش) *شاي (في شي)
*شباب (في شبب) *شباط (في شبط) *شُبّاك (في شبك)

*شبَّبَ . تشبَّبَ بالفتاةِ — To laud; sing the praises of.

△— : صبَّى . جدَّد شبابه — To rejuvenate.

شَبَّ : صار فتيًّا — To become a youth.

— عن الطَّوْقِ : نما وكَبُر — To grow up.

— عن طَوْقِ الحصْر — To exceed the bounds of.

— الشيءَ : زيَّنه — To adorn; set off

— : ارتفع — To rise; shoot up.

— الحِصانُ حَرَنًا — To rear.

— الحِصانُ مَرَحاً — To prance; bound gaily.

—تِ النارُ والحَرْبُ — To break out.

—تْ فيه النارُ — To take fire; burst into flame.

أشَبَّ △تَشَبَّبَ : تجدَّدَ شبابه — To rejuvenesce; grow young again.

شَبٌّ △شَبَّة : حجرُ الشَّبِّ — Alum.

△— . شابٌّ : فتىً — A youth; a young man.

△— . شَبَبٌ : عِجْلٌ كبير — Steer; a young ox.

— الليل : نبات مُزْهِر — Marvel of peru.

شابَّة : فتاة — A young woman; a maiden.

شَباب . شَبِيبَة(١) — Youth; early life.

جدَّد شبابَه — To rejuvenate; make young again.

تجدَّد شبابه — To renew *one's* youth; grow young again.

شبابيّ : مختصّ بالشَّبابِ — Juvenile; youthful.

شبيبة(٢) : جملة الشُّبّان — The youth.

شبوب : ثوران — Outbreak.

تَشَبُّب : تجديد او تجدُّد الشباب — Rejuvenescence.

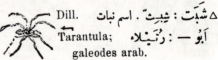

△شبِت : شِبِتّ . اسم نبات — Dill.

أبو — : رُتَيلاء — ←Tarantula; galeodes arab.

*شَبَثَ . تَشَبَّثَ بكذا : تعلَّق به — To cling, stick, cleave *or* adhere, to.

شَبَث : دُوَيبّة كالعنكبوت سامّة — Galeodes, tarantula, *or* mygale.

شِبِتّ : △شَبَت . اسم نبات — Dill.

رَجُلٌ — : طَبْعه التشبُّث — Tenacious; pertinacious.

تَشَبُّث : تمسُّك — Tenacity; obstinacy.

مُتَشَبِّث : مُتمسِّك — Tenacious; obstinate.

*شَبَحَ الشيءَ : مدَّه . مدَّدَه — To stretch.

— الرَّجُلُ : مدَّ يديه — To stretch out the hands.

شَبَّحَ المتكلِّم △شَبَّر (انظر شبر) — To gesticulate.

شَبْح . شَبَح : شخص — Person; body.

— . — : خيال — ←Ghost; spectre; shadow; phantom.

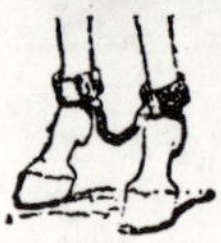

— الحَرْب — War-cloud.

— الخَوف — Spectre of fear.

△شَبحَة : قَيْد . أصْفاد — Shackles.

شَبحِيَّة : عدسة ايجابيّة — Objective.

تشبيح : حركات ايمائيّة مع الكلام — Gesticulation.

مِشْباح : مِجْساد (انظر جسد) — Stereoscope.

*شَبَرَ . شَبَّرَ : قاس بالشِّبْر — To span; measure by the span of the hand.

△شَبَّر ٢ : شوَّر بيديه واتى بحركاتٍ ايمائية — To gesticulate.

شِبْر : ما بين طرف الابهام وطرف الخنصر ممتدين — Span; hand-pan, (9 inches).

شَبُّور : بُوق او نفير — Shophar; horn, bugle *or* trumpet.

△شَبُّورة : ضَباب . غطيطه س — Fog; thick mist; pea-souper.

*شَبْرَقَ : مزّق قِطَعاً — To tear to pieces; tatter.

△شَبرَقة : مصروف الجيب — Pocket money.

فطير الشَّبارق — ←Volauvent.

△ شِبْشِب : خُفّ — Mule; slippers.

△ شَبَطَ فيهِ : شَبِثَ بهِ — To cling, or, cleave to.

شُبَاط : فِبْرَايِر . الشهر الميلادي الثاني — February.

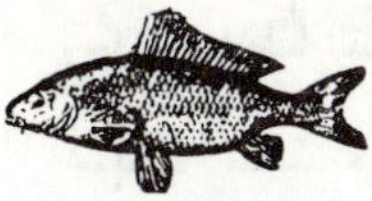

شَبُّوط س : سمك — Chub or carp.

✿ شَبِعَ : اكْتفى — To be satisfied or full.

— من الاكْل — To eat *one's* fill.

— منه : امتلأ وتضايق — To be disgusted or fed up with; be satiated.

شَبَّعَ . أَشْبَعَ : جعلهُ يَشْبع — To satisfy; give enough.

△ — . — الشَهْوَة او الحواسّ — To satiate.

△ — . — : شَرَّبَ — To saturate.

△ — . — الفِكْر او العقل — To obsess; fill the mind.

△ — . — الكلام : اسْتوفاه — To amplify; speak copiously; be diffuse in description.

تَشَبَّعَ : تَشَرَّبَ — To be saturated.

— بِرأيٍ او فِكْرة — To be obsessed with.

شِبَع — Satisfaction; fullness; satiety.

شِبْعٌ : ما يُشْبِع — Fill; as much as fills *or* satisfies.

شَبْعَة . أَكْلَة شِبَع — A square meal.

شَبْعَان : ضِدّ جائع — Satisfied; full.

△ رَجُل — : غَنِيّ — Rich; a man of means.

إِشْبَاع — Satisfaction; filling; satiation, etc.

مُشْبِع : كافٍ — Satisfactory; giving content.

— : مُغَذّ — Substantial.

مُشَبَّع بالماء : مُتَشَرِّب — Saturated.

— بالهواء — Aerated.

✿ شَبِقَ : غلِمَ — To lust; be lustful.

شَبَق : غُلْمَة — Lust; licentious craving; sexual appetite; libido.

— الأُنثى — Nymphomania.

شَبِقٌ : شهواني — Lustful; lecherous; libidinous.

✿ شَبَكَ . شَبَّكَ : عَقَدَ △ شربَكَ — To entangle; complicate.

— الشيءَ بغيرهِ : وَصَلَهُ بهِ — To entwine; fasten; join.

△ — الفتاة : خطبها — To engage; betroth.

إشتبكَ . تشبَّكَ — To be entangled, complicated *or* entwined.

ـت الطيارةُ في الشَّجَرة — The kite caught in the tree.

اشْتَبَكوا في قِتال — To be engaged in war.

شُبُك : غليون التدْخِين ○ بيبة — Pipe.

— : قصبة التدْخِين — Chibouk.

△ شَبْكَة : هدية الخِطبة — Engagement present.

شَبَكَة : شِرَاك — Net; netting.

— : حِبالة . احبولة — Toils; snare.

— السمَّاك . شَبَّاك(١) — Fishing-net.

— الشَّعْر : مَسْكَبة — Hair-net.

سِلْك — . — Wire netting.

شُبَّاك٢ : نافذة — Window.

— في سَقْف مائل — Dormer window.

— بَيْت نار الفُرْن — Stokehold.

شَبَكِيَّة العين — Retina.

△ شَوْبَك : مِطْلَمَة — Rolling pin.

مِشْبَك : ابْزِيم — Clasp; fastener.

— صَدْر — Brooch.

— (دبّوس) غَسِيل — Clothes pin.

— الورق — Paper-fastener; clip.

مُشَبَّك . مُتَشابِك — Interlaced; entwined.

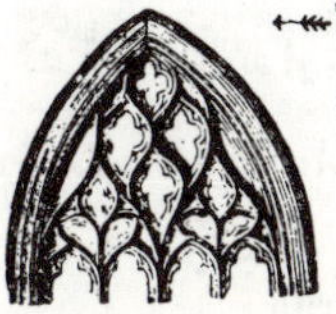

— (في المعمار) — Tracery.

✿ شِبْل : وَلَدُ الأسَد — Cub; whelp.

هذا الـ من ذاك الأسَد — A chip of the old block.

To be brought up in luxury. ٭شَبَنَ الغلامُ : نشأ في نعمةٍ

Best man; groomsman. △شَبِين △إِشْبِينُ العَرِيس

Godfather; sponsor. △ — المَعْمِد : عَرَّاب س

Bridesmaid; best maid. △شَبِينَة △اشبينة العَرُوس

Godmother; sponsor. △ — المعمِد : عَرَّابَة س

←Chimpanzee. ٥شَمْبَنْزِي : بَعَام

٥شُوبِنْهُوَر : فيلسوف الماني شهير ← Chopenhauer (Arthur).

To liken to; compare to. ٭شَبَّهَ بكذا : مَثَّله به

To compare with. — بهِ : قارن بَيْنَهما

To be ambiguous to. شُبِّهَ عليه الأمر : أُبْهِمَ

To favour; resemble; bear a resemblance to; look like. شَابَهَ . أَشْبَهَ والدَه (مثلاً)

To be analogous; similar. — . — : ماثَلَ

To imitate; copy; follow. تَشَبَّهَ بهِ

To doubt; be in doubt about. إِشْتَبَهَ في الامرِ : ارتاب

To suspect. — في أمره او فيه : شَكَّ

Doubtful; suspicious. يُشْتَبَه في أمرهِ

Resemblance; analogy; likeness; similarity. شِبْه . شَبَه : مُماثلة

Likeness; portrait; picture. — . — : صُورَة

Brass. — . — شِبْهَان : نُحاس أَصْفَر

Like; similar to; resembling. — . شَبِيه : مَثِيل

Quasi-crime. — جَرِيمة

Peninsula. — جَزِيرة : △ بُحَيْث جزيرة

←Rhomboid. — مُعَيَّن (في الهندسة)

Semi-official. — رَسْمِيّ

Trapezoid. — مُنْحَرِف (في الهندسة)

And the like. وما اشبه ذلك

Doubt; suspicion. شُبْهَة . إِشْتِبَاه

Suspected; shady customer. تحت الـ . مَشْبُوه بهِ

To compromise. أَوقَعَ في (تحت) الشبهة

Resemblance; likeness; similarity; analogy. تَشَابُه . مُشَابَهَة

Likening; comparing. تَشْبِيه : تمثيل

Simile. — (في علم البيان)

Alike; similar. مُتَشابِهُون

٭شبورة (في شبر) ٭شبوط (في شبط) ٭شبيبة (في شبب)

٥شَبِيَّة . قِنْدَاق س . كتاب الصلاة ← Prayer-book.

٭شَتّ (في شتت) ٭ شِتاء (في شتو)

٭شَتَّان (في شتت)

To scatter; disperse. ٭شَتَّتَ . أَشَتَّ : فَرَّقَ

To be scattered *or* dispersed; disperse. شَتَّ . تَشَتَّتَ

Scattered; dispersed. شَتّ . شَتَات . شَتِيت

There is a great difference between them. شَتَّانَ بَيْنَهما

Various; different; miscellaneous. شَتَّى

Sundries. أَشْيَاء —

Sundry expenses. مَصَارِيف — .

Dispersion; scattering. تَشْتِيت : تَفْرِيق

Scattered; dispersed; ungathered. مُشَتَّت : مُتَفَرِّق

Citrate. ٥شِتْرَاة ٥شِتْرَات : مِلْح او رُوح اللَّيْمُون

To transplant. △ شَتَلَ الزرعَ : نقله

A transplant; nursery-plant. شَتْلَة : غَرْسَة

Nursery; plant nursery. مَشْتَل النباتات

To insult; revile; abuse; call *another* bad names. ٭شَتَمَ : سَبَّ

Insolent; abusive. شَتَّام : كثير الشَّتْم

Insulted; abused; reviled. شَتِيم . مَشْتُوم

Insult; abuse; vituperation. شَتِيمَة : سَبَّة

﴿ شتو ﴾ شَتَا . شَتِيَ . تَشَتَّى بالمكانِ : أقامَ بهِ شتاءً

To winter; pass the winter in a place.

To hibernate. — . — الحيوان : قضى الشِّتاء نائِمًا

△شَتَت ٢الدُنيا : أَمْطَرَت — It rained.

شِتَاء : ضِدّ صَيْف — Winter.

△— : مَطَر — Rain, *or* rainy season.

شِتَوِيّ : مختص بالشِتاءِ — Wintry; hibernal.

مَشْتًى : مَكان الاقامَة في الشتاءِ — Winter resort *or* residence.

*شَتَّى * شَتِيت (في شتت) * شجّ (في شجج)

*شَجَبَ . أَشْجَبَ : أَحْزَنَ — To afflict; grieve.

شَجَبٌ . شُجُوب : حُزْن — Affliction; grief; distress.

شِجَاب . مِشْجَب : △شَمّاعَةهُدُوم ← Hat and coat rail *or* hook.

(شجج) شَجَّ : كَسَر — To break; fracture.

— : شَقَّ — To cleave; split.

شَجَّة : كَسْر في الرأسِ — Skull fracture.

*شَجَرَ : دعمَ . سَنَدَ — To prop up.

— ما بَيْنَهم : تنازعوا — To fall out; dispute.

شَاجَرَ . تَشَاجَرَ مع — To fight; quarrel with.

شَجِرٌ . أَشْجَر — Woody; abounding in trees.

شَجَرَة : واحِدَة الشجَر أو الأشجار — A tree.

— النسَب (انظر نسب) — Genealogical tree.

شُجَيْرَة : تصغير شجَرة — Shrub.

شِجَار : △ترْباس ← Door-bolt.

— : △نَقّالة الجَرْحى ← Stretcher.

— . مُشاجَرَة : عِرَاك ← Fight; quarrel.

مُشْجِر : كثير الشجَر — Woody; abounding in trees.

مُشَجَّر : مُزَيَّن بِرسُوم كالشجَر — Figured with designs of plants.

○شَجْران : نَوع من الجِلْد — Shagreen.

*شَجُعَ : كانَ شُجاعاً — To be courageous, plucky *or* brave.

شَجَّعَ : جَرَّأ — To encourage; hearten; embolden.

— : عَضَّدَ — To encourage; countenance.

— : قَوَّى الأمَلَ — To inspire with hope.

— : حَرَّضَ — To abet; incite; instigate.

تَشَجَّعَ — To take courage *or* heart; pluck up courage.

شُجَاع — Courageous; brave; valorous.

شَجَاعَة — Courage; bravery; valour.

تَشْجِيع — Encouragement; heartening.

*شَجِنَ . شَجَّنَ . أَشْجَنَ : أَحْزَنَ — To sadden; grieve.

شَجَنٌ . شُجُون — Sorrow; pathos; power of exciting tender emotions.

مُثِير الشُجُون — Pathetic; touching; moving the tender emotions.

*شَجْو . شَجاً : هَمّ — Anxiety; solicitude; care.

شَجْوِيّ : مُحْزِن — Sorrowful; sad; tragic.

رِوَاية او تمثيل — . — Melodrama.

شَجِيّ . شَجٍ : مَشْغُول البال — Anxious; solicitous.

— : مُثِير الشُجُون — Pathetic; affecting the tender emotions.

شَجِيَ : حَزِنَ — To be grieved *or* saddened.

شَجَا . أَشْجَى : أَحْزَنَ — To grieve; sadden.

*شحّ (في شحح) △شحّات (في شحت)

*شَحَبَ . شَحُبَ وَجْهه — To be, *or* look, pale, sallow, *or* pallid.

شَاحِب — Sallow; wan; pale and sickly; pallid.

△شَحَت : اسْتَجْدَى — To beg; ask for alms; live on charity.

△شَحّات : مُسْتَعْطٍ — Beggar.

— العين : شعيرة الجفن — Sty.

(شحح) شَحَّ بالشيءِ وعليه — To skimp; be parsimonious *or* covetous.

△— الشيء : قَلَّ — To run short.

شَاحَّ بالشيءِ على — To dole; deal out scantily; stint.

شُحّ : بُخْل — Greed, —iness; covetousness.

شَحِيح: بَخِيل Greedy; covetous; persimonious.
△ — : قَلِيل Little; scanty; insufficient.
△ أيامُ الشحائح (التحاريق) Drought; dry season.
لا مُشاحَّة في كذا It is indisputable; doubtless.
* شَحَذَ: سَنَّ (راجع سنن) To whet; sharpen.
— الموسى (على القايش) To strop a razor.
شَحْذ: سَنّ Whetting; sharpening.
شَحَّاذ: متسوّل مِلحاح Importunate beggar.
مِشْحَذ. مِشْحَذَة: مِسَنّ الحجر Whetstone.
△ شَحَّرَ △ شَحْوَرَ: سَخَّمَ To besmut; blacken with soot.
شُحْوَار: سخام القدر والمداخن Soot; smut.
— المِصْباح Lampblack.
شُحْرُور. شَحْوَر: طائر مغرِّد Blackbird.
* شَحَطَ المكان: بَعُدَ To be distant.
△ — الكبريتة: حكّها To strike a match.
△ — شحّط المركب To strike; be stranded; run aground *or* on a sand-bank.
أَشْحَطَ: طرد وأبعد To drive away.
شَاحِط: بعيد Distant; remote.
△ — △ مشحّط (كالمركب) Aground; stranded.

△ شُحَّيْطَة: △ كِبْرِيتة Match; lucifer.

شُوحَط: سِدْر جبلي Yew tree.
* شَحُمَ △ شَحَّمَ: كثر شحمه To be, *or* become, fat.
△ شَحَّمَ ٢ العجل To lubricate.
شَحْم: دُهْن Fat; grease; suet.
— مُذاب (كالمستعمل في الصناعة) Tallow.
— الخنزير Lard.
— الثمر: لُبُّه Pulp of fruit.

شَحْمَة: قطعة الشحم A piece of suet *or* tallow.
— الاذن: حَلَمتها Lobe of the ear.
— الارض: كَمْأة Truffle.
— العين: مُقْلتها Eyeball.
شَحِمٌ. مُشْحِم: كثير اللُّب Pappy; pulpy.
شَحِيم. مُشَحَّم: سمين Fat; fatty; greasy.
شَحْمِيّ: دُهْنِيّ Sebaceous.
△ تشحيم الالات **Lubrication.**
* شَحَنَ السفينة: وسقها To load a ship.
— البضائع: ارسل بها بحراً To ship goods.
— البطّارية الكهربية To charge an electric battery.
— . أَشْحَنَ: مَلأَ To charge; load; fill.
— . — : طرد وأبعد To drive away.
شَحِنَ عليه: حقد To bear, *or* harbour, malice against.
شَاحَنَ: باغض To hate; abhor.
— : خاصم To altercate, *or* quarrel, with.
تشاحنوا To squabble; dispute.
شَحْن. شِحْنة: وسق Freight; cargo; load; charge; filling.
شِحْنة ٢ السفينة Shipment.
— كهربيّة Electric charge.
— : الشرطة ○ البوليس Police; police-force.
بوليسة الشحن Bill of lading; b.l.
شَحْناء. مُشاحَنَة: عداوة وحقد Sullen malice; grudge; hatred; ill-will.
△ مُشاحنة ٢: مخاصمة Dispute; altercation.
شاحِن. مَشْحُون: مَوْسُوق Loaded; freighted.
△ شَحْوَر (في شحر) * شحيح (في شحح) * شخّ (في شخخ)
* شَخَبَ: سال وتدفّق To gush; flow out copiously.
△ شَخْبَطَ في الكتابة: ثَبَّج To scribble.
(شخخ) شَخَّ: بال To urinate; pass water.
شَخّ △ شُخاخ: بَوْل Urine; piss; water.
* شَخَرَ: غطّ To snore.
△ — : زَنْخَرَ △ خَنْفَرَ To snort.

شَخِير : غَطِيط	Snoring.
٭شَخْشَخَ السِلاحُ وغيره	To rattle; clatter.
شُخْشِيخَة : خُشْخِيشة (راجع شخلل)	Rattle.
△ — : أُلْعُوبَة	Bauble; toy.
△ — : منورُ السقفِ	Lantern; sky-light.
٭شَخَصَ : صَعَدَ . طلَعَ	To rise; tower up.
— النجمُ : طلعَ	To appear; rise.
— بصرهُ وببصرهِ : رفعه	To lift up the eyes.
— ببصرهِ الى	To gaze, *or* stare, at.
— من البلدِ : ذهب	To depart; leave.
شَخَّصَ : عيَّنَ	To designate; name.
— : مثَّلَ	To personify.
— رِواية تمثيلية	To act; play.
— الطبيبُ المرضَ	To diagnose a disease.
تَشَخَّصَ لهُ : تراءى	To appear, *or* seem, to.
شَخْص : إنْسان	Person; individual.
— اوّل : المتكلّم	First person.
— معنويّ	Artificial, *or* fictitious, person.
شَخْصِيّ : ذاتيّ	Personal.
— : خصوصيّ	Private.
شخصيًّا : بالذات	Personally; in person.
شخصية : ذاتية	Personality; individuality.
— : حقيقة الشخص	Identity; sameness.
— بارزة	Personage; VIP.
قانون الاحوال الشخصيّة	Personal statute.
محكمة الاحوال الشخصيّة	Court of Probate.
تحقيق الشخصيّة	Identification.
تذكرة تحقيق الـ	Identity card.
شاخِص : محلق	Staring; gazing.
△ — المهندس	Pole; ranging rod.
تَشْخِيص : تعيين	Designation; naming.
— المرضِ	Diagnosis.
— : تمثيل	Personification.
— روائي : تمثيل	Play; representation.
تَشْخِيصيّ : تمثيلي	Dramatic; theatrical.
— : تعريفي . وصفي	Diagnostic.
مُشَخِّص : مُمَثِّل	Actor; player; stage-player.
مُشَخِّصَة : مُمَثِّلة	Actress; player.
△ شخط فيه : صرخ	To shout at.
٭شَخْطُورة : ٥ غندوله	⟵ Gondola.

△ شَخْلَلَ : وَسْوَسَ	To jingle: tinkle.
شُخْلَيْلَة الدفّ (الطار)	⟵ Jingle of tambourine.

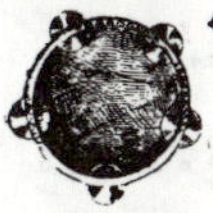

٭ شدّ (في شدد) ٭ شدا (في شدو)	
٭شَدَخَ . شَدَّخَ : شرخ	To crack; split.
٭شَدَّدَ على : ضَيَّقَ	To press; bear heavily on; be severe with.
— : قوّى	To strengthen; fortify.
— على : أكّد	To impress on *or* upon.
— الامرَ : جعله لازماً	To emphasise; make emphatic.
— في كذا : أصرَّ . لجّ	To insist on *or* upon.
— الصوتَ	To accentuate; lay stress on.
— الحرفَ	To double a letter.
شَدَّ : ربط	To fasten; tie; bind.
— : جرَّ	To pull; tug; draw; drag.
— : ضد ارخى	To tauten; make taut.
— أزرَه	To support; back up.
— عضدَه	To strengthen; brace up.
— الرحالَ : سافر	To set off; pack off.
— على : ضيّق . زنـا	To tighten; constrict.
— على : ضغط	To press; exert pressure.
إشتدّ . تشدّد : تقوّى . قوي	To become (*or* wax) strong.
— : ازداد شدة	To become stronger, more severe, intense *or* violent.
شَدّ : ربط	Fastening; binding; tying.
— : جرّ	Pulling; drawing.
△ لعبة — الحبل	Tug-of-war.
شَدَّة : نبرة	Accent.
— : جرّة	A pull; a tug.
△ — ورق اللعب	Pack of cards; deck.

△ — أسْنان : Denture; dental plate; false teeth.

شِدَّة : قُوة : Force; strength; power.

— : عُنف : Violence; severity.

— : صَلابة : Hardness.

— : بَلِيَّة : Distress; calamity; adversity.

— : ضِيْق : Difficulty; hardship.

اجتاز الـ . : To turn the corner; get past a difficulty *or* a crisis; escape danger.

وقتُ الـ . : Time of distress.

من — كذا : By dint of.

△ شدّادُ السقف او الجَمَلُون : Tie-beam.

شَدِيْد : قويّ : Strong; powerful.

— : حادّ : Violent; intense; keen.

— : عَنِيْف : Severe; harsh; fierce.

— البأس : Courageous; brave; valiant.

— الشَكِيْمَة : Stubborn; obstinate.

— الوَطْأة : Fell; cruel.

اِحتياطات شَدِيْدة : Stringent precautions.

أشَدُّ : أقوى : Stronger; more powerful.

بَلَغَ أشدَّهُ : استكمل رجُولته. : To attain majority.

تَشْدِيْد : ضَغْط : Pressure.

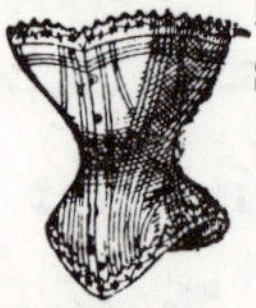

— : إصْرار . الحاجة : Insistence.

— : تقوية : Strengthening.

— : نَبْر تأكِيْديّ : Stress; emphasis.

مِشَدّ : △ بُوسْتو : ←Stays; corsets.

مُشَدَّد : مُؤكَّد : Emphatic, —al; stressed.

حَرْف — : عليه شَدَّة : Doubled letter.

مَشْدُود : مُتوتِّر : Tautened (rope.)

مُشادَّة كلامِيَّة : Controversy; heated discussion *or* argument.

﴿ شدر ﴾ شادِر : مَخزن : Store; warehouse.

— خَشَب : Timber yard.

﴿ شدف ﴾ تَشادَفَ : تمايل : To swing; sway.

△ شادُوف : مَنْزَفَة ; *Shadoof*; loaded lever.

✿ شِدْق : باطِنُ الخدّ : Inside of the cheek.

△ — : عَظْم الفكّ السُفْلي : Mandible; jawbone.

تَشَدَّقَ بكلامِهِ : To drawl.

✿ شَدَهَ : اَدْهَش وحَيَّر : To bewilder; confuse; perplex.

✿ شَدْو : غِناء او تَغْرِيْد : Singing *or* warbling.

شَدَا : غَنَّى : To sing; chant; celebrate in song.

— الطائرُ : غَرَّدَ : To warble; sing.

✿ شَذّ (في شذذ) ✿ شَذا (في شذو)

✿ شَذَبَ . شَذَّبَ : قطعَ : To clip; trim.

— . — الشَجَرَةَ : △ قلَّمها : To prune; lop off.

شَذْب . تَشْذِيْبُ الشَجَر : Pruning.

✿ شَذَّذَ : جَعَلَهُ يَشِذّ : To cause to be irregular.

شَذَّ : خالف القِياس : To be irregular, etc.

— : انفرد عمَّا في بابه : To be an exception.

— عن : انحرفَ وتباعدَ : To deviate from.

شَذّ . شُذُوذ : مُخالفة القاعِدة : Irregularity; anomaly.

— : انحراف : Deviation; perversion.

شاذّ : غير قِياسيّ : Irregular; anomalous.

— : مُخالف القاعدة : Abnormal.

— : غير عاديّ : Unusual; uncommon.

— : استثنائي : Exceptional.

— : غَرِيب : Peculiar; odd; strange.

— : نادِر : Singular; rare.

— : مُسْتَهْجَن : Out of place.

— : مُنْحَرِف : Devious.

— الطَبْع او الأطوار : فُوَيْت : Eccentric.

أمْر او شيء — . : An irregularity; anomaly.

لِكُلّ قاعِدةٍ شَواذّ : There are exceptions to every rule.

*شَذَرَ الشيءَ : ادْخَلَ بينَ اجْزاءه — To insert between.

شَذَرَ مَذَرَ : في كلِّ وجْه — Helter-skelter.

تَشَذَّرُوا : تَفَرَّقوا — To be separated, divided *or* scattered.

(شذو) شَذَا : عطَّرَ — To scent; perfume.

شَذاً : قُوَّة ذكاء الرائحة — Fragrance.

*شرّ (في شرر) *شراء (في شرى) *شرار (في شرر)

*شراسيفي (في شرسف) — Epigastrium.

*شَرِبَ نَخْبَ فُلان — To toast; drink the (*or* to the) health of.

— : جَرَعَ — To drink.

△ — الدُّخانَ : دخَّنَ التبْغ — To smoke tobacco.

شَرَّبَ . أَشْرَبَ : سَقَى — To give to drink; make one drink.

— . — : لقَّنَ — To instil; imbue; inculcate on; infuse into the mind.

— . — بسائل وغيره : شبَّعَ — To saturate.

△ — الخشبَ : مسَحهُ بالفارة — To plane wood.

شارَبَ : شَرِبَ مع — To drink (wine) in company with.

أُشْرِبَ حُبَّهُ — To be imbued with love for another.

اشْرَأَبَّ للشيء : مدَّ عنقه لينْظُر اليه — To crane; stretch the neck to look.

تَشَرَّبَ : امتَصَّ — To absorb; soak up; imbibe.

شُرْب : جَرْع — Drinking.

— . تَشَرُّب : اِمْتِصاص — Absorption.

شَرْبات : شَراب حُلْو — Syrup; *sherbet*.

شُرْبَة : جَرْعَة — Drink; draught.

— دَواء — Potion; dose.

△ — △ شُوْربا : صُبَّة . حَساء — Soup.

△ شَرْبَة [2] : مَشْو — Purge; a purgative.

شَراب : مَشْروب — Drink; beverage.

— : مَشْروب حُلْو △ شَرْبات — Syrup.

— : خَمْر — Liquor; wine.

△ شُرَّاب : جَوْرَب (قصير) — Sock.

△ — : جَوْرَب (طويل) — Stocking.

شُرَّابة : رِسَاعة . عَذَبَة — Tassel.

— الراعي : آس بَرّي — Holly.

شَرَّاب . شِرِّيب : كثير الشرب — Heavy drinker.

شَرِيب . يُشْرَب : صالح للشُّرْب — Drinkable; potable.

شارِب : الذي يَشْرَب — Drinker.

— (وجمعها شوارب) : △ شَنَب — A moustache.

— القِطّ (او ما يُشْبِهه) — Whiskers.

مَشْرَب . مَشْرَبَة : مَوضع الشُّرْب — Drinking-fountain.

— : مَيْل . ذَوْق — Taste; inclination.

مُشْرَب بحُبّ كذا — Imbued with the love of....

مَشْرُوب : شَراب — Drink; beverage.

— : يُشْرَب — Drinkable; potable.

— رُوحي : خَمْر — Liquor; wine.

مَشْروبات رُوحية — Spirits; alcoholic liquors.

— مُرطِّبَة (بلا كحول) — Soft drinks.

— ومأكولات — Drinkables and eatables.

△ شَرْبَكَ : شَبَّكَ — To entangle; complicate.

*شَرْبِين : أرْز لُبْنان — Cedar of Lebanon.

— أميركا — False cedar.

*شَرِثَ : △ تَقَشَّفَ — To chap; be chapped.

شَرَث : △ قَشَف — Chapping of hands; chilblain.

*شَرَجَ . شَرَّجَ : △ سَرَّجَ — To tack; baste.

شَرَج : أُنْشُوطَة — Loop.

— : △ بابُ البَدَن — Anus.

شِيرَج : دُهْن (زيت) السِّمْسِم △ سِيرَج — Sesame-oil.

*شَرَحَ : بَيَّنَ . فَسَّرَ — To explain; make plain; expound.

— : وَصَفَ — To depict; describe; define.

— الخاطِرَ : سَرَّ — To delight.

— . شَرَّحَ الشيءَ : قطعهُ شرائحاً — To slice.

To dissect. شَرَحَ ٢ (لغرضٍ طبّي او علمي)
To make a postmortem examination; hold an autopsy. — الجثة لمعرفة سبب (الموت) او الوفاة
To be spread out; to expand. إنشرح : اتّسع
To be delighted or pleased. — صدرُه
Explanation. شَرْح : تفسير
Description; definition. — : وصف
Explanatory. شرحي : تفسيري
Bright; cheerful. △شَرِحٌ : طلق المنظر والهواء
Slice. شَرْحة . شَرِيحة (1) : قطعة مستطيلة
Rasher. — لحم مطبوخ : مزعة
Slice of melon. — بطّيخ او شمّام
Slat. شَرِيحة ٢ : قِدّة خشب او معدن △ورقة
Slide of microscope. △— المكرسكوب : شقفة

Window ←shutter. △— الشباك الخشبية
Window sash. △— الشبّاك الزجاجية
Ditto; as before; as aforesaid. شرحُه : مثله . كما تقدّم
Explainer; expounder. شارِح : مفسِّر
Commentator; annotator. — الكتاب
Dissection. تشريح (لغرضٍ علمي او طبي)
Postmortem examination. — الجثة (لمعرفة سبب الموت)
Zootomy. — المقابلة
Anatomy. علم الـ—
Anatomical. تشريحي : مختص بعلم التشريح
Autopsy. الصفة التشريحية للموت (للوفاة)
Surgical theatre; dissecting room. مَشْرَحة : غرفة التشريح
To grow or shoot up. ٭شَرَخَ الصبيُّ : كبُر
To crack; split. △— : شدخ . صدع
Prime; spring of life. شَرْخُ الصبا او الشباب
Crack; split. △— : شدخ
To bolt; run away; flee. ٭شَرَدَ : نفر وهرب
To stray; go astray; wander. — : ضلّ

To break loose. — : أفلت
To meander; wander. — الفكر
To frighten away. شَرَّدَ . أشرَدَ : هرَّب
To disperse; scatter abroad. — : فرّق وبدّد
To straggle. تَشَرَّدَ : عارَ
To disperse; be dispersed or scattered. — القومُ : تبدّدوا
Sirocco; hot, oppressive wind. △شَرْد : حَرور . ريح حارّة
Fleeing; running away. شُرُود : هُروب
Straying; deviation; wandering. — : ضلال
Vagary; mind wandering; wandering of the thoughts. — الفكر
Straggler; wanderer; vagabond; vagrant. شَرِيد . مُتَشَرِّد (1) : تائه
Fugitive; runaway. شارِد : هارب
Stray; **tramp**. — : ضالّ . تائه
Absent-minded; moony. — الفكر
Anomalies of a language. شوارِدُ اللغة
Vagabondage; vagrancy. تَشَرُّد : عَيْسَر
Waif; homeless wanderer. مُتَشَرِّد ٢ : لا مسكن له
Vagabond; vagrant. — : عيّار
To be choked. △شردق △تشردق : شرِقَ
Group; company; gang. ٭شِرْذِمة : جماعة قليلة
Spark. ٭شَرَرَة . شرارة (الجمع شَرَر)
To be wicked, bad or evil. شَرَّ : كان شرّيراً
To dribble; trickle. △— : ثَرَّ . قَطَر
To ill treat. شارَّه : عامله معاملة سيّئة
Evil; badness; ill. شَرّ : ضدّ خير
Wickedness; evil. — : إثم
Harm; evil; injury; mischief. — : سُوء
Bad temper. — : سوء الخلق
Worse or worst. — . أشرّ : أكثر شرّاً
Hot-tempered; petulant; spitfire; peevish. △شَرّاني : نُفطة . سريع الغضب

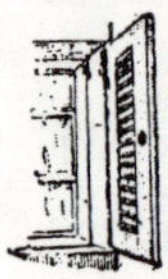

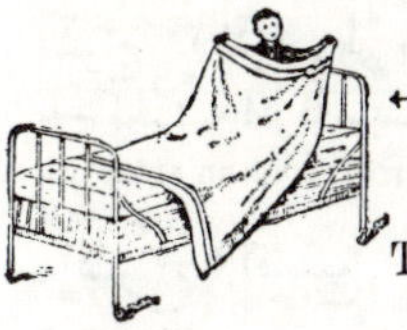

شُبْر : اسم طائر — Dunlin; churr.

شَرَار : يَقْدَح شَرَراً — Sparkling; emitting sparks.

شِرِّير : رَدِيّ — Bad; evil; wicked.

— : أَثِيم . خَاطِئ — Wicked; sinner.

— : مُؤْذٍ — Mischievous; evil.

الـ : إِبْلِيس — The Evil One.

شَرِسَ : سَاءَ خُلُقه — To be ill-natured.

شَرِس ٠ شَرِيس : سَيِّئ الخُلُق — Ill-natured.

— : ضَارٍ — Ferocious; fierce.

شَرَس ٠ شَرَاسَة — Ill-naturedness.

شِرَاس : دِرْشَاس — Shoemaker's paste.

شُرْسُوف : طَرَف الضِلْع — Cartilage of rib.

شَرَاسِيفِيّ — Epigastric.

القِسْم الشَرَاسِيفِي — Epigastrium.

شَرَّشَ : مَدَّ جِذْراً — To grow (strike) roots.

شِرْش : جِذْر — Radicle; fibrous root.

— اللَبَن : مَصْلُه — Whey.

— النَجِيل — Dog's-tail grass, or couch-grass.

تَشْرِيش الجُذُور — Radication; taking root.

مُشَرَّش : مُمتدّ الجُذُور — Radicated; rooted.

شَرْشَرَ : سَنَّن — To serrate; indent; tooth.

— ٠ شَرَّ ٠ — : ثَرَّ — To dribble; trickle.

شِرْشِر : نَجِيل (نبات) — Couch-grass; dog's-tail grass.

شَرْشَرَة : تَسَنُّن — Serration; dentation.

— ٠ — : مِنْجَل — Sickle; reaping-hook.

شُرْشُور : أَبُو بَرَاقِش — Bishop-bird.

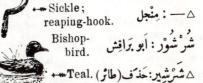

شَرْشِير : حَذَف (طائر) — Teal.

مُشَرْشَر : مُسَنَّن — Serrated; notched; indented; toothed.

شَرْشَف : مِلَاءة السَرِير — Sheet; bed sheet.

شَرَطَ ٠ اشْتَرَطَ — To stipulate, or make, a condition.

— ٠ شَرَّطَ الجِلْد (لِسَحْب الدم) — To scarify the skin.

شَرَطَ ٢ : مَزَّقَ — To tear into shreds.

شَارَطَ — To stipulate; make a contract or agreement.

— : سَاوَمَ — To bargain; chaffer.

— : رَاهَنَ — To bet; lay a wager with.

تَشَرَّطَ في عمله : تَأَنَّق — To do a thing neatly.

— عليه : أَثْقَلَ شُرُوطَه — To impose heavy conditions on.

شَرْط ٠ إِشْتِراط : تَعْيين الشروط — Stipulation of terms or conditions.

— : واحِدُ الشُرُوط — Stipulation; provision; condition; term.

— : مَزْق مُسْتَطِيل — Slit; long cut; slash.

— جَزَائِيّ — Penal clause.

— من دُون — Unconditionally.

— بلا او قَيْد — Unconditionally; without conditions.

بـ — ان — On condition that; provided that.

شُرُوط الإتفاق — Provisions of a contract.

شَرْطِيّ ٠ إِشْتِراطِيّ — Conditional.

شُرْطِيّ : بُولِيس — Policeman; constable.

شُرْطَة : ضَابِطة . شِحْنَة — The police.

— النَجْدة — Emergency police.

شَرْطَة : خَطَّة (—) — Dash; rule; stroke.

— قَصِيرة : وُصْلَة . صِلَة (-) — Hyphen.

شَرْطِيَّة : شُرُوط . إتِفاق . تَعَاقُد — Contract; agreement.

— : عَقْد البيع — Deed of sale; title-deed.

— جُمْلَة او عبارة — Conditional clause.

الصِيغَة الـ (في النحو) — Subjunctive mood.

شَرِيط : حَبْل مُنْبَسِط — Tape; ribbon.

— (كالمُسْتَعْمَل للأربطة) : شِرَاك — Lace; string.

Column 1

Sail. شِرَاعُ المَرْكَبِ : قِلْعٌ

Sailing boat. سَفِينَةٌ شِرَاعِيَّة

Glider. طَيَّارَةٌ شِرَاعِيَّة : سَابِحَة

Fanlight. △ شُرَّاعَةُ البَابِ والشُّبَّاكِ

Beginning; commencement. شُرُوعٌ : بَدْءٌ

Attempt. — فِي سَرِقَةٍ أَوْ قَتْلٍ او اي عَمَل

Law ; statute. شَرِيعَةٌ : قَانُون

Law of the land. — البِلاد

Natural law. — الضَّمِير

The Mohammedan law. الـ الغَرَّاء (السَّمْحَة)

The Mosaic law. الـ المُوسَوِيَّة

The law of the Medes and the Parsians. — مَادِيَة (مَادِي) وفَارِس

Lawgiver ; legislator. صَاحِبُ الـ

The law ; jurisprudence. عِلْمُ الـ

The river Jordan. نَهْرُ الـ : نَهْرُ الاردن

Legislator ; law-giver ; law-maker. شَارِعٌ : سَانُّ الشَّرِيعَة

Street ; thoroughfare. — طَرِيقٌ عُمُومِيَّة

Legislation ; enactment of laws. تَشْرِيعٌ : سَنُّ القَوانِين

Legislature. سُلْطَةُ الـ

Legislative. تَشْرِيعِيٌّ : مُخْتَصٌّ بِالتَّشْرِيع

Legislative assembly. جَمْعِيَّةٌ تَشْرِيعِيَّة

Legislative power. سُلْطَةٌ تَشْرِيعِيَّة

Project ; plan ; scheme. مَشْرُوعٌ : خُطَّة

Undertaking ; enterprise. — : عَمَل . اِسْتِحْداث

Legitimate ; lawful ; licit. — : شَرْعِي

Bill ; draft of Act of Parliament. — قَانُون

Hydro-electric scheme of Aswan dam. — كَهْرَبَة خَزَّان أَسْوَان (مَثَلاً)

Just motive. — بَاعِث

Illicit ; unlawful. — غَيْر

Lawyer ; barrister. مُتَشَرِّعٌ : مُحَام

To be noble, or honourable. ۞ شَرُفَ : كَانَ ذَا شَرَف

To be high, lofty, or elevated. شَرُفَ : اِرْتَفَعَ

Column 2

Shoe-lace. — الحِذَاء : شِرَاك . رِبَاط

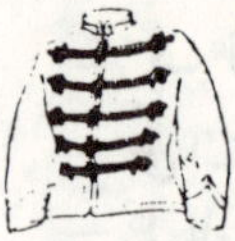

Braid or galloon. — زِيْنِي

Lamp-wick. — المِصْبَاح

Typewriter ribbon. — الآلَة الكَاتِبَة

Chevron. — تَمْيِيز رُتْبَة الجُنْدِي

Tape-measure ; tape-line. — القِيَاس

Cinema film. — السِّينَمَا تُغْرَاف

Fuse. — النَّار : فَتِيل المُفَرْقَعات

Stripe. — : خَطٌّ عَرِيض

Railway line. — سِكَّة الحَدِيد

Tapeworm. دُودَة الـ .

Stars and Stripes. رَايَة الأَشْرِطَة والنُّجُوم

Scarification. تَشْرِيط الجِلْد

Scalpel or lancet. مِشْرَط الجَرَّاح

To legislate ; make laws. ۞ شَرَعَ . اِشْتَرَعَ (رَاجِع قنن)

To begin ; commence ; start. — : بَدَأَ

To plan ; lay plans for. — مَشْرُوعاً : اِخْتَطَّهُ

To level, or direct, a weapon, towards. — شَرَّعَ . أَشْرَعَ عَلَيْه : صَوَّبَ

To raise, or lift, a sword — — : — سَيْفَه

To tauten. — الحَبْلَ : شَدَّهُ

Law ; statute. شَرْع . شَرِيعَةٌ : قَانُون

Law-abiding. خَاضِع لِلـ

Legal ; lawful. شَرْعِيٌّ : قَانُونِي

Legitimate ; lawful. — : حَلال

Forensic. — : مُخْتَصٌّ بِالقَضَاء

Legitimate son. — ابِن

Illegitimate, or natural, son. ابِن غَيْر — .

Legal heir. وَارِث — .

Medical jurisprudence ; forensic medicine. طِبٌّ — .

The rightful owner. المَالِك الشَّرْعِي

Legally ; lawfully. شَرْعِيًّا : قَانُونِيًّا

Legality. شَرْعِيَّةٌ : قَانُونِيَّة

Thong ; strap. شِرْعَةٌ : سَيْر (قَدَّة) مِن جِلد

To ennoble; elevate; honour; bestow honour upon; raise to distinction. — شَرَّفَ : رفعَ مقامه
To honour; exalt; dignify. — ـــ : كرَّمَ
To vie in honour with another. — شارَفَ : فاخرَ في الشرفِ
To superintend; supervise. — ـ . أَشْرَفَ على العَمَلِ : ناظرَ
To dominate; tower over; command. — ـ . ـــ على المَكانِ : أطلَّ
To be at the point of death; be near death. — أشْرَفَ ٢ على الموتِ (مثلاً)
To be at the verge, or brink, of... — ـــ على الهَلاكِ او الافلاس
To be honoured. — تَشَرَّفَ : نالَ شَرَفاً
Honour; distinction. — شَرَفٌ : فَخْر
Nobility. — ـــ : عُلُوُّ الحَسَبِ
Dignity. — ـــ : كَرامَة
Honorary member. — عُضْوُ ـــ .
Parole; word of honour. — كَلِمَة ـــ . عَهْدُ شَرَف
Honorary. — شَرَفِيٌّ : فَخْرِيٌّ . إكْرامِيٌّ
On my honour; upon my word. — قَسَماً بِشَرَفي : في ذِمَّتي

Battlements. — شُرْفَةُ القَصْرِ
Cusp of a valve. — ـــ الصِمام

Balcony. — شُرْفَة . مُشْرَف : ○ بَلْكُون
Terrace. — ـــ . مُسْتَشْرَفَة : ○ تَرَسِينَة
Noble. — شَرِيفٌ : نَبِيل
Noble; high-born. — ـــ : عَرِيقُ الحَسَبِ
Honourable; dignified. — ـــ : مُكَرَّمٌ
The Holy Book. — الكِتابُ الـ .
Reputable trade. — صِناعة أو حِرْفَة شَرِيفَة
The nobility. — الأشْراف : الاعيان
Superintendence; supervision. — إشْراف : مُناظَرَة . مراقَبَة
Ceremony. — تَشْرِيفَة : حَفْلَة رَسْمِيَّة
Master of Ceremonies. — △ تَشْرِيفاتي : رئيس الحفْلات الرسميَّة
Veranda. — مُشَرَّف : ○ فَرَنْدَة

Superintending a work; superintendent. — مُشْرِف على العمل
Commanding a place. — ـــ على المَكانِ
Moribund; dying; near death. — ـــ على الموتِ
Environs; outskirts. — مَشارِفُ المدينة
To rise. — ✽ شَرَقَ . أَشْرَقَ : طلع
To shine; beam; radiate. — ـــ . ـــ : أَضاء
One's face beamed with joy. — أشْرَقَ ٢ وَجْهُهُ بِشْراً
To be choked. — شَرِقَ : △ تَشَرْدَقَ
To go eastwards. — شَرَّقَ : سَارَ نحو الشرْق
East. — شَرْق . مَشْرِق : جهة شُروق الشمس
The East or Orient. — ـــ . ـــ : البلاد الشرْقيَّة
Levant. — ـــ البَحْرِ الأبيض المتوسِّط
Trans-jordan. — ـــ الارْدُن
The Near East. — الـــ الأدنى
The Far East. — الـــ الأقصى
Eastward. — شَرْقاً : نحو الشرق
Easterly. — شَرْقي : لجهة الشرق
Eastern. — ـــ : من جهة او من بلاد الشرق
Levantine. — ـــ : نِسْبَةً الى شرق البَحْر الأبيض المتوسِّط
Oriental; Eastern. — ـــ . مَشْرِقيٌّ : نِسْبَةً الى بِلادِ الشرقِ
Pitch-pine wood; lightwood. — △ شِراق : خشَب سَريع الالتهاب
Rise. — شُرُوق : بُزوغ . طُلوع
Sunrise. — ـــ الشمس
Radiance; shining; beaming. — إشْراق : ضِياء
Radiant; shining; beamy. — مُشْرِق : مُضِيء
Orientalist. — مُسْتَشْرِق
To be a partner to; associate with. — ✽ شَرِكَ . شارَكَ فلاناً : كانَ شريكاً له
To enter into partnership with. — شارَكَ ٢ . إشْتَرَكَ . تَشارَكَ مع : صارَ شريكه
To share; participate in. — ـــهُ . ـــ معه : كانت له حِصَّة
To take part in. — ـــهُ . ـــ معه في العَمَلِ
To sympathise with. — ـــهُ . ـــ معه في العَواطِف

اشترَكَ ٢ في جريدة اوكتاب الخ — To subscribe for.

— في اكْتِتاب او عَمَل — To contribute to.

أَشْرَكَ : جعلَه شَريكاً — To take into partnership.

— : جَعل له حِصَّة — To give a share to.

— باللهِ : عَبَدَ غيره معه — To be a polytheist.

شَرَكٌ : شَبَكَة — Net; network.

— : أُحْبُولة — Trap; snare; gin.

أوقعَ في — . — To entrap; ensnare.

واقِعٌ في — اعماله — Hoist with *one's* own petard.

△ شُرُك : غير سليم — Defective; unsound.

شِرْك : تَعَدُّد الآلهة — Polytheism.

شِرْكَة . شَرِكَة — Partnership.

— : جَمْعِيَّة — Association; society.

— تجارية — Company; firm; corporation.

— مساهمة — Limited (joint-stock) company.

— مُحاصَّة — Joint venture.

— الشركات : مُواثقة — Trust.

شِراكٌ : شَريط النعْل . رِباط الحذاء — Shoe-lace.

شَريك . مُشارِك (في أي أمر) — Partner; associate.

— : صاحِب حِصَّة — Sharer; participant.

— مُوصٍ (غير عامل) — Sleeping-partner.

— في جريمة — Accomplice; accessory.

إشْتِراك . مُشارَكَة — Partnership.

— . — : مُحاصَّة . مقاسمة — Participation.

— : إكْتِتاب — Subscription *or* contribution.

— في العشاء الربَّاني — The Holy Communion.

بالـ : بالاتحاد — Jointly; together.

إشْتِراكي : تابع لمذهب الإشتراكية — Socialist.

— مُتَطرِّف : شيُوعي — Communist.

إشتراكيَّة : مذهب الاشتراكيين — Socialism.

— متطرِّفة : شيوعيَّة — Communism.

مُشْتَرك : متبادل — Reciprocal; mutual.

— : شائِع — Common; in common; general.

— : مُتَّحِد — Joint; joined; combined.

حائط — (بين جارين مثلاً) — Party wall.

مُشْتَرِك (في جريدة مثلاً) — Subscriber.

✱ شَرَمَ : شَقَّ — To slit; cut lengthwise.

شَرْم : شَقّ — Long cut; slit.

— : خَليج — Bay; gulf.

أَشْرَم : مَشْقوق — Slit; cut lengthwise.

— : مَشْقوق الشفة العليا — Hare-lipped.

△ — : متحشِّف — Untidy; sloven (*fem.* slut.)

✱ شَرْنَقَة الدُّودَة : فَيْلَجة — Cocoon. ←

— الدمَّل : أم القَيْح — Core.

شَرَانِقُ الحيَّة : مِسْلاخ — Slough; snake skin.

△ — : حَبُّ الحشيش — Seeds of Indian hemp.

✱ شَرِهَ : نَهِم — To gormandize; guttle; eat greedily; be gluttonous.

— : اشْتَدَّ حِرْصُه — To be greedy.

شَرَهٌ . شَرَاهَة : نَهَم — Gluttony; gormandism.

— . — : جَشَع — Greediness; greed; covetousness; avidity.

شَرِهٌ : نَهِم — Glutton; gourmand; belly god; ravenous eater.

— : جَشِع — Greedy; avaricious.

✱ شَرْو : عَسَل النحل — Honey.

✱ شَرْوَة (في شري) — Bargain.

✱ شَرَى . اشْتَرَى : ابتاعَ — To buy; purchase.

— . شَرَّى : عرَّضَ للبيع — To expose (for sale).

شَرَى . شِراء : ابتياع — Buying; purchasing.

—: بثُورمائيَّة — Nettle rash; hives; urticaria.

△ شَرْوَة : صَفْقَة — A purchase; a bargain.

△ — : صفقة رابحة — A bargain; an advantageous purchase.

شَرْيان : عِرْق نابِض — Artery.

مِرْقأة أوضاغِطة الشرايين — Tourniquet.

شَرْيانيٌّ : مختص بالشرايين — Arterial.

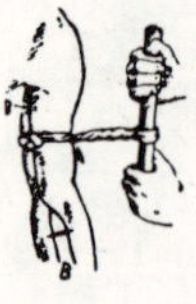

شَارٍ . مُشْتَرٍ : مُبتاع — Buyer; purchaser.

شَارِي الصَّواعِق — Lightning-rod; lightning conductor.

المُشْتَرِي : اسم أكبر السيّارات — Jupiter.

☆شِرِّير (في شرر) ☆ شَرِيط (في شرط)

☆شَزَرَ : نظرَ اليه شَزْراً — To look askance at.

شَزْراً : بِجانب العَيْن — Askance.

عَيْن شَزْرَاء : محمرَّة غضباً — Bloodshot with anger.

☆شَسَعَ : بَعُدَ — To be remote *or* distant.

شُسُوع : بُعْد — Remoteness.

شَاسِع : بعيد المدى — Remote; distant.

بُعْدٌ — . — A long distance; a far cry.

فَرْق — . — A glaring (*or* great) difference.

○ شَسِّي الاتمبيل (انظر شاسي) — Chassis.

△ شَشْخَان (راجع خشخن) — Rifled.

☆ شِيشْم : كُحْل أَبْيَض — Eye powder.

△ شِيشْمَة : بَيْت الأدب — Water-closet; W.C.; lavatory.

△ شَشْنِي : مِثَال . نموذج — Sample; specimen.

شَشْنَجِي : فاحص المعادن الثمينة — Assayer.

☆ شِصّ : صِنَّارة — Hook; angle; fish-hook.

☆ شَطّ (في شطط) — Shore; bank; coast.

☆ شَطٌّ . شَاطِئُ البَحْر — Coast; seacoast; shore; seashore.

— . — النهر — Bank; riverbank.

على الشاطىء — Ashore; on shore.

☆ شَطَبَ : شَقَّ (بالطول) — To slit; slash.

△ — : محا — To erase; scratch out.

△ — الكلمة : لطعها △ ضرب عليها — To strike, *or* cross, out.

△ — اسْمَهُ من كذا — To write (strike) off.

△ — الدعوى — To nonsuit a case.

شَطَّبَ الشيءَ : شرَّحه . عمله شرائح — To slice.

— الجلد : شرَّطه — To scarify the skin.

— الجلد : خدشه — To scratch the skin.

△ — : أنهى — To finish off.

△ — : إنتهى — To be finished.

△ — الحسابَ : رصَده — To post an account.

شَطْب : قطع مستطيل — Slash; slit.

— : طويل ممشوق القوام — Strapping; tall.

△ — : خدش — Scratch.

△ — : محو — Erasure; scratch.

تشطيبُ الجلد — Scarification.

— : تشريح . تفليذ — Slicing.

△ — الحسابات — Posting accounts.

△ — : تنهو — Finishing off.

△ شَطَحَ : شطس — To stray.

☆ شَطَرَ : قَسَمَ — To divide; cut, *or* part, asunder; intersect.

— الجيشَ — To cut through an army.

— عنهم : انفصل — To be separated from.

— . شَطَّرَ : نصَّفَ — To halve; divide into halves; bisect; cut into two equal parts.

— . شَطُرَ : اتّصف بالدهاء والخباثة — To be crafty *or* cunning.

△ تشطّر : أظهر المهارة — To show cleverness.

شَاطَرَ : قاسَم مناصفة — To go halves (fifty fifty); share equally with.

— هُ الحُزْنَ او المصاب — To sympathise, feel *or* condole, with.

شَطْر : قطع — Dividing; intersection.

— : نِصْف — Half.

— : قِسْم — Division; part.

شَطَارَة : دهاء وخبث — Craft; cunning.

△ — : مهارة — Cleverness.

شَطِيرة : سَنْدويش — Sandwich.

شَاطِر : منصِّف — Bisecting.

— : خبيث — Crafty; cunning.

△ — : ماهر — Clever.

مَشْطُور : مقسوم — Divided; intersected.

✿شِطْرَنْج : لعبة معروفة — Chess.

بيادق الـ — Chess-men.

لوحة الـ : رقعته — Chess-board. ←

✿شَطَطٌ : مُجاوزة الحدّ — Excess.

شَطَّ : بَعُدَ — To go to extremes; go too far; exceed the bounds.

— عن : تباعدَ وانحرفَ — To deviate from.

— عن الموضوع — To digress; stray from (the main subject.)

شَطٌّ : شاطئ (راجع شطأ) — Shore; coast; bank.

— البحر — Seashore; seacoast.

△شَطَّة △شطيطة : فلفل حارّ — Cayenne pepper; bird's eye pepper; conical pimento.

✿شَطَفَ : ذهبَ وتباعد — To depart (from); go away.

— : غسلَ — To rinse; wash lightly.

△ — الحافّة : جعلها مائلة — To bevel; chamfer.

△شُطْف : صوّان — Flint.

شُطفة : شظيّة — Chip; splinter.

تَشْطِيف : غسل — Rinsing; washing.

حوض — : مغسل — Lavatory basin.

△مَشْطُوف : مشطوب الحافة — Bevelled; chamfered.

△حافّة مشطوفة — Chamfer; bevel.

✿شَطَنَ : △شمَطَ . ربطَ بحبلٍ — To rope; fasten with a rope.

تَشَيْطَنَ : △تعفرتَ — To act like a devil.

شَيْطان : ابليس — Satan; devil.

— : عِفْرِيت — Devil; demon; fiend.

به — : △عليه عفريت (انسان) — Possessed.

به — : △مسكون بالجنّ (مكان) — Haunted.

لُعْبة الـ — ← Diabolo.

فرس الـ : ابو حبيب — Secretary ← bird.

شَيْطاني : ابليسي — Satanic; devilish.

— : جهنّمي — Diabolic; fiendish; infernal.

△ — : بَرّي (نبات) — Wild; uncultivated.

شَيْطَنة — Devilry; reckless daring.

✿شَظَفَ : طوّش — To castrate.

شَظَفٌ : شِدّة . عُسر — Hardship.

عَيْش — . — Rough, *or* hard, life.

✿شَظِيَ . تشظّى : تشقّق — To splinter; split into splinters.

شَظِيَّة : فلقة △شُطفة — Splinter; chip; shiver.

— : صُغرى عظمَي الساق — Fibula.

✿شعّ ✿شُعاع (في شعع) △شعانين (في شعن)

✿شَعَّبَ : فرّع — To branch; ramify; divide into branches *or* subdivisions.

تَشَعَّبَ — To ramify; shoot into branches; be divided *or* subdivided.

—ت الآراء (مثلاً) — To diverge; differ; deviate.

شَعْب : قوم — People; nation.

— الكنيسة — Congregation.

الـ : الجمهور — The nation.

عامّة الـ : الطبقة العاملة — Proletariat.

شَعْبيّ : قومي — National.

أغاني شعبيّة — Folk-songs.

حكايات — : △حواديت — Folklore; folktales.

شِعْب : طريق في جبل — Mountain pass.

△ — البحر — Reef.

شَعْبان : الشهر القمري الثامن — Sha'bân.

شُعْبة : فرع — Branch; ramification.

— المشط وشوكة الأكل وأمثالهما : سِنّ — Prong; tine.

— : غُصْن — Spray; twig.

شُعَب الرئة — Bronchiæ.

شُعَبي : مختصّ بشعب الرئة — Bronchial.

التهاب الشعب الرئوية : نزلة شعبيّة — Bronchitis.

تَشَعُّب — Ramification (of rivers, roads, society, trade, plot, inquiry, &c.)

✿شَعْبَذَ : شعوذ — To conjure; juggle.

شَعْبذة : شعوذة — Jugglery; conjury.

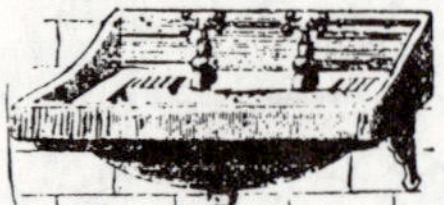

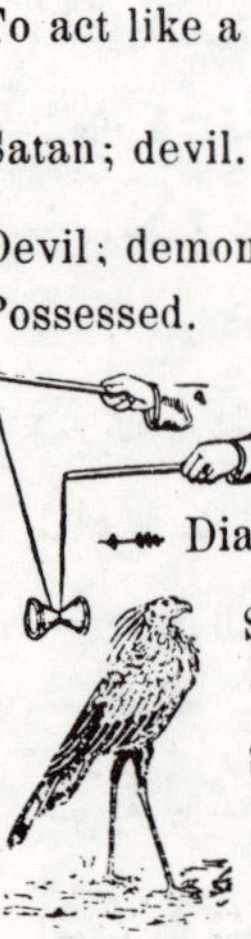

To be dishevelled. ٭شَعِثَ الشَّعْرُ

To confuse; throw into disorder. شَعَّثَ : فرَّق وشَوَّش

To rally; reunite. لَمَّ شَعَثَهُ

Dishevelled; unkempt. شَعِثٌ . أَشْعَثُ

To conjure; juggle. (شعذ) شَعْوَذَ

Conjury; jugglery. شَعْوَذَة : ادعاءُ السِحْر

Prestidigitation; legerdemain; sleight of hand. — : العابُ خِفَّة اليدِ

Conjurer; juggler; ←prestidigitator. مُشَعْوِذ

To feel. ٭شَعَرَ : أَحَسَّ

To know; perceive; discern. — : أَدْرَكَ

To feel *or* sympathise with. — معه

To versify; make verses. — : قال الشِّعْرَ

To notify; give notice, *or* information, of. أَشْعَرَهُ الامرَ وبهِ : أَخْبَرَهُ

To feel; be conscious of. إستَشْعَرَ : أَحَسَّ

Hair. شَعْر (واحدته شَعْرَة)

Bristles. — خَشِن (كَشَعر الخلوف)

←Wig. — عاريَة اي مُسْتَعار

Maidenhair; Venus's hair. — الارض : △ كُزْبَرة البير

Trichiasis. شَعْرة العَيْن (مرض التواء الرموش)

To hang by a thread. تعلَّقَ بشعرة

To a hair; to a nicety. △على الشعْرة : بتمام الدِقة

He has a bee in his bonnet. △عنده شَعْرة (في عقله)

Hairy. شَعْرِيّ : كالشَعْر او منه

Capillarity; capillary attraction. الجاذبيَّة الشَعْريَّة

Capillary tube. أُنبوبة شَعريَّة

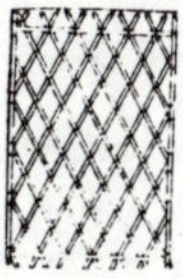

←Lattice. △شَعْريَّة الشُبَّاك

Vermicelli. — الأكل △ شِعْرِيَّة : إطريَة

Poetry; verse. شِعْر : كلامٌ مقفًى

A verse. بيتُ — .

Muse. عَرُوسُ الـ

Versification. نَظْمُ الـ

Would that I knew! لَيتَ شِعْري

Poetic; poetical. شِعْرِيّ : مَنْظوم

The Dogstar; Sirius. كَوكَبُ الشِعرَى

Hairy; hirsute. شَعْرانِي △مُشَعْرانِيّ . مُشْعَر

Motto. شِعَار : علامَة . عُنوان

Emblem. — : رَمْز

Badge; mark; sign. — : شَارَة

Flannel. — : صُوف ○ فانِلا

Slogan. — الحَرْب

Trade-mark. — تجاري : ○ ماركة تجاريَّة

Feeling; sensation. شُعُور : احساس

Perception; discernment. — : إِدْراك

Sentiment; feeling. — : عاطِفَة

Sensibility. — : قابليَّة التأثر

Consciousness. — داخِلِيّ : وجْدان

Sensitiveness; keen sensibility. دِقَّة الـ

Unfeeling; apathetic. عَديم الـ

Unconscious. فاقِد الـ : مغمًى عليه

Weeping-willow. △أُمّ الـ : صفصاف باكٍ

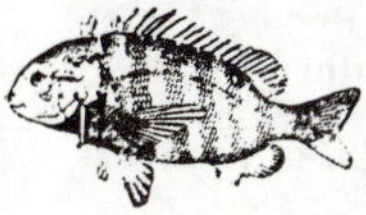

Sheep-←head. △أُمّ الـ : ابو حلاّم

Barley. شَعِير

Malt. — مُنبَّت (لصُنع الوِسْكي او البيرا)

Pearl barley. — لُؤْلُؤي

Ortolan. بُلْبُل الـ : طائر لذيذ اللحم

A grain of barley. شَعِيرَة : حَبَّةُ شَعير

Sty; stye — الجَفْن : شَحَّاذ العين

Rite; religious ceremony. — (جمعها شعائر) : رَسْمٌ دِينِيّ

Vermicelli. شَعيريَّة △شِعْرِيَّة : اطريَّة

Feeling. شَاعِر : حاسّ

Poet; (*fem.* Poetess). — : ناظم الشِّعر

Poet-laureate. — الدَوْلَة

Poetaster; petty poet; rhymer. شُوَيعِر . شُعْرُور : شَاعِر رَكيك النظْم

Hairy; hirsute; shaggy. أَشْعَر : كَثير الشَعْر

إشْعَار : بَلَاغ — Notification; notice; information.

مَشْعَر (جمعها مشاعِر) — Sense.

△مَشْعُور : مَقْلوع △مَشْرُوخ — Cracked.

△— العقل — Crack-brained; cracked; having a bee in his bonnet.

*شَعْشَعَ الشراب : مزجه بماء — To dilute.

△— : تلألأ — To glitter; gleam.

مُشَعْشَع : مخفَّف بالماء — Diluted.

△— : نشوان — Half-seas over; feeling queer.

△شَعَطَ △شَعْوَطَ : شَيَّط — To singe; scorch.

شَعْطَة : حرقة فى الحلق او الصدر . حَزْوة — Heartburn; cardialgy.

(شعع) شَعَّ . تَشَعَّعَ : انْتَشَر — To radiate.

أَشَعَّ : نَشَر — To diffuse; send out in all directions; spread; disperse.

— الكَوْكَبُ — To radiate; emit rays.

شُعٌّ : بيْت العنكبوت — Cobweb; ←spider's net.

— . شُعَاع (الجمع أَشِعَّة) — Ray; beam.

— و — الدولاب (العَجَلة) — Spoke.

— و — السُّنْبلة : سَفا — Awn; beard.

أَشِعَّة الشَّمْس — Sunrays; sunbeams.

إشْعَاع . تَشَعُّع : انْتِشار — Radiation.

مِشْعَاع — Radiograph.

تَصْوِير مِشْعاعي — Radiography.

شَعَفَ بِحُبِّه — To be infatuated with love for; be madly in love with.

شَعَفَهُ الحبُّ — To infatuate; smite.

شَعَلَ . أَشْعَلَ . شَعَّلَ : أَلْهَبَ — To inflame; kindle; ignite.

— . — . — : أوقد — To light; kindle.

— . — النار فيه : أَضْرَمَ — To set fire to.

— . — سِيجارة — To light a cigarette.

— . — كِبْرِيتة — To strike a match.

إشْتَعَلَ : التَهَب — To flame; blaze.

— : اتَّقَد — To kindle; take fire.

— غَضَباً — To be inflamed with rage.

— رأسه شَيْباً — His head turned hoary *or* gray.

شُعْلَة : لَهَبة . لَهِيب — Flame; blaze.

شُعَيْلَة △شُعْلِيلَة — Bonfire.

إشعَال : إلهاب — Inflaming; ignition.

— : إيقاد — Lighting; kindling.

إشْتِعَال : التِهاب — Inflammation; ignition.

قابلُ الـ — : مُلْتهِب — Inflammable; combustible.

مَشْعَل — ←Torch; flambeau.

مَشَاعِلِيّ : حامِلُ المشعل — Torch-bearer.

△— : جَلَّاد — Executioner; hangman.

مُشْتَعِل : مُلْتَهِب — Ablaze; on fire.

△شَعْلَقَ : شَبَكَ وعلَّقَ — To suspend; hang up.

تَشَعْلَقَ : اشْتَبَكَ وتَعلَّقَ — To cling, *or* hold fast, to.

△شَعْنُون : طائش — Hare-brained; giddy; feather-brained; frivolous.

شعانين : أحَدُ الـ — (السعف) — Palm-Sunday.

*شَعْواء : مُنْتَشِرة — Outspreading.

*شَعْوَذ (في شعذ) *شعوط (في شعط) *شعير (في شعر)

*شَغَبَ : هَيَّجَ الشَّرَّ — To stir up trouble.

شَغِبَ : احدث شَغَباً — To riot; brawl; quarrel noisily.

شاغَبَ : شارَّ △شاكَل — To seek trouble.

شَغَبٌ : اضْطِراب — Trouble; disturbance; broil; turmoil.

— : الاخلال بالأمن — Riot; sedition; disturbance of the peace.

— : هَيَجان — Broil; uproar; tumult.

— : عِراك — Affray; brawl; fray.

شَغَّاب . مُشَاغِب — Riotous; troublesome person.

*شَغَرَ المكانُ : خَلا — To be vacant; unoccupied.

— الناسُ : تفرَّقوا — To be dispersed.

شاغِر : خالٍ — Vacant; unoccupied.

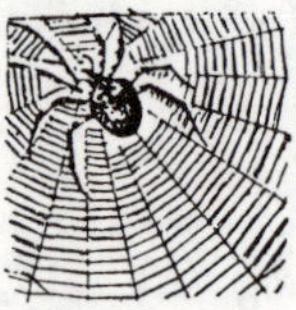

شاغُور ّ: شلاّل (انظر شلل) Cascade; water-fall.

٭شُغِفَ △انشَغَفَ به To be madly in love with; be infatuated with; feel a passionate love for.

شَغَفَ To enamour; inflame with love.

شَغَف Passion; ardent love; eager desire.

— شَغَافُ القَلْبِ: غلافه الخارجي Epicardium.

مَشْغوف بهِ Madly in love with; infatuated with.

٭شَغَلَ . شَغَّلَ : أعطاه عملا To occupy; employ; give work to.

— . — : جعَله يشتغل To (make) busy.

— . أشغَلَ المكان أو الوقت To occupy; fill; take up.

— . — البالَ To preoccupy; disquiet; make uneasy; disturb.

— . شَاغَلَ : ألهى To hold in play; keep the attention of.

— . — : خالَبَ To distract; draw off the attention of.

شَغَّلَ ٢ : استَعمل To employ; use.

— : أدارَ (كالآلة مثلاً) To work; run; put in motion.

— المالَ To invest; place in business.

إشتَغَلَ وتَشاغَلَ به To busy oneself *with* or *in*.

— قلبُه : قلِق To feel anxious; be uneasy.

— : عَمِلَ عملاً To work; act; do something.

— : دار (كالآلة مثلاً) To go; run; be in motion; work.

شُغْل : صَنْعة Business; occupation; pursuit.

— : عمل Work.

— : شأن Business; concern.

— : خِدْمة Employment.

— شاقّ Labour; hard work.

△— يد : مَصْنوع باليد Hand-made.

△إلزم شُغْلك Mind your own business.

أشغال شاقّة Hard labour.

شَغَّال : عامِل Workman; labourer.

— : لدَيه شُغل كثير Busy; fully occupied.

— . مُشتَغِل : ضدّ بطّال Working.

— : مجتهد Industrious; laborious; diligent; active.

△شغَلْتِيّ (في الموسيقى) Claquer; claqueur.

△شغَلتيّة : محسّو المغنّي Claque; paid applauders.

شاغول : حَبْل القلع . عقدة الـ Sheet, *or*, bow-line. ←Clove hitch.

أشغولة . مَشغَلة (A)vocation.

مَشغَل : دارُ تشغيل الفقراء Workhouse.

مَشغول : لديه شُغْل كثير Busy; fully occupied.

— : ضدّ خام Wrought; not crude.

— البال Anxious; preoccupied; solicitous.

مشغوليّة البال Anxiety; solicitude; worry.

△شفَى (يَشفى) : تنفّش . اكتظ To teem; swarm.

٭شفّ (في شفف) ٭ شفا (في شفو) ٭ شفاء (في شفي)

٭شفّاف (في شفف) Transparent.

△شِفْت : مِنْتاش Tweezers; nippers; ←small pincers.

△— : مِلقَط . كُلاّب Forceps.

△شفْتَرَ : تجهّم To pout; be sulky; hang the lip; make a lip.

شَفْتورة : شفة تحتانية Lower lip.

△شِفتِشِي : مَصوغات مخرّمة Filigree.

٭شفر . شُفْرُ الجفن Edge of the eyelid.

— . — : حدّ . حَرف Edge; border.

— . — المكان المرتفع : شَفا Brink; verge.

على شَفير الافلاس (مثلاً) On the verge of bankruptcy.

شَفْرة : نَصْل Blade.

— : سكّين كبيرة Large knife.

△شِفْرة : كتابة سِرّيّة ○ جفرة Cipher.

٭شفشف الضرعَ To strip; milk dry a cow *or* an udder.

— : جفّف To dry; drain.

شَفْشاف : مطر فيه برَد (راجع دمق) Sleet.

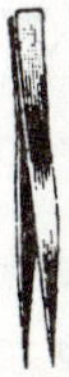

Carafe; ← decanter. △ شَفْشَق : كُرَاز

To suck; drain; exhaust. △ شَفَط : امتصّ

To sip. — : رَشَفَ . مَصَّ

Blower. شَفَّاطة المدخنة

To mediate; intercede with a person for another. ☆ شفع . تَشَفَّع له او فيه الى فلان

To pre-empt; secure by right of pre-emption. — : اشترى بالشُّفْعة

Diplopia; seeing double. شَفَع : ازدواج البصر (مرض)

Double. شَفْع : زَوْج

Aliquot شَفْعِيّ : خلاف وَتْري (في الرياضة)

Even number. عدد — : خلاف وَتْري

Pre-emption; right of pre-emption. شُفْعة : حقّ الابتياع قبل الغير

Advocacy; intercession; mediation. شَفاعة : وساطة

Intercession of the prophets. — الأنبياء

Pre-emptor. شَفِيع . شَافِع : صاحب حقّ الشُّفْعة

Intercessor; mediator. — : وَسِيط

Patron saint. قدّيس — .

Intercessory; mediatory. شَفاعيّ

To thin; make less thick. ☆ شَفَّفَ . شَفَّ : رقّق

To be transparent. شَفَّ ٢ : كان شفّافاً

To drain; drink dry. اشتفّ الاناءَ : شرب كلّ ما فيه

To look through. استشفّ الشيءَ : نظر خلاله

Gauze. شَفّ : نَسِيج رقيق △ شاش

Transparent. شَفّاف : لا يحجب ما خلفه

Flimsy; thin; diaphanous. — : رقيق (كالنسيج)

Semi-transparent. شِبْه — : شافّ

Tracing paper; transfer paper. وَرَق — .

Transparency. شفّافيّة . شُفُوف . شَفَف

Semi-transparent; translucent. شافّ . شَفِيف : يحجب الاشباح لا النور

To pity; feel pity for; sympathise with. ☆ شَفِقَ . أشفق عليه : عطف

To look after; care for; take care of. — عليه : حَرِص

Evening twilight. شَفَق : ضوء الشمس بعد الغروب

Aurora; light of dawn. — : سَدَف . ضوء الفجر

Aurora Australis. الـ الجنوبي

Aurora Borealis. الـ الشمالي

Compassion; pity; ruth; kindness; sympathy. شَفَقة

Pitiless; cruel; unkind; ruthless. عديم الشفقة

Compassionate; kind; tender-hearted. △ شَفُوق . شَفِيق

To look askance at. ☆ شَفَن : نظر اليه شزراً

Legacy hunter شَفُن ☆ المتودّد للمسنين طمعاً في ميراث

← Ray; skate. شَفْنِين : ورنك

Lip. ☆ شَفَة △ شِفّة : شفر الفم والاناء

Edge; lip. — أيّ شيء : حرفه

Flange. △ — كَرَّة الحديد وغيرها

Polyanthus. △ —٣ الثور : نبات

A word. بنت — : كلمة

Oral; verbal. شَفَهِيّ . شَفَوِيّ : بالفم

Labial. — : مختصّ بالشفة

Orally; verbally; by word of mouth. شَفَهِيّاً . شفاهاً . مُشافهة

To speak (mouth to mouth) to. شافَهَ : خاطب فاهُ الى فيه

Edge; brink; verge. (شفو) شَفا : حرف . شفير

Oral; verbal. ☆ شَفَوِيّ (في شفه)

To cure; heal; restore to health. ☆ شَفى من مرض : أبرأ

To heal a wound. — الجرحَ : دمّله

To recover; regain health. شُفِيَ : بَرِئ

To heal; grow sound. — الجرحُ : اندمل

To be on the point of. أشفى على كذا : أشرف

To gratify one's desire. اشتفى : نال مراده

To be cured by. تشفّى . استشفى بكذا

To avenge *oneself*, or take revenge, upon. — من خصمه : انتقم

To seek a cure. استشفى ٢ : طلب الشفاء

Camel's faucal bag. شِقشِقَةُ الجَمَل : △جُلّـة
Potsherds. ٭شَقَفٌ △شقافة : كِسَرُ الخزَف
Shard; crock; potsherd. شَقَفَة : اَصيص . كسْرة آنية خزفية
To split; cleave. ٭شَقَّقَ . شَقّ : فلَق
To tear; rend; rip; cut open. شَقَّ ٢ ثوبَهُ : مزّقه
Laparotomy — البطن (جراحة)
To plough; till. — الارضَ : حرَثـها
To cut a road. — الطريق
To be hard; difficult to bear. — الامرُ : صعُبَ
To find hard or painful. — عليهِ الامرُ : استَصْعَبه
To sprout; shoot. — الزرْعُ
To break through. — السِنّ
To rebel; revolt; renounce allegiance. — عصا الطاعَة
To stir up dissension between. — عصا القوْم
To peep; begin to appear. — النهارُ . إنشقّ
To call on or upon. △ — عليهِ : زارهُ
They tore the skies with their cheers. شقّـوا عِنانَ السماء بهتافهم
To split; crack. انشقّ ٢ : انصدَعَ
To secede or separate *oneself* from; dissent from. — عنهم : خرَجَ
To derive (a word) from. اشْتَقَّ كلمةً من أُخرى
To be shaky; full of shakes or cracks. تَشَقَّقَ الخشَبُ
To crack; be split. — الحجَرُ وغيره : تفلّـق
Split; fissure; rift. شَقّ : فَـلع
Interstice; cleft. — : خصَاص
Crack; chink; crevice. — : فلْـق
Chink in a wall. — في حائط
A shake; a crack. — في خشَبٍ
Slit. — طوليّ
The slit of the pen. — القلَم
A rent; tear. — : مَزْق
Half. — . شِقّ الشيء : نِصفه
Double; substitute; step-in. شِقّ ٢ الرجُل : شبيهه
Sex. — : جِنس . صِفة التذكير او التأنيث
Wraith; spectre. — الميْت : شَبَحُه

Recovery; restoration to health. شِفَاء : بُرْء
Cure; remedy. — : عِلَاج
Curable; remediable. قابِلٌ للـ —
Curative; tending to cure. شَافٍ . شِفَائي : عِلَاجيّ
Decisive; positive; categorical. — : قاطِع . بَـاتّ
Conclusive, or peremptory, answer. جواب — .
Hospital for animals. △شفخـانة : مُسْتَشفى حيوانات.
إشفى : مِخْرَاز الجِلْد ←Awl.

Hospital. مُسْتَشْفًى : △اسبتالية
Sanatorium (*pl.* Sanatoria.) — : مَصَحَّة
Isolation (or fever) hospital. — الأمراض العفِنَة (المعدية)
Lunatic asylum; mental hospital. — الامراض العقلية (المجاذيب) : مارستان
Field hospital. — مَيدان (حَربي)
٭شقّ (في شقق) ٭شَقاء (في شقي) ٭شِقاق (في شقق)
To dismiss; drive away. (شقح) أشقَـح : △كشَح . أبعدَ
To be fair complexioned; blond. ٭شَقُرَ : كان أشقَر البشرة
To call on or upon. △شَقّـرَ على : زارَ
Fair complexioned; blond (*fem.* blonde). أشقَر (والانثى) شَقْرَاء
Light haired; fair haired. — الشعر

Fair, light or blond, hair. شَعْـر — .
Fairness. شُقْرٌ . شُقْرَة
Roller. ٭شَقِرّاق : غُراب زَيتوني
To roar with laughter; guffaw. △شقـرَقَ : قهقَهَ
To chirp; peep. ٭شَقْشَقَ : زَقزَقَ △صَوى
To peep; begin to appear. △— النهارُ : انشقّ . لاحَ
Lip labour; loquacity; empty talk. شَقشَقَة لِسانٍ
Peep-o'-day. △— النهار : بُزوغ الصَباح

شِقَّة . مَشَقَّة : صعوبة — Difficulty; hardship.
— . — : عَناء — Trouble; toil; labour.
شُقَّة : سَفر شاقّ — Tedious, *or* tiresome, journey.
— : هِلال — Lune.
— حِياد — No man's land.
△ شَقَّة : جزء من بيت — Apartment; flat; suite of rooms.
شِقاق : ضِدّ اتّحاد — Disunion; separation.
— : خِلاف . نِزاع — Dissension; discord.
القى الـ بَينهم — To sow discord among.
شَقيق : أخ — Brother.
— الشيء : نِصْفُهُ — Half.
أخٌ — . — Full brother; blood brother.
شَقيقة : أُخْت — Sister.
— : صُداع شِقّ الرأسِ — Megrim; hemicrania.
شَقائقُ النعمان : نبات وزهره — Red anemone.
شاقّ : مُتعِب — Tedious; tiresome; irksome; fatiguing; onerous.
— : عَسِير — Hard; difficult.
— : عَنيف . مُتْعِب — Arduous.
أشغال شاقّة — Hard labour.
إنْشِقاق : انفصال — Dissension; disruption.
إشْتِقاق — Derivation.
علم الـ. — Etymology.
مَشَقَّة : صعوبة — Hardship; difficulty; trouble.
— : عَناء — Trouble; toil; labour.
* شَقَلَ : وزَنَ — To weigh; balance.
شاقِل : عِيار او وَزْن او نَقْد عِبْري — *Shekel.*
شاقُول : مِيزان الماء — Spirit-level.
△ شَقْلَبَ : سَقلَبَ . قلبَ — To upset.
تَشَقْلَبَ : تَسَقلَبَ — To turn a somersault; turn head over heels.
شَقْلَبة △ شُقْلِيبة : سَقلبة — Somersault; somerset.

* شَقِيَ : ضِدّ سَعِدَ — To be unhappy *or* miserable.
شَقِيّ : ضِدّ سَعِيد — Unhappy; miserable; unfortunate.
— : مُجْرِم — Criminal; culprit.
△ — △ شَقْوَة : عِرْبِيد — Naughty; mischievous
شَقا . أشْقَى : جعله شقيّاً — To render (make) unhappy.
شَقاوة . شَقاء : تعاسة — Unhappiness; misery.
△ — : عَرْبَدة — Naughtiness; mischievousness.
* شكّ (في شكك) * شكا (في شكو)
* شَكَرَ الرجلَ . تَشكَّرَ لهُ : حمدهُ — To thank a person.
— : أثنى على . مَدَحَ — To praise a person.
شُكْر : حَمْد — Thanks.
— : مَدْح . ثَناء — Praise.
— : إقرار بالجميل — Gratitude.
شُكْراً لك — Thank you; many thanks to you.
قُرْبان الشُكْر — Thank offering.
يَوْم الـ : عيد اميركي — Thanksgiving Day.
شَكُور . شَكِير : حامِد — Thankful.
شَوْكَران . شَيْكَران : نبات سامّ — Hemlock; poison-hemlock; herb bennent.

△ شَكَارة : مِشْواة . إسكارة ع — Gridiron; grill.
— : كِيس — Bag; sack.
△ شَكْرتون : شريط عازِل — Electric wire isolator.
* شَكِسَ : كان شَرِساً — To be ill-tempered.
شاكَسَ : خاصَمَ — To pick a quarrel with.

شَكِس : سَيّء الخُلق — Ill-tempered: morose; surly.
— : نَزِق — Peevish; petulant.
شَكاسة : سوء الخُلق — Ill-temper; moroseness; surliness.
— : سُرْعة الغضب — Peevishness; petulance.
○ شَكسْبير : شاعر الانكليز الأعظم — Shakespeare (William).

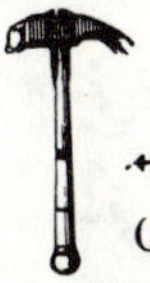

(شكش) ▵ شَكُوش ▵ شاكُوش : مطرَقة — Hammer.

— بشقبيّة — Claw-hammer.

— الساعة — Pallet; escapement.

ابو — : اسم سمك — Hammer-head.

* شَكَّكَ : جعله يشكّ — To fill with doubt; cause doubts, scruples *or* suspicion.

▵ — : أعطى او أخذ بالدين — To buy, *or* sell, on credit.

شَكَّ : وَخَزَ — To prick; pierce with a sharp-pointed thing.

— بالمِهْماز — To spur; goad.

— في الامر — To doubt; entertain doubts.

— في الرجل — To suspect; mistrust.

▵ — الاسمنتُ : جمد — To set; become stiff.

شَكّ : ضدّ يقين — Doubt.

— : رِيْبَة — Suspicion.

بلا — : يقيناً — Undoubtedly.

من دُون — : بلا رَيْب — Beyond a doubt.

لا يتطرّق اليه الـ . — Undoubted; indubitable.

▵ سريع الـ . — Quick-setting.

شَكَّة : وَخْزَة — Prick; sting.

شاكّ : مُرْتاب — Doubtful; full of doubt.

— السلاح : لابس سلاحاً تامّاً — Armed to the teeth; fully armed.

— السلاح : على أُهْبة القتال — Up in arms.

▵ شُكُك : بالدَّيْن . نَسِيئة — On credit; on tick.

مَشْكُوك فيه : غير محقَّق — Doubtful; uncertain.

— في أمره — Suspicious; open to suspicion.

شَكَلَ . شَكَّلَ . أشْكَلَ . اسْتَشْكَلَ الأمرُ — To be ambiguous.

— . — : قيَّد — To shackle; fetter; trammel.

— . — الكتاب — To vocalise; point; insert the vowel points.

▵ — الأمرَ : عرقله — To complicate; entangle.

شَكَّل ٢ : صَوَّرَ — To shape; fashion; form.

— : نَوَّعَ — To diversify; variegate.

— وزارة : ألَّفها — To form a ministry.

شاكَلَ : ماثَلَ — To resemble; be similar to.

▵ — : شاكَسَ — To pick a quarrel with.

شَكْل : صُوْرة — Likeness; picture; illustration.

— : رَسْم — Figure; drawing.

— : رَسْم مطبوع او محفور للطبع — Block; cut.

— : هيئة — Shape; form; figure.

— : كيفيّة — Manner; fashion; style.

— الكلام : حركاته — Vowel points.

— . شاكِلة (١) : نَوْع — Kind; nature; sort.

شَكْلِيّ — Formal.

شَكْلاً : صُوْرةً — In form; formally.

شاكِلة ٢ : خاصِرَة — Side; flank.

على شاكلته : من طينته — Of *his* mould.

شِكْل : دلال — Coquetry *or* dalliance.

شَكِلَة : ذات دلال — Coquette; flirt.

▵ شُكُلِيّ : شَكِس — Quarrelsome.

شِكَال : قَيْد — Shackles; fetters.

تَشْكِيل : تنويع — Diversifying; variegation.

▵ تشكيلة : أشياء متنوعة — Assortment; variety.

مُشْكِل : مُلْتَبِس — Ambiguous; indistinct.

— : مُعْضِل — Problematic; difficult to solve.

— . مُشْكِلة : مُعْضِلة — Problem.

— . — : وَرْطة — Difficulty; predicament.

مُشَكَّل : مُتَنَوِّع — Diverse; different; various; miscellaneous.

— : محرَّك — Marked with vowel points.

مُشاكَلة : مماثلة — Resemblance; similitude; likeness.

* شَكَمَ : برطله ليسكت — To bribe to silence.

— : أسْكَتَ — To silence; gag.

▵ — الدابّة : وقمها — To bridle; rein up.

▵ — : زجره . شهمه — To curb; check.

شَكِيمة اللجام — Curb bit; bridle bit, *or* bridoon.

— : أنَفَة — Disdain; scorn; aloofness.

شديد الـ . — Stubborn; unyielding.

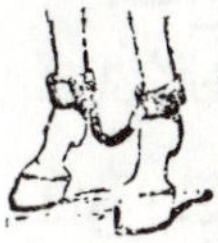

△ شُكْمَجِيَّة : عُلْبَة الحُلِيّ والتُحَف الصَغِيرَة — Casket; trinket box.

٭ شَكْوَة . شَكْوَى . شِكَايَة . شَكِيَّة — Complaint; grievance.

— : △ قِرْبَة (زِقّ) ماء صغيرة — Small waterskin.

شَكَا . اشْتَكَى . تَشَكَّى اليه من كذا — To complain to a person of a thing.

— • — الامرَ : عَرَضَه — To set forth a complaint.

شَاكٍ . مُشْتَكٍ — Complainant.

شاكٌ او شاكي السلاح — Up in arms.

مِشْكَاة : كُوَّة غير نافذة — Niche.

مَشْكُوّ ومنه — Complained of.

مُشْتَكَى عليه — Accused.

○ شِكُوريا : △ سَرِيس — Chicory; wild endive.

△ شَكُوش : مِطْرَقة (راجع شكش) — Hammer.

○ شَكُولاته — Chocolate.

○ شَكُونيته : نَوْع من الشيت — Joconet.

٭ شكيمة (في شكم) ٭ شَلّ ٭ شلال (في شلل)

٭ شِلْبَة : نَوع من السمك — Bream, *or* ⟵ *schilbe.*

△ شَلَبِيّ : متأنِّق . ظريف — Elegant; dandy.

△ شَلَّت : رَفَس — To buck(-jump.)

شَلْتَة : حَشِيَّة رقيقة — Thin mattress.

٭ شَلْجَم : نبات كاللفت — Summer rape; colza.

٭ شَلَّح : عَرَّى — To divest; undress; disrobe; unclothe.

— : سَلَب — To despoil; rob.

△ شَلَّح ثيابه : خلعها — To undress; take *or* slip off *one's* clothes.

△ — الكاهنَ أو الراهبَ — To unfrock; expel from priesthood.

مَشْلَح : نَشِير — ⟵ Dressing-gown.

مُشَلَّح : غُرْفة اللبس — Dressing-box.

٭ شَلْشَل : قَطَر — To trickle; dribble; fall in drops.

٭ شَلَق : فَلَق — To split.

شُولَقِيّ : مُولَع بالحلوى — Sweet tooth.

٭ شَلَل : فالج (مرض) — Paralysis.

— جُزئي او رَجْفي — Palsy.

— وَجْهِي : لَقْوَة — Bell's palsy; facial paralysis.

— اِهتزازي — Shaking palsy.

— نِصْفي — Hemiplegia.

— الأطفال — Poliomyelitis; infantile paralysis.

شَلَّل . شَلَّ : خاطَ خِياطةً واسعة — To tack; baste.

شَلَّ . أَشَلّ : عَطَّل — To paralyze.

لا شُلَّت يداك — Bravo! well done!

شَلَّة : قَصْد — Aim; object; purpose.

△ — خَيْط : سَبِيخَة — Hank; skein ⟵ of thread.

△ — : زُمْرَة — Group; coterie; clique.

شَلَّال : مَوْضِع هُبوط الماء — Waterfall; cascade.

— : مُنْحَدر النَهْر — Rapids; cataract.

شِلَالَة : خِياطة متباعِدة — Tacking; basting.

أَشَلّ . مَشْلُول : معطَّل الحركة — Paralyzed.

— • — : مُصاب بالشَلَل — Paralytic.

(شلم) شَيْلَم . شَوْلَم : زُؤان — Darnel; rye-grass.

△ شالِم : بَرّاكه (نبات) — Common rye.

△ — (في الطباعة) : خطّ العِناق — {|} ⟵ Brace.

○ شِلِن : عُمْلة انكليزية — Shilling.

٭ شِلْو (جمعها أشلاء) : عُضْو — Limb (decayed).

شَلا : شالَ بالشيء . رَفَعه — To lift up.

△ شُلَيْك : △ فَراوِلَة — ⟵ Strawberry.

٭ شَمّ (في شمم) ٭ شَمَّاس (في شمس) ٭ شمال (في شمل)

٭ شَمَّام (في شمم) — Musk melon.

٥شِمْپانْزِي : غُول . بَعام — Chim-←panzee.

٥شَمْپانيا : مَشْروب فاخِر — Champagne.

△شَمْبَران العَقْد : حِلية معماريّة — Archivolt.

٥شَمِتَ به — To gloat on or over; to rejoice at, the affliction of one's enemy.

شَمَّتَ : خَيَّبَ — To disappoint.

△— . أَشْمَتَ — To cause one to gloat over, *or* rejoice at, another's misfortune.

شَماتَة — Gloating; on, *or* rejoicing at another's misfortune; malevolence.

شامِت — Malevolent.

٥شَمَخَ : عَلا — To tower; be lofty.

— بأنفه — To turn up one's nose at.

تَشامَخَ : تَكَبَّرَ — To pride oneself; have, *or* take, pride.

شامِخ : عالٍ — High; lofty; towering.

— . مُتَشامِخ : متكبّر — Proud; haughty; supercilious.

تَشامُخ : تَكَبُّر — Pride; haughtiness.

٥شَمَرَ : سَحَبَ — To retract; draw back.

— : تَقَلَّصَ — To recede.

— . شَمَّرَ كُمَّهُ — To tuck; draw, turn *or* gather up.

— . — للأمر : اهتمّ به — To buckle to; pull up one's socks.

— . — عن ساعِدِه — To turn up *one's* sleeves; put *one's* best leg foremost.

شَمَر . شُمْرَة . شَمار : نبات وحَبّه معروف — Fennel.

△شِمار : حِمالة (انظر حمل) — Braces.

△— : صَدْرِية . شمال (انظر شمل) — Brassière.

△شِمْرُوخ : عُود — Stalk; stem.

٥شَمَزَ . اشْمَأَزَّ منه : نفر كراهة — To shrink from.

اِشْمَأَزَّ^٢ : اقشعرّ كراهةً — To shudder at.

— ت نفسُه — To revolt at; be disgusted, shocked, *or* grossly offended.

— منه : اسْتاء — To be out of conceit with.

تَشَمَّزَ وجْهُه : عَبَسَ — To scowl; frown.

اشْمِئْزاز — Repugnance; aversion; disgust.

مُشْمَئِزّ : كارِه — Loathing; disgusted at.

— منه : مستاء ونافِر — Out of conceit with.

٥شَمَسَ : حَرَنَ — To be refractory *or* restive.

— . شَمِسَ . أَشْمَسَ اليَوْمُ — To be sunny.

شَمَّسَ : عرَّضَ لنور الشمس — To sun; insolate; expose to the rays of the sun.

تَشَمَّسَ : تدفأ في الشَمس — To bask; sun oneself; lie in the sun.

شَمْس : النيّر الأعظم — Sun.

— . شَمِس : لا غيم فيه — Sunny; cloudless.

شروق الــ . — Sunrise.

ضَرْبة — : رَعَن — Sunstroke.

ضَوْءُ الــ . — Sunshine; sunlight.

عَبَّادُ الــ : زَهْرة — ←Sunflower.

عابِدُ الــ . — Sun-worshipper.

غُروبُ الــ . — Sunset.

شَمْسِيّ — Sunny; solar.

حَرْف — . — Dental letter; sun letter.

شَهْر — . — Calender month.

التصْوِير الشمسي — Photography.

صُورة شمسيّة — Photograph.

ساعة شمسيّة — ←Sundial.

سَنة شمسيّة — Solar year.

شَمْسِيَّة^٢ : مِظلّة — Sunshade; ←parasole.

— المطر : عالّة — Umbrella.

△— الشُبّاك — Windowblind; ←persienne.

شَمّاس : جُلاذِيّ . خادِم الكَنيسة — Sexton; sacristan.

شامِس . شَمُوس : حَرُون — Refractory.

— . مُشْمِس — Sunny; exposed to the sun.

مَشْمَسَة : مكان الاستمتاع بضوء الشمس — Solarium.

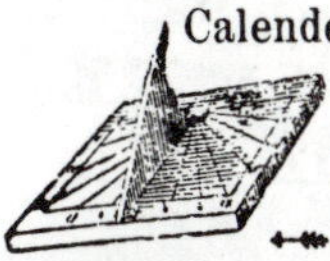

△ شَمْشَمَ : تَشَمَّمَ — To sniff (at food).
٭ شَمِطَ شعرهُ — To become hoary *or* gray.
أَشْمَط (المؤنث شمطاء) — Gray-haired.
△ شَمَطَ : شَطَنَ . ربط بحبل — To rope; fasten with a rope.
△ — البائعُ المُشْتري — To charge an exorbitant price.
٭ شَمَّعَ : طلى بالشَّمْع — To wax; smear *or* rub with wax.
△ — الفَتْلة : جرى هارباً — To take to *one's* heels; run like mad.
شَمْع (اسكندراني) : مُوم العسل — Wax; beeswax.
— الختم . — احمر : خِتام — Sealing-wax.
شَمْعَة : عُودُ شَمْع — Candle; wax-candle.

شَمْعِيّ : كالشمع أو منهُ — Waxen.
شَمْعَدَان : مائلة — ⟵ Candlestick.
شَمَّاع : صانع الشمع او بائعه — Wax-chandler; tallow-chandler.

△ شَمَّاعَة الملابس : شِجاب — Rail; hat and coat rack.

△ — مَدْخل — Hall-stand. ⟵
مُشَمَّع : عليه شمع — Waxed.
△ — الفَرْش — Oilcloth.
△ — الأرض — Linoleum.
△ — طِبِّيّ — Court-plaster.
٭ شَمِلَ : عَمَّ — To prevail; overcome; reign.
— . إشتمل على : حوى — To contain; include; comprise.
اشتمل ٢ على : تألَّفَ من — To consist of.
— . تَشَمَّلَ بالشَّمْلة — To wrap oneself in a toga.
شَمْل : اتحاد — Union.
جَمْعُ الـ — Reunion.
شَمْلَة : كِساء واسع — Toga; mantle; cloak.
شَمال : مقابل الجنوب — North.
— شَرْقي — North-east.
— غربي — North-west.
— . ريحُ الـ — North wind.
كَوْكب الـ : نجم القطب — Pole-star.
شِمال ٢ : يَسار — Left (-side.)

△ — : شِمار — ⟵ Brassière; under-bodice supporting breasts.
اليدُ الـ : اليُسْرى — Left hand.
شِمالاً : نحو الشمال — Northward(s.)
شَمالي : من الشمال او مختصّ به — Northern.
شامِل : عامّ — Universal; general.
— (كالوصف او المعنى) — Comprehensive; full.
— . مشتمِل على : حاوٍ — Containing; including; comprising.
مُشْتَمَلات : مُحْتَوَيات — Contents.
مَشْمُول : مُحْتَوًى — Included; comprised.
— بِرِعايَة — Under the patronage of...
△ مَشْمَلَة : شجر وثمرهُ — Japan, *or* Dutch, medlar; service berry.
٭ شَمْلَلَ : أَسْرَعَ — To be quick, nimble *or* swift.
شُمْلُول : كميَّة قليلة — Small quantity.
△ — : خفيف الحركة — Brisk; swift; nimble.
٭ شَمَّمَ . أَشَمَّ : جعله يَشمّ — To make one smell.
شَمَّ . اشْتَمَّ — To smell.
— . تَكَبَّرَ — To be supercilious, haughty.
△ — منه : انعدى — To catch (a contagious disease) from.
تَشَمَّمَ : △ شَمْشَم — To sniff, *or* nose.
— الأخبار — To nose about for news.
شَمّ : استنشاق الرائحة — Smelling; olfaction.
— . شامَّة : حاسّة الـ — Smell; sense of smell.
شَمِّيّ : مختصّ بالشمّ — Olfactory.
شَمَم : انَفَة — Superciliousness; disdain; haughtiness.
شَمَّام : بِطّيخ أصفر — Sweet melon.

△ شَمَّامَة مِصْباح البترول — ⟵ Lamp-burner.

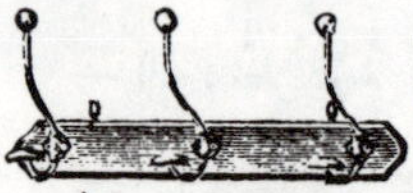

△ — مِصباح الغاز ← Gas mantle.

أَشَمّ (والجمع شُمّ) : أَنُوف Supercilious; disdainful.

مَشْمُوم : اسم المفعول من شَمّ Smelt.

— : مِسْك Musk.

✲ شَمَنْدَر . شَمَنْدُور : △ بَنجر Beet-root.

△ شَمَنْدُورَة : عوّامة التحذير Alarm-buoy.

△ — : منطقة النجاة من الغرق Life-buoy.

○ شَمْوَاه : حيوان كالغزال Chamois.

جِلْد — Chamois leather.

✲ شَنّ (في شنن) ✲ شَنَار (في شنر)

✲ شَنَاعة (في شنع) Ugliness.

△ شِنَّاوِي : طوبة بطولها في اتجاه الحائط Stretcher.

✲ شَذَبَ : بَرَدَ To be cold.

△ شَنَب : شارب A moustache; whiskers.

△ — القِطّ وأمثاله Whiskers.

△ شَنْبَر : إطار Rim *or* flange.

— زجاجة السَّاعة Bezel.

— حديد : شريط حديدي للحزم Iron strap.

△ شِنْتِيان : سراويل Ample, *or* baggy, trousers; knickerbockers.

✲ شَنِجَ . تَشَنَّجَ : تقبَّضَ وتقلَّصَ To shrink; contract.

— . — : أُصيب بالتشنُّج To have convulsions.

تَشَنُّج : تقبُّض وتقلُّص Shrinking; contraction.

— : تقلُّص عضلي Convulsion; spasm; fit.

— رَعْشِيّ Clonic spasm.

— كزازيّ Tonic spasm.

△ شَنْدِي بَنْدِي : كيفما اتَّفق At random; haphazard.

✲ شَنَّرَ عليه : عابه To revile; slander.

شَنَار : اقبح العار Ignominy; disgrace.

شَنَارَى : فهد الثلوج Ounce.

✲ شِنْشِنَة : عادة مُسْتحكمة Habit; practice.

— : خُلق Nature; disposition.

△ شَنْشَنَة : صَوْت خشن Raucity; harsh sound.

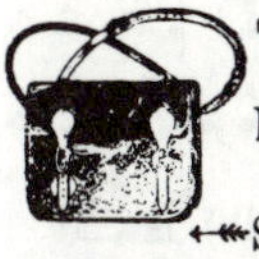

△ شَنَطَ : نَشَطَ . عَقَدَ To knot.

شَنْطَة : حقيبة Bag; travelling bag.

— الكُتُب : قِمَطْر ← Satchel.

— يد ← Hand-bag.

شُنَيْطَة : أُنْشُوطة . عُقْدَة Running *or* slip, knot.

✲ شَنُعَ : كان شنيعاً To be ugly.

شَنَّعَ عليه : ذكره بالقبيح To revile; slander.

شَنِع . شَنِيع : قبيح المَنْظر Ugly; unsightly.

— . — : بَشِع Hideous; horrid; shocking.

— . — : فَظِيع Horrid; horrible; dreadful.

شُنْعَة . شَنَاعَة : قُبْح المنظر Ugliness; unsightliness.

— . — : فَظَاعَة Repulsiveness; horridness.

✲ شَنَّفَ الاذان : أطربها To delight the ears.

— الجارِيَة : ألبسها قُرْطاً To adorn *her* ears with ear-rings.

— اليه : نظر بمؤخّر عينه To leer at; look askance at.

شَنَفَ اليه : نظر اليه كالمعترض عليه او كالمتعجب To stare *or* gaze, at.

شَنْف : قُرْط . حَلَق Ear-ring.

✲ شَنَقَ : أعدم شنقاً (او بمعنى عَلَّقَ) To hang.

شَنَق : حَبْل Rope; cord.

شَنْق : الاعدام شَنْقاً Hanging; execution by hanging.

مِشْنَقَة : آلة الشَّنْق Scaffold.

مَشْنَقَة : مكان الشَّنْق Gallows.

✲ شُنْقُب . شِنْقَاب △ بَكَاشِين Snipe.

△ شِنْكَار النجّار Marking gauge; carpenter's scribe

△ شَنْكَلَ : أعثر To trip up.

شَنْكَل التعليق : كُلّاب ← Hook.

— وَرزّه Hook-and-eye.

(شنن) شَنَّ . أشَنَّ الغارة To wage, or engage in, war.
△ مِشَنّة : سَلّة من عيدان القاب Reed basket.
△ شَنهَفَ الباكي : اهنف To whimper.
△ شَنهَقَ الحِمارُ : نهق To bray.
△ شَنيشة المدخنة او المدفأ : ثقب في الحائط Flue.
☆ شَهَبٌ . شُهبة : بياض يخالطه سواد Grayness; hoariness.
شِهاب : نيزك Meteor; shooting *or* falling star; luminous meteor.
— : كوكب Star.
— : سهم ناريّ . صاروخ Firework; rocket.
أشهَب : لونه بين الابيض والاسود Gray; grey.
☆ شَهِدَ المجلس : حضره To attend a meeting; be present at *it*.
— : كان شاهداً To testify; bear witness; give testimony.
— بكذا : قرّره (كتابةً) To certify.
— له بكذا : أقرّ To acknowledge.
— لفلان To give evidence in favour of.
— على فلان To give evidence against.
— على العقد او الصك To witness a document.
. شاهَدَ : اطّلع على To witness; see.
أشهَدَه . استشهده : سأله ان يشهد To call to witness.
استشهد ٢ بقولٍ : ذكره To quote; cite.
أُشهِدَ . استُشهِدَ : مات كشهيد To martyrize; die as a martyr.
شَهْد : عسل النحل Honey; honey-comb.
شَهادة : اقرار Witness; testimony.
— : بيّنة . ما يقرره الشاهد Evidence.
— (مكتوبة) Certificate; testimonial.
— حُسن السَّير والسلوك Certificate of good conduct.
— خلوّ الطرف Certificate of discharge.
— عالية : اجازة ○ دِبلوما Diploma.
— إثبات Evidence for the prosecution.
— نفي Evidence for the defence.
— بملكيّة اسهم او سندات مالية Scrip.
. استِشهاد : الموتُ لاجل المبدأ Martyrdom.

استِشهاد ٢ : اقتباس Quotation; citation.
شَهيد Martyr.
شاهِد : مؤدّي الشهادة . راءٍ Witness.
— إثبات Witness for the prosecution.
— نفي Witness for the defence.
— الملك King's evidence.
— عَين . — عياني (او نظر) Eye-witness.
— البارز Second.
— : اقتباس Quotation.
— : لسان Tongue.
شاهِدة : بلاطة الضريح Tombstone; gravestone.
— : صورة المكتوب Copy; duplicate.
الـ — : الارض The Earth.
الـ — ○ دفتر الكوبيا (صور الخطابات الصادرة) Copy-book.
ورق الـ — △ ورق كربون Carbon paper.
مَشهَد : مجتمع الناس Assembly; meeting.
— : موكب Procession.
— : حفلة الدفن Funeral procession.
— : منظر △ فرجة Spectacle; sight.
مُشاهِد : راءٍ Spectator; onlooker; looker-on.
مُشاهَد : منظور Visible; perceptible.
مَشهود : يستحقّ الذكر Memorable.
يوم — — A memorable day; red-letter day.
اليومُ الـ — : يوم القيامة Doomsday.
☆ شَهَرَ . شَهّر (١) . أشهَرَ : جعله شهيراً To make famous.
— . — . — : اذاع To spread abroad; make known.
— الحربَ : اعلنها To declare *or* proclaim war.
— السيفَ : سلّه To draw a sword.
— البندقيّة To level a gun; aim.
شَهّر ٢ به : ندّد To defame; blow upon.
شاهَر : استأجر بالشهر To hire by the month.
إشتَهر : صار شهيراً To come into prominence; become celebrated, *or* known.
— : ذاع To be spread about *or* abroad.

شَهْرٌ من السنةِ — Month.
— . إشْهار : اعلان — Publication; declaration.
— العَسَل : اوائل أيام الزواج — Honey-moon.
رأس — . — New-moon.
الـ— الجاري أي الحاليّ — Current month; intstant.
الـ— المقبل اي القادم — Next month; proximo.
الـ— الماضي أي المنصرم — Last month; ultimo.
شهريّ : كل شهر — Monthly; every month.
شَهْريًّا : مُشاهَرةً — Monthly; by the month.
شُهْرَة . إشْتِهار : سُمْعَة — Reputation; fame; renown; celebrity.
— . — لدى الجمهور — Popularity.
شَهِير . مَشْهور : ذائع الصيت — Well-known; famous; celebrated.
— . — : معروف لدى الجمهور — Popular.
— . مُشَهَّر : رديءُ السُمْعة — Ill-famed; infamous; notorious.
شخص — : بعيدُ الصيتِ — A celebrity.
على المشهور : كالمتعارف — According to common repute.
إشْهار : إعلان — Declaration; proclamation; publication; publicity.
— الإفلاس — Adjudication of bankruptcy.
مُشاهَرَةً : بالشهر — By the month; monthly.
✱ شَهِقَ الحمارُ : نَهَقَ — To bray.
— : ضد زفر (في التنفس) — To inspire; inhale.
— : صاحَ . هتَفَ — To whoop.
شَهْقَة : صَيْحة — A whoop; loud eager cry.
△ — : السعال الديكي — Whooping cough.
شَهيق : ضِدّ زفير — Inspiration; inhalation.
— الحمار : نهيق — Braying.
شاهِق : عالٍ — High; lofty; elevated.
عُلُوّ — . — Dizzy height.
✱ شُهْلة : زُرْقة العينين — Blueness of the eyes.
△ شَهَّلَ : عجَّلَ — To speed up; expedite; hasten.

△ شُهِل : شو ل . سريع في العمل — Quick; nimble; expeditious.
أشْهَلُ : ازرق العينين — Blue eyed.
✱ شَهَمَ : △ شَكَمَ . زَجَرَ — To check; curb.
شَهْم : ذكيّ الفؤاد — Sagacious; shrewd.
— : نبيل — Noble; brave; gallant.
شَهامة : نَخْوة — Nobleness; gallantry.
— : ذَكاء الفؤاد — Sagacity.
✱ شَهْوَة . شَهيَّة : قابليَّة (للطعام و لغيره) — Appetite.
— . — : رَغْبة — Desire; longing; eagerness.
— : مَيْل شديد — Passion; inordinate desire.
— : غُلْمَة — Lust; carnal appetite.
— بهيميَّة — Bestial passion.
— جِنْسيَّة غريزيَّة : ○ لبيد — Libido.
إماتة الشهوات — Mortification.
شَهَا . اشْتَهى . تَشَهَّى : تاقَ الى — To desire; wish *or* long for; crave.
— . — ما لغيره — To envy; covet.
شَهَّى : رغَّبَ — To invite; allure; tempt.
— : حرَّضَ الشهيَّة — To appetise; give, create *or* whet, appetite.
لا يُشْتَهى : غير مرغوب فيه — Undesirable.
شَهْوان . شَهْواني : طمَّاع — Greedy; covetous.
— . — : غلِم — Lecherous; lustful.
شَهِيّ . مُشْتَهى : مَرْغوب فيه — Desirable; appetising.
— . — : مقبول — Agreeable.
مُشْتَهٍ : تائق — Eager; desirous; longing.
— ما لغيره : حسود — Envious; covetous.
مُشْتَهاة : صالحة للزواج — Marriageable.
مُشَهٍّ : جالب الشهية — Appetiser; appetising.
✱ شَهيد (في شهد) ✱ شَهير (في شهر) ✱ شَهيق (في شهق)
✱ شَوْب : خليط — Mixture.
△ — : ريح حارّة — Hot wind; sirocco.

شابَ : خلَطَ — To mix; mingle; blend.
— : أفسَدَ — To adulterate; vitiate.
شابَ الشعرُ (في شيب) — To turn white.
شائبة : عيب — Blemish; defect; flaw; fault.
مَشوب : مخلوط — Mixed; adulterated.

○شوبق △شوبك : مِطْلَمَة — ←Rolling-pin.
*شوّحَ : أنكَرَ — To deny.
△— اللحمَ على النارِ — To grill; broil.

شُوح : تَنّوب — ←Fir-tree.
*شَوحَط (في شحط) — Yew-tree.
*شوَّرَ . أشارَ اليه . △شاور — To point at.
— . — : أبلغ بالاشارات — To signal; make signals.
— : زيَّنَ — To set off; adorn.
— . شارَ الدابّة : ركبها ليختبرها — To try by riding.
شارَ ٢ العسلَ : اجتناه — To gather honey.
أشارَ ٢ الى : دلَّ على — To indicate; point to.
— اليه : △شاورَ ٢ له — To becon; make a sign to.
— الى : ذكره تلميحاً — To allude, *or* refer, to.
— عليه : نصحه — To advise a person.
شاورَ ٢ . استشار . تشاوَرَ مع — To consult; ask advice of; take *another's* opinion.
— نفسَه — To take counsel with oneself; bethink oneself; reflect.

شارة : علامة — Badge; mark; sign.
— الذراع — ←Brassard.
شارات : علامات الرتب — Insignia.
شُورَى . مشورة : نصيحة — Advice; counsel.
— . — : رأي — Opinion *or* suggestion.
مجلس شورى القوانين — Legislative Council.
شُوريّ . استشاري — Consultative.
إشارة : دليل — Sign; mark; indication.
— : ما نتفاهم به عن بُعد — Signal.

— : أمر — Command; call; beck.
— . مَشورة : نصيحة — Advice; counsel.
— . — : اقتراح — Suggestion.
— برقيّة (تلغرافيّة) — Telegram; wire; cable.
اسم الإشارة — Demonstrative pronoun.
رهن إشارته — At his beck and call.
△كشك الاشارات (في سكة الحديد) — Signal-box; signal-cabin; signal-tower.
△أشرجي : ملوّح . عامل الإشارات — Signalman.
استشارة : أخذ الرأي — Consultation.
△مِشوار : سَربة . رحلة قصيرة — A trip.
△— : مهمّة . غرض △مأموريّة — Errand.
△— الآلة (في الميكانيكا) — Stroke.
مُشير : دالٌّ . دليل — Indicator.
— الى : دالٌّ على — Indicative of.
— : ناصح — Counsellor; adviser.
△— : أعلى رتبة عسكريّة — Field-marshal.
— . مُستَشار — Adviser; counsellor.
مستشار ٢ ملكي — Royal counsel.
— ماليّ — Financial adviser.
○شورَبة . شوربا : صُبّة — Soup.
*شوّشَ الامرَ : خلطه — To confuse; jumble together; confound.
— الامرَ : جعله مضطرباً — To disturb; throw into confusion.
— : أربكَ — To complicate; confuse.
△شاشت نفسُه : جاشت — To feel sick.
تشوّشَ عليه الامرُ — To be confused.
△— : أُصيب بعرض الزهري — To contract syphilis.
△شاش : نسيج رقيق — Muslin, *or* gauze.
الشاشة البيضاء : لوحة عرض الصور المتحركة — The screen.
شاويش : قائد عشرة — Sergeant.
△شوشة : قزيعة — Top-knot; crest; tuft of hair on crown of head.
△للشوشة : الى قمّة الرأس — Up to the eyes.
△مديون للشوشة — Over head and ears in debt.
△شواشي الذرة — Styles of Indian corn.

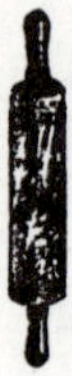

تَشْوِيش : اضطِراب او ارْتباك — Confusion.
△ — : المرَضُ الزُهرِي — Syphilis.
مُشَوَّش : مُضْطَرِب — Confused; blurred; fuddled; fuzzy.
— الفِكْرِ : حائر — Perplexed; embarrassed.
△ — : مَرِيض بالزُهري — Syphilitic.
△شَوْشَرة : ضَوْضاء — Fuss.
٭شَوَّطَ : سافر سَفرًا طويلا — To make a long journey.
شَوْط : غاية — Object; aim.
— : مسافَة — Distance.
— في الحَلْبة — Round; bout; course.
△شَوْطَة : وَباء — An epidemic; pestilence.
٭شَوَّفَ : زَيَّنَ — To set off; adorn.
△ — : أرَى — To show.
شافَ : طلى بالقَطْران — To tar; smear with tar.
△ — : رأى — To see.
تَشَوَّفَ الى : تَرَقَّبَ — To look forward to.
شَوْف : مِسْلَفة — Harrow.
△ — : نَظَر — Sight; eyesight.
△شايِف : ناظِر — Seeing.
△ — روحه — Conceited; stuck-up.

٭شُوفان : هُرْطُمان — Oats; common cultivated oats.
— : △زَمّير — Wild oats; drake.
— بَرّي — Slender wild oats.
طحين الـ. — Oatmeal.
٭شَوَّقَ .شاقَ الى — To fill with a longing desire for.
اشْتاقَ الشيء واليه : تاقَ — To long for; crave; desire.
— الى : حنّ او صَبا الى — To yearn for.
شَوْق . إشْتِياق — Longing; strong desire.
شائق : شَهِي — Desirable; agreeable.
شَيِّق . مُشْتاق — Longing; filled with yearning desire.

٭شَوَّكَ الشجرُ : كان شائكاً — To be thorny.
△ — . شاكَ . أشاكَ — To prick; prickle; pierce with a thorn.
— الحائطَ : جعل عليه الشوك — To cover with thorns *or* pricks.
شَوْك : واحِدَتهُ شوكة — Thorns; spines; pricks; prickles.
— الجِمال : △حِيْض — Syrian bear's-breech.
— « : عاقُول — Camel thorn.
— الجمَل : نبات غير شوك الجمال — Thistle.
— « : △حَسَك . رَعي الابل — Globe thistle.

— النصارى : عَكُّوب — Milk thistle.
— اليهود : كَنْكَر — Acanthus; ←bear's-breech.
عُصْفور الشوك — Hedge sparrow.
على الـ : على أحرّ من الجمر — On tenter-hooks.

شَوْكَة : واحِدة الشوك — Thorn; ←spine; prick.
— : شُعْبَة . سِنّ — Prong; tine.
— : قُوَّة — Power; might.

— : بأس وصَوْلة — Valour; prowess; intrepidity.
— الحَرْب — ←Trident.

△ — الاكل او المائدة — ←Fork.
— السَمَك : حسكة — Fish-bone.
— الطرابيشيّة : حَسَك النَسّاج — Teasel bur.
— العَقْرب : حُمَة — Sting.
— القُنْفُذ — Quill; spine.
— المِهماز (انظر همز) — Rowel.
△جديد بشَوْكته : قَشيب — Brand new.
شائك. شَوِك : ذو شوك — Thorny; prickly.
سِلْك — . — Barbed wire.
مَسْأَلة شائكة — Nettlesome question.

شَوْكِي : شائك أو كالشَوْك — Spiny; thorny.
أرْضي — . — Crown artichoke.
التِينُ الـ : صُبَّيْر — Prickly pear; ←Indian fig; edible cactus.
الحَبْلُ الـ : شَلِيل — Spinal cord.

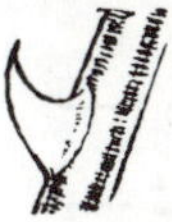

العَمُودُ الــ — Spinal column; backbone.

النُخاع الــ — Spinal marrow.

٭شوكران (في شكر) — Hemlock.

٭شَوَّلَ اللبنُ او الماء : قلَّ — To be scanty.

شَوِلٌ : △شِهل . سَريع في عمله — Quick; speedy; expeditious.

شَوْلة : فاصِلة كلام (وعلامتها [،]) — Comma.

△شِوَال : جُوَالق — Sack; large sack.

شَوَّال : الشهر القمري العاشر — *Shawâl.*

شَوَّالة : هازِجة — Warbler.

— اورُوبا — Chiff-chaff.

شَالَ الذنبَ وكفَّةَ المِيزان : ارتفعَ — To rise.

— بالشيءِ . أشالَهُ : رفعه — To raise; lift up.

— بالشيءِ △شالَه : حمله — To carry.

—ت نعامته : ماتَ — To depart; die.

—ت نعامتهم : ارتحلوا — To depart; go away; leave.

△شَالٌ : غِطاء للاكتاف او الرأس

△— : لِفاع △تَلفيحة . كوفيَّة — Shawl; Muffler.

△شالِيَة : أُصيص — Pot.

△— زَرْع : أُصيص الرياحين . سنداتة — Flower-pot.

△شَيْلَة : حِمْل — Load; burden.

△شَيَّال : حَمَّال . عَتَّال — Porter; carrier.

△شِيَالة . مَشال : أُجرة الحمل — Porterage; carriage.

△أشْوَل : أعسَر — Left-handed.

مِشوَل : منجل صغير — Sickle.

٭شؤم (في شأم) — Evil omen.

٭شُونة : مخزن الغلّة — Granary; garner.

△شَوَّنَ الغِلالَ : خزنها في شُونة — To garner; store.

△— : كوّم — To heap up; pile.

○شُونيز : شَهنيز . نبات حبّة البركة — Black cumin; fennel flower; *nigella sativa.*

٭شَوَّهَ : مَسَخ — To disfigure; mar; deform.

— : أفسَدَ — To distort; pervert.

شَوِهَ . تَشَوَّهَ — To be, *or* become, distorted, deformed or disfigured.

شَوَهٌ . تَشَوُّه : مَسْخ — Deformity; ugliness; disfigurement; mar.

— — : فساد — Distortion; perversion.

أشْوَه . مُشَوَّه : مَمْسُوخ — Deformed; marred; disfigured.

— — : فاسِد — Distorted; perverted.

شاه العجم — *Shâh*; the monarch of Persia.

— وفِرْزان الشِطْرَنج — King and queen.

— مات (في الشطرنج) — Checkmate; mate.

شاهبلّوط : △ابو فروة ○كستنة — Chestnut.

شاهانيّ : مُلُوكيّ — Imperial; royal.

شاة : الواحدة من الغنم للذكر والأنثى — Sheep,

△— : نعجة — Ewe.

٭شَوَى اللحمَ وغيره — To roast; broil; grill; bake.

شِواء . شَويّ : لحم مشويّ — Roast; roasted meat.

شَواة : جِلدة الرأس — Scalp.

△شوّاية . مِشواة △شِيكارة (انظر شكر) — Gridiron; grill.

شَيّ △شَوْي — Roasting; broiling; grilling.

٭شيء : امر — Thing; something.

— ما . امرٌ ما — Something.

لا شيء — Nothing; nil.

ليس بشيء — It (or he) is nothing.

لا شيئيّة — Nothingness; nihility; nullity.

شيئاً فشيئاً : قليلاً فقليلاً — Little by little.

شيئاً فشيئاً : تدريجاً — Gradually.

شاءَ : أرادَ — To will; wish; desire.

ان — الله : بمشيئته تعالى — God willing!

الى ما — الله — In perpetuity; for ever.

△شِيْ!!! لفظة لاستحثاث دوابّ الجرّ — Gee! Gee-up!!

Little, or small, thing. شُيَيْءٌ . △شُوَيَّة : شيء صغير

A little; some. △شُوَيَّة : قليلاً

Will; wish; desire. مَشِيئَة : إرادة

God willing. بمشيئة الله

To cause the hair to turn grey. ⊙شَيَّبَ . أشابَ : جعله يشيب

To become gray-haired. شابَ : ابيضّ شعرُهُ

To turn grey, white, *or* hoary. — شَعْرُهُ

Hoariness; grey hairs; hoary age. شَيْبٌ . مَشِيبٌ

Evernia; crottle lichen; ligneous wormwood. شَيْبَة : △خَمِير (نبات)

Flowering moss; tree hair. — العجوز : حَزاز الصخر

Gray; grey; grizzly; white; hoary. شائِبٌ . أشيَبُ (شَعْر)

Gray-headed; grey-haired. — . — (إنسان)

Printed calico; chintz; cotton print. △شِيت : نسيج ملوَّن

Herbaceous absinth. ⊙شِيح : نبات مُرُّ الطعم

(Holy) wormwood. — خراساني

To exert oneself. شاحَ : جَدَّ

To eschew; turn away; avert *one's* face. أشاحَ عنه وجهَهُ : أعرض متكرّهاً

To age; grow old. ⊙شَيَّخَ . شاخَ : صار شيخاً

To run to seed. △ — △ — النباتُ أو ثمرةٌ

To appoint as chief. △ — الرجلَ : جعله رئيساً

An old man; elderly. شَيْخ : متقدّمٌ في العمر

Rector; chief; head; *Sheikh*. — : رئيس

Chief of a village. — بلد

Chief of a tribe. — قبيلة

Elder of a church. — كنيسة

Matron; elderly woman. شَيْخَة : كبيرة العمر

Old age; senility; senescence. شَيْخُوخَة

Senile. شَيْخُوخِي : مختص بالشيخوخة

Senile tremor. ارتعاش — .

Seedy; having run to seed. △شايِخ : ضِدّ غَضّ او رَخْص

To erect; set up; build up; construct. ⊙شَيَّدَ . شادَ : بنى

To cry up; extol to the skies. أشادَ بذكره

Plaster. شِيد : ما يُطلى به الحائط من الجص

Erection; construction; building. تَشْيِيد

Erected; constructed; built. مَشِيد . مُشَيَّد

Cliff. ⊙شِيز (س) : رُكْح الجبل

Sesame-oil; *gingili-oil*. ⊙شِيرَج : زيت السمسم

Golden syrup. △شِيرَة الحلوى : سائل سُكَّري

←Foil. △شِيش : سيف الوخز . مِغوَل

Venetian blind. — او شَعْرِيَّة الشُّبَّاك

Sice; six. شِيش : سِتّة (في النرد)

⊙شيشرون : اشهر فلاسفة وخطباء الرومان ←Cicero.

△شِيشَة التدخين : أرجيلة (س) Hubble-bubble; ←narghile.

To singe; scorch; burn slightly. ⊙شَيَّطَ . أشاطَ

To be slightly burnt; be scorched; singed. شاطَ . تَشَيَّطَ

To smoke. —ت القِدرُ (△الحلة) او الطبيخ

To fume with anger; flare up; fly into a passion. إستشاطَ غضباً

Satan; devil. ⊙شيطان (في شطن)

To see off; bid farewell to. ⊙شَيَّعَ : ودَّعَ

To stoke fire. — النارَ : ألقى عليها ما يُذكيها به

To send. △ — : ارسل

To be spread abroad; be circulated; become publicly known. شاعَ الخبرُ

To circulate; publish; make known; spread abroad. — . أشاعَ الخبرَ : اذاعه

To follow. شايَعَ : تابَعَ ووالى

To take *another's* part. — . تشيَّعَ له : تحزَّبَ

To agree upon. تشايعوا على أمرٍ

شِيعَة : طائفة . فِرْقَة — Sect; denomination.
— الرَّجُل : أَتْباعه — Followers; disciples.
— : كل من تولى عليًّا واهل بيته . متاولة س — *Shiah.*
شِيعِي : طائفي — Sectarian.
— : غير السُّنّي . متاولي س — *Shiite.*
شُيُوع : انْتِشار — Publicity; circulation.
على الـ : △ بالمَشاع — In common; in joint-tenancy.
شُيُوعِيّ : واحِد الشيُوعِيين — Communist.
شُيُوعِيَّة : مَبْدَأ اِشتراكي مُتطرِّف — Communism.
— دُوَلِيَّة (رُوسِيَّة) — Comintern.
شائِع . مُشَاع : ذائع — Wide-spread; spread abroad; rumoured; circulated.
— . — : عامّ — Public; general; common.
— . — : مُشْتَرَك — Common; undivided.
مِلْك — او مُشاع ٢ — Joint property.
إشاعَة : إذاعَة — Spreading; publication; circulation.
— : خَبَر شائِع — Rumour; report; hearsay.
انتشرت إشاعة — To be (It is) rumoured.
تَشَيُّع . مُشايَعَة : تحزُّب — Partiality.
مُشايِع . مُتَشَيِّع — Partial.
مُشْتَاع : △ شريك على الشُيُوع — Copartner; joint partner.
٥ شيك : صَكّ — Cheque.
△ شِيك : أنيق — Up to the mark; chic; stylish.
شَيَاكَة : أناقة . حُسْنُ الهِنْدام — Stylishness.
△ شِيكارَة : مِشْواة (انظر شكر) — Gridiron; grill.
* شيكران (في شكر) * شيلم (في شلم) * شيْلَة (في شول)
* شِيمَة : عادة — Habit; custom; wont.
— : خُلُق . سَجِيَّة — Disposition; nature.
△ شِيمِيَّة الماء : دُرْدُور — Whirlpool; vortex.
الشَّام : سُورِيَة — Syria.
الـ الكبيرة : دِمشق (الفَيْحاء) — Damascus.
شامَةُ الخدّ : نُقطة عَنْبَر — Mole; beauty spot.

مَشِيمَةُ الجَنِين : △ خلاص — Placenta.
* شَيْن : عار — Disgrace; dishonour.
— : ضِد زَيْن — Bad.
شانَ : عابَ — To disgrace; dishonour.
شائِن : مُعِيب — Disgraceful; dishonourable.
* شِيَة (في وشي) — Blemish; flaw.
(شي) شاي : نبات مَعْروف أو غُلايته — Tea.

إبريق — . — Tea-pot.
حفلة — . — Tea-party.
مِلعقة — . — Tea spoon.

(ص)

* صِئْبان (الواحدة صُؤابة) : △ سيبان . بَيْض القَمْل — Nit.
* صَأَى الفَرْخ : △ صاح △ صَوْصَو — To pip; peep; chirp; squeak.
* صابَ (في صوب) * صَابِئة (في صبأ) * صَابُون (في صبن)
△ صاج : حديد مصفّح — Sheet-iron.
△ — مُمَوَّج — Corrugated iron.
* صاحَ (في صيح) * ياصاح (في صحب) * صاحٍ (في صحو)
* صَادَ (في صيد) * صادِر (في صدر) * صادف (في صدف)
* صارَ (في صير) * صارِم (في صرم) * صارُوخ (في صرخ)
* صارِي (في صري) * صاع (في صوع) * صَاغ (في صوغ)
* صافِ (في صفو) * صافح (في صفح) * صاقورة (في صقر)
٥ صالَة ٥ صالون : بَهْو — Saloon; reception room; drawing room.
— رَقْص — Dancing hall.
٥ صالوتو : طَلَلُ الدار . غُرفة الجلوس — Day-room; living-room.
* صَام (في صوم) △ صامولة (في صمل)
* صَانَ (في صون) * صَبّ (في صبب)
* صَبَأَ السنُّ او النَباتُ : طلع — To sprout; shoot up.
صابِئة : دِين الصابئين — *Sabaism*; *Sabeanism.*
صابِئ : عابِدُ الكواكب — *Sabean*; worshipper of the host of heaven.
* جاؤوت : « كلمة عبرية معناها » مجد — Glory.

*صبا (في صبو) ٥ صَبَابَة (في صبب)

*صَبَب : إنْحِدار   .Declivity; slope; descent

صَبَّ : سَكَبَ   .To pour out

— في قالب   .To cast; mould; shape

— نِقمَتَه على ;To wreak vengeance upon
pour out the vials of *one's* wrath upon.

— النَهْرَ في البَحْرِ (مثلاً) .To fall into the sea

إنْصَبَّ : انسكَبَ   .To be poured forth

— على : لزمَ   .To be intent, *or* bent, on

صَبٌّ : سَكَب   .Pouring out; effusion

— : مُغْرَم   .Enamoured; ardently in love

صَبَابَة : شَوْق شَدِيد ;(Ardent desire (*or* love
strong longing.

صَبِيب . مَصْبُوب : مَشْكُوب .Poured out; shed

— : دَم او عَرَق   .Blood *or* sweat

مَصَبُّ النَهْر   .Mouth of a river

*صَبُحَ الوَجْهُ : أشْرَقَ ,To be radiant
or beaming.

صَبَّحَ : اتى صَباحاً .To come in the morning

— : حَيَّى بالسلام صَباحاً .To bid good morning

أصْبَحَ : دَخَل في الصباح To enter upon
the morning.

— الحَقُّ : ظَهَرَ   .To come to light

— : صَارَ   .To become; come to be

— غِنِيًّا   .To become, *or* grow, rich

إصْطَبَحَ . اسْتَصْبَحَ : استضاء To use for
lighting.

— : فَطَرَ . تَرَوَّقَ .To take breakfast

صُبْح . صَبَاح : نقيض المساء   .Morning

عِم صَباحاً . صَباحُ الخَيْر   .Good morning

صُبْحَة : طعام الصباح ;Breakfast
morning meal.

٥ — الخَيْل : غُرَّة   .Blaze

صَبُوح . صَبِيح : جَمِيل ;Comely; beautiful
radiant.

صَبِيحَة : ضُحًى . ضَحْوة   .Forenoon

٥صَا بِح : جَدِيد ٥تازه   .Fresh; new

مِصْبَاح : ٥لَـمْـبَـه   Lamp.

— كَهْرَبي   .Electric lamp

*صَبَرَ . اصْطَبَرَ . تَصَبَّرَ ,To be patient; have
or take, patience.

— على : احتَمَلَ . أطاقَ ;To bear patiently
endure; tolerate.

صَبَّرَ : طلبَ منه أن يصبر To ask *one* to be
patient, *or* have patience.

— السفينةَ : وضَعَ فيها الصَّابُورَة .To ballast a ship

٥ — المَيِّتَ : حَنَّطَ   .To embalm; mummify

٥ — بَطْنَه : تلمَّج To stay the stomach;
take a snack.

صَبْر . اصْطِبَار : جَلَد ;Patience
endurance.

— . صَبِر : صمغ شديد المَرَارة   .Aloes

— أيُّوب   .Patience of Job

الـ طيِّب   .Patience is a virtue

قِلَّة — : جَزَع   .Impatience

قليل الـ : جَزُوع   .Impatient

قَلَّ صَبْرُهُ   .To lose patience

صَبْرَة الشتاء   .Depth of winter

صُبَّار : بطِّيخ شَوْكي Cactus.

— . صُبَيْر : تِين شَوْكي (انظر شوك) Prickly pear; Indian fig;
edible cactus.

— . صَبَّارة Aloes.

صَبُور . صَابِر ;Patient; enduring
long suffering.

صَابُورَة المَرْكَب   .Ballast

٥ تَصْبِيرَة البَطْن : لُمْجَة   .Snack

*صَبَعَ عليه : أشار اليه بأصبعه To point at with
the finger.

أصْبَع . إصْبَع ٥صَبَع : أصْبَاع اليد Finger.

— . — : قِياس = ‏٣‏ القِيراط Digit.

— . — ٥ : القَدَم Toe.

— طَباشِير وأمثاله   .A stick of chalk, etc

— أحْمَر الشَّفاء   .Lip-stick

أصَابِع (أصَابِيع) العَذْراء : نَبات طِبيّ   .Digitalis

مُصبَغ : △شِيكاره — Gridiron; grill.
△مُصبّعات الفرْن: بَاز — Grating.
*صَبغَ : لوَّنَ — To dye; tint; colour; tinge.
— قليلاً — To tint; tinge.
— : طلي بلونٍ — To paint.
— في الماءِ : غمس — To dip; immerse.
— بالماءِ : عمَّد — To baptise.
صَبْغ : تلوين — Dyeing; tinting; colouring.
— الشعْر (مثلاً) — Hair tinting.
صِبغ . صِبغة . صِبَاغ : ما يُصْبَغ به — Dye; colour; stain.
صِبْغة٢ : نوع . شكل — Mode; style; form.
— : معمودية النصارى — Baptism.
— : خلاصة (في الطب) — Tincture.
— الأفيون — Tincture of opium; laudanum.
— اليود : الـ البنفسجيّة — Tincture of iodine.
صِبْغيٌّ (والجمع صبغيات) : مادّة تنقل الصفات الوراثية — Chromosome.
صبّاغ . صابغ — Dyer; tinter.
يوحنا الـ . (المعمدان) — John the Baptist.
صِباغة : عمل الصبّاغ او حرفته — Dyeing; tinting.
صُبُوغة . صابُوغة : سمك نيلي — Nile shad.
مَصْبغة : محل الصباغة — Dye-house; dye-works.
مَصْبوغ — Dyed.
*صَبَنَ : غسل بالصابون — To soap; rub, or wash, with soap.
صَبَنَ المقامرُ الكعبَيْن — To cog the dice.
صبّان : صانع الصابون — Soap-boiler.
صابُون : غاسُول — Soap.
— الثياب : عِرق الحلاوة — Egyptian soap root.
صابُونة : قطعة صابون — Soap-ball; cake of soap.
△— الرِجْل : داغصة — Knee-cap; patella.
صابُونيّ : كالصابون او منه — Soapy; saponaceous.
صابُونيّة : نبات — Soapwort; soap-plant.

مَصْبنة : مصنع الصابون — Soap-works.
*صُبُوّ . صَبْوة . صِبًا : حنين وشوق — Yearning; longing.
صُبُوّة . صَباء . صِبًا٢ : شباب — Youth; boyhood.
صَبيّ : ولد . غلام — Boy; youth; lad.
— في التمرين . تلميذ — Apprentice *or* assistant.
صَبيّة : بنت — Girl; lass.
— : فتاة — Maid; maiden; damsel.
صِبيانيّ — Juvenile; childish; puerile.
صَبا : ريح شرقيّة — East wind.
صَبا الى : حنّ واشتاق — To yearn, *or* long, for.
— الى : مال — To incline to.
△صَبَّى : اعاد شبابه — To rejuvenate; make young again.
صَبِيَ . تصابى . اسْتَصْبى : فعل فعل الصبيان — To act as a child.
تصابى . تصبَّى٢ : مال الى اللعب — To incline to youthful pleasures.
△—△— : تجدد شبابه — To grow young again; renew *one's* youth.
— . — المرأة : اشتهاها — To woo; court; make love to.

*صُبَيْدِح٣ : أم الحِبْر — Cuttle fish.
*صُبَيْر (في صبر) * صَحّ (في صحح)
*صحا (في صحو) — To awake.
*صَحِبَ . صاحَبَ : رافق — To accompany.
— . — . تصاحَبَ مع : عاشر — To keep company with; associate with.
— . — . — مع : اتخذه صاحباً — To make a friend of; be friends with.
تصاحبا : كانت بينهما صُحبة — To be on friendly terms.
أصحبه الشيء — To accompany with.
إصطحب الرجل : رافقه — To keep company.
إستصحب : جعله في رفقته — To take as a companion.

صُحْبَة : رِفْقَة — Companionship.
— : رِفاق — Company; associates.
— : صَداقة — Friendship.
△— زُهُور : باقة — Posy; nosegay.
صَاحِب : رَفيق — Friend; companion; associate.
— الشيء : مالِكُه — Owner; possessor of.
— الأمْر — The master; the boss.
— البلَد : حاكِمُها — Governor; ruler.
— الدَّيْن : دائن — Creditor.
— العِزَّة أو السَّعادة او المعالي — His Excellency.
— السُمُوّ او الدَوْلة — His Highness.
— السُمُوّ الملوكي — His Royal Highness.
— العَظَمة او الجَلاله — His Majesty.
يا صَاحِ . يا صَاحِب — O my friend!
الصَّحابَة : رِفاق النبي (عليه السلام) — The Companions of the Prophet.
مَصْحُوب . مُصْطَحَب — Accompanied.
مُصاحَبَة . إصْطِحَاب — Accompanying.
✿صَحَّحَ المريضَ : شَفاهُ — To cure; heal; restore to health, soundness, *or* sanity.
— الكِتابَ : ضَبَطَه — To correct; revise.
— الخطأ او العَيْبَ — To rectify an error *or* a defect.
صَحَّ . إسْتَصَحَّ : شُفِيَ — To recover; regain health.
— الجُرْحُ : التأمَ — To heal; grow sound.
— : سَلِمَ من العيب — To be sound *or* correct.
— الخَبَرُ : ثبت — To be true, correct *or* certain.
صَحَّ : صَحِيْح . مَضْبوط — Correct; exact.
صِحَّة : ضِدّ خطأ — Correctness; exactness.
— : صِدق — Truth; genuineness; verity.
— : حَقيقة — Reality; truth.
— : سَلامَة — Soundness.
— : صَلاحِيَّة . شرعِيَّة — Validity; legality.
— : عافِيَة — Health.
حِفظ الـ — Preservation of health.

قانُون حِفْظ الـ — Hygiene; hygienics.
△وزارة الـ — Ministry of Public Health.
انحطَّت صِحَّته — He is run down; in a low state of health.
صِحِّي : مختَصّ بالامُور الصِحِّيَّة — Sanitary.
— : مختَصّ بقواعِد حِفْظ الصِحَّة — Hygienic.
—٠ مَصَحَّة[1] : نَجِيع — Healthy; healthful.
—٠ — (كالطعام او الشراب) — Wholesome.
غير صِحِّي — Unhealthy; unwholesome.
مَحْجِر — : ○كُوْرَنْتِينا — Quarantine.
صَحِيْح : كامِل . تامّ — Whole; perfect; entire.
— : حقيقي — True; real; veritable; genuine.
— : سَليم — Sound; perfect.
— : صَحّ . مَضْبوط — Correct; exact.
— : قانُوني — Valid; legal.
— الجِسْم — Healthy; strong.
عَدَد — (بلا كَسْر) — Whole number; integer.
جَمْع — (أي سالم) — Perfect plural.
إِصْحَاح : فَصْل من كِتاب — Chapter.
مَصَحَّة[2] . مَصَحّ : مُسْتَشفى النقاهة — Health station; sanatorium.
مُصَحِّح مسودات الطَبْع — Proof-reader.
✿صَحْراء — Desert.
✿صَحَّفَ الكَلِمة : أخطأ في قِراءتها — To mispronounce.
— الكَلِمَةَ : حرَّفها عن وضعها — To misconstruct.
— الخَبَرَ : حرَّفه — To distort; misrepresent.
— : (في الطِباعة) — To stereotype.
تَصَحَّفَ — To be misconstructed; be read, *or* written, incorrectly.
صَحْفَة : صَحْن كَبير — Platter; trencher.
△— العَمود : تاجُه — ←Capital.
△— وقَدَمَة العَمود — Capital and ←base of a column.
△بحر الـ . (في المِعْمار) — Neck.
△قالب تحت الـ . (في المِعْمار) — Echinus.

صَحِيفَة : وَجْه — Face.
— الوَجْه : بَشَرَة جِلْده — Skin of the face.
— : ورَقة من كِتاب — Leaf.
— من دَفتر حِسابات : صَحيفتان متقابلتان — Folio.
— الدعْوى — Summons; subpœna.
— اَخْبار : جريدة — Newspaper; paper; journal.

صَحّاف : بائع الصُحُف — Newsman; newsboy.
صِحَافة : ادارة جرائد وتحريرها — Journalism.
عالَمُ الــ — The Press.
صُحُفيّ . صَحافي : مشتغِل بالجرائد — Journalist.
تَصْحِيف (في الطباعة) — Stereotypy.
ورق — . — Flong; stereotyping paper.
مُصْحَف : كتاب — Book; volume.
الــ الشريف — The Koran; The Holy Book.
٭صَحْنُ الاكل : طبَق — Plate; charger; dish.
— طعام : صنف منه — Dish.
— الفنْجال : فيخة (أنظر فنجل) — Saucer.
— الدار — Court; courtyard.
— المسجد والكنيسة — Nave.
— المحكمة — Well of court.

△ بالصَحْن — From the bill of fare.
٭صَحْناة : ○ سَرْدِين — Sardine.

٭صِحّة (في صحح) — Health.
٭صَحْو : يَقَظَة — Wakefulness.
— . صَحْوَة : رُشْد — Consciousness.
— . صاحٍ : رائق . خالٍ من الغيوم — Clear; bright; unclouded.
صاحٍ ٢ (من نوم) : مُسْتَيقظ — Awake; not asleep.
— : يقظان . متيقظ — Vigilant; wakeful.
— : ضِد سكران . مُستَفيق — Sober; not drunk.
صَحا . صَحِيَ : استيقظ — To wake up; awake.

— . — : أفاق — To come to; recover consciousness.
— . — أَصْحَى اليَوْمُ : صَفا — To be clear *or* bright.
أَصْحَى ٢ △ صَحَّى : أيقظ — To waken; awaken; rouse.
٭صِحّي وصَحيح (في صحح) ٭ صَحيفة (في صحف)
٭صَخِبَ : صاح شديداً — To clamour; vociferate.
صَخَبٌ : صِياح — Clamour; loud outcry; uproar.
صَخِبٌ . صَخّاب : صَيّاح — Clamorous; boisterous.
٭صَخَدَ اليومُ : اشتدّ حَرُّه — To be sizzling hot day.
٭صَخْر : حَجَر صلْب — Rock.
حَيَّة الــ : شُجاع — Python.
صَخْرَة (الجمع صَخْر وصخور) — A rock.
صَخِرٌ . صَخْرِي : كثير الصخْر او مثله — Rocky.
٭صدّ (في صدد) — To repel; oppose; check.
٭صَدَأ : ما يَعلو المعادِن بسبب الرطوبة وغيرها — Rust.
— . صَداءة . △ صَدَى : ○ تأكسُد — Rustiness.
— الحِنْطة : مرض الحُمَيْرة — Smut; fungoid disease of wheat.
أكلَهُ الــ . — To corrode; rust.
صَدِئ . مُصْدَأ △ مِصدّي — Rusty.
صَدِئَ . صَدُؤَ △ صَدّى — To rust; become rusty; oxidise.
مُصْدِئ : ○ اكسجين — Oxygen.
٭صَدَحَ : غنّى — To sing; chant.
— ت الموسيقى — The band played.
صَدّاح : مُغرِّد . مُغنٍّ — Singer; singing.
طائر — . — Song-bird.
٭صَدَّدَ . أَصَدَّ الجرحُ : تقيّح — To suppurate.
صَدَّ : مَنَعَ — To check; restrain; hinder.
— : أعاق — To hinder; stop; impede.
— : قاوم — To oppose; resist.
— : رَدَّ — To repel; repulse.

Premier; Prime Minister.	الــ الأَعْظَم : الوزير الاكبَر
Cares; worries.	بنَاتُ الــ : الهُموم
Chest complaint.	ذاتُ الــ : عِلَّة فيه
Open-hearted; broad minded; large hearted; liberal.	رَحْبُ الــ .
With open arms.	بصَدْر رَحِيب
Depressed; low-spirited.	مُنْقَبِض الــ .
Double-breasted.	△ بصَدْرين (سترة أو مِعْطَف)
Waistcoat; vest.	صُدْرة △ صُدَيْري
Bodice, doublet or camisole.	صِدَار : △ عَنْتَري
Pectoral; thoracic.	صَدْري : مختصّ بالصدر
Hemal cavity.	التَجْويف الــ.
Brassiere; under-bodice supporting breasts.	△ صَدْرِيَّة : شِمَال
Going out; exported.	صَادِر : ضدّ وارِد
Proceeding, emanating, or arising, from.	عن : نَاشِئ.
Exports.	الصادِرات : ضدّ الواردات
Exportation of goods.	تَصْدِيرُ البَضائع
Origin; source.	مَصْدَر : مَنْشَأ
Resources.	الــ : الرِزق
Root, (noun of action, in Arabic).	الــ : الكَلِمة
Infinitive mood.	صِيغَة المَصْدر
Consumptive.	مَصْدُور : مُصَاب بالسُلِّ
To split; crack; break.	صدَع : شقَّ أو كسَر
To acknowledge; own; confess; avow.	بالحَقّ : أقَرَّ
To have a headache.	صُدِعَ . صَدَّع : أصابهُ الصُدَاع
To trouble; disturb; annoy.	△ صَدَّع الخَاطِر : كَدَّر
To break; crack.	تَصَدَّع . إنْصَدَعَ : انشقَّ
To dawn; break; appear.	ــ الصَباح
Break; crack.	صَدْع : شَقّ

Right column:

To turn the back upon.	ــ عنهُ : أعْرَضَ
Checking; restraining; hindering.	صَدّ : مَنْع
Opposition; resistance.	ــ : مقاوَمة
Repellence; repulsion.	ــ : رَدّ . دَفْع
Relation; respect; regard.	صَدَد : △ خُصُوص
Object; end.	ــ : قَصْد . شَأن
Opposite to; in front of.	ــ : تِجاه . أمام
Pus; matter; suppuration; purulent matter.	صَدِيد : قَيْح
Purulent; suppurative.	صَدِيْدي : قَيْحِيّ
To go, or proceed, to.	صَدَر اليه : ذهَبَ
To happen; occur.	ــ : حَدَثَ
To proceed; emanate; arise.	ــ : نَشَأ
To have a chest complaint.	صُدِرَ : شكَا صَدْرَه
To begin, or introduce, a book.	صَدَّرَ الكِتابَ : افتتحهُ
To send; despatch; forward.	△ . أصْدَرَ : أرْسَل
To export goods.	ــ . البَضائع الى الخَارِج
To issue, or give, an order.	أصْدَرَ أمْرًا
To give sentence; pronounce a decision; render a judgment.	ــ حُكمًا
To promulgate a law.	ــ قانُونًا
To issue; publish (a book).	ــ الكِتابَ : نشَرَهُ
To confiscate.	صَادَرَ المالَ : استَباحهُ للحكومَة
To oppose; stand in another's way.	△ تصَدَّرَ له : تَصَدَّى
To preside over a meeting.	تصَدَّرَ المَجلِسَ : رأسَهُ
To take the front seat.	ــ الحَفلَة : جلسَ في الصدرِ
Chest; breast.	صَدْر : ما بين العنق والبَطن
Breast; front.	ــ : الثَوْب
Breasts.	ــ : نَهُود
Bosom; heart.	ــ : فُؤاد
Shirt-front.	ــ : القَميص
Front; fore part.	ــ : الشَيء والمكان : اوَّله
First hemistich.	ــ : بَيْت الشِعر

Headachee; a splitting headache. صُدَاع

Broken; cracked. مَصْدُوع : مَشْقُوق

Temple. ٭صُدْغ : ما بين العَيْن والاذن من الرأس

Earlock. — : قُصَّة الصدغ ∆مَقْصُوص

Temporal. صُدْغي : مختصّ بالصُدْغ

Officious; cheeky; forward; saucy; impudent. ∆صَدِغ : وَقِح الوَجْه

To turn away from. ٭صَدَف عن كذا : صَرفَ وَرَدّ

To turn from; avoid. — تَصَدَّف عن : ارتدّ

To chance; happen by chance. ∆— ∆صَادَف : حَدَثَ مصادفة

To meet; come across; happen upon. صادَفَ ٢ : قابَل (على قصد ودونه)

To encounter; light upon; meet unexpectedly *or* by chance. — : قابَل مُصادَفةً

Shells; sea-shells. صَدَف ٌ : مَحار

Shell; conch. صَدَفَة : مَحَارَة

Shell; outer ear; pinna. — الأُذُن : صِيوانها

Stair-head; landing. ∆— السُلَّم : المسطّح من الدرج في مستوى الطابق

Shell-work. شُغْل الصَدَف

Conchology. عِلْم الأَصْداف

Chance; accident. ∆صُدْفَة . مُصادَفَة : اتفاق

By chance; accidentally. ∆صُدْفَة ∆بالصُدْفَة . مصادَفَة : اتفاقاً

Once in a way; very seldom. ∆— ∆— : نادراً

To be true; say, *or* tell, the truth. ٭صَدَق : ضِدّ كَذَب

To come true; happen as foretold; turn out to be correct. — قَوْلَه او ظَنَّه

To fulfil, *or* keep, *one's* promise. — في وَعْدِهِ

To give sincere advice; be sincere in love. —ه النُصْحَ أو الحُبَّ

It applies correctly to *him*. يَصْدق عليه كذا

To believe; accept, *or* regard, as true. صَدَّق الخبرَ والكَلام

Credible; believable. يُصَدَّق : يمكن تصديقه

Incredible. لا يُصَدَّق : لا يمكِن تَصْدِيقه

To make friends with; make a friend of. صَادَق : صاحَبَ

To approve of; agree to. — على : وافَق

To sanction; ratify; confirm. — على : أجَازَ

To name a dowry for. أَصْدَق ابنته : مَهَرَها

To give alms *or* charity. تَصَدَّق : أعطى صَدَقةً

Truth; trueness; truthfulness; veracity. صِدْق : حَقّ او حَقيقة

Faithfulness; honesty. — : أمانَة

Sincerity; frankness. — : اخْلاص

Truly; in truth; verily. صِدْقاً : حَقّاً . يقيناً

Charity; dole; alms. صَدَقَة : إحْسان

Dowry. صِدَاق : مَهْر

Friendship; intimacy. صَدَاقَة : صُحْبَة

Friend; true friend. صَدِيق : صَاحِب

Righteous; just; true. صِدِّيق : بارّ

Staunch friend. — : حَميم

Truthful. صَادِق . صَدُوق : ضِدّ كَذُوب

True; genuin. — : حقيقي

Sincere; candid. — . — : مُخْلِص

Box; case. صُنْدُوق (في صندق)

Believing. تَصْدِيق : قَبُول

Confirmation; approval. — : مصادقة

Credulity. سُرْعَة الـ—

Credulous. سَرِيع الـ— : مِيْقان

Credible; believable. مُصَدَّق : ممكن تَصْديقه

Sanction; confirmation; approval; concurrence. مُصَادَقَة

To strike against. ٭صدم . صادَم

To collide; dash together. إصْطَدَم . تَصادَمَ القِطاران (مثلاً)

To conflict; clash. — . — الرأيان (مثلاً)

Stroke; blow. صَدْمَة : المرة من صدم

Shock; concussion. — : رَجَّة

Nervous shock. — عَصَبِيَّة

إصْطِدَام . تَصَادُم — Collision; impact; conflict; clash.

— . — الآراء أو المصالح — Clash, or conflict, of interests, etc.

△ — △ — : مِصَدّ (لتخفيف أثر التصادم) — Buffer.

△ — △ — السيَّارة — Bumper; fender of motor-car.

☼ صَدِيَ : عَطِش شديداً — To be very thirsty.

صدى (في صدأ) — To rust.

أصْدَى الجبلُ : أجابَ بالصَدى — To echo; resound.

تَصَدَّى له — To oppose; put obstacles to, or stand, in one's way.

صَدَى الصَوْتِ : رَجْعُهُ — Echo.

☼ صديد (في صدد) ☼ صديري (في صدر)

☼ صَرّ (في صرر) ☼ صِراط (في صرط)

☼ صَرُحَ . إنصرَحَ : كان صريحاً — To be, or become, clear.

صَرَّحَ . صرَحَ . أصرحَ : جعله صَريحاً — To make clear.

— : جاهرَ. — To declare; avow; make known.

— : خلاف عرَّض ولَمَّح — To speak out; be clear or explicit.

— . صارَحَ بما عِندهُ : أبداهُ — To avow, own or confess.

△ — : أجازَ. — To permit; allow; give leave.

△ — : رَخّص — To license; grant licence to.

صَرْح : قصْر (أو بناء عالٍ. — Palace. (Edifice.

— ممرّد : ناطحة السحاب (بناء سامق). — Sky-scraper.

صَراحَة : صفاء — Clearness; plainness.

— النية : اخلاص — Plain-dealing; sincerity.

صَراحة . بصراحة : بوضوح — Clearly; plainly.

— . — : △ بالمفتوح — Openly; frankly; candidly.

صَرِيح . صُراح : واضِح — Clear; plain.

— . — : ظاهِر . جَلِيّ — Evident; obvious; manifest.

— . — : خالِص — Pure; candid; genuine.

— : مُخْلِص — Frank; sincere; candid.

— بذاتِهِ — Self-evident.

جَواب — . — Explicit reply.

رَأْي — . — Candid, or frank, opinion.

بصَرِيح العِبارة — Point-blank.

تَصْرِيح : بَيَان — Declaration.

— : اعْتِراف . اِقْرار — Avowal.

△ — : إِذْن — Permission.

△ — : إجازَة △ رُخْصَة — Permit; licence.

☼ صَرَخَ — To shout; cry out; scream; shriek.

— . اِسْتَصْرَخَ : اسْتَغاث — To yell; shout for help.

صَرْخَة : صَيْحة — A shout; scream; shriek.

صُراخ . صَرِيخ : صِياح — Shouting; screaming.

صَرَّاخ . صارِخ : صَيَّاح — Shouter; screamer.

— : طاووس (انظر طوس) — Peacock, (*fem.* peahen).

لَوْن صارِخ — Gaudy, flashy, or glaring, colour.

صارُوخ : قذيفة جَوِّيَّة — ←Rocket.

— : سَهْم ناريّ (يصعد في الجوّ) — ←Sky-rocket.

صارُوخة ○ : طُرْبيد — Torpedo

بُنْدُقِيَّة صارُوخِية : بَزُوكَة — Rocket-gun; bazooka.

طيَّارة صاروخية — Rocket ship.

☼ صَرْد : بَرْد قارِس — Severe cold.

صُرَّاد . صُرَّيْد : غَيم رَقيق لا ماءَ فيه — Rack; cirrus.

☼ صَرَّرَ . صَرَّ أُذنَيْه : نَصَبها للاستِماع — To prick up the ears.

صَرَّ ٢ : حَزَم — To wrap up.

— البابُ : صَرَفَ △ زَيَّق — To creak; squeak.

— على أسنانه : حَرَّقها — To gnash *one's* teeth.

—ت الأسنانُ — To grate.

أصَرَّ على الأمر : ثبتَ عليه — To persist, or persevere, in.

— على الامر : عزم عليه — To determine; resolve.

△ — على : شدَّد . لَجَّ — To insist on.

صَرٌّ . صَرِيرُ البابِ : صَرِيف — Creaking.

— . — الأسنان — Grating; gnashing of teeth.

صِرٌّ ○ : كَنارِيّ . عُصْفور مغرِّد — Canary bird; canary-finch.

صُرَّة: ما يُصَرُّ فيه — Wrapper.

—: حُزْمَة — Bundle; packet.

نقود ـ صَرِيرَة — Sealed bag of money.

صَرَّار الليل: صُرْصُر ٠ جُدْجُد — Cricket.

صَرُور ٠ صَارور: تارِكُ الزَواج — Celibate.

إصْرار: تَشَبُّث — Persistence.

سَبْق الـ: تَصْميم سابِق — Premeditation.

مُصِرّ: مُنشَبِّث — Persistent; tenacious.

—: عاقِد النِيَّة — Determined.

صَرْصَرَ — To squeak; stridulate; utter a shrill sound.

صُرْصُور ٠ صِرْصَار — Cockroach.

صُرْصُور الأذن: وَنَدَة — Tragus.

صُرْصُر: صَرَّار الليل ٠ جُدْجُد — Cricket.

مُصَرْصَر: مُصِرّ صَع (صوت حادّ) — Squeaky; shrill or piping voice.

—: صَرْصَرِيّ: كَصَوْت الصُرْصُور — Stridulous; strident.

(صرط) صِراط: طَريق — Path; way; road.

صَرَعَ: طَرَحَ على الارضِ — To throw down; fell; bring to the ground.

—: أفْزَعَ — To shock; terrify; frighten.

صُرِعَ: أصابه الصَرَع — To have an epileptic fit.

انصَرَعَ: سَقَطَ — To be felled, or thrown down.

إنصَرَعَ: كَلِب — To go mad; become affected with hydrophobia.

صَارَعَ: حاوَل صَرْعه — To wrestle, or struggle, with.

صَرْع: مَرَض عَصَبِي تَشَنُّجِيّ — Epilepsy.

—: مَصْرَع: سُقُوط — Downfall; destruction.

صَرَع: داء الكَلَب — Rabies; canine madness; hydrophobia.

صُرْع: عِنَان — Rein.

صِراعَة: صَنْعة المُصَارَعَة — Wrestling.

صَريع ٠ مَصْرُوع: مُصَاب بِداء الصرع — Epileptic.

مَصْرَع: مكان السقوط — Place of destruction.

—: موت — Death.

مِصْرَاعُ الباب: إحْدى دَفَّتَيْه — Leaf of a door.

—: الشِعْر — Hemistich.

مَصْرُوع: كَلِب — Rabid; mad.

—: مُفْزَع — Frightened; terrified.

مُصَارِع: مُغَالِب — Wrestler.

مُحْتَرِف: مُجَالِد (انظر جلد) — Gladiator.

مُصَارَعَة: مُغَالَبَة — Wrestling.

صَرَفَ: سَرَّحَ أو فَضَّ — To dismiss.

—: أبْعَدَ — To send away; dismiss.

عنه: رَدَّ وأبْعَدَ — To turn away or from.

عَن رأي — To dissuade.

النظَر عن — To disregard; pay no attention to.

الباب: صَرَّ ٠ زَيَّق — To creak.

ت الأَسْنانُ: صَرَّت — To grate; gnash.

—: أنْفَقَ — To spend; expend.

الوَقْتَ — To spend, or pass, time.

—: اسْتَنْفَدَ — To exhaust.

صَرَّفَ النقودَ: بَدَلَها — To change money.

الكلِمَة — To inflect or decline a word.

الفِعْلَ — To conjugate a verb.

صَرَّفَ في الامرِ: فَوَّضَه — To give a free hand.

—: باعَ — To dispose of; sell.

المِاءَ — To drain water.

العُمْلَة: أدَالَها — To circulate; utter.

الدُمَّل أو الوَرَم — To resolve, or discuss, a tumour.

تَصَرَّفَ: سَلَكَ — To act; behave.

إنصَرَفَ: ذَهَبَ — To depart; go away.

عن كذا — To abandon; give up.

Money changing. صَرْفُ النقود : تبديلها

Dismissal. — : فَصْلٌ او إبْعاد

Spending. △ — : انْفاق

Inflection; declination. — . تَصْرِيفُ الكَلامِ

Conjugation. — . — الفِعل

Etymology. عِلم الـ .

Indeclinable. ممنوع من الـ (كلام)

Regardless of; irrespective of; to say nothing of. بصَرْفِ النَّظَر عن

Vicissitudes of time. صُروف الدهر

Pure; unmixed; mere. صِرْف : خالِص

Undiluted; neat; straight. — : غير مشوب بماء . صافٍ

Mere; absolute; sheer. △ — : مَحْض

Cashier. صَرَّاف : أمين الصُّندوق

Paymaster. — : العامِل المَنُوط بالدَفع

Money-changer. — النقود . صَيْرَفِيّ . فَلّاس

Creaking. صَرِيف : صَرِير △ تَزْييق

Grating; gnashing. — الأسْنان

Departure; going away. إنْصِراف : ذَهاب

Disposal. تَصَرُّف : تَدْبير

Behaviour; conduct. — : سُلوك

Having a free hand; invested with full power. مُطْلَق الـ .

At *one's* disposal. تحت تصرُّفه

Freely. بتَصَرُّف

Selling; disposal. تَصْرِيف ٢ البَضائع : بَيْع

Resolution of tumour. — الوَرَم

Drainage of wounds — الجروح

On consignment. △ تحت الـ : برَسْم البيع او الرجوع.

Vicissitudes of time. تَصاريف الدهر

Drain. مَصْرِف الماء : مَسْرَب . مَشْبَرة

Bank. — مالِيّ : بَنْك

Spent; expended. △ مَصْروف : أُنْفِق

Expense; expenditure. △ — : نَفَقَة

Pocket-money. △ — الجَيْب : △ شَبْرَقة

Pin money. △ — جَيْب الزَّوجة

Legal expenses. △ مَصاريف الدَّعوى

He was fined 100 piastres and costs. △ حُكِمَ عليه بمئة قِرش والمصاريف

To cover, *or* defray, the expenses. △ وفى المَصاريف

Exchange. مُصارَفَة : الفَرق بين سِعر العُمْلة في بلدين.

Governor; ruler. مُتَصَرِّف س : حاكِم

To cut apart; sever. ✿ صَرَمَ . صَرَّمَ : قطع

To forsake; renounce; desert. — : هَجَر

To be sharp. صَرُمَ : كان ماضِياً

To breathe *one's* last; expire; die. صَرِمَ . انصرَمَ اجلُه : مات

To expire; come to an end; elapse; pass. انْصَرَمَ ٢ : انقضى

Rectum. △ صُرْم : سُرْم . طَرَف المِعَى المُستقيم

Cutting apart; severance. صَرْم : قَطْع

Shoe; old shoe. صِرْم △ صَرْمَة . صَرْمايَة س : حِذاء

Sharpness; keenness; acuteness. صَرامة : مَضاء

Violence; severity. — : شِدَّة

Sharp; cutting; keen; acute. صارِم : قاطِع

Violent; severe; cruel. — : عَنِيف

Past; elapsed. مُنصَرِم : ماضٍ

To precede. ✿ صَرَى القومَ : تقدَّمهم

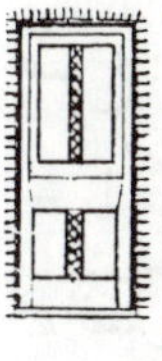

Mast. صارِي المَرْكب

Pole; staff. — . صارِيَة : قائمة

Flag-staff. — . — العَلَم

Montant; muntin. △ — الباب

Mullion; munnion. △ — الشُبّاك

Mastaba; stone bench; fixed seat of masonry. (صطب) مِصْطَبَة

To be difficult *or* hard. ✿ صَعُبَ : كان صَعْباً

To take offence; be offended. △ — عليه مِن : شَقَّ عليه

To make difficult. صَعَّبَ . تصعَّبَ الامرَ : جعَلَه صَعْباً

To raise difficulties.	△ تصعَّبَ . تصاعَبَ : ضدّ تساهل
To find, *or* deem, difficult.	إستصعَبَ : وجدهُ صعباً
Difficult; hard; arduous.	صَعْب : شاقّ
Insupportable; unbearable	— الاحتمال
Difficult; fastidious; hard, *or* difficult, to please.	— الإرضاء
Refractory; unmanageable; obstinate; unyielding.	— المراس
Difficulty.	صُعوبة : ضدّ سهولة
Thyme.	* صعتر : سَعْتَر △ زعْتَر
Wild marjoram.	— برّي : نَضَف (نبات)
To rise; advance; increase; go up.	* صعِدَ : ارتفع . زادَ
To rise; ascend; go up.	— : طلعَ
To ascend; climb; mount.	— السلّم والجبلَ : ارتقاه
To raise; lift up; elevate.	— بهِ : رفعهُ
To heave deep sighs.	صعَّدَ الزفرات
To volatilise; evaporate.	△ — : بخَّرَ
To cause to ascend *or* go up.	أصعَدَ : جعله يصعد
To evaporate.	△ تصعَّدَ : تبخَّرَ
Ascent; ascending; going up.	صُعود : ضدّ نزول
Rising; advancing; ascending.	في —
Ascension Day.	عيد — المسيح (عند النصارى)
Assumption.	عيد — العذراء (١٥ اغسطس)
Going up; rising; ascending.	صاعِد : طالع
Upwards.	فصاعداً : وأزيد
Henceforth; henceforward; from now on.	من الآن فصاعداً
To heave a deep sigh.	صُعَداء : تنفّسَ الـ
Upland.	صَعيد : ما ارتفع من الارض
Upper-Egypt.	— مِصرَ : △ الوجهُ القبلي
Anode.	مَصْعَد : قطب ايجابي (في الكهربا)
Lift; elevator.	مِصْعَدة آليّة اوكهربيّة
To have a wry face.	* صَعَرَ وجْهَهُ : التوى
To go mad; be affected with rabies *or* hydrophobia.	△ إنصعَرَ : كَلِبَ
Mad; rabid.	△ صَعْران : كَلِب
Latex; crude rubber.	صُعْرور : ما جمد من ماءِ الشجر كالصمغ
To thunder-strike.	* صعق . أصعق : ضربَ بصاعقة
To stun; stupefy.	— . — : اعدمَ الوعي
Thunderbolt; lightning.	صاعقة
Lightning rod *or* conductor.	مانعة الصواعق
Thunderstruck.	صَعِق : مَصْعوق
Pauper; beggar.	* صُعلوك : فقير وحقير
Plumed midges.	* صَعْو : △ هابوش . شرّان
To decrease; diminish; become, *or* grow, less.	* صغُرَ : ضدّ كبُرَ
To be small, little *or* tiny.	صغُرَ : كان صغيراً
To be younger than.	صغَرَ فلاناً : كانَ أصغر منه
He is one year younger than I.	يصغرني بسنة
To diminish; make small *or* less.	صغَّرَ : قلَّلَ
To reduce; lessen; minimise.	— الحجم
To belittle; cause to appear small.	— : انتقص قيمته
To find small *or* little.	استصغَرَ : عدّهُ صغيراً
To make little of; set little by.	— : استحقر
To feel cheap.	— نفسه
To do mean things; act meanly.	تصاغَرَ : تحاقَرَ
Smallness; littleness.	صِغَر : ضدّ كِبر
Youngness; juvenility.	— السنّ
The youngest child.	صِغرة البنين : أصغرهم
Junior.	— الاخوة او الاصحاب

Small; little.	صَغِير : ضِدّ كَبير
Minute; tiny; wee.	— : دَقيق
Young; not yet old.	— السنّ
Mean-spirited; base.	— النفْس
Asia Minor.	آسيا الصُغْرى
The minimum.	النِهاية الصُغْرى
Submissive; yielding; truckling.	صَاغِرٌ : رَاضٍ بالضَيْم
Diminution; reduction; minimising; lessening.	تَصْغِير : ضِدّ تَكْبير
Diminutive noun.	اسْم الـــ (في النحو)
To incline, *or* lean, to.	٭صَغِيَ . صَغَا : مالَ
To listen to; hear.	أَصْغَى : استمَع
To hearken; give, *or* lend, the ear to; attend to.	— اليه : مالَ اليه بِسَمْعِه
Listen! hark!	إِصْغَ (فعل أمر)
Listener; hearer; hearkener.	صَاغٍ . مُصْغٍ : مستمِع
Attentive.	— . — : مُنْتَبِه
Listening; audition; hearing.	إِصْغَاء : إِسْتِماع
Attention.	— : انْتِباه

٭صَفّ (في صفف) ٭صفاء (في صفو) ٭صِفاد (في صفد)
٭صَفار (في صفر) ٭صِفاق (في صفق) ٭صَفّاية (في صفو)

To forgive; pardon.	٭صَفَحَ عنه : سَامَحَه
To foliate; beat into a leaf *or* thin plate; beat into thin plates.	— . صَفَّحَ : بسَطَ . رَقّقَ
To plate; overlay with a coating of metal.	— . — : طَلَى بِقِشْرةٍ مَعْدِنيّة
To foliate; cover with leaf-metal.	— . — : غَشّى بِصَفائحَ مَعْدنيّة
To armour.	— . — : دَرّعَ
To shake hands with.	صَافَحَ
To scrutinise; examine carefully; look into.	تَصَفَّحَ الأمرَ : نظَرَ فيه مَلِيّاً
To peruse; read.	— الكِتابَ : قَرَأه
To ask forgiveness; apologize.	إِسْتَصْفَحَ : اسْتَغْفَرَ
Forgiveness; pardon.	صَفْح : عَفْو
Side.	— : جانِب
To disregard; pay no attention to.	ضَرَبَ عنه صَفْحاً
Face.	صَفْحَة : وَجْه
Page.	— الكِتاب
Folio.	— السِجِلّ التِجاريّ (او دفتر الأُسْتاذ)
Forgiving; forgiver; ready to pardon.	صَفّاح . صَفُوح : غفور
Broad side.	صَفِيح : وَجْه عَريض
Tin-plate.	△ — : ألواح معدنيّة رَقيقة
Tin; can.	△ صَفِيحَة : عُلْبة من الصَفيح
Plate; leaf-metal.	— : رَقيقة مَعْدنيّة
Plating.	تَصْفِيح : تَغْشِية بصفائحَ مَعْدنية
Plated; covered with plates of metal.	مُصَفَّح : مغشّى بصفائحَ معدنية
Armoured.	— : مُدَرَّع
Foliated; beaten into a thin leaf.	— : مُرَقَّق
Dolichocephalous; long-headed.	— الرأس : مستطيله
To fetter; shackle.	٭صَفَدَ . صَفَّدَ . أَصْفَدَ
Fetters; shackles.	صَفْد . صِفَاد (والجمع أَصْفاد) : قَيْد
To be empty, void *or* vacant.	٭صَفِرَ : خَلا
To whisle.	صَفَرَ . صَفَّرَ بالنفخ من شَفَتَيْه
To hiss.	— . — الثُعْبانُ : فَحّ
To yellow; dye, *or* make, yellow.	صَفَّرَ ٢ : صَبَغ بلونٍ اصْفَر
To empty; vacate.	— . أَصْفَرَ : أخلى
To yellow; turn, *or* become, yellow *or* pale.	إِصْفَرَّ
Safar.	صَفَر : الشهر الثاني من السنة الهجرية
Jaundice; yellows.	— : يَرَقان (مرض)
Whistling.	صَفْر . صَفِير . تَصْفير
Empty; void; vacant.	صِفْر . صُفْر : خالٍ
Empty-handed.	— اليدَيْن
Gold	صُفْر ٢ : ذَهَب
Brass *or* bronze.	— : نُحاس اصْفَر

صِفرٌ ٢ : نُقطة Zero; cipher; nought.

— : لا شيء Naught; nothing; zero.

— على الشمال : عديم القيمة Cipher in algorism.

صَفْراء : ما تفرزه المرارة Bile; gall.

قناة الصفراء Bile-duct.

صَفْراويّ المزاج Bilious; choleric.

△ ضحكة صفراويَّة : هِناف Sardonic laugh.

صُفْرة . صَفَار . اصفرار Yellowness.

— . — — : شحوب اللون Palor; paleness.

صَفارٌ ٢ اوصُفْـرالبيض : مُحّ Yolk " of egg. "

صَفَّارة النداء (اوصوتها) Whistle.

— الانذار او التحذير Siren.

— الخفير وامثالها Watchman's rattle

— الطرب او الموسيقى Fife.

صُفَارِيّة : طائر اصفر Oriole; loriot; golden thrush

صَفِير . صَفْر : صوت الصفّارة Whistle

صَافِر . مُصَفِّر Whistler.

أَصْفَر : لونهُ الصُفرة Yellow.

— : شاحب اللون Pale; wan.

الهواء الــ : وَباء Cholera.

مِصفار : صفّارة الرعاة Pan's-pipe.

* صَفْصَفٌ : ارض مستوية Plain.

صَفْصَاف : شجر Willow; osier.

— باكٍ : أم الشعور Weeping willow.

* صَفَعَ : لَطَمَ To slap; give a slap to.

صَفْعَة : لطمة A slap; spank; facer.

* صَفَّفَ . صَفَّ الشيء : رتّبه صفوفاً To range; set in a row; arrange in a line.

صَفَّ ٢ : رَتَّبَ To arrange; array; put in order.

— : رصّ △ ستّفَ To stow; pack.

— الأحرف : جمعها To set up; compose.

تصافّوا . اصطفّوا To line up; take position in a line.

صَفٌّ : سَطْر مستو . شِكّة Line; row; tier.

— : مرتبة Class; rank; order.

— : رَصّ (او أجرة ذلك) Stowing; stowage.

— مدرسي (في مدرسة) Class.

— جانبي (اشياء بجانب بعضها) Row; rank.

— طولي (اشياء وراء بعضها) File.

— اناس اومركبات Queue; cue (of persons *or* cars waiting turn.)

— مقاعِد (مثلاً) A tier of seats.

△ — ضابط (في الجيش) Non-commissioned officer; warrant officer.

△ من صَفّي : مَعي On my side; with me.

△ صفّة : رَفّ Shelf; ledge.

صِفَة (في وصف) Quality.

صَفَّافُ الأحرُف Type-setter; compositor.

مصَفُّ الأحرُف (في الطباعة) Composing stick.

* صَفَقَ البابَ : ردّه بصوتٍ To slam a door.

— : ضربَ To slap; strike

— . صَفَّقَ بيديهِ To clap the hands.

— . — بجناحيه To flutter; flap (wings) rapidly.

— . — له To applaud; praise by clapping hands.

— الدمَ: نقله من جسم الى آخر To transfuse blood.

صَفُقَ النسيج : كان سميكاً To be thick.

صَفْق . تَصفِيق الأيدي Clapping (of hands).

— الدم Blood transfusion.

صَفْقَة : مَرّة من الصفْق A clap of hands.

— : عمليّة مالية او غير ذلك A deal.

— خاسرة A bad bargain.

— رابحة A bargain; a favourable transaction; advantageous deal.

— واحدة : جُمْلَة Wholly; entirely.

صِفَاق : الجلد الأسفل Inner skin; true skin; dermis.

— : الغشاء تحت الجلد وبين العضلات Fascia.

Thick. صَفِيق : سميك
Thick-skinned; insensitive. — الجلد
Brazen-faced; impudent. — الوجه : وقح
Blood transfusion. إِصْفاق : عملية نَقْل الدم
Exchange; *bourse*. مَصْفَق : ٥ بورصَة
Clapper; applauder. مُصَفِّق
Scrotum. ✲صَفْن : وعاء الخصية . كِيْس
To muse; brood. △صَفِنَ : سكت مفكراً
Sabin; savin. صَفِينَة : ابْهَل . ابَق (شجر)
Saphene vein, *or* nerve. صافِن : عرق في اسفل الساق
Quality. ✲صفة (في وصف)
Clearness; serenity. ✲صَفْو . صَفاء : رَوَاق
Sincerity; candidness. — . — : اخلاص
Happiness; felicity. — و— العيش
Choice; select. صُفْوَة : خيار
Flower; cream. — : زُبدة
Bosom friend. صَفِيّ . صِفْوَة : صديق
Clear; serene. — . صاف : رائق
Net; nett. صَاف ٢ : ضدّ قائم (في الوزن)
Sincere; candid; frank. صافي النيّة : مخلص
Net profit. — الربح
To be, *or* become, clear. صَفَا : رَاق
To be happy, *or* undisturbed. — العيش
To clarify; make clear *or* pure. صَفّى : رَوّق
To filter; percolate. — : قطّر △رشّح
To drain. — : استنزف
To strain. — بمصفاة
To liquidate; clear up. △— الحسابَ (او الاشغال)
To net. △— على كذا (الربح او الوزن)
To plane wood; (with jointing-plane). △— الخشبَ : مسحه بالفارة
To be sincere with. أصفى له . صَافاه : أخلص له
To select; choose. إصطفى . استصفى : اختار

Clearance; act of clearing. تَصْفِيَة : ترويق
Liquidation; winding up. — الاشغال
Tranship van. △عربة — (في سكة الحديد)
Jointing-plane. △ فارة — .
Official receiver. △مأمور الـ . مُصَفٍّ
Clarifier. مُصَفٍّ ٢ : مُرَوِّق
Trustee of inheritance. — التركة
A fine rascal. △ابن حرام مصفّى
Strainer. مِصْفَاة △مَصفة الليمون والشاي
Colander. — الطبخ
Selected; chosen. مُصْطَفَى : مختار
✲صفيح (في صفح) ٢ ✲صقالة (في صقل)
Saker; hawk. ✲صَقْر : طائر معروف
Pickaxe. صَاقُور : قازمة △أزمة
To be frost-bitten. ✲صُقِعَ : أصابه الصقيع
To crow. ✲صَقَعَ الديكُ : صاحَ
To freeze; be cold as ice. △صَقَعَ : بَرُدَ جداً
Region; country; district; locality. صُقْع : اقليم . ناحية
Intense, or bitter, cold. △صَقْعَة : بَرْد قارس
Crow; crowing; the cry of cock. صُقَاع . صَقِيع الديك
Frost. △صَقِيع ٢ : جليد
Gas-mask. صِقَاع : قناع الوقاية من الغازات السامة
Eloquent. مِصْقَع : بليغ
Loud-voiced; stentorian. — : عالي الصوت
To polish; burnish; brush up. ✲صَقَلَ : جلي
Polishing; burnishing. صَقْل : جَلْي
Sicily. صَقِلِّيَة . صقالية : اسم جزيرة في بحر الروم
Sicilian. صَقَلِّيّ : من جزيرة صقلية

صَقِيل : لامع — Glossy; glazed; burnished; shining.

— • مَصْقول : مَجْلو — Polished.

○ صِقالة المركب — Gangway; gangplank.

— البناء — Scaffold; scaffolding.

△ مِنشار — • — Pit-saw.

مِصْقَلة : ما يُصْقَل به — Burnisher.

• صَقلَبي • صَقلابي : ○ سلافي — Slavonic.

الصقالبة : الجنس السلافي — Slavs.

• صَكَّ البابَ : أغلقه — To lock a door.

إصطكَّ : ارتجف — To tremble; chatter.

— ت الاسنان — To chatter.

— ت ركبتاه — His knees knocked.

صَكّ : مُسْتَنَد — Document.

— : الملكيَّة • حُجَّة — Deed; title-deed.

— ماليّ : ○ شيك — Cheque.

اصطكاك الاسنان — Chattering of teeth.

— الرُكَب — Trepidation; involuntary twitching of limbs.

• صَكَمَ اللجام — To champ; work (bit) noisily in teeth.

• صلّ (في صلل) • صلاة (في صلو)

• صَلَبَ : عَلَّقَ على الصليب — To crucify; hang on a cross.

△ — △ صَلَّبَ : دَعَمَ — To prop; shore up.

صَلَّبَ ٢ : قسّى — To harden; stiffen; indurate.

— القلبَ : قسّاه — To indurate; harden.

— : رسم اشارة الصليب — To make the sign of the Cross; cross *oneself*.

صَلُبَ : ضد لانَ — To be, *or* become, hard.

تَصَلَّبَ — To harden; be indurated; become hard *or* harder.

— معهُ : ضدّ لاينهُ — To be difficult with.

صَلْب : تعليق على الصليب — Crucifixion.

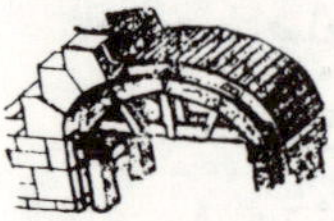

△ صَلْبَة : دعامة — Prop; shore.

△ — او △ تصلية العَقْد (للبناء عليها) — Centering.

△ — رأسيَّة — Chevalement.

صُلْب : عَظم الظهر — Backbone.

— : متن • حقو — Loins.

— الرأي
— الرقبة — Head-strong; opinionated; obstinate; stiff-necked.

— الكتاب — Text of a book.

△ — : فولاذ • بولاد — Steel.

△ — الياي (الزنبرك) — Spring steel.

— • صَلِيب : قاس — Hard; solid; indurate; callous.

صُلْبة العين — Sclera; white coating of eyeball.

صَلِيب ٢ — Cross.

عود الـ — : عود الريح . نبات مزهر — Peony.

الحروب الصليبيَّة — The Crusades.

صَلابة : ضدّ ليونة — Hardness; solidity.

— : قساوة — Induration; callousness.

تَصَلُّب : تَيَبُّس — Hardening; stiffening; induration; callosity.

— الشرايين — Arterio sclerosis.

مُصَلَّب : مَدعوم — Propped; shored up.

قبوات مصلَّبة (متقاطعة) — Cross vaulting.

مَصلوب : مُعَلَّق على الصليب — Crucified.

△ — : مُدَعَّم — Propped up.

• صَلُتَ : كان أملس لامعاً — To be glossy; smooth and shining.

أصلتَ السيفَ — To unsheathe, *or* draw (sword).

• صُلَّجة : فَيلجة القزّ — Cocoon.

صَوْلجان السُلطة — Sceptre; mace; verge.

— السلطة الدينية — Crosier.

لعبُ الـ — — Hockey, cricket, *or* pall-mall.

• صَلَحَ : كان صالحاً — To be good.

— لكذا : وافق — To suit; fit.

△ انصلح : تحسَّن — To improve; grow better; ameliorate.

To mend; repair. — ∆صَلَحَ . أَصْلَحَ : ضد أَفْسَدَ
To improve; ameliorate; make better. — ∆— . —: حَسَّن
To reform; reclaim. — ∆— . —: قوَّم
To reclaim land. — ∆— . — الاراضي
To correct; right. — ∆— . —: صحَّح
To fix up a matter. — ∆— المسئلة : سوَّاها
To reconcile; make peace between. — أَصْلَحَ ٢ بينهم . صالحهم
To make peace with. — صَالَحَ ٢ : ضد خاصم
To be reconciled; make it up. — تَصَالَحوا . اصطلحوا : ضد تخاصموا
To adopt; follow. — اصْطَلَحَ ٢ على كذا
To find good or suitable. — إستَصْلَحَ : وجدهُ صالحاً
To reclaim land. — — الارضَ
Peace; friendliness. — صُلْح : ضدّ خصام
Reconciliation. — —: وفاق
Composition; concordat. — — (في التجارة)
Judge of the peace. — قاضي الـــ .
Goodness. — صَلاح : جودَة
Righteousness; godliness. — —: بِرّ
Suitability; fitness; efficiency. — — . صَلاَحِيَّة : موافقة
Good; efficient. — صالِح : جيِّد
Virtuous; righteous; just. — —: ضد طالح . بارّ
Fit; suitable; good. — —: موافق
Interest; good. — ∆— : مَصْلَحة . منفعة
Mending; repairing. — إصلاح : ضدّ افساد
Improvement; betterment. — —: تحسين
Reformation. — —: تقويم
Reclamation of land. — — الاراضي
Social reform. — — اجتماعي
Erratum, *pl.* errata. — — الاخطاء في كتاب
Correction. — — الخطأ : تصويب . تصحيح
The Reformation. — عهد الاصلاح الديني (القرن السادس عشر)
Out of repair. — لا يمكن اصلاحهُ (اي ترميمه)
Incorrigible; irreclaimable. — لا يمكن اصلاحه (اي تقويمه)
Reformatory. — اصلاحيَّة : سجن الاصلاح

Usage; convention; custom. — إصطلاح : عُرف
Idiom. — — : تعبير خاصّ
Technicality. — — فَنّي (خاصّ بأهل الفنّ)
Telegraphic code. — — تلغرافي
Conventional; customary. — اصطلاحي : مصطلح عليه
Idiomatic, —al. — — : مصطلح عليه في اللغة
Technic, —al. — — : فنّي . مختصّ بفنّ
Technology. — علم المُصْطَلحات الفنيَّة
Reformer. — مُصْلِح : مقوِّم
Peacemaker. — — . مُصالِح : مزيل الخصام
Interest; advantage; good. — مَصْلَحَة : فائدة
Administration. — ∆— : ادارَة حكوميَّة
In behalf of; in the interest of. — لِـــ فلان
Interested. — له مصلحة
Deafness. — ✿صَلَخ : صَمَم
Stone deaf. — أَصْلَخ : اصمّ . اطرش
To be solid *or* hard. — ✿صَلَدَ . أَصْلَدَ : صَلُب
Solid; hard. — صَلْد . صَلود : يابس
Solidity; hardness. — صُلُودَة : يبوسة
To clash; clatter. — ✿صَلْصَلَ . تَصَلْصَلَ : صَلّ
Clash of swords. — صَلْصَلَة السيوف
Clay; loam. — صَلْصال : طين خزفي
Gravy. — ∆صَلْصَة : مَرَق

Sauce. — — التوابل
Sauce boat. — ∆قارب الـــ .
Shallow. — (صلطح) ∆مُصَلْطَح : اروح . قليل العمق
To be bald on the fore part of the head. — ✿صَلِع : سقط شعر مقدم رأسه

صَلَعُ الرأسِ — Baldness; calvities.
أَصْلَعُ الرأسِ ← Bald-head; bald; baldpate.
٭صَلِفَ . تَصَلَّفَ : تمدَّح بما ليس فيه — To swagger; bluster.
صَلَفٌ : تمدّح باطل — Swaggering; blustering.
— : انانيّة — Egotism; self-importance.
صَلِفٌ : مُدَّعٍ — Swaggerer; boastful.
— : أناني — Egotistic, —al; selfish.
طعام — : لا طعم له — Insipid; tasteless.
(صلل) صَلَّ السلاحُ — To clash; clatter; rattle.

صِلٌّ : حيّة سامّة — Asp.
— مصري : ناشِر ← Cobra.
صَلِيلُ السلاح — Clash of weapons.
٭صَلَمَ الاذن وغيرها — To pluck out ear, etc.

٭صِلَنْباحٌ : ثعبان الماء ← Eel.
٭صِلَة (في وصل) — Connection; relation.
(صلو) صَلَّى : اقام الصلاة — To pray; worship.
— اللهُ عليه — May the blessing of God be upon him.
صَلا : △خَرْبَة الظهر — Small of the back.
صَلاة . صَلوة : ابتهال — Prayer.

— المائدة — Grace.
الـ— الربانيّة — The Lord's prayer.
كتاب — : قنداق . شَبِيَّة ← Prayer-book.
مُصَلٍّ : مقيم الصلاة — Prayer; one who prays.
مُصَلَّى : مكان للصلاة — Oratory, *or* chapel.
٭صَلَى : شوى — To roast; grill; broil.
صَلَّى . أَصْلَى : أحمى — To heat; warm.
— : أقام الصلاة (راجع صلو) — To pray.

أصلاهُ ٢ النارَ : أدخلهُ فيها — To put into fire.

إصطَلَى . تَصَلَّى : استدفأ — To warm oneself.
صَلَايَة : هاون . مِدَق ← Mortar.

مُصْطَلَى : مدفأ — Fireplace. ←
٭صليل (في صلل) ٭صم (في صمم)
٭صماخ (في صمخ) ٭صمام (في صمم) — Valve.
٭صَمَتَ : سكت — To be *or* keep silent; hold *one's* tongue.
صَمَّتَ . أَصْمَتَ : أسكتَ — To silence.
صَمْت . صُمُوت : سكوت — Silence.
صِمِّيت . صَمُوت : ملازم الصمت — Taciturn; habitually silent.
صَامِت : ساكت — Silent.
— : لا صوت له — Soundless; voiceless.
مُصْمَت : لا جوف له — Solid; not hollow
حائط — (او بَهيم) : لا نافذة فيه — Blank wall.
٭صَمَخَ اذنه — To hurt the auditory canal.
صِمَاخُ الاذن — The auditory canal.
٭صَمَدَ . صَمَّدَ فلاناً واليه : قصده — To betake oneself to; repair to.
— — له : ثبت — To resist; withstand; hold out against.
— . — الزجاجة : سدَّها — To stop a bottle.
ـهُ . ـهُ بالعصا : ضربه — Cane; beat with a cane.
صَمَّدَ ٢ : حوّش — To save; lay by.
صَامَدَ : جالَدَ — To contend *or* struggle with.
صَمَدٌ : دائم — Everlasting; eternal.
٭صَمْصَمَ : ثبت وثابر — To persist.
△ — : لم ينَم — To keep wide awake.
٭صَمَّغَ : لزق أو طلى بصمغ — To gum.

English	العربية
To produce gum.	أصمغت الشجرة
Gum.	صمغ : ما يتجمّد من ماء الشجر
Gum arabic.	— عربي
Shellac; shell-lac.	— اللك
Gum-resin.	— الصنوبر
Tragacanth; gum-dragon.	— الكثيراء
Gum-elastic; india-rubber; caoutchouc.	— هندي أو مرن: صمرور
Mucilage.	— سائل : محلول الصمغ
Gummy; mucilaginous.	صمغي : كالصمغ او منه
To endure; bear.	☆ صمل : تجلّد
To last; continue.	△ — : بقي واستمر
Nut.	☆ صمولة △ صامولة
Screw-bolt; bolt and nut.	△ مسمار بصمولة
Spanner.	△ مفتاح صمولة
Prolapse of anus.	صميلة : هبوط الاست
Earwax; cerumen.	☆ صملاخ الاذن : افرازها
To decide; determine upon; resolve; make up one's mind.	☆ صمم على الامر
To deafen.	— . أصم : صيّره أصم
To teach by rote.	— ه الدرس
To cork, or stop, a bottle.	صمّ الزجاجة: سدّها
To be, or become, deaf.	— . أصمّ : طرش
To learn by heart, or by rote; con over.	△ — الدرس: استظهر
Ear-splitting; deafening.	يصمّ الآذان
To be deaf to; lend a deaf ear to.	تصامّ عن الحديث
Conning; learning by heart, or by rote.	صمّ : استظهار
Rote.	— : تكرار الكلام دون فهم معناه
Stopper; cork.	صمام . صمّة : سدادة
Valve.	— ة : بلف
Safety-valve.	— الامن
Dead-weight safety valve.	— امن ذو نقل ثابت

English	العربية
Lever safety valve.	— امن ذو رافعة
Wireless valve.	— اللاسلكي
Throttle; —valve.	الخناق (في الاتمبيل)
Discharger valve.	— تفريغ
Deafness.	صمم : طرش
Core; vital part; essence.	— : لبّ . قلب
Real; true; genuine.	صميم : خالص
Oriental to the core.	شرقيّ — .
From the bottom of the heart; most sincerely.	من — الفؤاد
Deaf.	أصمّ : اطرش
Deaf-mute.	— أبكم
Stone-deaf.	— اصلخ
Soundless.	— : لا صوت له
Massive; solid.	— : غير اجوف
A surd root.	جذر — (في الجبر)
Unvoiced letter.	حرف — : لا يُلفَظ
Concrete number.	عدد — .
As mum as a mute; deaf-mute.	صمّ يكم
Deaf.	صمّاء : مؤنّث أصمّ
A tool; cat's-paw.	آلة — .
Decision; determination.	تصميم : عزم
Plan; project.	△ — : خطّة
Nut.	☆ صمولة (في صمل)
Hook; fish-hook; angle.	☆ صنّارة : شيص
Tap; cock.	☆ صنبور : حنفيّة
Pine; pine-tree.	صنوبر : شجر دائم الاخضرار
Resin; colophony.	صمغ ال—
Pine nut.	حبّ ال—
Piny; pineal.	صنوبري
Pine-apple.	تفّاح — : △اناناس
Pineal gland.	الغدة الصنوبرية
Cymbals.	☆ صنج . صنوج : صحنان
Castanets.	صنّاجات : ساجات (انظر سوج)

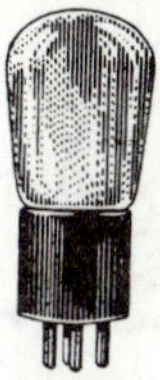

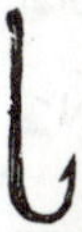

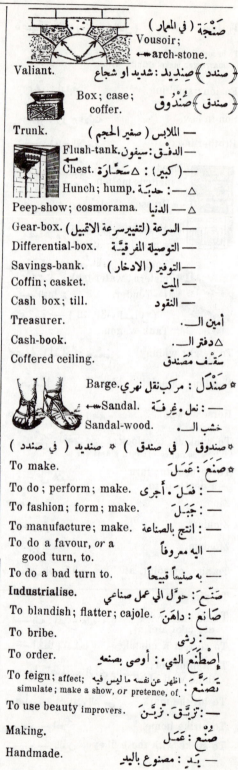

صَنْجَة (في المعمار) — Vousoir; arch-stone.

(صندد) صِنْدِيد : شديد او شجاع — Valiant.

(صندق) صُنْدُوق — Box; case; coffer.

— الملابس (صغير الحجم) — Trunk.

— الدفق : سيفون — Flush-tank.

— (كبير) : △سَحَّارَة — Chest.

△ — : حدبة — Hunch; hump.

△ — الدنيا — Peep-show; cosmorama.

— السرعة (لتغيير سرعة الاتمبيل) — Gear-box.

— التوصيلة المفرقيّة — Differential-box.

— التوفير (الادخار) — Savings-bank.

— الميت — Coffin; casket.

— النقود — Cash box; till.

أمين الـ. — Treasurer.

△دفتر الـ. — Cash-book.

سَقْف مُصَندق — Coffered ceiling.

*صَنْدَل : مركب نقل نهري — Barge.

— : نعل . غِرفَة — Sandal.

خشب الـ — Sandal-wood.

*صندوق (في صندق) * صنديد (في صندد)

*صَنَعَ : عَمِلَ — To make.

— : فعلَ . أجرى — To do; perform; make.

— : جَبَلَ — To fashion; form; make.

— : انتج بالصناعة — To manufacture; make.

— اليه معروفاً — To do a favour, *or* a good turn, to.

— به صنيعاً قبيحاً — To do a bad turn to.

صَنَّعَ : حوّل الي عمل صناعي — **Industrialise.**

صَانَعَ : داهَنَ — To blandish; flatter; cajole.

— : رشى — To bribe.

إصْطَنَعَ الشيء : أوصى بصنعه — To order.

تَصَنَّعَ : اظهر عن نفسه ما ليس فيه — To feign; affect; simulate; make a show, *or* pretence, of.

— : تزيّق . تزيّن — To use beauty improvers.

صُنْع : عَمَل — Making.

— يَدٍ : مصنوع باليد — Handmade.

صُنْع ٢ : احسان — Benefit; favour.

صَنْعَة : عَمَلُ الصانع — Workmanship; work.

△ — . صِناعَة الرجل : حرفته — Profession; occupation; trade.

صناعة ٢ : الاعمال الصناعيّة — Industry.

— : حرفة — Trade; profession.

— : عمل الانسان — Art; human skill.

— شريفة — Profession; reputable trade.

— يدويّة — Handicraft.

اصحاب الصنائع والحرف — Artisans.

صِناعي : غير طبيعي — Artificial; synthetic; *ersatz*, imitation; not natural.

— : مختص بالاعمال الصناعيّة — Industrial.

حرير — (او كيميّ مثلاً) — Synthetic silk.

مَطَّاط — . — Synthetic rubber.

زبدة صناعية — Imitation, *or* artificial, butter.

صَنِيع : عَمَل — Action; deed.

— . صَنِيعَة : احسان . معروف — Favour; good turn.

صَانِع : فاعل — Maker; doer.

— △صنايعي : عامل — Workman; labourer.

—س : أجير . خادم — Servant.

— : احد عمّال المصنع — Operative.

طبقة الصُنّاع — The working-classes.

تَصَنُّع : اظهار — Affectation; affectedness; artificiality.

— : رياء . تظاهر — Simulation; pretence.

تصنُّعي — Artificial; affected; sham; feigned.

تصنيع : التحويل الى عمل صناعي — **Industrialisation.**

مَصْنَع : △فوريقة — Factory; mill; manufactory.

— : △وَرْشَة — Workshop; shop.

△مَصْنَعِيَّة : أُجرة الصُنْع — Workmanship.

مُصْطَنَع : صناعي — Artificial; synthetic.

— : كاذب — Fictitious; forged; false.

مُسْتَصْنِع — Manufacturer.

*صَنَّفَ : ميّز عن بعض — To assort; separate into classes; classify.

— الكتاب : ألّفه — To compile; compse.

صِنْف : نوع — Kind; sort; species.
— : طبقة . مرتبة — Category; class.
صِنْفاً : عيناً — In kind.
تَصْنِيف : تنويع وتمييز — Assorting.
— الانواع : ترتيب . تَنسيق — Classification.
— : تأليف — Compilation; composition.
△ تصنيفة : △ تشكيلة — Assortment.
مُصَنَّف : كتاب — Literary work; compilation.
مُصَنِّف : مؤلِّف — Compiler; composer; author; writer.
△ صَنْفَرَ : سَفَّن — To (rub with) sand-paper.
صَنْفَرَة : سَفَن — Emery.
ورق — . — Sand-paper; emery-paper.
△ زجاج مُصَنْفَر — Frosted glass.
٭ صَنِقَ : أخرجَ رائحة كريهة — To stink; emit a disgusting odour.
صَنَق : رائحة كريهة — Stench; stink; dusgusting smell.

— (الجمع اصناق) : حلقة في طرف المريرة — ←Thimble.
٭ صَنَم : تمثال او صورة تُعْبَد — Idol; image.
عبادة الاصنام — Idolatry; image-worship.
△٭ صَنَّنَ . أَصَنَّ : اخرج رائحة كريهة — To stink.
صُنان : رائحة كريهة — Stench; bad smell.
٭ صِنو : اخ شقيق — Brother; full brother.
— : واحد التوأمين — Twin.
٭ صنوبر (في صنبر) — Pine-tree.
٭ صَهْ : اسكُتْ — Hush! silence! be quiet!
٭ صَهْباء : خمر — Wine.
٭ صَهَدَ الحرُّ وجهَهُ — To scorch.
صَهْدُ النارِ : حرارتها — The heat of fire.
صَهْيَد : شدَّة الحرّ — Scorching heat.
يَوْم — : شَديد الحرّ — Sizzling hot day.

٭ صَهَرَ : أذاب (بحرارة النار) — To fuse; smelt.
صَاهَرَ : صار لهم صهراً — To become related to by marriage; make affinity with.
صَهْر : اذابة — Fusion; smelting.
صِهْر : زوج الابنة — Son-in-law.
— : زوج الأخت — Brother-in-law.

صَهِير . مَصْهُور : مذاب — Fused; melted; molten.
صَيْهُور : △ درسْوار — ←Dresser.
مُصَاهَرة : قرابةُ زواج — Relationship by marriage; affinity.

٭ صِهْرِيج : حوضُ الماء — Tank; cistern; water-tank.
— القاطرة — ←Tender.
عربَة — (لنقل الماء والسوائل) — Tank wagon.
٭ صَهَلَ الحصانُ : حَمْحَم — To neigh; whinny.
صَهِيل — Neighing; a neigh; whinny.
٭ صَهْوَةُ الحصان : ظهره — Horse's back.
△ صَهْيَنَ : أغضى عن — To wink at; overlook; take no notice of; turn a deaf ear to.
— على كلامه — To be deaf to; turn a deaf ear to.
٭ صِهْيَوْن — Zion.
صِهْيَوْنِيّ — Zionist.
الصهيونيَّة — Zionism.
٭ صَوَّبَ السهمَ اليهِ — To aim, or point, at.
— : وجَّهَ — To direct to.
— اليه : أشرع عليه — To level (a weapon) at; take aim at.
— الخطأ : اصلحه — To correct a mistake.
— واسْتَصْوَبَ الرأيَ والعمَل — To approve of; think well of.
صابَ . أصابَ الغرضَ — To hit the mark.
— و — المحزّ — To strike home.
— و — بالعينِ — To strike with the evil eye.

أصاب ۲ : ضدّ أخطأ To be right or correct.
— مطلوبه : ناله To obtain; attain; get.
— غرضه : ادركه To find; light upon.
— في عمله: فعل الصواب To do the right thing.
أصابت (المصيبة) فلاناً To befall; happen to.
أُصِيبَ بمرض To be taken ill.
صَوْب : جهة . ناحية Direction; quarter.
— : نحو Towards.
— . صَوَاب : ضد خطأ Correct; right.
صَوَاب ۲ : عَقْل Reason.
— : رُشْد Consciousness.
أضاعَ صوابه To lose *one's* reason.
غائب عن صوابه To lose consciousness.
غاب عن صوابه To be unconscious.
صائب . مُصِيب : ضدّ مخطىء Correct; right.
— . — : سديد Unerring; not missing the mark.
— . — : موافق Advisable; expedient.
اصابة مرضيّة A case.
— في حادث : عارض Accident; casualty.
أصْوب : أصحّ . أصْلَح More advisable *or* correct.
أصْوَبيّة Advisability; expediency.
إسْتِصْواب : استحسان Approval.
مُصَاب : أُصِيبَ Hit; struck.
— : جريح Wounded; injured.
— . مُصيبة : بليّة Misfortune; calamity.
يا للمصيبة ! What a misfortune!
*صَوَّتَ . صاتَ : احدث صوتاً To sound; make a noise or utter a sound.
— . — : صاحَ To shout; cry.
— : اعطى صوته في انتخاب To vote.
صَوْت : كل ما يُسمَع Sound; noise.
— الانسان او الحيوان Voice.
— في انتخاب Vote.
رَجْع الـ : صداه Echo.

— بصوتٍ عالٍ Loudly; aloud; sotto voce.
— مسموع Audibly.
— واطىء Softly; under the breath.
— خافت (خوفاً او تخشّعاً) With bated breath.
صوتي : له صوت Sounding; sonant.
حرف صوتي : غير الصامت من الاحرف Vowel.
الموجه فوق الصوتيه Ultra sonic wave.
صِيْت : سُمعَة Reputation; fame; renown.
— حسن Renown; repute; good reputation.
بُعْدُ الـ : شُهْرَة Celebrity; fame.
ذائع الـ . متصيّت Celebrated; renowned; illustrious; famous.
صَيِّت : عالي الصوت Loud-voiced; stentorian.
تصْويت : صياح Shouting; crying.
— للانتخاب Suffrage; voting.
مُصَوِّت : له صوت في انتخاب Voter.
﴿صوخ﴾ صَاخ في كذا : دخل To dive, plunge, *or* sink, into.
أصَاخَ له : أصغى To listen to; hearken; give ear, *or* heed, to.
٥صُودَا : قِلْي Soda
— كاوية Caustic soda.
ماء الـ . Soda water.
نترات (نِيتراة) الـ . Nitrate of soda.
٥صوديوم : شَذَّام Sodium.
كلورور الـ : ملح الطعام Sodium chloride.
*صَوَّرَ الرجلَ : رسم صورته To portray; paint, *or* draw, the likeness of.
— : رَسَمَ To draw; make a picture.
— الكتابَ : اوضحه بالرسوم To illustrate, *or* elucidate, a book.
— بالالوان : نَقَشَ To paint.
— بالفتُغرافية To photograph.
— : وَصَفَ To depict; describe minutely.
— : جعَلَ لهُ شكلاً To shape; form.
تصوَّرَ الشيءَ : تخيَّلَهُ To imagine; conceive; fancy; portray in the mind.
— له الشيء : خُيِّلَ اليه To seem, *or* appear, to.

صُور : قرنٌ يُنفخ فيه. بوق — Horn; bugle.

— : مزمار البَمّ — Bassoon or bass ←clarionet.

— وصيدا — Tyre and Sidon.

صُورة : شبه — Likeness; picture; image.

— . تَصْوِيرَة : رَسْم — Picture.

— شخص : رسمه — Portrait (of a person.)

— : شَكل — Form; shape.

— : كيفيّة — Manner; way.

— : نُسْخَة — Copy.

— طبق الاصل — A true copy.

— رسميّة — An authentic, or official, copy of a document.

— شمسيّة (فُتُغرافيّة) — Photograph.

— ملوّنة أو زيتيّة — Painting.

— وصفيّة (للايضاح) — Illustration.

— الكسْر : بَسط (في الحساب) — Numerator.

الصُّوَر المتحركة — Moving pictures.

صُورَةً : شكلاً — In form; formally.

صُوري : بالشكل فقط — Formal; pro forma.

— : كاذب — Fictitious; sham.

كمبيالة (سُفتجة) صوريّة — Fictitious bill.

محكمة صورية (للتمرين) — Moot court.

معركة صوريّة — Sham-fight.

تَصَوُّر : تخيُّل — Imagination; conception; fancy.

لا يتصوّره العقل — Unimaginable; inconceivable.

تَصَوري : تخيُّلي — Idealistic.

— : خيالي — Imaginary.

تَصْوِير : رَسْم — Drawing; painting.

— : ايضاح بالرسوم — Illustrating.

— : وصف — Description; portrayal.

مكان التصوير الخارجي (سينما) — Location

الـ الشمسي — Photography.

آلة الـ الشمسي — ←Camera.

تصويرة : صُورَة — Picture.

مُصَوَّر : مرسوم — Drawn; painted.

— : موضح او مزيّن بالصور — Illustrated.

— جغرافي : ٥اطْلس — Atlas; a collection of maps in a volume.

مُصَوِّر : الذي يرسم الصورة بيده — Painter.

— شمسي : فُتغرافيّ — Photographer.

— الكائنات — The Creator.

لَوْحَة المصوِّر — ←Palette.

△صَوْصَو الكتكوت : صأى الفرخ — To peep; cheep; chirp.

صُوْص (الجمع صيصان) : △كتكوت — ←Chick.

*صَوْع . صَاعٌ : مكان ممهد للعب — Playground.

إنْصَاعَ : رجع — To turn back.

— : أطاع — To yield; obey; give in.

صَاعٌ : مكيال — Measure of capacity.

صاعاً بصاعٍ — Tit for tat.

*صَوْغ . صِيغَة : تهيئة على مثال — Shaping; forming.

صَاغَ : هيَّأ على مثالٍ — To shape; form; fashion; formulate.

— الذهب والفضة — To work in gold and silver.

— الخاتم — To cut a ring.

— الكلمة — To coin a word, or phrase.

— الكلام : اختلقه — To fabricate; invent.

صائغ : صانع الحُلي — Goldsmith; jeweller.

△صَاغ : سَليم — Sound; safe.

△— : رائد . رتبة عسكرية — Major.

△عُملة — . — Standard money.

△قرش — . — Standard, or big, piastre.

صِيغَة ٢ : شَكل — Form; shape; fashion.

— : أصل — Origin.

— الكلام او الكلمة : صورتها — Form.

— الفعل : صورته — Voice, or mood.

— شرطيّة — Subjunctive mood.

— الامكان — Potential mood.

— (الفعل) المجهول — Passive voice.
— (الفعل) المعلوم — Active voice.
— قانونية — Legal form.
— المعادن — Smithery; smith's work.
△ — . مَصاغ : حُلِيّ — Jewelry; jewellery; jewels.
*صُوف : شعر الغنم والجمال — Wool.
— : نسيج من الصوف — Flannel; wool.
— مغزول — Worsted; woollen yarn.
صُوفيّ : من الصوف — Woollen
— : واحدُ الصوفيين — *Sufi*; a mystic.
الصُوفيّة : مذهب الصوفيين — *Sufism*; mysticism.
صُوفان : حُراق — Tinder; touchwood; spunk.
صَوّاف : تاجر الصوف — Wool merchant; woolman; wool stapler.
— : تاجر الاقمشة الصوفيّة — Draper; dealer in woolen stuffs.
△صَوَّف الخبزُ : كرِج — To mould; become mouldy.
*صَوَّل الذهب وغيره — To pan off; wash (by shaking in water.)
— الحبوبَ وغيرها — To clean; wash.
— : كنسَ — To sweep.
صَالَ : وثَبَ — To leap; spring; jump.
— عليه : سطا — To attack; assault.
△صُول : جندي بين النفر والملازم — Warrant officer; company sergeant-major.
△ — تعيين — Quartermaster.

○ — : سمك موسى ← Sole-fish.
صَوْلة : سَطْوة — Power; authority; influence.
ذو — — A man of authority; influential.
مِصْوَلة : مكنسة — Besom; broom.
*صولجان (في صلج) — Sceptre; mace.
*صَوَّم : جعله يصوم — To make *one* fast; cause to fast.
صَام عن كذا — To keep, *or* abstain, from.
— عن الطعام — To fast; abstain from food.

صَوْم . صِيَام : عن الطعام والشراب (أو بعضه) — Fast; fasting.
— . — : امساك (عن أي أمر) — Abstinence.
الــ الكبير (عند النصارى) — Lent.
الــ الصغير (عند النصارى) — Fast of Advent.
△صِياميّ : قاطِع س. بلا لحم أو دُهن — Maigre food; lenten-food.
صَائِم : منقطع عن الطعام — Fasting.
△ — : لا شيء (في الالعاب) — Love; score of nothing.
المعي الــ — Jejunum.
*صَوْمَعة المتعبّد : منسك — Hermitage; cell.
— غِلال : هُرِي (الجمع اهراء) — (Grain) silo.
*صَوْن . صِيانة : حفظ — Keeping; preservation.
— . — : حماية — Protection; safeguard.
— . — : وقاية — Maintenance.
صُوَان : خِزانة △ دولاب (عموماً) — Cupboard.

— الثياب ← Wardrobe.
— الكُتُب — Book-case.
— : صُندوق — Chest; box.
— : خَيْمة — Marquee; large tent.
— الاذن — External ear; *pinna*.
صَوّان . صَوّانة : حَجَر شديد الصلابة — Flint.
أدوات صوّانيّة — Flint implements.
صَانَ : حفظ — To keep; preserve.
— : حمى — To protect; safeguard.
— : حافظ على — To maintain; preserve.
صَائِن : حافظ — Keeper; preserver.
— : واقٍ . لأجل الوقاية — Preservative.
صِيانة — Maintenance, *or* safeguard.
مَصُون : مَحْفوظ — Kept; preserved; protected.

*صُوّة : مَعْلَم ← Signpost.
*صَوِي . صَوِيَ . صَوى : يبس — To wither; dry *or* shrivel up.
△ — الكتكوت : صأى النَقف — To peep; cheep; chirp.

Soya; soy beans. ٥صُويا . فول الصويا
Fame; reputation. *صيت (في صوت)
To shout; cry out. *صيَّح . صاحَ : صرخ
To call out to. صاحَ بهِ : ناداهُ
To shout at. — عليه او فيه : زجرهُ
To scream. — : زعق
To exclaim. — : هتف
To crow. — الديك
Shouting; screaming; cry. صَيْح . صِيَاح
Crow; —ing; the cry of cock. صِياح ٢ الديك
Cock-crow, —ing. وقت صياح الديك
Vociferous; clamorous. صَيَّاح : كثير الصياح

Shouter; screamer. — : صرّاخ
←Screamer. السكاتب الـ : شاجّة
A shout. صَيْحة : صرخة أو زعقة
A hoopee; whoop of delight. — فرح
Shooting; hunting. *صَيْد : قنص
Fishing. — السمك

Angling. — السمك بالصنّارة
Game. — مصيّد : ما يصاد او لحمه
←Trophy. تذكار — .
To hunt; shoot. صَادَ . اصْطَادَ الطير او الحيوان
To fish; catch fish. — . — سمكاً
To trap; catch in a trap. — . — بفخّ

Hunter; ←shooter. صَيَّاد . صائد
Fisherman; fisher. — . — سمك : عركي
Kingfisher. — السمك : قِرلّي . اسم طائر

صَيادَةٌ ع : ∆ نِبْلَة
←Catapult.
Trap; snare. مِصْيَدَة : فخّ
Fishery. مَصْيَدَة السمك : مكان صيده
Pearl fishery. — اللؤلؤ

Pharmacy; pharmacology. *صَيْدَلَة : تركيب الادوية
Chemist; pharmacist; druggist; pharmaceutical chemist. صَيْدَليّ . صَيْدَلانيّ
Chemist(—'s shop); pharmacy; drug-store. صَيْدَلِيَّة : ∆ اجزاخانة
To make; render; cause to be *or* become. *صَيَّرَ : جَعَلَ
To become. صَارَ : انتقل من حالة الى أخرى
To happen; take place. — : جرى . حدث
To happen to. — لهُ كذا : وقع . جرى
To begin to *do*. — يفعل كذا
To end in. — الى كذا : انتهى اليه
To lead, *or* bring, to. — به الى كذا : قاده اليه
Crevice; fissure. صِيْر : شقّ
Sardine. — : ٥ سردين
Becoming. صَيْرورة . مَصِير : تحوُّل
End; termination. — . — : منتهى الامر وعاقبته
The way of all flesh. مصير كل حيّ
Self-determination. تقرير المصير
To decide *one's* own destiny. قرَّر مصيره
Spur; hind claw. *صِيصَة المخلب : دابِرة
To disperse; scatter. (صيع) صاعَ : فرّق
To hurry back. انصاعَ الرجلُ : رجع مسرعاً
To zoom. — الطيرُ : ارتقى في الجوّ
Loafer. ∆ صايع : لا عمل له
To æstivate; estivate; pass the summer. *صَيَّفَ . تصيَّفَ . اصْطَافَ
Summer. صَيْف : عكس الشتاء
Summer days. ايامُ الـ .
Summery; estival. صيفيّ : كالصيف او مختص به
Summering; æstivation. تَصْيِيف . إصْطِيَاف
Summer residence; summer retreat. مَصِيف : مسكن الصيف
China. *صِين : بلاد الـ .
Chinese. صِيْنيّ : نسبة الى الصين
Chinaman; Chinese. — : واحد الصينيّين
China; porcelain. — : نوع من الفخّار

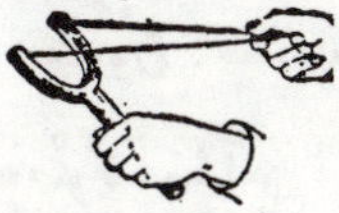

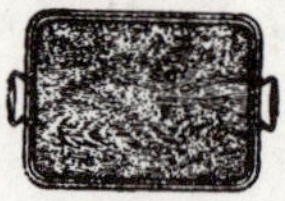

△ —. صَوَانيّ : اوان خزفيّة — China-ware.
△ صِينِيَّة (الجمع صَوَاني): فاثور — ←Tray; salver.
△ — (في سكة الحديد) — Turnplate.

(ض)

*ضآلة . ضُؤولة . تضاؤل : ضعف — Dwindling.
— . — : قلة — Littleness; smallness.
ضَؤُلَ . تضاءَلَ : ضَمُرَ — To dwindle; grow less.
— . — : ضَعُفَ — To dwindle; diminish; grow feeble.
— . — : تناقص — To wane; decline.
ضَئِيل : ضعيف — Feeble; faint; weak.
— : صغير . قليل — Small; little; wee; tiny.
*ضَأْنٌ (المفرد ضائن) : غنم — Sheep.
ضَأْنِيّ △ضاني : لحم الغنم — Mutton.
*ضاجع (في ضجع) *ضاحية (في ضحى) *ضادّ (في ضدد)
*ضارّ (في ضرر) *ضارّ (في ضور) *ضارٍ (في ضرو)
*ضارع (في ضرع) *ضاع (في ضيع) *ضاف (في ضيف)
*ضافٍ (في ضفو) *ضاق (في ضيق) *ضالّ (في ضلل)
*ضامَ (في ضيم) △ضاني (في ضأن) *ضاهى (في ضهى)
*ضَبَّ وضَبَّ على الشيء : حرص عليه — To hoard; store.
— . — على الشيء : اقفل — To lock (a thing); keep under lock.
— و— الباب — To lock, *or* bolt, a door.
أضَبَّ اليومُ : صار ذا ضباب — To be foggy.
ضَبٌّ : حيوان كفرخ التمساح — Mastigure; spiny-tailed lizard.
△ — : مقدم الاسنان — Front teeth.
ضَبَّة الباب : قُفل من خشب — Wooden lock.
— الباب : ترباس — Lock, bolt, *or* latch.
△ — الفم : فَكّ — Jaw.
△ ابو — : افقم — Bucktoothed; having unequal jaws.

△ ابو — : دُرّاج — Francolin. ←
ضَباب — Fog; thick mist; pea-souper.

*ضَبْرٌ : جُنّة لحماية جنود مهاجمة الحصون — Testudo.

إضبارة . اضبورة : ملفّ اوراق — File.
خزانة اضبارات — ←Filing cabinet.
*ضَبَطَ : قبض على — To seize; take hold of.
— : القى القبض على — To arrest; seize.
— : صحّح — To correct; put right.
— : رتّب . عدّل — To adjust; regulate.
— : كبح — To control; restrain; keep down; check.
— : قهر . أخضع — To master; overcome.
— : أتقن — To do a thing well, accurately, *or* exactly.
— الشيء : حبسه — To detain; keep back.
— : حجز او منع او صادر — To seize; lay an embargo on.
△ — المال : استباحه — To confiscate.
ضَبْط : حَجْز — Seizure; distraint.
— : تصحيح — Correction.
— : صحّة — Correctness; accuracy; exactness.
— : احكام . اتقان — Precision; exactitude.
— : القاء القبض — Arrest; —ing.
△ — الاموال : استباحتها — Confiscation.
— : كبح — Control; restraint; command.
— النفس — Self-command; self-control.
— الشهوة — Self-restraint; continence.
بالضبط : بالتمام — Exactly; precisely.
△ضَبْطِيَّة : مركز الضابطة — Police station.
ضابط : قائد — Officer.
— مُحمِل براءة — Commissioned officer.
△ — صف — Non-commissioned officer; warrant officer.

ضابطة : △بوليس — The police.
— موازنة : حَكَمة الآلة — ←Governor.
أضْبَط : اعسر يسر — Ambidexter.
△ مَضْبَطَة : ٥ بروتوكول . اتفاقيّة — Protocol.
— مجلس او جلسة — Minutes.

مَضْبُوط : محجوز — Seized; distrained.

— : صحيح — Correct; exact; accurate.

— : مُتْقَن . محكم — Precise; accurate.

غير مضبوط : غير صحيح — Incorrect; inaccurate.

* ضَبُع : حيوان معروف ←Hyena.

(ضبن) ضبان ٣ الحذاء : △ فرش . سُلْفة — Sock; inner sole.

* ضَجَّ . أَضَجَّ — To clamour; cry aloud.

ضَجَّة . ضَجِيج — Clamour; din; uproar; outcry.

ضَجَّاج . ضَجُوج — Clamorous; noisy.

* ضَجِرَ . تَضَجَّرَ : قلِقَ وتبرّم — To repine; be impatient *or* restless.

أَضْجَرَ : ضايق — To annoy; weary: bore; harass.

ضَجَر : تبرُّم — Restlessness; impatience; fretfulness.

ضَجِر . مُتَضَجِّر — Restless; impatient; fretful; bored; weary.

مُضْجِر : مضايق — Annoying; harassing; boring; wearisome.

* ضَجَعَ . انضجع . اضَّجَعَ . اضْطَجَعَ — To lie down; sleep.

ضاجَعَ امرأةً — To lie with a woman.

ـه الهمُّ : لازمه — To be in continual distress.

ضُجْعَة . ضُجَعِيّ : كثير الرقاد — Lie-abed; sluggard.

ضُجُوع . إِضْطِجاع : رقاد — Lying down.

ضَجِيع . مُضاجِع — Bedfellow.

مَضْجَع . مُضْطَجَع : سرير — Bed.

— : غرفة النوم — Bed-room.

مُضْطَجِع : راقد — Lying down; recumbent.

* ضَحْضَحَ . تَضَحْضَحَ السراب : ترقرق — To flicker.

△ — : طَحْطَحَ . كسَّر — To crush; shatter.

ضَحْضاح : قليل الغور — Shallow; shoal.

* ضَحِكَ : ضد بكى — To laugh.

— منه وعليه : هزأ وسخر — To laugh at; mock; ridicule; deride.

△ — عليه : خدعه — To fool; make a fool of.

△ — معه : هزل — To joke, *or* jest, with.

△ — في عبّه : غتّ ضحكه — To laugh in one's sleeve.

ضَحَّكَ . أَضْحَكَ : جعله يضحك — To make *one* laugh.

△ — عليه : جعله أضحوكة — To ridicule; make fun of.

ضَحْك . ضِحْك — Laughter; risibility.

△ — : هزل — Joke; jest; fun.

△ نوبة او عِرق — . — Convulsions.

يُثير الـ — To excite risibility.

ضِحْكَة — A laugh.

△ — صفراويّة — Sardonic, *or* bitter, laugh.

△ — مَكْتومة — A snicker; half suppressed, broken laugh.

غتّ ضحكه — To snicker; laugh slyly.

ضُحْكَة . أُضْحُوكَة . مَضْحَكَة — Laughing-stock.

ضَحَّاك . ضَحُوك : كثير الضحك — Laugher.

— . مُضَحِّك : بهلول — Jester; buffoon: ←merry-andrew.

غاز ضحّاك (مخدّر) — Laughing-gas.

مُضْحِك : باعث على الضحك — Laughable; ludicrous; risible.

— : سخري — Ridiculous; absurd.

— : هزلي — Comic, —al; funny.

* ضَحْل : ضدّ عميق — Shallow; shoal.

* ضَحِيَ . ضَحا : ظهر — To come to light; appear.

ضَحَّى بالشاةِ : قدمها ذبيحة — To sacrifice; offer up; immolate.

أَضْحَى الشيء : أظهره — To bring to light; show; reveal.

— يفعل كذا — To begin to do; take to.

— : صار — To become.

ضَحْوَة . ضُحًى . ضَحِيَّة . ضَحاء — Forenoon.

ضَحِيَّة ٢. أُضْحِيَّة : ذبيحة — Sacrifice; immolation.
— : فريسة . مجنيّ عليه — Victim.
عِيدُ الأَضْحى — Korban Bairam; Greater Bairam.
يومُ الاضحى — Immolation Day.
ضَاحِيَة المدينة : ما حولها من الاماكن (ضواح) — Suburbs.
ضواحي المدينة : نواحيها — Outskirts; environs.

*ضَخَّ الماء : △بخّ — To squirt; spurt.
مِضَخَّة : △بخّيخة — Squirt; ←sprayer.
— : △طلمبة — ←Pump.
— الحرائق — Fire-engine.
*ضَخُمَ : عظم جرمه — To be, *or* become, bulky.
تَضَخَّمَ : كبر — To swell out; expand.
ضَخْم : كبير الجرم — Bulky; voluminous; big; large; huge; burly.
— : كبير المقدار — Great; large; vast.
— الجسم — Corpulent.
ضَخَامَة : كبر الجرم — Bulkiness; hugeness; voluminosity.
— الجسم — Corpulence; corpulency.
تَضَخُّم : ازدياد الحجم — Expansion; swelling.
— الانتاج — Overproduction.
— مرضيّ : ضدّ ضمور — Hypertrophy.
— مالي : انتفاخ — Inflation.
*ضَدَّ : غَلَبَ — To overcome; beat.
ضَادَّ : خالف — To contradict; oppose.
— . اضادّ : أتى بالضدّ — To counteract.
تضادّا : تخالفا — To contradict one another.
ضِدّ : خصم — Adversary; opponent.
— كذا : على عكسه — Against; contrary to; opposite to; in opposition to.
فلان — فلان (اصطلاح قضائي) — ....versus....
ضدّه على خط مستقيم — Diametrically opposite.

تَضَادّ . مُضَادَّة : مخالفة — Contradiction; opposition.
*ضر (في ضرر) *ضرّاء (في ضرر) *ضراوة (في ضرو)
*ضَرَبَ : تحرّك — To move.
— : خبط — To strike; hit; smite.
— رأسه في الحائط — To bang one's head against the wall.
— ضرباً مبرحاً — To thrash soundly; give a severe drubbing.
— العرقُ والقلبُ — To beat; pulsate; throb.
— الجرحُ او الضرسُ : اشتدّ وجعه — To ache.
△ — الجرحُ : قاحَ — To fester; suppurate.
△ — على الكلمة : شطبها — To strike off, *or* out.
— الجرس (الناقوس) — To ring a bell.
— الخيمة : نصبها — To pitch a tent.
— الجذرُ : سَرى — To strike; take root.
— اطنابُه : تأصّل — To be deep seated, rooted.
— الاجَلَ : عيّنَهُ — To fix a time.
— الموعد — To make an appointment.
— البيض : دافَهُ — To beat eggs.
— الارزّ : قشره — To hull rice.
— البابَ : قرعَهُ — To knock at a door.
— اخماساً لأسداس : سعى في الخديعة — To scheme; use artifice.
— « « : تحيَّر — To be at a loss.
— بآفة — To blast; blight.
— بضربة — To smite; strike.
— الآلة الموسيقيّة — To play a musical instrument.
△ — بُويَة : نقشَ — To paint a wall, etc.
△ — صُحْبة مع — To strike up an acquaintance with.
— عدداً في آخر — To multiply (by) ×.
— عنه صفحاً — To disregard; pay no attention to.
— ضريبة : فرضها — To tax; impose, levy, *or* put, a tax on.
— النقود : سكّها — To strike, *or* coin, money.
— الخاتم : صاغهُ — To make, *or* cut, a ring.
— طوباً : صنعه — To make bricks.
— عنقه : قطع رأسه — To behead; decapitate.
— بالسلاح الناريّ — To shoot; fire at.

— بالمدفع او القنابل. To bombard; bomb; shell.
— مثلاً : اوضح بمثل To exemplify; give an example.
— المَثَلَ: قالَهُ To give, *or* say, a proverb.
— في البوق : نفخ To blow a horn.
∆ — تلغرافاً : ابرقَ To wire; telegraph.
∆ — تلفوناً To telephone; phone; ring up.
— عنه : مال عنه To turn from; avoid.
— اليه : مال اليه To incline to.
— على يده : حجر عليه To interdict.
—ت العقربُ : لدغت To sting.
—ت الطيرُ : ذهبت تبتغي الرزق To migrate.
• ضَرَّبَ بينهم : أغرى To sow dissension, *or* stir up discord, among.
ضرّبَ ٢ اللحاف To quilt a counterpane.
— الشيء بالشيء To mix with.
ضَارَبَ الرجُلَ • تضَارَبا To fight; exhange blows.
— في المال وبه : أتجرَ To speculate.
— : زاحم To compete with.
تَضَارَبَ ٢ القولان : تناقضا To conflict; be contradictory, *or* in opposition, to one another.
أضْرَبَ : أقامَ To stay; abide.
— عنهُ : أعرض To give up; abandon.
— العاملُ عن العمل To strike; go on strike.
اضْطَرَبَ : تحرّك وماج To be agitated, *or* troubled.
— : اختَلَّ To be confused; disturbed.
— الرجلُ : تردد وارتبك To be embarrassed.
ضَرْبٌ : خَبْط Striking; beating.
— : نوع • صنف Kind; species; variety.
— : مِثْل Equal; like.
— العرق أو القلب Pulsation; throbbing.
— الضرائب Taxation; imposition of taxes.
— الاعداد في بعضها: عملية الضرب Multiplication.
— النقود Coining; minting.
∆ ضَرْبخانـة : دَارُ ضرب النقود Mint.
ضَرْبَة : خَبطة Stroke; blow.

— : بَلِيَّة Plague; calamity.
— : آفة Pest; plague.
— شَمْس : رَعَن Sunstroke.
— قاضية Finishing blow; death-stroke.
ضَارِب : خابط Striker; beater.
— : نابض (عِرْق) Pulsating; throbbing.
— : مضروب فيه (في الحساب) Multiplier.
— الى الحمرة او الصفرة (مثلاً) *Redd*ish; *yellow*ish, *etc.*
طير — : قاطع Migratory bird.
ضَرِيبة : رَسْم (راجع رسم وعود) Tax; duty.
— الامان (يدفعها التابع للمتبوع) : جزية Tribute.
— الاطيان (الارض الزراعية) : خراج Land-tax.
— التركات Death-duty.
— العقار او المسقّفات س(المباني) Property-tax.
— الاعناق Capitation, *or* poll tax.
— الدخل Income-tax.
— الحرب : جَعالة War-tax.
— المهن الحرة Free profession tax.
— الانتاج المحلي Excise; tax on home products.
— اضافية Surtax; additional tax.
— تصاعديّة Progressive tax.
— استثنائية Supertax.
— الارباح الاستثنائية Tax on exceptional profits.
مَصلحة الضرائب The Taxation Department.
إضراب العمّال عن العمل : ∆ اعتصاب Strike.
— اصحاب المصانع A lock-out.
حرفُ الـ ـه (في الاجرومية) Particle of correction.
إضطراب : اختلال Confusion; disorder; trouble.
— : ارتباك Embarrassment.
— : شغب Disturbance; unrest.
تَضَارُب : تناقُض Contradiction.

— : تصادم Confliction; collision.
مِضْرَبُ الكرة : ميجار Bat.
— • مِضْرَابُ التنِس ←Racket.
— : فسطاط Marquee; large field-tent.

مُضَرَّب (كاللحاف) — Quilted.
مُضَرَّبة △ مِضربيَّة — Quilt; counterpane.
مَضْرُوب : اسم المفعول به (من ضرب) — Struck; beaten.
— (في الحساب) — Multiplicand.
— فيه : ضارب (في الحساب) — Multiplier.
مُضارِب تجاري : مُزاحِم — Competitor; contestant.
— مالي : مشتغل بالمضاربات الماليَّة — Speculator.
— على الصعود : مُشْتَرٍ — Bull.
— على النزل : بائع — Bear.
مُضارَبة ماليَّة — Speculation.
— تجاريَّة : مزاحمة — Competition.
مُضْطَرِب : مختل. مشوش — Disturbed; troubled; confused.
— : هائج — Agitated; troubled.
مُتضارِب : متناقض — Contradictory.
— : متعارض . متصادم — Conflicting; clashing.
*ضَرَجَ . ضَرَّجَ بالدَمِ — To stain with blood.
إنْضَرَجَ الطيَّارُ : هبط بالمهبطة — To bale out; leave aircraft by parachute.
— الطائر — To swoop down.
مُضَرَّجُ اليدين . بعمْلتهِ — Red-handed; in the very act.
— بدمه — Weltering in his blood.
*ضَرَحَ القبرَ : حفرهُ — To dig a grave.
ضَرِيح : لَحْد — Tomb; grave.
*ضَرَّرَ . ضَرَّ كثيراً — To cause a great harm to.
ضَرَّ . أضَرَّ : ضد نَفع — To harm; injure; do harm to.
أضَرَّ على . إضْطَرَّ الى — To compel; necessitate; force; oblige.
— الرجلُ : تزوجَ على ضَرَّةٍ — To marry a second wife.
اضْطُرَّ : أُلْجِيء — To be compelled, forced *or* obliged.
— الى كذا : احتاج اليه — To be in need of.
تَضَرَّرَ △ إنضَرَّ : أصابه ضرر — To be harmed; sustain damage *or* loss.
△ — : شكا الضرر — To complain (*of*).

ضَرَرٌ . ضَرٌّ : خسارة — Damage; loss; disadvantage.
— . — : ضدّ نفع — Harm; injury; detriment.
ضِرٌّ : تعدُّد الزوجات — Polygamy; polygyny.
ضَرَّةُ المرأة : امرأة زوجها — Fellow wife.
— انثى الحيوان : ضَرع ، اصل الثدي — Bag; udder.
ضَرَّاء : ضد سرَّاء — Adversity; distress.
ضَرُورَة : اقتضاء . لزوم — Necessity; pressing need; indigence.
عند الـ — In case of need; when necessary.
ضرورةً : بالضرورة — Necessarily; perforce.
للضرورة — Of necessity; needs.
للضرورة احكام — Need will have its course; necessity knows no laws.
ضَرُوري : لازم — Necessary; imperative.
— : لا غنى عنه — Indispensable; essential.
— : لا مناص منه — Unavoidable.
ضروريَّات : لوازم — Necessaries.
ضَرِيرٌ : أعمى — Blind.
اضطرار : شدَّة اللزوم — Exigence; emergency; pressing necessity.
— : الزام — Compulsion; coercion.
عند الـ — In emergency; on compulsion.
اضطراري : جبري — Compulsory; obligatory.
ضارٌّ . مُضِرٌّ : ضد نافع — Harmful; injurious; pernicious; hurtful.
— . — : مخسِّر — Detrimental; disadvantageous.
مَضَرَّة : ضد منفعة — Injury; disadvantage; damage; detriment; harm.
مَضْرُور : اصابهُ ضَرر — Victim; harmed.
مُضطَرّ : مُلْزَم — Compelled; obliged.
— : محتاج . معوز — Needy; poor; indigent.
— الى كذا : محتاج اليه — In need of.
*ضَرِسَ : عَضَّ بشدَّة — To bite strongly.
ضَرِسَت الاسنانُ — To be set on edge (teeth).
△ ضَرَّسَ . أضرَسَ الاسنانَ — To set teeth on edge.

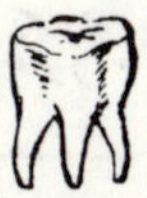

Molar; molar tooth; grinder; jaw tooth; back tooth. ضِرْس
Wisdom tooth. — العقل : ناجِذ
Pernicious; ruinous; injurious; destructive. ضَرُوس : شديد مهلك
Internecine war. حَرْب —
Reliefs; elevations and surface undulations of a country. تضاريس جغرافية
To break wind. *ضَرَطَ : اخرج ريحاً من بطنه
Wind; flatulence. ضَرْط . ضُرَاط : ريح البطن
To humiliate oneself before. *ضَرَعَ . تَضَرَّعَ اليه : تذلل
To implore; beg; beseech; entreat. تضرع ٢ اليه : ابتهل
To resemble; be equal, or similar, to. ضَارَعَ : شابه
Udder; bag. ضَرْع : ثدي الحيوان
Imploring; supplication. ضَرَاعة . تضرُّع : ابتهال
Like; similar to; equal to. ضِرْع . مُضَارِع : مِثْل
Present tense. صيغة المضارع ٢ (في النحو)
Equality; resemblance; likeness; similarity. مُضَارَعَة : مماثلة

Lion. *ضِرْغام . ضِرْغَم : أسد
To take fire; ignite. *ضَرِمَ . اضطرم : اشتعل
To light; kindle. ضَرَّمَ . أَضْرَمَ : أشعل
To ignite; set fire to. — النارَ في
Fire. ضَرَمَة : نار
Burning; ignition. ضِرام . اضطِرام : اتقاد
Kindling; setting on fire. إضْرام : اشعال

Burning. مُضطرِم : مُتَّقِد
On fire. مضطرمة فيه النار
Hound; foxhound. *ضِرْو : كلبُ الصَّيْد
Ferocious; savage; fierce; voracious. ضارٍ (الجمع ضواري)
Beast of prey. حيوان — : مفترس
Ferocity; voracity. ضَرَاوة

*ضرورة (في ضرر) * ضريبة (في ضرب)
*ضريح (في ضرح) * ضرير (في ضرر)
To ruin; dilapidate; demolish. *ضَعْضَعَ : هدم
To weaken; enfeeble. — : أضعف
To go to ruin; become dilapidated; fall into decay. تَضَعْضَعَ : تهدّم
To grow weak, or weaker. — : ضعف
Ruined; dilapidated. مُتَضَعْضِع : متهدّم
Weak; infirm; feeble. — : ضعيف
To grow weak; languish. *ضَعُفَ : ضدّ قوي
To double; redouble. ضَعَفَ . ضَعَّفَ . ضَاعَفَ
To weaken; enfeeble. △ — . أَضْعَفَ : صيَّره ضعيفاً
To attenuate. أضعف ٢ : خفَّف
To be doubled. تَضَاعَفَ : صار ضعف ما كان
Weakness; feebleness. ضُعْف : ضدّ قوّة
Weakness in will. — الارادة
Double; twice as much. ضِعْفُ الشيء : مثله في المقدار او مثلاه
Threefold, fourfold, etc. ثلاثة او اربعة اضعاف
Between the lines. أَضْعافُ الكتاب : اثناء سطوره
Weak; feeble; infirm. ضَعِيف : ضدّ قوي
Faint; feeble. — : واهن
Weak-willed; will-less. — الارادة
Weak-headed; weak-minded. — العقل
Weak-hearted; faint-hearted; poor-spirited; white livered. — القلب : جبان
Weakening. إضْعاف : ضد تقوية
Attenuation. — : تخفيف . تلطيف
Twofold; double. مُضَعَّف . مُضَاعَف
Complications. مُضاعفات المرض وغيره
Humility. *ضِعَة (في وضع)
To confuse. *ضَغَثَ : خلط
Bunch. ضِغْث : حزمة صغيرة
Worse and worse; add fuel to the fire. — على إبالة

أَضْغاثُ أَحْلامٍ : أحلام مختلطة — Confused dreams; nightmares.

— احلام : آمال وهميَّة — Castles in the air.

☆ضَغَطَ : كَبَسَ — To press; compress.

— : عَصَرَ — To squeeze out; press.

— على : ضايق — To oppress; lie heavy upon.

— على : غصب — To force; compel; coerce.

ضَغْط : كَبْس — Pressure; compression.

— : عَصْر — Squeezing; pressing.

— : اجبار . اكراه — Constraint; compulsion.

— : مضايقة — Oppression.

إِنْضِغاط (في علم الطبيعيات) — Compressibility.

يقبل الضغط (اي الانضغاط) — Compressible.

ضاغوط : كابوس — Nightmare.

☆ضَغِنَ عليه : حقد — To bear, (*or* harbour,) malice, *or* a grudge, against.

ضِغْن . ضَغِينَة : حِقْد — Malice; ill-will; malevolence; rancour.

ضَغِن : حَقُود — Malicious; rancorous; malevolent; spiteful.

☆ضَفّ ☆ ضَفَّة (في ضفف)

☆ضِفْدِع (ضفدعة والجمع ضفادع ودفادى) — ←Frogs.

— الطين : عُلجوم — Toads.

☆ضَفَرَ . ضَفَّرَ الشعر وغيره — To braid; plait; interweave; entwine.

ضافَرَ : عاوَن — To help; aid; assist; lend a hand.

ضَفْر : جَدْل — Plaiting; braiding.

— . ضِفار : حزام السرج — Girth.

ضَفِيرَة : جديلة — Braid; plait; ←pigtail.

— (في التشريح) — Plexus.

الـ — الشمسيَّة — Solar plexus.

مَضْفور : مجدول — Plaited; braided.

☆ضَفَف : قلَّة المال — Poverty; indigence.

ضَفَّة : △طَفَّة . جماعة — Crowd; throng.

— ضفَّة النهر — River-bank; river-side.

☆ضَفْوَة العيش — Easy, *or* comfortable, life.

ضَفَا الاناء : فاض من امتلائه — To overflow.

ضافٍ : فائض — Abundant; ample; overflowing.

أَضْفَى عليه : عكس ورد — To reflect on *or* upon.

☆ضَلَّ (في ضلل) — To go astray.

☆ضَلُعَ : كان قويًّا — To be robust, sturdy, *or* strong.

ضَلِعَ : اعْوَجَّ — To bend; incline; curve.

△ — : اثَّرَ فيه جداً — To affect seriously.

ضَلَّعَ : عَوَّجَ وثنَّى — To corrugate.

— النسيج : جعل وشيه على هيئة الاضلاع — To rib.

تضلَّعَ من العلم — To be versed in, thoroughly acquainted with.

ضِلْع من ضلوع الجَنْب — Rib.

— هندسي — Side.

△ — : △خيزرانة (في المعمار) — Astragal.

— ثابت (في التشريح) — True rib.

— سائب (في التشريح) — Floating rib.

— (○ كُستليته) : لحم الاضلاع — Cutlet; chop.

— ورقة النبات : عَيْر — ←Midrib; *costa.*

— البرميل : دفّ — Stave of a cask.

بلا — : لاعَيْري (في النبات) — Ecostate.

له — في الامر — He has a hand in it.

متوازي الاضلاع — ←Parallelogram.

ضالع في كذا — Skilled; proficient.

ضَلِيع : قويّ الجسم — Robust; strong; sturdy.

مُضَلَّع : له ضلوع او ما يشبهها — Ribbed.

☆ضَلَّلَ . أَضَلَّ : نَبَّه — To mislead; lead astray.

— . — : صيَّر الى الضلال — To misguide; lead into error.

— . — : خدع — To delude; mislead; deceive.

— . — : اخفى — To disguise; camouflage.

اضَلَّ ٢ الشيءَ : اضاعَه — To mislay; lose.

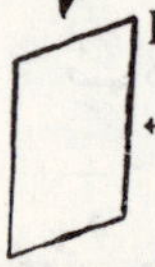

ضَلَّ : ضدّ اهتدى — To err; sin; stray; go astray; wander from path.
— الطريقَ وعنهُ — To lose, *or* miss, one's way.
— سعيُهُ — To be fruitless *or* unsuccessful.
ضَلاَل . ضَلاَلَة : ضدّ هُدى — Straying; deviation from the truth or the right course.
— : غرور — Error; delusion; deception.
ضَالّ : ضدّ مهتدٍ . مخطىء — Erring; wrong.
— عن الدين وغيره — Pervert; deviating.
— : تائه — Errant; wandering.
— : ضائع (حيوان) — Stray; lost.
الكلاب الضالة (لا اصحاب لها) — Pariah dogs.
تَضْلِيل : تتييه — Misleading.
— : خَدْع — Deluding; deceiving.
مُضِلّ . مُضَلِّل : متيه — Misleading; leading astray.
— . — : خدّاع — Delusive; deceptive.
☆ضمّ (في ضمم) — To add.
☆ضَمْج : بَقّ — Bug; bed-bug.
(ضمحل) إضْمَحَلّ : تلاشى — To vanish; evanesce; fade away.
مُضْمَحِلّ : مُتَلاشٍ — Vanishing; evanescent; fading away.
☆ضَمَخَ . ضَمَّخَ بالطيب — To anoint; rub over with perfume.
☆ضَمَدَ . ضَمَّدَ الجرحَ — To bandage, *or* dress, a wound.
ضِمْد : خليل الزوجة — Lover; sweetheart.
ضِمَاد . ضِمَادَة الجروح — Dressing; bandage.
— : تعدّد الرجال الازواج — Polyandry.
☆ضَمُرَ : هزلَ — To be emaciated; grow, *or* become, lean.
△ — : صغُرَ حجمهُ — To shrink; contract.
△ — : ضدّ تضخّم (في الطب) — To be atrophied.
أَضْمَرَ الامرَ — To reserve; keep back.
— : اخفى — To conceal; hide.
— لهُ كذا — To entertain; harbour.
— في نفسه — To conceal in one's mind.
— . ضَمَّرَ : هَزَّلَ — To emaciate; make lean.
تضمَّرَ : ضَمُرَ — To become lean *or* emaciated.
إنضمر : ذَبُلَ — To wither; dry up; shrivel.
ضُمْر . ضُمُور : هُزال — Leanness; emaciation; thinness.
△ضمور ٢ في حجر كريم : نَمَش — Flaw; defect.
△ — مرضيّ : ضدّ تضخُّم — Atrophy.
ضِمَار : دَيْن هالِك — Bad debt.
ضَامِر : هزيل — Lean; emaciated; dried-up; shrivelled; wizened.
— : ضدّ متضخّم (في الطب) — Atrophied.
ضَمِير : باطِنُ الانسان — Heart *or* mind.
— : ذِمَّة — Conscience.
— (في النحو) — Pronoun.
— إشاريّ — Demonstrative pronoun.
— شخصيّ — Personal pronoun.
— مجرور — Possessive pronoun.
— موصول — Relative pronoun.
تأنيب او تقريع الـ — Remorse; qualm of conscience.
حيُّ الـ — Conscientious.
شريعة الـ — Natural law.
فاقد الـ — Conscienceless; unscrupulous.
إضْمَار : اخفاء — Mental reservation; mental concealment.
— (في النحو) — Ellipsis.
مُضْمَر : مفهوم ضمناً — Tacit; implied.
— : مَخفيّ — Reserved; concealed.
مِضْمَارُ السبق — Race-course; race-ground.
(ضمم) ضَمَّ : جَمَعَ — To gather; collect.
— : حَصَدَ — To reap; gather.
— : وَحَّدَ . دغم — To amalgamate; unite; combine.
— الاعدادَ : جمعَها — To add up.
— الى : اضاف — To add to.
— الى : وَصَلَ . الحقَ — To annex; join.
— اليه او الى صدره — To embrace; hug.
تَضَامَّ القومُ : اتحدوا — To unite; become one; be joined *or* connected.

إنضمَّ الى : اتَّحدَ مع — To join; be connected with.

— على كذا: انطوي عليه — To include; comprise.

ضَمّ : جَمْع — Gathering; collecting.

— : حَصْد — Reaping; gathering.

— : اضافة — Adding up; addition.

— : الحاق — Annexation.

— . ضَمَّة: حركة الضم (ُ) — The vowel point *damma*.

ضِمَام: مشبك ورق — Paper-clip; ←paper fastener.

△ ضمايم: اضافات. علاوات — Allocations; allowances.

٭ ضَمِنَ : كفل — To guarantee; be surety, liable, *or* responsible, for.

ضَمَّنَ الشيء الوعاء : جعله فيه — To inclose in.

— : عدّه ضامناً — To hold as surety.

تَضَمَّنَ : اشتمل على — To include; contain; comprise; embrace.

ضِمْنَ : داخل — Within; inside.

— : بين — Amongst.

ضِمناً : مع غيره — Inclusively.

مفهوم ضمناً : مُضَمَّن . ضِمني — Implied; tacit; implicit.

ضَمَان △ ضمانة : كفالة — Guarantee; surety.

— : التزام — Liability; responsibility.

ضمانهُ عليَّ — I go bail for him.

ضَامِن . ضَمِين : كفيل — Guarantor; bailor; surety.

— . — : ملتزم — Liable; responsible.

تَضَامُن: التزام مشترك — Reciprocity; reciprocal obligations *or* rights.

— : تماسك واتحاد — Solidarity.

بالـ — : بالاشتراك — Jointly; collectively.

بوجه التضامُن والتكافُل — Joint and several.

مُضَمَّن — Implied; tacit; implicit.

مَضْمُون : مكفُول — Guaranteed.

— : مؤتمَن — Reliable; safe.

— : مؤمَّن عليه — Insured; assured.

— : معنى . فحوى — Meaning; signification.

٭ ضمير (في ضمر) ٭ ضنّ (في ضنن)

٭ ضَنُكَ : ضَعُفَ — To be weak.

— عيشه — To be in straitened circumstances.

ضَنْك : ضِيق — Straits; poverty; hardship.

عَيْش — . — Difficult, *or* hard, life.

(ضنن) ضَنَّ بالشيء — To reserve; withhold; keep back.

ضَنِين : بخيل — Avaricious; stingy.

△ — : قليل — Scanty; insufficient.

٭ ضَنِيَ : ضعف وهزل — To pine away; emaciate.

أَضْنَى : انهك — To exhaust; consume.

— : هزل — To emaciate.

ضَنَى : نَهْك — Exhaustion; consumption.

△ — . ضَنو : اولاد — Children.

ضَنٍ . مُضْنًى : مُنْهَك — Exhausted; languished; worn out.

— . — : مهزول — Emaciated; pined away.

— و — بالمتاعب والهموم — Care-worn; languished.

٭ ضَهَدَ . اضْطَهَدَ : آذى وعذّب — To persecute.

— . — : جار على — To oppress; treat unjustly.

إضطِهاد : ايذاء وتعذيب — Persecution.

— : جور — Oppression; maltreatment.

مُضطَهَد — Persecuted, *or* oppressed.

مُضْطَهِد — Persecutor, *or* oppressor.

٭ ضَهِيّ : شبيه — Similar; like.

ضَاهَى : شابَهَ — To resemble; be like.

△ — الشيء بغيره : قابل — To compare with.

مُضَاهَاة : مشابهة — Resemblance; similarity.

△ — : مقابلة — Comparison.

٭ ضَوّأ . أَضَاءَ المصباحَ والبيتَ — To light; —en; shed light on.

أَضَاءَ ٢ . ضَاءَ القمرُ — To shine; beam.
— عليهم — To shine upon; cast, or shed, light upon.
— العقولَ — To enlighten; illuminate.
استضاء به : استنار — To seek, or obtain, light from; use for lighting.
ضُوء . ضِيَاء : نور (راجع نور) — Light.
— الشمس — Sunlight; sunshine.
— القمر — Moonlight.
— المصباح — Lamplight.
— النهار — Daylight.
على — كذا — In the light of...
△ضَوِّي . مُضِيّ المصابيح — Lamplighter.
إضاءة — Lighting; lightening.
مُضِيء : مُنِير — Luminous; giving light.
— : مشرق — Shining; bright.
☆ضَوْر : سُعار — Starvation; extreme hunger; bulimia.
ضَارَ : جاع جداً — To starve; suffer extreme hunger (or want).
— الامرُ فلاناً : اضرَّ به — To injure; cause harm to.
تَضَوَّرَ : تلوّى من ألم — To writhe with pain; roll *or* twist about.
☆ضَوضاء . ضَوْضَى : اصوات الناس في الازدحام — Uproar; hubbub; tumult; stir.
— . — : △شوشرة — Fuss; ado; rumpus.
— . — : جَلَبة — Noise; din.
☆ضَوْع . تَضَوُّع الرائحة — Emanation; diffusion; exhalation.
ضاعَ . تَضَوَّعَ المسك — To emanate; diffuse; exhale.
☆ضياء (في ضوأ) ☆ضيافة (في ضيف)
△ضَيَّان : متين — Durable; hard-wearing.
☆ضَير : ضَرر — Harm; injury; prejudice.
لا — — No harm *or* prejudice.
ضارَ : أضرَّ به (راجع ضور) — To harm; injure.
☆ضَيَّعَ . أضاعَ . ضاعَ منه : فقد او خسر — To lose; be deprived of.
— . — . — منه : اهمل — To neglect; omit.
— . — . — منه (كالفرصة) — To miss; let slip; allow to escape.

— . — الشيءَ — To mislay; lose; miss.
— . — حقَّهُ — To forfeit; lose a right to.
— . — : أهلك . أتلف — To ruin; destroy.
— . — : افنى (كالمال او القوى) — To waste; squander.
ضَاعَ ٢ : فُقِد — To be lost.
— : هلك — To perish.
ضَيْع . ضَيَاع : فُقْدان — Loss.
ضَيْعة : الارض المُغِلَّة — Farm; plantation.
— : عقار — Estate.
— : قرية صغيرة — Hamlet; small village.
ضائع : فاقد — Lost; missing.
مُضَيِّع . مِضْيَاع — Waster; spendthrift; extravagant; prodigal.
☆ضَيَّفَ . أضافَ : قبل كضيف — To entertain; receive as guest.
أضافَ ٢ △ضافَ : ضَمّ — To add; join; annex.
ضافَ ٢ : نزل به ضيفاً — To stay as guest.
انضاف اليه : انضمّ — To be added to.
ضَيْف : نزيل — Guest.
— : زائر — Visitor.
اكرام الـ. — Hospitality.
ضِيافة — Entertainment of a guest.
إضافة : ضَمّ — Annexation; addition.
— : زيادة — Addition; augmentation.
اضافي : مَزيد — Additional; supplementary.
مُضاف (في النحو) — Adjunct; possessed.
الـ اليه (في النحو) — Possessive case; genitive case; possessor.
مُضِيف : صاحب الضيافة — Host; entertainer.
مُضِيفة : صاحبة الضيافة — Hostess.
— الطائرات — Air hostess.
مَضِيف . مَضْيَفة : مكان الضيوف — Guest room, *or* house.

مِضْيَاف : مِقْرَاء — Hospitable.

❊ضَيَّقَ : ضد وَسَّعَ — To narrow; make narrow *or* narrower.

— : ضدّ مدّ وبسط — To contract; draw together.

— الثوبَ والرباطَ — To tighten.

— على : ضَغَطَ — To press; constrain.

— على العدوّ : حاصره — To beset; besiege.

— على . ضَايَقَ : شدَّدَ على — To oppress; lie heavy upon.

ضايَقَ ٢ : عاسَرَ — To treat with severity.

— : ازعج وكدَّرَ — To weary; annoy; bore; disturb.

— : اتعب — To trouble; inconvenience.

ضَاقَ : ضد اتسع او عرض — To narrow; become narrow.

تَضَايَقَ : انزعجَ وتكدَّرَ — To be annoyed, disturbed, etc.

— منه : سَئِمَ — To be tired, *or* wearied, of.

— ماليًا او عاطفيًا — To get tight.

ضِيق : ضدّ اتساع او عرض — Narrowness.

— : هَمّ — Trouble; affliction.

— : شدة . عُسْر — Distress; difficulty.

ضِيقَة . ضائقة : سوء الحال او الفقر — Straitened circumstances; poverty.

ضائقة ٢ ماليّة — Financial straits.

ضَيِّق : ضدّ عريض او واسع او متسع — Narrow.

— (للثياب او الاربطة) : ضدّ واسع — Tight.

— : محصور — Confined; limited.

— العقل — Narrow-minded.

— الخُلق — Impatient; restless; testy.

تَضْيِيق : ضدّ توسيع — Narrowing.

— : ضَغْط — Pressure; constraint.

— الخناق : ظُلم — Oppression.

— الرباط — Tightening.

مُضايِق : مزعج . متعِب — Annoying; boring; disturbing; troublesome; wearisome; inconvenient.

مَضِيق : ممرٌّ ضيّق — Narrow passage.

— : بوغاز — Strait; channel.

— : ممرّ بين الجبال — Pass; mountain pass.

مُتَضَايِق — Annoyed; troubled; distressed.

❊ضَيْم : ظُلْم — Wrong; injustice; grievance.

ضَامَ : ظَلَمَ — To wrong; do wrong to; oppress; treat unjustly.

ضَائِم : ظالم — Grievous; unjust; oppressive; tyrannical.

مُسْتَضَام △ مِنْضام : مظلوم — Wronged; injured; oppressed.

(ط)

❊طَأْطَأَ رأسه : خفضه — To duck; bend, incline *or* bow the head; bob down *one's* head.

❊طائفة (في طوف) ❊ طائل (في طول) ❊ طاب (في طيب)

❊طابة (في طيب) △طابور (في طبر) ❊ طابية (في طبي)

❊طاجن (في طجن) ❊ طارَ (في طير) ❊ طارٌ (في طور)

❊طارة (في طور) △طازه (في طزج) ❊طاسٌ (في طوس)

❊طاشَ (في طيش) ❊طاع (في طوع) ❊طاعون (في طعن)

❊طافَ (في طوف) ❊طافٍ (في طفو)

❊طاق (في طوق) ❊طاقم (في طقم)

❊طاقة ❊ طاقية (في طوق)

❊طال (في طول) ❊ طالما (في طول)

○طالِي ○ تاليا . ربّة المهازل والشعر الغنائي ← Thalia.

❊طامّة (في طمم) — Calamity.

○طامِيس : ربّة العدل عند الاغريق ← Themis.

❊طاهٍ (في طهو) ❊ طاووس (في طوس)

❊طَبَّ . طَبَّبَ : داوى — To treat; doctor.

△— : اكبَّ . وقع — To fall down.

تَطَبَّبَ : تداوى — To be treated for illness.

اسْتَطَبَّ الطبيبَ — To consult a doctor.

طِبٌّ : علاج الجسم — Medical treatment.
— : علم الطب — Medicine.
— الاذان — Aural surgery.
— الاسنان — Dentistry.
— امراض الفم — Stomatology.
— العيون — Ophthalmic surgery.
— الامراض الجلدية — Dermatology.
— العقول او امراض النفس — Psychiatry.
— النفْس — Psycho-therapy.
— الرُكَّة — Old wives, *or* folk, medicine; empiricism.
— شرعي — Medical jurisprudence; forensic medicine; legal medical science.
طِبّي : مختصّ بالطب — Medical.
طَبِيْب : △حكيم — Physician; medical doctor.
— الآذان — Otologist; aurist; ear doctor.
— الاسنان — Dentist; dental surgeon.
— العيون : رَمدي — Oculist; eye specialist.
— بيطري — Veterinary doctor.
— الامراض الجلدية — Dermatologist.
— الامراض العصبيّة — Neurologist.
— الامراض العقلية — Alienist; mad-doctor.
— امراض النساء — Gynecologist.
— شرعي — Legal medical doctor.
— جرّاح — Surgeon.
— نفساني — Psychiater; psychiatrist.
— مقيم (يقيم في المستشفى) — House-physician (-surgeon.)
— الشيخوخة — Geriatrician.
طبيبة : △حكيمة — Doctress; lady doctor.
△طَبَّة : مسند (لتخفيف الضغط) — Pad; cushion.
△— : سدادة الثقب . سُبَد — Plug.
△مَطبّ ارضي : نقرة . حفرة — Pit.
△— هوائي : فجوة هوائية — Air-pocket.
☆طَبَخَ الطعامَ — To cook food.
— : دبَّر — To concoct; make up.
إنطَبَخَ . طُبِخَ — To be cooked.

طَبْخُ الطعامِ — Cooking.
خضار الـ . — Pot, *or* culinary, herb.
صناعة الـ . طِباخَة : حرفة الطبّاخ — Cookery.
طَبْخِي . طباخي. لاجل الطبْخ — Culinary.
طَبّاخ : طاهٍ — Cook.
رئيس الطبّاخين — Chef; head cook.
طَبِيْخ : ما طبخ من الطعام — Cooked food.
مَطْبَخ : مكان الطبخ — Kitchen.
△— : مَطعم — Eating house; restaurant.

مِطْبَخ : وابور الطبخ — Cooking-range; kitchen range.
مَطْبوخ : مُنضج — Cooked.

— : مدبَّر — Concocted; made up.
☆طَبَرٌ : فأسُ الحرب — Battle-axe.
△طَابور: تابور . قسم من الجيش — Battalion.
△طبَّش في الماء وغيره : تخبّط — To dabble; splash.
ｏطبَشِير . طباشِير : حوّارى — Chalk.
طباشيري — Chalky; cretaceous.
☆طَبطَبَ الماءُ : اسمع صوت خريره — To gurgle.
△— عليه : ربّتَهُ — To pat; stroke.
△على الطبْطاب : طِبْق المرام — Pat; suitable.
طَبطابَة : مضرب الكرة (انظر ضرب) — Bat *or* racket.
☆طَبَعَ الكتابَ وغيره — To print a book.
— : بصَم — To imprint; stamp.
— عليهِ : ختم — To impress; stamp.
— الدرهمَ : نقشهُ وسكَّهُ — To stamp; coin.
— من الطين جرَّةً — He moulded of the clay, a jar.
طُبِعَ على كذا — To be in *one's* nature to...
— انطَبَعَ — To be printed, stamped, etc.
طَبَّعَ الحيوانَ : روَّضهُ — To train; break in.
△— : عوَّدَ — To habituate.

تَطَبَّعَ To affect what was not in his natural disposition.
— (بطباع أبيه مثلاً) To assume the characters of.

طَبْعُ الكتب Printing; impression.
— بِصَمٍ Imprinting; stamping.
— الحجر Lithography.
— الاحرف Typography.
اعادة الـ. Reprinting.
تحت الـ: جارٍ طَبْعُه In the press.
ورق الـ. Printing paper.
صناعة الـ. طِباعة Printing.

طَبْع ٢ . طَبِيعة ١ : سجيَّة Nature; natural disposition.
— . — : خلق Temper.
— . — : مِزاج Temperament; constitution.
الطبائع الاربع The four humours of the body.
طبعاً . بالطبع Naturally; certainly.
△ — : حتماً . من كل بُدّ . لا بُدّ Of course.

طَبْعَة : المطبوع من الكتاب في المرة Edition; impression.
— اولى First edition.
نفدت طبعته Out of print.

طَبِيعَة ٢ : القوّة المكوّنة للعالم المادي Nature.
الـ البشريّة Human nature.
بـ الحال Naturally; *ipso facto*.
علم الـ. Physics; natural philosophy.
علم الـ الحيوية Biophysics.
فوق الـ. Supernatural.
طبيعيّ : منسوب الى الطبيعة Natural.
— : ضدّ مصطنع Natural.
— : مختص بعلم الطبيعيات Physical.
— : من ينسب كل شيء الى قوّة الطبيعة Naturalistic.
— : من يمارس علم الطبيعيّات Physicist; naturalist.
— : ضدّ شاذّ Natural; normal.
△ — : عاديّ Ordinary; usual; regular.
علم الطبيعيات : فلسفة طبيعيّة Physics; natural philosophy.
جغرافيا طبيعيّة Physical geography.
تاريخ طبيعي : علم المواليد Natural history.

طَبَّاع : صانع السيوف وامثالها Manufacturer of swords.
طَابِع ٢ . طَبَّاع ٢ △ مَطبعي Printer.

— بريد : △ ورقة بوستة Postage-stamp.
— : خَتْم Stamp; signet; mark.
— الحُسن Beauty spot.
الـ . طابع The signet is a thing that seals.
لغة عليها طابع الفصاحة Language upon which is the stamp of chasteness.

مَطبَع . مَطبَعَة : مكان الطبع Printing-office.
مِطْبَعَة : آلة الطبع Press; printing press; printing machine.
غلطة مطبعيّة A misprint; printer's error.
مُطَبَّع : مروّض Broken in; trained.
مَطْبوع : طُبِع Printed.
— على كذا : مجبول عليه He is naturally disposed to...
شاعر — . Improvisator; innate poet.
مطبوعات Printed matter.
△ قلم الـ. The Press Bureau.

☆ طَبِقَ : ضدّ انفتح To be shut *or* closed.
طَبَّقَ الشيء : عمّ To pervade; spread all over.
— : غطّى To cover.
— (في الهندسة) To superpose.
— قاعدةً على To apply; adapt; conform to.
△ — : طوي To fold.
△ — الحصانَ : نعّله To shoe a horse.
طَبَقَ . أَطْبَقَ : أقفلَ To shut; close.
اطبق ٢ : غطّى To cover.
أطبقوا على الامر : اجمعوا عليه To agree upon.
طابَقَ : وافق To correspond, agree, coincide, concur *or* tally with; suit.
— على الأمر To comply with; agree to.
إنطبقَ . تطبَّقَ : صارَ مطبقاً To be shut *or* closed.
— على كذا To apply to; be applicable to.
△ تطبَّق البناء : انهار (انطوى على نفسه) To collapse.
طَبِقٌ . مَطبوق : مُقفَل Closed; shut.
△ طِبِق — : محصور Close; confined.

طَـبَـقٌ : غطاء — Cover.
— : صَحْـن (راجع صحن) — Plate; dish.
— الفنجان : فيخة (انظر فنجال) — Saucer.
— : فاثور △ صينيّـة (انظر صين) — Tray; salver.
طِـبْـق : وفـق — According to; in accordance with; in conformity with.
— : موافق — Consistent (compatible) with.
— المرام — Satisfactorily.
صورة — الأصل — A true copy.
طبقاً لرغبة كذا — Subservient to the desire of.
طَبَقَـة : مرتبة — Category; class; order.
— : حال — State; condition.
— : سافـة △ راق — Layer; stratum; ply.
— من الأرض — Layer; stratum.
— النغـم : مقامه — Pitch; tone.
— من الناس — Class of people.
علم طبقات الأرض : علم الهـيـئـة — Geology.
○ طُـبَـاق : دخان التدخين — Tobacco.
طِبَاق ، طَبِـيق : مُطابق — Agreeing with; consistent with.
الـ والمقابلة (في البديع) — Antithesis.
طابَقٌ من بيت — Story; floor.
تطبيق : توفيق — Adaptation.
— الشيء على غيره — Application.
△ — : طي — Folding.
تطبيقي — Applied.
مُطـبِـق : سجن تحت الارض — Dungeon; oubliette.
— : كـلّي — Utter; absolute; sheer; total.
جنون — . — Sheer, *or* profound, madness.
مُطَابِـق : موافق — Agreeing; compatible; conformable to.
مُطَابَقَة : موافـقـة — Conformity; compatibility; agreement.
— تطابق (في الرياضة) — Congruence.
— الحسابات — Accord of accounts.
* طَبَل ، طَبَّل : ضرب الطبل — To drum; beat, *or* play on, drum.

طَبْل : صوت الطبول — Drum; drumbeat.
— طَبْـلَـة : آلة التطبيل — Drum.
طبلة ٢ الاذن — Eardrum; tympanum.

— الفنـغراف : سمّـاعة — Sound-box.
زخمة الطبل : △ مَلـوينة — Drumstick.
△ طَبْـليّـة الاكل — Low round table.
△ — (في سكة الحديد) — Turntable.

△ — العمود : كُشْـفَـة — Abacus.
طَبَّال — Drummer.
تَـطَـبُّـل البطن — Flatulence; tympanites.
△ مُطَبِّـل (للارض) : مشبّعة بالماء — Seepy.
* طَبَن النار : دفنها كي لا تُطفأ — To smother, *or* bury, a fire.
طُبُنَّة : خُبزة يابسة △ أنـبِطه — Ship-biscuit.
△ طَبُـونَـة △ طابونة : مخبز — Bakery.

△ طَبَّـان العجلة : اطارُها — Tyre; tire.
△ — : سَطْـح (في المعار) — Fascia.

△ طَبَنْجة : سلاح ناري — Pistol.
— بمُـشط — Automatic pistol.
* طُبْي : حلَـمة — Teat; dug; nipple.
طَابِيَة : حِصْن صغير — Fortress.
* طبيب (في طبب) * طبيعة (في طبع)

* طَجَن : قَـلى — To fry.
طَاجِن : مقلاة — Frying-pan; stew-pan.
△ — : وعاء فخاري للطبخ — Crock; earthen-pan.
* طَحْـطَـح : كَسَّر — To crush; smash.
(طحل) طِحَال △ طُحَال — Spleen; milt.
— متحرك اي يتغير موضعه كثيراً — Wandering spleen.
طُـحال ٢ : التهاب الطِحال — Splenitis.
طِحالي : مختص بالطحال — Splenic.
△ طُحْل : ثُـفْـل — Sediment; lees.
لون اطْحَل — Charcoal grey.

*طُحْلُب . طِحْلِب — Green moss; alagæ.

*طَحَن الغلـّة — To grind; mill.

طَحَّان : الذي يطحن او صاحب المطحنة — Miller.

طَحِين : دقيق — Flour; meal.

△طِحِينة : ثُفل السمسم المعصور — Dregs of sesame oil.

طحيني : دقيق . كالدقيق — Farinaceous; mealy.

لون — — Raw sienna colour.

طَاحِنَة△طاحن : ضرس — Grinder; molar.

طَاحُون . طَاحُونَة . مِطْحَنَة — Mill; grinding mill.

— . — البنّ (مثلاً) — Coffee mill.

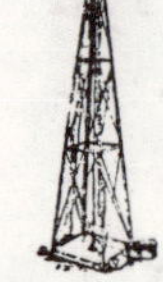

— . — مطحنة:مكان الطحن — Mill; flour-mill.

— الريح . طاحونة الهواء — Wind-mill.

— الماء (تديرها المياه المنحدرة) — Water-mill

دولاب — الماء : ناعرة — Overshot wheel; water-wheel.

*طرّ (في طرر) *طرّا (في طرر)

*طَرأ عليهم : جاءهم فجأة — To come upon suddenly.

— : حدث على غير انتظار — To occur, *or* happen, unexpectedly.

— المكانَ : استعمرَهُ — To colonise a place.

أَطْرأ : بالغ في المدح — To praise highly.

طَارِئ : غريب — Foreign; extraneous.

— : عارض — Incidental; casual; accidental.

— : غير منتظر — Unforeseen; contingent.

طارئة : داهية — Accident; mishap; misfortune.

— : امر غير منتظر — Emergency.

— : مستعمرة — Colony.

احتياط الطوارئ — Emergency precautions.

طرآني : بَرّي . آبِد — Wild.

*طَرِبَ : اهتزّ فرحاً — To be delighted; transported with delight.

— . اضْطَرب — To be troubled; agitated; disturbed.

طَرَّبَ : غنّى — To chant; intone.

— . أطْرَبَ : فرّح — To enrapture; transport with delight.

طَرَبٌ : فرح — Delight; pleasure.

آلة — . — Musical instrument.

هزّة الـ— — Rapture; transport; ecstasy.

طَرِبٌ : مهتزّ فرحاً — Delighed; enraptured; transported.

طَرُوب : كثير الطرب — Merry; lively.

مُطْرِب : يحمل على الطرب — Delightful; charming.

— : مُغَنٍّ — Singer.

صوت — . — Melodious, *or* thrilling, tune.

*طِرْبال : مَعْلَم . ما يُشاهد من بعيد — Landmark.

△طَرْبُوش — Cap, (red cap); *tarboosh.*

— مغربي — Fez.

○طَرْبِيد : صاروخة . نسّاف — Torpedo.

*طَرَحَ الشيء وبه : ألقاهُ — To throw; cast; hurl; fling.

— الثوبَ عليه : لبسهُ — To put on.

— : أسقط عدداً من اكبر منه — To subtract; deduct.

— عليه سؤالا : ألقاهُ — To put a question to.

— عليه مسئلة:عرضها — To lay a matter before.

— عنهُ (او جانباً) : نبذ — To throw away; reject; renounce.

— على الارض : رماهُ — To throw down.

—ت الحُبلى — To miscarry; have a miscarriage.

—ت حبلى البهائم — To slip; give birth (to) prematurely.

طرَّحَ الحبلى : اسقطها — To cause abortion *or* miscarriage.

طارَحَهُ الاسئلة — To exchange questions, etc.

طَرْح : القاء — Throwing; hurling; flinging.
— : نَبْذ — Rejection; throwing away.
— (في الحساب) — Subtraction.
— : حذف . خصم — Deduction.
— الجنين : اسقاط — Miscarriage.
— البحر : ارض نزل عنها البحر — Innings; alluvion.
طِرْح : سقْط — Abortion.
△ طَرْحَة : غطاء الرأس — Veil; head veil.
طُرّاحَة : فَرشَة . حشيَّة — Mattress.
طَرِيْح . مَطْرُوْح . مُنْطَرِح — Thrown.
— الفراش — Bedridden; confined to bed.
△ بالطريحة : △ بالحتَّة او بالمقاولة — By piece-work.
أُطْرُوحَة : بحث يُطرح لنيل درجة علمية — Thesis.
مَطْرَح : الموضع يُطرح اليه — Place where a thing is thrown; dump.
△ — : مكان . موضع — Place.
مَطْرُوح : ملقًى — Thrown.
— (في الحساب) — Subtrahend.
— منه (في الحساب) — Minuend.
○ طَرْخُون : نبات — Tarragon.
✿ طَرَدَ : أبعد — To drive, *or* send, away; banish; dismiss.
— : اخرَجَ — To drive out; expel.
— من خدمة — To turn away; discharge.
ـهُ من حضرته (او امامه) — To turn *him* out; show *him* the door.
طَرَّدَ . طارَدَ : تعقَّبَ — To chase out; pursue; follow.
طاردَ ٢ الحيوان لصيده — To stalk an animal.
إطَّرَدَ الامرُ : تبع بعضهُ بعضاً — To be successive *or* consecutive.
استطردَ — To digress; divagate.
طَرْد : ابعاد — Driving away; dismissal; banishment.
— : اخراج — Expulsion; driving out.
△ — : رِزْمَة — Parcel; package.
طَرْداً وعكساً — Forward and backward.
طَرّاد : سفينه حربية للمطاردة — Cruiser.
△ — النهر : جِسْرهُ. — Embankment; river-bank.
△ — النيل — Main embankment of the Nile.
طَرِيد . مَطْرُود : مُبعَد — Driven away; banished.
— . — : مَنْبُوذ — Outcast; rejected.
— : هارب — Fugitive.
— العدالة : محروم من حماية القانون — Outlaw.
طَرِيْدَة : ما طردت من الصيد — Chased game.
△ — الباب او الشباك — Head-rail.
الطريدان : الليل والنهار — Night and day.
طارد : مُبْعِد — One who, *or* that which, dismisses *or* expels.
— الريح (من البطن) — Carminative.
إطِّراد : تتابُع — Consecutive succession; regular succession.
مُطَّرِد : متتابع — Consecutive; continuous; successive.
— : متوالٍ — Incessant; continual.
— : عامّ — General; having no exception.
— النسق او النغم — Monotonous.
قاعدة ـــه — A general rule.
مُطارَدَة : ملاحقَة — Pursuit; chase.
(طرد) طَرَّ السكينَ : سنَّه — To sharpen; grind.
— الشاربُ والشعرُ — To grow; come out.
طُرّاً : جميعاً — All without exception; one and all.
طُرَّة : جَبين — Forehead.
△ — : طُغْراء — Monogram.
△ — اَمْ ياظ ؟ — Head or tail?
△ — اللعب : مخاريق — Knotted handkerchief.
✿ طرَّزَ الثوبَ : وشّاه — To embroider.
طَرْز : طريقة . نسق — Manner; method; fashion.
— . طِراز : نَمَط — Fashion; style.
من — حديث . جديد الطراز — New-fashioned.
من — قديم . قديم الطراز — Old-fashioned.

To blink; wink. — ٭طَرَفَ بعينهِ : △رمش
To hurt the eye. — ـــ عينهُ : اصابها بشيءٍ فدمعت
To put at, *or* near, the end. — طَرَّفَ : جعلهُ في الطرف
To say something new. — أَطْرَفَ : اتى بالحديث الطريف
To present with. — ـــه بكذا : اتحفه بهِ
To be extravagant *or* excessive. — تطرَّفَ : جاوز حدَّ الاعتدال
To go to extremes; exceed proper bounds *or* limits. — ـــ : أفرط
Eye. — طَرْف : عَيْن
Edge; border. — ـــ . طَرَف : △ حدّ
Extremity; utmost limit. — ـــ . ـــ : منتهى
End; last point. — ـــ . ـــ : آخر
Point; tip. — ـــ . ـــ : رأس مدبَّب . سِنّ
In a twinkling. — كارتدادِ الطرف
A touch of madness, fever, etc. — طرْف ٢ جنون او حمى الخ
Party. — طرَف ٢ : فَرِيْق
Side. — ـــ : ناحية . جهة
Limb. — ـــ : عُضْو . جارحة
With. — △ بِـ فلان : عنده . معهُ
The parties in contest. — طرفا الخصومة (في القضاء)
Party to a dispute. — احد طرفيّ الخصومة
To discharge; dismiss. — △اخلى طرفه : عزله
To acquit; set free. — △أخلى طرفه : برَّأَهُ
Extremities of the body. — اطرافُ البَدَن
Tamarisk. — طَرْفاء : عَبَل (نبات)
Witticism; witty saying. — طُرْفة . طَرِيفة : مُلحَة
Curiosity; rarity. — ـــ : تُحفة
A present. — ـــ : هدية
In the twinkling of an eye. — في طَرْفة عين
Newly acquired. — طَرِيْف . طَارِف : مكتسب حديثاً
Upstart; *parvenu*; new rich. — ـــ : حديثُ نعمةٍ
Rare; uncommon. — ـــ : غريب . نادر

Embroidery. — تَطرِيز : وَشْي
Embroidered. — مُطرَّز : موشَّى

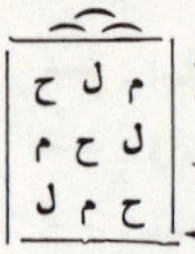

م ل ح
ل ح م
ح م ل

Word-square. — مربَّع الكلمات المطرزة
To efface; blot out. — ٭طَرَسَ : محى
Page, or paper. — طِرْس : صحيفة
To be, *or* become, deaf. — ٭طَرِشَ : ذهب سمعهُ
To vomit; disgorge; throw up. — △طَرَشَ : قاء
To deafen. — طرَّشَ : اصَمَّ
To cause vomiting. — △ ـــ : قيَّأ
Deafness. — طَرَش . طُرْشة : صَمَم
Pickles. — △طُرْشِيّ : مخلَّل
Deaf. — أَطْرَش : اصَمّ
Stone-deaf. — ـــ أسكّ
Emetic. — △مُطرِّش : مقيِّئ
To swagger; bluster. — ٭طرْطرَ : فاخر وصلفَ

طُرْطُر : يسروع
Caterpillar.

Hood; conical, *or* high pointed, cap. — طُرْطُور
Fool's cap. — ـــ (كالذي يلبسه المهرجون)
Cowl; hood. — ـــ المعطف وامثاله
To splash; spatter. — △طرْطَشَ : رشّ
To roughcast a wall. — ـــ البنَّاء الحائط
Roughcast. — طرْطَشة الحائط
To prick up the ears. — △طرطَقَ أُذنيهِ : نصبهما
Truffle; Jerusalem artichoke; Canada potato. — △طَرْطُوفة : نبات
Tip; pointed end. — ـــ : طرف
Tartar. — ٥طَرْطير (او مِلح الطرطير) : صامور
Tartar of teeth. — ـــ الاسنان : قَلَح
Cream of tartar. — ملح الـــ

تَطَرُّف : مجاوز الحدّ Extravagance; excess.

مُتَطَرِّف : متجاوز حدّ الاعتدال Excessive; extravagant.

— : ضدّ معتدل Immoderate; extreme.

— (في السياسة) Radical.

*طَرَقَ : ضرب بالمطرقة To hammer.

— الطريقَ : داسَهُ To tread a road.

— بالبال : خطر To occur to, *or* strike, the mind.

— البابَ To knock, *or* tap, at a door.

— الموضوع To broach a subject.

— اذنه To catch *one's* ear.

— اسواقاً جديدة To tap new markets.

— . طَرَّقَ المعدنَ To malleate; beat out.

أَطْرَقَ : سكت To keep silent.

— مفكِّراً To muse; be lost in thought.

تطرّقَ اليه : سارَ To seek; make for.

— اليه : تخلله To permeate; penetrate into.

— اليه الشكّ To admit a doubt.

طَرْق : الضربُ بالمطرقة Hammering.

— الباب Knocking.

— المعادن : مَطْل Malleation; beating out.

يمكن طرقه (اي مَطْله) Malleable.

طَرْقة : مرّة Once; one time.

— : دقّة . قرعة A knock; rap; tap.

—تان : مرّتان Twice.

طَرِيق . طُرْقَة : مَمَرّ Passage; way.

— : سبيل Road; way; path.

— عموميّة Public road; thoroughfare.

— : قابِل الانطراق Malleable.

عن — كذا *Via*; by way of; through.

قطعَ الـ— على : كمن له في الطريق To waylay.

قاطِعُ الطريق Brigand; highwayman.

عابِر — . Wayfarer.

طَرِيقَة (الجمع طرائق) : كيفيَّة Way; manner.

— : اسلوب Method; system.

— : واسطة Means.

— : مذهب Creed: system of belief.

طَارِق : قادِمٌ ليلاً Night comer *or* visitor.

جبل — . Gibraltar.

بوغاز جبل — . Strait of Gibralter.

طارِقة : داهيَة Calamity; disaster.

إنْطِراق : تمدُّد بالطرق Malleability.

مِطْرَق . مِطْرقة (انظر شكش) Hammer, *or* sledge hammer.

مطرقة ٢ آلية Steam, *or* ←pneumatic, hammer.

— الباب : دَقّاقَة (انظر دقق) Door-knocker; rapper.

مَطْرُوق : ممطول Malleated; beaten out.

— : مرقق بالطَّرْق Hard-hammered.

— : (طريق) مَدوس Trodden.

— : (مكان) يتردد اليه الناس Frequented.

مطروقية : قابلية الانطراق Malleability.

(طرم) طارمة : بيت من خشب ○ كبين ← Cabin.

△طُرُمْبة : مضخّة (انظر ضخخ) Pump.

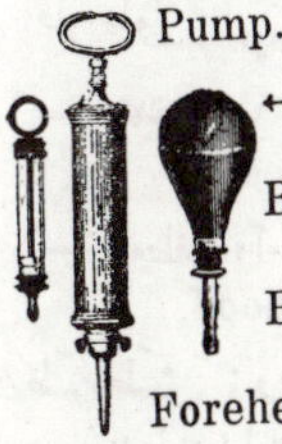

— : △حُقنة ←Syringe.

*طَرْمَذَة Big talk; brag.

طِرْمَاذ Boaster; braggart.

*طُرَّة (في طرر) Forehead.

*طَرُؤَ . طَرِيَ : كان غضًّا ليناً To be tender, *or* soft.

طَرَّى : ليَّن To soften; make tender.

أَطْرَى : احسن الثناء على To praise highly; extol; laud; commend.

— : بالغ في مدحه To lavish praises on.

طَرِيّ : ليِّن Soft; tender; limp.

— : جديد △طازه Fresh; new.

هواء — : بليل . رطب Moist; fresh.

طَراوَة : ليونة — Softness; tenderness.

△ — : بلَل٘ . رطوبة — Moisture.

△ — : هواء بارد . نسيم — Cool wind; breeze.

إطرَاء : ثناء — High praise; commendation; extolment; laudation.

إطْرِيَة : △كنافه — Vermicelli prepared for pastry; shredded biscuit.

*طريف (في طرف) * طريق (في طرق)

(طزج) طَازَج : △طازه — New; fresh.

△طُزْلُق : ران . مِسماة ←Leggings.

*طِشْت } Basin; wash-basin;
△طِشْت } wash-bowl; laver.

— لغسل الايدي — Washhand basin.

— وابريق ←Jug and basin.

△طَصْلَقَ العمل : رَمَّقه — To patch up; botch; scamp.

طَصْلَقَة : تَرميق — Botch; inaccurate, *or* slipshod work; sale-work.

بناء مُطصْلق (اي مرمَّق) — Jerry-building.

*طَعِم . تطعَّم : ذاقَ — To taste.

طَعَّم الشجر او الغصن — To graft; ingraft.

— (في الطب) : لقّحَ — To inoculate.

— بلقاح الجدري — To vaccinate.

— الخشب او المعدن بالصدف او الفضة — To inlay with.

△ — صنارة صيد السمك — To bait (a fish-hook).

أطعَمَ : قاتَ — To feed; nourish.

إستطعَمَ : ذَاق الطعم — To taste.

طَعْم : مَذَاق — Taste; flavour; relish.

— : لذّة — Savour; relish.

له — كذا — To taste of; have a flavour of.

لا — له — Tasteless; insipid; vapid; flat.

طُعْم النبات — Graft.

— طبّي : لقاح — Vaccine.

△ — : رشوة — Graft; illegal secret payment.

△ — : مَغواة (للسمك وغيره) — Bait; lure.

طَعِمٌ : طيّب المذاق — Tasty; savoury.

طَعَام : قُوْت — Food; meat; nourishment.

— المرضى : غذاء الحِمية — Diet.

خِوان الـــ : مائدة ←Dining table.

تناولَ الـــ : اكلَ — To eat; take food.

تَطْعِيم النبات . تطعيم القلَم ←Grafting.

— العين (البرعُم) ←Budding.

— : تلقيح — Vaccination.

مَطْعَم : △لوكاندة اكل — Restaurant; eating-house.

*طَعَنَ بالرمح او السكّين — To stab; thrust; pierce.

— بالحربة — To thrust with a lance.

— بالرمح — To spear; pierce with a spear.

— بخنجر : ضرب — To poniard; stab with a poniard.

— في السنّ — To be advanced in years.

— فيه وعليه — To defame; slander; vilify; speak ill of.

— فيه وعليه بالنشر — To libel.

— في شرفه — To attack a person's honour.

— في الحكم — To attack a judgment.

— في قوله : دحضهُ — To confute; refute.

طَعْن : وَخْز — Stabbing; piercing.

— : قَدْح — Defamation.

— بالنشر : قَذْف — Libel.

طاعِن في السنّ — Stricken, *or* advanced, in years.

طاعُون : مرَض وافد — Plague; pestilence.

— رئَوي — Pneumonic plague.

— بشري — Bubonic plague.

— المواشي : مَوَتان — Cattle-plague; epizootic

مَطْعُون : مضروب بسكّين — Stabbed.

— : مصاب بالطاعون — Afflicted with plague.

كلام — فيه — Refutable; confutable.

*طُغْرَاء . طُغْرَى : △طُرّة (انظر طرر) — Monogram; cipher.

*طُغْمَة : زمرة — Party; faction; band.

— الاكليرُس — Hierarchy; priesthood.

طَغَامُ الناس : الاوغاد — The rabble.

(طغو) طَغَا : هاجَ — To rage; be violently agitated.

— السيلُ : ارتفعَ وفاض — To overflow; flood.

— : جاوز الحدّ (انظر طغى) — To trespass.

طَاغٍ : فائض — Overflowing; submerging.

*طَغَى : طغا . جاوز الحدّ — To trespass; exceed the bounds.

— الرجُلُ : عتَا وتجبَّرَ — To tyrannise.

طَاغٍ طاغِيَة : عاتٍ . جبّار — Tyrant; oppressor.

طُغْيَان : عتوّ — Tyranny; oppression.

— : فيضان — Overflow; inundation.

*طفّ (في طفف) *طفا (في طفو)

*طَفِئَت . انطفأت النارُ — To be extinguished.

طَفِيءَ [2] : انطفأ النور — To go out. (The light has gone out.)

△ طَفَّأ . أطفأ النارَ والمصباح — To extinguish; put out.

△ — . — المصباح الكهربى — To turn out, *or* switch off, light.

△ — . — الجيرَ — To slake lime.

△ — . — العطش او الغليل — To quench thirst.

إطْفاء النارِ — Extinguishing.

— الانوار (خشية الغارات الجوّية) — Black-out.

طافِئ . مُطْفِئ : مخمِد — Extinguishing.

— . مُطْفَأ . مطفي : خامد — Extinguished.

مُطْفأ [2] △ مَطْفي [2] : غير لامع — Mat; dull; lustreless; flat; not glossy.

مِطْفأة △ طَفَّايَة : آلة الاطفاء — Extinguisher.

— الحرائق : آلة اطفاء الحرائق — Fire-engine.

إطْفائي : منوط باطفاء الحرائق — Fireman.

إطفائيّة — Fire-brigade; fire department.

*طَفَحَ الاناء : امتلأ وفاض — To overflow; run over.

— كاسُهُ — His cup runs over.

— من : امتلأ جداً — To be surfeited with ..

△ — منه : تضايق — To be disgusted with.

طَفَّحَ . أطْفَحَ — To fill up; replete; fill to the brim, *or* to overflowing.

اطفح [2] : نزع الرغوة — To skim.

طَفْح . طُفُوح : زيادة الامتلاء — Overflowing; repletion; superabundant fullness.

— جلدي — Eruption; rash; exanthema.

طَافِح . طفْحَان — Replete; filled to overflowing; surfeited.

— بِشْراً — In high spirits; greatly elated.

كَيْل — . — Good measure (running over.)

طُفاحَة : △رغوة . ريمة — Scum; skimmings.

مِطْفَحَة : مِرغاة △ مَقْصوصة — Skimmer.

*طَفَرَ : وَثَبَ — To leap; jump; skip; bounce; bound; spring.

طَفْر : وثْب — Leaping; skipping; bounding.

△طَفَر : ثَفَر . حزام السرج الخلفي — Crupper.

طافِر — Transilient; leaping across.

△طَفَش : هرب — To run away; flee.

△طَفْشانة : آلة فتح الاقفال — Picklock; skeleton key.

*طَفَّفَ المكيالَ — To give short measure.

△طَفَّة : ضَفَّة . جماعة — Crowd; throng.

طَفِيف : ناقص — Deficient.

— : قليل . يسير — Small; little; slight.

— : زهيد — Trifling; trivial; insignificant.

*طَفِقَ بمراده : ظفر به — To attain one's desire *or* wish.

— يفعل كذا — To begin, start *or* commence, to *do*.

*طَفَّلَ . تطفَّلَ : كان طفيليًا — To sponge; live on others.

— و — على : ورش — To intrude upon.

طَفْل : رَخْص — Tender; soft.

△ — . طُفَال : طينٌ خزفي — Clay; potter's clay; argil.

طِفْل : المولود الصغير — Child; infant; baby; babe.

طَفَلٌ . طُفُولَة . طُفُوليّة — Babyhood; infancy.

طُفُولي . طِفْليّ — Infantile: childish.

روضة الاطفال : مدارس الحضانة — Kindergarten.

طُفَيْلي : يعيش على غيره — Parasite; sponger; hanger-on.

— : وارِش — Intruder; obtruder.

— : متداخل في ما لا يعنيه — Busybody; meddler.

نَبات — . — Parasitical plant.

*طَفْو : عَوْم — Floating; buoyancy.

طَفَا : علا فوق الماء — To float.

△— : اطفأ (راجع طفأ) — To put out.

طُفَاوَة : دارة الشمس او القمر . هالة — Halo.

طَافِيَة : قطعة جليد (رقيقة) عائمة — Icefloe.

— : جبل جليد عائم — Iceberg.

*طفيف (في طفف) * طفيلي (في طفل) * طقّ (في طقق)

*طَقْس : حالة الجو — Weather.

△— : مناخ — Climate.

— : طريقة — Manner; way.

— دينيّ — Liturgy; ritual; rite.

كنيسة طقسيَّة — Liturgical, *or* ritual, church.

△طُقَّيسي : غُرفة مسحورة — Loft; lumber room.

*طَقْطَقَ — To crackle *or* crepitate; make crackling sound.

— (كالملح في النار) — To decrepitate; crackle.

طَقْطَقَة — Crepitation.

△طَقْطُوقَة : طرطوعة — Cracker; ←cracker bonbon.

△— : أُغنية — Light, *or* comic, song; ditty.

△— : خوان السجاير — Dish-top table.

△— السجاير : منفضة (انظر نفض) — Ash-tray.

△طَقَّقَ : جعله يفقع — To cause to pop *or* burst.

طَقَّ : أخرج صوتاً شديداً — To pop; crack.

— : فقَعَ . فرقع — To burst.

△طَقّ حَنَك : ثرثرة — Prattle; idle *or* empty talk.

△طَقَّمَ الحصانَ : شدَّ عليهِ عدَّته — To harness, *or* saddle, a horse.

طَقْم او طاقِم ثياب — Suit of clothes.

— : مجموعة اشياء — Set "of tools, etc."

— اسنان — ←Denture; dental plate.

— سُفْرَه (ادوات المائدة) — Dinner service.

— شاي (ادوات شُرب الشاي) — Tea service.

— الحصان : عدَّته — Harness.

*طلّ (في طلل) * طلاء (في طلي) * طلاوة (في طلو)

*طَلَبَ الشيء : حاول وجوده — To seek; look, *or* search, for.

— الشيء : حاول اخذه — To seek; try to obtain.

— الشيء : رغب فيه — To wish for; desire.

— : سأل — To ask; demand.

— : استدعى — To send for; call; summon.

— اليهِ : التمس — To beg; entreat; beseech.

— منه : سأله — To call upon; appeal to; request.

— المحالَ — To seek the impossible.

— الزواج — To propose marriage.

تَطَلَّبَ : استلزم . اقتضى — To demand; need; require.

طَالَبَ : طلب ردّ الحق — To reclaim.

— ه بكذا : طلبهُ منهُ — To claim from.

△انطلَبَ . طُلِبَ — To be sought after; be desired; be in demand.

طَلَبٌ : نَشْد — Seeking; looking for.

— : سؤال — Request; demand.

— : إقبال — Demand.

— : توسُّل — Entreaty; prayer.

— : التماس — Application; petition.

— : لزوم . اقتضاء — Requirement.

— : استدعاء — Call; summons.

— : مُطالَبَة — Claim.

— : امر — Order.

— المحال — Wild goose chase; seeking the impossible; chasing the rainbow.

تحت الطلب . بالطلب — On order.

At *one's*, disposal, *or* order. تحت طلبه او امره

On demand. عند الطلب

Request; demand; prayer. طُلْبة : ما يُطْلَب

Litany; prayer. طَلْبَة : صلاة . استغاثة

Seeker. طَالِب : ناشِد

Applicant. — : ملتمِس . مقدم الطلب

Candidate. — : متقدِّم (لنَيل مركز او غيره)

Student; scholar. — عِلْم : تلميذ

Suitor. — الزواج : خاطِب

Claimant. — . مُطَالِب : مُدّعي الحق

Quest; search; pursuit. مَطْلَب : غرض

Claim; demand. — : مطالبة

Subject; question; matter. — : موضوع . مسألة

Sought after; in demand. مَطْلُوب : منشود

Desired. — : مرغوب فيه

Needed; required. — : لازم

In demand; much sought after. — : عليه اقبال

Due. — : مستحقّ الاداء (الدفع)

He owes. . . ; debtor. — منه كذا : عليهِ كذا

Liabilities. △مطلوبات التاجر : ديونه . ما عليهِ

Responsible; answerable. مُطالَب : مسئول

Claim, *or* claiming. مُطالَبَة : طلب الردّ

To be bad, *or* wicked. *طَلَحَ : خلاف صَلُحَ

Plantain; banana. طَلْح : موز

Shittah tree, acacia seyal. — : سيال

Bad; wicked. طَالِح : ضدّ صالح

Sheet of paper. طَلْحِيَّة س : △فرخ ورق

Ream of paper. طلحِيَّة س ورق : رزمة

To obliterate; blot out; efface; expunge; wipe out. *طَلَسَ : محا

Obliteration; effacement. طَلْس : مَحْو

Obliterated; effaced. طِلْس : مَمْحوّ

Illegible. — : غير مقروء

Coping. △طَلَسانة : △تَهْرِيَة السُّور

Green robe; Persian toga. طَيْلَسان : ثوب اخضر

Torus. △— : خلخال (في المعمار)

Satin; *atlas*; silk-satin. أطْلس : نسيج من الحرير

Atlas. — : مصوّر جغرافي

— : الاه كان الاغريق والرومان يزعمون انه يحمل الارض على منكبيه →Atlas.

Satin. اطلسي : حريريّ

Atlantic ocean. المحيط الـ .

Talisman; charm. *طِلَسْم . طِلَّسْم : كتابة سحرية

Mortar-board; hawk. ﴿طاش﴾ △طلوش . طالوش المبيّض

To rise; appear. *طَلَعَ : ظَهَر . بزغ

To surprise; take unawares; come upon. — عليهم : اقبل او اتى بغتة

To go up. — . طَلِعَ : ضدّ نزل

To rise; ascend; mount up. — . — : صعد

To ascend, *or* climb, a hill. — . — التلَّ : علاه

To mount a ladder. — . — السلّم

To go, *or* come out; emerge. — . — من المكان

To go off; explode. — . — : انطلق (كالعيار الناري)

To be aware of. — . — على الامر : علمه

To thunder at. △— فيه : عنّفه وتهدده

He took it into *his* head. △— في عقله

To be in a fit of temper; lose *one's* temper. △— خلقه

To come out; break forth. — . أطلَعَ النباتُ والسنُّ

To show. أطلَعَ ٢ على : أرى

To acquaint with; inform, *or* apprise, of. —هُ على الامر

To reveal a secret to. —هُ على السرّ

To send, *or* put, out. طلّعَ : اخرج

To cause, *or* help, to go up. △— : اصعد

To throw up; vomit. △— : قاء

طالَعَ الكتابَ : قرأَهُ — To read.

— : قرأ وأدام النظر في — To peruse; read attentively; study.

إطَّلَعَ على الشيء : رآه — To see.

— على الامر : علمه — To know of; be aware of; be acquainted with.

— على : اكتشف — To discover; find out.

— على العمل : راقبه — To superintend; supervise.

إستَطْلَعَ فلاناً رأيَهُ — To consult; look up to, for information *or* advice.

تَطَلَّعَ اليهِ : نظرَ — To look at.

△ — فيه : تفرَّس — To gaze, *or* stare, at.

طَلْعُ النخل : ما يبدو من زهر النخل في وعاء — Spadix.

△ — النبات : لقاح — Pollen.

طَلْعَة : منظر — Look; appearance; aspect.

طُلُوع : المصدر من طلعَ — Rise, *or* rising.

— : ظهور — Appearance.

— : ضد نزول — Going up; ascending.

△ — : خُراج — Abscess; tumour.

طَليعَةُ الجيش — Vanguard; advance guard.

طَالِعُ المولود — Horoscope; nativity.

— : ما يُتَفاءل به من السعد او النحس — Auspices.

— : صاعد — Rising; ascending; going up.

△ — : مَظْهر — Aspect; appearance.

حَسَبَ طالعَ الانسان — To cast, *or* calculate, *one's* nativity.

سَيِّئ الطالِع — Ill-starred; unlucky.

علم الطوالِع — Horoscopy; astrology.

إطِّلاع : عِلْم — Knowledge; cognisance; notice.

— : نَظَر — Sight, *or* seeing.

— على الاعمال : مراقبة — Oversight of the affairs.

عند الـ — (اصطلاح مالي) — At, *or* after, sight.

مَطْلَع : سُلَّم — Ladder, *or* stairs.

— : فاتحة — Introduction; preface.

— : تباشير ودلائل المستقبل — Outlook; prognostic.

— القصيدة او الدور الموسيقي — Prelude.

مُطَّلِع على : عالم به — Acquainted with; cognizant of; aware of.

مُطَالِع : قارئ — Reader.

☆ طَلُقَ : انحلَّ من عقاله — To be freed from bonds.

—تْ المرأةُ : انحلت من الزواج — To be divorced.

طَلَقَ ٢ وجهُه — To be cheerful.

طُلِقَتْ الحبلى : اتاها الطلق — To be in childbirth, labour *or* travail.

طَلَّقَ . أَطْلَقَ : ترك — To quit; leave.

— . — الرجل زوجته والمرأة زوجها — To divorce.

— عقله — To take leave of one's senses.

أطْلَقَ ٢ : حلَّ . فكَّ — To release; let loose.

— : حرَّرَ — To free; set at liberty.

— : سَرَّحَ — To send away; dismiss.

— سبيلَه — To set free; let go.

— يده : فتحها — To open *one's* hand.

— يده (في الامر) — To give a free hand.

— بطنه — To loosen, *or* relax, the bowels.

— لحيته — To grow a beard.

— له العنانَ — To give the reins to.

— في كلامه : عَمَّمَ — To generalise.

— فيه النار — To set fire to.

— النار او الرصاص على — To fire at; shoot.

— البخور — To burn incense.

— المدفعَ على — To bombard a place.

إنطَلَقَ : ذهب — To go away; depart.

— مسرعاً — To dart; start rapidly; shoot.

— وجهه — His face brightened up.

— : خرج (كالعيار الناري) — To go off; explode.

—تِ الطائرةُ : قامت — To take off.

إستَطْلَقَ البطن — To be relaxed *or* loosened, (bowels).

طَلْـق : وجع الولادة Labour; pains; travail; throes of childbirth.

٨ — الخوالف : حِسّ Afterpains.

— . طالِق . طَلْق : حُر Free; at liberty.

— . . — اليدين Open-handed; free-handed.

— . . — المحيّا Open-faced; frank;

— . . — اللسان Loquacious; voluble.

لسان — — Voluble tongue.

هواء — . Open air.

طَلْـق٢ : كوكب الارض ٥ تَلْك Talc.

طَلْقي : من طَلْـق أو مثله Talcky; talcous.

طَلْـق٢ : حشوة السلاح الناري Charge.

— ناريّ A shot.

طَلَاق . تطليق Divorce.

— بالثلاثة A complete divorce.

كتاب او ورقة الـ Bill of divorce.

طَلَاقة Openness.

— اللسان Volubility; fluency of speech.

— الوجه Cheerfulness.

٨طَلُوقَة : فحل الخيل Stallion.

إطلَاق : تحرير . حَلّ Freeing; releasing.

— : تعميم Generalisation.

على الـ : عموماً Generally; upon the whole.

مُطْلَق : سائب . مفتوح Free; open.

— : عامّ General; common.

— : غير محدود Absolute; unlimited.

— : تامّ . كامل Plenary; complete; full.

— السراح : طليق . حُرّ Free; at liberty.

مُطْلَقاً : أبداً Never; not.

— : على الاطلاق Upon the whole.

٨طَلَال : واحد الاطلال وهي بقايا مرتفعة من دار Ruins; remains.

— الدار : قاعة الجلوس Sitting-room; day-room; living-room.

٨طَلّ على : زارَ To visit; call on; look in (on a friend).

ـت السماء : ازلت الطلّ To drizzle.

أطَلَّ على : أشرَف To give on to; dominate; overlook; command.

— (من النافذة مثلاً) : نظر To look.

طَلّ : نَدَى كثيف Thick mist; pea-souper.

ـ : مطر خفيف Drizzle; fine rain.

مُطَلّ : منظر View; sight.

مُطِلّ على Overlooking; commanding; dominating.

٨مِطَلَّة : زيارة قصيرة A look-in.

٨طَلَمَ الخبزة : بسطها بالمطلمة To flatten dough.

مِطْلَمَة : شوبة ←Rolling-pin.

٨طُلُمْبَة : مضخّة ←Pump; water-pump.

— : مروحة Centrifugal pump.

٨طَلْمَسَ : قطّب وجهه To frown.

٨ — : طَمَس To deface; disfigure.

(طلو) طلَاوَة : بهجة . رونق Elegance; grace; beauty.

٨طلَى : دَهَنَ To paint.

— : موَّه . غشّى To overlay; plate; coat.

— بالكهرباء To electroplate.

— بالذهب To gild; overlay with gold.

— بالميناء To enamel.

إنْطَلَت عليه الحيلة To be deceived; swallow the bait.

طِلَاء Coating; covering layer.

٨طمّ (في طمم) ٭ طما (في طمو) ٥ طاطم (في طمطم)

٨طَمْث : دم الحيض Menses; menstruation; courses; monthly discharge of women.

طَمَثَت المرأة : حاضت To menstruate.

٨طَمَحَ بِه : ذهب به To take away.

— بصرهُ الى To aspire to, or after; aim at high things.

طُمُوح : حُبّ الرفعة Aspiration; ambition.

طَامِح . طَمَّاح . طَمُوح Aspiring; ambitious.

طَمَّاح٢ : طمَّاع Greedy; covetous.

مَطْمَح : غَرَض / Goal; butt; ambition; aim; end aimed at, aspiration.

طَمَرَ . طَمَّرَ : دفَنَ / To bury; inter.

— النارَ: غطّاها بالرماد / To smother fire.

طَمَّرَ ٢ الحصان: حسّهُ / To curry; rub down.

طِمْر : واحدُ الاطمار (الثياب البالية) / Tatters.

طُومار : دَرْج / Roll; scroll.

مِطْمَر : ميزان استقامة البناء / Plumb-line.

مَطْمُور : مدفون / Buried.

مَطْمُورَة : Subterranean repository for wheat; mattamore.

طَمَسَ : مَحَا / To efface; obliterate; expunge.

— : اطفى / To suppress.

— : أهلك / To destroy; eradicate.

— . انطَمَسَ : امّحَى / To be effaced, obliterated.

— . بصرهُ : عمي / To become blind.

طَمْس : مَحْو / Effacement; obliteration.

طَمْطَام : عرض البحر / Offing.

طَمَاطِم . ٥قُوطة . بَنْدُورَةٍ / Tomato.

طَمِعَ فيه وبه / To covet; wish for.

طَمِعَ : كان كثير الطمع / To be covetous, greedy or avaricious.

طَمَّعَ . أَطْمَعَ : جعله يطمع / To tempt; entice; allure.

— : جرّأ / To encourage; embolden.

طَمَع : حِرْص / Covetousness; greediness.

— : حُبّ المال / Avarice.

طَمَّاع : حريص / Covetous; greedy; avaricious.

مَطْمَع : ما يُطمع فيه / Coveted object.

مَطْمَعَة : ما يحرك الطمع / Lure; enticement.

﴿طمق﴾ طِمَاق : مِسْماة / Spats; short gaiters.

﴿طمم﴾ طَمَّ الماءُ : غمَر / To overflow.

طامة : داهية عظيمة / Calamity; great, or overwhelming, misfortune.

طَمَّنَ . طَمْأَنَ / To assure; reassure; give confidence; tranquillise.

طَمْأَنَ ٢ : خفض / To lower; depress; press down.

إطْمَأَنَّ : ذهب خوفه / To feel assured, confident or secure.

— اليه / To have confidence in.

طَمَان . طُمَأنينة . إطْمِئْنَان : سكون الروع / Peacefulness; tranquillity.

— . — . — : امتناع الخوف / Security; safety.

— . — . — : سلام / Peace; rest; calmness.

— . — . — : ثقة / Confidence; trust.

مُطْمَئِنّ : مرتاح البال / Easy; at ease; calm; tranquil; peaceful.

— : ضدّ خائف / Assured; confident.

— : آمنٌ / Secure; safe.

أرض مطمئنة : منخفضة / Low land.

طَمَى . طَمَا : فاضَ / To overflow.

طَامٍ : فائض / Overflowing; high.

طَمْىُ ماءِ الانهر : غرين / Alluvium; alluvial deposit; warp; silt.

طنّ (في طنن) / To resound.

طَنَّبَ بالمكان: اقام / To abide; stay at a place.

أَطْنَبَ في الوصف او المدح : بالغ / To exaggerate; draw the long bow; make extravagant statements.

طُنُب : حبْلُ الخيمة / Tent-rope.

— : عَصَب . وترُ العضلة / Tendon.

إطْنَاب : مغالاة / Exaggeration; extravagant statement.

طِنْبار . طُنْبُور : آلة طرب / Guitar, or harp.

طَنْبُور ٢ آلةالطبع / Drum; cylinder.

— الري : ٥ ثابوت . البارم المائى / Archimedean screw.

△طَنْبوشَة المدخنة — Cowl; mitre (of chimney).

الباخرة النهريّة — Paddle-box.

طَنْجَرة : قِدْر من نحاس . كفتت — Saucepan.

△طنّشَ : لم يصغ الى — To give a deaf ear to.

طَنْطَنَ (كالجرس) — To tintinnabulate; tinkle; ring.

طنطنة الاجراس : طنين — Tintinnabulation; ringing; tinkling.

طُنُف . طَنَف : رأس — Peak.

— . — : افريز السطح — Eaves.

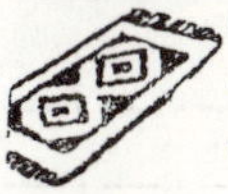

طَنْفَسة . طِنْفِسة : بساط — Carpet; rug.

طنّ . طنّ الجرس — To ring; resound; peal.

جلجَلَ — To tinkle.

طنّت الاذن — To tingle; buzz.

طنّ الذباب والنحل △ : زَنّ — To buzz; hum.

طُنّ : بَدَن — Body; trunk.

— : حُزمة . جُرزة — Sheaf.

△ — : طولوناتـه . وَسْق — Ton.

طنّان : △ رَنّان — Ringing; resounding.

— : شهير — Famous; far-famed.

الطائر الـ — — Humming-bird.

طَنِين : △ رنين — Ringing; resounding.

النحل والذباب — — Humming; buzzing; drone.

طَهُر : كان طاهراً — To be pure, or clean.

طَهَّر : نظّف — To purge; expurgate; purify; cleanse.

△ : عَقَّمَ — To disinfect, or sterilise.

مجاري الماء : كراها — To dredge.

△ — △ طاهَر : خَتَنَ — To circumcise.

طُهْر . طهارة : ضدّ نجاسة — Purity; cleanness.

— . — : عفّة — Chastity; purity.

— . — : قداسة — Holiness; sanctity.

△ طهارة ٢ △ طُهور : ختان — Circumcision.

— الذيل — Innocence; probity.

طاهِر : ضدّ نجس — Pure; clean; immaculate.

— : عُذْري — Chaste; modest; virgin.

— الذمّة : نزه — Righteous; honest.

— الذيل — Innocent; blameless.

— القَلْب : عفيف . عَفّ — Chaste; virtuous.

حُبّ — : هَوى عُذْري — Platonic love.

مَطْهِر : الاعراف . مكان تطهير ↑ نفس الاموات — Purgatory.

مُطَهِّر : مَنَقّ — Purifier.

— : منظف — Detergent; cleansing.

— : مضاد للفساد — Disinfectant; antiseptic.

طَهَقَ : اسرع — To hasten.

△ — منه : تضايق — To be tired of, or disgusted with.

(طهم) مُطَهَّم : سمين جميل — Plump; chubby; fat and rounded.

طَهْو . طَهَاية : طَبْخ (راجع طبخ) — Cooking.

طاهٍ : طَبّاخ — Cook; chef.

طَهَا : طبخَ — To cook.

طُوب : آجُرّ — Bricks.

— احمر — Red bricks; fired or burnt bricks.

— نيّ : لبِـيْن — Sun-dried (unburnt) bricks.

— رملي او ابيض — Sand bricks.

طوّب : غَبَّطَ (في طيب) — To bless; beatify.

طوبى : غبطة — Blessedness; beatitude.

طَوّاب : صانع الطوب — Brickmaker.

△ طوبجيّ : مِدْفَعيّ — Gunner; artillery-man.

طوبجيّة : مدفعيّة — Artillery; ordnance.

٥طوبوغرافيا : علم وصف الاماكن — Topography.

طَوّحَ بَ : حمله على ركوب المهالك — To endanger; expose to peril.

— به : القاه — To fling; hurl; throw away.

طَاحَ : تاه — To wander; go astray.

— : هلكَ — To perish.

أطاحَ : قطعَ — To cut off.
— به : اهلكه — To ruin; destroy.
تطوَّحَ : تورّط — To fall into peril.
△ — : ترنّح — To reel ; stagger.
△ — : △ تطوْطحَ كالسكران — To reel to and fro (like a drunken man.)
*طَوْد : جبَل — Mountain.
إنْطادَ : ارتفع في الجوّ — To rise in the air; tower up.

مُنْطاد : ○ بلّون كبير — Balloon; aerostat.
— مُسيَّر (انظر سير) — Dirigible balloon.
— بلا محرّك — Passive balloon.
— مقيّد — Captive, *or* kite, balloon.
*طَوْر : حدّ وقدْر — Limit.
— : مرحلة . درجة — Stage; degree.
— : حال — State; condition.
— : مرّة — Time.
طوراً بعد — . — Time after time; again and again.
غريب الاطوار — Eccentric; odd; queer.
طُوْر : طوْد . جبل — Mount; mountain.
— سِينا — Mount Sinai.
△ طُوْرة : اربعة — Tetrad; group of four.

طارٌ . طارَة : دُفّ — Tambourine; timbrel.
△ — △ — التطريز — Tambour; embroidery frame.

△ — المُنخل وامثاله : طوق — Hoop; circle.
طارة المركب البخاري — Paddle-wheel.
— طاحونة الماء ← Overshot-wheel.
طُوري . طُوراني : جبَلي — Mountain; wild.
تطوَّرَ : تحوّلَ من حال الى حال — To evolve; develop.
تطوُّر : تحوّل — Evolution.
— عضوي — Organic evolution.

نظريّة او مذهب الـ — Evolutionism.
تطوّري : تحوّلي — Evolutional.
○ طوربيد : طُرْبيد (انظر طربيد) — Torpedo.
سفينة — : نسّافة — Torpedo boat.

△ طُوْرِيَّة : فأس الزراعة ← Hoe; mattock.
*طوّس : زيّن — To adorn; embellish.
△ — المعدن : صدِئ — To oxidize; become oxidized; rust.
تطوّس : عرض زينته مفاخراً — To peacock; strut and display oneself ostentatiously.
طاسٌ △ طاسَة : اناء يُشرب فيه — Cup; drinking-cup.

— △ — : سُلطانيّة ← Bowl.
— △ — الاصابيع — Finger-bowl.
△ طاسة التصادم : مصدّ — Buffer.

طاوُوس : طائر جميل الريش — Peacock, (*female*, Peahen).
*طوّش : خصى — To geld; castrate; emasculate.
طَواشي : خَصِيّ — Eunuch.
مُطوَّش : خصي — Castrated; gelded.
*طوّع : جعله يطيع — To render obedient; subdue; render submissive.
— ت له نفسه كذا — To allow oneself to.
طاعَ . انْطاعَ . أطاعَ △ طاوَعَ : انقاد له — To obey; follow.
— و — له . — : اذعن — To comply *or* yield to the wishes of.
طاوَع ۲ في الامر وعليه : وافقه — To comply with; agree, *or* consent, to.
تطوّع بالعمل او في الجنديّة — To volunteer.
إسْتطاعَ : قدر على — To be able; can.
طاعَة : انقياد — Obedience; submission.
— عمياء — Passive obedience.
طوْع . طيّع . طائع — Obedient; willing; submissive.
— العنان : سهْل — Tractable; docile.
— الامر او اليد — At one's beck.

Voluntarily; willingly; of one's own free-will. طوعاً : اختياراً
Willing or unwilling. — او كرهاً
Power; ability. إِسْتِطَاعَة : مقدرة
Volunteering. تَطَوُّع
Obedient; willing مُطِيع . مِطْوَاع : طائع
Obedient; submissive. مُطَاوِع : مُطيع
Passive verb. فعل — . (في النحو)
Volunteer. مُتَطَوِّع
Possible. مُسْتَطَاع : ممكن
To go round with a person. ٭طَوَّفَ . طَافَ بِهِ : جال به
To perambulate; go round, or over, a place. طافَ ٢ بالمكان وحوله : دار
To ramble; go from place to place — : جال
To dream of; appear to (in sleep). — به الخيالُ : حلم به
To overflow. — النهرُ : طفا
To float. △ — على وجه الماء : طفا (راجع طفو). عام
To be thoroughly acquainted with. أَطافَ بالامر : أَلمَّ به
Raft; float. طَوْف : △رومس
Wall. — : حائط
Patrol. — : عسس △دوريّة
Flood; inundation; deluge. طُوفَان : سيل مُغرق
Deluge. — (خصوصاً طوفان نوح)
Postdiluvian. بعد الـ
Antediluvian. قبل الـ
Perambulation. طَوَفان . طَوَاف : جولان
Itinerant; ambulant. طَائِف . طَوَّاف : متنقّل . جوّال
Canvasser. طوّاف ٢ تجاريّ : وسيط بين التاجر والزبون
Rural, or country, postman. — بَريد
Party. طائفة : جماعة
Sect; denomination. — : ابناء المذهب الواحد
Denominational. طائفي : مذهبيّ

To encircle; surround; encompass. ٭طَوَّقَ : احاطَ به
To put a collar on. — : البس الطوق
To embrace; take in *one's* arms. — ه بذراعيه
To hoop; bind with hoops. — البرميل وغيره
To bear; endure; tolerate; support; put up with. طَاقَ الشيءَ وعليه : قدر على
Unbearable; intolerable; insupportable. لا يُطاق : لا يحتمل
To coil. تطوّقت الحيّة : تحوّت
Arch. طَاقٌ : قَوس (في المعمار)
Layer; stratum (*pl.* strata.) △ — : طبقة
Strength; power; ability; energy. طَاقَة . طَوْق . إطَاقَة : قدرة
Endurance; support. — . — . — : احتمال
Bunch. — : حزمة
Window; aperture. △ — : نافذة
Atomic energy. الـ الذرية (راجع ذرر)
Cap; skull cap. △طَاقِيَّة : لباس للرأس
Nightcap. △ — النوم
Collar. طَوْق ٢ : كل ما يحيط بالعنق
Neck-band; collar. — الثوب : △قَبَّة
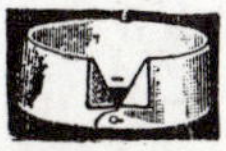
Collar. — القميص : △ياقة
Dog-collar. — الكلاب

Necklace. — : قلادة
Hoop; circle. — البرميل وغيره
Chase. — المطبعة

Hoop. — التريّض
Bearable; endurable; supportable. مُطَاق : محتمَل
Encircled; surrounded. مُطَوَّق : محاط
Sea-girt; sea bound. — بالبحر
Ring-dove. الحمام الـ
To grant a delay to. ٭طَوَّلَ له : امهله
To give *him* rope. — له : امهله كي يقع
To be patient with. △ — باله على : صبر
To lengthen; elongate. — . أَطَالَ : ضدّ قصّر
To prolong; extend; protract. — . — : مدّ

Arabic	English
طَالَ ، اسْتَطَالَ : ضدّ قصر	To be long.
— ، — : امتدّ طولاً	To lengthen; extend; grow longer.
طَاوَلَ : ماطل	To procrastinate; put off.
تَطَاوَلَ على : اعتدى	To lift a hand against.
طالَما فعل كذا	Long time did he thus.
طُول : ضدّ قصر او عرض	Length.
— : ارتفاع	Height.
— القَامَة : عُلُوّ	Tallness.
— الاناة : صبر	Endurance; forbearance; patience; sufferance.
— البصَر	Hypermetropia.
— اليوم : كل اليوم	All day long.
△— ما : طالما	As long as.
خط الـ (في الجغرافيا)	Longitude.
△على — طوّالي : رأساً	Straight; directly.
△على — : حالاً	Straightway; immediately.
△على — : بلا انقطاع	At a stretch; without pause.
△على — الشاطى	All along the shore.
طولاً ، بالطول	Lengthwise; longwise.
طولي	Longitudinal.
طوّل : ابو ساق .Stilt	
طوّالة : مذوَد	Trough; manger.
— ع : مربط الدابّة	Stall.
طوّالة : ارجل خشيّة طويلة .Stilts	
△الخط الطوّالي (في سكة الحديد)	The main line.
△قطار طوّالي	Direct train.
طويل : ضدّ قصير او عريض	Long.
— : مطوّل	Lengthy.
— الاناة او الروح	Long-suffering; patient.
— الباع	Capable; powerful.
— العيرْق اوالفَتلة (كالقطن)	Long-stapled; having a long fibre.
— العمر	Long-lived; tenacious of life.
— القامة : مديدها	Tall.
— اللسان	Insolent; foul-tongued.
— النفَس	Long-breathed.
— اليد : سَارق	Thief.

Arabic	English
وقت — : مدة طويلة	Long, or much, time.
بحر الـ (في العروض)	Molossus (pl. Molossi).
طَائِل : نَفْع ، فائدة	Use; avail.
— ، طَائِلَة : قدرة	Power; ability.
لا — فيه او تحته	Of no use or avail; useless.
اموال طائلة	Immense fortunes.
○طَاوَلَة : خِوان (النظرخون)	Table.
△لُعبةالـ	Backgammon; tricktrack; tables.
△حجارة الـ	Pieces; men.
طِيـلَة كذا	The whole duration of...
إطَالَة ، تَطْويل : ضد تقصير	Lengthening; elongation.
— ، — : مَدّ	Prolongation; extension.
اسْتِطَالَة (في الرياضة)	Augmentation.
أطْوَل : أكثر طولاً	Longer.
تَطْويلة	Extension piece.
مُطَوَّل : طويل جداً	Lengthy.
— : ضدّ مقصَّر	Lengthened; elongated.
— : مُمْتَدّ	Prolonged; extended.
— : مسهب	Long-winded; long-spun; prolix.
مُسْتَطِيل : طويل	Long.
— الشكل	Oblong.
○طُولُوناتَه : وَسْق (نحو الفيّ رطل)	Ton.
*طومار (في طمر)	Roll; scroll.
*طَوَى : ضدّ نَشَر	To fold; wrap up.
— البئَر : بناها بالحجارة	To line a well.
— البلادَ : قطعها	To traverse; cross.
— الحديثَ : كتمه	To keep secret.
— كشحه على : اخفى	To hide; conceal.
— صحيفته : هجرُه	To give up; abandon.
طَوِيَ ، أطْوَى : جاعَ	To starve; suffer hunger.
تَطَوّى الثعْبان : تحَوّى	To coil.

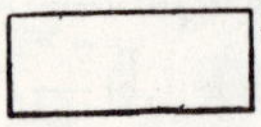

طَوًى : جوع — Hunger.
على الـــ : بلا اكل — Fasting.
طوي . ينطوي : ينثني — Pliable; pliant.
طوَوي . انطوائي: لا يهتم الا بنفسه — Self-absorbed; self-centered.
طَـوَوِيَّـة . انطوائية — Pliability; pliableness.
طَوِيَّة : ضمير — Conscience.
سليم الـــ . — Simple-hearted; undesigning; artless.

△ طَوّاية: مقلاة — ←Frying pan; skillet.
طَيٌّ : ثَـنْـي — Folding.
— البئر — Steening; steining.
في — هذا : ضمنه — Enclosed; herewith.
تحت — الكتمان — Under the seal of secrecy.
طَيَّة : ثَـنْـيَـة — Fold.
— . طِيَّة : نِـيَّـة — Design; intention.

مَطْوِيّ : ضدّ منشور — Folded; wrapped up.
مِطْوًى . مِطواة : مِبراة — ←Penknife; pocket knife.
طَيَّبَ : عَطَّـرَ — To scent; perfume.
— الطعام — To spice; season with spice.
— الخمرَ — To mull wine.
— خاطرهُ : شجَّـعه — To cheer; comfort; encourage.
— خاطرهُ : هدَّأه — To pacify; conciliate.
△ — للمغنِّـي — To applaud a singer (by clapping, shouting, etc.)
△ — : شفَـى — To cure; heal.
— . أَطَابَ : جعلهُ طيّباً — To make good.
طَابَ : كان او صار طيّباً — To be, *or* become, good.
— : لَـذَّ — To be pleasant, *or* agreeable.
— له : راقَ له — To appeal to.
△ — : نضج — To ripen; grow ripe.
△ — المريضُ : ثابَ . شُفِي — To recover; regain health.

— قلبه وــت نفسهُ : انسرَّ — To feel happy.
— عيشه — To be enjoying a happy life.
— عنه نفساً : تركه — To give up; renounce.
اسْتَطْيَبَ الشيءَ : وجده طـيّـباً — To like; find good.
طَوَّبَ : غَبَّـطَ — To bless; beatify.
طُوبَى : غِبْطَة — Blessedness; beatitude.

— : فردوس — Pardise.
طَابَة : خَمْر — Wine; mulled wine.
△ — : جبيرة العظام المكسورة — Splint.
△ — : مضرب الكرة — ←Bat.
طِيْب : عِطْر — Scent; perfume.
جوزة الـــ . — Nutmeg.
زجاجة الـــ . — Scent-bottle.
عن — خاطر — Willingly; with a good grace.
طيوب : روائح عطرية — Perfumery.
اطاييب : اشياء طيِّبَة — Delicacies; dainties.
ما اطيبَهُ ! — How good it is.
طَيِّب : جَيِّـد او حَسَن — Good.
— : حسَن (عن الحال او الكيفيَّـة) — Well.
△ — : معافَى — Well; in good health; hale.
— : لذيذ — Pleasant; agreeable; delicious.
— الخُلُـق — Good-natured.
— الرائحة — Nice smelling.
— القلب — Kind-hearted; good-hearted.
— النفْس — Good-humoured.
طِيْبَة : جودة او حُسْن — Goodness.
△ طيَاب : ريح الشمال — North wind.
△ مطَيِّباتي : △ شَغلتي (راجع شغل) — Claqueur.
✲ طَـيَّحَ : ضيَّـعَ — To lose; forfeit.
✲ طَـيَّرَ . أَطَـارَ — To fly; cause to fly.
— الطيَّارة — To fly a kite.
△ — رأسَهُ : اطاحَه — To behead; cut off the head.

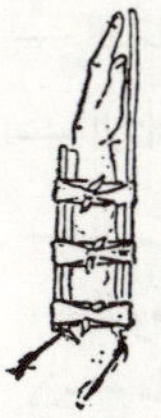

طارَ : سبح في الهواء — To fly; aviate.
— الصيتُ : انتشر — To be spread abroad.
— عقله : فقد صوابه — To lose *one's* head.
— طائرهُ : غضب — To fly into a passion.
— اليه : اسرع — To hasten, *or* flee, to.
ـــت الطيّارة : قامت — To take off.
طارٌ * طارةٌ (في طور)
تَطيَّرَ بالشيء • ومنه : تشاءم — To draw an evil omen from.
تَطايَرَ . استَطارَ : تفرّقَ — To be scattered, *or* dispersed.
طَيرٌ . طائرٌ : كل ذي جناح من الحيوان — Bird.
△ —— : ذباب — Flies.
طَيَران : ركوب الهواء — Flying; aviation.
—— : سلك الهواء — Aerial navigation.
—— : السير في الهواء — Flight.
طِيَرَة : علامة شؤم — Portent; an evil omen.
—— : واحدة الطيور — A female bird.

△ —— : ذبابة ←A fly.
طَيَّار : الذي يطيّر الطيّارة — Aviator; aeronaut; aircraftsman.
—— : اسم الفاعل من « طارَ » — Flyer.
—— : سريع الزوال — Evanescent; fleeting.
—— : متبخّر . متصعّد — Volatile.
طائرة : △ طيّارة . مركبة هوائية — Flying-machine; aeroplane.

—— ذات سطح واحد ← Monoplane.

—— ذات سطحين ← Biplane.
—— سحّابة او شراعيّة — Glider.
—— صاروخيّة (انظر صرخ) — Rocket ship.
—— حوّامة (انظر هيليكبتر) — **Helicopter.**
—— نفّاثة — **Jet plane.**
—— مائيّة — Seaplane.

—— الصبيان : راية شادن ع ← Kite.
△ طيّاري : غير دائم — Temporary.
خادمة —— • — Charwoman.

طائر : واحدُ الطيور — A bird.
—— : سابح في الهواء — Flying.
—— : في الهواء — On the wing.
—— الصيت — Far-famed; celebrated; famous.
علم الطيور — Ornithology.
طائرة عمودية أو حوّامة — Hilocopter.
مَطار : حظيرة الطيران — Aerodrome.
△ مَطيور : طايش — Feather-head; flighty.
مُستَطِير : منتشر — Scattered; widely spread.
—— : متشاءم — Pessimist.
* طَيْش . طَيَشان — Recklessness; rashness.
—— . —— : خفّة العقل — Thoughtlessness; levity; frivolity.
طَاشَ عن الغرض — To miss the mark.
—— : اخطأ — To stray; err; sin.
—— : خفّ ونزق — To be rash, light-headed *or* thoughtless.
طائش : نَزِق — Rash; heedless; reckless; foolhardy; scatter-brains.
—— : على غير هدًى — Aimless.

—— : ارعن — Thoughtless; rash.
أُطَيْش : ٢ اسم طائر ← Linnet.

* طيطوى : اسم طائر ← Sandpiper.
* طَيْف : خيال — Phantom; spectre; phantasm.
—— النور — Spectrum.
—— شمسي — Solar spectrum.
المرقب الطيفي . مِطياف — Spectroscope.
مِطياف الكتلة — Mass spectrograph.
مِطْيافيّ — Spectroscopic.
طافَ خيالهُ : جاء في النوم — To appear in a dream.
* طَيَّنَ الحائط : طلاهُ بالطين — To plaster (a wall); cover with plaster.
—— : لطّخ بالطين — To smear with mud.
طِين : تراب ممزوج بماء — Mud.
—— : ملاط △ مونة — Mortar, *or* plaster.
—— خزفي — Clay; porcelain clay.

△— العقد : تنفيخ Intrados.

△— ارمني Bole.

△— اسواني Fire-clay.

△— : ارض Agricultural land.

زاد في الـ بلّة To add fuel to the fire; add insult to injury.

طيّان : الذي يحمل الطين الى البنّاء Hodman; hodcarrier.

*طيهوج : طائر Grouse; ←hazel grouse.

(ظ)

△ظابط وظبط وظبطيّة الخ. محرّف ضابط وضبط وضبطيّة الخ (في ضبط)

△ظَبط : وَحْل Mire; slime; soft mud.

*ظَبي : غزال (اسم النوع) Deer.

— عربيّ : اعفر Gazelle.

— : ذكر الغزال Buck; male deer.

ظبية : أنثى الغزال Doe; roe.

*ظَرِبان : عِرسة مُنتنة Polecat.

*ظُرر . ظِرّ : حجر كالصوّان (او هو) Flint.

الطور او العصر الظرّاني او الظِرّي Flint age.

*ظَرُف : كان ذكيًا To be clever, *or* adroit.

— : كان كيّساً To be elegant, *or* neat.

ظَرّف : زيّن To adorn; embellish.

△— : غلّف To envelop; cover.

تظرّف . تظارف To affect elegance.

إستظرف : عدّه ظريفاً To find, *or* deem, elegant.

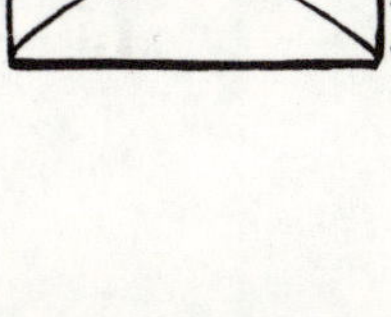

ظَرف : وعاء Receptacle; vessel.

— : غلاف Envelope; ←cover.

△— اوكاس البيض Egg-cup.

— : △خرطوشة ←Cartridge.

— : حالة Circumstance.

— زمان او مكان (في النحو) Adverb.

— . ظَرافة : كياسة Elegance; grace.

— . — : ذكاء Cleverness; adroitness.

ظُروف : احوال Circumstances.

— مخفّفة Extenuating circumstances.

— مشدّدة Aggravating circumstances.

ظَرفيّ : مختص بظرف الزمان او المكان Adverbial.

بيّنة أو دليل — . Circumstantial evidence.

ظَريف : كيّس Elegant; graceful; lovely.

*ظَفِر به وعليه To overcome; conquer; get the better of; vanquish.

— بمطلوبه : فاز To win; gain; obtain.

ظفّر . أظفر : جعله يظفر To grant victory.

ظُفْر الاصبع Nail; finger-nail.

— الطير او الحيوان ←Talon; claw.

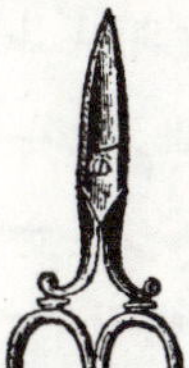

مقصّ الاظافير ←Nail scissors.

ظَفَر : نصر . غلبة Victory; triumph.

ظَفِر . ظافر . مُظفّر Victorious; triumphant.

أُظفور : ظفر Nail; finger nail.

— نباتي : سلك نباتي ←Tendril.

*ظلّ (في ظلل) * ظلام (في ظلم)

*ظِلْف : ظفر الحيوان المجترّ Cloven, split, *or* double, hoof.

من ذوات الاظلاف Cloven-hoofed; cloven-footed.

ابو اظلاف : خِنزير الارض ← Aardvark; earth-pig; ant-bear.

*ظلّل . أظلّ : القى عليه ظلّه To overshadow; shade; cast a shadow over.

— . — : ستر To shade; screen from light.

تظلّل . استظلّ بالشيء To sit in the shade of.

ظلّ : دام To continue; last, go on; remain.

ظِلّ الشيء : خياله Shadow.

— الارض على القمر عند الخسوف Umbra.

— : فيء Shade.

— هندسي Tangent.

— التمام Contangent.

تقلّص ظلّه To fall away; be thrown in the shade.

ظَلِيل . مُظِلّ . مُظَلَّل Shady; umbrageous.

ظُلّة : خيمة . تَنْدَه ↑Tent; awning.

△ظلّيلة : نجيرة . سقيفة Shed.

مِظَلّة : شمسيّة Umbrella; ←sunshade.

— واقية : مِهْبطة ↓Parachute.

جندي الـ — ←Paratrooper.

عيد الـ — (عند اليهود) Feast of Tabernacles.

*ظَلَم : اساء الى To wrong; treat with injustice.

— : جار على To oppress.

ظَلِم . أظلم To darken; grow dark; darkle.

تظلّم : شكا (من ظلم) To complain (of).

إنظلم : وقع عليه الظلم To suffer injustice; be wronged.

ظُلْم : ضدّ عدل Injustice; iniquity; iniquitous.

— : انتقاص الحقّ . جور . اساءة Wrong.

— : عسْف Oppression.

ظلماً : جوراً Unjustly; wrongfully.

ظالِم : ضدّ عادل Unjust; unfair.

— : عاتٍ Oppressor.

ظُلْمة . ظلام : ضدّ نور Dark; —ness; obscurity.

بحر الظلمات : المحيط الأطلسي Atlantic Ocean.

ظُلامة . مَظلِمة : ظلم واقع Injustice; wrong; grievance.

△— . — : شكوى من ظلم Complaint.

ظَلِيم : ذكر النعام Male ostrich.

— . مَظْلوم Wronged; unjustly treated; injured; oppressed.

مُظْلِم : ضدّ مُنير Darksome; obscure; tenebrous.

△مظلّم : △معتّم Tenebrific; making darkness.

*ظَمأ . ظَماء : عطش Thirst; parchedness.

ظمي△ . ظمآن . ظامئ : عطشان Thirsty; parched; dry.

ظَمِئ : عطش To thirst; feel thirst (for).

*ظنّ : افتكر To think; opine.

— : حسب To suppose.

— به . ظنّه . أظنّه : اتّهمه To suspect.

ظَنّ : فكر Opinion; idea.

— : تخمين Supposition.

ظِنّة . مَظِنّة : ريبة . شكّ Suspicion.

ظَنون : سيّء الظن Evil-minded; suspicious; mistrustful.

ظَنين : متّهم Suspected.

*ظَهَر : بان To appear; become known; transpire.

— : بدا . لاح To seem; appear.

— : اتّضح To come to light; leak out.

— : خرج To emerge; come into view.

— : حضر او جاء To turn up; appear.

— المرضُ : فشا To break out.

— البيتَ والجبلَ : علاهُ To climb; mount.

— عليه : غلبه To overcome; conquer; surmount; get over.

△ظهّر الصكّ الماليّ To endorse a cheque.

ظاهَر : عاون To back up; support; second; stand by.

أظهر : بيّن To show; present to view.

— : كشف To disclose; divulge; reveal.

— : أبدى To produce; present; show.

— : أعلن To declare; make known.

— : أوضح To explain; show.

تَظَاهَرَ بالامر : اظهره	To show; display.
— القوم : تعاونوا	To help one another.
— بكذا : ادّعاه	To pretend; simulate; feign; affect.
تظاهروا : قاموا بمظاهرة	To demonstrate; make a demonstration.
إستَظْهَرَ على	To overcome; surmount; get the better of.
— به : استعان	To obtain help from.
— الدرسَ	To memorise; commit to memory; learn by heart.
ظَهر : ما يقابل البطن	Back.
— الشيء : سطحه	Surface; outside.
— الشيء : قَفاهُ	Reverse; back.
— المركب : سطحه	Deck.
△ — : حديد مسكوب	Cast-iron.
على — القلب او اللسان	By heart.
ظهراً لبطن	Upside down; topsyturvy.
بين ظهرانيهم	In their midst.
ظُهْر . ظَهِيرة : منتصف النهار	Noon; midday.
بعد الـــ .	Afternoon; p.m. (*post meridiem.*)
قبل الـــ .	Before noon; a.m. (*ante meridiem.*)
ظِهارَة الثوب : غير بطانته	Outside; rightside.
ظِهاري	Epithelial.
خليّة ظهاريّة	Epithelial cell.
ظُهور : ضدّ اختفاء او غياب	Appearance.
حُبّ الـــ او التظاهر	Ostentation.
△ظُهُورات : وَقْتيّ	Temporary.
ظَهِير : معين	Backer; supporter.
ظَهِيرَة : ظُهْر	Noon; midday.
ظاهِر : بادٍ	Apparent; visible; conspicuous; manifest.
— : واضح	Evident; obvious; manifest.
— : خلاف الحقيقي . صوريّ	Ostensible.
— : ضدّ داخل او باطن	Exterior; surface; outside.
— البلد : ضاحيتها	Suburbs; outskirts.
في الـــ . على ما يظهر	Apparently.
في الـــ . ظاهراً : صوريّاً	Ostensibly.
من الـــ : من الخارج	Externally.
ظاهري : خارجي	External; exterior; outer.
— : سَطحي	External; outside; outward.
مذهب الظاهرية	Phenomenalism.
ظاهِرة : منظر . صورة	Phenomenon.
— جويّة	Meteor; atmospheric phenomenon.
— علميّة اوطبيعية	Phenomenon.
ظواهر الحياة	Phenomena of life.
علم الظواهر الجويّة	Meteorology.
إظْهار : كشف	Disclosure; revelation; manifestation.
— : ضدّ اخفاء	Showing.
— : اعلان	Declaration.
— : عرض	Display; exhibition; demonstration.
△تظهير الصكوك الماليّة	Endorsement.
مَظْهَر	Outside appearance; look; aspect.
— : مشهد . منظر	Phenomenon.
مَظاهر الحياة	Manifestations of life.
مُظاهَرَة : معاونة	Backing; support; —ance.
— : تظاهرة . اجتماع احتجاجي	Demonstration; manifestation.

(ع)

*عائلة (فى عيل) * عاب (في عيب) * عاتٍ (في عتو)
*عاتق (في عتق) * عاث (في عيث) * عاج (في عوج)
*عادَ (في عود) * عادٍ (في عدو) * عادة (في عود)
*عارٌ * عارَ (في عير) * عارٍ و عارية (في عرى)
*عارض (في عرض) * عارك (في عرك) * عارية (في عور)
*عازَ (في عوز) * عازب (في عزب) * عاس (في عوس)
*عاش (في عيش) * عاشر (في عشر) * عاصفة (فى عصف)
*عاصمة (في عصم) * عافَ (في عيف) * عافاك و
*عافية (في عفو) * عاق (في عوق) * عاقّ (في عقق)
*عاقب (في عقب) * عالَ (في عول) * عالٍ (فى علو)
*عالة (في عول) * عالج (في علج) * عامَ * عامّ (في عوم)

*عامّ (في عمم) *عامل (في عمل) *عانة (في عون)
*عانى (في عنى) *عاهد (في عهد) *عاهر (في عهر)
*عاهل (في عهل) *عاهة (في عوه) *عاون (في عون)
*عايق (في عوق) *عاين (في عين) *عبّ (في عبب)

*عبَّأ الجيشَ : حشده وجهّزه — To mobilize.
— هيّأ — To prepare.
— الشيء في الوعاء . عبّى — To fill; pack (up.)
لا أعبأ به : لا ابالي — I do not care for him.
ما يعبأ بكم ربّي — What weight have ye in the estimation of my Lord?
لا يُعبأ به — Of no importance; negligible.
عِبء : حمل — Burden; charge; weight; load; responsibility.
— الضريبة — Burden of taxation.
— الاثبات — The burden of proving; *onus probandi*.
أعباء عائلية — Family charges.
عَباءة : رداء شرقي معروف — Oriental cloak.
تعبئة الجيش — Mobilization.

*عباب (في عبب) *عبارة (في عبر)

(عبب) عبّ الماء : △ غبّه — To quaff; drink copiously.
عُبّ : رُدْن — Base of the sleeve.
عُباب . يَعْبوب : معظم السيل — Torrent.

*عَبَثَ : خلط — To mix; confuse.
عَبِثَ : لعِب وهزل — To play; sport; frolic.
— بالشيء — To play, *or* toy, with.
عَبَث : لعب وهزل — Play; sport.
— : باطل — Useless; futile; unavailing.
عبثاً : سُدًى — In vain; of no avail; uselessly.

*عَبَدَ اللهَ (او غيره) — To worship; adore; idolize.
عَبِدَ الشيءَ : لزمه — To adhere, *or* stick, to.
عَبَّدَ . استعبدَ — To enslave; enthrall.
— الطريقَ : مهّده — To pave a road.
تعبّدَ : تفرّغ للعبادة — To devote oneself to worship.

عَبْد : ضد حُرّ — Slave.
— : رقيق . مملوك — Bondman; bondsman.
— : انسان (حرًّا كان او رقيقاً) — Man.
△ — : زنجي — Negro; black.
△ — لاوي . عَبدلي — Melon; orange melon; chate of Egypt.
△ العبدُ لله : المخاطِب . أنا — The speaker; I.

عبّاد الشمس : نبات وزهره — Sunflower.
عِباد . العِباد : الناس — Mankind; human race.
عِبادة — Worship; adoration; devotion.
— الاوثان — Idolatry; worship of idols.
— الحيوانات — Zoolatry; worship of animals.
— الشمس — Heliolatry; sun-worship.
— النار — Pyrolatry; fire-worship.
— النجوم — Astrolatry; worship of stars.
عابد : مقدّم العبادة — Worshipper.
— وثن — Idolater, (*fem.* Idolatress).
عُبودة . عُبودية : ضدّ حرية — Slavery; bondage.
— . — : طاعة واكرام — Homage; devoutness; devout affection.
إستعباد — Enslavement; enthrallment.
تعبُّد — Devotion; act of worship.
معبد — Temple; chapel; mosque; mosk; an edifice for public religious worship.
مُعبَّد : ممهّد — Paved.
معبود — Worshipped; adored.
— : الاله — God; deity; godhead.

*عَبَرَ النهرَ وغيره : قطعه وجازه — To pass over; cross; traverse.
— : مرّ . فات — To pass by.
— : مات — To pass away; die; depart.
— . عَبِرَ : جرت عبرته — To shed tears.
— . عبّرَ : فسّر — To explain; interpret.
— . — : وزن — To weigh.
— . — : قدّر — To set store by; estimate.

عبَّر ٢ عمَّا في نفسه — To express oneself.
إعتبَرَ : عدَّ . حَسِبَ — To consider; esteem; deem; regard as.
— الشيء : اختبره ونظر فيه — To consider.
— الرجلَ : اعتدَّ به واكرمه — To respect; esteem; have regard for.
— به : اتَّعظ — To take warning from; learn from.
عَبْر . عبور : قَطْع . اجتياز — Crossing; traversing.
— . — : مرور — Passing.
— النهر — Across the river.
عِبْرانيّ . عِبْرِيّ ١ (الجنس او اللغة) — Hebrew.
عُبْرَة : دَمعة — A tear; tear-drop.
عِبرَة : عظة — Example; warning; lesson.
— : مثال رادع — (Deterrent) example.
عِبْريّ ٢ : مثالي — Exemplary.
عِبارَة : تعبير . شرح — Explanation.
— : بيان . اسلوب التعبير — Diction; style.
— : جُملة صغيرة دالة على معنى — Phrase.
— (في الجبر) — Term.
عبارة عن كذا — Which means...; that is....
عُبور : اجتياز . قَطع — Crossing; traversing; transit.
— : مرور . فوات — Passing.
مِرْقَب الـــ : (أي مرور النجوم والكواكب عند الهاجرة) — Transit instrument.
عَبِير : رائحة طَيِّبة — Perfume; scent.
عَابِرٌ : مجتاز — Crossing; traversing.
— : مارٌّ — Passing over; travelling.
— : فائت . زائل — Transient; transitory.
— سبيل — Wayfarer; traveller.
إعتِبار : احترام — Respect; esteem; regard.
— : اعتداد — Consideration.
△ — : خصوص — Regard; respect.
يستحق الـــ : يُعتدّ به — Considerable; important.
يستحق الـــ (اي الاحترام) — Respectable; worthy of regard.
ردُّ الاعتبار (في القضاء) — Rehabilitation; re-establishment of character *or* reputation.

تعبير : شرح — Explanation.
— : ابانَة — Expression; declaration.
لا يمكن الـــ عنه — Inexpressible.
وبتعبير آخر — In other words.
مُعتَبَر : يستحق الاعتبار (الاحترام) — Respectable; worthy of regard.
— : يُعتدّ به — Considerable; important.
مِعْبَرَة : مُعَدِّية — Ferry; —boat.
*عَبَس : قطَّب وجهه — To frown; look angry.
— عَبَّسَ الوجهُ : كلح — To scowl; look gloomy.
عَبَّس ٢ وجهه : قطبه — To frown.
عَبْس . عُبُوس . عبوسة — Frown; stern look.
عَبُوس . عَابِس : ضدّ مبتسم — Frowning; gloomy.
— . — : متجهِّم . كَئيب — Stern; austere.
*عَبَط . إعتَبَطَ الامرَ : فعله اعتباطاً — To do a *thing* at random.
△ — : حضن — To hug; embrace, *or* squeeze, closely.
△ عَبِيط : هبيت — Idiotic; foolish; silly.
إعتِباطاً : عفواً — At random; haphazard; in a haphazard manner.
△ عَبْعَبَ الثوبُ والجلدُ — To bag; swell and hang down.
مَعَبْعَب : منتفخ رخو — Baggy.
*عَبِقَ المكانُ بالطيب او الدخان — To be redolent of, *or* filled with, perfume, smoke, etc.
— الطيبُ به : لزق — To cling (perfume) to.
عَبِقٌ . عَابِق : فائح — Redolent; fragrant.
عَبَق . عَباقَة . عَبيق — Redolence.
△ عَبقَة صَدْر — Pressure on the chest; sense of suffocation.
— : كَتْمة الهواء — Stuffiness.
*عَبقَر : مسكن الجنّ — Fairyland; home of jinn (fairies).
عَبقريّ : نابغ — Ingenious; gifted.
انسان — . — A genius; gifted.
عبقريَّة : نبوغ — Ingenuity; genius.

△عَبَك : نسيج صوفي — Camlet.

*عَبَلَ : قطع — To cut off.

— : ردّ — To repel; drive back; repulse.

عَبُلَ : ضخُم — To be bulky; huge.

عَبْلٌ : ضخم — Huge; big.

△عَبَل : اثْل (نبات) — Tamarisk.

عَبال : ورْد جبلي — Mountain rose; eglantine.

أَعْبَل . حجر اعبل : جرانيت — Granite.

*عَبّى الجيشَ : عبأه — To mobilize.

— الشيء في الوعاء — To fill; pack.

△— : حشى — To load; charge.

عَبايَة . عَباءَة — (Oriental) cloak.

△عُبُوّة : ملء — Filling; a fill.

△— العقْد : تصليبة خشبيّة يُبنى عليها ←Centering.

△عُبُوّات خشبيّة للبناء — Wooden supports.

*عبير (في عبر) * عبيط (في عبط) * عتّال (في عتل)

*عَتَبَ (على) . عاتَبَ : لامَ — To admonish; reproach; blame kindly (*for*)

تَعاتَبَ الصديقان — To reprove each other.

عَتَّبَ : أبطأ — To delay; linger.

△— بابَهُ : دخله — To cross *one's* threshold; darken *one's* door.

عَتْب . عِتاب . مُعاتَبة — Blame; reproach.

△عتَب البناء : عارضة تحمل حائط — Breastsummer.

عَتَبَة الباب السفلى — Threshold.

— الباب العليا — ←Lintel; lintol.

— : سلّمة — Step; stair.

*عَتُدَ : تهيأ — To be ready, *or* prepared.

عَتاد : ما أعدّ لأمر ما — Equipment.

عَتِد : حاضر . مهيأ — Ready; prepared.

— : قريب الحدوث — Forthcoming; approaching.

*عَتْرَسَ الرجلَ : أخذه بالشدّة والعنف — To treat with severity *or* violence.

△— : قاوَمَ — To withstand; hold out against; resist; make opposition.

*عَتُقَ . عَتَقَ : صار عتيقاً — To become old, *or* antiquated.

—ت و—ت الخمر — To mature (wine).

△— . أعتَقَ : حرّر — To emancipate; free; liberate.

△— . — : اخلى سبيله — To free; set free; release; let off.

△— . — العبدَ — To manumit (a slave).

عتّقَ الخمرَ — To mature wine.

عِتْق : تحرير — Freeing; liberation; emancipation.

— الارقاء — Manumission (of slaves).

— . عَتاقَة : قدم — Oldness; ancientness; antiquity.

عَتيق : قديم — Old; ancient; antique.

— . مُعتَق . مَعْتُوق — Free; liberated; set free.

عتيقة . مُعتّقة (خمر) — Matured (wine).

عاتِق : كتف — Shoulder.

— . مُعْتِق : محرِّر — Liberator.

— الجمَلون — King-post.

اخذ على عاتقه — To shoulder; take upon one's shoulders.

القى على عاتقه — To make responsible for.

خمْر معتّقة — Matured wine.

△عتقيّ : اسكاف (انظر سكف) — Cobbler.

*عَتَلَ : حمل — To carry.

عَتَلَة — ←Crowbar; iron bar (for use as lever.)

△— : عربه نقل بضائع وحقائب المسافرين — Luggage truck.

عَتّال : حمّال △شيّال — Carrier; ←porter.

عِتالة — Carriage; porterage.

*عَتَمَ . عَتّمَ . أعتَمَ : ابطأ — To delay; linger.

△عتّم ٢ : اظلم — To darken; become dark.

عُتْمَة : شجرة زيتون برّي — Oleaster; the wild olive.

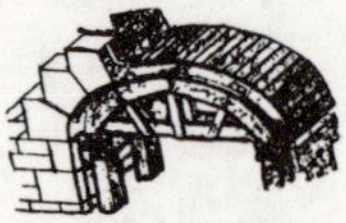

عَتْمَة : ظُلْمَة — Dark, —ness; obscurity; dimness.

عَتَامَة : ضدّ شفوف — Opacity; opaqueness.

مُعْتِم : مظلم — Dark; obscure; opaque.

*عُتِهَ : نقص عقله — To become idiotic.

عُتْه . عَتَه . عَتَاهَة — Idiocy; imbecility.

مَعْتُوه : ناقص العقل — Idiotic; imbecile.

*عَتَوٌ . عُتِيّ : استكبار — Tyranny; arrogance; presumption.

عَتَا — To tyrannize; exercise tyranny over; act arrogantly.

تَعَتَّى : عصى — To disobey.

عَاتٍ : مستكبر — Tyrant; oppressive or cruel master or ruler; arrogant.

— : قوي . شديد — Violent; fierce; furious.

بلغ من العمر عتيًّا — To be stricken in years.

*عتيد (في عتد) * عتيق (في عتق)

*عُثّ : سوس (واحدته عثّة) — Moth; larvæ of clothes moth.

مَعْثُوث : فيه عُثّ — Mothy.

— : أكله العثّ — Moth eaten.

*عَثَرَ : زلّ وسقط — To trip; stumble down.

— على الشيء : وجده اتفاقاً — To stumble upon; light on; find accidentally.

— على : اكتشف — To discover; hit, light, come *or* strike, upon.

— به الزمان — The times are against him.

— جدُّه — The wheel of fortune has turned against him.

عَثَّرَ . أَعْثَرَ : جعله يعثر — To trip up; cause to stumble.

اعثر على : دلّ على — To guide, *or* lead, to.

عَثْرَة : سقطة — A fall.

— : زلّة — A slip; trip; stumble.

حجر — . عِثَار — Stumbling-block; -stone.

عِثْيَر : تراب . عجاج — Dust.

حظّ عاثر — Bad luck.

*عُثْمَانِيّ — Ottoman.

*عَثَى . عَثَا : ارتكب — To perpetrate *or* commit a bad act.

*عجّ * عجاج (في عجج)

*عَجِبَ له ومنه . تعجّب واستعجب منه — To wonder *or* marvel at.

أَعْجَبَ . عَجَّبَ — To surprise; strike with wonder *or* astonishment.

— : سرّ وارضى — To appeal to; please.

— ه . عَجِبَهُ الشيء — To be pleased with; like; have a fancy *or* liking for.

أُعْجِبَ به — To admire; have a high opinion of.

— بنفسه — To have a high opinion of oneself; be vain *or* conceited.

عُجْب : زهو وكبر — Conceit; vanity.

يتيه عُجباً بكذا — To take pride in...

عَجَب . تَعَجُّب — Surprise; astonishment; wonder.

لا — ! — No wonder!

يا للـ . عَجَباً — How wonderful!

لا يعجبه العَجَب — He is hard to please.

عَجِيب . عُجَاب : مدهش — Wonderful; wondrous; marvellous.

— : يدعو الى الاعجاب — Admirable.

— عجائبي : يأتي بالمعجزات — Miraculous.

thaumaturge; wonder-worker.

أُعْجُوبَة : معجزة — Miracle.

مُعْجِب : يدعو الى الاعجاب — Admirable.

— به : فخور — Proud of.

— بذاته او بنفسه — Conceited; vain.

*عَجَّجَ : اثار — To raise; excite.

— البيت من الدخان — To fill with smoke.

عَجَّ : صاح ورفع صوته — To vociferate; roar.

— المكانُ بكذا — To swarm; be thronged, alive, *or* filled, with.

عَجّ . عَجِيج : صياح — Vociferation; clamour; outcry.

عَجَاج . عَجَاجَة : دخان — Smoke.

— . — : غبار — Raised dust.

عَجَّاج : صيَّاح — Vociferous; boisterous.

الــ : واق . طائر مائي — ←Bittern.

عُجَّة البيض. — Omelet.

* عَجَرٌ : نتوء — Projection; protuberance.

△ عُجَـر : لم ينضج — Immature; green; unripe.

عُجَره وبُجَره — His vices and faults.

عُجْرَة : عقدة — Knob.

— : درنة — Tubercle.

△ عَجُّور : فقّوس — Green melon.

* عَجْرَفة : تكبر — Arrogance; haughtiness.

— : الجفوة في الكلام — Rudeness; harshness.

تَعَجْرَف : تكبَّر — To be arrogant, *or* overbearing.

مُتَعَجْرِف : متكبِّر — Arrogant; overbearing.

* عَجِزَ عن كذا — To fail; be unable to do.

— : كان ضعيفاً — To lack strength.

عَجَزَ . عَجَّز : صار او صيَّر عجوزاً — To age; grow, *or* cause to grow, *or* become, old.

— . أَعْجَزَ : صيره عاجزاً — To disable; cripple; incapacitate.

△ — : نقص — To be deficient; be short of.

△ — : أوقف النموّ — To stunt; dwarf; nip; check growth of.

أعجز في القول — To speak inimitably, *or* wonderfully, well.

عَجْز : ضعف — Disability; incapacity; incompetence.

— : قصور — Failure; falling short.

△ — : نقص — Shortage; deficiency.

— . عَجُز : مؤخر الشيء او الجسم — Posterior part.

— و — بيت الشعر — Second hemistich.

△ عَجْز . عُجُوز : كبر السن — Old age.

عُجْزَة أبيه . اصغر الاولاد — Benjamin.

عِجازَة : ارداف مستعارة — ←Bustle.

عَجُوز : امرأة مُسِنَّة — An old woman.

— : رجُل كبير السن — An old man.

△ عَجُوزة : امرأة مُسِنَّة — An old woman.

△ — : قضيب داخلي عند تقاطع الخطوط الحديدية — Check rail.

عَاجِز : ضعيف — Weak; powerless; helpless.

— : مُقعَد — Disabled; crippled.

— : هَرِم . واهن القوى — Decrepit.

— عن كذا — Unable to do; incapable.

△ — : أعمى . ضرير — Blind.

مُعْجِز : عجيب — Miraculous.

مُعْجِزَة : أعجوبة — Miracle.

* عَجَف نفسه عن — To forbear; abstain *or* refrain from.

— . أعْجَفَ الدابة : هزلها — To emaciate.

عَجِفَ : هزل وضعف — To be lean *or* emaciated.

عَجِيف : هزيل — Lean; emaciated; skinny.

* عَجَّلَ . عَجِلَ . تَعَجَّلَ . إستَعْجَلَ [1] △ : اسرع — To hasten; be in a hurry; speed.

— . إستعجل [2] . أعْجَلَ : استحث — To hurry; urge forward.

— الامرَ — To speed (things) up; accelerate.

— له من الثمن كذا — To pay (so much) in advance.

— عليه — To dispatch.

عَاجَلَ : سبق — To precipitate; anticipate; forestall.

عَجِل : مُسْرِع — Quick; rapid; speedy.

عِجْل : ولدُ البقرة (او الجاموسة) — Calf. (*pl.* Calves.)

— البحر — ←Seal; sea-calf.

عَجَل . عَجَلة . اسْتِعْجال : سُرعة — Haste; speed; hurry.

عَجَلة [2] : تَسَرّع — Precipitancy; headlong hurry.

— : دولاب — ←Wheel.

— : درّاجة (انظر درج) — Bicycle.

— : عربة — Cart; carriage; vehicle.

△ — موبيليا — ←Castor.

على عَجَل . بعجلة — Rapidly; quickly; speedily; in a rush.

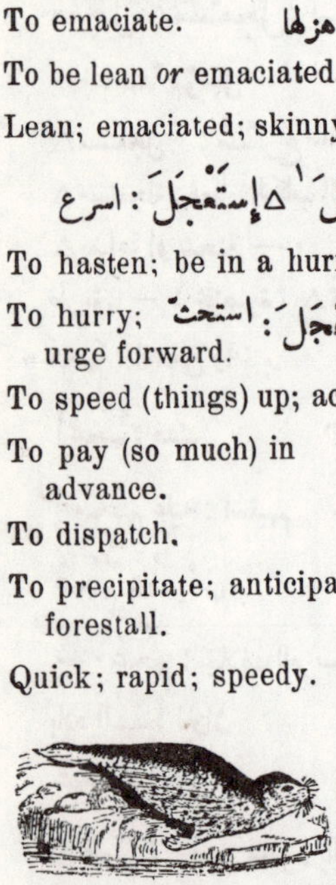

Pot-luck. عُجْلة : ما حضر من الطعام
Veal. △عجَّالي: لحم العجول △كندوس او لبّاني
Hasty; precipitate; impetuous. عَجول : متسرّع
Quick; rapid; speedy. — . عَجيل : مسْرع
Present; immediate. عاجِل : ضدّ آجل
Soon; immediately; at once. عاجلاً : حالاً
Sooner or later. عاجلاً أم آجلاً
Express-train. عاجِلة : △قطار الاكسپرس
Urgent; pressing. مُعجَّل △مستعجل: يستلزم السرعة
In advance. — : ضدّ مؤجّل
In a hurry; in a rush. △مستعجل ٢ : مُسْرع
Slow train. △مستعجلة : قطار الركاب البطيء
Accelerated cargo. △بضاعة او شحنة —
A short cut. طريق — : مختصرة . △تخريمة
To try; test; probe. ✻عَجَمَ : امتحن واختبر
To explain; clear up. أَعْجَمَ : فسَّر
To be ambiguous to. إنعجَمَ عليه : استبهم
Persians; Iranians. عَجَم : فُرس
Foreigners. — . عُجم : خِلاف العرب
Persia; Iran. بلاد الـ— : ايران
Beast; brute. عَجْماء : بهيمة
Inspissated honey. △عجميَّة : عسل معقود بالسمن
Stone; kernel; putamen. عَجَمة (الجمع عجم) : نواة
Obscurity; barbarism. عُجمة : ابهام وعدم افصاح
Persian; Iranian. عَجَمِيّ : منسوب الى العجم
Foreigner; alien. أَعْجَمِيّ : غريب
Non-Arab. أَعْجَم . أعجميّ ٣ : ليس بعربي
Dumb; mute; speechless. — : اخرس
Irrational; unthinking. — : غير عاقل
A dumb brute; a brute beast. حيوان — .

Obscure. مُعْجَم : مُبْهم
Dictionary; lexicon. — : قاموس
Dotted letter. حرف — : منقوط . عليه نُقط
The alphabet. حروف الـ—
To knead. ✻عَجَنَ . إعتجَنَ الطحين
Perineum. عِجان (في التشريح)
Dough; paste. عَجين . عَجينة
Smooth paste. عجينة ٢ (جمعها عجائن) رخوة
Tooth-paste. — اسنان
Doughy; pasty. عجينيّ . كالعجين
Plastics. عَجائن ٢ : لدائن
Kneading-trough. مِعجَن : ما يعجن فيه
To stop *or* fill up, a hole. △مَعْجَنَ الثقْبَ : ملأه بالمعجون
Pastry. مُعجَّنات : فطائر
Kneaded. مَعْجون : مجْبول
Electuary. — : عجينة سكرية فيها دواء
Madjoun; intoxicating confection. △ — : △سُطل
Putty. △ — : ليقة (لسد ثقوب الخشب وغيره)
Paste. △ — : كل ما جُبل بالماء
Tooth-paste. — الاسنان (لتنظيفها)
Stopping-knife. △سكّينة — : مِلْوق النقّاش
Omelet. ✻عُجّة (في عجج)
Compressed dates. ✻عجوة : تمر مكبوس
✻عدّ (في عدد) ✻ عدا (في عدو)
To eulogise a dead person. ✻عدّد الميتَ : عدّ مناقبه . ابَّنه
To enumerate. — : أحصى
I thought he was true. عددتُه صادقاً
To prepare; make ready. أَعَدَّ : هيّأ
To dispose; adapt; fit. أعدّه ٢ للامر
To count; number; reckon. عَدَّ : حسَبَ
To deem; consider. — : ظنّ . حسِبَ
Innumerable; numberless; countless. لا يُعَدّ : لا يُحصى

تَعَدَّدَ : كَثُرَ عدده — To be numerous.
إعتَدَّ بنفسه — To be self-confident; self-assertive.
— : حسب وقدّر — To deem; esteem.
لا يُعتَدُّ به — Insignificant; negligible.
إستعَدَّ : تهيَّأ — To get ready; be prepared *or* ready; prepare oneself.
عَدٌّ : حَسْب — Reckoning; counting.
— . عَدَدٌ : احصاء — Enumeration.
عَدَد ٢ : رقم — Number; figure.
— اصْلي — Cardinal number.
— اصمّ — Concrete number.
— اوّلي — Prime-number.
— دائر (في الكسر الدائر) — Repetent.
— زوجي — Even number.
— فردي — Odd number.
— صحيح — Whole number.
— قانوني — Quorum.
— مبهم — Abstract number.
— مركّب — Composite number.
— : سُورة . آية — Verse.
سِفر الـ (من التوراة) — Numbers.
الأعداد المنتسبة (في الحساب) — Compound numbers.
عَدَدي : رقمي — Numeral; numerical.
عُدَّة : استعداد — Preparedness.
— : جهاز . عتاد — Equipage; equipments.
عِدَّة : جملة — Several.
△ — : آلة △ مَكِنة — Machine.
△ — : أداة — Tool; instrument; implement.
△ — الحصان وغيره — Harness.
عِدَاد : قِرْن — Equal; like.
في عدادهم : واحد منهم — One of them.
△ عَدَّاد . عادّ (او آلة العدّ) — Counter.

— الكهرباء والماء والغاز — Meter.
— الخطوات — ←Pedometer.
— دورات الآلة — (Engine revolution) counter.

عَدِيد : عَدٌّ . حسب — Counting; reckoning.
— : معدود — Counted; enumerated.
— . متعدّد : اكثر من واحد — Many.
— : كثير العدد — Numerous; of a great number.
عَدِيَّة لفظيّة — Numeration.
— وضعيّة — Notation.
— عشريّة — Algorism.
إعْدَاد : تهيئة . تحضير — Preparation.
اعداديّ : تحضيري — Preparatory.
إستعداد : أهبة — Readiness; preparedness.
— : ميل . قابلية — Tendency; aptitude.
— لمرض او غيره — Predisposition; propensity.
استعدادي : تحضيري — Preparatory.
تَعَدُّد : كثرة العدد — Numerousness; the state of being numerous.
— : كثرة — Plurality.
— الأزواج الرجال : ضماد — Polyandry.
— الزوجات : ضِير — Polygyny.
— الزوجات او الازواج — Polygamy.
— الاصول — Polygenesis.
— الآلهة : شِرك — Polytheism.
— التُّهَم — Plurality of charges.
تَعْدَاد : احصاء — Enumeration; counting.
— الأنفس : احصاء السكان — Census.
تعديد الميت — Monody; elegy.

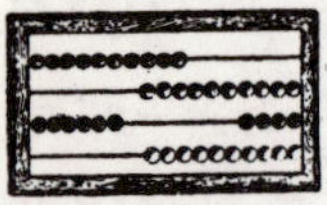

مُعَدّ : مهيّأ — Prepared; ready.
مِعداد : اداة العدّ — ←Abacus.
مُعَدِّدَة : رثّاية — Professional mourner.
مُعْتَدّ بنفسه — Uppish; self-assertive.
متعدد ٢ : كثير العدد — Numerous; many; great in number.
— . عديد : اكثر من واحد — Many; several.

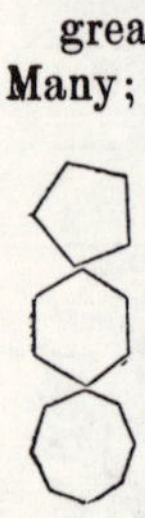

— الأشكال — Multiform.
— الأصابيع — Polydactyle.
— الأضلاع : مضلّع — ←Polygon.
— الألوان — Multicolour.
— الجوانب او السطوح — Polyhedral.
— الزوايا — Multangular.
— اللغات — Polyglot; many-tongued.
— المقاطع (لفظ أو كلمة) — Polysyllable.

Prepared; ready. مُستَعَدّ : حاضر . متأهب

Predisposed; prone to. — لمرض او غيره

Lentils. *عَدَس : نبات وحبّه (واحدته عدَسة)

Lens. عَدَسَة ٢ . عَدَسِيَّة (زجاجيّة)

Magnifying-glass. — و— مكبّرة

Lenticular. عدَسيّ : مثل حبة العدس

To straighten; make, *or* put, straight. *عَدَل . عدَّل . أعْدَل : قوَّم

To act justly; give a just judgment. — : انصف

To regard as equals. — فلاناً بفلان

To deviate from. — عن كذا : حادَ

To give up; abandon. — عن كذا : تركه

To change one's mind. — عن رأيه

To adjust; regulate; redress. عَدَّلَ ٢ : سوَّى

To modify; moderate. — : لطَّفَ

To commute a penalty. — الحكم

To be just, *or* equitable. عَدُلَ : كان عادلاً

To counterbalance. عَادَلَ : وازن

To equal; be equal to. — : ساوَى

To be straight. إِعْتَدَلَ : استقام

To be moderate. — : توسَّط بين حالين

Straightening. عَدْل : تعديل . تقويم

Straightforwardness. — : استقامة الخلق

Justice; impartiality. — . عدالة : ضدّ ظُلم

Equity; fairness. — . — : انصاف

Just; right; fair; equitable. — . عَادِل : ضدّ ظالم

Straightforward. — . — : مستقيم الخلق

Rightly; fairly; in justice. بِـ — . عدلاً

←Sack; bag. عِدْل : غرارة

Equal; like. — . عَدِيل : نظير . مثيل

Brother-in-law. △عديل ٢ : سِلْف

Straightness. إِعتِدَال : استقامة . ضد اعوجاج

Moderation. — : توسُّط بين حالين

Temperance; moderation. — : ضد افراط

Straightforwardness. — الخلق

Autumnal equinox. — خريفي

Vernal equinox. — ربيعي

Equinox. زمن الـ — الشمسي

Equinoctial. اعتداليّ

Straightening. تَعديل : تقويم

Modification. — : تحوير . تحويل

Adjustment; arrangement. — : تسوية

Commutation. — الاحكام وغيرها

Reassessment of taxes. — الضرائب

Cabinet reshuffle. — وزاري

Proportion. تَعَادُل . مُعادَلَة ١ : تناسُب

Equality. — . — : تساوٍ

Equilibrium. — . — : توازن

Equation. مُعادلة ٢ جبريّة أو حسابيه أو غير ذلك

Straightened. مُعَدَّل : مقوَّم

Adjusted; redressed. — : مسوّى

Modified. — : محوَّر

Average. — : متوسّط

Rate; proportion. △ — : نسبة

Module. — : نصف قطر العمود

Minutes. اجزاء الـ —

Straight. مُعتَدِل : مستقيم . غير معوجّ

Moderate. — : ضدّ متطرّف

Temperate; moderate. — : ضدّ مفرط

Temperate zone. المنطقة المعتدلة

Even. مُتَعَادِل : مُتساوٍ

To lose; be deprived of. *عَدِمَ الشيء : فقده

To be lost; cease to be; disappear. عُدِمَ △ إنعدم : فُقِد

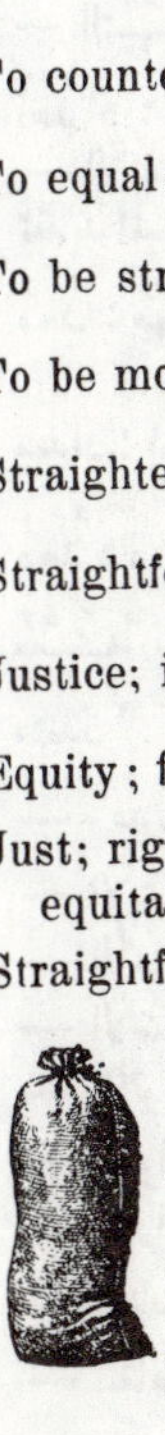

أَعْدَمَ : افتقر — To be reduced to poverty.
ـــهُ الشيء : افقدهُ اياهُ — To deprive of.
ـــهُ الحياة : اماته — To put to death; deprive of life.
— : اباد — To annihilate; destroy.
عَدَمٌ : ما لا وجود له — Nothingness; nonentity; non-existence.
— ، عُدْم : فقدان — Loss; privation.
عَدَمِي : لا شيئي — Nihilist.
عدميَّة : لا شيئيَّة — Nihility; nullity.
— : نِيهِلستيَّة — Nihilism; nothingness.
عَدِيم كذا : مجرَّد منه — Deprived of.
— كذا : خالٍ منه — Devoid of; free from.
— الحياة — Lifeless; inanimate.
— الخوف — Fearless.
— القوَّة — Powerless; helpless; impotent.
— النظير : منقطع النظير — Matchless; peerless.
— المال : مُعْدِم — Moneyless; impecunious.
△عادم : غير موجود — Non-existent.
△ — : لا يمكن اصلاحه — Irreclaimable.
△ — : ضائع . تالف — Waste (steam, etc.)
△ — : لا يمكن تحصيله (كدين) — Irrecoverable.
دَيْن — او هالِك — Bad debt.
إِعْدَام : افناء — Destruction; annihilation.
— : قتل — Killing; putting to death.
الحكم بالـ… — Capital punishment.
تنفيذ حكم الـ… — Execution.
مَعْدُوم : غير موجود — Non-existent.
— : فاقد — Lost; missing.
٭عَدَنَ الحجرَ : قلعَهُ — To dig out stones.
عَدَّنَ : استخرج المعادن من الارض — To mine; dig for metals, coal, gems, etc.
عَدْن : جنَّة عدن — Eden; the Paradise.

تعدين : استخراج المعادن من منابتها — Mining.
مَعْدِن : منبت الجواهر المعدنيَّة . منجم — Mine.
— : منبت . اصل — Source; origin.
— (كالحديد والنحاس والذهب) : فِلِزّ — Metal.
— : ما ليس بحيوان او نبات — Mineral.
مَعْدِني : من معدن — Metallic.
— : غير نباتي او حيواني — Mineral.
زيت — . — Mineral oil.
ماء — . — Mineral water.
مِلح — . — Mineral salt.
المملكة المعدنيَّة — Mineral kingdom.
علم المعادن — Mineralogy.
عِلم استخراج المعادن وتحضيرها — Metallurgy.
مُعَدِّن : مستخرج المعادن من منابتها — Miner.
٭عدَّة (في عدد) — Machine, etc., etc.
٭عَدْو : ركض — Running.
عَدُوّ : مُعادٍ — Enemy; foe.
عُدْوان : ظلم — Injustice; injury.
عَدْوان : ظُلْم صراح — Gross injustice.
عَدْوَى : انتقال المرض وامثاله — Contagion.
— وبائية (تنتقل بالماء او الهواء) — Infection.
عُدًى . أعداء — Enemies.
عدا : جرى — To run; gallop.
— . عَدَّى عن الامر : تركه — To leave; abandon.
△ — . أعدى : أصاب بالعدوى — To infect; taint with disease.
عدَّى ٢ الفعلَ : جعله متعدياً — To make a verb transitive.
△ — : فات . مرَّ — To pass; go by.
△ — : اجتاز . قطع — To cross; pass across.
عَادَى فلاناً — To contract the enmity of.
— بين الصيدين : اقرن — To kill two birds with one stone.

تعدّى: جاوز الحدّ — To transgress; trespass; overleap (the bounds of.)
— : خالف (القوانين والشرائع) — To break; violate.
— على حقّه — To invade another's rights.
— واعتدى على جار — To trespass, encroach, *or* infringe, upon.
— . — على : ظلم — To wrong; maltreat.
— . — على : بادأ بالشرّ — To aggress.
اعتدى ٢ على حياة فلان — To attempt the life of....
إنعدى بكذا — To be infected with.
— منه — To catch (an infection) from.
عدَا . ماعدَا : ما خلا — Except; save; but; with the exception of.
عدَاء . عدَاوة : خصومة — Enmity; hostility.
— . — : بغض — Hatred; animosity.
عدائي — Inimical; unfriendly; antagonistic.
عدّاء : جرّاء — Runner.
عادٍ : راكض — Running.
إعتداء . تعدٍّ : مبادأة بالشرّ — Aggression.
— : مهاجمة — Assault; attack; attempt.
معاهدة عدم اعتداء — Treaty of nonaggression.
تعدٍّ ٢ : مخالفة الشرع — Infraction; violation.
— : مجاوزة الحدّ — Transgression; trespassing.
مُعدٍ : ينتقل بالعدوى — Contagious; catching; infectious.
معتدٍ . متعدٍّ : بادئ بالشرّ — Aggressor.
متعدٍّ ٢ : ضدّ لازم (في النحو) — Transitive verb.
معدًى : مخلص — Alternative.
معدّية : معبر النهر — Ferry; —boat.
اجرة الـ — Ferriage.
△ معدّاوي : صاحب المعبر — Ferryman.
متعادون — They are at enmity.
*عذُب : كان حلواً — To be sweet.
عذّب : اوقع به العذاب — To torment; torture; put to extreme pain.
— : ضايق — To afflict; pain.
— المتهم — To subject a suspected criminal to severe questioning, *or* third degree.

تعذّب : تألم — To suffer; feel *or* endure pain.
عذْب : حلو — Sweet.
ماء — — Fresh water.
عذَبة : رساعة △ شرّابة — Tassel.

عذاب : ألم — Pain; torture; suffering; anguish.
عذُوبة : حلاوة — Sweetness.
تعذيب : ايلام — Tormenting; torturing.
— المتهم بجريمة (لكي يعترف) — Third degree.
*عذر . أعذر : رفع عنه اللوم — To excuse; forgive.
— . — : ختن — To circumcise.
تعذّر : تعسّر — To be difficult.
— الامر : امتنع — To be impossible.
إعتذر عن ومن — To apologise for.
إستعذر الى — To excuse oneself; make an apology, *or* ask pardon.
عُذر : حجّة يُعتذر بها — Excuse.
— . إعتذار : احتجاج — Apology ; plea.
عذراء : بِكر . بتول — Virgin; maiden.
— : خادرة الحشرة فى طورها الثالث. — Nymph; pupa.
مريم الـ : ام المسيح (عليه السلام). — The Virgin Mary.
عذراويّة : حالة أو صفه العذراء — Virginity.
عُذْرة : بكارة — Virginity; virginhood; maidenhead; hymen.
عُذريّ : بتوليّ — Virgin; maiden; maidenly; immaculate.
— : طاهر — Pure; chaste; undefiled.
الهوى الـ — Platonic love.
عِذار : حياء — Bashfulness; modesty; chastity; prudery.
— : خدّ — Cheek.
— اللجام — Cheek-strap.
خلع — ه — To become wanton; throw off restraint.
خالع الـ — Libertine; rake; debauchee.

قَمذَر : Impracticability; infeasibility.

مَعْذِرَة : عُذر . حُجَّة — Excuse.

— : صفْح — Pardon; forgiveness.

مُتَعَذِّر : عسير — Difficult; impracticable.

— : ممتنع — Impossible.

* عِذْق . بَلَح : △ سُباطة — Bunch, or cluster, of dates.

— : يَرَمة . شمروخ — Raceme.

* عَذَلَ . عَذَّلَ : لامَ — To blame; censure; reprove; admonish.

عَذْل . عَذَل : ملامة — Blame; censure; reproof; admonition.

عَذُول . عَاذِل — Censurer; one who blames.

* عَرَّ (في عرر) ٥ عَراء (في عري) ٥ عَرَّاب (في عرب)

* عَرُبَ : كان عربيًّا — To be a true Arab.

عَرَبَ : فرز — To sort; analyse.

عَرَّبَ : نقل الى اللغة العربية — To render, or translate, into Arabic.

— . أعْرَبَ اللفظ الأعجمي : صيَّره عربيًّا — To arabicise.

— . — : أعطى العربون — To give earnest-money.

— . — : عن حاجته : عبَّر — To express oneself.

— . — : الجملة : حلّلها — To parse; analyse.

تَعَرَّبَ . استَعْرَبَ : تشبه بالعرب — To adopt the customs of the Arabs.

عَرَب . عُرْب : سكان بلاد العرب — The Arabs.

— عَرْباء — Pure, or genuine, Arabs.

— متعرّبة ومستعربة — Naturalised Arabs.

عَرَبيّ : نسبة الى بلاد العرب — Arabian.

— : نسبة الى العرب او لغتهم — Arabic.

— : اللغة العربية — Arabic; the Arabic language.

— : اعرابيّ — An Arab; Arabian.

— . ٥ — : بدويّ — Bedouin.

الجامعة العربية — The Arab League.

عَرَبَة : نهر شديد الجري — A swift river.

— : مركبة — Cab; carriage.

— أجرة — Hackney.

٥ — لَنْدو — Landau; coach.

— العُرس : مزفة (انظر زفف) — Gala coach.

٥ — قِرامواي (انظر ترام) — Tram; tramcar.

— سكة الحديد (للركّاب) — Railway carriage.

— نقل البضائع : △ كارّو — Cart; small lorry.

— كبيرة لنقل البضائع — Wagon; van.

— مستشفى — Ambulance.

— نقل الموتى — Hearse.

— نَوم (من قطار حديدي) — Sleeping-car; sleeper.

— السجن — Prison van.

— يَد — Handcart; hand-pushed cart.

— يد بعجلة واحدة — Wheelbarrow.

— نقل البضائع بسكة الحديد — Railway wagon.

— نقل المواد البرازيّة — Night-cart.

— : عَجَلة . كل ما يسير على دواليب — Vehicle.

— الاطفال — Perambulator; pram.

△ عَرْبَجي : حوذي — Driver.

△ — أجرة — Cabman.

△ — كارّو — Carter.

عَرَّاب : كفيل المعتمد — Godfather; sponsor.

عَرَّابة : كفيلة المعتمد — Godmother; sponsor.

إعْراب : تعبير — Expression.

— الكلام (في النحو) — Parsing; analysis.

— : علم تركيب الكلام — Syntax.

تَعْريب : ترجمة — Translation; rendering.

— الكلمة الاعجمية : اعتبارها عربيّة — Arabicising

مُعَرَّب : مقبول كعربي في لغة العرب — Arabicised

— : مترجم — Translated; rendered.

مُعَرِّب : ناقل . مترجم — Translator.

* عَرْبَدَ : ساء خُلُقه — To be quarrelsome.

— : أحدث شغبًا — To riot.

عَرْبَدَة : مشاغبة — Riot, —ing.

عِرْبيد . مُعَرْبِد : مشاغب — Riotous.

*عَرْبَسَ : رَبَكَ وعرْقَلَ — To entangle; complicate; confuse.

مُعَرْبَس : معرقل . مرتبك — Intricate; entangled.

*عَرْبَنَ : قدَّم العربون — To handsel; advance; give earnest-money.

— : قدَّم كعربونٍ — To pledge; give in pledge.

عُرْبُون . عَرَبُون — Earnest, *or* token, money; pledge; handsel.

*عَرَجَ . عَرِجَ — To limp; hobble; walk lamely.

— : ارتقى — To mount; ascend.

عَرَّجَ : وقف ولبث — To halt; stop.

— على يمينه (مثلاً) : مال △ حوَّدَ — To turn (to the right).

— الخطّ : لوَّاه — To zigzag; make zigzag.

△ — . أَعْرَجَ : صيَّره أعرج — To lame; cripple; make lame.

إنعرجَ : انعطف . مال — To bend, lean *or* incline.

— : اعوجَّ — To become crooked, *or* bent.

عَرَجٌ . عَرَجَان : مشية الاعرج — Lameness; limp.

أَعْرَج — Lame.

الـ— (في ورق اللعب) — Knave; ⟵ jack.

تعرُّج : تموُّج — Sinuosity.

تعريج : انحناء — Flexure.

مِعرَج . مِعراج : سُلّم نقّال — Ladder. ⟵

مُعرَّج : مخطط في التواء — Streaked.

مُتعرِّج : معوجّ — Zigzag; zigzaggy.

— : متموّج — Crooked; sinuous; winding.

*عَرٌّ . مَعَرَّة : عيب أو اثم — Disgrace; infamy; ignominy.

— . عُرَّة : جرب — Mange; scab.

عَرَّ : جلبَ العارَ على — To disgrace; dishonour; bring disgrace upon.

*عِرْزال : كُوخ جبلي — Chalet.

*عُرْس : زفاف — Wedding.

وليمة الـ— — Wedding-feast.

عِرْس : الزوج او الزوجة — Spouse; a husband *or* wife.

ابن — . △ عرسّة : كلكسة ⟵ — Weasel.

عَرُوس : الرجل والمرأة ما داما في عرسهما — Either of the wedded couple.

— . عروسة — Bride.

— الشتاء : سمندل — ⟵ Salamander.

— الشّعر — Muse.

عَرُوسة ٢ : دُمْيَة — ⟵ Doll; dolly.

عَرِيس — Bridegroom.

عِرّيس . عِرّيسة : مأوى الأسد . عرين — Lair.

أعرَسَ : أقام عرساً — To make a wedding-feast.

*عَرَشَ △ عرَّشَ بالمكان : أقام — To abide at, *or* stick to, a place.

— . — البئر — To line a well.

— . — : بنى — To erect; build.

— . — الكرم — To train a vine upon a trellis.

عرَّش ٢ الكرمُ — To creep upon a trellis.

عرش : سرير الملك — Throne.

— : سَقف — Ceiling, *or* thatch.

— . عريش : مظلة أو خيمة — Canopy.

— — . △ — تعريشة : △ تكعيبة — Trellis.

أجلسَ على العرش — To enthrone.

أنزلَ عن العرش — To dethrone.

△ عَرِيش العربة ٢ : مِيس — Carriage pole; shaft.

مُعَرَّش . مَعْرُوش — Supported by a trellis.

نبات مُعَرِّش — Climbing, *or* trailing, plant.

Courtyard.	*عَرْصَة الدار : ساحتها
Pander; pimp.	△مُعَرِّص : قوّاد الزاني
Cuckold.	△ — : زوج الفاجرة
To expose; lay open *or* bare.	*عَرَضَ : أظهرَ
To display; exhibit.	— : بَسَطَ
To apply.	— : طلَبَ
To offer; submit.	— : قدَّمَ
To expose for sale.	— : باع بالعرض
To lay before; submit to.	— الامر عليه
To show a thing to.	— الشيءَ عليه : أراهُ اياه
To refer a case to.	— القضية على : أحالها
To suggest.	— رأياً : اقترح
To put across.	— العود على الاناء: وضعه عليه بالعرض
To review; parade.	— الجندَ
To befall; happen to.	— له كذا : اصابه
To occur to.	— له فكر : بدا
To broaden; extend in breadth.	عَرُضَ : ضدّ طال
To be, *or* become, mad, insane, *or* demented.	عُرِضَ : جُنَّ
To broaden; widen.	عَرَّضَ : جعله عريضاً
To expose to.	— ـهُ لكذا : جعله عرضة له
To allude to; hint at.	— به وله : ذكر ولم يصرّح
To oppose; resist; withstand.	عارَضَ : قاوم
To avoid; shun; keep away from.	— : جانب
To compare with.	— الشيء بالشيء : قابله به
To contradict.	— : ناقضَ
To oppose; thwart.	— : خالف او عاكس
To avoid; shun; turn away from.	أعْرَضَ عنه : اجتنبه
To throw over; discard.	— عن : نبذ
To give up; abandon.	— عن الامر : عدل
To prevent; preclude; debar.	إعْتَرَضَ له : منعه
To stand in *one's* way.	— له : صدّه
To object to.	— على : مانَع
To remonstrate, *or* protest, against.	— على : احتجّ

To be exposed, liable, *or* laid open, to.	تَعَرَّضَ لكذا : كان عرضة له
To oppose; resist.	— الامرَ وله : تصدّى
To interfere.	— للامر : تداخل فيه
To clash with.	تَعارَضَ مع : تصادم
To ask to be shown.	إسْتَعْرَضَ : طلب أن يعرض عليه
To review an army.	— الجيشَ : عرضَه
Presentation; submission.	عَرْض : تقديم
Premiere.	— أول (سينما ومسرح)
Displaying; exhibition.	— : بَسْط
Breadth; width.	— : ضدّ طول
Chattles; personal property.	— : متاع
Latitude.	خطّ الـ (في الجغرافيا)
Show-room.	غرفة الـ : تُعرض فيها المعروضات
Judgment-day.	يومُ الـ : يوم الدينونة
Crosswise; breadthwise.	بالـعَرضاً
For God's sake !	△في عَرضك : لوجه الله
Petition.	عَرْضُ حال △ عَرضحال
Side.	عُرْض : جانب أو ناحية
Middle of the sea; offing.	— البحر
Honour.	عِرْض : شرف
Prostitution.	بيع الـ : بغاء
Property; peculiar quality.	عَرَض : صفة . خاصيّة
Transient; temporary.	— : لا دوام له
Accident; a non-essential *or* accidental property, etc.	— : غير الجوهر
Accident; chance.	— : اتفاق
Symptom.	— (في الطب وجمعها أعراض)
Accidental; not essential.	عَرَضيّ : غير جوهري
Accidental; casual; fortuitous.	— : اتفاقيّ
Venial sin.	خطيّة عَرَضيّة
Accidentally; by chance.	عَرَضاً : اتفاقاً
Purpose; intention.	عُرْضَة : غرض
Subject, exposed, *or* liable, to.	— لكذا : معرَّض له
Prosody.	عَرُوض : ميزان الشعر

عَرِيض : ضدّ طويل — Broad; wide.
— الجاه — Distinguished; illustrious; famous.
△عَرِيضَة△عَرضحال — Petition.
— الدعوى — Bill of indictment.
— الاستئناف — Notice of appeal.
مقدّم الـ. — Petitioner.
عَارِض : حادث. اصابَة — Accident; casualty.
— : مانع — Obstacle.
— : ليس جوهريًا او اصليًا — Accidental; not essential.
— : خِلاف الثابت — Temporary; transitory; momentary.
△ — : جنون — Insanity; derangement.
— . عَارِضَة : صفحة الخدّ — Side of the face.
عارضَة ٢ : رافدة — Crossbeam; girder.
إعراض : مجانبة — Avoidance.
إعتراض . مُعَارَضَة : ممانعة — Objection; adverse reason.
— . — : مقاومة — Opposition; resistance.
— . — : احتجاج — Remonstration; protest.
تَعرُّض — State of being exposed.
تَعْرِيض : الماع (في علم البيان) — Preterition.
تعارُضُ الآراء — Clash of views, or opinions.
إستعراضُ الجند : عَرضه — Parade, or review.
مَعْرِض : مكان عرض الاشياء — Exhibition; show.
مَعروض (للبيع مثلا) — Exhibited; offered (for sale).
مَعْروضات — Exhibits.
مُعارِض . مُعْتَرِض : ممانع — Objector; opposer.
— . — : خصم — Opponent.
معترض : بين شيئين — Lying across; transverse
عبارة معترضة — Parenthetic clause.
مُعَارَضَة : مقاومة — Opposition; resistance.
— . (في القضاء) — Counter-action.
— . عِراض : سِفاح — Libertinism; lewdness.
مُسْتَعْرِض — Transverse; lying across.

*عَرْعَر : سَرْو جَبَلي — Juniper tree, or prickly cedar.
*عَرَفَ : علم — To know; be aware of; be acquainted with.
— الامرَ : اطّلعَ عليه — To find out; discover.
— المرأة : جامعها — To know a woman.
عَرَّفَ : أعلم . أخبرَ — To give information; acquaint with; inform of.
— : حدَّدَ — To define; determine.
— : اوضح — To explain.
— الرجلَ بالرجلِ — To introduce to.
— الكاهنُ الرجلَ — To shrive; confess and absolve; hear the confession of.
إعترَفَ بالامر : اقرّ — To confess; acknowledge; avow.
— الى الكاهن △استعرفَ — To shrive oneself; make one's confession.
— بابنه (مثلًا) : قَبِلَهُ — To recognise; accept.
تعرَّفَ الامرُ : تحدَّدَ — To be defined.
— الامرَ : بحث عنه — To seek to know.
— الضَّالة : بحث عنها — To seek; look for.
— الشَّيءَ : عرفه — To identify.
— به : عرفه — To be acquainted with.
— اليه — To make the acquaintance of.
تعارفَ القومُ — To become acquainted with one another.

عُرْف : جود — Beneficence; kindness.
— الديكِ — ←Comb; cockscomb.

— الديك : نبات — ←Cockscomb.
— الفرس والاسد — Mane.
— : △شوشة (او قِمَّة) — Crest.
— : ما الفته النفوس . عادة مَرعيَّة — Convention; established usage.
— : اصطلاح — Usage; custom.
الـ التجارى — The trade custom.
الـ السياسي — Protocol.
عُرْفيّ : اصْطلاحي — Customary.
زَواج — أومَدَني (راجع زواج في زوج) — Civil marriage.
حُكم — . (عَسكري) — Martial law.
عَقْد — . — Private contract or agreement.
قانون — . — Common law.

محكمة عرفيّة (عسكريّة) Court martial.
عَرْف : رائحة طيّبة Perfume; sweet scent.
عَرّاف : بصّار Diviner; fortune-teller.
عِرافة : حرفة او عمل العرّاف Divination; fortune-telling.
عَرِيف : مساعد الرئيس او المعلم Monitor.
— : معلّم Instructor; pupil teacher.
عارِف Knowing; acquainted with; aware of.
— : من اصحاب مذهب العارفين Gnostic.
مذهب او فلسفة العارفين Gnosticism.
أعْرَف : له عُرف Crested, or maned.
— : اسم التفضيل من «عرف» More acquainted.
الأعراف : مَطْهَر انْفُس الأموات Purgatory.
إعتِراف : اقرار Confession; avowal; acknowledgment.
— المحتضر الى الكاهن لنيْل الغفران Shrift.
كرسي الـ. (عند بعض النصارى) Confessional.
معلّم —. Confessor.
اعترافاً بكذا In recognition of. .
تَعْرِيف : تحْديد Definition; a defining.
— : إخبار . اعلام Acquainting; giving information; advising.
— الرجل بغيره Introducing; introduction.
اداة الـ. (الـ The definite article (The.
تَعْريفه : بيان الأثمان وغيرها Tariff: list.
— الأثْمان List, or schedule, of prices.
مَعْرِفة : علم . دراية Knowledge; acquaintance.
— : واحد معارف الرجل An acquaintance.
مَعْرَفة الأسد والفرس وامثالها Mane.
مَعارِفُ الرجل : اصحابه Acquaintances.
— : الوجهُ بما يشتمل عليه Features; face; countenance.
— الوجه : تقاطيعه Lineaments of the face.
وزارة الـ. Ministry of Education.

مَعْرُوف : معلوم Known.
— : مشهور Well-known.
— : احسان . فضْل Favour; good turn.
بالـ : بالحسنى Amicably; in a friendly manner, *or* way.
ناكر الـ : جاحِد Ungrateful: thankless.
❁عَرِقَ : ترشّحَ جلده To sweat; perspire.
عَرَقَ وتَعَرّقَ العظمَ To pick a bone; strip a bone of its flesh.
عَرّقَ : جعله يعرق To promote perspiration; cause to sweat.
△ — : رسم عليه عروقاً To vein; marble.
— . أعرَقَ . تعرّقَ : تأصّل To take root; be deeply rooted.
— . — . — الخمرَ To dilute wine.
تعرّقَ العظمَ : اكل ما عليه من اللحم To pick a bone.
عَرَقُ الجلدِ Sweat; perspiration.
— : افرازُ العرق Sweating; perspiring.
— الموت Death damp; a cold sweat at the coming on of death.
△ — △ عرَقيّ : خمر شرقيّة معروفة Arrack.
عِرْق : أصْل . جذر Root.
— ساكن : وريد Vein; blood-vessel.
— ضارب Pulsative artery.
— : قوّة تماسك الخيط Staple.
— الذهب : نبات طبي Ipecacuanha; ipecac.
△ — اللؤلؤ : صَدفه Mother-of-pearl.
— النَّسا : اسم مرض Sciatica.
— حلاوة Soapwort.
△ — خشب Beam.
— : رواسب معدنيه في منجم Lode; vein.
△ — في المعمار Ledger.
— السوس △ عِرقسُوس Liquorice-root.
شراب — السّوس (العرقسوس) Spanish juice.
عِراق : شاطئ البحر Seashore.
— الريشة Shaft, *or* stock, of a feather.
— الظفر Quick of the nail.
العراق Iraq; Irak; Mesopotamia.

اوزّ عراقي : تمّ ←Swan.

عِراقة الحرفِ : ذيله Tail of a letter.

عَرّاقيّة Skull-cap.

عَريق Inveterate; deep-rooted.

— النسب Highborn; of noble birth.

مُعَرِّق Sudorific; promoting perspiration; sudoriferous; sweat-producing.

مُعَرَّق : مجزع ←Veined; marbled; streaked.

معروق Lean.

*عَرْقَبَ : قطع العرقوب To hamstring.

عُرْقوب : وتَـر المأبِـض Hamstring.

*عَرْقَلَ : صعَّب To put obstacles; render difficult.

— : ربَـك To complicate; entangle.

— : عاقَ To encumber; hamper.

تَعَرْقَلَ الامرُ: تصعَّبَ وتشوَّش To be complicated *or* entangled.

عراقيل Obstacles; encumberments; entanglements; complications.

خالٍ من الـــ والمحظورات Unencumbered.

سباق الـــ. Obstacle-race.

*عَرَكَ : دعك To rub.

ـــهُ الدهر : حنكهُ To render experienced.

عارَكَ : قاتَـل To fight; quarrel.

تعارَكَ و اعترَكَ القوم To fight one another; fall out.

عَرْك : اختبار Experience.

عراك△عَرْكة.مُعارَكة Fight; quarrel.

عَرِيكة : خُلُـق Disposition; temper.

ليِّـن الـــ. Compliant; tractable; docile.

مَعرَك.مَعرَكة.مُعتَرَك : ميدان القتال Battle-field.

مَعرَكة ٢ : قتال Fight; battle; combat.

*عَرَمَ : خلط To mix; admix; mingle.

△ــــ : كوّم To heap, *or* pile, up.

عَرَم . عُرْمة . عَرَمة : كوم Heap; pile.

△مُعَرَّم : ملآن ومقبب (ملعقة معرمة مثلا) Heaping.

*عَرَمْرَم : شديد Violent; strong.

— : متدفّق Torrential.

— : جيش كبير Numerous army.

(عرن) عَرِين . عَرِينة السباع Lair.

*عِرْناس : △لـقـّاطة الغزل ←Distaff.

△ — : عَنَم (انظر عنم) . محلاق Tendril; cirrus.

*عُروة الزرّ Button-hole.

— الحبل ←Loop.

— الابريق والجرّة ونحوهما : أذنه Handle; ear.

— : يوثق به او يعوَّل عليه Reliable; dependable.

عَرا . إعترى : ألمَّ به To befall; happen to.

ـــه . ـــه كذا : اصابه To be struck with.

عرته دهشة To be struck with wonder.

*عروس (في عرس) Bride.

*عَرِيَ . تعَرَّى من ثيابه To undress; take off one's clothes; strip oneself naked.

عَرَّى: جرّد من الكساء To disrobe; undress; unclothe.

— : صيره عُرياناً To denude; make naked.

— : كشَف To lay bare; uncover.

— من: جرَّدَ To divest; strip, *or* deprive, of.

عُرْي . عُرْية : التجرُّد من اللباس Nakedness; nudity.

— . — : التجرُّد من الغطاء Bareness.

عُرْيان . عار : لا كساء عليه Naked; nude; undressed.

— . — : مكشوف Bare; uncovered.

— كما ولدته أمّه In a state of nature.

— طَلق : △مَلْط (كلّية) Stark-naked.

عارٍ ٢ : مجرَّد Divested; stripped.

— من كذا : مجرَّد منه Deprived of.

— من كذا : خالٍ منه Devoid, *or* destitute, of.

عاري الاقدام Barefooted.

— الرأس Bareheaded.

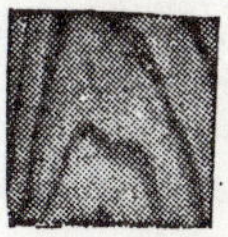

Simple loan. عَارِيَة : قرض بلا فائدة

False; fictitious; artificial. — △ عِيرَة : مستعار

Wig. ⟵ شَعْر — : جُمَّة

Open air; out-of-door. عَرَاء : فضاء أو خلاء

Outdoor; in the open air. في الـ

Denuded; unclothed. مُعَرًّى : مجرَّد من الكساء

Uncovered; exposed. — : مكشوف

Naked parts of the body. مَعَارِي الجسم

*عريس (في عرس) * عريش (في عرش)

*عريكة (في عرك) * عرين (في عرن)

*عزّ (في عزز) * عزا * عزاء (في عزو)

To depart; go away; be distant. *عَزَبَ . أَعْزَبَ : بَعُدَ

To be forgotten. — عن البال

To remain unmarried. — : لم يتزوج

Celibate; unmarried; bachelor; single. عَزَبٌ . أَعْزَب . عَازِب

Celibacy; bachelorhood. عُزُوبَة . عُزْبَة . △ عُزُوبِيَّة

Farm; plantation. △ عِزْبَة : مزرعة . حانوت س

To censure; reprove; blame; rebuke; upbraid. *عَزَرَ . عَزَّرَ : لَامَ

Censure; reproof; blame. عَزْر . تعزير : لَوْم

The angel of death; Azrael. *عِزْرَائيل : ملاك الموت

To support; aid; sustain. *عَزَّرَ : نَصَرَ . أعانَ

To maintain; support; bear out. — : أيَّدَ

To confirm; corroborate. — : أثبتَ

To strengthen. — : قوّى

To reinforce. — : أمدَّ بقوَّة جديدة

To exalt; extol; raise. — : عظَّم

To render strong. — . أَعَزَّ : صيَّره قوياً

To cherish. — . — : احبَّه واعتنى به

To endear; make *or* hold dear, *or* beloved. — . — : جعله أو عدَّه عزيزاً

To love; be fond of. اعزَّ ٢ : أحبَّ

To be, *or* become, strong. عَزَّ : قويَ

To be, *or* become, rare. — : قلَّ وجوده

To be dear to. — عليه : كان محبوباً عنده

It pains me to. يعزُّ عليَّ أن

To prize; value highly; pride oneself in. إعْتَزَّ وتعزَّز به : تشرفَ

To become strong. — . — : صارَ قويًّا

To triumph; exult. — : فاخر وتعظّم

To feel powerful in. — به : عدَّ نفسه عزيزاً به

To be strongly established. تعزَّز ٢ : تقوّى

To affect refusal. △ — : اظهر الرفض وهو راضٍ

To overcome. إستعزَّ عليه : غلبه

To endear; make *or* hold, dear *or* beloved. △ — بالشيء

Glory; honour. عِزّ : مجد . رفعة

Intensity. △ — : شدَّة

Depth of winter. △ — الشتاء : معمعانه

Height of summer. △ — الصيف

In the height of his wealth. △ في — غناه

In the flower of his youth. △ في — صباه

Might; power. — : مكانة

In the heat of the fight. △ في — المعركة

Self-esteem; self-respect; *amour propre.* عِزَّة النفس

His Excellency. صاحب العِزة

Strong; powerful. عَزِيز : قوي

Dear; beloved. — محبوب

Rare; scarce. — : نادر الوجود

Precious; costly. — : ثمين

Noble; honourable. — : شريف

Mighty; powerful. — الجانب

Beyond one's reach; unattainable. — المنال

Noble; magnanimous. — النفس

The Korân. الكتاب الـ : القرآن الشريف

Rush-nut; earth-almond. حَبُّ العزيز : حَبُّ الزَلَم

Pitch-pine; white-pine. خشب عزيزي

Love; affection. مَعَزَّة

Exultant; triumphant. مُعْتَزّ : فخور

Powerful in God. — بالله : قوي به

*عَزَفَ وعزَّفَ (عزيفاً) : غنّى — To sing; chant.

— (عزوفاً) عن الشيء : زهد فيه وملّه — To be tired, or wearied, of; weary of.

— على آلة طرب — To play, or perform, on a musical instrument.

—ت نفسهُ عن كذا — To weary; be tired, or wearied, of.

—ت الريحُ — To wail weirdly.

عَزِيف : صوت مستهجَن — Weird sound, or noise.

— الرعد — Rumbling of thunder.

— الريح — Murmuring of the wind.

عازِف : موسيقيّ — Player; musician.

مِعْزَف : آلة طرب وتريّة — Stringed musical instrument.

مِعْزَفة . مِعزاف — Harp.

*عَزَقَ الارضَ — To hoe; dig, or loosen, the soil.

عَزْق △عَزيقُ الارض — Hoeing.

عزقة س : جِلْبة (انظر جلب) — Washer.

مِعْزَقة : فأس △طوريّة — Mattock; hoe.

△عَزْقلة : تأنّق — Fastidiousness; nicety.

*عزَلَ . عزَّلَ الشيءَ عن غيره — To separate; isolate; set aside.

— : منع الاتصال والتسرُّب — To insulate.

— : فصلَ — To segregate; set apart.

— عن منصب سامٍ : خَلعَ — To depose.

— : صرف او △رفتَ — To dismiss; fire.

△عزّل ٢ : نقَل مسكنهُ — To remove.

إعْتَزَلَ الشيءَ وعنه — To retire; withdraw *from*.

عَزْل : فصل — Isolation; separation; segregation.

— : نَقْل . ابعاد — Removal.

— : منع الاتصال والتسرُّب — Insulation.

— عن منصب سامٍ : خَلْع — Deposition.

— : صرف أو △رفت — Dismissal.

عَزَل . عُزُل . أعْزَل : بلا سلاح — Unarmed; defenceless.

عُزْلة . إعْتِزال : تنحٍّ — Retirement.

— : انفراد — Isolation; solitude; privacy.

△عِزال : نقل المسكن — Removal.

عازِل : فاصل — Separator; isolator.

— : مانع الاتصال والتسرُّب — Insulator.

مَعْزِل : مكان الاعتزال — Place of retirement.

بـ— عن كذا — Apart from; away from.

*عَزَمَ على : نوى — To resolve upon; intend; determine; purpose.

— . عزَّمَ الراقي : قرأ العزائم — To conjure; enchant.

△— على : دعا الى — To invite to.

عَزْم : قصد . نيّة — Resolution; resolve; determination; decision.

— . عَزِيمة : ارادة ثابتة — Fixed resolution; strong will; firm purpose.

△— △— : قوّة — Might; strength; power.

عزيمة ٢ : رُقْيَة — Incantation; spell.

△عُزُومة : دَعوة الى وليمة أو غيرها — Invitation.

△— : وليمة — Banquet; entertainment.

عَزُوم : قويّ العزم — Resolute; determined.

عازِم : ناوٍ — Resolved; determined.

*عَزْو : نِسْبة : اسناد — Attribution; ascription.

— : اتهام — Imputation; accusation.

عَزَا . اعتزى له واليه — To be related to.

— اليه : نسب (راجع عزى) — To attribute, *or* ascribe to.

— اليه (امراً مستنكراً) — To impute, to.

— : صبر وسلا — To be consoled *or* comforted.

△في عزا بعض — Thread and thrum; good and bad; all alike.

عَزَاء : سَلوى — Consolation; solace; comfort.

عِزْوَة : انتساب — Relationship.

△— : اقارب — Kindred; kith and kin.

To attribute, or ascribe, to. *عَزَى اليه : نسب (راجع عزو)
To be consoled, or comforted. عَزِيَ . تعزّى
To console; comfort; give solace, or comfort, to. عَزَّى المُصاب
To offer *one's* condolences to. — اهل المتوفي
Consolation; condolence. عَزَاء . تَعْزِيَة
A condolatory (condoling) letter; letter of condolence. خطاب تعزية
Comforter; consoler. مُعَزٍّ : مسلٍّ
The Comforter. الـ : الروح القدس
*عزيز (في عزز) * عس (في عسس)
Queen bee. (عسب) يَعْسُوب : اميرة النحل

Drone, *or* male, bee. — : ذكر النحل
— : حشرة كالجراد ← Dragon fly.

عُسْبُر . عِسْبَار : ذئب الارض ← Aard-wolf.

Buckthorn; purging buckthorn. (عسج) عوسج : نبات شائك
Gold. *عَسْجَد : ذهب
To be difficult, *or* hard. *عَسِرَ : ضدّ يسُر
To be left-handed. عَسِرَ ٢ : كان أعسر
To press, *or* bear hard on a debtor. عَسَرَ . عَاسَرَ الغريم
To distress; oppress. — . — : ضايق
To render difficult. عَسَّرَ الامرَ
To oppress; constrain. — عليه : ضيّق
To be hard up; reduced to poverty; short of money. أَعْسَرَ : افتقر
To become insolvent or bankrupt. — : أفلس
To be difficult. تَعَسَّرَ . تعاسَرَ . استَعْسَرَ الامرُ
To find difficult. استعسر ٢ الامرَ : وجده عَسِيراً
Difficult; hard. عَسِرٌ . عَسِير : ضدّ سهل
Hard water. ماءٌ — : ضد يسير

Pinch of poverty; straits; bad circumstances. عُسْر : فقر
Financial straits, *or* distress. — مالي
Dysmenorrhoea. — الطمث
Dyspepsia; dyspepsy. — الهضم
Difficulty; distress; affliction. — . عُسْرَة . مَعْسَرَة
Left-handed. أَعْسَر : △ أشوَل
Ambidexter. — يَسَر : أَضْبَط
Hard up; in hard circumstances. مُعْسِر . مَعْسُور
Insolvent; bankrupt. — في التجارة
Night watchmen; persons keeping-night-watch. *عَسَس : حُرّاس الليل
Night-watch. عَاسٍ . عَسَّاس : حارس الليل
To keep night-watch. عَسَّ : طاف ليلاً للحراسة
To feel. △ — : جَسَّ
To oppress; tyrannise. *عَسَفَ : ظَلَم
To act recklessly *or* rashly. — في الامر : فعله من غير تدبُّر
To overtask; overburden. عَسَّفَ . أَعْسَفَ : كلَّف بعمل شديد
To do a (thing) at random. تعسَّفَ . إعتَسَفَ الامرَ : فعله بلا رويّة
To deviate; digress; stray. — . — عن الطريق : حادَ
To dogmatise; state one's opinion arrogantly. — في رأيه
Oppression; despotism; tyranny. عَسْف : ظُلْم
Despot; tyrant. عَسَّاف . عَسُوف
Arbitrary; tyrannical. تَعَسُّفي
To congregate; assemble. *عَسْكَرَ القومُ : تجمَّعوا
To encamp. △ — الجندُ : خيَّموا
Army; troops; service-men. عَسْكَر : جيش
Soldier. △ عَسْكَرِيّ : جُنْدي
Military; martial. △ — : حَرْبي
Military governor. حاكِم — .
Martial law. حُكْم — . (راجع عرفي في عرف)
Court martial. مجلس — .
Military discipline. نظام عسكري

To be, *or* become, ten. أَعشَرَ القومُ : صاروا عشرة
To make ten. — العددَ : جعله عشرة
To associate with one another. تَعاشَرُوا
Tenth part. عُشْر : جزء من عشرة اجزاء (١/١٠)
Tithes. — او عُشور المال
Predial tithes. — او — حصيلة الارض
Personal tithes. — او — كسب العمل
Decimal. عُشْرِيّ . أَعْشارِي
Decimal fraction. كسر — او — .
Repeating decimal. كسر — دائر
Ten. عَشْر . عَشرَة (١٠)
Tenfold. عشرة اضعاف
Twenty. عِشْرون (٢٠)
Twentieth. الـ— : الواقع بعد التاسع عشر
Association; society; companionship. عِشْرَة . مُعاشَرَة : صحبة
ocial intercourse; commerce. — . — : مخالطة
Dutch treat party. — خَلَبِيَّة
Sociable. △عِشَرِي : يحب مخالطة الناس
Tithe-gatherer; publican. عَشَّار : جابي العشور
Pregnant; with young. △عِشار . عُشَراء : حُبلى (للبهائم)
Associate; companion. عَشِير . مُعاشِر : صاحب
Clan; tribe. عَشِيرَة : قبيلة
One's kith and kin. — الشخص
Tenth. عاشِر : واقع بعد التاسع
Society; company. مَعْشَر : جماعة
Tenth part. مِعْشار : جزء من عشرة
To nest; build and occupy a nest. *عَشَّشَ . اعْتَشَ الطائر : اتخذ عُشّاً
Nest. عُشّ : بيتُ الطائر
Hut; shanty; hovel; shack. △عِشَّة : خُصّ
To love passionately; be in love with. *عَشِقَ الشيء
To dovetail. △عَشَّقَ الشيئين ببعضهما

Camp. مُعَسْكَر : موضع تجمّع الجيش
To honey; mix with honey. *عَسَّلَ . عَسَلَ : خلط بالعسل
To honey; sweeten; make sweet *or* agreeable. — . — : حَلَّى
To doze; nap. △—ت عينه : تَهوَّم
Honey. عَسَلُ النحلِ
Molasses. — السكر . عسل اسود
Honeymoon. شهر الـ—
Honeycomb. قُرْص عَسل النحل
Drab; yellowish gray. عَسَلي : بلون العسل
Hazel (reddish-brown) eyes. عيون عسليَّة
Bee-master; gatherer of honey. عَسَّال : مُشتار العسل
Beehive. عَسَّالَة . مَعْسَلَة : خليَّة النحل
A doze; nap. △تعْسيلة : تَهويمة . إغفاءة
Honeyed; honied; candied. مَعْسُول : مُحلى بالعسل
Honeyed words. كلام —
Candied tongue. لسان — .
Twig; sprig; scion; a small shoot. *عُسْلُج . عُسْلُوج : غُصن ليِّن
Maybe; perhaps. *عَسَى : لعلّ
*عشّ (في عشش) *عشاء *عشاوة (في عشو)
To be grassy; covered with grass. *عَشِبَ . عَشَبَ المكانُ
Grass; herbage. عُشْب : كلأ رَطب
Herb. — . عُشْبة : نبات △ حشيش
Sarsaparilla. عُشبة[2] مغربيَّة
Herbal; herbaceous. عُشْبي : نباتي
Grassy; herby. عَشِب . مُعشِب : كثير العشب
Herbalist. عَشّاب : عالم بالاعشاب الطبية اومتاجر بها
Herbivorous. عاشِب : حيوان يعيش على الاعشاب
Herbivora. عواشِب : جمع عاشِب
To take, give, *or* subject to, tithes. *عَشَرَ . عَشَّرَ المالَ
To be pregnant. عَشَّرت[2] الدابة
To associate with. عاشَرَ : خالط وصاحَب

To make love to. — تَعَشَّقَ : غازل

Passionate, inordinate, *or* ardent, love. — عِشْق : فرط الحب

Beloved one. — عَشِيق . مَعْشُوق : محبوب

Sweetheart. — ــــ : حبيب

Lover. — عَاشِق : مُحبّ

Dovetail; ⟵ tongue and groove; he-she joggle. — △ــــ ومعشوق : فَحل ونثياع

Knucklebones. — △لعبة العاشق : لعبة الكعاب

Dovetailing. — △تَعْشيق الخشب : وَصْل

Gear wheel. — ترس تعشيق

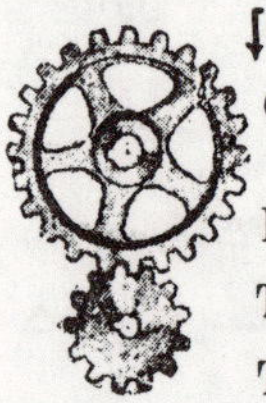

Greediness; covetousness. — ✲عَشَم : طمع

Hope. — △ــــ : أمَل

To give hope. — △عشَّمَ : جعله يأمل

To hope. — △تعشَّمَ : أمَل

To give supper *or* dinner. — ✲عَشَّى : اطعمه العشاء

To be night-blind. — عَشِيَ . عَشَا : لم يُبصر بالليل

To dine, *or* sup. — ــــ . تعشَّى : اكل العشاء

Dinner, *or* supper. — عَشَاء : طعام المساء

Night-blindness; nyctalopia. — ــــ . عَشَاوَة : العمى الليلي

The Lord's-supper. — الــ الربَّاني

Evening; nightfall. — عِشاء . عَشِيَّة : اول الليل

Yesterday evening. — عَشِيَّة ٢ أمس

Darkness. — عَشْوَاء . عَشْوَة : ظلمة

At random; blindly. — خبط ــــ . (راجع خبط)

Cook. — △عشّي س : طبَّاخ . طاهٍ

Night-blind. — أعشَى : لا يرى ليلاً

Dim-sighted; weak-eyed. — ــــ : ضعيف البصر

✲عشير (في عشر) ✲عص ّ (في عصص) ✲عصا (في عصو)

To fold. — ✲عَصَبَ : طوى

To bandage. — ــــ . عصَّبَ : ربط بعصابة

To bind up wounds, etc. with a bandage. — تَعَصَّبَ : شدَّ العصابة

To take the part of; side with. — ــــ له ومعه

To stand against; withstand. — ــــ عليه

To be a fanatic, *or* bigoted. — ــــ في مذهبه

To form a league. — △ــــ . اعتصَبَ القومُ : صاروا عصبة

To strike work; go on strike. — △ــــ . ــــ العمَّالُ : اضربوا

To lock-out workers. — △ــــ . ــــ اصحابُ المصانع

Nerve. — عَصَبٌ : خيطٌ (عِرقٌ) الحس

Sinew; tendon. — ــــ : طُنُب

Agnation. — قرابة ــــ : من جهة الاب (راجع قرب)

Nervous. — عصبيّ : مختص بالاعصاب

Nervous; nervy. — ــــ المزاج

Band; gang; group; company. — عُصْبَة . عِصَابَة : جماعة

Band; bandage. — ــــ . عِصَاب : رباط

The League of Nations. — ــــ الامم

Guerilla war. — حرب العصابات

Frontlet; brow-band. — △عَصْبة . عِصابة ٢ الجبين

Bully; ruffian. — △عُصْبجي : عربيد . ابضايه س

Intensely hot day. — يوم عصيب : شديد الحر

Critical, *or* troublous, time. — وقت ــــ .

Party-spirit; partisanship. — عَصَبِيَّة . تَعَصُّب : △تحزب

Relationship. — ــــ : قرابة

Agnate; one related by the father's side. — عاصب : قريب من جهة الاب

Zeal; enthusiasm. — تَعَصُّب ٢ : حماس . غيرة

Fanaticism; bigotry. — ــــ دينيّ او مذهبي

Strike. — إعتصابُ العمال : اضراب

A lock-out. — ــــ اصحاب المصانع (ضد العمَّال)

Bandaged; tied. — مُعَصَّب . مَعصُوب

Zealous; enthusiast. — مُتَعَصِّب : غيور

Fanatic; bigoted; narrow. — ــــ لمذهب

English	Arabic
Stormy; windy.	عَاصِف : تعصف فيه الريح
Tempest; violent storm.	عَاصِفَة : ريح شديدة
Thunder storm.	— رعديه
Safflower.	*عُصْفُر : نبات او صبغ يُستخرج منه
Safflower seed.	حَبُّ الـ
Oil of safflower.	زيت الـ : دُهْنه
A small bird.	عُصْفُور : طائر
Swallow.	— الجنّة
Sparrow.	— دوريّ (انظر دور)
Rice-bird; Java sparrow.	— الرز
Hedge-sparrow; hedge-warbler.	— الشوك
Dowel; dowel pin.	△ عصفورة : دسره (في النجارة)
Wing-nut; thumb-nut.	△ صَمُولة بعُصفورة
To prevent; hinder.	*عَصَمَ : مَنَع
To preserve; guard; keep.	— : حفظ . وقَى
To constipate.	△ — البطنَ : قبضَ الامعاء
To tie up.	— : ربط . أعصم
To seek refuge with; resort to.	إعتصم واستعصم به : التجأ
To keep, or adhere, to.	— و — به : لزمه
To have or take patience.	— و — بالصبر
To hold one's tongue or peace.	— و — بالصمت
Prevention.	عَصْم . عِصْمَة : مَنْع
Protection; keeping.	— . — : حفظ . وقاية
Impeccability.	عِصْمَة : تنزّه عن الخطيّة
Infallibility.	— : التنزّه عن الخطأ
The Infallible.	صاحبة الـ
Feme covert; married woman.	امرأة في عِصمة رجل
Married to.	في عصمة فلان
Necklace.	عُصْمَة : قلادة
Suspenders; braces.	عِصَام : جمالة △ حَمّالة

English	Arabic
Porridge, or gruel.	(عصد) عَصِيْدَة
To press; express; squeeze out juice, pus, etc., from.	*عَصَرَ الشيءَ
To wring washed clothes.	— الغسيل
To express oil from seeds.	— الحبوب : استخرج زيتها
To be contemporary with.	عَاصَرَ فلاناً
To be pressed or squeezed.	تعصّرَ . انعصر
Expressing; pressing; squeezing.	عَصْر : استخراج الماء وغيره
Afternoon.	— : آخر النهار . بعد الظهر
Time; epoch; period.	— . عِصْر : زمن
Modern; new.	عَصْرِيّ : حديث
Wringing-wet; soaking-wet.	△ عُصْرَة : مُبْتَلّ جدّاً
Juice.	عُصَارَة . عَصِير . عَصِيرة
Press.	عَصّارة . مِعْصَرة : آلة العصر
Oil-press; oil-mill.	— و — الزيوت
Squeezer.	— . — البرتقال والليمون وامثالها
Sugar-mill.	— . — قصب السكّر
Wringing-machine; wringer.	— الغسيل
Whirlwind; cyclone; hurricane.	إعصار : ريح ترتفع وتستدير
Contemporary; coetaneous; contemporaneous; coeval.	مُعَاصِر
Coccyx; caudal bone.	*عُصْعُص : أصل الذنب
To harden; become hard, rigid, or stiff.	عَصَّ : صلُب واشتدّ
Coccyx.	*عُصْعُص . عُصْعُوص : عظمُ الذنب
Uropygium; bird's rump.	— . — الطيور : زمكّى
To harden; become hard or stiff.	عَصْعَصَ : عَصَّ
To storm; blow (wind) with violence.	*عَصَفَت الريحُ
Blast; blowing of wind.	عَصْف : هبوب
A blast of wind.	عَصْفَةُ ريح
Chaff; straw.	عُصَافَة : تِبْن

عِصَامِيّ : مُرتقٍ بجدّه — Self-made.

عاصِمَة : قاعدة البلاد — Capital; metropolis.

مِعْصَم : موضع السوار من اليد — Wrist.

ساعة — . — Wrist watch.

مَعْصُوم : محفوظ — Protected.

— : منزّه عن ارتكاب الخطايا — Impeccable.

— : منزّه عن الخطأ — Infallible.

△ — البطن — Constipated.

(عصو) عَصَا¹ : ضرب بالعصا — To cane; beat with a cane.

عَصًا △ عَصَايَة : قضيب — Cane; stick; rod; walking-stick.

— : عود — Stick.

— الراعي (نبات) — Knotgrass.

شقّ الـــ : خالف جماعته — To dissent.

شقّ — الطاعة — To rebel; renounce allegiance.

ألقى — الترحال : أقام — To settle down.

انشقّت عصاهم — To fall out with one another.

☆عَصَى . عَصَا² : ضدّ أطاع — To disobey.

— . عاصَى . استَعْصَى على : تمرّد — To rebel; revolt; renounce allegiance.

إستَعْصَى² . تَعَصَّى . إعتَصَى الامرُ — To be difficult.

— . — المرضُ — To be incurable.

عِصْيان . معْصِية : ضد طاعة — Disobedience; insubordination.

— : تمرُّد — Revolt; rebellion; insurrection.

عاصٍ : ضدّ طائع — Disobedient; insubordinate.

— : متمرّد — Rebel; insurgent.

مُتَعَصٍّ . مُستَعْصٍ : صعب — Difficult; hard; obstinate.

— . — : عضال — Incurable; irremediable.

— . — : متمكّن — Inveterate; deep-rooted.

☆عصيب (في عصب) ☆ عصيدة (في عصد) ☆ عضّ (في عضض)

☆عضد . عاضَد : عاون — To aid; help; stand by; assist; support.

تعاضَدُوا : تعاونوا — To aid one another; co-operate; work together.

عَضْد . تعضِيد : معاونة — Aid; assistance; support; co-operation.

— . مُعَضِّد : معين — Helper; aider; supporter.

عَضُد : ساعد — Upper arm.

عظم الـــ . — Humerus.

يَعْضِيد : جِعضيض . هندباء بريّة — Chondrilla; wild succory.

☆عَضَّضَ : △ عضعض . عضّ كثيراً — To bite strongly.

— على اللجام : تحكّم عليه — To champ; work (bite) noisily in teeth.

عَضَّ : أمسك بأسنانه وشدّ — To bite.

— الشيء : لزمه واستمسك به — To stick, adhere, *or* cling, to.

—ه الزمانُ : اشتدّ عليه — To go hard with.

عَضّ — Biting.

عِضّ . عِضَّة . عِضَاء : نبات شائك — Hawthorn.

عَضَّة — A bite.

عَضَّاض . عَضُوض — Biting; mordacious.

مَعْضُوض — Bit; bitten.

☆عَضِلَ : كبر عضله — To be, *or* become, muscular.

أَعْضَلَ الامرُ : استغلق — To be problematic *or* enigmatic.

— . تَعَضَّلَ الداءُ الاطبّاءَ — The disease has nonplussed the doctors.

عَضِلٌ : قوي العضل — Muscular; brawny.

عَضَلَة : واحدة عضل الجسم — Muscle.

— باسطة — Extensor.

— راخية — Laxator.

— قابضة او عاصرة — Flexor.

عضليّ : مختص بالعضل او مكوّن منه — Muscular.

— : قوي الجسم — Muscular; brawny; strong.

عُضَال : مُعْيٍ — Obstinate; irremediable.

مُعْضِل : مشكل — Problematic; difficult.

— : محيّر — Nonplussing; puzzling.

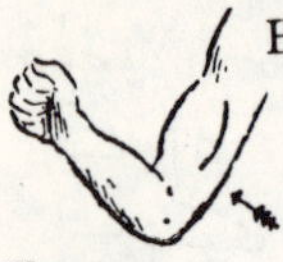

مُعْضِلَة : مشكلة — Problem; dilemma; enigma; difficulty.

*عُضْو (جزء من جسم او واحد من جماعة) — Member.

— : آلة — Organ.

— : شِوًى . طرف (كالرجل والزراع) — Limb.

— عامِل — Functioning organ.

— مجلس نوّاب — Member of Parliament.

اعضاء التناسل — Sexual organs.

عُضْويّ : آلي — Organic.

عضويّة (في جمعية) — Membership.

*عطاء (في عطو) *عطار (في عطر) *عُطارد (في عطرد)

*عَطِبَ . اعْتَطَبَ : تلف او هلك — To perish; be destroyed *or* ruined.

△ عطَبَ . أعْطَبَ : اتلفَ — To spoil; mar; impair; damage.

△ — . — : اهلك — To destroy; ruin; wreck.

عطَّبَ الشرابَ : طيّبه — To mull wine, etc.

△ —ت الفاكهةُ — To be bruised.

عَطَبٌ : تلف — Damage; injury.

— : هلاك — Destruction; ruin.

سريع الـ— (التلف) — Tender; easily injured; fragile; delicate.

سريع الـ— . (الفساد والتعفن) — Perishable.

عوْطب : المنخفض بين الموجتين — Trough.

△ مُعطَّب . مَعْطُوب — Damaged; injured.

△ — . — (كالفاكهة) — Bruised.

*عَطَّرَ : طيَّبَ — To scent; perfume.

— الفمَ — To sweeten the breath.

عَطِرَ : كان طيّب الرائحة — To smell sweet.

— . تعطَّرَ : تطيَّبَ — To perfume oneself.

تعطرت[٢] البنتُ : لم تتزوج — To become old maid.

عِطْر : طِيْب — Perfume; scent.

— : خلاصة عطريَّة — Essence.

— الورد — Attar of roses.

عَطِرٌ . عطْريّ : زكي الرائحة — Aromatic; fragrant; sweet-smelling.

عَطَّار : بائع الطيوب — Perfumer.

— : بائع العقاقير . دَبّوس س — Druggist.

عِطارَة : روائح عطريَّة — Perfumery.

— : عقاقير طبيَّة — Drugs.

معطَّر : مطيَّب — Perfumed.

(عطرد) عُطارِد : سيَّار — The planet Mercury.

*عَطَسَ △ عطَّسَ : اتَتْهُ العطسة — To sneeze.

عطَّس[٢] : جعله يعطس — To cause sneezing.

عَطْس . عطَاس — Sneezing.

عَطْسَة — A sneez.

عَاطُوس : نشوق — Snuff.

*عَطِشَ : ضدّ روي — To thirst; be, *or* feel, thirsty.

— اليه : اشتاق — To thirst, *or* long, for.

عَطَّشَ . أعْطَشَ — To cause thirst.

عَطَشٌ : ظمأ — Thirst; thirstiness.

عَطِشٌ . عَطْشان . عاطِش — Thirsty; dry.

— . — . — : مشتاق — Longing; desiring.

△ عَطَشْجيّ : وقاد الآلة — Stoker; fireman.

*عطَفَ الى : مال — To incline to; lean towards.

— كلمةً على اخرى — To join one word to another.

— عنه : انصرف — To turn away from.

— الشيءَ : أماله — To incline; bend.

— . عطَّفَ : ثنى — To fold; double.

— وتعطَّفَ على — To be favourably inclined to; sympathise, *or* feel, with.

اعتَطَفَ وتعطف : لبس العطاف — To put on a coat.

إنعطفَ : انثنى — To be inclined, *or* bent.

إستعْطَفَ — To supplicate; entreat, seek the favourable inclination of.

ـهُ . — خاطره : ترضّاه — To propitiate; conciliate.

Inclining; bending. عَطف : إمالة

Inclination; propensity. — . إنعطاف : ميْل

Affection; sympathy. — . — : حنوّ . شفقة

اداة او حرف عَطف (في النحو) Conjunction.

عَطْفَة . مُنْعَطَف : △حَوْدَة A turning.

△ — : زُقاق Lane.

عِطَاف . مِعطَف Overcoat.

عَاطِف : اداة عَطْف Conjunction.

— : واصل Connecting.

— . عَطُوف : شفيق Affectionate; kind; sympathetic.

عَاطِفَة Sentiment; fellow-feeling; kindness.

عَاطِفي . عَواطفي Sentimental.

عاطفية Sentimentalism.

عواطفيّ[2] : رقيق العواطف Sentimentalist.

❋عَطِلَ من كذا : خلا منهُ To be devoid, or destitute, of.

عَطَّلَ : نَزع الحلي To divest of ornaments.

— : اعجَزَ عن العمل To disable; cripple.

— الشيء : تركه ضياعاً To neglect; leave unemployed.

— المجلسَ To prorogue; prorogate; suspend.

△ — : عاقَ To delay; hinder.

تَعطَّلَ : بقي بلا عمل To remain idle or without work.

— ت المدرسة To break up (school).

△ — ت الآلة : فسدت To be out of order.

△ — : تعوَّقَ To be delayed, or hindered.

عُطْل من كذا : خالٍ منهُ Devoid, or destitute, of.

△ الــ والضرر Loss and damage.

△ التعويض عن العطل والضرر Damages; payment in compensation.

عُطْلَة : البقاء بلا عمل Unemployment; state of being without work.

— : وقت الفراغ من العمل Leisure time.

— مدرسيّة Vacation; holidays.

— (كعطلة المحاكم والبرلمان) Recess; vacation.

عَاطِل من كذا : خال منه Devoid, or destitute, of.

— : بدون عمل Unemployed; idle; doing nothing; without work.

تعطيل : القول بعدم وجود إلاه Atheism.

— : ارجاء . تأجيل Prorogation.

△ — : تعويق Delaying.

مُعطَّل : بلا عمل Unemployed; idle; doing nothing.

مُعَطِّل : كافر Atheist.

مِعْطال △ عواطلي : معتاد البطالة Loafer; loiterer; idler.

❋عَطَنَ . عَطَّنَ الجلدَ او الكتان To macerate.

— . — القِنَّب والخشب To ret; soften (flax, hemp) by steeping.

△ — △ — : تعفَّنَ To rot; decay; putrefy.

عَطْن . تَعطِين Maceration.

تعطين[2] القِنَّب Retting (of flax, or timber).

(عطو) أَعْطَى : ضد اخذ To give.

— : قدَّم To render; offer; present.

— : منحَ To grant; accord.

— مثلاً To give, or set, an expample.

اعطِ ما لقيصر لقيصر Render to Caesar the things that are Caesar's.

تعاطى : تناول . اخذ To take.

— الامرَ : قام به To pursue; be engaged in.

— الصناعة : مارسها To practise; (a profession).

تعاطٍ : أخذ أو مزاولة Taking or practising.

تَعَطَّى . استعطَى : تسوَّل To beg; ask alms, or charity.

عَطَا . عَطَاء . عَطيَّة : هِبَة Gift; offer.

△ — △ — : ثمن معروض Tender; offer.

△ مقدِّم الـ Tenderer.

صندوق العطايا (في المعابد) Offertory box.

إستعطاء : تسوُّل Begging; mendicity.

مُعطٍ : ضد آخذ Giver; donor.

مُستعطٍ : متسول Beggar; mendicant.

❋عِظْلِم : وَسْمَة . وردالنيل Ash of Jerusalem; dyer's weed; woad.

عَظُمَ : ضدّ صغر — To be, or become, great.

—الامرُ عليه — To be distressing; be hard upon.

عَظَّمَ : فخّم وبجّل — To extol; magnify.

— : كبّر — To aggrandise.

— . أَعْظَمَ : صيّره عظيماً — To magnify; make great or greater; aggrandise.

اعظمَ ٢ الامرَ : عدّهُ عظيماً — To attach much importance to.

تَعَظَّمَ . تَعَاظَمَ . إسْتَعْظَمَ : تكبّر — To be, or get, proud.

△ — : تحوّلَ الى عظم — To ossify.

تعاظمَ ٢ الأمرُ : صارَ عظيماً — To be great or important.

استعظمَ ٢ الأمرَ : رآه او عدّه عظيماً — To regard as great, or important.

ــت الفتنةُ : اشتدّت — To be aggravated.

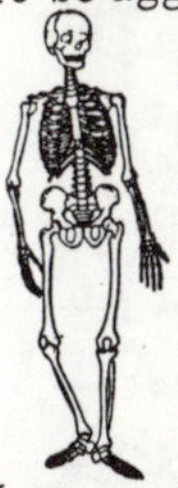

عَظْم : قَصبُ الحيوان — Bone, or bones.

عَظْميّ : كالعظم اومنه او مختص به — Bony; osseous.

هيكل — . — Skeleton.

عِظَم . عُظْم : ضدّ صغر — Greatness.

— : اهميّة — Importance; greatness.

عَظَمَة : كِبْر — Pride; arrogance; haughtiness.

— : جلال — Grandness; splendour, majesty; magnificence.

صاحب الــ — His Majesty.

مَرضُ الــ . عَظَمَوت — Paranoia; paranoea.

عَظْمَة : قطعة من العظم — A bone.

عُظَام : عظيم — Great; big.

عُظَامَة . إعْظَامَة : ارداف مستعارة — Bustle.

عَظِيم : ضدّ صغير — Great; big; major.

— : جلَل . هامّ — Important; great.

— : فاخر — Grand; magnificent; splendid.

— النفْس او الأخلاق — Magnanimous; great-souled.

— الأهمية — Of paramount importance.

عَظِيمَة : مصيبة شديدة — A calamity; great misfortune.

أَعْظَم : اكبر — Greater; bigger.

— : اهمّ — More important.

تَعَظُّم — Ossification.

تَعَاظُم : تَفاخُر . تكبُّر — Ostentation; boasting.

تَعْظِيم : تفخيم — Magnifying.

△تَعْظيم : تحيّة عسكريّة — Military salute.

مُعْظَم : اكثَر — Majority; most of; greater part of; chief part of.

— : غاية . أقصى — Maximum.

مُعَظَّم : مبجَّل — Extolled; magnified.

△ — : هزيل . رهيش — Rawboned; bony.

مُتَعَظِّم : متكبِّر — Ostentatious; boastful.

*عِظَاءَة . عِظَاية △سحليّة — Lizard.

*عظة (في وعظ) * عفّ (في عفف) *عفا (في عفو)

عَفاف (في عفف) — Chastity.

*عَفَّرَ . عَفَرَ : ترّبَ — To soil, or cover, with dust.

— : رشّ بمسحوق (علاجي) — To dust; sprinkle with powder.

△ — : التقط فضلات الحصّادين — To glean.

عَفَرَ △عُفَار : تُراب . Dust.

عِفْر : △حَلّوف . هلّوف — Wild boar.

عُفْرة الاسد والخيل : مَعْرَفَة — Mane.

△عَفّارة المساحيق — Powder duster.

أَعْفَر : لون اسمر نحاسي — Twany.

*عِفْريت : شيطان — Devil; demon.

— : كثير الاحتيال — Cunning; crafty.

— : الصبي الكثير اللعب — Imp; mischievous child; elf.

— : (في ورق اللعب) — Joker.

△ — : العلبة — Jack-in-the-box.

△عليه — : محضور — Possessed; demoniac.

△مكان فيه — : مَسكون . معمور بالجن — Haunted.

Lifting jack. — ∆عفريتة رفْع : ∆كريك

Devilry. — عفرْتة : شيطنة

To act like a devil. — تعفرَتَ : تشيطن

To collect; heap up; amass. — ✲عفَشَ : جمَع

Trash; rubbish. — ∆عفْش . عُفَاشَة : مالا خير فيه

Luggage; baggage. — ∆ — المسافر : امتعتهُ

Furniture. — ∆ — المنزل : اثاثه

Galls; gallnuts. — ✲عفْصُ البلوط

Astringent; drawing together; acrid. — عفِصٌ : مُرٌّ قابِض

Capsule of a bottle. — عِفاصُ الزجاجة (القنّينة)

Acridity; astringency. — عُفُوصة : مرارة وقبض

To be virtuous *or* chaste. — (عفف)عفَّ . تعفَّفَ : امتنع عما لا يحلّ

Virtue; chastity; purity; modesty. — عِفَّة . عفَاف : طهارة

Integrity; probity. — — . — : نزاهة

Pure; chaste; modest. — عَفٌّ . عفيف : طاهر

Honest; upright; virtuous. — — . — : نزيه

To rot; putrefy; decay. — ✲عفِنَ∆عفَّنَ . تعفَّنَ : فسدَ

To become tainted with mould. — — ∆ — : كرج

Rottenness; putridity. — عفَنٌ . عُفُونة : فساد

Mould, —iness; mildew. — — . — : كرَج

Mouldy; covered with mould, *or* fungi. — عَفِنٌ . مُعفَّنٌ . مُتَعفِّنٌ : كرج

Septic disease. — مرض عفِن

Isolation hospital. — مستشفى الأمراض العفنة

Putrefaction. — تعفُّن : انفساد

Chastity; modesty. — ✲عفَّة (في عف)

Obliteration; effacement. — ✲عَفْو . عفَاء : محو

Pardon; forgiveness. — — : صفْح

Favour; good will. — — : فضْل

Amnesty. — — عامٌ (عن المجرمين السياسيين)

Extempore; off-hand; on the spur of the moment. — — الخاطر او الساعة

I beg your pardon; pardon me. — عفـواً : ارجو صفحكم

Spontaneously. — — : من تلقاء ذاته

In a haphazard manner. — — : اعتباطاً

Dust. — عَفَـاء[2] : تراب

To pardon; forgive; excuse. — عفَا عنه او عن ذنبه

To abstain, *or* refrain, from. — — عن الشيء : امسك عنه

Let bygones be bygones. — — الله عمّا سلَف

To efface; expunge; wipe out; obliterate. — — . عفّى : محا

To restore to health. — عافَى . أعْفَى : شـفَى

To protect from evil. — — . — : دفع عنه السوء

To exempt from. — ∆ — . — من الأمر

To recover; recuperate; regain health. — تعافَى : شُفِي

To ask another's pardon. — إستعْفَى : طلب العفو

To decline; refuse. — — : طلب اعفاءهُ من امر

To resign; give up an office. — ∆ — : استقال من خدمة

Strong; robust. — ∆عَـفِيّ : قويّ

Effaced; wiped out; obliterated. — عافٍ . مُعْتَفٍ : منطمس

Good health. — عَافِيَة : صحة تامّة

Strength; force; vigour. — ∆ — : قوّة

Exemption; dispensation; exoneration. — إعْفَاء ∆مُعافاة

Excuse; apology. — إستِعْفَاء : طلبُ العفو

Resignation. — ∆ — من منصب : استقالة

✲عفيف (في عفف) ✲عقّ (في عقق) ✲ عقار (في عقر)

To succeed; follow; come after. — ✲عقَبَ . أعْقَبَ : جاء بعد

To reform; turn over a new leaf. — أعقَبَ[2] الرجُلُ : رجع من شر الى خير

To beget; procreate. — — نسْلا

To succeed; end well; end with advantage. — — الأمرُ : حسنت عاقبته

Censure; criticise; find fault with. — عقَّبَ عليه : ندّد به

To comment. — — على الحديث

عَاقَبَ بذنبه وعليه — To punish for.

— : ناوب — To alternate; occur by turns.

تَعَقَّبَ : تَتَبَّعَ — To pursue; follow up.

— : لاحق وطارد — To chase; track.

تَعَاقَبَ : تتابع — To succeed one another.

عَقْب : تابع . لاحق — Subsequent; following, or coming, after.

— . عَقِب : مؤخّر القدم — Heel.

— . — : ولد — Child; offspring.

— . — : ولدُ الولد — Grandchild.

جاء عقبه وبعقبه — To succeed; follow, come closely after.

رجع على عقبه او اعقابه — To retrace one's steps.

رأساً على عقب — Head over heel; heels over head; upside down.

عُقْب . عُقْبَى . عاقِبَة : آخر — End; termination.

— . — . — : نتيجة — Result; consequence; issue; after-effect.

كانت عاقبته كذا — It resulted in.

△ عقب ٢ السيجارة — Cigarette end (stump).

△ — دفتر الوصولات وامثاله — Counterfoil; stub.

△ — الشمعة — Stub of a candle.

△ — قلم الرصاص — Stub, or stump, of a pencil.

عَقَبَة : عائق — Obstacle.

— : الطريق في الجبال — Mountain road.

عُقَاب : كاسِر △ نِسْر — Eagle.

— البحر : شميطة — Sea eagle.

— ذهبيّ : لمّاعة (انظر لمع) — Golden eagle.

— مَنْسوري — Osprey.

بُرج الـ — (في الفلك) — The Eagle.

ابصر من — . — Eagle-eyed; sharp-sighted.

عُقابي : مختص بالعقبان — Aquiline.

نَسْر عُقابي — Eagle-vulture.

عُقَيْب : فَرخ العقاب — Eaglet.

عِقاب . عُقُوبَة : قصاص — Punishment.

عِقابي . عُقوبي — Penal; punitive.

قانون العقوبات — Penal code.

عَقِيب : تالٍ — Following; next; subsequent.

— ذلك — Following, *or* after, that; next, *or* subsequent, to that.

تعقُّب : تتبُّع — Pursuing; following up.

— : ملاحقة ومطاردة — Tracking; chasing.

△ تعقيبة : مرض السيلان — Gonorrhea; clap.

تَعَاقُب : تتابع . توالٍ — Succession.

بالـ . على الـ : بالتتابع — In succession; in tail.

بالـ : بالتوالي — Alternately; one after the other.

مُعَاقِب : موقّع القصاص — Punisher; one who punishes.

— : متناوب — Alternate; by turns.

— : آتٍ بعد — Succeeding; coming after.

مُعَاقَبَة : ايقاع القصاص — Punishment; infliction of punishment.

مُتَعَاقِب : متتابع — Successive; following in succession.

— : متوالٍ — Alternate.

يعقوب : اسم علم — Jacob; James.

— : ذكر الحجل — Male partridge.

يَعْقُوبِيّ — Jacobite.

*عُقْبُول (والجمع عَقابيل) — Aftermath.

*عَقَدَ : ضدّ حلَّ — To tie; knot.

— البنّاء — To arch; vault; form into an arch.

— البيع والعهد — To ratify, *or* conclude, a transaction.

— الصفقة — To strike, *or* clinch, a bargain.

— الطبخ — To boil down.

— النيّة او العزم — To determine; resolve; make up *one's* mind.

— على المرأة — To marry a woman.

— جلسة — To hold a meeting.

— قرضاً — To contract a loan.

— فصلاً : كتبه — To write an article.

— ناصيته — To frown; knit the brows.

— لسانه : اسكته — To dumbfound; silence.

△ — . عَقَّدَ : كثف بالغلي — To thicken; inspissate; boil down.

— وا الخناصر — To join, link, *or* knit, hands.

عقـد ٢ الخيط — To knot; entangle.
— الأمرَ — To complicate; make intricate.
— الـكلامَ — To speak ambiguously.
عَقَدَ لسانُهُ : احتبس — To be tongue-tied; spell-bound.
تَعقَّدَ . انعقد الشرابُ واللبَنُ — To thicken; set.
— ٥ — : ضدّ انحلّ — To be knotted, *or* entangled.
— ٥ — الامرُ — To be complicated.
انعـقـد ٢ المجلس — To be in session; assemble.
تعاقَدَ مَعهُ — To enter into an agreement with; make a contract with.
إعتَقَدَ : صدّقَ — To believe.
عَقْد : ضدّ حَلّ — Tying; knotting.
— : اتفاق مدوَّن — Contract; indenture.
— : سنَد . مستنَد — Deed; document.
— : حلْقة — Circle; cycle.
— ايجار — Lease; contract of rent.
— بَيْع — Deed of sale.
— الزواج — Marriage lines.
— الملكيّة : حجّة — Title-deed.
— رسْمي — Notary act.
— عُرفي — Private contract.
— من الاعداد : عشراتها — Tens.
— من السنين — Decade; decennium; ten-year period.
في الـ السادس (من عمره) — In *his* sixth decade.
عقد ٢ من بناءٍ : قوس — Arch.
△ — نِصف دائري — Semi-circular arch.
— : قَبْو (انظر قبو) — Vault.
△ — رقبة الاوزّة — Rampant arch.
△ — فوق العَتَبة — Discharging arch.
△ — مُستقيم — Flat arch.
△ — غوطي — Ogive; pointed arch.
△ — مرجوني — Elliptic arch.
△ — مَخوس — Lancet arch.
△ — مقوصَر — Ogee (S-shaped) arch *or* moulding.
△ — موتور — Segmental arch.

△ — نَـعل الفَـرس — Horseshoe arch.
△ تجريد الـ : مُنحنيه الخارجي (انظر جرد) — Extrados.
مفتاح الـ : △ غلـق — Keystone.
△ تنفيخ الـ : منحنيه الداخلي — Intrados.
△ خَـصْـر الـ . — Springer.
△ رِجْل الـ : مرتكز الصنجة الاولى — Skew back.
صَنْجَـة الـ . (انظر صنج) — Voussoir; arch stone.
كاتِب العقود الرسميّة — Notary public.
عُقْد : قلادة — Necklace.
— من الخرز — Chaplet.
عُقْدَة : موضع العقد من حبل — Knot; bow.
— الشاغول — Clove hitch.
— الروايَة : △ حبْكَـة — Plot of a novel.
— بَسيطة — Overhand knot.
— شراعيّة او افقيّة — Reef-knot.
— العـَرَكي — Fisherman's knot, *or* bow.
— سائبة — Running, *or* slip, knot.
— التقصير — Sheepshank.
— مُزلقة — Bow-knot.
— منفرجة — Bowline knot.
— نفسيّة — Complex.
— : △ عزبة — Plantation; farm.
— : غدّة — Gland; node.
— في خشب — Knot; knur.
— : ميل بحري — Knot.
— : مشكلة — Difficulty; knot; intricacy.
— : لغز — Puzzle; problem; knot.
— في قصبَة : △ عُقلة — Joint.
عَقّاد : حائك الاشرطة — Braid weaver; maker of tassels, galloons and cord.
عَقِيد . مُعاقِد . متعاقِد : معاهد — Contractor.
— : △ قائمقام . رتبة عسكرية — **Lieutenant colonel.**
— : مختَّر بالغَلْي — Inspissated; boiled down.
عَقيدَة الانسان : مذهبه — Belief; faith; creed.
عُنْقود : عذق . قُطف — Bunch; cluster.
— عنب — Bunch of grapes.

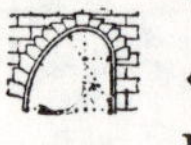

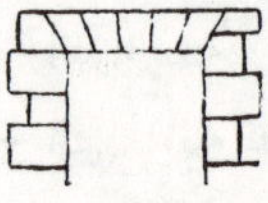

Aciniform; acinose; racemose. عُنقودي

Belief; trust; confidence. إعْتِقاد : تصديق

Conviction. — : إيمان

Tenet; dogma; principle; belief. — . مُعْتَقَد

Opinion; judgment; idea. — . — : رأي

Believer. مُعْتَقِد : مصدّق

Complicated; complex; intricate; knotty. مُعَقَّد : مشبَّك

Knotted. — : ذو عُقَد

Pancreas. مِعْقَد : غدّة البَنكرياس

Tied; bound. مَعْقود : مربوط

Spell-bound; tongue-tied. — اللسان

Arched, *or* vaulted. — (كقولك بِناءٌ معقود)

The contracting parties. المتعاقدون

To wound; cut. *عَقَرَ : جرح

To bite. — : عضّ

To be barren; childless. عَقُرَت الانثى : كانت عاقراً

To be addicted to. عاقَرَ الشيءَ : لازمهُ وأدمن عليه

To stun; stupefy. أعْقَرَ : ادهش

Barrenness; sterility. عُقْر . عَقارة : عقم

Main part of a house. — الدار

Barren; childless. — . عاقِر : عقيم

Barren woman. امرأة عاقر

Defloration indemnity. عُقْر ٢ : ديّة البكارة المغصوبة

Rattoon. — القَصب وامثاله من النبات

Mare's nest. بَيْضة العُقْر

Real estate; property; realty. عَقار : ملك ثابت

Landed; consisting in real estate *or* land. عَقاري

Landed property. ملك — .

Mortgage; landed security. رهن — .

Drug. عَقّار (الجمع عقاقير) : دواء

Mordant; biting. عَقور : عضّاض

Voice. عَقِيرة : صوت

He raised his voice. رفع —ه

←Scorpion. *عَقْرَب : دويبة سامّة

Hand; pointer. — الساعة

Hour-hand. — الساعات

Minute-hand. — الدقائق

Second-hand. — الثواني

Calamities; misfortunes. عقارب : شدائد

Crooked. مُعَقْرَب : معوجّ

To braid; plait. *عَقَصَ : ضفر

Braid; plait. عَقِيصَة : ضفيرة شعر

←Magpie. *عَقْعَق : طائر

To crook; bend. *عَقَفَ . عَقَّفَ

Crooked; aquiline; hooked. أعْقَف . مَعْقوف

Aquiline nose. انف — : اقْنَى

←Swastika. الصليب المعقوف

To be undutiful towards one's parents. (عقق) عَقَّ الولدُ والده

Undutiful. عَقّ . عاقّ : عاصٍ . ضدّ بارّ

Flash of lightning. عَقّة : بَرقة مستطيلة

Carnelian; cornelian. عَقيق : خَرَز احمر

Agate. — يَماني

Canyon; deep gorge; ravine. — : وادٍ ضيّق

To tie; bind; constrict. *عَقَلَ : ربط

To fetter; shackle. — الدابّةَ : ربطها

To constipate. — الدواءُ بطنَهُ

To understand; comprehend. — الشيءَ : فهمه

To trip up. — : △ كَعْبَلَ . اعثر

To bring to reason. عَقَّلَ : صيّرهُ عاقلاً

To think; reflect; reason. تَعَقَّلَ : تفكّر

إعْتَقَلَ الرجلَ : حجزه في مُعْتَقَل — To intern.
— : حبس مؤقتاً — To arrest; put under arrest; confine; detain.
أُعْتُقِلَ لسانُهُ — To be spell-bound; tongue-tied.
إسْتَعْقَلَ : ظنّهُ عاقلاً — To think a person intelligent.
عَقْل : مركز او قوّة الادراك — Mind; intellect; head; brain.
— : ادراك — Sense; mind; intelligence.
— : تمييز — Comprehension; reason.
— : فهم — Intelligence; understanding.
— : ذاكرة — Memory; remembrance.
— : القوّة العاقلة — Rationality.
— : رَبْط — Tying; binding.
— : ديَة القتيل . ثَمَن الدم — Blood-money.
سليم او صحيح الـــ . — Sane; *compos mentis*.
مختلّ الـــ . — Insane; deranged; non compos mentis.
△من عقله : بلا استشارة — Out of his own head.
عَقْلي : ذهني — Mental *or* intellectual.
△عُقْلة : عقدة في قصبة — Joint.

△— الترَيُّض — ←Trapeze.
عاقِل : له عقل — Rational; intelligent; endowed with reason.
— : مميّز . مُدرك — Reasonable.
— : حكيم — Wise.
— : سليم العقل — Sane.

عِقَال الدّابة : قَيْد — Shackles; ←fetters.
— : مِطْوَل الدابّة — Tether.
— : ما يشدّ على الراس — Fancy headband.
عَقُول : مُدْرِك — Intelligent; understanding.
— : دواء يعقل البَطن — Costive medicine.
— • عَاقول : شوك الجِمال — Camel thorn.
عاقول ٢ الغزال : شوكان — Cretan prickly clover.
عَقِيلَة : كريمة مخدّرة — Lady.
— : زوجة — Wife.
إعْتِقَال : حجز او حبس — Internment; detention.
مَعْقِل : حِصْن — Stronghold; fortress; castle.

مَعْقُول : يُدركه العقل — Intelligible; comprehensible.
— : يقبله العقل — Reasonable.
شِبْه —. — Plausible.
غير — : لا يدركه العقل — Incomprehensible.
غير — : لا يقبله العقل — Absurd; irrational.
عِلم العَقليات او المعقولات: ماوراء الطبيعة — Metaphysics.
*عَقِمَ . عَقُمَ : كان عقيماً — To be sterile.
— . عَقَّمَ . أعْقَمَ — To sterilize; deprive of reproductive power; render fruitless, sterile, *or* barren.
عَقَّمَ ٢ : طَهَّر — To disinfect; rid of harmful germs.
عُقْم . عَقَم . عُقْمَة — Barrenness; sterility.
عَقِيم : لا يَلِد — Barren; sterile.
— : عديم الثمرة — Unproductive; fruitless.
— : بلا فائدة — Futile; useless; unavailing.
عقل — : لا خير فيه — Dull; stupid (mind.)
تَعْقيم : ابادة الجراثيم المَرضيّة — Sterilisation.
مُعَقِّم : مبيد الجراثيم — Steriliser.
*عقوق (في عقق) *عقيدة (في عقد) *عقيرة (في عقر)
*عقيق (في عقق) *عقيلة (في عقل) *عكّ (في عكك)
*عَكِرَ : ضد صفا — To be, *or* become, turbid.
عَكَّرَ : ضدّ روَّق — To render turbid.
— : كدَّر — To trouble; agitate; disturb.
عَكَر : ضد صفاء او رواق — Turbidity.
△عَكارة — — Dregs; lees; sediment.
عَكِر . مُعَكَّر : كدِر — Turbid; muddy, feculent.
— . — : مضطرب — Troubled; disturbed.
*عَكَزَ . تَعَكَّزَ على — To lean upon a staff.

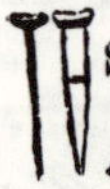

عُكَّاز . عُكَّازَة : عصا — Staff.
— الاعرج — ←Crutch.

— الاسقف — Bishop's staff; ←crozier.
— الراعي — Shepherd's staff; crook.
*عَكَسَ : قلبَ — To reverse; invert.
— النورَ او الحرارة او الصورة — To reflect.

To contradict; oppose. عاكَسَ : خالفَ

To pull another's leg; tease. △ — : ضايق

To be reversed. تعاكَسَ . انعكَسَ : انقلبَ

To be reflected. — . — : ارتدّ (كالنور والحرارة)

Reversal; act of reversing. عَكْس : قلب

Contrary, *or* opposite, to. — كذا

Vice versa; conversely. والـ بالعكس

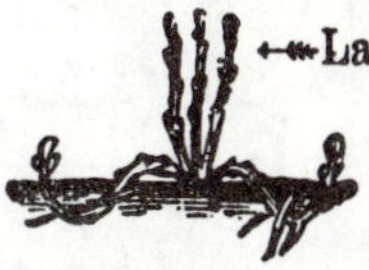

Layer. عَكِيس : △ تـرقيدة

Reversing. عاكِس : قالب

Raflective. — : رادّ

Reflector. عاكسة النور او الحرارة

Reflection; reflexion إنْعِكاس النور والحرارة

Angle of reflection. زاوية الـ . (في الطبيعة)

Adverse; contrary. مُعاكِس : ضد موافق

Reversed; inverted; converse. مَعْكُوس . مُنْعَكِس

Reflected. — . — (كالنور والحرارة والصورة)

Reflex action. الفعل المنعكس

To be entangled; dishevelled. ٭ عَكِشَ الشَعرُ والنبتُ : التوى وتلبَّدَ

Cobweb; spider-web. عُكاشة : بيت العنكبوت

Dishevelled; entangled. مَعْكوش : △ مَنْكوش

To indulge in; give oneself up to; be addicted to. ٭ عَكَفَ على كذا : لازمه

To be devoted to; be bent, *or* intent, on. — على : انكبَّ على

To withhold from. — . عَكَفَ عن : منع

To seclude oneself in a place. — . تعكَّفَ . اعتكَفَ في المكان

To live in seclusion. — . — . — عن الناس

To keep to, *or* remain in, one's room اعتكَفَ [2] في غرفته

Given up to; bent on; addicted to. عاكِف على كذا : ملازم له

Living in seclusion. — ومُعْتَكِف عن الناس

To be sultry. (عكك) عكَّ اليومُ : اشتدَّ حرُّه

Sultry; sweltering; hot and sticky (day). عَكّ . عكِيك

Acre. عَكّة . عكّاء : بلدة في فلسطين

To bundle; tie up. ٭ عَكَمَ : جمع وصرَّ

To refrain; abstain; withhold. — عن كذا

To hoard; store up; amass. △ — : ادَّخر

To annoy; vex. △ عَكْنَنَ : ضايقَ

To upset; put out of sorts. — عليه

Out of sorts *or* spirits. مُعَكْنَن : مُخطَف

Indisposed; unwell. — : منحرف الصحة

٭ علّ (في علل) ٭ علا (في علو) ٭ علّاته (في علل)

٭ علّان ٭ علانية (في علن) ٭ علاة ٭ علاوة (في علو)

To brand, *or* notch. ٭ عَلَبَ . علّبَ : وَسَمَ او حزَّ

To tin (food, etc). عَلَّبَ [2] : عبأ في عُلبة

Milking vessel. عُلْبة : اناء يُحلب فيه

Milk can. — اللبن : مدلجة △ قِسْط

Caisson. △ — : جهاز البناء تحت الماء

△ — : صندوق صغير (راجع صندق)
Box; case.

Can; tin. △ — صفيح : △ صفيحة

Cigarette case. △ — سجاير (لحمل السجاير)

Cigarette box. △ — سجاير (لأجل السجائر)

Box of cigarettes. △ — سجائر (مملوءة بالسجائر)

Match box. △ — كبريت (لأجل الكبريت)

Box of matches. △ — كبريت (مملوءة بالكبريت)

Snuff-box. △ — نشوق (لأجل النشوق)

A tin of sardine. △ — سردين او غيره

Tinned food. اطعمة معلَّبة (اي محفوظة في عُلَب)

Infidel. ٭ عِلْج : كافر

To treat a patient. عالَجَ المريضَ : داواه

To work at; manage. — الامرَ : مارسه

To temper metals. — الحديد او الفولاذ : سقّاه

To tackle, *or* handle, a subject. — الموضوع

To receive, *or* be under, medical treatment. تعالَجَ المريض

(Medical) treatment. عِلاج . مُعالَجة : مداواة

Remedy; cure. — : دواء . طِباب

Electropathy. — كهربي

Hydropathy; water cure. — مائي

To feed; fodder. *عَلَفَ الدابة : أطعمها

To stall-feed. — وسمَّنَ : بَشَّنَ

Fodder, forage, *or* provender. عَلَفٌ . عَلُوفة

Seller of provender. علّاف : بائع العلف

Stalled animal; stall-fed. عَلُوفة ٢ : دابّة معلوفة

Manger; trough. مِعْلَف : موضع العلف

Stalled; fattened; stall-fed. مَعْلُوف : مُسمَّن

To cling, cleave, *or* stick to. *عَلِقَ وتعَلَّقَ به : استمسك

To be attached to. — و — قلبهُ به : أحبَّهُ

To fall in a trap; be entrapped. — و — بالحبالة

To begin; start. — يفعلُ كذا

To conceive; become pregnant. —ت الانثى : حبلت

To hang down; dangle. تَعَلَّقَ ٢ : تدلّى

To belong, *or* pertain, to. — به : خصّه

To suspend; keep in abeyance. عَلَّقَ الامرَ : ارجأه

To attach to. — به : ربط

To attach great importance to. — اهميّة عظيمة على

To comment; annotate. — : شرح

To note down. — في تذكرته

To hang; suspend. — . أعْلَقَ : دلّى

To apply leeches. اعْلَقَ ٢ : وضع دود العَلَق

←Leeches. عَلَقٌ (الواحدة عَلَقة) : دود يمتصّ الدم

Larva (*pl.* Larvæ). — البعوض وغيره : يَرَق

Precious. عِلْق : نفيس

Thrashing; hiding; beating; spanking. △عَلْقة

Relation; —ship; connection. عَلاقة : صلة

Bearing; relation. — : ارتباط

Attachment; affection. — : حُبّ

Liaison; illicit amour. — غراميّة

Suspension rope. عِلاقة △عَلاقة : حَبْل التعليق

Costume hanger. علّاقة ٢ الثياب

Forage; fodder. عَلِيق الدواب : علف

Common bramble; brier; black-berry. عُلّيق . عُلّيقى : نبات متسلق

Bush; thicket. عُلّيقة

The Burning Bush. — موسى

Connection; relation. تعلُّق : ارتباط

Attachment. — : حُبّ . ارتباط القلوب

Suspension; hanging. تعليق : تدلية او إرجاء

Annotation. — على كتاب

Suspension lamp. مِصباح — .

Hanging down; dependent; suspended. مُعلَّق : مدلّى

Suspended; in suspense. — : موقوف

Depending in court. — في المحكمة

Dependent on *or* upon. — بكذا او عليه

Suspension-bridge. جِسْر — .

Suspense account. حساب — .

Tongue. مِعْلاق : لسان

Pluck. △ — : قلب وكبد ورئة الذبيحة

Colocynth; bitter cucumber *or* apple. *عَلْقَم : حنظل

To chew; masticate. *عَلَكَ : مضغ ولاك

Chewing-gum. عِلْك : كل صمغ يُعلك

Tattle; prattle; loquacity. عَلْك س : ثرثرة

✱عَلَّلَ : بيَّنَ السببَ — To account for; give a reason, or an explanation.

— النفسَ بكذا — To look forward to.

ـه بكذا : شغله — To stay; hold back; occupy, or keep busy, with.

إعْتَلَّ . عُلَّ : مَرِضَ — To become ill, or ailing.

— بكذا . تعَلَّلَ : التمس عذراً — To make excuses.

تعالَّ ٢ بكذا : تشاغلَ — To occupy oneself with.

عَلَّ . لعَلَّ : عسى — Maybe; perhaps.

بَنُو عَلّاتٍ : اخوه من أب واحد — Stepbrother.

عِلَّة : مرض — Illness; ailment; sickness; disease; malady.

— : عيب — Defect.

— : سبب — Cause; reason.

— : مصدر . اصل — Source; origin.

— : حجّة . عذر — Excuse; plea.

— (في النحو والصرف) — Defectiveness.

— الوجود — First Cause.

— ومَعْلُول — Cause and effect.

حَرف عِلَّة — Weak, or defective, letter.

على عِلّاته : كما هو — As it is; at its face value.

عَليل . مُعَلّ . معلول ٢ — Sickly; ill; diseased.

إعْتِلالُ الصحة — Illness; sickness.

— الحرف — Permutation of a letter.

تَعليل : ايضاح السبب — Explanation; account; assignment of a cause.

لا يمكن تعليله — Unaccountable.

معتلُّ الصحّة — Sickly; defective in health.

— : فيه حرف علّة (وبمعنى ناقص) — Defective.

✱عَلِمَ الامرَ : عرفَه — To know; be aware, or informed, of; be acquainted with.

— الامرَ وبه : ادركه — To perceive; know.

عُلِمَ لي — Being given to understand.

عَلَّمَ العلم او الصنعة — To teach; instruct.

— : هذّب — To educate; train; school.

— . عَلَّمَ : جعل له علامة — To mark.

أعْلَمَ الامرَ وبه — To inform, advise, or tell, of; acquaint with.

تَعَلَّمَ العلم او الصنعة وغيرهما — To learn.

— : تثقّف . تهذّب — To be educated.

— : درس — To study.

إستَعْلَمَ منه عن — To inquire of a person about a thing.

عَلَم : راية — Standard; flag; ←banner.

— . أعلومة : نصب يُهتدى به — Signpost.

— : سيّد القوم — Chief; head.

اسمُ — . — Proper name or noun.

عَلَمِيَّة الاسم — The quality of a proper noun.

عِلْم : معرفة — Knowledge; acquaintance.

— : ضدّ جهل — Learning; knowledge.

— : دراية — Cognisance; knowledge.

— : واحد العلوم المبنية على البحث والاختبار — Science.

△ — طلب : استدعاء الى المحكمة — Summons; subpoena.

عن — . — Knowingly.

طالبُ — : تلميذ — Student; scholar.

والعلمُ عند الله — God alone knows.

ليكن في علمكم — Please be advised.

علمىّ : ضدّ عمليّ . نظريّ — Theoretical.

— : مختص بعلم — Scientific.

— : مدرسي — Scholastic.

جمعية علمية — Learned society.

حِرفة او صنعة علمية (تستلزم ثقافة عالية) — Learned profession.

△ عَلْمانيّ : ليس من ارباب الفنّ او الحرفة — Layman.

عَلامَ : على ما؟ — Wherefore; for what reason; why?

عَلامَة : سِمَة . اشارة — Mark; sign; token.

— : دليل — Sign; indication; token.

— : طحين ناعم — Fine flour.

— : صفيحة العلام — ←Stencil.

— تجارية — Trade mark; registered word or symbol used by manufacturer to distinguish his goods.

عَلّام . عَليم — Knowing every thing; all-knowing; omniscient.

عَلّامة . تِعْلامة — Erudite; learned; well-informed.

World; universe; cosmos. عَالَم : الخلق كلّه
The animal kingdom. — الحيوان
The vegetable kingdom. — النبات
Dreamland. — الخيال
Worldliness. محبّة الــ
Worldly; secular. عالميّ : دنيويّ . زمنيّ
Universal; cosmopolitan. — : كونيّ
Savant; a man of learning. عَالِم : متعلّم
Scientist. — : رجل علم
Learned; well-informed. — : ضد جاهل
Aware of; acquainted with. — بالامر
A learned woman; blue-stocking. عالِمة : متعلمة
Lady singer; songstress. △ — : مغنّية
Information; advice; notification. إعْلام : اخطار
E'lâm Shar'i, grant of order by Court of Personal Status (confirming death and devolution of estate). — شرعي
أُعْلُومَة : ما يُنصب فيُهتدى به

← Signpost.
Sign; mark, or indicator. — : علامة
Inquiry. إسْتِعْلام : استخبار
Inquiry office. مكتب استعلامات
Teaching; instruction; schooling. تَعْلِيم : تلقين الدرس
Education; training. — : تهذيب
Pedagogy; pedagogics. فنّ الــ
Instructions; directions. △ تعليمات : ارشادات
Instructional. تَعْلِيميّ : ترويضي
Drill instructor; trainer. △ تعليمجيّ : مروّض
Signpost. مَعْلَم (الجمع معالم) : أُعلومة
Landmarks. معالم المدينة : ما تراه منها عن بُعد
Clues; indications (of a crime). — الجريمة
Marked. مُعْلَم : عليه علامة
Taught; instructed. — . مُتَعَلَّم : مدرَّس
Educated; trained. — . — : مهذّب
Teacher; master. مُعَلِّم : مدرّس
Tutor. — خاصّ (خصوصي)
Mistress; female teacher. مُعلِّمة : مدرِّسة
Training college. مدرسة المعلمين

Known. مَعْلُوم : ضدّ مجهول
Certainly; no doubt. △ — : يقيناً
Active voice. صيغة المعلوم
News; informations. مَعْلُومات : اخبار
Data (*sing.* datum). — : بيانات حقيقية
Knowledge; cognisance. مَعْلُوميّة : علم
Educated; schooled; taught. مُتَعَلِّم : ضدّ جاهل
To be, *or* become, known. ✡ عَلِنَ . اعْتَلَنَ . اسْتَعْلَنَ الامر
To declare; make known; announce. عَالَنَ وأَعْلَنَ الامرَ وبه
To announce; proclaim. اعلن ٢ : اذاع
To notify; give notice. — : انذر
To proclaim, *or* declare, war. — الحرب
To publish abroad; make known. — الخبر
To serve a process. — الحُكْم
To advertise (goods for sale, a lost article, a meeting, etc). — عن كذا
Open; manifest; public. عَلِنٌ : ضدّ خفي
Public; open. عَلَنيّ : جهري . جهاري
Public sale. بيع — .
Openly; publicly; in public. عَلَناً : جهراً
Openness; publicity. عَلانية : ضدّ سِرّ
Openly; publicly; in public. علانيةً : جهاراً
Declaration; manifestation. إعْلان : اظهار
Promulgation; publication. — : نشر
Advertising; announcing. — : اذاعة الخبر
Advertisement; announcement. — : خبر مُذاع
Notice; advertisement. — : نشرة
Poster; bill; placard. — يُلصق على الحيطان
Handbill. — صغير (يوزّع باليد)
Summons; subpoena. — حضور الى المحكمة
Revelation. — إلاهي : وحي

Advertising agency. شركة اعلانات
Notice-board. لوحة عرض الاعلانات
Cause. ✡ عِلّة (في علل)
← Stag. ✡ عَلْهَب : ذكر الاوعال

*عُلُوّ . عَلاء : ارتفاع — Height; altitude; elevation.
— . عَلاً : رفعة — Eminence; elevation; highness.
عَلَوِيّ : سماوي — Heavenly.
— . عُلْوِي : فوقاني — Upper.
عَلا الرجُلَ : غلبه وقهره — To subdue; overcome.
— : صار أعلى منه — To top; rise above.
— . عَلِيَ : فاق — To excel; surpass.
— . — : كان عالياً — To be high *or* elevated.
عَلَى . اعْتَلَى : ارتفع — To rise; tower up.
— و — و — المكانَ : صعده — To ascend; mount; go up.
— و — و — الدابّة — To mount; get upon.
عَلَّى . أَعْلَى : رفَع — To raise; lift up.
— . — : رقّى — To elevate; promote.
تَعالَ : هلُمّ . احْضر — Come.
تَعالى . اسْتَعْلَى : ارتفع — To be high, *or* elevated.
عَلُ : فوق (راجع على) — Above.

عَلاة : سندان ←Anvil.
عَلاوَة : زيادة — Increase; addition; extra.
— ماهية (راتب او معاش) — Rise (in salary, etc).
— على — In addition to; over and above.
— على البيعة — Into the bargain.
عَلِيّ : مرتفع — High; elevated; lofty.
— : رفيع — Eminent; distinguished.
الـ المتعالي — The Most High.
عَلْياء : سماء — Heavens.
— . عُلْيا : مكان عالٍ — Elevation; elevated place.
— . — : مؤنث اعلى . خلاف السفلى — Upper.
عِلِّيَّة : غرفة عالية — Upper room; attic.
— . عِلِّيون : طبقة الاشراف — The upper class; highly placed people; aristocracy.

عالٍ : مرتفع — High; elevated; lofty.
— : رفيع — Eminent; distinguished.
— : شديد (صوت) — Loud; strong; stentorian.
بصوتٍ عالٍ — Loudly; aloud.
البابُ العالي (في تركيا سابقاً) — The Sublime Port.
△عالْ : جيّد للغاية — Very good; excellent.
△ — العال — First-rate; tiptop; A 1.
أَعْلَى : ضدّ اسفل — Upper; top.
— : ارفع من . فوق — Higher *than*; above.
— (أو اقصى) درجة — Maximum.
— منزلةً : اسمى — Superior.
من — الى اسْفل — From top to bottom.
القائد الأعلى (للجيش) — The Supreme Commander.
اعلاه : آنفاً . قبلاً — Hereabove.
مذكور — . — Above-mentioned; mentioned hereabove; aforesaid.
من الاعالي — From on high.
تَعْلِيَة : رفع — Raising; elevating.
الله تعالى — The Most High God.
مُتَعالٍ : مرتفع — High; elevated; lofty.
*عَلْوَنَ الخطابَ : عنونه — To address a letter.
عُلْوانُ الخطابِ : عنوان — Address.
— الكتاب : اسمه — Title; name.
*عَلَى : فوق — On; upon.
— : لأجل . في سبيل — On; toward; for.
— (كقولك بذل المال على فقره) — Notwithstanding; in spite of.
— (كقولك رفع الدعوى عليه) — Against.
— في حساب القسمة (كقولك ٢ على ٨) — Into.
— القياس (كقولك ثوب على القياس) — *To* measure.
— ذوقه او عقله (كيفه) — *To* his taste, mind, etc.
— ما . علامَ : لماذا — Why? Wherefore?
— حين غفلة — *On* a sudden; suddenly.
— ضوء كذا — *In* the light of....
— عهد فلان — *In* the time of.
— وشْك — About; nearly.

يكذب — صديقه To lie *to one's* friend.
يغنّي — العود To sing *to* the harp.
يرقص — الموسيق To dance *to* music.
عليه ان يفعل كذا He must; he will have to.
هل علينا ان ننتظر ؟ Will we have to wait.
وعليه . بناء عليه Accordingly.
عليه عشرة جنيهات He owes ten pounds.
عليَّ بكذا : اعطني ايَّاه . هاتِ Give me. . .
ما عليك من كذا : △معَليهْش Never mind.
☆علَّى ☆ عليّ ☆ علياء (في علو) ☆ عليل (في علل)
☆عليَّة ☆ عليون (في علو) ☆ عمَّ (في عمم) ☆ عِمْ (في وعم)
☆عَمَدَ اليه To repair to; betake oneself to.
— الامرَ واليه : قصد فعله To decide; determine.
— . أعْمَدَ : سَنَدَ To support; prop.
عَمَّدَ : صبَغَ △نصَّرَ To baptise; christen.
تعَمَّدَ الامرَ : قصد فعله To intend; mean; do on purpose.
— . اعتَمَدَ : قبلَ المعموديَّة To be baptised.
اعتمدَ ٢ على : اتَّكل To rely, *or* depend, upon.
△ — : قبل واجاز To sanction; authorise.
عَمْدٌ : دعْم . سند Supporting; propping.
— . تعَمُّدٌ : قصْدٌ Intention; purpose.
— و— سابق Premeditation; predetermination.
عَمْداً . تعمُّداً Intentionally; on purpose; deliberately; advisedly.
عَمْدي . تعمُّدي Intentional; deliberate.
عُمْدَة . عماد Support; prop; pillar.
— البلد Chief of a village; *omdeh*.
— المدرسة Committee; faculty.
عِماد ٢ : قبول المعموديَّة Baptism.

— . عَمُود : دعامة Column; pillar; ←post; pole.
عَمُود ٢ : قائمة (كعمود التلغراف والمصابيح) Post.
— : △مَشْقَبيَّة Spindle; pin.
— الخيمة Tent-pole.

— من بناء او صحيفة Column.
— القنطرة Pier of a bridge.
— الستارة Curtain-rod.
— السرير Bedpost.
الــ الفقري Vertebral column; spine; backbone.
الــ الشوكي Spinal column; backbone.

تاجُ الــ ←Capital.
بَدنُ الــ ←Shaft.
قاعدةُ الــ (Shaft) base.
عمودي : بشكل العمود Columnar.
— : قائم Perpendicular; upright; vertical.
عَمِيدٌ : رئيس Chief; principal.
— الكلّية او الجامعة Rector *or* dean.
— : △اميرالاى . رتبة عسكرية Brigadier General; Colonel
إعتِمَاد : إتّكال Reliance; dependence; dependency.
— : قبول مصادقة Sanction.
— : قرض Credit.
— مالي : مبلغ معيَّن لغرض ما Fund.
اوراق — . Credentials
فتح اعتماداً ماليًّا To open a credit.
خطاب اعتماد Letter of credit.
الاعتماد على النفس Self-reliance.
الاعتماد على الغير Dependency upon others
مُعتَمَد : يُوثَق به Reliable; dependable.
— : صحيح او رسمي Authentic.
— : نائب . وكيل Representative; envoy.
— سياسي : سفير Ambassador; envoy.
مُعتَمِد على Relying, *or* depending, on.
يوحنا المَعْمَدان John the Baptist.
مَعْمُوديَّة Baptism.
☆عَمُرَ المنزلُ بالناس To be inhabited *or* populated.
— المنزلَ : سكنه To inhabit a house.
— بالمكان : أقام To dwell, *or* live, in a place.
— . عَمَّرَ : عاش زماناً طويلاً To live long.
— : بَنى To build; construct.
— ه و— ه الله : اطال حياته To prolong a person's life; grant *him* long life.

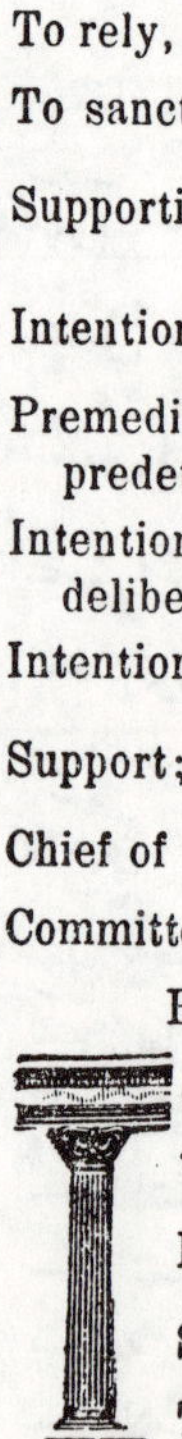

To populate. عمَّر ٢ . أعْمَرَ المكانَ بالسكّان

To rebuild; restore. — : ضدّ خرّب

To repair; overhaul. — : أصلح

To fill a lamp. △ — المصباحَ وامثاله : ملأهُ

To load *or* charge fire arms. △ — السلاح الناري وامثاله

To settle a person in a place. إستعمره في المكان : جعله يعمّره

To colonize; settle in colony. — المكانَ

Life; life-time. عُمْر : حياة

Age. — : سِنّ

Fresh spell (new lease) of life. — جديد

How old are you ? ما عمرك . كم عُمرك ؟

I am thirty years old. عُمْري ثلاثون سنة

Second-hand. △ نصف عُمر : مستعمَل

By my life ! لعَمْري : أقسم لك بحياتي

By the name of God. لعَمرُ الله

Amphibia; amphibians. ذوات العُمرين : تعيش فى الماء وعلى الارض

Once in a lifetime. مرّة في العُمْر

Head-kerchief. عَمَرَة : منديل رأس

Building; construction. عُمران : بنيان

Populousness and prosperity. — : كثرة السكان ونجح الاعمال

Civilisation. — : تمدّن . مدنيّة

Headdress; tire. عَمْرة : كل غطاء للرأس

Overhauling; repairing. △ — : مَرَمّة

Salutation; greeting. عَمَار : تحيّة

They are at daggers drawn; there's no love lost between them. △ ليس بينهم — .

Building; edifice. عِمارة : بِناء

Tribe. — : قبيلة . عَشيرة

Fleet. — بحريّة : أسطول

Architecture. صناعة الـ—

Populous. عامِر . عمير . معمور : آهل بالسكان

Inhabited; populated. — : مَسْكون

Planted; cultivated. — : ضد غامر

Serpent. — البيت : حيّة

Hyena. أمّ — : ضَبْع

Esdraelon-plain. مَرْج ابن — .

The world; the universe. المعمور ٢ : العالم

Subtribe. عُمَيْرة : تحت قبيلة (فى تصنيف الاحياء)

Masturbation. جَلْد — : استمناء

Colonisation; imperialism إستعمار

Builder; mason. △ مِعمار . مِعْمارِي : بنّاء

Architect. مهندس — او معماري : راز

Architecture. هندسة الـ— : ريازة

Long-lived. معمَّر (كالحيوان والشجر)

Perennial; vivacious. نبات — .

Settler; colonist, *or* colonial. مُسْتَعْمِر

Colony; settlement. مُسْتَعْمَرَة : ما تمتلكه دولة فى غير بلادها

Dominion. — مستقلّة

To blear (one's eyes). *عَمِشَتْ عينه

Blear-eyed; purblind; dim-sighted. أعْمَش : ضعيف البصر

To discharge (foul) matter. △ عَمَّصَتْ عينه : رمَصت

Discharge (filth) of the eye. عُمَاص : رَمَص . غَمَص

To be deep *or* profound. *عَمُقَ : كان عميقاً

To deepen; make deep, *or* deeper. عمَّقَ . أعْمَقَ : غوَّط

To penetrate, *or* go, deeply into. تعمَّقَ في الامر او البحث

Depth; profundity. عُمْق : غور

Bottom; fathom. — : قرار

From my inmost soul. من اعماق قلبي

Deep; profound. عميق : بعيد القرار

To make (*p.t.* Made). *عَمِلَ : صنع

To do (*p.t.* Did); perform. — : فعل

To perform; carry out; execute. — : أدّى

To work; labour. — : اشتغل

To act; behave. — : تصرّف . سلك . سار

To act upon; affect. — فيه : أثّر

To act according to. — بالامر : سار بموجبه

Arabic	English
عَمَّل عَلى البلد: جعله حاكمًا	To appoint as a governor (over).
△ — الجرحُ: قاح	To fester; suppurate.
عَامَلَ: تصرَّف معه	To treat; use.
— : اخذ واعطى مع	To deal with.
إِسْتَعْمَلَ	To use; employ; apply.
تَعَامَلَ القوم . تَعامَلوا	To deal with (one another.)
إِعْتَمَلَ △ إِنْعَمَلَ . عُمِيلَ	To be done, or made.
عَمَلٌ: فِعْل	Deed; act; action.
— : صُنْع	Make; making; creation.
— : شُغْل	Work; business; occupation.
— : ممارسة . اجراء	Practice.
— رجل .	A business, or practical, man.
الاعمال بالنيَّات	Intention sanctifies the deed.
عَمَلي : إجرائى . ضدّ عِلمىّ	Practical.
عَمْلَة : عَمَل رديء	An evil deed.
بِعَمْلَته	Red-handed; in the very act.
△ عُمْلَة: نَقْد . نقود	Currency; money.
— صَعبة	Hard currency.
— زائفة	Bad money or coin.
— ورقيَّة	Paper-money.
وجْهُ الـ	Obverse; head.
قَفا الـ	Reverse; tail.
عُمْلَة٢ . عمالَة: أجرة العمل	Workmanship.
عِمالة٢: أجرة العامل	Wages.
△ عُمُولَة: جَمالة	Commission.
عَمَليَّة	Operation.
— جراحيَّة: جِراحَة	Surgical operation.
عَميل: وكيل	Agent; representative.
△ — : زبون	Client; customer.
عَامِل: فاعل . الذي فعَل الامر	Doer.
— : صانع . الذي صنع الشيء	Maker.
— في مصنع	Operative.
— : من يعمل بيديه	Workman; labourer.
— زراعى	A field hand.

Arabic	English
— : خادم . صانع	Employee; servant.
— على البلد : حاكم أو والٍ	Governor; ruler.
— (في الرياضيات وغيرها)	Factor.
إِسْتِعْمَال : ممارسة	Usage; practice.
— : استخدام	Use; employment.
بطلَ استماله	Out of use.
اساء الاستماله	To misuse; misemploy.
مَعْمَل : مصنع	Factory; manufactory; mill.
— كياوي	(Chemical) laboratory.
مَعْمُول : مصنوع	Made.
— : مفعول	Done.
— به : ساري المفعول	In force; in use.
△ مُعامِل الرياضة : مُسمّى	Coefficient.
— الاسترداد	— of restitution.
— السرعة	— of velocity.
— التناسُب	— of correlation.
مُعامَلَة : تصرُّف	Treatment.
— : أخذ وعطاء	Dealing.
مُسْتَعْمَل : جار استعماله	In use; used.
— : سبق استماله	Used; employed.
— : غير جديد	Second-hand.
△ — المَرْكب	Steersman; helmsman.
٭ءِمْلاق . عَمالِيق : واحد عمالقة فلسطين	Amalek.
— : مارد . كبير مرتفع	Giant.
٭عَمَّر: ضدّ خصَّص	To generalise.
— : البس العِمامة	To attire with a turban.
عَمّ : شَمَل	To prevail; be general, or prevalent; reign.
— السكوتُ	Silence reigned.
تَعَمَّم . اعْتَمَّ: لبس العِمامة	To put on, or wear, a turban.
عَمّ : اخو الاب	Uncle; paternal uncle.
— الاب او الامّ	Grand-uncle; great-uncle.
ابن الـ او ابنة الـ	Cousin.
زوجة الـ	Aunt.

Aunt; paternal aunt.	عَمَّة : أُخْت الاب
Great-aunt; grand-aunt.	— الاب أو الامّ
Cousin.	ابن الـ. او ابنة الـ.
Uncle.	زوج الـ.
For what?	عَمّ . عَمّا : عن ما ؟
After a little while.	عَمّا٢ قريب : بعد وقت قريب
For whom?	عمّن : عن من ؟
Turban.	عمَامَة △ عِمّة
Prevalence; prevalency.	عموم : شمول
All; the whole of.	— :كل
The public.	الـ : الجمهور
On the whole.	على الـ : بوجه الاجمال
Generally; in general.	عُمومًا
Uncleship.	عُمومة : صفة العمّ
Public; common.	عُمومِيّ : غير خصوصي
Prevalent; general.	— .عَامّ : شامل
Common; public.	— . — : مشترك
Universal; general.	— . — : كلّي
The public security.	الامن العامّ
The public opinion.	الرأي العام
The common, or public, welfare.	الصالح العام
The public utility.	النفع العامّ
Common, or general, rule.	قاعدة عامة
General principle.	مبدأ عام
General manager; director general.	مدير عام
Public house, or place.	مكان عمومي
Public works.	اشغال عمومِيّة
The common people.	عَامّة الناس : العامّة
Common; current.	عامّيّ : دارج . مألوف
Commoner.	— : من عامّة الناس
Vulgar; plebeian; common.	— : سوقي
The slang; familiar.	اللغة العامِّيّة : لغة السوقَة
The colloquial (language).	» » : المحكِيّة
Prevalent; common; general.	عَمِيم : شامل

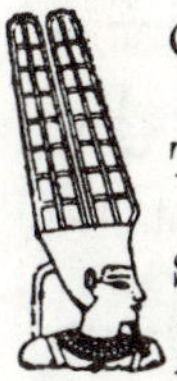

The common people.	عَوَامّ : عامة الناس
Generalisation.	تَعْمِيم : ضدّ تخصيص
Turbaned.	مُعَمَّم : لابس العمامة
Snow-capped.	— بالثلج (كالجبال)
Ammon.	٥عَمُّون : الاله الفرعوني الاعظم
To lose one's sight; become blind.	*عَمِيَ . يَعْمَى
To be blind to.	— عن كذا
To be obscure to.	— عليه الامرُ
To mystify; make mysterious, or obscure.	عَمَّى : أخْفَى
To riddle; speak ambiguously.	— : تكلم بالالغاز
To camouflage.	— : اخْفَى عن النظر
To blind; render blind.	— . أعْمَى : صَيَّرهُ أعمى
To blindfold; mislead.	— : اضلَّ
To simulate, or feign, blindness.	تَعَامَى : اظهر العمَى
To shut the eyes on...	— عن كذا
Blindness.	عَمًى :ذهاب البصر (حقيقيًّا او مجازيًّا)
Ignorance; folly.	— : عَمِيّة . عَمَايَة : ضلال
Colour-blindness.	الـ اللوني
Night-blindness.	الـ الليلي
Blind.	أعْمَى : ذاهب البصر (حقيقة ومجازاً)
Blind woman.	عَمْيَاء : امرأة ذهب بصرها
Blind, or implicit, confidence.	ثِقة —
Blind, or passive, obedience.	طاعة —
Camouflage.	تَعْمِيَة : مُغالطة البصر ٥كفَلْجَة
Riddle; puzzle; enigma; conundrum.	مُعَمَّى : لُغْز
For.	*عَنْ : لأجل (راجع عن) . نيابة عن
From.	— : من
About; concerning.	— : من خصوص
Because of.	— : بِسبب
After.	— : بَعد
With, or to, the last of them; all without exception.	— آخرهم

— : اكثر من (احببتُ الاحسان عن الصلاة) Rather than.
— : الى او على To.
— إذنك By your leave.
— بُعد Afar; at a long distance.
— قريب . عمّا قريب Shortly; in a short time; before long.
دافعت —ـه I defended *him*.
رغبتُ — كذا I shunned; abstained from.
*عنّ (في عنن) * عنا (في عنو) * عناء (في عني)
*عنّاب (في عنب) * عنان (في عنن) *عناية (في عني)
*عنَّبَ الكرمُ To produce grapes.

عِنَب : ثمرُ الكرم Grapes.
— الثعلب Fox grape.
— الذئب Black nightshade.
— النصارى : ريباس ←Red currant.
عُنقود — : قُطـف (انظر عقد) Bunch of grapes.
كَرمُ الـ— Grape-vine.
عِنَبة : حبَّة عِنَب A single grape.
— : نتوء (زِرّ) في العين Staphyloma.
عُنّاب Jujube.
عُنّابة : شجرة الـ— Jujube-tree; zizyphus.
*عَنْبَر : طِيب معروف Ambergris.
— : حُوت المَنّ Sperm whale; cachalot.
△ — : انبار . مخزن Store; warehouse.
△ — السفينة : أنبار . جَوف Hold of a boat.
△ — المستشفى او السجن Ward; section.
زَهرة — . Sweet sultan.
نقطة — : شبه شامة على الوجه Beauty-spot.
حبوب الـ— (لتعطير الفم) Perfumed sugar-plums.
عَنْبَرَة الشتاء Depth of winter.
عَنبَري : مُسكر حُلو Liqueur; a cordial.
*عَنِتَ : لقي الشدّة To be in distress.
عَنّتَ : شدّد على To compulse; compel; coerce.
أعنتَ : اوقع في امر شاق To distress; harass; weary; torment.

تَعنّتَ الرجلَ : حيّره To confuse; embarrass.
— : كابر عناداً To stickle with obstinacy.
—ه : ادخل عليه الاذى To bring trouble upon.
—ه وعليه في السؤال To quiz; puzzle; confuse with difficult questions.
إعنات Coercion; constraint.
مُتعنّت Stickler; obstinate contender.
*عَنتَر . عَنتَرَة (فارس شهير بشعره وفروسيته) Antar; Antara.
△عَنْتَريّ : صديري Bodice, or corsage.
*عَنَجَ : جذب To draw; pull.
*عِند : اسم ظرف للمكان او الزمان At; near.
On; upon.
— : حين
When.
— : لمّا . متى
— ما : متى ما Whenever.
عِندئذٍ Then; at that time.
عِندي : لي . يخصّني I have.
— : من رايي . في نظري To me; in my opinion.
عِندك : قِف Hold! stop!
*عَنَدَ عن : مال To deviate from.
— . استعنَدَ : عصى وحرن To be obstinate, or stubborn.
— : تمسّك برأيه To be pertinacious.
عانَدَ : عارض To stickle; oppose; resist.
عِناد . مُعانَدة : معارضة Opposition; resistance.
— . — : عصيان Obstinacy; pertinacity.
عنيد . مُعانِد : عاصٍ Obstinate; stubborn.
— : صلب الرأي Opinionated; pertinacious.

خصم عنيد Stout opponent.
*عَندَليب ←Nightingale.
*عَنز △عَنْزَة : △معزة She-goat.

△— : لقلق ابيض ←Stork.
— الماء : ابو منجل (طائر) Black stork.
(عنس) عانِس : تريكة An old maid.
(عنش) أعنش : ذو ستة اصابع Sexdigitate; six-toed.

*عُنْصُر : اصل — Origin; root.
— : جنس — Race.
— : مادّة . جوهر — Element; ingredient.
عُنصُري : مادّي — Elemental.
— : جنسي — Racial.
عَنْصَرَة : عيد نصراني — Whitsunday; Pentecost.
*عُنْصُل : بَصَل الفار — Squill; sea onion.
*عَنَّفَ : لامَ بِشِدَّة — To reprimand; scold; berate; chide; upbraid.
— . أَعْنَفَ : عامل بالشدة — To treat severely, *or* with rigour; ill-treat.
عُنْف : شدة — Severity; harshness; violence; rigour.
عَـنَـفَـة : △ريشـة طارة المروحة — Vane; blade.
عُنفُوَانُ الشباب — Prime of youth, *or* life.
عَنِيف : شديد — Severe; drastic; harsh; violent.
— : مُجْـهِـد . مُتعِب — Strenuous; tough.
جِـهاد — . — Tough struggle.
اجراءات عنيفة — Drastic measures.
إعْتِنافاً : ضد مباشرةً — Indirectly.
تَعْنِيف : لوم شديد — Reprimand; severe reproof.
مُعْتَنِف : غير مباشر — Indirect.
*عَنَّقَ : اخذ بعنقه — To collar; seize by the neck.
عَانَقَ : طوَّقَ بذراعيه — To embrace; hug.
إعْتَنَقَ . تَعانَقَ الرجلان — To embrace one another.
— الدِّينَ — To adopt, *or* embrace, a religion.
عُنْق . عُنُق : رقـبة — Neck.
— (في المعمار) — Button.
— (في التشريح) — Cervix.

عَنْقَاء : طائر مجهول — Griffon; griffin; fabulous bird.
عِناق . مُعانَقة — Embracing.

عَنَاق : انثى اولاد المعز — She-kid.
— الارض : تُـفـه — Caracal lynx.

خطّ الـ : ⟵ △شالِـم — Brace; a curved line connecting two or more words or lines. { }
*عَنْقَشَ به : تعلّقَ . تَـمَـشْـقَ — To cling to.
عَـنْـقَـشَ : باع بالتجوّل — To peddle; hawk.
عِنقاش : بَيَّاع متجوِّل — Peddler; bagman; pitchman; itinerant dealer.
*عنقود (في عقد) — Bunch; cluster.

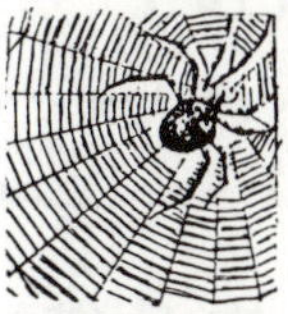

*عَنْـكَب . عَنكباة . عَنْـكَبُوت
⟵ Spider.
نسيج او بيت الـ ⟵ Cobweb; spider's web.
زَهْـر العنكبوت : كالزنبق يستعمل لمداواة لسع العقرب — Spider-wort; phalangium.

*عَنَم : محلاق ⟵ Tendril; cirrus.
*عَنَّنَ الكتابَ وغيره : (راجع عنون) — To give a title to a book, poem, article, deed, etc.
عَنَّ لَه : ظهر — To occur; to suggest, *or* present, itself to; appear to.
△— من تعب : أنَّ . زَحَرَ — To groan; moan.
عَـنَان : سحاب — Clouds.
شقّ — السماء — To rend the skies.

عِنَان : سير اللجام △سُرْع ⟵ Reins.
اطلق له الـ — To give the reins to.
اطلَـقَ الـ لخياله — To give free play to one's imagination.
عُنَّة : عَـنانة — Impotence; impotency.
عِنِّين : عاجز تناسليًّا — Impotent; spado.
*عَنْوَة : قَسْـر — Force; violence; coercion.
عَـنْـوَةً : قسْراً — By force; forcibly.
عَنَا : خضع △أذَنَ — To yield; submit, give way.
— : اخذ قهراً — To take by force.
ـهُ الامر — To concern; affect the interest of; be of importance to.
*عَنْوَنَ الخطابَ : علونـه — To address a letter.
— الـكتابَ : اسماه — To give a title, *or* name, to a book, poem, article, deed, etc.

عُنْوان الخطاب — Address.
— الكتاب : اسمه — Title; name.
— المقالة : رأسها — Heading; title.
صفحة الــ . (من الكتاب) — Title-page.
*عَنَى : اراد . قصد — To mean; signify; intend.
— به : حفظه — To take care of.
— الامرُ فلاناً : اهمَّه — To concern; interest.
هذا لا يعنيك — This does not concern you.
عَنِيَ : كدَّ وتعب — To toil hard (at distasteful task); drudge; labour (at.).
عانَى : كابَد — To undergo; suffer; sustain.
إعْتنَى بالامر : اهتمَّ به — To give, or pay, attention to.
— به : حافظ عليه — To take care of; look after.
تَعَنَّى : كدَّ وتعب — To toil; drudge; labour (at).
عَناء . تعَنٍّ : كدّ — Toil; drudgery.
— : تعب — Trouble; pains.
عِنايَة . اعْتِناء : اهتمام — Care; attention; concern; heed.
— . — : حفظ — Keeping; care.
الــ الالاهيّة — The Providence; God's care.
△ تعنّي : زُحار — Dysentery; tenesmus.
مَعْنًى : مدلول او مضمون — Meaning; import; significance; sense.
— ومَبْنًى — In the letter and in the sense.
اسم — . — Abstract noun.
علم المعاني — Rhetoric.
معاني الانسان — Good points, or parts.
لا معنى له — Meaningless; without sense.
أَعْنِي △ يَعْنِي : معناه كذا — That is to say; it means that....
مُعَنًّى : شعر بلا وزن — Doggerel.
مَعْنَوِيّ : دال على معنى — Significant.
— : ضدّ حسّي — Ideal; mental; incorporeal.
— : ضدّ مادّي — Abstract; immaterial.
الروح المعنوية — The morale; spirit.
مُعْتَنٍ : مهتم — Careful; attentive.

*عَهِدَ الشيء : راعاه وتفقّده — To look after; see to; attend to.
— : عرفَ . علم — To know.
— الوعدَ : وفاه — To keep, or fulfil, a promise.
— اليه بكذا : أوصاه به — To commit to.
عاهَدَ — To promise; engage; covenant; make a covenant with.
تعهَّدَ الشيء : راعاه وتفقّده — To look after; see to; attend to.
△ — بكذا : تكفّل — To undertake; take upon oneself.
△ — له : وعدَ وضمن — To guarantee; vouch for.
إسْتَعْهَدَ منه : كتب عليه عهداً — To make one sign a contract, or make an engagement.
ــه من نفسه : امن عليها — To insure one's life.
عَهْد : وفاء — Keeping; fulfilment.
— : مودّة — Friendship; amity.
— : وعد او ضمان — Pledge; promise; word.
— : ميثاق — Compact; agreement; covenant.
— : أمان او ذمّة — Protection; safe-keeping; guarantee.
— : زمان — Period; epoch; era; time.
الــ الجديد : الانجيل — The New Testament.
الــ القديم . التوراة — The Old Testament.
قريبُ او حديث الــه — Recent; new.
من — قريبٍ — Recently; lately; of late.
ثابِت الــ . — Constant; unchanging; faithful.
نَقْضُ الــ . — Breach of faith, or promise.
وليّ الــ : الوارث الشرعي — Heir-apparent.
وليّ عَهْد الملك — Crown-prince.
قطعَ عهداً — To make a covenant; promise.
على — فلان : في زمانه — During the time of....
عَهدي به انه كذا: ما اعرفه عنه — What I know about him is that he is....
عُهْدَة : مسئولية — Responsibility; accountability; charge.
— : ضمان وكفالة — Guarantee; trust; custody.
— : ضعف — Weakness.
— امين المخزن — Store-keeper's charge.
على — صاحبه : تحت مسئوليته — At owner's risk.
على ــته — On his responsibility.
في ــته — In his charge.

عَهِيد : حليف — Ally; allied person or state; confederate.
تعهد : تفقُّد — Looking after.
— : ارتباط — Obligation; engagement.
— : اتفاق — Contract; agreement.
— : تكفل — Undertaking.
انقضاء التعهدات — Extinction of obligations.
إسْتِعْهاد : تأمين . ضمان △سيكورتاه — Insurance.
مَعْهَد : جمعيَّة — Institution; institute.
مَعْهُود : معلوم — Known.
— اليه بكذا — Entrusted with.
مُعاهَدَة : اتفاق — Treaty; league; compact; convention.
— : اتفاقية — Covenant; pact.
— : محالفة — Alliance; confederation.
△مُتَعَهِّد . مُسْتَعْهِد : △مقاول — Contractor.
△— تـوريدات — Purveyor; caterer.
متعاهدون : متعاقدون — Contracting parties.
*عَهَرَ اليها . عاهرَها : زنى بها — To commit adultery with.
عِهْر . عهارَة : فسق — Adultery; debauchery.
— . — : بيع العرض — Prostitution.
عَاهِرٌ . عهِر : زانٍ — Adulterer; debauchee.
— . عاهِرَة : زانية — Adulteress.
— . — : مومس — Whore; harlot; prostitute.
(عهل) عَاهِل : مليك اعظم — Emperor; monarch.
*عواهِن : جرائد النخل اليابسة — Dry palm branches.
رمى الكلام على عواهنه — To speak at random.
*عوِج . اعوَجَّ . تعوَّج : ضدّ استقام — To bend; be bent or crooked.
عوَّجَ △عوَج — To bend; twist; crook.
عاجٌ : سِنّ الفيل — Ivory.

عِوَج . اعوِجاج — Indirectness; crookedness.
— . — : التواء . انحناء — Bend; crook.
— و — العظام (مرض ارتخاء العظام) — Rickets.
أعوَج . مُعوَجّ : غير مستقيم — Indirect; tortuous.
— . — : ملتـوٍ — Crooked; bent; sinuous.
*عوَّدَ الرجلَ كذا — To accustom, or use, to.
عَادَ : رجع — To return; come back.
— : صار — To become.
— : تكرَّر — To recur.
— الى الامر — To resume; begin again.
— عليه : آل اليه — To revert to.
— عليه : نـفـعه — To benefit; do good to.
— عليه بكذا : نتج عنه — To result in.
— : زار — To visit; pay a visit to; call on.
عاوَدَ : رجع الى — To return to.
عَيَّدَ :احتفل بالعيد — To feast; hold, celebrate, or keep, a feast.
△— عليه : هنأه بالعيد — To wish *another* a merry feast.
أَعَادَ : ارجع او ردَّ — To return; send, or give, back.
— : كرر — To repeat; do again; reiterate.
— طبـع الكتاب — To reprint a book.
— النظر في الدعوى — To retry a case.
إعتَادَ . تعوَّدَ الامرَ : صار عادة له — To get, or be, accustomed, or used, to.
— . — : اتخذ عادة — To habituate oneself; take up, or contract, a habit.
إستَعادَ : سأله ان يعود — To recall; call back.
— : طلب الاعادة — To ask to repeat.
عَادة مَرعيَّة — Custom; (established) usage.
— مُستحكمة : شِنْشِنة — Habit; practice.
الـ السريَّة — Masturbation; self-pollution.
خارق الـ — Abnormal; exceptional.
فوق الـ — Extraordinary.
إجتماع فوق الـ — Emergency meeting.

عَادِيّ : ما جرت به العادة — Customary; habitual.
— : مألوف — Ordinary; usual; common.
— : منتظم . طبيعي — Normal; regular.
— (الجمع عاديّات) : أثر قديم — Antiquity.
عَـائِد : راجع — Returning; coming back.
— : متكرر — Recurrent.
— : زائر — Visitor; caller.
مُجْـرِم — : اعتاد الاجرام — Recidivist.
عَـائِدَة : منفعة — Benefit; profit; advantage; avail; use.
△ عَـوَائِد : ضرائب — Taxes; dues.
△ — الاملاك : ضريبة العقار — Property taxes.
△ — جُمرُكيَّة : مكس — Customs; custom-dues.
عَـوْد . عَـوْدَة : رجوع — Return.
— الى امر : الرجوع اليه — Resumption.
— الى الاجرام — Recidivism; habitual relapse into crime.
— . عياد : تكرار — Repetition; recurrence; reiteration.
— . عِيَادَة : زيارة — Visiting.
عِيَادَة ٢ : زيارة (اسم المرَّة من «زار») — A visit.
— طبيَّة (مكانها) — Surgery; consulting-room.
— طبية : زيارة — A visit (from a physician).
عُـود : عصاً — Stick.

— : آلة طرب شرقيَّة — Lute.
— : خشب عـطِر — Aloes-wood.
— الثقاب : △كبريتة — A match.
— الريح (الصليب) — Peony.
— القرح والسعوت — Pellitory.
عَجَمَ عوده ٢ : اختبره — To feel one's pulse.
عِيْد — Feast; feast-day; festival.
— : موسم . يوم عطلة — Holiday.
— سَنويّ تذكاريّ — Anniversary.
— الاضْحى — Greater, *or* Corban, Bairam.
— الفِطْر — Lesser Bairam.
— القيامة — Easter; Easter-day.
— الميلاد — Christmas; Christmas-day.
— رأس السنة — New-year's-Day.
— جميع القديسين — All-Saint's-day.

ابو العيـد : القيشَّة — Ladybird; ladybug.
عيديـَّة : هديـَّة العيد — Feast's gift.
— الميلاد (ميلاد المسيح) — Christmas box.
— رأس السنة — New-year's gift.
إِعَادَة : ارجاع او ردّ — Returning.
— : تكرير — Repeating.
— : تكرار — Repetition; reiteration.
— النظر في القضية — Appeal by writ of error; procedure in error.
أَعِدْ : هُتاف اسْتِحسانيّ — Again! over again!
إِعـتِيَاد . تَعَوُّد — Contraction of a habit.
اِعتيادي : جرت به العادة — Customary; habitual.
— : مألوف — Ordinary; usual; common.
— : منتظم . طبيعي — Normal; regular.
كَسْر — . — Common, *or* vulgar, fraction.
مَعَاد : مَصير — Destination.
— : الآخرة — Future state; world to come.
مُعَوَّد . مُعْتَاد . مُتَعَوِّد — Accustomed to; used to.
مُعِيْد : معلّم مساعد — Demonstrator.
— : مكرر — Repeater.
ميعاد . موعد (في وعد) — Appointment.
*عَوَّذَ . أَعَـاذَ : رَقى — To pronounce a spell; utter some charm.
عَـاذَ . تَعَوَّذَ . اسْتَعَاذَ به — To seek the protection of.
اعوذُ بالله — I seek protection by God!
عَوْذ . مَعَاذ : ملجأ — Asylum; sanctuary; refuge; shelter.
— . عِيَاذ : التجاء — Taking refuge.
العياذ بالله . اعوذُ بالله — May God preserve, *or* protect, me.
عُوذَة . تَعوِيذَة : رُقية — Charm; spell.
— . — : حجاب — Amulet; phylactery.
عِيَاذَ ٢ و مَعَاذَ اللهِ ان افعل كذا — May God preserve me from doing such a thing.
عِيَاذ . عُوَّذ — Birds congregating for protection in mountains.

*عَوَّرَ : صيَّرهُ أعور — To make blind of one eye.

— : عاير المكيال — To test a measure.

— عليه امره : ∆عايره به — To reproach for.

∆— . عَارَ : اتلف — To injure; damage.

عَوِرَ : صار أعور — To lose one's eye.

أَعَارَ : أقْرَضَ — To lend.

إِسْتَعَارَ : اقْتَرَضَ — To borrow.

عَارِيَة . عَارِيَّة : قرض — Loan.

عارٍ وعارية (في عري) — Naked.

عَوْرَة : الاعضاء المخجلة — Genitals; private parts; shame; pudena.

— . عِوار : عيب — Fault; defect.

عُوَّار : الخطّاف الجبلي — ←Swift.

إِعَارَة : اقراض — Lending.

قانون الـ والتأجير (اصطلاح اميركي جديد) — Lend-lease.

أَعْوَر : بعينٍ واحدة — One-eyed; blind of one eye.

الـ . المعى الاعور (انظر في معى) — Cæcum; blind gut.

إِسْتِعَارَة : اقتراض — Borrowing.

— (في علم البيان) — Metaphor.

استعاريّ — Metaphorical; figurative.

مُعِير : مقرض — Lender.

مُسْتَعَار . مُعار : مقتَرض — Borrowed.

— : مَجازي — Metaphorically used.

— : كاذب — False; fictitious; fake.

اسم — . — Fictitious, *or* false, name.

اسم — للكتابة — Pen-name; *nom de plume.*

مُسْتَعِير : مقترض — Borrower.

*عَوِزَ . أَعْوَزَ : افتقر — To be reduced to poverty.

عَازَ . — : احتاج الى — To need; want; be in need of; require.

يَعوزه كذا : ينقصه — To lack; be destitute of.

عَوَز . إِعْوَاز : احتياج — Need; want.

إِعْوَاز ٢ . عَوَز ∆عَازَة : فقر — Need; necessity; indigence; poverty.

عَوِز . عَائِز . مُعْوِز — Needy; necessitous; indigent; poor.

*عَوْسَج : نَبات شائك — Buckthorn; kaffir thorn; African tea tree.

*عَوِصَ الكلامُ : صعُبَ فهمه — To be abstruse, *or* recondite.

عويص : صعْب — Abstruse; obscure; deep; recondite.

*عَوَّضَ . عَاضَ . عَاوَضَ . أَعَاضَ — To give in exchange.

— . — . — : كافأ — To recompense.

— . اعاض ٢ عن الضرر — To compensate; indemnify; make amends.

إِعْتَاضَ . تَعَوَّضَ — To take a substitute; receive in compensation.

عِوَض : بَدَل — Substitute.

— . تَعْوِيض : مكافأة — Compensation; recompense.

— . — عن ضرر — Indemnity; compensation.

عوضاً عن او من — Instead of; in lieu of.

لا يُعَوَّض — Irretrievable; irrecoverable.

تَعْوِيض ٢ : ردّ (في علم الاحياء) — Replacement.

*عَوَّقَ . عَاقَ . أَعَاقَ : أَخَّرَ — To delay; retard.

— . — . — : منع — To hinder; detain.

تَعَوَّقَ : تأخَّر — To be delayed.

— : مُنِع — To be hindered, *or* detained.

عَوْق . إِعَاقَة : تأخير — Delaying; retarding.

— . — : منع — Hindering; detaining.

عَائِق . عَائِقَة : مانع — Obstacle; hindrance.

∆— : لسان العُصْفور — Larkspur; *delphinium.*

∆— ∆عَيُّوق : متكيّس — Dandy; foppish.

العَيُّوق ٢ : اسم نجم — Capella.

∆عَايِقَة : صاحبة الماخور — Brothel keeper.

عَوَّاقَة القطار الحديدي : ∆سِبِنْسَة — Brake van.

٭عَوَّلَ . أعْوَلَ : رفع صوته بالبكاء — To wail; lament.
— على : اعتمد — To rely upon; depend on.
— على نفسه — To stand on one's own legs.
— على كذا : نوى . عزم . صمم — To decide; resolve.
عَالَ : جارَ ومالَ عن الحق — To be unjust.
— : ثقل على — To encumber; burden.
— عياله او غيرهم — To maintain, support, provide for, *or* keep up, one's family.
— . أعَالَ : كثر عياله — To have a numerous family.
— . — : افتقر — To be reduced to poverty.
— . عِيلَ صبره (راجع عيل) — To lose patience.
عَوْل . عَيْل : جوْر — Injustice; unfairness.
— . عِيَالَة : كفاية المعاش — Support; maintenance.
— : من يعول العائلة — Supporter; bread-winner.
— . عَوِيل : نواح — Wailing; lamenting.
△عويل . عِيَالَة[٢] على غيره — Hanger-on; limpet; sponger; parasite.
عِوَل △تـعْـويل . مُعوَّل : اتكال واعتماد — Reliance; dependence.

عَالَة : △شمْسِيَّة مَطر — ←Umbrella.
— : ثقلة — Encumbrance; burden.
عَائِل (في عيل) : فقير — Poor; indigent.
— . مُعِيل : العائلة — Supporter; sustainer; bread-winner.
عائلة (في عيل) — Family.
عَيِّل الرجل (الجمع عِيَال) : اهل بيته — Family; household; dependents.
△— : ولد صغير — Child; youngster.

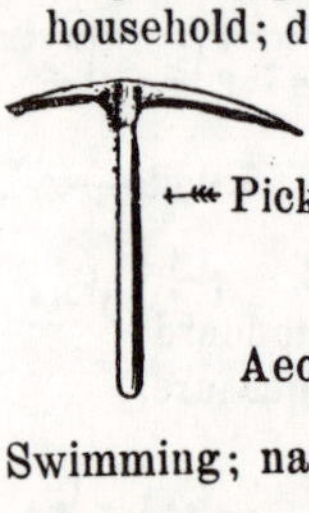

مِعْوَل : فأس — ←Pickaxe.
٥عُولس : إلاه الريح عند الاغريق — Aeolus.
٭عَوْم : سباحة — Swimming; natation.
لباس الـ. — Bathing costume; swimming suit.
خطّ الـ. — Load line; Plimsoll's mark.

عَوَّمَ السفينة — To launch, *or* float, a boat; cause (anything) to swim.
△— المكانَ : غمرهُ بالماء — To flood (a place).
عَامَ : سبح (او ضدّ غطس) — To swim.
— : طفا . ضد غطس — To float.
عائم : سابح — Swimming; natant.
— : طافٍ . ضدّ غاطس — Floating.
عائمة : △ذهبية — House-boat.
عَوْماً . بالعوم : سِباحة — Swimming; by swimming.
عَامٌ : سنة — Year.
عامّة وعوامّ (في عمم) — The common people.
عَوَّام : الذي يعوم — Swimmer.

عوَّامة : △شمَنْدورة — ←Buoy.
— للنجاة من الغرق — Life-buoy.
— صنّارة السمك او قنديل الزيت وامثالها — Float.
— صندوق دفق المستراح — Float.
— السمكة : نُفّاخة — Sound; air-bladder; swimming bladder.
٭عَوَّنَ . عَاوَنَ . أعَانَ على — To help; assist; aid; support.
أعانه[٢] منهُ : خلّصه — To relieve; release; rid.
تعَاوَنَ القومُ — To co-operate; work together; help one another.
إستَعَانَ الرجلَ وبه — To have recourse to; resort to for help; ask aid from.
عَوْن . إعانَة . مَعُونَة : مساعدة — Assistance; help.
— . — . — : نجدة — Aid; relief; succour.
— . مُعِين : مساعد — Assistant; helper.
اعانة[٢] مالية — Subsidy; aid in money.
— دراسية — Scholarship.
— : اشتراك في عمل — Contribution; co-operation.
عَوْنَة : سُخرة — Corvée; conscript labour.
عَوَان : في منتصف السنّ — Middle-aged.
حرب —. — Fierce battle; *or* internecine war.
عَانَة : اسفل البطن او شعرهُ — Pubes; pubic region.
تعَاوُن : الاشتراك في العمل — Co-operation; contribution.

Co-operative. تعاوني

Seeking help. إستِعانة : طلب المعونة

Assistant. مُعاوِن : مساعد

To blast; blight. *عَوَّهَ النباتَ : ضربَه بعاهة

To disable; cripple; invalid. — الانسانَ : اصابَه بعاهة

Blight; blast. عاهة نباتيّة : آفة

Infirmity; disease. — : مرض

Permanent infirmity. — دائمة (مستديمة)

Blighted; blasted; disabled; crippled. مَعوه . مَعيوه : مصاب بعاهة

To howl; yell. *عَوَى الكلب والذئب وغيرهما

To be bent. إنْعَوى : انعطف

Howl; —ing; yelling. عُوَاء : وَعْوَعة

Bitch; female dog. مُعاوِيَة : كلبة

Hunting leopard. ابو — : فهْد

*عويص (في عوص) * عويل (في عول)

*عوينة (في عين) * عيّ * عياءٌ (في عي)

*عيادة (في عود) * عيار (في عير) * عيال (في عيل)

To censure; condemn; find fault with. *عَيَّبَ . عابَ : نَسَب اليه العيب

To mar; disfigure; spoil. — . — : جعله ذا عيب

To decry; cry down. — . — : ذمّ

To disgrace; dishonour. — . — : شان

To mock at. △ — عليه : سخر به

To vilify; defame. عاب [2] في حقه

Blemish; fault; defect. عَيْب . مَعاب . مَعابة : شائبة

Failing; foible. — . — : نقيصة (خلقيّة)

Shame on you! △ — عليك : عارٌ عليك

Bag; trunk. عَيْبة : △ شَنْطَة

Fault-finder. criticizer. عَيَّاب

Defective; faulty. مَعيب . مَعْيُوب : به عيب

Disgraceful; dishonourable; shameful. مُعَيَّب : شائن

To fumble; grope about. *عَيَّثَ : تلمَّسَ △ حسَّس

To waste; squander; dissipate. عاثَ في ماله : بذَّره

To ravage; devastate; damage. — : أفسد

Feast. *عيد (في عود)

To reproach; upbraid; taunt. *عَيَّرَ △ عايَر : قبَّح عليه فعله

To taunt; reproach with. — △ — بعيب

To boast; brag. عاير [2] : فاخَرَ

To test; verify. — : فحص

To measure. — : كالَ . قاس

To straggle; wander. عارَ : هامَ على وجهه

Disgrace; dishonour; shame. عارٌ : عيب

For shame; shame on you! — عليك

What a shame! يا للـ — !

Straggling; vagrancy. عَيْر : هيْم

Wild-ass; onager. — : حمار وحشيّ

Midrib. — ورقة النبات : ضلعها

Neither here nor there. ليس في العير ولا في النفير

False; fake. △ عِيرة . مُستعار

Loose; separate. △ — : غير ثابت او اصلي

False teeth, hair, etc. اسنان او شعر — .

Standard; measure. عِيار : مقياس

Calibre; caliber. — البندقيّة او المدفع

Shot. △ — ناريّ

Weight. △ — : مثقال

Straggler. عَيَّار . عائِر : متردد بلا عمل

Crane. △ — : رافعة

Criterion, (*pl.* Criteria); standard measure. مِعْيار : إمام

Faults; vices; defects. مَعايِير : معايب

Standardisation. مُعايَرة

Taunting; reproaching. △ — : تَعْيير

٭عِيْس : واحد الاعيس	A thoroughbred camel; pedigree camel.
عِيْسى : السيد يسوع (عليه السلام)	Jesus.
عيسويّ : نصراني . مسيحي	Christian.
٭عَيَّشَ . أَعَاشَ : جعلهُ يعيش	To make one live; let live.
— . — : قاتَ	To subsist; nourish; feed; provide for; support.
عِشْ وعَيِّشْ	Live and let live.
عَاشَ : حيي	To live; exist; subsist.
— على كذا : اقتات به	To live on.
— : تحمَّل	To last; keep; wear.
عَايَشَ : عاش مع	To live with.
تعَيَّشَ	To make one's living; earn one's bread.
عَائِش : حيّ	Living; alive; existing; subsistent.
— : في خفض من العيش	Well off; well-to-do.
عَيْش : حياة	Life; subsistence.
— : خُبز	Bread.
△— بايت : خبز غـبيب	Stale bread.
— : طعام	Food; nourishment.
△— الغراب : فـطر	←Mushroom.
— . عِيشة : حالة الانسان في حياته	Life.
— . — : المصدر من «عاش»	Living; subsistence.
عيشةٌ راضية	Pleasant life.
عَيَّاش : بائع العيش	Bread seller.
مَعَاش . مَعِيشَة : ما تعيش به	Livelihood.
— : راتب	Wages; salary.
— : عَوْل	Pension.
— التقاعُد	Retired pension.
ذو — . من ارباب المعاشات	Pensioner.
أَحالَ على الـ—	To pension off.
٭عَيَّطَ : صاحَ	To cry out; shout.
— على س : نادى	To call to; hail.
△— : بكى	To cry; weep.

عِيَاط س : صيَاح او نِداء	Crying; shouting.
△— : بكاء	Crying; weeping.
٭عَيْف . عَيَفَان : اشمئزاز	Loathing; disgust.
عَافَ الشيء	To loathe; feel disgust at.
— الطائرُ على الشيء : حامَ	To hover.
تعافه النفْس	Loathsome; disgusting; repulsive.
٭عَيَّلَ . أَعْيَلَ : كثر عياله (راجع عول)	To have a numerous family.
— عياله : كفاهم معاشهم	To support, *or* provide for, *one's* family.
عِيلَ صبرُهُ	To lose patience; exhaust one's patience.
— صَبري	My patience is exhausted.
△عَيِّل : ولد . طفـل	Child.
عَالَ : افتقر	To be reduced to poverty.
— عياله (في عول)	To support; provide for.
عَيْلَة . عائلَة : اهل	Family.
— . — : اهل البيت	Household.
ابن — .	A person of family; well-born.
ربُّ — .	Family man.
عائلي : اهلي . بيتي	Domestic; family.
عَائِل : فقير (راجع عول)	Poor; indigent; pauper.
عِيَالَة : عَوْل	Support; maintenance.
مُعيِّل : كثير العيال	Having a large family.
٭عَيَّنَ : ثـقب	To bore; pierce; make a hole.
— : خصَّص	To specify; particularise.
— : افردَ	To name; designate; mark out.
— : حدَّد	To fix; appoint; assign.
— : حصر وحدَّد	To limit; determine.
— : قرَّر	To determine; define; stipulate.
— السببَ : ذكره	To assign a reason.
— في مركز	To appoint; name to an office.
— الشيء لفلان : خصَّصه	To assign; allot.
اعان (في عون)	To help; aid.

عايَنَ . تعَيَّنَ : رأي — To view; see.
— : تفحَّصَ — To survey; inspect.
تعيَّنَ ٢ عليه كذا — To be assigned, appointed, etc.
عَيْن : عُضو البَصر — Eye.
— : ثقب — Hole; eye.
— : نَـقد (خلاف الورق) — Specie; coin; cash.
— الشيء : خياره — Choice; essence.
— (الجمع اعيان) : سيِّد — Chief; master.
— : شريف قومه — Notable; aristocrat.
— : بَيت . قِسم — Compartment.
— : نوع . صنف — Kind.
— : ذات . نفس — Same; self.
— : شمْس — Sun; eye of day.
— الشمس : صَيْخَد — Sun disc.
— لصفّ وحفظ اوراق او غير ذلك — Pigeonhole.
— شَبَكَة — A mesh.
— . عَيْن لامَّة (او نَجيئة) — Evil-eye.
— الماء — Spring; source (of water).
— القَنطَرة — Sluice.
— الهِرّ : اسم حَجَر كريم — Cat's-eye.
△ — الجمل : جوز — Walnut; bannut.
△ — سمكة : ثؤلول القدم — Corn.
△ ابو — بيضاء : طائر صَدَّاح ← White-eye.
شاهدُ — . — Eye-witness.
كاس الـ — . ← Eye-cup; eye-bath.
عين بعين . العينُ بالعينِ — Eye for eye.
△ نزلَ من عيني — I lost all respect for him.
△ لا يملأ العين — He does not inspire respect.
△ على عينك يا تاجر — Flagrantly; shamelessly.
بعينيّ رأسي — With my own eyes.
عينيّ : بَصري — Ocular; optic.
— : ثابت . ماديّ — Real; material; corporeal.
حَقّ — . — Real right.
مِلك — . — Real estate; reality.
اموال عينيَّة او ماديَّة — Corporeal property.
عَيْناً : صنفاً . من ذات الصنف — In kind.

عَيِّن : سريع البكاء — Tearful; lachrymose.
عَيِّنَة : مثال . مَسْطرة س — Sample; specimen.
عِيَان : مشاهدة — Viewing; seeing.
بَدا للـ — . — To come to light; be presented to view.
بادٍ للـ — . — Conspicuous; in focus.
شاهد — . — Eye-witness.
عيانيّ : ظاهر — Visible; ocular; obvious.
△ عُوَيْنات : نظّارة — Spectacles; eyeglasses.
عُيَيْنَة : عين صغيرة او ثقب صغير — Eyelet.
تَعْيين — Specification; designation; assignment; stipulation, etc.
— الجُنْدي او غيره : جِراية — Ration.
مَعين . مَعْيُون ۵ مُعْيَن : ماء جارٍ من عَيْن — Spring-water.
مُعَيَّن ٢ : مخصَّص — Specified; designated; specific; clearly defined.
— : مقرر — Stipulated; fixed.
— : محدود — Appointed; fixed; stated.
— في منصب — Appointed.
في اوقات معيَّنة — At stated times.
مُعَيِّن : (في الهندسة) — Rhomb; rhombus; ← lozenge.
— منحرف — ← Trapezium.
شبيه بالـ — . ← Rhomboid.
مُعايِن : مشاهِد — Spectator.
مُعايَنَة : مشاهدة — Viewing.
— : فحص — Survey; inspection.
✡ عيوق (في عوق) — Capella.
✻ عَيِيَ . عَيَّ : عجز — To be unable to do; fail.
△ — : مرضَ — To become, *or* fall, ill.
— في الكلام — To falter.
أعْيا : تعب وكلّ — To faint; become feeble, *or* weak.
— : أتعب — To tire; fatigue.
— الداء الطبيبَ (مثلاً) : اعجزه — To defeat; nonplus; baffle.

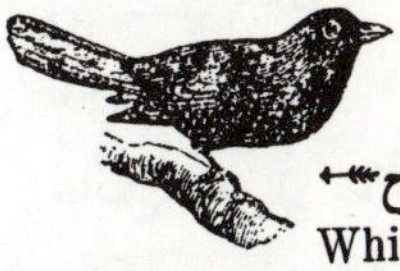

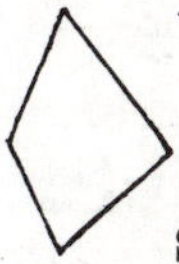

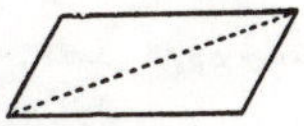

عيّ . عَياء : تعب — Faintness; lassitude.

— . — : عجز — Disability; weakness.

داءٌ عَياء[2] — Incurable disease.

△ عَياء[3] △ عيا : مَرَض — Illness; disease.

عَيّان . مُعْيٍ : كالٌّ — Tired; fatigued; weary.

△ — : مريض — Ill; sick.

(غ)

*غاب (في غيب) * غابر (في غبر) * غابة (في غيب)

*غاث (في غوث) * غادة (في غيد) * غارٌ (في غور)

*غارَ - من وعلى (في غير) * غارة (في غور) * غازٌ (في غوز)

*غازٍ (في غزى) * غاص (في غوص) * غاط (في غوط)

*غاظ (في غيظ) * غاغة (في غوغ) * غالٌ (في غلل)

*غالٍ (في غلو) * غالب (في غلب) * غالط (في غلط)

*غالى (في غلو) * غامر (في غمر) * غاير (في غير)

*غاية (في غيي) * غباوة (في غبي)

*غَبَبُ البقر وأمثاله : غبغب △ لغد — Dewlap; wattle.

— الطيور (خاصّةً) : غبغب — Wattle.

غَبَّ : اتاهُ يوماً وتركه يوماً — To visit on alternate days.

— الرجلُ — He come visiting at intervals of some days.

— الذئبُ في الغنم — The wolf did mischief among the sheep.

△ — الماء : عبَّه — To quaff; gulp, (water.)

زارهُ غِبّاً : في فترات متباعدة — To visit at long intervals.

أغَبَّتهُ الحمى وعليه : أتته يوماً وتركته يوماً — To recur every other day.

غُبٌّ : خليج صغير — Inlet; creek *or* bay.

غِبَّ △ غب[3] : بعدَ — After.

غِبٌّ . مَغَبَّة : عاقبة — Consequence; issue; effect; result.

حُمَّى الـ — Tertian fever.

غَبيبٌ : ضد غريض اي طازج — Stale; not fresh (meat, bread, etc.)

*غَبَرَ : مضى — To pass; elapse.

غَبَّرَ . أغْبَرَ : لطَّخ بالغبار — To dust; sprinkle, cover, *or* soil, with dust.

— : اثار الغبار — To raise dust.

— الشرابَ او الطعامَ بكذا — To dash with pepper, etc.

تَغَبَّرَ : علاهُ الغبار — To become dusty.

غَبِرٌ : مُنْدَمِل على فساد — Recrudescent.

غَبراء : الارض — The Earth.

غُبْرَة . غَبَرَة . غُبار : تراب — Dust; fine dust.

— : لون الغُبار — Dust colour; brownish grey.

لا غبار[2] عليه — Irreproachable; faultless.

غابِر : ماضٍ — Past; bygone.

الازمان الغابرة — Olden, *or* ancient, times.

أغْبَر : بلون الترابَ — Brownish grey; dust coloured.

△ تغبيرة : كمية قليلة من بهار او فلفل وغيره — A dash, *or* a sprinkling, of. . .

*غَبِشَ . أغْبَشَ : أظلم — To darken; become dark, *or* dusky.

غَبَش : ظلمة آخر الليل — Twilight; dusk.

غَبِش . أغْبَش △ مُغَبَّش — Opaque; not transparent.

زجاج أغبش — Frosted glass.

غَبَاشَة : عتامة — Opacity.

— على العين — Nebula; a spot on, *or* a slight opacity of, the cornea.

*غَبَطَ الرجلَ : تمنى مثل حاله — To envy; wish for an equal good fortune.

إغْتَبَطَ . أغْتُبِطَ — To exult; be exultant; rejoice; triumph.

غِبْطَة — Happiness; exultation; bliss; beatitude; felicity.

— البطريك أو المطران — His Grace; His Eminence, *or* Excellency.

مَغْبوط : سعيد — Happy; felicitous; blessed; blissful.

*غَبْغَبُ البقر والطيور (انظر غبب) — Wattle.

*غَبَنَ الثوبَ : ثناه ليضيق او يقصر — To take in; tuck; pucker.

— : خدعَ — To defraud; swindle; cheat; do.

— : ظلمَ — To wrong.

Wrong; raw deal; injustice. غَبْن : حيف

A tuck. △غَبْنَة في ثوب

Wronged. مَغْبُون

←Gibbon. ٥غَبُّون : شِقّ

*غَبِيَ الشيء وعنه : جهله To be ignorant of.

To be unknown to. — الشيء عليه : غابَ عنه

Ignorance. غَبَاوَة : جهل

Stupidity. — : غفلة

Ignorant. غَبِيّ : جاهل

Stupid; foolish; silly. — : احمق

To laugh in one's sleeve. *غَتَّ الضحكَ

To dip; plunge. — : غَطّ

To be lean, or meagre. *غَثَّ : كان مهزولاً

To secrete pus. — الجرحُ : سال غثيثه

Lean; emaciated. غَثّ . غَثِيث : هزيل

Meagre; poor. — . — : ركيك

Pus; matter; discharge. غثيث ٢ : قيح

Meagreness; weakness; poorness. غَثَاثة

Slough. غَثِيثَة القرحة : △خشكريشة

To feel nausea; feel sick. *غَثِيَت نفسُه

Nausea; sickness. غَثْي . غَثَيَان النفْس

Gipsy. △غَجَري : نَوَري ع . كاولي

*غدٌ (في غدو) *غدّة (في غدد) *غدان (في غدن)

Morning. *غداة (في غدو)

Gland; boby. *غُدَدَة . غُدَّة : سلعة . عقدة

Ductless gland. غُدَّة ٢ منقطعة او صمّاء

Glandular. غُددي : مختص بالغدد

To betray; give up treacherously; play false. *غَدَرَ الرجلَ وبه

To be angry with. △— عليه : غضب

To reject; renounce. △— عليه : غَضَرَ عنه

To leave; quit; depart from. غَادَرَ : ترك

Perfidy; breach of faith; foul play; treachery. غَدْر : خيانة

False; faithless; treacherous; perfidious. غَدَّار . غَادِر : خائن

Pistol, *or* carabine. غَدَّارَة : فَرْد

Pool *or* pond. غَدِير : بِركة ماء

Rivulet; brook. — : نهر صغير

Braid; tress; pig-tail ←*or* lock of hair. غَدِيرَة شَعْر

*غَدَفَ : نِعمة وسَعَة وخصب

Exuberance; abundance; luxuriance; plenty.

←Raven. غُداف : غُراب القيظ

To rain copiously *or* heavily; be copious or abundant. *غَدِقَ . أغدَقَ المطر

To give abundantly. اغدق ٢ عليه

Abundant; copious. غَدِقٌ . مُغْدِق : غزير

Languor; lassitude. *غَدَن . غُدْنَة : استرخاء

Coat-peg; ←hat and coat rack. غِدَان : △شمّاعة الملابس

Gland. *غدّة (في غدد)

Morning. *غَدْوَة . غداة : صَباح

A coming. — : مَجيء

A lunch. △— : اكلة الظُهر

To go in the morning. غَدَا : ذهب غدوة

To become. — : صار

To depart; leave. — : انطلق

To breakfast. غَدِيَ . تَغَدَّى : اكل صباحاً

To lunch; have lunch. △تغدى ٢ : اكل ظهراً

To give breakfast to. غَدَّى : △فطّر

To give lunch to. △— : أطعم ظُهراً

The morrow. غَدٌ : اليوم الذي بعد يومك

To-morrow. غَداً . في الغدِ : △بُكرة

غَداء : طعام الصباح . فطور — Breakfast.

△ — : طعامُ الظهر — Lunch.

*غَذَّ . أَغَذَّ الجرحُ : سال قيحه — To suppurate; discharge pus *or* matter.

*غَذْو . تغذِية : اقاتة — Feeding; nourishment; alimentation.

غَذَا . غَذَّى : اطعمَ . قاتَ — To nourish; feed.

تَغذَّى . اغتذَى : اقتات — To be nourished.

غِذَاء : قُوت — Nourishment; nutriment; nurture; food; aliment.

غذائي : لأجل التغذية — Alimental; alimentary.

تـدبير — . — Diet; regimen.

مُغـذٍّ — Nourishing; nutritious; nutritive

*غرّ (في غرر) * غراء (في غرو) * غراب (في غرب)

*غرام (في غرم) — Ardent love.

*غَرَبَ : غاب — To set; decline; go down.

— . غَرَّبَ : ذهب — To depart; go away; leave.

— . — : بَعُدَ — To depart; go far.

غرَّب ٢ : سار نحو الغرب — To go westwards.

— : نفى — To expatriate; banish; exile.

غَرُبَ : كان غريباً أي غير مألوف — To be strange.

أَغْرَبَ : أتى بالشيء الغريب — To do, *or* say, something strange.

— في البلاد — To go far into a country.

— : بالغ — To carry to excess.

— في الضحك — To burst into a fit of laughter.

تغرَّب . اغْتَرَبَ : نزح عن الوطن — To emigrate.

اسْتَغْرَبَ الامرَ : وجده غريباً — To find strange.

غَرْب : مقابل الشرق — West; occident.

— الدمْع : مَدْمَع — Tear-duct.

— . غَرْبَة : بُعد — Remoteness.

— : حدَّة — Vehemence; sharpness.

فَـلَّ غربه — To mortify; humiliate.

غَربيّ : مقابل شرقيّ — Western; occidental.

— : افرنْجيّ — European.

غرباً : ضد شرقاً — Westward.

غُرْبَة . تَغَرُّب — Expatriation; absence from one's native country.

— : نَفي — Exile; expulsion from one's own country.

غُراب : قاقٌ — Crow.

— اورق (مصري) — Hooded crow.

— اعصم (اعْقَف المنقار) — Chough.

— البحر: غرياق (انظر في غرق) — Cormorant.

— البيْن — Bird of ill-omen.

— القيظ : غداف (انظر غدف) — Raven.

— نُوحي : الـ الاسحم — Rook.

— الزرع : زاغ (انظر زيغ) — Daw; jackdaw.

— الفريزة: مرتكز للمشغولات أثناء التفريز — **Foot-stock**

— : حَدّ — Edge.

— الرأس — Occiput.

△ غُرابَة : حِلية معماريَّة — Fascia.

غَرَابَة : شذوذ — Strangeness; oddity.

غُرُوب : غياب . افُول — Setting; decline.

— الشمس — Sunset.

غَرِيب : دخيل — Strange; foreign; extraneous.

— : بعيد عن وطنه — Stranger.

— : اجنبي — Foreigner; stranger; alien.

— : غير مألوف — Strange; unusual; odd; quaint.

— : عجيب — Strange; wonderful; remarkable.

— : شاذّ — Strange; odd; queer.

غَارِبُ الحصان : كاهل — Withers.

مادة غريبة — Foreign matter.

القى الحبل على الـ . — To give rope; give full liberty.

تَغرُّب . تَغْرِيب . إغْتِراب — Expatriation; banishment.

△ بَدل اغتراب ٢ — Expatriation allowance.

مَغْرِب : غَرْب — West; occident.

— الشمس : وقت غروبها — Hour of sunset.

بلاد الـ . — Morocco (and Algiers).

مَغْربي : واحد المغاربة — A moor.

— : نسبة الى بلاد المغرب — Moorish.

مُتَغَرِّب : بعيد عن وطنه — Expatriated.

مُسْتَغْرَب : غير مألوف — Strange; unusual.

*غَرْبَلَ الحنطة وغيرها — To riddle; sift.

غِرْبال: ما يُغربَل به — ←Cribble; coarse sieve.

مُغَرْبَل — Sifted.

*غَرِدَ . غَرَّدَ . أغْرَدَ . تغرَّدَ الطائرُ — To sing; chirp; warble.

غَرَدٌ . تغريد — Singing; warbling; twitter.

غِرِّيد . مُغَرِّد — Songster; warbler.

طائر مغرد — Song-bird; singing-bird.

الطائر المغرّد (اسم) — ←Warbler.

*غَرَّرَ بهِ : عرّضه للخطر — To risk; endanger; imperil.

غَرَّ : اطمع بالباطل — To lure; allure; entice; tempt.

— : خَدع — To beguile; deceive; delude.

أغَرَّ . استغرَّ : أتاه على غِرَّة — To surprise; come upon suddenly.

إغترَّ . استغرَّ ٢ : خُدِع — To be deceived, beguiled.

— بنفسه — To be self-conceited *or* overweening.

غِرٌّ : لا خبرة له — Inexperienced; gullible; green-horn.

غِرَّة : غفلة — Inadvertence; inattention.

على — . . At unawares; unexpectedly.

غُرٌّ : طائر (واحدته غُرَّة) — ←Coot.

غُرَّة ٢ الشيء : اوّله — The first of.

— : بياضٌ في جبين الحصان وغيره — A blaze.

غِرٌّ . غِرار : حدّ السيف — Edge of sword.

على غرار ٢ : على عجلة — In haste.

على — كذا : مثله — Like; similar to.

على — واحد : على مثال واحد — Alike; similar.

غَرارة : سذاجة — Inexperience; gullibility.

غِرارة : زكيبة — ←Sack; bag.

غَرَّار . غَرُور — Deceptive; delusive; illuosry; alluring.

غَرور: غرغرة. ما يُتَغرغر به — Gargle.

غُرُور : خِداع — Deception; delusion.

— : اباطيل — Vanities.

— : الاعجاب بالنفس — Conceit; vanity.

غَرِير . مغرور : منخدع — Deceived; deluded; beguiled.

∆مغرور ٢ . مُغْتَرّ بنفسه — Conceited; vain.

أغَرّ : حسَن — Elegant; handsome.

— : كريم الافعال — Magnanimous; noble.

*غَرَزَ . غَرَّزَ . أغْرَزَ الشوكة في — To plunge into; pierce through.

— (بالابرة): نَخس — To prick with a needle.

غَرْزَة الخياطة : درزة — Stitch.

∆— تدخين الحشيش — Opium, *or hasheesh,* den; tea-pod.

غَرِيزة : طبيعة — Instinct; natural impulse.

— : قريحة — Intuition.

غَريزيّ : طبيعي — Instinctive; natural.

*غَرَسَ . أغرَسَ الشجرَ — To plant trees.

غَرْس : زَرْع — Planting.

غِرْس . غِراس : ما يُغرَس — Plant.

غِراس ٢ : وقت غرس الاشجار — Planting time.

غَرِس . مَغْروس — Planted.

غَرِيسة : ∆ شَتْلة — Nursery plant.

٥ غُرْش : ∆قِرش — Piaster; piastre.

*غَرَض : قَصْد — Object; purpose; design.

— : مَعْنىً مقصود — Purport; significance.

— : هدَف — Target; mark; ←aim.

— : غايَة — Objective; goal.

— : مراد . حاجة — Wish; desire.

∆— : مصلحة — Interest; advantage.

∆خالي — . — Disinterested; impartial.

To attain one's object; hit the mark. أغْرَضَ الغرَضَ: اصابه

To be broken. تَغَرَّضَ: انكسر

To have a bias for. △ — له: حابى

Fresh; tender. غريض: طازج

*غَرْغَرَ الماءُ على النار: بَقْبَقَ

To bubble; gurgle.

— . تَغَرْغَرَ: رددَ السائل في حلقه

←To gargle.

To be bathed in tears; tears welled over his lids. △ ـــت وـــت العينُ بالدمع

غِرْغِر: دجاج الحبشة

←Guinea-fowl.

غَرْغَرة: ترديد الماء فى الحلق

Gargling.

Bubbling; gurgle. — : بَقْبَقة

Death-rattle. — الموت: حشْرجة

A gargle. — . غرُوْر: ما يُتَغَرغَرُ به

To ladle; dip up. *غرَفَ. اغْتَرَفَ: اخذ بالمغرفة

To dish up food. — الطبخَ (في الصحن)

←Sandal. غِرْفَة: △ صَنْدل.

Upper chamber. غُرْفَة: علّية

Room; chamber. — : حُجْرة △ اودة

Dining-room. — الاكل: حُواطة

Refectory. — الاكل (في المدارس والاديرة)

Bedroom; bedchamber. — النوم

Dormitory. — النوم (في المدارس وامثالها)

Chamber of commerce; board of trade. — تجاريَّة

←Ladle; scoop. مِغْرَفَة: اداة الغرف

To sink; plunge in. *غرِقَ: غاصَ (في الماء وغيره)

To founder; sink. — المركبُ

To drown; be drowned. — الحيُّ: ماتَ غرَقاً

To be immersed, *or* wrapped up, in. — في كذا: انهمك

To get up to the neck, *or* eyelids, in. △ — لشوشته في كذا

To sink; founder; cause to sink. غَرَّقَ. أغْرَقَ: جعله يغرق

To drown. — . — الحيَّ: اماتـه غرقاً

To drench; wet thoroughly. △ — △ — : بلّل جداً

To flood; inundate. — . — المكانَ: غمره بالماء

To dump (flood) the market with... — . — السوق

To exaggerate; draw the long bow. أغرقَ ٢: بالغ واطنب

To inhale; inbreathe. اغترَقَ النفَس

To engross; absorb. إسْتغْرَقَ: اخذه كلّه

To absorb; engage wholly. — : شغله كلّه

To fill; occupy; take up. — : ملأ. شغل

To sleep deeply; be fast asleep. — في النوم

To be bathed in, *or* brim over with, tears. إغْرَوْرَقت العين بالدمع

Drowned. غَريق. غارِق △ غرْقان

Immersed, *or* wrapped up, in. — و— في كذا

←Cormorant; *phalacocorax*. غِرْياق: قاق. غاق. غراب البحر

Sunk. غارق ٢: غاطس

Sinking-fund. △ غاروقـة / △ غـروقة } مال الاستهلاك

Exaggeration; overstatement. إغْراق: مُبالغة

Hyperbole. — : غلوّ (في البيان)

Drowning; sinking. — . تَغْريق

Foundering. — . — السفينة

Flooding; inundation. — . — المكان: غمْر

Dumping; flooding. — . — السوق بالبضائع

Fast asleep. مُسْتغرِق في النوم

Foreskin; prepuce. *غُرْلة القضيب: قلفـة

To lose; suffer loss. *غَرِمَ: خسِرَ

To pay a fine; be fined. — : ادّى الغرامة

To fine; impose fine on; mulct (in). غَرَّمَ. أغْرَمَ: ألزمَ بغرامة

To be very fond of; be in love with. أُغْرِمَ به: أولِع

تغرَّمَ : ادّى الغرامة — To be fined, or mulcted.
— بخمسة جنيهات — He was mulcted in the sum of five pounds.
غُرْم : خَسارَة — Loss.
غَرام : حُبّ — Love; fondness; warm admiration; strong liking.

— : شدة الحُبّ — Passion; ardent love.
رسول الـ. — ←Cupid.
غَرامِيّ : عِشقي — Amorous; love; amatory.
رسالة غراميّة — Love-letter.
علاقة غراميّة — Liaison; illicit (amour) love.
غَرامَة — Fine; penalty for offence; mulct.
غَرِيم : دائن — Creditor.
— : مَدِين . مديون — Debtor.
— : خصم — Adversary; antagonist; rival.
مَغْرَم : خسَارة — Loss.
مُغْرَم به : مُولع — In love with; fond of; enamoured of.
﴿غرن﴾ غَرِين : طَمْي — Alluvium; silt.

*غُرْنوق . غِرْنيق : كركي متوج — ←Crowned-crane.
— . — : شابٌّ جميل — Adonis; dandy.
Coot; etc.
*غرّة (في غرر)
﴿غرو﴾ غَرا . غَرّى : الصق بالغراء — To glue; join with glue.
غَرِيَ . أُغْرِيَ : اولع به على جهل — To be blindly attached to.
أغْرَى : حضّ — To instigate; incite.
— : رغّبَ — To entice; allure; tempt.
— بِشَرٍّ — To abet; instigate.
— العداوة — To stir up enmity between.
غِراء . غَرًا : ما يُلصق به — Glue.
— السّمك — Isinglass.
غروي : كالغراء — Glutinous; gluey; colloidal.
— : لزج — Sticky; viscous.

مِغراة ∆ غَرّاية : وعاء الغراء — Glue-pot.
لاغَرْوَ . لاغَرْوى — No wonder.
إغْراء : حَضّ — Instigation; incitement.
— : ترغيب — Enticement; temptation.
مُغْرٍ : محرِّض — Instigator; inciter; abettor.
— : مرغّب — Enticing; tempting; alluring.
سَبَب — . — Instigation; incitement.
*غَرِيب (في غرب) *غريم (في غرم) *غرين (في غرن)
*غزّ (في غزز) *غزا (في غزو) *غزال (في غزل)
*غَزُرَ : كثُرَ — To be abundant; exuberant.
غَزْر . غَزارة : كثرة — Abundance; exuberance; heaviness; profusion.
بغزارة — In profusion; in abundance.
غَزِير : كثير — Abundant; exuberant; copious; plentiful; heavy.
﴿غزز﴾ أغزَّ الشجرُ : كثر شوكه — To be thorny, or prickly.
∆غَزّ : خزّ . شك — To prick.
*غَزَلَ . اغْتَزَلَ القطنَ والصوفَ — To spin.
غَزِلَ . تغزّلَ بالشيء — To talk highly of; sing the praises of.
تغزّل ٢ بالمرأة . غازلها : تحبّب اليها — To woo; court; make love to.
غازل ٢ : داعب وراود — To flirt with; philander; dangle after women.
غَزْل : فتل . برم — Spinning.
— : الخيط المغزول — Yarn.
∆ — البنات : حلوى — Shredded (or cotton) candy; candy floss.
— السعالي : حجر الفتيل — Amianthus, or asbestos.

غَزَلٌ : لهو مع النساء — Flirtation.
غَزَلي : غرامي — Amatory; erotic.
شِعر — . — Erotic poetry.
غَزال — ←Gazelle.
دمُ الـ : عصير نباتي احمر — Dragon's-blood.
لحمُ الـ. — Venison.
جِلد — . — Buckskin; chamois-leather.

غزَالة : أُنثى الغزال — She-gazelle; doe.

الـ :الشمس الطالعة — Sun; orb of day; Phœbus.

غزَّال : الذي يغزل — Spinner.

— : عنكبوت — Spider.

تغزُّل . مُغازَلة النساء — Flirtation.

مِغْزَل : أداة الغزل — ←Spindle.

— : مصنع الغزل — Spinning-mill.

— . مِغْـزَلة : دولاب الغزل — Spinning-jenny.

فلكَة الـ . — Spindle whorl.

نَصْل الـ : سُرسُور — Spindle pin *or* stick.

مُغازِل النساء — Philanderer.

مَغْـزُول : مَفْتول — Spun.

△ابو مَغازل : طويل الارجل — Spindle-legged.

△ — : طـُوَّل . ابو ساق — ←Stilt.

*غَزْو : اغارة — Invading; raiding.

غَزْوَة : غارة — Invasion; incursion; inroad.

غزَا : قصده. عني — To mean; signify.

— : أغارَ على — To raid; invade.

غازٍ : مُغير — Invader; raider; warrior, (ghâzi.)

غازِيَة (الجمع غوازي) : راقصة أو ممثلة — Artiste.

مَغْـزَى — Meaning; significance; sense; signification; import.

— ادبي — Moral (lesson); inner meaning.

غَسَقٌ : ظلمة أوَّل الليل — Dusk; twilight.

غَسَلَ : نظـَّف بالماء — To wash.

— وكوى الثياب — To launder.

غَسَّلَ : غسل جيداً — To wash well.

— الميت — To wash the dead.

إغْتسَلَ : غسل بدنه — To wash oneself.

— : استحمَّ — To bathe; take a bath.

غَسْل △غَسِيْل : الاسم من «غسل» — Washing.

مكان او غرفة الـ . — Wash-house.

طشْت الـ : اجّانَة — Washing basin.

غَسيل ٢ : مغسول — Washed.

△ — : الثياب المغسولة او المعدة للغسل — Washing.

△حَبْل الـ : حبل التنشير — Clothes line.

△كيس الـ . — Laundry bag.

△مِشبَك الـ . — ←Clothes pin.

△مكنة (آلة) — . — Washing-machine.

△ يوم الـ . — Washing-day.

△كُلـُّه يطلع في الـ . — It all comes out in the wash.

غُسْل . غسُول : كلّ ما يُغسل به — Wash.

غَسُول ٢ : دواء لغسل القروح وغيرها — Lotion; detergent.

— : △عرق الحلاوة . نبات — Egyptian fig-marigold.

غَسَّال : الذي يغسل الثياب — Washerman.

غَسَّالة — Washerwoman; laundress.

غُسالَة : ماءٌ غُسِلَ به — Slops; water in which anything has been washed.

غاسُول : صابون — Soap.

— : خطمي (نبات) — Marsh-mallow.

مَغْسَل : مكان الغسْل — Wash-house.

مِغسَل : حوض تشطيف← — Wash basin.

— : △طشْت غسيل — Washing-basin.

مَغْسَلة : △لـَفومانو — ←Wash-stand.

مُغْتسَل : مكان الاغتسال — Lavatory.

*غشاوة (في غشو) — Envelope.

*غَشَّش . غَشَّ : خدع — To cheat; deceive; fool; gull; do.

غَشّ ٢ الشيء : زيَّفه — Adulterate; debase.

— ه : مكر به — To play *another* false.

— : زيـَّفَ المعادن والمشروبات — To adulterate.

— : خَدَعَ او خادَعَ — To double-cross.

△غَشْـشَت ٢ عينه : تغطـَّشت — To become dim, (eyes).

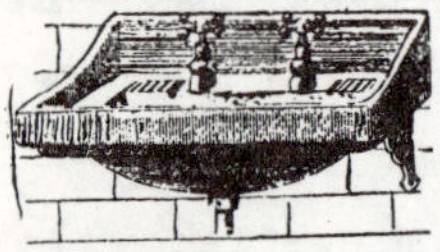

English	Arabic
To be deceived or cheated.	إغْتَشّ ٥ إنْغَشّ : دخل عليه الغش
To suspect of deceit.	— . اسْتَغَشّ : ظنّ به الغش
Cheating; deceiving.	غَشّ : خَدْع
Deceit; cheat; deception.	غِشّ : خِداع
Fraud; treachery; double-crossing.	— : خيانة
Deceiver; cheat; double-dealer.	غشّاش : مخادع
Deceptive; false.	— : يخدع . خدّاع
Deceived; cheated.	مَغْشُوش : مُنْخدع
Adulterated.	— : مزيّف
To wrong; treat with injustice.	*غَشَم : ظلم
To act at random.	— : اعتبط . فعل بغير رويّة
To regard as green or inexperienced.	△ إسْتَغْشَم : ظنّه غرًّا
Oppressive; tyrannical.	غَشُوم . غَاشِم : ظالم . جائر
Oppressor; tyrant.	— . — : غاصب
Inexperienced; green.	△ غَشِيم : عديم الخبرة
Unskilful; awkward; clumsy.	△ — : غير ماهر
Unconversant; untrained.	△ — : غير مدرّب
Raw; unwrought.	△ — : غفل . خام . غير مشغول
Raw iron.	حديد — .
Blank key.	△ مفتاح — .
Envelope; cover; —ing.	*غُشْوَة . غِشَاوَة : غطاء
Film on the eye; spot on the cornea.	غِشَاوة ٢ على العين
To cover; overlay; spread over.	غَشَا : غطّى
To frequent (come to) a place.	*غَشِيَ المكانَ : اتاهُ
To overwhelm.	— غطّى (او حلّ به)
To lie with a woman.	— المرأة
To cover; copulate with.	— الحصانُ الفرسَ
To flog; administer the lash.	— ـه بالسوط
To be or become dark.	— وأغْشَى الليلُ : اظلم
To blindfold; hoodwink.	اغشى ٢ على بصره

English	Arabic
To faint; have a fainting fit; swoon.	غُشِيَ عليه : اغمي عليه
To cover; overspread; envelop; overwhelm; spread over.	غَشَّى : غطّى
To overlay; coat; plate.	— : طلى
Covering; envelope.	غِشَاء : غلاف
Integument; skin; covering.	— : جلد
Film; pellicle.	— : جِلد رقيق . فُوف
Membrane.	— (في الحيوان والنبات)
Mucous membrane.	— مخاطي
Serous membrane.	— مَصْلي
Hymen; virginal membrane.	— البكارة
Membraneous; integumentary.	غشائي
Swoon; —ing; fainting-fit.	غُشْي . غَشْيَة . غَشَيَان
Pericardium.	غَاشِيَة : قميص القلْب
Calamity; disaster.	— : داهية . نَكْبة
In a fainting fit; unconscious.	مغشيّ عليه
To be choked.	*غصّ (في غصص)
To force; compel; coerce; oblige; constrain.	*غَصَبَ : اجبر
To force; take by violence.	— . إغْتَصَبَ : اخذ قهراً
To rob; extort; exact.	— . — المال
To rape; violate; ravish.	— . — المرأة
To usurp a right.	— . — حقاً اومنصباً اوملكاً
Forcing; compulsion; coercion; constraint, etc.	غَصْب : جَبْر
By force; forcibly.	غَصْباً : جَبْراً
In spite of.	— عن
Forcing; taking by violence.	إغْتِصَاب : الأخذ عنوة
Ravishment; violation; rape.	— النساء
Robbing; extortion.	— الأموال
Usurpation; usurping.	— الحقوق في السيادة او المناصب
Forced; compelled; coerced.	مَغْصُوب : مُجْبَر
Extorted; taken by violence; forced.	مُغْتَصَب : مأخوذ بالقوّة
Choking.	*غَصَص : اعتراض الطعام او الشراب فى الحلق
To be choked with food, or drink.	غَصّ الرجلُ بالطعام او الشراب
To be overcrowded, congested, full, etc.	— . اِغْتَصّ المكانُ

أغصّ : جعله يغصّ — To choke.

غُصَّة : الهمّ والحزن — Distress; grief.

— : ما اعترض في الحلق — Choker; lump in throat; that which chokes, *or* causes choking.

غاصّ بكذا — Full of; crowded with.

*غصّن . أغصن الشجر — To sprout; put, *or* send forth new shoots.

غُصْن الشجرة — Branch; bow; limb.

أُغصُنة . غُصَين — Shoot; twig; scion; spray.

*غضّ (في غضض) — To lower one's eyes.

*غضِبَ . تغضّب عليه — To be angry with; fly into a rage at.

أغضب . غاضب — To anger; exasperate; incense; enrage; provoke.

غَضَب — Anger; indignation; rage; fury; wrath; passion.

غَضِب . غضبان : زعلان — Angry; offended; enraged; cross.

— . غُضابيّ : حانق — Morose; sour; sullen.

غَضُوب : سريع الغضب — Peevish; touchy; irritable; irascible.

إغضاب : اثارة الغضب — Enraging; provocation of anger.

مغضوب عليه — Hated; object of anger, hate, *or* incensement.

*غضر عنه : عدل — To reject; renounce; give up.

— عليه : عطف — To be in favour of.

△ — عليه: غضب وتوعد — To show *one's* teeth to; show *one's* anger and power to injure.

غَضِرَ : اخصبَ — To be luxuriant (plant.)

غَضِر . غَضِير : خصيب — Luxuriant; exuberant.

— . — : ريّان — Lush; succulent; luxuriant.

غضارة : خصب . نضارة — Luxuriance.

*غضروف : عظم مرن — Cartilage; gristle.

(غضض) غضّ طرفه : خفضه — To lower one's eyes.

— الطرف او النظر عن — To overlook; disregard; connive; wink at.

— من فلان : حطّ من قدره — To detract from; lower *another's* dignity.

— النباتُ : نضر وطرؤ — To be tender, lush, luxuriant, *or* soft.

غَضّ : خفض — Lowering.

— . غضيض : طريّ — Tender; soft.

— . — : ناضر — Luxuriant; lush; succulent.

— الطرف — Overlooking; disregarding.

بغضّ النظر عن — Irrespective of; regardless of.

غُضّة . غضاضة : ذلّة ومنقصة — Debasement; detraction.

غَضاضة ٢ . غُضوضة : طراوة — Tenderness; lushness.

*غضن : تثنّى وتجعّد — To wrinkle; contract into wrinkles; corrugate.

غاضن المرأة : غازلها بمكاسرة العين — To make eyes at; give the languishing eye.

تغضّن : تجعّد — To wrinkle; shrink into ridges.

غَضْن . غَضَن : تجعّد — Wrinkle; crease; corrugation.

— . — : عناء — Troubles.

غُضون : تجعدات — Wrinkles; creases; ridges; corrugations.

في — ذلك : في اثنائه — In the meantime; meanwhile.

مغاضنة : مكاسرة النظر — Sheep's-eyes; a modest, diffident look.

مغضّن . متغضّن : مجعّد — Wrinkled; creased.

△ صاج — : ملوّب او مضلّع — Corrugated iron.

مغضنة : كتّونة صغيرة (ثوب كهنوتي) — Surplice.

(غضى) أغضى عينه — To shut one's eye.

— عن الامر — To overlook; pardon.

— . تغاضى عن — To wink, *or* connive, at; take no notice of.

إغضاء : صفح — Overlooking; pardoning.

— . تغاضٍ — Connivance; winking at; taking no notice of.

*غطّ (في غطط) * غطاء (في غطى)

To domineer; be overbearing. — *غَطْرَسَ . تَغَطْرَسَ : تكبّر

To swagger. — تغطرس٢ : تبختر كبراً

Insolence; arrogance; haughtiness. — غَطْرَسَة : تكبّر

Swagger; —ing. — — : تبختر

Arrogant; insolent; overbearing; domineering. — غِطْرِيس : متكبّر

To overlook. — △غَطْرَشَ : غضّ الطرف

To dive, dip, or plunge, into water. — *غَطَسَ في الماء : انغمس

To sink (*past* sank); submerge. — △—: غاص . ضدّ عام

To dip, or plunge, into water; immerse. — — . غَطَّسَ : غمس

Diving; plunging. — غَطْس : انغماس

Immersion; dipping; plunging. — — . تَغْطِيس : غمس

A dip. — غَطْسَة

Epiphany. — غِطَاس : عيد الدنح . عيد الظهور

Diver. — غَطَّاس : غوّاص

Dipper. — — : اسم طائر

Draught. — غاطِس السفينة

Bathing-tub. — مِغْطَس : حوض الاستحمام

Plunge bath. — مَغْطس : حمّام الغطس

Magnet. — ○ مَغْنَطِيس (راجع مغنط)

To be dim, dark, or obscure. — *غَطَشَ الليلُ : اظلم

To dim; be dimmed or bleared. — تَغَطَّشَت عينه : ضعف بصرها

To snore. — ﴿غطط﴾ غطّ النائم : شخر

To immerse, plunge, or dip, into water. — — . أغطّ في الماء

To be immersed in; plunged, or dipped, into. — إنْغَطّ : انغمس

Immersion; dipping; plunging. — غَطّ : غمس

Snoring. — غَطِيطُ النائم : شخير

Fog, or pea-souper. — غُطَيْطَة ص : ضباب

To cover. — *غَطَّى . غَطَا : ستر

To be covered. — تَغَطَّى . اغتطى

Lid; cover. — غِطَاء الآنية والاوعية

Cover; —ing. — — : كل ما يُغطّى به

Bed-spread. — — السرير

Table-cover. — — المائدة

*غَفّ (في غفف)

*غفا (في غفو)

To pardon; forgive; absolve. — *غَفَرَ . اغْتَفَرَ له الذنبَ

Pardonable; remissible. — يُغْفَر . يُغْتَفَر

Unpardonable; irremissible. — لا — . لا —.

To cover. — غَفَّرَ : غطّى

To guard; watch over. — △ — على : حرس

To ask for pardon; beg another's pardon. — إستغفرَ الذنبَ ومن الذنب

Cover; —ing. — غُفْرَة . غِفَارَة : غطاء

Forgiveness; pardon; remission. — غُفْرَان . غَفِير . مَغْفِرَة : صفح

Remission of sins; absolution. — — الخطايا

Indulgence paper. — صك الـ— (عند بعض النصارى)

Watchman; guard. — △غفير٢ : خفير . حارس

Myriad; endless number. — جَمّ — .

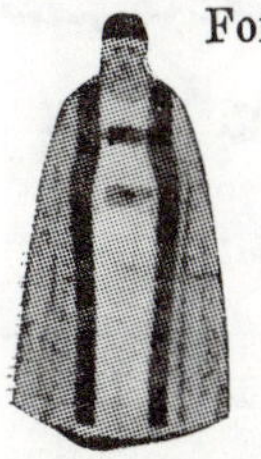

Forgiving; ready to forgive, or pardon; pardoner. — غَفّار . غَفُور : كثير المغفرة

Cope. — غَفَّارَة : حَبْرِيّة (ثوب كهنوتي)

Pardoner; forgiver; one who pardons, or forgives. — غَافِر : من يغفر

To surprise; take unawares. — ﴿غفف﴾ △غَفّ : غافل وفاجأ

To omit; forget; neglect. — *غَفَلَ عن : سها عن

To doze; fall asleep. — △—ت عينه : نام

To cause to forget. — غَفَّلَ : جعله يغفل

غَافَلَ . تَغَفَّلَ . اسْتَغْفَلَ : تحيَّن غفلته — To get at a disadvantage; take advantage of one's inadvertence.
— : فاجأ — To surprise; take unawares.
أَغْفَلَ : ترك واهمل — To omit; leave out; neglect; slight.
تَغَافَلَ : تظاهر بالغفلة — To feign inadvertence.
— عن: اهمل — To slight; disregard; neglect.
غُفْل : لا علامة فيه — Unmarked.
— : بلا كتابة △على بياض — Blank.
— : لا حسب له — Of unknown ancestry.
— : خام . غير مشغول △غَشيم — Raw; unwrought.
— من التاريخ — Undated; dateless.
— من التوقيع — Unsigned; anonymous.
غَفْل . غَفْلَة — Inadvertence; inattention; unawareness.
على غَفْلةٍ — Unawares; inattentively.
على حين غفلة — Suddenly; on, or all of, a sudden.
موت الغفلة — Sudden death.
غَفْلان . غَافِل — Inadvertent; inattentive.
إغْفَال : تَرْك واهمال — Omission; neglect; disregard; slight.
— الاوامر او الامور — Nonobservance.
مُغَفَّل : لا فطنة له — Stupid; foolish; silly; weak-minded person.
— : سَهل الانخداع — Dupe; simpleton.
*غَفْوَة : نومة خفيفة — A doze; nap; slumber.
غَفَا . غَفِيَ . أَغْفَى : نام نومة خفيفة — To doze; nap; take a nap.
*غلّ (في غلل) *غلا *غلاء (في غلو) *غلام (في غلم)
*غَلَبَ : ظَفِرَ عليه وبه — To beat; defeat; vanquish.
— : فاز على — To conquer; defeat.
— : سادَ — To dominate; prevail over.
— . تَغَلَّبَ على : استظهر على — To overcome; surmount; get the better of.
غَالَبَ : نازع — To contend; strive.
— : صارع — To struggle; wrestle (with).

غَلْب : فَوْز — Conquering; beating.
— . غَلَبَة : ظفر او فوز — Conquest; victory.
△غَلَبَة٢ : ثَرثرة — Chattering; tattle.
△غلباوي : ثرثار — Chatterbox; talkative.
△غَلْبان : غلبهُ الزمان — Miserable; wretched.
غَالِب : قاهِر — Conqueror; victor.
— : سائد — Predominant; prevalent; prevailing.
— ومَغلوب — Victor and vanquished.
غالباً . في الغالب. في الاغلب — Probably; most likely.
أَغْلَب : معظَم — Most of.
اغلبيَّة — Majority; the greater number.
مَغْلُوب — Conquered; beaten; overcome.
— لا مقهور — Conquered but not vanquished.
مُغَالَبَة : منازعة — Contest; strife; struggle.
*غَلَس : ظلمة آخر الليل — Dusk; twilight; half light before dawn.
△غِلِس : ثقيل الظل — Antipathetic; repugnant.
*غَلْصَمَة الحَلْق — Epiglottis *or* larynx.
*غَلِطَ : أخطأ — To err; make, *or* commit, a mistake; be mistaken.
غَلَّطَ △اسْتَغْلَطَ : نسب الى الغلط — To accuse of being wrong; put in the wrong.
— ع : زيَّف — To counterfeit; forge; fake.
— . غَالَطَ : جعله يغلط — To cause to err, *or* make a mistake.
△غالط٢ : غشَّ — To swindle; cheat; do.
— بالكلام — To quibble; equivocate; prevaricate.
غَلَط : الوقوع في الخطأ — Mistake; erring.
— : غير صحيح — Wrong; incorrect; erroneous.
غَلْطَة — A mistake; an error.
— كتابيَّة — Clerical error.
— مطبعيَّة — Printer's error; a misprint.
غَالِط △غَلْطَان — Wrong; mistaken; erroneous; faulty; in error.

Captious question. أُغْلُوطَة . مُغالَطَة : ما يُغالط به

Putting in the wrong. تَغْلِيط : النسبة الى الغلط

Spurious; false; counterfeit. —ع : مقلّد

Wrong; incorrect; mistaken; erroneous. مَغْلُوط فيه

Act of causing error. مُغالَطَة

Equivocation; prevarication; quibble. — كلاميّة

Sophism; sophistry; fallacy. — منطقيّة

To be, or become, thick. *غَلُظَ

To thicken; make thick. غَلَّظَ : جعلهُ غليظاً

To make a strong oath. — اليمينَ

To speak roughly, or harshly, to. أَغْلَظَ له القول او في القول

To thicken; become thick. إِسْتَغْلَظَ : صار غليظاً

To consider, or find, thick. — : وجده غليظاً

Thickness. غِلْظ . غِلْظَة . غِلَاظَة : ضدّ رقّة

Coarseness; roughness. — . — . — : خُشونة

Harshnes; rudeness. — . — : فظاظة

Thick. غَلِيظ : ضدّ رقيق

Coarse; rough. — : خشِن

Harsh; rude; rough; stiff. — : فظّ

Stiff-necked; obstinate. — الرقبة : عنيد

Strong oath. يمين — او مُغلَّظة

The greater intestine. المعى الغليظ (انظر معى)

To permeate; penetrate deeply into. *غَلْغَلَ . تَغَلْغَلَ في : دخل

Phlegmon. ٥غَلْغَمُوني : ٥فلغموني . جِبْن

To envelop; cover. *غَلَفَ . غَلَّفَ : غطّى . غشّى

To put into an envelope. — . — : جعله في غلاف

To bind a book. — . — الكتاب: جعل له غلافاً

Prepuce; foreskin. غُلْفَة الذكر

Envelope; cover. غِلَاف : ظرف (انظر ظرف)

(Paper) cover; book-jacket. — الكتاب

Uncircumcised. أَغْلَف : اقلف

Enveloped; enclosed; encased. مُغَلَّف: موضوع في غلاف

Envelope. △ — : غلاف . ظرف

To be foreclosed, or unredeemed. *غَلِقَ الرهنُ

To close; shut; fasten. أَغْلَقَ . غَلَقَ . غَلَّقَ البابَ : ضدّ فتح

To lock a door. — . — الباب : سكّ

To foreclose a mortgage. — . — الرهنَ

To be ambiguous to. أُغْلِقَ عليه الامرُ

To be closed, shut; or locked. إِنْغَلَقَ البابُ

To be complicated. إِسْتَغْلَقَ الامرُ

To be tongue-tied. — الكلامُ عليه

Lock. غَلَق . مِغْلَاق : △كالون

Keystone. △ — : مفتاحُ العقد

Basket (of palm leaves). △ — : قفّة

Abstruse; obscure; recondite. غَلِق . مُغْلَق : صعب الفهم

Closed; shut; locked. مُغْلَق ٢ : ضدّ مفتوح

Timber, or lumber, yard. △ مَغْلَق خشب

Overdrawn account. △مغلق: مكشوف (رصيد حساب مع مصرف)

Balance of an account. △غلاق △غلاقة الحساب

Closing; shutting. إِغْلَاق : ضدّ فتح

Insolvency; bankruptcy. — : افلاس

Foreclosure. — الرهن

To handcuff; fetter. *غَلَّلَ . غَلَّ يديه

To enter; penetrate into. — . — : دخل

To insert; put in, or among. — : أدخل

To envenom; embitter. — صدرهُ

To be burning with thirst. غُلَّ : اشتدّ عطشه

To produce, or yield, a crop. أَغَلَّت △غلّت الارضُ

To penetrate, enter into, or between. تَغَلَّلَ . إِنْغَلَّ في الشيء

إسْتَغَلَّ الارضَ — To fructify; take, *or* receive, the proceeds of land.

— المالَ — To invest; lay out; utilise.

غُلّ : قَيْد — Irons, fetters, shackles, etc.

— . غُلَّة . غَلِيل : عطش شديد — Burning thirst, *or* desire.

غِلّ . غَلِيل ٢ : حقد — Grudge; spite; rancour; ill will.

اروى غليله (عطشه) — To quench one's thirst.

شفى غليله (حقده) — To appease *one's* hatred.

غَلَّة : دَخل — Proceeds; returns; revenue.

— : نتاج — Product; produce; yield.

— الارض : محصول — Crops.

△ — △ غِلال : حبوب — Cereals; corn.

△ تاجر — : قمّاح — Corn-chandler.

غِلالة : قشرة رقيقة — Film; integument.

— : ثوب تحتاني — Undergarment.

— المرأة : قميصها الرقيق — Diaphanous chemise, (shirt), or gown.

إسْتِغْلال : استثمار — Fructification; investment.

مُغِلّ : حقود — Malevolent; spiteful; morose vinidictive.

— : مثمر — Productive; fruitful.

مَغْلول : عاطش جداً — Parched, *or* burning, with thirst.

△ — : حاقد . حانق — Rancorous; spiteful.

— . مُغَلَّل : مقيّد — Handcuffed; fettered.

مُسْتَغَلّ : محصول — Proceeds; product; returns.

مُسْتَغِلّ : مستثمِر — Fructuary.

*غَلِمَ . اغْتَلَمَ : كان منقاداً للشهوة — To be lusty.

غُلْمَة : شهوة — Lust; carnal appetite.

غُلام : فتى — Boy; lad; youth.

— : خادم — Servant, *or* waiter.

غُلومة . غُلاميّة : حالة الغلام — Youth; adolescence.

— : شهوة جنسيّة — Lust; libido; sexual urge.

غَلِم . غَلِيم : شهواني — Lustful; lascivious; dissolute; lewd.

*غُلُوّ . غُلَواء . مُغالاة : مجاوزة الحدّ — Excess; extravagance.

— . — . — : مبالغة — Exaggeration.

غَلْوَة : رمية سهم — Furlong; bowshot.

غَلا السعرُ : كان غالياً — To be dear, expensive, *or* high in price.

— : زاد وارتفع — To rise; go up; increase.

— : جاوز الحدّ — To be excessive.

أَغْلى △ غَلّى السعرَ : رفعه — To raise the price.

غالى : بالغ — To exaggerate; overstate.

إسْتَغْلى الشيءَ — To find a thing dear, expensive, *or* high-priced.

غَلاء : ارتفاع الثمن — Dearness; high cost.

— المعيشة — High cost of living.

غالٍ . غَلِيّ : غالي الثمن — Dear; expensive; high-priced; costly.

— : عزيز — Dear; valuable; precious.

أَغْلى : أعلى ثمناً من — Dearer; costlier; of higher value, *or* price, than.

*غَلى : جاش بقوّة الحرارة — To boil; bubble up (from action of heat); seethe.

— : فار — To effervesce; boil up.

— . غَلّى . أَغْلى : جعله يغلي — To boil; cook by boiling.

غَلْي . غَلَيان — Boiling; ebullition.

غَلّاية . اناء الغلي △ قزان — ←Boiler; cauldron.

مُغْلى . غَلِيّ — Boiled.

— الاعشاب وغيرها — Tea; decoction.

— البابونج او المريمية — Camomile tea; sage tea.

○ غليسرين : جَلْسيّة — Glycerine.

○ غَلْيُون التدخين — ←Pipe; tobacco pipe.

— : سفينة كبيرة (تسير بالقلوع والمجاذيف) — Galleon.

حجر — التدخين — Bowl of a pipe.

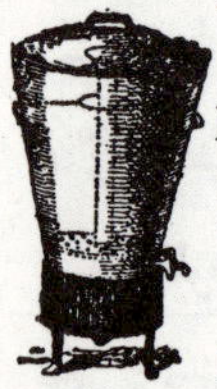

○غَلِيلْيو : بدوران الارض حول الشمس بعد كوپرنيكوس (في كتاب وضعه عام ١٦٣٢) اعظم علماء الطليان وأول قائل — Galileo.

*غمّ (في غمم) * غماء (في غمي) *غمامة (في غمم) — Cloud.

*غَمَدَ . أَغْمَدَ : ادخل في الغمد — To sheathe.

— ه — : أدخل (السيف او الخنجر مثلاً) — To plunge, *or* thrust, into.

— . غمّدَ . تغمّدَ : ستر — To cover; shelter; veil; protect.

غِمْد : قراب — Sheath; scabbard.

*غَمَرَ الماءُ المكانَ — To flood; inundate; overflow.

— المكانَ بالماء — To submerge; inundate.

— ه بالهدايا — To heap presents upon.

— ه بفضله — To overwhelm with kindness.

— صديقه : حضنه — To hug; embrace.

غَمُرَ : كثر — To overflow; abound.

غَامَرَ : عرّض للخطر — To risk; endanger.

غَمْر — Overflowing; submersion.

— : ماء كثير — Flood; inundation.

— : معظم البحر — The main sea; offing.

△غُمْر : ملء حضن — Double armful.

— : غِرّ لم يجرّب الامور — Novice; green.

غَمْرَة : شدّة — Agony; throe.

غمرات الموت — Death agony; pangs of death.

غَامِر : كثير — Abundant; overflowing.

— : ضد عامر — Desert; desolate.

مَغْمُور : خامل الذكر . ضدّ مشهور — Obscure; unknown; humble.

— بالماء أو غيره — Flooded; overwhelmed.

— بالدين — Deeply immersed in debt.

مُغامِر — Adventurer; speculator.

مُغامرة — Adventure; speculation.

*غَمَزَ : جسّ — To feel; try by touch.

— قَنَاتَه — To feel another's pulse.

— بالعين او بالحاجب — To wink; give hint *or* sign by wink.

— به وعليه : طعن عليه — To slander; calumniate.

— في مَشيه — To limp; hobble.

تَغامَزوا — To make signs one to another, with their eyes.

غَمْز : الاشارة بالعين — Winking.

غَمْزَة — A wink; hint; sign.

غمّاز السلاح الناري : نابض — Trigger.

△غمّازة الخدّ : نونة — Dimple.

△ — صنّارة صيد السمك — Float.

مَغْمَز : عيب — Foible; failing.

*غَمَسَ . غمّسَ : غطّ — To plunge; dip; immerse.

إنغمسَ . إغتمسَ في كذا — To be plunged, *or* immersed, into.

— في الملذات او الشرّ او الدَّين — To plunge into.

غَمْس : غطّ — Plunging; immersion; dipping.

غَمُوس : امر شديد — Distressful affair.

يمين — . — Perjury; false swearing.

*غَمُضَ الكلام : خفي معناه — To be abstruse, *or* obscure.

غَمَضَ . أَغْمَضَ عينيه — To shut, *or* close, one's eyes.

— . — الكلامَ — To speak ambiguously.

اغمض ٢ عن كذا : اغضى — To overlook; wink at.

— على كذا : تحمّل — To swallow; tolerate; support.

إنغمضَ . اغتمضَ طرفه — To sleep; be closed, (one's eyes).

غُمْض . غِماض : نوم — Sleep; slumber.

غمضة عين — A blink; a wink.

في — عين — In a jiffy; in an instant.

غُموض . غموضة : ابهام — Obscurity; ambiguity; abstruseness.

Eye bandage. غُمَامة : غطاء للاعين

—الخيل : △ غُمَى ←Blinkers; blinders; eye-flaps.

Sad; grieved; sorry; distressed; downcast. مَغْمُوم . مُغْتَمّ : حزين

Toilet powder. *غُمْنَة : ٥ بُودرة . مسحوق الزينة

To swoon; faint; lose consciousness. *غُمي . أُغْمِيَ عليه

To thatch; roof a house. غَمَى البيتَ : سقّفه

To blindfold. △ غَمَّى : غطَّى عينيه

Swoon; —ing; fainting-fit. غَمْي . إِغْمَاء : غشيان

In a swoon; in a fainting fit; unconscious. △ غميان . مُغْمًى عليه

Blindman's buff. △ لعبة الاستغمّاية : غُمَيضاء

*غنّ (في غنن) * غناء (في غنى)

To dally; coquet; play the coquette. *غَنِجَ . تَغَنَّجَ : تدلل

Prudery; coquetry; dalliance غُنْج : دلال.

Coquette. غَنِجَة △ غَنُوجَة . غَنَّاجَة س

Drawbar. △ غَنْجُو : ذراع الاتصال بين عربات القطار الحديدى.

Plump. *غُنْدُر : سَمين

To titivate; smarten up. △ غَنْدَرَ : زيّن

Dandy; fop; coxcomb; spark. △ غَنْدُور : متأنق فى ملابسه

Armourer; gunsmith. △ غَنْدقجي : قونداجي ع . سِلاحيّ

٥ غَنْدول : △ شخطورة ← Gondola.

Gangrene. ٥ غَنْغَرينا : نَغَل . ذَرَب

△ غَنْفَرة : تَعْشيق ←Dovetail.

Dovetailed. مُغَنْفَر : △ معشّق

To take as spoil or booty. *غَنِمَ الشيءَ : فاز به

To grant; bestow. غَنَّمَ . أَغْنَمَ : منح

To take advantage of; avail oneself of; seize the opportunity. إغتنم الفرصةَ : انتهزها

Booty; spoils; loot. غُنْم . غَنِيمَة . مَغْنَم : مايؤخذ عنوة

Benefit; profit; advantage. — . — . — : مكسب

Recondite; obscure; ambiguous. غَامِض : مُبْهَم

Mysterious; secret; hidden. — : خفي

Shut; closed. — . مُغَمَّض : مقفل

A profound secret. سِرّ غامض

Mystery; a secret; an enigma; a riddle. غَامِضَة : خافية

غُمَيْضاء : عَمْياف △ استغمّاية ←Blindman's buff.

To be ungrateful; thankless. *غَمِطَ النعمة

To despise; belittle. — : احتقر

To mumble; speak indistinctly. *غَمْغَمَ الكلامَ

To be damp, or wet. *غَمِقَ : كان رطباً

To deepen. △ غَمَّقَ : عمّق

Depth. △ غُمْق : عُمْق

Deep. △ غَمِيق : عميق

Dark; sombre. △ غَامِق : قاتم

Fickle; inconstant. *غَمْلَج . غملاج : لا يثبت على حال

To blindfold. △ غَمَّم عينيه : غطّاهما

To cover. *غَمَّ : غطّى

To grieve; distress. — . أَغَمَّ : أحزن

The sky was overcast. أغمّت السماءُ

To be obscure to. غُمَّ عليه الامر : خفي

To grieve; be grieved or distressed; feel sorry. اغتمّ . انْغَمَّ : حزن

Grief; sorrow; distress. غَمّ . غُمَّة : حُزْن

Sultry; hot and oppressive. — . غَامّ . مُغِمّ : شديد الحرّ

Sad; sorrowful; distressing; grievous; mournful. غام ٢ . مغم ٢ : محزن

Cloudy; clouded; misty. — . — : كثير الغيوم

Clouds. غَمَام : سحاب (راجع سحب)

Hail; hailstones. حَبّ الـ — : بَرَد

A cloud. غمامة : سحابة (راجع سحب)

غَنَم : شاءٌ (والواحدة شاة) Sheep.

غنّام : راعي غنم Shepherd; herder of sheep.

* غَنِيَ : كان غنيًّا To be rich; wealthy.

— • استغنى عن الشيء To spare; dispense with; do without.

استغنى [٢] • اغتنى : صار غنيًّا To become rich.

— عنه To dispense with; be in no need of.

غنّى • تغنّى : ترنّم To sing; chant.

— • — به او بمدحه To sing the praises of.

أغنى : جعله غنيًّا To make rich: enrich.

— : كفى To suffice; satisfy.

— عن كذا To be a substitute for.

غِنًى • غَنَاء : يسار Riches; affluence; wealth; abundance; opulence.

— • غُنْيَة : اكتفاء Satisfaction; content.

ما لي عنه غنى او غنية I cannot do without *it*.

لا غنى عنه : لا يُستغنى عنه Indispensable.

غَنِيّ : ضد فقير Rich; wealthy.

— • مُسْتَغْنٍ عن غيره Independent.

— عن البيان Self-evident; self-explanatory.

غِنَاء : ترنيم Singing; chanting.

غانِيَة : امرأة جميلة A beauty; a belle; a siren.

أُغْنِيَّة : ترنيمة Song.

مُغَنٍّ : مُنْشِد Singer; chanter.

مُغَنِّيَة : قينة Singer; cantatrice; lady singer.

* غَيْهَبَ عنه : غفل عنه To omit; neglect.

غَيْهَب (الجمع غياهِب) : ظلام Darkness; tenebrosity.

٥ غوتاپركا : صمغ هندي Gutta-percha.

٥ غوتنبرج : مخترع طباعة الاحرف Gutenberg.

* غَوْث • غِياث • إغاثة Aid; succour; help.

— • استغاثة : استعانة Appeal for help, *or* aid.

الغَوْثَ ! (نداء الاستغاثة باللاسلكي) S.O.S.; Save our souls!

— • اغيثوني ! Help!

غاثَ : أعان To aid; succour; help.

إستغاثَ الرجلَ وبه To seek the aid of; ask help from.

* غَوَرَ • غارَ في الشيء : غاص To sink, penetrate, plunge, *or* dive, into.

أغارَ على : هجم To invade; raid; attack.

△ غُرْ : الى حيث القت Go to hell! Go to the devil, *or* to blazes!

غار : كَهْف Cave; cavern.

— : اسم شجر أو ورقه **Laurel; bay.**

غارة • هجوم **Raid**; predatory invasion; incursion; hostile inroad; *razzia*.

— جوّيّة Air raid.

شنّ الـ على To assail; invade.

غَوْر : قرار Bottom.

— : عُمْق Depth; fathom.

سَبَرَ غوره To fathom; probe; comprehend.

غائر : منخفض Sinking; depressed; hollow.

— العينين Hollow-eyed.

مَغار • مَغارة : كَهْف Grotto (*pl.* -s; -es). cavern.

مِغْوار : كثير الغارات Invader; raider.

— : جريء Audacious; daring; foolhardy.

فرس — : سريع Swift horse.

٥ غورِلّى : غول • قرد كبير Gorilla.

(غوز) غازه : قصده To repair to; go to.

٥ غاز : جوهر هوائي قابل للضغط Gas.

— : △ جاز ٥ بترول Petroleum; kerosene.

— ضحّاك (منوّم خفيف) Laughing-gas.

— سامّ Poison gas.

نور الـ Gas-light.

قناع الغازات السامّة : صقاع Gas-mask.

Manometer. مقياس ضغط الغازات والابخرة والسوائل
Gaseous. غازي : كالغاز او منه
Aerated water. ماء — : فوّار
To immerse; dip; make *another* dive. *غَوَّصَ : جعله يغوص
To dive, *or* plunge, into. غَاصَ في الماءِ وغيره
To dive for. — على كذا
Diving. غَوْص : غـطْـس
Diving apparatus. جهاز الـــ أو الغوّاصين
Diver. غوّاص : غطّاس
غوّاصة : سفينة تسير تحت سطح الماء

←A submarine.
Diving-place. مَغَاص : مكان الغوص
Pearl-fishery. — اللؤلؤ
To deepen; make deeper. *غَوَّطَ : عمَّق
To ease, *or* relieve, nature; evacuate the bowels. تغوّطَ: قضى الحاجة
Excrement; stool; fæces. غَـائط : براز
Depth; deepness; profundity. غُـوْط : عُـمْـق
Deep; profound. غويط : عميق
Gothic. ○غوطيّ : قوطيّ . جرماني قديم
abcdefghijklmn ABCDEFGH
Gothic writing; ←black-letter. خطّ — .
Ogive; pointed arch. عقد — .
Mob; rabble; riff-raff; rag-tag and bob-tail. *غوغاء . غاغة: سفلة الناس
Noise; clamour; din. △غوغة △ — : ضوضاء
Ghoul; Mumbo Jumbo; bogey; goblin; ogre. *غُول : حيوان وهمي مخيف
Gorilla. — :○غُـورلّـى (انظر غورلى) . قرد كبير
Ogress. غُولَة : انثى الغول
Calamity; disaster. غَائِلَة : داهية
Guile; deceit. غيلَـة . إغْتِيَال : خداع
Assassination. اغتيال ٢ : قتل
To take unawares; surprise. غَالَ . اغْتَالَ: اتاه من حيث لا يدرى
To assassinate. — . — : قتل غدراً
To defraud. — . — : سرقَ بالخداع

←Rapier. مِغْوَل : سيف الوخز
Foil. — المثاقفة : △شِيْش (انظر شيش)
To err; go astray. *غَوَى . غَوِيَ : ضلّ
To take a fancy to. △ — : هويَ
To seduce; entice; allure. — . غَوَّى . أَغْوَى . استغوى
Seduction; enticement. غَيّ . إغواء
Error; sin. — . غَيَّة . غواية
Bastard; natural, *or* illegitimate, child. ابن غيّة ٢ : ابن زنية
Hobby; a favourite pursuit. غِيَّة ٢ . غوية
Seducer; enticer. غَاوٍ : مضل . خدّاع
Fancier. △غاوي : هاوي الخيل او الحمام مثلاً
Amateur. △ — التصوير او الموسيقى مثلاً (غير محترف)
Pitfall; snare. أُغْوِيَّة . مَغْوَاة : مَهْلَكَة
Bangle; ring bracelet; wrist-ring. △غُوَيْشَة : مَسْكَة . سوار من معدن او زجاج
To cause to be absent; send away; eliminate; expel. *غَيَّبَ : أَبْعَدَ
To set; disappear; go down. غَابَ : غربَ . افلَ
To be absent. — . تغيَّبَ : ضدّ حضر
To forget, *or* be forgotten. — عن البال
To faint; swoon; lose consciousness. — عن صوابه : أغمي عليه
To lose one's reason. — عن الصواب : اضاعَ صوابه
To penetrate, *or* dive, into. — الشيء في الشيء : استتر
To backbite; slander. — . اغتاب : وشى به
Hidden; unseen. غَيْب : مُسْتَتِر
Absence. — . غَيْبَة . غِيَاب ١ . مَغِيب ١
Divination. عِلْمُ الغيب
The invisible world. عالَمُ الغيب
The All-knowing; Knower of the unknown. عالِم الغيب . علّام الغيوب

By heart.	غَيْباً : عن ظهر القلب
In absence and in presence.	— ومشهداً
Sunset.	غياب٢ ومغيب٢ الشمس
Nonpresence; nonexistence.	— : عدم وجود
Judgement by default.	حُكم غيابي
Tried in *absentia*.	حُوكم غيابيًا
Trance; suspended consciousness; unconsciousness; profound abstraction.	غَيْبوبة : ذهول
Coma; stupor; deep lethargy.	— الموت
Forests; woods.	غَاب . غابات

Reeds; ditch reed.	△ — : قصب △ بُوص
←Bamboo; rattan.	— هندي

Ourang-outang; orang-utan.	انسان الـ .
A reed forest.	غَابَة : اجمة من القصب
Forest; thicket; woodland.	△ — : اجمة
Jungle.	△ — : دِيْسَة △ حرش
A reed stick.	△ — : قصبة
Afforestation.	زراعة الغابات
Absent; away; not present.	غائب : ضدّ حاضر
Hidden; invisible.	— : مستتر
The third person.	الـ (في النحو)
Sunset.	مَغِيْب٢ الشمس
Grass-widow.	مُغيب . مُغيبة : زوجة منفصلة عن زوجها
Stupefactive.	عقار مغيّب : يُفقد الوعي
Backbiter; slanderer.	مُغتاب : واش
Rain.	* غَيْث : مطر
Tenderness; softness.	* غَيَد : نعومة
Youthful woman; damsel.	غَادة : صَبيّة
To change; alter; make different.	* غَيَّر : بدّل
To change one's clothes.	— ملابسه
To dress a wound.	△ — على الجرح
To make jealous.	△ — . أغار : جعله يغير
To be jealous of.	غَارَ منه
To be jealous for.	— عليه
To be dissimilar; differ from.	غَايَرَ : خالف
To exchange with.	— : بادل
To change; vary; alter; be changed, *or* altered.	تغيَّر : تبدّل
To be different.	تغايرت الاشياء : اختلفت
To be heterogenous.	— الاشياء : تنوّعت
Except; but; save.	غَيْر : سوى
Not.	— : ليس
Another; other (person or thing.)	— : آخر
Other (than); different (from); not the same.	— : خلاف
Not pure; impure.	— صاف (مثلاً)
*Un*familiar.	— مألوف
Nonexistent.	— موجود او كائن
Another.	— هذا وذلك
And so forth; etc (et cætera); &c.	و — ذلك
Only; no more; nothing else.	لا — : فقط
Without.	من — : بلا
Vicissitudes of time.	غِيَرُ الدهر
Jealousy.	غَيْرة : الاسم من « غار يغار او يغير »
Zeal; enthusiasm; fervour.	— : نخوة . حماس
Altruist; unselfish.	غَيْريّ : ضد أناني
Altruism; unselfishness.	غَيْرِيَّة : ضد أنانية
Changing.	غِيَار . تغيير : ابدال
Spare parts.	قطع او اجزاء — .
Jealous.	غَيور . غَيْران . غَيْرى
Zealous; enthusiast.	— : ذو نخوة . حَمِس
Change; alteration.	تَغَيُّر : تبدّل
Variation.	— . تغيير٢ . تَغايُر
A change of clothes.	△ تَغْيِيرة ملابس
Changeable; variable; liable to change.	مُتغيّر : متبدّل
Unchangeable; invariable.	لا يتغيّر
Heterogenous.	مُتغاير : متنوّع
Abortive.	* غَيْض : سِقْط لم يتمّ خلقه

Thicket; jungle. غَيْضَة : اجمة

To recede; ebb. غَـاضَ الماء : غارَ او نقص او نضبَ

Field. ٭ غَيْط : حَـقـْل

Farmer. غَـيْـطاني : صاحب الغيط

To penetrate into. غاط فيه : دخل (راجع غوط)

To anger; tease enrage; vex. ٭ غَيَّظَ . غاظَ . غَايظ . أغاظ

To become angry; be enraged, *or* irritated. تَغيَّظَ . اغتَاظَ . انْغاظَ

Anger; rage; fury; vexation. غَيْظ . إغْتِياظ

Angry; vexed; enraged. مَغيْظ . مُغْتَاظ : حانِق

Milk of a pregnant woman. ٭ غَيْل . لبَن الغيـْل

Guile; deceit; fraud. غِيْلة : خديعة (راجع غول)

←Padlock. غَـالٌ : قُـفل . مغلاق

To suckle a child while pregnant. غَالت المرأة ولدها : ارضعته وهى حامل

To assassinate. إغْتَالَ : قتل على غرَّة

To rob; defraud. — الاموالَ

Assassination. اغتيال

To overcast; be, *or* become, cloudy. ٭ غَيَّمت . غَامَت . أغيَمت السماءُ

Clouds. غَيْم : سحاب (راجع سحب)

A cloud. غَيْمَة : سحابة

٭ غَيّ ٭ غية (في غوي) ٭ غَيْـهب (في غهب) ٭ غيور (في غير)

To set up, *or* hoist, a flag. (غي) غيَّا الراية : نصبها

To fix a goal, *or* a limit. — . أغْيَـا . تَـغَـيَّـى الغاية

Flag; standard. غَـاية : راية

Limit; end; extremity. — : مدى . طرف

Intention; object; end. — : قصْد

Goal; end aimed at; design. — : غرض

Signboard. — التاجر : لافتة . لوحة الاسم △ يافطة

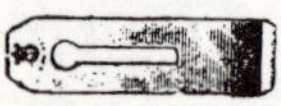

Maximum; climax; acme. — : منتهى

Inclusively (*as from Sunday to Friday inclusive*). بدخول الـ في المُـغَـيَّـا : الطرفان

As far as; up to; to the extent of. لـ كذا : لحدّ كذا

Until; till. لـ ما : الى ان

To the amount of. لـ مبلغ كذا

Extremely; very; in the extreme. للغاية : جداً

The final causes; teleology. العلـة الغائيـة

﴿ ف ﴾

Then. ٭ فَ . . . . : ثمَّ

Day by day. يوماً فَـيَـوماً

Year after year. سنة فَـسنة

He struck him dead. ضربهُ فَـقتله

To trump up, *or* fabricate, a charge. (فأت) . افتأتَ على الباطل : اختلقه

To affect the heart. ٭ فَأَدَ : اصاب فؤاده

To dishearten. — الخوف فلاناً : صيرهُ جباناً

←Heart. فُؤَاد : قلب

Most sincerely; from one's heart, *or* inmost soul. من صميم الـ

Mouse (*pl.*Mice); rat. ٭ فَأْرُ البيت

Polecat. — الخيل

Field mouse. — الغيط

Rat's-bane. سُمّ الـ .

To smell a rat. △ لعبَ الـ في عبّـه : تـوجَّس

A mouse. فأْرَة : واحد الفئران

Mole-rat. الـ العَـمياء

Plane; jointer. △ — النجَّار

Bench plane. △ — كَـشْـف

Plane iron. △ كَستير الـ .

Axe ←*or* hatchet. ٭ فَأْس . فاس : اداة قطع الخشب وغيره

←Hoe. — . — : معزقة △ طوريّة

Good omen; auspices. ٭ فَأْل : ضدّ شؤم

To draw a good omen. تَفاءَلَ : ضدّ تشاءم

To optimise; be optimistic. — : أحسن الظن

Optimism. تَفاؤُل : ضدّ تشاؤم او تطيُّر

Optimistic. مُتَـفائل : ضد متشائم

✽ فِئَة : طائفة او جماعة — Group; class; category.
△ — △ فِيَّة : سِعْر — Rate; price.
✽ فائدة (في فيد) ✽ فات (في فوت) △ فاتورة (في فتر)
✽ فاجأ (في فجأ) ✽ فاح (في فوح وفيح) ✽ فاد (في فيد)
✽ فارَ (في فور) ✽ فارٌ (في فأر) ✽ فارق (في فرق)
○ فارنهيت : مقياس انكليزي للحرارة — Fahrenheit.
✽ فاروق (في فرق) ✽ فازَ (في فوز) — To succeed.
○ ڤازلين : مرهم النفْط — Vaseline.
✽ فاس (في فأس) ✽ فاسوخ (في فسخ) ✽ فاسياء (في فسو)
✽ فاش (في فيش) ✽ فاصوليا (في فصل) ✽ فاضَ (في فيض)
✽ فاضٍ (في فضو) ✽ فاغية (في فغو) ✽ فاق ✽ فاقة (في فوق)
✽ فاكهة (في فكه) ✽ فالوذج (في فلذ)
○ فَانِلَّة ○ فَنَلَّة : صوف . شعار — Flannel.
— رجالي بلا اكمام (من صوف او قطن) — Singlet; undervest.
✽ فانوس (في فنس) ✽ فاه (في فوه)
○ فاوريقة : مَصْنَع — Manufactory.
✽ فاوض (في فوض) — To negotiate.
△ فايظ : رباء (في ربو) — Interest.
فايظجي : مُرابٍ — Usurer; money-lender.
○ فِبْرَاير : شباط . الشهر الميلادى الثانى — February.
○ فَبْـرِيقَـة : مَصْـنَع — Manufactory.

△ فِـبْـيَـة : ابـزيم — ←Clasp; buckle; *fibula*.
✽ فتئ عن : انكفّ — To cease from.
ما — . ما فتئ : ما زال — Still; yet.
✽ فتاة (في فتى) — Young woman.
✽ فَتَّ . فَتَّتَ : كسَّر — To fritter; crumble; break into fragments.
— في ساعده أو عضده — To weaken; enfeeble.
△ — ورقَ اللعب : فرّقه — To deal cards.
يُفتِّت القلب — Heart-breaking.
تَفَتَّتَ . إنفَتَّ : تحطَّم — To crumble; fall into fragments.
فُتَات . فَتِيتَة : △ فتـافيت : حُطامة — Crumbs; fragments; smithers; smithereens.
△ فتَّة . فتيتة ٢ : خُبز ملتوت في المرق — Sop.
تفتيت الحصاة — Lithotrity.
تَفَتُّت — Crumbling.

✽ فَتَحَ : ضدّ اغلق — To open; disclose.
— : فضّ — To unfold; open.
— القناة — To dig a canal.
— الحنفيَّة — To turn on a tap.
— النور الكهربيّ — To switch (turn) on.
— عليه : كشف له الغيب — To reveal to.
— (الله) عليه — To grant victory, *or* success.
— البخْتَ : بصَّر — To tell one's fortune.
— . اِفْتَتَحَ : بَدأ — To open; begin; commence.
— . — البلادَ — To invade a country.
— . — الموضوعَ — To broach a subject.
— . — المكان (باحتفال) — To inaugurate.
— . — : انشأ . اسَّس — To establish; set up.
فَتَّحَ الزهرُ — To open.
△ —ت الشمسُ — The sun came out again.
فَاتَحَ : بَادأ — To open the subject; speak first; make overtures.
الملوك لا تُفاتَح بالكلام — Kings shall not be addressed first with speech.
تَفَتَّحَ . اِنْفَتَحَ — To be opened.
إسْتَفْتَحَ : بَدأ — To begin; commence.
— بهم — To seek aid *or* victory by their help.
△ — التاجر : باع أول بيعه في يومه — To handsel.
فَتْح : ضدّ اغلاق — Opening.
— : نصر — Victory.
— البخت — Fortune-telling.
— البلاد — Conquest of a country.
فتوحات : مافُتح من البلدان بالحرب — Conquests.
فُتْحَة : فرجة — Opening; breach; aperture.
— في ثوب او غيره : فَرجة — Slash; slit.
فَتْحة : المرّة من «فتح» — Opening.
— : نصْبة — The short vowel *fattha*.
فَاتِح . فَتَّاح ١ : الذي يَفتَح — Opener.
— : بادئ — Beginner.
— البُلدان — Invader; conqueror.

To relax from; unbend; remit attention, or effort. إِفْتَرَّ عن

Small span. فِتْر : ما بين طرفي الابهام والسبابة

Intermission; spell; interval. فَتْرَة : هدنة

Period. — : حين . برهة

Electric eel. — : سمك رعّاد

Languor; indisposition; malaise. — : توصيم

At intervals; by fits and starts. في فترات متقطعة

Tepidity; lukewarmness. فُتُور : توسط درجة الحرارة

Languor; malaise. — الجسم : توصيم

Frigidity; coldness; stiffness — الودّ او العلاقات

Lassitude; languor; listlessness; flagging of energy. — الهمة

Lukewarm; tepid. فاتِر : بين الحارّ والبارد

Languid; listless. — الهمّة

Invoice; bill. △فاتورة . فاتور : بيان المطلوب

Proforma invoice. — صورية

Sample; pattern. — : مثال △عيّنة

Intermittent. مُتَفَتِّر : ضدّ مُستمِر

To search; examine. ⁂ فَتَشَ . فتَّشَ المكان

To inspect. — . — : فحص وراقبَ

To investigate; search into. — . — الامرَ

To seek; look, or search, for. — . — عن

To divulge a secret. △— السرّ : أفشاه

To ransack; search thoroughly. فَتَّشَ ٢ : نبّشَ

Searcher; examiner. فَتَّاش : فاحص

Inspector. — : مُفتّش . مراقب

Rifle cleaning rod. △فتّاشة السلاح الناري

Picklock. △— الاقفال : △طفشانة . فشّاشة ع

فَتِيش س : إسهم نارية

←Fireworks.

Search; looking for. تَفْتِيش : بحث

Inspection; examination. — : فحص

Circle of irrigation. △— الريّ (مثلاً)

Inspector's office. ديوان الـ : مركز المفتّش

The Inquisition. ديوان الـ : محكمة دينية قديمة

Light; bright. △— : ضدّ قاتم (لون)

△فتّاحة ٢ علب صفيح ← Tin-opener.

Cork-screw. △— قزايز (زجاجات)

Opening; beginning; commencement. فاتِحَة : اوّل

Introduction; preface. — الكتاب وغيره : مقدمة

The first chapter of the Korân. الفاتحة

Opening; beginning; overture. إفْتِتَاح : ابتداء

Inauguration. — رسْمي باحتفال : تدشين

Introductory. افتتاحي : ابتدائي

A leader; a leading article. مقالة افتتاحيّة

Beginning; commencement. إستِفْتَاح : بدء

Handsel. △— التاجر : اول البيع

Key. مِفْتَاح : اداة فتح الاقفال (وبمعنى دليل)

Master-key. — لعدّة أقفال رئيسيّ

←Spanner; adjustable spanner; monkey-wrench. — انكليزي

Grip, or claw, wrench. — بوز بغبغان

Spanner. — صَمولة

Double-ended ← spanner. — صمولة بناحيتين

Switch. — : محوّلة (في الكهربا وسكة الحديد)

Keystone. — العقد (انظر عقد)

Keyhole. ثقب الـ

القفل والمفتاح ←Lock and key.

Switchman; pointsman. △مِفتاحجي : محوّل

Open; opened. مَفْتُوح : ضدّ مُغلَق

To subside; abate. ⁂ فَتَرَ . تَفتَّرَ : هدأ

To become tepid, or lukewarm; cool down. — . — الماء

To languish; become languid. — . — الجسمُ

To flag one's efforts; slacken. — عن العمل

To tepefy; make tepid, or lukewarm. فَتَّرَ . أفتر الماء

To allay; mitigate; abate. — . — : هدّأ

To weaken; enfeeble. — . — : أضعف

مُفَتِّش : مُراقِب — Inspector.

— عامّ — Inspector General.

— اوّل △ باشمفتش — Chief-inspector.

— ثانٍ — Assistant-inspector; sub-inspector.

○ فُتُغرافيا : تَصوير ضَوئيّ — Photography.

— : آلة التصوير الضوئي — Camera.

صورة فتغرافيّة — A photograph.

✿ فَتَفَتَ اليه بسرّه — To blurt out, let drop, or unbosom, a secret.

△ — : فتّت — To crumble; break into smithers, or smithereens.

△ فَتفُوتَة : فُتاتة — Crumb; small fragment.

✿ فَتَقَ . فَتَّقَ الثوبَ : نقض خياطته — To rip a garment; undo sewing.

— . — : شقّ — To rend; tear.

△ — — : كشف — To rip up; disclose; expose.

الحاجة تفتق الحيلة — Necessity is the mother of invention.

تَفَتَّقَ . إنفَتَقَ — To be ripped, or rent.

فَتْق : شَقّ — Rip; tear; rent; rupture.

— △ فتاق : شقّ في الصفاق — Hernia; rupture.

حزام — . — ←Truss.

فَتِيق . مَفتُوق : مشقوق — Ripped; rent.

— . — الصفاق : △ مفيتق — Ruptured; herniated.

فَيتَق : نجّار دِقّي — Joiner.

✿ فَتَكَ به : بطش — To assault; attack; make an attack upon.

— به : قتله — To assassinate; kill; murder.

فَتْك : قَتل — Assassination.

فَتّاك : قتّال — Murderous.

فاتِك : قاتل — Assassin; murderer.

✿ فَتَلَ . فَتَّلَ : بَرَمَ — To twist.

— الحبلَ : جدله — To plait, or twine, a rope.

— القطن والصوف : غزله — To spin; draw out and twist into threads.

تَفَتَّلَ . إنفَتَلَ — To be twisted.

فَتْل : بَرْم — Twisting.

فَتْلَة : المرّة من « فَتَلَ » — A twist.

△ — : خَيْط — Thread; a cotton.

فَتّال : الذي يفتل — Twister.

فَتِيل . فتيلة المصباح وغيره — Wick; burner.

— المفرقعات — Fuse.

— الجروح — Dossil, or tent.

— . مَفتول : مَبرُوم — Twisted.

حَجَر الفتيل : غَزْل السعالي ○ اسبستس — Amiantus; asbestos.

مَفتُول[٢] العضل — Brawny; muscular.

✿ فَتَنَ . فتّنَ . أفتَنَ : سبى العقل — To infatuate; captivate; fascinate; enchant.

— . — . — : أغرى — To seduce; entice; allure.

△ — عليه : وشى به . بَلَّغ — To inform against; tell tales; tell of; split on (Slg.)

فُتِنَ افْتَتَنَ به : جُنّ — To be infatuated by; run mad after.

إفْتَتَنَ : اوقع في الفتنة — To mislead; guide into error.

فِتْنَة . إفتِتان : خَبَل . دهش — Infatuation; fascination; captivation.

— : سحر الجمال — Glamour; fascination; enchantment

— : كُفر — Unbelief; impiety.

— : شَغَب — Sedition; insurrection; riot.

— : محنة — Affliction; trial.

— : خبرة — Experience.

— : فضيحة — Scandal; disgrace.

△ — : تبليغ الاخبار — Tale bearing.

△ فُتنَة : زهرة السَنْط (صفراء) — Acacia flower.

فَتّان . فاتِن : خلّاب — Fascinating; charming; captivating.

— . — : مغرٍ — Tempter; enticer.

△ — : مبلّغ . وقّاع — Tale-bearer; informer.

فَتِين . مَفتون : مسلوب العقل — Fascinated; infatuated.

Nobleness; magnanimity. *فُتُوَّة : سخاء وكرم
Youth; adolescence. ــــ . فُتاء : شباب
Bully; ruffian; tough guy; pugilist. △ ــــ : عربيد
Legal decision (opinion.) فَتْوى : رأي قانوني
Casuistry. ــــ : حيلة شرعيَّة
Dispensation. ــــ : تَحِلَّه △ مُسْتَحَلّ ديني
Rescript. ــــ بابَاوِيَّة
To give a legal opinion, decision, or verdict. أَفْتَى في المسئلة
To ask the solution of a judicial or learned question. إِسْتَفْتَى : طلب الفتوى
To consult; ask the opinion of. ــــ : طلب رأيه
To be youthful, or adolescent. فَتِيَ : كان فتى
Youth; young man. فَتًى : شاب
Boy; lad. ــــ : صبي
Young woman. فَتَاة : شابة
Girl; lass. ــــ : صبية
Mufti; casuist; official expounder of the religious law. مُفْتٍ : الذي يعطي الفتوى
Consulting, or consultation. إِسْتِفْتَاء
Referendum. ــــ الناخبين
Plebiscite. ــــ عامّ (الشعب)
Unripe; green. فجّ (في فجج)
To surprise; come upon suddenly, or unawares. فَجَأَ . فاجَأَ : باغت
Suddenly; of a sudden; unexpectedly. فَجْأَةً . فُجَاءَةً
Sudden; unexpected. فُجَائِيّ . فاجِئ . مُفاجِئ
Straddling. *فَجَجٌ : فرشحة
To straddle. فَجَّ : باعد ما بين رجليه
To stride. ــــ . أَفَجَّ في المشي : اسرعَ △ مدّ
To exhale. △ فَجَّت الرائحة : فَغَمَت . فاحت فجأةً
Mountain pass. فَجّ . فُجَاج : طريق بين جبلين
Immature; unripe; green. فِجّ : غير ناضج

To give exit to; vent; let flow; pour forth. *فَجَرَ . فَجَّرَ الماء وغيره
To live in open sin; indulge in dissipation. ــــ . أَفْجَرَ : ركب المعاصي
To commit adultery. ــــ . ــــ : زنى
To burst; break forth; spurt; gush. إِنفَجَرَ . تَفَجَّرَ الماء وغيره
To explode. ــــ : تفرقع
To burst, or pour, forth upon. ــــ عليهم
Dawn; daybreak. فَجْر : طلوع النهار
Debauchery; immorality; dissipation; licentiousness. فُجُور : دعارة
To plunge into dissipation. انغمسَ في الــــ
Unchaste; wanton; debauchee; libertine; dissolute; profligate. فاجِر : داعر
Adulterer. ــــ : زانٍ
Shameless; brazen; brazen faced. △ ــــ : وقح
Adulteress; unchaste woman. فاجرة : زانية
Explosion; blast. انفجار
Explosive. انفجاريّ . مُتفجر
To distress; pain; grieve. *فَجَعَ . فَجَّعَ : اوجع واحزن
To suffer the loss of. فُجِعَ في كذا او بكذا
To be painfully affected. تَفَجَّعَ : توجَّع
To gormandise; eat greedily; gluttonize. △ تفجعن : اكل بنَهَم
Gluttony. △ فَجْعَنة △ فجاعة : نهم
Glutton; belly-god. △ فجعان : ابن بطنه
Painful; grievous; distressing. فَجُوع . فاجِع : مؤلم ومحزن
Disaster; calamity. فاجعة : رزيئة
Braggart; boaster. *فَجْفَجٌ . فَجْفَاج : △ فشّار
Impostor. فجفاج ٢ : نَفّاج
←Radish. *فُجْل : اسم نبات
Interstice; crevice; chink. *فَجْوَة : فرجة . فتحة
Vacuole. ــــ : حويصلة
Air-pocket. ــــ هوائية : مطبّ هوائي

فَجَا : فتَـحَ — To open.
﴿فَحَّ الثعبانُ : نفخ — To hiss.
فَحِيحُ الأفعى — Hissing.
△فَحَتَ : حَفَـرَ — To dig.
ابو فَحْت : نَـكّـات — Avocet.
﴿فَحُشَ الأمرُ : جاوز الحدّ — To be excessive, or exorbitant.
— القولُ : كان قبيحاً — To be foul, or obscene.
ـــت المرأة — To be unchaste.
أفْحَشَ . تَفاحَشَ في الكلام — To use obscene, or dirty, language.
فُحْش : قباحة — Enormity; abomination.
— القول — Scurrility; obscenity; indecency of language; ribaldry.
فَحْشاء . فاحِشَة : فِسق — Adultery; lewdness.
— . — : امر شديد القبح — Enormity; abomination.
ارتكَبَ الـــ : فاجَرَ — To commit adultery.
فاحشة٢ : عاهرة — Prostitute; whore; strumpet.
فاحِش : متجاوز الحد — Excessive; exorbitant; enormous.
— : لا يقبله العقل — Preposterous; absurd.
— : بذيء — Obscene; foul; ribald; indecent.
﴿فَحَصَ : امتحن . اختبر — To examine; test.
— البولَ : فسـره (حلـله) — To analyse urine.
— الحسابات او الدفاتر التجارية — To audit accounts, books, etc.
— . تَفَحَّصَ : بحث — To investigate; inquire into.
— . — : فتش — To search.
فَحْص : امتحان — Examination.
— : اختبار . تجربه — Test; check-up.
— : بحث — Investigation; inquiry.
— : تفتيش — Search.
— منظارى للمثانة — Cystoscopy of bladder.
— الحسابات او الدفاتر التجارية : مراجعة — Audit.
فاحِص : مختبر — Examiner.
— حسابات : مراجع — Auditor.

﴿فَحْل : ذكَـرُ الحيوان — Bull; the male of any large quadruped.
— الخيل : △طَـلوقَـة — Stallion.
— ونَـثْياً : ذكر وانثى — Tenon and mortise.
مِسمار فحل ونثيا : △مِسمار بصمولة — Bolt and nut.
شاعِر فَحْل٢ — A laureate; an eminent, or a great, poet.
فَحْلَة : امرأة مَرجلانيَّة — Virago.
فحول العلماء — The elite of science.
△فَحَّـلَ : سمن — To become corpulent.
إستَفْحَلَ الأمرُ : تفاقم — To become serious, grave, or momentous.
﴿فَحَمَ : لم يستطع جواباً — To be dumbfounded, nonplussed, or, strick dumb.
— . فُحِمَ . أُفْحِمَ بالبكاء — To blubber; be choked by weeping.
— . — . — : صمت — To be silenced.
فَحُمَ : اسودّ — To be, or become, black.
فَحَّمَ : سَوَّدَ — To blacken.
△— : صيَّره فحماً — To carbonize; char; reduce to coal.
أفْحَمَ : اسكتَ بالحجّة — To dumbfound; nonplus.
فَحْم نباتي (اي من الخشب) — Charcoal.
— عضوي : ○كَـرْبُون — Carbon.
— حجري او معدني — Coal.
○— كوك — Coke.
○— انتراسيت — Anthracite.
قلـم — . — Charcoal pencil.
فَحْمَة : قطعة فحم — A piece of coal.
فَحمِيّ : اسود — Black; jet-black.
— : مختص بالفحم العضوي ○كربونيك — Carbonic.
جَمْرَة فَحمِيَّة (مرض) — Anthrax.
فَحَّام : بائع الفحم — Coal merchant.
فَحِيم . فاحِم : شديد السواد — Jet-black.
مُفْحِم : مسكت — Silencing.
جواب — . — Silencing, or conclusive, answer.

✻فَحْوَى . فَحْوَاء : معنى — Meaning; sense; signification; import.

— : مغزى، قصد — Tenor (of a letter, speech, etc.); purport; intent.

أفحاء : ما اخضرّ من الابزار — Pot-herbs.

✻فَخّ : مِصْيَدَة — Trap; snare.

صَادَ بفَخٍّ — To entrap; ensnare.

وقع في فَخّ — To fall in a trap?

✻فخت : ثَقَبَ — To perforate; make a hole in.

△ — : خفّض . خسف — To depress; cause to sink; make a depression.

فاخِتَة : ضرب من الحمام المطوّق — Wood pigeon; ringdove.

✻فَخْذ . فَخِذ : ما بين الركبة والورك — Thigh.

عَظْمُ الـ — Thigh-bone; femur.

△فَخْذة لحم — Leg (of mutton, etc.)

— لحم خنزير مملحة — Ham.

— لحم الطير — Leg (of a fowl).

— لحم البقر — Rump (of beef).

فَخْذي : مختصّ بالفخذ — Femoral.

✻فَخَر . افْتَخَرَ : باهى — To glory; be proud of; boast in.

إفتخر . تفاخر بكذا : فاخر — To pride oneself in.

فَخِر . تفخّر : تكبّر — To be proud.

فاخَرَ : غالبَ في الفخر — To vie with in glory.

— : باهى — To pride oneself in.

إستفخر : عدّهُ فاخراً — To regard as excellent.

فَخْر . فَخْرَة : شرف — Glory; honour; vanity.

ولا — . — Without vanity.

اكليل الـ — Laurels.

فَخْرِيّ — Honorary.

عُضْو — . — Honorary member.

فَخُور . فَخِير — Proud; glorying; boasting.

فَخَّار : خزف — Earthenware; crockery.

اوانٍ فخّارية — Pottery; earthenware vessels, or utensils.

فَخّاريّ △ فخراني . فاخوري[س] — Potter.

فاخِر . مُفتخر — Excellent; magnificent; splendid; glorious; gorgeous.

وَليمة فاخرة — Sumptuous feast *or* banquet.

فاخورة : مصنع الفخّار — Pottery.

مَفْخَرَة : امر يفتخر به — Glorious deed *or* trait; a thing to boast of.

✻فَخْفَخَ : فاخر بالباطل — To be vainglorious; boast vainly.

فَخْفَخَة — Ostentation; high pretension.

✻فَخَّمَ : عظّم — To magnify; praise highly; glorify; show great honour to.

فَخُمَ — To be great, glorious, *or* magnificent.

فَخْم — Magnificent; grand; sumptuous; superb; stately; luxurious.

فخامة : عظمة — Magnificence; splendour; greatness; eminence.

— لقب تعظيم — His Excellency.

مُفَخَّم : معظّم — Highly honoured.

△فَدار : احتياطي . فائض . زائد — Spare.

△فدّان (في فدن) — Egyptian acre; *Feddân*.

✻فَدَحَ : بهظ — To oppress; burden.

فادِح : صعب مثقل — Oppressive; grievous.

— : باهظ — Exorbitant.

فادِحَة : مصيبة — Disaster; calamity.

خسارة — . — A heavy loss.

مَطالب — . — Exorbitant claims *or* demands.

فَداحَة — Exorbitance.

✻فَدَخَ : كسر . شدخ — To fracture; break.

✻فَدَشَ : شدخ — To contuse; bruise.

✻فَدَعَ : شدخ وشقّ — To fracture; crack; chink; break.

فَدَع : عوج في المفاصل — Deformative arthritis.

✻فَدَنَ : سمّن — To fatten.

فدّان بقر — ←Yoke of oxen.

— ارض — Acre of land; *Feddân*.

فَادِن : ميزان البنّاء ←Plumbline.

*فَدَى . افْتَدَى To redeem; ransom.

فداهُ بحياته To give one's life for another.

تَفَادَى من كذا : تحاماه To guard against; keep away from; avoid.

— : تجنّبَ To avert; ward, *or* fend, off.

فِدًى . فِدْية . فِدَاء : خلاص Redemption; release.

فِدية٢ . فداء٢ : ما يُعطى عوض المفدى Ransom.

فِدائي : جندي متطوّع لخطـر الموت Commando.

فادٍ : مُنْقذ Redeemer.

*فَذّ : فَـرْد Single; unique.

*فَذْلَكَة : خلاصة Summing up; summary; recapitulation; résumé.

*فرّ (في فرر) * فرَاء (في فرو) * فرّان (في فرن)

○فرَاوْلة : توت افرنكي ←Strawberry.

(فرت) نهر الفرات Euphrates.

○فُرْتونه : الاهة الحظّ . بَخيتـه ←Fortuna.

*فَرْث : ما في الكرش من الاكل Feces; fæces.

*فَـرَجَ . فرّجَ بَـين الشيئين To make an opening between.

— . — : فتح To open; separate.

— . — الهمّ To dispel, *or* drive away, care.

— . — عنه : أراح To relieve.

△فـرّجَ٢ : أرى To show.

أفْرَجَ عن المكان : تركه To quit; leave.

— عنه : اطلق سراحه To release; set free.

تفرَّجَ . انفـرَجَ : انفتح To be opened, *or* separated.

— . — الغمّ To be dispelled.

△— على : شاهدَ To see; look at; view.

انفرج٢ : اتسعَ To widen; diverge.

فُـرُج : مِذْياع . لا يكتم السرّ Indiscreet.

فَرَج : ضدّ ضيْـق Relief; ease.

فَرْجُ الانثى : حَيَـها Vulva.

— . فُـرْجَة : فتْحة Interstice; chink; crevice.

△فُـرْجة٢ : مشهد Show.

△— : أضحوكة Gazing-stock.

△ فَـرارْجي : دجاجيّ . بائع الدجاج Poulterer.

فَرُّوج △فـرّوجة : فرخ الدجاجة Pullet; chicken.

تَفْرِجَة (الجمع تفاريج) : فتحة Slash; slit.

△مُتَـفَـرِّج : مُشاهد Spectator; looker-on; onlooker.

مُنفَرِج : مُتّسِع Diverging; divergent; widening.

زاويَـة منفرجة Obtuse angle.

*فِرْجار س : △بَـرجل . دوّارة ←Compasses.

خطّ فرجاري : مستدير Circular line.

○فِـرْجاطَـة س : فرقاطة . سفينة حربية Frigate.

*فِرْجَون : مِحَسَّة الخيل Curry-comb.

— س : △فُـرْشَة . بَـرشيمة س ←Brush.

*فَرِحَ : ضدّ حزن To be glad; rejoice.

فَرَّحَ . أفْرَحَ To make glad; gladden; cheer; delight.

فَرِحٌ . فَرْحَان . فارِح Glad; delighted; happy; joyful.

فَرَحٌ : سرور Joy; gladness; happiness.

△— : عُرس Marriage feast.

يَـرقـصُ فَـرحاً To danse for joy.

مُفْرِح : سارّ Gladdening; cheering.

*فَرَّخَ . أفْرَخَ النبات To germinate; sprout; push out new shoots.

— . — الطائرُ To have chickens.

— . — البيضُ To hatch; incubate.

— البيضَ (أو الجرائيم) To incubate eggs.

فَـرْخُ الطائر The young of birds; poult; chick.

— النباتِ Sprout; young shoot.

△— ورَق : طايحة س Sheet of paper.

△— جَمْـر : بَـنْجة السبع ع Anthrax; carbuncle.

△— : ذئب البحر Bass.

△— نهري European perch.

△— نيلي : قِشر ←Perch.

△ فَـرخَة : دجاجة — ←Hen.

△ — رومي — Turkey hen.

△ فِـراخ : دجاج — Fowls.

△ — مطبوخة اوللطبخ — Chickens.

△ — : الطيور الداجنة — Poultry; domestic, *or* barn-yard, fowls.

△ — السودان : غِـرغر (انظر غرغر) — Guinea fowls.

△ — الغيط — Gallinule.

تَفرِيخُ البيض أو الجراثيم — Incubation.

— النبات — Germination.

معمل او جهاز الـ — Incubator.

*فَـرُدَ : كان فرداً — To be single, *or* unique.

فَرَدَ عن : اعتزل — To withdraw from.

△ — : مدّ — To stretch; extend.

△ — : ضدّ طوى — To spread out; unfold.

— القلع — To unfurl a sail, (a flag, etc.).

أَفرَدَ : عزلَ — To separate; set apart; put aside.

تفرَّدَ . انفَرَدَ بالامر : عمله وحده — To do a thing alone.

— . — : كان فرداً (لانظير له — To be unique.

إِستَفرَدَهُ : وجده وحده — To find a person alone (*or* by himself.)

فَرْد : واحد — One; single.

— : شخص — Individual.

— . فَـرْدَة : نصف الزوج (الشفع) — One of a pair; mate; fellow.

— . فَـرِيد : لا نظير له — Unique; matchless; unequalled.

— . مفرد (في النحو) — Singular.

△ — : سلاح ناري — ←Pistol.

△ — بساقية — ←Revolver.

△ — بِمُشْط — ←Automatic pistol.

فرداً فرداً : واحداً واحداً — Singly; one by one.

عدد فرد أو فردي — Odd number.

الجوهر الفرد : ذرة روحية — Monad; ultimate atom.

النظرية الفرديَّة : ضد الاشتراكية — Individualism.

افراداً واجمالاً — Individually and severally.

△ فِـرْدَة : ضريبة الاعناق — Capitation tax.

فُرَاداً . فُرَادَى : واحدا واحداً — Singly; one by one.

فَرِيد : وحيد — Unique; single; alone; solitary.

— : لا نظير له . بلا مثيل — Matchless; peerless.

فَرِيدَة : جوهرة نفيسة — Precious gem.

— : جوهرة واحدة في حلية — *Solitaire;* single gem.

△ — ورق : ٢٤ فرخ (طلحيَّة س) — Quire of paper.

فَـرِّيدي س : △ سمك مَرجان — Braize; red porgy.

إنفِرَاد : عزلة — Solitude; loneliness; seclusion.

على — . — Aside; apart; in private; confidentially.

مفرَد : واحد — Single; one only.

— : ضدّ جمع — Singular number.

بمفرده : وحده — Singly; by oneself; alone.

— : بلا معين — Single handed.

مُفْـرَدات : كلمات — Words.

— اللغة — Vocabulary; words of a language.

— : مفصّلات . تفاصيل — Details.

مُنفَرِد : منفصل عن غيره — Isolated; separated.

— : وحده — Alone; by himself; solitary.

سجن — او انفرادي — Solitary confinement.

*فِردَوْس : جَنَّة (عدْن) — Paradise.

— : بستان — Garden.

طائر الـ . (غير عصفور الجنّة) — Bird of paradise.

فِـردوسي — Paradisiac; —al.

٥ فرَدِي : عالم كهربي — ←Faraday (Michael).

(فرر) فَرَّ : هربَ . ابقَ — To escape; flee; run away.

— من الجندية — To desert (the army.)

— هارباً — He fled away; took to his heels.

أَفرَّ △ فَـرَّرَ : جعله يهرب — To put to flight.

— الولدُ : سقطت رواضعه وطلع غيرها — To shed teeth.

إِفْتَرَّ : ابتسمَ — To smile.

— ثَـغْرُهُ — His face brightened up.

— البرقُ : تلألأ — To gleam.

Flight; escape. — فِرَار : هروب

To take to flight; make one's escape. — لاَذَ بالـ

Quicksilver. — فَرَّار : زِئْبَق

Runaway; fugitive. — ـ . فَارٌّ : هارب

Deserter. — فَارٌّ : آبِق (من الجندية)

Teetotum; disc top. — ٨فُرَّيْرَة : قرص دوّام

Escape; outlet; way out. — مَفَرّ : مَهْرب

Inevitable; unavoidable. — لا ـ منه

To separate; set apart; isolate; place apart, or alone. — ٭فَرَزَ،أَفْرَزَ : عَزَلَ

To sort; select; sift. — ـ . ـ : نَقَد

To discriminate; distinguish. — ـ . ـ : مَيَّز

To exude; ooze out. — ـ . ـ العرق وغيره

To discharge. — ـ . ـ مادّة (كالخَراج)

To secrete. — ـت . ـت الغُدّة وأمثالها

Separation; isolation; detachment. — فَرْز : عَزْل وفَصْل

Sorting; selecting. — ـ : نَقْد

Queen. — ـ . فِرْزان الشطرنج

Sorter; separator. — فَرّاز

Foot-stock — الفَريزة:مرتكزللمشغولاتأثناءالتفريز

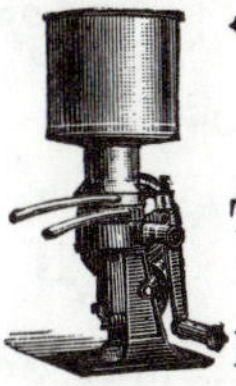

Cream, or centrifugal, separator. — ٨فَرّازة الحَليب

Turquoise. — فَيْرُوز . فيرُوزَج : حجر كريم

Exudation. — إفْراز : مايخرجه الجسدكالعرق

Secretion. — ـ الغُدَد

Discharge. — ـ الخُرَّاجات

Frieze. — إفْريز : ٨بَحْر (في المِعْار)

Separated; set apart; isolated. — مَفْرُوز : معْزُول

Sorted; selected. — ـ : مَنْقُود

To prey upon; seize and devour. — ٭فَرَسَ . إفْتَرَسَ : اصطاد

To kill; break the neck of. — ـ . ـ : قتل

To observe and study the physiognomy of. — ـ فِراسة

To gaze on; look fixedly at; stare at. — ـُ ، تَفَرَّسَ فيه

Horse. — فَرَس : حيوان اهلي معروف(للذكر والانثى)

Mare. — ٨ ـ : حِجْر . أُنثى الخيل

Thoroughbred; pedigree horse. — ـ اصيل

Hippopotamus; river-horse. — ـ النهر او البحر

Mantis; praying insect. — ٨ ـ النبي : ابو صلاح

Knight. — ـ الشطرنج

Race-horse. — ـ رهان

Neck to neck; exactly equal. — كَفَرَسَيّ رهان

Persians. — فُرْس . فَارِس : عَجَم . ايران

Persia; Iran. — بلاد الـ : بلاد ايران

Persian. — فارسي:نسبةالىبلادفارس

Parsee. — ـ : عابد النار

The Persian language. — اللغة الفارسيَّة

Horseman; cavalier. — فارس ٢:خَيّال

Hero. — ٨ ـ : بطل

Foraging ant. — النمل الفارسي

Horsemanship. — فَرَاسَة . فُرُوسَة . فُرُوسيَّة

Physiognomy. — فِرَاسَة : معرفة الاخلاق من الملامح

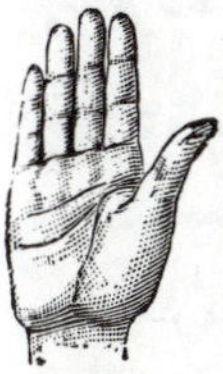

Phrenology. — فراسة الدماغ

Palmistry; chiromancy. — فِراسةاليد

Victim; prey. — فَرِيسَة

Pharisee. — فَرِّيسيّ : واحدالفريسيين اليهود

Ravenous; rapacious; ferocious. — مُفْتَرِس : ضارٍ

Beast of prey. — حيوان ـ

Perseus. — ٥فَرْساوُس : قاتِل المَدوسا

League; parasang; 3 1/4 miles. — ٥فَرْسَخ

To spread out. — ٭فَرَش . إفْتَرَش : بَسَطَ

To brag; boast. — ـ : كذب ٨فَشَر

To furnish a house. — ـ المَنْزل : اثَّثَه

To ~ave the floor. — ـ فَرَشَ الارضَ : بَلَّطَها

△فرّش ٢ الثيابَ — To brush clothes.

فَرْش : المفروش للرقاد من متاع البيت — Bedding.

— البيت : اثاث — Furniture; house-furniture.

△ — : اساس — Groundwork; foundation.

△ — البائع المتنقّل — Stall.

△ — الحذاء : سُلْفَة △ضبان — Sock; inner sole.

△فرْشَة . فِراش : حشيَّة

←Mattress; bed.

△ — قَش : △طرّاحَة — Paillasse; palliasse.

فراش المرض — Sick-bed.

— الموت — Death-bed.

طريح الفراش — Bedridden.

قرحة الفراش : ناقبة — Bedsore.

△فُرْشَة △فُرشاة — Brush.

— الثياب. ←Clothes brush.

— الاسنان ←Tooth-brush.

— الشعر ←Hair-brush.

— الاظافير — Nail-brush.

— البُدْرَة — Powder puff.

— الحِلاقَة ←Shaving brush.

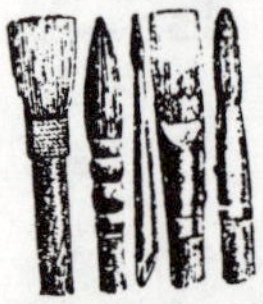

— البويه ←Paint brush.

— ريش (للتنفيض) — Featherduster.

△فرّاش : خادم — Servant; waiter.

△ — : مؤجر لوازم الحفلات — Furniture caterer.

فَرَاشَة

←Butterfly, *or* moth.

— : رجل خفيف العقل — A butterfly; gay trifler; flighty person.

△ — الرحى وامثالها — Hub.

△مِفرَش السفرة : سماط — Table-cloth.

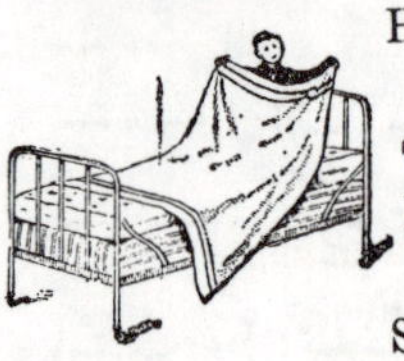

△ — السرير — Bed-spread.

مِفْرَشَة : غطاء السرج — Saddle-cloth.

مَفْرُوش : منبسط — Spread.

— : مؤثّث — Furnished.

— : مبلّط — Paved.

— بالبُسُط مثلاً (للارض) — Carpeted.

مَفرُوشَات : متاع البيت . اثاث — Furniture.

*فَرْشَحَ △فرشخ — To straddle.

فَرْشَحة — Straddle; act of straddling.

سَرج — : سرج خَسروان (انظر خسر) — Side-saddle.

مُفَرشِح — Astride; astraddle.

٥ فُرْشِينَة : دبوس شعر ←Hairpin.

*فَرَصَ : شقّ — To split; dissect; cut open.

إفترَصَ الفرصَة — To seize an opportunity.

فُرْصَة : نهزة — Opportunity; chance; good occasion.

— : نَوْبَة — Chance; turn.

△ — : عطلة — Vacation; recess.

اعطاهُ — . — To give a chance.

انتهزَ الـ — . — To seize the opportunity; take advantage, *or* avail oneself, of an opportunity.

فَرِيصَة : اسم عضلة — *Teres major*; a muscle below the shoulder-blade.

ارتعدت فريصته او فرائصه — To tremble; shake all over; writhe with fear.

مِفْراص : △زرّدية قاطعة — Cutting nippers.

*فِرْصَاد : كبوش س. تُوت (انظر توت) — Mulberry.

*فَرَضَ : قدّرَ — To suppose; assume; presume; take for granted.

— : تصوَّر — To conceive; imagine.

— فرضاً علميّاً — To speculate; make theories.

— . فَرَّضَ : حَزّ — To notch; cut into.

— . افترضَ : اوجبَ — To prescribe; enjoin; impose.

— . — الاحكامَ : سنّها — To enact laws.

فَرْض : تقدير — Supposition; presumption; speculation; conjecture.

— رياضي — Datum, (*pl.* Data).

— علمي او منطقي — Hypothesis; assumption.

— مدرسي — Task; exercise; home work.

— . فُرْضَة ١ : حَزّ ←Notch; incision.

— . فرِيضَة : واجب — Duty; precept; obligation.

English	Arabic
Ordinance; religious rite; law.	— . — ديـنيّـه
Supposing that.	على فـرض . بالفرض
Suppositional; hypothetical.	فـرضيّ : تـقديري
Speculative; theoretical.	— : نـظري
Gap; crevice; interstice.	فُـرضة ٢ : ثلمة . فتحة
Harbour; port; seaport.	— بحرية
Enactment of laws. etc.	إفْتِراض الاحكام : سنّـها
Supposed; assumed.	مفروض : مقـدّر
Imposed; prescribed.	— : موجب
To precede.	*فَرَطَ : سبق وتقدم
To lose; miss.	— منه : ذهب وضاع
To escape; slip.	— منه القول او الأمر
To be bereaved of a child.	— ولداً : مات له صغيراً
To unstring; loosen.	— : حَلّ
To waste; squander.	فرّط : ضيّـع
To abuse; misuse.	— في الشيء : أساء استعماله
To neglect; be remiss.	— في : قصّـر
To part with.	△ — في الشيء : تركه
To be extravagant; exceed proper bounds; go to excess.	— . أفرَطَ : جاوز الحد
To be unstrung, or loosened.	إنفرَطَ : انحلّ
To be dissolved, dismissed or broken up.	— عقد الاجتماع
Excess; extravagance.	فَرْط : مجاوزة الحدّ
Intensity; severity; extremeness.	— : شدّة
Hypersensitiveness.	— الاحساس
Loose; detached.	△ — △ مفرَّط : سائب
Interest.	△فـرَط : فائدة المال
Cheap; low-priced.	△فِـرِط : رخيص
Extravagance; excess; intemperance.	إفراط . تفريط : ضد اعتدال
Excessive; extreme.	مُفْرِط : متجاوز الحدّ
Extravagant; prodigal.	مُفَرِّط : مبذّر
To flatten; make flat.	*فَرْطَحَ : بَسَطَ
To broaden; make broad.	— : عرَّضَ
Flattened; flat.	مُفَرْطَح
Oblate.	— القطبين
To branch; divide into branches.	*فرَّعَ المسائلَ من الاصل
To branch; put forth branches.	△ — الشجرُ
To derive.	— المسائل من الاصل : اشتقها
To ramify; be divided, or shoot, into branches; diverge.	تفرَّعَ : تشعّب
Branch; bough; limb.	فَرْعُ الشجرةِ
Branch; offshoot.	— : ضدّ اصل
Section; division.	— : قِسم
Ramal.	فَرعيّ : مختصّ بفرع شجرة
Minor; petty.	— : جزئي
Plea.	دَفْع — . (في القانون)
Cross action.	دعوى فرعيّة
Tall.	فارِع : طويل
Peacemaker.	مِفْـرَع : صانع السلام
To be arrogant *or* overbearing.	*فَرْعَنَ . تفرعنَ الرجلُ : تكبّـر وكان ذا دهاء
To thrive; grow vigorously.	تفـرعن ٢ النباتُ : طالَ وقوى
Pharaoh.	فِرْعَون : واحد ملوك مصر القدماء
Tyrant; arrogant.	— : ظالم
To be empty, void, *or* vacant.	*فَرَغَ : خلا
To finish; achieve; complete.	— من شغله : أتـمّه
To be exhausted, finished.	— الشيء : نفـد
To lose patience.	— الصَّبْرُ (او صبره)
To empty; vacate.	فرّغ . أفرَغَ : اخلى
To discharge; unload.	— . — الشحنة
To pour out.	— . — الماء
To cast; mould.	— . — في قالب : سبَـك
To exhaust; spend.	— . — . استفرغ : استـنـفد
To vomit; spew; throw up.	استـفـرغ ٢ : تـقيّـأ
To do one's best *or* utmost.	— مجهوده
To be at leisure; be free from work.	تفرَّغَ : تخلّـى من العمل
To devote oneself, *or* time, to.	— للامر

Emptiness; vacuity; inanity; voidness. — فِـرغ . فَـراغ : خلوّ
Vacancy. — فَـراغ ٢ : مكان خالٍ
Vacation. — — من العمل : عُطلة
Leisure time; vacancy. — وقت الفراغ من العمل
Empty; vacant; void. — فَرِغٌ . فارِغ : ضدّ ملآن
Tare. — الفارغ ٢ (في القبانة)
An empty, *or* light, head. — عقل فارغ
Nonsense; guff; empty talk. — كلام فارغ
Unmarried woman. — امرأة فارغة : لا متزوجة
Emptying; vacating; voidance; voiding. — إفْراغ . تفريغ : اخلاء
Exhaustion. — — . — . استفراغ : استنفاد
Unloading; discharging. — — . — الوسق
Vomiting; throwing up. — استفراغ ٢ : قيء
Level, *or* smooth, land. — *فَرفَحٌ : ارض ملساء
To enliven; animate. — △فَـرْفَـحَ : انعشَ
To flutter; quiver; shake. — *فَرْفَرَ : انتفضَ
To tease (cotton.) — △ — القطْـنَ : نَـفَـضه
To card (wool, etc.) — △ — الصوفَ
Light-headed; fickle. — فُرفُر . فُرْفُور : اخرق
Small bird. — — . — : عصفور
Egg-shell-porcelain. — △فَـرْفوري : فُـغْـفُـوري . خزف الصين

Top. — فُرْفيرة : دوّامة △نحلة
To cheer; enliven. — △فَـرْفَـش : انـتَعَـشَ
In high feather, *or* spirits; flushed; gleeful. — △مفرفَش : جَذِل
Well off; well-to-do; in full feather; thriving. — — ماليًّا : في سَعَة
To differentiate, distinguish (between two things, *or* one from another). — *فَرَقَ بينَ : ميَّزَ
To separate; part. — — : فصَلَ
To cleave; split asunder; cut in two. — — البحرَ : فلقه
To be frightened *or* terrified. — فَرِقَ : فَـزِعَ
To dismay; daunt; terrify. — فرّقَ : خوّفَ
To distribute; deal *or* serve out. — — : وزّعَ

To distribute among. — — عليهم
To separate; disunite; sunder. — — : ضدّ جمَعَ
To stir up dissension between. — — بينهم : اوقع الشقاق
To scatter; disperse. — — : بَـدَّدَ
To part with; be separated *or* separate oneself, from. — فارقَ : انفصل عن
To leave; quit; depart from. — — : بارحَ
To part with; be separated from. — — . افْترقَ عنه
To be separated, divided, *or* disunited. — تَفَرَّقَ : ضدّ تجمَّعَ
To be scattered *or* dispersed. — — : تبدَّدَ
To be separated. — إفْـتَـرَقوا ٢ : ضدّ اجتمعوا
To be separated from; part with. — إنفرَقَ عنهم : انفصل
Difference; dissimilarity. — فَرْق : اختلاف
Distinction; superiority. — — : ميزة
Remainder; balance. — — : باقٍ (في الحساب)
Exchange. — — عُملة : صرافة
Parting (in hair.) — — في شعر الرأس

Separation; parting. — — . تَفْرِيق : فصْل
Fright; dismay; consternation. — فَرَقٌ : فزع
Fearful; terrified. — فَرِقٌ . فَروق . فاروق : شديد الفزع
Aghast. — — : فَـزِع
Flock (of sheep); herd, *or* drove (of cattle). — فِرْق : قطيع
Division; section; unit. — — : قِسْم (من كل شيء)
Party; company; band; troop; group. — فِرْقَة : طائفة . جماعة
Detachment, *or* division. — — عسكرية
A company of actors. — — تمثيلية
Music band; orchestra; troupe. — — موسيقية
Separation; disunion. — فُرقَة . فِراق . افْتِراق
Departure. — فِراق ٢ : رحيل
Proof; convincing evidence. — فُرقان : بُرهان
The Korân. — الـ — : القرآن
The Bible; Scriptures. — الـ — : التوراة

فَرِيق : جماعة (وبمعنى △طَرَف) — Party.
— اول مثلا (في التعاقد) — First party.
— في الالعاب الرياضية — Team; side.
△— ع : رُتبة عسكرية — Lieutenant general.
فارِق : فاصل — Partition: that which separates, or by which different things are separated.
— : مميّز — Distinctive; distinguishing.
فارُوق : حكيم (ولقب عمر ابن الخطاب ثاني الخلفاء) — Discriminator; wise; sage; sagacious.
— الاول : ملك مصر سابقاً — Farouk I. ex king of Egypt.
تِرْياق فاروقيّ — Reliable antidote; theriac; Venice treacle.
تَفَرُّق : تشتُّت — Dispersion.
— : انفصال — Separation; disunion.
تَفْرِيق : فصل — Separation; parting; division.
— : توزيع — Distribution; dealing out.
— : تشتيت — Dispersion; scattering.
— : تمييز — Differentiation.
بالتفريق : بالتفصيل — In detail.
— : اجزاء — In parts.
— • بالتفاريق : △بالقطّاعي (ضدّ بالجملة) — By retail.
مَفْرِق : نقطة الانفصال — Point of separation.
— الطرق — Bifurcation of roads.
△اربعة مفارق — Crossroads; crossing.
⁕فَرْقَعَ : فَقَعَ (راجع فقع) — To snap; crack; pop.
△— △تفَرْقع : انفجر — To explode; burst.

△فُرْقُع لوز — ←Snap beetle; elater; click beetle; skip-jack.
فَرْقَعَة : طقطقة — Cracking; crack.
— : انفجار (او صوته) — Explosion; blast.
مفرقعات : مواد انفجارية — Explosives.
△فرقِلّة : سوط الحرّاث — Ploughman's whip.
⁕فَرَكَ : دلك وحكّ — To rub; scrub.
تَفَرَّكَ . انفرك — To be rubbed.

○فَرَاك △سُترة فراك — Frock coat.
فَرِيك . مَفْرُوك — Rubbed.
— : حنطة الطبيخ — Husked soft grain.

△فَرَمَ اللحم : هرّمه . قطعه قطعاً صغيرة — To mince; chop.
فَرّامة اللحم — ←Meat chopper; mincer.
○فُرْمَة المطبعة (وغيرها) — Form(e.)
△مفروم . مُفرَّم : مهرَّم — Minced; chopped.
لحم — • Minced, or chopped, meat.

○فَرَمان : أمر عالٍ — Firman; decree.
○فرمبواز : توت العلّيق — ←Raspberry.
○فِرْمَسون : △مَسوني (انظر مسن) — Freemason.
△فَرْمَلة : ضابطة العربة . كمّاحة — ↓Brake.

△قبقاب الفرملة : اباضة — ←Brake-shoe.
△فرْمَلْجي القِطار — Brakesman.
△فرْمِيلة المركب : جَفِيفَة — Fender.
⁕فُرْن : تنّور يُخبَز فيه — Oven.
— : مخبز — Bakery; bakehouse.
فَرّان : خبّاز — Baker.

○فرنتون : حلية واجهة — ←Frontone; pediment.
○فَرْنَجَ القومَ : صيّرهم كالافرنج — To Europeanise.
تفرنج : صار كالافرنج — To adopt European manners, or methods
إفْرَنج . افرنجة : اوربيون — Europeans.
افرنجي : اوربي — European; Frank.
○فرنسا . فرنسه — France.
فرنسيّ . افرنسي — French.
○فرنك : وحدة النقد الافرنسي — Franc.
⁕فَرْو (الواحد فَرْوة والجمع فِراء) — Fur.
فَرْوَة٢ : جلدة الرأس بشعرها — Scalp.
△ابو— : قسطل . كستنة — Chestnut.
فَرّاء : تاجر الفراء ومجهّزها — Furrier.
— • فَرْوَجي : تاجر جلود الفرو — Fellmonger.

Fur-bearing, or furry, animals. ذوات الفِراء (من الحيوانات)

Pullet; chicken. *فرّوج (في فرج)

To fabricate a lie against. *فَرَى . افترى عليه الكذب

To slander; calumniate. — عليه : سعى به

To mangle; tear; rend. — . فرّى . أفرى : قطع

To cleave; split. — . — : شقّ

Quail. فِرِّي س : سُمَّن

Fabricated lie; falsehood. فِرْية . إفتراء : كذب

Slander; malicious report; calumny. — . — : سعاية

Slanderous; calumnious. افترائيّ

Slanderer; calumniator. مُفترٍ : واشٍ

*فريسة (في فرس) *فريق (في فرق) *فزّ (في فزز)

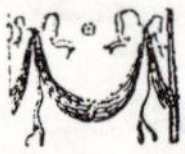

To burst; split; tear asunder violently. *فَزَرَ : شقّ

To burst, or fly, open. — . تفزّر . انفزر

She-leopard. فَزارة : انثى النمر

To be startled; feel sudden alarm. (فزز) فَزّ : اضطرب

To jump up. — : وثب

To scare away. — . أفزّ : ازعج وابعد

To startle; frighten. — . — . استفزّ : افزع

To provoke; stir up; excite. استفزّ ٢ : أثار

A start; a jump; a quick spring. فَزّة : وَثبة

To be startled, scared, frightened, or terrified. *فَزِعَ : خاف

To betake oneself to; have recourse to; resort to. — اليه : لجأ

To scare; frighten; terrify; shock; startle. فزّع . أفزع : خوّف

Fright; terror; trepidation; alarm; consternation. فَزَع : خوف

Frightened; alarmed; scared; aghast; stupefied with horror, or terror. فَزِع △ فزعان . مُفزَع : فرِق

A caution. فزّاعة : شيء مخيف

Scare-crow. — : △ ابو رياح . مجدار

Frightful; terrible; shocking; alarming. مُفزِع : مخيف

*فسا (في فسو)

Dress; lady's gown; frock. △ فُستان : ثوب المرأة الخارجي

Pistachio; pistachio-nut. *فُستُق

Peanut. — العبيد س : △ فول سوداني

Pistachia; pistachio-tree. شجرة الـ—

Sea green. فُستُقي اللون

Festoon. ○ فَستون : حَبل زينة

To make room, or place, for. *فسَحَ . فسّح له مكاناً

To give room, or space. — . — مجالاً

To widen; make wide. — المكان : وسّعه

To air; take for a walk. △ — ولده : اخذه للنزهة

To be wide, or spacious. فَسُحَ المكانُ : وسُع

To be large, wide, or spacious. تفسّح . انفسح : اتّسع

To promenade; take a walk. △ — : تنزّه

To ease nature. △ — : تغوّط . قضى الحاجة

Safe-conduct; passport. فَسْح : جواز السّفر

Wideness; roominess; spaciousness. فُسحة △ فَسَح : اتساع

Open space. — : فضاء

Promenade; walk; airing. △ — : نُزهة

Excursion. △ — △ خلويّة : △ سيران س

A drive. △ — في عربة او سيّارة

Recess. △ — بين ساعات الدرس

Vacation; holidays. △ — : عطلة

Stool. △ — : المرة من خروج البطن

Lobby; entrance-hall. △ فسحة : ردهة الدار

Wide; spacious; roomy. فَسِيح : متّسع

To cancel; annul; dissolve; break. ❊ فسخ فسَّخ[1] : نقض

To split; tear asunder. △ — . — : شقّ

To dislocate. — : △ ملخ . وثأ

To fade; lose colour; turn. △ — اللونُ : زال او تغيَّر

To neutralise; negate; nullify. — : ابطل تأثيره . كسر حِدّته

To lacerate; tear to pieces; mangle. فسَّخ[2] : هرأ . مزّق

To salt fish. — السمكَ : ملّحه

To fall in pieces; be lacerated. تفسَّخ : تساقط قطعاً

To be cancelled, annulled, *or* made void. إنفسخ العقد او الامر

The engagement is broken. — ت الخطبة

Cancellation; annulment; abrogation. فسْخ : نقض

Splinter, *or* shred. فسْخة : قطعة مما فُسخ

Fasoukh; dorema ammoniacum. فسوخ . فاسوخ البخور : صمغ شجر الاشق

Salted fish. فسيخ : سمك مملّح

To be corrupted, putrified, *or* decayed. ❊ فسد . انفسد : تعفن

To deteriorate; corrupt; be unsound, *or* spoiled. — . — : ضد صلح

To spoil; vitiate; corrupt; ruin. أفسد . فسَّد : ضد اصلح

To deprave; demoralise; corrupt in morals. — . — الاداب

To foil; baffle; frustrate. — : خيَّب . أحبط

To sow, *or* stir up, dissension (between). — بينهم

To disaffect against; estrange from. — على

To negate; neutralise. — تأثيره او قوّته

Corruption; deterioration. فساد : تلف

Putrefaction; decomposition. — : تعفّن

Invalidity; negation. — : بطلان

Depravity; immorality. — الاخلاق

Corrupt; spoiled; deteriorated. فاسد : تالف

Rotten; decayed; decomposed. — : متعفن

Invalid; void; null. — : باطل

Depraved; immoral. — الاخلاق

Corrupting; spoiling; ruining. إفساد

To explain; expound; elucidate. ❊ فسَّر (تفسيراً) : اوضح

To illustrate; comment upon. — : شرح

To interpret. — : اوّل او ترجم

To examine, *or* analyse, urine. فسَّر (تفسرة) البولَ : فحصه

To inquire; ask *about* or *after*. إستفسر

To ask for an explanation. — : طلب الايضاح

Explanation. تفسير : ايضاح

Commentary; glossary. — : شرح

Interpretation. — : تأويل او ترجمة

Inexplicable. لا يمكن تفسيره

Explanatory. تفسيري : ايضاحيّ

Expounder; commentator. مفسِّر : شارح

Pavilion; marquee; tent. ❊ فسطاط : خيمة

Old Cairo. الـ — : مصر العتيقة (اسم احد احياء القاهرة)

Dress. △ فسطان : (راجع فستان)

Phosphate. ٥ فسفات : فصفاة

Bug; bed-bug. ❊ فسفس : بقّ

Pimple; pustule. △ فسفوسة : دمّلة صغيرة

Tesellated, *or* ←mosaic, work. فسيفساء

Phosphorus. ٥ فسفور : فصفور

To live in sin, *or* in debauchery; commit adultery; fornicate. ❊ فسق : فجر

To stray; blunder; go astray. — : ضلّ

To violate; ravish; rape. — بالمرأة : زنى بها

To disprove; give the lie to. فسَّق : كذَّب

Debauchery; dissoluteness; libertinism. فسق : فجور

Adultery; sin; fornication. — : زنى

Rape. — باكراه

Debauchee; dissolute; fast; rake; profligate; libertine. فاسق : فاجر

Adulterer. — : زانٍ

Impious; irreligious. — : ضالّ : كافر

Fountain. ❊ فسقية الماء : مطفرة △ نفورة

٭فَسْو . فُسَاء : ريح البطن — Wind; gas; fart; emission of wind.

فَسَا : اخرجَ ريحاً — To break wind; fart.

٭فُسَيفساء (في فسفس) — Mosaic work.

○فِسْيولوجية : علم وظائف الاعضاء — Physiology.

فِسْيُولوجي : وظائفي — Physiologic, —al.

٭فشّ (فشش) ٭ فشا (في فشو)

٭فَشَخَ : لطم — To slap.

△ —: فشج . فرج بين رجليه — To open the legs; take a wide step; stride.

فَشَّخَ : ارخى مفاصله — To relax.

△فشخة : خطوة — A step; stride.

△فشَرَ : فَرَشَ . كذب — To brag; boast.

فَشْر : فَرش — Bragging; boasting.

فِشَار : ذرة متفقّعة بالتحميص — Pop-corn.

فَشَّار : فجفاج — Braggart; vain boaster.

○فَشِيزْم . فاشيّة : مبدأ سياسيّ ايطالي — Fascism.

فاشيّ . فاشِسْتي — Fascist.

٭فَشَّش . فَشَّ الورمَ — To cause a swelling to subside.

فَشَّ² الورمُ . إنْفَشّ — To subside.

— المَنفوخَ — To deflate; let air out of.

△ — غُلّهُ فيه : نقع غلّة قلبه — To vent one's anger upon.

— القُفلَ : فتحه بغير مفتاحه — To pick a lock.

△فشّة : رئة — Lights; lungs (for food).

فشّاشة الاقفال : △طفشانة — Picklock.

○فَشَكَة : ○خرطوشة — ←Cartridge; round.

٭فَشِلَ : خارَ عزمه — To lose heart; faint.

٥— . تفشّلَ : خاب — To fail; be unsuccessful; miscarry.

فَشِلٌ : جبان — Faint-hearted; cowardly.

فَشَلٌ : خيبة — Failure; disappointment.

△فِشِل : بَعَر — Droppings

٭فَشْو . فَشْي — Spreading; breaking out.

فَشَا : انتشر — To spread; circulate.

— الخبرُ : ذاعَ — To circulate; spread abroad.

— السرّ — To be divulged, or revealed; become known.

— . تَفَشّى المرض — To break out; spread; rage.

△ — . أفْشَى : نَشَرَ — To spread; circulate.

△ — . — السرّ — To reveal; let out; disclose; divulge.

فاش . متفَشٍّ : منتشر — Rife; spreading; prevalent; diffused.

٭فصّ (في فصص) — Stone, *or* lobe.

٭فَصُحَ : كان فصيحاً — To be eloquent.

أفْصَحَ : بيّن مراده — To declare; be clear, plain *or* distinct.

— عن مراده — To speak out.

— : تكلم بفصاحة — To use chaste language.

— : اوضح — To use clear language.

— الامرُ : وضحَ — To be, *or* become, clear.

— النصارى — To celebrate Easter.

— اليهود — To celebrate the Passover.

تَفَصَّحَ . تفاصَحَ — To use magniloquent, *or* pompous language; affect eloquence.

فِصْح (عِيْد مسيحي) — Easter.

— (عِيْد يهودي) — Passover.

فَصْح . فَصِيح : كلام خالٍ من العُجْمة — Chaste; refined language.

فَصِيح² : طلق اللسان . ذو الفصاحة — Eloquent.

اسلوب — — Chaste, *or* pure, style.

اللغة الفصحى — The classical language.

فَصَاحَة : طلاقة اللسان — Eloquence.

تَفاصُح : اظهار الفصاحة — Magniloquence; bombast.

مُفْصِح : واضح — Clear; plain.

يوم — — Clear, cloudless, *or* serene, day.

٭فَصَدَ : أخرج دماً — To let blood; bleed; open a vein.

△ —ت . إنفصدَت انفه — His nose bled.

فَصْد . فِصَاد Blood-letting.

△ — الانف : رُعاف Nosebleed; bleeding at the nose.

فِصَادَة : فَتْح الوريد Phlebotomy.

△ ابو فِصَادَة : ذُعَرة ←— Wagtail.

مِفْصَد : مِبْضَع ←— Lancet.

* فَصَّصَ الخاتمَ To set a gem in a ring.

△ — الفول وأمثاله : اخرجه من قشرته To shell beans, etc.

△ — البرتقالة وامثالها To segment an orange; separate it into segments.

فُصّ الخاتم Stone of a ring.

— البرتقاله وأمثالها Segment; section.

— الرئة والمخّ وورقة النبات Lobe.

— الثوم وأمثاله : سِن Clove.

— : اصل Origin.

△ — : نِصف عمود مربّع (لاصق بالحائط) Pilaster.

△ — مِلْح A lump of salt.

△ — مِلح وذاب : اختفى To vanish; melt away.

مُفَصَّص : مفلق Lobated; segmented.

△ — : منزوعة قشرته (كالفول والحمّص) Shelled

° فُصْفات . فُصْفاة Phosphate.

* فِصْفِصَة : بِرسيم حجازي Alfalfa; lucern.

° فُصْفُور : كبريت Phosphorus.

فُصفوري Phosphoric; phosphorous.

ضياء فصفوري Phosphorescence.

* فَصَلَ : فرّق To separate; part asunder; divide.

— : قطع To sever; cut off; disjoin.

— : ابعد To segregate; isolate; separate from others.

— في الامر : بتّ To decide; determine.

— الولدَ عن الرضاع To wean.

△ — الشيء : عرض ثمناً له To offer, a price for; make an offer.

فَصَّلَ : بَيَّن To make distinct, or clear.

— : ضدّ اجمل To detail; particularize.

— الشيء : جعله قطعاً متمايزة To divide into parts.

— الثوبَ To cut out a garment.

△ فاصَلَ : ساوم To bargain; haggle.

— . انفصل عن To separate oneself from; be separated from.

انفصل [2] : ضدّ اتصل To be separated, or disjoined.

— عن : ابتعد To secede, or withdraw from.

— عن الشركة To disassociate oneself from a company.

فَصْل : تفريق Separation; division.

— : قطع Severance; cutting off.

— : قِسم Section; part.

— من كتاب : باب . جزء Chapter.

— من السنة (وبمعنى أوان) Season.

— من رواية تمثيلية Act; scene.

— مدرسيّ School term.

— في الخصومات Judgment; decision.

— الخطاب Final decision.

△ — بارد A mean act.

يوم الـ. Judgment-day.

فصيل : مفطوم Weanling.

فَصِيلَة : نوع Family; species; kind.

— عسكريّة Detachment.

فاصِل : حاجز Partition; division.

— : باتّ Decisive; conclusive.

فاصِلة : شَوْلة (وعلامتها [،]) Comma.

— : علامة الوقف في القراءة Punctuation-mark.

— السَّجْع Rhyming word.

فَيْصَل Arbitrator; arbiter; umpire.

إنْفِصَال Separation; disjoining; secession.

تَفْصِيل : ضدّ اجمال Detailing; particularizing.

△ — الثياب : قطعها لاجل خياطتها Cutting out.

△ ثياب — . Tailor made, or cut, clothes.

بالتفصيل . تفصيلاً : ضد اجمالاً — In detail; minutely; circumstantially.

تفاصيل : مفردات — Details; particulars.

مَفْصِل : كل ملتقى عِظمين من الجسد — Joint.

— : △وصلة مَفْصليّة — Knuckle joint.

داء المفاصل : رَثْية — Rheumatism.

التهاب المفاصل : داء النِقْرس — Arthritis; gout.

مَفْصِليّ : مختص بالمفاصل — Articular.

— : ذو مفاصل — Articulate.

مُفَصَّل : مذكور بالتفصيل — Detailed; circumstantial.

△ — : غير الجاهز من الملابس — Made to order.

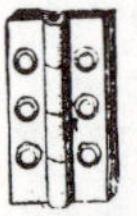

مِفْصَلَة △مفصَّلة — Hinge.

△مفصَّلة بُقْجة — ←Butt hinge.

△ — بجناح (انظر جنح) — Garnet hinge.

مُفَصَّلاً . بالتفصيل — In detail.

المَفْصِليّات . الحيوانات المفصليّة — Articulata.

مَفْصُول . مُنْفَصِل — Separated; detached.

✩فَصَمَ : قطع — To sever; cut *or* break, off.

فَصْم : قطع — Severance.

٥فَصُوليا . فاصُولية : ضرب من القطاني — Negro bean; scarlet runner; *phaseolus.*

✩فضّ (في فضض) ✩ فضاء (في فضو)

✩فَضَحَ : كشف مساوئه — To show up; give away; expose.

— : كشف . اظهر — To divulge; make public; reveal; disclose; bring to light.

— : جلب عليه العار — To disgrace; scandalise.

— القمرُ النجومَ — To outshine; eclipse.

— المرأة — To violate; seduce; ravish.

إفْتَضَحَ الامرُ : اشتهر — To come to light; be disclosed.

— . إنْفَضَحَ : انكشفت مساوئه — To be shown up; be disgraced.

فَضْح : كشف المساوىء — Exposure; showing up.

فَضِيح . مَفْضُوح — Disgraced; exposed.

فَضِيحَة : انكشاف المساوىء — Exposure.

— : عار — Scandal; disgrace.

فاضِح : شائن — Disgraceful; scandalous; notorious; glaring.

✩فَضَّضَ : موَّه بالفضّة — To silver-plate; cover, *or* coat, with silver.

فَضَّ : فتح — To open; break, *or* rip, open.

— : ثقَب — To pierce; make a hole.

— : نشر . فتح — To unfold; disclose.

— : فرَّق — To break up; disperse; disband.

— الاجتماعَ — To dismiss an assembly.

— الختمَ — To unseal; break the seal of.

— الدموعَ — To shed tears.

— وافْتَضَّ البكارة — To deflower; deprive of virginity.

إنْفَضَّ : انفتح — To be opened; disclosed.

△ — الشرّ : ارفضَّ . زال — To pass away.

— . تفضَّض : تفرَّق — To break up; be dispersed.

تفضَّض ٢ : تموَّه او ترصَّع بالفضة — To be silvered.

فَضّ : فتح — Opening; disclosing.

— : تفريق — Dispersion; breaking up.

— وافتضاض البكارة — Defloration, ravishment, *or* violation, of a virgin.

لا فُضَّ فوك — Hear! hear!; bravo! may God not break thy teeth.

فِضَّة : لُجَين — Silver.

٥نِتْرات (نِتراة) الـ. — Nitrate of silver.

فضّي . كالفضة — Silvery; like silver.

— : من فضّة — Silver; of silver.

ابيض — . — Silver white.

العيد الـ للزواج (٢٥ سنة) — Silver wedding.

فِضّيات . اوان فضّية — Silverware; silver.

تَفْضِيض — Silver-plating.

مُفَضَّض — Silver-plated.

✩فَضْفَضَ الثوبَ : وسّعه — To make loose, *or* flowing.

فَضْفاض : واسع △مبحبح — Loose and waving; roomy; flowing, (mantle *or* robe.)

٭فَضَلَ : بَقِيَ — To remain; be left over.
ـــهُ وعليهِ : فاقَهُ — To excel; surpass.
فَضَّلَ على — To prefer to, before, *or* above.
أفضَلَ . تَفَضَّلَ على — To favour; oblige.
تَفَضَّلْ ٢° : ارجوك — Please; if you please.
— وخُذْ — Help yourself, please.
— وادخُلْ — Come in, please.
فَضْل : احسان — Favour; kindness.
— : ميزة — Merit; excellence, *or* advantage.
— : شَرف — Credit; honour.
— : استحقاق — Merit; desert.
صاحب — . — Meritorious.
الفضل (في كذا) عائد على — Thanks to; all honour to.
من فضلك : اذا سمحت — Please; if you please.
من فضل فلان — Care of...
فَضلا عن كذا — Moreover; besides.
فَضْلَة . فُضَالَة : بقيَّة — Remainder; rest.
— . — : ما يزيد — Surplus.
— . — : نُفاية — Residue; refuse.
— : قطعة من بَقايا الاقمشة ○ كوبون — Remnant.
فُضُول الجسم : مفرزات — Secretions; excretions.
— : تحرُّش — Officiousness; meddling.
فُضُولي : متعرض لامور غيره — Officious; busybody; prying; meddlesome.
— : سَؤول . سآَّل — Inquisitive; curious.
فَضِيلَة : ضدّ رذيلة ونقيصة — Virtue; moral excellence.
— : مزيَّة — Advantage; superiority.
— : لقب احترام (كقولك صاحب الفضيلة) — His Honour.
فاضِل . باقٍ — Remaining.
— . فَضْلَة : بقيَّة — Remainder; balance; rest.
— : ذو فَضل — Meritorious; praiseworthy.
— : ذو فَضيلة — Virtuous; chaste.
أفْضَل : أحسن — Better.
— جداً — Far better.
— : امْيَز — Preferable; more desirable.

الافضل : الاحسن — The best.
أفْضَليَّة : امتياز — Preference; choice.
تَفْضِيْل : تمييز — Preference; preferring; choosing.
— : محاباة — Partiality; favouritism.
اسم الــ — Adjective in the comparative degree.
مِفْضَل . مِفْضَال : كثير الفضل — Very obliging.
— . مِفْضَلَة : ثوب البيت — Dishabille; undress; *négligé*.
مِفْضَلات : △ بياضات اللبس والفَرش — Linen.
مِفْضَلاتي : بائع البياضات — Hosier; linen-draper.
مُفَضَّل : مُمَيَّز — Preferable.
(فضو) فَضَا المكانُ : اتسع — To be spacious, wide, *or* large.
أفْضَى الى : ادَّى — To conduct, *or* lead, to; conduce, *or* contribute, to.
— بسرِّهِ — To reveal, *or* unbosom, a secret.
△ فَضِيَ : فرغ — To be empty, *or* vacant.
△ فَضَّى : اخلى . افرغ — To empty; vacate.
تَفَضَّى : تفرَّغ — To give all one's time to.
فَضَاء : فسحة — Open space.
— : فراغ — Emptiness; vacuity; void.
△ فاضٍ : فارغ . خالٍ — Empty; vacuous.
△ — : غير مرتبط بعمل — Free; at leisure.
٭ فضولي (في فضل) ٭ فضي (في فضو) ٭ فطّ (في فطط)
٭ فِطَحْل : الزمنُ قبل خلق الانسان — Preadamic; preadamitic period.
فَطاحِل العلماء — Great scholars.
٭ فَطَرَ : خلق . أنشأ — To create; make; bring into being; originate.
— : شقّ — To split; cleave.
— . أفْطَرَ الصائمُ — To break one's fast.
— . — : تناول طعام الصباح — To take breakfast.
إنفطَرَ . تفطَّرَ : انشقّ — To be split *or* broken.

△ — بالبكاء — To blubber; sob.
فُطْر : عيش الغراب — Mushroom; toadstool; fungus.

Cracking; splitting	فَـطْـر : شَق
Fast breaking.	فِـطْـر : كَـسْـرُ الصوم
Lesser Bairam.	عيد الـ . (عند المسلمين)
Nature; instinct; innate quality; natural disposition.	فِطْرَة : صفة طبيعية
Creation.	— : ابداع . خَلْـق
In a state of nature; wild.	على الـ .
Natural; instinctive; inborn; innate.	فِـطْـرِيّ : طبيعي
Breakfast.	فَـطُـور . فُـطُـور : اكل الصباح
Unleavened bread.	فَـطِير : خُبز غير مختمر
Immature; unbaked.	— : لم ينضج
Raw; unwrought.	— : خام . غير مشغول
Pastry.	△ — : عجين مرقوق
Volauvent.	— الشبارق (او طيّـار)

New, fresh, *or*, newly made, bread.	خُبز — : طري . جديد
Pancake, pastry, *or* pie.	△فطيرة : قُـرصة
Pasty, *or* pie.	△— محشوّة بلحم
Pastrycook; pieman.	فَطَائري △فطاطري : صانع الفطائر
Creator; maker; originator.	فاطِر : خالق
Not fasting; not keeping lent.	△ — : غير صائم
Breaking his fast.	— . مُفْطِر : كاسر الصوم
To expire; perish; die.	٭فَـطَـسَ : مات
To kill; burke; strangle.	فَـطَّسَ : اماتَ
To suffocate; stifle.	△ — : خنَـق
Suffocated; strangled.	△فَطِـيْس : مخنوق
Muffle.	فِطّيسَة : مشـفَـر ذوات الخف
Snub-nosed; flat nosed.	أَفْـطَـسُ الانف
To spurt; spirt; gush out.	(فطط) . فَـطَّ : نَـهَـرَ . طَـفَـر
To blurt out (words.)	△فَطْـفَـطَ بكلام
To let into one's secret; unbosom a secret to.	△ — بسرّه : فتفت

To wean.	٭فَـطَـمَ : فصل عن الرضاع
Weaning.	فِـطَـام
Weanling; newly weaned.	فَطِيم . مَفْطُوم
To notice; take notice of.	٭فَطِنَ للامر واليه : ادركه
To comprehend.	— للامر وبه : فهمهُ
To be intelligent.	— : كان فطيناً
To remember; recollect.	△— الى : تذكر
To make one understand.	فَـطَّـنَ : أفهم
To remind.	— ـه : ذكَّر
Intelligent; sagacious.	فَطِنٌ . فَطِين : ذكي
Intelligence; sagacity.	فِطْـنَة : ذكاء
Comprehension.	— : فهم
Unleavened bread.	٭فطور وفطير (في فطر)
Rough; rude; harsh; unmannerly.	٭فَـظّ : غليظ
Walrus.	— : فِيـلُ البحر

Roughness; rudeness; harshness.	فَظَاظَة
To be horrid, horrible, awful, *or* repulsive.	٭فَظُـعَ : كان فظيعاً
To deem horrid, repulsive, atrocious, dire, *or* awful.	إستَفظَعَ : عدَّهُ فظيعاً
Horror; enormity; repulsiveness.	فَظَـاعَة : شناعة
Horrible; hideous; terrible; dreadful; atrocious.	فَظِع . فَظِيع . مُفْظِع
Atrocity; enormity.	إثم او عَـمَـل — .
To crush; mash.	△فَـعَـصَ : معَـسَ . فَـصَـعَ
To do; perform.	٭فَعَلَ : عَـمِـل
To do to.	— به
To scan a verse.	فعَّل الشِـعْـرَ : وزنه
To be done.	إنفَعَلَ : عُمِـل
To be affected.	— : تأثـَّر
To be enraged; lose temper.	△—:اغتاظ و تهيّـج

إفْتَعَلَ : اختلق — To invent; fabricate.
— : زوَّر — To forge; fabricate.
فِعْل : عمل — Deed; action.
— : تأثير — Effect.
— (في النحو والصرف) — Verb.
— لازِم — Intransitive verb, (*v.i.*).
— متَعدّ — Transitive verb, (*v.t.*).
— مَعْلوم — Active verb.
— مَجْهول — Passive verb.
— ناقِص — Defective verb.
— شاذّ — Irregular verb.
— قياسي — Regular verb.
— مُسْنَد الى فاعل — Finite verb.
فِعْلاً . بالفعل — In fact; indeed; actually.
فِعلي : عملي — Practical.
— : واقعي — Actual.
— : مشتقّ من الفِعْل — Verbal.
فَعْلَة : عَمْلَة — Deed; act.
△فَعَلَة : عُمّال — Workmen; labourers.
فَعّال : مؤثّر — Effective; efficient; powerful; active.
فاعِل : عامل — Doer.
— : مشتغل . صانع — Active.
— : مقترف — Perpetrator; committer.
— اصليّ — Principal.
△ — : اجير . عامل — Labourer; workman.
— (في النحو) — Subject.
اسم الفاعل — Present participle.
نائب الفاعل — Subject of the passive verb.
فاعليّة : تأثير — Effectiveness.
إنْفِعال : التأثُّر بالفعل — Passivity.
— نفساني — Emotion; agitation of mind.
△ — : غضب — Rage; excitement; passion.
تَفاعُل — Reaction; interaction; mutual action.
تَفْعِيل الشِعر — Foot (*pl.* feet); division of a line of poetry.

مَفْعول : تأثير — Effect; impression.
— : معمول . عُمِل — Done.
— به (في النحو) — Object.
اسم المفعول — Passive participle.
يسري مفعوله — To take effect.
△مُفْتَعَل : مزوَّر — Forged; fabricated.
△مُنفَعِل : محتدّ . متهيّج — Excited; enraged.
*فَعَمَ . أفْعَمَ : ملأ جداً — To fill to overflowing *or* to repletion.
مُفْعَم : ملآن . طافِح — Full to the brim; overfull; replete; fraught.
— بكذا — Fraught, *or* freighted, with.
(فعو) أُفْعُوان . أَفْعَى — Viper; adder; snake.
— خيالي : تنّين — Wyvern.

افْعُواني : مُلتفّ كالافعى — Serpentine.
*فَغَرَ فَمَهُ : فتحه — To gape; yawn; open the mouth wide.
فُغْرَة الوادى — Mouth of a valley.
*فغفوريّ : △فرفوري . خزف الصين — Egg-shell porcelain.
*فَغْو . فاغية : زهر الحِنّا — Henna blossom; lawsonia; Egyptian privet.
فغوة : رائحة طيبة — Fragrance; aroma.
*فَقَأَ الدمَّلَ : شقّه — To rip open an abscess.
— العينَ — To put, *or* gouge, out an eye.
*فَقَدَ : اضاع — To lose; be deprived of; mislay.
— الشيء : غاب عنه — To miss; fail to find.
أَفْقَدَهُ الشيء : أعدمه ايّاه — To rob, deprive, *or* bereave of; cause to lose.
تَفَقَّدَ . افْتَقَدَ : بحث عن — To seek; search for; look for.
— . — : عادَ . زارَ — To visit; call on.
△إسْتَفْقَدَ : احسّ بغيابه او بنقصه — To miss; want; feel the want of.
فَقْد . فُقْدان : ضياع — Loss; act of losing.
— . — : ثكل او حرمان — Bereavement.
فَقِيد . مفقود △فاقِد : ضائع — Lost; missing.
الـ : المتوفّى — The defunct; deceased.

فاقد ٢ : مضيّع Loser.
— الشعور Unconscious; senseless.
إفتِقَاد . تفَقُّد Seeking; searching.
— . — : زيارة Visit; call; act of visiting.
— الهي Visitation.
*فَقَرَ . فقّر : ثقب To pierce; perforate.
△ — . أفقَرَ : ضدّ اغنى To impoverish; reduce to poverty.
△ فقّر ٢ : اخفق برأسه . تنوّد To nod.
فَقُرَ . افتَقَرَ : صار فقيراً To become poor, *or* needy.
افتقر ٢ الى كذا To need; be in need of.
فَقْر : ضدّ غِنى Poverty; need; indigence.
فِقْرَة : جُمْلَة Clause; sentence; paragraph.
— . فقْرَة . فقَارَة : خرزة الظهر Vertebra, *pl.* Vertebræ.
فقري . فقاري : ذو فقرات Vertebrate.

عمود فِقري Vertebral column.
فَقِير : ضدّ غني Poor; needy; pauper.
○ — : ناسِك هندي ←Fakir.
فقس الطائرُ بيضَه To hatch; incubate.
— : فلَق To break open.
— الحيلة To discover *or* disclose, a trick.

فَقْس البيض Hatching.
فَقّوس : فَقّوص Snake- ←cucumber.
— الحمير Squirting cucumber.
فَقَش : كسر To break; split; smash.
فقَطْ (اصلها قطْ) : لا غير Only.
△ فقّط الحسابَ To write figures in words.
فَقَعَ اللونُ : اشتدت صفرته To be of a bright yellow colour.
— : مات من شدّة الحر To die of a heat-apoplexy.
— : مات حزناً To die of sorrow.
△ — : فقأ To burst open.

فَقَّعَ : فرقع To crack; pop.
— اصابعه : فرقعها To snap fingers.

فُقّاع : جعة ○ بيرا ←Beer.
فُقّاعَة : نُفاخة تعلو الماء Bubble; air cell.
فاقِع : فاتح . زاهٍ (لون) Bright; vivid; loud.
*فَقْفَقَ الرجلُ : افتقر To be reduced to poverty.
△ فقفق الجلدُ : مَكِيَ To blister.
△ فَقْفُوقَة : مَكْيَة A blister; pustule.
*فَقُمَ . تفاقم الامر To be aggravated; become serious, momentous, *or* grave.

فُقْمَة . فُقَمَة : عجل البحر ←Seal.
أفقَم : △ ابو ضَبّة Buck-toothed; having unequal jaws.
*فقِه . تفَقّه : فهم To understand; comprehend.
فقّه . أفقه : علّم To acquaint; advise; inform; teach.
△ — : △ فكّر . ذكّر To remind.
فِقْه : عِلم . فَهْم Knowledge; understanding.
— : علم الاحكام الشرعيّة Jurisprudence.
— اللغة Philology.
فِقْهي Doctrinal.
فقيه : عالم بالفِقه Jurisprudent.
△ فِقيّ : معلّم Schoolmaster.
— △ — : قاري القرآن Reciter of the Korân.
*فكّ (في فكك) *فكاهي (في فكه)
*فَكَرَ . فكّر . تفكّر . افتكر في الامر To think over; consider.
△ فكّر ٢ : ذكّر To remind.
△ افتكر ٢ : تذكر To remember; recollect.
فِكْر . فِكْرَة : خاطِر Thought; idea; notion.
— : رأي Opinion.
— : شاغِل . همّ Care; concern; anxiety.
△ على فكرة : قبلما انسى By-the-by; by the way.

الفِكريَّات : عِلم التفكير — Ideology.

فِكِّير : كثير التفكُّر — Thoughtful.

تَفَكُّر : تأمُّل — Thinking; consideration; meditation.

مُفَكِّرَة : مذكِّرة — Memorandum.

— جيب — Notebook.

— يوميَّة — Diary; journal.

٭فَكَّكَ . فكَّ : ضدّ ركَّب — To take to pieces.

فَكَّ ٢ : فصَل — To separate; disjoin.

—: ضدّ ربط — To untie; unbind; undo; loosen.

— الازرار — To unbutton.

— الاسيرَ — To set free; release (a prisoner).

△ — الحزنَ — To be out of mourning.

— الخَتمَ : فضَّه — To break a seal; unseal.

— العظم او المفصل — To dislocate a bone.

— اللغز او المسئلة — To solve a problem.

— الخط المُجَمْجَم — To decipher.

— المسمار اللولبي — To unscrew a nail.

△ — النقودَ : بدَّلها — To change money.

— يدهُ : فتحها — To open one's hand.

— . افتَكَّ الرهنَ — To redeem a mortgage.

إنفكَّ : مطاوع « فك » بكل معانيها السابقة — To be separated, untied, etc.

ما — يفعل كذا — He has not ceased to do...

تَفَكَّكَ : مطاوع « فكك » — To be taken to pieces.

تفككت مفاصله — His knees sagged under him.

فَكّ : ضدّ ربط — Untying; unbinding; undoing, etc.

— وافتِكاكُ الرهن — Redemption.

— : العظم الذي عليه الاسنان — Jaw; jawbone.

الـ السفلي — Lower jaw; mandible.

الـ العلوي — Upper jaw; maxilla.

△فَكَّةُ النقود — Change; small change.

فِكاكُ الرهن — Redemption of a mortgage.

— الاسير : فِديَة — Ransom.

△مِفَكّ البراغي — ←Screw-driver.

مَفكوك : محلول — Loose.

٭فَكِهَ : كان طيب النفس ضحوكا — To be jovial, merry or convivial.

فاكَهَ : مازَحَ — To jest with.

فَكِه . فاكِه : ضحوك — Jovial; merry; jolly.

△ — : قَدِيّ . لذيذ الطعم — Savoury; tasty.

فُكاهَة . تفكيه : مزاح — Jesting; joking.

فكاهيّ — Humorous.

فاكِهَة — Fruit.

فاكهاني : بائع الفواكه — Fruiterer; fruit seller; costermonger.

٭فل (في فلل) ٭فلان (في فلن) ٭فلاة (في فلو)

٭فَلَتَ . أفلَتَ : أطلق — To free; release; set free; let loose.

— . — . انفلَتَ : انطلق — To be freed, or released.

— . — : تخلَّص — To escape; slip away.

فَلتٌ . إفلات : تخلُّص — Escape; release.

فَلْتَة : هفوة — Slip; lapse.

— قَلَم : زلَّة — A slip of the pen; *lapsus calami.*

— لسان — A slip of the tongue; *lapsus linguæ.*

— من فلتات الطبيعة — A freak of nature.

فلتةً : من غير تدبُّر — Undesignedly.

△فَلاتي : داعِر — Debauchee; rake; libertine; dissolute; loose.

فَالت : سائب — Loose; free.

○فِلْتَر : راووق . راشح — ←Filter.

فَلَجَ . فَلَّجَ : شقَّ — To split; cleave.

فُلِجَ △انفَلَج : اصيب بالفالج — To be paralysed; be attacked with paralysis.

فَلْج : شَق — Interstice; crevice.

فَالِج : اسم مرض — Paralysis.

— نِصفي — Hemiplegia.

فَيلَجَة : شرنقة — ←Cocoon.

مَفلُوج — Paralytic; paralysed.

*فَلَحَ الأرض — To till; cultivate (land).

△ — . أَفْلَحَ : نَجَحَ — To succeed; be successful.

فَلْح . فلاحة الأرض — Cultivation; tillage.

فِلاحة ٢ : زراعة — Husbandry; farming.

— البساتين — Horticulture.

فَلَّاح : مزارع — Farmer; husbandman.

— : قروي — Peasant; countryman.

فَلَاح : نجاح — Success; progress.

فِلْح : ريف — Country, *or* country life.

فِلْحِي : △ريفيّ — Rural; rustic.

— . فَلَّاحي — Pastoral; peasantlike.

فالِح . مُفْلِح — Successful; progressing.

*فِلْذَة : قطعة — Piece; slice; portion.

فُولَاذ : △صُلْب . بولادس — Steel.

أَفْلَاذ : كنوز الارض — Treasures of the earth.

فالوذ . فالوذج : بَلُوزة △مهلّبيّة — Blancmange; sweet jelly.

*فِلِزّ : جوهر من جواهر الارض — Mineral, *or* metal.

*فَلَّسَ التاجرَ : اشهر افلاسه — To bankrupt; declare bankrupt.

△ — . أَفْلَسَ التاجرُ : عجز عن ايفاء ما عليه — To fail; become bankrupt, *or* insolvent.

△ — . — : عدم ماله — To become penniless.

فَلْس : (عملة طفيفة القيمة) — Mite.

— : عُملة عراقية وكويتية وأردنية صغيرة القيمة — Fils.

فَلَّاس : بائع الفلوس △صراف — Money-changer.

فُلوس السمك : قشره — Scales of fish.

— : دراهم . مَصاري س — Money; cash.

إِفْلَاس . تَفْليس — Bankruptcy; insolvency; failure.

— . — بالتدليس — Fraudulent bankruptcy.

— . — بالتقصير ، اعسار — Insolvency; failure.

تفليسة — Bankruptcy.

تَفالُس : افلاس تدليسي — Criminal, *or* fraudulent, bankruptcy.

مُفْلِس : مُعْسِر — Bankrupt; insolvent.

— △مفلّس : عديم المال — Moneyless; penniless.

*فِلَسْطين — Palestine.

فلسطيني — Palestinian.

*فلسف . تَفَلْسَفَ — To philosophise.

فَلْسَفَة : حِكمة — Philosophy.

— ادبيّة — Moral philosophy.

— طبيعيّة — Natural philosophy; physics.

— وضعيّة — Positivism; positive philosophy.

فَلْسَفيّ — Philosophical.

فَيْلَسوف : حكيم . محبّ الحكمة — Philosopher.

مُتَفَلْسِف : مدعى الحكمة — Philosophist; pretender in philosophy.

○فلَاش : من لون واحد في لعبة البوكر — ←Flush.

*فَلْطَحَ : بسط وعرّض — To flatten; make flat.

مُفَلْطَح . فَلْطاح — Flat.

*فَلَعَ . فَلَّعَ : شقّ — To crack; split; rend; cleave.

فَلْع : شَقّ — Crack; split; fissure.

*فَلْفَلَ الطعامَ — To pepper food.

فُلْفُل . فِلْفِل — Pepper; *piper*, or *capsicum*.

— احمر — Bell pepper; red pepper.

— اخضر — Chilli, *or* green, pepper.

— اسود — Black pepper.

— . — دار — Long-pepper.

فُلَيْفِلَة — Pepper-corn.

فُلْفُلي . مُفَلْفَل — Peppery.

△رزّ مفلفل ٢ : تُمَّن ع — Boiled rice; pilaw.

△شَعْر — : جَعْد — Curly, *or* crisp, hair.

*فَلَقَ . فَلَّقَ — To split; cleave; rive; tear asunder.

Arabian jasmine. فِلّ . فُلّ : نبات زهره ابيض عطر

Double-jasmine. — مكبّس اوبحوز

Cork. — : △فلّين (راجع فلين)

o فِلْم : رَقّ . شريط تصوير Film.

— مغامرات رعاة البقر Western film.

— مجسَّم Stereoscopic film.

o فَلَمَنْكِيّ : من اهل فلَندرة Flamish.

So-and-so. (فان) فلان (او فلان الفلاني)

△فَلَنْكَة : عارضة عليها القضبان (في سكة الحديد) Sleeper.

Colt; foal. *فِلْو . فُلُوّ : مُهْر او جَحْش

Open space. فلا . فلاة

Money, &c. *فلوس (في فلس)

Boat; small boat. oفلوكة (في فلك)

To louse; clean from lice. *فَلَى . فَلَّى القملَ

To pick out. — . — : نقَّى

To strain at a gnat. △ يفلي البرغوث

Spotted beetle; four-spotted silpha. فالية : خنفساء رقطاء

Touch-hole. — البندقيّة : △فونية

Pennyroyal. فُلَيّا . فُلَيَّة : فَليحا . نعناع فلفلي

Cork. △فَلّينْ : خشب رخف ليّن

A cork. فلينة الزجاجه

Godchild. o فَلْيُون : ابن العماد (عند النصارى)

Mouth. *فَم . فُمّ

Head of a canal. — . — الترعة : اولها

Cigarette holder. — السيجارة : △مَبْسَم

Mouth-piece. — . — الشيشة وامثالها

Pit of stomach. — . — المعدة

Mouth of a river; embouchure. — . — النهر

Mouthful. مِلْءُ الفم

*فنّ (في فنن) * فناء (في فني) * فنار (في فنر)

To glower; stare angrily. △فَنْجَرَ عينيه

Prodigal; lavish; open-handed. فَنْجَري : سخي

To waddle. *فَنْجَلَ : مشى متباعداً ما بين الساقين والقدمين

Cup. فِنْجال . فِنْجان

Cup and saucer. — وصحنه

To be split or cleft; to crack. إنفلَقَ . تفلَّقَ

To be full of shakes or cracks. — . — الخشب

To break; appear. — الصبح

He cried his heart out. بكى حتى — .

Go and hang yourself; go to hell. △إنفلِق : رُحْ ولِّع

Fissure; cleft; crack. فَلْق : شَقّ (راجع شقق)

A shake; a crack. — في خشب

The Creation; The Universe. ألفَلَق : الخَلْق كلّه

Aurora; dawn. — : الفجر

The half of a split thing. فِلْقَة : نصف الشيء المفلوق

Bastinado. △فَلَقَة

Army corps. فَيْلَق : جيش عظيم

Fission. انفلاق . تَفلُّق

Break of day. — الصبح

A poet of great genius. شاعر مُفْلِق

Split; cleft. مفلوق : مقسوم

To be fed up with. △— منه : متضايق

Ship. *فُلْك : سَفينة

Noah's Ark. — نُوح

Orbit. فَلَك : مَدار

Astronomy. عِلم الـ — : علم الهيئة

Astronomical. فَلَكي : مختص بعلم الفلك

Astronomer. — : مشتغل بعلم الفلك

Astrologer. — : منجّم

Felucca. فُلُوكَة : زورق شراعي

Small boat. △— : زورق

Boatman. △فلايكي : بحري

To notch or blunt. *فَلّ . فَلّ : ثَلَم

To flee; run away. △فَلّ ² : هربَ

To humble; humiliate; mortify. — غربهُ : أذلّه

Defeated. فَلّ : مُنْهزم

A notch. — : كسر في حدّ السيف او امثاله

* فَنَّدَ . أَفْنَدَ : كذّب — To disprove; refute; rebut.
— . — : خطّأ — To confute; prove wrong.
△ — : فصّل — To detail.
تفنيد — Disproof; refutation; rebutment; confutation.
٥ فُنْدان : اقراص من السكر والطحين — Sugar plums.

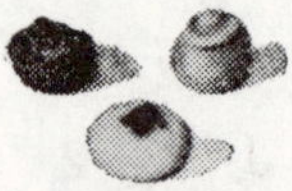

* فُنْدُق : نُزُل — Hotel; inn.
٥ فَنار : منارة — Light-house.

(فنس) فانوس — Lantern.

— سِحْري — Magic lantern.
— زيني — Japanese lantern.

— السيارة الخلفي — Tail-light.
— السيارة الامامي — (Motor) head-light.
* فِنْطاس : حوض — Tank; water-tank.
* فِنْطيس : افطس الانف — Snub-nose.
فِنْطيسة الخنزير : خطم — Snout of swine.

٥ فُونُغراف : حاكٍ — Phonograph; gramophone.

اسطوانة الـ — Phonograph disc, or cylinder.

طبلة الـ — Sound-box.
٥ فَنَلَّة : نسيج صوفي . شعار — Flannel.
— قطن — Flannelette.
* فَنَّنَ : خلط — To mix; confuse; shuffle; mingle.
— : نوّع — To diversify; give variety to.
تفنّن (في الحديث مثلاً) — To speak on various topics.
△ — : اخترع — To invent; devise.
فَنّ : نوع — Variety; kind.
— : عِلم عملي — Art; science.
— : صناعة شريفة — Profession.
— التمثيل — The (theatrical) profession.
الفنون الجميلة — The fine arts.

فَنّي : مختص بالفن — Professional.
— : اصطلاحي — Technical.
فَنّيّة (الجمع فنّيّات) : عِبارة فنّيّة — Technicality.
فنّان : مُفَنّ — Artist.
— : حِمار الزرد — Zebra.

أفانين الكلام — Diversities of speech.
فَنَن (جمعها أفنان) : غصن — Branch; twig.
مُفَنّ . مُتَفَنِّن : مستنبط — Ingenious; deviser; contriver.
* فَنَى . فَنِيَ : بادَ — To perish; be annihilated.
أفنى : اباد — To destroy; annihilate; extirpate.
— : استنفد — To consume; exhaust.
فَناء : هلاك — Perishability; perishableness; annihilation; destruction.
— : انتهاء . نَفاد — Exhaustion.
— : زوال — Extinction; termination.
— : ضد بقاء — Evanescence.
— : موت — Mortality.
فِناء الدار — Courtyard.
فانٍ : يفنى . ينتهي — Perishable.
— : مُضمحِلّ . مُتلاشٍ — Vanishing.
— : زائل — Evanescent; transient.
— : مائت — Mortal.
— : هَرِم — Decrepit; time-worn.
لا يفنى: لايتلاشى اويزول — Unperishable; unperishing.
لا يفنى : لا ينفد او ينتهي — Inexhaustible.
△ فنيار : شمعدان كبير — Chandelabrum.

٥ فنيك : حامض كربوليك — Phenol; carbolic acid.
* فَهْد : حيوان ضارٍ — Cheetah; hunting leopard.

* فَهْرَسَ الكتاب — To index a book.
فِهْرِس : دليل الكتاب — Index; table of contents.
— : بيان . قائمة ٥ كتالوج — Catalogue; list.

*فَهْقَة : اول الفقار. حاملة الرأس — Atlas.

فهقة : فهكة — Globle-fish; puffer; ↔ balloon-fish.

*فَهِمَ : ادركَ — To understand; comprehend; realise.

— : عرفَ — To know; make out.

فهَّمَ . أفهَمَ — To make one understand.

تفهَّمَ الامرَ — To understand by degrees.

تفاهموا — To understand each other.

— على امر — To come to a mutual understanding.

△انْفَهَمَ . فُهِمَ — To be understood.

إستَفْهَمَ منه عن — To inquire (*of* a person *about* a matter.)

فَهْم : ادراك — Understanding; comprehension.

— : ذكاء — Intelligence; sagacity.

سوء الفهم — Misapprehension.

فَهِيم — Intelligent; sagacious.

تَفاهُم — Mutual understanding.

حُسْن التفاهم — Good understanding; accord.

سوء التفاهم — Misunderstanding.

إستفهام — Inquiry, *or* act of inquiring.

علامة الـ (؟) — Query; interrogation point.

اسم الـ (في النحو) — Interrogative pronoun.

استفهامي — Interrogatory.

مَفْهوم . فَهِم — Understood.

— . يُفهَم : سهل الفهم — Understandable; comprehensible; intelligible.

— ضِمناً — Implied; implicit.

غير — : لا يمكن فهمه — Incomprehensible.

*فؤاد (في فأد) *فواق (في فوق)

*فَوْت . فَوات . مضِيّ — Passing; lapse.

— . — : ضياع — Missing; losing; loss.

فُوَيت : منفرد برأيه — Eccentric.

فَاتَ : مضى . انتهى — To pass away; come to an end; be over.

— : مرَّ — To pass; go by.

— : جاوز . تخطى — To exceed; go beyond; overstep.

— : سبق — To outstrip; leave behind.

△— : ترك — To leave.

△— : تنازل عن . ترك — To waive; forgo (*past.* forwent); give up; renounce.

△— على : زارَ زيارة قصيرة — To look in.

ـــه ان يفعل كذا — He missed doing....

ـــهُ القطار — He missed the train.

ـــهُ ان يذكر — He omitted to mention...

ـــتهُ الفرصة — He missed an opportunity.

△والذي فات مات — Let bygones be bygones.

△فَوَّتَ . أفَاتَ : امرَّ — To pass; cause, *or* enable, to pass.

△— . — : اضاع — To cause to miss.

تفاوتَ الشيئان — To differ; be dissimilar.

إفتاتَ : اختلق — To fabricate; trump up.

تَفاوُت : اختلاف — Difference; dissimilarity.

△فايِت : مارّ . عابر — Passing; transient.

△— : زائل — Transitory; passing away.

△— : منتن قليلاً — High; slightly tainted.

△على الـ : بلا تدقيق — Cursorily; carelessly.

○فُوتوغرافية (انظر فُتغرافيا) — Photography.

*فَوْج : جماعة — Crowd; group.

أفواجاً — In crowds; in shoals.

*فوحَان . فَوْحَة : انتشار الرائحة — An exhalation of odour; emanation.

فَاحَ الزهرُ : انتشرت رائحته — To diffuse its odour.

ـــت الرائحة : انتشرت — To emanate; be diffused.

△مفوِّح : منتن قليلاً — High; slightly tainted.

*فور . فوران : غَلَيان — Boiling over; ebullition.

— . — : جيَشان — Effervescence.

من فَوْرِه.على الفور — Immediately; directly; forthwith; promptly.

△فَوْراً: حالاً — At once.

△فوراً:نَقْداً — Cash down; prompt payment.

فَوْرِيّ: سريع — Immediate; instant.

فَوْرَة دَمِ — Bloodstroke.

— مالية — Boom (or inflation.)

فَارَ: غَلَى وجاشَ — To boil over.

— : جاش — To effervesce; bubble and hiss.

— الماء من النبع — To well forth; flow; spring.

— فائِرُه — To fly into a passion; flare up.

△فَوَّرَ.أفَارَ:جعله يفور — To (make water) boil.

△ — الدمَ — To make one's blood boil; stir one's blood.

ولما — دمُهُ — His blood being up.

△ — الخادمَ : سرّحه — To fire an employee.

فَارْ.فَأرْ(راجع فأر) — Mouse.

فار الجَبَل: △مَرْموط — Marmot.

— الخَيل — Polecat.

— الغَيط (انظر فأر) — Field mouse.

لعب الـ في عبّه : توجّس — To smell a rat.

فائِر: جائش بالغليان — Ebullient; boiling up, or over.

— : جائش — Effervescing.

فوَّار.يَفور:يجيش — Effervescent; fizzy; frothy.

مَشروبات فَوّارة — Fizzy, or frothy, drinks.

فَوّارَة ٢:△نوفرة — Fountain; jet d'eau.

△فورشة (في فرش)○فورشينة(في فرش)○فورمه(في فرم)

○فَوْريقة: مصنع — Manufactory; factory.

△فَوْز: ظَفَر — Triumph; victory.

— : نجاح — Success.

— : نجاة — Escape.

فَازَ بِه : ظفر به — To triumph over; gain a victory over.

— به : ناله — To win; obtain; gain.

— من المكروه : نجا — To escape.

فَائِزٌ : ظافِر — Triumphant; victorious.

— : ناجح — Successful.

مَفازَة : فلاة لا ماء فيها. — Waterless plain; desert.

○فُوسْفات: فسْفاة. فوصفاة — Phosphate.

○ فوصفور : (راجع فصفور) — Phosphorus.

☀فَوَّض اعطاه تفويضاً — To authorise; give full power to; delegate; empower.

— اليه : وَكل اليه — To commit, or consign, to.

فاوَضَ في الامر — To discuss a matter with; negotiate with.

تفاوضوا — To negotiate, (they negotiated).

فَوْضَوِيّ: اشتراكي متطرف — Anarchist.

فَوْضَوِيَّة — Anarchism, or anarchy.

فَوْضَى:ضد نظام — Anarchy; chaos; misrule; confusion; disorder.

— : بلا نظام — Chaotic; anarchic.

(اموالهم) — بينهم : مشتركة — In common; in joint use; public.

تَفْويض — Authorisation; warrant; proxy; procuration.

— شرعي او رسمى — Power of attorney.

— مُطلق — Full power; free-hand.

مُطلق الـ — Having full power.

مُفاوَضَة : مخابرة . مداولة — Negotiation.

مفوّض :وكيل مطلق التصرّف — Proxy; plenipotentiary; envoy with authority to act at his own discretion.

مفوضيه — Legation.

☀فُوطَة الايدي — Napkin; serviette.

— الوجه : قطيلة — Towel.

— الحمّام :△بَشكير — Bath towel.

— صحون — Dish-cloth.

— المدرسة (للبنات) — Pinafore.

— لوقاية الثياب — Apron; overall.

☀فَوْعَة . فُوغَة : فَغوة . فوحة . رائحة طيبة — Fragrance; aroma.

☀فُوف . فُوْفَة : قِشْرة — Pellicle; membrane; thin skin or film.

فُوفَة ٢:نُقْطة بيضاء على الظفر — Gift; white spot on nail.

*فَوْق : ضدّ تحت — Up; above.
— : على — On; upon.
— : ازيد او اكثر من — Above; more than.
— : افضل من — Superior to; above.
— : زيادة على — On top of; in addition to.
— الكل : يفوقهم — Above all.
— الريح: غلاوتها (راجع ريح في روح) — Windward.
— العادة — Extraordinary.
— الطاقة او الاحتمال — Past all bearing.
— الطبيعة — Supernatural.
فما — . — Upwards; and more.
فَوَّقَ على : فضَّل — To prefer to; give preference to.
△ — : اصحى من نوم — To waken; wake up; awake; rouse.
△ — : اصحى من اغماء — To bring to; rouse.
△ —ـه الى الأمر : ذكَّر — To remind of.
فاقَ : علا — To surpass; excel.
— : كان ابرع من — To be more proficient.
— : رجحَ على — To outweigh; outbalance
— : زاد عن — To exceed.
— : سَما . علا — To transcend.
— بنفسهِ : ماتَ — To die; expire.
△ — الى الأمر : تذكَّرَهُ — To remember.
— . تَفَوَّقَ على — To surpass; excel.
— فُواقاً : △ حزَّقَ △ زغّط — To hiccough.
—هم عدداً — To outnumber; exceed in number.
أفاقَ . إستَفاقَ من نوم — To awake; awaken; be awake.
— . — : انتبه — To waken; be aware.
— . — من مرض — To recover; get well; regain health.
— . — من اغماء — To come to; recover consciousness.
فَوْق ٢ . فَوَاق — Surpassing; outweighing.
فُواق ٢ : △ زغطه △ حزّوقه — Hiccough.
— الموت — Last gasps of a dying person.

فَوْقاني : ضدّ تحتاني — Upper; higher; superior.
△ — تحتاني : رأساً على عقب — Upside down; topsy-turvy.
فاقَة : حاجة — Indigence; want; poverty.
فائق — Surpassing; excellent; exceeding others.
— الحدّ — Boundless; illimitable.
— الحصْر — Unlimited; immeasurable.
— الطبيعة — Supernatural.
— الوصْف — Beyond description.
△ — . مُفِيق . مُستفيق — Awake; conscious.
إفاقَة — Awakening, *or* recovering of one's senses.
تفوُّق: سمُوّ — Superiority; excellence; ascendancy; pre-eminence.
— : مهارة . بَراعة — Proficiency; mastery.
متفوِّق : غالب — Ascendant; predominant.
— : بارع — Proficient; skilled.

*فُول — Beans; field-beans; horse-beans.
— بَلَدي (مصري) — Black Egyptian beans.
— رومي — Broad beans.
— سوداني — Peanut; groundnut; monkey-nut.
△ فهم الفولة : ادرك السرّ — To know beans.
كأنهما فولة وانقسمت — As like as two peas.
فَوَّال : بائع الفول — Bean seller.

* فولاذ (في فلذ) — Steel.
٥ فُولْتِير : فيلسوف فرنسي شهير — Voltaire (François).
٥ فونوغراف: فُنغراف (انظر فنغراف) — Phonograph.
△ فُونية السلاح الناري : فالية — Touch-hole; nipple.
*فُوه . فاه . فِيه : فم — Mouth.
فُوَّة . فُوه : عروق الصبَّاغين — Madder root.

فُوهَة . فُوَّهَة : فتحه — Mouth; orifice; opening.
— . — البركان — Crater; mouth of a volcano.
فَوْهَة ٣ الناس : حصائد الألسنة . قيلة — Calumny; slander.

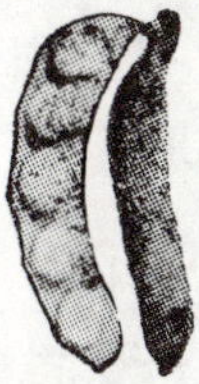

فَاهَ . تفوَّهَ بكلمة — To utter, or pronounce, a word.

—— : تكلَّمَ — To speak; say.

أفْوَاه . جمع أفاوِيَة : توابل — Aromatic spice.

مُفَوَّه : بليغ — Eloquent (speaker.).

شراب —— : مطيَّب بالافاوية — Mulled wine; spiced drink.

٥فُويَة . بطانة الحجارة الكريمة (خصوصاً الماس) — Foil.

*في : حرف جرّ (اذا كان للظرفيّة) ١ — In; at; under.

— : بمعنى عند ٢ (للتوقيت) — At.

— : بمعنى لأجل او بسبب ٣ — For.

— : بمعنى بالنسبة الى ٤ او امام ٥ (للمعارضة) — To.

— : بمعنى على ٦ (للاستعلاء) — On; upon.

— : بمعنى بين ٧ — Among; amongst.

— : بمعنى في اثناء ٨ — During.

— : بمعنى عن او بخصوص ٩ — On; about.

— (في الحساب كقولك) ٥ في ١٠ — 5 times 10; five tens are fifty.

— (في القياس كقولك) خمسة امتار في عشرة — 5 metres by 10.

*فَيَّأَ الشجرُ : ظلَّل — To shade; give shade.

تفيَّأَ الشجرةَ : استظلَّ بها — To shade oneself under a tree.

فَيْء : ظِلّ — Shade.

* ١ طائر في قفص — A bird *in* a cage.
« رأيته في البيت — I saw him *in* the house.
« قابلته في السوق — I met him *at* the market.
« في حالات متشابهة — *Under* analogous conditions.
٢ قمت في طلوع الشمس — I got up *at* sunrise.
٣ عوقب في ذنبه — He was punished *for* his crime.
٤ لست شيئاً فيه — I am nothing *to* him.
٥ قلت له ذلك في وجهه — I told him so *to* his face.
٦ قابلته في الطريق — I met him *on* the road.
« السرطان في ازدياد — Cancer is *on* the increase.
« ارتفع في الهواء — To rise *into* the air.
« الاثمان في الارتفاع — Prices are *on* the rise.
٧ ليس فيهم احد — There is no one *among* them.
٨ في حياتي — *During*, or *in*, my life.
٩ تكلم في الموضوع — He spoke *on*, or *about*, the subject.
« جنون في امر واحد — Insanity *on* one subjet.

٥فِيبَة : ابزيم — Clasp; fibula.

٥فيتون — ←Phaeton.

٥فيثاغورس : رياضي الاغريق الشهير — ←Pythagoras.

*فَيَّحَ : بدَّدَ . شتَّتَ — To scatter; dissipate; squander.

فَيْح : سعة وانتشار — Vastness.

فَيْحاء : واسعة — Vast; broad; extensive.

فَاحَ : اتَّسع وانتشر — To diffuse; expand; spread out.

△ —ت الرائحة : انتشرت — To emanate (as heavy odours.)

(فيد) فادَت له فائدة : حصلت — To receive a benefit; to accrue to.

أفادَ : نفع — To benefit; help; turn to good account; serve; do good to.

— : دلَّ على . عنى — To denote; signify.

— : عرَّف . اخبر — To inform; advise.

△ استَفَادَ من — To profit *or* benefit by.

— △ — : ربح — To profit; receive profit.

فَائِدة : منفعة — Interest; advantage; good.

— : نَفْع — Utility; usefulness.

— : طائل — Use; avail.

— : ثَمَرة — Fruit; advantage; benefit.

— : ربح — Profit; gain; benefit.

— المالِ — Interest (on money); premium.

— بسيطة — Simple interest.

— مركَّبة — Compound interest.

لـ — فلان — In the interest of; in behalf of.

عديم الـ — Useless; of no use.

إفادَة : نَفْع — Bestowal of benefit.

△ — : خطاب . رسالة — Letter; message; favor.

مَفَادُ الكلام — Meaning; import; significance.

مُفِيد : نافع — Useful; advantageous; serviceable; beneficial.

— : مُربِح — Profitable; advantageous.

مُستَفيد : منتفع — Beneficiary.

*فَيْرُوز . فَيْرُوزَج : حجَر كريم — Turquoise.
فيرُوزي (لون) — Turquoise blue.
○ فَيْرُوس: سُمّ نوعي — Virus.
فيروسي : سامّ — Virose; virous.
*فَيْش : طَرمذَة — Bragging; big, *or* tall, talk.

△فاش° : قَمل الطيور — Bird's vermin; bird louse.
△فِيشَة الـكهربا — ←Adapter; electric plug.
— العاب القِمار — Chip; marker; counter.

— : سكة للتعامل الخاص — Token.
— المفاتيح — ←Key-tab.
*فيصل (في فصل) — Umpire.
*فَيْض : كثرة . وفرة — Abundance; great plenty; exuberance.
— : كثير — Abundant; plentiful.
— . فَيضان : طوفان — Inundation; a flood; an overflowing.
فَيضانُ ٢ النهر — Flood; rising of a river.
فَيَّاض : وافر — Abundant; plentiful; overflowing.
— : جَـوَّاد — Bountiful; munificent.
فاش : انتفش وفار — To swell out; bulge.
فاض : امتلأ وطفح — To overflow; run over.
— : كثر — To abound; be abundant.
— النهرُ على المكان — To flood; inundate (a place).
— الخبرُ : شاعَ — To be spread abroad.
— بمكنون صدره — To unbosom oneself; open one's heart.
△ — : زاد — To be excessive; be in excess.
△ — : بقي — To remain; be left.
—ت° كأسهُ — His cup runs over.
—ت روحه او نفسه — To give up the ghost.
أفاضَ الدمعَ : سكبهُ — To shed tears.
— الماء : صبَّهُ — To pour water.
— الاناء : طفّحه — To fill to overflowing.
— بكلمة — To utter, *or* say, a word.
— في الحديث — To speak profusely; dwell on.

إستَفاضَ : شاع وانتشر — To be spread out.
فائِض : جارٍ — Flowing; running.
— : وافر . كثير — Abundant; plentiful; overflowing.

△ — : مفرط — Excessive; more than enough.
△ — المفتاح : قصبته — ←Shank of key.
△ — : زائد عن الحاجة — Spare (money, clothes, etc.)
*فَيْظ : موْت — Death; extinction of life.
فاظَ : ماتَ — To die; expire.
△فايظ : فائدة المال — Interest (on money).
△فايِظْجي — Money-lender.
*فيف: جمعها فيافٍ (راجع مهمه) — Realm; domain.
○فيكونت — Viscount.
فيكونتَه △فيكونتسَّه — Viscountess.

*فِيْل : حيوان ضَخْم — Elephant.
— الشطرنج — Bishop.
الـ المنقرض : محمود — Mammoth.
— البحر : فظّ (انظر فظظ) — Walrus.
داء الـ — Elephantiasis.
داء الـ العربي — Barbadoes leg.
سِنّ الـ : عاج — Ivory.
فَيَّال : صاحب الفيل — Elephanteer.
○ فِيلّا ○ فِيلَّة (الجمع فِيلّات) — Villa; detached suburban house.

*فَيْلَجَة الدودة : شرنقة — ←Cocoon.
*فَيْلَسُوف (راجع فلسف) — Philosopher.
*فَيْلق (فى فلق) — Army corps.
○ فيلم (فى فلم)

○ فِيلوسيبيد — ←Velociped.
○فيلولوجيا : علم اللغة (او فقه اللغة) — Philology.
*فَيْنة : حين وساعة — Time.
بين الـ والفَينة — From time to time.
*فِيه : فم (في فوه) — Mouth.

△فِيَة . فِيئَة (في فأي) — Rate; price.
△فيونكَة : أُربة — ←Bow.

(ق)

*قاء (في قيأ) △ قائمقام *قائمة (في قوم) *قابُ (في قوب)
*قابل *قابلية (في قبل) *قات (في قوت) *قاحَ (في قيح)
*قاد (في قود) *قادوس (في قدس) *قادوم (في قدم)
*قارَ (في قور) *قارُ (في قير) *قارّة *قارورة (في قرر)
*قارية (في قرى) *قاسَ (في قيس) *قاسٍ (في قسو)
*قاشاني (في قيشاني) *قاصّ (في قصص) *قاصٍ (في قصو)
○قاصون (والجمع قواصين) : جهاز العمل تحت سطح الماء — Diving-bell.
*قاضٍ *قاضى (في قضى) *قاعٌ *قاعة (في قوع)
*قافلة (في قفل) *قافية (في قفو) *قاق (في قوق)
*قاقلّة (في قفل) *قاقم (في قفم) *قالَ (في قول وقيل)
*قالب (في قلب) *قالوش (في قلش) *قامَ (في قوم)
*قامر (في قمر) *قامة (في قوم) *قاموس (في قمس)
*قانٍ (في قنو) *قانون (في قنن) *قاوم (في قوم)
*قاوند (في قند) *قاووق (في قوق) *قاوون (في قون)
*قايش (في قوش) *قايض (في قيض) *قاين (في قين)
*قبّ (في قبب) *قبا (في قبو) — Vault.

*قَبَّبَ . قَبَّ : بَنى قُبَّةً — To build a dome.
— : حدَّبَ — To make convex.
قبَّ ٢ : ارتفع — To rise; bulge.
— . اقتبَّ : قطع — To amputate; cut off.

قَبُّ الدولاب (العجلة) : وسطه ← Hub; nave.
— الدولاب : الثقب يجري فيه المحور — Axle box.
— الميزان : القائمة التي تعلق بها كفّتاه — Beam, or lever, of a balance.
— الميزان : ذراعه المدرّج — Scalebeam.
قِبّ : اصل الذَنَب — Coccyx.
قَبّان (في قبن) — Steelyard.

قُبّة : سقف مستدير مقعّر — Dome.
— الاسلام : مدينة البصرة — Basra; Bassora.
— الشهادة : خيمة الاجتماع (عند اليهود) — Tabernacle.

— الجرس ← Belfry.
الـ — الزرقاء — The canopy of heaven; the sky; the blue.

△ قَبَّة الثوب : طوقه — Neck-band; collar.
مُقَبَّب : له قُبَّة — Domed; furnished with a dome.
— : محدّب — Convex.

*قَبَج : طائر كالحجل ← Partridge.
*قَبُحَ : كان قبيحاً — To be ugly.
قَبَّحَ : صيَّرهُ قبيحاً — To render ugly; disfigure.
— عليه فعلهُ — To censure; find fault with.
△ — عليه : تسافه — To insult; abuse.
إستقبح : عدّه قبيحاً — To regard as ugly.
— : ضد استحسن — To disapprove of; dislike.
قُبْح . قَباحَة ١ — Ugliness.
قُبْحاً لهُ — Fie on him!
قَبيح : ضدّ حسن — Ugly; repulsive.
— المنظر — Bad looking.
— : شائن — Disgraceful; infamous; vile.
— : بذيء — Obscene; foul; indecent.
△ — : سفيه — Insolent.
△ قباحة ٢ : سفاهة — Insolence.
قَبيحة : عمل قبيح — Abomination; a hateful, *or* shameful, vice.
*قَبَرَ : دفن — To bury; inter; entomb.
قَبْر : مدفن — Grave; tomb; sepulchre.
— رمزي : مَزار (كقبر الجندي المجهول) — Cenotaph; monument to one who is buried elsewhere.
— : دَفْن — Burial; interment.

قُبَّرة . قُنْبُرة : طائر ← Lark; sky-lark.
قَبْرِيَّة : عبارة مكتوبة على ضريح — Epitaph; memorial inscription on tomb.
مَقْبَر . مَقْبَرَة — Cemetery; graveyard.
*قُبرُس : جزيرة في بحر الروم — Cyprus.
قُبرُسيّ — **Cypriot; Cyprian.**

*قَبَسَ . اِقْتَبَسَ منه النار — To obtain fire (from)
— . — الحمّى — To catch fever (from.)
— . — العلم — To learn; receive instruction; acquire knowledge.
اقتبس ٢ عبارةً : نقلها — To quote; cite; excerpt.
قِبْس : اصل — Source; origin.
قَبَس . مِقْبَاس : جذوة — Brand; firebrand; live coal.
إقتباس — Quotation; citation.
علامة الـ (هذه [« »]) — Quotation mark.
*قَبَصَ : تناوَل بأطراف الأصابع — To pinch; take a pinch.
قُبْصَة نشوق مثلاً — A pinch of snuff, etc.
*قَبَضَ الشيء وعليه وبه — To grasp; hold; take hold of.
— . قبَّضَ : قلّص — To contract; constringe; draw together.
— البطنَ — To constipate.
— الصدْرَ — To depress (the spirits of.)
— المالَ — To cash; receive money.
— عليه . القى القبض — To arrest; seize; capture.
— عن الشيء : امتنع عن امساكه — To let go; release.
قبَّض ٢ المالَ فلاناً — To pay (into another's hand.)
تَقَبَّضَ . اِنْقَبَضَ : تقلّص — To contract; shrink.
— . — البطنُ — To be constipated.
انقبض ٢ صدرهُ — To be dispirited, *or* feel depressed.
— المالُ — To be cashed, *or* received.
قَبْض : مَسْك — Grasping; holding.
— : تَقلُّص — Contraction; shrinking.
— البطن : امساك — Constipation.
— المال — Receiving; receipt; cashing.
يوم الـ . (قَبْض الاجور) — Pay day.
قُبْضَة : مَسْكة — Hold; grasp.

— : مِلء الكفّ — Handful.
— اليد : جمع اليد — Fist.

قَبْضَة ٢ . مِقْبَض — Handle.
— و— السيف والخنجر — Hilt; haft.
— . — المحراث : الجزء الذي يمسكه الحراث — Plough-tail.
في قبضتهِ : في ملكه — In one's possession.
في قبضة يده : تحت سلطته — Under one's thumb.
قابض : مُتسلّم — Receiver; recipient.
— على : ماسِك — Holding; grasping.
— . دواء قابض — Astringent.
— : يمسك البطن — Constipating.
— الارواح — The Angel of Death; Azrael.
إنقباض : تقلّص — Contraction; shrinking.
— البطن — Constipation.
— الصدر — Depression; gloom.

مَقْبِض ٢ . مِقْبَض : قَبضة — Handle.
مُنْقَبِض . مُتَقَبِّض — Contracted; drawn together.
— الصدر △ مقبوض — Depressed; melancholic.
مَقْبُوض ٢ : مستلَم — Received; taken possession of.
— عليه — Arrested; under arrest.
*قَبَّطَ وجهه : قطّبَ — To frown; knit one's brow.
قُبْط . أَقْبَاط : نصارى مصر — Copts.
قِبْطيّ : واحد الاقباط — A copt.
— : منسوب الى الاقباط (او اللغة القبطية) — Coptic.

قُبُّوط : جُنْدُب — Grasshopper.
°قُبْطان . قَبْطان — Captain.
*قَبَعَ الخنزير والفيلُ : صوّتَ — To grunt.
— الرجلُ : صاح — To yell; shout.
— القنفذُ وأمثاله — To crouch; be huddled up.
— في بيته او مكانه — To keep to a place.
— ٢ : نزع . قلع — To extract; pull out.
△— : جرع — To gulp; quaff.
قُبَّعُ البنّاء : فأسه الصغيرة — Scabbling hammer.
قُبْعَة : بوق — Trumpet *or* bugle.

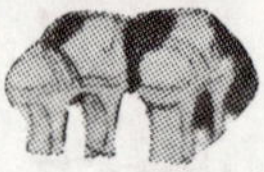

قُبَّعَة : بُرنيطة (انظر برنيطة) Hat.
بائع او صانع القبعات للرجال Hatter.
« « « للنساء Milliner.

قُبَاع : قنفذ Hedgehog.

*قَبْقَاب : حذاء خشبي Wooden clogs.
△ — الفرملة : اباضة (انظر ابض) Brake-shoe *or* ski.

— الزحلقة او التزلج Skates; roller skates; ski.
△ قَبْقَبَ : انتفخ وارتفع To bulge.
* قَبِلَ . تَقَبَّلَ : اخذ To accept; receive.
— الكلام : صدّقه To accept; believe.
— الامرَ : رضي به To accept; agree to.
— الامرَ والكلام : اذعن له To obey; yield to.
— . قَبَلَ : ضمن To guarantee; vouch, *or* be surety, for.
قَبَلَ ٢ . أَقْبَلَ الوقت To approach; draw near.
اقبلَ ٢ اليه : اتى To come to.
— على الامر To embark; enter on; engage in.
— المحصولُ : كثر To be abundant (crop).
—ت الارضُ To yield abundant crop.
—ت عليه الدنيا To prosper; be favourable to.
قَبَّلَ : باس To kiss.
△ — : سارَ جنوباً To go southwards.
قَابَلَ : واجهَ To encounter; confront; face
— : كان امامه To be in front of; opposite to.
— : لاقى To meet.
— كذا بكذا. عارضه به ليرى وجه التماثل او التخالف بينهما To compare one thing with another; collate.
— الفعلَ بمثله To return the like for; pay in one's own coin.
— الشرَّ بالشر To return evil for evil.
إقْتَبَلَ : رجع من شرّ الى خير . أعقبَ To turn over a new leaf.
تَقَبَّلَ : اخذ To accept; receive.
— : استجاب To grant *or* hear (a prayer).

تقابل الرجلان To meet; (They met).
إسْتَقْبَلَ : لاقى To receive; meet.
— : واجه To face; confront.
قَبْلَ كذا : ضدّ بعده Before, previous to.
— ذلك . قَبْلَئِذٍ Previously.
من — . قَبْلاً : سابقاً Heretofore; formerly.
من ذي — . ..... than before.
تابع ما قبله (في الحساب) Brought forward.
قِبَل : مقدرة . طاقة Power; ability.
لي — دين He owes me a debt.
اتاني من — ابني He came from my son.
قُبُل : ضدّ مؤخّر Front; forepart.
قَبَل : حَوَل متقارب Convergent strabismus; squinting.
قُبْلة : بوسة A kiss.
قِبْلة المُصَلّي *Kiblah*; prayer niche; the point toward which Mohammedans turn their faces in prayer.

— الانظار Polestar; centre of attraction.
— : مشكاة Niche.
△ قِبْلِيّ : جهة الجنوب South.
△ — : جنوبي Southern.
△ الوجهُ الـ — : صعيد مصر Upper Egypt.
قُبالةَ : تجاه Before; in front of; opposite to.
قَبالة : مسئولية Responsibility; liability.
— : عقد . اتفاق Contract; agreement.
قِبالة : صناعة التوليد Midwifery; obstetrics.
قُبول : ضدّ رفض Acceptance; admittance.
— : رضى Consent; approval; acquiescence.
— : اخذ Receiving; reception.
— : استعداد Disposition; tendency.
— : ترحاب Welcome; kindly reception.
— : اقبال . يُسْر Prosperity; welfare.

قَبيل : ضامن — Guarantor: bailor.
من — كذا — By way of.
من هذا الـ : مثل هذا — Like that.
من هذا الـ (الخصوص) — With respect to this.
قَبيلة : عشيرة — Tribe.
— (في تصنيف الاحياء) — Phylum.
قَبيليّ : عَشيري — Tribal.
قَابِل : ضدّ رافض — Accepting; accepter.
— : قادم . آتٍ — Coming ; next.
— ان يكون او يصير — Capable of being *or* becoming; liable to be *or* become.
— لكذا : عرْضة له — Subject *or* disposed to.
— : مولِّد — Obstetrician; accoucheur.
— ٥ قابلة : وِعاء — Receptacle.
قابلة ٢ : مولِّدة △ داية — Midwife; accoucheuse.
قابليَّة : استعداد — Disposition; liability; tendency.
— : ميْل — Aptitude; tendency.
— : شهيَّة — Appetite.
— التأثُّر — Susceptibility; sensitivity.
إقْبال : مَجيء — Arrival; coming; advent.
— : اقتراب — Approach.
— : يُسْر — Prosperity; welfare; weal.
— : رواج . طَلَب — Good demand.
عليه — : رائج . مطلوب — In demand; sought after.
أقبالاً وادباراً : جيئةً وذهوباً — To and fro.
إسْتقبال : لقاء — Reception.
— : مقابلة بين جرمين سماويين — Opposition.
— الاعتدالين : مبادرة — Precession of the equinoxes.
— : مستقبل . غير الماضي والحاضر — The future.
غُرفة الـ — Reception, *or* drawing, room.
يوم الـ — Reception day; at home day.
مُقْبِل : قادم . آتٍ — Coming; arriving; next.
الشهر الـ — Next, *or* ensuing, month; prox.

مَقْبُول : قُبِلَ — Accepted.
— : يُقبَل — Acceptable.
— : مرضٍ — Agreeable; pleasant.
— : معقول — Reasonable.
عُذْر — — Plausible, *or* specious, pretext.
مُقابِل : امام . تجاه — In front of; opposite to.
— : بَدَل — Instead; in place, *or* lieu, of.
— : عِوَض — Return; requital.
— الوفاء (في الحقوق) — Provision.
في — ذلك — In return.
مُقابَلة : ملاقاة — Meeting.
— : معارضة — Comparison; collation.
تشريح الـ — Zootomy.
مُقْتَبِل الشباب — Prime of youth.
مُسْتَقْبَل : واجهة — Front; front part.
مُسْتَقْبَل : الزمنُ بعد الحاضر — The future.
٥قَبَّنَ : وزنَ بالقبّان — To weigh with a steelyard.
△ — : وزن باليد — To ponder; weigh in hand.

قَبَّان : ميزان القبَّاني — Steelyard.
قِبانَة : اجرة الوزن — Weighing charges.
— : عمل القبّانيّ — The trade of a weigher.
قَبَّانيّ . مُقَبِّن — Public weigher; one whose business it is to verify the weight of...; weighmaster.
٥قبّة (في قبب) — Dome.
٥قَبْو : سقف معقود البناء — Vault; an arched ceiling (*or* apartment).

△قَبْوة : قَبْو صغير — A small vault.
قَبَا السقفَ : عقده — To vault a ceiling.
— : قوَّس — To arch; curve; bend.
قَباء : ثوب خارجيّ — An outer garment.
قَباء : مسافة . قاب . مقدار — Distance; space.

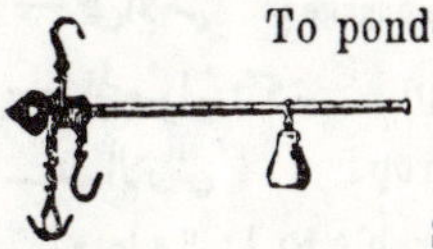

*قَتَبٌ . قِتْبٌ : رَحْل الدابَّة — Pack-saddle.

△ — : حدبة الظهر — Hunch; hump.

△مقوتب : احدب — Hunchbacked.

*قَتَّتَ : قتّ الكلامَ — To interpret falsely.

قَتَّ ٢ : كذب — To tell a falsehood.

— : قلل — To diminish; lessen.

إقتتَّ : استأصل — To uproot; eradicate.

قَتَّات : واشٍ — Slanderer; calumniator.

قَثَّة : قِثاء . فَقّوس — Snake cucumber.

*قَتَدَ القَتادَ — To break the thorns.

قَتاد : نبات له شوك صلب — Thorn-bush.

*قَتَرَ وقتَّرَ وأَقْتَرَ على عياله — To be parsimonious to one's family.

أَقْتَرَ ٢ : قلّ ماله — To be reduced to poverty.

قَتْر . تَقْتير — Parsimony; illiberality; stinginess; stint.

قَتِير : △ مسمار بطاسة — Stud.

قاتِر . مُقْتِر — Parsimonious; miserly; stingy.

*قَتَلَ : امات — To kill; deprive of life.

— : اعدم — To put to death; kill.

— : فَتَكَ به — To murder; assassinate.

— الجوعَ والبردَ (مثلاً) — To abate, or mitigate, (the violence of hunger.)

— الخمرة : مزجها بماء — To dilute, or deaden, wine.

— الوقتَ — To kill, or while away, time.

— نفسه : انتحر — To commit suicide.

قاتَلَ فلاناً — To fight (*with* or *against*.)

قاتله اللهُ — May God curse him!

تقاتلوا . إقْتَتَلوا — To fight; combat (with one another.)

إستقتَلَ : عرض نفسه للموت — To endanger, or stake, one's life.

— (في العراك مثلاً) — To fight desperately.

قَتْل : اعدام الحياة — Killing.

— : فَتْك . اغتيال — Assassination.

— عَمْد او عمدي — Murder.

— بلا تعمُّد (او خطأ) — Manslaughter.

— الذاتِ : انتحار — Suicide; self-murder.

— الاطفال — Infanticide; killing new-born infants.

— الملك — Regicide.

— الوالِد — Patricide; murder of one's father.

قِتْل : عدوّ لدود — A mortal enemy; foe.

قِتال : معركة — Fight; combat.

— : حَرْب — Battle; fight; war.

قَتّال . قَتُول — Deadly; lethal; fatal; mortal.

قَتِيل . مَقْتول — Killed.

قاتِل — Killer; one who kills.

— : مميت — Deadly; lethal; fatal; killing.

— : متعمِّد — Murderer; assassin.

— الحشرات — Insecticide.

مَقْتَل : عضو حيوي — Vital organ, *or* part, of the body.

مُقَتَّل : مجرَّب — Experienced; tried.

مُقْتَتَل : موضع الاقتتال — Battle-field.

مُقاتِل — Fighter; combatant; warrior.

مُستقتِل — Desperate.

*قَتَمَ الغبارُ : ارتفع — To rise (dust, smoke, etc.)

قَتَّمَ : △قتّم : △سوَّد — To darken; blacken.

إقْتَمَّ : اسودَّ — To be(come) dark-coloured.

قُتْمة . قَتَمة . قَتام : ظلام — Darkness; obscurity; dimness; gloom.

— . — . — : سَواد — Blackness.

قاتِم : مظلم — Dark; black; dim; obscure.

اسود — . — Pitch-black.

ظلام — . — Pitch-dark.

٭قَثَّ . إقْتَثَّ: استأصلَ — To uproot; pull out.

قُثَّاء: △قتّه . خيار حرش طويل — Snake cucumber.

مِقَثَّة: △طبطابة . مضرب كرة — Bat; battledore.

٥ قَثْطَرة: قسْطرة — Catheter.

٭قُحّ: صميم — Pure; real; genuine.

٭قَحَبَ: سعلَ — To cough.

قَحْبَة: فاجرة . بَغيّ — A whore; prostitute; harlot; strumpet.

٭قَحَطَ المطرُ: احتبس — To be withheld (rain).

— . قُحِطَ . أقْحَطَ العامُ — To be rainless *or* droughty.

△ قَحَطَ٢ △ قَحَّطَ: كشط — To scrape off.

قَحَطَ٢ النخلة: لقّحها — To fecundate (plants).

قَحْط: امتناع المطر — Drought; aridity.

—: جدب — Drought; scarcity.

—: مجاعة — Dearth; famine.

قَحْطِي — Droughty; barren.

— ع: اكول — Hearty eater; glutton.

٭قَحَفَ . إقْتَحَفَ ما في الاناء — To gulp; swallow up.

△ —: جحف . جرف — To sweep away.

قِحْفُ الرأس — Brainpan; skull; cranium.

قُحَاف: سيل جارف — Sweeping torrent.

٭قَحِلَ . قُحِلَ . تقحّلَ: يبس — To dry up; wither.

قَحَل . قُحُولَة: يبوسة — Dryness; aridity.

قَحِل . قاحِل — Dry; arid; droughty.

٭قَحَمَ في الامر: اندفع وتورط — To rush, *or* plunge, heedlessly into.

قَحَّمَ . أقْحَمَ في الامر: دفعه — To push, *or* hurl, into.

إقْتَحَمَ الامرَ والشيء — To rush upon.

— المكانَ — To rush, *or* break, into a place.

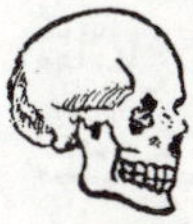

قُحْمَة: امر شاق — A difficulty; a fix.

—: تهلكة — Perilous adventure.

مِقْحَام: خوّاضُ الشدائد — Dashing; daring; adventurous.

٭قُحْوان . أقْحُوان — Daisy.

— . — اصفر: بابونج — Camomile.

٭قَدْ (كقولك «قد قامَ») — Already, *or* just now.

— (كقولك «قد يحضر اليوم») — May; might.

٭قَدَّ (في قدد) — To cut off.

٭قَدَحَ فيه: ذمّهُ — To decry; detract from; traduce; dispraise.

— في عرضِهِ — To slander; defame; scandalize.

— السوسُ في العظم او الشجر — To canker; decay; eat into.

— واقْتَدَحَ النارَ بالزند — To strike fire (with a flint.)

— . — شررًا — To emit sparks.

— . — القريحة — To cudgel one's brains.

قَدْح: ذَمّ — Dispraise; censure.

قَدَح: كأس — ←Glass; tumbler; drinking-cup; goblet.

— المُعَلَّى — A high hand.

قَدَّاح: قدّاحة — Flint; fire flint.

قَدَّاحة٢ . مِقْدَحة — Steel; a piece of steel for striking sparks from flint.

—: وَلّاعة السجاير — Cigarette lighter.

قُدَيْح: كِمّ الزهرة — Calyx. (*pl.* Calyces.)

قادحة: سُوسة القِدح — Canker-worm.

٭قَدَّ . قَدَّ . اقْتَدَّ: قطع مستأصلًا — To amputate; cut off.

— . — . —: قطع طولًا — To cut into strips; to shred.

— اللحمَ والسمك — To cure meat *or* fish.

قَدّ: قامة . قوام — Stature; figure.

—: قَدْر او حجم — Size.

△ — ايه: ما مقداره؟ — How much?

△ — ايه: ما عدده؟ — How many?

على قَدِّهِ: على مقداره — Equal to; of equal size, measure *or* number, to

على قَدِّهِ : على قياسه — It fits, *or* suits, him.

قِدّ : سَيْر من جلد — Strap; thong.

قِدّة : شريحة خشب او معدن . ∆ ورقة — Slat.

قُدّ : سمك القدّ — Codfish; ling.

قديد : لحم مقدّد (ومجفف) — Cured meat.

✲ قَدِرَ . اِقْتَدَرَ : استطاع — To be able; can; could.

— . — على : قوي — To have the power over, *or* the ability to do.

قَدَّرَ الله عليه الامرَ — To destine; doom to; decree for.

— : ثمَّنَ . عرف قيمته — To appraise.

— الثمن — To estimate; value.

— الضرائب وامثالها — To assess (taxes.)

— قيمة الشيء : عرفها — To appreciate.

— كذا بكذا : قاسه به — To compare with.

∆ — : حَسِبَ — To guess; reckon.

— . أَقْدَرَ على : مكّن — To enable empower.

لا — (سمح) الله — God forbid!

تَقَدَّرَ : تعيَّن — To be fixed; decreed (fate).

قَدْر : كميّة . مبلغ — Quantity; amount.

— : درجة — Degree.

— : قيمة — Value; worth.

— : مقام — Rank; degree; grade.

على — كذا : بالنسبة اليه — In proportion to.

على — كذا : يساويه — Equal to.

ليلة القدْر — The Night of the Decree.

قَدَر : قضاء الله — Predestination; fate and destiny.

بالقضاء والقدر — Accidentally; by act of God; by fate and accident.

قَدَريّ : يؤمن بالقضاء والقدر — Fatalist; predestinarian.

قدرية : المذهب القدري — Fatalism.

قِدْر : بُرمة الطبخ — Casserole; earthenware cooking-pot.

قَدَرة ∆ قِدْرة : وعاء فخّاري — Earthenware jug.

قُدْرَة : مَقْدِرة — Power; ability; strength.

قادِر : له قدرة — Able; capable.

— . قَدِير : قوي — Powerful; capable.

قَدِير ٢ : قادر على كل شيء — Almighty; omnipotent; all-powerful.

إقْتِدار : قوّة — Ability; capability; power.

— : كفاءة — Efficiency; capacity; aptitude.

— : غِنى — Wealth; opulence.

باقتدار — Ably; with great ability.

تَقْدِيرُ القيمةِ — Valuation; estimation.

— : تخمين — Conjecture; supposition.

— : فرض — Supposition; hypothesis.

— : رأي . نَظَر — Discretion; prudence.

— السوء : تشاؤم — Pessimism.

— الضرائب — Assessment of taxes.

يستحق الـ . — Meritorious.

تقديري — Estimative; discretional.

تقديراً : على سبيل الفرض — Hypothetically.

— لفضله (مثلاً) — In recognition of...

مُقَدَّر : مُضْمَر — Implied; implicit.

— عليه — Fated; destined; doomed.

— بكذا — Estimated at.

— . مَقْدُور — Ordained; decreed; predestinated.

مُقَدِّر : مقوّم — Valuer; estimator.

— : مثمّن ∆ متمناني — Appraiser.

— السوء : مُتَشائم — Pessimist.

مَقْدُرَة : استطاعة — Power; ability; capability.

مِقْدار : كميّة — Quantity; amount.

— : قياس — Measure; extent.

— عظيم — A great deal.

بمقدار ما : على قدر ما — A much as.

لمقدار كذا — To the extent of...

بهذا المقدار — To such a degree.

Able; capable; powerful. مُقْتَدِر : قويّ

Wealthy; opulent. — : غنيّ

A man of means. رجل —.

To be pure, or holy. *قَدُسَ : كان طاهراً او قديساً

To hallow; sanctify. قَدَّسَ : جعله مقدّساً

To consecrate; dedicate. — : كرّس

To glorify. — : مجّد

To canonize a deceased person. — الميتَ : جعله من القديسين

To say (serve) mass. △ — الكاهنُ : اقام القدّاس

Sanctuary. قُدْس : مكان مقدّس

The Holy of Holies. — الاقداس

Jerusalem. الـ : بيت المقدس . اورشليم

The Holy Spirit. رُوح الـ —.

Mass; service; liturgy. قُدّاس . صلاة القداس

Chasuble. بدلة الـ —.

Holiness; sanctity; sacredness; saintliness. قَدَامَة

His Grace (the Archbishop.) — المطران (مثلا)

His Holiness (the Pontiff.) — الحبر الاعظم

Holy. قُدُوس . قدّيس : طاهر

The All Holy; The Holy One. الـ — : الله

Saint. قِدّيس ٢ : وَليّ

Albatross. قادُوس : طائر بحري

Water-wheel bucket. △ — الساقيه : عصمور

Hopper. △ — الطاحونة : خرّ

Sanctification; purification. تَقْدِيس : تطهير

Hallowing. — الشيء : جعله مقدساً

Consecration. — : تكريس

Sanctuary. مَقْدِس : مكان مقدّس

Jerusalem. بيت الـ —.

Sanctified; hallowed. مُقَدَّس . مُتَقَدِّس

Holy; sacred. — : طاهر

Palestine; the Holy Land. الارض الـ — : فلسطين

Jerusalem, or The Temple. البيت المقدس

Sacrament; eucharist; the Holy Communion. السرّ الـ —.

The Holy Bible; scriptures. الكتاب الـ —.

Christian pilgrim. △ مُقَدِّس : حاج نصراني

To come; arrive. *قَدِمَ : اتى . جاء

To return; come back. — : عاد

To be old or ancient. قَدُمَ : صار قديماً

To advance. قَدَّمَ : ضدّ أخّر

To adduce; bring forward; offer. — : اورد . ذكر

To advance; promote; raise. — : رقّى

To offer; present. — : اعطى او اهدى

To produce; bring forward. — : احضر

To submit to; lay before. — : رفع اليه

To make a suggestion; propose. — رأياً

To put in a claim. — طلباً او شكوى

To render a service. — خدمةً

To introduce a person to. — شخصاً الى آخر

To arraign; impeach. — شخصاً للمحاكمة

To extend congratulations. — التهاني

To tender; make an offer. — عرضاً : عرضَه

To prefer to; give preference to. — هُ على سواه

To offer a price; make an offer. — ثمناً : عرضهُ

To advance; pay in advance. — الثمن : دفعه مقدماً

To tender, or send in, one's resignation; resign. — استقالته

To provide, supply or furnish with. — لهُ كذا : امدَّهُ به

To put (a watch) on; advance, or set forward, the clock. — الساعة

To put forward the clock one hour. — الساعةَ ساعةً

To gain (clock or watch gains). — ت الساعةُ

To hesitate to take a step. يُقدّم رجلاً ويُؤخّر أخرى

قَدِمَ . أَقْدَمَ على : اجترأَ — To venture on *or* upon; make a venture.

— . — على الامرِ — To venture upon.

— . — على العمل — To embark; engage (in).

قَدَمَ . تقدَّمَ القومَ — To precede; go before; head off.

تقدَّمَ ٢ : ضِدّ تأخَّرَ — To advance.

— : استمرَّ — To proceed; go on.

— : سارَ الى الأمام — To advance; proceed; go, *or* come, forward.

— : نجحَ — To progress; make progress; advance.

— : تحسَّنَ — To improve; grow better.

— على : سبق . فاقَ — To surpass.

— بين يديه — To come before.

إستقدَمَ : طلبَ حضوره — To ask to come; send for.

قَدَمٌ : رِجل — ←Foot (*pl.* Feet).

— : خطوة — Step.

— : مقياس إنكليزي، $\frac{1}{3}$ ياردة او ٣٠ و٤٧٩ سنتيمتر — Foot.

ذو — : شُجاع — Intrepid; brave.

على — وساق — Afoot.

عِلاج (او طِبّ) الاقدام — Pedicure.

علاج الاقدام والايدي — Chiropody.

قَدَمة الغنم : الشاة تتقدَّم القطيع — Bell-wether.

Δ — : سِفْل (في المعمار) — Plinth.

Δ — العمود — ←Base of column.

قَدَميَّة ع : أجرة الطبيب والمحامي والكاهن — Fees; charge; honorarium; honorary payment.

قِدَم : ضِدّ حداثة — Oldness.

— : عتاقة — Antiquity.

— . قِدْم . قُدْمة — Olden times.

منذُ القِدَم — From all (the most remote) antiquity.

قُدُم . قُدْم : شجاع — Intrepid; brave.

— : المُضيّ للامام — Going straight on (without hesitation).

قُدَّام : ضِدّ الخلف — Front part; fore part.

— : ضِدّ بعد — Before.

— : تِجاه . امام — In front of.

قُدُوم : مجيء . حضور — Coming; arrival; advent.

قَدُّوم النجّار — ←Adz; adze.

— : مِقدام . جريء — Intrepid; brave; daring; courageous.

قَدِيم : ضِدّ جديد — Old.

— : عتيق — Ancient.

— : سابق — Former.

الـ — : الأزليّ . الله — The Eternal.

في الـ — . قديماً — Formerly; of old; in olden times.

قديماً ٢ : منذ زمن بعيد — Long ago.

قادِم : آتٍ . مُقبِل . حاضِر — Coming; arriving.

الشهر الـ — — Next month; proximo.

قوادِمُ الطيرِ : كبار ريش جناحِه — ←Primaries; primary quills.

أَقْدَم : اكثر قِدَماً — Older.

— : أعتَق — More ancient.

— مركزاً أو مقاماً — Senior.

الاقدمون . القُدَماء — The ancients.

أقدميَّة (في العمر او المركز) — Seniority.

إقدام : بسالة وهمَّة — Intrepidity; valour; enterprise; risk-taking.

تقدُّم : ضِدّ تأخُّر — Advance; advancement.

— : أسبقيَّة — Priority; antecedence; precedence.

— : نجاح — Progress; progression.

تَقْدِمة : هديَّة — Present; offer.

— : تكريس . إهداء — Dedication.

— : قُربان — Offering; sacrifice; oblation.

— (زيت وخمر) : سَكيبة — Libation (of oil, wine, &c.)

خُبزُ الـ — — Showbread; shewbread; bread of exhibition.

تَقْديم : ضِدّ تأخير — Advancing.

— : إهداء — Presentation; offering.

— : تعريف — Introduction; introducing.

Oldness; ancientness. تقادُمُ العهدِ : قِـدَم

Prescription. — : مرور زمَن (مُسقط للحق)

Usucaption. — مُكسِب (للملك او الحق)

Prescriptive. تـقادُميّ

Coming; arrival; advent. مَقْـدِم : قـدوم . مَجيء

Front; front part; forepart. مُقْدِم.مُقـدَّم : ضدّ مؤخّر

Prow. — السفينة : حيـزوم△ برُوَّة

Giver; offerer; presenter. مُقدِّم : الذي يقدّم

Lieutenant colonel. — : ع (الجمع مقدمون): △ قائمقام . عقيد س

Foreman; overseer. △— عمّـال : وهِين

Tenderer. △— العـطاء

In advance; beforehand. مُقدَّماً

Front part; forepart. مُقـدِّمَة . مُقْـدِمَة : صدر . جبهة

Vanguard; advance guard. — الجيش

Preface; introduction. — الـكتاب : فاتحة

Premise. — منطقيّـة

Premise and conclusion. الـ والنتيجة

Intrepid; valorous; enterprising; of great enterprise. مِقدَام

Advanced. مُتقـدّم : ضدّ متأخّر

Advanced in age *or* years. — في العُمْرِ

Advancing; progressing. — : ناجِح

Improving. — : متحسّن

Advanced; in the front. — : أماميّ

Foremost; most advanced. الـ : الأماميّ

Aforesaid; aforementioned. الـ ذِكره

Example; model. ✱قُدْوَة : مِثال يُحتَذى

To be savoury, *or* tasty. قَدا . قَدِيَ الطعامُ : طابَ طَعْمُه

To imitate; follow the example of; copy. إقتدى به

Imitation; copying; following the example of. إقتِـداء

Savoury; tasty. قَـدِيّ : طيّب الطعْم

✱قذال (في قذل) ✱ قذاة (في قذي)

To be dirty, unclean, filthy. ✱قَذِرَ : كان وَسِخاً

To soil; defile; make filthy. قَـذَّرَ

To regard as dirty, unclean, etc. إستَقْذَرَ

Dirt; filth. قَـذَر : وسَخ

Dirtiness; uncleanlines. — قَـذارَة

Dirty; unclean; filthy. قَـذِر

Dainty; squeamish. قَـذُوْر . قاذُوْر : عَيُوف

To fling; cast; throw; hurl. ✱قَذَفَ الشيء وبهِ: رمَى بهِ

To eject; emit; discharge. — : اخرَجَ

To vomit; throw up. — : قاء

To defame; calumniate. — الرجلَ وفي حقِّـهِ

To pelt; assail with missiles. — بقذيفة

To libel. — (في حقّـه) بالنشر : فضحه

To row. △— قـذَّفَ : جذَّفَ

To throw, hurl, pelt, *or* fling, at one another. تـقـاذَفُوا

To exchange insults. — الشتائم

To be tossed on the waves; be the sport of waves, etc. تقاذَفتهُ الأمواج

Throwing; hurling; casting. قَـذْف : رَمْي

Ejecting; ejection; emitting. — : إخراج

Defamation; calumniation. — : سَبّ

Libel. — علنيّ (بالنشر)

Rowing. — تـقْـذِيف : تجْذيف

Defamatory. قَـذفي

Flame thrower. قاذِفة اللهَب

Projectile; missile. قَـذِيفَـة . مَقْـذُوف

Oar; paddle. مِقْـذَف . مِقْذاف

←Rowlock. بيتُ الـ : △اشكـرْمَه

Defect; blemish. ✱قَـذَل : عَيْـب

Occiput. قَـذَال : ما بين الاذنيْن من مؤخّر الرأسِ

Occipital. قَـذاليّ

To cast a mote into the eye.	٭قَذَى . اَقْذَى عَيْنَهُ
Mote; speck; particle of dust.	قَذَى . قَذَاة
A speck in the eye.	— في العَيْن
To bear patiently; swallow the pill.	يُغْضِي على القَذَى
To be very cold.	٭قرّ (في قرر)
To read; peruse.	٭قَرَأَ : طالَعَ
To read out; recite.	— : تلا
To recite, or read, to.	— عليهِ الدَرْسَ
To study under a teacher.	— العِلْمَ على
To salute; greet.	— عليه السلامَ . أَقْرَأَهُ السلامَ } حَيَّاهُ
To make, or teach to, read.	△ قَرَّأَ : جعلهُ يَقْرَأ
To investigate; search into; follow up.	إِسْتَقْرَأَ الأَمْرَ
To ask one to read.	— فُلاناً الكِتابَ
Reading; perusal.	قِرَاءة . قُرْآن 1 : مُطالَعَة
Recital.	— . — : تِلاوَة
Karaite.	قَرَّاء 1 : يهودي متمسك بحرفيّة التوراة
The Korân.	القُرْآن 2 الشَرِيف
Reader; one who reads.	قارِئ : مُطالِع

Reciter.	— : مُرَتِّل
Reading-stand.	مِقْرَأ : مَسْنَد القراءة
Read.	مَقْرُوء . مقريّ : قَرِيّ
Readable; worth reading.	— : يُقْرَأ
Legible; plain; readable.	— : واضح
Illegible; not legible.	غير مقروء : طِلَّس
Chanter of the Korân.	مُقْرِئ القُرْآن

قراح (في قرح) ٭ قراد (في قرد) ٭ قراصيا (في قرص)
قِران (في قرن) ٭ قرآن (في قرأ)

To be, or become, near.	٭قَرُبَ : كان قريباً
To approach; come near to.	— هُ ومنهُ . إقترَبَ منه
To approach; draw near.	— واقترب 2 الوقتُ
To bring near or nearer.	قَرَّبَ : أدنى
To advance; cause to draw near.	— : جعله يقترب
To immolate; sacrifice.	— : قدّم ذبيحة
To make an offering.	— القربانَ
To sheathe a sword.	— . قَرَبَ السيفَ
To give the holy communion.	△ — : ناول القربانَ
To approach; come near to.	△ — . اقترب . قَرُبَ
To approach; be close upon, or near to.	△ — على. قارَبَ: ناهز
To be on the point of.	△ — على . — ان: اوشك على
To approximate to.	قارَبَ 2 : دانى
To be near confinement.	أَقْرَبَتِ الحُبْلى
To find, or regard, as near.	إِسْتَقْرَبَ : ضِدّ استبعد
To take the nearest way.	△ — : أتى من اقرب الطرق
To approach; go near to.	تَقَرَّبَ اليهِ : اقترب منه
To make advances.	— اليه : حاول نيل رضاه
To receive the holy communion.	△ — : تناول القربان
To come near one another.	تَقارَبَ الشيئان
Nearness; closeness; vicinity; proximity.	قُرْب
Near to; close to.	بقربِ . بالقربِ من . قريب منه
From a short distance.	عن قُرْب
Offering; immolation; oblation.	قُرْبان : تَقْدِمة

Eucharist.	الـ المقدّس : افخارستيا
Corpus-Christi.	عيدُ الـ : عِيد الجَسَد
↑ Waterskin.	قِرْبَة الماء : زِقّ
Case; receptacle; sheath.	قِراب : غِمْد

Sheath; scabbard. — السيفِ والخنجر

Holster. — القربُوس (المتّصِل بالحِزام)

Relation; relationship; kinship. قَرَابَة . قُرْبَى

Blood relation; cognation; distaff side. — رَحْم

Relationship by a line of males only; agnation. — عَصَب

Collateral relationship. — الحَواشي

Degree of affinity. دَرَجَة القَرَابة

Tie of kin. صِلَة قرابَة

Carboy; demijohn. قرّابة^ع : عِبَارة بسوجَل ∆ دَمَجانَة

Near; close (to, by); at hand. قَرِيب : ضِدّ بعيد

Relation; relative; kinsman. — : نَسِيب

Agnate. — من جِهة الاب

Cognate. — من جهة الامّ

A near relation. — مُلازِم . ∆ — لَزَم

A distant relation. — من دَرَجةٍ بعيدة

Recent; new. — العَهْد

In the near future. في الـ العاجل

Soon; before long; by and by. قريباً . عن قريب . عمّا قريب

Lately; recently; not long ago. — : منذ عهد قريب

Small boat; skiff. قارِب : زَوْرَق

Sauceboat. ∆ — الصَّلْصة

Butter dish *or* boat. ∆ — الزُبْدَة

Nearer. أَقْرَب

Relations; relatives; kinsfolk; kin. أَقْرِباء . أقارِب

Next of kin; kin of the nearest degree. اقرب الـ

Approximation; close approach. تَقْرِيب

Nearly; almost. تَقْرِيباً : بالتقريب

Approximately. — : بوجهِ التقريب

Thereabouts. — : نحو ذلك او ما يقرب منه

Approximate. تَقْرِيبيّ

Nearest way; short cut. مَقْرَب . مَقْرَبة : طريق مختصر

Middling. مُقارِب : وسَط

To scrimp; skimp; pinch. ∆ قَرْبَط : قَرّط

Saddlebow. ∗ قَرَبُوس السَّرْج

Pommel. — أمامي

Cantle. — خَلْفيّ

Carabine; short musket; blunderbuss. ∘ قَرَبينة : غدّارة

To coagulate. ∗ قَرَت الدم : جَمُدَ . تخثّر

Coagulum; clot. قَرَت : غير المصل

Ecchymosis. — : دم متجمّد بين اللحم والجِلد

Polyphagous; omnivorous. حيوان قارت : يأكل كلّ شيء

To ulcerate; become ulcerous. ∗ قَرِحَ ∆ قرَّحَ . تقرّح

To wound; cut. قَرَحَ . قرّح : جرح

To improvise; speak extempore, *or* offhand. اِقْتَرَحَ : ارتجل

To originate; invent. — : ابتدع

To suggest; make a suggestion; propose a motion. — رأياً : عرضه

To enjoin; command. — عليه كذا او بكذا

Ulcerated; ulcerous. قَرِحٌ : مُتقرِّح

Ulcer; sore. قُرْحَة

Bedsore. — الفِراش : ناقبة

Chancre; indurated chancre. — زُهْرِيّة

Pure; limpid. قَراح . قَرِيح : صافٍ

Intuition. قَرِيحة : غَرِيزة

Genius; talent; intellect. — : عَقْل

Full-grown animal. قارِح : ما شقّ نابُه من ذي الحافِر

Astute; subtle; cunning. ∆ — : مُحْتال . مكّار

Improvisation. اِقْتِراح : ارتجال

Origination; invention. — : اختراع

Suggestion; proposition. — : رأي معروض

Proposal; motion. — : عَرْضُ رأي

Ulcerated; ulcerous. مُقَرَّح . مُتَقَرِّح

*قِرْد : سِعْدان س . شادِيٌ ع ــــ Ape; drill.

— مُذَنَّب (طويل الذَّنَب) △ نِسْنَاس . سِعدان س Monkey.

— إنساني (الحلقة المفقودة) Pithecanthrope.

△ — : عِفْرِيت Devil; demon.

△ ابُو قِرْدَان White egret.

ابو قِرْدان مصر Ibis.

قُرْد . قُرَاد الكِلاب (الجمع قِرْدان والواحدة قُرادَة) Tick.

قَرَّاد △ قُرْداتي : سائِس القُرود Monkey trainer.

قَرَّدَ الكَلْبَ : نَقَّى قراده To pick off ticks.

△ — أقْرَدَ الكَلْبُ : أُصِيْبَ بالقرادِ To be infested with ticks.

*قَرَّرَ الرَّجُلَ : جَعلَه يقِرّ To draw out; induce to talk; make *another* confess.

— في نَفْسِهِ To decide upon; detremine to.

— : ذَكَرَ To state.

— : عَيَّنَ وحَدَّدَ To stipulate.

— : شَهِدَ To declare.

— : بَتَّ . فَصَلَ في الأمر To decide; come to a decision; determine on.

— : صَمَّمَ على To determine; decide upon.

— الشعبُ مَصِيْرَه To decide its own destiny.

— . أقَرَّ . وَطَّدَ . ثَبَّتَ To settle; establish; fix.

— . — : أثْبَتَ To confirm; establish.

أقَرَّ ٢ عَيْنَهُ To give pleasure; delight.

— بِخَطئِهِ او بالحقِّ : أذْعَنَ To admit; own.

— △ قَرَّ : اعْتَرَفَ To acknowledge; own; confess; avow.

قَرَّ ٢ اليَوْمُ : كانَ بارِداً To be chilly, raw, *or* very cold.

— ت عَيْنُهُ His eyes were delighted.

△ — ت بَطْنُهُ : قَرْقَرَت To rumble; gurgle.

△ — الهِر : قَرْقَرَ . دَنْدَنَ To purr.

— . إسْتَقَرَّ في المكَانِ To settle: establish oneself *or* itself in.

— . — : ثبتَ To settle; become fixed, stable *or* stationary.

— . — : سَكَنَ To rest; be quiet *or* still.

— . — رأيُهُ على كذا To decide upon.

— . — الرأيُ على كذا To pitch upon.

تَقَرَّرَ : ثبتَ To be established, fixed, etc.

قَرٌّ . قارٌّ : بارِد Chilly; cold; raw.

قُرٌّ . قِرَّة : بَرْد Chill; cold.

قُرَّة : جرجير الماء Water cress.

— العَيْنِ Apple, *or* delight, of the eye; favourite; darling.

قَرَّار : نَعَّاب . نَقَّاق Croaker; grumbler.

قَرَار : قاع Bottom; foundation; fathom.

— : أبعد مَكان للداخِل Inmost; innermost.

— : ثَبَات Stability; steadiness; fixity.

— : مقرّ . مَسْكَن Abode; residence.

— في مسألة Decision; resolution.

— في المُوسِيْقى Refrain.

لا — له Fathomless; unfathomable.

دار الـ : الآخِرَة The lasting abode.

△ قَرَارِي : مُحَنَّك Inveterate; addicted; confirmed (smoker).

قَرِيْرُ العين Content; delighted.

قارَّة : يَبْس (في الجغرافية) Continent.

قارُورَة Vial *or* flask.

إقْرَار : اعْتِراف Confession; avowal; acknowledgment.

— : تَسْلِيم . قَبُول Admission.

— . تَقْرِيْر : تَثْبِيت Establishing; settling; fixing.

تَقْرِير ٢ : بَيان Report.

— رَسْمِي او حُكومِيّ Bulletin.

قَدَّم تقريراً عن المسئلة Reported the matter.

مَقَرّ . مُسْتَقَرّ Abode; abiding place; residence.

مُسْتَقِرٌّ : ثابِت — Stable; settled.

مُقَرَّر : ثابت — Established; fixed; settled; accomplished.

حقيقة مقررة — Accomplished, *or* established, fact.

الاموال المقررة (اصطلاح حكومي) — Direct taxes; fixed taxes.

الاموال غير المقررة — Indirect taxes; nonfixed taxes.

مُقَرِّر . مُقِرٌّ — Avower.

* قَرِسَ البردُ : كان قارساً — To be severe, *or* biting (cold.)

قَرَّسَ . أَقْرَسَ البردُ اصابعه — To freeze, *or* benumb (the fingers).

قَرْس . قَرِيس . قارس : بردشديد — Severe, *or* biting, cold.

قَراسْيا : قراصيا — Prunes; dried plums.

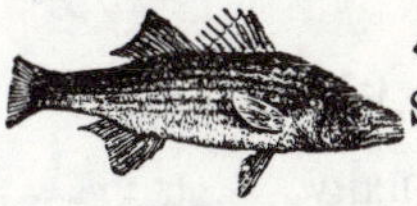

△ قَرُوس : سمك ← Sea bass; Mediterranean perch.

قارِس : شديد البرد — Chilly; freezing; biting.

* قَرَشَ : قطع — To cut.

— . قَرَّشَ . اِقترَشَ لعياله — To support one's family.

△ — : △ قَرْقَشَ . مضغ بصوت — To crunch.

قِرْش : غِرْش . نقد عثماني مصري — Piaster; P.T.

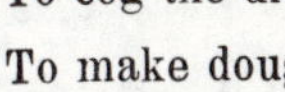

— . قُرَيْش : كوسج . لَخْم ← Shark.

△ مُقْرِش : ذو مال — Moneyed; rich.

* قَرَصَ لحمه او اذنه — To pinch.

— : لذعَ — To sting *or* bite.

△ — زَهرَ النردِ : ضَبَّنَ الكعاب — To cog the dice.

— . قَرَّصَ العجين — To make dough into flat loaves.

قُرْص : كل شيء مستدير ومنبسط — Disc; flat disc.

— ميكانيكي ← Sheave.

— . قُرْصة : رغيف — Round flat loaf, *or* cake.

— دوائي — Tablet; pastille; lozenge.

— دوَّام : △ فُرَيْرة ← Disc top.

— سُكَّرِيّ — Sugar cake.

— الشمسِ : صَيْخَد — Sun's disc.

— النحلِ — Honey-comb.

رامي القُرص ← Discobolus.

قُرْصِيّ الشكل — Disc-like; discous; discoid.

قَرْصة بالاصابع وامثالها — A pinch; a nip.

— (النحلةِ وامثالها) : لَذْعة — A sting.

— : عَضَّة — A bite.

△ — : مُخْل ← Pinch bar; crowbar; lever.

قُرَّاص : نبات على ورقه وبَره يقرص — Nettle.

قَراصيا — Prunes; dried plums.

— ع : كَرَز ← Cherries.

△ قَرُوص : سمك — Sea bass; Mediterranean perch.

△ قَرُوصة (١٢ دسته) — Gross.

قارِص : مُؤْلِم — Pinching; biting; painful.

— : نِقْرِص ع . ذبابة لاسِعة — Sand-fly.

٥ قَرْصَنة : سرقة البحار والمؤلفات — Piracy.

قَرْصَنِيّ — Piratic, —al.

قُرْصان : لِصّ البحر — Pirate; buccaneer; corsair.

عَلَمُ القَراصِنة ← Pirate flag.

* قَرَضَ الشِّعْرَ — To poetize; compose poetry.

— رباطه : ماتَ — To die; slip one's cable.

— : قَصّ — To clip; cut off; shear.

— الحِصانُ اللجامَ — To champ upon the bit.

△ — اصبعه : قرصه — To pinch.

— . قَرَّضَ : اكلَ — To gnaw; bite; nibble at.

— . — : نخرَ — To eat into; corrode.

أَقْرَضَ : أعارَ — To lend; advance money.

إقترَضَ : استعارَ — To borrow.

إنقرَضَ : بادَ — To become extinct *or* exterminated; die out; perish.

اِسْتَقْرَضَ — To ask for a loan.

قِرْض : △سُلْفَة — Loan.

△قـرض: قـرَظ (انظر قرظ) — The fruit (pods) of the acacia.

قَرْضَة . قَرَّاضَة : حَشَرة — Clothes moth.

قُرَاضَة: قصاصة — Clippings; cuttings.

△حديد — . — Scrap iron.

قـرِيض : شِعْر — Poetry.

قَارِض — Corroding; gnawing; biting.

حيوان قارِض — Rodent.

قـوارِض (كالفارِ والسِنْجاب والأرْنَب) — Rodents; rodentia.

إقْراض : إعارة — Lending; advancing.

إقتِراض : اسْتِعارة — Borrowing; taking on loan.

إنْقِراض — Extinction; extermination.

مُقرِض : مُعِير — Lender.

ابنُ مِقْرَض — Ferret.

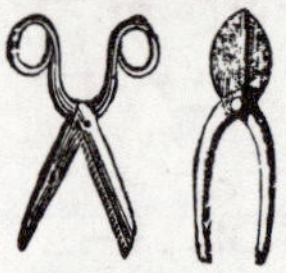

مِقْرَاض . مِقْرَاضَان : مقص — Pair of scissors.

— الصوف : مِجزّ — Shears.

مُقْتَرِض : مُسْتَعِير — Borrower; borrowing.

مُنْقَرِض : بائد — Extinct; exterminated.

*قَرَطَ . قرَّطَ : خرَّطَ — To mince; chop up.

قـرَّط ٢ الشمعة والفتيلة — To snuff a candle.

— عليه : اعطاه قَليلاً قليلاً — To skimp; stint; be illiberal with.

△— عليه : شدَّد — To press on; urge.

△— الرباطَ : شَدَّه — To tighten a (tie) bond.

△— ت بطنه : مُغِص مغصاً خفيفاً متقطِّعاً — To gripe; suffer griping pain.

قُرْط : △حَلَق . حِلْيَة الأذن — Ear-ring.

— : بِرسيم — Trefoil.

— س : عُنقود (انظر في عقد) — Bunch.

قِيرَاط : عَرْضُ الاصْبع (١/٢ ٢ سَنْتِيمتر) — Inch.

— : وَزْن حَبَّة الخَرْنُوب (٤ حبَّات) — Carat.

— : (١/٢٤ من اي شيءٍ) — *Kirât.*

△أقْـرَط اللسان : ألثغ — Lisper; one who lisps.

△تقْريط البطن — Gripes.

*قَرْطَجَنَّة — Carthage.

*قـرْطَس : اصاب الهدف — To hit the mark.

قِـرْطاس : هَدَف . غَرَض — Target; mark.

قَرْطَس . قُرْطاس : وَرَقة — Paper; sheet of paper.

△قُرْطَاس ٢ ورق وغيره: قُمْع — Cornet; cone.

القَراطِيسُ المالية — Stocks and shares.

قِرْطاسِيَّة س : أدوات الكتابة — Stationery.

*قَـرْطَلَ في الماءِ : غَرَّقَ — To dip in water.

قِرْطَال : الحَيَّة ذات الأجْراس — Rattle snake.

*قَرْطَمَ : قَطَعَ الأطراف — To crop; clip short; cut off the tips of.

— : اختلس قليلاً فقليلاً △ قَصْوَل — To whittle away.

قُرْطُم . قِرْطِم : حَبُّ العُصْفُر — Safflower seed.

قُرْطُمان : جُلُبَّان — Bitter vetch.

△قَرْطَمَةُ اللجام : حَكَمَة — Curb-bit.

*قُرْطُوم الحذاءِ : △بُنْطَيْطَة — Toe-cap.

*قَـرَّظَ : مَدَح — To eulogize; commend; praise.

— الكتاب — To review a book.

قَرَظٌ: △قَـرَض . ثمر السَنْط — Fruit of the acacia.

قَرِيظ . تَقْرِيظ : مَدْح — Eulogy; praise; commendation

تَقْرِيظ ٢ الكُتُب — Review of new books.

*قَـرَعَ الباب — To knock, *or* rap, at a door.

— الجرس — To ring a bell.

— الطَبْل — To beat a drum.

— الولدَ : ضَرَبَه To scourge; beat; whip.
— سِنَّهُ To gnash one's teeth.
ـــهُ ضميرهُ His conscience smote him.
قَرِعَ الرجلُ : سقط شَعْرُ رأسه To become bald.
— المكانُ : خلا To become bare.
قَرَّعَ : عنَّفَ To scold; chide; rebuke; rate.
قارَعَ . تقارَعا : ضارَبَ . تضاربا To fight; quarrel.
تقارَعُوا [2] واقْتَرَعُوا على To cast lots; draw lots, *or* cuts, for.
قَرْع : دَقّ Knocking; beating; percussion.
— الطبول Drumbeat; beating of drums.

△ — كُوسى Vegetable marrow.
△ — مغْرِبي او رُومي : ضَرْب من اليَقْطين ←Gourd; pumpkin; squash.
△ — حُلْو او اسْتَنْبُوْلي او عسلي Winter squash; Spanish gourd.
△ — ضُرُوف Bottle-gourd; calabash cucumber.
قَرَعُ الرأسِ : صَلَع Baldness.
— : تقرُّح جِلْدة الرأس Barber's itch; sycosis; scabby head.
قَرْعَة : دَقَّة A knock.
— : واحدة القَرْعِ A gourd.
— الرأس (Brain) pan; upper part of the skull.

— الانبيق ←Head of a still.
قُرْعَه : سَهْم . نصيب Lot.
— : ما تلقيه لتعيين النصيب Ballot ball, *or* ticket.
القى الـــ To cast *or* draw, lots.
مجلس الـــ العسكرية Recruiting-commission.
قارِع : طارِق Knocker.
قارِعَة : داهية Calamity; adversity.
— الطريق Middle (*or* camber) of road.
أَقْرَع : مُصابٌ بمرضِ القَرَع Afflicted with scabs on the head; scabby headed.

— : اصْلَع ←Baldheaded; baldpate.
— : مُجرَّد . اجْرد Bare.
إقْتِراع Drawing lots; ballotting.
تَقْرِيع Scolding; chiding; reprimanding.

مِقْرَعَة : سَوْط Scourge; whip.
— الباب ←Knocker; rapper.
— المعلِّم Cane; ferule; flat ruler.

*قِرْعَوْش : جَمَل ذو سَنامَين Bactrian ←camel.
*قَرَفَ . قَرَّفَ : قشر To peel off.
△ — △ — : أثار المعدة للقيء To nauseate; sicken; disgust.
△قَرِفَ : عافَ To loathe; feel sick of.
اقترف الذنبَ To perpetrate; commit, *or* be guilty of, a crime.
— المرض To contract a disease.
△ قَرَف : عَوْف Loathing; disgust.
قِرْفَة : قِشْرَة Rind; bark; crust.
— الجُرح او القَرْحة : جُلْبة Scab.
— : نوع من البهار Canella; canella bark.
△ قَرْفان : جائش النفس Sick; nauseated.
△ — : عائف . كارِه Disgusted.
△ قَرِّيف : قَذُور Squeamish; dainty; nice.
قَرَافة : جَبَّانة Cemetery; burial ground.
إقْتِراف Perpetration; committing.
مُقْرِف : غير حَسَن Ugly.
△ — : يجيش النفس Nauseous; sickening.
△ — : تعافه النفس Loathsome; disgusting.
△ مُقَرْيِف : مضْطَرِب المزاج Out of sorts.
مُقْتَرِف : مُرتكِب الذنب Perpetrator; one who commits a crime.
*قَرْفَصَ : قعد القُرْفُصاء To squat.
قُرْفُصى . قُرْفُصاء Squatting.
*قَرْقُ الدجاجة Clucking; cackle.

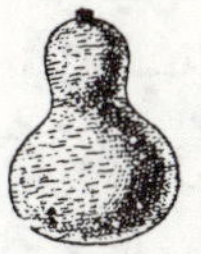

قَرقَتِ الدجاجةُ To cluck; cackle.

☼قرقَذان : سِنجابُ ←Squirrel.

☼قَرقَرَ الحمامُ To coo.

— البعيرُ To growl.

— الرجلُ في ضحكِه To cackle; giggle.

— البطنُ To rumble in the bowels.

— الهرُّ To purr.

قَرقَرةُ البطنِ Borborygm; rumbling, *or* gurgling noise, in the bowels.

△قرقَشَ : مضغَ بصوت To crunch.

قرقُوشة : كعكة هشَّة Crisp biscuit; zweiback; cracker.

— الاذن : وترة Gristle of the ear.

عَيْش (خُبز) مقرقش Crisp, *or* short, bread.

△قرقَضَ : قرضَ To gnaw; bite persistently.

— على اسنانه : حرَّقها To gnash, *or* grind, the teeth.

— الحِصانُ اللجامَ To champ upon the bit.

△قرقَعَ : (راجع قعقع) To crackle.

☼قُرقُف : سِنّ المُنْجل (الظرسنن) Titmouse.

△قَرقُوز : قره قوز Punch and Judy; ←puppet show; marionette.

△قَرقُول : △قِسم. ضَبْطِيَّة Police station.

☼قِرلّي : ابو الرقص (طائر) ←King-fisher.

☼قَرَمَ الطعامَ : اكله قليلاً فقليلاً To nibble food.

△— : كَدَمَ. عضَّ To bite.

قِرْم : سَيِّد Lord; master.

بلاد الـ . The Crimea.

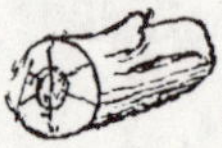

△قُرمة خشب : △زِنْد Log; lump of wood.

△— الشجرة : جِذْل Stump.

☼قَرمَدَ الحائطَ : طلاه بالقرمَد To plaster.

— السقفَ : غطّاه بالقِرميد To tile; cover with tiles.

قِرْمِيد : طُوبٌ احمر Tiles, *or* red bricks.

— · قَرمَد : طلاء الحائط وغيره Plaster.

☼قِرْمِز : صبغ أحمر Crimson.

دُودة الـ : لَعَل Kermes; cochineal.

قِرمِزيّ Crimson; deep red; carmine.

الحُمَّى القرمزيَّة Scarlet fever; scarlatina.

△قرمَشَ الخبزَ : صيَّره هشًّا To make crisp.

عَيْش (خُبز) مقرمش Crisp, *or* short, bread.

☼قَرمُوط : سمك نهري ←Sheatfish, *or* catfish.

قرامِطة Karmatians.

☼قرميد (في قرمد) Red bricks; tiles.

☼قَرَنَ الشيءَ بالشيء To join, *or* connect, one thing to another.

— الثورين : جمعهما في نير واحد To yoke together.

△قرَّنَ الفولُ To pod; form pods.

قارَنَ : صاحب To associate with.

△— : △قابل بين شيئين To compare one thing with another; collate.

أقرَنَ الصيَّادُ : عادى بين الصيدين. ضربَ طائرين بطلق واحد To fire at two birds at the same time; kill two birds with one shot.

— · استقرنَ الدُمَّلُ **To mature**; suppurate; fester; come to a head.

إقترنَ بالشيء To be, joined, connected, *or* yoked with.

— بالمرأة To marry; wed; be married to.

قَرنُ الحيوان ↑Horn.

— الجبل : قِمَّته Top of a mountain.

— الخِصب ←Cornucopia; Horn of Plenty.

— الشمس Upper limb of the sun.

— الحشرة : ملمس Feeler.

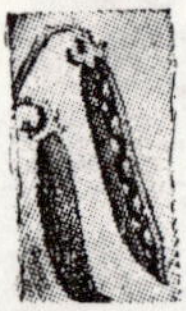

— الفول وأمثاله ←Pod; capsule; legume.

— الغزال : كُمَيْتِيَة Bird's-foot trefoil.

— لإدخال القدم في الحذاء Shoehorn.

— هلال القمر : أحد قرنيه وهو هلال Cusp.

— : مائة سنة Century.

— : عَصْر . جِيْل — Age; generation.

ابو — : بُوقِير — Hornbill; buceros.

ابو — : حُوت — Narwhal; sea-unicorn.

وَحِيْد القَرن — Rhinoceros.

شُعْبَة من قَرن — Antler.

ذو القَرْنَين : لقَب اسكندر المَقْدُوني — Alexander the Great.

قُرون البَحْر : المَرْجَان — Coral.

قَرْنِي : كالقَرن او منه — Horny.

— : من الفصيلة القرنيّة (في النبات) — Leguminous.

زَاوِيَة قَرنيَّة — Horned angle.

قَرنيَّةُ العين — Cornea of the eye.

قِرْن : نظير — Equal; like; peer.

قُرْنَة : ناصِيَة — Corner; projecting angle.

قِرَان . اقْتِرَان : زَوَاج — Marriage; wedding.

— . — : اتصال شديد — Close union.

— . — الكواكب — Conjunction of planets.

اقْتِرَاني : مختصّ بالاقتران الفلكي — Synodic, —al.

قَرِيْن : مَقْرُون بآخر — Joined, *or* connected, with.

— : مُصَاحِب — Associate; mate; companion.

— : زَوْج . بَعْل — Husband; spouse; consort.

قَرِيْنَة : زَوْجَة — Wife; spouse; consort.

△ — : عِفْرِيت مُلازِم — Familiar; attendant demon.

— الكلام : ما يُصَاحِبهُ ويدلّ على المراد به — Context.

— : صِلَة . علاقة — Connection; relation.

— : بَيِّنَة ظَرْفِيَّة — Circumstantial evidence.

— حَال — Presumption.

الإِسْتِنْتَاج بالقَرِينَة — Presumption of facts.

قَارُون : اسم مَلِك ليديا الشهير بغناه — Crœsus.

أَقْرَن : لهُ قَرْن او قرون — Horned.

— الحَوَاجِب — Having joined eyebrows.

حَيَّة قَرْنَاء — Horned snake.

مِقْرَن : نِيْر — Yoke.

مَقْرُون . مُقْتَرِن : مُتَّصِل — Joined; connected.

مُقْتَرِن ٢ : مُتَزَوِّج — Married.

مُقَارَنَة : مُقَابَلَة . تَنْظِير — Comparison; collation.

△ قَرْنَافَة البُنْدُقِيَّة : كُرْنَافَة — Gunstock; stock.

△ قَرْنَبِيْط : (انظر قُنَّبِيط) — Cauliflower.

△ قَرْنَسَ من البَرْدِ : قرِس — To freeze; be frozen; chilled with cold.

مُقَرْنَس : حِلية مِعْمَارية — Chevron moulding.

☆ قَرَنْفُل : نبات بُسْتَاني وزَهره — Pink; carnation.

— الشاعِر — Sweet William.

— شَجَرة القرنفل — Clove-tree.

— . — او سِنّ : كُبْش — Clove.

قرنفليّ اللون — Pink; pink coloured.

☆ قَرْو : حَوض مُسْتَطِيل — Trough; water trough.

△ خَشَب — : خشب البلّوط — Oak (wood)

△ قَرَوَانة الاكل : صحفة كبيرة — Platter.

— الطين (لحمل الطين الى البنّاء) — Hod.

△ قَرَوْصَة (في قرص) — Gross.

☆ قَرَى . اقْتَرَى الضيفَ : أضافه — To entertain, *or* receive, a guest.

قَرْيَة : ضَيْعة — Village.

— النَّمْل : مجتمع ترابها — Ant-hill.

قَرَوِيّ : من سكان القرى — Villager; rustic; countryman; farmer.

أُمّ القُرَى : عاصمة البلاد — Metropolis; capital.

— : مَكَّة المكرّمة — Mecca.

أُمّ القِرَى : النَارُ — Fire.

قَارِيَة : وَرْوَار . طائر — Bee-eater.

— : خُضَيْراء . طائر — Little green bee-eater.

— وقَرِيَّة المركب — Lateen sail yard.

مِقْرَى . مِقْرَاء : مِضْيَاف — Hospitable

☆ قَرِيحَة (في قرح)

*قُرَيْدِس : Δ جَمْبَري ←Shrimps.

*قزّ (في قزز) * قزان (في قزن)

*قَزَّحَ : زَيَّن To embellish; adorn; decorate.

قَوْسُ قُزَحٍ : قوسُ السَّحاب Rainbow.

قُزَحِيَّة العَيْن Iris of the eye.

قُزْحَة : الوانُ قوسِ القُزَح Rainbow colours.

قِزْح . التابِلُ كالكمّون والكُزْبَرَة Spice; vegetable condiment.

مِقْزحة : إناءُ الخَلّ والزيت Cruet stand.

(قزز) قَزَّ . تَقَزَّزَ : Δقرف To feel sick; feel nausea.

Δقَزَّزَ : رَكَّبَ الزجاج To glaze; furnish with glass.

Δ — : حوّل الى زجاج To vitrify.

قَزّ : حرير Silk.

جَوْزَة الـ : فَيْلَجَة ←Cocoon.

دُودَة الـ : دودة الحرير Silkworm.

قَزَّاز : بائع الحرير Silkmerchant.

Δ — : حائك . نَسَّاج Weaver.

Δ قِزاز : زجاج Glass.

Δ قِزَازَة : زجاجة . قِنّينة ←Bottle.

قارُورَة : زجاجة صغيرة Vial; phial.

Δ — : Δ كازُوزَة Sugared aerated water; fizzy lemonade.

تَقَزُّز : غَثَيان Nausea; qualm; squeamishness of the stomach.

— : اشْمِئزاز Loathing; disgust.

*قَزَع : سَحاب خفيف متقطّع Rack; cirrus.

قَزَعَة . قُزَيْعَة : Δ شُوشَة شعر Tuft of hair.

Δ قُزْعَة : قَزَم Dwarf; pigmy.

*قَزَل : عَرَج Limping.

*قَزَم . قَزْم : صغير الجِسْم Dwarf; pigmy; midget.

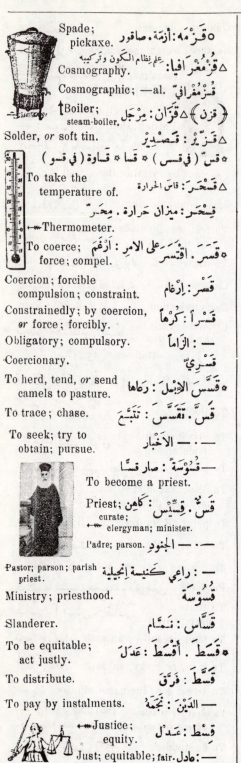

*قَزْمَة : أزمة . صاقور Spade; pickaxe.

Δ قُزْمُغرافيا : علم نظام الكون وتركيبه Cosmography.

قُزْمُغرافيّ Cosmographic; —al.

(قزن) Δ قَزَان : مِرْجَل ↑Boiler; steam-boiler.

Δ قَزْدِير : قَصْدِير Solder, or soft tin.

*قسّ (في قسس) * قسا * قساوة (في قسو)

Δ قَسْحَر : قاسَ الحرارة To take the temperature of.

قِسْحَر : ميزان حرارة . مِحَرّ ←Thermometer.

*قَسَر . اقْتَسَر على الامر : ارْغَم To coerce; force; compel.

قَسْر : إرْغام Coercion; forcible compulsion; constraint.

قَسْراً : كُرْهاً Constrainedly; by coercion, *or* force; forcibly.

— : الزاماً Obligatory; compulsory.

قَسْرِيّ Coercionary.

*قَسَّسَ الإبِلَ : رعاها To herd, tend, *or* send camels to pasture.

قَسَّ . تَقَسَّسَ : تتبَّع To trace; chase.

— . — الاخبار To seek; try to obtain; pursue.

قُسُوسَة : صار قسّاً To become a priest.

قَسّ . قِسِّيس : كاهِن Priest; curate; ←clergyman; minister.

— . — الجنود Padre; parson.

— : راعي كنيسة إنجيلية Pastor; parson; parish priest.

قُسُوسَة Ministry; priesthood.

قَسَّاس : نَمَّام Slanderer.

*قَسَط . أقْسَط : عَدَل To be equitable; act justly.

قَسَّط : فرَّق To distribute.

— الدَيْن : نجَّمَه To pay by instalments.

قِسْط : عَدْل ←Justice; equity.

— : عادِل Just; equitable; fair.

— : مِقْدار — Quantity; amount.

— : مِيْزان — Balance; weighing-machine.

— : نَجْم . دفْعة — Instalment; part payment.

— تأمين وغيره — Premium.

— : نصيب — Portion; share; lot.

△ —لبَن (حليب): مِدْلجة — Milk can.

تَقْسيط الدَيْن — Payment by instalments.

مُقْسِط : عادل — Just; equitable; fair.

☆ قَسْطَرَ الدراهِمَ — To test the genuineness of coined money.

○ — : إستَقْطَرَ المَحْصُور بوله — To catheterise.

○ قَسْطَرَة : انبوب القَسْطرة — Catheter.

○ — : اسْتِقطار البَوْل — Catheterisation.

☆ (قسطس) قُسْطَاس : قِسْط — Criterion; a standard of judging; test.

— : ميزان — Balance.

☆ قَسْطَل : أُنْبوب الماءِ — Water-pipe.

☆ قَسَمَ . قَسَّمَ : جزَّأ — To divide; part.

— . — عليهم : فرَّق — To distribute to; divide among.

— . — الشيءَ بينهم : أعطى كل حصته — To allot.

— . — : وزَّع — To dispense; deal out in portions; distribute.

— . — العدَدَ الى خانات — To point off figures.

— : شقَّ . نصَّف — To split; divide.

— الله عليه كذا — To destine *or* decree, to.

△ على ما قُسِمَ : عُجْلة . كيفما اتفق — Pot-luck.

قاسَمَ . اِقْتَسَمَ . تقاسَمَ — To share; participate.

قاسَمَهُ على كذا — To bind oneself by an oath.

أَقْسَمَ : حلَفَ — To take, *or* make, an oath.

— بالله — To swear by (the name of) God.

— على الخمر او الدخان (مثلاً) — To swear off drinking, smoking, etc; make a promise on oath not to do.

إِنْقَسَمَ . تقَسَّمَ — To be divided.

قِسْم : جزء — Part; divison.

— : حِصَّة — Portion; share.

— : فَرع من إدارة او مَتجَر — Department.

— من بلاد — District.

— : فَصْل . باب — Section; part.

△ — : مَركز الضابطة (البوليس) — Police-station.

△ — تقْسِيمة : عَيْن — Compartment.

قَسَم : يَمين — Oath.

قَسَماً بشرفي — Upon my word (of honour.)

قَسِمَةُ الوَجْه — Lineaments; feature.

قِسْمَة : تَقْسيم — Division; act of dividing; distribution.

— . — الى حصص — Allotment.

— : نصيب — Fate; destiny; portion; *Kismet*.

— . عمليَّة القِسْمة (في الحِساب) — Division.

— بسيطة — Short, *or* simple, division.

— مركَّبة — Long, *or* compound, division.

خارِجُ الـ — Quotient.

قابليَّة القِسْمة (اي الانقسام) — Divisibility.

قَسام . قَسامَة : حُسْن — Elegance; beauty.

قَسِيم : شَرِيك — Sharer; participant.

— : شَطْر — Counterpart; duplicate.

قَسِيمَة : جُونَة العطّار — Perfume box.

△ — الدفتر : شُقَّة — Counterfoil.

قاسِم : مُجَزِّيء — Divider; distributer.

— (في الحساب) : مَقْسُوم عليه — Divisor.

الـ المشترك الأعظم — Highest common denominator.

الـ المشترك الأصغر — Lowest common denominator.

تقْسِيم : تَجْزِئة — Division; partition.

— : تَفريق . توزيع — Dividing; distribution.

— (في البديع) — Complete mention of divisions of the same idea.

— (في الموسيقى) — Prelude.

مُقَسَّم . مَقْسُوم : مُجَزَّأ — Divided.

مُقسِّم : الذي يقسِم — Divider; distributer.
— الحظُوظ — Dispenser of fortunes.
مَقسوم ٢ (في الحساب) — Dividend.
— عليه : قاسِم — Divisor.
مُقاسِم : مشارك — Participant; sharer.
مُقاسَمة : مشاركة — Participation; sharing.
○قُسْمُغرافية: (راجع قُزْمغرافيا) — Cosmography.
قُسْمُغرافي: (راجع قزمغرافي) — Cosmographic.
✱قَسْوَة . قَساوة القلب — Cruelty; inclemency; harshness; severity.
قَسا : صَلُبَ — To be hard.
— معه وعليه — To be hard upon; treat with severity.
قَسَّى . أقْسَى : صَلَّبَ — To harden; indurate.
قاسَى : كابَدَ — To suffer; endure.
قاسٍ . قَسِيّ : صلْب — Hard; solid.
— : شَدِيد . عَنيف — Severe; harsh; grim; relentless; stern; austere.
— : لا يَرْحَم — Cruel; merciless; inexorable.
قاسِي القلْب — Hard-hearted; obdurate; pitiless.
تجْرِبة قاسِيَة — Grim experience.
شُروط قاسِية — Stiff terms.
مُقاساة : مُكابَدَة — Enduring. suffering.
قُسِيّ : جمع قَوْس (في قوس) — Bows.
قسيس (في قسس) △قشّ △قشّاشيّة (في قشش)
قَشَبَ الطعامَ بالسُّمّ — To poison food.
قَشْب . قِشْب : سُمّ — Venom; poison; virulence.
قِشْب ٢ : صدأ الحديد — Rust; ferric hydroxide.
قَشِيب : جدِيد — New; brand new.
— : نَظيف — Clean.
— : مَجْلوّ — Polished; burnished.
قَشَدَ : قشط — To skim; take off by skimming.
قِشْدة الحليب : كثأة △قِشْطة — Cream.
— : نبات وثمره (انظر قشطة) — Custard apple.

✱قَشَرَ . قَشَّرَ : نَزَعَ القِشْر — To pare; peel; skin.
— ○ — البُرْتقال والبطاطا — To peel an orange.
— ○ — التفّاحة وامثالها — To pare an apple.
— ○ — الذُرَة وامثالها — To husk Indian corn.
— ○ — اللوز والبيض وامثالها — To shell nuts, etc.
— قَلَبَ اللوز والبندق وامثالها — To peel; blanch.
تَقَشَّرَ . انْقَشَرَ — To be peeled, skinned, shelled, etc.
— الجِلْدُ وغيره — To peel off; come off.
— الطلاء — To scale off; come off in thin layers.
قِشْرُ الثمر — Rind; paring; skin; peel.
— الجوز والحمّص والفُول والبيض — Shell; shuck.
— الحبوب والذرة الخ — Husk; shuck.
— العُود والشجر : لِحاء — Bark.
— الرغيف وامثاله : △قِشْفة — Crust.
— الجرح او القرحة : جُلْبة — Scab; crust (formed over a sore).
— البيض : قَيْض — Eggshell.
— الرأس : هِبْرِية — Scurf; dandruff.
— السمك وامثاله : حَرْشف . فلوس — Scales.
— الحيّة المنسلخ : مِسْلاخ — Slough.
— من خشب ثمين △قِشْرة (في النجارة) — Veneer.
— : جِلْد — Skin.
— : غلاف — Covering.
△ — بياض : ○فَرْخ نيلي — Nile perch.
بِقِشْرِه : غير مقشّر — Unpeeled; unshelled; unhusked, etc.
مُقَشَّر . مَقْشور . أقْشَر — Peeled, skinned, shelled, etc.
شَعِير — . — Husked barley.
لوز — من القِشْرة الخارجية — Shelled (almonds.)
لوز — (من القِشْرتين) — Peeled almonds.
✱قَشَّشَ . قَشَّ : ا كل من هُنا وهُناك — To gather food from here and there.
△ — △ — : كَنَسَ — To sweep.
قَشّ ٢ : جَمَعَ . لَمّ — To collect; gather; pick up.
— النباتُ : يَبُسَ — To shrivel; curl, or dry, up.

Straw; chaff. △ قَشّ : وَقْش

Sea-weed, △ — البَحْر : حَمُول البَحْر

Rush-bottomed chair. △ كُرْسِي — .

كُرْسِي — (من عيدان الصفصاف)
←Wicker chair.

A (single) straw. △ قَشَّة : وَقْشَة

Gherkin; small cucumber. △ خِيار قَشّة ٢ (للتخليل)

←Lady bird; lady-bug. قِشَّة : أَبُو العِيد

Trump. △ قَشُوش : وَرَقة قشّاشة (رابحة)

Rustle; rustling. قَشِيش : حَفِيف

Gleanings. — . قُشَاشَى : لقاطة الحَقْل

Sweepings. — . — : كناسة

← △ قَشَّاشِيَّة : عِيزارة . قَرَّابَة ع
Demijohn; carboy.

Broom; ←sweeper. △ مِقَشَّة : مِكْنَسة . مِخَمَّة

* قَشَط عنه كذا : نَزَعه To take off; strip off.

To skim cream. — القِشْدَة وامثالها

To scrape out; erase. △ — : كَشَط

To strip; deprive of covering. قَشَّط : نَزَع الغطاء

To plunder; strip; rob. △ — : نَهَب

Cream. قِشْطَة اللبن وامثاله : قِشْدة

←Custard-apple. △ — : فاكهة

△ سَيِّد — : جاموس او فرس النهر
←Hippopotamus.

Thong; leather strap. △ قِشاط : إِسَار من جِلد

Man; piece; draught. △ — الطاوِلة : حَجَر

←Erasing-knife. مِقْشَط الكتابة

* قَشَع . أَقْشَع : فرّق . شتّت To disperse; scatter.

To dispel; banish. — . — بدّد . كشف

To be dispersed, scattered, dispelled. إِنْقَشَع . تَقَشَّع

To lift; rise; disperse. — الضَباب او الظلام او الغيم

To shiver with cold. * قَشْعَر . اقْشَعَرّ بَرْداً

To shudder; feel a crawly sensation. △ — . — بَدَنه او جِلده

To give *one* the creeps. △ — بَدَنه : جعله يَقْشَعِر

To make *one* shudder; make the blood creep *or* curdle. يُقَشْعِر البدن

A blood curdling story. قِصَّة تَقْشَعِرّ منها الأبدان

Shudder; shivering. قُشَعْرِيرَة : ارْتِعاد

Feverish shivering; chill; ague. — الحُمَّى

Creepy (creepy-crawly) feeling. — الخَوْف

Goose-flesh; horripilation; bristling of skin. — : تقبُّض الجِلد بَرْداً او خوفاً

Lion. * قَشْعَم : أَسَد

←Hyena. أُمّ — : الضَبُع

Calamity. أُمّ — : الداهِيَة

War. أُمّ — : الحَرْب

To live in misery; be wretched. * قَشِف . تَقَشَّف : ساءَت حاله

To have one's skin filthy *or* dirty. — . — : قَذُر جلده

To lead an abstemious life; live like a hermit. تَقَشَّف ٢ : ضِدّ تَنَعَّم

To chap (hands.) △ قَشَف الجِلدُ : شَرِث

Abstemiousness. قَشَف . تَقَشُّف : ضدّ تنعُّم

Chapping of hand. △ — اليَدِ : شَرَث . شأف

Crust (of bread.) △ قِشْفَة الرغيف : قِشْرته

Ascetism. تَقَشُّف : زُهد في ملذّات الحياة

Ascetic; strict hermit. مُتَقَشِّف : زاهِد في نعيم الحياة

Abstemious. — : متعفّف . عَيُوف

Chappy. △ — △ مقشّف : اشْرَث

To cure scabies, *or* small-pox. * قَشْقَش من الجرب او الجُدَرِي

To sweep. △ — : كَنَس

Sand smelt; silverside. △ قُشْقُوش (الواحدة قشقوشة) : سمك

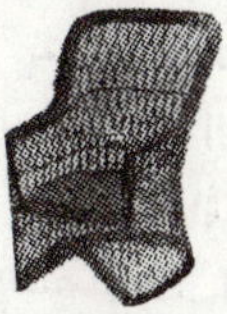

△قَشِلَ △قَشَّلَ : افلس — To become penniless.

قَشْلَان : مُفْلِس — Penniless.

قَشْلَة : مُسْتَشْفَى الحُكُومة — Government hospital.

— ٣ △قَشْلَاق : ثكْنَة الجنود — Barracks.

*قصّ (في قصص) *قصا (في قصو) △قصاج (في قصح)

*قَصَبَ الذبيحة — To cut up; cut to pieces.

قَصَّبَ الشَّعْرَ : جَعَّدَهُ — To curl hair.

△ — الثوبَ : زَرْكَشَهُ بالقَصَب — To brocade; embroider with gold and silver threads.

قَصَبٌ : يَرَاع . نبات — Reed; canes.

△ — : خيوط الذهب والفضّة — Gold and silver threads.

— السكّر . مَصّان — Sugar-cane

أَحْرَزَ — السبْق — To come off with flying colours.

قَصَبَة : يَرَاعَة — A reed; cane.

— الاصْبع : عُقْلَة — Palanx (*pl.* Phalanges); digital bone; internode.

— الأنْف — Nasal bone; bridge of nose.

— البِلاد — Capital; metropolis.

— الرِئَة — Windpipe; trachea; weasand.

— الرِجْل — Shin; shin bone; tibia.

— المَرِيْء — Gullet; œsophagus; esophagus.

— المستراح (بيت الراحة) — Drain pipe.

— مَرْضُوضَة — A broken reed.

— : مِزْمارُ الراعي — Pipe; flute.

△ — : مقياس مصري — Egyptian pole; *Kassaba.*

— . قَصَّابَة : أنبوبة — Pipe; tube.

— : ٣ △ كَبِدَة (الاكل) — Liver.

قَصَّاب : جزّار . لحّام ٣ — Butcher.

△ — : مسّاح الأراضي — Land-surveyor.

△قصّابيّة : أداة تمهيد الأرض — ←Dirt-scraper.

قِصابة : جِزارة — Butchery.

△مُقَصَّب : مُزَرْكَش بالقصب — Brocaded; embroidered with gold and silver threads.

(قصح) △ قُصَّاج : كُلّابتان صغيرتان — Pliers; ←nippers.

*قَصَدَ الرجلَ واليه — To go to; repair to; betake oneself to.

— : نَوَى — To intend; purpose.

— : عَنَى . أرادَ — To mean; purport.

— : دلّ على — To mean; signify; indicate.

— قَصْدَهُ : نَحَا نَحْوَهُ — To follow; imitate.

— اقتصدَ في — To economise; manage with economy; lay out (ones money); frugality.

— . — . أقْصَدَ : نَظَمَ — To poetize; compose poetry; make poems.

اقْصَدَني ٢ اليكَ الأمرُ — The affair made me come to you.

— ه . تَقَصَّدَهُ : قتله في مَكانه — To kill on the spot.

△ تقصَّده ٢ : تشدَّد في مُعاملته — To be severe with; be dead set against.

تَقَصَّدَ ٣ . انقصَدَ : انكسر — To be broken.

قَصْد : نيَّة — Intent; —ion; purpose.

— : غَرَض . غاية — Object; end; aim; motive.

— : ضِدّ إفراط — Frugality; thrift.

— خَفِي — A by-end; secret purpose.

بِحُسْنِ — . — In good faith.

بِسُوءِ — . — In bad faith.

بغير — . — Unintentionally; undesignedly; inadvertently; to no purpose.

عن — : قَصْداً — Intentionally; on purpose; purposely; advisedly.

قَصْداً ٢ : رأساً △ دُغْرِي — Directly.

قَصْدِيّ : مَقْصُود — Intentional; intended; meant; designed.

قَصْدَكَ △ قُصَادَك : أمامك — Before you; in front of you.

قَصِيد : لا عَيْبَ فيه — Faultless; free from faults, *or* defects.

— : مَقْصُود — Aimed at; intended.

بيت الـ — The main point; principal part; core of a subject; burden; gist.

قَصِيدة — A poem.

قاصِد : الذي يقصد — One who intends, means, goes, etc.

— رَسُولي — Nuncio; legate (of Pope.)

القِصادة الرسولية — Nunciature.

A light journey. سَفَر — : سَهْل قَرِيب
Direct, *or* smooth, road. طريق — : مُسْتَوٍ
Economy. إقْتِصاد : ضِدّ تَفْرِيط
Frugality; thrift. — : تَدْبِير النَفَقة
Economics. عِلْم الاقْتِصاد
Political economy. عِلْم الاقتِصاد السياسي
Economical; frugal. اقتِصاديّ : بتَدبير
Economic (questions, purposes, etc.) — : مُخْتَصّ بتَدْبير النَفَقة
Economist; thrifty. — . مُقْتَصِد : مُدَبِّر (او مُلِمّ بعلم الاقتصاد)
Penny wise and pound foolish. مقتصد ٢ في القليل ومبذر في الكثير
Intention; end; design; purpose; object. مَقْصَد : قصْد
Destination; place to which one intends to go. مَقْصِد : مكان القصد
Intended; meant. مَقْصُود
Pewter; tin; plumber's solder ٭قَصْدِير (للحِمْ وطلاء المعادن)
To be, *or* become, short. ٭قَصُرَ : ضِدّ طال
To fall short; miss. قَصَرَ . قصر عن الهدف
To desist, *or* cease, from. — . — عن : كفّ
To be remiss; neglect. — . — في الامر
To bleach, *or* full. — . — النسيج
To shorten; make short, *or* shorter. — . — . أقْصَر : ضِدّ أطال
To take in, *or* shorten, a garment. — . — الثوب : اخذ من طوله
To shorten; abridge; curtail. — . — . — الكلامَ : اختصرهُ
To confine; imprison; keep within limits. قَصَرَ ٢ : حبَس
To hold, *or* keep, back. △ — : منَع
To boil down. △ — الشَراب : كثّفه بالغلي
To confine; limit; restrict to. — على كذا
To be content with. إقْتَصَر على كذا : اكتفى به
To limit, restrict, *or* confine, oneself to. — على كذا : لم يتعدّه

To neglect; treat carelessly; be remiss about. أَقْصَرَ . تَقاصَرَ عن الامر
To feign shortness. تقاصر ٢ : اظهر القصر
To dwindle; grow smaller; become shorter (shadow). — الظل : دنا وتَقلص
To find, *or* regard, as short. إستَقْصَرَ : عدّه قصيراً
Castle; palace. قَصْر : منزل كبير
Shortness; smallness. — . قِصَر : خلاف الطول
Laziness; slothfulness. — . قَصَر . قُصُور (١) : كَسَل
Negligence; remissness. — . — . — : تَقصِير
Utmost of one's power. — . قُصار . قُصارى
This is the utmost of your power to do. قصاراك ٢ ان تفعل هذا
The long and short of it. قُصارى ٣ الامر
Sour grapes. △ قُصْر ذَيْل : شيء مُمْتَنِع
Uropygium; bird's rump. قَصَرَة : عُصْعُص الطيور . زِمِكّي
Minority; nonage. قُصُور ٢ : سِنّ القُصُور
Insufficiency; inadequacy. — : عدم كِفاية
Inertia. القُصُور الذاتي (في الطبيعة)
Bleacher, *or* fuller. قَصَّار الاقْمِشة
Bleaching, *or* fulling. قِصارة الاقمشة
Short. قَصِير : ضِدّ طَوِيل
Small; short (of stature.) — القامة
Short-lived. — العُمْر (او الوَقْت)
Powerless; without power. — اليد أو الباع
Minor; in *his* nonage; under age. قاصِر : خِلاف الراشِد
Intransitive. — : لازم . خِلاف المتعدّي من الافعال

Powerless; without power. — اليد : قصيرها
Flower-pot. ← △ قَصْرِيَّة الزَرْع : اصيص

Chamber-pot. △ — : مِبْوَلة . خدّامة س

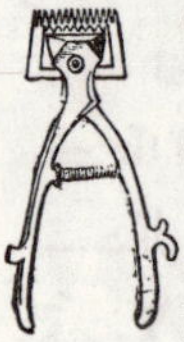

Emperor.	قَيْصَرُ: عاهِل. امْبراطور. ملك أعظم
Cæsar; emperor.	— الرومانِ (قديماً)
Tzar; czar; emperor.	— الروسِ (سابقاً)
Kaiser; emperor.	— الالمانِ («)
Imperial; cæsarean.	قَيْصَرِيّ
Roofed market-place; bazaar.	قَيْصَرِيَّة: قِيسارِيَّة
Hysterotomy; cæsarean operation.	العمليَّة الـ (للتوليد): بَقْر
Shortening.	تَقْصِير: ضِدّ تطويل
Shortcoming; neglect of, *or* failure in, duty; remissness.	—: إهمال

Defect; fault.	—: نَقْص. عَيْب
Omission.	— في تأدية الواجِب
←Sheep-shank.	عُقْدَة الـ
Shortener.	مُقَصِّر: الذي يقصِّر الطول
Negligent; remiss; derelict; neglectful of duty.	—: مُهْمِل
Falling short.	—: متأخِّر
Shortened.	مَقْصُور. مُقَصَّر: ضد مطوَّل
Limited; confined.	—: محدود
Bleached, *or* fulled (cloth).	نَسِيج —
Closet; small room, *or* compartment.	مَقْصُورَة: حُجْرة
Box; stage-box.	— الملاهي (المسارِح): خَلْوَة
Short; abridged; cut.	مُقْتَصَر: مختصَر
Concise; terse; succinct; pithy.	— مُفِيد
Ash-dust.	△ قُصْرُمِلّ المونة (للبناء)
To clip; cut off.	✱ قَصَّصَ: قطَّع
To scissor; cut with scissors, *or* shears.	قَصَّ: قطَعَ بالمقصّ
To cut off; clip; trim.	— الشَّعْر والظفرَ
To shear, (sheep, cloth, etc.)	— الصوفَ من الغنم والزئبر من المخمل
To narrate; relate; tell over.	— . اقْتَصَّ الخبرَ
To track; follow the track, *or* traces, of; trace.	— . تَقَصَّصَ الأثَرَ

To punish; inflict punishment upon.	إقْتَصَّ ٢ مِنهُ. قاصَّهُ: عاقبه
To take vengeance upon.	— منه: انتقم
To set off; settle an account by counterclaiming an equal amount due.	قاصَّهُ ٢ بما كان له عنده
To requite; offset; retaliate; compensate; repay.	—ه: جازاه وفَعَلَ بهِ مثلما فعل
Cutting off; clipping.	قَصّ: قَطْع بالمقصّ
Narration; narrating; relating.	— الأخبار
Hair cutting; hair dressing.	— الشَّعْر
Shearing; fleecing.	— الصُّوفِ: جَزّ (في جزر)
Breast-bone; sternum.	—: عَظْمُ الصدْر
Cuttings; clippings.	—. قُصَص. قُصَاصَة
Scraps of paper.	قُصاصَات ورَق
Punishment; penalty.	قِصَاص: عِقاب
Requital; payment in return.	—: جزاء
Shearer.	△ قَصَّاصُ الغنم والدوابِّ: جَزّاز

Tracker; tracer of footsteps.	— او مقتصّ الأثَر
Story-teller.	— او قاصّ الأخبار
←Hair clipper.	قَصَّاصة الشعر
Novelist; writer of fiction.	قِصَصِيّ: مُؤلِّف قِصَص
Story; tale; narrative.	قِصَّة: حكاية
Fable.	— خرافيَّة
Novel; fiction.	— خَيالية
Ballad; narrative poem.	— شِعْرية
Cut; way of cutting.	△ قَصَّة: نوعُ القصّ
Pattern; dress-maker's pattern.	△ —: قاطِع ○ بَتْرون
Forelock.	قُصَّة: شَعْر الناصية
Earlock; lovelock.	— الصدْغ: △ مَقْصُوص
Lock of hair.	—: خُصْلة شَعْر

Scissors; a pair ←of scissors.	مِقَصّ: آلة القصّ
Shears.	— الغنم والدوابِّ: مِجَزّ
Pruning shears.	— تقليم الشجر
Snuffers.	— الفتائل: مِمْخَطٌ

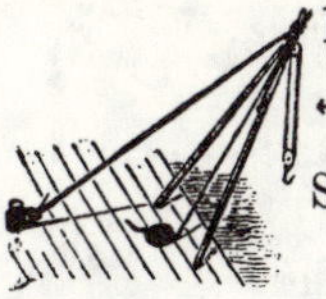

△ — شريط سكّة الحديد — Frog.

△ — : تصليبة خشبية — Shears.

ابو — : عُجْهوم — Scissor-bill; shear-bill; skimmer.

ابو — : حشرة الاذن — Earwig.

△ قلب الـ — : حلية معمارية — Tympanum.

△ كُرنيش — — Pediment.

△ مِقصدار : مفصِّل الثياب — Cutter; one who cuts out garments.

مَقصُوص : إنقصّ — Cut off; clipped; shorn.

△ — : قُصَّة الصدغ — Earlock; lovelock.

△ مَقصوصة : مطفحة . مِرغاة — Skimmer.

مُقاصَّة (في الحقوق) — Offset; compensation.

— : مُوازنة — Set-off; counterpoise.

— (في حساب المصارِف) — Clearing.

٭قَصَعَ : ابتلعَ — To gulp; quaff; swallow in large draughts; drain.

△ — المفصلَ : وثأ — To sprain (a joint).

— الماءُ العطَشَ — To quench thirst.

— ت الرحى الحبّ — To crush; bruise.

قَصْعَة : صحن خشبي كبير — Trencher; large wooden plate.

△ — الشريط الحديدي — Bell-sleeper.

△ — العود وأمثاله — Bowl; body.

△ — المركب : هيكل — Hull.

٭قُصْعين : مَرْيَمِيّة . اسم نبات — Garden sage.

٭قَصَفَ الرعدُ — To roar: peal; rumble.

— : كَسَّر — To snap; break short.

— : اقام في اكل وشُرب ولَهْو — To feast; revel; carouse

— . انقصَفَ : انكسر — To be snapped; broken short.

قَصِفَ العودُ : كان سريع الكسر — To be brittle.

قَصْف : كَسْر — Snapping; breaking off.

— : دَوِيّ — Roaring; report; peal; loud sound.

— الرعد — Peal of thunder; thunderclap.

—. قُصُوف : اكل وشُرْب ولهْو — Feasting; carousal; revelry; orgy.

قَصِفٌ. قَصِيفٌ : سريع الانقصاف — Brittle; apt to break; breakable; fragile.

قَاصِف : كاسِر — Breaking; shattering.

— : شديد الصوت — Roaring; resounding.

مَقْصِف : △ بُوفيه — Refreshment room; bar; buffet.

٭قَصْقَصَ : كَسَّرَ — To break; shatter.

△ — الشيء : قصَّ طرفه — To clip *or* snip.

٭قَصَلَ . اقتصَلَ : قطع او حصَدَ — To cut down; mow.

قِصْل . قَصَلٌ . قُصَالة — Chaff; straw.

قاصِل . قصّال . مِقصَل : قاطِع — Cutting; sharp; keen.

△ قصول الخيّاط من القماشِ — To purloin; (cabbage.)

مِقْصَلة : آلة ضَرْب الاعناق — Guillotine.

٭قَصَمَ : كَسَّرَ — To snap; break short.

تقصَّم . إنقصم — To be broken

قَصِم . قَصِيم : سريع الانكسار — Brittle; easily broken; fragile.

قَصِيمة : ○ باسِيل — Bacillus (*pl.* Bacilli.)

(قصن) ○ قاصُون (الجمع قواصِين) — Diving-bell.

٭قَصْو. قَصَاء : بُعْد — Remoteness.

قَصِيّ . قاصٍ — Remote; far away; distant.

قَصِي . قَصَا : بَعُدَ — To be remote *or* distant.

— . تقصَّى عنهم : ابتعدَ — To go far away from.

تَقَصَّى . استقصى ٢ الأمرَ : بلغ الغاية في البحث عنه — To explore; examine thoroughly; penetrate deeply into.

استقصى ٢ عن : استعلم — To inquire about; make inquiry respecting.

أَقْصَى : أَبْعَدَ — To eliminate; send away; repudiate.

— الشيء : بلغَ اقصاه — To culminate; reach the utmost limit of.

أَقْصَى : أَبْعَدُ — More distant; farther.

— : آخر . نهاية — Extreme; limit; end.

— : غاية — Extreme; utmost; ultimate.

— : معظم . اعلى درجة — Maximum.

— امانيهم — The highest of their wishes.

— درجة — The uttermost, highest, *or* greatest, degree.

الاقصى : الابعد — The most distant.

الغاية القصوى — The ultimate, *or* extreme, end.

الضرورة القصوى — Absolute necessity.

اقاصي الارض — The extremities, *or* uttermost parts, of the earth.

— حدود كذا — Furthermost limits of.

تَقَصٍّ . إِسْتِقْصَاء — Research; investigation; inquiry.

△ قَصْوَلَ : سَرَقَ قليلاً فقليلاً (راجع قصل) — To whittle away.

☆ قصيدة (في قصد) ☆ قضّ (في قضض) ☆ قضاء (في قضو)

☆ قَضَبَ . قَضَّبَ الشجرة — To prune; cut off; lop.

إِقْتَضَبَ : قطع — To curtail; cut off; retrench.

— : اختصر — To shorten; abridge.

— الكلامَ : ارتجله — To improvise; speak off-hand; extemporise.

قَضْب . تَقْضِيبُ الشَجَر — Pruning; lopping.

قُضَابَة : قُلامة — Clippings; prunings.

قَضِيب : غصن مقطوع . عُود — Stick.

— : عصا — Rod; stick; staff.

— الذَكَرِ : عضو الذكورة — Penis; the male organ.

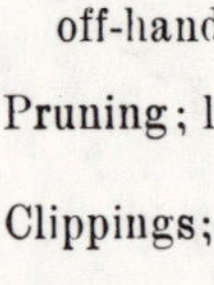

— السلطة — Verge; wand; staff.

— سِكّة الحديد — Rail (of railway).

قُضْبان سِكة الحديدِ — Metals; rails of ←a railroad.

إِقْتِضَاب : ارتجال — Improvising.

— : اختصار — Abridgment; trenchancy.

مِقْضَب : سكّين التقليم — Pruning hook; pruning knife.

— : مقصّ التقليم — Pruning shears.

مُقْتَضَب : مُرتَجَل — Improvised; off-hand; extempore.

△ — : مختصر — Curt; short; brief.

☆ قَضَضٌ . قَضٌّ . قِضَّة : كسارة الحصى — Metal; broken stone.

بقضّهم وقضيضهم — Bag and baggage.

قَضَّ : ثقب — To pierce; perforate.

— : كسّر — To break; crush.

— : هدم — To pull down; demolish.

— : قلع — To pull off; take, *or* draw, off.

— . أقضّ المضجعُ : خشن — To be rough *or* hard.

إنقضّ الطائرُ : هوى . نزل — To swoop (down.)

— عليهم : هجم — To fall, dart, *or* rush, upon.

☆ قَضَعَ : قهر — To subdue; overcome.

قَضْع . قُضَاع : مَغْص — Colic; gripes.

☆ قَضِمَ : قطع باطرافِ الاسنان — To bite off; gnaw; take a bite.

قَضْم : سَيْف — Sword.

قَضْمَة — A bite.

قَضَامه س : حِمّص — Peas.

قَضِيم : سيف او سِنّ منكسر الحدّ — A sword with a notched edge.

— : جِلد ابيض يُكتَب فيه — Vellum; parchment.

☆ قَضَى . قضى العمل : انجزه — To execute; carry out; perform; do.

— منه وطره — To gain one's end; attain one's desire *or* object.

— الواجبَ — To do, perform *or* fulfil, a duty.

— حاجته — To attain *or* accomplish, a wish.

— الحاجة : تغوّط — To ease nature.

— الدَيْنَ : وفاه — To pay, *or* settle, a debt.

— الوقتَ : صرفه . قطعه — To spend time.

— الوقتَ : اضاعه سُدًى — To while away time.

— المدّة : وفاها — To terminate; conclude.

— على : أبادَ — To exterminate.

— على الشيء : أنهاه — To do away with.

English	العربية
To put an end to.	على الامر : أبْطَلَه
To frustrate; defeat; baffle.	على : خَيَّب
To destroy; make an end of.	على : اعدَم
To kill; deprive of life.	عليه : قَتَلَه
To sentence; condemn; pass judgment upon.	عليه : حكَم عليه
To condemn to death.	عليه بالاعدام (مثلاً)
To necessitate.	عليه : أوْجَب
To give judgment in favour of.	له : حكَم
To judge; give judgment.	بين الخصمَين
To rule (The judge ruled that...)	بكذا : حكَم
To die; expire.	الرجلُ : مات
To die; pay the debt of nature.	أجلهُ
To decree, or destine, for.	وقدَّرَ على
To be seized with admiration; struck with wonder.	منه العجَب
To be executed, done, etc.	قُضِيَ : انقَضى
The die is cast; it is all up.	الأمرُ : نفَذَ السَّهْمُ
To die; be all over with.	امرهُ : مات
To summon before a judge; resort to law.	قاضَى فلاناً الى الحاكم
To prosecute; sue; bring an action against.	: اقام قَضيَّة على
To be executed, done, performed, carried out, etc.	إنْقَضَى : قُضِيَ
To be completed, finished.	: تَمَّ
To pass.	: مَرَّ. فاتَ
To expire; come to an end.	الأجَلُ (الموعد)
The sand has run out.	الأجلُ (العمر)
To require; demand; need.	إقْتَضَى : تَطَلَّب. احتاج الى
Execution; carrying out; accomplishment.	قَضاء : انجَاز
Judgment; sentence; decision.	. . قَضَى : حُكْم
Judicature; administration of justice.	— . — : محاكَمة
Law; jurisprudence.	— . — : شَريعة
Death.	الله : مَوْت
Fate; destiny.	— وقَدَر
Accidentally; fortuitously.	قَضاء وقَدَراً : صدْفَةً

English	العربية
Fortuitous; by act of God; by fate and destiny.	بالقَضاءِ والقَدَر
Fatalism.	الإعْتقادُ (القَوْل) بالقَضاءِ والقَدَر
Tribunal; court.	دارُ القَضاء : محكَمة
Judgment seat.	كُرْسي القَضاء
Judicial.	قضَائي : مختصٌّ بالقَضاء
Sequestrator.	حارس —
District; region; province.	قَضاء (الجمعُ أقْضيَة)
Lawsuit; case; suit, or action at law.	قَضيَّة : دَعوى قَضَائيَّة
Affair; question.	— : مَسْئلة . أمْر
Criminal case.	— جنائية
Lemma (pl. --ta, or --s).	— عَارضَة (في الرياضيّات والمنْطق)
Proposition; theorem; problem.	— علْميَّة
Cross-action.	— فَرْعية
Civil action.	— مَدَنية
Legal expenses; costs.	مَصَاريف الـ —
To file a case.	حفْظ الـ —
To nonsuit; dismiss an action, or a case.	شطْب الـ —
To re-examine a case.	اعادَ النظَر في الـ —
To stay the proceedings.	اوقف الـ —
Premises.	قَضيَّتا القياس (في المنْطق)
Solicitors' department.	قَلَم قَضَايا الحكُومَة
Judge; magistrate; justice.	قَاض
Committing judge.	— الإحَالة
Judge of Summary Justice.	— الأمُور المسْتَعْجلة
Examining magistrate.	— التَحْقيق
Justice of the peace.	— الصُّلْح
Supreme judge; chief justice.	— القُضَاة
Money; funds.	— الحَاجات : المالُ
Arbitrator; umpire.	— عُرْفي
Decisive; conclusive.	— : مُنْجِز . متمِّم
Finishing.	— : مُنْه
Deadly poison.	سمّ قَاض : مُميت
Dough-nut; pancake.	لُقْمَة القَاضي : زَلايَة . عَوّامات
Finishing blow; death-blow.	ضَرْبة قَاضِية

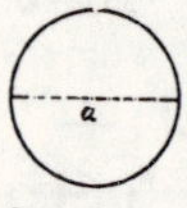

Need; necessity; exigency. إقْتِضَاء : لُزُوم

When necessary. عند الــ.

Termination; expiration. إنْقِضَاء : انتهاء

Extinction of obligations. — التعهّدات (في الحقوق)

Executed; done; performed; accomplished, etc. مَقْضِيّ : مُنْجَز

Determined. — : محكوم فيه

Decreed; ordained by fate. — : مقدّر

Condemned. — عليه

Required; needed; necessary. مُقْتَضَى : لازم

According, *or* agreeably, to; under; in accordance, *or* in conformity, with. بـ كذا

Under our law. بـ شريعتنا

According to the circumstances. بـ الحال

In conformity with reason. بـ العقل

Exigencies. مقتضيات : مُستلزمات

Litigation; judicial contest مُقاضاة : مداعاة

Litigants; the parties engaged in a lawsuit. مُتقاضون

☆ قضيب (في قضب) ☆ قِطّ (في قطط) ☆ قطاة (في قطو)

To tuck; pucker; wrinkle; draw *or* roll together; gather. ☆ قَطَبَ : جمع

To scowl; knit the brows; put on a frowning look; frown. — • قطّب جبينه

To screw up one's face. — • — وَجْهه

To stitch up; sew together. △ — △ — : رتق

To polarise. استقطب (في عِلم الطبيعة)

Axis; pivot. قُطْب : مِحْوَر

Axle; axle-tree. — : مَدار △ دُنْجُل

Magnate; a person of influence or distinction; grandee. — : سَيِّد القَوْم

Pole. — الأرض (واحِد قُطبيْها)

Negative pole. — سالب : مَهْبِط

Positive pole. — مُوجَب : مصعد

North pole. الــ الشمالي

Polestar; polaris; North Star. نجم القُطْب

The magnates of politics. أقطاب السياسة

Polar. قُطْبِيّ : مختصّ بقطب الأرضِ

Poles of the earth. قُطبا الأرض

A stitch. △ قُطْبة خِياطة

Scowling; frowning. قَطُوب . قاطِب : متجهِّم

All without exception; one and all. قاطِبةً

Scowling; frowning. تقطيب : عبوسة

Polarity. — • استقطاب (في علم الطبيعة)

To tar; smear with tar; cover over with pitch. ☆ قطرَ : طلى بالقَطْرانِ

To tow; drag; tug. △ — المركبَ : جرّه

To place in a line *or* file. — • قطّرَ : صفّ

To drip; let fall in drops. — • — الماء : اسالهُ قطرة قطرة

To drip; drop; distil; fall in drops; trickle; run in drops. — • تقطّرَ الماء : سالَ قطرةً قطرة

To filtrate; filter. قطّرَ ٢ الماء : صفّاهُ

To tar. — • قطرنَ : طلى بالقَطْران

To distil; extract by distillation. إستقطر الخمور والعطور وغيرها

To flock; come in succession. تقاطرَ القَوْمُ

Dropping; falling in drops. قَطْر : تنقيط

Rain. — : مَطَر

Railway train. △ — : قِطار سِكّة الحديد

Passenger train. △ — و — الركّاب

Express train. △ — و — سريع

Goods train. △ — و — البضائع

Golden syrup △ — : سُكّر محلول للتحلية

Towing. △ — المراكِب

Towboat; tugboat. △ رفّاص لقطْر المراكِب

A train (connected line) of camels. قِطار ٢ من الإبل

Region; country; district; tract. قُطْر : إقليم

Diameter — الدائرة

Region; quarter. — : ناحية

Diagonal. — المربّع أو المستطيل

Aloeswood. — • قُطر : عُود التبخير

Left column

To cut; clip; trim. — الأظافِيرَ والشَعْر وغَيرها

To engrave; cut out with a graver. — : حَفَر ونقَش

Enough; sufficient. قَط : حَسْب

Only. — : فقَط . لاغَير

Never; not. قَط : أَبَداً

Very curly; crisp (hair.) قَطّ : شَدِيد الجُعُودة

Cat; tomcat; male cat. قِطّ : سِنَّوْر ذَكَر

Wild-cat. — بَرّي

Civet-cat. — الزَبّاد

She-cat; female cat. قِطَّة : هِرَّة

Valerian. حَشِيشَة الـ او الهِرّ

Kitten; young cat. قُطَيْطَة : جَرْوُ القِط

Pattern; model. قَطَاط : مِثال يُحْتَذَى عليه

Turner. قَطَّاط : خَرّاط

Engraver. — : حَفّار

To cut; divide. قَطَعَ : قَسَم

To cut off; amputate. — : بَتَر

To cut; wound. — : جَرَح

To stop; intercept. — : حَجَز . أَوْقَف

To cross; get across; pass over; traverse. — : عَبَر . اجتازَ

To cut off; sever; separate. — : فَصَل

To consume; use up. — : اِسْتَنْفَد . استهلَك

To break; cut off (a rope). — الحَبل والوَتَر

To despair of; lose hope for. — الرَجاءَ من

To get past a difficulty; turn the corner. — الشِدَّةَ او الخَطَر

To cover a distance. — المَسافة

To kill, or while away, time. — الوَقْت

To promise; give a promise. — عَهْداً

To break off one's speech. — كَلامَه او خِطابَه

To commit highway robbery. — الطَرق

To waylay; lie in ambush for. — الطَريقَ على : كَمَنَ له

To migrate (birds). — الطائرُ

To decapitate; behead; cut head off. — الرَأسَ

To cut cards. — الوَرقَ (وَرق اللعب)

To eradicate; exterminate; root out; extirpate. — دابِرَه

Right column

The four quarters of the world. أَرْبَعَة أَقْطَار المَسْكُونَة

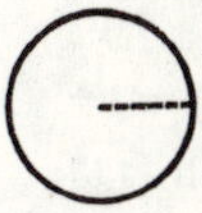

Radius, (pl. Radii.) نِصْف قُطر الدائرة

Diametral; diametrical. قُطْرِي

Diametrical pitch.(في التروس) △ خَطْوَة قُطْرِيَّة

A drop. قَطْرَة : نُقْطَة

Raindrop. — مَطَر : نُقْطَة منه

Dewdrop. — نَدَى : نُقْطَة منه

Eyedrop. — العَين : دَمْعَة

Eyewater; collyrium. △ — العَين : ما تَقْطره فيها من دَواء

Tar; coal tar. قَطِران : دُجَالة

Coupler. △ قَطَرْجِي : عامل بسكة الحديد

Dropper; drop-glass. قَطَّارَة : نَقَّاطة

Lighter; barge. △ قَطِيرَة بَحرِيَّة

Engine; locomotive engine. قاطِرة : △ وابُور

Distillation. تقطير . إسْتِقطار

Filtration. △ — : تَكْرِير . تَصْفِية

Censer. مِقْطَر . مِقْطَرَة : مِبْخَرَة

Stocks. مِقْطَرة٢ التعذيب

Firefly. قُطْرُب : ذباب مُنِير

To tar; smear, or cover over, with tar. قَطْرَنَ : طَلَى بالقَطران

Tar; coal tar. قَطِران : دُجَالة

(قطس) قُطاس : خُشْقاء . بقَر طويل الشعر يستوطن اواسط آسيا Yak.

To turn; shape in lathe; give form to. قَطَطَ الخَرّاطُ الخَشَبة : سَوّاها بالمَحْرَطة

To cut; form by cutting. — : نَحَتَ

To be crisp or curly. قَطَّ . قَطَطَ الشَعَر

To make a pen; mend the point of a pen. — . اِقْتَطَ القَلَم

To pare, or shave off, a hoof. — حافِر الدابة : نَحَتَه وسَوّاه

إِقْتَطَعَ من : اخذَ قطعةً To take a part from.
إِسْتَقْطَعَ ارضاً To ask for a fief.
△ — : خَصَمَ To deduct.
△ — للمعاش. To contribute towards pension.
تَقَاطَعَ الخطّان To intersect; cut into one another.
—ا: ضدّ تواصلا. To be divided, *or* separated.
قَطْع : تقطيع Cutting.
— : مَكَان القطع (وبمعنى جُرْح) A cut.
— : بَتْر Amputation; severance.
— : حَجْم . قياس Size; form.
— الحوالات المالية Discounting.
— الرأس Beheading; decapitation.
— الرجاء او الأمل Despair.
— الطُرُق Brigandage; waylaying.
— العلائق Severance of relations.
— : قِطْع (في الهندسة) Section.
— . — زائد Hyperbola.
— . — مخروط او المخروطي Conic section.
— . — مُكافىء : شلجمي Parabola.
— . — ناقص : اهليلجي Ellipse.
سِعْر القطع Rate of discount.
بقطع النظر عن Irrespective of; regardless of; without regard to.
قطعاً : دون ريب Decidedly; unmistakably.
— : مُطلقاً . ابداً Never; not.
— : بتاتاً Downright.
قطعيّ : نهائي Definite; final.
— : بَتّي Decisive; positive; conclusive.
قاطِع : حادّ Cutting; sharp.
— : مُقنِع Convincing.
— : باتّ Decisive; peremptory; conclusive.
— : فاصِل △ قطوع Partition.
— : قاسِم Intersecting; intersecant.
— : خطّ يقطع قوساً Secant, or cutting line.

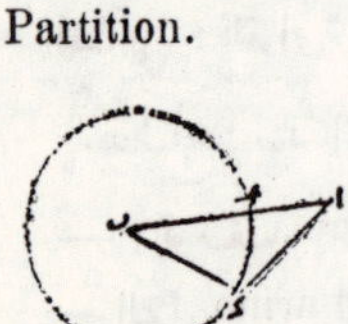

— : حامِض Sour.

— لسانَهُ : اسكته To silence; tie the tongue of.
— من الكنيسة : فصل To excommunicate.
— عليه : قاطعه (راجع قاطع) To intercept.
— عن : حرم من To deprive of.
— الصديق To cut; give up; renounce; break off acquaintance with.
— في القول : جزم To affirm; assert confidently *or* positively.
— فيه الكلامُ : أثّر To cut; affect deeply.
△ — عقله : اقنعه To convince.
△ — تذكرةً To take, *or* buy, a ticket.
△ — الثمن To agree upon a price.
△ — الكمبيالة : خصمها To discount a bill.
△ — اللبنُ : إهاجَ To curdle; separate into curds and whey (milk.)
قطّع : قطع قطعةً قطعةً To cut to pieces.
— : مزّق To tear; lacerate; rend.
— اللحمَ (على المائدة) To carve meat.
— الشِعْر To scan poetry.
يقطّع او يمزّق القلب Heart-rending.
قاطَعَ . أقطَعَ[1] عنه : باينه To cut; renounce; break off acquaintance with.
— : انكر معرفته To cut dead; refuse to recognise a person.
— الكلام والعمل To interrupt; cut in.
— في المعاملة التجارية To boycott.
أقطع[2] النهرَ To make one cross a river.
—هُ الخشبَ To allow one to cut wood.
—هُ الارضَ To grant land to (as a fief.)
—هُ معاشاً To grant a pension.
قُطِعَ . اِنقطع (مطاوع قطع بكل معانيها) To be cut.
— . — الحبلُ والسلك To break; be broken.
— . — الخط (الشريط) الحديدي The line is broken.
— . — التيار The current is cut off.
انقطع[2] المطرُ والصوتُ الخ To cease; stop.
— عن كذا : كفّ To desist from; stop.
— الى كذا To concentrate on; apply oneself solely to; give one's whole time to; be devoted to.

Right column

English	Arabic
Highwayman; highway robber; waylayer.	— الطرق
Breath-bereaving.	— النفَس
Incisor; sectorial.	— . سِنّ قاطع
Lenten food.	طعام — : بلا لحْم او شحْم △ صيامي
Migratory birds.	طيّر — : القواطع
Sector.	قُطَاعُ الدائرة
Soil profile.	— أرْضي
Cutter; one who, or that which, cuts.	قُطَّاع : الذي يَقطَع
Retail.	△ قَطّاعي : مفرَّق
By retail.	△ بالـ : بالمفرَّق . كَسْراً
To retail.	△ باع بالـ : أخْتَى
Retailer.	△ تاجِر الـ : يسلَمي . تاجِر الإخْتَا
Portion.	قِطْعَة : حِصَّة
Piece; part.	— : جُزْء
Segment of a circle.	— الدائرة
Lump of sugar.	— شكَّر
Piece-work.	شُغْل بالـ .
A piece cut off.	قُطْعَة : ما قُطِعَ
A plot of land.	— : بِقْعَة أَرض مفْروزة
Stump.	— . قُطْعَة : بَقِيَّة المقطوع
Danger.	△ قُطُوع : خَطَر
To have a lucky escape.	△ فات عليه — .
Partition.	△ قُطُوع(الجمع قواطيم) : قاطِع يفصِل بين مكانين
Flock.	قطيع من الغَنم او الطيور
Herd; drove.	— من الحيوانات الكبيرة
Estrangement; alienation; repudiation.	قطيعَة : هِجران
Fief; feudal estate; land assigned to a vassal.	— . إقْطَاعَة
Federal.	اقطاعيّ : التزامي
Separation; break; interruption.	إنْقِطَاع : ضدّ اتصال
Cessation; ceasing; stoppage.	— : توقُّف
Suppression, or stoppage, of urine.	— البَوْل
Incessantly; unceasingly.	— بلا

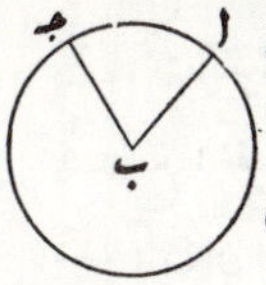

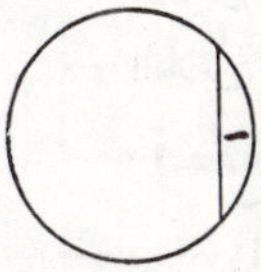

Left column

English	Arabic
Cutting.	تَقْطِيع : قَطْع
Colic; gripes.	— : مغص في البطْن . △ تَقْرِيط
Stature.	— . قَدّ وقامة
Features; lineaments of the face.	تَقاطِيع الوَجْه
Intersection.	تَقاطُع الخُطوط
Intersection line.	خط الـ
Intersection point.	نُقْطة الـ
Railway junction.	نُقْطة التَقاطُع في سِكّة الحديد
Crossing; ford.	مَقْطَعُ النَهْر : مكان اجتيازه
Crossing; intersection.	— الطرق والخُطوط
Syllable.	— هِجائي
Cutting instrument.	مِقْطَع : آلة القطع
Guillotine.	— وَرَق (او الرؤوس)
Cut into pieces.	مُقَطَّع : تَقَطَّمَ
Torn to pieces.	— : مُمَزَّق
Cut; severed; amputated.	مَقْطُوع : قُطِعَ
Despairing; hopeless.	— به : يائس
Consumption.	△ مَقْطُوعيَّة (في التجارة وغيرها)
Renunciation; repudiation.	مُقاطَعَة : مُبايَنة
District; province.	— : إيالة . إقليم
Interruption.	— الكلام والعَمَل
Boycotting; boycott; embargo.	— تِجاريَّة
Interrupted.	مُنْقَطِع : غير مُتَّصِل
Separated; detached.	— . مَقْطُوع : مَفْصُول
Devoted to.	— لكَذا
Unequalled; matchless; peerless.	— التَظِير
Incessant; unceasing; uninterrupted; continual.	غير — .
To cull flowers.	﴾ قَطَفَ . قَطَّفَ . اقْتَطَفَ الزهورَ
To pluck; gather; pick fruit.	— . — . — الثمَر والزهَر
To pluck; twitch; snatch.	— . — الشيءَ : أخَذه بِسُرعة

قَطْف : خَدْش — A scratch.

— ۳ : عُنْقُود (انظر عقد) — Bunch.

— . تَقْطِيف . اِقْتِطَاف — Picking; plucking; gathering, etc.

قِطْف : ثِمَارٌ مَقْطُوفة — Plucked fruit.

قِطَاف : أوان قَطْف الثَمَر — The time of gathering fruit.

قَطِيفَة : مُخْمَل (من الحرير) — Velvet.

— : مُخْمَل (من القطن) — Velveteen; cotton velvet.

— القَرْوُشات — Plush.

— : عُرْف الديك . نبات — Cockscomb.

مِقْطَف : مِنْجل يُقطف به — A hook for gathering fruit; fruit picker.

مَقْطَف : قُفَّة — Lace straw basket.

مُقْتَطَفات علمية : مُنْتَخَبات — Excerpts.

٭ قَطْقَاط : سَرِيع — Swift; nimble; quick.

— : زَقْزاق — Plover.

٭ قَطَلَ . قَطَّلَ : قَطَعَ — To cut off.

قَطِيلَة : △ بَشْكِير — Towel.

٭ قَطَمَ : قَضَم — To bite off; take a bite; gnaw.

— : قَطَعَ △ قَرْطَمَ — To lop off.

△ — رقبته : كَسَرها — To wrench, or twist, another's neck.

مَقْطَم : مَذَاق — Taste; relish.

مِقْطَم : مِخْلَب — Claw.

٭ قِطْمَار . قِطْمِير : قشرة رقيقة (كالتي بين النواة والتمرة) — Pellicle; film.

٭ قَطَنَ في المكان وبهِ — To inhabit, live, or dwell in, a place.

قَطَّنَ : جعله يقطن — To make one dwell in a place.

قَطَنٌ — Lumbar region; the region of the loins.

قُطْن — Cotton.

— خام (بِبَذْرِهِ لم يُحْلَج) — Unginned cotton.

— طِبّي — Cotton wool; absorbent cotton.

△ — سَكَارْتو — Cotton waste.

بذرة الـ — Cotton seed.

دُودَة الـ — Cotton worm.

شَجَرة الـ — Cotton plant or shrub.

مِحْلَج الـ — Cotton gin.

قُطْنِي — Cotton; of, or pertaining to, cotton.

قُطْنِيَّة (الجمع) قَطَانِيّ — Pulse; leguminous plants or their seeds.

قطانيا : صَقَلِّيَة — Sicily.

قَاطِن — Inhabitant; dweller.

△ قِيطَان : بَرِيم — Cord; braid, or lace.

مَقْطَنَة : مزرعة قُطْن — Cotton plantation.

يَقْطِين : قرع مُسْتَدِير — Winter squash.

٭ قَطْوَان : متقارب الخطو في مشيه — Toddler.

قَطَا : ثَقُلَ مشيه — To toddle.

قَطَا . الواحدة قَطَاة — Sand grouse.

△ قطونا . بذر قطونا : حَشِيشَة البراغيث — Flea-wort.

٭ قطيفة (في قطف) ٭ قطيلة (في قطل) ٭ قعّ (في قعع)

٭ قَعَدَ : جَلَسَ — To sit down.

— : بَقِيَ قاعِداً — To remain sitting.

— له : كَمَنَ — To lie in wait for.

— عن : كَفَّ — To desist from.

△ — الطعام على المعدة : ثَقُلَ — To rest heavily on the stomach.

— . أَقْعَدَ بالمكان : بقي . أقام — To remain; stay.

— بهِ . ـهُ : أَجْلَسَهُ — To seat; cause to sit down.

— به . ـه : ثَبَّطَ عزمه — To dismay; discourage.

— بهِ وـهُ وقعَّدَهُ عن : منعه — To detain; withhold; keep back, (or from.)

تقعّد . تقاعد عن كذا : ترك طلبه — To desist, or cease from.

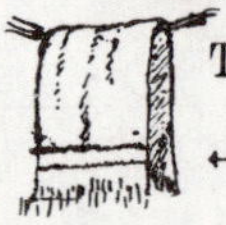

تقاعَدَ ٢ عن الأمر : توقف وامتنع — To refrain, or forbear, from.

— : اعتزلَ الاعمالَ — To retire (from active life).

قُعَدٌ : الذين لايذهبون الى الحرب — Slackers; shirkers; those who shirk military service; war dodgers.

— : خوارِج — Separatists; dissenters.

قَعْدَة : جَلْسَة — A sitting.

△ — : وَضْع — Posture; attitude; pose.

△ — : مَقعدَة . سَافِلَة — Buttocks.

— • قِعْدَة : المكان يَشغله القاعد — Place occupied by sitting.

ذو القِعْدة ٢ — Eleventh month of the Arabian calendar.

قُعَدَة • قُعَدِيّ • قُعُود (١) : ملازِم الجلوس — Sedentary.

— • — : مِكْسال — Idler; slacker.

△ قَعَّادة : مبْوَلة △ قَصْرِيَّة — Chamber pot.

قَعُود ٢ : فصِيل الابل — Young camel.

قُعُود : جُلُوس — Sitting.

حياة الـ — Sedentary life.

قَعِيد : جَلِيس — A companion (in sitting.)

— : حافِظ — Guardian; keeper.

قاعِد : جَالِس — Sitting.

— الهِمَّة : كَسُول — Lazy; sluggard.

قاعِدَة : مرْتكز — Base; basis (*pl.* bases.)

— العمارة : اساس — Foundation; groundwork.

— : ركيزة — Pedestal.

— : قانون — Rule; regulation.

— : مَبْدَأ — Principle; law.

— : مِثال يُحتذى △ مَشْق — Model; pattern.

— : نسَق — Method; way.

— البلاد — Capital; metropolis.

— ثابتة — Fixed (hard and fast) rule.

قاعِدِيّ : اَساسِيّ — Basic.

تقاعُد : اعتزال الاعمال — Retirement.

سِنّ — الشيخوخة — Superannuation age.

مَعاش الـ — Retired pension.

مَعاش — الشيخوخة — Superannuation allowance.

مَقْعَد : مكان الجلوس — Seat; the place *or* thing on which one sits; chair.

— : مُتَّكأ . ديوان — Settee; sofa.

مُقْعَد — Infirm; decrepit; crippled.

مَقْعَدَة : سافِلة الانسان — Buttocks; seat.

— السروال — Seat (of a pair of trousers.)

مُتَقاعِد : معتزل الاعمال — Retired.

— : محال على المعاش — Pensioner; superannuated.

☆ قَعُرَ : كان قعيراً — To be deep, *or* profound.

قَعَرَ . قَعَّرَ . أقْعَرَ : عمَّق — To deepen; make deep *or* deeper.

قَعَّرَ ٢ : جوَّف — To make concave *or* hollow.

— : صاحَ △ جَعَّرَ — To howl; cry aloud.

— • تقعَّرَ في الكلام — To speak gutturally.

تقعَّرَ ٢ : صارَ عميقاً — To be deeply excavated.

— : تعمَّق — To penetrate deeply into.

قَعْر : قاع — Bottom.

— : تجويف — Hollowing; excavating.

قَعْر : عقل تامّ — Sagacity; penetration.

قَعْرَة : تجويف — Pit; cavity; depression.

قَعُور . قَعِير . مُقَعَّر : عميق — Deep; profound.

تَقَعُّر : ضِدّ تحدُّب — Concavity.

مُفرَد الـ — Plano-concave.

مُقَعَّر ٢ : ضدّ محدَّب — Concave.

— الوجهين : مزدوج التقعير — Double-concave; concavo-concave.

— محدَّب — Convexo-concave.

☆ قَعِسَ . اقْعَنْسَسَ : ضدّ حَدِبَ — To be pigeon-breasted.

تقاعَسَ عن الامر : تأخَّرَ — To tarry; shirk; slacken; linger.

— : امتنع — To refrain from.

أقْعَس : ضد احدب — Pigeon-breasted.

(قمع) قُمّ . قُمَاع : شَديد الملوحة — Briny; salty; bitter.

△قَعَ : هَمَّ . تَكَلَّفَ القَي — To retch; make an effort to vomit.

٭قَمْقَعَ السِلاحُ — To clatter; clash; rattle.

— الرَعْدُ — To peal; ring out.

△ : قَرْقَعَ — To crackle.

قُمْقُمٌ : عَقْعَق — Magpie.

قَمْقَمَةُ السِلاحِ — Clatter; clash; rattle.

— الرَعد (الجمع قَمَاقِم) — Peals of thunder, etc.

△ : قَرْقَعَة — Crackle; series of slight cracking sound.

٭قِمي : أَشْرَفَت أَرْنَبَةُ أَنْفِه ومالَت الى فوق، فهو أَقْمَى (١) — To have a snub (turned up) nose.

أَقْمَى ٢ الكَبُّ : جَلَسَ مُنْتَصِباً — To squat.

٭قَفَ (في قفف) ٭ قَفا (في قفو) ٭ قَفَّاز (في قفز)

٭قَفَرَ . إِقْتَفَرَ الاَثَرَ — To track; follow the tracks of.

أَقْفَرَ المكانُ — To be desolate; laid waste.

—المكانَ : جعله قَفْراً — To devastate; desolate; make desolate; lay waste.

— العَظْمَ : عركَه △مَصْمَصَه — To pick a bone.

قَفْرٌ . قَفْرَة — A desert; waste; deserted region; wild; wilderness.

— اليهود : نَوْع من القَار — Jew's pitch.

△ . قِفَار (أَرض) — Desolate, or deserted.

خُبْزٌ — وقَفَار : غير مأْدُوم △حاف — Bread alone; dry bread.

قَفِيرُ النَحْل : خَلِيَّة — Hive; bee-hive.

— الدَبَابِير والنَحْل البَرِّي : عُشّ — Nest.

إِقْفَار — Desolation; depopulation.

مُقْفِر — Desolate; deserted; lifeless.

٭قَفَزَ . وثَبَ — To leap; jump; spring; bounce.

تَقَفَّزَ بِالحِنَّاء — To dye one's hands with henna.

— : لبس القُفَّازَ — To put on gloves.

قَفَزَ : وَثَب — Leaping; jumping; springing.

قَفْزَة — A leap; a jump; a bounce.

قُفَّاز :٥جُوَنْتي — Glove, or mitten.

△قَفِيز : لسان الكَلون . رَفَّاس — Snap.

— التِرباس او الكَلُون — Staple.

— القُفْل (الفال) — Hasp.

— المَواسِير — Pipe-hook.

حَلْقَة بِقَفِيز — Snap-ring.

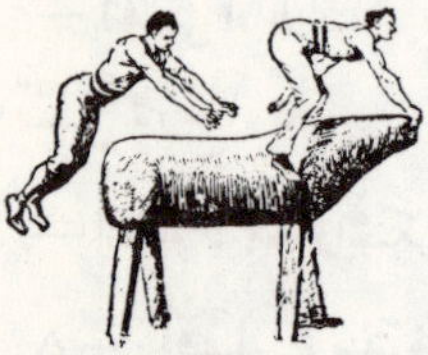

قُفَّيْزَى : حِصَان خَشَبِي يتقافزون عليه — Vaulting-horse.

قَفَشَ : اخذ وجمَع — To gather.

△ — : ضَبَت — To catch; grasp.

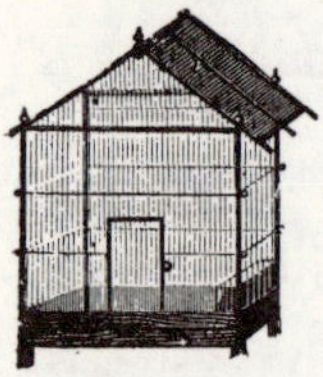

٭قَفَص : مَحْبِس الطَير او الحيوان — Cage.

— الدَجاج — Hen-coop.

— العَصَافِير — Bird-cage.

— كبير : سَفَط (لنقل البضائع) — Crate.

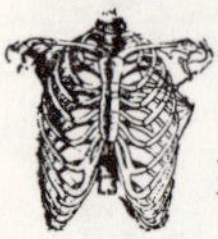

△ — : التجويف الصدري — Thorax (pl. Thoraces); hemal cavity.

— : سَلَّة △سَبَت — Basket; wicker basket; panier.

— المُجرمين : موقفهم في المحكمة — Dock; bar.

حَبَسَ في قَفَص — To cage; encage.

△تَقْفِيصَة الدجاج : بيتها — Hen-house; hen-roost.

٭قُفْطان : ثَوب شرقي — Kaftan; robe; oriental outer garment.

٭قَفَّعَ : ايْبَسَ وقبَّضَ — To cause to shrivel; cause to shrink into corrugations.

قَفِعَ . تَقَفَّعَ — To shrivel; shrink and form corrugations; wrinkle; shrink into furrows.

قَفْع : جُنَّة تُسْتَعمل في حَرب الهجوم — Testudo.

(قنف) قَفَّ : يَبِسَ — To dry up; wither; shrivel.

— الشعْر — To bristle; stand on end.

— الدِرْهَم : سَرقَه بين اصبعيه — To pinch; finger.

تَقَفْقَفَ من البردِ : قَفْقَفَ — To shiver from cold.

قُفَّة : مقطَف — Lace straw basket.

قُفَّة ٢ . قُفُوف : قُشَعْرِيرة — Chill; shivering.

قُفُوف ٢ الشَعَر او الجِلْد — Horripilation; goose-flesh.

*قَفْقَفَ . تَقَفْقَفَ من البرد — To shiver from cold.

— من الحمى : اصْطَكَّت اسنانه — Chatter with the chill of fever.

قَفْقَفَة البَرْد — Shivering; chill; chilliness;

— الحمّى او الرعْب — Chattering of teeth.

*قَفَلَ : رَجَعَ . عادَ — To return; come back.

— الطعام : جمعه واحْتَكَرهُ — To monopolize, *or* hoard, food.

△ — . أَقْفَلَ : ضِدّ فتحَ — To close; shut.

△ — . — الحَنَفِيَّة وامثالها — To shut *or* turn off a stopcock; turn off the water, the gas, etc.

△ — △ — النورَ الكَهْرَبي — To switch off a light.

قَفَّلَ . أَقْفَلَ ٢ : جعلَ عليه قُفْلاً — To lock; fasten with a lock.

قُفْل : غالٌ س ←Padlock.

— : △ كَالُون ←Lock.

قَفَّال : △ كوالينى — Lock-smith.

قافِل : راجع — Returning; coming back.

قافِلَة — Caravan.

مُقْفَل — Shut; closed; locked.

△ قَفَنْدَر : سَمك كبير مُفَلطح — Halibut; holibut.

*قَفْو واقتِفاء الاثَر — Tracking; following the tracks of.

قَفَا . اقتَفَى اثَرَه — To track; follow the track, trail, *or* traces, of.

قَفَّى فلاناً زَيْداً او به — To send after.

— الكَلامَ — To rhyme; put into rhyme.

قَفَا . قَفَاء : مُؤَخَّر العنق — Nape; back of the neck.

— الرأس : قَذَال — Occiput; back part of the head.

— : ظَهْر . خِلاف الوَجْه — Back.

— الثَوْب — The wrong side (of a garment).

— القماش — The inner side (of cloth.)

— السِكَّة (العُمْلة) — The back; reverse.

قافِيَة : قَفَا العُنق — Nape; back of neck.

— : سَجْع — Rhyme.

△ — : تَوْرِيَة — Pun; play on words; quibble.

△ — : عِبارَة بِمَعْنَيَيْن (احدهما مسْتَهْجَن) — Double-entendre; phrase with two meanings, one indelicate.

تَقْفِيَة : سَجْع — Assonance.

مُقَفًّى : مُسَجَّع — Assonant.

شِعْر — . — Rhymed poetry.

كَلام — . — Rhymed prose.

(نقل) ○ قاقُلَّى : قاق الله ح — Cacalia; wild caraway.

قاقُلَّة : حَبَّهان — Java, *or* lesser, cardamom; cardamon.

— ذكَر — Malegauetta pepper; grain of paradise.

عُودُ الـ . — Cakile; fragrant wood.

(ققم) ○ قاقُم . قاقُوم — Ermine.

*قلّ (في قلل) *قُلْ (في قول وقيل)

*قلا (في قلو) △ قلاوظ (في قلظ)

*قَلَبَ . قَلَّبَ : حَوَّلَ عن وَجْهه او حالته — To turn; reverse the position of; turn over.

— . — : جعلَ باطِنه ظاهِره — To turn out; make the inside to be the outside of.

— : حَوَّلَ — To turn; change; transform.

— : غَيَّر — To change; alter.

— : جعلَ أعلاه أسْفَله — To invert; turn upside down.

— : جعلَ أسْفَله اعلاه — To turn up.

— : عكَسَ — To reverse.

— : رمَى . كَبَّ — To capsize; overturn; upset.

— المعدةَ — To upturn; turn up (stomach); nauseate.

— الرأسَ او العقلَ — To turn the head, *or* brain.

— الدُّنيا — To move heaven and earth; leave no stone unturned.

قَلَّبَ ٢ الامرَ بعقلهِ	To turn in the mind.
— صفحات الكتاب	To turn over the pages of a book.
إنقلبَ (مطاوع قَلَبَ)	To be turned, changed, altered, inverted, reversed, etc.
— : انكبَّ	To be capsized, upset, overturned, etc.
— عليه	To turn upon.
تَقَلَّبَ : تغيَّرَ	To change; be changed.
— : تحوَّلَ	To be turned over.
— المريضُ على الفِراش	To be restless in bed; writhe; twist.
— المتوجِّعُ	To tumble and toss.
— السِّعْرُ	To fluctuate.
— في أحواله وآرائه	To be changeable; unsteady; fickle; inconstant.
قَلْب : تغيير . تحويل	Turning; changing alteration; transformation.
— : عَكْس	Reversal; inversion.
— (والجمع قلوب) : فؤاد وبكل معانيه المجازيَّة	←Heart.
— : لُبّ	Heart; core; essence; pith; marrow; medulla; kernel.
— : شجاعة او قوَّة	Heart; courage; spirit.
— : عقل	Heart; mind.
— : باطن . جوف	Heart; inmost part.
— : وسط	Centre; middle part.
— : منتصف	Midst; depth.
— (في الميكانيكا)	Core.
— (والجمع قلوبات) ٣: لُبّ الجوز واللوز وامثالهما	Kernel (of nut, almond, etc.)
ضعيف الـ	Weak-hearted; faint-hearted.
قويّ الـ	Stout-hearted; courageous.
قاسي الـ	Hard-hearted; cruel.
قساوة الـ	Hardness of heart; cruelty; callousness of feeling.
كسر ـــه	To break the heart of.
يكسر الـ	Heartbreaking.
مكسور الـ	Heartbroken; broken-hearted.
منقبض الـ	Out of heart; downcast; in poor spirits.
يَرِقّ له الـ	Heartrending.
يفرِّح الـ	Gladdening; cheering.

يقوّي الـ (حقيقيّاً)	Cardiac; stimulant.
يقوّي الـ (مجازيّاً)	Heartening; encouraging.
قوّى ـــه	To hearten; encourage.
انقباض الـ	Heaviness of heart; depression of spirits.
من كل ـــه	With all one's heart; whole heartedly.
على ظهر الـ	By heart; by memory.
△ طبّ (انخلع) ـــه	To have one's heart in one's mouth.
△ في قلب بعض او بعضه	One with the other.
قلباً وقالباً	Heart and soul.
قَلْبيّ : مختص بالقلب	Cardiac.
— : من القلب	Cordial; hearty; heart-felt.
— الشكل	←Cordate.
مُساعدة قلبيَّة	Whole-hearted support.
قلبيّاً : من القلبِ	Heartily; sincerely; cordially; with all one's heart.
— : باطناً	Inwardly; secretly.
△ قَلْبَة صدر الثوب	←Lapel of garment.
△ — السُّلَّم	Flight of stairs.
قُلْب النخلة : جُمَّار	Spadix, *or* pith, of the palm tree.
قُلْب ٢ : سِوار صغير △ غُوَيشة	Ring bracelet; bangle.
— : حيَّة بيضاء	Adder.
قُلَّب . قُلوب . قَلَّاب : كثير التقلب	Fickle; changeable; capricious; inconstant.
— : مُحتال بصير بتقلب الامور	Versatile; many-sided.
قُلاب : مرض القلب	Heart disease.
△ قلَّابة صدر الثوب : △ قَلْبة	Lapel of coat.
عربة قلَّابة (لتفريغ محمولها)	←Tipcart; tipper.
قالَب السَّبك وغيره	Mould; matrix; form.
— الأحذية (لصنعها)	←Last; boot-last.
— الأحذية (لحِفظها)	←Boot-tree.
△ — (قمع) سُكَّر	Sugar loaf.
إنقلاب : تغيُّر	Change; alteration.

Overthrow; revolution; *bouleversement*. — اِجتماعيّ

Solstice. — شمسيّ

Turning over. تقلّب : تحوّل من جانبٍ لجانب

Change; alteration. — : تغيُّر

Inconstancy; changeableness. — : عدم ثبات

Fluctuation of prices. — الأسعار

Indecision; hesitation. — الأفكار

Change of circumstances. — الظُروف

Vicissitudes of time. تقلبات الدهر

Weather vagaries. — الطقس

Climax; culmination. مقلب (في الفلك)

Intrigue; scheme; plot. △ — : مكيدة

Dump; a place for the discharge of rubbish. △ — أتربة

Turned over; reversed; inverted. مقلوب: معكوس الوضع

Turned upside down. — : أعلاهُ اسفله

Upside down. △ بالمقلوب : فوقاني تحتاني

On the wrong side. — (كقولك لبس الثوب بالمقلوب)

Reversely; in a reverse order, *or* manner. — : بالعكس

Changing; changeable. مُتقلّب

Fickle; versatile; inconstant. — الأطوار

Tropic. مُنقلب (في الجغرافيا والفلك) : مدار

Tropic of Capricorn. — شتوي

Tropic of Cancer. — صيفي

Resort. — : مرجع

Tartar of teeth; yellow incrustation on teeth. *قلح . قُلاح الأسنان

Corncob. قولحة الذرة وامثالها

To adorn with a necklace; put a necklace on the neck of. *قلّد: وضع قلادة في عنقه

To gird with a sword. — ه السيف

To invest with office, rank, *or* dignity. — ه منصباً او رُتبة

To give authority to. — ه الأمر: فوّضهُ اليه

To copy; ape; imitate; follow. — ه في كذا: تبعه من غير تأمل

To forge; counterfeit. △ — : زيّف . زوّر

To mimic; imitate for sport; ridicule by imitation. △ — (بقصد السخرية)

To twist a rope. قلد الحبل : فتله

To wear a necklace. تقلّد : لبس القلادة

To take upon oneself. — الامر

To gird oneself with a sword. — السيف

To take up arms. — السلاح

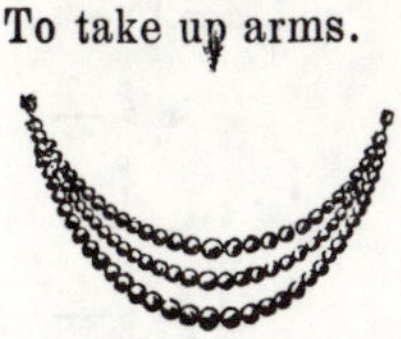

To copy; imitate; ape. — بفلان

Necklace. قلادة : عقد

Twisted. قليد . مقلود : مفتول

Copying; imitating. تقليد : اتّباع

Tradition. — : الاخبار او التعاليم او السُنن المنقولة بالسماع

Investiture. — المنصب او السُلطة

An imitation. △ — : شيء مقلّد

Sham; false; fake. △ — : صوري . كاذب

Spurious; fake; counterfeit; false. △ — . مُقلّد : تقليط . غير اصلي

Counterfeited; forged. △ — . — : مزيّف

Traditional. تقليدي : نقلي . مأخوذ بالسماع

Key. مقلد . مقلاد : مفتاح

Management of affairs. مقاليد الامور

He has intrusted me with the management of his affairs. القى اليّ مقاليد اموره

Pilot. (قلز) △ قلاووز (راجع قلظ)

The Red Sea. *قُلزم . بحر القلزم : البحر الأحمر

To dance and sing; dance to the music. *قلس : رقص في غناء

To regurgitate. — : خرج من بطنه الى فمه طعام او شراب

To stoop, *or* bow, to. قلّس لهُ : انحنى

To curtsy; make curtsey. — ت المرأة : انحنت احتراماً

To make one wear a cap. — ه : البسهُ القلنسوة

To criticise sarcastically; poke fun at. △ — عليه : نقس . تهكّم

Hawser; cable. قلس : حبل ضخم

Cap; cowl; hat. قلنسوة

أنْقَلِيس : ثعبان الماء . جِرِّيث — Eel.

تَقَلِيس : ترجيع الطعام من المعدة الى الفم — Regurgitation.

△ — : نَقْس : تهكّم — Sarcasm.

✲ قَلَشَ : حَسَّرَ . بدّل صوفه او ريشه — To moult.

تقليش : تبديل الصوف او الريش — Moulting.

○ قالوش : حذاء المطر — Galoche; galosh.

✲ قَلْشِين : لِفافة الساق — Puttee; putty.

✲ قَلَصَ وتقلَّصَ الظلُّ — To recede; move away.

— . — ظِلُّه — To fall into the shade.

— . — الثوبُ — To shrink; contract.

قَلَّصَ : شمَّرَ — To tuck up.

— : قبَضَ — To contract; draw together.

تقلُّص : ضِد تمدد — Contraction; shrinking; retraction.

تقلُّصِي : انكماشي — Retractive.

✲ قَلَطٌ : أُدْرة — Rupture; (Scrotal) hernia.

قِيلِيط △ مقيلط : مأدُور . آدر — Having a scrotal hernia.

(قلظ) △ قلاووظ : دليل السُفُن في البوغاز — Pilot.

△ — قَلاووز ع : لولب — Screw.

△ مسمار — : ملولب — Screw-nail.

✲ قَلَعَ . قلّع . اِقْتلَعَ : استأصل — To uproot; root up.

— . — . — : انتزع — To pull, *or* pluck, out.

— ثوبه : نزعه — To take, *or* put, off (one's clothes, hat, shoes, etc.)

— ثيابه : خلعها . تعرّى — To undress; strip.

أقلَعَ المركبُ — To sail; set sail; set off.

— عن كذا — To leave off; desist from.

قِلْعُ السفينة — Sail.

قَلْع . إقْتِلاع — Extracting; pulling, *or* drawing, out.

قَلْعَة : حِصن كبير — Citadel; fortress.

— : رُخّ (في الشطرنج) — Castle.

— طائرة — Flying-fortress.

قَلَعَة : صخرة تنقلع عن الجبل منفردة — Boulder.

قُلاع (الواحدة قُلاعة) : بثرات في جلدة الفم واللسان — Sprue; thrush; aphtha (*pl.* Aphthæ).

△ تَقْلِيعة : بِدْعة — Innovation.

مَقْلَع الحجارة — Stone pit; quarry (where stones are dug.)

مِقْلاع : مِعكام . معجان ع — Sling.

— : آلة حرب قديمة — Catapult.

✲ قلعطة : شِدَّة جُعودة الشعر — Frizziness of hair.

إقلعطَّ الشعرُ : تفلفل — To friz; crisp; curl closely.

△ قَلْمَط : لوَّث — To soil; bedaub; besmear.

△ قَلْمَطة : عَدَم ذوق — Bad taste; tastelessness.

✲ قَلَفَ الشجرة : نزعَ قِشْرها — To bark; strip the bark from (a tree)

— القلفة — To circumcise.

— وقَلَّفَ السفينة : △ قَلْفَطها — To caulk a ship.

قِلْف وقُلافة الشجر — Bark; rind.

قَلَفة . قُلْفَة : غُرْلة — Prepuce; foreskin.

قِلافة المراكب — Caulking.

أقْلَف : غير مختون — Uncircumcised.

△ قَلْفَطَ العملَ : رمَّقه — To scamp; do superficially; patch up.

— المركبَ : قلفه — To caulk a ship.

○ قَلَفُونيَّة : △ لُبانة شامي — Colophony; resin; rosin.

✲ قَلِقَ : انزعج واضطرب — To be disturbed, perturbed, troubled, *or* ill at ease.

△ — : ارِق — To pass a sleepless night; have no sleep.

أقْلَقَ : ازعجَ — To disturb; trouble; make uneasy, *or* restless.

English	Arabic
Littleness; smallness.	قِلٌّ: قِلَّة. ضِدّ كَثرة
A tremor; trembling.	— : رَعْدة
A little; modicum; a small quantity or number.	— . قُلٌّ: كَفاف
Apex; top; summit; vertex.	قُلَّة: قِمَّة
Jug; pitcher.	— : جَرَّة كَبيرة
⟵ Goglet; gurglet.	△ — : الماء
Camel's faucal bag.	△ — الجَمَل: جُلَّة. △ شِقْشِقَة
Restoration; revival.	قَلَّة: نَهْضة من مَرَض او فَقْر
Littleness; smallness; paucity.	قِلَّة: ضِدّ كَثرة
Lack; want; deficiency.	— : نَقْص
Scarcity; rarity.	— وُجُود: نَدْرَة
Plural of paucity.	جَمْع الـ (في النحو العربي)
A monk's cell.	قِلّيَّة: صَوْمَعة (راجِع قلي)
Entirely; bag and baggage.	بقِلّيَّته: بجُملته
Little; small.	قَليل: ضِدّ كَثير (كيّة او قدر)
Thin; spare.	— : نَحيف
Scanty; small; insufficient.	— : غير كافٍ
Impolite; discourteous; uncivil.	— الأدَب
Shameless; brazen; impudent.	— الحياء
Few; small in number.	— العَدَد
Scarce; rare.	— الوجود
In a little time.	بعد — (من الوقت)
A few; a small number (of).	عدد — (من)
A little; some (of).	كَمّية قَليلة (من)
A little; some.	قَليلاً: ضِدّ كَثيراً
Scarcely; seldom.	— : نادراً
Little by little.	— قَليلاً
Less; not so much.	أقَلّ: ضِدّ اكْثَر
Less; lower; inferior.	— : احَطّ
Smaller; lesser.	— : اصْغَر. اخَفّ
The least; the minimum.	الاقَلّ
At least.	على الـ
Minority; the smaller number.	أقَلّيَّة: ضِدّ اكْثَريّة
The minority; the few.	الـ : ضِدّ الاكْثَريّة
Disturbance; unrest; trouble; restlessness.	قَلَق: اضطِراب
Impatience; annoyance.	— : مَلَل
Anxiety; care; solicitude; uneasiness; disquietude.	— الفِكر
Disturbed; troubled; concerned; perturbed.	قَلِق: مُضطَرِب
Anxious; solicitous; uneasy.	— الفِكر
Impatient; restless.	△ — قَلُوق: قليل الصبر
Egyptian potato; taro; *colocasia antiquorum*.	△ قُلْقاس: نَبات جذوره كالبطاطا الضَخْمة تُطبَخ
To stir; move; shake; agitate.	۞ قَلْقَل: حَرَّك وزَحْزَح
To move; stir; be moved, shaken, or agitated.	تَقَلْقَل
To budge; stir; move off.	— من مَكانه
Agitation; instability; unsteadiness; shaking.	قَلْقَلة: تَحَرُّك. عدم ثَبات
Disturbance; agitation.	— : اضطِراب
Earth clod.	△ قُلْقَيْلة: قطعة طين يابسة
Shaky; unsteady; infirm; unstable; insecure.	مُقَلْقَل. مُتَقَلْقِل
Precarious position.	مَرْكَز — : غير ثابت او مأمُون
To diminish; make smaller; reduce; lessen.	۞ قَلَّل. أقَلَّ: نَقَّصَ
To lift, raise or heave, up.	أقَلَّ. قَلَّ عن الأرض: رفَع
To carry; bear.	— الشيء: حَمَلَ
To become less or smaller; lessen; be diminished.	قَلَّ: ضِدّ كَثُر وزَادَ
To be little or small.	— : كان قَليلاً
To be, or become, scarce.	— : نَدَرَ
To be less than.	— عن: نقص
Scarcely; rarely.	قَلَّما (قَلَّ ما)
To lift up; carry.	إسْتَقَلّ: رفَع وحَمَل
To find small or little.	— الشيء: عَدَّه قَليلاً
To belittle; disparage; make light of; set little by.	— الشيء: اسْتَخَفَّ بِه
To be independent.	— : كان مُسْتَقِلاً
To embark; go on board ship.	— باخِرَة
To get into a carriage.	— عَرَبة
To board, or take, a train.	— قطاراً
To ride; mount.	— مَطِيَّة: ركِبَها

إِسْتِقْلَال : حُرِّيَّة — Independence; liberty; freedom.
— إداري — Home rule; self-government.
— سياسيّ — Autonomy; independence.
تَقْلِيل — Lessening; reducing.
مُسْتَقِلّ — Independent; free.
٭قَلَّمَ . قَلَّمَ الاظافيرَ والحوافِرَ — To pare; cut; clip (nails, hoofs, etc.)
— . — الشجرَ : شذَّبَ — To prune; trim; lop (trees).
△ — : خَطَّطَ (انظر خطط) — To stripe.

٥أَقْلَمَ : عوَّده المناخ — To acclimatise; inure to a foreign climate.
قَلَم : يَرَاعة — Pen; quill.

△ — اردواز . — حجر — Slate pencil.
△ — بسط اي قصب — Reed pen.
△ — رصاص — Pencil.
△ — كوبية — Copying pencil.

△ — حبر — Fountain pen; stylographic pen.
△ — جدول : مسطار — Ruling-pen.
— : نصّ . أُسلوب الكتابة — Style.
— : كِتابة . خطّ — Writing.
△ — : خطّ مُستطيل . سَيْح — Stripe; streak.

△ — : صفعة — Slap on the face; a facer.
△ — : نُفذة حِسابيَّة — Item; entry.
△ — : خيط عضو التأنيث في النبات — Style.
△ — : مكتب — Office; department.
△ — الادارة — Head office.
△ — الاشتعلامات — Inquiry office.
△ — الحسابات — Accounting department.
△ — المراجعة — Audit department.
△ — قضايا — Legal, or solicitors' department; disputed claims office.
زَلَّة قَلَم — A slip of the pen; *lapsus calami*.
بالقلم العريض : صراحةً — In plain language.

△ أقلام فتح الدفاتر التجارية — Opening entries.
قُلَامَةُ الاظافير — **Parings; clipping of nails.**
قَلَّما (قلَّ ما) — Scarcely; rarely.
إِقْلِيم : مَنْطَقة — Region; country; district; province.
— : مُناخ — Climate.
إقليمي : مناخي — Climatic.
مجلس إقليمي — Regional council.
تَقْليم الاظافير والحوافِر — Paring; cutting off.
— الشجرِ — Pruning; trimming.
مقصّ الـ . (للشجر) — Pruning shears.
سكّين الـ . — Pruning knife *or* hook.
مُقَلَّم . مَقْلُوم (للشجر) — Pruned; trimmed.
— . — (للاظافير والحوافر) — Pared; cut off.
△ — : مخطّط (انظر خطط) . مسيَّح — **Striped.**

مِقْلَمَة : وعاء الأقلام — Pen-case; kalamdan.

٭قَلَنْسُوَة — Cidaris, cowl, hood, cap, hat, *or* capoche.
— : المعدة الثانية للمجترّات — Reticulum.
ابو — : ابو طاقيّة سوداء (طائر) — **Blackcap.**
تَقَلْنَسَ — **To wear a hood, a cap, a hat, etc.**
٭قلوز المِسمار — **To thread a screw.**
٭قَلَى . قلا اللحمَ والبيضَ — To fry meat, eggs, etc.
— . — الحِمّص : حمَّص — To roast (in a pan).
— . — قَلِيَ : أبغض — To hate; detest.
قَلْي . قَلْو — Frying *or* roasting.
قِلْي . قِلَى . قِلْو : اشنان — Alkali; soda ash; potash.
قِلْويّ : له خصائص قلويَّة — Alkaline.
شِبْه — : فيه قِلي او يُشبهه — Alkaloid.
△ قِلاية . قِلِّيَّة : صَوْمَعة — Monk's cell.
△ — . — : مسكن الاسقف — Episcopal palace.
△ — الاقباط : مسكن بطركهم — The Coptic Patriarchate.

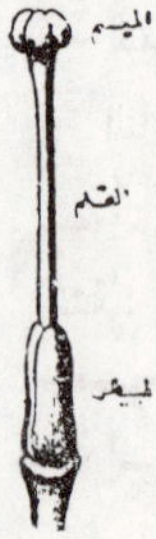

مَقْلَى . مِقْلاة ←Frying pan.

مَقْلِيّ . مُقَلًّى . مَقْلُوّ Fried *or* roasted.

△حِمَّص مُقَيْلِي : مُقَبَّر Roasted peas.

☆قليل (في قلل) ☆ قمّ (في قمم) ☆ قمار (في قمر)

☆قماش (في قمش) ☆ قامة (في قوم)

☆قَمَّحَ : △قَسَّط To pay a part of what is due; pay by instalments.

قَمْح : حِنطة . بُرّ Wheat.

سُنْبلة — . ←Ear of corn.

قَمْحَة : حَبَّة قمح A grain of wheat.

— : وزن = ٠٫٦٤٨ ر من الجرام Grain.

قَمَّاح : △تاجر غِلال Corn chandler.

☆قَمِر : تحيَّر بصره من الثلج To be snow-blind.

قَمَرَ . قامَرَ : لعب الميسر To gamble; game; play for money *or* other stake.

△قَمَّرَ الخبز : جَمَّره To toast, *or* grill, bread.

أقمَرَ الليل To be moonlit (night.)

تقامَروا To gamble (with one another).

قَمَر : تحيُّر البصر من الثلج Snow-blindness.

— : الكوكب النيِّر المعروف Moon.

— : كل نُجيم يدور حول سيَّار Satellite.

— كاذب Paraselene; mock moon.

△ — الدين : مَعجون المشمش Sheeted apricot.

△القمر والنجوم : بَوْصاء (لعبة نارية) Sparkler.

ضَوء القمر . قَمْراء Moonlight.

القمَران The sun and moon.

ليلة قَمِرَة ومُقْمِرَة Moonlit night.

قَمَرِيّ : متعلق بالقمر Lunar.

— : كالقمر Moonlike.

شهر — . Lunar month.

△قُمْرِيّ الواحدة قُمْرِيَّة : شِفْنين ←Turtledove.

△قَمَرَة △قَمَرِيَّة : مَنْوَر السَّقْف Skylight.

— ه : حُجْرة في سفينة Cabin; room in a ship.

— ه : مُصَوِّرَة . آلة تصوير ←Camera.

△قَمَراتي : زَجّاج Glazier.

قِمار . مُقامَرَة : مَيْسِر Gambling; play.

قَمِير . مُقامِر △قَمَرْجي Gambler; player.

مَقْمَر . مَقْمَرَة Gambling house.

△مُقَمَّر : (خُبْز) مُجَمَّر . مُحَمَّص Toast; toasted, *or* grilled, bread.

☆قَمَزَ : أخذ بأطراف الأصابع To pinch; nip between tips of fingers.

△ — : وثب بخفة To skip; frisk about.

تَقَمَّزَ في مشيته To gambol; step along at a lively pace.

☆قَمَسَ : غَمَس To dip; immerse; soak.

قامُوس : بحر عظيم Ocean; great sea.

— : مُعْجَم Dictionary; lexicon.

— جُغْرافي Gazetteer.

جامع او مُؤلِّف الـ. Lexicographer.

☆قَمَشَ . قَمَّش To collect rubbish.

△قَمْشَة : سَوْط من جِلد Strap; cowhide; a whip made of leather.

قُماش : سُقاط . نُفاية Trash; rubbish.

— البيت : امتعته House furniture.

— الناس : اوباشهم Dregs and scum, *or* rubbish, of mankind.

— : نَسِيج Stuff; fabric; textile; cloth.

اقْمِشَة : مَنْسوجات Yard goods; dry goods.

— صوفية Drapery; cloth, *or* woollen goods.

كُرسي قُماش ←Deck-chair.

خَيَّاط وتاجر أقمشة Tailor and draper.

قَمَّاش : تاجر اقمشة Draper; clothier.

☆قَمَصَ . قَمَّصَ : وثب ونفر To kick, *or* toss up, the heels.

— . — : رَكَض To gallop.

To mince.	△تَقَمَّعَ في حَرَكاتِه : اختالَ وتأنَّقَ

Repression; suppression. — قَمْع : كَبْح

Mortification. — — الشَهَوات

Funnel. — قَمْع △قُمْع

Bur; burr; persistent calyx. — — الثَمَرَة

Thimble. — — الخِياطَة

Stub; cigarette end. — — السِيكارَة والشَمْعَة : آخِرُها

Sugar loaf. — — سُكَّر

Suppository. — — دَواء : △لَبُوس للمُسْتَقيم

Snob. — △قُمَّع٢ مُتَقَمِّع : وَضيعٌ مُتَعاظِم

Scent bottle (round with a long neck). — ⊕قُمْقُم : آنِيَة العِطر

Finial. — △ — : قُمْعُولَة (حِلْيَة)

To murmur; grumble. — △قَمْقَمَ . تَقَمْقَمَ : تَذَمَّرَ

To be lousy; infested with lice. — ⊕قَمِلَ . قَمَّلَ رَأْسُهُ

Lice. — قَمْل : حَشَرَة معروفة

Body lice (sing. louse). — — الجِسْم : قُمْقام (الواحدة قُمْقامة)

Head lice. — — الرَأْس

Crab lice. — — العانَة

Plant lice. — — النَبات

A louse. — قَمْلَة : واحدة القَمْل

Crawfish. — △ — الدِرْفيل: كَرَكَند الأنهر : إربيان

Lousiness; phthiriasis; pediculosis. — قَمَل . تَقَمُّل

Lousy; infested with lice. — قَمِلٌ . مُقَمَّل

Parvenue; upstart; mushroom; newly rich person. — مُقَمَّل : استغنى بعد فَقْر

To dry; make dry; desiccate. — ⊕قَمَّمَ : جَفَّفَ

To sweep. — قَمَّ : كَنَسَ

Top; summit; acme; apex; vertex. — قِمَّة

Top, or crown, of head. — — الرَأْس

Sweepings. — قُمامَة : كُناسة

To make one wear a shirt. — قَمَّصَ٢ : ألبَسَ قَيصاً

To wear, or put on, a shirt. — تَقَمَّصَ : لبِسَ قَيصاً

To transmigrate; pass from one body into another. — —تْ الرُوحُ

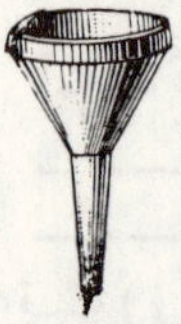

Gallop. — قَمَص : رَكَضَ

Archpriest. — قُمُّص

Shirt; day-shirt. — قَميص الرِجال (خصوصاً المعروف بالقَمص الأفرنكي)

Nightshirt. — — النَوم (للرجال)

Nightgown; nightdress; bedgown. — — النَوم : مَنامة

Chemise; shift. — — النِساء (التَحْتاني)

Cover; envelope; casing. — — : غِلاف . غِشاء

Pericardium. — — القَلْب : غاشِية

Transmigration of souls; metempsychosis. — تَقَمُّص الأرواح

To swaddle a baby. — ⊕قَمَطَ . قَمَّطَ : لَفَّ بالقِماط

To swathe; swaddle; bind tightly. — △ — : عَصَبَ

Clamp. — △قَمْطَة النَجَّار

Swaddle; swaddling-band; swaddling-cloth. — قِماط الصَبي

Pillory. — قُماطَة : جِناك

Swaddled. — مَقْموط

Bookcase. — ⊕قِمَطْر : خِزانَة الكُتُب

Satchel. — — : △شَنْطَة الكُتُب

Rucksack. — — المَسافِر : جِراب . خَريطة

A kind of stocks. — — : خَشَبة تُجعل في أرجُل المُجرمين

To repress; restrain; check; keep back. — قَمَعَ . أقْمَعَ : صَرَفَه عما يُريد

To subdue; suppress; mortify; put down. — — : قَهَرَ . أَخْمَدَ

To repress, or suppress, a rebellion; quell disturbances. — — الثَوْرَة

To nip (it) in the bud. — — الشَرَّ في مَهْدِهِ

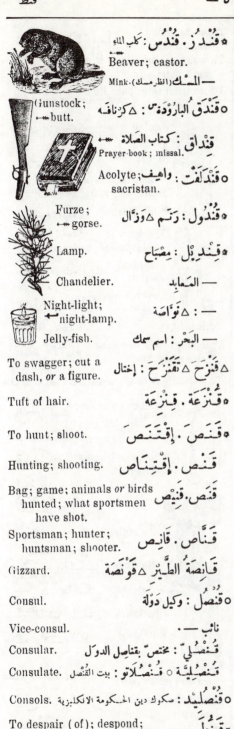

✲قَمِن : قَمِين. جدير — Worthy of; meriting.

قَمِين . قَمِينَة : اتون — Kiln; furnace; oven.

— . — الجير (الكلس) — Limekiln.

— . — الطوب (الآجرّ) — Brick-kiln.

✲قِمَّة (في قمم) ✲ قميص (في قمص) ✲ قنّ (في قنن)

٥قنال : قناة — Canal; artificial channel.

— بناما — Panama Canal.

— السويس — Suez Canal.

✲ قنانة (في قنن) ✲ قناة (في قنو)

✲قُنْبُ الزهرة (انظر كأس وكم) — Calyx.

قِنَّب : نبات الكتّان — Hemp; flax.

— هندي — Wild hemp; *cannabis Indica*.

خيط الـ س : △دُوبارة — Twine; small twine; pack thread.

قِنَّبي — Hempen.

قِنَّابة . قُنَّيْبة : ورقة زهرية — Bract, -eole.

✲قُنْبُر . الواحدة قُنْبُرَة — Lark.

قُنْبُرة △ شُوشة — Tuft; crest.

△ — الماء : جرّاء الرمل (انظر جرى) — Turnstone.

✲قُنْبُع : غلاف زهر النبات (انظر كأس) — Calyx (*pl.* calyces.)

✲قَنْبَلٌ : طائفة — Troop; group.

قُنْبُلَة المدفع — Shell; bomb; bombshell.

— طائرة — Flying, *or* fly, bomb.

— اليد : قذاف — Hand grenade.

— لم تنفجر — Dud.

— ذرّيّة — Atom bomb.

— ايدروجينيّة — Hydrogenous bomb.

✲قُنَّبِيط : △قَرْنَبِيط — Cauliflower.

✲قَنَت : تخشّع لله واطاعه — To be devoted to God.

قانِت : متخشّع — Devout; pious.

✲قَنْد : عسل قصب السكّر إذا جمد — Candy.

قاوَنْد : صيّاد السمك — Halcyon; king-fisher.

✲قُنْدُز . قُنْدُس : كلب الماء — Beaver; castor.

— المسك (انظر مسك) — Mink.

٥قُنْدَاق البارُودة س : △كرنافة — Gunstock; butt.

قِنْداق : كتاب الصلاة — Prayer-book; missal.

٥قَنْدَلَفْت : واهف — Acolyte; sacristan.

✲قُنْدُول : رَتَم △وزّال — Furze; gorse.

✲قِنْدِيل : مِصْباح — Lamp.

— المعابد — Chandelier.

— : △نوّاصة — Night-light; night-lamp.

— البحر : اسم سمك — Jelly-fish.

△قَنْزَح △تَقَنْزَح : إختال — To swagger; cut a dash, *or* a figure.

✲قُنْزُعَة . قِنْزَعة — Tuft of hair.

✲قَنَص . إقْتَنَص — To hunt; shoot.

قَنْص . إقْتِناص — Hunting; shooting.

قَنَص . قَنِيص — Bag; game; animals *or* birds hunted; what sportsmen have shot.

قَنَّاص . قانِص — Sportsman; hunter; huntsman; shooter.

قانِصة الطير △قونصة — Gizzard.

٥قُنْصُل : وكيل دولة — Consul.

نائب — . — Vice-consul.

قُنْصُلي : مختصّ بقناصل الدول — Consular.

قُنْصُلِيَّة ٥ قُنْصُلاتو : بيت القُنْصُل — Consulate.

٥قُنْصُلِيد : صكوك دين الحكومة الانكليزية — Consols.

✲قَنِط — To despair (of); despond; lose all courage, *or* hope.

قَنَّط — To drive into despair; discourage.

قَنَطَ : قُنُوط — Despair; loss of hope; despondence.

△ قِنِط : مُتَزَمِّت — Prudish; formal; stiff; starchy.

△ قُنَيْطَة : خُبْزة الملاحين — Ship-biscuit.

قَانِط : مَقْطوع الرجاء — Despondent.

* قَنْطَرَ : ملك مالاً كثيراً — To become a millionaire.

— البناءَ : عقدهُ — To vault; arch.

قَنْطَرَة : جِسْر مَعْقُود؛ — Bridge; viaduct. ←

— : بِنَاء مُرْتَفِع — Lofty building.

— : عَقْد — ←Arch.

△ — : △ كُوبْري صَغير — Small bridge.

△ — صَرْف — Escape bridge.

عَيْن او بَاب القنطرة (لحجز الماء) ← — Sluice gate; head-sluice.

قَناطِر البناء : △ بَوَاكي ← — Arches; arcade.

△ القَنَاطِر الخَيْرِيَة (فى مصر) — The Barrages.

قِنْطار : ١١٢ رطل مصري تقريباً (او ٩٣ و ٤٤ كيلوجرام) — Cantar; hundredweight; cwt.; cental.

قِنْطَارِيّ : صاحِب مَلْيون فأَكثر — Millionaire

قِنْطريون : حشيشة مُرَّة الطعم — Centaury.

مُقَنْطَر — Arched; vaulted.

△ قَنْطَرَمَة اللجام : شكيمة — Snaffle bit; bridoon.

ο قِنْطَروس — ← Centaur.

قَنْطَرُوس : قَضيب غداني. جَرْصُون ع — Cantilever.

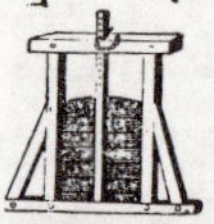

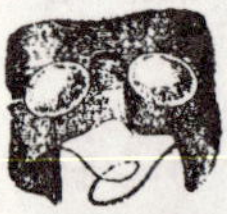

* قَنِعَ . اقْتَنَعَ بكذا : رضيَ — To be satisfied, *or* content, with.

— . — : اذعن — To be convinced *or* persuaded.

قَنَّعَ الوجهَ : حجبه بالقناع — To veil the face.

— . أَقْنَعَ : ارضَى — To satisfy; content.

△ — . — : حمل على القبول — To induce; convince; persuade; prevail on.

أَقْنَعَ ٢ الاناءَ : اماله ليصبّ ما فيهِ — To tilt a vessel.

تَقَنَّعَ بالقِناع : لبسه للتنكّر — To mask one's face.

— ت المرأة — To veil her face; be veiled.

قَنِع . قَنُوع . قَانِع — Satisfied; content.

قَنَع . قَناعَة — Satisfaction; content; contentment.

قِنْع . قِنَاع : درْع — Shield: armour.

قِناع ٢ التنكّر : وَجْه مُسْتَعار ←— Mask; domino mask.

— التستّر : بُرقع . خِمار — Veil.

— الوقاية (من الغازات السامة) : صقاع — ←Gas-mask.

كشفَ القناعَ — To unveil; unmask; reveal.

إِقْنَاع : الحمل على القبول؛ — Persuading; inducing; convincing.

— : إرْضاء — Satisfying; contenting.

إِقْتِنَاع : قَنَع — Satisfaction; contentment.

— : تَصْديق . إيمان — Conviction.

مُقْنِع : كافٍ — Satisfactory; sufficient.

— : يحمل على الإقتناع — Convincing.

مُقَنَّع — Veiled, *or* masked.

* قُنْفُذ . قُنْفُذ : قُبَاع — Hedgehog; urchin. ←

— . — كبير : نَيْص — ←Porcupine.

— البحر : △ رِتْسة — Sea egg; sea urchin.

* قِنْقِن . قُنَاقِن : دليل بصير بالماء والمعدن تحت سطح الارض؛ — Dowser; water-finder.

* قَنِمَ الزيتُ : فَسَدَ △ قَنَّن — To become rancid.

قَنُّومَة : سمك نيلي — Sacred fish; mormyrus.

أُقْنُوم لاهُوتيّ — Person; personal subject; hypostasis.

☆قَنَّنَ القَوانينَ : To make, enact, *or* prescribe laws.
△ — : حَدَّدَ : To fix; limit.
△ — الزيتُ : قَنِمَ : To become rancid.
△ — الجوزُ والبُنْدق الخ : To become musty, fusty, *or* mouldy.
إِقْتَنَّ : اتَّخذ قِنًّا : To take as a serf.
قِنٌّ : عَبْد الارض : Serf.
قُنُّ الدجاج : Hencoop.

— القميص : كم : Cuff.
△ قِنَان : حِلْية معمارية : Dart.
△ بَيَاضِيَّة و — . : Egg and dart.

قُنَّة الجبل : Summit; top; peak.
قُنُونَة . قِنَانَة : عُبودة : Serfdom.
قِنِّينَة : زجاجة : Bottle; glass bottle.

— : زجاجة صَغيرة : Phial; vial.
— الشراب : Flagon.

قانُون : شريعة (راجع شرع) : Law; rule; statute; canon.
— الايمان : Creed.
— : نِظام مُتَّبَع : Status; rule; regulation.
— الأحوال الشخصيَّة : Personal statute.
— البلاد : Law of the land.
— تجاريّ : Mercantile law.
— جِنائي او قانون العقوبات : Criminal law.
— دُوَليّ : International law; law of nations.
— كَنائسي : Canon, *or* ecclesiastical, law.
— نِظامي : Organic law.
— وَضْعيّ : Positive law.
— مَدَنيّ : Civil law.
— رُومانيّ : Roman law.
— نابُولْيُون : Code civil; code Napoleon.
— المُرافَعات : Code of procedure.
مَشْرُوع — . : Bill; draft law.
واضِع الــ . : Legislator; lawmaker.
خاضِع للــ . : Law-abiding.
لا يَسْرِي عليه الــ . : Exempt from the law.
جَمْعُ القوانين : Codification.
مَجلِس شورى القوانين : Legislative council.
قانوني : شَرْعي : Legal; lawful.
— : صَحيح . نافِذ : Valid.
— : مُنْتَظِم : Regular.
— : مُتَشَرِّع : Lawyer.
قانونيَّة : Legality; lawfulness.
تَقْنِين : Law-making.
مُقَنِّن : Law-maker.

☆قَنْو . قُنُوَة . اقْتِناء : Acquisition; act of acquiring; possession.
قُنْو البلح : عِذْق △ زَباطة : Bunch of dates.
قُنْيَة : ما تقتنيه : Acquisition; the thing acquired; property.
قَنَى . قَنا . اقْتَنَى : حصَل على : To acquire; gain; get as one's own.
— . اقْتَنَى ٢ : امتلك : To possess; own.
قَنَّى القناة : حفرها : To dig a canal.
قَنِيَ الأنفُ : ارتفع وسط قصبته : To be aquiline.
قَناة : رُمْح : Spear; lance.
— : عُود الرمح : Shaft of a lance.
— : أُنبوب . مَجْرى : Tube; duct.
— : ٥ قنال . تُرْعة : Canal; artificial channel.
— السُّويس : Suez Canal.
— تمرُّ على قناطر (انظر قنطرة) : Aqueduct.
△ — قُنَايَة : مجرى ماء صغير : Rivulet; runlet; runnel; brook.
— البُخار (في الآلة البخاريَّة) : Steamport.
الــ البَوْليَّة : Urethra.
الــ الدمعيَّة : Lachrymal canal.
الــ المَنَوِيَّة : Spermatic duct.
الــ الهضميَّة : Alimentary canal.

قانٍ . أحمر — . : Dark red; sanguine.
— مُقْتَنٍ : مالِك : Possessor; owner.
أَقْنَى : مَعقوف : Aquiline; hooked.

— الأنف : Having an aquiline nose.

Acquired; possessed. مُقْتَنًى

Ill-gotten. — بالحرامِ : سُحْت

Gum ammonia. ٭قَنَوشَق . قَناوَشَق : صَمْغ

Galbanum plant. شجر الـ : قِنَّة

٭قنومة (في قنم) ٭قنيطة (في قنط) ٭قنونة ٭قِنِّيَّة (في قنن)

To vanquish; subdue; overcome; defeat; overrule. ٭قَهَرَ : اخضَعَ

To compel; coerce; oblige. — : اَجْبَرَ

To grieve; pain; afflict. △ — : اَحْزَنَ

Vanquishing; subdual; coercion; overcoming. قَهْر : إخضاع

Grief; sorrow; affliction. △ — : حُزْن

Ascetism; mortification of the flesh. — الجسدِ (خلاص النفْس)

Compulsion; constraint; coercion; force. — . قَهْرَة : إجْبار

Forcibly; by force, *or* violence; coercively. قَهْراً

Compulsory; coercive; forcible. قَهْرِيّ

Forcible reason. سَبَب قَهْرِيّ

Coercive, *or* irresistible, power. قُوَّة قَهْرِيَّة

Compulsory circumstances. ظُرُوف قَهْرِيَّة

Vanquisher; conqueror. قاهِر : غالِب

Superior force; circumstances over which one has no control; act of God; *force majeure*. قُوَّة قاهِرة

Cairo. القاهِرَةُ : عاصِمَة مصر

The Almighty. القَهَّار : احدى اسماء الله

Insuperable; invincible. لا يُقْهَر

Vanquished; subdued. مَقْهُور : مُخْضَع

Compelled; forced. — : مُجْبَر

Grieved; afflicted; sorry. △ — : حزين

Butler, *or* steward. ٭قَهْرَمان : امين الدخل والخرج

Housekeeper. قَهْرَمانة : △ لُوَنْجِيَّة

Governess. — : مُعَلِّمة أولاد العائلة

To retreat; retire; fall back; recede. ٭قَهْقَرَ . تَقَهْقَرَ : تراجَعَ

To decline; retrograde. تَقَهْقَرَ ٢ : تأخَّرَ . انحطَّ

Retreat; moving backwards. قَهْقَرَى . قَهْقَرَة . تَقَهْقُر : تَراجُع

Retrogression; decline. — . — . — : تأخُّر . انْحِطاط

To guffaw; roar with laughter; laugh noisily, *or* coarsely. ٭قَهْقَهَ

A loud guffaw; loud burst of laughter; horselaugh. قَهْقَهَة

Coffee-beans; coffee-berries. ٭قَهْوَة : بُنّ

Coffee. — : شَرابُ البُنّ المعروف

Coffee-house; coffee-room; café. △ — . مَقْهًى : مشرب القهوة

Coffee-pot. △ تَنَكَة قهوة

Coffee-house keeper. △ قَهْوَجي

To drink much coffee. أقْهَى : افرط في شُرب القهوة

To scoop; excavate; gouge; dig out. ٭قَوَّبَ . قابَ : قَوَّرَ

To burst open (an egg.) تَقَوَّبَت . انْقابَت البيضة

Quantity; measure. قاب : مقدار

Within a bowshot. على — قوس

A young bird; chicken. قُوب : فَرْخ △ كتكوت

Ringworm; tetter; herpes. قُوباء . قُوبَة

Shingles. — مِنْطَقِيَّة : مرض جِلْدي مُؤْلِم

Food; victuals; sustenance. ٭قُوت . قِيت . قِيتَة : طعام

Aliment; nutriment. — . — . — : غذاء

To subsist; feed; give food to. قاتَ . أقاتَ △ قَوَّتَ : اطعم

To nourish; feed. — . — . — : غذّى

To maintain; support. — . — : عال

To feed, *or* live, on. إقْتاتَ . تَقَوَّتَ الشيء : اتخذه قوتاً

To eat. — . — بالشيء : اكله

Nourishing. مُقِيت : مُغَذٍّ

To sweep. ٭قَوَّحَ . قاحَ البيتَ : كَنَسَه

To swell, *or* suppurate. قاحَ ٢ . تَقَوَّحَ الجرحُ : تَوَرَّمَ (راجع قيح)

To stickle; argue. △ قاوَحَ : قاوَلَ . كابَرَ

Stickler. △ مُقاوِح : مُكابِر

٭قَوَّدَ. قادَ. اِقْتادَ To lead; guide; conduct.
إِنْقادَ. إِقْتادَ ٢ : مطاوِع قادَ To be led, *or* guided.
— له : اذعن To follow; obey; yield to.
قِيْد. قادُ : قَدْر Quantity; amount; measure.
— : مسافة Distance.
— اصْبَع An inch.
— انملة An iota.
قَيْد. قَيِّد : سَلِسُ القِياد Tractable; docile.
قِيَاد ٢. مِقْوَد A leading rope; leash.
قِيادَة. قَوْد : إِرشاد Lead; guidance; direction.
— . — : عَمَل القائد Leadership.
قَوْد ٢ : عملُ القوَّاد Panderism; pimping.
قَوَّاد ٢ : دَيّوث Pander; procurer; pimp; fancy man.
قائد : مُرشد **Guide; conductor; leader.**
— : رئيس. زَعيم Leader; chief.
— الجَيْش Commander of an army.
— الأُسْطول Admiral of a fleet.
قَوُود. أَقْوَد : سَهْل الإِنقياد Tractable; docile; manageable.
إِنْقِياد : إِذعان Submission; yielding; obedience.
— اعمى Passive submission.

مِقْوَد. قِياد A leading rope, *or* string.
— الحِصان ←A halter.
— الكَلْب A leash; a lead.
مَقُود. مُنْقاد Led; guided; conducted.
٭قَوَّرَ. إِقْتَوَرَ الشيءَ : ثَقَبَه من وسطه To excavate; make hole in; make a round hole in the middle of.
— . — الخيارة مثلاً To gouge; scoop, *or* hollow out; make hollow.
تَقَوَّرَت الحَيَّةُ : تَثَنَّتْ والتفَّت To coil.
قارَ : مشى على أَطْرافِ قدميهِ To walk on tiptoe.
— فلاناً : قوَّر عَيْنَه. فقأها To gouge, *or* scoop out, *another's* eye.
قارٌ : زِفْت Pitch; liquid pitch; tar.
قارَة : جَبَل صغير Hill; hillock.
قارّة (في قرر) Continent.
△قُورَة : جَبْهة Forehead.
△تَقْوير : خشخشان . حِلْية مِعْمارية Channel.

△— : △نَحْر ←Cavetto.
△— مُجَوَّف ناقِص Scotia.
△— وتَنْفيخ : مُوجة مُعْتَدِلة Cyma recta.
△تَنْفيخ وتَقْوير : مُوجة مُنعكِسة Cyma reversa.
تَقْويرة الثوب : فتحة الرقبة Opening; cut (of collar.)
مُقَوَّر : مُجَوَّف بالمِقْوَرة Scooped; gouged; hollowed out; excavated.
— : مطليّ بالقار Pitched; tarred.
ثوب — : واسِع الطوق Low-necked; *décolleté*.
قَوَّارَة . مِقْوَرة Scoop; corer; gouge.
مِقْوَرَة ٢ الجرّاح : سكين التكحيت Scoop.
— الطبّاخ والنجار وغيرهما Gouge.
△قَوْرَمَة . قاوُرْمة : لحم محفوظ Preserved cooked meat.
○قُوزاق : شعب رُوسي شهير بالفروسية Cossacks.
△قُوزي : حَمَل او لحمه Lamb; young sheep.
٭قَوَّسَ. قَوِسَ. تقوَّسَ : انحنى To be bent *or* crooked.
— الشيخ : انحنى ظهره To become crookbacked.
△— . قَوَّسَ : حَنَى To bend; curve.

— ~ : اطلق النار على ←To shoot; fire at.
قاسَ ٭ اقتاس ٭ وقِيس (في قيس)
قَوْس (الجمع اقواس وقِسيّ) A bow.
— الدائرة Arc.
— القنطرة او العقد Arch.
— قُزَح Rainbow.

— نَبْل . عربيّة Arabian bow.
— نُشّاب . فارسيّة Persian bow.
— نَصْر Triumphal arch.

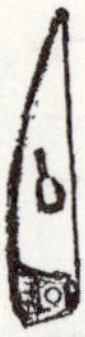

Plough-tail. — المحراث : مِقْوَمٌ

←Teasing bow. — النَّدف : كِرْبال

Sagittarius; the Archer. القوسُ : البُرْجُ التاسع

Brackets. (....) قَوْسان : هِلالا الحَصْرِ

Square brackets. [....] — معقوفان (لحصْر الكلمات)

←Archer; bowman. قَوَّاس : الرامي بالاقْواس

Bow-maker. — : صانِع القِسِيّ

Shooter. — : صَيَّاد

Kavass; armed attendant. △ — : △ يَسَقْجِي

Starting post, or gate. مِقْوَس السِّباق

Strap. △ قَوْش : إسارٌ من جِلد

Crupper. — : ثَفَر السَّرْج

←Strop; razor-strop. قايِشُ الموسى : مِشْحَذَة

To strop a razor. قَيَّشَ الموسَ : شَحَذه على القايش

To sap; undermine; dig down; subvert by digging *or* wearing away. *قَوَّضَ . قاضَ البِناءَ والصحَّة

To collapse; fall down; go to ruin. تَقَوَّضَ . إنْقاضَ البِناءُ

Flock of sheep. *قَوْط : قَطِيعٌ من الغنم

Pottle; a small basket for fruit. قَوْطَة : △ بُقُوطِي

Tomatoes. △ قَوْطَة : ○ طماطِم

△ قَوطَة △ قُوَيْطَة : كَرِيز القُدس . فُقَّيش س

Winter cherry; gooseberry-
←tomato; *alkekeng*.

To twist, *or* do, a person. △ قَوَّط عليه : خَدَعه

Gothic. ○ قُوطِي : غوطي (انظر غوطى)

Plain; low land. (قوع) قاعٌ : ارْضٌ مستوية

Bottom; lowest part. △ — : قَعْر

River bed. △ — النَّهْر

Hall; sitting, *or* day, room. قاعَة الدار : باحتها

Room; chamber. △ — : غُرْفَة

To cackle. *قَوْقَتْ . قاقَتْ . قَوْقأتِ الدجاجة

←Cormorant. قَوْق . قاق

Swan. — : اوَزٌ عِراقِيّ . تِمّ

قُوقَة : أُمّ قُوَيق ← Screech owl; little owl.

قاوُوق : لباس للرأس طويل A tall hat; hood.

←Sea-shells. △ قَوْقَع : وَدَعٌ

Snail; limpet; winkle. قَوقَعَة : حَلَزونة . بَزَّاقَة س

To attribute to a person something he did not say. *قَوَّلَ . أقْوَلَ : نَسَبَ اليه ما لم يَقُل

To say; speak; utter. قالَ : تكلَّم

To teach, *or* profess, a doctrine. — بكذا

To speak against; slander. — ضِدَّهُ وعليه

To say, *or* mention, about. — فيه وعليه

It is said. يُقالُ : يُذْكَر

Mentionable; utterable. — : يُمكن ذِكْره

He is said to be. . ., — عنه انه كذا . . .

Truth to tell. والحقُّ — .

To bargain; chaffer; haggle about a price. قاوَلَ : ساوَمَ

To argue; stickle. — : جادَلَ △ قاوَحَ

To make a contract. △ — : عاقَدَ

To agree on a price. △ — : اتفق على ثمن

To fabricate a lie against. تقوَّلَ عليه

Gossip; idle talk; tattling; tittle-tattle. القالُ والقيل

Saying; declaration; utterance; statement; one's words. قَوْل : كلام

Word of honour. — شَرَف

Proverbial saying; aphorism. — مأثور

By word and deed. بالقَوْل والفِعْل

Talkative; loquacious. قُوَلَة . قَوَّال

One who says; sayer; utterer. قائِل

Malicious reports; tattlings. تَقَوُّلات

مَقُول — Said; stated; uttered.

مَقَالَة — Article; a literary composition; treatise.

— افتتاحيَّة — Leading article; a leader.

△ مُقاوِل : ملتزِم . مكافِل — Contractor.

مُقاوَلة : جدال — Discussion; argument.

△ — على عَمَل : اتفاق — Contract; agreement.

△ بال— : التِزاماً — By contract; by the job.

△ شُغْل بال— — Contract work; piece-work.

☆ قَولَحَة الذُرَة (في قلح) — Corn-cob.

٥ قُولَنج : التِهابُ غِشاء المعى الغليظ الخاطي — Colitis.

٥ قَولون : قِسم من المعى الغليظ — Colon.

الـ الصاعِد — Ascending colon.

الـ المعترِض — Transverse colon.

الـ النازِل — Descending colon

☆ قَوَّمَ الشيء : عَدَّلَه — To straighten; make right *or* correct.

— الأخْلاق — To correct; reform.

— : قَدَّرَ القيمة — To estimate; value.

△ — . أقامَ . جَعَله يقوم — To raise; lift up.

لا يُقَوَّم بثَمَن — Invaluable; inestimable.

قَامَ : ضِدّ قعد — To rise; stand up.

— : انتصَبَ — To rise; become erect.

— : ترقَّى — To rise; be promoted.

— : سافَرَ — To leave; start; depart.

— : شَرَع — To start; begin; commence.

— : صَعِدَ — To rise; ascend.

— الأمرُ : اعتدَلَ — To be put right.

— الحقُّ — The truth was established.

— العَجينُ — To rise; swell *or* puff up.

— الميْتُ — To rise; ascend from the grave.

— من نَومِهِ : نهض — To arise; get up; leave one's bed.

— الماءُ : جمد — To freeze; the water froze.

— الهواء والغَضَب — To rise; blow.

—ت الزوبعَة — To rage; blow hard.

—ت السوقُ — To be, *or* become, brisk.

—ت الباخِرة — To sail; start a voyage.

—ت الطائرة — To take off.

— على : ثارَ — To rise, *or* revolt, against.

— على عِياله — To support one's family.

— عن الطعام : تَرَكَه — To get up from a meal.

— لنُصْرَتِهِ — To stand up for.

— بالامرِ : تَوَلّاه — To take upon oneself; undertake.

— بالعمَل : أجْراه — To perform; carry out; do; accomplish.

— بالواجِب : قضاه — To discharge; perform; carry out; do.

— بالواجب عليه — To do *one's* duty.

— بالوعد : أنْجَزَه — To fulfill a promise, carry it into effect.

— بوعدِه : حافظ عليه — To keep a promise.

— بالمصاريف : اوفاها — To defray expenses.

— بالمصاريف : دَفعها — To pay the expenses.

— مقامه — To replace; take the place of.

قاموا بمظاهرة — To make a demonstration.

قاوَمَ — To oppose; resist; hold out; make opposition *or* objection.

أقَام : رَفَع — To raise; lift up.

— : شيَّدَ — To raise; erect; set up.

— : اوقفَ . نصَبَ — To raise; set upright.

— : نصَّبَ . عيَّنَ — To appoint.

— : اثارَ . هيَّجَ — To raise; excite.

— : مَكَثَ — To stay; remain.

— : قَطَن . سكنَ — To reside, dwell, *or* live, in (a place).

— الحجَّةَ — To protest; remonstrate.

— الحقَّ : اظهره — To establish, *or* prove, the truth of.

— الدعْوى على — To sue; take legal proceedings (against); raise a case.

— الدليلَ — To prove; establish by argument *or* other evidence.

— الدُنيا واقْعدها — To kick up (raise) a dust.

— السوقَ — To agitate, *or* move, a market.

— الصلاةَ — To perform religious service.

— العدلَ — To administer justice.

— الميْتَ — To raise; recall from death; resurrect.

— على كذا : ثبت — To keep to ; stick closely to.

— له وزناً — To take into consideration.

إسْتَقامَ : اعتدلَ — To be, or become, straight, direct, etc.

— : انتصبَ — To be, or become, erect.

قَوْم : شَعْب — People; nation.

قَوْميّ : شعْبي . وطَنيّ — National.

قوميَّة : شعبيَّة . وطنيَّة — Nationality.

— مُشْتركة — Common citizenship.

قَوْمَة : نَهْضَة — A rise; rising.

قَوَام : اعْتِدال — Straightness; directness.

— الشيء : كَثافته — Consistence; consistency.

— : اساس وقُوَّة — Stamina.

— : طُول القامة — Stature; figure.

— مُعتدل . قامَة [1] معتدله — Erect carriage.

قَوَام . قِيَام [1] : سَنَد — Support.

— العائلة — Bread-winner; supporter of a family.

قَويم : مُعْتَدِل — Straight; direct; right.

الدينُ الـ . — Orthodox, or sound, religion.

قَامَة [2] الإنْسان — Stature; figure.

— : قياس يساوي سِتّ اَقْدام — A fathom.

— : البَكَرة وادواتها — ←Tackle; pulley-block.

△ — المهندس او المسّاح — Staff.

قَائِم : ناهِض — Rising.

— : منتصِب . واقِف — Standing; erect; upright.

— : عَموديّ — Perpendicular.

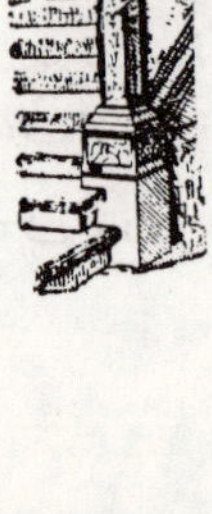

△ — البابا : مبدأ درابزين السُلَّم — Newel.

— الزاوِيَة — Rectangular; right-angled.

— بذاته : مُسْتقِلّ — Independent.

— بذاتِه : بلا سَبب — Causeless; *per se.*

△ — : ضد صاف (في الوزن) — Gross weight.

— الباب : △ تـزنيدة — ←Stile; jamb.

— مقام كذا — Replacing; substituting.

— مقام . قائمقام : رُتبة عسكرية تحت اميرالاي — Lieutenant colonel.

قائمقام [2] الملك : رافِد — Regent.

قائِمَة : عمود — Post; pillar.

— : سِنادة (في المعمار) — Stanchion.

— : فهْرس — Catalogue.

— : بيان △ كشف — List; schedule.

— المشْتروات : △ فاتورة — Invoice; bill.

— الحساب — Bill; account.

— الاسْعار — Price list

— الاسْماء — List of names.

— الجرْد — Stock-taking list.

— الدابة والمائدة والكُرسي الخ — Leg; foot.

— الشرف — Roll of honour.

— اصْناف المأْكولات — Bill of fare; *menu.*

— الموجودات — Inventory list.

△ — السُلَّمة : ما ترتكز عليه نائمة السلمة — Riser.

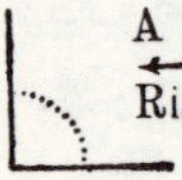

زاوِية قائمة — A right angle.

قيِّم : مُستقيم . قويم — ←Right; straight; direct.

— : وَكيل . وصي — Curator; custodian.

— : ذو قيمة عظيمة — Valuable; precious.

كُتُب قيِّمة — Important, or valuable, books.

قِيْمَة الشيء : مايُساويه — Value; worth; price.

— : مِقدار — Amount; quantity.

— اسْمِيَّة — Face (nominal) value.

الـ الحاليَّة — The present worth.

ذو — : ثَمين — Valuable; precious.

لا — له — Valueless; worthless.

ألقيَّام . القيُّوم — The Eternal Being.

قِيَام : نُهُوض — Rise; rising.

— من نَوم : استيقاظ — Awakening; waking.

— النَّسيج — Warp.

قِيَامَة : وصَاية — Curatorship; custody; guardianship.

— الأمْوات : بَعْث — Resurrection; rising.

— المسِيْح من قبره — Resurrection; the rising of Jesus from the sepulchre.

عيد الـــ : عيد الفِصْح — The Easter.

يوم الـــ . — Judgment day; doomsday.

إقَامة : رفْع — Raising; lifting up.

— : انشاء او تأسِيْس — Establishing; establishment.

— (التماثيل) : نَصْبُها — Setting up.

— : تَشْيِيد — Erecting; establishing.

— موقتة : مكُوث . نُزول — Stay; sojourn.

— : سَكَن — Dwelling; residence.

— الحُجَّة — Protesting.

— العَدْل — Administration, *or* dispensation, of justice.

— شعائر الدِيْن — Performing religious rites.

محل الـــ : مَسْكَن — Residence; dwelling place; address; domicile.

إستقامة : اعتِدال — Straightness; directness.

— : انتصاب — Uprightness.

— الأخلاق — Rectitude; uprightness.

تَقْوِيم : نَصْب — Erecting; setting up.

— : تهذيب — Reformation; correction; edification.

— : اصلاح — Correction; rectifying.

— الأنف : اصلاحه جراحياً — Rhinoplasty.

— : تقدير القيمة — Valuation; estimation.

— البُلدان — Geographical dictionary; gazetteer.

— السنة : △ نَتِيْجَة — Calendar; ← date indicator.

— فَلَكي — Almanac.

مُقام : مَوْضع — Place; situation; position.

مَقام ٢ : مَنْزِلة — Standing; rank.

— : كَرامة . اعتبار — Dignity; prestige.

— النَّغَم : طبقة — Pitch; scale.

— الكَسْر : مخرج س (في الحساب) — Denominator.

مِقْوَم المِحْراث : قبضة — Plough-tail.

مُقَوِّم : مقدِّر القيمة — Valuer; appraiser; estimator.

مُقَوَّمات : الأشياء الثمينة — Valuables.

مُقَوِّمات الحياة — Subsistence; means of supporting life.

مُقِيْم : الذي يقيم — Raiser; one who raises.

— : سَاكِن — Dwelling; living.

— : دائم — Lasting; permanent; enduring.

— الحُجَّة — Protestant; one who protests.

— بواجباته — Dutiful; attentive to duty.

مُقَاوِم — Resisting; resistant; making resistance; opposing.

— : خصْم — Opponent; adversary.

مُقَاوَمَة — Opposition; resistance.

مُسْتَقِيم : مُعْتَدل — Straight; direct.

— : مُنْتَصِب — Upright; erect; straight up.

— الأخلاق — Upright; straight forward; honest.

الـــ : منْتهى القناة الهضْمِيَّة — Rectum.

ضِدُّه على خَطٍّ ـــ . — Diametrically opposite.

مسْتقيميّ : مختص بالمعَى المستقيم — Rectal.

ο قُومِسَار : رئيس ادارة حكومية روسية — Commissar.

ο قُومِسير : عَميل . وَكيل — Deputy; commissary.

— : وَكيل دَوْلة — High commissioner.

ο قُومِسْيون : △ عُمُوْلة — Commission.

قُومِسْيونجي : وَكيل أشغال — Commission agent.

ο قُومَنْدَان : قائد — Commandant.

— البُوليس — Commandant of police.

٭ قَوْون : نوع من الشمام — Cantaloupe; muskmelon.

ο قُونْترَاتو : عَقْد . اتفاق — Contract.

ο قُونْدَاقجي ع : سِلاحيّ — Gunsmith; armourer.

△ قَوْنصة الطائرِ (في قنص) — Gizzard.

٭ قَوْنَة : رقْعة معْدنيَّة — A patch of metal.

ο قُونَة ο ايقُونَة : نصَمَة — Icon; image.

٭ قُوَّة (في قوى) — Force.

٭ قَوَّهَ : صرخ او تأوَّه (راجع اوه) — To cry out; groan; moan.

To be, become, *or* grow, strong.	٭قَوِيَ : ضدّ ضَعُفَ
To starve; suffer hunger.	— : جاع شديداً
To bear; endure; support.	— على الامر: أطاقه
To overcome; surmount.	— على المرض والمصاعِب: تغلّب
To harden, (suspicion hardened.)	— الشكُّ
To be withheld (rain.)	— المطرُ : احتبَسَ
To become depopulated; deprived of inhabitants.	— المكانُ : خلا من السكان
To strengthen; make strong or stronger; fortify.	قَوّى : ضد اضعف
To invigorate; give vigour to.	— البِنيَة
To encourage; fix in resolution.	— العزمَ
To corroborate; confirm.	— : أيَّد
To confirm; establish.	— : ثبَّتَ
To stimulate; brace.	— : نبَّهَ
To cope with; match oneself against.	قاوَى : غالبَ
To be reduced to poverty.	أقْوَى : افتقَرَ
To be depopulated.	— المكانُ : خلا من ساكنيه
To be, *or* become, strong.	تقوّى . استقْوَى
To take courage *or* heart.	— : تشجَّع
Hunger; starvation.	قَواء . قَوَى : جُوع
State of being desert *or* depopulated.	— . — . قِوَاء الارض : قَفر
Strength; force.	قُوَّة : عكس ضَعْف
Power; ability; might.	— : مقدرة
Force; vigour; robustness.	— : شدّة
Violence; force.	— : عنف
Stamina; staying-power.	— : قوام . جَلَد
Strength; robustness.	— الجسْم : عافية
Courage; bravery.	— القلْب : شجاعة
Inertia.	— الاستمرار : القصُور الذاتي
Power.	— آليّة : طاقة
Impetus; impulse.	— دافِعة او محرِّكة
Central force,	— مركزية
Centripetal force.	— مركزية جاذبة : جَذب مَركزي
Centrifugal force.	— مركزية طارِدة : دَفع مركزي
Force of gravitation.	— الجذبِ
Force of habit.	— العادة
Strength, *or* force, of will.	— الارادة
Memory, recollection.	— حافِظة : ذاكِرة
Reason; intuitional faculty.	— عاقِلة : عقْل
Superior force, *or* power; *force majeure.*	— قاهِرة
Morale; spirit; moral courage.	— معْنويَّة
By force; forcibly.	بالـ : عَنْوَة
Strong; vigorous; robust.	قَوِيّ : ضدّ ضعيف
Strong; severe; violent; intense.	— : شديد
Powerful; mighty; potent.	— : قدير
Strong; firm; stout; sturdy.	— : متين
The Almighty.	الـ : الله
Depopulation.	إقْواء : إقفار
Imperfect rhyme.	— (في الشِعْر)
Strengthening; fortifying.	تقْوِيَة : ضدّ اضعاف
Encouragement.	— : تشْجيع
Reinforcement.	— : تعزيز
Stimulation.	— : تنبيه . تنشيط
Strengthening; fortifying.	مُقوٍّ : ضدّ مضعف
Stimulant; reviving.	— : منبّه . مُنشِّط
Tonic; increasing strength.	— : يُكسِب قوّة
Aphrodisiac.	— للشهْوة الجِنسيَّة
Cardiac.	— للقلْب : دَواء لعلاج القلب
Encouraging; heartening.	— للقلب : مشجِّع
Cardboard; pasteboard.	وَرَق مقَوّى
To make one vomit; cause one to vomit.	٭قيَّأ . أقاء
To vomit; throw up; spew; puke.	قاء . تقيَّأ
Vomiting.	قَيْء . قُياء
Vomit.	— . — : ما يخرج بالقيء
Morning sickness.	— الوحَم (او الحبالى)

Above-ground; alive; living. على — الحياة

Leading rope. قِياد . مِقْوَد (في قود)

Fettering. تَقْيِيدُ الأرْجُل

Restriction; limitation. — : حَصْر

Tying down; binding. — : رَبْط

Restrictive. تَقْيِيدِي : تضييقيّ

Fettered; chained. مُقَيَّد : مكبَّل

Tied; bound. — : مَرْبُوط او مُرْتَبِط

Restricted; limited. — : مَحْصُور

Registered; recorded. — : مُدَوَّن

Prow. ٭قَيْدُوم السفينة : حَيْزومها

To tar; pitch; smear, *or* cover over, with tar. ٭قَيَّرَ : طلى بالقار

Asphalt; black bitumen; mineral pitch. قِير . قار : حُمَر

Inch. ٭قيراط (في قرط)

Caravan. ٭قَيْرَوان : قافلة

Cyrenaica. — : اسم قديم «لبرقة»

Cyrene. — : عاصمة بلاد القيروان القديمة

Cyrenaic. قيرواني

Swaggering; mincing walk. ٭قَيْس . قِيَاس : تبختُر

Measurement; measuring. قِيَاس ٢ : مُعايرة . كَيْل

A measure. — : مِكْيال . عيار

Comparison. — : تناسُب

Rule. — : قاعِدة

Syllogism. — منطِقي

Fallacy; sophism; paralogism. — فاسِد

Commensurable; commeasurable. متناسِب الـ

To measure. على الـ

Regular; according to rule. قِياسي : ضد شاذّ

Comparative. — : نسبي

Logical. — : منطِقي

Record; limit so far attained. رقم — .

Regularly. قياسيًّا

Emetic; (medicine) causing vomiting. مُقَيِّئ

٭قيادة (في قود) ٭ قياس (في قيس)

٭قيافة (في قيف) ٭ قيامة (في قوم)

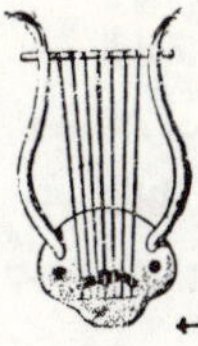

Guitar; cithara. ٭قِيثار

Lyre. قِيثارة : آلة طرب إغريقية

Lyrate; lyrated. قيثاريّ الشكل

To suppurate; fester. ٭قَيَّحَ . قاحَ . تَقَيَّحَ

Pus; matter; suppuration. قَيْح : صَديد

Core (of boil.) امّ الـ : شرنقة الدمّل

Suppuration; act, *or* process, of suppurating. تَقَيُّح

Pyorrhoea; Rigg's disease. — اللثة

Suppurative; purulent. قَيْحيّ . تَقَيُّحي

Suppurative; promoting suppuration. مُقَيِّح

Purulent; attended with suppuration, *or* consisting of pus. مُتَقَيِّح

To fetter; shackle. ٭قَيَّدَ : جعل القيد في رجله

To limit; restrict; confine. — : حَصَرَ

To tie down; bind. — : رَبَطَ

To register; record. — : سَجَّلَ

To write, *or* note, down. — : كَتَبَ

To debit with. — عليه (في الحساب)

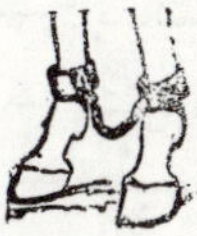

To credit with. — له (في الحساب)

Fetters; shackles. قَيْد : وِثاق

Bond; tie. — : رِباط

Gyves; handcuffs. — لليدَيْن : صِفاد

Restriction; stipulation. — : شَرْط

Frenum; ligament. — (في التشريح) : وَتَرة

Gum (of teeth). — الاسنان : لثة

Quantity; measure. — . قِيد : قَدْر

Distance; space. — . — : مسافة

Hair's breadth. — . — شَعْرة

قَيَّاس : الذي يقيس الاشياء — Measurer.

— الأراضي : △مَسَّاح — (Land) surveyor.

△ قَيَّاسَة : مركب شراعية كبيرة — Large Nile sailing boat.

مِقْيَاس (راجع مِيْزان في وزن) — A measure.

— : مِقْدار — Quantity.

— الزوايا : منقلة — Protractor.

— الزلازل — Seismometer.

— المطر — Rain gauge; ombrometer.

— النيل — Nile gauge; Nilometer.

مُقايَسَة : تَقْدِير — **Estimate; computation; estimation.**

△ — :وَصْف تفصيلي لعمل △مواصَفَة — Specification.

قَاسَ (قَيْساً) : تبختر — **To mince; walk with affected elegance.**

— (قياساً)، إقْتَاسَ — To measure (one thing by another.)

— الثوبَ : لَبِسَهُ وجرَّبَ قياسه — To try on.

— الشيء بغَيْرِه : قايَسَه به — To compare with.

وَقِسْ عليه — And so forth; and such like.

قَايَسَ ٢ بينَ الشيئين — To compare between two things.

إقْتَاسَ ٢ بأبيه : اقتدى بهِ — To follow; take after; imitate.

✲ قَيْسَرِيّ : كَبير — Large; great.

قِيْسَارِيَّة — Roofed market-place; bazaar.

△ قَيَّشَ الموسَ (انظر قوش) — To strop a razor.

✲ قِيْشَاني . قاشَاني : زليج — Glazed tiles.

— : كاشاني ع △خزف فَرْفُوري — Faïence; delftware; glazed earthenware.

✲ قَيْصَانة : سَمك — Moonfish.

✲ قَيْصَر ✲ قيصرية (في قصر)

✲ قَيَّضَ الله له كذا : قدَّرَ — To destine to.

— الله فلاناً لفلان — To send, *or* lead, to.

قَاضَ الشيء من الشيء — To exchange one thing for another.

— الشيء : شَقَّهُ — To rend; break; split.

— الشيء : انشقّ — **To split; burst; be rent.**

قَايَضَ بكذا : بادلَ — To exchange with; give one thing for another.

تَقَيَّضَ . انقَاضَ البيضُ — To burst; split; break open; be broken.

— . — الحائطُ : تهدَّمَ وانهار — To collapse.

قَيْض : قِشْرة البيضة — Egg-shell.

— قِيَاض : مساوٍ . معادِل — Equivalent.

— . — . مُقَاوَضَة . مُقَايَضَة — Exchange; barter.

مقاوضة ٢ . مقايضة ٢ : بِدَاد . مُبادَّة — Truck; — system.

✲ قيطان (في قطن) — Cord; thick ribbon.

✲ قَيْظ : شِدَّة الحرّ — Scorching heat of summer.

— : إبَّان الصيف — Midsummer; dog-days

△ — : امتناع المطر — Drought; want of rain, *or* of water; aridity.

△ — : عَطَش — Drought; thirst.

غراب الـ : غُداف — Raven.

✲ قَيَّفَ اثرهُ : تتبَّعه — To track; follow the tracks, *or* traces of.

قِيافَة الأثَرِ : تَتَبُّع — Tracking; following the tracks of.

△ — : هَيْئَة — External appearance; bearing; carriage; port.

△ — : حسَن اللباس — Dressy; stylish.

△ — : حسَن الهيئة — Portly; having a dignified mien.

✲ قَيْقَب : اسفنْدان س . شَجَر — Maple.

✲ قَيْل : رئيس (دون الملك الاعلى والجمع أقيال) — Chief.

— هِنْدي — Maharajah.

قِيْلَة مائيَّة — Hydrocele; dropsy of the testicle *or* scrotum.

✲ قيل (في قول) — It is said.

قَيْلُولَة . قائلَة : نوم الظهيرة — Midday nap; *siesta.*

قائلة ٢ △ قَيَّالة : ظَهِيرة — Noon; midday.

قَالَ . تَقَيَّلَ △ قَيَّلَ — To take a midday nap.
— : تكلم (في قول) — To say.
أَقَالَ البيعَ : فَسَخَهُ — To cancel; abrogate.
— العثرة او من عثرة — To raise from a fall.
— الله عثرتك — May God raise thee from thy fall.
— من المنصب — To dismiss; discharge; remove from a high station; deprive of office.
إِستقالَ البيعَ : طلب فسخه — To seek abrogation of a sale.
— : طلب ان يُقال — To ask to be released.
— من الخدمة — To resign; tender one's resignation.
إِقالة : فسخ — Abrogation; cancellation.
— : عزل — Deposition; removal.
إِستقالة من الخدمة — Resignation.
☆ قيّم ☆ قيمة (في قوم)
☆ قَيَّنَ : زيّن — To smarten up; titivate.
قَيْنَة : مغنية — Lady singer; cantatrice.
— . مُقَيِّنَة : ماشِطة — Lady's maid; professional female hair-dresser.
قايِين : اسم علم (قابيل اخو هابيل) — Caïn.

(ك)

☆ ك : حرف تشبيه بمعنى « مثل » — As; like.
— : ضمير المخاطب — You; thee; thou. Your; thine.
☆ كَئِبَ . اكتأب — To be sad; downcast; morose; sulky.
أَكْأَبَ — To sadden; make melancholy, *or* gloomy; dispirit; distress.
كَأْب . كَأْبَة . كآبة — Sadness; gloominess; dejection; depression.
كَئِب . كَئِيب : مغِمّ — Sad; sorrowful; cheerless; gloomy.
— . — المنظر — Sad-looking.
— . مُكْتَئِب : حزين — Sad; downcast; gloomy; depressed.
— . — . — اللون — Sad-coloured; dull.

○ كَأْدَاء : حُزن — Distress; sadness; depression.
عقبة — وكَؤُود — Insurmountable obstacle.
☆ كأس : قدح — Glass; cup.
— القربان — Chalice; pyx.
— الحجامة أو الهواء — Cupping glass.
— الزهرة والثمرة : كِم — Calyx.
— العين : حمّام العين — Eye-bath; eyecup.
— البيض : ظرف البيض — Egg-cup.
— المنيّة أو الحِمام — Death cup.
— الدواء — Prescription glass.
☆ كائن (في كون) ☆ كابد (في كبد)
☆ كابر (في كبر) ☆ كابل (في كبل)
△ كابولي (في كبل) — Bracket.
○ كاتدرائية : كنيسة كبيرة — Cathedral.
○ كاثوليكي ○ كاثوليكي — Catholic.
☆ كاحِل (في كحل) ☆ كاد (في كيد وكود)
☆ كار (في كور) ☆ كارّة (في كرر)
○ كارت : بطاقة الزيارة — Card; visiting card.
☆ كارثة (في كرث) — Catastrophe.
○ كاروبيم : كَروبيم . كروبون — Cherubim.
○ كازينو : ملهى — Casino.
☆ كافأ (في كفأ) ☆ كافح (في كفح) ☆ كافّة (في كفف)
☆ كافور (في كفر) — Camphor.
○ كافيئين : جوهر (روح) القهوة — Caffeine.
○ كاكاو : اسم النبات — Cacao; chocolate tree.
— : مسحوق بذر الكاكاو — Cocoa.
☆ كالَ (في كيل) ☆ كالّ (في كلل) ☆ كالح (في كلح)
○ كالومبا : ساق الحمام . نبات طبي — Columba.
○ كالوميل : زئبق حلو — Calomel.
☆ كان (في كون) — Was.
☆ كأنَّ . كأنْ (مركّبة من ك وأن) — As if; as though.
△ كانَة : قضيب حديد — Bolt; stirrup.
— مشرشرة بصمولة — Rag-bolt.

٥ كانون (في كنن) ٥ كاهل (في كهل) ٥ كاهن (في كهن)

٥ كاوتشوك: مطّاط. مُقَيِّطس — Caoutchouc; India rubber; gum elastic.

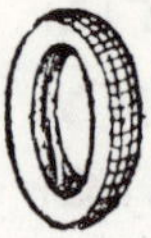

عجلة — — Rubber wheel; tyre.

٥ كبّب: كتّل — To conglobate; form into a ball; conglomerate; gather into a ball.

كبّ: قلب — To capsize; upset; overturn.

— على وجهه: أكبّه — To prostrate; lay prone.

∆ — كبا: دهق ∆ دلق — To spill; pour.

∆ — : صبّ — To pour (out *or* away.)

أكبّ ٢. انكبّ على وجهه — To fall prone, *or* prostrate.

— . — على امر — To be bent, *or* intent, on; devoted to.

∆ انكبّ ٢ السائل: اندهق — To be spilt, poured.

كبّ: قلب — Capsizing; upsetting.

— (في علم وظائف الاعضاء): ضد بطح — Pronation.

— : ميل. انحناء — Proneness.

كبّة الغزل: كرة — Ball of thread.

∆ — : طاعون دبلي او دمّلي — Bubonic plague.

كِبّة. كِبِّيّةس: اكلة سورية — Paste of mashed meat and pearl wheat.

كباب: شواء — Grilled *or* roasted, meat.

كبابة: نوع من البهار — Cubeb; *piper cubeba*.

— صيني — Allspice; jamaica pepper.

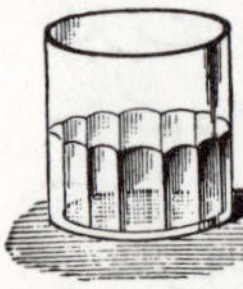

∆ كُبّاية: كوب — Tumbler; drinking glass.

بالـ. (كقولك بيرا بالكبّاية) — On tap; draught beer.

مِكبّ الخيط: بكرة — Spool; reel.

مُكِبّ ومنكبّ على — Bent, *or* intent, on.

مُكبّب: مكتّل — Conglomerate; conglobated.

٥ كبت غيظه في جوفه — To repress, stifle, *or* suppress one's emotions.

∆ كبّوت: مِعطف — Hooded cloak; overcoat (with a hood).

∆ — العربة — Hood of a carriage.

∆ كبشتولة: كُتلة — Lump.

٥ كبح الدابّة باللجام — To pull up; draw the reins.

— : ردع — To check; curb; restrain; control.

— العواطف: تغلّب عليها — To restrain; repress.

كَبْح — Restraint; control; restriction; curbing.

كابح — Restraining; checking.

٥ كَبِد. كِبْد. قصبةس — Liver.

— : جوف — Heart; interior.

— : وسط — Middle; centre.

كَبَد وكُبَيْداء السماء — The middle of the sky.

كُباد: مرض الكبد — Liver disease; cirrhosis.

كُبّادس: أترج. نفّاش — Pie melon.

كابد. مُكابِد — Sufferer; one who endures.

مُكابَدة — Suffering; enduring.

كابد. تكبّد: قاسى — To undergo; suffer; endure; sustain.

— الاهوال — To pass through; undergo.

— الخسائر — To sustain, *or* suffer, a loss.

تكبّد ٢ المكان — To get to the middle, *or* heart, of a place.

— ت الشمس — To culminate; reach its highest altitude, *or* the meridian.

٥ كَبِر في السن — To grow old; become advanced in age.

كَبَر فلاناً: كان اكبر منه — To be older than.

كَبُر: ضدّ صغر — To increase; grow; augment; become bigger, *or* larger.

— عليه الامر — To resent; feel resentment.

كبّر: ضدّ صغّر — To enlarge; make large, *or* larger; extend in limits.

— : رقّى — To aggrandise; make great, *or* greater; promote: advance.

— : زاد — To augment; increase.

— : عظّم — To magnify; enlarge.

— الامر: بالغ فيه — To exaggerate.

— الجرم او المصيبة: ضد خفف — To aggravate; make worse, *or* more severe.

To stretch one's age. — عـمْـره : ادّعى انه اكبر مما هو

To stickle; argue pertinaciously. كابَرَ : عانَدَ

To contend; contest. — : غالبَ

To regard as great or formidable. أكبَرَ الأمرَ : رآه كبيراً

To exalt; raise in public esteem; magnify. — الرجُلَ : عظّمه

To be proud, or haughty; magnify oneself; exhibit pride and haughtiness. تكبّرَ . تكابرَ . استكبرَ : تعظّم

To be supercilious with. — عليه

To regard as great or important. استكبرَ الامرَ

Arrogance; presumption; insolence. كِبْر . كِبْرِياء : تجبُّر

Pride; haughtiness. — . — : عظَمة

Bulk; main, or principal, part of. — . كُبْر : معظم الشيء

Greatness; eminence; nobility. — . — : شرف ورفعة

Oldness; old age. كِبَر . كَبْرة . كبر السن

Greatness; largeness; bigness; magnitude. — . كُبْر : ضدّ صغر

Caper; caper bush. ○ كَبَر : نبات

Great; big. كُبار . كُبّار : كبير

Crab. △ كبوريا : سلطعون س

Big; large; great. كبير : ضدّ صغير

Great; superior. — : عظيم القدر

Vast; immense; huge. — : عظيم المقدار

Great; important; serious. — : عظيم الاهمية

Enormous (crime, size, strength.) — : هائل

Old; aged. — السن أي العمر

Great; numerous; large in number. — العدد

Great; eminent; distinguished. — المقام

Asafœtida; devil's dung. △ ابو — : حلتيت

Enormity; atrocity; atrocious crime. إثم — . كبيرة

Greater; bigger; larger. أكبَر

Older (than). — سِنّاً (من)

God is great! الله أكبر!

The great and the small. الاكبر والاصغر . الكبير والصغير

The grown-ups and the young. الكِبار والصِغار

The great; the grandees. △ الاكابر

The grandees and notables. — والأعيان

Grandiose; imposing. △ أكابري : فخم

Pride; haughtiness; arrogance; insolence. تكبُّر : كِبرياء

Enlargement; magnifying. تكبير : ضدّ تصغير

Magnifying; enlarging. مُكَبِّر : معظِّم

Loud-speaker; ← megaphone. — الصوت

Magnifying ← glass. نظّارة مكبّرة

Stickler; unreasonable, obstinate contender. مُكابِر

Arrogant; haughty; proud; supercilious. متكبّر

△ كُبْري : جسر (راجع جسر) ← Bridge.

Pontoon bridge. △ — عائم

To cover with brimstone. * كَبْرَتَ : طلى بالكبريت

To sulphurise; treat, or impregnate, with sulphur. — : مزج بالكبريت

Sulphur. كِبْريت : معدن أصفر شديد الاشتعال

Brimstone; roll sulphur. — عمود

Fusee. — هواء (يشتعل في الريح)

Matches. — : عود الثقاب

Flowers of sulphur. زهرة الـ —

← A match. كبريتة : نبخة

Sulphuric. كبريتي : من الكبريت أو مختص به

Sulphureous; sulphurous. — : مثل الكبريت

Sulphury. — : له خواص او صفات الكبريت

Sulphuric acid. حامض — .

Sulphurous acid. حُوَيْمِض — .

Sulphate. كبريتات . كبريتاة : ○ سلفات

Sulphide. كبريتور : ○ سلفيد

Sulphurated; sulphuretted; sulphurised. مُكَبْرَت

To press; compress; squeeze. ٭ كَبَسَ ـَ على : شدّ عليه وضغط

To raid a place. — المكانَ : هجمَ عليه فجأةً

To intercalate; add a day to make a leap year. — السنةَ يوم

To pickle; preserve in pickle. — بالخلّ والمِلْح

To conserve, or preserve, fruit. — بالسُكّر

To test an engine. ∆ — الآلة الميكانيكية: فحصها

To press, or squeeze, much. كَبَّسَ ـَ : كَبَسَ كثيراً

To massage; treat by massage. — : دلَّكَ

Pressure. كَبْس : ضَغْط

Intercalation. — السنة

Intercalary days. ايّام الـ.

Fuse. ٥كُبْس الكهرباء : ٥قابِس

A raid (of the police upon a gambling house, etc). كَبْسَة : هُجُوم المفاجأة

A sudden attack; an alarm. — حربيَّة

Pickled; preserved in pickle. كَبِيس . مَكْبُوس : (١) محفوظ بالخلّ او الملح

Conserved; preserved. — : مكبوس بالسُكّر

Intercalary. — : إضافيّ . زائد

Leap-year. سنة كَبِيسَة

Nightmare; incubus. كابُوس : جُثام

One who, or that which, presses. كَبَّاس . كابِس

A press. — . مِكْبَس : آلة الكَبْس

← Piston. — . — الطُلُمبة : ∆ بِسْتِيم

A ramrod. — . — : مِدَكّ

Cotton press. مِكْبَس [٢] القُطْن

Letter press; ← copying press. — الخِطابات

Hydraulic press. — مائي

Massage. تَكْبِيس عِلاجي

Pressed; compressed. مَكْبُوس . [٢] مُكَبَّس : مَضْغُوط

Pickled; preserved in pickle. — بالخلّ والمِلْح

Preserved in sugar. — بالسُكَّر

Compressed dates. تَمْر — : عَجْوَة

Double-jasmine. ∆ فُلّ مُكَبَّس [٢]

Percussion cap. ٥كَبْسُولَة البندقيَّة

Detonator; priming cap. — المفرقعات

← Press stud. — الثياب

Torpedo, (for signals.) — التنبيه (في سكّة الحديد)

To take a handful of; clench; grasp with a closed fist. ٭ كَبَشَ ـُ : تناول بجُمْع كفه

Ram; tup; ← male sheep. كَبْش ضَأْن

Battering-ram. — الحَرْب

Cloves. — قَرَنْفُل

Pile-driver; tup; beetlehead; steam rammer. ∆ — لِدَقّ الخوازيق في الارض

A handful. كَبْشَة : ملء اليد

A grasp. — : مَسْكَة . قَبْضَة

← Ladle; scoop. ∆ — : مِغْرَفَة

Hook ← and eye. ∆ كُبْشَةُ الثياب

Grapple. ∆ كَبَّاشَة : كُلَّاب

← Rake. ∆ — : هَوْجَن . ملَمّ

To capsize; upset; overturn. ٭ كَبْكَبَ : كَبَّ

To spill. ∆ — : دهقَ ∆ دلق

To fetter; chain. ٭ كَبَلَ . كَبَّلَ : قيَّد

To put off, or defer, the payment of a debt. — . كابَلَ الدَيْنَ : أخَّر وفاءه

To procrastinate. — . — : ماطَلَ

Handcuffs; ← manacles. كِبْل : قَيْد

← Bracket. ∆ كَبُولي : دِعامَة

Mutule. ∆ — معْبَرة (في المعمار)

Triglyph. ∆ — بِبحْر التكنسة

Cap of triglyph. ∆ صفحة الـ.

Fettered; chained; hand-cuffed. مُكَبَّل

☆كَبْوَة : عَثْرَة فَوقْعة — A trip; a stumble; a misstep.
كبَا . انْكَبَى لوَجْهِهِ . إنكبَّ على وجهه — To fall prone.
— ° — : عثر وسقط — To trip; stumble: make a false step.
— الكُوزَ : افرغه — To empty; pour out the contents of.
— النورُ : اظلم — To grow dim.
— اللونُ — To fade; become dull *or* pale; lose lustre.
— ° أَكْبَى الزِنْدُ — To miss fire (a gun).
☆ كبوت (في كبت) △ كَبُّوريا (في كبر) ☆ كَتَّ (في كتت)
☆ كَتَّان (في كتن) — Flax; hemp.
° كَتَبَ : سَطَّرَ . خطَّ — To write; pen; indite; put in writing.
— نقش وحفر — To inscribe.
— وصيَّةً أو عقداً — To draw up (a will, a contract, etc.)
— اليه بكذا — To write to, about a matter.
— له : اوصى له — To bequeath to; give, *or* leave, by will.
— الله عليهِ كذا — To be destined, *or* fated, to.
— كِتابهُ على — To marry; wed.
كَتَّبَ : جعله يكْتب — To make *another* write.
— الجنودَ — To form troops into squadrons.
— ° أَكْتَبَ : املى على — To dictate to.
كاتَبَ : راسَلَ — To write to; correspond with.
إكْتَتَبَ : نسخ — To transcribe; copy.
— في كذا — To subscribe to; enter one's name for.
تكاتَبُوا — To write to one another; be in correspondence.
إسْتَكْتَبَ : أملَى على — To dictate to.
— : جعله يكتب — To ask *another* to write.
كَتْب . كِتابة : الكلام المكتوب — Writing.
كِتاب : سِفْر — Book.
— : خِطاب . رسالة — Letter; message.
— الزواجِ — Marriage contract, *or* lines.
— الطلاق — Bill of divorcement.
— مدْرسيّ — School book; class book.
— مُطالعة — A reader; reading book.
الـ العزيز : القرآن الشريف — The Korân.
الـ المقدّس : التوراة والإنجيل — The Scriptures.
أُمّ الـ : اصلهُ — Manuscript.
اهلُ الـ — The People of the Book.
دارُ الكُتُب — Library; public library.
كِتابي : متعلق بالكِتابةِ او الكاتب — Clerical.
— : بحسب الكتب المنزلة — Scriptural; biblical.
عَمَلٌ — — Clerical work.
غَلْطة كِتابيّة — Clerical error.
بيِّنة كِتابيّة — Documentary evidence.
كُتَّاب : مَدْرَسة — School; elementary school.

كِتابة : خطّ — Writing.
— : نقش — Inscription.
مائدة الـ ؛ مَكْتَب — ↑Writing desk.
ورق الـ — Writing paper.
ادوات الـ : قرطاسيَّة س — Stationery.
بائع أدوات الـ : قرطاسي س — Stationer.
بلا — : △ على بياض — Blank; unwritten.
كُتُبيّ : بائع الكُتُب — Bookseller.
△ كُتُبخانة : دارُ المطالعة — Library.
△ — : محل بيْع الكتب — Bookstore; bookshop.
كُتَيِّب : كِتاب صغير — Booklet; pamphlet.
كَتيبة عسكريّة — Division of an army; battalion.
كاتِب : محرّر . الذي كتَبَ — Writer.
— : مَن عمله الكِتابة — Clerk.
— : نَسّاخ — Scribe; copyist.
— : ° سكرتير — Secretary.
— حِسابات — Bookkeeper; accountant.
— عُمومي — Public scrivener.
— العقود الرسميّة : مُوثّق — Notary public.

— على آلة الكتابة Typist.

السـ— : ابو حَبيب ←Secretary bird.

كاتِبة A female writer.

آلة — : مِكْتاب Type-writer.

إكْتِتاب Subscription.

إسْتِكْتاب Dictation.

مَكْتَب : مَدْرَسة School; day-school.

△ — : مكان إدارة العَمَل Office.

△ — المحامي Practice.

△ — التلغراف (مثلاً) Telegraph office.

△ — الإستعلامات Inquiry office.

— : خِوان الكتابة Writing desk.

— اميركاني بحصيرة ← Roll-top desk.

— . مَكْتَبَة : غُرْفة الدرس Study; office.

مكتبة٢ : دارُ الكُتب Library.

— : محل بَيْع الكُتب Bookstore; bookshop.

مِكْتاب : آلة كاتبة ← Typewriter.

مَكْتوب : مدوّن . مسطّر Written.

— : رِسالة . خطاب Letter; message.

عليه : مُقدَّر Fated; destined.

غير — : مَنقول . سماعيّ Unwritten; traditional.

مُكاتِب : مُراسِل Correspondent.

مُكاتَبة : مُراسلة Correspondence.

٥ كَتَّت القِدر : غلَت وأزَّت To simmer; boil gently, *or* with a gentle hissing.

كَتٌّ . كَتِيتُ القدر Simmering; gentle hissing.

٥ كَتَمَر كَتْمَة العيون : سَدٌّ . المائيَّة البيضاء Cataract.

△ كُتْشِينَه : ورَق اللعب ← Playing cards.

لعبة الــ— A game at cards.

٥ كَتِعَ : كانَ أكْتَع To have maimed fingers.

أَكْتَع اليد Having maimed fingers.

△ — : بذراع واحدة One-armed person.

٥ كَتَفَ . كَتَّفَ : شدَّ يديه الى خلف To pinion the arms behind the back.

— . — الطائر To pinion a bird.

— . — : ربط To pinion up; bind; tie up.

تَكَتَّفَ △ إسْتَكْتَفَ : ضم يديه الى صدره To fold one's arms.

كِتْف . كَتِف : عاتِق Shoulder.

— . — : عَظْم اللوح Shoulder-blade; scapula.

△ — (في المعمار) : دِعامة مبنيَّة Buttress; pier.

كِتاف : قَيْد التكتيف A pinion; fetter for the arms.

مَكْتوف . مُكَتَّف Having the hands tied to the back.

— و — اليدين Pinioned up; tied up.

مُتَكَتِّف Having one's arms folded.

٥ كَتْكَتَ : ضحك في فتور . اهنَفَ To chuckle.

△ كَتْكُوت : فُرُّوج . صُوص

←Chick; nestling.

△ شَعْر مُكَتْكَت : مفلفل Frizzled, curly, crisp, *or* woolly, hair.

٥ كَتَلَ . كَتَّلَ To agglomerate; collect into a ball; gather into a mass.

تَكَتَّلَ To agglomerate; mass; form into mass; be made into lumps.

كُتْلَة Lump; mass; block.

△ — خشب Beam; joist (of wood.)

△ كَتْلَة : اسْم زهرة Pincushion flower; field scabious.

مُكَتَّل Cloggy; lumpy; full of lumps.

مُتَكَتِّل : متجمّع Collected; massed; agglomerated.

٥ كَتَمَ . كَتَّمَ . اكْتَتَمَ : اخفى To hide; suppress; keep *from*.

— السِرّ To keep, *or* conceal, a secret.

— نَفَسَه : لم يتنفّس To hold one's breath.

— النَفَس To stifle breath; suffocate.

Alb. ٥ كَتُونَةُ الكَاهِن : ثوب ابيض من كتّان
Surplice. — صُفَيرة : مفضّنة
Watch chain; watch guard △ كَتِينَةُ الساعة : سِلْسِلة
Thick; dense. ☆ كَثّ (في كثث)
Nearness; proximity. ☆ كَثَب : قُرْب
Anear; at a short distance. عن او من — .
Sandhill; dune. كَثِيب (الجمع كُثُب وكُثْبان)
Thickness; density. ☆ كَثَث : كثافة
To be thick or dense. كَثّ الشَّعْرُ
Thick; dense; densely crowded. كَثّ . كَثِيث : كثيف
To be much or many. ☆ كَثُرَ : ضدّ قَلَّ
To be more than. — عن : زاد
To happen frequently. — حدوثه (مثلاً)
To multiply; increase in number or quantity. — ٥ تَكَاثَرَ : ازداد
To outnumber; exceed in number. كَثَرَ . كَاثَرَ : غلب في الكثرة
To multiply; increase in number. كَثَّرَ . أَكْثَرَ : جعله كثيراً
To do (or give) much. △ — . — : أتى بالكثير
To do frequently. △ — . — من الفعل : أتاه كثيراً
To speak much. △ — . — في الكلام
Many thanks to you. △ — الله خيرك : اشكرك
To regard as much or many. إسْتَكْثَرَ
To thank a person. △ — بخيره : شكره
Much; a great quantity; a great deal. كِثْرَة . كُثْر
Multiplicity; the state of being many. — : ضدّ قِلّة
Abundance; ample sufficiency. — : وفرة
Numerousness; great number. — العَدَد
Plural of multitude. جمع الـ (في النحو العربي)
Abundant; plentiful. كَثِير : وافر
Frequent. — الحدوث او الوقوع
Many; numerous. — العدد
Much; great in quantity. — المقدار
Far; by far. بِكَثِير

To smother, or stifle, fire. — النارَ او اللهيبَ
To stifle, or smother, anger, a story, etc. — الخبرَ او الغضبَ الخ
To deaden, or drown, sound. — الصوتَ
To constipate. △ — البطنَ : امسكه
Babbler; indiscreet. لا يكتم السرّ
Murder will out. الأرض لا تكتم دماً
To keep a secret from. كاتَمَهُ السرّ
To confide a secret to; ask one to keep a secret. إستكتمه السرّ
Concealing; hiding; keeping. كَتْم . كِتْمان
Closeness of the atmosphere. △ كَتْمَة الهواء
Constipation. △ كِتام △ إنكتام البطن : إمساك
One who keeps a secret. كاتِمُ السرّ
Secretary. — السرّ : ٥ سكرتير
Incommunicative; discreet; reticent. كَتُوم : يكتم السرّ
Impermeable; impervious. كَتِيم : لا ينفذه شيء . مسيك
Hermetically sealed. — : محكم السدّ
Secrecy; secretness. تَكَتُّم : كتمان السرّ
Concealed; hidden. مَكْتُوم
Constipated. △ — البطن : ممسك
Obtuse, dull, stifled, repressed, drowned, or deadened, sound. صوت — .

To besmut; blacken with soot. ☆ كَتَّنَ . كَتَن
Soot; smut. كَتَن : سِناج △ هِباب
Flax; hemp. كَتّان : نبات التيل
Linseed; flaxseed. بزر الـ .
Linseed oil. زيت بزر الـ : △ زيت حارّ
Linen. خيوط او نسيج الـ : △ تيل
Lint. نُسالة الـ .
Linen; made of linen. كتّاني . من الكتّان

كثيراً — Much; to a great degree *or* extent.

— ما — Often; very often.

كَثيراء . صَمْغ الكَثيراء — Tragacanth; gum tragacanth.

كَوْثَر — A river in Paradise; *Kawthar*.

أَكْثَرمن — More than.

— عدداً — More numerous.

— مِراراً — More often.

— فأكْثَر — More and more.

— : معظم . أغلب — Most.

على الـ — Mostly; for the most part.

اكْثَرِيَّة — Majority; the greater number.

الـ — The majority; the many.

تَكاثُر — Increase; augmentation; growth; multiplication.

مُكْثِر : كثير المال — Rich; wealthy.

مِكْثار : كثير الكلام — Talkative; chatterbox; loquacious.

٥ كَثُفَ . تكاثَف — To thicken; become thick *or* dense.

كَثَّف — To make thick *or* dense.

— بالتبخير : خثّر . عقّد — To inspissate.

كثافة : غلظ — Thickness; density; heaviness.

— القوام — Consistency; consistence; degree of density, *or* spissitude.

كَثيف : غليظ — Thick; dense; heavy.

مُكَثَّف — Inspissated; spissated; thickened.

٥ كُثْنَة : ضَفيرة زُهور مستديرة ← Garland; chaplet; wreath.

٥ كَثُولِيكيّ ٥ كاثوليكيّ — Catholic.

* كثيراء (في كثر) — Tragacanth.

△ كَحَّ : سَعَل . أَحَّ — To cough.

كُحَّة : سُعال — Cough.

△ كَحَتَ . كَحَّتَ : كَشَطَ وحكّ — To scrape off.

كَحْت . تكحيت : كَشْط — Scraping off.

عَمَليّة — او — (الرَحْم) — Curettage.

مِلعقة — او — . — Curette.

△ كَحْكَحَ : سَعَلَ سعلة متقطعة — To hack; cough in a short, broken manner.

كَحْكَحَة : سَعْلَة متقطّعة — A hacking cough.

٥ كَحَلَ . كَحَّلَ العينَ — To paint the eye with antimony.

تَكَحَّلَ . اِكْتَحَلَ — To apply salve to one's eyes.

كَحَلٌ : سَواد الجُفون — Blackness of the edges of the eyelids.

كُحْل . كِحَال : مَسْحوق يُكْتَحَل به — Eye powder, (for treating eyes.)

— لتسويد الجفون — Kohl; kohol; a preparation of soot and other ingredients to darken edges of eyelids; *or* powder of antimony.

حَجَرُ الـ : اثْمِد — Antimony.

△ كُحْلَة وتكحيل البناء ← Pointing.

كُحْليّ : ازرق قاتم (لون) — Navy blue.

كَحّال : طبيب العيون — Eye doctor; oculist.

كَحِلٌ . كَحِيْل . كَحِيْلة — Black, *or* painted black, (eye).

فَرَس كَحيل : نجيب — A pedigree horse.

أَكْحَل (والانثى كَحْلاء) — Black-eyed.

طائر الكحلاء : قرقفنة — Garden warbler.

△ كاحِلُ القَدَم : كَعْب — Ankle-bone.

كُحُول . الكحول — Alcohol; highly rectified spirits.

كُحُوليّ — Alcoholic.

مِكْحَل . مِكْحال — Eye-pencil; kohl stick.

مُكْحُلَة — A kohl bottle; vessel for keeping kohl.

* كدّ (في كدد) — To exert oneself.

٥ كَدَحَ : أَجْهَدَ نفسه — To drudge; toil hard; slave; take pains; exert oneself.

إِكْتَدَحَ لعياله — To toil, or drudge, for one's family.

كَدْح — Exertion; drudgery; toilsome effort; pains.

* كَدَّدَ : طَرَدَ — To dismiss; send away.

كَدَّ : تَعِبَ — To toil; labour; work.

— : أَتْعَبَ — To weary; tire; fatigue.

اكْتَدَّ . اسْتَكَدَّ To urge on; push on.

كَدٌّ Toil; labour; strenuous exertion.

كَدُوْدٌ Diligent; painstaking; assiduous; laborious; industrious.

٭ كَدُرَ : ضِدّ صفا To be troubled *or* disturbed.

— على فلان To be angry, *or* vexed, with.

— العَيْشُ To be unhappy (life).

كَدَّرَ : عَكَّرَ To trouble; disturb; agitate.

— : اغَمَّ To afflict; distress; grieve.

— : ازْعجَ To trouble; annoy; disturb; molest.

— : اغْضَبَ To offend; displease; vex.

— احساساته To offend one's susceptibilities.

تَكَدَّرَ : تعكّر To be troubled, disturbed.

— : غَضِبَ To be, offended, molested, displeased, sore, *or* vexed.

— : اسْتاء To be sore; grieved; sad.

كَدَرٌ . كُدْرَة : عَكَر Turbidness; turbidity.

— : انزعاج Trouble; disturbance; agitation.

— : غَمٌّ Sorrow; grief; affliction.

كُدْرَةُ اللونِ Dinginess; duskiness.

كَدِرٌ : عَكِر Troubled; disturbed; perturbed.

— : غير شفّاف Dingy; dusky; swarthy.

مُكَدِّر Troublesome; tiresome; annoying; displeasing.

مُكَدَّر : معكّر Troubled, disturbed.

مُتَكَدِّر (من) Displeased; annoyed; vexed, angry (with.)

٭ كَدَسَ . كَدَّسَ To heap up; pile up; accumulate; amass.

تَكَدَّسَ : تراكم To be heaped up.

كُدْس : كَوْمة A heap; pile.

ـ . كُدَّاس . كُدَّاسَة Stack; a large pile of grain, hay, straw, etc.

△ كَدِيْس : رَبَاح . زُرَيقاء . قِطُ الزَّبادِ Genet-cat.

مُكَدَّس Heaped up; piled up.

٭ كَدَشَ : كَسَبَ To earn; gain.

△ كَدِيش : بِرْذَوْن Draught-horse; cart-horse; pack-horse.

٭ كَدَمَ : عضّ بمقدّم فمِهِ To bite with the front teeth; nibble.

△ — : كَدَّهَ . رَضّ To bruise; contuse.

△ كَدمة : كدهة . رَضَّة Contusion; bruise.

٭ كَدُوْد (في كدد) Diligent; industrious.

٭ كَدَى . أَكْدَى في العطاءِ : بخل To skimp; stint; give scantily.

أكْدَى ٢ : لم يظفر بحاجته To fail; be unsuccessful.

كَدَّى : استجدى To beg; ask alms *or* charity.

كُدْيَة : اسْتجداء Begging; mendicancy.

△ — : عَتَلَة . مُخْل Crowbar; lever.

٭ كَذَا : كذلك . هكذا So; thus; like this.

— وكذا So and so; such and such.

٭ كَذَبَ : ضد صَدَقَ To lie; tell a lie; utter falsehood.

— عليه To tell *another* a lie; lie to *him*.

— ت عيني My eyes deceived me.

كَذَّبَ : نسبه الى الكِذب To give the lie to; charge with falsehood.

— القولَ : نقضه To disprove; refute; deny the truth of

— النبوءة (مثلاً) To falsify a prophecy.

— نفْسَه To belie, *or* contradict, oneself.

ما — ان فعل كذا : ما أبطأ He lost no time in doing so.

اعماله تكذّب أقواله His actions give the lie to his words.

أَكْذَبَ : حَمَلَ على الكذب To make one tell a lie.

— هُ : بيّن كذبه To give the lie to.

كِذْب . كَذِب Lie; falsehood; untruth.

كِذْبَة . أُكْذُوْبَة A lie; (a fib.)

△ — ابريل . — نيسان April-fool.

— بسيطة (لا يُقصد بها شرّ) A white lie.

كاذِب : ضِدّ صادِق — False; untrue; unreal.

ـ . كَذّاب . كَذُوب — Liar.

ـ . ـ : دَجّال — Quack; mountebank.

△ ماء الكذاب — Aqua-fortis; nitric acid.

✱ كذلك : هكذا . كذا — So; like this; thus.

ـ : ايضاً — Also; too; likewise; as well.

✱ كرّ (في كرر) ✱ كراء (في كرى) ✱ كرّات (في كرث)

✱ كراجة (في كرج) ✱ كراع (في كرع)

○ كرافَتّة : رباط الرقبة — Necktie; tie; cravat.

△ كرّاكة (في كرك) ✱ كراكي (في كرك)

✱ كَرَبَ : ضايق — To distress; afflict; agonize; put in agony; torture.

ـ الدابة وغيرها : اوقرها — To overburden.

أكْرَبَ : اسْرع — To hasten; be in a hurry.

اكْتَرَبَ . انْكَرَبَ — To be distressed, *or* afflicted; suffer distress.

كَرْب : هَمّ — Distress; affliction; grief.

ـ : غُصّة — Agony; anguish; throes.

○ كَرْب : شبّوط ٣ △ مَبْروك — Carp.

مَكْرُوب : متضايق — Distressed; afflicted; tortured; in agony.

○ مِكْرُوب : جُرْثومة — Microbe; germ.

△ كُرْباج : سَوْط — Whip.

يد الـ : عصا السوط — Whip-stock; handle of a whip.

ذَيل او زَخْو الـ — Whiplash.

✱ كِرْبال : مِنْدَف △ قوس — Teasing-bow.

△ كَرْبَعَ : جَرَعَ — To guzzle; gulp; quaff.

○ كَرْبولي ○ كَرْبُوليك ○ فينيّ — Carbolic.

حامِض ـ : حامِض فيني — Carbolic acid; phenol.

○ كَرْبون : فَحْم — Carbon.

ورق ـ : ورق مفحَّم . ورق الشاهِدة — Carbon paper.

اوّل أكسيد الـ — Carbon monoxide.

ثاني أكسيد الـ — Carbon dioxide.

كَربونات . كَرْبوناة — Carbonate.

ـ الصودا — Sodium bicarbonate.

كَرْبوني : فَحْميّ — Carbonaceous.

حامِض كربوني — Carbonic acid (gas.)

كربونيك : فَحْميك — Carbonic.

○ كَرْتَنَ عليه : حَجَر — To put under, *or* in, quarantine.

تَكَرْتَن عليه — To be kept in quarantine.

كَرَنْتينة : حَجْر او محجر صحّي — Quarantine.

○ كَرْتون : ورق مقوّى — Cardboard; pasteboard.

✱ كَرَثَ . أكْرَثَ الغمُّ فلاناً — To be oppressed by grief.

إكْتَرَثَ للأمر — To mind; care for; take interest in; pay attention to.

كُرّاث : △ كُرّات ابو شُوشة — Leek.

ـ الدُبّ . ـ مِصْري — Wild leek.

كارِث . كَرِيث — Disastrous; catastrophic; sorrowful; grievous.

كارِثة : نَكْبة — Catastrophe; great disaster; calamity.

إكْتِراث — Care; attention; heed; notice.

✱ كَرِجَ : تَعَفَّن — To mould; become covered with mould *or* mold.

كُرْج : جيل من نصارى القوقاز — Georgians.

بلاد الكُرْج — Georgia.

كَرّاجة ٤ : دَرّاجة — Bicycle.

△ كَرْخانة : بيت العاهرات . ماخور — Brothel; house of ill fame; bawdy house; whore shop.

ـ ٣ : مَصْنع — Manufactory; factory; workshop.

✱ كُرْد . أكْراد — Kurds.

بلاد الـ . كُرْدستان — Kurdistan.

△ كِرْدان : قِلادة — Necklace.

ـ الاتُّمْبيل — Propeller shaft.

✱ كَرْدَسَ : مشى كالمقيَّد — To toddle; shuffle on.

△ ـ : كَدَّسَ — To heap up; amass; jumble together.

△ تَكَرْدَسَ — To be heaped up; be jumbled, *or* crowded, together.

٥ كَرْدِينَال (الجمع كَرادِنة او كرادِلة) — Cardinal.

٥ كَرَّرَ : اعادَ — To repeat; reiterate; do again, *or* repeatedly.

△ — : صَفَّى — To refine; purify; rectify.

△ — بالتقطير والتصعيد — To rectify (by repeated distillation or sublimation).

كَرَّ : عادَ — To recur; return again *or* repeatedly; come back.

— : رَجَعَ الى الوراءِ — To retire; go backwards.

— راجِعاً او عائداً — To retrace one's steps.

— على العدوّ — To charge; bear down upon.

— صَدْرُهُ — To rattle (one's throat.)

تَكَرَّرَ — To recur; be repeated; happen, *or* be done, repeatedly.

كَرٌّ . كَرَّةٌ : هجوم — Charge; attack.

بَيْنَ — وفَرّ — By fits and starts.

كُرَة (في كرو) — Ball.

كَرَّة ٢ : مَرة . دور — Turn; bout; spell; round.

— : مائة الف — A hundred thousand.

كَرّ السفينة — ←Ratline, *or* bowline.

△ كَرار : بَيْت المؤونة — Pantry; cellar.

△ كَرارجي — Steward *or* butler.

△ كُرّارِيَّة دُوبارة — ← Ball (clew) of twine.

كُرُور : رُجُوع . عَوْدَة — Return; recurrence.

— : تعاقُب — Succession.

كَرِيرُ الصَّدْر — Rattle; rattling noise in the throat.

تَكْرار . تَكَرُّر : عَوْد — Repetition; doing repeatedly; reiteration.

— . تَكْرِير : إعادة — Repeating; doing again.

تَكْراراً — Repeatedly; frequently; more than once; again and again.

تَكْرِير ٢ : تَنْقِية . تَصْفِية — Refining; rectifying.

△ مَعْمَل — السُّكَّر (مثلاً) — Sugar refinery.

مُكَرَّر . مُتَكَرِّر — Repeated; reiterated.

— العدد (في الحساب) — Multiple.

△ — : مُنَقًّى . مُصَفًّى — Refined; rectified.

رقم ٩ مكرر (مثلاً) — Number 9 bis.

مُتَكَرِّر ٢ الحدوث — Frequent; recurring; often repeated *or* occurring.

مُكَرِّر : مردِّد — Reiterant.

٥ كَرَزَ : اختبأ — To hide oneself.

— بالانجيل — To preach the Gospel.

كَرَز . كَرَيْز — ←Cherry, (fruit or tree.)

— القُدْس : △ قَوطة — ←Winter cherry.

كَرْز . كِرازة : وَعْظ — Preaching the Gospel.

كارز — Preacher.

٥ كرزوت : خلاصة القطران — Creosote.

٥ كَرَّسَ البناء : وضع اساسه — To lay the foundation of a building.

— : قدَّس — To sanctify.

— : خصَّص (لخدمة الله وغيره) — To dedicate; consecrate; devote.

— : لقَّحَ . احتفل بقبوله كعضو في جمعية — Initiate; install.

كُرْسيّ : مقعد — Chair; seat.

— قَشّ (١) — ←Rush (seat) chair.

— الملك : عَرش — Throne.

— المملكة : عاصِمة — Capital.

— الأسقف — Episcopal seat.

— قاش — ←Deck chair.

— القضاء — Judgment seat.

— الاعتراف — Confessional.

— الحوذي — Coachman's box.

— بمَساند — ←Armchair.

٥— بِلْي — Ball bearing.

— رافِع — Suspension bearing.

— بلاظهر : △ اسكملة — ←Stool.

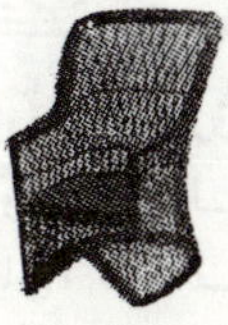

— العمود او التمثال : قاعدة — Pedestal.

— اسطوانات — Roller bearing.

— قَش ٢ (صفصاف) — ←Wicker chair.

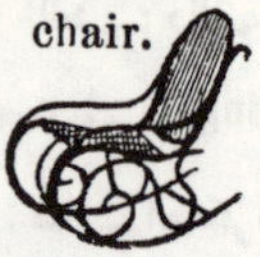

— خيزران ← Cane chair.

— هزاز ← Rocking chair.

△ — السلطان : جيري ← King's cushion; lady chair.

△ — بيانو او موسيقى — Music stool.

△ — الفوط (مناشف الوجه) — Towel horse.

△ — بلكون (في دور الملاهي) — Balcony seat.

△ — ستال » » — Stall (in theatre).

△ — : كرياس . كنيف ← Water-closet.

كُرَّاس . كرَّاسة : دفتر — Book; copy book.

— . — : جزء من كتاب . ملزمة — Section of a book.

— . — : رسالة — Pamphlet.

كرُّوسة : عربة ← Carriage; victoria.

تكريس : تدشين — Dedication; consecration.

— : تلقيح . احتفال بقبول شخص في جمعية — Initiation.

مُكرَّس — Dedicated; consecrated.

* كرسع : عدا — To run; scamper.

كرسوع — Carpal end of the ulna.

* كرسف الدابة : قطع عرقوبها — To hamstring; hock.

* كرسنّة : نبات وحبّه — Vetch.

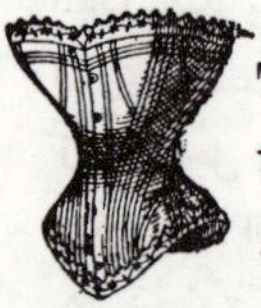

○ كُرسيه : مشدّ ← Corset; stays.

* كرِش . تكرّش : تقبّض — To shrivel; be drawn into wrinkles; shrink and form corrugations.

كرّش : △ كشّر . قطّب وجهه — To frown; scowl.

△ — . استكرش الرجل — To develop a big belly.

كِرش . المعدة الاولى للمجترات — Rumen; first stomach of a ruminant animal; craw.

△ — : بطن — Paunch; belly; stomach.

— الطبخ △ كِرشة : غنمي — Tripe.

△ كُرشيه : صنّارة او إبرة الحباكة — Crochet.

△ كُريشة : نسيج دقيق — Crape.

△ — سوداء (لباس الحزن) — Black crape; widow's silk.

أكرش △ مكرش : كبير البطن — Big-bellied; pot-bellied.

△ كرشوني — Arabic in Syriac characters.

* كرع في الماء — To sip, *or* suck, water; drink by putting mouth into the water, or into the vessel.

تكرّع : غسل أكارعه — To wash one's legs.

△ — : تجشّأ — To belch; burp; eructate.

كُراع (الجمع اكارع) △ كارع (الجمع كوارع) — Foot; trotter.

— : طرف — Extremity.

أكارع △ كوارع الغنم وغيرها — Sheep's trotters.

△ مطعم الكوارع — Tripe shop.

* كَرَفس ← Celery.

(كرك) كُركي : رهو ← Crane.

كراكي : △ بلميطة — Pike; pike-fish.

△ كرّاكة (لتطهير مجاري المياه) — Dredger; dredging machine.

△ كركة : جهاز التقطير ← Still; pot-still; distilling retort.

△ كروكي : رسم مجمل — Sketch; rough draught.

△ كُريك : مِجرفة ← Shovel.

△ — الخباز : رفش — Peel.

△ — : رافعة ← Lifting jack.

△ كركب : شوّش — To confuse; disturb.

— : قرقع — To rumble.

كركبة : تشويش — Confusion; disorder.

— : قرقعة — Rumbling.

— المصارين : قرقرة — Borborygm.

كراكيب : سقط المتاع — Lumber; odds and ends.

* كركدن ← Rhinoceros.

— البحر : حيوان مائي — Narwhal.

☆ كَرْ كَرَ في الضحك : To burst out laughing; roar with laughter.
— : كَرَّرَ . اعادَ : To repeat; do repeatedly.
كَرْكَر: طائر مائي كالنَوْرس : Skua; brown gull.
☆ كُرْكُم : اسْم النبات : Curcuma; turmeric.
— : مسحوق جذور الكُرْكُم : Turmeric.
☆ كَرْكَنْد : ياقوت جَمْري : Oriental amethyst.
— الماء العذب : ←Crawfish.

△ كَرَكُوز : △ قَرَهْ قوز : Punch ←and Judy.

☆ كَرُمَ : عزَّ وكان نفيساً : To be precious.
— : كان كَريماً : To be generous.
كَرَّمَ . أَكْرَمَ : حَفي به : To honour; treat with civility.
— . — : بجَّلَ : To honour; respect; treat with deference.
— : عظَّمَ . شرَّفَ : To honour; bestow honour upon; exalt.
— اللهُ وَجْهَه : May God grant him honour!
كارَمَ فلاناً : To vie in generosity with.
△ —هُ في الثمن : To make a special price for.
تَكَرَّمَ : تكلَّف الكرمَ : To feign to be generous.
— : سَخيَ : To be generous.
— : تفضَّلَ : To be kind; have the goodness to.
— عليه بكذا : He kindly gave him....
هل تتكرَّم عليَّ : Will you kindly...; *or* will you have the kindness to..?
كَرَمٌ : سخاء : Generosity; munificence; liberality in giving.
— الأَخلاق : Generosity; magnanimity; noble-mindedness.
— المحتِد (الاصل) : Noble birth.
— : فضل : Kindness; favour.
كَرَماً : Generously.
△ — : فضلاً : As a fovour; out of kindness.
كَرْم : بُسْتان : Garden; orchard.
— : عِنَب : ←Grapes.
— العِنَب : Vineyard.
بِنْت الـ— او الكَرْمة : Wine.

غلَّة الـ— او الكَرْمة او الكُرُوم : Vintage.

كَرْمَة [2] العِنَب : دالية : Grapevine.
زِراعة الكروم : Viticulture; vine-growing.
كَرَّام : صاحِب الكَرْم : Vinedresser.
كَرَامَة : شرف : Honour; respect; consideration.
— : هَيْبَة . اعْتِبار : Dignity; prestige.
— : كَرَم . جود : Generosity; liberality.
— او كرمةً او △ كرْماناً لك : For your sake.
ليسَ لنبيٍّ كرامة في وطنه : Nobody is a prophet in his own country.
حُبًّا وكرامة : Most gladly; willingly.
كَرِيْم : ذو الكرم : Generous; liberal.
— : مِفْضال : Kind; gracious; obliging.
— : مِضْياف : Hospitable.
— : شَريف : Noble; magnanimous.
— الأَخلاق : Noble-hearted; noble-minded.
— الأَصْل : Of noble birth; highborn.
جَوَاد — . : Pedigree horse; thoroughbred.
دَمٌ — . : Noble blood.
حَجَر — . : Precious stone.
مَعْدِن — . : Noble metal.
وَجْه — . : Handsome, *or* pretty, face.
الأَحْجار الكريمة : Precious stones.
المعادِن الكريمة : Noble metals.
القارِئ الـ— : The gentle reader.
كريمة الرَجُل : ابنته : One's daughter.
الكريمتان : العينان : The two eyes.
△ بِفَرْدَة كريمة : أعْوَر : One-eyed.
أَكْرَم : اكْثَر كَرَماً : More generous.
إِكْرَام : Honour; respect; deference; regard; consideration.
— الضَيْف : إقراء : Hospitality.
إكراماً لخاطِر «فلان» : For the sake of.
— لوجوده (مثلاً) : In honour of his presence.
إِكْرَاميّ : Honorary.
إكراميَّة المحامي: أُجْرته △ أتعابه : Honorary fees.
تَكْرِيْم : Honouring; respecting.

مُكَرَّم : مُبَجَّل . مُعَظَّم — Honoured; respected; exalted; dignified.
— : يَستحِقّ الإكرام — Honourable; respectable.
مَكْرُمَة — A noble act, *or* deed.
○ كَرَمْبُولا — Cannon (at billiards); carom.
△ كَرْمَش △ تكَرْمش : كَرش . تغضَّن — To wrinkle; flounce; form creases.
كَرْمَشة : غضْن — Wrinkles; creases.
٭ كِرمِل : جَبَل الكِرمِل — Mount Carmel.
راهِب كِرْمِلي — Carmelite friar.
« « حافٍ — Barefooted carmelite.
راهِبة كِرمِليَّة — Carmelite nun.
○ كَرَمِلَّة : حُلْوى من السكَّر المحروق — Caramel; a kind of confectionery.

○ كُرُنْب : مَلْفوف س — Cabbages.

○ كَرَنْتِينَة (راجع كرتن) — Quarantine.
٭ كَرْنَف : قطع الكرانيف — To cut off the stumps of palm branches.
كُرناف : أصل سعفة النخل — The butt end of a palm branch.
— البندقيَّة △ كُرْنافة : قندق س — Gunstock; butt end.

○ كَرَنك : مِرفَق الآلة — Crank.
○ كُرنيش : إفريز زخرفي — Cornice.

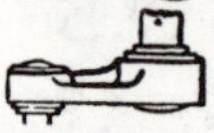

△ — مقص — Pediment.
٭ كَرِهَ : ضد أحَبَّ — To hate; detest; abhor; feel aversion to.
كَرُهَ : كان كَرِيهاً — To be hateful; odious; repulsive; detestable.
كَرَّهَ فلاناً الشيء واليه — To make *one* hate.
أكْرَه على : أرْغَم — To force; compel; coerce.
— على الطاعة — To coerce to obedience.
تَكَرَّهَ واستكْرَهَ الشيء — To feel aversion, *or* displeasure, at.
كُره . كَراهة . كَراهِيَة : عدم رضى — Dislike; aversion; repugnance; reluctance.
— . — : بُغْض — Hatred; strong aversion; detestation; abhorrence.
— و — الزواج — Misogamy; hatred of marriage.
— و — النساء — Misogyny; hatred of women.

كُرْهاً . على كُرْهٍ . عن كَراهية — Reluctantly; unwillingly; with a bad grace.
كَرِهٌ . كَرِيه : لا يُحَبّ — Repulsive; obnoxious; unpleasant; offensive.
— . — : بَغيض — Detestable; hateful; abominable.
— . — : تعافه النفس — Loathsome; repugnant; disgusting.
كَرِيه الرائحة — Bad smelling; ill-smelling.
— الطَعْم — Distasteful; unsavoury.
— المنظر — Ugly; offensive to the sight.
كَرِيهَة : داهِيَة — Misfortune; calamity.
كارِه : ضِدّ راضٍ — Reluctant; averse; unwilling.
— في كذا — Not pleased with; displeased with; out of conceit with.
إكْراه : إرْغام — Compulsion; constraint; coercion.
— : استعمال العنف — Using violence, *or* force.
سرقة بـ — Robbery with violence.
تَكَرُّه — Reluctance; unwillingness; aversion.
بِتَكَرُّهٍ — Reluctantly; unwillingly.
مُتَكَرِّه — Reluctant; unwilling.
مَكْرُوه : ضد محبوب — Disliked; undesirable.
— : مُبغَض — Detested; hated; hateful.
— . مَكْرُوهَة : شِدَّة — Adversity; misfortune.
٭ كُرَة (في كرو) — Ball, globe *or* sphere.
٭ كَرْو : حَفْر — Digging.
كَرَا (كَرْواً) . كَرَى (كَرْياً) : حفَر — To dig.
— الشيء : صَيَّرَه كُرَوِيّاً — To agglomerate.
كرى ٢ : جرى سَريعاً — To run fast; flow.
كُرَة : جِسْم مُسْتَدير — Sphere; globe.

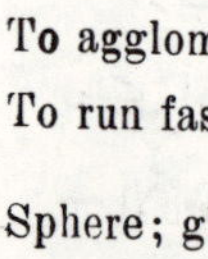

— القدم — Football.
○ — البِلْيَرْدُو — Billiard ball.
— اللعب (وكل شيء كُرَوِي الشكل) — Ball.
— الأرض . الـ الأرضية — Terrestrial globe.

— الكواكب (فلكية) Celestial sphere.

لعبة — القدم Football game.

لعبة — السلّة (انظر سلل)

كروي . كري : مستدير Spherical; round; globate; globular.

شبهه — . Spheroid; elliptical; globoid.

نصف — . Hemispheric, —al.

كُرَيّة : كرة صغيرة Globule; a little ball.

— : ذرّة . جُسيمة Corpuscle; corpuscule; minute particle.

☆ كروان : طائر مغرّد Curlew.

— جبلي Stone-curlew.

— الغيط Common curlew.

○ كَرُوب . كَرُوبون Cherub, *pl.* Cherubim.

○ كروم : مادّة ملوّنة Chrome; chromium.

○ كُرونة : رُعلة (انظر رعلة) Wreath.

△ كروكي : رسم تخطيطي . مجمل Sketch; draught.

○ كروكيه : لعبة كرات تُضرب بمطرقة Croquet.

☆ كَرَوِيَا : كمّون ارمني Caraway.

☆ كَرِيَ . تكرّى : نعس To sleep; slumber.

كَرَى النهر : عمّقه △ طهّره To dredge.

كارى، أكرى : أجّر To let, *or* hire, out; rent; lease.

إكترى . استكرى : استأجر To rent; hire; take on hire.

—. — خادماً او ركوبة To hire a servant.

—. — بيتاً او ارضاً To rent a house.

كَرًى : نُعاس Sleep; slumber.

كِراء : أُجرة Rent; hire.

— الارض او البيت Rent (of land, *or* house.)

— العامل Hire; wages; pay.

إكراء : تأجير Renting; hiring, *or* letting out.

إكتراء : استئجار Renting; hiring; taking on hire.

مُكرٍ . مُكار : مؤجِّر Hirer; one who hires *or* lets out.

مُستكرٍ : مُستأجِر (راجع اجر) Hirer; one who takes on hire.

مُكاريّ : بَغّال . صاحب البغل Muleteer.

— : حمّار Donkey-driver; donkey-boy.

مُكرًى : مؤجَّر Rented; hired; let.

△ كريز (في كرز) △ كريك (في كرك)

○ كريكت : جَحفة Cricket.

○ كريوزوت : خلاصة القطران Creosote.

☆ كُرَيّة (في كرو) ☆ كَزّ (في كزز)

☆ كُزبرة : جلجلان Coriander.

— البئر Black maidenhair; Venus's hair.

— الثعلب Fool's parsley.

— خضراء Chervil; salad chervil.

☆ كَزَز : بُخل Niggardliness; stinginess.

— . كزازة : يبوسة . صلابة Stiffness.

كَزّ : يابس Dry; shrivelled.

— : منقبض Contracted.

— اليدين Hard-fisted; close-fisted.

كُزاز . كُزّاز : قصر (مرض) Tetanus; lockjaw.

كزّ : ضيّق To narrow; make narrow.

— : انقبض ويبس To shrivel; dry up.

△ — على اسنانه To gnash the teeth.

△ — منه : تقزّز To feel disgust at, *or* aversion for.

كُزّ : اصابه الكزاز To have tetanus.

☆ كسا ☆ كساء (في كسو) Dress.

☆ كسب . اكتسب : ربح To gain; win; acquire; profit.

—. — . تكسّب : نال To earn; obtain.

— في المسابقة او المباراة To win a race.

—. كسّب . أكسب To benefit; make one gain, win *or* earn.

—. — حقّاً To entitle to; vest; invest with right to; give a claim to.

—. — في اللعب To play into the hands of.

Gaining; winning; earning; profit. كَسْب . إِكْتِسَاب (١)

Gain; winnings; earnings. — : رِبْح

Oil cake. ∆ كُسْب . كُسْبَة : ثُفْلُ الزيوت

Cattle cake. — المواشي

Winner; one who wins. كَاسِب : رابح

Gaining; winning; acquiring; acquisition; earning. إِكْتِسَاب ٢

Learing is an acquisition. العِلْمُ — .

Acquired. اكْتِسَابِيّ . كَسْبِيّ

Gain; profit; earnings. مَكْسَب

Profitable; lucrative. مُكْسِب

Gained; won; earned; obtained. مُكْتَسَب . مَكْسُوب

Acquired; obtained. — : اكتِسابِي

Coriander. ✲ كُسْبُرَة (راجع كُزْبرة)

∆ كُسْتُبان: قُمْعُ الخِيَاطَةِ Thimble.⟵

○ كُسْتُلِيتَة : ضِلْع بما حَوله من لحم للطبخ Chop; cutlet.

Chestnut. ○ كَسْتَنَا : شَاهْبَلُّوط ∆ أبو فَرْوَة

Candied chestnut. — مسكَّرة: ○مَرُون جلاسيه

Maroon. لون كَسْتَنِي

∆ كَسْتِيرُ الفارة : حَدِيدَتُها Plane iron.⟵

(كسج) كَوْسَج : Shark. قِرْش . كَلْب البَحْر

To sweep. ✲ كَسَحَ : كَنَسَ

To clean out; empty (wells, privies, etc.) — البِئْرَ : ∆ نَزَحَها

To be, or become, a cripple. كَسِحَ ∆ تَكَسَّحَ

To sweep off; wash away. إِكْتَسَحَ

To flush a sewer. — البالوعة (∆ المجرور)

Weakness in the legs; lameness. كَسْح . كُسَاح

Rickets; rachitis. كُسَاحُ ٢ الأطفال : إِرْتخاء العِظام

Sweepings; rubbish. كُسَاحَة : كُنَاسَة

Sewage. ∆ — المراحِيض

Rickety; crippled. كَسِيح . أَكْسَح ∆ مُكَسَّح

Mine sweeper. كاسِحَة الألغام (سفينة)

⟵Broom. مِكْسَحَة : مِكْنَسَة

Trolley. ∆ مكسَّحة . عَرَبة مكسَّحة

To lie on one's hands; remain unsold *or* unused. ✲ كَسَدَ الشيء : لم ينفق

To be stagnant *or* dull (market). ـسَ . أَكْسَدَت السُّوقُ

Stagnation of commerce; slump; dullness of market; slackening in demand. كَسَاد : ضِد رَواج

Stagnant; dull, (market). كاسِد . كَسِيد : ضِد رَائِج

Selling badly; in little demand (goods). بِضَاعة كاسِدَة

A drug in the market; unsaleable (article) thing. سِلْعة كاسِدَة

To break; shatter; strain apart; fracture. ✲ كَسَرَ العُودَ والذراعَ

To break; infringe; violate. — : نقض . خالف

To fold. — : طوى او ثنى

To break open a door. — البابَ : فتحه بعد كسْره

To break a merchant. — التاجِرَ : أفلسه

To rout; put to rout. — العَسْكَرَ : هزمهم

To defeat an army. — الجيْشَ : غلبه

To wreck a ship. — السفينة

To break the measure of poetry. — الشِعْرَ

To quench thirst. — العَطَشَ

To refract light. — النُورَ : حرّفه عن خطّ سَيْره

To negate; nullify. — حدته او قوته

To dispirit; disappoint; disoblige. — خاطِرَه

To wrench, *or* twist, *another's* neck. — رقبته

To dishearten; discourage. — قَلْبه

To dishonour; disgrace. — شَرَفه او اسمه

To mitigate the violence of. — شَوْكَة الغضب او المرض الخ

To humble; put down one's pride. — شَوْكَته او أنفه

Broken. كَسِيْر : مَكْسُور

Dejected; low-spirited. — الخاطِر

Broken-hearted; heartbroken. — القلْب

Breaker. كاسِر : حاطِم

Ossifrage; lammergeyer. ← — العِظام: النسر الملتحي

Bird of prey. طَيرٌ — : جارح

←Stone axe. △ كاسُور : خنْزَرَة

Elixir. ٥ إِكْسِير : رُوْح . خلاصة

State of being broken. إِنْكِسَار : تَحَطُّم

Defeat. — : انهزام

Dejection. — القَلْب

Refraction. — النُّور او الأشعَّة

Malaise. تَكَسُّر الجِسْم : فُتُور وتَوْصيم

Breaking; fracturing. تَكْسِير

Broken, *or* irregular, plural. جمع الـ (في النحو العربي)

Broken to pieces; smashed. مُكَسَّر

Broken; fractured. مَكْسُور . مُنْكَسِر

Defeated; routed. — : مَغْلُوب او مُنْهَزِم

Dejected; dispirited. — الخاطِر

Broken-hearted; heartbroken. — القَلْب

←Pan; casserole. ٥ كَسَرُولَة

To eclipse; darken; hide. ٭ كَسَفَ (كَسْفاً) الشمسَ اوالقمرَ

To assume a gloomy face. — (كسوفاً) وَجْهُهُ

—ت الشمْسُ النجومَ : غلَبَ ضوءها على النجوم

To outshine; be brighter than.

To put to the blush; mortify; cause to feel humiliated. △ — : خزى . اخْجَلَ

To disappoint. △ — : ردَّهُ خائباً

To be eclipsed. —ت . انْكَسَفَت الشَّمْسُ

To dissuade. —هُ عن مُرادِهِ : صَرَفَه

To cut across. △ — على مَن في طَرِيقهِ

To abash; put to shame. △ — عَينه

To smash; break in, *or* dash to, pieces. — . كَسَّرَ : حطَّم

To be broken to pieces. تَكَسَّرَ

To be broken, defeated, etc. إِنْكَسَرَ

To fail; go bankrupt. — التاجِر : أَفْلَس

To abate; be mitigated. — الحرُّ والغضب

To be quenched. — العطش

Breaking; fracturing. كَسْر . تَكْسِيْر

Violation; infringement. — : نَقْض . مُخالَفة

A break. — (في عُود أو حائط)

Fracture of a bone. — (في عظْم)

A fraction. — (في الحِساب)

Common, *or* vulgar, fraction. — إعْتِيادي

Decimal fraction. — عُشْريّ او اعشاري

Recurring, *or* periodic, decimal. — عُشْري دائر

Proper fraction. — حَقِيقي

Complex fraction. — مُرَكَّب

Compound fraction. — من كَسْر

Improper fraction. — غير حقيقي : عَدَد كسْري

Numerator. بَسْط او صُورة الـ

Denominator. △ مقام او مَخْرَج الـ

Odd. △ كُسُور : زائِد

One pound odd. △ جُنَيْه و — . (مثلاً)

A defeat; a rout. كَسْرَة : هزيْمة

A fragment. كِسْرَة : جُزْء من الشيء المكسور

Crumb; fragment of bread. — خُبز

Chosroes. كِسْرَى (الجمع أكاسِرَة) : لقب مُلوك العَجَم سابقاً

←Nutcrackers. △ كَسَّارة الجوْز واللَّوْز

△ انكَسَفَ ٢ : خَجِلَ	To blush; grow red.

كُسُوفُ وانكِسافُ الشمس أو القمر	(Solar) eclipse.
— و — الكَواكِب	Occultation; eclipse.
كاسِفُ البال	Melancholic; low-spirited; down-hearted; depressed.
— الوجْه	Cast down; gloomy; dejected.
مَكْسُوف . مُنْكَسِف	Eclipsed.
△ — : خجلان	Ashamed.
☆ كَسْكَسَ : دقَّ شديداً	To pound; pulverise.
△ — : تراجَعَ	To move, *or* go, backwards.
△ كُسْكُسِي : طعام مغربي	Couscous.
☆ كَسِلَ . تَكاسَلَ	To laze; be lazy, *or* idle.
أَكْسَلَ . كَسَّلَ	To make one lazy.
كَسَلٌ . تَكاسُل	Laziness; idleness; inactivity.
كَسِلٌ . كَسْلان . كَسُول	Lazy; idle; indolent; slothful.
كَسْلان ٢ : اسمُ حيوان	Sloth.
مِكْسال	Idler; sluggard.
☆ كَسَمَ على عياله : كَدَّ	To toil for one's family.
△ كَسَّمَ : شكَّل	To shape; give proper form *or* figure to.
△ كَسْم : شكْل	Shape; form; figure.
△ — : زِيّ	Mode; fashion.
△ مُكَسَّم	Shapely; well-formed.
☆ كِسْوة : لِباس	Dress; clothes; apparel; raiment; array.
— رسْمِيَّة	Uniform; full dress.
— خصُوصيَّة (للخدَمِ او السُّعاة)	Livery.
كِساء : ثَوْب	Garment; dress; garb.
الـ والغذاء	Raiment (clothing) and food.
كَسا . أَكْسَى	To dress; clothe; attire; apparel; cover.
كَسِيَ . اكْتَسَى . تَكَسَّى	To be dressed; clothe oneself; put on one's garments.
كاسٍ △ مَكْسِيّ : خِلاف العاري	Dressed; clad.
مَكْسُوّ بكذا : مُغطّى	Covered (with.)
△ تَكْسِية الحيطان	Panelling; wainscotting.
☆ كَشَّ (في كشش)	To shrink; contract.

△ كُشْتُبان . كُشْتُبانَة ٤ : قمعُ الخياطة	← Thimble.
زهر او نبات الكشاتبين	Foxglove; finger flower.
☆ كَشَحَ : أشقَحَ . طرَدَ	To drive, *or* send, away; dismiss.
— : بَدَّدَ	To disperse; dispel.
— له . كاشَحَهُ بالعداوة	To be inimical to.
إنكَشَحَ القَوْمُ : تفرَّقوا	To disperse; be dispersed, *or* scattered.
△ — : انقشَعَ	To be dispelled; cleared away.
كَشْح : ما بَيْنَ السُرَّة ووسط الظهر	Lumbar region.
طَوى ـــه على الأمْرِ	To keep secret.
طوى ـــه (او كشحاً) عن فلان	To estrange; cease to be friendly with.
وَلّاه ـــه	To turn the back upon.
كُشاحَة : عداوة مُضْمَرة	Secret enmity; rancour; grudge.
كاشِح : عَدُوٌّ باطِن العداوة	Secret enemy; rancorous; spiteful.
☆ كَشَّرَ . كَشَرَ عن أسنانه	To grin; show the teeth.
△ — : كَرَّش . تجهَّم	To frown; scowl; put on a stern look.
كَشْرَة	A display of the teeth; a grin.
△ مُكَشِّر : عابِس	Frowning; gloomy.
مُكاشِر : جارٌ قريب	A near neighbour.
(كشش) كَشَّ الثُعبانُ	To rustle.
△ — : تقلَّص	To shrink; contract.
كُشَّة : خصْلة من الشَّعْر	A lock of hair.
بَيْعُ الكُشَّة : بَيْع التجوُّل	Pedlary; peddlery.

٭كَشَطَ الرَّغْوَة — To skim; take off by skimming.

— : حَتَّ او مَحَا — To erase; scrape, or rub out.

— الجِلْدَ : سَحَجَهُ — To abrade; excoriate; gall.

مِكْشَط : عُقْفَايَّة — Erasing knife.

٭كَشَمَ : ذَهَبَ — To depart; go away.

٭كَشَفَ. كَشَّفَ : ضِدّ غَطَّى — To uncover.

— : أظْهَرَ — To disclose; reveal; open up.

— : عَرَّى — To expose; lay bare.

— : عَرَضَ — To expose; exhibit; display.

— : وَجَدَ — To discover; find out.

— السِّتْرَ او القِنَاعَ — To unveil; unmask.

— سَيِّئَاته : فَضَح — To show up.

△ — عليه طِبيًّا : فَحَصَه — To examine medically.

كاشَفَ بكذا — To reveal, manifest, or declare to one another.

—ه بالعَدَاوة — To manifest enmity towards.

إنْكَشَفَ. تَكَشَّفَ : ضِد تَغَطَّى — To be uncovered.

— . — : ظَهَرَ — To be disclosed, revealed; to come to light; transpire; come to be known; leak out.

— : افْتَضَح — To be exposed; shown up.

إكْتَشَفَ. كَشَفَ : وَجَدَ — To discover; find out.

إسْتَكْشَفَ الأمْرَ : طلَبَ ان يُكْشَف له — To try to discover or find out.

— : إسْتَطْلَعَ — To scout; reconnoitre.

كَشْف : ضِدّ تَغْطِية — Uncovering.

— : إظْهار — Disclosure; bringing to light; exposure.

— : وَحْي — Revelation.

—، اكتِشاف : إيجاد — Discovery.

△ — : بَيَان — List; statement; return.

— الحِجَاب — Unveiling.

△ — : حِساب — Bill; statement of account.

△ — الماهِيَّات (الاجور) — Pay-roll; pay-sheet.

△ — طِبّيّ — Medical examination.

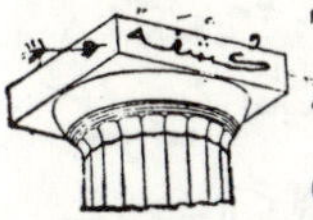

△كُشْفَة (في المِعَار) — Tinia.

— الصَّفْحَة — ↑Abacus.

— وَجْه المِئْبَرة — Corona.

— تحت المِئْبَرة — Modillion; ornamental bracket.

كَشَّاف : كاشِف — Uncoverer; discloser; discoverer; revealer.

— : طَلِيعة، مُسْتَطْلِع — A scout.

النُّور الـــ — Search-light.

الكَشَّافة : النَفَضَة — The scouts.

الفِتْيَان الـ — Boy Scouts.

كِشَافة : عَمَلُ الكَشَّاف — Scouting.

كَشِيف : مَكْشُوف — Uncovered; open; exposed.

كاشِف : الذي يكشف — Uncoverer, discoverer, disclosing, etc.

—، كاشِفَة (في الكِيميا) : مادَّة تُسْتَعْمَل لايجاد تفاعُل كيماوي — Reagent; test.

إكْتِشاف : كَشْف — Discovery; finding.

△ — استِكْشاف — Reconnoitring; surveying; spying out.

— : رَوْد — Exploration.

طائرة إكْتِشاف ٢ — Reconnaissance plane.

مَكْشُوف : ضِدّ مُغَطَّى — Uncovered.

— : مَعَرَّض — Exposed; open; unprotected.

— : عُرْيَان — Bare; naked; uncovered.

— الرَأس — Bareheaded.

مكان مكشوف : لا سَقْف له، أجْهَى — Roofless; open.

△ يَشْتَري على المَكْشُوف — To purchase on a margin.

△ يبيع (الاسهم) على المَكْشُوف — To sell a bear.

البَيْع على الـ — Bear-sale; short sale.

مُكْتَشِف — Discoverer.

△ — مُسْتَكْشِف : رائد — Explorer.

△كُشْك : جَوْسَق — Kiosk; shed; booth; box; cabin.

— التلفون — Call-box.

— الدَّيْدَبان — Sentry box.

— الإشارات (في سِكة الحديد) — Signal cabin.

— الموسيق — Band-stand.

Right column

بحري — : Beach cabin, or hut.

طارمة : — Cabin.

حمام البحر — Bathing-box.

كِشْك : طعام من اللبن الحامض والطحين : Kishk; oriental dish.

٨ — اللماز (قوش فنطاز) : هليون Asparagus.

٨ كُشْكَار : طحين خشن Grit; middlings.

كِشْكَشَ : هرَب To flee; run away.

— : خَشْخَشَ To rustle.

٨ — : ثَنّى To pucker; gather; pleat.

٨ كَشْكَشَة : تثنية Pleating; puckering.

كَشْكُول : جراب المتسوّل Beggar's wallet.

— : دفتر تلصق فيه قصاصات الجرائد وغيرها.Scrapbook

كَشَمَ : قطَعَ مُسْتَأْصِلا To amputate; cut off; sever.

٨ كَشَمَله : اظهَر الجدّ To be serious, formal, or stiff, with; pucker one's brows.

كاشِم : أنجُذان رُومي . نبات Hartwort; French —,

٨ كِشْمِش : زبيب بناتي Sultana; currants.

كَشْمِير : نَسيج من صُوف ثَمين Cashmere.

شال — : Cashmere shawl.

كَظّ : أقمَ To overcrowd; throng; crowd; encumber by excess of number or quantity.

— الطعام الرجلَ To surfeit; cloy.

— ٠ اِكْتَظَّ بكذا:امْتَلا To be overfilled with.

اكتظَّ ٢ المكان بالناس To throng; be crowded with people.

— من الطعام To be surfeited with food.

كِظّة Surfeit; fullness and oppression caused by overeating.

كَظِيظ . مَكْظُوظ : مفْعَم Surfeited; cloyed.

مُكْتَظّ : ممتلىء Overcrowded; overfilled; thronged.

كُظْر : شَحْم على الكليتين Fat on kidnies.

كظري : فوق الكليتين Suprarenal.

Left column

الغدّة الكظرية Suprarenal gland.

كَظَمَ غيظه : حبَسه To suppress, or stifle, one's passion.

— على: سكت To keep silent about.

كَظيمة : ٥ ترمُس Thermos flask.

كمَ (في كمع) To be cowardly.

كعب الثدي : نهَدَ To swell; grow round or full; protrude; jut out.

— ت الصبيّة: ارْتَفَع صدرُها To have swelling, or protuberant, breasts.

كعّبَ : جعَله مكعّباً To make cubic, or square.

— العدَد To cube; raise to the third power.

كَعْب : عقدة في القصَب Joint; articulation; node.

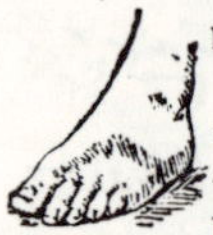

— : العظم الناشِز فوق القدَم Astragalus; ankle bone.

— : شرَف Honour; dignity.

٨ — الرِجْل : عقيب Ball of the foot; heel.

٨ — الجذاء Heel.

٨ — : كاحِل Ankle.

٨ — العصا : زُجّ Ferrule of a stick.

٨ — القَسيمة (الجزء الذي يبقى في الدفتر) Counterfoil.

٨ — دَفتر الوصولات أو الشيكات Stub; counterfoil.

٨ — جيْلْدَة الكتاب Back of a book.

— : مكعّب . جسْم هَندسي Cube.

الزَرْد : ٨ زَهْرُ الطاولة Die, (pl. Dice).

٨ ابو كُعَيْب : اسم مَرض Mumps; infectious parotitis.

لعبة الكِعاب : لعبة العاشِق Knucklebones.

كاعِب : مُرْتفِع Well developed; full and rounded; swelling (breast).

تَكْعِيبُ الأعداد Cubing.

٨ تكْعِيبَة : مِسْماك . عَريش Trellis.

— العِنَب Grapevine trellis.

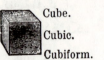

مُكعّب : جِسْم هَندَسي Cube.

— : تَكْعيبي Cubic.

— الشكل Cubiform.

✡ كُعْبُرة . كُعبورة : عقدة — Knot; knode.

— : عظم الزند العلوي — Radius.

كُعبريّ (في التشريح) — Radial.

مُكَعبَر : معقَّد — Knotty.

△ كَعْبَلَ : عقَلَ . اوقع — To trip up.

(كعع) كَعَّ : جَبُنَ — To be cowardly; show the white feather.

△ — : قاء — To disgorge; throw up.

△ — الغرامة — To pay through the nose.

△ — مبلغ كذا . . — To cough up the sum of. .

✡ كَعْك والواحدة (كعكة)

Cakes.

✡ كَعَمَ : كَمَّم — To muzzle.

— الوِعاء : ربطَ رأسه — To cap a vessel.

(كغد) كاغِد : ورق — Paper.

✡ كفّ (في كفف) — To cease from; etc.

✡ كَفَأَ . أَكْفَأَ الاناء : قلبه — To capsize; upset; overturn.

— : عدلَ . انثنى عن — To turn back from.

كَافَأَ : جازى — To reward; repay; make equal return to.

— : ساوى — To equal; be commensurate with.

تَكَافَأُوا — To be equal to one another.

إِنْكَفَأَ : رجعَ — To turn back; return.

— القومُ : تقهقروا — To retreat; fall back.

— اللونُ : تغيَّرَ — To change; fade.

— الاناء △انكفى : انقلبَ — To be capsized; upset; overturned.

— △ — : كَبَا — To topple; tumble down.

كَفَاء . كَفَاءة : مساواة — Equality; likeness.

— . — : اَهلية — Competence; fitness.

كفايَة (في كفى) — Enough, etc.

كُفْؤ . كُفُوٌ لكذا — Equal to; up to; adequate for.

إنكفاء : انقلاب — Capsizal.

مُكَافَأَة — Reward; recompense; compensation.

— عن خِدمة — Compensation, or remuneration, for services.

مُكَافِئٌ : الذي يكافئ — Rewarder; one who rewards; compensator.

— : مُساوٍ — Equivalent; equal.

— قُوّيّ للحرارة — Mechanical equivalent.

✡ كَفاف (في كفف) ✡ كفالة (في كفل) ✡ كفاية (في كفى)

✡ كَفَتَ : صَرَفَ عن — To prevent, or turn, from.

كَفْت : مَوْت — Death.

خُبْز — : بلا إدام — Bread alone; dry bread.

△ كُفْتَة — Meat balls (fried or roasted).

✡ كَفَحَ . كافحَ العدوَّ — To confront; fight; encounter face to face.

كافحَ ٢ : ناضَلَ — To struggle; contend; strive.

— عنه — To fight for; defend.

— الأمرَ : باشره بنفسه — To manage or handle (an affair) personally.

كِفَاح . مُكَافَحَة : نِضَال — Struggle; contention; strife.

— . — : حَرْب — Fight; combat.

لقيته كِفاحاً — I met him face to face.

✡ كَفَرَ . كَفَّرَ(1) : غطَّى وستر — To cover; hide.

— بالله — To deny God; backslide; relapse.

— بالنعمة — To be thankless or ungrateful.

— : صار كافراً — To become an infidel.

كَفَّرَ ٢ عن ذنبه — To atone for; expiate; make amends for.

— عن سيّئاته — To redeem; pay the penalty of.

— . أكفرَ : حمله على الكُفْر — To shake one's belief; stagger one's faith.

— . — : صيَّره كافراً — To make one impious.

— . — : نسبه الى الكُفْر — To charge one with impiety.

— له الذنبَ : صفحَ — To pardon; forgive.

كَفْر : قرية صغيرة — Hamlet; small village.

كُفْر . كُفْران : ضد ايمان — Irreligion; impiety; disbelief; ungodliness.

—و— بالله — Atheism; godlessness.

—و— : نكْران النِّعْمة — Ingratitude; thankslessness.

∆ — : تجْديف — Blasphemy.

كَفَّارَة — Sin offering; something offered as an expiation for sin.

— . تَكْفِير — Expiation; atonement.

كَافِر : ضِدّ مُؤمن — Infidel; backslider; unbeliever; relapsing.

— : ضِدّ تَقِيّ — Impious; godless.

— : ناكِر النِّعْمة — Ungrateful; thankless.

— لَيْل مُظلِم — Dark night.

— : ظَلام — Darkness; obscurity.

— بالله — Atheist; denying the existence of God.

حِصَان — — Black horse.

٥ كافُور — Camphor.

زَيْت الـ — Camphor (*or* camphorated) oil.

شَجرة الـ — Camphor tree (of China.)

∆ — الـ . اليوكالبتوس — Eucalyptus tree; blue gum tree.

٥ كَفِس . انْكَفَسَت رِجْله — To have crooked legs.

أَكْفَس — Bandy-legged; having crooked legs.

٥ كَفَف . كَفاف من الرِزق — Modicum; pittance; sufficiency; scanty allowance.

— : استعطاء . تسول — Begging; mendicancy.

خُبْزنا كفافنا اعطنا اليوم — Give us this day our daily bread.

∆ كَفَّف . كَفَّ[1] الثوبَ — To hem; sew hem on.

كَفَّ ٢ . انْكَفَّ عن كذا . اقلع — To stop; cease from; desist from; leave off.

— عن : امتنع — To refrain from; forbear.

ـهُ عن الأمر : منعه — To dissuade; restrain; prevent; hold back.

∆ — يده (في مزاد مثلاً) — To withdraw.

— الاناء — To overfill.

— وكُفَّ بصره — To lose one's eyesight; become blind.

تَكَفَّفَ . اسْتَكَفَّ الناسَ — To beg; practice begging.

اسْتَكَفَّ ٢ : ظلّل عينيه بيده — To shade one's eyes with the hand.

—ت الحيَّة : استدارت — To coil, (serpent).

كُفّ : قِف — Hold ! stop !

كَفّ : امتناع — Ceasing; desisting from.

— : راحة اليد مع الاصابع — ←Hand; palm of the hand.

— : قفّاز (انظر قفز) — Glove.

— الحيوان — ←Paw; hand.

∆ — : صفعة — A slap (in face).

— الأجذم او ابراهيم : نبات — Chaste-tree.

— الأسد : راحة الأسد . نبات — Lion's-leaf.

— الدب : رجل العنقاء . نبات — Bear's foot.

— مريم : شجرة مريم . نبات — Rose of Jericho.

عِلم قراءة الـ — Palmistry.

كِفَّة الميزان — Scale, dish *or* pan of a balance.

∆ كَفَّة قلاوظ (بلُقْمتها) — ←Stock and die.

∆ — تقليم الحوافر — Paring-knife.

كُفَّة . كِفاف : حاشية — Hem; border.

كِفاف ٢ : حدّ — Edge; border.

كَفَف من الرِزق : ما أغنى عن الناس — Pittance; scanty allowance; modicum.

كِفافة : خياطة الحاشية — Hemming.

كَفِيف . مَكْفوف البصر — Blind; stone-blind.

كَافَّة — All without exception.

مُكَفَّف الأصابع : من ذوات الوترة — ←Web-footed.

٥ كَفْكَفَ الدمْعَ : حبسه — To hold back one's tears.

— دمْعهُ : مسحه — To wipe one's tears.

ـهُ عن : منَع وردّ — To dissuade; hold back.

٥ كَفَلَ : ضَمِنَ (راجع ضمن) — To guarantee; warrant; be responsible for.

— الكفيل المُتَّهم — To bail out (prisoner).

— . كَفَّل عِياله — To maintain; support; provide for.

كَفَلَ ٢ . أَكْفَلَ القاضي المتَّهم To free on bail; admit a person to bail.

— . — : جعله يكفله To make one stand surety, *or* be responsible, for.

كافَلَ : عاهَدَ To make an engagement.

تَكَفَّلَ له بكذا : ضمنه To guarantee; warrant.

— بكذا : اخذهُ على عُهدته To undertake; take upon oneself.

كَفَلٌ : رِدْف Buttocks; rump.

— الحِصان Croup of a horse.

كَفالَة : ضمان المتهم لاخراجه من السِجْن A bail.

— : ضمان Security; guarantee.

بكفالة (كقولك أُفرِجَ عنه بكفالة) ... on bail.

△ كفولة الاطفال : حِفاظ Diaper; baby's napkin.

كَفيل . كافِل : ضامن المتهم Surety; a bail; one who stands bail, *or* surety, for another.

— . — اليتيم : القائم بأمره A guardian.

— : ضامِن Guarantor; responsible for.

يَكفل الـ المتّهم The surety bails out a person under arrest.

تَكافُل Reciprocal responsibility.

△ بِوجْهِ الـ والتضامُن Joint and several.

مَكْفول Guaranteed.

☆ كَفَنَ . كَفَّنَ الميتَ To shroud; inclose in a winding sheet; dress for the grave.

كَفَن Winding sheet; shroud; grave clothes.

كَفْن : لا مِلْحَ فيه △ عادِب Saltless.

مُكَفَّن . مَكْفون Shrouded; dressed for the grave.

(كفهر) إكْفَهَرَّ الليلُ To darkle; become overcast; be very dark.

— السَحابُ To lower; be dark, gloomy and threatening.

— وَجْهُهُ To lower; frown; look sullen.

— تِ السَّماء To lower; be covered with dark and threatening clouds.

مُكْفَهِرٌّ : مُظْلِم Darkling; lowering; overcast; dark and threatening.

— : عابِس Lowering; gloomy.

☆ كُفْو : نَظير (راجع كَفأ) Equal.

△ كَفُولَةُ الطفـل (في كفل) Diaper.

☆ كَفَى To suffice; be enough *or* sufficient; meet needs of.

— : حَسْبُ . بَسّ Enough.

كفاهُ الشرّ To spare; save; forbear to injure or harm.

كَفَى لكذا To be adequate for.

كافَى : كافأ . جازى To reward; recompense.

إكْتَفَى بكذا To be satisfied, *or* content, with.

كِفايَة : اغناء Sufficing; satisfying.

— : ما يكفي Enough; a sufficiency.

— . كافٍ . كَفِيّ Enough; sufficient.

إكْتِفاء Satisfaction; content.

مُكْتَفٍ Satisfied; content.

مُكافاة : مكافأة (راجع كفأ) Reward; recompense.

☆ كُكُم : طائر Cuckoo.

☆ كلَّ (في كلل) To become tired.

☆ كَلأَ : حَرَسَ To watch; guard; protect; preserve.

إكْتَلأَتِ العينُ To have no sleep.

كَلأ : عُشْب Pasture; herbage; forage.

كَلْءُ . كِلاءُ . كِلاءَة Keeping; protection.

كَلُوءُ العين Sleepless; insomnious; having no sleep; awake.

☆ كَلا (في كال) ☆ كِلا وكِلتا وكلاهما (في كلي)

☆ كلاسيكية : اطرادية . التزام . اصول مقررة في الادب والفن Classicism

☆ كلَّة (في كلل) Mosquito net, etc.

٭ كَلِبَ . أَسْتَكْلَبَ To run mad; become affected with hydrophobia.

— . — على الامر To covet eagerly.

— و ∆ كَلِبَ في كذا To grasp greedily.

كَلَّبَ ٢ الكَلْبَ : علَّمه To train a dog.

تَكَالَبُوا على كذا To rush madly upon; contend for.

كَلْب Dog; hound.

— سُلوقي ←Greyhound.

— البَحْر : قرش . كوسج ; Shark; man-eating shark.

— الماء : قضاعة ←Otter.

الـ الأصغر (في الفلك) Lesser Dog; *Canis Minor*.

الـ الاكبر (في الفلك) Greater Dog; *Canis Major*.

بَيْتُ الكِلابِ ←Dog-kennel.

كَلَبٌ : اسم مرض Rabies; hydrophobia; canine madness.

— : عطش شديد Strong thirst.

كَلْبَة : أنثى الكلب Bitch; female dog.

∆ — . كَلْبَتان : ∆ كمّاشة ←Forceps; a pair of pincers.

كَلْبِيّ : مختصّ بالكِلاب Canine; pertaining to dogs.

— : زاهد في اللذّة Cynic, —al.

كَلِبٌ . كَلِيب ∆ مَكْلُوب Rabid; mad; affected with rabies.

— : شديد الحِرص Eagerly covetous.

كُلاَّب . كَلّوب : هَوْجَل ←Hook; grapnel.

— : مِلقط كبير Tongs.

كلبية : عدم مبالاة بالعُرف Cynism.

∆ كُلاَّبَة خَلْعِ الأَسنان ←Dental forceps.

مُكَلِّب : مُعَلِّم كِلاب Dog trainer.

∆ كَلَبْش : (انظر كِبْل) Manacles; handcuffs.

٭ كلتا (في كلا) Both of.

٭ كَلَحَ . أَكْلَحَ . تَكَلَّحَ وجهُه To frown; look gloomy.

كَالِح : عابس Austere; stern; gloomy.

لَوْن كالح Dingy; grimy; dull, *or* dead, colour.

كَلَحَة : الفمُ وما حوله Muzzle; nozzle; snout.

ما أقبحَ كَلَحَتَهُ How ugly he is.

٭ كَلَخ : لِزاقُ الذهب Ammoniacum.

∆ — المواقِد والافران Cinder; calx *pl*. Calces.

٭ كِلْدانِي Chaldean.

بلاد الكلدان Chaldea.

اللغة الكلدانية Chaldee.

٥ كَلَّسَ . تَكَلَّسَ : حوَّلَ أو تحوَّلَ الى كلس To calcify.

— البيتَ To plaster with lime; whitewash.

كِلْس : ∆ جِير Calcium; (the basis of) lime.

كِلْسِيّ Calcic; limy.

تَكَلُّس Calcification; changing into lime.

كَلْسات س : جَوارب (راجع جرب) Socks *or* stockings.

٥ كَلْسِيُوم Calcium; metallic element in chalk, stucco, and other compounds of lime.

٭ كَلِفَ الوَجْهُ To be freckled (face).

— بالشيء To be extremely fond of.

— بالمرأة To be, *or* fall, in love with.

كَلَّفَ بالأمر To charge another with an affair.

— : أَمَرَهُ بما يشقّ عليه To task; impose a task upon.

∆ — كذا : كانت نفقته كذا To cost. . . .

∆ — خاطره : اتعبَ نفسه To take the trouble to. . .

تَكَلَّفَ الأمْرَ : تجشَّمه To undertake a difficult task, *or* take the trouble to do it.

— العَمَلَ To do a thing reluctantly *or* unwillingly.

∆ — كذا : أُنفِقَ عليه كذا To cost (so much).

∆ — : تمسَّك بالرسميات To stand on ceremony.

كَلَف . كُلْفَة ١ : لَوْن الحمرة الكَدِرة Swarthiness; brown reddish colour.

— الجِلْد : نَمَش Freckles; chloasma.

— الشَّمْس Sunspots.

— : حُبّ شديد Ardent love.

كُلْفَة ٢ : مَشَقَّة — Trouble; pains.

△ — : نَفَقَة — Cost.

△ — الملابِس : △ خَرج ← Trimmings.

△ اظهر الـ . — To stand on ceremony.

كُلْفَة : بُقْعَة — Spot; freckle.

كَلَّاف المَواشِي — Feeder of cattle.

أَكْلَف البَشَرَة — Freckled; spotted.

△ تَكَلُّف : تَصَنُّع — Affectation.

تَكْلِيف — Imposition; tasking; charging with a duty.

△ — : تَمَسُّك بالرسميات — Ceremony.

△ — الخاطِر — Giving oneself trouble.

△ لا — بين الأصْدقاء — There is no ceremony between friends.

△ بلا — . — Without standing on ceremony.

مُكَلَّف : مسئول — Responsible; accountable.

△ — باسمِهِ او على اسمِهِ (ملك) — Registered in his name (land.)

△ — : دافِع الضَرائب — Taxpayer.

△ مُكَلَّفة : سِجِلّ الاراضي الزِراعِيَّة — Terrier; register of extent and boundaries of landed estate; *mukallafa*.

△ كَلْفَتَ العمل : رَمَّقَه — To scamp; bungle; botch; patch up.

○ كَلْفَنَ : طلى المعدن بالكهربا — To galvanise.

كَلْفانِيّ : كهربيّ — Galvanic.

— : تابع مَذهب كلفن — Calvinist.

بطارِيَّة كلفانية (انظر كلون) — Galvanic battery.

○ كَلَك ع : طَوْف . مرْكب نَهْرِي — Raft.

△ كَلْكُوعَة : كعبرة — Clod; lump.

* كَلْكَل : اعلى الصَّدْر — Upper part of the chest.

○ كَلْكَلَت اليدُ من العَمَل : كَنِبَت — To become callous.

كَلْكَلَة : كَنَب — Callosity.

مُكَلْكَل : كَنِب — Callous.

* كَلَّلَ : تَوَّج — To crown.

△ — على : عقد له على — To marry to; wed to.

— . كَلَّ : ثلم — To become dull or blunt.

كَلَّ ٢ النظرُ والفهمُ — To become dim *or* dull.

— : تَعِبَ — To tire; (grow) weary; be fatigued *or* tired.

— ت قواه — To become exhausted.

لا يَكِلّ : لا يَتْعَب — Indefatigable; untiring.

أَكَلَّ : أَتْعَبَ — To tire out; weary, *or* fatigue to exhaustion.

— النَظَرَ — To dim the eyesight.

تَكَلَّلَ : لبس الاكليل — To be crowned; wear a crown.

△ — عليها : تزوَّجها — To be married to.

كُلّ : جميع — All; the whole of.

— منهم — Each; every.

— واحِد (جملة) — Everyone.

— واحِد (على حِدَه) — Each one.

— انسان (جميع الناس) — Everybody.

— شيْء — Everything.

— شيْء كان : △ كُلْشِيْنْكان — Anything; something *or* other; a makeshift.

— مَكان — Everywhere.

— مَنْ — Whoever; whosoever.

الـ : الجميع — All; wholly; altogether.

الـ بلا استثناء — All without exception.

الـ في الكلّ — All in all.

كُلَّما : عِنْدَما — Whenever.

كُلُّهم : جميعهم — All of them.

كُلِّي : تامّ — Complete; entire; perfect.

— : عامّ . شامِل — Universal; general.

— : مُطْبِق — Utter; complete; perfect.

— : مُطْلَق — Absolute; unlimited.

— القُدْرَة — Omnipotent; all-powerful.

— المعرفة — Omniscient; all-knowing.

— الوُجُود — Omnipresent; ubiquitous.

إجْهاد — . — Integral stress.

جُنُون او خراب — . — Utter madness *or* ruin.

رَفْض او انْكار — . — Utter refusal *or* denial.

كُلِّيَّة : عُمومِيَّة — Universality; generality.

— مَنْطِقِيَّة — General term.

مَدْرَسَة — . — College.

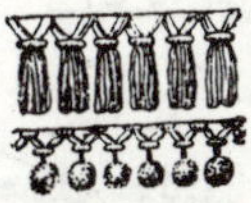

كُلِّيَّة . بالكُلِّيَّة : قطعاً — Absolutely; positively.

بكُلِّيته : أجمع — Entirely; wholly; completely; altogether.

كَلَّ كَلال (١) . كَلالَة : إعْيَاء — Weariness; exhaustion.

— . — : ضُعْف — Dimness; dullness.

— . كَلِيل البصر او الفهم الخ — Dim; weak.

— . — البصر — Dim-sighted.

— . — الفهم — Dull; stupid.

— . — : ثالم . غير حادّ — Dull; blunt.

كَلال ٢ المرونة — Elastic fatigue.

كَلَّا — No! never! surely not! not at all!

ومع كُلاً : مع ذلك — Nevertheless; notwithstanding.

كِلَّة : ناموسيَّة — Mosquito net; mosquito curtain.

كَالّ . كَلِيل : مُعْيٍ — Exhausted; fatigued; tired.

— . — : ضِدّ حادّ — Dull; not keen or sharp.

إكْلِيل : تاج — Diadem; crown.

— من زهور او اغصان وغيرها : كُشْنة — Wreath; garland; chaplet.

— غار — Laurels.

— الملك — King's clover; or crown imperial fritillary.

— شوكي — Crown of thorns.

— شعاعي أو نوراني — Halo; glory; nimbus.

— الزواج — Nuptial corona.

— الجبل : حصالبان (نبات) — Rosemary.

— الزهرة — Corona of a flower.

— زهور (للرأس) — Garland; corona.

— القمر — Lunar corona.

△ — : صلاة الزواج المسيحي — Nuptial service.

إكليلي — Coronary; coronal.

العظم الإكليلي (في التشريح) — Frontal bone.

مُكَلَّل : متوّج — Crowned.

△ — : مُتزوّج — Married.

٭ كَلَمَ . كَلَّمَ : جرحَ — To wound; cut.

كَلَّمَ ٢ . كالَمَ : حادثَ — To speak, or talk, to; converse with.

تَكَلَّمَ : فاهَ . حَكَى — To speak; talk.

— كلمة او بكلمة — To speak, utter or say, a word.

— معه — To speak, or talk, to.

— عن شخص او أمر — To speak of or about, a person or thing.

— على او في موضوع — To speak on a subject.

— في او على شخص : ذمّه — To speak against.

— في او على شخص : مدحه — To speak for.

كَلْم : جُرْح — A wound; a cut.

كَلِمَة . كِلْمَة — A word.

— فكلمة : حرفيًّا — Word for word; literally; verbatim.

— الله : الكتب المنزلة — The Word; the Scriptures.

الـ . : الأقنوم الثاني — The Word; Logos; The second person in the Trinity.

العشر الكلمات — The Ten Commandments.

كِلْمانِيّ . تِكِلَّام . تِكْلامَة △ مِكْلِماني

— . — . — : فصيح الكلام — A good talker; conversationalist.

— . — . — : كثير الكلام — Talkative; loquacious; prattler.

كَلام : حديث . حَكْي — Speech; talk.

— : أقوال — Words; declaration.

— : محادثة — Conversation.

— : لغة . لسان — Language; tongue.

— فارغ — Nonsense; poppycock; absurdity

بالـ — By word of mouth; orally; verbally.

كثير الـ — Talkative; prattler; loquacious.

علم الـ : الالاهيات — Dogmatic theology.

△ أول كلام (اصطلاح مطبعي) — Indentation.

كَلِيم : متكلّم . خطيب — Speaker; orator; conversationalist.

— : متكلم بالنيابة عن غيره — Spokesman; mouthpiece.

مَكْلوم : مجروح — Wounded; cut.

Conversation; colloquy. مُكَالَمَة : مُحادثة

Call; use of telephone; telephonic communication. — تلفونيّة

Speaker; one who speaks. مُتَكَلِّم

Theologian. — : عارِف بعِلمِ الكلام (الالاهيات)

First person. — : الشخص الاول (في النحو)

Columbine. ○ كُلُمْبا : ساقُ الحمام . نبات طِبّي

Mosquito-net. * كِلَّة : ناموسيَّة (في كلل)

Club. ○ كلوب : نادٍ (راجع ندو)

Vapour lamp. — : مِصْباح نَفَس

Chlorine. ○ كلُوْر . كلورين . غاز الكلور

Chlorate. ○ كلُورات : ثاني مِلح الكلورور

Pottassium chlorate. — البوتاسا

Chloral. ○ كلُورال

Chlorodyne ○ كلُورودين

Chlorosis. ○ كلُوروز : أنيميا خَضراء . رُماع

Chloroform. ○ كلُوْروفُرم : بَنْج

Chlorophyll. ○ كلوروفيل : خَضير . يَخضور

Chloride. ○ كلُوريد . كلورور

Chloride of lime. — الجير (الكلس)

Chloride of mercury. — الزئبق : سُلَيماني

Sodium chloride. — الصوديم : مِلح الطعام

Calomel. ○ كَلُومِيل : زِئبق حُلْو

Lock. △ كَلُوْن : قَفْل

Box (rim) lock. — لَطْش

Flush (mortise) lock. — داخِل الاسطامة

Galvanic. ○ كَلْوَنِيّ . كَلْواني : كَهْرَبِي

Galvanic battery. بَطّارِيّة كلوانيّة

Calvanist. كَلْواني ٢ : كلڤاني . تابع مذهب كَلْڤن الإنجيلي

To have nephralgia (kidney trouble.) * كَلِيَ . كُلِيَ : مرض بالكُلى

Kidney; *nephros*. كُلْية . كُلْوَة (الجمع كُلًى)

Thenar eminence. — او كُلْوة اليد: الْيَة الابهام

Nephrotomy. اِستئصال الـ — او شقّها

Nephritis; Bright's disease. التهاب الكُلى

Renal; nephritic. كُلْوِيّ : مختص بالكُلى

Both; both of them. كِلا . كِلتا . كِلاهم، الخ

* كلا (في كلى) * كُلِّيّ * كُلّية (في كلل)

Glycerine. ○ كليسرين : جَلْسِيَّة

A cut; engraving; engraved plate, or block, for printing. ○ كليشيه : رَوْشَم س

Jamb. △ كَلّينِي الباب او الشُبّاك : قائمة الكتف

Sleeve. * كُمّ (في كمم)

How many? * كَمْ : أيّ عدد ؟

How much? — : أيّ مقدار او كمية ؟

Many; much. — : كثيراً

How much the more. — بالحري

Truffle. * كَمْء (والجمع كَمْأة) : جُدَري الأرض

As; just as; even as. * كما

As if he were present. — لو كان حاضراً

As it is. — هُو

Such as it is. — هُو : بحالته الراهنة

As is proper *or* fitting. — يجب او ينبغي او يليق

Properly; exact. — يجب : كاللازم

Shank of shoe. △ كَمارة النعل : نعامة الحذاء

* كَمّاشة (في كمش) * كِمامة (في كمم)

Cambric. ○ كَمْبَرِيْت : نسيج قُطْني

Prompt-side. △ كَمْبُوشَة الملقِّن : مكانه من المسرح

Bill; promissory note; note of hand. △ كَمْبيالة : سُفْتَجة س

Accommodation bill, draft, *or* note. — صُورِيّة

Bill at sight. — تُدفع عِند الإطلاع

Exchange. ○ كَمْبيُو : مصارفة

Rate of exchange. سعر الـ

To suppress, *or* stifle, one's anger. * كَمَتَ غيظه : كظمه

Bay; roan; brown red; reddish brown. كُمَيْت : لون بين الاسود والاحمر

☆ كُمَّثْرَى : إِنجاص س — Pears.

كُمَّثْرَاة △ كُمَّثْرَايَة — A pear.

☆ كَمَحَ وَأَكْمَحَ الحصانَ — To pull up a horse.

كَمَّاحَةُ القِطارِ والمَرْكَبَة : △ فرمَلَة — Brake.

☆ كَمَخَ وَأَكْمَخَ بأنفِه — To turn up one's nose; be supercilious.

△ كَمَّخَ : غَمَّنَ — To wrap up in warm covers.

كُمَاخ : أَنَفَة — Disdain; pride; haughtiness; superciliousness.

كَامَخ : مُخَلَّل — Pickles.

☆ كَمِدَ اللونُ : كانَ قاتماً — To be dark, dusky, *or* swarthy.

— الرجُلُ : اغْتَمَّ — To be sick at heart.

كَمَّدَ . أَكْمَدَ العضوَ : وضع عليه الكمادة — To foment; apply a warm lotion to; bathe with a cloth wet with warm water.

أَكْمَدَ ٢ : غَمَّ — To make sad; make sick at heart.

كَمَد — Sadness; dejection; intense grief; heaviness; gloom; morbidness.

— . كُمْدَةُ اللونِ — Duskiness; swarthiness.

كَمِدٌ . كَمِيدٌ . كَامِدٌ — Sad; gloomy; heavy at heart.

أَكْمَدُ اللونِ — Dusky; swarthy.

كِمَاد . تَكْمِيد — Fomentation.

— . كِمَادَة . مُكَمِّدَة — Compress used in fomentation.

△ كُمُدِينُو — Commode; bedside table.

△ كَمَر : حِزام . زُنّار — Belt; money-belt.

○ كَمَرَة حَدِيد — Iron beam *or* girder.

— التصوير الضوئي — Camera.

△ كُمْسَارِيّ الترام — Conductor (of a tram or bus;) ticket collector.

— القطار الحديدي — Guard; trainman.

☆ كَمَّشَ : شَمَّرَ — To tuck up.

كَمَشَ س : مسك بقبضته — To grip; grasp; claw; clutch.

△ — : تقلَّص (او خاف) — To shrink; retract.

إِنْكَمَشَ . تَكَمَّشَ الجلدُ : تقبَّض — To wrinkle; shrink into furrows and ridges.

— . — : تقلَّص — To contract; shrink.

انكِماشيّ : تقلُّصِي — Retractive.

△ كَمَّاشَة النجّار : مِنْتَاش — Pincers.

☆ كَمَعَ : قطعَ — To cut off; sever.

كامَعَ : حضن — To hug; embrace.

كَمِيع — Bedfellow.

☆ كَمُلَ . اكْتَمَلَ . تَكَامَلَ : تمّ — To be complete, *or* perfect.

— . — : أُنْجِز — To be finished, *or* concluded.

كَمَّلَ . أَكْمَلَ . إِسْتَكْمَلَ : اتمّ — To complete.

— . — : أَنْجَزَ — To finish; conclude.

△ — عليه : أَجْهَزَ — To finish off.

كَمَال — Completeness; perfection.

بِكَمالِه . بأكملِه — Completely; entirely; wholly.

△ كِمَالَة (١) عدد : غير لازم — Supernumerary.

△ — وزن — A makeweight.

كامل : تامّ — Complete; entire; full; perfect; whole.

— : مُطْلَق — Plenary; absolute.

— : مُتَمَّم . مُنْجَز — Completed; finished.

اجتماع — العدد — Plenary meeting.

△ كِمَالَة ٢ . تَكْمِلَة — A complement.

تَكْمِيل . إِكْمَال : اتمام — Completion; perfection.

— . — : انجاز — Finishing; concluding.

تَكَامُل وتفاضُل (في الرياضة) — Calculus.

استكمال (رياضة) — Extrapolation.

كَمَالِيَات — Luxuries.

مُكَمَّل : مُتَمَّم — Completed; perfected.

☆ كَمَّ . كَمَّ فَمَه — To muzzle.

— . أَكَمَّ القميصَ — To furnish a garment with sleeves.

Purblind; wholly blind, *or* dimsighted. أَكْمَهُ

* كُمُون * كُمِين (في كمن) * كَيَّة (في كمم) * كُنّ (في كنن) * كُنْ (في كون)

Border; edge; hem. △ كَنَار : محيط كل مَتَطَّح

Selvage; selvedge. — القُماش : حاشية

Canary bird. ٥ كَنَارِي ٥ كَنَارِيَا : صير . طائر مغرّد

Canary Islands. جزائر كَنَارِيَا٢ : الجزائر الخالدات

△ كُنَافة (في كنف) * كِنانة (في كنن) * كِناية (في كني)

To become callous *or* rough. * كَنِبَت اليدُ والقدمُ : △ كَلْكَت

Callosity. كَنَب : △ كَلْكَلَة

Callous. كَنِب . مُكَنِّب : مُكَلْكِل
△ كَنَبِيَّة △ كَنَفِيَّة : مُتَّكَأ
← Sofa; settee; divan.

Contract; agreement. △ كُنْتُراتو : عَقْد

← Kangaroo. ٥ كَنْجَر : ٥ قَنْغَر

To be ungrateful for a benefit. * كَنَدَ النِّعْمَةَ : كَفَرَها

Ingratitude; thanklessness. كُنُود

Ungrateful; thankless. كَنُود . كَنَّاد

Canada. ٥ كَنَدا : بلاد في شمال اميركا

Canadian. كَنَدِي

Frankincense. * كُنْدُر : △ لُبَان ذَكَر

Magpie. * كُنْدُش : عَقْعَق
٥ كُنْدَنَسة : مُكَثِّف
Condenser.

← Condor. ٥ كُنْدُور : نَسْر فَتَّاح

To treasure up; lay up; hord. * كَنَزَ : جَمَع وادَّخَر

To bury in the ground. — : دَفَن في الأرض

To be firm, hard, *or* compact. إكْتَنَزَ اللحمُ

Treasuring up; hoarding. كَنْز : جَمْع وادِّخار

A treasure. — : ذَخِيرَة

To cover; conceal; cloak. كَمَّ : غَطَّى وسَتَر

Muzzling. كَمّ . تَكْميم

Quantity. — . كَمِيَّة : مِقْدار

Quantitative. كَمِّيّ : يَخْتَصّ بالكمية اي المقدار

Quantitative analysis. . تَحْليل —

A sleeve. كُمّ : غِطَاء الذِّراع من الثَّوْب

Cuff. — القَميص (الإفْرَنْكي) : كُنّ

Calyx; كِمّ . كُمامَة الزَّهْرَة
outer covering of flower.

↑ Sepal. وَرَقَة كِمِّيَّة

Lampshade. كُمَّة المِصْباح

← Biretta. — الرَّأْس

← Muzzle. كِمامَة . كِمام الفَم
— الوِقايَة من الغازات السامة : سِقاع (انظر صقع) Gas-mask.

Muzzled. مُكَمَّم . مَكْمُوم

To hide; lie concealed. * كَمِن . أَسْتَكْمَن : اخْتَفَى

To ambush; waylay; lurk; lie in wait for. — وتَكَمَّن له

Dimness of eyesight; amaurosis; drop serene. كُمْنة : ظُلَّة بَصَرِيَّة

Conjunctivitis; inflammation of eyelids. — : التهاب الجُفون

Also; too. △ كَمَان : أَيْضاً

Violin. — : كَمَنْجَة

Latency; state, *or* quality, of being latent. كُمُون

Cumin. كَمُّون

Aniseed. — حُلْو : △ يَانْسُون . آنيسُون

Caraway. — أَرْمَني : كَراوِيا

Latent; hidden; potential; concealed. كَمِين . كامِن : خَفِيّ

Ambush; ambuscade. — . مَكْمَن

Potential ability. قُوَّة كامِنة

← Violin; fiddle. * كَمَنْجَة : كَمَان

Bow; violin bow. قَوْس الـ —

Purblindness. * كَمَه : عَمًى

English	العربية
Firm; compact.	كَنِزٌ . كَنِيزٌ . مُكْتَنِزٌ
Narrow.	△ — : ضَيِّق . ضِدّ عَرِيض
Treasured up; buried; hoarded.	مَكْنُوز
To sweep.	٭ كَنَسَ الأرضَ او التُرابَ
Sweeping; act of sweeping.	كَنْس
A (road-)sweeper; one who sweeps roads.	كَنَّاس . كَانِس
A scavenger.	— الطُرُق
Sweepings.	كُنَاسَة : قُمَامَة
Feed-bag; nose-bag.	كِنِيس : مِخْلاة العَلَف
Synagogue; temple.	— . كَنِيسَة : معبد اليهود
Church; chapel.	كَنِيسَة٢ : معبَد النَصارى
Ecclesiastical.	كَنَسِي . كَنَائِسي
A broom; besom.	مِكْنَسَة : مِقَشَّة
Swept.	مَكْنُوس
Consol.	كَنْصُول
Consultation.	كَنْصُولْتو : إسْتِشَارَة
Canaan.	كَنْعَان
The Canssnites.	الكَنْعانِيُون
Kangaroo.	كَنْغَر ٥ كَنْغار (انظر كَنْجَر)
To shelter; protect.	٭ كَنَفَ : صَانَ وحَفِظَ
To help; assist.	— . كَانَفَ . أ كْنَفَ : اعانَ
To surround; encompass; encircle.	إكْتَنَفَ الشّيءَ : أَحاطَ بِهِ
To invest; lay siege to; beset.	— : اخْدَقَ بِهِ
Beset with difficulties.	تَكْتَنِفُهُ المَصاعِب
Side.	كَنَفٌ : جانِب او ناحِية
Care; protection; shelter.	— : حِمَاية
Wing.	— : جَنَاح
Shade.	— : ظِلّ
Bosom; embrace.	— : حِضْن
Bust of a person.	— الإنسان : سَماوَة

English	العربية
To take under one's wing.	اخَذَهُ تحتَ كَنَفِهِ
A kind of vermicelli; shredded biscuit.	△ كِنَافَة : إطْرِيَة
Iceland moss; a kind of lichen; corragaheen.	△ — البَحْر
Enclosure; fold.	كَنِيف : حَظِيرَة
Water-closet.	— : مِرْحاض
Coon-can.	٥ كُنْكَان : لعبة ورق
To keep to one's house.	٭ كُنْكَنَ : قَعَدَ في بيتِه
To nestle; lie close and snug; cuddle up.	△ — : استَكَنَّ
Coffee-pot.	△ كَنَكَة قهوة : بُلْبُلَة
To ensconce; hide.	٭ كَنَّ . كَنَّ أ كَنَّ : سَتَرَ
To calm; quiet; render still or quiet.	△ — : هَدَّأَ
To subside; remit.	△ كَنَّ٢ : هَدَأ . سَكَنَ
To be ensconced; settled comfortably.	إسْتَكَنَّ . إكْتَنَّ : اشْتَقَ
To nestle; lie close and snug.	△ — : كَنْكَنَ
Nest.	كِنّ : وَكْر
Home; dwelling-place.	— : بَيْت
Shelter; cover.	— . كِنَّة . كِنَان
Arbour; bower.	— . — . (في حَدِيقة)
Daughter-in-law.	كِنَّة △ كِنَّة٢ : إمرأة الابن
Sister-in-law.	△ — : إمرأة الأخ
Porch; portico.	كِنَّة الباب : بِجَاف الباب
Shelter.	— . كِنَّة٢ : سِتْر
Quiver (for arrows).	كِنَانَة : جَبَة
Concealed; hidden; latent.	كَنِين . مَكْنُون
Stove; hearth.	كَانُون : مَوْقِد
December.	— الاول : ديسمبر. الشهر الميلادي الاخير
January.	— الثاني : يناير . الشهر الميلادي الاول
Ensconced; settled comfortably.	مُسْتَكِنّ

*كُنْهُ الشيء : جَوْهَرُه	Substance; essence.
— : صِفَة	Nature; inherent, *or* essential, qualities.
— : حقيقة	Reality; actual being; entity.
— : قَدْر	Quantity; measure; extent.
اَدْرَكَ كُنْهَهُ	To fathom; get to the bottom of.
لا يُدْرَكُ كُنْهُهُ	Unfathomable.
في غيرِ كُنْهِهِ	Out of place.
إِكْتَنَهَ الامرَ: فَقِهَهُ وبلغ غايته	To understand thoroughly.
*كُنَّة (في كنن)	Shelter.
*كَنَهْوَر : غَيْمُ الصيف	Cumulus.
*كَنَى . كَنَا بهِ عن كذا	To mention metaphorically.
— . كَنَّى : لقَّبَ	To name; give a surname to; denominate.
تَكَنَّى . إِكْتَنَى بكذا	To go, *or* be known, by a surname *or* epithet.
كُنْيَة . كُنْوَة : لَقَب نَعْتي	Surname; agnomen; epithet.
— : لقب تهكُّمي او وِدادِيّ	Nickname.
كِنَايَة	Metonymy.
— عن : أي	That is to say.
— عن : بدلاً من	Instead of; in place of; an expression for.
مُكَنًّى : ملقَّب	Surnamed.
△كِنِيزْر : نِصْفُ قالِب طُوبٍ مَشْقُوق بالطُول	Half-header.
*كَنِيسة (في كنس) *كَنِيف (في كنف)	
*كَهْرَبَ	To electrify; electrize.
تَكَهْرَبَ	To be electrified.
كَهْرَب . كُهَيْرِب : وَمْضَة كَهْرَبِيَّة	Electron.
كَهْرَبَة . تَكَهْرُب	Electrification.
كَهْرَبا : كَهْرَمان	Yellow amber.
— كَهْرَبِيَّة	Electricity.
— اِحْتِكَاكِيَّة او سَاكِنَة	Static electricity
— مغنطيسية	Electro-magnetism.
— كِيمِيَّة	Electro-chemistry.

طَلَى بالكَهْرَبا	To electroplate.
كَهْرَبِي : مختصّ بالكهربا	Electric
— . مُشْتَغِل بالكَهْرَبا	Electrician.
إِعْدام — (اي بالكَهْرَبا)	Electrocution.
تحليل — .	Electrolysis.
تلفون — .	Electrophone.

تَيَّار — .	Electric current.
جَرَس — .	←Electric bell.
دافِع — .	Electromotive.
مُحَرِّك — .	Electromotor.
عِلاج — .	Electropathy; electrical treatment.
كاشِف — .	Electroscope.
سالِب — .	Electronegative.

مُوجِب — .	Electropositive.
مولِّد — .	←Dynamo.
نُور — .	Electric light.
مُكَهْرَب	Electrified.

○كَهْرَطِيس : كهرب مغنطيسي	←Electro-magnet.
كَهْرَطِيسِي : كهربا مغنطيسيّة	Electromagnetic.
كَهْرَطِيسيَّة	Electromagnetism.
○كَهْرَقِيس : مقياس الكهربا	Electrometer.
○كَهْرَكِيمِيّ : كهربي كيمي	Electrochemical.
*كَهْرَمان : كَهْرَبا	Amber.
— اَسْوَد	Jet; black amber.
*كَهْف : مَغَارَة	Cavern; a large cave.
— : تَجْوِيف . نُقْرة	Cavity; hollow.
— رِئَوِيّ	Vomica; a cavity in the lungs.
اصحاب (او اهل) الــ	The Seven Sleepers.
*كَهَلَ . كَهُلَ . إِكْتَهَلَ	To reach maturity; become mature of age.
كَهْل	Middle-aged; of middle, *or* mature, age.
كُهُولَة . كُهُولِيَّة	Maturity of age; mature age.

كاهِل : أعلى الظهر — Upper part of the back.

— الفرس — Withers.

* كَهَنَ . تَكَهَّنَ : حدَّث بالغيب — To divine; foretell; predict.

كَهُنَ : صار كاهنا — To become a priest.

كِهانة : علم الغيب — Divination; prediction.

— : عرافة — Soothsaying; fortune-telling.

— كَهَنُوت — Priesthood.

كَهنوتي — Priestly; sacerdotal.

كاهِن — ←Priest; padre; clergyman.

— . مُتَكَهِّن : عرّاف — Diviner; soothsayer.

Δ كُهنة : قديم لا يُرمَّم — Ramshackle; out of repair; falling to pieces.

Δ — : خِرق بالية — Old rags; tatters.

Δ كُهَنْجي — Ragman; a man who collects, *or* deals in, rags.

Δ كوَاليني : صانع الاقفال . قفّال — Locksmith.

* كوب : Δ كُبَّاية — ←Drinking-glass; tumbler.

كُوبة : مدقّة — A pestle; pounder.

— : شطرنج — Chess.

Δ — : (في ورق اللعب) — ←Hearts.

Δ كُوبري : جسر (انظر جسر) — ←Bridge.

٥ كوبستة — Handrail.

٥ كوپون السَنَد المالي — Coupon; dividend, *or* interest, warrant.

— الاقمشة — Remnant; short length.

٥ كوبي : عَرَبة مقفلة — ←Coupé.

٥ كوبيا : صورة طبق الاصل — Copy.

— : قلم النقل — Copying pencil

* كَوْث : خُفّ — ←Slippers.

كَوْثة : خِصْب — Fertility; abundance.

* كَوْثَر : كثير — Abundant; copious.

— : اسم نَهر الجنَّة — Principal river of Paradise

* كَوْثَل : مؤخّر السفينة Δ قِيش — Stern.

* كُوخ — Hut; cot; hovel; a poor cottage.

كاخية : كاتم سرّ الوالي — Secretary of a governor.

* كَوَّدَ : كوَّم — To heap; pile up.

كَوْدة : كَوْمة — Heap; pile.

كادَ : قارَبَ . أوشَكَ — To be on the point of.

— ان يموت — He was on the point of *dying*; he almost died.

ما — يفعل كذا — He hardly, *or* scarcely, did.

* كَوَّرَ العمامة . لفّها وادارها — To roll *or* coil up.

كُور الحدّاد — Forge; furnace.

— : رحل الجمل — Camel saddle.

Δ — . كِير : مِنفاخ — ←Bellows.

كُورة : ناحية — District; country.

— : بلدة صغيرة — A small town; village.

Δ — : كرة (في كرو) — A ball.

كار : صناعة . حرفة — Occupation; trade; profession; vocation.

Δ ارباب الكارات — Artisans.

مُكَوَّرة : عِمامة — A turban.

Δ كُوَرجَة — An odd lot; one with the other.

٥ كوردون : شريط — Cordon; ribbon.

— صِحّي : نطاق صِحّي — Sanitary cordon.

٥ كورش : اسم ملك فارسي شهير — Cyrus.

٥ كورنتينا : حَجْر او مَحجر صحّي — Quarantine.

* كُوز لغرف الماء — ←Mug; tankard.

Δ — الذُرة — ←Corn cob; head of maize

Δ — الصنوبر — Cone (strobile) of pine.

☸ كُوْس : طَبْل — A drum.

— النجّار — ←Bevel.

— : مُثلَّث الرسْم — ←Set square.

كاس : كأس (راجع كأس) — Drinking cup.

△ كَوْسَا . كُوسَى — Vegetable marrow.

☸ كَوْسَج : قِرْش . لَخْم — ←Shark.

△ كُوْشَة : مُتَّكأ — ←Couch.

☸ كُوع . كاع : طرف الزند الذي يلي الابهام — Carpal end of the radius.

△ — : مرفق — ←Elbow.

△ — المَاسُوْرَة — Bend; ←square elbow.

△ كَوَّعَ : رَقَدَ — To lie down (leaning on one's elbow).

☸ كُوفيّ : الخط الكوفي — Cufic, *or* Kufic, writing.

الكُوفَة : اسْم مدينة بالعراق — Kufa; Cufa.

كُوفيَّة : منديل يلف به الرأس — Silk head wrapper.

○ كُوك : فَحْم كُوك — Coke.

☸ كَوْكَب . كَوْكَبَة : نَجْم — Star; planet.

— : سيِّد — Chief; principal.

— : نقطة بيضاء تحدث فى العين — Leucoma; opacity of the cornea; whitish film on the eye.

— الأرض : حجر برّاق — Talc.

الـ الأرضي — Cosmos; the Earth *or* world; this planet.

الكواكب الثابتة — Fixed stars.

الكواكب السيَّارة — Planets.

كَوْكَبَة ٢ : جماعة — A group.

— : مجموعة نجوم . صورة نجوميَّة — Constellation; asterism.

— : زَخِيخ . وَهِيج — Glowing incandescence.

كوكبيّ : نَجْميّ — Astral; starry.

— : عالمي — Cosmopolitan.

☸ كَوْلان . كُولان : نبات البَرْدي — ←Papyrus.

○ كُولُمْبُس (خرستوف) : اشهر مكتشفي اميركا — ←Columbus. (Christopher)

○ كولونيا — Cologne; *eau de Cologne.*

○ كُولِيرا : وباء . الهواء الاصفر — Cholera

○ كوليس او كواليس المسرح — Slips of a stage; side-scene; wing.

☸ كَوَّم — To heap up; pile up.

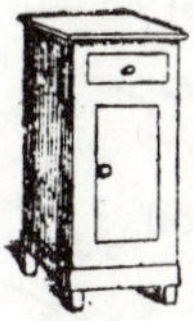

كُوْمَة △ كوم — Heap; pile.

△ بالكوم : بكثرة — In heaps.

○ كُومُودِينو — ←Bedside table.

☸ كَوَّنَ : أوجَدَ — To create; make; form; fashion.

— من كذا — To compose; make up; form.

تَكَوَّنَ من كذا — To consist of; be composed, *or* made up, of.

— : وُجِد — To be created *or* made.

إستكانَ : ذلَّ وخضع — To submit; yield.

كانَ (يكونُ) : وُجِدَ — To be; exist; have existence.

— : صار . حدث — To happen; take place.

— هُنا — He was here.

— له بيْت — He had a house.

— يَقْرأ — He was reading.

ايّ من — . — Whoever; whosoever.

كالو — هُنا — As if he were here.

كَوْن . كِيَان . كَيْنُونَة — Being; entity; existence.

— : حالة — Condition; state.

الـ : عالَم الوجود — Cosmos; universe; the world; the creation.

لـ : بسبب — Because; for the reason that.

مع — ه — Although.

كَوْنيّ : عالميّ — Cosmic, —al; universal; of the universe.

كِيَان ٢ : طبيعة — Nature.

كَيْنُونَة ٢ : امكانيَّة الكيان — Existibility.

كائِن : حادِث . مَوْجُود — Being; existing; existent.

— حَقِيقي — Real entity.

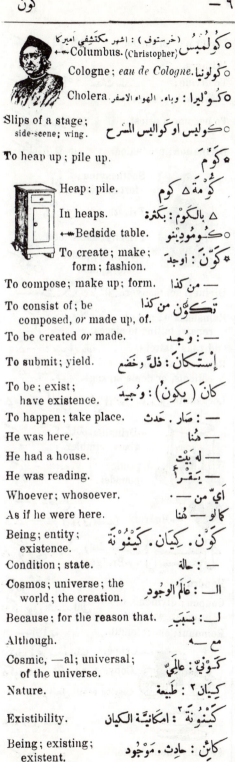

A living being. — حَيّ

A spiritual being. — رُوحِيّ

Is situated in... — في مكان كذا (مثلاً)

The Absolute Being. الـ المطلق

The universe; the total of all existence; all created things. الكائنات

Passivity; unresisting submission; resignation. إستكانة

Creation; formation. تَكْوِين : خَلْق

Genesis; generation. — : نشوء

The Book of Genesis. سِفر الـ (من التوراة)

Place. مَكَان : موضع (راجع مكن)

Instead of; in the place of. — : بدلاً من

Room; place. — : محل . حيّز

There is no room for him in the house. ليس له — في البيت

Adverb of place. ظَرفُ — .

Place; situation. مَكَانَة : موضع

Position; standing. — : منزلة

Maker; creator. مُكَوِّن : مُوجِد

Count. ○كُونْت : قُومس . لقب شرف

Countess. كُونْتِس : قُومَسَة

Contract; indenture; agreement. ○كُونتراتو : عقد

Compromise; composition with the creditors. ○كونكرداة : تسوية تجاريّة

Concordat; compact; covenant. — : اتفاقيّة . ميثاق

Cognac; brandy. ○كُونياك

Small window; aperture. ٭كُوَّة : نافذة

To burn. ٭كَوَى بالنارِ (حقيقيًّا ومجازياً)

To cauterise; sear. — الطبيبُ المريضَ

To iron (clothes). — الملابسَ

To sting. — : لدَغ

To brand. — : وسَمَ بِالمِكواة

To be burnt, cauterised, ironed, etc. إكْتَوَى

Burning, cauterisation, ironing, cautery, etc. كَيّ △ كَوْي

A burn. — . كَيَّة : موضع الكيّ

A brand. — . — : وَسْم △ داغ

Burning. كَاوٍ : مُحْرِق

Caustic. — : أكّال

Caustic potash. ○ بُوتاسا كاوية

Caustic soda. ○ صُودا — .

Slanderer; insolent. كَوَّاء : شتّام

Ironer; one who irons clothes. — الملابِس △ مَكْوَجِي

Laundry-man. — وغسّال

Laundress. كوّاية وغسّالة

مِكْوَاة الملابِس △ مَكْوَى

Flat-iron; smoothing iron.

Branding iron. — : مِيْسَم

Cautery. — الطبيب (الجرّاح)

Soldering iron. — لحام (السَّمْكَري)

Curling tongs. — الشَّعْر

Burnt, cauterised, ironed, branded, etc. مَكْوِيّ . مُكْتَوٍ

Pretty; nice. △ كُوَيِّس : كَيِّس

Dowel-pin. △ كُوَيْلَة : △ دسْرَة

Burning; ironing. ٭ كَيّ (في كوى)

In order that; so that... ٭ كَيْ . كَيْمَا . لِكَيْ . لِكَيمَا

In order not to... — لا . لكي لا : حتى لا

Lest. — لا . لكي لا : لئلا

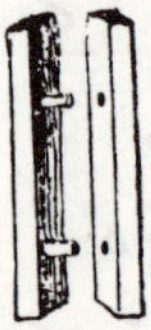

٭ كياسة (في كيس) ٭ كيان (في كون)

So and so; such and such. ٭ كَيْتَ وكَيْتَ : كذا وكذا

Cunning; deceit; deception; treachery; craft. ٭ كَيْد : مَكْر . خداع

Resentment; anger. △ — : غَيْظ

Stratagem; artifice; deceptive device. — . مَكِيدَة : خَدِيعة

Intrigue; conspiracy; plot. مكيدة ٢ : دسيسة

Vexatious. △ كَيْدِيّ

Vexatious suit. دعوى (قضية) كَيْديّة

كادَ . كايَدَ : خدع — To deceive; delude; beguile; cheat.

— △ — : اغاظ — To vex; tease; irritate; anger.

— له: دس عليه — To plot, *or* conspire, against.

— (بمعنى قارب او اوشك « في كود »)

٭ كِيرُ الحدّادِ — Blacksmith's bellows.

٭ كَيْس . كِياسَة : عَقل — Intelligence; intellect; sagacity.

— . — : ظرْف — Elegance; grace.

— . — : فطنة — Subtlety; finesse.

كِيس : جراب . خريطة — Bag.

— : غرارة △ زَكيبة — ↞ Sack.

— الخصيتين : صفَن — Scrotum, *pl.* Scrota.

— : حوصلة (في التشريح) — Cyst; pouch.

— من جلد (طبيعي او مصنوع) — Pouch; leather bag.

— التبغ — Tobacco pouch.

— الدراهم — ↞ Purse.

— المرتبة (الحشيَّة) — Tick; case of mattress.

— الوسادة — Pillow-case; pillow-slip.

△ على — ه : على نفقته — At his own expense.

كَيِّس : فَطِن — Subtle; discriminating; intelligent; sagacious.

— : ظريف — Elegant; graceful.

— △ كوَيّس : مليح — Pretty; nice; handsome; fine; (*also* good.)

كاسَ : كان كَيِّساً — To be intelligent, subtle, elegant, etc.

△ كايِس : مَوْعوك — Run-down; seedy.

كَيَّسَ : صيَّره كيِّساً — To render subtle, intelligent, elegant, etc.

△ — المستحمّ : دلّكه — To massage (or shampoo) a bather.

أَكْيَس △ أَكْوَس : احسن — Prettier; more pretty, etc.

△ كَيَّعَ : اتعب وضايق — To harass; torment.

٭ كَيَّفَ : جعل له كيفية معلومة — To condition; fit; modify; adapt.

— : شكّل — To shape; bring to a required form.

△ — : سرَّ — To please; delight; ecstasize.

تَكَيَّفَ : اتخذ كيفية — To assume, *or* take, a form; be formed.

△ — : انسرَّ — To be pleased; feel overwhelming delight.

كَيْفَ — How?

— حالك (او انت) — How are you? How do you do?

— (الشرطية) . كَيْفما[1] : كما — As

كَيْف : حال — State; condition.

△ — : مزاج — Humour; mood; frame, *or* state, of mind.

△ — : هوى — Fancy; caprice; whim.

△ — : ارادة — Pleasure; choice; wish; will.

△ على — ك : كما تريد — As you like *or* please.

△ على — ك : انت وشأنك — Please yourself.

△ على — ك : على هواك — At your own sweet will.

△ ليس له — : موعوك — Indisposed; out of sorts.

△ ليس له — : مكتئب — Out of temper; in an unpleasant frame of mind

كيفما[2] كان : بأية كيفية — Somehow or other; by some means or other.

— كان . — اتَّفق — Howsoever it may be.

— كان : على اي حال — At any rate.

كَيْفيَّة : حال — State; condition.

— : صفة — Quality; kind.

— : صورة — Manner; mode; fashion; form.

تَكْيِيف — Conditioning; fitting; adapting.

— الهواء — Air-conditioning.

٭ كَيْكَة : بيْضة — An egg

△ كِيكَة . لُقَيْطَة : △ طِيْطَة (لعبة) — Tag; touch-last.

△ حاوريني يا — . — Hide-and-seek; bo-peep.

٭ كَيلَ . كالَ : قاس — To measure.

— . — الشيء بالشيء — To measure by a standard.

كايَلَ : قابل المثل بالمثل — To return the like for; retaliate.

كَيْل — A measure; dry measure.

Kaila; a corn measure. — ∆ كَيْلَة : ١/٢٤ من الاردب

Corn measurer. — كَيَّالُ الحبوب

A measure of capacity; a bushel. — مِكْيَال . مِكْيَل

Under a bushel. — تحت — : سِرًّا

Pantry; cellar. — ∆ كيلار : بيت المؤنة

Kilogramme. — ○ كيلو . كيلو جرام : الف جرام

Chyle. — ○ كَيْلُوس : مستحلب الطعام المهضوم

Kilometer. (٦٢١٤ و ٠٠ من الميل) — ○ كيلومتر : الف متر

Lock. — ○ كَيْلُون : قُفل (انظر قفل وكاون)

In order that, *or* to. — ● كَيْمَا (كَي ما) : لِكَي

Chyme. — ○ كَيْمُوس : الطعام في الامعاء الدقاق

←Kimono. — كيمونو : ثوب ياباني (للنساء)

Chemistry. — كِيمِيَا . كِيمْيَاءُ : علم طبائع وخاصيات الاجسام

Alchemy. — — . — : محاولة تحويل المعادن الى ذهب

Philosopher's stone. — — . — : حجَرُ الفلاسفة

Biochemistry. — — حَيَوِيَّة (المواد الحيَّة)

Industrial chemistry. — — صِناعية

Chemical pathology. — — الأمْراض

Chemistry. — علم الـ —

Chemist. — كِيمِيَائي . كيماويّ : مشتغل بالكيميا الحديثة

Alchemist. — — . — : مشتغل بالكيمياء القديمة

Chemical. — — . كِيمِيّ : مختصّ بالكيميا

Chemical manure. — سباخ كيماوي

Chemicals. — مركبات كيماوية

Passive submission. — كَيْن . إسْتِكانة (راجع كون)

To submit; yield. — كانَ (يكِين) . إستكان : خضع

Quinine. — كِينَا : دواء الحمى

Cinchona bark. — خشب الـ —

Sulphate of quinine. — سلفات (سلفاة) الـ — : كبريتها

Border; edge. — كِيْنار : حرف . حاشية

Being; existence; entity. — كينونة (في كون)

(ل)

To; for; (have). — ● لِـ : بمعنى لأجل (او عند)

To gleam; glitter; shine; beam; glisten; sparkle. — ● لألأ . تَلألأَ

To wag the tail. — — الكلبُ بذنبه

To loll; hang (one's tongue) out from the mouth. — — بلسانه : لهث

Shine; glitter; brilliancy; twinkling. — لألأة : لمعان

Dealer in pearls; pearl merchant. — لأْلاء . لأآل : بائع اللؤلؤ

Pearls. — لُؤْلُؤ . لآلى

Mother-of-pearl; nacre. — عِرق الـ —

Pearl oyster. — محارة او صَدَفَة الـ —

Pearl fishery. — مغاص الـ —

←Daisy. — زهرة الـ — : اسم زهرة

A pearl. — لُؤلُؤَة : واحدة اللؤلؤ

Pearly. — لُؤلؤي : كاللؤلؤ

Pearl-coloured. — — : بلون اللؤلؤ

Shining; glittering; gleamy; sparkling; twinkling. — مُتَلألِئ

To dress a wound. — ● لأَمَ الجرحَ : ضمَّه وشدَّه

To repair; mend. — — . لاءَم : اصلح

To weld; fuse. — — . — المعدن : لحمه بالإحماء والطَرْق

To reconcile; make peace between. — لاءَم ٢ بينهم : اصلح

To harmonise; bring into harmony. — — بين الامرين : وفَّق

To suit; agree with. — —هُ الشيءُ : وافقه

To be vile, mean, base, sordid, etc. — لَؤُمَ : كان غير كريم

To be mended, repaired, corrected. — إلتَأَم . تَلاءَمَ (١) : اصطلح

To be welded; united closely; cohere; stick closely. — — : انضمَّ والتصق

To agree and fit well. — — الشيئان : اتفقا

To coalesce; unite in one body; combine into one body. — — الشيئان : اتحدا

To heal; grow sound. — — الجرحُ : اندمل

To coalesce, (as parts separated by a wound). — — الجرحُ : التحم

— القومُ : اجتمعوا — To assemble; meet.
— المجلس : انعقد — The meeting was held; the council met.
أَلْأَمَ △ تَلَاءَمَ — To act meanly *or* sordidly.
لِئْم . تَلاوُم : اتفاق — Concord: agreement; union; harmony.
— . — : صُلح . سلام — Peace.
لُؤم : دناءة . خسّة — Meanness: sordidness; baseness; vileness.
— : بخل — Meanness; stinginess.
لَئِيم : دني — Mean; base; vile; depraved; sordid; villain; scoundrel.
— : مخادع — Deceitful; crafty; knavish.
— : بخيل — Sordid; meanly; avaricious; niggardly.
— : دنيء الاصل — Baseborn; low-born.
شخص — . — A scoundrel; a mean worthless fellow; a rascal; a villain.
مُلَائِم : مناسب — Convenient; suitable; fitting; proper; becoming; decent.
مُلَاءَمَة : موافقة — Convenience; fitness; suitability.
— : مطابقة . اتفاق — Concord; agreement; harmony.
مُلْتَئِم : مجتمع — Assembled; gathered.
— : منعقد (اجتماع) — Held; met.
— : منصلح — Mended; repaired.
— : مندمل (جرحٌ) — Healed.
— : ملتحم او متّحد — Coalescent; cohering.
*لا : ضد نعم — No; nay.
— : ليس — Not.
— شيءٌ — Nothing; naught.
— تخفه — Do not fear him.
— في مصر و — في غيرها — In Egypt as nowhere else.
— مدوّن : غير مكتوب — Unwritten.
— هذا و — ذاك — Neither this nor that.
ان — . ألا — Not.
(يجب ألا تهمل كذا .... You should *not* neglect....)
لا اراديّ — Involuntary.
— سلكي : بلا سلك . شعاعي — Wireless.
رسالة لاسلكيّة — Wireless message; marconigram.

لا ادري : لا اعرف — I do not know.
اللاادريّون : اصحاب مذهب اللاادريّة — Agnostics.
مذهب اللاادريّة — Agnosticism.
لا يلين : عديم الرحمة — Unrelenting; relentless.
لا يهدأ : غير منقطع — Unremitting.
*لا تحة (في لوح) *لائق (في ليق) *لات (في لت و لوت)
○ لاتيني (او اللغة اللاتينيّة) — Latin.
*لاح (في لوح) *لادن (في لدن) *لاذ (في لوذ)
*لازَ (في لوز) — To take refuge in.
*لازَوَرْد — Lapis lazuli; Armenian stone; ultramarine.
لازَوَرْديّ — Azure-blue; cerulean.
*لاشي (في لشو) *لاصَ (في لوص) *لاطَ (في لوط)
*لاعَ (في لوع) *لافَ على (في لوف)
*لاقَ (في لوق وليق) *لاق (في لقى) *لاك (في لوك)
*لامَ (في لوم) — To blame.
○ لامَا. لامَة: جمل اميركا. — Llama.

*لامي (في لوم) لان (في لين) *لاهِ (في لهو)
*لاهوت (في لهت) *لاوي (في لوو)
△ لاينَة : قطعة توسيع (في الميكانيكا) — Spacing block.
*لبّ *لباب (في لبب)
*لِبأ : △ مِسمار اللبن — Beestings.
لَبْأة . لَبْوة : انثى الاسد — Lioness.
*لبّاد (في لبد) *لبان (في لبن)
*لَبَّبَ الحب والجوز واللوز: صار له لب — To kernel; produce, *or* ripen into, kernels.
لَبَّ اللوزة: كسرها واستخرج لبها — To shell almonds, nuts, seeds, etc.
— بالمكان : اقام فيه — To abide in a place.
— : صار لبيباً — To be intelligent.
△ — : تكلّم كثيراً — To prattle; babble.
△ — الحبلُ وغيره : ارتخى ما بين طرفيه. تقوس — To sag.
تَلَبَّبَ للقتال او العمل — To prepare for; gird oneself for.
لَبّ : التقوّس ما بين الطرفين — Sagging.

لُبّ . لُبَاب: خالص كل شيء — Marrow; core; pith; essence; best part.

— · — الموضوع: جوهره — Core; quintessence; essential part.

— · — الجوز واللوز: قلب النواة — Kernel.

— · — الثمر: شحمته — Pulp; pith; marrow.

— · — الخبز: قلبه — Crumb; soft part of bread.

—: عقل — Mind; intellect; understanding.

—: قلب — Heart; core.

— الشَّعْرة والريشة الخ — Medulla of hair.

— البطيخ والخيار وامثالها: △لِبّ — Seed, —s.

لَبَّة . لَبَب: مَوْضع القِلادة — Front part of the neck; collar.

△ —: طعام للأطفال — Pap; slops; baby's food.

△لِبَّة: قِلادة — Gold necklace.

△نُص (نصف) —: ناقص العقل — Half nuts; half witted; off one's nut.

لَبِيب: عاقل — Intelligent.

تَلْبِيب (والجمع تلابيب): طَوْق — Collar.

اخذ بتلابيبه — To collar; seize by the collar; get hold of by the neck.

لَبَّيْكَ — Here I am, at your service!

٥لَبِثَ وتَلَبَّثَ بالمكان: مكث واقام فيه — To tarry; linger; stay; abide.

ما — ان فعل كذا: ما ابطأ — He did not wait to do, or delay in doing.

تَلَبَّثَ ٢: توقَّف — To tarry; linger.

لَبْث . لُبْث — Tarrying; lingering; staying.

لُبْثَة: توقف يسير — A short delay; a pause; a temporary stop or wait.

٥لَبَخَ: ضَرَبَ — To slap; smite; beat; strike.

△لَبَّخَ الدمّل او القرحة — To poultice; apply a poultice to; dress with a poultice.

لَبَخ: شجر معروف في مصر — Lebbek tree; acacia tree; *Acacia albida*.

△لَبْخة: وضيعة ساخنة — Poultice.

لَبِيخ: لحيم — Fleshy; corpulent.

٥لَبَدَ بالمكان او الشيء — To stick, adhere, cleave, or cling to.

— بالارض — To cleave to the ground.

— · لَبَّدَ الصوفَ — To felt; make into felt; felt together.

لَبِدَ ٢ . تَلَبَّدَ الشعر والصوف الخ — To mat; become matted, or felted together.

تَلَبَّدَ ٢ وأَلْبَدَ بالارض — To cleave to the ground.

—ت السماء بالغيوم — To become thickly clouded.

لِبْد . لِبَد: صوف متلبّد — Matted wool, or hair.

— △لِبَاد (١) — Felt; stuff made of matted wool and fur.

△لَبَّادة: ما يوضع تحت السرج — Saddle-cloth.

△لِبْدَة . لُبَّادَة: قبّعة من اللبد — A felt hat or cap.

— ولُبْدَة الاسد — Lion's mane.

— · —: الشعر او الصوف المتلبد — Matted hair or wool.

لَبَّاد ٢: صانع اللبود — Felt maker.

لَبِد . مُتَلَبِّد — Matted; tangled; interwoven.

△لُبُودِيّ: نَدَّاف القطن والصوف — Cotton teaser, carder, or beater.

٥لَبِيد: الشهوة الجنسيّة الغريزيّة — Libido.

٥لَبَسَ عليه الامرَ — To confuse; render indistinct or obscure.

لَبِسَ الثوبَ: ارتداه — To don; put on, or wear, a garment.

— ثيابه — To dress; put on one's clothes; clothe oneself.

لَبَّسَ عليه الامرَ — To confuse; render indistinct or obscure.

—: دلَّس — To deceive; cheat.

△ — · أَلْبَسَ: جعله يلبس — To clothe; cover with garments.

△ — · —: غطّى — To cover; envelop; hide.

△ — · — بطبقةٍ من طلاءٍ — To coat; overlay.

△ — الخشبَ بالعاج (مثلاً): كفّته — To inlay (wood with ivory, silver, etc.)

لَابَسَ: خالط — To combine, or mix with.

—: خالط وعاشر — To associate with; be intimately mixed with.

ملابسات (الظروف) — Conjunctures.

To be involved in. تلبَّسَ بالامرِ: اختلطَ بهِ

To be obscure, doubtful, or ambiguous to. —والتبَسَ عليه الامر

To be confused with another. التبَسَ ٢ الشيءُ بالشيء

Confusion; obscurity; ambiguity. لُبْس. لَبْسَة. إلتِباس

Garb; guise; fashion of dress. لُبْس. لِبَاس. لِبْسَة: زيّ (١)

Clothing; dress; apparel. لِبْس ٢. —: كساء

Confusion; ambiguity. لِبَاس ٢: اختلاط

Modesty. — التقوى: الحياء

Knickers; woman's drawers; pantalettes; panties. △ — المرأة

Pants; under pants. △ — الرجُل

Full dress (uniform). — رَسْمي

Evening dress. — السهرة

Suppository. △ لَبُوس للمستقيم

Old, or cast-off, clothes. لَبِيس: خَلَق بالٍ

Second-hand clothes. — : ثياب مستعملة

Labeo (*Niloticus.*) △ لبِيْس: سمك كثير الحسك

Shoe-horn. △ لَبِّيسَة الجزْمَة (الحِذاء)

Wearing; dressed, or clothed, in. لابِس كذا

Confusion; obscurity; ambiguity. إلتِباس: إبْهام

Act of dressing, clothing. تَلْبِيس. إلْبَاس

Coating; overlaying. △ — بطبقةٍ خارجيَّة: طلاء

Inlaying. △ — الخشب بالعاج (مثلاً): تكْفيت

Suppository. △ تلْبِيسَة المستقيم: △ قُمْع دوائيّ

Pessary. △ — للمهبل: △ صوفة

Clothing; dress; apparel; garment; attire. مَلْبَس: لِباس

Sugar almonds; bonbons. △ مُلَبَّس: لوز ونحوه يُلَبَّس بالسكّر

Inlaid with.... △ — بالعاج او الفضة: مُكَفَّت

Coated. △ — بطبقةٍ من طِلاءٍ واقٍ

Clothing; dress; garment. مَلْبُوس: لِباس

Worn; used (clothes). — : لَبِيس

Possessed; demoniac. △ — بالجِنّ: مُشَيْطَن

Clothes. مَلابِس. أَلْبِسَة: ثياب

Underclothes; undies. — تحتانيَّة

Ambiguous; indistinct; doubtful; dubious; uncertain. مُلْتَبِس: مُبهم

Involved, *or* implicated, in the matter. مُتَلَبِّساً بالأمْرِ

Red-handed; in the act of crime. — بالجريمة

○ لُبْسْتَر: كَرْكَنْد. بِنْت الرُّبَّان ← Lobster; homarus.

△ لَبَّشَ: حيَّر وربَك To confuse; confound.

A sheaf (*pl.* sheaves); bundle of sticks, reeds, sugar-canes, stalks of grain etc. △ لِبْشَة قصب

To throw down; prostrate. * لَبَطَ: صَرَعَ

To kick. — برِجْلِهِ: رفَسَه

To dip a pen in ink. △ لَبَّطَ القلَمَ: غمَسه في الحِبْر

To be gentle; be refined in manners. * لَبُقَ: ظرفَ ولانت أخلاقه

To be skilful or tactful. — : حذق

To fit; become. — به: لاقَ

To adapt; fit; suit. △ لَبَّقَ: وفَّقَ

Becoming; suitable; fit; seemly. لَبِق: لائق. موافِق

Gentle; refined in manners. — . لَبِيق: ظَرِيف

Tactful; skilful; adroit. — . — : حاذِق

Seemliness; propriety. لَبَق. لَبَاقَة: لياقة

Cleverness; adroitness; skill; ingenuity. — . — : حِذْق

Gracefulness; elegance. لَبَاقَة ٢: ظَرْف

Tact, —fulness; good taste. — : حُسْن الذوْق

To mingle; intermix. * لَبَكَ. لَبَّكَ. خلَطَ

To confuse; derange. — . — : شوَّش

To confound; disconcert; perplex; embarrass. — . — : رَبَك

To be mingled, mixed, confused. لَبِكَ. الْتَبَكَ. تَلَبَّكَ: اختلط

A mixture; medley; jumble. لَبْك. لَبْكَة: شيء مخلوط

Confusion; disorder. — . — : اخْتِلاط

Dyspepsia; stomach trouble; indigestion. تَلبُّكُ المعدةِ

Confused; mixed; jumbled. مَلْبُوك . مُلْتَبِك

To fondle or caress (a child). ۰ لَبْلَبَت المرأةُ بولدها

Affectionate; dutiful. لَبْلَبُ : بَرَّ بأهله

Lablab; laplove; hyacinth bean; Egyptian kidney bean. لَبْلاب

Ivy; hedera. — : عاشق الشجر

Tender shoot or twig; spray. ۵ لَبْلُوب : عُسْلوج

Offshoot. — : والِبة

To make bricks. ۰ لَبَّنَ : ضَرَبَ طوباً

To suck milk. إلْتَبَنَ : رضِعَ اللبن

Milk. لَبَنْ : حَليب (راجع حلب)

Milk of plants; latex. — النبات

Condensed milk. — عَلَب : محفوظ في عُلب

Sour milk. — حامض

Curdled milk. — رائب

Butter-milk. — الخَضّ : خَبيط

Whey. مَصْل الـ ۵ شِرْش

Milk jug. إبْريق الـ

Beestings. مِسْمار الـ : لِبَأ

Milk-tooth. سِنّ الـ : اول ظهور الأسنان

Lactometer. مِيزَان الـ

Lactation. إفراز الـ

As white as snow. أبيض كاللبن

Sun-dried bricks; adobe. لِبْن . لَبِن : ۵ طوب نيّ

A raw (unbaked) brick. لِبْنَة : طوبة

A mouthful. لُبْنة : لُقْمة

Lactate. لَبِيْنات . لِبَناة : ۵ لكتات . لكتاة

Milky; lacteous. لَبَني : كاللبن

Lactic. — : مختص باللبن

Lactic acid. الحامض اللّبَنيّ

Sky-blue; light-blue. لَون لبَنيّ

Olibanum; chewing-gum. لُبان ۵ لِبان ۵ لُبانة

Frankincense. — ذكَر : كُندر

Nursing; sucking. لِبان ٢ رضاع

Towline. ۵ — المركب : حَبْلُ القطَر (الجَرّ)

Brickmaker. لبّان : ضارب الطوب (اللبْن)

Milkman. — : بائع الحليب

Dairy; the business of producing milk, butter and cheese. لِبانة ٢

Rosin; calophony. ۵ — شاميّة : قَلَفونيّة

Wish; desire; object. لُبانة : حاجة

To attain one's object or desire. قَضى —ه

Milch; giving milk. لبِنة . لَبُون . لَبُوءة : حَلوب

(The) Lebanon. لُبْنان

Lebanese. لُبْناني

Milk strainer. مِلْبَن : مِصْفاة اللبن

Brick mould. — : قالب الطوب

Turkish delight. ۵ مَلْبَن تُركي : راحة الحلقوم

Dairy. مَلْبَنة : مصنع الالبان ومستخرجاتها

Spoon. مِلْبَنة : ملعقة (انظر لعق)

Lioness. لَبْوة : انثى الاسد

To answer; respond to; hear; accede to the demand of. لَبّى : استجابَ

Here I am, at your service! لَبّيكَ

Response; answer. تَلْبِية : استجابة

Intelligent. لبيب (في لب)

To pound; pulverise. لَتّ : سَحَقَ

To manipulate flour into dough. — الدقيق : بَلّه بشيء من الماء

To knead dough. ۵ — المجين : عجنه

To jabber; prate; chatter. ۵ — : تَرْزَ

Prattle; chattering. ۵ لَتّ : ثَرْثَرة

Prattler; babbler; chatter-box. ۵ لَتّات : ثُرثار

Two Pre-Islamic idols. اللاَّتُ والعُزَّى

Litre; liter. ٥لِيتْر : مِكْيال للسوائل

Litmus. ٥لِتْمُوس : صِباغ أزرق

Who; which. (لتي) أَلّتي : تأنيث الذي (راجع لذى)

After a great deal of discussion. بعد اللتيّا والتي

Amicably. باللتي هيَ أحسن : وِدِّيّاً

Those who. اللاتي . اللواتي : جمع التي

Clammy. *لَثٌّ : △ مدبَّق بالعرق او القذارة

To lisp. *لَثِغَ : كانَ بلسانه لُثْغة

Lisp; habit, or act, of lisping. لثغ . لُثْغة اللسان : △لَدْغة

Stammer; stutter. — . — : ثقل اللسان في الكلام

Lisper; one who lisps. أَلْثَغ : △ألدغ

Stammerer. — : ثقيل اللسان

To kiss. *لَثَمَ : قبَّلَ

To veil one's face. — لثَّمَ . تلثَّمَ . التَثَمَ

Kissing. لَثْم : تقبيل

A kiss. لَثْمة : قُبْلة

←A veil. لِثام : بُرْقُع

To unveil; uncover; reveal. أزاحَ الـ

Veiled; covered with a veil. مُلثَّم . مُتَلثِّم : مُبَرْقَع

Sap (of plants); latex. *لَثَى النباتُ : دَمُهُ

To be clammy. لَثِيَتِ اليدُ : تلزَّجت من دسَم او عرق

Clammy. لَثٌّ : △مُدبَّق

Gums (of the teeth). لِثَة الأسنان

To insist. *لَجّ (في لجج)

To take refuge in. *لَجَأ . لَجِئَ . التَجأ الى : استتروا اعتصم به

To repair, resort, or have recourse, to. — . — الى : لاذ اليه

To compel; force; oblige. لَجَّأَ . أَلْجَأَ الى : اضطر

To shelter; protect. أَلجأ ٢ : عصم

To commit to. — أمرَهُ الى : اسْنَدَهُ

←Tortoise. لَجَأَة : سُلحفاة البَرّ (والبحر)

Resorting. لُجُوء . إلتِجاء

Refugee; seeking refuge, shelter or protection. لاجِئ . مُلْتَجِئ

Refuge; shelter; sanctuary; asylum; a place of refuge and protection. مَلْجَأ : مَلاذ

Orphan asylum; orphanage. — الايتام : مَيْتَم

Prophylactorium. — العاهرات (التائبات)

Blind institution. — العميان

Infirmary. — العجزة (اي المقعدين او المرضى)

To roar; be tumultuous, or uproarious. *لَجِبَ القومُ والبحرُ : هاجوا وأجلبوا

Uproarious; tumultuous. لَجِبٌ : شديد اللجَب

Tumult; uproar; racket. لَجَب : ضوضاء

Importunity; insistence; pressing solicitation. *لَجَج . لِجاج . لَجاجة

To be obstinate. لَجَّ في الخصومة : عَنَدَ

To persevere, or persist, in. — في الامرِ : ثابرَ عليه

To insist on or upon. — على : ألحَّ

To dispute obstinately with. لاجَّ : خاصم

Main (or high) sea; the deep. لُجّ . لُجَّة : معظم الماء

Tumult; hubbub; uproar. لَجَّة : جلبة

Open, or tumultuous, sea. بحر لُجّيّ او لُجَاج

Insistent; persistent; importunate; overpressing in request. لَجُوج . لاجّ : مِلْحاح

Persistent; persevering. — . — : مُثابر

To stammer; stutter; falter in speaking. *لَجْلَجَ . تلَجْلَجَ : تلعثم

Stammering; stuttering. لَجْلَجة

Stammerer; stutterer. لَجْلاج

To sew; stitch. ✲لَجَمَ : خاطَ

To bridle a horse. △ — △لَجَّمَ . أَلْجَمَ الحِصانَ

To harness. △ — △ — . — اي قوّة : رَوَّضَها

Ram. لِجام : آلة حربية قديمة لنطح السفن

← Bridle. — الدابّة

Bridled, or harnessed. مُلْجَم . مَلجوم

To stick, or adhere, to. ✲لَجِنَ به : عَلِقَ

Committee; board; commission. لَجْنَة

Commission of inquiry. — تحقيق (مثلاً)

Standing committee. — مُسْتَدِيمة

Board of Health. — الشؤون الصحيّة

Silver. لُجَيْن : فِضّة

To slash; slit. ✲لَحَبَ بالسَوْطِ : ضَرَبَ وقَطَعَ

Electrode. لاحِب : قُطب كهربيّ

Narrow; tight; limited; restricted. ✲لَحِجَ . لاحّ : ضَيِّق

Near relation. لَحّ : لاصِق النَسَبِ △لَزَم

My first cousin. ابن عمّي لَحّاً

To insist; persist in demanding; urge importunately. أَلَحَّ في السؤال

To dun; beset for payment. — في المطالبة بدَيْن : عاسَرَ

Importunity; insistence; pressing solicitation; urgent request. إلْحاح

Persistent; importunate; overpressing in request. مُلِحّ . مِلْحاح

To bury; entomb; inter. ✲لَحَدَ . أَلْحَدَ : دَفَنَ

To dig a grave. — . — : حفَرَ لَحْداً

To apostatise from one's faith; renounce a religious belief once professed. — . — التَحَدَ عن الدِين

To digress; deviate from. — . — عن : مالَ

To lean; incline to. — والتحد ٢ الى : مالَ الى

Grave; tomb. لَحْد : قَبْر

Grave-digger. لَحّاد : حفّار القُبور

Apostasy; abandonment of one's religious faith. إلْحاد : كُفْر

Apostate; renegade; pervert. مُلْحِد : كافر

To lick up; devour; consume entirely. ✲لَحِسَ : اكل

To lap; drink by scooping up with tongue. — لَعِقَ

To give *one* a licking. △ — ه عَلْقة

To lick with a whip. △ — ه بالكُرْباج

To lap; lick; take in with the tongue. لَحِسَ : لَعِقَ

To lick; pass the tongue over. — : مسح بلسانه

A dog licked his master's hand. الكَلْبُ — يد صاحبه

A cat laps milk. الهرّة تلحس اللبن

Lick; licking; lapping. لَحْس

A lick; small quantity. لَحْسة

Licked. مَلْحُوس . لَحِس

Silly; crazy; crackbrained; barmy; nutty. △ — خفيف العقل

To observe; see; perceive. ✲لَحَظَ : نَظَرَ

To observe; be on the watch; pay attention to. — . لاحَظَ : راقَبَ

To eye; look on; observe. — . — : رمق

To see; notice; observe. — . — : رأى

To observe; keep; follow. — . — : راعى

To superintend; supervise. △لاحظ ٢ العمل : شارفه

To observe; make a remark (on or upon). — : قدّم مُلاحظةً

Conjunctiva; mucous membrane lining the eyelid. لَحْظُ العين : باطنها

Observing; noticing. — . لَحَظان

A glance; a quick *or* casual look; a glimpse. لَحْظَة : نَظْرة

A moment; an instant. △ — : بُرْهة قصيرة

In the twinkling of an eye; in a trice (jiffy); in an instant △في — .

Instantaneous; momentary. لَحْظيّ : بُرْهيّ

Outer corner of the eye. لِحاظ : مؤخّر العين

Eye. لاحِظة (والجمع لَواحِظ) : عَيْن

Observant; taking notice; attentive. مُلَاحِظ : مُراقِب

Superintendent; overseer; foreman. ∆ — العمل : عريف

Superintendent of police. ∆ — بُولِيس

Observing; remarking; noticing. مُلَاحَظَة : مراقبة

Supervision; superintendence. — : إشْراف

Commentary. — : تعْليق

Remark; observation. — ∆مَلْحُوظَة : انتقاد

To cover with a blanket *لَحَفَ . أَلْحَفَ : غطّى

To dun; ask *or* beset for payment; urge importunately. ألحفَ [٢] في الطلَبِ

To insist; persist in demanding. — السائلُ : ألحَّ

To wrap oneself up (with a blanket). إِلتحفَ . تلحَّفَ

The foot of a mountain. لِحفُ الجبلِ : أصْلُه

Cover; blanket. لِحاف . مِلْحَف . مِلْحَفَة : غِطاء

Wrapper, *or* cloak. — . — : رِداء خارجي

Quilt; quilted bed cover. — السرير

To overtake; come up with; catch up with. *لحِقَ فلاناً وبهِ : أدركَه

To catch a train; reach (it) in time. — القِطارَ او المسافِرَ : وصل قبل قِيامه

To follow; succeed. — : ضِدّ سبقَ . تبِعَ

To be incumbent on *or* upon. ـهُ : لزمَهُ . وجبَ عليه

To cling to. ـهُ : لصِقَ بهِ

To sustain a loss. ـتهُ خسارة

To follow; go after. لَاحَقَ : تبِعَ

To pursue; prosecute. — : تتبَّعَ . تابَعَ

To attach one thing to another; connect; join. أَلحقَ كذا بكذا

To annex; join; add. — : أضافَ او ضمَّ

To join; form a union with. إِلتحقَ بهم : انضمَّ اليهم

To overtake; reach. — بهِ : أدركَه

To be attached to. — بكذا : اتَّصلَ

To join a service. — بالخِدْمةِ

Overtaking; reaching. لَحْق . لَحاق : إدراك

Succeeding; following. لَحْق . لَاحِق : ضِدّ سابِق

Overtaking; reaching. لاحِق [٢] : مُدْرِك

Attaching; connecting. إلحاق : وصْل

Annexation; annexing; joining. — : ضمّ

In continuation of our letter ... الحاقاً بخطابنا

Supplementary; additional. مُلْحَق : إضافي

Joined; added; annexed. — : مُضاف

Appendage; addition; adjunct. — : تابع

Supplement. — الكِتاب والجَريدة

Attaché. — في سِفارة سِياسيَّة

Supplementary examination. امتحان (فَحْص) — .

Pursuance; following out *or* after; prosecution. مُلَاحَقَة

*لَحْلَحَ ∆تَلَحْلَحَ : ابتعدَ

Depart; go away; move; budge.

∆ لِحْلاح : حَسَك . شوك الجمل ←

Thistle.

Master. مُلَحْلَح : سَيِّد

Experienced; man of the world. ∆ — : مِقْدام ∆ مدردَح

To mend; repair; patch up. *لَحَمَ : لأَمَ

To solder. — بالقِصْدير وغيره

To weld. — : لأَمَ (بالإحْماءِ والطَّرْقِ)

To heal up; grow sound. — . التحم الجرْحُ

To stick to a place. لَحِمَ بالمكانِ : لزِمَه

To be fleshy *or* corpulent. — . لَحُمَ : كان كثير اللحم

To be killed; massacred. لُحِمَ : قُتِلَ

To join; unite. لَاحَمَ . أَلْحَمَ : ألصَقَ

To join in a fierce battle. تلاحَمَ القومُ : تقاتلوا

To stick, *or* adhere, to. — . الْتَحَمَ [٢] بهِ : التصَقَ

To cohere; stick together; be united. — و — الشيئان : تلاءَما

التحمت ٢ الحربُ بينهم — To be joined in warfare; war broke out between them.

لَحْم ولِحَام المعادن — Soldering, *or* welding.

لَحْم : خِلاف العَظْم من الجِسم — Flesh; muscles

— الاكل ∆ لحْمة — Meat; flesh.

— ابيض (كلحم الطيور والسمك) — White meat.

— البقر. لحم بقري — Beef; the flesh of an ox or a cow.

— العِجْل : لحم عجّالي — Veal; the flesh of calf.

— الخنزير — Pork; the flesh of swine.

— الخنزير المالح بالملح والتدخين — Bacon.

— الخنزير المالح بالسلق : ٥ جَمْبُون — Ham.

— الصَّيْد — Game.

— الغزال — Venison; the flesh of animals of the deer kind.

— الغنم. لحم ضأن — Mutton.

— احمر : هَبْر — Lean (meat.)

— الثمرة : ما بين قشرتها و نواتها — Pulp of a fruit.

لبس الثوبَ على اللحم — To wear a garment next to the skin.

لَحِم. لَحيم : كثير اللحم — Fleshy; corpulent.

لَحْمَة ٢ : قطعة لحم — A piece of meat *or* flesh.

— • لُحْمة النسيج — Weft; woof of cloth.

لُحْمة ٢ : قرابة — Relationship; kinship.

لُحْميَّة العين — Conjunctiva; inner skin of the eyelid.

— الأنف : سُداد — Adenoids.

لِحَام ٢ : ما يُلحم به المعدن كالقصدير — Solder.

— ذاتي أي بدون استعمال مواد غريبة — Autogenous welding.

∆ — مرقد (في المعمار) — Joint.

∆ وابور لحام — Blow-lamp; soldering-lamp.

لَحّام : بائع اللحم ∆ جزّار — Butcher.

لَحَامَة : امتلاء الجسم — Fleshiness; corpulence.

إلتحام : التصاق — Adhesion; sticking; state of being attached.

— الجراح — Healing of wounds.

— العظام — Knitting of bones.

مَلْحمة : موقعة عظيمة القتل في الحرب — Carnage; great slaughter; fierce battle.

مُلْتحمة العين : لحميَّة — Conjunctiva.

لحيات. لواحم : آكلة اللحوم — Carnivora; carnivorous animals.

٥ لَحَن : أخطأ في الإعراب — To commit grammatical mistakes.

— له : لمّح — To hint; give the cue.

لَحِن : فطن الى — To understand.

لَحَّن في القراءة — To intone; chant.

لَحْن : نغمة — Tune; air.

— : قطعة موسيقية — Melody; air; tune.

— : لهجة. لغة — Dialect; tongue; language.

— : خطأ في الاعراب — Solecism; deviation from the rules of syntax; grammatical blunder.

— الكلام : فحواه — Significance; import.

صناعة الالحان : الموسيقى — Music.

لَحِن : فَطِن — Intelligent; bright.

تلحين : تنغيم — Intonation.

٥ لَحْو. لَحْي : شتم — Insulting; defaming; vilifying; calling names.

لَحْي ٢ : فكّ — Jaw-bone.

لِحية : شعر الخدين والذقن — Beard.

— صغيرة : عُثْنون — Goatee.

— التيس : نبات — Goat's beard.

لِحاء : قشر العود او الشجر — Bark; rind.

لِحياني. ألحى : طويل اللحية — Long-bearded.

لَحَى. لحا : سبّ. شتم — To insult; call names.

— • — الشجرة : نزع قشرها — To bark a tree; strip the bark from a tree.

إلتحى : أرخى لحيته — To grow a beard.

مُلتحٍ : ذو لحية — Bearded.

النسر الملتحي — Lammergeier.

∆ لَخْبَط : خَلَط — To confuse; mix up; muddle; jumble together.

— كِيانه : أضَرَّه — To play the devil with.

*لَخَّص الكلامَ : اختصره — To abridge; epitomize; summarize; sum up.

— القولَ : بَيَّنه — To recapitulate; give epitome.

— الشيء : اخذ خلاصته — To condense; concentrate; extract the essence of.

تَلْخِيص — Abridgment; abridgement; act of recapitulation; summarising.

مُلَخَّص : خلاصَة — Extract; essence; abstract; quintessence.

— الكلام — Abstract; summary; digest; epitome; compendium.

— : مختصر — Abridged; summarised; summed up; epitomised.

△لَخْفَن : خبَل — To confound; nonplus; throw into confusion.

△لَخْلَخَ : لَصْلَص . حرَّكه ليخلَعه — To shake (a thing) loose.

*لَخَم : لطَم — To slap on the face.

△ — : ربَك — To encumber; embarrass.

لُخْمَة △لَخْمَة : (رجل) ثقيل — Awkward; yokel; lubberly; clumsy.

لَخْمَة : فترة في الجِسْم — Malaise.

△ — : ارْتباك — Encumbrance; embarrassment.

*لَدَّ : حيَّر — To bewilder; perplex.

— به : شهَّر عيوبه — To defame; slander.

لَدَّ . لادَّ : خاصَم بشِدَّة — To be engaged in a violent dispute with.

لَدَد : خصُومة شديدة — Violent dispute.

لَدُود . لَدِيد . ألَدّ : خصْمٌ شديد الخصُومة — A great disputer; one who is vehement in altercation.

عَدُوّ — و — و — Bitter, or mortal, enemy.

لِدَة (في ولد) — Coetaneous; of the same age.

*لَدَغَ الثعبانُ : عَضّ — To bite.

—تِ العقربُ : لسَعت — To sting.

— ه بكلمة — To sting (by taunts or reproaches); hurt or injure (by words).

△ — : لثَغ (راجع لثغ) — To lisp; stammer.

لَدْغة : عَضّة او لَسْعة — A bite; a sting.

لَدِيغ . مَلْدُوغ — Bitten; stung.

*لَدَم : ضرَب . △لطَم — To strike; beat; hit.

*لَدُن : كان ليِّناً — To be supple, flexible, soft.

لَدَّن : ليَّن — To soften; mollify; make tender; render less hard.

△ — الخبزَ : جفَّفه قليلاً — To dry bread.

لَدْن : ليِّن — Soft; supple; flexible; yielding to pressure.

— : يُجْبَل — Plastic; capable of being moulded or modelled.

لَدُنْ . لَدْنْ : عِنْد — At; by; near by; to; with.

مِن — : من عِنْد — From.

لَدانَة . لُدُونة — Softness; suppleness; plasticity; flexibility.

△لَادِن : عِلْك اللبان — Gum Ladanum; chewing gum.

*لِدَة : تِرْب (في ولد) — Contemporary.

*لَدَى : عِنْد — At; by; near by; with.

— : أمام — Before; in the presence of.

○لِدِّيت : مادَّة شديدة الانفِجار — Lyddite; picric acid.

*لَذَّذ : جعله يتلذَّذ — To delight; gratify; give pleasure to.

لَذَّ : كان لذيذاً — To be delicious, delightful.

إلْتَذَّ . تَلَذَّذ به — To enjoy; be delighted with; find pleasure in.

— . — إسْتَلَذَّ الشيء — To find *a thing* delightful *or* delicious.

لَذَّة . مَلَذَّة — Delight; pleasure; enjoyment.

لَذِيذ — Delicious; luscious (food, drink, fragrance); delightful (music, sensations, scenes, conversations).

*لَذَعَ : أحرَق — To burn.

— : كوى . وسَم — To brand; cauterise.

— بلسانه — To hurt; pain; bite; sting.

لَذْع : حَرْق — Burning; act of burning.

لَذَّاع . لاذِع : مُحْرِق — Burning; excessively hot.

— . — : قارِص — Pungent; biting; sharp.

— : حارّ △حرَّاق — Hot; peppery.

لَوْذَع . لَوْذَعِيّ : ذكيّ — Ingenious; sagacious; clever.

لَوْذَعِيَّة — Ingenuity; cleverness; sagacity; acumen.

☆لذّة (في لذذ) — Delight; pleasure.

☆لَذِيَ به : عَلِقَ — To stick, *or* adhere, to.

ألّذي (للمذكر العاقل) — Who; whom.

— (للمذكر غير العاقل كالحيوان والجماد) — That; which.

اللّذان (للمثنى) . الذين (للجمع) — These; those.

☆لذيذ (في لذذ) ☆ لزّ (في لزز)

☆لَزَبَ : اشتدّ وثبتَ — To be firmly fixed.

— به : لصق به — To adhere, *or* stick, to.

لَزِبَ الشيء : دخل بعضُه في بعْض — To cohere; stick together; be united.

لَزِبٌ : قليل — Little; small.

لَزِبٌ . عَزَبٌ لَزِبٌ — Staunch bachelor.

لازِب : ثابت — Firmly fixed.

ضَرْبَة — : لازم . واجِب — Absolutely necessary; indispensable.

☆لَزِجَ . تَلَزَّجَ : كان لزِجاً — To be sticky, ropy, adhesive, *or* viscous.

— باصْبعه : لَصِقَ — To stick to one's finger.

لَزِجٌ — Sticky; adhesive; viscous; viscid; clammy; glutinous.

لُزُوجة — Stickiness; viscidity; viscousity.

☆لَزَّ : جعله ملزَّزاً — To compact; thrust, *or* press, closely together.

لَزَّ الشيء بالشيء — To unite *or* connect firmly.

ـــهُ بالرُمْح : طعنه — To thrust with a spear.

ـــهُ الى كذا : اضطرّه — To drive; force; press.

إلتزَّ بهِ : التصق — To adhere, cleave *or* stick, to.

لَزّ . لَزَّة : △رزّة — Screw eye; ringed screw.

مُلزَّز : △مدْمُوك — Compact; closely *or* firmly united; firm; solid; dense.

☆لَزِقَ . ألتزق به : لَصِق — To stick *or* adhere to.

△لَزَّقَ . ألْزَقَ : الصق — To stick one thing to another.

— الشيء : فعله بلا اتقان — To patch up; scamp; perform in a hasty, neglectful, *or* imperfect manner.

△ — له الشيء : دسّه — To palm off a thing upon a person.

لِزْق : لِصْق — Adjoining.

لَزِقٌ : لَصِيق — Sticky; adhesive; viscous; glutinous.

لِزاق : كلّ ما يُلصَق به — Cement; glue.

△لَزْقة علاجية . لَزُوق . لازُوق — Cataplasm, *or* plaster.

△ — أميركانيّة — Porous plaster.

△ — خَرْدَل — Mustard plaster; sinapism.

△ — لِزْقة : لا مفرّ منه . يُدْفَع فيَرجع — Bad half-penny.

☆لزِمَ الشيءَ — To be necessary; indispensable.

— بيْتَه — To keep to one's house.

— المريضُ فِراشَه — To keep to one's bed; stay in bed.

— الصَّمْتَ — To keep silent; hold one's tongue.

ـــهُ كذا : احتاج اليه — To require; need; be in need of.

ـــهُ الشيءُ : كان مُلزَماً به — To be responsible for.

ـــهُ الأمْرُ : وجبَ عليه — To be incumbent upon.

لازَمَ : لم يُفارقهُ — To keep close to; be inseparable from; cling to.

— . — : رافق — To accompany; attend.

— . — الأمرَ : استمرّ فيه — To persevere in.

— . — المشْروع — To prosecute a scheme; pursue with a view to accomplishing.

ألزَمَ : أجْبَرَ — To compel; force; oblige.

ـــهُ بكذا : جعله لِزاماً عليه — To obligate; bind; put under obligation

ـــهُ المالَ وبه — To hold responsible for.

— بالعملِ : أوجبَه عليهِ — To impose as a duty.

إلتزَمَ : اضطرّ — To be compelled *or* obliged.

— : كان مُلزَماً — To be held responsible for.

— : ارتبط — To be bound.

— العملَ : أخذَه على عُهْدتِه — To undertake; take upon oneself.

— العملَ والتجارةَ : احتكر — To monopolise.

— اموالَ الحكُومَة — To undertake the farming of taxes.

To find necessary, or incumbent. إسْتَلْزَمَ : عدَّهُ لازماً
To require; need; call for. — : اقتضى
Entail; necessitate. — : تطلَّبَ
Near. ∆لَزَمْ : لحاً (راجع لحح)
Need; necessity. لُزُوم : اقتضاء
Use. — : فائدة . حاجة
When, or if, necessary. عِند الـ
Necessary; essential; indispensable. لازِم : ضَروري
Needed; required. — : يُحْتاج اليه
Requisite; needful. — : مَطْلوب
Inevitable; unavoidable. — : مُحتَّم . لازِب
Incumbent; obligatory. — : واجِب
Intransitive verb. فِعْل — : غير مُتعدٍّ
Something needed *or* necessary. شيء — .
Unnecessary; unrequired. غير — .
Properly; in a proper manner *or* way; rightly. كالـ : كما يجب
Necessaries; requirements. لوازِم : حاجيّات
Compulsion: coercion; obligation. إلْزام : إجْبار
Compulsory; obligatory. إلزاميّ : جَبْريّ
Necessity; compulsion. إلْتِزام : اضطِرار
Obligation. — : واجِب
Monopoly. — : احْتِكار
Concession. — : امتياز (تمنحه الحكومة)

Liability. — : مَسْئولية
Engagement; commitment. — : ارتباط
By contract; by the job. التزاماً : ∆ بالمقاولة
←Vice: hand-vice. ∆مَلْزَمَة : مَنْكَنَة
Section; quire. ∆ — من كِتاب
Inseparable. مُلازِم : لا يفارِق
Follower; adherent. — : تابِع
Staying at home; keeping to one's house. — بيته
Reticent; reserved in speech — الصَّمْت

Laid up; keeping to one's bed. — الفراش
Lieutenant. ∆ — أول : رُتْبَة عَسكريّة
Second lieutenant. ∆ — ثانٍ
Dependence; mutual connection and support. مُلازَمَة : تعلُّق
Inseparableness. — : عدم مفارَقة
Attending; accompanying. — : مُرافَقة
Following; pursuance. — : متابعة . ملاحَقة
Perseverance; assiduity. — : مثابرة
Compelled; forced; obliged; bound. مُلْتَزَم . مَلْزُوم
Responsible; liable. — . — : مَسْئول
Contractor. مُلْتَزِم : عَهِيد ∆ مُقاوِل ∆ متعهِّد
Concessionary. — : صاحِب الامتياز
Farmer of the revenues. ∆ — اموال الحكومة
Liability; responsibility. مَلْزوميَّة : التزام . مَسْئوليه
Tongue. ٭لسان (في لسن)
Caoutchouc; rubber; india rubber. ٥لَسْتِك : مَطّاط . مُغَبَّط س

جَزْمَة (حِذاء) — . ←
Spring-side boot.

To sting; bite. ٭لَسَعَ : ابَرَ . لذَعَ
To hurt with cutting words. ـه بلسانه
To burn the mouth with pepper. ∆ — فَمَه بالفلفل : لذع
To flick; whip lightly. ∆لَسْوَعَ بالسَّوْط
A sting; a bite. لَسْعَة
Stung; bitten. لَسِيع . مَلْسُوع
Stinging; biting. لاسِع : يلسع . لاذِع
Hot; pungent; burning. — : حارّ ∆ حَرّاق
To be eloquent. ٭لَسِنَ : كان لَسِناً
To slander. لَسَنَ فلاناً : ذكَرَهُ بالسُّوء
To point; give a point to; sharpen. — لسَّنَ : حدَّد الطرف
To sneer at. ∆لَسَّنَ ٢ عليه : تهكَّم

لَسَنٌ : فصاحة — Eloquence; gift of the gab.

لَسِنٌ . أَلْسَن — Eloquent; loquacious.

لِسَانُ الفَمِ (او ما يُشْبِهه) — Tongue.

△ — تعشيق الخشب — Tongue of joint.

△ — (في النجارة) — Tenon.

△ — ونقر : ذكر وأنثى — Tenon and mortise.

— : لغَة — Language; tongue.

— ارض (في الجغرافيا) — Cape; headland.

— بحر (في الجغرافيا) — Armlet of the sea.

— البَحْر : زبَدُه — Foam of the sea.

— الحالِ — State speaking for itself.

— القُفْل — Bolt of a lock.

— المِفْتاح — Bit of a key.

— القَوْم : المتكلّم عنهم — Spokesman.

— المِزْمار (في التشريح) — Epiglottis.

— المِيْزان — Cock; indicator of balance.

— النارِ : شُعْلَتها — Flame.

غِلاف الخِطابات — Flap.

— الحِذاء — Tongue of boot.

— السَبُع : اسم نبات — Lion's tail.

— العَصافير : دردار . نبات — Ash tree.

— الغزال : اسم نبات — Moonwort.

— الفَرَس : اسم نبات — Horse-tongue.

— الكَلْب : اسم نبات — Hound's tongue.

طلق الـ— — Eloquent; loquacious.

طلاقة الـ— — Eloquence; loquacity.

معقود الـ— — Tongue-tied.

مسك —ه : صَمَت — To keep silent; hold one's tongue *or* peace.

باللسان : بالكلام — By word of mouth.

ذو لِسانين : بلغتين — Bi-lingual.

ذو لِسانين : مَلْسُون — Double-tongued; deceitful.

الدائر على الالسنة : تقوّلات — Hearsay.

لِسانيّ : مختصّ باللسان او الكَلام — Lingual.

(لشو) لاشَى : أبادَ . أعْدَمَ — To destroy; annihilate.

تلاشَى : باد — To vanish; evanesce; be annihilated *or* lost.

— الصوتُ : صارَ الى لاشيء — To die, or fade, away.

— في كذا : اضْمَحَلّ — To be absorbed (lost) in.

لا يتلاشى : لا ينعدِم — Indestructible.

تَلاشٍ . مُلاشاة : اضْمِحلال — Annihilation; evanescence.

مُتَلاشٍ : يتلاشى — Vanishing; evanescent; fading; away.

*لَصَّ البُنْيانَ : رصَّصَه — To compact; consolidate (a construction).

لَصَّ الأمْرَ : فعله مُسْتَتِراً — To do stealthily; do a thing on the sly.

— الشيء : سَرَقَه — To steal; rob.

تَلَصَّصَ : صار لصّاً — To become a thief, *or* act like a thief.

— عليهم — To spy on; watch secretly.

لِصّ : حَرامي — Robber; thief.

— البَحْر : قُرْصان (انظر قرص) — Pirate; corsair; buccaneer.

لُصُوصِيَّة — Robbery; thieving.

*لَصَفَ : بَرَق وتلألأ . كَوْكَب — To fluoresce.

لَصَف : بَريق وَلألأة مُلوَّنة — Fluorescence.

لاصِف : فلوريد كلسيوم — Fluor; fluorspar.

— : بَرّاق مُتَلألئ . مُشِعّ — Fluorescent.

مِلْصاف : مِنْظار الألوان — Fluoroscope.

مِلْصافي — Fluoroscopic.

*لَصِقَ . التَصَقَ به — To stick, cleave *or* adhere, to.

لاصَقَ — To adjoin; be next to; be in contact with; be contiguous.

أَلْصَقَ — To stick; attach; cause to adhere; paste; cement.

لَصِقٌ : لازِق — Adhesive; sticky; tenacious.

لِصْق . لَصِيق : بالقرب من — Adjoining; adjacent; contiguous; near.

لَصُوق : △ لَبْزَقة (عِلاجيَّة) — Plaster.

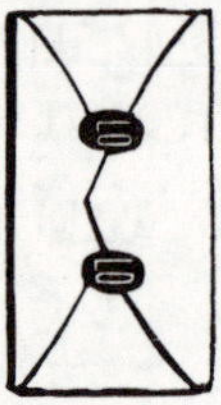

إلتصاق . تلاصُق — Adhesion; the state of being attached.

مُلْصَق — Stuck; attached; pasted; cemented.

مُلاصِق . مُتَلاصِق — Adjacent; contiguous.

مُلاصَقة : مجاورة — Adjacency; contiguity.

— : جاذبيّة الملاصقة او الالتصاق — Cohesion.

* لَصْلَصَ : Δ لخلخ . خلخله ليخلعه — To loosen; shake (a thing) loose.

Δ لَصَّمَ : رمَّق . رهيأ — To patch up; scamp.

Δ لَضَمَ الابرة : ادخل فيها الخيط — To thread a needle.

— السبحة : نظمها — To string beads; thread beads on a string.

مَلْضُوم : مَنْظوم — Threaded; strung.

* لطخ . لطّخ — To stain; smear; smirch; blot; sully.

تَلَطَّخ — To be stained, soiled, blotted.

لَطْخَة — A stain; smear; spot; blotch; taint.

لُطَخَة . لَطِيخ Δ لَطْخ — Sottish; doltish; yokel; awkward.

* لَطَسَ : لطم — To slap; strike; smite.

مِلْطَاس : كاسور — Stone-hammer.

Δ لَطَشَ : وطش . لطث — To slap; strike.

لَطّاشة الذباب — Fly-swatter.

* لطع : لطم — To slap; strike.

— : محا — To strike off; blot out.

* لطف به : رفق — To be kind or gracious, to.

لَطُفَ : ضد كثف — To be thin, fine, or delicate.

— : كان لطيفاً — To behave gently.

لَطَّفَ : خفف الشدّة — To soften; moderate; mitigate; assuage; appease.

— الألم — To soften; soothe; allay (pain).

— وقع الخبر السيّئ — To tone down bad news.

— القول او الذنب — To palliate; extenuate.

— الحكم — To modify; qualify (a sentence).

لاطَفَ : رَفَقَ به — To treat with kindness; be polite *or* courteous to.

—ه : داراه . سايره — To humour; comply with the humour of.

—ه : دلّله — To caress; fondle.

تلطَّف . تلاطف — To be polite *or* courteous to; show kindness to.

إستلطف — To like; have a liking for; find pretty, sweet, delicate, etc.

لُطْف . لَطافة : رِفْق — Kindness; benevolence; friendliness.

— . — : دماثة . كياسة — Civility; mildness.

— . — : رقّة — Elegance; grace.

— الله — God's mercy; favour of God.

لطافة ٢ : ضدّ كثافة — Thinness; tenuity.

بِلُطف — Gently; mildly; gracefully, etc.

لَطِيف : ذو اللطف او اللطافة — Gentle; mild; elegant; graceful.

— : ذو الرفق — Kind; courteous; civil.

— : ظريف . مليح — Pretty; handsome; fair.

— : ضدّ كثيف — Rarefied; thin; tenuous.

الجنس الـ— — The fair, *or* gentle, sex.

يا لطيف !! — Good Heavens !!

لَطِيفَة : مُلحة — Witticism; a witty saying.

تلطُّف — Kindness; courteousness.

مُلَطِّف : مخفِّف — Mitigating; alleviating; softening; attenuating.

— : مسكّن — Soothing; calming.

مُلاطَفة — Kind and courteous treatment.

* لَطَمَ : صفع . لدم — To slap; strike; hit (on the face).

Δ —ت النساء في المأتم : التدمت — To strike their faces (women, in lamentation).

تلاطمت و التطمت الأمواج — To clash; beat against each other.

—وا : تضاربوا — To slap one another.

لَطْمَة — A slap on the face.

لَطِيم : يتيم الأب والأمّ — Parentless; orphan.

مَلْطَم : خدّ — Cheek; side of the face.

Δ — المُونَة : موضع خلط الملاط للبناء — Mortar bed.

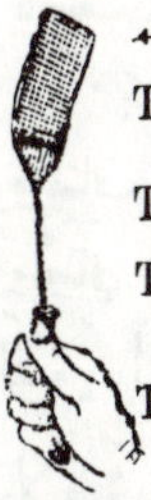

To be inflamed *or* kindled (with rage). ☆لظي . تلظَّى . التظى

Flame, *or* fire. لظًى : لهيب . نار

To slaver; dribble; salivate. ☆لَعِبَ : سَال لُعابهُ

To play; sport; frolic. لعِبَ . لعِبَ[2] : لها . عَبِثَ

To joke; jest. — : هزل . مزح

To play (for money); gamble. — القمار

To play music. — الموسيقى

To impose upon *or* on; to trick. — عليهِ

To trifle with. — في الامرِ : استخفَّ بهِ

To fence. — بالسيف : ثاقف

To play with edge tools. — بالنار

To play the role of; act the part of. — دورَ كذا

To cajole; wheedle; deceive. — بعقلهِ

To get into one's head. —ت الخمرُ بعقلهِ

To become the sport of winds, cares, etc. —ت بهِ الرياحُ او الهمومُ

To make one play. لعَّبَ[2] . ألعبَ : جعلهُ يلعب

To wag the tail. △ — ذيلهُ : حرَّكهُ

To make faces; pull a face. △ — وجههُ اشمئزازاً : اختلج بوجههِ

To twist a person round *one's* finger. —هُ على اصابعهِ

To play with. لاعَبَ : لعبَ مع

To act in a playful manner. تلاعَبَ : تلعَّبَ

To act fraudulently. △ — في الأمرِ

Play; sport; frolic; amusement. لَعْب . لَعِب : لهو

Joke; jest. — . — : مزح

Horseplay. — و — ثقيل (اي سَمِج)

Fencing. — السيف : مثاقفة

Play; gambling. △ — القمار : ميسر

Sport. ألعاب رياضيَّة

Jugglery; sleight of hand. — سحريَّة

Fireworks. — ناريَّة

A toy; a plaything. لُعْبَة . أُلعُوبة : ما يُلعب بهِ

Sport; an object of mockery. — . — : ما يُسخر بهِ

A game; play. — لِعْبَة : نوع اللعب

A game at cards. — و — ورق (مثلاً)

Playful; sportive; frolicsome. لَعُوب . لُعبان △لِعبي

Philanderer; coquette; flirt. صَبِيَّة لَعوب[2]

Player; one who plays much. لُعَبَة . لعَّاب . لِعِّيب : كثير اللعب

Saliva; spittle. لُعَاب : رِيق

Spittle. — : بُصاق . تُفال

Slaver; saliva running from mouth. — : رُوَال

Honey. — النحلِ : عسل

Emulsion. — البزر : مستحلب

Salivary. لُعابي : مختصّ باللعاب

Mucilaginous. — : كاللعاب او بقوامهِ . لزج

Player. لاعِب : الذي يلعب

A plaything; a toy. أُلعُوبة : ما يُلعب بهِ

Playful; toyer; one who plays much. تلْعاب . تِلْعابة : كثير اللعب

Driveller; slabberer. مَلْعُوب : سائل لُعابه

Trick; artifice. △ — : خُدْعة

Playground. مَلْعَب : ساحة اللعب

— : ساحة الالعاب الرياضيَّة
Stadium (*pl.* Stadia)

— الخيل وغيرها : ٥قرق
Circus.

Playhouse; theatre. — : مَلهى

Fraudulence; deceiving. △تلاعُب : مخادعة

Labyrinth; maze. مَلاعب الجن

Plaything; toy. مَلْعَبة : ألعوبة

Playfellow. مُلاعِب : رفيق اللعب

Trickster; deceiver. △ — : مُخادع

To hesitate; falter; stammer; stutter. ☆لَعْثَمَ . تلَعْثَمَ

To curse; execrate; imprecate; invoke evil upon. ⁕لَعَنَ: دعا عليه

To expel. —: طَرَدَ

Cursing; execration. لَعن: اسْتِنْزال اللعنات

A curse; imprecation; malediction. لَعْنَة

Cursed; accursed; damned; detestable. لُعنَة . لَعِين . مَلعُوْن

Bad; wicked. لعين ٢: رَدِيء

The Evil (*or* Wicked) One. الـ: الشَّيْطان

Areola; black ring round the nipple. ⁕لَعْوَة: سواد حول حلمة الثدي

Nausea. △لَعيان النفس: غثيان (راجع غثي)

Soft palate. ⁕لغد. لُغْدُود: ما أطاف بأقصى الفم الى الحلق من اللحم

Second, *or* double, chin. △— الانسان

Dewlap. △— الحيوان: غَبَب

Wattle. △— الطيور: غَبْغَب

To riddle; speak in riddles, enigmatically *or* ambiguously. ⁕لَغَزَ. لاغَزَ. أَلْغَزَ في الكلام

To equivocate in one's oath. الغزَ ٢ في يمينه

Riddle; conundrum; an enigma; a puzzle. لُغز: معمّى

Mystery; profound secret. —: سِرٌّ عميق

٢	٧	٦
٩	٥	١
٤	٣	٨

Magic square. — تُرَابي

Slanderer; backbiter. لَغّاز: وقّاع

Enigmatic; ambiguous; mysterious. مُلغز: ملتبس

To be clamorous *or* noisy. ⁕لَغَطَ. لَغَّطَ. أَلْغَطَ

To noise abroad; spread by rumour *or* report. —. — بالخَبَر

Noise; clamour; confused sounds. لَغَط

To foam. ⁕لَغَمَ البعير: أزبد

To mine; lay a mine under. △— △ أَلغَمَ المكانَ: وضع تحته لغماً

To undermine. △— △— : قوَّض

To blast. △— △— : نسَفَ

To amalgamate. أَلغمَ ٢. مَلْغَم: خلط بالزئبق

Mine; blast. △لَغم: مِنسَف

Hesitation; faltering; stuttering; stammering. لَعْثَمَه . تلَعْثُم

To pain; hurt; burn; grieve. ⁕لَعَجَ: آلم وأحرقَ

To distress. لاعَجَهُ الأمرُ: اشتدَّ عليهِ

Consuming love; ardent, painful *or* tormenting love. لاعِج: حُبٌّ مُحْرِق

Pains and tortures of love. لواعِج الحُبّ

To lick; lap (liquids). ⁕لَعِقَ: لَحِسَ

Spoonful. لُعقَة: مِلءُ مِلعَقَة

Lambative. لَعُوق: كل ما يُلعق

Electuary; confection. —: دواء يُلعق

Spoon. مِلعقة

Dessert spoon. — حُلو

Teaspoon. — شاي او قهوة

Tablespoon. — شُوربة

Spoonful. △—. مِلءُ —: لُعقَة

Spoonbill. أبو —: مَلاعِق

Spinel ruby. ⁕لَعل: بَلَخْش: حجر كريم كالياقوت

Carmine. —: مادَّة دُودَة القِرمِز

Carminic. لَعْلِيّ

May be; perhaps. ⁕لَعَلَّ: علَّ. رُبَّما. عسى

I hope you are well. لعلَّكم بخير

To roar; peal. ⁕لَعْلَعَ الرعدُ

To ring; resound; reverberate; echo. △— الصَّوتُ: دوى

To glimmer; gleam; glitter. — وتَلَعْلَع السرابُ: تلألأ

To writhe with hunger. تلعلع ٢ جُوعاً: تضوَّر

To loll out the tongue (with thirst.) — الكَلْبُ: دلعَ لسانه عطشاً

Will-o'-the-wisp, *or* mirage. لَعْلَع: سَراب

Wolf. —: ذِئب

Stentorian, *or* resonant, voice. △صوت مُلَعْلِع: مُجَلْجِل

Gaudy; gay, *or* loud colour. △لون —: زاهٍ

Foam; froth. لُغَام : زَبَد

Sapper. △لغـمجي" : △طبردار. من فرقة المهندسين

Amalgamated. مُلغم : مخلوط بالزئبق

Language. *لُغَة (في لغو)

Nonsense; balderdash; meaningless, *or* foolish, talk. *لَغْو. لَغا : هُراء

Loquacity; garrulity. —.— : كثرة الكلام

Error; blunder; mistake. —.— : خطأ

Faulty language. —.— : لغة غير صحيحة

Nugatory; null. —.— : باطل

Abolition; cancellation. △ — : إلغاء

To speak; talk. لَغا : تكلّم

To cease to be; be cancelled *or* annulled. — الشيء : بطَل

To talk nonsense. — لَغِيَ : تكلّم عن غير تفكّر

To use faulty language. —.— : أخطأ في الكلام

Prattle; babble. — : △رغي

To talk much about. لَغِيَ ٢ بالامر : لهج به

To abolish; do away with; annul; nullify; cancel. أَلغَى : أبطَل

Language; tongue. لُغَة : لِسان

Idiom; expression. — : اصطلاح

Dialect; accent. — خصوصيّة : لهجة

Mother tongue. — المولد

Tropical (figurative) language. — مجازيّة

Lexicology. علم الـ (الالفاظ ومعانيها واشتقاقها)

Etymology. علم قواعد الـ.

Lexicons; dictionaries. كتب الـ : المعاجم

Dialect; accent. △لُغوة ٢ : لهجة. لغة خصوصيّة

Belonging to language; linguistic. لُغَوي" : مختص" باللغة

Etymological. — : بموجب قواعد اللغة

Linguist. — : عالم بلغات كثيرة

Lexicographer. — : عالم بمفردات اللغة وأوضاعها

Null; void. لاغٍ : باطل

Abolished; cancelled. — : مُلغًى

Faulty language. لاغية : لغة غير صحيحة

Abolition; cancellation; annulment; suppression. إلغاء : إبطال

Abolished; cancelled; suppressed; annuled. مُلغى

←Wash-stand. △لغومانو : مغسلة

To wrap up. *لفّ (في لفف)

To turn; bend. *لَفَتَ. لفَتَ : أمالَ. أدار

To turn (divert) *one* from. —— عن

To draw one's attention to. — نظره الى

To turn the eyes to; look at; gaze at. إلتفتَ. تلفّتَ الى

He looked about to the right and left. — و— يمنة ويسرة

To pay attention to. — الى : انتبه الى

To care for; take care of. — الى : اهتمّ به

To take into consideration. — الى : راعى

←Turnip (radish). لِفت : سَلجم

Napiform. لِفتيّ الشكل : خُذروفيّ

A turning of the face *or* eyes. لَفتة. إلتفاتة : إدارة النظر

A side-glance. —.— : نظرة جانبيّة

A glance; quick, *or* casual, look. —.— : نظرة عاجلة

A turning. — : عطفة. حودة

Ill-tempered; peevish; fractious. لَفات. لَفوت : عسر الخلق

Left-handed. أَلفَت : أعسر

Turning round. إلتفات : إدارة النظر او الوجه

Attention; notice. — : انتباه

Care; heed. — : اهتمام

Consideration; regard. — : رعاية

Inattention; inadvertence; oversight. عدم الـ.

Inattentively. بلا الـ.

Regardless of; irrespective of. بلا الـ الى

Attentive; heedful; mindful; regardful. مُلتفت

Inattentive; heedless; inadvertent. غير —.

*لَفَحَ : ضَرَبَ — To strike; hit; smite.

—: احرق — To scorch; burn; blast; shrivel.

Δ تلفَّحَ بكذا: تَلَفَّعَ — To wrap oneself up in.

لَفُوح . لافِح : مُحْرِق — Scorching; blasting.

لُفّاح : تُفّاح الجِنّ . إسْم نبات مُخدِّر — Mandrake.

Δ تَلْفِيحة : لِفَاع (انظر لفع) — Muffler.

مَلْفُوح — Scorched; blasted; withered.

*لَفَظَ الشيء : رمَى بهِ — To eject; emit; throw away; discharge.

— كلمةً — To pronounce, *or* utter, a word.

— النفَسَ الاخيرَ — To breathe one's last; give up the ghost.

— . تلفَّظ : نَطَقَ — To pronounce; utter.

لَفْظ . تَلَفُّظ : نُطْق — Pronunciation; utterance.

أخطأ اللفظَ — To mispronounce.

لَفْظاً ومعنًى — In word and sense; in letter and spirit; in construction and meaning.

لَفْظِيّ : نُطْقِيّ — Pronunciatory.

— : غير المعنوي — Literal; real; not figurative *or* metaphorical.

— : بالكلام — Verbal; oral.

عُقْدة لفظيَّة (في البلاغة) — Tongue twister.

لَفْظَة : كلمة — A word; an utterance.

لافِظ : ناطِق — Pronouncing; uttering.

لَفِيظ . مَلْفُوظ : مَرْمِيّ بهِ — Ejected; emitted; cast forth.

— . — : مَنْطُوق بهِ — Pronounced; uttered.

*لَفَعَ . لَفَّعَ الشيبُ رأسَه — To cover the head(white hair); become grey.

إلْتَفَعَ . تلفَّعَ بكذا: لفَّ نفسه به — To wrap oneself up in.

لِفَاع : Δ تلفيحة . كوفيَّة — ←Muffler.

*لَفَّ . لَفَّ : طَوَى — To wrap, roll *or* fold, up.

لَفَّ الشيءَ : غطّاه — To envelop; cover.

— الشيءَ بالشيءِ : وصَلهُ بهِ — To join; attach to.

— الخيطَ على البَكَرةِ — To wind thread on a spool, *or* into a ball.

Δ — المكانَ : طافَ بهِ — To go round (perambulate) a place.

— . التفَّ : دارَ — To turn round.

التفَّ عليه القومُ — To gather round a person.

— النباتُ او الثعبانُ على العودِ — To twist itself round a stick.

— . تلفَّفَ في كذا — To wrap oneself up in.

— الثعبانُ : تحوَّى — To coil; wind itself.

— النباتُ : نَشِبَ ببعضه — To be entwined.

—وا حَوْلَ قائدهم — They rallied; (came togther) to their leader.

لَفّ : ضِدّ نَشْر — Wrapping; folding; rolling up.

— ونَشْر (في علم البيانِ) — Involution and evolution.

لَفَّة : دَوْرَة — A turning; winding.

— : حُزْمة — A packet.

— : حِيلة — Detour; round-about.

— : حَوِيَّة — ←A coil.

لَفّاف : دَوّار — Revolving.

بابٌ — . — — ←Revolving door.

لِفَافَة : ما يُلَفّ به — A wrapper.

— : عِصابة . رِباط — ←Bandage.

— الطِفْل : قِماط — Swaddling band *or* cloth.

— تبغ : سيجارة — A cigarette.

— الساق او الرِجل : Δ قَلْشين — ←Puttee.

Δ — : رأس عِرْق (في المعمار) — Volute.

Δ — وُسْطَى — Scroll.

لَفِيف : مجموع — Collected; gathered.

— من الناس — A cluster; host; group; (of persons).

لُفَيْفَة من التبغ : سيجارة — A cigarette.

المِعَى اللفيفيّ او اللفائفيّ : نهاية المعى الدقيق — Ileum.

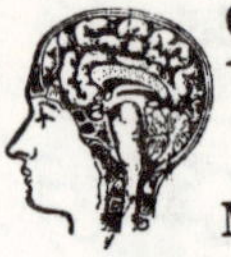

تلافيف الدماغ Convolutions of the brain.

أمّ الـ — : المعدة الثالثة للمجترات Manyplies; omasum.

مِلَفّ . مِلفاف Wrapper; envelope.

△ — : حَوْدَة . عَطْفَة A turning; corner.

△ — : مِثْقاب Brace.

— أوراق File; dossier.

مُلتفّ . مَلفوف (١) Wrapped, *or* rolled, up.

— على بعضه Entwined; twisted together.

— بشكل حَوِيَّة Voluted *or* coiled.

مَلفوف ٢ (بلغة سوريا) : كُرُنْب

Cabbages.

— باليد (كالسجاير) Hand-rolled.

☆لَفَقَ : خاط لَفْقاً To whip; overcast (as the edges of a seam).

لَفَق الحديثَ : زوَّقه To embellish with falsehoods.

△ — الكلامَ : اختلقه To concoct; trump up.

△ — التهمةَ : دبَّرها To trump up a charge.

لَفْق : خِياطة Overcast stitch; whipstitch.

تَلْفيق : حديث مُلفَّق A speech embellished by falsehood.

△ — : اختلاق Invention, *or* concoction, of lies.

△ تلفيقة : حكاية مختلقة A fib; a yarn.

مُلَفَّق : مموَّه بالباطل Embellished with lies.

△ — : مختلق Fabricated; trumped up.

☆لفلف في ثوبه . تلفلف به To wrap up oneself in one's clothes.

○لِفنجستن : مكتشف منابع النيل

Livingstone (David).

(لفو) ألفى : وجد To find.

تلافى : تدارك To make good; put right; correct.

— الخسارةَ To make up for a loss.

تلافى الشرَّ قبل استفحاله To nip *it* in the bud.

☆لَقَّبَ فلاناً بكذا : جعله لقباً له To surname; give a surname to.

— بلقب تهكمي او ودادي : نَبَزَ To nickname.

لاقَبَ : سابَّ بالألقاب القبيحة To call names.

تلقَّب بكذا To be surnamed, nicknamed.

لَقَب : اسم ثانٍ Surname; family name.

— : كنية وصفية Epithet; appellation.

— تهكمي او ودادي : نَبَز Nickname.

— شَرَف Title of honour.

مُلقَّب بكذا Surnamed *or* nicknamed.

☆لَقَحَ . لَقِحَ . أَلْقَحَ انثى الحيوان To fecundate.

— . — النبات To pollinate.

— . — بلقاح مرض مُعْدٍ To inoculate; vaccinate.

— بمصل الجدري To vaccinate.

— العضو : احتفل بقبوله في جمعية To initiate.

△ — : لفَّع . رمى به To throw away.

— △ عليه : تهكَّم To jeer at.

لَقْح . تلقيح الانثى Fecundation; act of fecundating.

لِقاح : مادة التلقيح في ذكور الحيوان Semen; fecundating fluid; sperm.

— النبات . لَقاح : طَلْع Pollen.

— : مصل (في الطب) ○ فيروس Virus.

— الجدري Vaccine.

تلقيح ٢ الأنثى Fecundation.

— النبات Pollination.

— (في الطب) Inoculation.

— بمصل الجدري Vaccination.

☆لَقَسَ : △ قلَّس على To make a butt of; ridicule; poke fun at.

☆لَقَطَ . التقط . تلقَّط To pick up; gather.

التقط اللقط (فضلات الحصاد) : △ عفَّر To glean.

لُقْطَة . لَقَط . لُقاطة What is picked up.

— : △ لقيَّة A find; something found.

△ — : ما تشتريه رخيصاً A bargain.

لُقاط . لُقاطة ٢ الحصاد Gleanings.

Foundling; waif.	لَقِيط : طفل منبوذ
Picked up; found.	— . ملقوط . مُلتقَط
←Tweezers; small tongs or pincers.	مِلقط الشعر وغيره
←Sugar tongs.	— السكر
Tongs; a pair of tongs.	— النارِ : ماشه
Picked up.	مُلتقَط . مَلْقوط
To throw away.	٭لقَعَ الشيءَ : رمَى به ∆لقّحه
To catch (a falling or moving thing).	٭لقِفَ . تلقَّفَ . التَقَفَ الشيء
Draft; draught; current of air.	∆مَلْقَفُ هواء : مِهْواة
To loll; let the tongue hang from the mouth.	٭لَقْلَقَ : اخْرَجَ لسانه
To shake (a thing) loose.	— : ∆خَلْخَ

←Stork.	لَقْلَقُ : ابو حُدَيجْ
Talebearing.	لَقْلَقَة الكلام : سِعاية
Talebearer.	∆لِقْلاق : نَمّام
To shut the mouth of.	٭لقَمَ : سَدَّ فَه
To catch in the mouth.	لَقِمَ الشيء : اَخَذهُ بِفَمِه
To swallow up.	— الطعامَ : التهمَهُ
To feed into the mouth; spoon-feed.	لَقَّمَ . أَلْقَمَ الطعامَ
To ceiling; line (roof of room).	∆— السَقْفَ
To stir (roasted) coffee into hot water.	∆— القهْوَةَ
A morsel; a little bite, *or* bit, of food *or* bread.	لُقْمَة من طعام
A delicious morsel; titbit.	— سائغة
A die.	∆— السَّبْك وغيره : قالب
Bit (for boring).	∆— المِثقاب
Bit (of a key).	∆— المِفْتاح : لسانه
Bit (of a plane).	∆— الفارة (المِسْحاج)
Fritter *or* dumpling.	∆— القاضي : زَلابِيَة
Lokman.	لُقْمانُ : اسم فيْلسُوف شهير
Phagocyte.	تِلقامَة : لَهمة . خَلية دم بَيْضاء
Spoon-feeding.	تَلْقِيمُ الطعام
Ceilinged, *or* lined, roof.	سَقف مُلَقَّم
To receive, *or* learn, from.	٭لَقِنَ . تَلَقَّنَ من : اخذ عن
To dictate; prompt; suggest.	لَقَّنَ : أملَى على
To instruct; teach.	— : علَّمَ
To inculcate; instil.	— : قَرَّرَ في الذهْن
To prompt; remind.	— المُمثّل او الخطيبَ
Sagacity; quick understanding.	لَقانَة . لقانِيَة : سرعة الفهم
Prompter (of a theatre).	مُلَقِّن المُمثّل
Prompt-side.	∆كَبُوشَة الـ.
Bell's palsy; facial paralysis.	٭لَقْوَة : شَلل وَجْنِيّ . ضَوْط
Wry mouthed.	مَلْقُوّ : ∆مَلْوُوق الفَم
To find; light upon; meet with.	٭لَقِيَ . إلْتَقَى : وجدَ
To meet; come across.	— . — به . لاَقَى : قابلَ
To receive; meet.	لاقى ٢ . تلَقَّى (١) : استقبَلَ
He met with many difficulties.	— مصاعِبَ جَمَّة
To receive.	— : أخذَ . تسلَّم
To receive (a person) with open arms.	تَلقّاه ٢ بصدرٍ رحيب
To throw; cast; fling.	أَلْقَى : طرَحَ
To discard; cast aside; dismiss.	— عنه
To throw at.	— عليه : رمَى عليه
To ask; put a question to.	— عليه سُؤالاً
To lay upon one's shoulder.	— على عاتِقه
To give rein to; give (one) rope.	— الحبلَ على الغاربِ
To put a burden on the back of.	— الحِملَ على ظهرهِ
To arrest; lay hold of.	— القبضَ على
To impose (lay) obligation or responsibility, upon.	— المسئولية على
To hold one responsible for.	— عليه مَسْئوليَّة كذا
To dictate; instruct.	— عليه القولَ : أملاهُ

— خُطْبَةً To deliver a speech.
— قُرْعَةً To draw, *or* cast, lots.
— الدرْسَ To recite, *or* say, a lesson.
— عليهِ دَرْساً To give a lesson to.
— اليهِ To throw to.
— اليه القولَ وبالقولِ To communicate to.
— اليهِ السمْعَ To lend an ear, *or* one's ears, to; give attention to.
— بنفسِهِ في كذا To run oneself into.
تلاقَوا . التقَوْا To meet; come together; join.
إستَلْقَى : اضطجعَ To lie down.
— على قفاه او ظهْرِه To lie on one's back.
لِقاء . لُقيان لُقًى . لُقِيّ Meeting.
لُقًى . لُقْيَة △لقيَّة A find; anything found.
أُلْقِيَّة : أُحْجِية A riddle; conundrum.
إِلْقاء : طَرْح Throwing; casting away.
— : كيفية إِلقاء الكلام Delivery; diction; verbal style.
— الكلام او الخُطَب Delivering (of lectures).
— الشيء المحفوظ : △تسميع Recitation; recital.
عِلم الـ Elocution.
إستِلْقاء Recumbence; lying down.
تلْقاء : مُلاقاة Meeting; receiving.
— : إزاء Before; towards.
— : تجاه In front of; opposite to.
من — نفسه Of one's own accord; spontaneously.
تِلْقائي Spontaneous.
تلاقٍ . مُلاقاة . مُلتقى Meeting; reception.
مَلْقًى . مُلْتقًى ٢ : مكان اللقاء Meeting-place; rendezvous.
— و — الخطوط والفروع : نقطة اجتماعها Junction.
— و — الطرق Crossing; crossroads.
الى المُلتقى Till we meet again; good-bye; so long.

مُلقًى : مطروح Thrown; cast (aside *or* away).
△ مَلاقي خزّان (مياه) النهر Aprons of a dam.
مُسْتَلْقٍ Recumbent; lying down.
☼ لكَ : لاجلك او اليك For you; to you.
☼ لكّ (في لكك) To hit on the back.
☼ لَكَأَ : ضرب To strike; hit.
تَلَكّأَ : تباطأ To loiter; delay; dawdle; hang about.
لُكَأَة : متباطئ Dilatory; slow; sluggish; tardy; behindhand.
○ لَكْتَات : △لبّنات Lactate.
☼ لَكَزَ : لكَمَ To box; punch; strike with the fist.
△ — بالرمح : لَهَزَ . طعنَ To thrust.
لَكِزٌ : بخيل Miserly; avaricious; stingy; niggardly.
لِكاز : △خابور Pin; peg.
(لكك) لكّ : لكز في القفا To hit on the back.
△ — تكلّمَ كثيراً To chatter; talk idly; prate; jabber.
إلْتَكَّ : تضامّ وتداخل To be densely, *or* thickly, set.
— في كلامه : اخطأ To err; blunder.
لكّ : ماية الف روبِيَة Lac; lakh; 100,000 rupees.
○ — : صبغ احمر Lac.
☼ لَكَمَ : ضرب بجمع اليد To box; punch; strike with the fist.

لاكَمَ : ضارب بجمع اليد To box one another; fight with the fists.
لَكْمة A box; a blow with the fist; buffet.

مِلْكَمة : قفاز الملاكمة Boxing gloves.
— : △ بُنْيَة حديد Knuckles; brass knuckles.
مَلْكَمة : كرة او كيس التمرن على الملاكمة ←Punching ball.
مُلاكِم Boxer; pugilist.
مُلاكَمة Boxing; boxing-match; sparring.

— البَرْقُ. Flash of lightning.

— مُوسِيقِيَّة. Semiquaver rest.

فِيهِ — (او مَلامِح) مِنْ أَبِيهِ He resembles, favours, looks like, or has the features of, his father.

تَلْمِيحِ Allusion; intimation; hinting; insinuation.

مَلامِحُ الوَجْهِ؛ تَقَاطِيعُهُ Features; lineaments; countenance.

— الوَجْهِ؛ مَشَابِهُهُ Points of resemblance.

لَمَزَ بالكَلامِ؛ عَابَ To skit; carp or point at.

— بالعَيْنِ To wink; give a hint by the eye.

لَمَّازٌ. لُمَزَةٌ؛ عَيَّابٌ للناسِ Carper; caviller.

لِيمُزِينُ؛ سَيَّارَةٌ مُقْفَلَةٌ  Limousine.

لَمَسَ؛ مَسَّ To touch; be in contact with.

— ؛ جَسَّ To feel; touch.

— الشيءَ؛ طَلَبَهُ To seek; search for.

لامَسَ؛ مَاسَّ To be in touch, or in contact, with.

تَلَمَّسَ الشيءَ؛ تَطَلَّبَهُ To seek for; endeavour to find.

— ؛ تَطَلَّبَ على غَيرِ هُدًى To fumble; feel or grope about.

— عُذْرًا To fumble for an excuse.

— طَرِيقَهُ To grope; feel one's way.

إلْتَمَسَ؛ طَلَبَ To request; beg; ask for; solicit; entreat.

لَمْسٌ؛ مَسٌّ Touch; contact.

حَاسَّةُ الـ — Feeling; the sense of touch.

لَمْسِيٌّ. مَلْمَسِيٌّ؛ مُخْتَصٌّ باللَمْسِ Tactile.

لَمْسَةٌ؛ مَسَّةٌ A touch.

لَمِيسٌ؛ لَيِّنُ المَلْمَسِ Soft to the touch; smooth.

إلْتِمَاسٌ؛ طَلَبٌ Request; solicitation; petition.

— إعادَةُ النَظَرِ في الحُكْمِ Appeal by writ of error; procedure in error.

لَكِنَ؛ ثَقُلَ لِسَانُهُ To stammer; falter in speaking.

لَكَنٌ؛ طِشْتٌ Copper (washing) basin.

لَكِنْ. لَكِنَّ (أَصْلُها لاكِن) But; yet; however; nevertheless.

لَكْنَةٌ؛ لَهْجَةٌ Accent.

أَلْكَنُ؛ ثَقِيلُ اللِسَانِ Stammerer; one who speaks with difficulty.

لِكَيْ. لِكَيْمَا In order that; so that.

لَمَّ لَئَّامٌ (في لمم)

لَمْ يَأْكُلْ He did not eat; he has not eaten.

— يَحْضُرْ He has (did) not come.

إنْ — مَا — Unless.

لِمَ. لِمَا. لِمَاذَا (لِيَمَ ذا) Why? for what reason?

أَلَمْ. أَفَلَمْ. أَوَلَمْ يَكُنْ Was it not?

— وَ — وَ — أَقُلْ لَكَ Did I not say to you? have I not said to you.

لَمَّا؛ حِينَمَا. عِنْدَمَا When.

لَمْبَاغُو؛ زُلْعَةٌ. مَرَضٌ Lumbago.

لَمْبَةٌ؛ مِصْبَاحٌ (رَاجِعْ صبح) Lamp.

لَمَجَ الشيءَ؛ اكَلَهُ بأَطْرافِ فمه To nibble; eat in small bites.

تَلَمَّجَ؛ صَبَّرَ بَطْنَهُ To stay one's stomach; take a snack.

لُمْجَةٌ؛ تَصْبِيرَةٌ. لُهْنَةٌ A snack; light hasty meal.

لَمَحَ. أَلْمَحَ الشيءَ أو اليهِ؛ ابصرهُ بنظر خفيف To glance; snatch a hasty look at.

— ؛ لَمَعَ To shine; flash; gleam.

أَلْمَحَ الى؛ أَشَارَ To glance at; allude to; hint at; refer to.

لامَحَ؛ خَالَسَ البَصَرَ To look stealthily at.

لَمْحٌ؛ نَظَرٌ سَرِيعٌ Glancing.

كَلَمْحِ البَصَرِ In a twinkling (flash).

لَمْحَةٌ؛ نَظْرَةٌ خَفِيفَةٌ A glance; quick look; glimpse.

— ؛ واحِدَةُ مَلامِحِ الوَجْهِ Feature; lineament.

مَلْمَس : لَمْس — Touch; contact.

— : موضع اللَّمْس — Place of touch.

— الحشرات : عُضْو الحِسّ — Feeler; tentacle.

مَلْمَسِيّ : مختصّ باللَّمْس — Tactile; tactual.

مُلامَسة : تَماسّ — Touching; contact.

مَلْمُوس : يُشْعَرُ بِهِ . محسوس — Tangible; perceptible to the touch; felt; palpable.

— : لَمِيس — Touched; felt.

مَلْمُوسات — Objects perceived by the touch; tangible things.

*لَمَصَ : عابه وعوّج فه عليه — To make faces at; contort the countenance.

*لَمَظَ . تلمَّظ △ تَلَمَّضَ — To smack one's lips.

تَلَمَّظَ ٢ بذِكْرِهِ : عابه — To slander; speak ill of.

لُمْظَة : لَحسة — A lick.

لَماظة : طلاقة اللِّسان — Loquacity; talkativeness.

*لَمَعَ : اضاءَ . برَق — To shine; flash; glitter; sparkle; radiate; be radiant.

— بسيفه : لَوَّح به — To brandish a sword.

— وألمعَ بيده : أشار — To wave one's hand.

ألمعَ ٢ الى : اشار او لمَّح — To allude to; hint at.

لمَّعَ : لوَّن بالوان مختلفة — To variegate with different colours.

— الكتاب : زيَّنه بالوان مختلفة — To illuminate.

△ — : صَقَل — To polish; burnish; gloss; glaze; shine.

لَمْع . لمعان — Shining; flashing; glittering.

لَمْعَة . لمعان ٢ : بريق — Lustre; brilliancy; glitter; radiance.

— : صَقْلة — Gloss; lustre; polish.

لَمَّاع : صَقِيل — Glossy; lustrous; shiny; polished.

— : برَّاق — Shining; radiant; brilliant.

△ جِلْد — اولمِّيع — Patent leather.

لَمَّاعة : عقاب ذهبي — ←Golden eagle.

لامِع : برَّاق — Shining; flashing; lucent; glittering.

لامِعَة : يافوخ الطفل — Fontanel.

أَلْمَع . أَلْمَعِيّ : ذكيّ متوقّد — Sagacious; talented; shrewd.

أَلْمَعِيَّة : ذكاء — Sagacity; shrewdness.

تلميع الاحذية — Shining; polishing.

○ لِمْفاوِيّ : لِنْفاوي . بلغميّ — Lymphatic.

*لَمْلَمَ : جَمَعَ — To collect; gather.

مُلَمْلَمَةُ الفيل : △ زلّومة — Snout; proboscis.

*لَمَمٌ : جُنون خفيف — Slight mental derangement; touch of madness.

لَمَّ : جَمَعَ — To collect; gather.

— شَعْثَهم — To rally; collect and reduce to order; gather again; reunite.

لُمَّ : اصابه مَسٌّ من الجنون — To become slightly mad.

أَلَمَّ بكذا : عرَفه — To become thoroughly acquainted with; grasp; know well.

— به كذا : حدث له — To befall; happen to; come upon.

— به مرضٌ — To be taken ill.

— بالذنب : فعله — To commit a crime.

— . الْتَمَّ : زارَ — To visit; call on.

لَمّ : جَمْع — Gathering; collection.

— الشَّعْث — Rallying.

لَمَّا : حينما — When.

لِمَّا : سَفَن . سَمَك — ←Ray.

لَمَّة : كل ما جُمِع او اجتمع — A collection.

— : جَمْعِيَّة . اجتماع — A gathering.

— من الجنون : لَمَم — Mental derangement.

— : شِدَّة — Misfortune; calamity.

لُمَّة : رفقة السفر — Fellow-travellers.

لامَّة : عَين مُصِيبَة بسُوء — Evil eye.

△ لَمَّام : نبات عِطريّ — Spearmint.

لِماماً : من حين لآخر — From time to time.

لَهَب . لَهِيب . لُهَاب Flames; blazes.

أبو — : نُحَام ←Flamingo.

لَهْبَان : عاطِش Dry; burning with thirst.

إِلْهَاب : إِشْعال Inflaming; kindling; ignition; setting on fire.

إِلتِهاب Inflammation; state of being inflamed.

— الأذن Otitis.

— البَلْيُورا : ذَات الجَنْب Pleurisy.

— الجفُون (الملتحمة) Conjunctivitis.

— الرِئة Pneumonia

— الزائدة الدودية Appendicitis.

— الكلى Nephritis.

سَرِيع الـــ . Inflammable.

قابِل الـــ : مُلتَهِب Inflaming; combustible.

التهابيّ Inflammatory.

مُلتَهِب : مشتَعِل Flaming; ablaze; on fire.

— : مُشتَعِل او مُتَهيِّج Inflamed.

(لهت) لاهُوت : أُلوهِيَّة Divinity; divine nature; godhead.

عِلم الـــ . Theology.

لاهُوتِيّ : مختصّ بعلم اللاهوت Theological.

— : عالم باللاهوت Theologian.

٭ لَهَثَ : أخرجَ لسانَه من التعَب او العطش To loll the tongue.

— : △ لَهَد △ نَهَج To pant; gasp; be out of breath.

لَهْثَان . لاهِث : مَبْهُور △ لاهِد Panting; out of breath.

٥ لَهِجَ . أَلْهَجَ بالشيء : ثابَرَ عليه To persevere in; continue steadfastly; be bent on.

— . — بالشيء : اولعَ به To be passionately attached to.

— بذِكرِه To speak of constantly.

△ — عليه : لعِبَ عليه To play upon one's credulity; deceive.

إِلْهَاجَّ اللبَنُ : تخثَّر To curdle; separate into curds and whey.

إِلمَام : دِرايَة Knowledge; acquaintance.

مِلَمّ : هَوْجَن △ شوكة ←Rake.

مُلِمّ : ناهِز البلوغ Adolescent.

— بكذا Well acquainted with.

مُلِمَّة : مُصِيبة Calamity; disaster; great misfortune.

مَلْمُوم : بهِ مَسّ من الجُنون Not in one's right mind; touched.

— : مجموع Gathered; collected.

٥ لِيمُوزِين : لِيمُزِين (انظر لمزين) Limousine.

٭ لَمُون : لَيْمُون (راجع ليمون) ←Lemon.

٭ لَنْ : لا Never; not.

— يُؤَجَّل Will not be postponed.

△ لَنْج : قَشِيب Brand-new.

٥ لَنْجُسْت : سَرَطان نَهْري ↑ Spiny lobster.

٥ لُنْج فِلُو : شاعِر اميركا الأشهر ← Longfellow (H. W.)

٥ لُنْدرة △ لَنْدن : عاصِمة بلاد الانكليز London.

ابنُ — . Londoner.

٥ لَنْدُو : عَرَبة رُكوب ↓ Landau.

٭ لَها △ لَهاة (في لهو)

٭ لَهِبَ : عَطِش To thirst for.

— . إلتهَبَ . تلَهَّبَ : اشتعَل To flame; blaze.

التهبَ ٢ . تلهَّبَ ٢ عطشاً او غيظاً To blaze, burn, *or* be inflamed, with thirst, anger, etc.

— : دَبَّت فيه النار To take fire.

لَهَّبَ . أَلْهَبَ : أشعَل To kindle; set on fire; ignite; set fire to.

— . — : هيَّج To inflame; provoke.

الهبَ ٢ ظهرَه بالسوط To flog another's back to bleeding.

لَهْب . إلهاب Kindling; inflaming.

لَهَبة : △ لَهْلُوبة A flame; blaze.

لَهْجَة : لغة خصوصيَّة — Dialect; tongue.

— : طَرَفُ اللسان — Tip of the tongue.

— : لغة الإنسان التى جُبِل عليها — Mother-tongue.

— : أُسْلوب اللفظ — Tone; accent.

△ — : كَلام مُزيَّف — Specious talk; palaver.

△ لَهْجاوِيّ : جخَّاف — Braggart.

* لَهَدَ : أتعب — To fatigue; overtire.

△ — : لهث — To pant; gasp; be out of breath.

* لَهَزَ : △ لكز . دفع — To thrust; push.

* لَهَطَ : ضرب بالكفّ — To slap.

△ — : رهط . التهم — To devour; gulp; gobble; swallow greedily.

* لَهِفَ وتلهَّفَ على : تحسَّر — To sigh for; grieve at; regret.

— . — على : تاقَ الى — To pant after; yearn for *or* after.

لَهْف . لَهْفَة : حسْرة — Regret; grief; sorrow.

— . — : تَوْق . توقان — Yearning appetence; desire craving.

يا لَهْفَ . يا لَهْفاه . يا لَهْفِي — Alas!

لَهْفان . لَهيف . لاهِف . مَلْهُوف : متحسِّر — Regretful; grieving.

— . مُتَلَهِّف على : تائق — Sighing, *or* yearning, for.

بِتَلَهُّف — Yearningly.

△ لَهْلَق : لَقْلَق . أخرج لسانه عطشاً — To loll the tongue out.

△ لَهْلَبَ : التهبَ (راجع لهب) — To flame; blaze.

لَهْلُوبَة : لَهَبَة — A flame.

يشتغل △ زيّ (مثل) اللهلوبة — He works like a whirlwind.

* لَهِمَ . التَهَمَ . تلهَّم — To ingurgitate; devour; swallow up greedily.

ألهم فلاناً الشيءَ : جعله يبلعه — To make one swallow a thing.

— : أَوْحَى الى — To inspire (to *or* with).

إستلهم : طلب الإلهام — To pray for inspiration.

لَهِمٌ . لَهُوم : أَكُول — Glutton; belly-god; voracious; greedy.

إِلْهَام : وَحْي الآهِي — Inspiration.

مُلْهِم : مُوْحٍ — Inspirer; one who inspires.

مُلْهَم : مُوْحىً اليه — Inspired.

* لُهْنَة : هديّة الاياب من سفر — A coming home present.

* لَهْو : تسلية — Amusement; diversion; pastime; entertainment.

اماكن اللـ ـ — Places of entertainment.

لَهَوِيّ : مختصّ باللهاة — Uvular.

لَهاة الحلق : طُلاطِلَة — ←Uvula.

لاهٍ : غافل — Forgetful; heedless; inadvertent; inattentive.

لَهَا : لعب — To play; amuse oneself.

— : عبث — To trifle; act with levity.

— و لَهِيَ به : أحبَّه واولع به — To love; be infatuated with.

— و — عنه : سلا عنه — To try to forget; divert oneself from.

لَهَّى . أَلْهَى عن كذا : شغل — To divert another's attention from.

— . — △ لاهى — To hold in play; keep occupied; keep the attention of.

لاهى ٢ : قارب . ناهز — To approach; be near to.

تَلَهَّى . تلاهى . التهى بكذا : تسلَّى — To amuse oneself with; be diverted by.

التهى ٢ بكذا : لعب — To trifle, *or* play, with.

مُلْهٍ : مُسَلٍّ — Amusing; diverting; distracting.

مَلْهىً : تسلية — Amusement; diversion; distraction.

— : مكان اللهو — Place of amusement.

— : مَلْعَب △ تياترو — Playhouse; theatre.

آلات الملاهي — Musical instruments.

* لَهْوَجَ العمل : لم يحكمه — To scamp; patch up; bungle; botch.

* لَهْوَقَ . تلهوق : تزلَّف — To cajole; wheedle; fawn upon (with sycophancy); curry favour with.

لَهْوَقَة : تزلُّف — Sycophancy; toadyism; empty, *or* servile, flattery.

*لَوْ : إذا — If.
— لم : إذا لم — If not.
— لم : ما لم — Unless.
— (كان) جاء لأرسلته — Had he come I would have sent him.
ولو — Although; though; notwithstanding.
لولا — Were it not for; had it not been for.
*لواء (في لوو) — Standard.
○ لُوبَاء . لُوبِيَاء . لوبيا — French beans; kidney beans.

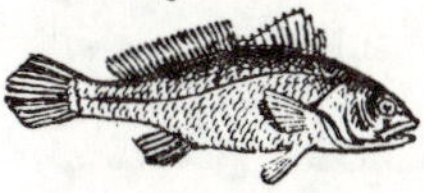

*لُوت : سَمَك — Meagre.
لاتَ حِينَ مَناصٍ — It is too late to escape.
○ لوتارِيَّة : يا نصيب — Lottery.
*لَوَّثَ . لاثَ : وسَّخ — To soil; besmear; dirty; make dirty.
— : لطَّخ — To stain; tarnish; sully.
لَوِثَ . إلْتَاثَ : أبطأ — To delay; linger.
إلتاثَ ٢ الامرُ : تعقَّد — To become confused or complicated.
لَوْثَة : لطخة — A stain; blot; spot.

○ لُوثَر . لوثيرُس : مصلح ديني شهير ← Luther (Martin)
○ لُوج : خلوة في ملهى — Box (in a theatre).
— ماسوني : محفل ماسوني — Lodge.
*لَوَّحَ اليه : أشار (من بعيد) — To signal; make a signal to.
— وألاحَ بسيفه او عصاه — To brandish; wield, shake; flourish.
— و — بيده او بمنديله — To wave; beckon.
— الشيبُ رأسَه — To become hoary (head); his hair is partly whitened by age.
△ — الارضَ : غطاها بألواح الخشب — To plank a floor; board.
— الشيءَ بالنار — To scorch; parch.
— . لاحَ السفرُ فلاناً — To tan the skin of; make brown.
لاحَ ٢ . ألاحَ ٢ : بدا — To loom; dawn; come out; appear.
— . — البرقُ : أومض — To glint; flash.
— . — النجمُ : تلألأ — To shimmer; glimmer.
— الفجرُ والنهار — To peep; begin to appear.
— لي كذا — It dawned on me.

يلوحُ لي كذا — It seems to me that.

لَوْحُ خشبٍ — Plank; board.
— زجاج — Pane of glass
— اردواز (حجر) — ←Slate.
— سرير — Bed-board.
— معدني : صفيحة — Plate; sheet
— : عظم اللوح — Shoulder-blade; scapula.
— : الهواء بين السماء والارض — Atmosphere.
— . لوحة (للرسم او الكتابة) — Tablet.
— و — الاسم (على الباب) — Door-plate.

— الكتابة : △ بشتخته — ← Black-board.
لوحة ٢ الوان التصوير — ←Palette.

△ لاحة : شبه — Resemblance.
لائحة : مظهر — Appearance.
△ — : بيان — Programme; prospectus.
△ — : أمر حكومي — Regulation; rule.
△ لوائح الحكومة — Government regulations.
لياح : أبيض — White.
△ لياحة △ لاح : بيضة مذرة — Wind-egg.
تلويح باليد او بالسيف — Waving; brandishing.

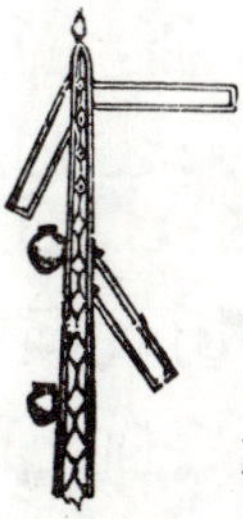

تلويحات : حواشٍ — Annotations; marginal notes.
مُلْتاح : متغيِّر لونُه من الشمس — Swarthy; tawny; sunburnt.
مُلَوِّحة : ○ سيمافور — Signal; ← semaphore.
○ لُوخِيا : السائل النفاسيّ — Lochia.
○ لَوْدَنُم : صبغة الأفيون — Laudanum; tincture of opium.
*لَوْذ . لِواذ — Taking refuge.
لاذَ بهِ : استتر . التجأ — To take refuge in.
— بهِ : اتّصل — To be related to.

Refugee.	لَاثِذ : مُلتَجِىءُ
Refuge; shelter.	مَلَاذ : ملجأ
Ingenious.	۞لوَذَعِيّ (في لذع)
Lord.	۰لُورْد : سيّد
To stuff dates with almonds.	۞لَوَّز التمْرَ : حَشاهُ باللوز
To boll; form bolls.	۸ — القُطْنُ : عقَدَ لَوْزًا
To escape from.	لَازَ منه : هَرَبَ
To repair, or have recourse, to; seek refuge with.	— اليهِ: التجأ بهِ
To resort to lies.	— الى الكذب (مثَلاً)
Almonds.	لَوْز : ثَمَرُ شَجَرة اللوز
Thin-shelled almonds.	— فَقْش
Cotton bolls.	— القُطْن : غُفَاز
Bollworm.	دودة الــ (لَوْز القُطْن)
Almond oil.	زَيت (دُهْن) الــ
Almond tree.	شَجَرة الـــ : لَوْزَة
An almond.	لَوْزَة : واحِدَة اللَّوْزِ
Tonsil; almond.	— الحَلْق : ۸ بِنْت الاذن
Tonsils; almonds.	اللوْزَتان . لَوْزَتا الحَلْق
Tonsillitis; tonsilitis.	التهاب اللوزتين البسيط
Quinsy; suppurative tonsillitis.	التهابُ اللوْزَتين التَقَيُّحي
Tonsillectomy.	استئصال اللوزتين
Almond-shaped; almond-like.	لَوْزِيّ : بِشَكلِ اللوْزة
Lemon verbena; herb Louisa.	۰لَوِيزا: فَرْفَحِين:نبات عِطْرِيّ
To taste; touch.	(لوس) لَاسَ : ذاقَ
To grasp; catch at.	۸ لَوَّشَ على : اِحْتَازَ
Barnacles; twitch.	لَوْءَاشَة البَيْطَار : زِيار
Peeping; peering.	۞ لَوْص : مُسارَقَة النَظَر
To peep; peer, as through a crevice.	لَاصَ. لَاوَصَ: لَمَحَ من ثَقْب
To pry; gaze at.	لَاوَصَ : نَظَرَ كأَنه يَروم أمْرًا
To deceive.	— : خَادَعَ
Wily; cunning; sly.	مُلَاوِص:مُتَمَلِّق . خَدّاع ۸ مُلَاوِع

Plastering.	۞لَوْط : مَلْط ۸ تَبِييض
Lot.	لُوط : إسم عَلَم
Sodomite; homosexual.	لُوطِيّ: مضَاجِع الذكور
Sodomy; homosexuality.	لِواطَة:مُضَاجَعَة الذكُور
Plaster.	لِيَاط : مِلَاط ۸ بَياض
To commit sodomy.	لَاطَ : ضَاجَعَ الذكُورَ
To stick to.	— بهِ: الصق
To plaster a wall.	— الحوضَ والحائطَ
Lotus.	۰لُوطَس:عَرائس النيل.بِشْنِين
To torment; torture.	۞لَوَّعَ: عذّبَ
To be smitten by love; be love-sick.	— ولَاعَ الحبُّ فلانًا:أَمرَضَه
To be impatient; lose patience.	لَاعَ ۲ : جَزِعَ
To become sick; fall ill.	— : مَرِضَ
To scorch; tan (one's face).	—تِ الشمسُ وَجْهَهُ
To be smitten; burn with love or anxiety.	إلْتَاع قلْبُهُ: احْتَرَقَ
Anguish; pain; torture.	لَوْعَة : حرْقة
Secondary areola.	— : لَسْموة الحَلَمَة
Love-sickness.	— الحبّ
Wily; cunning; sly.	۸ مُلَاوِع : مُلَاوِص
Lovesick; tortured by love; lovelorn.	مُلْتَاع . مُلَوَّع
Logarithm.	۰لُوغَارِثْما:عِلم الأنْسَاب (في الرياضة)
Loofa; vegetable sponge; Luffa Ægyptiaca.	۞لُوف : نَبات وثَمرُهُ
To eat, or masticate.	لَافَ : أكلَ او مضَغَ
To associate with.	۸ — عليهِ: إثتَلَفَ بهِ
To mix (food, etc.) with butter.	۞لَوَّقَ الطعامَ : اصْلَحه بالزُبْدَة
To butter; spread with butter.	— الخُبْزَةَ بالزُبْدَة
To soften.	لَاقَ : لَيَّنَ
Luke.	لُوقَا : إسم رَجُل
Spatula.	مِلْوَق الصَيْدَلي

A convict; jail bird. لُومَانجي : مُعْتاد الإجْرام
To variegate; diversify with different colours. *لَوَّنَ : جعله ذا ألوان
To colour; tint; tinge; paint. — : صَبَغَ
To colour; be coloured; be variegated. تَلَوَّنَ : صار ذا لَوْن
To change colour. — : تبدَّل لونه
To be variegated; have different colours. — : إختلفت ألوانه
To prevaricate; make evasive or misleading statement. — في أقواله أو كلامه
Colour; hue; tint. لَوْن
Kind; species; colour. — : نوع . صنف
Dish. — طعام : صنف منه
Complexion. — بشرة الانسان
Colour; paint; dye. — : صباغ
Light colour. — فاتح
Gay, *or* bright, colour. — زاهٍ
Deep colour. — قاتم △— غامِق
Dark colour; sad colour. — قاتِم (مُعْتم)
Colourless. بلا — . لا — له
Hue. صِنْفُ اللوْن
Odds and ends. △اشكال ألوان
Chromatic. لونيّ : مختصّ بالالوان
Colour blindness. العمى الـ
Tint; hue. لُوَيْن : لَوْن خفيف
Colouring; dyeing. تَلْوِين
Coloured; many-coloured; kaleidoscopic. مُلَوَّن . مُتَلَوِّن [1]
In colours. — : بالالوان
Tinted water. ماء — : فيه لون
Changeful; changeable; mutable; inconstant. مُتلوِّن ٢ : مُتَقَلِّب
Changeable in colour. — : يتغيَّر لونه باختلاف حالة النور
Shot silk; changeable silk. حرير — .

Housekeeper. △لونجيّة : مُدِيرة المنزل
Lavender. ○لونْدَه : خُزامى
Lavender water. ماء الـ
To defer the payment of a debt. (لوو) لَوَى فلاناً دَيْنَه : مَطَلَه

Wry-mouthed. △مَلْوُوقُ الفم : مَلْقُوّ
Mastication; munching; chewing. *لَوْك : مَضْغ
To mumble; munch; masticate. لَاكَ : مَضَغَ
Hotel. ○لُوكَانْدَه ○لُوكَنْدَة : فُنْدُق . نُزُل
Restaurant; eating house. — أكل : مَطْعَم
Had it not been for; were it not for. *لَوْلا
Screw. *لَوْلَب : △بُرْغِي
Spring. — : زُنْبُرك

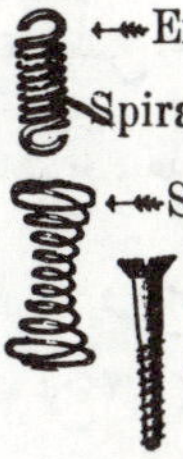

Extension spring. — مَطّاط
Spiral. لَوْلَبِيّ
Spiral spring. زُنْبُرك — : △سُسْتَه
Screw (nail). مِسْمار — .
Wrench. لَوْلَبِيَّة : ليّ . التِواء
Intensity of the wrench. شِدَّة الـ . (في الطبيعة)
A pearl. *لُؤْلُؤَة (في لألأ)
To reprove; reprimand; take to task; admonish. *لَوَمَ : لامَ كثيراً
To blame; reproach; attribute blame to. لَامَ . ألَامَ
To be blamed. إلتامَ △إنْلامَ
To blame one another. تَلاوَمُوا
To deserve blame. إسْتَلامَ : استحقّ اللوم
Blame; censure; admonition. لَوْم . لائمة . مَلام . مَلامَة
Meanness; sordidness. لُؤْم (في لأم)
Censorious; censurer; blamer; admonisher. لُومَة . لَوّام . لائِم
Reprehension; reprimand. تَلْوِيم : شِدّة اللوم
Blamable; blameful; blameworthy; deserving blame. مَلُوم . مُلِيم : يستحقّ اللوم
Blameworthy; at fault. — : مُخْطِئ
Hyoid. لاميّ : بشكل قوس
Hyoid bone; tongue bone. العَظْم الـ
Penal servitude (convict) prison. △لُومَان : سِجْن الأشغال الشاقة

To be crooked. لَوِيَ : اعوجَّ (راجع لوي)

To gripe (one's stomach); suffer griping pain. ـــتِ المعدةُ: كان بها ألم

To writhe; twist. ـــتِ الحيَّة : انطوت

To wave the hand. ألْوَى بيدِهِ : اشار

To depart, *or* go away, with. — بهِ : ذهب

To hoist a flag. — اللواء : رفعه

To be bent, crooked. تلوَّى. التوى : اعوجَّ

To be intricate *or* complicated to a person. التوى ٢ عليهِ الامرُ : اعتاص

Standard; flag. لِواء : علَم

Brigade. △ — : قِسْم من الجيش

Major-general. △ — : رتبة عسكرية فوق ميرالاى

Brigadier. △ — مَحلّي

Brigadier-general. امير اللواء

Wryneck. ألوَّاء : ابو لُوَيّ س. طائر

Gripes. لَوًى : وجعٌ في المعدة

Curvature of the spine. — : اعوجاجُ الظهر

Levite. لاوِيّ : من سبط لاوي

Levitical. — : مختص باللاويين

Leviticus. سِفْر اللاويّين

Melon. △ عَبْد اللاوي

To twist a rope. *لَوَى الحبلَ : فتلهُ (راجع لوو)

To twist; contort. — : عوّج . برم

To bend; turn; incline. — : عطف

To conceal *or* hide from. — امره عني : أخفاه

To sprain; wrench. △ — يدهُ : وثأها

To twist; complicate; make intricate. لَوَّى : عوَّص . عقَّد

To wag its tail. — ذيلهُ : رعَّصه

To twist; bend. ـــ . ألْوَى : عوَّج

To be twisted, bent. تَلَوَّى . التوى (١)

To writhe (with pain). — : تضوَّر

To coil. — الثعبانُ : استدار

To wriggle; writhe; squirm. ـــتِ الحيَّة او الدودة : ترعَّصت

To be intricate *or* complicated to a person. التوى ٢ عليهِ الامرُ

Twisting; torsion; bending. لَيّ △ لَوْي

The flexible tube of a hubble bubble. △ — الشِيشة : نبريج . نربيش س

A twist; a bend; a curve. لَيَّة : عوجة

Sheep's tail. △ لِيَّة الخروف : أَلْيَة

Twisting; torsion; bending; crookedness. التِواء : اعوجاج

Curvature of the spine. — الظهر : لَوًى

Wryneck. — العُنُق : قَصَر . اسم مرض

Perversity; crookedness. — : تَمَرُّد

Twisted; bent; crooked. مَلْوِيّ . مُلْتَوٍ

Cheville; peg. مِلْوَى العود والكمان

Capstan. △ مَلَوِينة : وَحوِيَّة △ أَرْغاط

Drumstick. مَلَوِينة ٢ الطبلة : زخمة

Winch; windlass. △ — : ونش

Tortuous; sinuous. مُلتوٍ : مُعوَّج

*لِيّ *لِيَّة (في لوى) *لِيَاء (في لي) * لياح (في لوح)

Fitness; propriety. *لياقة (في ليق)

Pound; *libra*; lb. ○لِيبْرا : رَطْل

Would that! *لَيْتَ . يا لَيْتَ

I would that I were young again. — الشباب يعود

Would to Heaven that it were so. — الامر كان كذلك

I would I could. ـــني كنت أقدر

Would (to) God I had died for you. ـــني متُّ لأجلك

Would that you could go. ـــك تقدر ان تذهب

Would that he were here. ـــه كان هنا

Lion. *لَيْث : اسد (انظر أسد)

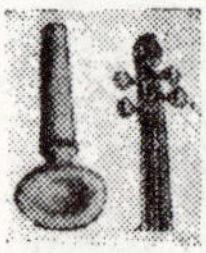

A pound; a sovereign. L. ○لِيرا : △ جُنَيْه
A napoleon. — افرنسيَّة او فرنساويَّة
To be courageous. *لَيِس : كانَ شُجاعاً
To plaster a wall. △ لَيَّسَ الحائطَ : جَصَّصَه
Not. لَيْسَ
Nowhere. — في مكان ما
Only. — إلا : فقط
Courageous. أَلْيَسُ : شُجاع
To rub with palm fibres, *or* with loofah (flesh-brush.) *لَيَّفَ : غَسَلَ بالليفة
Palm fibres. لِيفُ النَّخْلِ
A fibre. لِيفَة : خَيْط لِيفيّ
A cake of palm fibres. △ — : قطعة من لِيف النخل
Vegetable sponge; loofah; *lufah*. △ — الإستحمام : لُوفة
Fibrous. لِيفيّ . لِيفانيّ
Cirrhosis. تَلَيُّف (في الطب) : خَفَع
To soften; mollify. *لَيَّقَ : لَيَّنَ
To become; befit; suit; be suitable to; be worthy of; be proper for. لاقَ بِهِ : ناسَبَه
This is unbecoming, *or* improper, for you. هذا أمرٌ لا يليق بك
Silk threads in an inkstand. لِيقَةُ الدَواةِ
Putty. — : △ مَعْجُون (لِسدِّ الثقوب وتركيب الواح الزجاج)
Fitness; propriety; suitableness; suitability. لَيْق . لِياقَة : مُناسَبة
Good taste; tact. لِياقة ٢ : حُسْنُ الذوق
Suitable; fit; proper; seemly; appropriate; becoming. لائِق
Unseemly; unfit; unbecoming. غير —
Lichen; Iceland moss. ○لِيكَن : حَشِيشَة البَحْر
Night. *لَيْل : ضِدّ نَهار
Four o'clock plant; marvel of Peru. شُبُّ او نوّار او ورد الليل
A night. لَيْلَة : واحدة الليالي
An evening. — : مساء او سَهْرة
To-night. الليلة

Nocturnal. لَيْلِيّ : ضِدّ نَهارِيّ
Lilac. ○لَيْلَك : نبات وزَهْرُه
Second self; double. *لِيم : مَثِيلُ الشخصِ
Lymphatic. △ لِيمْفاوِيّ المزاج : بَلْغَمِيُّه
Lemur. ○لِيمُور : قِرْد مدغشقر

Citron; Spanish, *or* Italian, lemon. *لَيْمُون (أضاليا) : حامِض س
Lime. — بِنْزَهير : حامِض س
Sweet lemon. — حُلْو
Grape fruit. — هِنْدِيّ
Lime-juice. عَصِيرُ الـ .
Lemonade. شراب الـ . ليموناده
Salts of lemon. حامِض — . △ حِمْض الـ
To soften; make soft; mollify; make tender. *لَيَّنَ . أَلانَ
To relax the bowels. — . — البطنَ
To be *or* become soft, tender *or* flexible. لانَ : ضِدّ صَلُبَ
To be delicate *or* smooth. — : ضدّ خشن
To yield; give way. — : رضخ
To relent; soften in temper; become more mild and tender. —ت اخلاقه
To treat with lenity *or* kindness. لايَنَ : لاطف
Inflexible. لا يلين (حقيقياً ومجازياً)
Soft; tender; pliable. لَيِّن . لَيْن : ضِدّ قاسٍ
Flexible; supple; limp. — . — : مَرِن
Pliant; tractable; yielding. — . — : مِطْواع
Tractable; docile; manageable. — العَرِيكة
Softness; tenderness; flexibility; suppleness. لِين . لُيونة
Looseness of the bowels. — : إسْهالُ البَطْنِ
Lenity; gentleness of treatment; tenderness. — : تَساهُل . رِفْق
Softening. مُلَيِّن
Laxative; cathartic; aperient. — البَطْنِ
Land distant from water. (لي) لِيَاء . لَيَاء : أرض بعيدة عن الماءِ
Porbeagle; mackerel shark. لِيَاء : سَمَك

(م)

٭ مثبر (في أبر) ٭ مأبض (في ابض) ٭ مأبون (في ابن)
٭ مأتـم (اتم) ٭ مأثرة (في اثر) ٭ مأدبة (في ادب)
٭ مئذنة ٭ مأذنة (في اذن) ٭ مأرب (في أرب)
٭ مأزق (في ازق) ٭ مأساة (في أسو)
٭مَئِقَ الصبيُّ : نشج — To sob; blubber.
مُأْقٌ او مُوقُ العينِ : △مِيـق — Inner corner of the eye.
مَأْقة : نَشِيج — Sobbing; blubber.
٭مَأْمَأَ الخروفُ : ثغى — To bleat.
٭مأمون (في أمن) — Trustworthy.
٭مَأَنَ : موّنَ . امتار — To purvey; supply with provisions.
مَأْنة : السُرّة وما حولها من البطن — Umbilical region.
مُؤْنة . مَؤُونة : قُوت — Provisions; food.
٭مِئَة . مائة — One hundred.
خمسُ — رجل — Five hundred men.
في الـ — . — Per cent; in the hundred; %
مِئَوِيّ — Centenary.
٭مَا : ماذا (راجع ذا) — What? what thing?
— فَعَلَ — What has he done?
— دُمْتُ حيًّا — As long as I live.
— أجملَهُ — How beautiful he is!
— قرأتُ : لم أقرأ — I did not read.
جاء لأمرٍ — . — He came for a certain thing.
ما لَمْ — Unless.
أما رأيت إبني — Have you not seen my son?
٭ماء (في موأ) ٭ ماءَ (في موه) ٭ مائدة (في ميد)
٭مائع (في ميع) ٭ مات (في موت) ٭ مأتم (في اتم)
٭ماج (في موج) ٭ماجريات (في جري) ٭ماحك (في محك)
٭ماخور (في مخر) ٭ مادَ (في ميد) ٭ مادة (في مدد)
٭ماذا (في ذا) — What?
△مارْ : قِدّيس . وليّ — Saint.
٭مارس (في مرس) ٭ مارستان (في مرس)

○مارْش : لحن السَّيْر — March.
○ماركة : علامة . سِمَة — Mark.
— تجارية — Trade-mark.
— العاب القمار : ○فيشة — Chip; counter; token
○ماروني (في مرن) — Maronite.
○مازوت : زيت غشيم او وسخ — Heavy oil.
٭ مازور (في مزر) ٭ماس (في موس) ٭ماس (في ميس)
△ماسورة (في مسر) ○ماسون (في مسن) ٭ماش (موش)
△ماشك : ماشه ع . ملقطة النار — Tongs; pair of tongs.
△ماشولة : كبش — Pile-driver; steam-rammer.
٭ماصول (في مصل) ٭ماعون (في معن) ○ماكينه (في مكن)
٭مآل (في اول) ٭ مال (في مول) ٭ مال (في ميل)
٭ مالج (في ملج) — Trowel.
○مالِنخوليا . ماليخوليا : سوداء — Melancholy; melancholia.
مُصاب بالماليخوليا — Melancholic.
٭ مان (في مين ومون) ٭ مأن ٭ مأنة (في مأن)
○مانيزيا : مغنيسيا . اكسيد المغنيسيوم — Magnesia; oxide of magnesium.
كربونات المغنيسيا — Carbonate of magnesium.
مانيزيوم : مغنيسيوم — Magnesium.
مانيزي : مغنيزي — Megnesian.
٭ماهيّة (في موه) — Quiddity, *or* salary.
○مايو : ايار . الشهر الميلادى الخامس — May.
٭مباح (في بوح) ٭مباراة (في برى) ٭ مباشر (في بشر)
٭مبالٍ (في بلي وبول) ٭ مبتسر (في بسر) ٭ مبرد (في برد)
٭ مبلغ (في بلغ) ٭مبهم (في بهم) ٭متّ (في متت) ٭متاع
(في متع) ٭ متاولي (في ولي) ٭ متباين (في بين)
(متت) مَتَّ : مدّ — To stretch.
— اليه بِصِلة — To be related to.
٭متحف (في تحف) — Museum.
○مِتر : مقياس طولي معروف — Meter; metre.
مِتريّ : منسوب الى المتر — Metrical; metric.
٭متراس (في ترس) — Rampart.
○مترونوم : مِسْرَع . الرقّاص الموسيقي — ←Metronome.

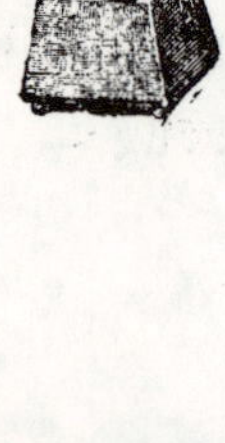

٭متساهل (في سهل) ٭متساوٍ (في سوى)
٭متّسع (في وسع) ٭ متّسق (في وسق)
٭متشائم (في شأم) ٭متشرّع (في شرع)

*متَضِع (في وضع) * متضلّع (في ضلع) * متطوع (طوع)

*متَع بالشيء: ذهبَ به؛ To carry, or take, away; depart, or run away, with.

مَتَّعَ. أمتَعَ: جعلَه يتمتَّع To cause to enjoy.

— : أطالَ To prolong; extend.

— ه الله: اطالَ عمره May God grant him a long life.

— ه الله بكذا... May God grant him the enjoyment of...

تمتَّعَ. استمتَعَ بهِ To enjoy.

مُتْعَة. تمتُّع. إستمتاع Enjoyment.

زواج الـ — Morganatic marriage.

مَتاع والجمع (أمتِعَة) Effects; goods; chattels.

— وامتِعَة البيت Furniture.

— وامتعة المسافر Luggage; baggage.

سَقَط المتاعِ Trash; rubbish; lumber.

*متعصِّب (في عصب) * متفاوت (في فوت)

*متَّقِد (في وقد) * متكأ (في وكأ) * متلَه (في تله)

*متُنَ: كانَ متيناً To be firm, strong or solid.

مَتَّنَ له (في اللعبِ اوالمباراة): △ باعَ To handicap; assign a handicap to.

— : صيَّرَه متيناً To strengthen; fortify; make firm.

مَتْن: ظَهر Back.

— الطريق Middle, or camber, of a road.

— الكتاب Text of a book.

— . متِين: ثابت. قوي Solid; strong; firm.

متين٢: يتحمَّل △ ضيان Hard-wearing; solid.

تمتِين في الألعاب والمسابقات: △ بَيْع Handicap.

مَتانَة Solidity; strength; firmness.

*متناهٍ (في نهى) * متناوب (في نوب) * مُتَّهَم (في وهم)

*مُتَهوِّر (في هور) * متواتِر (في وتر) * متوازٍ (في وزى)

*متوالٍ * متوالي (في ولي) * متوانٍ (في ونى)

*متُوشالح: اسم رجُل طويل العمر Methuselah.

*متى When? at what time?

— : لما. حينما When; at the time when.

ه متَّى: عَطِيَّة. اِسم رجُل Matthew.

*مِتْياح (في تيح) * متيقظ (في يقظ) * مثابة (في ثوب)

*مَثَّات: دِهان للشعْر او الوَجْه Cosmetic.

*مثانة (في متن) * مُثْرٍ (في ثرو) * مثقال (ثقل)

*مَثَلَ. ماثَلَ(١): شابَه To resemble; look like.

— : ظَهَر To appear; come out.

— ومَثُلَ وتمثَّل بين يديه(١) To appear before; present oneself before.

— مَثَّلَ(١). ماثَلَ٢ بهِ: شَبَّهَه به To compare to; liken to.

— . — به: نكَّل To make an example of.

— . — به: شوَّهه To mutilate.

— . — بجَسَدِه To mayhem; disfigure the body.

— . — التمثال: صنَعه To sculpture a statue.

تَمَثَّلَ٢ بهِ: تشبَّه To follow; copy; imitate; be like.

— الشيء (و — له الشيءُ) To imagine; fancy.

— بالشيء: ضَرَبَهُ مثلاً To give as an example.

مَثَّلَ٢ له: صوَّرَه له To represent; portray; depict.

— : نابَ عن To represent; stand in the place of; act the part of.

— : أعطى مَثَلاً To set an example.

— : ضَرَبَ مَثَلاً To exemplify; give an example.

— رِوايَةً To act; play; stage.

تَماثَلَ الشيئان: تشابها To resemble, or be similar to, one another.

— العليلُ من مَرَضِهِ To convalesce; recover.

إمْتَثَلَ: خضعَ To submit; yield submission to.

— : أطاعَ To obey; comply with; follow.

— : قَبِلَ. سلَّمَ To acquiesce in.

— الطريقَةَ: اتبعها To follow; copy after.

مِثْل. مَثَل: شِبْه Similar; equal; analogous.

— . — . كمِثْل: شَبِيه Similar to; like.

بالمِثْل: كذلك Likewise; also; too.

مِثلما: كما As; as well as.

وأمثاله And (such) the like; etc. (et cetera).

مُقابلة المِثْل بالمثل: ذَحْل. إنسار Retaliation.

مَثَلٌ : عِبْرَة — An example.
— : قَوْل ممثَّل بمضربه — Proverb.
— : قَوْل مأثور — Saying; maxim; adage.
— : تَشْبِيه . قِصَّة مجازية — Parable; allegory.
— أعلى : مِثال الكَمال — Ideal.
على رأي الـ — As the saying is....,
مَثَلاً — For example; for instance.
سِفْرُ الأمْثال — The Book of Proverbs.
الطريقة المُثْلَى — The ideal way.
مِثَال : عِبْرة — Example; exemplary punishment.
— بَيانيّ — Illustrative example.
— : شبه — Likeness; similitude.
— : مِقْدار — Quantity.
— : نَمُوذج — Model; type.
مِثالي : نَمُوذَجِي — Typical.
— : تَخَيُّلي — Idealist.
— : عِبْرِيّ . لِلعِبْرة — Exemplary.
المَذْهَب الـ (التصوُّري) — Idealism.
مَثَّال : صانِعُ التماثيل — Sculptor.

مَثَالَة : فَضْل — Distinction; superiority.
مَاثِلَة : △ نَجَفَة — Chandelier.
مَثِيل : شَبِيه — Similar; analogous; like.
— الشَّخص : لِبْس — Double; second self.
— : نَظِير — Equal; match.
— : فاضِل — Illustrious; distinguished.
لَيْسَ لهُ — . — Peerless; matchless.
مُثْلَوِيَّة . أمْثَلِيَّة — Idealism.
أمْثَل : أفضَل — The most distinguished.
رَجُل — وامرأة مُثْلَى — Ideal (man *or* woman).
أُمْثُولَة : مَثَل — Example *or* proverb.
— : دَرْس — Lesson.
إمْتِثال : طاعَة — Obedience; compliance.
عدم — . — Nonobedience; noncompliance.

تِمْثال : صُورَة — Image; likeness; picture.

— : صورة مُجَسَّمة — Statue.
— الحُرِّيَّة (في ميناء نيويورك) — Statue of Liberty.
— يُعبَد : صَنَم — Idol.
— مَنْحُوت — Graven image.
— راكِب — Equestrian statue.

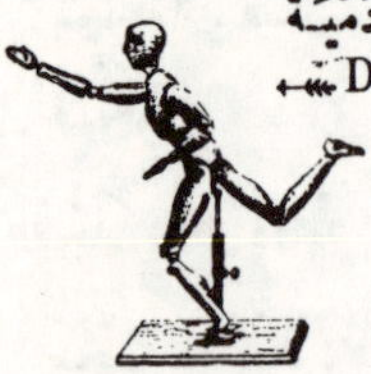

— لِعَرض أزياء الملابس عليه : دُمْيَة — Dummy; lay figure.
تَمْثِيل : ضَرْبُ الأمثال — Exemplifying; illustrating by examples.
— : تَشْخِيص (أو نيابة) — Representation.
— المسارِح — Acting; theatrical representation.
— رِواية هَمْلِت (مثلاً) — A representation of Hamlet
دار الـ — Theatre; opera house.
تَمْثِيلي : ○ تِياتْرِي — Theatrical; dramatic.
تَمَثُّلُ الطعام — Assimilation of food.
تَماثُل : تَشابُه — Similarity; resemblance; likeness.
— مِنَ المَرَض — Convalescence.
مُمَثِّل : نائِب — Representative.
— الروايات — Actor; player; stage player.
— سِينِمائي — Feature player; actor.
مُمَثِّلة — Actress.
مُماثِل : مُشابِه — Similar to; resembling; like.
— : مُقابِل — Analogous to; corresponding.
مُماثَلة : مُشابَهة — Similarity; resemblance; likeness.
— : مُقابَلة — Analogy; resemblance of relations.
مُمْتَثِل : طائِع — Obedient; yielding; submissive.
*مَثَن : التِهاب المَثانة — Cystitis; inflammation of the bladder.
مَثانة : كِيس البَوْل وغيره — Bladder.
*مَثْوَى (في ثوى) *مَجّ (في مجج) *مَجاز (في جوز)
*مَجال (في جول) * مَجاناً (في مجن) — Gratis.
*مَجَجَ الثمرُ : طاب — To mellow; ripen; become ripe.

مَجَّ الشيءَ : رماه من فمه — To spit; eject, or throw out, from the mouth.
— الشيءَ : رَمَى بهِ — To reject; discard.
مُجاج . مُجاجة[1] : رِيْق — Spittle; saliva.
— النَّحْل : شَهْد . عَسَل — Honey.
— المزْن (السحاب) : المطرُ — Rain.
— العِنَب : الخَمْر — Wine.
مُجاجة٢ : عُصارة — Juice, *or* nectar.
مَمْجُوج — Rejected; discarded.
*مَجُدَ : كانَ ذا مَجْد — To be glorious.
مَجَّدَ . أَمْجَدَ : عظَّمَ — To glorify; exalt; magnify.
— . — : أَثْنى على — To extol; praise highly.
تَمَجَّدَ — To be glorified, extolled, praised.
مَجْد : عِزّ — Glory; honour; distinction.
مَجِيد — Glorious; noble; excellent; splendid; illustrious.
مَجِيْدِي : عثماني — *Medjidi.*
رِيال — . — Medjidieh.
جِنيه — . — Gold Turkish pound.
ماجِد : ذو المجد — Noble; illustrious.
أَمْجَد — More glorious, illustrious *or* noble.
تَمْجِيد — Glorification; exultation.
*مجدار (في جدر) *مجدال (في جدل) *مَجْدود (في جدد)
*مجذاف (في جذف) — Oar.
*مَجِرَ : عطِشَ — To be, *or* feel, thirsty.
مَجَر : بِلادُ المَجَر — Hungary.
مَجَرِيّ — Hungarian.
*مُجْرِم (في جرم) *مَجَرَّة (في جرر) *مَجْرُور (في جرر)
(مجس) مَجُوس — Magi; magians.
مَجُوسِيّ : واحِد المجوس — Magus.
— : النسبة الى المجوس — Magian.
مَجوسيَّة : نِحْلة المجوس — Magianism.
*مَجْلة : نَفْطة △فَقْفُوقة — A blister.

*مَجَلَّة (في جلل) — Magazine; review.
*مَجْمَجَ في الكِتابةِ : △شَخْبَطَ — To scribble; scrawl.
— في كلامه : مَغْمَغ — To speak indistinctly.
مُمَجْمَج : غير مَقْروء — Illegible; indistinct.
*مَجَنَ . تَمَجَّنَ : مزَح وقلَّ حياءُ — To jest in a brazenfaced manner.
— : مَزَحَ — To jest; joke.
— : غَلُظ — To be gross, *or* coarse.
مُجُون : مِزاح — Jesting; joking.
— : مزاح سَمِج — Drollery; buffoonery.
مَجَّان . ماجِن : قليل الحياء — Impudent; shameless; brazenfaced.
— . — : مازِح — Jester; joker.
— . مَجَّانِيّ : بلا مُقابِل — Free; gratuitous; free of charge.
مَجَّانًا — Gratis; for nothing; free (of charge); freely; gratuitously.
*مجنون (في جنن) *مجهر (في جهر) *مجوب (في جوب)
*مجوس (في مجس) *مجون (في مجن) *محّ (في محح)
*محا (في محو) *محابٍ (في حبو) *محار (في حور)
*مُحال (في حول) *محامٍ (في حمي) *محتاج (في حوج)
*محتال (في حول) *مُحْتَدّ (في حدد) *مَحْتِد (في حتد)
*محتشم (في حشم) *محجر (في حجر) *محجة (في حجج)
(محح) مَحَّ : بالٍ — Worn-out; threadbare.
مُحّ : خالِص كل شيء — Cream; choicest part; quintessence.
— البَيْض — Yolk of egg; vitellus, (*pl.* vitelli.)
*محراب (في حرب) *محرمة (في حرم) *محسن (في حسن)
*مِحَسَّة (في حسس) — Curry-comb.
*مَحَّصَ . مَحَصَ : نقّى — To clarify; purify; rectify; make clear.
— : ابْتَلَى واختَبَر — To try; put to the test.
أَمْحَصَ . تَمَحَّصَ : ظهر بعد خفاء — To reappear; come out again.
تَمَحَّصَ٢ . انْمَحَصَ : تنقّى — To be clarified, purified, rectified.
مَحْص . تَمْحِيص — Clarifying; purifying; rectifying.
مُمَحِّص : مُدقِّق في أمور الدين . حنبلي — Puritan.

مَحِيْص : مَهْرَب (في حيص) — Avoidance; escape.

* محصول (في حصل) — Crop.

* مَحَضَ : كان خالصاً — To be pure.

مَحَضَ . أَمْحَضَ فلاناً النصحَ او الودَّ — To be sincere towards one (in advice, love, etc).

ـــهُ الثناء — To praise; lavish praises on.

مَحْض : خالِص . صَرِيْح — Pure; unmixed; mere; absolute.

— : صِرْف — Sheer; downright (folly, nonsense, lie, etc.).

عربيٌّ — . — A pure Arab.

أُمْحُوضَة : نَصِيْحة خالصة — A sincere advice or counsel.

* محضر (في حضر) * محطّة (في حطط) * محظور (في حظر)

* محظية (في حظي) * محفل (في حفل) * محفّة (في حفف)

* مَحَقَ : اهلكَ . ازال — To eradicate; destroy; annihilate.

— : محى . أبْطَل — To efface; expunge; erase; blot out.

— الشيء : ذهب ببركته — To deprive a thing of its beneficial qualities.

أَمْحَقَ المالُ : هلكَ — To be destroyed, or wasted.

— القمرُ — To wane; decrease (moon).

إنْمَحَقَ . إمَّحقَ . إمْتحقَ . تَمَحَّقَ — To perish; be destroyed.

مَحْق : إبادة — Destruction; annihilation.

مُحاقُ القمرِ — Waning (of the) moon.

(القمرُ) في الـــ — ... is on the wane.

* مَحَكَ . أمْحكَ . تَمَحَّكَ : شارَّ ونازَعَ في الكلامِ — To altercate; wrangle; cavil; quarrel; dispute angrily.

— . — . — : تمادى فى اللجاجة — To be insistent.

△ تمحّكَ ٢ : حاوَلَ . راوَغ — To prevaricate; quibble.

مَاحَكَ : خاصَمَ — To quarrel, or cavil, with.

مَحِكٌ . مَاحِك . مُمَاحِك — Disputatious; quarrelsome; caviller; wrangler; brawler.

مُمَاحَكة — Quarrel; altercation; dispute; cavil; unnecessary objection.

* محكّ (في حكك) * محكمة (في حكم)

* مَحِلَ . أَمْحَلَ المكانُ : أجدبَ — To be sterile or barren (land or year).

— به : سعى به وكادَ — To plot against.

أَمْحَلَ ٢ المطرُ : احتبسَ — To be withheld (rain).

— الارضَ : جعلها مَحِلة — To make sterile.

تمحّلَ الشيءَ : احْتال في طلبه — To seek cunningly.

— العُذْر — To make a pretext; contrive, or find, an excuse.

مَحْل : جَدْب — Sterility; barrenness.

— : قَحْط — Drought; aridity.

— : جُوْع شَدِيْد — Dearth; famine.

— : خَدِيعة — Cunning; deceit.

مَحَل (في حلل) — Place.

مَحَال (والمفرد) مَحالَة : بَكَرة — Pulley.

مَحالَة ٢ : △ صقالة — Scaffolding.

لا مَحالة : لابُدَّ ولا حِيْلة — Certainly; surely.

مَاحِل . مُمْحِل — Sterile; barren.

* مَحَنَ . امْتحنَ : جرَّبَ واخْتبرَ — To try; examine; test; prove.

— . — : ابتلى واخْتبرَ — To try; put to the test; subject to severe trial.

مِحْنة : تَجْرِبة . بَلِيَّة — Tribulation; severe trial; affliction.

إمْتِحان : إخْتِبار . تَجْرِبة — Trial; test; experiment.

— : فَحْص — Examination.

مُمْتَحَن — Examined; tried; tested.

الـــ : المتقدِّم للإمْتِحان (للفَحْص) — Examinee.

مُمْتَحِن — Examiner; one who examines.

* مَحْو : طَمْس — Effacement; obliteration; erasure; rubbing out.

مَحا . مَحَى الكتابة — To erase, rub or scratch-out; strike out.

— . — : طَمَسَ . ازال الاثر — To efface; obliterate; expunge; blot out.

— . إمّحى . امْتحى . تمحّى — To be erased, effaced, obliterated, blotted out.

لايمحى (كالحِبْر مثلاً) : ثابت — Indelible.

عارٌ لا يُمحى — Indelible disgrace.

مِمْحاة △مَحَّاية : △مَسَّاحة — ←Eraser; rubber.

مَمْحُوٌّ . مَمْحِيٌّ — Erased; rubbed out; effaced; obliterated; blotted out.

*مِحْوَر (في حور) * محوّلة (في حول) * مُحَيَّا (في حي)

*مَحيص (في حيص) * محيط (في حوط) * مخّ (في مخخ)

*مخاض (في مخض) مخاضة (في خوض) △مخّاضة (في مخض)

*مختار (في خير) * مختال (في خيل) * مخترع (في خرع)

*مختصر (في خصر) * مختلّ (في خلل) * مختلٍ (في خلو)

*مَخَّخَ . إمْتَخَّ العظم : اخرج مخه — To suck the marrow from a bone.

مُخّ العظم : نخاع — Marrow of bones; medulla.

— : خالص كلّ شيء — Marrow; essence.

— : دماغ — Brain.

— (في التشريح) : مقدّم الدماغ — Cerebrum.

مُخَيْخ (في التشريح) — Cerebellum; the little brain.

مَخِيخ : فيه مُخّ — Marrowy; full of marrow.

عَظْمٌ — . — Marrow-bone.

*مخدع (في خدع) * مخدّة (في خدد)

*مَخَرَ : شقّ — To plough; shear; move, cut, *or* cleave, through.

— ت السفينةُ — To plough, *or* run through, water.

ماخِرة : سفينة — A ship.

مَاخُور : بيتُ الدعارة — Brothel; bawdy house; house of ill fame; whore shop.

*مَخْرَقَ : كذب — To speak falsely; fib; tell lies *or* a fib.

مَخَارِيق : △لعبة الطُرَّة — Knotted handkerchief.

*مخزن (في خزن) * مخصوص (في خصص) * مخصي (في خصى)

*مَخَضَ اللبنَ : استخرج زُبْدته — To churn milk *or* cream.

— الشيءَ : حرّكه بشدّة — To shake *or* agitate with violence.

— الرأيَ : قلّبه وتدبّر عواقبه — To revolve (turn over) in mind; ponder over.

مُخِضَتْ وتَمَخَّضَتِ الحاملُ — To suffer the pangs of childbirth; be parturient.

إمْتَخَضَ . وتمخّض ٣ الجنينُ : تحرّك في البطن — To quicken; move in the womb.

— و — اللبنُ — To be churned.

مَخَاض : طَلْق الولادة — Parturition; labour; childbirth.

مَاخِض : اخذها الطلْق — Parturient.

مَخِيض : △لبن الخضّ — Butter-milk.

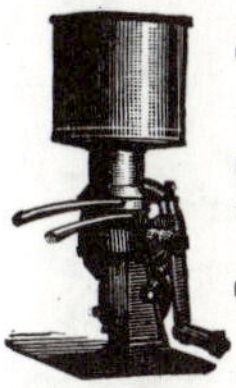

مِمْخَض اللبن △مَخَّاضة — Churn.

مِمْخَضَة: △فرّازة — ←Centrifugal separator.

*مخط . تمخّط : △نفّ — To blow the nose.

مَخَّط الولدَ : مسح أنفَه — To wipe another's nose.

مُخاط : ما يسيل من الانف — Mucus from nose; snot.

— الشيطان أو الشمس — Gossamer.

مخاطيّ — Mucous.

— القوام — Slimy; ropy.

غِشاء — . — Mucous membrane *or* tissue.

مادّة مخاطية — Mucus.

△مُخَيِّط : دبق لصيد العصافير — Birdlime.

*مُخْل : △عَتَلة — ←Lever.

— ذو دارك : △قَرْصة — ←Pinch bar; crowbar.

△مِخْلة . مِخْلاة : كيس — ←Bag.

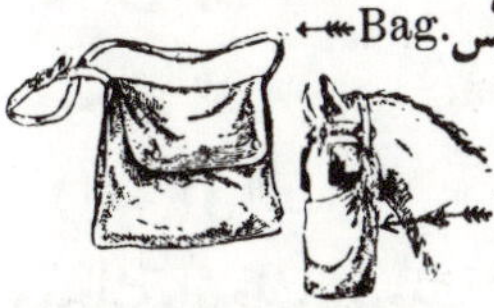

△— . — الدوابّ — ←Feed-bag; nosebag.

△مَخْمَضَ : مضمض — To rinse the mouth.

*مُخمل (في خمل) — Velvet.

△مَخْنجيّ : مولّف التبغ — Tobacco blender.

△مَخْوَلَ : خبّل وحيّر — To drive one out of his wits.

*مُخَيَّلة (في خيل) * مدّ (في مدد) * مداد (في مدد)

*مدار (في دور) * مَداس (في دوس)

٥مِدالية : نوط — ←Medal.

٥مِداليون : رصيعة (انظر مدليون) — Medallion.

*مُدام *مُدامة (في دوم) — Wine.

*مَدَحَ . مَدَّحَ . امْتَدَحَ — To praise; commend; laud; eulogize; extol.

تمدَّحَ : افتخر — To glory; boast in.

مَدْح . مَدِيْح — Praise; laudation; approbation; eulogy.

مَدْحِي . مَدِيحِيّ — Laudatory.

مَدِيْح . أُمْدُوحَة △ مَدِيحَة — A ballad; panegyric; an elaborate encomium.

مَادِحٌ : مُثْنٍ — Praiser; one who praises.

— . مَدَّاح — Ballad-singer; eulogist; panegyrist; encomiast.

مَمَادِح : عَكْس مَقَابِيح — Laudable traits; laudabilities.

*مدخنة (في دخن) — Chimney.

*مَدَّ . مَدَّدَ : بسَط — To extend; expand; spread; stretch.

— . — : أطَالَ — To prolong; lengthen; elongate; stretch out.

△ — . — . أَمَدَّ الجرحُ — To suppurate; generate pus.

أمدَّهُ ٢ بكذا — To provide with.

مدّ ٢ . امدّ ٢ : أعانَ — To assist; help; aid.

— . — : أمهلَ — To accord *or* grant a delay.

— . — الجُنْدَ — To reinforce an army.

— يدَهُ او عُنقَهُ — To stretch out *or* forth; extend; put forth (the neck).

— يدَ المساعدةِ — To lend a hand.

— رقبتَهُ (عنقه) — To crane one's neck.

— بَصَرَهُ — To stretch one's sight.

— اللهُ عُمْرَهُ — May God prolong his life.

— الارضَ : سمَّدَها — To manure land.

— مائدةً (سِماطاً) — To set, *or* spread, a table.

— النهرُ أو البحرُ — To flow; rise.

— القلمَ — To dip a pen in ink.

— جِذراً (في الارضِ) — To strike, *or* take, root.

— في المشي : مطا — To walk with long strides.

— خطاً حديدياً — To build a railway.

— طريقاً — To construct a road.

مَادَّ : ماطَلَ — To procrastinate; put off from day to day.

إمتدَّ . تمدَّدَ : انبسط — To be extended, expanded, stretched, etc.

— الى — To extend, *or* be extended, to.

تمدَّدَ ٢ : ضد تقلَّصَ — To dilate; expand; become expanded.

— بالإمتلاءِ من الداخلِ — To distend; be distended.

— : تمطّى △ تمَطَّعَ — To stretch oneself.

— : استلقى — To lie down; extend oneself.

إستمدَّ منه : تلقّى — To take, *or* receive, from; draw upon.

— فلاناً : طلب معونته — To ask another for help.

مَدّ : بَسْط — Extension; stretching; spreading.

— : إطالة — Extension; elongation.

— الأجَل — Prolongation.

— البحْر : خِلاف الجزْر — Flood tide; flux.

— كامِل — Spring tide.

— وجزْر — Ebb and flow; tide.

— الطرق — Construction of roads.

— . مَدَّة : علامة مدّ الهمزة — Sign of the prolongation of the *hamza*.

مُدّ : مكيال — A dry measure; half bushel.

△ مَدَّة ٢ النسيج : أَمِدَّة . سَداة — Warp.

مَدَد : نَجْدة — Reinforcement.

— : عون — Aid; help; succour.

مُدَّة (من الزمانِ) — Period; time; space of time; while.

— : أجَل . أمَد — Term; limited time.

— قصيرة — A short while.

في — كذا — During; within; in the time of.

لِـ — : الى حين — For a while.

مُضِيّ الـ — : مضيّ الوقت — Lapse of time.

مضيّ — : تقادُم — Prescription.

مِدَّة : قَيْح — Pus; discharge; matter; purulent matter.

مِداد : حِبر — Ink.

— : سَماد — Manure; fertiliser.

— : مِثال — Type; style; pattern.

مَدّاد . مادّ : سُطّاح . ما افترش من النباتِ — Trailing plant; trailer; reptant.

مَدِيد : طويل — Long; elongated; extended; prolonged.

عُمْر — . — Great age.

Matter; substance. مَادّة : هَيولَى

Material. — : ما يتركَّب منه الشيء

Element; ingredient. — : عُنْصر

Article; term. — : △بَنْد . نُبْذة

Article; condition; stipulation. — : شَرْط

Protoplasm. المادّة الحيويّة : جِبْلَة

Materials. مَوادّ : جمع مادّة

Elementary materials. — أوّليّة

Raw materials. — خامّ

Vocabulary of a language. — اللغة : ألفاظها

Articles of agreement. — الإتفاق (العَقْد)

Material; concrete; substantial. مادّي : ضِدّ مَعْنَويّ

Materialist. — : لا يؤمن بالروحيّات

Secular; temporal; worldly. — : دُنْيَوي

Philistine. — : لا يهتمّ بغير الماديّات

Materially. مادّيًّا

Helping; aiding; assisting. إمْداد : إعانة

Help; aid; succour. — : معونة

Reinforcement. — : نجدة

Warp. أمِدّة النَسيج : سَداة △مَدّة

Extent; spread; compass. إمْتِداد : مَدَى

Length. — : طُول

Longevity; long life. — العُمْر

Expansion; dilatation; distention; distension. تمدُّد : ضِدّ تَقلُّص

Extension; stretching out. — : انبساط

Dilatation of the pupil; mydriasis. — الحدقة

Expansibility; dilatability. قابليّة الـ.

Extended; stretched out; expanded; spread. مُمْتَدّ . مَمْدُود : مُنْبَسِط

Elongated; prolonged. — . — : مُسْتَطِيل

Extensive; large; wide. — : مُتَّسِع

Mud; slime; mould; loam. ٭مَدَر : طِين عَلِك

Towns and villages. — : حَضَر . المدن والقرى

٭مدرسة (في درس) ٭مِدرة (في دري)

٭مُدَّع (في دعو) ٭مدفع (في دفع)

Locket; medallion. ○ مَدَلْيُون : رصيعة

٭مِدْماك (في دمك) ٭ مُدْمِن (في د من)

To build, erect, plant or found cities. ٭مَدَّن المدائن : بناها

To civilize; refine; reclaim from a savage state. — : حضَّر

To be, or become, civilized. تَمَدَّن

Civilized; civil; urban; not barbarous. مَدَني : حَضَريّ

A townsman; citizen. — : من أهل المدن

Civilian. — : △ملكيّ . غير عسكري

Civil; civic. — : غير جنائي (في الحقوق)

Civil remedy. تعويض — .

Civil law. قانون — .

Civil action or suit. دعوى —

Civil claimant. مُدَّع بالحقّ الـ.

City; town. مَدِينة : بلدة كبيرة

Baghdad; Baġdâd. — السلام : بغداد

Medina. الـ (المقدسة) : يثرب

Civilization; refinement. مَدَنِيَّة . تمدُّن

Period. ٭ مدة (في مدة)

Medusa. ○ مَدُوسَة : سِعْلاة أساطير الإغريق

Extent; compass; range; scope; sweep. ٭مَدَى : مَجال

Distance; remoteness. — : بُعْد

Stretch; extent; expanse. — : مَسافَة

Uttermost end; limit. — : غاية . مُنْتَهى

Uttermost range of sight. — البَصَر

Range of one's authority. — السُلْطة

The range of one's voice. — الصَوْت

The extent of life; life-time. — العُمْر

Far-reaching results, effects, etc. بَعِيد المدى

Knife. مُدْية : سِكّين

Cutler. مَدَوِيّ : صَانِع أو بائع الآلات القاطعة

To respite; accord, or grant a delay to. مَادَى . أمْدَى : أمهَل

To continue; persevere in doing a thing. تَمادَى في الامر : دام على فعله

To go to extremes. — في الأمر : بلغ غايته

To go to a far extent. — : ذهب بعيداً

✽مديد (في مدد) ✽ مُدير (في دور) ✽ مدين (في دين)
✽مدينة (في مدن) ✽ مُذْ (في منذ) ✽ مذاق (في ذوق)
✽مَذِرَ وتَمَذَّرَ البيضُ : △مشّش — To be addled; become rotten (eggs).
مَذَّرَ : شَتَّتَ — To scatter; disperse.
مَذِرٌ . مَاذِرٌ — Addled; spoilt; rotten.
تفرّقوا شَذَرَ مَذَرَ — They were dispersed in every direction.
تَهشّمَ وتطايرت كِسْراته شَذَرَ مَذَرَ — To be smashed to smithereens.
✽مِذرى ✽ مِذراة (في ذرو) — Winnowing-fan.
✽مَذَقَ الشرابَ : مزَجه بالماء — To dilute; mix with water.
مَذْقٌ . مَذِيقٌ — Diluted; mixed with water; watery.
مَذَّاق . مُماذِق — Dissembler; dissimulator; insincere; hypocrite.
✽مذكّرة (في ذكر) — Memorandum.
✽مَذَلَ بِسِرِّهِ : باحَ بهِ — To reveal, *or* unbosom one's secret.
✽مذنب (في ذنب) ✽مذهب (في ذهب) ✽مِذْود (في ذود)
✽مرّ (في مرر) — Bitter; etc.
✽مَرَأَ . مَرُؤَ . مَرِئَ (مَرَاءَةً) الطعامُ — To be pleasant, savoury and wholesome.
مَرُؤَ[2] (مُرُوءَةً) : صَارَ ذا مُرُوءة — To be manly.
—(مَراءَةً) المكانُ : حَسُنَ هَواؤُهُ — To be salubrious, wholesome, *or* healthy.
إِسْتَمْرَأَ الطعامَ — To relish; enjoy; taste, *or* eat, with pleasure; find wholesome *or* savoury.
مَرْءٌ . أَمْرُؤٌ . إِمْرِئٌ : إِنْسَان — Man.
مَرْأَة . إِمْرَأَة (الجمع نِساء) — Woman, (*pl.* Women.)
إِمْرَأَة[2] : عَقِيلَة . زَوْجَة — Wife.
المَرْأَة المسلسلة (في الفَلَك) — Andromeda.
مُرُوءَة . مُرُوَّة : نَخْوَة — Manliness; courage; chivalry; bravery.
— . — : كَمَال الرُّجُولة — Manhood; virility.
مَرِيءٌ : مَجْرَى الطعام من الحلقوم الى المعدة — Esophagus; gullet.
هَنِيئًا مَرِيئًا — May it prove wholesome to you!

✽مُرَاءٍ (في رأى) ✽مُرابٍ (في ربو) ✽مراد (في رود)
✽مِراراً (في مرر) — Very often.
✽مَرَّاكُش : بلاد المغرب — Morocco.
✽مرام (في روم) ✽مِرآة (في رأى) ✽مُراهق (في رهق)

✽مرايا (في رأى) — ←Looking-glass.
✽مَرَتَ : مَلَّسَ — To smooth; make smooth.
△ — : مَرَّتَ . ليَّنَ — To soften (by rubbing).
✽مِرْتاب (في ريب) ✽مرتاح (في روح) ✽ مرتاع (في روع)
✽مرتبة (في رتب) — Category.
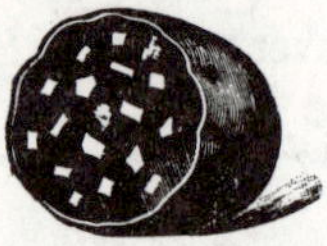
✽مُرْتَدِلّا : △سَلامة — ←Italian sausage; salame.
✽مرتك (في رتك) — Litharge.
✽مَرَثَ : مَصَّ — To suck; absorb; imbibe.
— : لَيَّنَ — To soften.
— : دَهَكَ ولَيَّنَ △مَرَّتَ — To mash; reduce to a soft pulpy state by beating *or* rubbing.
— الشيءَ في الماءِ : نَقَعَه فيهِ — To macerate; soften by steeping in a liquid.
✽مرثاة (في رثى) — Elegy; a mournful poem.
✽مَرِجَ الامرُ : اضْطَرَبَ — To be disturbed, *or* confused.
مَرَجَ الدّابةَ : ارسلَها لترْعى — To pasture; graze; send (cattle) to pasture.
مَرْج : مَرْعى — Pasture; grass land used for pasturing.
— : روضة — Meadow.
— مَرَج : إِضْطِراب — Disturbance; confusion; disorder.
هَرَج و — . — Hubbub; riot; tumult.
مَرجان : عُروق حُمْر تَنبت في قاع البحر — Coral.
— : صِغار اللؤلؤ — Seed pearls.

— : فِرِّيدي △. سمك — ←Braize; penfish; red porgy.
مَرْجاني : من المرْجان او متعلّق بهِ — Coralline.
✽ مرجع (في رجع) ✽مرجل (في رجل) ✽مرجيحة (في رجح)
✽مَرِحَ : اشتدّ فَرَحُه ونشاطُه واختالَ — To rejoice; exult; triumph; be jovial.
— المُهْرُ : طَفَرَ — To frisk; gambol; prance.

Joy; exultation; gaiety; mirth; hilarity. مَرَحٌ : شِدَّة الفرح

Merry; gay; lively; jolly; jovial. مَرِحٌ . مِرِّيح : طَرُوب

Bravo; well done! مَرْحَى : أَحْسَنْتَ . أَصَبْتَ

Latrine; water-closet. ✲مِرْحاض (في رحض)

To welcome a person. ✲مَرْحَبَ الرجل : رَحَّبَ بِهِ

Welcome! مَرْحَبًا (راجع رحب)

Stage of a journey. ✲مَرْحلة (في رحل)

To embrocate; moisten and rub (with spirit, oil, etc.); anoint; rub over with oil. ✲مَرَخَ . مَرَّخَ : دَلَكَ

To soften (dough). مَرَخَ ٢ . أَمْرَخَ العَجِينَ : أَكْثَرَ ماءه حتى رَقَّ

To rub, or anoint, oneself. تَمَرَّخَ : تَدَلَّكَ

Soft; softish; sloppy; semi-liquid. مَرِخٌ : لَيِّن △ مِرِق

Embrocation; liniment; unguent; ointment. مَرُوخ : دَلُوك

Mars. مِرِّيخ : سَيَّار أَحْمَر الضوء

To strip a branch of its leaves. ✲مَرَدَ الغُصْنَ : جَرَّدَهُ من الورق

To rebel; revolt (against. على) مَرُدَ . تَمَرَّدَ : عَتَى وعَصَى

To be a giant. — . — : جاوَزَ حدَّ أمثاله

To be arrogant, insolent, overbearing. تَمَرَّدَ ٢ : اسْتَكْبَرَ

Pole; sounding pole. مُرْدِيّ المَراكِب : △ مِدْرَة

Gaff; harpoon. — السَّمَّاك : حَرْبَته لصيد الحيتان

The neck. مَرَاد . مَرَّاد : عُنُق

Object, or desire. مُراد (في رود)

Giant. مَارِد : عِمْلاق

High; lofty; elevated. — : مُرْتَفِع . عالٍ

Rebellious; insubordinate; mutinous. — . مَرِيد : عاصٍ

Beardless. أَمْرَد : بلا لحية

Leafless tree. مَرْداء : شجرة لا ورق عليها

Rebellion; insubordination; insurrection; revolt. تَمَرُّد : عِصْيان

Mutiny. — (خُصُوصًا بين رجال البَحْرِية)

Pigeon-house; dovecot. تِمْراد : بُرْج الحَمام

Rebellious; mutinous; insurgent; insubordinate. مُتَمَرِّد : عاصٍ

Marjoram. ✲مَرْدَقُوش : مَرْزَنْجُوش △ بَرْدَقوش

To embitter; make bitter. ✲مَرَّرَ : جَعَلَه مُرًّا (وبمعنى نَغَّصَ)

To pass; go by; proceed. مَرَّ : فاتَ

To pass; go away; depart. — : ذَهَبَ

To elapse; pass; run out. — : انقضى

To pass over; cross. — : جازَ . قَطَعَ . عَبَرَ

To pass examination. — : جازَ (الامتحان)

To pass by. — بِهِ وعليه

To be, or become, bitter. — . أَمَرَّ : صارَ مُرًّا

To let, or allow to, pass. أَمَرَّ ٢ : جَعَلَه يَمُرّ

To pass. — : فَوَّتَ

To continue; last; go on. إِسْتَمَرَّ : دامَ . بَقِيَ

Rope. مِرّ : حَبْل

Passing; crossing; traversing. — . مُرُور : عُبُور

Progression; course; lapse or process of time. — و— الوقت او الأيام

Bitter. مُرّ : ضِدّ حُلْو

Bitter; painful; severe. — : مُؤْلِم . قارِس

Myrrh. — مَكَّة . — مَكّاوي

Bitter apple or cucumber; colocynth. — الصَّحارِي : حَنْظَل

Quassia. خَشَبُ الـ .

Gentian. العُشْبَة المُرَّة : ٥جِنْطِيانا

Once; one time; on one occasion only. مَرَّة

Once; for, or at, one time. مَرَّةً

Once more; over again. — أُخْرَى : أيضاً

Another time. — أُخْرَى (بعد هذه المرة)

Once for all. △ — وخَلاص

Never; not. △ بالـ : أبداً . قَطْعاً

△ بالـــ : ايضاً — Also; as well.

△ بالـــ : في ذاتِ الوقت — At the same time; meantime; meanwhile.

كم ـــ . — How often? How many times?

هذهِ الـــ . — This time; on this occasion.

مرّة بعد ـــ . — Once and again; time after time; repeatedly.

مرّتان — Twice; two times.

ثلاث مرّات — Thrice; three times.

مِراراً : مرّات عديدة — Often; several times.

ـــ : أحياناً — Sometimes; at times; now and then; occasionally.

ـــ وتكراراً — Repeatedly; more than once; again and again.

مرّار △ مُرّير : دَرْدَرِيّة — Star thistle.

مِرّة △ مرارة : صفراء — Gall; bile.

مرارة ٢ : الحوصلة المراريّة او الصفراويّة — Gall bladder.

ـــ : ضِدّ حلاوة — Bitterness; acerbity.

ـــ المُرّ — The gall of bitterness.

بمرارة : بحُرقة — Bitterly.

مُرور : عبور واجتياز — Passage; act of passing; transit from one place to another; crossing.

ـــ زمن : تملّك بوضع اليد مدة طويلة — Usucaption.

ـــ الوقت او الايام — Course, lapse *or* process, of time.

ـــ : اِجتياز — Transit; passage through *or* over.

△ ـــ : تفتيش — Inspection.

تذكرة ـــ . — Pass; safe-conduct.

حركة الـــ . — The traffic.

مرصد الـــ . (علم الفلك) — Transit instrument.

مرير . مريرة : عزم وشدّة — Firmness; vigour; robustness.

مريرة ٢ : حلقة في طرف حبل . — Loop.

مارّ — Passing; transient.

المارّ ذكره — Aforesaid; aforementioned.

أمرّ : اكثر مرارة — More bitter.

الأمرّان : الفقر والهرم — Poverty and decrepitude (of old age).

إستمرار : دوام — Continuation; continuance.

باستمرار : دواماً — Continually.

ـــ : بلا انقطاع △ على طول — At a stretch.

قوّة الـــ : القصور الذاتيّ (في الطبيعة) — Inertia.

مُستمِرّ : دائم — Continual; lasting; unceasing; incessant.

ـــ : غير منقطع — Unbroken; uninterrupted.

ممرّ — Passage; passageway; way; path.

☼ مَرَسَ : نقعه في الماء حتى يتحلّل — To macerate; steep in a liquid.

ـــ يده بالمنديل — To wipe.

مرست حِباله : ارتبكت اموره — To be complicated; entangled.

مارس الامر او العمل — To practise; exercise, *or* pursue, a profession.

تمرّس بالشيء : احتكّ به — To rub oneself with.

تمارسوا : تضاربوا — To fight; exchange blows.

△ ـــ : تفاوضوا — To treat with; negotiate.

مَرِس : مجرّب — Veteran; experienced; practised.

△ مَرْس (في الالعاب) — Double score.

مِرْسة (الجمع مَرَس وأمراس) : حبل غليظ — Cable; hawser.

مرسين : ريحان شاميّ — Myrtle-tree.

مِراس . مراسة : قوّة — Strength; vigour; stamina; staying-power.

سهل المراس — Tractable; easily managed; governable; docile.

صعب المراس — Ungovernable; unruly; refractory.

○ مارس : آذار . الشهر الميلادي الثالث — March.

○ ـــ : إله الحرب عند الرومان — Mars.

△ مارستان : مستشفى الامراض العقلية — Mental diseases hospital; lunatic asylum.

△ مَرِيسة : مِزْر — Barley wine; Sudanese beer; zythum.

△ مَرِيسيّ : رِيحُ الجَنُوب — South-wind.

مُمَارِس — Practised; experienced.

مُمَارَسة : مُزاوَلة — Practice; use.

△ — : مُفاوضة — Negotiation; treaty.

△ بالـ . (كالبيْع) — By private treaty.

بالـ : بالمزاولة — By practice; by use.

☆ مرسال (في رسل) ☆ مرساة (في رسو) ☆ مرسح (في رسح)

☆ مَرَشَ : خَدَشَ — To scratch.

☆ مَرْشال : فريق او مشير — Marshal.

☆ مَرِضَ : سَقِمَ — To fall ill; become ill or sick; be taken ill.

مَرَّضَ المريضَ — To nurse, *or* tend, a sick person.

— . أَمْرَضَ : صَيَّرَهُ مريضاً — To make ill; render sick.

تَمَرَّضَ : ضَعُفَ في أمرِهِ — To be weak *or* feeble.

تَمَارَضَ : أظهرَ انه مريض — To feign, *or* pretend, sickness.

— تخلُّصاً مِن واجب او عَمَل — To malinger.

مَرَضٌ : عِلَّة . داء — Disease; malady; illness; ailment.

— : إعْتِلال الصِّحَّة — Illness; sickness.

— بسيط : إنحراف المِزاج — Indisposition.

— مُسْتَوطِن — Endemic disease.

— مُعْدٍ — Infectious, contageous, *or* catching, disease.

— وبائي — Pestilence; epidemic disease.

فِرَاش الـ . — Sick bed.

عِلْم الامراض (وطبائعها) — Pathology.

عِلْم تَرتيب الأَمْراض — Nosology.

مَرْضِيّ (في رضي) — Satisfactory.

مَرَضِيّ — Morbid; relating to disease.

إجازة مَرَضِيَّة — Sick leave.

حالة مَرَضِيَّة — Morbid state *or* condition.

مَرِيض : عليل — Patient; a person under medical *or* surgical treatment.

— : مُعتَلّ الصحة — Ill; sick; indisposed.

— : مُصابٌ بمَرَض — Diseased; afflicted with disease.

— الحُبّ — Lovesick.

تَمَارُض : ادِّعاء المرض — Feigning *or* pretending illness.

الـ للتخلّص مِن واجب — Malingering.

مُمَرِّض : △ تُمَرْجي . مشارف — Dresser; ward; sick nurse; attendant.

مُمَرِّضة — (Sick) nurse; sister.

مِمْراض . متمرِّض : كثير المرض — Sickly; weakly; valetudinarian.

☆ مَرَطَ . مَرَّطَ : نَتَفَ — To pluck; pull out (hair, feathers etc.)

— . — الشَّعْرَ : أزالَه — To depilate; strip of hair.

تَمَرَّطَ الشَّعْرُ او الرِّيشُ : تساقط — To fall off.

مَرِيط . أَمْرَط : لا شَعْرَ عليه — Hairless; scanty haired.

△ مَرْطَبان : كَفْت — ←Jar.

☆ مَرَعَ بالدُّهْنِ : مَسَحَ — To anoint; rub over with oil.

△ — : افسد اخلاقه — To spoil; corrupt.

مَرْع : كَلأ — Pasturage.

مُرْعَة : شَحْم . دَسَم — Fat; grease; oil.

مَرعى (في رعي) — Pasture-land; pasturage.

مَرِيع : خَصِيب — Fat; fertile; productive.

☆ مَرَّغَ الشيءَ في التُّرابِ — To bedraggle; roll a thing in the dust.

— رأسَهُ : أشْبَعَهُ دُهناً — To soak with oil.

— . أَمْرَغَ عِرْضَه : دنّسه — To stain; tarnish; sully; pollute.

تَمَرَّغَ في الوَحْل او التراب — To wallow; roll; welter; (as in mire *or* dust).

— في الفِراشِ : تضوَّر — To roll about, tumble and toss, in bed.

— في الامر : تردد — To waver; falter.

○ مَرْغَرِين — Margarine; oleo-margarine.

☆ مرفأ (في رفأ) ☆ مرفع (في رفع) ☆ مرفق (في رفق)

○ مُرْفِين : مادّة مخدِّرة — Morphine; morphia.

☆ مَرَقَ منه : نفذ فيه — To penetrate; pass through; pierce; run through.

— من الدِّين — To renegade (in one's religion): become a turncoat or renegade; apostatize.

△ — : مَرَن : انطلق مُسْرِعاً — To dart; shoot rapidly along; fly *or* pass swiftly.

مرَّق: غنَّى — To sing.

△ — العجينَ: مرَّخه — To soften dough or paste by adding water to it.

△ — الرجُلَ: جعلهُ يمرّ — To make *another* pass.

△ مِرِق: مَرِخ — Soft; weak in consistency.

△ — : مُخنَّث — Soft; effeminate; maudlin.

مَرَق. مَرَقة: △ مسلوقة — Broth; thin soup.

— . — الطبخ: △ دمْعة — Gravy.

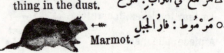

△ قارب الـ... ⟵ Gravy boat.

مارِق عن الدِين — Renegade; apostate; turncoat.

— : ضالّ — Devious; going astray; erring.

مُرُوق: ضلال — Deviation; straying.

— عن الدِين — Apostasy; renegation; renunciation of a religious faith.

*مرقاة (فى رقى) *مركبة (في ركب)

*مركز (فى ركز) — Centre.

○ مَرْكوني: مُخترِع اللاسلكيّ ⟵ Marconi (Guglielmo)

○ مَرْكِيز: لقب شرف — Marquis.

مَرْكِيزة — Marchioness; marquise.

خاتم مَرْكِيز ⟵ Marquise-ring.

*مَرْمَرَ: غضِب — To get angry.

△ — : مَرَّ. صار مُرًّا — To become bitter.

△ — عيشه: نغَّصه — To embitter.

تمرمر الرملُ: △ ماج واضطرب — To be agitated; undulate; move in or like waves.

— : تذمَّر — To grumble; murmur with discontent.

مرمر: نوع من الرخام — Alabaster; marble.

△ مَرْمَطَ: لوَّث — To bedraggle; draggle; soil; make dirty.

△ مَرْمَطون: مُساعِد الطبَّاخ — Scullion; scullery boy.

△ مَرْمَغَ في التراب: مرَّغ — To draggle; roll a thing in the dust.

○ مَرْموط: فأر الجبل ⟵ Marmot.

*مِرْمِيس: كركدّن. وحيد القرن ⟵ Rhinoceros.

*مَرَنَ: لانَ في صلابةٍ — To be elastic.

— على الشيءِ: اعتاده — To be used, or accustomed, to.

— : △ مَرَق. انطلق مُسْرِعاً — To dart, or shoot rapidly, along.

مرَّنَ على: درَّب — To train; drill; exercise; teach by practice.

— على: عوَّد على — To accustom; use; exercise

— جسده. تمرَّن: تريَّض بحركات مخصوصة — To take exercise; practise gymnastics.

تمرَّنَ على: تدرَّب — To practise; exercise oneself in.

— على: تعوَّد — To be used *or* accustomed to.

مَرِن: ليِّن. يلتوي — Flexible; supple; pliant; lithe.

— : لدن. يتمدَّد وينضغط — Elastic; springy.

صَمْغ مَرِن — Gum elastic; caoutchouc.

السوائل المرنة (كالهواء والبخار والغاز) — Elastic fluids.

مُرُونة. مَرانة — Elasticity; flexibility.

مارُونيّ △ مُورانيّ — Maronite.

△ مِيرُون: الزيتُ المقدَّس — Holy chrism.

مِران. تمرُّن. تمرين — Exercise; practice.

— . — جسديّ — Physical training.

— او — على عمل: تلمذة — Apprenticeship.

في (تحت) التمرين: تلميذ فى صناعة — Apprentice.

في (تحت) التمرين في مهنة — Probationer.

أدّى مُدّة التمرين — To serve apprenticeship.

مُمرَّن. مُتمرِّن — Practised; trained; used.

*مَرّة (فى مرر) *مرهم (فى رهم)

*مَرْو: حجر صوّان — Flint or granite.

*مُروءة (فى مرأ) * مرود (فى رود)

*مِرْوحة كهربائية (في روح) ⟵ Electric fan.

*مَرِيء (في مرأ) — Esophagus; gullet.

*مرى حقَّه: جحده — To deny a person his right.

ماري : جادل ونازع — To stickle; wrangle; dispute; argue.

إمترى في الأمر : شكّ — To doubt; suspect.

مِرية : شكّ — Doubt; suspicion.

— • مِراء : جدل — Dispute; arguing.

*مريخ (في مرخ) △مريسي (في مرس) *مريع (في روع)

*مَرْيَلة . مَريول (في ريل) — Bib.

*مريم : اسم امرأة — Mary; Miriam; Maria.

بخور — : آذان الأرنب . نبات — ←Cyclamen; sow bread.

*مريمية : نبات — Sage.

○مرينا : سمك كثعبان البحر — Lamprel; lamprey.

△مُرينة خشب — Beam of wood.

○مرينوس : نوع من غنم اسبانيا او صوفها — Merino.

*مريوق (في يرقان) *مريول (في رول) *مزّ (في مزز)

*مزاج (في مزج) *مزاد (في زيد) *مزبلة (في زبل)

*مزج : خلط — To mix; mingle; blend.

— الدواء : ركّبه — To compound; mix.

مازج : خالط — To mix with; be associated with.

△ — : لاطف — To humour a person.

إمتزج به — To be mixed, or blended, with.

مزج : خلط — Mixing; blending.

حساب الـ والخلط — Alligation.

مِزاج : ما أُسّس عليه البدن من الطبائع — Temperament; disposition.

— : بنية الجسم — Constitution.

— : △كيف — Disposition; humour; whim; mood; temper.

— دمويّ — Sanguine temperament.

— سوداوي — Melancholic temperament.

— صفراوي — Choleric (bilious) temperament.

— لمفاوي : بلغمي — Phlegmatic temperament.

مضطرب او معكّر الـ : △مقريف — Out of humour.

منحرف الـ : موعوك — Indisposed, out of sorts.

مَزيج : شيء ممزوج — A mixture; compound.

— : تركيب — A composition.

— : خليط — A mixture; medley; admixture.

— زئبقي — An amalgam; an alloy of mercury with another metal.

— كيماوي — A chemical composition.

— معدني — An alloy; a mixture of metals.

إمتزاج — Mixing; state of being mixed.

ممزوج . ممتزج — Mixed; blended.

*مزح : هزل — To joke; jest.

مازح : داعب — To joke, *or* jest, with.

مزح . مزاح . مزاحة — Joking; jesting; fun.

مزّاح . مازح — Joker; jester.

*مزدوج (في زوج) — Double; twofold.

*مزّز اللبن : حساه للذوق △مزمز — To taste; sip.

مِزْر : △مريسة — Barley wine; Sudanese beer; zythum.

مازور : صيّاد السمك — ←Kingfisher; halcyon.

*مزراب (في زرب) — Spout.

*مزراق (في زرق) — Lance.

△مزربن (في زرب) — Sulky.

*مزّ (مزازة ومزوزة) (مزز) — To be acidulous.

— : مصّ — To sip; take a sip (*or* sips) of.

مزّ △مِزز : بين الحامض والحلو — Acidulous; tart.

*مزع : مشى سريعاً — To walk fast.

△ — : مزّق — To tear asunder.

مزّع القطن : نفشه بإصبعه — To tease; tear apart fibres of (cotton *or* wool).

△ — : مزّق — To tear to pieces; lacerate.

مزعة : قطعة — A piece; slice; shred.

العمود الأيمن

مَزّقَ : خَرَقَ . شَقَّ — To tear; rend; rip; lacerate.

مَزّقَ : خَرَّقَ — To tear to pieces; pull in pieces.

— شَمْلَم — To scatter; disperse.

— وِرْضَم — To slander; defame; traduce.

تَمَزَّقَ : تَخَرَّقَ — To be torn to pieces.

يُمَزِّق القَلْب — Heartrending.

مَزْقٌ : شَقٌّ — A tear; a rent.

— : تَمْزِيق — Tearing; rending.

مُزْقَة : عَنْدَليب . أبو هارُون — Nightingale.

مُمَزَّق — Torn; rent.

مَزْمَزَ الوَتِدَ والِيَن : حرّكه ليقلعه — To loosen; shake a peg, etc.

ه — : مَزَرَ . ذَاقَ — To taste; sip.

مَزْمُور (في زمر) — Psalm.

مُزْن : سَحاب ذو مَاء — Rain-clouds; nimbi (sing. Nimbus.)

حَبّ الـ مُزْنَة : بَرَدة — Hail-stone.

مُزْنَة٢ : مَطَرة بَرَد — Hailstorm; a shower of hail.

مِزْوَلة (في زول) مَزيد (في زيد)

مَزِيّة . مازِيَة : إمتياز . فَضْل — Advantage.

— . : فَضِيلة — Merit; excellence.

مسّ (في مسس) مَسْئُوليّة (في سأل) مَسَاء(في مسو)

مِسَاحة (في مسح) — Area, etc.,

مَسَاريقَى (في التشريح) — Mesentery.

مَسَاريقيّ — Mesenteric; mesaraic.

مَسَافة (في سوف) مَسَام(في سمم) مِسْبَحَة (في سبح)

مُسْتَأمِن (في أمن) مُسْتَأهِل (في أهل) مُسْتَاءٌ (في سوأ)

مُسْتَبِدّ (في بدد) مُسْتَبِيح (في بوح) مُسْتَحَدّ (في حدد)

مُسْتَحِيل(في حول) مُسْتَدِقّ(في دقق) مُسْتَراح (في روح)

مُسْتَشَار(في شور) مُسْتَشْفى (في شفى) مُسْتَطاع(في طوع)

مُسْتَعار (في عور) مُسْتَعِدّ (في عدد) مُسْتَعْمِرة (في عمر)

مُسْتَعْمِل (في عمل) مُسْتَقْبِل (في قبل) مُسْتَقِلّ (في قلل)

مُسْتَقيم (في قوم) مُسْتَلْقى (في لقى)

مُسْتُلَة : نِصْف بِرميل ه بِسْتة — A tub.

مُسْتَمِرّ (في مرر) مُسْتَنِد (في سند)

مستنقِع (في نقع) مستجِن (في جنن) مستوٍ (في سوى)

مستودَع(في ودع) مستوقَد (في وقد) مسجد (في سجد)

مَسَحَ . مسح : جفّف بالمسح — To wipe; clean, or dry, by rubbing.

— . : محا — To wipe, or rub, off; obliterate; erase.

— الحذاء وغيره : نظّفه — To clean; shine.

— لوح الخشب (بالفارة) — To plane a plank.

— بالزيت او الدهن — To anoint.

— المريض بالمسحة — To administer last rites; perform the rite of extreme unction.

— الارضَ : قاسها — To measure, or survey, land.

— الارض : غسلها — To wash the floor.

— رأسَه . مسحة٢ . مَاسَحَة٢ : تملّقه — To cajole; coax; wheedle.

تَمَسَّح بالماء : اغتسَل — To wash oneself.

مَسْح — Wiping; cleaning.

— بالدهن — Anointing.

— الأرض : قياسها — Land-survey.

— العُمْلَة بالإحتكاك — Abrasion of coins.

مِسْح٢ : نَسيج خَشِن — Sackcloth; haircloth.

مَسْحَة : أثر خفيف ظاهر — Trace; mark.

— المائت (راجع مسح) — Extreme unction.

— : شيء قليل — A touch of; smear; dash.

— عليه التهكّم مثلاً — With a touch of sarcasm.

مَسّاح الأراضي — Land-surveyor.

— الاحذية — Shoeblack; bootblack.

مِزْواة — الأراضي — Theodolite.

مِسَاحَة الأرض : جملة قياسها — Area; surface.

— الأراضي : قياسها — Land-survey.

— تَثْليثيّة — Trigonometrical survey.

— المسطّح — Superficies; superficial area.

ه — الخشب : سقاطة المِسْحَج — Wood shavings.

علم الـ : (اي قياس الخطوط والسطوح والأجسام) — Mensuration.

ه مَصْلَحة المَساحة — Survey Department.

ه مِسّاحَة : مِمْحاة (انظرها) — Rubber; eraser.

مَسِيح . مَمْسُوح ٢ بالدُهْن — Anointed.

— . السيّد المسيح — Christ; Messiah.

دِرهَمٌ — او مَمْسُوح ٢ — Abraded coin.

مَسِيحِيّ : نَصْرانِي — Christian.

الدين الـ . المسيحيّة — Christianity.

البِلاد المسيحيّة . المسيحية — Christendom; the Christian world.

تِمْساح افْرِيقية — Crocodile.

— اميركا — Alligator.

— في نجارة الابواب — Panel.

△ متمسّح الجِلْد : صَفِيقه — Thickskinned.

مِمْسَحَة الأرض — Mop.

— : قطيلة . خِرْقَة — Clout; cloth for cleaning.

— الأرْجُل (من ليف وغيره) — Door-mat.

— الأحذية : اداة من حديد لتنظيف الاحذية — Door-scraper.

مَمْسُوح ٣ : مَمْحُوّ — Wiped, *or* rubbed, off.

* مَسَخَ : حوّل الصورة الى غيرها — To metamorphose; transform; change into a different form.

— صُورَتَه : شوّهها — To disfigure; deform; deface.

— الطعام: اذهب طعمه — To render tasteless.

مَسْخ : قَلْبُ الصُورَة — Metamorphosis; transformation.

— : تَشْوِيه — Disfigurement; defacement.

— : انتقال روح الانسان الى حيوان يناسبه — Metempsychosis; transmigration of the soul into the body of a brute.

مِسْخ — Metamorphosed into an animal.

△ مُسْخَة : مُهَرِّج — Buffoon; clown.

مَسِيخ △ ماسِخ: لاطعم له — Tasteless; insipid; vapid.

— . مَمْسُوخ — Disfigured; deformed; defaced.

* مَسْخَرَة (في سخر) — Masquerade.

* مَسَّدَ الشيءَ وعليه : أمَرَّ يدهُ عليه — To rub with the hand.

— الجَسَد — To massage the body.

تَمْسِيد — Massage; rubbing.

(مسر) ماسُورَة △ مَسُورَة : أُنبوب — Pipe; tube.

— البُنْدُقِيَّة — Barrel; gun barrel.

* مَسَرَّة (في سرر) — Pleasure; delight.

(مسس) مَسَّ : لَمَسَ — To touch.

— : أصابَ — To befall; happen to.

— ت (الحاجة) الى : الجأت — To necessitate.

ماسَّ : لامَسَ — To touch; be in touch, *or* in contact, with.

تَمَاسَّ الشيئان — To be in contact with one another.

مَسّ . مَسِيس . مِسَاس . مُمَاسَّة — Touch; contact; act of touching, *or* state of being in touch.

— : جُنُون — Madness; frenzy; insanity.

عِند مَسِيس ٢ او مَسَاس ٢ الحاجة — When necessary.

مَسَّة : لَمْسَة — A touch.

ماس . الماسُ (في موس) — Diamond.

ماسّ : لامِس — Touching.

حاجة ماسّة — Pressing, *or* urgent, need.

مَسُوس : (ماءٌ) بين العذب والملح △ اسُوني — Brackish.

تَمَاسّ : مُلامَسة — Touching; contact; tangency.

— : △ ماس كهربي — Short circuit.

مُمَاس (في الهندسة) — Tangent.

مُمَاسِّي — Tangential.

مُمَاسَّة — Tangency; touching; contact.

مَمْسُوس : مَلْمُوس — Touched.

— : يُلْمَس . مَحْسُوس — Tangible; palpable.

— : مَجْنُون — Deranged; mad; insane.

* مِسْطَرَة * مِسْطَرِين (في سطر) * مِسْمَر (في سمر)

*مَسَّكَ : طَيَّبَ بالمِسْكِ — To perfume with musk.
Δ — : جعله يُمْسِك — To make one hold.
مَسَكَ . أَمْسَكَ الشيءَ وبهِ : قَبَضَه — To hold; grasp (with the hand); get, or take, hold of; seize.
— . — الكُرةَ والعصفورَ وكلَّ متحرِّك — To catch.
—ه و—ه وهو يسرق — To catch one stealing.
—ت و—ت النارُ بالخشبِ — The fire caught the woodwork.
—و— لِسانَه : صَمَتَ — To hold one's tongue.
Δ —و— البطنَ — To constipate.
— . — . تمسَّكَ . اسْتَمْسَكَ به(1) : تعلّق او تشبّث به — To cling, stick, adhere *or* hold fast, to.
— . — . — . — بهِ : حَفِظَه — To retain; keep; hold.
— الحِسابَ — To keep an account.
Δ — او قرص زهر النَّرْدِ : صَبَنَ الكِعابَ — To cog the dice.
Δ — يدَه : اقتصد . قرّط — To pinch; spare; skimp.
أَمْسَكَ ٢ واسْتَمْسَكَ ٣ عن — To abstain from; forbear; withhold; keep from.
—و— عن الطعام — To abstain from food.
—و— عن الضحك — To refrain from laughter.
— عن الكلام — To forbear; avoid speaking.
— الشيء على نفسهِ : حَبَسه — To retain; keep in possession.
— اللهُ الغيثَ — To withhold; retain; keep back (rain).
اسْتَمْسَكَ ٢ بوله : انْحَبَسَ — To be retained.
تماسَكَ الشيئانِ — To hold together; be joined; remain in union.
ما — : ما تمالكَ — He could not keep from.
مُسْك : قُوت . غِذاء — Sustenance.
مَسْك : قبض — Holding; grasping; catching.
— الدفاتر التجاريّة — Bookkeeping.
— الحسابات — Accountancy.
مِسْك : طِيب معروف — Musk.

غزال الـ — Musk deer.
قُنْدُس او نِمْس الـ — ↞Mink.

مُسُك : ما يُمْسِك الأبدانَ مِن طعام او شراب — Sustenance; nourishment.
Δ مِسْكة : رَوْث المواشي — Dung; droppings.
Δ — : جِلْدة الوقود — Casings.
مَسْكة : مِقْبَض — Handle.
مُسْكة . مُسُكة . مَساكة : بُخْل — Stinginess; avarice.
مُسُك . مُسُكة : بخيل — Grasping; closefisted; miser; niggardly.
مُسْكة ٢ : شديد التمسُّك بالشيء — Tenacious.
مِسْكيّ Δ مُسْكاتيّ (عِنَب) — Muscadine; muscat.
مُسْكان : عُرْبون — Earnest money; handsel.
مِسِّيك : بخيل — Tenacious; miser; stingy; closefisted; grasping.
— : لا ينضح — Water-tight; waterproof.
إمساك : بُخْل — Stinginess; avarice.
— النفس — Abstinence.
— : قَبْض الإمْعاء — Constipation.
تمسُّك — Adherence; sticking; grasping.
تماسُك — Tenacity; cohesiveness.
مُتَمَسِّك . مُتماسِك — Tenacious; holding fast.
— بحقّه — Tenacious of one's rights.
مُمْسِك : بخيل — Grasping; closefisted; miserly; niggardly.
مُمَسَّك — Musky; having an odour of musk; scented with musk.
صابون — . — Toilet soap.
○مُسْكوبيّ : رُوسيّ — Russian.
ريال — . — Rouble; ruble.

*مِسْكين (في سكن) * مسلّة * مسلول (في سلل)
Δ مسلي (في سلو) * مسم (في سمم) * مسمر (في سمر)
* مسمار (في سمر) * مسنّ (في سنن) * مسند (في سند)

(مسو) مَسَّى الرجلَ او Δ عليه — To wish a person a good evening.
مسّاكم اللهُ بالخير — Good evening to you!
أمْسَى : خِلاف أصبحَ — To enter into the evening.
— : صارَ — To be *or* become.

Evening; eve. مَسَاء : عَشِيَّة (او سَهْرَة)

Good evening ! — الخَيْر

Yesterday evening. — أمْس

*مسواك (في سوك) *مسورة (في مسر)

Masonic. ٥مَسُونِيّ ٥ماسُونِيّ : مَنْسُوب الى الماسُونيَّة

Freemason; mason. — . — : بَنَّاء حُرّ

Masonic lodge. مَحْفَل — .

←Masonic square. الكُوسُ الـ .

Freemasonry. الماسُونيَّة . الاخويَّة الماسُونية

*مسيح (في مسح) *مش (في مبشش) *مُشاحَّة (في شح)

*مشاع (في شيع) *مشاقة (في مشق) *مشبوه (في شبه)

*مشتاق (في شوق) *مشترك (في شرك) *مُشتَهٍ (في شهو)

To mix; blend. *مَشَجَ : خَلَطَ

Gamete. مَشِيج : جِسْم جِبِلِّي جِنْسِيّ ٥غميط

Microgamete. — صغير

Microgametocyte. الخليَّة المشيجيَّة الصغيرة

Gametophyte. الطور المشيجي

Gametocyte. الكِيسُ المشيجي

To perform the rite of extreme unction (to a dying person.) *مَشَحَ المريضَ (قبل الموت)

Extreme unction. مَشحَةُ المريضِ

To suck a bone. *مَشَّ . مَشَّ العَظْمَ : مَصَّ مُخَّهُ

To become addled or rotten (eggs.) △ — البَيْضُ : مَذِرَ

To macerate; soak; soften by steeping. مَشَّ ٣ : نَقَعَ في الماء △ بَشْبَشَ

Cheese whey. △ مِيش : ماء الجُبْن

Addled; rotten (eggs.) △ مُمَشَّش : مَاذِر

To comb, or dress, the hair. *مَشَطَ . مَشَّطَ الشَّعْرَ

To comb one's hair. إمْتَشَطَ . تَمَشَّطَ

←Comb. مُشْط التَّسْرِيح

Pecten. — النَّسَّاج او بعض الحشرات او الاصداف

Bridge of a violin, guitar etc. — الكَمَنْجة والعُود

←Instep. — الرِّجل : عَسِيبُ القَدَم

Tailpiece. — التذييل (في الطباعة)

مُشْطِيّ : بِشَكْل المُشْط

Pectinate; comb-like.

Hairdresser. مَاشِط : مُزَيِّن

مَشِيط . مَمْشُوط △ مُمَشَّط

Combed

Visiting lady's maid. ماشِطَة : △ بَلَّانَة

*مِشْظ . مشظة (راجع وشظ) : △ تِيبْلة

←Cotter pin.

To munch; chew with a crunching sound. *مَشَعَ : مضغ بصوت

To steal; carry off. — : اختلس

To tease, or card, cotton. — القُطْنَ : نَفَشَه

To comb hair, wool, cotton, etc. *مَشَقَ الشَّعْرَ وغيره : مَشَّطه

To stretch linen. — الكَتَّانَ : مَدَّه

To tear; shred. — : مَزَّقَ

To lash; whip; strike with a lash; strap. — . وأمْشَقَ بالسَّوْطِ : ضَرَبَ

To snatch; whip. إمْتَشَقَ : إخْتَطَفَ

To draw the sword. — السَّيْفَ : اسْتَلَّه

To be torn; be shredded. تَمَشَّقَ : تَمَزَّقَ

Red ochre; ruddle. مَشْق : مُغْرَة . تُراب أحْمَر

Model; pattern. — : مِثَال . قاعِدة

Slender; slim; lank. مِشْق . مُشَيِّق . مَمْشُوق القَوَامِ

Streamline. — . — : إنْسِيابِيّ

Refuse of hemp; oakum; stuffing. مُشْقَة . مُشَاقَة الكَتَّانِ

Spindle. △ مَشْقَبِيَّة : عَمُود . مِحْوَر

Spindle of a lathe. — المخرطة

*مِشْكاة (في شكو) *مُشْكلة (في شكل) *مُشْمَئِز (في شمز)

*مِشْلَوْز : مشمش لوزيّ النوى (حمويّ)

Sweet-kernelled apricots.

←Apricots. *مِشْمِش

Sweet-kernelled apricots. — لَوْزِيّ او حَمَوِيّ

Bitter-kernelled apricots. — كِلابِي

To-morrow come never; when the pigs begin to fly. △ بُكْرة في الـ .

An apricot (or apricot tree.) مِشْمِشَة

*مُشْمُلا . مَشْمِلَّا — Medlar (*or* medlar tree).
△مِشْنَة (في شنن) — Basket; pannier.
*مَشْو : دَواء مُسْهِل — A purgative; laxative; cathartic.
أَمْشَاهُ الدواءُ : اطلقَ بَطْنَه — To relax, *or* open, the bowels.
△مِشْوار *مشورة (في شور) *مَشْؤُوم (في شأم)
*مَشَى . تَمَشَّى : سارَ على رِجْلَيهِ — To walk; go, *or* move, on foot.
— بَطْنُه — To have diarrhœa; to move (one's bowels).
تَمَشَّى : تَريَّض ماشياً — To take a walk.
— مع كذا : جَارَى . سَايَرَ — To keep pace with; go along with.
مَشَّى . أَمْشَى — To make *another* walk; cause to walk.
△ — . — البَطْنَ — To relax, move, *or* open the bowels.
مَاشَاهُ : سَايَرَهُ — To go on, *or* keep pace, with.
مَشْي : مسافة السير — Walk; place *or* distance walked over.
— : السَيْر على الاقدام — Walking.
مِشْيَة : هَيْئَة المَشْي — Walk; manner of walking; gait; step.
مَشِيَّة : مَشِيئَة (راجع شيأ) — Will; desire.
مَاشٍ : راجِل — Pedestrian; walker.
— : على رِجْلَيهِ — Walking; on foot.
— : خِلاف الخَيَّال △بِيادَه — Infantry-man; foot soldier.
المشاة : خلاف الخَيَّالة (من الجيش) — The infantry.
مَاشِيَة (والجمع مَوَاشٍ) — Cattle; live stock.
△مَشَّايَة : نَخّ . بِساط طَويل — A long narrow carpet.

△ — الاطفال : حَال — Baby walker; ⟵ gocart.
△ — . مَمْشَى : طَرِيق المَشْي — Foot-path.
△ — △ — : دِهْلِيز — Corridor; passage.
*مَشِيئة (في شيأ) *مُشِير (في شور) * مشيمة (في شيم)
*مصّ (في مصص) *مصاغ (في صوغ) *مصباح (في صبح)
*مصح (في صحح) * مصدر *مصدور (في صدر)

*مَصَّرُوا المكانَ : سَكَنُوه — To colonize a place; establish, found *or* plant a country.
تَمَصَّرَ المكانُ : صار مِصْراً — To become a populated country.
△ — : صار مِصْرِياً — To become Egyptian.
مُصِرّ (في صرر) — Persistent.
مِصْر . مَاصِر : حَدّ — Boundary; limit.
— : مدينة — City; town; metropolis.
— : مكان معمور — Populated country.
— : الدولة المصرية — Egypt; Misr.
— : عاصِمَة مِصْر . القاهرة — Cairo.
مِصْرِيّ : مَنْسُوب الى مِصْر — Egyptian.
— : قاهري . ابنُ القاهرة — Cairene.

المِصْرَان : الكوفة والبصرة — Kufa and Bassra (Bassora).
مُصْرَان . مَصِير(١) (والجمع مصارين) : مِعًى — Intestine.
— . مصارين ٢ (والمفرد مَصِير) — ↑ Intestines; bowels; guts.
مَصِير ٣ (في صير) — End; destination.
مَصَارِي : نقود △فلوس — Money.
تَمْصِيرُ البُلدان — Planting of countries.
(مصص) مَصَّ . امْتَصَّ : تَشَرَّبَ — To absorb; suck; imbibe; soak up.
— . — الثَدْيَ — To suck the breast.
— و — دَمَه — To suck the blood of.
— و — البرتقالة — To suck an orange.
— و — الهواء — To suck in air.
— . — . تَمَصَّصَ : رَشَفَ — To sip; drink in small quantities.
الاسفنج يمتصّ الماء — A sponge soaks up water.
مَصّ . إمتِصَاص : تَشَرُّب — Absorption; suction.
— : رَشْف — Sipping.
— : رَضْع او شَفْط — Sucking.
مَصَّة : رَشْفَة — A sip.
مَصَّاص : حَجَّام — Cupper; one professionally engaged in cupping.
— : يمتصّ السوائل — Absorbent.

مَصْلِيَّة : مائِيَّة — Serosity.

ماصُول : مِزْمار كبير — ←Clarionet.

*مُصَلٍّ (في صلو) *مصْلِح *مصلحة (في صلح)

Δمُصْلَطِح : مفرطَح — Flat; shallow.

*مُصَلَّى (في صلو) — Oratory, *or* chapel.

*مَصْمَصَ : لَحِسَ — To lick.

— : مَضْمَضَ — To rinse the mouth.

Δ — العظمَ : مَصَّ مُخاعه . مَشَّهُ — To suck a bone.

Δ — العظمَ : أقفره . أكل ما عليه — To pick a bone.

*مصنع (في صنع) *مصيبة (في صوب) *مصيدة (في صيد)

*مصير (في صير) *مَضّ (في مضض) *مضارب (في ضرب)

*مضارع (في ضرع) *مضاف (في ضيف) *مضجع (في ضجع)

*مِضَخَّة (في ضخخ) — Pump.

*مَضِرَ : حَمُضَ — To become sour; acidify.

مَضِرٌ . ماضِر — Sour; acidulated.

*مُضِير (في ضرر) — Injurious; harmful.

*مَضَضٌ : أَلَم — Pain; torture; affliction.

— : كُرْهٌ — Reluctance; aversion.

— : لَبَن حامِض — Sour milk.

على — . — **Reluctantly; unwillingly; aversely; with reluctance.**

مَضٌّ : أليم — Painful.

مُضاض : ماء شديد الملوحة — Brine; water strongly impregnated with salt.

مَضَّ . أمَضَّ : آلَمَ — To pain; hurt; afflict.

— من الشيء : تألَّم — To suffer from.

*مضطجع (في ضجع) * مضطَرّ (في ضرر)

* مضطرِب (في ضرب) * مضطهد (في ضهد)

*مَضَغَ : لاكَ — To chew; masticate.

Δ — الكلامَ — To mumble; mutter; slur.

مَضْغ : لَوْك — Chewing; mastication.

مُضْغة . مُضاغة : ما يُمضَغ — Chewing gum; anything chewed.

— : لُقْمة — Morsel; a bite of food.

— طيِّبة — Titbit; choice morsel.

*مِضْمار *مُضْمَر (في ضمر)

— . الوَطْواط المصَّاص — Vampire; bloodsucking bat.

— الدماءِ : مُبتزّ الأموال — Bloodsucker; extortioner; vampire.

مُصَّان : قَصَبُ المَصّ — Sugar-cane.

مُصاصة : ما يُمَصّ — What can be sucked.

— القَصَبِ : ما يبقى منه بعد عَصْره او مَصّه — Trash; sugar-cane refuse.

Δمَصَّاصة : بُومة صغيرة — Owlet, *or* barn owl.

مَصِيص : نَدِيّ — Humid; damp.

Δمَصِّيص : تُراب لبَياض الجُدْران — Plaster of Paris.

خيط — : مِيقاط Δدُوبارة — Twine; string; pack-thread.

إمتِصاص : تَشَرُّب — Absorption; suction.

— الدماءِ — Vampirism.

مِمَصّ : أنبُوبة المَصّ — Sucking tube *or* pipe.

— : ○سِيفُون — ←Syphon.

مَمْصُوص (اسم المفعول من مَصّ) — Sucked.

— : مَهْزُول — Emaciated; thin; skinny.

مُمتَصّ — Absorbent; absorbing; sucking.

*مَصْطَبة (في صطب) *مُصْطَفى (في صفو)

*مُصْطَكا . مُصْطَكَى — Mastic.

شجرة الــ . — Lentisk; mastic tree.

*مَصَلَ اللبنُ — **To curdle; separate into curds and whey.**

— اللبنَ : صَفّاه — To strain milk.

— الحليبَ : فصلَ ماءَه عن خُثارته — To separate curd from whey.

مَصْلُ اللبنِ — Whey; serum, *or* watery part, of milk.

— الدمِ — Blood serum; plasma.

مَصْلِيّ : مائي — Serous.

To rinse the mouth with water. ☆مَضْمَضَ الماءَ في فمِهِ

To rinse a garment in water. — الثوبَ : غسله △ شطفه

Exhausted; worn out. ☆مُضْنًى (في ضنى)

To go; go away; depart. ☆مَضَى : ذهَبَ

To pass; be past; be over. — : فاتَ . انتهى

To expire; run out; come to an end; be expired. — : انقضى

To depart; expire. — سَبيلَه او لسبيلِه : ماتَ

To be out of date *or* season — وقته او أوانه

To execute; perform; carry out; accomplish. — على الامرِ . أمْضاهُ : أتمّه

To confirm; ratify; sanction (a transaction). — على البيعِ . امضاه : اجازَهُ

To sign. (a message, etc.) △ — . أَمْضَى [2] الصكّ اوالرِسالة (بتوقيعها)

To be sharp. — (مضاء) السيفُ : كانَ ماضياً

Formerly; heretofore. فيما (في ما) مَضَى

Going; departure. مُضِيّ . مُضُوّ : ذهاب

Passing; lapse. — . — : فَوات

Lapse of time. — الوقْتِ او المدّة

Sharpness; keenness. مَضَاء : حِدّة

Sharp; keen; acute. مَاضٍ : حادّ

Going; departing; bygone. — : ذاهِب

Last; previous. — : سالِف . سابق

The past; preterite. الزمن الماضي (في النحو)

The last, *or* previous, month. الشهر الماضي

The preterit; the past tense. الفِعل الـ.

In the past; formerly. في الـ : سابقاً

Retroactive. يَسْري على الـ . (قانون او حكم)

Execution *or* accomplishment of a thing. إمْضَاء : إتمام . إنجاز

Signature; subscription. — . اِمضاءة : توقيع

Signer; signatory. مُمْضٍ : مُوقّع

☆مطّ (في مطط) ☆مطابقة (في طبق) ☆مطار (في طير)
☆مطبعة (في طبع) ☆ مطبق (في طبق)

To rain, (It rains). ☆مَطَرَت . أمْطَرَت السماء : نزل مطرها

It rained upon them. — تهم . — تهم السماء

To go swiftly. مَطَرَ [2] الحِصانُ : أسْرَعَ

To flee; run off; take to one's heels. — : أبِقَ وهرَبَ △ مطَعَ

To pray for rain. إستمطَرَ الله : سأله المطر

To ask a favour of a person. — فلاناً ومنه : طلبَ معروفه

To invoke, *or* call down, curses on the head of. — عليه اللعنات

Rain. مَطَرٌ : غيث

Drizzle; fine rain. — خفيف : رذاذ

Sleet. — فيه برد : شفشاف

Raindrop; a drop of rain. قطرة —

Rain gauge; ombrometer. مقياس الـ.

Rainfall. نزول (هطول) الـ.

A shower of rain. مطرة △ مَطَرة : الدفعة من المطر

Rainy; wet; showery. مطِرٌ . ماطِر . مُمطِر

مطرية : عالة . شمسية مطر

←Umbrella.

Rain-coat, (waterproof). مِمطَر . مِمطَرة : رداء المطر

Metropolitan; archbishop; prelate. ○مُطْران : فوق الاسقف ودون البطريك

مطرانية : كرسي المطران

Metropolitanate.

△مطربيطه : آلة صنع البرغي (اللولب)
←Screw-stock; die-stock.

Consecutive. ☆مطّرد (في طرد)

To strain; stretch beyond the proper limit. ☆مطّطَ : مطّ شديداً

To insult. — : شتم

To stretch; draw out. مطّ : مدّ

To strain, *or* stretch, a rope. — الحبلَ

To shoot out one's lips; thrust out the lips. — شفتيه

To be viscous, tenacious, viscid, *or* ropy. تمطّطَ : تمدّد وتلزّج

To mount or ride a beast. إِمْتَطَى. أَمْطَى الدابة : رَكِبَها

To stretch; extend or spread one's limbs. تَمَطَّى : △ تَمَطَّعَ

الكَسْلانُ يَتَنَاءَبُ ويَتَمَطَّى The lazy man yawns and stretches.

To stalk proudly; walk with a swagger. تَمَطَّى : تَمَدَّدَ وتَبَخْتَرَ ومَدَّ يَدَيْهِ في المَشْي

Mounted; riding; astride. مُمْتَطِ : راكِب

Astride his white horse. — جَوادَهُ الابيض

مظاهَرة (في ظهر) △ مُظْلِم (في ظلم) △ مظهر (في ظهر)

With. مَعَ . مِعْ (بمعنى الاجتماع او المصاحبة)

About. — (بمعنى نحو او عن)

Although. — ان

Yet; nevertheless; still. — ذلك

In course, or process, of time. — الوَقْت

(Rich) as he is.... — كَوْنِه غَنِيًّا (مثلاً)

Together. مَعًا : سَوِيَّة

With me. مَعِي : بِصُحْبَتِي

On my part. — : من صَفِّي

Company; attendance. مَعِيَّة : مَصَاحَبَة

Royal court. △ — المَلِك : بَلاط

Suite; attendants. △ — : حاشِيَة

In his company. في مَعِيَّتِه

△مظلة (في ظلل) △مَعاذ (في عوذ) △مُعاد (في عدو)
△معادلة (في عدل) △معاذ (في عوذ) △معاش (في عيش)
△معافى (في عفو) △معاوية (في عوى) △معتبر (في عبر)
△معتدِل (في عدل) △معتقد (في عقد) △مُعتّل (في علل)
△معتمد (في عمد) △مُعتن (في عنى) △معتنق (في عنق)

To undulate, move in, or like, waves; be troubled or agitated. مَعِجَ البَحْرُ : ماجَ واضطرب

تَمَعَّجَ الثُّعْبانُ او السَّيْلُ : تَلَوَّى وتَثَنَّى في مُرُورِه
To meander; move, or run, sinuously, or serpentinely.

Sinuate; sinuous; serpentine; bending or winding in and out. مُتَمَعِّج

A meandering stream. نَهْر —

△معجزة (في عجز) △معجَم (في عجم)

To have stomach trouble. مَعِدَ : وَجِعَت معدتُه

To stretch; be extended. — : تَمَدَّد

To drawl; speak with affected slowness. — في الكَلام : مدَّه ولوَّنَ فيه

Stretching; drawing out. مَطّ : مَدّ

Elasticity. خاصِيَّة الـ او التَّمطُّط

Viscous; ropy. مَطّاط : لَزِج . مُتَفَتِّل

Elastic. — : يتمدد ويتقلَّص . مَرِن

Caoutchouc; India-rubber. — : مَطِّيط

Extension spring. زُنْبَرَك

Elastic conscience. ضَمير —

△مَطَعَ : مَطَرَ . فرَّ هارِباً To flee; run off; take to one's heels.

To stretch; extend or spread one's self or one's limbs. تَمَطَّعَ : تَمَطَّى

Restaurant. △مَطعم (في طعم)

To strain, or stretch out, a rope. △مَطَلَ الحَبْلَ : مَدَّهُ

To hammer; shape by hammering; beat into a plate or leaf. — الحديد : طرَقَه ومدَّهُ

To mould; cast (iron). — الحديد : سَبَكَه

To procrastinate; put off, or defer, payment of debt. — . مَاطَلَ بحقِّه

Putting off; deferring; procrastination. مَطْل . مُمَاطَلَة

Malleation; act or process of beating into a plate, sheet or leaf. — المعادِن : طَرْقَها

Procrastinator; dilatory; one who puts off, defers or delays. مَطّال . مُمَاطِل

Ductile; capable of being permanently drawn out or hammered thin. مَطِيل : يقبل المَطْل (كالحديد وغيره)

A piece of beaten iron. مَطِيلَة : حَديدَة مَطْرُوقَة

Drawn out, beaten or hammered thin. مَمْطُول : مَطْرُوق

Deferred; put off; delayed. — : مسوَّف

Ductility. مَمْطُولِيَّة : قابلية مَطْل المعادِن (راجِع مطروقية في طرق)

An hour. △مَطْوَة : ساعَة

Penknife. △ — . مِطْواة : مِبْراة (في طوى)

A mount. مَطِيَّة : رَكوبة

To stride fast. مَطا : أَسْرَعَ في المَشْي △مَدّ

Stomach. مَعِدَة . مِعْدَة

Paunch.← — المُجْتَرَّات

Dyspepsia. مَرَضُ الــ.

Gastritis التِهاب الــ. (خصوصاً الغشاء المخاطي)

Monogastric. وَحيد الــ : له معدة واحدة

Gastric. مَعِدِيّ : مختصّ بالمعدة

Stomachic. — : مُفيد لتقوية المعدة

Gastric fever; typhoid fever. الحُمّى المعدية

Gastric juice. العصير المعدي

Dyspeptic; having dyspepsia. مَمْعُود : مريض بمعدته

*مُعْدٍ (في عدو) *معدّ (في عدد) *معدن (في عدن)

To fall off, (hair). *مَعِرَ . تمعَّرَ الشعْرُ : تساقطَ

To brag; vaunt; talk big or vaingloriously; boast. △مَعَرَ : فاخرَ كذباً

To be reduced to poverty. أَمْعَرَ : افتقرَ

Braggart; a vain boaster. △مَعّار : فَجْفاج

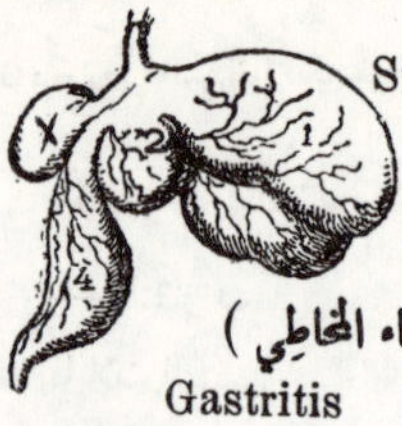

Goats *مَعْز . مِعْزَى . مَعِيز

Caprine مَعَزِيّ : مختصّ بالمعز

She-goat. △مِعْزَى ٢ : انثى المعز. عَنْزَة

A goat. مَاعِز : واحد المعز

Goatherd; a herder of goats. مَعّاز : راعي المَعِيز

To crush; bruise (between two hard bodies). *مَعَسَ : △فعص

*مَعْشَر (في عشر) *مِعْصَم *معصوم (في عصم)

To resent; be indignant at. *مَعِضَ . امْتَعَضَ من الأمْرِ

Resentment; indignation; indignant displeasure. امْتِعاض

Problem; difficulty. *مُعْضِلة (في عضل)

To pull or pluck off (hair, feathers, etc.) *مَعَطَ : نَتَفَ

Hairless. مَعِط . أَمْعَط : لا شعرَ له

*مِعْطَف (في عطف) *معظم (في عظم) *معقل (في عقل)

To mash; crush. *مَعَكَ : دَلَكَ . دَهَكَ

Macaroni. ○مَعْكَرُونَة س . △مَكَرُونَة

Out of sorts; in bad humour. △مُمَعْكِن

*مِغْلاق (في علق) *معلم (في علم) *معمار (في عمر)

Crackling of fire, burning reeds, etc. *مَعْمَعَة : صَوت الحَرِيق

Tumult of battle. — : صَوْت الحَرْب

Intensity of heat. — : شِدَّة الحَرّ

Wars; battles. المَعامِع : الحُرُوب

Depth of winter. مَعْمَعَانُ الشتاء

Height of summer. — الصَّيْف

The height of a tempest, battle, etc. — الزَوْبَعة او الموقعة وغيرها : شِدّتها

Time-server. مُعَمْعِيّ : إمَّعَة . مُساير الجهتين

To act vigorously, or steadily, at. (معن) أَمْعَنَ في كذا

To scrutinize; gaze critically; ponder; think over; consider attentively; examine narrowly. — النظر في الامرِ . تَمَعَّنَ فيه

Scrutiny; critical gaze; attentive consideration; careful examination. إمْعان النظر . تَمَعُّن

Vigorous application; assiduity. — في العَمَلِ

Running; flowing. مَعِين : جارٍ

Running, or flowing, water. — : ماءٌ جارٍ

Assistant; helper. مُعِين (في عون)

Utensil or vessel. ماعُون : وعاء

A ream of paper. — ورق س : △رزمة ورق

Lighter; barge. △— : مركب نقل

*معنى (في عنى) *معول (عول) *معونة (في عون)

To caterwaul; mew. (معو) مَعَا السِّنَّورُ : ماء

Intestine. مِعًى . مَعْي . مِعاء

Duodenum. الــ الإثنى عشري

Cæcum; the blind gut. الــ الأعور

The small intestine. الــ الدقيق : عِفْج

The large intestine. الــ الغليظ : الامَرّ

Colon. جُزْء من الــ الغليظ (انظر قولون)

The jejunum. الــ الصائم

Ileum. الــ اللفائفي او اللفيفيّ

أمْعاء. أمْعِيَة Intestines; bowels.

مَعَوِيّ : مختصّ بالأمْعاء Intestinal; enteric.

حُمَّى معويَّة Enteric fever; typhoid fever.

نَزْلة معويَّة . التهاب الامْعاء Enteritis.

*مُعْيٍ (في عي) *مُعيد (في عود) *مُعيل (في عول وعيل)

*مُعين (في عون وعين) *مَعِيَّة (في مع)

*مُغاث. ∆مُغات Roots of wild pomegranate.

*مغارة (في غور) *مغاص (في غوص) *مغبّة (في غبب)

*مغذّ (في غذو) Nourishing; nutritious.

*مَغَّرَ : صبَغ بالمغرة To dye with red ochre.

مَغْر. مُغْرَة : لون أمْغَر A russet colour.

مَغْرَة. مَغَرَة : تراب أحمر Ruddle; red ochre.

أمْغَر : بلون المغرة. خمْري Russet; of a reddish brown colour.

*مغرب (في غرب) *مغرم (في غرم) *مغزى (في غزو)

*مُغِصَ. تَمَغَّصَ ∆انمغص To have, *or* suffer from, colic.

أمْغَص ∆مَغَّص : سبَّب له مغصاً To gripe; cause colic.

مَغْص. مَغَص ∆مغَيْص Colic; gripes.

— كبديّ Hepatic colic.

— كلويّ Renal colic; nephralgia.

مَمْغُوص Suffering from colic.

*مَغَطَ. مَغَّطَ : مَدَّ . مطّ To stretch; cause to extend in a straight line.

مُغَيْط ∆ : صمغ مَرِن . مطّاط Gutta-percha; caoutchouc; India-rubber.

مُتَمَغِّط : لزِج Tenacious; glutinous; viscous; ropy.

— : مَرِن Elastic; flexible.

○مَغْفُون : مُكبِّر الصوت . نَدِيّ

←Megaphone.

*مَغْمَغَ : خلط To mix up; confuse.

— الكلامَ : لم يُبيِّنه To mutter; mumble.

○مَغْنَطَ الشيءَ: أكسَبه خواصّ المغنطيس To magnetise; magnetize.

مَغْنَطَة . تَمَغْنُط . تمغْطُس Magnetization; magnetising.

— التقارُب Induced magnetism.

قابلات الـ — Magnetic substances.

مَغْنطيس : جاذب الحديد ←Magnet.

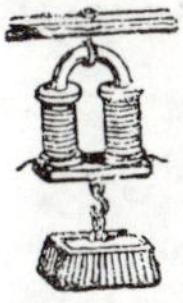

— : جَذْب Magnetism.

— كَهْرَبي ←Electromagnet.

حَجَر الـ —. Lodestone; magnetic oxide of iron.

علم الـ —. Magnetics.

مغنطيسي : جاذب . جذّاب Magnetic, —al.

اضطراب — . Magnetic storm.

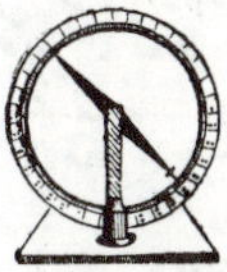

انحراف — . Magnetic declination.

إبرة الانحراف — . ←Dipping-needle.

جَذْب — . Magnetic attraction.

الجنوب الـ —. Magnetic south.

حقل (مجال) — . Magnetic field.

سيّال — . Magnetic fluid.

خط الاستواء الـ —. Magnetic equator.

الشمال الـ —. Magnetic north.

تقارُب — Magnetic induction.

تنافُر — . Magnetic repulsion.

تنويم — : استهواء Hypnotism; animal magnetism; mesmerism.

نوَّم تنويماً مغنطيسيّاً To hypnotise; mesmerise.

مُنَوِّم مغنطيسيّ Hypnotiser; hypnotist.

مَغْنَطيسيَّة : جَذْب مغنطيسي Magnetism.

إبرة — : إبرة الحقّ Magnetic needle.

بطّارية — . Magnetic battery.

حِدْوة — . ←Horse-shoe magnet.

زوبعة — . Magnetic storm.

كهربا — . Magnetic electricity.

مقياس الـ — : ○مَنْيَتومتر Magnetometer.

هاجرة — . Magnetic meridian.

مُمَغْنَط . مُمَغْطَس Magnetized.

مُمَغْنِط Magnetizer.

○ مُغْـنَـى . خَشَبُ المغنى : نِـبْـش Mahogany.
○ مَغـنِيْسيا : عُنْصُر مَعْدَني أبيض Magnesium.
— : ○ مَنِيزَة Magnesia; carbonate of magnesium.
☆ مُغَـيًّـا (في غي) ☆ مَفاد (في فيد) ☆ مِفتاح (في فتح)
☆ مفتر (في فرى) ☆ مفترس (في فرس) ☆ مُفْرد (في فرد)
☆ مفعم (في فعم) ☆ مفك (في فكك) ☆ مفلطح (في فلطح)
☆ مفيد (في فيد) ☆ مقابل (في قبل) ☆ مَقات (في مقت)
☆ مقاصَّة (في قصص) ☆ مقاطعة (في قطع) ☆ مقالة (في قول)
☆ مقام (في قوم) ☆ مقامِر (في قمر)

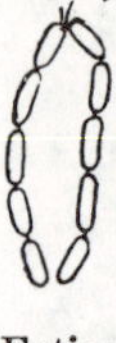

△ مَقانِق ~ : لَـقانق △ سُجُـق ~ (انظر سجق) ←Sausage.
☆ مُقاوِل (في قول) ☆ مقاومة (في قوم)
☆ مقايسَة (في قيس) Estimate.
☆ مَقَتَ . مقّتَ : أبغض للغاية To detest; abominate; loathe; abhor.
△ — : هزَلَ To emaciate.
مَقَّتَ ٢ الى : جعله يبغضه To render hateful or detestable to.
مَقُتَ : كان كريهاً To be detestable, hateful.
مَقْت : كَراهَة Detestation; abomination; hatred; aversion.
△ مَقات : سُطـّاح . ما افترش من النباتِ Creeper; trailing plant.
مَمْقوت . مقيت : كريه Detestable; hateful; abominable.
— : مكروه . مُبْغَـض Detested; hated; abhorred.
△ — : هزيل Haggard; gaunt; lean.
☆ مُقْتبل (في قبل) ☆ مقتدر (في قدر) ☆ مقتصد (في قصد)
☆ مقتضب (في قضب) ☆ مقتضَى (في قضى) ☆ مِقْدار (في قدر)
☆ مِقدام (في قدم) ☆ مقدونس (في بقدونس) ☆ مقر ~ (في قرر)
☆ مَقَرَ . أمقَرَ السمَكة : نقعها في الخلّ او المِلْح To salt; pickle.

☆ مقساس : شَجر الدِبْـق ←Mistletoe.
☆ مَقشّة (في قشش) ☆ مقصّ (في قصص)
☆ مقصور (في قصر) ☆ مقطف (في قطف)
☆ مقع الشرابَ : شربه كلّه To drink up; quaff.
أمْتَقِـع : تغيّر لونه To turn sallow, or pale.

مُمْتَقِـع Pale; pallid; sallow; ghastly.
☆ مَقَلَ : نَظَرَ الى To eye; look at.

مُقْـلَة : عَيْـن ←Eye.
— العين Eyeball.
تخطُّر مُقْلة العين Nystagmus; twitching of the eyeballs.
☆ مِقلاع (في قلع) ☆ مقلاة (في قلي) ☆ مقوّ (في قوى)
☆ مقود (في قود) ☆ مقيء (في قيأ) ☆ مقياس (في قيس)
☆ مقيم (في قوم) ☆ مك (في مكك) ☆ مكابدة (في كبد)
☆ مكابر (في كبر) ☆ مكافأة (في كفأ) ☆ مكان (في مكن وكون)
☆ مكبّ (في كبب) ☆ مكتئب (في كأب) ☆ مكتظ (في كظظ)
☆ مكتفٍ (في كفى) Satisfied; contented.
☆ مَكَثَ بالمكانِ : أقامَ To abide, or dwell, in a place.
— : لبثَ . بَقِيَ To stay; remain.
مَكْث . مُكُوث Staying; remaining.
— او — قصيرُ المدَّة Sojourn; temporary stay.
○ مَكَدام : △ دَكّة خَرسان Macadam.
رَصَفَ الطريقَ بالمكدامِ To macadamize a road.
☆ مَكَرَ بهِ : خدعه To deceive; beguile; delude by guile or craft; play one false.
ماكَرَ : خادَعَ To try to deceive.
مَكْر : خِداع Cunning; craft; artifice; guile.
مَكْرَة : حِيْلَة . خدْعَة Stratagem; artifice; trick.
مَكّار . مَكُور : مُخادِع Crafty; wily; artful; Machiavellian.
— . ماكِر : حِيَلي Cunning; sly; politic.

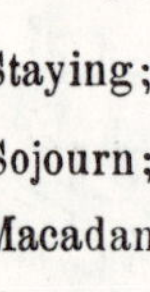

○ مكرسكوب : مُجْهِر Microscope.
مكرسكوبي : مُجْهِري Microscopic.
○ مِكْرُوب (الجمع مكروبات ومكاريب) : جُرْثومة Microbe.
مِكْرُوبي : حُيَيْـوِيْني . جُرْثُومي Microbic.

○ مِكْرُوفون : مِجْهار كهربي ←Microphone.
○ مَكَرُونَة : مَعْكَرونة ~ Macaroni.

* مَكَسَ. مَكَّسَ : جَبَى مالَ المَكْس — To toll; collect as a toll.
—ـ مَاكَسَ : سَاوَمَ — To bargain; haggle.
△ مَكَّسَ ٢ على السِلْعة — To toll; pay toll.
مَكْس : ضَريبة إِسْتِعْمال الطُرُق للمُرور او للتجارة — Toll; octroi; duty.

دارُ المُكُوس — Toll-house.
مَكَان تَحْصِيل المُكُوس : مَأْصر — ←Toll-gate; toll-bar.
مَكَّاس : جَابِي المُكُوس — Toll-collector.

* مكعّب (في كعب) * مكفهر (في كفهر)

(مكك) مَكَّ . إِمْتَكَّ العَظْمَ : مَصَّ مُخَّهُ — To suck a bone.
مَكُّوك : طَاس يُشْرَبُ فيه — Drinking cup.
△ — الخِياطَة او الحِياكَة : مُوم — ←Shuttle.
شُغْل الـ — Tatting.
عَظْم الـ — Pastern bone.

* مَكُنَ : كَانَ او صَارَ قَوِيّاً — To be *or* become firm, *or* strong.
— عِنْدَه : صَارَ ذا مَكانَة — To become influential; have influence, *or* power, with.
مَكَّنَ : ثَبَّتَ — To strengthen; make strong; fix; make firm; establish firmly.
—ـهُ . أَمْكَنَهُ مِن كذا — To enable; make able; empower.
امكنَ ٢ الأمرُ : كانَ مُمكِناً — To be possible.
إذا — . إن — . — If possible.
—ـهُ : اسْتَطَاعَ — He could.
لا يمكنه انْ يقرأ — He cannot read.
يمكن : رُبَّمَا — Perhaps; possibly; maybe.
— أن — It is possible that.
لا — : مُسْتَحِيل — It is impossible.
أقلّ مَا — . — The least possible.
تَمَكَّنَ عِنْدَ : صَارَ ذَا مَكانَة — To become influential; have influence *or* power with.
— : رَسَخَ — To be firmly fixed *or* established.
— . واسْتَمْكَنَ من الامرِ : قَوِيَ عليهِ — To master; conquer; acquire command of.
— و— من عِلْم — To master a science.

— من كذا : قَدَرَ عليه — To be able to; have the power to.
لم أتَمَكَّن من الحُضُور — I could not come.
مُكْنَة . مَكِنَة : مَقْدِرَة — Power; ability.
— . — : قُوَّة . شِدَّة — Strength; force.

○ مَكِينَة : آلَة — Machine.
○ — خِياطَة (انظرُ خيط) — Sewing-machine.
△ — قَص شَعْر — ←Hair-clipper.
○ مِكَنِيكَا : عِلْمُ الحِيَلِيَّات او الآلات — Mechanics.
○ مِكَنِيكِي : آلِيّ . مَنْسُوب الى الآلة — Mechanical.
○ — : آلِيّ . مُشْتَغِل بالآلات — Mechanic.
○ مُهَنْدِس — . — Mechanician; mechanical engineer.
مَكَان : مَوْضِع . مَحَلّ (راجِعْ كون) — Place; spot.
— : فَراغ . حَيِّز — Room; space.
— : مَرْكَز — Place; position.
— : مَوْقِع — Situation; position; locality.
— : مَوْقِف — Station; place.
— : مَنْزِلَة . مَكانَة — Place; rank; standing.
— . في مَكان : بَدَلاً من — In place of.
— عُمُومِي (كالفنادق والحانات) — A public house.
لَيْسَ لك — . — There is no room for you.
لو كُنْتُ في مَكانِك — If I were in your place.
المائدة تَشْغَل مَكاناً كبيراً — The table takes up too much room.
أَخْلِي مَكاناً — To make room; give place.
هو من كذا بِمَكانٍ : له فيه مَقْدِرة — He is proficient, *or* skilled, in.
مَكانَة : مَنْزِلَة — Degree; place; rank; standing.
— : رِفْعَة الشَأْنِ — Dignity; elevated rank.
— : نُفُوذ — Influence; power.
— : رَزَانَة ووقار — Gravity.
ذو — . — **Influential**; potent; powerful; important.
مَكِين . مَاكِن : راسِخ — Steadfast; firmly fixed *or* established.
— . — : وَثِيق — Firm; solid; strong.
إمْكَان : مَقْدِرَة — Power; ability.

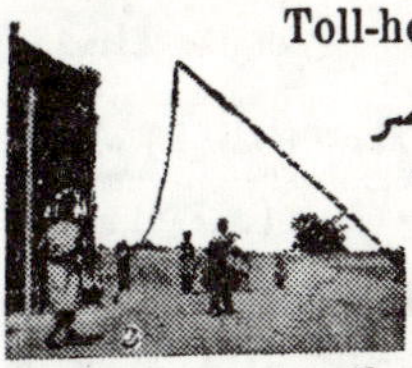

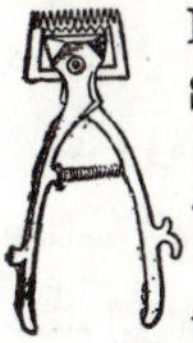

— . إمْكَانِيَّة : اسْتِطاعَة Possibility.
— : إِحْتِمال Probability; likelihood.
صِيغَة الـــ . (في النحو) Potential mood.
عِند الـــ When possible.
على قَدْرِ الـــ . As much as possible.
مُمْكِن : مُسْتَطاع Possible; potential.
— : مُحْتَمل Probable; likely.
غير — : مُسْتَحيل Impossible.
من الـــ : رُبَّمَا Possibly; perhaps; maybe.
مُمْكِنات Probabilities; possibilities.
مُتَمَكِّن : راسِخ Firmly fixed *or* established.
— : متأصِّل Inveterate; deep-rooted.
— : مُثَبَّت Strengthened; fortified.
— : اسْم مَبْنِيّ (في النحو) Indeclinable noun.
المُتَمَكِّن الامْكَن : اسم مُنْصَرِف Declinable noun.
* مَكَّة المكرَّمة : عاصِمَة الحِجاز Mecca.
مَكِّيّ Δ مَكَّاوِيّ Meccan; Meccawi.
* مَكوك (في مكك) Shuttle.
○ مَكْياج : تَمْويه مَسْرَحِيّ . تَصْنيع Make-up.
* مِكْيال (في كيل) * مَكيدة (في كيد) * مَلّ (في ملل)
* مَلَأَ الاناء : شَحَنَهُ To fill; make full.
— : اشْغَلَ To fill *or* take up; occupy.
Δ — عَيْنَه : أَرْضاه To satisfy; content.
Δ — عينه : جَعَلَه يَخْشَى To inspire, *or* command, respect.
ـه ومالأَهُ على الأمْر : عاوَنَه To back up; support.
ـه وـه : مالَ معه To side with; take sides with.
مَلِيَ . تَمَلَّأ . إمْتَلأ مِن كذا To be filled with; be full of.
تَمالأُوا على To conspire; plot; combine to do; agree together against.
مَلْء : مصدر مَلأ Δ تَعْبِئَة Δ مَلْي Filling.

مِلْءُ الاناء : ما يَمْلَأُهُ Δ مَلْو Filling; quantity which fills up a vessel.
— كَذا A fill; a full supply.
— مِلْعَقَة A spoonful.
Δ — خانَة Stop-gap.
— قَدَح او كأس A cupful.
— كُوبَة A glassful.
— اخْتِياره One's own free will.
— اليد او الكَفّ A handful.
— كِسائه : سَمِين Corpulent; plump; fat.
— بَطْنِه As much as one can eat.
اكَلَ — بَطْنِه To eat one's fill.
يَنام — جَفْنِه To sleep soundly, *or* profoundly.
مَلَأ : جَماعة Assemblage; congregation.
الـــ : الأشْراف The notables; the high class; the grandees.
الـــ الأعْلى Heaven; Celestial City.
مُلاءَة Δ مِلاية النِساء *Milâya*; outer garment worn by Oriental women.
Δ — السَّرير : شَرْشَف Sheet; ←bed-sheet.

مَلآن . مُمْتَلِئ : ضِد فارِغ Full.
— . — : كامل Full; plenary; complete.
— و— الجِسْم Robust; thickset; sleek.
Δ مَلانَة : حِمَّص اخْضَر Green chick-peas.
إمْتِلاء Fullness.
— دَمَوِيّ Plethora.
مُمْتَلِئ . مَمْلُوء . مَمْلُوّ Filled up; full.
مُمالِئ Partial; biassed; biased; onesided.
مُمالأة Partiality; bias.
* ملائم (في لأم) * ملاحظة (في لحظ) * ملاذ (في لوذ)
○ ملاريا : تَصَعُّدات اجامِيَّة Malaria.
حُمَّى الـــ Malarial fever.

☆ملازم (فى لزم) ☆ ملاط (فى ملط) ☆ ملافاة (فى لفى)
☆ ملاك (فى ملك) ☆ ملامح (فى لمح) ☆ ملامة (فى لوم)
☆ مَلْبَن (فى لبن) Turkish-delight.

○مَلْت : نَوْع من الشَّعير المنبَّت Malt.
○مِلْتُن : شاعر انكليزي شهير —— Milton, (John).

☆مَلَجَ . إِمْتَلَجَ مافي الثَّدْي To suck the breast.

○مالَج : △مَسْطَرين . مِبْيَسة —— Trowel.
☆مَلْجَأ (فى لجأ) Refuge; shelter.
☆مَلُحَ . أَمْلَحَ الماءُ : صارمِلْحاً To be salt, *or* tasting of salt.
—— : كانَ مَلِيحاً To be handsome.
مَلَّحَ . مَلَحَ[٢] الطعامَ To salt (food); season with salt.
—— السَّمَكَ ونحوه To salt; roose; rouse; pickle in salt.
—— اللحمَ : قدَّده To cure meat *or* fish.
مالَحَ فلاناً : اكلَ عَيْشاً ومِلْحاً معه To eat *another's* salt; take bread and salt with *him*.
مُلَح : المُلَحُ من الاخبارِ Witty sayings; pleasant anecdotes.
مِلْح : بَحْر Brine; ocean.
—— : لبَن حَلِيب Milk.
—— الطعام Salt; sodium chloride.
—— إنكليزي Epsom salts *or* salt.
—— البارُود (بَلْموت) : نترات البوتاسا Saltpetre.
—— جَبَلي Rock salt.
—— الليمُون Citrate; salt of citric acid.
—— النُّشادر Sal ammoniac; ammonium chloride.
—— طيَّار Sal volatile; ammonium carbonate.
—— . مالِحُ الطَّعْمِ Salt; tasting of salt; salty.
—— . مِلْحَة : حُرْمَة ومُعاهدة Bond; moral obligation.
مِلْحِيّ Saline; salt.
مَلَحُ العَيْن Wall-eye.
أَمْلَحُ العَيْنِ (والمرأة مَلْحاء) Wall-eyed.
مُلْحَة . أُمْلُوحة : حديث لذيذ Witticism; a witty remark.

مَلَّاح : نُوتِيّ Sailor; seaman; mariner.
مَلَّاحو السفينة او الطائرة The crew of a ship.
مَلاحَة : حُسْن Prettiness; elegance; comeliness.
—— . مُلُوحَة Saltness; salt taste; salinity.
مِلاحَة : سلك البحْر Navigation.
مَلَّاحَة . مَمْلَحَة : مَوْضِع استخراج المِلح Saline; salt works; salt mine.

△—— . مِمْلَحَة : وِعاء المِلح —— Saltcellar.
مَلِيح : حَسَن Good; pleasant; agreeable.
—— : حَسَن المَنْظَر Goodly; comely; graceful.
—— : جَمِيل Pretty; handsome.
—— . مُمَلَّح . مَمْلُوح : مَمْقُور Salted.
سَمَك مُمَلَّح[٢] Salt fish; salted fish.
مُلَّاح △مُلَيْح : نَبات يَنْمُو في الارض المِلْحِيَّة Goosefoot; halophyte.
مُوَيْلِح : بين العَذْب والمالح △أَسُوني Saltish; brackish.
☆مَلَخَ . امْتَلَخَ : انتزَع To extract; pull out.
△—— المِفْصَل : فَسَخَه To dislocate; luxate; put out of joint (bones, limbs).
△مَلْخ المِفْصَل Luxation; dislocation.
مُلُوخِيَّة : نَبات يُطْبَخ Jew's mallow.
مَلِيخ : لا طعم له . مَسِيخ Insipid; tasteless.
☆مَلْزَمَة (فى لزم) Sheet, *or* section, of a book.
☆مَلُسَ : كانَ مَلِساً To be smooth.
مَلَسَ : △مَلَّص . انتزَعَ واسْتأصَل To extract; draw, pull, *or* tear, out.
مَلَّسَ : صَيَّرَه أملس To smooth; make smooth.
—— : زَلَّق To lubricate; make smooth *or* slippery.
تَمَلَّسَ . إِنْمَلَسَ : افلت . تَمَلَّصَ To slip away; escape.
مَلِس . أَمْلَس : ضِدّ خَشِن Smooth.
—— . —— : زَلِق Lubricous; slipppery.
—— . —— (كالشَّعر) Smooth; sleek; glossy.

مَلَاسَة — Smoothness.

∘مَلِيْسَا ّ: ∘باذرنجبويه. دَرَنْبواع — Balm, *or* elder.

—. ماءُ الـــ — *Melissa* (elder-flower) water.

△مَلِيْسِيّ. إِمْلِيْسِيّ: نوع من الرُمّان — Sweet and stoneless pomegranate.

*مَلِصَ. تَمَلَّصَ. إِنْمَلَصَ: أفلَتَ — To escape; slip away.

تَمَلَّصَ ٢ من واجبٍ — To shirk; evade; dodge.

△مَلَّصَ: مَلَسَ. انتزعَ واستأصَلَ — To extract; draw *or* pull out; tear out.

مَلِصٌ. مَلِيْص: زَلِق — Slippery; smooth.

تَمَلُّص: إِفْلات — Slipping away; escaping.

*مَلَطَ. مَلَّطَ الحائطَ — To plaster a wall.

— الشَّعرَ: أزالَه — To depilate; strip of hair.

مِلْط: خائن — Dishonest.

—: لا حَسَبَ له — Unancestried.

خِلْطَ —. — Pell-mell; confusedly.

△مَلْط: عُرْيان مَرْط (كُلِّيَّة) — Stark naked.

△قلع —: تَعَرَّى — To strip oneself naked.

مِلَاط الحائطِ: △بَياض — Plaster (for coating walls, etc.)

مالِطة: جزيرة في بحرِ الروم — Malta.

حُمَّى —. — Mediterranean, *or* goat, fever.

△يُؤَذِّن في —. — To preach to the winds.

مالِطيّ — Maltese.

مَلِيْط. أَمْلَط: لا شَعْرَ له — Hairless.

*مِلعقة (في لعق) *ملغم (في لغم) *ملفوف (في لفف)

*مَلِقَ الرجلَ △مَلَّقَه. مالَقَه. تَمَلَّقَه — To flatter; cajole; coax; wheedle; soothe.

مَلَقَ ٢: مَلَّسَ — To smooth; level.

أَمْلَقَ: افتقرَ — To be reduced to poverty.

مَلِقٌ. مَلَّاق. مِمْلَاق — Adulator; servile flatterer.

مَلَقٌ. تَمَلُّق. تَمْلِيق — Adulation; servile flattery.

△ —: مَلَأ. المتَّسع من الارض — Open country.

△مَلَقَة: مسافة بعيدة (او فرسخ) — League.

مِلَاقَة. مِمْلَقَة: اداة لتسوية الارض — Harrow; leveller.

إِمْلَاق: شِدَّة الفقر — Destitution; abject poverty.

*مَلَكَ ١. تَمَلَّكَ. امْتَلَكَ — To possess; be in possession of; own; have.

— و— على: حَكَمَ — To reign, *or* rule, over.

— نفسَه او حواسَّه — To contain, *or* control, oneself.

تَمَلَّكَ ٢ على △استَمْلَكَ ٢: وضعَ يدَه — To appropriate; take possession of.

— على القوم: صارَ مَلِكاً عليهم — To become a king over.

—ـتْهُ العادةُ — To acquire, contract, *or* fall into, a habit.

مَلَّكَ. أَمْلَكَ فلاناً الشيءَ — To give, *or* put in, possession of.

—. — على: جعلَه مَلِكاً — To make a person a king over.

△إستَمْلَكَ ٢ منه: تَمَكَّنَ — To master; get a good grip of.

تَمَالَكَ عن كذا: مَلَكَ نفسَه — To control, contain, *or* restrain, oneself from.

ما — عن: تَماسَكَ — He could not keep, abstain, *or* refrain, from.

مِلْك: ما يَمْلكه الانسان — Property; possessions.

—: امتِلاك — Possession; ownership.

— ثابت — Real estate *or* property.

— الرَقَبَة — Property without the usufruct.

— محبوس او مُرْصَد او موقوف — Mortmain.

— منقول — Effects; movables; personal property.

من ذوي الاملاك — Propertied.

مِلْكي: لي. خاصَّتي — Mine; my property.

مِلْكيّ. تَمَلُّكيّ: دالّ على الملك — Possessive.

—. —: خاصّ بالتملك — Possessory.

مُلْك: حُكْم. سُلْطة — Reign; supreme power; rule; dominion.

—: مَلَكُوت — Kingdom; royal authority; sovereign power.

King; monarch; sovereign. مَلِك . مَلْك : صاحِب السُّلطة على امة او بلاد

Queen. مَلِكَة : صاحِبة السُّلطة او زوجة المَلِك

Queen regnant. — حاكِمَة : صاحِبة التاج

Queen consort. — : زَوْجة الملك الحاكِم

Queen dowager. — : أرمَلة الملِك

Queen mother. والِدة الملكة او الملك

Prince consort. زَوْج المَلِكة الحاكِمَة

Croton seed. حَبّ الملوك : بِزْر نَبات مُسْهِل

Gout. داء الملوك : نِقْرِس

Royal; sovereign; kingly. مَلَكيّ . مُلوكيّ

Civil. — : غير عَسْكري . مَدَني

Decree. أمر — .

Royal decree. مَرسوم — .

Civil dress *or* uniform. ثَوْب او بَدْلة مَلَكِيَّة

Monarchy; kingdom. حُكومَة مَلَكِيَّة

Royal rescript. △ مَرْسُوم مَلَكيّ

Royal counsellor, *or* King's Counsel. مُسْتَشار مَلَكيّ

Civil functionary *or* official. مُوَظَّف مَلَكِي

Angel. مَلَك . مَلاك : كائِن سَماوِيّ

The angel of death; the destroyer of life. مَلاك ٢ الموت

Cupid; god of love. — الحُبّ

Guardian angel. الـ الحارِس

Angelic. مَلَكيّ . مَلائِكيّ

مَلَكَة : صِفة راسِخة في النفس Characteristic feature; trait; the stamp impressed by nature *or* habit.

Instinctive knowledge; intuition. — : سَليقة

Habit. — : عادَة

Genius; talent; faculty. — : قَريحَة

Genius for poetry, etc. — الشِعْر او التصْوير

Kingdom; empire; realm. مَلَكُوت : المُلْك العَظيم

Royalty; sovereignty kingdom. — : العِزّ والسُّلطان

Ownership; proprietorship. مِلْكيَّة . إمْتِلاك

Holding. — : ما يَمْتَلِكه الإنسان

To change hands. إنْتَقَلَتْ ـــه

Small holdings. مِلْكِيّات صَغيرة

King; sovereign; monarch. مَلِيك : مَلِك

Owner; possessor; proprietor. — . مالِك

Proprietor; owner. مالِك ٢ : صاحِب اي شَيء

Proprietor; landlord. — : صاحِب المِلْك

Landed proprietor. — الأرْض الزِراعيَّة

Reigning, *or* ruling over. — : حاكِم على

Heron. — الحَزِين : △ بَلَشُون

The reputed owner. الـ المَعْرُوف (بالإشْتِهار)

Land owners. مُلّاك الأطيان

Small landed proprietors. صِغار المُلّاك

Propertied class. طَبَقة المُلّاك

Possession; acquisition. إمْتِلاك (١) . تَمَلُّك : حِيازَة

Kingdom; empire. مَمْلَكة : ما تحت أمر المَلِك من البلاد

Royalty; sovereignty. — : عِزّ الملك وسُلطانه

Possessed; owned. مَمْلُوك . مُمْتَلَك

Slave; purchased slave. — : عَبْد ، رَقيق

Mameluke. — : واحِد مَماليك مِصْر

Molecule. ○ مُلْكُولة : جُزَيْء . اصغر كتلة حرّة

To turn over. *مَلَّل : قلَّب

To tack, *or* baste, a garment. مَلّ الثوبَ : شَرَّجه △ سَرَّجه

To grow tired; become weary *or* bored; have one's patience exhausted. — : أصابه المَلال

To tire of; be tired, *or* wearied, of. — الشيء ومنه : سَئِمَه

To be tedious *or* wearisome. — وأمَلَّ عليه الامرُ : طال وضايق

Untiring; unwearied. لا يَمَلّ

To weary; make weary; exhaut the patience of. أمَلّ ٢ : جعله يَمَلّ

To dictate to. ـــه (او عليه) الكِتاب : القاه عليه ليكتبه

تَمَلَّلَ : تبرّم — To fidget; move restlessly.

— . إمْتَلَّ مِلَّةً : اعتنقها — To embrace a religion.

مَلَّ : مَلُول — Weary; tired; fidgety.

مَلَلٌ . مَلَال : ضَجَر . سَآمة — Weariness; boredom; ennui.

مُلَال : تبرّم — Fidgetiness; restlessness.

مُلَّة الخِياطَة : شِراجَة △ سِرَاجَة — Basting; tacking.

△— السَّرِيرْ — Spring mattress *or* bed.

مَلَّة : رَماد حارّ — Hot ashes *or* coals; cinders.

مِلَّة : طَريقة في الدِيْن — Creed; cult; faith.

— : طائِفَة — Congregation; **denomination.**

مِلّـي : طائفيّ — Congregational.

مَلُوْل : ذو مَلَل — Weary; tired; bored; fidgety.

— : عديم الصَبْر — Impatient; restless.

مُلَّى : خُبْز المَلَّـى — **Damper (bread baked in hot ashes).**

مُمِلّ . مَلِيْل — Wearisome; boring; tiresome; tedious.

☼مَلْمَلَ : أَسْرَعَ — To hasten; hurry.

ـه المرضُ : جَعَلَه يتمَلْمَل — To cause to fidget; render, *or* make, fidgety.

تَمَلْمَلَ — To fidget; move restlessly.

— على فِراشِه : تقلّب — To tumble and toss in bed.

مَلْمَلَة . تَمَلْمُل : مُلال (راجع ملل) — Fidgetiness.

○مَلِنخُوليا : سَوْداء — Melancholy; melancholia.

☼مِلَّة (فى ملل) ☼مَلهَى (في لهو)

☼مَلْو : سَيْر شَديد . عَدْو — Quick pace; running.

△— : مِلءٌ (في ملأ) — A fill.

مَلَّى . أَمْلَى الله عُمْرَهُ : اطَالَه — May God prolong *his* days.

— و— عليه : اسْتَكْتَبَهُ — To dictate to.

مَلًا : △مَلَق . المتَّسِع من الارضِ — Open country.

— : صَحْرَاء — Desert; waste land; **wilderness.**

مَلِيّ : زَمَن طَوِيل — A long space of time.

مَلِيًّا : زَمَناً طويلًا — A long while *or* time.

إمْلَاء : تَلقين او اسْتِكْتَاب — Dictation.

☼ملوخِيَّة (في ملخ) ☼مِلوق (في لوق) ☼مَلوم (في لوم)

☼ملوى △ملوينه (في لوى) ☼ملّى ☼مليًّا (فى ملو)

○مِلْيَار : الف مَلْيُون — Milliard; billion.

○مِلّيجرام : جُزْءٌ من الف من الجِرَام — Milligramme.

☼مَليح (في ماح) ☼مَايخ (في ملخ) ☼مليسا (في ملس)

○مِلّيمِتر : جُزْء من الف من المتر — Millimetre.

○مَلْيُون : رِبْوَة . رَبْوَة . الف الف — Million.

جُزْء من — : — Millionth.

مِلْيُوْنير : قِنْطاريّ — Millionaire.

☼مِمَّ . مِمَّا (من ما) : من اي شيء (راجع من) — From, *or* of, what?

☼مماحِك (فى محك) ☼مماسّ (في مسس) ☼مُمالئ (في ملا)

△مَمْبَرِيْطة : نافِذة في سَفينة — Porthole.

☼ممتاز (في ميز) ☼ممرض (في مرض)

☼ممكن (في مكن) ☼مملكة (في ملك)

☼ممنون (في منن) ☼مميت (في موت)

☼مِن : حرف جرّ — From; of; than; to; at; by; on; through; since.

— : مُنذ — Since.

— ما : مِمَّا . من اي شيء — From, *or* of, what?

— مَن : مِمَّن . من اي شخص — From whom?

أخَذْتُهُ منه — I took it *from* him.

جِئْتُ من مِصْرَ — I have come *from* Cairo.

جِئْتُ — عِند صَديقك — I come *from* your friend.

هو واحِد منهم — He is one *of* them.

إخْرُجْ من هُنا — Go out *of* here!

هو افضل مِنّي — He is better *than* I.

اقترَبَ مِنّي — He came near *to* me.

ما جَاءني من أحد — No one came *to* me.

جَاء من سَاعتهِ — He came *at* once.

لَهَا وَلَد منه — She has a child *by* him.

مِن كُل الجِهات — *On* all sides.

مَرَّ من البابِ — He passed *through* the door.

مَرِضَ من يَوْمِ الجُمُعة — He has been ill *since* Friday.

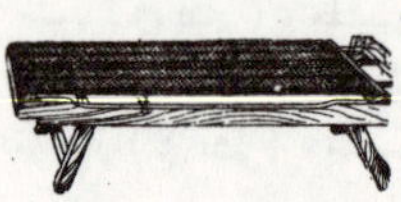

*مَنْ : الذي . او اسم استفهام ، او اسم مَوْصُول مشترَك Who.

*مَنّ (في منن) *مناجاة (في نجو) *مناحة (في نوح)

*مناخ (في نوخ) *مناخير (في نخر) *مناداة (في ندى)

*منارة (في نور) *مناسب (في نسب) *مناص (في نوص)

*منافسة (في نفس) *منافق (في نفق) *مناقشة (في نقش)

*مناقضة (في نقض) *منال (في نيل) *منام (في نوم)

*منّان (في منن) *مناوبة (في نوب) *مناورة (في نور)

*مناوشة △مناويشي (في نوش) △مُنبار *منبر (في نبر)

*منبع (في نبع) *منتخب (في نخب) *منتزه (في نزه)

*منتشر (في نشر) *منتصف (في نصف) *منتظر (في نظر)

*منتظم (في نظم) *منتعش (في نعش) *منتهى (في نهى)

○مَنْتُول Menthol; mint camphor.

*مَنْثور (في نثر) *منجد (في نجد) منجل (في نجل)

*منجلة (في نجل) *منجم (في نجم)

*مَنْجَنِيق : آلة حَرْب قديمة تَرمى بها الحِجارة Mangonel; ballista; catapult, or battering-ram.

△ — المُسْتراح Basin of a water-closet.

○مَنْجُو △مَنْجَه : عَنْبَه . أنْبَه Mango.

△مَنْجُوس : نِمْس ←Mongoose.

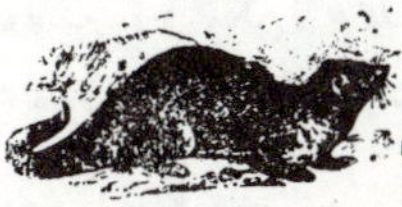

*مَنَحَ : أعطى . وهَبَ To grant; give; confer or bestow upon.

مانَحَ : واصَلَ بالعَطاء To bestow continual favours on.

مَنْح Bestowal; the act of bestowing, giving, granting or conferring.

مِنْحَة A gift; benefaction; bounty; donation; present; grant.

— دِراسِيَّة Scholarship.

— ملكِيَّة Royal bounty.

مانِح : واهِب Grantor; donor; giver.

*مُنْحرِف (في حرف) *منخر (في نخر) *منخل (في نخل)

*منخوليا (في مانيخوليا) Melancholy.

○مُنَدَة : ذَرَّة رُوحِيَّة . جَوْهَرٌ فَرْدٌ حَيّ Monad.

△مِنداله *مَنْدَل (في ندل) *مَنْدُوب (في ندب)

*مندوحة (في ندح) ○مَنْدُولين *منديل (في ندل)

*مُنْذُ Since.

— ذلك الوقت Ever since.

— يومين Two days ago *or* since.

— زمان Long ago.

— عهد قريب Recently; not long since.

— الآن Henceforth; from now on.

ذهب — شهر ولم أرهُ للآن He went a month ago, and I have not seen him *since*.

○منيرْفا : الاهة الحِكْمة ورمز الاعتدال عند الاغريق ←Minerva.

*منزل (في نزل) *منسج (في نسج)

*منسجم (في سجم) *منسف (في نسف)

*منسم (في نسم) *منسون (في نسو)

*منشار (في نشر) *منشة (في نشش)

*منشور (في نشر) *منصب (في نصب)

*منصف (في نصف) *منصة (في نصص) *مُنطاد (في طود)

*منطقة (في نطق) *منطل (في نطل) *منظار *منظر (في نظر)

*مَنَعَ : عاقَ . حال بين To prevent; keep from; hinder; stop.

— حدوث الامر To prevent; make impossible of occurrence.

— وقوع الحرب او الخطر To avert; prevent the occurrence of.

— ه الشيء أو عنه اومنه : كفّه ونهاه عنه To prohibit; forbid; interdict.

— ه الشيء او منه : حرمه إياه To deprive of; take away from.

— ه الشيء او عنه او منه . رفضه إياه To refuse a person something; deny it to him.

— جارهُ : حامى عنه To defend; stand by.

مَنُعَ : كان مَنيعاً To be invincible, etc.

— : قوي واشتد To be fortified; strengthened.

△مَنَّعَ : قوّى To fortify; strengthen.

△ — ضدّ المرض وغيره : حصّن To immunise.

مانَعَ : عارضَ To object to; make objection.

— هُ الشيء : منعهُ إيّاه To refuse a person something; deny it to him.

إمتنَعَ . تمنّعَ عن كذا To forbear; abstain *or* refrain from; avoid.

— . — : رفض . أبى To refuse; decline.

— . — الشيءُ : تعذر To be impossible.

تمنّع ٢ بكذا : احتمى به To seek protection in, *or* with.

— : تقوّى To fortify oneself.

مَنْع : إِعاقَه — Prevention; act of preventing *or* hindering.

— : نَهْي — Prohibition; interdiction; forbiddance.

مَنْعَة : قُوَّة — Strength; might; fortitude; force; power.

— مَنَاعَة : حَزَازَة — Impregnability; security; invincibility.

مَنَاعَة ٢ (ضد المرض) : حَصانَـة — Immunity.

مَنِيع : حَرِيز — Impregnable; invincible; inviolable; inaccessible.

— : قَوِيّ — Strong; powerful; mighty; robust.

— : حَصِين — Immune; proof against.

حِصْن — . — Impregnable, *or* inaccessible, fortress.

جَيْش — . — Invincible army.

عائق — . — Insuperable (insurmountable) obstacle.

مانِع : مُعِيق — **Prohibitive; prohibitory.**

— : عائق — Obstacle; hindrance.

— : واقٍ — Preventive; serving to prevent.

— : إِعْتِراض — Objection; adverse reason.

إِمْتِناع : تَعَذُّر — Impossibility.

— تَمَنُّع : رَفْض — Refusal; rejection.

مَمْنُوع : مَنْهِيّ عنه — Forbidden; interdicted; prohibited; objectionable.

— : مُمْتَنِع : غير مَسْمُوح بِهِ — Prevented; disallowed.

التَدْخِين (في المكان) — . — No smoking.

الدُخُول (الى المكان) — . — No admittance.

بَضَائِع مَمْنُوعَة — Prohibited goods.

تِجارة المَمنوعات — **Interloping trade.**

مُمْتَنِع ٢ : مُتَعَذِّر — Impossible.

— : رافض — **Refusing; reluctant.**

مُمَانَعَة : مُعارَضَة — **Objection; opposition.**

☆مُنْعِش (في نعش) ☆ مُنْعِم (في نعم) ☆ منغص (في نغص)

☆مِنْفاخ (في نفخ) ☆ منفحة (في نفح) ☆ منفرد (في فرد)

٥مَنِيفِسْتو : بيان شحنة السفينة — Manifest.

— السفريَّة : بيان شحنة البضائع بسكة الحديد — Waybill.

☆منقار (في نقر) ☆ منقبة (في نقب) ☆ منقد (في نقد)

☆منقذ (في نقذ) — Deliverer; saviour.

٥مَنْكان : تمثال او شَخْص لعَرْض الملابس — ←Manikin; ←lay figure.

☆منكب (في نكب)

☆منكر (في نكر)

٥منكرع : ملك مصري من العائلة الرابعة باني هرم الجيزة الأصغر — Mycerinus.

(مَنّ) مَنَّ . أَمَنَّ . تَمَنَّنَ : أَضْعَفَ — To weaken; enfeeble.

— عليه بكذا : أَنْعَمَ — To grant; bestow.

— عليه : صنع معه جميلاً — To oblige; do a favour to; be kind *or* gracious to.

— عليه بِمِنَّةٍ . تَمَنَّنَهُ بها — To remid a person, (reproachfully,) of favours done to him.

مَنّ : كلّ ما يُنْعَم بِهِ — Gift; benefit; favour.

— النَبات : النَدْوة العَسَلية — Honey-dew.

— القَيْطَس — Spermaceti.

— بَني إسرائيل . مَنّ السَماء — Manna.

سُكَّر الـ — Mannite.

بِمَنِّهِ تعالى — By the grace of God.

مُنَّـة : قُوَّة — Stamina; staying power.

مِنَّة : مَعْرُوف . فَضْل — Favour; kind act; kindness; benevolence.

— : إِحْسان — Benefit; gift.

— : نِعْمَة — Grace; mercy of God.

مَنَّان . مَنُون : مُحْسِن — Bountiful; munificent; generous; liberal; obliging.

الـ : الله — God, the Giver of all good.

مَنُون ٢ : كثير الامتنان — Much obliged; very grateful *or* thankful.

— : مَوْت — Death.

ريبُ الـ : مَصائب الدَهْر — Troubles, *or* adversities, of life.

إِمْتِنان — **Gratitude; gratefulness; thankfulness.**

مَمْنُون : ضَعيف — Weak; feeble; infirm.

△— . مُمْتَنّ : كثير الامتنان — Much obliged; very grateful.

△— . — لَهُ — Under obligation to him.

△مَمْنُونِيَّة . إِمْتِنان — **Gratitude; thankfulness; state of being indebted for an act of favour.**

*منهاج (في نهج) *منهك (في نهك)

*منهمك (في همك) *منوال (في نول)

○مَنُوليا : مَغنُوليا ←Magnolia.

*منون (في منن) *منويّ (في منى)

*مَنَى (منيًا) . مَنَا (منوًا) : اِبتلَى واختبرَ — To try; put to the test; distress; subject to severe trial.

مُنِيَ بكذا — To suffer; undergo; sustain; experience a severe trial or affliction.

— بخسارةٍ — To sustain a loss.

— لِكذا : وفّق له — To find by good luck.

مَنَّى الرجلَ الشيءَ او به : جعله يتمنّاه — To make a person desire, or wish for.

— . أمنَى الدمَ : أراقه — To shed blood.

— . — الرجلُ : انزلَ منيَّه — To spermatize; eject, emit or discharge sperm.

تمنَّى الشيءَ : اراده ورغِبَ فيه — To desiderate; desire; wish, or long for; feel lack of.

إستمنَى : حاوَلَ إخراج منيِّه بغير جماع — To masturbate; practise self-pollution.

مَنِيّ . مَنِيّ : ماء الذكر — Sperm; semen.

مَنَوِيّ — Spermatic; seminal.

الحبلُ الـ. — Spermatic cord.

الحُوَيْنُ الـ — Spermatozoon, (*pl.* spermatozoa.)

السائلُ الـ. — Spermatic, or seminal, fluid.

السيلانُ الـ : مَذْي — Spermatorrhea.

الغدّة المنويّة — Sperm gland; spermary.

مَنًى . مَنِيَّة : قدرُ الله — Destiny; fate.

— . — : موت — Death.

رسولُ المنايا : الموت — King of terrors; death.

مُنْيَة (والجمع مُنًى) : بُغيه — Desire; wish.

أُمْنِيَّة (والجمع امانيّ واماني) — Desideratum, (*pl.* desiderata); felt want; wish.

تمنٍّ : ابتغاء — Desiring; wishing for.

صيغةُ التمنّي (في علم اللغة) — Optative mood.

إمناء . تمنية : إنزال المنيّ — Spermatism; emission of sperm; ejection of semen.

إستمناء : جَلْدُ عميرة — Self-pollution; onanism; masturbation.

مُتمنٍّ : مُبتغٍ — Desiring; wishing.

*منير (في نور) — Luminous.

○مَنيزا : كربونات المنيزا . مسحوق مُسْهِل — Magnesia.

*منيع (في منع) *مُنيف (في نوف)

○مَنِيفاتورة — Manchester, *or* dry, goods.

*مهابة (في هيب) *مهارة (في مهر) *مهاة (في مهو)

*مهبل (في هبل) *مهتر (في هتر) *مهتريء (في هزأ)

*مُهتمّ (في همم) — Interested.

*مُهجة : قلب — Heart; organ of life; seat of affections.

— : دم — Blood; fluid of life.

— : رُوح — Life; soul; breath of life.

*مَهَدَ . مَهَّدَ : سَوَّى . بَسَطَ — To level; make flat *or* even (as a road).

— . — : وطّأ — To pave; smooth; make smooth *or* easy; prepare.

— : سهّل — To smooth; make easy.

— السبيلَ لكذا — To pave the way (to *or* for).

— الطريقَ : رصفه — To pave a road.

— الأمرَ : سوّاه وأصلحه — To arrange, adjust, *or* settle an affair.

— له عُذره — To accept an excuse.

— له العُذرَ — To make allowance for.

— الفراشَ وغيره : سوّاه — To make, prepare, *or* arrange (a bed, etc).

مَهْد . مِهاد : فِراش — Bed.

— الطفل ←Cradle; crib.

قضى على الشرّ في مَهْدِهِ : تلافاه قبل استفحاله — To nip *it* in the bud.

تمهيد : توطئة — Levelling; paving; preparing, etc.

— : مقدّمة — Introduction; foreword; preface.

تمهيديّ — Preparatory; introductory.

شرح — . — Prefatory remarks.

قرار — . — Interlocution; intermediate decree.

حُكم — . — Interlocutory.

إجراءات تمهيديّة — Introductory proceedings.

مُمهَّد — Paved; levelled; arranged; prepared, etc.

Flowing; hanging loose. ٭مُهَدَّل (في هدل)
To be clever, skilful, etc. ٭مَهَر : كان ماهراً
To sign; seal. — الخِطابَ والصكَّ : امضاه
To give, *or* assign, a dowry to a wife. — وأَمْهَرَ المرأةَ
To vie with in skill. مَاهَرَ : غالبَ في المهارةِ
Bride's marriage portion. مَهْر : صِداقُ المرأة
Dowry; dot. — : ∆دوتـا . بائنة
Seal; signet. مُهْر : خَتْـم
Foal; colt. — : ولد الفرس
Filly. مُهْـرَة : أنثى المُهْر
Skill; adroitness; deftness; cleverness; expertness; dexterity; address. مَهارَة
Skilfully; cleverly. بِـمَهارة : بِحِذْق
Skilful; adroit; very clever; expert; dexterous; deft. ماهِر
Skilled, versed, *or* clever, in. — في كذا
Kermess; outdoor festival; gala. ∆مِهْرَجان : عِـيـْد
Jamboree. — الكشّافة
Privy seal keeper. ٥مُهْردار : حامِل الخَتْم
Albinism. ٭مَهق : بياض فى الجلد والشعر والعين
To mash. ٭مَهَكَ : سحق . هَرَس
مَهْكَة الشباب : نضارته Bloom of youth.

مِمْهَكة : أداة طباخة ←Masher.

To act slowly *or* deliberately; take one's time. ٭مَهَلَ . تمهَّلَ : لم يعجِّل
To give time; accord, *or* grant a delay. ∆— . مَهَّلَ . أمْهَلَ : لم يعاجله
To ask for a delay. إستَمْهَلَ
Ease; leisure; convenience. مَهْل . مَهَل . مُهْلَة : رِفْق
Slowness; deliberateness. — . — : تأنٍّ
Slowly; gently; leisurely; in no hurry. على — . مَهْلاً : رويداً
At leisure. على — : في الوقت المناسب

Take your time. على مَهْلك : تأنَّ
A delay; respite. مُهْلة ٢ : مدة الامهال
Days of grace. الـ القانونيّة (في التجارة)
Concession of a delay. إمْهال
Slowness; deliberateness. تمهُّل
Slow; deliberate. مُتَمَهِّل
Important. ٭مُهِمّ (في همم)
Whatever; no matter what. ٭مَهْمَا
I shall do as you do; I shall do whatever you do. — تفعل أفعل
Whatever the case may be. — كان الامر
٭مهماز (في همز) ∆مهمر (في همر) ٭مُهْمَل (في همل)
Commission. ٭مُهِمَّة (في همم)
The realms of thought, fancy, etc. (مهمه) مَهامِه التفكير
To be despicable. ٭مَهُنَ : كان حقيراً
To serve a person. مَهَنَ الرجلَ : خَدَمَه
To practise one's profession. — . ماهَنَ : مارسَ صناعته
To hackney; wear out in common service. — . إمْتَهَنَ : إبتذَلَ
To despise; contemn. امْتَهَنَ ٢ : احتقر
To employ as a menial servant. — الرجُلَ : استعمله كخادم حقير
Business; calling; occupation; vocation. مِهْنَة : شُغْل
Service; office; employment. — : خِدْمَة
Liberal profession (exempted from taxes.) — حُرَّة : ليس عليها ضريبة
Profession. — شريفة (كالطب والكهنوت والمحاماة)
Trade. — يدويّة (كالحدادة والنجارة والبناء)
Professional secret. سِرّ الـ . (راجع سرر)
Despised. مَهِين . مُهان . ممتهَن(١) : مُحْتَقَر
Despicable; contemptible. — . — : حقير
Hackneyed; trite; much used. مُمْتَهَن ٢ : مُبتذَل
Menial servant. مَاهِن : خادم حقير
Abuse; misuse; improper treatment *or* use. إمتهان : ابتذال

*مهندس (في هندس) Engineer.

*مَهُوَ اللبنُ : رقّ وكثر ماؤه To be *or* become diluted *or* thinned.

مَهْو : بَلّــور Crystal.

— : مخلوط او مُخفَّف بالماء Diluted; thinned; washy.

مَهَاة : البقرة الوحشيّة Oryx; the straight-horned antelope of Arabia.

*موءاء السنّور Mewing; caterwaul; crying of cat.

ماءَ السنّور To miaul; mew; caterwaul.

*مواساة (في اسو) *مواشٍ (في مشى) *مواظب (في وظب)

*موالٍ (في ولى) *مؤامرة (في أمر) *مؤبّد (في ابد)

*مُوبقة (في وبق) Atrocity.

*موت . أماتَ : جعله يموت (1) To kill; deprive of life; put to death.

— و— : كانَ سببَ موته To be the death of a person; bring about his death.

— و— نفسه : انتحر To commit suicide.

امات ٢ شهواته : قهرها To mortify, *or* deaden (the carnal affections, *or* bodily appetites).

— غضبه : سكّنه To deaden one's passions.

— ه جُوعاً To starve to death.

أُميتت الكلمة : بَطَلَ استعمالها To become obsolete, *or* disused.

مات (موتاً) : حلَّ به الموت To die; expire; become dead; lose life.

— : فني . باد To die; perish; expire.

— الريحُ والحرُّ والنارُ : سكن To die out; subside; abate.

— جُوعاً To starve; perish with hunger.

— بَرْداً To starve, *or* perish, with cold.

— كمداً To be mortified.

— بالسيف To die by fire, *or* by the sword.

— المكانُ (مواتاً وموتاناً) To be depopulated.

تماوتَ : تظاهرَ انه مات To feign to be dead, *or* dying.

— : أظهرَ الضعف To feign weakness.

— في عمله To act indolently.

إستماتَ : طلبَ الموتَ لنفسه To seek death.

— : استقتل To act desperately.

مَوْت . مَوْتة : زوال كل حياة ←Death.

— : وفاة Decease; death; departure.

— : فناء Mortality; destruction; extinction.

— أبيض : طبيعي Natural death.

— أبيض : فجائي Sudden death.

— أحمر : الموت قتلاً Violent death.

— أسود : الموت خنقاً Death by strangulation.

— زؤام : سريع Instant death.

— زؤام : كريه Horrible death.

— . مِيتة △ موتة ٢ : حالة الموت او نوعه Death; manner of dying.

صحوة الــ Rallying.

صحا صحوة الــ To rally; suddenly grow much better before dying.

نسبة الــ (الوفيات) Death rate; mortality.

مَيْتة : الحيوانُ الميت بلا ذبح Dead animal (*or* its flesh).

موات : حالة فقدان الحياة عموماً Lifelessness; inanimation.

— : أرض قاحلة Barren *or* uncultivated land.

— : ما لا روح فيه An inanimate thing.

مُوتان : مَوْتٌ او طاعون المواشي Cattle-plague; epizootic.

— الفؤاد : بليد Sluggish; dull; stupid.

مائت : محتضر Dying; moribund; in a dying state; near death.

— : فانٍ Dying; mortal; destined to die.

مَيْت . ميّت Dead; lifeless; inanimate.

إماتة : إعدام الحياة Killing; putting to death.

— الشهوات Mortification of bodily appetites.

مَمات : مَوْت Death; decease.

مُمات : مهجور . بطل استعماله Obsolete.

مُميت : قتّال Deadly; mortal; fatal; lethal.

جُرح — . Deadly wound.

مَرَض — . Fatal disease.

خطيئة مميتة Mortal sin.

مُستميت : مستقتل Desperate; reckless.

*مؤتمر (في أمر) *مؤتمن (في أمن)

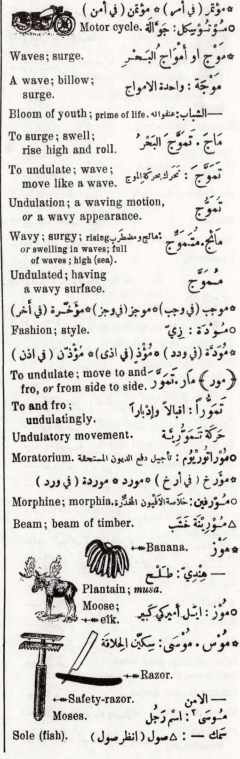

Motor cycle. ○مُوتُوسِيكل: جَوَّالة

Waves; surge. *مَوْج او أَمْوَاج البَحْر

A wave; billow; surge. مَوْجَة: واحدة الامواج

Bloom of youth; prime of life. — الشباب: عنفوانه

To surge; swell; rise high and roll. مَاجَ. تَمَوَّجَ البَحْرُ

To undulate; wave; move like a wave. تَمَوَّجَ: تحرك بحركة الموج

Undulation; a waving motion, *or* a wavy appearance. تَمَوُّج

Wavy; surgy; rising *or* swelling in waves; full of waves; high (sea). مَائِج. مُتَمَوِّج: هائج ومضطرب

Undulated; having a wavy surface. مُمَوَّج

*موجب (في وجب) *موجز (في وجز) *مؤخَّرة (في أخر)

Fashion; style. ○مُودَة: زِيّ

*مَوَدّة (في ودد) *مُؤذٍ (في اذى) *مُؤذِّن (في اذن)

To undulate; move to and fro, *or* from side to side. (مور) مَارَ. تَمَوَّرَ

To and fro; undulatingly. تَمَوُّراً: اقبالاً وإدباراً

Undulatory movement. حَرَكَة تَمَوُّرِيَّة

Moratorium. ○مُوراتوريُوم: تأجيل دفع الديون المستحقة

*مؤرخ (في أرخ) *موردة *مورد (في ورد)

Morphine; morphia. ○مُورفين: خلاصة الأفيون المخدِّرة

Beam; beam of timber. △مُورِينَة خشب

Banana. *مَوْز

— هِنْدِيّ: طَلْح

Plantain; *musa*.

Moose; elk. ○مُوز: ايِّل أميركي كبير

*مُوس. مُوسَى: سِكِّين الحِلاقة

Razor.

Safety-razor. — الامن

Moses. مُوسَى ٢: اسْم رَجُل

Sole (fish). سَمك — △صول (انظر صول)

سمك مُوسى وهوشع

Plaice.

مُوسَوِي: نسبة الى موسى النبي

Mosaic.

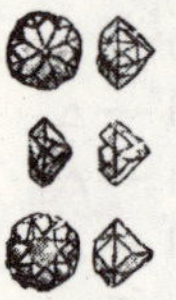

Diamond. مَاس. الْمَاس △

An adamant. رَجُل —: لا يتأثَّر

Rose-cut diamond. ○الـ وَرْدَه ○ — رُوزَه

Brilliant diamond. △الـ بِرلَنْتِي

Adamantine will. إرادة ماسيَّة

Glazier's diamond. ماسة القِمراتي (زَجَّاج)

To shave (with a razor). مَاسَ: حَلَقَ

*موسر (في يسر) △مؤسّل (في اسل) *موسم (في وسم)

Music. *مُوسِيقَى: الغناء والتَطْرِيب (او اسم الفن)

Musical. موسيقيّ: مختص بالموسيقى

Musician. — مُوسِيقار: مشتغل بالموسيقى

Musical instrument. آلة موسيقية: آلة طَرَب

Muslin. ○مُوسِلِين: نوع من الشِّف (△الشاش)

Indian peas. (موش) مَاش: حَبّ يُطْبَخ

*مُوَشَّح (في وشح) *موشور (في وشر)

*موصول (في وصل) *مَوضوع (في وضع)

○موطُر. موطير: محرِّك كهربي

Motor.

*موطِئ (في وطأ) *موعِد (في وعد) *موعوك (في وعك)

*موفق (في وفق) *موفور (في وفر)

Canthus; the angle formed by the meeting of the eyelids. *مُوق العَيْن: △مِيسَق

*مؤقت (في وقت) *موقد (في وقد) *موقعة (في وقع)

*موقف (في وقف) *مُوقن (في يقن) *موكب (في وكب)

*مؤكد (في وكد) *موكل (في وكل)

To enrich; make rich. *مَوَّلَ: أغنى

To finance. — مَالَ: اعطى المالَ اللازم لعَمَل

To be, *or* become, rich. مَالَ ٢. تَمَوَّلَ. اسْتَمَالَ: كثر مالُه

To incline; lean. — ضِدّ استقام (في ميل)

To be financed. تَمَوَّلَ ٢: اخذ المالَ اللازم

مَالٌ : رِزق — Property; estate.
— : بَضائِع — Goods; wares; commodities.
— : نُقود — Money; (*Amer. slang*) dough.
— الحَرام : سُحْت — Ill-gotten money; pelf.
△ — الحكومة : ضَريبة (راجع ضرب) — Taxes.
△ — الاطيان (الاراضي) — Land-tax.
△ — العقارات (المسقّفات^س) — Property tax.
— كثير : ثَرْوَة — Wealth; fortune; riches.
رَجُل ذُو — : كَثيرِ المالِ — A man of fortune; a wealthy man.
الـ الإحْتياطي — Reserve fund.
رأسُ — △رسْمال — Capital; fund.
بَيْتُ الـ . — The public treasury.
أَمين الـ : امين الصُنْدوق — Treasurer; cashier.
امين بَيْت الـ . — Chancellor of the exchequer.
جَمْعُ الـ . — Money-making.
ماليّ^١ : نَقْدي — Pecuniary; monetary.
— : متعلّق بالامور الماليّة — Financial.
— : مشتغِل بالامور المالية — Financier.
— : مختصّ بماليّة الحكومة — Fiscal; pertaining to the public treasury *or* revenue.
نِظام — . — Financial system.
ماليّ^٢ . مموَّل . متموِّل : صاحب راس المال — Capitalist.
△ماليّة^٢ : مَال — Finance; available money; resources.
سنة مالية — Financial year.
سَنة مالية (ضرائبيّة حكومية) — Fiscal year.
سُوق — . — Money-market.
عُقوبة مالية — Pecuniary penalty.
غَرامة مالية — Fine; mulct.
وزارة الـ . — The Ministry of Finance.
أغراض مالية — Fiscal, *or* financial, purposes.
△موّال . مَواليا (في ولي) — Roundelay; rondeau.
*مولد (في ولد) * مولع (في ولع) * مؤلم (في ألم)
*مولى (في ولى) — Lord.

*مُوم : شمع النَحْل — Wax; beeswax.
— الحائك — Weaver's reel *or* thread holder.
— مكنة الخِياطة: △مَكّوك — ←Shuttle.

*مومس (في ومس) * مومن (في امن)
○مُومْيا : جثة محنّطة — ←Mummy.
*مَوَّنَ . مَانَ : قدم المؤنة — To provision; supply with provisions.
تَمَوَّنَ — To stock provisions.
تموين : ميرة^س — Rations; provisions.
بِطاقة — . — Ration card.
وزارة الـ . — Ministry of Supply.
مُونة : مؤنة . قوت — Provisions; victuals.
△ — : ملاط البناء — Mortar.
○مُونْتاج : ترتيب المناظر السينمائية — Scenery; scenes.
*مؤنث (في انث) — Feminine.

○ مونغرام . مُونُوغرام : طغراء ← — Monogram.
*مَوَّهَ . ماهَ المكانُ والبئرُ : كثر ماؤهُ — To abound in water.
— : أماعَ — To dilute; thin; attenuate.
— القِدْرَ : اكثر ماءَها — To thin broth; put much water in it.
— بكذا : طلي . غشّى — To coat; plate; cover *or* overlay with.
— بماءِ الذهب — To gild; overlay with gold.
— بماء الفضّة — To silver; coat with silver.
— عليه الخبرَ والأمرَ — To misrepresent to.
— الحقائق : حجبها . اخفاها — To blink facts.
ماهَ^٢ .أماهَ : خلط بالماءِ — To dilute; attenuate; mix with water.
اماهَ^٢ السكينَ : سقى شفرته — To temper the blade of a knife.
ماءٌ (اصلهُ موهٌ) △مَيّة . ميّ^س — Water.
— : عصير — Juice.
— : سائل — A fluid.
— البحْر — Sea-water.
○— الحياة : الخمر — Aqua-vitae; alcohol; spirits.
— الذهب — Gild; gilding; gold wash.
— الرصاص: خلّات الرصاص — Lead lotion; Goulard water.
— الزهر — Orange-flower water.
— الشباب : رَونقه ونضارته — Bloom of youth.
△— الكذّاب : حامِض نِتري — Nitric acid; aqua-fortis.

Dead; lifeless. ٭ميت (في موت)

To soften. ٭مَيَّتَ . ماتَ . امتاثَ : اذاب وليَّنَ

Soft earth. ارض مَيْثاء : ليِّنة سهلة

٭ميثاق (في وثق) ٭ ميثرة (في وثر)

Flying ←gurnard. ٭ مَيْنَج : سمك طيَّار

Bat, racket, *or* battle-door. ٭مِيْجار (في وجر)

Megaton. ٥ ميجاطُن : مليون طن

To reel; stagger; totter. ٭مَيَّحَ . تميَّحَ . تمايَحَ المركبُ والسكران: تمايل

To swing; sway; oscillate. تَمَيَّحَ ٢ . تَمايَحَ ٢ الغصن

Strut; swagger; walk with affected dignity. —٠. مَاحَ : تبختر

To waddle. —٠— : مشى كالبطَّة

To beg *or* request a favour from. إمْتاحَ . اسْتماحَ : طلب فضله

I beg your pardon. اسْتَميحُ عفوكم

I beg you to favour me with your company. — مرافقتكم لي

I beg your acceptance of. — قبولكم لكذا

Mace. ٭ميحار (في محر)

Swaying; oscillation; swinging from side to side; vacillation. ٭مَيْد . مَيَدَان : تمايُل

Amount, measure *or* distance. مِيْدَاءُ الشيء : مبلغه وقياسه وبعده

Opposite to. هذا — ذاك : بحذائه

Square; open space; parade ground. مَيْدان : ساحة

Field; scope. — : مجال

Theatre of war. — الحرب : ساحته

Battle-field. — القتال

Race-course. — السباق (سباق الخيل)

Stadium (*pl.* stadia.) — المسابقات

Giddy; dizzy; reeling. مائد : △ دايخ

Table; food placed on a table to be partaken of. مائدة . ميدة : الخوانُ عليهِ الطعام

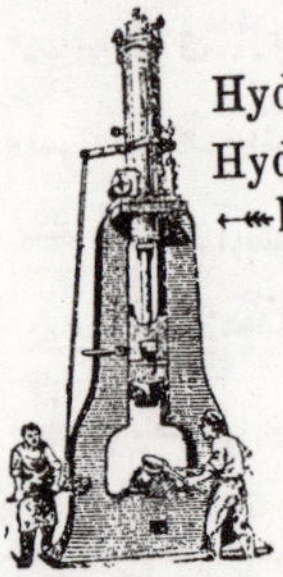

Table. — : خوان (راجع خون)

Dining-table. — الاكل والطعام

Writing-desk. — الكتابة

To oscillate; vacillate; waver; totter; be agitated *or* shaky. مادَ . تمايدَ . تميَّدَ : اهتزَّ واضطرب

To reel; sway. —٠—٠— : تمايل

To feel giddy *or* dizzy. — : دار رأسهُ △ داخ

Muriatic, *or* hydrochloric, acid. — النار : حامض ايدروكلوريك

Modesty; self-respect. — الوجه ٢ : الحياء

Rose-water. — الورد

Hard water. — قاس (لا يرغو فيه الصابون)

Soft water. — ليِّن (يرغو فيه الصابون)

Cataract. الـ — الازرق (مرض في العين)

Water-bird. إبنُ الـ —

Water-birds. بناتُ الـ —

Mermaid; ←sea-maid. حُوريَّة الـ —

Mineral waters. المياهُ المعدنيَّة

Subterranean *or* underground waters مياه جوفيَّة

Water cart. عربة الـ — (لحمل الماء)

Spirit level. ميزان الـ — : شاقول

Watery; aqueous. مائيّ . ماويّ . ماهيّ : مثل او مختصّ بالماء او فيه ماء

Aquatic. — : مختص بالماء او منهُ او يعيش فيه

Fluid; in fluid state; liquid. — : سائل

Hydraulic. — : مختص بالسوائل المتحرِّكة

— : مختصّ بتوازن السوائل

Hydrostatic.

Hydrostatic, *or* ←hydraulic, press. مكبس — ٠

Aquarelle. تصوير — : بالماء بدل الزيت

رطوبة مائية (في العين)

Aqueous humour.

Water-plants. نباتات مائية

Aquatics. الملاهي او الالعاب المائية

Sap; juice of plants. مائيَّة ٢ النبات : ماؤه

Quiddity; essence *or* nature of a thing; entity. ماهيَّة الشيء : حقيقته

Salary; pay (fixed and regular). △ — : راتب

Stipend. △ — خادم الدين

Coating; overlaying. تمويه : طلاء

Misrepresentation of news, facts, etc. — الاخبار او الحقائق

Overlaid; coated; etc. مُمَوَّه : مُفَشَّى

Hydrolysis. تَمَيُّؤ . تَمَوُّه

٭موهبة (في وهب) ٭ مؤونة ٭ مؤنة (في مأن)

△موى (في مُواء) ٭ميّ △ مَيَّه (في موه) △ ميبر (في ابر)

Locket. ٥ مِيدَاليُون : مُرَصَّع

Medallion. — : رَصِيعة . سكة عليها رسم ناتىء

Field. ٭ميدان (في ميد)

Concrete beam; ground-sill. △ مِيدَة الأساس (عارضة من الاسمنت المسلّح)

Provisions; supplies. ٭مَيْر . مِيرَة : مؤونة

Government; state; public. مِيرِيّ : أميري . حكومي

Government taxes. مال الـــ.

Purveyor; caterer. ميّار : متعهّد توريد المؤونة

To provide for one's family. مار . أمار عياله : أتاهم بالطعام

To purvey; cater; provide provisions. مايَرَ : قدّم الميرة

To mimic; ape. — : حاكى . قلّد

Colonel. △ ميرالاي : أميرالاي (فوق قائمقام)

Holy chrism. △ ميرون : الزيت المقدّس (عند بعض النصارى)

To prefer (one thing *to* another). ٭ميّز . أماز الشيء : فضّله على غيره

To differentiate between. — بينهم

To single out; choose out from others. — الشيء : فرزه عن غيره

To distinguish; discern; discriminate. — : فرق . أدرك الفرق

To distinguish; separate. — : فصل

To distinguish one (thing) from another. — الواحد من الآخر

To privilege; grant some particular right to. — الرجل : جعله ممتازاً على غيره

To be distinguished, preferred, etc. تميّز . امتاز من

To rage with anger; foam with rage. — غيظاً

Characteristic; a distinguishing trait, quality, *or* property. ميزة : صفة مميّزة

Advantage; merit. — . إمتياز : فضل . افضلية

Distinction; point of difference امتياز ٢ : فرق

Privilege. — : حقّ ممتاز او خاص

Concession. — : رخصة رسمية بإدارة عمل

Patent. حق الـــ. (باختراع او سواه)

Capitulations; foreign privileges. الإمتيازات الأجنبيّة (في الشرق)

Preferable to. أميز من

Distinction; discrimination. تمييز : فرق (او إدراك الفرق)

Discretion; discernment. — : إدراك

Preference; choice. — : تفضيل

Partiality; prejudice. — : تفضيل (وبمعنى محاباة)

Common sense; sound judgment. — : حصافة

Age of discretion. سنّ الـــ او الإدراك

Indiscriminate. عديم (بلا) الـــ.

Distinguishing; distinctive. مميِّز : فارق

Rational; intelligent; discerning. — : عاقل

Distinctive character. صفة مميِّزة

Distinguished, preferred, privileged, etc. مميَّز : ممتاز

Concrete number. عدد —.

Privileged debts. ديون ممتازة

٭ميزاب (في ازب و وزب) ٭ ميزان (في وزن)

Pole; carriage pole. ٭ميس : △ عريش العربة

Lote-tree; nettle tree. — : نشم أبيض . شجر

Target; butt; goal. △ مِيشَن : هدف

To walk with a graceful swaying motion. ماس . تميّس : تبختر

Swinging; swaying. ميّاس . مائس : متمايل

Svelte; slender and graceful; lissom; lithe. قدّ —.

٭ميسر (في يسر) ٭ميسم (في وسم) ٭ ميضأة (في وضأ)

To withdraw; draw back. (ميط) ماط . أماط عن : تنحّى

To unveil; disclose. اماط ٢ اللثام عن

Rammer. ٭ميطدة (في وطد)

Liquidity; fluidity. ٭ميع . ميعة △ مياعة : سيولة

Stacte. ميعة ٢ : صمغ يتبخّر به

Styrax. شجر الـــ : حاذ او اصطرك

Prime; bloom; beginning. — الشيء : أوّله

Prime of youth. — الصبا او الشباب

مَاعَ : سَالَ وانْتَشَر — To flow; spread.

— . انْمَاعَ . تَمَيَّعَ : ذابَ وسَالَ — To melt; be liquefied.

أَمَاعَ : أَذابَ — To melt; liquefy.

△مَيَّعَ : مَوَّهَ — To thin; attenuate; dilute.

مَائِع : سَائِل — Liquid; fluid.

— : مُرَقَّق . مُخَفَّف — Attenuated.

— : لا سَائِل ولا جَامِد △مِرق — Sloppy; semi-liquid.

إِمَاعَة : إِذابَة — Liquefaction; melting.

△ميعاد(في وعد) △ميماس(في وعس) △مِيـْق(في موق)
△ميقات(في وقت) △ميقاتي(في وقت) △ميقعة(في وقع)

○ميكانيكا (راجع مكن) — Mechanics.

○ميكروب (راجع مكروب) — Microbe.

○ميكروسكوب (انظر مكرسكوب) — Microscope.

△ميكمة(في وكم) — Ploughshare bone.

△مَيلَ : كانَ مائِلاً — To be inclined, or bent.

مَيَّلَ . أَمالَ : حَنَى — To incline; bend.

— . — الى او نَحو — To incline, make inclined, or dispose, to.

— . — عن — To indispose to; disincline from; incline away the affections of.

— . — الوعاةَ لِتَفْريغِه — To tip, or tilt, a vessel.

مَالَ (مَيْلاً ومَيَلاناً) : ضِدّ اسْتَقامَ — To incline; lean; be bent.

— : تَحَدَّرَ — To slope; slant; incline.

— الى : كانَ مَيَّالاً اليه — To be inclined to; have a propensity or inclination to; be disposed to.

— الى : أَحَبَّ — To have an inclination, or sympathy, for.

— الى : عَضَّدَ — To favour; countenance.

— الى المكانِ : عَرَّجَ — To bend one's course, or steps, towards.

— عن : حادَ — To deviate, or depart, from.

— عن : انْصَرَفَ — To turn away from.

— على الحائِطِ : انْحَنَى واسْتَنَدَ الى — To lean against, or upon, a wall.

— على الرَّجُلِ : جارَ — To be adverse to.

— على الرَّجُلِ او المكَازِ : اتَّكَأَ — To lean upon or against (for support.)

— مَع : كانَ من صَفِّهِ — To take side with.

— الحاكِمُ — To be biassed or prejudiced.

— (مَيولاً) النَّهَارُ او اللَّيلُ : دَنا المُضِيّ — To decline; draw towards its end, (a day).

— ـتِ السَّفِينَةُ — To heel; lean over.

— ـتِ الشَّمسُ : قارَبتِ الغِيابَ — To set; decline; go down, (the sun).

تَمايَلَ . تَمَيَّلَ : تَخَطَّرَ — To sway; swing from side to side.

— . — : تَرَنَّحَ — To reel; totter.

إِسْتَمالَ : جَمَلَهُ يَميلُ (حَقيقيّاً ومَجازِيّاً) — To incline; turn.

— الى — To draw over; induce to leave one side for the opposite one; bring over.

— : اجْتَذَبَ — To draw; attract; bring over.

— قَلبَهُ — To gain favour with; win the affections of.

مَيْل : ضِدّ اسْتِقامَة — Inclination.

— : انْحِدار — Inclination; downward slope.

— : انْحِراف — Deviation; slant.

— : اتِّجاه — Tendency; trend; drift.

— : انْعِطاف — Propensity; inclination; leaning; attachment; bent.

— : رَغْبَة — Inclination; desire; liking.

— : مُحاباة — Partiality; bias; prejudice.

— . مَيَلان : دَرَجَةُ مَيْلِ الانْحِدار — The fall (of a slope.)

مِيْل : مِرْوَدُ العَين — Eye-pencil; kohl pencil.

— الجَرّاح : مِسْبَر — Probe.

— : نُصْبَة الأَمْيال — Milepost; milestone.

— بَرّي : قِياس طُولي (١٦٠٩ مِتْراً او ٤٠٠٠ ذِراع) — Mile.

— بَحَري — Nautical mile; knot.

— هاشِمي — Roman mile.

مَيَّال الى — Inclined, prone, or disposed, to; having a leaning towards.

مائِل : ضِدّ مُسْتَقيم — Inclined; bent; slanting.

— : غَير قائِم او قَويم — Leaning (tower, pillar.)

— : مُنْحَدِر — Sloping; declivitous; declivous.

السَّطْحُ الـ. (في الهَنْدَسَة) — Inclined plane.

تَمَايُل : تَخَطُّر — Swaying; swinging from side to side.

— : تَرَنُّح — Reeling; tottering.

مَمَال : دَرَجَة المَيْل — Gradient; degree of slope.

*مِيلاد (في ولد) * مَيْمون (في يمن)

*مَيْن : كَذِب — A lie; falsehood; untruth.

مَانَ : كَذَبَ — To lie; tell a lie.

مَيَّان . مَائِن : كَذُوب — Liar.

*مِينَا . مِينَاء : طِلاءٌ زجاجيٌّ مُلوَّن — Enamel.

— . — الساعة : وَجْهُها — Dial of a timepiece.

— . — السُّفُن : مَرْفَأ — Harbour; port.

— . — جَوِّيّ : مَحَطَّة طَيران — Airport; aerodrome.

طلى الشيءَ بالـــ — To enamel a thing.

○مَيُّوه : لِباسُ العَوْم — Bathing dress, suit, *or* costume.

△مَيَّة *ماءٌ (في موه) — Water.

(ن)

*نَأَى . إِنْتَأَى عن : بَعُدَ — To be, *or* go, far from.

— . — عن : ابتعد — To outdistance; leave far behind.

نَاءَى : بَاعَدَ — To keep far away from.

— عَنْهُ الشرَّ : دَفَعَه — To repel; drive back; ward off; avert.

أَنْأَى : أَبْعَدَ — To eliminate; place at a distance.

نَأْي . مَنْأًى [1] : بُعْد (راجع نوى) — Remoteness.

— . نُؤْي : خَنْدَق — A ditch; fosse; trench; dry moat.

نَاءٍ : بعيد . قاصٍ — Remote; distant; far away.

نَأْي△ نَاي : مِصْفار من القَصَب المثقَّب — Reed pipe; flute; *nay*.

بِمَنْأًى ٢ عن كذا — Beyond; out of reach of.

* ناء (في نيأ) *نائب (في نوب) * نائبة (في نوب)
* نابَ (في نوب) * نابٌ (في نيب) * ناجذ (في نجذ)
* ناجز (في نجز) * ناجع (في نجع) * ناجى (في نجو)

*ناحَ (في نوح) *ناحية (في نحو) * ناخب (في نخب)
*نادٍ (في ندو) *نادى (في ندو) *نارٌ (في نور)

*نارَجِيلُ : جَوْزُ هِنْد (الواحدة نارَجِيلة) — Cocoanuts.

نارجيله ٢ س : △ شِيشَة — Nargile; ←hubble-bubble.

*نارَدين (راجع نردين) * نارَنج (راجع نرنج) * نازع (في نزع)

△نَازْلي : سَمك بحري — ←Hake.

○نازِيّ : اشتراكي وطني الماني — Nazi.

نازِيَّة : الاشتراكية الوطنية الالمانية — Nazism.

*ناسٌ (في نوس) *ناسَبَ (في نسب) *ناسك (في نسك)

*ناسُوت : الطبيعة البشرِيَّة — Human nature; humanity.

*ناسور (في نسر) *ناشد (في نشد) *ناصح (في نصح)
*ناصية (في نصو) * ناضل (في نضل) * ناط (في نوط)
*ناطور (في نطر) *ناع (في نعو) * ناعم (في نعم)
*ناعورة (في نعر) *ناغى (في نغو) * ناف (في نوف)
*نافذة (في نفذ) *نافسَ (في نفس) *نافُوخ (في نفخ)
△نافورة (في نفر) *ناقش (في نقش) *ناقة (في نوق)
*ناقوس (في نقس) *نالَ (في نيل) *نامَ (في نوم)
*نام (في نمو) *نامُوس (في نمس) * ناهزَ (في نهز)
*ناوأ (في نوأ) *ناوب (في نوب) *ناوش (في نوش)
*ناول (في نول) *ناووس (في نوس) *ناي (في نأى وني)
*نبٌّ (في نبب) *نبا (في نبو)

*نَبَأَ : ارتفع — To be high, *or* elevated; jut; protrude; stick out; project.

— عن : تجافى وتباعد — To revolt; turn away, *or* shrink, from.

— عن كذا : اشمأزَّ منه — To revolt, be disgusted *or* shocked, at.

نَبَّأَ . أَنْبَأَ : خَبَّر — To inform; tell (*pt. tense*, told); advise.

— . — : بَلَّغ الخبرَ — To announce; make known.

تَنَبَّأَ : تكلَّم بالنبوءة — To foretell; predict; prophesy; forecast.

— : ادَّعى النبوَّة — To claim to be a prophet.

إِسْتَنْبَأَ : سأل عن الانباء — To ask for news, *or* information.

نبأ : خبر — Information; intelligence; announcement; news.

— : حادث . خبر (جديد) — News.

أنباء الحرب (مثلاً) — War news.

نبيّ . نبيء : مخبر عن الغيب — Prophet; seer.

— العرب (عليه السلام) — The Prophet.

فرس الـ . — Mantis; praying insect.

نبيّة : امرأة تتنبأ — Prophetess.

نبوة . نبوءة : إخبار عن الغيب والمستقبل — Prophecy; forecasting.

نبويّ — Prophetic

* نبّب النبات : صارت له أنابيب — To have a knotted stem.

أنبوب . أنبوبة : ما بين العقدتين من القصب — Joint (of a knotted stem).

— . — : △ ماسورة — Pipe; tube; hollow cylinder.

— مرن : نبريج △ خرطوم — Hose.

— الرئة : قصبتها — Windpipe.

انبوبة ٢ : وعاء — Tube.

— اختبار — Test-tube.

أنبوبيّ — Tubular.

انبوبيات : ○ باشلوس — Bacilli (*sing.* bacillus)

* نبت النبات والشعر : نما — To grow.

— الحبّ في الارض : انتش — To sprout; germinate.

ـــت . أنبتت الارض النبات — To produce plants.

نبّت الشجر : زرعه — To plant trees.

— الحبّ : زرعه — To sow seeds.

— الحبّ : بلّله كي يفرّخ — To germinate; cause to sprout.

△ — الخياطة — To sew fine stitches.

نبت . نبتة : ما نبت من الزرع — A sprout; a germination.

— . نبات : كل ما تنبت الارض — Plants; vegetables; vegetation.

نبات ٢ : زرع — Plant; vegetable.

— : عشب — Herb.

علم الـ . — Botany.

نباتي : آكل الـ : عاشب — Herbivorous.

— : إنسان يعيش على الأطعمة النباتية — Vegetarian.

— : مختص بالنباتات — Vegetable.

— : مختص بعلم النبات — Botanic; —al.

— : مشتغل بعلم النبات — Botanist.

المملكة النباتية — The vegetable kingdom.

نبّوت : عصا طويلة . شومة — Quarterstaff; cudgel; club.

— (قصير) : هراوة △ زقليّة — Truncheon.

نابت : نام — Growing.

— △ منبّت : مستفرخ — Sprouting; germinating.

تنبيت البذور : انتاش — Germination.

منبت : مكان النبت — Growing place.

— : منبع . اصل — Source; origin.

— . مستنبت : مشتل — Nursery; plantation of young trees.

○ نبتون : سيّار (الآه البحر عند الرومان) — Neptune.

* نبث : نبش — To excavate; dig out.

أنبوثة : وعاء فيه أشياء مدفونة في نشارة فمن استخرجها كسبها — Lucky-bag; lucky dip; bran-pie.

* نبح الكلب على — To bark at.

نبح . نباح . نبيح الكلب وغيره — Barking.

نبّاح : كثير النباح — Barker; an animal that barks, or any one who clamours, unreasonably.

— : △ ابو طيط — Pewit; lapwing.

— : وعل الغابة — Bushbuck; bushbock.

* نبخة : △ كبريتة — Match; lucifer.

* نبذ . نبذ : طرحه لقلّة الاعتداد به — To discard; repudiate; cast off.

— : ترك . أقلع عن — To leave off; forsake.

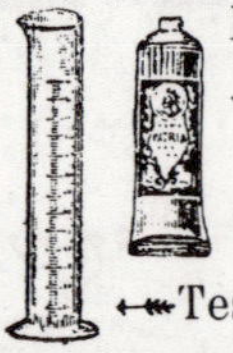

To accentuate a syllable; pronounce it with an accent. — الحَرْفَ او المَقْطَع

To shout at. — الرَّجُلَ : زَجَرَه وانْتَهَرَهُ

To speak ill of. —هُ بلسانِه

To become swollen. إِنْتَبَرَ الجُرْحُ : تَوَرَّمَ

To ascend a pulpit. — الخَطِيبُ : ارْتفعَ فوق المِنْبَر

Accentuation; emphasis. نَبْرُ الصَّوْتِ

Store; warehouse. نِبْرٌ . أَنْبار : مَخْزَن التاجِر

Botfly; gadfly. — : ذُباب الخَيْل والغَنَم

A swelling; protuberance. نَبْرَة : وَرَم

Stress; accent. — : رَفْع الصَوْتِ بعدَ خَفْضِه

Pulpit; rostrum; platform; tribune. مِنْبَر : مِنَصَّة الخَطِيب

Gut; ←intestine; sausage skin. △ مُنْبار : مُصْران يُحْشَى ويُطْبَخ

Pudding; sausage. △— مَحْشِيّ

Light; lamp. ✲ نِبْراس : مِصْباح (عموماً)

Street ←lamp. — : مِنْوَار . مِصْباحُ الشارِع

Flexible tube; hose. ✲ نَبْرِيج : أُنْبُوب مِن جِلد رَقِيق

To nickname. ✲ نَبَزَ . نَبَّزَ : لقَّبَ بلقَب تَهَكُّمِي

A nickname. نَبْزٌ : لقَب تَهَكُّمِي

To utter; say; speak (a word). ✲ نَبَسَ . نَبَّسَ : نَطَقَ

To unearth; disinter; dig up, or out. ✲ نَبَشَ المَدْفُونَ : اَخْرَجَه

To unearth a secret. — السِرَّ

To dig a grave, etc. — قَبْراً او بِئْراً : حَفَرَه

To disinter; exhume (a body); take it out of the grave. — الجُثَّةَ من القَبْرِ

To rob, or rifle, a tomb. — القَبْرَ : سَرَقَ ما فيه

To excavate, or dig out, a (treasure.) — الكَنْزَ من الارْضِ

To search; examine. △ نَبَّشَ : فَتَّشَ

To ransack; search thoroughly. △ — بدِقَّة

Digging; unearthing; excavation. نَبْش : حَفْر . تَنْقِيب

Robbing, or rifling, of tombs. — القُبُور

Ostracise; banish from society. — : طَرَدَ

To abandon; forsake; discard. — : هَجَرَ

To relinquish; withdraw from. — الأمرَ والشيءَ : اَهْمَلَه

To break; infringe (an obligation, law, or promise). — العَهْدَ : نَقَضَه

To rebel; renounce allegiance. — الطاعة

To make, or brew, wine. —. نَبَّذَ . أَنْبَذَ النَبِيذَ

To oppose; contend against. نَابَذَ : خالَفَ

To proclaim, or declare, war against. —هُ الحَرْبَ : أَعلنها

Discarding; rejecting; rejection; casting off. نَبْذ : طَرْح

Renunciation; abandonment. — : تَرْك

Relinquishment; abandonment. — : إِهْمال

A trifle. — : شيء قليل يسير

Insubordination. — الطاعة

The rabble; the dregs of the people. أَنْباذُ الناسِ : الاوباش

Section; part. نُبْذَة : جُزْء

Treatise; tract; pamphlet. — : رسالة في مَوْضُوع

Paragraph; note. — : فِقْرَة

Article. — : مَقالة

Wine. نَبِيذ : خَمْر (المائدة)

White wine. — ابيض

Red wine. — احمر

Discarded; rejected; repudiated; cast off. —. مَنْبُوذ [1]

Wine merchant. نَبَّاذ : بائِعُ النَبِيذ

A foundling. مَنْبوذ[2] : لَقِيط

Untouchable; a non-caste Hindu; a pariah. — هِنْدِي

Unobserved. امرٌ — : غير مَرْعِيّ : مُهْمَل

To raise; elevate. ✲ نَبَرَ : رَفَعَ

To raise the voice to a high pitch. — المُغَنِّي : رفع صَوته

To emphasize a word; lay a stress on it. — الكَلِمَة : نَطَقَ بها برفع صَوْته

نبّاشُ القبور — Resurrectionist; one who steals bodies from graves.

نَبِيش . مَنْبُوش — Dug out; excavated.

△ مَنْبُوش ٢ : أَشْعَث (كالشعر) — Dishevelled.

* نَبَضَ العِرقُ : ضَرَبَ — To pulsate; beat; throb *or* palpitate.

— الماء : سَالَ — To flow out; issue forth.

أَنْبَضَ الوترَ : جَذَبه لِيَرِنّ — To pluck, *or* twang, the strings (of a stringed instrument.)

نَبْض . نَبَضان — Pulsation; palpitation; beating of an artery.

— : حَرَكة القلب او الشرايين — Pulse; the throbbing in the arteries or the heart.

جَسّ — ـه (حقيقيًا ومجازيًا) — To feel one's pulse.

نَبْضَة — Pulsation; a single beat *or* throb.

نَابِض : ضَارِب (كالقلب او العرق) — Pulsative; beating; throbbing.

— : خَافِق — Palpitating.

— : △ زُنْبرك كَمْكي — Spring; coil spring.

— السِلاح الناري : △ غمّاز — Trigger.

مَنْبِض : مَوْضِع جسّ النَبْض — Pulse; place where the pulse is felt.

* نَبَطَ الماء : نَبَعَ — To flow out; rush forth (water).

— نبط . أَنْبط . إِسْتَنْبَطَ الماء (١) — To extract; draw out, water, oil, etc.

△ نَبَّطَ ٢ على : نَدَّدَ بِهِ — To gibe; scoff; sneer, *or* jeer, at.

اسْتَنْبَطَ ٢ : اكْتَشَفَ — To discover; find out.

— : اخْتَرَعَ — To contrive; devise; invent.

نَبَطٌ : غَوْر — Depth; profundity.

— : عوامّ الناس — Populace; common people.

— : قوم كانوا في العِراق وجنوبي فِلسْطين — Nabathæns.

نَبطِيّ : عاميّ — Plebeian; proletarian; common.

إِسْتِنْبَاط : إِكْتِشَاف — Discovery.

— : إِخْتِرَاع — Contrivance; invention.

— : إِسْتِخْرَاج — Extracting; drawing out.

△ تَنْبِيط : تَنْدِيد — Carping criticism; hypercriticism.

△ — : لَمْز — Gibe; sneer; taunt.

مُسْتَنْبِط — Discoverer, contriver, deviser, *or* inventor.

* نَبَعَ الماء : خَرَجَ من العَيْن — To gush, flow, *or* well, out (as water from a spring).

— النَهْرُ — To spring (river from its source).

أَنْبَعَ الماء — To cause water to flow out.

نَبْع . نبوع . نَبَعَان الماء — Flowing, *or* gushing, out.

— . يَنْبُوع . مَنْبَع : عَيْن الماء — Spring; source.

يَنْبُوع ٢ . مَنْبَع ٢ : مَنْشأ . أَصْل — Source; origin.

* نَبَغَ : فاقَ غيره — To excel; be distinguished by superiority.

— في الرِياضِيّات (مثلاً) — To excel in mathematics, etc.

— : فشا وانتشر — To pervade; spread; be diffused.

نَبْغ . نُبُوغ : تَفَوُّق — Excelling; surpassing.

نُبُوغ ٢ : نَجابة — Genius; exceptional inborn aptitude.

نَابِغة : عَظِيم الشأن — A distinguished, illustrious, *or* eminent person.

— : نَجِيب — A man of talent; a genius (*pl.*—es.)

* نَبَقَ الشيء : خَرَجَ وظَهَرَ — To come out; protrude.

نَبْق . نَبِق : ثَمَر شَجَر السِدْر — Nabk; lotus jujube; cherry-like fruit of the lote tree.

* نَبَكَة : أكَمَة مُحَدَّدة الرأس — Knoll; a round tapering hillock.

— : تَلّ صَغِير — Hillock; a small hill.

* نَبَلَ الرجُلَ : رَمَاه بالنَّبْل — To dart arrows at.

نَبُلَ الرجُلُ : كانَ نَبِيلًا — To be noble, *or* magnanimous.

— عَن كذا : تَرفَّع — To refrain; forbear; hold aloof.

نَبْل (نِبال وأنْبال) : سِهام — Arrows; darts.

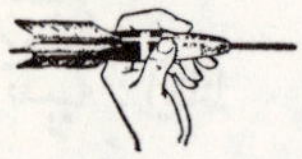

نَبْلَة : حَظْوَة — Dart; arrow.

△ نَبْلَة : صَيّادَة ع — Catapult.

نُبْل . نَبالة — Nobleness; magnanimity.

نَبالة . لَقَب تكريم النبيل الأَصْل — Nobility; noblesse

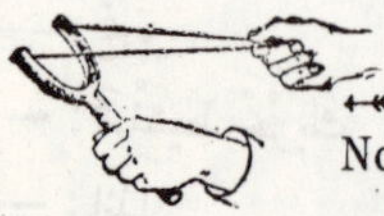

△ نِبْل : وصلة بين ماسورتين . Nipple.←

نَبُل . نَبِيل : Noble; magnanimous.

نَبَّال . نابِل : رامي النِبال Archer; ←bowman.

○ أَنْبُولَة (الجمع انابيل) : قارورة صغيرة من زجاج تحوي دواء يُحقن ←Ampoule.

* نَبُهَ : اشتهر To be noted or renowned.

نَبِهَ . تَنَبَّهَ . انْتَبَهَ للأمرِ To notice; perceive; take notice of; pay attention to; heed.

— . — . — من نومه To wake up; awake.

نَبَّهَ على او الى الامر To call, or draw, one's attention to; give notice.

—ه الى الامرِ : ذَكَّره بهِ To remind of.

—ه الى خطأ او خطر الخ To caution; warn, or notify, of a fault; warn against danger or an offence.

— : حَذَّرَ To warn; caution.

— : أيقظ To awaken; rouse.

— : حرَّك . نشَّط To excite; stimulate.

△ — على : أمَرَ To order; direct; instruct.

نُبْه . نباهة : فِطْنة Intelligence; sagacity.

نَباهة ٢ : شُهْرة Fame; renown; celebrity.

— : شرف Nobility; eminence.

نَبِهٌ . نبيه . نابه : فَطِن Intelligent; shrewd; sagacious.

— . — . — : شريف Noble; eminent; illustrious; glorious.

نَبَهاً : اتفاقاً By chance; accidentally.

إنتباه : التفات . حذر Attention; care; heed.

— : يقظة Wakefulness; vigilance.

بانتباه Attentively; carefully.

تَنْبيه : إيقاظ Awakening; rousing.

— : تحذير Warning; cautioning.

— : تنشيط . تحريك Stimulation; exciting.

— : إنذار Notice; advice.

مُنَبِّه : مُحَذِّر Warning; cautioning.

— : مُيقِظ Awakening.

— : محرِّك ومُنشِّط Stimulant; excitant.

△ — : ساعة منبِّهة Alarm-←clock.

مُنْتَبِه . مُتَنَبِّه : يقظان Awake; vigilant.

— : ملتفت Attentive; heedful; aware.

— : حذر Cautious; wary; circumspect.

* نَبْو . نُبُوّ : تقصير Missing; miscarriage; failure

نَبَا السهمُ عن الهدف To miss; fail to hit; deviate; swerve.

— الطبعُ عن كذا : لم يَقبله To disagree with one's nature.

— المكانُ به : لم يُوافقه To be unsuitable for.

نابٍ : في غير موضعه Out of place; unbecoming; improper.

— : نافر . شاذّ Discordant.

* نَبُّوت : عصا طويلة (في نبت) Quarterstaff; cudgel; club.

— قصير : هِراوة Truncheon.

* نبوّة (في نبأ) * نبيّ (في نبأ) * نبيذ (في نبذ)
* نبيل (في نبل) * نبيه (في نبه)

* نَتَأ : ارتفع عما حوله To protrude; stick, or jut, out; be prominent.

— : ارتفع وانتفخ To swell; bulge out.

نُتُوء Protuberance; prominence; projection.

— . نَتْأة : أكمة Knoll; hillock.

ناتئ . ناتِي : بارز Protuberant; prominent; bulging out; salient.

— . — : نافر Jutting out; in relief.

* نَتَجَ من كذا To result, or proceed, from.

— عنه كذا To result in; terminate in.

—ت وأُنتِجت البهيمة : وَلدت To give birth; bring forth young.

أنتج ٢ : اعطى غلّة To yield; produce.

— : أوجد . سبَّب To cause; bring about.

إستنتج : استخرج نتيجة من المقدمات To infer; deduce; conclude; gather.

— الامرَ : استخرجه من غيره To derive, or draw, a conclusion.

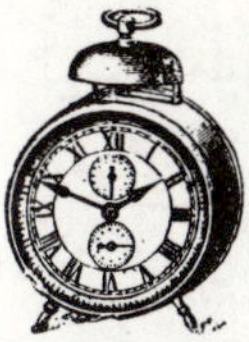

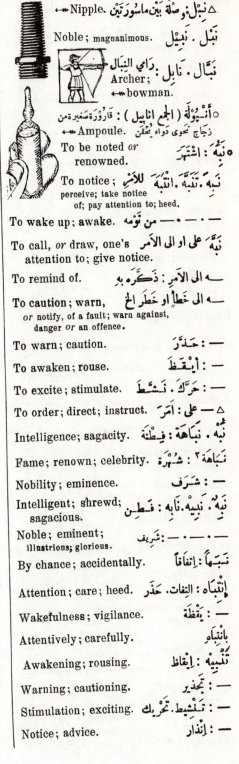

نِتاج : غلَّة . مَحْصول — Product; produce; production; yield.
— المواشي — The young of cattle.
— المَصْنع — Output; goods produced.
نَتِيْجة : حاصِل — Result; product.
— : عاقِبَة — Consequence; outcome; issue.
— : تأثير — Result; effect.
— : ما تَسْتَخرِجهُ من المقدَّمات — Conclusion; upshot; inference; deduction.

△ — : تقويم السنَة — Calendar.
بالـ — Consequently.
كانت نتيجته كذا : ادَّى الى كذا — It resulted in.

نَاتِج : حاصِل — Resultant; resulting.
— : ناجِم — Consequent.
— عن كذا — Is due to; owing to.
— . مُنتِج . مُسْتَنْتِج — Producer.
إِنْتَاج — Production; act *or* process of producing.
إِسْتِنْتَاج — Deduction; inference.
✲ نَتَحَ : رشَحَ . خرجَ من البدَن — To exude.
نَتْح : ارتِشاح . تحلُّب — Exudation.
✲ نَتَرَ : جذبَ بشِدَّة — To twitch; pull with a sudden jerk; pluck.
— : نَزَعَ . قلَعَ — To take off.
△ — : نَثَرَ — To scatter; strew about.
△ — : قذَفَ — To fling; hurl; eject.
○ نِتْرات . نتراة : ○ ازوتات — Nitrate.
— البوتاسا : مِلْح البارود — Nitrate of potash.
— الجِيْر (اي الكلس) — Calcium nitrate.
— الصُودا — Nitrate of soda.
— الفِضة : حَجَر جهنَّم — Sliver nitrate.
— النُشادر — Ammonium nitrate.
○ نِتْروجين : ○ ازوت — Nitrogen.
○ نِتْرُغليسرين — Nitroglycerine.

○ نِتْرِيكْ : ازوتيك — Nitric.
اوكسيد — . — Nitric oxide.
حامِض — : ماء العقد . ماء الكَذّاب — Nitric acid.
✲ نَتَشَ الشعرَ والشوكةَ — To pluck; pull with a sudden jerk; twitch.
— : خطَفَ — To snatch.
— بالعصا — To beat, *or* flick, with a stick.
△ ـــه علْقة — To give one a hiding (licking.)
أَنْتَشَ النبْتُ : أفرخَ . نبَتَ — To germinate.

إِنْتَاش البذور : تنبيت — Germination.
مِنْتاش : مِلْقَط الشَّعْر — ←Tweezers; pincers.
✲ نَتَعَ الدمُ من الجرحِ او الماءُ من العين : △ نَـزَّ — To ooze; flow gently.
△ — : رفَعَ — To heave; lift up; raise.
△ — : أنقذَ — To save; deliver.
✲ نَتَفَ . نتَّفَ الريشَ او الشَّعر — To pluck (feathers) depilate (hair); pick; pull off, *or* out (hair, feathers, etc.)
نُتْفَة : ما تأخذه بين أصابعك — A pinch.
— : شيء قليل — A bit; little.
نَتِيف . مَنْتُوف (١) — Plucked feathers; depilated (hairs).
حاجِب مَنْتُوف ٢ — Tweezered eyebrow.
مِنْتاف : مِلْقَط الشعر . مِنْتاش — Tweezers.
✲ نَتُنَ . أنتَنَ : خبثت رائحته — To stink; emit a strong offensive smell.
— . — . نَتَّنَ : دبَّ فيهِ الفساد — To putrefy; become putrid; decay; rot.
نَتَّنَ ٢ الشيءَ — To putrefy; render putrid; cause to decay *or* rot.
نَتْن . نَتانَة : تعفُّن — Putrefaction; decomposition.
— . — : رائحة خبيثة — Stink; stench; bad *or* offensive, smell.
نَتِن . مُنْتِن : خبيث الرائحة — Stinking.
— . — . مُنَتَّن : متعفّن — Putrid; decomposed; rotten.
— . — : قذِر خبيث الرائحة — Stinkard; stinking person.
△ — : بخيل . مقتّر — Stingy; mean; avaricious; niggardly; miserly.

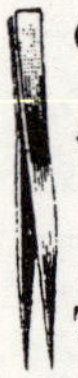

* نَثَرَ. نَثَّرَ الشيءَ : رَماهُ متفرِّقاً	To sprinkle; scatter: disperse.
— عليهِ كذا (كالزُهور)	To strew; cover by scattering something over or on.
— الرمل على الارض	To sprinkle a floor with sand, etc.
— : اتى بالنثر في كلامه	To prose; talk, or write, in prose.
إنتَثَر. تَنَاثَر	To be sprinkled or scattered.
— . — : تساقَطَ	To fall off.
— . اسْتَنْثَر	To sniff; draw (up) water into nose to wash it.
نَثر : بَعْثَرَة	Sprinkling; scattering.
— : خلاف النَّظم	Prose.
نَثْري. مَنْثُور : خلاف المنظوم	Prose; prosaic; in prose.
— : شَتيت	Petty.
مصاريف نثرية	Petty expenses.
نثريّات : مُتَنَوِّعات	Sundries.
نثار : وَرَق رفيع يُنْثَر في الحفلات	Confetti.
— شريطيّ : أشرطة ورقيَّة يتراشقون بها في الحفلات	Paper streamer.
نَثِير . مَنْثُور ٢ : مَبَعْثَر	Sprinkled; scattered; strewn.
نَاثِر : خلاف الناظم	Proser; one who proses; a prose writer.
مَنْثُور ٣ : نبات وزهرهُ	Garden stock; gillyflower.

To succeed; be successful.   * نَجَحَ : افلَح

To turn out well.   — الأمرُ : تيسَّر وسَهُلَ

To prosper; thrive.   — : أَيْسَر

To help forward; promote; further; render successful.   نَجَّح. أَنْجَح

Success; progress; favourable, or prosperous, issue   نُجْح . نَجَاح

Judicious; well-judged.   نَجِيح : صائب

Successful, or prosperous.   نَاجِح : مُفْلِح

To succour; relieve; give help, aid, or succour, to.   * نَجَدَ. نَاجَدَ . أَنْجَدَ

To sweat; perspire.   نَجِدَ : عَرِقَ . تَرشح جلدهُ

To upholster; furnish with upholstery.   نَجَّدَ الفَرشَ

To tease, or beat, cotton.   — القطنَ : نَدَفَهُ

To appeal to (a person) for help.   إِسْتَنْجَدَ فلاناً أو بهِ : اسْتعان

To make bold, or free, with; take liberties with.   — عليهِ : اجترأ عليهِ بعد هَيبته

Relieving; succouring.   نَجْد : إعانة

Upland; highland; plateau; table-land.   — : ما ارتفع من الارض

Nedjed; Nejd.   — : بلاد الوهابيين

Relief; aid; help; succour.   نَجْدَة : عَوْن . غَوْث

Bravery; intrepidity.   — : شَجَاعة

Upholstery.   نِجَادَة الفَرش

Upholsterer.   نَجَّاد . مُنَجِّد (△إفرنكي)

Mattress-maker.   — . (△ بلَدي)

Teasing bow (for beating cotton).   مِنْجَدَة : مِنْدَف. قَوْس المنجِّد

To importune.   * نَجَذَ : الحَّ على

Wisdom-tooth; back-tooth.   نَاجِذ : ضِرْس العَقْل

Asafœtida plant.   أَنْجُذَان : شَجَر الحَلْتيت

French hartwort.   — رُومي : كاشم

* نَجَا (في نجو) * نَجَابة (في نجب) * نَجَّار (في نجر)
* نَجَاة (في نجو) * نَحَاف (في نحف)

To be praiseworthy, commendable.   * نَجُبَ . أَنْجَبَ : كان محمود الصفات

To be excellent.   — . — : كان فاضلاً نفيساً

To beget; generate; sire.   أَنْجَبَ : خَلَّفَ

To select; choose.   إِنْتَجَبَ . اسْتَنْجَبَ : اختار واصْطَفى

Generous; munificent.   نَجْب . نَجِبة : كريم

Excellence.   نَجَابة : نَفَاسة

Excellent.   نَجِيب : نفيس

Pedigree.   — : أَصِيل

Intelligent; sagacious.   △ — : ذَكِيّ

مَنَاجِد : جمع « خُلْد » (انظر خلد) Moles.

* نَجَرَ الخشبَ : نحته وسوّاه To carve, shave, or smooth wood.

△ نَجَّرَ : عمل كالنجّار To do carpentry work.

△ نَجَّار عِمارات Carpenter; joiner.

— أثاثات (مُوبيليا) Cabinet maker.

— دقي : فَيْتَق Joiner

△ نَرْجة الـ... ←Work bench.

نِجَار : أصل Origin; stock.

نُجَارَة : نحاتة (مساحة) الخشب Wood shavings.

نِجَارَة : عمل النجّار او حِرْفَته Carpentering; carpentry.

○ أنجر . انجرة ←Anchor.

مَنْجُور : بَكَرة ←Pulley.

△ —البَيْت : اخشابه Woodwork of a building.

△ نجرو : سرغو . ذرة صَيْفيّة ←Sorghum.

* نَجَزَ العمل : تَمّ To be completed, achieved, or accomplished.

— الشيء : انتهى To be finished, terminated

نَجَزَ . نجّز . أَنْجَزَ : تمّم To complete; finish; achieve; execute.

أنجز الوعد وغيره To fulfil; effectuate (a promise, desire, etc.)

— على الجريح : أجهز To settle the wounded.

نَاجَز : قاتل . نازل To fight; combat.

تَنَجَّزَ . استنجز To ask for the fulfilment, or accomplishment of.

نَجْز . نجاز . إِنجاز Achievement; execution; accomplishment; fulfilment.

نَاجِز . مُنجَز Achieved; accomplished; finished; executed.

تَنَاجُز . مُناجزة Struggle; contest; combat.

* نَجِسَ : كان نجساً To be unclean, impure.

نَجَّسَ . أَنْجَسَ To pollute; defile; contaminate.

تَنَجَّسَ To be, or become, contaminated, polluted, unclean, defiled, etc.

نَجِس Unclean; impure; defiled; polluted; contaminated.

△ — : △ شَقْوَة . خبيث Naughty; mischievous.

داء — او نَجِيس : لا يُبْرأ منه Incurable disease.

نَجَس . نَجَاسة Uncleanliness; impurity.

تَنْجِيس Defilement; contamination; pollution.

* نَجَشَ : △ نَكَش . حَرَّك To stir up; excite.

△ نَجَاش : ○ وَرْدَل (انظر نخاس في نخس) Welt.

نَجَاشِيّ : لقب ملوك الحبشة Negus; title of the Abyssinian kings.

* نَجَعَ . نَجُعَ . أَنْجَعَ : افاد ونفع To avail; be of use to; benefit; be beneficial to.

إِنْتَجَعَ فلاناً : قصده طالباً معروفه To have recourse to; resort to.

— . تَنَجَّعَ . اسْتَنْجَعَ الشيءَ : هبّ لِطَلَبه To be in quest of, or on a quest for.

نَجْع : قرية صغيرة Hamlet; small village.

نَجِيع . نَاجِع : مُفِيد Beneficial; useful.

— . — : مؤثّر Efficacious; effective.

— : صحّي Healthful; salubrious; wholesome.

عِلاج ناجع Effective remedy.

* نَجَفَ . نَجَفَة : تَلّ . أَكَمَة Hill.

△ نَجَفَة : ثُرَيّا ←Lustre; chandelier.

* نَجَلَ الأرضَ : حَرَثَها To plough; till (land.)

— الولدَ و بالولدِ : ولده To beget a son.

نَجْل : اِبْن Son; child; scion.

— : نَسْل Progeny; issue; offspring.

نَجِيل : اسم نبات Quitch; couch-grass; dog-grass; quick, or bent grass.

أَنْجَل (والأنثى نَجْلاء) Having large, beautiful eyes.

إِنْجِيل : بِشارة — Gospel.
الـ : العهد الجديد — The New Testament.

انجيليّ : مختص بالانجيل — Evangelical.
— : بَشِيْر (و بمعنى تابع للطائفة الانجيلية) — Evangelist.
مِنْجَل : سَيف الحِصَاد — ←Scythe.
— (صَغِير) : شَرْشَرَة — Sickle; reaping-hook.
سِنّ الـ : عُصْفُور (انظر سنن) — Titmouse.

△ مَنْجَلَة : مِلْزَمَة : مَنكَنَة ع — ←Vise; vice.
٥ نَجْلَز : صَيَّر انكليزياً — To anglicise; make english.
تَنَجْلَز — To become anglicised.
انجليزي : انكليزي — English.
* نَجَم . أَنْجَم : ظَهَر — To appear; rise; come out.
— عنه : نَتَج — To result from, *or* in; ensue.
— و نَجَّم الدَّيْن : اداه اقساطاً — To pay by instalment, *or* in instalments.
نَجَّم ٢ . تَنَجَّم — To foretell events by the positions and aspects of the stars; practise astrology.
نَجْم : قِسْط — Instalment.
— : نَبات على غير ساق — Shrub; stemless plant.

— . نَجْمَة (١) : كَوْكَب — ←Star.
— بذَنَب : مُذَنَّب (انظر ذنب) — Comet.
— او نجمة الصُّبْح — Lucifer; Venus; the morning star.
— او — المساء — Hesperus; Venus; the evening star.
— او — القُطْب — Polestar.
△ — : طالع — Horoscope; nativity.
حسب الـ . — To cast a horoscope.
النَّجْمُ : الثُّرَيَّا — The Pleiades.
نَجْمَة ٢ (في الطباعة) [*] — Asterisk.
مَرَض الـ (يصيب الخيل) — African horse disease.

عِلم النجوم : عِلم الفلك — Astronomy.
راية الأشرطة والنجوم — ←Stars and Stripes.

عِبادة النجوم — Astrolatry; star-worship.
نَجْمُهُ في صُعود — His star is in the ascendant.
نَجْمِيّ : كالنجم — Starlike.
— : مختص بالنجوم — Astral; stellar.
نُجَيْم : تصغير نَجْم — Asteroid; a little star.
نَجَّام : مُنَجِّم △ يازِرْجي — Astrologer.
ناجِم : ناتج — Resulting; ensuing.
تَنْجِيم : عِلم التنجيم — Astrology.
مَنْجَم : مَنْبَع . أصل — Source; origin.
— : مَنْبَت المعادن — Mine.
— فَحْم — Coal-mine; coal-pit; colliery.
— ذَهَب — Gold mine.
حَفْر المناجم : تعدين — Mining.
مِنْجَم : حَدِيدة الميزان فيها اللسان — Beam of a balance.
مُنَجِّم — Astrologer; practiser of astrology.
* نَجْو : ما يخرج من البطن — Excrement; faeces.
— . نَجْوَى : سِرّ — A secret.
نَجْوَى ٢ : مناجاة — Soliloquy; talking to oneself.
نَجْوَة : ما ارتفع من الأرض — Plateau, tableland.
انه بِنَجْوة من كذا — He is clear of, *or* free from. . . .
نَجِيّ : من تفاوضه بِسِرّك — Confidant; confidential, *or* bosom, friend.
نَجَّى . أَنْجَى : أَنْقَذ — To save; deliver; rescue.
نَجَا : خَلَص — To be saved, rescued, *or* delivered; escape; get off.
— من الموت بأعجوبة — To escape death in a miraculous manner; bear a charmed life.
— و ناجَى صديقه — To take into one's confidence; confide a secret to.
— و — نَفْسَه — To commune with oneself; talk to oneself; soliloquize.
تَناجَى الصديقان — To commune; converse intimately; interchange sentiments or feelings.

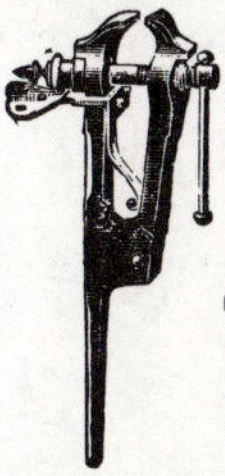

إِسْتَنْجَى منه : استخلص — To recover; reclaim; redeem; rescue.

— : غسلَ موضعَ النجْو — To cleanse oneself after defecation.

حوض الاستنجاء : ○ بِيدِيه — Bidet; ←sitz bath.

نَجَاة . نَجَا . نَجْو ٢ : خلاص — Rescue; redemption; deliverance.

— : سلامة — Safety.

— : هَرَب — Escape.

طوقُ الـ من الغَرَق — ←Lifebuoy.

نَاجٍ : هارب — Escapee.

تَنْجِيَة : إنقاذ — Saving; rescuing; delivering.

مُنَجٍّ : مُنقِذ — Saviour; rescuer; deliverer.

مَنْجَاة : مَهْرَب — Escape; —ment.

مُنَاجَاة : تبادُل الأسرار والعواطف — Confidential interchange of sentiments.

— الأرواح — Spiritualism.

— الانسان لنفسه — Soliloquy.

*نجيب (في نجب) * نحا (في نحو) * نحاس (في نحس)

*نَحَبَ . انْتَحَبَ — To wail; weep loudly; cry; lament audibly.

نَحْب : وقت . مُدّة — Period; time.

— : مَوْت — Death.

— . نَحِيب — Wail; wailing; loud weeping.

قضى نحبه — To die; expire; give up the ghost.

*نَحَتَ الحجرَ وغيره — To hew; cut; carve; dress (stone, wood, etc.)

— التمثالَ وغيره — To hew out; sculpture.

— كلمةً : صاغها — To coin a word.

ـــه بلسانه — To traduce; revile.

نَحْت — Hewing; carving; dressing.

— الكلام — Coining of words.

— التماثيل — Sculpture.

نَحَّاتُ الحجر — Stonecutter.

— التماثيل — Sculptor.

نُحَاتَة — Cutting; parings; shavings.

نَحِيت . مَنْحُوت : مسوّى — Hewn; cut; dressed.

— . — : محفور — Carved; sculptured.

مِنْحَت : △ازميل — ←Chisel.

*نَحَرَ : ذبح — To kill; slaughter.

إِنْتَحَرَ : قتل نفسه — To commit suicide.

ـــوا . تناحروا على الأمر — To dispute; struggle; wrangle.

نَحْر : ذَبْح — Killing; slaughtering.

— : أسفل العنق — Lower front part of neck.

△ — : تقوير (حِلْيَة مِعمارية) ← — Cavetto.

يومُ الـ — Day of Immolation.

نِحْر . نِحْرِير — Adept; proficient.

نَحِير . مَنْحُور (١) — Killed; slaughtered.

إِنْتِحَار : قتلُ الذات — Suicide; self-murder; *felo-de-se*.

— ياباني (بشقّ البطن) — Hara-kiri.

مَنْحَر : رقبة — Neck; throat.

△مَنْحور ٢ : مغتاظ — Vexed; mortified.

مُنْتَحِر — A suicide; *felo-de-se*.

*نَحِسَ : ضد سَعَدَ — To be unlucky.

△ نَحَّسَ : أتى بالنحس على — To bring bad luck upon.

نَحَّسَ : طلى بالنحاس — To copper; cover, *or* coat, with copper; braze; cover with brass.

تَنَحَّسَ : صامَ . جاع — To fast; abstain from food.

نَحْس : ضدّ سَعْد — Ill-luck; bad luck; lucklessness.

— . نَحِس : منحوس — Luckless; unlucky; unfortunate.

— . — : سيّئ الطالع — Inauspicious; ill-omened.

— . — : جالب للنوائب — Disastrous; ill-fated.

ساعة نَحْس — An evil, *or* luckless, hour.

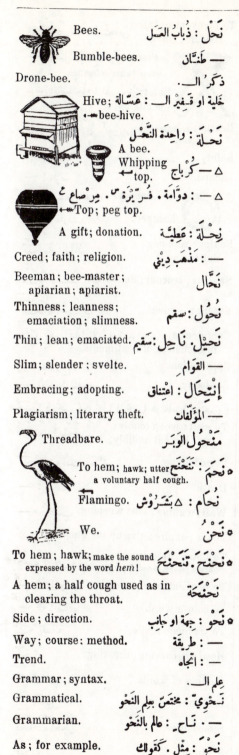

نُحاس اَصْفَر (او منه) Brass.
— اَحْمَر (او منه) Copper.
— : طَبيعة Nature; disposition.
△ نحاسة : نَـقْـد صغير القيمة A copper.
△ — المطْبعة (آلة الطباعة) Imposing stone.
نُـحاسيّ Brazen; of brass.
نحَّاس Coppersmith.
تَنْحِيس Coppering; copper plating.
مُنحَّس Copperplated.
مَنْحُوس : سَيِّء الحَظ Unlucky; unfortunate.
— : مَشْئُوم Sinister; disastrous; inauspicious.
مَناحِس Unlucky, *or* inauspicious, things.
✲ نَحُفَ : كان نحيفاً To be thin, lean, slim, *or* slender.
— : هزِل To thin; grow thin.
أَنْحَفَ : صيّره نحيفاً To thin; make thin; emaciate.
نَحافة △ نُحْف : دِقّة الجِسم Slenderness; slimness; thinness.
— . — : هُزال Emaciation; excessive leanness.
نحيف . مَنْحُوف Thin; lean; emaciated.
— القَوام Slim; slender.
✲ نَحَلَ الجِسْمُ : صارَ نحيلا To thin; grow thin; become lean *or* emaciated.
نَحَلَ : اعطى هدية To make a present to; make a gift to.
△ — الثوبُ : تَـنَسَّـرَ To wear out; fray; become threadbare.
△ — الصوفُ او الشعرْ : تساقط To fall off.
نَحَّل . أَنْحَلَ : انحَفَ To thin; make thin; emaciate.
إِنْتَحَلَ مذهباً : اعتنقه To adopt, *or* embrace, a religion.
—و تَنَحَّلَ التأليفَ : ادعاه لنفسه To plagiarize; steal and use as one's own (the ideas, words, writings, etc., of another).
— : اغْتَصَبَ To arrogate.

نَحْل : ذُبابُ العَسَل Bees.
— طَنَّان Bumble-bees.
ذَكَرُ الـــ . Drone-bee.

خلية او قَـفِير الـــ : عَسّالة Hive; bee-hive.
نَحْلَة : واحِدَة النَّحْل A bee.

△ — كُرْباج Whipping top.

△ — دوَّامة . فُرّيرَة س . مِرْصاع ع Top; peg top.
نِحْلَة : عَطِيَّة A gift; donation.
— : مَذْهَب دِيْني Creed; faith; religion.
نَحَّال Beeman; bee-master; apiarian; apiarist.
نُحُول : سقم Thinness; leanness; emaciation; slimness.
نَحِيل . ناحِل : سَقيم Thin; lean; emaciated.
— القَوام Slim; slender; svelte.
إنْتِحَال : اعْتناق Embracing; adopting.
— المؤلّفات Plagiarism; literary theft.
مَنْحُول الوبَـر Threadbare.

✲ نَحَمَ : تنحنح To hem; hawk; utter a voluntary half cough.
نُحَام : △ بَشَـرُوش Flamingo.
✲ نَحْنُ We.
✲ نَحْنَحَ . تَنَحْنَحَ To hem; hawk; make the sound expressed by the word *hem*!
نَحْنَحَة A hem; a half cough used as in clearing the throat.
✲ نَحْو : جهة او جانِب Side; direction.
— : طَرِيقة Way; course; method.
— : اتجاه Trend.
عِلم الـــ . Grammar; syntax.
نَـحْوِيّ : مختصّ بعِلم النَحو Grammatical.
— . نَـاحٍ : عالم بالنَحو Grammarian.
نَحْوَ : مِثْل . كَقَولك As; for example.

Left column

Elector; one legally qualified to vote.	ناخِبٌ في الانتخابات العُمومِيّة
Selection; choosing.	نخْب. إنْتِخاب: اخْتِيار
Election.	انتخاب عُمومي
Sexual selection.	الـ الجِنْسي
Natural selection.	الـ الطبيعي
Election and reprobation.	الـ والرَذْل (في اللاهوت)
Eligible; fit to be chosen.	لائق لِلـ
Ineligible.	غير لائق لِلـ
Elections.	الانتخابات العُمومية
Electoral; elective.	انتخابي : مختصّ بالانتخابات العمومية
Selectional.	— : اختِياري
Constituency.	دائرة انتخاب . دائرة انتخابيّة
Selected; chosen.	مُنْتَخَب : مُخْتار
Elected.	— (في انتخاب عمومي)
Selector; chooser; one who selects or chooses.	مُنْتَخِب :الذي يختار
Elector; constituent.	— : ناخِب
To make a camel kneel down.	(نخخ) نَخَّ نَخّ نَخّخ الجمَل
To kneel down.	— الجمَل : استناخَ (نوخ)
Corridor carpet; a long carpet.	نخّ ∆ نُخّ : بِساط طويل
Marrow.	نخّ ∆ نُخاخة: مُخ ∆ نُخاع : نِقْي
To snort, or snuffle.	∆ خَنْخَر : نَخَرَ
To eat into; perforate.	— الشيء : ثَقَبَه
To eat out the interior of.	— الحبّ : هَمَّه . اكَلَ لُبابَه
To decay; rot; be decayed, rotten, or carious.	نخِرَ : بَلِيَ وتفَتَّتَ
Decay; rottenness.	نخِر : بَلاءٌ وتفَتُّت
Caries; decay.	— العِظام : تَقَرُّحها وتفَتُّتها
Necrosis; gangrene of bone.	— العِظام : نخِيْرة : بَلاء او مَوْت العَظم
Snorting, or snuffling.	— . نخِيْر : ∆ خَنْخَرة
Decayed; rotten; carious.	نخِر . ناخِر : بالٍ مُتفَتِّت

Right column

English	Arabic
Nearly; about.	— : زُهاءُ
Towards; to.	— : لِجِهَة. صَوْب
Thereabouts.	— ذلك
And so forth; and such like.	ونحوه : وقيس عليه
On my part.	من نحوي : من جِهَتي
As for me; as to me.	من نحوي : من خُصوصي
Side; direction.	ناحِيَة : جِهَة . جانِب
District; region.	— : جهة . صُقْع
All over the world.	في كلّ أنحاء العالم
To move towards; have recourse to; repair, or go, to.	نَحَا : قَصَدَ
To lean; incline oneself.	— : مالَ
To follow the example of.	— نحوه : اقْتَفَى أَثَره
To dissuade; advise to refrain; persuade not to.	— نَحَّى عن : صَرَف
To remove; shift.	— . — : نَقَلَ وابْعَدَ
To assault; assail.	أَنْحَى على: اقْبَلَ عليه مُهَاجِماً
To assail a person with blows, reproaches, etc.	— عليه ضَرباً أولَوْماً
To turn one's eyes away from.	— بصَره عنه
To cede, resign, or give up, one's place.	تنَحَّى عن مَوْضِعه
To abandon; give up; relinquish.	— عنه : تخَلَّى عنه
To turn away from; withdraw from.	— عنهم : ترَكَهم
To give place; make room.	عن مَكانه
To lean upon.	— وإنْتَحَى للشيء : اعتمَدَ عليه ومالَ اليه

*نحول (في نحل) *نحيف (في نحف) *نحيل (في نحل)
*نخ (في نخخ) *نخا (في نخو) *نخاسة (في نخس)
*نخاع (في نخع) *نخالة (في نخل) *نخامة (في نخم)

English	Arabic
To select; pick out; choose and take.	نخَب . إنْتَخَبَ : انتقى
To choose; make a choice of.	— . — : اخْتار
To elect.	— : لمنصِب او عضوية مَجْلِس الخ
Toast; good-will toast; health.	نخْب: ما تشرب به لِصِحَّة صَديق
To toast a person; drink to the health of, or in honour of, a person.	شرَب — فُلان
Choice; the best; the pick.	نخْبَة : خِيْرة . صَفْوة

Nostril, or nose. — مَنْخَر . مِنْخِر . مُنْخُر △ مناخير

Platyrrhine. — مُتباعِد المنخرين : عريض الانف

Catarrhine. — مُتقارب المنخرين

To make holes in. — ✲ نَخْرَبَ : ثَقَّبَ

Hole; foramen (*pl.* foramina); fissure. — نُخْرُوب : ثقب او شَقّ

Hole; pit; cavity. — — : حُفْرَة . نُقْرة

To prick; pierce with a sharp-pointed thing. — ✲ نَخَزَ : وخَزَ

To sting by a reproach. — —ـهُ بكلمةٍ

To goad; prick; prod; urge on. — ✲ نَخَسَ : وخَزَ

A prick; a sting. — نَخْسَة : وَخْزَة

نِخاس . نِجاش △ وَرْدَل . جلدة بين القَرْعَة والنعل يخرزان عليها ← Welt.

Slave trader; slave merchant. — نَخَّاس : تاجِر الرقيق △ يَسِرْجي

Cattle merchant. — — : تاجِر المواشي

Cattle trade. — نِخَاسَة : تِجارة الدوابّ (المواشي)

Slave trade. — — : تجارة الرقيق

Goad; spur; prick; prod. — مِنْخَس

To drive fast. — ✲ نَخَشَ : ساقَ شديداً

← Gills. — △ نَخْشُوش السمكِ : خَيْشوم

To acknowledge, or admit, the claim of. — ✲ نَخَعَ لهُ بحقّهِ : اقرَّ

To jolt; shake violently. — △ — : رَجَّ

To expectorate; hawk; discharge matter from the lungs *or* throat by hawking and spitting. — تَنَخَّعَ : تنخَّم

Spinal cord. — نُخاع : الحبل الشوكي

Marrow; medulla. — △ — العظمِ : نِقْي

Brain stem; medulla oblongata. — الـ — المستطيل

Expectoration; that which is expectorated as phlegm or mucus. — نُخاعة

To sift; bolt (meal, flour, etc.) — ✲ نَخَلَ الطحينَ

To sift; bolt. — — . انْتَخَلَ . تنخَّلَ أيَّ شيءٍ

Sifting; bolting. — نَخْل الطحين وغيره

Palms; palm trees; date palms; date trees. — — . نَخِيل : شجر البَلَح

A palm tree; ←date palm. — نَخْلَة : واحدة النخل

Bran. — نُخَالَة الطحين : △ رَدَّة الدقيق

←Sieve; bolter. — مُنْخُل

To expectorate; hawk. — ✲ نَخِمَ . تنخَّمَ

Expectoration; mucus. — نُخَامَة

Pituitary gland *or* body. — الغُدَّة النُخاميّة

Magnanimity; bravery; chivalry; gallantry; valour. — ✲ نَخْوَة : مُرُوْءَة . شهامة

Self-respect; dignity. — — : عِزّة نَفْس

Magnanimous; valorous; chivalrous; gallant. — ذو —

To be supercilious with. — نَخَا . انْتَخَى على : افتخر وتعظَّم

To mollify; make relent. — △ — : ليَّنَ حِدَّتهُ

To relent; acquiesce. — △ انتخى ٢ . △ اتْنَخَى : لانَ

✲ نَدّ (في ندد) ✲ نِداء (في ندو)

To lament; mourn; weep, *or* wail, over. — ✲ نَدَبَ الميتَ : بكاهُ

To eulogise a dead person. — — الميتَ : رثاهُ

To delegate; mandate; send as one's representative; depute; commission. — — . انتدَبَ الى الأمرِ ولهُ

To cicatrize; heal; form a scar. — نَدِبَ . أندَبَ الجرحُ

A scar; cicatrix; cicatrice. — نَدَبٌ . نَدْبَة : اثرُ الجرحِ

Lamentation; wailing. — نَدْب : رثاء الميت

Elegy; dirge; lament; lamentation. — نُدْبَة : مَرْثاة

Lamentation. — — (في علم اللغة)

Mourner. — نادِب . ندّاب

Professional female mourner. — نادِبة △ ندَّابة

Delegation; delegating. — إنْتِداب

Mandate. — — سياسي او دوليّ

مَنْدَب : نَدْب Lamentation; wailing.

بُوغاز باب المَنْدب Strait of Bab el Mandab.

مَنْدَبَة Mourning, or wailing, circle; a conclamation.

مَنْدُوب : مَرْثِيّ Mourned; bewailed.

— : نائب. Delegate; representative; deputy.

— : وَكِيل اِدارِيّ مُفوَّض Vicegerent.

— مُفوَّض Plenipotentiary.

— سامٍ High Commissioner.

— . مُنْتَدَب Delegated; commissioned.

* نَدَحَ : وسَّعَ To extend; enlarge.

مَنْدُوحَة . مُنْتَدَح Choice; alternative; option.

لك عنه — او — . It is optional for you.

لا — عنه It is unavoidable; there is no alternative.

* نَدَّدَ الشيءَ : شهره To make known.

— بِفُلانٍ : صَرَّحَ بعيوبه To revile; criticise captiously *or* adversely.

نَدَّ : نَفَرَ وشَرَدَ To be scared away.

— : شَذَّ . شرد To deviate; stray.

نِدّ . نَدِيد : نَظِير Match; equal; peer.

ماله — او — . Matchless; peerless.

△ من نِدِّه : لِدَتِه . من عُمْرِه Coetaneous; coeval; of the same age.

نَدّ ٢ : عُود البخور Aloes wood; agal-wood; agalloch, —um.

تَنْدِيد Carping criticism.

* نَدَرَ الشيءُ : قَلَّ وجُودُه To be rare, *or* scarce.

نَدُرَ : كانَ غريباً To be strange, uncommon, unusual.

نَدْر . نادِر : قليل الوجود Rare; scarce.

— . — : شاذّ غريب Strange; uncommon; unusual; *rara avis.*

نادِر ٢ الوقوع : قليل الحدوث Infrequent; rare.

في النادِر . نادِراً Seldom; rarely.

نُدْرَة : قِلّة وجود Rarity; rareness; scarcity.

في الـ ندْرةً : قليلاً Seldom; rarely; scarcely.

نادِرَة : شيء نادِر A rarity; a rare thing.

△ — : قِصَّة غَرِيبَة Anecdote; a strange story.

△ نَدَّعَت السماء : رَذَّت To drizzle; rain in small drops.

* نَدَغَ العجينَ : رشّ عليه طَحِيناً اوسكراً To dredge; sprinkle with flour, sugar, etc.

نَدَّاغَة Dredger; castor; dredging-box.

* نَدَفَ القُطْنَ او الصُوفَ To card; tease (cotton *or* wool).

نَدَّاف القُطن : △ لُبُودِيّ Cotton carder *or* beater.

نَدِيف . مَنْدُوف Carded; teased.

مِنْدَف : مِنْجَدَة △ قَوْس المنجِّد Teasing bow (for beating cotton).

* نَدَلَ : خَطَفَ To snatch.

نُدُل : خدَمُ الضِيافَة △ سُفْرجيّة Waiters.

نادِل . نَدُول : △ سُفْرَجِي . غلام Waiter.

مَنْدَل A process of inducing second sight, *or* a kind of crystal gazing.

فاتِح الـ Crystal gazer.

△ مَنْدالَة : مِيطَدَة . مِرْصافة Rammer.

○ مَنْدُولِين : آلة مُوسِيقِيَّة Mandoline; mandolin.

مِنْدِيل : مَحْرَمَة Handkerchief: kerchief.

— او بُرْقُع الجَنِين Caul.

* نَدِمَ . تَنَدَّمَ على To repent; grieve at; regret (an error, lost opportunities, friends, etc.)

نادَمَ : شارَبَ To hobnob; drink, *or* associate, familiarly with.

نَدَم . نَدامة . تَنَدُّم . مَنْدَم Repentance; regret.

نَدِيم . مُنادِم على الشُرْب Pot companion.

— . — : رَفِيق . جَلِيس Boon companion; minion; favourite.

نَادِم . نَدْمَان . مُتَنَدِّم Regretful; sorry; repentant.

مُنَادَمَة Hobnob; jovial companionship.

☆نَدَهُ : زَجَر وطَرَد To drive away.

△ — : نادَى (في ندو) To call out to.

☆نُدُوَّة . نَدَاوَة : بَلَل Wetness; moisture; dampness; humidity.

نَدْوَة : جَمْعِيَّة . جماعة An association.

— . نادٍ : مُنْتَدَى Club.

— لَيْلِيَّة . — لَيْلِيّ Night-club.

— عِلْمِيَّة Lyceum; literary club; debating society.

△ — عَسَلِيَّة (تُصِيبُ النَباتات) Honeydew.

△ دُودَة النَدْوة العَسَلِيَّة Aphid; aphis (*pl.* Aphides).

نِدَاء : مُنَادَاة Calling out; crying aloud.

حَرْفُ الـــ An interjection; the vocative particle.

نَدًى : نَدَاوَة Moisture; humidity; dampness.

— : طَلّ الليل Dew; evening dew.

— : جُود . فَضْل Munificence; liberality.

نَدِيّ . نَدٍ . نَدْيَان : مُبْتَلّ Wet; moist; dank; humid; damp.

— الكَفّ Open-handed; generous.

— : مُذِيع (مُكَبِّر) الصَّوْت Megaphone.

— . نادٍ : ○ كلوب Club.

— الصَّوْت Stentor; having a loud voice.

نَغْمَة النَدِيّ : ○ السُبْرَانو (نسائي عالٍ) Soprano.

نَدَّى . أَنْدَى : بَلَّلَ قليلاً To bedew; moisten, (with dew, *or* as with dew.)

نَدِيَ : ابْتَلّ To be wet, moist, *or* damp.

نَدَا القَوْمُ : اجتمعوا في النادي To club; form, *or* meet in, a club.

نَادَى : △نَدَه . صاحَ به To call out to; summon.

— : صاح To cry; shout; exclaim.

— الخادمَ وبه To call, *or* summon, a servant.

— بالأمرِ : أعلنه To proclaim; announce.

نادَوا به مَلِكاً They acclaimed him king.

أَنْدَى ٢ . تَنَدَّى : كان كريماً To be munificent, bountiful, *or* generous

إِنْتَدَى . تَنادَى القومُ : اجتمعوا في النادي To form a club; meet in a club.

مُنَادٍ Crier; public crier.

مُنَادَاة Crying aloud; shouting; calling out.

مُنَدًّى : مُبْتَلّ Moist(ened); wet; bedewed.

مُنْتَدَى : نَادٍ ○ كلوب Club.

☆نَذَرَ لله To vow; dedicate, *or* consecrate by vow, to God.

— . إِنْتَذَرَ كذا (او على نفسه كذا) To vow; make a vow, *or* solemn promise; promise oneself.

— نَذْراً لله To make a vow to God.

— (او نذرت المرأة) العِفَّة To take the vows.

نَذِرَ بكذا : عَلِمَهُ فَحَذِرَه To be aware of.

أَنْذَرَ : أَعْلَمَ وحَذَّرَ To warn; admonish.

— : تَنَبَّأَ بالعاقبة To prognosticate; predict.

— : أَعْلَمَ . أَعْلَنَ To notify; give notice to.

نَذْر A vow; solemn pledge.

— . نَذِيرَة : ما يُعْطَى نَذْراً Votive offering; ex-voto; an offering made in carrying out a vow.

نَذِير : مُنْذِر Harbinger; forerunner; one who, *or* that which, gives a warning.

— : دَلِيل Precursor; prognostic.

— : مَنْذُور Vowed; consecrated to God.

نَاذِر One who makes a vow; vower.

إِنْذَار : تَحْذِير A warning; admonition.

— : إِعْلان Notification; notice.

— قَضَائي Summons.

— (في الطِبّ) Prognosis.

إِنْذَارِي (في الطِبّ) Prognostic.

مُنْذِر : مُحَذِّر One who warns; warner.

مَنْذُور لله Vowed; consecrated, *or* dedicated, to God; *Nazarite.*

To be coward, rascal, mean, or vile. ‏هنَذُلَ : كان نَذْلاً‏

Scoundrel; rascal; base; mean; unprincipled. ‏نَذْل . نَذِيْل : سافِل‏

Coward; poltroon; dastard; craven. ‏— : جَبان‏

Baseness; meanness; poltroonery; rascality. ‏نَذَالة‏

Cowardice; poltroonery. ‏— : جَبانة‏

Flexible tube of hubble-bubble. ‏هنَرْبِيْش : نِرْبِيْج . ‏△‏ لَيّ الشِّيْشَة‏

Narcissus. ‏هنَرْجِس : عَبْهَر‏

Dice, (sing. Die). ‏هنَرْد : ‏△‏ زَهَر الطاوْلَة‏

Backgammon; tricktrack. ‏لِعْبَة الـ : ‏△‏ لَعِبَة الطاوْلَة‏

Nard; spikenard. ‏هنَرْدِين . نَارْدِين : سُنْبُل رُوْمِي‏

Nardine. ‏نَرْدِيْنِيّ‏

Narcotine; narcotia. ‏هنَرْكَتِيْن : مادّة مُخَدِّرَة‏

Bitter orange. ‏هنَرَنْج . نَارَنْج‏

‏هنَزَّ (في نزز) ‏هـ نَزَا (في نزو) ‏هـ نَزاهَة (في نزه)‏

To be distant, or far off. ‏هنَزَحَ : بَعُدَ‏

To drain off, or exhaust, a well. ‏هـ . أنْزَحَ البِئْرَ : نَزَفَ ماءها‏

To bail out a boat, or bail water out of a boat. ‏هـ . — الماء من السَّفِيْنَة‏

To emigrate; migrate from home. ‏— . نَزِحَ بِهِ . إنْتَزَحَ عن دِيارهِ : تَغَرَّب‏

Muddy (troubled) water. ‏نَزَحٌ : ماءٌ كَدِر‏

Emigration; migration. ‏نُزُوْح عَن الوَطن‏

Remote; distant; far away. ‏نُزُوْح . نَزِيْح . نَازِح : بَعِيْد جِدّاً‏

Emigrant. ‏نازِحٌ عَن وَطنِهِ‏

Bailer; one who bails out water. ‏— الماء‏

Nightman. ‏— المَجارِيْر : ‏△‏ صَرّ باقِيّ‏

Inexhaustible. ‏لا يَنْزَحُ : لا يَنْفُد‏

A little; modicum; scant; small quantity. ‏هنَزْر . نَزِيْر : يَسِيْر‏

To ooze; exude; seep; infiltrate. ‏﴿ نزز ﴾ نَزَّ . أنَزَّ : رَشَحَ ‏△‏ نَشَعَ‏

To vibrate. ‏— . — الوَتَرُ : اهْتَزَّ واضْطَرَب‏

Seepage; infiltration water. ‏نَزٌّ . نَزازَة نَزَز ‏△‏ ماء النَّشْع‏

Restless; restive; fidgety; inconstant. ‏— . نَزِيْز : لا يَقِرّ بمكان‏

Sensual; voluptuous; libidinous. ‏نَزِيْزٌ : شَهْوان‏

Sensuality; libido; lust. ‏نَزَّة : شَهْوَة جِنْسِيَّة شَدِيدة‏

Cradle. ‏مِنَزّ : أُرْجُوْحَة الطِّفْل‏

To remove; take away. ‏هنَزَعَ . انْتَزَعَ . نَزَعَ الشيءَ : أزالَه‏

To depose; deprive of office. ‏— : عَزَلَ‏

To take off one's clothes; undress. ‏— ثِيابَه : خَلَعَها‏

To strip another of his clothes. ‏— عن غَيره ثِيابَه‏

To strip, or deprive of. ‏— منه كَذا : جَرَّدَه مِنه‏

To strip a person of his possessions, his rights, his reputation, etc. ‏— منه أمْلا كَه وحُقُوْقَه او شهرَتهالخ‏

To expropriate a person; deprive him of possession or property rights. ‏— منه مِلْكَه‏

To expropriate (a property). ‏مَلِكِيَّة العقار‏

To strip off the skin of. ‏— القِشْرَ : قَشَرَ‏

To strip a tree of its bark. ‏— عن الشَّجَرَة قِشْرَتها‏

To desist from; leave off. ‏— عن كَذا : كَفَّ‏

To disarm; deprive of arms. ‏— السِّلاَح‏

To resemble; look like. ‏— الى : أشْبَه‏

To seize the opportunity. ‏— . انْتَزَعَ النَّزْعَة (الفُرْصَة)‏

To agonize; writhe in agony; be in the agony of death. ‏— . نَازَعَ المَرِيضُ‏

To long, or yearn, for. ‏— . — الى : اشْتاق‏

To contest, dispute, or contend, with. ‏نازَعَ : خَاصَم‏

Te struggle, or fight, with. ‏— : جَاهَد‏

To litigate; contest at law. ‏— أمام القَضَاء‏

To be removed; taken away or off. ‏إنْتَزَعَ الشَّيءُ : انْقَلَعَ‏

To be in dispute with one another. ‏تَنازَعَ القَوْمُ : تَخَاصَموا‏

Removal; taking away *or* off. — نَزْع : خَلْع

Disarmament. — — السِلاح

Expropriation. — — المِلكيَّة

Death struggle; agony of death. — — او نِزاعُ المَوْتِ

Dispute; controversy; struggle; contention; strife; contest. — نِزاع ۲ : مُنازَعة

Litigation; contest at law. — — قضائيّ

Beyond, *or* without, dispute; indisputably; incontrovertibly. — بلا — .

Indisputable; incontestable. — لا — فيهِ

In dispute; disputed; contestable. — عليهِ — .

A bone of contention. — مَثارُ الــ .

Propensity; tendency; drift; trend; inclination. — نَزْعة : مَيْل

Alien; foreigner; stranger; outsider. — نَزِيع . نازِع : غَرِيب

Removed; taken away *or* off. — مَنْزُوع

Dispute; contention; strife; struggle; contestation. — مُنازَعة : نِزاع

Disputed; contested. — مُتَنازَع فيهِ

Litigated. — — فيه امام القضاء

To prick; prod; sting. — ٭نَزَغَ : نَخَسَ

To sow dissension; incite. — — بَيْنَهم : أفْسَدَ

To exhaust; drain; draw off. — ٭نَزَفَ . أَنْزَفَ . إسْتَنْزَفَ الماءَ وغيره

To draw off blood. — — . — الدمَ

To be exhausted. — — . — نَزِفَ الماءُ وغيره

To lose blood. — — . — . — دَمُهُ

Exhaustion; draining. — نَزْف : إفراغ

Hemorrhage; haemorrhage; flow, *or* loss, of blood. — — الدم △ نَزِيف

⟵ Vampire. — نَزّافة : الوَطْواط المَصّاص

Exhausted by loss of blood. — نَزِيف ۲ . مَنْزُوف

Shadoof; ⟵ loaded lever. — مِنْزَفة : شادُوف

To be rash, light-headed, *or* reckless. — ٭نَزِقَ : طاشَ

Rashness; recklessness; thoughtlessness. — نَزَق : طَيْش

Levity; frivolity. — — : الخِفَّة في كلّ أمر

Rash; reckless; thoughtless; frivolous. — نَزِق : عَجُول في جَهْل

Light-headed. — — : خفيف العَقْل

To stab; thrust. — ٭نَزَكَ : طَعَنَ

A dart; short lance. — نَيْزَك : رُمْح قصير

Shooting, *or* falling, star; meteor. — — : شِهاب

Bolide; fire-ball. — — كبير : كُرَة نارِيَّة

A meteorite; aërolite; meteoric stone. — جِسْم او حَجَر نَيْزَكِي

To descend; go, *or* come, down; move downwards. — ٭نَزَلَ : ضِدّ صعد

To fall. — — : سَقَطَ (كالثمنِ وغيره)

To subside; abate; fall. — — : هَبَطَ (كالحُمّى)

To alight on a tree. — — الطائرُ على الشجرة : حَطَّ

To forego; give up; resign. — — عن حَقّ

To dismount; alight from a horse; get off from a beast. — — عن ركوبَة

To debark; disembark. — — من المركَبِ او الطائرة الى البرّ

To leave, *or* get off, a train. — — من القطار

To take the field. — — الى المَيْدانِ

To fall on, *or* upon; assail; attack; assault. — — على : هاجَمَ

To agree with. — — على رأيه : وافقه

To fall to; begin, (*as*, to fall to, with joy, on good food.) — △ — على : شَرَعَ في

To take, bring, *or* send, down. — — بهِ : جعله يَنزل

To befall; happen to. — — بهِ الأمرُ : حَلَّ

To stay, *or* stop, with.... — — بالقوم او عليهم

To stay, *or* stop, at a place. — — في المكان

To enter. — ـتِ الشمْسُ (في بُرْج كذا)

To land; alight. — ـتِ الطائرةُ : حطّتْ

To catch cold. — نُزِلَ : أصابه زُكام

To take, bring, *or* send down; cause to go down. — نَزَّلَ . أنْزَلَ : جعلَه يَنْزِل

To lower. — — . — : ضِدّ رفع

To let down; lower (a bucket into a well.) — — . — الدَلْوَ في البِئْرِ

To lower; pull down a flag. — — . — العَلَم

To lower, *or* reduce, the price. — — . — السِّعْر

Descending; going, *or* coming, down. — نَازِل : ضِدّ صَاعِد
Calamity; disaster; catastrophe. — نَازِلَة : مُصِيبَة . كَارِثَة
Lowering; bringing down. — إِنْزَال . تَنْزِيل : ضِدّ رَفْع
Discharge; emission. — —. — : إِفْرَاغ
Deduction. — تَنْزِيل ٢ . اِسْتِنْزَال : طَرْح (في الحِساب)
Discount. — —. — : خَصْم . حَسْم
Degradation. — — المقام او الدرجة
Revelation; revealing. — — كلام الله : وَحْي
Inlaying; incrusting. — △— بالعاج والفضّة وغيرها : تَكْفِيت
Ceding; foregoing; relinquishing. — تَنَازُل : تَرْك
Condescension. — — : تَعَطُّف
Cession; ceding; a yielding, *or* surrender, to another. — — للغير عن حَقّ
Assignment; a transfer of title. — — (في الحقوق)
Deed of assignment. — عَقْد الـ.
House; residence. — مَنْزِل : دَار . بَيْت
Abode; home; dwelling place. — — : مَسْكَن
Mansion. — — : أَحَدُ منازل القَمَر (في الفلك)
Rest-house. — — المسافرين
Household. — أهل الـ.
Domestic economy. — عِلْم تدبير الـ.
Position; place; degree; grade; rank. — مَنْزِلَة : مَقَام . رُتْبَة
Standing; rank. — — : مَقَام . اِعْتِبَار
Like; equal to. — بِمَنْزِلَةِ كذا : يعادله
Revealed, *or* communicated to man by God. — مُنْزَل : مُوحًى به
Gospel. (They took his words for *gospel*). — كلام — : حقيقيّ لا شكّ فيه
Scriptures; revealed books. — الكُتُب المُنْزَلة
Inlaid with ivory, etc. — △ مُنَزَّل بالعاج او الفضّة : مكفّت
Manhole. — △ مَنْزُول المِرْحاض وامثاله
A narcotic electuary. — △ — : نوع من المخدّرات
Assignor; one who transfers an interest. — مُتَنَازِل (في الحقوق)
Assignee; one to whom an assignment is made. — مُتَنَازَل اليه

To degrade; reduce in rank. — —. — دَرَجَتَه
To dethrone; depose. — —. — عن عَرْش
To reveal His word to; cause His word to descend upon. — —. — اللهُ كلامَه على
To put up; lodge, receive, *or* entertain a guest. — —. — الضَّيْف
To deduct; subtract. — △— △— عدداً من آخر
To inlay wood with silver; incrust; inlay into. — △— △— (كالفضّة في الخشب او النحاس)
To inflict a punishment on. — أَنْزَلَ ٣ به العِقاب
To encounter; engage in conflict with. — نَازَلَ
To give up; renounce; cede; forgo; relinquish. — تَنَازَلَ . تنزّل عن حقّه
To condescend; deign. — — : تَعَطَّف
To abdicate; renounce a throne. — — عن العَرْش
To assign; transfer, *or* make over, to. — — له عن مِلْك
To ask one to relinquish, *or* forgo (forego.) — اِسْتَنْزَلَ عن
To deduct. — — : طَرَحَ . خَصَمَ
To imprecate; call down curses; invoke evil upon. — — اللعنات
Hostel; hotel; inn. — نُزْل . نُزُل : فُنْدُق
Cold; catarrh. — نَزْلَة △ نُزُول(١) : مَرَض كالزُّكام
Bronchitis. — — شُعَبِيَّة او صدريّة
Gastritis; inflammation of stomach. — — مَعِدِيَّة
Influenza. — — وافِدة
A descent; descending. — — : المرّة من النُّزُول
Encounter; combat; fight. — نِزَال : قِتال
Descent; act of descending, *or* passing downward. — نُزُول ٢ : ضدّ صعود
Falling. — — : هُبُوط
Sojourn; temporary residence *or* stay. — — : حُلُول
Subservient to the desire of. . . — نُزُولاً على رَغْبَة فلان
Guest. — نَزِيل : ضَيْف
Lodger; boarder. — — : ساكِن

To dandle a child. ٭ نَزْنَزَ الولدَ : ∆ هَشْكَهُ

To ooze; infiltrate. ∆ — : نَزَّ . رَشَحَ

To be (or keep) far away, or clear, from. ٭ نَزُهَ . تَنَزَّهَ عن : تباعَدَ

To disdain to do a mean act. — . — عن فِعْلٍ دَنِيءٍ

To be chaste, virtuous. — : كان عفيفاً

To promenade; take a walk; walk for pleasure. تَنَزَّهَ ٢ : خَرَجَ للنُّزْهَةِ

To consider a person far above what is mean. نَزَّهَ الرجلَ عن : اِعْتَبَرَهُ مُنَزَّهاً عنه

Chaste; virtuous. نَزِهٌ : عفيف

Honest; upright; incorrupt. — : شريف

Excursion; pleasure trip; promenade; jaunt. نُزْهَة : ∆ فُسْحَة

Airing; a walk, or ride, in the open air; a short excursion. — : ∆ شَمُّ هواء

A drive; a trip, or an excursion, in a carriage. — في عَرَبَة

A ride; an excursion on horseback. — على ظَهْرِ حِصَان

A picnic. — خلوية (في مَكانٍ خلويٍّ بعيد) : سِيشْران س

Pleasure, or health, resorts. اماكن الـ .

Recreation ground. مَكان عمومي للنُّزْهَة

Integrity; probity; honesty. نَزَاهة . نَزَه : التنزُّه عن السُّوءِ

Chaste; virtuous; honest; upright. نَزِيه : عفيف

Incorruptible. — : لا يقبل الرشوة

Far above (what is mean). مُنَزَّه عن كذا

Infallible; unerring. — عن الخطأ : معصوم

Recreation ground; public garden; park. مُنْتَزَه . مُتَنَزَّه

A sally; leaping, or rushing out ٭ نَزْو . نُزُوّ . نَزَوَان : وَثْب

Copulation; — . نُزَاءُ الفَحْل الحيوان

Heat; sexual excitement in animals. — . — الحيوانات

Sally; a rushing or bursting forth; a sudden eruption. نَزَوَان ٢ : سَوْرَة وحِدَّة

A sally; a leaping forth. نَزْوَة

A sally; a flight of fancy. — الفِكْر

To sally; leap, or rush, out. نَزَا : وَثَبَ

To cover; copulate with. — الفحلُ (ذَكَرُ الحيوان)

To aspire to; long for. — بهِ قلبُهُ الى : طمح وهَام

To slip away from. — عنه : تفلَّتَ وهرب

٭ نزيز (في نزز) ٭ نزيه (في نزه)

To delay; defer. ٭ نَسَأَ : أخَّرَ

To sell on credit. — . أنْسَأَ في البيع

Longevity; long life. نَسَاء : طُول العُمْر

Women. نِسَاء : جمع إمرأة (في نسو)

Credit; delay of payment. نَسْأَة . نَسِيئَة : تأخير الدفع

On credit; on tick. نَسِيئَةً ٢ : بالدَّيْن

To attribute, or ascribe, to. ٭ نَسَبَ الى : عَزَى

To impute to; charge with. — اليهِ كذا : اتَّهَمَهُ بهِ

To suit; fit; be fitted to; be suitable to; befit. نَاسَبَ : وافق

To suit; agree with. — : لاءَم

To agree; be conformable. — : ماثل وشاكل

To be of the same family. — : كان قريبه

To be, or become, related to by marriage; make affinity with. — : صاهَرَهُ

To be related to one another. تَنَاسَبَ الرَّجُلان

To agree, fit, or correspond, with each other. — الشيئان

To be related, have relation, pertain, or belong, to. إنْتَسَبَ الى

To retrace a person's genealogy. إسْتَنْسَبَ الرجلَ : ذكر نَسَبَه

To approve of. ∆ — : استصوب

Affinity; relationship by marriage. نَسَب . نَسَابَة : مُصَاهَرَة

Relationship; kin. — . — : قَرَابَة

Logarithm. — رِيَاضِي : ٥ لُوغَارِتْمَا

Base of logarithms. أساسُ الـ .

سِلسِلة الـ. Ancestry; ancestral lineage; genealogy.

عَرِيق الـ. Highborn; of noble birth.

شَجَرة الـ. Genealogical tree.

نِسْبة . نَسَب: ٢عَزْو Ascription; attribution.

— : قَرابة Relationship; kinship.

— : تَناسُب Proportion; comparative relation.

— : مُعدّل Rate; proportion.

— : تعلّق وارتباط Relation; connection.

— : تماثل بين العلاقات Affinity; close agreement; conformity; resemblance.

الـ التربيعيّة Duplicate ratio.

الـ الرياضيّة Proportion; rule of three.

الـ الهندسيّة Geometrical proportion.

الـ المركّبة Compound ratio.

الـ المئوية Percentage.

حُدُود الـ. The terms of proportion.

بالنِسْبة الى كذا : بالنَظَر اليه In regard to; in respect of; with respect to; regarding.

بالنِسْبة الى : بالقِياس على In comparison with.

علم الانساب الرياضيّة : ○ لوغارتما Logarithms.

المتسلسلة الانسابيّة Logarithmic series.

نِسْبِيّ : مُتناسِب Proportional.

النظريّة النسبيّة Theory of relativity.

النيابة النسبية (في الانتخابات) Proportional representations.

نَسِيب : قَرِيب A relative; relation; kinsman.

— : صِهْر A relative by marriage.

— : عريق النسب Highborn; of noble lineage.

— : غرامي (في الشِعْر) Amatory, *or* erotic, poetry.

تَناسُب : تعلّق وارتباط Relation; connection.

— : تماثُل (بين العلاقات) Proportion; comparative relation.

— : تعادُل Symmetry; harmonious relation.

بلا —. Without proportion; out of proportion.

مُناسِب : موافِق Suitable; fitting; adequate; agreeable; expedient.

— : لائق Suitable; proper; becoming.

غير —. Unsuitable; unfitting.

الوَسَط الـ. Mean proportional.

مُناسَبة : موافقة Suitability; suitableness; adequacy; fitness.

— : تناسُب Proportion.

— : سَبَب Cause; reason.

— : خصوص . ارْتباط Connection; relation.

بهذه الـ. In this connection.

مِنسَاب : △ بَرْجَل تَناسُب Proportional compasses.

مَنْسُوب الى كذا : مَعْزُوّ Attributed to; ascribed to.

— اليه كذا : مُتّهَم به Imputed to.

— الى : ينتسب اليه Related to.

— (في النحو) Relative adjective.

— : مُعدّل Proportion; rate.

△ — البَحْر Sea-level.

△ — الماء Level of the water.

مُتَناسِب Proportionate; proportional.

غير —. Disproportionate; out of proportion.

(نست) ناسُوت : الطبيعة البَشَرية Human nature; humanity; man's proper nature.

٥ نَسَجَ : حاكَ To weave.

إنْتَسَجَ : حِيكَ To be woven.

نَسْج : حِياكة Weaving.

— مِصْر (مثلاً) Woven in Egypt.

نِساجة : حِرْفة النسّاج (او عمله) Weaving.

نَسّاج . ناسِج Weaver.

ابو — : تُنُوّط اسم طائر Weaver bird.

حَسَك الـ △ شوكة الطرابيشية Teasel.

نَسِيج : قماش مَنْسُوج Textile; woven fabric.

— : كَيْفية النَسْج او تركيبه Texture.

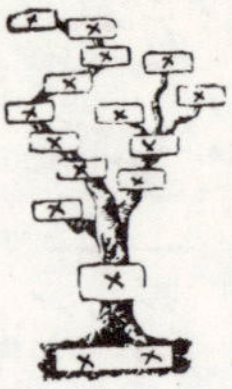

Fabric; textile; suff; tissue. — : قماش

Tissue. — (في التشريح): غشاء

Cobweb; spider's web. — العنكبوت

Loom; hand-loom. مِنْسَج : آلة نَسْج الاقمشة

Machine-loom. — آلي

Embroidery frame. — التطريز

Embroidery. شُغْل الـ

Weaving factory *or* shed. مَنْسَج : مصنع النسج

Woven. مَنْسُوج . نَسِيج

Textiles; dry goods. مَنْسُوجات : اقمشة

To abolish; cancel; do away with. ٭نَسَخَ . انْتَسَخَ : ابطلَ

To abrogate; repeal; revoke; recall. — . — القانون او الامر : الغاه

To copy; transcribe. — . — الكتابَ : نَقَلَه

To supercede; supplant. نَاسَخَ : ابطلَ وحلَّ محلَّ

To follow successively. تَنَاسَخَ : تَتَابَعَ

To transmigrate. ـت الارواحُ

Abolition. نَسْخ : إبْطال

Copying; transcription. — : نَقْل

Text-hand. خط — . الخطّ النسخيّ

Copy; transcript. نُسْخَة : صُورَة مَنْقُولَة

A duplicate. — ثانية : شاهِدَة

Manuscript; MS. (*pl.* MSS.) — خَطِّيَّة

A true copy; a facsimile; an exact reproduction. — طِبْقَ الأصْل

Formula; recipe. △ — : وَصْفَة مَكْتُوبَة

One who abolishes, cancels, *or* does away with. نَاسِخ : مُبْطِل

Copyist; transcriber. — . نَسَّاخ : ناقِل المكتوب

Transmigration of souls; metempsychosis. تَنَاسُخ الارواح : تقمُّص

Consecutive succession. — : تَتَابُع

Transmigrationism. تَنَاسُخِيَّة : مَذْهَب التقمُّص

Pantograph. مِنْسَاخ : ٥ بِنْطُغراف

Abolished; done away with. مَنْسُوخ . مُنْتَسَخ : أُبْطِل

Copied; transcribed. — . — : مَنْقُول

To lacerate; tear to pieces. ٭نَسَرَ . نَسَّرَ : مَزَّقَ

To ravel; fray; untwist. — . — : △ نَسَّلَ

To form a fistula. △ نَسْوَرَ الجرحُ : اصابه الناسُور

To be lacerated. تَنَسَّرَ : تَمَزَّقَ

To become frayed. — الثوبُ

Vulture. نَسْر : اكبر الطيور

Frog. — الحافِر : لَحْمَة في باطنه

Altair. الـ الطائر (في الفلك)

Vega. الـ الواقع (في الفلك)

Condor. الـ الفَحَّاح

A shred; strip. نُسْرَة : قِطْعَة

A splint; splinter. — خشب : قِطْعَة صغيرة

Jonquil; jonquille. نَسْرِين : نبات كالنرجس

Thrums. نُسَارَة الحِبال وامثالها

Eagle. نُسَارِيَّة : عُقاب

Fistula; sinus. ٥ ناسُور

Anal fistula. — اسْتِيّ او شَرَجِيّ

Beak (of bird of prey). مِنْسَر الطائر

A band of brigands. △ مَنْسَر : عِصابة لصوص

North wind; Boreas. ٭نسع . مِنْسَع : رِيحُ الشمال

Sap; latex; milky juice of plants. ٭نُسْغ النباتِ : لَبَنُه

To raze; demolish; overturn from the foundation. ٭نَسَفَ . انْتَسَفَ البناءَ

To blow up; blast. — . — بالبارود او الديناميت

To riddle; screen. — بالمِنْسَف : غَرْبَلَ

To scatter; dissipate. — . أنْسَفَ : بَدَّدَ

نُسافةُ المِنْسَف — Chaff.

نَسّافة : سَفينة حربية — Torpedo boat.

قذيفة — : ٥ طُرْبيد

←Torpedo.

مِنْسَف . مِنْسَفة : غربال كبير — Riddle; screen; a sieve with a coarse mesh.

مِنْسفة ٢ : آلة يُقلَع بها البناء — An engine for razing buildings.

✿ نَسَقَ . نسَّقَ : رتَّبَ — To arrange; put in proper order; set in order.

— . — : نظَمَ (كالدرِّ في الخَيْط) — To string; file.

إنْتَسَقَ . تناسَقَ . تنسَّقَ — To be arranged; be in good order.

نَسَقٌ . تناسُق : ترتيب — Arrangement; order.

— : نظام — Order; system; method.

نَسْق . تَنْسِيق — Arranging; putting in order.

نَسِيق . مُنَسَّق . مُتناسِقُ الترتيب — Symmetrical.

مُنَسَّق ٢ : مُرتَّب — Well arranged; in good order.

✿ نَسَكَ . تنسَّكَ : تزهَّدَ وتعبَّدَ — To lead an ascetic, or a hermit's, life.

نَسُكَ : صار ناسكاً — To become a hermit.

نُسْك . نُسُك — Devoutness.

ناسِك — A recluse; a hermit; an ascetic.

— العَمُودِ : صاحب الاسطوانة — Pillarist.

مَنْسِك : صومعة — Hermitage; a hermit's cell.

مَناسِكُ الحجّ — The rites, rituals *or* places, of pilgrimage.

✿ نَسَلَ . أَنْسَلَ : ولَدَ — To beget; generate; procreate.

— . — صُوفَه او رِيشَه — To moult; cast; shed (feathers, hair, etc.)

— . — ٥ نَسَّلَ : حلَّ — To ravel out; untwist; fray.

تناسَلَ القومُ — To propagate; breed; multiply by generation.

— مِن فلان — To descend from.

نَسْل : ذُرِّيّة — Children; offspring; posterity; progeny; issue.

— المرأةِ — The woman's seed.

من — : سَليل — Descendant of; son of.

انقراضُ الـــ — Extinction of issue.

نَسْل ٢ . تنسيل : حَلّ — Ravelling out; untwisting.

نَسَلٌ : لبن النبات — Latex; milky juice of plants.

نُسال . نُسالة . نَسِيل — Moult; feathers, wool, *or* hair, which falls off in moulting.

نُسالة ٢ الكتّان — Lint.

— الحبال وأمثالها — Ravellings; thrums.

نَسُولة : تُقتنى للنسل — A breeding animal.

تَناسُل — Procreation; generation; reproduction; breeding.

أعضاء الـــ — Sexual organs; genitals.

تَناسُليّ — Genital; sexual; procreative.

مرض — — Sexual, *or* venereal, disease.

✿ نَسِمَ : تغيَّرَ — To be altered.

نَسَمَت ٥ نَسَّمَت . تنسَّمت الريحُ — To breathe; blow gently.

نَسَّمَ ٢ في الامر : ابتدأ — To commence; begin.

تنسَّمَ ٣ : تنفَّسَ — To breathe; respire.

— المكانَ بالطيب — To smell of scent.

— الخبرَ : تشمَّمه — To nose about for news.

نَسَم (الواحدة نَسَمة) — Breath of life.

نَسَمة ٢ : إنسان — A soul; a person.

— : مخلوق حيّ — A living creature.

— هواء — Breath of air, *or* wind.

نَسِيم : ريح ليِّنة — Zephyr; gentle breeze; fresh, soft blowing wind.

مَنْسِمُ البعير : خُفّ — Padded foot.

✿ نَسْناس : انسان وهمي — A fabulous being.

٥ — : سِعدان . القرد الذيّال — ←Monkey.

✿ نُسْوة . نِسْوان . نساء : جمع امرأة — Women, (*sing.* Woman).

كارِهُ النساء — Misogynist; woman hater.

نَسَا : △عِرْق من الورك الى الكعْب — The sciatic nerve.

△مرَض عِرْق النَّسَا — Sciatica.

نِسْوِيّ . نِسَائي — Feminine; womanly.

حِزْب نِسَائي — Feminist party.

الحركة النِسَائية أو النسويّة — Feminism.

△نَسْوَنَة : مُماثلة النِساء — Effeminacy.

△مُنَسْوَن : مُتشبِّه بالنِساء — Effeminate; womanish.

*نَسِيَ : ضِدّ تذكَّر — To forget (*p.t.* Forgot.)

— : غفَل عن — To omit; forget; neglect.

— نفْسهُ او ذاته — To forget oneself.

△لا تَنْسَنِي : زَهْرة آذان الفار ⟵ Forget-me-not.

نَسَّى . أَنْسَى : حَمَل على النسيان — To make one forget.

تَناسَى : تظاهر بالنسيان — To pretend to have forgotten; feign forgetfulness.

— : حاول ان ينْسَى — To try to forget; banish from memory.

نَسْي . نِسْيَان — Forgetfulness; oblivion.

ايام الـ (١١ يوماً) — Annual epact.

نِسْيان (مرض النَّسْي) — Amnesia.

اصبح في زوايا النسيان — To sink into oblivion; be buried in oblivion.

نسَّاء . نَسِيّ . نَسْيَان — Forgetful; oblivious.

أَنْسَى : نَسا . عِرْق في الساق — The sciatic nerve.

مَنْسِيّ — Forgotten; omitted; unremembered.

*نسيئة (في نسأ) * نسيم (في نسم) * نش (في نشش)

*نَشَأَ . نُشُوءً : حَدَث — To arise; come into being; proceed; spring; issue.

— . — : نَما — To develop; grow; evolve.

— . — : بَدأ — To originate; begin to exist.

— . — : نَتج — To follow; ensue; result.

— . — من كذا — To arise, *or* proceed, from.

— . — الولدُ — To grow up.

نَشَّأَ . أَنشأَ الولدَ — To bring up a child.

أَنْشَأَ : اوجد . احدث — To create; cause to be; bring into being; originate.

— : بَدأ — To begin; commence.

— : بنى — To construct; build; form.

— : اسس — To establish; found; set up.

— الشركة او اى مؤسسة — To promote; organize.

— الحديثَ : الَّفهُ — To compose; make up.

إِسْتَنْشَأَ الأخبار — To seek after news; search out news.

نَشْءٌ . نُشُوء . نَشْأَة[1] : حُدُوث — Arising; proceeding.

— . — : تولُّد — Genesis.

— . — : نُمُوّ وارْتِقاء — Development; evolution.

نظرية النشوء والارْتقاء — The evolution theory.

نَشْأَة[2] : شَبِيبة — The youth; the young.

الـ الحديثة — The new generation.

النَّشْء[2] : النسْلُ — The progeny; issue.

نَاشِيء : حادِث — Arising; proceeding.

— : نامٍ — Growing; developing.

— من كذا : ناتج — Resulting from; due to.

△نَشَاوي : جديد . حَديث — Novice; neophyte.

إِنْشَاء : إحداث . إيجاد — Creating; originating; forming.

— : بناء . تَرْكِيب — Construction; formation.

— : تأليف — Composition; writing.

— : موضوع انْشائي — A composition; essay.

— : نَصّ . أسْلُوب التأليف — Style; phraseology.

— المراسلات — Letter writing.

مقالة انشائيّة (في جريدة) — An editorial.

مَنْشَأ : مَصْدر — Origin; source.

— : مَكان النشوء — Native place, *or* country.

مُنْشِيء : مُوجِد — Author; originator.

— : مؤسِّس — Organize; promoter; establisher.

— : مُحرِّر . مؤلف — Editor; writer.

مُنْشَأة : مُؤسَّسة — Establishment.

*نشا * نشاءٌ (في نشو) * نشابة (في نشب)

*نشادر (في نشدر) △نشانجي (في نشن) △نشاوي (في نشأ)

<table>
<tr><td>Sal ammoniac.</td><td>مِلْحُ الـ.</td></tr>
<tr><td>Smelling salts or bottle.</td><td>مِلْحُ الـ العِطْرِي : خَضَّاضَة</td></tr>
<tr><td>To spread (a carpet, a sail, a disease, manure on ground, etc.).</td><td>نَشَرَ. نَشَّرَ : بَسَطَ. مَدَّ</td></tr>
<tr><td>To unfold; unroll.</td><td>— . — : ضِدّ طَوَى</td></tr>
<tr><td>To hang (clothes) washing.</td><td>— . — : الغَسِيل</td></tr>
<tr><td>To spread abroad; promulgate.</td><td>— : أَذَاعَ</td></tr>
<tr><td>To spread out; diffuse; emit; send out.</td><td>— كَالرَّائِحَةِ او الأَشِعَّة : أَرْسَلَ</td></tr>
<tr><td>To hoist, or run up, a flag.</td><td>— العَلَمَ : رَفَعَه</td></tr>
<tr><td>To publish.</td><td>— الخَبَرَ او الكِتَابَ او الإِعْلان</td></tr>
<tr><td>To advertise (goods for sale, a lost article, a meeting, etc.)</td><td>— إِعْلاناً عن</td></tr>
<tr><td>To promulgate; or spread abroad (a religion, etc.).</td><td>— دِيناً أو مَبْدَأ : أَذَاعَه وعَلَّمَ به</td></tr>
<tr><td>To saw wood, etc.</td><td>— الخَشَبَ : قَطَعَه بالمِنْشَار</td></tr>
<tr><td>To resurrect; raise the dead; reanimate.</td><td>أَنْشَرَ. — اللهُ المَوْتَى : أَحْيَاهُم</td></tr>
<tr><td>To spread; be spread, or extended.</td><td>إِنْتَشَرَ. تَنَشَّرَ</td></tr>
<tr><td>The disease spread into all parts of the city.</td><td>— المَرَضُ في كُلِّ أَنْحَاءِ المدينة</td></tr>
<tr><td>The news was spread abroad.</td><td>— الخَبَرُ</td></tr>
<tr><td>Spreading abroad; promulgation.</td><td>نَشْرُ الأَخْبار وغَيرِها</td></tr>
<tr><td>Publication.</td><td>الكُتُب او الأَخبار او الإِعْلانات</td></tr>
<tr><td>Propaganda.</td><td>— الدَّعْوَة</td></tr>
<tr><td>Sawing.</td><td>— الخَشَب</td></tr>
<tr><td>Saw-mill.</td><td>مَكِنَة — الخَشَب</td></tr>
<tr><td>The day of Resurrection.</td><td>يَوْمُ الـ او النُّشُور</td></tr>
<tr><td>Resurrection.</td><td>— . نُشُور : قِيَامَة الأَمْوات</td></tr>
<tr><td>Announcement.</td><td>نَشْرَة : إِعْلان</td></tr>
<tr><td>A circular.</td><td>— : مَنْشُور</td></tr>
<tr><td>A daily or weekly publication.</td><td>— يَوْمِيَّة او اسْبُوعِيَّة</td></tr>
<tr><td>A bulletin.</td><td>— رَسْمِيَّة</td></tr>
<tr><td>Sawer; sawyer.</td><td>نَشَّار الخَشَب</td></tr>
<tr><td>Sawdust.</td><td>نُشَارَة الخَشَب : تُرَابُ النَّشْر</td></tr>
</table>

<table>
<tr><td>To cling, stick, be fixed, or attached to.</td><td>نَشِبَ فِيهِ : عَلِقَ</td></tr>
<tr><td>To be involved, or entangled, in.</td><td>— في الأَمْرِ : اشْتَبَكَ</td></tr>
<tr><td>To grow (nail) into the flesh.</td><td>— الظِّفْرُ في اللَّحْم</td></tr>
<tr><td>War broke out between them; be engaged in war.</td><td>— ت الحَرْبُ بَيْنَهم</td></tr>
<tr><td>To transfix; thrust; pierce through; impale.</td><td>نَشَّبَ. أَنْشَبَ</td></tr>
<tr><td>To cling, or be attached, to.</td><td>تَنَشَّبَ فِيهِ : تَعَلَّقَ</td></tr>
<tr><td>An archer.</td><td>نَشَّاب : الرَّامِي بالنُّشَّاب</td></tr>
<tr><td>Arrow; dart.</td><td>نُشَّاب (الواحِدَة نُشَّابَة): سَهْم</td></tr>
<tr><td>A long rolling-pin.</td><td>نُشَّابَة الفَطَائِرِي : △ شَوْبَك طَوِيل</td></tr>
<tr><td>Harpoon.</td><td>— صَيْد الحِيتان</td></tr>
<tr><td>Ingrowing nail.</td><td>ظِفْر نَاشِب</td></tr>
<tr><td>Outbreak of war.</td><td>نُشُوبُ حَرب</td></tr>
<tr><td>To sob; whimper.</td><td>نَشَجَ : غُصَّ بالبُكَاء</td></tr>
<tr><td>Sobbing; whimpering.</td><td>نَشِيج</td></tr>
<tr><td>To seek; look, or search, for.</td><td>نَشَدَ. أَنْشَدَ : طَلَبَ. بَحَثَ عن</td></tr>
<tr><td>To adjure by God.</td><td>— هُ . نَاشَدَهُ الله وبالله : اسْتَحْلَفَه</td></tr>
<tr><td>To recite poetry to.</td><td>أَنْشَدَه الشِّعْرَ : قَرَأَهُ عليه</td></tr>
<tr><td>To sing; chant.</td><td>— : غَنَّى</td></tr>
<tr><td>Seeking; searching.</td><td>نَشْد. نِشْدَان: طَلَب</td></tr>
<tr><td>A song; a hymn; canticle.</td><td>نَشِيد. نَشِيدَة. أُنْشُودَة</td></tr>
<tr><td>The Song of Solomon; Song of Songs; Canticles.</td><td>— الانْشَادِ (أُو الأَنَاشِيد)</td></tr>
<tr><td>National anthem.</td><td>— وَطَنِي</td></tr>
<tr><td>Singer; ballad singer.</td><td>مُنْشِد</td></tr>
<tr><td>Adjuration.</td><td>مُنَاشَدَة</td></tr>
<tr><td>Ammonia.</td><td>﴿ نشدر ﴾ نُشَادِر. نُوشَادِر</td></tr>
<tr><td>Spirits of ammonia.</td><td>رُوحُ الـ</td></tr>
<tr><td>Sulphate of ammonia.</td><td>سُلْفَات (سُلْفَاة) الـ</td></tr>
</table>

To sizzle; simmer; fizz.	﴿ نشش ﴾ نَشَّ : أَزَّ
To dry up; become dry.	— : جَفَّ
To whisk, *or* drive away, flies.	٥ — الذبابَ : طَرَدَه
Blotting-paper.	وَرَق نَشّاش : ٥ورق نَشّاف
Fly-whisk.	٥ مِنَشَّة الذبّان : مِذَبَّة
To be lively, gay, animated.	* نَشِطَ . تَنَشَّطَ : طابَتْ نَفْسُه
To be energetic *or* active.	— في عَمَله
To knot a rope.	نَشَطَ . نَشَّطَ الحبلَ : عَقَدَه
To tighten a knot.	— . — العُقْدَة : شَدَّها
To energise; animate; enliven; inspirit.	نَشَّطَ². أَنْشَطَ : صَيَّرَه نَشِيطًا
To stimulate; activate.	— . — : قَوَّى عَزْمَه
Liveliness; alacrity; joyous activity; energy; briskness.	نَشَاط
Radioactivity.	— إشْعاعِي
Energetic; active; diligent.	نَشِيط . ناشِط الى عَمَله
Brisk; agile; nimble.	— : خَفِيف الحرَكَة
Lively; gay; animated.	— : طَيِّب النفْس
Brisk market.	سُوق — ة
Loop; a slip knot; noose; a bow knot.	أُنْشُوطَة
Halter.	الشَّنَق (حَبْل المُشنَقة)
Activation; stimulation.	تَنْشِيط
To pluck out; extract.	* نَشَعَ الشيءَ : انْتَزَعه بِعُنْف
To ooze; percolate; infiltrate.	٥ — الماءُ : نَزَّ . نَتَّ
Seepage; infiltration water.	٥نَشْع : نَزَازَة
Snuff.	نَشُوع : نَشُوق
Seepy; sodden.	٥مُنْتَشِع : مُشَبَّع بالماء (للارض)
To absorb.	* نَشِفَ . تَنَشَّفَ الثوبُ العَرَقَ
To be dried up; become dry.	— الماءُ والبِئْرُ
To dry; become dry.	٥ — المُبْتَلّ : جَفَّ
To wipe; dry by rubbing.	نَشَّفَ². نَشَفَ الماءَ : أَزالَه بالمَسح
To wipe hands, *or* face, with a towel.	— و يَدَيْه أو وجْهَه بِمِنْشَفَة

Spreader; one who spreads promulgator.	نَاشِر
Publisher.	— الكُتُب او الأَخْبار او الاعلانات
Cobra.	— : الصِلّ المِصْري
Rebellious wife	٥امرأَة — : ناشِز
Spreading; state of being spread.	إنْتِشَار
Outbreak of disease.	— المرض
Dressing gown.	نَشِير : ٥رُوب دِشَمْبِر
Saw.	مِنْشَار : آلة النَشر
Fret saw.	٥ — حلِية أَودوران
Bucksaw.	٥ — شَرح
Band saw.	٥ — شَرِيط
Pitsaw.	٥ — صّالة
Hack saw.	٥ — خَدْش
Trepan.	— الجُمجمة : ٥ تِربان
Sawfish.	— . ٥ أبو — : كُوسَج
Rip saw.	٥ — تِمْساح
Sawn.	مَنْشُور : مَقْطوع بالمِنْشار
Spread.	— : مُنْتَشِر
A circular.	— : نَشْرَة
A prospectus.	— تِجارِي
Proclamation; published ordinance; edict.	— من مَلِك او حاكِم
Prism.	— : موشور . جِسْم هنْدسي
Prismatic.	مَنْشُورِي : موشوري
Spread; wide-spread.	مُنْتَشِر : مُمْتَدّ
Prevailing; rife; current.	— : شائع . ذائع
To rise; protrude; stick out; project.	* نَشَزَ : ارْتَفَعَ
To hate and rebel against.	—ت المرأَةُ بزوجها ومنه وعليه
An elevated place; promontory.	نَشَز : مَكان مُرْتَفِع
Protruding; elevated.	نَاشِز . نَشَاز : نَاتِئ
Rebellious (wife).	زوْجَة — او ناشِزَة : عاصِيَة
Wifely disobedience.	نُشُوز الزوْجَة

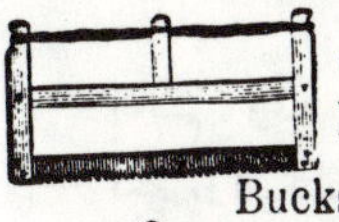

To blot ink (with a blotter). — . — الحِبْرَ

To dry; make dry. ∆ نَشَّفَ ٢ : جَفَّفَ

To wipe oneself. تَنَشَّفَ ٢ : مسحَ الماءَ عن جَسَدِهِ

Dryness. نَشْفٌ . نَشُوفَة : نضُوب الماء

Blotting-paper. نَشَّاف . وَرَق نَشَّاف

A towel. نَشَّافَة : مِنْشَفَة . قَطِيلَة

←Blotter. — الحِبْر

— مَكْتَب : مِرْقَقَة

←Blotting-pad.

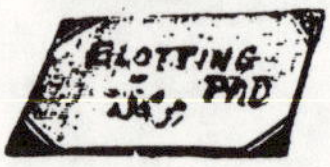

Dry. نَاشِف : جافّ

Hard; stiff; tough. ∆ — : صلب

Wiping, *or* drying. تَنْشِيف

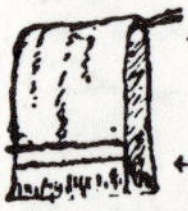

←Towel. مِنْشَفَة الوَجْه : قَطِيلة ∆ بَشْكِير

To inhale; breathe in. ✻ نَشِقَ . تَنَشَّقَ . اسْتَنْشَقَ الهواءَ او الرائحةَ

To snuff; take into the nose (as snuff, water, etc.). تَنَشَّقَ ٢ . اسْتَنْشَقَ ٢ الماءَ والسَّعُوطَ

To seek after news; sniff for news. ∆ — ∆ — الأخْبارَ : إسْتَنْبَأَ

To make one inhale (snuff a medicine, etc.) أَنْشَقَ ∆ نَشَّقَ

Snuff. نَشُوق : سَعُوط

Inhalation. نَشْق . تَنَشُّق . إسْتِنْشَاق

A pinch of snuff. ∆ تَنْشِيقَة : قَبْضَة نَشُوق

To snatch; pluck; pick off. ✻ نَشَلَ . انْتَشَلَ : نزعَ وخطفَ

To extricate (as from debt, difficulties, etc.) — . — : خَلَّصَ . انقذَ

To pilfer; steal. ∆ — : سَلَبَ

To pick a purse from a pocket. ∆ — الكِيْسَ من الجَيْب

Pocket picking. ∆ نَشْل : سَرِقَة الجُيُوب

A pickpocket; pilferer. ∆ نَشَّال : سَارِق الجُيُوب

To be high; slightly tainted. ✻ نَشِمَ اللحْمُ

Nettle-tree. نَشَم ابيض : مَيْس

←To (take) aim at. ∆ نَشَّنَ على : صَوَّبَ نَحْوَ

Aim. نِشَان . نِيشَان : تَصْوِيب

←Target; mark. — . — : هدَف

Medal; order. — . — : وِسَام (انظر وسم)

Marksman; sharp-shooter; a good shot. ∆ نَشَنْجي . نَشَانْجي : هَدَّاف

Sight. نَشَنْكَاه : مُوَجِّه السلاح الناريّ

To be brisk, nimble, active. ✻ نَشْنَشَ . تَنَشْنَشَ : كَانَ خفيفاً في حركاته

To bubble; rise in bubbles. — ت القِدْرُ : بَقْبَقَت عند الغَلَيان

To revive; recover. ∆ تَنَشْنَشَ ٢ : انْتَعَشَ

To thrive; flourish. ∆ — ماليًّا

Nimble; dexterous. نَشْنَاش : خَفِيف اليد في عمله

Intoxication; inebriety; drunkenness. ✻ نَشْو . نَشْوَة : سُكْر

First effects of drink. نَشْوَة ٢ : أول السُكْر

Elation; transport; ecstasy. — الطَرَب

Tipsy; fuddled; drunk; feeling queer. نَشْوَان

Elated; exultant; flushed. — : طَرُوب

To be, *or* become, intoxicated, fuddled. نَشِيَ . انْتَشَى : سَكِرَ

To starch; stiffen with starch. ∆ نَشَّى القُمَاش

Newsmonger. نَشْيَان : مُلْتَقِط الأخْبار

Starch. نَشَا . نَشَاء

Odour; smell. — . نَشْوَة ٣ : رائحة

Starchy. نَشَوِي : من النَشا

Starched. مُنَشَّى : فيه نَشا

Starched (boiled) shirt. قَمِيص — .

✻ نَشُوءٌ (في نشأ) ✻ نصّ (في نصص)

To erect; raise; set up (a post, a pillar, a pole, etc.) ✻ نَصَبَ : رَفَعَ . أقَامَ

To pitch, *or* put up, a tent. — الخَيْمَةَ : ضَرَبَها

To fix, *or* plant, a tree. — الشَجَرَةَ : غَرَسَها

To trap; set a trap (for.) — شَرَكاً (مَصْيَدَة)

To fatigue; jade. — ه المَرَضُ او الهَمُّ : أتْعَبَه

To swindle; cheat; do. ∆ — عليه : غَشَّه

To open hostilities against. — له وناصَبَه الشَرَّ : أظهرَه له

To declare, *or* wage, war against. — له و — الحَرْبَ : أقامَها عليه

نَاصَبَ ٢ : عادَى وقاوَمَ — To oppose; stand against; declare hostilities.

نَصَبَ ٢ . نَصَّبَ : وَلّى مَنصِباً — To appoint, or nominate, to a high office.

نَصَبُوه ٢ مَلِكاً عليهم — They made him their king.

نَصَبَ أُذُنيه : رَفَعَهُمَا . أَرْهَفَهُما — To prick up the ears.

نَصِبَ : جَدَّ واجْتَهَدَ — To toil; work hard; exert oneself.

— : تَعِبَ وأَعيا — To be fatigued.

أَنْصَبَ : أَتْعَبَ — To fatigue; jade.

— : جعل لهُ نصيباً — To give a share; allot.

إِنْتَصَبَ : قامَ — To stand up; stand erect.

— للحكم — To sit in judgment.

نَصْب : إِقامة . رَفْع — Erection; erecting; raising; setting up.

— : داء . مَرَض — Illness.

△ — : إِحْتِيال للسرقة — Swindling; defrauding.

· نُصْب : الشيء المنصوب — What is erected or set up; post.

نُصُب ٢ : تمثال . صَنَم — Statue, or idol.

— تذكاريّ — Monument.

— عيني — Before my eyes.

وضع الامر — عينه — To bear in mind.

نَصَب : كَدّ — Toil; hard work; drudgery.

— : تَعَب . اعياء — Fatigue.

— : عَلَم منصوب — A raised flag.

نُصْبة : مَعْلَم الطريق — ←Post; signpost.

— الاميال (لمعرفة طول الطريق) — Milepost.

نَصْبَة : علامة النصب . فتحة — The short vowel *fattha*.

△ — الطبخ : مِنصَب — Cooking-range.

نِصاب : اصل — Origin.

— السكّين : مقبض — Handle; haft.

— السيف — ←Haft, or hilt, of a sword.

ردّ كذا الى ـــه — To reinstate; restore.

△ نَصّاب : محتال للسرقة — Swindler; sharper.

△ — : دجّال — Impostor; humbug.

نَصِيب : حِصّة — Share; portion; lot.

— : حظّ . بخت — Luck; lot; chance; fate.

يا — : ○ لوتاريّة — Lottery.

إِنْتِصاب — Erection.

انتصابيّ — Erectile.

مَنْصِب : مقام او وظيفة — Position; situation.

— : وظيفة — Appointment; post; office.

ارباب المناصب — High functionaries.

ارباب المناصب العالية — Highly-placed people.

مِنْصَب : △ وابور الطبخ — ←Cooking range.

مَنْصُوب : مُقام — Erected; raised; set up.

مُنْتَصِب — Erect.

✱ نَصَتَ وأَنْصَتَ له : اصْغَى — To hear; listen, or give ear, to.

تَنَصَّتَ : تسمَّع خِفْيَةً △ تَصَنَّتَ — To eavesdrop; hear by stealth; try to listen.

نَصْت . نُصْتَة : تَسَمُّع — Listening.

تَنَصُّت : △ تَصَنُّت — Eavesdropping.

مُتَنَصِّت : △ متصنّت — An eavesdropper.

✱ نَصَحَ الرَّجُلَ ولهُ : قدَّم له نصيحة — To advise; counsel; give good advice to.

— الرَّجُلَ وله المودَّةَ : أَخْلَصَها — To be sincere (in love or friendship, etc.)

نَاصَحَ : تبادَلَ النُّصْحَ مع — To interchange good advice with.

إِنْتَصَحَ : قَبِلَ النُّصْحَ — To accept advice.

إِسْتَنْصَحَ : طلب نَصِيحَة — To consult; seek the advice of another.

نُصْح . نَصِيحَة — Advice; counsel.

نَاصِح : مقدِّم النصيحة — A good counsellor, or adviser.

— . نَصُوح : صادِق . مُخلِص — Sincere; true.

٭ نَصَرَ . نَاصَرَ : أعانَ — To help; aid.

ـــه من عدوّه . نجّاهُ منه — To deliver from.

ـــه على عدوّه : اعانهُ عليه — To help against

ـــ اللهُ فلاناً — To give, or grant, victory.

نَصَّرَ : جعلهُ نصرانيًّا — To make Christian.

△ ـــ : عمَّدَ — To baptize; christen

تَنَصَّرَ : صَارَ نصْرَانيًّا — To become Christian.

ـــ له . نَاصَرَه ٢ : سَعى في نصْرِهِ — To stand up for.

تَنَاصَرُوا : تعاونوا — To help one another; render mutual assistance.

إِنْتَصَرَ — To triumph; obtain victory; be victorious.

ـــ على العدوّ — To triumph over an enemy.

ـــ من عدوّه — To take vengeance upon.

نَصْر . إِنْتِصَار — Victory; triumph.

ـــ . نَصْر . نُصْرَة : مَعُونَة — Help; aid.

عُقِدَ له النَصْر — To win the day; come off with flying colours.

نَصْرَانِيّ : نَاصِرِيّ . من النَاصِرَة — Nazarene.

ـــ : مَسِيحِيّ — Christian.

النَّصْرَانِيَّة — Christianity.

نَصِير . نَاصِر — Helper; supporter.

النَاصِرَة : مدينة في فلسطين فيها وُلِد المسيح — Nazareth.

نَاصِرِيّ : من النَاصِرَة — Nazarene; Nazarite.

نَاصُور : نَاسُور (راجع نسر) — Fistula.

إِنْتِصَار : ظَفَر — Victory; triumph.

△ تَنْصِير : عِمَاد — Christening; baptism.

△ مَنْصَر : عِصَابة لصوص — A band of robbers, or brigands.

مَنْصُور . مُنْتَصِر — Victorious; triumphant; graced with conquest.

٭ نَصَّصَ . نَصَّ : △ رَصّ — To stow; stack.

نَصَّ ٢ الحديثَ : اسْنَدَهُ الى قائلهِ — To ascribe, or attribute, to.

ـــ الكلام او الرِسالة : هذّبهُ وسطّره — To draw up; write or compose in due form.

ـــ على : عيَّن . حدَّد — To define; determine.

نَصّ : تَحْدِيد المعْنَى — Definition; an explanation of the exact meaning of a word, term, or phrase.

ـــ الكِتاب : مَتْن . خِلاف الشرْح — Text.

ـــ : شرط — Stipulation; condition.

ـــ : عبارة . اسْلوب التعْبِير — Diction; wording; phraseology; style (of expression)

بِنَصِّهِ وفَصِّهِ — In the very words; *ipsissimis verbis*.

△ نُصّ : نِصْف ($\frac{1}{2}$) (راجع نصف) — Half.

△ ـــ على نُصّ : بَيْن بَيْن — So-so; tolerable.

نُصَّة : قُصَّةُ شَعْر . نَاصِيَة — Forelock.

مِنَصَّةُ العَرُوس — Hymeneal altar.

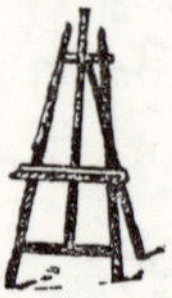

ـــ الخِطَابة — A platform; tribune; rostrum.

ـــ التصْوِير — ←Easel.

ـــ القَضَاء — Judgment seat.

مَنْصُوص عليه : مُعَيَّن — Defined; determined.

٭ نَصَعَ الأمْرُ والحَقّ : وَضَحَ — To be, or become, clear or evident.

ـــ . أنصع بالحقّ : اقرّ به — To acknowledge; own; recognise.

نَاصِع . نَصِيع : وَاضِح — Clear; evident; manifest; glaring.

ـــ . ـــ : خالص — Clear; pure.

ـــ البياض — Pearly white; snow-white.

حقّ ـــ — Evident, or clear, truth.

دليل ـــ . — Evident proof.

٭ نَصَفَ : بلغ النِصْف — To reach the middle, or half, of.

ـــ الشيءَ : أخذ نصفه — To take the half of.

ـــ . نصّفَ الشيء : قسمه نِصفين — To halve; bisect; divide into two equal parts.

ـــ . ـــ . انتصف النهارُ — To reach its middle, (a day); become midday.

△ ـــ . أنْصَفَ الرجُلَ : عامله بالعدل — To treat with justice or equity; be just with

△ ـــ . ـــ الرجُلُ : كانَ عادِلاً — To be just, or equitable.

ـــ . تنصّف الرجُلَ : خدمه — To serve a person.

تَنَصَّفَ ٢ . انْتَصَفَ ٢ . اسْتَنْصَفَ : طلبَ الانصاف — To appeal to for justice; claim justice.

— . — منه : انْتَقَمَ — To exact revenge; take vengeance from; avenge oneself upon.

نَاصَفَ : اقتسم مُناصَفَةً — To go halves; share equally between two.

نِصْف : مُتوسط — Middle; of middle size quality, *or* age.

— . نَصَف (١) : مُتَوسِّط العمْر — Middle-aged; of middle age.

نِصْف ٢ : احد قِسْمَيّ الشيء (والجمع أنصاف) — Half, (*pl.* Halves.

— : مُنْتَصَف . وسَط — Middle.

— دائرة — Half circle; semi-circle.

— أُسْبُوعيّ — Semi-weekly; bi-weekly.

— ساعة — Half (an) hour.

— أُجْرَة (رُكُوبُ عَرَبَةٍ او قِطَار او باخِرة او طائرة الخ) — Half fare.

— شَهْري — Half-monthly.

— قُطْر — Radius.

— او مُنْتَصَف النهار — Midday.

— او — الليل — Midnight.

— او — الشِتاء — Midwinter.

— او — الصَيْف — Midsummer.

— او — الطَرِيق — Midway.

— سَنَوِيّ — Half-yearly.

بَيْض — سَلْق : نِمْبِرِشْت — Soft-boiled eggs.

لَحم — شَيّ : مُعرَّض — Underdone roast.

△ — سِواء : مُهَضَّب . مَطْبوخ قليلاً — Underdone; rare; half-cooked.

△ — عُمْر : مُستَعْمَل — Second-hand.

— . نَصَف ٢ . نَصَفَة : عَدْل — Justice; equity; fairness.

إِنْصاف : عَدْل — Justice; equity; fair play.

إنصافاً لكذا — In justice to.

بإنصاف — Justly; equitably; fairly.

تَنْصِيف : شَطْر — Halving; bisection; division into two equal parts.

مُناصَفَةً — Half and half; equal shares; fifty-fifty (*col. U.S.*).

مُنَصِّف : شاطِر — Bisecting; dividing into two equal parts.

— الزاوِية — Bisector.

مَنْصَف : ناصِف . خادِم — Servant.

مُنْصِف : عادل — Just; equitable; fair.

مُنْتَصَف كذا — Middle (of age, road, day, etc.)

— الساعة العاشِرة (مثلاً) — Half past nine.

☆ نَصَلَ . تَنَصَّلَ مِن كذا : تخلّص — To get rid of; free oneself from.

— اللونُ : تغيَّر △ بَهَت — To fade.

تَنَصَّلَ ٢ مِن : تبرّأ — To wash one's hands of.

— من المسْئولية — To elude responsibility; shirk; shrink from an abligation.

نَصْل الرمْح : سِنانه — Spearhead.

— السَهْم : سِنانه — Arrowhead.

— الريشة — Vane of a feather.

— السِكين والسيْف وأمثالهما — Blade of a knife.

— المِغزَل : سُرْسُور — Spindle-stick; spindle-pin.

☆ نَصَمَة : صُوْرة تُعْبَد — Icon.

(نصو ☆) ناصِيَة : شَعْر مُقدّم الرأس — Forelock.

ناصِيَة : مُقدّم الرأسِ — Forepart of the head.

△ — : رُكْن — Corner.

△ حَجَر الناصِيَة او التَرْوِيْسَة — Quoin.

قَبَضَ على ناصِيَة السوق او الحالة — To gain the upper hand (mastery) over a market, situation etc.

☆ نَصيب (في نصب) ☆ نَصّ (في نصص)

☆ نضار (في نضر) ☆ نِضال (في نضل)

☆ نَضَبَ الماء : غارَ في الأرضِ — To drain; flow away gradually.

— النهْر : ذهَبَ ماؤه — To dry up; be deprived of moisture; run dry.

— الشيء : نَفِدَ — To run out; be exhausted.

— : ماتَ — To die; expire.

— ماءُ وجْهه — To be brazen-faced.

لا يَنضب : لايَفْرغ — Inexhaustible.

نُضُوب : نَفاد — Depletion; exhaustion.

ناضِب : لا ماءَ او خَيْرَ فيه — Dry.

— : غَير مُثْمِر او مُنْتِج — Unproductive.

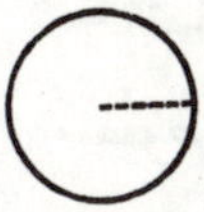

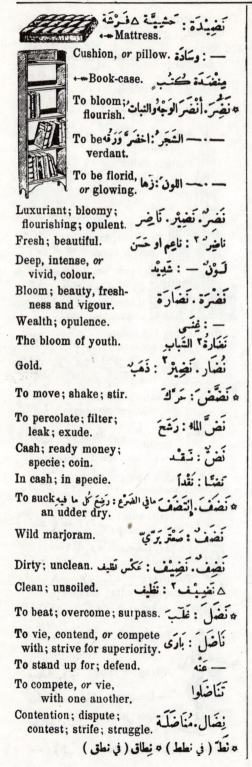

نَضِيدَة : حَشِيَّة △ فَرْشَة ← Mattress.

— : وِسَادَة Cushion, or pillow.

مِنْضَدَة كُتُبٍ ← Book-case.

* نَضُرَ. أَنْضَرَ الوَجْهُ والنبات To bloom; flourish.

— . — الشجرُ: اخضرَّ ورقُه To be verdant.

— . — اللونُ: زَها To be florid, or glowing.

نَضِرٌ. نَضِيرٌ. نَاضِر Luxuriant; bloomy; flourishing; opulent.

نَاضِرٌ ٢ : ناعِم او حَسَن Fresh; beautiful.

لَوْنٌ — : شَدِيد Deep, intense, or vivid, colour.

نَضْرَة. نَضَارَة Bloom; beauty, freshness and vigour.

— : غِنًى Wealth; opulence.

نَضَارَةُ ٢ الشَّبابِ The bloom of youth.

نُضَار. نَضِيرٌ ٢ : ذَهَبٌ Gold.

* نَضْنَضَ : حَرَّكَ To move; shake; stir.

نَضَّ الماءُ : رَشَحَ To percolate; filter; leak; exude.

نَضٌّ : نَقْد Cash; ready money; specie; coin.

نَضًّا : نَقْداً In cash; in specie.

* نَضَفَ. إِنْتَضَفَ مافي الضَّرعِ : رَضِعَ كُلَّ ما فيه To suck an udder dry.

نَضَفٌ : صَعْتَرٌ بَرِّيٌّ Wild marjoram.

نَضِفٌ. نَضِيفٌ : عَكْس نَظِيف Dirty; unclean.

△ نَضِيفٌ ٢ : نَظِيف Clean; unsoiled.

* نَضَلَ : غَلَبَ To beat; overcome; surpass.

نَاضَلَ : بارَى To vie, contend, or compete with; strive for superiority.

— عنه To stand up for; defend.

تَنَاضَلُوا To compete, or vie, with one another.

نِضَال. مُنَاضَلَة Contention; dispute; contest; strife; struggle.

* نَطَّ (في نطط) * نِطَاق (في نطق)

* نَضِجَ الثمرُ والرأيُ والأمرُ الخ To ripen; mature; develop fully.

— الطَّبِيخُ To be done; be well cooked.

— الأمرُ او المشروعُ To ripen; approach, or come to, perfection.

أَنْضَجَ الثَّمَرَ To ripen; make ripe; cause to mature.

— الطبيخَ To cook well, or completely.

نُضْج Ripeness; maturity.

نَاضِج. نَضِيج (للثمر والحبوب وغيرها) Mature; ripe.

— . — (الطبيخ) Done; well cooked.

— . — (للدُّمَّل) Ripe; mature

— و — الرأي Of ripe, or mature, judgment.

* نَضَحَ بالماء : رَشَّ To sprinkle with water.

— بالماء : بَلَّلَ To wet; moisten.

— العطشَ To allay, or quench, thirst.

— الزرعَ : سَقاه رَشًّا To water plants.

— الشِّواءَ بالدُّهْنِ (مثلاً) : سَأْسَأَه To baste.

— الاناءُ : رَشَحَ To filter; percolate; leak, or ooze, out.

— الجسدُ : عَرِقَ To perspire; sweat.

— العَرَقُ وكل سائل : خَرَجَ To exude; ooze.

نَضْح : رَشٌّ Sprinkling; watering.

— : رَشْح Leaking; exudation; oozing.

— : امْتِصاص خارِجي Exosmose.

تَنَاضُح : ارتِشاح غشائيٌّ Osmosis.

تَنَاضُحِيٌّ : ارتِشاحِيٌّ Osmotic.

نَضَّاحَة. مِنْضَحَة : مِرَشَّة Sprinkler.

— . — △ رَشَّاشَة ← Rose; rosehead.

مِنْضَحَة ٢ الزَّرعِ : △ رَشَّاشَة ← Watering can, or pot.

مِنْضَح : ٥ دُوش ← Shower bath.

* نَضَدَ. نَضَّدَ : رَكَمَ To pile up; stow; stack.

— . — : نَسَّقَ To set in order.

نَضَد. مِنْضَدَة : سَرِيرُ الرُّقاد (انظر سرر) Bedstead.

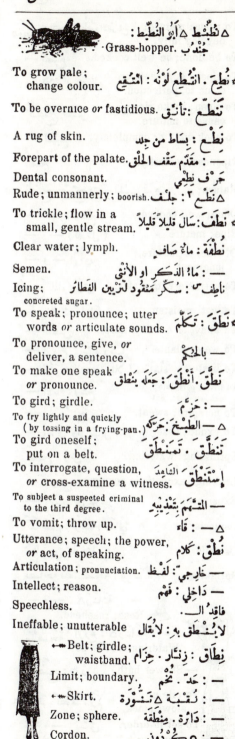

* نَطَحَ : ضرَبَ بقرنِهِ او برأسِهِ — To butt; strike with the head; gore.

إنْتَطَحَ و تَناطَحَ الكَبْشان — To butt one another.

نَطْح — Butting; act of butting.

نَطْحَة — Butt (of a ram, bull, etc.)

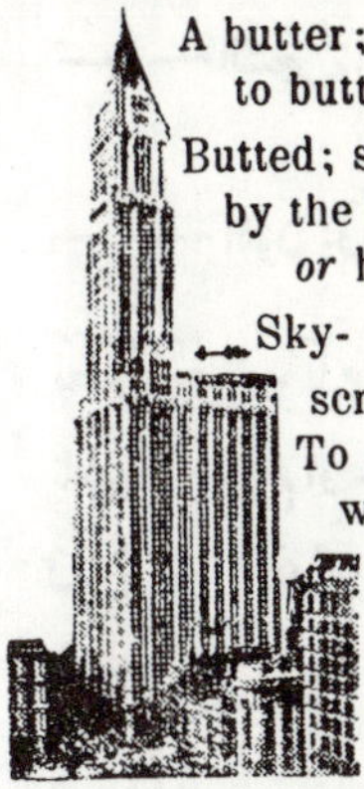

نَطَّاح — A butter; given to butting.

نَطِيح . مَنْطُوح — Butted; struck by the head, *or* horns.

ناطِحَةُ السَّحاب : صَرْح — Sky-scraper.

* نَطَر : حَرَس — To guard; keep watch over.

— س : إنتَظَر — To wait for.

نَطْر . نِطارَة : حِراسَة — Guarding; watching over.

ناطِر . ناطُور — Guard; keeper (of plantations, vineyards, etc.).

نُطَّار : فَزّاعة . خَرّاعة — Scarecrow.

* نَطْرُون — Natron; native sodium carbonate.

* نَطْس . نُطُس . نِطاسِيّ : عالِم — Erudite; well instructed; learned.

نِطاسِيّ ٢ (والجمع نُطُس) : طَبيب حاذِق — A surgeon; physician; (proficient) medical doctor.

{ نطط } نَطَّ : وَثَبَ — To leap; skip; spring; jump.

— الحَبْلَ (كالبَناتِ في لعبهم) — To play skipping rope.

△ — على : سَفَدَ — To cover; copulate with; serve.

△ نَطَّطَ : جعَلَهُ يَثِب — To jump; cause to jump.

تَنَطَّطَ : تَقَمَّزَ — To gambol; frisk, *or* skip about.

نَطَّة : وَثْبَة — A leap; a jump.

△ لعبة الـــ : دُبّاخ — Leapfrog.

نَطَّاط : وَثّاب — Leaper; jumper; saltant.

— : وَاثِب — Leaping; skipping; saltant.

△ نُطَيْط △ أبُو النُّطَيط : جُنْدُب — Grass-hopper.

* نَطِعَ . انْتَطَعَ لَوْنُه : امْتُقِعَ — To grow pale; change colour.

تَنَطَّعَ : تأنَّق — To be overnice *or* fastidious.

نِطْع : بِساط من جِلد — A rug of skin.

— : مقدَّم سَقْف الحَلْق — Forepart of the palate.

حَرْف نِطْعِي — Dental consonant.

△ نِطْع ٢ : جِلْف — Rude; unmannerly; boorish.

* نَطَفَ : سالَ قليلاً قليلاً — To trickle; flow in a small, gentle stream.

نُطْفَة : ماءٌ صافٍ — Clear water; lymph.

— : ماءُ الذكَرِ او الأنثى — Semen.

ناطِف س : سُكَّر مَعْقُود لتزيين الفَطائر — Icing; concreted sugar.

* نَطَقَ : تكلَّم — To speak; pronounce; utter words *or* articulate sounds.

— بالحُكْمِ — To pronounce, give, *or* deliver, a sentence.

نَطَّقَ . أَنْطَقَ : جعَلَه يَنْطق — To make one speak *or* pronounce.

— : حَزَّمَ — To gird; girdle.

△ — الطَّبيخَ : حرَّكه — To fry lightly and quickly (by tossing in a frying-pan.)

تَنَطَّقَ . تَمَنْطَقَ — To gird oneself; put on a belt.

إسْتَنْطَقَ الشاهِدَ — To interrogate, question, *or* cross-examine a witness.

— المتَّهَمَ بتَعْذيبِه — To subject a suspected criminal to the third degree.

△ — : قاءَ — To vomit; throw up.

نُطْق : كلام — Utterance; speech; the power, *or* act, of speaking.

— خارِجيّ : لَفْظ — Articulation; pronunciation.

— داخِلِيّ : فَهْم — Intellect; reason.

فاقِدُ الـــ. — Speechless.

لا يُنْطَقُ بِهِ : لا يُقال — Ineffable; unutterable

نِطاق : زُنّار . حِزام — Belt; girdle; waistband.

— : حَدّ . تُخْم — Limit; boundary.

— : نُقْبَة △ تَنُّورة — Skirt.

— : دائِرة . مِنْطَقة — Zone; sphere.

— : ٥ كُرْدُون — Cordon.

— صِحِّيّ — Sanitary cordon.

Endowed with the faculty of speech; speaking. ناطِق : يتكلَّم

An articulate being. حيوان ـــ

Sound-film; talkie. ∆ فِيلْم سِينَمائيّ ـــ

Lifelike portrait; speaking likeness. صُورَة ناطقة

The human soul. النفسُ الـــة

Interrogatory; cross-examination. إسْتِنطاق : اسْتِجْواب

Speech; the faculty of expressing thoughts by words or articulate sounds. مَنْطِق

Logic; correct reasoning. عِلْم الـــ .

Logical. مَنْطِقي . مِنطيق: عقليّ (او مختصّ بعلم المنطق)

Logician; dialectician. ـــ : عالم بالمنطِق

Belt; girdle; sash. مِنْطَق . مِنْطقة : حِزام

Zone; field; sphere. مِنطقة ٢ : دائرة

Region; district. ـــ : إقليم

Life buoy. ـــ النجاة (من الغرق)

Neutral zone. ـــ حرام . شُقَّة حرام

Out of bounds. ـــ حرام (محرَّم دخولها)

Sphere of influence. ـــ نُفُوذ

The zodiac ـــ البُرُوج (انظر برج)

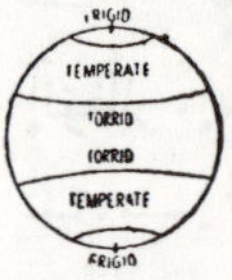

The torrid zone. الـــ الحارَّة اي الإستِوائيَّة

The two temperate zones. المنطقتان المعتدلتان

The two frigid zones. المنطقتان المتجمِّدتان

Zonal. مِنطَقيّ : مختص بمنطقة

Sauté; fried lightly and quickly. ∆ مُنطَّق : مُحَمَّر سَريعاً بقليل من الزُبْدة

Spoken; uttered in speech. مَنطُوق : خِلاف المفهوم

Text of a judgment. ـــ الحُكْم

Literal meaning of a word. ـــ الكَلِمة

Eloquent. مِنْطِيق ٢ : فَصِيح

Examiner; inquisitor; official investigator. مُسْتَنْطِق

To press; squeeze out (from something.) ✱ نَطَلَ . نطّلَ : عَصر

To foment; bathe with warm medicated liquid. ـــ . ـــ : صبَّ النطولَ على

To bail out, or lade, water from. ∆ ـــ الماء من : دلج . نَزَحَ

A bail; bailer. ∆ نَطّالة: شِبْهُ دَلْو يُدْلَجُ به الماء

Medical fomentation. نَطُول

Shower bath. مِنْطَل : مِنْضَح (انظر نضح)

✱ نظائر مشتبهة (ف نظر)

To see; perceive with the eye (or by mental vision). ✱ نَظَر : رأى

To eye; look on; observe. ـــ الى : رَمَق

To look at. ـــ الى الشيء : رآه . تأمَّلَهُ

To consider; see about; look into; examine. ـــ في الأمْر : فَحَصَه وفكّر فيه

To judge, or decide, between. ـــ بَيْنهم : حَكَم

To try a case. ـــ الدعوى

To see to; look after. ـــ لهم : اهتمَّ بأمرهم

Look, or search, for... انظُرْ لي كذا او فلاناً

To equal; be equal to. نَاظَرَ : صَارَ نَظِيراً له

To be near to. ـــ كَذا : قارَبه

To equalise; compare as equals; put on equality. ـــ كذا بكذا : جعله نَظِيرَه

To rival; compete, or vie, with. ـــ : نافَسَ

To argue, or debate, with. ـــ : جادَلَ

To command; overlook. ـــ : أشْرَفَ على

To superintend; supervise. ∆ ـــ العمل : شارَفَه

To debate; argue; discuss. تناظَرا : تجادلا

To scrutinize; look closely at. تَنَظَّرَ . إنْتَظَرَ . إسْتَنْظَرَ : تأمَّلَ

To be patient with. ـــ . ـــ . ـــ : تأنَّى على

To expect; look forward to; anticipate. انتظر ٢ . استنظرَ ٢ : توقَّعَ

To wait for. ـــ . ـــ : ترقَّبَ . تطلَّعَ الى

To be patient; have patience. ـــ . ـــ : صبرَ

Sight; eyesight; vision. نَظَرٌ : بَصَر

Insight; discernment; foresight; prudence; perception. ـــ : بَصِيرة

Consideration. ـــ : رعاية او اعْتِبار

Attention; notice; observation; regard. ـــ : التِفات . مُلاحظة

Favour; kindness. ∆ ـــ : فَضْل

Protection. ∆ ـــ : حِمَى

Hearing or trial, of a case. ـــ الدَّعْوى (في المحْكَمة)

Eye-flaps; blinkers; winkers. ∆ — الخيل

Throat-latch. ∆ زناق الــ .

Noseband. ∆ بُوز الــ .

Management; direction; administration. نِظارة : إدارة

Radioactive isotopes النظائر المشعَّة

Eye. ناظِر : عَين

Spectator; beholder; onlooker. — : راءٍ

Manager; director. ∆ — : مُدِير

Farm bailiff. ∆ — مزرَعَة (اي عِزْبة او أبعاديَّة)

Station-master. ∆ — محطَّة (سِكة الحديد)

Headmaster; principal. ∆ — مَدْرسة

Eye. ناظِرة : عَين

Directress; matron. — : رئيسة

Equal; match; like; peer. نَظِير : مَثِيل

Like; similar to; the same as. — : مِثْل

Unequalled; matchless; peerless. لَيْس له — .

Nadir. الــ — السَمْتِ (في الفَلَك)

Expectation; expecting; anticipation. إنْتِظار . إستِنْظار : توقُّع

Waiting; looking forward to. — : ترقُّب

Unexpectedly. على غير — .

Waiting room. غُرْفة — .

Comparison. تَنْظِير : مُقارَنة

Sight; view; spectacle, scenery. مَنْظَر : مَشهد

Look; appearance; aspect. — : طَلْعة

Landscape, or panorama. — عامّ . مَنْظَرة

Watch-tower. — . : مكان مُرْتفِع تنظر منه

Bird's-eye-view. — من عَلٍ (مكان مُرْتفِع)

عِلم المَناظِر : لمعرِفة مقادِير الأشياء باعتبار قُربها او بُعدها من الناظر
Perspective.

مَنْظَرة [٢] : ∆ مَنْدَرة . غُرْفة استقبال الضُيوفِ (في مصر)
Guest-room; guest-chamber.

Onlookers; spectators. — : نَظَّارة . مُتفرِّجون

Farsighted; long-sighted. بعيد او طويل الــ

Nearsighted; shortsighted; myopic. قَصِير الــ .

This case is debatable. في هذا الأمر — .

A moot or disputable case; an open or unsettled question. مَسْألة فيها — .

Under consideration. تحت الــ .

Regardless, or irrespective of. بصرْف الــ عن

In my estimation. في نَظَرِي (أي تَقْدِيري)

In view of; in regard to; in consideration of. نظراً الى . بالنَظَر الى

Optic; optical; visual. نَظَرِي : مختصّ بالنَظَر

Theoretical. — : ضِدّ عَمَلي

Theoretically; in theory. نَظَرِيّاً : ضِدّ عَمَلِيّاً

A look; a regard; a glance. نَظْرَة : المرَّةُ من « نَظَرَ »

A glance; a glimpse. — : لَمْحَة

Compassion; mercy. — : رَحْمَة

Retrospection. — الى الماضِي

Theorem. نَظَرِيَّة : قَضِيَّة تحتاج الى بُرْهان

Theory. — : رأي . مَذْهب

Farsighted; having acute sight. نَظَّار : شَدِيد النَظَر

Spectators; onlookers. نَظَّارة : مُتفرِّجون

Spectacles; eyeglasses — : ∆ عُوَيْنات

Pince-nez. — (راكِبَة) الأنْف

Monocle; eyeglass. — لِعَيْن واحدة

Lorgnette; opera glass. — المسارِح

Field glasses; race glasses. — حَرْبِيَّة

Magnifying glass. — مُعظِّمة

Telescope. — الرَصَد الفَلَكِي : ٥ تِلِسْكُوب

Spy-glass. — مقرِّبة : مِقْراب

Microscope. — مكبِّرة : مُجْهِر (انظر جهر)

Spectacled; bespectacled. ∆ أبو — . ذو النَظَّارة

مِنْظَر. مِنْظَار : نَظَّارَة — Glasses, telescope, etc.

مِنْظَار ٢ : مِرآة — Looking-glass; mirror.

— سجمي كهربي لفحص اعالي المستقيم — Sigmoidoscope

— طِبِّي (وبمعنى مِرآة معدنيّة) — Speculum.

— آلة التصوير — View finder.

مَنْظُور : يُرَى — Visible; capable of being seen; perceptible.

— : مَرْئِيّ — Seen.

— : مُنتَظَر — In sight; expected: prospective.

— : يُرْجَى خَيْرُه — Promising.

— : مَحْسُود — Envied.

— : مُصابٌ بالعين — Smitten with the evil eye.

— أمْثَل — Ideal perspective.

— جَوِّي — Aerial perspective.

— خَطِّي — Linear perspective.

— جانِبِيّ — Side-view.

رَسْم الـ ـ . رَسْم نَظَرِيّ — Perspective drawing.

غير — . — Invisible; unseen.

مُناظِر : مِثْل — Like; similar to.

— : مُنافِس — Rival; competitor.

مُناظَرَة : منافَسَة — Rivalry; competition; emulation.

— : جِدال — Debate; controversy; speculation.

مُنْتَظَر : متوقَّع — Expected; anticipated; prospective; in sight.

غير — . — Unexpected.

*نَظُفَ : كانَ نَظيفاً — To be clean.

نَظَّفَ : طَهَّرَ — To clean; make clean.

— الجرحَ — To deterge (a wound.)

△ — عليه — To clean out; leave without money.

تَنَظَّفَ — To clean oneself.

نَظافَة : ضِدّ وَساخَة — Cleanness; cleanliness.

نَظِيف : ضِدّ وسخ — Clean.

— الأخلاق او الصِفات — Cleanly.

— جِدّاً — Scrupulously clean.

تَنْظِيف : تطهير — Cleaning.

— الجُروح — Detergence; detergency.

مُنَظِّف — Cleaner.

— : مُطَهِّر — Cleansing; detergent.

△ نَظِلِيّ : نُسْوِيّ — Ladylike; delicate.

*نَظَمَ. نَظَّمَ : رَتَّبَ — To organise; arrange; put in proper order.

— . — اللؤلؤ في خيط — To string pearls.

— . — الأمْرَ : أقامه — To adjust; regulate; set right; reduce to order.

— . — الشِّعْرَ — To poetize; compose poetry; run into verse; versify.

إنْتَظَمَ. تَنَظَّمَ. تَناظَمَ : تَرَتَّبَ — To be arranged, *or* organised

— . — . — اللؤلؤ — To be strung.

— . — . — الأمْرُ — To be adjusted, set right, regulated, *or* reduced to order.

— في سلك الجمعيّة — To join a society.

نَظْم. تَنْظِيم — Arrangement; organizing.

— : شِعْر — Poetry; metrical, *or* poetical composition.

— الشِّعْرِ : تأليفه — Composition of verses; versification.

— اللؤلؤ — Stringing of pearls, beads, etc.

نِظَام : تَرْتِيب — Organization; order; proper arrangement.

— سِياسِي او صِحّي او غِذائي — Regime; regimen.

— : نَسَق — Order; system; method.

— : تعليم. تهذيب — Discipline; order.

— نِقابيّ — Corporate organization.

الـ الشَّمْسِيّ — The solar system.

الـ العَسْكَرِيّ — Military discipline.

نِظاميّ : مرتَّب — Regular; orderly.

جَيْش — . — Regular army.

عَسْكَرِيّ — . — Regular trooper.

قانون — : قانون أساسيّ — Organic law.

حرب نِظاميّة — A pitched battle.

ناظِم : شاعِر — A poet; a versifier.

— : مُرَتِّب — Arranger; one who arranges.

— مُنَظِّم : مُدَبِّر — Organiser; arranger.

إنْتِظَام Order; regularity.

تَنْظِيم Arranging; adjusting; regulating; organising.

— المحاربين : فَنّ الحَرَكات الحربيّة Tactics.

△ خطّ الـ . (في الحربيّة) Alignment.

△ مَصْلَحَة الـ Road and Building Department (*Tanzeem*).

مُنَظَّم . مَنْظُوم Well arranged; tidy; in good order; set in order.

مَنْظُوم ٢ : خِلاف الكلام المنثور Poetical, *or* metrical, composition.

مُنَظِّم : مُرَتِّب او مدبّر Arranger; one who arranges; organiser.

مُنْتَظِم Regular; orderly; methodical

غير — : شاذّ Irregular; errotic.

☆ **نَظير** (في نظر) ☆ **نَمّام** (في نمم)

☆ **نَعَبَ الغُرابُ** To hoot; croak; caw; cry like a crow, rook, *or* raven.

— : أنذر بالبَيْن To croak; forebode evil.

— المؤذّن : مدّ عنقه وحرّكه في صياحه To crane; stretch the neck.

نَعْب . نَعِيب Whine; croaking; cawing.

نَعّاب : △ فَرّار △ نقّاق Croaker; naggy.

☆ **نَعَتَ** : وَصَفَ To describe; qualify.

نَعْت : وَصْف Description, *or* qualification.

— : صِفَة Quality; attribute.

— (في النحو) Adjective.

— إشاري Demonstrative adjective.

— التخصيص Definite adjective.

— التعميم Indefinite adjective.

— حقيقي Attributive adjective.

— سببي Predicative adjective.

— عددي Adjective of number.

— وصفي Qualificative adjective.

نَعْتِيّ Descriptive; qualificative.

☆ **نَعْجَة** : أنثى الضأن An ewe: female sheep

☆ **نَعَرَ** : صاحَ وصوَّتَ بأنفهِ To nasalize; twang; make a noise through the nose.

△ — الثورُ : جأر To bellow; low; moo.

— العِرْقُ بالدم. To spurt, *or* gush out, blood (a vein).

نَعْرَة : صَوْت من الأنف A twang; nasal twang.

نُعَرَة : ذُبابة الخَيْل او الحمير او الغنم Gadfly; horsefly; tabanus.

— : خَيْشوم Nose, *or* nostrils.

نُعَرَة : كِبْر وخُيَلاء Arrogance; haughtiness.

— قوميّة Chauvinism; jingoism; blustering patriotism.

نَعّار : صَيّاح Clamorous; vociferant.

— : طائر حَسَن الصوت Serin-finch.

△ **نعّارة** : خذروف مصوّت Humming top.

نَعِير : صُراخ . صِياح Clamour; loud shouting, *or* exclamation.

△ — الثيران : جُؤار Bellowing; lowing.

ناعِرَة : دُولاب طاحون الماء Overshot wheel.

ناعُورَة : سَاقِية Noria; Persian wheel; water-wheel.

☆ **نَعَسَ** : أخذته فترة في حواسّه فقارب النوم To feel drowsy, *or* sleepy.

△ — : نام To doze; sleep.

— ت السوق : كسدت To be dull, *or* stagnant.

أنعس △ **نعّس** To make sleepy.

تَنَاعَسَ : تناوَمَ To feign to be sleepy *or* asleep.

نُعاس Drowsiness; sleepiness; slumber.

مَرَضُ الـ (غير مرض النوم) Sleepy sickness.

نَعْسان . ناعِس Drowsy; sleepy.

مُنَعِّس Somniferous; inducing sleep.

صَوْت — : مُجلب النعاس Sleepy sound.

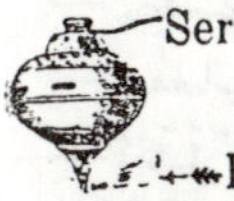

* نَعَشَ . نَعَّشَ . أَنْعَشَ : رفع . أقام — To raise; lift up

— . — . — : أحيى — To revive; reanimate

— . — . — : نشَّط — To enliven; inspirit; invigorate; animate

إِنْتَعَشَ من سَقْطَةٍ : قام — To rise from a fall

— من مَرَضٍ — To recuperate; recover health.

— : نشط — To revive; be revived, or reanimated

نَعْش : سرير او خَشَبة الميت — Bier.

— : تابوت (صُنْدوق) الموتى — Coffin.

بناتُ — الصغرى — Little Bear; *Ursa Minor*.

بناتُ — الكبرى — Great Bear; *Ursa Major*.

إِنعاش — Reviving; reanimating; refreshing.

إِنتِعاش — Revival; reanimation.

مُنعِش — Reviving; enlivener; invigorating; bracing; reanimating; refreshing.

طَقْس — — Invigorating weather.

هواء مُنعِش — Bracing air.

* نعظ القضيبُ — To become erect and rigid.

أَنْعَظَ الرجلُ او المرأة — To be sexually excited; be on heat.

نَعْظ : علة في القضيب — Priapism.

ناعُوظ : مقوٍّ للباه — Aphrodisiac.

إِنْعاظ — Orgasm; the height of venereal excitement in sexual intercourse.

* نَعَقَ الغرابُ : نَعَبَ — To caw; croak.

— البومُ — To hoot.

نَعْق . نَعِيقُ الغُراب — Croaking; cawing.

— . — البوم — Hoot; hooting.

* نَعَّلَ . نَعَلَ . أَنْعَلَ : ألبسه نعلاً — To put shoes on; furnish with shoes

— . — . — الحِصانَ — To shoe a horse.

نَعِلَ . تَنَعَّلَ . إِنْتَعَلَ الحِصانُ — To be shod.

— . — الرجلُ — To wear shoes

نَعْل : حِذاء — Shoe, boot, or sandal

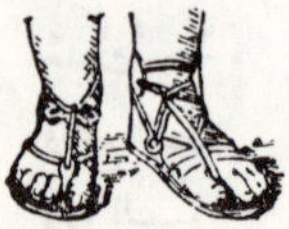

— الحذاء — Sole; bottom of shoe, or boot.

— الفَرَس : △ حِدْوَة — Horse-shoe

— : غِرْفة . صَنْدَل — Sandal

— غِمْد السَّيف — Shoe of scabbard

أرض الـ— : ما اصاب الأرضَ منها (انظر ارض) — Tread

ناعِل . مُنْعَل : ذو نعل — Shod

* نَعِمَ الرجلُ : رَفَهَ — To live in comfort and luxury

— عَيْشُه : رَفُهَ — To lead an easy and comfortable life.

— به عيناً — To be pleased with.

نَعِمَ ٢ العودُ : نَضِرَ — To be blooming, or tender

— المسحوقُ — To become fine, or powdery.

نَعِمَ ٣ : لانَ مَلْمَسه — To be soft, or smooth

نَعَّمَ : مَلَّسَ — To smooth; make smooth, or soft

— : رَفَّهَ — To accustom to luxury.

△ — المسحوقَ — To pulverise; reduce to fine powder, or dust.

أَنْعَمَ النظرَ في الأمرِ — To scrutinize; look closely at; examine narrowly; consider attentively.

— في الأمرِ : بالغ — To apply oneself assiduously to.

— على — To bestow, or confer, upon.

— الله صباحك . أَنْعِمْ أو عِمْ صباحاً — Good morning to you!

تَنَعَّمَ : تَرَفَّهَ — To live in luxury; lead an easy and comfortable life.

— بالشيءِ : تمتَّع — To enjoy.

نِعْمَ الرجلُ زيد — What an excellent man *Zeid* is!

— ما فعلتْ — Well done! You have done well.

نَعَمْ : بَلَى — Yes; yea; aye.

— : حقًّا — Certainly; surely; assuredly.

Live stock; stock of cattle, or of sheep. — نَعَمٌ . أَنْعَام : مَوَاشٍ

Ease; comfort; prosperity. — نُعْم . نَعْمَة : خِلَاف بُؤْس

Blessing; boon; beneficent gift. — نِعْمَة : مِنَّة

Grace of God. — — الله

Upstart; parvenu; new rich. — حَدِيثُ — .

Wealthy; rich; opulent. — واسِع الـ

Benefactor. — وَلِيّ الـ

Amenities (pleasant features) of life. — نِعَمُ الحَيَاةِ : أَطَايِبُهَا

Blood. — نُعْمَان : دَم

Poppy, or crown, anemone. — شقائق الـ : نَبَات مُزْهِر

Ostrich. — نَعَام (الواحدة نَعَامَة ١)

Emu. — — أستراليا

Ostrich farming; the occupation of breeding ostriches. — تَرْبِيَة الـ

Telar membrane. — نَعَامَة ٢ الدِّمَاغ

Instep. — — القَدَمِ : ∆ بَطْن الرِّجْل

To act with energy and zeal. — رَكِبَ جَنَاحَيِ النَّعَامَةِ

To kick the bucket; die. — شَالَتْ او نَفَرَتْ نَعَامَتُه

Softness; smoothness; tenderness. — نُعُومَة : لِين المَلْمَس

Since his tender age. — مُنْذُ — أَظْفَارِه

Ease; comfort. — نَعِيم : رَغَدُ العَيْش

Happiness; felicty; blessedness. — — : سَعَادَة

Paradise; (Nirvana. عند البوذيين) — — : فِرْدَوْس

Favour of God. — — الله : عَطِيَّتُه

Tranquil; peaceful; undisturbed; unruffled. — — البَالِ : هَادِئ البَال

Smooth; tender; soft. — نَاعِم : لَيِّن المَلْمَس

Powdered; powdery. — ∆ — : ضِدّ خَشِن (مَسْحُوق)

At ease; tranquil. — — البَال

Slick; smooth-running. — — الحَرَكَة : سَهْل

Mealy mouthed; tender-mouthed. — — اللِّسَان

Powdered sugar. — ∆ سُكَّر — .

Sleek, smooth, or glossy, hair. — شَعْر — .

Easy, or comfortable, life. — عَيْش — .

Close shaving. — حِلَاقَة نَاعِمَة

Gift; bounty bestowed; largess; grant. — إِنْعَام : عَطِيَّة

Scrutiny; critical gaze; careful examination. — — النَّظَر : إِمْعَان

To live in luxry. — تَنَعَّمَ : تَرَفَّهَ

To enjoy. — — : تَمَتَّعَ

Benefactor, or donor. — مُنْعِم

Living in ease and comfort. — مُنَعَّم . مُتَنَعِّم

Soft, or smooth, language. — كَلَام — : لَيِّن

Munificent; benefactor. — مِنْعَام : كَثِير الإِنْعَام

To revive; reanimate; warm up; enliven; cheer. — ∆ نَعْنَشَ : أَنْعَشَ (راجع نعش)

Mint; spearmint. — ☆ نَعْنَع . نَعْنَاع

Peppermint. — — او — فُلْفُلِيّ : لَمَّام

To announce the death of. — ☆ نَعَى فُلَانًا : خَبَّرَ بوفاته

To invite friends to attend the funeral of. — — الأَصْحَابَ : دَعَاهُم الى دَفْن مَيِّتِه

To find fault with; decry. — — عليه عَمَلَه

To lament; wail; weep; cry. — ∆ — : بَكَى

To complain of poverty. — ∆ — فقره : شَكَاهُ

One who announces a death. — نَعِيّ . نَاعٍ : مُخْبِر بِوَفَاة

The act of announcing a death. — — . نَعْي . نُعْيَان

Death announcement. — نَعْيَة ∆ نَعْوَة . مَنْعَى . مَنْعَاة : خَبَر وَفَاة

Happiness. — ☆ نعيم (في نعم)

To seethe; boil. — ☆ نَغَرَ : غَلَى

To be addled, (eggs). — أَنْغَرَ البَيْضُ : فَسَدَ ∆ مَشَّشَ

To tickle; titillate. — ☆ نَغَزَ : دَغْدَغَ ∆ زَغْزَغ

To stir up enmity between. — — بَيْنَهُم

To prick; sting (with a needle, etc.). — ∆ — : نَزَغَ . وَخَزَ

To have a bee in one's bonnet. ∆عنده نَـغْـزَة « في عقله »

To be agitated. ٭نَغَش. تَنَغَّشَ : تحرَّكَ واضْطَرَب

To play with. ∆نـاغَشَ : داعَبَ . لعبَ مع

To flirt with; play at courtship with. ∆— : غازَلَ وداعَبَ . ناغَى

To swarm, or teem, with. تَنَغَّشَ . انْتَغَشَ بكَذا: عجّ ∆شغـى

A flirt; a coquette. ∆نغشة : شَمُوع

Very small; midget; dwarf; pigmy. نغَاش. نُغَاشيّ : قـَطْقوط ٥ قـُزْعَة

Sex-play. ∆مُناغشة : مغازلة شهوانيَّة

To embitter, annoy, or trouble, one's life. ٭نغص. أنْغَصَ عيشه

To embitter the enjoyment of one's life. — لذَّةَ عيْشه

To be troubled, embittered, (one's life). تَنَغَّصَ عَيْشه

To suppurate; fester. ٭نَغِلَ الجرْحُ : ∆عمَّـل . اغذّ

To gangrene. — الجرْحُ : فسدَ . ذَرِب

To bear, or harbour, malice against. — قلبه على : ضغن

Bastard; illegitimate child; natural child. نغْل. نغِيل : ولدُ الزنى

Bastardy; illegitimacy. نغُولَة

To hum a tune; sing without pronouncing words. ٭نغِمَ. نغَمَ. تَنَغَّمَ

Symphony; consonance, or harmony, of sounds. نغْم. نغَم

Tune; air; melody. نغْمة . نغَمة

To titillate; tickle. ∆نـغـمَـشَ : دغدغ

To drench; wet thoroughly. ∆نـغْـنَـغَ : بلَّلَ

To be deeply immersed in luxury. ٭تَنغْنَغَ . انـغـمس في الخيْر . رغْرغَ

Speech. ٭نَغْو. نَغْي : كَلام

To speak, or talk, to. نغَا . نَغَى اليهِ : تكلَّم

To speak tenderly to a child. ناغَى الصبيَّ : كلّمهُ بما يعجبه

To make love to; play at courtship with. — المرْأةَ : غازلها

To babble; prattle. ∆— الصبيُّ

To warble; twitter. ∆— الطائرُ : غرَّد

٭نفّ (في نفف) ٭نفاس (في نفس) ٭نفاط (في نفاط)
٭نفاق (في نفق) ٭ نفاية (في نفي)

Naphthaline. ٥ نَـفْـتَـالين

To expectorate; cough up. ٭نفَثَ المصدورُ : رمى بالنُفاثة

To spit out; jet; spurt forth in jets. — : بـَزقَ

To spit out its venom. — الثعبانُ السمَّ

To vent one's wrath upon. — غُلَّه على

Expectoration. نَفْث. نُفَاثة

Erotic poetry. — الشيْطان : شِعْر غزَليّ

←Jet-plane. طائرة نفـاثة

Expectorant. مُنـفِّث : يطْرد البلْغـم من الصَدْر

To skip; bound. ٭نفَجَ . انـتـفجَ : وثَـبَ

To brag; vaunt; boast. —. — . تنَفَّجَ الرجُلُ : افتخر بما ليس له

Braggart; vain glorious. نفَّاج : ∆ فشّار

To be exhaled, or given off (as perfume) ٭نفَحَ الطيْبُ : انتشرت رائحته

To blow; whiff; puff. ـتْ الريحُ : هبَّت

To bestow; grant; confer upon. ـهُ بكذا : أعْطاهُ إيّاه

Fragrance; odour. نَفْحة الطيبِ : رائحته

A breath, or puff, of wind. — الريح : هبَّته

A gift; a bounty; a present. — : عطيَّة

Rennet. إنْفَحة . إنْفحة . مِنْفَحَةُ التجْبين

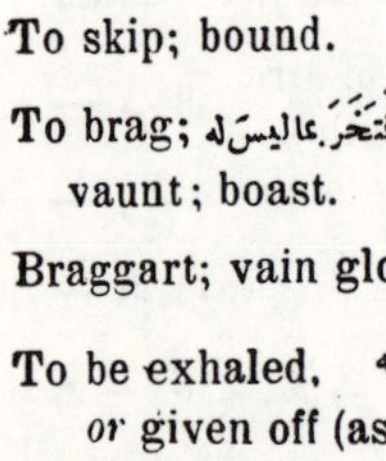

—: المعدة الرابعة للمجترّات
Rennet stomach; abomasum.

To blow with the mouth. ٭نفَخَ. نفَّخَ بفمه

To blow the fire. — النارَ او فيها

To blow a trumpet, whistle, etc. — البُوقَ او فيهِ

To inflate; blow up. — الشيءَ : ملأه بالهواءِ

To pump a tyre. — إطار الدرَّاجة او السيَّارة

— الشمعة : أطفأها بالنفخ — To blow out a candle.

— فيه (من روحه) — To breathe into.

— : فخّم — To inflate; puff up; blow up with flattery.

— : عظّم وفرّح — To puff up; elate.

— شِدْقيه . إنْتفخ : تعظّم وتكبّر — To be puffed up with pride.

انْتفخ ٢ : امتلا بالهواء — To be inflated; filled with air *or* gas; blown up.

—ت أوداجُه — To bristle up; swell with rage; be flushed with anger.

— : ورم او ارتفع — To swell; be puffed up.

نَفْخ : المصدر من « نفخ » — Blowing, pumping, *or* inflating.

— : ملءٌ بالهواء — Inflating; blowing up.

△ نفخة : كِبر — Elation; pride; conceit

نفخة ٢ : المرّة من « نفخ » — A blow.

— من الفم — A whiff; a quick puff (as of air, *or* smoke, from the mouth).

— ريح — A puff, *or* whiff, of wind.

— البطن — Flatulence of stomach.

△ — كاذبة : غرور — Vanity; vainglory; empty show; conceit.

△ — نفّاخ : ورم — A swelling.

نفّاخ . نافخ : مِرياح — Windy; flatulent.

نفّاخة : فقّاعة ماء — Bubble; water-bubble.

— السمك : عوّامة — Sound; fish's air-bladder.

نافخ ٢ : الذي ينفخ — Blower; one who blows.

ما بالدار — ضرمة — There is not a soul in the house.

△ نافوخ الطفل : يافوخ — Fontanel.

△ — : قمّة الرأس — Crown of the head.

إنتفاخ . تنفيخ : ورم — A swelling; protuberance.

— : الإمتلاء بالهواء — Inflation.

— البطن — Flatulence of the stomach.

△ تنفيخ ٢ العقد : بطن العقد — Intrados.

مِنفاخ . مِنفخ — Bellows; a pair of bellows.

— إطارات العجلات : △ طُرُمبة — Pump; △ tyre-pump.

— الصائغ : بِلام △ بوري — Blow-pipe

منفوخ . منتفخ : ممتلئ بالهواء — Inflated.

— : وارم — Swollen; bulging out.

— : سمين — Puffy; very fat.

△ — : متكبّر — Proud; conceited; puffed up.

* نفد : فرغ . فني — To run out; be exhausted.

—ت طبعة الكتاب — To be out of print.

△ نفد : نجا — To escape; get away or free.

أنفد . استنفد — To exhaust; spend; use up; consume.

نفدة حسابية — Item; entry.

نفاد — Exhaustion; consumption.

إستنفاد — Exhausting; consuming; using up.

* نفذ في الشيء ومنه : اخترقه — To pierce; penetrate; pass into *or* through.

— الأمر او القول : جرى وتمّ — To be executed; carried out.

— المنزل الى الطريق : اتّصل به — To give on; open upon.

— « « « : ادّى اليه — To communicate, *or* convey, to; afford communication with.

— الكتاب اليه : بلغ اليه — To reach; come to.

— السهم : قُضي الأمر — The die is cast; it is all up.

نفّذ . أنفذ : جعله يخترق — To make a thing pierce, *or* penetrate through.

— . — الى : بعث به اليه — To send, forward, *or* dispatch, to.

— . — الامر — To execute; carry out.

لا ينفذه الرصاص — Bullet-proof.

لا ينفذه الماء — Water-proof; watertight.

لا ينفذه المطر (الى آخره) — Rainproof.

نفْذ : انفاذ . إجراء — Execution.

— منفذ . مخرج — Outlet; way out; escaping.

— : خرق — Opening; hole; orifice.

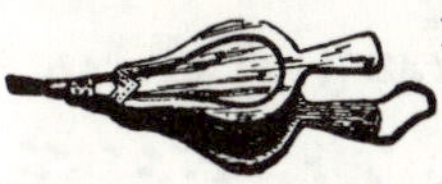

Penetration; piercing; going through. — نَفَاذ. نُفُوذ: اخْتِراق

Execution. — — — : إجْراء

Influence. — نُفُوذ ٢ : سُلْطَة

Forceful influence — — قَوِيّ

Influential. — ذو —

In force; operative; efficacious; valid. — نافِذ: مَعْمول به

Penetrating; piercing. — — : ثاقِب

Influential; potent. — — الكَلِمة

Effective; effectual. — — المَفْعول : مُؤَثِّر

Receiving full execution. — أمر —

Trodden road. — طَريق — : سالِك او مَطْرُوق

Thoroughfare; road open at both ends. — « — : مفتوح من الطرفين

An aperture, or opening, in a wall, etc. — نافِذة: خرق في حائط او غيره

Window. — — : شُبَّاك

Sending; dispatching — إنْفاذ: إرْسال

Execution; carrying out. — تَنْفيذ: إجْراء

Arrest of judgment; stay of execution. — إيقاف التنفيذ ٢

Executive; executory. — تَنْفيذي: إجرائي

The executive; administrative branch of government. — الهيئة او السُّلطة التَنْفيذية

Passage; means of exit, or entrance. — مَنْفَذ: مَجاز

Outlet; vent; way out. — — : مَخْرَج

Opening; hole; orifice. — — : خَرْق

Executant; one who executes, performs, or carries into effect. — مُنَفِّذ: مُنْجِز

Executor (*fem.* executrix); one appointed to carry out provisions of will. — — الوَصِيَّة

Executioner. — — الحُكْم بالاعدام

To be frightened away from; take fright; be scared. — نَفَر* منه: جزع منه وتباعد عنه

To run, *or* be frightened, away. — — : هَرَب

To swell out; bulge. — — : وَرِم

To protrude; jut, *or* stick, out. — — : نَتَأ

To hasten to. — — الى: أسْرَع

To have aversion to. — — منه: كَرِهَه

To shun; eschew; keep clear of; escape from. — — عنه: تباعد. اعرض

To gush, *or* spurt, out; flow copiously; rush forth. — △ — الدمُ: نَـهَـرَ

To shy; start and swerve nervously. — — . استَنْفَرَ الظَبْيُ

To scare, frighten, *or* startle away. — نفَّرَ . أنْفَرَ: أجْزَعَ وأبْعَدَ

To estrange, *or* alienate from; cause to have aversion to. — — منه: جعله يَكْرَهه

To put *one* out of conceit with. — — منه: جعله يَشْمَئِزّ منه

To have mutual aversion. — نافَرَهُ. تَنافَرُوا

Party; company; band. — نَفَر: جَماعة

Person; individual. — — : شَخْص

A private; a soldier. — △ — : جُنْدي بَسِيط

A conscript; a recruit. — △ — : قُرْعة

Flight; fleeing — نُفُور: هُرُوب

Aversion; dislike; disaffection. — — : كَراهة

Estrangement. — — : تَباعُد

Xenophobia. — الـ (الجُنُوني) من الأجانب (أي الغُرَباء)

Shy; chary; reserved; self-conscious; coy; timid. — نَفُور: هَيَّاب

Party; company; group. — نَفِير: جَماعة

Horn, bugle, *or* trumpet. — ○ — : بُوق

Neither here nor there; of no importance. — لا في العِير ولا في النَفير

Averse to; having a repugnance *or* aversion to. — نافِر منه: كارِه فيه

Swelling; protuberant; bulgy. — — : وارِم

Jutting out; projecting; relief. — — : بارِز

In relief; embossed. — رَسْم — او كِتابة نافِرة

Fountain; *jet d'eau.* — △ نافُورة △ نَوْفَرة: فَسْقِيَّة

Discord; incongruity; aversion. — تَنافُر: عدم مطابقة او موافقة

Dissension; disputation; strife. — — : خِصام

Incongruous; discordant. — مُتَنافِر: مُتَبايِن

Spirit; soul.	نَفْس (الجمع انفُس ونُفوس) : رُوح
Psyche.	— : عَقْل . الرُوح العاقِلة
Evil eye.	△ نَفْس : عين حاسدة . لائِمة
Soul; person; human being; individual.	— : شَخْص
Wish; desire; intention.	— : مُراد . إرادة
Ardour; eagerness; zeal; vim.	— : هِمّة
Self-respect.	— : أَنَفَة
Pride; haughtiness.	— : عَظَمة
Self; same.	— : ذَات . عَيْن
Self; one's own person.	— : شَخْص الإنْسان
Same; the thing itself; the same, or very, thing.	— الشيء: عَيْنه
The same man.	— الرَجُل : هو ذاته
The fact of the matter; the essence and reality of a matter.	— الأمر : حَقيقته
In reality; in fact.	في — الأمر
He himself came to me.	جاءَني هو نَفسه او بِنَفسِهِ
He came of his own accord.	△ جاء من نَفْسِه
I should like to do....	في نَفْسي ان افْعل كذا
Mean-spirited.	صَغير الـ
High-spirited; great-hearted.	كَبير الـ
Low-spirited; dejected.	مُنْقَبِض الـ
Self-confidence.	الثِقة بالـ
Self-reliance.	الإعْتِماد على الـ
Recreation.	تَرْويح الـ
Self-control.	ضَبْط الـ
Psychiatry.	طِبّ الـ
Self-love; selfishness.	مَحَبّة الـ . (الذَات)
Psychology; psychics.	عِلْمُ الـ . △نَفْسُلوجِيا
Self-contradictory.	مناقِض ـهُ
To feel sick.	△لَعِبت او قَلَبت ـهُ
He has no appetite, inclination, or desire.	△لَيْس له — : (رَغْبة اوشَهِيّة)
Appetite; inclination.	△ — : شَهِيّة . قابِلية
To appetise.	△فَتَحَ ـهُ : شَهّاه
Conceited; vain.	△شايف ـهُ : غِرّ
To mortify; humiliate.	△كَسَرَ ـ: فَلّ من غَرَبه
He is eating his heart out with anger, jealousy, etc.	△ يا كل ـهُ من الغَيْظ

Neuralgia.	٥نِيفْرالجيا : المَ عَصَيّ
To withhold; hold, or keep, back.	*نَفَس بالشيء : ضَنّ
To be precious, or valuable.	نَفُس : كانَ نَفيساً
To be in childbed; lie in; be confined.	تُنِّست△ نَفِسَت المرأةُ : صَارت نُفَساء
To give vent to; dispel, or banish, care.	نَفَّس ٢٣ الكُرْبَة : فَرَّجها
To relieve of sorrow.	— فُلاناً : ازالَ كَرْبه
To leak; let air out.	△— الشيء المَنْفُوخ
To emulate; rival; compete, or vie, with.	نافَسَ : بارَى
To try to obtain at any cost.	— في الشيء : رغب فيه على وجه المباراة فالكرم
To breathe; respire.	تَنَفَّسَ : تَنَسَّم
To take breath; take rest.	△ — : استَراح
To sigh deeply; heave a deep sigh.	— الصُعَداء (أى تنفساً عميقاً)
To breathe again; feel a sense of relief.	— الصَعَداء : استَراح من هَمّ اوحمْل
To vie, emulate, or compete together.	تَنافَسَ الرجُلان
Breath.	نفَس (الجمع انفاس) : نَسَمة
Idiosyncrasy; mode of expression peculiar to an author.	— المُؤَلَّف او الكاتِب
Steam; vapour.	△ — : بُخار الماء الغالي
A whiff, or puff, of smoke.	△ — : دُخَان
With one gulp.	ـاً واحِداً : جَرْعَةً واحِدَة
With one voice; at one; agreed.	△ـب واحِد : بصوتٍ واحِد
To breathe; respire.	△اخذ ـهُ : تَنَفَّس
To take breath; to rest.	△اخذَ ـهُ : استَراح
To take a whiff.	△اخذ نَفَساً من السيجَارة
Vapour lamp.	△مِصْباح — . •
Stop valve.	△باب النَفَس : صِمَام حاكم
To raise steam.	△جابَ الـ : ولَّدَ البُخارَالمُحَرِّك
To become strong.	△شَمّ ـهُ : قَوِيَ
Long-breathed; long-winded.	طَويل الـ
Short-breathed; short-winded.	قَصَيْر الـ
To breathe one's last.	لَفَظَ الـ الآخير
To give up the ghost.	فاضَت أنْفاسُهُ

نَفْسِيّ . نَفْسانيّ : رُوحِيّ Spiritual; moral.
— . — : عقلي Psychic, —al.
— . — : مختصّ بالنفس العاقلة Psychologic, —al.
تحليل — او — . Psycho-analysis.
طبيب — او — . Psychiatrist; psychiater.
نَفْسِيًّا : روحيًّا Morally.
نُفْسَة : مُهْلَة Respite; delay.
نُفَساء ∆ نَفَسة Confined; in childbed.
نِفاس : ولادة Parturition; childbirth; delivery.
— : حالة النفساء Confinement; lying-in.
— : السائل النفاسيّ Lochia.
حُمَّى — . Puerperal fever.
دار الـ— . Maternity home.
نفاسيّ Puerperal.
نَفاسَة Preciousness; costliness.
نَفِيس Precious; costly.
تَنَفُّس Breathing; respiration.
— لاهوائيّ Anaerobic respiration.
أعضاء الـ: متنفّس The respiratory organs.
المسالك التنفّسيّة The respiratory passages.
∆ تنفيس : هروب الهواء من المنفوخ Deflation; leakage.
مُنافِس Rival; emulator; competitor.
مُنافَسة : مزاحمة Rivalry; competition; emulation.
— تجاريّة Commercial competition.
— غراميّة او ادبيّة او معنويّة Rivalry.
مُتَنَفَّس : أعضاء التنفّس The respiratory organs.
مُتَنَفِّس : يتنفّس Breathing; respiring.
حيوان — : حيوان هوائي Aerobic animal.
☆ نَفَشَ . نَفَّشَ القطنَ To card, or tease (cotton, wool, etc.)
∆ — . تنفّش (كالحبّ المبتل) To swell out (as soaked peas).
∆ — الطائر ريشه . تنفّش ٢ To ruffle its feathers.

تنفّش ٣ وانتفش القطّ To bristle up its hair.
نُفْش : صوف Wool.
نَفّاش : نوع من الليمون الكبير Sour, or bitter, orange.
إنتفاش Bristling up.
مُنْتَفِش . مُتَنَفِّش . مَنْفوش Fluffy.
انف — او — : افطس Snub, or flat, nose.
شعر — او — : اشعث Dishevelled hair.
☆ نَفَضَ الثوبُ : ذهب لونه To fade; lose colour.
— نَفَّضَ الثوبَ : هزّه ليزول عنه التراب To shake a garment.
— . — التراب To dust; free from dust; brush, wipe, or sweep away, dust from.
— . — التراب عن الشيء : أزاله بهزّ الشيء To shake off dust.
— . — الشجرة : هزّها ليسقط ثمرها To shake fruit down from a tree.
— . — عنه أي شيء : تخلّص منه To shake off; rid oneself of.
— . — عنه الكسل To shake off laziness.
— المريضُ من مرضه To recuperate; recover.
— المكان بنظره To scrutinise a place.
— يده من الامر To wash one's hands of.
—ـته الحمى To chatter with the chill of fever.
— . أنفض القومُ : ذهب مالهم To be reduced to poverty.
أنفض ٢ القومُ زادهم : أنفدوه To spend, or exhaust one's provisions, etc.
— الرجل عنه To shake off a person.
إنتفض : ارتعد وارتعش To shake; shiver; quiver; tremble.

— . تنفّض من التراب To be dusted.
نَفَض . نُفاض . نُفاضة The thing shaken off
نَفَضَة . نَفِيضَة : كشّافة ←Scouts.
نُفَضَة . نُفاض : رعدة الحمّى Ague; a chill; shaking with cold, or fever.

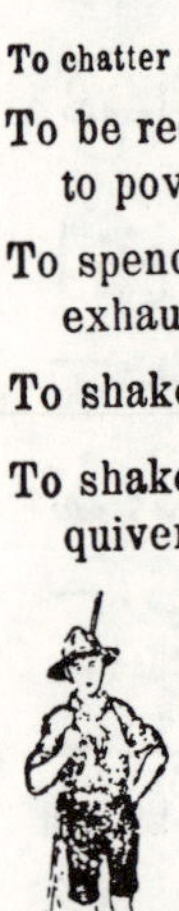

نِفَاض ٢ : مِيدَعَة ← Pinafore.
تنفيض — Dusting; shaking.
مِنْفَض : مِنْسَف — Riddle; screen.
مِنْفَضَة السجاير : △ طقطوقة — Ash-tray.
— ريش — Feather duster.
* نفط △ تنفّط : تقرّح — To blister; be affected with blisters.
نَفَط — : إحترق غضباً — To boil with rage.
— ت القِدْرُ : غلت — To boil.
نِفْط : سائل طيّار سريع الالتهاب — Naphtha; mineral, or rock, oil.
— : ○ بِتْرول — Petroleum.
زَيْت الـ — : — Oil of turpentine.
نَفْطة : بَشْرة مَلْأَى ماء — Blister; vesicle.
يد نافِطة — Blistered hand.
نُفَطة : سريع الغضب — Petulant; irritable; hot-tempered; spitfire.
مُنَفِّط : دواء يُخرج بثوراً — Vesicant; vesicatory; a blistering plaster.
* نفع : افاد — To be useful; be of use or advantage; avail.
— لِكذا : صلح — To do; serve.
لا ينفع — Useless; of no use or avail.
△ نفّع . استنفع الشيء : طلب نفعه (جعله نافعا) — To utilize; make use of.
إنتفع به ومنه : افاد — To avail oneself of; take advantage of; profit by.
— به ومنه : استعمله لنفعه — To utilise; make use of; put to use.
نَفْع : فائدة . عائدة — Use; utility; usefulness.
— : ربح — Benefit; advantage; profit.
— : طائل — Avail; use.
— : خير — Good; welfare.
الـ — العام — The public good, or utility.
نفّاع . نفوع : كثير النفع — Very useful.
نافِع — Useful; of use; of advantage; beneficial; profitable; available.

إنتِفاع : استفادة — Taking advantage; utilization.
— : ربح — Benefit; advantage; profit.
حقّ الـ — : استغلال (مدى الحياة) — Usufruct.
منفعة : فائدة . عائدة — Use; advantage; service; avail; good.
— : ربح — Benefit; profit; avail.
لـ — فلان — In the interest, or the benefit, of.
منفعي : يرى ان النفع غاية الفضيلة — Utilitarian
منافع الدار : مرافقها — Offices; appurtenances.
مُنتفِع بالرَّبع — Usufructuary; one who has the right to temporary use and enjoyment of another's property.
— : مُستفيد — Beneficiary.
(نفف) نفّ الارضَ : بذرها — To sow (the land with seed).
△ — : مخط — To blow the nose.
* نَفِقَ الشيء : نفد — To be spent, consumed, or exhausted.
— البيع او السوق : راجت — To be brisk, or active.
— الحيوانُ : مات — To die.
— ت البضاعة — To be sold out.
نفّق . أنفق البضاعة : روّجها — To push the sale of; make an article sell well.
— البضاعة : باعها — To dispose of goods, etc.
نافق : اظهر خلاف ما يبطن — To dissemble; act the hypocrite; assume a false appearance.
أنفق ٢ : افتقر — To be reduced to poverty.
— : صرف — To spend; expend; disburse.
— . استنفق المال او الصحة الخ — To spend; consume; exhaust; waste.

نَفَق : سَرَب — Tunnel; subway; subterranean passage.
نفقة : خرج . مصروف — Expense; cost; expenditure; outlay.
— : إنفاق — Expenditure; disbursement.
— : ما يلزم من المال للمعيشة — Maintenance; means of support, or sustenance.
— المعيشة — Cost of living.
— الزوجة (المطلّقة او المنفصلة) — Alimony.
على — فلان — At the expense of.

نِفاق . مُنافَقة Hypocrisy; simulation; dissimulation.

نافِق : ضدّ كاسِد Saleable; in good demand; selling well.

إنْفاق Spending; expenditure; outlay; disbursement.

مِنْفاق Spendthrift; prodigal; extravagant.

مُنافِق Hypocrite; dissembler.

* نَفَلَ

نَفْل : زائِد عن المطلوب Superfluous; supererogatory; uncalled for.

— . نافِلة : عملٌ ليسَ واجِباً Supererogatory services.

— . — : غنيمة Booty; loot; spoil.

— . — : هِبة Gift.

— : نوعٌ من البرْسيم Melilot; king's clover.

— الماء : بِرْسيم الماء Buck-bean; marsh trefoil.

إنْتَفَلَ . تَنَفَّلَ : فعلَ اكثر من الواجب To do a supererogatory deed.

* نَفْنَف : هواء Atmosphere.

— : صُقْعُ الجبل Precipitous cliff.

△ نَفْنَفَ : تورَّمَ قليلاً To be puffy, or tumid.

نَفْنُوف ع : ثوب المرأة Dress; lady's gown.

مُنَفْنِف : وارم نوعاً Tumid; puffy.

* نَفَى . نَفْياً : ضِدّ اثبتَ To disprove; refute; deny; contradict.

— . — : انكر To deny; disavow.

— . — : نَبَذ To reject; cast from one; throw off; discard.

— . — : ابعد . نحّى To banish; drive away; expel.

— الرجُلَ من البلدِ To banish; deport.

— الرجُلَ من بلدِه To exile; expatriate.

نافَى : طارد To chase; pursue.

هذا يُنافي ذاك To contradict; be contrary, or opposed, to; be inconsistent with.

إنْتَفَى : ضدّ ثبت To be denied, disproved, contradicted, or refuted.

— : تساقط To fall off.

△ اسْتَنْفَى : عدّهُ نُفاية To reject as useless.

تنافَتْ : تبايَنَتْ To be inconsistent with each other.

نُفاء . نُفاة . نُفاية . نُفاوة Refuse; waste, *or* worthless, matter.

نَفْي : ضد إثبات Denial; negation; the act of denying, *or* refuting.

— : إنْكار Denial; disavowal.

— : إبعاد . إقْصاء Banishment; expulsion.

— من البلدِ Exile; expatriation; deportation; expulsion from native land.

حرفُ — Particle of negation.

شاهِد — Witness for the defence.

شهادة — Counter evidence.

نَفْيِي : سَلْبي Negative.

نَفِيّ . مَنْفِيّ : مَنْبوذ Rejected; cast off; thrown away; discarded.

— . — : مُبْعَد Banished; expelled.

— . — من بلدِه Exiled; expatriated; deported.

شخص — An exile; a person in exile.

مَنْفِيّ ٢ : سالِب . خِلاف مُوجَب Negative.

تَنافٍ . مُنافاة Inconsistency; incompatibility; disagreement.

مَنْفى Place of exile.

* نفير (في نفر) * نفيس (في نفس) * نقّ (في نقق)

* نقاء (في نقي) * نقاب * نقابة (في نقب)

* نَقَبَ الحائطَ او غيره To drill a hole through a wall, etc.

— الارضَ : حفرها To dig a hole in.

— الارضَ : حفرَ فيها حُفْرة To excavate; form a cavity, pit *or* hole, in

— الصخرَ وغيره : ثقبه To pierce; penetrate; perforate; drill a hole through.

— . نقّبَ في الارض To explore; delve into; penetrate *or* go through, a country.

— . — . تنقّبَ (١) عن كذا : بحثَ عنه To search; go in search of; try to find.

— . — . — : فحص To explore; examine.

تنقّبت ٢ . انتقبت المرأة : لبست النِقاب To put on a veil; to veil her face.

نَقِبَ △ تنقّب ٣ : تخرّق To be full of holes.

ناقبه : فاخره بالمناقب To vie with in virtues.

نَقْب : حَفر — Digging; excavating.

— : تَثْقيب — Perforating; drilling.

— : ثُقْب — A hole; perforation.

نُقْبَة : Δ تَنُّورة — ←Petticoat; skirt.

نِقْبَة : أَثَر — Trace.

نِقَاب : قِناع (انظر لثام وبرقع) — Veil.

نِقابة تجارية — Syndicate, *or* corporation.

— تَعاوُنية — Guild.

— عُمَّال — Trade union

نَقِيب : رَئيس — President; headman; chief.

— : لِسان الميزان — Cock of a balance.

— كُلية او جامعة — Dean.

— الأشراف — The chief over the registered descendants of the Prophet.

— المحامين — President of the corporation of barristers.

نَقِيبَة : نَفْس — Soul; spirit.

— : عَقل — Intellect; mind; understanding.

— : طَبيعة — Nature; character.

— : مَشورة — Counsel; advice.

ناقِب . ناقِبَة : قُرحة الفراش (من طول الضجعة) — Bedsore.

تَنقيب — Exploration; examination, *or* excavation; delving.

مَنقَب . مَنقَب . مَنقَبَة : طريق في الجبل — Mountain-road.

— . مِنقَبَة : أداة النقب — A drill; a drilling machine.

مَنقَبَة : مَحمَدة — Virtue; excellence.

مَناقِب الرجل : مَحامِده — Good traits, *or* parts.

* نَقَحَ . نَقَّحَ : شذَّبَ — To prune; trim.

نَقَّحَ ٢ . أَنقَحَ الكِتابَ : هذَّبه وأصلحه — To revise; rectify; correct.

تَنقيح — Revision; rectification.

* نَقَدَ الشيء : فحصه ليعرف جيّده من رديئه — To scrutinise; examine closely; inspect with critical attention.

— الطائرُ الشيء : نقره — To peck at.

ـه بنظره : اختلس النظر اليه — To look stealthily at; cast a furtive, *or* stealthy glance at.

ـه الثمن — To pay in cash.

ـه . انتقد الكلام أو الفعل — To criticise; find fault with; comment.

انتقد ٢ الكلام على قائله : اظهر عيبه — To censure.

— الثمن : قبضه نقداً — To receive payment in cash.

نَقِدَ الضِرسُ : نخِر — To decay; rot.

ناقَدَه : ناقشه الحساب — To call to account.

نَقْد . انتِقاد : فحص — Criticism.

— Δ نَقدية : دراهم — Cash; ready money.

— (نقود) : مسكوكات — Specie; coins; cash.

ورقُ الــ — Banknotes; paper money.

حِساب الــ او الصُندوق (في التجارة) — Cash account.

المَبيع بالــ — Cash sales.

نُقود ٢ Δ نَقدية ٢ : مال . دراهم — Money; cash.

نَقداً : نضّاً — In cash.

— . بالنقد : خلاف بالدين — For cash; cash down.

اشترى نَقداً — To buy for cash.

نَقدي : مالي — Monetary; pecuniary.

نَقّاد . ناقِد . مُنتَقِد — A critic; fault-finder.

إنتِقاد : ضد استِحسان — Disapprobation; objection; criticism.

— هزلي : تهكّم — Sarcasm; veiled sneer.

عُرضَة للــ — Open to criticism *or* objection.

Δ مَنقَد : مَوقِد — Brazier; stove.

مِنقاد : مِنقار (انظر نقر) — Beak (of a bird).

مُنتَقَد : فُحِص — Examined, *or* criticised.

— : يُعاب — Exceptionable; objectionable.

* نَقَذَ . أنقَذَ . تنقَّذ . أستنقَذ من كذا — To deliver, save, *or* rescue from.

نَقِذَ : نجا وسلم — To be delivered *or* rescued.

نَقْذ . إنقاذ — Deliverance; rescue; saving.

مُنقِذ — Deliverer; rescuer; saviour.

*نَقَرَ : فَرَكَ الوُسْطَى على الابهام فأحْدَثَ صوتاً — To snap, or crack, the fingers.
— بظفرِ الاصبعِ الوسْطَى : نَقَفَ — To fillip; flip.
— الحجرَ او الخشبَ : حفرهُ — To carve, cut, or dig into.
— في الحجرِ : كَتَبَ حفراً — To engrave, or inscribe, on.
— الطائرُ : ضربَ بمنقره — To peck at.
— الطائرُ الحبَّ : لقطه — To peck up; seize and pick up with the beak.
— : ضَرَبَ — To knock; strike.
— على البابِ : قَرَعَ — To knock; tap; rap
—· نَقَّرَ : حَفَّرَ — To peck; thrust the beak into; pick holes in.
— فلاناً . نقَّرَ ٢ عليه : عابه — To peck, or carp, at.
— ونَقَّرَ ٢ عن الشيء : بَحَثَ — To seek, or search for.
نَقِرَ عليهِ : غضبَ — To be offended with.
نَاقَرَ : حاجَّ — To controvert; oppose by reasoning; bandy words with.
— : هاتَرَ — To bicker; altercate; wrangle.
نَقْر . حَفْر — Carving; digging into; engraving; inscribing, etc.
— الأصابعِ — Snapping of the fingers.

Δ — : حَزّ — Groove.
— : ثَقْب — A hole.
Δ — وَلِسان — Mortise and tenon.

نَقِرٌ : غضبان — Angry; offended.
نِقْرَة . نَاقِرَة Δ مُنَاقَرَة : مهاترة — Bickering; altercation.
نُقْرَة : حُفْرَة . تجويف — Pit; hollow; hole; cavity; depression.
— العينِ : تجويفها — Orbit of the eye.

— الكفِّ — Hollow of the hand.
نَقَّار : حفَّار — Engraver; carver.
— الخشبِ : طائر — Woodpecker; pecker.

Δ نقَّارِيَّة . نُقَيْرَة س — Kettledrum.
نَقِير : أَصْل — Stock; origin.

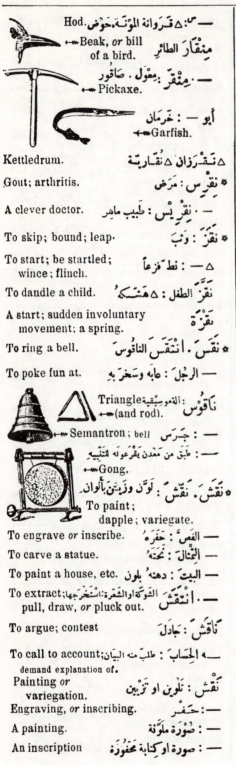

— س : Δ قَروانة المونة . حَوْض — Hod.
مِنْقَار الطائرِ — Beak, or bill of a bird.
— . مِنْقَر : مِعْوَل . صَاقور — Pickaxe.
أبو — : خرمان — Garfish.
Δ نَقْرَزان Δ نقَّاريَّة — Kettledrum.
* نِقْرِس : مرض — Gout; arthritis.
— · نِقْرِيس : طبيب ماهر — A clever doctor.
* نَقَزَ : وَثَبَ — To skip; bound; leap.
Δ — : نطَّ فزعاً — To start; be startled; wince; flinch.
نَقَّزَ الطفلَ : Δ هَشْتَكَهُ — To dandle a child.
نَقْزَة — A start; sudden involuntary movement; a spring.
* نَقَسَ . انْتَقَسَ الناقوسَ — To ring a bell.
— الرجُلَ : عابه وسخر به — To poke fun at.

نَاقُوس — Triangle: الموسيقية (and rod).
— : جَرَس — Semantron; bell

— : طَبَق من معدن يقرعونه للتنبيه — Gong.
* نَقَشَ . نَقَّشَ : لَوَّنَ وزيَّنَ بألوان — To paint; dapple; variegate.
— الفصَّ : حفره — To engrave or inscribe.
— التمثالَ : نحته — To carve a statue.
— البيتَ : دهنهُ بلون — To paint a house, etc.
— . انْتَقَشَ الشوكةَ او الشعرةَ : استخرجها — To extract; pull, draw, or pluck out.
نَاقَشَ : جادَلَ — To argue; contest
— ه الحِسابَ : طلبَ منه البيان — To call to account; demand explanation of.
نَقْش : تلوين او تزيين — Painting or variegation.
— : حَفْر — Engraving, or inscribing.
— : صُورة ملوَّنة — A painting.
— : صورة او كتابة محفورة — An inscription

نِقَاش : مُحَاجَّة . جِدال — Controversy; disputation; argument.

نَقَّاشُ الجدران (الحِيطان) والبيوت — Painter; house decorator.

—: حفّـار أحْجار وألواح مَعْدِنية — Engraver.

—: تماثيل : نحَّات — Sculptor (*fem.* sculptress.)

نِقَاشَة : حِرْفة النقّـاش — Painting, engraving, *or* sculpture.

مِنْقَش . مِنْقَاش حَفْـر المعادِن ← Burin.

بالمنَاقِيشِ : بالباع والذراع — By tooth and nail.

مَنْقُوش : ملوَّن — Painted, dappled, *or* variegated.

—: محْفور — Engraved, *or* sculptured.

مُنَاقَشَة : جِدال — Discussion; controversy; argument.

—: مُحاوَرة . مُحادَثة — Dialogue; interlocution.

— بَرْلمانيَّة — Debate.

— حادَّة — A heated discussion.

* نَقَص : ضِد زادَ او كثُر (و بمعنى قلَّ او هَبَط) — To decrease; grow, *or* become less.

—: صغُـر . ضد كبر — Diminish; become, *or* appear, less *or* smaller.

— . نَقَّص . أنقصَ : قلَّل — To lessen; make less; decrease; diminish.

— . — . — الثمنَ او الدرجةَ او الحجْمَ — To reduce.

— وانتَقَصَ الرجلَ حقَّـه — To diminish, *or* curtail, a person's due.

— . — الرجلَ قدره — To detract; disparage.

ـه كذا : عازه — To want; be destitute of, *or* deficient in; lack; need.

— عن : قَـلَّ عن . لم يُضارِع — To fall short.

تَنَاقَصَ — To decrease, decline, *or* diminish gradually; grow less, *or* smaller.

— القَمَرُ وأمثاله : أمحق . تضاءل — To wane.

اسْتَنْقَص الثمنَ : طلبَ تنقيصه — To ask for a reduction of the price.

— الشيء : وجدَه ناقِصاً — To find a thing short, *or* deficient.

— الشيء : وجدَه قليلاً — To find a thing little, small or scanty.

—: نَسَبَ اليه النقْصان — To find lacking, *or* wanting.

نَقْص . نُقْصَان : ضد زِيادة — Decrease; diminution.

— . —: فَقْد △ عَجْز — Shortage; deficit.

— . —: ضِد كَمال — Deficiency; imperfection; shortcoming.

— . نَقِيصَة : عَيْب — Defect; failing; fault; blemish; imperfection.

مُرَكَّب الـ — Inferiority complex.

نَاقِص : ضِدّ كامِل — Deficient; imperfect; incomplete; short.

—: غير موجود — Wanting; missing.

—: به نَقْص اي عيب — Defective; imperfect.

— كذا : ينْقص منه كذا — Short of; lacking.

— كذا: مَطْروح منه كذا (في الحساب) — Minus. . . .

— عن : أقلّ من — Less than.

— . مُنَقَّص — Lessened; decreased; diminished.

فِعْـل — (في علم النحو) Defective verb.

مَخْروط — . ← Frustum of a cone.

هَرَم — . . Frustum of a pyramid.

أنْقَص : أقـلّ (من) — Less (than); not so much; not so large *or* great.

إنْقَاص . تَنْقِيص : تقليل — Lessening; decreasing; diminution.

— . —: تَنْزيل — Reduction.

مُنَاقَصَة : ضِدّ مُزايَدة — Adjudication (for a contract)

مُتَنَاقِص : آخِذ في النقْصان — Decreasing; diminishing.

—: مُتَضاءِل . ممَّحِق — Waning; declining.

* نَقَضَ : حَلّ او فكَّ او الغى او أفسَدَ — To undo.

— الحَبْلَ — To unpick (untwist) old rope into fibre; pick oakum.

— الوصيَّة او الشريعة : كسَرها — To break.

— الأمرَ : ألغاه او أبطَله — To cancel; revoke; abrogate; annul.

— البِناءَ : هَدَمه — To pull down; demolish.

— التُهْمَةَ : أبطَلها — To invalidate, *or* refute, a charge(*or* an argument).

— الشَريعةَ — To break, violate, *or* infringe, a law.

— البُرْهان او الحُجَّة : فنَّد — To explain away; disprove evidence.

— العَقْدَ To annul; cancel; make void (a contract, an agreement, etc.).
— العَهْدَ To break a vow, *or* a promise.
— الولاءَ To renounce allegiance; revolt.
— حُكمَ المحكمة To reverse (a judgment, *or* a sentence).
— • ناقَضَ : أنكرَ To recant.
ناقَضَ ٢ : خالفَ To contradict; be contrary, *or* opposite to.
تَناقَضَ القولانِ : تعارضا To contradict one another; be contradictory.
— الرأيان : تصادما To conflict; clash.
— • تَنَقَّضَ . إنتقضَ : إنحلّ او انكسر او ابطل To be undone, broken, refuted, annulled, etc.
إنْتَقَضَ ٣ الشعبُ على الحكومة To renounce allegiance; revolt: rebel against.
— : انحلّ وتخرّبَ To collapse.
نَقْض Undoing, breaking, demolition, destruction, annulment, etc.
— الحُكْم Reversal of judgment.
— السبت Sabbath breaking.
— العهد (بالزواج) Breach of promise.
— الولاء Renunciation of allegiance.
محكمة الــ والابرام Court of cassation.
لا يُنْقَض Indisputable; irrefutable.
نُقْض : البناء المنقوض أي المهدوم Debris; rubbish.
— • أنقاض ٥ نُقاضة : نَقَل . حَجَرُ الهدم Rubble; rubble-stone.
نقيض : ضِدّ مقابل . عكس Contrary to; opposite.
على طرفي — Diametrically opposite.
إنتقاض : دثور خلوي في الاجسام الحية Katabolism.
تَناقُض Contrariety; contradiction; opposition; incompatibility.
— ظاهري Paradox.
مُناقِض Contrary, contradictory, *or* opposed to; inconsistent with.
— ذاته Self-contradictory; self-refuting.
مُناقَضة Contradiction.
مَنقوض : اسم مفعول من «نقض» Undone, broken, demolished. refuted, annulled, etc.

— : يُنْتَقَض Refutable; disprovable.
مُتَناقِض Contradictory; inconsistent; conflicting; incompatible.
— الظاهر Paradoxical.
المتناقضات The contrarieties.
☆ نَقَطَ . نقّطَ الحرفَ : جعل له نُقَطاً To dot a letter; mark it with dots.
— • — الكلام : فصله بعلامات الوقف To punctuate.
نَقَّطَ ٢ : لطخ بنُقَطٍ . رقّط To spot; speckle; stain.
Δ — الماء : قطَرَ To drop; drip; fall in drops.
Δ — الماء : جعله يقطر To drop; let fall in drops.
Δ — العروسَ : أعطاها هدية To give a wedding present.
Δ نُقْط : سلمون مُرَقَّط ← Trout.

نُقْطَة على الحرف او تحته Point; dot; diacritical point.
— : مكان . بُقْعة Spot; place; position.
— : أمر . مسألة Point; matter.
— : مادّة تفصيلية Point; item; detail.
— الخلاف A point of difference.
— الضعف Weak point.
— الدائرة : مركزها The centre of a circle.
— الذنب (في الفلك) Aphelion.
— الرأس (في الفلك) Perihelion.
— الوقف (بين الجمل) Period; fullstop; punctuation point.
— عَنبر : شامة الخدّ Mole; beauty spot.
Δ — العين : كوكب Leucoma; albugo.
Δ — الخفير او الشرطي A beat; a round.
Δ — العرس : « هدية » Wedding present.
Δ — : سكتة دماغية Apoplexy; seizure.
Δ — : قطرة A drop.
Δ نقّاطة : قطّارة ← Drop-reckoner; dropper; drop-glass.

Δ نُقوط الزواج : جلوة Wedding present.
مَنقوط . مُنَقَّط : مرقّط Spotted; dappled.

To soak, *or* steep, in a liquid.	* نقعَ . أنقعَ الشيءَ في الماءِ : اقرَّهُ فيه
To macerate.	— . — . △ بَشْبَش . مَشّ
To infuse, *or* brew, herbs in water.	— . — (كالأعشاب الطبيّة لاستخراج خواصها)
To quench thirst, hate, anger, etc.	— . — العطشَ او الغُلّة
To vent one's wrath.	— غلّة قلبه
To stagnate.	— الماءُ في بطن الوادي : ركدَ
To stagnate; become impure *or* foul by stagnation.	أنقعَ . استنقعَ الماءُ : أسَنَ
Soaking, steeping, maceration, infusion, etc.	نقْع : المصدر من « نقع »
Stagnant water.	— : ماءٌ مُستنقع
An infusion (of anything).	نُقاعة . نقيع . منقوع
Dried fruit.	نقوع . مُنقَع (كالزبيب والتمر والتين المجفف)
One who soaks, *or* steeps.	ناقع الذي ينقع
Virulent, *or* unfailing, poison.	سُمٌّ — .
Refreshing, *or* cooling, drink.	شراب — .
Swamp; marsh; boggy land; morass.	مُستنقَع
To strike, *or* hit, lightly.	* نقفَ : ضربَ بخفّةٍ
To break open.	— البيضة والرمّانة : كسرَها

To fillip.	—ه باصبعه
To flick.	—ه بالعصا او بالسوط
←A chick; chicken.	نِقْف : △ كتكوت
Solex (*pl.* Soleces.)	— دودة الشريط : رأسها
To croak.	(نقق) نقَّ الضفدعُ وغيره
To cackle, (a hen).	—ت الدجاجةُ
To nag; croak.	△ — : أكثرَ من التشكّي . تذمّر
His stomach calls for food; cry cupboard.	—ت ضفادعُ بطنه : جاعَ
Naggy; naggish; croaker; habitual grumbler.	نقّاق : كثيرُ التشكّي

←A frog; a croaker.	نقّاقة : ضفدعة
Nagging; croaking.	△ نقّ △ نقيق : تذمّر
Croaking.	نقيق ٢ الضفادع وأمثالها
To transfer; remove.	* نقلَ الشيءَ : حوّلَه من مكان الى آخر
To transmit; deliver.	— : أوصلَ وسلّمَ
To transport; carry.	— : حملَ
To move.	— : حرّكَ
To remove.	— : غيّرَ مسكنه △ عزّلَ
To transcribe; copy.	— : نسخَ
To shift from. . . . to. . .,	— سُرعة الأتمبيل
To quote, *or* cite, from.	— عن فلان : روى عنه
To post accounts.	— الحسابَ (التجاري)
To translate; render.	— من لغةٍ الى أخرى
To communicate; convey.	— الخبرَ او المرضَ
To transplant.	— الزرعَ : شتلَه
To convey; make over; transfer.	— ملكيّةَ الشيء
To transfer much; interchange; shift.	نقّلَ : نقلَ كثيراً
To transpose.	— الأشياءَ : بدّلَ مواضعها
To dictate to.	△ — : أملى على
To exchange; interchange; give and take reciprocally.	ناقلَه الحديثَ وغيره
To be transferred, transported, removed, etc.	إنتقلَ . تنقّلَ
To remove to.	— الى المكان الفلاني
To change hands.	— من مالكٍ الى آخر
To go to one's last home; depart this life.	— الى رحمة ربّه
To pass from mouth to mouth.	تناقلته الألسن
To change hands.	— الأيدي
To go the round of the press.	— الجرائد
Transfer; transport; removal.	نقْل : تحويل من موضع الى آخر
Transport; carriage.	— : حملٌ من مكان الى آخر
Conveyance; transmission.	— : إيصال
Translation.	— : ترجمة
Transcription; copying.	— : نسخ
Tradition.	— : سماع . تقليد
Posting of accounts.	— القيدات الحسابية
Transfer of ownership.	— ملكيّة الشيء
In transit.	أثناء الـ—

Transport; carriage. أجرَة الـــ

Transmission gear. جهاز — الحركة (في الاتُمبيل)

Blood transfusion. عمليّة — الدم : إصْفاق

△ نُقْل : قُلوب الجوز واللوز والبندق △ مكسّرات Nuts.

△ كسّارة الـــ ←Nutcrackers.

نَقَل : صِغار الحجارة △ دَبْش Rubble-stone.

— : عُقْبَة . الفاكهة والحلوى بعد الطعام Dessert.

نَقْلَة : نَمِيمَة . لَقْلَقَة الكلام Talebearing.

△ — : مَشْق . مثال Model; pattern.

نَقْلِيّ : سِماعي Traditional; unwritten.

المذاهب النقلي Traditionalism.

نُقْلِيّ : △ بائع النُقْل . جَوّاز Nut merchant.

ناقِل : حامِل Bearer; carrier.

— : مُترجِم Translator.

— : ناسِخ Copyist; transcriber.

— : موصّل Transmitter.

— الحركة (في الاتمبيل) Transmission gear.

△ نقّالة المرضى والجرحى : محفّة Stretcher; litter.

△ — : عربة لنقل المرضى والجرحى Ambulance.

△ — : سفينة نَقْل الجنود Transport ship.

إنْتِقال من مكان الى آخر Transfer; removal.

— : تحوّل . تغيّر من حال الى غيره Transition.

— : وفاة Departure; decease; death.

انتقالي Transitory.

تَنَقُّل Continual (*or* frequent) change of place, residence *or* condition.

تَنْقِيل : تبديل الموضع Interchange.

مِنْقَل : مقياس زوايا الأجسام Goniometer.

مَنْقَلَة : مرحلة Stage of a journey.

△ — : مقياس زوايا السطوح

←Protractor.

— : لعبة شرقية *Mancala; chuba; kala; poo.*

مَنْقُول : ينقل Portable; removable; mobile; easily transported.

مَنْقُول : نُقِل Transferred; removed.

— : مَنْسُوخ Copied; transcribed.

— منقولات : خلاف الثابت من الاملاك Movables; effects; personal estate.

منقولات[2] المنزل : اثاثه Movables; furniture.

مَنْقُولِيَّة Transmissibility.

مُتَنَقِّل : غير ثابت في مكان معين Ambulatory; not stationary.

— : متجوّل Itinerant; travelling about.

— : رحّال Migratory; roving; nomad.

☆ نَقِمَ . انْتَقَمَ لنفسه منه To revenge oneself upon another; serve him out.

— · — لِدَم ابنه (مثلاً) To avenge, revenge, *or* take vengeance for, his son's blood.

— عليه : حقد To harbour malice, *or* vindictive feelings, against.

— عليه حقّه To deny another's right.

نِقْمَة . انْتِقام : ثأر Vengeance; revenge; vendetta; blood-feud.

— : غضب Wrath; indignation.

ناقِم على : حاقد Ill-disposed towards.

— على الحياة Sour; crabbed, *or* peevish.

— · مُنْتَقِم الذي ينتقم Avenger; one who avenges, *or* vindicates.

منتقِم[2] : طالب الانتقام Vindictive; revengeful.

☆ نَقْنَقَ الضفدع To croak.

△ — في الاكل : لمّج To nibble; peek.

☆ نَقِهَ . انْتَقَهَ من مرضه To recover; convalesce; regain health after sickness.

نَقَه . نُقُوه . نَقْهَة △ نَقاهَة Convalescence; recovery.

نَقِه . ناقِه Convalescent.

☆ نَقِيَ (نَقاء ونَقاوة) : نظف To be clean, *or* immaculate.

— : صفا وخلص To be pure, *or* clear.

نَقَّى . أَنْقَى : جعله نقيًا To clean; purify; cleanse.

— . إِنْتَقَى : اختار To cull; select; pick out; choose and take.

— القمح (مثلاً) To clean; free from extraneous matter.

نَقاء . نُقاوة Purity; cleanness.

نُقَاوَة ٢ . نُقَايَة الشيء : خِيارُه — Select; choice; pick; best (of).

Δ نُقَايَة : نواة الثَّمرة — Stone.

نِقْيُ العِظام : مُخّ — Bone marrow; medulla of bones.

نَقِيّ : صافٍ . نظيف — Pure; clean; free from dirt *or* extraneous matter.

— : طاهر . غير مُلوَّث — Immaculate; clean.

أَنْقَى : أكثرُ نَقاءً — Purer; cleaner.

إِنْتِقَاء : إختيار — Selection; picking out; choice (by preference).

تَنْقِيَة — Cleaning; purifying; purification.

* نقيب (في نقب) ٥ نقير (في نقر) ٥ نقيق (في نقق)

* نَكَبَ : أصابَ بنكبة — To distress; afflict with calamity.

—ت الريحُ : مالت عن مهبها — To veer; change direction; shift.

— . نَكَّبَ . تَنَكَّبَ عن : حادَ — To swerve, *or* deviate, from.

— . — . — عن : عدلَ — To give up.

تَنَكَّبَ ٢ عنه : تجنّبه واعتزله — To avoid; shun; withdraw oneself from; keep clear of.

— الشيءَ : القاه على عاتقه — To shoulder; take upon the shoulder.

نَكْب . نَكْبَة — Calamity; disaster; misadventure.

مَنْكِب : عاتِق او كَتِف — Shoulder.

— : جانب . ناحِية — Side; flank.

مَنْكُوب : مُصاب بِنَكْبة — Afflicted with a disaster, *or* calamity.

* نَكَتَ : حَفَرَ — To scratch the ground.

— الرجلَ : القاهُ على رأسه — To throw a person headlong.

نَكَّتَ في كلامه : جاء بالنكت — To use witty remarks; crack jokes.

Δ — على : مازَحَ — To banter; rally.

نُكْتَة : نُقطة — Speck; spot.

— : مُلحة — A crack; witticism; a witty saying *or* remark.

نَكَّات . مُنَكِّت : طعّان في الناس — A critic; caviller; carper.

— : ابو فحت — ←Avocet.

Δ نُكَتِي : يجيء بالنكت في كلامه — Witty; humorous; facetious.

Δ تَنْكِيت : انتقاد هزلي — Banter; humorous raillery.

Δ — : الاتيان بالنكت — Act of using witty, *or* humorous remarks.

— : نمنمة — ←Stipple; stippling.

* نَكَثَ : نقض — To break, infringe, *or* violate (a promise, covenant, an obligation, a vow, etc.).

إِنْتَكَثَ — To be broken, infringed, *or* violated.

نَكْث — Breach; infringement; violation.

— العهد او العهود — Breach of faith; perfidy.

— العهد بالزواج — Breach of promise.

ناكِثُ العهد — Perfidious; faithless; not observant of promises.

* نَكَحَ المرأةَ : تزوّجها — To marry a woman.

أَنْكَحَ : زوّج — To give in marriage.

نِكَاح : زواج — Marriage; matrimony.

مَناكِح : نساء — Women.

* نَكِدَ العيشُ — To be miserable, bitter, *or* unhappy (life).

— الرجلُ او عيشُه — To lead a miserable life.

نَكَّدَ عيشَه — To embitter a person's life; render his life miserable.

— فلاناً : كدّر عيشَه — To make a person's life miserable, *or* unhappy.

Δ — عليه : كدّره — To make unhappy.

تَنَكَّدَ عيشُه — To be made unhappy, *or* troubled, (one's life).

نَكَد : كَدَر — Trouble; unhappiness.

نَكِد — Peevish; petulant; illtempered; fussy; hard to please.

أَنْكَد . مَنْكُود الحظّ — Uufortunate; unlucky.

مَنْكُود ٢ . مُنَكَّد : قليل — Insignificant; petty.

* نَكِرَ الأمرَ او الرجلَ : جهله — To ignore; disregard; be ignorant of.

نَكَّرَ : أخْفَى — To disguise; mask.
— الاسمَ : جعلَه نكرة — To render indeterminate.
△ نَكِرَ . أنْكَرَ : جَهِلَ — To deny; refuse to acknowledge.
أنكرَ ٢ : دَحَضَ — To recant; retract; repudiate.
— ذاتَه — To deny oneself.
— إبنَه (مَثلاً) — To repudiate; disown.
— عليه الأمرَ : إستَنْكَرَ الأمْرَ — To disapprove of.
إسْتنكرَ ٢ . تَناكَرَ الامرَ : جَهِلَه — To be ignorant of
تَناكَرَ ٢ الامرَ : تجاهلَه — To feign ignorance of; pretend not to know.
— الرجُلَ — To cut a person; ignore *him.*
تَنَكَّرَ : تخفَّى — To be disguised; disguise oneself.
— لي : لقيني لقاءً بَشِعاً — He met me in a morose *or* hostile, manner.
نُكْر . نُكْرَان . نَكِير . إنْكار — Denial.
إنكار ٢ او نكران ٢ الجميل — Ingratitude.
— الذات — Self-denial.
ناكِرُ الجميل — Ungrateful; thankless.
△ — ونَكير — The two interrogating angels.
نَكِرَة — Indeterminate; indefinite.
تَنَكُّر — Disguise.

قِناع الـ — ←Mask; masque.

لباس التنكّرِ او التهريج — Fancy dress.
حفلة رقص تنكّريّة — Masked, *or* ←fancy dress, ball.
مُنْكَرٌ : غير مُعترَف بهِ — Denied; unacknowledged.
— : أمر قبيح — An abomination.
— ونكير ٢ — The two interrogating angels.
مُنكَرات — Abominations; atrocities; enormities.
مُنَكَّرٌ : غير مُعرَّف — Indeterminate.
مُتَنَكِّرٌ : متخفٍّ — Disguised; in disguise; masked.
— : بصفة غير رسميّة او حقيقيّة — Incognito.

٥ نَكْرَزَة : نَخِيرَة . بلاء العَظم — Necrosis; gangrene of bone
٥ نَكَزَ : وخَزَ — To prick; goad.
٥ نَكَسَ . نَكَّسَ : قلبَ (1) — To invert; reverse; turn upside down.
— . — رأسَه : طأطأه — To bow, bend, *or* incline the head.
— . — داءَ المريض — To cause a relapse.
△ نَكَّسَ ٢ العلَم — To half-mast a flag; hang a flag at half-mast.
نُكِسَ . انْتَكَسَ المريض — To have a relapse.
تَنَكَّسَ : انحطّ عن أصلهِ الطيّب — To degenerate.
نُكْس . نُكْسَة . انْتِكاس — A relapse.
تَنَكُّس : انفساد الأصل الطيّب — Degeneration; degeneracy.
مُنَكَّس . مَنْكُوس : مقلوب — Reversed; inverted; upside-down.
— . مُنْتَكِس — Having a relapse.
٥ نَكَشَ . انْتَكَشَ البئرَ : طهّرها — To dredge a well.
△ — : نَجَشَ . حرّك — To stir (rake) up.
△ — : نَجَشَ . فتّش — To rummage; ransack.
△ — : شَعَّثَ — To dishevel; tousle; ruffle.
△ — اذنَه بعُودٍ او غيره — To poke in one's ear with a match.
مِنْكاش : كَرّاءة . آلة تطهير الآبار والترع — Dredger: dredging-machine.
△ — النارِ : مِسْعَر — Poker.
△ مَنكوش : أشعث — Dishevelled; tousled; unkempt; ruffled.
* نَكَصَ عن كذا : أحجم — To blench; quail; give way; flinch; draw back.
— على عقبيهِ . إنْتَكَصَ : تراجع — To recoil; retreat.
نَكَّصَ : جعله يتراجع — To cause to retreat, recoil, *or* retire.
* نَكَفَ منه وعنه : أنِفَ منه وامتنع — To disdain; scorn; spurn.
— دمعته : مسحها — To brush aside a tear.
ناكَفَهُ الكلامَ : قابلَه بمثله — To retort; cast back (accusation etc.)
△ — : نازَعَ — To cavil; bicker; contend.
△ — في الشراءِ او البيع — To haggle; chaffer.

٥ نمّر : رقّم — To number; mark with numbers; give a number to.

نِمر . نمِر : حيوان — Leopard.

الـ المخطط : الاسد الهندي . ببر (انظر ببر) — Tiger.

— أميركا: ٥ جفور — Jaguar.

نمرة : فزارة . انثى النمر — She-leopard.

نُمرة : نُقطة . رقطة — Spot; speck.

— عينية — Ocular spot.

٥ — ٥ نِمرة : رقم — Number.

٥ — ٥ — : يانصيب — Lottery.

△ — : درجة . علامة — Mark.

٥ — واحد — A1; number one; first class.

١٣٢١٥١
١٣٢١٥٢
١٣٢١٥٣
132151
132152
132153

٥ نمّارة : يرقم — Numbering machine.

أنمر : أرقط — Spotted; speckled.

٥ تنمير : ترقيم — Numbering.

منمّر : مرقّط — Spotted; speckled.

٥ — : مرقّم — Numbered.

△ نُمرسي : خزّاف — China-shop keeper.

* نُمرق . نِمرِقة : وسادة — Cushion, *or* pillow.

* نمَس السرَّ : كتمه — To keep a secret.

— . نامس الرجلَ : سارّه — To confide a secret to.

نِمْس : جُرَيذي النخل ع — Ichneumon, *or* mongoose.

— مِسْكي (انظر مسك) — Mink.

ناموس : حاذق — Shrewd; smart; clever.

— : موضع السرّ — Confidant.

— : مكّار — Astute; cunning; wily.

— : نمّام — Slanderer; backbiter.

— : شريعة — Law; statute; *nomos*.

استنكف من كذا — To disdain; look with scorn upon.

— : استكبر — To be haughty.

بحرٌ لا يُنكف — Unfathomable sea.

جيش لا ينكف — Innumerable army.

نكفة : غدّة نكفية (بجوار الاذن) — Parotid gland.

نكَف : التهاب الغدّة النكفيّة — Parotitis.

— : أبو كعيب . مرض — Mumps; epidemic, *or* infectious, parotitis.

نكفي : بقرب الأذن — Parotid.

△ نِكِفي △ مُناكِف : نكِد — Caviller; fastidious; fussy.

△ مُناكفة : مُنازعة . مضايقة — Bickering.

* نكَل عن او من كذا — To shirk; shrink; recoil; withdraw; flinch.

نكَل . نكّل به : مثّل — To make example of.

نكّل ٢ . أنكل عن : دفعه وصرفه — To repel; drive back.

نِكْل : قيد شديد — A strong tie, *or* fetter.

— : حديدة اللجام — Bit (of a bridle).

٥ — ٥ نيكل : فلاز . معدن أبيض — Nickel.

△ نكلة : ½ القرش المصري — Nickel; two mills; halfpenny.

نكال : ما يُجعل عِبرة للغير — An example; a warning.

* نكه له وعليه : تنفّس على الفم — To let a person smell one's breath.

نكهة : رائحة الفم — The smell of the breath.

△ — : طعم — Flavour; relish; zest.

* نكى العدوّ وفيه : قهره — To crush; vanquish; overcome completely.

— : أغاظ — To spite, *or* thwart, a person.

نِكاية : قهر — Crushing; vanquishment; overcoming.

— : إغاظة : كيد — Spite; vexation.

نِكاية فيه — To spite him.

٥ نِلسن — Nelson.

* نمّ (في نمم) * نمّام (في نمم)

* نمِر . نمّر . تنمّر : غضب — To get angry; lose one's temper.

Rule. قاعدة ـ

Mosquitoes (*sing.* Mosquito); gnats. ـ(والواحدة ناموُسة): بَعُوض

Plumed midges. ـ كاذب: شران △هَابُوش

Mosquito net, ناموُسيّة: كِلّة

Austria. ٥نَمْسا: بلاد النّسا

Austrian. نَمْساوِيّ

To be freckled *or* freckly. ٭نَمِشَ الجلدُ او الوَجه

To stipple. △نَمَّشَ: نَكَّتَ (انظر نكت)

Freckles; small brownish spots in the skin. نَمَشُ الجِلْد

Gift. ـ الظُّفر: بُقَع بيضاء تظهر عليه وتَخْتَفِي

Lunule. ـ الظُّفُر: بياض هِلالي في أَصْل الظُّفر

Flaw; blemish. ـ الحِجارة الكَريمة: △ضُمُور

Freckled. نَمِشٌ. أَنْمَش

Fashion; way; manner; sort. ٭نَمَطٌ: طِراز

New-fashioned. حَدِيث الـ

Old-fashioned. عَتِيق الـ

After, *or* in, this fashion. على هذا الـ

Routine. نَمَطِيّ: رَتِيب

To embellish; decorate; adorn. ٭نَمَّقَ: دَبَّجَ

Embellished; ornate; finely finished. مُنَمَّق

Flowery language. كلام ـ

To be benumbed. ٭نَمِلَتْ △نَمَّلَتْ الرِّجلُ: خدِرت

To crawl; creep; have a sensation like that of ants creeping on the skin. تَميلُ٢△ نَمَّلَ٢ الجلدُوالجسمُ

Ants. نَمْل (والواحدة نَمْلَة): حَشَرة مَعْرُوفة

Foraging ants. ـ فارِسِيّ: أفْرَسان

Termites. الـ الأعمى: الأَرَضة

Ant-like. نَمْلِيّ: يُشْبِه النَّمْل

Formic-acid. الحامِض الـ (او النَّمْلِيك)

Meat-safe. نَمْلِيّة: خِزانة لحفظ الطعام من الهَوام والحَشَرات

Nimble; light. نَمِل: خَفِيف الحركة

Creepy; crawly. △ مُنَمَّل

Light-footed. ـ القَوائم: خَفِيّها في الحركة

Full of ants. ـ مَنْمُول: كَثِير النَّمْل

Creepiness; formication. نَمَل: تَنْمِيل

The tip of the finger. أَنْمَلة. أُنْملة (الجمع أَنامِل): رأس الاصبع

An iota; jot. قيد ـ

To relate in a slanderous manner. (نمّ) نَمَّ الحديثَ: اظهره بالوِشاية

To tell (on); reveal; make known. ـ على: اظهَر

To be revealed, disclosed. ـ الحديثُ: ظَهَر

To disseminate discord between. ـ بَيْنهم: افْسَد

Calumny; slander. نَمّ: غِيبة

Telltale; informer; talebearer. ـ نَمّام

Wild thyme. نَمّام٢: نَبات عِطْري

A louse. نِمّة: قَمْلة

Talebearing; calumny. نَمِيمة: وِشاية

Motion; movement; stir. نامّة: حَرَكة

Life. ـ: حَياة

To decorate; embellish. ٭نَمْنَمَ: نَقَش وزَيَّنَ وزَخْرَف

Wren. نِمْنِمة: صَنْعَة. طائر

A little louse; nit. △ ـ نَمْنَمة: قَمْلة صَغيرة

Cannibal. ٥نَمْنَمِيّ: إنْسان يَأْكُل لَحْم البَشَر

Stippled. مُنَمْنَم: منكَّت(انظر نكت) △مُنَمَّش

Daintily small; delicately pretty; *mignon.* ـ: مُتَناسِق الصغر

Adorned; decorated; embellished. ـ: مُنَمَّق. مُزَيَّن

* نُمُوّ (راجع نمي): كبر او ازدياد او تكاثر — Growth.
نما (نُمُوًّا): كبر او كثر او ازداد — To grow.
* نَمُوذَج. انموذج: مِثال — Model; example; type; pattern.
— : △عَيِّنَة. مسْطَرَة — Sample; specimen.
— : مِعْيار — Standard; criterion (*pl.* Criteria).
نَمُوذَجِيّ: مِثاليّ — Exemplary; typical.
— : مفضَّل — Optimum.
* نَمَى (نمي ونماء ونَمِي): كَبُر — To grow.
— : ازداد — To increase; multiply.
— السِعْرُ: ارتفع وغلا — To rise; increase.
— الحديثُ الى: عُزِيَ اليه — To be attributed, *or* ascribed, to.
— الحديثَ الى: عَزاهُ اليه — To ascribe to.
— الخبرُ الى: بلغه — To reach a person; come to *his* knowledge; learn.
نَمَّى. أنمى: كبَّر — To grow; cause to grow.
— . — : زادَ. زَيَّدَ — To increase; augment.
انْتَمَى الى: انتسب — To belong, *or* be related, to.
نَماء. نَمِيّ: نُمُوّ — Growth.
نَماة: △نِمْنِمَة. قَمْلَة صَغيرة — Nit; little louse.
نامٍ — Growing; increasing.
نامِيَة: قُوَّة النُمُوّ — The property of growth.
— مَرَضِيَّة — Growth; morbid formation.
* نميمة (في نمم) * نهاءٌ (في نهى) * نهار (في نهر)
* نهاية (في نهى) — End; termination.
* نَهَبَ — To plunder; loot; pillage; rob; rifle.
— . تناهَبَ الأرضَ عَدْواً — To run at full speed.
نَهْب: سَلْب — Plunder; loot; pillage; robbery; spoliation.
— : جَرْي سريع — Gallop.
نُهْبَة. نُهْبَى. نُهَيْبَى △نُهَيْبَة — Spoil; pillage; plunder; loot.
نَهّاب — Plunderer; spoiler; marauder; robber; depredator; despoiler.

مَنْهُوب — Plundered; pillaged; robbed.
* نَهَجَ: تتابع نفَسُهُ. لَهَث — To pant; breathe quickly; be out of breath.
— السَبِيلَ — To follow, *or* pursue, a way.
— . أَنْهَجَ الأمرَ والطريقَ: أوضحه — To clear; make clear; elucidate.
— . — الامرُ والطريقُ: وَضَح — To be clear.
أَنْهَجَ ٢ △نَهَّج: جعله يلهث — To cause to pant; put out of breath.
انتهجَ الطريقَ: سَلَكَه — To follow; *or* pursue, a road.
— . إستنهجَ سَبِيلَه: سلك مَسْلكه — To follow the footsteps of.
نَهَج. نَهِيج: لُهاث — Panting; rapid breathing
نَهْج. ناهِج: طريق واضح — Thoroughfare; street; highway; main road.
— : مخشرفة. طريق عريض — Avenue.
— : أُسْلوب. خُطَّة — Scheme; plan; project.
— البلاغة — The main road to eloquence.
مَنْهَج. مِنْهاج: طريق واضح — Clear, easy, *or* plain, road.
— . — : أُسْلوب — Way; course; method.
— . — : خُطَّة — Programme; syllabus.
— . — التعليم — Curriculum, (*pl.* Curricula).
* نَهَدَ الثديُ: بَرَز — To swell; protrude; grow round and full.
— : قامَ. نهض — To rise; get up.
ناهَدَ: ناهض — To wrangle, *or* contend, with.
— : تحدّى — To challenge; defy; outface.
تَنَهَّدَ: تنفَّس طويلاً — To sigh; heave a sigh.
— تنهُّداً عميقاً — To heave a deep sigh.
تناهَدَ الاصحابُ: تشاركوا على نفقة الطعام — To mess together.
—وا الشيءَ: تناولوه بينهم — To club; share in common expense.
نَهِيد: شريك الطعام — Messmate.
ناهِد: بارِز (الثدي) — Full and rounded; well developed.
— : إمرأة نهد ثديُها — A woman having well developed breasts.

Adolescent. غلام — : مُرَاهِق

Prominence; elevation. نَهْد : شيءٌ مُرْتَفِع

Breast; full grown breast. — : ثَـدْي

A mess. نِهْد : ما تُخرِجه الرِفقة من النفقة بالسويّة

Full; filled; replete. نَهْدان : مَلآن

Sighing. تَـنَـهُّـد

Contention; strife. مناهَدَة : مُخاصمة

*نَهَرَ الدمُ : سالَ بشدةٍ △ نفرَ To gush, or spurt out; rush forth; flow copiously.

To snub; rebuke; check with reproof; repulse. — . انْتَهَرَ : زَجَر

To shout at. — . — : صاحَ مُتوعِّداً

River; large stream. نَهْر : مَجْرَى الماء الكبير

Column. — من صَفْحة كتاب او جريدة : عَمُود . حَقْل

Rivery; fluvial; riverine. نَهريّ : مختصّ بالأنْهُر

River fish. سَمَك —

River, or fluvial, plant. نَبات —

River-craft. سُفُن نَهرِيَّة

Day; daytime. نَهار : ضِدّ لَيْل

A bright day. — أنْهَر : شديد الضياء

شَبّ الـ — : اسم نبات مُزْهِر

←Common morning-glory.

Daylight. ضَوء الـ —

Daybreak. طُلوع الـ —

Midday; noon. مُنْتَصَف الـ —

Diurnal. نَهاري

Rivulet; streamlet. نُهَيْر : نَهر صغير

Abundant; copious; plentiful. نَهير : كثير . وافر

Rebuke; reprimand. إنْتِهار : زَجْر

Repulsion. — : زَجْر وطَرْد

To shout at. كلّمه انتهاراً : انتهره

*نَهَزَ : دفعَ To repulse; repel; drive off.

To be near to, or close upon; approach; verge on ناهَزَ : قارَبَ . داني

To enter on the period of adolescence. — البُلُوغ

To be rising, or nearing, fifty. — الخمسين (من عُمْره) : دنا منها

To seize an opportunity. — وانْتَهَزَ الفُرْصَة : اغْتَنَمها

To take advantage of; avail one's self of. انْتَهَزَ فُرْصَة كذا

Opportunity; occasion. نُهْزَة : فُرْصَة

Opportunist; time-server. نَـهّـازُ الفُرَص

Opportunism. انْتِهازُ الفُرَص

To bite; snap; bite and seize suddenly with the teeth *نَهَشَ : عَضّ

Snappish; biting; mordacious. نَهّاش

To rise; get up. *نَهَضَ . إنْتَهَضَ : قامَ

To start; begin. — للأمْرِ : قامَ وشَرَعَ فيه

To get ready for. — للأمر : قامَ واسْتَعَدّ له

To rise against. — على : قامَ ضِدّ

To rush towards. — الى

To resist; oppose; withstand; fly in the face of. ناهَضَ : قاوَمَ

To challenge; defy; outface. — : تَحَدّى

To wrangle, or contend, with. — : خاصَمَ

To raise; lift. أَنْهَضَ : أقامَ (وبكلّ معانيها المجازيّة)

To rouse; raise; stir up. — : حرّكَ للعمل

To awaken; excite; call forth; stir up. — . اسْتَنْهَضَ : اسْتَفَزّ

Rising. نَهْض . نُهُوض : قِيام (بكلّ معانيها المجازيّة)

Awakening; revival. نَهْضَة . — : انتعاش او تحرُّك

Movement (forward). — : حركة نحو التقدُّم

Ability; capability. — : طاقة وقوّة

The Renaissance. الـ — العِلْمِيَّة

Rising. ناهِض : قائم

Standing; established. — : ثابِت

Diligent; active; energetic. — : مُجْتَهِد

Resistance; opposition. مُناهَضَة : مقاومة

A witticism; witty remark. △نَهْفَة : مُلْحَة

*نَهِقَ الحِمارُ — To bray (donkey).

نَهْق . نُهاق . نَهِيق — Braying.

*نَهِكَ الثوبَ وغيره : إستعمله حتى بلي — To wear out; consume.

— عِرْضَه — To asperse a person's character.

— . نَهَكَ : أفنى . استنفد — To exhaust; consume: drain; use up; spend.

— . — . انتهكَ : أضنى △مقّت — To emaciate.

— . — . قوّتَهُ — To exhaust the strength of.

انتهكَ ٢ الحُرْمَةَ — To violate; profane; abuse.

— الشيءَ : أساء استعماله — To abuse.

— حُرْمَةَ إمرأة — To violate; rape; ravish.

— الرَجُلَ — To abuse; asperse; traduce.

أَنْهَكَ : عذَّبَ — To excruciate; rack; strain.

— : قوَّضَ — To sap; undermine.

△— : نَهَكَ — To exhaust; consume.

نُهِكَ : ضَنِيَ — To be worn out, exhausted, consumed.

لا يُنْتَهَك : حَصِين . حَرَم — Inviolable; sacred.

نَهْك . إنتهاك : استِنْفاد — Exhaustion; consumption.

— . — : سُوءُ الاِستعمال — Abuse; misuse.

إنتهاك ٢ الحُرْمَة — Violation; profanation.

— حُرْمَة المعابد والأشياء المقدَّسة — Sacrilege.

نَهْكَة : ضَنًى وهزال — Exhaustion; emaciation.

مُنْهِك : مُتْعِب — Gruelling; exhausting.

مَنْهُوك : مُسْتَنْفَد — Exhausted; consumed.

— القُوى — Worn out; spent; exhausted.

*نَهِلَ : شرِبَ — To drink; quaff.

مَنْهَل : مَوْضِع الشُرْب — A watering-place; fountain; spring.

○نِيهِلِسْتِيّ : فَوضَوِيّ متطرِّف . عَدَمِيّ — Nihilist.

نِيهِلِسْتِيَّة : عَدَمِيَّة . فَوضَوِيَّة متطرِّفة — Nihilism.

*انْتَهَمَ : أكل كثيراً وبِنَهَم — To devour; eat voraciously, or greedily.

نَهِمَ في الأكل — To gormandise; feed like a glutton.

— في الشيء : رَغِبَ فيه جِدّاً — To covet; desire eagerly; be greedy for.

نَهَم : بِطْنَة — Gormandism; gluttony.

— : شَرَاهَة — Greed; greediness; avidity.

نَهِم . نَهِيم : △لَجْعان — Gourmand; glutton.

— . — : شَرِه — Greedy.

مَنْهُوم بكذا : مُولَع به . لا يَشبَع منه — Greedy or avid, of; running mad after.

*نَهْنَهَ فلاناً عن كذا — To check, restrain, or hold back, a person from.

△ — : أتعَبَ — To tire out; fatigue; jade.

*نَهَى (نَهْياً) . نَهاً (نُهُوّاً) عن — To interdict; forbid; prohibit.

— . نُهِيَ . أُنْهِيَ . انْتَهى اليه الخبرُ : بلغ — To come to one's knowledge.

نَهَّى . أنهى اليه الخبرَ : أبلغه — To inform of; make known to; communicate.

أنهى ٢ : أتمَّ — To finish; end; bring to an end; terminate; conclude.

— : جعله ينتهي — To put an end to; make an end of; finish.

— : أتى على — To finish; put an end to.

انْتَهَى ٢ : تَمَّ — To be finished, terminated.

— : زالَ . انقطعَ — To cease; come to an end.

— الأمرُ — To be over; be ended.

— أمرُهُ — It is all over with him.

— الأجلُ أو الموعدُ — To expire; run out.

— الشيءُ — To be finished.

— بكذا — To end by, with, or in...

— إليه الخبرُ — To come to one's knowledge.

— به الى كذا — To lead, or bring, to.

— . تناهَى الوقتُ — To expire; come to an end.

— . — عن كذا — To leave off; forsake; abandon; give over.

نَهْو . إنهاء : إنجاز — Finishing; terminating; completing.

— . نَهْي : مَنْع — Prohibition; interdiction; forbiddance; inhibition.

نَهْيِيّ — Prohibitory; inhibitory.

نِهي . نُهَاء : زجاج — Glass, or rock-crystal.
نُهَى : عَقل — Reason; intellect.
نِهَاء : رخَام شَفِيف — Alabaster; marble.
— نِهَايَة : آخِر — End; termination.
— ـــ : غَايَة — Extremity; utmost limit.
نِهَايَة ٢ : مُنتهى . اقصى — Utmost; last; end; extreme.
— : حَدّ — Limit.
— الطريق — Terminus.
الـ الصُغرى — Minimum.
الـ الكُبرى او القُصوى — Maximum.
الى الـ : الى الآخِر — To the end.
الى ما لا — . — Infinitely; endlessly; unendingly; *ad infinitum*.
لا — له . ليس له — . — Unending; endless.
في الـ . — In the end; finally; at last.
نِهائي : أخير — Extreme; last; final; ultimate.
— : باتّ — Final; conclusive; decisive.
بَلاغ — . — Ultimatum.
حُكم — . — Final judgment.
عِلاج — . — Extreme remedy.
فَوز — . — Ultimate triumph
نَاهٍ : مانِع — Prohibitive; interdicting; forbidding; inhibitory
— : آمِر بالامتناع — Prohibiter; prohibitor
نَاهِيكَ من كذا (او بهِ كذا) — What a . . . ! How great ! How remarkable !
إنهَاء : إنجاز . إتمام — Finishing; ending; terminating; completion.
انتِهاء : آخِر — End; termination.
— : انقِضاء — Expiry; expiration; termination.
— : زَوال . انقِطاع — Cessation.
— الاجَل (اي الحياة) — Expiration; death.
حُسن الـ . (في البديع) — Peroration.
تَنَاهٍ : الانحِصار ضِمن حَدّ — Finitude; the state of being finite, or limited.
مُتَنَاهٍ : محدود — Finite; bounded; limited; having a limit, or an end.

— : للغاية — Extreme (folly, rapidity, etc.)
غير — : لاحدّ له — Infinite; boundless.
غير — : لا آخر له — Endless; interminable.
مَنهِيّ عنه : مُحرَّم — Forbidden; prohibited; interdicted.
مُنتَهٍ : مُنجَز . تامّ — Finished; done; performed; executed.
— : منقضٍ — Ended; expired; terminated.
— : لم يبقَ منه شيء ∆ خالِص — Finished.
مُنتَهَى : آخر — End; termination; extremity.
— : غاية — Extremity; utmost limit.
— : أقصى — Utmost; supreme; greatest.
— الجموع (في النحو) — The final plural.
* نَوء ∆ نَوّ : اضطراب البحر — Gale; storm; hurricane.
— : مطر — Rain.

طائر الـ : بُطرُسِيّ — ←Petrel; stormy petrel.
ناءَ : سقط — To sink; drop; give way; succumb.
— بالحِمل : نهض به مُثقَلاً — To bear a burden with difficulty; to be weighed down by a burden.
— به او أناءَهُ الحِملُ : اثقلَه — To press heavily upon; weigh down a person.
—• ناى : بَعُدَ — To be distant, or remote.
ناوأَ : عارض — To withstand; oppose; contend against; resist.
مِنوأة : مُسجِّلة التقلّبات الجوّية — Meteorograph.
مِنوَئيّ : مختصّ بالأرصاد الجوّية — Meteorographic.
مُناوأة . نِوَاء — Withstanding; opposition; resistance; contention; strife.
∆ نَواة (في نوى) — Stone or nucleus.
* نَوب . نِيَاب : مَنَاب — Substitution.
ناب عنه : قام مقامه — To substitute; take the place of; replace.
— منابه او عنه : كانَ نائباً عنه — To represent.
∆ ـــه كذا : نالَه — To gain; get; obtain.
∆ ـــه كذا : خصَّه — To get as a share.
ـــهُ . إنتابَهُ أمرٌ : وقعَ له — To befall; be beset by; happen to.

— . — أنابَ الى : رجع مرّةً بعد مرّة — To frequent; visit from time to time.

أنابَ . نوّبَ : وكّلَ — To depute; appoint as deputy *or* agent; commission to act in one's place.

ناوبَ : داولَ — To take turns with another.

تناوبَ : تعاقبَ . تبادلَ — To alternate; arrange, *or* occur, by turns.

ـــوا العملَ وعليهِ : قاموا بهِ مناوبةً — To do a thing by turns; take turns.

ـــوا على الماء — To take water by rotation.

تناوبتهُ الخطوب — Misfortunes have befallen him one after another.

نَوْبة : دور — Turn; shift; alternate occasion.

— : فرصة — Occasion; opportunity.

Δ — : مرّة — Once; one time.

— مَرَضيّة (او ما يشبهها) — Fit; paroxysm.

— زراعيّة (مثلاً) : دورة — Rotation; cycle.

Δ — تمام (في الحربية) — Tattoo.

بالـ . مناوبة : بالدوْر — By turns.

Δ نوبتجي : في الخدمة — On duty.

نُوبة . نائبة : مصيبة — Misfortune; calamity.

بلادُ الـ . — Nubia.

نُوبي : من بلاد النوبة — Nubian; Berberene.

نيابة : وكالة — Representation; act of representing, *or* state of being represented.

الـ العمومية (العامّة في المحاكم المصرية) — The public prosecutor's offices; [*parquet.*]

الـ العمومية (في المحاكم الانكليزية) — The crown office.

رئيس — . — Chief prosecutor.

وكيل — . — [Substitute of Parquet]; Agent of the Public Prosecutor's Office.

بالـ عن : بالوكالة — On behalf of.

نيابةً عن : بدلاً من — In place of; instead of.

نيابي : بالوكالة — Representative.

— : مختص بالمجالس النيابية — Parliamentary.

حكومة نيابيّة — Representative government.

مجلس نيابي: مجلسُ النواب — Parliament.

نائب — Representative; agent; deputy; substitute.

— : عضو مجلس نوّاب — Representative; member of parliament; parliamentary deputy.

— الرئيس — Vice president.

— القنصل — Vice consul.

— الملك — Viceroy.

— (قاصد) رسوليّ — Legate; papal ambassador.

— الفاعل (في النحو) — The subject of a passive verb.

الـ العامّ — Public prosecutor-general; prosecuting magistrate.

نُوّاب : وكلاء مفوَّضون — Delegates; deputies; representatives.

مجلس — اميركا (راجع مجلس) — Congress; Senate and House of Representatives.

رئيس مجلس النُوّاب — President of the Chamber of Deputies.

Δ نوايب : حِصّة — Share; portion.

نائبة : مُصيبة — Calamity; misfortune.

إنابة : إبدال — Substitution.

— : إنفاذ النائب — Delegation.

مَناب : بَدَل — A substitute.

— : نَوْب . نياب — Substitution.

نابَ ـــه : قامَ مقامه — To represent; appear for.

مُناوبة . تناوُب : تعاقُب . تداوُل — Alternation.

Δ — (في الريّ وغيره) — Rotation.

بالـ . بالتناوب . مناوبةً : بالدوْر — By turns; in relays; one after another; alternately.

مُتناوب : مُتعاقِب — Alternate; one after the other; by turns.

٥ نُوتي : مَلّاح — Seaman; sailor; mariner.

نواتي السفينة — The crew of a ship.

نات (نَوْتاً) : تمايل — To reel; totter; sway; rock; stagger.

٥ نَوْح . نُواح . نِياح — Wailing; loud weeping; lamentation.

— . — . — الحمام — Cooing of pigeons, *or* of doves.

نُوح : اسم صاحب الفُلك — Noah.

غُراب نُوحي — ←Rook.

نوّاح . نائح — Mourner; wailer.

A hired female mourner. — نَوّاحة . نائحة
Lamentation; wailing; mourning; conclamation. — مَناحَة
To lament; wail; make mournful outcry; weep loudly. — ناحَ : بكى بصياح وعويل
To bewail; lament; bemoan. — — على
To coo; wail. — — الحَمام
To be opposite to. — ناوَحَ : قابلَ . واجَهَ
To oscillate; swing; sway. — تَنَوَّحَ : تحرّك وهو مُتَدَلٍّ
To make a camel kneel down. — * نوخ * أناخَ الجَمَلَ : أبْرَكَهُ
To abide, or dwell, in a place. — — بالمكانِ : أقام
To kneel down. — إسْتَناخَ : برك
Abode; dwelling; habitation. — مُناخ : محلّ الإقامة
Climate. — — : △ طقس . حالة هواء المكان
Oscillation; swinging. — * نَوْد . نَوَدان : تَمايُل
Nod; nodding. — — . — : تَحْرِيك الرأس نعاساً △ تَفْقِير
To swing; oscillate. — نادَ . تَنَوَّدَ : تمايَلَ
To nod. — — . — من النعاسِ : أخفَقَ برأسِهِ
To flower; blossom. — * نَوَّرَ النباتُ : أزْهَرَ
To light; give light to. — — : جعل له نوراً
To shine; give light; emit rays of light. — — . أنار الشيءُ : أضاء
To lighten; illuminate; enlighten; shed light on. — — . — : أضاء
To light a lamp. — — . — المِصْباحَ : أشعله
To illuminate; elucidate; throw light on; explain. — أنار ٢ المسئلة : أوضحها
To enlighten the mind. — — العقل
To come to light; be disclosed, or revealed. — أَنْوَرَ : ظَهَرَ
To be lighted, or lit. — تَنَوَّرَ المكانُ : أضاء
To use a depilatory. — — : تطلّى بالنُّورة
To be enlightened. — — : استنار عقله

To obtain light from. — اسْتَنار بكذا : استمدّ نوره
To be enlightened. — — العقل
Fire. — نار : جوهر مُحرِق معروف (وبمعنى حَريقة)

Brand. — — : سِمَة . كَيّ
←Volcano — جَبَل الـ : بُرْكَان
Hell. — الـ : جَهَنَّم
The Greek fire. — الـ اليونانية (الاغريقية)
Between two fires; between the devil and the deep sea. — بَيْنَ نارَيْن
Fiery. — نارِيّ : من نار او يحتوي او يُشْبه ناراً
Igneous. — — : مختصّ بالنار او له خصائصها او به نار او يشبهها
Fire-arm. — سِلاح ناريّ

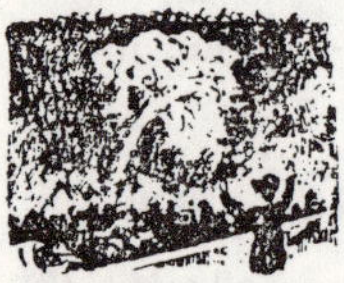

أَسْهُم ناريَّة : فَتَّيش س
←Fireworks.

نَوْر (والجمع أَنْوار)
Blossoms; flowers. — والواحدة نَوْرَة) : زهر
Light. — نُور (والجمع أَنْوار ونِيرَان) : ضوء
Electric light. — — كَهْرَبِيّ
Light of one's eyes. — — العيون
Light of the countenance. — — الوجه
Illumination; decoration with lights. — — الزينة
Gaslight. — ○ — الغاز (راجع ضوء)
Neon (gas) light. — ○ — نِيُون
Bravo!; well done! — △ عليك — : عافاك . لله دَرّك
Gypsies; Bohemians. — نَوَر (الواحد نَوَرِيّ)
A gypsy. — نَوَرِيّ ٢ : واحد النَّوَر
A vagabond; a rascal. — △ — : مُحْتال
Luminous; shining. — — : مُنِير
Pertaining to light. — — : المنسوبة الى النُّور
Luminary body. — جِسْم — . (كالكواكب)
Light year. — سَنة نُورِيَّة (بقياس سُرعة سَيْر النور)
Blossom; flower. — نَوْرَة ٢ . نُوّارة (١) : زَهْرة
Lime. — نُورَة : كِلْس
A depilatory. — — : مَزيج لإزالة الشَّعْر . جَمِيْش
Petal. — △ نَوْرِيَّة : ورقة الزَّهْرَة ○ بَتَلَة

△ نُوّار الليل : شبّ الليل . نبات — Four o'clock plant; marvel of Peru.

نُوّار (والجمع نَوَاوِير والواحدة نُوّارَة ٢) : زهر — Blossoms; flowers.

نَؤُور : نِيلَج . دخان الشحم يعالج به الوشم حتى يخضرّ — Tattoo colouring matter; smoke of burning tallow.

نَيِّر : مُنِير — Luminons; luminary; emitting, *or* reflecting light; shining.

△ نيور : ضدّ مُظلِم — Luminous; bright.

△ — : واضح . جَلِيّ — Clear; perspicuous; lucid; bright; plain.

— : ساطع النور . مُشرِق — Bright; lightsome.

طلاء او دِهان — . Luminous paint.

عقل — . A brilliant mind.

الـ الأعظم : الشمس — The lamp of Phœbus.

النيّران : الشمس والقمر — The two great luminaries.

إنارة . تَنوِير : إضاءة — Lighting; illuminating.

— . — العقول — Enlightening.

تنوِير ٢ الزهور — Efflorescence; flowering; blossoming; blooming of flowers.

مَنار . مَنارَة : موضع النور — Light stand; beacon.

منارة ٢ المسجد : مِئذَنة — A minaret.

△ — : فَنار — ←A lighthouse.

△ مِنوَرُ البيت — Lighting shaft.

△ — السقف : جِلِي — Skylight; lantern.

○ مُناوَرَة : محاوتة . محاولة — Manœuvre.

○ — حربيّة : عَرْض حربي — Manœuvres.

○ — (في سكّة الحديد) — Shunting.

△ عامل الـ . (في سكّة الحديد) — Shunter.

△ وابور — . Shunting engine.

مِنوَار : مِصباح الشارع — ←Street-lamp, *or* lamp-post.

مُنِير : مُضِيء — Luminous; shining; emitting light; brilliant.

— : ساطع او مُشرِق — Bright; shining; radiant.

جِسْم — . A luminary body.

مُتَنَوِّر — Enlightened.

* نَوْرَج : دِرَاسة — Threshing machine. (ox-drawn)

* نَوْرَس : زُمّج الماء — ←Seagull; gull: sea mew.

○ نُورَسْتِينيا : خَيْلع . مرض عصبي — Neurasthenia.

* نَوْرُوز : رأس السنة عند الفرس (واقباط مصر) — Persian New Year's day.

* نَوْس : ذَبْذَبة — Dangling; swinging motion; oscillation.

نَوّاس : مُتذبذب — Swinging; dangling; oscillating.

نَاوُوس . نَاوُوس : تابوت حجري للموتى — Sarcophagus.

نَاس . أُناس (والمفرد إنسان) — Men; people.

نَاسَ : تحرّك وتذبذب مُتدلّياً — To dangle; oscillate.

○ نَوْسَر الجرح (في نَسر) — To form a fistula.

△ نُوشَة : حُمّى تيفوديّة (معويّة) — Typhoid fever.

* نَوُوش : قَوِيّ — Powerful; mighty; strong.

نَاوَش العدوّ — To skirmish with the enemy; engage in a skirmish with.

مُنَاوَشَة : نِزال — Skirmish; bickering.

△ مَناوِيشي : لون أزرق ارجوانيّ — Bluish purple.

* نَوْص : الحمار الوحشيّ . عَيْر (انظر عير) — Wild ass.

— . مَناص . مَنِيص : مَفَرّ — Escape; escaping; avoidance.

لا مَناص ٢ منه — Unavoidable · inevitable.

△ نَوّاصَة : قِنديل — ←Night-light.

إنتاص . △ ناص المصباح : ضعف نُوره — To go out gradually; grow fainter (light, *or* lamp.)

نَاصَ ٢ : هرب وتنحّى عن — To shirk; evade an obligation; refuse to face (duty, danger, etc.)

* نَوْط : كل شيء مُعلّق — A pendant; something suspended.

— : وسام — Medal; decoration.

نوّط . ناط . أناط : علّق — To suspend; hang.

— . — . — به الامر : كلّفه به — To charge with; confide to.

— . — . — عليه الامر : علّقه عليه — To make dependent on.

نِيطَ بِهِ الامرُ — To be committed, confided, or entrusted, to. . . .

— عليه : عُلِقَ عليه — To depend, or be dependent, on or upon.

نِيَاطُ القَلْبِ — Heartstrings.

تَنَوِّط . تَنَوُّط : إِسم طائر — Weaver-bird.

مَنُوطٌ به : معلَّق — Dependent on, or upon.

*نَوَّعَ : جَعَلَهُ أَنْواعاً — To divide, or distribute into various kinds.

— : عَدَّدَ الاشكال — To diversify; make various; give variety to.

— : غَيَّرَ . عَدَّلَ — To alter; vary; modify.

تَنَوَّعَ — To be diversified, miscellaneous, or of various kinds.

نَوْع : جِنْس — Kind; species; sort; variety.

— : صِنْف — Quality; kind; grade.

— العمل — Nature, or kind, of work.

نَوْعاً : بِنَوْعٍ ما — Somewhat; more or less.

نَوْعِيّ — Specific.

ثِقْل — — Specific gravity.

صِفة نَوْعِيَّة — Specific character.

تَنَوُّع : تعدُّد الانواع — Diversity; variety.

مُتَنَوِّع — Miscellaneous; manifold; diverse; various.

*نَوْف : ارتفاع — State of being above, or higher than; eminence.

نَافَ : ارتفع وأشرف — To be high, or lofty

نَيَّفَ وأَنافَ على: زادَ — To surpass; be above, or more than; exceed.

عِشْرون ونَيِّفٌ او و نَيْف (مثلاً) — Twenty odd; upwards of twenty

منذ اربعون سنة و — — Forty odd years ago.

△ناف : نِير (انظر نير) — Yoke.

نِيَاف : تامّ الطُول والحُسْن — Tall; lofty; stately.

△نِيافة : إنافة المطران — His Excellency, or Grace, the Archbishop.

— الكَرْدِينال — His Eminence the Cardinal.

مُنِيف — Stately; imposing; lofty.

△نَوْفَر : قطيفة . إسم نبات — African, or Indian, marigold.

△نَوْفَرة (انظر نفر) — Fountain; *jet d'eau*.

○نُوفَمْبِر : تَشْرِين الثاني . الشهر الميلادي الحادي عشر — November.

*نُوق . نِيَاق . ناقات . أَنْوُق (جمع ناقة) — She-camels.

نَاقَة : أُنثى الجَمَل — A she-camel.

— البَحْر : أَطَمة — Dugong.

لا — لي فيها ولا جَمَل — I have nothing to do with it.

آنَقَ (إيناقاً ونيقاً) : أعجَب — To please.

تَنَوَّقَ . تَنَيَّقَ في مَلبسِه ومطعمِه او أموره — To be fastidious, dainty, overnice, etc.

نَيِّق : صَعْب الإرْضاء — Dainty; hard to please; overnice; fastidious; squeamish.

*نَوَّلَ . أَنالَ . نالَ : اعطى — To give; grant; bestow; confer.

نالَ٢ : حصَل على (في نيل) — To get; obtain.

ناوَلَ : سلَّم الى — To hand over; deliver.

— : أعطى — To give.

△— : أعطى القُرْبان — To give the holy communion.

تَناوَلَ : اخذ — To take; receive.

— الطعام او القهوة الخ — To take food, etc.

△— : اقتبل القربان — To partake of the holy communion.

نَوْل . نَوال (راجع نيل) — Giving; granting.

○— ○نَوْلُون : اجرة الشَّحْن — Freight.

— . مِنْوَل الحائك : مِنْسَج (انظر نسج) — Loom; hand loom.

مِنْوال : أُسْلوب . نَسَق — Way; manner; method; fashion; mode.

— واحِد — Monotone; unvaried tone *or* style.

على هٰذا الـ— — In this way, *or* manner.

△مُناوِل — ↑Transmission.

مُناوَلة : تسليم — Handing over; delivering; delivery.

△— : أخْذ القُرْبان عند المسيحيين — Partaking of the Holy Communion.

* نَوَّمَ . أنامَ ∆ نَيَّمَ : جعلَه ينام — To put to sleep; make (a person) sleep.
— ٠ — ∆ — الولدَ : أدخلَه سريرَه لينام — To put to bed.
— : خَدَّرَ — To narcotize.
— بالكلوروفُرم — To (put under) chloroform.
— تنويماً مغنطيسيًّا — To hypnotise; mesmerise.
نَامَ : ضدّ استيقظ . هَفَا — To sleep.
— : رَقَدَ . دخلَ سريرَه لينام — To go to bed.
— البحرُ : هدأ — To calm; become calm.
— عن حاجتهِ : لم يهتمّ لها — To neglect; omit.
—ت البضاعة : كسدت — To lie on one's hands.
—ت الرِجْلُ : خدرت — To be benumbed.
—ت الريحُ : سكنت — To subside; die away; abate.
—ت السوقُ : كسدت — To be dull; inactive.
—ت النارُ : هَمَدت — To die out, (fire).
—واستنامَ وتناوَمَ — اليه : اطمأنَّ — To trust; rely on; confide in.
— ٠ — اليه : رضيَ به — To acquiesce in; rest satisfied with.
— ٠ — اليه : أذعَنَ — To submit, *or* yield, to.
اِسْتَنامَ ٢ اليه : استأنسَ به — To be familiar with.
تَناوَمَ ٢ : تظاهرَ بالنوم — To feign sleepy.
تَنَوَّمَ ∆ اِسْتَنْوَمَ : احتلم — To have a venereal, *or* wet, dream.
نَوْم . نُوَام ١ : ضدّ يقظة — Sleep; slumber.
— مغنطيسي — Hypnotism.
— الشفق (لتخفيف آلام الوضع) — Twilight sleep.
— وأكل — Bed and board.

∆ أبو الـ : خشخاش — Poppy; ←*papaver somniferum.*
بِزر أبو النوم : ∆ شنارق . جُنارك — Maw seed.
قميص الـ : نيم . منامة — Nightgown; nightdress; night-shirt; nighty.
مرض الـ او النعاس (غير خطِر) — Sleepy sickness.
نَوْميّ : مختصّ بالنوم — Of, *or* pertaining to, sleep; somnial.
الكلام الـ — Somniloquence.

اليقظة النوميّة : التروبص — Somnambulism.
نَؤُوم . نُوَمَة . نَوِيم ∆ نَوّام — Lie-a-bed; slumberer.
الفارة النوّامة ٢ — Dormouse.
نَوْمة : المرّة من «نام» — A sleep.

نُوَام ٢ : مرض النوم الخطِر — Sleeping-sickness.
نِيم : ثوب النوم — ←Night-shirt; nightdress; nighty.
نائم : ضد مُستيقِظ — Asleep; sleeping; in a state of sleep
— (كالرِجل او اليد) : مخدَّر — Asleep; numbed (and tingling).

∆ نائمة السلّمة : خلاف القائمة — Tread.
تَنْوِيم — Putting to sleep.
— بالكلوروفورم ٢ — Putting under chloroform.
— مغنطيسي (راجع مغنط) — Hypnotism.
مَنَام : نَوْم — Sleep; slumber.
— : حُلم — Dream.
— . مَنامة : موضع او فراش النوم — Bed.
— ٠ — : غرفة النوم — Bedroom.
— ٠ — : غرفة النوم في المدارس — Dormitory.
مَنامة ٢ : قميص النوم — Night-shirt; nightgown; nightdress.
مُنَوِّم . مَنْوَمة : مجلِب النعاس — Somniferous; soporific; hypnotic.
— : مخدِّر (راجع خدر) — Narcotic; torporific.
مَنْوَمة ٢ : دواء منوّم (منعّس) — A soporific.
جرعة منوّمة — A somniferous potion.
* نَوَّنَ الكلمة — To mark a noun with a mark of nunnation.

نُون : سمك — Fish.
— : بالٌ . حوت كبير — ←A whale
ذو الـ : يونان . يونس النبي — The prophet Jonah.
نُونة : نقرة الذقن — Dimple in the chin.
تنوين — Nunnation; the pronunciation of *n* at the end of declined nouns.
* نَوَّهَ : رفع — To raise; elevate.
— به : ذكره — To mention; speak of.

— به : مدحه وعظّمه — To speak highly of; extol; cry up; elevate by praise.

△ — عن او الى كذا : لمّح او اشار — To allude, or refer, to; hint at.

تَنْوِيه : ذِكْر — Mentioning.

— : مَدْح — Extolling; praising.

مُنَوَّه بهِ : مذكور — Mentioned; spoken of.

△ — عنه او اليهِ : مُشار اليه — Referred to.

* نَوَى . إنْتَوَى : عَقَدَ النِّيَّة — To resolve upon; determine on.

— . — : قَصَدَ — To intend.

— : تباعَدَ — To go far away.

△ — نَوَّى السِّنَّوْرُ : ماء (في موأ) — To mew.

نَوَّى ٢ : عَقَدَ النَّوَى — To nucleate.

ناوَى : عادَى — To oppose; resist; withstand.

نَوًى : بُعْد (راجع نأى) — The state of being far, or distant; remoteness.

— : ما يقصدهُ المُسافِر — Destination.

— . نَوَيات (جمع نواة) — Stones (of fruit.)

نَواة البلح وأمثاله : عَجَمَة — Stone; endocarp; kernel.

— : جُزْء مَرْكَزِي — Nucleus; core.

— صغيرة . نُوَيَّة. — Nucleolus, (*pl.* nucleoli).

نَوَوِيّ — Nuclear; nucleal; nucleated.

غِشاء — . — Nuclear membrane.

تجارب نوويَّة — Nuclear tests.

جُبَيْلة نَوَوِيَّة — Nucleoplasm.

إنْتِواء : عَقْد النيَّة — Resolving; determination.

نِيَّة : عَزْم — Resolution; determination.

— : قَصْد — Intention; purpose; design.

حُسْن — . — Good faith.

سُوء — . — Bad faith.

سَليم الـ . — Undesigning; sincere; artless.

سَلامَة الـ — Simplicity; sincerity; good faith; artlessness of mind.

بِسَلامَة — . — In good faith.

بِسُوء — . — In bad faith.

عَقَدَ الـ على — To determine on; resolve.

△ على نِيّاتِهِ : خُدْعَة — Simple-minded; gullible.

△ على نِيّاتِهِ ٢ : غِرّ — Green; inexperienced.

والأعمال بالنيّات — Take the will for the deed.

◦ نَيَّأَ الامْرَ : لم يُحكِمْه — To do (a thing) imperfectly.

ناءَ : لم يَنْضَج — To be raw; uncooked.

— بحِمْلِه (في نوء) — To bear with difficulty.

نِيْء △ نَيّ : لم يُطْبَخ — Raw; uncooked.

— △ — : ناقِص النَضْج — Underdone; rare.

— △ — : فِجّ — Unripe; green (fruit, etc).

* نيابة (في نوب) * نياط (في نوط) * نيافة (في نوف)

* نَيَّبَ : عضّ بالأنياب — To bite with the canine teeth.

نابٌ : السِنّ خَلْف الرباعية — Eyetooth (*pl.* Eyeteeth); canine tooth.

— الحيَّة وكلّ حيوان مُفترس — Fang.

— الخنزير البرّي او الفِيل وأمثالها — Tusk.

كَشَّرَ عن أنيابِهِ — To show the teeth; threaten.

◦ نيتروجين : ◦ أزوت — Nitrogen.

* نِيْر : △ ناف — Yoke; neck-piece by which pair of oxen is harnessed.

* نَيِّر (في نور) — Luminous.

△ نِيرةُ الأسنان : لِثَة — Gums (of the teeth).

* نَيْرُوز : رأسُ السنة عِند الفُرس — Persian New-year's Day.

— : رأس السنة القِبْطية — Coptic Newyear's Day.

◦ نيرون : عاهِل رُوماني اشتهر بإحراق رُوما — Nero.

* نَيْزَك (في نزك) — Meteor; shooting star.

◦ نَيْسان : ابريل . الشهر الميلادي الرابع — April.

يوم كِذْبَة — . — April-fool day.

△ نيشان (في نشن) — Decoration.

* نِيْص : قُنْفُذ كبير — Porcupine.

* نيف (في نوف) * نيّق (في نوق)

◦ نِيكل نيكَل : فِلِزّ : مَعْدِن أبيض — Nickel.

◦ نيكوتين : خلاصة التبغ △ جُباظ — Nicotine.

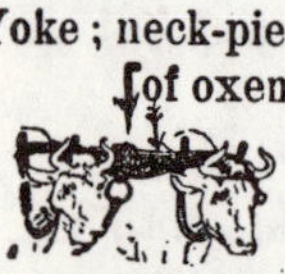

*نِيل : نبات يُصبَغ به اِزرق — Indigo plant.

— ∆ نِيـلة : صِباغ أَزْرَق — Indigo; a blue dyestuff.

كُرَة الـ (للغسيل) : ∆زَهْرة — Washing blue.

نَـهْر الـ — The Nile.

عرائس الـ : اسْم نَبات — ←Lotus; Egyptian water-lily.

نِيلِيّ : مختص بنهر النيل — Nilotic; Nile.

سَمك — . — Nile fish.

محْصُول او زَرْع — . — Nile crop.

نَيْل ∆نـوَال ; إِدْرَاك — Obtainment; attainment; getting; acquiring.

نَالَ مَطلوبه : أَصابه . حَصَلَ عليه — To obtain; get; acquire; get possession of.

— : أَدْرَكَ — To attain; achieve.

— : رَبِحَ — To gain; win; earn.

— منه : أَثَّرَ فيهِ — To affect; produce an effect.

— جائزة — To earn, get, or win, a prize.

— رِضاهُ — To win a person; obtain his favour.

— حُظْوَةً لديهِ او في عَيْنَيه — To find favour with a person, or in his eyes.

— من عِرْضِهِ : سَبَّهُ — To defame; slander.

ـهُ كذا : وَصَلَهُ . حَصَلَ عليهِ — To receive; get.

— . أَنالَ : جعلَه يَنال — To make (another) get, or obtain.

— . — : أعطَى — To give; grant; accord.

نائِل : الذي يَنال — One who obtains, or gets; getter; gainer; winner.

∆ تـَنْيِيل (الزِراعة والريّ) — Colmatage; warping.

مَنَال — Obtainment; getting; attainment.

بَعيد أو صَعْب الـ . — Beyond reach; unattainable.

قَريب او سَهْل الـ — Within reach; easy to get, or obtain; attainable.

مَنِيل : مُدْرَك — Obtained; procured; acquired.

∆ مَنْيَل : مِقْياس النيل — Nilometer; Niloscope.

○ نِيلَج ∆ نيلة : صِباغ أزرق; — Indigo; a blue dyestuff.

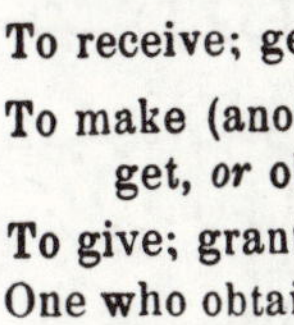

○ نِيلُوفَر : بشنين — Nenuphar; the ←great white water lily.

*نِيم (في نوم) — Nightgown.

○ نِيمْبِرِشْت : ∆ بيرشْت . نِصْف سَلْق — Soft boiled (eggs.)

— : شَوِيّ نِصْفَ نَيّ — Underdone (beef.)

*نِيَّة (في نوى) — Intention; design.

○ نيُوترون : دقيقة كهْرَبِيّة مُحايدة — Neutron.

○ نيُوتُن : إسْحق نيوتن مُكتشف ناموس الجاذبيّة والنور — Newton, (Sir Isaac).

نيوتني . نيوتوني — Newtonian.

(نِي) نَاي : مِزْمار من القاب — Nay; flute.

(ﻫ)

○ هَأْهَأَ : قَهْقَهَ — To guffaw; haw-haw; give a loud laugh; laugh boisterously.

○ هَا : بمعنى خُذْ — Take; here you are!

*هائل (في هول) ○ هابَ (في هيب)

*هات (في هيت)

○ هاتور : الاهة الجوّ الفرعونية . — Hathur.

*هاء (في هوا) ○ هاجَ (في هيج)

* هاجٍ (في هجو) ○ هاجِر (في هجر)

*هاجس (في هجس) ○ هاجم (في هجم) ○ هادَ (في هود)

*هادٍ (في هدى) ○ هادئ (في هدأ) ○ هاذٍ (في هذى)

○ هَارَاكِيرِي : إنتحار ياباني — Hara-kiri.

*هارُون : هَرُون . اِسْم رَجُل — Aaron.

ابو — : عَنْدَلِيب . مُشهِر — ←Nightingale.

*هاشَ (في هوش) ○ هاصَ (في هيص) ○ هاط (في هبط)

○ هاعَ (في هوع) ○ هاف (في هيف) ○ هالة (في هول)

○ هَاليوم : غاز المناطيد . عُنْصُر غازيّ — Helium.

*هامَ (في هيم) ○ هامٌ (في همم) ○ هامش (في همش)

*هامَة (في هوم) ○ هامَّة (في همم) ○ هان (في هون)

∆ هانِم (في هنم) ○ هاود (في هود) ○ هاوية (في هوى)

*هبْ (في وهب) ○ هبّ (في هبب) ○ هباء (في هبو)

*هَبَّبَ : خَرَّقَ . قَطَّعَ — To tear; rend; lacerate.

∆ — : سَخَّمَ . سَوَّدَ — To besmut; blacken with smut, or soot.

Boneless meat.	— : لحم بلا عظم
Lean meat.	△ — : شَرق. لحم أحمر (بلا دمن)
A lump of meat, or flesh.	هَبْرَة : قطعة لحم
Dandruff; scurf.	هِبْرِية. هُبَارِية : قشرة الراس
Dust-laden wind.	ريح هُبَارِية : ذات غبار

Hyena.	هُبَيْرَة : ضَبْع
The male frog.	ابو — : ذكر الضفدع
The female frog.	ام — : أنثى الضفدع
To gather; collect.	❊هَبْش : جَمَع
To claw; scratch, or seize with the nails, or claws.	△ — : بالبَيَد أو بالمَخْلَب
Plumed midges.	△هابُوش : ناموس كاذب
Pot of money.	△هَبْصَة : دَنْر . مَال كَثير
To descend; come, or go, down.	❊هَبَط (هُبُوطاً) : نَزَلَ
To fall; drop; sink.	— : سَقَط او نزل
To sink, (His heart sank.)	— قَلْبُه
To fall; become less, (price).	— الثَمن
To fall down; come to the ground.	— الى الأرض
To fall in; collapse.	— السقْف
To descend from heaven.	— من السماء
To fall; subside; abate.	— ت الريح أو الحمى
To slump; fall down.	— ت الاسعار : تَدَهْوَرَت
To land; alight.	— ت الطائرة او الطَيَّارَة
To emaciate; cause to waste away in flesh.	— المَرض جِسْمه (هَبْطاً) : هَزَله
To thin; grow thin.	△ — جِسْمه من المَرض
To come to a place.	— المَكان : اتاه
To lower; bring, or let, down; cause to descend.	• — . أهْبَطَ : أَنْزَلَ
To reduce, or lower, a price.	• — الثمن وغيره : خَفَّضه
Reducing; lowering.	هِبْط. إهْبَاط : تَنْزِيل
Diminution.	— : نُقْصَان
A descent.	هَبْطَة : نَزْلَة
A fall.	— : سَقْطَة
Depressed land; pit.	— : وهْدَة △مَطَبّ

To start, begin, or commence to do.	هَبَّ يفعل كذا : طَفَقَ
To wake; awake; rise from sleep; get out of bed	— من نَوْمِه
To take up arms.	— للحرب
To be defeated in war.	— في الحرب : انْهَزَم
To whiffle; blow in gusts.	— ت الريح : ثارَت
To rage; the tempest raged.	— ت العاصِفَة
The fire broke out.	— ت النار
The dog flew at him.	△ — ب فيه الكلب : هجَم عليه
Tom, Dick, and Harry.	كل من هَبَّ ودَبَّ
To be torn to pieces.	تهبّب : بَلِيَ . تَقَطَّع
Supposing.	هَبْ : لِنَفْرِض
A gust; sudden blast of wind.	هبّة ريح
A gift; donation.	هِبَة (في وهب)
Fine dust.	هِبَاب : هَبَاء
Soot; smut.	△هِبَاب الدخان : كَنْن
Lampblack.	△ — المِصْباح : سُخَام . سِنَاج
Blowing of wind.	هُبُوب الريح
High dust-laden wind.	هُبُوب : ريح مُثِيرَة للغبرة
Windward; the direction from which the wind blows.	مَهَبّ الريح
To thump; or beat, with something thick or heavy.	❊هَبَت : ضَرَب △هَبَّد
To be idiotic; blockhead.	هَبِت : كَان هَبيتاً
Idiot; dolt; booby; dunce.	هَبِيت : △هَبيط
Faint-hearted.	— : جَبان
To thud; throw down with a thud.	△هَبَّد الولدَ : رماه
To thump, or hit, with a truncheon.	— ب بالهراوة : هبَّته بها
Thud; dull sound of heavy blow or fall.	هَبْدَة : هَدَّة . صَوْت الشَيء الثَقيل السَاقِط على الارض
A heavy fall.	— : سَقْطَة
To cut meat into large slices or pieces.	❊هَبَر اللحْمَ : قَطَعَه قِطَعًا كبيرة
Meat; flesh.	هَبْر : لحم

هُبُوط : نزول او سقوط — Descent; fall; decrease, coming down; sinking.

— : تناقُص — Abatement; lessening; diminution; reduction.

— الأسْعار : تَدَهْوُر . كَسَاد — Slump; sudden fall in value.

— المَقْعَدَة : صُمّيلة (ع) — Prolapse of anus.

— صِحّيّ — Collapse; break down.

هَبُوط : مُنحدر — A slope; a declivity.

هَبيط . مَهْبُوط : مَهْزُول — Emaciated; run down.

هَابِط : نَازِل — Descending; falling.

أَهَابِيط : الهابطون بالمظلّات — Parachutists; paratroopers.

مَهْبَط : مَوْضِع الهُبُوط — Place of descent; place from which anything descends.

— الطائرات — Airfield; airstrip.

مَهْبِط : قُطْب كَهْرَبِي سَالِب — Cathode; negative terminal.

أَشِعَّة الـ. — Cathode rays.

دالِف مَهْبِطِيّ — Cation; electro-positive ion.

مُهْبِط الحَرَارَة — Refrigerant; refrigerative.

مِهْبَطة : مظلّة واقية — Parachute.

٭ هَبَلَ . تَهَبَّلَ . اهْتَبَلَ : تكسّب — To earn.

△ — △ هَبَّلَ : أذهب عقله — To infatuate; make foolish; affect with folly.

△ — الطَّبْخ : طبخه بالبخار — To steam food; cook by steaming.

إِهْتَبَل [٢] الفُرْصَة : انتهزها — To cease an opportunity.

△ تَهَبَّل [٢] بالبُخَار — To take a vapour bath.

هِبِلّ : رَجُل طَوِيل — A tall man; spindle-legged.

هَبِيل . هَابِيل : ثاني أولاد آدم — Abel.

△ — ٠ أَهْبَل △ مَهْبُول : أَبْلَه — Idiotic; imbecile.

هَبَلٌ : شَأْن — Business; concern; affair.

— : بَلَه — Idiocy; imbecility.

هَبَلة : بُخار — Steam.

مِهْبَل : خَفِيف — Light.

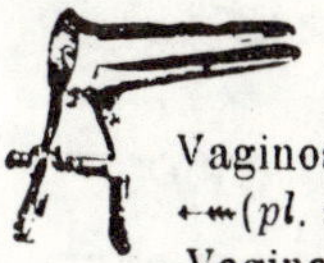

مَهْبِل المرأة : مَسْلَك الرَّحِم — Vagina.

مِنْظار الـ. — Vaginoscope; speculum (pl. specula).

مَهْبِلِيّ : مختصّ بالمهبل — Vaginal.

٭ هِبَة (في وهب) — Gift.

٭ هَبْهَبَ النجم والسراب : تَرَقْرَق — To twinkle; glimmer; shimmer; flicker.

△ — الكَلْب : نَبَح — To yap; yelp; bark

هَبْهَاب : سَرَاب — Mirage.

— . هَبْهَبِيّ : سَرِيع — Swift; nimble.

٭ هُبُوّ الغبار : سُطوعه — The rising of dust.

هَبَا الغبار : سَطَع — To rise in the air, (dust)

— : △ هَبأ . فَرّ — To run away; take flight.

هَبَاء : غُبَار — Dust, or fine dust, (or atoms of dust,) flying in the air.

ذَهَبَ — مَنْثُورا — To be blown to smithereens.

هَبَاءَة : ذَرَّة تُراب — An atom, or a particle, of dust.

— : ذُرَيْرَة — Whit; jot; smallest particle.

△ هَبْيَك : واحد وواحد في زَرْدَبِن — Crabs; two aces.

٭ هَتّ الرَّجُل : حطّ من قدره — To bring into discredit; blow upon.

△ — الرَّجُل وعليه : تهدّده — To threaten.

△ —ه بكذا : عيّره به — To upbraid; reproach; taunt; cast, or throw, in the teeth of; twit (with, or for.)

٭ هَتَرَ السِّكْبَرُ فُلاناً : أفقده عقله — To impair a person's mind; make him a dotard, (old age).

— : مَزَّق — To tear to pieces; rend; lacerate.

هَاتَرَ : شَاتَم — To altercate; exchange high words with another person.

أَهْتَرَ . أُهْتِرَ الرَّجُل : خَرِف — To become a dotard; dote; become weak-minded (from age.)

— . — : هَذَى — To rave; be delirious.

إِسْتَهْتَرَ : اتَّبع هواه — To be reckless; act recklessly, or without restraint.

△ — بالأمر : اسْتَخَفّ به — To slight; make light of; set light by; despise.

أُسْتُهْتِرَ بكذا: صار مُسْتَهتِراً (مؤلعاً) بهِ ; To dote on; be infatuated with.

تَهاتَرَ الرجُلان To altercate; engage in a hot dispute.

ـــت الشهادات : تعارضَت To be contradictory.

هُتْر : خَرَف Dotage; senility; imbecility of mind.

هِتْر: السقط من الكلام Drivel; twaddle; piffle; nonsense.

— : كِذْب Lie; falsehood.

مُهْتَر : خَرِف Dotard; imbecile; one in second childhood.

— : هاذٍ Raving.

مُهاتَرَة : مشادَّة Altercation; dispute.

— : مشاتمة . مشاحنة Vituperation.

مُسْتَهْتِر بالشيء : مُولَع One who dotes; one foolishly fond of.

— : كثير الأباطيل A big liar.

مُسْتَهْتِر Reckless; rash; foolhardy.

*هَتَفَ : صاح To shout; cry out; exclaim; vociferate.

— الحَمامُ : صاتَ To coo, (pigeons).

— بهِ : ناداهُ To call to.

— بهِ او بذكرِه : مدحه To cry up; extol.

هُتاف : صِياح Cry; shouting; clamour; outcry; exclamation.

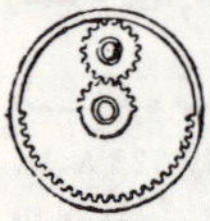

— الاستحسان Ovation; acclamation; shout of applause.

— الحرب Slogan; war, *or* battle, cry.

— الفرح أي السرور Exclamation of joy.

— او نداء عدائي Slogan.

هاتِف : صائح Vociferous; making loud outcry; a shouter.

— : صائح غير منظور An invisible shouter.

— : ٥ تلفون ←Telephone.

قوس هتّافة : ترنّ Twanging bow.

*هَتَكَ . هتَّكَ السِترَ وغيره: خرقهُ او شقَّهُ To rend; rip, *or* tear, open.

— . — السِتر: جذبه فقطعه من موضعه To wrench tear, off.

— : جرّس به . فضحه To scandalize; defame.

— سِتْرَه : فضح مساوئه To show up; expose.

— سِتْرَه : جلَب عليه العار To disgrace.

— عِرضَ امرأة To rape; ravish a woman.

تَهَتَّكَ . انْهَتَكَ : تَمَزَّق To be lacerated, ripped, rent, *or* torn.

— . — : افتضح To be disgraced, scandalised.

— : انكشف To be exposed; disclosed.

— في سلوكه To act barefacedly *or* brazenly.

هَتْك او هُتْكَة السِتر Disclosure; exposure.

— العِرض (عِرضُ المرأة) Rape; ravishment.

هَتِيكَة : فضيحة Disgrace; scandal; infamy.

تَهَتُّك : عدم حياء Barefacedness; shamelessness.

— : تمزُّق . تقطُّع Laceration.

مُتَهَتِّك . مُسْتَهْتِك Brazenfaced; impudent; shameless; cheeky.

*هَتَمَ . أهْتَمَ الرجُلَ : كسر مقدَّم أسنانه To break the front teeth of.

هَتِمَ الرجُلُ : كان اهتم To be toothless.

هُتامَة : كِسْرَة Chip; fragment; broken piece.

أهْتَم : اثرَم . سقطت ثناياه Edentate; having no front teeth.

— : ادرَد . لا أسنان له Toothless.

∆ تُرْس — ←Mutilated wheel.

*هَتَنَ : مطر متتابع Downpour.

هَتُون . هاتِن . هتَّان Copious; torrential.

هتنت السماء : تتابع انصباب مطرها It rained copiously

*هجّ (في هجج) * هجا (في هجو)

*هجا جُوعُه : سكن وذهب To be appeased (hunger).

أهجأ جُوعَه : سكّنه To appease one's hunger; stay one's stomach.

تهجّأ الكلمة (راجع هجو) To spell a word.

*هجَّجَ النارَ : اشعلها To stoke; stir fire; make a fire blaze.

هَجَّت النارُ : أجَّت ∆ وجَّت To blaze; flame; burn with a flame *or* blaze.

∆هجّ ٢ : وجَّ . هرب To flee; run away.

٭هجر الشيء: تركه وأعرض عنه — To abandon; forsake; desert.

هجّر القوم (تهجيراً) — To emigrate; assist to emigrate.

هاجر من البلد — To migrate; emigrate; go and settle in another country.

أهجر: ترك — To forsake; abandon; leave.

—: تكلّم بالهذيان — To talk nonsense.

تهاجروا: تقاطعوا — To depart from, or forsake, one another.

هُجْر. هُجْراء. هاجرة[1]: كلام قبيح — Obscenity; obscene talk; ribaldry.

هَجْر: ترك — Abandonment; forsaking; desertion.

—. هجيرة. هاجرة[2]: نصف النهار — Midday; meridian.

—.—: شدّة الحرّ — Meridional heat.

هاجرة[3] مغنطيسيّة — Magnetic meridian.

هاجري[1]: مختصّ بنصف النهار — Meridional; midday.

—[2]: حضري — Civic; citizen.

—: حسن. جيّد — Excellent; splendid.

هجْرة: ترك المكان بسرعة — Exodus; hasty departure of crowd of emigrants.

—. هجْرة: مهاجرة — Migration; emigration; exodus.

الــ النبويّة — The *Hegira; Hijra*; the flight of the Prophet from Mecca on 16th July 622 A.D.

السنة الهجْرية — The Mohammedan year.

مَهْجَر: موضع الهجرة — Place of emigration; colony; place to which people emigrate.

مهْجور: متروك — Deserted; forsaken; abandoned.

—: بطل استعماله — Obsolete; disused.

—: لقدمه (كلام) — Archaic; antiquated.

مهاجر: كلام قبيح — Obscene, or indecent, language; ribaldry.

مُهاجِر — Emigrant; migrator; refugee; colonist; migrant.

مُهاجَرة — Emigration; migration.

٭هجس في صدره: خطر بباله — To occur to; come to one's mind.

△هجّس في كلامه — To talk nonsense.

هجْس: كلام تسمعه ولا تفهمه — Nonsense; balderdash; senseless jargon.

—. هاجِس: خاطر — Idea; thought; presage; notion.

هاجِس[2]: بلبال — Anxiety; solicitude.

—: خالج — A misgiving; foreboding.

هَواجِس: مخاوف — Misgivings; searchings of heart.

الاستغراق في الهواجس — Reverie; deep musing; brown study; waking dream.

△هجّاس: مدّعٍ — Charlatan; quack.

—: نفّاج △فشّار — Braggart; vain boaster.

٭هجع: نام — To slumber; sleep.

—: اسْتكنّ — To abate; subside; quiesce; become quiet or still; calm down.

—. أهجع الجوعَ وغيره: سكّنه — To allay; appease hunger.

—.—: هدّأ — To quiet; lull; calm down.

هُجوع: نوْم — Slumber; sleep.

—: هُمود. سُكون — Lull; quiescence.

— العاصفة وما يشبهها — Lull.

— المرض — Remission; abatement.

هجيع من الليل: هزيع — A division of the night; a watch.

هاجِع: راقِد — Dormant; sleeping; inert; quiescent; inactive.

٭هجل بعينه: △بصبص — To ogle; cast sheep's eyes at; make eyes at.

٭هجم على. هاجم: انقضّ على — To attack; rush upon; assail.

— على وهاجم المكان: كبسه — To raid a place.

— على وهاجم المدينة: حمل عليها — To storm a fortified town.

— على: دخل بغير اذن — To intrude on.

— الشتاء: أسرع دخوله — To set in early.

—: سكت وأطرق — To keep silent.

هجّم. أهجم: جعله يهجم — To cause to attack.

تهاجما: هجم احدهما على الآخر — To clash; conflict; attack one another.

To be demolished. إنهجمَ البيتُ : انهدم

To flow down. — الدمعُ : سالَ

To be run down in health. △ — الرجُلُ : هَرِمَ. ظهرَ عليهِ الضعفُ او الكِبَر

Attack; onset; charge; rush; assault; onslaught. هَجْمَة . هُجُوْم

Winter's rage. — الشتاء : اشتداد بردهِ

Attacking; assaulting. هُجُوْم ٢ . مُهَاجَمة

Offensive; aggressive. — . هُجُوميّ : ضِدّ دِفاعيّ

Offensive and defensive. — ودِفاعي

A violent, *or* raging, wind. هَجُوْم : ريح شديدة

Sudorific; sweat-producing. — : مُعَرِّق

Audacious; daring. هَجَّام : شُجاع

Snake-charmer. △ — : صَيّاد او حَاوِي الثّعابين

Assailing; attacking. مُهاجِم : ضِدّ مدافِع

Assailer; attacker; aggressor — : الذي يَهْجِم

To be incorrect, *or* defective. * هَجُنَ : كان فيهِ عيب

To disapprove of; express disapprobation of. إستهجنَ : استقبح

Fault; defect; blemish. هُجْنة : عَيب

Loss. — : ضَياع

Strangeness; oddity. △ هِجْنة : غرابة

Mean; lowly. هجين : لئيم

Of low birth, *or* origin. — : غير أصيل

Dromedary. △ — . هِجان : جَمَل سريع

Hybrid; mongrel; cross-bred. حَيوان — : مُختلِط الأبوين

Camel driver. △ هَجَّان : صاحب الجمل

Camel corps. △ فِرقة الهجّانة (في الجيش المصري)

Disapprobation; dislike; disapproval. إستهجان

Disapproved of; repellent; distasteful; disagreeable. مستهجن

Defamation; satire; slander. * هَجْو . هِجاء : ذكر المعايب

Libel; false defamatory statement. — علَنيّ (بالنشر)

Defamatory; slanderous. هَجْوِيّ

Spelling; orthography. هِجاء . تَهَجٍّ . تَهْجِيَة

The letters of the alphabet. حروف الهِجاء

Orthography. علم الـ —

Alphabetical, *or* orthographical. هِجائيّ

To defame; speak ill of; slander. هَجَا الرجُلَ : عدَّد معايبه

To libel; lampoon. — بالنشر

To satirize; attack with satire. — بقصيدة

To spell a word. — . هَجّى . تَهَجّى الكلمة

Defamer; slanderer. هاجٍ : الذي يَهجُو

Libeller. — بالنشر

Satire; lampoon. أُهْجُوَّة . أُهْجِيَّة

Spelling. تَهَجٍّ . تَهْجِيَة

Defamed; slandered; satirized; lampooned; libelled. مَهْجُوّ

* هجيرة (في هجر) * هجين (في هجن) * هدّ (في هدد)

To calm down; become tranquil; tranquillize; subside. * هَدَأَ . هَدْءًا : سَكَنَ

To abate; die down. — الموجُ والريحُ والغضبُ

To abate; subside. — البردُ والحُمّى والعاصِفةُ الخ

To nestle; settle in a place. — بالمكانِ : أقام

To stroke, *or* pat, a baby to sleep. — . أَهْدَأَ الطفلَ : رَبَّتَه لينام

In the calm, *or* still, of the night. وقد هدأتِ العينُ والرِجْلُ

To calm; tranquillise; pacify; allay; lull. هَدَّأَ . أهدأَ : سَكَّنَ

To slow down. — . — السُّرعة

To tranquillise the mind. — . — بالَهُ

To pacify (a person). — خاطِرَهُ

To reassure; free from anxiety. — رَوْعَهُ

To pat a baby to sleep. — الطفلَ : رَبَّتَه

Be calm! Take it easy! هَدِّئ رَوْعَك

Quietness; calmness; stillness; tranquillity. هَدْء . هُدُوء : سُكون

A watch of the night. — . هُدْء : هَزِيع من الليل

Equanimity; composure. هُدُوء ٢ الرَّوْع

English	Arabic
Quietly; calmly.	يَهْدُوُ
Quiet; calm.	هادِئ
The Pacific Ocean.	المُحِيط الـ
Quieting; calming; tranquillising.	تَهْدِئَة
Pacification.	— الخَوَاطِر
Reassurance.	— الرَّوع
٭ To fringe; adorn the edge with a fringe.	هدَّبَ الثَّوْبَ : جَعَلَ له هُدْباً
To have long eyelashes.	هدِبَ بتِ العَيْنِ: طَالَ هُدْبُها
To have long hanging down (drooping) branches.	— الشَّجَرة
Eyelashes; cilia.	هُدْب : شَعْر أَشْفار العَيْن
Nap; pile; down.	— الثَّوْب : خَمْلَتُه
Fringe; edging.	—ُ هُدْاب الثَّوْب : حاشِيَته
Clumsy; awkward.	هُدَّاب ؟ هُدُب : غَبِيٌّ ثَقِيل
Having long eye-lashes.	هَدِبٌ، أَهْدَب : طَويل الاهداب
Having long drooping branches.	شَجَرة هَدْباء : مُتَدَلِية الأَغْصان
Ciliate; ciliated.	هُدْبِيّ ، مُهَدَّب : لَه أَهْداب
٭ To shamble; shuffle along; walk awkwardly and unsteadily.	هَدَجَ : مَشى كالشَّيْخ
To walk with tremulous steps.	— : مَشى في ارتِعاش
To tremble; be tremulous, (voice).	تَهَدَّجَ الصَّوْتُ : تَقَطَّعَ في ارتِعاش
Howdah; litter; a kind of palanquin, or pavilion, fastened on the back of a camel or an elephant.	هَوْدَج
Camel litter.	— الجِمَال
Palanquin; sedan chair.	— : رِجَازة
٭ To threaten; menace.	هَدَّد. تَهَدَّد: تَوَعَّد
To frighten; intimidate.	— : خَوَّف
To demolish; pull down.	هَدَّ : هَدَم
To weaken; enfeeble.	— : ضَعْضَع
To break; crush.	— : كَسَر
To fall with a thud.	— : صَاتَ عِند وقُوعِه

English	Arabic
To sap; impair, weaken, (health).	— صِحَّتَه
To break down; crush.	— قُوَّتَه
To be demolished, pulled down, etc.	إنْهَدَّ : انْهَدَم
To be run down in health; be broken down.	—ت صِحَّته او قُوَاه
Demolition; pulling down.	هَدّ ۵ هَدَّد : هَدْم
A thud; a crash; a dull sound.	— . هَدَّة ۵ هَبْدَة
Breaking; crushing.	— : كَسْر
A thud; a heavy fall or blow.	هَدَّة ۲ ۵ هَبْدَة : وَقْعَة لِصَوْت غَليظ
Mildness; gentleness.	هَدَاد : رِفْق وتَأَنٍّ
Mildly; gently.	هَدَادَيْكَ : مَهْلاً
Threatening; menacing.	تَهْدِيد : تَهَدُّد : تَوَعُّد
Frightening; intimidation.	— : إرْهاب
Threat; menace.	— : وَعِيد
Threatening; menacing; minatory.	تَهْدِيدِيّ
Threatener; one who threatens.	مُهَدِّد
Threatened; menaced.	مُهَدَّد
٭ To coo, (pigeons).	هَدَرَ الحَمَام : سَجَعَ
To roar; grumble.	— الأَسَد والرَّعْد والبَحْر
To growl; grumble.	— البَعِير
To bubble; boil over.	— : غَلَى (غَلْياً)
To shed, or spill, blood, in vain.	— الدَّم : سَفَكَه هَدَراً
To spend; squander; waste.	— صِحَّته او مالَه
To be spent uselessly.	— الدَّم والصِّحَّة والمال الخ : ذَهَبَ هَدَراً
Uselessly; in vain.	هَدَرُ. هَدْرُ : باطِلاً
His money was spent uselessly, or in vain.	ذَهَبَ مالُه هَدَراً
His endeavours, or efforts, were in vain.	ذَهَبَ سَعْيُه هَدَراً
Heavy fall; tumble; spill; cropper.	۵ هَدْرُ : وَقْعَة
Roar; roaring; rumbling.	هَدِيرُ الأَسَدِ والبَحْرِ والرَّعْدِ وغَيْرِها

Δ — هدّار : مِثْزاب . مَسِيل ماء الطاحونة Millrace.

مَهْدُور Spent uselessly, or in vain; squandered.

— الدَّم Outlawed person: an outlaw.

— دَم . Spilt, or shed, with impunity, (blood)

○هِدْرُجِين : إِدْرُجِين Hydrogen.

Δهَدَس في الأَمْر : تكلَّم عنه كثيراً To rave of, about, or on.

○هَدَف . أَهْدَف : قارَب To approach; verge on; be near to.

— . — الى كذا : قَصَد To aim at; endeavour after.

إِسْتَهْدَف To be exposed, or laid open, to attack, danger, trial, etc.

هَدَف : دَرِيئة ←Target.

— : غَرَض . مَطْمَح Object; objective; aim.

جعله هدفاً لكذا To expose to; lay open to.

هَدّاف : Δنَشانجي Marksman; a good shot.

مُسْتَهْدِف لِكذا Exposed, or laid open, to.

○هَدَل : أَرْخَى To let down.

— الحَمام : هَدَر To coo.

هَدِل . تَهَدَّل . تدلّى واسْتَرْخَى To droop; dangle; hang down loosely.

— . — الثَوْب : اسْتَرْسَل To hang (loose.)

أَهْدَل . مُهَدَّل : مُسْتَرْسِل Flowing; hanging loose.

— : مُتَدَلٍّ ومُسْتَرْخٍ Drooping; dangling.

○هَدَم . هَدَّم : ضِدّ بَنَى To demolish; destroy; pull down.

— . — : خَرَّب To destroy; ruin.

— . — : دَكّ . قَلَب To subvert; overthrow.

— الطَرِيق : خَرَّبه To tear up a road.

هُدِم : أصابه الدُوار To be seasick.

إِنْهَدَم . تَهَدَّم : انْهَدّ To be demolished, pulled down.

— . — : تَخَرَّب To be ruined, destroyed, dilapidated; fallen to ruins.

هَدْم : هَدّ . ضِدّ بِناء Demolition; destruction; pulling down.

— : تخريب Destroying; ruining.

هِدْم : ثَوْب بالٍ An old garment.

Δهِدْمَة : ثَوْب . رِداء A garment; an article of dress.

Δهُدُوم : ملابِس Clothes; garments.

Δدُولاب — . Wardrobe.

هُدام : دُوار البَحْر Seasickness.

هادِم Demolisher; destructor; destructive.

— اللذات Death; the demolisher of joys.

تَهْدِيم : تَخْرِيب Demolition; dilapidation; destruction.

مُهَدَّم . مُتَهَدِّم Dilapidated; in ruins; ruinous; tumbledown; ramshackle.

مَهْدُوم Demolished; destroyed; ruined.

○هَدَن : سَكَن To be, or become, quiet.

هادَن : أَوْقَف القِتال To suspend hostilities.

هُدْنَة . هُدُون : سُكون Quietness; tranquillity.

— : فَتْرة وقُوف Intermission; cessation.

— . هِدانة . مُهادَنة : مُتارَكة Armistice; truce; cessation of hostilities.

الهُدْنة الإلهِيّة Truce of God.

☆هَدْهَدَ الطِفْل : هَزَّه لِينام To rock a baby; put him to sleep by rocking.

هُدْهُد . هُداهِد : طائر ←Hoopoe; hoopoo; coffin bird.

☆هدوء (في هدأ) ☆هدوم (في هدم)

○هَدَى : أَرْشَد To guide; direct; lead.

— : ضِدّ أَضَلّ To lead to the right thing; show the right way.

— الى : دَلّ على To show; point out.

— الى الإيمان To convert; proselytize.

— . أَهْدَى لهُ او اليه To present a person with; offer him a present.

To lead a bride to her husband. — . — العَروس الى زوجها

To exchange presents. هَادَى . تَهَادَوْا : تبادلوا الهدايا

To stagger; totter; reel; sway. تَهَادَى ٢ في مشيتهِ : تمايل

To find; discover; come upon. إهتَدَى الى كذا : عرفهُ

To find the (right) way. — الى الطريق

To be regenerated. — الى الايمان او من شرٍّ

To reform; turn over a new leaf. — : اقتبل . جدَّد صحيفة حياته

To seek guidance. إستَهْدَى . تَهَدَّى : طلب الإرشاد

Guidance. هُدًى . هِدَايَة : إرشاد

Regeneration. — . — : تجديد او تجدُّد القلب

The right way. — : ضِدّ ضَلال

He is in the right. إنهُ على — .

Aimlessly; at random. على غير — .

Way; method. هِدْيَة : طريقة

Present; offering. هَدِيَّة : تقدمة

Wedding present. — الزواج

A coming home present. — المسافر : لُهْنَة

Guide; leader. هَادٍ : مُرْشِد

Presentation; offering. إهْدَاء

Finding. إهتِدَاء : الوصول الى الغرض

Regeneration — من شرّ او الى الايمان : رَعْوَى

Presented; offered. مَهْدِيّ . مُهْدًى : مقدَّم كهديَّة

Rightly guided. — . مُهتَدٍ : ضِدّ ضالّ

Regenerate. — . — : تجدَّد قلبهُ . مَولود من جديد

Convert; proselyte. — . — الى دِين او عقيدة

This, (*pl*. These. ⚬هذا . هذهِ (والجمع هؤلاء

For this reason. لهذا السبب

Herewith; with this. مع هذا

To prune (a tree, an essay, laws, etc.). ⚬هَذَبَ . هذَّبَ الشجر وغيره

To expurgate; refine. — . — : طهَّرهُ مما يعيبه

To rectify; correct — : صحَّح وقوَّم

To revise (a book, writing, etc.). — : نقَّح

To edify; instruct — : علَّم وأصلح

To educate; bring up. — الولد : علَّمه وربَّاه

To be educated, edified, refined, polished, etc. تَهَذَّبَ

Retouch; touch up. هَذْب . تَهْذِيب : إصلاح

Expurgation; refinement. — . — : تنقية . تطهير

Education; instruction. تَهْذِيب ٢ : تعليم

Culture. — : تثقيف . تربية

Rectifying; correcting. — : تقويم

Revision; act of revising. — : تنقيح

Educational. تَهْذِيبيّ : تربويّ

Well-educated; accomplished; polished; refined. مُهَذَّب . مُتَهَذِّب : مثقَّف

Polite; well-bred. — . — : مؤدَّب . مُرَبًّى

Rectified; revised. — : مُنقَّح . مصحَّح

Instructor; teacher; tutor. مُهَذِّب

To prate; prattle; tattle; babble. ⚬هَذَرَ : تكلَّم بما لا ينبغي

To joke, *or* jest, with. △هذَّر مع : هزَل

Idle talk; nonsense; balderdash هَذَر : △دردشة

A babbler; prattler; tattler. هَذِر . مِهذار

Joke; jest. △هِذار : هَزْل

To jabber; babble; prate; gabble. ⚬هَذْرَمَ : أكثر الكلام

A hillock. ⚬هُذْلُول : تلّ صغير

A streamlet; rivulet. — : مَسِيل الماء الصغير

To rave; talk irrationally. ⚬هَذَى : تكلَّم بغير معقول

Raving; nonsense; balderdash. هَذْي . هَذَيان . هُذَاء : △خطرفة

Delirium. — . — الحُمَّى : بُحْران

Delirium tremens. هَذَيان ٢ السكارى

Raving; delirious. هَاذٍ

٭هرّ (في هرر) To howl.

٭هَرَأَ . هَرَّأَ . أهرَأَ اللحْمَ : انضجه جداً To overdo; cook (meat) to rags.

ــهُ وــهُ البردُ To be frost-bitten.

ــت الريحُ : اشتدَّ بَرْدُها To be biting, (wind).

— في كلامهِ To talk nonsense.

—△هَرَى : مزّق To lacerate; mangle; tear to pieces.

—△— الثوبَ : أبْلاه To wear out a garment.

هَرِىَ . تَهَرَّأَ اللحْمُ بالطبخِ : △اهترى To be overdone.

—.— : تمزّق To be lacerated; mangled; torn to pieces.

—.— : بَلِيَ To be worn out.

هُرَاء : كلام فارغ Nonsense; fiddlesticks; balderdash; tommy rot.

مُهْتَرِئ بالطبخِ Overdone; done to rags.

— : مُمَزّق Lacerated; torn to pieces.

— : بَالٍ Worn out.

٭هراوة (في هرو) Truncheon; cudgel.

٭هَرَبَ : فرّ To flee; run away; hasten off.

— من كذا : أفلَتَ ونَجا To escape from.

— من الجُنْدِيّة To desert (military service).

— مع إمْرَأةٍ او هَرَبَتْ مع رَجُلٍ To elope.

— من المدرَسَةِ To play truant.

هَرَّبَ . أهْرَبَ : جَعَلهُ يَهْرَب To make, cause, *or* help to escape, *or* to run away

— : اضْطرّه الى الهَرَبِ To put to flight; compel to run away; force to flee.

— : ساعدَ على الهَرَبِ To rescue a prisoner.

— الأشياء المحْجُوْزَة To rescue, (prisoners, distrained goods, etc.)

— البضائع من الجُمْرُكِ To smuggle goods.

— المحْظُورات او تاجَرَ فيها To traffic.

تَهَرَّبَ To elude; evade; try to avoid, *or* escape from.

— من واجبٍ او غيره To shirk duty, danger, difficulties, etc.

هَرَبٌ . هُرُوْبٌ . هَرَبان Flight; escape; getaway, (slg.).

—.— الرجُل مع امرأة وبالعَكس Elopement.

—.— من الجُنْدِيّة Desertion.

هِرَابُ السفينةِ : قاعِدَتُها △أتْرَابِيل Keel.

هَارِب △هَرْبان Runaway; fugitive.

—△— من الجُنْدِيّة A deserter.

تَهْرِيب : اضطِرار الغيرِ الى الهَرَب Putting to flight.

— : تخليص Rescue; act of rescuing.

— الأشياء المحْجُوْزة او شخص من سجن الخ Rescue (of distrained goods, *or* prisoners, etc.).

— من الجُمْرُكِ Smuggling.

— المحْظُورات او المتَاجَرة بها Trafficking.

مَهْرَب : مَلاذ Retreat; refuge.

— : مَخْلص Escape; outlet.

مُهَرِّبُ المحْظُورات الجمركيَّة Smuggler; runner.

△هَرْبَدَ : هَرَتَ . هرأَ . هَرَدَ . مزّق To lacerate; mangle; tear to pieces.

٭هَرَجَ الناسُ : وَقَعوا فى اضطِراب To be in great commotion.

— في الحدِيثِ : خلطَ فيهِ To speak confusedly.

هَرَّجَ في الحدِيثِ : مزح واتى بالمضحِكِ To jest; use humorous language.

— بالسَبْعِ : صاحَ بهِ ليُهَيِّجه To provoke a lion by shouting at him.

هَرْج Commotion; disorder; disturbance; confusion.

— ومَرج Tumult; agitation; excitement.

مُهَرِّج : مُضَحِّك Jester; harlequin; ← buffoon; merry-andrew.

٭هَرْجَلَ : اختلَطَ مَشْيُه To shamble; walk awkwardly and unsteadily.

— : مَشَى بخَطوات مُتَباعِدَة (واسِعَة) To stride.

△— : عمِلَ بلا تدَبُّر To act carelessly, recklessly, *or* at random

△هَرْجَلَة : عَدَم انتِظام Chaos; confusion; disorder

△مُهَرْجَل : غير مُنْتَظِم In a disorderly state.

Heresy. هَرْطَقَة : بِدْعَة (تُسَبِّب الشِقاق)

هَرْطُوقِيّ : مُبْتَدِع . من أهْل البدع
A heretic.

Oats; *avena sativa*. ٭هُرْطُمَان: شُوفَان

To hurry, *or* hasten, to. ٭هَرَعَ اليه : ذَهَبَ اليه مُسْرِعاً

To hurry; hasten; go quickly. أَهْرَعَ : أَسْرَعَ

Rapid and awkward walk. هَرَع . هُرَاع

To laud; extol; praise highly. ٭هَرَفَ به : أطْرَاهُ إعْجَاباً

To praise at random. — به : مَدَحَه بلا خِبْرَة

To talk at random. يَهْرِف بما لا يَعْرِف

To shed; effuse; spill; pour out. ٭هَرَقَ . أَهْرَقَ الماء : صَبَّهُ

To shed blood, tears, etc. — الدمَ والدمْعَ

Pouring out; spilling; effusion; shedding. هَرْق . إهْرَاق

Poured out; shed; spilt; effused. مُهْرَق . مُهْرَاق

Parchment. — : رَقّ . جِلْد يُكْتَب فيه

مُهْرُقان . مُهْرَقان : سَاحِل البَحْر
Beach; coast.

٭هِرَقْل . هِرَقْل : إسْم رَجُل قَوِيّ
Hercules.

Herculean هِرَقْلِيّ : جَبَّار

Rorqual; finner whale. ٥هِرْكُول : اَضْخَم الحِيتان ٥ هَايْشَة

To become decrepit. ٭هَرِمَ : ٥ بلغ اقصى العُمْر وضَعُفَ

To mince; chop; cut into small pieces. هَرَمَ : ٥ فَرَمَ

To render decrepit. — . أَهْرَمَهُ الدَهْرُ : جعله هَرِماً

Mincing; chopping. هَرْم . تَهْرِيم : ٥ فَرْم

Decrepitude; infirmities of age; infirm old age. هَرَم : ضَعْف الشَيْخُوخَة

A pyramid. — : شَكْل هَرَمِيّ

The pyramids of Egypt. اهْرَام مِصْر

Balderdash; nonsense. ٥ هَرْدَبَشْت : سَقْط الكَلام

Trash; rubbish. — : لا قيمة له . سَقَط المَتاع

To yell, *or* howl. (هرر) هَرَّ الكَلْبُ : عَوَى

To purr. — القِطّ : قَرْقَرَ

To relax the bowels. — الدَوَاءُ بَطْنَه : أطْلَقَها

A cat. هِرّ : قِطّ

Cat's-eye. عَيْنُ الـــ : حَجَر كَرِيم

حَشِيشَة الـــ : (او القِطَّة انظر قطط)
Valerian.

A she-cat; pussy. هِرَّة : قِطَّة

حَشِيشَة الـــ : نعناع بري . فافدليح جَبَلي
Catmint; catnip.

Yell; howl. هَرِير الكَلْب

Purr. — الهِرّ : خَرِيره في نَوْمه

To crush; pound; bruise. ٭هَرَسَ : دَقَّ وسَحَقَ

To mash; bruise; crush, (potatoes, apples, grapes, etc) — : مَهَكَ . دَهَكَ

To bruise; contuse. — : كالاصْبع بالمطرقة

Crushing; mashing; pounding; bruising. هَرْس

Masher. هَرَّاسَة البطاطس وغيره

مَهْرُوس : مَمْهُوك
Mashed; bruised.

Mashed potatoes بَطاطِس —.

Mortar. مِهْرَاس : ٥ جُرْن الدَقّ

To provoke; incite; set one against another. ٭هَرَشَ بينهم : حَرَشَ

To scratch. ٥ هَرَشَ جلده : حَرَشَ . حَكَّ

Scratching. ٥ هَرْش : حَكّ

Wear and tear. ٥ — : الاسْتِهلاك بالاسْتِعْمال

Depreciation. ٥ — عدَّة : إسْتِهلاك الآلات

Quarrelling; fighting; wrangling. هِرَاش . مُهَارَشَة : خِصَام

Battered type. ٥ حَرْف مَطْبَعِي مَهْرُوش

Swab; mop. ٭هَرْشَفَة : قَطِيلَة

To become a heretic. ٥ هَرْطَقَ : ضَلَّ في الدِين

Pyramidal. — هَرَمي : بِشكل الهَرَم

Decrepit: broken down with age. — هَرِمٌ : بالغ اقصى الكبر

A crone. — امرأة هَرِمَة

△ تَهرِيمة السُور أو الدَرابزين — Coping.

○ هِرمِز : رَسُول الأرباب عِند الاغريق — Hermes.

اصابع هرمز : حافر المُهر . شقليل . نبات — Finger of Hermes; hermodactyl.

حِذاء — — Talaria.

☆ هَرمَسَ وَجْهَهُ : عَبَسَ — To frown; look stern, *or* gloomy.

○ هِرمِسِيّ : مُحكَم السدّ — Hermetic.

○ هُرمُون : رَسُول . تَور (الجمع اتوار) — Hormone.

— قِشري — Cortical hormone.

عِلم الهُرمُونات (الغدد الصمّ) — Endocrinology.

☆ هَرهَرَ : حرّكَ — To move; stir.

— عليه : تعدّى — To assail; fall upon; aggress.

△ — : وَكَفَ . سَحَّ — To leak; pass through.

(هرو) هِراوة : عصاً غليظة وقصيرة — Truncheon; cudgel; club.

هَرا : ضرب بالهراوة — To cudgel; beat with a cudgel, *or* a truncheon.

△ — : هَرأ — To lacerate; tear to pieces.

☆ هَروَلَ : اسرَعَ — To walk fast; go in haste.

— اليه — To hasten, *or* hurry, to.

هَروَلَة — A quick, *or* hasty, walk.

☆ هَرون (راجع هارون) — Aaron.

○ هِروين : مادة مخدّرة من المُرفين — Heroin.

☆ هَرَى : ضرب بالهراوة (راجع هرو) — To cudgel.

△ — : هَرأ (راجع هرأ) — To lacerate; tear; mangle.

△ إهتَرَى △ تهرّى : تَهَرّأ — To be lacerated; torn to pieces.

△ — : بَلِيَ — To be worn out.

هُرْيٌ : شُونَة . مَخزَن الغلّة — Granary; silo; storehouse for grain.

△ هَرِيَة : مُهتَرى — Lacerated; torn to pieces; ragged; tattered.

☆ هرير (في هرر) ☆ هزّ (في هزز)

☆ هزأ . هزِئ . تهزّأ . استهزأ به او منه : سَخِرَ — To deride; mock, scoff, *or* sneer, at.

— . — به : لم يبالِ به — To ignore; disregard.

هُزْء . هُزُء . استهزاء . مَهزأة — Derision; mockery; scorn; contempt.

هُزَأة : يهزأ بالناس — A sarcast; sarcastic person.

هُزْأة : يُهزأ منه — An object of derision; a laughing-stock.

هُزْئي . إستهزائي — Derisive; mocking.

باستهزاء — Derisively; mockingly; scornfully.

هازِئ . مستهزِئ — Scoffer; scorner.

☆ هَزَجَ . هَزِجَ : ترنّم في غنائه أو قراءته — To chant; intone; recite in singing voice.

هازِجة : شوالة . طائر — Warbler.

— أوروبا — Chiffchaff.

أُهزُوجة : أغنية — Popular song.

☆ هَزِرَ : ضحِكَ — To laugh.

△ هَزَّرَ : هزلَ — To joke; jest.

هَزار : عَندليب . أبو هارون (انظر هارون) — Nightingale.

△ هِزار : هَزْل — Joking; jesting; jocosity.

☆ هَزَّ . هزَّ : حرّكَ — To shake; move; stir; agitate.

— — ذَنَبَه اي ذيله — To wag the tail.

— . — رأسه — To shake the head.

— . — الرمحَ والسيفَ : لوّحَ به — To swing, *or* brandish, a lance or a sword.

هزّه من عطفه : استخفّه — To move; stir.

— يَدَه — To shake a person's hand.

— أكتافه — To shrug one's shoulders.

— الأرجوحة — To rock a cradle.

— ت الزلزلة الارضَ — To shake; rock.

To be moved, agitated, shaken, stirred. — إهْتَزَّ . يَهْتَزُّ : تَحَرَّكَ

To swing; oscillate. — — . — : تَرَجَّعَ

To shake; vibrate; quake; quiver. — — : ارْتَجَفَ . ارْتَعَشَ

To find pleasure in. — — اليهِ قَلْبُهُ

Shaking; moving; stirring; agitating. — هَزَّ . تَهْزِيز : تَحْرِيكُ

A shake. — هَزَّة : المَرَّةُ من «هَزَّ»

A trembling; trepidation. — — : رَجْفَة . رَجَّة

Earthquake; earth tremor. — — أَرْضِيَّة : زَلْزَلَة

Orgasm; emotional paroxysm. — — الجِمَاع

Rapture; transport. — — الطَّرَب او الصُرور

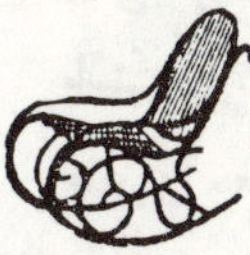

Shaking; moving; rocking. — هَزَّاز : يَهْتَزُّ

Rocking-chair. — كُرْسِي —

Pouter; cropper. — حَمَام —

Rumbling of thunder. — هَزِيزُ الرَعْدِ : دَوِيُّه

Shaking; trembling; twitching; vibration; quivering; tremor. — إهْتِزَاز

Cribble; screen; riddle. — △ميهَزَة : يُنْسَف . غِرْبَال كَبِير

Shaking; vibrating; trembling; tremulous. — مُهْتَزّ : مُرْتَجّ

Shaker (fem. Shakeress). — — : من طائفةِ المُهْتَزِّين المسيحية

Enraptured; transported with pleasure. — — طَرَبًا او فَرَحًا

To hasten; hurry. — هَزَعَ . تَهَزَّعَ : أَسْرَعَ

A watch; night-watch; division of the night. — هَزِيع من اللَيلِ

The small hours. — الـ الأَخِير من اللَيل

To emaciate; get thin, waste away. — هَزَلَ . هَزِلَ . هُزِلَ . إنْهَزَلَ

To talk lightly, or in a humorous manner. — — في كَلامِه : ضِدّ جَدّ

To emaciate; cause to waste away in flesh and become very lean. — — . هَزَّلَ . أَهْزَلَ

To joke, or jest with; hoax; make merry with. — هَازَلَ : مازَحَ

Joking; jocosity; jesting. — هَزْل . هُزْل : مَزَاح

Jokingly; jestingly. — هَزْلاً : على سَبِيل الهَزْل

Comical; humorous; laughable; funny; jocular. — هَزْلِيّ

Serio-comic. — — جَدّيّ

A comedy; a comical story. — رِوَايَة هَزْلِيَّة

Operette. — رواية هَزْلِيَّة غنائية

Caricature. — صُورة —

Joker; jester. — هَزِلٌ . هَازِلٌ . هَزّال

Marasmus; emaciation; excessive leanness. — هُزَال : ضَنَى

Emaciated; very lean. — هَزِيل . مَهْزُول

Sleight of hand; legerdemain; jugglery; prestidigitation. — هُزَيْلَى

Comedy; humorous story, play or incident. — هَزْلَة : مَسْأَلَة ٍ. رِوَاية هَزْلِيَّة

To defeat; discomfit; beat; vanquish; overthrow. — ٭هَزَمَ العَدُوَّ : غَلَبَه

To rout; put to rout. — — الجَيْشَ : كَسَرَه

To twang (as a bowstring). — — يَهْزِمُ الوَتَرُ

To be defeated, discomfited, overthrown, put to rout, etc. — هُزِمَ . انْهَزَمَ

Defeating; routing; discomfiting. — هَزْم

Twang. — هَزَمَ . يَهْزِم : صَوْت وَتَر القَوْس

Depression; pit; dint. — هَزْمَة : نُقْرَة

Thunder. — هَزِيم : رَعْد

Rumbling (roll) of thunder. — — الرَعْد

Defeat; rout; discomfiture. — هَزِيمَة . انْشِرَام

Defeatist; shirker. — نَصِير الـ : قَعَدِيّ

To shake; jolt; move; agitate. — ٭هَزْهَزَ : هَزَّ . حَرَّكَ

To be shaken, moved, etc. — تَهَزْهَزَ : اهْتَزَّ

٭هَزِيز (في هزز) ٥هَزِيع (في هزع) ٥هَزِيل (في هزل)

To smash; crush. — ٭هَسَّ : دَقَّ وكَسَّرَ

To speak in a whisper, or under one's breath. — — الكَلامَ : أَخْفَاه

Whisper; susurration; soft murmur. — هَسِيس : كَلام خَفِيّ

Δهُسْ ! : اصمتْ — Keep quiet! Hush! Silence!

○هِسْتِيرِيا : مَرَض عصبيّ نسائي — Hysteria; morbid excitement.

☆هُسْهُس : بَعُوض صغير Δ سُكَّيت — Gnats; small midges.

☆هَشَّ (هَشُوشَة) : كان هشًّا — To be crisp, brittle, *or* fragile.

— (هَشاشَة) : تَبَسَّم — To smile benignantly; put on, *or* wear, a smile.

— له وبه — To smile upon; meet courteously; welcome; receive cheerfully.

Δ— الذُبابَ والطيرَ — To drive away flies, etc.

هَشَّشَ : فرَّحَ — To cheer; make cheerful; enliven; gladden.

هَشّ . هَشاش . هَشِيش : سَرِيع الكسر — Brittle; fragile.

— : سَهْل السحق — Friable; easily crumbled, *or* reduced to powder.

— : Δمُقَرمَش (كالخبز والكعك) — Short; crisp.

— الوجه : طَلْق المحيّا — Cheerful; bright faced.

— المكْسِر — Soft; frail; weak in resolution.

— بَش — Blithe; cheerful and gay.

هَشاشَة — Cheerfulness; brightness of face.

هُشُوشَة — Brittleness; fragility; friability.

Δهَشَّكَ الطفلَ : رقَّصَه — To dandle (jig) a baby.

☆هَشَمَ . هَشَّمَ — To smash to pieces; shatter; break in pieces.

— الذرَّةَ : فكَّكها — To disintegrate the atom

تَهَشَّمَ . انْهَشَمَ — To be smashed; broken in pieces.

هَشْم . تَهْشِيم — Smashing; breaking in pieces.

هَشِيم : النباتُ اليابس — Dry plants; chaff; hay.

— : ضَعِيف — Weak; debilitated; feeble.

مُهَشَّم — Smashed; broken in pieces.

☆هَصَرَ . اِهْتَصَرَ : كَسَرَ — To break; fracture.

— الغُصْنَ : عطفه وكسره — To wrench; bend and break.

إنْهَصَرَ — To be wrenched; bent and broken.

☆هَضْبَة : ما ارتفع من الارض — Knoll; mound; isolated hill.

☆هَضَمَ الطعام — To digest food.

— . اهْتَضَمَ الرجُلَ : ظَلَمَه — To wrong; treat with injustice; injure.

— . — الرجلَ حقَّه — To wrong a person; deny him his due.

Δ— : أخْجَلَ — To abash; confuse with shame.

Δ— : احْتَمَلَ . طاقَ — To digest; brook; bear.

Δ— : أحَبَّ — To like.

إنْهَضَمَ — To be digested.

هَضْم — Digestion; the act *or* process of digesting.

سَهْل الـ . — Digestible; light (food); easily digested.

سُوء الـ : تخْمَة — Indigestion.

عُسْرُ الـ . — Dyspepsia.

عَسِرُ الـ . — Indigestible; heavy to digest.

هَضْمِيّ : مختصّ بالهضم — Digestive; alimentary.

الجهاز الـ — The digestive apparatus.

القناة الهضمية — ←The alimentary canal.

هاضِم . هَضُوم يُساعد على الهضم — Digestive; digestant.

إنْهِضام — Digestibility; state of being digested.

مَهْضُوم : يُنْهَضَم — Digestible; capable of being digested.

— . هَضِيم : هضمَتْه المعدة — Digested.

☆هَطَلَ المطر — To pour; rain, *or* fall, heavily; rain in torrents.

—تِ العينُ بالدمع — To shed tears.

هَطْل . هَطَلان المطرِ — Downpour; continuous rainfall.

هِطْل : ذِئب — ←Wolf.

هَيْطَل : ثَعْلَب — Fox.

☆هفّ (في هفف) — To pass swiftly.

☆هَفَتَ : تكلَّمَ بلا رويَّة — To talk at random, *or* haphazard.

Δ— : هَفَا . جاعَ وضَعُفَ — To be fainting, *or* exhausted, with hunger.

تَهَافَتَ على : تساقط عليه — To rush into; dash and fall into.
— الفراشُ على النارِ — To fly into the flame.
—وا على الشيء — To flutter at anything.
△ هفتان : هافٍ . جائع — Famished; hungry; faint with hunger.
هَفِيْتَة : جماعة اقتحمتهم المجاعة — Famished people.
△ هَافِت : خافت — Faint.
تَهَافُت — Rushing; dashing; fluttering.
△ — عَصَبِيّ — Nervous exhaustion.
مَهْفُوت : متحيِّر — Bewildered, perplexed, *or* stupefied.

(هفف) هَفَّ : مَرَّ بِسُرْعَةٍ — To flash; come, *or* pass swiftly.
— : أَسْرَعَ في سَيْرِهِ — To go flying with a whizz.
—ت الريحُ : هَبَّت فَسُمِعَ صَوْتُ هُبُوبها — To whizz; blow with a whistling sound
—ت الرائحةُ : فاحت — A scent wafted; given off.
△ —ت نفسُه على كذا : تاقَ اليه — To feel a desire for.
△ — الهواء : هَبَّ بِخِفَّةٍ — To whiff; whiffle; blow gently.
△ — على البالِ — To flash across one's mind.
△ — : ضَرَبَ — To hit *or* strike lightly.
△ — : مَسَّ بِخِفَّةٍ — To touch lightly.
— . اهْتَفَّ : بَرَقَ — To twinkle; gleam.
هِفٌّ : خَفِيْف — Light.
— : خَفِيْف العقل — Light-headed; whiffler; fickle; feather-brained.
هَفَّاف : بَرَّاق — Lambent; flickering; twinkling; gleaming.
— : △ مُهَفْهِف — Floating in the air.
— : رَقِيْق شَفَّاف — Gossamer-like; diaphanous
△ — : يلمس بِخِفَّةٍ (كالريح أو اللهب) — Lambent; playing, *or* touching, lightly.
رِيْحٌ هَفَّافَة : سَرِيْعَةُ المُرُورِ في هُبُوبها — Swift wind.

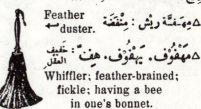

△ مِهَفَّة رِيش : مِنْفَضَة — Feather ←duster.
△ مَهْفُوف . بِهَفُوف . هِفٌّ : خفيف العقل — Whiffler; feather-brained; fickle; having a bee in one's bonnet.

☆ هَفْهَفَ . تَهَفْهَفَ : مُشِيقَ بَدَنُه — To be slim, *or* slender.
△ — : تطايرَ لِخِفَّتِهِ — To flutter; float in the air.
هَفْهَف . هَفْهَاف : بارِد — Cool; breezy.
هَفْهَاف ٢ △ مُهَفْهَف : رَقِيْق شَفَّاف — Diaphanous; gossamer-like.
— △ — : نَحِيْف القوام — Slim; slender.
△ مُهَفْهِف ٢ : هَفَّاف — Floating in the air.
☆ هَفْوَة : زَلَّة — A lapse; slip; fault; error.
هَفَا : زَلَّ — To slip; err; fall into error.
— : جاعَ △ هَفَت — To be famished.
هفت اليه نفسُه — To wish for; desire.
—ت الريشةُ في الهواءِ — To float in the air.
هَافٍ : △ هفتان . جائع — Famished; faint with hunger.
☆ هٰكَذَا — Thus; in this *or* that manner, *or* fashion; so; in such a manner.
و — دَوَالَيك — And so forth; and so on.
☆ هَكَلَ : مشى اختيالاً — To strut; prance; mince.
هَيْكَل : ضَخْم — Huge; gigantic.
— : بِناءٌ عَظِيم — An edifice; a large building.

— البِناء وغيره — Skeleton; framework.
— : مَعْبَد — Temple.
— الكَنِيسَةِ : مِحْرَاب . مَذْبَح — Altar.
الـ العَظمِي — ←Skeleton.
هَيْكَلِي — Skeletal.
☆ هَكَمَ : غَنَّى — To chant; sing.
تَهَكَّمَ البِناءُ : تَهَدَّمَ — To be dilapidated.
— الرَّجُلَ وعليه : سَخِرَ منه — To criticise sarcastically; scoff, jeer, *or* gibe at; taunt; mock.
— على : اشتدَّ غَضَبُهُ — To fly into a rage.
— على الامرِ الفائت : تندَّمَ — To regret; deplore.
تَهَكُّم : △ تَسْرِيقَة . سُخْرِيَة — Sarcasm; bitter sneer; cynicism; taunt; irony.

تَهَكُّمِيّ Sarcastic; scornfully severe; cynic.

بِتَهَكُّمٍ Sarcastically; in a sarcastic manner.

أُهْكُومَة Taunt; gibe; sarcasm.

مُتَهَكِّمٌ : مُسْتَهْزِئ A sarcast; —ic person.

مُسْتَهْكِم : مُتَكَبِّر Vaunter; boaster.

○هُكِي : جَحْفَة . لُعْبَة التجاهُف بالكُرَة ←Hockey.

☆هَلْ : حَرْفُ إِسْتِفْهام Particle of interrogation.

— هو غَنِيٌّ ؟ Is he rich ?

— أبي هُنا ؟ Is my father here ?

— انتَ هُنا ؟ Art thou here? Are you here ?

— هم يقرأون ؟ Do they read ?

— قلتُ لكَ ؟ Did I say to you ? Have I said to you ?

— كتبْتَ هذا ؟ Did you write this ? Have you written this ?

☆هَلَّ ☆ هلال (في هلل) ☆ هلامٌ (في هلم)

☆هَلِبَ : كَثُرَ شَعْرُه To be hirsute, or hairy.

— ذَنَبَ الفَرَسَ : جَزَّهُ To dock.

هُلْبٌ (والواحدة هُلْبَة) : شَعْرٌ خَشِن Bristles.

△هِلْب : مِرْساة السَّفِينَة ←Anchor.

△— : كُلاَّب ←Grapnel; hook.

هَلِبٌ . أَهْلَب : خَشِنُ الشَّعْر Bristly; hirsute; shaggy.

△مُهَلَّبِيَّة : فالُوذَج Blancmange; sweet jelly.

مَهْلُوبُ الذَّنَب : مَجْزُوزُ الذَّيْل ←Docked.

☆هَلْج : خَبَر غير يقين Unauthenticated information, or news.

— : △هَلْس . كَلام فارغ Nonsense.

هِلِيلَج . إِهْلِيلَج : نَبات وثمرة Myrobalan; myrobolan.

— . — (في الهندسة) ←Ellipse.

إِهْلِيلَجِي Elliptic; —al.

☆هَلَسَ . أَهْلَسَ المرضُ الرجلَ : هَزَلَهُ To emaciate; consume.

أَهْلَسَ ٢ : ضَحِكَ في فتور To giggle; titter; utter a half-suppressed laugh.

هُلِسَ : هُزِلَ To be emaciated; waste away in flesh; become lean.

△ — (في الكلام) : خَلَطَ To talk nonsense.

هُلِسَ : سُلَّ △انسلَّ To contract consumption.

— : ضاعَ عَقْلُه To lose one's reason.

△هَلْوَسَ : تَهَوَّسَ To become hallucinated.

هَلْس . هُلاس : مَرَضُ السُّل Consumption; phthisis.

△ — : كَلام فارغ Nonsense; poppycock.

△ — : فُجُور Debauchery.

△هَلْوَسَة : هَذَيان Delirium; raving.

△ — : تَخَيُّلات Hallucination; delusion.

△هَلْضَمَة : شَقْشَقَةُ لِسان Loquacity; palaver.

☆هَلِعَ : جَزِعَ To be impatient or restless.

— و — قلبه : فَزِعَ To be appalled or dismayed; have the heart in the mouth.

هَلَعٌ : جَزَع Impatience; restlessness.

— : فَزَع Consternation; dismay.

هَلِعٌ . هَلُوع Impatient; restless.

مُنْهَلِعُ القَلْب Dismayed; appalled.

(هلف) هِلَّوْف : عَظِيمُ اللِّحْيَة Large-bearded.

— : △ حَلُّوف ←Wild boar; wild hog.

☆هَلْقَمَ : ابْتَلَعَ To guttle; swallow greedily.

☆هَلَكَ : ماتَ او فَنِيَ To perish.

— جُوعاً To starve; perish with hunger.

— . هَلَّكَ . أَهْلَكَ : جَعَلَهُ يهلك To destroy; cause to perish.

— . — . — : قَتَلَ . اعدم To destroy; kill.

△يُهَلِّك من الضحك Killing; very laughable.

إِنْهَلَكَ . اهتَلَكَ : رمى نفسه في المهالك To imperil oneself; act desperately.

تهالك . إستهلك في الأمر — To exert oneself; do one's utmost.

— على الشيء : حرص — To covet greedily.

— على الفراش : تساقط عليه — To recline on a bed.

— في مشيه : تمايل — To swing in walking.

— في الأمر : جد فيه مستعجلاً — To act promptly.

—وا على الشيء : رموا أنفسهم في المهالك لاجله — To struggle desperately for.

إستهلك : أفنى — To consume; use up; eat, *or* drink, up; exhaust.

— الدين — To amortize a debt.

— السندات المالية — To redeem bonds.

هلاك . هُلْك . هلكة — Perdition; ruin; entire loss.

— : موت — Death; destruction.

هالك : قابل الفناء — Perishable; destructible.

— : فان — Perishing.

— : فني — Perished.

— : مقدر له الهلاك — Doomed to perdition.

— : هادم — Irredeemable; hopeless.

دين — : لا يمكن تحصيله — A bad debt.

هلكة . تهلكة : خطر — Peril; jeopardy.

أوقع في تهلكة — To imperil; jeopardize.

△ هالوك : نوع من جزر البقر — Downy cow-parsnip.

إستهلاك — Consumption; act or process of consuming by use, waste, etc.

— الدين — Amortization of a debt.

— السندات — Redemption, *or* drawing (at par) of bonds.

— الأشياء بالاستعمال — Wear and tear.

مال الـ— : △ غروقة — Sinking-fund.

مهلك : مبيد — Destructive; pernicious; ruinous.

— : مميت — Deadly; mortal; fatal

— : خطير — Perilous; dangerous.

مهلكة : موضع الهلاك — Perilous place, situation, *or* position.

△ مهاليك المرأة : حوضها — Pelvis.

مستهلك : ضد مستنتج — Consumer.

*هلل : سبح — To praise God.

— : قال « لا إله الا الله » — To say "There is no God but God!"

— له : اثنى عليه بالهتاف أو التصفيق وغيرهما — To applaud, *or* acclaim, a person.

هل . أهل : ظهر — To appear; come out.

— الشهر : بدأ — To begin (with the appearance of the new moon).

— . أنهل المطر : اشتد انصبابه — To fall heavily, (rain).

— هلالك ، شهر مبارك ، يجعل نورك في عيننا الخ — All hail! new moon; all hail to thee; I prithee, good moon, etc.

تهلل الوجه : تلألأ — To be radiant, *or* beaming with brightness.

— وجهه سروراً — To beam with vivacity and happiness.

— : ابتهج — To rejoice (openly); exult.

إستهل المتكلم : رفع صوته — To talk loudly; raise one's voice.

— الشهر : ظهر هلاله — To begin, (a month, by the appearance of the new moon).

— العمل : شرع فيه — To initiate; introduce by a first act; start.

هلال : غرة القمر — Crescent moon; the moon in her first quarter.

— : قمر أوائل الشهر — New moon.

— : قمر أواخر الشهر — Old moon.

— : شقة (اصطلاح هندسي) — Lune.

— الحصر : واحد هلالي الحصر — Parenthesis.

هلالان . هلالا الحصر ( ) — Parentheses.

كلمة او عبارة محصورة بين هلالين — Parenthetic word *or* phrase.

هلالي : قمري — Lunar.

— : بشكل الهلال — Crescent-shaped; lunate.

شهر — — Lunar month.

حواجب هلالية — Crescent-shaped eye-brows.

قرون هلالية (بشكل الهلال) — Crescent horns.

هلل : فزع وخوف — Fright; consternation.

هللويا : سبحوا الرب — Halleluiah! praise ye (jehovah) the Lord!

هَالٌ : على وشك الظهور — Forthcoming; about to appear; making appearance.

تَهَلُّلٌ : اِبْتِهاج — Rejoicing; exultation.

تَهْلِيلٌ : هُتاف السُرور — Acclamation; loud applause.

— : تَسْبِيح — Praising God.

إِسْتِهْلَالٌ : اِفْتِتاح — Beginning; introduction; commencement.

— مُوسِيقِيٌّ : مُوَشَّح — Overture; prelude; orchestral introduction.

اِسْتِهلاليٌّ — Initiatory; introductory.

مُهَلَّلٌ : بِشَكْلِ الهِلال — Crescent-shaped; lunated.

مُتَهَلِّلُ الوَجْهِ — Having a radiant, *or* cheerful, face.

— : مَسْرُور — Jubilant; exultant; cheerful.

مُسْتَهَلٌّ : أوَّل — Outset; start; beginning.

✻هَلِمَ : مُسْتَرْخٍ — Languid; listless; drooping; flagging.

هَلِيمٌ : لاصِق — Viscous; sticky; adhesive.

هُلامٌ : ∆ بَلُوظَة — Jelly, *or* gelatin, —e.

هُلاميٌّ : كالهُلام — Gelatinous; jelly-like.

— : منسُوب الى الهُلامِيّات — Molluscan; molluscous.

هُلامِيّات : حيوانات رَخْوة — Mollusca.

هَلُمَّ : تعالَ — Come! Come-on!

— : إحْضِر — Bring!

— بِنا : فلنذهب — Let us go.

و — جَرّاً — And so on; and so forth; etc

✻هَلْهَلَ النَّسِيجَ : نَسَجَهُ نَسْجاً سَخِيفاً — To weave loosely, *or* flimsily.

∆ — : مَزَّقَ — To tear to tatters; lacerate.

هَلْهَلٌ . هَلاهِلٌ : رَقِيق سَخِيف — Flimsy; gossamer; diaphanous.

∆ هَلْهُولَة : خِرْقَة — An old rag; a tatter.

∆ هَلاهِيل : خِرَق — Old rags; tatters.

مُهَلْهَلٌ : سَخِيف . رَقِيق — Flimsy; paltry; unsubstantial.

∆ — : مُمَزَّق — Tattered; in tatters.

∆ هُلَيْسِهْليٌّ : طَرُوب — Hilarious; rollicking; vivacious; merry; gay.

∆ هَلْوَسَة (في هلس) — Delirium.

٥ هِلِّيني : يوناني عتيق — Hellene, *or* Hellenic.

✻ هِلْيَوْن : ∆ كِشْكِ ألْماز — Asparagus.

✻ هُمْ : ضمير الغائبين الذكور — They.

✻ هَمّ (في همم) ✻ هُمام (في همم)

✻ هَمِجَ : جاعَ — To starve; be famished.

هَمَج . هَمَجَة : جُوع — Starvation; famine.

— . — : الرِعاع من الناسِ — Riff-raff; rabble; rag-tag and bobtail.

— . — : المُتَوَحِّشون — Savages; barbarians; uncivilized people.

— : ذُباب صَغِير — Gnats; midges; small flies.

هَمَجِيٌّ — Savage; uncivilized; barbarian.

هَمَجِيَّة : تَوَحُّش — Barbarism; savage, *or* barbarous, state.

✻ هَمَدَ الغَضَبُ والحُمَّى والألَمُ والعاصِفة — To abate; subside; calm down; quiesce.

— الصَوْتُ : سَكَتَ — To die away, (as sound)

—تِ النارُ — To die out; be extinguished.

—ت هِمَّتُهُ : قَنَطَ — To be disheartened.

—ت الهِمَة : بَرُدَت — To cool down.

هَمَّدَ . أهْمَدَ : هَدَّأ — To calm; quiet; cause to subside *or* abate.

— . — : أسْكَتَ — To still; quiet; suppress.

— . — الهِمَّةَ — To dishearten; discourage.

— . — النارَ — To put out; extinguish.

— . — الغَضَبَ — To appease; calm; soothe.

هُمُود : سُكُون — Subsidence; calm.

— : خُمُود . هُجُوع — Quiescence; lull.

— : انْطِفاء — Extinguishment.

هامِدٌ : ساكِن — Quiescent; quiet; still.

— : مُنْطَفِئ — Extinguished; extinct.

∆ تَهْمِيد : تَوْصِيم — Malaise; a feeling of bodily discomfort.

∆ مُهَمَّد : مُوَصَّم — Feeling tired, *or* run down.

٥ هَمَرَ : صَبَّ To pour out.

— اِنْهَمَرَ : اِنْصَبَّ To be poured out.

— ∆ : عَضَّ To bite

— ∆ هَمْمَرَ : زَمْجَرَ To snarl; growl.

هَمْرَة من المطر : هَتْن Downpour; heavy shower.

— ∆ همرة : دمدمة بغضب A snarl; a growl.

٭ هَمَزَ : نَخَسَ To spur; goad; urge on

— : ضربَ To hit; strike; beat.

— : عضَّ To bite.

— : اغتابَ To backbite; slander.

هَمْز Spurring; goading; pressing; urging, etc.

هَمْزَة : الحَرْفُ الأوَّل من حُروفِ المباني A *hamza*.

— القطع A disjunctive *hamza*.

— الوصل A conjunctive *hamza*; liaison.

هُمَزَة . هَمَّاز : مُغتاب . عَيَّاب A backbiter; a slanderer.

مِهْمَز . مِهْماز Spur or goad.

مِهْماز ٢ : لِسانُ العُصْفور Larkspur; delphinium.

شوكة المهماز Rowel (of a spur).

٭ هَمَسَ الصَوْتَ : أَخْفاهُ To mumble; mutter.

— اليه : وَشْوَشَهُ To whisper to.

— في أُذْنِهِ To whisper in another's ear.

— كَلامَهُ To speak under one's breath.

— الكلامَ To mumble; speak indistinctly.

— الطعامَ : مَضَغَه وفَمُه مُنْضَمّ To munch food.

تَهامَسُوا عليه To whisper together against another person.

هَمْس : وَشْوَشَة Whispering; susurration.

هَمْساً Below one's breath; in whisper.

تكلَّمَ هَمْساً To whisper; speak with bated breath.

حَرْف مَهْمُوس Non-vocal letter.

٭ هَمَشَ : عَضَّ To snap, bite or snatch, at.

هامِشُ الكِتاب او الصَحِيفة : حاشِيَة Margin.

حاشِيَة او شَرْح على الهامِش Side-note; marginal note; apostil.

هامِشِيّ : على الهامِش Marginal.

٥ هَمَكَ في الأمرِ : لَجَّ To press; urge.

اِنْهَمَكَ في الأمر : جَدَّ ولَجَّ To be absorbed, engrossed, engaged wholly, in.

— (في شهواته مثلاً) To indulge in, *or* give oneself up to. . .

اِنْهِماك Absorption; entire engrossment, *or* occupation of the mind.

بانْهِماك Absorbedly.

مُنْهَمِك في كذا : عاكِف عليه Engrossed, *or* absorbed, in.

— في (شهواته مثلاً) Given up to; addicted to.

٥ هَمَك :

سَرِيرٌ مُعَلَّق ← Hammock.

٭ هَمَلَتْ . انْهَمَلَتْ عَيْنُهُ : فاضَتْ دُمُوعها To shed abundant tears.

— . — السَماءُ : دامَ مَطَرُها To rain steadily.

هَمَلَ ٢ الشيءُ . أُهْمِلَ : تُرِكَ سُدًى To be neglected.

أَهْمَلَ To neglect.

∆ تَهامَلَ في عَمَلِهِ : قَصَّرَ To be remiss, negligent, behindhand, *or* careless.

إهْمال ∆ تَهامُل : تَوانٍ Negligence; omission of duty; lack of due care

— : تَغافُل Neglect; omission of proper attention to.

— : عَدَم مُراعاة Nonobservance.

— جِنائي Culpable negligence.

بإهْمال Negligently; carelessly.

مُهْمِل Negligent; neglectful; remiss; careless.

مُهْمَل . مَهْمُول : مَتْرُوك Neglected.

— . — : غَير مَرْعِيّ Unobserved.

— . — : مَهْجُور . غير مُسْتَعمل Obsolete; disused.

— التاريخ Undated.

— التَوقيع Unsigned; anonymous.

سَلَّة المُهْمَلات ← Waste-paper basket.

٭ هَمْلَجَ الحِصَانُ : △ تَرَهْوَنَ — To amble.

هِمْلَاج : رَهْوَان — Ambler; ambling pony.

٭ هَمَّتَ الطِفلَ لِيَنامَ : △ هَنْهَنَت — To lullaby; sing a baby to sleep.

هَمَّ ٠ أَهَمَّ الأمرُ فُلاناً : أَقْلَقَهُ — To disturb; make uneasy.

— ٠ — : أَحْزَنَ — To distress; grieve; afflict.

— ٠ — : عَنا — To interest; be of interest to; concern; be of importance to.

لا يُهِمّ — It does not matter; of no importance.

هذا لا يُهِمُّني — It is of no interest to me; it does not interest *or* concern me

هَمَّ ٢ بالعمل : نَواه وعَزَمَ عليه — To resolve; form a purpose; make a decision.

△ — بالعمل : شَرَعَ فيه — To start; begin.

△ — : قامَ فَجأةً — To start up.

ـــت السُوسَةُ الحِنْطَةَ : أكلت لُبابَها وجَوَّفتها — To be moth eaten; be infested by weevils.

إهْتَمَّ : اغتَمَّ — To be grieved *or* distressed.

— بهِ : بالَى بهِ — To mind pay attention to; take notice of.

— بأمرِهِ : اعتنى بهِ — To look after; take care of.

— بالأمرِ — To take interest in.

— بعملِهِ : كَدَّ وتَعِبَ — To take pains in.

— بِشؤونهم — To concern oneself in.

— لمرضِهِ : انشغلَ بالُه — To worry; be anxious, *or* concerned, about.

هَمّ : قَلَق — Care; worry; wearing anxiety; concern; solicitude.

— : حُزْن ٠ غَمّ — Affliction; sorrow.

— : قَصْد — Intention; resolution.

— ٠ اهْتِمام — Pains; care; trouble taken.

صَرَفَ ـــه الى — To take interest in.

مُثقَل بالهموم — Care-laden.

مُضْنًى بالهموم — Care-worn.

هِمّ (والأنثى هِمَّة) : شَيْخ هَرِم — A withered old man.

هِمَّة ٢ : عَزْم — Resolution; determination.

— : نَشاط — Energy; activity; vigour; pep.

— : غَيْرَة — Ardour; eagerness; zeal.

بَرَّدَ الـ ٠ — To dishearten; demoralise.

هَمَّام : ماضِي العَزْم — Energetic; active; vigorous.

هُمَام : شُجاع ٠ سَخِيّ — Brave; gallant; magnanimous; valorous.

— : بَطَل — Hero, (*fem.* heroine); valiant.

هامّ : عَظِيم ٠ خَطِير — Important; weighty; serious; momentous.

— : يَستوجِب الاهتِمام ٠ يُلفِت النظر — Interesting.

هامَّة (والجمع هَوامّ) — Vermin; pests; noxious little animals.

هامَة (في هوم) — Head.

أَهَمّ من : أكثر اهميَّةً — More important than.

أَهَمِّيَّة — Importance; weight; moment; account.

عديم الـ ٠ — Unimportant; immaterial; of no importance.

عَلَّقَ — على — To attach much importance to.

إهتِمام : قَلَق — Solicitude; care; worry; anxiety; concern.

— : هَمّ — Pains; care, *or* trouble, taken.

— : مُبالاة — Concern; care; heed.

— : التِفات وعِنايَة — Assiduities; constant attentions.

بلا — او مُبالاة — Nonchalantly; indifferently.

عدم او قِلَّة — ٠ — Nonchalance; indifference.

عديم او قليل الـ ٠ — Unconcerned; indifferent.

تَهْمِيم : △ هَنْهَنَة — The act of lulling a baby to sleep by singing.

تَهْمِيمَة : △ هَنْهُونَة — A lullaby; cradle-song.

مُهِمّ : خَطِير ٠ عَظِيم — Important; weighty; serious; momentous.

— : يَستوجِب الاهتِمام — Interesting.

الـ في الأمرِ : بيتُ القصيد — The core of a subject; principal part; main point.

مُهِمَّة : مأمورِيَّة ٠ رسالة — Commission; mission; errand; business.

— : أمرٌ هامّ — An important matter.

مُهِمّات : أُمور هامَّة — Important matters.

△ — : عِتاد — Equipment; requirements.

△ — : مُؤَن — Provisions; supplies; materials.

△ — البِناء (مثلاً) : موادّه — Building materials.

مهموم : قَلِيقُ البال — Anxious; solicitous; concerned; uneasy; careworn.
— : مُغتمّ — Afflicted; grieved.
مهتمّ — Interested; having the attention engaged; engrossed in.
*هَمْهَمَ : دَمْدَمَ — To grumble; growl
△هُمَيُونِيّ . هُمَايُونِيّ : مُلوكيّ — Imperial; royal.
*هَنَأَ الطعامُ او الشراب : كان هَنِيئاً — To be, *or* prove to be, wholesome to.
— . هَنَأَ بكذا : عِندَ عَزّى — To congratulate *on*
— . — : أثنى على ومَدَح — To compliment on.
— . — بالعيد — To wish *another* a merry feast; present *one's* compliments, *or* greeting, on a festival occasion.
هَنَّأَ ۲ △هَنَّى : أَسْعَدَ — To make happy.
هَنِيءَ وَ تَهَنَّأَ بهِ : فَرِحَ — To enjoy; take pleasure in; be delighted with.
هَنَاء : سُرُور — Pleasure; enjoyment; felicity; delight; happiness.
— : صَفاء وسَعادة — Bliss; felicity.
هِنَاء : قَطْرَان — Tar.
هَنِيءٌ . هَنِيّ : سَارّ — Pleasant; agreeable.
— . — : بلا مَشَقَّة — Easy; comfortable.
— . — : سائغ — Wholesome.
هَنِيئاً لك بهِ — May it give you pleasure!
— مَرِيئاً — May it prove wholesome to you; may it do you good.
تَهْنِئَة : عِندَ تَعْزِية — Congratulation; greeting.
*هُنَا *هُنَاك *هُنالك (في هنو)
*هَنَّدَ : صاح صِياحَ البُوم — To hoot.
— في الأمر : قَصَّرَ — To be remiss; fail.
— السيفَ : شَحَذَه — To sharpen a sword.
هِنْد : بلادُ الهِند — India.
— . هُنُود : سُكَّان الهِند (او اميركا) — Indians.
جزائر الــ الشرقيَّة — East Indies.
جزائر الــ الغربيَّة — West Indies.
جوز الــ : نارجيل — Cocoanuts.

هِنْدِيّ . هِنْدُوانِيّ : النسبة الى هِند آسيا — Indian.
— : اللغة الهِنْدِية (خُصُوصاً لغة شمال الهند) — Hindi.
— اميركي (أصْلِي) — Red Indian
— شعيري : اهْلِيلَج هِنْدي — Myrobalan (black).
الأرْقام الهِنْدِيَّة — Arabic, numerals, *or* figures.
مُهَنَّد : سَيْف مَصْنُوع من حَدِيد الهند — Sword made of Indian steel.
*هِنْدَبٌ . هِنْدِبَاء . هِنْدِبى — Endive; Batavian endive.
هِنْدِبا ۲ بَرِّيَّة : خَس بَرّيّ — Dandelion.
(هندز) هِنْدَاز (فارسية) : قِياس — Measure
هِنْدَازَة : مِقْياس للاقْمِشَة (في الشرقِ) — Ell.
△هَنْدَزَ : رَتَّبَ — To arrange; put in order.
△ — : راعى اللياقة في سُلوكِهِ — To behave oneself.
△ — : قلّد المهندس — To act the engineer.
مُهَنْدِز : مُهَنْدِس — Engineer.
*هَنْدَسَ — To engineer; work as an engineer; geometrise.
— الطريقَ — To engineer a road.
هَنْدَسَة عَمَلِيَّة — Engineering.
— عِلْمِيَّة (او عِلم الهَنْدَسَة) — Geometry.
— المِعْمَار او البِناء : رِيَازَة — Architecture.
— الزِراعة : رَزْدَقَة . زَرْدَقَة — Agronomy.
— تحليلية — Analytical geometry.
— السُطُوح — Plane geometry.
— فراغيَّة — Solid geometry.
— مِيكانيكيَّة — Mechanical engineering.
— وصفيَّة — Descriptive geometry.
— : قِياس وحدّ — Measure.
هَنْدَسِي — Geometrical.
شَكْل — . — Geometrical figure, *or* form.
قَلَم — . — Geometrical pen.
مُهَنْدِس عَمَلِيّ — Engineer, *or* geometer.
— رَيّ — Irrigation engineer.
— رِياضِيّ : صاحب عِلْم الهَنْدَسة — Geometrician.
— مِعْمَارِيّ : رَازّ . رَائِز — Architect.
— مِيكانيكيّ — Mechanician; mechanical engineer; mechanist.

*هِنْدُستانيّ Hindoostanee; Hindustani.

هِنْدُوِيّ . هِنْدُوكيّ Hindoo; Hindu.

*هَنْدَمَ : سَوّى To trim; put in due order; make right. neat *or* pleasing; adjust.

— : ظَرَّفَ To prink; dress up; smarten.

تَهَنْدَمَ : أَصْلَحَ هِنْدامه To smarten oneself up; get spruced up; titivate oneself up.

هِنْدام . هَنْدَمَة Trimness; neatness; orderliness.

— : حَسَن القَدّ Trim; well shaped.

مُهَنْدَم Trim; neat; in good order; fitly adjusted; well arranged.

*هَنَّفَ : أَسْرَعَ To hurry; hasten; speed.

أَهْنَفَ . تَهَانَفَ . هَانَفَ : ضَحِكَ باسْتِهْزاءٍ To chuckle; laugh scornfully, *or* contemptuously.

— . — : تَهَيَّأَ للبُكاء To be on the point of crying; be on the whimper.

— . — : Δ شَنْهَفَ To sob, *or* whimper.

هِنَاف . إِهْنَاف . مُهَانَفَة : Δ ضَحْكَة صَفْراوِيّة Sardonic, *or* bitter, laugh; wry smile.

Δ هَنْك : [تَرْدِيد] . صَدَى (في المُوسِيقَى) Echo.

Δ هَنْكَرَ To move fussily about.

هَنْكَرَة : كَثْرَة العَمَلِ والحرَكة Fuss.

*هَنَمٌ : تَمْر Dried dates.

Δ هَانِم : سَيِّدَة : خَاتُون Lady, (Turkish).

Δ هَوَانِميّ Ladylike.

Δ هَنْهَنَتْ للطِفْلِ لِينام : هَمَّمَت To lullaby; sing a baby, or lull *him*, to sleep.

هَنْهُونَة : تَهْيِيمَة . هَيْنَمَة Cradle-song; lullaby; *berceuse*.

*هِنْو : وَقْت Time.

هُنَا . هَهُنَا Here; in this place.

الى — . لِهُنا : الى هذا المكان Hither; to this place.

الى — . لِهُنا : لهذا الحدّ So far; to that extent, *or* point.

من — : مِن هذا المكانِ Hence; from here.

من — : من ذلك Hence; from this reason.

من — ومن هُنَاك Hence and thence.

هُنَاكَ . هُنَالِكَ There; yonder.

الى — . Thither; to that place.

من — . Thence; from that place.

الى آخِرِ ما هُنالك And so forth; etc.; *et cetera*.

هُنَيْهَة : وَقْت قَصِير A little while.

*هُوَ : ضَمِير الغائِب (للمذكّرِ العاقِل المفرد) He.

— : ضَمِير الغائِب (للمذكّر غير العاقِل) It.

أنا — . It is I.

هو — . It is he.

كما — . As it is.

هُوِيَّة : حَقِيقَة مطْلَقة (راجِع هوي) Identity; absolute sameness; entity.

تَذْكَرَة — : Δ بِطاقَة شَخْصِيَّة Identity card.

(هوأ) هَاءَ بِنَفْسِهِ الى المعالي To aspire to great things.

*هواء (في هوى) *هوامّ (في همم) *هوان (في هون)

*هُوتَة : أَرْض مُنْخَفِضَة Depressed land; pit.

Δ — : هُوَّة Abyss; bottomless pit.

*هَوِجَ : كَانَ طَوِيلًا في حُمْق To be tall and foolish.

هَوْجَاء : رِيح دوّامة Hurricane; furious storm; cyclone.

أَهْوَج : Δ أوهج . أَحْمَق مُتَسَرِّع Reckless; thoughtless; rash.

— : جَرِيءٌ بِطَيْش Foolhardy; foolishly bold.

○ هُوجُو (فِكْتُور) Hugo, (Victor) ←

*هَوَّدَ : مَشَى رُوَيْدًا To walk slowly and gently.

— : أَسْكَرَ To intoxicate; inebriate.

— في الكَلام : قاله بتأنٍّ ورِفْق To speak slowly; deliberately, *or* gently.

— الرَّجُلَ : صَيَّرَه يَهُودِيًّا To make Jewish.

Δ — الثَّمَنَ : خفضَه قَلِيلًا To slightly reduce the price.

هَادَ . تَهَوَّدَ الرَّجُلُ : صارَ يهودِيًّا To become a Jew; adopt the Jewish religion.

— : تَابَ وَرَجَعَ الى الحَقّ To turn a new leaf.

Stalling *or* diving. — الطيّارة

Nervous collapse (breakdown). — عصبي

Rashness; precipitancy; headlong hurry. تَهَوُّر : اندِفاع وتَسرّع

Extravagance. — : تَطَرُّف

Hasty; foolhardy; rash; impetuous. مُتَهَوِّر : مُندَفِع

Extravagant. — : مُتَطَرِّف

○ هُورَس : مَعْبُود فِرعَوْني ←Horus.

To be at one's wit's end; be in a state of utter perplexity. ﴿ هَوِسَ الرجُلُ : تَحَيَّرَ واضطرَبَ

To become hallucinated. — : كانَ بهِ هَوَس

To bewilder; confuse; confound. Δ هوَّسَ .هَوَّسَ : حَيَّرَ

To hallucinate the mind. Δ — . — : جَنَّنَ

To be infatuated; become hallucinated. تَهَوَّسَ Δ اِنهَوَسَ

Infatuation; folly. هَوَس : افتتان . خَبَل

Hallucination; raving. Δ هَلوَسَة : هَذَيان — :

Idea; thought; notion. هَوِيس : فِكر

Lock; ←canal lock. Δ — التُرَع والأنهُر : حَوز

Infatuated; hallucinated. أهوَس . مَهوَس Δ مَهوُوس

To run riot; act without restraint. ﴿ هَوَّشَ . هاشَ القومُ : هاجوا واضطرَبوا

To raise up dissension among. هَوَّشَ القومَ : ألقى بينهم الفِتنة والخِلاف

To mix up; confuse; disturb. — : خَلَطَ

To excite; stir up; commove. Δ — : أثارَ

To bluster; (play the) bully. Δ — : تهدَّدَ بالصخَب

To set a dog on a boy. Δ — الكلبَ على الصبي

To set dogs against each other. Δ — الكلابَ على بعضِها

Commotion; disturbance; tumult; riot. هَوْشَة : فِتنة

Agitation; excitement; fury. — : إضطِراب

Blustering. Δ تَهوِيش : تهديد بالصخب والادّعاء الباطل

To cause to vomit. ﴿ هَوَّعَ : قَيَّأ

To humour; indulge; comply with the humour of. هاوَدَ : سايَرَ

To conciliate. — : صالَحَ

To be indulgent with. — : وادَعَ وتَساهَلَ مع

To obey; listen to. Δ — : أطاعَ

To charge, *or* accept a moderate price. Δ — : قَبِلَ ثمناً مُعتَدِلاً

Moderate (*or* shaded) prices أسعار مُتَهاوِدة

Clemency; leniency; indulgence هَوادَة : رِفق

Quarter: mercy. — : رَحمَة

War without quarter. حَرب بلا —

Jews. هُود . يَهُود : إسرائيليّون

Acanthus; ←bear's-breech. شَوك اليهود : كَنكَر

A Jew. يَهُودِي : إسرائيلي

Jewish. — : مَنسوب الى اليَهود

A Jewess. يَهُودِيَّة : اسرائيلية

Judea. اليَهُودِيَّة : أورشليم وما يليها

Judaism. — : دِين اليَهود

Palanquin. ﴿ هودج (في هدج)

It is he! ﴿ هُوَذا : هُوَ هَذا

Behold! See! Lo! ها — : اُنظُر

To imperil; jeopardize. ﴿ هَوَّرَ : أوقَعَ في تَهلُكة

To precipitate; throw headlong. — . هارَ : صَرَعَ

To collapse; fall, *or* tumble, down. هارَ ٣ . إنهارَ . تَهَوَّرَ : إنهَدَمَ

To rush into; dash, *or* fall, headlong. تَهَوَّرَ ٣ : إندَفَعَ بلا مُبالاة

To speak in a rash manner. — في الكلام

To pass away. — الوقتُ : وَلّى

Lagoon. هُور : بُحَيرة مُقَطَّحة واسِعة

Peril; danger; jeopardy. هَوْرَة : تَهلُكة

Irregular troopers. هَوّارة . الواحِد هَوّارِي : عساكر غير مُنظَّمة

Ramshackle; tumbledown. هارٍ . هائِر : آيِل للسقوط

Rash; precipitate; imprudent. هَيِّر : مُتَهَوِّر

Collapse; a falling together, (as of the sides of a hollow thing, *or* as a result of landslip) إنهِيار : إنهِدام

هَاعَ. تَهوَّعَ: ∆ تَبوَّعَ. تَكلَّفَ القيء — To retch; make an effort to vomit.

—. —: تَقيَّأَ — To vomit.

٥هَوَّلَ الأَمْرَ: شَنَّعَه — To state in a shocking way.

— الأَمْرَ: بالَغَ فيه — To overstate; stretch a point; exaggerate.

— : أفزَعَ — To dismay; frighten; alarm.

— عليه بكذا: تهدَّده به — To threaten, *or* menace, with.

هَالَ الأَمرُ فلاناً: أفزعَه — To terrify; alarm; horrify; strike with horror.

ـهُ الأَمرُ: عَظُمَ عليه — To deem distressing.

هَوْل — Terror; alarm; fright; dread.

أبو الـ — The Sphinx.

هَوْلَة: شيءٌ مُفزِع — Monster; a fright; grotesque, *or* frightful, figure; Mumbo Jumbo.

هَالٌ: سَراب — Mirage.

حَبُّ الـ — Cardamom (cardamon) seed.

هَالَة: دارة القمر — Lunar halo; halo of the moon.

— (حَوْلَ رأس قِدِّيس) — Halo; glory; nimbus.

— ذَهَبِيَّة — Aureola; aureole.

قَمَر هَالِيٌّ (اي كاذِب) — Paraselene; mock moon.

هائِل. مَهُوْل — Formidable; tremendous; frightful; terrific; terrible; dreadful; awful; great.

— الحَجْم — Huge; enormous; stupendous; prodigious; gigantic; colossal.

تَهْوِيل: إرهاب — Intimidation; frightening.

— : مُغالاة — Exaggeration.

تَهاوِيل: الوان مختلفة — Variegations.

٥هُولَنْدة: البلاد الواطئة — Holland; Netherland.

هُولَنْدِي — Dutch; Netherlandish.

٥هَوَّمَ. تَهوَّمَ: نام قليلاً — To doze; sleep lightly; be drowsy.

—. —: هزَّ رأسه من النعاس — To nod from drowsiness.

هَامَة: رأس — Head; top; capital.

— الرأس — Crown (top) of head.

هَامَّة (في همٍّ) — A vermin.

٥هُومِيرُس: شاعر الاغريق صاحب الالياذة — Homer.

٥هَوَّنَ: سَهَّلَ — To facilitate; make easy; free from difficulty.

هَوِّنْ عليك — Take it easy; do not trouble.

هَانَ الأمرُ عليه: سَهُلَ — To be, *or* become, easy for him.

∆ — عليه ان: طاوعه قلبه — To find it in one's heart to....

— الرجلُ: ذَلَّ وحَقُرَ — To be despicable, contemptible.

أهَانَ: استخفَّ به — To despise; disdain; slight; treat with contempt.

— : حقَّرَ بالشتم او غيره — To insult; abuse.

تَهاوَنَ. استهانَ بالأمر: استسهله — To consider easy.

—. — به: استحقره واستخفَّ به — To despise; think little of; set little store by; sneeze at.

— بعمله: لم يعتنِ به — To neglect; be remiss, negligent, *or* slack.

لا يُستهان به — Not to be despised; not to be sneezed at.

هُوْن. هَوَان: ذُلّ وخِزْي — Disgrace; shame.

—. —: احتقار — Contempt; disdain; scorn.

— : سُهولة — Ease; easiness; facility.

على هَوْن — Slowly; gently.

هَاوُوْن ∆هُوْن: صَلَّايَة — Mortar.

هُوْنْ. هُونِي: هُنا — Here.

يَدُ الـ: فِهْر — Pestle; pounder.

مدفع الـ — Mortar (gun).

هُوَيْنا: تُؤدة ورِفْق — Mildness; gentleness.

هَيْن. هَيِّن: سَهْل — Easy; facile; light.

هِينَة: سُهُولة — Ease: facility.

إهَانَة — Insult; affront; contempt; an act, *or* expression, denoting contempt.

أَهْوَن: اسْهَل — Easier.

— : هَيِّن — Easy; facile.

— الكلّ. الأَهْوَن — The easiest.

— الشَّرَّين — The lesser of two evils.

تَهاوُن. إِسْتِهانة: اسْتِخفاف — Slighting; making light of.

— : إهمال — Negligence; carelessness.

مُهان — Insulted; disdained; despised.

مَهانة: خِزْي — Contempt; shame; disgrace.

— : ذُلّ — Humiliation.

مُهِين — Insulting; humiliating.

مُتَهاوِن — Remiss; negligent; slack; careless.

*هُوَّة: وهْدة عميقة — Abyss; chasm; hiatus; gap; bottomless pit.

*هَوَى: هَبَطَ. سَقَطَ — To fall; drop; sink.

— الطائرُ: انقضّ — To swoop down; pounce.

— : مات — To drop off; die.

ـــت الريحُ: هَبَّت — To blow (*past t.* Blew), (wind).

هَوِيَ: أَحَبَّ — To love; be taken with; be fond of; fall in love with.

— : أراد. أحبّ — To like; choose; be pleased with.

— : اشتهى — To desire; wish for.

هَوَّى الغرفةَ: جَدَّدَ هواءها — To ventilate.

△— بمروحة: روَّح — To fan.

△— الشيءَ: عَرَّضَه للهواء — To air; expose to air.

△— : شبَّع او مزج بالهواء — To aërate; aerify.

هاوَى: لاطَفَ. سايَرَ — To humour a person.

أَهْوَى. إِنْهَوَى: سَقَطَ — To fall down; drop.

— بيدِهِ: مدَّها — To extend, *or* stretch out, the hand.

— بيدهِ على — To strike (*past t.* struck); hit.

إِسْتَهْوَى: اغرى. استمال — To lure; allure; entice; cajole.

— : ذهب بعقلهِ او حيَّرهُ — To fascinate; charm.

— : جعلَهُ في حالة ذهول — To entrance; mesmerize.

△— : أصابَهُ الزكام — To catch, *or* take, cold.

هَوَاء: المادَّة المالِئة للفضاء — Air.

— : جَوّ. لُوح — Atmosphere.

— : رِيح — Wind.

— : مُناخ — Climate.

— : جَبان — Coward.

△الـ الأصفر: وباء. △شَوْطة — Cholera.

الـ الجوّي — The atmospheric air.

الـ الطَّلْق — The open air.

الـ المضغوط — Compressed air.

تَجْديد الـ — Ventilation.

بُنْدُقِيَّة — . — Air gun; popgun.

عِلم الـ او طبقات الـ — Aerology.

عِلم سُلُك الـ — Air-navigation; aeronautics; aerostatics.

مِنفاخ — . — Air pump.

هَوائي: مختصّ بالهواء — Aërial.

— : كالهواء او الغاز — Aeriform.

— : يشتغل بقوّة الهواء او فيه هواء — Pneumatic.

— : غازي — Gaseous; pneumatic.

— : △آرْيَة. السِّلك او الشبكة اللاقِطة للصوت اللاسلكي — Aerial.

— إطاري — Frame aerial.

— خالٍ — Unloaded aerial.

— مِظَلّي — Umbrella aerial.

△— : مُتقلِّب الأطوار والأهواء — Capricious; freakish; whimsical.

حِساب — : حِساب ذِهْني — Mental arithmetic.

تَنَفُّس — — Aerobic respiration.

حيوان — — Aerobic animal.

مكروب — : (يعيش بالهواء) — Aerobe; aerobian microbe.

△مَطَبّ — . فجوة هوائية — Air-pocket.

سفينة هوائية — Airship.

مَرْكَبة هوائية — Aeroplane; airliner.

مَضخّة هوائية — Windmill.

سِلك الهوائي — Aerial wire.

مِيناء هوائي — Airport.

هَوًى: حُبّ — Love; affection.

— : مَيْل — Liking; inclination; pleasure.

— : مزاج ∆ كَيْف — Fancy; whim; caprice.

بِنْتُ الهوى — A woman of pleasure; girl of the town.

في الـ. — In love.

في الـ سوى — In the same box.

على هَواه : كما يريد — As he likes: at his sweet will; at his pleasure.

على هواه : كما يُريدُ ان يكون — After his own heart.

هَوِيٌّ : دَوِيٌّ في الاذن — Buzzing in the ears; *tinitus aurium.*

هَوِي : مُتَقلِّب الأطْوارِ — Capricious; whimsical.

هَوِيَّة : بِئْر عَميقة — A deep well, *or* pit.

∆ — : غويّة ∆ غيّة — Hobby.

هُوِيَّة (في هُو) — Entity; identity.

هاوٍ : ساقِط . هابط — Falling down; dropping.

— : مُحِبّ — Lover, *or* loving.

— : ذو الهواء — Airy; open.

— . هُوِيٌّ : ∆ غاوٍ — Amateur; nonprofessional.

هاوِيَة . أهْوِيَة : جَوّ — Atmosphere.

— . — : وهدة عميقة — Abyss.

الـ : جَهَنَّم — Hades; hell; the bottomless pit.

أهْوَى اليَّ من — More desirable to me than.

∆ تَهْوِيَة : تجديد الهواء — Ventilation.

∆ — : تشبيع بالهواء او بالغاز — Aerification.

مَهْوًى . مَهْواة : جَوّ — Sky *or* atmosphere.

مِهْوَاة : نافذة أو أداة لتجديد الهواء — Ventilator.

*هويس (في هوس) *هوية (في هو وفي هوي)

*هِيَ : ضمير الغائبة (للعاقل) — She.

— : ضمير الغائبة (لغير عاقل) — It.

*هَيٌّ *هيّا (في هي)

*هَيَّأَ : أعَدَّ — To prepare; make ready.

— : رَتَّبَ — To arrange; put in order.

ـه لكذا : جعله ميَّالاً له — To dispose to.

∆ — : جعل له رونقاً — To set off; embellish.

هاءَ . هَيُوءَ : صار حَسَن الهَيْئَة — To become presentable, *or* of imposing appearance.

— الى : اشتاق — To long for.

تَهَيَّأَ لكذا : استعدَّ له — To be prepared for.

— له الأمرُ : امكنه — To be possible to.

∆ — له : تصوَّر — To imagine; fancy.

∆ — : تهندم — To smarten oneself up.

∆ كما يتهيّأ لهم — As the whim may take them.

هَيْئَة . هَيْأَة : شَكْل — Form; shape.

— . — : كيفيّة — Manner; way; fashion.

— . — : صُورَة — Aspect; look; mien; bearing.

— . — : جماعة منظّمة — Organisation; corps.

— الأمم المتحدة — United Nations Organisation; U.N.O.

— المحكمة — The court.

∆ — . هَيِّيءٌ : حسن الهيئة — Dignified; portly; of stately mien.

الـ الاجتماعية — Human society.

الـ الحاكمة — The authorities.

الـ السياسيّة — Diplomatic corps.

عِلْم الـ (الفلك) — Astronomy; cosmography.

تَهْيِئَة . تَهْيِيء : إعْداد — Preparation; disposition.

مُهَيَّأ : مُعَدّ — Prepared; made ready.

∆ مهيّئات : بضائع كبيرة الحجم خفيفة الوزن — Bulky goods.

مُهَيِّيء : مُعِدّ — Preparing; making ready.

*هَيَّبَه اليه : جعله مَهيباً عنده — To cause a person to be feared.

∆ هَيَّبَ ² عليه . تهييبه : تَهَدَّدَه — To threaten.

هابَ . اهْتابَ . تَهَيَّبَ ² الرجلَ او الشيءَ : خافه — To fear; be afraid of; apprehend; dread; stand in awe of.

— . — . — : وقّر واحترم — To fear; have a reverential awe of; venerate.

هَيَّبَ ³ : أخافَ . أفْزَعَ — To inspire with awe; frighten.

أهابَ بِه : صاح — To yell; shout at.

— بصاحبه : دعاه — To appeal to; call upon.

هَيْبَ ³ : عَتَلَة — Crow-bar.

Fear; apprehension; dread. — هَيْبَة . مَهَابَة : خَوف

Awe; reverential fear; profound reverence. — ـ . ـــ : خُشُوع

Respect; esteem. — ـ . ـــ : إحْتِرام . اعْتِبار

Dignity; gravity. — ـ . ـــ : وَقار

Prestige. — ـ . ـــ : كَرَامَة

Timid; retiring; diffident; shrinking; shy; timorous. — هَيُوب . هَيَّاب . هائِب : يخاف الناس

Awful; inspiring awe; fearful; to be feared. — ـــ . مَهُوب . مَهِيب : يَخافُهُ الناس

Solemn; grave; imposing; impressive; dignified. — مَهُوب ٢ . مَهِيب ٢ : وَقُور

Venerable. — ـ . ـــ : مُحْتَرَم

To yell; shout at. — ٥هَيَّتَ بِهِ : صَاحَ بِهِ

Give me; bring here. — هَاتِ : اعْطِنِي

To stir up; excite; provoke; irritate. — ٥هَيَّجَ . هاجَ : أثارَ

To rouse; move; agitate. — ـ . ـــ : حَرَّكَ

To disturb; trouble. — ـ . ـــ : ازعَجَ

To stir the blood. — ـ . ـــ الدَمَ : ∆فَوَّرَهُ

To excite appetite. — ـ . ـــ الشَّهوَةَ : حرَّكها

To irritate; inflame. — ـ . ـــ العَيْنَ : ألهبَها

To excite anger. — ـ . ـــ الغضبَ : أثارَهُ

To be excited, stirred up, agitated. — هَاجَ . تَهَيَّجَ . اهْتَاجَ

To flare up; fly into a passion. — ـــ هائجُهُ : ثارَ ثائرُهُ

To be high, or agitated. — ـــ البحرُ وغيرُهُ

Battle; combat. — هَيْج . هَيْجَا . هَيْجَاء : قِتال . حَرْب

Excitement; agitation; turmoil. — هِيَاج . هَيَجَان : تحرك واضطراب

Outbreak; eruption. — هِيَاج ٢ . هَيَجَان ٢ : ثَوَرَان

Disturbance; unrest. — ـ . ـــ : اضْطِرَاب . شَغْب

Fury; rage; irritation. — ـ . ـــ : غَضَب

Excited; agitated; troubled; disturbed. — هائِج ٢ : مُضْطَرِب

Troubled; agitated; high. — ـــ : مُضْطَرِب (كالبحر)

Furious; raging; violent. — ـــ : غاضِب

Rage; fury. — ـــ : غَضَب

Excitement; agitation; fury. — تَهَيُّج

Excitation; the act of exciting *or* rousing up. — تَهْيِيج : إثارة

Irritation; inflammation. — ـــ : إلهاب

Inductance. — ـــ (في الكَهرَبا)

Starter; propeller. — مَهاج الاتُمبيل : دافِع . داسِر

Exciting; stirring; rousing. — مُهَيِّج : مُثِير

One who excites, raises, *or* instigates trouble; a firebrand. — ـــ : مُثِير الاضطِراب

Inflaming; irritating; irritant. — ـــ : مُلْهِب

Excited; irritated; agitated; infuriated; etc. — مُتَهَيِّج : هائج

Hydrogen. — ٥هَيْدرُوجِين : ٥ هِدرُوجِين

Hydrology. — ٥ هَيْدرولوجيا : عِلم خَصائص المِياه ونَوامِيسها

To hurl; precipitate; throw headlong. — ٥هَيَّرَ : اوقَعَ

To hurry; dispatch. — ∆ ـــ : عجَّل

Hieroglyphic. — ٥هِيروغليفي : بَرباوي ←

Hieroglyphs; hieroglyphics. — الكتابة الهيروغليفيّة : الخطّ البَرباوي

The hieroglyphic language. — اللغة الهيروغليفية : اللغة البَرباويّة

Excitement; commotion. — ٥هَيْشَة (راجع هوشة) : اضطراب

Jungle; thicket. — ∆هِيش : غابة مُتلبِّدة . دِيسَة

To be excited. — هاشَ القَوْمُ : هاجُوا

∆هايْشَة : هَرْكُول . الحُوتُ الأعظم (اكبر الحيتان) ←Rorqual.

To revel; have a gay time; make whoopee. — ∆هَيَّصَ ∆هاصَ : مَرِحَ وطَرِبَ

To make a tumult, *or* a great noise. — ـ . ـــ هاطَ : ضجَّ وأجلَبَ

Tumult; noisy confusion; hurlyburly; fuss; commotion. — ∆هَيْصَة : هَيْط : ضجيج وجلبة

Diarrhœa; excessive looseness of bowels. — ٥هَيْضَة : انْطِلاقُ البَطْن . إسْهال

A relapse. — ـــ : عَودَةُ المرَض . نُكْسَة

Cholera. — ∆ ـــ آسيويَّة : هَواء أصفَر ٥ كوليرا

Choleraic; diarrhoeal. — هَيْضِي

To cause a relapse. هَاضَ المرِيضَ : نكَّس

To break; fracture. —— : كَسَرَ

To pulverise; crush; grind. —— : كَسَرَ وفَتَّتَ

To fracture a healed bone. —— العظْمَ : كَسَرَهُ بعدَ الجُبُورِ

Broken. مَهِيض : مَكْسُور

Helpless; disabled; powerless; wingless. —— الجَنَاحِ

A yell; shriek. ✻هَيْعَة : زَعْقَة . صَيْحَة

To be slim, or slender. ✻هَيِفَ . هَافَ : كَانَ نَحِيلاً

To fail; miscarry. ∆هافَ ٢ : لم ينجح . خاب

To run away; flee; escape. —— : هَرَبَ

To be very thirsty. —— : عَطِشَ جِداً

To cause to lose an occasion or opportunity. ∆هَيَّفَ : أضاعَ منهُ فُرْصَةً

Parching wind. هَيْف : رِيحٌ حارَّةٌ تيبِّس النبات وتعطِّش الحيوان

Parched; very thirsty. هَائِف . هَيْفَان : شَدِيدُ العطش

Unsuccessful. ∆ —— ∆ —— : خائِب

Meagre; jujune; paltry. ∆ —— : سَخِيف

Slim; slender. أَهْيَف : ضامِر البطْنِ رقيق الخصْر

Temple or skeleton. ✻هيكل (في هكل)

To pour down (as dust or sand) upon. ✻هَيَّلَ . وهَالَ عليهِ التُّرابَ

To fall in a heap. إِنْهَالَ التُّرابُ

To assail a person with blows, insults, etc. انهالوا عليهِ بالضَّرْبِ او الشَّتْمِ

Heaped sand. هَيْل . هَيْلَان : ما انْهالَ من الرَّمْل او غيره

Cardamom. —— . هال ع : حَبُّ الهالِ ∆حَبَّهان

Heaps of money; great wealth. الـ والهَيْلَمَان : المالُ الكَثير

Halo. هالَة : دارَةُ القمر (في هول)

Primordial matter. هَيُولَى . هَيُّولى : المادة الأُوْلَى

Material: pertaining to matter, (as opposed to the form of a thing.) هَيُولِي . هَيُولانِي

Yoho; yo-heave-ho; (interjection used by sailors, etc. in heaving together.) ∆هَيْلَا لَيْصَّا

∆هِلِيكُبْتَر : (طائرة) حَوَّامَة او عَمودية ←Helicopter.

To bewilder; lead astray; confuse greatly. ✻هَيَّمَ : تَيَّهَ وحَيَّرَ

To infatuate; captivate. —ـه الحُبُّ : جَعَلَه ذا هُيَام

To fall in love with; be enamoured (*with* a person, or *of* a thing). هَامَ بِهِ : أَحَبَّهُ

To wander about; rove; roam. —— على وَجْهِهِ

To feel thirsty or parched. —— : عَطِشَ

To be fascinated, infatuated, captivated. أُسْتُهِيمَ : ذَهَبَ فؤادُهُ وخُلِبَ عَقْلُهُ

To be enamoured with. —— في الحُبِّ

Parchedness; unquenchable, or insatiable, thirst. هُيَام : عَطَش شديد

Inordinate, or exeessive, love ; eager desire. —— : عِشْق شديد

Bewildered; distraeted; greatly perplexed. هَائِم . هَيُوم : مُتَحَيِّر

Over head and ears in love. —— . هَيْمَان : شَدِيدُ الحُبِّ

Wandering about; roving. —— على وجْهِهِ

Lost in love; lovesick; besotted with love. —— . مُسْتَهَام

To say " Amen ! " So be it. ✻هَيْمَنَ : قال « آمين ! »

To supervise; watch over; superintend. —— على كذا : صار رقيباً عليهِ وحافظاً

Hegemony; leadership. هَيْمَنَة : زَعامة

Supervision; superintendence. —— : سَيْطَرة

Superintendent; controller; overseer. مُهَيْمِن

Easy. ✻هين (في هون)

Far from; also, I wish it would. ✻هَيْهَاتَ

Matter without form. ✻هيولى (في هيل)

Quick ! make haste ! (هي) هَيٍّ . هَيَّا هَيَّا : اسْرِعْ

Mushroom; parvenue; upstart. هَيّ بْن بَيّ

(و)

٭وَ . . . . (حرْف عطْف) And; also.

وَ . . . (الحاليّة) While; when; during the time that.

ذهبَ ونحنُ نيام He went *while* we were asleep.

وَ . . . (القسَم) By.

والله *By* God!

وَ . . . (المعيّة) With.

مالي وايّاكُم What have I to do *with* you?

٭وا : حرف نِداء مختصّ بالنُدبةِ Alas! Ah!

٭وأَدَ بنتَهُ : دفنها حيّة To bury one's daughter alive.

وَأْدُ البنات . . . The pre-islamic custom of burying daughters alive.

— : صَوْتٌ كصوت الحائط اذا وَقع Thud.

إتَّأَدَ . تَوَأَّدَ في الامرِ : تَمَهَّلَ To act slowly, deliberately, *or* gently.

تُؤَدَة : تأنٍّ Deliberateness; slowness.

على — : وَئِيداً Slowly; gently.

وَئِيد . وَئِيدَة . مَوْؤُودَة Buried alive, (a daughter).

٭وأَرَ : △وَهَرَ . فزّعَ To frighten; alarm; terrify; appall.

٭وَاءَمَ : وافقَ To agree with; suit; tally; conform exactly with.

وِئام . مُوَاءَمَة Agreement; concord; harmony; unison.

٭وابُور (في وبر) ٭واجِب (في وجب) ٭واحد (في وحد وأحد)

٭△واح . واحَة : أرض خَصِيبة في صحراء قاحِلة Oasis.

واحات (جمع واحة) Oases.

٭وادٍ (في ودي) ٭وارب (في ورب) ٭وارش (في ورش)

٭وارى (في وري) ٭وازى (في وزي) ٭واسطة (في وسط)

٭واسِع (في وسع) ٭واسَى (في اسو) ٭واشٍ (في وشى)

٭واط . وَطِيّة (انظر وط) Watt.

٭واطئ (في وطأ) ٭واظَبَ (في وظب) ٭وافٍ (في وفى)

٭وافر (في وفر) ٭وافق (في وفق) ٭واقٍ (في وقى)

٭واقٌ (في ويق) ٭والٍ (في ولى) ٭والى (في ولى)

٭واهٍ (في وهي) Slight.

٭وَاوِيٌّ : ابن آوى ←Jackal.

٭وَبَأَ . أَوْبَأَ إليه : أومأ To beckon to.

وَبِئَ . وَبُؤَ . وُبِئَ . أَوْبَأَ المكانُ To be infested with pestilence.

وَبَأ . وَبَاء : مَرَض عامّ Pestilence; infectious epidemic disease.

— . — : ٭ كوليرا Cholera.

— . — مُستوطِن An endemic.

— . — وافِد An epidemic.

وَبائيّ : مُنتشِر . عامّ Epidemic; —al.

— : كالوباء او مختصّ به او مُسبِّب له Pestilential.

أبخرة —ة Pestilential vapours.

عِلْم الأوبئة Epidemiology.

وَبِئٌ . وَبِيءٌ . مَوْبُوءٌ Infested with pestilence.

٭وَبَّخَ : لام وعيَّر To reprimand; rebuke; reprove; reprehend; censure.

تَوْبِيخ Reprimand; rebuke; censure; reprehension.

المحكمة حكمت عليه بالـ . The court ordered him to be censured.

٭وَبِرَ . أوْبَرَ : كان كثير الوبر To be hairy; have abundant hair.

وَبْر : أرنب رُومي Cony, *or* coney.

وَبَر : صوف الجمل والارنب ونحوهما Hair.

— : زَغَب Piles; soft hair; down; fluff.

△ — △وَبَرَة : زِئْبِر Nap; downy surface of cloth.

اهل الـ : اهل البدو The Nomads.

وَبِر . أوْبَر : له شَعَر Hairy; hirsute.

— . — : له زغب Downy; fluffy.

△مُوَبَّر △له وبَرة : مزأبر Nappy.

٭وابُور : كل آلة بخاريّة او كهربيّة Engine; machine.

— بُخاريّ Steam engine.

— : قاطِرة ←Railway, *or* locomotive, engine.

— الحريقة او المطافي Fire-engine.

— الحَلِيج : Cotton-gin.

— الزَلْطِ : هَرَّاس ← Steam roller.

— الرَيّ : Irrigation machine.

— المِيَاه (لتَقْدِيم مِيَاه المُدُن) Water works.

— الطحِين : Mill; flour mill.

— بَحْر : باخِرَة (انظر بحر) Steamer; steamship.

— وَرْدِيَّة (اصْطِلاح سِكَّة الحديد المِصْرِيَّة) Bumping engine.

— سبيرتُو (انظُر سبيرتو) Spirit lamp.

— بريمُوس ← Primos stove.

٭ وَبَش : واحِدُ الأوْباش Ruffian; a lowly *or* worthless person.

— الكَلام : رَدِيئُه Rubbish; nonsense.

أُبَاشَة . أَوْبَاش : رَعَاع النَاس The rabble; riff-raff; rag-tag and bobtail.

٭ وَبِقَ : هَلَكَ To perish; be destroyed.

أَوْبَقَ : اهلَكَ To destroy; ruin; bring to ruin, *or* destruction.

— : اذَلّ To humiliate; mortify.

مُوبِق : مَوضِع الهَلاك A place of destruction.

مُوبِقَة : مَعْصِيَة An offence; a violation of propriety.

— : فاحِشَة An atrocity; abomination.

يَرْكَب المُوبِقات (المَهالِك) To brave danger.

يفْعَلُ المُوبِقات (المَعاصِي) To violate the laws of morality.

٭ وَبُلَ المَكانُ : وَخُمَ To be unhealthy.

— : اشتَدّ To be heavy.

وَبلَتِ السَماء : أمطرت بِشِدَّة To rain heavily.

وَبْل . وَابِل : مَطَر شَدِيد A downpour; heavy shower of rain.

وَابِل ٢ من الرصاص A heavy shower, *or* a hail, of bullets.

وابِلَة : طَرَفُ عَظْمِ الفَخِذِ او العَضُدِ ← Condyle.

وَبَال : وَخامَة Unhealthiness.

— : أذًى Harm; evil; mischief; injury.

— : سُوءُ العاقِبَة Bad consequences; evil results.

وَبِيل : سَيِّئ العاقِبَة Of evil result; of bad consequence.

— : وَخِيم Unhealthy; insalubrious; noxious.

— : مُؤذٍ Hurtful; pernicious; injurious.

وبِيلَة : حُزْمَة حَطَب ← Fagot; faggot; fadge.

٭ وَبَهَ . أَوْبَهَ لَهُ أو بِهِ (راجع أبه) To take notice of; pay attention to; heed.

لا يُؤْبَه بِهِ أو لَهُ Insignificant; of no importance, *or* account.

٭ وَتَدَ . وَتَّدَ : ثَبَّتَ To fix; make firm; secure.

— . — في بَيْتِهِ : أقام To stay at home.

— . — . أَوْتَدَ الوَتَدَ : ثَبَّتَهُ To drive and fix a peg.

وَتِد ∆ خابُور ← Peg; pin; stake; wedge.

— مَقْرُون (في عِلم العَرُوض) Conjoined peg.

— مَفْرُوق (في عِلم العَرُوض) Disjointed peg.

— . وَتِيدَة الأُذُن : صُرْصُورُها Tragus.

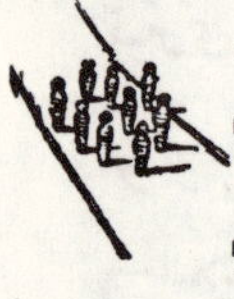

لُعْبَة التِسْعَة الأوتاد ← Nine pins.

٭ وَتَرَ . أَوْتَرَ القَوسَ : جَعَلَ لها وَتَراً To string a bow.

— فلاناً : أصابَه بظُلْم To wrong.

أَوْتَرَ . وَتَّرَ ٢ الحَبْلَ : شَدَّهُ To tauten; draw tight (a cord, a rope, etc.).

واتَرَ العَمَل To do successively; do at successive intervals.

تَوَتَّرَ الحَبْلُ : اشتَدَّ وصَلُبَ To be strained; stretched tightly.

— العَصَبُ To be rigid, *or* tense.

— ت العَلائِق To be strained (as relations).

تَواتَرَ : تَتابَعَ To come in succession.

وَتْر : فَرْد Odd; not divisible by 2 without a remainder.

وَتْرِي : خِلاف شَفْعِيّ (في الحِساب) Aliquant.

عدد — An odd number.

وَتَر : حَبْل (أو خَيْط) String; cord; wire.

— : خَيْط أو سِلْك للآلة المُوسِيقِيَّة Catgut.

— الآلة المُوسِيقِيَّة (او صَوْتُه) String; chord.

— العَضَلَة Tendon; sinew.

— قَوْس الرِمايَة Bowstring.

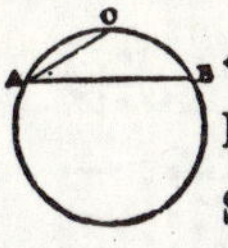

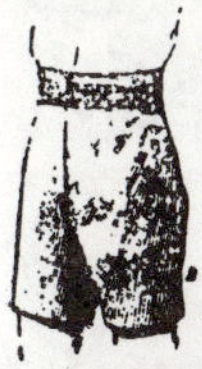

Chord. — القوس (في الهندسة)

Hypotenuse. — الزاوية القائمة

Stringed. وَتَرِيّ

String band. فِرْقَة مُوسِيقَى وَتَرِيَّة

Gristle of the ear. وَتَرَة : غُضْرُوفُ الأُذُن

Web of the fingers. — : الجِلْدَة بين الأصابِع

Frenum. — : عَصَبَة تحت اللسان

Columna. — وَتِيرَة الأنف : الفاصِل بين المَنخرين

Web-footed. من ذوات الـ— : مُكَفَّف الأرجُل

Manner; way; method. وَتِيرَة ٢ : طَرِيقة

Decade; group of ten. — : عِقْد العَشَرة

Uniformly; in a uniform manner; without variation. على — واحدة

Tort. تِرَة : شِبْه جُنْحَة (في القانون الجنائي)

One after another; in succession. تَتْرَى (أصلها وَتْرَى)

Tension; the state of being strained or stretched to stiffness. تَوَتُّر

Tension, or rigidity, of relations. — العلائق

Succession. تَوَاتُر

In succession. على الـ—

Strained; rigid; tense; highly strung. مُتَوَتِّر : ضِدّ مُرتخٍ

Taut; drawn tight. — : مَشدود (كالحبل)

Successive; following in succession. مُتَوَاتِر

To bruise; contuse. °وَثَأَ . أَوْثَأَ اليدَ : صدعها دون أن يكسرها

To sprain; wrench; strain. — يَدَهُ : △ قَصَعها

To dislocate; put out of joint. — يَدَه : △ مَلَخها . فَسَخها

To be contused, or bruised. وُثِئَ اللحمُ : أصابه صَدْع

A bruise; a contusion. وَثْءٌ . وَثَاءَة : صَدْع

A sprain. — . △ قَصْع . فَكْش

To jump; leap; spring. *وَثَبَ : قَفَزَ (انظر قفز)

To jump down. — من مَكان مُرتفع

To jump over a fence. — فوق الحاجِز

To jump, or pounce, upon. — عليه : انقضّ

To jump; cause to jump. وَثَّبَ . أَوْثَبَ : جعله يَثِب

To (squat) settle on another's property without legal title. تَوَثَّبَ عليه في أرضه : استولى عليها ظُلماً

Jumping; leaping. وَثْب . وَثَبَان . وُثُوب . وَثِيب

A jump; a spring; a leap. وَثْبَة

Somersault. — عُرْوِيَّة : △ شُقْلُبَة

Saltant; leaping. وَثَّاب : نَطَّاط

To be soft and comfortable (bedding). *وَثُرَ الفِراشُ : لانَ

To make a bed. وَثَرَ . وَثَّرَ الفِراشَ : مَهَّدَه

Shorts or breeches. وَثْر : △ بنطلون قصير

Soft; smooth. وَثِر . وَثِير

A soft bed. وِثَار : فِراش لَيِّن

Cushion. مِيثَرَة : وِسادة

To trust; place confidence in; have faith in; reply, or depend, on; take stock in. *وَثِقَ بِهِ : ائتمنه

To trust, believe, or have confidence, in what he says. — بكلامه : صدّقه

Trustworthy; trusty; reliable. يُوثَق به

To be firm. وَثُقَ : كان وثيقاً

To be confident, sure. — الرجلُ : كان ذا ثِقَة

To be sure, or certain, of. — من كذا

To confirm; make firmer, or stronger. وَثَّقَ : أَحْكَمَ

To ratify; make valid by signature. — الوثيقةَ

To covenant with; enter into a formal agreement with. وَاثَقَ : عاهَدَ

To fetter; bind; tie. أَوْثَقَ : شدّ بالوَثاق

To be confirmed, *or* firmly established. تَوَثَّقَ : تثبّتَ وتقوّى

To act with confidence. — في الامر : أخَذَ فيه بثقةٍ

To make sure of. إستوثَقَ منه

Trustworthy; reliable; dependable; worthy of trust or confidence. ثِقَة : يُعتَمَد عليهِ

Trust; confidence; faith; reliance. —. وُثوق : ائتمان

Reliance; dependence. —. — : إعْتِماد

Trustorthy; trusty; dependable. أخو —ٍ

Distrust; mistrust. عَدَمُ الـ.

Confident; sure; certain. على —ٍ : واثق

Informed on the best, *or* highest, authority. بلغه من أعظمِ —.

Self-reliance; self-confidence. الـ بالنفسِ

Fetter; tie; bond; chain. وِثاق : رِباط

Firm; solid; strong. وَثيق : مُحكَم

Well set up. — التركيبِ : مُمتلىءُ البدن

Close contact. اتصال —.

Document; deed; voucher; contract. وَثيقة : مُستنَد

Marriage lines *or* certificate. — الزواج

Title-deed. — الملكيّة : حجّة

Confident; sure; certain. واثِق : على يقين

Covenant; bond; pact; charter; contract. مَوثِق. ميثاق : عَهد

The Charter of the United Nations. ميثاق ٣ الدول المتحدة

Notary public. موثِّق : كاتبُ العقود الرسميّة

*وَثَل. وَثيل : حبلٌ من اللِيف أو القنّب Rope of palm fibres, *or* of hemp.

An idol. *وَثَن : صنم. تمثال يُعبَد

Idolater. وَثَنيّ : عابدُ الاوثان

Heathen; pagan. — : أُمّيّ

Gentile. — : غير يهوديّ ولا مسيحيّ

Idolatress. وَثَنيّة : عابدة الاوثان

Idolatry; heathenism; paganism. الـ : عبادةُ الأوثان

* وثير (في وثر) * وثيق (في وثق) * وجّ (في وجج)

* وجار (في وجر) * وجاق (في وجق) * وجاهة (في وجه)

To be necessary, indispensable. *وَجَبَ (وجوباً) الأمرُ : لزِمَ

To be incumbent on. — الامرُ عليهِ : تحتّم

To throb; palpitate. — (وجباً ووجيباً) القلبُ : رجف وخفق

To fall down; fall. — (وجبةً) : سقط

To sink. —ت (وجباً ووجوباً) العينُ او الشمسُ : غارت.

To take only one meal a day. —. وجّبَ. أوجبَ : اكل أكلةً واحدة في اليوم

To oblige; impose a duty or obligation upon; make incumbent on. وجّبَ ٢. أوجبَ الامرَ عليه : ألزمه به

To entertain a guest; give him hospitable reception. △ — الضيفَ : قام بواجبِ ضيافته

To take (another's due) nto consideration. أوجبَ ٣ له حقّه : راعاه

To make binding, *or* incumbent; make obligatory. —. واجبَ : الزم

To deserve; be worthy of; merit. إستوجبَ : استحقّ

To deem necessary. — : عدّه واجباً

It is necessary; must of necessity. يَجِبُ : يلزم

He must go. — عليه أن يذهب (مثلاً)

Properly; in a proper manner, *or* way. كما — : كاللازم

Necessity. وُجوب : لزوم

Meal; repast. وَجْبة : أكلة

Denture; dental plate. — س : طقم أسنان △ شدّة

Necessary; essential. واجِب : لازم

Necessary; inevitable. — : محتّم

Incumbent; obligatory. — عليه : مفروض. لازِم.

Duty; obligation. — : فرض

The self-existent God. — الوجود

Obligation. إيجاب : إلزام. ضدّ اختيار

Affirmation. — : ضدّ سلب (نفي)

Positive; affirmative. إيجابيّ : ضدّ سلبيّ

Right column

Positive quantity. كَمِّيَّة إِيجابِيَّة

In the affirmative. إِيجابًا : بِالإِيجابِ

Positive. مُوجَب (من الكلام) : بالايكون نُّياوَلا بَيْيًا ولا اسْتِفهامًا

Affirmative. — : ضِدّ سَالِب

Cause; motive; reason. مُوجِب : باعِث . داع

Need; necessity. — : اقْتِضاء

According to; in accordance with; agreeably to. بِ — : بِحَسَب

Death; fate. الـ : المَوْت

Affirmative proposition. مُوجِبة : ضِدّ سَالِبة (في المَنْطِق)

Deserving; worthy of; meriting. مُسْتَوجِب

To flee; run away. (وجج) وَجّ : هَرَب △ هَمَج

To blaze; burn with a flame. △ـت النارُ : هَجَّت

To find; come upon; meet with. ※وَجَدَ المَطْلُوبَ : أَصابَهُ وأَدْرَكَ

To find out; discover. — : أَدْرَكَ . عَلِمَ

To obtain; get. ـ مَطْلُوبَه : أَدْرَكَه وظَفِر بِه

To be angry with. وَجَدَ عليه : غَضِب

To set one's affections on; be passionately attached to. وَجَدَ وتَوَجَّدَ بِه : أَحبَّه حُبًّا شَديدًا

To grieve for. — . توجّد له : حَزِن عليه

To be found. وُجِدَ △ إِنْوَجَدَ △ تَوَاجَدَ

To be; exist. — : كان وحَصَل (فهو موجود)

To feign being in love. تَوَاجَدَ : تَظاهَرَ بِالحُبّ

To be found. △ — : وُجِدَة

To produce; cause to be; originate; bring into existence. أَوْجَدَ : جَعَلَه مَوْجُودًا

To create; cause to exist; make. — : خَلَق

To cause; be the occasion of; produce; bring about. — : سَبَّب

To bring. — : أَحْضَر

To enable to obtain. ـه مَطْلُوبَه : أَظْفَرَه بِه

To compel; oblige. ـه على الأَمْر : اضْطَرَّه

Passion; inordinate love or desire. وَجْد : شِدّة الحُبّ

Left column

Passion; wrath; fury; intense emotion of anger. — . جِدة . مَوْجِدة . وِجْدان : غَضَب

Wealth; opulence. — . وُجْد : غِنًى

Love. — . وَجْد : مَحَبّة

Emotion of delight; joy. — . : فَرَح

The act of finding. وُجُود . وِجْدان . وَجْد . وُجْد

Entity; existence; being. — . : كِيان

Existentialist. وُجُودِيّ : من المُؤْمِنين بالوُجُودِيّة

Existentialism. وُجُودِيّة : وِحْدة الوُجُود (الواقِع) الاعْتِقاد بأن الإِنْسان هو

Intuition; inner consciousness. وِجْدان : النَفْس وقُواها الباطِنة

The subconscious. الوِجْدان الباطِن

Things perceived by intuition. وِجْدانِيّات

Presence; existence. وُجُود : ضِدّ غِياب أو عَدَم

Omnipresent. كُلِّيّ الـ : مَوْجُود في كُلّ مَكان

To faint; lose consciousness. △غابَ من الـ : غابَ عن صَوابِه

Finder; one who finds. واجِد : مَن يَجِد

Out of conceit with. — عليه : غاضِب

Creation; the act of creating, producing, bringing on, etc. إِيجاد

Creator; originator; author; the efficient cause of a thing. مُوجِد

The Creator; Maker of all things. — الكائنات

Grudge; ill-will; rancour; ill blood enmity. مَوْجِدة : حِقْد

Found. مَوْجُود : وُجِيَة

Present — : حاضِر . ضِدّ غائِب

Existing; extant. — : كائِن

On hand; available; in one's possession. — : في اليَد

In stock. — : في المَتْجَر

Existing things. المَوْجُودات : الكائنات

Assets. △ — (في التجارة) : خِلاف المَطْلُوبات

Cave; cavern. ※وَجْر : كَهْف

وَجْرَة : حُفْرَة للصيد — Pitfall.

وِجَار : جُحْر السِباع. مغارة — Den; lair.

— الارانب وأمثالها : جُحْر — Burrow.

وَجُور : جُرْعَة تُصَبّ في الفم. لَدُود — A drench.

مِيجَر : إناء لصبّ الدواء أو الغذاء في الفم — Feeding-cup.

مِيجَرَة الدوابّ : مِلَدّة — Drenching bit.

مِيجَار : مِضْرَب الكُرَة — Bat, *or* battle-door.

— : مِضْرَب كُرَة لعبة التنس — Racket.

— : صولجان — Mace.

*وَجَزَ. أَوْجَزَ الكلامَ أو فيه : جعله وجيزاً — To be brief in speaking.

أَوْجَزَ. ٢. استوجز : اختصر — To epitomise; abbreviate; summarize.

— . وَجُزَ . وَجَزَ ٢ الكلامُ : كان وجيزاً — To be concise, short, pithy.

وَجْز . وَجَازَة . وُجُوز : اختصار — Epitomizing; abbreviation; summarising.

— . وَجِيز . واجِز . مُوجَز : مُختصَر — Abbreviated: brief; laconic.

وَجِيز ٢ : مختصر مفيد — Concise; succinct; terse.

إيجاز — Shortness; brevity; laconism; conciseness; succinctness.

بالايجاز — In short; in few words; briefly; in brief; succinctly.

*وَجَسَ : خَفِيَ — To be hidden.

— : فزع مما سمعه أو وقع في قلبه — To fear; apprehend; be in apprehension of; feel anxious.

أَوْجَسَ . تَوَجَّسَ شرًّا : أحسّ به — To forebode; have misgivings, *or* presentiment of evil; be solicitous.

تَوَجَّسَ ٢ الصوتَ : سمعه وهو خائف — To listen to with apprehension.

— الطعامَ أو الشرابَ : تذوّقه قليلاً قليلاً — To nibble.

وَجْس : قَلَق وخَوْف — Anxiety; solicitude; misgivings; searchings of heart.

وَاجِس : هاجِس — Disturbing thought; evil premonition.

— . مُتَوَجِّس — Presentient; having a presentiment.

*وَجِعَ : تألَّم — To suffer, feel, *or* undergo pain.

وَجِعَ فلاناً رأسُهُ او فلانٌ رأسَهُ — To have a headache.

ماذا يُوجِعك : مِمّ تتألّم — What ails you? What do you suffer from?

أَوْجَعَ : آلَم — To pain; hurt; cause, *or* inflict, pain.

تَوَجَّعَ : تألّم — To suffer, feel, *or* undergo, pain.

— : تشكّى — To complain.

— له : رثى له — To commiserate; feel pain, sorrow, *or* compassion for.

جِعَة : خمر الشعير (وغيره) ○ بيرا — Beer; ale.

وَجَع : ألم — Pain; ache.

— : مرض بسيط — Ailment; indisposition.

— الأذن — Pain in the ear; ear ache.

— البطن — Pain in the bowels; colic.

— الرأس — Headache.

— السِنّ — Tooth ache.

وَجِيع . مُوجِع : مؤلم — Painful.

*وَجَفَ : اضطرب — To quiver; flutter; tremble; shake.

أَوْجَفَ — To agitate; cause to flutter; palpitate.

إستَوْجَفَ الحبُّ فؤادَهُ — Love made *his* heart flutter

وَاجِف : مُضْطَرِب — Quivering; palpitating; fluttering.

منصب النار (للتدفئة)

(وجق) ۵ وُجَاق أُوجاق : — Stove; heating stove.

— الطبيخ — Cooking-range; kitchener.

*وَجِلَ : استشعر بالخوف — To apprehend; fear; be seized with fear.

وَجِل : خائف — Apprehensive; afraid; fearful; in dread of possible harm.

وَجَل : خوف — Apprehension; fear; dread.

٭وَجَمَ (وَجْماً ووُجُوماً) : سَكَتَ — To keep silent; hold the tongue.

— : عَجَزَ عَن الكَلامِ مِن شِدَّةِ الغَيْظ او الخَوْف — To be tongue-tied, dumbfounded.

— : عَبَسَ وَجْهَه وأطْرَقَ — To be sullen.

وَجِمٌ . واجِمٌ : سَاكِت — Silent; dumbfounded.

— . — : عابِسٌ مُطْرِق — Sullen.

وَجْمٌ . وجُوم — Gloom; sullenness.

٭وُجْنَة : خَدّ — Cheek.

العَظْم الوَجْنيّ — Cheek bone; malar bone.

٭وَجُهَ : كانَ وَجِيهاً — To be (a person) of distinction; be a notable.

وَجَهَ فُلاناً : ضَرَبَهُ على وَجْهِهِ — To slap a person on the face.

وَجَّهَ الى : تَوَجَّهَ . ذَهَبَ — To go, *or* repair, to.

ـــهُ الى : أرْسَلَه اليهِ — To send, *or* forward, to.

— الشَّيءَ الى : أدارَهُ نَحْوَهُ — To steer, guide, *or* direct, a thing toward an object.

— التفاتَه الى : حَوَّلَهُ نَحْوَ — To turn, direct, *or* draw, the attention to.

— التفاتَه الى : إنْتَبَهَ اليهِ — To pay attention to.

— كلامه اليهِ — To address a person.

— اليهِ سُؤالاً — To put a question to.

— سِلاحَهُ الى : صَوَّبَهُ — To direct to; aim, level, *or* point, at.

— نَشاطه (مَثَلاً) الى جِهةٍ مُفيدَة — To orientate *one's* energy in a profitable way.

ـــهُ . أوْجَهَه : شَرَّفَهُ او جَعَلَه وَجِيهاً — To distinguish; make eminent.

وَاجَهَ : قابَلَهُ وَجْهاً بِوَجْه — To encounter; meet face to face.

— : اجْتَمَعَ بِهِ . قابَلَه — To have an interview with.

— : كانَ مُواجِهاً — To face; be in front of; be opposite to.

— الخُصُومَ بَعْضَهم بِبَعْض — To confront the accused with the accuser.

ـــهُ بالأدِلَّةِ على — To confront (a person) with the proofs of . . .

تَوَجَّهَ الى : ذَهَبَ — To go, betake oneself, have recourse, *or* repair, to.

تَوَاجَهَ الرَّجُلانِ : تقابَلا وَجْهاً لِوَجْه — To meet face to face.

— المَنْزِلان — To stand in front of, *or* be opposite to, one another.

إتَّجَهَ الى : أدارَ وَجْهَهُ نَحْوَ — To turn one's face towards.

— الى : مالَ — To tend to; be directed to.

— لَهُ رَأْيٌ : سَنَحَ — To occur to; come, *or* be presented, to the mind.

جِهَة : ناحِيَة — Region; quarter; district; part.

— : جانِب . ناحِيَة — Side; direction.

الى — كَذا : نَحْو — Towards...

مِن — : مِن خُصُوص — About; concerning; with respect *or* regard to; regarding; respecting; as regards.

مِن — الشِمال (مَثَلاً) — From the north.

مِن كُلّ — . — On every side; on all sides.

مِن الــ الأخْرى — On the other hand.

مِن جِهَتي : مِن خُصُوصي او نَحْوي — As to me; as for me; for my part.

مِن جِهَتي : مِن صَفّي . مَعي — On my side; with me.

وَجْه : جانِب . ناحِيَة — Side; direction.

وَجْه : مُحَيّا ∆وِش (راجع وشش) — ← Face; countenance.

— : ما يَبْدو للناظِرِ من أيّ شيء — Face; front.

— : مَظْهَر . مَنْظَر — Face; outside appearance; aspect; look.

∆ — الكَلُّون — ← Escutcheon; key-hole cover.

— : جِهَة . ناحِيَة — Side; direction.

— : مَعْنَى — Meaning; sense.

— : قَصْد — Meaning; intent; purpose.

— : طَرِيقَة . سَبِيل — Way; wise; manner.

— : سَبَب — Reason; cause.

— : سَطْح — Face; side; surface.

— : الجِهَة الأمامِيَّة — Front; front part.

— : طِلاء — Coat (of paint, varnish, etc.)

— : وَجِيه . ذو جاه — An eminent person; a magnate; a notable.

— الشَّبَه — Point of resemblance.

— القَدَم : عَسِيب — ← Instep.

— الكَلام : السَّبِيل المَقْصُود بِه — Drift; import.

— الثَّوْب : ضِدّ بِطانَتِه — The right side.

— القُماش : ضِدّ ظَهْرِه — The outer side.

Left column

Drift; object aimed at or intended; intention. — : قَصْد ، ما تَقْصِدُه

Respect; regard. — : خصوص

Point of view; view-point. — النَظَر

The historical standpoint. الـ التاريخيّة (مثلاً)

From a scientific point of view. من الـ العِلْمِيّة (مثلاً)

Our direction was south. وكانت وِجْهَتنا الجنوب

Notability; worthiness of notice; the quality of being notable. وَجاهة

Notable; a person of distinction; a notability; a distinguished person. ذُو — وَجِيه

Good, or genuine, reason. سَبَب وَجِيه؟

△ وَاجِهَة : مُستقبِل الشيء

Front; fore part. — : البِناء وغيره

Façade; front of a building

Frontage; extent of front. طُولُ الـ

In front of; opposite to. تجاهَ : تِلْقاء . ازاء

Direction; bearings; line, or point of tendency; direction (in which a place &c. lies.) إتجاه : وِجْهة

Trend; inclination; drift. — : مَيْل

Directing; guiding. تَوْجِيه

Steering wheel. عَجَلة الـ : △ دُومان

Steersman. مُوَجِّه : △ دُومانجي

Jig (فى الميكانيكا)

Confrontment; meeting face to face مُواجَهة

Confrontation; confronting a person with the accuser. — الخُصوم

Face to face; in the presence of each other. مُواجَهة : وَجْهاً بِوَجْه

Short; brief. وجِيز (فى وجز)

٭ وحَّد . وحَد : إنفَرَد (راجع أحد) To be alone.

To unify; cause to be one; make into one; unite. وحَّد : جَعَلهم واحداً

To amalgamate; combine. — : ضَمَّ ، دَعَم

To unite; connect. يُنَيِّم : رَبَطَ والَّف

To profess, or believe in the unity of God. — الله : آمَنَ بِوَحْدِه

Right column

Face, or dial, of a timepiece. — الساعَة وأمثالها

The face of a coin; obverse. — السِكَّة (المَسْكوكات)

Chief; head. — القَوْم

A mask. — مُسْتَعار

△ — من الكِتاب : صحيفة مِنه Page.

△ الـ البَحَري : Lower Egypt; The Delta.

△ الـ القِبْلي : صَعيد مِصْر Upper Egypt.

Upon the whole. بـ الإجْمال

Approximately; nearly. بـ التَقْريب

Some way or other. بـ ما بـ من الوُجُوه

To please God; for the sake of God. لـ الله : لمرضاتِه تَعالى

Gratis; for nothing. لـ الله (تعالى) : مَجّاناً

Before his face; in his immediate presence. فى ـه : أمام عَيْنَيْه

To make faces. اخْتَلَج بوَجْهِ

To insult a person to his face. أهانَهُ فى وَجْهِه

He went away without paying attention to anything. مَضَى على وَجْهِه بلا انتِباه ولا مُبالاة

To honour; raise in estimation. بَيَّضَ ـه

To be honoured. ابْيَضَّ ـه

To be disgraced or dishonoured. اسْوَدَّ ـه

To disgrace; dishonour; bring shame, or cast a slur, upon. سَوَّدَ ـه

In this way, wise, or manner. على هذا الـ

From every point of view. من كلّ ـ

△ أخَذَ — العَروسَة : دَخَل بها To consummate marriage.

△ أخَذَ وَجْهاً عليه : اسْتَنْجَدَ عليه To make free with.

Face to face. وَجْهاً لوَجْه . وَجْهاً بوَجْه

Double-faced; hypocritical. بوَجْهَيْن : مُراء

It has two meanings; it is of double sense. لهذا القَول وَجْهان (أي مَعْنيان)

Ambiguous expression. قَوْل ذو وَجْهَيْن

Equivocal; capable of double interpretation. يَحْتَمِل الوَجْهَيْن

In all its bearings. من كلّ وُجُوه (احْتِمالات) المَسْئَلة

Facial; of the face. وَجْهيّ : مُخْتَصّ بالوَجْه

Side; direction. وِجْهَة : جِهة

Aspect; direction a thing faces. — : الجِهَة المُقابَلة

— الله : قال « لا إله الا الله » — To declare that there is only one God; to say *"There is no God but God."*
— الدُيُونَ أو الجُيُوش — To consolidate; combine; unify.
— العَمَل — To concert action.
— المَرْكَز — To centralise; concentrate.
تَوَحَّدَ : بَقِيَ وَحْدَهُ — To be alone, *or* by oneself.
— : عاشَ وَحْدَهُ — To live in solitude, *or* in seclusion.
— بالأَمْرِ — To do (a thing) by oneself.
ـهُ بعِنايَتِهِ — To single out for special care *or* attention.
ـت الأشياء — To be unified; become one; be reduced to one.
ـت الديونُ أو الجيوش — To be consolidated, unified *or* combined.
إتَّحَدَ الشيئان : صارا شيئاً واحداً — To unite; become one; be consolidated.
— الشيء بالشيء — To be united, *or* combined.
— القومُ : اتفقوا — To agree; unite; act jointly.
ـت الآراء — To concur, (opinions).
حِدَة : إنفِراد — Aloneness; state of being alone.
على — : على انْفِراد — Privately; aside; without the presence of others.
على — : على جَنْب — Aside; apart.
على — : مُنْفَصِلاً — Separately.
على — : بعيداً عن سِواه — Alone; apart from others.
وَحْدَهُ : منفرداً بلا رفيق — Alone; by himself.
— : بمفرده . بلا شريك — Singly; singlehanded.
وَحْدَة : إنفِراد . عُزْلة — Loneliness; solitude.
— : ضِدّ كَثْرة — Oneness; singleness; unity.
— : إتحاد — Unity; concord.
— صناعية : مجموعة ماكينات تعمل في توافق لغرض صناعي معين — Plant
— القُوَى — Unit of forces.
— تركيب الأحياء — Unit of living beings.
— القِياس (والحِساب) — Unit of measure.
— الزواج : ضِدّ تعدده — Monogamy.
الـ العربية — The Arab Unity.
وَحْدانيّ : مُنْفَرِد بنفسه. وحيد — Single; alone; having no companion.
— : غير مُتزوّج — Single; unmarried.

∆ابن — : وَحِيد — An only son.
وَحْدانيَّة : حالة المتوحِّد — Solitude; loneliness.
— : فَرْدِيَّة — Oneness; singleness; unity.
— الله — The unity of God.
وَحِيد : مُفْرَد — Sole; single; only; individual.
— : فَرِيد — Unique; peerless; matchless.
— : مُنْفَرِد — Lonely; solitary.
— : مُنفرد بنفسه — Solitary; single.
— : لا مؤنس له — Lonely; lonesome.
— الجنس (حيوان او نبات) — Unisexual.
— الخلية — Unicellular.
— القَرْن : له قَرْن واحد — One-horned animal; monoceros.
— القَرْن : كَرْكَدَّن ∆ خَرْتيت — Rhinoceros.

— القَرْن : الحِصان المقرن. حيوان خيالي ← Unicorn; monoceros.

— البتلة (في النبات) — Monopetalous.
— المِحْوَر — Uniaxial.
— المعدة — Monogastric.
— النسق او النمط — Uniform; homogeneous.
— الورقة (في النبات) — Unifoliate.
الابنُ الـ — The only son.
الغرضُ الـ — The sole object.
وَاحِد (والأنثى واحِدَة): أوّل العَدَد — One.
— : فَرْد — One; single; individual.
— : شَخْص ما — Someone; somebody; a certain person.
— : لا نَظِير له — Unique; peerless.
— : وحده : لَيْسَ معه غيره — Alone; by himself.
— وعِشْرون (مثلاً) — Twenty one.
— قومه — A distinguished person.
— كهذا — Such a one.
ولا — — None; no one; not one.
الـ الأَحَد: الله تعالى — The one and only God.
اي — — Anyone; anybody.
كل — — Everyone; everybody.
واحِداً واحِداً . واحِداً بعد الآخر — One by one; singly; one after another; one at a time.

To embarrass; drive into a corner ∆وَحَسَ : وَرَّطَ
To be in a mess, *or* in a fix: get stuck; get in a hole. إتْوَحَسَ : تَوَرَّطَ
A hopeless plight; trying position; predicament. وَحْسَة : ورْطة
To get rid of; rid oneself of. *وَحَشَ : تخلَّصَ من
To long for. ∆وحشَهُ الشيءُ : تاقَ اليهِ
To miss a friend. ∆ــه صَدِيقُهُ : أحَسَّ بالوحْشةِ لفراقهِ
To be desolate, *or* dreary. أوْحَشَ المكانُ : هجرَهُ الناسُ
To grow savage, *or* wild. توَحَّشَ : صارَ كالوَحْشِ
To be desolate *or* dreary. — واستوْحَشَ المكانُ : هجرَهُ الناسُ
To feel lonely. استوْحَشَ٢ : ضِدّ استأنسَ
To feel a repulsion, *or* an aversion, for. — منه : لم يأنسْ بهِ
To long for. ∆— لهُ ∆اوْحَشَه٢ : تاقت نَفْسُهُ اليهِ
To miss a friend. ∆— لِصَدِيقهِ: شعَر بالوحْشه لفراقهِ
Wild beast, *or* animal. وَحْش : حيوانُ البرِّ
A monster. ∆— : هوْلة . شيء مُخِيف

Wild ass; onager; koulan. حِمار — . الحِمارُ الوَحْشِيّ
A desolate, *or* dreary, place; wild land. مكانٌ — (اي قفـر)
Savage; wild; untamed. وحْشِيّ : برِّيّ . آبِـد
Savage; uncivilised. — : همَجِيّ
Ferocious; ravenous. — : ضارٍ . مُفترِس
Savage; barbarous. — : قاسٍ . بربري
External; lateral. — : ضِدّ انسيّ (في التشريح)
A barbarism. كلام — : مهجور . غير مألوف
Savageness; savagery; ferocity; bestiality; barbarity. وَحْشِيَّة
Dreariness; gloom; cheerlessness. وحْشَة : كآبة
Nasty; ugly; bad; vile. ∆ وِحِش : وَحْش قبِيح
Savagery; barbarity; ferocity. تَوَحُّش
Desolate; dreary. مُوحِش : مُقفِر
Dreary; dismal; gloomy. — : كئيب

Tit for tat. واحِدة بواحدة : صاعاً بصاع
Tact; stroke (in keeping time.) واحدة الموسيق
One أحَدٌ : واحِد
Unique. — . أوْحَد : وحِيد . فريد
Someone; somebody. — الناس
Sunday. يومُ الـ .
I have not seen anybody, any one, any person, etc. لم أرَ أحداً
Units place. خانـة او مرتبة الآحاد (في الحساب)
Union; oneness; unity; concord; unison. إتِّحاد : وِفاق . الفة
Confusion of goods. — الذِمَّة (في التِجارة)
Convergence. — الاتِجاه
Unanimity. — الآراء
Unanimously. بـ — الآراء
Together; jointly. بالـ : معاً . بالاشتِراكِ

Union Jack. عَلَمُ الإتحاد البريطانيّ
Unionist. إتِحادِيّ
Solitude; seclusion. توَحُّد : عزْلة
Unifying; uniting; unification. توحِيد: جعْلُ الشيء واحِداً
Consolidation. — الديون او الجيوش
Monotheism; the doctrine, *or* belief, that there is only one God. الـ : الاعتقادُ بوحدانيّة الله
Unitarianism. الـ : انكار عقيدة تثليث الاقانيم
Unifier; one who unifies. مُوَحِّد : الذي يوحّد الاشياء
Monotheist. — : يعتقِد بوحدانيّة الله
Unitarian. — : يُنكِر عقِيدة تثلِيث الأقانيم
Unified; consolidated. مُوَحَّد
United; joined; combined; connate. متّحِد : مُنضَمّ
Convergent. — الاتِّجاه
The United Nations. الأمَمُ المتّحِدة
The United States. الولاياتُ المتّحِدة
United. مُتّحِدون : صاروا كأنّهم واحِد
At one; agreed. — : على وِفاق

مُتَوَحِّش : على الفطرة . بَرِّيّ — Savage; wild.

— : غير متمدّن — Barbarous; uncivilised.

أهالي كذا المتوحّشون — The wild natives of...

*وَحِلَ : وقع في الوَحْل — To sink, or stick, in mire.

△ — : تورّط — To be stranded; get stuck; come to a deadlock, or a pretty pass.

△ وَحَّلَ . أَوْحَلَ : اوقع في الوحل — To cause to stick fast in mire.

△ — : ورّط — To clog; hamper; put in a difficulty; embarrass.

△ وحّلَ : لوّث بالوحْل — To soil with mud.

△ — . توحّلَ . استَوْحَلَ — To become muddy.

تَوَحّل ٢ : تلوّث بالوحْل — To be soiled with mud.

وَحْل : رَدْغَة △ ظَبَط . طِين رَخو — Mire; slime; slough.

وَحِل . مُوْحِل : فيه وَحْل — Muddy; miry.

△ مُوَحَّل : متلطّخ بالوحَل — Covered with mud.

△ وحْلان : مُورَّط — Stranded; stuck fast; in a pretty pass.

* وَحِمَ الشيء : اشتهاه — To long (yearn) crave for, or after

ـــتْ الحُبْلى . تَوَحَّمَت — To be longing.

وَحَم . وِحَام — Longing; craving; special appetite, or strange craving for some food felt in pregnancy.

قَيء الـــ . — Morning sickness.

△ وَحْمَة : أثر الوِحام في الولد — Birthmark; naeve; naevus; mole.

وَحمى — Longing.

*وَحْوَحَ من البَرْدِ او الألم — To shudder with cold or pain.

— : نفخ في يديه من شدة البرد — To chafe; warm one's hands by rubbing them (and breathing into them) with one's breath.

*وَحَى . أَوْحَى اليه : اخبره بسرّ — To reveal, or communicate, a secret to.

— في قلبه كذا . اَوْحَى اليه بكذا : اَلهمه به — To inspire with.

اَوْحَى ٢ اليهِ : اَوْعَزَ — To suggest; insinuate.

وَحْي إلهي : إلهام — Inspiration; divine inspiration.

— . إيحاء : إيعاز — Suggestion.

إيحاء ٢ ذاتي — Auto-suggestion.

مُوحًى بهِ — Inspired; given by inspiration.

△ واحة (والجمع واحات — Oasis, (pl. Oases.

*وحيد (في وحد) △ وخري (في اخر)

*وَخَزَ : نخز — To prick; puncture; pierce with a sharp-pointed thing.

— : آلم — To sting; pain acutely; twinge.

—ـه ضَميرُه — To be stricken with remorse; feel compunction.

وَخْز — Pricking (of conscience; etc.); puncturing; piercing.

— الضمير — Compunction; remorse; qualm.

وَخْزَة — A prick; a puncture; a sting.

وَخّاز : مؤلم — Pricking; stinging; piercing; sharp; pungent; smart.

ألم — . — Twinge; shooting pain.

*وَخَطَهُ الشيب — To become grey-haired: his hair is partly whitened (by age).

*وَخُمَ المكانُ : كانَ رديء الهواء — To be unhealthy, or insalubrious.

— الطعام : كان مضرّا بالصحة — To be unwholesome.

وَخِمَ . اتّخم من كذا : أصابته منه تخمة — To be surfeited with; to surfeit oneself with.

△ وَخَّمَ : شعر بثقل ونُعاس — To feel dull, or drowsy.

أتخمَ △ تخّم : ضايق المعدة — To surfeit; fill to satiety and disgust; cause indigestion.

تُخَمَة : مضايقة المعدة — Surfeit.

— : سوء الهضم — Indigestion.

وَخِم . وخيم : ثقيل الهضم — Heavy; indigestible; unwholesome.

— . — : مضرّ بالصحة — Unhealthy.

△ — : قذر — Dirty; filthy.

وَخيم ٢ : ضارّ — Untoward; inconvenient; bad.

— العاقبة — Of untoward consequence.

△ وَخَم : الشعور بالميل الى الكسل والنوم — Dullness; heaviness; drowsiness.

△ وَخْمان △ مُوَخَّم — Dull; heavy; sluggish; drowsy.

*وَخَى . وَخَى . تَوَخَّى : قَصَدَ — To intend to; be intent upon; fix the mind upon.

وَاخَى فلاناً : آخاهُ (راجع اخو) — To fraternize with

وَخْي : قَصْد — Intention.

مُواخاة : مُؤَاخاة — Fraternization.

*ود *وداد (في ودد)

*وَدَج . وِدَاج : إسم وَرِيد العُنق — Jugular vein.

وَدَجِيّ . وِدَاجِيّ : عُنُقِي (او منسوب الى الاوداج) — Jugular.

(ودد) وَدَّ : أَحَبَّ — To like; be pleased with (in a moderate degree).

— : أَرَادَ — To like to; choose to; wish to.

أَوَدُّ ان اذهب لو أمكنني — I would go if I could.

كما يَوَدّ (أي يريد) — As he best wishes, or likes.

وَدِدْتُ لو كان غنيًا — I wish he were rich.

△أَوَدّ ما عليّ — To be very desirous; [wish to goodness].

وَادَّ فلاناً : حابَّه — To make friends with.

تَوَدَّدَ فلاناً : طلب مودَّتَه — To try to get into favour with; seek another's friendship.

— اليه : تحبَّبَ — To show love, *or* affection, to; try to be on friendly terms with.

تَوَادَّ الرجُلان — To be on good, *or* friendly, terms.

وُدّ . وُدَاد : مَوَدَّة — Friendship; amity; friendly relations; affection.

وَدُود . وَدِيد : مُحِبّ — Affectionate; loving.

— . — . — : أنيس . يحبّ المعاشرة — Sociable.

بِوِدِّي △ بِدِّي : أُرِيدُ ان — I wish to.

وِدِّيّ . وُدَادِيّ : حُبِّيّ — Friendly; amicable.

عِلاقات وِدِّيَّة — Friendly relations.

تَوَادّ : تَحابّ — Good terms; friendly relations.

*وَدَّرَ : أَوْقَعَ في مَهْلَكة — To imperil; bring into peril.

— المالَ : بذَّره وأسرف فيه — To squander; waste.

*وَدَعَ الشيءَ : تركه وديعة — To deposit; lodge for safe-keeping.

— مالَه في المصرف — To deposit one's money in a bank; put it on deposit.

— البضائع في المخزن — To deposit goods in a warehouse.

— : تَرَكَ — To leave; let.

دَعْ : إسمح . خَلِّ (قلّ استعمال ماضيه ومصدر هذا الفعل) — To let; allow; permit.

دَعْهُ يذهب (مثلاً) — Let him go.

وَدُعَ ٢ . وَدُعَ : كان وديعاً — To be gentle, *or* meek.

وَدَّعَ الذاهبَ أصحابُه — To take leave of; take farewell of.

— الاصحابُ الذاهبَ — To see a friend off; bid him farewell.

أَوْدَعَ . استودع الرجلَ الشيءَ : تركه عنده وديعة — To deposit, leave, *or* entrust, with; confide to; commit to, another's keeping; consign to.

— ـهُ بِـهِ السرَّ — To confide a secret to.

— التأمين — To pay a deposit.

— كتابة كذا : كتبه فيه — To commit, *or* consign, to writing.

— ـهُ السجنَ — To commit, *or* consign, to prison.

— الجثةَ القبرَ — To consign the body to the grave.

استودعكم الله — Good bye! Farewell! Adieu!

دَعَة . وَدَاعة — Meekness; gentleness.

وَدْع . وَدَع (الواحدة وَدَعة) — Shell; sea-shell; whelk; conch; cowry.

وَدْع ٢ . إيداع — Depositing, consigning, committing, etc.

وَدَاع . تَوْدِيع — Leave-taking; farewell; valediction; taking leave; saying farewell.

الــ . استودعكم الله — Farewell! Good-bye!

الــ الأخير — The last farewell.

حفلة الــ — A farewell party, *or* meeting.

خطبة الــ — A farewell discourse.

نظرة الــ — A farewell look, *or* view.

وَدَاعِيّ . تَوْدِيعِيّ — Valedictory.

Meekness; gentleness. وداعة : دعة

Meek; gentle; mild; unassuming; lamblike; dove-like. وَدِيْع

Depositary; consignee. — : المودَع لديه

The gentle lamb. الحمَل الــ.

Trust; charge. وَدِيْعَة : ما اودِعَ . امَانة

Deposit. — ماليَّة (في مَصرف)

Depositor; consignor. وَادِع . مُوْدِع : مسْتَودِع

Depositary; consignee; one to whom anything is entrusted. المُوْدَع لدَيْهِ

Well-wisher. مُوَدٌّ

Depositing; consigning; committing; etc. إِيْدَاع

Reserve; unattached list. △ إِسْتِيْدَاع (في الجيش)

On the unattached (reserved) list. △ في الــِ

Warehouse; customhouse store. مَخْزن الــِ

Depository; storehouse; warehouse. مُسْتَوْدَع : مَخْزن

Depositor; consignor. مُسْتَوْدِع : مُوْدِع

Pinafore; ←apron. مِيْدَعَة : إِتْب . مَرْيُول س

To put grease in food. *وَدَكَ الطعامَ : وضعَ فيه الوَدَكَ

To inure; season. △ — : مرَّن . عوَّد

Grease; fat. وَدَكٌ : دَسَم

Greasy; fat. وَدِكٌ . وَدُوْك . وَدِيْك . وادِكٌ : سَمين

Inured; seasoned. △ مُوَدَّك : مُعَوَّد

To make soft. *وَدَّنَ : لَيَّنَ

Ear. △ وِدْن : أُذُن (راجع اذن)

Quick of the finger-nail. △ — الظُفر

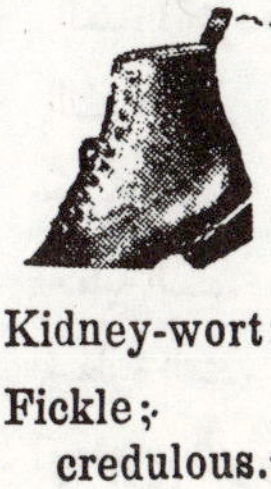

Tab of a boot. △ — الحِذَاء : تَرَنْيتي

Handle (of a cup). △ — الفِنْجَال.

Hare's ear. △ — الأرنَب : حِلْبِلاب

Kidney-wort; navel-wort. △ وِدِنَّة : نبات

Fickle; credulous. △ وِدْنِيّ : سريع التصديق والتغيُّر

Affectionate; amiable. *وَدُوْد (في ودد)

To whisper into another's ear. △ وَدْوَد في أُذُنِهِ : أسَرَّ اليه

To atone for a murder by paying blood money. *وَدَى القاتِلُ القتيلَ : اعْطَى دِيَتَهُ

To send. △ وَدَّى : بَعَثَ

To perish. أَوْدَى : هلكَ

To destroy; kill. — بهِ : اعْدَمَهُ

To be carried off by death. — به الموْتُ

To spoil (waste) one's health. — بِصِحَّتِهِ

To waste one's money. — بمالِهِ

Blood money; blood-fine. دِيَة القتيل △ دِيَّة

Valley; dale. وَادٍ . وَادِي (والجمع أَوْدِيَة)

Valley of the Nile. وَادِي النيل

Ravine.; gully; gorge. وادٍ ضيِّق : عَقِيْق

Behind. *وراءَ : خَلْف

Beyond. — : أبْعَد من

Backward, backwards. الى الــ.

To be, *or* become, corrupt. *وَرِبَ : فَسُدَ

To place at an angle; put cornerwise. △ وَرَّبَ : جعَلَه مُنحرفاً

To leave a door ajar. △ — الباب : فتحَهُ قليلاً

To equivocate. وَرَّبَ عنه : وَرَّى

To circumvent; deceive; get round. وَارَبَ الرَجُلَ : خاتَله

Bias; oblique direction. وَرْب . وِرَاب : إِنْحِراف

Obliquely; on the bias. △ بالــِ : بانحِراف

Warped; twisted out of shape. △ مُوَرُوْب : مُنْحرِف

Ajar; partly open. △ — : مَفتوح قليلاً (باب)

The door was standing ajar. △ وكانَ الباب مُوَرُوْباً

Equivocation. تَوْرِيْب : تَوْرِية

To inherit anything. *وَرِثَ المالَ وغيرَهُ

To leave an inheritance to. وَرَّثَ : تَرَكَ لهُ إِرْثاً

To appoint as heir or successor. — أَوْرَثَ : جعلهُ وارِثاً

To bequeath; give, *or* leave, by will. — . — بِوَصِيَّة

To bring on; cause. اورثه ٢ كذا : سَبَّبهُ

To be transmitted (to them) by inheritance. تَوارَثُوا الشيءَ

Inheritance. إِرْث . وِراثة . تُراث ∆ وِرثة

Legacy; bequest. — متروك بوصيَّة : تَرِكة

Hereditary. وِراثِي

Heir; successor; inheritor. وارِث ∆ وَرِيث

Legal heir. — شَرْعِي

Heiress. وارِثة ∆ وَرِيثة

Ancestor; testator; legator. مُوَرِّث : تارِكُ الإِرْث

Testatrix. مُوَرِّثة : مُوصِية

Gene. — : جُرْثُومة التَوْرِيث

Inherited. مَوْرُوث

Inheritance; legacy. مِيراث ∆ وِرثة

Legacy hunter. رَقِيبُ الـ : شَفْشَن

To reach; come to; arrive at. *وَرَدَ المكانَ : بلغه

To come; arrive. — : حضر

To receive. — عليه كذا : وَصَلَه

To blossom; flower; bloom; put forth flowers. وَرَّدَ الشجرُ

To paint red. — : حمَّرَ

To redden; become red. ∆ — . تَوَرَّدَ : احمرَّ

To offer; produce; supply; furnish. ∆ — . أَوْرَدَ : أَحْضَرَ وقدَّمَ

To pay in, *or* into. ∆ — . — : دفع

To lead to; bring to. أَوْرَدَ ٢ : قادَ الى

To adduce; bring forward; cite; quote. — الكلامَ او البرهانَ : ذَكَرَهُ

To redden; become red. تَوَرَّدَ : احمرَّ

To glow; become red *or* rosy. — تِ الخُدُودُ

To arrive one after another. تَوارَدُوا : حَضَرُوا الواحِدُ بعدَ الآخَر

To arrive in succession. — تِ الأشياءُ

To occur accidentally. — تِ الخواطِرُ

To import (goods). إِسْتَوْرَدَ الأشياءَ : جَلَبَها من الخارِج

←Roses. وَرْد (الواحِدة وَرْدَة)

Blossoms; flowers. — : زَهْر

A rose; a blossom. وَرْدَة ٢ : واحِدة الوَرْد

Eye. ∆ — : حِلْية مِعْمارِيَّة

Eye of volute. ∆ — اللفافة (في المِعْمار)

←Washer. ∆ — : عَزْقَة

Rosy; rose-coloured; ruddy; red; pink. وَرْدِيّ : بلون الوَرْد

Rose colour; roseate; pink. لون — : وُرْدَة

A collect. وِرْد : صَلْوَة قَصِيرة تُكَرَّر

The schedule, *or* receipt, showing the payment of land-taxes. ∆ — : بَيان ماتدفعه من الضرائب (على الأملاك)

Fever. — : حُمَّى

Intermittent fever. حُمَّى الـ

←Cockroach. بِنْتُ وَرْدان : ∆ صرصار

Roseola. وَرْدِيَّة : ∆ شَوْكُ الوَرْد . مَرَض نفاطيّ

A shift; a turn (at work.) ∆ — : نَوْبة

On duty. ∆ — او ∆ عليه الـ : في النَّوْبة

Coming to; arriving at. وُرُود : بُلُوغ

Coming; arrival. — : حُضُور . اتيان

A vein. وَرِيد : غير الشريان من العُرُوق

Jugular vein. — حَبْلُ الوَرِيد

Portal vein. الـ البابيّ

Phlebitis. التِهاب وَرِيدِي

Coming; arriving; arrival. وارِد : حاضِر . آتٍ

Imported. — : مجلوب . ضدّ صادِر

Imports and exports. الوارِدات والصادِرات

New arrivals. الـ الجديدة (من البضائع)

Production; introduction. إِيراد : تقديم

*وَرَعَ : كانَ وَرِعاً — To be pious, or godly.

تَوَرَّعَ عن كذا : تجنَّبه وتعفَّف عنه — To scruple; hesitate; feel compunction.

وَرَع : تقوى — Piety; godliness.

وَرِع : تَقِيّ — Pious; godly; deeply religious; devout.

*وَرَفَ وَرَّفَ . أَوْرَفَ النَّباتُ : نَضُرَ — To be verdant, or luxuriant.

— ٠ — الظِلُّ : امتدَّ — To be umbrageous.

وَارِف : نَضِير — Verdant; blooming; luxuriant.

— : ظَلِيل — Umbrageous; shady.

*وَرَقَ . وَرَّقَ . أَوْرَقَ الشجرُ : ظهر وَرَقُهُ — To leaf; shoot out, or put forth, leaves.

— ٠ — الشجرَ : اخذ ورقه — To pluck off the leaves of.

△ وَرَّقَ ٢ الحائطَ : كساهُ بالوَرَق — To paper a wall; cover it with paper.

أَوْرَقَ ٢ الرَجُلُ : كَثُرَ مالُهُ — To get rich.

— الطالِبُ : لم ينَلْ مطلُوبَه — To fail.

وَرَق : قُرْطاس . كاغِد — Paper.

— الشجَرِ — Leaves, (*sing.* Leaf); foliage.

— طَبْع — Printing paper.

— خِطابات — Note paper.

— كِتابَة — Writing paper.

— مُسْتَراح — ←Toilet paper.

— رَسْم — Tracing paper.

— نَشّاف اونَشّاش — Blotting paper.

— مُقَوّى — Cardboard; paste-board.

— أَبْيَض — Plain paper; unruled paper.

— مُسطَّر — Ruled paper.

— اللعِبِ اوالشِدّة س — Playing ←cards.

— مالِيّ : عُملة ورقيّة — Paper money.

— حِيطان — Wall-paper.

— ذِبّان (لصيدِ الذباب) — Fly paper; tangle foot.

— يا نَصِيب — Lottery tickets.

— : ذِكْر — Adducing; bringing forward; citation; quoting.

△ — : مَحْصُول △ دَخْل — Income; revenue.

△ ايرادات : مُتحصِّلات — Receipts; returns; revenues; proceeds.

△ — سايْرَة (متنوِّعة) — Sundry revenues.

إِسْتِيراد : جَلْب — Importation.

تَوارُد — Successive arrival.

— الخَواطِر — Accidental plagiarism.

مَوْرِد : مَجْنًى — Resource.

— مَوْرِدَة : مكان وُرُود الماء — Watering-place.

△ مَوْرِدَة ٢ : مرسَى المراكِب النهريّة — Landing-place.

مُوَرَّد : أحمَر بلوْنِ الوَرْدِ — Rosy; red; ruddy (cheeks, lips, sky, etc.)

مُوَرِّد : مُتَعَهِّد — Purveyor; contractor.

مُسْتَوْرِد : جَلّاب — Importer; trader.

△ وَرْدَل : نجَاش — ←Welt.

*وَرَشَ عليهم : حضَر بلا دَعْوة — To intrude; thrust oneself (upon); enter uninvited.

لاتَـرِشْ عليَّ : لا تُقاطِعني — Do not interrupt me.

وَرِشَ : كانَ نَشِيطاً خَفِيفاً — To be active, brisk.

وَرَّشَ بينهم : حَرَّش — To excite, or stir up, trouble between.

وَرِش : نَشِيط : خَفِيف — Brisk; sprightly; frolicsome

△ نَوْم — : مُضطرِب — Disturbed sleep.

٥ وَرْشَة : مَصْنَع — Workshop.

وَارِش : طُفَيْلِيّ — Intruder.

*وَرَّطَ . أَوْرَطَ : أوقَعَ في وَرْطَة — To involve in a difficulty; place in an awkward fix; entangle; encumber.

تَوَرَّطَ . اسْتَوْرَطَ : وقَعَ في وَرْطة — To be entangled, or involved, in a bewildering difficulty.

— ٠ — △ ورَّط نفسَه — To commit oneself.

وَرْطَة — Awkward position; predicament; straits; dilemma; fix; plight.

مُوَرَّط . مَوْرُوط — In an awkward predicament; in a jam, or a fix.

— وُرِق : الدراهم المضروبة — Coin; coined money.
— • — : ∆ فكّة . فراطة س — Small change; small money.
ورقة : قطعة ورق — A piece of paper.
— نبات (او من كتاب او دفتر) — A leaf.
— معدنيّة — A sheet, *or* leaf, of metal.
— س : عملة تعادل عشرون فرنكا فرنسيا — (Syrian) Lira (*pl.*, Lire.)
∆ — : قدّة . شريحة خشب او معدن — A slat.
— الزهرة : نوريّة — A petal; flower leaf.
— الاتّهام — Bill of indictment.
أوراق إعتماد — Credentials.
وَرِقٌ . وارِق . مُورِق : ذو ورق — Leafy.
— • — • — : أخضر ناضر — Verdant; luxuriant.
ورّاق : صانع الورق — Paper manufacturer.
— • مُوَرِّق : بائع أدوات الكتابة — Stationer.
وِراقة : صناعة الورق — Paper manufacture.
— : قرطاسيّة س . تجارة أدوات الكتابة — Stationery.
* وَرِك . وِرْك : ما فوق الفخذ — Hip; haunch.
∆ — : فخذ — Thigh.
* وَرَلٌ : دابّة برمائية كالضبّ واكبر منه — Monitor; warran; *varanus Niloticus.*
* وَرِمَ . تورّم — To swell; be swollen; tumefy.
ورّم — To cause to swell.
— بأنفه : تكبّر وشمخ — To turn up one's nose at.
— أنفه : أغضبه — To make angry.
وَرَم — A swelling; tumour; rising.
— عظميّ — Osteoma.
— غدديّ — Adenoma.
— لحميّ — Sarcoma.
— ليفيّ — Fibroma.
— وعائيّ — Angioma.
وارِم . مُوَرَّم — Swollen; tumefacient.
* وَرَنٌ : وَرَل — Warran; monitor; *varanus-Niloticus.*

٥ وَرَنك : سَفَن . سمك — ←Skate; ray.
٥ ورنيش : برنيق . صقال — Varnish.
∆ — جزم (أحذية) — Shoe polish.

دهن بالـ — : برنق — To varnish.
٥ ورنيّة : مقياس السمك — Vernier.
القدمة ذات الورنيّة — ←Vernier calipers.

* وَرْوار — ←Bee-eater.
* وَرَى . وَرِيَ . أورى الزند — To kindle; strike fire.
∆ ورّى ٢ ∆ أورى ٢ : أرى — To show.
— وارى : أخفى — To conceal; disguise.
— عن كذا : أراده وأظهر غيره — To dissemble; dissimulate.
— في كلامه — To equivocate.
وارى الميت التراب — To inhume; bury.
توارى . تورّى : تخفّى — To hide, *or* conceal, oneself.
— عن الأنظار : اختفى — To disappear; retire from sight; be lost to sight.
الورى : الخلق — The universe; the world; the creation.
تورية : إخفاء — Hiding; concealing.
— : إظهار خلاف المقصود — Dissimulation.
— (في علم المنطق) — Equivocation.
∆ — : إظهار — Showing.
* وريد (في ورد) * وزّ (في وزز) * وزارة (في وزر)
* وَزَب : سال — To ooze; flow slowly out.
ميزاب — Spout (of roof-gutter); gargoyle.
* وَزَرَ : ارتكب إثما — To sin; perpetrate; be guilty of.
وَزَرَ : حمل حملا — To carry a heavy burden.
وازر . آزر : عاون — To aid, assist, *or* help.
توزّر : صار وزيرا — To become a minister.

إتَّزَرَ بكذا : لبِسَهُ — To wear; put on; don.

— : لبِسَ الوِزْرَة — To wear a loin cloth.

— : رَكِبَ إثماً — To commit a sin.

إستَوْزَرَ فلاناً : إتَّخذه وزيراً — To appoint as a minister.

وِزْرٌ : إثم — Sin; crime.

— : حمل ثقيل — A heavy burden.

وِزْرَة : غِطاءُ الحقوَيْن — Loin cloth.

△وِزْرَة الحائط : إزار — Skirting.

وِزَارَة : جُملة الوُزَرَاء — Ministry; the Cabinet; body of ministers forming government.

— : رُتْبة الوزير وولايته — Portfolio; ministry.

وزارة الأشغال — Ministry of Public Works.

— الأوقاف — Ministry of Wakfs.

— التموين — Ministry of Supply.

— الدفاع الوطني — Ministry of National Defence.

— العدل (او الحقانيّة) — Ministry of Justice.

— الخارجيّة — Ministry of Foreign Affairs.

— الداخليّة — Ministry of the Interior.

— الزِراعة — Ministry of Agriculture.

— الشئون الاجتماعية — Ministry of Social Affairs.

— الماليّة — Ministry of Finance.

— المعارف (التعليم) — Ministry of Education.

— المواصلات — Ministry of Communications.

رئيس — . — Prime Minister; premier.

وكيل — . — Under-Secretary of State.

وكيل وزارة الداخلية (مثلاً) — Under-Secretary for the Interior.

وكيل وزارة الزراعة — Under-Secretary for Agriculture.

وِزاري — Ministerial.

وزير — Minister; Secretary of State.

— الخارجيّة (في انكلترا) — British Foreign Secretary.

— المالية (في انكلترا) — Chancellor of the Exchequer.

— دولة : بلا وزارة معيّنة — Cabinet minister; minister without portfolio.

— مفوَّض — (Minister) plenipotentiary.

— الشطرنج : فِرْزان — ←Queen.

— السُلطان — *Vizier*; councilor of state.

الـ— الأعظم او الأوّل — Grand vizier.

مَجْلِس الوُزَرَاء — The Cabinet; cabinet-council.

(وزز) وَزٌّ . إوَزٌّ (والواحدة وَزَّة) — ←Geese, (*sing*. Goose).

— عِراقيّ : تَمّ — ←Swan.

فَرْخُ الاوزّ — Gosling.

△وزّ عليه : وَزَع بِهِ — To inform against.

*وزع بهِ : △وزّ عليه — To denounce; inform against.

— : مَنَع — To restrain; check; hold back.

وَزَّعَ : قسَّم اوفرَّق — To distribute; dispense; deal out in portions.

△ — : هرَّب — To let go; release allow to slip away.

تَوَزَّعَ : تَفَرَّقَ — To be distributed.

وَزِيعَة : حِصَّة — Share; allotted portion; part; quota; part to be contributed or received.

وَازِع : زَاجِر — Restraint; control; check.

تَوْزِيع : تَفْرِيق — Distribution; dispensation.

— الأدوار (سينما) — Cast

△وزَل . وَزّال : رَتَم . قُنْدُول — ←Furze; gorse.

*وَزَنَ الشيء — To weigh.

— الحسابَ وغيره — To balance an account.

— الشِعْر — To scan *or* measure (poetry.)

— الحائطَ او البِناءَ — To plumb a wall; adjust it by a plumb line.

— له الشيء : أعطاه له بالوزن — To give, *or* sell, by weight.

وَزُنَ الرجلُ : كان راجح الرأي — To be of sound judgment.

وَازَنَ : ساوى في الوزن — To counterbalance; weigh against.

تَوَازَنَ : تعادلَ في الوزن — To balance; have equal weight on each side; be in equipoise.

وَزَنَ . زِنَة : تَقْدِيرُ الثِقْل — Weighing.

— . — : ثِقْل (وبمعنى اهمية) — Weight.

— الحِسَاب — Balancing of accounts.

— الشِعْر — Scanning; acansion; measure.

— الكَلِمَةِ (في الصَّرْف) — Measure; paradigm.

له — : يُوزَن (في الطبيعة وغيرها) — Ponderable.

عديم الـــ . لا وَزْنَ له — Imponderable; weightless.

اَقام له وَزْناً — To take into consideration.

وَزْنَة : ما تَــزِن به : △ سِنْجَة — A weight.

— : عُمْلة قديمة — Talent (of silver or gold).

وَزَّان : قَبَّان — Weigher.

وِزَانَ الشَّيْءِ : يُعادِله في الوَزْن — Of equal weight.

— كذا : على وَزْنه اي قافيته — To rhyme with.

وَازِنٌ : كَامِل الوَزْن — Of full weight; weighty; ponderous.

— : الذي يَزِن — One who weighs.

— : △ سَكْران — Drunk; tipsy; in liquor; half seas over; elevated.

وَزِينُ الرأي — Of sound judgment.

تَوَازُن . اِتِّزَان : مُوَازَنة — Balance; equipoise; equilibrium.

— . — العَقْل — Equanimity; evenness of mind.

— القِوَى (الدَّوليَّة) — Balance of power; international equilibrium.

عِلم تَوازُن القِوى : عِلمُ السكون — Statics.

عِلم — المَوائِع (السوائل) — Hydrostatics.

مُوَازِن : مُعادِل لِكذا — Equal, or equivalent, to

— : ضابِطُ الموازنة — Stabiliser.

مُوَازَنَة : تَــوازُن — Balance; equipoise; equilibrium.

مَوْزُون . مُتَوازِن — In equilibrium; evenly poised; balanced.

— : وَزِين — Weighed.

— : مَنْظوم — Metrical; arranged in metre.

△ — : وَزِينُ الرأي — Of sound judgment.

△ — : سَكْران — Drunk; half seas over; tight.

△ كلام — . — — Deliberate; well-advised.

مِيزَان : عَدْل — Justice; equity.

— : آلة الوَزْن — Scales; balance; weighing machine.

○ — رُوبِرْفال (إفرنسكي) — Roberval's balance.

△ — طَبْلِيَّة — Platform scales; weighing machine.

— الثِقْل النَوْعِي — Densimeter, or hydrostatic balance.

— ثِقْل الهَواء — Barometer.

— الحائط : فَادِن — Plumb line.

— حَرارة : مِحَرّ — Thermometer.

— النَّظْم : مِقْيَاس — Measure.

— (في عِلْم الحِساب) — Proof.

— البُخار — Vaporometer.

— ضَغْط البُخار — Steam-gauge.

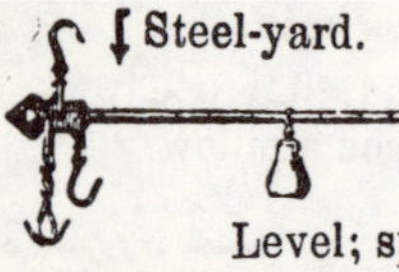

— القَبَّان — Steel-yard.

— الماءِ : شَاقُول — Level; spirit level.

— اللبَنِ (لمعرفة كثافته) — Lactometer.

— النُقُود (كالمُسْتَعْمَل في المَصارِف) — Coin balance.

△ مِيزانيَّة (في الحِساب التجارِي) — Balance sheet.

△ — ماليَّة (خُصُوصاً الحكوميَّة) — Budget.

△ — : اِتِّزان — Balance; equipoise; equilibrium.

○ وَرَى : تَقَبَّضَ — To contract; shrink; wither; shrivel.

وَازَى : قابَل وحاذَى — To be parallel with; opposite to.

— : ساوَى — To equal; be equal to.

تَوَازَى الشيْئان — To run parallel to one another; be running side by side

تَوازٍ . مُوَازَاة — Parallelism.

تَــوازِي القِوى — Parallelogram of forces.

مُوَازٍ . مُتَوَازٍ — Parallel to, or with.

مُتَوازي الأضْلاع — Parallelogram.
— السُّطُوح — Parallelopiped.
— المَغْنَطِيسِيَّة — Paramagnetic.

المتوازِيان — Parallel bars
المُستقيمان الـ — Parallel lines.

٥وزير (في وزر) ٥وسادة (في وسد) ٥وسام (في وسم)

٥وَسِخَ. اتَّسَخَ. تَوَسَّخَ — To be, *or* become, dirty.
وَسَّخَ. أَوْسَخَ — To dirty; soil.
— اسْمَهُ (مثلاً) — To tarnish; sully (as a name *or* reputation).
وَسَخٌ: أيُّ شيء قَذِر — Dirt; filth.
△— . وَسَاخَة: قَذَارة — Dirtiness; filthiness; uncleanliness.
وَسِخٌ: قَذِر — Dirty; unclean; filthy.
— . مُتَّسِخ: مُلَوَّث — Dirtied; soiled.

٥وَسَّدَ: وَضَعَ وِسَادَة تحتَ رأسِهِ — To put a pillow under another's head.
تَوَسَّدَ: جَعَلَ رأسَهُ على وِسادة — To pillow the head; rest, *or* lay, upon a pillow.
وِسادةُ السَّرير: مِخَدَّة — Pillow.

— . وُسُدُ المقاعِد: نُمْرُقَة — Cushion.

٥وَسَطَ القومَ: كانَ في وَسَطِهِم — To be in the middle, *or* midst, of.
— المكانَ — To center; be placed in the middle.
وَسَّطَ △ وَسْطَنَ: جعلهُ في الوَسَط — To place, *or* put, in the middle.
— : جعلهُ وَسِيطاً — To choose as mediator.
تَوَسَّطَ المكانَ او القومَ: جلسَ في وسطهم — To sit, *or* be, in the middle of.
— في عَمَلِهِ — To take a middle course.
— بَيْنَهُم — To mediate between parties.
وَسَطٌ. وَسْطٌ: مُنْتَصَف — Middle; heart; central part.
— : بَيْنَ بَيْن — Medium; mean; middling.
— : كائنٌ بَيْنَ شيئَيْن — Intermediate.
— : بِيئة. مُحِيط — Environment; surroundings.

— . — : قَلْب — Midst; heart; centre; center.
— . — : خَصْر — Waist; middle.
—و— الشِّتاء — Midwinter; middle of winter.
—و— الصَّيف — Midsummer; middle of summer.
—و— الطَّرِيق — Midway; the middle of the way *or* distance.
— . وَسْطانيٌّ: مُتَوَسِّط — Middle; central; medial.
الـ— المناسِب (في الرياضة) — Mean proportional.
القِسْمة ذات الـ— والطرفَيْن — Mean proportional division.
حَجْم — . — Medium size, strength, etc.
في — كذا — Amidst; in the middle, *or* midst, of.
في — الخطّ — In the middle of the line.
في — الظلام (مثلاً) — In the midst of darkness.
في — الليل — In the middle of the night.
في وَسَطِنا (او وَسَطِهِم الخ) — In our midst.
وِساطة (بين متخاصمين) — Mediation; intercession.
— : وَسِيلة — Means; medium.
— : شَفاعة — Intercession.
وَسِيط (بَيْنَ متخاصمين) — Mediator; intercessor; intermediary.
— : شَفِيع — Intercessor; interceder.
— : سِمْسار — Middleman; broker.
— بَيْنَ التاجِر او المُسْتَصْنِع والزَّبُون — Canvasser.
واسِطة: وَسِيلة — Means; agency; medium; instrumentality.
— : وَسِيط. شَفِيع — Mediator; intercessor.
بِـ— . — Through; by means of; by the agency of; by.
بهذه الـ— . — By this means.
أَوْسَط: مُتَوَسِّط — Middle; medium.
الشَّرْقُ الـ— . — The Middle East.
الوُسْطى (من الأصابع) — The middle finger.
العُصُور الـ— . — The Middle Ages.
تَوَسُّط: الوُجُود في الوَسْط — The state of being in the middle.
— : تَداخُل — Mediation.
مُتَوَسِّط: في الوَسَط — Middle; medial; of, *or* in, middle; intermediate.

To find wide or large. — اِسْتَوْسَعَ ٢ المكانَ : وجدهُ واسِعاً

Power; ability; capacity. — وُسْع : طاقة

Thermal capacity. — — حَرارِيّ (مثلاً)

Electric capacity. — — كهْرَبِيّ

He cannot do it; it is not within his power to do it. — لَيْسَ في —ـهِ ان يَفْعَل كذا

He did his utmost, or best. — بَذَلَ —ـه

Ample room. — ∆وُسْع . إتِّساع : مكان واسِع

Roominess; wideness; spaciousness. — سَعَة . وُسْعَة : اتساع

Extent; compass. — — . — : امْتِداد

Amplitude; abundance. — — . — : وفْرَة

Affluence; abundance; wealth. — — : يَسار

Wealthy; in affluent circumstances. — ذو — .

Amply; abundantly. — بِـ — . عن — .

Welcome ! — على الرَّحْبِ والسَّعَة

Ample (enough) time, means, etc. — وُسْعَة ٢ من الوقتِ او المالِ

Wide; spacious; roomy; vast; broad; large. — واسِع . وَسِيع . فَسِيح

Of ample mercy or justice. — — الرَّحْمَةِ او العَدْل

A loose, or wide, garment. — ثَوْب — .

A wide boot, or shoe. — حِذاء — .

A man of resources. — رَجُل — الحِيْلَة

Broad plain. — سَهْل — .

Broad, or wide street. — شارِع (طريق) — .

A wide hall, (room, bed, etc) — غُرْفَة —ـة

Wider; larger; more spacious or extensive. — أوْسَع : اكْثَر اتساعاً

Extent; extensiveness; wideness; spaciousness. — إتِّساع

Extension; expansion. — — . تَوَسُّع

Wide; extensive; roomy; spacious; large. — مُتَّسِع : واسِع

Ample (time, space, fortune, etc.) — مُتَّسَع : فسحة (من الوقت او غيره)

Ample room; roominess. — — : مكان واسِع

Average; mean. — — : معدَّل (في الحِساب)

Central. — — : مَرْكَزِيّ

Middle-sized; medium-sized; of middle, or medium, size. — — الحَجْم

Middle-aged. — — العُمْر

Of medium stature. — — القامَة

Middling; of middle quality. — — النَوْع

The Mediterranean Sea. — البَحْر الـ — .

To be wide, extensive, broad, vast, spacious — * وَسُعَ : كان واسِعاً

To hold; contain; be able to receive; have capacity for — وَسِعَ ٢ ∆ساعَ الشيء

To encompass. — — : أحاطَ بهِ

His favours were ample for them — — القَوْمَ فَضْلُه : عمَّهم

To be able; can. — — : قدر على

You can not do it. — لا يسعك ان تفعل كذا : لا تقدر

You are not permitted to do. — لا يسعك ان تفعل كذا : لا يجوز لك

I cannot go to. — لا يسعني الذهاب الى

I cannot bear, endure, or put up with, this. — ما اسع هذا : لا اطيقه

This bottle holds, or can hold, two litres. — هذه الزجاجة تسع لِتْرَيْن

To widen; enlarge; extend; expand. — وَسَّعَ . أوْسَعَ : ضِدّ ضَيَّقَ

To broaden; make wider or larger. — — . — : جعله أوْسَع

To make room for. — و — له مكاناً

To enlarge; widen (a hole, a breach, etc). — — . — الخَرْقَ

To ream; bore out (to wider diameter). — — . — الخرقَ في المعدِن : ∆خَوَّشَ

To enrich; fill one's coffers. — — . — عليهِ : أغناهُ

To become wealthy. — أوْسَعَ ٢ : صار ذا سَعَة

To increase expenses; make large expenses — — النَفَقة . تَوَسَّعَ فيها

To have room enough. — تَوَسَّعَ ٢ في المكانِ

To enlarge one's business. — — في أشْغالِه

To enlarge, dilate, or expatiate on, or upon. — — في الكلامِ : أسْهَبَ

To widen; be enlarged or widened; grow larger or wider. — إتَّسَعَ . اسْتَوْسَعَ : ضِد ضاق

To become wealthy. — — : صارَ ذا سَعَة

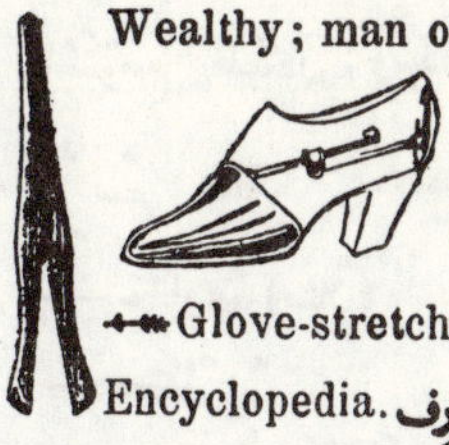

مُوسِع : غَنِيّ — Wealthy; man of means.

مُوَسِّعَة الحِذاء — Shoe-stretcher.

— الكُفُوف — Glove-stretcher.

مَوْسُوعة علمية : دائرة معارِف — Encyclopedia.

— لُغَوِيَّة — Thesaurus (*pl.* Thesauri)

*وَسَقَ . أَوْسَقَ : حَمَّلَ او شَحَن — To load.

— أَكثَر من اللازم — To overload.

إِتَّسَقَ الأَمْرُ (راجع نسق) : إِنْتَظَمَ — To be well arranged *or* organised; be in good order.

وَسْق : حِمْل ٥ حُمُولة — Load; cargo; charge.

— المَرْكَب : شُحْنَة — Cargo; shipment.

مَوْسُوق — Loaded; laden; charged; freighted.

مُتَّسِق : مُنْتَظِم — Well arranged; in good order.

٥وِسْكِي : مُسْكِر معروف — Whisky; whiskey.

*وَسَلَ و تَوَسَّلَ اليه : تقرَّب اليه — To seek or solicit the favour of.

تَوَسَّلَ اليه : التمسَ منه — To plead with; entreat; implore; beseech.

وَسِيلَة : واسِطة — Means; instrumentality; agency; tool; medium.

تَوَسُّل — Entreaty; solicitation; request; supplication.

*وَسَمَ (بعلامة ثابتة) — To brand; mark.

تَوَسَّمَ الشيءَ : تفرَّسه — To scrutinise; examine closely.

— فيه الخَيْر — To expect good of; perceive promising signs in.

إِتَّسَمَ — To be branded, stamped, *or* marked.

وَسْم : وضعُ العلامة — Branding; marking.

١— سِمَة : علامة — Mark; distinctive mark.

سِمَة٢ : بَصْمَة — Stamp; impression.

وِسَام : ٥نِيشان — Decoration; medal; order; badge of honour.

— الاستحقاق — Order of merit.

— الحَمَّام — The British order of the Bath.

— رِباط الساق — The British order of the Garter.

حامِل او صاحِب — رباط الساق (مثلاً) — Knight of the Garter.

وَسَامَة : حُسْن — Comeliness; handsomeness; prettiness.

وَسِيم : حَسَنُ الوَجْه — Handsome; fair; bonny; nice looking; comely.

مَوْسِم : سُوق دورية — Fair; a gathering of buyers and sellers assembled at a stated season.

— : أوان . فَصْل — Season; time.

— الحَصاد (مثلاً) — Harvest season *or* time.

— الحَجّ — The season of the pilgrimage.

— : عِيد كَبير — Holiday; feast day.

ايامُ المواسِم والأعياد — Holidays and feasts; red-letter days; high days.

مَوْسِمِيّ — Seasonal.

الرِيح الموسِمِيَّة — Monsoon; trade wind.

مَوْسُوم — Branded; marked.

— بِخَتْمِي — Bearing the impression of my seal.

مِيسَم : مِكواة الوَسْم — Branding iron.

— : الجزءُ العلوي من المَأْبَر — Stigma.

*وَسِنَ : اخَذَه النُعاس — To doze; slumber; sleep.

— : غُشِيَ عليه من انفِساد الهَواء — To be asphyxiated.

وَسَن . سِنَة : نَوْم — Slumber; sleep.

أخَذَتْهُ سِنَةُ النَوْم — To fall asleep.

وَسِن . وَسْنان : نَعْسان — Dozy; drowsy; sleepy.

*وَسْوَسَ له واليه : وَشْوَشَه — To whisper to, *or* into, another's ear; converse in whispers with.

— له واليه : حدَّثه بشرّ — To suggest, *or* prompt, wicked things to.

— في صُدُور الناس — To whisper in men's breasts.

٥— القُطْنُ : بَرْعَم — To bud; put forth buds.

٥— تَوَسْوَسَ : اصابته الوَساوِس — To be full of anxiety; be disturbed by anxious thoughts.

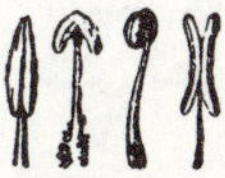

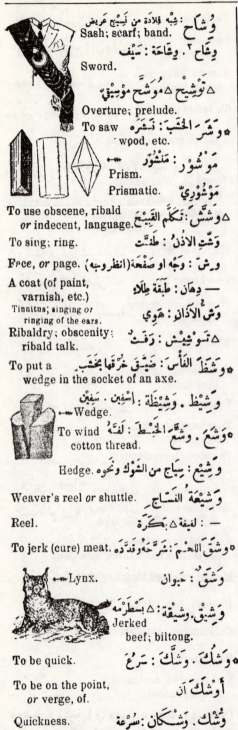

Δ تَوَسْوَسَ : ارْتَابَ — To doubt; have doubts or suspicions.

وِسْوَاس . وَسْوَسَة — Suggestion, or prompting, of evil thoughts.

— : فِكْر شِرِّير — Evil, or wicked, suggestions.

Δ — : شَكّ — Doubt; suspicion.

— : ٥ مالِيخُوليا — Melancholy; hypochondria.

— : جُنُون في أمْرٍ واحِد — Monomania.

Δ — القطن : بُرْعُم — The cotton buds.

الـ : الشيطانِ — The devil; the prompter, *or* suggester of evil thoughts.

وَسْوَسَة : هَمْس — Whisper; rustle; susurration

— الحُلي : صَوْتها — Chinking; jingling.

Δ — : رِيْبَة — Suspicion; doubt.

مُوَسْوَس : مُصَاب بالمالِيخُوليا — Hypochondriac.

— : مَجْنُون في أمْرٍ واحِد — Monomaniac.

— : ظَنُون — Suspicious; mistrustful.

Δ — على : قَلِق — Anxious; full of anxiety; greatly solicitous (for, about, *or* concerning).

*وَسَى : حلَق — To shave (the hair *or* head).

Razor. موسى (راجع موس)

*وسيط (في وسط) ٭ وسيلة (في وسل)

Δ وَسِيَّة : مَزْرَعَة عَظِيْمَة — Large estate; domain.

بَيْتُ الـ . — Manor-house; manor-seat.

*وش (في وشش) ٭ وشاح (في وشح) ٭ وشاية (في وشي)

*وَشَجَتْ . تَوَشَّجَتْ . تَوَاشَجَت الاغصان : تشابكت — To be entwined, entangled, *or* intertwisted.

وشائج النسب — Intricacy of relationship; ties of family relations.

*وَشَّحَ : ألبسَ الوشاحَ — To dress, *or* adorn, with a sash.

تَوَشَّحَ . اتَّشَحَ بكذا : لبِسَه — To don; put on (like a sash *or* scarf); wear; throw on loosely.

— — . — بسيف : تقلَّده — To gird oneself with a sword.

وِشَاح : شِبْه قِلادة من نسيج عريض — Sash; scarf; band.

وِشَاح ٢ . وِشاحَة : سَيْف — Sword.

Δ تَوْشِيح Δ مُوَشَّح مُوسِيقِيّ — Overture; prelude.

*وَشَرَ الخشبَ : نَشَرَه — To saw wood, etc.

مَوْشُور : مَنْشُور — Prism.

مَوْشُورِيّ — Prismatic.

Δ وَشْوَشَ : تكلَّم القبيحَ — To use obscene, ribald *or* indecent, language.

وَشَّتِ الاذنُ : طَنَّت — To sing; ring.

وِش : وَجْه او صَفْحَة (انظر وجه) — Face, *or* page.

— دِهَان : طَبَقة طِلاء — A coat (of paint, varnish, etc.)

وَش الآذان : هَوِي — Tinnitus; singing *or* ringing of the ears.

Δ تَوْشِيش : رَفَث — Ribaldry; obscenity; ribald talk.

*وَشَظَ الفأسَ : ضيَّق خرقَها بخشب — To put a wedge in the socket of an axe.

وِشِيظ . وَشِيظَة : إسْفِين . سَفِين — Wedge.

*وَشَعَ . وَشَّعَ الخيطَ : لفَّه — To wind cotton thread.

وَشِيع : سِيَاج من الشوك ونحوه — Hedge.

وَشِيعَة النسَّاج — Weaver's reel *or* shuttle.

— : لفيفة Δ بَكَرَة — Reel.

*وَشَقَ اللحمَ : شَرَّحَه وقدَّده — To jerk (cure) meat.

وَشَق : حيوان — Lynx.

وَشِيق . وَشِيقَة : Δ بَسْطَرْمَه — Jerked beef; biltong.

*وَشُكَ . وَشَّكَ : سَرُعَ — To be quick.

أَوْشَكَ أن — To be on the point, *or* verge, of.

وُشْك . وَشْكَان : سُرْعة — Quickness.

على — . — About to; on the point of; near.

على ـــ الظهور : عتيد — Forthcoming.

وشيك الوقوع (اي الحدوث) — Imminent; impending.

وشيكاً : عمّا قريب — Shortly; soon; in a short time.

*وشم . وشم اليد : ∆دقّ عليها — To tattoo (skin).

وشم : ∆دقّ — A tattoo mark; tattooing.

○وشنطن : عاصمة ولايات اميركا المتحدة — Washington.

جورج ـــ : محرّر اميركا واول رؤسائها — ←Washington, (George).

∆وشنة : كرز اسود جافّ — Morello cherry.

*وشوش فلاناً : همس اليه — To whisper to.

توشوشوا عليه : تهامسوا — To whisper together about a person.

وشوشة : همس — Whispering.

*وشى . وشّى : زيّن — To decorate; embellish; illuminate.

ـــ . ـــ : زيّن بالتطريز — To embroider.

ـــ به : بلّغ عنه — To inform against; denounce.

ـــ به إلى : سعى به — To calumniate; slander.

وشي . وشاية : سعاية — Calumny; denouncement; slander.

ـــ . توشية : تزيين بالنقوش — Embellishment; decoration; illumination.

ـــ . ـــ : تزيين بالتطريز — Embroidery; needlework used to enrich textile fabrics, leather, etc.

شية : رقطة — Mottle; coloured blotch *or* spot.

ـــ : عيب — Blemish; flaw; defect.

واش : نمّام — Calumniator; slanderer.

ـــ : مغتاب — Backbiter.

موشّى — Embroidered, decorated, *or* illuminated.

*وشيع * وشيعة (في وشع) * وشيك (في وشك)

*وصب . وصب . أوصب . توصّب — To be ill, *or* sick.

وصب : مرض دائم — Permanent, *or* lasting, illness.

واصب : دائم — Lasting; permanent.

*وصد : صدّ وثبّت — To obstruct; block up; prevent; bar.

أوصد الباب : اغلقه — To shut, *or* close, a door.

موصد : مغلق — Shut; closed.

*وصر (والجمع أواصر) : عهد — Bond; obligation.

ـــ . وصير (الجمع اوصار) : حجّة — Titledeeds.

*وصف : نعته بما فيه — To describe; represent (by words); give an account of.

ـــ : صوّر (بالكلام) — To depict; portray.

ـــ له وصفة — To prescribe (as a remedy.)

إتّصف بكذا — To be known, *or* distinguished, by.

إستوصف الطبيب : إستشاره — To consult a physician; ask, *or* take, his advice.

صفة : ما يقوم بالموصوف — Quality; attribute.

ـــ : ما يعرف به الموصوف — Description.

ـــ : نعت (في الآجرومية) — Adjective.

ـــ خصوصيّة — Peculiarity; trait.

ـــ ذاتيّة — Essential attribute.

ـــ مؤهّلة — Qualification; merit.

ـــ مميّزة — Characteristic; a distinguishing trait, quality, *or* property.

بصفة كذا — As; in the idea, condition, *or* capacity of.

بصفة رسميّة — Officially; formally.

بصفة غير رسميّة — Unofficially; informally.

وصف الشيء : ذكر صفاته — Description.

ـــ : صفة — Quality; attribute.

ـــ : تصوير . شرح — Depiction; portrayal.

لا يمكن ـــه : لا يوصف — Indescribable.

يفوق الـ ـــ — Beyond description.

وصفة : ما يصفه الطبيب أو غيره — Prescription.

ـــ مكتوبة : ∆نسخة . وصاة — A recipe; formula.

وصفيّ — Descriptive; qualitative.

Qualitative analysis.	تَحْليل وَصْفِيّ
Lad; youth.	وَصِيف : غُلام
Page or valet.	— : خادِم خُصُوصِيّ
Maid; maid-servant; lass.	وَصِيفة : فَتاة . جارِية
Maid of honour.	— الملِكة او الأَميرة
Described.	مَوْصُوف : مَذْكُورة أَوْصافه
Prescribed; recommended.	— : مَذْكُور كَوَصْفة
Specifications.	△مواصَفات العَمَل : وَصْف تَفْصِيلِيّ
Dispensary.	مُسْتَوْصِف طِبِّيّ
To reach; get to; arrive at, (a place).	٭ وَصَل المَكانَ واليه : بَلَغه
To get home.	— الى بَيْتِه
To amount to.	— الى المِقْدار الفُلانِيّ
To bes.ow upon.	— فلاناً بِكذا
To come; arrive.	— الشيء : أتَى . وَرَدَ
I arrived to-day.	—تُ اليَوْمَ
To join; connect; attach (one thing to another).	— وَصَّل الشيء بالشيء : رَبَطه به
To unite; combine.	— : ضَمَّ . جَمَعَ
To receive; take; get.	—ه الشيء : اسْتَلَمَه
It reached him; he received the news.	—ه الخَبَر : بَلَغه . نُمِيَ اليه
I have received, or I am in receipt of, your letter.	—نِي خِطابُك
Before this letter reaches you.	قَبلا يصِلُك هذا الخِطاب
Everything he could (lay hold of), or lay his hands on.	كُلّ ما وَصَلَت اليه يَدُه
To conduct, lead, or conduce, to.	وَصَّل . أوْصَل الى : أدَّى الى
To communicate; convey; transmit.	— . — : نَقَلَ
To conduct; transmit (as heat, light, electricity, etc.)	— . — : (في عِلم الطبيعة)
To accompany; escort (as a lady to her house).	— . — : رافَقَ
To conduct; lead.	— . — : أرْشَدَ وقادَ
To deliver, convey, or take a thing to.	— . — الشيء الى
To give another a lift.	— . — الراكِب صَدِيقَه

To be in touch, or on intimate relations, with.	وَاصَلَ : ضِدّ هَجَرَ وصارَمَ
To have relations or communication with.	— الحَبِيبُ حَبِيبَه
To continue; persevere, or persist, in.	— العَمَل وفيه : داوَمَ او واظَبَ عليه
The army continued to advance.	— الجَيْشُ التَقَدُّمَ
To reach; attain to; arrive at.	تَوَصَّلَ الى كَذا
To be joined, or attached to; be connected with.	إتَّصَلَ بالشيء : ارْتَبَطَ
To come to a person's knowledge.	— به الخَبَر : عَلِمَه
To join; be close, or next to; be contiguous, or adjoining, to.	— به : كان مُلاصِقاً له
To be in contact, or touch with; attached to, the service of.	— بِفُلان
To meet; come into contact with.	— به : اجْتَمَعَ به
To be continuous.	— العَمَلُ : اسْتَدامَ
To reach; come to; arrive at.	— الى : بَلَغَ وانْتَهَى
To be related to.	— الى العائلة الفُلانِية : انْتَسَبَ
Joining; attaching; connecting.	وَصْل : رَبْط او الْحاق
Connection; relation.	— : ارْتِباط
Receipt; voucher.	△ — : اقْرار كتابي بالاسْتِلام
Slur; tie.	قوس الـ او الاتِّصال : رابِطة مُوسِيقِية
Conjunction of the sun and moon; last night of a lunar month.	ليلة الـ : آخر ليالي القَمَر
Limb or member.	وُصْل (والجمع أوْصال) : عُضْو
Joints; articulations.	أوْصال٢ : مَفاصِل
To dismember; partition; cut up.	حَلَّ أوْصالَه
Connection; attachment.	وُصْلة : اتِّصال
Link; tie.	— : حَلْقة الاتِّصال
A catchword.	— الكَلام : ربطة
Hyphen.	— بَيْنَ كَلِمَتَين : عَلامة وصْل (-)
Claw coupling.	△ — ذات الأَسْنان (في الميكانيكا)
Riveted joint.	△ — : بِرْشام
Conical clutch.	△ — المِحْوَر المُتَقَطِّع الحَرَكة
Butt joint.	△ — القَوْرة في القَوْرة (في النِجارة)
Riveted lap joint.	△ — النَّمَى على النَّمَى

صِلَة : علاقة . إرْتباط — Connection; relation.
— : رابِطة — Connection; tie; bond.
— : عَطِيّة . مِنْحة — Gift; grant.
— قَرابة — Relationship.
وِصال : مُواصَلة — Intercourse; communication; connection.
وُصُول : مَجيء . إتيان — Arrival; coming.
— : بُلُوغ — Reaching; attaining.
— : إستِلام — Receipt; the act of receiving.
Δ — : إقرار كتابي باستلام اي شيء — Receipt; voucher.
وُصُولي : طالِب المنفعة الذاتية — Self-seeker; *arriviste.*
وَصِيل الرجُل : صديقه الذي لا يفارقه — Inseparable friend; chum; *alter ego.*
واصِل : قادِم . آتٍ — Arriving; coming.
— : الذي يُوصِل بين شيئين — One who, *or* that which, joins, connects, *or* attaches.
— : رابِط — Connective.
Δ — : مُطلَقاً . أبداً — Never; not at all.
إتِّصال : إرْتباط — Connection; union; junction; *liaison.*
— : إستِمرار . ضِدّ انقطاع — Continuity.
— : مُواصَلة — Connection; communication.
ضابِط — . — Liaison officer.
على — بكذا — In touch, *or* connection, with.
قَوس الـ— : رابِطة مُوسيقية — Slur; tie.
إيصال . تَوصِيل : وَصْل — Connecting; attaching; joining; etc.
— . — : نَقْل — Communicating; conveying.
Δ — : مُستَنَد . رَجْعة — A receipt; a voucher.
Δ مِسمار تَوصيل ٢ (في الميكانيكا) — Gudgeon-pin.
Δ تَوصِيلة : أُجرة ركوب المطيّة مرّة واحدة — Fare.
Δ — الصُّندوق — Muff, *or* box, coupling.
Δ علبة الـ— الفرقيّة (في الميكانيكا) — Differential box.
إيصاليّة . تَوصِيليّة — Conductivity.
تَواصُل : تَبادُل المعامَلة — Intercommunication.

مُوَصِّل . مُوصِل الى : مُؤدٍّ — Leading, conductive, *or* communicating, to.
— . — : رابِط — Connecting; connective.
— (في عِلم الطبيعة) — Conductor.
— جيّد — Good conductor.
— رديء — Bad conductor; nonconductor.
مَوْصُول . مُتَّصِل — Connected; attached; joined.
اسم الـ— . — Relative pronoun.
مُتَّصِل ٢ . مُتَواصِل — Continuous; uninterrupted; unceasing.
— بكذا : مُجاوِر او ملاصِق له . بالقرب منه — Adjoining; adjacent; contiguous.
ضمير — . — Suffixed pronoun.
مُواصَلة : تَبادُل الاتّصال — Intercommunication; intercourse; connection.
— : إستِمرار — Continuity; uninterruption.
Δ — : نقطة اتصال الطرق — Junction (of roads).
طُرُق المواصَلات — Means of communications.
وزارة المواصَلات — Ministry of Communications.
*وَصَمَ : عابَ . شانَ — To disgrace; dishonour.
— : كَسَر — To fracture.
— : بِعار او بِعَيْب — To stigmatize.
وُصِمَ . تَوَصَّمَ : شعر بفتور وتعب — To have a feeling of sickness, *or* malaise.
وَصْمة . وَصْم : عار — Stigma; disgrace; mark of infamy.
— . تَوْصِيم الجسم — Malaise; a feeling of being sick.
— : عَيْب — A fault; defect; blemish.
*وَصْوَصَ : نظر من ثقب — To peep, *or* look, through a hole, *or* a crevice.
وَصْوَص . وَصْواص : ثقب على قدر العين — Peephole.
وَصْوَصة العيون — Peeping.
*وَصَى . أوْصَى فلاناً بكذا : عَهِدَ اليه به — To commit to another's charge *or* care.
— . — بعمل : طلب صنعه او إحضاره — To order (a thing).
— . — بفلان — To recommend a person, to.
— . — بماله لكذا — To will one's money.
— . — له بكذا : جعله ميراثاً له — To bequeath a heritage to a person.

Ablution; water used in cleansing. وَضُوء : الماء الذي يُتوضّأ به

To be clean, pure, etc. وَضُؤَ : كانَ نظيفًا

To perform the rite of ablution; cleanse oneself before prayer. تَوَضَّأ : اغتسل

Lavatory; place of ablution. مِيضَأة . ميضاءة ∆ مِيضة

To arrange; put in proper order; tidy up. ∆وَضَّبَ : رتَّبَ

To prepare; arrange. — : أعدَّ . جهَّز

To fit; adjust. — : وفَّق . اصْلَح

To stack cards. — ورق اللعب (ليغش به)

Arrangement; the act of putting in good order. تَوْضِيب : تَرْتِيب

Preparation; arrangement. — : إعْداد . تجهيز

Furniture. ∆ — المطبعة : من أدوات الطباعة

To appear; become visible, obvious, *or* manifest; come to light. ⭑وَضَحَ . تَوَضَّحَ . اِتَّضَحَ : بان والكشف

To become plain, distinct, clear, *or* evident. — . — . — : انجلى

To clarify, elucidate; clear. وَضَّحَ . أوْضَحَ : جعله واضحا

To explain; make plain *or* manifest; clear up. — . — : فسَّر

To show; make clear. — . — : بَيَّنَ

To express; show. — . — : عبَّر عن

To ask for an explanation. إسْتَوْضَحَ : طلب الايضاح

To investigate; inquire into. — عن الأمر : بحث عنه

Light. وَضَحٌ : نُور

Bright; luminous; shining. وَضَّاح

Clarity; clearness; plainness; obviousness. وُضُوح : اتِّضاح . جلاء

Appearance. — : ظُهُور

Clearly; plainly; distinctly. بِوُضُوح : بجلاء

Clear; plain; lucid; conspicuous; obvious; manifest. واضِح : جليّ . صَريح

Apparent; evident; glaring. — : ظاهِر

Self-evident; self-explanatory. — بِذاته : لا يحتاج الى ايضاح

To commend; praise. — . — بهِ : مدحه

To recommend; advise; bid. — . — ه بكذا : اشار به

Executor (of a will). وَصِيّ : مُنَفِّذ الوصيَّة

Tutor; curator; guardian (of minor, lunatic, etc.) — : وليّ أمر (شرعي)

Testator (*fem.* Testatrix). — : مُوصٍ

Regent. — الملك

Commandment; injunction; order. وَصِيَّة . وَصَايَة[1] : امر

Recommendation; advice. — . — : نَصِيحَة

Will; testament. — الانسان بما يتركه لورثته

Intestate estate. تَرِكَة بلا — .

To die intestate. ماتَ ولم يكتب وَصِيَّته

To invalidate, *or* upset, a will. جرَحَ (ابْطَلَ) الوصيَّة

The ten commandments; decalogue. الوصايا العشر

Executorship; trusteeship. وَصَايَة[2] : ولاية أمر التركة

Guardianship; tutelage. — (ولاية) شرعيَّة

Ward; minor under control of guardian. تحت الـ —

Prescription. وَصَاة (من طبيب) : تذكرة طبيَّة

Commanding, directing, ordering, etc. إيصاء . تَوْصِيَة : أمر

Recommendation; advice. تَوْصِيَة[2] : نُصْح

Order; ordering. — بِصُنْع شيء او إحضاره

Bequest. — بِميراث

Made to order. مَصْنُوع بالـ — (كالثوب والحذاء الخ)

Letter of recommendation خِطاب — .

Recommender; one who recommends. مُوصٍ . مُوَصٍّ : الذي يوصي

Testator, (*fem.* Testatrix). — . — : صاحِب الوصيَّة

Recommended. مُوصًى بهِ : مُشار به

Bequeathed. — بهِ : مُوَرَّث بالوصيَّة

Legatee. — له او اليه

Registered — عليه : مُسجَّل ∆ مستوكر

Cleanliness; purity. ⭑وَضَاءة . وَضُوء : نظافة

Ablution; ceremonial washing. وُضُوء[2] . تَوَضُّؤ : الاغتسال قبل الصلاة

إيضاح . تَوْضيح : تفسير — Elucidation; clearing up; a making clear; explanation; illustration

— . — : اظهار — Manifestation: act of showing, expressing, *or* declaring.

إيضاحيّ — Explanatory; illustrative; elucidative

إتّضاح : وُضُوح . ظُهُور — Appearance.

— : جَلاء — Clearness; plainness.

مُتَّضِح : واضِح — Clear; plain; evident; obvious; manifest.

*وَضَرٌ : قذارة . وَساخة — Filth; dirt.

*وَضَعَ : اذلّ — To humble; lower; bring low; humiliate; abase.

— نفسه : اذلّها — To humble oneself.

— منه : حطّ مِن قَدْرِه — To disparage; detract from.

— الشيء في مكانٍ : حطّه — To put; place; lay.

— الشيء من يده : القاه — To throw down.

— الكتابَ : ألّفه — To write, compile, *or* compose, a book.

— الحديثَ : افتراه — To fabricate; forge.

— نُصْبَ عَيْنَيْه : تذكَّر — To bear in mind; keep in view.

— ثِقتَه في — To place confidence in.

— حدّاً للأمر — To put an end, *or* a stop, to.

— الأساسَ او المشروع — To lay a foundation, a project, etc.

— ختماً على — To affix a seal to.

— يده على : تملّك — To take possession of.

— على جَنْب — To put, *or* lay, aside.

— على حِدَةٍ — To set apart.

— الشيء في غير مَوْضِعه — To mislay; misplace.

— ت الحُبْلَى — To give birth to; be confined.

وَضُعَ : ذلّ . كان خسيساً — To be humble, lowly, mean.

وُضِعَ . أُوضِعَ في تجارته : خَسِر — To lose in business.

وضّعَ اللحافَ او الجُبّة : ضرّبه — To quilt a counterpane, etc.

إتّضع . تواضَعَ : ضدّ تكبّر — To behave humbly.

تواضعوا على امر : إتفقوا — To agree upon.

وَضْع : حطّ — The act of putting, placing, setting down, etc.

— . وِضْعَة : مَرْكز — Position.

— . — : حالة الوَضْع — Pose; posture.

— : ولادَة — Childbirth; delivery.

— اليد : تملّك — Occupation; occupancy.

— الأيدي (اصطلاح كنسي) — Laying on of hands.

حقّ التملّك بوضع اليد — Usucaption; squatting.

قانون وَضْعيّ — Positive law.

وَضِيع : دنيء . حقير — Mean; base; low.

— : ضد الرفيع — Lowly; humble.

الـ والرفيع — The great and lowly.

من أصل — — Of humble stock.

واضِع ٥ واضِعَة : والِدَة — In childbed.

— : لا خمار عليها . سافِرة — Unveiled (woman).

— : الذي يضع (والانثى واضعة ٢) — One who puts, places, *or* lays down.

— الكتاب وغيره — The writer of a book, etc.

— اليد — Occupier; possessor.

ضِعَة . وَضاعَة : ذُلّ النفس — Humiliation; lowliness.

تواضُع . إتّضاع : ضدّ تكبّر — Humility; modesty.

مُتّضِع . مُتَواضِع : ضد متكبّر — Humble; modest; unassuming; lowly.

مَوْضِع : مكان . محلّ — Place; position; locality.

في غير مَوْضِعه — Out of place.

مَوْضِعيّ — Local.

مَوْضُوع : وَضِع . محطوط — Put; placed; laid *or* set, down.

— : مختلَق — Fabricated; invented.

— : مسْألة — Question; subject (of investigation, examination, *or* debate).

— : مدار الكلام — Topic; matter; point.

— الكلام او العِلْم : المادّة التي يجري عليها — Subject.

— الكلام او الكتاب الخ — Subject of a conversation, a book etc.

— دقيق — A delicate question *or* subject.

في او داخِل الـ — To the question *or* point; to the real matter under debate.

Out of the question; off the point. خارج عن الـ

٭وَضَم : خَشَبة الجَزّار ⟵Block; butcher's block.

Ablution. ٭وُضُوء (في وضاءة)

٭وَط. وَطيّة : وحْدة قِياس القوة الكَهْربية Watt.

جِيْمْس وَطّ : مخترع المحرِّك البُخاري ⟵Watt, (James).

مِقْياس وَطّيّ (لقياس قُوة التيار الكَهْربي) Wattmeter.

Watt-hour-meter. مِقْياس وَطّيّ ساعِيّ

٭وَطَّأَ .وَطَّأ : سَهَّلَ ومَهَّدَ To pave *or* prepare the way; make smooth and easy.

—.— الفراشَ : هَيَّأه To make a bed.

—.— وَطّى الوَضْعَ : جَعلَه وطيئاً To depress; press down.

—.— : خفَّض To lower; bring down.

وَطِئَ .وَطَأَ الطَريقَ او الارْضَ : مشَى عَلَيْها To tread; step *or* walk on.

—.— الشيْءَ : داسَه To trample, *or* tread, under foot.

— عَتَبة دارِهِ To darken another's door.

— الفَرَسَ : رَكِبَهُ To mount; get upon.

— المرْأةَ : جامَعَها To have sexual intercourse with.

لم تَسطأه قَدَم Untrodden.

واطأ. تَواطَأَ الرجلَ على : وافقَهُ عليهِ To agree with a person upon a thing.

تَواطأوا على أمر : توافقوا عليه To act in concert; prearrange with others.

—وا على شرّ To collude; act collusively *or* in collusion; conspire together.

—وا على قتلِهِ They colluded with his murder.

—وا على العِصْيان They colluded with sedition.

وَطْء : دَوْس Treading; stepping on.

— : جِماع Sexual intercourse.

— وَطاء : أرْض مُنْخفِضة Depressed land.

وَطْأة : ضَغْط Pressure; constraint.

شَديد الـ Fell; cruel.

وَطِيء . واطِئ : مُنْخفِض Low.

أوْطأ من Lower than.

تَوْطِئة . تَوْطِية : خفض Lowering.

— : إعْداد . تَمْهيد Preliminary step.

تَواطُؤ . مُواطأة Collusion; fraudulent; secret agreement.

دعوى بالـ (بين المتخاصمين) Collusive suit.

مَوطِئ . مَوْطأ القدَم : مُرْتَسكَزها Footing; foothold; standing.

مَوْطوء : مَدوس Trodden.

٭وَطْب : قِرْبة اللبَنِ او الماء Milk skin; ⟵*or* waterskin.

٭وَطَد .وطَّد : ثبَّت To fix firmly; stabilize, establish; make firm *or* stable.

—.— : قوّى To strengthen; fortify.

—.— الأرْضَ To beat; ram; press down, (as if with a rammer).

—.— له : أعدّ To pave the way.

—.— ثِقته فيه To pin one's faith to.

—.— عزْمه على To resolve; make up one's mind; determine, (upon).

—.— سُلْطته To strengthen authority.

تَوَطَّد To be established, strengthened, fixed, made firm *or* stable, etc.

وَطِيد Steadfast; firm; fixed; stable; unshaken.

أوْطاد : جِبال Mountains.

مِيْطَدة : ٥ مِندالة ⟵Rammer.

٭وَطَر : بُغْيَة . غايَة Wish; desire, end.

قَضى منه وطَرَهُ To accomplish one's desire; attain one's end.

٭وَطَس : ضَرَبَ ٥ طَس To slap; strike; hit (with something broad).

وَطِيس : تَنّور Furnace.

— : مَعْرَكة Battle; fight; conflict.

حَمِيَ — الجِدال The dispute waxed hot.

حَمِيَ الـ — : اشتدّت المَعْرَكة The battle raged.

٭وَطَش : ضَرَبَ ٥ لطَش To strike; slap.

To have thick eyebrows and long eyelashes. وَطِفَ : كَثُرَ شَعَرُ حَاجِبَيْهِ وعَيْنَيْهِ

To reside or dwell, in a place; inhabit a place. وَطَنَ بالمكانِ : أقامَ بِهِ

To settle, establish a home, or fix one's residence, in. وَطَّنَ . تَوَطَّنَ . اسْتَوْطَنَ المكانَ : اتَّخَذَهُ وَطَنًا

To make up one's mind to. — نَفْسَهُ على

Home; homeland; one's native place or land. وَطَنٌ

Patriotism; love of one's country; devotion to the welfare of one's country. حبُّ الـ : وَطَنِيَّةٌ

Cosmopolitan. مُشَاعُ الوَطَنِ : يَعْتَبِرُ كُلَّ الدُّنْيا وطنَه

Displaced person. فاقِدٌ وَطَنَه

Native. وَطَنِيٌّ : مختصٌّ بالوطنِ

A native. — : ابنُ البلادِ

National. — : قَوْمِيٌّ . أهْلِيٌّ

A patriot. — : مُحِبّ لوَطَنِهِ

Patriotic. — : مختصٌّ بحبِّ الوطنِ

Nationalism; patriotic feelings; nationality; national quality. وَطَنِيَّةٌ . قَوْمِيَّةٌ

National rights. — حُقُوقٌ

National government. — حكُومَةٌ

Native language. — لُغَةٌ

Home manufactures. — مَصْنُوعاتٌ

Chauvinism; jingoism. — نَعَرَةٌ

Common citizenship. الوَطَنِيَّةُ (القَوْمِيَّةُ) المُشْتَرَكَةُ

Inhabiting, or dwelling in, a country. إسْتِيطانٌ

Home; dwelling-place. مَوْطِنٌ (والجمع مَواطِنُ) : مُقَامٌ . مَقَرٌّ

Habitat; natural home of plant or animal. — الحيوانِ او النَّباتِ

A compatriot; country-man. مُواطِنُ الإنْسانِ : بَلَدِيُّهُ

Dweller; inhabitant; citizen; settler. مُسْتَوْطِنٌ : مُقِيمٌ

Endemic disease. مَرَضٌ — : خاصٌّ بمكانٍ او قَوْمٍ

Bat. وَطْواطٌ : خُفّاشٌ

To lower. وَطَّى (في وطأ)

To keep doing a thing regularly; continue to do a thing. وَظَبَ . واظَبَ على : دَاوَمَ

To persevere in; persist; maintain effort; apply oneself assiduously to any thing. واظَبَ على عَمَلِهِ : ثابَرَ

To attend prayer regularly. — على حُضُورِ الصَّلاةِ (مَثَلاً)

Persevering; persistent. مُواظِبٌ : مُثابِرٌ

Regular attendant. — على الحُضُورِ

Perseverance; assiduity. مُواظَبَةٌ : مُثابَرَةٌ

Regular attendance. — على الحُضُورِ

To assign to a person his ration, or daily pay. وَظَّفَ الرَّجُلَ : عَيَّنَ لَهُ في كلِّ يَوْمٍ وَظِيفَةً

To appoint, or name, a person to an office. — الرَّجُلَ : وَلّاهُ مَنْصِباً

To invest, or place, money in business. — المالَ : أثْمَرَهُ . نَمَّرَهُ

To be appointed, or nominated. تَوَظَّفَ : تَعَيَّنَ

Cannon; shank of a horse's leg. وَظِيفُ الحِصَانِ وامثاله

Ration; a fixed daily allowance of provisions. وَظِيفَةٌ : جِرَايَةٌ

Pay; salary. — : رَاتِبٌ

Employment; service. — : خِدْمَةٌ

Situation; post; position; office. — : مَنْصِبٌ

Function; office. — المَعْضُو : عَمَلُهُ

To function; act; operate. أدَّى وَظِيفَتَهُ

Functions of the organs. وَظائِفُ الأعْضاءِ

Physiology. علم الوظائف (وَظائِف الأعْضاء)

Physiologic,—al. وَظائِفِيٌّ : فِزْيُولُوجِي

Appointment تَوْظِيفٌ : تَعْيِينٌ

Investment. — المالِ : تَأْثِيلُهُ . تَنْمِيَتُهُ . تَثْمِيرُهُ

Appointed. مُوَظَّفٌ : مُعَيَّنٌ

Employee. — : عامِلٌ . مُسْتَخْدَمٌ

Government official. — حكُومَةٌ
Public functionary — حُمومِيٌّ

Vessel. وِعاء (في وعي)

To take up: engross; absorb; assimilate. وَعَبَ . أوْعَبَ . اسْتَوْعَبَ الشيءَ : أخَذَهُ كُلَّهُ

To insert one thing into another. أوْعَبَ الشيءَ في الشيءِ : أدْخَلَهُ فيه

اسْتَوْعَبَ ٢ : اسْتَأْصَلَ To extirpate; root out.
— الوِعاءُ الشيءَ : وَسِعَهُ To contain; hold; receive; take up.
— الحَدِيثَ : فَهِمَهُ To take in; comprehend.
*وَعْثٌ : عَسِيرٌ. شَاقٌّ Hard; arduous; difficult; laborious; fatiguing.
أرضٌ وَعْثَةٌ Rough, or rugged, land.
وَعْثاءُ : مَشَقَّةٌ وتَعَبٌ Hardship; trouble; fatigue; toil.
*وَعَدَ. أَوْعَدَ كذا او به To promise a person something; to engage to do, or to refrain from doing, a thing.
—تِ الأرضُ : رُجِيَ خَيْرُها To be promising: afford expectations.
—هُ. أوعده ٢ بشرٍّ. تَوَعَّدَهُ To threaten; menace.
وَاعَدَهُ. تَوَاعَدَا: وَعَدَ كلٌّ منهما الآخر To promise one another.
— . — : اتفقا على مَوْعِد To [make a date]; make an appointment with.
وَعْد . عِدَة. مَوْعِد . مَوْعِدَة Promise.
— شَرَف A word of honour; parole.
أَخْلَفَ بِوَعْدِهِ To break a promise; go back on one's word.
وَعِيد . تَوَعُّد : ما تُهُدِّد به Threats; menaces.
تَوَعُّد ٢ . إِيعاد : تهديد Threatening; menacing.
وَعِيدِيّ . تَوَعُّدِيّ Minatory; threatening.
وَاعِد : مُعْطِي الوَعْد Promisor; one who promises.
— : مَرْجُوّ المُسْتَقْبَل Promising; hopeful.
مَوْعِد : وَعْد عَهْد Promise; engagement
— . مِيعاد. مُوَاعَدَة : اتفاق على مُقابلة Appointment; [a date.]
أرضُ الموعد : ارض كنعان (او السماء) Promised land.
مِيعاد ٢ : وقتٌ مُعَيَّن Time, (appointed or fixed).
∆ — المرأةِ : حَيْض Period; menses.
حَضَرَ في الـ — . He came at the appointed time.
وَصَلَ القِطارُ في — ه The train arrived in, or on, time (or schedule).
بيان مواعيد قِطارات سكة الحديد Railway time-table.
مُحافِظ على المواعيد . مُراعِي الميعاد Punctual.

مَوْعُود Promised; promisee.
*وَعُرَ. تَوَعَّرَ : كان وَعِراً To be rugged, rough, or hard.
وَعْر. وَاعِر. وَعِير : يَصْعُب السير فيه Rugged; rough; hard.
∆ واعِر ٢ : مُخِيف Fearful; dreadful; awful.
*وَعَزَ وأَوْعَزَ اليه بكذا To intimate; suggest; insinuate, or hint, to.
إِيعاز Hinting; suggestion; insinuation; intimation.
إِيعازِيّ Insinuative; suggestive.
مُوعِز Insinuator; suggestor; inspirer; one who hints or insinuates.
مُوعَز بِهِ Intimated; insinuated; inspired.
مقالة — بها An inspired article.
*وَعَّسَ الدهرُ الرجلَ : حَنَّكَهُ To inure; experience; make wise.
وَعْس. مِيعَاس : رَمْلٌ تَسُوخُ فيه الأقدام Loose sands; quicksands.
*وَعَظَ : نَصَحَ له To exhort; admonish; warn; advise.
— الَّتِي مَوْعِظَة To preach; sermonize; deliver a sermon.
إِتَّعَظَ : قَبِلَ النصيحة To accept advice.
— بكذا To learn, or take warning, from.
وَعْظ Preaching
عِظَة . مَوْعِظَة . وَعْظَة Sermon
— . — : ما يُتَّعَظ به A warning; a lesson.
وَاعِظ : الذي يَعِظ Preacher.
*وَعِقٌ : شَرِس Petulant; irritable; peevish.
*وَعَكَ الحَرُّ : اشتدَّ مع سكون الريح To be sultry.
. تَوَعَّكَ : انحرفت صحته To be indisposed, ill, unwell.
وَعْكَة. تَوَعُّك المزاج Indisposition (in health); illness.
— : إِشتداد الحَرّ مع سكون الريح Sultriness.
وَعِك. مَوْعُوك. مُتَوَعِّك Indisposed; ill; unwell; run down.

*وَعْل : نَوْعٌ من المَعْز الجبلي : Ibex; wild goat.

— هِنْدي : Sasin.

*وَعَمَ: حَيّا : To salute.

عِمْ صَباحاً : Good morning (to you) !

— مَساء : Good evening (to you) !

*وَعْوَعَ: عَوى : To howl or yelp.

وَعْوَع : ابن آوى : Jackal.

*وَعَى . أَوْعَى: حَوَى : To contain; comprise; hold.

— الحديثَ : قَبِلَهُ وحَفِظَهُ : To take in: comprehend; receive into the mind.

△ — الكلامَ او اليه:التَفَتَ اليه : To attend, or pay attention, to; heed; mind.

△ — الأمرَ : أَدْرَكه : To be conscious of.

△ — الأمرَ: تَذَكَّرَه : To remember; recollect

أَوْعَى ٢ . إِسْتَوْعَى الشيَّ:اخَذَه كله : To take up.

— الشيَّ : جَعَلَه في وِعاءٍ : To put into a vessel.

△وَعَّى مِن : حَذَّرَ : To warn, or caution, against.

△ تَوَعَّى مِنه : اِحْتَرَزَ مِنه : To be on one's guard against.

△إوْعَ : حَذارِ : Take care; be careful !

△ — منه : أَحْذَرْهُ : Beware of; take care of.

وَعْي . إيعاء:اِحْتِواء : Receiving; taking in.

△ — : حَذَر وانتِباه : Attention; care; heed; advertence.

△ — : إدْراك . يَقَظَة : Consciousness.

لا وَعْي : مُدْرَك بلا وَعْي : Subconscious.

الادْراك بلا وَعْي : Subconsciousness.

△وَعاع : مُلْتَفِت او حَريص : Attentive; prudent; cautious; careful.

△ — : يَقِظ : Circumspect; watchful; vigilant; wary; alert.

△ — : مُدْرِك : Conscious; in one's senses.

الواعِيَة الخَفِيَّة : The subconscious.

وِعاء : إناء : Vessel; receptacle; container; utensil.

— دَمَوي : Blood vessel.

وِعائي : Vascular.

— نَسيج : Vascular tissue.

*وعيد (في وعد) : Threats; menaces.

*وَغْد : أَحْمَق : Stupid; foolish.

— : دَنيء : Mean; servile; scoundrel; vile.

— : خادم حَقير : Menial; household servant.

*وَغِرَ عليه صَدْرُه . تَوَغَّرَ : توقَّد غَيظاً : To boil, or burn, with anger against.

— عليه صَدْرُه ; حَقَد عليه : To bear, a person, ill-will; harbour malice against him.

وَغَرَ . أَوْغَرَ صَدْرَه على : To envenom; embitter; inflame with rage against.

وَغْرٌ . وَغَرٌ : عَداوَة : Rancour; bitter spite; hostile feelings; grudge.

— . — : حِقْد . ضِغْن : Ill-will; malevolence; resentment.

(وغش) ٥وأغِش : هَوَامّ : Vermin.

*وَغَلَ . أَوْغَلَ . تَوَغَّلَ في كذا : To penetrate deeply into.

— على القَوم : أتاهم بلا دعوة : To intrude upon.

اوغَلَ ٢ في السَيرِ : أَسرَع : To go, or advance, quickly, or too far.

— في الكلام : بالَغَ : To draw the long bow.

— في كذا : أَدْخَلَه فيه : To push, or plunge, into.

وَغْل : طُفَيْلي : Intruder; parasite.

٥وَغْنَر : موسيقي الماني شهير : Wagner, (Wilhelm Richard.)

*وَغْي . وَغَى : جَلَبة : Clamour; tumult; uproar.

— . — : حَرْب : War; battle; conflict.

*وَفاء ٥ وَفاة (في وفي)

*وَفَدَ على او الى : قَدِمَ : To come to; arrive.

وَفَّدَ . أَوْفَدَ : أَرْسَلَ : To send (an envoy).

— : أَرْسَلَه بِصِفَة وكيل اومندوب : To delegate; depute.

تَوافَدوا عليه : تَوارَدوا : To come, or go, to, in crowds.

وَفْد : نُوّاب مَبْعُوثُون : A deputation; a delegation.

— . وُفُود . وِفادَة : قُدُوم : Coming; arrival.

أَحْسَنَ وِفادَتَه : He welcomed him; received him hospitably and cheerfully.

وافِد : قادِم — Arrival; comer; one who comes; one who has arrived.
— : رَسُول . مَبْعُوث — An envoy; delegate.
مَرَض — : △سِعْر دايِر — An epidemic disease.
النَّزْلَة الوافِدَة — Influenza; flu.
*وَفَرَ . وَفُرَ . تَوَافَرَ : كَثُرَ — To increase; augment; grow.
— . — . — : كانَ وافِراً — To be abundant, or plentiful.
— لهُ الشيء . وَفَّرَ . أَوْفَرَ الشيءَ : كَثَّرَه — To increase; make abundant or plentiful.
△وَفَّرَ ٢ : إدَّخَرَ — To save; lay, or put by.
△— : اقْتَصَدَ — To economise; save; spare.
△— عليهِ التَّعَب — To save one the trouble.
تَوَفَّرَ على كذا — To devote oneself to.
—ت فيهِ الشُّرُوط — To fulfil the conditions.
△— : لم يُنْفَق — To be saved, spared *or* economised.
تَوَافَرَ ٢ : كانَ وافِراً — To be abundant, plentiful, etc.
وَفْر : غِنًى — Wealth; abundance; affluence.
△— . △تَوْفِير : اقْتِصاد — Economy.
△— . — : إدِّخار — Saving; putting by.
△— (الجمع وفورات) : المال المُقْتَصَد — Savings.
△رُفِتَ بالـ — Discharged for economy.
وَفْرَة : كَثْرَة — Abundance; great plenty.
تَوْفِير ٢ : تَكْثِير — Increasing; multiplying.
△— : اِقْتِصاد — Saving; economising.
صُنْدُوق الـ : صندوق الادِّخار — Savings bank.
وافِر . مُتَوافِر : كَثِير — Abundant; plentiful.
— العَدَد — Numerous; large in number.
— المال — Wealthy; rich.
أَوْفَر : أَكْثَر — More abundant *or* plentiful.
△— : أكثر اقتصاداً . اقلّ نفقة — More economical
النَّصِيب الـ — The major share
مُوَفَّر : مُكَثَّر — Increased; augmented; multiplied.
△— : مُقْتَصَد — Saved; economised; spared.

*وَفْضَة (والجمع وِفاض) : وِعاء كالجَعْبَة من الجلد — Wallet; leather bag.
خالي الوِفاض ٢ — Empty; vacant; containing nothing; empty-handed.
*وَفِقَ الامرُ : كانَ مُوافِقاً — To be suitable *or* fit.
وَفَّقَ الامرَ : جَعَلَه مُوافِقاً — To adapt; fit; make fit *or* suitable.
— بَيْنَ النَّقِيضَيْن — To reconcile different viewpoints; fit one thing to another.
— بين المتخاصِمين (مثلاً) — To reconcile between quarreling parties.
— بَيْنَهم : صالَحَهم — To reconcile persons who have quarrelled.
— اللهُ فلاناً للخَيْر — May God make circumstances favourable to him, *or* grant him success, *or* lead him to success.
وُفِّقَ لكذا : صادَفَه ولَقِيَه — To light upon (by good luck).
وافَقَ الشيءُ الرَّجُلَ : ناسَبَه — To suit; agree with; fit; be suitable to.
— : لاءَم — To agree, *or* be in harmony, with.
— : طابَقَ — To tally; coincide, *or* correspond, with; be conformable to.
— : لم يتعارض مع — To fall in (agree) with.
— بين الشيئين : وفَّقَ — To fit, *or* adapt, one thing to another.
—هُ الثوبُ — To fit; (If the coat fits you, put it on).
—هُ الشيءُ : اسْتَحْسَنَه — To approve of.
—هُ في أو على الامر : ضِدّ خالَفَه — To agree to.
جواب يُوافِق كلّ سُؤال — An answer that fits all questions.
الطعام الواحد لا يُوافِق كلّ الأمزجة — The same food does not agree with every constitution.
اتَّفَقَ مع : وافَقَ — To agree with.
— الرَّجُلان : ضِدّ اخْتَلَفا — To agree; come to terms.
— له كذا : حَصَلَ — To happen, *or* occur, to.
—وا : عقدوا اتّفاقاً — To make an agreement.
—وا على — To agree upon.
كيفما — : بلا تَرَوٍّ — Inconsiderately; at random; haphazard.
كيفما — : بأيّ وسيلة — By hook or by crook.
تَوَفَّقَ : نَجَحَ — To succeed; be successful.
— : انْيَسَرَ — To prosper; succeed.

وَفْقَ او وَفقاً او وِفاقاً لكذا In agreement, accordance, harmony, or conformity, with.

وِفاق ٢ . إتِّفاق : ضِدّ خِلاف Agreement; concord; accord; consent; harmony; concurrence.

إتِّفاق ٢ . تَوافُق : مُطابَقة Coincidence; agreement.

— : مُصادَفة Chance; hazard; accident.

— : عَقْد ○ كُنْتراتو Contract; agreement.

— الآراءِ : إجْماع Unanimity.

— . إتِّفاقيّة : مُعاهَدة Convention; covenant; compact.

بإتفاق او إتحاد الآراء : بالاجْماع Unanimously.

إتِّفاقاً : مُصادَفةً By chance; accidentally; casually.

اتفاقيّ : عَرَضِيّ Accidental; casual; fortuitous.

— : مُتَّفَق عليهِ . عُرْفي Conventional.

تَوْفيق : المَصْدر من «وَفَّق» Adaptation; fitting together; reconciliation.

— : تَسْوِيَة . مُصالَحة Compromise.

— : نَجاح Success; prosperous issue.

— : يُسْر Prosperity; welfare.

— : حَظّ Good fortune; good luck.

مُوَفَّق . مُتَوَفِّق Successful; prosperous; fortunate; lucky.

غير — . Awkward; ill-adapted; untoward.

مُوافِق : مُناسِب Suitable; fit; convenient; consistent; compatible.

— : مَقْبول Agreeable; suitable.

— : مُؤَات Favourable; propitious.

— : سَديد Pertinent; appropriate; to the point; apposite; relevant; appropriate.

غير — . Unsuitable; unfit.

مُوافَقة : قَبول . مُصادَقة Approval; consent.

— : مناسَبة . Suitability; fitness; adaptability.

مُتَّفَق عليهِ : مَقْبول Agreed upon; accepted.

— عليه : عُرْفي Conventional.

عَمَل — عليه Coördinated action.

*وَفَى (وَفاء) . أَوْفَى [1] (إيفاء) بالوَعْدِ : أَتَمَّهُ To fulfil a promise, or carry it into effect.

— . — بالوَعْد : حافَظ عليهِ To keep a promise.

— . — بالحاجةِ To supply a need.

— . — بعَهْدِه To redeem a pledge.

— . — النَذْر To carry out a vow.

— . — الدَيْن To pay, or discharge, a debt.

— (وُفِيّاً) : تَمّ To be complete; come to completion.

هذا يَفِي بذاك To cover; be sufficient for.

أَوْفَى ٢ . وَفَّى الرَجُلَ حَقَّه : أَعْطاهُ إيّاهُ تامّاً To pay (a person) in full; give him his due in full.

— : أَتَمَّ To complete; finish.

وافَى الرَجُلَ : فاجَأَه To surprise; come or fall upon suddenly and unexpectedly.

وافاه : أتاه To come to.

— هُ القَدَرُ او الأجَلُ : تُوُفِّي To die; pay the debt of nature.

تَوَفَّى . اسْتَوْفَى حَقَّه : اخذه كاملاً To receive one's due in full.

تَوَفّاهُ اللهُ . تُوُفِّي : ماتَ To die; expire.

وَفاء الوَعْد Fulfilment, or execution, of a promise.

— الدَيْن Payment, or discharge, of a debt.

— الشيء : تَمامُه Completion; perfection.

— : حِفْظ العَهْد . أَمانة Loyalty; fidelity.

△ بَيْع الـ . △ بَيْع وَفائيّ Sale with power of redemption. redemption sale.

وَفاءً لِكذا In discharge, or fulfilment, of.

وَفاة : مَوْت Decease; death; demise.

بعد الـ Posthumous; occurring after death.

مختصّ بالوَفِيّات Obituary.

وَفِيّ : تامّ Complete; full; perfect.

— صادِق الوَعْد A man of his word

— : أمين . مُخْلِص Loyal; faithful.

— . مِيفاء : قادِر على إيفاء دُيُونه Solvent.

— . وافٍ : تَمام Complete; full; perfect.

— : كافٍ Sufficient; adequate.

غير — . Insufficient; inadequate.

Iterim dividend. ربح وَقتيّ او مُوَقّت . دفعة وقتية
Temporarily; for the time being وَقتياً . مُوَقَّتاً
At that time; by then. وَقْتَئِذٍ
Fixed; appointed. مُوَقَّت . مُوَقت ٢ . مَوْقُوت : محدُود
Temporary; makeshift. — . — : ضِد دائم
Provisional; interim. — . — لحين فقط
Timekeeper. مُوَقِّت : حاسِبُ الوقتِ للعمّال

Punctual. — : محافظ على المواعيد
Egg-timer. مُوَقِّتَة البيضِ
Fixed, or appointed, time. مَوْقِت . مِيقات : الوقتُ المضروب
An appointment; a date (*slg.*) — . — : مكان او زمان محدد لأمرٍ مَا
Timekeeper. ميقاتي : مُوَقِّت
To be impudent, pert, insolent, brazen-faced, etc. ✡وَقُحَ . تَوَقَّحَ : قلَّ حياؤه
To insult a person; treat him with insolence; behave impudently towards him. تَوَقَّحَ ٢ △ تَوَاقَحَ عليه
To show impudence. تَوَاقَحَ ٢ : تظاهر بالوقاحة
Impudent; pert; saucy; cheeky; shameless; impertinent; rude. وَقِح . وَقِيح : قليل الحياء
Impudence; shamelessness; sauciness; insolence. وَقَاحَة . وِقحة . وُقُوحَة : قِلَّة حياء
Effrontery; cheek; shameless boldness; forwardness. — . — : جَراءة مُستَهجنة
Brazen-faced; bold-faced; cheeky; shameless. وَقِيحُ الوَجْهِ
To blaze; take fire; burn with flame ✡وَقَدَ . اِتَّقَدَ . تَوَقَّدَ : اشتعل
To blaze; burn, or fume, with rage. اِتَّقَدَ ٢ غضباً
To kindle; cause to burn; light up; set burning. وَقَّدَ . أَوْقَدَ . تَوَقَّدَ ٢ . اِستَوْقَدَ النارَ
To set fire to; set on fire. اَوقَدَ ٢ فيه النارَ
To light a lamp. — المِصباحَ : أشعلهُ

Fulfilment; payment: discharge. إيفاء : وفاء
Nonfulfilment of promises. عَدَم — او وَفاء الوعدْ او العهد
Nonpayment of debts. عَدَم — او وفاء الدَّيْنِ
Solvent. قادِر على الـ — او الوفاء . مِيفاء
Deceased; defunct; dead. مُتَوَفَّى : مَيْت
To sink into, or be sunk in, its socket. ✡وَقَبَتِ العَينُ : غارت
Socket; cavity; hole. وَقْب . وَقْبة : نُقرة . تجويف
To appoint, or fix, a time for. ✡وَقَتَ . وَقَّتَ : حدد وقتاً
To regulate one's time. — . — : نَظَّمَ وقته
Time; period. وَقْت
Mealtime. — الاكلِ
Bedtime. — الرقاد
Leisure time. — فضاء (الفراغ من العمل)
Overtime. — إضافي (زائد عن المقرر للعمل)
From time to time. من — لآخر
Out of time or season. فاتَ — هُ (اي زَمَنه او أوانه)
In due time; in time. في — هِ : في حينه
In "due" time. في — هِ : في الوقت المحدد
In good time or season; timely. في — هِ : في الوقت المناسب أو اللازم
Seasonable; opportune; in due season, or in proper time for the purpose; well-timed. في — هِ : في أوانه
Unseasonable; ill-timed. في غير — ه
To yield to circumstances. سايَرَ الـ — ـه
To kill time. قَتَلَ الـ — ـه
To while away, spend or pass, time. صَرَفَ الـ — ـه
In the course of time. مع الـ — ـه
Immediately; at once. للوقت . لوقته : حالاً
Nowadays; in these days; at the present time. في وقتنا هذا : في هذا الزمن
Ever since. △من وَقتها : من ذاك الوقت
Temporary; for a time only; provisional. وَقْتِيّ . مُوَقَّت : لحين فقط
Momentary; transient. — : قصير المدة

وَقْد. وُقُود. إِيقَاد. تَوَقُّد : اشتعال — Burning.

٥ — وِقَاد. وَقُود. وَقِيد — Fuel.

وَقَّاد : مُتَوَقِّد — Burning; flaming; fiery.

— الآلات البخاريّة : ٥أَطَشْجِي — Stoker.

كَوْكَب — : مُضِيء شديد التوقُّد — Brilliant, *or* radiant, star.

رَجُل — : سريع توقُّد القلب — Brilliant man.

إِيقَاد : إِشْعَال — Kindling; setting on fire.

مَوْقِد. مُسْتَوْقَد : موضع نار التدفئة — Fireplace; ←hearth.

— . — : اتون — Furnace; oven.

— : ٥مَنْقَد ٥وجاق — Stove; ←brazier.

مَوْقُود : مُشْعَل — Kindled; lit.

مُتَّقِد. مُتَوَقِّد : مشتعل — Burning; flaming; blazing.

مُتَوَقِّد ٢ الذِهْن — Brilliant minded.

٥وَقُرَ : كان ذا وقار — To be dignified, grave, *or* venerable.

وَقَرَ العظمَ : صدعه — To fracture a bone.

ـتْ. وَقِرَتْ. وُقِرَتْ اذنه — To become deaf; be hard of hearing.

وَقَّرَتْهُ الأسفار : صَلَّبَتْهُ — To be indurated, inured, hardened, *or* made callous (by travels.)

وَقَّرَ الشيخَ : بَجَّلَه — To respect; reverence; revere; venerate.

أَوْقَرَ الدابّة : اثقل حِمْلها — To overburden; overload.

— الشجرُ : كثر حمله — To be overladen with fruit.

— الدَّيْنُ فلاناً (مثلاً) : اثقله — To press heavily upon; weigh down a person.

وَقْر. وَقْرَة : نُقْرَة — Cavity; hollow; pit.

وِقْر : حِمْل ثقيل — A heavy burden *or* load.

وَقَار : هيبة واحترام — Veneration; reverence; respect.

— : رزانة وحِلم — Gravity; sedateness; sobriety of demeanour.

وَقُور — Venerable.

مُوَقَّر — Worthy of veneration *or* reverence; reverend.

٥وَقْش. وَقَش : ٥قَشّ (انظر قشّ) — Straw.

٥بُرْنَيْطة قَشّ — ←Straw-hat.

٥وَقَطَ الرجلَ : ضربه حتى أشرف على الموت — To beat to death.

٥وَقَعَ : سَقَطَ — To fall; drop.

— الأمرُ : حصل. حدث — To happen; take place; occur.

— له أمر — To befall; happen to.

— الأمرُ منه موقعاً حسناً — To fall in with one's wishes.

— تحت كذا : دخل ضمن كذا — To fall under.

— عنده موقع الرضى — To be pleased with.

— الطائرُ على : حطّ — To alight, *or* perch, on.

— الكلامُ في نفسه — To come home to.

— الحقُّ عليه — To be found guilty, *or* in fault.

٥ — بلسانه او في كلامه — To give oneself away; commit oneself.

٥ — واقفاً (سالماً) — To land on one's feet.

ـتْ بينهم معركة — A quarrel fell out between them.

٥ —وا في بعضهم : تخاصموا — To quarrel; fall out (with one another).

— . وَقَّعَ النصلَ : حدّده — To strop (sharpen) a blade.

٥ — في الرجل : اغتابه — To backbite, *or* slander, a person.

لم يقع في النفس — To fall flat; fail of effect.

وَقَّعَ ٢ الخطابَ او الصكّ — To sign (append one's signature to) a letter, a cheque, etc.

٥ — بينهم — To set at odds (*or* loggerheads;) sow dissension between.

٥ — حجزاً على — To seize; distrain; levy a distress upon; make a seizure on.

٥ — . أَوْقَعَ : جعله يقع — To cause to fall; make fall; let fall; drop.

٥ — . — : رمى. ألقى — To throw down.

٥ — . — نفسه — To give oneself away; commit oneself.

٥ — عليه عقاباً . — به قصاصاً — To punish; inflict a punishment on.

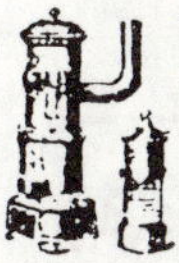

أَوْقَعَ بهِ ٢ To fall, *or* bear down, upon; pitch into; assail; attack.
— في تَهلُكَةٍ To jeopardise; put in jeopardy.
— في فَخٍّ To insnare; entrap; trap.
— تحت الشُبهة To compromise; expose to doubt.
— الموسيقى To tune; attune; put in tune.
وَاقَعَ المرأة To lie with a woman; have sexual intercourse with her.
— الرجُلَ : حاربه To fight with a man
تَوَقَّعَ . اسْتَوْقَعَ الأمرَ : انتظره To expect; anticipate.
إسْتَوْقَعَ ٢ الأمرَ : تخوَّفَ منه To dread; look forward to with terror.
وَقْع . وُقُوْع : سُقُوْط Fall; the act of falling.
— . — : حُدُوْث Occurrence; happening.
— الأقدام Footfalls; sound of footsteps.
— الكلام : تأثيره Effect; impression; impact.
△ — سُوق : مُسْتَعْمَل Second-hand.
وِقْع . وِقَاع : جِمَاع Sexual intercourse.
وَقْعَة : سَقْطَة A fall.
— : صَدْمَة A blow.
— : هَجْمَة An assault.
— : وَجْبَة . أَكْلَة A meal; repast.
وَقَّاع . وَقَّاعَة △ مُوقِّعَاتي Instigator; sower of dissension.
وَاقِع : سَاقِط Falling.
— : حاصِل Occurring; taking place.
— : كائن Actual; existing at present.
أمْر — او واقِعِي Matter of fact
مَنْزِل — على جَبَل A house situated on a hill.
△ في الـ . في — الأمرِ In effect; in reality.
واقِعِي : طِبْقَ الواقِع Factual; actual.
— : تابع مذهب الواقِعِيَّة Surrealistic.
المذهب الواقِعِي : الواقِعِيَّة Surrealism.
وَاقِعَة : حادِثة Event; occurrence; incident.
— : أمرٌ مفروض وُقوعه A fact.
— : نازِلَة . مُصِيبَة Accident; mishap.
— : مَعْرَكَة A fight; an encounter; combat.

وقائع الدعْوَى Facts of a case.
△ — الجلسة Proceedings of a meeting.
△ مَحْضَر — الجلسة Minutes.
△ دفتر — الجلسات Minute book.
وَقِيعَة : اغتياب الناس Slander; calumny; backbiting.
— : مَجْثَم الطائر Roost; perch.
— : قِتال او صَدْمة الحرب An encounter; combat; fight; conflict.
— : خِرقة يُمسَح بها القلم Pen-wiper.
إيقاع △ تَوقيع : إسقاط Dropping; causing to fall.
△ — العِقاب Infliction of punishment.
— (في الموسيقى) Harmony of sounds.
فَنّ الـ . Harmonics; science of musical sounds.
تَوَقُّع : انتِظار Expectation; anticipation.
تَوْقِيع ٢ الخطابات او الصكوك : إمضاء Signing; subscription.
— : إمضاءة Signature.
مُهْمَل الـ : بلا إمضاء Unsigned; anonymous.
تحت —ه Signed by him; under his hand; with his proper signature attached.
تَوْقِيعَات س : تَرْقِيات Promotions.
تَوْقِيعِي Eurhythmic, —al; rhythmic, —al.
الرَقْص الـ . Eurhythmics; eurythmics.
مُوَقَّع عليه : مَمْضِيّ Signed.
مُوَقِّع : صاحِبُ التوقيع اي الامضاء Signer; signatory: one bound by signature to some agreement.
الـ أدناه The undersigned.
مَوْقِع : مَكان Place; spot; situation; site; position; locality.
مَوْقِعَة و مِيقَعَة الطائر A perch; a roost.
— : مَعْرَكَة A fight; an encounter.
— حَرْبِيَّة A battle; an engagement.

— الحرب . مَواقِع الحرب Battlefields.
مِيقَعَة ٢ : مِسَنّ Grindstone; whetstone.
— من جِلد : △ قايش الموسى ←Razor strop.
مُواقَعَة : مُباشرة جِنسِيَّة Sexual intercourse; coition.

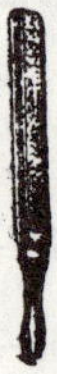

• وَقَفَ : ثَبَتَ في مكانِهِ (وضدّ استمرّ) — To stop, stand still; come to a stop; pause.

— : قامَ . انتصبَ — To stand up; get up.

— : ضدّ مالَ او وقعَ — To stand; remain erect.

— أمامَهُ : صدَّهُ . قاوَمَه — To stand against; oppose; resist.

— على الامرِ : فهِمَه — To understand; comprehend.

— على الامرِ : عرفَهُ — To know; be acquainted with.

— على الامر : تبيّنه . تحقّقه — To ascertain.

— الامرَ على كذا : علّقه عليه — To make a thing depend on, or rest with, something else.

— في المسألة : ارتابَ — To hesitate; doubt.

—ه عن كذا : منعَهُ عنه — To prevent from.

△ — شعرُ رأسه : قفَّ — To stand on end, (hair).

• أَوْقَفَ . وَقَّفَ (١) : جعلَه يقف — To cause to stand.

• — : عاقَ . منعَ . صدَّ — To stop; arrest.

• — على : أطلعَ على — To acquaint with; apprise of.

• — مِلكَه لاولادِهِ (مثلا) — To entail; settle (estate) on persons in succession.

• — مالاً : حبسَهُ في سبيل الخيرِ — To endow.

• — وقتَه (وغير ذلك) على : كرّسه له — To dedicate; consecrate; devote.

أَوْقَفَ ٢ نموَّ (النبات و الحيوان) : عجّزه — To stunt; prevent the growth of.

— الجريدةَ : عطّلها — To suppress a paper.

— العاملَ عن العملِ — To suspend an employee from work or duty.

— العملَ : عطّله — To suspend, interrupt, stay or delay work.

— العملَ : أبطله — To stop work.

— النزفَ : أرقأَ الدمَ — To stanch (wound); check flow of (blood.)

— تنفيذَ الحكمِ الجنائيّ : أجّله لمدّةٍ — To suspend the execution of a sentence.

— تنفيذَ الحكمِ المدنيّ — To arrest, or stay, a judgment.

• وَقَّفَ ٢ : أقامَ — To raise; set up.

تَوَقَّفَ في المكانِ — To pause; halt; come to stand; stop; make a short stop.

— عن كذا : تمنّعَ وكفَّ — To abstain, or refrain, from.

— التاجرُ عن الدفعِ — To suspend payment.

— الأمرُ على كذا : تعلّقَ به — To depend on; rest with, or upon.

— في الامرِ : تردّدَ — To hesitate; waver; falter.

△ — : تصاعبَ — To raise difficulties.

إِسْتَوْقَفَ : طلبَ منه الوقوفَ — To ask one to stop.

— : حملَهُ على الوقوفِ — To cause to stop.

وَقْفٌ . وُقُوفٌ — Stopping; standing.

و — الحالِ او حركةِ الاعمالِ — Depression; stagnation of business.

— : مالٌ موقوفٌ — Unalienable property.

— المِلكِ : حَبْسُهُ — Entail; entailment.

— على عملٍ خيريّ — Endowment fund; foundation for a benevolent purpose.

ناظرُ الـ— — The trustee of a property in mortmain.

نُقطةُ الـ— (بين الكلام) — Stop; full stop.

وِزارةُ الاوقافِ — The Ministry of *Wakfs* (endowments).

وَقْفَةٌ — A pause.

— عرفاتٍ — The day of the halting of Mohammedan pilgrims at Mount Arafât for prayer.

— العيدِ — The day preceding one of the two principal Mohammedan feasts; *Wakfa*.

△ وَقْفِيَّة — A foundation; an endowment, (or the deed thereof).

وُقُوفٌ ٢ : قِيامٌ . ضدّ جلوس — Standing up; getting up.

وَاقِفٌ : مُنتصِبٌ . ضدّ جالس — Standing; rising up; in upright position.

— : ضدّ متحرّك — Stopping.

— على — Acquainted with; cognisant of; aware of; familiar with.

— الوقفِ — The settler of an endowment; endower.

إِيقافٌ . تَوْقِيفٌ : رفعٌ . إقامةٌ — Raising; setting up.

— : منعُ السيرِ . تعطيلٌ . إعاقةٌ — Stoppage; arrest.

— : إرجاءٌ او تعطيلٌ — Suspension; suppression.

— : تعليقٌ . إرجاءٌ — Abeyance; state of suspension.

— التنفيذِ — Stay (or arrest) of execution.

— الحكمِ — Arrest of judgment.

— الدعوى — Stay of proceedings.

— الدفعِ (في التجارة) — Suspension of payment.

Suspension of work. — العمل

Suspension of an official. — الموظّف

Pausing; stopping. توقّف : عدم استمرار

Hesitation; wavering; faltering. — : تردّد

Dependence on. — على

Attitude; situation; position. موقف : مركز . حالة

A station; stopping-place. — : محطّة

Critical situation *or* position. — حرج

Car stand; parking-place. — عربات او مركبات

Witness-box. — الشاهد في المحكمة

Stopped; arrested; suspended. موقوف

Suspended from work. — عن عمله

In mortmain; inalienable. — : محبوس (ملك او مال)

Dependent on, *or* upon. — او متوقّف على

Outstanding account. حساب — او معلّق

Entailed estate. عقار او ملك — .

٥ وِقّة . أُقّة (٢¾ رطل مصري او نصف رطل سوري) An oke.

٥ وَقْوَقَ الكلبُ والطائرُ : صوّتَ To cry.

وقوق . وقواق : طائر ← Cuckoo.

٥ وَقَى . وقّى : صان وستر عن الأذى To preserve; keep; safeguard; protect; guard; shield; shelter.

توقّى . اتّقى كذا : حذره وخافه To guard against; be cautious of; be on one's guard against.

To fear God. — . — الله : خافه

Beware of; take care of. إتّقِ كذا : احذره

Protection; preservation. وَقْي . وِقاية . توقية : دفع الأذى

Precaution. وِقاية ٢ : حذر واحتياط

Protection; that which protects, *or* preserves from injury; shelter; shield. — وُقاية . وِقاء

The augmentative «ن». تنوين الـ —

Protector; preserver; guardian. واقٍ . وقيّ : حامٍ

Preservative; protective. — : لأجل الوقاية

Fear of God. تُقًى . تقوى : مخافة الله

Piety; godliness. — . — : تديّن

God-fearing. تقيّ . متّقٍ : يخاف الله

Pious; religious; godly. — : متديّن

Ounce. ٥ وَقِيّة . أُوقيّة (١/١٢ من الرطل المصري)

To recline: lean on, upon, *or* against. (وكا) إتّكأ . توكّأ على : استند على

To lean on one's staff. — . — على عصاه

To recline on a couch. — على السرير

To lean against a wall. — على الحائط

Reclining; leaning. إتّكاء . توكّؤ

Redundance and superfluity. — (في علم العروض): الحشو والفضول

Prop; stay; staff; support. تُكأة . مُتّكأ : ما يُتّكأ عليه . عكّاز

Excuse; pretext; pretended motive. — : عذر . حجّة

Lounger; idler; slothful. — : كسول

Almshouse; poor-house; asylum. تكيّة : ملجأ العجزة

Couch; ←lounge; sofa. مُتّكأ ٢ : موضع الاتكاء

Reclining, *or* leaning, upon *or* against. مُتّكئ على

To walk slowly; move at a hearse-like pace. ٥ وَكَبَ : مشى متمهّلاً

To accompany, escort, *or* join, a procession. واكبَ الموكبَ : سار معه

Hearse-like pace. وَكْب . وكوب . مواكبة

A procession; train of persons, etc. in formal march. موكِب

To emphasize; affirm; assure; confirm. ٥ وكّدَ . أكّدَ . أوكدَ

To abide in a place. وكَدَ بالمكانِ : أقامَ (راجع اكد)

To resort to a place. — المكانَ : قصده

To trust in, or rely on. God. — . أَوْكَلَ بِاللهِ
To appoint as agent or representative. وَكَّلَ فلاناً : جعله وَكيلاً
To feed; give food to. ∆ — : أَطْعَمَ
To rely on, or upon, one another. وَاكَلَ وتواكَلَ القوم
To be appointed as agent, or representative. تَوَكَّلَ : صار وَكيلاً
To warrant; guarantee. — له بِكذا : تكفّل له به
To be charged with the sale of the house. — في بيعِ البيت (مثلاً)
To rely, depend on, or upon. — . إِتَّكَلَ على : اعتمد عليه
To trust in, or on; place confidence in; rely on. — . — على : وثق به
To trust in God. — . — على الله
A man on whom we rely. رَجُل نَتَّكِل عليه
Agent; deputy; representative; substitute. وَكِيل
Vice consul. — قنصل
Sub-manager. — مدير
Sub-governor (of a province). — مديرية
Under secretary of state (for). — وزارة
Agency; proxy. وِكالة : حالة او وظيفة الوكيل
Tenement-house. ∆ — : منزل مقسّم لعدّة مساكن
Inn; caravanserai. ∆ — : فُندق رخيص، نُزُل
The appointment of an agent, a deputy, etc. تَوْكِيل : تعيين الوكيل
A procuration; power, or warrant, of attorney; proxy. — : تفويض
Reliance; dependability. إِتِّكال : إعتماد
Trust; confidence. — . تَوَكُّل : وُثوق
On trust. على التَّوَكُّل
Dependence; reliance (on). تَوَاكُل : الاتّكال على الغير
Committed, confided, charged, or entrusted to. مَوْكُول الى
Relying, or depending on, or upon. مُتَّكِل على
Trusting in God. — على الله

To be affirmed, confirmed, asserted. تَوَكَّدَ . تأكَّدَ : تَوَثَّقَ
To make, or be, sure of. — و — من
Strenuous effort. وَكْد : سَعْي وَجُهْد
Sure; certain; positive. أَكِيد . مُؤكَّد . وَكِيد
Affirmation; assurance; confirmation. تأكِيد . تَوْكِيد
Emphasis. — و — (في المنطق)
Assertion; affirmation. — و — الكلام
For certain; to be sure; assuredly; certainly. بالـ . أكيداً . من المؤكَّد
Affirmative; assertive. تأكِيدِيّ . تَوْكِيدِيّ : لأجلِ التأكيد
Sure; certain (of من) مُتَأَكِّد . مُتَوَكِّد (من
Nest (of a bird). ◘ وَكْر . وَكْرَة : عُشّ الطائرِ عموماً
Eyrie; aery; nest of a bird of prey. — : وَكْن . العُشّ في الجبل
To box; strike with the fist. ◘ وَكَزَ : ضربَ بِجُمْع الكَفّ
To thrust, or push, with a spear — ه بالرُّمح
To undervalue; underrate; depreciate. ◘ وَكَسَ . وُكِسَ . أَوْكَسَ : بخس قيمته
To fail (in business). وُكِسَ . أُوْكِسَ التاجِرُ : خسِرَ مالهُ
Undervaluation; detraction; depreciation. وَكْس : تَنقيصُ القيمة
Loss. — : خسارة
To sell at a loss. باعَ بالـ
To be firm, rigid, stiff ◘ وَكُعَ : اشتدَّ وصَلُبَ
Ploughshare bone; pygostyle. مِيكَعَة الطيور : عظم عِند ذيلها
Vomer. — الإنسان : عَظم داخلي بين ثُقْبَي الانف
Ploughshare. — : سِكَّة (سلاح) المحراث
To trickle; leak. ◘ وَكَفَ : سالَ قليلاً قليلاً
Leaking; leakage; trickling. وَكْف . وَكِيف . وَكَفَان
To commit to; intrust with; put into another's charge; charge with. ◘ وَكَلَ اليهِ الامرَ : سلّمه اياه وفوّضه اليه

To incubate; sit on eggs; brood. *وَكَنَ الطائرُ على بَيْضِهِ
A nest; an eyrie; aery. وَكْن: عُشّ الطائر
*وَكيل (في وكل) *ولاء *ولايـة (في ولي)

ٌوولتِرْ سْكُت: شاعِر اسكتلندي شهير
Sir Walter Scott.
To enter, *or* penetrate, into. *وَلَجَ. تولّجَ: دَخَل
To thrust in; send within; intromit; insert. أَوْلَجَ: أَدْخَل
Entering, *or* penetrating, into. وُلُوْج. لِجَة: دُخُول
Eaglet. تُلَـجٌ: فَرْخُ العقاب (اصْلُهُ وُلَـجٌ)
Insertion; thrusting in; intromission; pushing in. إيْلاج: إِدْخال
Chum; bosom, close *or* intimate friend; confidant. وَلِيْجَة: صَدِيق لَصِيق
Entrance. وَلَجَة. مَوْلِج: مَدْخل
To beget; generate; procreate. *وَلَدَ: أتى بنَسْل
To produce; bring forth. — : أَنْتَجَ
To give birth to. ـــتْ الحُبْلى
To litter; give birth to. ـــتْ الأنثى الحيوان (التي تلد اكثر من واحد)
To pup; bring forth whelps, *or* young. ـــت الكَلْبَة وأمثالها
To calve; give birth to a calf. ـــتْ البقرة او الجاموسة وأمثالهما
To foal; bring forth a foal, *or* colt. ـــت الفرسة والحِمارة وامثالهما
Mother-naked; in a state of nature. كما وَلَدَتْهُ أُمّه
To bring, *or* rear up, a child. وَلَّدَ الوَلَدَ: رَبَّاهُ
To engender; breed; occasion; cause. — : سَبَّبَ
To generate, *or* produce, one thing from another. — كذا من كذا: إِسْتَخْرَجه
To deliver of; assist a woman in childbirth. ـــت القابِلَةُ الحُبْلى
To be born. وُلِـدَ △إِنْوَلَـدَ
To be generated, engendered, originated, *or* produced from. تَوَلَّدَ من: نَشأَ عن
To result *or* proceed, from. — من: نَتَجَ
To multiply by generation. تَـوالَدوا

Child; infant; baby. وُلْد. وَلَد: المَوْلُود (ذكَر ام أُنثى)
Children; offspring; progeny; issue. ـــ . ـــ: أولاد. بَنُون
Boy — : صَبِيّ (وبمعنى ابن)
Womb; uterus; matrix. △بَيْتُ الوَلَد: الرَحِم
A birth. وَلْدَة: مَرَّةُ الوِلَادَة
Litter; fall. — : △بطن (للحيوانات الولُوْدة خاصّة)
She had two children at a birth; she had twins. ولدتْ اثنين في وَلْدَة
Birth; childbirth; delivery; parturition; confinement. وِلَادَة: وَضْع
Inception; beginning. — : بداية. ظهور
New birth; regeneration. — جديدة: تَجَدُّد الحياة
Full term birth. — طبيعيّة
Premature birth. — مُعَجَّلة
Precipitate delivery. — فُجائيّة
Caesarian (Caesarean) birth. — قَيْصَرِيّة (بفتح البطن)
Easy delivery. — سَهْلة
Obstetrics; midwifery. عِلْمُ الــ
Fecund; prolific; productive; fruitful; fertile. وَلَّادَة. وَلُود
Childishness; puerility. وُلُوْدِيّة △وَلْدَنَة
Child; baby. وَلِيد. وُلَيْد: مَوْلُود. طِفْل
Boy. — : صَبِيّ. غلام
A hen. ام الــ: الدجاجة
Father; pater; parent. والِد: أَبّ
Mother. والدة: أُمّ
Parents. الوالِدان: الأب والأم
Parental. والِدِيّ: مختصّ بأحدِ الوالدين
Paternal; fatherly. — : أبَوِيّ. مختصّ بالأبِ
Contemporary; coetaneous. لِدَة: تِرْب
Birthday. — : مِيْلاد. وَقْت الولادة
Inherited; long-possessed. تُلْد. تَلِيد. تالِد: ضِدّ طارِف
Classic. تَلِيْدِيّة: ○ كلاسيّة
Procreation; generation. تَوَلُّد: تناسُل
Biogeny; biogenesis. نامُوس — الأحياء

تَوْلِيد: مساعدة الوالدة Assistance at childbirth; midwifery.

صِناعة الـ : قِبالة Obstetrics; midwifery.

مَوْلِد : ولادة Birth (of a child); nativity; the fact of being born.

— : مَكانُ الولادة . مَسْقط الرأس Birthplace.

— : وقتُ الولادة . مِيلاد Birthday.

لُغَةُ الـ . Mother tongue; vernacular, *or* native, language.

مَوْلِديّ Natal.

△مُوْلِد : عِيد تنعقد فيه سُوق دورية Fair.

△سَاقِيَة الـ . ⟵Merry-go-round; roundabout.

مُوَلَّد: مختلط الوالدَيْن Half-caste; half-breed; half-blooded.

— : من والدين احدهما أسْود والآخر ابيض Mulatto.

— (خصوصاً للحيوانات) Mongrel; of a mixed breed; half-bred.

شاعِر — . Post-classical poet.

كلام — . Post-classical word; language, *or* expression; a modernism; neologism.

بَيِّنة مولَّدة : غير محققة Doubtful, *or* uncertain, evidence.

مُوَلِّد : قابِل Obstetrician; man midwife; *accoucheur*.

— : يُعطي نَسْلاً Procreative; generative.

مُوَلِّدة : قابلة △دَايَة Midwife; *accoucheuse*.

مَوْلُود : طفل Baby; infant; child; new-born child.

— : وُلِد Born; given birth to.

— مَيْتاً : خَشِيْش Still-born (child).

— ثانيةً : مُتجدِّد Born again; regenerated.

مواليد ووَفَيات Births and deaths.

عِلم الـ : التاريخ الطبيعيّ Natural history.

مِيلاد : وَقْت الولادة Birthday.

— السيّد المسيح The Nativity.

بَابا — . ⟵Father Christmas.

عِيد الـ : (مولد المسيح) Christmas day.

سَنَة مِيلادِية Year of Grace; year of Our Lord.

*وَلَس . وَالَسَ : خدعَ وخادعَ To cheat; deceive; act perfidiously.

وَالَس ٢ . أوْ لَسَ بالحديث To prevaricate; equivocate.

وَلْس . مُوالسة : △غِش Deceit; duplicity; guile; underhand dealing.

○وَلْط: وَحْدَة القوة الكهربية الحركية Volt.

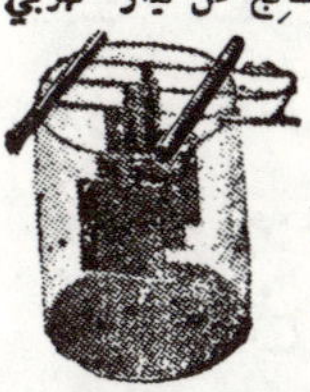

وَلْطَمِتْر : مِقياس التحلل الكيمي الناتج عن تيار كهربي Voltameter.

وَلْطْمِتْر : مِقْياس وَلْطِيّ ⟵Voltmeter.

وَلطي : حَرَكي Voltaic.

كَهْرَبا وَلْطِيَّة Voltatic electricity.

*وَلِعَ . أُولِعَ . تَوَلَّعَ به : أحبّه جداً To be in love with; be passionately, *or* inordinately, fond of, in love with, *or* attached to.

△— : اشتعل To take fire; be lit.

وَلَّعَ . أَوْلَعَ فلاناً بكذا : جعله يُولع به To excite love for; make a person eagerly desirous of; inflame his desire for.

△— : أشْعَل To light; kindle; set fire to.

وَلِع . وَلُوع Over head and ears in love; burning, *or* ardent, for; fond of.

وَلَع . وُلوع . تَوَلُّع Passion; extreme, *or* inordinate, desire (for music, drink, etc.); strong liking; craving; passionate, *or* inordinate love.

△وَلَّاعَة : بَصْوة نار Firebrand; light.

△وَلَّاعَة سَجاير : قَدّاحة Cigarette ⟵lighter.

△وَالِع : مُشْتَعِل Lit; burning.

مُولَع بكذا Fond of; in love with; taken with; passionately attached to.

*وَلَغَ الكلبُ To lap; lick.

*وِلْف . وَلِيف : إلْف . صاحِب Associate; companion.

— . — : واحِد الزَّوْجين Fellow; mate.

والَفَ الرجلَ : ألِفَهُ واتّصل به To associate with.

△وَلَّفَ : خَلَطَ ومَزَجَ To blend; mix; mingle intimately.

△تَوْلِيفَة : مزيج مُؤتلِف A blend; mixture.

*وَلْم . وَلَم : حِزام السَّرج — Saddle-girth.
أَوْلَمَ : صنع وليمة — To entertain; regale; feast; banquet; give a banquet.
وَلِيمَة : مَأْدُبَة — Entertainment; feast; banquet.
— : حَفْلَة — Party.
— العُرْس — Wedding feast.
*وَلِهَ . تَوَلَّهَ : تحيَّرَ من شِدّة الوَجْد — To lose one's head; be thrown off one's balance; be confounded.
وَلَّهَ . أَوْلَهَ : حَيَّرَ — To enthral; fascinate; charm; enchant.
وَلَه — Enthralment; fascination; enchantment.
وَلْهان . وَالِه — Distracted; confused; unsettled; perplexed.
*وَلْوَلَ : أَعْوَل — To ululate; wail; howl; make mournful outcry.
— : دعا بالوَيْل — To call down evil upon; to say "Woe to!"
ـــت القَوْسُ : هزمت — To twang (bowstring).
وَلْوَلَة — Ululation; wailing; mournful outcry; or twang (of tense string when plucked).
*وَلِيَ . وَلَى : دنا منه وقرب — To be close to.
— الشيءَ وعليه : ملك أمره — To control; govern; rule; manage.
— البلدَ : تسلّط عليه — To govern; rule over; have power; or command, over.
وَلَّى فلاناً : اقامه والياً — To appoint, or make, a ruler.
— فلاناً الأمرَ — To entrust another with an affair; commit *it* to his charge or care.
— هارِباً : أدبر — To turn tail; flee; run away.
— الشيءَ وعنه : اعرض وابتعد — To avoid; shun; eschew.
وَلّاه ظهره : جعله وراءه — To give the back to.
ـــه ظهرَه : هجره — To turn the back to; forsake.
ـــه ظهرَه : نبذه احتقاراً — To turn the back on, or upon.
وَالَى : ناصَر — To support; patronise; aid.
— الرجلَ : صادقه وناصره — To befriend.
— العملَ : تابعه — To pursue; prosecute.
أَوْلَى فلاناً الأمرَ — To commit to the care, or charge, of; entrust with.

أَوْلاه ٢ معروفاً — To do a good turn to a person; do *him* a favour.
ـــه ثِقَتَه — To place confidence in.
ـــه كذا : جلبه عليه — To bring upon.
تَوَلَّى الأمرَ : قام به — To take charge of; undertake; take in hand.
— الحُكْمَ — To be made, or appointed, ruler.
— عنه : اعرض — To avoid; turn away from.
تَوالَى : تتابع — To follow in succession.
إسْتَوْلَى على : تملّك — To possess; take possession of; seize.
— على الشيء (الغرض حربي) — To requisition; commandeer.
— عليه : غلبه او تمكّن منه — To overpower; overcome.
وَلاء : محبّة وصداقة — Friendship; devotion; amity; good will.
— : أمانة — Loyalty; allegiance; fidelity; fealty.
— : قرابة — Nearness; proximity.
وِلاء : تتابع — Succession.
جاؤوا ولاءً او على وِلاء — They came in succession.
وِلايَة : حُكْم . سُلْطان — Rule; government.
— شرعيّة — Custody; tutelage.
— : البلاد التي يتسلّط عليها الوالي — Province; district; *vilayet*.
— : دولة صغيرة . أُمّة — State; nation.
للوالد حقّ الوِلاية على ابنه — The parent has the custody of his child.
الوِلايات المتّحدة (الأميركية) — The United States of America.
هُمْ على وِلاية واحدة — They are at one; united.
وَلِيّ : نصير — Patron; defender; supporter.
— : صديق — Friend; intimate associate.
— : قِدّيس — A saint; a holy man.
— قدّيس حارس — Patron, or guardian, saint; tutelary deity.
— الشيء : صاحبه — Possessor, or owner, of.
— شرعيّ : قيّم — Custodian; guardian; tutor.
— الله — The friend of God; constant obeyer; or favourite, of God.

— الدم : اقرب اقارب المقتول — The avenger of blood; next of kin (of a murdered person).

— العهد — Crown prince; heir apparent to throne.

— النِعْمة — Benefactor) (*fem.* benefactress).

— النِعَم — The dispenser of favours.

أولياء الامر : الحُكّام — The authorities.

الله وليّك (اي حافظك) — May God guard you.

وَلِيّة : قدّيسة — Saint; holy woman.

Δ — : إمرأة — A woman.

Δ — : إمرأة لا مُعيل لها — A helpless woman.

دارٌ — : قريبة — A neighbouring house.

وَالٍ : حاكم — Ruler; governor.

أَوْلى : أحقّ (راجع اول) — More deserving.

— له : أجدر له . أحرى به — More becoming, proper, or fit.

بالـ— . من باب — — The rather; the more so; all the more reason.

إستيلاء — Possession; appropriation; the act, or state, of possessing.

— على شيء لغرضٍ حربيّ — Requisitioning; commandeering.

تَوالٍ : تتابع — Continuous succession.

على التوالي : باستمرار — Continuously; without interruption.

على التوالي : بالتتابع — Successively; in sequence; consecutively.

في ما يلي — Hereinafter.

تَولية الحُكم — Investiture.

مَوْلى : سيّد — Master; lord.

— : مُنعِم — Benefactor (fem. benefactress).

— : صاحِب — Friend; associate.

— : جار — Neighbour.

Δ موّال . موّاليا — Roundelay; rondeau.

مُوالٍ : تابع — Vassal; feudal tenant; dependant; bondman

— : نَصير — Supporter; partisan; adherent.

— للقانون — Law-abiding.

مُتَولّ أمرَ كذا — Charged, or entrusted, with.

مُتَوالٍ : مُتتابع — Consecutive; progressive; successive.

— : مُستمِرّ — Continual; unceasing.

مُتَوالية هندسيّة — Geometrical progression.

المتوالي . متاولي : شيعي . واحد المتاولة — *Mutawali;* a Shiite.

٭وليجة (في ولج) ٭وليمة (في ولم)

٭ومأ . أومأ الى : اشار — To beckon to; make sign to.

أومأ الى : دلّ على — To indicate; point out; show.

المُومأ اليه : المشار اليه — Indicated; shown; referred to.

— اليه : المذكور — Mentioned.

٭وَمِد : عَسِكَ . حارّ رطِب — Muggy, *or* sultry.

٭وَمَس : حكّ — To rub, *or* scrape, off.

أومست المرأة : صارت مُومسة — To become a prostitute.

مُومِس . مُومِسة — Prostitute; strumpet; harlot; whore.

٭وَمَض . أومض البرقُ وغيره — To gleam, flash, (lightning).

أومض ٢ بعينه : سارق النظر — To snatch a furtive look; look stealthily.

— : اشار خفية — To make a sign; wink.

وَمْض . وَميض : تألّق . بريق — Glow; gleam; luminosity; shine.

— . — البرق — Flash of lightning.

— . — فصفوري : ألقة — Phosphorescence.

٭وَمِق : أحبّ — To love; cherish.

٭وَنّب : أنّب . وبّخ — To reproach; reprimand.

Δ ونّس : رافق — To keep company.

وَنَس : بطّ ثمين الريش — Eider-duck.

مُونّس : سُور واقٍ — Guard-rail.

٥ وِنش : رافعة الأثقال — Crane; derrick crane; winch.

٭وَنمة . وَنيم الذباب : سَلحه او بيضه — Fly- blow.

Δ ونّ : سكر — To get drunk; tipple; be fuddled.

Δ ونّ : ونى . وني — To relax; remit.

△ — طَنَّ : To hum; buzz; make a sound like that of a bee in flight.

△ —ت الرصاصةُ : أزَّت — To whiz; whizz.

△ موتـن : نشوان — Half-seas-over; tipsy.

* وَنَى . وَنِي . توانَى : فتر وضعف — To flag; lose vigour; languish; grow spiritless.

توانَى ² . وَنَى : لم يجِدّ في عمله — To relax; remit; be remiss in *one's* work.

— : تأخَّرَ — To delay; linger; tarry.

لا يَنِي : لا يتعب — Indefatigable; untiring.

بِهِمَّةٍ لا تَنِي — With unremitting energy.

وَنًى . وناء : فتور . تراخٍ — Relaxation.

— . — : تعب او ضعف — Languor; lassitude.

وانٍ : ضعيف — Faint; weak; feeble.

توانٍ : تأخُّر . بطء — Delay; slowness; tardiness.

— : إهمال — Negligence; failure; remission.

مُتوانٍ — Remiss; slack; slow.

مِيْنا : طِلاءٌ خزفيّ (في مينا) — Enamel.

* وَهَبَ الرجلَ الشيءَ وله — To grant; give; donate; bestow *or* confer on; convey to.

— : كرَّس . خصَّص — To devote; consecrate.

— : قدَّم كهديَّة (لغرض خيريّ) — To donate.

— الخادمَ : اعطاه حُلوانًا — To tip; give (gratuity) to.

—هُ اللهُ كذا — God has gifted, *or* endowed, him with.

هَبْ : إفرِضْ — Grant, *or* suppose, that.

هَبْني فعلتُ كذا — Supposing that I have done so.

هِبة . وَهْب △ إيهاب : منح — Granting; giving; donation.

— : مِنحة — Free gift; grant; bounty.

— شرعيّة — Grant; donation.

— لغرض خيريّ — Donation; grant.

△ وَهْبة . مَوْهِبة(١) : راشِن . حُلوان — Gratuity; tip.

واهِب : الذي يهب — Donor; giver.

مَوْهُوب : مُعطًى كهِبة — Granted; given; bestowed.

— عقليّا — Gifted; talented.

كاتب — . — Gifted writer.

الـ— له : قابلُ الهِبة — Donee; the recipient of a donation.

مَوْهِبة ² (عقلية) : فِطنة — Gift; talent; parts.

* وَهَجَ . توهَّجَ — To incandesce; glow with heat; have a flamelike appearance; be incandescent.

أَوْهَجَ : اوقد — To kindle; inflame; set alight; cause to glow.

وَهْج . وَهِيج . وَهَجان النار — Glow; incandescence.

— . — . — الشمس — Glare of the sun.

وهّاج — Glowing; incandescent.

نُور — . — Glaring, *or* dazzling, light.

△ أَوْهَج : اهوج (في هوج) — Reckless; rash; thoughtless.

* وَهَدَ : مهّد — To level; make flat *or* even, (as a road, ground, field, etc.)

وَهْدة : ارض منخفضة — Low, *or* depressed, ground; depression; pit.

— : هُوَّة — Abyss; a deep pit; a ravine.

أَوْهَد : منخفض — Low; depressed; deep.

* وَهَرَ : اوقع في مشكل — To perplex; entangle; involve in difficulties.

△ — . وأرَ . افزع — To terrify; nonplus; appall.

توهَّرَه في الكلام : حيَّره وأسكته — To confound; dumbfound.

وَهْر : توهُّج وقع الشمس على الارض حتى ترى له اضطرابا كالبُخار — Heat waves dancing in the sun.

— : سَراب — Mirage.

△ وَهْرة : وهلة — Terror; dismay; consternation.

وَهْران △ موهور — Terrified; dismayed; disconcerted; embarrassed.

* وَهَقَ . أوهقَ الحيوانَ : أمسكه بالوهق — To lasso; catch with a lasso.

وَهْق . وَهَق ← Lasso.

* وَهِلَ : فزِع — To be terrified, scared, *or* frightened.

وَهَّلَ : خوّف وافزع — To terrify; frighten; scare; appal.

Terrified; nonplussed; dismayed; appalled. وَهِلٌ : فَزِعٌ

Terror; dismay; nonplus; fright; consternation وَهَلٌ . وَهْلَةٌ

At first blush; at the first appearance; at first sight. اوّل وَهْلَة ٢ (او وهَلة)

To imagine; fancy. ☆وَهَمَ . تَوَهَّمَ (١) : تصوّر

To misconceive; have a wrong conception of. — في الشيء : ظَنَّ خطأً

To mistake; make a mistake; be mistaken. — ووَهِم في الأمر : اخطأ فيه

To frighten; alarm △ — : خوَّف

To impose on; delude; lead into error; mislead. وهَّمَ . أوْهَمَ : اوقع في الوَهْم

To accuse of; charge with; indict; tax with. إتَّهَمَ . أتْهَمَ بكذا : ادَّعَى عليه به

To impute to. — بكذا : عزى اليه

To suspect. — الرجُلَ : شكَّ في امره او صِدْقِهِ

To frame a person; concoct a charge against *him*. — الرجُلَ باطِلاً : △ تبلَّى عليه

To suspect; imagine to exist. توهَّمَ ٢ الأمرَ : تخيَّلَ وُجُودَه

To suspect the presence of disease. — المرَضَ (مثلاً)

Imagination; fancy. وَهْم : تخيُّل

Concept; notion. — : ما يقع في القلب من الخاطر

Apprehension; gloomy foreboding; misgiving. — : خوْف

Hypochondria. — : خوْف المرَض

Suspicion; doubt. — : شكّ

Deception; illusion. — : انخِدَاع

Imagination; imaginative faculty. — . واهِمة . وَهْمِيَّة

Imaginary; fanciful. وَهْمِيّ : خياليّ

Fanciful theories. نظرِيّات وَهْمِيَّة

Mistaken; wrong. واهِم : مُخطِئ

Imposition; delusion; misleading. إيهام

Accusation; indictment; count; charge. تُهمة . اِتِّهام (١)

A false accusation. — باطِلة

Accusation; act of accusing, *or* fact of being accused. اِتِّهام ٢ : عَزْو التُهمة

(Bill of) indictment. ورَقة الـــ

Accusatory; accusative. اتِّهاميّ

Grand jury. هيئة المحلفين الاتِّهاميَّة

Suspicion; act of suspecting. تَوَهُّم

Accused; charged with an offence. تَهِيم . مُتَّهَم : الذي وقعت عليه التُهْمة

Suspected, (of). — . — : مشكوك في امْرِه

Accuser; prosecutor (*fem.* prosecutrix). مُتَّهِم

To weaken; enfeeble. ☆وَهَنَ . وَهَّنَ . أوْهَنَ : اضْعَفَ

To dishearten; discourage. — و اوهنَ العزمَ ٢

To be weak, faint *or* feeble. وَهَنَ : ضَعُفَ

To faint; lose courage *or* spirit. —ت عزيمته

To grow feeble; lose strength. —ت قُواه

Tireless; indefatigable. لا تَـهِـن : لا تضْعف

Weakness; feebleness; faintness. وَهْن : ضَعْف

The small hours. وَهْن ٢ من الليل

Foreman; overseer. وَهِين : رئيس فعَلة △مقدَّم

Weak; feeble; faint. وَاهِن : ضعيف

To howl; yawl; yell. ☆وَهْوَهَ في صَوْتِه : ردَّده جزعاً او حُزناً

To be weak; feeble. ☆وَهَى . وَهِيَ : ضَعُفَ

To weaken; enfeeble. أوْهَى : اضْعَفَ

Faint; weak; feeble; unsubstantial. واهٍ : ضعيف . رَكيك

Flimsy; slight; weak. — : سَخِيف

Frivolous; trivial; paltry; insignificant. — : طَفيف . زَهيد . تافِه

Loosely tied; loose; relaxed. — : مسترخي الرباط

Slight, *or* weak, reason. سَبَب — .

Flimsy, *or* weak, excuse. عُذْر — .

How wonderful! وَاهِ . واهاً . وَاهاً له وبه : ما أحْسَنه

Alas! — . — على

Waiba; a corn measure. ∆وَيْبَة : سُدْس الأَرْدَب

Woe to him! *or* May God have mercy on him! ✲وَيْح . وَيْحَاله . وَيْحَه

Oasis. ∆واح ∆ واحة : ارض خصيبة في قفر

Oases. ∆واحات : جمع واحة ٢

Tribute money (used to be) paid by Egypt to Turkey. ∆وِيرْكو : إتاوة مِصر لتركيا سابقاً

— Artisans' tax — : ضريبة الصُنّاع

Bittern. (ويق) واق . ابو الواق ع. وَاقَة —

Night-heron. ∆واق ٢ الشجر : غُراب الليل

Woe to you! ✲وَيْك : ويلك

Gumbo; okra. ∆وَيْكَة : ∆ باميا (نبات ثمره يُطبَخ)

Woe; grief; sorrow; misery. ✲وَيل : الشرّ او حلوله

Woe to sinners! — للخطاة

Woe to me! Woe is me! — لي

A heavy calamity; disaster; misfortune. وَيْلَة (والجمع وَيْلات) : بليّة

(ي)

Despair; desperation; utter hopelessness; despondency. ✲يأْس . يآسة : قُنوط

Climacteric; turning-point (in life of individual). سِنّ الـــ

Menopause. سِنّ الـــ (عِنْد المرأة) : انقطاع الطمث

Despairing; desperate; hopeless. يائس . يؤس . يَؤوس

To despair; be hopeless; give up all hope *or* expectation. يَئِسَ : قطع الرجاء

To despair of; give up all hope for. — منه

To drive into despair; make, *or* cause to, despair. أيأَسَ . آيَسَ : أوقع في اليأْس

Hopeless. ميئوس او ميؤوس منه

Despairing; desperate. مُسْتَيْئِس : يائِس

O, Zeid! ✲يَا : حرف نِداء (كقولك ، يا زيدُ)

Oh, what a man he is! يالهُ مِن رجُل

Japan. ✲يابان : اسم مملكة آسيَوِيّة

Hortensia; hydrangea. زَهْرة الـــ : أُرطَنْسِيَة

Japanese. ياباني

Hardly. ∆يادُوب : بالكد

Yard ✲يارْدَه : قياس طولي يُساوي ٩١٤٤ سنتيمتر

∆يا زِرْجَة (في يزرجه) ✲ ياسمين (في يسمين)

Reverse; tail. ∆ياظ : الناحية المكتوبة من العُملَة

Head or tail? طُرّة أم ياظ

∆يافطة (في يفطه) ✲ يافع (في يفع) ✲ يافوخ (في يفخ)

Neck-band; collar. ∆ياقة الثوب : طَوق

Collar; shirt collar. — القميص

Separate, *or* loose, collar. — عِيْرة

Stick-up, *or* stand-up, collar. — واقفة

Turn-down collar. — مقلوبة

Ruby. ✲ياقوت (في يقت)

How many; how much. ∆ياما : كَمْ وكَمْ

∆يانسون (في يَنسون) ✲ يانع (في ينع)

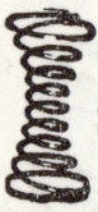

Aide-de-camp. ∆ياور : رئيس أركان حرب

Spring; elliptic, *or* spiral, spring. ∆ياي : زنبرك اهليلجيّ

Ruined; destroyed. ✲يَباب : خراب

Mandrake. ✲يبروح (في برح)

To dry; become dry. ✲يَبِسَ : جَفّ

To dry; desiccate. يَبَّسَ . أيْبَسَ : جَفّف

Dryness. يُبْس . يَبْس . يُبُوسة : جَفاف

Dry. — . يابِس : جافّ

Land; dry land; *terra firma*. — . يابِسة : أرض

My own handiwork.   صُنْعُ يَدِي

At the hands of;   مِنْ أو على يَدِ فُلان : بِواسِطَتِهِ
through; by his agency or means.

In hand.   فى الـ : مَقْبُوض (و بِمَعنى تحت النظر والإجْراء)

On hand;
available.   فى الـ : تحت الـ : مَوْجُود

Under his authority.   تحت يدِهِ (أي سَيْطَرَتِه)

To take
possession of.   وَضَعَ — على (راجِع وضع)

He has a hand in the matter.   له — فى الأَمْر

He is clever   له — يَتْبُعَ فى الأَمْر : حاذِق فيه
at, or well versed in.

To propose to a woman;   طلَبَ — المَرْأَة : خَطَبَها
ask her hand.

To lend a hand.   مَدَّ — المُساعَدة

They are hand in hand;   هُمْ على — واحِدَة
in union; united; at one.

Before; in the presence of.   بَيْن يَدَي : أَمام

They were scattered.   ذَهَبُوا أَيْدِي سَبا

Benefactor.   صاحِبُ الأَيادِي البِيْض (البَيْضاء)

I will never do it.   لا أَفْعَلُهُ بَعْد الدَّهْر

Manual; of, or pertaining to,   يَدِيّ • يَدَوِيّ
the hand; done, or made,
by hand.

Manual labour.   شُغْل يَدَوِيّ

Handicraft.   صِناعَة يَدَوِيَّة

(The game of)   ﺀ يَدَسْ : يادَسْتْ (اسم لُعْبَة)
philopoena or philippina.

Wish-bone;
merrythought.   عَظْم الـ : تَرْقُوَة الطُيور

Pen, or Firefly.   ﺀ يَراع (فى يرع)

Jerboa.   ﺀ يَرْبُوع : حَيَوان كالفار

To be a
coward.   ﺀ يَرِعَ : كان جَباناً

Pen; reed-pen.   يَراع • يَراعَة : قَلَم

Reed.   — • — : قَصَب

Glow-worm, or
firefly.   — • — : حُباحِب

Clarionet.   يَراعَة : مِزْمار • مأصُول

To become an orphan   ﺀ يَتِمَ • يَتَمَّ : صارَ يَتِيماً
or parentless; be bereaved
of one or both parents.

To orphan; render orphan;   يَتَّمَ • أَيْتَمَ
bereave of parents.

Orphanhood;   يُتْم • يَتَم : حالة البَتِيم
orphanage.

Orphan; parentless.   يَتِيم • مُيَتَّم : لَطِيم

Fatherless.   — الأب

Motherless.   — الأُم

Sole; solitary; unique.   — : فَرِيد • وَحِيد

Matchless; peerless; rare.   — : لا نَظِير لهُ

A rare pearl.   دُرَّة يَتِيمَة

Last Friday in Ramadan.   الجُمْعَة اليَتِيمَة

Extra night of a fair (moulid).   اللَيلة اليَتِيمَة

Orphanage; institution   ﺀ مَيْتَم : مَلْجَأ الأَيْتام
for orphans.

Funeral
ceremony.   ﺀ — : مَأْتَم (راجع أتم)

Gay; lively; jolly.   ﺀ يَحبور (فى حبر)

Mace;
sceptre.   (يمر) مِيحار : صَوْلَجَان

Red.   ﺀ يَحْمُور : أَحْمَر

Wild ass;   — : حِمار الوَحْش
onager; koulan.

Yacht.   ﺀ يَخْت : سَفِينة نُزْهَة (خاصَّة)

Ragout; highly   ﺀ يَخْنَة ﺀ يَخْنِي
seasoned stew of meat
and vegetables.

Hand.   ﺀ يَدٌ : كَفٌّ (انظر كفف)

Arm.   — : ذِراع

Foreleg.   — الحَيَوان

Hand; handle.   — الشَيْء : مَقْبِض

Wrist watch.   — ساعَة

Hand grenade.   — قُنْبِلة

Hand cart.   — عَرَبة

Hande-made.   مَصْنُوع بالـ

٭ يَرَقان . أَرَقان : آفة زِراعِيَّة — Blight; mildew.

— الانْسان : صَفَر — Jaundice; yellows.

يَرَقَة . يَرَقانَة . أَرَقَة : دودة بين النقف والتفريش ←— Larva, (*pl.* larvae.)

مَيْرُوق ∆ مَرْيُوق : ما اصابه اليرقان من النبات — Blighted; mildewed.

— : مصاب بمرض اليرقان (حيوان) — Jaundiced.

∆ يَزِرْجَه ∆ يازِرْجَه : عِلم التَنْجيم — Astrology.

يَزَرْجي ∆ يازِرْجي : مُنَجِّم — Astrologer.

٭ يَسَرَ . يَسِرَ : سَهُلَ — To be easy; not difficult.

— : لَعِبَ القِمار — To gamble; play for money.

—ت . أَيْسَرَت الوالِدَة : سَهُلَت عليها الولادة — To have an easy confinement.

يَسُرَ ٢ : قَلَّ . كانَ قليلاً — To be little *or* small.

يَسَّرَ : سَهَّلَ — To facilitate; make easy.

ياسَرَ الرَجُلَ : تساهل معه . لاينه — To be indulgent, easy *or* lenient, with.

أَيْسَرَ . تَيَسَّرَت أموره — To prosper; be in easy circumstances.

— : اغتنى — To become rich; make money.

تَيَسَّرَ ٢ . اسْتَيْسَرَ : تَسَهَّلَ — To become easy.

— له كذا : أَمْكَنَه — To be made possible for.

∆ إسْتَيْسَرَ ٢ له : اسْتَأْسَرَ — To surrender one's self to; give oneself up to.

يُسْر . يُسُر . يَسار (١) : سُهُولَة — Ease; easiness; facility.

— . — . — : غِنًى — Affluence; wealth.

— . — . — : نَجاحُ الأعمال — Prosperity; success.

— . — . — : ضِدّ عُسْر — Affluent circumstances.

يَسِر : سَهْل — Easy.

ماءٌ — : عذب يَرْغُو فيه الصابُون — Soft water.

يُسْرَى . اليد اليُسْرى — The left hand.

الجهة الـ — The left-hand side.

الصَفْحَة الـ من كِتاب — Verso.

يَسار ٢ : ضِدّ يَمِين — Left; left side; ← port.

— المَرْكَب — Port; port side; larboard.

عن الـ . يَساراً — To the left; on the left.

يَسارِيّ — Left-hand; situated on the left

يَسِير : قليل — Small; little.

— : هَيِّن — Easy; facile; slight.

∆ — : أَسِير — Captive; prisoner of war.

∆ — : عَبْد . رِقّ — Slave.

∆ يَسِيرْجِي : نَخَّاس . تاجِر رَقيق — Slave-trader.

أَيْسَر : أَهْوَن . أَسْهَل — Easier; more easy.

الجانِب الأَيْسَر — The left-hand side.

مُوسِر . مَيْسَر : ذو اليَسار — Wealthy; in easy, *or* affluent, circumstances

رَجُل — أو — — A man of means.

مَيْسِر : قِمار — Play; gambling, games of chance.

مَيْسَر ٢ . مَيْسُور ∆ مُتَيَسِّر : ضد متعسر ومعسور — Prosperous; well off; well to do.

مَيْسُور ٢ ∆ مُتَيَسِّر ٢ : سَهْل — Easy.

— . — : سَهْلُ النَيْل — Within easy reach.

مَيْسَرَة : نَقيض المَيْمَنَة — The left side.

— الجَيْش — The left wing of an army.

— . مَيْسُرَة : سُهُولة — Ease.

— . — : غِنًى — Wealth; affluence; weal.

٭ يَسْرُوع (في سرع) — Caterpiller.

∆ يَسَقْجِيّ : حارِس ∆ قَوَّاس — *Kavass;* janissary; armed attendant.

٭ يَسْمِين . ياسَمِين — Jasmine; jessamine.

— أبيض : ∆ سِجِلّات — White jasmine

— أصفر — Yellow jasmine.

— اللَيْل — Arabian jasmine.

— حِجازي — Gardenia.

— هِنْدِي — Pagoda (temple) tree.

— البَرّ : ظَيّان — Wild jasmine; virgin's bower.

٭ يَسُوع — Jesus.

— المَسِيح — Jesus Christ.

يَسُوعِيّ : ◦ جِزْوِيتِيّ — Jesuit.

٭ يَشْب : حَجَرُ الدَم . حَجَر كَرِيم — Jasper.

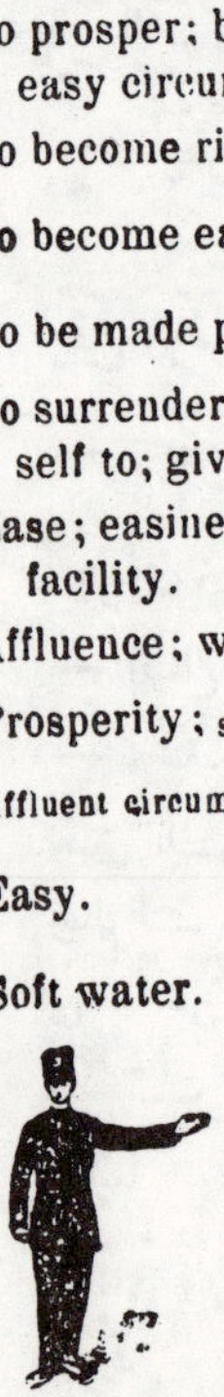

٭ يَشْم ع : جاجه . حجر كريم — Jade.

△ يَشْمَك : خِمار — Yashmak; Turkish ladies' veil.

٭ يَصْب : (لعلّه اليَشْب) — Jasper.

٭ يَطَق : مكان للنوم او الجلوس — Bunk; berth; bed.

٭ يَعْبُوب : عُباب (في عبب) — Torrent.

٭ يعسوب (في عسب) ٭ يعضيد (في عضد) ٭ يعقوب (في عقب)

△ يَغْمَة : غنيمة — Plunder; loot.

△ يَفْسِنْيش : موالسة — Underhand dealing.

— : مُحاباة او تستُّر — Connivance.

٭ يَفَخَ الولدَ : ضرب يافوخه — To hit on the crown of the head.

يافوخ رأس الطفل : △ نافوخ — Fontanel, —le.

— : قِمّة الرأس — Crown of the head.

△ يفطة △ يافطة : لافِتة . لوحةُ الاسم — Sign; sign-board; name-board.

— الباب — Name plate; door plate.

— الطرود وأمثالها — Label.

٭ يفع . أيفع . تيفّع الغلامُ : ناهز البلوغ — To puberty, *or* adolescence.

يَفْع : مناهزة البلوغ — Puberty *or* adolescence.

يفَع . يَفاع : كل ما ارتفع من الأرض — Hill; heights; high-land.

— . يافع : مناهز البلوغ — Pubescent; adult; adolescent; arriving at puberty.

(يقت) ياقوت : حجر كريم — Corundum.

— أحمر — Ruby; red corundum.

— أزرق : بنفسجيّ — Sapphire.

— أصفر — Topaz; yellow sapphire.

— جمري : كركند — Oriental amethyst.

٭ يقطين (في قطن) — Winter squash.

٭ يقظ . استيقظ (١) : ضدّ نام — To wake up; awake.

— . — : صار يقظاً — To be awake.

— . — من نومه — He awoke from his sleep.

— . — . تيقّظ : حذِر — To be on one's guard.

— . — . — الى : تنبّه — To watch; be attentive to.

— . — . — الى : تذكّر — To recollect; remember.

يقّظ . أيقظ . استيقظ ٢ : أصحى — To awaken; rouse from sleep.

— . — : حرّك — To rouse; wake up; excite; provoke; call forth.

— . — : حذّر — To warn; put on *one's* guard.

— : ذكّر — To remind.

يقِظ . يقظان . مُستيقِظ : صاحٍ — Awake; wakeful.

— . — . مُتيقِّظ : واعٍ — Wary; watchful; circumspect; vigilant.

أبو اليقظان : (كُنية الديك) — Cock; ⟵ chanticleer.

يقظة : ضدّ نوم — Wakefulness.

— . تيقُّظ : انتباه — Watchfulness; attention.

— . — : حذر — Vigilance; caution.

بين اليقظة والنوم — Intersomnious.

٭ يَقَق : جُمّار النخل وامثاله — Spadix.

٭ يقِن الأمرُ : ثبت — To be certain, sure.

— . أيقن . تيقّن . استيقن الأمرَ : تحقّقه — To be sure, *or* certain, of; know for certain.

يَقْن . يقَن . إيقان — Certainty; assurance.

— . يقِن . يقِنة . ميقان (١) — Credulous; unsuspecting.

يقين : تحقّق — Certitude; assurance.

— : اقتناع وتصديق — Conviction; strong belief.

— : مُحقَّق . ثابت — Certain; sure; true.

حقّ الـ — . — Clear, *or* evident, truth.

عِلم الـ — . — Certain knowledge.

على — من — Sure, *or* certain, of.

اليقينيّات — Axioms; self-evident truths.

يقيناً — Certainly; to be sure; assuredly.

يقينيّ — Positive.

موقن — Certain; sure; confident.

ميقان ٢ : سريع التصديق — Overcredulous.

△ يكلنجي : رئيس نوتيّ السفينة — Boatswain.

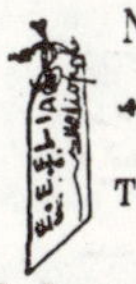

△ يمخانة . يمكخانة : قاعة الاكل فى المدارس وأمثالها — Refectory; dining-hall.

✿ يمّم كذا : قصده واتّجه اليه — To repair to; betake oneself to.

تيمّم الأمر : تعمّده — To intend; mean.

يمّ : بحر — Sea; ocean.

يمام . يمم : حمام برّيّ ← Stockdove, or turtle-dove.

✿ يَمُن : كان ذا يُمْن — To be lucky or fortunate.

يمّن : ذهب نحو اليمين — To go to the right.

تيمّن به — To augur good (by or from;) draw a good omen from.

يُمْن : بركة — Good fortune; good luck; auspiciousness; prosperity.

يمن . يمنة : ناحية اليمين — The right-hand side.

بلادُ اليمن — Yemen; Arabia Felix.

بنتُ اليمن : القهوة — Coffee.

يمني — From Yemen.

بنّ — . — Mocha coffee.

خطّ — : الخط المسند — Himyaritic writing.

يماني : عقيق — Agate.

يمين : ضدّ يسار — Right; righ- ← hand side; dexter.

— المركب — Starboard.

— : قسم (راجع قسم وحلف) — Oath.

— الامانة أو الطاعة — Oath of allegiance.

— اللغو — Mistaken oath.

— الصبر — Perjury; false swearing.

— حاسمة — Decisive, or positive, oath.

— متمّمة — Suppletory oath.

أدّى الـ — (امام المحكمة) — To take the oath.

دورة يمينيّة — Dextrorotation; righ-handed, or clockwise, rotation.

يُمنى : اليد اليمنى — The right hand.

الجهة الـ — The right-hand-side.

الصفحة الـ — من كتاب — Recto.

أيْسُم الله : بالله — By God!

أيْمَن : ضدّ أيسر — Right; right-hand side.

الذراع الـ . (مثلاً) — The right arm.

أيمُن ٢ . أيمُنُ الله : بالله — By God!

ميمن : يأتي بالخير — Auspicious; fortunate.

ميمنة : خلاف الميسرة — The right side.

— : يُمْن — Weal; welfare; prosperity.

— الجيش — The right wing, or flank, of an army.

ميمون : ذو اليمن — Blessed; auspicious; favourable; fortunate.

△ — : قرد . رُبّاح — Baboon; ← ape; maudrill.

— الطائر . مُيمّن — Auspicious; fortunate.

على الطائر الـ — Farewell! a happy journey! God speed you!

○ يناير : كانون الثاني . الشهر الميلاديّ الاوّل — January.

✿ ينبغي (فى بغى) ✿ ينبوع (في نبع) — Spring.

△ يَنْسُون △ يانسون : آنيسون — Anise; aniseed.

✿ ينع . أينع : أدرك وطاب — To ripen; mellow; become ripe.

يانع . يَنيع — Ripe; mellow; well matured.

— : أحمر — Red; ruddy; blooming.

✿ يهفوف : أحمق △ مهفوف — Feather-brain; flighty; giddy.

✿ يهوديّ (فى هود) — Jew.

○ يوبيل : عيد خمسيني — Jubilee.

○ يوجنيّة ○ يوجينيّة : علم إصلاح النسل — Eugenics.

○ يود — Iodine.

صبغة الـ : الصبغة البنفسجيّة — Tincture of iodine.

○ يودات : ملح الحامض اليوديك — Iodate.

○ يودور : مزيج اليود بعنصر آخر — Iodide.

— البوتاسا — Iodide of potassium.

○ يودوفرم — Iodoform.

○ يورات . بوراة : ملح الحامض البوليّ — Urate.

○ يورانيوم : عنصر إشعاعيّ معدنيّ أبيض — Uranium.

○ يُورِيا : بَوْلِينا . مادة البَوْل الاساسيَّة	Urea.
○ يُورِيك : بَوْلِيّ	Uric.
أسِيد — : حامِض بَوْلِيّ	Uric acid.
○ يُورِيما : تَسَمُّم بَوْلِيّ	Uremia.
△ يُوزْباشِي بَرِّيّ : نَقِيب	Captain.
— بَحْرِي	Lieutenant.
٭ يُوسُفُ : إسْم رَجُل	Joseph.
△ — افندي . يُوسُفِي	Mandarin; tangerine.
○ يُوسِيفُس : مُؤرِّخ قديم	Josephus.
○ يُوغا : طائفة صُوفِيَّة هِنْدِيَّة	Yoga; Hindu ascetic yogism.
يُوغِيَّة : اتحادِيَّة كَوْنِيَّة	Yogism.
△ يُوغُرت : قَنْبَرِيس . لَبَن حامِض	Curdled milk.
○ يُولِيه . يُولِيُو : تَمُّوز . الشهر الميلاديّ السابع	July.
٭ يَوْم : ٢٤ ساعة (او بمعنى نهار)	Day.
— : وَقْت	Time.
— أبْيَض	Auspicious, *or* propitious, day.
— أسْوَد	Dark, black, *or* unlucky, day.
— الجَلْسَة (يَوْم انعقاد المحكمة)	Court day.
— عُطْلَة	Holiday.
— مَشْهُود	A memorable day; a red-letter day.
— بَرْهَمِيّ (سَنْسِكْرِيتي) : ٤٫٣٢٠ مليون سنة	Kalpa.
في — من الأيّام : يَوْماً ما	One day; once; one of these days; some day
من — لِيَوْم	From day to day.
اليَوْم	To-day.
يَوماً فَيَوْم	Day by day.
ابنُ الأيّام	A man of the world.
ابْنُ يَوْمِهِ : سَرِيع الزَّوال	Ephemeral; short-lived.
يَوْمِيّ : كُلّ يَوْم	Daily; diurnal.
— : لِكُلِّ يَوْم	Everyday.
جَرِيدَة يَوْمِيَّة	A daily newspaper.
دَوْرَة الأرض اليَوْمِيَّة	The diurnal revolution of the earth.
يَوْمِيَّة : أُجْرَة اليوم	Daily wages; a day's wages.
△ — : دفتر لِقَيْدِ أعْمال اليَوْم	Diary.
△ — التاجر : دفترة الأوّلي	Daybook; journal
يَوْمِيًّا : كل يَوْم	Daily; every day.
يَوْمَئِذٍ	On that day; at that time.
يَاوَمَ : عامَلَه بأجْرَةِ اليَوْم	To hire, *or* engage, by the day.
مُيَاوَمَةً : باليَوْم	By the day.
٭ يُونَانُ : يُونُس . اسْم نَبِيّ	Jonah.
الــ . الشَّعْبُ اليُونانِيّ	The Greeks, *or* the Greek nation.
بلادُ الــ	Greece.
يُونانِيّ	Greek.
○ يُونَاثَان : اسم عَلَم (وكُنْيَة الشَّعْب الأميركي)	Jonathan.
٭ يُونُسُ : يُونان . ذُو النُّون . إسْم رَجُل	Jonah.
سَمَك — : خِنْزِيرُ البَحْر	Porpoise.

○ يُونْيَه . يُونْيُو : حَزِيران . الشهرُ الميلاديّ السادِس	June.

﴿ الحَمْدُ لِلّٰهِ ! ﴾

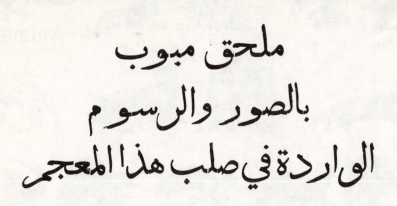

ملحق مبوب
بالصور والرسوم
الواردة في صلب هذا المعجم

A classified selection of illustrations appearing in the text of this dictionary.

رُبَّ صورة أَغنَت عن ألف كَلِمة

(مثل صيني)

One picture is
worth a
thousand words.

(Chinese Proverb)

حيوانات
Animals.

٧٣٤-٢٥٩-٥٧ ٢٨٨ ٤٩-٢٩ ٣٩٢-١٤٠-٢٩

٧٣٤ ٥١٥ ٧٩٥-٤٦٢-٩٢ ٢٠٦

٥٩٩ ٣١٤ ٥٨٤-٢٧٥ ٢١٩ ٥٥٦

٤٥٨-٣٨٨-٢٥٧
٧٤٧-٥٤٢

١٥٣
٧٧٤
٨٠٤

٤٦ ٧٥٩-٦٢٦-٢٣٠ ٩٨

٥٢٠-٢٧٨ ٥٣٦ ٧٥١-١٢٣-٦٩ ٢٧٥ ١٦٦ ٥١٥-٢٧٤

٦٠٤ ٨٢٠-٧٨٣-٤٦٨ ٥٤٢-٤٩٨-٣٢٣

٥٣٨-١٨٢-١٤٤
٧٨٢-٦٥٣-٥٨٧

٥٥٠ ٤٩٥

٢٧١ ٦٧٧ ٥٣٧ ٣٥٦ ١٢١ ١٠٢ ٧٠

٤٦ ٨٠٤-٩٦ ٤٧٦-٤١٨ ٤٥٥ ٢٦٥-٤٧ ١٠٣ ١٨

٥٣٣ ٧٠٣ ٤٧٢ ٤١-٣٣٣ ٤٤-٣٥٤ ٤١-٤٨٨ ٤٨٦

٢٣٨-٨٣٣ ٤٨٩ ١٠٩-٢٣٩-٨٢٠ ١١١-٤٨٩-٥١٧ ٥٦٤

٢٠٢-٤١٨-٤٣٩ ٧٧٤ ٥١٧-٦٥٣ ٦٧٢ ١٩٥

٢٦٥ ٦٥٧ ٧٣٤ ٤٣٢ ٥٣٥

٥٦٥-٧٤٥ ٢١٩ ٥٢٣-٥٦٥ ٣١٨-٥٣٧ ٦٤٠

٤٨٦ ٣٦١-٧١٦ ٦١٢ ١٨٥-٥٧٩ ٦٦٣

٤٤٦-٧٦١ ١٦٢-٢٠٢ ١٩٣-٢٥٠ ٣٣١ ٧٠

٣٥٣ ٧٥ ١٢٩ ٣٩٢ Collie ٣١٠-٥٩٩

Fox-terrier

Spaniel

٢١٢

٦٠٤-١٩٣

٧٥٦-٥٥٠-٣١٩

٦٤٦-٦٠٥

٥٩٩-٨٣

٢٦٦

٧٤٥

٢٥٠

٤٥١
٥٧٤

٧١٧-١٤٠

٥٩٧-١٩٥

١٥٦ — ١٠١ — ٧٦١

٧١٩-٦٦٣

٥٩٨-٢٤٧

٢٦٥

الطيور وما اليها

Birds

٧٠٢-٦٠٤

٧٠٢-٤٤٨

٤٨

٤٤٨

٦٣٣

٥٨١-٣٤٥-١٣٣

٢٨٨

٦١٩-٥٩٢

٤٦٦-١٩٢

١٣٨

٨١-٦٣

٧٠٢-٢٤٥

٩٧-٣٩
٦٦٠-٥٦٩

٤٤

٥٥٣-٤١٨

٣٤٠-١٤١

٦٧

٤١٧-٢٦٤

٣٧٦-٦٥

٧٩٠-٤٣٦-٩٤-٤٤

١٧٢-١٢٣-٥٠

٤٧٤

٧٤٢ — ٣٤٠ — ٥٢٨ — ١٦٦ — ١٨٤

الطيور وما اليها

٨١٦

١٩٠-٦٧

٦٨٣

٧٣٩

٧٩٠-٤٤

١٥٠

٥٩٠

٦٥٤-٥٦٤-٥٣٧-٢٥٩

٥٣٣-١٧٠-٨٤-١٩

٧٣٢-٤٩٤

٣٨٧-٢١١

٣١٣

٤٧٥

٥٦٩-٤٧٥

٦٣٠-٤٦١-١٣٩

٧٨٩-٥٣٨

٢٧٨

٤١٣

٢٧٥-٤١

٢٧٠-٢٢٢-١٣٤

٦٩٢-٦٣٤-٦٥

١٩٠

٥٦٤-٥٢١

٥٠٦-٢٨٥-٢٣١

٢٧٠-١٣٤

٤٧٣-١٣٢

٥٣٨

٦٠٤-٥٥٥-٤٥٠

٥٧٥-٤٧٢

٧٤٠-٤٧٣

٣٥٠-٢٨٥

١٢١-٧٠

٧١٨

٥٨٧-٢٦٦

٢١١-٤٩

٣٥٦-٧٢

٦٧٠-٧٤

٢٠٠-٢٧٤ ‏ ٦٢٦ ‏ ٥٩٨-٨١١ ‏ ٣٢٥-٤١٥-٤٧٧ ‏ ٣٠١

٨٨-٢١١ ‏ ٧٢٧ ‏ ٢٢٦ ‏ ٢٤٨-٤٤٢ ‏ ٣٢٠

٧٣-٤٦١-٦٥٥-٧٤٦ ‏ ٢١٢ ‏ ٦٣٩ ‏ ٤٢٥-٨١٩ ‏ ٣٨٦ ‏ ١٣٣ ‏ ٢٢٧-٤٧٦

١١٢-٢٧٧-٥٥٣ ‏ ٣٦١-٧٥٧ ‏ ١٢٥-٣١٦-٤٤٢ ‏ ٢٠٩-٤٧٤ ‏ ٨٦-٣٠٦-٧٣٥

٩١-٢٧٧-٤١٧ ‏ ٩٣ ‏ ٤٧٠ ‏ ٧٥٣ ‏ ٣١٦-٥٠٣

١٦٨-٢٧٣ ‏ ١٦٨ ‏ ١٣٧-٤٤٨-٥٢١ ‏ ١٦٩ ‏ ٢٠٨ ‏ ١١٦

٣٣-٩٠-٥٦٢-٨٢٣ ‏ ٢٩٦ ‏ ١٩٣-٦٩٨ ‏ ٦٦٠-٨٠٢ ‏ ٤٩٧ ‏ ٢٠٨

٢٧٠

٣٨٤-٥٦٧-٥٨١-٧٣٠ ‏ ٢٢٩-٨٢٢ ‏ ١٩ ‏ ٤٧١ ٦٢٦ ‏ ٤٣٤ ‏ منقار مخروط الشكل Conirostral ‏ ٧٢٧

٧٠٢-٥٦٦ ٥٢٩-١٢٤ ٤١٨-١٩٥-٥٦ ٥٩٧ ٧٧٦

احياء مائية
Aquatic Beings.

٧٢٧-١٨٥ ٦٠٨-٥٩١-٥٣٤-٥١ ٣٢٩

٦٧٩ ٥١٦ ٨٩ ٦٣٣-٣٠٣ ٧٨٩ ٣٤٩-٢٥٢

٣٠٥ ٧٤ ٣٥٣-١٧ ٧٢٩

٣٠٩ ٦٧٧ ٢٧٦ ٥٣٧

٥٨٧ ٥٢٧-٧٢ ٦٣٦ ٦٩٤-١٨٨ ٣٤٦

٣٨٥ ٧٧ ٥٨٥-٣٣٢ ٥٣٤-٤٩٦-٢٣٠

٦٤٩ ٥٧٥ ٣١٣-١٧١ ٦٨٢

٣٦٧-٢٩٧ ٢٣٧ ٥٦٥ ٥٤١-٤٩٦ ٦٣

٢٦٥ ٨١ ٧٧٢-٧٥٦ ٢٠٩

٧٤٣-٣٣

٥٠٩

٥١١-٤٢٥-٥١

١٧١-٨٢
٧٤٤

٥٥٩-٣٧٩-١٧٠-٤٢

٢٦٠-٨٩

١٧١-٥١

٢٨٨

٨٢٤-٢٠٢٠

١٧١-٢١٥

١١٠

٥٨٨-٢٩١

٦٣٤-٥٦٣

١٣٣-٣٩
٣٦٥

٦١٤

٥٧٨-٣١٠-٢٩٨-١٦٩-١٨

٧٨٥-٥٦٩-٣٦٩

٢٣

١٦٢-٦٢
٥٦٩

١٢٠

٢٧

٣١٦

٣٠٣-٣١

٨٢

٥٣٩-٥٩

زحافات ودبابات وحشرات

Reptiles and Insects.

٣١٦-٥٩

٦٥٦-٩٣

٤٤٦-٢٩٣-١٤٢

٣٠٥-٣١

٤٣٢-٣١٧

٦١٦-٣٠٨

١٧٧-٨٠-٣٢

٣٧٩-٦٢
٧٠٦

٨٢١ ٢٨

٣٤٣
٥١٢
٥٣٩

١٢٩
٣٧٧
٥٢٠

١٤١-٥٦

٤٥٣-٢٢٤

٤٠٣-٢٩٨

٢٣٩-١٤٤-٣٩

٣٢٥

٧٣٠-٣٩٣

٣٣١-٢٤١

٣٧١
٧٨٧

٤٥٠

٧١٢-٥٢٢-١٢٤

٣٢٣-٢١٥
٥٤٢-٤٦٥

٥٠٢

١١٦-١٨

٦٨٣-٤٩٨

٧٣٥

٤٣٩-٩٤

٣٧١-١٠٦

٤١٧-٢٣٠

٦٩٢

٦٩٢

٤٩٩-٢١٨-١٨

٧٠٢-٤٦٢-٣٤٧

١١٠

٦٨٣-٥٤٦-٦٥-٤٨

نبـــاتات وما اليها وما يختص بالزراعة

Plan ts and Agriculture.

٤٨٨-١٨٥

٩٤

٣٥٩-٩٤

٣٣٨-٢٧

٢٩٩

٣٣٥

٣٦٤

٣٧٥

٣٦٤

٣٦٠-٩٦

١٧

٣٢٤

٦٠٨-٥٧

٧٥٦

٥٥٠-١٥١

٦٩٤

٦٥٠

٢٣٩-٢٦

٦٣٨-١٨٦

٢٠٢-٨٤

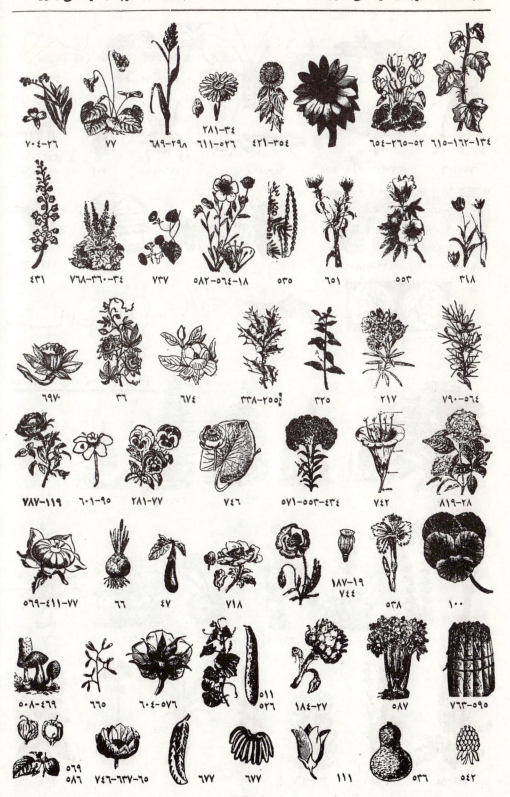

١٣٤-١٦٢-٦١٥
٥٢-٢٦٥-٦٥٤
٣٥٤-٤٢١
٣٤-٢٨١
٥٢٦-٦١١
٢٩٨-٦٨٩
٧٧
٢٦-٧٠٤
٣١٨
٥٥٣
٦٥١
٥٣٥
١٨-٥٦٤-٥٨٢
٧٣٧
٣٤-٣٦٠-٧٦٨
٤٣١
٥٦٤-٧٩٠
٢١٧
٣٢٥
٢٥٥-٣٣٨
٦٧٤
٣٦
٦٩٧٠
٢٨-٨١٩
٧٤٢
٤٣٤-٥٥٣-٥٧١
٧٤٦
٧٧-٢٨١
٩٥-٦٠١
١١٩-٧٨٧
١٠٠
٥٣٨
١٩-١٨٧
٧٤٤
٧١٨
٤٧
٦٦
٧٧-٤١١-٥٦٩
٥٩٥-٧٦٣
٥٨٧
٢٧-١٨٤
٥١١
٥٢٦
٥٧٦-٦٠٤
٦٦٥
٤٦٩-٥٠٨
٥٤٢
٥٣٦
١١١
٦٧٧
٦٧٧
٦٥-٦٣٧-٧٤٦
٥٦٩
٥٨٦

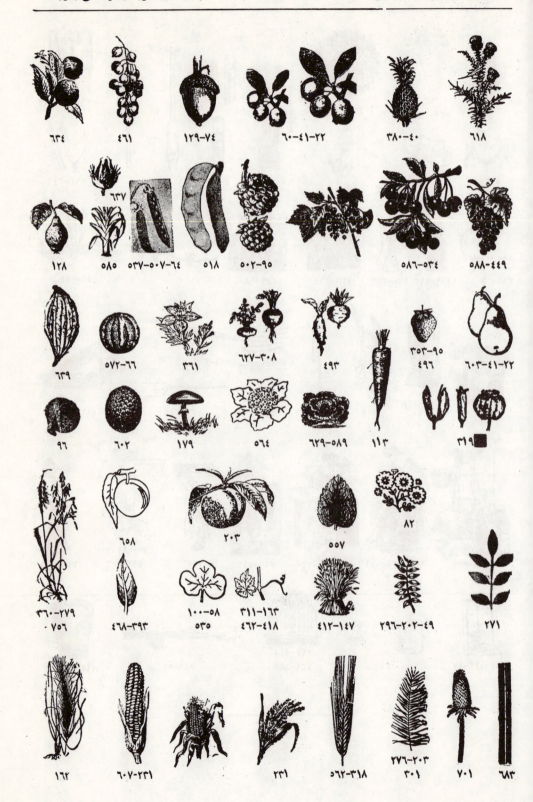

٦٣٤ ٤٦١ ١٢٩-٧٤ ٦٠-٤١-٢٢ ٣٨٠-٤٠ ٦١٨

١٢٨ ٥٨٥ ٥٣٧-٥٠٧-٦٤ ٥١٨ ٥٠٢-٩٥ ٥٨٦-٥٣٤ ٥٨٨-٤٤٩

٦٣٩ ٥٧٢-٦٦ ٣٦١ ٦٢٧-٣٠٨ ٤٩٣ ٣٥٣-٩٥ ٤٩٦ ٦٠٣-٤١-٢٢

٩٦ ٦٠٢ ١٧٩ ٥٦٤ ٦٢٩-٥٨٩ ١١٣ ٣١٩

٦٥٨ ٢٠٣ ٥٠٧ ٨٢

٣٦٠-٢٧٩ - ٧٥٦ ٤٦٨-٣٩٣ ١٠٠-٥٨ ٥٣٥ ٣١١-١٦٣ ٤٦٢-٤١٨ ٤١٢-١٤٧ ٢٩٦-٢٠٢-٤٩ ٢٧١

١٦٢ ٦٠٧-٢٣١ ٢٣١ ٥٦٢-٣١٨ ٢٧٦-٢٠٣ ٣٠١ ٧٠١ ٦٨٣

١٧-٢٩٥-٧٩٤

٨٥-٢١٨-٥٦١

١٤٩-٣٦٠

٤٠٥

٤٠٥

٢٥٤-٥٨٣-٦٠١

١٨٨-٥٣٧

٥٩

٢٦
٢٨٠

٢٨٠-٥٣٧

٧٦-٥٠٣

٢٥٩-٤٥٢

٢٠

١٨-٤٤٩

١١٤-٤٣٦

٣٨٩-٤١٠

٤١٣-٤٨٩

١٥٢
٣٤٠
٣٦١

٨٦-٤١١

٢١٤-٢٣١

٢١٤-٢٣١

٥٧٩-٦٣٤

٢١٨

٥٤٣

٤٢٨-٤٧٤
٦١٠

٤٠١-٧٧٠

١٠٧-١٨٤-٢٦٧
٥٠٣-٧١٢

٧٧٥

٤١٣-٧١٦

٢٢٠-٣٠٥-٧١٦

١٥١-٣٢٩-٦٩٠

٣٣٧-٦٩٨

٣٣-٣٦١-٥٤٤

٥١-٣٨٩

٥٠٤-٥١٧
٦٩٩-٧٢١

٢٥١

٤٧-١٨٣-٢٥٤

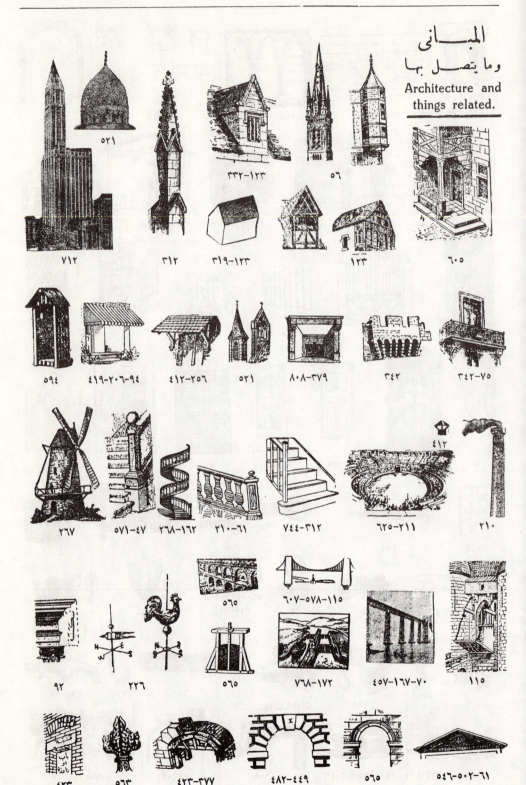

المبانى
وما يتصل بها
Architecture and
things related.

٥٢١

٣٣٢-١٢٣   ٥٦   ٦٠٥

٧١٢   ٣١٢   ٣١٩-١٢٣   ١٢٣

٥٩٤   ٤١٩-٢٠٦-٩٤   ٤١٢-٢٥٦   ٥٢١   ٨٠٨-٣٧٩   ٣٤٢   ٣٤٢-٧٥

٤١٢

٢٦٧   ٥٧١-٤٧   ٢٦٨-١٦٢   ٢١٠-٦١   ٧٤٤-٣١٢   ٦٢٥-٢١١   ٢١٠

٥٦٥   ٦٠٧-٥٧٨-١١٥

٩٢   ٢٢٦   ٥٦٥   ٧٦٨-١٧٢   ٤٥٧-١٦٧-٧٠   ١١٥

٤٢٣   ٥٦٣   ٤٢٣-٣٧٧   ٤٨٢-٤٤٩   ٥٦٥   ٥٤٦-٥٠٢-٦١

المبانى وما يتصل بها

١١٠ ٤٤٩ ٥٦٥-٢٨٨-٨٠ ٣٨١ ٢٥١-١٤٢ ٥٢٣-٣٥٣

٣٤١ ٥٨٩ ٤٢٣ ٥٢٤ ٧٢٠-٤١٨ ٧١٠ ٧٢١

٣٤٦ ٨٠ ٦٢٨ ٣٢٤ ٢٤٠-٨٠ ٨٠

٣٣٩-٢١٢ ١٥٢ ٣٥٤ ٢٨٠-٢٣٦ ٦٥٦-٥٧١ ٣٧٢ ٢٩٠ ٢٩٠

٦٠٢-٣٠٠ ٦٠٢ ٣٥٧ ١٢٤ ٥٠٧

٦٠٢-٥٥٦-٤٩١ ٧٨٠ ٥٢٠-٤٩١-٣٠٩ ٦٢٣-٥٥٨ ٣٤ ٥٥٥ ٣٣٤-٢٧٨-٨٩

٣٨٠-١٧٠ ٥٥٥ ٦٥٦ ٢٤٨ ٣١٤ Gland Cock ١٦٨ ٢٤٧

٤٧٧-٣٤٥-١٧٢ ٣٢٩-٩٨ ٦٠٨ ٤٨٠-١٦٨-٧٨-٤٩ ٧١١-٢١٤ ٦٥٦

٦٩١

١١٠-٢٢٠-٣٠٠

٣٨١-٢١٧
٦٠٥-٥٨٧

٢٥-٢٤٤-٢٦٨

٣٢٠
٦٩١-٥٦٨
٨٥-٥٦٦

٦٠٥

٧٣٢
١١٦

٦٠

٥٨٣

٦٤٥-٣٧٧

٩٥
٤٠٠-٥٩٤

٤٥٧

٤٥٧
٣٦٦

٦٨٤-٧٤٢
٣٦٦-٤٥٧
٥٢٩-٥٥٤

٧٨١

١١٥

٣٣٢

٢٠٥-٢٥٢
٤١١-٤٩٦

٧٢-٦٨٩

٢١٨-٣١٥
٥٣٦

٢١٨

٢١٨

٧٤-٢٣٩
٥٨٥-٧٨٨

٧٤-٢٣٩

٥٠٤

٢١٩-٦٩٥-٨٠١

١٤٠-١٧٥

١٤٠-٢٤٧-٢٧٨
٢٧٨-٧٧٥

٢٨٤-٦٥٥

٤٤١-٤٨٥

٦٢٣-٧٢٧

٢١٤-٦٠٩

٦٢٣

٥٢٩

٢٠٢-٥٩٢
٦٢٤

٧٤-٣٩٨
٤٨٩

٢٩-٣٧٦
٤٦٧-٧٢٧

٦٣٧

عـدد وأدوات وآلات صناعية

Tools, Implements and Mechanics.

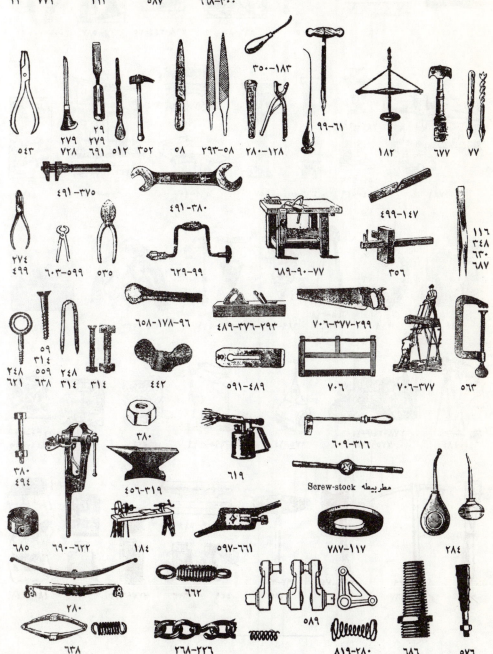

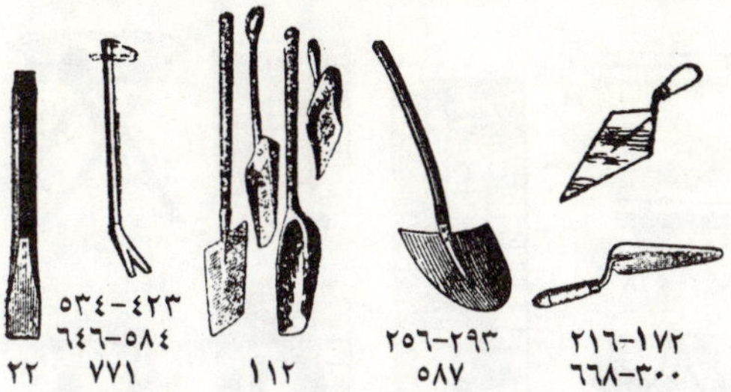

٢٢
٥٣٤-٤٢٣
٦٤٦-٥٨٤
٧٧١
١١٢
٢٥٦-٢٩٣
٥٨٧
٢١٦-١٧٢
٦٦٨-٣٠٠

٣٥٠-١٨٣
٩٩-٦١
٥٤٣
٢٧٩
٧٢٨
٢٩
٢٧٩
٦٩١
٥١٢
٣٥٢
٥٨
٢٩٣-٥٨
٢٨٠-١٢٨
١٨٢
٦٧٧
٧٧
٤٩١ -٣٧٥
٤٩١-٣٨٠
٤٩٩-١٤٧
٢٧٤
٤٩٩
٦٠٣-٥٩٩
٥٣٥
٦٢٩-٩٩
٦٨٩-٩٠-٧٧
٣٥٦
١١٦
٣٤٨
٦٣٠
٦٨٧
٦٥٨-١٧٨-٩٦
٤٨٩-٣٧٦-٢٩٣
٧٠٦-٣٧٧-٢٩٩
٥٩
٣١٤
٢٤٨
٦٢١
٥٥٩
٦٣٨
٢٤٨
٣١٤
٣١٤
٤٤٢
٥٩١-٤٨٩
٧٠٦
٧٠٦-٣٧٧
٥٦٣
٣٨٠
٣٨٠
٤٩٤
٤٥٦-٣١٩
٦١٩
٦٠٩-٣١٦
Screw-stock مطربيطه
٦٨٥
٦٩٠-٦٢٢
١٨٤
٥٩٧-٦٦١
٧٨٧-١١٧
٢٨٤
٦٦٢
٢٨٠
٥٨٩
٦٣٨
٢٦٨-٢٢٦
٨١٩-٢٨٠
٦٨٦
٥٧٦

١٩٢-٣٥٦ ٥٩٩-٧٦١ — ١٢٥ ٢٧٤ ٣٠٩ — ٥٢٢ — ١٧١-٢٢٢ — ١٠٠-٦٠٨ — ٥٦ — ٥٦-٨٥ ٤٩٦ — ٨٥-٢٨٤-٦٠٨ — ٥٧٥-٧٣١

٤٤١ — ٧٨٩ — ٥٧٩ — ٧٤٣ — ٢٦٢ — ٣٤ — ١٨٤

٣٠٤ — ٨٩ — ٧٤٩ — ٣٥٢ — ٣٨٠ — ٣٢٠

آلاتٌ عِلْمِيَّة

Scientific Instruments.

٢١٣ — ٤٢ — ٥٢-٧٩١ — ١٧-٦٦٤ — ٥٣٤-٦٤٥

١٧٨ ٣٠٣ ٧٩٥ — غرافومتر Graphometer — ٤٢٧ — ٤٨ — ٥٧١ — ٧٢-٦٨٩

٧٧ — ١٦١-٣٨٧ — ١٠٨-٦٤ — ٢٥٧-٦٤٦

٢٣٩-٢٨٣ — ٦٠٦-٦٦٤ — ٤٦٨ — ١٩١ ٢٥٩ — ٤٠٤-٦٧٩ — ١٧-٨٢-١٥٨

٢٩٥ — ٤١ — ٣٢٩-٦٦٠ — ٧٥-٥٤٦ — ٧٧ — ١٣٢

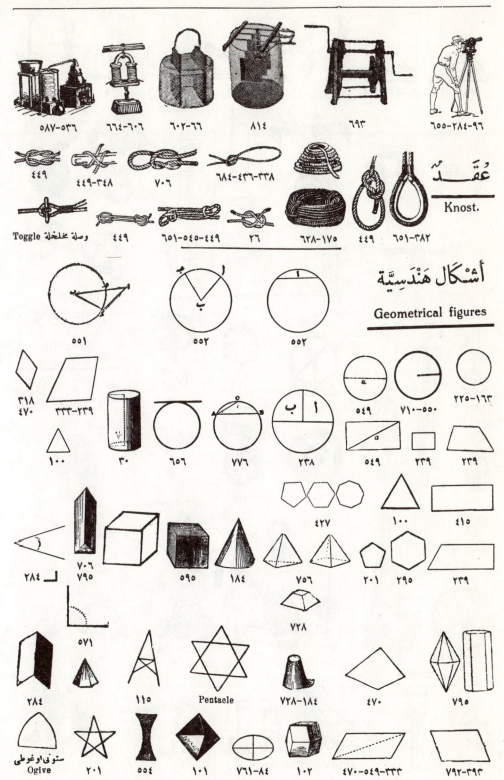

٥٨٧-٥٣٦   ٦٦٤-٦٠٦   ٦٠٢-٦٦   ٨١٤   ٦٩٣   ٦٥٥-٢٨٤-٩٦

٤٤٩   ٤٤٩-٣٤٨   ٧٠٦   ٦٨٤-٤٣٦-٣٣٨

عُقَدٌ

Knost.

Toggle   وصلة مخلخلة   ٤٤٩   ٦٥١-٥٤٥-٤٤٩   ٢٦   ٦٢٨-١٧٥   ٤٤٩   ٦٥١-٣٨٢

أشْكَال هَنْدَسِيَّة

Geometrical figures

٥٥١   ٥٥٢   ٥٥٢

٣١٨
٤٧٠   ٣٣٣-٢٣٩   ٢٢٥-١٦٣   ٥٤٩   ٧١٠-٥٥٠

١٠٠   ٣٠   ٦٥٦   ٧٧٦   ٢٣٨   ٥٤٩   ٢٣٩   ٢٣٩

٤٢٧   ١٠٠   ٤١٥

٢٨٤   ٧٠٦
٧٩٥   ٥٩٥   ١٨٤   ٧٠٦   ٢٠١   ٢٩٥   ٢٣٩

٧٢٨

٥٧١

٢٨٤   ١١٥   Pentacle   ٧٢٨-١٨٤   ٤٧٠   ٧٩٥

ستوني او غوطي
Ogive   ٢٠١   ٥٥٤   ١٠١   ٧٦١-٨٤   ١٠٢   ٤٧٠-٥٤٩-٣٣٣   ٧٩٢-٣٩٣

آلات بَصَرِيَّة وكَهْرَبية وطِبِّيَّة وغَيْرها

Optical, Electrical, Surgical, Scientific, etc ,

٤٥-٣٨٤-٤٩٢
٥٦٣-٦٠٣

١٣٦

٧١٥

٧١٤

Goggles
٤٧٠-٧١٤
٧١٤

٢٥١
٧١٤

٧١٤

٤٥-٣٨٤-٤٩٢
٥٦٣-٦٠٣

٢٦٠-٥١٤

١٠٠-٣٢٨

٤٢٨-٥٧٨

٤٣٨

١٢٧-٦٦٥

٩٢-٢٥٨

٦٠٦

٢٧٤

١٢٢-٢٦٣

٢٢٣-٦٠٦

١٤٦-٢٢٩-٦٧٧

٦٦

٣٨٠

٩٠
١٤٣
٥٣٩
٧٩١

Interrupter
١٤٧-٤٩٢

٩٢

٨٥

٥٢٠

٦٦

٩٢

١١٥

٧٧
١١٧
٣٤٨
٦٣٠
٦٨٧

٦٨-٢٥٢

٥٧٦
٩٩
٣٣٠
٦١٥
٧٩١

٧٧٩

٣١٥

٥١-١٥٩-٤٠٤

٤٧٠-٥٧٦

٣١٦

٥٩٩
٧١٥-٧٤٨

٦٦-٣٤١-٥٠٦

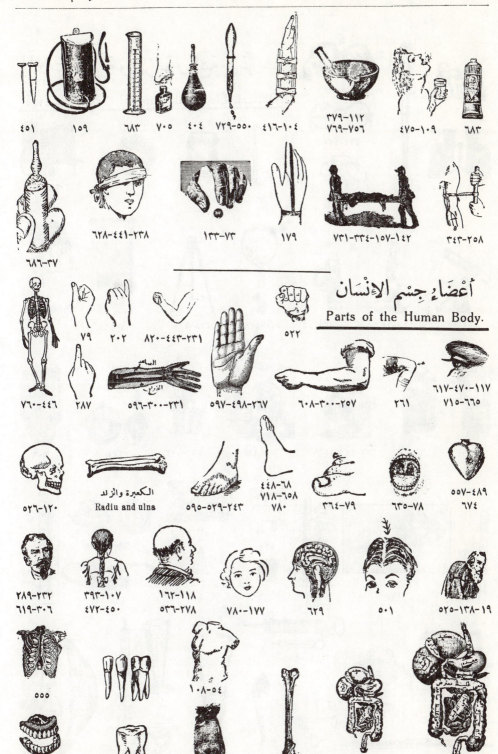

٦٨٣
٤٧٥-١٠٩
٣٧٩-١١٢
٧٦٩-٧٥٦
٤١٦-١٠٤
٧٢٩-٥٥٠
٤٠٤
٧٠٥
٦٨٣
١٥٩
٤٥١

٣٤٣-٢٥٨
٧٣١-٣٣٤-١٥٧-١٤٢
١٧٩
١٣٣-٧٣
٦٢٨-٤٤١-٢٣٨
٦٨٦-٣٧

أعْضَاءُ جِسْم الإنْسَان

Parts of the Human Body.

٥٢٢
٨٢٠-٤٤٣-٢٣١
٢٠٢ ٧٩
٧٦٠-٤٤٦

٦١٧-٤٧٠-١١٧
٧١٥-٦٦٥
٢٦١
٦٠٨-٣٠٠-٢٥٧
٥٩٧-٤٩٨-٢٦٧
٥٩٦-٣٠٠-٢٣١
٢٨٧

٥٥٧-٤٨٩
٦٧٤
٦٣٥-٧٨
٣٦٤-٧٩
٤٤٨-٦٨
٧١٨-٦٥٨
٧٨٠
٥٩٥-٥٢٩-٢٤٣
الكعبرة والزند
Radiu and ulna
٥٢٦-١٢٠

٥٢٥-١٣٨-١٩ ; ٥٠١ ; ٦٢٩ ; ٧٨٠-١٧٧ ; ١٦٢-١١٨ / ٥٣٦-٢٧٨ ; ٣٩٣-١٠٧ / ٤٧٢-٤٥٠ ; ٢٨٩-٢٣٢ / ٦١٩-٣٠٦

٦٦٣-٦٥٩-٥٧٠ ; ٥٧٧-٥٦٦ / ٦٥٩ ; ٧٧٥
١٠٨-٥٤
٧٧٦
٦٨٨-٣٩٢
٥٥٥
٣٣٧-٣٢٠
٧٧٧-٤٠٧

أثاثات وأدوات مَنْزِليَّة
Household Furniture and Utensils

٢٨٦ ٢٩٦ ٧٠٧-٦٥ ٦٢٧-٤٧٧

٢٩١-٤١٢ ٦٠٣ ١١١-٢١١

٧٥٣-٣٨٥-٨٨ ٣٨٢-٢١٢-٨٢ ٢١٩-١٨٦ ٢٤ ٨١ ٦٠٨ ٤٢٥

برقع ستارة
Pelmet
٦٠

٦٠ ٢٩٠ ١٥٥-١٣٧-٥٩ ١٧٤ ٥٥٥ ٤٨٠-٣٤٠-١٣٤ ٦٦٧-٤٩٩ ٦٧١

٢٩٧-٨٨ ٦٧٤-٢٤٢ ٦٩٧ ٧٦٤ ١٠٥

٤٠٢-٢٤٠-١٥١ ٧١١-٤٩٩ ٤٥٣ ٥٨٥-٥٦٩ ٦٩٥-٦٨٨

٧٩٢-٧٧٦-١٨٠ ٨١٩-٦٣٨ ٣٥٥ ٤٧٢-٣٣٤ ٣٥٥

٦٠٤ ٨١١-٥٥٤-٢٨ ٢٢٨ ٢١٩-٧٧ ٥٨٦

٥٨٦-٥٤٢ ٥٨٦ ٧٥٨-٥٨٧ ٥٦٢ ٥٨٧ ٥٨٦

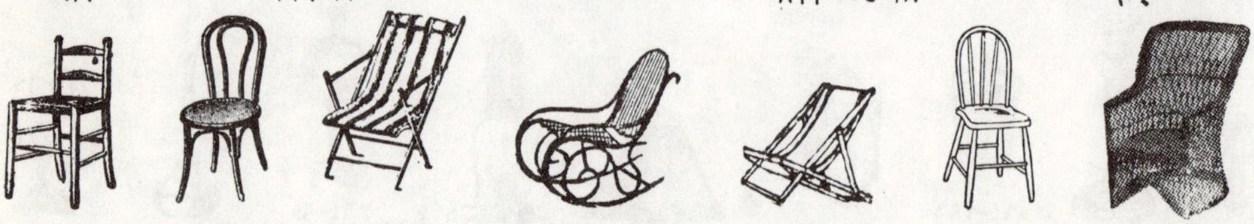

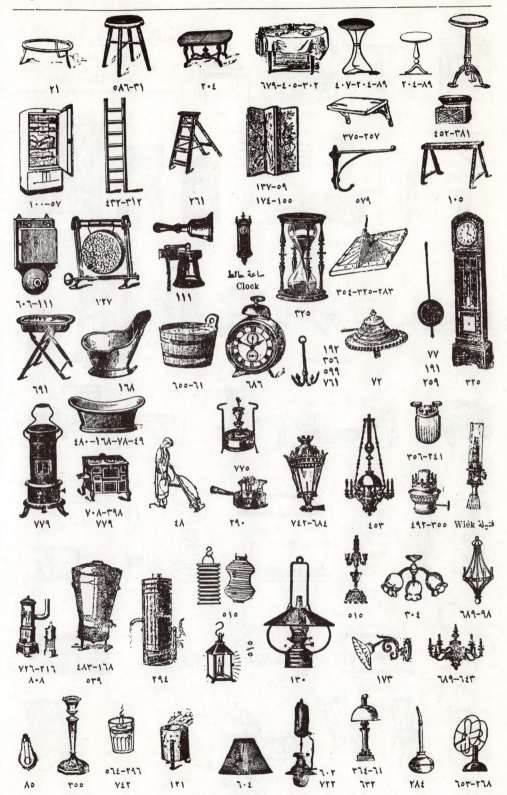

٢١   ٥٨٦-٣١   ٢٠٤   ٦٧٩-٤٠٥-٣٠٢   ٤٠٧-٢٠٤-٨٩   ٢٠٤-٨٩

١٠٠-٥٧   ٤٣٢-٣١٢   ٢٦١   ١٣٧-٥٩ ١٧٤-١٥٠   ٣٧٠-٢٠٧ ٠٧٩   ٤٥٢-٣٨١ ١٠٥

٦٠٦-١١١   ٢٢٧   ١١١   ساعة حائط Clock   ٣٢٥   ٣٠٤-٣٢٥-٢٨٣   ٧٧ ١٩١ ٢٥٩ ٣٢٥

٦٩١   ١٦٨   ٦٠٠-٦١   ٦٨٦   ١٩٢ ٣٥٦ ٠٩٩ ٧٦١   ٧٢

٧٧٩   ٤٨٠-١٦٨-٧٨-٤٩ ٧٠٨-٣٩٨ ٧٧٩   ٤٨   ٧٧٠ ٢٩٠   ٧٤٢-٦٨٤   ٤٥٣   ٣٥٦-٢٤١ ٤٩٢-٣٠٠ Wiék فتيلة

٧٢٦-٢١٦ ٨٠٨   ٤٨٣-١٦٨ ٥٣٩   ٢٩٤   ٥١٥ ٥١٥   ١٣٠   ١٧٣   ٣٠٤ ٦٨٩-٩٨ ٦٨٩-٦٤٣

٨٥   ٣٠٠   ٥٦٤-٢٩٦ ٧٤٢   ١٢١   ٦٠٤   ٦٠٣ ٧٢٢   ٣٦٤-٦١ ٦٣٢   ٢٨٤   ٦٥٣-٢٦٨

مروحة ريش Feather fan

٦١-٣٣ ٥٤٤-٣٦١-٣٢ ١١١-٧٤ ٢٧٨ ٢٨١

ادوات المائدة والمطبخ

Table and Kitchen Utensils

٦٠٧-٥٧٧ ٦٠٧ ٦٠٧-٦٨ ٦٠٧

٦٥٢

طاسة الاصابيع Finger-bowl

٤١٢-٣٠٩ ٣٠٩ ٣٠٩ ٥٤٤-٣٦١ ٥١٧-٥١١ ٥٧٦-٥٢٦ ٥١٤

٤٠٥-٦٠ ٦٠ ٦٥٣-٥٣٢-٣٧٨ ٣٦٢-٥٧ ٧٢ ٦٣٠-٣٠٦

٨٠٧-٨٤ ٣٢٩ ٥٦٠ ٢١٢ ٣٤٩-٢٢٦ ٣٤٩-٢٢٦ ٦٦٨ ٣٨٧ ٤٠٠ ٥٩٢-٢٥٢ ٧٣١

٥٣٩-٢٧٣ ٥٦٦ ٦٠-١٨ ٥٦٦-٦٠ ٧٣٥ ٣٠٦ ٦١ ٦٠ ١٩٩ ٥٣٩ ٤٩١ ٣٠٠ ٦٠٩ ٦٦٤

١٩٤-٨٤ ٦٩٥ ٣٦٠ ٣٦٥-٣٥١-٣١ ٦٢٦ ٣٧٦ ٤٩١-٦٣ ١٨٤

٥٩٢-٤١٢   ٥٩٢   ٥٦٢-٤١٦-٤٠٠   ٣٧٦   ٥٢٧-١٦٤-٦١

٣٣٢-٢٦٠-١٧١
٤١٠-٣٥٩   ٥٦٣   ٤٧٥ / ٥٧٩   ٥٤٦-٤٠٦-٢٥٥   ٦٤   ٨٠١   ٤٨٠

١٩٢
٣٥٦
٥٩٩
٧٦١

٢١٨   ٦٩٤-٤٧٤   ٦٤٦-٤٩٨   ٣٧٩-١١٢ / ٧٦٩-٧٥٦   ٦٠٥-٥٦٧-٩٤   ٤٠١   ٥٠٢

٩٩
٣٣٠
٦١٥
٧٩١

٧٥٦-٦٧٥   ٥٤٠-٤٥٢-٢١٩   ٦١٥   ٥٣٢-٢٢١   ٥٤٢   ٦١   ٣٣٢-٢٠٧ / ٤٧٧

لبن حليب

٣١٨-٩٩
٧٩١-٤٦٨   ٧٩١   ٧٩١-٥٢٤-٢٦٤   ٧٩١   ٧٩١-٥٤٠   ٥٩٩-٨٣

١٣٤-١١٣-٦٣

٧١١-٢٥١

٦٥٦

٥٩٠-٢٧٩   ٥١٢-٢٥٠   ٧٥٦-٦٠٦   ٧٦٠-٧٢٤   ٢٩١   ٥٥٥

٧٢٠-٦٠٧

٤٨٩
٠٠٦

٣٨٩-٥١

٤٧٤-٤٢٨
٦١٠

١٧٥-١٤٠   ٦٠٥-٤٩١-٥٤٢-٢٠١   ٣٠٠-٢٢٠-١١٠   ٦٢٤   ٦٣٤-٥٧٩

اثاثات ولوازم مكتبية
Office Furniture and accessories

٥٨١-١٥٢

٧٠٧-٣٥٨

١٨٦

٥٨٠-٨٨

٥٨١-٤٥

٣٨٧

٦٤٦-٢٩

٧٠٧

٢٩٨-٩٣
٧٤٩

٢٩٨

٢٨٣-٢٠٦

٥٧٩

٨٨-٦٤-٤٨
٦٣٦-٢٨٨

٦٣٦-٢٧

٢٧١

٢٥٢
٥٦١

٤٤٨

١٣٢١٥١
١٣٢١٥٢
١٣٢١٥٣
132151
132152
132153

٢٧

٧٣٤

٥٩٤-٥٤٢

١٥٧

٦٢٣-٤١٨

٣٥٣

٥٦١-٢٧١

٧٠٩

٥٥٢

٤٩٩

٣٣٢
٣٩٥

٢٧٤-١٢٣
٥٢٥-٣١٤

٢٥٩-٦٧
٨٢٢

٥٢٠

٣١١-٢٨٧
٧٦٤

٥٦١-٢٤٩-١٠٧

٦٦٢-٤١٦-٦٢

٦٨٧

٧٠٢

٧٧

٣٩٩

١٨٠-٥٧

٨٥-٥٦
٤٩٦

٦٠٨-١٠٠

٦٣٦-٣٨٤

٧١١

٥٦٤-٣٧٩-٣٣٣
٣٥

٤١١-٢١١

٥٧٢

Book-clasp

٧٩١

٣٣٢
٣٩٥

٧٣١-٥٧٥
٤٥٤-٢٦٠

مأكولات ولوازم التدخين

Eating and Smoking.

٤٥٢-٣٦٧

٦٤٩-٣١٢

٣٤٤-٣١٩
٥٩٦

٤٩٥

٥٣٥

٥١٥

٦٨٤
٦٦٥-٢٩١

٥٩

٥٠٩-٣٣١

٤٠٧

٣٢٩

٦٨٢-٣٦٢

٧٢٤

٤٨٣-٣٣٢

٣٢٨-٢٨٠

٥١٤

٨١٤-٥٢٦

٩٩ -٣٣٥
٥٧٨-٤٦٥
٦٨٣

حُليّ وأدَوات الزينة

Jewels and Toilet articles.

٦٧٧-١٦٣

٧٩٥-٦٧٧

٤٩٩-٤٩٦

٦٥٨

٤٩٩

١١٠
٤٩٩ ٤٩٩-١٦٣

٨٠٩-٥٦٩-٣٢٠

٦٦٦-٥٤٥

٢٠٧ ٢٠٧
٤٩٩

٢٥١-٥١

٧٨٨

٥١٧-٦٠-٤٨
٧٠٧-٥٥٣
٦٠٩

٤١٨

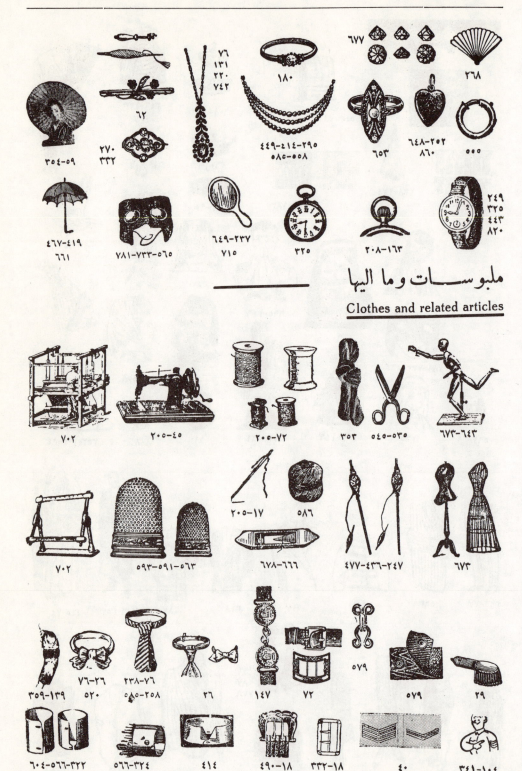

ملبوسات وما اليها

Clothes and related articles

٧٩٥
١٢٣-٣٤٦
٤٣٧
٩٥-٦٠١
٤٨-٦٥-٥١٧-٥٥٣
٢٢٢
٥٦١
٦٠٤
٦٠١
٩٥-٦٠١
١٨٣-٧٥٢
١٨٣
٢٧٤-٣٣٨
٤٣٠
٦٠٠-٧٥٢
٩٥-٢٩٣
٥٩
٩٥
٥٢
١٤٦-٦٩٥
٦٠
٦١٦
٤٠٣
٤٥٨
٤٠١
٣٦١-٦٢٨
٥٦٥-٧٣٣-٧٨١
٨٤-٢٠٣-٢٥٢
٨٠٨
٦١
٦١-٥٢٣
١٤٦-٤٠٣
٢٦٥
٦١-٥٦١
٧٤-٤٤٥
٣٥٣-٧٠٦
٣١٧
٣١٨
٥٥٧
٣٤١
٥٦٣
٧٧-٢٩٩
١٩-٥١٧
٧٢٤-٧٨٦
٣٦٨
٢٩٠
٧٧
٨٧
٧٧٦
٩٤-٧١٢
١٣١-٧٢٦
٦١٤

٣٦٨-٣٥٥ — ٤٢٥-٢٤٧ ٤٤٦ — ٦١١ — ٤٤٢-١٦٧ — ٥٥٥-١٢٨ — ٧٩٤ — ٥٨٧-٣٣٧-٨١

٧٤٤-٥٦٣ — ٢٩٣ ٧٣٣ — ٧٥٥-٧٦ — ٦٧ — ٤٨٠-١٣٣ — ٥٢٨-٥٤ — ٧٩

امدسة وما اليها
Foot-gear, etc.

٤١١ ٥٥٩

٥٣٥-٧٧ — ٢٦٢-١٤١-١١٤ — ٦٢٢ — ٤٨ ٧٨٨-٦٩٤ — ٢٣٨-١٢٩ — ٦٢٨-٥٥٩-٣٥

١٢٨ — ٥٥٧ — ٥٥٧-١٢٩ — ٧٩٤ — ١٤١-١١٤ — ٤١١-١١٢ ٥٥٩ — ١٤١ — ٢٧٤

٤٠٥ — ١٩٤ — ٢٨٢-١٢٩ — ٥٩٥ — ٧١٧-٤٧٥-٣٨١ — ٤٧ — ٧١٧ — ٧٨٦ — ٢٧

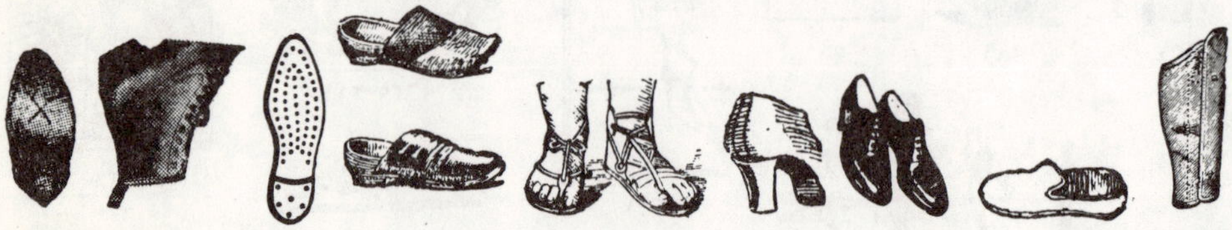

اكياس وحقائب وامثالها

Bags, etc.

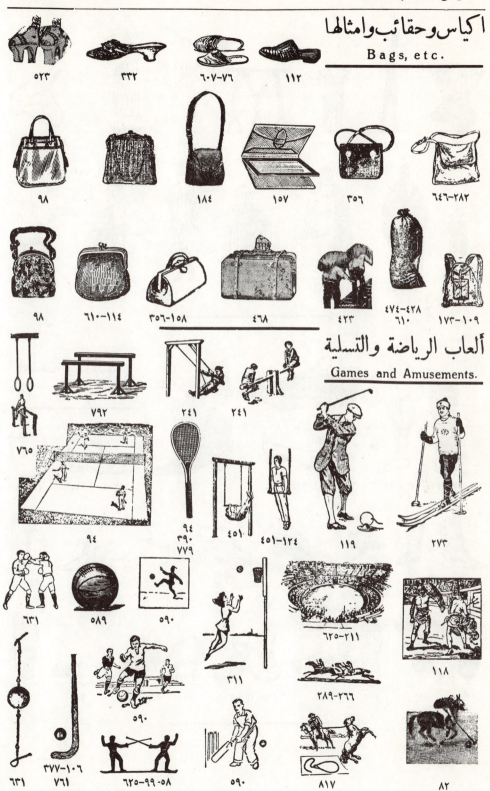

٥٢٣

٣٣٢

٦٠٧-٧٦

١١٢

٩٨

١٨٤

١٥٧

٣٥٦

٦٤٦-٢٨٢

٩٨

٦١٠-١١٤

٣٥٦-١٥٨

٤٦٨

٤٢٣

٤٧٤-٤٢٨
٦١٠

١٧٣-١٠٩

ألعاب الرياضة والتسلية

Games and Amusements.

٧٦٥

٧٩٢

٢٤١

٢٤١

٩٤

٩٤
٣٩٠
٧٧٩

٤٥١

٤٥١-١٢٤

١١٩

٢٧٣

٦٣١

٥٨٩

٥٩٠

٣١١

٦٢٥-٢١١

١١٨

٦٣١

٣٧٧-١٠٦
٧٦١

٥٩٠

٢٨٩-٢٦٦

٦٢٥-٩٩-٥٨

٥٩٠

٨١٧

٨٢

١٢٠

٥٢٣-٢٧٨

٢٧٨

٨١٤

٥٣٤

٣٢٢-٣٧٠-٦٢٥-٤٩١-٧٤١

٥٩٤-٢٦٨
٧٢٣

٨١٤ ٨١٤

٤١٤

٤١٥

٥٥٣-٣٨٦

٤٨٥

٤٣٢-٢٢٢-٧٨

٧٧٥

٣٤٥

٢٩٧

٧٩

٤٢٧

٧٦ ٧٦

٥٥٥

٣٧١

٢٢٨

٢٥٩-٢٢٨

٤١٥

٣٤٥

ح	ل	م
م	ح	ل
ل	م	ح

٤٠٣

٢	٧	٦
٩	٥	١
٤	٣	٨

٦٢٦

٢٤٥
٥٥٩
٤٩٨-٣٦١
٧٩٠

٣٣٤-٢٠٢
٤٣٦

٣٠٥-٢٧٧

٢٥٩
٥٩٥-٢٨١
٦٩٧
٧٤٨

٤٨ ٥١٣

٤٣٢ ٢٨٣ ٧٨٨

٥٨٧-١١٦

٥٨٨-٥٣٧

٧١٢-٢٠٧

٧٨٨-٥٨١ ٤٤

٢٢٢ ٢٨٧ ٦٠٧ ٦٣

١٣٤
٧١٢

٣٨٠-٣٤٤

٣١٦

٤١٧-٢٧١

٢١١-١٧٣

٣٠٧

٤٤٦

٧٣
٢٢٨
٢٥٢
٥٠١
٦٩٢

٦٩٢

١٨٢

٧١٦

٤٩٨-٥٣٤

الموسيقى وما اليها
Music, etc.

٦٤١

٣١٩

٢٥٩-١٨٨

٢٥٩

٤٩-٢٧٩-٣٧٥

٣٨٠

٣١١-٢٣٥

١٢٧-٢٣٥-٦٦٥

١٢٧-٥٧٨

١٢٧-٢٣٥-٥٧٨
٦٦٤-٦٦٦

٧٧
٢١٧
٢٦٠
٤١٣
٣٣٦

٦٦٤

Accordion

٣٧٥

٨٣

١٨٧-٢٨٥

٥٧٤

٤٣٨

٦٠٤

٦٩٥

٥٧٤

٥٧٤

٦٣٩

٢٥٧

٥٣١

٢١١

٦٣٢
٢٢٦

٤٠٠-٧٢٧

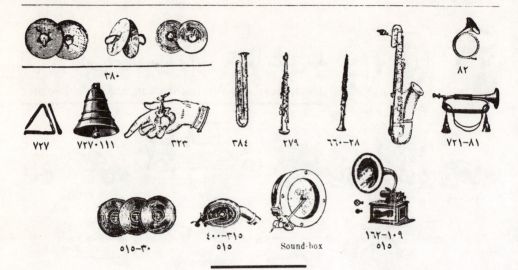

٨٢
٣٨٠
٧٢١-٨١ ٦٦٠-٢٨ ٢٧٩ ٣٨٤ ٣٢٣ ٧٢٧٠١١١ ٧٢٧
١٦٢-١٠٩
٥١٥
Sound-box
٤٠٠-٣١٥
٥١٥
٥١٥-٣٠

الاسلحة وما اليها

Weapons, ect.

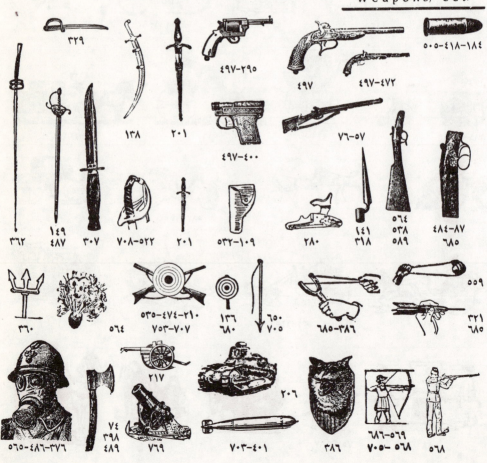

٥٠٥-٤١٨-١٨٤

٤٩٧ ٤٩٧-٤٧٢

٤٩٧-٢٩٥

٢٠١

١٣٨

٣٢٩

٤٩٧-٤٠٠

٧٦-٥٧

٤٨٤-٨٧
٦٨٥

٥٦٤
٥٣٨
٥٨٩

١٤١
٣١٨

٢٨٠

٥٣٢-١٠٩

٢٠١

٧٠٨-٥٢٢

٣٠٧

١٤٩
٤٨٧

٣٦٢

٥٥٩
٣٢١
٦٨٥

٦٨٥-٣٨٦

٦٥٠
٧٠٥

١٣٦
٦٨٠

٥٣٥-٤٧٤-٢١٠
٧٥٣-٧٠٧

٥٦٤

٣٦٠

٥٦٨

٦٨٦-٥٦٩
٧٠٥- ٥٦٨

٣٨٦

٢٠٦

٧٠٣-٤٠١

٢١٧

٧٦٩

٧٤
٣٩٨
٤٨٩

٥٦٥-٤٨٦-٣٧٦

المراكب البرية والبحرية والجوية وما يتعلق بها

Land, Sea, and Air Locomotion and things related

٥٠٢-١٨

٤٠٠-٣٣
٥٧٧

٨٢

٣٢٩-٤٤

٦٣٢

١٩

٥٨٧-٤٤٧

٦٧٧-١٣١

٣٣٠

١٠٨

١٠٨

٢٨٧

٢٥٦

٥٨٥-٢١١-٦٤

٢٢٧-٥٤

١٢٥

٧٢٠-٢٤٣

٦٣٤-٤٣١-٢٦١

٥١٩

٤٣١

٥٢٠

٢١١-١٧٣

٦٠٧

٥٨٧-١٧٠

٢٤٧

٥٥٧

٢٧٧

٤٠

٤٣١-١٢٥

٢٢٧

٢٠٥
٤٣١
٤٩٨

٢٦١

٢٧٨-١١٨

٧٥٢-١٦٧

٨٨

٥٨ ٨٢٠

٧١٩ ١٦٦ ١٢٣-٦٩ ٤٣١ Luggage truck

٢٧٣

٧٧٠-٤١٧-٢٨ ٤١٧ ٣٢٩

٣٧٠ ٢١٤

٥٩ ٤١٩ ٧٤٨

٤١٣-٧٥-٤٨ ٢٨٨ ٢٨

٤٨٧

٦٣٩ ٢٧٥ ٥١٤ ٥٣٢

٤٨٧ ٥٢ ٤٥٨-٣٠٠-٣٠

٧٧٣

٢٧٥-٢٥٦

٥٣٤ ٢٦١ ٦٢٨-١٧٥ ٣٠٣

٣٣٦ ٤٨٥

١٥٨-٨٢-١٧ ٤٩ ٦٢ -١٠٣-٢٦٥ ٣٠٣-٥٣٠-٥٧٤ ٣٧٧ ١٠٧

١٩٢ ٣٥٦ ٧٦١

٢٥٠-٤١ ٧٦١-٦٨٩ ٧١٣-٦٩١ ٧٨١-٤٥٩-٢٢٨-٢١٧ ٣١٨-١٠٧

٣٥٦ ٤٦٧

٢١٧ ٣٠٧

٥٨٦ ٥٣٠-١٠٧ ٢٩٥ ٢٢٢ ٦٧١

٨٩-٢٩
٧٥
٩٢
٧٢٤-٢٩٥
٧٠٨-٤٥٥-٣٨٥-١٠٣
٣٣٠-٢٦
٩٢
٢٥٨
٦٣٦
٧٤٢-٥١٥
٦١٨-٢٧٩
٣٣١
٣٥٢
٤٥١
٤٨٣
٥٧٤
٤٣١
٧٧٤-٥٥٠-٤٧
٢٩٧-٢١٩
٥٢١-٤٢٥
٧٦٤
٤٢٥-٢٩٧
٥٤٧-٣٤١-٣٠٦
٣٨٢
٢٤٣
٧٢٠
٧٧٠
٣٢٤
٥٨٥
٥٨٩
١٨٧
٢٩٦
٥٧٧
٣٥٢-١٦١
٥٣٥
٢٦١

٢٥٠
٥٦٨-١٩٣
١٤٠
٦٠٥-٢٠٠
٦٤٦
٧١٤-٤٨٥
٣٧١-٢٩٨
٦١٧-٤٦٢
٢٢٢-١٧١
١١٨-١١١

الصنائع والحرف

Professions and Handicrafts

٥١١
٦٩٥-٣٠٢
٣٤٠-٨٣
٤٢٣-٣٠٦-١١٤
٣٢٠
٤٠٦
٣٦٧-١١٠
٧٦
٢٩٠
٣٨٨
٧٥٥
٦٥٦-٧٩
٥٦٥
١٩٤-١٧٥
٣٤٦-٢٩٢
٦٠٧-٥٣٩-٢٠٣
٦٥٨-٢٨٦-١٦٣
١٦٧
٢٧٧
٣٠٥
٥٣١
٨٠١

عقوبات مختلفة

Modes of Punishment

٥٧٩-٥٧٤ ٤٥٣ ٥٥٠-٢٢٣ ٥٤٦ ٥٦٣-١٧٠ ٥١٤

شارات ورموز وشعار

Insignia, Flags, etc.

٢٩ ١٣٩ ٣٥٩ ٣٤١-١٠٤

٧٦٢ ٦٩٠ ٦٧٨-٤٠٢ ١٢٤ ٣٧٧ ٢٨ ٧٤

٣٧٧-٣٠٤ ٤٥١ ٤٥٠ ٧٨٣ ٧٧ ٦٣٩ ٢٧١-٨٤ ٤٥٤ ٦٩٠-٣٤١-١٩٢

٤٠ ٣٧٤ ٦٧٦ ٧٦٩ ١٨٨ ٤٥٤-٢٦٠

٦٥٨ ٢٥٠-٤١ ٧٦١-٦٨٩ ٣٧٧-٣٠٩ ٨٢٠ ١٠٠

١٢٣ ٣٤٦ ٤٣٧ ٧٩٤-٦٤٦ ٣٦٠ ٧٦٩-٦٠١ ٨٢١ ٨٢٣

أشهر رجال التاريخ

Great Men of History.

٤٨٤

باخ، موسيقار ألمانى
Bach, Saba.,

٨٠٤

٨٣

٦٣٦

٩٥

٧٩٦

٦٠٨

٦٢٩

٢١٣

٧٤٦

Shakespeare
٣٥١

٧٣٤

٢٦٨

٧٦٧

٥١٨

١٠٣

٦٦٨

٨١٣

٢٩٠

٣٣٣

٦٣

٦٥٣

٤٩٧

٨٠١

٤٨٦

٣٣٠

٢٠٦

٧٤٦

٢٨٣

٢١٩

١٨

٦٣٤

ماتِرلنك Maeterlink

Raphael, Sanzio
روفائيل، مصوّر ايطالي

غوته ، اشهر شعراء المانيا
J. W. Goethe

لافُنتين ، شاعِر فرنسي
La Fontaine

كَنْت Kant
فيلسوف المانيٍ

٢٢١-٢٢٩

٧٦٩

٣٤

٣٠٣

٢٧

١٨

٢٢٢-٢٠٦

٦٠٥-٣٦٢

٣٠٢

٢٢٩

٥١٩

٣٢٦

٦٧

٣٣

Epicurus ابيقور

٧٤٥

أرباب وكائنات اساطيرية

Mythological and imaginary beings, Idols, etc.

٦٥١-٣٧

٢٨١-٣٧

١٠٠

٤٧

Pluto بلاطون

٤٩٨

أرباب وكائنات اساطيرية

٦٧٢

٤٧٦-٦٧٠

١٢٨-٢٧٦

٣٧-١٥٩

٣٧-٦٨٣

٤٩

٢٢٨

٧٥٧

٧٥٧

٧٥٦

١٩

٣٩٧

١٥٥-٤٩٦

٦٨-٢٦٧-٣٣١

٥١-١٧١-٢٠٥-٦٧٩

٦٠

٥٤٩

٨١٤

٧٨٢

٩٤

٩٤-٥١٠

٢٤٥-٤٦٢

٣٩٧-٥٣٩-٧٩١

٤٤

٢٩٥

٢٤

٤٠٨

٨١

٦١

٧٤٦

٢٥٣

٤٢

٤٦-٧٧٧

٧٧٧

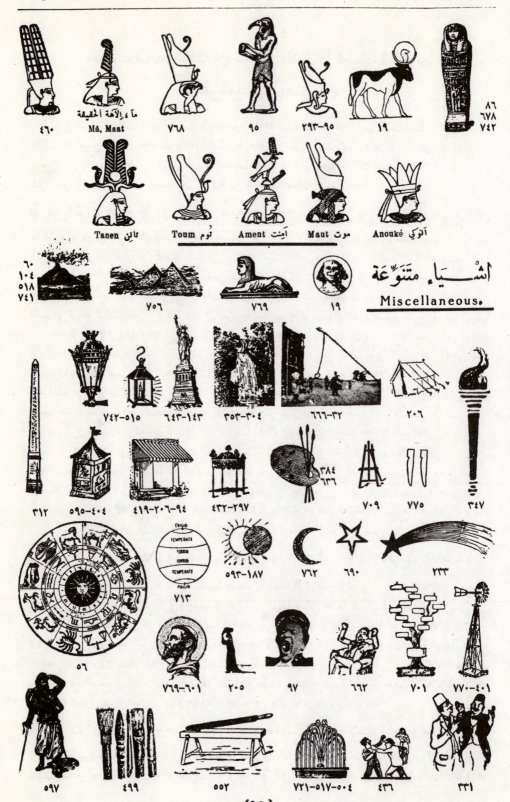

٨٦ ٦٧٨ ٧٤٢ — ١٩ — ٢٩٣-٩٥ — ٩٥ — ٧٦٨ — ما ء الإلهة الحقيقة Mâ, Maat — ٤٦٠

آنوكي Anouké — موت Maut — آمِنت Ament — تُوم Toum — تانِن Tanen

أشـياء متنوعة
Miscellaneous.

١٩ — ٧٦٩ — ٧٥٦ — ٦٠ ١٠٤ ٥١٨ ٧٤١

٢٠٦ — ٦٦٦-٣٢ — ٣٥٣-٣٠٤ — ٦٤٣-١٤٣ — ٧٤٢-٥١٥

٣٤٧ — ٧٧٥ — ٧٠٩ — ٣٨٤ ٦٣٦ — ٤٣٢-٢٩٧ — ٤١٩-٢٠٦-٩٤ — ٥٩٥-٤٠٤ — ٣١٢

٢٣٣ — ٦٩٠ — ٧٦٢ — ٥٩٣-١٨٧ — ٧١٣ — ٥٦

٧٧٠-٤٠١ — ٧٠١ — ٦٦٢ — ٩٧ — ٢٠٥ — ٧٦٩-٦٠١

٣٣١ — ٤٣٦ — ٧٢١-٥١٧-٥٠٤ — ٥٥٢ — ٤٩٩ — ٥٩٧

مقتطفات مما حصلنا عليه من ثناء بعض الأدباء على الطبعات السابقة من

« القواميس العصرية »

ليس في الشرق من الذين تعلموا الانكليزية ومارسوا الترجمة منها واليها من يجهل اسم الاستاذ الياس انطون الياس مؤلف القواميس العصرية — العربيّة والانكليزية — التي حازت أعظم قبول لدى الادباء لغزارة مادتها وحداثة ترتيبها . وقد نوهت بمزاياها كبريات الصحف والمجلات ، وكتبت المقالات المستفيضة بالثناء على ما بذله المؤلف في تأليفها من جهد . وحسبنا أن نجتزىء من بعضها بالمقتطفات التالية : —

جريدة الأهرام (في ٢١ فبراير سنة ١٩٢٩) — ... واذا قلنا «القاموس العصري» عرف الكل ما هو ، إذ هو في حقيبة كل طالب ، وعلى مكتب كل مدرس وصُحُفِيّ ومترجم وباحث ...... ولم يترك المؤلف في قاموسه العربي الانكليزي شيئاً من مشتقات الكلمات العربية ، ولا عبارة اصطلاحية إلا وضع أمامها «ما يقابلها في اللغة الانكليزية» .... وقد عني بصفة خاصة بالكلمات العصرية ، فسد حاجة المترجمين والمتأدبين في مسئلة قد تشعبت فيها أفكار المفكرين ، وساقهم إلى وحدة في التراكيب والعبارات بعد تفرقها ، وبعد تصعيب أمر الفهم على قراءة الكتب المعربة . . . هذا الى صور جديدة يغني مجرد النظر اليها عن تطويح الفكر في فهم حقيقتها — (وفي ٢٣ يونيو ١٩٣٠) .... ومن الذين يُشار الى فضلهم بالبنان .. . الاستاذ الياس .... وأراني فى غنى عن التنويه بخدمته الجليلة للعلم والادب منذ أنشأ مطبعته ، وعنى بجملها طبق اسمها «عصرية» من حيث الوفاء بحاجات هذا العصر . وكأني به أراد بثاقب ذهنه وصادق عزمه أن يرعرع معجمه الانكليزي العربي ، ويدرّبه منذ نشأته على مايؤهله لمباراتنا نحن الاحياء في الجري على سنّة النشوء والارتقاء ، فتمّ له ما أراد . واليوم نرى معجمه هذا ، بعدما جاوز طور الطفولة في طبعته الاولى ، وتخطى طور الحداثة فى طبعته الثانية وأصبح ابن سبع عشرة سنة ، قد برز في طبعته الثالثة مدركاً سن الحلم . وبالغاً أشدّه ، ومستكملاً جميع علامات النمو الطبيعي .... زفّه مؤلفه الى العلماء والادباء بعد تنقيح يشهد له بطول الباع وغزارة العلم وسعة الاطلاع ...... وفي هذه الطبعة أثبت طائفة كبيرة من الالفاظ العربية الموضوعة على الخصوص لكثير من معاني الكلمات الانكليزية .... فنها «التدريم» من درّم أظافره أي سوّاها بعد القصّ ... و «المجوري» طعام الهاجرة أي الظهر و «القناقن» و «الختام» و «الامتِنَه» لكثير الثقة بغيره و «الميقان» لسريع التصديق .... وجلة القول ان هذا المعجم فى ثوبه القشيب وطرازه البديع ، يُعدّ من أنفس الطُرَف العلمية ....

جريدة السياسة (١٩ يناير سنة ١٩٢٤) .... وبين أيدينا الآن ثلاثة قواميس انكليزية عربية ، وعربية انكليزية ... تصفحناها فرأينا صاحبها قد خدم بها اللغتين الانكليزية والعربية .... وانما اللغة جسم حي ينمو مع الزمن وتعمل فيه عوامل الرقي ، وهذه هي «إحدى المزايا» التي يجدها الطالب في هذه القواميس التي نحن في صددها . قلنا «إحدى المزايا» لان لهذه القواميس مزايا متعددة ، نذكر بعضها على سبيل الايجاز : — (١) اشتمالها على ألوف من المفردات التي لا تجدها في المعاجم الاخرى . (٢) استعمالها المفردات العربية المعروفة في جميع الاقطار العربية . (٣) ضبط تلك المفردات بالشكل حيثما لزم . (٤) ترتيب وفصل المعاني والاصطلاحات وأحرف الجرّ . (٥) التوسع في ايراد المشتقات والجمل الاصطلاحيّة وترجمتها بدقة . (٦) خلوّها من الاغلاط التي لا يكاد يخلو منها قاموس على الاطلاق ... (٧) اتقان الطبع ، وجمال الاحرف ودقتها ...

جريدة المقطم (١٠ نوفمبر ١٩٢٢) — «.... ولقد برهن الاستاذ الياس على مقدرته العظيمة ، واطلاعه الدقيق على أسرار اللغتين باخراجه قاموسه العصري ... والذي يطلع على هذا القاموس لا يسعه إلا أن يعترف لصاحبه بطول الباع وسعة الاطلاع ... فقد ألمّ بكل كلمة عربية مألوفة وتخير لها ما يقابلها تماماً في اللغة

الانكليزية . ورتّبه على أحدث اسلوب أفرنكي ، وزينه بالصور التي تساعد على الفهم . . . . ولا نبالغ اذا قلنا ان عمله هذا يحتاج لمجهود الجماعات ، ولكنه قام به خير قيام فى وقت اشتدت الحاجة فيه الى أمثاله .... »

﴿ جريدة السودان ﴾ (١٥ يوليو سنة ١٩٢٢) — .... فجاء كقاموسه الانكليزي العربي في دقة الترجمة وانتقاء الالفاظ وتحديد معنى الكلمات بما يرادفها .... فهو أعظم المعاجم التى طُبعت الى الآن وأكثرها فائدة .

﴿ جريدة الف باء الدمشقية ﴾ (٨ نوفمبر سنة ١٩٢١) ..... والاستاذ الياس من الذين وقفوا أنفسهم على فرع من فروع العلم ، فبرعوا فيه ووفوه حقه . . . . . وقد أتحفنا الآن بقاموس مصور حديد جعله « من العربية الى الانكليزية » . على عكس سابقه .... ولم تفته كلمة من الكلمات المصرية أو الدارجة التي كان المترجمون يعجزون عن معرفة فصيحها .... وهذا يدل دلالة واضحة على ان مؤلفه راسخ القدم في اللغتين اللتين ألّف بينهما .

﴿ مجلة المجمع العلمي العربي ﴾ — « .... ولعله أصبح بعد هذا التنقيح والاضافة أجمع القواميس العربية الانكليزية الموجودة وأوفاها بالغرض .. أما الألفاظ الانكليزية فقد اختار المؤلف أقربها إلى مدلول الكلمات العربية ، وليس كما فعل أكثر مؤلفي القواميس الاخرى من تفسير الكلمة العربية بعبارة انكليزية .... وفي هذا القاموس مزايا كثيرة توجب للمؤلف شكر طلاب اللغتين ، فانهم يجدون فيه كل ما يبتغون من الدقّة والسهولة والايضاح »

﴿ مجلة المقتطف ﴾ (فبراير سنة ١٩٣٠) — أما حسنات القاموس المصري فكثيرة ، وأهمها انه امتاز على سواه بايراد أسماء المستحدثات المصرية والمعاني الحديثة ... وتوسّع جداً في ايراد التراكيب الاصطلاحية ، خصوصاً ما يتعلق منها بحروف الجر ، وترجمتها ترجمة صحيحة تشهد لمؤلفه ....

﴿ مجلة الهلال ﴾ (فبراير سنة ١٩٣٠) — .... وقد توخّى المؤلف الدقة المتناهية في الترجمة ، كما توخّى أيضاً التوفيق بين الترتيب المصدري المصطلح عليه فى القواميس العربية والترتيب الهجائي البسيط المتبع في القواميس الافرنكية ....

﴿ مجلة الكلية ﴾ (مارس سنة ١٩٣٠) — عن كلية الاميريكان في بيروت — . . ولا يدرك قيمة الخدمة التي قام بها المؤلف لطلبة اللغة الانكليزية إلا الذي يستخدم قاموسيه.... نظرنا فى هذا المعجم الانكليزي عربي فوجدناه القاموس الذي يفيد كثيراً ، ليس لطلاب مدارسنا الثانوية والكلية فحسب ، بل يفيد أيضاً الاساتيذ والمعلمين في المعاهد العليا ... ومجرد النظر اليه يبعث الطالب على الاجتهاد والتنقيب.. وكل مافيه يدل على تضلع عميق باللغتين ...

﴿ مجلة التربية الحديثة ﴾ (فبراير سنة ١٩٣٠) — عن الجامعة الاميركية في القاهرة — .... فاذا به تحفة في الادب ، ودائرة معارف في مفرداته ، ولم تترك شاردة أو واردة إلا وفصلت فيه تفصيلاً ، وشرحت فيه شرحاً لا يشوبه تعقيد أو تطويل ، ولا يعيبه ابهام او ايجاز . . . .

﴿ المجلة الجديدة ﴾ (يناير سنة ١٩٣٠) — للاستاذ سلامه موسى .... فى هذا المعجم سِمَة الحياة ، وهي النمو .... فهو بذلك ينمو ويسير مع الزمن ، ويرتقي بارتقاء اللغة ، ويتمشى مع النهضة الثقافية في العالم العربي ....

. . . وهذا الهوى هو الذي يبعث الاستاذ الياس على مواصلة درسه للالفاظ ، وتخيُّر اللائق والانسب منها ... فهو يؤلف معاجمه برغبة قوية كأنها الحاح الشهوة ، ويثابر على التنقيب عن الالفاظ بروح المحب الذي يتعلق بحبيبه

﴿ مجلة الشورى ﴾ (٥ فبراير سنة ١٩٣٠) فالقاموس المصري في حُلته الجديدة يُعدّ ذخيرة للعالم والمتعلم والمترجم والتلميذ والاستاذ . . . واذا كان هناك من الكتب الهامة ما يخلّد الاستاذ الياس بين رجال الصف الاول من الذين رفعوا شأن اللغة والعلم ، فان القاموس المصري يُعد من أعظمها شأناً . . .

﴿ مجلة الجديد ﴾ (٢٣ ديسمبر سنة ١٩٢٩) — للاستاذ المرصفي . . . إننا لنصدق قرائنا اذا قلنا ان حضرة ... الياس في مقدمة الذين خدموا لغة العرب .... بما يخرجه من تأليفه وثمرة تفكيره . . . . ولا شك ان من حسناته على هذه اللغة « قاموسه العصري » فقد سدّ بتأليفه نقصاً عظيما كان يحسه الطالب والاديب . . . .

﴿ مجلة الراديو ﴾ (٢٧ اغسطس سنة ١٩٣٣) — . . . . . . والاستاذ الياس متفقّه في اللغتين العربية والانكليزية . . . . . . رأى بثاقب فكره نقص عالم المطبوعات من معجم يجمع بين دفتيه مفردات اللغتين ، فلم يتوان عن وضع « هذا القاموس » . ولئن علمت كم يقتضي هذا العمل من الجهد والتعب وإنفاق المال في سخاء دهشت أشد الدهشة لقيامه بمفرده بمثل هذا المجهود الجبّار الذي يستلزم عزيمة لا قبل لجماعة من الرجال بها . . . . . . فجاء كأحسن القواميس الفرنجية . . . . . .

﴿ مجلة الاخاء ﴾ (مارس سنة ١٩٣٠) — . . . . مما شجّع مؤلفه الفاضل على زيادة تحسينه طبقاً لسنّة الارتقاء . . . . وتمشياً مع رقيّ الثقافة في هذا العصر . . . . وترجم بعض الالفاظ التي كان يصعب على كثيرين ترجمتها بما يقابلها من اللغة العربيّة ترجمة صحيحة . . . . فجاء بهذه التحسينات قاموساً كاملاً . . . .

﴿ إقرار بفضل ﴾

بقلم فقيد الشرق العالم اللغوي الكبير الأب انستاس ماري الكرملي ، عضو مجمع اللغة العربية

(نقلاً باختصار عن عدد اكتوبر سنة ١٩٤٤ من مجلة المقتطف)

كنتُ قد ناهزتُ الخامسة عشرة من سنّي ، حينما قُلّدت تدريس آداب اللغة العربية ، ولاحظتُ عندئذٍ أن المعاجم الضادية اللسان ، تختلف كل الاختلاف عن الدواوين الافرنجية اللغى ، لأننا نرى هذه تعرّف الحيوان ، والنبات ، والجماد ، تعريفاً يرشدك إلى عين الشيء ، أو يكاد ، بينما نرى معاجمنا لا تهديك إلى مطلوبك إلا من بعيد ، لأنها كثيراً ما تعرّفك بالشيء بقولها : حيوان ، طائر ، سمك ، حشرة ، أو ما يداني هذا التعريف العام . . . .

ولما دخلنا مدارس بلجكة ، وفرنسة ، كان أساتذتنا يأخذوننا إلى المتاحف ، والمعارض ، وأحيار الحيوان ، والطير ، والسمك ، والحشرات ، والنبات ، لنرى رأي العين ، ما يريدون أن يرسخوه في أذهاننا من الحقائق . وبهذه الطريقة عرفنا أشياء جمة كان يستحيل علينا معرفتها ، لولا هذه الوسيلة العلمية العمليّة الناجحة .

ثم دخلنا في دير الرهبان الكِرِمِليّين في بلجكة ، وأتممنا ما كنا قد بدأنا به ؛ ولما عدنا إلى بغداد ، أخذنا باتمام ما كنا نشمنا فيهِ قبل الغربة ، وهو تصنيف معجم واسع أسميناهُ (المساعد) ، يوضح الألفاظ المبهمة المدلول ايضاحاً يشفي ما في النفس من العلّة ، وما في الصدى من الغلّة .

وكنا في هذهِ الاثناء نبحث عن المعاجم المختلفة الألسنة ، من خطية ومطبوعة ، فنقتنيها . فاجتمع عندنا منها قدر غير يسير . ورأينا فيها من القُصور ، والاغلاط ، والاوهام المتنوّعة ، ما يُثبّط الهِمم ، ويفل الايدي ، لكن مع كل ذلك ثابرنا حقّ المثابرة ، فبلغنا – والحمد لله – مبلغاً ظهر لنا فيهِ اننا لم نضع أوقاتنا .

وفي الآخر ، وقع بيدنا ، المعجم العربي الانكليزي ، الموسوم بالقاموس (١) العصريّ ، تأليف . . الياس

---

(١) اعترض بعضهم على المؤلّف لكونه عنون كتابهُ بالقاموس . قالوا : وهذه الكلمة لم ترد عند العرب بمعنى المعجم . فنقول لهم : اعتراضكم مردود لأن العرب أسمت (اوقليدس) كل كتاب في الهندسة واوقليدس اسم الحكيم الذي وضع كتاباً في الهندسة . ومن هذا القبيل (المجسطي) . وتذكّروا اسم معجم الفيروزابادي المسمى « القاموس المحيط » . . .

أنطون الياس. فألفيناه الضالة المنشودة، لأننا قدرناه أفضل من جميع ما ألف في هذا الموضوع، إلا أننا وقفنا فيه على أوهام فاتت المؤلف فاستأذناه في أن نصلحها بيراعتنا الضعيفة.... ولما كان حضرته مطبوعاً على أصدق التواضع.. رضي بأن نتولى هذه الخدمة، فقمنا بها بأحسن ما في طاقتنا...

.... فلم يبق علينا إلا أن نبين مزايا هذا السِفر، والسبب الذي حملنا على أن نعتمد عليه دون غيره، فنقول:

١ — انه مُعجمٌ حيّ لا مُعجمٌ ميّت. انك تسلّقي جميع المعاجم التي تطبع أو تؤلف في هذه السنين الأخيرة، أي منذ نحو مائة سنة. تدوّن الكلم القديمة منذ نأْنأة الاسلام إلى هذا العهد، ولا تقيد حرفاً واحداً من فصيح كلام المعاصرين. وهذه الصفة تجعل الكتاب من كتب الاموات، لا من كتب الاحياء. تنقّر فيها مثلاً عن سيّارة، وطيارة، وغواصة، ومدرعة، ودبّابة (بالمعنى الحديث)، ودرّاجة، وسحّابة، ومصطلحات القضاء، والقانون، فانك لا تجد لها ذكراً، لكنك تجدها «في القاموس المصري» مثبتة بصورها....

٢ — انه «المعجم الوحيد» الذي حصل على امتياز لم يحصل عليه قبله مثلهُ. وهو أنهُ نقل الى اللغة الصينية حرفاً بحرف، من دون أن يحذف منهُ أدنى شيء، حتى انك لتجد الصفحات، والسطور، في الطبعة الصينية، مقابلة حاق المقابلة، لما في الاصل العربي. ونحن لم نسمع عن كتاب شرقي نقل كما هو إلى هذه اللغة الصعبة....

٣ — انهُ «المعجم الوحيد» الذي وضع بجانب الكلمة العربية، ما يفيد معناها بالعربية أيضا....

٤ — انهُ «المعجم الوحيد» الذي يسرد لك جميع الالفاظ التي وضعها المعاصرون، من أرباب الصحف والمجلات، والمؤلفات العصرية، في العلوم، والآداب، والفنون، والصنائع المستحدثة، ولا تكاد تجد لها أثراً في سائر الدواوين

٥ — انهُ «المعجم الوحيد» الذي تجد فيه كيف تقع على الكلمة التي لا تسقط عليها في مظنّتها؛ فهو يرشدك إلى محل الاطلاع عليها بأسلوب مبتكر. وهي ميزة تفرد بها هذا السِفر الجليل.

٦ — انهُ «المعجم الوحيد» الذي راجع صاحبه جرائد ومجلات عديدة، ومعاجم صغيرة وكبيرة، ودواوين خاصة وعامة، وتآليف اختصاصيين وغير اختصاصيين، قديمة وحديثة، لابناء الشرق، ولابناء الغرب.

٧ — انهُ «المعجم الوحيد» الذي جمع إلى جودة التأليف وسمة الموضوعات، طبعاً متقناً، وحروفاً افرنجية وعربية واضحة دقيقة، وورقاً صقيلاً وأبيض، وكلها أمور نادرة لم تجتمع في كتاب ألف في عهدنا هذا.

٨ — انهُ «المعجم الوحيد» الذي لم يُطَبِّل لهُ صاحبهُ، ولم يزمّر لهُ، مع ما فيه من الحسنات والفوائد.

٩ — انهُ «المعجم الوحيد» الذي أقبل المراقبون على اقتنائه، ولم يحبّوا أن يضعوا بجانبه معجماً آخر، لأنهم وجدوا فيه ضالتهم المنشودة، من ألفاظ غربية، ومصطلحات انكليزية، وكل ذلك في اوراق يسيرة، وصفحات وضّاءة، دفعتهم إلى ان لا يقابلوهُ بأي معجم آخر طُبع الى الآن.....

فهذه ميزات تسع لا تراها في أي معجم عربي حديث، فحقّ لمؤلفه أن يقول، خدمتُ وطني مِصْرَ، وبلادي، ولغتي لغة مُضر، خدمةً صادقة.....

بقي ثمّ مَزيّة عاشرة، هي خاتمة الخصائص لهذا المعجم: ان مؤلفه خدم اللغة الانكليزية، خدمة لا تضاهيها خدمة موظفي الدولة التي يمثلونها. لأنهُ رغّب العرب الذين احتكت مصالحهم ببريطانية وحليفتها أميركة، رغبة لا نِيدَ لها، في تعلّم اللغة الانكليزية. وقد رأيناه في أيدي كثيرين، حتى عند سكان سواحل البحار المحيطة بجزيرة العرب، كالكويت، والبحرين، ونجد، والحجاز، واليمن، ولحج، والمكلّا، والمحميّات التِسع. فلاشك ان هذا الاستاذ الفاضل يستحق من البريطانيين، والاميركيين، جزاء يعادل الخدمة التي خدم بها لغتهما.... الخ؟

الكرملي

مصر، مقتطف اكتوبر ١٩٤٤